BIBLIOTHEQUE NATIONALE DE FRANCE - PARIS

Direction des collections

A l'exception des reproductions effectuées pour l'usage privé du copiste, les œuvres protégées par le code de la propriété intellectuelle ne peuvent être reproduites sans autorisation de l'auteur ou de ses ayants droit.

Dans l'intérêt de la recherche, les utilisateurs de la présente microforme sont priés de signaler au département de la Bibliothèque nationale de France détenteur du document les études qu'ils entreprendraient et publieraient à l'aide de ce document.

RECUEIL
DE
PIECES JUSTIFICATIVES
Pour servir de Preuves
A L'HISTOIRE
DE
PARIS,
In folio cinq Volumes.

HISTOIRE
DE LA VILLE
DE PARIS,
COMPOSÉE
PAR D. MICHEL FELIBIEN,

REVEUE, AUGMENTÉE ET MISE AU JOUR
Par D. GUY-ALEXIS LOBINEAU, tous deux
Prêtres Religieux Benedictins, de la Congregation
de Saint Maur.

*Justifiée par des preuves autentiques, & enrichie de Plans,
de Figures, & d'une Carte Topographique.*

DIVISÉE EN CINQ VOLUMES IN FOLIO.

TOME TROISIÉME,

Contenant le premier Volume des pieces justificatives.

A PARIS,

Chez { GUILLAUME DESPREZ, Imprimeur & Libraire du Roi.
ET
JEAN DESESSARTZ, rue Saint Jacque, à Saint Prosper,
& aux trois Vertus.

M. DCC. XXV.
Avec Privilege & Approbation.

PREFACE.

LE travail de l'Histoire est devenu plus difficile & plus gesnant qu'il n'estoit autrefois. Les Auteurs anciens, dont les escrits precieux nous ont transmis la connoissance des siecles les plus reculés, uniquement attachés au style & à la diction, à l'arrangement & à la narration des faits, n'estoient point assujettis à nommer leurs garants. Leur autorité seule accreditoit les faits qu'ils avançoient, & marchant noblement dans une carriere où rien ne leur faisoit obstacle, ils suivoient en liberté le feu de leur imagination, sans estre arrestés par les difficultés que le scrupule & l'incredulité leur pouvoient opposer. Il n'en est plus de mesme. Le siecle où nous vivons, ou plus éclairé que les autres, ou plus difficile à contenter, ne se repose plus sur la bonne foi des historiens, & ne leur passe aucun fait, à moins d'en voir en mesme tems la preuve, soit dans une citation exacte des auteurs déja connus, soit dans la lecture des actes & des pieces qu'on appelle *justificatives*.

On passe aux auteurs de romans & de petites historiettes, qui escrivent plus pour amuser que pour instruire, une narration qui ne demande que de la vraisemblance ; & quand on lit à la fin de leur preface une liste d'auteurs, dont ils n'ont peut-estre jamais lû que les titres, on sçait bien à quoi s'en tenir au sujet de la croyance que méritent leurs ouvrages. Mais comme la fin de l'histoire est d'instruire de la verité, l'interest qu'on a de n'estre point trompé par l'écrivain qui la promet, rend le lecteur attentivement scrupuleux à l'examen des preuves dont la narration est appuyée.

Le corps d'histoire de la ville de Paris, contenu dans les deux volumes précedens est accompagné de tous les soutiens qui peuvent autoriser les faits qu'on y expose ; & si l'auteur s'est trompé en quelques-uns, son procès est tout instruit, & le public en estat de le juger. Les auteurs qu'on a cités sont entre les mains de tout le monde, ou du moins en des lieux où il est aisé de les consulter. Quant aux actes & aux pieces justificatives, on en donne ici le recueil en trois volumes.

Dom Michel Felibien s'estoit proposé d'abord de les renfermer en un seul volume ; encore esperoit-il si peu de le pouvoir remplir, qu'il avoit dessein d'y joindre une description abregée de Paris, & un extrait des mémoires de Sauval, dont il avoit eu l'un des originaux entre les mains pendant quatre ans, & en avoit tiré beaucoup de choses dont nous nous sommes servis pour la composition de l'histoire, sans que celui qui vient de donner ces mesmes mémoires au public, puisse se plaindre qu'on ait profité de son édition.

Mais si le Pere Felibien eust pû vivre encore quelques années, à moins de réduire l'histoire en sommaires, & de supprimer une infinité de pieces importantes, il auroit senti l'impossibilité de borner l'histoire de la ville de Paris à un seul volume, & de renfermer les pieces justificatives dans un autre. Le seul recueil des pieces qu'il avoit commencé, & qu'il avoit indiquées, nous a conduits jusqu'au milieu du second volume ; & nous avons esté obligés d'user de

PREFACE.

retranchement, pour ne pas aller au-delà du troisiéme. La description abregée que Dom Felibien vouloit donner de Paris, nous a semblé inutile, après tant d'éditions de celle de M. Brice; & nous avons crû qu'il n'en falloit point donner, ou qu'il en falloit donner une très-ample & generale, où rien ne fust obmis de ce qui peut contenter la curiosité de ceux qui veulent connoistre parfaitement cette grande ville, soit par la lecture, soit par l'inspection de tout ce qu'il y a de rare & qui mérite d'être consideré. Quant aux mémoires de Sauval, nous nous sommes contentés d'employer dans le corps de l'histoire une partie des extraits qu'en avoit tirés Dom Felibien, sans les faire imprimer, & surcharger ainsi le public d'une despense superfluë.

Comme Dom Felibien avoit pris soin de faire copier quelques actes qui se trouvent, soit dans les antiquités, soit dans le supplément du pere du Breul, son exemple nous a déterminés à continuer à nous servir de pieces rapportées par le même auteur & par quelques autres, quand elles nous ont paru importantes; mais on en a usé sobrement, parce qu'on a eu d'ailleurs une assez grande abondance de materiaux.

On n'a cependant pas esté assisté aussi genereusement qu'on auroit pû se le promettre. Il y a eu de grandes archives où il a été impossible de penetrer. Les unes, à ce que l'on disoit, n'estoient pas en ordre, & ne le seront peut-être jamais. Les clefs des autres estoient en tant de mains differentes, qu'il a esté impossible de les rassembler. De grandes & riches bibliotheques estoient dans un mouvement qui n'a pas permis d'user des tresors qu'elles renferment. Quelques Communautés particulieres ont absolument refusé de communiquer leurs titres, pour ne pas donner au public connoissance de leurs affaires. *C'est le secret de la maison*, disoient les dépositaires de ces actes; *& ce seroit le trahir, que de les monstrer.* D'autres, plus mesurés dans leurs refus, prétextoient l'absence d'un procureur, ou quelque autre raison dont on estoit obligé de se contenter.

Mais ce desagrément a esté heureusement compensé par la liberalité de plusieurs autres personnes, qui ont ouvert genereusement leurs archives, & exposé avec politesse tout ce qu'ils avoient de plus rare & de plus précieux. Il y en a beaucoup mesme qui n'ont pas attendu qu'on soit allé chez eux; ils ont prévenu les recherches, & ont apporté tout ce qu'ils ont crû pouvoir servir à un ouvrage auquel ils estimoient que tout bon citoyen devoit s'interesser. On les nommeroit ici volontiers, si Dom Felibien nous en eust laissé le moien; mais par l'usage que nous avons fait de leurs richesses, on verra assez quels ont esté ceux à qui l'on a le plus d'obligation.

Les Cartulaires de S. Germain l'Auxerrois, de S. Estienne des Grès, & de quelques autres chapitres, colleges, hospitaux, ou communautés, nous ont esté d'un grand secours; aussi-bien que la riche bibliotheque de Coislin qui est en dépost en celle de S. Germain des Prés, & plusieurs recueils d'actes qui nous ont esté fournis par les communautés ecclesiastiques, regulieres & laïques. Outre la bibliotheque de Coislin, nous ne pouvons parler qu'avec reconnoissance de celle de Harlai, conservée chez M. le president Chauvelin, qui en connoist parfaitement toutes les richesses, & qui les communique avec une bonté qui ne peut estre assez louée. L'amas precieux de tant de biens ne pouvoit tomber en de meilleures mains que les siennes. Après avoir enrichi lui-mesme son esprit des connoissances rares qu'il a puisées dans une bibliotheque rassemblée avec tant de soin & un choix si délicat, il per-

PREFACE. vij

met libéralement qu'on puisse dans les mesmes sources, & souvent mesme sa politesse prévient ceux que le respect empescheroit de l'importuner.

Aux pieces manuscrites & originales, on a joint un grand nombre de pieces imprimées, mais fugitives, ou qui ne sont pas dans des recueils connus. On en a trouvé quantité de cette nature dans la bibliotheque de S. Germain des Prés; mais beaucoup plus dans celle de M. Maillard advocat, qui s'est attaché particulierement à ramasser & mettre ensemble ces sortes de pieces, & qui a très-obligeamment abandonné à nos recherches tous les nombreux porte-feuilles de son cabinet. Monsieur de Fourqueux Procureur general de la chambre des comptes, n'en a pas usé moins liberalement à notre égard, dans la communication des édits, déclarations, arrests du conseil, ordonnances, reglemens, & autres pieces de cette sorte, dont son emploi l'engage à prendre connoissance, & que nous aurions eu peine à trouver ailleurs aussi soigneusement ramassées.

L'arrangement que nous nous sommes prescrit, ne paroistra peut-estre pas naturel à ceux qui veulent lire un livre tout de suite ; l'ordre des tems leur semblera ou brouillé, ou renversé. Ils le trouveront pourtant, cet ordre des tems. Mais comme il est joint à celui des matieres, il arrive souvent, qu'après avoir veu le premier acte qui establit une origine, on trouve tout de suite des actes d'un tems posterieur qui regardent la mesme matiere ; ce qui a esté disposé de cette sorte, pour se conformer à l'histoire, qui rapportant une fondation, raconte après tout ce qui regarde le mesme sujet. La matiere épuisée, on rentre dans l'ordre chronologique, interrompu par une digression necessaire. Mais on a réparé cet embarras inévitable, par une table chronologique des pieces que l'on a mise à la teste du premier volume, où l'on a marqué en marge les années & les jours des mois, pour la commodité de ceux qui sachant la date d'un acte, voudront le trouver dans quelqu'un de ces trois volumes.

On a suivi dans l'impression du premier volume, & de la moitié du second, l'ordre de la narration de l'histoire qu'avoit composée Dom Felibien, & à mesure que ces actes estoient appellés dans son ouvrage, on les a fournis à la presse. Mais après que ces trois volumes ont esté imprimés ; quand il a fallu retoucher l'ouvrage mesme du pere Felibien, & le refondre pour la plus grande partie, on s'est trouvé engagé à déplacer quelques faits des endroits où il les avoit inserés ; & par ce moien l'on s'appercevra peut-estre de quelque dérangement dans la suite des preuves. On y a remedié par les citations qui se trouveront à la marge de l'histoire.

Vers le milieu du second volume commence une grande suite d'extraits tirés des registres du parlement, depuis les *Olim*, jusqu'environ 1700. On ne voit pas facilement les originaux ; & nous ne nous vanterons pas d'une chose dont personne ne peut se vanter. Mais ces registres, si soigneusement gardés, sont cependant, en quelque sorte, devenus publics, par les differentes copies qu'on en garde en plusieurs bibliotheques particulieres, & dont nous en avons vû vendre publiquement quelques-unes, c'est-à-dire de ces copies. Il y en a à la bibliotheque de saint Germain des Prez & en beaucoup d'autres endroits; & nous avons profité des unes & des autres pour former le recueil que nous donnons, où souvent on trouvera des faits qui ne sont point détaillés dans le corps de l'histoire, parce qu'on n'aura pas eu occasion d'en faire mention. A ces extraits des registres du parlement, on en a joint quel-

ques autres des regiſtres des ordonnances; & tout cela va juſques dans le troiſiéme volume. On donne enſuite un extrait curieux & intereſſant des regiſtres de l'hoſtel de ville, où l'on trouvera le détail de beaucoup de ceremonies eſcrit avec exactitude & avec ſoin, & le récit de pluſieurs faits importans; le tout ſelon l'ordre chronologique. Enfin comme durant le cours de
l'impreſſion, l'on a recouvré pluſieurs actes utiles & neceſſaires pour l'enri-
chiſſement de l'hiſtoire, on les a donnés par forme de ſupplément, pour achever le troiſiéme volume, & on les a arrangés ſuivant leurs dates.

Il y a beaucoup de mots, tant dans les pieces Latines, que dans les Françoiſes, qui ſont hors d'uſage dans l'une & dans l'autre langue, & quelques-uns
difficiles à entendre. On en donnera l'explication à la fin de la table chronologique, ſous le titre de *Gloſſaire*. Et à la fin du troiſiéme volume, on donne une table alphabetique, generale & très-eſtendue, des noms & des matieres, qui ſervira pour les trois volumes. Il y a deux ou trois actes qu'on a
imprimés ſur des copies vicieuſes. On les a corigés ſur les originaux, ou copies autentiques qui en peuvent tenir lieu; & les corrections ſe trouveront
dans l'*Errata*.

Si l'on a dit, dans l'avertiſſement donné au public, au ſujet des Sou-
ſcriptions, qu'on trouveroit dans ces trois volumes, en quelque ſorte, les archives publiques de la ville; on croit que l'experience ne démentira point la
promeſſe. Beaucoup de corps y trouveront les pieces meſmes dont ils ont envié la connoiſſance au public, & peut-eſtre encore d'autres qui ne leur eſtoient
pas connuës. Ceux qui ont communiqué leurs actes avec confiance, auront
la ſatisfaction de voir l'uſage que l'on en aura fait; & les particuliers enfin,
qui n'ont eu aucune part au recueil, ne laiſſeront pas d'en jouïr, & d'y trouver les moyens de s'inſtruire de toutes les origines & de tous les eſtabliſſemens.

On ne fera point ici un détail affecté des pieces contenues dans ce recueil.
Il ſuffit de dire que la pluſpart des pieces ont le mérite & l'agrément de la
nouveauté; & que celles qui pouvoient eſtre déja connuës, ont eſté jugées ſi
neceſſaires & ſi importantes, qu'on n'a pû ſe diſpenſer de leur donner place
dans un ouvrage, qui, ſans cela, auroit paru défectueux, du moins à ceux
qui aiment à voir ramaſſé ſous leurs yeux tout ce qui regarde une meſme
matiere, ſur-tout quand on leur a promis de la traiter avec exactitude.

TABLE CHRONOLOGIQUE.

TABLE CHRONOLOGIQUE

DES ACTES ET PRINCIPAUX FAITS CONTENUS dans les trois volumes des Pieces justificatives de l'Histoire de Paris.

Le chiffre Romain II. marque la seconde Partie du second Tome ; & le chiffre III. marque la troisiéme Partie.

Les Pieces qui ne sont précédées d'aucuns de ces chiffres Romains sont dans le premier volume.

ANNE'ES.   a, *marque la premiere colonne*, & b, *la seconde.*

558. 6. Decemb. Charte du roi Childebert I. pour la fondation de l'abbaye de S. Germain des Prés, 15, b.
569. XII. Kal. Sept. *Charte de S. Germain évesque de Paris, pour l'abbaye de S. Vincent*, 16, b.
638. *Fondation de l'abbaye de S. Pierre, dite depuis S. Maur des Fossés, par Clovis II.* 20, a.
640. Non. Maii. *Fondation de l'abbaye de S. Maur des Fossés par Blidegissle,* 21, a.
697. 3. Avril. *Charte du roi Childebert III. en faveur de l'abbaye d'Argenteuil*, 23, b.
Vers 800. *Charte de Charlemagne en faveur de l'église de Paris, III.* 595, b.
810. VI. Kal. Nov. *Charte de Louis le debonaire en faveur de l'église de Paris, III.* 596, a.
868. *Lettres a'Enée évesque de Paris en faveur de S. Maur des Fossés,* 30, a.
919. II. Idus Martii. *Donation de l'abbaye de la Croix S. Leuffroi à l'abbaye de S. Germain des Prés par Charles le simple,* 31, b.
9. Octob. *Charte du roi Charles le simple en faveur du chapitre de S. Marcel,* 12, b.
Vers 980. *Charte de Lothaire & Louis son fils en faveur de l'église de Paris, III.* 496, b.
Charte des rois Lotaire & Louis, portant confirmation de la fondation de l'abbaye de S. Magloire faite par Hugues le Grand duc de France, pere de Hugues Capet, 39, b.
1017. *Lettres du roi Robert pour S. Denis de la Chartre,* 57, b.
Et autres du mesme, 58, a.
Vers 1050. *Lettres du roi Henry I. où il est fait mention de plusieurs églises autrefois abbayes,* 19, b.
1060. *Charte du roi Henry I. portant fondation de l'abbaye de S. Martin des Champs,* 48, a.
1067. *Charte du roi Philippe I. en faveur de S. Martin des Champs,* 49, b.
1070. III. Non. Maii. *Charte de Philippe I. pour S. Martin des Champs,* 51, a.
1079. *Le roi Philippe I. donne l'abbaye de S. Martin des Champs à l'abbaye de Cluny,* 51, b.
1096. *Donation de Montmartre à S. Martin des Champs,* 60, a.
1097. *Bulle d'Urbain II. pour S. Martin des Champs,* 62, a.
1107. *Charte de Philippe I. pour l'expulsion des religieuses de S. Eloi,* 55, b.
1108. *Lettres de Galon évesque de Paris touchant la collation des prébendes de Ste. Opportune,* 17, b.
1110. Pridie Non. Febr. *Charte du roi Louis VI. en faveur des Serfs de S. Martin des Champs,* 52, b.
1113. *Charte de fondation de l'abbaye de S. Victor,* 56, a.
1118. *Charte de Louis le gros en faveur de l'église de Paris, III.* 595, a.
1121. *Lettres de Girbert évesque de Paris pour S. Denis de la Chartre,* 58, b.
1133. *Donation de S. Denis de la Chartre faite à S. Martin des Champs, par Estienne évesque de Paris,* 59, a.
Eschange de Montmartre & de S. Denis de la Chartre, en faveur de S. Martin des Champs, 60, b.
Lettres de Pierre le Venerable, abbé de Cluny, pour l'acceptation de l'eschange de Montmartre & de S. Denis de la Chartre, 60, b.
1134. *Lettres du roi Louis VI. pour l'abbaye de Montmartre,* 61, a.
1136. X. Kal. Martii. *Bulle d'Innocent II. en faveur de S. Maur des Fossés,* 22, a.
1137. *Charte de Louis VII. en faveur de S. Martin des Champs,* 53, b.
1138. *Lettres du roi Louis VII. en faveur de l'hospital de S. Benoist près des Termes,* 91, b.
1147. 1. Juin. *Dedicace de l'église de Montmartre par Eugene III.* 63, b.
VII. Id. Junii. *Bulle d'Eugene III. en faveur de l'abbaye de Montmartre,* 62, a.
1150. *Lettres de Thibault évesque de Paris au sujet de sainte Opportune,* 32, b.

Tome II.   b

TABLE CHRONOLOGIQUE.

ANNÉES vj

1154. *Donation de Louis VII. à sainte Opportune*, 34, a.
Fondation de la chapelle de la Vierge au palais à Paris, 119, b.
1157. *Charte du roi Louis VII. en faveur de l'église de Paris*, III. 596, b.
1158. VI. Kal. Julii. *Bulle d'Adrien IV. en faveur du chapitre de S. Marcel*, 13, b.
1159. IV. Id. Maii. *Bulle d'Adrien IV. pour sainte Opportune*, 33, a.
1160. *La chapelle de S. Josse érigée en paroisse*, II. 477, a,
1163. XI. Kal. Maii. *Seconde dedicace de l'église de S. Germain des Prés, par le Pape Alexandre III.* 64, a.
1164. *Charte de fondation du monastere de Grandmont au bois de Vincennes, par le roi Louis VII.* 64, b.
1171. *Charte de Robert comte de Dreux pour l'hospital S. Gervais*, 65, b.
1173. *Lettres de Louis VII. pour les Bons-hommes du bois de Vincennes*, 65, a.
1176. *Lettres de Louis VII. pour sainte Opportune*, 34, a.
1178. I. Octob. *Bulle d'Alexandre III. en faveur de sainte Opportune*, 34, b.
1179. *Charte de Thibaut de Montmorency pour les Bons-hommes de Vincennes*, 65, b.
1183. *Lettres de Maurice évesque de Paris touchant S. Germain l'Auxerrois*, 72, a.
III. Non. Junii. *Bulle d'Urbain III. en faveur de sainte Opportune*, 35, b.
1183. ou 1187. *Fondation d'une troisiéme prebende à S. Estienne des Grès*, 40, b.
1188. *Lettres de Maurice évesque de Paris en faveur de l'hospital de sainte Catherine*, 67, a.
1189. VII. Kal. Aug. *Bulle de Clement III. en faveur de S. Thomas du Louvre*, 75, a.
1190. *Charte du roi Philippe Auguste en faveur de l'église de Paris*, III. 597, a.
Charte du mesme en faveur de S. Martin des Champs. 55, a.
1191. *Lettre de Maurice évesque de Paris touchant la chapelle saint Leuffroy*, 114, a.
Enceinte de Philippe Auguste, III. 817, b.
1192. *Lettres de Maurice évesque de Paris en faveur de l'église de S. Germain l'Auxerrois*, 73, a.
1194. *Acte du mesme touchant le Four d'enfer vendu à l'abbaye de Montivier*, 91, a.
1195. *Lettre du mesme en faveur de saint Maur des Fossés*, 13, a.
Lettres du roi Philippe Auguste, portant confirmation d'une Charte de Galerant comte de Meulant, où il est parlé des paroisses de S. Gervais & de S. Jean en grève, 92, a.
Et lettres de l'archevesque de Sens, au sujet du patronage de S. Gervais, 94, b.
Vers 1200. *Donation de l'église de S. Julien au prieuré de Long-pont*, 19, a.
1201. IX. Kal. Januarii. *Sentence du Pape Innocent III. concernant la cure de S. Estienne du Mont*, III. 596, b.
1202. Avril. *Charte de fondation de l'Abbaye au Bois, dioces de Noyon, transferée à Paris en 1694.* II. 183, b.
Lettre d'Odon évesque de Paris, touchant la chapelle dite la Croix de la reine, où est aujourd'hui la chapelle des Orfévres, 73, b.
Juin. *Concordat entre l'évesque de Paris & l'abbé de sainte Geneviéve, au sujet de la cure de S. Estienne du Mont*, III. 599, b.
1203. *Reglement touchant l'église de saint Estienne des Grez*, 41, a.
1204. *Fondation de l'église S. Honoré*, 76, a.
Acte de Guillaume de la Ferté pour la fondation de Port-royal, 78, a.
Acte de Mathieu de Montmorency Seigneur de Marly, 78, a.
Lettres d'Eudes évesque de Paris portant concession des privileges de l'ordre de Cisteaux à l'abbaye de S. Antoine lez Paris. III. 600, b.
1205. *Acte du chapitre de S. Germain l'Auxerrois, au sujet de la fondation de l'église de S. Honoré*, 76, b.
Concession d'un arpent de terre en la censive de S. Denis de la Chartre, pour le bastiment de l'église de saint Honoré, III. 601, b.
1206. *Lettres d'Eudes évesque de Paris en faveur de l'abbaye de Port-royal*, 78, b.
Incorporation à l'ordre de Cisteaux des abbayes de S. Antoine lès Paris, & de Port-royal. III. 601, a.
Decemb. *Mathieu comte de Beaumont donne à l'évesque de Paris la chapelle de sainte Catherine, joignant l'église de S. Denis de la Chartre, pour y bastir une église; c'est saint Symphorien de la Chartre*, 86, b.
1207. Aoust. *Lettres d'Eudes évesque de Paris en faveur des freres de la Trinité*, 74, a.
Aoust. *Lettres d'Eudes de Sully évesque de Paris, au sujet de la donation du comte de Beaumont & autres, pour fonder les Chapelains à sainte Catherine ou saint Symphorien de la Chartre*, 87, a.
1208. *Confirmation de l'incorporation de l'abbaye de S. Antoine à l'ordre de Cisteaux*, Sup. vj.

TABLE CHRONOLOGIQUE.

ANNÉES.
Octob. *Institution du chapitre de S. Honoré, III.* 602, a.
Mars. *Lettres du roi Philippe Auguste, portant concession des pailles & litieres de sa maison à Paris, à l'Hostel-Dieu de cette ville*, 249, b.
Don de Bouchard seigneur de Marly à l'abbaye de Port-royal, 78. b.

1209. Jeudi avant Noël. *Acte en faveur des Mathurins*, 91, a.

1210. *Lettres de Pierre évesque de Paris, portant introduction des religieux d'Hermieres en l'hospital de la Trinité*, 74, a.
Janvier. *Sentence arbitrale au sujet de la juridiction spirituelle de l'abbaye de S. Germain des Prés, dans les nouvelles paroisses de son territoire*, 91, b.

1211. Novemb. *Acte de concession du grand-maitre du Temple, pour l'hospital sainte Opportune*, 86, b.

1212. Janvier. *Erection de l'église de S. Jean en Gréve en paroisse*, 94, b.

1213. Fevrier. *Sentence arbitrale entre le Doyen & les Chanoines de S. Germain l'Auxerrois*, 96, a.
Avril. *Acte de l'official de Paris au sujet de S. Symphorien de la Chartre*, 88, a.

1214. *Dons de Bouchard seigneur de Marly à l'abbaye de Port-royal*, 79, a.

1215. May. *Lettres de Philippe Auguste touchant la Lendi de S. Denis*, 96, a.
Aoust. *Lettres de Pierre évesque de Paris, qui accorde à l'abbaye de S. Antoine les droits curiaux, du consentement du curé de S. Paul & de l'archidiacre de Paris, III.* 601, b.

1216. Decemb. *Sentence arbitrale de Pierre évesque de Paris &c. entre le doyen & le curé de S. Germain l'Auxerrois, au sujet des chapelles de sainte Agnès & de la Tour*, 97, a.

1217. *Fondation de prébende à S. Estienne des Grès*, 42, a.
Avril. *Fondation d'une cinquiéme prébende à S. Estienne des Grès*, 41, b.
Avril. *Lettres de Pierre évesque de Paris, touchant S. Estienne des Grès*, 42. b.

1218. *Don de Bouchard seigneur de Marly à l'abbaye de Port-royal*, 79, b.
Juin. *Lettres de Pierre évesque de Paris, portant concession d'une portion de terrain pour augmenter le cimetiere des Innocens*, 68, a.

1219. Avril. *Reglement touchant S. Estienne des Grès*, 42, b.
Decemb. *Concession pour S. Estienne des Grès*, 43, a.

Vers 1220. *Lettres des abbés de Savigny & des Vaux, portant tesmoignage que l'abbé de Cisteaux a consenti qu'il y ait une abbesse à Port-royal*, 83, b. 84, a.

1220. IV. Kal. Mart. *Extrait d'une Bulle d'Honoré III. pour les Jacobins*, 96, a.

1221. *Concession à S. Estienne des Grès, faite pardevant l'abbé de Neausle*, 44, b.
XVI. Kal. Februarii. *Bulle d'Honoré III. en faveur de l'hospital de sainte Catherine*, 67, b.
Avril. *Concession pour S. Estienne des Grès, pardevant l'official de Paris*, 44, a.
Autre. Ibidem.
Avril. *Concession pour S. Estienne des Grès*, 43, b.
Decemb. *Fondation de prébende à S. Estienne des Grès*, 43, b.

1223. XV. Kal. Februarii. *Bulle d'Honoré III. en faveur de l'abbaye de Port-royal*, 80, a.

1224. Avril. *Don de Bouchard seigneur de Marly à l'abbaye de Port-royal*, 81, b.
Mai. *Don de Mathieu de Marly à l'abbaye de Port-royal, & concession du mesme don par Bouchard seigneur de Marly*, 81, a.
Juillet. *Don de Bouchard de Marly à l'abbaye de Port-royal*, 82, a.
Confirmation par le roi Louis VIII. Ibidem.

1225. Avril. *Fondation de prébende à saint Estienne des Grès*, 44, b.
Avril. *Fondation de prébende à saint Honoré, III.* 602, b.
Mars. *Transaction entre les chapitres de saint Germain l'Auxerrois, & de sainte Opportune*, 35, b.

1226. *Don de Bouchard de Marly à l'abbaye de Port-royal*, 82, b.
Confirmation. Ibidem.
Avril. *Accord entre le prieur de saint Martin & les Filles-Dieu, au sujet des droits, tant dudit prieur, que du curé de saint Laurent, III.* 602, b.
Mai. *Don de Mathieu de Marly à l'abbaye de Port-royal*, 82, b.

1227. *Lettres de saint Louis en faveur de l'abbaye de l'Hostel-Dieu de Paris*, 249, b.
Concession de Mathieu seigneur de Montmorency connestable de France, à l'abbaye de Port-royal, 83, a.

1228. *Acte de Mathieu seigneur de Marly, frere de Bouchard, en faveur de l'abbaye de Port-royal*, 79, b.
Avril. *Sentence arbitrale, au sujet des églises de saint Honoré, S. Eustache, &c.* 77, a.

1230. *Lettres de Guillaume évesque de Paris, en faveur des Cordeliers*, 115, a.
X. Kal. Junii. *Bulle de Gregoire IX. en faveur de l'hospital de sainte Catherine*, 67, b.

b ij

TABLE CHRONOLOGIQUE

ANNE'ES. Dim. avant la S. Thomas. *Fondation d'une prébende à S. Honoré*, *III*. 603, a.
1232. Avril. *Concession de Guillaume de Gifors à l'abbaye de Port-royal*, 83, a.
Mai. *Lettres d'amortissement pour les Filles-Dieu*, 116, b.
1233. Avril. *Fondation de prébende à saint Estienne des Grès*, 45, b.
Mai. *Concession de Pierre seigneur de Marly à l'abbaye de Port-royal*, 83, a.
Novemb. *Le nombre des religieuses de Port-royal fixé par decret du Chapitre general tenu à Vaux Cernay*, 83, b.
1237. Aoust. *Lettres de manumission des Serfs du chapitre de saint Marcel*, 14, b.
1238. *Concession de Pierre seigneur de Marly, & Boucher son frere, à l'abbaye de Port-royal*, 84, a.
Don de Mathieu de Marly à l'abbaye de Port-royal, 84, b.
Mars. *Don de Mahaud Dame de Marly à l'abbaye de Port-royal*, 84, b.
1239. Mai. *Lettres de saint Louis en faveur de l'abbaye de Port-royal*, 85, a.
Juin. *Lettres patentes de saint Louis pour l'abbaye de Port-royal*, 85, a.
1240. *Acte de reconnoissance donné à l'abbaye de saint Germain des Prés, par les Cordeliers*, 115, b.
1245. *Statut du Chapitre general de Cisteaux touchant les estudes*, 162, a.
Janvier. *Premiere fondation de la sainte Chapelle de Paris par saint Louis*, 119, b.
1246. 1. Novemb. *Commencemens du College des Bernardins*, 162, b.
1248. *Statuts des Chapitres generaux de Cisteaux, touchant le college des Bernardins*, 165, a.
Juin. *Lettres du roi saint Louis en faveur de l'Hostel-Dieu de Paris*, 249, b.
Juin. *Don de deux terres en Normandie, fait à Bouchard de Marly par le roi saint Louis, à tenir en heritage*, 85, a.
Juillet. *Don de Jean comte de Montfort l'Amaury à l'abbaye de Port-royal, avec la confirmation du roi saint Louis, du mois d'Aoust*, 85, b. 86, a.
Aoust. *Seconde fondation de la sainte Chapelle de Paris, par saint Louis*, 122, a.
Vers 1250. *Ordonnance de saint Louis touchant la forme de proceder devant le prevost de Paris*, *III*. 243, a.
1250. Mai. *Manumission des Serfs de l'abbaye de saint Germain des Prés*, 207, a.
VII. Kal. Sept. *Bulle d'Innocent IV. en faveur du college des Bernardins*, 160, b.
Novemb. *Lettres du roi Jean pour les Filles-Dieu*, 116, b.
Samedi après la Purif. *Establissement du Chefcier à saint Estienne des Grès*, 46, a.
1251. *Recueil de quelques statuts des Chapitres generaux des Guillelmites*, 242, b.
Lundi avant la S. J. B. *Serment fait par les Parisiens à la reine Blanche mere de saint Louis*, *III*. 244, a.
1252. 3°. Samedi après la Trinité. *Contract d'acquisition d'une maison sise rue Hautefeuille, par l'abbé & les religieux de Prémontré, pour y establir leur college*, 108, b.
1253. Juin. *Reglement de Regnault evesque de Paris, touchant l'église de sainte Opportune*, 37, a.
Juin *Union de la chapelle saint Leuffroy à l'église de saint Germain l'Auxerrois*, 114, b.
Mars. *Lettres de Regnault evesque de Paris touchant la chapelle saint Leuffroy*, 115, a.
Mars *Accord entre les Freres, tant sains que lépreux, de saint Lazare, & les Filles-Dieu, au sujet d'un acquest de huit arpens de terre qu'elles avoient fait dans le fief de saint Lazare*, *III*. 603, b.
1254. Prid. Kal. Martii. *Bulle d'Innocent IV. pour le college des Bernardins*, 160, b.
Vendredi après la S. Martin. *Fondation d'une prébende à saint Honoré*, *III*. 603, b.
Mars. *Reglement de Regnault evesque de Paris, entre le doyen de saint Germain l'Auxerrois & le curé de saint Eustache*, 97, a.
1255. Avril. *Lettres du roi saint Louis qui deschargent l'Hostel-Dieu de toutes exactions & imposts*, 250, a.
Juin. *Vente de quelques cens, par l'abbesse de saint Antoine, aux religieux de Prémonstré*, 109, b.
1256. *Lettres du roi saint Louis portant donation de huit muids de froment sur la prevosté de Sens à la sainte Chapelle de Paris*, 125, a.
1. Fevr. *Bulle d'Alexandre IV. pour saint Martin des Champs*, 55, a.
Octob. *Contract d'acquisition faite par les religieux de Prémontré*, 210, a.
1257. Decemb. *Reduction des prébendes de saint Honoré III*. 604, b.
Consentement dudit chapitre, *III*. 605, b.
Ratification dudit chapitre de Paris, *III*. 605, b.
Jeudi avant la Purif. *Acquest fait par saint Estienne des Grès, du chapitre de Notre-Dame*, 45, b.

Mars.

TABLE CHRONOLOGIQUE.

ANNÉES. Mars. *Fondation de prébende à saint Estienne des Grez*, 45, b.
1258. II. Non. Decemb. *Bulle d'Alexandre IV. qui permet aux religieux de saint Germain des Prez, de porter des aumusses*, 292, b.
Fevrier. *Lettres de saint Louis où il est parlé des religieux de sainte Croix de la Bretonnerie*, 233, a.
1259. Mai. *Fondation des Chartreux de Vauvert*, 228, a.
Fevrier. *Acte par lequel l'abbé de saint Maur des Fossés approuve l'establissement des Carmes à Paris, en la censive du prieuré de saint Eloy.*, 215, b.
1260. *Enqueste par laquelle il appert que la justice de la voirie de saint Opportune appartient au roi*, II. 513, a.
Avril. *Erection de la chapelle saint Josse en paroisse*, 273, a.
III. Non. Julii. *Bulle du Pape Alexandre IV. en faveur des Guillelmites de Montrouge, depuis establis aux Blancs-manteaux*, 233, b.
X. Kal. Aug. *Bulle d'Alexandre IV. en faveur de l'hospital des Quinze-vingts*, 269, b.
Octobre. *Charte de saint Louis qui confirme & establit à perpetuité l'aumosne que les rois ses predecesseurs avoient coustume de faire tous les ans en Caresme*, III. 244, a.
Mars. *Transaction entre le curé de saint Severin & les Chartreux de Paris*, 228, b.
1261. *Arrest où il est parlé de la porte Baudez*, II. 514, a.
Enqueste où il est mention de la porte saint Marcel & de la nouvelle closture de Paris, II. 513, a.
Novemb. *Charte de fondation du couvent des Sachets, ou Freres de la penitence de J. C. où sont les grands Augustins*, 206, b.
1263. Prid. Kal. Febr. *Bulle du Pape Urbain IV. en faveur du college de Premonstré*, 210, b.
Lund. de la Pent. *Lettres de l'abbé de saint Germain des Prés, pour les Sachets*, 207, a.
1265. *Que l'évesque de Paris n'a point sa semaine au fief sainte Opportune*, II. 514, b.
Lundi après la S. Barnabé. *En quel cas le roi a justice & amende au fief de l'évesque*, II. 514, a.
Dim. après la S. Pierre. *Permission accordée par saint Louis aux Filles-Dieu de tirer de l'eau par conduits, de la fontaine saint Lazare*, III. 604, b.
Juillet. *Acte du chapitre N. D. au sujet d'une prébende de saint Estienne des Grez*, 46, b.
XII. Kal. Octob. *Bulle du Pape Clement IV. en faveur de l'hospital des Quinze-vingts*, 269, b.
1266. III. Id. Maii. *Bulle du Pape Clement IV. confirmative des lettres par lesquelles on avoit donné la regle de saint Augustin aux Freres serviteurs de la Vierge, establis au diocese de Marseille*, 234, a.
XV. Kal. Aug. *Bref du Pape Clement IV. à saint Louis, en faveur des Chartreux de Vauvert*, 230, a.
III Kal. Sept. *Bulle de Clement IV. confirmative d'une sentence arbitrale, par laquelle les Ermites de saint Guillaume sont distinguès de ceux de saint Augustin, & déclarés Benedictins*, 234, b.
1268. Novemb. *Charte de fondation du college du Tresorier*, 285, b.
1269. Octob. *Lettres du roi saint Louis qui exemptent de tout péage par terre & par eau, & de toute autre coustume, tout ce qui est pour l'usage de l'hostel-Dieu*, 250, a.
Octob. *Ratification par le roi saint Louis d'une donation faite aux Quinze-vingts*, 270, a.
Et autres lettres du mesme sur le mesme sujet, du mois de Mars suivant, 270, b.
Janv. *Reglement pour la Chefcerie de saint Estienne des Grez*, 47, a.
Mars. *Lettres du roi saint Louis pour les Quinze-vingts*, 271, a.
1270. *Quels fiefs à Paris sujets à la taille du roi*, II. 515, a.
Que les habitans du Temple, quoique hors la ville, sont sujets à la taille & au guet, II. 514, b.
Registre de Jean Sarrazin, jadis Voyer de Paris, II. 309, a.
Mai. *Acensement d'une piece de terre sise à la Folie Morel, fait aux Carmes par Jean Flamang, & amorti par l'abbé de saint Maur des Fossés*, 216, a.
1271. *Mestiers de Paris sujets au guet*, II. 515, a.
1272. IV. Id. Julii. *Bulle de Gregoire X. en faveur des Bernardins*, 161, a.
Fevrier. *Lettres patentes de Philippe le hardy au sujet de la justice temporelle de saint Germain des Prez*, 293, a.
Fevr. *Lettres patentes du mesme portant confirmation de la fondation de l'abbaye de Gercy*, 292, a.
1273. *Arrest touchant la nouvelle closture de saint Martin des Champs*, II. 521, b.

TABLE CHRONOLOGIQUE.

ANNÉES.
Janvier. *Accord entre le roi Philippe le hardi & les chanoines de saint Merri*, 24, a.
1273. Avril. *Établissement des boucheries du faubourg saint Germain*, 487, b.
1275. *Fondation du college de Dace*, II. 535, a.
1276. Mai. *Donation d'une partie de la rente d'une piece de terre, faite aux Carmes par les heritiers de Jean Flameng*, 216, b.
Aouft. *Acensement d'une place sur le grand pont de Paris, en faveur des Bons-hommes de Vincennes*, III. 606, a.
1278. Ibid. Septemb. *Bulle du Pape Nicolas III. en faveur de la sainte Chapelle de Paris*, III. 607, a.
Vers 1280. *Bulle d'Urbain III. en faveur de l'hospital de saint Gervais*, 66, a.
1281. 12. Mars. *Statuts du college du Tresorier*, 287, a.
1282. Samedi avant la S. J. B. *Eschange fait par l'hospital des Quinze-vingts, pour avoir un cimetiere*, 271, b.
1287. *Le nombre des Sergens du Chastelet fixé*, II. 515. b.
Mercredi après Misericordia Domini. *Sentence de l'official de Paris en faveur du chapitre de saint Germain l'Auxerrois, contre celui de saint Merri*, 31, a.
1288. *Deffense de porter espées & cousteaux à pointe, & boucliers*, II. 515, b.
Arrest contre le port d'armes & les fêtes de nuit, II, 515, b.
1290. Mardi avant la chaire S. Pierre. *Lettres de Simon Mathifas évesque de Paris, au sujet de saint Estienne des Grez*, 296, a.
Mardi après l'Annonc. *Letre de Jeanne de Chastillon comtesse d'Alençon & de Blois, portant fondation de quatorze religieux à la chartreuse de Vauvert*, 230, a.
Confirmations de ladite fondation, 231, b.
1291. Mars. *Actes pour le restablissement de frere Estienne de Pontoise prevost de l'abbaye de saint Germain des Prés*, 294, a. b.
1292. *A qui appartient d'avoir son prix à Paris*, II. 515, b.
1293. Vendr. avant les Brandons. *Acensement d'une maison près Montmartre, qui avoit esté aux Augustins, fait par l'évesque de Paris au comte de Nevers*, 205, a.
1294. *Donation de la reine Marguerite de Provence veuve de saint Louis, aux Cordelieres de saint Marcel*, 303, b.
Sept. *Lettres d'amortissement accordées par le roi Philippe le bel, au college des Bernardins*, 161, b.
1295. XVI. Kal. Aug. *Bulle du Pape Boniface VIII. pour la construction de l'eglise des Billettes*, 296, b.
1296. *Arrest touchant le fief de sainte Geneviéve*, II. 516, a.
Saint Marcel & saint Germain des Prez déclarés n'estre faubourgs de Paris, II. 516, a.
Lundi après Quasimodo. *Le comte de Nevers donne à son fils la maison qui fut jadis aux Augustins*, 206, a.
VII. Kal. Febr. *Bulle du Pape Boniface VIII. portant approbation de la fondation du college des Cholets*, 301, a.
1297. XV. Kal. Aug. *Bulle du Pape Boniface VIII. qui permet aux ermites de saint Guillaume de Montrouge de s'establir à Paris dans le monastere des servites de N. D. appellé aujourd'hui des Blancs-manteaux*, 238, b.
1298. *La Ville-neuve du Temple lès Paris, non sujette aux impositions de la ville*, II. 516, b.
1299. Decemb. *Don d'une maison, fait par Philippe le bel aux religieux hospitaliers de la Charité N. D.* 297, a.
1300. *Que la rue Bourg Thibourd est au fief du roi*, II. 516, b.
1301. *Jugé que le clos saint Victor est au fief de sainte Geneviéve*, II. 517, a.
Jeudi avant Pâques fleuries. *Ordonnance de Philippe le bel sur le droit appellé le prix du roi*, II. 517, b.
1302. Décollat. S. Jean. *Don fait par Jean Arrode pannetier du roi, aux religieux de la Charité N. D.* 297, b.
Concession du don précedent, par Jean de Sevre, 297, b.
IV. Non. Maii. *Fondation & statuts du college du Cardinal le Moine*, III. 607. a.
Vendr. avant la S. J. B. *Reglement entre le doyen & le chapitre saint Germain l'Auxerrois*, 99, b.
Confirmation du reglement par Simon évesque de Paris, 100, b.
Et par Simon archevesque de Sens, 101, b.
Dans la quinzaine de la Toussaints. L'Ordonnance du Chastelet de Paris, III. 615, a.
1304. 25. Mars. *Fondation du college de Navarre*. 317, a.

TABLE CHRONOLOGIQUE.

ANNE'ES.
1306. *Arrest au sujet du fief de saint Victor, II.* 517, a.
Mardi de la Pentec. *Charte du roi Philippe le bel en faveur des Augustins, pour faire l'office dans la sainte Chapelle le jour de la Translation du chef de saint Louis,* 125, b.
1307. *Que la permission du roi est requise pour élire des Abbés, II.* 617, a.
Lundi avant l'Ascension. *Testament de Galeran Nicolas Breton, fondateur du college de Cornoüaille,* 491, a.
Statuts du college de Cluny, 280, a.
30 Aoust. *Fondation de la cure du college du Cardinal le Moine, III.* 612, a.
6. Mars. *Seconds statuts du college du Cardinal le Moine, III.* 610, a.
Samedi après Reminiscere. *Fondation du college de Bayeux, III.* 616, a.
1309. Avril. *Charte de fondation du nouveau monastere des Carmes proche la place Maubert, par le roi Philippe le bel,* 217, a.
1310. 27. Decemb. *Troisiémes statuts du college du cardinal le Moine, III.* 611, a.
1311. 9. Septemb. *Fondation du college d'Harcourt,* 295, a.
Novemb. *Ordonnance du roi Philippe le bel, touchant les chirurgiens de Paris, III.* 245, a.
1312. 1. Mai. *Ordonnance du mesme contre les examinateurs du Chastelet, II.* 518, b.
Jeudi avant la S. J. B. *Lettres de Guillaume evesque de Paris portant confirmation de la fondation du college d'Harcourt,* 295, a.
Dimanche après la S. Barthelemi. *Clause testamentaire du fondateur du college de Bayeux, III.* 617, a.
21. Mars. *Premiere composition faite entre le roi & les chevaliers de saint Jean, au sujet des biens des Templiers,* 320, a.
Mercredi après l'Annonciat. *Arrest du parlement pour mettre en possession des biens des Templiers, les freres Hospitaliers de saint Jean de Jerusalem,* 319, a.
1313. *La queuillette de x. liv. parisis que la ville de Paris paya pour la chevalerie du roi Louis fils de Philippe le bel, III.* 618, a.
Nomina villarum vicecomitatûs Parisiensis, III, 621, b.
1. Juillet. *Pierre des Essarts prevost de Paris, trainé & décapité, II.* 555, b.
21. Juillet. *Quatriémes statuts du college du Cardinal le Moine, III.* 611, b.
Janvier. *Fondation des colleges de Presles & de Laon,* 325, a.
Mars. *Lettres du roi Philippe le bel, au sujet de la justice de saint Germain des Prés, dans la petite isle du Palais,* 274, a.
1314. 1. Juin. *Bulle du Pape Clement V. en faveur du college d'Harcourt,* 296, a.
1. Juin. *Le grand pannetier debouté de la connoissance des excès des boulangers, II.* 519, b.
13. Decemb. *Premiere fondation du college de Montaigu, III.* 622, b.
1315. Juillet. *Lettres du roi Louis Hutin, touchant les gens de guerre fournis par la ville de Paris, pour la guerre de Flandre,* 326, a.
30. Novemb. *Statuts du college de Bayeux, III.* 623, b.
14. Fevrier. *Seconde composition entre le roi & les chevaliers de saint Jean, au sujet des biens des Templiers,* 320, b.
1317. III. Non. Octob. *Anciens statuts du college de Narbonne, III.* 674, b.
Novemb. *Seconde charte de fondation du monastere des Carmes, par le roi Philippe le long,* 218, b.
6. Mars. *Troisiéme composition entre le roi & les chevaliers de saint Jean, au sujet des biens des Templiers,* 322, b.
1318. VI. Kal. Maii. *Bulle du Pape Jean XXII. par laquelle il permet aux Carmes leur translation à la ruë sainte Genevieve près la place Maubert,* 219, a.
Mai. *Affaire du Pré aux Clercs, II.* 522, a. b.
Juin. *Charte du roi Philippe V. en faveur de la sainte Chapelle de Paris,* 126, a.
Samedi avant l'Annonciat. *Benediction du nouveau monastere des Carmes,* 220, b.
1319. XIV. Kal. Januarii. *Bulle du Pape Jean XXII. en faveur des Carmes,* 219, b.
Jeudi après l'Ascension. *Acte au sujet de la vente que les Carmes firent de leur premiere maison,* 220, a.
8. Juillet. *Fondation de la Chantrerie de la sainte Chapelle de Paris,* 131, b.
31. Janvier. *Arrest au sujet des moulins de la Planche Mibray, II.* 523, b.
Fevrier. *Lettres patentes du roi Philippe V. portant permission de construire & fonder l'église N. D. de Boulogne, & d'y establir une confrairie,* 327, b.
Mars. *Autre fondation de la Chantrerie de la sainte Chapelle de Paris,* 132, a.
1320. *L'Ordonnance faite par le Chastelet de Paris, III.* 629, b.
15. Avril. *Arrest au sujet des 26. mestiers de la cité à Paris, &c. II.* 525, b.

ANNÉES.	
	4. Juin. *Ordonnance de Philippe le long pour la vente des forges du Pont au Change*, III. 246. a.
	Non. Augusti. *Bulle du Pape Jean XXII. en faveur du tresorier de la sainte Chapelle de Paris*, 134, b.
	Janvier. *Lettres du roi Philippe le long qui confirment & expliquent au long celles de saint Louis de l'an 1227. en faveur de l'Hostel-Dieu*, 250, b.
	Fevrier. *Lettres patentes du mesme, portant confirmation de la vente du College de S. Bernard à l'ordre de Cisteaux*, 163, b.
1322.	Arrest au sujet d'une maison sise ruë Marché-Palu, appartenant au Temple, II. 527, a.
	Mercredi après la S. André. *Fondation du college de Cornouaille*, 490, a.
	Samedi après la S. André. *Acte portant que les seuls originaires de l'évesché de Cornouaille pourront estre admis au college de ce nom*, 493, b.
	16. Fevrier. *Extrait d'un arrest qui fait mention des prix de diverses choses*, II. 527, a.
	Mars. *Lettres du roi Charles le bel en faveur de l'Hostel-Dieu*, 250, b.
1323.	XV. Kal. Augusti, *Bulle du pape Jean XXII. pour la fondation de l'hospital de S. Jacques aux pelerins*, 328, a.
	Fulmination de ladite Bulle, 329, b.
	2. Janvier. *Fondation du college du Plessis, & confirmation du pape Jean XXII. l'an 1326*, 372, a.
	5. Mars. *Arrest au sujet d'une maison joignant le Châstelet du Petit-pont*, II. 529, a.
1324.	Mai. *Lettres de Charles le bel portant concession à l'Hostel Dieu de cent charretées de bois par an, à la charge de porter les reliques de la sainte Chapelle à la suite du roi jusqu'à 34. lieuës de Paris*, 251, a.
1325.	Mai. *Lettres du mesme, pour le gratis de toutes les lettres & actes de justice concernant les affaires de l'Hostel-Dieu*, 251, b.
	28. Fevrier. *Premiere fondation du college des Escossois*, III. 631, b.
	Mars *Ordonnance du roi Charles le bel, portant suppression d'un droit abusif nommé* Hallebik, *sur la vente du poisson*, III. 246, b. *Et mandement ensuite*, III. 247, a.
1326.	XII. Kal. Maii. *Bulle de Jean XXII. en faveur de l'hospital S. Jacques*, 334, b.
	Juin. *Lettres de Charles le bel pour l'église de S. Jean en Grève*, 95, a.
1328.	Janvier. *Lettres du roi Philippe de Valois portant concession & don de 300. charretées de bois à l'Hostel-Dieu, à prendre tous les ans dans la forest de Biévre*, 252, a.
	6. Janvier. *Lettres du mesme pour l'érection de la confrairie du S. Sepulcre*, 402, a.
	Feste de S. Julien évesque 28. Janv. *Fondation du college de Marmontier*, 391, a.
1329.	VI. Kal. Aprilis. *Bref du pape Jean XXII. qui permet à la reine Jeanne de Bourgogne de nommer Guillaume de Vadoxe Cordelier son executeur testamentaire. Il y a dans l'acte.* Anno III *c'est une faute, il faut lire* Anno XIII. *& cela est confirmé par l'acte qui suit immediatement*, III. 675, a.
1331.	5. Fevrier *Fondation & statuts du college de Bourgogne, confirmés par l'évesque de Paris, de l'autorité du pape Jean XXII.* III. 635, b.
1332.	Vendredi après la S. Laurent. *Testament de Groffroi du Plessis*, 392, b.
	Confirmation par l'abbé de Marmontier, 395, a.
	28. Novemb. *Consentement des religieux de S. Vaast d'Arras à quelques acquests & aumosnes de leur abbé, en faveur du college d'Arras*, 408, a.
1333.	8. Juillet. *Transaction entre les maistres & escoliers du college du Cardinal le Moine, & ceux du college des Escossois*, III. 634, b.
	21. Aoust. *Dotation du Chapelain de S. Julien des Menestriers*, III. 648, a.
	Vendr. après la S. Mathias. *Fondation du college des pauvres escoliers Italiens, dits Lombards*, 427, a.
	Samedi après Oculi mei. *Fondation du college de Tours*, 408, b.
1334.	17. Juillet. *Procuration du Cardinal Pierre Bertrand executeur testamentaire de la reine Jeanne de Bourgogne*, III. 642, a.
	22. Juillet. *Lettres au sujet de l'hostel de l'abbé de Cluny*, II. 522, b.
	Aoust. *Lettres du roi Philippe de Valois qui permettent aux religieux des Blancs-manteaux de percer le mur de la ville & y faire une porte*, 239, a.
1335	*Reglement de Benoist XII. touchant les colleges de l'ordre de Cisteaux*, 165, b.
	11. Décemb. *Statuts de Simon abbé de Marmontier, pour le college du Plessis*, 319, b.
	Statuts d'Estie Abbé de Marmontier pour le mesme College, 383, a.
1336.	Juillet. *Charte du roy Philippe de Valois en faveur des Blancs-manteaux*, 241, a.
1337.	28. Juillet. *Election de gouverneurs pour la confrairie de S. Jacques de l'hospital*, 337, b.

Octroi

TABLE CHRONOLOGIQUE.

ANNÉ'ES.
1339. *Octroi pour l'entretien de 800. chevaux accordés au roi. III.* 319, a.
22. Fevrier. *Lettres du roi Philippe de Valois, portant amortissement à la prieuré de l'Hostel-Dieu, de 100. liv. de rente, pour les toiles à ensevelir les morts,* 252, b.
13. Mars. *Pouvoirs accordés pour un tems à la Chambre des comptes,* II. 523, a.
1340. 22. Avril. *Fondation de la Messe du palais,* 303, b.
1342. X. Kal. Septembris. *Bulle du pape Clement VI. en faveur des Carmes,* 221, b.
1343. XVII. Kal. Februarii. *Bulle du mesme pour l'hospital S. Jacques,* 334, b.
IV. Id. Aprilis. *Bulle de Clement VI. pour l'érection de la chapelle de S. Julien des Menestriers,* III. 651, a.
6. Octob. *Imposition pour l'entretien de 500. chevaux accordés au Roi par la ville,* III. 319, b.
1344. 29. Juillet. *Lettres de Foulques évesque de Paris, concernant la chapellenie de S. Julien des Menestriers, où sont rapportées les lettres de fondation & érection de ladite chapellenie, d'acquests de rentes pour icelles & d'amortissement,* III. 649, b.
28. Aoust. *Lettres du roi Philippe de Valois qui accordent à l'Hostel-Dieu la paisson de 200. porcs dans la forest de Rez,* 153, a.
29. Octob. *Lettres du mesme en faveur de l'Hostel-Dieu,* 253, b.
1345. Decemb. *Lettres du mesme, pour transporter ailleurs un estal de boucher qui estoit devant l'Hostel-Dieu,* 253. b.
1347. *Octroi pour la solde de 1500. hommes de cheval accordés au roi par la ville,* III. 319, b.
1348. *La peste ou épidemie à Paris,* 70, a.
Extrait de la fondation & des statuts du college de Cambrai, 431, a.
Confirmation, 435, a.
1349. Dimanche devant la S. J. B. *Lettres de la reine Jeanne de Navarre qui donne ses joyaux pour bastir l'église des Carmes,* 222, b.
17. Fevrier. *Impositions faites à Paris, du consentement de la ville, & pour un an seulement, par le roi Philippe de Valois,* 438, a.
1350. VI. Non. Julii. *Bulle de Clement VI. en faveur des Carmes,* 222, a.
17. Juillet. *Establissement d'un second chapelain au college de Bourgogne,* III. 654, b.
Jour de S. Gregoire. *Consecration de la chapelle des religieux de la Charité N. D.* 298, a.
1351. 6. Novemb. *Institution de l'ordre militaire des chevaliers de la Noble maison, autrement dits de l'Estoile, par le roi Jean,* 437, b.
1353. Octob. *Lettres patentes du roi Jean en faveur du chapitre de S. Ouyn & des chevaliers de l'Estoile,* 438, b.
Juillet. *Fondation du college Mignon. III.* 655, a.
8. Juillet. *Lettres du roi Jean portant déffenses à ses pourvoyeurs & à ceux des princes du sang, de prendre aucuns vivres ou ustensiles appartenans à l'Hostel-Dieu,* 254, b.
12. Septemb. *Testament de Pierre de Becoud chevalier seigneur de Flechinel,* 444, b.
16. Novemb. *Exemption des droits de péage en faveur des officiers du parlement,* III. 247, b. 248, a.
12. Janvier. *Exemption de tous péages pour les officiers du parlement, de la chambre des comptes &c, III.* 248, a.
1357. *Anciens statuts pour les petites escoles de Paris,* 447, a. b.
7. Juillet. *L'hostel au Dauphin acheté par les P. des M. & EE. pour y bastir l'hostel de ville,* 274, b.
Amortissement & confirmation. Ibidem.
17. Novemb. *Fondation & statuts du college de Boncour,* 440, b.
1358. Aoust. *Charte de Charles regent de France duc de Normandie, portant concession d'une bourse à la chancelerie, aux Celestins de Paris,* 470, a.
30. Novemb. *Ordonnance du regent au sujet des confiscations ou forfaitures, avec exception en faveur des chapelains de la Noble maison, III.* 657, a.
Paris ceint de fossés, III. 818, a.
Janvier. *Déclaration du mesme touchant les droits du concierge du palais, III.* 249, a.
1361. Octobre. *Lettres du roi Jean, portant confirmation de la bourse accordée aux Celestins,* 472, b.
Novemb. *Lettres de la reine Jeanne de Navarre, au sujet de la dédicace de l'église des Carmes faite le 16. Mars 1353, (c'est 1354)* 223, b.
7. Decemb. *Acquisition de l'hostel S. Paul par Charles dauphin & duc de Normandie. Differend à ce sujet terminé à la Chambre des comptes,* 480, b.
1363. 21. Avril. *Lettres de Charles duc de Normandie dauphin, qui deschargent l'Hostel-Dieu du subside qui se levoit sur les maisons de tout le royaume,* 254, b.

Tome II. d

TABLE CHRONOLOGIQUE.

ANNÉES. Aoust. *Lettres du roi Jean touchant la boucherie du Mont sainte Geneviéve*, 481, b.
Autres lettres du mesme, pour l'execution des précédentes, 483, a.
1364. 18. Avril. *Confirmation du parlement par Charles V. III.* 253, a.
Juillet. *Edit du roi Charles V. pour l'union de l'hostel de S. Paul au domaine*, 483, b.
1365. III. Kal. Julii. *Bulle d'Urbain V. touchant l'acquisition de l'hostel de Sens faite par le roi, III.* 660, a.
30. Aoust. *Ordonnance du mesme, au sujet de l'acquest fait par S. M. d'un hostel de l'archevesque de Sens, pour accroistre celui de S. Paul, III.* 658, a.
5. Novembre. *Don d'une maison aux Jacobins, par Charles V.* 278, b.
Fevrier. *Union de l'hostel de Sens au domaine de la Couronne, III.* 658, b
1366. 18. Mai. *Arrest faisant mention d'une ancienne ordonnance au sujet des boucheries, II.* 530, b.
1367. 20. Septemb. *Lettres du roi Charles V. portant exemption des aides sur le vin, en faveur de l'Hostel-Dieu*, 255, b.
24. Mars. *Charte du mesme, par laquelle il donne dix mille francs d'or pour bastir l'église des Celestins*, 472, b.
1368. Juillet. *Charte du mesme, pour le petit S. Antoine*, 484, a.
11. Septemb. *Transaction entre l'université de Paris, & l'abbé & les religieux de S. Germain des Prez, pour le patronage de S. Germain le Vieux*, 18, a.
Decemb. *Charte du roi Charles V. qui confirme le don de la bourse qu'il avoit fait aux Celestins, estant dauphin*, 473, a.
2. Decemb. *Déclaration des commissaires du Pape sur l'eschange fait entre le roi & l'archevesque de Sens, pour l'accroissement de l'hostel de S. Paul, III.* 659, b.
1369. 25. Mai. *Lettres du roi Charles V. qui dispensent l'Hostel-Dieu de produire les originaux de ses titres en justice*, 255, b.
Octobre. *Charte du mesme, par laquelle il prend les Celestins sous sa protection & commet leurs causes aux requestes du palais*, 473, a.
1371. 23. Decemb. *Sentence du prevost de Paris portant reglement pour le cimetiere des Innocens*, 68, a.
Janvier. *Lettres du roi Charles V. touchant les aumusses des chanoines de la sainte Chapelle de Paris*, 134, b.
1372. 27. Juillet. *Lettres du mesme portant concession à l'Hostel-Dieu de paisson pour* 200. *porcs en la forest de Cuise*, 256, b.
29. Janvier. *Arrest du parlement portant confirmation de la sentence du prevost de Paris au sujet du cimetiere des Innocens*, 69, b.
1373. 4. Juin. *Union de la commanderie du petit S. Antoine de Paris à celle de Flandre*, 485, b.
25. & 18. Mars. *Lettres touchant l'établissement des boucheries du faubourg S. Germain*, 487, a.
1374. 13. Avril. *Arrest au sujet du grand pont de Paris rompu & reparé, II.* 531, a.
Autre du 27. Avril, 1375. *II,* 532, a.
13. Avril. *Arrest au sujet du cimetiere des Innocens, II,* 531, b.
7. Juillet. *Acensement fait par le roi, des anciens murs, tours & places vagues entre la porte du Charme & celle du Temple*, Sup. xl.
1375. 17. Decemb. *Arrest au sujet du droit de pesche des religieux de S. Germain, II.* 632, a.
1377. 29. Avril. *Arrest au sujet des boucheries de sainte Geneviéve, II.* 532, b.
2. Juillet. *Arrest de reglement pour le vestiaire des religieux de S. Germain, II.* 533, b.
2. Juillet. *Lettres patentes de Charles V. au sujet des dettes d'Estienne Marcel, III.* 320, a.
4. Juillet. *Arrest au sujet des bouchers de sainte Geneviéve & de S. Marcel, II.* 534, b.
1379. 16. Aoust. *Statuts du college de Narbonne, III.* 662, a.
Novemb. *Fondation de la sainte Chapelle de Vincennes*, 189, a.
Confirmation, en Fevrier 1387, (1388) Ibidem.
1380. VIII. Kal. Februarii. *Bulle de Clement VII. par laquelle il permet aux Celestins de France de celebrer leur chapitre provincial à Paris, & d'y élire tous les trois ans un Provincial pour le royaume*, 475, a.
19. Avril. *Fondation & statuts du college de Daimville*, 506, a.
6. Mai. *Procez verbal d'une assemblée des maistres & maistresses d'escole en la maison du chantre de N. D.* 449, a.
30. Juillet. *Statuts du college de Cornouaille augmenté par Jean de Guistry, chanoine des églises de Paris, Nantes & Quimper*, 494, b.
2. Mars. *Lettres patentes en faveur de la sainte Chapelle de Vincennes*, 197, b

TABLE CHRONOLOGIQUE.

ANNÉES.
Confirmation du 18. Janvier 1397. (1398) 197, a.
1381. 8. Septemb. *Fondation d'une chapellenie dans l'église du S. Sepulchre, depuis augmentée & érigée en prebende*, 402, a.
Confirmation par le chapitre de Paris, 406, a.
Lettres de la chambre du domaine au sujet de la mesme fondation, 406, b.
Augmentation de la fondation, 407, a.
Mars. *Lettres patentes du roi Charles VI. pour la sainte Chapelle de Vincennes*, 200, b.
1382. 22. Aoust. *Arrest du parlement touchant le college de Narbonne*, III. 673, b.
27. Janvier. *Charte du roi Charles VI. faisant mention de la suppression du prevost des marchands & des eschevins de Paris*, 279, b.
27. Janvier. *Ordonnance du roi Charles VI. contre la ville de Paris*, 519, b.
1383. Non. Maii. *Bulle de Clement VII. qui permet aux Carmes d'acheter le college de Dace pour augmenter leur monastere*, 224, a.
3. Juillet. *Lettres de Charles VI. en faveur des religieux de la Charité N. D.* 298, a.
16. Janvier. *Additions & modifications faites à la fondation du college de Daimville*, 514, b.
5. & 6. Avril. *Transaction entre les fondateurs & maistres de l'hospital S. Jacques & les chapelains anciens*, 335, a.
1384. 4. Juillet. *Acensement fait par le roi des enciens murs &c, entre les portes du Chaume & du Temple*, III. 661, b.
13. Juillet. *Extrait d'un arrest au sujet du college de Dace*, II. 535, a.
13. Novemb. *Statuts du visiteur & du collateur des bourses du college de Daimville*, 515, b.
1385. 5. Fevrier. *Arrest au sujet des droits du chancelier de l'université, chanoine de N. D. II.* 535, b.
1386. 27. Juillet. *Lettres patentes du roi Charles VI. en faveur des Filles-Dieu*, 118, a.
7. Aoust. *Le college de Dace donné aux Carmes*, II. 537, b.
Après le 9. Aoust. *Prise de possession du college de Dace par les Carmes*........
16. Fevrier. *Arrest au sujet des droits du chancelier de l'université*, II. 537, b.
1387. *Arrests au sujet du college de Dace*, II. 539, b.
23. Janvier. *Arrest au sujet des femmes de mauvaise vie de la rue Baillehoc*, II. 538, a.
1388. 6. Avril. *Arrest au sujet du droit de visite prétendu par l'évesque de Paris, sur les prieurés dépendans de S. Maur des fossez*, II. 540, b.
7. Novemb. *Seconde fondation du college de Montaigu, ou testament de Pierre Aicelin de Montaigu cardinal évesque de Laon, pour le rétablissement de ce college*, III. 675, a.
1. Decemb. *Statuts du chapitre de S. Jacques de l'Hospital*, 339, a.
21. Janvier. *Ordonnance du roi Charles VI. pour exclure les reguliers du parlement*, III. 254, a.
1389. 28. Aoust. *Arrest sur le droit de pesche de l'abbaye de S. Germain*, II. 541, b.
26. Novemb. *Modification de l'article IX. des statuts du college de Daimville*, 516, a.
Nouveau reglement pour ledit College, 517, a.
1390. 26. Mai. *Don fait au roi Charles VI. de l'hostel de Sicile, par le duc d'Alençon*, 521, a.
30. Octobre. *Statuts du college de Marmontier*, 395, b
Confirmation, 398, b.
3. Janvier. *Arrest sur une affaire reguliere de S. Martin des Champs*, II. 542, b.
1391. 11. Mai. *Procedure au sujet d'un Juif exerçant la médecine à Paris*, II. 544, a.
25. Mai. *Lettres patentes du roi Charles VI. qui accorde au trésorier de la reine une tour de l'ancienne closture de Paris, pour en élargir sa maison, cedée depuis aux Blancsmanteaux*, 242, a.
31. Juillet. *Arrest au sujet du college Mignon*, II. 544, b.
1392. 4. Juillet. *Arrest au sujet de l'hostel du Roulle destiné aux pauvres malades*, II. 545, a.
9. Octobre. *Revocation des concessions d'eau accordées sur les fontaines publiques*, III. 320, b.
17. Janvier. *Consentement de Louis seigneur de Montaigu à la fondation du college de Montaigu, à condition qu'il sera appelé de Montaigu, au-lieu qu'il s'appelloit auparavant le college des Aicelins*, III. 677, a.
30. Mars. *Arrest au sujet du pont-neuf (de S. Michel) basti sous Charles VI.* II. 545, b.
1393. 19. Avril. *Arrest pour faire brûler certains livres de magie*, II. 645, b.
1394. 28. Janvier. *Arrest au sujet de la justice sur les Juifs*, II. 546, a.
1396. 11. Fevrier. *Ordonnance de Charles VI. pour accorder le sacrement de penitence aux condamnez à mort*, III. 254, b.

d ij

TABLE CHRONOLOGIQUE.

1397. 30. Novemb. *Dédicace de l'Eglise des Blancs-manteaux*, 243, b.
14. Mars. *Déclaration du roi Charles VI. pour l'exemption de péage pour les fruits provenans des terres des officiers du parlement*, III, 255, a.
1398. 24. Novemb. *Donation de la pointe d'un clou de N. S. aux Carmes de la Place-Maubert, par la reine Blanche veuve de Philippe VI.* 226, b.
Vers 1400. *Sermens & statuts de la sainte Chapelle de Paris*, 151, a, &c.
1. Aoust. *Election de deux gouverneurs de la confrairie de S. Jacques de l'hospital, & leur pouvoir*, 344, a.
1401. 18. Juillet. *Reformation de la sainte Chapelle de Paris, par le roi Charles VI*, 135, a.
26. Aoust. *Arrest au sujet d'une sedition aux Cordeliers*, II. 546, b.
1402. 25. Juillet. *Statuts du college de Montaigu*, III, 679, a.
Decemb. *Lettres par lesquelles le roi Charles VI. permet aux confreres de la Passion de faire des representations en public*, III, 685, a.
1403. 11. Mai. *Acte du serment de fidelité presté au roi Charles VI. à la chambre des comptes & ailleurs*, 522, a.
Janvier. *Arrest de la chambre des comptes & trésoriers de Paris, qui donne à rente aux Blancs-manteaux une tour & partie des anciens murs de la ville joignant leur monastere*, 244, a.
1404. 26. Avril. *Maladies contagieuses à Paris*, II, 547, a.
19. Juillet. *Arrest au sujet de l'insulte faite à l'université par Charles de Savoisi*, II, 547, a.
23. Aoust. *Condamnation de Charles de Savoisi*, II, 547, b.
1405. Mai. *Charte du roi Charles VI. au sujet de la chantrerie de la sainte Chapelle de Paris*, 133, b.
4. Mai. *Lettres du mesme, qui deffend aux pourvoyeurs de sa maison, des princes du sang, & autres, de prendre aucuns vivres ou ustensiles dans l'Hostel-Dieu, maisons & fermes en dépendantes*, 256, b.
19. Aoust. *Le duc de Bourgogne ramene le dauphin à Paris*, II. 548, a.
20. Novemb. *Arrest au sujet du college de Dormans*, II, 549, a.
1406. 27. Juin. *Tempeste & grosse gresle*, II. 549, a.
8. Aoust. *Don fait par le roi d'une partie des anciens murs de Paris du costé de S. Paul, au grand-maistre de Montaigu*, III, 686, b.
1. Septemb. *Tumulte causé par les gens du duc de Berry*, II. 549, a.
1407. 21. Avril. *Lettres patentes du roi Charles VI. pour la refection du pavé de la croisée de Paris*, III, 321, a.
23. Novemb. *Assassinat du duc d'Orleans*, II. 549, b.
31. Janvier. *Grandes glaces. Chute du pont S. Michel & du Petit-pont*, II. 550, a.
16. Mars. *Sentence de l'official de Paris en faveur des doyen & chapitre de S. Germain l'Auxerrois, contre le Curé de S. Sauveur, ci-devant la chapelle de la Tour*, 101, b.
23. Mars. *Taxe pour la refection du Petit-pont & du pont S. Michel*, II. 551, b.
1408. 5. Mai. *Prevost de Paris destitué*, II, 552, a.
12. Mai. *Dedicace de l'église des Billettes*, 298, b.
8. Mai. *Déclaration du roi Charles VI. qui confirme au parlement le droit d'élire ses officiers*, III, 256, a.
21. Mai. *Bulles d'excommunication de Benoist XIII. déchirées publiquement*, II, 552, a.
20. Aoust. *Punition de ceux qui avoient apporté les lettres de Benoist XIII.* II, 552, b. 553, a.
26. Aoust. *Retour de la reine & du dauphin à Paris*, II, 552, b.
28. Aoust. *Arrivée de la duchesse d'Orleans à Paris*, II. 553, a.
5. Septemb. *Publication du pouvoir donné par Charles VI. à la reine*, II, 553, a.
11. Septemb. *Discours public contre les justifications du duc de Bourgogne*, II, 553, b.
30. Octobre. *Bail à ferme des droits appartenans aux doyen & chapitre de S. Germain l'Auxerrois, sur la cure de S. Sauveur*, 109, a.
Accepté par le Curé, 110, b.
28. Novemb. *Contribution pour la refection des ponts de Paris emportés par les glaces*, II, 553, b.
1409. 10. Mai. *Enregistrement du don fait par le roi d'une partie des anciens murs de Paris du costé de S. Paul, au grand-maistre de Montaigu*, III, 686, b.
3. Decemb. *Charte du roi Charles VI. pour déclarer subreptices les lettres obtenues de Benoist XIII. par lesquelles la sainte Chapelle estoit érigée en chapitre, &c. III.* 687, a. VIII. Kal.

TABLE CHRONOLOGIQUE. xvij

ANNE'ES.
1410. VIII. Kal. Junii. *Bulle du pape Jean XXIII. portant permiſſion de baſtir une chapelle avec cloche & clocher, au college de Montaigu*, III, 688, b.
11. Aouſt. *Lettres patentes de Charles VI. touchant les privileges des arbaleſtriers de Paris*, III, 321, b.
11. Aouſt. *Eſtabliſſement de la compagnie des ſoixante arbaleſtriers de Paris, par Charles VI*, 523, b.
27. Aouſt. *Lettres patentes de Charles VI. pour le chapitre de S. Marcel*, 15, a.
16. Septemb. *Retour du roi Charles VI. à Paris*, II, 554, b.
Octobre. *Lettres du roi Charles VI. touchant le tréſorier de la ſainte Chapelle de Paris*, 140, a.
1411. *Lettres patentes du meſme pour les privileges des archers de la ville*, III, 321, b.
29. Avril. *Lettres du meſme en faveur de la chambre des comptes, au ſujet du guet nouvellement eſtabli pour la garde de la ville de Paris*, 530, a.
18. Aouſt. *Le duc de Berry ſe plaint qu'on dit de lui qu'il hait les habitans de Paris*. II. 554, b.
IV. id. Novembris. *Bulle du pape Jean XXIII. qui exempte l'hoſpital des Quinze-vingts de la juridiction de l'ordinaire*, 272, b.
20. Janvier. *Reſtabliſſement du bureau de la ville par Charles VI*, 526, a.
1412. 22. Aouſt. *Reconciliation des ducs de Bourgogne & d'Orleans*, 527, a.
20. Septemb. *Lettres du roi Charles VI. en faveur des Celeſtins*, 476, a.
1413. 28. Avril. *Priſonniers livrés aux eſchevins & bouchers de Paris*, II, 554, b.
24. Mai. *Lettres patentes de Charles VI. portant aveu de ce qui s'eſtoit fait à Paris*, III. 322, a.
13. Juillet. *Ambaſſades pour la paix des princes*, II, 556, a.
2. Aouſt. *Plaintes des Armagnacs*, II, 556, a.
15. Aouſt. *Le roi prié de donner la paix aux Armagnacs*, II, 557, a.
29. Aouſt. *Abolition pour la ville de Paris, avec reſerve des y nommés*, III, 257, b. 322, b.
2. Septemb. *Les princes ſe préſentent au roi & jurent la paix*, II, 557, b.
5. Septemb. *Lit de juſtice pour annuller les édits faits contre les Armagnacs*, II, 558, a.
9. Fevrier. *Le chancelier & le parlement vont par la ville, montés & armés*, II, 559, a.
10. Fevrier. *Alarme donnée à Paris par le duc de Bourgogne*, II, 559, a.
25. Fevrier. *L'apologie du duc de Bourgogne bruſlée au parvis N. D. II*, 559, b.
5. Mars. *Coqueluche à Paris*, II, 559, b.
1414. *Lettres patentes de Charles VI. touchant le pont N. D. III*, 323, a.
8. Aouſt. *Ambaſſadeurs d'Angleterre à Paris*, II, 559, b.
1415. 31. Aouſt. *Réduction de 500. perſonnes réſervées par des lettres d'abolition à l'occaſion des troubles, au nombre de 45. nommés*, III, 259, a.
3. Octobre. *Lettres patentes de Charles VI. par leſquelles il commet le ſoin de Paris aux préſidens du parlement, ſans préjudice de l'autorité du P. des M. & des EE. III*, 260, a.
11. Decemb. *Le duc de Bourgogne à Lagny*, II, 560, a.
18. Decemb. *Mort & portrait de Louis fils aiſné de Charles VI. II*, 560, b.
Vers ſur l'eſtat préſent de la France, II, 560, a.
18. Mars. *Reviſion du procez de Pierre des Eſſarts*, II, 561, a.
1416. 30. Avril. *Punition de Nicole d'Orgemont fils du chancelier*, II, 561, a.
8. Mai. *Conſpiration contre le roi deſcouverte*, II, 561, b.
13. Mai. *Lettres du roi Charles VI. portant ordre d'abatre la grande boucherie devant le grand chaſtelet*, 541, b.
Aouſt. *Edit du roi charles VI. portant érection de quatre nouvelles boucheries royales, après la démolition de la grande; & ordonnances faites à ce ſujet*, 542, a.
Lettres patentes pour la confirmation & execution des précedentes, 544, b.
13. Aouſt. *Les Bourguignons aux portes de Paris*, II, 662, a.
17. Aouſt. *Aviſé de faire valoir contre le duc de Bourgogne & ceux de ſon parti la bulle d'Urbain contre les Routiers*, II, 562, a.
16. Septemb. *Arreſt contre la doctrine du Tyrannicide*, II, 562, b.
14. Janvier. *Ambaſſade au dauphin pour le prier de s'approcher de Paris*, II, 562, b.
1417. 28. Mai *Aſſemblée pour aviſer aux moyens d'appaiſer le duc de Bourgogne*, II, 563, a.
21. Juillet. *Arreſt contre les lettres ſeditieuſes du duc de Bourgogne*, II, 563, a.
5. Aouſt. *Serment de fidelité preſté au roi par le parlement*, II, 563, b.
10. Decemb. *Les ſceaux de la ville dérobés*, II, 566, a.
Tome II. e

24. Decemb. *Commission touchant quelques partisans du duc de Bourgogne*, III, 260, b.
1418. 23. Avril. *Le roi revient à Paris*, II, 566, a.
29. Mai. *La ville de Paris surprise par les Bourguignons*, II, 566, b.
31. Mai. *Le comte d'Armagnac prisonnier au petit chastelet*, II, 567, b.
1. Juin. *Tentative des Armagnacs pour entrer à Paris*, II, 567, b.
2. Juin. *Ambassade au dauphin pour l'appeller à Paris. Fuite de ce prince*, II, 568, a.
6. Juin. *Chastelus fait mareschal de France, de Lens Amiral; le comte d'Armagnac amené à la grosse tour du palais*, II, 568, a.
8. Juin. *Ambassade à la reine & au dauphin*, II, 568, b.
12. Juin. *Les prisons rompuës. Massacre des prisonniers, &c.* II, 568, b.
18. Juin. *L'Isle-Adam fait mareschal de France.* II, 569, a.
20. Aoust. *Nouvelle rupture des prisons & massacres des prisonniers.* II, 569, b.
22. Aoust. *Alarme & desordres à Paris.* II, 570, a.
26. Aoust. *Supplice de Capeluche & de quelques autres seditieux.* II, 570, b.
30. Aoust *Serment de fidelité des habitans de Paris, & du duc de Bourgogne.* II, 570, b.
12. Septemb. *Concordat entre les Celestins de France & ceux d'Italie, touchant l'élection d'un provincial en France.* 476, b.
13. Septemb. *Paris insulté par la garnison de Montlehery.* II, 571, a.
19. Septemb. *Le traité de paix juré.* II, 571, b.
3. Octob. *Abolition accordée aux bouchers de Paris.* II, 572, b.
14. Octobre. *Ordonnance du roi Charles VI. sur une aide levée à Paris.* 545, a.
15. Octobre. *Disette & cherté à Paris.* II, 572, b.
22. Octobre. *Mesures prises pour les vivres & necessités de Paris.* II, 573, a.
3. Novemb. *Fulmination de la bulle d'Urbain contre les Bourguignons, déclarée nulle.* II, 573, b.
12. Novemb. *Le roi se dispose à partir pour aller secourir Rouen.* II, 574, b.
15. Novemb *Mesures prises pour la sureté de la ville en l'absence du roi.* II, 574, b.
28. Novemb. *Départ du roi & procession.* II, 575, b.
1. Decemb. *Commissaires pour la tranquilité de Paris*, II, 575, b.
19. Janvier. *Lettres patentes du duc de Bourgogne en faveur de la ville de Paris* III, 262, b.
28 Janvier. *Le comte de S. Pol establi gouverneur de Paris.* II, 576, b.
29. Janvier. *Lettres patentes de Charles VI. par lesquelles il establit le comte de S. Pol capitaine de Paris.* III, 261, b.
3 Fevrier. *Election d'un prevost de Paris*, II, 576, b.
18. Fevrier. *Lettres apportées de Bourges à Paris, & mesures là-dessus.* II, 576, b.
21. Fevrier. *Troupes levées pour la conservation de Paris, & leur solde.* II, 577, a.
22. Fevrier. *Lettres du dauphin à la ville de Paris, & la réponse. Tréve avec les Anglois.* II, 577, b.
13. Mars. *Autre lettre du dauphin, & la réponse, sans approbation de la qualité de regent par lui prise.* II, 578, a.
3. Avril. *Autre lettre du dauphin à la ville de Paris*, II, 578, b.
1419. 27. Mars. *Le roi, la reine, & le duc de Bourgogne au bois de Vincennes*, II, 579, a.
12. Juillet. *Traité de Corbeil entre le dauphin & le duc de Bourgogne*, II, 579, a.
25. Juillet. *Lettres du roi Charles VI. portant exemption pour l'Hostel-Dieu de l'aide de huit sols sur chaque queuë de vin entrant à Paris*, 257, a.
31. Juillet. *Pontoise pris par les Anglois*, II, 579, b.
9. Aoust. *Courses des Anglois devant Paris*, II, 579, b.
11. Septemb. *Lettres du dauphin aux P. des M. & EE. de Paris au sujet de la mort du duc de Bourgogne*, III, 263, a.
11. Septemb. *Nouvelles de la mort du duc de Bourgogne*, II, 579, b.
6. Octob. *Gilles de Clamecy élû de nouveau prevost de Paris, malgré sa resistance*, II, 581, a.
17. Janvier. *Lettres du roi Charles VI. aux habitans de Paris contre le dauphin son fils*, III, 264, a.
3. Fevrier. *Lettre du nouveau duc de Bourgogne au parlement*, II, 581, b. *Responsé.* Ibidem.
1420. 29. Avril *Le traité de Troyes approuvé en tourbe par l'assemblée generale tenuë à Paris*, II, 592, b.
20. Mai. *Mariage de Henry V. roi d'Angleterre avec Catherine de France*, II, 584, a.
30. Mai. *Le traité de Troyes juré à Paris*, II, 584, a.

TABLE CHRONOLOGIQUE. xix

ANNE'ES.
2. Decemb. *Retour des reines de France & d'Angleterre à Paris. Prise de Meulant*, II, 585, a.
15. Fevrier. *L'archevêque de Sens fait l'ordination à Paris, le siege vacant, par ordre du parlement*, II, 585, a.

1421. 8. Juin. *Le marechal de l'Isle-Adam prisonnier à la bastille*, II, 585, b.
4. Juillet. *Henry V. roi d'Angleterre à Paris*, II, 586, a.
24. Decemb. *Procession pour la naissance d'un fils du roi d'Angleterre*, II, 586, b.

1422. 25. Mai. *Le roi & la reine d'Angleterre au bois de Vincennes, puis à Paris*, II, 587, a.
27. Juillet. *Ambassadeurs de Bretagne pour jurer le traité de Troyes*, II, 587, a.
31. Aoust. *Mort de Henry V. roi d'Angleterre*, II, 587, a.
21. Octobre. *Mort du roi Charles VI.* II, 587, b.
23. Octobre *Executeurs subrogés à ceux que Charles VI. avoit nommés par son testament, qui estoient morts*, II, 587, b.
5. Novemb. *Le duc de Betford à Paris*, II, 588, b.
9. Novemb. *Obseques de Charles VI.* II, 588, b.
9. Novemb. *Henry VI. roi de France & d'Angleterre*, II, 588, b.
13. Fevrier. *Ambassade du duc de Bourgogne au parlement*, II, 589, a.

1423. 27. Aoust. *Le duc de Bretagne & le comte de Richemont à Paris*, II, 589, a.
V. Kal. Octobris. *Bulle de Martin V. confirmative du concordat entre les Celestins d'Italie & ceux de France*, 479, a.

1424. 21. Avril. *La vraye croix monstrée par le duc de Betford*, II, 589, a.
27. Mai. *Ordonnance du roi Henry VI. touchant les maisons & heritages de Paris, & les rentes constituées dessus*, 549, b.
27. Mai. *Lettres patentes de Henry VI. roi d'Angleterre en faveur des bourgeois de Paris*, 547, b.
Juillet. *Lettres patentes du roi Henry VI. portant réunion de la chambre des comptes de Caën à celle de Paris*, 552, a.
5. Aoust. *Sentence du chastelet de Paris concernant le college d'Albuzon*, 505, b.
8. Septemb. *Le duc de Betford à Paris après la bataille de Verneuil*, II, 589, b.
7. Fevrier. *Lettres patentes par lesquelles le roi d'Angleterre fait l'évesque de Therouenne son chancelier de France*, III, 267, b.

1425. 30. Mai. *Sacre & entrée de Jacques du Chastelier évesque de Paris*, II, 589, b.
1427. *Fondation & statuts du college de Seez*, III, 689, a
1428. 2. Fevrier. *Donation de l'hostel de la petite Bretagne, faite à S. Thomas du Louvre par Jean duc de Bretagne*, 75, a.
16. Fevrier. *Concile de la province de Sens tenu à Paris*, II, 589, b.

1429. 26. Aoust. *Le traité de Troyes juré de nouveau à Paris*, II, 590, a.
8. Septemb. *Entreprise sur Paris, sans succès. La pucelle d'Orleans blessée*, II, 590, b.
30. Septemb. *Arrivée du duc de Bourgogne & du cardinal d'Excestre à Paris*, II, 591, a.
13. Octobre. *Trêve. Le duc de Bourgogne lieutenant general*, II, 591, b.
8. Avril. *Supplice de quelques habitans affectionnés à Charles VII.* II, 591, b.

1430. 27. Avril. *Réjouissances pour l'arrivée du roi d'Angleterre à Calais*, II, 592, a.
13. Mai. *Reglement pour l'entrée du roi d'Angleterre à Paris*, II, 592, a. b.

1431. 2. Septemb. *Testament de la reine Isabeau de Baviere veuve de Charles VI.* 553, a.
24. Novemb. *Reglement pour l'entrée du roi d'Angleterre à Paris*, II, 593, a.
21. Decembre. *Le roi d'Angleterre tient le parlement, & se fait prester le serment de fidelité*, II, 593, b.

1432. 3. Septemb. *L'abbesse de S. Antoine prisonniere au chastelet*, II, 594, a.
14. Novemb. *Mort de la duchesse de Betford*, II, 594, a.
5. Fevrier. *Départ du duc de Betford*, II, 594, b.

1433. 29. Mai. *Lettres patentes du roi d'Angleterre, par lesquelles l'évesque de Therouenne chancelier est commis pour gouverner le royaume en l'absence du duc de Befort*, III, 268, a.
12. Novemb. *L'université de Paris s'oppose à l'establissement de l'étude du droit à Caën*, II, 594, b.

1434. 21. Mars. *Acte portant union entre les quatre ordres mendians de Paris*, 558, a.
1435. 30. Septemb. *Mort d'Isabeau de Baviere reine de France*, II, 595, a.
13. Octobre. *Obseques de la reine Isabeau de Baviere*, II, 595, a.
11. Fevrier. *Emeute à Paris*, II, 595, b.
27. Fevrier. *Abolition accordée aux Parisiens par le roi Charles VII. de ce qui s'estoit passé sous la domination des Anglois*, 559, b.

e ij

15. Mars. *Nouveau serment du traité de Troyes*, II, 596, a.
1436. 13. Avril. *Réduction de la ville de Paris à l'obeïssance de Charles VII.* II, 597, a.
13. Avril. *Assemblée des officiers de la chambre des comptes, après leur retour à Paris*, 559, b.
15. Mai. *Lettres patentes du roi Charles VII. qui ordonnent que les chambres du parlement & autres cours du palais seront fermées, & les clefs mises entre les mains des officiers nommés par sa Majesté*, 560, b.
Vers Juin. *Requeste des Parisiens au roi Charles VII. pour la réduction, respondue au conseil*, III, 269, a.
8. Juin. *Responce de Charles VII. aux requestes du parlement, séant à Poitiers, au sujet de la réduction*, III, 270, b.
1. Novemb. *Restablissement du parlement & des autres cours à Paris*, III, 271, b.
10. Decemb. *Reglement pour la tranquilité de la ville*, II, 598, a.
4. Fevrier. *Défense de commercer avec les Anglois*, II, 598, a.
16. Mars. *Boucherie de S. Germain transferée pour un tems*, II, 598, b.
1437. 6. Avril. *Reconnoissance de frere André Barthelemy religieux de S. Antoine de Viennois, en faveur de l'abbaye de S. Antoine des Champs*, III, 700, b.
11. Novemb. *Premiere entrée de Charles VII, à Paris*, II, 598, b.
1438. 10. Decemb. *Lettres patentes du mesme portant concession des droits de regale à la sainte Chapelle de Paris*, III, 701, b.
1439. 13. Fevrier. *Arrest pour la réparation du pont N. D.* II, 598, b.
1444. 1. Septemb. *Lettres du roi Charles VII, qui ordonnent que toutes sortes d'affaires de l'Hostel-Dieu seront instruites & jugées par le prevost de Paris, mesme en tems de vacations*, 258, a.
1446. 24. Mai. *Donation de l'hostel de Nesle au duc de Bretagne, par le roi Charles VII*, 561, a.
1453. 15. Avril. *Lettres patentes de Charles VII. pour le restablissement des requestes du palais à Paris*, III, 272, b.
15. Avril. *Evocation des causes pendantes pardevant les maistres des requestes de l'hostel, non estant de leur competence, aux requestes du palais*, III, 273, b.
1455. *Statuts de Hervé abbé de S. Germain des Prez, député de l'abbé de Marmontier, pour le college de Marmontier*, 385, a.
Statuts de l'abbé Gui II. pour le mesme college, 388, a.
1459. 9. Fevrier. *Arrest du parlement, par lequel est déclaré qu'au roi appartient, & non au concierge du palais, la nomination du bailli de la conciergerie dudit palais*, III, 703, a.
1461. 4. Aoust. *Mort & obseques de Charles VII.* II, 599, a.
28. Fevrier. *Reglement pour S. Martin des Champs*, II, 599, b.
11. Janvier. *Lettres du roi Louis XI. par lesquelles il establit Bertrand de Beauvau & Charles de Melun ses lieutenans à Paris en son absence*, 561, b.
1462. 5. Fevrier. *Bulle du pape Pie II. touchant les cessations d'exercices souvent indiquées par l'université de Paris pour des causes legeres; & les deffenses de prescher intimées aux religieux dans ces occasions, &c*, III, 707, a.
1463. 17. Aoust. *Don de l'hostel de la reine, dit de la Pissote, fait par Louis XI. à Charles de Melun*, 562, b.
1464. 8. Mars. *Lettres patentes du roi Louis XI. qui establit le sieur de Melun son lieutenant general à Paris*, III, 274, a.
14. Septemb. *Don des profits de la regale fait à la sainte Chapelle par Louis XI.* III, 708, b.
1465. 3. Aoust. *Lettres du mesme au sujet de la foire de S. Lazare*, 66, a.
12. Aoust. *Lettres patentes du mesme, pour establir son lieutenant general à Paris le comte d'Eu*, II, 575, b.
Novemb. *Lettres du mesme en faveur des sergens du Parloir aux bourgeois*, 563, a.
12. Novemb. *Ordonnance du mesme pour l'élection par scrutin des officiers du parlement*, III, 275, a.
1466. 29. Juillet. *Statuts du college du Plessis*, 378, a.
Novemb. *Lettres patentes de Louis XI. qui donnent à la ville l'élection du controlleur de la recette & garde de l'artillerie de la ville*, III, 8, b.
1467. 29. Juillet. *Lettres du mesme qui ordonnent que les causes de l'Hostel-Dieu seront jugées tous les jours de la semaine*, 259, a.
1468. 4. Fevrier. *Commission du roi Louis XI. pour le temporel de l'abbaye de Montmartre*, 563, b.
1469. Mars. *Titres anciens concernans le voyer de Paris, recouvrez*, II, 305, b.

Lettres

ANNÉES.
1473. *Lettres du roi Louis X I. d'amortiffement general pour l'Hoftel-Dieu*, 259, b.
23. Septemb. *Nettoyement de la ruë de Biévre*, II, 600, b.
1475. 17. Juin. *Bourfe au college de Navarre pour les enfans de chœur de N. D.* II, 600, b.
1476. 15. Mai. *Reprefentations de la Bazoche interdites*, II, 601, a.
23. Aouft. *Nettoyement des ruës de Paris*, II, 601, b.
1477. 13. Juin. *Lettres patentes de Louis X I, en faveur de fainte Catherine de la Coûlture*, III, 278, b.
19. Juillet. *Reprefentations de la Bazoche interdites*, II, 601, b.
3. Janvier. *Fefte de fainte Geneviéve ordonnée au palais*, II, 601, b.
22. Janvier. *Arreft fur la fondation du Conneftable de Cliffon à N. Dame*, II, 601, b.
1. Mars. *L'hoftel des Beguines, ou Ave-Maria, donné aux Cordelieres*, II, 603, a.
1480. 24. Decemb. *Lettre de Jean Luillier évefque de Meaux, provifeur de Sorbonne, pour la reception de Jean Standonc en la maifon & fociété de ce college*, III, 710 a.
16. Janvier. *L'évefque de Marfeille lieutenant general du roi à Paris*, II, 603, b.
8. Fevrier. *Arreft au fujet des religieufes de l'Ave-Maria*, II, 603, a.
1482. 28 Aouft. *Le parloir aux bourgeois affermé*, II, 603, b.
2. Septemb. *Arreft au fujet des religieufes de l'Ave-Maria*, II, 604, a.
24. Janvier. *Droits des religieux de S. Denis, fur le Petit-pont*, II, 604, b.
7. Fevrier. *Proceffion à S. Denis*, II, 604, b.
Mars. *Premier eftabliffement de la foire S. Germain, fait par le roi Louis X I*, 564, b.
1483. *Collation de la principalité du college de Montaigu à Jean Standonc*, III, 710, b.
2. Juin. *Entrée de la dauphine à Paris*, II, 606, a.
26. Juin. *Proceffions à S. Denis*, II, 606, a.
31. Juillet. *Reception de la fainte Ampoule à Paris*, II, 606, b.
15. Septemb. *Retour de la fainte Ampoule*, II, 607, a.
9. Octob. *Lettres patentes de Charles VIII. qui eftablit le duc d'Orleans gouverneur de Paris, &c.* III, 276, b.
24. Octob. *Augmentation faite à la chambre des comptes par Charles VIII*, 310, b.
4. Decemb. *Don fait à la fainte Chapelle de Paris des fruits de la regale par le roi Charles VIII. fa vie durant, à l'imitation du roi Louis X I*, 140, b.
27. Décemb. *Lettres patentes du roi Charles VIII. portant introduction des religieufes de Fontevrault au monaftere des Filles-Dieu*. 118, b.
1484. 13. Juillet. *Lettres patentes du mefme contenans la confirmation de tous les privileges de l'Hoftel-Dieu*. 260, b.
1485. 2. Mai. *Reglemens pour la juftice de la Panneterie*. II, 607, a.
9. Mai. *Don fait par Charles VIII. des aubaines & confifcations, pour la réparation du Chaftelet de Paris*. 277, b.
1. Juillet. *Arreft fur l'élection d'un abbé regulier à S. Magloire*. II, 608, a.
Janvier. *Lettres de Louis duc d'Orleans, depuis roi de France, en faveur de l'Hoftel-Dieu*, 262, a.
1486. 15. Janvier. *A qui appartient l'élection du capitaine des archers de la ville*. II, 608, b.
7. Avril. *Arreft touchant le droit de tierce femaine de l'évefque de Paris fur les péages*, II, 608, b.
1487. 12. Septemb. *Les reliques de la fainte Chapelle monftrées à l'évefque de Varadin*. II, 610, a.
1488. 13. Septemb. *Ordonnance de Charles VIII. touchant les clercs des comptes*, 310, a.
1491. 21. Juillet. *Reglement entre le chevalier du guet & le lieutenant criminel*. II, 611, a.
20. Aouft. *Exemptions des meffagers de l'univerfité*. II, 611, b.
22. Novemb. *Ordonnance de Charles VIII. pour les gages de la chambre des comptes*. 312, a. b. 313, b.
3. Fevrier. *Entrée de la reine à Paris*. II, 611, b.
16. Fevrier. *Affemblée de ville pour fournir mille hommes foudoyez au roi*. II, 612, a.
19. Fevrier. *Contrat fait avec l'abbé & les religieux de fainte Geneviéve, pour l'accroiffement de l'églife de faint Eftienne*. III, 711, a.
14. Juin. *Ordonnance de Geoffroi de Pompadour évefque du Puy grand aumofnier de France, touchant l'hofpital des Quinze-vingts*. III, 747, a.
1493. 7. Juillet. *Lettres patentes du roi Charles VIII. portant augmentation de gages pour le parlement*. 307, a.
11. Aouft. *Statuts du college de S. Bernard à Paris*. 168, a.
2. Décemb. *Reglement pour le college de S. Bernard*. 180, a.

Tome II.

TABLE CHRONOLOGIQUE

1494. 16. Avril. *Fondation de la chapelle du college de Montaigu, de deux chapelains, & de douze pauvres escoliers.* III, 712, b.
18. Decemb. *Reglement contre les escoliers turbulens*, II, 612, a.
1495. 7. Juillet. *Lettres de l'évesque de Paris, portant permission de bastir une chapelle au college de Montaigu, avec cloche & clocher, & d'y faire le service divin en notes.* III, 715, b.
16. Janvier. *Assemblée pour un vaisseau de guerre demandé par le roi à la ville.* I, 612, b.
1496. 22. Decemb. *Lettres patentes de Charles VIII. qui confirment le don par lui fait de l'office de chevalier du guet à Jean de Harlay & Jean le Bouteiller son gendre.* III, 278, a.
12. Janvier. *Processions pour le débordement de la Seine.* II, 612, b.
6. Mars. *Ordonnance au sujet de la maladie appellée grosse vérole.* II, 613, a.
1497. 3. Mai. *Ordonnance du roi Charles VIII. au sujet des halles de Paris.* 566, b.
1498. *Lettres patentes du roi Louis XII. qui confirment l'establissement du grand conseil.* 568, a.
Juillet. *Lettres patentes du mesme en faveur de sainte Catherine de la Coulture.* III, 278, b.
1499. 12. Juin. *Articles approuvés par le chapitre de Paris, pour le régime du college de Montaigu.* III, 716, a.
25. Octobre. *Chute du pont N. D.* III, 323, a.
12. Novemb. *Bac establi à Paris à cause de l'empeschement des ponts* II, 614, b.
29. Decemb. *Lettres d'octroy du roi Louis XII. pour la construction du pont N. D.* 570, a.
9. Janvier. *Arrest du parlement sur la chute du pont N. D.* 571, a.
14. Janvier. *Aide pour le restablissement du pont N. D.* II, 615, a.
6. Avril. *Arrest pour la réforme de l'abbaye de Chelles.* 615, a.
1500. 8. Mai. *Jean Standonc rappellé d'exil.* II. 616, b. *Par lettres du 17. Avril.*
28. Janvier. *Dérogation à quelques articles de la fondation du college de Montaigu.* III, 740, b.
1501. 4. Aoust. *Maisons abatuës pour faire l'épaulement du pont N. D.* II, 617, a.
3. Septemb. *Imposition pour la réparation du pont N. D.* II, 618, a.
13 Fevrier. *Entrée du cardinal d'Amboise légat*, III, 324, b.
V. Kal. Martii. *Bulle du cardinal d'Amboise archevesque de Rouen & légat du S. Siege, en faveur du college de Montaigu.* III, 721, b.
1502. 8. Juillet. *Arrest de la chambre des comptes qui permet aux Blancs-manteaux d'ériger un chapiteau au dessus de la porte de leur église.* 247, a.
13. Janvier. *Nouveaux statuts du college de Montaigu.* III, 725, b.
1503. 22. Juin. *Lettres d'Estienne Poncher évesque de Paris, en faveur du college de Montaigu.* III, 743, b.
1504. 17. Fevrier. *Transport du corps du duc d'Orleans aux Celestins.* III, 325, a.
21. Fevrier. *Service pour le duc d'Orleans.* II, 618, a.
1505. 23. Avril. *Sœurs grises à l'Hostel-Dieu, substituées aux sœurs noires.* II, 618, b.
2. Mai. *Arrest du parlement portant reglement pour l'administration de l'Hostel-Dieu.* 262, b.
23. Mai. *Ordonnance pour la réformation de l'Hostel-Dieu.* II, 619, a. b.
21. Juin. *Les Curés de Paris refusent d'inhumer les morts, avant que d'avoir vû leurs Testamens.* II, 619, b.
5. Aoust. *L'administration de l'Hostel-Dieu confiée aux bourgeois.* III, 327, a. *Suite.* III 329, a.
7. Avril. *Déliberation touchant l'Hostel-Dieu, au sujet de la grosse vérole.* III, 327, a.
1506. 23. Avril. *Députation pour le mariage du duc de Valois avec Claude de France, &c.* III, 327, b.
1507. 16. Novemb. *Ordres du roi pour faire exercer les habitans aux armes.* III, 328, a.
14. Janvier. *Réformation de l'hospital des Quinze-vingts.* II, 620, a.
22. Janvier. *Navire accordé au roi par la ville.* III, 328, b.
23. Fevrier. *Ruë de la Juifverie élargie.* II, 520, b.
1508. 16. Juin. *Bourgeois commis au gouvernement de l'Hostel-Dieu.* II, 621, a.
22. Mars. *Te Deum & procession pour la paix entre Louis XII. & l'empereur Maximilien.* III, 329, a.
1509. 30. Avril. *Droit d'estalonage conservé à l'abbaye de sainte Geneviéve.* II, 622, a.
9. Fevrier. *Arrest au sujet du college du Chenac.* II, 622, a.
16. Mars. *A qui appartient de mener les archers & arbalestriers de la ville.* II, 623, a.
1510. 27. Avril. *Octroi pour la réparation du pont N. D.* II, 623, a.
25. Mai. *Jeu de l'arbaleste, à qui permis ou deffendu de s'y trouver.* II, 624, a.
1. Juillet. *Arrest par lequel il paroist que le pont aux meusniers n'estoit point un passage public.* II, 624, b.

TABLE CHRONOLOGIQUE. xxiij

ANNÉES.
24. Janvier. *Arrest du parlement entre le Curé de S. Estienne & le college de Montaigu.* III, 744, b.
1511. 28. Mai. *Permission à l'Hostel-Dieu de boucher la ruelle du Sablon, & de bastir dessus une galerie.* II, 625, a.
22. Aoust. *Deffense aux bouchers de la grande boucherie de donner leurs estaux à louage.* II, 625, b.
1. Septemb. *Continuation de l'octroi pour la réparation du pont N. D.* II, 626, a.
1512. 21. Avril. *Ordre à la ville de faire fondre de l'artillerie.* III, 330, b.
3. Mai. *Ordre de faire montre generale des habitans de Paris.* III, 331, a.
14. Mai. *Moulins à polir les armes.* II, 626, b.
30. Juin. *Alternative pour le rang, entre S. Germain des Prez, & S. Martin des Champs.* II, 527, a.
21. Juillet. *Arrest du parlement touchant la cure de S. Estienne du Mont.* III, 745, a.
28. Septemb. *Aide de 40000. liv. demandée à la ville par le roi Louis XII.* 573, b.
Octobre. *Lettres patentes du mesme, pour la confirmation des privileges de l'Hostel-Dieu, sauve-garde, & garde-gardienne au chastelet de Paris.* 264, b.
Paris fortifié. III, 818, a, b.
1513. 13. Mai. *Coustume de Paris nouvellement redigée.* II, 627, a.
18. Janvier. *Ordres pour l'entrée de François I. à Paris.* III, 331, b. elle se fit le 15. Fevrier.
8. Fevrier. *Obseques de la reine Anne de Bretagne.* II, 627, b.
1514. 27. Avril. *Arrest contre les masques.* II, 630, a.
3. Aoust. *Privilege du parlement pour imprimer un livre à la louange de Paris.* II, 630, b.
4. Novembre. *Entrée de la reine Marie d'Angleterre.* II, 631, a.
18. Janvier. *Funerailles de Louis XII.* II, 631, a.
Fevrier. *Jeux & danses de la bazoche.* II, 633, a.
23. Fevrier. *Entrée de François I. à Paris.* II. 633, b.
Avril. *Don fait de l'hostel de Piennes au chancelier du Prat par François I.* 574, a.
1515. 5. Janvier. *Reglement contre la licence des jeux de theatre des colleges.* II, 634, a.
29. Fevrier. *Arrest au sujet des loges & chambrettes du pont au change.* II, 634, b.
1516. Novemb. *Alienation de l'hostel de S. Paul faite par le roi François I. au sieur de Genouillac.* 674, b.
1517. 5. Mars. *Naissance du fils aisné de François I.* II, 635, a.
1518. 9. Aoust. *Commission pour la réformation de sainte Croix de la Bretonnerie.* II, 635, a, b.
12. Fevrier. *Commission donnée par le roi François I. à la chambre des comptes pour l'eschange qu'il vouloit faire de la terre de Chantelou, avec les maisons & jardins qu'avoit le sieur de Neufville entre la porte S. Honoré & la Seine,* 576, a.
4. Mars. *Le pont au change en necessité de réparation.* II, 636, a.
2. Avril. *Naissance d'un second fils du roi.* II, 636, b.
1519. 2. Septembre. *La peste à Paris. Theatre des confreres de la Passion.* II, 636, b.
1520. Janvier. *Réforme de la sainte Chapelle de Paris, par le roi François I.* 142, b.
22. Janvier. *Acte par lequel l'évesque de Troyes exposé à la chambre des comptes les volontés du roi François I. tant sur une procession en action de graces de sa guérison, que pour l'establissement d'un college royal & d'une chapelle à l'hostel de Nesle.* 577, b.
22. Janvier. *Processions pour le roi.* II, 637, a.
1521. 14. Mai. *Montres & jeux de la Bazoche.* II, 636, b.
15. Novemb. *Differend pour les offrandes, entre le prieur & le curé de S. Barthelemi.* II, 637, b.
15. Mars. *Le concile de Sens tenu à Paris, a recours au parlement pour la suppression de quelques livres heretiques.* II, 638, a.
6. Avril. *Ordonnance touchant les hospitaux de Paris.* II, 637, a.
15. Avril. *Imposition pour la solde de mille hommes de pied accordez au roi par la ville.* II. 638, b.
1522. *Serment des Quinze-vingts à leur reception.* Sup. lxx.
6. Septemb. *Les greffes de la prevosté de Paris acquis par le seigneur de Villeroi.* II, 641, a.
6. Septemb. *Reglement pour l'hospital des Quinze-vingts, avec l'arrest d'enregistrement au parlement.* III, 748, a.
16. Septemb. *Exemption des entrées de ville pour les vins de l'abbaye de S. Germain.* II, 641, b.

f ij

ANNE'ES. xxiv   TABLE CHRONOLOGIQUE.

30. Septemb. *La peste à Paris* II, 641. b, 642, a.
10. Octobre. *Edit du roi François I. portant création de rentes au denier douze, en faveur des P. des M. & Eschevins. C'est l'origine des rentes sur l'hostel-de-ville.* 578, b.
8. Novemb. *Ordonnance au sujet de la peste.* II, 642, a.
14. Novemb. *L'archevesque d'Aix gouverneur de Paris.* II, 643, a, b.
10. Janvier. *Enregistrement des lettres de l'archevesque d'Aix gouverneur de Paris.* II, 623, b, 644, a.

1523. 12. Mai. *Rang de la chambre des comptes & de l'hostel-de-ville à une procession publique le roi présent.* 581, b.
11. Juin. *Statuts nouveaux pour le college des Bernardins.* 180, b.
12. Octob. *Arrest du parlement touchant l'hospital des Quinze-vingts.* III, 755, b.
24. Octob. *Les freres & sœurs de l'hospital des Quinze-vingts ne doivent point louage de leurs maisons.* II, 644, a.
3. Novemb. *Le duc de Vendosme lieutenant general du roi à Paris.* II, 644, b.
27. Decemb. *Contre la licence des jeux de theatre des colleges.* II, 645, a.
25. Janvier. *Requeste des religieux de S. Germain expediée à la chambre des comptes touchant la foire-franche de l'abbaye transferée au 3. Fevrier, par le roi Charles VIII.* 565, b.
17. Fevrier. *Grace accordée par le roi au seigneur de S. Vallier,* II, 645, a.
11. Mars. *Procession generale le roi présent.* II, 645, b.

1524. 18. Avril. *Ordre aux habitans des ponts de Paris, de jetter de l'eau devant leurs maisons, en esté.* II, 646, b.
23. Mai. *Ordre aux Monasteres, églises, hospitaux &c. de tendre devant leurs maisons, à la procession de la feste-Dieu.* II, 646, b.
2. Decemb. *Les ponts au Change & de S. Michel, en danger.* II, 647, a.
1. Fevrier. *Reglement particulier pour l'hospital des Quinze-vingts.* II, 648, a.
7. Mars. *Reglement pour la forme des élections des intrans & du recteur de l'université,* II, 651, a.
7. Mars. *Nouvelles de la prise du roi. Reglement pour la seureté de la ville.* II, 648, b.
7. Mars. *Assemblée & délibération sur le mesme sujet.* II, 650, a.
7. Mars. *Les portes de la ville gardées.* II, 652, b.
7. Mars. *Les predicateurs avertis de prescher discretement.* II, 652, b.
7. Mars. *L'assemblée délibere sur le sujet des escoliers & religieux estrangers.* II, 653, a.
11. Mars. *Le seigneur de Montmorency mandé par le parlement, vient au secours de la ville.* II, 653, a.
11. Mars. *Ordre aux quarteniers de se loger aux portes de la ville.* II. 654, a.
15. Mars. *Soins du seigneur de Montmorency pour la seureté de la ville.* II, 654, b.
15. Mars. *Processions generales deffenduës, particulieres permises.* II, 654, b.
16. Mars. *Reglement pour les grands hostels inhabités.* II, 656, a.
16. Mars. *Les paysans s'arment contre les troupes.* II, 655, a.
20. Mars. *Députés des trois estats de la ville envoyés à Lyon.* II, 656, a.
21. Mars. *La princesse regente envoyée vers le parlement & la ville.* II, 656, b.
28. Mars. *Restablissement des ponts-levis à S. Cloud, S. Maur &c.* II, 658, a.
29. Mars. *Visite des ponts des environs de Paris.* II, 658, a.
29. Mars. *Déliberation pour raser les voiries.* II, 658, b.
1. Avril. *Reglement des ponts de S. Cloud & autres.* II. 658, b.
7. Avril. *Visite pour la garde des portes & les pauvres.* II, 660, b.

1525. 27. Avril *Le parlement escrit à la regente, pour avoir à Paris un homme de commandement.* II, 661, a.
29. Avril. *Les pauvres femmes logées à l'hospital S. Gervais, & les hommes à l'hospital S. Jacques.* II, 661, b.
10. Mai. *Visite des ramparts de la ville.* II. 661, b.
10. Mai. *Avis pour rompre les assemblées des vagabons.* II, 662, a.
13. Mai. *Levée de 500. hommes pour travailler aux fossés & ramparts.* II, 662, a.
13. Mai. *Déliberation pour fondre de l'artillerie.* II, 662, a.
13. Mai. *Deffense de porter bastons & grandes barbes.* II. 663, a.
17. Mai. *Nouvelle fonte d'artillerie, pour la deffense de la ville.* II, 663, a.
31. Mai. *A quelle heure les portes de la ville doivent estre ouvertes & fermées.* II, 663, b.
3. Juin. *Déliberation touchant les portes des faubourgs.* II, 664, a.
10. Juin. *Le guet battu par les mauvais garçons.* II, 664, a.

14. Juin.

| ANNÉES. | TABLE CHRONOLOGIQUE. | XXV |

1525. 14. Juin. *Recherche des avanturiers. II, 665, a.*
Bandes Italiennes aux environs de Paris. II, 666, a.
21. Juin. *Les Avanturiers François se joignent aux bandes Italiennes pour desoler le pays. II, 666, b.*
23. Juin. *Expedition contre les bandes Italiennes. II, 666, b.*
23. Juin. *Le comte de Braine agréé pour lieutenant du comte de S. Paul à Paris. II. 668, a.*
23. Juin. *Pontoise menacé par les bandes Italiennes, demande du secours à Paris. II, 669, a.*
1. Juillet. *Petit nombre de gens capables de porter les armes à Paris. II, 670, a.*
24. Juillet. *Le comte de S. Paul gouverneur de Paris, y vient. II, 670, a.*
24. Juillet. *Députés des Lansquenets défrayés à Paris. II, 670, a.*
26. Juillet. *Députation des Lansquenets au parlement II, 670, b.*
26. Juillet. *Les Lansquenets ravagent les environs de Paris. II, 670, b.*
27. Juillet. *Le comte de S. Paul va trouver les Lansquenets. II, 671, a.*
27. Juillet. *Les Lansquenets se logent à l'abbaye de Chelles. II, 671, a.*
18. Aoust. *Ordre d'ouvrir les portes de Paris, comme avant la prise du roy. II. 672, a.*
18. Aoust. *Reparations à faire au palais & au pont au Change. II, 672, b.*
10. Octobre. *Procession generale pour la guérison du roy. II, 673, a.*
14. Octob. *Fausses nouvelles de la mort du roy, publiées malignement. II, 673, b.*
21. Octob. *Arrest sur l'entreprise de faire paver le faubourg S. Germain. II, 675, b.*
24. Octob. *Nouvelle publication de l'ordonnance des lanternes, du guet &c. II, 673, b.*
4. Novemb. *Ordre d'informer contre ceux qui sement des discours injurieux au roy. II 674, a.*
29. Décemb. *Les farces & comedies deffenduës aux colleges. II, 674, a.*
27. Janvier. *Commissaires pour la réformation du collège Mignon. II, 674, b.*
30. Janvier. *Procession pour la délivrance du roy. II, 674, b.*
1. Février. *Lettres de la regente mere de François I. accordées à la ville de Paris pour l'indemniser de la ratification qu'elle en exigeoit du traité fait avec le roy d'Angleterre pendant la prison du roy son fils. 583, a.*
26. Fevrier. *Enregistrement des lettres d'indemnité données à la ville de Paris par la regente. II, 675, a.*
1526. 23. Avril. *Procession & Te Deum en action de graces de la délivrance du roy. II, 675, a.*
Mai. *Edit par lequel François I. reünit le bailliage de Paris pour la conservation des privileges de l'université, à la prevosté. III, 281, a.*
9. Juin. *Fondation & statuts du college du Mans. 585, a.*
Confirmation. 594, b.
12. Octob. *Le marquis de Saluces gouverneur de Paris. Jean de la Barre lieutenant. II, 675, b.*
16. Novemb. *Ordonnance pour le guet bourgeois & les lanternes. II, 676, a.*
4. Decemb. *Création d'un lieutenant de robe-courte au prevost de Paris, & de 20. archers. II, 676, a.*
2. Mars. *Lettres de François I. portant ordre d'abatre les maisons & loges basties dans la cour du palais. 159, b.*
1527. 13. Aoust. *Lettres patentes du roy François I. portant concession de quelques aides à l'hostel de ville de Paris, pour le remboursement & les interests d'un emprunt de 10000. liv. 595, b.*
7. Septemb. *Arrest de la chambre des comptes, portant consentement à la donation à vie de la maison des Thuilleries, faite à Jean Tiercelin par la regente. 595, a.*
17. Novemb. *La ville consultée par le roi, sur le traité de Madrid. III, 332, b.*
26. Fevrier. *Don de 150000. liv. fait au roi par la ville, pour sa rançon & délivrance de ses enfans. III, 333, a.*
1528. 6. Juin. *Procession pour reparation de l'impieté commise contre une image de la sainte Vierge. II, 675, b.*
11. Juin. *Ordre des rangs aux processions où le roy assiste. 582, b.*
1529. 12. Mars. *Arrest de la chambre des comptes de Paris, qui fait voir que le roy François I. avoit continué à la sainte Chapelle le droit de régale. 148, a.*
1530. 5. Juillet. *Procession en action de graces de la délivrance des enfans du roy. III, 335, a.*
6. Juillet. *Procession pour le mesme sujet. II, 679, a.*
20. Décemb. *Entrée du chancelier du Prat légat en France. III, 335, b.*
23. Fevrier. *Augmentation des bastimens de l'Hostel-Dieu. II, 679, b.*
1531. 7. Septemb. *Danger de peste à Paris. II, 680, a.*
29. Septemb. *Mort de Louise de Savoie mere de François I. III, 338, a.*
Tome II. g

7. Octobre &c. *Obseques de la duchesse d'Angoulesme mere de François I. III*, 337. b.
21. Octobre, *Service à N. D. pour madame Louise mere du roy François I. III*, 340. b.
1532. 22. Avril. *Arrest du parlement concernant les pauvres mandians de la ville de Paris*. 598, a.
3. Juin. *Ordonnance de la cour contre les vagabons, belistres & caimans*. 599, a.
15. Novemb. *Arrest touchant le carrefour du pont N. D. II*, 680, a.
23. Decemb. *Entrée de Jean du Bellay évesque de Paris. II*, 680, a.
11. Mars. *Maison de Jean de Vignolles au coin de la rüe Aubry-le-Boucher. II*, 680, b.
1533. *Arrest en faveur de la chapelle du S. Esprit, à l'occasion du bastiment de l'hostel de ville. II*, 680, b.
Idibus Junii. *Bulle de Clement VII. pour la secularisation & union de l'abbaye de S. Maur des Fossez à la manse épiscopale de Paris*. 600, a.
Execution de ladite bulle. 605, a.
12. Aoust. *La rüe de Grenelle pavée. II*, 682, a.
13. Septemb. *Danger de peste à Paris. II*, 682, a.
13 Septemb. *Ordonnance de police pour obvier au danger de peste dans la ville. Des mestiers prohibés durant ledit tems. Des medecins, chirurgiens, barbiers & autres gens ordonnés pour visiter & médicamenter les malades de la contagion*. 607, b.
9. Janvier. *Les professeurs du college royal mandés, au sujet des affiches ou ils promettoient d'expliquer l'escriture sainte. II*, 682, b.
18. Mars. *Visite & verification des reliques de la sainte Chapelle de Paris, faite à l'occasion de la consignation des clefs du tresor entre les mains de messire François de Montmorency seigneur de la Rochepot bailli & concierge du palais*. 148, b.
1534. 15. Mai. *Le gouvernement de la ville de Paris réüni à celui de l'Isle de France. II*, 683, a.
13. Juin. *Reglement provisionel pour la faculté de decret. II*, 683, a.
19 Octobre. *Procession du S. Sacrement, à l'occasion des placards des heretiques. II*, 685, b.
21. Janvier. *Procession du S. Sacrement, le roy present. II*. 686, b. *III*, 343, a.
1535. *Ordonnance de la chambre des vacations touchant les pauvres*. 612, a.
30. Juin. *Jean du Bellay évesque de Paris créé cardinal. II*, 685, b.
6. Juillet. *Levée ordonnée par le roy pour les pauvres de Paris. II*, 685, b.
10. Septemb. *Réformation de l'Hostel-Dieu de Paris. II*, 686, a.
14. Janvier. *Reglement pour loger à la Trinité les verolez &c. II*, 689, a.
5. Fevrier. *Injonction de la cour de parlement touchant les mandians valides & invalides*. 613, a.
28. Fevrier. *Religieux de l'ordre de S. Augustin mis à l'Hostel-Dieu. II*, 689, a.
3. Mars. *L'hospital de S. Eustache destiné pour loger les verolez. II*, 689, b.
1536. 5. Mai. *Arrest touchant la cloche de l'université. II*, 689, b.
16. Mai. *Suite de la reforme de l'Hostel-Dieu de Paris. II*, 690, a. bis.
20. Mai. *Reglement pour les jeux de la Bazoche. II*, 690, b.
21. Juin. *Procession & feste au jour de l'octave du S. Sacrement. II*, 691, b.
21. Juillet. *Lettres patentes par lesquelles François I. establit le cardinal du Bellay son lieutenant general à Paris &c. III*, 282, a.
27. Juillet &c. *Paris fortifié. III*, 346, b.
7 Aoust. *Travaux pour la fortification de Paris. II*, 691, b.
11. Aoust. *Reglement pour fournir Paris de grains. II*. 692, a.
30 Aoust. *Consentement de la chambre des comtes à l'effet de la donation faite par Noël Beda de ses biens immeubles, quoique confisquez, pour la fondation de six boursiers au college de Montaigu*. 325, b.
4. Septemb. *Six mille hommes de guerre soudoyez par la ville. III*, 347, a.
13. Septemb. *Arrest du parlement touchant le college de Bourgogne. III*, 757, a.
5. Octob. *Suite de la réformation de l'Hostel-Dieu de Paris. II*, 693, a.
29. Novemb. &c. *Entrée du roy d'Escosse à Paris. III*, 347, a.
Janvier. *Establissement des Enfans-Dieu, autrement dits les Enfans rouges, près le Temple*. 614 a.
1537. 23. Janvier. *Reglement pour les jeux de la Bazoche. II*, 694, a.
13. Avril. *Arrest pour la réformation de l'abbaye de S. Antoine. II*, 694, b.
1538. 19. Juin. *Arrest au sujet du college de Dauphiné. II*, 694, b.
19. Octob. & 13. Novemb. *Avis & reglemens touchant la forme des habits des religieux de l'Hostel-Dieu. II*, 695, a. b.

TABLE CHRONOLOGIQUE.

ANNÉES.
23. Janvier. *Les Enfans-Dieu mis à l'hospital du S. Esprit.* II, 696, a.
6. Mars. *Paris chargé de la solde de 3000. hommes.* III, 348, a.
8. Mars. *Reglemens pour la queste des enfans de l'hospital du S. Esprit.* II, 696, b.
14. Mars. *Aumosne de François I. à l'Hostel-Dieu.* II, 696, b.
3. Juillet. *Procession solemnelle faite de l'ordre & par les P. des M. & E. de Paris, pour la tréve avec l'empereur.* III, 348, a.
1539. 6 & 7. Juin. *L'ordre tenu au service de l'imperatrice fait à N. D. de Paris.* 615, a.
Novemb. *Edit du roy François I. pour tenir la ville de Paris nette & bien pavée.* 616, b.
6. Novemb. &c. *Preparatifs pour l'entrée de l'empereur Charles Quint à Paris.* III, 351, a. b. &c.
Janvier. *Edit du mesme touchant le guet de la ville de Paris.* 620, a.
1. Janvier. *Entrée de l'empereur Charles V. à Paris.* II, 699, a. III, 354, b.
30. Janvier. *Les verolez à l'hospital S. Nicolas.* II, 697, a.
1540. 21. Mai. *Statuts du college de Tours.* 411. a.
18. Aoust. *Articles pour la réformation de l'Hostel-Dieu de Paris.* II, 697, b.
1541. 10. Juin. *Mystere, ou comedie des actes des Apostres.* II, 702, a.
27 Janvier. *Reglement pour les pieces de theatre.* II, 702, b.
1542. 4. Septemb. *Création des gouverneurs de l'hospital des Enfans-Dieu près du Temple.* II, 703, a.
11. Decemb. *Maison neuve avec tournelle, bastie au coin de la ruelle de l'asne-rayé, où estoit l'ancienne porte aux Peintres.* II, 704, a.
7. Juin. *Obseques de l'admiral Chabot.* III, 357, b.
1543. 24. Juillet. *Arrest touchant les jeux de paume anciens & nouveaux.* II, 704, b.
25. Aoust. *Nouveaux statuts du college de Bayeux.* III, 759, a.
20. Septembre. *Edit & commission du roi François I. pour la vente des ruines & places des hostels de Bourgogne, Artois &c.* III, 768, a.
19. Octobre. *Commission pour la réformation des Filles Dieu.* II, 705, a.
12. Novemb. *Ordonnances de parlement pour la continuation & entretenement de la nourriture & éducation de la communauté des pauvres de la ville de Paris* 622, b.
10. Janvier. *Ordonnances contre les mendians valides & vagabonds.* II, 705, a.
16. Fevrier. *Commission pour la réformation du convent des Augustins.* II, 706, a.
5. Mars. *Convoi & enterrement de Jean de la Barre gouverneur & prevost de Paris.* III, 342, a.
18. Mars. *Procez verbal des encheres, ventes & adjudications des lieux & places des hostels de Bourgogne, Artois &c.* III, 771, a.
1544. 16. Avril. *Lettres patentes du roi François I. par lesquelles il establit le cardinal de Meudon son lieutenant general à Paris.* III, 283.
17. Avril. *Provisions de lieutenant general à Paris, données par le roi François I. au cardinal de Meudon.* 628, a.
21. Avril. *Le cardinal de Meudon créé lieutenant general à Paris.* II, 706, b.
26. Mai. *Commission pour le couvent des Augustins.* II, 706, b.
24. Juillet. *Autre commission pour la réformation du mesme couvent.* II, 707, a.
26. Aoust. *Commission pour la réformation de l'abbaye de S. Antoine.* II, 708, b.
18. Septemb. *Mesures prises pour purger le pays de gens de guerre debandés & autres.* II, 709, a.
20. Septemb. *Publication de la paix avec l'empereur; actions de graces &c.* II, 710, a.
25. Septemb. *La peste à Paris.* II, 711, a.
1. Octobre. *Lettres du roy François I. qui deschargent l'Hostel-Dieu du payement des subsides sur le vin, & déclarent qu'il n'est compris en la clause : exempts & non exempts.* 266, b.
Enregistrement. 268, a.
7. Novemb. *Lettres patentes du mesme, par lesquelles il commet la surintendance des pauvres de Paris aux P. des M. & E. de Paris.* III, 284, b.
13. Novemb. *Le soin des pauvres de la ville commis aux P. des M. & E.* II, 711, a.
19. Novembre. *Establissement du bureau des pauvres.* II, 711, b.
21. Janvier. *Arrest touchant les pestiferés de l'Hostel-Dieu.* II, 714, a.
25. Janvier. *Statuts du college de Narbonne.* III, 775, a.
4. Fevrier. *L'université exente des entrées sur le vin.* II, 714, a.
3. Mars. *Déclaration du roy François I. touchant l'indult des officiers du parlement.* III, 285, b.

TABLE CHRONOLOGIQUE.

11. Mars. *Spectacles publics deffendus.* II, 714, b.
18. Mars. *Emplacemens de maisons royales vendus.* II, 714, b.
21. Mars. *Reglement pour les pestiferés de l'Hostel-Dieu.* II, 714, b.
30. Mars. *Arrest pour faire paver la ruë de Seine.* II, 715, a.
2. Avril. *Arrest & reglement pour la réformation du college du cardinal le Moine.* II, 715, a.

1545. 30. Juin. *Marguilliers establis pour avoir soin des questes,* II, 725, a.
1. Juillet. *Reglement de l'hospital de la Trinité.* 629, b.
13. Juillet. *Continuation de la peste à Paris.* II, 725, a.
6. Aoust. *Arrest du parlement touchant l'hospital de la Trinité.* 633, a.
10. Fevrier. *Arrest touchant le pavage de la ruë des Barres près la porte Bussy.* II, 726, a.

1546. 8. Juin. *Arrest touchant les bleds, en tems de disette.* II, 726, b.
11. Decemb. *Arrest touchant les enfans trouvés.* II, 726, b.
10. Janvier. *Procession en réparation des impietés commises dans l'église des Innocens.* II, 728, a.
19. Mars. *Service solemnel pour Henri VIII.* II, 728, a.
1. Avril. *Obseques de François I.* II, 728, b.

1547. 22. Mai. *Séance au service de François I.* II, 737, b.
22. Mai. *Convoi funébre de François I.* II, 734, b.
23. Mai. *Service de François I. à N. D.* II. 738, b.
23. Mai. *Le corps de François I. porté à S. Denis.* II, 739, a.
23. Juin. *Commission pour la réformation de l'abbaye de S. Antoine.* II, 731, a.
9. Juillet. *Edit du roy Henri II. portant reglement pour les pauvres.* 640, b.
29. Juillet. *Establissement de l'hospital de la Trinité, & reglemens.* II, 731, a.
3. Aoust. *Baux des emplacemens des maisons royales.* II, 732, b.
5. Aoust. *A qui appartient la nomination des administrateurs de l'hospital de la Trinité.* II, 735, a.
5. Aoust. *Continuation de la peste à Paris.* II, 733, a.
5. Septemb. *Suite de la réformation de l'abbaye de S. Antoine.* II, 733, b.
6. Septemb. *Arrest pour la réformation de l'abbaye de Montmartre.* II, 733, b.
16. Fevrier. *Banque proposée à la ville, & rejettée.* III, 358, b.

1548. 9. Juillet. *Tumulte au Pré-aux-Clercs.* II, 741, b.
7. Aoust. *La peste à la conciergerie du palais.* II, 742, a.
30. Aoust. *Contract par lequel Jean Rouvet vend aux confreres de la Passion partie des places des hostels de Bourgogne & d'Artois, par lui acquises.* III, 787, b.
Novemb. *Edit du roy Henri II. portant deffense de bastir ès faubourgs de la ville de Paris* 642, a.
17. Novemb. *Arrest contre les representations publiques des choses saintes.* II, 743, a.
4. Decemb. *Entrée de la princesse de Ferrare à Paris,* III, 358, b.
13. Decemb. *Chute du pont S. Michel.* II, 741, b.
19. Janvier. *Arrest touchant le Pré aux-Clercs.* II, 743, b.
21. Janvier. *Arrest qui ordonne que figure sera levée du Pré-aux-Clercs.* II. 744, a.
18. Fevrier. *Permission de representer des pieces de théatre dans les colleges.* II, 744, b.
12. Avril. *Emplacement de la maison de Beautreillis, vendu par le roy.* II, 744, b.

1549. 28. Mai. *Aliénation d'emplacemens de maisons royales.* II, 745, a.
5. Juin. *Entrée du dauphin fils du roy Henri II. à Paris.* III, 360, a.
16. Juin. *Entrée de Henri II. à Paris.* III, 361, a.
18. Juin. *Entrée de la reine Caterine de Medicis à Paris.* III, 374, b.
4. Juillet. *Procession pour la religion, le roy present.* II. 745, a. III, 378, a.

1550. 12. Avril. *Suite du differend du Pré-aux-Clercs,* II, 746, a.
13. Avril. *Ouverture de la porte de Nesle pour le public.* III, 378, b.
23. Avril. *Avis de la ville sur une proposition touchant le guet.* III, 379, a.
29. Mai. *Deffense de bastir à Paris au delà des bornes posées par le roy.* II, 746, b.
25. Juin. *Suite du procés du Pré-aux-Clercs.* II, 747, a.
11. Septemb. *Propositions pour la closture des faubourgs, pont du Louvre &c.* III, 379, b.
Decemb. *La ville s'oppose à la création d'un capitaine general des archers &c. de la ville.* III, 380, b *L'accepte ensuite.* III, 383, b.
9. Decemb. *Arrest touchant la visite du papier.* II, 747, a.
10. Decemb. *Procession pour réparation d'une impieté commise à N. D.* II, 748, a.
7. Janvier. *Assemblée de la faculté de medecine, pour nommer des experts à la taille de la pierre, pour succeder à Cesar de Ville.* II, 748, b.

5. Mai

TABLE CHRONOLOGIQUE.

ANNÉES.
1551. 5. Mai. *Affaire du Pré-aux-Clercs.* II, 749, a.
13. Mai. *Meurtre & sedition au Pré-aux-Clercs.* II, 771, b.
12. Juin. *Arrest du parlement qui reforme les nouveaux statuts du college de Bayeux en plusieurs points, où ils estoient contraires aux anciens.* III, 785, a.
21. Juillet. *Arrest contre les desordres qui se commettent aux danses des festes de paroisse.* II, 752, b.
17. Novemb. *Procession pour la religion, le roy present.* II, 753, a.
19. Novemb. *L'évesque de Paris conseiller né au parlement.* II, 754, b.
2. Decemb. *Assemblée au sujet de l'élection d'une personne habile à la taille de la pierre.* II, 755, a.
16. Decemb. *Procession pour la réparation d'une nouvelle profanation d'une image de N. D.* II, 755, a.
Fevrier. *Edit du roy Henri II. portant création de plusieurs officiers à la chambre des comptes, & division d'icelle en deux semestres.* 314, a.
10. Fevrier. *Arrest touchant la reception des maistres chirurgiens.* II, 755, b.
12. Mars. *Arrest du parlement pour l'hospital de la Trinité.* 633, b.
8. Avril. *Maisons entre l'Hostel-Dieu & le Petit-pont démolies.* II, 748, b.
11. Avril. *Le cardinal de Bourbon lieutenant general du roy à Paris.* II, 756, a.
1552. 2. Mai. *Permission aux habitans de la Ville-neuve, paroisse de S. Laurent, de bastir une chapelle.* II, 756, a.
2. Juin *Arrest au sujet des jeux de la Bazoche.* II, 756, b.
11. Aoust. *Arrest pour la nourriture des Enfans-trouvés.* II, 757, a.
24. Septemb. *Arrest de la chambre des vacations, au sujet de l'instruction des enfans & des petites escoles de Paris.* 449, b.
15. Octobre. *Secours donné par la ville à Compiegne & autres villes de Picardie.* III, 380, b.
19. Octobre. *Nouvelle fortification ordonnée du costé de l'isle Louviers &c.* III, 381, a.
2. Janvier. *Le parlement mandé pour assister à la remise des corps Saints à S. Denis.* II, 758, b.
8. Janvier. *Procession generale, le roy present, en action de graces de la levée du siege de Mets.* II, 760, b.
3. Fevrier *La ville de Paris fortifiée.* II, 762, a.
8. Fevrier. *Le beurre, les œufs, & le fromage deffendus pendant le Caresme.* II, 762, b.
20. Fevrier. *Statuts nouveaux pour le college de Marmontier.* 399, a.
27. Fevrier. *Edit du roy Henry II. pour la fortification de la ville de Paris.* 643, a.
11. Mars. *Imposition de 120000. liv. sur les maisons, pour la fortification de la ville.* II, 762, a.
1553. 15. Mai. *Expedition du contract de vente d'une grande & d'une petite maison qui restoient à vendre des hostels de Bourgogne & d'Artois.* III, 788, b.
8. Aoust. *Confirmation des privileges des Cordeliers de S. Marcel.* II, 762, b.
21. Septemb. *Reglement sur la vente des meubles des pestiferés.* II, 763, a.
26. Septemb. *Reglement au sujet des placarts seditieux.* II, 763, b.
14. Decemb. *Basteleurs interdits pendant l'Avent.* II, 764, b.
12. Fevrier. *Lettres patentes du roy Henri II. en faveur de l'hospital de la Trinité.* 634, a.
14. Fevrier. *Antoine du Prat baron de Thoury receu prevost de Paris, avec pouvoir de nommer au roy les sergens de la Douzaine.* II, 764, b.
19. Fevrier. *Edit du roy Henri II, portant ordre aux habitans de Paris de porter leur vaisselle d'argent à la monnoie, pour leur en estre constituées rentes au denier douze.* III, 287, b.
1554. 14. Mai. *Edit du mesme qui ordonne la démolition des saillies &c; sur-tout des eschopes de la ruë la Ferronnerie.* 646, a.
14. Juin. *Arrest contre les courses des escoliers de l'université au Lendi.* II, 765, a.
16. Juin. *Arrest du parlement portant deffense d'avancer sur ruë aucunes saillies, comme selles, bancs, &c.* 647, a.
20. Aoust. *Ordonnance du parlement pour la police des escoliers.* 647, b.
10. Septemb. *Procession pour reparation des impietés commises contre les saintes images.* II, 765, b.
10. Septemb. *Plainte contre les desordres des escoliers de l'université.* II, 766, a.

Tome II. h

13. Septemb. *Réparation de l'impieté commise au cimetiere de S. Nicolas des Champs.* II, 766, a.
20. Septemb. *Arrest du conseil privé du roy contre quelques officiers de la cour des monnoies.* 650, a.
12. Decemb. *Edit du roy Henri II. en faveur de l'hospital de la Trinité.* 635, a.
7. Fevrier. *Arrest du parlement concernant les petites escoles de Paris.* 450, b.
2. Mars. *Continuation des fortifications de Paris.* III, 383, a.
22. Mars. *Déclaration du roy Henri II. qui exempte l'Hostel-Dieu de la contribution pour les fortifications de Paris.* 268, b.
1555. 25. Mai. *Deux estaux de boucherie accordés aux Mathurins.* II, 766, b.
2. Septemb. *Les maisons & forges du pont-au-Change non comprises dans l'édit de la réunion du domaine.* II, 767, a.
4. Septemb. *Démonstration publique d'anatomie sur les corps des suppliciés, permise.* II, 767, a.
4. Decemb. *Plaintes contre les mauvais lieux du Champ-Gaillard & du Champ-d'Albiac.* II, 767, b.
9. Mars. *Privileges & indulgences de la commanderie du Haut-pas.* II, 768, a.
12. Mars. *Ordres pour la reception de l'ambassadeur de l'empereur & du roi d'Angleterre.* III, 383, b.
14. Mars. *Commissaires nommés pour informer contre les émissaires de Geneve.* II, 768, b.
1556. 28. Mai. *Reglement sur le voyage du recteur de l'université au Lendi.* II, 769, a.
27. Juillet. *Reglement pour le college de S. Bernard.* 185, a.
4. Aoust. *Ordre aux habitans des ponts de jetter de l'eau devant leurs portes, en esté.* II, 769, b.
11. Aoust. *La deffense d'élire des gens de robe prevosts des marchands, levée.* III, 385, a.
28. Aoust. *Establissement de la reforme de Chezal-Benoist à S. Germain des Prez.* II, 770, a.
19. Novemb. *Fondation du college de sainte Barbe.* 652, a.
2. Decemb. *Le foin tombant des bateaux affecté aux pauvres.* II, 770, a.
9. Decemb. *Arrest au sujet de la fondation du college de sainte Barbe.* II, 770, b.
21. Mars. *Pompe funebre du cardinal de Bourbon.* III, 385, a.
31. Mars. *Le Lendi transféré en la ville de saint Denis.* II, 770, b.
9. Avril. *Arrest sur la nomination des prédicateurs de l'Avent & du Caresme.* II, 771, a.
1557. Avril. *Edit du roi Henri II. pour le rang des cours souveraines aux cérémonies publiques.* III, 290, b.
29. Avril. *Informations contre les prédicateurs turbulens.* II, 771, b.
17. Mai. *Suite des seditions des escoliers au Pré-aux-Clercs & ailleurs.* II, 772, b.
18. Mai. *Taxe pour la fortification de la ville.* II, 773, a.
19. Mai. *Suite de l'affaire du Pré-aux-Clercs.* II, 773, b.
12. Juillet. *College de Bayeux, dit de Maistre Gervais.* II, 779, a.
30. Juillet. *Le cardinal de Bourbon lieutenant pour le roy à Paris.* II, 779, a.
12. Aoust. *Assemblée solemnelle en l'hostel de ville, où la reine se trouvera, pour demander un secours à la ville.* III, 386, b.
18. Aoust. *Assemblée seditieuse d'escoliers.* II, 779, a.
30. Aoust. *Procession generale, le roy présent.* II, 779, b.
19. Septemb. *Procession pour les calamités publiques.* II, 780, a.
21. Octobre. *Arrest contre les pédagogues suspects d'heresie.* II, 780, b.
15. Novemb. *Aliénation de l'hostel de Nesle.* II, 781, a.
10. Decemb. *Concordats du cardinal de Tournon avec les religieux de S. Germain des Prez.* II, 781, a.
11. Decemb. *Les pauvres de saint Quentin &c, refugiés à Paris.* II, 781, b.
16. Janvier. *Lettres patentes du roy Henri II. qui nomme des commissaires pour lever une taxe en forme de prest sur les aisés de la generalité de Paris.* 656, a.
20. Janvier *Carouzel du roy Henri II. en la rue S. Antoine.* III, 388, a.
26. Janvier. *Nouveaux tumultes au Pré-aux-Clercs.* II, 782, a.
8. Fevrier. *Festin du roy à l'hostel de ville.* III, 388, a.
22. Avril. *Mariage du dauphin & de la reine d'Escosse.* II, 783, a.
1558. 17. Mai. *Service de la reine Eleonor d'Austriche.* II, 782, a.
17. Mai. *Commission pour informer contre les assemblées où l'on chantoit les pseaumes de Marot.* II, 783, a.

ANNE'ES.	TABLE CHRONOLOGIQUE. xxxj

3. Juin. *Contre les pedagogues soupçonnés d'induire les enfans à se soustraire à l'Eglise catholique.* II, 783, b.
4. Juin. *Place acquise par le cardinal de Sens proche sainte Catherine du Val, joignant les anciens murs de la ville.* II, 784, b.
6. Octobre. *Erection d'une barriere de sergens au quartier de la place Maubert.* II, 784, b.
29. Octob. *Guet extraordinaire establi par provision, & reglement contre les vols de nuit.* II, 784, b.
21. Fevrier. *Arrest touchant les lanternes de la ville.* II, 786, b.
17. Mars. *Arrest pour la construction de la chapelle du college de sainte Barbe.* II, 787, a.

1559. 5. Aoust. *Semonce pour les obseques de Henri II,* II, 787, b.
11. Aoust. *Convoi & obseques de Henri II.* II, 789, b.
18. Aoust. *Assemblée au sujet des pauvres malades de la grosse-vérole.* II, 787, b.
31. Aoust. *Procédures contre les conventicules des heretiques.* II, 788, a.
6. Septemb. *Ordonnance du parlement & lettres du roy au sujet des conventicules des heretiques.* II, 788, a.
9. Septemb. *L'hospital de Lourcines destiné aux pauvres verolés.* II, 788, b.
Octobre. *Nouvelle proposition pour establir le guet royal.* III, 390, b.
23. Novemb. *Lettres patentes au sujet des assemblées illicites des heretiques.* II, 792, a.
13. Decemb. *Reglement au sujet des locataires, & pour la sureté publique.* II, 792, b.
16. Decemb. *Reglement touchant les prédicateurs.* II, 793, b.
19. Decemb. *Arrest du conseil contre Jacques Pinatol general des monnoies.* 651, b.
17. Janvier. *Augmentation de quatre archers à cheval accordée au chevalier du guet.* II, 793, b.
20. Fevrier. *Reglement pour les prédicateurs de l'Avent & du Caresme.* II, 794, a.
11. Mars. *Pardon accordé par le roy à ceux qui se sont oubliés au fait de la religion.* II, 794, b.
17. Mars. *Conspiration contre le roy, descouverte.* II, 794, b.
3. Avril. *Recherche des vagabons & gens sans aveu.* II, 794, b.
18. Avril. *Deffense à tous portes-paniers & porte-tablettes, d'exposer livres en vente.* II, 795, a.
20. Avril. *Permission de restablir les portes du cloistre de S. Germain l'Auxerrois.* II, 795, a.
3. Mai. *Remonstrances de la chambre des comptes de Paris contre un édit de François II. portant érection d'une chambre des comptes en l'hostel du petit Nesle, pour la reine sa mere.* 658, a.
9. Juillet. *Commissaires du parlement distribués par la ville pour veiller à sa sureté.* II, 795, b.
9. Aoust. *Lettre de la chambre des comptes de Paris au cardinal de Lorraine touchant le cérémonial.* 660, b.
Response. 661, b.
9. Aoust. *Service solemnel pour la reine douairiere d'Escosse.* II, 796, a.
12. Aoust. *Obseques de la reine d'Escosse.* 661, b.
16. Janvier. *Lettre de Charles IX. contre les assemblées illicites des heretiques.* II, 796, b.
27. Fevrier. *Reglement pour l'usage de la viande en Caresme.* II, 797, a.
11. Mars. *Assemblée de la ville à l'évesché.* III, 391, a.
Rang des députés de Paris aux estats d'Orleans. III, 390, b.
31. Mars. *Arrest contre les prédications des heretiques.* II, 797, b.

1561. 14. Avril. *Emotions populaires à l'occasion des conventicules des heretiques.* II, 797, b.
27. Avril. *Nouvelle émeute au Pré-aux-Clercs.* II, 798, a.
11. Mai. *Lettres du roy à la chambre des comptes, touchant la tenuë des estats à Paris.* 662, a.
28. Mai. *Assemblée des trois états à Paris.* III, 391, b.
15. Septemb. *Arrest de l'assemblée de Poissy au sujet des Jesuites.* III, 291, a.
21. Octobre. *Déclaration du roy Charles IX. portant commandement aux habitans de Paris de porter leurs armes en l'hostel de ville.* 662, b. III, 392, a.
Arrest sur ladite déclaration. 664, b.
18. Novemb. *La ville trouve mauvais que le guet escorte ceux qui vont aux presches.* II, 798, b.
19. Novemb. *Bastiment construit à S. Cosme pour la visite des malades.* II, 799, a.
2. Decemb. *Service de François II, à S. Denis.* II, 799, a.

10. Decemb. *Predicateurs seditieux enlevés par ordre du roy.* II, 799, a.
23. Janvier. *Establissement de deux baillis des pauvres.* II, 800, a.
27. Fevrier. *Sédition des escoliers de l'université.* II, 800, a.
28. Fevrier. *Procession ordonnée pour la reconciliation de l'église de S. Medard.* II, 800, b.
4. Mars. *Sédition des escoliers & autres.* II. 800, b.
4. Mars. *Les presches permis aux heretiques.* II, 801, a.
10. Mars. *Les poinçons des caracteres Grecs retirés de Vuéchel & autres.* II, 801, a.
16. Mars. *Le cardinal de Bourbon lieutenant general à Paris.* II, 801, a.
27. Mars. *Recherche des armes, & mesures pour la sureté de la ville.* III, 395, b.

1562. 11. Avril. *Déclaration du roi Charles IX. portant deffenses de faire presches & conventicules en la ville & faubourgs de Paris.* 665, a.
2. Mai. *Requeste des habitans de Paris au roy, pour faire rolle des habitans qui peuvent porter les armes.* III, 294, a.
2. Mai. *Requeste des catholiques de Paris au roy, pour faire desarmer les heretiques. Avec la responce.* III, 293, a.
8. Mai. *Ordonnance pour la sureté publique de la ville.* II. 801, b.
17. Mai. *Establissement des capitaines & autres officiers de la milice bourgeoise dans Paris.* 666. a.
21. Mai. *Establissement des capitaines des quartiers.* II, 801. b.
26. Mai. *Ordonnance du roy de Navarre portant commandement à tous ceux de la R. P. R. de sortir de Paris.* 667, a.
Autre, du jour suivant. 667, b.
31. Mai. *Pouvoir du lieutenant general du roy à Paris donné au comte de Brissac mareschal de France.* 668, a.
3. Juin. *Le marechal de Brissac lieutenant general à Paris.* II, 802, a.
8. Juin. *Profession de foy faite par les officiers du parlement.* II, 802, a.
13. Juin. *Procession à S. Medard.* II, 805, a.
17. Juin. *Commandement à ceux de la R. P. R. de sortir de Paris.* 670, a.
20. Juin. *Procession du S. Sacrement ordonnée pour réparation des excès commis en l'église de S. Medard.* II, 804 b.
21. Juin. *Procession à sainte Geneviéve contre les tumultes.* II, 806, a.
24. Juin. *Reglement pour les habits des religieux de l'Hostel-Dieu, pendant la contagion.* II, 806, a.
4. Juillet. *Reglement contre les émotions populaires & pour la sureté de la ville.* II, 806, a.
5. Aoust. *Les rentes sur la ville retranchées aux seditieux.* II, 806, b.
18. Aoust. *Arrest sur les offres de Jacques Canaye, au nom de son frere, au sujet de la maison dite du Patriarche.* II, 806, b.
1. Septemb. *Confiscation des biens de Gabaston. Arrest au sujet d'un trésor trouvé dans sa maison.* II, 807, b.
15. Septemb. *Arrest du parlement par lequel est permis aux capitaines de Paris d'arrester tous vagabonds & autres sortis des villes rebelles.* 670, b.
12. Novemb. *Récit du meurtre du conseiller Sapin & de l'abbé de Gastines.* II, 807, b.
4. Janvier. *Deffense d'aller par la ville en masque.* II, 808, b.
22. Janvier. *Ordonnance pour la garde des portes de la ville.* II, 808, b.
27 Janvier. *La foire S. Germain remise au lendemain de la Quasimodo.* II, 808, b.
8. Fevrier. *Jubilé accordé aux Jacobins pour la réparation de leurs escoles.* II, 809, a.
15. Fevrier. *Description ordonnée des maisons de ceux de la nouvelle secte absens.* II, 809, b.
18. Fevrier. *Arrest provisionnel qui permet la lecture du droit civil à Paris pour un tems.* II, 809, b.
27. Fevrier. *Arrest touchant les pieces d'artillerie trouvées cachées au chasteau de Chailly.* II, 810, a.
3. Mars. *Service pour le duc de Guise tué par Poltrot.* II, 810, b.
5. Mars. *Arrest au sujet des nouvelles fortifications de la ville.* II, 810, b.
15. Mars. *Convoi du duc de Guise & supplice de Poltrot son assassin.* III, 392, b.
19. Mars. *Service solemnel pour le duc de Guise.* II, 810, b.
23. Mars. *Charles de Montmorency lieutenant du roy au gouvernement de Paris.* II, 812, a.

1563. *Commission du roy Charles IX. pour apprécier les armes des habitans Paris.* 670, b.
30. Avril. *La peste à Paris.* II, 812, a.

3. Mai.

| ANNÉES. | TABLE CHRONOLOGIQUE. xxxiij

3. Mai. *Les presches deffendus dans les lieux de la dépendance du chapitre de N. D.* II, 812, a.
15. Mai. *L'exercice de la nouvelle religion deffendu aux lieux où l'évesque de Paris est haut justicier.* II, 812, b.
29. Mai. *Visite du college de Tours.* 424, a.
1563. 18. Juin. *Pierre de la Ramée principal du college de Presle.* II, 812, b.
3. Septemb. *Les armes des habitans portées à l'hostel-de-ville, puis rendues en partie.* III, 396, a.
3. Octobre. *Le guet restabli dans son ancien ordre.* III, 396, a.
14. Octobre. *Ordonnance sur la forme des jugemens des P. des M. & E.* II, 813, a.
21. Novemb. *Ordonnance de Charles IX. pour faire sortir de Paris les gentilshommes, capitaines & autres qui y arrivoient en grand nombre.* III, 792, a.
Novemb. *Establissement de la juridiction des juges & consuls des marchands.* 671, a.
3. Novemb. *Convoi du sieur l'Escalopier eschevin.* III, 396, b.
Projet de reglement pour les officiers & armes des trois compagnies des archers &c. de la ville. III, 397, b.
27. Decemb. *Procession pour expier le crime commis à sainte Geneviéve.* II, 813, a.
10. Janvier. *Enregistrement de l'édit du consulat.* II, 813, a.
14. Janvier. *Restablissement de la foire S. Germain.* II, 813, b.
1. Fevrier. *Premiere élection des consuls de Paris.* II, 814, a.
3. Fevrier. *Christophe des Ursins lieutenant general à Paris.* II, 809, a.
15. Mars. *Lettres de cachet au parlement contre les prédicateurs indiscrets.* II, 814, a.
18. Mars. *Substance d'une lettre escrite de la part du roy au mareschal de Montmorency, gouverneur de Paris.* III, 792, b.
1564. 15. Avril. *La maladrerie de la Barbienne unie à l'Hostel-Dieu.* II, 814, b.
26. Mai. *Ordonnance touchant la coutume de tendre devant les maisons à la procession de la Feste-Dieu.* II, 815, a.
1. Septemb. *Bulle du pape Pie IV. portant union de l'abbaye de S. Magloire à l'évesché de Paris.* 674, a.
12. Septemb. *Ordonnance touchant les marchandises apportées des pays affligés de peste.* II, 815, b.
19. Septemb. *Obseques de l'empereur Ferdinand.* 679, b. III, 398, a.
1. Decemb. *Le pont au Change en danger.* II, 816, a.
29. Decemb. *Lettres patentes du roy Charles IX. pour faire abatre les saillies & ostevents des maisons à Paris.* 680, b.
27. Janvier. *Arrest au sujet des lépreux de S. Lazare.* II, 816, b.
5. Fevrier. *Présentation des nouveaux consuls au parlement.* II, 816, b.
20. Fevrier. *Arrest en faveur des lépreux de S. Lazare.* II, 817, a. bis.
Autre du 28. Fevrier. Ibidem.
2. Mars. *Le monastere de Long-champ insulté par les libertins.* II, 820, a.
1565. 23. Juin. *Démolition des hostels des Tournelles & d'Angoulesme.* II, 817, b.
7. Aoust. *Le couvent de la charité, dit des Billettes.* II, 818, a.
25. Septemb. *Ordre donné au mareschal de Montmorency touchant la disette des bleds.* III, 793, b.
22. Decemb. *Ordonnance en faveur des pauvres, pendant la cherté.* II, 818, a.
22. Decemb. *Ordonnance au sujet des bleds.* II, 818, b.
28. Decemb. *Mémoire d'une lettre escrite au mareschal de Montmorency gouverneur de Paris, de la part de Charles IX.* III, 793, b.
16. Janvier. *Lettres patentes de Charles IX. concernant le pont au Change.* 681, a.
9. Fevrier. *Reglement pour S. Lazare.* II, 819, a.
1566. 30. Avril. *Arrest touchant le droit de hanse & compagnie françoise.* II, 820, b.
Juillet. *Ordonnance du roy Charles IX. portant reglement pour l'hospital du Saint-Esprit.* 691, a.
6. Juillet. *Jeûne & procession pour le tems, le roy présent.* II, 820, b.
11. Juillet. *Premiere pierre du grand boulevart près des Tuilleries, assise par le roy Charles IX.* III, 401, a.
14. Novemb. *Arrest du parlement touchant la principalité du college de Bourgogne.* III, 793, b.
2. Decemb. *Blanque proposée à la ville, & rejettée.* III, 401, a.
Janvier. *Lettres d'amortissement accordées par Charles IX. aux confreres de la Passion,*

Tome II. i

TABLE CHRONOLOGIQUE.

pour l'acqueſt d'une partie de l'hoſtel de Bourgogne. III, 794, b.

21. Janvier. *Confirmation & changement de nom du duc d'Anjou, depuis duc d'Alençon, frere du roy, où la ville eſt parrain.* III, 399, a.

Fevrier. *Ordonnance du meſme ſur l'élection des capitaines des arbaleſtriers, archers & arquebuſiers de Paris, & la réduction de chaque compagnie à cent hommes.* III, 294, b.

21. Fevrier. *Sentence de l'official de Paris, par laquelle il érige la chapelle de S. Jacques du Haut pas en égliſe ſuccurſale des paroiſſes voiſines,* 692, a.

8. Mars. *Lettres patentes du roy Charles IX. touchant l'inſtitution de ſes lecteurs en l'univerſité de Paris.* 699, a.

1567. *Extrait d'une preface de Pierre de la Ramée ſur le proême des mathematiques, à la reine mere du roy.* 700, a.

1. Janvier. *Extrait de la remonſtrance faite par Pierre de la Ramée au conſeil privé en la chambre du roy au Louvre, au ſujet de la charge de profeſſeur en mathematiques au college royal.* 693, a.

1. Juin. *Lettres patentes du roy Charles IX. portant iteratives deffenſes de faire aucun exercice de la R. P. R. à Paris.* 694, a.

13. Juin. *L'exercice de la R. P. R. deffendu à Paris & dans la vicomté.* II, 822, a.

14. Juillet. *Ordre pour prévenir les aſſaſſinats frequens dans Paris.* III, 401, b.

5. Aouſt. *Lettres patentes du roy Charles IX. par leſquelles il ordonne cent bourgeois en chaque quartier de Paris, pour aſſiſter la juſtice, quand ils en ſeront requis.* 701, b.

6. Septemb. *Arreſt du parlement pour la ſureté & tranquilité de la ville de Paris.* 702, b.

29. Septembre. *Les armes rendües aux Pariſiens, & oſtées aux heretiques.* III, 402, a.

29. Septemb. *Lettres patentes du roy Charles IX, pour l'établiſſement des capitaines de la ville de Paris, & permiſſion aux habitans de prendre les armes.* 703, b.

9. Octob. &c. *Differens ordres pour la ſureté de la ville.* III, 402, b.

15. Octob. *Levée de 4400. hommes pour la deffenſe de Paris.* III, 402, a.

15. Octobre. *Commiſſion aux P. des M. & E. de la ville de Paris de lever 4400. hommes de guerre à pied.* 704, b.

18. Novemb. *Profeſſion de foy exigée de ceux qui ſe font recevoir au parlement.* II, 822, a.

25. Novemb. *Obſeques d'Anne de Montmorency conneſtable de France.* II, 822, b.

25. Novemb. *Permis au prevoſt des marchands &c. de faire bail des maiſons des rebelles qui ont quitté la ville.* II, 822, b.

30. Novemb. *Ordre & police que le roy entend eſtre doreſnavant gardé en la ville de Paris pour la ſureté & conſervation d'icelle.* 705, b.

24. Decemb. *Ordonnnance du roy Charles IX. par laquelle il enjoint à tous ceux de la R. P. R. de ſortir de Paris.* 706, b.

1568. 17. Janvier. *Permiſſion aux P. des M. & E. de faire faire de la poudre à canon.* II, 823, a.

24. Janvier. *Reglement pour les colonels & milice de la ville.* III, 403, b.

30. Janvier. *Le college de Preſle occupé par Muldrac, à l'occaſion de l'abſence & fuite de Ramus.* II, 823, b.

12. Avril. *La ville caution pour le payement des Reiſtres.* III, 404, a.

12. Avril. *Ordonnance du roy Charles IX. contenant le reglement qu'il veut eſtre obſervé pendant la paix à Paris & autres lieux circonvoiſins.* 710, a.

7. Mai. *Convoi de Guillaume Viole éveſque de Paris.* II, 823, b.

19. Juin. *Permiſſion d'enſeigner le droit civil à Paris, pour un tems.* II, 824, a.

30. Juin. *Adjournement contre Ramus & Baudichon.* II, 824, b.

26. Juillet. *Mortalité en l'abbaye de S. Magloire.* II, 830, a.

5. Aouſt. *Les religieux de Sainte-Croix deſchargés de recevoir des oblats, lais.* II, 824, b.

21. Aouſt. *Arreſt qui ordonne que tous les lecteurs & profeſſeurs, meſme royaux, ſeront Catholiques.* II, 824, b.

13. Septemb. *Don de 300000. liv. fait au roy par la ville.* III, 404, a.

17. Septemb. *Proceſſion generale contre les heretiques, le roy preſent.* II, 825, b.

28. Septemb. *Arreſt touchant la juridiction des P. des M. & E. ſur la milice de la ville.* III, 404, a.

24. Octobre. *Service pour la reine d'Eſpagne.* II, 827, a.

30. Octobre. *Le roy ordonne que tous ceux qui enſeignent ſoient de la religion Catholique.* II, 828, a.

13. Novemb. *Le droit de faire brûler publiquement des livres n'appartient pas indifferemment à tout le monde.* II, 828, a.

16. Novemb. *Halle nouvelle au poiſſon, près de S. Martin des Champs,* II, 828, b.

TABLE CHRONOLOGIQUE.

ANNE'ES.

18. Novemb. *Ordres pour la fureté de la ville. III*, 404, b.
29. Decemb. *Serment de fidelité exigé des habitans de Paris, par le roy. II*, 828, b.
23. Janvier. *Reglement pour maintenir la fureté en la ville de Paris, & l'ordre entre les capitaines & bourgeois portant les armes.* 707, a.
1. Fevrier. *Ampliation du roy Charles IX. aux P. des M. & E. pour l'exécution de l'ordonnance du 24. Decembre 1567.* 709, a.
4. Fevrier. *Mandement des P. des M. & E. de Paris.* 709, b.
18. Fevrier. *Lettres patentes en faveur des anciens prevosts & escheuins de Paris. II*, 829, a.

1569. 4. Juin. *Reglement à l'égard de ceux qui refusent de tendre à la Feste-Dieu. II*, 829, a.
18. Juin. *Obseques du comte de Brissac. II*, 829, b.
27. Juin. *Pompe funebre du comte de Brissac, III*, 405, a.
23. Juillet. *Ordre aux corps des mestiers de fournir de l'artillerie. II*, 830, a.
21. Aoust. *Levées d'hommes pour le service de la ville. III*, 406, a.
16. Octob. *Fondation du college des Grassins.* 682, a.
12. Décemb. *Ordonné que le receveur des pauvres sera deux ans en exercice. II*, 830, b.
11. Janvier. *Visite des maisons & hostelleries. III*, 406, b.

1570. 2. Avril. *Ordre aux prélats estant à Paris, de se retirer en leurs dioceses. II*, 833, a.
4. Avril. *Mandement de Pierre de Gondy évesque de Paris, au sujet des petites escoles.* 451, a.
12. Juillet. *Arrest en faveur des Enfans trouvés. II*, 831, a.
16. Novemb. *Alienation des hostels du grand & petit Nesle. II*, 832, a.
18. Novemb. *Lettres patentes pour la recherche des mauvais livres, la caholicité des maistres des petites escoles &c. II*, 832, a.
4. Decemb. *Academie de poësie & de musique. II*, 832, b.
3. Fevrier. *Milices de la ville congediées. III*, 406, b.
2. Mars. *Arrest du conseil qui donne le pas au procureur du roy & receveur de la ville sur les conseillers de la ville. III*, 567, b.
6. Mars. *Entrée solemnelle du roy Charles IX. à Paris. III*, 406, b.
29. Mars. *Entrée de la reine Elisabeth d'Austriche femme de Charles IX. III*, 414, a.

1571. 9. Juin. *Arrest au sujet de la fondation du college des Grassins. II*, 833, a.
15. Septemb. *Jeux de theatre interdits. II*, 833, b.
La ville s'oppose au don de la tour de Nesle &c. au duc de Nevers. III, 818, b.

1572. 13. Fevrier. *Reglement pour la vente & distribution de la viande en Caresme. II*, 834, a.
4. Mars. *Translation du siege du bailli de l'artillerie de France. II*, 835, a.
17. Mars. *Le legs de Ramus pour fonder une chaire de mathematique, employé à stipendier un historiographe de France. II*, 835, a.
3. Juin. *Ordres donnés pour la tranquillité & décence de la procession de la Feste-Dieu. II*, 834, b.
22. Aoust &c. *Journée de S. Barthelemi, & suites. III*, 422, b.
4. Novemb. *Translation des Filles-Penitentes, de l'hostel d'Orleans à S. Magloire, & des religieux de S. Magloire au prieuré du S. Jacques du Haut-pas.* 711, b.
12. Novemb. *L'autorité des armes & de la police donnée à la ville. III*, 424, a.
4. Decemb. *Privilege des Chartreux de Paris. II*, 835, a.

1573. 7. Janvier. *Reglement pour les Cordeliers de Paris. II*, 837, b.
26. Janvier. *Somme octroyée aux Carmes & Augustins, sur les biens de l'admiral de Coligny. II*, 838, b.
1. Mars. *Teinture du faubourg S. Marcel. II*, 838, b.
15. Mars. *Arrest pour les pensions des religieux du college de S. Bernard. II*, 839, b.
22. Juin. *Inondation du monastere de Val-profond, dit de Grace. II*, 835, b.
18. Juillet. *L'estude du droit civil cesse à Paris. II*, 835, b.
12. Aoust. *Reception des ambassadeurs de Pologne. III*, 424, b.
9. Septemb. *Serment presté par le duc d'Anjou élu roy de Pologne, & autres cérémonies à ce sujet.* 717, b. *III*, 417, a. b. 428, a.
14. Septemb. *Entrée solemnelle dans Paris de Henri III. comme roy de Pologne, III*, 429, b.
20. Octob. *Edit de Charles IX. touchant la disette & police generale. III*, 297, a.
18. Novemb. *Ordonnance touchant les grains pendant la disette. II*, 835, b.
7. Decemb. *Arrest pour le college de S. Bernard. II*, 836, b.
7. Decemb. *Octroi à la ville, pour remonter son artillerie. II*, 836, b.

ANNÉES xxxvj   TABLE CHRONOLOGIQUE.
   23. Decemb. *Eſtat de l'Hoſtel-Dieu de Paris.* II, 837, a.
1574. 24. Mai. *Obſeques du grand duc de Toſcane.* 718, b.
   21. Juin. *La maladrerie de Fontenai unie à l'Hoſtel-Dieu.* II, 839, b.
   7. Juillet. *Obſeques & pompe funebre du roy Charles IX*, 719, a. & *III*, 1.
   9. Septemb. *Commiſſaires diſtribués dans les quartiers de Paris.* III, 2, b.
1575. 3. Mars. *Déliberation touchant le clocher de S. Julien des Meneſtriers.* III, 796, a.
   10. Mars. *Reglement entre l'Hoſtel-Dieu & les Commiſſaires de la police des pauvres.* III, 3, b.
   4. Kal. Septembris. *Bulle du pape Gregoire XIII. qui ordonne à l'évesque de Sens de mettre à exécution celle de Pie IV. touchant l'union de l'abbaye de S. Magloire à l'éveſché de Paris.* 677, a.
   7. Septemb. *Suite de la vente de l'hoſtel de Neſle, & aſſignation d'une nouvelle place pour les aſſemblées des archers.* III, 3, a.
1576. *Avis des preſidens du parlement, de la chambre des comptes, de la cour des aydes, & gens du roy, ſur l'eſtabliſſement de la maiſon de Charité de Nicolas Hovel.* 721, b.
   7. Janvier. *Service pour l'empereur Maximilien.* III, 4, a.
   5. Fevrier. *Droits du chancelier de l'égliſe & univerſité de Paris.* III, 4, b.
   3. Avril. *Arreſt ſur les lettres patentes obtenuës par le college des Chirurgiens.* III, 4, b.
   18. Avril. *Defenſe d'exiger aucun péage de ceux qui ſe refugient à Paris avec leurs biens.* III, 3, b.
   Juillet. *Lettres patentes de Henri III. portant permiſſion à Jacque Moyen Eſpagnol, de baſtir à Paris un hoſpital pour les eſcrouellés.* III, 298, a.
   6. Septemb. *Eſtabliſſement des Capucins.* III, 4, a.
   Octob. *Edit du roy Henri III. pour la fondation de la maiſon de charité de Nicolas Hovel, eſtablie d'abord aux Enfans-rouges.* 722, b.
1577. *Privileges du corps & college des Chirurgiens de Paris, confirmés par le roy.* III, 5, a.
   20. Janvier. *Lettres de commiſſion du roy Henri III. au ſujet des fonds deſtinés pour la Charité-Chreſtienne commencée aux Enfans-rouges.* 723, b.
   20. Mars. *La terre d'Armentieres donnée à l'évesque de Paris en eſchange de S. Maur-des Foſſez.* III, 6, b.
   29. Aouſt. *Arreſt au ſujet de la maiſon de Charité de Nicolas Hovel.* III, 5, b.
   20. Septemb. *Arreſt en faveur des confreres de la Paſſion & de leurs jeux de theatre.* III, 5. b.
   5. Octob. *Moulin pour fourbir les armes.* III, 6, a.
1578. 7. Juillet. *Arreſt contre les Lendis, courſes & ſorties des eſcoliers.* III, 7, b.
   21. Aouſt. *Lettres patentes qui confirment à la ville le droit d'eſtablir le controlleur de la recette & garde de l'artillerie.* III, 8, b.
   11. Decemb. *Projet de faire un hoſpital pour les eſcrouellés.* III, 9, a.
   Lettre à la reine, au ſujet de l'hoſpital de la Charité de Nicolas Hovel. 727, a.
   Avertiſſement & déclaration de l'inſtitution dudit hoſpital. 727, b.
   20. Fevrier. *Pardon octroyé par le cardinal de Bourbon à la maiſon de la Charité-Chreſtienne de Nicolas Hovel.* 729, a.
   8. Avril. *Lettres patentes pour la conſtruction du Pont-neuf.* III, 7, a.
   2. Juin. *Lettres patentes du roy Henri III, en faveur de l'hoſpital de la Trinité.* 637, b.
   2. Juin. *Autres du meſme, en faveur du meſme hoſpital.* 638, b.
   Enregiſtrement. 640, a.
   14. Juin. *Arreſt pour faire paver le faubourg S. Germain.* III, 7, a.
   16. Aouſt. *Arreſt touchant le pavé de la ruë S. André-des-Arcs.* III, 8, a.
   23. Aouſt. *Arreſt pour les tranchées ſervant à écouler les eaux du faubourg S. Germain.* III, 9, a.
   4. Janvier. *René de Villequier gouverneur & lieutenant general pour le roy à Paris*, III, 10, b.
1579. 10. Avril. *Proceſſion à N. D. au ſujet des inondations & tremblemens de terre.* III, 9, b.
   4. Mai. *Commiſſaires pour informer du mauvais eſtat de l'hoſpital de S. Germain des Prez.* III, 9. b.
   15. Mai. *Le pont au Change en danger de tomber.* III, 10, a.
   15. Juin. *Arreſt pour les frais de la pente des eaux & pavé du faubourg S. Germain.* III, 10, a.
   16. Decemb. *Arreſt pour l'évacuation des eaux de la Croix-rouge.* III, 10, b.
                12. Janvier.

TABLE CHRONOLOGIQUE.

ANNE'ES.
1580. 12. Janvier. *Fondation de la maison professe des Jesuites à Paris.* 732, a.
 14. Juin. *La peste à Paris.* III, 11, a.
 19. Octobre. *Arrest du conseil, qui maintient le présenté à une prébende par les confreres de l'hospital S. Jacques, & déboute le pourveu par cause de nouvel avenement à la couronne.* 346, b.
 15. Decemb. *Arrest sur la distraction du marbre destiné au mausolée de Henri II.* III, 11, a.
1581. 22. Fevrier. *Hospital nouveau de Grenelle.* III, 11, a.
 30. Mars. *La foire de S. Germain interdite.* III, 11, b.
 16. Juin. *Arbres accordés à la ville pour rebastir les maisons du Petit-pont.* III, 11, b.
 7. Aoust. *Cottisation ordonnée pour la réparation de l'église S. Gervais.* III, 12, a.
 18. Aoust. *Nouvelle place destinée pour bastir l'hospital des escrouelles.* III, 12, a.
 23. Novemb. *Nouvelle ruë dans le jardin de la trésorerie de la sainte Chapelle, à l'occasion du Pont-neuf.* III, 12, b.
 24. Novemb. *Arrest du parlement pour l'enregistrement des bulles qui unissent l'abbaye de S. Magloire à l'évesché de Paris.* 679, a.
1582. *Instruction pour la police des pauvres de la ville & des faubourgs de Paris.* 736, b.
 12. Juin. *Arrest au sujet des jeux de la bazoche.* III, 13, a.
 20. Juin. *Les concierges des grandes maisons soumis à la taxe pour les pauvres, sauf leur recours &c.* III, 13, a.
 9. Decemb. *Procession generale avec ordonnance & lettres de cachet de Henri III. pour recevoir la réformation du Calendrier faite par le pape Gregoire XIII.* 734, b.
1583. 22. Mars. *Enregistrement extraordinaire fait à la chambre des comptes de quelques édits bursaux.* 744, b.
 19. Mars. *Le pont S. Michel en péril, à cause du débordement de la Seine.* III, 16, a.
 7. Mai. *Assemblée à la salle S. Louis, au sujet de la contagion,* III, 16, a.
 17. Mai. *Enregistrement du don du chasteau de Boulogne, fait à la reine de Navarre.* III, 16, b.
 2. Juillet. *Brouillerie & tumulte au couvent des Cordeliers.* III, 13, a.
 Decembre. *Establissement de la congregation des Pénitens à Paris, par Henri III,* III, 300, a.
 5. Decemb. *Arrest au sujet des pédagogues & précepteurs.* III, 16, b.
1584. 9. Mars. *Establissement de la congregation des Pénitens.* III, 17, a.
 14. Juin. *Lettres de commission du roy Henri III, au sujet des fonds destinés à l'establissement de la Charité-chrestienne alors transferée au faubourg S. Marcel.* 724, b.
 24. 25. &c. Juin. *Obseques du duc d'Anjou frere du roy Henri III.* III, 440, a.
 25. Juin. *Ruës nouvelles dressées à l'occasion du Pont-neuf.* III, 17, b.
 11. Juillet. *Arrest au sujet du Pont-neuf.* III, 17, b.
 7. Aoust. *Arrest au sujet du cloaque de la Croix-rouge.* III, 18, a.
 3. Septemb. *La contagion à l'hospital de la Trinité.* III, 18, a.
 16. Septemb. *Arrest sur les cloaques & immondices du faubourg S. Germain.* III, 18, b.
 6. Octobre. *Comediens de l'hostel de Cluni interdits.* III, 19, a.
 16. Novemb. *Lettres patentes contre la ligue.* III, 19, a.
 11. Decemb. *Arrest au sujet des prestres de la maison de S. Louis.* III, 19, a.
 19. Decemb. *Privileges de la congregation des Pénitens.* III, 19, b.
1585. 20. Janvier. *Lettres de commission du roy Henri III, au grand-conseil, au sujet des fonds destinés pour la Charité-chrestienne du faubourg S. Marcel.* 725, b.
 8. Mai. *Commission du roy Henri III, au grand-conseil, pour maintenir Nicolas Hovel dans la possession de la maison de la Charité-chrestienne, par lui instituée au faubourg S. Marcel.* 726, a.
 15. Septemb. *Privileges des officiers de la congregation des Pénitens de Henri III,* III, 301, b.
1586. *Réformation des religieux de S. Magloire transferés à S. Jacques.* III, 19, b.
 1. Janvier. *Lettre du roy de Navarre à messieurs de Paris.* 747, a.
 7. Mars. *Translation des Filles-pénitentes à S. Magloire.* III, 20, a.
 22. Mai. *Ordonnance du roy Henri III, pour la subsistance des pauvres.* 743, b.
 25. Juin. *Récit de ce qui s'est passé à la chambre des comptes, à l'enregistrement de quelques édits faits par le comte de Soissons; interdiction de la Chambre &c,* 748, a.
1587. *Mémoire du conseil des seize à Paris contenant les projets, la conduite, & le serment de la Ligue.* 770, b.

Tome II.   k

2. Mai. *Augmentation des bourses du college de Tours.* 426, a.
30. Septemb. *Récit de ce qui s'est passé à l'enregistrement de l'édit d'augmentation de deux presidens & douze maistres à la chambre des comptes.* 764, b.
24. Decemb. *Entrée du roy Henri III, à Paris, après la défaite des Reistres. III,* 445, a.

1588. *Déclaration du roy Henri III. pour empescher la distraction des fonds destinés au payement des rentiers de l'hostel de ville de Paris.* 775, a.
14. Mai. *Lettre escrite en Allemand au duc de Guise par le colonel & les capitaines des Suisses du roy.* 776, a.
26. Mai. *Lettre des P. des M. & E. au roy, après les barricades. III,* 445, a.
26. Mai. *Lettre des mesmes à la ville de .... pour justifier les barricades & demander secours. III,* 445, b.
8. Juin. *Lettre des mesmes aux maire & eschevins de Tours. III,* 446, b.
2. & 20. Juin. *Ordres pour la sureté de la ville. III,* 447, a.
15. & 20. Juillet. *Les P. des M. & E. nouveaux continués par la reine mere & le roy. III,* 447, a.
28. Juillet. *Nouvelle élection d'officiers de milice bourgeoise. III,* 447, b.
17. Aoust. *Serment de l'édit d'union presté par la ville. III,* 447, b.
17. Aoust. *Le roy promet d'éloigner les troupes de Paris. III,* 448, a.
31. Aoust. *La garde de la bastille ostée à Testu, & donnée à la ville. III,* 448, a. *Ordres pour les rondes de la ville. III,* 448, a.
12. Novemb. *Affaire de Chauveau curé de S. Gervais. III,* 448, b.
23. Novemb. *Reglement au sujet de la garde du cloistre N. D. III,* 448, b.
16. Decemb. &c. *Ordres pour la sureté de Paris, après ce qui estoit arrivé à Blois. III,* 450, a.
17. Decemb. *Lettre des eschevins de Paris aux colonels de la ville de Rodez. III,* 449, b.
24. Decemb. *Lettre des mesmes au duc de Lorraine. III,* 449, a.
24. Decemb. *Lettre des mesmes à plusieurs villes. III,* 449, b.
28. Decemb. *Lettre de créance de la ville au roy, touchant la délivrance du prevost des marchands. III,* 450, a.
28. Decemb. *Lettre de la ville de Paris à ceux de .... au sujet des meurtres de Blois. III,* 450, b.
29. Decemb. *Ordonnance & déclaration pour des levées de milice & d'argent à Paris, III,* 451, a.
31. Decemb. *Lettre de la ville au duc de Mayenne. III,* 451, a. b.
31. Decemb. *Assemblée generale tenuë en l'hostel de ville de Paris, après la mort du duc de Guise à Blois. III,* 305, b.

1589. *Requeste presentée à la cour par les eschevins & corps de ville de Paris, contre tous gentilshommes & autres qui empeschent la sainte union & le commerce des autres villes avec celle de Paris.* 777, a.
5. Janvier. *Élection de trois personnes en l'absence du prevost & des eschevins détenus prisonniers. III,* 452, a.
6. Janvier. *Lettre de la ville de Paris à monsieur de la Chastre. III,* 452, a. b.
8. Janvier. *Lettre du duc de Mayenne pour faire apporter à Paris les deniers des décimes &c. III,* 453, a.
11. Janvier. *Lettre circulaire de la ville de Paris, au sujet de ce qui estoit arrivé à Blois. III,* 454, b.
12. Janvier. *Deniers royaux saisis &c. III,* 455, b.
16. Janvier. *Lettre du duc d'Aumale & de la ville de Paris, aux villes de l'union, pour faire donner vivres & estapes aux troupes estrangeres. III,* 453, a.
17. Janvier. *La prise des armes publiée aux prosnes. III,* 456, b.
20. Janvier *Permission aux villages de courre sus à la garnison de Vincennes, si elle s'écarte. III,* 456, b.
27. Janvier. *La ville de Bauvais s'unit à celle de Paris. III,* 456, b.
28. Janvier. *Rolle ordonné pour la cottisation des habitans de Paris. III,* 456, b.
Fevrier. *Translation du parlement de Paris à Tours. III,* 304, b.
Fevrier. *Edit du roy Henri III. portant translation du parlement & de la chambre des comptes de Paris en la ville de Tours.* 779, b.
14. Fevrier. *Ordonnance du prevost & des eschevins, pour faire jurer l'union dans la campagne. III,* 457, a.

TABLE CHRONOLOGIQUE. xxxix

ANNÉES. Fevrier. *Déclaration du roy Henri III, contre les villes de Paris, Orleans, Amiens, Abbeville &c.* 777, b.
16. Fevrier. *Délibération pour former le conseil general de la ville.* III, 457, b.
17. Fevrier. *Establissement du prétendu conseil de la Ligue à Paris.* III, 306, a.
18. Fevrier. *Lettre circulaire de Paris aux autres villes, pour les engager dans le parti de l'union.* III, 457, b.
20. Fevrier. *Commission pour traiter d'union avec Rouën.* III, 458, b.
27. Fevrier. *Rançon du prevost des marchands, eschevins, princes & autres arrestés à Blois.* III, 459, a. b.
27. Fevrier. *Translation de la chambre des comptes de Paris à Tours.* 780, a.
24. Mars. *Installation de la chambre des comptes à la tréforerie de S. Martin à Tours,* 781, b.
Mars. *Lettre de la ville de Paris au parlement de Toulouse, où elle fait un détail de sa conduite.* III, 459, b.
18. Avril. *Déclaration du roy Henri III, portant translation de la juridiction de la table de marbre du palais à Paris, en sa cour de parlement establie à Tours.* 782, b.
24. Avril. *Milice bourgeoise levée pour donner la chasse aux heretiques &c, du plat pays.* III, 460, a.
28. Avril. *La garde de Choisy remise au chapitre de Paris.* III, 460, b.
3. Mai. *Represailles données par la ville au capitaine la Vigne.* III, 460, b.
Mai. *Lettres patentes du roy Henri III, portant révocation de tous les privileges de Paris & autres villes rebelles.* 784, a.
4. Mai. *Déclaration du roy Henry III, portant translation de la cour des aydes de Paris, en la cour de parlement transferée à Tours.* 783, b.
8. 15. & 19. Mai. *Commissions & ordonnances pour la sureté de la ville.* III, 461, a.
18. Mai. *Lettre de la ville au sieur des Rosiers, sur la déroute de Senlis.* III, 460, b.
19. Mai. *Mémoire pour les prédicateurs, au sujet de la déroute de Senlis.* III, 460, b.
25. Mai. *Grace accordée par le roy Henri III. à Nicolas Vivian maistre des comptes qui avoit signé la Ligue.* 786, a.
5. Juin. *Contribution pour les pauvres valides employés aux ateliers publics.* III, 462, b.
14. Juin. *Ordonnance pour la garde des faubourgs.* III, 463, a.
20. Juin *Procession des corps Saints apportés à Paris.* III, 20, a.
28. Juin. *Garnison à Conflans sainte Honorine.* III, 463, a.
7. Juillet. *Les clefs de la ville par qui gardées.* III, 463, a.
10. Juillet. *Le Lendi transferé à Paris.* III, 463, a.
25. Juillet. *La ville fortifiée.* III, 463, a.
29. Juillet. *Troupes venuës de Pontoise.* III, 463, b.
1. Aoust. *Ordre de n'avoir qu'une porte ouverte à chaque maison.* III, 463, b.
7. Aoust. *Lettre de la ville de Paris au Pape.* III, 463, b.
29. Aoust. *Nouvelles levées de troupes à Paris.* III, 464, b.
17. & 18. Septemb. *Ordres pour la garde de la ville.* III, 465, a.
19. Septemb. *Cartel du conseil de l'union à Paris, aux juges establis à Tours.* III, 464, b.
30. Septemb. *Lettre de la ville de Paris à plusieurs autres villes, pour aviser aux moyens d'entretenir leur correspondance.* III, 465, a.
20. Novemb. *Arrest du conseil general de la sainte union, qui ordonne la vente des biens des heretiques & de leurs fauteurs.* 786, b.
28. Novemb. *Requeste par laquelle la ville demande d'estre reçeuë partie intervenante contre le président de Blanc-mesnil.* III, 465, a.
23. & 30. Novemb. *Ordonnance pour la fortification de la ville.* III, 467, b.
3. Decemb. *Responce de la ville à une lettre escrite par le duc de Montpensier en faveur du président de Blanc-mesnil.* III, 466. a. b.
29. Decemb. *Le chasteau de Vincennes assiegé.* III, 467, b.
1590. *Articles accordés & jurés entre les confreres de la confrairie du S. nom de Jesus ordonnée en l'église S. Gervais &c, pour la manutention de la religion* C. A. & R. 790, b.
Reglement pour ladite confrairie. 795, b.
Déclaration du prétendu roy Charles X. portant defenses à tous officiers d'armée de se loger prés des rivieres aux environs de Paris. 787, b.
9. Janvier. *Responce de la ville à un envoyé du roy.* III, 468, a.
11. Janvier. *La ville déclare en quelle qualité elle intervient au procés du président de*

Blanc-mesnil. III, 468, a. b.
17. Janvier. *Préparatifs pour l'entrée du légat. III*, 468, b.
25. Janvier. *L'évesque de Paris admis dans la ville. III*, 468, b.
11. Fevrier &c. *Mémoire, mandemens & ordonnances pour la sureté de la ville. III*, 469, b.
13. Fevrier. *Serment exigé de ceux qui entroient dans la ville. III*, 469, b.
15. Juin. *Lettre du roy Henri IV. aux habitans de Paris.* 788, a.
5. Aoust. *Lettre des Parisiens au duc de Mayenne.* 789, a.
7. Aoust. *Lettre de la duchesse de Mayenne au duc son mari.* 790, b.
10. Septemb. *Restablissement du sieur Aymeret en sa charge de maistre des comptes.* 785, b.

1591. 19. Mars. *Réparation du pont saint Michel. III*, 21, a.
27. Avril. *Lettres du duc de Mayenne par lesquelles il establit le comte de Belin gouverneur de Paris. III*, 307, b.
23. Mai. *Lettres patentes du roy Henry IV. en faveur du sieur le Gay conseiller au grand conseil.* 797, a.
5. Juillet. *Arrest au sujet du poids le roy, en faveur du chapitre de N. D. III*, 21, a.
29. Octobre. *Lettres patentes du roy Henri IV. en faveur de M. Jean Nicolaï premier président de la chambre des comptes.* 802, b.
Autres au mesme sujet. 803, a.
Enregistrement. 803, b.
Decemb. *Lettres patentes du duc de Mayenne, portant abolition de ce qui s'estoit passé à Paris les 15. 16. & 17. Novembre contre le président Brisson &c.* 799, a.

1592. 7. Janvier. *Edit du roy Henri IV. pour le restablissement de la cour des aides de Paris.* 810, b.
Déclaration sur ledit Edit. 811, b.
8. Janvier. *Arrest du parlement de la Ligue pour la diminution des loyers des maisons de Paris.* 800, a.
10. Avril. *Arrest du mesme pour la surseance de toutes sortes de dettes.* 801, a.
6. Juin. *Lettres patentes du roy Henri IV, pour la seance de la cour des aydes à Chartres, pour un mois.* 812, b.
Enregistrement. 813, a.
7. Novemb. *Lettre du sieur des Portes resident à Rome pour le duc de Mayenne, au sieur des Portes son cousin.* 805, a.
6. Decemb. *Autre du mesme au mesme.* 805, b.
12. Decemb. *Autre du mesme au sieur Jeannin.* 806, a.
17. Decemb. *Autre du mesme au duc de Mayenne.* 806, b.
17. Decemb. *Autre du mesme au sieur Jeannin.* 806, b.
17. Decemb. *Autre du mesme au duc de Mayenne.* 807, a.
22. Decemb. *Autre du mesme au mesme.* 807, b.

1593. 10. Janvier. *Lettres patentes du roy Henri IV. en faveur de M. Jean le Picard maistre des comptes.* 808, a.
Enregistrement. 809, b.
10. Juin. *Reception du duc de Norfolk ambassadeur du roy d'Angleterre. III*, 341, a.
28. Juin. *Arrest fameux du parlement de Paris, pour maintenir la Loi-salique.* 823, b.
24. Novemb. *Arrest pour les Filles S. Gervais. III*, 21, b.

1594. 15. Fevrier. *Sentence du grand prevost de l'Isle-de-France, contre le geollier du petit Chastelet de Paris, à l'occasion de la mort du président Brisson &c.* 814, a.
Mars. *Edit & déclaration du roy Henry IV. sur la réduction de la ville de Paris. II*, 2, a.
20. Mars. *Ordonnance du roy Henri IV. sur l'aministie accordée à la ville de Paris. II*, 1.
22. Mars. *Réduction de Paris à l'obéissance de Henri IV. III*, 469, b.
28. Mars. *Restablissement du corps de ville. III*, 471, a. b.
28. Mars. *Ordonnance du roy Henri IV. pour la conservation de la ville de Paris. II*, 2, a.
28. Mars. *Lettres patentes du roy Henri IV. pour le restablissement du parlement de Paris. II*, 7, a.
29. Mars. *Déclaration du roy Henri IV. sur la modération des entrées qui se levoient à Paris avant sa réduction. II*, 8, b.

29. Mars.

ANNÉES.	TABLE CHRONOLOGIQUE.

29. Mars. *Procession en action de graces de la réduction de Paris à l'obéissance de Henri IV. III*, 21, b. *III*, 473, a.
30. Mars. *Arrest du parlement après son restablissement, au sujet de ce qui s'estoit fait à Paris & ailleurs pendant les troubles. II*, 12, a.
30. Mars. *Les arrests & decrets du parlement de la Ligue déclarés nuls. III*, 23, b.
30. Mars. *Serment des avocats & procureurs au roy Henri IV. III*, 24, b.
22. Avril. *Confirmation des officiers du parlement, après le retour de messieurs séans à Tours. III*, 310, a.
8. Mai. *Ordonnance du roy Henri IV. pour la sureté & police de la ville de Paris. II* 13, a.
3. Juin. *Lettre de la ville au roy, en faveur de la ville de Toulouse. III*, 473, b.
17. Aoust. *La bibliotheque de la reine Catherine unie à celle du roy. III*, 25, a.
23. Aoust. *Arrest au sujet des pieces de theatre des colleges. III*, 25, b.
27. Aoust. *Arrest du parlement contre les complices de la mort du président Brisson.* 816, b. *Autre du 29. Novemb.* 816, b.
Autre du 11. Mars suivant. 818, a.
5. Septemb. *Réparation du pont au Change. III*, 25, b.
13. Septemb. *Reception du roy Henri IV. à Paris, au retour d'un voyage. III*, 474, a.
15. Octobre. *Partie de la place des Tournelles donnée au sieur de Rosny. III*, 26, a.
24. Octobre. *Arrest contre les factieux revenus à Paris. III*, 26, a.
15. Novemb. *Injonction touchant la recherche des factieux & la garde des portes. III*, 26, b.
5. Decemb. *Antoine d'Estrées lieutenant general pour le roy à Paris. III*, 27, a.
29. Decemb. *Arrest du parlement contre Jean Chastel. II*, 14, a.

1595. *Responce du roy Henry IV. aux remonstrances de la chambre des comptes touchant un Edit de création d'offices. II*, 15, a.
13. Mars. *Entrée du duc de Montpensier en la chambre des comptes pour la verification de quelques édits. II*, 16, a.
14. Mars. *Les ponts de Paris en danger, pour la crüe des eaux. III*, 27, a.
20. Mars. *Procession establie en mémoire de la nouvelle réduction de Paris. III*, 27, b.
31. Mars. *Juste Lipse invité à venir enseigner à Paris. III*, 27, b.
Avril. *Lettres patentes du roy Henri IV. sur les droits du voyer de Paris. II*, 311, a.
23. Mai. *Le prince de Conty lieutenant general pour le roy à Paris. III*, 28, a.
26 Aoust. *Reglement contre les assemblées & divertissemens de nuit. III*, 28, b.
4. Octobre. *Destination du college de Clermont pour la bibliotheque du roy. III*, 28, b.
5. Octobre. *Arrest au sujet de la contagion. III*, 29, a.
15. Decemb. *La ville s'oppose aux privileges accordés aux anciens prevosts & Eschevins. III*, 474, b.

1596. 10. Fevrier. *Differend des prevosts de Paris & des marchands, au sujet des assemblées pour les pauvres. III*, 29, a.
8. Mars. *Bleds estrangers achetés par la ville. III*, 29, b.
12. Mars. *La bibliotheque de la reine Catherine unie à celle du roy. III*, 29, b.
6. Mai. *Arrest du conseil privé, qui ordonne que les pauvres gentilshommes & soldats invalides seront nourris, pansés, & médicamentés dans l'hospital de la Charité Chrestienne du faubourg S. Marcel.* 729, b.
11. Mai. *Arrest au sujet des bleds estrangers achetés par la ville. III*, 30, a.
12. Juin. *Maladie contagieuse à Paris. III*, 30, b.
17. Juillet. *Arrest au sujet de la contagion. III*, 31, b.
21. Juillet. *Entrée du cardinal de Florence légat. III*, 475, a.
31. Juillet. *Octroi à la ville pour la réfection des fontaines & pavé. III*, 32, a.
9. Aoust &c. *Le roy approuve l'élection des P. des M. & E. qu'il avoit voulu faire differer. III*, 476, a. b.
30. Aoust. *Remonstrances & taxes au sujet de la contagion. III*, 32, a.
4. Octobre. *Reglement au sujet de la contagion. III*, 32, b.
23. Octobre. *Contraintes pour la taxe ordonnée au sujet de la contagion. III*, 32, b.
23. Decemb. *Chute du pont aux Meusniers. III*, 33, b.
30. Decemb. *Antoine d'Estrées lieutenant general à Paris, avec autorité de gouverneur. III*, 34, b.

1597. *Arrest touchant un navire d'argent voué par la ville à N. D. de Lorette, pendant la Ligue. III*, 35, a.

Tome II. l

Remontrance sur l'estat de la ville & la nécessité de raser les forteresses voisines, III, 34, b.

Avril. *Lettres patentes du roy Henri IV. en faveur des confreres de la Passion, avec interdiction à tous autres de representer en public sans leur permission, & ailleurs que sur leur theatre de l'hostel de Bourgogne.* III, 797, a.

11. Avril. *Ordres pour la sureté de la ville.* III, 35, b.
15. Avril. *Secours accordé au roy par la ville.* III, 477, a.
22. Avril. *Lettres patentes en faveur des Feuillans.* III, 35, b.
31. Juillet. *La contagion recommence à Paris.* III, 36, a.
Octob. *Lettres patentes du roy Henri IV. qui confirment la fondation de l'hospital de la Charité Chrestienne du fauxbourg S. Marcel, en faveur des pauvres gentilshommes & soldats invalides.* 730, a.
29. Octob. *Reception du roy, à son retour de la prise d'Amiens.* III, 479, a.

1598. *Reglement pour la sureté de la ville.* III, 37, a.
7. Fevrier. *Lettres patentes du roy Henri IV. pour la continuation du Pont-neuf.* II, 17, b.
27. Mars. *Entrée de Henri de Gondy évesque de Paris.* III, 36, a.
12. Juin. *Publication de la paix générale.* III, 36, b.
13. Juin. *Publication de la paix de Vervins.* III, 689, a.
23. Juin. *Le roy assiste à la solemnité du feu de la S. Jean.* III, 481, a.
23. Septemb. *Restablissement de la porte S. Germain.* III, 480, b.
8. Octobre. *Les ornemens, argenterie &c. des Penitens, donnés à l'Hostel-Dieu.* III, 37, a.
28. Novemb. *Confirmation des privileges de la confrairie de la Passion.* III, 38, a.

1599. 25. Janvier. *Arrest touchant la bibliotheque de la reine Catherine de Medicis.* III, 38, b.
4. Fevrier. *Privilege de la foire S. Germain.* III, 38, b.
7. Mars. *Establissement de l'exercice public des classes au college de Narbonne.* III, 799, a.

1600. *Deffense aux escoliers, laquais, artisans &c. de porter l'espée.* III, 39, b.
26. Janvier. *Lettres patentes pour les Minimes du bois de Vincennes.* III, 39, a.
2. Juin. *Lettres patentes du roy Henri IV. en faveur des gentilshommes & soldats invalides.* 731, a.
11. Juin. *Le sieur de Montigny commis pour commander à Paris.* III, 39, b.
2. Avril &c. *Nouveau bastiment à l'arsenal. Plaintes de la ville. Responfe du roy.* III, 481, a.
9. Avril &c. *Service funebre pour la reine Louise de Lorraine veuve du roy Henry III.* III, 482, b.
17. Avril &c. *Imposition pour le bastiment du Pont-neuf & pour les fontaines.* III, 483, b.

1601. 5. Mai. *Lettres patentes en faveur des Capucins.* III, 49, a.
28. Septemb. *Te Deum, Feux de joie & procession pour la naissance du dauphin.* III, 484, a.

1602. Mars. *Establissement des religieux de S. Jean de-Dieu, dits de la Charité.* II, 18, b.
5. Mars. *Taxe pour les pauvres ; ateliers publics &c.* III, 485, a..
31. Juillet. *Supplice du mareschal de Biron, & sa requeste au roy,* III, 485, b, &c.
Octobre. *Charte du roy Henry IV. qui rend les abbesses de Montmartre électives.* II, 24, b.
14. Octob. *Reception des ambassadeurs Suisses.* III, 488, b.

1603. 14. Fevrier. *Lettre de cachet du roy Henri IV. aux religieux de Marmontier, au sujet de l'establissement des Carmelites à N. D. des Champs.* II, 25, a.
Autre au mesme sujet. II, 25, b.

1604. 6. Janvier. *Lettres patentes du roy Henri IV. en faveur des Cordeliers réformés du fauxbourg S. Martin, dits Recollets.* II, 26, a.
17. Janvier. *Permission de quester accordée aux Filles de l'Ave Maria.* III, 40, a.
14. Juillet. *Edit du roy Henry IV. pour faire jouir les pauvres gentilshommes & soldats invalides de la maison royale, du revenu de la Charité Chrestienne du fauxbourg saint Marcel.* II, 28, a.
7. Decemb. *Reglemens pour le college de S. Bernard.* 185, b.

1605. 5. Aoust. *Establissement de la Place royale.* III, 40, b.

1606. *Extrait du remerciement fait par les Parisiens à monsieur Myron lieutenant civil & auparavant prevost des marchands.* II, 34, a.
Juin. *Edit du roy Henri IV. en faveur des pauvres gentilshommes & soldats invalides,*

TABLE CHRONOLOGIQUE. xliij

ANNE'ES.

pour leur assurer la possession de la Charité Chrestienne du faubourg S. Marcel. II, 30, a.
27. Juillet. *Lettres patentes du mesme pour le restablissement des Jesuites en leur maison professe.* II, 35, b.

1607. 28. Mars. *Création d'une chambre de justice contre les financiers.* III, 40, b.
28. Mars. *Lettres patentes au sujet du mail de l'Arsenal.* III, 42, a.
20. Juillet. *Establissement d'une manufacture de tapisseries.* III, 42, a.
5. Septemb. *Lettres patentes en faveur des ouvriers de la gallerie du Louvre.* III, 43, a.
5. Septemb. *Abolition pour les financiers.* III, 42, a.
12. Septemb &c. *Enterrement du chancelier de Bellievre.* III, 493, b.
7. Novemb. *Don de cession d'un corps de logis au college de Bourgogne.* Sup. lxxxvij.
7. Novemb. *Sentence concernant le college de Bourgogne.* Sup. lxxxvij.
22. Novemb. *Réduction des bourses du college de Bourgogne,* III, 803, a.
22. Novemb. *Don de cession d'un corps de logis au college de Bourgogne.* III, 801, b.
22. Novemb. *Sentence concernant le college de Bourgogne.* III, 803, a.

1608. 23. Janvier. *Le sieur de Liancour lieutenant general au gouvernement de Paris.* III, 43, b.
30. Janvier. *Les jeux de hazard & autres deffendus à la foire S. Germain.* III, 43, b.
21. Mars. *Service funebre pour le duc de Montpensier.* III, 495, b.
19. Juillet. *Arrest en faveur du prince des Sots.* III, 44, a.
8. Aoust. *Lettres patentes & arrest pour la construction du pont aux Marchands.* III, 44, b.

1609. *Lettre de la reine Marguerite au pape Paul V. en faveur des Augustins deschaussés.* II, 40, a.
27. Janvier. *Alienation de la Coulture du Temple.* III, 45, b.
14. Avril. *Privilege de vendre l'image de la ville de Paris gravée.* III, 46, a.
3. Aoust. *Arrest sur lettres patentes, qui ordonnent que les proprietaires des places de Paris y feront incessamment bastir.* III, 46, a.
6. Aoust. *L'argenterie de la confrairie des changeurs, destinée au service de la maison de Santé.* III, 46, b.
4. Septemb. *Arrest au sujet du bastiment de l'hospital nouveau de la Santé.* III, 47, a.
26. Septembre. *Contract de la fondation faite par la reine Marguerite, des Augustins deschaussés, au faubourg S. Germain.* II, 39, a.
12. Octobre. *Lettres patentes du roy Henri IV. par lesquelles il est permis aux Jesuites de faire une leçon de theologie au college de Clermont.* II, 36, a.

1610. Mars. *Lettres patentes du roy Henri IV. en faveur des Augustins deschaussés.* II, 41, b.
XII. Kal. Maii. *Bref du pape Paul V. en faveur des Carmes deschaussés.* II, 55, a.
16. Mai. *L'ordre qui avoit esté reglé pour l'entrée de la reine Marie de Medicis.* III, 498, b.
25. Mai. *Les P. des M. & E. saluent le roy Louis XIII. à son nouvel avenement à la couronne.* III, 502, a.
Service & funerailles du roy Henri IV. III, 504. a.
6. Juin. *Service pour le roy Henri IV. fait à S. Jean en Greve par la ville.* III, 503, a.
1. Juillet. *Bref du mesme à la reine Marguerite au sujet des Augustins deschaussés.* II, 41, a.
16. Aoust. *Forme de l'élection des eschevins de Paris.* III, 514. a.
20. Aoust. *Lettres patentes du roy Louis XIII. par lesquelles il est permis aux Jesuites de lire publiquement en toutes sortes de sciences, au college de Clermont.* II, 36, b.
25. Septemb. *Arrest au sujet des lettres de cachet en faveur des Carmes deschaussés.* III, 47, a.

1611. *Projet d'un canal autour de Paris.* III, 804, b.
22. Mai. *Consentement de l'évesque de Paris à l'establissement des Carmes deschaussés.* II, 56, a.
6. Juin. *Arrest au sujet d'une blanque qui se devoit tirer.* III, 47, b.
12. Juin. *Procession de la chasse de sainte Geneviéve.* III, 47, b.
17. Juin. *Lettres patentes & arrest contre les brelans & academies de jeu.* III, 48, a.
Juillet. *Lettres patentes du roy Louis XIII, confirmatives des privileges du college des chirurgiens de Paris,* II, 56, b.

1612. *Idibus Junii. Bulle du pape Paul V. en faveur des Ursulines du faubourg S. Jacques.* II, 57, a.
22. Aoust. *Réforme du monastere des Blancs-manteaux.* III, 314, a.
27. Octobre. *Bail fait à Jean Coing pour l'entreprise de la conduite des eaux de Rongis à Paris.* III, 806, a.

1613. 11. Janvier. *Arrest sur lettres patentes contre les brelans. III*, 48, a.
29. Janvier. *Arrest sur la confirmation des privileges de la confrairie de la Passion. III*, 48, b.
12. Avril. *Contract de la reine Marguerite avec les Augustins chaussés de la communauté de Bourges. II*, 42, b.
7. Mai. *Acceptation du contract de la reine Marguerite par les Augustins chaussés. II*, 44, b.
18. Mai. *Arrest pour la réformation de l'abbaye de S. Germain. III*, 49, a.
17. Juillet. *Le roy mit la premiere pierre à la source des fontaines de Rongis. III*, 517, b.
14. Aoust. *Bref du pape Paul V. pour l'introduction des Augustins chaussés réformés dans le couvent de la reine Marguerite, à la place des deschaussés. II*, 45, b.
15. Octobre. *Lettre du provincial des Augustins réformés chaussés, pour l'execution du bref de Paul V. II*, 46, a.
19. Octob. *Consentement de l'évesque de Paris à l'establissement des Augustins chaussés du faubourg S. Germain. II*, 47, b.
14. Novemb. *Arrest du conseil pareil à celui du 19. Octobre 1580. rapporté ci-dessus. 347, a.*
Decemb. *Lettres patentes du roy Louis XIII. portant confirmation de l'establissement des Augustins chaussés au faubourg S. Germain. II*, 46, b.
1614. 26. Fevrier. *Consentement du general des Augustins à l'establissement des Augustins chaussés au couvent de la reine Marguerite. II*, 48, b.
15. Mai. *Mémoire presenté au conseil du roy au sujet du bail des eaux de Rongis. III*, 811, b.
7. Juin. *Permission de l'évesque de Paris pour le retranchement du cimetiere de S. Estienne du Mont. III*, 812, b.
22. Aoust. *Arrest touchant des bastimens nouveaux contigus au palais. III*, 49, b.
6. Septemb. &c. *Les P. des M. & E. vont au-devant du roy à son retour de Bretagne. III*, 519, b.
2. Octob. *Acte de majorité du roy Louis XIII. III*, 524, b.
11. Octob. *Le roy & la reine mettent la premiere pierre au pont des Tournelles. III*, 525, b.
1615. 25. Mars. *Testament de la reine Marguerite. II*, 49, a.
11. Avril. *Les P. des M. & E. jettent de l'eau-benise sur le corps de la reine Marguerite. III*, 526, b.
17. Juin. *Don aux Minimes du bois de Vincennes & aux Capucins du Faubourg S. Jacques. III*, 49, b.
23. Juin. *Le roy assiste au feu de la S. Jean. III*, 527, b.
1. Aoust. *Arrest sur Lettres patentes pour l'establissement des religieuses de sainte Elisabeth, III*, 50, a.
7. Aoust *Le roy, à son départ pour son mariage, laisse son frere unique à la garde du parlement. III*, 50, b.
1616. 10. Fevrier. *Arrest au sujet des biens tombés dans l'eau par la chute des maisons des ponts au Change & de S. Michel. III*, 51, a.
21. Mars. *Service funebre du cardinal de Gondy archevesque de Paris. III*, 529, a.
23. Avril. *Préparatifs pour la reception du roy à Paris, au retour de son mariage, III*, 531, a.
23. Juin. *La reine Anne d'Austriche assiste au feu de la S. Jean. III*, 534, a.
Octobre. *Fondation d'une chaire de controverse en Sorbonne. III*, 316, b.
1617. 20. Janvier. *Arrest touchant la construction du théatre anatomique. III*, 51, b.
6. Fevrier. *Arrest contre les voleurs de nuit. III*, 52, a.
31. Mai. *Arrest pour le monastere des Blancs-manteaux. III*, 52, b.
3. Juin. *Arrest pour S. Martin des champs. III*, 53, a.
12. Juillet. *Permission des religieux de S. Germain des Prez pour l'establissement des Augustins de la reine Marguerite. II*, 48, a.
9. Aoust. *Arrest sur lettres patentes pour le college de Premonstré. III*, 54, b.
6. Septemb. *Arrest sur lettres patentes pour la bibliotheque du roy. III*, 54, b.
18. Septemb. *Arrest au sujet du théatre anatomique. III*, 55, a.
12. Decemb. *Reglement pour le nettoiement des rües, III*, 55, a.
1618. 15. Fevrier. *Arrest & commission du conseil qui ordonne le restablissement des leçons publiques au college de Clermont à Paris. II*, 37, b.
6. Mars. *Incendie du palais. III*, 56, a.

10. Avril.

| ANNÉES. | TABLE CHRONOLOGIQUE. | xlv |

10. Avril. *Arrest au sujet des réparations du pont au Change. III*, 56, b.
12. Avril. *Statuts du college de Premonstré.* 211, a.
16. Juin. *Arrest sur lettres patentes en faveur des Chartreux de Paris. III*, 56, b.
Juillet. *Establissement du seminaire de S. Magloire. II*, 61, a.
14. Juillet. *Le duc de Luynes créé gouverneur de l'Isle-de-France. III*, 57, a.
15. Juillet. *Translation de la paroisse S. Gilles S. Leu, du prieuré de S. Denis de la Chartre, en l'eglise de S. Symphorien, par autorité de Henry de Gondy évesque de Paris.* 88, a.
3. Septemb. *Acte contenant l'introduction des Benedictins réformés de la congrégation de France, depuis dite de S. Maur, au monastere des Blancs-manteaux.* 247, b.
29. Novemb. *Lettres patentes du roy Louis XIII. qui confirment l'introduction des Benedictins réformés, audit monastere.* 248, b.
Lettres de surannation sur les précedentes, du 20. Fevrier 1622. 249. a.

1619. 7. Fevrier. *Arrest sur lettres patentes pour l'establissement du seminaire de S. Magloire, III*, 57, a.
25. Fevrier. *Arrest sur la translation de la paroisse S. Leu S. Gilles à l'eglise S. Symphorien. III*, 57, b.
13. Avril. *Le petit-pont en danger. III*, 58, b.
27. Avril. *Service funebre pour l'empereur Mathias. III*, 535, a.
17. Juillet &c. *Arrest au sujet de la contagion. III*, 58, b.
29. Novemb. *Arrest contre les mandians valides & vagabons. III*, 60, a.
29. Novemb. *Les pauvres enfermés au Petit-Bourbon. III* 59, b.

1620. 23. Juin. *Solemnité du feu de la S. Jean, où le roy & la reine assisterent. III*, 537, b.
2. Septemb. *Arrest au sujet des réparations de la grande sale du palais. III*, 60, b.

1621. Mars. *Lettres patentes du roy Lois XIII. par lesquelles il se démet de son droit de nomination sur l'abbaye du Val de Grace, & ordonne que les abbesses seront electives. II*, 62, b.
16. Mars. *L'hostel de Châlons acquis par les Carmelites. III*, 61, a.
3. Juillet. *L'hostel du Petit-Bourbon acquis par les religieuses de la Visitation. III*, 61, b.
18. Aoust. *Le duc de Montbazon créé gouverneur de Paris. III*, 61, b.
21. Aoust. *Lettres patentes en faveur des religieux de Piquepus. III*, 62, a.
1. Septemb. *Erection de cinq nouvelles barrieres de sergens. III*, 62, a.
26. Octob. *Incendie du pont au Change & du pont Marchant. III*, 62, b.
30. Decemb. *Arrest qui deffend de loger des femmes & des personnes mariées aux colleges. III*, 63, b.

1622. Janvier. *Reception du roy à Paris, à son retour de Guyenne & Bearn. III*, 541, a.
28. Janvier. *Affaire des Cordeliers. III*, 64, a. b.
16. Mars. *Acquest d'une maison au faubourg S. Michel, pour renfermer les pauvres. III*, 65. b.
20. Mars. *Lettres patentes du roy Louis XIII, qui rendent electives les abbesses du Val-de-Grace. II*, 63, a.
9. Mai. *Lettre de la reine Anne d'Autriche au chapitre general des Feuillans, pour un establissement de religieuses de leur ordre à Paris. II*, 64, a.
Septemb. *Lettres patentes pour l'establissement des Annonciades à Paris. II*, 64, b.
4. Octob. *Obseques du cardinal de Gondy. III*, 66, a.
6. Octob. *Service funebre du cardinal de Retz évesque de Paris. III*, 546, b.
XIII. Kal. Novemb. *Bulle du pape Gregoire XV. portant érection de l'évesché de Paris en archevesché. II*, 67, a.

1623. Janvier. *Retour du roy à Paris, de son voyage de Languedoc. III*, 547, a.
Janvier. *Lettres patentes du roy Louis XIII, pour l'establissement de l'hospital de la Misericorde au faubourg S. Marcel. II*, 66, a.
Fevrier. *Lettres patentes portant confirmation de l'érection de l'archevesché de Paris. II*, 69, a.
Fevrier. *Lettres patentes pour l'union des religieuses de sainte Avoie, avec les Ursulines du faubourg S. Jacques. II*, 79, b.
18. Fevrier. *La place de la monnoie donnée au sieur Cotignon. III*, 66, a.
6. Mars. *Establissement de l'hospital de la Misericorde au séjour d'Orleans. III*, 67, a.
11. Avril. *Permission de l'abbé de S. Germain des Prez pour l'establissement des Augustins de la reine Marguerite II*, 48, a.
30. Juin. *Sentence d'érection de l'eglise succursale de saint Roch en eglise paroissiale.* Sup. xcvij.
15. Juillet. *Les audiences interdites à cause de la contagion. III*, 67, a.

Tome II. m

ANNÉES. xlvj   TABLE CHRONOLOGIQUE.

7. Aoust. *Ordonnance contre les filoux.* III, 67, a.
7. Aoust. *Arrest au sujet de la contagion.* III, 68, a.
8. Aoust. *Arrest du parlement pour l'érection de l'archevesché de Paris.* II, 70, a.

1624. 12. Janvier. *Arrest contre les filoux & tireurs de manteaux.* III, 68, b.
21. Mars. *Deffense de bastir de nouveau à Paris, sans lettres patentes.* III, 68, b.
2. Avril. *Reglement pour le college de Bourgogne.* III, 812, b.
28. Juin. *Le roy met la premiere pierre à la fontaine de Gréve.* III, 555, a.
Octob. *Lettres patentes du roy Louis XIII, portant érection d'une chambre de justice à Paris, pour la recherche des abus commis dans les finances.* II, 80, b.
Commission des juges & officiers de la mesme chambre. II, 83, a.
29. Octobre. *Arrest de la chambre de justice, portant deffense aux financiers de transporter leurs deniers & biens hors de Paris & du royaume.* II, 85, a.
31. Octobre *Augmentation des bourses du college de Seez.* Sup. xcviij.

1625. 4. Mars. *Arrest au sujet de la contagion.* III, 69, a.
21. Mai. *Entrée du cardinal Barberin légat.* III, 557, b.
24. Mai. *Le P. des M. & E. mettent la premiere pierre à la fontaine du college de Navarre.* III, 557, a.
17. Septemb. *Autre au mesme sujet.* III, 69, b.
26. Novemb. *Reglement & interpretation des anciens statuts des petites escoles de Paris.* 454, b.
Fevrier. *Ballet du roy à l'hostel de ville.* III, 568, b.

1626. 16. Fevrier. *Arrest sur lettres patentes pour l'establissement du Port-royal à Paris.* III, 69, b, bis.
16. Mars. *Establissement des Filles hospitalieres pour le service des femmes & filles malades.* III, 70, a.
29. Mai. *Arrest sur lettres patentes pour les religieuses du Calvaire du faubourg S. Germain.* III, 70, a.
28. Juin. *Arrest du parlement sur les differens entre les maistres & maistresses d'escoles de Paris.* 451, b.
6. Juillet. *Establissement du jardin royal des plantes.* III, 71, a.
28. Aoust. *Lettres par lesquelles François de Gondy premier archevesque de Paris consent à l'establissement des peres de la Doctrine-Chrestienne.* II, 85, b.
Novemb. *Lettres patentes du roy Louis XIII, qui rendent la dignité abbatiale de sainte Geneviéve élective de trois ans en trois ans, en faveur de la réforme.* II, 87, a.
Enregistrement au grand Conseil. II, 88, a.

1627. 15. Mai. *Arrest pour les Filles Hospitalieres.* III, 71, a.
4. Juin. *Mort de la duchesse d'Orleans Marie de Bourbon; & ses obseques.* III, 572, b.
31. ..... *Nouvelles deffenses de bastir à Paris contre les ordres du roy.* III, 71, b.
6. Septemb. *Les prestres de l'oratoire de S. Honoré, chapelains du roy.* III, 71, b.

1628. 29. Janvier. *La maison de l'Ermine venduë par les Quinze-vingts au cardinal de Richelieu.* III, 72, a.
19. Mai. *Arrest du parlement concernant les petites escoles.* 457, a.
Aoust. *Lettres patentes du roy Louis XIII. portant confirmation des privileges accordez aux couvents & hospitaux de la Charité du bienheureux Jean-de-Dieu.* II, 20, a.
8. Aoust. *Les P. des M. & E. mettent la premiere pierre au bastiment du college des Jesuites.* III, 578, b.
6. Septemb. *Arrest pour l'hospital de la Misericorde.* III, 72, a.
18. Septemb. *Aumosne d'Antoine Seguier aux Carmes.* III, 72, b.
3. Novemb. *Te Deum & réjouissances pour la prise de la Rochelle, & ensuite reception de Louis XIII. à Paris.* III, 581, a.
19. Decemb. *Reglement pour les places des chanoines de N. D. aux grandes cérémonies dans leur église.* III, 73, a.

1629. Janvier. *Lettres patentes du roy Louis XIII. en faveur des religieuses Annonciades de Paris.* II, 65, a.
15. Janvier. *Charte du roy Louis XIII. qui rend électives les abbesses de l'abbye de Port-royal, transferée à Paris.* II, 88, b.
20. Mai. *Publication de la paix entre la France & l'Angleterre.* III, 588, a.
23. Juin. *Arrest contre les filoux & assemblées de preneurs de tabac.* III, 73, b.
29. Juin. *Armoiries accordées par les P. des M. & E. aux corps des marchands de Paris.* III, 592, a.

ANNÉES.
28. Aoust. *Arrest touchant le nouveau marché aux porcs. III,* 73, b.
7. Septemb. *Requeste de l'université pour donner à cens une partie du Pré-aux-Clercs. III,* 73, a.
20. Octob. *Funerailles & pompe funebre de la princesse de Condé, III,* 593, a.
26. Octob. *Response des Confreres de la Passion à une requeste des comediens. III,* 798, a. 819, a.
7. Novemb. *Arrest du conseil entre les comediens & les confreres de la Passion. III,* 819, a.
Decemb. *Lettres patentes du roy Louis XIII. pour la fondation du monastere de N. D. des Victoires, en faveur des Augustins deschausses. II,* 49, b.
12. Decemb. *Deffense d'establir de nouveaux monasteres sans lettres patentes. III,* 74, b.
19. Decemb. *Réparation du pont près la porte S. Martin. III,* 74, b.

Vers 1630. *Memoire de la ville presenté au roy Louis XIII, & à son conseil au sujet des murs, fossés & anciennes portes de Paris, III,* 817, b.

Vers 1630. *Devis des ouvrages necessaires pour l'entretien de la fontaine ou machine du Pont-neuf & dépendances. III,* 816, b.

1630. 11. Janvier. *Ordre aux religieux d'apporter au parlement leurs lettres d'establissement. Barnabites &c. III,* 75, a.
22. Janvier. *Fondation des enfans de-chœur dans la paroisse de S. Paul. III,* 75, a. *III,* 86, a.
16. Mai. *Le duc d'Orleans establi pour representer la personne du roy à Paris. III,* 75, b.
3. Juillet. *Establissement des religieuses de sainte Catherine de Sienne, de l'ordre de saint Dominique. III,* 76, a.
10. Juillet. *Arrest faisant mention de l'establissement des prestres de l'Oratoire à Paris, & de leur institut. III,* 76, a.
26. Juillet. *Incendie de la sainte-Chapelle. III,* 78, b.
2. Septemb. *Ouverture faite au palais pour un passage dans la rue S. Louis, III,* 78, b.
Octobre. *Lettres patentes du roy Louis XIII. pour l'establissement d'un monastere de filles du S. Sacrement, de l'ordre de S. Augustin. II,* 89, a.
23. Novemb. *Arrest au sujet de la cherté des bleds. III,* 79, b.

1631. 3. Fevrier. *Queste & levée volontaire pour l'Hostel-Dieu. III,* 80, a.
8. Mars. *Reglement pour le college de Dormans. III,* 81, a.
14. Mars. *Le comte de Soissons nommé pour commander à Paris en l'absence du roy. III,* 81, a.
9. Juillet. *Chambre de justice contre les abus commis sur le fait des monnoies. III,* 81, b.
12. Septemb. *Taxe & levée au sujet de la contagion. III,* 82, a.
26. Septemb. *Lettres patentes pour l'establissement des Carmes au couvent des Billettes.* 299, a.
1. Octob. *Chirurgiens gagés pour servir les pestiferés. III,* 82, b.
22. Octob. *Emprunt permis à l'Hostel-Dieu à l'occasion de la contagion. III,* 82, b.
13. Decemb. *Le comte de Soissons establi lieutenant general. III,* 83, a.

1632. 8. Janvier. *Les Carmes reformés de Bretagne establis aux Billettes. III,* 83, a.
Pridie idus Februarii. *Bulle d'Urbain VIII, pour l'establissement des Carmes au couvent des Billettes.* 300, b.
3. Mars. *Establissement des Feuillans au faubourg S. Michel. III,* 83, 6.
8. Mai. *Lettres patentes pour la communauté des prestres de S. Nicolas du Chardonnet. III,* 83, b.
9. Mai. *Execution du mareschal de Marillac. III,* 594, a.
10. Juillet. *Arrest du parlement concernant la juridiction du chantre de Paris sur les petites escoles.* 458, a.
16. Juillet. *Arrest pour faire enfermer les mandians valides & les employer aux ateliers publics. III,* 84, a.
16. Juillet. *Projet d'un hospital general. III,* 85, a.
16. Juillet. *Arrest contre les faineans, caimans, & vagabonds. III,* 84, a.
9. Novemb. &c. *Donations de Marguerite Rouillé aux Incurables. II,* 108, b.

1633. III. Non. Februarii. *Bulle du Pape Urbain VIII, qui autorise la réforme introduite dans l'abbaye de sainte Geneviève, l'élection triennale des abbés, & l'establissement de la congrégation & réforme de l'ordre de S. Augustin, dite de Paris. II,* 90, b.
21. Mars. *Union de S. Lazare à la congregation de la Mission. III,* 85, b.
22. Mars. *Arrest au sujet des comediens du jeu de paume de la fontaine, rue Michel-le-Comte. III,* 85, b.
9. Avril. *Arrest du parlement touchant l'érection de la chapelle de S. Jacques-du-Haut-pas, en église paroissiale.* 693, a.

28. Mai. *Lettres patentes pour les religieuses du S. Sacrement de l'ordre de S. Augustin.* III, 87, a.
25. Juin. *Lettres patentes pour les Petits-peres de N. D. des Victoires.* III, 87, a.
30. Juin. *Erection de l'église de S. Roch en paroisse.* 820, a.
4. Juillet. *Arrest au sujet du novitiat des religieux de S. Dominique.* III, 88, a.
6. Juillet. *Synode des petites escoles tenu par le chantre de Paris.* 459, a.
30. Juillet. *Six bourses nouvelles fondées au college de Navarre.* III, 88, a.
17. Aoust. *Permission aux Cordeliers de S. Marcel de bastir un petit monastere dans Paris.* III, 89, b.
2. Septemb. *Arrest en faveur des Carmes des Billettes.* III, 90, a.
1634. 4. Fevrier. *Arrest au sujet de la fondation de l'église de sainte Marguerite au faubourg S. Antoine.* III, 90, a.
1. Juin. *Arrest sur le peage du Petit-pont de l'Hostel-Dieu.* III, 91, a.
Juillet. *Lettres patentes du roy Louis XIII. portant confirmation de la fondation faite par la reine mere du convent des religieuses du Calvaire, prés de son palais du fauxbourg S. Germain.* II, 96 a.
5. Juillet. *Nouvelle closture & augmentation de Paris, du costé de la porte S. Honoré.* III, 91, b.
17. Aoust. *Arrest touchant la manufacture des glaces.* III, 94, b.
21. Aoust. *Augmentation des boursiers au college de Seez.* III, 824, a.
22. Aoust. *Lettres patentes en faveur des religieuses du Calvaire.* III, 95, a.
Septemb. *Lettres patentes pour l'establissement des religieuses de N. D. de Laon au faubourg S. Germain, avec amortissement.* II, 97, a.
20. Novemb. *Don d'une place au garde des sceaux Seguier.* III, 95, a.
25. Novemb. *Don d'une place au sieur d'Hemery.* III, 95, a.
29. Novemb. *Premiere fondation de l'hospital des Incurables à Paris.* II, 98, b.
1635. Janvier. *Lettres patentes du roy Louis XIII. portant establissement de l'academie Françoise.* II, 116, b.
11. Janvier. *Donation de Jacques de Hillerin aux Incurables.* II, 110, a.
9. Mars. *Don d'une place au sieur Sublet de Noyers.* III, 95, b.
7. Juillet. *Arrest sur la requeste des religieuses de sainte Elisabeth contre les Cordelieres de Toulouse qui vouloient s'establir à Paris.* III, 96, a.
4. Aoust. *Enregistrement des lettres patentes en faveur des Cordelieres de Toulouse, pour leur establissement à Paris.* III, 97, a.
7. Septemb. *Establissement des religieuses du Calvaire au Marais.* III, 97, b.
Decemb. *Lettres patentes du roy Louis XIII, pour l'establissement des religieuses de saint Bernard au faubourg S. Germain, dites du Precieux-Sang.* II, 118, a.
1636. 2. Fevrier. *Acquest fait des religieuses de Chelles, par celles de sainte Elisabeh.* III, 97, b.
1. Mars. *Arrest touchant les estaux de rostisserie & boucherie à la place Dauphine.* III, 98, a.
15. Avril. *Contract du Cardinal de la Rochefoucault en faveur des Incurables.* II, 101, a. Autre du 8. Aoust. II, 101, b.
21. Avril. *Procés verbal & rapport fait pour le nettoiement & pavage de la ville & faubourgs de Paris, avec l'ordre nécessaire pour bien & deuement faire ledit nettoiement & pavage. Et y est parlé de tous les quartiers & de toutes les ruës.* II, 119, a.
9. Mai. *Arrest faisant mention des conditions de l'establissement des Barnabites à Paris.* III, 98, a.
20. Aoust. *Le sieur de S. Luc d'Epinay lieutenant general à Paris.* III, 99, a.
6. Septemb. *La reine gouvernante de Paris.* III, 99, a.
15. Septemb. *La peste à la conciergerie du Palais.* III, 99, b.
15. Septemb. *Le passage des portes de bois bouché pendant le Jubilé.* III, 99, b.
20. Septemb. *Permission à l'Hostel-Dieu d'emprunter pour ses nécessités présentes.* III, 99, b.
7. Octob. *Arrest au sujet de la contagion.* III, 100, a. b.
1637. Avril. *Lettres patentes pour l'hospital des Incurables.* II, 103, a.
16. Decemb. *Division de l'entretien du pavé de Paris entre le roy & la ville.* III, 100, b.
1638. 20. Janvier. *Lettres de l'abbé de S. Germain des Prez, pour l'hospital des Incurables.* II, 105, a.
19. Fevrier. *Lettres de filiation du general des Chartreux, pour les administrateurs & officiers de l'hospital des Incurables.* II, 107, a.

8. Mai.

TABLE CHRONOLOGIQUE.

ANNEES.
8. Mai. *Arrest du parlement, portant reglement pour l'hospital S. Jacques.* 349, b.
6. Aoust. *Arrest au sujet de la contagion.* III, 101, b.
27. Aoust. *Arrest au sujet de la maladie contagieuse.* III, 101, b.
13. Decemb. *Donation de dame Claude Poignart aux Incurables.* II, 110, a.

1639. Mars. *Lettres patentes pour le franc-salé des Incurables.* II, 107, b.
14. Decemb. *Union des colleges de Boncour & de Tournay à celui de Navarre.* III, 102, a.
19. Decemb. *Les religieuses Hospitalieres establies à la Raquette.* III, 102, b.
20. Decemb. *Lettres patentes en faveur des religieuses de sainte Avoie.* III, 103, b.

1640. 11. Mai. *Consecration de l'autel de l'hospital des Incurables.* II, 106, b.
1. Juillet. *Donation du sieur de Hodic aux Incurables.* II, 112, a.
7. Juillet. *Amortissement pour le college de Boissy.* III, 103, a.
4. Aoust. *Amortissement pour l'hospital & chapelle S. Eloy.* III, 103, b.
30. Aoust. *Lettres patentes en faveur des religieuses de la Madelaine.* III, 103, b.
7. Septemb. *Le marché aux porcs transferé à la Folie-Eschalart au faubourg S. Victor.* III, 104, a.
7. Septemb. *Arrest touchant la place de Sorbonne.* III, 107, a.
7. Septemb. *Enregistrement de lettres pour la construction d'une nouvelle galerie au palais.* III, 105, b.

1641. 8. Janvier. *Mandement de François de Gondy archevesque de Paris, touchant les petites escoles.* 459, b.
7. Fevrier. *Ouverture du cul de-sac de la petite Bretagne à travers la cour du doyenné de S. Thomas du Louvre.* III, 107, a.
11. Avril. *Manufacture de tapisseries façon de Flandre, au faubourg S. Germain.* III, 107, b.
24. Avril. *Lettres patentes en faveur des comediens.* III, 108, a.
1. Juin. *Donation de Marie Ruffé aux Incurables.* II, 110, a. b.
17. Juin. *Lettres patentes sur le concordat des Augustins.* III, 108, a.
3. Septemb. *Permission de dresser des ruës dans l'estenduë de l'hostel de Nevers.* III, 108, b.
5. Septemb. *Donation d'Antoine Loysel aux Incurables.* II, 110, b.
Decemb. *Charte du roi Louis XIV. qui declare l'église de S. Louis des peres Jesuites, de fondation royale.* 733, b.

1642. 7. Fevrier. *Le prince de Condé lieutenant general à Paris* III, 108, b.
7. Fevrier. *La manse abbatiale de S. Nicaise unie à la sainte Chapelle.* III, 109, a.
15. Avril. *Arrest touchant le marché aux volailles qu'on vouloit mettre à la place Dauphine.* III, 109, b.
17. Mai. *Donation de Vincent Nevelet aux Incurables.* II, 110, b.
21. Mai. *Arrest de la chambre des comptes concernant la sainte Chapelle, & le don qui lui avoit esté fait de l'abbaye de S. Nicaise.* II, 151, a.
3. Juin. *La triennalité du prieur establie à S. Victor.* III, 110, b.
6. Juin. *Ratification du contract d'acquisition des deux isles N. D.* III, 110, b.
30. Aoust. *Lettres patentes pour le quay de Gesvres.* III, 111, a.
1. Septemb. *Nouveau marché aux chevaux au faubourg S. Victor.* III, 112, b.
3. Septemb. *Lettres patentes en faveur de la congregation de la Mission.* III, 113, b.
5. Septemb. *Acquest de Charles Robineau pour les Incurables.* II, 110, b.
5. Septemb. *Legs de M. Perret aux Incurables.* II, 111, a.
6. Septemb. *Lettres patentes au sujet des cent une forges, & de la construction du pont au Change.* III, 114, a.
27. Septemb. *Transaction entre la congregation des prestres du Mont-valerien & les ermites dudit lieu.* II, 152, b.

1643. 19. & 20. Janvier. *Ceremonie faite en l'église de N. D. de Paris, par ordre du roy, pour les obseques du cardinal de Richelieu.* III, 825, a.
31. Janvier. *Arrest touchant l'ouverture d'une petite porte pour entrer de la grande sale du palais dans une nouvelle galerie, & projets de nouveaux bastimens au palais.* III, 115, b.
17. Juin. *Eau accordée aux Incurables.* II, 111, a.
27. Juin. *La reine mere, avec les princes & princesses, à N. D. pour le service de Louis XIII.* III, 116, b.
12. Aoust. *Donation de dame Marie le Prevost aux Incurables.* II, 111, b.
14. Aoust. *Permission de bastir une halle au chanvre.* III, 117, a.

Tome II. n

26. Septemb. *Donation de Marie Thiot aux Incurables* II, 111, b.
26. Septemb. *Fondation de Chistophe du Plessis aux Incurables.* II, 115, a.
23. Octobre. *Donation du sieur de la Salle aux Incurables.* II, 111, b.
23. Octobre. *Fondation du sieur de Marly-Danès, aux Incurables.* II, 113, a.
21. Novemb. *Bulle d'Urbain VIII. pour l'hospital de S. Jacques.* 335, a.
Decemb. *Lettres patentes de confirmation des privileges des religieux de la Charité.* II, 23, b.
27. Janvier. *Establissement d'un bac au-dessus de l'Arsenal.* III, 117, b.
17. Avril. *Lettres patentes pour les religieuses de Chasse-midy.* III, 118, b.
18. Avril. *Manufacture des tapisseries façon de Flandres.* III, 118. a.
27. Avril. *Donation de Catherine Girard aux Incurables.* II, 112, a.
13. Mai. *Don de deux places aux religieuses de la Visitation de la ruë S. Antoine.* III, 119, b.

1644 21. Juin. *Lettres patentes pour la communauté & le Seminaire de S. Nicolas du Chardonnet.* III, 121, a.
28. Juin. *Lettre de cachet du roy Louis XIV. au marquis de Verneuil évesque de Metz, au sujet de la superieure de N.D. de Liesse.* II, 157, b.
Juillet. *Edit du roy Louis XIV. portant attribution de noblesse aux officiers du parlement de Paris, franc-salé &c.* II, 155, b.
1. Juillet. *Mouvemens à l'occasion du toisé des maisons.* III, 120, b.
20. Juillet. *Fondation aux Incurables par madame le Bret.* II, 112, b.
26. Juillet. *Donation de Jacques Danès sieur de Marly, aux Incurables*, II, 112, a, b.
29. Juillet. *Fondation aux Incurables par François de Chaulnes*, II, 113, a.
19. Aoust. *Privilege de noblesse & de franc-salé pour les officiers du parlement*, III, 112, a.
23. Septemb. *Donation du duc de Bellegarde aux Incurables*, II, 113, a.
6. Octobre. *Arrivée de la reine d'Angleterre à Paris*, III, 122, b.
3. Decemb. *Manufacture des tapisseries*, III, 137, b.
19. Decemb. *Fondation pour vingt-six pauvres aux Incurables, par Jean-B. Lambert.* II, 119, a.

1645. 23. Fevrier. *Lettres patentes pour les religieuses de la Congregation de N.D. de Charonne.* III, 123, b.
19. Avril. *Fondation aux Incurables par madame Nevelet.* II, 113, a.
28. Avril. *Donation du Seigneur de Liancour aux Incurables.* II, 113, b.
10. Juin. *Emotion populaire au sujet d'une contestation pour la cure de S. Sulpice.* III, 123, b.
13. Juin. *Aliénation d'une partie du fief de S. Victor pour l'augmentation de la ville.* III, 125, a.
19. Aoust. *Establissement des religieux de la Charité à Charenton*, III, 125, a.
20. Septemb. *Donation de Judith de Mesmes aux Incurables.* II, 113, a.
7. Novemb. *La reine de Pologne à Paris.* III, 125, b.
Decemb. *Lettres patentes en faveur des Benedictines de N.D. de Liesse transferées au jardin d'Olivet au faubourg S. Germain.* II, 158, a.
12. Decemb. *Augmentation du guet.* III, 126, a.

1646. 7. Mars. *Don d'une partie de l'ancienne closture de la ville au college d'Harcourt.* III, 126, a.
19. Avril. *Establissement d'un petit marché derriere la boucherie neuve de S. Honoré.* III, 126, b.
12. Mai. *Maistrise des mestiers establie aux faubourgs de S. Honoré & de Montmartre.* III, 127, a.
Juillet. *Lettres patentes du roy Louis XIV. pour les Feuillans de Paris*, III, 831, b.
17. Juillet. *Reglement pour le college de Beauvais.* III, 127, b.
27. Juillet. *Arrest du parlement en faveur du chirurgien des Incurables.* II, 114, b.
23. Aoust. *La ruë des Poirées incorporée dans l'enclos de la Sorbonne.* III, 132, a.
3. Septemb. *Establissement des filles de la Croix.* III, 132, a.
Octobre. *Lettres patentes pour l'union du college du Plessis à celui de Sorbonne.* 389, b.
Consentement de l'Université. 390. a.
Enregistrement. 391, a.

1647. 26. Avril. *Nouvelle fondation aux Incurables par madame Nevelet.* II, 114, a.
3. Mai. *Legs d'Antoine Bergerac aux Incurables.* II, 114, a.
31. Mai. *Fondation de monsieur Juif aux Incurables.* II, 115, a.

TABLE CHRONOLOGIQUE.

ANNÉES.

7. Juin. *Legs de Claude l'Huillier aux Incurables.* II, 114, b.
24. Juillet. *Donation de Louis Berard aux Incurables.* II, 114, b.
30. Juillet. *Donation de l'évesque de Toulon aux Incurables.* II, 114, a, b.
23. Aoust. *Donation de Jean-Marie l'Hoste aux Incurables.* II, 114, b.

1648. 9. Janvier. *Emeute au sujet de l'abonnement des maisons.* III, 133, a.
17. Janvier. *Fondation aux Incurables par dame Claude Ardier.* II, 114, b.
24. Janvier. *Fondation de Nicolas Gaillart aux Incurables.* II, 115, a.
Fevrier. *Lettres patentes de la reine mere Anne d'Austriche regente, en faveur des Augustins deschaussés des Loges, dans la forest de S. Germain en Laye.* II, 51, b.
Lettres patentes du roy confirmatives des précédentes, II, 52, b.
28. Mars. *Donation de dame Marie-Catherine de la Rochefoucault aux Incurables.* II, 115, b.
6. Avril. *Permission de bastir au Champ-brûlé, au faubourg S. Germain.* III, 133, a.
29. Avril. *Fondation de Vincent Nevelet aux Incurables.* II, 115, a.
10. Juin. *Fondation de Messire Pierre Violle aux Incurables.* II, 115, a.
23. Juin. *Fondation de dame Anne Hurault de Cheverny aux Incurables.* II, 115, b.
15. Juillet. *Requeste presentée à l'abbé de S. Germain par les peres Theatins.* II, 160, b.
Aoust. *Lettres patentes pour l'establissement des Theatins.* II, 162, a.
1. Aoust. *Permission de l'abbé de S. Germain pour l'establissement des Theatins.* II, 161, a.
7. Aoust. *Acte de l'establissement des Theatins dans leur maison au Quay Malacquest.* II, 163, a.
12. Aoust. *Fondation de madame le Bret aux Incurables.* II, 115, b.
11. Septemb. *Don de Magdelaine Bourdais aux Incurables.* II, 116, a.
6. Novemb. *Fondation du curé de S. Gervais aux Incurables.* II, 116, a.

1649. 28. Mai. *Arrest pour la tranquilité publique.* III, 133, a.
20. Juin. *Brevet du roy Louis XIV. pour les armes & blasons des Augustins deschaussés, dits Petits-peres.* II, 51, a.

1651. 1. Aoust. *Avis donnés pour la descharge des grandes eaux.* III, 134, a.
Septemb. *Edit du roy portant confirmation des privileges de l'Université.* II, 164, a.
5. Septemb. *Propositions pour faire un canal pour la descharge de la riviere.* III, 134, a.
28. Septemb. *Arrest touchant la descharge de la riviere.* III, 134, a, b.

1652. 13. Avril. *Emeute contre le lieutenant civil.* III, 134, b.
10. Mai. *Arrest contre les atroupemens seditieux.* III, 135, a.
11. Juin. *Procession de la chasse sainte Geneviéve.* III, 135, b.
18. Juillet. *Arrest du conseil d'estat au sujet de ce qui s'estoit passé à l'hostel de ville le 4. Juillet & jours suivans.* II, 167, a.
31. Juillet. *Translation du parlement de Paris en la ville de Pontoise.* II, 169, a.
9. Aoust. *Arrest du conseil d'estat, au sujet de l'élection prochaine d'un prevost des marchands & de deux eschevins en l'hostel de ville de Paris.* II, 174, a.
16. Aoust. *Déclaration du roy Louis XIV. portant injonction à tous les officiers du parlement de Paris de se rendre dans trois jours à Pontoise.* II, 175, b.
19. Aoust. *Arrest du conseil, qui casse l'élection faite des P. des M. & E.* II, 174, b.
29. Aoust. *Arrest du conseil portant injonction aux officiers de la cour des aydes de se rendre à Pontoise.* II, 177, a.
17. Septemb. *Permission & injonction aux habitans de Paris de prendre les armes contre les factieux & rebelles.* II, 177, b.
26. Septembre. *Lettre du roy aux colonels de sa bonne ville de Paris.* II, 178, a.
18. Octobre. *Arrest du conseil d'estat touchant le lit de justice du 22. Octobre de la mesme année.* II, 179, a.
19. Octobre. *Lettre du roy au Mareschal de l'Hospital gouverneur de Paris.* II, 178, b.
21. Octob. *Restablissement du parlement à Paris.* II, 179, b.

1653. Fevrier. *Requeste des religieuses de la Conception N. D. de Raimbervilliers à l'abbé de saint Germain des Prés, pour leur establissement.* II, 180, b.
4. Mars. *Consentement donné par le vicaire general de l'abbé de S. Germain des Prez à l'establissement des religieuses de la Conception N. D. de Raimbervilliers.* II, 181, a.
Mai. *Lettres patentes pour l'establissement desdites religieuses.* II, 182, a.

1654. 22. Juin. *Procés verbal de ce qui se passa à la procession de l'Université dudit jour.* II, 183, b.
Requeste du recteur au parlement à ce sujet. II, 185, b.
22. Septemb. *Lettres patentes & arrest au sujet de l'évasion du cardinal de Rets.* III, 136, b.

1655. 23. Janvier. *Deffense aux pages & laquais de porter des armes.* III, 137, b.
26. Janvier. *Entreprise des Cordeliers sur les ramparts de la ville.* III, 138, a.
10. Mai. *Lettres pour le restablissement du pont de-pierre de la Tournelle.* III, 138 b.
7. Juin. *Lettres patentes en faveur des religieuses de la Ville-neuve.* III, 139, a.
23. Juin. *Lettres patentes en faveur de l'academie royale de peinture & sculpture.* III, 139, b.
28. Juin. *Glacieres establies à Paris.* III, 140, a.
4. Aoust. *Portion de l'hospital de la Santé donnée aux religieuses du Val-de-Grace.* III, 140, b.
4. Aoust. *Establissement des religieuses de N. D. de la Victoire & de S. Joseph à Piquepus.* III, 140, a.
7. Septemb. *Establissement des religieuses Angloises au fauxbourg S. Antoine.* III, 141, a.
18. Novemb. *Sentence du chantre de Paris au sujet des petites escoles.* 460, b.

1656. 29. Fevrier. *Translation des religieuses de la Misericorde de Jesus de Gentilly, aux fauxbourgs de Paris.* III, 141, b.
31. Mai. *Lettres patentes pour les religieuses du Calvaire du Marais.* III, 142, a.
7. Aoust. *Manufacture de cordes-à-boyau pour les raquettes.* III, 142, b.
14. Aoust. *Arrest où sont nommez les chefs des quatre familles proprietaires des grandes boucheries.* III, 143, a.
26. Aoust. *Ruë-neuve des Minimes, close.* III, 143, b.
31. Aoust. *Permission aux Carmelites du fauxbourg S. Jacques de bastir un refuge dans la ville.* III, 144, b.
1. Septemb. *Ordre pour la milice de Paris commandée pour l'entrée de la reine de Suede.* II, 186, b.
7. Septemb. *L'hostel d'O, acquis par les religieuses de l'hospital S. Gervais.* III, 145, a.
7. Septemb. *Establissement des Sœurs de la societé de la Croix, à Rüel.* III, 146, a.
17. Decemb. *Lettres patentes en faveur des religieuses de l'Annonciade du Marais,* III, 146, b.
20. Decemb. *Lettres patentes de la reine mere Anne d'Austriche, par lesquelles elle se declare protectrice de la confrairie de N. D. des Sept-douleurs erigée dans l'église des Augustins de N. D. des Victoires.* II, 53, b.

1657. *Lettres patentes pour l'establissement du seminaire des Trente-trois.* II, 189, a.
8. Fevrier. *Lettres patentes pour les religieux de Nazaret.* III, 146, b.
2. Mars. *Arrest sur les lettres patentes touchant l'alienation du Val-profond.* III, 147, a.
7. Avril. *Union de la bibliotheque de Jacques du Puy à celle du roy.* III, 147, b.
21. Avril. *Le fauxbourg S. Antoine exempt de Maistrise.* III, 147, b.
8. Mai. *Annibal d'Estrées lieutenant general en l'Isle-de-France.* III, 148, a.
8. Mai. *Privilege pour les Filles orphelines de la Misericorde.* III, 148, b.
30. Mai. *Le duc de Bournonville gouverneur de Paris.* III, 148, a.
13. Juin. *Erection du seminaire des Trente-trois par les vicaires generaux de l'archevesque de Paris.* II, 188, a.
24. Juillet. *Arrest contre les gens de guerre suivant le parti du prince de Condé.* III, 149, a.
27. Juillet. *Permission aux Quinze-vingts de quester dans les églises.* III, 150, a.
5. Aoust. *Lettre de cachet du roy à l'abbé de S. Germain touchant le monastere de N. D. de Liesse.* II, 160, b.
8. Aoust. *Arrest sur la recherche & élévation des eaux proposée par Moncheny.* III, 150, a.
6. Septemb. *Le chastelet tient ses seances aux Augustins.* III, 152, a.
14. Septemb. *Lettres patentes touchant les 32. maisons du pont S. Michel.* III, 151, b.
15. Septemb. *Arrest portant reglement general pour l'hospital S. Jacques.* 357, b.
23. Octob. *Statuts & reglemens pour l'église de S. Jacques de l'Hospital.* 341, a.

1658. *Résolution prise en l'assemblée generale de l'hostel de ville, au sujet d'un canal pour empescher les inondations de la Seine.* II, 190, b.
Lettres patentes qui maintiennent les peres de la Doctrine Chrestienne en possession de S. Julien des Menestriers. II, 193, a.
8. Janvier. *Permission de quester accordée aux Filles de la Magdelaine.* III, 152, b.
13. Fevrier. *Arrest du parlement contre un pourveu en regale, d'une prébende de S. Jacques de l'Hospital.* 349, b.
25. Fevrier. *Arrest pour les boucheries de l'Hostel-Dieu pendant le Caresme.* III, 152, b.
4. Mars. *Chute du pont Marie.* III, 154, a.
11. Mars. *Union du prieuré de Saux à la Chartreuse de Paris.* III, 155, a.
19. Mars. *Suite de ce qui regarde le pont Marie.* III, 155, b.

3. Avril.

TABLE CHRONOLOGIQUE. liij

ANNE'ES.
3. Avril. *Lettres patentes pour les propriétaires des maisons du quay de Gesvres. III*, 156, b.
6. Juin. *Privilege de noblesse pour les officiers de la chambre des comptes. III*, 157, a.
15. Juillet. *Rapport du prevost des Marchands, touchant le pont N. D. le pont Marie, & le canal proposé. III*, 157, b.
31. Juillet. *Arrest contre les processions particulieres des facultés superieures de l'Université. III*, 159, a.
19. Aoust. *Privilege de noblesse &c, pour les officiers de la cour des aydes. III*, 159, b.
29. Aoust. *Privilege pour les Chartreux de Paris, III*, 160, a.
7. Septemb. *Hospice à la Ville-l'évesque pour les Cordeliers venant de la Terre-sainte, ou y allant, III*, 160, b.
7. Septemb. *Arrest touchant le pont Marie, III*, 160, b.
25. Septemb. *Visite du pont Marie, III*, 161, a.
16. Decemb. *Establissement de la societé des Servantes des pauvres de la Charité, dites Sœurs-grises, III*, 161, b.

1659. 22. Janvier. *Requestes contre les P. des M. & E. renvoyées à l'assemblée de la ville, III*, 162, a.
5. Fevrier. *Arrest contre le jeu du hoca, III*, 164, a.
12. Fevrier. *Séances du Chastelet à l'hostel de Charny, III*, 164, b.
13. Aoust *Arrest contre les officiers & soldats estant à Paris sans congé, III*, 164, b.
6. Septemb. *Lettres patentes pour la vente des terres vaines & vagues de l'ancien fossé de la porte de Nesle, III*, 165, b.
5. Decemb. *Establissement de questeuses en chaque paroisse pour l'hospital general, III*, 165, a.

1660. 20. Fevrier. *Péage establi pour la reparation du pont Marie, III*, 166, b.
10. Avril. *Lettres patentes & arrest pour les religieuses de l'Ave Maria, III*, 167, a.
14. Avril. *Arrest au sujet de la prison de Montmartre à Paris, III*, 167, b.
16. Avril. *Fondation d'une chaire de theologie morale au college de Navarre, III*, 168, a.
21. Avril. *Arrest au sujet du péage pour le pont Marie, III*, 168, a.
24. Avril. *Le minage d'Auxerre donné à l'hospital de la Misericorde, III*, 169, a.
14. Juin. *Arrest au sujet de la prison de Montmartre, III*, 169, a.
4. Aoust. *Arrest au sujet de quelques qualités prises par les Chirurgiens, III*, 169, b.
11 Aoust. *Lettres patentes pour la bibliotheque du roy au Louvre, III*, 170, b.
26. Aoust. *Entrée du roy & de la reine à Paris, III*, 171, a.
2. Septemb. *Les mandians mariés enfermés à l'hospital general, III*, 185, b.
4. Septemb. *Lettres patentes en faveur de la Visitation du faubourg S. Jacques, III*, 176, b.
6. Septemb. *Arrest touchant l'escalier des requestes au palais, III*, 176, b.
7. Septemb. *Arrest en faveur de l'hospital general, III*, 177, a.
13. Decemb. *Arrest contre le Refuge S. Paul & autres establis sans lettres patentes, III*, 179, a.
17. Decemb. *Arrest touchant le pont Marie, III*, 180, a.
20. Decemb. *Privilege pour les religieuses de l'Ave Maria, III*, 180, a.
22. Decemb. *Jean d'Estrées lieutenant general au gouvernement de l'Isle-de-France, III*, 180, b.

1661. 10. Fevrier. *Establissement de la communauté des Filles de sainte Genevièue, III*, 186, b.
13. Fevrier. *Establissement de la maison d'instruction des pauvres jeunes filles au faubourg S. Germain, III*, 187, a.
15. Fevrier. *Establissement des religieuses de Belle-chasse, III*, 180, b.
17. Fevrier. *La ruë Berthe, dit Chandelier, fermée, III*, 187, b.
6. Mars. *Fondation du college Mazarin, II*, 195, a.
9. Mars. *Reparation de l'eglise de S. Paul, III*, 181, a.
17. Mars. *Lettre de cachet & arrest pour la feste de S. Joseph, III*, 181, a.
16. Mars. *Lettre du roy à l'abbé de S. Germain, pour faire chommer la feste de S. Joseph, II*, 194, b.
30. Mars. *Establissement d'une academie royale de danse, III*, 188, a.
7. Avril. *Lotterie frauduleuse, III*, 181, b.
12. Avril. *Arrest faisant mention de l'union de la manse abbatiale de S. Corneille de Compiegne au Val-de-Grace, III*, 182, a.
23. Avril. *Le cabinet du roy au Louvre augmenté de médailles, antiques, livres de mi-*
Tome II. o

ANNÉES *liv*   TABLE CHRONOLOGIQUE.

gnature &c, du duc d'Orleans, III, 182, b, 186, a.

26. Avril. *Taxe volontaire sur tous les corps de la ville, pour l'hospital general pendant la cherté*, III, 188, b.

28. Avril. *Ordre de combler les fossés sur le chemin de la porte S. Bernard*, III, 183, a, 185, a.

11. Mai. *Banques & lotteries deffenduës*, III, 183, b.

15. Mai. *Confirmation de l'union de S. Lazare à la Mission*, III, 190, a.

22. Mai. *Antoine d'Aumont gouverneur de Paris*, III, 190, a.

25. Mai. *Lettres patentes pour le Seminaire S. Nicolas du Chardonnet*, III, 184, a.

14. Juin. *Deffense au prieur de S. Martin de prendre la préseance aux processions de saint Nicolas des Champs*, III, 184, b.

19. Juin. *L'hospital general se charge des pauvres des provinces*, III, 190, b.

30. Juillet. *Establissement d'une halle au poisson, ruë de la Cossonnerie*, III, 185, a.

Aoust. *Edit contre les rentes viageres des gens de main-morte, à la réserve de l'Hostel-Dieu, du grand Hospital, & des Incurables*, II, 207, b.

21. Aoust. *Establissement d'une halle au vin*, III, 190, b.

26. Aoust. *Establissement des porte-lanternes & porte-flambeaux à loüage*, III, 191, a.

1. Septemb. *Establissement d'un marché à la Croix-rouge*, III, 185, b.

18. Novemb. *Chambre de justice contre les financiers*, III, 196, a.

24. Novemb. *Arrest sur l'acceptation faite par le roy du legs fait à sa Majesté, des médailles, antiques &c. par le duc d'Orleans*, III, 186, a.

1662. 9. Janvier. *Lettres patentes pour les religieuses de N. D. de la Misericorde au faubourg S. Germain*, III, 191, b.

15. Janvier. *Arrest touchant l'hospital general*, III, 192, a.

Octob. *Lettres patentes pour les religieux réformés de Premontré de la Croix-rouge*, III, 832, a, 834, b.

1663. 30. Janvier. *Arrest touchant la foire S. Laurent*, III, 193, a.

1. Fevrier. *Lettres patentes pour les Benedictines d'Issy*, III, 193, b.

16. Fevrier. *Arrest pour l'hospital des Petites maisons*, III, 194, a.

18. Avril. *Arrest contre les enlevemens d'hommes & de femmes pour l'Amerique*, III, 194, b.

3. Aoust. *Arrest qui fait voir que les couvents ne doivent servir d'azile aux criminels*, III, 195, a.

11. Aoust. *Ports de Bellefonds & de Perthuis à la porte S. Bernard*, III, 195, b.

7. Septemb. *Establissement du seminaire des Missions estrangeres*, III, 196, b.

1664. 4. Janvier. *Augmentation de la bibliotheque du roy*, III, 197, a.

16. Janvier. *Arrest pour un terre-plain à faire à la descente du pont Marie, du costé de la ruë des Nonains d'Hiere*, III, 197, b.

22. Janvier. *Establissement d'un monastere de Benedictines au faubourg S. Victor*, III, 198, a, 204, b.

15. Avril. *Transaction entre les patrons laïques de la chapelle de S. Julien des Menestriers, & les peres de la Doctrine Chrestienne*, III, 834, b.

23. Avril. *Hardoüin de Perefixe archevesque de Paris reçeu au parlement*, III, 199, a.

13. Mai. *Brevet du roy en faveur de l'archevesque de Sens*, II, 70, b.

14. Mai. *Arrest pour l'academie royale de peinture & de sculpture*, III, 199, b.

19. Mai. *Acte par lequel les archevesque, doyen, chanoines & chapitre de Sens se conforment au brevet du 13. Mai*, II, 71, a.

Ratification, II, 73, a.

23. Juillet. *Lettres patentes pour les religieuses de la Conception au faubourg S. Germain, ci-devant Recollettes*, III, 199, a.

1665. 5. Janvier. *Arrest du parlement touchant les petites Escoles*, 461, a.

30. Avril. *L'archevesque de Paris cède au roy, par eschange, sa tierce-semaine*, III, 201, a.

Juin. *Lettres patentes portant confirmation de la fondation du college Mazarin*, II, 200, a.

Enregistrement, II, 201, a.

5. Juin. *Establissement de la maison de refuge à la Pitié, pour les filles & femmes débauchées*, III, 201, b.

16. Juin. *Privilege pour les artisans logés au dehors du Val de Grace*, III, 202, a.

3. Decemb. *Arrest contre les hospitaux particuliers de ceux de la R. P. R.* III, 203, a.

1666. 18. Janvier. *La chasse de sainte Genevièvre descenduë pour la maladie de la reine*, III, 203, b.

TABLE CHRONOLOGIQUE.

ANNÉES.
22. Janvier. *Arrest touchant la manufacture des glaces*, III, 203, b.
9. Fevrier. *Premier usage du chocolat*, III, 204, a.
20. Mars. *Sentence du chantre de Paris touchant les petites Escoles*, 462, b.
10. Mai. *Mandement de Hardoüin de Perefixe au sujet des petites Escoles*, 461, b.
4. Septemb. *Arrest du parlement donné au sujet du college de Narbonne & rendu commun pour tous les autres, pour la visite des colleges &c*, II, 209, b.
1. Decemb. *Arrest sur le retranchement des festes*, III, 204, a.

1667. 12. Janvier. *Arrest pour les Benedictines du faubourg S. Victor*, III, 204, b.
Mars. *Edit de création d'un lieutenant de police à Paris*, II, 211, b.
3. Mars. *Arrest au sujet des Enfans trouvés*, III, 204, b.
13. Avril. *Ratification par Hardoüin de Perefixe archevesque de Paris, de la transaction passée entre les Doctrinaires & les Ménestriers, & leur chapelain titulaire de S. Julien.* III, 838, a.
3. Mai. *Arrest en faveur des Enfans trouvés*, III, 205, a.

1668. 2. Juillet. *Estampe & profil de Paris*, III, 205, b.
4. Juillet. *Arrest du parlement en faveur de l'archevesque de Paris, contre les abbé & religieux de sainte Geneviéve*, II, 213, b.
7. Juillet & 3. Aoust. *Arrests au sujet de la maladie contagieuse*, III, 205, b.
9. Juillet. *Arrest au sujet de la contagion*, III, 214, a.
3. Aoust. *La franche abbaye de N. D. aux Bois, transferée à Paris*, III, 206, a.
9. Septemb. *Reglement pour le college de Boncour*, 445, b.
20. Septemb. *Transaction entre l'archevesque de Paris, & l'abbé & les religieux de saint Germain des Prez, touchant la juridiction spirituelle au faubourg S. Germain*, II, 214, b.
Lettres patentes sur ladite transaction, II, 217, a.
Enregistrement au grand conseil, II, 217, b.
Autres lettres patentes, II, 218, b.
Enregistrement au parlement, II, 219, b.
XVIII. Kal. Octobris. *Bulle du pape Clement IX. en faveur de l'église de Sens*, II, 73, b.
1. Decemb. *Arrest touchant la manufacture du savon blanc & marbré*, III, 206, b.

1669. 14. Janvier. *Arrest touchant la foire S. Germain, au sujet de la contagion*, III, 207, a, b.
24. Janvier. *Le duc de Mortemar gouverneur de Paris*, III, 207, a.
5. Fevrier. *Confirmation de l'establissement des religieuses du Sang précieux*, III, 208, b.
27. Juillet. *Union des escoles du faubourg S. Germain avec celles de la ville*, 464, a. 465, a, b.

1670. 21. Fevrier. *L'usage des œufs permis pendant le Caresme*, III, 210, a.
16. Mai. *Establissement des religieuses de N. D. de Bonsecours*, III, 210, a.
17. Juin. *Suppression de quelques communautés religieuses*, III, 210, b.
19. Juin. *Le monastere du Verbe incarné conservé*, III, 211, a.
1. Aoust *Execution de la bulle du pape Clement IX. en faveur de l'église de Sens*, II, 76, a.
5. Aoust. *Mandement de l'archevesque de Paris, pour la réparation d'un assassinat commis à N. D.* II, 219, b.
11. Aoust. *Procession en expiation d'un meurtre commis à N. D.* III, 212, a.
18. Aoust. *Establissement de l'hospital des Enfans trouvés*, III, 212, a.
30. Decemb. *Arrest touchant l'hospital de la Misericorde*, III, 212, a.

1671. 7. Fevrier. *Service pour Hardoüin de Perefixe archevesque de Paris*, III, 212, b.
18. Fevrier. *Aliénation du jardin du bailliage du palais*, II, 220, b.
7. Mars. *Lettres patentes pour l'enregistrement au grand conseil des bulles de Clement IX. en faveur de l'église de Sens*, II, 77, b.
Enregistrement, II, 78, a.
Avril. *Lettres patentes en faveur de l'hospital de S. Gervais*, II, 225, b.
23. Mai. *Arrest pour l'augmentation du tems que les ruës seront éclairées pendant la nuit*, III, 213, b.
8. Aoust. *Nouvelle halle pour la volaille & le gibier*, III, 215, a.
1. Septemb. *Entreprise de brûler le cimetiere de ceux de la R. P. R. au faubourg S. Germain*, III, 215, b.
5. Septemb. *Confirmation de l'establissement des religieuses de la Congregation de N. D. de S. Joseph*, III, 216, a.

1672. *Reglement en interpretation du xviij. article des statuts des petites Escoles*, 463, a.
Lettres patentes de permission au sieur Lulli de tenir academie royale de musique &c. II, 226, b.

20. Mars. *Lettres patentes adressées au parlement, pour l'enregistrement de la bulle de Clement IX. en faveur de l'église de Sens*, II, 79, a.
7. Avril. *Arrest au sujet de la nouvelle halle à la volaille*, III, 216, b.
11. Avril. *Arrest touchant l'hospital de la Misericorde*, III, 216, b.
26. Avril. *Déclaration du roy Louis XIV. au sujet des maisons basties au-delà des bornes posées par Louis XIII. & sur quelques changemens à faire dans la ville*, II, 228, a.
29. Avril. *Arrest touchant le dessein de dresser une chapelle pour les Enfans trouvés*, III, 217, a.
17. Mai. *Approbation des statuts de l'hospital de la Misericorde*, III, 217, b.
21. Juin. *Erection de Passy en paroisse*, III, 217, b.
2. Septemb. *Lettres patentes & arrest pour la construction de trois nouvelles ruës entre les portes S. Bernard & S. Victor*, III, 218, a.

1673. Fevrier. *Lettres patentes pour l'establissement des filles de l'Union Chrestienne à Charonne*, II, 284, a.
9. Mars &c. *Arrests & reglemens du parlement, au sujet des maisons de correction & des jeunes gens qu'on y renferme*, II, 231, b.
25. Mars. *Arrest du conseil pour la démolition des maisons de ceux qui n'auroient pas payé le dixiéme denier ordonné par la déclaration du 26. Avril 1672.* II, 230, b.
18. Mai. *Arrest touchant la nouvelle halle à la volaille*, III, 219, a.
17. Juin. *Arrest du conseil contre les médecins des Universités provinciales*, II, 234, a.
28. Juillet. *Arrest de reglement entre le lieutenant de police & les P. des M. & E. au sujet du foin*, II, 235, a.
3. Aoust. *Translation des religieuses de sainte Geneviéve de Nanterre à Chaillot*, III, 219, b.
7. Aoust. *Confirmation de l'establissement de deux maisons de Nouvelles Catholiques & de Nouvelles Converties*, III, 220, a.

1674. 26. Janvier. *Le pricuré de N. D. des Champs uni au seminaire d'Orleans*, III, 220, b.
Fevrier. *Edit de création d'un nouveau Chastelet*, II, 235, a.
Avril. *Lettres patentes de concession de la dignité de duc & pair aux archevesques de Paris*, II, 243, a.
Avril. *Edit d'establissement de l'hostel des Invalides*, II, 244, b.
18. Avril. *Arrest du conseil sur l'érection d'un nouveau Chastelet*, II, 237, b.
Aoust. *Reglement entre les deux Chastelets*, II, 239, b.
22. Octob. *Requeste presentée à l'université de Paris, pour l'aggrégation du college Mazarin*, II, 202, a.
Pridie idus Decembris. *Extrait des registres de l'université touchant l'aggregation du college Mazarin*, II, 202, b.

1675. 31. Mai. *Réduction des prisons de Paris au nombre de sept*, III, 220, b.
13. Juillet. *Cérémonies de la chasse de sainte Genevieve portée en procession*, III, 221, a, b.
29. Aoust. *Lettres patentes de confirmation des statuts de la faculté de theologie*, II, 249, a.
9. Septemb. *Service pour le mareschal de Thurenne*, III, 223, a.

1676. Janvier. *Déclaration pour le septennium des professeurs*, II, 249, b.
5. Mars. *Le duc de Crequi gouverneur de Paris*, III, 223, b.
5. Aoust. *Nouveau plan de Paris arresté*, III, 223, b.
24. Novemb. *Arrest sur le projet de bastir un hospital des Convalescens*, III, 224, a.
22. Decemb. *Union de l'academie de peinture & sculpture de Paris, avec celle du dessein de Rome*, III, 224, b.

1677. 23. Janvier. *Fondation de cinq prestres au seminaire des Missions estrangéres*, II, 250, b.
4. Fevrier. *La confrairie de la Passion abolie*, III, 225, a.

1678. 5. Mars. *Decret de l'université touchant le college des Tresoriers*, 288, a.
14. Mars. *Arrest du parlement, pour la translation aux prisons de l'officialité, des enfans détenus par correction à Villeneuve-sur-Gravois*, II, 232, b.
17. Aoust. *Lettres patentes en faveur des Carmelites de la ruë Chapon*, III, 235, a.

1679. 18. Mars. *Arrest contre un hospital de ceux de la R. P. R.* III, 225, a.
24. Mars. *Maison de la Mere de Dieu au faubourg S. Germain, pour les orphelins de la paroisse S. Sulpice*, III, 225, a.
8. Mai. *Establissement du droit civil à Paris*, III, 225, b.
23. Mai. *Arrest du conseil touchant les droits de préeminence des cinq premiers abbés de Cisteaux au college de S. Bernard*, 187, a.
17. Aoust. *Arrest du parlement portant reglement pour le college du Tresorier*, 289, a.
19. Aoust.

TABLE CHRONOLOGIQUE. lvij

ANNÉES.
19. Aoust. *Arrest sur l'ouverture proposée d'élever les enfans trouvés, sans nourrice*, III, 226, a.

1680. 23. Mars. *Déclaration en faveur de l'Hostel-Dieu de Paris, au sujet des lettres de sur-séance, d'état & de répit*, II, 256, a.
18. Avril. *L'administration de l'hospital du S. Esprit réunie à celle de l'hospital general*, III, 226, a.
23. Mai. *Lettres patentes pour la justice de l'enclos de S. Martin des Champs*, III, 226, b.
24. Mai. *Lettres patentes en faveur des professeurs en droit*, III, 226, b.
22. Juillet. *Reglement pour le college de Bourgogne*, III, 815, b.
24. Septemb. 23. Decemb. & 25. Janvier 1681. *Suppression du monastere des Bernardins de Charonne*, III. 227, a.

1681. 26. Mai. *Don de 6000. liv. de rente à l'archevesque de Paris pour l'indemnité de ses justices*, III, 228, a.
4. Septemb. *Benedictines Angloises de N. D. de Bonne espérance*, III, 228, b.

1683. 22. Fevrier. *Arrest du conseil pour l'église de S. Sulpice*, II, 287, b.
27. Mars. *Reglement pour le college de Montaigu*, III, 838, b.
Mars. *Lettres patentes qui confirment l'ancien establissement de la confrairie de sainte Anne & de S. Marcel dans l'église de Paris, & la présentation du tableau votif à la sainte Vierge le 1. Mai*, II, 256, b.
12. Avril. *Réunion des deux titres de chefciers-curés de S. Merry*, II, 258, b.
26. Novemb. *Chaire de theologie du college de Navarre érigée en chaire royale*, III, 228, b.

1684. 24. Janvier. *Arrest du conseil sur les contestations du Chevalier du guet & de ses archers*, II, 262, a.
20. Avril *Reglement pour l'hospital general, au sujet des garçons & des filles qu'on y renferme par correction*, II, 265, b.
20. Avril. *Reglement pour les femmes débauchées de Paris qui seront enfermées à la Salpétriere*, II, 266, b.
20. Avril. *Commission pour l'enregistrement des deux reglemens dudit jour*, IV, 267, b.
24. Juillet. *Contract homologué au parlement, par lequel la ville de Paris fonde un panegyrique à l'honneur de Louis XIV*. II, 268, a.
Septemb. *Edit pour la réunion du nouveau chastelet à l'ancien*, II, 242, a.
5. Septemb. *Déclaration concernant les bastimens que font faire les religieux mandians*, II, 270, b.
4. Novemb. *Arrest du conseil touchant le cours & rampart de la porte S. Antoine à celle de S. Honoré, la porte du Temple &c*, II, 271, a.

1685. 7. Avril. *Arrest du conseil touchant le cours & rampart de la porte S. Antoine à celle de S. Honoré, la Ville-neuve &c*, II, 272, a.
17. Avril. *Arrest du conseil pour la démolition de la porte S. Marcel, comblement des fossés S. Victor &c*, II. 273, a.
25. Mai. *Union des deux cures de S. Merry*, III, 218, b.
12. Septemb. *Marché fait entre le P. des M. & E. & le sieur Predot architecte, pour la construction de la place des Victoires*, II, 274, a.

1686. *Un on du Prieuré de S. Estienne de Choisy aux Benedictins Anglois*, III, 219, b.
5. Fevrier. *Lettres patentes pour les Filles de l'Union Chrestienne de Villeneuve sur Gravois*, III, 229, b.

1687. 29. Janvier. *Le Roy à N. D. & à l'hostel de ville*, III, 230, a.
28. Fevrier. *Maison pour l'instruction des pauvres filles de la paroisse S. Roch*, III, 230, a.
20. Mars. *Arrest au sujet des nouveaux bastimens du Chastelet*, III, 230, b.
Entre le 20. Mars. & le 10. Avril. *Establissement des Filles de la Congregation de la Croix, en la paroisse S. Gervais*. III, 230, b.
Avril. *Lettres patentes pour la translation du seminaire des Sœurs de l'Union Chrestienne de Charonne à l'hostel S. Chaumont près la porte S. Denis*, II, 285, a.
10. Avril. *Le duc de Gesvres gouverneur de Paris*. III, 231, a.
12. Mai. *Lettres patentes pour les Dominicains du faubourg S. Germain*, III, 231, a.
29. Juin. *Contract de donation & substitution pour l'entretien de la statuë & des ornemens de la place des Victoires*, II, 276, b.
16. Mai. *Permission à la ville de vendre son petit arsenal*, III, 231, b.
9. Juin. *Establissement d'une communauté d'Ecclesiastiques Anglois*, III, 232, a.
Juillet. *Lettres patentes en forme d'édit, portant confirmation de la fondation du duc de la*

Tome II. P

ANNÉES.

Feuillade, pour la place des Victoires, II, 281. a.

2. Septemb. *Permission aux religieuses de la Nativité, ruë des Francs-bourgeois, de s'establir à l'hostel de Beauvais, faubourg S. Germain*, III, 232, b.

18. Novemb. *Translation de l'Union Chrestienne de Charonne à S. Chaumont*, III, 233, a.

1688. *Lettres patentes en faveur des Capucins du faubourg S. Jacques*, III, 234, a.

2. Janvier. *Reglement pour la compagnie du guet à Paris*, II, 286, a.

Mars. *Lettres patentes en faveur des Récollets de Paris, portant confirmation & amortissement*, II, 27, a.

23. Mars. *Lettres patentes portant reglement pour le college Mazarin*, II, 204, b.

11. Aoust. *Nouveau reglement pour le college de Bourgogne, homologué au parlement*, III, 845, a, 850, a.

12. Aoust. *Lettres patentes en faveur des religieuses Hospitalieres de sainte Catherine*, III, 234, b.

1689. 4. Janvier. *Arrest du conseil en faveur de la fabrique de la paroisse de S. Sulpice*, II, 289, a.

13. Juin. *Establissement des Capucines dans leur nouveau monastere*, III, 236, a.

Juillet. *Lettres patentes en faveur des religieuses de N. D. des Prez*, III, 851, a.

12. Juillet. *Lettres patentes en faveur du college des Escossois*, III, 236, a.

14. Juillet. *Establissement des Filles séculieres de la Sainte Famille de l'adoration perpétuelle du S. Sacrement, à Charonne*, III, 236, b.

16. Decemb. *Arrest du conseil qui ordonne aux marguilliers de S. Sulpice de communiquer les comptes de la fabrique aux syndics des communautés & habitans du fauboug S. Germain*, III, 291, a.

1690. Janvier. *Edit portant deffense à l'hospital general & autres, de constituer rentes à un plus fort denier que le denier vingt*, II, 295, a.

Fevrier. *Edit de création d'un premier président & huit présidens au grand conseil*, II, 295, b.

16. Juin. *Création d'un lieutenant en la juridiction de l'hostel de ville*, III, 237, a. *Suppression du 31. Aoust, ibidem*, b.

14. Aoust. *Lettres patentes pour la maison du Refuge*, III, 238, b.

24. Septemb. *Ordonnance portant exemption de logement des gardes Françoises pour les maisons sises aux places des anciennes portes S. Jacques & S. Michel*, II, 297, b.

2. Decemb. *Desunion des deux communautés d'Hospitalieres, de la Raquette & de la Place royale*, III, 237, b, 238, a.

1691. 24. Avril. *Arrest du conseil qui confirme les P. des M. & E. de Paris en la possession des places des fortifications de cette ville sises entre la porte S. Bernard & le lieu où estoit ci-devant la porte S. Victor*, II, 298, b.

27. Aoust. *Arrest du conseil au sujet des biens recelés & latités de la fabrique de S. Sulpice, descouverts par les syndics des habitans du faubourg S. Germain*, II, 292, b.

27. Novemb. *Arrest du conseil au sujet de la place des Victoires*, II, 284, a.

1692. 14. Janvier. *Arrest du conseil qui ordonne qu'il sera construit des casernes dans les faubourgs de Paris*, II, 310, a.

10. Mai. *Fondation d'un hospital de la Charité à S. Cloud*, III, 238, b.

1693. 17. Fevrier. *Lettres patentes pour la justice de l'enclos de S. Germain des Prez*, III, 239, a.

13. Mars. *Le palais cardinal donné à Monsieur le duc d'Orleans*, III, 239, a.

15. Avril. *Augmentation de la fondation faite à S. Paul, par monsieur Fayet*, III, 86, a.

31. Avril. *Gages & honneurs du lieutenant general au gouvernement de Paris*, III, 239, b.

29. Mai. *Arrest du parlement contre les mandians valides de la ville de Paris*, II, 302, b.

16. Juin. *Déclaration portant reglement pour les fonctions & droits des officiers de la voirie*, II, 303, b.

18. Juin. *Nouvelles machines pour l'élevation des eaux de la Seine*, III, 240, a.

7. Septemb. *Lettres patentes pour la communauté de Miramion*, III, 240, a.

29. Octob. *Arrest du conseil sur la distribution de cent mille livres de pain chaque jour, faite aux pauvres de Paris par la liberalité du roy*, II, 311, b.

31. Octob. *Mandement de l'archevesque de Paris au sujet de la distribution du pain, faite par la liberalité du roy aux pauvres de Paris*, II, 312, a.

14. Novemb. *Arrest du conseil pour convertir en argent le pain que S. M. faisoit distribuer aux pauvres de Paris*, II, 313, a.

20. Novemb. *Suppression d'offices créés à l'hostel de ville*, III, 240, a.

1694. Mars. *Lettres patentes pour l'union des saintes chapelles de Vincennes & du Viviers, & reglemens*, 201, b.

TABLE CHRONOLOGIQUE.

ANNÉES.

3. Mai. *Déclaration portant suppression de la chambre royal des medecins des universités provinciales à Paris*, II, 313, b.

21. Mai. *Arrest pour la descente de la châsse de sainte Geneviève*, II, 314, b.

21. Mai. *Arresté de monsieur le procureur general pour une procession des pauvres des petites maisons & des paroisses de la ville & faubourgs de Paris*, II, 315, b.

29. Juin. *Arrest du conseil en faveur des médecins de la faculté de Paris, contre les médecins de la prétendue chambre royale*, II, 316, b.

17. Aoust. *Devis de la fontaine à bastir au carrefour de la rencontre des ruës de S. Louis & d'Angoumois*, II, 319, b.

23. Novemb. *Arrest du conseil, qui ordonne la continuation de la ruë S. Louis au Marais & autres adjacentes; & la construction d'une fontaine publique*, II, 318, b.

1685. 21. Mars. *Lettres patentes pour les filles de la Providence du faubourg S. Marcel*, III, 240, b.

17. Aoust. *Contract de vente par eschange entre la ville & le Temple, des places du Marais qui appartenoient au Temple joignant celles de la ville; contenant déclaration de la ville, au profit du sieur Beausire*, II, 327, b.

17. Aoust. *Contract entre la ville & le sieur de Beausire, tant pour liberer la ville de ce qu'elle devoit aux créanciers des préparatifs des casernes, que pour exécuter quelques projets qui concernoient l'aggrandissement & l'embellissement de Paris*, II, 322, a.

23. Novemb. *Service pour l'archevêque de Paris*, III, 241, a.

1696. 29. Mars. *Déclaration portant que personne ne pourra pratiquer la médecine à Paris, quoique gradué en d'autres universités, qu'il n'ait pris de nouveaux degrés à Paris*, II, 348, b.

9. Mai. *L'Archevêque de Paris receu duc au Parlement*, III, 241, b.

12. Septemb. *Arrest du conseil touchant la proprieté des places, loges & boutiques de la foire saint Germain*, II, 349, b.

27. Octob. *Arrest de reglement touchant les enfans détenus par correction*, II, 233, b.

22. Decemb. *Arrest du conseil concernant quelques nouveaux ouvrages au quartier du Marais*, II, 334, a.

1697. 28. Fevrier. *Establissement du petit seminaire dans la ville de Paris*, III, 241, a.

1. Avril. *Ordonnance du bureau des finances portant reglement pour les pas de pierre, seuils, portes, & autres saillies*, II, 351, a.

2. Aoust. *Union du prieuré de S. Julien le pauvre à l'Hostel-Dieu*, III, 241, b.

12. Aoust. *Procès verbal d'alignement des nouvelles ruës du Marais, donné par messieurs les P. des M. & E. au sieur Beausire*, II, 336, b.

19. Octobre. *Deuxième contract de vente par eschange, entre la ville & le Temple, au sujet du changement de la ruë de Vendosme, & déclaration par la ville au profit du sieur Beausire*, II, 340, a.

1698. Juin. *Lettres patentes de fondation des Filles du Bon pasteur*, III, 852, a.

3. Septemb. *Arrest du conseil qui maintient les Confreres pelerins dans le droit de patronage de l'église de S. Jacques de l'Hospital*, 360, a.

1699. 7. Janvier. *Reglement pour les fonctions du premier médecin du roy au jardin royal des plantes*, II. 433, a.

26. Janvier. *Reglement ordonné par le roy pour l'academie royale des sciences*, II, 353, a.

7. Avril. *Déclaration pour l'establissement de la place de Louis le Grand, & la construction d'un hostel des mousquetaires au faubourg S. Antoine*, II 356, a.

7. Avril *Lettres patentes portant pouvoir & commission aux y dénommés, de passer contract avec la ville pour la construction de la place de Louis le Grand, &c*, II, 360, b.

17. Avril. & 4. Mai. *Déliberations de la ville au sujet de la place de Louis le Grand*, II, 361, b, 363, a.

8. Mai. *Contract de délaissement fait par le roy à la ville de l'emplacement de l'hostel de Vendosme &c, pour la construction de la place de Louis le Grand, &c*, II, 364, a.

14. Mai. *Contract de délaissement fait par la ville, de tout l'emplacement à elle cedé par le roy, à Jean Masneuf bourgeois de Paris*, II, 365, a.

8. 20. &c. Mai. *Transaction entre les chantre & députés du chapitre de N. D. & les curés de Paris, au sujet des petites escoles*, 465, b.

28. Juillet. *Reglement homologué au parlement, pour la discipline militaire des officiers, gardes, archers, arbalestriers & arquebusiers de la ville de Paris*, II, 368, a.

13. Aoust. *Marché des officiers de ville pour poser la statuë équestre de Louis XIV. dans la place de Louis le Grand*, II, 367, b.

3. Septemb. *Permission à la ville de vendre les places du fossé & contrescarpe entre les portes*

ANNÉES IX TABLE CHRONOLOGIQUE.
S. Bernard & S. Victor, III, 242, a, b.
1700. Extrait de trois escrits sur le differend de l'université avec la ville au sujet du pas & de la préséance dans les cérémonies publiques, II, 373, b.
Juin. Edit de reglement pour la juridiction du lieutenant general de police, & celle des P. des M. & E. de Paris, II, 384, a.
29. Juin. Arrest du conseil portant establissement d'un conseil de commerce à Paris, II, 387, a.
Octob. Lettres patentes pour la translation du prieuré de Valdosne à Charenton, II, 388, a.
1701. Fevrier. Edit de création de tresoriers generaux pour l'hostel royal des Invalides, II, 389, b.
21. Fevrier. Arrest du conseil au sujet de la rue de Normandie, dans lequel sont rapportées plusieurs contestations, II, 344, a.
3. Mai. Reglement ordonné par le roy pour l'academie royale des inscriptions & médailles, II, 392, a.
1702. 14. Fevrier. Arrest du conseil contenant la nouvelle division de la ville en vingt quartiers, II, 395, a.
1703. 27. Juin. Arrest du parlement contenant l'abregé des titres du college d'Harcour, & portant reglement pour ce college, II, 397, b.
3. Juillet. Arrest du conseil pour l'ouverture de quelques rues proche les Capucines, II, 408, a.
Septemb. Edit de création en chacun des 16. quartiers de Paris, d'un lieutenant colonel, d'un major, d'un capitaine, d'un lieutenant & d'un enseigne pour chacune des 133. compagnies de la milice bourgeoise, qui sont actuellement establies en ladite ville, II, 409, a.
1704. 15. Avril. Déclaration qui descharge les villes de Paris & de Lyon de l'exécution de l'ordonnance du mois de Janvier 1704, portant création de deux eschevins perpétuels en chaque ville du royaume, II, 420, b.
Mai. Edit de restablissement de la juridiction de la table de marbre à Paris, II, 412, a.
18. Octobre. Arrest du conseil pour la continuation des rues de Richelieu & des Marais, & l'écoulement des eaux du quartier, II, 416, a.
18. Octobre. Arrest du conseil pour la continuation du rampart planté d'arbres, & la construction du quay de la Grenouilliere, II, 418, a.
1705. 26. Janvier. Arrest qui oblige les chapelains de S. Jacques de l'Hospital, de faire résidence & assister au service divin, 369, b.
Autre arrest confirmatif du précédent, 370, b.
Avril. Edit d'attribution de noblesse aux présidens, tresoriers de France, & autres officiers du bureau des finances à Paris, II, 417, a.
1706. 1. Juillet. Procés verbal fait par M. Pivot, d'une portion de la vraie Croix, donnée par le curé de S. Sulpice aux prestres du Mont-valerien, II, 153, b.
Lettre de remerciement desdits prestres audit curé, II, 154, b.
Response, I, 155, b.
Novemb. Edit d'attribution du titre de chevalier au P. des M. & de noblesse aux eschevins de Paris, & création de plusieurs offices, II, 419, a.
1707. 23. Aoust. Arrest du conseil pour la construction du quay de la Grenouilliere ou d'Orsay, d'un nouvel hostel des mousquetaires, du rampart planté d'arbres, de plusieurs fontaines, & l'ouverture de la rue de Bourgogne & autres, pour la perfection du faubourg S. Germain, II, 423, a.
1. Septemb. Arrest du parlement touchant le college du Tresorier, 291, a.
8. Octob. Lettres patentes pour la construction d'un quay vis-à-vis les Tuilleries, & d'un nouvel hostel des mousquetaires, II, 426, a.
18. Octobre Arrest du conseil touchant le village de Chaillot, érigé en faubourg de Paris, sous le nom de la Conference, II, 428, a.
1708. 14. Fevrier. Reglement du roy qui fixe les exercices de chaque professeur du jardin royal des plantes, II, 433, b.
21. Mars. Arrest du parlement portant reglement au sujet des spectacles representés aux foires de S. Germain & de S. Lazare, II, 429, b.
Pieces jointes audit arrest, II, 431, b.
9. Mai. Lettres patentes portant que les premiers médecins du roy auront l'entiere surintendance de la culture des plantes & direction du jardin royal, II, 432, a.
1709. 23. Fevrier. Arrest pour la visite des colleges de l'Université, II, 434, b.
Novemb. Lettres patentes qui permettent à l'Hostel-Dieu de vendre de ses immeubles jusqu'à la somme de 800000. liv. II, 436, a.
1710. 4. Mai. Arrest pour le college des Grassins, 681, b.

10. Juin.

TABLE CHRONOLOGIQUE.

ANNÉE'S.

10. Juin. *Lettres patentes qui maintiennent l'hospital general, ceux des Enfans trouvés, du S. Esprit & autres de la mesme direction, dans leurs privileges & exemptions, pour raison des marchandises & denrées de leur consommation*, II, 437, b.

1711. Aoust. *Edit de suppression de la juridiction de la panneterie &c*, II, 439, a.

27. Aoust. *Déclaration en faveur de ceux qui estudient en médecine à Paris, pour leur reception dans les autres universités du royaume*, II, 441, a.

1712. 1. Juillet. *Reglement concernant la police des bastimens*, II, 442, a.

31. Aoust. *Arrest concernant la bibliotheque des Avocats*, II, 443, a.

Octob. *Edit de reglement entre les officiers du chastelet & ceux du bailliage du palais*, 304, a.

1713. Fevrier. *Lettres patentes qui confirment l'establissement des academies royales des inscriptions & des sciences*, II, 443, b.

2. Septembre. *Conclusion du tribunal de l'université, portant reglement pour le college de Bayeux, homologuée au parlement*, III, 853, a.

7. Septemb. *Arrest concernant les officiers de la Bazoche*, II, 444, a.

1714. 5. & 19. Mars. *Arrest du conseil & lettres patentes, qui maintiennent le chapitre de sainte Opportune dans le droit de committimus*, 38, a.

1715. 1. Decemb. *Lettres patentes pour l'ouverture d'une rue vis-à-vis l'hostel d'Antin, & pour l'embellissement du quartier de la place de Louis le Grand*, II, 447, b.

1. Decemb. *Lettres patentes pour la continuation du nouveau rampart du quartier saint Germain*, II, 445, b.

1716. 4. Janvier. *Lettres patentes qui suppriment dans l'academie royale des Inscriptions, la classe des élèves*, II, 448, b.

6. Fevrier. *Ordonnance du roy pour la perception d'un neuviéme par augmentation sur l'entrée aux spectacles, pour le nouveau bastiment de l'Hostel-Dieu*, II, 450, a.

6. Fevrier. *Conclusion de l'Université au sujet du college de Bayeux*, III, 857, a.

23. Fevrier. *Ordonnance du roy pour le renouvellement & entretien des pompes, avec les instructions certaines des lieux où elles se trouveront, pour empescher les incendies*, II, 450, b.

Mars. *Edit d'establissement d'une chambre de justice*, II, 452, a.

8. Mars. *Commission pour ladite chambre*, II, 455, b.

23. Mars. *Arrest du conseil touchant les academiciens vétérans de l'academie des Inscriptions*, II, 449,

18. Mai. *Ordonnance du roy qui permet le restablissement d'une nouvelle troupe de comediens Italiens*, II, 457, b.

Juin. *Edit de concession de noblesse aux officiers de l'hostel de ville de Paris*, II, 458, a.

1717. Fevrier. *Lettres patentes portant establissement d'une academie d'architecture*, II, 459, b.

1718. 12. Fevrier. *Arrest du conseil qui déclare les chanoines & chapitres de S. Jacques de l'Hospital & de S. Estienne des Grez, déchus des privileges & exemptions dans l'estenduë de leurs cloistres*, 371, a.

28. Fevrier. *Lettres patentes sur arrest, pour la construction à neuf de l'égoust sous le pavé de la grande rue S. Louis au Marais*, II, 464, a.

7. Mars. *Arrest qui restablit la communauté des maistres à danser & joueurs d'instrumens de Paris, au droit de nommer à la chapelle de S. Julien, & maintient le nommé par eux*, III, 857, b.

31. Mars. *Déclaration qui ordonne qu'à l'avenir la surintendance du jardin royal sera distincte & séparée de la charge de premier médecin*, II, 466, a.

3. Mai. *Liste des personnes charitables nommées pour recevoir les aumosnes qui seront données pour réparer l'incendie des maisons du petit-pont &c*, II, 469, b.

6. Mai. *Mandement de Monseigneur le cardinal de Noailles archevesque de Paris, au sujet de l'incendie des maisons du petit-pont, & autres voisines*, II, 467, b.

18. Mai. *Arrest du parlement au sujet des questes, de la distribution des aumosnes, & des déclarations ordonnées à l'occasion de l'incendie des maisons du petit-pont*, II, 471, a.

25. Juin. *Arrest du conseil qui descharge de la taille les habitans du faubourg S. Lazare, dit de Gloire. Avec les motifs de cet Arrest*, II, 477, a.

20. Aoust. *Arrest qui fixe le rolle de la distribution des sommes provenuës des questes faites à l'occasion de l'incendie des maisons du petit-pont*, II, 473, a.

5. Septemb. *Arrest pour la réédification du petit-pont & des environs*, II, 475, a.

1719. 1. Fevrier. *Compliment du recteur de l'université à monsieur le garde des sceaux, au sujet de l'instruction gratuite*, II, 486, b.

4. Mars. *Ordonnance du roy pour la continuation du sixième & neuvième de ce qui se re-*

Tome II. q

çoit pour les entrées aux spectacles, tant pour le soulagement des pauvres de l'Hostel-Dieu, que de l'Hospital general, sans augmentation, *II*, 481, a.

25. Mars. *Lettres patentes sur arrest pour le restablissement des quais de l'Escole & du Louvre*, *II*, 482, b.

9. Mai. *Arrest du conseil, qui maintient les maistres des petites Escoles dans le droit d'enseigner l'orthographe & l'arithmetique & ce qui en dépend*, 468, b.

11. Mai. *Mandement du recteur de l'université, au sujet de l'instruction gratuite*, *II*, 487, a.

22. Mai. *Déclaration qui accorde la noblesse au doyen des substituts du procureur general du grand conseil & à ses successeurs*, *II*, 483, a.

22. Mai. *Compliment du recteur de l'université au roy, sur le sujet de l'instruction gratuite*, *II*, 484, b.

22. Mai. *Compliment du recteur de l'université à S. A. R. monseigneur le duc d'Orleans regent, sur le sujet de l'instruction gratuite*, *II*, 485, a.

1. Juin. *Lettres patentes sur arrest, pour la construction de cinq nouvelles fontaines au faubourg S. Antoine*, *II*, 489, a.

13. Juin. *Procession de l'université à S. Roch*, *II*, 488, a.

17. Octobre. *Arrest du conseil & lettres patentes ensuite, qui confirment les privileges du chevalier du guet & de sa compagnie*, *II*, 490, a.

1710. 18. Fevrier. *Lettres patentes sur arrest, pour la continuation de la ruë de Bourgogne & autres*, *II*, 493, a.

Avril. *Lettres patentes sur arrest, portant confirmation des privileges de l'hospital general*, *II*, 493, b.

21. Juillet. *Déclaration pour la translation du parlement de Paris à Pontoise*, *II*, 493, a.

Septemb. *Edit qui maintient les officiers du bureau des finances dans le privilege de la noblesse au premier degré*, *II*, 496, b.

6. Septemb. *Avis sur la réünion de deux bourses fondées au college de Reims, par monsieur Gerbais*, 538, b.

Confirmation, 539, a.

Intimation, 540, a.

6. Septemb. *Statuts du college de Reims*, 531, a.

27. Septemb. *Lettres patentes en forme de commission, portant establissement d'une chambre des vacations dans le couvent des grands Augustins à Paris*, *II*, 497, b.

29. Octobre. *Arrest du conseil en faveur des maistres à danser, qui maintient leur communauté dans les droits attachés à la qualité de patron & fondateur de l'église de S. Julien des Menestriers &c*, *III*, 861, a.

4. Decemb. *Arrest du conseil pour le nouveau quartier de Gaillon & le changemnt d'égousts*, *II*, 499, b.

16. Decemb. *Déclaration portant restablissement du parlement en la ville de Paris*, *II*, 499, a.

1711. 12. Fevrier. *Lettres patentes sur arrest, portant érection de la paroisse du Roule en faubourg de Paris*, *II*, 504, b.

20. Juillet. *Arrest du conseil pour l'establissement de dix enfans de langues au college des Jesuites de Paris*, *II*, 503, b.

1712. Avril. *Edit en faveur de l'ordre de N. D. du Mont-Carmel & de S. Lazare, portant union de l'hospital & église de S. Jacques de Paris*, 509, b.

17. Avril. *Lettres patentes sur arrest, portant qu'il sera fait dix-sept pompes nouvelles pour servir en cas d'incendie dans la ville de Paris*, *II*, 507. a.

GLOSSAIRE.

GLOSSAIRE

OU EXPLICATION DES MOTS LATINS hors d'usage, ou de la langue vulgaire, Latinisés.

A

ABBATISARE, Faire les fonctions d'abbé. *Provisor stet in dextro choro immediatè post abbatem, nisi ibidem fuerit alius qui abbatisaverit, cui ubique post abbatem stare sit concessum.* Part. 1. page 165.

ABSENTARE SE, S'absenter, part. 1. p. 143. b 412. b. *Nisi pro utilitate domûs se duxerint absentandos.* part. 1. p. 410. a

ACCENSARE, Donner à cens. part. 1. p. 205. b. II. 528. a

ACCENSATIO, Acensement. part. 1. p. 205. b

ACCREDERE AB ALIQUO, Prendre à crédit. *Prohibuit eisdem, super fidelitatem quam sibi debebant, ut nihil omnino contra voluntatem negotiatorum ab ipsis accredant.* part. 1. p. 93. a. Les seigneurs s'estoient fait un droit de crédit sur leurs sujets, & les obligeoient souvent à leur faire des prests forcés. Souvent mesme on a donné le nom d'emprunts à des levées onéreuses & extraordinaires.

ACQUITATIO & exoneratio, Acquit. III. 656. a

AD CAUSAM, A cause. *Guido abbas Majoris-monasterii, & ad causam ejusdem monasterii administrator collegii sæcularis S. Martini de Plesseyo. I. 378. b Ad causam ecclesiæ nostræ. I. 109. a. Ad causam cujus officii. III. 704. b. Jus præsentandi & conferendi beneficia intra fines ecclesiæ S. Germani, ad dictam ecclesiam, tanquam ad matricem pertinet, & ad causam ejusdem ad decanum & capitulum.* I. 102. b

ADCENSAMENTUM, Acensement, acte par lequel on donne une terre en retenant dessus le droit de cens, le principal des droits feodaux, qui emporte lods & ventes. III. 686. a

ADJACENTIÆ, Les dépendances qui composent le total d'une terre ou d'une maison ; ce qui est aux environs, & de la consistance d'une mesme piece. *Domum nostram de Salseya cum appenditiis & adjacentiis quibuscumque.* I. 484. b

ADJOURNARE, Adjourner. Citer à jour & terme préfix. *Coram gentibus requestarum palatii nostri adjournent ad certam & competentem diem.* I. 474. b

ADMIRALDUS, Admiral de France. *Summam centum viginti Francorum annui redditus communitati pauperum dedit dominus Admiraldus.* III. 720. a

ADMORTIFICARE, Amortir un fonds en faveur des gens de main-morte ; comme chapitres, monasteres, colleges & hospitaux. *Religiosis viris priori & fratribus ordinis B. M. de Monte Carmeli Paris. Quamdam partem terræ ad foliam Morelli admortificavimus.* I. 216. a. D'où a esté fait ADMORTIFICATIO ; amortissement. *Alia jura quæ ante ad mortificationem hujusmodi dicto prioratui competebant.* I. 216. b

ADMORTISARE, Amortir. Le mesme qu'*Admortificare* ; d'où l'on a formé *admortisatus*. *Quod hospitium tanquam admortisatum, per abbatem Blesensem nobis traditum fuit, & tanquam rem admortisatam tenere debemus &c.* I. 279. a. *Dicti religiosi de Carmelo quatuor libras annui redditus admortisati scholaribus de regno Daciæ tradent.* I. 225. b

ADNULLARE, Annuller, déclarer de nulle valeur, casser. *De plenitudine potestatis nostræ adnullamus & adnullatas declaramus quascumque lites & controversias &c.* I. 147. b

ADVISARE, Adviser ; d'où l'on a formé *Advisamentum*, avis, & *advisatus*, avisé, instruit, conseillé. *Quo facto, consiliarii nostri super premissis advisarent.* I. 225. a. *Honestis verbis latinis opiniones suas cum motivis & advisamentis dicent.* I. 177. b. *Idem reus plenius advisatus & instructus super contentis in dicto libello, aliam fecit confessionem.* I. 108. a

AFFIRMARE, Donner à ferme. *Emolumentum sigilli regii Castelleti Paris. affirmabatur ad summam D. C. lib. Paris.* I. 587. a

AGENDA mortuorum, L'office des morts. *Statutum fuit quòd pro Mascelina, agenda mortuorum & missa, in ecclesia S. Stephani singulis diebus de cætero agerentur.* I. 41. b

AGIBILIA, Affaires temporelles. *Constituunt duos fratres expertes in agibilibus & ad profectum scientiæ minùs idoneos.* I. 284. b

AGRESTA, Verjus ; mot tiré de l'Italien. *Nullus agrestam seu verjutum domûs pro privata necessitate capiat.* III. 670. b

AGRIPENNI, Arpens de terre. *De singulis agripennis denariis duodecim.* I. 34. a

AISANTIA, Commodité. *Centum quadrigatas lignorum concessimus propter dicta domûs-Dei majorem aisantiam.* I. 252. a

ALBANI, Aubains , ou estrangers non naturalisés. *Habemus nos & successores nostri in terra S. Medevici bona mobilia bastardorum & eorum qui dicuntur Albani.* I. 28. a

ALECTES, au lieu d'*Haleces*, Harans. *Annis singulis, tempore Quadragesimæ, sexaginta octo millia alectium per manûs eleemosynarii regis pauperibus distribuebantur.* III. 244. a

ALLOCARE in compotis. Allouer dans les comptes. *Poterunt auditores allocare in compotis aliquod moderatum salarium reddenti dicta compota, pro grossa & factura dictorum compotorum.* I. 589. a

ALMIFICUS, Glorieux, célebre &c. *Almificus confessor B. Ludovicus.* I. 136. a

ALMUTIÆ, Aumusses. *Canonici & capellani vadant ad ecclesiam in suppelliciis & almutiis : canonici in almutiis griseis, & capellani perpetui in almutiis nigris.* I. 153. *Canonici almutias competentes, vicarii & clerici almutias illis dispares deferant.* I. 191. a

ALODUS, & quelquefois ALODIA. Fief noble, terre noble. *Alodus quem dedit Hugo dux Francorum monasterio S. Maglorii, ex potestate Meliduni, cum omni integritate qua ad ipsum pertinebat.* I. 39. b.

GLOSSAIRE.

Alodium fratris tui Heustachii & sororum tuarum Cecilia & Hildebu-gis. 63. a.

ALTARE, Paroisse, église paroissiale. *Quatuor villas istas dedit atavus meus rex Henricus, cum altaribus Hienvilla & nova villa.* I. 53. b

ALTE ET BASSE, Haut & bas. Expression figurée, qui estoit en usage pour marquer une soumission entière. *In arbitrum & amicabilem compositorem compromittere, altè & bassè, sub pœna mille marcharum argenti.* I. 235. b.

AMBASSIATORES, Ambassadeurs. *Cùm per ambassiatores, oratores, & legatos ab illustrissima Francorum regis matre missos tractatus pacis factus fuerit cum potentissimo Anglia rege.* I. 583. a

AMBIDEXTER, Adroit, comme qui diroit, qui a deux mains droites. Ce terme se prend, dans les statuts du collège de Montaigu, pour un homme propre au spirituel & au temporel. *Quòd si ex eis nullum contingeret verè ambidextrum reperiri, monemus prædictos dominos ut in spiritualibus magis idoneum præferant in temporalibus aptiori.* III. 717. a

AMOVIBILIS *ad nutum.* Amovible. *Quatuor pueros & unum magistrum cantûs, ad nutum parisiensis episcopi amovibiles.* I. 601. b

ANIMARUM *commemoratio.* Le jour des Morts, 2. de Novembre. I. 174. b

ANNEXARE, Unir & incorporer, *Præfatam domum S. Antonii Parisiensis dictæ præceptoriæ Flandriæ annexant & incorporant.* I. 486. b

APERTURAM FACERE, Faire ouverture ; ouvrir. *Nec unus, nec duo, tertio non vocato, poterunt ipsius area aperturam facere.* I. 513. a

APOCA, Recepissé. Billet singé, par lequel on reconnoist avoir reçeu quelque chose, avec obligation de la rendre. *Litteras & alia collegii monumenta, ad instructionem litium recipiet, dabitque apocam de receptis, manu propria subscriptam.* III. 763. b. Se prend aussi pour quittance, *Apocha quas vel dabit, vel recipiet procurator, subscribantur a primario, idque in contractibus ineundis, tam cum domorum inquilinis, quam cum aliis, exprimatur.* Ibid. 856. b

APOTHECARIUS, Apoticaire. *Rainerius Johannes civis Pistoriensis apotecarius Parisius.* I. 427. b

APPARITORES, Appariteurs, sergens, ou bedeaux. *Poterit thesaurarius dictæ capellæ instituere tres apparitores, qui tenebuntur assistere omni servitio divino & processionibus, & custodire portas chori.* I. 147. a

APPENDERE, Estre dans la condition de cerf ou d'homme de corps, & attaché à une terre, comme ceux qui sont appellés *addicti glebæ. Una cum manentibus illis ut ibi appendunt.* I. 21. a

APPENDICIÆ, Appartenances & dépendances. *Dictum manerium seu pourprisum cum omnibus & singulis ejus pertinenciis & appendiciis universis.* I. 205. b

APPRISIA, Enqueste, information. *Factâ super hoc quâdam inquesta, seu apprisia, & diligenter visâ, nihil inventum approbatum pro parte decani & capituli.* II. 520. b

APPUNCTATUM *fuit,* Il a esté appointé. *Litteræ in albo scriptæ lectæ fuerunt in parlamento super nonnullis oppositionibus, appunctatum fuit ad consilium. Posteà visis opponentium litteris & titulis, judicialiter pronunciatum fuit.* III. 273. a.

ARBITRAMENTUM, Arbitrage, sentence & jugement des arbitres. *Retentis domibus quæ per hoc arbitramentum debent ad ordinem S. Guillelmi redire.* I. 237. b

ARBITRARI, Prononcer comme arbitre. *Decernimus & arbitramur,* ibid. *Sub pœna arbitranda judicio communitatis.* III. 761. b

ARBITRATOR *arbiter,* Arbitre choisi pour décider sur un different. *In venerabilem fratrem nostrum Prænestinensem episcopum, tanquam in arbitrum arbitratorem & amicabilem compositorem compromiserunt.* I. 235. b. *Arbitratores arbitri, seu amicabiles compositores.* III. 644. a, b

ARCHIMISTÆ, Chymistes, souffleurs. *Nonnulli monetariorum falsatores, archimistæ, & usurarii.* III. 245. a

ARCHIMARINUS *regni,* Le grand admiral de France. *Dominus Ludovicus de Graville archimarinus regni.* III. 722. b

ARGUMENTUM, Machine, invention. *Argumenta ad capiendas aves.* I. 16. a

ARISTOTELICI DIES, Jours destinés à l'estude de la philosophie. *Præter lectiones ordinarias bonum erit habere aliquem præceptorem, pro diebus Dominicis, festis, & Aristotelicis, qui certis horis legat aliquid de moralibus, vel de grammatica, rethorica, vel poëtis.* I. 181. b

ARMA, Armes, armoiries, blason. *Sigillum ad arma fundatoris.* III. 699. b

ARRENDARE, Donner à rente. *Licebit Domino Senonensi archiepiscopo bona illa locare, dislocare, arrendare, percipere, levare &c.* II. 77. b

ARRERAGIA, Arrerage. *Absque præjudicio arreragiorum per nonnullos capellanos prætensorum de suis distributionibus in dicta capella lucratis.* I. 147. b

ARRESTATIO, Arrest, retardement. *Triginta libras annuatim percipiendas sine dilatione & absque arrestatione.* I. 30. a

ARRESTUM, Arrest, jugement souverain. *Decernentes id quod per eosdem super his factum fuerit, esse & fore tenendum, ac si per nos & curiam nostram esset decisum per arrestum.* I. 147. b

ARTISTA, Escolier de philosophie. I. 375. b *Artista parvi.* I. 286. a

ASSECURAMENTUM, Sureté, asseurance. Quand on craignoit d'estre maltraité par quelqu'un, on lui demandoit sureté en justice, & il estoit obligé de la donner. *Si autem dicti religiosi ab aliquo effecuramentum habere voluerint, volumus quod dicti gardiatores adjournent illum à quo dictum effecuramentum habere voluerint, daturum assecuramentum prædictum coram gentibus nostris, juxta patriæ consuetudinem.* I. 474. b

ASSIDERE, Faire l'assiette ou l'imposition d'une rente ou somme d'argent. I. 128. b. 292. a. *Assidere quamdam pecuniæ summam.* II. 516. a. *Assidendorum reddituum summa.* I. 128. b

ASSIGNARE SE, S'attacher à quelque maison ou terre en particulier, pour s'asseurer du payement d'une dette privilegiée. *Poterunt assignare se ad dictam domum & ad dictam peciam terræ pro redditu & pœna prædictis.* I. 216. b

ASSIGNAMENTUM, Désignation & assiette de rente. *A modo quitto prædictum militem ab assignamento dictarum triginta terræ librarum.* I. 84. b

ASSISTA, Assiette ou assise de revenu ; se prend aussi pour, revenus en terres. *Christus processu temporis, assissa prædictorum septingentarum librarum capellanis minimè factâ, proavum nostrum de terreno regno transtulit ad cœleste.* I. 120. b. *Concedimus eis quingentas libras annuatim percipiendas in cofris nostris, donec eas in assissa terræ alibi duxerimus assignandas.* I. 292. b

ATTORNATUS, ou ACTORNATUS, Procureur-Syndic d'une communauté. *Volumus etiam quòd ipsi Procuratorem, œconomum, syndicum seu actornatum sub sigillo suo constituere valeant, qui coram quibuscumque judicibus, in eorum causis admittatur.* I. 130. a

AVANTAGIUM, Avantage, profit, commodité. *Solvet scholaribus annuam pensionem pro domo & aliis avantagiis.* III. 618. a. *Intentionis nostræ est quod*

GLOSSAIRE.

quod non minuatur numerus octo personarum, etiam si non deberent habere avantagium nisi de domo & interioribus ejusdem. III. 691. a.

AUDIENTIA, Audience. *Habeant audientiam in castelleto nostro qualibet die litigabili in septimana.* I. 259. a

AUDIBILES LIBRI, Traités qu'on enseigne à l'université. *Studentes in domo nostra, libros audibiles audiant ordinatè, utpote dispositi ad logicam audiendam, quæ est modus sciendi ad omnium artium & scientiarum principia viam habens.* I. 281. a

AUGMENTARE, Augmenter. III. 699. b. *Augmentatus.* I. 589. b

AULA, Sale à manger, réfectoire. I. 173. a. 396. b. *Omnes simul in aula comedant.* III. 627. a

B

BACHINUS, Bassin. *Duo bachini immetallati, ponderis quinque marcharum.* I. 394. b

BACILLUS & BACINNUS, Bassin. *Tres cerei nocte & die in bacillis argenteis continuè ardentes.* I. 121. a. *Tres cerei continuè ardeant in bacinnis argenteis ante majus altare*, ibid, 124. a

BACCALARIUS, Escolier, qui après avoir subi l'examen, est admis à poursuivre la licence ; bachelier. *Baccalaurei formati.* I. 169. a. Du mot de *Baccalaureus*, on a formé celui de BACCALAUREATUS, pour marquer ce degré. *Ad baccalaureatum vel magisterium theologia dispositus.* I. 166. a. *Ad baccalaureatûs gradum nullus admittatur, nisi vigesimum quintum ætatis annum attigerit*, ibid, 176. a. *Baccalariatus formatus.* III. 737. a.

BAILLIVATUS, Office de bailli. *Petrus de Marigny, & Petrus le Moustier dictum baillivatûs officium diu pro ipso conciergerio exercurant.* III. 705. a

BAILLIVIA, Bailliage. *Baillivia Cadomensis.* I. 129. b. Le terme de *Baillivia* se prend aussi pour commanderie ou supériorité de maison hospitalière & regulière. *Baillivia sancti Antonii.* I. 486. a.

BAILLIVIATUS: Bailliage. *Eu.olumentum sigillorum castelleti & bailliviatûs parisiensis.* I. 589. a

BALLISTARII, Arbalestriers. *Franciscus de Hospitali clericus ballistariorum domini nostri regis Francorum.* I. 427. b

BANERIA, Enseigne que les ouvriers mettent à leur boutique. *Banerias suas fenestris suis apponentes, veluti chirurgici & provecti.* II. 245. a

BANLEUCA, Banlicuë. *Legavit aliam tertiam partem ejusdem residui pauperibus in villa parisiensi & ejus banleuca distribuendam.* I. 492. a

BANNARII, Sujets à la bannalité. *Omnes homines de dicto burgo S. Germani, bannarii, ad furnum nostrum per bannum coquere & furnagium nobis solvere tenebuntur.* I. 207. b.

BANNITIO, Ban, exil. BANNITUS. Banni, exilé.

BANNUM, Ban, publication à cri public. *Habebimus etiam in tota terra prædicta bannum, guetam talliam &c.* I. 27. b

BARRA, Barre, grille. *Barræ ferreæ fenestrarum.* III. 667. a.

BARRETI, Les Barrés, épithete donnée au commencement aux Carmes, à cause que leur habit estoit barré de blanc & de brun. I. 473. b

BASTARDUS, Bastard, né hors de mariage. *Habemus quoque in dicta terra bona mobilia bastardorum & albanorum.* I. 28. a

BEGAUDUS, Sobriquet, ou injure passée en surnom, pour marquer apparemment une personne niaise ou grossiere. *Beatrix de Parvo ponte, cognomine Begauda.* I. 42. a.

BEJANUS, Bec-jaune, ou Bé-jaune. Avanie qu'on faisoit à ceux qui entroient de nouveau dans un college ou en apprentissage. Métaphore prise des oiseaux éclos récemment, qui ont encore le bec jaune

& tendre. *Omnes receptiones noviter venientium, quos voluntariâ opinione Bejanos nuncupare solent, cum suis consequentiis, insolentiis & enormitatibus, fieri prohibemus*, I. 170. b. Il y avoit un abbé des Béjaunes. *Nomen abbatis bejanorum penitus abolendo, ac deinceps nominari prohibendo*, ibid. On appelloit aussi *Béjaune* la nouvelle entrée que l'on faisoit dans un lieu, & le droit que la coutume exigeoit pour cela, *De novo receptis. Ultra unum sextarium vini non mediocris, pro novo suo ingressu seu bejanno suo, sociis non solvat*, ibid. 512. a

BIBLIA, substantif feminin. La bible, l'escriture sainte ; mot barbare formé du pluriér de βιβλιον, τα βιβλια, *Baccalaurei, lectores biblia,* &c. I. 166. a. *Biblia lectura*, ibid. 222. b. *Sit unus hebdomadarius successivè qui bibliam legat intelligibiliter*, ibid. 510. a.

BIDELLUS, Bedeau, apparitour. *Nullus alius bidellum, seu quemcumque officiarium alium eligere præsumat.* I. 178. a.

BIRETUM, Bonnet. *Nullus in collegio, præter baccalaureos, permittitur portare bireta nigra.* I. 175. b.

BLADUM, Blé, se prend quelquesfois pour froment, quand le terme de *bladum* est seul. *Eleemosyna decima, tam bladi, quam vini ecclesia sancti Stephani facta.* I. 44. a.

BORNA, Botne. *Metæ seu bornæ apponentur.* I. 30. a.

BOSCLERIUM, Boucher, targe, escu. *Ordinatum fuit quòd nullus portaret cultellum ad cuspidem, nec bosclerium, nec ensem.* II. 515. b.

BOUCHERIA, Boucherie. *Eundo per vicum Simonis Franque & parvam Boucheriam.* I. 26. a.

BRACAGIUM, Brassage ; droit qui se payoit aux ouvriers qui travailloient à la fabrication de la monnoie. Ce terme se prend aussi pour leur travail mesme qui se faisoit autresfois au marteau & à force de bras. *Cudere ad bracagium.* II. 514. b.

BRANDONES, Brandons, flambeaux de paille allumée que les jeunes gens portoient dans les maisons & à l'entour des champs, pour chasser le mauvais air. Cela se faisoit ordinairement le premier Dimanche de Caresme, qu'on appelloit à cause de cela *Dominica Brandonum.* I. 147. a.

BRASSERIUS, Brassier, office claustral. *Humbertus de Balma camerarius, Andreas Baudet infirmarius, Jacobus Piscatoris brasserius.* I. 485. b.

BRIGA, querelle. *Briga, rixa.* I. 415. b. *Briga vel contentio.* III. 625. a. *Brigam seu rixam facere.* III. 693. a. BRIGOSUS, querelleur, *Brigosus aut perversi.* I. 511. a. *Brigosi seu rixosi.* I. 503. a.

BRUERIA, Bruyere. *Versus Parisios, usque ad terram S. Dionysii, sicut itur ad Bruerias.* I. 24. b.

BUFFA, Soufflet, coup de poing ou de main sur la joué. En Espagnol, *Bofeton. Super verbis contentiosis, alapis sive buffis.* I. 27. a.

BUINARIUM, Sorte de mesure de terre, comme qui diroit journal. *Habens ab introitu suo usque ad alveum Materna fluvii buinaria duodecim.* I. 20. a.

BURELLUM, Bureau, comptoir. *Publica & registrata ad burellum in camera computorum.* I. 312. a.

BURGENSIS, Bourgeois, habitant d'une ville. *Ordinatum fuit quod burgenses Parisienses nulla festa de nocte facerent Parisiis.* II. 515. b. BURGESIA, la bourgeoisie, droit de bourgeoisie.

BURSA, Bourse. *Bursa communis.* I. 133. b. *Bursæ collegiorum.* I. 147. b. & ailleurs. BURSARIA, Tresor commun. *Si quas habent pecunias, eas ponant in bursaria.* I. 182. b. BURSARII, Pauvres escoliers entretenus aux colleges, aux despens des fondateurs.

BUTUM, Bout, extremité. *Butum vel cugnum.* II. 686. b.

BUVERIUS, Mesure de terre, à peu près comme *Buinarium. Buverios terræ viginti.* II. 183. b.

Tome II.

C

CADUCUM, Eschoite, succession, chose écheuë par droit d'heritage. *Priventur omni caduco, seu successione qua possent eis obvenire.* I. 492. b.

CALCEIA, Chaussée, chemin pavé, ruë. *Terra quæ est in magno vico supra caleciam, qua incipit à vico Alberti le Boucher, eundo ad sanctum Maglorium.* I. 25. a.

CALCIATA, Se prend quelquefois pour le droit de chevauchée, au lieu du mot de CAVALCATA. *Habebimus in tota terra prædicta bannum, quetum, exercitum, calciatam, talliam panis & vini,* &c. I. 27. b.

CALCULARE, Calculer, compter, supputer. *Reddet sua computa, cæteris bursariis calculantibus.* III.699.a.

CALEPODIA, Pantoufles ou soques. *Nullus ambulet per gradus aut cameras domûs cum calepodiis, id est cum patinis.* I. 502. a.

CALUMNIA, Demande faite en justice, d'où a esté fait l'ancien terme, CHALENGE. I. 53. a.

CAMALDUM, Camail. *Capitium ad formam camaldi.* III. 723. a.

CAMALIS, Camail. *Dictos religiosos præfatæ domûs superlicium ad longas manicas pendentes, camalem, cappam, cucullam seu caputium ad morem ecclesiæ Parisiensis gerere ordinaverunt.* II. 695. b.

CAMBIATORES, Changeurs. *Terra de Campianis, ubi pater meus stabilivit forum, ubi habent locum venditores mercium & pars cambiatorum.* I. 54. b.

CAMERISTÆ, Locataires de maisons & de chambres. *Præter magistrum, capellanum & bursarios, recipiantur in collegio tam portionista, quam cameristæ, sicut fit in aliis collegiis,* I. 587. b.

CAMPSORES, Est apparemment un synonyme de CAMBIATORES. *Robertus la Pie & Guillelmus Flaming campsores Parisienses.* I. 333. b.

CANCELLARE, Bastonner, rayer, biffer. *Tenor litterarum sigillatarum & signatarum, sanarum & integrarum, non ustiatarum, non cancellatarum,* &c. I. 427. a.

CANDELASA, La Chandeleur, feste de la Vierge au 2. de Février. Les anciens disoient *La Chandeleuse*, à cause des cierges ou chandelles qu'on porte à la procession de cette feste. I. 231. b.

CANONICUS, Les clercs de chaque église estoient autrefois escrits dans un rôle appellé *canon*; c'est d'où vient qu'on les a depuis appellez *canonici*, chanoines. *Voyez* I. 336. b. L'estat de ces ecclesiastiques a esté appellé *canonicalis status.* I.135. a. & leurs places en ont esté appellées *canonicats*, CANONICALIS STATUS. I. 19. b.

CANTERIUM, Chantier, lieu où l'on entasse le bois destiné pour l'usage des habitans. III. 686. b.

CANTORIA, Office ou dignité du chantre d'une cathedrale ou d'une collegiale. I. 601.a. 131. b.99.b.

CAPELLANIA, Chapellenie. I. 32. b. 120. a. &c.

CAPICERIUS, Chefcier, premiere dignité d'un chapitre, comme qui diroit escrit à la teste de la cire, c'est-à-dire du rôle dressé sur une tablette cirée, comme étoient celles des anciens. I. 32. b. 37. b. &c.

CAPITIUM, Capuchon, chaperon, camail. *Capitium ad formam camaldi.* III. 723. a.

CAPITULUM, Lieu d'assemblée, & l'assemblée elle-même, à cause qu'autrefois les chanoines & les moines s'assembloient au sortir de l'église dans un lieu, pour y lire un petit chapitre de leur regle, *Capitulum.* I. 192.b. D'où s'en a formé le mot de CAPITULANTES, pour signifier ceux qui ont droit d'opiner en cette assemblée. III. 716. a. Et celui de CAPITULARITER, pour signifier une chose passée en chapitre, ou la forme mesme de l'as-semblée; *capitulariter convocati.* I. 485. b.

CAPPA, Chape, habit de dessus, qu'un chanoine porte au chœur en hyver. I. 136. b.

CAPSUM. *Dederunt in monte Martyrum altare & capsum, sepulturam & tantum atrii ubi fierent officina fratrum.* I. 60. a. Ce terme est employé par Gregoire de Tours hist. l. 2. c. 14. où il divise une église, dont il donne les dimensions, en *altarium* & *capsum*. Il donne à l'autel trente-deux fenestres & trois portes, & au *capsum* vingt fenestres & cinq portes. Une église n'est divisée qu'en *chœur* & en *nef*. Il est hors de doute que le *chœur* est ce que Gregoire de Tours appelle *altarium*. Il s'ensuit que ce qu'il nomme *capsum* est la nef. M. du Cange a bien veu la nécessité de la consequence; & cependant il paroist porté à croire que le *capsum* est le chevet, autrement de-là que Gregoire de Tours, qui donne si curieusement les dimensions d'une église pour la longueur, la largeur, la hauteur; avec le nombre de ses fenestres, de ses portes & de ses colomnes, n'avoit point parlé du tout de la nef. Mais, dit-on, si par *capsum* il a entendu la nef, d'où vient qu'il ne lui donne que vingt fenestres, pendant qu'il en marque trente-deux à l'*altarium*. A cela il est facile de répondre qu'il n'y a qu'à ouvrir les yeux, & considerer les anciennes églises; on y trouvera beaucoup plus de fenestres au chœur & au rond-point du chevet (tout cela compris sous le nom d'*altarium* (qu'il n'y en a ordinairement à la nef.

CAPUCIUM, Capuchon, camail, chaperon.I. 139.a.

CARDUBONNARIUS, Cordonnier ou cordouanier. *Terra quæ est in carniscevia, a parte versus Cardubonnarium.* I. 25. a.

CARENTIA, Privation, défaut. *Ne domus, propter carentiam provisoris patiatur desolationem.* III. 664. b.

CARISTIA, Cherté. *In casu ubi propter rerum caristiam victus necessaria deficerent &c.* I. 285. a.

CARNIFEX, Boucher. *Ab oppositis stallorum carnificum.* I. 270. a.

CARPENTARIUS, Charpentier. III. 599. b.

CARTA, Quarte, mesure de vin. *Quatuor magni bursarii habebunt per diem duas cartas vini.* I. 400.b. *Qui se sine licentia provisoris absentaverit, cartam vini solvere tenebitur.* I. 174. a.

CASSARE, Casser, annuller. *Cassare & annullare.* III. 705. b.

CASTALLUM, Bien-meuble. *Erunt domino regi in emenda de castallo & corpore.* II. 515. b.

CASTELLETUM, Le chastelet de Paris. I. 110. a. &c.

CASTELLIO, Petit chasteau. *Illum castellionem qui Fossatus dicitur, & quem vulgaris lingua castrum Bagaudarum appellat.* I. 20. a.

CASUALITER, Fortuitement. *Occupationes casualiter emergentes.* I. 515. b.

CATALLUM, & CATELLUM, Bien-meuble, effet mobiliaire. *Habent canonici in tota terra prædicta justitiam super mobilibus, catellis, conventionibus, contractibus &c.* I. 27. a. *Non poterunt illas logias aliis locare, qui non sint ad idem catallum cum eis.* I. 96. a.

CAVA, Cave au vin. *Cava ad vina nostra.* I. 509. b.

CAVALCATA, Chevauchée, droit seigneurial, en vertu duquel les sujets estoient obligés de comparoistre à cheval, soit pour suivre leur seigneur à l'ost, c'est-à-dire à l'armée, ou pour s'acquitter de quelques autres fonctions. *Habebimus in dictis hospitibus, bannion, talliam, exercitum, & cavalcatam.* I. 27. b. *Nihil nobis dominii, justitia, & proprietatis reservando, exceptis gusto, tallia, exercitu, cavalcatâ,* ibid. 293. a.

CAUDA, Queuë de parchemin ou de vellin, sur-

GLOSSAIRE.

quoi est appliqué le sceau d'un acte. *Sigillatum sub duplici cauda.* I. 505. b.

CAUDA, Se prend aussi pour une sorte de vaisseau à mettre du vin ; une queuë de vin. *Et quando consumption erit vas vini, vel cauda, vel folium vini, famulus reddat computum de quantitate vini quod erat in vase.* I. 502. a. *Cauda vini, vel poin_o.* III. 695. a.

CAVEA, La cave au vin. *Nullus habeat clavem cellarii, caveæ, dispensæ, & coquinæ, nisi famulus.* III. 680. a. Se prend aussi quelquefois pour une sale à manger. *Cellariam & caveam in qua comedunt scholares, eisdem do & concedo.* I. 394. a.

CAUTIONATUS, Cautionné. *Quilibet matriculariorum tenebitur habere suo periculo, clericum unum benè & debitè cautionatum.* I. 144. a.

CENSIVA, Censive, fief ; assujettissement à payer le cens annuel au seigneur. *Ut autem homines illius potestatis, pro prædicta cousiva modii annone, deinceps ab aliis corvadis liberi permaneant &c.* I. 65. a. *Quæ terra erat in nostro dominio & censiva.* I. 116. a.

CENSUALIS, De cens. *Nihil sibi reservantes in illis undecim solidis censualibus.* I. 217. a.

CENSUS, Le terme est Latin ; mais la nature de la chose, selon nos usages, est expliquée par ferme perpetuelle. *Census annuus, seu firma perpetua.* I. 229. b.

CENTENARII, Especes de maires dans les bourgades. *Duces, comites, vicarii, centenarii, thelonearii, actionarii.* III. 595. a.

CERTIORARI, Estre rendu certain & assuré. *Ex iis omnibus ditatum collegium, pro manutenentia structurarum & divinorum officiorum certiorabitur & stabilietur.* III. 720. b.

CHANTELAGIUM, Chantelage, ancien droit establi à Paris sur les habitans qui acheteoient du vin pour le revendre. En payant un denier de chaque muid, il leur estoit permis, après l'avoir vuidé, d'en oster le *Chantel* de l'un des fonds, & de tirer les lies. Les bourgeois qui amenoient du vin de dehors, & le vendoient à Paris, ne devoient point de chantelage. Ordonnance de la ville imprimée en 1644. p. 278. Dans quelques anciens titres on joint le droit de forage à celui de chantelage. *Habebunt canonici prædicti census, redditus, ventas, investituras, rougium, foragium sive chantelagium, & omnia emolumenta.* I. 27. a.

CHARTA, Carte à jouer. *Ludere ad chartas.* I. 184. a.

CHAUCEYA, Le pavé de la ruë. *Super chauceyam regis in vicis villæ Parisiensis & suburbiorum.* II. 525. b.

CHEMINUM, Chemin. *Quadraginta arpenta terræ contigua territorio chemini Perreti.* I. 85. b. *Metaque est prope cheminum Issiaci.* I. 92. a. *Dicti religiosi in eadem via, seu viaria vel chemino, nihil reclamabunt.* I. 293. b.

CHIROGRAPHUM, *Chartula chirographo divisa.* III. 601. b. Quand on faisoit un acte double entre deux parties interessées, on l'escrivoit sur la mesme piece de vestin, en commençant vers le milieu, & continuant jusqu'au bout de chaque costé ; & entre les deux copies on escrivoit en grosses lettres le mot CHIROGRAPHUM, que l'on coupoit ensuite, ou en ligne droite, ou en ligne dentelée, & chacune des parties emportoit son *duplicata*, à la representation duquel, dans la suite, on ne pouvoit manquer de reconnoistre la verité de l'acte, par la rencontre des lettres coupées.

CHORUS, Pris pour un instrument de musique. *Nullus ludat in domo cum cithara, vel choro, vel aliis instrumentis sonoris.* I. 397. a. On pourroit appliquer cela au clavecin, sur lequel un homme seul exécute un concert entier de symphonie à plusieurs parties. Il est parlé dans le livre de Daniel d'un instrument employé dans les concerts, appellé *symphonie*, dont les Chaldéens avoient apparemment emprunté l'usage des Grecs, comme le nom.

CIMITERIUM, Mot corrompu, tiré de celui de *cœmeterium*, qui est Grec d'origine, & signifie un lieu où l'on dort. La foi fait regarder les cimetieres comme des lieux où dorment les fideles, en attendant que la trompette de l'archange les réveille. Les titres anciens font quelquefois *cimiterium* masculin. *Ecclesia sancti Germani permisit iisdem pauperibus vocis habere quemdam cimiterium.* I. 271. b.

CIRCADA ou CIRCATA, Tournée, visite épiscopale ou archidiaconale, ou droit payé pour cette visite à l'évesque ou à l'archidiacre. *Ecclesiam S. Nicolai immunem & liberam à synodo & circada.* I. 23. a. *Ad synodum veniet, nec tamen circatam vel synodaticum reddet.* III. 599. b.

CLAVIGERATUS, Office de porte-clefs. *Noviter venientes, ad clavigeratûs officium exercendum applicari solent, ad distributionem ordinariam vinorum & panum.* I. 178. b.

CLAUSARIUS, Closier de vignes ; Vigneron. *Unus clausarius vinearum, unus tonelarius &c.* III. 599. b.

CLIQUETUM, Tablette de bois garnie de maillets, pour réveiller ; réveille-matin. *Cliquetum Sorbonæ. Cliquetum fratrum prædicatorum.* I. 386. b.

COFFRUS, Coffre. *Coffrus sex clavium.* III. 667. a. *Unus parvus coffrus cathenatus*, ibid. *Reponentur in arca sive in coffro.* I. 587. b.

COGNUM, Le coin, l'angle. *Inter portam castelleti & cognum vici dicti* de la Porairie. II. 529. a.

COISSINUM, Coussin, oreiller. *Unam culceitram cum coissino de pluma, pretio xxx. solid. Paris.* II. 527. a.

COLLARIA, Des collets. *Non deferent tunicas pretiosi panni fœderatas, non diploides colorum seu grossa collaria aut bombacia, non caligas tenentes aut alterius quam albi coloris.* I. 175. a. Extrait d'un reglement pour le college des Bernardins.

COLLATIO, Collation du soir, relaschement introduit dans le jeûne par les religieux Benedictins, qui s'assemblant le soir avant Complies pour lire les *collations* ou conferences des Peres, buvoient un coup de vin, par l'indulgence des superieurs ; d'où vient que le nom de *collation* est demeuré au petit repas introduit par cet usage. *Signo ad prandium, cœnam, aut collationem dato, in refectorium omnes conveniant.* I. 212. b. *Collationes dierum jejunii solo pane & vino adhibitis fiant.* I. 213. a. *Horâ potationis serotinâ, quæ collatio vocatur &c.* I. 282. a.

COLLATIONATUM, Collationé, verifié sur l'original. *Volumus transcripto præsentium litterarum sub sigillo castelleti facto, collationato & sigillato. Tanquam originali, fidem adhiberi.* I. 475. a. *Extracta & collationata.* III. 673. a.

COLLEGIALIS MISSA, Messe de college. *In omnibus missis collegialibus duo cerei ardebunt.* I. 499. a.

COLLEGIATA ECCLESIA, Eglise collegiale. *Ecclesiam S. Mauri in ecclesiam collegiatam cum mensâ capitulari & sigillo & arcâ communibus, aliisque collegialibus insigniis, erigere & instituere.* I. 601. b.

COLLERETI, Collets de robe. *Vestes simplices absque colleretis & superfluitate manicarum, deferant capellani.* I. 139. a.

COLLERIUM, Collet. *Subtus pellicia non induuntur hoppellanda, propter deformitatem quæ ibi multoties est apparens in colleriis.* I. 153. b.

COMBURSALIS, Boursier en societé avec les autres. *Jurabit etiam quod personas proviso is domûs, magistri, vel uniuscujuscumque consortis sui combursalis non diffamabit apud extraneos.* I. 443. b.

COMES STABULUM, Conestable. *Mathaus dominus*

GLOSSAIRE.

Montis-morentii & comes-stabulum Franciæ. I. 83. a.

COMMENDA, Commende. Maniere de posseder, comme séculier, un benefice regulier. *Dictum monasterium quod præfatus Johannes episcopus, ex concessione apostolica, in commendam obtinet.* I. 601. a.

COMMENTARIA, Office de concierge du palais.

COMMENTARIUS, Concierge du palais. *Conciergeria nostra seu commentaria domanio nostro fuerat reunita.* III. 703. b. *Jurisdictionem in palatio nostro commentariis supradictis non concesserat avus noster,* ibid.

COMMISSARIUS, Commissaire, député, delegué. *Septingentas libras annui redditus eis assignari fecit per certos ad hoc ab ipso deputatos commissarios.* I. 126. b. *Vos enim ipsos eisdem religiosis in commissarios & judices committimus ac etiam deputamus.* I. 475. a.

COMMISSIO, Commission, députation, délégation. *Litteras commissionis sibi factæ legi fecit.* I. 221. a. Se prend aussi quelquefois pour les lettres mesmes de commission. *Commissiones, seu dictæ litteræ à nobis obtentæ.* III. 705. a.

COMMODUM, Le profit. *Qui legendo vel cantando defecerint, perdant commodum horæ quâ legerint.* I. 133. a.

COMMONEFACTORIUM, Billet de recépissé. *Et ne proprietatis labe contaminetur ipse pater prior, privatarum pecuniarum commonefactorium dabit illas deponenti.* I. 212. a.

COMMUNITAS, Communauté. *Audient confessiones communitatis, qui ad hoc deputati fuerint.* III. 734.

COMPATIENS, Compatible. Se dit des benefices ou des offices qui peuvent ou ne peuvent pas estre possedés ou exercés par une mesme personne. *Qualibet beneficia se invicem compatientia, simul possidere possint.* I. 604. a.

COMPATRIOTÆ, Compatriotes, de mesme pays. *Non permittat primarius comessationes privatas, nisi cum aliquibus compatriotis Parisiis non morantibus.* I. 592. a.

COMPORTARE SE, Estre situé, s'étendre en situation. *Quæ quidem domus comportat se à domo parvi boucherii, ad cuneum ejusdem vici.* I. 25. a. *Quamdam domum contiguam domui Margaretæ de Aurelianis & domui Andreæ Ferperii, prout se comportat.* I. 131. a.

COMPOTUS & COMPOTUM, Compte. *Compotum suum bono modo, singulis annis, reddere teneatur.* I. 158. a. *Ad reddendum legale compotum & rationem legitimam compelletur.* I. 106. b. *Camera compotorum.* I. 159. b.

COMPROMITTERE, Compromettre, convenir d'arbitres, au jugement desquels deux parties promettent d'acquiescer. COMPROMISSUM, Compromis. Acte par lequel on se soumet au jugement futur des arbitres. *In nos, tanquam in arbitrum arbitratorem & amicabilem compositorem, super causis & litibus prædictis, altè & bassè, sub pœna mille marcharum argenti compromiserunt, ac nostræ ordinationi, definitioni, laudo, arbitrio & arbitratui se totaliter submiserunt, præstito juramento.* I. 236. b. *Nos itaque, recepto à partibus ejusmodi compromisso, dicimus, statuimus &c,* ibid. 237. a.

COMPTUS, Compte. *Comptum fidelem reddet.* I. 501. b. *Comptus fiet.* I. 504. b.

CONCEDERE, Confirmer une donation. *Petrus de Noisius miles, eleemosynam decimæ quam bonæ memoriæ Ansellus cantor Magdunensis ecclesiæ S. Stephani dederat, laudavit penitus & concessit ab eadem ecclesia in perpetuum possidendam.* I. 44. a.

CONCIERGERIA, Conciergerie. *Conciergeria seu commentaria palatii.* III. 703. b. CONCIERGERIUS, Concierge ou gardien d'un palais. III. 704. b.

CONCURRENTIA, La concurrence. Se dit du prix total où monte une somme d'argent. *Gaudendo, sicut gavisus est, de revenuo firmarum in albo mentionatarum, usque ad concurrentiam xvj. mill. librarum.* I. 581. b.

CONFERENTIA, Conference, discours familier sur des matieres de pieté ou d'érudition. *Licet frequentatio aliquorum in una camera dormitorii, gratiâ conferentiæ, lectionum, & scientiarum, utilis visa fuerit.* I. 173. a.

CONFERENTIALES quæstiones habere. Faire des conferences. III. 729. a.

CONFESSATUM, Ce qu'on a avoué. *Et si contingat actorem aliquid de propositis per eum, ultra confessata per reum, probare &c.* I. 107. a.

CONFESSOR, Confesseur, celui qui entend les confessions dans le tribunal de la pénitence. *Ansellus de Saviniaco cantor Magdunensis resignavit in manu Gaufridi presbiteri confessoris sui quamdam decimam.* I. 41. b. *Provisori damus facultatem confessores idoneos constituendi.* I. 169. b. *Confessores de gremio idoneos habeant.* III. 724. b.

CONFESSORATUS, Le droit payé au confesseur. *Ab aliis autem gratiâ studii venientibus, pro omnibus juribus & subsidiis; tam pro jucundo adventu, pro collatione, pro confessoratu, determinatoriatu & similibus, non nisi octo solidos Parisienses repetere poterunt illi de dormitorio.* I. 171. b.

CONFRATRIA, Confrairie. *Civibus nostris Parisiensibus per præsentes concedimus ut in villa de Menus prope S. Cloüaldum quamdam ecclesiam & confratriam instituere valeant.* I. 327. b. *Ad nostrum fuit perlatum auditum quod cives nostri Parisienses quamdam confratriam habere desiderant inter ipsos.* I. 402. a.

CONFRONTARI, Estre de front; estre situé vis-à-vis. *Licet prædicta domus confrontentur domui hospitalis.* I. 331. a. *Unam domum contiguam & confrontatam domui quæ fuit quondam Simonis barbitonsoris.* I. 391. b.

CONNEXARE, Unir & incorporer. *Præceptoriam Parisiensem præceptoriæ Flandriæ in perpetuum connexaverunt & incorporaverunt.* I. 486. b.

CONQUESTUS, Acquest. *Domum suam quamdam de conquestu suo.* I. 42. b. *Quæ omnia asseruerunt esse de conquestu suo, & ab eis fuisse adquisita.* I. 45. a.

CONSEQUENTIA, Consequence. *Cæteri capellani, ad eorum exonerationem, hoc ad consequentiam habere nituntur.* I. 138. b.

CONSERGIUS ou CONSIERGIUS, Concierge, gardien d'une maison. Quelquefois aussi se prend pour un office qui a l'intendance de la police de l'interieur d'un palais. *Portarios, consiergios, giardinarios, duo custodes vigiliarum noctis &c. subesse debent thesaurario S. Capellæ.* I. 134. b. *Philippus dictus consiergius regis.* I. 161. b.

CONSUETUDINARII, Gens ayant usage & coustumes dans les forests. *Concedo prædictis monialibus usuarium mortui nemoris in foresta Aquilinæ, ut habent alii consuetudinarii in foresta & defensâ.* I. 86. a. Ces usages estoient le bois mort, le chauffage, le pasnage, la pasture &c.

CONSULTUM EST, On a conseillé. On trouve souvent dans les anciens registres du parlement appelés *Olim*, cette formule, *Consultum fuit domino regi,* pour dire qu'on a conseillé au roy.

CONSUETUS EST, Il a coustume. *Volentes quòd si quis consuetus est à dicta domo abesse, tabernas & lupanaria frequentare &c. protinus ab ipsa domo expellatur.* I. 441. b.

CONTESTARE litem, Soustenir une procedure en deffendant. *Cætera vero omnia ab actore proposita negat idem reus fore vera, litem contestando, animo litem contestandi.* I. 107. b.

CONTIGUARE, Joindre de proche en proche. *Prout se comportat ipse locus à domo Ardesia usque ad vicum de Malo consilio, & de cuneo ipsius vici contiguando se in parte posteriori muri ipsius domus &c, & licet dictæ domus contiguantur & confrontentur in aliquibus locis. &c.* I. 331. a.

CONTINENTIA

CONTINENTIA, Le contenu d'un acte. *In quibus casibus, ad dictum capitulum pertinet juridictio, secundùm continentiam præmissorum.* I. 28. a.

CONTRACTUS, Contract. *Promisit etiam sub præstita fide, & ex pacto contractûs hujusmodi &c.* I. 209. a.

CONTRAFACERE, Contrefaire. *Contrafacere clavem.* Faire une fausse clef. III. 667. a.

CONTRAPLEGIAMENTUM, Cautionnement. CONTRAPLEGIATUS, Cautionné. *In comitatu Bajocensi dedit dominus rex S. Capellæ firmam de Vero per hæredes magistri Henrici de Rya* cclxxx. *librarum cantraplegiatam.* I. 129. a. *Retentis nobis & successoribus nostris contraplegiamentorum commodis in dictis firmis, in casu quo firmarii firmas dimitterent; in quo casu dictum commodum retinentes, pretium firmarum perficere teneremur.* I. 129. a.

CONTUMACIA, Absence, deffaut de comparoître en justice. *Magister Adam de S. Amando altorum procurator, rei non comparentis contumaciam accusans & petens ipsum reum à nobis contumacem reputari.* I. 108. b.

CONVENTUALITAS, Conventualité, vie commune & reguliere du cloître. *Petiit ut nomen & titulus monasterii ac dignitas abbatialis & conventualitas penitus extinguerentur.* I. 601. a.

COOPERTURA, Couverture. *Scholares & magistri tenebantur sibi de linteaminibus & coopertura providere.* I. 510. b.

COPIA, Copie, transcrit. *De quibus instrumentis & aliis poterunt habere copias ab originalibus extractas.* I. 147. a. *Habebit procurator copiam inventarii.* III. 763. a.

COPIATUS, Copié, transcrit. *Transcriptum factum, exemplatum, seu copiatum.* I. 427. a.

COPINA, Chopine, mesure de vin. *In refectione copina vini ministretur.* I. 177. a. *Sint appositis contenti; videlicet de dimidia pecia carnis & copina vini.* I. 396. b.

COPERTURA, Couverture. *Duas campanas pendentes duabus thesibus super copertura ipsius capellæ.* I. 271. b. *Provideat sibi de lecto furnito, videlicet culcitra, pulvinari, duobus paribus pannorum lineorum, & copertura.* I. 443. a.

CORPUS, *Homo & fœmina de corpore.* Hommes & femmes de corps; c'est-à-dire serfs, de condition servile. *Homines nostros de corpore, & fœminas nostras similiter de corpore manumittimus, & à jugo servitutis omnino absolvimus, quod genus servitutis, manus mortua vulgariter appellatur.* I. 14. b.

CORREDÆ, Droit royal exigé des terres de la campagne. *Præcipimus quod corredæ vel gista in prædictis villis nullatenus exigantur.* III. 597. a.

CORRERIUS, Office claustral, qui se trouve joint à celui d'infirmier. *Andreas Baudeti infirmarius & correrius.* I. 485. b.

CORRIGERIA, Courroierie, lieu où demeurent les courroieurs. *Quæ domus est in corrigeria ante cuneum vici de Trassevache.* I. 25. a.

CORVADA, Corvée, travail exigé d'un vassal à la campagne par le seigneur. *Corvadas quas apud Theophilum & in potestate ejusdem villæ Gazo pater & Richildis mater prædicti Matthæi habuerunt, dimiserunt.* I. 35. a.

CORVATA, Mesme chose que le precedent. *Omnes etiam consuetudines, quas apud Brolium justè vel injustè habebat, omninò dimisit, præter corvatas ter in anno.* I. 57. a.

COSTAMENTA, Cousts & despens. *Promisit se solaturam quintum denarium cum omnibus costamentis & expensis.* I. 209. a.

COSTUMA, Coustume, droit, peage. *Habemus etiam in prædicta terra omnimodas costumas.* I. 28. a. *Dedi ecclesiæ Portûs regii ducenta & quadraginta arpenta terræ libera & quitta ab omni onere censuali, costuma, servitio, & redhibitione.* I. 86. a. *Quitta sit in perpetuum & immunis in propriis pedagiis nostris, in omni pedagio & alia quacumque costuma.* I. 250. a. *Episcopus Parisiensis de novo levabat ab eis telonium unum seu costumam unam de rebus ibidem venditis & empris.* II. 514. b.

CREDENTIA, Credit, emprunt. *Jurabit bursarius quod credentias ultra decem libras, absque consensu concilii non contrahet.* I. 172. a. *Nec valeat credentiam cum aliquo scholari, ultra valorem imbursationis unius mensis facere.* I. 178. b.

CROSSIA, Crosse, baston crochu, servant à s'exercer au jeu appellé la Crosse. *Ludere ad pilam, seu ad crossiam.* III. 670.

CUGNUM; Le coing, l'angle. *Cugnum & butum.* III. 686. b.

CUNEUS, Coing, angle. *Tres domos ab oppositis forgiæ juxta S. Severinum in cuneo vici.* I. 131. a. *A cuneo adaquatorii Matisconensis, eundo ad portam S. Germani.* I. 293. a.

CUPPA, Cuve, tonne. *Dictum cellarium & dictam granchiam cum duabus cuppis garantizabit.* I. 47. a.

CURATUS, Curé. Pasteur ecclesiastique. I. 104. 105. &c.

CURIA, La court interieure d'une maison. *Honestè ludere per curiam aut per hortum poterit magister permittere bis in hebdomada.* I. 400. b. Se prend aussi quelquefois pour un appartement haut. *In domo Galteri Chisonis est quædam curia, & quædam camera subtus dictam curiam.* I. 25. a.

CURIALITAS, Gracieuseté, gratification. *Fiet sibi aliqua curialitas de bursa sua ultra alios.* III. 616. b.

CURSILIS, Terme employé pour marquer une certaine maniere de chanter l'office divin. C'est peut-estre le plain-chant leger. *Pro festis diebus horas canonicas cum brevi seu cursili nota, aut si expediat, pro quiete scholarium ne ipsos in studio turbent, submissâ voce decantent.* I. 374. b.

CURSORES, Les escoliers qui font leurs cours. *Si vero scholares aliqui cursores sint in studio, qui non sint ad sententias ordinati, permittitur abbatibus eos à studio revocare.* I. 67. b.

CURSORIE, *Cursoriè librum aliquem audire.* C'est faire son cours. I. 512. a.

CURSUS, Cours d'estude. *Cursus bibliæ.* I. 166. b.

CURTICULI, Courtils, jardins. *Canonici sancti Opportunæ, prædictorum medietatem culturæ & curticulis faciendis dederunt.* I. 34. a.

CUSTUS, Les cousts & dépens. *Obligans se, quoad hoc, custibus, expensis, missis, damnis & interesse.* I. 113. a. *Quos omnes redditus propriis expensis & custibus garantire promissimus.* I. 131. a.

CUTELLUS, Couteau. *Qui an Judæi venerandam Eucharistiam cutello pungentes.* I. 196. b.

CUVA, Cuve, ou vandange destinée à estre cuvée. *Cuvas suas & vindemias omnium vinearum quæ tenentur ad censum à nobis, ad pressorium nostrum tenentur adducere.* I. 107. b. *Et nos debemus cuvas dictis hominibus, ad ponendum vindemiam suam, in pressorio nostro ministrare.* I. 208. a. Le terme de *cuva* se prend aussi quelquefois pour des tonnes posées dans les églises, où les fidelles déposoient leurs offrandes, dans le tems de grand concours. *Sciendum est quòd oblationes quæ offeruntur in dicta sacra capella, temporibus indulgentiarum, ad majus altare, ad reliquias, ad cuvas, ad missas, ad vesperas, &c. debent distribui inter canonicos qui illa die præsentes fuerint.* I. 157. a.

D

DAMNIFICARE, Faire tort ou dommage. *Decanus & capitulum fuerunt damnificati propter diminutionem proventuum.* I. 106. a. *Turbationes, impedimenta, cessationes, denegationes, damnificationes, fuerunt temerariæ.* I. 106. b.

DANGERIUM, Congé, licence, permission. *Hoc reservato, quod si aliqui de dictis redditibus reperiantur ab ecclesia Senonensi teneri non posse sine dangerio, aut licentia alicujus dominorum à quo movere dicuntur, archiepiscopus tenebitur licentiam hujusmodi suis sumptibus obtinere.* III. 661. a.

DEBATUM, Different, débat. *Manum nostram in rebus contentiosis, propter debatum partium appositam, levari jussimus.* I. 70. a. *Et si in casu novitatis oriatur oppositio vel debatum.* I. 474. a. *Nonnullis gentibus nostris, ipsis partibus ad tractandum inter se & eas concordandum, si valerent, sicut earum debata & discordias, datis & traditis &c.* III. 655. b.

DECATHENARE, Des-enchaîner. *Omnes libri existentes in capella pro servitio divino incathenentur; & nullus sic incathenatos decathenet vel deponat.* I. 396. b.

DECRETISTÆ, Ceux qui estudient en droit canon. *Statuimus de grammatistis & decretistis, quòd non exeant septa collegii, nisi ad lectiones & actus scholasticos.* I. 388. b. *Si aliqui foranei scholares boni & honesti vellent accipere moram in dicto collegio, faciendo expensas suas de proprio, poterunt admitti, modo sint decretistæ & in sacerdotio constituti.* I. 511. b.

DEFALCARE, Soustraire, déduire, défalquer. *Si plura festa annualia institui contigerit, distributiones hujusmodi festorum per thesaurarium & ejus successores defalcabuntur, seu minorabuntur.* I. 133. b. *Si sacerdos officians, à dicta domo per aliquod tempus se duxerit absentandum, fiet stipendii sui defalcatio per principalem, pro rata temporis hujusmodi absentiæ.* I. 414. b.

DEFECTIVUS, Deffaillant. *Qui ad horas canonicas negligens vel defectivus extiterit; pro qualibet defectu, in duobus denariis puniatur.* I. 381. a.

DEFENSÆ, Bois fermez. *Quittaverunt mihi in perpetuum totum usuarium quod habebant in foresta Aquilinæ, in defensis meis & alibi.* I. 86. a.

DELIBERARE, Délivrer. *Petebant denarios per manum nostram, lite præsenti durante receptos, ad plenum sibi tradi & deliberari.* I. 70. a. *Dicta domus dictis religiosis de Carmelo traderetur & deliberabitur.* I. 225. b. *Procurator prædictus, promissa acceptans nomine magistri, fratrum, & ordinis prædictorum, investituram, missionem in possessionem, traditionem & deliberationem bonorum prædictorum à domino rege recepit.* I. 319. b.

DELIBERATUS, Deliberé, qui a pris conseil. *Non vi, nec dolo; sed suâ spontaneâ voluntate, benè deliberatus & ad plenum consultus.* I. 112. a.

DEMENTIRI, Donner un démenti. *Unus non dementietur alterum injuriosè, sub pœna duorum denariorum.* I. 417. b. III. 627. a.

DEPENDERE, Dépenser. *Nolumus quòd cum iis maneat aliquis dives, qui alios provocet ad plus dependendum, vel impediat ad proficiendum.* I. 287. a.

DEPENDENTIÆ, Dépendances. *Quare pro parte Francisci regis &c. nobis fuit supplicatum ut in monasterio S. Mauri nomen ac titulum monasterii & dependentias omnes regulares &c. supprimere dignaremur.* I. 601. b.

DEPONIBILIS, Qui peut estre déposé. *Magister electus & confirmatus, deponibilis tamen erit, etiam absque demerito gravi, à theologorum communitate, ubi ejus utilitati secundùm Deum expedire videbitur.* III. 717. a.

DEROGATORIA, Clause dérogatoire, c'est-à-dire, par laquelle une autorité superieure ou égale declare nulles des clauses dont les dispositions sont contraires aux nouvelles. *Non obstantibus quibuslibet etiam derogatoriarum derogatoriis, aliisque efficacioribus & insolitis clausulis irritantibus.* I. 604. b.

DETERMINATORES, Estudians destinez à estre bacheliers. *Sermones insuper & collationes, prisco more, tam in ecclesia, quàm in capitulo, per determinatores & alios studentes indefectibiliter habeantur.* I. 174. b. *Donec aliarum universitatum baccalaurei cursores fuerint facultatis theologiæ Parisiensis, baccalaurei quotquot ex determinatoribus hujus collegii (S. Bernardi) ad baccalaureatum vocabuntur, si sacerdotis honore fungantur, ascendent super eos ubique; non sacerdotes verò eos solum in schola & actibus scholasticis præcedent.* I. 180. a. *Pro jucundo adventu, pro confessoratu, determinatoriatu & similibus, octo solidi poterunt repeti.* I. 171. b. *Ad determinatoriatûs gradum duntaxat admittantur, qui pro minori in dicto collegio per tres annos residentes, ad plenum cursum artium sub magistro audierint.* I. 176. a.

DICARE, Prendre du vin à la taille ou à la marque, pour payer ensuite sa quote-part du prix entier de la piece. DICA, est la taille ou marque d'un chacun. *Famulus vinum amplius non tradet ei qui non dicaverit.* III. 682. b. *Vinum in dicam exponatur. Tenebitur quilibet quotidie dicare vinum expensatum, & in fine caudæ vel poinsonis solvere quod apparebit per dicam suam habuisse.* III. 695. a.

DIPLOÏDES COLORUM, Habits de couleur. *Non deferant tunicas pretiosi panni foderatas aut scissas ante vel retrò, non diploidescolorum, non caligas tenentes, alterius quàm albi coloris &c.* I. 175. a.

DISCANTUS, Faux-bourdon. *Cantor instruere debet canonicos & capellanos in lectura, cantu, discantu, accentu, & aliis divinum officium concernentibus.* I. 134. a.

DISCIPLINA, Discipline, fouet. *Inhibemus clavigero & procuratori, sub pœna disciplinæ in capitulo pro qualibet vice, ne alicui, nisi ei de cujus excusatione sibi constiterit, panem, vinum, aut pitanciam ministrare præsumat.* I. 173. a. *Si quis manus injecerit in rem aut personam, aut rebellis & pertinax fuerit, pœnam subibit, usque ad disciplinæ susceptionem, incarcerationem, & à domo ejectionem.* III. 734. b.

DISCRETI, Discrets, grade qui donne rang au conseil dans les communautez. *Provisor, cum magistri regentis, cellerarii & subprioris consilio, deputabit duos aut tres de sufficientioribus dormitorii, morum gravitate præditos, quos nominare discretos non erit inutile, ut nominati potestatem super noviter venientes.* I. 171. a. *Omnes definitores hujus sacri capituli generalis, necnon cæteri provinciales, priores & discreti in eodem capitulo congregati.* I. 477. a.

DISPARARE, Défaire un ornement d'église, pour le raccommoder ou lui donner une nouvelle forme. *Thesaurarius & capitulum tenebuntur ornamenta capellæ munda tenere, ac ea disparare & reparare, quoties opus fuerit.* I. 192. a.

DISPENSA, La despense, lieu où se distribüe le pain & le vin. *Nullus habeat clavem cellarii, caveæ, dispensæ & coquinæ, nec aliquam illarum, nisi famulus.* III. 680. a. *Statuimus quòd quilibet de collegio, in suo ordine, sit præpositus per unam hebdomadam integram, & habeat claves dispensæ & archæ ibidem existentis.* III. 694. b.

DOMANIUM, Domaine. *Ego juro quod in detrimentum domanii atque bonorum & rerum hujus sacræ capellæ aliqua corruptionis munera non recipiam.* I. 158. a.

DOMINUS, Mari. *Asseruerunt bonâ fide quod domina Blanca quondam regina Franciæ & Navarræ habuerat dictum clavum a defuncto illustrissimo principe domino Karolo quondam rege Francorum & Navarræ ejus domino, & illum fecerat parari de auro & lapidibus pretiosis.* I. 227. a.

DOMNUS, Abbé. *Domno Cistercii & quatuor primis cuilibet in generatione sua, committitur quatenus abbates qui scholares indisciplinatos miserint ad studium*

GLOSSAIRE.

Parisiense, possint ad revocationem illorum compellere. I. 167. a.

DOARIUM, Douaire. *Matildis relicta defuncti Reginaldi Hennequin, Johannes Hennequin frater dicti Reginaldi, & Petronilla ejusdem Johannis uxor quittaverunt Guillelmo de Semilliaco presbytero canonico S. Stephani de Gressibus quidquid sibi competebat in domo quadam vici Judæorum in parochia S. Severini, ratione conquesti,* doarii, *aut alio modo.* I. 45. b.

DRAPPARII, Drappiers. *Conquerentibus scambiatoribus, aurifabris,* drappariis, *tabernariis, & pluribus aliis civibus Parisiensibus de præposito Parisiensi, quod eorum vadia ceperat, &c.* II. 515. a.

DROITURÆ, Droits. *Eidem capellania domos, terras, prata, vineas, nemora, census, redditus,* droituras, *& omnes alios proventus de Evriaco delibero & assigno,* I. 393. b.

DYAMANTES, Diamans. *Domina Blanca regina fecit adornari prædictum clavum de quinque lapidibus nuncupatis Gallicè* balais, *quatuor saphiris, sex* dyamantibus *lapideis, duodecim Gallicè* pelles, *cum parvo imagine aureo.* I. 227. a.

E

EMENDA, Amende. *Poterit dictus major S. Mederici detinere de bonis illis usque ad quantitatem emendæ quæ deberetur dicto majori pro qualitate delicti.* I. 29. b.

EMENDAMENTA, Ameliorations. *Salvis emendamentis seu melioramentis quibuscumque per eas circa loca firmarum & reddituum hujusmodi in posterum adhibendis.* I. 129. b.

EPITOGIUM, Epitoge ou chaperon fourré des docteurs, ou mesme la chape entiere. A la procession de l'université à S. Roch en 1719. il est ordonné que les docteurs regens en la faculté des Arts, iront en robe ou chape rouge, avec l'éptoge ou le chaperon doublé de fourrure, & les docteurs en medecine, aussi en robe rouge, avec l'épitoge ou chaperon doublé de fourrure. II. 488. a. Mais anciennement l'épitoge n'estoit pas reservé aux seuls docteurs. Il paroist qu'il estoit porté indifferemment par les supposts de l'université, en quelque grade qu'ils fussent. *Statuimus quòd nullus scholarium sine* epitogio *curto vel longo, aut capa, exeat domum pro eundo per villam.* III. 641.

ESCAMBIARE, Eschanger. *Ego Buchardus Malliaci, pro amore Theobaldi filii mei primogeniti, qui in abbatia Vallis-sernai habitum religionis susceperat ; dedi domui Portus regii centum solidos redditus quos mihi* excambiavit *Mathæus frater meus.* I. 82. b.

ESCUERIUS, Escuyer. *Ab hac autem generalitate exceptæ erunt ab omni juridictione episcopi viginti personæ inter servitores, & garsiones infra ambitum canonicorum habitantes, & extra septa canonicorum sex servitores, scilicet tres* escuerii *abbatis &c.* III. 599. b.

ESPAVIÆ, Espaves, comme bestes perduës en fuite, choses égarées, & autres profits de fief. *Et ut istud opus nobile, nobilitter compleatur ; ad opus dictæ domus concedimus & donamus per præsentes omnes forefacturas, tàm in hæreditatibus, quàm in mobilibus, & omnes* espavias *seu* espaves *vulgariter que in regno nostro evenient & ad nos pertinebunt, propter crimina læsæ majestatis, vel alia quæcumque de causa.* I. 439. b. Le droit d'avoir les espaves se nommoit autrefois guerb ; & l'on ne sera peut-estre pas fasché de voir ici les dispositions de la tres-ancienne coustume de Bretagne à ce sujet. Nul n'a guerb d'avoir les choses adirées, si n'ont haulte justice en cels lieux où ils ont esté trouvées. Ceulx ont haulte justice qui tiennent en foy leurs fiez, qui se gouvernent selon l'astise au comte Geffroy, & dont les ventes sont leurs, ou cas que autre seigneur n'auroit saisine d'avoir haulte justice en ceulx lieux. Cap. VII. XX. IX. Quant aucunes choses cheent en guerb en ung pays, que l'on ne scet à qui elles sont ; l'on les doibt garder XL. jours avant que ils soint expleitées, & doivent estre bannies en la paroisse là où ils sont trouvées par trois Dimenches emprès la messe avant que les gens se dispargent, & emprès les bans il les doit garder par trois sepmaines, & en oultre, tant que la quarantaine soit accomplie. Adonc si elles n'ont advoerie, elles seront amenées au seigneur qui a la haulte justice sur les lieux, & les peut expleicter, & en aura les dous parts, & ceul qui les aura trouvées le tiers. Et si ce estoient bestes ou autres choses qui despendissent & constassent à servir, les despens & tous les autres constaiges seroient avant poiez que ungs ne autres y puissent rien prendre ne avoir. Chap. VII. XX. XI. Et si celui à qui sont les bestes ou autres choses, les treussent ains que ils soient expleitées, ils les auroient, paiant les constaiges, & en informant deuement qu'elles fussent sones. Et si les dictes choses estoient despenduës, pource qu'elles euss nt esté gardées quarante jours & bannies, le seigneur ne les gardes n'auroient quevendre à nul. Chap. VII. XX. XII.

EXACTARE, Faire des exactions. *Præcipimus ut nullus Judex publicus neque episcopus, neque quælibet judiciariæ potestatis persona, in eundem locum ullo unquam tempore ingredi audeat ; aut* exactare *præsumat.* I. 20. b.

EXEMPLATUM, Copie. *Hoc est exemplar literarum, quarum transcriptum factum,* exemplatum, *seu copiatum per nos, formam quæ sequitur continet.* I. 427. a.

EXERCITUS, L'ost, ou l'armée. *Nos & successores nostri habebimus in dicto claustro bannum, talliam,* exercitum, *& cavalcatam.* I. 27. b. *Habebunt dicti religiosi in dictis terminis omnimodam justitiam altam & bassam, nihil nobis retento, exceptis gueto, tallia,* exercitu, *cavalcata.* I. 293. a.

EXPEDIRE, Expedier. *Registrata in camera compotorum, & expedita ibidem, de ordinatione dominorum.* I. 197. a.

EXPENSARE, Despenser. *Supputabuntur quæ* expensata *erunt.* III. 695. a.

EXPLECTARE, Exploiter. *Et nos vice versa feoda terra Carnotensis si qua inclavata sint inter feoda Dunesii, illa prosequi poterimus & justiciare ac* explectare, *sicut nostra.* I. 232. a. *Et nihilominus possunt & debent, ad petitionem decani & capituli, per dominos temporales, cogi & compelli pro captione, venditione, alienatione, &* explectatione *omnium bonorum prædictorum.* I. 113. b. *Concedimus insuper & volumus auctoritate regia, quod prænominata domus, ab omni deinceps laicali justitia cohertione seu compulsione, captione, quoties* expleto, *perpetuò sit immunis.* I. 485. a.

EXPONERE, Despenser. *Ordinamus ut provisor, in adventu cujuslibet novi scholaris, juxta suam prudentiam, de pecuniis suæ provisionis liberè disponat, ut si videat ipsum aut nimis juvenem, aut inexpertum, aut ad* exponendum *facilem, pecunias ipsas consignet in manus alicujus providi bursarii.* I. 171. b.

F

FACIALIS VISIO, Vision de face à face: *Tetrás evangelisterum, Verbum carnem factum intuentes* visione faciali, *& cum eo in tentationibus permanentes, aquas divinæ sapientiæ hauserant de fonte vivido Salvatoris.* I. 471. a.

FACTIO, La façon. *Fuit & est consuetum accipere per dictos fossarios, ad causam sui officii, pro pœna & labore eorumdem, & pro* factione *& constructione fovearum quædam emolumenta.* I. 70. b.

FALSIFICARE, Faire voir qu'une chose est fausse. *Omnes prædicta ecclesiæ servos honestavimus, quatenùs in omnibus caussis testes legitimi proferant & proferenda asserant. Horum itaque probationes liberi ;*

GLOSSAIRE.

aut suscipiant, aut contradicendo falsificent. I. 53.a.

FAMATUS, Qui est en reputation. *Item si contingeret magistrum vel procuratorem, vitam ducere inhonestam, vel quòd aliàs essent suspecti vel malè famati, aut alio vitio irretiti &c.* I. 511. a.

FENESTRA, Boutique. *Omnibus innotescere volumus quòd Guillelmo Silvanectensi, cujus erat illius terræ vicaria, pro eadem vicaria statum unum inter veteres status carnificum, & fenestras duas ex alia parte via Parisius, in commutationem dedimus.* I. 61. b. *Parvus panis albus, qui de fenestra dicitur.* III. 731.b.

FERIA, Foire. *Feriam quoque, quam nomine alio mercatorum nundinas vocant, præfatæ ecclesiæ scripto proprio confirmavit, cum omnibus consuetudinibus & utilitatibus quas feria reddere debet.* I. 93. b.

FERIALES DIES, Jours sur semaine, non festez. *Volumus quòd præfati capellani percipiant quatuor denarios Parisienses pro assistendo divino servitio diebus ferialibus ac festis trium lectionum. Diebus autem Dominicis & festis novem lectionum, percipient sex denarios.* I. 144. b.

FESTIVARI, Estre festé. *Ordinamus & statuimus quòd singulis diebus Dominicis, festis duplicibus & novem lectionum quæ in urbe Parisiensi festivantur in populo, scholares & bursarii primas & secundas vesperas & missam cum pausis competentibus cantent.* I. 413.a.

FIBRATIO, Tiraillerie, vexation. *Omnes receptiones noviter venientium, quos voluntaria opinione bejanos nuncupare solent, cum suis consequentiis, necnon bejunlationes, fibrationes, reliquasque omnes insolentias & levitates circa noviter venientes, fieri prohibemus.* I. 170. b.

FIENDUS, Qui doit estre fait. *Fiendi hora servitii.* I. 143. b. *Tabella fienda.* 144. a. *Fiendæ provisiones.* I. 171. b. *Fiendas & factas.* III. 763. b.

FINANCIA, Finance, ou payement. *Cum abbas & conventus Claræ-vallis finaverint cum magistro Simone Bovel & Simone Paren clericis a nobis præpositis ad recipiendum financias præpositurâ Parisiensis; nos hujusmodi financiam ratam habentes, concedimus quòd ipsi præfatam omnia habeant & possideant absque coactione vendendi & extra muros suas ponendi.* I. 161. b. *Nos dictos redditus ipsi collegio damus & assignamus, absque eo quod financiam propter hoc aliquam qualitercumque præstare seu facere teneatur.* I. 194. b. *Finantia facta pro reparationibus.* III. 690. a.

FIRMA, Ferme, terre à la campagne, prise à loyer; maison affermée. *Ad firmam capere.* I. 99. a. *Firmæ molendinorum.* III. 698. a. *Assignamus trecentas libras annui & perpetui redditus amortizatas, quas super firmis & redditibus de Sanavilla habemus.* I. 376. b. *Le droit de cens est nommé ferme perpetuelle. Dedit insuper idem archipresbyter dictis priori & fratribus, ad censum annuum, sive firmam perpetuam, decimas omnes quas habet in Valle-viridi.* I. 229. b.

FIRMARIUS, Fermier. *Non poterit dictus presbyter in dictis bonis & proventibus sarsinam aliquam acquirere, salvâ semper ecclesiæ nostræ remanente saisinâ & utilitate tantummodo eorum ad eumdem conductorem seu firmarium, durante locatione & firmâ hujusmodi permanente, & non u'tra.* I. 110. a.

FIRMARE, Fermer. *Dormitorii ostium superius, propter loci honestatem, etiam diurno tempore, ab introeuntibus & exeuntibus, semper cum clave firmetur.* I. 172. b. *Statim ut pro prandio aut cæna in collegio pulsatum fuerit, bidellus secundum collegii portam clavibus firmans, claves provisori portet.* I. 175. b. *Bini & bini habeant unam cameram. Ipsis tamen, vel eorum altero in ea existentibus, de die, sive de nocte, donec ambo iverint cameram, camera non firmetur, ut ad eos magister accedere valeat omni hora.* I. 511. b. *Item legavit suum lectum meliorem & bene firmatum.* I. 491. b.

FISICUS, Medecin. *Magister Matheus de Calido-becco fisicus.* II. 528. b.

FLEUTATOR, Joueur de flûte. *Guillelmus Anna fleutator, & Henricus de Mont lidier, magistri seu gubernatores hospitalis pauperum S. Juliani, per joculatores an histriones Parisiis electi ad magisterium seu gubernationem dicti hospitalis.* I. 649. b.

FODERATUS, Fourré, doublé de fourrure. *Non deferent tunicas pretiosi panni foderatas.* I. 175. a.

FOLIUM VINI, Une feuillette de vin. *Quando consumptum erit vas vini, vel cauda, vel folium vini, famulus communis ad hoc deputatus reddet computum de quantitate vini quod erat in vase.* I. 502. a.

FORAGIUM, Forage, droit imposé par les Seigneurs sur les taverniers pour le vin qu'ils mettoient en perce & en vente. *Concordatum est igitur quòd ipsi canonici habebant in tota terra prædicta census, redditus, ventas, roagium, foragium, sive chantelagium, & omnia emolumenta quæ possunt evenire ratione feudi.* I. 27. a.

FORANEUS, estranger, forain. *Ordinamus quod magister & procurator habeant penes se in scriptis nomina & cognomina omnium & singulorum bursariorum, & etiam aliorum foraneorum, si qui sint in collegio nostro moram habentes.* I. 510. a.

FORATICUM. *Le mesme que foragium. Præcipientes jubemus ne ullum theloneum de omnibus causis exactando, nec rotaticum, nec foraticum, nec pulveraticum exigere ab illa ecclesia ulterius præsumatis.* III. 596. a.

FOREFACERE. Forfaire; tomber en confiscation. *Habebimus in tota prædicta terra ecclesiæ guetum, talliam, bannum, exercitum &c. justitiámque eorum qui circa prædicta deliquerint vel forefecerint.* I. 27. a. *Ipsi sunt in saisina, quòd si invenerint hominem vel feminam vendentes candelas Parisius super chavaiam nostram, qui non tenent dictum ministerium a dicto Imberto, capiendi candelas, tanquam forefactas.* II. 526. a. *Transferimus in dictos thesaurarium, canonicos & capellanos molendinum de Mundevilla &c. forefactarum Rogerii Tyrel triginta octo libramm.* I. 129. a.

FORESTIS, fem. gen. Garenne, ou lieu défendu. *Hæ omnes piscationes, quæ sunt & fieri possunt in utraque parte fluminis, sicut nos tenemus, & nostra forestis est, t adimus ad ipsum locum.* I. 16. a.

FORGIA, Forge. *Item supra tres domos sitas ab oppositis forgiæ juxta S. Severinum, &c.* I. 131. a.

FORISFACTUM, Forfait. *Si quis deprehensus fuerit theloneum fraudulenter celasse, præpositus Mellenii de eo vindictam faciat, & salvâ ejus vitâ & membris, primum quidem cogat eum reddere theloneum quod abstulerat, deinde quinque solidos pro forisfacto assignare compellat.* I. 93. a.

FORIS-MARITAGIUM. For-mariage. Condition imposée à la personne servile, de ne pouvoir se marier hors de la terre de son seigneur. *Hominum nostrorum de burgo S. Germani attendentes devotionem, pro ducentis libris, quas nobis est satisfactum, manum mortuam, foris-maritagium, & omnimodam servitutem remittimus.* I. 207. a.

FORMATUS, Formé, qui a acquis un certain grade. *Missam verò B. Mariæ celebrabunt, tam scholares dormitorii, quàm graduati cursores & formati, non procedentes in cursu secundùm intitulationem.* I. 169. a.

FORUM, Foire. *Dedimus monasterio S. Martini abbatiam S. Symphoriani & S. Samsonis, quæ est Aurelianis intra muros civitatis sita, & medietatem fori quod statuimus in loco ipsius monasterii calendis Novembris, tam de thelonei, quàm de justitiis & fredis & redhibitionibus quæ toto tempore ipsius fori jus nostri exigit fisci.* I. 50. a.

FOSSAGIUM,

GLOSSAIRE.

FOSSAGIUM, Droit levé pour l'ouverture des fosses dans les cimetieres. *Petebant manum nostram in rebus contentiosis appositam levari, & emolumenta ac denarios fossagiorum in dicto cemeterio sibi restitui.* I. 70. a.

FOURATUS, Fourré, doublé de fourrure. *Ordinamus quòd ab hinc in antea thesaurarius & canonici sacrosanctæ capellæ tenebuntur deferre temporibus, locis & horis congruis, almutias de griseo, seu de pellibus grisis, fouratas de minutis variis.* I. 135. b.

FRANCHISIA, Azyle, franchise, refuge. *Inhibetur ne alicui venienti ad franchisiam in collegio S. Bernardi provideatur de camera sive de confugio, nisi per provisorem dicti loci.* I. 167. b. *Absque licentia speciali provisoris nihil penitus tradent personis ad collegium, gratiâ franchisiæ habendæ fugientibus, nec ipsas in cameris recipient, aut cum eis loquuntur.* I. 172. b. *Volumus insuper, auctoritate regiâ, quòd prænominata domus, & in ea degentes fratres, aut qui pro immunitate & franchisia & suorum corporum & bonorum tuitione venerint in eamdem, ab omni deinceps laicali justitia coherctione sint immunes.* I. 485. a.

FRANCI, Francs ou livres. *Quolibet anno fiant reparationes in dicto collegio, usque ad summam quadraginta francorum.* I. 398. a.

FRANCUS, Franc, libre. *Statuimus quòd thesaurarius possit committere tres apparitores, quos & quemlibet ipsorum volumus fore & esse immunes, liberos & francos ab omnibus impositionibus.* I. 147. b.

FREDA, Espece d'imposition, d'où vient le mot de frais. *Præcipimus ut nullus judex in dicta terra, ad causas audiendas, aut injusta freda tollenda ullo unquam tempore ingredi audeat.* I. 20. b. *Ita videlicet ut nullus ab hinc, ad causas exigendas, aut freda aut tributa exigenda, aut mansiones, aut paratas faciendas, ingredi audeat.* I. 40. a. *Prædicta ecclesia in omnibus erit libera, in theloneis, fredis, justitiis, & omnibus quæcumque jus nostri exigit fisci.* I. 49. a. *Deo & B. Martino tradidimus ipsam B. Martini ecclesiam cum terris quæ circa eamdem habentur, unà cum theloneis & fredis, & justitiis earumdem terrarum.* I. 53. b.

FRONTATUS, Posé de front, ou faisant face. *Defunctus Matheus de Londres, tempore quo vivebat, tenebat quamdam domum sitam Parisius super rippevia portus S. Landerici, tenentem ex una parte de long ad domum Lamberti le Buschier, & ex alia ad domum Reginaldi le Meusnier, contiguam seu frontatam in se ad vicum de Glatigneyo.* II. 528. a.

FUNERALIA, Ce qui se porte avec le corps mort, aux obseques. *Volumus quod dicto curato assignentur omnia funeralia magistrorum & scholarium inibi decedentium, si sepeliantur ibidem, & aliorum quos ibidem contigerit sepeliri: funeralia intelligentes, quæ cum funere deferuntur.* III. 613. a.

FURNAGIUM, Droit payé pour cuire au four bannal. *Omnes homines de burgo S. Germani, bannarii, ad furnum seu furna nostra, per bannum coquere, & furnagia nobis solvere tenebuntur.* I. 207. b.

FURNIRE, fournir. Furnire de aliquo. FURNITUS, Garni. *Provideat sibi de lecto furnito, videlicet culcitrâ, pulvinari, duobus paribus pannorum lineorum, & coperturâ.* I. 443. a. *Item legamus eis octo lectos furnitos, de iis quos habemus Parisius.* III. 616. b. *Unâ cum quindecim lectis furnitis.* III. 656. a.

G

GALATOR, Homme de plaisir, farceur, comedien &c. *Nullus audeat armatos vel inermes sectari, adducere, aut receptare ribaldos, galatores, mimos, joculatores nocturnos.* III. 668. b.

Tom. II.

GAMA, Game de musique. Abregé inventé pour apprendre aux commençans le lieu & l'intonation de chaque note, inventé vers l'an 1022. par le moine Gui d'Arezzo ou Aretin, & reduit, après plusieurs idées corrigées, à un systême de deux octaves & une quinte, dont chaque intervalle, contenant un ton ou un demi-ton, estoit marqué à la marge par sept lettres G. A. B. C. D. E. F. majeures, puis mineures, g. a. b. c. d. e. f; puis doublées aa. bb. &c. en montant ; & la plus basse de toutes, pour éviter la repetition du grand G. estoit le *Gamma* Grec Γ. d'où est venu au systême le nom de *Gamme*. *Et cùm primùm fuerit aliquis in bursevium receptus, volumus quòd si nesciat elementa musices, seu suam gamam, statim addiscat illam.* I. 417. b.

GARANDIA, Garantie. *Lite motâ coram præposito nostro Parisiensi inter decanum & capitulum ecclesiæ S. Germani ac religiosas personas, fratres & sorores hospitii Dei B. Catharinæ, ex parte unâ ; & Johannem de Montibus, Guillelmum dictum Herbotte &c. SS. Innocentium matricularios & garantizatores Roberti Channi; pro quo & cujus nomine defensionem & garandiam in se susceperunt &c.* I. 69. b. *Et pro recta garandia ferenda super dicta venditione, cum missis, custamentis, damnis & expensis, ipsa Gila se & hæredes suos & omnia bona sua obligavit.* I. 209. a. *Et promisit quòd dictam domum garantizabit & liberabit, quotiescumque opus fuerit, ad usus & consuetudines Franciæ, contra omnes. Et quantum ad rectam garandiam & perpetuum super hujusmodi venditione ferendam, se & hæredes suos & omnia bona sua obligavit.* I. 210. a.

GARANTIA, Garantie. *Inde me devestivi in manu ejusdem episcopi, & fidem interposui me servaturum hoc in perpetuum, & garantiam laturum.* I. 78. a.

GARANTIRE, Garantir. *Hanc elemosynam meam Mathildis uxor mea, fide interpositâ, se in perpetuum garantire promisit.* I. 79. a.

GARANTIZARE, Garantir. *Promittens me dictam donationem contra omnes garantizaturum in perpetuum.* I. 44. a. *Promiserunt, fide mediâ, quòd omnia prædicta garantizabunt, & quòd contra prædictam donationem non venient.* I. 45. a.

GARCIO, Garçon, valet. *Ab hac autem generalitate exceptæ erunt ab omni jurisdictione episcopi & archidiaconi viginti personæ inter servitores & garciones infra ambitum canonicorum habitantes.* III. 596. b.

GARDEROBA, Garderobe. *Domum quam inhabitare solemus, cum cavâ, cameris, garderobis, pratellis, virgultis, plateis &c.* I. 391. b.

GARDIA, Garde. *Familias & bona eorum sub nostra protectione suscipimus & gardia speciali.* I. 131. b. *Ut autem prædicta capella à malorum inquietationibus præservata, pacificâ tranquillitate vigeat; nos gardiam specialem, & ut ejus verus patronus & præcipuus gardiator, in perpetuum retinemus.* I. 194. b. *Nihil ibi penitus, nisi superioritatem nostram, gardiam, & ressortum justitiæ, nobis retinemus.* I. 218. a. *Ipsos religiosos in nostris protectione, tuitione, ac salvâ & speciali gardia suscipimus.* I. 473. b. *Cumque attentâ hujusmodi amortizatione, fundatores dictæ domus censeri debeamus; gardia, regimen, & administratio ipsius ad nos & successores nostros Franciæ reges pleno jure pertinebunt.* III. 656. b.

GARDIANUS, Gardien, superieur d'un convent de religieux de S. François. *Nos priores & gardiani conventuum ordinum mendicantium ; prior conventûs fratrum Prædicatorum ; gardianus conventûs fratrum Minorum ; prior conventûs fratrum Eremitarum S. Augustini ; prior B. Mariæ de Carmelo.* I. 558. a.

GARDIATOR, Garde. Voyez ci-dessus au second

passage cité à l'article GARDIA. *Eisdem religiosis gardiatoribus concedimus & deputamus omnes & singulos ostiarios parlamenti nostri & servientes nostros.* I. 473. b.

GARDITIO, Droit de garde. *Nos ipsis religiosis tradidimus quidquid nostra proprietatis, garditionis, possessionis habebamus in prædictis, vel habere poteramus.* I. 164. a.

GARNISIONES ou GARNITIONES, Vivres, munitions, provisions de ménage. *Dicti pons & pali præstabant impedimentum aissamento communi eundi ad dictam aquam, ducendique & exonerandi garnisiones populi Parisiensis de bladis, vignis, avenis, lignis, & multis aliis.* II. 524. a. *Gentes nostræ camerarum parlamenti, pro bladis aliisque granis, vinis, animalibus, lignis, aut aliis munitionibus sive garnitionibus suis, quæ per terram sive per aquam devefaciunt, ad pedagium solvendum minimè tenentur.* III. 248. a. *Statuimus quòd tempore congruo fiant munitiones seu garnitiones victualium & necessariorum quorumcumque, scilicet vinorum, lignorum, salis, pisorum, fabarum, verjuti, lardi.* III. 695. a.

GARRICÆ, Terres incultes & steriles, appellées en vieux Gaulois *Garriges*. *Cum pratis & pascuis, garricis & ulmis, cum aqua & omni piscatione, insulis quoque ac molendinis.* I. 20. b.

GAUDEOLUM, Joyau. *Domina Blanca regina legavit fratribus de Carmelo unum Jocale sive gaudeolum aureum pretiosum in quo est clavus parvus seu pars clavi de quo D. N. J. C. fuit crucifixus.* I. 227. a.

GENERALES, Generaux des finances &c. *Si in negotiis ecclesiæ, in deliberatione, scriptura erga regem, cameram compotorum, parlamentum, thesaurum, generales, aut alio quovis modo legitimè & requestam capituli, fuerit occupatus, benè meritò est excusandus.* I. 159. a.

GENTES, Gens; comme gens du roy; gens à ce connoissans &c. *Carolus rex &c. cum inter nos seu gentes nostras pro nobis, ex una parte, & magistrum, fratres ac sorores domûs Dei Parisiensis, ex altera, fuerit concordatum.* I. 251. a. *Secundùm ordinationem præpositi Parisiensis aut gentium in hoc se cognoscentium.* I. 71. b.

GIARDINARIUS, Jardinier. *Portarius, consiergius, giardinarius, & duo speculatores seu custodes vigiliarum noctis regalis palatii Parisiensis, nec non omnes familiares canonicorum capellæ regiæ, tibi tanquam membra capiti, sentiant se subesse.* I. 134. b.

GIRESTUM, Espece de jeu ; peut-estre de dez. *Inhibemus etiam ne aliquis de dicto loco ad taxalas seu girestum ludat. Quòd si secus fecerit, contra ipsum procedatur per legitimas sanctiones.* I. 339. b.

GLEBA, Reliques d'un corps saint. *Ego Æneas D. G. Parisiensis episcopus, notum facio quòd anno DCCCLXVIII. ad Fossatensem accedens abbatiam, ob recipiendum corpus beati levitæ Mauri, dum à propriis sacram præfati sancti deposui super altare glebam humeris, concessi eidem ecclesiæ, in sede nostri episcopatûs præbendam integram.* I. 30. b.

GLOSÆ, Gloses interlinaires ou autres. *Similiter ad logicam nullus accedat, nisi qui ordinarie sub magistro summularum glosas audiverit, & textum ex corde reddiderit.* I. 174. a.

GLOSSATUS, Expliqué par des gloses, commentaires. *Item legamus duo Decretales nostra & decretales, & summas in jure canonico, & omnes libros glossatos in theologia quos habemus, qui sunt multi.* III. 616. b. *Item lego ipsis scholaribus parvum Decretum meum & decretales meas & summas meas ad jus canonicum pertinentes, & libros meos glossatos in theologia, quos specialiter aliis non lego.* III. 617. b.

GOLIARDUS, Bâteleur. *Specialiter abstineant à quibuscumque ludis mimorum, joculatorum, histrionum,*

goliardorum, & consimilium. I. 502. b.

GORDUM, Gord ; passage pratiqué sur les rivieres, pour la commodité de la pesche. Il en est parlé dans l'ordonance de Charles VI. Chap. LV. article 3. *Les arches, bords, gords, pertuis, & tous autres passages estans sur les rivieres, de toute anciennete doivent avoir vingt-quatre pieds de lé pour passer & repasser les nefs, bateaux, vaisseaux, & marchandises. Ludovicus rex &c. ecclesiæ S. Martini quæ prædecessores nostri dederunt confirmavimus &c. Gordum etiam piscium apud Poisiacum in Sequana, de dono patris mei.* I. 54. a.

GRADUATUS, Gradué dans l'université. *Omnes & singulos ejusdem collegii scholares, tam graduatos, quàm non graduatos, monemus &c.* I. 168. a. *Non intendimus quòd antiquior receptus, non graduatus aut non presbyter, præferatur alteri bursario presbytero aut graduato, licet posterius recepto.* I. 411. b.

GRAFARIUS, Greffier. *Volumus quòd omnes capellani teneantur tradere thesaurario inventarium signatum manu grafarii officialatûs dicti thesaurarii, de omnibus ornamentis & aliis bonis.* I. 147. a.

GRANCHIA ou GRANGIA, Grange. *Gilbertus de Parvo-ponte dedit ecclesiæ S. Stephani de Gressibus quandam granchiam sitam apud Murellos, & duas magnas cuppas.* I. 47. a. *Auctoritate apostolicâ prohibemus ut infra clausuras locorum seu grangiarum vestrarum nullus audeat rapinam aut furtum facere.* I. 81. a. *Et insuper unum modium bladi quod habent in grangia mea de Meriaco.* I. 86. a.

GRAVIÆ, Maniere d'accommoder ses cheveux. *Non debent nutrire nec deferre comas, ne per hoc valeant aut debeant incurrere sententiam excommunicationis ; nec etiam facere gravias in frontibus eorum ; qua talia non pertinent ecclesiasticis hominibus.* I. 153. a.

GRISEUS, Gris. *De panno nigro, cujus ulna non excedet summam viginti solidorum Parisiensium, fient cappa & capitia theologorum & sacerdotum ; aliorum autem inferiorum studentium, de panno griseo ad nigrum magis tendente.* III. 730. a.

GRISUM, Gris, espece de fourrure. *Canonicis prædictæ sacræ capellæ donavimus ista vice, de gratia speciali, primas suas almutias de griso, seu de pellibus grisis, foururas de minutis variis.* I. 135. b.

GROSSUS, gros. *In duplo anniversario pulsatur cum duabus grossis campanis.* I. 154. a. *Singuli vicarii centum, & singuli clerici quinquaginta solidos pro ipsorum grossis fructibus annuatim percipiant.* I. 191. a. *Licet grossi fructus præbendæ summam prædictam non valeant.* I. 504. a. *Nisi causa sit beneficialis, aut ita grossa, quòd ad judices remitti debere videtur.* III. 626. a.

GUARDÆ, Gardes. *Si præpositus Parisiensis aliquem hospitem incarceratum detinuerit, vel aliqua bona in dictâ terrâ ceperit, vel guardas sive custodes vel servientes ibidem posuerit &c.* I. 29. a.

GUARNISIUM, Meuble. *Guillelmus Fourté condemnatus fuerat ad muniendum sive guarnisandum domum suam sitam Parisius in vico Johannis dicti Lointier, taliter quòd Margareta de Fonte posset ibi invenire ad capiendum & gagiandum pro XX. libris annui reditûs quas dicta Margareta habet suprà dictam domum.* III. 530. b.

GUERRA, La guerre. *Si contingat aliquo casu, propter guerram, sanitatem principis, reginæ, aut liberorum, aut contra temporis inordinationem, processiones fieri &c.* I. 156. a. *Propter guerrarum turbines quæ quasi ubique, procurante humani generis inimico, invalescunt.* I. 475. b.

GUETARE, Faire le guet. *Dominus rex habet & habere debet per manum suam emendam burgensium & aliorum subjectorum episcopi de terra sua qui non guetant ad mandatum præpositi Parisiensis.* II. 514. a.

GLOSSAIRE.

Getum, Le guet. *Habemus etiam in hospitibus dictæ terræ bannum, guetum, talliam &c.* I. 27. b. *Nihil nobis & successoribus nostris reservato, præter guetum, talliam, exercitum, cavalcatam &c.* I. 293. a.

H

Habituatus, Habitué. *Ut iisdem thesaurario & canonicis, nec non & aliis capellanis, clericis, habituatis, & officiariis dictæ sacrosanctæ capellæ certa forma vivendi detur.* I. 143. a.

Hæreditagia, Heritages. *Sed nec hæreditagia, terras, dominia, vel jura ipsius collegii ultra novem annos ad firmam tradant, nec ad redditum perpetuum, vel ad vitam.* I. 386. b.

Hala, Hale; lieu couvert destiné pour l'étalage & la vente des marchandises. *Quod collegium dotavimus de trocentis octodecim libris, annis singulis capiendis in & super hallis & molendinis Rotomagensibus.* I. 514. b. *Dictus Guillelmus erat in saisina habendi locationes duarum domorum in capite vici Fabri juxta halas.* II. 528. b.

Haubannum, *Pro victualibus sacerdoti eidem capellæ servientis assignavimus duos modios frumenti apud Gonossam, & sex modios vini de haubanno.* I. 119. b. *Hauban* est peut-estre pris là pour un droit royal de ban ou haut-ban.

Hebdomadarius, Semainier. *Præcipimus quòd omne silentium sit inter illos in mensa, & quòd ex ipsis sit unus hebdomadarius successivè qui bibliam legat intelligibiliter & succinctè.* I. 510. a.

Hebergamentum, Logement, maison, hostel. *Redditus dudum empti à nobili muliere Isabella domina de Blanchefonace, relictâ Adæ de Cronis militis, in hebergamento, hortis, censibus, oubleiis, pratis, lanis, molendinis &c.* I. 130. b.

Holerius, Trompeur, fripon; peut-estre aussi débauché, d'où auroit esté formé l'ancien mot *Houlier*, qui manque une personne impudique. *Alii multrarii, alii latrones, nonnulli monetarium falsatores, & aliqui exploratores & holerii, deceptores, archemistæ, & usurarii.* III. 245. a.

Hoppelanda, Houpelande, espece de robe de chambre. *Cavendum est, propter honestatem status ecclesiastici, ne subtus suppellicia induantur hoppelandæ, propter deformitatem quæ ibi multotiens est apparens in colleriis & aliis multis modis.* I. 153. b.

Hospitale, Hospital. *Vobis innotescere volumus hospitale B. Mariæ Parisiensis specialiter esse sub nostra protectione.* I. 249. b.

Hospites, Les habitans. *Habent etiam dicti canonici in hospitibus dictæ terræ & in dicta tota terra justitiam super mobilibus, catellis, conventionibus & contractibus.* I. 27. a.

Hospitia, Maisons, hostels. *Pro qua etiam onere subeundo distributiones quotidianas percipiunt, victualiaque & hospitia vestris & concanonicorum vestrorum sumptibus ministrantur eisdem, ac de beneficiis ecclesiasticis providetur.* I. 136. a.

Hostellarius, Hostelier; qui loge des estrangers. *Cui domui ab una parte cohæret domus scolarium de Suecia, & ex alia parte domus Johannis de Dordanna hostellarii.* I. 429. a. *Ab hac generalitate exceptæ erunt ab omni jurisdictione episcopi viginti personæ inter servitores & garciones infra ambitum canonicorum habitantes; scilicet unus janitor, duo quadrigarii, duo cursores, unus hostellarius, unus carpentarius &c.* III. 599. b.

Hostia, Hostie, pain pour la messe. *Omnes redditus collegii à cellerario recipiantur, serventur & exponantur quarum partem ad expensam ordinariam collegii, ut pote in luminari, oleo, hostiis, sacristia, & prandiis consuetis applicabit; residuum conservabit.* I. 179. a.

Hostisia, Droit payé pour la liberté de demeurer dans un lieu. *Eos omnes & eorum liberos masc. hostimus & à jugo servitutis omnino absolvimus, nichil nobis retinentes, salvo jure omni alio nostro & justitiâ terræ nostræ, & hostisiarum & manentium in eisdem.* I. 14. b.

Hostitia, Hostels. *In qua terra S. Medovici sunt quinque hostitia cum eorum pentinentiis.* I. 25. a.

Hucia, Housse; habit long. *Theologi vero & canonistæ hucias longas, & baccalarii cappas habeant honesti coloris.* I. 110. b. *Promisit etiam se soluturum quintum denarium ; & pro recta garandia, se & heredes suos, & sub speciali titulo hypothecæ, domum quandam suam sitam in quadrivio de Marché-Palu, obligavit.* I. 209. a.

Hypotheca, Obligation. *Quæ omnia servare promittimus, sub hypotheca & obligatione omnium bonorum ecclesiæ nostræ.* I. 110. b. *Promisit etiam se soluturum quintum denarium ; & pro recta garandia, se & heredes suos, & sub speciali titulo hypothecæ, domum quandam suam sitam in quadrivio de Marché-Palu, obligavit.* I. 209. a.

I

Jardinarius, Jardinier.

Jardinus ou Jardinum, Jardin. *Pro demolitione capellæ de Ordeis & domorum & jardinorum, cæterorumque pertinentium, assignabant abbas & conventus octo libras annui reditus.* I. 18. b. *Cum nuper Parisius in insula existente in fluvio Secanæ, juxta portam jardini nostri, inter dictum jardinum nostrum & domum religiosorum S. Augustini fuerit executio de duobus hominibus &c.* I. 274. a. *Platea sita inter capellam S. Martini de Ordeis & muros jardini de Nigella.* II. 522. a. *Cum nos haberemus quoddam jardinum sive plateam sitam ad capitulum ecclesiæ S. Stephani de Grassibus &c.* I. 45. b.

Iconomus, Econome, ou sindic. *Providos viros procuratores seu iconomos & administratores hospitalis B. Jacobi coram nobis citari fecimus.* I. 330. a. *Constituerunt procuratores, actores, Syndicos seu iconomos ac negotiorum gestores generales.* I. 332. a.

Jejunales Dies, Jours de jeûne. *In diebus non jejunalibus, post comestionem dicent psalmum Laudate Dominum omnes gentes &c. In diebus autem in quibus erit jejunium ecclesiæ, dicent psalmum Miserere mei Deus.* I. 500. a.

Ignitegium, Couvre-feu ; heure du soir, marquée par le son d'une cloche de N. D. *Volumus quòd cum pro ignitegio in nostra Domina pulsatur, omnes scholares in dormitorium accedant, illicoque ostia cum clave claudantur.* I. 172. b. *Fores etiam anteriores claudantur serò bonâ horâ, saltem cliqueti sorbonæ, vel ignitegii B. Mariæ.* I. 386. b. *Tota domus, qualibet nocte, statim quàm pulsatum fuerit pro ignitegio in ecclesia Parisiensi, claudatur cum clavibus.* I. 503. a.

Illuminatus, Allumé. *Qui quidem fratres cum torchiis cereis illuminatis, dictum jocale cum magna solemnitate receperunt.* I. 227. b.

Imago, masc. gen. une Image. *Domina regina Johanna fecerat adornari dictum gaudeolum de quinque lapidibus nuncupatis Gallicè balays, cum parvo imagine aureo ad figuram D. N. J. C.* I. 127. a.

Imbursare, Mettre en bourse ; payer à la bourse d'autrui. *Inhibetur ne aliquis scholasticus in collegio S. Bernardi famulum vel scriptorem teneat, nisi pro eo voluerit imbursare.* I. 167. b. *Provisor habebit potestatem compellendi abbates ad imbursandum pro suis capellanis.* I. 170. a. *Nullus ludat ad pecuniam imbursandam.* I. 670. a.

Imbursatio, Payement. *Quòd si scholares sine im-

GLOSSAIRE.

bursarioni *post festum omnium Sanctorum permanserint, sententiam excommunicationis se noverint incurrisse.* I. 167. a. *Ut omnium scholarium imbursatio juxta felicis recordationis Benedicti papæ XII. statutum fiat ; ordinamus omnes infra B. Remigii festum, pro provisionibus mensis octobris imbursare.* I. 178. a.

IMPEJORARE , Empirer , démolir. *Proviso tamen quòd dictus Johannes de Monteacuto suique heredes non poterunt dictos muros impejorare, nec aliqualiter facere demoliri.* III. 686. b.

IMPLICARE , Employer. *Ordinavimus quòd dicta pecunia implicaretur ad opus unius præbendæ.* I. 44. b. *Habeat præterea sexaginta solidos annuatim in implicatura centum librarum quas ecclesia S. Stephani tempore hujus ordinationis implicandas habebat.* I. 46. b. *Dictus comes tenetur ponere & implicare in melioratione & emendatione dicti maierii aliquos sumptus.* I. 205. b. *Recognovit quòd mutuò recepit à capitulo S. Honnrati decem libras, quas debent implicari ad opus corporis præbendæ quam idem Nicolaus Boin obtinet in dicta ecclesia.* III. 603. b. *Dicti corrector & fratres debent ponere & implicare, seu poni & implicari facere in meliorationem dictæ plateæ ducentas libras.* III. 606. b.

IMPLICATURA, Emploi. *Habeat præterea sexaginta solidos Parisienses annuatim in implicatura centum librarum quas ecclesia S. Stephani implicandas habebat.* I. 46. b.

IMPORTANTIA , Importance. *Super quo arduo, magnæ & summæ importantiæ negotio fecimus consiliarios solemniter congregari &c.* 1. 583. b.

INCARITATIVUS , Qui manque de charité. *Nihilominus propter incaritativam & involuntariam aliquorum (sub dispositionem) statuimus quòd quilibet prior persolvat &c.* I. 243. a.

INCLAVATUS , Enclavé. *Hoc salvo quòd si aliqua feoda habet inter feoda Carnotensis terræ aut Bona-Vallis inclavata , ipsa ea poterit prosequi & justitiare sicut priùs.* I. 232. a.

INDEMNISATUS , Indemnisé. *Ad onus solvendi episcopo Cenomannensi singulis annis summam viginti quinque librarum, hac conditione adjecta, quòd cùm eidem domino ement & tradent unam mediatariam seu hæreditatem in feodo de Tholevio seu alio indemnisatam in episcopatu Cenomanensi, hujusmodi redditus XXV. librarum cessabit.* I. 585. b.

INDOMINICATUS , Terre possedée en propre ; domaine hereditaire. *Ingelvinus Parisiacensis sedis episcopus, ex suo indominicatu fratribus S. Marcelli quindecim mansos ad mensam eorum fratrum circa ejusdem sancti monasterium conjacentes devotè tribuit.* I. 12. b.

INDUCTUM , Enduit , effacé. *Sed quia prædictarum ordinationum nulla apparebat publica forma seu autenticum instrumentum, sed duntaxat quoddam scriptum sive exemplum hinc inde lacerum, fractum, ruptum, inductum, abrasum, nullo sigillo sive subscriptione insignitum &c.* I. 412. a.

INÆQUUM , Injuste. *Cùm redditus octuaginta librarum sit sufficiens pro fundatione trium bursarum & ultrà, videretur inæquum quòd super illo redditu solùm essent duæ bursæ assignatæ.* I. 590. a.

INFORMARE , Informer. *Item contingat aliquem vel aliquos extra domum dormire sine licentia magistri, in crastino informet seu informent magistrum per juramentum eorum & per unum testem non suspectum.* I. 501. b. *Dictus procurator à dictis actoribus magistris suis benè informatus, ad confessionem hujusmodi se restrinxit & acquievit.* I. 108. a.

INQUESTA , Enqueste. *Super quibus omnibus & aliis pluribus hinc inde propositis factà inquestà, præpositus noster pronunciavit, &c.* I. 70. b. *Quam traditionem auctorisavit capitulum Cenomanense, & in-* questa *factà auctoritate archiepiscopi Turonensis, an hujusmodi traditio cederet in utilitatem episcopatus, visà hujusmodi inquestà, dictus archiepiscopus hujusmo i traditionem auctorisavit.* I. 586. a. *Super quibus dictis partibus auditis, & inquestà, ipsàque inquestà hinc inde factà, & penès curiam nostram reportatà, præfata curia nostra ordinavit &c.* III. 706. b.

INSOLENTIA , Insolence. *Inhibemus ne quispiam, quocumque tempore, in choro aut extra chorum, derisionem, collocutionem, clamorem, aut quascumque insolentias faciat, seu qualitercumque divinum officium impediat.* I. 169. a.

INSTALLATIO , Installation. *Volumus autem prædictum Ægidium & successores suos cantores, post installationem suam jurare thesaurario & canonicis se servaturos omnia super officio dictæ cantoriæ ordinata.* I. 132. a. *Les sieges du chœur estoient appellez Stalla ; & quand on mettoit un chanoine en possession de sa prébende, on lui marquoit le stalle qu'il devoit occuper ; & de-là cette ceremonie s'appelloit installer.*

INTEGRALITER , Entierement. *Promittentes omnia prædicta perpetuò firma & rata habere, conservare, & integraliter observare.* I. 431. a.

INTERESSE , Les interests. *Petentes de præmissis sibi recredentiam fieri, & ipsos deffensores in expensis suis, damnis, & interesse condemnari.* I. 70. b.

INTERESSENTES , Ceux qui sont presens. *Distributiones quotidianæ pro cantore & canonicis ac vicariis seu capellanis divinis officiis in eadem ecclesia interessentibus.* I. 603. a.

INTERLOCUTORIUM , Interlocutiore ; terme connu dans le style de la procedure. *Jus canonicorum in omnibus volumus esse salvum. A sententiis autem, præceptis, & interlocutoriis sive judiciis eorum appellabitur ad castelletum Parisiense.* I. 28. b.

INTERPRINSIA , Entreprise. *Sæpe redditus talium fundationum pereunt aut decrescunt, tam propter guerras, quàm primariæ aut bursariorum malam administrationem ; quandoque etiam per episcoporum & collatorum seu etiam officiariorum usurpationem & interprinsiam, qui faciliter audent attentare & contraire voluntati fundatorum.* I. 590. a.

INTERTENERE , Entretenir. *Et ultra hoc intertenebit primarius feras & claves ac vitrinas camerarum sumptibus suis.* I. 588. b.

INTITULATIO , Tablette ou carton où l'on marque chaque semaine les officiers de l'église. *Ad provisorem spectat officium divinum & tabellam intitulationis per se aut per alium regulare.* I. 169. b. *D'où l'on a appellé intitulez ceux qui estoient escrits dans cette tablette. Intitulatus , quolibet cessante inevitabili impedimento , quotidie missam celebret per se ipsum.* I. 169. a.

INTITULATIVUS , Qui est en titre, & n'exerce point seulement par commission ou tacite reconduction. *Quamvis autem capellani & clerici dictorum thesaurarii & canonicorum S. Capellæ non sint intitulati, seu habere beneficia intitulata non dicantur ; non tamen poterunt expelli nisi per thesaurarium.* I. 143. b.

INTROMITTERE SE , S'entremettre , se mesler. *Item volumus quòd magister capellani non possit se intromittere de dicto officio provisoris seu procuratoris.* III. 684. b.

INVASIVUS , Offensif. *Nullus scholasticorum præsumat arma habere in collegio, nec spadas, enses, aut alios baculos invasivos, nec illos per urbem portare, sub pœna gravissimæ punitionis.* I. 593. a.

INVENTARIUM , Inventaire. *Omnes & singuli capellani teneantur tradere thesaurario inventarium signatum manibus graphariorum.* I. 147. a. *Quæ omnia tradita, & in posterum tradenda , à dicto thesaurario per inventarium recipi,*

recipi, ipsiusque inventarii copiam in camera computorum regiftrari & retineri volumus. I. 193. a. *Inventarium bonorum mobilium ipforum fcholarium & omnium utenfilium triplicabitur, feu tres copiæ inde fient.* I. 504. b. *Inventarium in principio cujuslibet administrationis de omnibus libris & rebus domus fub forma publica vel fub figillo domus cum testibus faciet.* III. 664. b.

INVITATORIUM, Invitatoire. Le pseaume *Venite exultemus* avec son verset. *Pro eo quòd capellani & clerici tardius quàm possunt venire assuescunt matutinis ; eorum absentiâ & defectu invitatoria & hymni multotiens debiliter & defective cantantur.* I. 136. b.

JOCULATORES, Jongleurs, menestriers, joueurs d'instrumens. *Johannes de Plaalliaco burgensis Parisiensis traddidit Garino Britoni quandam domum fitam in vico joculatorum, quæ est modò Januchii menestrerii.* II. 525. a. *Guillemus Anna fleutator & Henricus de Montdidier magistri seu gubernatores hospitalis pauperum S. Juliani, per joculatores seu histriones Parisiis electi, assistentibus sibi multis ex joculatoribus & histrionibus predictis, nobis exponere curaverunt.* I. 649. b. Dans un titre françois joint à celui d'où ce qui précede est tiré, les gens de la mesme profession s'appellent *menestriers & jongleurs*.

JOCALE, Joyau. *Domina Blanca regina legavit fratribus B. M. de Carmelo unum jocale five gaudeolium aureum pretiosum.* I. 127. a. *Omnes & singuli capellani teneantur tradere thesaurario inventarium de omnibus ornamentis, calicibus, jocalibus, & aliis bonis*, I. 147. a. *Volumus quòd dicta capella thesaurarius custodiam chartarum, privilegiorum, ornamentorum, reliquiarum, vestimentorum, utensilium & jocalium aureorum & argenteorum quorumcumque, per inventarium recipiat.* I. 193. a.

JUBILÆUM, Licence de Sorbonne. *Quod attinet ad Sorbonicam responsionem, volumus ut baccalaurei qui in primo jubilæo responderint de tentativa , iidem in primo anno ; & qui in secundo jubilæo, iidem in secundo anno, de actu Sorbonico suo ordine respondeant.* I. 185. b.

JUMENTA, fem. gen. Une jument. *De omnibus bobus & vaccis pascentibus in insula nostra Sequanæ, pro quolibet bove five vacca duodecim denarios ; de jumenta fæta sex denariis in mense Maio, annis singulis nobis solvere tenebuntur.* I. 207. b.

JUSTITIARE, Exercer la justice. *Ac etiam poterimus pro emendis nostris vel pro debitis nostris, & pro forefacto nobis vel servientibus nostro illato dictos hospites justitiare.* I. 27. b. *Non poterimus justitiare prædictum majorem, nec ejus servientem, nisi propter delictum perpetratum cum cultello vel ense.* I. 28. a.

L

LARDUM, Du lard. *Tempore opportuno fiant munitiones victualium, scilicet vinorum, lignorum, falis, piforum, fabarum, verjuti, lardi &c.* III. 695. a.

LATINARE, Parler Latin. *Graduati frequenter latinent.* III. 669. b.

LAUDUM, Sentence arbitrale. On peut tirer ce mot de *claudere*, fermer ; en supposant qu'on auroit supprimé le c. comme l'usage de nos peres l'a supprimé dans *Clovis* & *Clotaire*, dont on a fait *Louis* & *Lothaire* ; comme les Espagnols l'ont supprimé dans quelques mots Latins qui commencent par cl. comme *clamare*, dont ils ont fait *llamar* ; ou enfin comme quelques cantons de France où le c. devant l' l. perd sa prononciation, & où l'on dit une *blé*, une *bloche*, au-lieu d'une *clef* & d'une *cloche*. Dans ce sens la sentence arbitrale auroit pris le nom de *Laudum*, au-lieu de *Claudum*, pour marquer qu'elle met fin à la contestation, & qu'elle la ferme. On a pû aussi tirer ce mot du verbe *laudare*, louer, approuver, trouver bon ; parceque le jugement de l'arbitre est plutost une espece de conseil utile aux deux parties contendantes, qu'une decision irrefragable. *In venerabilem fratrem nostrum Prænestinensem episcopum, tanquam in arbitrum arbitratorem & amicabilem compositorem, altè & bassè, fub pœna mille marcarum argenti, compromittere, ac ipsius ordinationi, definitioni, laudo , arbitrio & arbitratui totaliter se submittere curaverunt.* I. 235. b. *Nos itaque recepto a partibus ejusmodi compromisso, dicimus, statuimus, laudamus, providemus & arbitramur quòd &c.* I. 237. a. *Nihilominus hac ordinatione nostrâ & laudo nostro salvo in omnibus permanente.* Ibid. *In cujus rei testimonium præsens instrumentum per Lambertum notarium nostrum, hujusmodi ordinationis, laudi & arbitrii nostri pronuntiationi præsentem scribi & publicari mandavimus.* I. 238. a.

LECTURA, Lecture, acte de professer, publication. *Lectiones, evangelia, & epistolas ab illis qui per tabulam in capella legere tenebuntur, antequam legant audiam, auscultabo, corrigam, emendabo : ut in lectura, accentu & pronuntiatione non interveniat defectus.* I. 151. b. *Ubi autem erit aliquis de ordine ipso in Parisiensi studio assignatus, qui sit vita laudabilis, aliasque idoneus & discretus, & ad baccalaureatum aut ad magisterium dispositus ; abbas Cisterciensis mandet abbati proprio quod talem non revocet, sed eum permittat lecturam continuare.* I. 166. a. *Discretioni vestræ per apostolica scripta mandamus, quatenus si prior & fratres lectiorem bibliæ Parisius habeant , sicut habent religiosi alii mendicantes, præsentatos ad lecturam sententiarum de ordine Carmelitarum, ad hujusmodi lecturam sententiarum, sine requisitione cujuscumque moræ Parisius, vel cursus seu lecturæ bibliæ admittatis, sicut præsentati aliorum ordinum admitti consueverunt.* I. 222. a. *Omnes & singulos tractatus & obligationes exinde secutas de quibus lectura, publicatio , & approbatio facta fuit in nobilissimâ parlamenti curiâ, sponte & liberè ratificamus &c.* I. 585. b.

LEGERE, Professer dans les écoles. *Gregorius episcopus servus servorum Dei, fratribus Cisterciensis ordinis requisiti, & legendo ordinariè in theologia, cum licentiati fueritis ; non obstante quòd estis monachi, illâ quâ fratres Minores & prædicatores utuntur, omnimoda utamini libertate.* I. 161. a.

LEGIBILIS DIES, Jour de classe. *Compellimus omnes, præsertim de dormitorio & cursores, ad frequentandam fructiferam poëtarum seu retoricorum lectionem ; quam diebus non legibilibus, maximè festivis in collegio deesse nolumus.* I. 174. b. *Unusquisque capellans sit hebdomadarius vice suâ, & hebdomada durante celebrabit die Dominico alta voce cum nota , de tempore ; die Lunæ, alta voce de mortuis ; diebus verò Martis, Mercurii, Jovis & Veneris, submissâ voce, de tempore ; nisi dies solemnis & non legibilis extiterit : ubi tantum de festo , altâ voce celebrare tenebitur.* I. 383. b. *Magister seu principalis collegii, omni die Sabbati legibili, horâ quâ voluerit artistas de suis lectionibus examinet.* III. 608. a.

LEIGIUM, Espece de droit. *Henricus D. G. Francorum rex dedi etiam S. Martino in territorio Meldensi villam nomine Anethum cum omnibus redditibus atque redhibitionibus, terræ, silvæ, vinearum atque pratorum : De redditibus quidem pastionis ; vieriæ, silvæ, atque leigii, omnem decimam.* I. 49. a. *Ludovicus Francorum rex &c. confirmavimus ecclesiæ B. Martini, de dono patris nostri Anetum villam cum omni-*

GLOSSAIRE

bus redditibus terra, tam in silvis, quàm in vineis & pratis & pascuis, & aqua & potu. Omnem vero decimam pastionis, leigii, & vieriæ. I. 53. b.

LEUCA, Lieuë. *In omni alia terra prædictæ ecclesiæ, si prædicta ecclesia aliam habet terram sitam Parisiis ad dimidiam leucam, habebimus nos & successores nostri in perpetuum totam justitiam.* I. 29. b.

LIBERATIO, Livrée; distribution de pain, de vin, & autres necessitez. *Super liberatione verò quam Mathæus quondam capellanus capellæ nostræ veteris, nobis, sive reginâ vel prole regiâ præsentibus, in palatio nostro percipere consueverat; ita duximus ordinandum; quòd idem Mathæus, qui est unus de principalibus capellanis, percipiet liberationem, quamdiu vixerit in officio capellaniæ prædictæ.* I. 121. b. *Dicti quinque novi canonici, antiquis, in perceptionem omnium proventuum, excepta duntaxat liberatione panis, grani & frumenti, pro qua ipsis recompensationem aliam fecimus, fiant participes & æquales.* I. 128. a.

LIBRARIA, La bibliotheque. *Nulli scholares, nisi duntaxat baccalaurei, determinatores, & confessores, librariæ claves habeant.* I. 177. a. *Habebunt scholares unam arcam communem & fortem, quæ erit in eorum libraria vel in capella.* I. 503. a.

LIBRATA, Une livre de rente. *Guillelmus Barberius, dictus ad Pedem-ferreum acquisivit à Petro Coquillario per excambium decem libratas & quindecim solidatas incrementi censûs annui redditus.* I. 270. a. *Donamus & in perpetuum concedimus ipsi monasterio quingentas libras annui redditûs percipiendas in cofris nostris, donec eas in assisa terra alibi duxerimus assignandas; computatis in dictis quingentis libratis terra, centum & decem libratis, quinque solidatis, & novem denariatis terra annui redditûs quas dictæ moniales ex dono patris nostri jam possident in parochia de Gastinis.* I. 292. a.

LINTEARIUS, Le linger. *Et ut quilibet reparandis linteaminibus & vestimentis, tam propriis, quàm de communi, sit solicitus; semper erunt in linteariâ vel sutoris manibus acicula, filum, & frusta pannorum antiquorum atque linteaminum, de quibus unicuique secundùm necessitatem dividetur.* III. 730. b.

LITIGABILIS DIES, Jour où l'on peut plaider. *Concedimus ut pro querelis suis quibuscumque deducendis in judicio quas habent vel habere contigerit in casteleto, absque defectu, habeant audientiam quolibet die litigabili in septimana.* I. 259. a.

LIVRARE; Livrer. *Audiat etiam computa cujuslibet præpositi, die Veneris post prandium, etiam de nemore quod livraverit per septimanam, & aliis provisionibus, ut verjati, lardi, pisorum, fabarum &c.* III. 698. b.

LOCAGIUM, Loüage. *Ipsi sunt in saisina: quòd si inveniant hominem vel feminam vendentes candelas Parisius super chauceiam nostram, qui non teneat dictum ministerium à dicto Imberto, vel in locagio ab aliquo dictorum magistrorum, capiendi ipsas candelas.* II. 626. a. *Dabitur una domus annui locagii; valoris circiter sexdecim francorum, ad proprietatem perpetuam.* III. 720. b.

LOCOTITIA, Le costé de Paris, vers S. Germain dez-Prez. *Childebertus rex &c. cœpi construere templum in urbe Parisiaca, propè muros civitatis, in terra qua aspicit ad fiscum Isciacensem, in loco qui appellatur locotitiæ, in honore S. Vincentii martyris.* I. 15. b.

LOCUTORIUM, Parloir. *Domium seu hospitium situm Parisiis propè portam quam porta Inferni vulgariter nuncupatur, in censiva locutorii, Gallicè le parloit burgensium dictæ villæ Parisiensis.* I. 279. a.

LOGIA, Une loge. *Duo vel tres ex burgensibus Paris.*

prima die Maii convenient præpositum S. Dionysii in loco in quo indictum solet convenire, & eidem debent denunciare quòd ipsi volunt capere plateas suas, & signare logias suas ad opus indicti. I. 95. b. *In qua platea fuit erecta quædam logia canonicis S. Opportunæ.* II. 513. a.

LOGICALIA, La philosophie de l'escole. *Præcipimus quòd scholares libros audibiles audiant ordinatè, utpote dispositi ad logicam audiendam, qua est modus sciendi, & omnium artium & scientiarum principia viam habens. Primò summulas in domo, deinde veterem logicam, & posteà novam logicam in domo vel extra audiant; ut sic imbuti in logica competenter, libros naturales & philosophiæ audire & facilius intelligere possint. Cujusmodi logicalium & librorum naturalium, philosophiæque auditionem eisdem concedimus, in favorem sacræ scripturæ, ut videlicet efficacius & facilius capiant & intelligant librum sententiarum, in quo profunda mysteria totius sacræ paginæ continentur.* I. 281. a. *Statuimus quòd in dicta domo sit & esse debeat collegium viginti pauperum clericorum secularium, in logicalibus vel naturalibus duntaxat, & non in aliis facultatibus ibidem studere volentium.* III. 638. a.

LONGERIÆ, Nappes longues. *Statuimus quòd in collegio sint duæ archæ communes in capellâ, seu in loco securiori collegii, & in unâ reponantur sub inventario mappæ, longeriæ, & cætera linteamina; in aliâ vero litteræ, papyri & inventaria rerum pertinentium ipsi collegio.* III. 696. a.

M

MAGISTERIUM. Doctorat.

MAHAINIUM, Blessure; mehaing, en vieux style. *Nisi contingeret quòd percussus membrum amitteret, seu vitam vel etiam mahainium incurreret seu membri mutilationem; super quibus juramenta trium medicorum credentur.* I. 27. a.

MAINBURDIA, Garde. *Cum Robertus de Monsterolio, pater Colini de Monsterolio ætatis VI. annorum, in sua gardiâ & mainburdia existentis, proponeret quòd esset in saisina percipiendi VII. libras Paris. censûs, &c.* II. 525. b.

MAJOR, Maire. *Valterius Paganus dedit ecclesiæ S. Martini ecclesiam quæ sita est in monte Martyrum. Factum est hoc publicè, videntibus cunctis qui aderant, quorum hæc sunt nomina, Petrus & Valomilites ipsius Pagani, Arnulfus major rei illius &c.* I. 60. a.

MALA, Malle ou valise. *Quidam latro furatus fuerat suprà magnum pontem quamdam manticam seu malam cujusdam scutiferi domini Philippi domini regis primogeniti.* II. 520. b.

MANENTES, Manans. *Ut prædictus vir sapientissimus Babolenus suique monachi sæpe fatum castellionem cum jam dicta Varenna quam fluvius Materna circumdat, una cum manentibus illis qui ibi appendunt, cum pratis ac pascuis &c. usque ad ultimam hujus seculi horam teneant & perpetualiter possideant.* I. 21. a.

MANERIUM, Manoir, maison. *Cum nos haberemus quoddam manerium sive pourprisum situm extra muros Parisienses ultra portam montis Martyrum in terra nostra.* I. 205. a. *Maneria quæcumque, domos, terras, possessiones & redditus quos habemus in diversis regni Franciæ partibus, piâ devotione donasti.* I. 372. b. *In domo sua sive manerio quod Parisius in monte S. Genovefæ obtinebat.* I. 441. a.

MANSUS, Maison accompagnée d'une certaine quantité de terres labourables. *Theudulphus episcopus, de suo indominicato, ad luminaria, unum mansum in villa Cella positum præbuit.* I. 12. b. *Cedimus nos fiscum proprietatis nostræ qui vocatur Isciachæ, una*

GLOSSAIRE.

cum omnibus quæ ibi sunt aspecta, cum mansis, commanentis, agris, territoriis, vineis &c. I. 15. b. *Etiam mansa tria quæ tenuit Riculfus in beneficio, in potestate Madreia.* I. 40. a. *Septem manfos & dimidium qui sunt in comitatu Parisiaco.* I. 57. b.

MANSIVILLUS & MANSIONILLUS, diminutif ou synonyme de Mansus. *In pago Gastinensi mansinvillos tres cum terra & molendino & cæteris eorum appendiciis.* I. 61. b. *In pago Gastinensi mansionillos tres cum terra & molendino & cæteris eorum appenditiis.* I. 62. b.

MANSIO, Maison. *Quæ ruella in directum protenditur usque ad murum mansionis vel manerii potentissimi viri comitis Flandriæ.* I. 205. b.

MANSIONARIUS, Demeurant, habitué dans un lieu. *Johannes S. Leufredi sacerdos, & omnis in posterum sacerdotum ejusdem ecclesiæ successio, capellanum unum in domo sua mansionarium habebit; qui capellanus, de bonis sacerdotis sustentatus, singulis diebus missam decantabit.* I. 114. a. *Cum præpositus Parisiensis cepisset de bonis hospitum & mansionariorum Villæ-novæ Templi &c.* II. 516. b.

MANSIONATICUS, Logement preparé pour le roy ou pour les princes & seigneurs de fief; droit exigé des sujets. *Nullus judex publicus, nec episcopus, neque qualibet judiciariæ potestatis persona, infra prædictam terram, ad causas audiendas, vel injusta freda tollenda, aut mansionaticos vel paratas faciendas, aut fidejussores tollendos, ullo unquam tempore ingredi audeat.* I. 20. b.

MANSUS FUERIT, Pour, Manserit. *Statuimus quòd quicumque per mensem continuum mansus fuerit extra domum; ab emolumentis bursarum per unum mensem, primâ vice, supprimatur.* I. 441. b.

MANTELLUM, Manteau. *Nullus deferat mantellum per villam, vel alias vestes irreligiosas & inhonestas.* I. 396. b.

MANUS-MORTUA, Main-morte. C'estoit une des conditions de l'estat de servitude. *Eos omnes manumittimus, nihil nobis retinentes in ipsis do illo genere servitutis quod manus-mortua vulgariter appellatur.* I. 14. b. *Nos, pro ducentis libris, de quibus nobis est satisfactum, hominibus nostris de burgo S. Germani manum-mortuam, foris-maritagium, & omnimodam servitutem, in perpetuum remittimus.* I. 207. a.

MANUTENENTIA & MANUTENTIO, Entretien. *Nullus extraneus in collegio cameram habeat, nisi priùs pro manutenentia cameræ & collegii quadraginta solidos cellerario persolverit.* I. 179. a. *Sequuntur articuli visi utiles & necessarii ad stabiliorem manutenentiam collegii Montis-acuti.* III. 716. *In majorem fructum & commoditatem ecclesiæ Dei & manutentionem dicti collegii.* III. 719. a.

MANUTENERE, Maintenir, conserver. *Ipsi baillivus & vicecomites, dictos canonicos in suis justis possessionibus manutenant ac defendant.* I. 130. b. *Per arrestum curiæ dictum fuerat quòd dicti actores in solidum manu-tenerentur in possessione bursarum d'mus.* III. 673. b.

MARESCALLUS, Mareschal. *Confessus est idem Alexander Nacart posse se & debere ad petitionem canonicorum, eorum procuratoris, seu latoris præsentium, per dictos marescallum & præpositum & alios quoscumque dominos & justitiarios ad solutionem compelli.* I. 113. b.

MARISCI, Marais. *In quibus hæc propriis duximus exprimenda vocabulis. Ecclesiam SS. Innocentium & aquosam terram quam mariscos vocant juxta Parisius consistentem &c.* I. 33. a. *Secus eamdem civitatem aquosa quædam terra est, quam mariscos vocant, in usum communis pascuæ constituta & S. Opportunæ propria.* I. 134. b.

MARMITONES, Marmitons. *Nec tenebuntur bursarii pauperes, sicut & famuli sive marmitones, solvere quidquam, nisi velint, prædictis regentibus, exceptis scamnis & telis; nec pro candelis, nec pro didactro sive inditio, quod vacant, sive honorario Minervali.* III. 801. a.

MASERIA, Masure, maison. *Prior & conventus S. Lazari, concessimus filiabus Dei totam terram quam emerunt à Guillelmo Barbette, & insuper quamdam petiam terræ sitam juxta maseriam quam liberè possidebamus.* I. 116. b.

MASURÆ, Masures, maisons. *A prædicto cuneo fratrum Minorum usque ad cuneum murorum ecclesiæ SS. Cosmæ & Dæmiani, & ab eodem cuneo usque ad portam Gibardi, in omnibus locis, plateis, masuris, domibus & vicis, habebant dicti religiosi omnimodam justitiam.* I. 193. a.

MATRICULARIUS, Marguillier. *Capicerius ponet matricularium sufficientem in dicta ecclesia, qui in ecclesia singulis horis residebit & singulis noctibus jacebit; & eidem matriculario ministrabit præpositus dictæ ecclesiæ qualibet hebdomadâ usque ad summam duorum solidorum de redditibus communitatis.* I. 48 a. *Matricularios verò & fossorem decanus & ejus successores instituent. Citationes verò & mandata suorum superiorum presbyter parochialis per ipsos matriculatios, vel per alios quos viderit expedire, exequetur.* I. 98. b. *Volumus quòd clerici matricularii sacræ capellæ, in tempore delationis capparum nigrarum, suis cappis in choro utantur; exceptis festis annualibus, quibus dicti matricularii dictis cappis non utantur, nisi voluerint, præsertim cùm in iisdem summum matriculatùs officium omnes insimul exercere teneantur.* I. 138. a.

MATTÆ, Matelas, ou nattes. *Omnibus præterea de mattis & omnibus ad quietem necessariis provideat communitas.* III. 730. b.

MAXIMATES, Les grands. *Civitas ipsa Francorum regum & regni Franciæ procerum beneficiis adeò excrevit, ut regum eorumdem ac procerum, & maximatum, nec non prælatorum dicti regni quasi communis habitatio habeatur.* I. 600. a.

MAZURA, Masure, maison sans terre adjacente. *Pro qualibet Mazura in magno censu nostro sita, tres solidos censuales; & si in duas aut plures qualibet mazura dividatur, quilibet partem cujusl.bet mazuræ possidens, tres solidos censuales solvere; si verò ad unum possidentem qualibet mazura redierit, non nisi tres solidos censuales tantummodo solvere tenebitur.* I. 207. b. *Porta regis per quam itur ad S. Marcellum est in terra S. Genovefæ, & ibi solebat esse quædam mazura, per quam facta fuit dicta porta, & muri regis.* II. 513. a.

MEDIETARIA, Merairie à cause que le laboureur & le proprietaire partageoient les fruits par moitié. *Bursarii domino episcopo ement & tradent unam medietariam seu hereditatem in feodo de Tholevio, seu alio, indemnisatam, in episcopatu Cenomanensi.* I. 585. b. *Tholevium*, c'est Touvoie, chasteau épiscopal dans le Maine.

MEDITARIUS, Metayer. *Magister solus, vel cum procuratore, visitet terram de Boudainville, firmas molendinorum, fabricarum meditariam & redituum, ac etiam nemora.* III. 698. a.

MEHAIGNIUM, Plaie, blessure. *Alii mehaignia diversa & membrorum amissiones, alii suspendium, & alii bannitiones incurrisse noscuntur.* III. 245. a.

MELIORATIO, Reparation. *Promiserunt ponere in melioratione dictæ domûs XL. lib. parisi. infra sex annos proximè tunc futuros.* II. 528. a.

MELLEIA, Meslée, batterie. *Habebunt etiam omnem justitiam subtus sanguinem, super verbis commeliosis, alapis sive buffis; melleis sine sanguine, ictibus orbis &c.* I. 28. a. *Si verò contingat quòd*

GLOSSAIRE.

major S. *Mederici aliquem capiat, & captus se recutiat, & ob hanc causam melleia oriatur &c.* I. 29. a.

MELLIATORES, Quefelleurs. *Caveant omnes & singuli ne sint lusores taxillorum, fures & latrones, hominum verberatores, violatores seu fractores ostiorum, vel errabundi de nocte, brigosi, rixosi, vel melliatores.* I. 503. a.

MEMENTO, Partie de la messe où l'on fait memoire des fidelles recommandez aux prieres du prestre officiant. *In suo memento missa habeat specialem memoriam dicti fundatoris.* III. 697. a.

MENESTRERIUS, Menestrier, joueur d'instrumens. *Jamuchius* menestrerius *seu lusor nacariarum.* II. 525. a. on expliquera ailleurs ce que c'est que *nacariæ.*

MERAGUTTA, Mere-goute ; le premier vin qui sort du pressoir, avant la restrainte ; & different en cela du vin de pressurage, inferieur en bonté. *Cuvas suas & vindemias omnium vinearum suarum, ad pressorium nostrum de Gibert anno tenentur adducere, & pro quolibet modio vini unum sextarium de meragutta vini pro decima, & tertiam partem totius pressuragii.* I. 207. b.

MERAMENTA, Mairains. *Salvis scholaribus nostris seculi ribus omnibus meramentis & lignis integraliter domûs existentis in capite aulæ, in qua debet fieri processu temporis magna capella.* I. 392. a.

MERELLI, Maireaux. *Merelli canonicis, capellanis, & clericis distribuendi in choro dicta capella distribuentur; nec exsolvatur aliquid eisdem, nisi ad rationem & ad modum dictorum merellorum.* I. 145. a. *Fecerunt merellos cereos, quos volebant tradere dictis pauperibus mulieribus cereos vendentibus, & habere pro quolibet duos solidos ; antiquitùs habebant cedulas, & pro qualibet unum sterlingum solum solvere tenebantur.* II. 526. a.

MERIDIEI HORA, L'heure canoniale de sexte. *Cantatâ primâ absque pausa, debet incipi commendatio mortuorum, & deinde tertia, magna missa, & deinde hora meridiei.* I. 154. b.

MERRENUM, Merrain. *Liceat illis deferri facere omnes lapides talliatos & non talliatos, omnes tumbas, moncellam unam sive tassam de mortier qui in ejusdem domûs magno jardino consistit, nec non totum merrenum quod extra fabricam est.* I. 219. a.

MISLEIA, Batterie.

METALLATUS, Doré. *Item scyphi tres argentei, non metallati, ponderis sex marcharum & dimidiâ, ad marcham Turonensem; duo bachini immetallati, ponderis quinque marcharum & decem & octo sterlingorum.* I. 394. b.

METERE, Mettre, poser. *Ad componendum coram praedictis commissariis, ad metendas seu dividendas ponendas & praefigendas metas, divisiones, seu fines dicti hospitalis.* I. 332. b.

MINISTERIA, Mestiers. *Ad Imbertum veterem pertinet dominium viginti sex ministeriorum ceræ de Parisiis.* II. 525. b. *Ad nostram pervenit notitiam quòd quamplures extranearum nationum, ministeriorum, & diversorum statuum artem chirurgicam exercent &c.* III. 245.

MINUTUS, Qui a esté saigné. *Nullus in camera comedat, nisi forte minutus, aut infirmus.* I. 375. b. *Distributiones tamen matutinorum non percipiet, nisi qui matutinis praesens erit, vel qui infimus fuerit, vel minutus.* I. 120. b. *Distributiones matutinorum non percipiet, nisi qui matutinis praesens erit, vel qui praesens in villa infirmus fuerit, vel minutus, primâ & secundâ die minutionis.* I. 123. a.

MISERABILIA LOCA, Lieux de pieté, dits en vieux style, lieux pitoiables. *Praefati beatissimi Ludovici proavi nostri sanctam intentionem quam ad domum Dei praedictam & alia pia & miserabilia loca semper habuit, attendentes.* I. 250. b.

MISIAE, MISSAE, MISSIONES, Mises, dépenses. *Promisit etiam se pacificè soluturum dictis emptoribus quintum denarium, cum misiis & omnibus rectis costamentis.* I. 209. a. *De gestis, receptis, & misiis per eum factis plenariam rationem reddet.* I. 388. b. *Attamen cum magnæ misiæ, ut puta excedentes summam quatuor librarum pro domo fuerint faciendæ, ad hoc adjungi & vocari volumus unum vel duos de sociis domûs magis industriosos.* I. 413. b. *De omnibus misiis & receptis illius anni per ipsum computabitur.* I. 443. b. *Quas tamen misias & expensas, pro quacumque causa sint necessariæ, non habebit facere sine consensu magistri & majoris partis collegii.* III. 684. b. *Procurator domûs tenebitur semel in anno computare de receptis & missiis per eum factis.* I. 503. b. *Quolibet anno de missis & receptis computabunt.* I. 504. b. *De receptis & missionibus per me in præsenti officio gestis & administratis bonum compotum bis in anno fideliter vobis reddam.* I. 158. a.

MISTRALIS, Espece d'office claustral. *Congregatis capitulariter reverendo in Christo patre D. Pontio abbate, Joanne de Valevangio priore claustrali, Guillelmo de Romanis subpriore, Petro Veteri sacristâ, Humberto de Balma camerario, Andreâ Baudeti infirmario et correrio, Jacobo Piscatoris brasserio, Petro Johannis* mistrali, *Johanne Gomardi curato S. Johannis &c.* I. 485. b.

MODERNUS, Celui qui est actuellement. *Damus etiam baillivo Casomensi, ejusdemque loci & Bajocensis vicecomitibus* modernis, *& qui pro tempore fuerint, in mandatis &c.* I. 130. a.

MODIUS, Muid ; mesure connuë, tant pour les liqueurs, que pour les grains. *Pro quolibet modio vini, unum sextarium de mera gutta vini pro decimâ persolvent.* I. 207. b. *Quinque modios bladi nostri de Gonessia, ad mensuram & modium Parisiensem.* I. 228. b.

MODULI, Moules de bois, ou voies de bois. *Percipiant ipsi magister, fratres, & sorores, quolibet anno, centum quadrigatas lignorum, qualibet quadrigatâ modulos quatuor continente.* I. 251. b.

MOLARES SUMMÆ, Gros livres de Theologie. *De etiam ipsis totum corpus theologiæ, videlicet biblias simplices, item libros omnes glossatos cum postillis & lecturis sufficientibus, & quibusdam summis molaribus, cum sermonibus diversarum contemplationum.* I. 286. b.

MONCELLUM, Monceau, butte. Moncellum S. Gervasii. I. 94. a.

MONIMENTA, Titres & actes. *Præcipimus quòd in certo loco securo ordinetur arca fortis quæ tres habeat claves, in qua chartæ, litteræ, depositæ & cætera monimenta chariora reponantur & reserventur.* I. 444. b.

MONOPOLIUM, Conspiration. *Non facietis ad partem conspirationem aut monopolium contra bursarios aut non bursarios, nec patiemini facere.* I. 288. a.

MORAM ACCIPERE, Prendre logis. *Si aliqui foranei scholares boni & honesti vellent accipere moram in collegio nostro & facere expensas suas ; volumus quòd tales vos admittere.* I. 511. b.

MORTUARIUM, Droit payé au curé pour les enterremens. *Guillelmus archipresbyter S. Severini quitavit Cartusiensibus omne jus parochiale quod taliter duximus declarandum ; videlicet quòd licebit priori & fratribus ecclesiam & capellas construere, in quibus poterunt divina officia solemniter celebrare. Item cimiterium habebunt ad opus fratrum suorum, nec non illorum omnium qui apud eos elegerint sepulturam, salvo jure parochiali archipresbyteri praedicti, scilicet mortuario, si defunctus sit parochianus archipresbyteri antedicti.* I. 219. a.

MOVERE

GLOSSAIRE.

Movere de feodo, Relever d'un fief ; estre dans la mouvance d'un seigneur. *Nos autem, cum præmissa de feodo nostro moveant, volumus & concedimus & confirmamus, salvo jure alieno.* I. 86. a.

Multrarii, Meurtriers. *Quamplures multrarii, latrones, monetarum falsatores &c.* III. 245. a.

Multrum, Meurtre. *Habebunt dicti canonici tenauras & alia bona immobilia omnium illorum qui forefecerint, multrum vel raptum, sive homicidium, vel aliud crimen quodcumque commiserint.* I. 28. b. *Retineo ibi omnes justitias ad baroniam pertinentes, videlicet multri, rapti, occisionis & furti, & etiam omnem justitiam sanguinis. Volo tamen quòd dictæ moniales habeant simplicem melleam in fratribus & servientibus suis, sine sanguinis effusione.* I. 86. a. *Præpositus Parisiensis ceperat in terra S. Maglorii quemdam hominem propter suspicionem multri, dicens quòd ad dominum regem hujusmodi justitia pertinebat.* II. 525. a.

Munimenta, Titres & actes. *Pro eorum securitate volumus quòd ipsi omnia munimenta antiqua & litteras quas habent à nostris prædecessoribus confectas superfundationibus antedictis penès se conservent.* I. 130. a. *Visis partium litteris & munimentis.* III. 706. b.

Munitiones, Provisions de ménage. *Ad faciendas tempore accepto munitiones & provisiones pro anno, eligant duos fratres.* I. 284. b. *Munitiones & garnitiones.* III. 698. a. b.

Murtrum, Meurtre. *Non intelligimus quòd capitulum habeat duellum, raptum, murtrum, sanguinem, nec vicariam.* I. 78. a.

Musæolum, Cabinet pour estudier. *Bursarii habebunt cubicula & musæola, quæ designabuntur ab eis qui hæc statuta promulgabunt. Reliqua verò cubicula locabuntur personis regularibus, maximè hujus nostri monasterii.* I. 401. a.

N

Nacariæ, Tymbales. *Janucchius lusor seu menestrerius nacariarum.* II. 525. a. Les auteurs sont partagez sur la signification du terme de *nacaires* ; mais la chose paroist decidée en faveur des tymbales, par ce passage de Pietro de la Valle, to. I. de ses relations, p. 245. *Tamburi à cavallo, che noi in Italiano chiamamo nacchere*.

Navis, Nef d'église. *Inhibemus omnibus de dicto choro & collegio existentibus, ne ulterius, dum divina in præfato choro celebrabuntur, per navem incedere aut girare præsumant.* I. 137. b.

Nichil, Pour nihil, se trouve très-souvent. *Si aliquis de dictis scholaribus sit beneficiatus in beneficio ecclesiastico valoris viginti librarum Turonensium, nichil accipiet pro bursa.* I. 302. b.

Nocturnare, Passer la nuit. *Si quis, propriâ stultitiâ, vel per alium inductus, nocturnet extra domum, expellatur ab eadem domo.* I. 511. a.

Novitas, Nouvel avenement. *Tenebuntur autem majores dictæ ecclesiæ, tam major clericus, quàm laicus, jurare in novitate sua, in præsentia præpositi Parisiensis &c.* I. 28. b. *Consimile sacramentum tenebuntur facere præpositi Parisienses in novitate sua.* I. 29. a. *Recipiendi, in novitate sua, jurent &c.* III. 641. b.

O

Offerenda, Offrande. *Si regina affuerit, suus capellanus tertiam partem offerendæ habebit ; & cùm regina sine nobis missam audierit, capellanus suus unam medietatem de offerenda habebit.* I. 119. b.

Officialis, Official, juge ecclesiastique. *Si excessus sit enormis, significetur domino episcopo Parisiensi, vel ejus vicario generali, vel ejus officiali, qui delinquentem puniet.* I. 501. a.

Officiare capellam, Desservir une chapelle. *Fundator prædictus voluit quòd si quis de dictis scholaribus sacerdos existens dictam capellam officiare voluerit, pro horis atque missis ordinatis ibidem per fundatorem prædictum, ultra bursam suam, pro labore suo circa celebrationem & officium hujusmodi impendendo, sex libras Parisi. annuatim reciperet.* I. 414. a.

Omfacium, Verjus. *Similiter ematur omfacium seu verjutium.* I. 413. a.

Operata mappa, Nappe ouvrée. *Quilibet de novo receptus, infra mensem à sua receptione, solvat collegio duas mappas novas bonæ telæ & sufficientis longitudinis, quamlibet quatuor ulnarum, & competentis latitudinis, quarum una ad minus sit operata, & pro qualibet duas longerias ejusdem longitudinis & operis.* III. 692. a.

Opponere, Argumenter à une these publique. *In disputationibus faciendis, tempore vestro respondebitis, & opponetis in ordine vestro.* I. 288. a.

Oratores, Ambassadeurs. *Cùm per oratores, ambassiatores, procuratores & legatos ab illustrissima domina Christianissimi Francorum regis matre ad potentissimum & serenissimum Angliæ regem transmissos, fuerit tractatus pacis factus &c.* I. 583. a.

Oratorium, Petite chapelle, où il n'y a qu'un autel. *Ego Ludovicus D. G. Francorum rex, in honorem B. Mariæ, Parisiis, in domo nostra oratorium quoddam construximus, in cujus dedicatione, pro victualibus sacerdotis in capella eadem servientis assignavimus annualem redditum.* I. 119. b.

Orbi ictus, Coups & meurtrissures, sans effusion de sang. *Habebunt etiam canonici justitiam de melleis sine sanguine, nec non de ictibus orbis, sive de quibuscumque ictibus sine sanguine, ex quibus non esset verisimile, nec etiam contingeret quòd percussus membrum amitteret seu vitam : seu etiam mehainium incurreret, seu membri mutilationem.* I. 27. a.

Ordinamentum, Ordonnance. *Pronunciatum est hujusmodi nostrum arbitrium, laudum, ordinamentum, & quidquid superius continetur.* I. 238. a.

Originalia, Des titres originaux. *Item de originalia plura, & multa alia scripta, quorum omnia nomina in quadam littera sigillo meo sigillata continentur.* I. 286. b. *Placet etiam nobis transcripto, sen vidimus præsentium litterarum sub sigillo castelleti facto, collationato & sigillato, tanquam originali, fidem plenariam adhiberi.* I. 475. a.

Organa, Instrumens, voix. On se sert souvent de cette expression, *organæ*, pour marquer la voix de celui qui porte la parole pour un corps. Par exemple on dit : *l'université parlant par l'organe du recteur, représenta &c.* Le pape Pie II. employe aussi la mesme expression pour marquer les leçons publiques & les predications, lorsqu'il se plaint que l'université, pour des causes legeres, interdit les unes & les autres ; ce qu'il appelle *organa sua suspendere.* III. 707. a. b.

Oubleiæ, Oublies, droit seigneurial. *Terra empta de denariis nostris apud Soupes in Gastinesio à nobili muliere Isabelli domina de Blanchefouace, in hebergamento, hortis, censibus, oubleiis, pratis, lanis, molendinis, nemoribus &c.* I. 130. b.

P

Paillardi, Paillards. *Nullus deferet caligas rebraissatas ad genua, ad modum paillardorum.* I. 153. b.

Palma, Le jeu de paume. *Inhibendo sub pænis carceris aut excommunicationis, ne quis in villa vel in suburbiis ad palmam seu ad ludum pilæ, cum habitu*

Tom. II.   x

GLOSSAIRE.

vel sine habitu religionis ludere præsumat. I. 175. a. *Casus reservati sunt, si quis extra collegium ad palmam luserit* &c. I. 184. b. *Caveant omnino à ludo taxillorum, alearum, & palmæ.* I. 397. a. *Item statuimus quòd nullus vacet ludo taxillorum, aut aliis ludis inhonestis seu prohibitis, nec etiam ludis permissis, ut palmæ & aliis, maximè in locis communibus.* III. 698. b.

PALMARIUS LUDUS, Le jeu de la paume. *Quia multa querela vicinorum ad aures nostras devenerunt de insolentiis, exclamationibus & ludis palmariis scholarium, qui ludunt scophis seu pilis durissimis, ac ferulis, reticulis, & aliis indecentibus instrumentis, horisque & diebus indebitis ; ordinamus quòd nulli ludant ad ludum palmarium, maximè in magna area, nisi pilis seu scophis mollibus, & manu, absque clamoribus.* I. 419. b.

PANERIUM, Panier. *Episcopus Parisiensis habet pretium suum ad panerium piscis vel ad summam.* II. 515. b.

PANETARIUS, Boulanger. *Panetarii dictæ villæ Parisiorum, in ministerio suo faciendi panes quamplurimum excedebant.* II. 519. b.

PANAGIUM, Panage, droit de paisson pour les porcs. *Panagium porcorum quod ipsa habebunt in defensis meis & alibi.* I. 86. a.

PANUNCELLUS, Penonceau, estandart, armes dépeintes sur une maison, pour tenir lieu de sauvegarde. *Et in signum hujusmodi nostra salva-gardia, panuncellos seu baculos nostros regios in suis ecclesiis, domibus, locis & possessionibus, apponant seu apponi faciant & affigi.* I. 474. a.

PARATÆ, Gistes, altes. La langue Espagnole se sert du verbe *Parar*, pour marquer, s'arrester. Dans les lieux où nos roys s'arrestoient dans leurs voiages, ils y estoient logez aux frais des sujets, & l'on appelloit ce droit de giste *Parata*, comme qui diroit arrest, dans le sens de l'Espagnol. *Nullus ad causas exigendas, vel paratas faciendas, vel fidejussores tollendos, ibi ingredi audeat.* I. 40. a. 20. b.

PARENTES, Les parens. *Bona mobilia canonicorum decedentium, si quos intestatos mori contigerit, in tres partes dividantur; quarum una pro juribus ipsius capellæ defendendis custodia committatur; alia parentibus aut consanguineis seu proximioribus dicti defuncti eroganda ; tertia inter canonicos &c. dividatur.* I. 191. a.

PARIFICARE, Rendre égaux. *Præfati prior & fratres nobis humiliter supplicaverunt, ut ipsos prædictis aliis ordinibus mendicantibus parificare de benignitate apostolica dignaremur.* I. 222. b.

PARISIUS, Adverbe; à Paris. Cette expression se trouve par tout ; il est inutile d'en rapporter des exemples.

PARLAMENTUM, Le parlement. Ce terme revient si souvent, qu'il n'est pas necessaire de rapporter là-dessus aucune citation.

PAROCHIALIS PRESBYTER ou PAROCIANUS, Curé. *Presbytero tamen parochiali sive curato ecclesiæ S. Salvatoris, ad faciendum divinum servitium, dicti decanus & capitulum luminare competens debent perpetuò ministrare.* I. 111. a. *Alexander Nacardi presbyter parochianus sive curatus ecclesiæ S. Salvatoris.* I. 109. b.

PASCUA COMMUNIS, Pâturage abandonné au public. *Secus civitatem aquosa quædam terra est, quam mariscos vocant, in usum communis pascuæ constituta.* I. 34. a.

PASSAGIUM ULTRA MARE, Le voiage d'outre-mer. *Ad nostrum prælatum est auditum multos fore Parisius cruce signatos, optantes votum ultrà-mare passagii per eos emissum militer adimplere; & ut dicti passagii incrementum procuretur sollicitius, confratriam habere desiderant inter ipsos.* I. 402. a.

PASSARE PROCURATIONEM, Donner procuration par acte passé devant notaire ou autre personne publique. *Ne sæpius opporteat passare procurationem ; fiat procuratorium in quo magister & cæteri de collegio se invicem singulariter, & alios extraneos ad hoc idoneos, in diversis curiis & regionibus procuratores constituant.* III. 698. a.

PASTILLARIUS, Pastissier. *Abusum accipiendi convivium in domibus pistoris, carnificis, pastillarii ; sub gravissima pœna inhibemus.* I. 176. a.

PASTUS, Repas. *Præter honestum moderatoris actus pastum, qui in ipsis ædibus ei ministrabitur, novem dumtaxat libræ turon. in tentativa, & totidem in aulica, à respondente erogentur.* I. 186. b.

PATINI, Patins. *Nullus ambulet per gradus vel cameras domûs cum calepodiis, id est cum patinis, sub pœna unius pintæ vini pro qualibet transgressione.* I. 502. a.

PECIA, Une piece. *Præfati abbas & conventus nobis duas illas pecias terræ assignarunt.* I. 116. a. *Nos religiosis viris priori & conventui ordinis B. Mariæ de Monte Carmeli quamdam peciam terræ sitam ad foliam Morelli admortificavimus.* I. 216. a. *Contenti sint de dimidia pecia carnis & copina vini pro quolibet.* I. 396. b.

PECUNIARIA MISSA, Messe non fondée, mais qui est payée sur l'heure. *Quas missas ordinarias, & etiam pecuniarias seu lucrativas, si contigerit, sine diminutione ordinariarum prædictarum ordinamus celebrari per illum de sacerdotibus qui ultimò suam hebdomadam perfecerit.* I. 383. b.

PEDAGIUM, Peage. *Viginti etiam solidos in pedagio Bongearum, de eleemosyna Alberti militis cognati Willelmi de Garlanda, quos concessit prædictus Willelmus de prædicto pedagio.* I. 54. a. *Concessimus domui Dei Parisiensi nè de blado, vino, & aliis quibuscumque rebus suis per propria pedagia nostra, tam per terram, quàm per aquam piscando, quitta sit in perpetuum & immunis.* I. 250. a.

PELLIPARIUS, Tanneur de cuirs, courroieur, ou megissier. *Lite mota coram præposito Parisiensi, inter Nicolaum Galensem ex parte una, & Guillelmum Chartain ac Johannem de Monte pelliparios Parisienses ex altera &c.* II. 523. b.

PENSIO ANNUA Pension. *Dicti prior & successores sui ad annuam solutionem dictæ pensionis minimè tenebuntur.* I. 229. a.

PENSIONARIUS, Pensionaire. *Et si contingeret aliquem de dictis prioribus & decanis non mittere annis singulis pensionatios & scholares, ut tenentur &c.* I. 283. b.

PERGAMENUM, Parchemin. *Ista statuta erunt quadruplicia, in pergameno & in bona littera scripta, & erit una copia penès dominum episcopum Parisiensem &c.* I. 503. b.

PERPETUATIO, Conservation & entretien d'une chose dans le mesme estat.

PERSONATUS, Cure ; dignité ecclesiastique. *Unus per capitulum Belvacensis, & alter per capitulum Ambianensis ecclesiæ, si reperiatur idoneus, eligatur qui electi in hujusmodi ecclesiis personatum, seu saltem prebendam obtineant.* I. 301. b. *Quæcumque, quotcumque, & qualiacumque, sine cura & cum cura, ecclesiastica beneficia, etiamsi canonicatus & prebendæ, dignitates & personatus, administrationes vel officia, recipero poterunt.* I. 603. b. *Sub sententia privationis canonicatuum & prebendarum, dignitatum, personatuum, officiorum, & aliorum ecclesiasticorum beneficiorum.* III. 707. b.

PERSICUM, Espece d'estoffe, ou de couleur. *Supertunicale, ad uxorem, de persico, pretio LVII. solid. Paris.* II. 527. a.

GLOSSAIRE.

PILARIA, Des piliers. *Priore & conventu S. Martini de Campis claudentibus muro domum suam, volentibusque murum facere ad lineam pilariorum inhærentium antiquo muro suo.* II. 521. b.

PINTA, Une pinte. *Verbis Latinis, & non aliis, sub pœna solutionis unius pintæ vini qualibet vice assistentibus illico distribuendæ, loquantur.* I. 173. b. *In exitu prandii* pinta *vini pro omnibus, & in cœna totidem, post gratiarum actiones.* I. 396. b. *Procuret quisque sibi de lecto furnito, una pinta, quatuor scutellis magnis & quatuor parvis de stanno &c.* I. 443. a. *Latinum ad invicem loquantur, & contrarium faciens, solvat pro qualibet vice pretium unius pintæ vini.* I. 501. a. *Et cum hoc qualibet pinta vini extra ordinarium recepti vendatur uno denario plusquam constet.* III. 665. b. *Pinta potus, in qua erunt tres tertiæ vini, & quarta lympha.* III. 731. a. *Tenebitur quilibet, in fine caudæ vel poinsonis, solvere quod apparebit per dicam suam habuisse, cum parte detrimenti communis sexdecim pintarum pro qualibet cauda.* III. 695. b.

PITANCIA, Pitance ; companatic ; ce qui se donne outre le pain. *Damus provisori liberam potestatem compellendi scholares per pœnam privationis aut pitantiæ, nec non disciplina regularis, ad proficiendum in moribus & scientiis.* I. 174. a. *Caveant omnes & singuli quòd portionem suam de pane vel pitantia extra domum non deferant.* I. 501. b. *Cuilibet fratrum viginti septem solidos Parisis. pro pitancia ejus diei donamus.* I. 126. b. *Quidquid autem ultra portionem in vino, pane, aut pitantia scholaribus datum fuerit, illico ab eis in pecunia prompta solvatur.* I. 178. b. *Quatuor magni bursarii habebunt per diem duas cartas vini.* Pitantia *illorum emetur, diebus quibus comedunt carnes, octo solidis ; reliquis diebus emetur quatuor solidis.* I. 400. b.

PITANCIARIUS, Pitancier, office claustral. *Guillelmus de Filcavillar pitancerius S. Antonii.* I. 485. b. *Frater Georgius pitanciarius & procurator conventûs S. Maglorii.* II. 517. b.

PIXIS, Tronc, ou armoire. *Volumus quòd in pixide communi, in qua reponuntur oblationes communes, sint duæ claves de cætero.* I. 99. a.

PLACITA, Plaids ; ainsi appellez, à cause que le resultat de l'assemblée où les affaires estoient examinées, s'exprimoit par le terme de *placuit* ; il a plû. *Dicet in consistorio ubi tenentur, sive tenebuntur placita dictorum canonicorum &c.* I. 99. a.

PLANCHIA, Planche. *Terram quæ est in Vanneria, vel ad planchias de Mibray.* I. 25. a.

PLASTERARIA ou PLASTRERIA, Plastriere. *Quæ quidem domus faciunt cuneum vici, qui quidem cuneus est ab altera parte plasterariæ.* I. 26. a. *Vicus qui dicitur Maversæ, in quo est plasteraria quædam.* I. 206. a.

PLATEA, Place à boutique. *Duo vel tres ex burgensibus Parisi. prima die Maii convenient præpositum S. Dionysii in loco in quo indicitum solet convenire, & ipsi denunciabunt quòd ipsi volunt capere plateas suas & signare logias suas ad opus indicii.* I. 95. b.

PLATELLI, Les plats. *Nullus audeat mensas, scamna ; platellos ; scutellos, patellas ; scyphos ; præsertim argenteos, vel alia utensilia communia pro privatis utilitatibus extra loca communia per horam retinere vel extra domum deferre.* III. 670. b.

PLEBISCITARE, Plaider. *Plebiscitare seu judicialiter agere.* III. 737. b.

POENALIS HEBDOMADA, La semaine sainte. *In die magni festi B. Ludovici, pulsatur media nocte aut in aurora, ad matutinas, & ab illo die usque ad feriam quartam pœnalis hebdomadæ, modo simili semper fuit hactenus observatum.* I. 153. b.

POINSO, Poinçon, ou queuë de vin. *Tenebitur quilibet, in fine caudæ vel poinsonis, solvere quod apparebit per dicam suam habuisse.* III. 695. a.

POINTORMINUM, Il paroist que c'est un diminutif de *poinso*. *Dederat dicto Johanni & uxori ejus expensas suas comedendo & bibendo in domo sua per spatium novem septimanarum, quæ bene ascendere usque ad X. libras Parisi. & plures alias res ; videlicet octo sextaria hordei, septem sextaria avenæ, unam cuicitram cum coissino de pluma, unum supertunicale de persico ; unam caudam vini albi pretio LX. solid. unum pointorminum de viridisneto pretio VII. solid. &c.* II. 537. a.

POLANÆ, Souliez pointus, qu'on appelloit *Poulaines*, à cause que la mode en estoit venuë de Pologne. Ils se terminoient en corne, d'une façon ridicule. *Cavendum est quòd nullus in sotularibus suis habeat aut deferat* polanas *sive rostrum ; quia talia hominibus ecclesiasticis, qui sunt exemplar cæterorum, non pertinent, nec sunt honesta.* I. 153. b.

PONCELLUS, Ponceau ; petit pont. *Abbas & conventus S. Genovefæ habent altam & bassam justitiam in diversis locis ; videlicet à prima porta abbatiæ S. Victoris usque ad molendinum de Coupeel, & usque ad* poncellum *quem burgenses Parisienses fecerunt fieri ad manum sinistram usque ad Sequanam &c.* II. 516. a.

PONTIFICALIA, Ornemens pontificaux. *Genitor noster ab apostolica sede obtinuit quòd thesaurarius S. Capellæ, dictis festis solemnibus, in pontificalibus celebret, populo benedictionem tribuat, mitraque & omnibus insigniis pontificalibus, demto pastorali baculo, gaudeat & utatur.* I. 140. a.

PORETÆ ; Poirées. *Annui census super quamdam domum sitam in vico Poretarum.* I. 48. a.

PORPRISIUM, Pourpris ; tout ce qui est contenu dans l'enclos d'une maison. *Asserit quòd ipse habebat quamdam domum sitam Parisiis ultrà parvum pontem, contiguam domui quæ fuit Petri Sarraceni, cum porpriso & pertinentiis ejusdem domûs.* I. 210. a. *Decanus & capitulum S. Germani concesserant congregationi cæcorum habere & perpetuò possidere in quadam platea porprisii dictæ domûs cæcorum quemdam cimiterium.* I. 271. b. *Locus dictarum pauperum mulierum de novo conversarum erit immunis ab omni jure parochiali S. Laurentii infra porprisium suum, quod extendi poterit usque ad tredecim arpennos terræ.* III. 602. b.

PORTARIA, L'office de portier. *Quæ omnia ut facilius evitari possint, præcipimus in prima porta habere unum continuum portarium, expensis solitis portariæ.* I. 183. a.

PORTARIUS, Portier. *Igitur* portarius*, consiergius ; giardinarius, & duo speculatores &c. tibi, tanquam capiti membra, sentiantur se subesse.* I. 134. b.

PORTATA, Revenus effectifs. *Si quis habuerit beneficium vel patrimonium, quod, vel ambo simul, possint eidem valere in portatis summam triginta librarum Parisi. non recipiatur ultrà ad bursas collegii.* III. 683. a.

PORTIONISTÆ, Boursiers prenans pension. *Et erunt ; tam primarius, quam procurator, & bursarii portionistæ, viventes communiter in aula.* I. 587. b. *Ministro & procuratori, pro suis laboribus, ultra victum suum & vestitum, si in theologico cursu procedere voluerint ; ab ipsa communitate, ex lucris & mercede divitum portionistarum & cameristarum necessaria pro suis actibus theologicis ministrabuntur.* III. 717.

POSITIVA & regularis grammatica, 567. b.

POSTILLÆ, Commentaire. *Libros glossatos omnes, & quosdam duplicatos, cum postillis & lecturis sufficientibus.* I. 186. b.

POTAGIUM, Potage. *Congregationi pauperum ex-*

GLOSSAIRE.

corum, *ad opus potagii eorumdem, dedimus &c.* I. 271. a. *Attento quòd dominus in testamento suo aliquam mentionem fecit de potagiis, & quòd vix de duobus solidis possent proficere: ordinamus quòd si viderint scholares redditus suos ad hoc posse sufficere, quòd habeat quâlibet septimanâ tres solidos paris. pro omnibus &c.* III. 625. b. *De potagio quotidie habeant sufficienter.* III. 667. b.

Poterna, Poterne, petite porte. *Item quemdam vicum qui est juxta muros regis, qui vocatur cul-de-sac, & comportat se à prædictis muris, eundo ad portam Nicolai Hidelon, inclusum ab una parte usque ad poternam prædictam & quamdam domum quæ est in eadem parte, contiguam prædictæ poternæ.* I. 25. b. *Poterna S. Pauli.* III. 686. b.

Poti, Les pots. *In festo Purificationis quolibet anno, volumus quòd quilibet solvat quinque solidos pro ruinis domûs reparandis, sicut sunt culcitræ, poti, mappæ, tabulæ, & cætera communia.* III. 628. b.

Pourprisium, Le mesme que Porprisium. *Dominum ipsam cum toto pourpriso & omnibus ædificiis ejusdem, bonisque mobilibus &c. vendidimus.* I. 164. a. *Cùm nos habeamus quoddam manerium sive pourprisium situm extrà muros Parisienses &c.* I. 205. a.

Practica, Pratique; style de procedure. *Nullus scholarium sequatur & frequentet curias ecclesiasticas sive laicales, nisi sit baccalaureus in decretis, qui poterit sequi & addiscere practicam curiæ ecclesiasticæ.* I. 504. a.

Practicare, Suivre le barreau ; plaider. *Nullus scholarium sequatur curias, per se ipsum practicando.* I. 504. a. *Pro ecclesia & divino cultu, palatia & diversas judicum, & practicantium curias & domos frequentare, in iisque vagari, in magnum ecclesiasticæ disciplinæ scandalum, cernuntur.* I. 143. a.

Practicatus, Pratiqué, exercé. *Nec pro occasione quacumque intermittantur reparationes artium, quæ bene practicatæ equivalent aut prævalent lectionibus ordinariis.* I. 181. b. Reparationes artium se prend ici pour, repetitions de philosophie. Nous verrons encore plus bas l'application de ce mesme terme.

Præbendæ, Prebendes canoniales. Il est inutile de rapporter des exemples où ce mot est employé ; ils ne sont que trop frequens.

Præceptoria, Commanderie. *Infra monasterium S. Antonii Viennensis congregato generali capitulo &c. considerantes quòd domus & præceptoria Parisiensis nova est plantatio, & quòd adhuc satis debilibus abundat fructibus : præfatam domum & præceptoriam S. Antonii Parisiensis, præceptoriæ & bailliviæ Flandriæ univimus.* I. 486. a. b.

Præsentialiter, Presentement. *Canonicis conventualibus dicti monasterii & conventui in eodem præsentialiter facientibus & præsentantibus.* I. 485. b.

Pratellum, Preau ; petit pré. *Concessi Deo locum illum quo incarceratus dicitur beatus Dionysius, qui dicitur capella sanctæ Catharinæ, & ædificium quod in eodem loco situm est, scilicet à pratello exteriore usque ad stratam anteriorem quæ inter locum ipsum & ecclesiam S. Dionysii in carcere ducit.* I. 86. b.

Precaria, Commission, dépendance, condition de relever d'un seigneur. *Cantor Parisiensis ecclesiæ S. Stephani, ex dono capituli, in precariam tenebat.* I. 42. b. *Cantor verò Parisiensis, ex dono nostro, precariam B. Stephani tenet.* I. 43. b.

Pressoragium, Pressurage, droit. *Cuvas suas & vindemias debent ad pressorium nostrum adducere, & debent tertiam partem totius pressoragii.* I. 207. b.

Pressorium, Pressoir. *Item cuvas suas & vindemias omnium vinearum quæ tenentur ad censum à nobis, in vindemiis, ad ecclesiam nostram vel pressorium nostrum de Gibert quolibet anno tenentur adducere.* I. 207. b.

Principium, These publique. *Distributiones quovis modo non recipiam, nisi horis interfuerim, nisi infirmus vel minutus, aut missâ novâ alicujus amici mei, in nuptiis, funeralibus, aut principio seu proposito necessario alicujus amicorum meorum interfuero.* I. 151. a. *Præsidenti, in disputationibus & principiis, sicut consuetum est, duos solidos Parisienses solvent.* I. 171. b.

Procurari, Estre regalé. *Cùm visitator & alii ad hoc deputati se retrahere possent ab auditione computorum, nisi saltem hujus visitationis suæ tempore, de bonis collegii procurarentur, cùm nemo teneatur suis stipendiis militare: statuimus quòd procurator collegii pro expensis dictorum visitatorum, lx. solidos poterit expendere.* I. 516. b.

Procuratio, Repas, ou droits exigez pour le repas. *Nullam propter visitationem hujusmodi, à collegio & personis prædictis, procurationem sive subventionem aut exactionem qualemcumque penitus recepturus.* I. 194. a. *Canonicis S. Stephani injunximus ut procurationem nostram infra certum tempus nobis pararent, quia ibi proponebamus visitationis officium exercere.* I. 296. a.

Procuratorium, Lettres de procuration. *Procuratores seu iconomi dictorum confratrum peregrinorum, procuratorio nomine, ac pro ipsis, prout in quodam instrumento publico inde confecto plenius continetur, videlicet procuratorio, unico eorum sigillo munito, cujus procuratorii tenor inferius describitur.* I. 330. a.

Proficua, Les revenus & émolumens. *Mediante summâ xxiv. solid. Paris. redditus, quos dictus consiliarius suique hæredes tenebuntur solvere annuatim in recepta proficuorum & reddituum villæ Parisiensis.* III. 686. b.

Propositum, These publique. Voiez cy-dessus Principium.

Provincia, Province ecclesiastique, contenant tous les évesches qui relevent d'une metropole. *Nostræ intentionis est quòd magistri & scholares undecumque de regno Franciæ oriundi ad beneficia dictæ domûs admittentur : illos tamen de Turonensi provincia, de qua originem traximus, & præsertim de Macloviensi diocesi, in qua regenerationis sumpsimus sacramentum, præferendo.* I. 377. a.

Provisiones, Provisions de ménage. *Si fiant provisiones de pecuniis communibus collegii, restituentur quâlibet septimanâ per quemlibet bursarium.* III. 682. b.

Psalleta, Psallette; lieu où sont instruits & élevez les enfans de chœur. *Samsoni Olivier clerico diocesis Andegavensis, nuper puero symphoniaco, alias psalletæ ecclesiæ Turonensis, in musicis experto.* I. 423. a. *Duæ illæ bursæ dabuntur pueris seu clericis qui fuerint infantes ecclesiæ Cenomanensis, quos pueros de psalleta vocant.* I. 589. b.

Psalmodiare, Chanter, comme on dit, in directum: psalmodier. *Cantor & ejus successores, quæ statuum & honestatem chori respiciunt, debitæ increpationis officium, psallendique, psalmodiandi, & legendi seriosè & distinctè ministerium studeant exercere.* I. 132. b. *Præcipimus quod omnes psalmodiantes in eadem ecclesia, psalmodient tractuatim, facientes pausam in medio versiculi, & quòd altera pars chori non incipiat versiculum, donec versiculus alterius partis non sit finitus.* I. 339. a.

Puer, Simple clerc, qui n'est pas encore sou-diacre. *Signum Giberti episcopi. Signum Bernerii decani. Signum Stephani archidiaconi. Signum Landonis sacerdotis. Signum Frederici diaconi. Signum Hugonis subdiaconi. Signum Anselli pueri. Signum Andreæ pueri. Signum Manassæ pueri.* I. 59. a. *Signum Guinuranni diaconi. Sign. Alberti subdiaconi. Sign. Henrici pueri. Sign. Manasses pueri.* I. 59. b.

PULMEN-

GLOSSAIRE.

PULMENTUM, Ce qui se mange avec le pain. *Sed de pulmentis, id est, his quæ cum pane in cibum convertimus, satis erit exhibitio butyri portiunculæ, vel equipollentiæ in coctis pomis aut prunis, aut similibus, in principio mensæ. Deinde offa ex leguminibus, absque ulla carnis pinguedine; postea dimidium halecis, aut ovum unum. Tertiò portiuncula casei vel fructuum omnibus dabitur.* Il s'agit là du college de Montaigu, où l'abstinence des Chartreux étoit établie. III. 731. b.

PULVARATICUM, On pretend que c'estoit autrefois un droit payé aux arpenteurs & geometres. Depuis on a appliqué ce terme indifferemment à plusieurs droits levez sur les sujets par les roys ou par les seigneurs. *Nec ad causas audiendas, nec freda exigenda, nec ullum teloneum de omnibus causis exactando, nec rotaticum, nec foraticum, nec pulvaraticum pendere nec exigere nec facere ulterius præsumatis.* III. 596. a.

Q

QUADRIGATA, Charetée. *Volumus quòd habeant dicti magistri, fratres & sorores, centum quadrigatas lignorum, qualibet quadrigatâ modulos quatuor continente, in foresta nostra Cuisiæ.* I. 252. b.

QUARRUCA, Charruë. *Dedit etiam secundam decimam, prout primam decimationem, de domestica quarruca sua de Vallis, sive in manu sua sit, sive ad firmam vel censum eundem aliquis de manu sua receperit.* I. 93. b. On voit par-là que le terme de charruë signifie plutost la terre labourée d'une charruë, que l'instrument mesme dont elle est labourée.

QUARTA, Quarte, espece de mesure de vin. *Contrarium faciens puniatur in æstimatione unius quartæ vini mediocris, quod inter socios compotabitur.* I. 501. a.

QUESTÆ, Questes. *Præceptor dictæ præceptoriæ Flandriæ tenebitur de fructibus, redditibus, questis, emolumentis & aliis bonis ipsius præceptoriæ & bailliviæ Flandriæ domum & ecclesiam Parisiensem ædificiis extollere &c.* I. 486. b.

QUÆSTOR, Pourvoieur. *Sufficientes pecunias ad quotidiana religiosorum & communitatis necessaria comparand fratri quæstori, seu exteriorum provisori tradimus; quarum, sicut & expensarum rationem idem exteriorum provisor singulis trimestribus rationem candidè reddet, ut se sic bonum & fidelem dispensatorem patefaciat.* I. 212. b.

QUINDENA, Quinzaine. *Quia fabricando fabri sumus, redditque & facit usus ad quælibet promptiorem, ordinantes statuimus quòd post Pascha, de quindena in quindenam fratres & studentes in Gallico prædicent.* I. 281. b.

QUITTANCIA, Quittance. *De omnibus compotum reddet; quittancias mercatorum exhibendo, ut appareat de solutione expensarum.* I. 178. a. *Dabitur quittancia de summa septingentorum francorum, quam debet magistro qui nunc est, collegium, quæ in reparatione ruinarum collegii ultra taxam annuè pro reparationibus debitam utiliter exposita est.* III. 720. b.

QUITTARE, Tenir quitte. *Prædictus verò presbyter remisit prædictis Johanni & Petronillæ, & etiam quittavit eosdem de triginta libris Paris. quas pater dicti Johannis tenebatur ponere in meliorationem domûs prædictæ.* I. 45. b. *Dictum jardinum seu plateam B. Stephani canonicis remisimus & quittavimus in futurum, & adhuc remittimus & quittamus.* I. 46. a.

QUITTATIO, abandonnement. *Promittens, fide datâ, quòd contra dictam quittationem jure aliquo non veniet in futurum.* I. 45. b. *Promittentes unanimi consensu, quòd contra quittationem & remissionem hujusmodi nullatenus veniemus.* I. 46. a.

QUITTATORIÆ LITTERÆ, Lettres d'acquit ou quittances. *Damus ipsi collegio plenariam potestatem agendi, deffendendi, quittandi, & litteras quittatorias dandi de iis quæ ipsi recipient &c.* I. 496. a.

QUTTUS, Quitte. *Ipsi sunt & erunt quitti & liberi à gueto.* I. 27. b. *In perpetuum remanebit quittus & penitus absolutus super rationibus & compotis reddendis.* I. 320. b.

R

RASURA, Tonsure. *De rasuris. Sciendum est quòd universi & singuli de collegio ipsius sacræ capellæ debent esse rasi in barbis & tonsurâ &c.* I. 153. a.

REAPPORTARE, Rapporter, mettre par écrit les leçons qu'on a entenduës; & les cahiers ainsi dressez s'appelloient REAPPORTATA. On a remarqué dans le corps de l'Histoire qu'anciennement les professeurs de l'université ne faisoient leurs leçons que par cœur, & les escoliers ne faisoient qu'écouter. Dans la suite, les plus studieux se mirent à écrire, & enfin on permit aux professeurs de dicter des écrits. On lit quelque part dans le corps de ces preuves, dont on a oublié de coter la citation: *Audiet lectiones doctorum, aut saltem reapportet; aut bona procuret reapportata.*

REDRASSATUS, Retroussé. *Nullus deferat caligas rebrassatas ad genua, ad modum paillardorum.* I. 153. b.

RECEPTIO, La recepte. *Quæ omnia concedimus ipsi percipienda in domo Templi Paris. ex receptionibus reddituum regni nostri, per manum thesaurarii ipsius Templi, vel illorum qui pro tempore recipient seu receptiones facient pro nobis & successoribus nostris.* I. 231. b.

RECIPICE, Recepissé; billet signé, par lequel on reconnoist avoir reçû quelque chose. *Similiter de vino, in fine cujuslibet vasis, computabit cum famulo & cum sociis, & à quolibet sociorum recipice, quòd exposuerit plus quàm solverit, vel reddet etiam si debeat.* III. 698. b.

RECOLARE, Recoler, examiner de nouveau. *Ad majorem certitudinem veritatis habendam, appreciationem sic factam, per alias personas in talibus expertas, cum discussione debita examinari, recenseri, & recolari fecimus diligenter.* III. 661. b.

RECREDENTIA, Recreance, maintenuë de possession, pendant la litispendance. *Petebant denarios, lite præsenti durante, receptos, ad plenum sibi tradi, ac ipsâ lite pendente, de præmissis recredentiam sibi fieri.* I. 70. b. *Nolumus autem quòd ipsi gardiatores de recredentia facienda & iis quæ causâ cognitionem exigunt, se aliquatenus intromittant.* I. 474. b. *Auditis hinc inde propositis, & visis eorum chartis præceptum fuit fieri recredentiam dictis præceptori & fratribus pro hospitibus & mansionariis suis, de bonis eorum hac occasione captis.* II. 516. b.

RECTIFICARE, Approuver. *Alias donationes per me factas hactenus, hac meâ ordinatione præsenti, quam pro ultima voluntate esse volo, rectifico, & approbo, & confirmo.* I. 393. a.

RECURSUS, Recours. *Si aliqua utensilia communia, aut bona collegii perdantur, omnes præsentes restituent collegio; sed forsan habere poterunt recursum ad famulum communem, saltem de utensilibus de quibus custodiendis suo periculo recepit; & famulus cum auxilio & consilio aliorum de collegio, habebit recursum ad illum qui perdiderit.* III. 681. a.

RECUTERE, Recourre, délivrer. *Si contingat quòd major S. Mederici, vel ipsius servientes jurati aliquem capiant in terrâ S. Mederici, vel ipsius bona, & captus se recutiat in viariâ vel extra viariam, vel bona sua, vel alias quicumque recutiat dicta bona, & ob hoc melleia oriatur: super hoc justitiare non poterimus dictum majorem nec ejus servientes, nisi mors vel membri mutilatio subsequeretur.* Recutien-

Tom. II. y

tem, *vel recutientes justitiabit capitulum prædictum.* I. 28. a.

REDDITUALIS, De rente. *Quò siquidem tria milla librarum turon. annualis redditûs promittimus solvi facere; & pro ipsis tribus millibus libris reddituralibus obligamus omnia bona nostra.* I. 232. a. *Super quibus reddituibus viginti libras redditales amortizatas ecclesia Parisiensi pro prædicto anniversario volumus assignari.* I. 376. b. *Quatuordecim libræ redditales prædictæ domûs de Vanvis obligatæ sunt in quadraginta libris annui reddidûs.* I. 393. b.

REDHIBENTIA, Redevance. *Tenendos & percipiendos ex nunc in posterum quittos & liberos ab omnibus servitiis, redhibentiis, & oneribus quibuscumque.* I. 129. b. *Retentis nobis & successoribus nostris in dictis locis omnimodâ justitiâ, necnon censu nostro, & omnibus aliis redhibentiis nostris.* I. 270. b.

REDHIBITIO. Le mesme que REDHIBENTIA. *Quæ omnia libera & quitta remaneant ab omni onere censuali, costuma, servitio, & redhibitione.* I. 86. a.

REFERRE SE, S'en rapporter à quelqu'un. *Sicut per fundationem prædictæ capellæ clariùs potest apparere; ad quam nos referimus.* I. 514. b.

REGENTIA, Regence, office de regenter. *Necessarias expensas fastum requirentes, ex fructibus regentiæ suæ percipientes.* III. 718. a.

REGISTRARE, Registrer. *Et quoties recipiet aut faciet venire aliquas pecunias, ponantur in archa thesauri, & registrentur in papyro de qua suprà sit mentio.* III. 698. a.

REGRATIARI, Remercier. *De his regratiatus fuit curiam Philippus Pavonis & plures alii cives Parisienses qui erant præsentes.* II. 515. b.

RELEVAMEN, Soulagement. *Statutum fuit & ordinatum, ad relevamen magistri & procuratoris, quòd deinceps in missis celebrandis coadjutores habebunt duos religiosos studentes.* I. 515. b.

RELEVAMENTA, Droit de relief deu aux mutations & acquests. *Faciat etiam sibi manu-tenere domos per eos qui inhabitant, adhibendo cautelas possibiles, scilicet obligationes, plegios, & cætera; inquirat de juribus ratione dominii pertinentibus super eos qui in terra tenent & tenebunt hæreditates, ut de ventis & relevamentis occasione transmutationis pertinentibus.* III. 698. b.

RELIGIO, Maison religieuse; ordre religieux. *Erit tamen semper in uniuscujuscumque liberatæ religionem ingredi & in ea profiteri; & in hoc se pater, quantùm poterit, præstabit favorabilem.* III. 738. b.

RELIQUARE, Reliquaire. *Donabitur reliquare valoris centum francorum vel eò circa; in quo sunt sacra beati Sperati & suorum sociorum Sillitanorum ossa, similiter S. Laurentii, B. Hieronymi, & plurium sanctorum venerabiliter reposita. Item reliquare dabitur valoris circiter francorum quinquaginta, in quo de verâ cruce Salvatoris Domini continetur.* III. 720. b.

REPARATIONES, Repetitions des leçons. Vient de l'Espagnol *Reparar*, qui signifie prendre garde. *Per aliquot ex theologis, ubi primùm post refectionem gratiarum actiones retulerint, brevissimè de auditis in die lectionibus vel quæstionibus disputatis, discussio fiet. Et ita tempus serotinum distribuetur; quòd inquisitio prædicta, quam reparationes vocant, ultra septimam cum semis non protrahatur.* III. 728. a.

REPORTATOR, Raporteur d'enqueste. REPORTARE, Rapporter. *Reportatum per Gervasium.* II. 525. a. *R. de Magnavilla reportavit ibid. J. de Borbonio reportavit. Ibid. b. Magister P. Casalis reportavit. Ibid. Magister Theobaldus de Nonancuria reportavit.* I. 526. b.

REQUESTA, Requeste. *Ordinamus quòd in domo prædicta majores sint duo in regimine domûs, scilicet principalis & procurator; qui principalis durabit in officio quamdiu erit in domo, nisi ex causâ, ad requestam sociorum, per archiepiscopum Turonensem sit amotus.* I. 410. b. *Si verò aliqui debitores ad hoc se opponant, ipsos opponentes adjouvnet ad instantiam & requestam prælibatorum religiosorum.* I. 474. b.

RESPECTUS, Repit; delai.

RESSAISITUS, Ressaisi; remis en possession. *Et si in casu novitatis, inter ipsos religiosos ac prædictos homines & aliquos alios, ratione bonorum quorumcumque monasterii oriatur oppositio vel debatum; de locis ablatis, si sint in rerum natura, alioquin de valore & æstimatione ipsorum primitus & ante omnia realiter & de facto restituitis, dictum debatum ad manum nostram ponant.* I. 474. a.

RESSORTUM, Ressort. *Nec nos, nec successores nostri in præmissis aliquid de cætero reclamare, ratione ressorti, poterimus.* I. 27. a. *Symon Bouel & Symon dictus Paren clerici, ad recipiendum pro nobis & nomine nostro finantias in præpositura Parisiensi & ejus ressorto deputati à nobis.* I. 161. b. *Nihil ibi penitùs, nisi superioritatem nostram, gardiam, & ressortum justitia pro nobis & nostris successoribus retinemus.* I. 218. a.

RESTA, Le reste. *Expressè mandamus ne de cætero restam quamcumque imbursationis, sine nostrâ aut capituli generalis expressâ licentia, dividere seu distribuere præsumant; sed omnia ad utilitatem communitatis convertantur.* I. 178. b. *Debere aliquid de resta.* III. 683. a. *De restis qua debebuntur, fiat memoria.* III. 699. a.

RETICULI, Raquettes. *Ludi palmarii scholarium; qui ludunt scophis seu pilis durissimis, ac ferulis, reticulis, & aliis indecentibus instrumentis.* I. 419. b.

RETRATUM, Retrait; cabinet. *Pecuniæ legatorum, locagium camerarum, &c. servientur in una camera, quæ, si fieri potest, habeat retractum duorum ostiorum vel duarum serarum.* III. 667. a.

RETROFEODA, Arrierefiefs. *Dederunt centum sexaginta libras pro emendis & acquirendis redditibus admortisandis ad opus ecclesiarum ipsarum, in feodis, retrofeodis, censivis vel allodiis domini nostri regis.* I. 331. b.

REVENUTUM, Le revenu. *Prout anteà dominus rex gavisus est de revenuto firmarum in albo mentionatarum.* I. 581. b. *Fuit ejusmodi emolumentum & revenutum sigilli traditum & transportatum præfatis magistro, capellano, & bursariis.* I. 587. a.

REVESTIARIUM, Sacristie. *Statuimus insuper quòd omnes in choro, dum divina ibi celebrabuntur, debitum suum faciendi negligentes, dormientes, aut inhonestè fabulantes, in claustro seu revestiario se tenentes, commodo hora priventur.* I. 137. a. *Et volumus aliquam scripturam de prædictis fieri, in aliqua tabella, & suspendi in aliquo loco eminenti in revestiario ecclesiæ prædictæ.* I. 341. a.

REVESTIO, Investiture. *Quapropter jubemus ut hanc prædictam terram, quam ei tali firmitate ex jure nostræ proprietatis in suum jus, ad opus Dei perficiendam, transponimus per nostram transignationem & revestionem, firmiter recipiat.* I. 20. b.

REUNIRE, Reünir. *Conciergeria nostra seu commentaria, per quoddam arrestum curiæ nostræ, domanio nostro junctæ seu reünita fuerat.* III. 703. b.

RIBALDI, Ribauds; débauchez. *Non intendimus providere perversis & dyscolis, & ribaldis, & lusoribus, vel prosecutoribus meretricum & tabernarum, sed bonis & veris scholaribus.* I. 287. a. *Nullus audeat armatos vel inermes sectari, fovere; sed meliori modo quo potent, evitare ribaldos, galatores, mimos, jaclatores &c.* III. 668. b.

RIOTÆ, Querelles. *Omnes & singuli abstineant inter*

GLOSSAIRE. lxxxvij

se ad invicem ab omnibus contentionibus, rixis, jurgiis, conviciis, riotis, & quibuscumque illicitis & inhonestis verbis. I. 504. b.

RIPARIA, ou RIPPERIA, Riviere, ou bord de la riviere. *Domus fratrum Carmelitarum sita Parisius supra ripariam Sequanæ.* I. 219. a. *Defunctus Mathaus de Londres, tempore quo vivebat, tenebat quamdam domum sitam Parisius super ripperia portus S. Landerici.* II. 528. a.

RIVA, Le rivage. *Fratres eremitæ Augustiniani in civitate Parisiensi, in riva suburbii (S. Germani.)* II. 47. b.

ROAGIUM, Rouage; droit exigé pour le dommage que les voitures causent sur les chemins publics. *Canonici habebunt in tota terra prædicta censūs, redditus, ventas, investituras, roagium, foragium sive chantelagium* &c. I. 27. a.

ROGILLA, Ce peut estre un essuie-main qui se met sur un rouleau attaché auprès du lieu où l'on se lave les mains avant le repas, dans les communautez. *Unam mappam cum rogilla, pro magna mensa aulæ, in introitu vestro solvetis domni.* I. 288. a.

RUELLA, Petite ruë. *Terram quæ est ante ruellam S. Boniti.* I. 25. a. *Item totum vicum Gauffridi l'Angevin, sicut se comportat ab utraque parte, cum quadam ruella sine capite, quæ vocatur Culdepet.* I. 25. b. *Concessimus comiti antedicto ruellam contiguam pourpriso.* I. 205. b. *Domum nostram sitam Parisius in vico S. Jacobi, prout se comportat ab eodem vico usque ad vicum S. Symphoriani, per exitum sive ruellam communem eidem domui nostræ ac Cenomanensis & Constantiensis episcoporum domibus.* I. 373. b. *Ruella quæ est in latere abbatiæ S. Victoris & tendit retro ad Sequanam ad manum sinistram.* II. 516. a.

RUINOSUS, Qui tombe en ruine. *Domum defuncti domini Guillelmi de Auxona, pro magna parte ruinosam, & multis reparationibus indigentem, tradidit Henricus de Salinis.* I. 432. b.

S

SABULI, Les sables. *Tria arpenta vineæ sita in sabulis prope ecclesiam B. Mariæ de Campis.* I. 47. a.

SACRAMENTUM, Serment. *Tenebuntur autem majores S. Medevici in novitate sua jurare, &c. Consimile sacramentum, vice versa, tenebuntur facere præpositi Parisienses in novitate sua.* I. 29. a.

SACRISTIA, Sacristie. *Domum ipsam cum toto pourpriso & omnibus ædificiis; bonisque mobilibus, sacristiam & ornamenta ecclesiæ; aliasque officinas communes vendidimus communitati & capitulo generali ordinis nostri Cisterciensis.* I. 164. a.

SAISINA, Possession. *Dictæ religiosæ personæ sunt in possessione & saisina instituendi & ponendi in cimiterio SS. Innocentium unum vel plures fossarios &c.* I. 69. b. *Ad tollendum & amovendum hujusmodi turbationes & impedimenta dictis decano & capitulo in præmissis eorum possessionibus & saisinis apposita, &c.* I. 106. b. *Cuilibet, tenore præsentium committimus & mandamus, quatenus prædictos religiosos ab inquietationibus quibuscumque tueamur, & in suis possessionibus, franchisiis, libertatibus, juribus & saisinis manuteneant & conservent.* I. 474. a.

SAISITUS, Qui est en possession. *Locatione, sive firma hujusmodi finita, nos prædictos fructus, proventus, obventiones, & jura prædicta auctoritate propria, ut eorumdem & de ipsis in anna verè & continuè saisiti & possessores, levare, percipere & recipere poterimus per nos & deputandos à nobis.* I. 110. a.

SALARIZARE, Donner salaire. *Poterit thesaurarius instituere tres apparitores, de proventibus dictæ sacræ capellæ salarizandos.* I. 147. a.

SALLIÆ DOMORUM, Saillies des maisons sur ruë.

Salvo & retento Johanni dicto Sarrazin *civi Parisiensi & Stephano filio uxoris suæ, u'usfructu quem dicunt se habere ex collatione inclytæ recordationis genitoris nostri Ludovici Francorum regis, in viaria & justitia viariæ, & in salliis domorum quæ fiunt in vicis sitis infra metas superius nominatas; quarum salliarum faciendarum, cum viaria & justitia viariæ, post decessum ipsorum, ad prædictos religiosos possessio revertetur.* I. 293. b.

SALUS SEROTINA, La priere du soir. *Similiter, si saluti serotinæ deesset, nocturnis matutinis, vel horæ tertiæ, publicis disputationibus quæ semel in hebdomada fiunt, aut communi refectioni, simili mulctaretur pœna.* III. 734. a.

SANCTUARIA, Reliques. *Dicta capella tantorum feliciter locupletata sanctuariorum præsentia, non sine prærogativa speciali in terris revereri meretur.* I. 127. b.

SANGUIS, Famille. *De familia aut de sanguine alicujus canonicorum.* I. 157. a. *Si de sanguine suo, veluti soror, mater, avia, vel consanguinea extiterit, &c.* I. 159. a.

SARTARE SYLVAM, Défricher une forest. *Dedi & concessi viginti buverios terræ ad virgam Nigellæ, & nonnus quod super ipsam terram est, in loco qui vulgò* Batiz *appellatur; ita etiam quod poterunt eam sartare, si voluerint.* II. 183. b.

SAUCIÆ, Saussayes, lieux plantez de saules. *Clausus etiam vineæ juxta saucias situs, quem dedit bonæ memoriæ Hugo filius Roberti regis.* I. 40. a.

SCABINI, Eschevins. On a fait voir dans la dissertation qui a été mise à la teste de l'Histoire de la ville de Paris, quelle difference il faut faire des *scabini* mentionnez sous les premieres races de nos rois, & des *eschevins*, plus connus sous la derniere comme officiers municipaux du corps de ville. *Præpositus mercatorum, & scabini villæ Parisiensis.* I. 581. b. *Nos præpositus & scabini, in domo nostra communi congregati, politicum & commune corpus dictæ civitatis repræsentantes.* I. 583. b.

SCAMBIATORES, Changeurs.

SCHOLARITAS, Privilege de scholarité. *Nullatenus procurabunt super iis secum quomodolibet dispensari; nec dispensatione quacumque, ipsis etiam ignorantibus obtenta, nec etiam privilegio in favorem studii aut scholaritatis, aut aliter concesso aut concedenda utentur.* I. 190. b.

SCOPHÆ, Balles pour jouer à la paume. *Querelæ vicinorum ad aures nostras devenerunt de insolentiis, exclamationibus & ludis palmariis scholarium, qui ludunt scophis seu pilis durissimis, ac ferulis, reticulis, & aliis indecentibus instrumentis. Ideo ordinamus quòd non ludant ad ludum palmarium; nisi pilis seu scophis mollibus, & manu.* I. 419. b.

SCUTATUM, Un escu de rente. *Dentur ei singulis annis pro manutentione quinquaginta scutata de redditibus beneficiorum ad collegium pertinentibus.* III. 799. *Pensio annua quinquaginta* scutatorum. III. 800. b. De mesme que de *libra*, *solidus*, *denarius* on a fait *librata*, *solidata*, *denariata*, pour marquer une rente de mesme nature; de mesme on a fait *scutatum* de *scutum* pour le mesme sujet.

SECANA, La Seine. Le nom de cette riviere se trouve quelquefois écrit de cette sorte; comme I. 63: a; & cela s'est pratiqué du tems qu'on prononçoit encore *qua* comme *ca*, & qu'au lieu de *quanquam*, par exemple, on disoit *cancam*. C'est d'où vient que de *quare* on a fait *car*, &c.

SECRETARIUS, Sacristain. *Gualbertus etiam vicecomes dedit B. Nicasio decem solidos denariorum, quos in feodo de næuium reddidit apud Mellentum à comite Mellenti tenebat, singulis annis à præposito Mellenti secretario B. Nicasii persolvendos.* I. 93. b.

SEDALIS ECCLESIA, L'église cathedrale. *Hæc omnia donavimus ecclesiæ B. Martini de Campis, unà cum præbendâ B. Mariæ majoris & sedalis ecclesiæ.* I. 59. b.

SEMIDUPLEX, Semidouble, terme d'église, pour marquer les offices de moindre solemnité. *In festis duplicibus duplices, & in semiduplicibus semiduplices distributiones percipiant, prout in Kalendario duplicia & semiduplicia festa invenientur ordinata & scripta.* I. 192. a.

SER, Sire; qualité prise par les bons bourgeois. *Acta sunt hæc apud villam S. Antonii, Viennensis diœcesis, præsentibus discretis viris ser Nicolao, ser Andrea de Pistoyo, &c.* I. 487. a.

SERIOSIUS, Specialement. *Dicti capellani missas defuncti domini & genitoris nostri, nisi matutinis priùs finitis, non incipiant, prout in ipsarum fundatione seriosiùs declaratur.* 137. b.

SERMO, Sermon, predication. *Die Dominicâ dicent matutinas & missam, tali horâ, quâ scholares post missam ire possint ad sermonem.* I. 498. b. *Volumus quòd quilibet scholaris, antequam percipiat nostras bursas, sibi de suo provideat de habitu condecenti & honesto, & sic incedat, sive eundo ad sermonem, vel ecclesiam, vel alibi per villam.* I. 510. a.

SERVIENS, Sergent. *Pro forefacto nobis & servientibus nostris, ac præpositis nostris, aut eorum servientibus illato.* I. 27. b. *Quocircà primo parlamenti ostiario aut servienti nostro committimus, quatenus præsentes litteras, in his quæ executionem exigunt, viriliter & debitè exequatur,* I. 225. a.

SERVITIUM, Office divin. *Ut autem privatis diebus morosiùs & devotiùs solito debitum peragatur servitium, quod frequenter antea negligenter celebratum est, permittimus, &c.* I. 181. a.

SIMBOLUM, Marque de college contre ceux qui font des fautes sujettes à correction. *Fera le principal trouver aux graces chacun jour, à midi, en la sale du college, les boursiers & pensionneires grammairiens, où se trouvera le regent en semaine, qui connoistra exactement du simbolum, pour l'entretien de la langue Latine.* III. 128. b. C'est-à-dire que ceux qui avoient esté surpris parlant françois, avoient esté forcez de recevoir le *simbolum*, & en le representant, ils recevoient la punition portée par les reglemens.

SPATIARI, Se promener. *Si fuerit minutus, aut recipiat medicinam, potest accipere distributiones suas liberè per tres dies, & ubi sibi placuerit spatiari in domo sitâ, in villâ, vel extra.* I. 159. a.

STAGIUM, Residence. *Quicumque de cætero in ecclesiâ S. Opportuna canonicè instituetur, juret quod per sex menses annuatim continuâ, vel per partes ibidem residere tenebitur, nisi aliquis canonicorum in nostro servitio exstiterit, qui stagium suum faciet, nostro servitio insistendo, ac si in eadem ecclesiâ personaliter resideret.* I. 38. a.

STALIA & STALLI, Estaux de boucherie, &c. se dit aussi des sieges du chœur, appellez *stalles. Super duabus domibus sitis Parisiis ab oppositis stallorum carnificum.* I. 270. a. *Istis carnificibus & eorum hæredibus tradidimus & concessimus sexdecim stallos ad vendendum carnes, sitos ab utrâque parte loci.* I. 488. a. *Statuimus quòd stallus seu locus erit in choro, ubi hinc inde, tam primi capellani, quàm alii qui ibidem assignantur, assideant.* I. 339. a.

STATUS, Estaux de boucherie, &c. *Guillelmo Silvanectensi, cujus erat illius terræ vicaria, pro eadem vicariâ dedimus statum unum inter veteres status carnificum.* I. 61. b. *Alteram domum juxta status carnificum.* I. 63. a.

STELLINGUM, Estelling; menuë monnoie. *Antiquitùs ista pauperes mulieres candelas vendentes solebant habere cedulas; & pro qualibet unum stellingum tantùm solvere.* II. 526. a.

STERCORISARE, Faire ses orduies. *Inhibentes ne immundiores avibus irrationalibus, quæ non stercorisant in nidulo, esse volentes, per effusionem urinæ, non solum commaculent angulos murorum, sed etiam ipsum totum inficiant collegium.* I. 176. b.

STERLINGI, Poids au-dessous de l'once. *Duo bachini immetallati, ponderis quinque marcharum & septem unciarum & duorum sterlingorum. Item duo candelabra argentea, ponderis quinque marcharum & decem & octo sterlingorum.* I. 394. b.

STRATA, Ruë; chemin pavé. *A pratello exteriore, usque ad stratam anteriorem quæ inter ipsum locum & ecclesiam S. Dionysii in Carcere ducit.* I. 86. b. *Nullo tempore, ipsis invitis, ædificabimus extra muros Parisienses, à strata per quam itur à porta S. Genovefæ ad S. Marcellum, & à S. Marcello directè usque ad Sequanam.* I. 163. a.

STRICTUS, Astraint. *Præcipimus primis capellanis, ut missas ad quas tenentur in altaribus suis, absque defectu celebrent, prout sunt stricti per sua juramenta.* I. 340. b.

STUDIUM, ou STUDIOLUM, Estude; cabinet. *Quia anima sedendo & quiescendo efficitur prudens. Statuimus quòd dicti studentes horis opportunis & consuetis ad studendum sedeant solitarii in cellis & studiis eorundem.* I. 283. a. *Assignatæ sunt primario duæ cameræ, unà cum studiolo aut studio eisdem cameris junctis; procuratori similiter camera assignetur cum studiolo aut alio loco decenti pro reponendis rebus necessariis.* III. 765. a.

STUFFÆ, Bains, estuves. *Johannes de Bellomonte civis Parisiensis vendidit abbati & conventui Præmonstratensi quatuor libras annui census super tribus partibus domûs cujusdam sitæ ultra parvum pontem & stuffarum ejusdem.* I. 210. a.

SUBALTERNÆ DOMUS, Maisons subordonnées à une autre. *Ordinavit dictus Johannes Standonch quòd domus subalternæ quæ per ipsum & successores suos de novo fundarentur & jam fundatæ essent, subjicerentur collegio Montis-acuti.* III. 722. b.

SUBMONITOR, Maistre d'escole en second. *Nullus tradet scholas suas ad firmam, nec habebit socium, sed habere poterit submonitorem. Nullus tenebit submonitorem qui cum aliis magistrorum fuerit, nisi tribus scholis intermediis. Nullus submonitor tenebit scholas juxta magistrum suum, nisi tribus scholis intermediis. Si contingat vos capere vice-magistrum, præsentabitis eum domino cantori.* I. 447. a. Le submoniteur estoit different du sous-maistre, comme il paroist par cet extrait, & par l'acte mesme, qu'on peut consulter. Le submoniteur tenoit escole à part; & le sous-maistre pouvoit loger avec le maistre.

SUMMA, Somme, charge de cheval. *Episcopus Parisiensis habet pretium suum ad pannerium piscis, vel ad summam.* II. 515. b.

SUMMARE, Sommer. *Summavit & requisivit dictos decanum & capitulum, & adhuc summat & requirit, quòd si dictam compositionem habeant, ipse paratus erit eidem compositioni obtemperare.* I. 107. b. *Volo quòd tres de executoribus meis, aliis legitimè vocatis & summatis, & non venientibus, possint dictam executionem meam ad finem debitum perducere.* III. 690. b.

SUMMULÆ, Le *compendium* de philosophie; abregé qui se donne aux commençans. *Nulli summulas audire permittatur, nisi qui in grammaticalibus sufficienter instructus & habituatus per eos fuerit judicatus.* I. 174. a. *Primò summulas in domo, deinde veterem logicam, & posteà novam logicam, in domo, vel extra, audiant; ut sic imbuti in logicâ competenter.*

tenter, libros naturales & philosophiæ audire & faciliùs intelligere possunt. I. 281. a.

SUMMULISTÆ, Bas escoliers. *Scholaribus minoribus, videlicet summulistis, logicis, philosophis, deputentur de sufficientioribus collegii, qui certis horis & locis eos secundùm librorum & lectionis facultatem reparent, interrogent, & ædificent.* II. 174. a.

SUPERCILICIUM, SUPERLICIUM, SUPELLITIUM, Surplis. *Dictam cappam, si voluerit, liceat ei dimittere, & in supercilicio remanere.* I. 138. a. *Dictos religiosos vestes nigras, supercilicium ad longas manicas pendentes, camalem, cappam, cuculum seu capucium gerere debere concluserunt.* II. 695. b. *Quibus missis studentes in dicta domo, in superliciis intersint.* I. 381. a. *Unusquisque etiam scholaris tenebitur in ordine & turno suo servire in matutinis, vesperis & missis in capella, indutus supellitio.* I. 499. a. *Horis canonicis magister & scholares dictæ domûs in supelliciis intersint.* I. 374. b. *Canonici, capellani & clerici vadant ad ecclesiam in supelliciis & almutiis.* I. 153. b.

SUPPRISIA, Entreprise nouvelle contre les anciens usages. *Conquerebantur burgenses Parisienses de terra S. Oportuna, & etiam canonici dictæ ecclesiæ, quòd episcopus de novo levabat ab eis costumam unam in sua tertia septimana, licèt nunquam talis costuma fuerit levata; & petebant hujusmodi supprisiam ab episcopo factam penitus amoveri.* II. 514. b.

SYMPHONIACI PUERI, Enfans de chœur. *Samson Olivier clericus Andegavensis diœcesis, nuper puer symphoniacus, aliàs psalleta ecclesiæ Turonensis.* I. 423. a.

SYNDICUS, Procureur de communauté. *Volumus quòd ipsi thesaurarius, canonici & capellani procuratorem, œconomum, syndicum, seu actornatum sub sigillo suo constituere valeant, qui coram quibuscumque judicibus agendo & deffendendo deinceps admittatur.* I. 130. a. *Thesaurarius, vel aliquis alius de collegio, coram aliquo judice non habeat personaliter, sed per procuratorem aut syndicum comparere: quem poterunt ad nutum revocare & alium constituere quoties eidem thesaurario & capitulo visum fuerit expedire.* 193. b.

SYNODATICUM, Droit épiscopal. *Ad synodum etiam veniet; nec tamen circatam vel synodaticum reddet.* III. 591. b.

T

TABULÆ LUSUS, Le jeu des dames ou du trictrac. *Nullus præsumat ludere ad taxillos, vel etiam ad tabulas, in domo vel extra, nisi causâ recreationis alicujus socii infirmi ludat coram eo ad tabulas, & pro modico aliquo comestibili aut potabili. Et contrarium faciens, scilicet ludendo ad taxillos, nisi forte hoc faciat in vigilia nativitatis Domini, in vigiliis B. Nicolai, B. Catharinæ & B. Corentini, & hoc in domo; pro prima vice privetur bursâ suâ per unam hebdomadam.* I. 502. a.

TALLIA, La taille. *Habebimus in tota terra prædicta bannum, guetum, talliam, exercitum & calciatam, talliam panis, & vini mensuras, &c.* I. 27. b.

TALLIATOR, Celui qui leve la taille. *Sedilia dicta la Dame, relicta Davidis talliatoris.* II. 525. b.

TALLIATUS, Taillé. *Poterunt ab ipsa domo suisque pertinentiis levare & habere, ac quocumque sibi placuerit duci facere & deferri lapides omnes talliatos & non talliatos, omnes tumbas, columnas, &c.* I. 219. a.

TALLIA, Taille ou marque. *Volumus quòd vina per præpositum tradantur in aula in qualibet septimana per talliam; & in fine septimanæ quòd fuerit expensum, solvatur per præpositum, & deducat de bursis, vel accipiat à sociis. Et vinum similiter tradatur sociis in conviviis ad taliam, taxatione cujuslibet dolii per principalem & procuratorem eidem primario sem-*

Tom. II.

per factâ. III. 628. a.

TAPICERIUS, Tapissier. *Domus quæ fuit quondam Johannis de Milliaco, quam nunc tenet Goueffridus tapicerius.* I. 26. b.

TANERIA, La tannerie. *Item quandam domum quæ est in taneria ejus burgensis qui vocatur Petrus de Baires, quæ domus est ante ruellam per quam itur ad Sequanam.* I. 25. a.

TASSEA, Une tasse. *Unam talleam argenteam cum uno cochleari domui solvetis ante primum computum provisoris, secundùm modum solitum bursariorum.* I. 288. a.

TAXA, Taxe. *Dabitur quitancia de summa septingentorum francorum quæ in reparatione ruinarum collegii, ultra taxam annuæ pro reparationibus debitam utiliter exposita est.* III. 720. a.

TAXALES, Espece de jeu de dez; mot formé de celui de taxillus. *Inhibemus ne aliquis de dicto loco ad taxales seu grestrem ludat.* I. 339. b.

TEGULARIA, Tuilerie; lieu où l'on fait des tuiles. *Recepimus à domino nostro Ludovico Francorum rege centum libras Parif. in recompensatione quinquaginta solidorum quos recipiebamus super quadam platea sita Parisius in Laes juxta domum fratrum Pænitentium & tegularia sita juxta dictam domum, & pertinentiis ejus tegulariæ.* I. 207. a.

TEMPORALITAS, Affaires temporelles, ou biens temporels; le temporel. *Omnes & singulas ipsius capellæ causas, ejusdem temporalitatem concernentes, in nostro parlamento deduci & definiri omnino volumus.* I. 194. p. *Dominus rex, de gratia speciali temporalitatem monasterii S. Maglorii positam ad manum suam propter hæc duo facta prædicta (nimirum electionem abbatis & bonorum temporalium administrationem assumptam, inconsulto rege) salvo in omnibus jure suo, deliberavit eisdem, & præcepit quòd præpositus Parisiensis manum suam amoveat de temporalitate prædicta.* II. 517. b.

TENERE CHORUM, Tenir le chœur; en regler le chant. *In festis annualibus, videlicet in utrisque vesperis, in matutinis, & in missa tenebo chorum, nisi debilitate corporis mei aut infirmitate fuero excusatus.* C'est le chantre de la sainte Chapelle qui parle. I. 151. b.

TENEURÆ, Biens fonds tenus en mouvance d'un seigneur de fief. *Ipsi autem canonici habebunt teneuras & alia bona immobilia sita in terra dictæ ecclesiæ quorumcunque bastardorum & albanorum qui morientur in terra prædicta, sive alibi. Habebunt dicti etiam canonici teneuras & alia bona immobilia sita in terra prædictæ ecclesiæ omnium illorum qui prefecerint, sive morientur in terra ipsius ecclesiæ, sive non.* I. 28. b.

TERMINARIUS, Expression usitée parmi quelques religieux mandians, pour marquer celui à qui on a assigné un certrain district pour faire ses questes. *Ordinatum fuit & statutum quod quilibet prior nostræ provinciæ, pro sustentatione studentium Parisiis solveret quolibet anno unum florenum, quilibet conventus unum; quilibet terminarius sex grossos; quilibet socius terminarii, participans secum in lucro, tres grossos.* I. 142. b. *Qui focus fecerit, sive prior, sive frater, termino solutionis elapso, à carnibus & vino abstineat; si terminarius est, ad terminos pro lucro & salario propriæ personæ non exeat; si confessor, confessiones non audiat.* I. 243. a.

TERRAGIUM, Terrage; droit des seigneurs sur les terres données à défricher. *Quam domum cum nemore & ejus censibus, terragiis, decimis, & aliis redditibus & juribus dicti scholares possident, &c.* I. 409. b.

TESA CANDELÆ, Une toise de chandele ou bougie de table; c'est-à-dire apparemment une livre de six à la livre, appellée *toise*, à cause que chaque

z

chandelle eſtant environ d'un pied de long, les ſix faiſoient ſix pieds, qui eſt la meſure de la toiſe. *Præterea quotiens & quandiu rex, ſive regina, ſive etiam proles regia in palatio fuerint Pariſius, capellanus qui in capella B. Mariæ ſervierit, quatuor panes & dimidium vini ſextarium, & teſiam candelæ, & duos denarios quotidie habebit pro coquina.* I. 119. b.

THESAURARIA, L'office de treſorier. *Ipſe quidem almificus confeſſor Domini Ludovicus in eadem capella officium theſaurariæ, quod per alterum principalium capellanorum exerceri diſpoſuit, & illum magiſtrum capellanum dictæ capellæ vocavit, inſtituit.* I. 126. b.

THESIA, Une toiſe. *Item domus quæ fuit quondam Johannis de Milliaco, quam nunc tenet Gauffridus tapicerius; & habet ab introitu clauſtri uſque ad clauſuram retro, unà cum patello, præter viginti theſias. Item domus Johannis Marcelli, prout ſe comportat ante & retro in longitudine ſeu profundo, & habet viginti quatuor theſias.* I. 26. b. *Quandam domum quam habebamus ſitam Pariſius in vico de Jardinis, duas theſias in latitudine à parte anteriori, & retro totidem, ac novem theſias cum dimidio in longitudine continentem, dedimus fratribus hoſpitalis Dongiez.* I. 297. a. Se prend auſſi quelquefois pour des chevrons ou poutreaux. *Duas campanas habebunt, quamlibet ponderis centum librarum, in capella domus cadictorum fratrum ponendas, pendentes duabus theſis, ſuper copertura ipſius capellæ.* I. 271. b.

TISSOR, Tiſſeran. *Petrus Lotharingus tiſſor pannorum.* I. 218. b.

TONELARIUS, Tonnelier. *Ab hac generalitate exceptæ erunt viginti perſonæ, &c. unus ſarcinator, unus clauſarius vinearum, unus tonelarius, &c.* III. 600. a.

TONNELLARIA, La tonnellerie. *Domus Guillelmi de Suetyaco ſita in tonnellaria.* I. 131. a.

TORCHÆ, ou TORCHIÆ, Torches; flambeaux de cire. *Volumus quòd quotiens miſſam in choro celebrari contingit, duæ torchæ cereæ in perpetuum ad expenſas capituli, in elevatione corporis Chriſti habeantur & teneantur.* I. 100. b. *Si fiat aliquod officium mortuorum propter alicujus mortui præſentiam, vel aliquod anniverſarium, ad quod officium ponantur cerei vel torchiæ, vel aliquod luminare, luminare illud debet dividi inter canonicos præſentes.* I. 157. b. *Tenebuntur habere unam torchiam quatuor librarum ceræ ad minus, quæ accendetur & inflammabitur in elevatione corporis Chriſti.* I. 499. a. *In miſſis omnibus ad dictum altare deinceps celebrandis, duæ torchiæ, qualibet quinque librarum ponderis, & debita in levatione corporis Chriſti ardeant etiam quantitatis.* I. 192. b. *Qui quidem fratres, cum torchiis cereis illuminatis, dictum jocale receperunt.* I. 227. b.

TORNELLA, Petite tour. *Totum territorium quod continetur à tornella Philippi Hamelini ſupra Sequanam uſque ad metam quæ dividit terram B. Germani & terram S. Genoveſæ.* I. 92. a. *Dominus Nicolaus Braque miles donum ſeu tranſportum ſibi factum per dominum regem de muris antiquis, turribus ſive tornellis & plateis vacuis quæ ſunt inter portam dictam Gallicè la porte du Chaume & portam dictam la porte du Temple, fecit regiſtrari.* III. 661.

TORTIUS, Flambeau. *Adminiſtrabit & dictus capicerius ad Paſcha duos tortios, qui accendentur quotidie in majori miſſa, in elevatione corporis Chriſti.* I. 47. b.

TOTIENS QUOTIENS, pour *toties quoties*. Cela ſe trouve ſi ſouvent qu'il eſt inutile d'en rapporter des exemples.

TRACTUATIM, Maniere de pſalmodier en faiſant des pauſes. *Omnes pſalmodiantes in dicta eccleſia pſalmodient tractuatim, facientes pauſam in medio verſiculi; & quod altera pars chori non incipiat verſiculum, donec verſiculus alterius partis ſit non finitus.* I. 339. b.

TRANSPORTARE, ceder & tranſporter. *Pro fundatione & dotatione hujuſmodi collegii, executores tradiderunt & ceſſerunt & tranſportaverunt dicto collegio emolumentum ſigilli regii, &c.* I. 587. a.

TRANSVERSUM, Eſpece de peage appellé *travers*. *Cum gentes noſtræ camerarum & inqueſtarum palatii &c. pro bladis, aliiſque granis, vinis, animalibus, lignis, aut aliis munitionibus, ad pedagium, theloneum, couſtumam, calceyam, tranſverſum, exactionem, ſeu quaſcumque alias redhibentias ſolvere minimè teneantur.* III. 248. a.

TRELÆ, Treillis. *In dicta domo erat un pignon à parte anteriori ſupra dictum vicum, ac quædam figura leonis de petra elevata & intercluſa trelis de ferro.* II. 527. b.

TRIPHARIE', En trois parts. *Miſſæ cujus diſtributio triphariè valeat dividi; tertia pars diſtributionis in fine commendationum tradatur, &c.* I. 137. a.

TRUELLA, Truelle. *Dominus autem papa reliquias intra altare poſuit; & accepto inſtrumento quod vulgò truella dicitur, eaſdem cemento intrò ſigillavit.* I. 64. b.

TRUNCI, Troncs à deniers. *De oblationibus truncorum conſuetum eſt quòd ſemper feriâ quartâ poſt Pentecoſten, in qua oblationes indulgentiarum tranſlationis capitis B. Ludovici dividuntur; omnes trunci aperiuntur, & pecunia in eis inventa, cum oblationibus ſupradictis dividantur.* I. 157. a.

TUMBA, Tombe ; pierre miſe ſur une ſepulture. *Poterunt levare & aſportare omnes tumbas & corpora ſeu cadavera defunctorum, columnas &c.* I. 219. a.

TURNUS, Tour & rang. *Singuli capellani canonicorum, in ſuæ turno hebdomada ad totum tenentur ſervitium.* I. 138. a. *Ordo præſens obſervabitur inviolabiliter in capella præſenti, de uno clerico ad alium conſequenter, ordinem obſervando quater in anno; & completo uno turno, incipit alius.* I. 156. b. *Unuſquiſque tenebitur in ordine & turno ſuo ſervire in veſperis, matutinis, & miſſis in capella.* I. 499. a.

V

VADIA, Gages. *Retento pignore ſeu vadio, pro iis qui in burſaria debuerint.* I. 178. b. *Conquerentibus ſcambiatoribus, auri fabris, drappariis, tabernariis, & pluribus aliis civibus Pariſ. de præpoſito Pariſ. quòd eorum vadia ceperat &c. & petebant ſibi ſua vadia reddi.* II. 515. a. *Dicebant quòd ad nos, ratione dignitatis noſtræ regalis, officiorum regni noſtri proviſio & inſtitutio, & vadiorum eorumdem omnimoda diſpoſitio ſpectabat.* III. 703. a.

VAGABUNDIE, Courſes de gens débauchez. *Si quis autem propter delationes armorum, vel nocturnas vagabundias, vel aliarum inhoneſtatum frequentias corporaliter læſus, vel in carcerem truſus fuerit ; tamdiu burſa careat, quamdiu duos cereos trium librarum in capella domûs offerre, & veniam à ſociis obtinere tardabit.* III. 668. b.

VALENS, Vaillant; de merite. *Habebunt unam archam communem, ſuprà quam erunt tres fortes claves diverſæ, quarum unam magiſter tenebit, alteram cuſtodiet ſcholaris ſacerdos ; tertiam tenebit, & cuſtodiet unus de valentioribus magiſtris qui erunt pro tempore de dicta diœceſi Coriſopitenſi Pariſius.* I. 503. b. *Quando comptus fieri debebit, vocabuntur quatuor vel tres valentes magiſtri de dicta diœceſi, ipſius collegii zelatores.* I. 504. a.

VANNERIA, La Vannerie; lieu où l'on fait des paniers, corbeilles, vans &c. *Item terram quæ eſt in vanneria, vel ad planchas de Mibray, quæ comportat ſe à domo Stephani de Bois ruſsé, cum cuneo dictæ vanneriæ, uſque ad domum Johannis le Flament.* I. 25. a.

GLOSSAIRE.

VARENNA, Garenne; reduit où l'on conserve pour le plaisir du seigneur des lapins, des perdrix, des faisans, des chevreuils, & autre gibier. Il y a aussi des garennes d'eau, pour certaines especes de poissons; & souvent le nom de Garenne ou de Varenne se donne à des lieux dont l'enceinte a autrefois esté destinée à la conservation de ces differentes sortes d'animaux. *Blidegisilus diaconus ad nostræ sublimitatis præsentiam advenit, & humiliter deprecatus est quatenus ad ecclesiam ædificandam, quamdam terram nostræ proprietatis in Parisiacensi pago consistentem, quam castrum Bagaudarum appellant, cum tota terra vocabulo Varenna, quæ est in circuitu & quam Materna fluvius girat, concederemus.* I. 20. a.

VARII MINUTI, Menu vair; espece de fourure. *Thesaurarius & canonici S. Capellæ tenebuntur deferre almutias de griso seu de pellibus grisis, fouratas de minutis variis.* I. 135. b.

VENTÆ, Ventes; droit dû au seigneur par les nouveaux acquereurs. *Habebimus nos & successores nostri totam justitiam altam & bassam, & omnimodas costumas, exceptâ justitiâ fundi terræ, quæ canonicis remanebit, censu terræ, ventis & investituris salvis & retentis dictis canonicis.* I. 30. a. *Soror Guillerma abbatissa S. Antonii Paris. totusque ejusdem loci conventus. Cùm haberemus dominium fundi terræ & ventarum, nec non & censum septem librarum & sex solidorum Paris. annui redditus super novem domos sitas Parisiis juxta domum fratrum Minorum.* I. 209. b. *Inquirat de juribus ratione dominii pertinentibus super eos qui in terra tenent & tenebunt hereditates, ut de ventis & relevamentis occasione transmutationis pertinentibus, & de aliis ad utilitatem & continuationem sustentationis collegii.* III. 698. b.

VERJUTUM OU VERJUTIUM, Verjus. *Similiter ematur omfacium seu verjutium cum sale, pro carnibus & epulis condiendis.* I. 413. a. *Nullus agrestam seu verjutum domus pro privatâ necessitate capiat, sub pœnâ duodecim denariorum.* III. 670. b. *Tempore congruo fiant garnitiones victualium, scilicet vinorum, lignorum, salis, verjuti, lardi &c.* III. 695. a.

VERRERIÆ, Vitres. *De ipsis obventionibus & oblationibus verrerias ejusdem capellæ refici & reparari volumus.* I. 121. b.

VIARIA, Voierie; office ou juridiction du voyer. Est aussi appellée VICARIA, & VIATURA. *Vicariam autem pleno jure, & omnem justitiam in eadem vicatia & in tota terra S. Mederici, nos & successores nostri habebimus, si capiatur delinquens in præsenti delicto, præterquam in claustro S. Mederici; in quo claustro & domibus ejusdem, omnimoda justitia ad ecclesiam S. Mederici pertinebit.* I. 27. b. *Si verò contingat quòd major S. Mederici aliquem capiat in terrâ S. Mederici, & captus se recusavit in viariâ vel extra viariam, & propter hoc melleia oriatur: non poterimus super hoc justitiæ dictum majorem.* I. 28. a. *Canonici S. Opportunæ pratiscorum meditatem culturæ & curticulis faciendis dederunt, decimis terræ illius & viatiâ retentis in jure ejusdem ecclesiæ.* I. 34. a. *Apud Corbellas etiam juxta castrum Nanthonis vigenti arpennos pratorum, & viaturam de Bussiaco, quam à Tescellino Vinocensi comparavimus, & quidquid apud idem Bussiacum, quod juxta Liricantum situm est, habebam.* I. 56. b.

VICARIA, Vicairie; office de vicaire. *Collatio & omnimoda dispositio canonicatuum & præbendarum, nec non & vicariarum perpetuarum seu capellaniarum, ad abbatem, & institutio ad episcopum pertineat.* I. 603. a.

VICINIUM, Le voisinage. *Expellatur a domo nostra sine scandalo & rumore in vicinio, sicut melius fieri poterit.* I. 511. a.

VICTUS; Pension annuelle. *Item ad quatuor victus pro quatuor artistis, & ad duos victus pro duobus theologis, me & bona mea præsentia & futura obligo, & promitto me provisurum dictis sex de præfatis victibus, quousque redditus pro dictis sex victibus acquisiero competentes.* III. 609. b.

VIERIA, Voirie. *In territorio autem Meldensi villam nomine Anethum, cum omnibus redditibus atque redhibitionibus terræ, silvæ, vinearum, atque pratorum. De redditibus quidem pestionis, vieriæ, silvæ, atque leigii, omnem decimam.* I. 49. a.

VILLA, La ville. *Exitum à collegio, seu ingressum ad villam, per primum annum, sub pœna emissionis illico faciendæ, interdicimus; ut in collegio bonis assuescant moribus.* I. 171. a. *Prohibemus ne ex villa, pro quocumque particulari convivio, contra licentiam & dispositionem provisoris quæcumque victualia deferantur.* I. 173. b. *Ne quis in villa, seu suburbiis ejus, ad palmam, sed ad ludum pilæ, cum habitu, vel sine habitu religionis, ludere præsumat.* I. 175. a. *Dicti religiosi vigiti-quatuor libras annui & perpetui redditus admortisati, ad opus ipsorum scholarium de regno Daciæ benè & sufficienter in villa nostra Parisius tradent & assignabunt.* I. 225. b.

VIRIDISNETUM. Peut-estre du verjus. Voyez ci-dessus PINTORMINUM.

VISCEROSIUS, Avec affection. *Paci ac quieti fratrum nostrorum in provincia Franciæ degentium, toto cordis affectu providere cupientes, ipsosque in sacrâ religionis observantia viscerosius confovere, &c.* I. 477. a.

VISITARIUS, Visiteur. *Testibus fratre Altardo de S. Romano præceptore Lugdunensi, fratre Francisco de Theobaldis generali in Romana curia, & fratre Jacobo capellano dicti visitarii, &c.* I. 322. b.

VITRINÆ, Vitres des fenestres. *Similiter inhibemus ne aliqui, in eorum discessu à collegio, vendant, seu tollant ostia, seu seras, vel fenestras, aut vitrinas cameratum ipsarum.* I. 176. b. *Minuit etiam reparationibus & ad placitum expositis in ipso computo præternissis & in hac summa non comprehensis, ut in vitrinis, pavimentis camerarum, & structuris ligneis, & similibus humanæ consolationi accommodis.* III. 710. a.

VOCEM *habere in capitulo*, avoir voix en chapitre. *In revestiario, aut alio loco capitulum tenent, in quo thesaurarius primam, cantor secundam vocem habeant.* I. 194. b.

USUAGIUM, Droit d'usage. *Locum ipsum in quo monasterium situm est, cum omnibus pertinentiis suis, pratis, vineis, terris, nemoribus, usuagiis, & pascuis in bosco & plano, in molendinis, in viis & semitis, &c.* I. 80. a.

USUARIUM, Droit d'usage. *In commutationem usuarii quod monachi S. Martini habebant in nemore nostro de Vilcennis, nos dedimus sex libras singulis annis percipiendas.* I. 55. a. *Pro hac autem donatione quittaverunt mihi dictæ moniales totum usuarium quod habebant in communi foresta Aquilinæ, scilicet vivum nemus ad ædificandum, & mortuum ad comburendum, & pannagium porcorum quod ipsæ habebant in defensis meis.* I. 86. a.

Y

YPOTHECA, Hypotèque. *Pro præmissis à dicta congregatione cœcorum firmiter servandis, dicta congregatio se & totam domum eorum dictis decano & capitulo obligavit, titulo specialis ypothecæ.* I. 272. b.

YPOTHECARE, Obliger, hypothequer. *Omnia bona sua, tam mobilia, quàm immobilia, quæ sui obitûs tempore obtinebat, obligando, ypothecando.* III. 655. b.

GLOSSAIRE FRANÇOIS,

OU EXPLICATION ABREGE'E DES TERMES DU VIEUX langage François emploiez dans les actes rapportez dans les trois volumes des pieces justificatives de cette Histoire.

A

ABAJOUR, Auvent ; anciennement dit *Oste-vent*. II. 304. b.
ABATIEES, Abatis & tueries, termes de boucherie. I. 611. b.
ABOMINATIONS, Dégousts, choses dégoustantes. I. 254. a.
ABSOILLE, Absolve. *Que Dieu absoille* ; c'est-à-dire, à qui Dieu pardonne. I. 189. a.
ABSOLDRE, Quitter & absoudre. I. 403. a.
ACCENSISMES, Nous prismes à cens. *Nostre maison que nous havons à Paris, qui fut jadis aux Augustins, & laquelle nous accensismes de reverend pere S. par la grace de Dieu evesque de Paris par vingt-livres chacun an*. I. 206. b.
ACCONSUIR, Atteindre. II. 548. b.
ACERTENE', Rendu certain ; pleinement informé. I. 119. a. 560. a.
ACHOISON, Occasion ; pretexte. I. 231. a.
ACQUESTE', Acquis. I. 194. 6.
ADCERTENE', Le mesme que ACERTENE'. III. 678. a.
ADECERTES, Au reste. En Latin, *de catero*. I. 246. b. III. 630. a.
ADENERATION, Vente. I. 148. a.
ADENERER, Vendre ; changer une maison ou une terre en deniers. II. 588. a.
ADHERDY, Il s'attacha. En Latin, *adhæsit*. II. 535. b.
ADJACENCES, Terres ou autres choses adjacentes à un lieu principal. I. 175. a.
ADIR, Sorte d'espicerie. I. 436. b.
ADIRE', Egaré. *Choses adirées*. III. 250. a.
ADMONESTER, Avertir, exhorter. I. 623. a.
ADNULLATION, Abolition. I. 529. a.
ADVALUEMENT, Appreciation. I. 195. a.
ADUNONS, Annexons. III. 659. a.
ADVOEZ, Seigneurs chargez de la protection d'une église, ou d'une abbaye. *Advoez d'Aras*. I. 206. b.
AFFAIRES, Au masculin. *Nos principaux affaires*. I. 574. a.
AFFIERT, Appartient. *Comme il afiert & appartient à royale demeure*. III. 659. a.
AFFINER, Les comptes ; les examiner & clorre. II. 634. b.
AFFINS, Parens & amis. III. 632. b.
AGOUX, Egousts. I. 246. a.
AIDIER, Aider & valoir. I. 406. a.
AINS, Mais. I. 623. b.
AINÇOIS, Mais. II. 201. a.
AISEMENT, L'endroit du corps le plus estroit. *Enchainé par l'aisement du corps*. I. 598. a.
AISEMENT, Commodité. I. 239. a. ---542. b.
AISSENCES, Commoditez. *Une maison avec toutes ses veues, issues, entrées, aissences, adjacences, appartenances, & dependances*. I. 275. a.
ALIMENTATION & gouvernement. I. 546. a.

ALLEGANCES, Allegations pour prouver une contestation. I. 276. a.
ALLUME'E, Bonnet. *Charles mist tantost la main à son allumée, fesant semblant de saluer nostre dict cousin (le duc de Bourgogne) & à l'ombre de son bras guigna des yeux & fit signe à ses gens pour venir ferir sur nostredict cousin*. III. 265. b.
ALVEF, Aleu ; fief noble. *Franc-alvef*. III. 631. b.
AMENDRIS, & AMOINDRIS. Diminuez. I. 440. a. III. 701. b.
AMOISONNER, Donner à ferme. I. 345. b.
ANGUSTE, Estroite. *Anguste & petite*. I. 712. b.
ANNE'ES, adjectif, Annuelles. *Festes années*. II. 307. a.
ANNICHILE', Perdu. III. 741. a.
ANTEPREDICAMENS & POSTPREDICAMENS, Festins de colleges. II. 723. a.
AOURNEMENS, Ornemens. I. 404. b.
APPAREMMENT, A descouvert. I. 438. a.
APPAROIR, Paroistre. *Il apperra*. I. 483. a. b. 256. a.
APPENDANCES, Dépendances & appartenances. I. 484. a. 297. a.
APOSTRES, Lettres de relief d'appel ecclesiastique, appellées *ad Apostolos*. *Requerre apostres*. I. 404. a.
APPROUCHEZ, Traduits en justice. I. 481. b.
APRISAGER, Mettre le prix à quelque chose. I. 199. a.
ARABLES, Labourables. *Terres arables*. III. 632. a.
ARCTE', Estroit. *Lieu petit & arcté*. II. 540. b.
ARDRE, Faire fondre. *Ardre & affiner le suif*. I. 482. a.
ARSOIR, Hier au soir. II. 666. b.
ASCENSION N. D. L'Assomption de la Vierge. III. 748. b.
ASNE, au feminin. *Rue de l'asne rayée*. II. 704. a.
ASSENSEURS des questes. Ceux qui les prennent à ferme & à forfait. III. 747. b.
ASSENTIR, Acquiescer. *Assenti & acquiescé*. I. 614. b.
ASSOUVIR, Se contenter. *N'ont pû assouvir de repliquer*, c'est-à-dire, n'ont pas assez repliqué à leur gré. II. 537. b.
AST, Long bois. *Armes d'ast*. I. 670. b.
ATOUT, Avec. *A tout sa gent armée*: c'est-à-dire, avec sa suite armée. II. 548. b.
AVAL, Dans ; parmi. *Aval Paris*. II. 560. a.
AVALLER, Descendre. II. 18. a.
AVALUEMENT, Evaluation. I. 481. a.
AUBAINE, Estrangere. *Combien que ce mot, Chambre, ne soit aujourd'hui frequent pour le Parlement, mais qu'au lieu d'icelui nous ayons naturalizé une parole aubaine, l'appellant cour de parlement, &c*. I. 752. a.
AUBENNAGES, Droits d'aubaine. I. 277. b.
AUSTADES, Espece de serge. I. 608. a.
AUTEL, Tel, & pareil. *Autel sera fait*. III. 615. b. I. 524. a. I. 445. b.
AUVENTS, Toits postiches posez au-dessus des boutiques & estalages, anciennement dits *Oste-vents*. I. 680. b.

BAINE,

GLOSSAIRE.

B

BAINE, Droit sur le poisson ; autrement dit BENNE. Vient apparemment de l'ancien mot BENNA, qui signifie un chariot. II. 609. b.

BALAIS, Rubi pâle, de couleur de rose. I. 222. b. On l'appelle en Persan *Balacchani*, & le chevalier Chardin croit que c'est à cause qu'on le tire du Pegu, appellé *Balacan* dans la mesme langue.

BARAT, Fraude, tromperie. I. 276. a.——489. b.

BARBAUDIERS, Espece de teinturiers. *Deffendu à tous pelletiers, megissiers, teinturiers de toiles, barbaudiers, & autres de semblable estat, de faire leurs confis, megis & barbaudes au-dedans de leurs maisons estant dans cette ville.* I. 611. a.

BARDE, Bois façonné à la verlope. *Javelines de barde.* III. 359. a.

BASTISSEMENT, Bastiment. II. 523. a.

BAUDROYEURS, Ouvriers en cuir. I. 611. a.

BAZANNIER, Marchand de petits souliers, II. 310. b.

BEAU-PERE, Religieux ; confesseur. *Beau-pere de l'Ave-Maria.* III. 743. a.

BEDEL, Bedeau. I. 225. b.

BE'E, Ouverture. I. 240. b.——241. b.

BUE', Ouvert. *Fenestre ouverte & beée.* I. 610. b.

BEJANE, Le béjaune des colleges. III. 713. b.

BELISTRER, Caimander ; mandier par faineantise. I. 740. b.

BENOIST, Beni, bienheureux. *Benoiste compagnie des saints & saintes de paradis.* I. 553. a. *Benoiste passion de N. S.* III. 8. b.

BESONGNER, Travailler. I. 560. a.——598. a. 344. b. II. 554. b.

BEVROER, Abruvoir. *La Bevroer de Mascon.* III. 621. a.

BIREZ, Bonnets. *Les birez.* II. 536. a.

BONES, Bornes. *Bones & metes.* III. 632. a.

BORDIAUX, Mauvais lieux. II. 538. b.

BOUC, Outre ou ouaire. II. 9. b.

BOUCAUT, Caque. II. 9. a.

BOLLEVERS, Boulevarts. I. 742. a.

BOURDEAUX, Lieux de débauche. I. 642. b. II. 766. a.

BOUTER, Mettre, jetter. II. 306. b. *Bouter le feu.* III. 701. a. *Se font boutez en nostre royaume.* I. 545. b.

BOUTICLES, Boutiques. II. 538. b.

BOUZIN, Crouste de pierre dure. II. 275. a.

BRIGUES, Violences & excez. I. 647. b.

BRIGUEURS, Querelleurs. I. 649. a.

BRUAILLES, Ordures des boucheries. I. 482. b.

BUFFE, Buffle. II. 10. b.

BUFFETIN, Demi-buffle. II. 10. b.

BUISSONNIERES, Escoles & maistresses buissonnieres, c'est-à-dire, qui se tiennent en des lieux écartez. I. 455. b.——456. a.——457. a. b. 451. a.——450. b.

BURATS, Espece d'étoffe à mi-soie. II. 10. b.

BUREL, Bureau. I. 481. b.

BURIAU, Bureau. I. 404. b.

C

CABAT, Panier d'esparte. II. 9. b.

CAGNARDER, Mandier par les ruës. I. 742. a. Proprement, mener une vie de chien.

CAGNARDIERES, Femmes de mauvaise vie & abandonnées. I. 739. b.

CAGNARDIERS, Coquins. I. 742. b.

CAHOER, Peut-estre, Pacquet. *Le concierge doit prendre, chacun jour que le roy est au palais, un septier de vin, douze pains de court & un de bouche,* *Tom. II.* *deux poulles, deux pieces de chairs, & deux cahoets de chandelles à coucher.* III. 250. b.

CAIMANS, Mandians faineans. III. 84. a.

CAIMANDER, Mandier par faineantise. I. 598. a.

CAMPOS, Congé pour les Escoliers, & permission d'aller se promener *ad campos*. III. 557. b.

CAPITON, Espece de soie. *Manufactures de tapisseries de laine, soye & capiton, enrichies d'or & d'argent.* III. 42. b.

CAPTIONS, Captures. I. 610. a.

CARMELINES, Carmelites. II. 25. b.

CARMELISTES, Carmes. I. 223. a.

CASTOLOGNES, Couvertures de Catalogne. II. 11. a.

CAVILLANCES, Tromperies ; pieges ; traitez frauduleux. I. 276. a.

CAUTELE, Tromperie. III. 635. a. I. 548. a.——489. b.

CELIBATAIRES, Gens qui gardent le celibat. I. 535. a.

CENDAIL, Estoffe legere de soie, ainsi nommée de la couleur du bois de cendal, dont il y en avoit de rouge, de blanc, & de citrin. *Quand ils vestiront mantel, qui sera faict à guise de chevalier nouvel, à entrer & demeurer dans l'église de la noble maison, il sera vermeil & feurré de vair, non pas de hermines, de cendail ou samit blanc ; & faudra qu'ils ayent soubs ledict mantel surcot blanc, ou cotte bardée blanche, chausses noires, & souliez dorez.* I. 437. b.

CENSIERS, Fermiers des aumosnes. Sont aussi dits *assenseurs* & *assensiers*. III. 449. a.

CERTAINETE', Connoissance sure ; assurance. I. 551. a.

CESSANS, Cedans. *Cessans, quittans & delaissans.* III. 632. b. I. 275. b.

CESSE', Cedé. I. 275. a.

CHABLE, Cable, gros cordage. II. 308. b.

CHAMBRELAN Qui tient chambre garnie & la donne à louage, *Chambrelans & chefs d'hostel.* I. 666. b.

CHAMBRIER, Le mesme que le précedent. I. 703. a.

CHANDELIERES, Femmes vendans petits cierges. III. 712. a.

CHANFRAINT, Chambranle. *Et auront les rabas de ladite huisserie pié & demi de lé entre le vierre & le chanfraint, jusques au batant de l'huys.* I. 240. b.

CHANSTEAUX, *Le maistre des suers est tenu, chacun an, le jour de la Trinité, d'esvoier sur le voyer un quarteron de chansteaux, & des anneaux à la valué avec deux quartes de vin.* II. 310. b. *Un quarteron de chansteaux, seroit-ce vingt cinq pieces de pain ?*

CHANTELAGE, Droit sur le vin, qui a esté expliqué dans le glossaire Latin. Voiez aussi. III. 250. b.

CHANTEUR, Espece d'emploi dans les boucheries. *Le chanteur qui est en la salle aux bouchers.* III. 251. b.

CHAPITEAU, Auvent. I. 247. a.

CHARGEABLE, Qui est à charge. *Au plus profitable & moins chargeable.* I. 546. a.

CHARRE'ES, Cendres qui ont servi à faire la lexive. I. 609. a.

CHARTE', Cherté. *Charté de tous vivres.* I. 426. a.——800. b.

CHARTENIER, Qui a soin des chartes. II. 542. b.

CHATIEX, Biens meubles. *Querelle de chatiex.* III. 615. a.

CHAUSSIERS, Chausseriers. II. 307. b.

CHE, Pour ce, *A che je oblige moi.* I. 445. b.

CHEANCES, Espaves ou aubaines. II. 308. a.

CHEANS, Ceans. I. 244. a.

CHEVANCE, Bien meuble ou immeuble. I. 526. b.

CHEVESSEUR, Oreiller ou chevet ; & metaforiquement se prend aussi pour une cale avec quoi on rehausse quelque chose. *Nul ne peut faire marché au port de Mibray, qu'il ne doive quatre deniers; d'un chable, prendre huit deniers; d'une tortuë huit deniers: de lascher le moulin huit deniers; de mettre un arb & d'autre oster, seize deniers; de mettre un chevesseur devers la rouë, huit deniers.* II. 308. b.

CHEVIR, Venir à chef; terminer; finir. Chevir & composer d'un procez. I. 353. a.

CHOSE PUBLIQUE, La chose publique du royaume. I. 575. a. traduction litterale du mot *Res-publica*. La republique.

CHUITE, Pot ou baril. *La chuite d'huile d'olive XVIII. deniers. Le tonnel d'huile d'olive, XII. sous.* I. 436. a.

CIRISETTE, Petite cerise. I. 223. b.

CLAMER, Appeller, dire, declarer. Clamer quitte. I. 405. a. — 298. a.

CLARE, Le *clare*. Clairet ou rossoli; eau clairette. II. 534. b.

CLERC Greffier. Clerc de la prevosté, civil & criminel. Clercs du prevost des marchands. I. 524. a Clerc de la ville. I. 512. a. III. 330. a.

CLERGESSE, Religieuse. I. 118. b.

CLINQUART, *Pierre de Clinquart*. III. 111. b.

CLOSURE, Closture. I. 229. a.

COERCION, Pouvoir de connoistre d'une cause, & de punir. I. 520.

COLPORTERESSES, Colporteuses. I. 608. a.

COMPAIGNE'E, Compagnie. I. 437. b.

COMMENDACES, Prieres pour les morts. III. 602. b.

COMMISSE, Forfaiture qui fait tomber le fief en confication. *Avoir commissé à la bastille; c'est y estre detenu, pour avoir commis son fief par felonnie.* III. 35. a.

COMMUNE'MENT, Publiquement. II. 518. b.

CONDUCTEURS, Locataires. I. 618. a.

CONFIS, Cuites de teinture. *Confis, megis & barbaudes.* I. 611. a.

CONGREGE', Assemblé. I. 713. a.

CONNILS, Lapins. Tiré du Latin *Cuniculi*. I. 619. a.

CONSUERS, Sœurs de confrairie. III. 653. b.

CONTEMPT, Mépris. I. 638. b.

CONVENANCER, Estre d'accord de faire quelque chose. III. 648. a.

CONVENANT, Obligation; convention. III. 653. b.

CONVENIST, Le subjonctif de convenir; *que il convenist*. I. 227. a.

CONVERS, Personnes de pieté qui se sont retirées du siecle; hermites &c. *Convers, beau marchois, & autres qui se disent francs.* III. 319. a.

CONVIENSIST, Le mesme que CONVENIST. I. 564. a.

CORAIGE, Disposition de cœur. *Coraiges malvais; mauvaise intention.* III. 700. b.

CORDOUANIER, Cordonnier, qui emploie le cordouan, ou cuir venu de Cordouë en Espagne, autrefois en reputation. I. 407. b.

CORNES, Coins. *Bouter les feu aux quatre cornes de l'église.* II. 701. a.

COULDRAN, Goudron; en Espagnol *Alquitran*. II. 11. b.

COULLES, En Latin *Cuculla*; habit de dessus des moines. Les Bernardins appellent Coulles ce que les Benedictins appellent frocs. Dans quelques usages modernes les *coulles* estoient portées pour les religieux demeurans hors de la maison principale; dans les prieurez & autres dépendances; & quand ils se rassembloient au chef-lieu ils prenoient des *frocs*. II. 533. b.

COULPE, Faute. I. 337. a.

COULTE, ou COUSTE, Lit de plume; du Latin *culcitra*. I. 257. a. II. 534. a.

COURSABLE, Ayant cours. *Monnoie coursable.* I. 230. b.

COUSTEMENS, Frais, despens. III. 658. a. I. 551. a.

COUSTE-POINTES, Couvertures piquées; Lodiers. I. 608. a.

COUSTUMIER, Qui a coustume. *Coustumiers de ce faire.* III. 749. b.

COYON, Lasche. *Vous estes dos coyons.* I. 806. a. — 807. a.

CRIMINEUX, Criminels. II. 547. b. *Cas criminenx*. I. 519. b.

CROIS DE CENS, Accroissement de cens. I. 245. b. — 244. a. — 195. b.

CUENS, Comte. I. 106. a.

CUIDER, Penser. I. 767. b.

CURE, Soin. *Cure & sollicitude* I. 575. a.

CUTRE, Espece d'épicerie. *La balle de canelle. VI. S. La balle de cutre entiere VI. La balle de coton filé III. S. La balle de coton en laine. II. S. & c.* I. 436. a.

D

DANDAS, Pays d'où venoit l'Indigo. *Mine borrois. Inde de dandas. Yvoire. Signe de Melite &c.* I. 436. a.

DE, Au-lieu de le ou la. *Nostre chier Seigneur de pere. Nust e chiere dame de mere.* I. 239. a.

DEBTE, Au masculin. *L'évaluëment dudit debte.* I. 481. b.

DECEVANCE, Tromperie, ou erreur. I. 336. b. — 276. a. — 275. a. III. 653. a. b.

DECOLACE, S. Jean Decolace; c'est la decollation ou le martyre de S. Jean Baptiste. I. 297. b.

DEFUGER, Eviter; fuir. *S'ils se absentent ou défugent.* III. 249. b.

DELEZ, Prés. *Delez-lui;* prés de lui. II. 550. b.

DELIBERER, Délivrer. I. 275. b.

DELIVRE, Délibéré; dispos; agile. I. 524. b.

DEMEURGENT, Demeurent; au subjunctif. En Latin *Maneant*. I. 232. b.

DEMOURANCE, Habitation. I. 445. b. — 663. a.

DEMOURANT, Le reste I. 223. b.

DEMONSTRANCE, Preuve claire. *Faire claire demonstrance.* I. 623. a.

DE PLAIN, Sans forme de procez; sommairement. I. 199. b.

DEPOPULE', Depeuplé. I. 118. b.

DERRAINEMENT, Depuis peu; derniérement. III. 685. a.

DESCHEVAUCHER, Oster de cheval; oster le cheval. II. 518. a.

DESORENDROIT, Desormais. I. 275. b.

DESSAISINE, Privation de possession; dévestissement. I. 275. b.

DESSIRER, Deschirer. II. 537. a.

DESSUS, Contre. *Par dessus ses défenses.* II. 306. b.

DESTOURBIER, Empeschement; obstacle. III. 685. b. I. 528. b. — 667. a. — 160. b. — 141. a.

DESTROUSSES, Voleries. I. 620. a.

DETURPATION, Endommagement. *Deturpation & amoindressement.* I. 548. a.

DEVISIE', Mis par escrit & en détail. I. 222. b.

DIOCESE, Femin. *La diocese.* II. 540. b.

DISCORS, Differens; disputes; contestations. I. 527. b.

DISTRENT, En Latin *Dixerunt*, ils dirent. I. 404. a.

DIVINITE', Theologie. *Maistre en Divinité.* III. 634. b.

DOE', Doté. I. 404. b.

DOIE, Doive. En Latin *Debeat*. I. 484. a.

DORRA, Donnera. III. 243. a.

DOULOIR-SE, Se plaindre. *S'est dollu*. II. 545. a. I. 482. a. — 326. b.

DOUX, Mesure inconnuë. *Et fera-l'en en la bée de ladite voussure un bon huys fort de un doux d'espois-*

GLOSSAIRE.

se, & sera ferré d'une bonne ferreure fort. I. 241. a.
DOYEZ, Deviez. En Latin, *Debeatis*. I. 255. a.
DROICTURIER, Direct. *Droicturier seigneur.* I. 438. a.
DROITIER, Droit. *Chemin droitier.* II. 749. b.

E

EBATTEMENT, Exercice de plaisir. *L'hostel solemnel des grands ébattemens.* I. 483. b.
EDIFFIER, Instruire. I. 523. b.
EMBLER, Dérober; voler. II. 309. a.
EMOLOGUER, Homologuer, I. 584. b.
EMPAREMENS, Fortifications; reparations. I. 278. a. ——— 546. a.
EMPIRANCE, Deterioration. I. 405. a.
EMPRIS, Entrepris. EMPRENDRE, Entreprendre. I. 438. a.
ENCLOISTRE, Cloistre. III. 621. a.
ENÇOIS, ou AINÇOIS, Auparavant. I. 231. a.
ENCOMBRER, Occuper; embarasser les chemins &c. II. 306. a.
ENFERMERIE, Infirmerie. I. 630. b.
ENGIN, Artifice; tromperie. I. 489. b. III. 633. a.
ENLUMINE', Eclairé. I. 444. b.
ENSEMENT, Ensemble. I. 322. b.
ENSUYR, Ensuivre. *Chose qui s'en soit ensuye.* I. 528. a. ——— 543. a.
ENTENTION, Intention. I. 440. b. ——— 141. a.
ENTERINER, Accomplir. I. 489. b. ——— 245. a.
ENTERIGNEMENT, Entierement. I. 251. a.
ENTREPIED, Pié d'estal. *Donnasmes audit lieu un ymaige d'argent de N. D. tenant son enfant, à un entrepried des armes de France & des nostres.* I. 223. b.
ENTRETENEMENT, Entretien. I. 425. b.
ENTRETENANCE, Le mesme que le précedent. I. 258. a.
EPITOGE, Voiez au Glossaire Latin le mot EPITOGIUM. *Epitoge fourré de menu vair.* II. 700. b.
ESCAMONÉE, Scamonée. II. 10. a.
ESCHEVER, Eviter. II. 537. a.
ESCLANDRE, Scandale; deshonneur. I. 616. b. II. 545. a.
ESCOFRETS, Espece d'eschope. *Escofrets, piles & taudis; saillies sur les ruës.* I. 647. b.
ESCOINSSONS, Parement de pierre, pour une porte. *L'on fera escoinssons de pierre à parement, tant comme l'espoisse du mur se comportera, respondant à la feillure de la porte &c.* I. 241. a.
ESCOLAGE, Droit de scolarité. II. 543. a.
ESCONVIENT, Convient. I. 195. a.
ESCOURRE, Retirer, par voie de fait, quelque chose des mains du ravisseur. II. 518. b.
ESPECIAUMENT, Specialement. I. 240. a.
ESPIE, Espion. II. 667. b.
ESPOISSE, Espaisseur. I. 241. a.
ESSAUCEMENT, Exaltation. I. 437. b.
ESSOINE, Excuse d'absent. I. 327. a. ——— 525. a.
ESSOINIER, Excuser un absent. I. 403. b.
ESSOREILLE', Mutilé par justice. I. 599. a.
ESSOUBLE, Ensuble de tisseran. II. 308. b.
ESTABLE, Stable; permanent. I. 528. a. ——— 241. a. ——— 260. b.
ESTAIL, Estau à vendre denrées. II. 306. a.
ESTAMET, Petit drap. II. 10. b.
ESTATUT, Statut, ordonnance. I. 405. b.
ESTELLINS, Poids au dessous de l'once. I. 481. a. Et mesme au dessous de l'obole. *Ibid.* I. 223. a.
ESTIVAUX, Bas de chausse. En Italien *stivali*. II. 534. a.
ESTOFFE, Metail de fonderie. 662. b.
ESTOUPPER, Boucher. I. 483. a.
ESTRANGE, Estranger. *Pays estrange.* I. 632. a.

ESTRAITES, Draps de laine pour les lits des religieux. II. 534. a.
ESTRESSILLONS, Terme de charpente. *Estayes ou estressillons.* II. 304. b.
ESVIER, Lieu où l'on garde l'eau. *Aquarium*. I. 482. b.
EVESQUIE', Evesché. I. 445. a.
EVITER, aux inconveniens. I. 663. a.
EUQUE, Sorte d'espicerie. I. 436. b.
EUSSIENS, Eussions. En Latin *Habuissemus*. I. 239. b.
EXEMPLIFIER, Copier. II. 562. b.
EXERCICE, Au feminin. *Ladite exercice.* I. 552. b.
EXERCITER, Exercer. I. 523. b.
EXERCITE, Exercice. *L'exercite de l'arbaleste.* I. 523. b.
EXOINER, Porter excuse pour quelqu'un absent. I. 346. a.
EXOINE, Excuse. I. 344. b.
EXTEND, Estend. III. 659. a.

F

FANON, MANIPULE. I. 89. b.
FANTON, Terme d'architecture. *Pour les murs de face de bastiment qui se construiront avec moilons & plastre, ou mortier de chaux ou sable, outre les moilons en saillies dans les plintes & entablemens, ils seront tenus d'y mettre des fantons de fer pour soustenir lesdites plintes & entablemens, corps, avant-corps, & autres saillies.* II. 442. b.
FEABLEMENT, Fidellement. I. 244. b.
FENESTRIERS MENUS, Gens qui vendent en petites boutiques. I. 436. b.
FERMAIL, Agraffe. I. 437. b.
FERMETE', Closture fortifiée. I. 118. a. ——— 244. a.
FESTUS, Espece d'épicerie. I. 436. b.
FETEUR, Puanteur. II. 535. a.
FEU, Fief. *Le feu d'Issy, &c.* II. 546. a.
FEUR, Raison; proportion. *Au feur de deux sons parisis chacune toise, les trente-neuf toises deux pieds valent soixante-dix-huit solz huit deniers.* I. 246. a. ——— 436. a.
FEURRE', Fourré. I. 437. b.
FEURRE, Foin. *Marchand de feurre ou de foin.* II. 310. a.
FEURES, Fourrages. I. 254. *Item* paillasses de lits. III. 250. b. *Item* fumier. I. 609. a.
FIANCE, Confiance. *Pour la grande fiance que nous avons en eux.* I. 663. a.
FICHE', Arresté, enraciné. *Entre les sollicitudes que nous avons d'entendre au bon gouvernement des citez & bonnes villes de nostre royaume; celles préalablement sont fichées en nostre pensée, qui regardent l'utilité & conservation de nostre bonne ville de Paris.* I. 550. a.
FIEVE', Fieffé ou infeodé. *Officiers fievez.* I. 521. a. c'est-à-dire, qui les tiennent en fief.
FIL, Maladie de bestiaux. *Nul boucher ne pourra tuer en ladite boucherie aucune grosse beste qui ait le fil; & au cas qu'il seroit trouvé sur aucun, il perdroit la beste, & seroit arse devant son huys.* I. 482. b.
FINABLEMENT, Enfin. I. 528. a. ——— 481. a.
FINER, Trouver & recouvrer. I. 542. b.
FINITO, Conclusion de la verification d'un compte. I. 531. b.
FLORONS, Fleurons. I. 222. b.
FLOU, Fluide, mou. *Le paysage s'en monstroit doux & flou.* III. 369. b.
FOLIEUSES, Débauchées. *Femmes folieuses.* II. 538. b.
FONDEUR, Fondateur. I. 119. a. ——— II. 641. b.
FORAINE. *Ruë foraine*, c'est-à-dire, ruë où il y a de mauvais lieux. II. 531. a.
FORSAIRES, Forçats de galeres. I. 817. a.
FOSSEZ JAUNES, Fossez aux faubourgs. III. 91. b.

GLOSSAIRE.

FOUILLE, Vuidange de terres. II. 319. b.
FOULOIR, Fouler & empescher, sans toutefois fouloir la correction du maistre du college. III. 713. b.
FOURMAGE, Fromage. II. 9. b.
FRICHE, masc. gen. Un friche, où souloit avoir un sanssoy. II. 535. a.
FRIPERIE. Donner sur la friperie d'autrui. I. 805. a. médire, railler.

G

GARE, Terme d'architecture. La cour a permis à la ville de prendre la saillie estant devant la chapelle du S. Esprit, le tout de la longueur de six toises & demie, avec les dessus, depuis un gare en amont de vingt-sept à vingt-huit pieds de haut & dix-huit pieds de largeur, sur ladite largeur de six toises & demie, pour appliquer au bastiment de l'hostel de ville. II. 681. a.
GARIC, Agaric. II. 70. a.
GARINGAL, Sorte d'épicerie. I. 436. a.
GARNISONS, Provisions. Maistre des garnisons, pourvoieur. I. 196. b.
GARNISSEMENS de deniers, Frais. III. 741. a.
GASTELLIER, Marchand de gasteaux. II. 310. b.
GENETER des chevaux. Caracoler. II. 547. a.
GETTER, Calculer. I. 579. a.
GEU. Où il avoit geu, c'est-à-dire, où il avoit couché. II. 548. b.
GLORIETTES, Petites boucheries. II. 830. b.
GOURDANNE, Espece de barque, ainsi dite peut-estre à cause de son gros ventre en forme de courge, anciennement dite Gourde. Au port de Mibray se doit payer, pour gourdanne bouter dehors, huit deniers, d'une gourdanne s'elle est enfondrée, & que l'eau passe le rouet, & les compagnons le requeult, cinq sous. Du moulin, s'il affondre, que l'eau passe par-dessus, & les compagnons le requeult, douze sous. II. 308. b.
GOUVERNEMENT, Provision. I. 546. a.
GRAPRIS & pourpris. Sorte de poisson sec & autre. I. 436. a.
GAVIS, Immondices & graviers. III. 18. b.
GREAUX, Fibres charnues qu'on tire du suif des bestes, en le fondant. I. 482. b.
GREIGNEUR, Plus grand. La greigneur & plus saine partie. I. 338. a. En ce cas & greigneur. Greigneur, sureté. I. 529. b. —III. 658. —246. a. Tiré du mot grandior; comme de senior on a fait seigneur. Les anciens Romans Gaulois employent aussi le mot de graindre, dans la mesme signification de plus grand; tiré de mesme du terme de grandior, par la mesme analogie qui de celui de minor a fait moindre & meindre.
GREVÉ, endommagé. I. 545. a.
GUEITE, Archer du guet. III. 648. a.
GUERDONNER, Recompenser. I. 232. b.
GUETTE, Trompette du guet. Le son de la guette. I. 620. a. —621. a.
GUEZ, Quais. II. 18. a.

H

HACON, Acre ou Ptolemaïde. Jean de Hacon, c'est-à-dire, Jean d'Acre. II. 516. a.
HALLEBIK, Droit abusif establi sur la vente du poisson; expliqué dans l'ordonnance de Charles le bel. III 246. b.
HANOVARS, Porteurs de sel. II. 790. b.
HARCHE ou HACHE. Une piece de terre en harche paroist une piece de terre de position circulaire. Et de là, traversant ledit fossé, & continuant selon le fil rouge des demandeurs, jusques à quelque quantité de terres labourables contenant un quartier ou environ, qui vient en forme de harche, en reprenant au-dedans dudit pré & d'icelui endroit, traversant sur ladite terre en harche, selon ledit fil rouge jusqu'au haut, délaissant les terres labourables à main senestre, & ledit pré à main dextre, tirant du costé de Paris le long dudit heurt. II. 750. a.
HART, Corde. Peine de la hart. II. 744. b. —752. b. III. 28. b. —37. a. b. Peine du carcan ou du fouet. II. 613. b. Peine plus grande que celle du fouet. II. 786. a. Peine moindre que celle de la mort. II. 763. b. Peine d'estre pendu. I. 599. a. De toutes ces citations il est aisé de conclure que la peine de la hart est arbitraire, & se doit entendre selon les intentions de celui qui l'ordonne.
HAUCIER, Hausser. I. 246. a.
HAUT ET BAS, Pleinement. En faire leur volonté haut & bas. En disposer entierement. I. 521. b.
HAULTS-NEUFS, Auvents. III. 105. b.
HEBERGIÉ, Logé. I. 245. b. —III. 630. a.
HERBIER, Marchand d'herbes. II. 310. b.
HEREDITABLEMENT & HERITABLEMENT, A droit d'heredité. I. 297. b.—445. a. III. 653. a.
HERONDALE, Hirondelle. III. 621. a.
HEURT, Peut-estre coing ou encogneure. A commencer au lieu appellé Entrée de la noüe du Pré-aux-clercs, les demandeurs ont commencé leur monstrée & figure, où il y a un bras d'eau de la riviere de Seine, & dudit bout estant de present sur un heurt de fossé, tirant vers cette ville de Paris, &c. II. 750. a.
HEUSSIENS-NOUS, Nous eussions. I. 407. a.
HOIRS, Heritiers. I. 206. b.
HOULLIER, Paillard. II. 538. b.
HUCHER, Faiseur de huches. I. 407. b.
HUIS, Porte. I. 482. —616. b.
HUYSSERIE, Ouverture, porte. I. 239. b. III. 12. b.

I

IDOINE, Propre. En Latin, Idoneus. Idoine & suffisant. I. 405. b.
IDOINETÉ, Suffisance, disposition qui rend propre à quelque chose. I. 569. a.
ILEC, ILLEC, ILLENC, Là. En Latin, illic. I. 244. b. ——225. b. ——523. a.
IMPARTIR, Accorder. En Latin, Impertire. I. 598. a.
IMPATRONY, Saisi; rendu maistre. I. 668. b.
IMPORTABLE, Importun. I. 255. a.
IMPOTENCE, Impuissance. I. 524. b.
INDEMNES, Indamnisé. Rendre indemnes. Indamniser. I. 584. b.
INVADER, Envahir. Invader le royaume. I. 628. a.
JONGLEURS, Basteleurs; & quelquesois joueurs d'instrumens. Tiré du Latin, Joculatores. II. 764. b. III. 651. b.
JOUR, Largeur. Trois pieds & demi de jour. I. 240. b.
ISTROIENT, Sortiroient. Istroient & viendroient. I. 140. b. Istront. I. 278. a.
JUSARMES, Espece de haches d'armes. Lui fendirent la teste de jusarmes, puisqu'il fut abatu de son cheval, & lui firent espandre la cervelle de sa teste sur le pavement. II. 550. a.

L

LAY, Laïque. Personnes layes. I. 244. b.
LE pour DU, Le tresor-le-roy. I. 230. b. Le ban-le-roy. II. 306. b.
LÉ, Large. I. 240. b.
LEEST, Somme, charge, ou caque. Six demiers pour livre pour chacun leest de haran, tant blanc, que sor. II. 626. b. On escrit aussi LETS de haran. II. 623. b.
LEGENDE, Recueil de vies des saints. I. 442. a.

LENDIT.

GLOSSAIRE.

LENDIT, Foire de S. Denis; ainsi dite du terme Latin *Indictum*. III. 7. b.

LETICE, Sorte de fourrure. *Manteaux d'escarlatte fourrez de letice*. II. 701. a.

LI pour LE. *Voulans que li nombre de seize freres de Vauvert soit creuz & augmentez dou nombre de quatorze personnes prestres*. I. 230. a.

LICENTIANDES, Ceux qui aspirent à estre licentiez. II. 684. b.

LITICONTESTE'IS, Choses en litige. I. 266. a.

LITTOVAL, Sorte de marchandise ou espicerie. I. 436. a.

LIVRE'E, Distribution manuelle. I. 121. b.

LOCATIFS, Locataires. I. 618. a.———607. b.

LOENGE, Louange. III. 648. a.

LOISE, Qu'il soit permis. En Latin, *Liceat*. I. 260. a.

LORMIERS, Coffretiers, & malletiers marchoient ensemble à l'entrée de Henri II. III. 361. b. Les Lormiers estoient des ouvriers en fer, qui travailloient pour les ornemens qu'on met aux brides, gourmettes &c. aux anneaux de brides & de licous, & autres ouvrages de cette sorte, qui leur donnoient de frequentes prises avec les selliers, cloustiers, & épronniers. Ces trois dernieres professions, dans leurs statuts & lettres de maistrise, prennent la qualité de *maistres Lormiers*; avec cette difference entr'eux, que les selliers & cloustiers ne se servent ni de lime ni d'estoc, & que les épronniers liment & polissent. *Dittion. du commerce*. P. 586. On a cru devoir rapporter ici deux anciens arrests du parlement donnez au sujet des Lormiers, qu'on ne trouvera point ailleurs. *Anno MCCCIV. Cùm mota esset discordia coram preposito Parisiensi inter sellarios villæ Paris. ex una parte, & Lormatios villæ ejusdem ex altera, super eo quòd dicti Lormarii prædictos sellarios gagiaverant, imponentes eisdem quòd ipsi sellarii opera pertinentia ad officium Lormatiorum, non ad officium sellariorum, facere nitebantur injustè & de novo, in præjudicium dictorum Lormatiorum, & contra tenorem ordinationis registri castelleti Paris. ex parte domini regis factæ inter partes prædictas, à quodam judicato per dictum prepositum Paris. super hoc facto pro dictis lormariis contra sellarios prædictos; iidem sellarii, tanquam à falso & pravo, ad nostram curiam appellassent. Tandem auditis super hoc partibus antedictis, visisque processibus dictæ causæ, nec non judicato prædicto, ac registris castelleti factis super ordinatione officiorum prædictorum; per judicium curiæ nostræ dictum fuit & pronunciatum quòd prædicta appellatio ad nichilum postea, prædicta registra tenebuntur prædictorum ministeriorum, tam sellariorum, quàm lormariorum, cuilibet suo officio remansuro, secundum prædictorum registrorum tenorem; per eamdem pronunciationem declarantes quòd licet dicti sellarii, sui officii ratione pectoralia, estriverias, & culerias (cropieres) de duobus coriis suere non possint, nec strigiles seu estrivos, bucculas, mordacia, cappas, seu clavos facere aut fabricare; ipsi tamen, si sint bona & legalia, emere, acquirere, seu habere poterunt, secundùm quod dicta registra declarant, & ea in sellis suis & bastis ponere, clavare, & rivare, & sellas & basta sua ex eis munire & præparare poterunt, & scuta inarmare, & cætera facere ad ipsorum officium pertinentia, quæ ipsi facere possunt secundum prædictorum registrorum tenorem. In cujus &c. Henricus de Brousselles lormatius juratus. Lunæ ante nativitatem B. Johannis Baptistæ, anno MCCCIV. Autre arrest de l'an 1321. Cum ex parte lormatiorum villæ Paris. significatum fuisset carissimo domino germano nostro Philippo quondam Franciæ & Navarræ regi quòd sellarii dictæ villæ, pro suo singulari commodo, contra prohibitiones & ordinationes regias ac contra*

Tom II.

utilitatem publicam, & specialiter in præjudicium dictorum lormatiorum, fecerunt novum registrum in ministerio sellaviæ; in quo registro continentur inter cætera, ut dicebant dicti lormarii, sex articuli regiæ majestati & utilitati publicæ & dictis lormariis præjudiciales & damnosi. I. articulus talis est: Quòd nullus sellarius accipiet apprenticium ad minus de octo annis servitii, & XVI. lib. salarii. II. articulus talis est: quòd nullus operabitur de ministerio sellariæ in dicta villa, præterquam dicti magistri sellariæ. III. articulus talis est: quòd nullus sellarius tenebit ministerium sellariæ à nobis, nisi fuerit probatus per quatuor magistros dicti ministerii, & fuerit apprenticius octo annis, & solverit XVI. lib. pro salario. IV. articulus talis est: quòd si aliquis dives homo debeat denarios alicui de dicto ministerio, non vendetur ei, nec fiet opus de dicto ministerio, nisi prius ipse solverit suo creditori. V. articulus est; quòd nullus sellarius habebit sellas garnitas in sua domo ultra numerum decem & octo sellarum. VI. articulus est: quòd dicti sellarii non vendent aliquam sellam homini venienti pro revendendo lormariis nec aliis; Quæ omnia sunt nobis, reipublicæ, ac dictis lormariis præjudicialia & damnosa, ut dicebant dicti lormarii; cùm ipsi & sui prædecessores essent in saisina faciendi in domibus suis sellas bonas & legales, ut dicebant; quòd que dicti sellarii utriusque ministerium, sellariæ & lormariæ, facere nitebantur. Quare supplicabant dicti lormarii prædictum impedimentum amoveri, ita ut ipsi in domibus suis possent facere sellas, ut fuerat antea consuetum; vel saltem, in casu quo dicetur ipsos non posse dictas sellas facere, quòd declararetur per curiam regiam dictos sellarios officium lormariæ exercere non debere. Super quibus ad instantiam dictorum lormariorum prædictus dominus & germanus noster, per suas litteras commisit certis personis, ut ipsi, vocatis vocandis, inquirerent super his veritatem, & facerent justitiæ complementum; & si aliquid dubium eis occurreret in præmissis, illud curiæ regiæ referrerent vel referrent. Coram quibus commissariis, præsentibus dictis lormariis ac procuratore nostro in præmissis, in quantum nos & utilitatem publicam tangere possunt, eis adjuncto, ex una parte, & dictis sellariis ex altera; ex parte dictorum lormariorum & nostra, fuerunt proposita omnia suprædicta & plura alia ad finem superius expressata; & ut de dicto novo registro dictorum sellariorum amoverentur omninò ea quæ nobis, reipublicæ & lormariis essent præjudicialia & damnosa, præsertim cùm dictum registrum factum fuisset pendente in curia nostra causa appellationis inter dictas partes in causis similibus, ut dicebant; prædictis sellariis proponentibus, ad finem ex adverso, quòd requisitio dictorum lormariorum & procuratoris nostri non fieret, & quòd ab impetitione ipsorum ipsi absolverentur omninò. Dicebant etiam quòd contenta in dictis registris sunt bona & utilia nobis & reipublicæ, & quòd dictum registrum factum fuisset auctoritate præpositi Paris. ac per arresta curiæ regiæ, necnon per majestatem regiam ex certa scientia confirmatum; ad finem prædictum plures alias rationes facti & juris allegando. Facta igitur inquesta per dictos commissarios super præmissis, & per dictos commissarios, qui super hoc dubitabant, nostræ curiæ reportata, & ad judicandum auditis partibus in curia nostra recepta, cùm gentes parlamenti nostri ad correctionem dicti novi registri sellariorum propter confirmationem regiam, absque nostro speciali mandato procedere formidarent, mandavimus eisdem per nostras litteras, quòd articulos in prædicto registro contentos, si quos invenirent nobis & reipublicæ damnosos, retractarent, & ad statum debitum reducerent; non obstantibus ordinationibus & confirmationibus quibus-

bb

GLOSSAIRE.

cumque, si quas dicti sellarii haberent super his obtentas a carissimo domino & germano nostro supradicto. Visâ igitur dictâ inquestâ, & diligenter visis arrestis curiæ nostræ per dictas partes allatis, visis necnon registris dictorum ministeriorum antiquis, viso & novo registro diligenter & articulatim, PER JUDICIUM CURIÆ NOSTRÆ FUIT PRONUNCIATUM IN HUNC MODUM: *Videlicet quòd registra antiqua ministeriorum, tam sellariorum, quàm lormariorum, tenebantur, pro officio cujuslibet renansuro secundùm prædictorum registrorum tenorem, & juxta tenorem arresti curiæ nostræ super hoc aliàs lati inter dictas partes & quamlibet. Dicti sellarii, ratione sui officii, pectoralia, estriverias & culerias de duobus coriis fuere non possunt, nec strigiles sive estrivos, buculas, mordacia, cappas, seu clavos facere aut fabricare. Ipsi tamen prædicta omnia, si sint bona & legalia, emere seu acquirere poterunt & habere, & ea in sellis suis & bastis ponere, & sellas & basta sua ex eis præparare, & cætera facere ad ipsorum officium pertinentia, prout in dicto registro antiquo & in arresto curiæ nostræ super hoc aliàs lato inter dictas partes pleniùs continetur. De dictis verò sex articulis in dicto novo registro dictorum sellariorum contentis, ut dicebant dicti lormarii, & super quibus dictos lormarios impediebant dicti sellarii ne ipsi facerent dictas sellas, &c. per curiam nostram judicatum fuit, ac prout sequitur ordinatum: videlicet quòd I. & III. articuli dicti novi registri sellariorum, in quibus sit mentio de XVI. lib. Paris. pro salario cujuslibet apprenticii dicti ministerii, ad summam VIII. lib. Paris. reducantur. II. verò articulus, in quo continetur quòd nullus operabitur de dicto ministerio sellariæ, præterquam magistri dicti ministerii, remanebit, prout in dicto registro continetur, cùm idem articulus, post arrestum curiæ nostræ aliàs inter dictas partes latum, in quo arresto continetur quod cuilibet ministeriorum, sellariæ videlicet & lormariæ, officium suum remanebit, confirmatus videatur. IV. autem articulus, in quo continetur quòd si aliquis homo dives debeat denarios alicui de dicto ministerio, non vendatur ei, nec fiet opus de dicto ministerio, nisi prius solverit suo creditori; similis sententia omninò delebitur & amovebitur à dicto registro novo, cùm contenta in dicto articulo præjudicialia nobis & reipublicæ appareant evidenter. V. autem articulus, in quo continetur quòd nullus habebit sellas munitas in domo sua, præterquam XVIII. amovebitur & detrahetur de dicto registro novo, & tenebitur & observabitur super hoc illud quod in antiquo registro habetur, in quo continetur sic: Nullus de ministerio potest guarnire sellam, nisi ipsa fuerit vendita antequam sit garnita, nisi sit sella ad trossandum, vel sella coerniciata, vel sella alba de albo polito, vel sella fustinæ clavatæ de clavis stanneis, sine aliquo clavo deaurato, prout in dicto antiquo registro continetur, quod registrum per arrestum curiæ regiæ fuit aliàs confirmatum. VI. verò articulus per dictos lormarios propositus, non reperitur in dicto novo registro, prout proponitur per eosdem; sed quantum ad contenta in dicto articulo, antiquum registrum servabitur, in quo sic continetur:* Nullus potest emere sellam garnitam de aluto seu cordubano, nisi vendendo Parisiùs, nisi emerit dictum ministerium à nobis. *Super aliis autem articulis in dicto novo registro contentis, licèt aliqui alii à prædictis adhuc præjudiciales videantur, non pronuntiavit curia nostra, propter hoc quod sellarii super illud vocati non fuerunt nec audiit; sed quoties procurator noster aut alii super his contra dictos sellarios experiri voluerint, curia nostra jus faciet inter partes. Et per idem judicium curia nostra inhibuit dictis sellariis, ne ipsi de ministerio lormariæ, & lormariis, ne ipsi de ministerio sellariæ se ullatenus intromittant contra tenorem præsentis arresti & aliorum super his aliàs in curia nostra prolatorum. Datum xxvj. die Junii. De Magnavilla reportavit.*

LOUENCHE, Louange. I. 260. a.

M

MAIGNIE, Compagnie. II. 306. a. —— 307. a.
MAINBOURNIE, Compagnie. II. 517. b.
MAINT, Frequent. II. 527. b.
MAIS, Toujours. *A toujours-mais.* I. 483. —— 230. b.
MALEFAÇONS, Mesfaits. I. 240. a.
MAL-TALENT, Rancune. I. 528. a.
M'AME, Ma ame, ou mon ame. I. 445. a.
MANDÉ, Lavement des pieds du Jeudi saint, appellé en Latin *Mandatum*, à cause du premier mot de l'antienne, par le chant de laquelle on commence cette ceremonie. II. 534. b.
MANDOLE, Espece de guitarre, à moins de cordes que la guitarre commune. III. 28. b.
MANGEANCE, Mayence. Jambons de Mangeance. II. 9. a.
MANIGUETTE, Graine de paradis. II. 9. b.
MARCHE, Quartier. Se rassemblèrent en leur marche. II. 551. a.
MARCIAI, Marché. *Marciai S. Jean.* III. 620. a.
MARTINETS, Escoliers qui ne sont ez colleges, mais logent ailleurs. II. 772. b.
MARTRELOGE, Martyrologe. I. 405. b.
MASSIA, Macis. Fleur de canelle. II. 9. b.
MATRAS, Matelas. II. 534. a.
MEGIS, Consis & barbaudes; termes de teinturier. I. 611. a.
MEHAING, Mutilation de membre. I. 621. b.
MEMORAUX, Memoriaux. 346. a.
MENE'E, Famille, compagnie. III. 630. a.
MENESTRIER, Violon, joueur d'instrument. I. 715. a. III. 648. a. b.
MEREAUX, Marques données pour distribution manuelle. I. 136. b.
MERELLES, Jeu connu. III. 67. b.
MERIOZ, Merraim. II. 308. b.
MES, *Chier sire. Mon cher seigneur.* I. 445. b. MES *chiere dame. Ma chere dame.* Ibid.
MESSES, d'Evangile. Les tresorier, chanoines & chapelains seront payez de leurs gros, messes d'évangile, distributions, obits de fondation, bougies de matines, & droits de procession. I. 359. a.
MESSIERS, Gens qui gardent les vignes & les moissons. II. 779. b.
MESSIONS, Frais & mises. I. 195. a.
MESTIER, Besoin, necessité; en Espagnol *menester*. I. 321. b.
METES, Bornes. I. 199. a.
MEURDRIR, Tuer. I. 519. b.
MIDI, L'heure canoniale de sexte. I. 136. b.
MIE, Point; particule negative. I. 481. a. II. 518. a.
MINE BORROIS, Sorte d'espicerie. I. 436. b.
MI-OSTADE, Espece d'estoffe. II. 10. b.
MISIONS, Frais. I. 542. a. —— 252. b. II. 533. b.
MITAN, Milieu. III. 475. b.
MODES, Modene. Velours de Modes. II. 10. a.
MOISON, Bail ou loyer. Donner à moison; affermer. I. 345. a. —— 403. a.
MOLESTE, Fascherie. I. 706. b.
MON, Enclytique tirée du mot *mun* renversé. *A sçavoir mon.* I. 240. a.
MOULT, Beaucoup. I. 239. a.
MOURIR-SE, Aux lieux où on se seroit mort. I. 608. a.
MOUSCHER, Chercher secretement de costé & d'autre, d'où *mouche*, pour dire *espion*. II. 664. b.
MOUSTIER, Eglise paroissiale. II. 538. b. Delez le

GLOSSAIRE.

moustier S. Innocent. III. 619. a.———756. a. b.
MUABLE, Amovible. III. 750. b.
MUER, Changer, MUER les monnoies. I. 481. a. *Muez & changez*. III. 748. a.
MUSSER, Cacher. II. 549. a.

N

NATIVITE', Naissance. *Dit qu'il est de belle nativité ; c'est-à-dire , noble de naissance*. II. 535. b.
NOEL, Au feminin. *La noel*. I. 735. a.
NOVATION, Renouvellement. *Novation de dettes ; renouvellement de billets*. I. 671. b.
NOUE, Place verte dans une forest. II. 750. a.
NOUVELLETE', Innovation. I. 68. a.
NUISABLES, Nuisibles. I. 541. b.———542. a.

O

OBSTANT, A cause de l'empeschement. *Nostre tresor n'est pas mis sus, obstant les guerres*. III. 702. a.
OILLE, Huile. I. 189. b.
OIR, Entendre. *Oir comptes*. I. 403. a.
OPERATION, Travail, *Vivre de ses operations*. I. 599. b.
ORATEURS, Supplians. II. 20. a.
ORD, Sale. Orde & pleine de boües. I. 616. b.
ORDENANCE, Ordonnance. I. 440. b.
ORDENNER, Ordonner. I. 195. b.
ORES ENDROIT, Apresent. III. 648. b.
ORFAVERIE, Broderie d'or ou d'argent , ou plaques d'orfevrerie. I. 223. a.
ORRONT, Entendront. I. 438. a.
OST, Armée. I. 326. b.
OSTEVENTS, Auvents. I. 680. b.
OUVRE'ES, Travaillées. *Napes ouvrées*. II. 10. b.
OUVRER, Travailler. I. 641. a. II. 545. a.
OUVROIRS, Boutiques. III. 768. b.
OYL, Ouï. II. 583. b.

P

PAMPES ; Feuilles. *Pampes de roses*. II. 310. b.
PANRE, Prendre. *Panre & avoir*. III. 653. a.
PAR, Au lieu d'EN, Par rapportant ses letres, chacun endroict soi demeurera quitte. II. 703. a.
PARDONNANCE, Pardon. I. 528. a.
PARFIN, Fin. *A la parfin*. I. 321. a.
PARFOND, Profondeur. I. 275. a.
PARFOURNIR, Fournir. I. 557. a.
PARMI-CE, Moyennant ; à condition que &c. I. 524. a. *Parmi & pour la quelle somme*. III. 653. a. I. 245. a. *Parmi le prix*. I. 245. b.———405. a. *Parmi trois sols*. I. 525. a.
PASNAGE, Paisson de porcs dans une forest. I. 253. a.
PAST, Repas de ceremonie. I. 543. b.
PAVEMENT, Pavé. I. 616. b.—550. a.
PERDURABLE, Permanent. I. 553. b.
PERILLE', Qui est en danger. *N'y eut aucune personne perillée*. II. 550. b.
PERMUER, Permuter. I. 345. a.
PERPETUATION, Continuation & entretien. I. 636. a.
PERS, Violet ou bleu. II. 592. b. - II. 806. a.
PEUPLE', Garni. *Deux lez de velours peuplez d'armoiries*. III. 537. a.
PEUSSON, Pasture de pourceaux. I. 253. a.
PHANON, L'enseigne ou cornette. I. 720. b. Cornette ou enseigne de linge. II. 719. a.
PICQUE, *Tour de picque*. III. 126. a.
PIEÇA, Il y a du tems ; *nuper*. I. 527. b.

PIGNON , Caque. *Pignon de hareng*. I. 426. a.
PISTOLES, Armes à feu ; pistolets , &c. I. 663. a.
PISTOLIERS, Cavaliers armez de pistolets & autres armes à feu. III. 403. a.
PITEABLES, Pieux. *Oeuvres piteables*. I. 572. a.
PITEUSEMENT, Pieusement. I. 223. b.
PITOIABLE, Emouvant à compassion. *Pitoiable chose à ouïr*. I. 720. a.
PITOIABLE, Pieux. *Lieux pitoiables*. II. 29. a. *Oeuvres pitoiables*. II. 15. a.——807. a.
PLANTUREUX, Abondant. I. 160. a.
POIGNANT, Pouvant, ou mettant. *Lon li dourra jour à dire contre les tesmoins , & un autre à prouve ; & ne poignant , les tesmoins de l'autre partie seront retenus*.
POIGNE'E, Couple. *Une poignée de moruë ; ce sont deux moruës*. II. 9. a.
POISANT, Pesant. II. 11. b. POISER. I. 223. a.
POITRINAL, Pistolet, vient du mot Espagnol *Pedernal* , qui signifie une arme à feu avec pierre de mine & roüet d'acier. III. 475. b.
POOIR, Pouvoir ; autorité. I. 402. b.—403. a.
POPULAIRE, Le peuple. I. 622. b.— 255. b.
POPULOT, Enfant. *Deux populots tenant une corne d'abondance*. III. 550. b.
POSSOIR, Posseder. I. 275. a.
POSTES, Postillons ; couriers. II. 673. b.
POUEZ, Pouvez. I. 246. a.
POULAINE, Pologne. *Lie ou tartre de Poulaine*. I. 436. a.
POULERIE. *Frere André Barthelemi contestoit aux religieuses de S. Antoine le droit de tenir pouleries*. III. 701. a.
POULLIERE, Office des religieuses de l'Hostel-Dieu. II. 698. b.
POURCHACIER, Chercher. I. 403. a.
POURPRINS, Maison avec son enclos. I. 405. b.
POURSUIR, Mener à fin. I. 402. b.
POURTOUR, Contour. II. 319. b.
POY, Peu. I. 239. b.
PREAUX *aux fenestres*. Jardinets. II. 306. b.
PRENABLE, Capable. *Estre maistre en medecine , est une dignité dont le Juif n'est pas prenable*. I. I. 544. b.
PRIEUSE, Prieure. III. 701. a. I. 252. b. II. 615. b.
PRINCIPAUTE', Charge de principal de college. I. 389. b.
PRIORTE', Prieuré. II. 540. b.
PRIVEEMENT, En particulier. I. 521. a.
PROCURATION, Repas deu aux visites des évesques. II. 541. a.
PROGENITEURS, Ancestres. I. 164. b.———564. b.
PROMISTRENT, Promirent. *Promiserunt*. I. 405. a.
PROPICES, Proptes & convenables. I. 541. b.
PROPORTIONABLEMENT, A proportion ; convenablement. III. 685. b.
PROSTERNER, Abandonner. *Prosterner un enfant orfelin*. I. 691. a.
PROVIDES, Discrets d'une communauté. III. 742. a.
PROUVENDES, Prebendes. I. 403. a.
PRUDHOMMES, Experts. I. 520. b.
PUENT, Peuvent. I. 246. a.
PUEPLE, Peuple. I. 240. a.
PUET, Peut. I. 245. a.
PUIST, Puisse ; *possit*. I. 206. a.
PUNAISIE, Puanteur. I. 616. b.——481. b. II. 535. a.

Q

QUENQUE, Quelque chose que. *Quodcunque*. I. 298. a.
QUERRE, Chercher ou asseurer. I. 566. a.
QUETS & ARRIEREQUETS, Guet & arriere-guet.

Droit payé pour le guet. I. 523. a.
QUIER-JE, Je cherche. II. 560. a.

R

RABAS, Contour ou chambranle. *Auront les rabas de ladite huisserie pié & demi de lé, entre le vierre & le chanfraint, jusques au battant de l'huis.* I. 240. b.
RABAT, Deduction. I. 198. b.
RABBAT, Corniche. *Sur le rabbat de la salle seoit un lacunaire ou plancher plat.* III. 375. b.
RAMEMBRANCE, Memoire. *En l'honneur & ramembrance de la benoiste Trinité.* I. 189. b.
RAMENDURE, Raccommodement. Ramendure d'habits. II. 534. a.
RACOLICE, Reglisse. I. 436. b.
RACOUSTRE', Reparé. I. 710. a.
RAVERSE', Terme de tailleur de pierre. *Toutes lesquelles pierres seront bien & proprement taillées, & de plus lesdites pierres d'Arcueil seront raversées, & lesdites pierres de S. Leu nettoyées au fer.* II. 275. b.
REBOUTER, Chasser. II. 597. a.
RECENTEMENT, Depuis peu. I. 704. a.
RECOMMANDACES, Prieres & suffrages. I. 555. a.
RECORS, Repetition. Representer des pieces de theatre, tant en recors qu'autrement. II. 685. b.
RECULATE, Reculée. I. 542. b.
RELIEF, Mouvance de fief. I. 200. a.
REMUNERER, Recompenser. II. 574. a.
RENCHOIR, Retomber. I. 520. a.
RENDU, Converti ; Qui se fait religieux dans un âge avancé. Recevoir rendus. III. 701. a.
REPLICATIONS, Escritures pour repliquer. I. 404. a.
REMANET, Le remanet ; c'est la part des absens. I. 352. a.
REMEMBRANCHE, Souvenir. II. 309. a.
RIMOT, Eloigné. Remot en degré de succession. I. 772. a. — 773. b.
RIPOSTEMENT, En cachette. *Repostemens conversez.* II. 550. a.
REPAIRER, Se retirer ; habiter. II. 536. a. *Reparans & frequentans.* I. 541. b.
REQUEULT, Recueillit, Ramasse. II. 308. b.
RESCRIPSISSENT, Rescrivissent, I. 239. b.
RESPLANDIR, Luire. III. 708. b. — I. 141. a.
RESPOIGNE, Responde, au subjonctif. *Respondeat.* III. 243. b.
RESSEANCE, Lieu de seance. I. 751. b.
RETAILLE, Terme de maçon. *Le mur de face & pourtour de la fontaine sera de pierre de taille dure jusqu'à la premiere pierre d'assise au-dessous de la retaille.* II. 319. b.
RETRAIRENT, Retirerent. Se retrairent. II. 579. b.
REUE, Roue. II. 529. a.
RENENUE, Revenu. I. 195. b.—542. a.— 403. b.
REVESCHE, Espece de frise ou estoffe grossiere. II. 11. a.
REZ, Le rez de terre. I. 541. a. — 542. a.
ROISEALT, Espece de cordage. II. 308. b.
ROMPTURE, Ruine & brisure. I. 571. b.
ROSACES, Especes d'ornemens pour les plafonds & frises. *Rosaces d'or embouties, tant au milieu qu'aux quatre coins.* III. 376. a.
ROUET, Machine tournante pour lever les chaînes de la ville. *Ceux qui ont le roüet des chaînes de la ville.* I. 621. b.
RU, Bas de riviere ; ruisseau, canal d'écoulement. I. 163. b.

S

SAFFLEUR, Peut-estre fleur de saffran. I. 436. b.
SAIETTES, Fleches. I. 547. a.
SAINT LADRE, Saint Lazare. I. 720. a.

SAINT MACIEL, Saint Martial. III. 621. a.
SAINT SAXON, S. Samson. III. 693. a.
SAINTE VAUPTEUR, ou BAUTHEUR, Ste Bathilde, II. 615. b. — 671. a.
SALVATION, Salut. I. 546. b.
SAMIT, Espece d'étoffe. *Samit blanc.* I. 437. b.
SANTUAIRES, Reliquaires. II. 575. b.
SAVOT, Fort ou prison. *Le savot aux dames de Montmartre.* III. 167. b.— 168. a. *Savot des Filles-Dieu ; ruelle ou cul de sac.* III. 619. a.
SCELERE', Scelerat ; criminel. Personnes scelerées. I. 702. b.
SCIET, Est assis. I. 245. a.
SEAUL, Sceau. I. 106. b.
SEMILLE', Paré ; terme de tailleur de pierre. II. 275. a. *Et sous les trumeaux, la fondation sera entierement de bon libage de pierre dure, piquée, semillée de tout bouzin, posé en bonne liaison.* II. 275. a.
SENNE, Synode. II. 541. a.
SERMENT ARTIFICIEL, Harangue estudiée. II. 536. a.
SERRA, Sera assis. *Sedebit.* I. 308. a.
SEUR, *En seur que tout.* C'est-à-dire, en un mot, ou enfin. I. 404. a. *En seur. Deplus. Insuper.* I. 298. a.
SI, Sien, ou son. *Si-hoir.* Son heritier. I. 206. b.
SIECLE, Opposé à Eglise. *Personnes d'eglise ou de siecle.* I. 465. b.——346. a.
SIGNE *de Melite*, Terre sigillée. I. 436. b.
SIMULTE', Inimitié. I. 666. a.
SI-NON, *Si par congé non.* C'est-à-dire, sinon par congé. II. 310. b.
SODE, Terme d'architecture, pour marquer une face carrée. III. 366. a.
SOMPTUEUX, Dommageable. I. 199. b.
SORORGE, Beau-frere. *Sororius.* III. 654. a.
SOTIES, Jeux & bouffoneries de theatre. II. 601. a.
SOTS, Farceurs & comediens. *Prince des sots & de la sotise.* III. 44. a.
SOUBTIENNEMENT, Soustien. I. 258. a.
SOUFFRETEUX, Miserable. I. 259. b.
SOULOIENT, Avoient coustume. I. 555. b.
SOULTES, Payemens. I. 345. b.——403. b.
SOUSTENANCE, Entretien. I. 230. b.
SOUSTENEMENT, Entretien. III. 701. b. I. 691. a.
SPECULATEURS, Visiteurs. I. 655. b.
SUBSTANTER, Nourrir. I. 641. b.
SUEFFRENT, Souffrent. I. 246. b.
SUER, Soeur. I. 253. b.
SUEUR, Tailleur, cousturier. II. 310. b.
SUR, Contre. *Et s'ils font sur le commandemen du voyer, ils l'amenderont.* II. 306. b. Se prend aussi pour *avec. Assembler sur leur maistre.* II. 309. a.
SURCOT, Habit de dessous ; s'entend ordinairement de celui que portoient anciennement les dames, qui estoit sans manches. Mais les hommes en portoient aussi. I. 437. b.

T

TAISIBLE, Tacite ; non exprimé. II. 275. b. III. 653. a.
TALLEMELLIERS, Boulangers. II. 607. a. Autrement dits *Talleniers.* II. 308. a.
TARE, Le poids du batil, à deduire de la liqueur qui est dedans. *Le baril de couldran & tare.* II. 11. b.
TAUXATION, Taxe. I. 525. a. *Tauxé.* Ibidem.
TEMPESTATIF, Impetueux. I. 652. b.
TENEURES, Terres tenuës en mouvance d'un fief. I. 437. a.
TENISSENT, Tinssent. *Tenerent.* I. 195. a. *Tenissions.* I. 407. a.
TERRIEN-SEIGNEUR, Seigneur de fief. I. 521. a.

TESEZ,

GLOSSAIRE.

TESEZ, Toifes. I. 246. a.
THEFFANIE, Jour des roys; Epiphanie. II. 602. b.
TOLLIR, Oster. II. 541. a. I. 635. a.
TONLIEUX, Peages. Tiré du Latin *Teloneum*. I. 609. a. b.
TONNEL, Tonneau. I. 435. b.
TORAX, Storax. II. 10. a.
TORTUE, Espece de cordage. II. 308. b.
TOUAILLES, Napes. I. 189. b.
TOURNELLE, Petite tour. I. 244. a.———245. a.
TOURNIQUET, Espece de jeu, deffendu. III. 43. b.
TOURDES, Tourterelles. III. 432. b. En Latin *Turdi*.
TOUT QUE, Quoique. *Tout, dit elle, qu'elle le peut*. I. 232. b.
TRAICTEZ *en cause*; contraincts de plaider, *tracti in jus*. I. 481. b.
TRAIRE, Tirer. *Se traire* vers quelqu'un; c'est-à-dire, l'aller trouver. I. 404. a. *Se traire & approcher*. I. 545. b.
TREMPIS, Lavage de poisson de mer. I. 611. b.
TRESPASSEMENT, Mort. I. 223. b.———564. b.———438. a.
TRESPASSER, Desobeir. *Trespasser une ordonnance*. II. 518. b.
TRESSONS, Ornemens de teste pour les cheveux des femmes. *Nos tressons d'orfavérie, qui sont de rubis d'Alixandre, d'émeraudes & de perles, chacun par soy*. I. 223. a.
TRONCHES, Avances de boutiques sur les ruës. I. 647. b.
TROTOIR, Chemin pour les gens de pied, sur les quais. III. 768. b.
TRUBLE *à marche-piéce*. Engin à peſcher. II. 541. b.
b Truble à loix. Ibidem.
TUIT, Tous. I. 322. b.

V

VARLEIT, Valet. I. 226. a.———197. b.
VEL, Veau. II. 308. b.

VELONS, Voulons. I. 206. b.
VENDAGE, Vente. I. 274. b.———551. a.
VENDUE, Vente. I. 403. b.
VENRONT, Viendront. I. 257. a.
VERINE', Vitré. *Maison de bois toute verinée à l'entour*. III. 356. b.
VERRIERES, Vitraux. III. 709. a.
VEULT-JE. Je veux. I. 297. b.
VIZ, Escaliers à viz. Feront une saillie outre & par deſſus leurs carneaux (de S. Eſtienne du Mont) près *leur viz neuve & une nouvelle entrée en leur viz sur la grande entrée*. III. 712. a.
VIAGE, Ususruit. I. 445. b.
VICTAILLEMENT, Entretien. I. 258. a.
VIEZ, Vieille. 245. a.
VIERRE *& chanfraint*. Termes d'architecture, appartenans à la construction d'une porte. I. 240. b. Vierre est apparemment pris du mot *Viaire*, qui sinifioit *visage*; & dans ce sens Vierre marqueroit la face ou façade.
VILENER, Offenser. III. 263. b.
VIS, Vivans. *Moris & vis*. I. 230.
VISITATEURS, Visiteurs. I. 639. b.
VITUPERE, Deshonneur. I. 616. b.
UNZAIN, Monnoie d'onze deniers. II. 605. b.
VOIRIERES, Vitraux. III. 702. a.
VOIRIES, Vitres. I. 141. a.
VOIRIES, Lieux où l'on jette les immondices, I. 567. a.
VOLENTE, Volonté. I. 244. b.
VOULSISSENT, Voulussent. I. 404. b. Voulsist. I. 232. b. Voulsissions. I. 247. a.
VOUSSEURE, Terme d'architecture, en matiere de cintres de voutes. I. 241. a.
VTENSILER, Meubler. II. 641. a.

Y

YSSENT, Sortent. I. 482. b.

FAUTES A CORRIGER

DANS LES TROIS VOLUMES DES PREUVES DE L'HISTOIRE de la Ville de Paris.

PARTIE PREMIERE.

PAge 9. b. ligne 13. Δимτri, lisez Διμτri. P. 12. a. ligne 16. Avranches, lisez Avanches. P. 15. b. à la marge 558. lisez 557. P. 17. a. ligne 28. volui, lisez nolui. P. 18. l. 31. MCCCLXIII. lisez MCCCLXVIII. P. 23. a. l. 16. xxxiv. lisez xxxvi. P. 25. a. l. 4. Imbray, lisez Mibray. P. 27. b. l. 37. provincia, lisez Provincia. Ibid. a. l. 7. Eccleæ, lisez Ecclesiæ. P. 28. b. l. 15. ruptum, lisez ſaptum. P. 30. a. l. 42. millesimé, lisez chiffré. P. 31. b à la marge de l'acte, In nomine, &c. adjoustez an. 918. P. 34. a. l. 1. Louis VI. lisez Louis VII. Ibid. l. 3. VI. lisez VII. P. 35. b. l. 8. Trinitatis. lisez Crucis. Ibid. l. 13. Juliano. lisez Tulliano. Ibid. à la marge d'Urbannus &c. mettez an. 1186, ou 1187. P. 39. b. l. 52. Misidunt, lisez Milidunt. P. 40. a. l. 15. Vervolio, lisez Vernolio. P. 49. b. à la marge. 1073. lisez 1067. P. 50. b. l. 32. Monmoriaco, Il faut apparemment lire, Monmorenciaco. P. 57. a. à la marge de l'acte du roy Robert, adjoustez : an. 1017. P. 63. b. l. 5. Grilogoni, lisez Grisogoni. P. 66. a. l. 3. Adrien, lisez Alexandre. P. 67. b. à la marge, 1231. lisez 1230. P. 76. b. l. 5. Aventione, Il faut peut-estre lire : Conventione, ou plutost Arrendatione. P. 78. b. à la 7. ligne avant la fin de la colonne, Mailly, Lisez & par tout ailleurs : Marly. P. 79. a. & b. La Chevée. Il faut peut-estre lire , la Chesée. P. 79. b. l. 21. monachus; lisez Monachus. P. 83. b. à costé du second acte , adjoustez en marge : vers 1210. & cette addition rend'a inutile la note qui est à la fin du premier acte daté de l'an. 1234. P. 86. b. l. 16. Holdomus, lisez Holdonus, ou Holdonius. P. 94. a. l. 14. & 15. avant la fin, effacez ces mots : de la bibliotheque, qui sont cependant dans l'imprimé dont cela a esté tiré. P. 95. b. l. 41. Actu mapud, lisez Actam apud. P. 96. b. l. 50. More, lisez motæ. P. 100. b. l. 3. choris, lisez horis. P. 109. a. l. 13. Doviou, lisez Doniou. P. 113. a. l. 36. choro, lisez foro. P. 117. b. l. 45. computorum, lisez compntis. P. 142. b. l. 17. Priimandaye, lisez Primaudaie. P. 148. b. l. 30. Après ces mots, Pierre Lizet Chevalier &c. il faudroit peut-estre adjouster : Aimard Nicolai , mentionné dans la suite , P. 151. a. l. 5. & 6. après Pierre Lizer. P. 160. a. l. derniere, Millesimé. lisez Chiffré. P. 160. b. l. 3. à la marge. 1248. lisez 1250. Ibidem. l. 43. 1452. lisez 1254. P. 208. a. l. 33.———37. Salvo nobis & ecclesiæ nostræ, quòd eo anno quo dominus rex à nobis solidos suos levabit , solidos à dictis hominibus [adjoustez levare poterimus, quos habito respectu ad solidos———& puis continuer la suite] nobis impositos . & tertam nostram tailliabilem videeimus bonâ fide. P. 219. b. à la marge. 1350. lisez 1349. P. 220. a. l. 13. Jean XII. lisez Jean XXII. P. 224. a. l. 4. 1386. lisez 1383. P. 238. a. l. 21. Urbenetum, lisez Urbevetan. P. 240. a l. 52. le lisez se. P. 252. a. l. 2. Misericorder, lisez misericurditer. P. 259. b. l. 10. Souffreleux, lisez Souffreteux. P. 260. b. l. 44. Saublé, lisez Sablé. P. 262. b. l. 5 mettez une virgule après Monsieur. P. 264. b. l. 28. Après &, effacez garde. P. 269. b. à la marge. 1264; lisez 1265. P. 271 à la marge
Tom. II. ce

ce. 141t. lisez 141t. Page 282. a. ligne 16. adjoustez esse après pacificos. Page 283. b. l. 6. sine, lisez sine. Page 292. à la marge, 1258. lisez 1257. P. 293. a. l. 34. Adreas, lisez Audreas. P. 295. a. l. 25. Lonyco, lisez Lonvyco. P. 296. a. l. 8. à la marge, 1313. lisez 1314. P. 299. a. l. 13. impartimur. Speciale in cujus, lisez impartimur specialem. In cujus. P. 311. b. l. 10. cleres ordinaires, lisez c eres extraordinaires. P. 319. a. l. 46. manutenendam, lisez nanciscendam. Ibid. b. l. 14. après ces mots : rex fecit, lisez ainsi les quatre lignes qui suivent, pro cum expresso procuratori prædicto, quòd de bonis prædictis fiant & ministrentur expensæ Templariorum qui ratione dictorum errorum per dispositionem ecclesiæ capti tenentur seu tenebuntur, ac similiter expensæ. Et à la fin de l'acte, après le mot : Tiré, mettez des registres du parlement, & effacez tout le reste. P. 320. à la marge 1313. lisez 1316. P. 323. a. l. 31. Sourde, lisez Sourdre. P. 328. a. l. 10, 1321. lisez 1322. P. 330. b. l. 20. pidoé, lisez Pidoé. P. 331. a. l. 16. præpositi, lisez Præpositi. P. 333. a. l. 2. Loulayo, lisez Lonlayo. P. 334. b. l. 42. 1342. lisez 1343. P. 317. à la marge, 1654. lisez 1657. P. 387. Les deux pages suivantes sont cottées, 390. 391. Il faut y mettre, 388. 389. P. 416. b. l. 39. indistinctè, lisez indistinctè. P. 440. b. l. 46 Bonocedio, lisez Becodio. P. 440. a. l. 5. millisimè, lisez Chiffré. P. 450. a. l. 34. l'edict, lisez le dit. P. 461. à la marge 1666. lisez 1665. P. 465. à la marge 1669. lisez 1699. P. 483. a. l. 21. La lisez Pa. P. 491. b. l. 40. ostez la virgule. P. 523. a. l. 4. XXI. lisez XXVI. selon les registres du parlement. Ibid. l. derniere millisimè, lisez Chiffré. P. 525. a. l. 33. essoure, lisez essoine. P. 553. b. l. 19. admonestée, lisez administrée. P. 547. l. 33. VIII. lisez XI. ou XXII. P. 560. b. l. 31. de la chambre des comptes, lisez nommez par S. M. P. 563. a. l. 23. & 28. Anciere, lisez Auciere. P. 571. a. P. 572. Denis Sesselin, lisez Denis Hesselin. P. 577. b. l. 22. 1420. lis. 1320. Ibid. l. 24. Pariez, lis. Parvi. P. 605. b. l. 43. vobis, lisez votis. P. 615. b. l. 27. Daunet, lisez Dauvet. P. 631. a. l. 33. tissuriers, lisez tissutiers. P. 649. l. 6. Ordonance essnyaler, lisez Ordonnances, ny aller. P. 661. a. l. 32. Chalvan, lisez Chaluau. c'est Challior. P. 664. a. l. 10. Marchands, Il faut lire mareschaux, quoiqu'il y ait marchands, dans le recueil cité ; & du mesme l. 52. P. 693. a. l. 4. 1533. lisez 1633. P. 733. b. note. Tiré des memoires manuscrits de Sauval, lisez communiqué par le reverend pere Chamillard Jesuite, de mesme que l'acte suivant. P. 789. b. l. 41. mangement, lisez manquement.

SECONDE PARTIE.

P. 47. b. l. 47. Boudovyn, lisez Baudoüyn. P. 97. a. à la fin des lettres patentes pour le Calvaire. XXII. Aoust M. DCXXXVI. lisez MDCXXXIV. P. 114. l. penult. Rolet, de Doules, lisez Relec, de Doulas. P. 115. b. l. 17. Maily, le Chastel, lisez Marly le Chastel. P. 116. b. l. 5. 1636. lisez 1635. P. 118. a. l. 26. 1630. lisez 1635. P. 220. b. l. 14. Ormoy la Male maison, lisez Ormoy, la mal maison. Ibid. l. 30. Hotiman, lisez Hottman. P. 268, b. l. 50. Dolon, lisez Doloy. P. 173. a. l. 13. beaux, lisez baux. Ibid. b. l. 28. beaux, lisez baux. P. 299. l. 1. beaux, lisez baux. P. 302. b. à la marge, 1685. lisez 1693. P. 315. b. après la ligne 4. on a omis la date de l'arresté qui suit, qui est apparemment du Samedy 22. May 1694. P. 332. a. l. 19. & 20. jusqu'à ladite quantité de 6452. toises, il doit y avoir erreur dans ce nombre ; car plus haut il n'est question que de 4572. toises. P. 411. a. l. 38. Sustitut, lisez substitut. P. 453. l. 3. rigiffres, lisez registres. P. 491. l. 17. 1133. Il y a ainsi ; mais il faudroit lire, 1313. qui est la date du pretendu édit du roy Joan mentionné à la page precedente. P. 516. l. 28. petant domino. lisez petante à domino. P. 517. l. 2. Thiboult. Il faut peut-estre lire : Thiboust. P. 519. b. l. 51. Harquin, lisez Erquery. P. 526. b. l. 6. Cotcheuse, lisez Cortcheuse. P. 534. b. l. 3. le, lisez les. P. 545. l. 38 mesclandre, lisez en esclandre. P. 548. l. 39. effacez du titre, à la 2. ligne, ces mots : le roy &c. P. 597. a. l. 13. Lausac, lisez Lansac. Ibid. l. 24. Cenesine, lisez Cenesme. Ibid. l. 23. Rounaain, Il faut peut-estre lire : Rosnivinen. Ibid. l. 31. Gronchy, lisez Grouchy. P. 615. a. l. 13. XIV. lisez XV. P. 668. a. l. 32. XXXIII. lisez XXIII. P. 686. a. l. 10. avant le sin bon seculiers, lisez bras seculier. Ibid l. 22. Liévre, lisez Lieur. P. 733. b. l. 1. 1546. lisez 1547. P. 750. b. l. 10. Licieu, lisez Lirieu. P. 752. l. 39. Furener, lisez Finée. P. 759. l. 24. Chamaux, lisez Chemaux. P. 780. a. l. 16. porter, lisez portées. P. 781. b. l. 19. d'Antriguier, lisez de Lantriguier, c'est Trequier. P. 792. a. l. 1. Souillard, lisez Souillac.

TROISIE'ME PARTIE.

P. 10. b. ligne antepenultieme, Portier, lisez Potier. P. 94. a. l. 1. à la marge, 1635. lisez 1634. P. 113, b. l. penult. Tarquet, lisez Turquet. P. 130. a. num. XXV. l. 1. & 3. l'anné, lisez l'année. P. 153. b. l. 1. à la marge, 1656. lisez 1657. P. 153. l. 1. P. 154. a. l. 1616. lisez 1658. P. 155. l. 1. P. 156. l. 1. P. 157. l. 1. P. 158. l. 1. P. 159. l. 1. P. 160. l. 1. 1656. lisez par tout 1658. P. 245. a. l. 8. Picardi, lisez Pitardi. P. 288. l. 21. l'Huillier, lisez Grollier. P. 301. b. l. 2. establies, lis. establie. P. 314. l. 32. d'Epernon, lisez de Vernon. P. 338. a. l. 31. 29. jour, lisez 22. jour. P. 344. b. Il faut corriger la note de S. Pavace. I s'agit là de S. Paxent martyr, dont les reliques sont à S. Martin des Champs. P. 350. b. l. 16. en la maison, lisez la maison. P. 358. b. au bas de la page ; au dessous du titre : Entrée &c. ajoustez : du IV. Decembre MDXLVIII. P. 374. b. l. 42. Elisabeth, lisez Catherine. P. 395. l. 45. douz, lisez douze. P. 444. b. l. 10. felicité, lisez fidelité. P. 453. b. l. 20. HEMERARD. lisez HEVERARD. P. 515. b. l. 49. le gros, lisez le gras. P. 541. a. l. 22. 25. Janvier, lisez 15. P. 603. a. l. 2. si capellania, lisez Si capellania. P. 604. b. à la date de l'acte de S. Louis, MCCXV. lisez MCCLXV. P. 605. a. l. 14. vigenti, lisez viginti. P. 619. b. l. 52. la Bouchier, lisez le Bouchier. P. 2. 646. à la note marginale, la reine de Bourgogne, lisez la reine Jeanne de Bourgogne. P. 649. à la fin. MCCCXXXI. MCCCXXXI. lisez MCCCXXXIII. P. 677. a. au bas de la colonne, messire Gillis, lisez Gilles. P. 689. à la fin. MCCCXXXI. lisez MCCCXXXIII. P. 691. a. l. 4. avant la fin, Freins, lisez Frejus. P. 707. b. l. 29. inhabitarionis, lisez inhabilitatis. P. 713. b. l. 12. goindrement, lisez gouvernement. P. 715. a. l. 14. sint, lisez sicut. Ibid. l. 42. divinum, lisez divinum. Ibid. b. l. 20. Oportnnam, lisez Opportunam. Ibid. l. 18. ipsa, lisez ipse. P. 717. b. l. 4. deputat, lisez deputet. Ibid. l. 45. exsolvare & percipiant, lisez exsolvat & percipiat. P. 718. a. l. 39. tempore, lisez torpore. P. 719. b. l. 1. manutenoria, lisez manutenentia. Ibid. l. 15. nec præstantior ulla ab ista paces & unitatis, Il faut si ppler, entre ulla & ab, le mot res. P. 720. b. l. 22. marcerium, lisez marcharum. P. 753. a. art. XXXV. l. 2. gouverneuts, lisez gouverneurs. P. 798. a. à la marge 1632. lisez 1629.

RECUEIL
DE
PIECES JUSTIFICATIVES
POUR L'HISTOIRE
DE LA VILLE
DE PARIS,
CONTENANT LES DISSERTATIONS, ACTES,
Bulles, Diplomes, Extraits, & autres Pieces indiquées
dans cette Histoire.

DISSERTATION
*SUR ISIS ET SUR CYBELE, AU SUJET DU NOM
de la Ville de Paris.*

L en est des villes anciennes comme des familles ; pour leur attribuer une origine illustre, on va chercher dans l'obscurité des temps les plus éloignés, & l'on donne dans le merveilleux & dans la fable, ou dans une étymologie souvent équivoque. C'est ainsi que l'on a cru que Paris a pris son nom de ces mots Grecs παρα & Ἴσις.

Si d'abord on en croit Plutarque, Isis n'est point un mot Grec, mais Egyptien; c'est le sentiment d'Apollodore, livre 2. où il dit qu'Io ayant épousé un roy d'Egypte, y érigea une statuë à Cerès, que les Egyptiens appellerent Isis. Il faudroit donc, pour établir l'opinion de nos modernes, supposer qu'Isis a autrefois été adorée dans Paris : mais avant que de montrer le peu de fondement de cette opinion, il est à propos de dire quelque chose du culte de cette Divinité chez les Romains, pour en tirer les inductions necessaires, & pour juger si par le commerce qu'ils ont eu avec les Gaulois, cette Déesse a été reconnuë dans les Gaules, ou du moins chez les anciens Parisiens.

A peine le culte d'Isis, qui avoit pris son

Tome II. A

origine dans l'Egypte, fut-il reçu dans Rome, que sous la république, & sous le regne de la plûpart des empereurs il fut souvent troublé ou interrompu. Car les Romains, suivant Valere Maxime, n'admettoient pas volontiers les religions étrangeres, & ils ne croyoient point que la république dût se gouverner par d'autres auspices que par ceux de leurs ancêtres, ou de leur propre pays: *Auspiciis enim patriis, non alienigenis, rempublicam administrari oportere judicabant.* En effet nous voyons, au rapport du même historien, que sous le consulat de M. Emilius Paulus en l'an 534. de Rome, 220. avant l'ere chrétienne, il y eut un ordre du senat pour démolir les temples d'Isis & de Serapis; & comme les ouvriers retenus par une crainte superstitieuse n'oserent l'entreprendre, le consul plus hardi leur montra l'exemple, & ayant mis bas sa robe de pourpre, il prit une hache, & donna les premiers coups dans la porte du temple: *Positâ prætextâ, securim arripuit, templique vim foribus inflixit.* Mais il étoit difficile de détruire un culte qui avoit, pour ainsi dire, pris racine dans le cœur du peuple de Rome; car ce peuple, qui se plaisoit aux mysteres d'Isis, ne laissa pas de les continuer & d'en rétablir les temples. Si on en juge par ce qui arriva sous le consulat de Pison & de Gabinius en 696. les Romains pour lors chasserent du Capitole, dit Tertullien, & retrancherent du nombre des Divinités celles de Serapis & d'Isis, après avoir renversé leurs autels: *Capitolio prohibitos, id est, curiâ Deorum pulsos, Piso & Gabinius consules, excisis etiam aris eorum, abdicaverunt.* Et dans son premier livre aux Nations, il dit que leurs statuës ayant été rejettées & défenduës par le senat, elles ne furent rétablies que par les fortes sollicitations du peuple: *Non nisi per vim popularium restructas*; mais que le consul, qui le jour des calendes de Janvier, auquel on immoloit les victimes en présence du peuple assemblé, n'avoit rien ordonné concernant les Divinités d'Isis & de Serapis, défendit qu'on leur dressât des autels, préférant l'ordre du senat à l'empressement du peuple: *Quia nihil de Serapide & Iside constituisset, potiorem habuit senatûs censuram quàm impetum vulgi, & aras institui prohibuit.* Ces défenses dans la suite produisirent dans l'esprit du peuple un effet presque tout contraire; car dans le temps des troubles qui commencérent à Rome au sujet de la dissension entre Cesar & Pompée, après la mort de Julie,

& qui sont décrits par Dion; ce qui arriva l'an 701. de la fondation de Rome; il y eut plusieurs prodiges qui répandirent la terreur dans la ville, & qui parurent autant de préságes de malheurs. On y apperçut un hibou, oiseau de mauvais augure chez les anciens, & tel que le dépeint Ovide.

Ignavus bubo dirum mortalibus omen.

On vit de plus dans Rome la statuë d'un Dieu qui sua pendant trois jours; il parut une comete dans le ciel, plusieurs endroits de la ville furent frappés de la foudre, & il tomba une pluye de sang & de cailloux. Mais l'historien qui raconte ces évenemens, témoigne lui-même que ce qui étoit arrivé sur la fin de l'année précédente devoit être mis au rang des malheurs les plus sinistres, & avoit attiré la colere des Dieux. C'est que par l'ordre du senat on avoit démoli les autels que plusieurs particuliers dans Rome avoient élevés & consacrés à l'honneur d'Isis & de Serapis. Il falut donc un nouveau decret du senat, qui ordonna qu'à l'avenir on leur rendroit un culte qui seroit toleré, mais avec cette restriction, que leurs autels & leurs temples seroient placés hors l'enceinte de la ville.

Sept ans après, suivant le témoignage du même historien, au sujet des autres troubles qui arriverent dans Rome, & des nouveaux prodiges qui parurent après la défaite de Pompée, les augures firent ordonner que l'on détruiroit entiérement tout ce qu'il y avoit de temples & de chapelles d'Isis & de Serapis, qu'ils regardoient toûjours comme les auteurs de leurs disgraces. Rien encore ne parut plus incertain & plus variable, que le culte de ces Divinités, puisque sous le regne d'Auguste en l'an 711. de Rome, & dans le temps du Triumvirat, on ordonna de nouveau que leurs temples seroient rétablis. C'est le même Dion qui l'assure dans son 47e livre. Il paroît en effet dans ce temps, que les prêtres d'Isis en exerçoient les mysteres. Valere Maxime raconte que M. Volusius ædile plebéïen, qui étoit du nombre des proscrits, se déguisa sous l'habit d'un de ces prêtres, & se sauva de Rome à la faveur de ce déguisement, en demandant l'aumône par les chemins, & parvint, sans être reconnu, jusqu'au camp de Brutus. *Assumpto Isiaci habitu, per itinera viasque publicas stipem petens, quisnam revera esset occurrentes dignoscere passus non est; in Bruti castra pervenit.*

Agrippa, qui étoit préfet de Rome en l'an 734. voyant rétablir dans la ville les mystéres

JUSTIFICATIVES.

mysteres des Egyptiens, en restraignit les fonctions. Il ordonna par un édit, qu'aucun particulier ne les exerceroit qu'à 500. pas hors de Rome. C'est toûjours Dion qui me sert de guide dans tous ces traits, que j'ai tirés de son histoire.

L. 54. p. 525

Mais l'on sait ce qui arriva depuis sous le regne de Tibere. Joseph dans son histoire des Juifs, raconte, qu'après qu'un chevalier Romain nommé Mundus, travesti sous la figure d'Anubis, & d'intelligence avec les prêtres d'Isis, qu'il avoit corrompus, eut abusé de la credulité d'une dame nommée Pauline; l'empereur informé de ce desordre, fit ruiner entierement le temple d'Isis, & jetter sa statuë dans le Tybre.

L. 18. ch. 4.

Je ne sai sur quel fondement Monsieur Spon dans ses recherches d'antiquité, en expliquant une medaille d'Adrien, au revers de laquelle on voit Isis accompagnée de Serapis, & qui lui présente un sistre, laquelle medaille a pour legende : ADVENTUI. AUG. ALEXANDRIÆ, a avancé que ce fut cet empereur qui apporta d'Egypte à Rome le culte de cette Divinité; puisque l'on vient de prouver que ce culte y avoit subsisté dès le temps de la republique, & bien avant le regne des empereurs ; outre qu'aucun historien de la vie d'Adrien, que je sache, n'a rapporté un semblable fait, au contraire Spartien rapporte de lui, qu'il rejetta & méprisa les religions étrangeres, & n'estima que celles de Rome : *Sacra Romana diligentissimè curavit, peregrina contemsit.* Au reste toute medaille ne doit être regardée comme preuve de l'histoire, qu'autant que l'on peut concilier l'une avec l'autre.

24. Dissert.

Il paroîtroit donc, par le recit de Joseph, confirmé par Egesippe & par Tacite, qui dit à ce sujet : *Actum & de sacris Ægyptiis Judaïcisque pellendis;* que le culte d'Isis auroit été alors, c'est-à-dire, du temps de Tibere, presque aboli dans Rome.

L. 2. ch. 4. L. 2. ann.

L'on voit à la verité dans Apulée, qui vivoit sous les empereurs Antonin & Marc Aurele, qu'à son retour dans Rome, son premier soin fut d'aller tous les jours reverer la Divinité d'Isis dans son temple situé au champ de Mars, & de se faire admettre dans la societé de ses prêtres, dont il décrit les ceremonies. Mais est-ce verité ? est-ce fiction ? Car tout ce qu'il rapporte à son égard paroît se ressentir de la fable ingenieuse qu'il a imitée de Lucien.

Apulée invoquant la Déesse Isis, nomme Diane, Cerés, Venus, Proserpine, & non Cybele: ce qui fait voir qu'on ne doit point confondre celle-ci avec Isis.
D'autres auteurs qui disent qu'Osiris étoit le même que Serapis, ou le Soleil, Jupi-

Enfin, si on excepte le regne de quelques-uns des empereurs qui ont suivi ce-

Tome II.

lui des Antonins, & quelques autres du bas empire, comme Gallien, Posthume & Julien, qui dans les revers de leur monoye ont représenté Isis ou Serapis, on verra que le culte de ces deux Divinités, qui ordinairement étoient jointes ensemble, s'étoit beaucoup rallenti, & que les Romains l'avoient entierement negligé.

ter & Pluton; disentaussi qu'Isis étoit là même que Junon, Cerés, la Lune, Proserpine ; & non Cybele.

Après avoir ainsi parcouru les differens temps où dans Rome le culte d'Isis a été reçu, quel est celui auquel on pourroit juger que cette Divinité auroit été reconnuë dans les Gaules ? Sera-ce dans le temps de la république, & lorsque les Gaulois n'étoient point soumis aux Romains ? Sera-ce depuis le temps que ceux-ci en sont devenus les vainqueurs ? Mais nous avons vû la répugnance & le mépris que les Romains avoient pour les ceremonies Judaïques & Egyptiennes ; combien les consuls, les augures, les magistrats & le senat, & plusieurs des empereurs même, avoient eu d'opposition pour le culte d'Isis & de Serapis, & pour leurs mysteres, jusqu'à détruire leurs temples, leurs autels & leurs statuës. Quelle apparence que ces mêmes Romains, ou divisés d'avec les Gaulois pendant la république, ou joints & unis ensemble depuis les conquêtes de Cesar, eussent apporté un culte odieux & étranger, eux qui n'étoient prévenus qu'en faveur des Divinités introduites depuis Romulus, ou de celles qu'ils avoient, pour ainsi dire, comme adoptées ? Toute autre qui n'étoit point d'institution Romaine n'avoit point eu un culte fixe ou perpetuel.

C'est ainsi qu'Ovide, dans son elegie sur la mort de Tibulle, s'en explique. Les seuls ouvrages des poëtes, dit-il, méritent l'immortalité ; la renommée du poëme de Troye ne finira jamais, non plus que celle de la toile renouvellée par une ruse ingenieuse & recommencée tant de fois. Ainsi Némesis, ainsi Délie conserveront un nom immortel, l'une les premieres, & l'autre les dernieres amours de Tibulle. Que nous revient-il, continuë ce poëte, de nos mysteres étrangers & de nos sacrifices ? à quoi nous servent présentement les sistres Egyptiens ?

Quid nos sacra juvant ? quid nunc Ægyptia profunt
Sistra ?

C'est sur le même ton que Lucain reproche à ceux d'Egypte d'avoir introduit à Rome dans ses temples leur Déesse Isis avec ses symboles.

A ij

Nos in templa tuam Romana accepimus Isim.
Semicanesque Deos & Sistra jubentia luctus.

Lorsque Cesar dans ses commentaires, parlant de la religion des Gaulois, décrit les Divinités qu'ils adoroient, il dit qu'après Mercure, c'étoit Apollon, Mars, Jupiter & Minerve. *Deum maximè Mercurium colunt, post hunc Apollinem, & Martem, & Jovem, & Minervam.* On voit qu'il n'y est fait aucune mention d'Isis. Or si cette Divinité avoit eu un temple & des prêtres chez les Parisiens, ou proche la petite ville de Lutece leur capitale, seroit-il possible que Cesar l'eût ignoré, ou qu'il n'en eût point parlé, lui qui rapporte d'ailleurs si exactement les ceremonies des Druydes? Il en est de même des bas reliefs trouvés en 1711. dans la cathedrale de Paris, sur lesquels sont représentés du temps de Tibere plusieurs Divinités Celtiques & Romaines, dans le temps où la Nation Gauloise depuis plusieurs années étoit déja soumise à la domination Romaine. Ainsi le silence des historiens &, le défaut des monumens feroient une preuve négative & suffisante pour montrer qu'Isis n'étoit point connue dans les Gaules.

Tacite, qui décrit les mœurs des divers peuples de la Germanie, & qui vivoit sous le regne de Vespasien, rapporte que leur culte étoit en partie conforme à celui des Gaulois. Car entre tous les Dieux, dit-il, les Germains adorent principalement Mercure, au quel ils consacrent des victimes humaines. Ils appaisent Hercule & Mars par le sacrifice de certains animaux. Une partie des Suéves sacrifient encore à la déesse Isis. Mais je ne suis pas bien informé, continue cet historien, d'où ce sacrifice étranger a pris son origine : *Unde causa & origo peregrino sacro parum comperi.*

P. 439. de l'édition de Casaubon.

Je ne sai si Tacite étoit mieux instruit de la religion des Germains que Cesar ; mais celui-ci, qui a écrit ses commentaires plus de 100. ans avant Tacite, rapporte dans son sixiéme livre, en parlant de ces mêmes peuples, qu'ils ne comptoient entre leurs Dieux que ceux qu'ils voyoient, & dont ils ressentoient les effets, comme le Soleil, la Lune, & le feu ou Vulcain, sans qu'ils eussent connoissance, ou qu'ils eussent jamais ouï parler d'aucune autre Divinité : *Deorum numero Deos solos ducunt quos cernunt, & quorum operibus apertè juvantur, Solem, Vulcanum, & Lunam ; reliquos ne famâ quidem acceperunt.* Cette contradiction qui paroît entre ces deux fameux historiens, l'incertitude de l'un, & le silence de l'autre sur le fait d'Isis, ne feront jamais preuve qu'elle fût reverée par les Germains du temps de Cesar ; du moins n'en peut-on pas conclure qu'elle l'ait été depuis dans les Gaules.

On croit, dit Mézeray dans son traité de l'origine des François, que le pont du Gard est un des ouvrages d'Adrien, parceque les premieres lettres de son nom y sont gravées, & que l'on voit une femme voilée, qui semble être la déesse Isis. Cette femme voilée dont on ne dépeint ni les symboles ni les attributs, peut avoir rapport à toute autre Divinité. Mézeray n'en parle que par conjecture ; ainsi on n'en peut tirer aucune induction certaine.

Quoi qu'il en soit, il est temps d'examiner si dans Paris, autrefois Isis a été reverée, & si quand cette ville a changé son ancien nom de *Lutetia* en celui de *Parisius* ou *Parisium*, & en françois Paris, il s'agissoit alors de cette Divinité.

Cesar, qui dans ses commentaires parle du peuple *Parisii*, faisant partie de ceux qui composoient les Gaules de son temps, appelle leur capitale *Lutetia*.

Strabon, contemporain d'Auguste & de Tibere, la nomme Λευκετία & Λευκοτεκία, & le peuple dont elle étoit capitale Παρίσιοι, ainsi que l'empereur Julien Λευκεσίαν. Dans Ammien Marcellin, sur la fin du quatriéme siécle, c'étoit encore *Lutetia & Castrum* ou *Castellum Parisiorum.* Zozyme, qui vivoit au commencement du cinquiéme siécle sous l'empire de Theodose le jeune, appelle cette ville *Parisium*, ou Julien faisoit son séjour ; & il en fait une petite ville de Germanie, peut-être parce qu'il a crû, mais sans fondement, que les François en étoient originaires : Ἰουλιανῷ ἢ ἐν τῷ Παρισίῳ (Γερμανίας ἢ αὐτὴ πολίχνη) διατρίβοντος.

Misopogon.
Liv. 3.

C'étoit en ce même temps-là, & suivant la chronique de Prosper, sous l'empire du même Theodose, que regnoient sur les Francs Clodion & Meroüée. On sait que le regne de Clovis commença en 481. & qu'étant dans les Gaules en 486. il choisit d'abord la ville de Soissons pour demeure, selon Flodoard. Ensuite étant venu à Paris en 507. il en fit la capitale du royaume. Ce fut au retour de la ville de Tours, où il avoit pris le titre & les ornemens de consul, que lui avoit conferé l'empereur Anastase, au rapport de Gregoire de Tours. *De Turonis egressus, Parisios civitatem venit ; ibi sedem regni sui constituit.* Paris jusqu'alors nommé

JUSTIFICATIVES.

mé, *Lutetia*, prit dans la suite le nom de *Parisius*, & *Parisium* de celui de *Parisii*; comme il arriva de la plûpart des autres peuples des Gaules, qui donnerent leur nom à leurs villes capitales, qui avoient des noms particuliers; & ce fut après que les Romains en eurent été chassés. Ainsi on s'accoûtuma à nommer les villes les plus considerables du même nom des peuples, comme Reims, Sens, Orleans, Tours & autres capitales, des *Remi*, *Senones*, *Aurelii*, *Turones*, jusqu'alors nommées *Durocortorum*, *Agendicum*, *Gennabum*, *Cæsarodunum*. Ceux donc qui ont cru que c'étoit Paris qui avoit donné son nom à la contrée des anciens Parisiens nommée aujourd'hui le Parisis, se sont trompés; puisque l'on vient de voir que c'est tout le contraire.

Quant à ce qui est de savoir d'où les peuples *Parisii* ont anciennement tiré leur nom; je demanderois volontiers d'où *Senones*, *Carnutes*, *Turones* & autres peuples des Gaules, ainsi que les anciennes villes du royaume, ont tiré le leur? Et parce que l'on n'en peut découvrir l'origine, faut-il donner dans la vision ou dans la chimere sur un jeu de mots, ou sur la ressemblance d'un nom, ainsi que l'a fait Sebastien Rouillard dans son histoire de Melun? Il prétend que cette ville a été ainsi nommée à cause qu'elle a été bâtie mil & un an avant Paris, comme si les villes, qui ont la terminaison de *Dunum*, mot Celtique signifiant une montagne, ne désignoient pas celles qui sont situées sur des hauteurs ou attenant. Telles sont *Lugdunum*, *Cæsarodunum*, *Augustodunum*, *Verodunum*, & beaucoup d'autres. En effet Melun en latin *Melodunum* ou *Milidunum*, est bâti sur la riviere de Seine dans l'endroit où elle côtoye des hauteurs vers le Gâtinois, la Brie, & Paris, d'où l'on descend pour aborder dans cette ville.

Pag. 237. On peut citer à cette occasion ce que le P. Menestrier rapporte dans son introduction à la lecture de l'histoire, en parlant de ceux qui donnent une origine fabuleuse à la ville de Lyon. Ce sont des bouffonneries, dit-il, de cette sorte, qui ont rempli de contes ridicules la plûpart des histoires, comme la fable d'Isis, que l'on veut avoir été adorée à Melun & le Parisis, ainsi nommé, parce que la ville de Paris ou de Lutece avoit une situation semblable à celle de Melun, ce qui la fit nommer *Parisidi*.

Quel rapport peut donc avoir le nom de Paris à la déesse Isis? Quelle apparence qu'après la mort de Clovis, qui avoit embrassé la foy Chrétienne, & que du temps de Childebert son fils, qui acheva d'abolir les restes du Paganisme dans les Gaules & dans Paris par un édit solemnel de l'an 554. on eût voulu donner & perpétuer le nom & l'origine d'une Divinité profane à une ville déja celebre, & devenue le séjour des premiers rois chrétiens.

Il faut donc écarter toutes les idées chimeriques & sans fondement que plusieurs auteurs des derniers siécles ont attribuées au nom de cette ville, & ausquelles je ne m'arrêterai point. Il n'est pas jusqu'à Rabelais, qui pour se mocquer des étymologistes sur les noms de Lutece & de Paris, debite des choses pueriles & badines sur le second, & attribue le premier à un mot Grec, dit-il, qui signifie blanchette, & cela pour une raison qu'il rapporte, & que la bienseance ne permet pas de copier.

Guillaume le Breton, précepteur de Pierre Charlot, fils naturel du roy Philippe Auguste en 1180. au premier livre de sa Philippide, parle ainsi de l'origine des Parisiens; & cet ancien poëte de notre nation, qui auroit pû donner dans la fiction & la fable, n'a pensé à rien moins qu'à la déesse Isis, quoiqu'il n'ait pas d'ailleurs mieux inventé.

Finibus egressi patriis per Gallica rura
Sedem quærebant ponendis mœnibus aptam,
Et se Parrhisios dixerunt nomine Græco,
Quod sonat expositum nostris audacia verbis.

En effet le mot Grec παρρησια signifie hardiesse & audace, & Quintilien dit que pour donner de la grace & de la force à son discours, il faut parler μετὰ παρρησιας, c'est-à-dire fiérement & hardiment. Mais qui ne voit que cette étymologie sur Paris est (pour ainsi dire) tirée par les cheveux. *Liv. 9. de ses Instituts c. 2.*

Pour revenir à l'opinion la plus naturelle, continuons de dire que la ville de Paris n'a pris son nom précisément que par rapport au peuple dont elle étoit capitale, & dans ces temps où ayant quitté celui de *Lutetia*, elle fut appellée en latin, tantôt du nom quelquefois indeclinable de *Parisius*, & tantôt de celui de *Parisium*. C'est ce qui se justifie par les monnoyes, par les titres, & par les historiens.

Une des premières monnoyes de nos rois de la première race, que M. le Blanc attribue à Clovis I. représente au revers une croix avec ces mots: *Parisius civitas*,

A iij

qui furent employés de même sous la premiere & la seconde race de nos rois.

Dans une ordonnance de Charles le Chauve pour les monoyes, du 7. des calendes de Juillet l'an 845. le 25. de son regne, entre les villes désignées où elles devoient être fabriquées, Paris est ainsi nommé après Rheims & Sens: *Et in Rhemis, & in Senonis, & in Parisius.* Sous Charles le Simple, sur la fin du 9ᵉ siécle, ses monoyes ont au revers *Parisii* ou *Paris. civita.* ainsi que celles de Hugues Capet.

Sous Dagobert I. qui commença à regner en 629. on voit que Paris se nommoit encore indifféremment *Lutetia* & *Parisius.* Car dans le traité intitulé *Gesta Dagoberti regis Francorum*, écrit par un moine anonyme de S. Denis, contemporain de Dagobert, rapporté dans le recueil de Duchesne, il parle de ce prince, qui dans sa jeunesse allant à la chasse, poursuivit un cerf jusqu'au bourg appellé *Catulliacus*, & il dit que ce bourg étoit distant d'environ cinq mille de Lutece ou Paris: *Hic ab urbe quæ Lutetia sive Parisius vocatur quinque fermè millibus abest.*

M. le Blanc observe que la monoye nommée Parisis étoit celle des ducs & comtes de Paris, à cause qu'elle portoit le nom de cette ville où elle étoit frapée, & il en rapporte une preuve d'un denier d'argent de Hugues le grand duc de Paris, lequel d'un côté a pour legende, *gratiâ Dei dux* avec son monogramme, & de l'autre *Parisi civita*; & qu'enfin les ducs de Paris étant devenus rois de France, la monoye Parisis fut la monoye royale. Depuis l'on vit sur celles de Henri I. & de Louis le jeune, le nom de *Parisius*. On en conserve de ce dernier prince dans le cabinet de sainte Geneviéve & dans ceux de plusieurs particuliers.

Rigord médecin du roy Philippe Auguste, parlant de la mort de Louis VII. son pere, qui arriva en 1180. employa alors le nom de *Parisius* autrefois *Lutetia: cujus regni anno primo christianissimus rex pater prædicti Philippi in civitate quæ quondam Lutetia, nunc Parisius vocatur, feliciter migravit ad Dominum.*

Dans la division de la Gaule partagée en 18. provinces, avec les noms des villes metropoles & considerables, & tirée de la chronique de Robert moine d'Auxerre, rapportée par Duchesne, laquelle finit en l'an 1210. on voit à la province Senonoise qui est la premiere, la ville de Paris après celle de Sens & de Chartres, nommée *civitas Parisius*. J'ai remarqué la même chose dans une transaction passée entre l'abbé de S. Faron de Meaux, nommé Thomas, & le chapelain de la Grange-Justin, le vendredi après la S. Martin d'été, l'an 1259. dont j'ai eu communication, & où il est dit: *Quatuordecim arpenta terræ arabilis in chemineo prout itur de Meldis ad Parisius.*

De ces dernieres observations il faut conclure que les mots de *Parisius* & de *Parisium* ne font aucune analogie avec celui d'Isis; & lorsqu'Ortelius à l'article *Leucotetia*, parle de Sigebert de Gemblours, qui raporte l'origine du nom de Paris à Ysius son fondateur, il dit en même temps que cet auteur badine sur un jeu de mots: *Ab Ysio quondam conditam & Parisium dictam nugatur Sigebertus Gemblacensis.*

C'est ainsi qu'au lieu de *Lutetia*, cette ville tira son nom latin de *Parisius* & *Parisium*, de celui de *Parisi*, parce qu'elle en étoit la capitale, & dans la suite elle fut appellée en François *Paris*. Tous les rois de la premiere race, & de partie de la seconde, sous Charlemagne, & jusqu'au partage des fils de Louis le debonnaire, les François usérent de la langue Tudesque ou Allemande à la cour & parmi la noblesse, & le vulgaire ou le peuple parla la langue Romance corrompue du latin, & le latin étant devenu insensiblement en usage, l'ancienne langue Gauloise s'abolit peu à peu, de sorte que les Gaulois furent appellés Romains, & c'est le nom que leur donne souvent Gregoire de Tours.

Cette différence de la langue Tudesque d'avec la Romance subsistoit donc au temps de Charlemagne, comme je viens de le dire. Car au troisiéme concile de Tours tenu sous son regne l'an 812. chap. 17. il est ordonné à chaque évêque d'avoir des homélies ou sermons en deux langues, l'une Romaine rustique, c'est-à-dire du peuple, & l'autre Tudesque ou Allemande, afin que tous puissent les entendre. *Et ut easdem homilias quisque apertè transferre studeat in rusticam Romanam linguam aut Theotiscam, quo faciliùs cuncti possint intelligere quæ dicuntur.*

C'est à peu près dans notre vieux stile que l'un de nos plus anciens auteurs François, Geoffroy de Villardouin, du temps de Philippe Auguste, a écrit le voyage d'outre mer de Baudouyn comte de Flandres, où il employe le nom de Paris en parlant de Foulques de Neuilly:

JUSTIFICATIVES.

Ot un faint houme qui ot nom Folques de Nuilly ; cil Nuilly fiet entre Laigny fur Marne & Paris.

Dans les hiftoriens & les poëtes François qui ont écrit depuis, on a, pour ainfi dire, tout-à-fait francifé le nom de *Parifius* & de *Parifium* en celui de Paris.

Philippe Mouskes évêque de Tournay, qui vivoit en 1274. fous le regne de Philippe le hardy, compofa l'hiftoire de France en vers, qu'il commence dès le ravilſement d'Helene par Paris, & la conduit jufqu'après l'an 1240. Il employe ainfi le nom de Paris en la vie de Charlemagne.

A Paris s'en vint féjorner,
Et puis fit fon ordre à torner.

Et dans un autre endroit.

[marginal: Cum potefta-te, avec une armée puiffan-te.]

S'en vint à Paris a poefté
Jufque dans Paris la cité.

Et il dit dans la préface avoir été le premier qui ait écrit l'hiftoire de France en vers François. Elle eſt confervée en manufcrit dans la bibliotéque du roy, duquel M. du Cange nous a donné un grand fragment dans fes commentaires fur Joinville.

Examinons à préfent fur quel fondement on a cru que la deeffe Ifis avoit été adorée dans Paris.

Jean le Maire, natif du comté de Hainault, qui vivoit fous François I. eſt, je crois, un des plus anciens de ceux qui ont parlé de cette Divinité. Il rapporte dans fon traité de l'illuftration des Gaules, que l'on voyoit encore de fon temps à Paris le fimulacre d'Ifis, que vulgairement on appelloit l'idole de faint Germain, & qu'elle fut abbatue par le commandement du cardinal Briçonnet, lors abbé de S. Germain des Prez.

[marginal: Chap. I.]

Gilles Corrozet dans fes antiquités en 1561. dit la même chofe, mais d'une maniere plus étendue. Il dépeint cette ftatuë *maigre, haute, droite, noire pour fon antiquité, & nue, finon avec quelques figures de linge enlaſſé en tous fes membres.* A ce portrait fans aucun fymbole ni attribut particulier, pourra-t-on juger & croire que c'étoit celui de la Déeſſe Ifis ? Puifque lorfque fa figure eſt entiere, elle eſt ordinairement affife, ayant fon fils Orus fur fes genoux, & telle que je l'ai ainfi repréfentée dans mon cabinet, de même que fur le revers d'une médaille Grecque d'Antonin.

Cependant fur l'autorité de ces deux écrivains, tous ceux qui les ont fuivis jufqu'à notre temps, comme le P. Jacques Dubreul, Claude Malingre, le fieur Triftan de S. Amand, Moréri, le P. du Molinet, les fieurs de la Marre, Marcel, Brice, & autres modernes, en traittant des antiquités de Paris, ont debité la même opinion fans l'avoir aprofondie.

Le P. Dubreul entr'autres, fans aucune defcription de cette prétenduë idole d'Ifis, affure en 1612. qu'il avoit appris de quatre religieux de fa maifon encore vivans en 1550. que c'étoit eux qui l'avoient détruite par ordre du cardinal Briçonnet en 1514. parce qu'elle donnoit occafion à beaucoup de fuperftitions. Mais comment concilier ces dattes? Ces quatre moines vivoient en 1550. ils avoient démoli la ftatuë en 1514. Dubreul le certifie en 1612. comme l'ayant appris d'eux. Ces trois dattes qui compofent près de cent années, paroiffent rendre ce témoignage difficile à croire.

Le fieur de S. Amand, fi verfé dans la connoiffance de l'antiquité, & dont l'autorité devroit être d'un grand poids, en expliquant une médaille d'Helene, femme de l'empereur Julien, laquelle repréfente au revers *Ifis Faria*, prend occafion de dire qu'il a vû dans le temps qu'il étudioit aux humanités, une ftatuë *d'Ifis* à Paris, au faîte de l'églife de Notre-Dame des champs, aujourd'hui l'églife des Carmelites du fauxbourg Saint Jacques, ayant des épics à la main. Cette circonftance a fi peu de rapport à Ifis, que Malingre lui-même qui parle de cette ftatue, ne fçait fi c'étoit Ifis, Cerès, ou Mercure, ou quelqu'autre idole.

[marginal: Cette erreur a été détruite par une autre differtation de M. Moreau de Mautour.]

Ainfi après ces variétés & ces contradictions, peut-on affeoir un jugement certain fur la veritable figure d'Ifis dans Paris, & fur le témoignage de ceux qui affurent l'avoir vûe.

D'autres, pour appuyer ce même fentiment, prétendent que le navire des armes de la ville de Paris a rapport à celui d'Ifis, dont on célebroit une fête à Rome tous les ans ; parce qu'on lui attribuoit l'invention des voiles pour la navigation. Mais qui ne fait que l'origine des armoiries en France n'a commencé que vers le temps de la premiére croifade ? & ce fut depuis ce temps que le roy Philippe Auguſte, en créant les échevins de Paris en 1190. donna à cette ville pour armoirie *de gueules au navire d'argent au chef d'azur, femé de fleurs de lis d'or ; ainfi qu'étoit pour lors l'écu de France ;* & par ce fymbole ce prince donna à entendre, comme le dit Corrozet, que Paris eſt la dame de toutes les autres villes du royaume ; qu'elle est la nef d'abondance & affluence de tous biens. Voilà la véritable & juste idée que l'on doit avoir de ce navire que cette ville porte dans ses armoiries.

Ce qui a donc paru déterminer l'opinion commune, c'est la dissertation du P. du Molinet, qui après avoir rappellé tout ce qui avoit été avancé par Dubreul & par Malingre au sujet d'Isis, a cru avoir trouvé la preuve de leur autorité dans la découverte d'une tête de femme de bronze antique, déterrée dans les démolitions d'une vieille tour en la maison de feu M. Bernier proche Saint Eustache, aujourd'hui l'hotel de Laval.

Il est certain que cette tour faisoit partie de l'enceinte & de la clôture de Paris, du temps de Philippe Auguste, suivant le plan rapporté par M. de la Marre dans son traité de la police. C'est dans ces fondemens ou dans les materiaux de cette vieille tour, que l'on avoit confondu cette tête antique avec d'autres monumens qui provenoient de plusieurs démolitions, & qui étoient restés des anciennes marques du paganisme du temps, ou depuis que le roy Childebert en eut ordonné par tout l'entiére abolition.

Cette tête de bronze, conservée depuis plusieurs années dans le cabinet de Monsieur Girardon, est plus grosse que le naturel. J'en ai fait faire d'après l'original un dessein plus correct que ceux qui en ont paru jusqu'à present. Elle a environ 22. pouces & demi de hauteur, depuis le bas du col jusqu'à l'extremité de la tour qu'elle a sur la tête ; deux pieds deux pouces de rondeur, & un pied trois pouces, dans la plus grande largeur de la face.

Le P. du Molinet, trop prévenu de l'opinion des écrivains qui l'ont précédé, s'est persuadé que c'étoit la Déesse Isis. Mais on sait quels sont les attributs de cette Divinité, & de quelle maniere elle est ordinairement représentée sur les médailles, & dans les cabinets de ceux qui en possedent les figures. Elle a tantôt une fleur de Lotus sur la tête, avec une espece de voile, & tantôt un globe entre deux cornes de taureau, avec un bec d'éprevier sur le front. Ainsi par cette différence, on ne doit point la confondre avec Cybele, dont le seul symbole particulier, désigné par une tour ou une couronne murale, la distingue des autres Divinités & la fait connoître, surtout quand elle est en buste. Cette tour qu'elle a sur la tête est toute semblable à celle d'une statue de Cybele en marbre, grande comme le naturel, qui est à Rome dans le jardin du Vatican. En effet, à la voir ainsi figurée comme elle est à nos yeux, la premiére idée qui saisit l'esprit de quiconque a la moindre teinture de la mythologie des anciens, c'est de penser & de croire d'abord, que ce ne peut être autre que Cybele.

Il ne s'agit plus que de faire voir qu'elle a eu un culte dans l'ancien Paris, & dans les Gaules ; c'est ce que je justifierai par plusieurs monumens, après que j'aurai rapporté quelques circonstances de son culte chez les Romains, comme j'ai fait de celui d'Isis ; mais pour en tirer des conséquences plus justes qui puissent établir ma proposition.

Tite Live raconte la maniere dont l'image de Cybele fut apportée à Rome, de Pessinunte ville de la Galatie sur les confins de la grande Phrygie. Ce fut ensuite d'une députation que les Romains firent à Attalus roy de Pergame, qui leur permit de transporter cette Divinité. Elle n'avoit alors que la figure d'une pierre, que l'on regardoit comme sainte & sacrée, & que les habitans du pays reveroient sous le nom de mere des Dieux : *Sacrum iis lapidem quem matrem Deûm incolæ esse dicebant, tradidit ac deportare Romam jussit.* C'est ce qui arriva sur la fin de la seconde guerre Punique, sous le consulat de P. Cornelius Scipio, surnommé depuis l'Africain, & de P. Licinius Crassus. *Liv. 29.*

L'année suivante, sous le consulat de M. Cornelius Cethegus, & de P. Sempronius Tuditanus ; le jeune Scipion surnommé Nasica, par le choix du senat, & pour se conformer à l'oracle de Delphes que l'on avoit consulté, fut jugé le plus homme de bien de toute la ville *(judicaverunt in totâ civitate virum optimum esse)* pour recevoir la Déesse au port d'Ostie, à l'embouchure du Tybre. On la transporta dans Rome, & elle fut déposée dans le temple de la Victoire, sur le mont Palatin, avec de grandes pompes, & l'on celebra des jeux à son honneur, qui furent nommés Megalésiens.

Dans la même année, par un decret du senat, & par les soins de M. Livius, & de P. Claudius pour lors censeurs ; on choisit & l'on désigna un lieu sur le même mont Palatin pour lui bâtir un temple. *Ædem Matris magnæ in palatio faciendam locaverunt.* Treize ans après se fit la dédicace de ce temple par M. Junius

JUSTIFICATIVES.

Junius Brutus, sous le consulat de Manius Acilius Glabrio, & de ce même Scipion Nasica, 192. ans avant l'ere chrétienne.

Voilà donc le temps marqué, auquel le culte de Cybele a été reçu & admis dans Rome, par la consecration de son temple, c'est-à-dire, vers la fin de la deuxiéme guerre Punique, comme je l'ai déja observé. En effet Arnobe, qui vivoit dans le troisiéme siécle, reprochant aux gentils la nouveauté de leurs dieux, leur dit : Pourquoi n'avez vous pas commencé à recevoir parmi vous le culte de la Mere Phrygienne, dont on attribue l'origine à Midas ou à Dardanus ; que dans le temps qu'Annibal désoloit l'Italie, & vouloit envahir l'univers par ses conquêtes? *quid Phrygiam Matrem, cujus esse conditor judicatur vel Midas vel Dardanus, cùm Annibal Pœnus res Italas raperet, & terrarum expoſceret principatum, & nosse & scire cupistis & memorabili religione sancire?* (Liv. 2.)

L'époque de l'établissement du culte de Cybele dans Rome, donne occasion de relever une petite erreur du P. du Molinet, qui attribue à cette déesse une tête de femme voilée, représentée sur une médaille consulaire, avec une espece de coëffure, qui ressemble à des creneaux. Il croit qu'elle a été frapée du temps de C. Fabius Pictor qui fut consul en 484. lorsque la premiere monoye d'argent fut fabriquée à Rome, suivant le témoignage de Pline. Mais certainement le culte de Cybele n'étoit point connu deslors chez les Romains, & ce n'a été que long-temps après. Ainsi ce doit être toute une autre Divinité ; ou bien il faut croire que cette médaille a été frapée que par quelques monetaires de la famille Fabia, qui a voulu rappeller la mémoire de ce Caius Fabius Pictor l'un de ses ancestres, & dont le nom est au revers de la médaille dessinée dans le livre du cabinet de sainte Geneviéve, & dans les familles Romaines de Patin.

La figure de Cybele dans son origine, & lorsqu'elle étoit adorée chez les Phrygiens, & lorsqu'elle fut reçûë chez les Romains, n'étoit autre, comme je l'ai déja dit, qu'une grande pierre, que l'on croyoit qui étoit tombée du ciel.

Herodien, qui rapporte tout ce qui regarde la déesse de Pessinunte, dit que cette ville fut nommée ainsi, & la Déesse Pessinuntia, de πίσειν *cadere*. Sa statuë n'avoit en effet aucune forme humaine ; mais c'étoit une pierre brute & informe (Liv. 1.)

& de couleur noire, si on en croit Arnobe: *coloris fulvi atque atri prominentibus angulis inæqualem.* Ovide la décrit dans ses Fastes. (Liv. 5.)

Est moles nativa loco ; res nomina fecit.
Appellant saxum ; pars bona montis adest.

Les anciens payens, par une crédulité superstitieuse, s'imaginoient que les Dieux leur envoyoient ainsi des marques sensibles & extraordinaires du culte & de la religion qu'ils devoient observer. C'est pourquoi on appelloit ces sortes de simulacres Διοπετῆ, *missa à Jove*. Tels furent le *Palladium* chez les Troyens, le bouclier nommé *Ancile* chez les Romains, & le Dieu que les Phéniciens adoroient sous le nom d'Heliogabale, auquel ils avoient bâti un temple superbe, & dont un empereur Romain prit le surnom. On ne voit point dans ce temple, dit Herodien, une statuë qui représente le Dieu que l'on y adore, il y a seulement une grande pierre toute noire de la forme d'un cône, que les peuples disent être tombée du ciel. (Liv. 1.)

Mais quoique Cybele, suivant la commune opinion, ait été ainsi appellée à cause de la montagne de ce même nom de la Phrygie, où ses mysteres furent d'abord celebrés ; c'est peut-être, au rapport de Marcianus Capella, à cause de sa premiere forme qu'on la nomma Cybele ἀπὸ τοῦ κύβου, parce que le cube, qui est une figure quarrée, lui étoit consacré. (Liv. 18. ch. 17.)

Quoi qu'il en soit, il y a apparence que lors de la dédicace de son temple dans Rome, on lui donna une figure humaine, soit qu'auparavant on l'eût déja peut-être, pour ainsi dire, personifiée dans la Grece avec des attributs particuliers, & entr'autres cette couronne de tours, avec laquelle on la voit communément représentée sur les médailles & sur les autres monumens tant Grecs que Romains.

En effet, la plûpart des villes de l'Asie, qui étoient métropoles ou colonies latines, figuroient leurs Divinités tutélaires, par une tête de Cybele, ou d'une femme avec une couronne murale. Nous la voyons ainsi sur les monoyes d'Antioche & de Laodicée dans la Syrie, sur celles de Cesarée dans la Palestine, de Troas dans la petite Phrygie, de Patras dans l'Achaye, d'Heliopolis dans la Phenicie, d'Edesse, de Nisibe, & de Rhesene dans la Mesopotamie, de Neapolis dans la Samarie, de Smyrne dans l'Ionie, de Sardis dans la Lydie, & de beaucoup d'autres. Ce détail des villes aura son application dans la suite.

Il est vrai que les anciens, qui souvent confondoient Cybele avec la terre & Vesta, représentoient quelquefois sur les médailles des principales villes de l'Asie, la figure de ces divinités avec le même attribut, c'est-à-dire avec une couronne murale sur la tête. C'est ainsi que Lucrece l. 2. *de rerum naturâ*, dépeint Vesta & Cybele, parceque toutes deux représentoient la terre, & qu'anciennement on bâtissoit les villes & les places fortes sur le sommet des montagnes.

Muralique caput summum cinxere corona ;
Eximiis munita locis quod continet urbes.

Liv. 4.

C'est le sujet de la demande que fait Ovide dans ses Fastes à la Muse Erato ; pourquoi Cybele est ainsi couronnée.

At cur turriferâ caput est ornata coronâ ?
An Phrygiis turres urbibus illa dedit ?
Annuit.

Et la Muse lui fait signe que la chose est ainsi.

Dans la description poëtique & ingenieuse, que Claudien fait de la maniere dont Cybele reçut dans son temple sur le mont Ida, Cerés, qui cherchoit sa fille, ce poëte dit,

Aditis gavisa Cybele,
Exilit, & pronas intendit ad oscula turres.

Le même symbole attribué à cette divinité, se trouve sur les médailles de quelques imperatrices Romaines. Nous avons chez M. Seguin une médaille Grecque de grand bronze, qui represente Agrippine femme de Claude sous la figure de Cybele, que l'on reconnoît par sa couronne murale. Sous cette même figure l'on voit les deux Faustines, & Julie femme de Severe, avec les titres de *Mater magna, Mater Deûm.*

Liv. 1.

L'on sait que c'étoit au commencement du printemps, que l'on celebroit tous les ans dans Rome les jeux appellez Megalésiens, à l'honneur de la mere des Dieux. Ce fut pendant la celebration de cette fête, au rapport d'Herodien, que Maternus, qui avoit conspiré contre l'empereur Commode, résolut de le tuer ; & son dessein ayant manqué, l'empereur en rendit des actions de graces publiques à la déesse. Le senat même, pour lui en marquer sa reconnoissance, fit frapper deux médailles au nom de Commode, au revers desquelles on voit Cybele avec son attribut ordinaire, & montée sur un lion, & on lit cette legende : *Matri* *Deûm conservatrici Augusti, Matri Deûm salutari.*

Heliogabale, entêté du nouveau culte du Dieu dont il portoit le nom, & auquel il avoit dédié un temple magnifique dans Rome, ordonna, suivant le témoignage de Lampridius, que l'on n'y reconnût point d'autre Divinité : *Id agens ne quis Romæ Deus nisi Heliogabalus coleretur.* Pour cet effet, il voulut transporter dans ce temple le feu de Vesta, les boucliers de Mars, la statue de Pallas, celle de Cybele, & tout ce que les Romains avoient le plus en veneration. *Studens & Martis typum, & Vestæ ignem, & Palladium, & omnia Romanis veneranda in illud transferre templum.* Et, pour transporter plus facilement dans ce temple la statue de Cybele, il affecta d'entrer lui-même dans ses mysteres ; il fit la fonction du prêtre destiné à recevoir le taurobole, & fit l'expiation accoûtumée dans cette sorte de sacrifice, où l'on égorgeoit un taureau. *Matris Deûm sacra accepit, & tauroboliatus est, ut typum eriperet.*

On pourroit ajouter beaucoup d'autres preuves, pour montrer que le culte de Cybele, reconnue dans Rome dès le temps de la république, s'y est perpetué pendant tous les regnes des empereurs, & jusqu'à l'extinction du paganisme. Ainsi les Romains ayant possedé les Gaules pendant plus de 400. ans, il n'est pas difficile de croire, qu'y ayant apporté leurs coûtumes & leur religion, Cybele y ait été adorée, ainsi que plusieurs autres de leurs divinités, & surtout chez les Parisiens. La tête antique trouvée dans les fondemens de cette ancienne enceinte de la ville de Paris, & qui ne peut être autre que celle de Cybele, en est une preuve. On y peut joindre celle de la même Divinité en bronze, que je possede dans mon cabinet depuis quelques années, & qui a été trouvée dans la terre au bas de Montmartre, en travaillant à l'ouverture d'une carriere, avec une petite figure de Mercure. Cette derniere tête de Cybele, que j'ai fait dessiner, représente parfaitement en petit ce que l'autre représente en grand, & ces deux découvertes doivent assez justifier que les anciens Parisiens admettoient chez eux le culte de cette divinité, qui étoit pareillement révérée en plusieurs endroits de la Gaule.

Guillaume Paradin dans ses memoires de l'histoire de Lyon, imprimés en 1575. fait mention d'une ancienne statue engagée dans le mur de l'église de S. Etienne, laquelle représentoit une femme que

Liv. 1. ch. 44.

le

le peuple appelloit Ferrabo. Des femme-lettes, par superstition, alloient tous les ans la veille de S. Etienne, offrir des chandelles à cette statue, & lui attacher divers métaux, pour en obtenir une année abondante. Jacques Damoncourt, précenteur de l'église de Lyon, fit mettre cette statue en piéces, pour abolir ce culte imaginaire & idolâtre. Ainsi elle a eu la même destinée que celle de S. Germain de Paris. Mais, continue Paradin, Claude de Bellièvre, dans son livre de l'ancien Lyon, assure que son pere y avoit vû cette idole, qui paroissoit semblable à la déesse de la terre ou à Cybele; il falloit donc qu'elle fût particulierement distinguée par son attribut, tel qu'une couronne murale.

M. Spon dans ses recherches d'antiquité, remarque que la ville de Die en Dauphiné est nommée en latin *Dia* ou *Dea Vocontiorum*, parceque c'étoit un lieu où les Voconces, peuples des environs, adoroient la Déesse Cybele, à laquelle on donnoit par excellence le nom de *Dia*, qui signifie divine, comme étant la mere & la reine des autres divinités. On y a trouvé il y a quelques années une inscription concernant un sacrifice fait à la grande Mere des dieux : *Matri Deûm magnæ Ideæ*, laquelle est rapportée dans son traité intitulé : *Ignotorum Deorum aræ*.

De plus l'on voit encore à Die sur l'une des portes de la ville ancienne, une tête de bœuf, & dans la ville plusieurs bas reliefs, où sont representés des instrumens de sacrifices, qui ont rapport au culte de cette Divinité.

On lit dans Reinesius deux anciennes inscriptions, l'une qui est dans la ville de Belley, concernant un Apronius Gemellinus, qui par son testament legue aux habitans du pays de Belley dans le Bugey, deux statues de Cupidon consacrées à la Mere des dieux.

Premiere classe.
N. 226.

MATRI DEVM ET ATTI
CVPIDINES II. APRONIVS
GEMELLINVS TEST. LEG. VIC.
BELL. HER. PON. CVRAVIT.

Testamento legavit vicanis Bellicensibus.
Herus poni curavit.

Liv. 1.

On sait que ceux de Belley faisoient autrefois partie des Sebusiens, dont parle Cesar dans ses commentaires : *Hi sunt extra provinciam trans Rhodanum primi.* L'autre inscription trouvée dans la même ville, est de T. Albius, qui dédie à la même divinité un autel, des trépieds, des colonnes, & autres choses.

N. 227.

Tome II.

MATRI DEVM
T. ALBIVS ATTIVS ARAM,
CREPIDINES, COLVMNAS
TECTVM PRO... *le reste est effacé.*

La ville de Lectoure en Gascogne, qui étoit dans cette partie de l'Aquitaine, que les Romains appellérent *Novempopulania*, conserve une inscription à l'un des boulevars de la ville, rapportée par du Choul. C'est d'une Pomponia Philumena, qui la premiere offrit à Cybele le sacrifice nommé taurobole.

MATRI DEVM POMP. PHILVMENAE
QVAE PRIMA LECTORE TAVROBOLIVM FECIT.

Le même auteur fait mention d'un semblable sacrifice à la mere des dieux, pour la santé de l'empereur Gordien & toute sa famille, & pour la conservation de la ville de Lectoure, sur un monument conservé dans la même ville. Il y a plusieurs autres inscriptions rapportées par Gruter, concernant le taurobole, dans Narbonne & dans la ville de Vence, offerts à la même divinité.

MATRI DEVM. IDEAE MATRI.

Rien ne nous met plus au fait pour l'intelligence de cette sorte de sacrifice & de ses particularités, que la savante explication de M. de Boze, imprimée en 1705. de l'inscription taurobolique gravée sur un autel consacré à Cybele, & trouvée à Lyon. Ce monument, qui est du temps des Antonins, fait voir que le taurobole offert à cette Déesse pour la santé de l'empereur & pour la prosperité de la colonie établie à Lyon, fut fait à Rome par *Æmilius Carpus*, député de la ville de Lyon, & marque en même temps la dévotion que cette ville avoit pour Cybele, & où *Carpus* avoit transporté tout ce qui avoit servi au sacrifice offert à cette déesse.

Enfin pour nous rapprocher de la ville de Paris, si Cybele étoit souvent prise pour *Cerès*, ainsi qu'Apulée les confond l'une & l'autre dans sa Metamorphose, on trouvera qu'elle a donné son nom au lieu où est le village de *Vuissoulx*, à trois lieuës de Paris, anciennement *Villa Cereris*, comme il se lit dans les titres des bienfacteurs du college de Montaigu cités par Malingre, & dans le livre cotté 21. du grand Pastoral de l'église de Paris.

Tous les monumens que j'ai rapportés,

B ij

ainsi que beaucoup d'autres, que de nouvelles recherches pourront découvrir encore, justifient que Cybele ayant été reverée dans les Gaules en differens temps & en differens lieux, lorsque les Romains en étoient en possession, l'on doit inferer que son culte a été reconnu chez les anciens Parisiens, & que cette belle tête antique du cabinet de Monsieur Girardon ne doit & ne peut être prise que pour celle de cette divinité, & non pour celle d'Isis, comme on l'a cru jusqu'à présent.

Il y a une nouvelle opinion proposée sous le nom du sieur Girardon, & imprimée dans les memoires de Trevoux du mois d'Août 1703. où l'on prétend que cette antique represente la déesse Lutece, comme la divinité tutélaire de Paris. A la verité nous trouvons quelques exemples, même dans l'ancienne Gaule, où la Déesse protectrice d'une ville avoit le nom de la ville même, comme DEAE BIBRACTI dans l'inscription que j'en conserve dans mon cabinet; DEAE AVENTIAE de la ville d'Avranches, sur une autre inscription expliquée dans une dissertation du P. Lempereur Jesuite, imprimée en 1706. S'il s'en découvroit de DEAE LVTETIAE, rien ne seroit plus concluant. Mais si j'ai fait le détail de plusieurs villes métropoles dans l'Asie, que j'ai citées, & qui ont representé sur les revers de leurs monoyes le genie de cette ville, ou les villes mêmes, sous la figure de Cybele, ou d'une femme couronnée de tours, il faut faire reflexion que cet usage n'a été observé que dans les provinces de l'empire Romain en Asie; mais que dans la grande Grece, dans les Gaules, dans l'Espagne & dans l'Italie, si on excepte une monoye d'Antonin, où elle est representée & figurée comme reine du monde; enfin dans l'étendue de l'empire, excepté dans l'Asie, on ne trouvera pas qu'aucune ville ait ainsi representé sur ses médailles son genie ou sa divinité tutélaire, sous la figure d'un buste de femme avec une couronne murale. Nous voyons en effet que Rome divinisée, & sous la republique & sous les empereurs, n'a été presqu'autrement representée, que sous la figure d'une femme armée ayant un casque en tête, de même que la ville de Constantinople depuis Constantin le grand. Ainsi la seule capitale des anciens Parisiens aura-t'elle suivi l'exemple des villes de l'Asie, dont elle ne connoissoit point l'usage?

Au reste, à juger de la beauté de la tête antique qui a fait en partie la matiere de cette dissertation, on peut croire que ce rare monument est du siécle d'Adrien ou des Antonins, auquel temps les arts n'avoient encore rien perdu de leur perfection.

Par Monsieur Moreau de Mautour, de l'Academie royale des Inscriptions, Antiquités & belles Lettres.

Charte du roy CHARLES III.

En faveur de l'Eglise de saint Marcel.

Copiée sur l'original.

AN. 918.

IN nomine sanctæ & individuæ Trinitatis. Carolus divina propitiante clementia rex Francorum. Si locis sanctorum aliquod subsidium ex nostra auctoritate conferimus, id procul dubio in futuro remunerari credimus. Idcirco omnium sancta ecclesia fidelium, tam presentium sive futurorum, nostrorumque, industria noverit, quod quidam Parisiacensis sedis episcopus nomine Ingelvinus ex suo dominicatu fratribus sancti Marcelli quindecim mansos ad mensam eorum fratrum circa ejusdem sancti monasterium conjacentes devote tribuit. Quo defuncto, videlicet Ingelvino episcopo, Anschericus successor suus pro imminente Normannorum periculo & persecutione, quod suus antecessor jam dicto sancto loco dederat, abstraxit, & in beneficio suo fideli tradidit, quod usque in die finis vitæ suæ ita permansit. Postea vero Teudulphus eorum sede ordinatus, videns prædictorum fratrum inopiam, valde condoluit, & quod suus antecessor dederat & alius abstraxerat voluntarie reddidit, & de suo indominicatu ad luminaria unum mansum in villa Cella positum præbuit. De qua causa adiens ad nostræ dignitatis serenitatem, humiliter expetiit, ut per nostræ auctoritatis præceptum hoc corroboraremus. Cujus benivoli antistitis preces suscipientes jussimus jam suprafatis fratribus in eodem cœnobio degentibus, ut ab hodierna die & deinceps suprascriptas res cum mancipiis utriusque sexus, terris cultis & incultis, vineis, pratis, pascuis, aquarumve decursibus, molendinis, exitibus & regressibus, & universis legitimis terminationibus juste ac legaliter ad se pertinentibus habeant, teneant atque jure perpetuo, nullo unquam contradicente, possideant. Volumus etiam ut diæ unctionis nostræ, hoc est in regem, quæ est octavæ sanctæ Agnetis virginis cum memoria orationis celebretur, & post obitum nostrum

nostrum ipsa dies transmutetur, & pro nostra conjuge in die obitus sui, quæ est iij. id. febr. a prædictis fratribus memoria sicuti nostra fiat. Et ut hæc auctoritas firma & inviolabilis permaneat, manu nostra subterfirmavimus, & annuli nostri impressione sigillari jussimus. S. Henrici regis, S. Imberti præsulis, cujus deprecatione hoc præceptum iterum corroboratur, S. Lisierni decani, S. Huberti decani, S. Balduini, S. Odonis, S. Hugonis Bardulfi, S. Adam Pincernæ, S. Milonis, S. Bernardi, S. Vvalerni, S. Nevelonis, S. Vvillelmi, S. Vvalteri.

Signum Karoli † regis gloriosissimi.

Goslinus notarius ad vicem Henrici archiepiscopi summique cancellarii recognovit. Datum vij. id. octob. indict. vj. anno xxvi. regnante Carolo rege glorioso redintegrante xxi. largiore vero hereditate indepta vij. Actum cœnobio sancti Dionysii, ubi ipse proprio corpore quiescit in Dei nomine feliciter.

REMARQUE.

Cette charte donnée par le roy Charles III. a été confirmée par Henry I. à la priere d'Imbert évêque de Paris, comme on voit par leurs signatures, qu'ils mirent dans le vuide qui se trouvoit à l'original entre le corps de l'acte & le monograme du roy Charles; ce qui n'est pas sans exemple. C'est sur cet original avec addition, que fut tirée sous le regne du même Henry I. la copie autentique qui s'est conservée dans les archives de S. Marcel, ainsi qu'en fait foy l'écriture, qui est visiblement de ce temps-là; de sorte que cette copie revêtue de tout ce qui la peut autoriser, doit tenir lieu d'original.

Bulle D'ADRIEN IV.

En faveur du Chapitre de saint Marcel.

An. 1158.

ADRIANUS Episcopus servus servorum Dei, dilectis filiis Niveloni Decano Ecclesiæ Sancti Marcelli Parisiensis, ejusque fratribus, tam præsentibus, quam futuris canonice substituendis in perpetuum effectum. Justa postulantium indulgere & vigor æquitatis, & ordo exigit rationis; præsertim quando petentium voluntatem & pietas adjuvat, & veritas non relinquit. Quocirca dilecti filii nostri Thomæ concanonici vestri precibus inclinati, vestris justis postulationibus clementer annuimus; & præfatam Ecclesiam, in qua divino mancipati estis obsequio, sub beati Petri & nostra protectione suscipimus, & præsentis scripti privilegio communimus, statuentes ut quascumque possessiones, quæcumque bona, tam in vineis, quam terris cultis vel incultis, pascuis, pratis, & aquis, eadem ecclesia in præsentiarum juste & canonice possidet, aut in futurum, concessione Pontificum, largitione Regum vel Principum, oblatione fidelium, seu aliis justis modis Deo propitio poterit adipisci, firma vobis vestrisque successoribus, & illibata permaneant. In quibus hæc propriis duximus exprimenda vocabulis: Burgum videlicet in quo ipsa Ecclesia sita est cum omnibus appendiciis suis; curiam de Cansilo cum pertinentiis suis; & villam Calonei cum pertinenciis suis, quicquid habetis in villa de Miseri, quicquid habetis territorio de Vitheolo, & quicquid habetis in territorio de villa Judea; terram quam habetis in territorio de Bertoldicurte; terram quam habetis in territorio de Castreyo, & terram quam habetis in territorio de Chesi; Ecclesiam sancti Petri de Ivry cum cimiterio, Ecclesiam sanctorum Gervasii & Protasii de Vitri cum cimiterio & decimis ad ipsam pertinentibus; Ecclesiam de Piro cum cimiterio & decimis ad ipsam pertinentibus, & capella de Santrio; Ecclesiam de Asneriis cum cimiterio & decimis ad ipsam pertinentibus, & Ecclesiam de Charentum cum cimiterio & decimis suis, atque terris quas ibidem habetis. Statuimus insuper ut secundùm antiquam & rationabilem Ecclesiæ vestræ consuetudinem, liberè vobis liceat Decanum eligere, qui assiduè debeat Ecclesiæ deservire. Clerici quoque ipsius Ecclesiæ qui ad ordines fuerint promovendi, per Decanum ejusdem ecclesiæ episcopo præsententur. Præterea omnes illas libertates & priscas atque rationabiles consuetudines vestras quas intra ambitum claustri, aut in Burgo in quo ipsa Ecclesia sita est, seu in villis & possessionibus vestris, vel in capellis ipsius Burgi, videlicet sancti Martini & sancti Hipolyti, & in capella sancti Hilarii de Monte hactenus habuistis, vobis authoritate apostolica confirmamus. Nulli etiam liceat in parochiis præfatæ ecclesiæ, nisi cum vestro, & episcopi vestri assensu, ecclesiam ædificare. Neque alicui licitum sit servos ejusdem ecclesiæ ab utilitate & servitio vestro, vobis invitis, subtrahere vel auferre. In parochialibus vero ecclesiis quas tenetis, liceat vobis liberè secundùm antiquam institutionem ecclesiæ vestræ, sicut hactenus fecistis, sacerdotes eligere & episcopo præsentare, quibus, si idonei inventi fuerint, episcopus curam animarum committat, & vobis quidem de temporalibus, episcopo vero de spiritualibus iidem sacerdotes debeant respondere. Decernimus ergo ut nulli omnino hominum liceat præfatam ecclesiam

14 PREUVES ET PIECES

temere perturbare, aut ejus possessiones auferre, vel ablatas retinere, minuere seu quibuslibet vexationibus fatigare ; sed omnia integra conserventur eorum pro quorum gubernatione ac sustentatione concessa sunt usibus omnimodis profutura. Salva sedis apostolicæ authoritate & Parisiensis episcopi canonica justitia. Si qua igitur in futurum ecclesiastica sæcularisve persona hanc nostræ constitutionis paginam sciens contra eam temerè venire tentaverit, secundo tertiove commonita, nisi præsumptionem suam congrua satisfactione correxerit, potestatis honorisque sui dignitate careat, reamque se divino judicio existere de perpetrata iniquitate cognoscat, & à sacratissimo corpore ac sanguine Dei & Domini Redemptoris nostri Jesu Christi aliena fiat, atque in extremo examine districtæ ultioni subjaceat. Cunctis autem eidem loco sua jura servantibus sit pax Domini nostri Jesu Christi, quatenus & hîc fructum bonæ actionis percipiant, & apud districtum judicem præmia æternæ pacis inveniant. Amen Amen.

† Ego Hubaldus presbiter cardinalis tituli sanctæ Praxedis. † Ego Hubaldus presbiter cardinalis tituli sanctæ Crucis. † Ego Bernardus presb. card. tituli sancti Clementis. † Ego Octavianus presb. card. tituli sanctæ Cæciliæ. † Ego Gerardus presb. card. tituli sancti Stephani in Celiomonte. † Ego Hildebrandus presb. card. Basilicæ XII. apostolorum. † Ego Guido presb. card. tituli S. Callixti. † Ego Joannes presb. card. tituli sanctæ Anastasiæ. † Ego Albertus presb. card. tituli S. Laurentii in Lucina. † Ego Guillelmus presb. card. tituli sancti Petri ad vincula. † Ego Odo diaconus card. sancti Georgii ad velum aureum. † Ego Bozo diaconus card. sanctorum Cosmæ & Damiani. † Ego Cinthius diaconus card. sancti Adriani. † Ego Petrus diac. card. sancti Eustachii juxta templum Agrippæ. † Ego Raimundus diac. card. sanctæ Mariæ in via lata.

Datum Sutrii per manum Rolandi sanctæ romanæ ecclesiæ presbiteri cardinalis & cancellarii, sexto calendas julii, indictione sexta, incarnationis Dominicæ anno MCLVIII. Pontificatus vero domini Adriani Papæ IV. anno IV.
Pris sur l'original.

LETTRE DE MANUMISSION
des serfs du même Chapitre.

AN. 1238.

GUILLELMUS, permissione divina Parisiensis ecclesiæ minister indignus, Universis præsentes litteras inspecturis, salutem & sinceram in Domino charitatem. Notum facimus quòd nos litteras dilectorum in Christo filiorum Reginaldi decani, & capituli sancti Marcelli Parisiensis, quas, nobis scientibus & consentientibus, hominibus ipsorum de corpore inferiùs nominatis, concesserunt & sigillaverunt, vidimus & inspeximus in hæc verba : Universis Christi fidelibus præsentes litteras inspecturis, Reginaldus sancti Marcelli Parisiensis decanus, totumque ejusdem ecclesiæ capitulum, salutem in Domino. Notum facimus quòd nos, homines nostros de corpore quos habebamus apud sanctum Marcellum, apud Vitriacum, apud Yvriacum, & Layacum, & Theodosium, quorum nomina sunt subscripta, & eorumdem hominum uxores, fœminas nostras similiter de corpore, manumittimus : videlicet, Gerardum de Mouniaus & Emelinam uxorem ejus, (*& plusieurs autres au nombre de plus de cent cinquante*) istos inquam, omnes supradictos, tam homines quàm fœminas, & eorumdem liberos habitos & habendos, & ipsorum liberorum hæredes habitos & habendos, manumittimus, & à jugo servitutis quo nobis & ecclesiæ nostræ tenebantur, omnino absolvimus, & in perpetuum quittamus, nihil nobis retinentes in ipsis de illo genere servitutis, quod manus mortua vulgariter appellatur, neque etiam de aliquo alio genere servitutis, salvo tamen nobis & ecclesiæ nostræ omni alio jure nostro, & justitia terræ nostræ, & hostisiarum, & manentium in eisdem, censivarum etiam & decimarum, & aliorum reddituum nostrorum. In his enim omnibus dicti homines nobis, sicut cæteri homines liberi terræ nostræ tenebuntur. Quod ut ratum & inconcussum in perpetuum perseveret, præsentes litteras sigilli nostri munimine roboramus. Datum anno Domini MCCXXXVIII. mense Augusto.

Nos siquidem transcriptum dictarum litterarum ad petitionem dictorum decani & capituli, & prædictorum hominum ab eisdem decano & capitulo penes se conservandum, sigilli nostri fecimus impressione muniri. Datum anno Domini MCCXXXVIII. mense Octobri.

Le sceau de l'évêque est encore attaché à ce titre. *Pris sur l'original.*

Lettres

JUSTIFICATIVES. 15

Lettres Patentes de CHARLES VI.
pour le même Chapitre.

AN. 1410.

CHARLES, par la grace de Dieu, roy de France. A nos amés & feaux conseillers les gens de nos comptes à Paris, salut & dilection. Reçue avons l'humble supplication de nos bien amés les doyen & chapitre de S. Marcel lez Paris, & des manans & habitans d'icelle ville, contenant comme déja pieça pour ce que ladite ville étoit en grande desolation, destruction & povreté pour le fait de nos guerres, pourquoi il fallut que leurs maisons fussent abbatues, afin que les ennemis de nous & de notre royaume ne se i logeassent; & aussi pour le fait des princes, tant de nous, de notre très-chere & bien aimée compagne la royne, comme d'autres de notre sang & lignaige, leur ussions donné & octroyé que en icelle ville de S. Marcel ûst deslorsenavant marché chacune sepmaine à jour de lundy, & aussi deux foires l'an, l'une le jour S. Martin d'hiver, & l'autre à la my avril ensuivant; auquel don par nous ainsi à eux fait en nostre Grand Conseil, furent présents nostre très cher & bien aimé oncle le duc de Berry, feu nostre très cher & amé oncle le duc de Bourbon, dont Dieu ait l'ame, le comte de Mortaing nostre chancelier, & plusieurs autres; en nous requerant humblement, que nostre dit don & octroy à eux ainsi par nous fait, leur voulsissions confirmer & donner de nouvel, se metier estoit, attendu que ez villes voisines de ladite ville de S. Marcel, aux jours dessus dits, n'a aucuns marchez ou foire. Pour ce est-il que nous, ces choses considerées, & que voulons & desirons de nostre pouvoir la refection & reparation des villes & chasteaux de nostre royaume, & qu'icelles villes soient soutenues, réparées & augmentées de bien en mieux; Avons confirmé & confirmons par ces présentes, & donnons de nouvel, se metier est, ausdits suppliants les marchez & foires dessus dits, & aux jours dessus declarez. Si vous mandons, & très-étroitement enjoignons, que de nostre dit don & octroy vous souffrez & laissez lesdits suppliants jouir & user paisiblement, sans pour ce leur faire, ou donner, ou souffrir estre fait ou donné aucun detourbier ou empêchement au contraire, mais icelui leur verifier ou expedier tantost & sans delay. Et outre leur avons octroyé que lesdits marchez & foires ils puissent faire crier, & publier solemnellement ez villes voisines de ladite ville de S. Marcel, & ez lieux accoutumés à faire cri en tel cas, par les sergens des lieux seulement, sans y appeller aucun de nos officiers, s'il ne leur plaist. Car ainsi nous plaist & voulons estre fait, & ausdits suppliants, pour consideration des choses dessus dites, l'avons octroyé & octroyons de grace especiale par ces presentes, nonobstant usaiges, coutumes, stile ou ordonnance faite ou à faire, & lettres à ce contraires. Donné à Paris le XXVII. jour d'aoust, l'an de grace MCCCCX. & de nostre reigne le trente. Par le Roy en son Conseil: *Signé*, PRISOUL. *Avec paraphe. Pris sur l'original.*

Charte du roy CHILDEBERT I.
Contenant la fondation de l'Abbaye de saint Vincent, aujourd'hui S. Germain des Prez.

AN. 558.

CHILDEBERTUS rex Francorum, vir inlust. Recolendum nobis est, & perpensandum utilius quod hi, qui templa Domini Jesu Christi reædificaverint, & pro requie animarum ibidem tribuerint, vel in alimonia pauperum aliquid dederint, & voluntatem Dei adimpleverint, in æterna requie, sine dubio apud Dominum mercedem recipere meruerint. Ego Childebertus rex, unà cum consensu & voluntate Francorum & Neustrasiorum, & exortatione sanctissimo Germano Parisiorum urbis pontificis, vel consensu episcoporum, cœpi construere templum in urbe Parisiaca prope muros civitatis, in terra quæ aspicit ad fiscum Isciacensem, in loco qui appellatur Locotitie, in honore sancti Vincentii martyris, cujus reliquias de Spania apportavimus, seu & sanctæ crucis vel sancti Stephani & S. Ferreoli, & S. Juliani, & beatissimi S. Georgii, & S. Gervasii & Prothasii, pueri Nazarii & Celsi, quorum reliquiæ ibi sunt consecratæ. Propterea in honore dominorum sanctorum, cedimus nos fiscum largitatis nostræ, qui vocatur Isciacus, qui est in pagis Parisiorum prope alveum Sequanæ. Unà cum omnia quæ ibi sunt aspecta, cum mansis, commanentis, agris, territoriis, vineis, sylvis, pratis, servis, inquilinis, libertis, ministerialis (preter illos quos nos ingenuos esse precipimus) cum omnibus appenditiis suis qui ibi aspiciunt, cum omnibus adjacentiis qui ibi adagunt, cum omnia quæ nos deserviunt tam in aquis vel insulis, cum molendinis inter portam civitatis & turrim positis, cum insulis quæ ad ipsum fiscum adjacent, cum piscatoria quæ appellatur Vanna, cum piscatoriis omnibus quæ sunt in ipso alveo Sequanæ, sumuntque initium a ponte civitatis, & fortiuntur finem ubi alveolus veniens Savara præcipitat se in flumine. Has omnes piscationes quæ sunt & fieri possunt in utraque parte fluminis, sicut nos tenemus, & nostra forestis est, tradimus ad ipsum locum, ut habeant ibidem Deo servientes victum cotidianum per succedentia tempora. Damus autem hanc potestatem, ut cujuscumque potestatis littora fuerint, utriusque partis fluminis teneant unam perticam terræ legalem, sicut mos est, ad ducendas naves & reducendas, ad mittenda retia & retractanda, absque ulla refragatione. De argumentis vero, per quæ aves possunt capi super aquam, præcipimus ut nulla potens persona inquietare audeat famulos Dei, sed omnia secure teneant, possideant per infinitas temporum successiones, & cum areis & casis in Parisius civitate, cum terra & vinea & oratorio in honore sancti Aureoli martyris, quæ de Elario & de Ceraunio, dato pretio comparavimus ; omnia & ex omnibus quidquid ea nos deservierint, inpostmodum pro requie animæ meæ, quando Deus de hac clarissima luce dederit discessum, ipse fiscus qui vocatur Isciacus cum omnia quæ ibi sunt aspecta, ipso die ad ipsum templum Domini quod nos edificamus deserviat, & omnia quæ ibi sunt opus, tam ad lumen, quam in Dei nomine ad stipendia servis Dei quos ibi instituimus, seu ad ipsos rectores qui ipsos regere habent, omnia & ex omnibus ibi transsolvant, ejusque temporibus & per longum temporum spatia, ad ipsum templum Domini absque contradictione vel refragatione aut judiciaria contentione inspecta ipsa præceptio omnique tempore proficiat in augmentum, & hæc præceptio cessionis nostræ futuris temporibus Deo auxiliante firmior habeatur, vel per tempora inviolabiliter conservetur manibus propriis vel nostris signaculis, subter infra decrevimus roborare. Datum quod fecit mense decembre dies sex, anno LVIII. postquam Childebertus rex regnare cœpit.

Ego Valentianus Notarius & ammanuensis, recognovi S. Childeberti gloriosissimi regis.

Tiré des Archives de cette Abbaye, où l'original subsiste encore.

Charte de S. GERMAIN Evêque de Paris.

Portant concession de plusieurs Privileges à l'Abbaye de S. Vincent, aujourd'huy S. Germain des Prés.

AN. 569.

DOMINIS viris apostolicis, sanctis, & in Christo fratribus, omnibus episcopis Parisiacæ urbis cum gratia Dei futuris, & cælesti visitatione ditatis, Germanus peccator. Omnibus non habetur incognitum, qualis ac quantus circa monasteria & ecclesias, aut erga Deum timentium virorum, fuerit inclytæ memoriæ gloriosissimus Childebertus rex, cujus summa benevolentia multis largita est copiosa beneficia, & immunitati nostræ stabilitatem perpetuam, scilicet cogitans quia qui ista temporalia reservaret notanda sibi, multo majora a Deo illi attribuerentur, si ob ejus amorem ecclesias & templa fundaret, & egentium inopiam sustentaret, & pro magnis parva offerret, atque pro terrenis cælestia adipisceretur. Unde & nobis ob sepulturæ suæ meritum, aliqua a se considerari mandavit, & considerata cessit. Itaque inclytus iste princeps Parisius basilicam in honore sanctæ Crucis & Domini Vincentii, vel reliquorum Sanctorum in unum membrum construxit, & sibi sepulturam inibi collocavit, ac largitatis suæ copiam per testamenti sui paginam nobis habere decrevit, & habendi meritum loco tanti ordinis constituit. Sed dum pagina testamenti sui & cordis fides sub humana fragilitate temporaliter vigeret, agente id quorumdam calliditate, ne æterna illi tribueretur beatitudo, ac scriptum non sortiretur effectum, simulque abbas & congregatio deputata non perciperent, ac sterilitate victus & vestitus deperirent; monuit me illius recordatio, & ob amorem illius terruit me tanta securitas simulque pietatis & charitatis affectus. Ille etenim post Deum, dum superesset, fuit nostra immunitas ac securitas, pax & recuperatio ac sequestratio omnis a civili negotio. Nos vero in hac re pietati illius consulentes, & cæterorum regum velle stabiliri conantes, charitatem fraternæ dilectionis vestræ nobiscum volumus concordari ; quatenus illius sancti loci honor celeberrimus, & memoria jam dicti principis gloriosi eniteat eodem in loco omnibus hujus ævi temporibus, habeatque abbatem ex propria congregatione ipsa ecclesia, qui sub gubernatione regum per successiones eumdem locum prævideat,

deat, sitque alienus pontifex omnis Parisiorum ab eodem loco, ut non deinceps aliquam potestatem in omnibus ad ipsum locum pertinentibus habeat. Simulque sancimus ut nullus metropolitanus, aut aliquis suffraganeus ejus, causâ alicujus ordinationis illuc ingredi præsumat, nisi solummodo ab abbate ejusdem loci vocatus, venerit ad sanctitatis mysterium celebrandum, aut ad ecclesias consecrandas, aut ad benedictiones clericorum vel monachorum instituendas, quod debitum renuere nullatenùs debet. Cæterum quicquid à die præsenti, tam à tempore meo, quàm & successorum meorum omnium in sede Parisiorum residentium episcoporum, vel à Deum timentibus principibus ejusdem plebis, in fiscis, villis, agris, in auro vel argento fuerit delegatum sive donatum, ut ad integrum habeat, volo, rogo, conjuro. Decrevi etiam per hanc cartulam immunitatis & cessionis meæ basilicam superiùs nuncupatam, sine gestorum obligatione manere. Et quia id antea consuetudo non fuit, & modo à regibus & principibus mihi est concessum, voluntatem pietatis vestræ in hoc scripto prætermittere volui, sed in omnibus per vos roborari & confirmari exposco, ut deinceps ratum permaneat. Et si aliquis umquam fuerit qui contra hanc deliberationem meam (quam ego pro firmitatis studio cum metropolitani & reliquorum episcoporum consilio ac suasione decrevi conscribere) quoquo tempore venire temptaverit, aut fortassis locum refragandi quæsierit; imprimìs à liminibus sanctarum ecclesiarum ab omnibus episcopis & sacerdotibus Dei, tam præsentis temporis, quàm & futuri, sit excommunicatus & alienus à pace, & in futuro judicio cum sanctis & amicis Dei (in quorum honore hæc conscriptio facta est) meum ac dominorum meorum metropolitanorum seu coepiscoporum præsentium super se adesse sentiat judicium, ac sit anathema maranatha. Et insuper ut hæc cartula firmiorem possit adipisci plenitudinem, comprovincialium dominorum episcoporum & fratrum meorum presbyterorum seu diaconorum conscriptionibus ipsam volui corroborare. Actum Parisius civitate, sub die XII. calend. septemb. anno v. domini Chariberti regis.

Germanus peccator hanc cartulam cessionis & immunitatis à me factam relegi & subscripsi, sub die quo supra.

Nicetius Lugdunensis episcopus in Christi nomine, petente apostolico domino & fratre meo Germano episcopo, & domina Ulthrogota regina atque domina Chrodesinta ac Chroberga constitutionem hanc, scilicet à præsenti tempore à successoribus domini Germani episcopi perpetuò custodiendam relegi, & manus meæ subscriptione corroboravi notato die.

Prætextatus Cabillonensis episcopus, deliberationem superiùs comprehensam, rogante & præsente domino Germano episcopo gaudenter suscepi relegendam, & subscripsi notato die.

Foelix Aurelianensis episcopus, juxta consensum & deliberationem domini Germani in perpetuo mansuram, subscripsi notato die.

Domicianus Carnotensis episcopus, juxta consensum & deliberationem fratris mei Germani episcopi, consensi & subscripsi notato die.

Galetricus peccator, juxta consensum & deliberationem domini Germani episcopi, consensi & subscripsi notato die.

Victurius peccator, juxta deliberationem hanc Germano præsente fratre meo & rogante, consensi & subscripsi notato die.

Leodebandus peccator consensi & subscripsi notato die.

Amanuensis notarius, sub jussione domini Germani episcopi, hoc privilegium cessionis scripsi & subscripsi.

Tiré des Antiquités de Paris de Dubreul, p. 331. édition de 1612.

Lettres de GALON évêque de Paris,

Touchant la collation des prébendes de sainte Opportune.

AN. 1108.

IN nomine sanctæ & individuæ Trinitatis. Pastoralis providentiæ est summâ sollicitudinis curâ ecclesiarum tranquillitati studere, & veterum patrum instituta nullâ occasionis violentiâ retractare. Cognovimus autem, & veridicâ multorum relatione didicimus, quia prædecessor noster Humbertus episcopus præbendas sanctæ Opportunæ canonicis sancti Germani concessit habendas, hoc modo scilicet, ut quibus vellent personis, idoneis tamen, præbendas donarent; & in dandis præbendis, & in eligendis personis, liberam & plenam haberent potestatem. Ego igitur Galo, Dei misericordiâ Parisiorum episcopus, antecessorem nostrum imitatus, beneficium & donum illius plenâ voluntate concessi, & manum nostræ confirmationis adhibui. Habet igitur præfata sancti Germani ecclesia plenam potestatem dandi prædictas præbendas congruis quidem personis, & canonicè illas instituendi absque requisitione episcopi. Ut autem hæc nostra confirmatio posterorum tradatur memoriæ, præsentem cartam hujus confirmationis testem fieri præcepimus, & sigillo nostro illam signavimus. Signum Galonis episcopi, S. Berneri decani, S. Adæ præcentoris, S. Guillelmi archidiaconi, S. Stephani archidiaconi, S. Reinaldi archidiaconi, S. Alexandri sacerdotis, S. Landonis sacerdotis, S. Simonis sacerdotis, S. Auscheri diaconi, S. Johannis diaconi, S. Wineranni diaconi, S. Roberti subdiaconi, S. Guidonis subdiaconi, S. Theoderici subdiaconi. Actum publicè Parisius in capitulo sanctæ Mariæ, anno ab incarnatione Domini M. C. VIII. indictione XV. epactâ XVII. concurrente III. rege Ludovico regnante anno I. anno episcopatûs Galonis IV. Girbertus cancellarius subscripsit.

Copié sur l'original.

TRANSACTION
entre l'université de Paris, & l'abbé & les religieux de S. Germain des Prés, pour le patronage de S. Germain le Vieux.

AN. 1368.

A Tous ceux qui ces lettres verront. Hugues Aubriot garde de la prevôté de Paris, salut. Savoir faisons, que nous l'an de grace MCCCLXIII. le mercredi XIII. jour de septembre, veismes unes lettres scellées, si comme il apparoissoit, du scel de l'université, maistres & escoliers de la ville de Paris, contenant ceste fourme : Sanctissimo in Christo patri & domino nostro domino Urbano (divinâ providentiâ sacrosanctæ Romanæ ac universalis ecclesiæ sanctissimo pontifici, vestri devoti & oratores assidui, rector, magister, & scholares filiæ vestræ universitatis Parisiensis devota pedum oscula beatorum ; beatissime pater, vestra amplissima noverit sanctitudo vestram obedientissimam filiam Parif. universitatem, inter cæteras primogenitam & alumpnam, ad cujus collationem capellania sancti Martini de Ordeis, sita propè muros monasterii sancti Germani de Pratis, juxta Parisius in prato clericorum, quam ad præsens tenet vir venerabilis & discretus magister Stephanus de Calvo-monte bachalarius in theologia, noscitur pertinere. Ex ordinatione magni consilii domini nostri regis pro fossatis fiendis circumquaque monasterium prelibatum ad tuitionem villæ Parisiensis, dictique monasterii defensionem ab inimicis regni infestantibus ex adverso demolienda & destruenda omnino. Ad quam insuper filiam vestram prædictam spectat pratum clericorum, dicto monasterio contiguum ; de quo pro dictis fossatis fiendis oportet accipere duo arpenta cum decem virgis, arpento continente centum virgas, & virgâ viginti pedes. Cum reverendo in Christo patre & domino domino R. abbate monasterii antedicti sancti Germani & conventu ejusdem loci, ad quos spectat jus patronatûs & præsentatio parochialis ecclesiæ sancti Germani veteris, sitæ in civitate Parisiensi, necnon & duo arpenta cum dimidio terræ immediatè dicto prato clericorum, ex alio latere sita retro tegulariam sancti Germani versus Sequanam, pro bono pacis & concordiæ..... ad tollenda plurima discrimina verisimiliter assutura, dicti domini nostri regis mediante benevolo intercessu, taliter convenisse & unanimiter concordasse, vestro nichilominus, pater sanctissime, benignissimo, & non aliàs, interveniente assensu necessario, ut tenemus, firmissimè requisito, quod pro recompensatione congrua præmissorum vestræ filiæ antedictæ fienda dicti domini abbas & conventus pro demolitione loci dictæ capellæ de Ordeis, & domorum & jardinorum, cæterorumque pertinentium, juxta appretiationem juratorum assignabunt, & de præsenti assignant dictæ filiæ vestræ capellano & capellaniæ prædictis octo libras Parisienses admortisatas annui ac perpetui redditus supra quandam domum quam habent juxta Auguftinenses in civitate Parisiensi, supra quam capiebant annuè post fundum terræ decem libras parisienses, nullis aliis oneratam redibentiis, dictas duas libras parif. restantes in contraplegium, obligando & garantisando præmissa. Quas quidem octo libras parif. pro recompensatione dictæ loci, ut præmittitur, assignatas dictus capellanus suique successores singuli perpetuò recipient annuatim cum cæteris proventibus dictæ capellæ antea spectantibus. Concordavimus insuper cum prædictis, sanctissime pater, ex causis præmissis ibidem permutare omnia jura quæ habemus in dicta capellania de Ordeis, cum juribus quæ habent dicti abbas & conventus in dicta parochiali ecclesia sancti Germani veteris perenniter sine fraude ; quæ quidem jura superiùs sunt expressa. Demumque pro dictis duobus arpentis cum decem virgis terræ prati

ti clericorum positis in dictis fossatis assignant dictæ filiæ vestræ dicta duo arpenta cum dimidio terræ suæ ex alio latere, juxta æstimationem congruam juratorum, vestro ut præmittitur, & non aliter, interveniente assensu. Quare, beatissime pater, flexis genibus saltem cordis vestræ magnificentiæ famatissimæ quàm possumus viscosius in Domino Jesu Christo, cujus vices geritis hîc in terris, qui pacem & concordiam quæritis & geritis, toto posse unanimiter supplicamus, quatinus dictas permutationes & singula permutata tam amorose & seriose tractata utrique utilia & accepta dignemini misericorditer acceptare ac perenniter confirmare pro solidiori vinculo caritatis, dictaque vestra generosissima confirmatione præhabita & optenta, ut spe tenemus, quod nuper vestra eadem sanctitas dictæ vestræ filiæ generosissimè concessit, ut nullus ad collationem & cætera ipsius de cætero impetrare valeret, nisi de hujusmodi indulto fieret mentio specialis, dicta parochialis ecclesia sancti Germani veteris eidem gratiæ subjaceat, cum cæteris vestræ filiæ beneficiis & subdatur; ut nullus eam de cætero impetrans virtute suæ impetrationis, juxta formam vestræ concessionis valeat acceptare, sed liberæ dispositioni dictæ vestræ filiæ cum cæteris relinquatur omnino, ut pro vestra sanctitudine perorare amplius obligemur, quam conservet Altissimus per tempora longiora ad regimen ecclesiæ suæ sanctæ. Datum Parisius die XI. Septembris anni Domini M. CCCLXVIII. Et nous à ce present transcript avons mis le scel de la prevôté de Paris l'an & le jour premiers dessusdits. Signé, J. JOHAN, avec paraphe, & scellé. Copié sur l'original.

Donation de l'église de S. JULIEN au prieuré de Longpont.

Excerptum ex cartulario prioratûs de Longo Ponte fol. 110. pag. 1.

STEPHANUS miles de Vitry, filius Rainardi de Plesseiz rediens de Hierusalem, cùm per mare navigaret, ibique cùm tanta infirmitas invaderet ut nulla spes vitæ in eo remaneret, Dei nutu admonitus, dedit ecclesiæ sanctæ Mariæ de Longo Ponte, medietatem ecclesiæ S. Juliani martyris, quæ Parisius apud parvum pontem sita est. Dei autem misericordiâ maris atque infirmitatis totiusque itineris evadens pericula, donum istud, sicut supra diximus, se fecisse recognovit, atque etiam libenti animo iteravit, ponens illud in manu Theodo-

rici monachi, qui ejus præcepto illud cæteris fratribus apud Longum Pontem conversantibus detulit.

Ibid. pag. 2.

HUGO de Munteler dedit Deo & sanctæ Mariæ de Longo-Ponte & monachis ejusdem ecclesiam quamdam apud Parisius, quæ constructa est in honore sanctorum Juliani martyris Brivatensis, atque Juliani confessoris Cenomanensis episcopi, cum terra quam præfati monachi jam possidebant juxta eamdem ecclesiam, retento sibi censu suo de ipsa terra quamdiu placuerit. Hoc donum concessit Helvisa uxor ejus, atque Petrus filius amborum. Et simul cum prædicto Hugone super altare sanctæ Mariæ posuerunt. Quod viderunt & audierunt hi testes, &c.

Tiré du 2. livre des Antiquités de Paris de D. Jacques Dubreul.

Lettres du roy HENRY I.
Où il est fait mention de plusieurs églises autrefois abbayes.

IN nomine sanctæ & individuæ Trinitatis, Amen. Ego Henricus Dei gratiâ Francorum rex, cùm in exhibitione temporalium rerum, quas humana religio divino cultui famulando locis sanctorum & congregationibus fidelium ex devotione animi largitur, tam præsentis quam perpetuæ vitæ, ut jam pridem multis expertum est indiciis, solatium adquiratur, saluberrimus valde, & omnibus imitabilis est fructus primitivæ virtutis, scilicet per quam & mundi prosperatur tranquillitas, & foelici remuneratione æterna succedit foelicitas. Noverit ergo posteritas omnium sanctæ matris Ecclesiæ fidelium & nostrorum, quod quidam Imbertus Parisiensis ecclesiæ episcopus nostræ serenitatis adierit præsentiam, rogans & enixè postulans ut quasdam ecclesias in suburbio Parisiacensi nostræ potestati & antecessorum nostrorum antiquitùs mancipatas, sancti Stephani scilicet, Juliani martyris, Severini solitarii, necnon & sancti Bachii, quarum quædam olim abbatiarum nomine sublimatæ erant, & ideo receptaculum & stationem congregationi canonicorum præbentes sanctæ Mariæ; sed propter regni perturbationem rebus concessis spoliatæ, solitudini vacantes parvum aut nullum antiquæ possessionis retinuerunt statum, prædictæ congregationi concederemus. Sed quia apud nos pro suis meritis prædictus episcopus erat magnus, ejus voluntati nolentes aliquid derogare : concessimus ejus petitioni prædicta loca regali præcepto & liberalitate, eo pacto & conditione, ut quamdiu Giraldus clericus earum possessor vixerit, sine inquietudine per assensum canonicorum totius congregationis teneat, & post ejus excessum usibus canonicorum sine reclamatione mancipentur. Et ibi pro remedio animæ meæ vel parentum meorum canonici aggregentur, qui pro statu & incolumitate regni nostri exorantes ad utrumque sufficiant : scilicet & ad stationem more solito reddendam ecclesiæ, & ad serviendum canonicè valeant communiter degere. *Dubois hist. de l'église de Paris, tom. 1. pag. 644.*

FONDATION DE L'ABBAYE de S. Maur des Fossés par Clovis II.

An. 638.

CLODOVEUS rex Francorum vir inluster, duci Archevaldo vel omnibus præsentibus ac futuris fidelibus. Quicquid sacerdotibus ac religiosis ecclesiasticis viris ad opus Dei construendum concedimus, hoc & ad regni nostri stabilitatem, & ad animæ salutem pertinere non diffidimus. Proinde omnibus sanctæ Dei ecclesiæ tam præsentibus quàm & futuris utriusque sexus fidelibus notum fieri cupimus quemdam virum diaconum carnis generositate pollentem ac in christo venerabilem, valdeque à nobis per omnia dilectum nomine Blidegisillum ad nostræ sublimitatis præsentiam advenisse, & humiliter deprecasse quatinus ad ecclesiam Dei funditùs ædificandam in honore scilicet sanctæ Dei genitricis Mariæ ac sanctorum Petri & Pauli principum apostolorum, & monachos sub regula sancti Benedicti pro Christi amore in illa ibi congregandos, quandam terram ex jure nostræ proprietatis in Parisiacensi pago consistentem, illum videlicet castellionem, qui fossatus dicitur, & quem vulgaris lingua castrum Bagaudarum appellat, super fluvium Maternæ situm, habentem ab introitu suo usque in alveum ipsius Maternæ buinaria duodecim, cum tota terrâ vocabulo Varenna, quæ est in circuitu ipsius castellionis, & quam Maternæ fluvius gyrat & fossatus aquæ concludit, sibimet concederemus. Cujus sacræ petitioni, ob id quia pro æternæ vitæ compendio tali accensus ardore, libenter assensum præbuimus. Quapropter per præsentem auctoritatem atque præceptionem jubemus ut hanc prædictam terram quam ei tali firmitate ex jure nostræ proprietatis in suum jus ad opus Dei perficiendum transponimus per nostram transignationem & revestionem firmiter recipiat, ita ut quod postmodum jam dictus vir præclarissimus ac nobis charissimus Blidegisillus diaconus ipsum castellionem cum prædicta Varennâ quam fluvius Maternæ circumdat (sicut jam dictum est) & fossatus castellionis in introitu suo ab aqua in aquam totam terram concludit ad integrum, quod fiscus noster ibidem ad præsens tenere vel dominare videtur, unâ cum manentibus illis, qui ibidem super terram fisci nostri commanent, & ad fiscum nostrum usque nunc aspexerunt, totum & ad integrum cum pratis & pascuis, garricis & ulmis, cum aquâ & omni piscatione fisci nostri ; insulis quoque ac molendinis seu piscatoriis, cum portis etiam & cunctis etiam ipsius aquæ transitoriis, vel cum omnibus adjacentiis cultis & incultis, ex nostra munificentia ad locum sanctum, (ut dictum est) regulariter construendum ac funditùs ædificandum plenissimè ac firmissimè habeat concessum. Et ibidem juxta hoc quod sua devotio locum sanctum vel cellulam ad servos Dei sub B. Benedicti exemplo inhabitandos, Deo adjuvante, ædificet. Et sicut ex fisco nostro processit ; ita ipsum locum cum præfatis rebus & cæteris omnibus ad se pertinentibus, atque cum omni ædificio quod abhinc facere poterit, firmiter absque ulla redibitione fisci nostri vel judicis publici requisitione sæpe dictus Blidegisillus, & qui ab illo constituendi sunt, in perpetuum valeant possidere. Denique etiam & jam regio jure decernimus (quod jubendo multùm observare præcipimus) ut nullus judex publicus, neque episcopus, neque quælibet judiciariæ potestatis persona in eumdem locum, aut infra prædictam terram quam sæpe fatus circumdat fluvius, & fossatus aquæ concludit, ad causas audiendas vel injusta freda tollenda, aut mansionaticos vel paratas faciendas, aut fidejussores tollendos, aut telonea exigenda, aut homines ejus tam ingenuos quàm servos super ipsam terram commanentes distringendos, nec ullas redibitiones vel inlicitas occasiones requirendas ullo unquam tempore ingredi audeat, aut exactare præsumat. Sed ipsi servi Dei præsentes ac futuri nullam ibidem à quacumque occasione patiantur inquietudinem, ut semper sub sancto proposito ibidem Deo serviant, & pro nobis ac genitrice nostra vel conjuge, sive prolis, necnon & totius regni statu Domini misericordiam devotiùs exorare

rare delectent. Ut autem hæc præceptio nostræ cessionis firmior habeatur, vel per futura tempora Deo propitio inviolabilis conservetur, nos & præcelsa genitrix nostra Nandechildis manuum nostrarum signaculis adumbravimus. Data anno primo regni nostri. *Tiré du Supplément des Antiquités de D. Jacques Dubreul, pag. 141.*

FONDATION DE LA MESME
Abbaye par Blidegisile.

AN. 640.

IN nomine sanctæ Trinitatis, Blidegisillus diaconus, servus servorum Dei. Qui æternæ vitæ hæreditatem cum sanctis in futuro sæculo desiderat possidere, oportet illum in præsenti sæculo compensare unde illam apud piissimum Dominum valeat impetrare. Omnibus igitur ordinibus, clericis quoque necnon & laïcis, cunctisque sanctæ Dei ecclesiæ fidelibus tam præsentibus quàm futuris cognitum fieri volumus, quia quandam terram in pago Parisiaco sitam, quam dominus rex Clodoveus gloriossimus ac præcelsa genitrix ejus Nandechildis regina per præceptum illorum pro mercede sua ad ecclesiam Dei inibi ædificandam quondam nobis concesserunt; illum videlicet castellionem qui fossatus dicitur, & quem vulgaris lingua castrum vocat Bagaudarum super fluvium Maternæ situm, habentem ab introitu suo usque in alveum ipsius Maternæ buinaria duodecim, cum tota terra vocabulo Varenna, quæ est in circuitu ipsius castellionis, & quam Maternæ fluvius gyrat, ac fossatus aquæ concludit, ipsi sancto loco in honore Domini ac sacræ genitricis ejus Mariæ necnon & principum apostolorum Petri & Pauli à nobis constructo. In quo egregium virum nomine Babolenum sub sancti patris Benedicti exemplo nuper constituimus abbatem ; propter abluenda delictorum meorum facinora, vel Christi gratiam conquirendam complacuit dedisse volumus. Præterea ut prædictus vir sanctissimus Babolenus (quem pro amore Dei in eodem, sicut diximus, loco abbatem constituimus) suique monachi seu successores eorum sæpe fatum castellionem cum jam dictâ Varennâ quam fluvius Maternæ circumdat, & fossatus castellionis (ut dictum est) in introitu suo ab aqua in aquam totam terram concludit, unà cum manentibus illis qui ibi appendunt; cum pratis ac pascuis, garricis & ulmis, cum aquâ verò, seu omni piscatione, insulis quoque ac molendinis necnon & piscatoriis, cum portis etiam, cunctisque ipsius aquæ transitoriis, vel cum omnibus adjacentiis cultis & incultis, ab hodierna die usque ad ultimam hujus sæculi horam teneant ac perpetualiter possideant. Et sicut de regali munere hoc promeruimus, ita de jure nostræ proprietatis cum præcepto & omni instrumento sive omni donatione quam supra memoratus rex domnus Clodoveus, ac inclyta ejus genitrix Nandechildis fecerunt, & nobis, Deo inspirante, placabiliter dederunt, in eorum jus & potestatem, ad ipsum locum sustinendum, atque ad eorum corpora in Dei servitio ibi sustinenda, Deo auxiliante, transponimus ac firmiter transfundimus ; quatenus ipsi servi Dei, omnesque successores eorum (ut prædiximus) ibidem sub regula sancti Benedicti ad modum & similitudinem Luxoviensis monasterii, Domino Christo valeant devotissimè famulari, & in omnibus eam sectentur normam, ut omnibus postpositis peculiaribus juxta traditionem apostolicam cuncta possint possidere communia, ut & sibi salutem acquirant, ac pro animâ præscripti regis domni Clodovei ac matris ejus Nandechildis (qui mihi hoc, ut præfatum est, contulerunt) necnon & pro me indigno ac miserrimo Blidegisillo peccatore Dominum toto corde fidelius exorare delectent. Si quis verò (quod nunquam credimus) contra hanc traditionem & nostræ delegationis decretum insurrexerit, aut eam infringere præsumpserit, vel abstrahere ab ipso loco sancto seu de potestate eorum inibi Deo servientium, iram Dei omnipotentis se incurrere pertimescat, & in cælis sanctorum societatem perdere per omnia formidet. Et insuper juxta sæculi pœnam auri libras quinque argenti pondera partibus ipsius loci, vel jam dictis servis Dei, cogente fisco, exsolvat, & nullo modo nulloque ingenio, quod adversatur evindicare valeat. Ut autem hæc epistola nostræ donationis per cuncta sæcula teneat vigorem & stabilitatem, manu propria subscripsimus stipulatione subnixa ; & tam pontifices quàm & abbates cæterosque magnificos viros præsentes in præsenti rogavimus, ut eam suis roborationibus adfirmarent. Quod & multi opitulante Deo libenter fecerunt. Actum Parisius sub die nonarum Maïarum, anno III. regnante Clodoveo gloriosissimo rege.

Signum Blidegisilli diaconi, qui hanc epistolam donationis fieri rogavit & subscripsit. S. Audoberti Parisiacæ urbis episcopi, qui huic epistolæ, rogante Blidegisillo, subscripsit. S. Annoberti Senonicæ

C iij

ecclesiæ episcopi, qui hanc corroboravit &c. S. Marini Belvacensis ecclesiæ episcopi, qui & hanc conscriptionem confirmavit, S. Agomari episcopi qui similiter eam signavit, S. Argundi episcopi, qui hoc similiter signavit, S. Audonis qui adfirmavit, S. Vaudeberti adsignantis, S. Randegramni conscribentis, S. Theoberti, S. Charoaudi abbatis, S. Hildoardi abbatis, S. Catherini abbatis, S. illustris viri Valdeberti comitis. *Ibidem pag. 142.*

Bulle d'INNOCENT II.

pour S. Maur des Fossés.

AN. 1136.

INNOCENTIUS episcopus, servus servorum Dei, dilecto filio Ascelino abbati monasterii S. Petri fossatensis, quod in Parisiensi pago situm est, ejusque successoribus regulariter substituendis in perpetuum. Quotiens illud à nobis petitur quod rationi convenire cognoscitur, animo nos decet libenti concedere, & petentium desideriis congruum suffragium impertiri. Proinde, dilecte in domino fili Asceline abbas, tuis rationabilibus postulationibus affectione paternâ gratum præbentes assensum, beati Petri fossatensis monasterium (cui Deo auctore præesse dignosceris) apostolicæ sedis privilegio communimus, statuentes ut quascumque possessiones seu bona ex concessione vel confirmatione Romanorum pontificum, seu Francorum regum, vel quorumlibet episcoporum in præsentiarum justè & canonicè possidetis, quæcumque etiam in futurum, auxiliante Domino, poteritis adipisci, firma vobis in perpetuum & illibata permaneant. In quibus hæc propriis nominibus duximus exprimenda : in archiepiscopatu Senonensi villam quæ dicitur a Seïa, & ecclesiam ejus; prioratum b capellæ & ecclesiam ejus; prioratum de Acheriis; ecclesiam de c Colliaco. In episcopatu Carnotensi, prioratum sancti Arnulphi & ecclesiam ejus ; prioratum de monasteriis ; ecclesiam de Longovillari ; ecclesiam de sancto Mauritio. In episcopatu Parisiensi, in burgo Castrensi, prioratum sancti Clementis & ecclesiam ejus ; ecclesiam de Euriaco ; in castro Corboilo, prioratum sancti Joannis Baptistæ ; in castro Turnomio, prioratum sancti Dionysii & ecclesiam ejus, cum capellis & rebus ad prioratum pertinentibus ; ecclesiam de d Oratorio ; ecclesiam de e Ferreolis ; ecclesiam de Bruccia ; ecclesiam sancti Hilarii de Varennis, cum capella sancti Nicolai, sita in Fossatensi villa ; ecclesiam de Bossiaco ; ecclesiam de f Man-

a Seaux en Gastinois.
b La chapelle la Reine.
c Cailly.

d Osoir la Ferriere.
e Ferroles.

f Maisons.

sionibus ; ecclesiam de g Nobiliaco ; ecclesiam de Noisiaco sicco. Præterea prioratum sancti Eligii infra civitatem Parisiensem situm, & ecclesias ad ipsum pertinentes ; videlicet ecclesiam sancti Martialis, ecclesiam sancti Petri de Arsionibus, ecclesiam sanctæ Crucis, ecclesiam sancti Petri de bobus, infra muros ejusdem civitatis sitas, ecclesiam sancti Boniti ultra magnum pontem, ecclesiam sancti Pauli extra civitatem, cum terris & rebus ad eam pertinentibus. Et in archiepiscopatu Senonensi, ecclesiam sancti Hilarii, in villa quæ dicitur h Messia. Præterea prioratum sancti Verani, cum terris & rebus ad eum pertinentibus. Vobis nihilominus confirmamus in ecclesia Parisiensi præbendam unam ad monasterium vestrum spectantem, & in eadem ecclesia aliam præbendam ad prioratum sancti Eligii pertinentem. In episcopatu verò Meldensi, ecclesiam de i Curte Protasi. Auctoritate insuper apostolicâ firmiter inhibemus, ut nullus episcopus seu archiepiscopus, nisi de mandato Romani pontificis, aut nisi legatus ad hoc missus specialiter, in vos vel aliquem de congregatione vestra fratrem sive monachum, excommunicationis sententiam promulgare, nedum ferre præsumat : quæ si lata fuerit, seu modo quolibet promulgata, eam auctoritate apostolica decernimus non tenere. Pro dedicationibus ecclesiarum, pro consecrationibus altarium, chrismatis, olei & similium, pro locatione abbatis cùm in novitate sua in sede pastorali locatur, nullus decanus, nullus archidiaconus, nullus ecclesiæ prælatus aliquid aliquando exigere vel extorquere præsumat. Obeunte verò te nunc ejusdem loci abbate, vel tuorum quolibet successorum, nullus inibi qualibet subreptione, astutiâ seu violentiâ præponatur, nisi quem fratres communi consensu, vel pars sanioris consilii, secundùm Dei timorem & B. Benedicti regulam providerint eligendum. Decernimus ergo, ut nulli omnino hominum liceat præfatum monasterium temerè perturbare, aut ejus possessiones auferre, vel ablatas retinere, minuere aut aliquibus vexationibus fatigare ; sed omnia integra conserventur eorum pro quorum gubernatione & sustentatione concessa sunt usibus omnimodis profutura, salvâ nimirum sedis apostolicæ auctoritate, & diocesani episcopi canonicâ reverentiâ. Si qua igitur in futurum ecclesiastica sæcularisve persona hanc nostræ constitutionis paginam sciens, contra eam temerè venire tentaverit, secundò tertióve commonita

g Neuilly sur Marne.

h Maixiere.

i La cour S. Protais.

monita, si non satisfactione congruâ emendaverit, potestatis honorisque sui dignitate careat, reamque se divino judicio existere, de perpetrata iniquitate cognoscat, & à sacratissimo corpore ac sanguine Dei & Domini nostri Jesu Christi aliena fiat, atque in extremo examine districtæ ultioni subjaceat. Cunctis autem eidem loco suo jura servantibus sit pax Domini nostri Jesu Christi ; quatinus & hîc fructum bonæ actionis percipiant, & apud districtum judicem præmia æternæ pacis inveniant. Datum Pisis per manum Almerici sanctæ Romanæ ecclesiæ diaconi cardinalis & cancellarii, x. calend. Martii indict. XII. anno M. C. XXXIV. pontificatûs Innocentii papæ secundi anno VI. *Ibidem pag.* 170.

Lettres de MAURICE évêque de Paris.

En faveur de S. Maur des Fossés.

IN nomine sanctæ & individuæ Trinitatis ; Amen. Pastoralem condecet solicitudinem ex alta providentiæ specula creditum sibi gregem dominicum à malorum infestatione defendere, & Deo servientibus pacem inviolabilem, multùm quidem in præsenti, sed magis in posterum providere. Ea propter ego Mauricius Dei gratiâ Parisiensis episcopus, solius divinæ bonitatis intuitu Fossatensi monasterio ecclesias & earum præsentationes quæ in hoc scripto nominatim exprimuntur inviolabiliter possidendas, de assensu archidiaconorum nostrorum confirmamus. Primùm ecclesiam de Varennis cum atrio, magna decima & minuta. Capellam sancti Nicolai in Fossatis sitam, immunem & liberam à synodo & circada. Capellam sancti Petri de bobus in civitate Parisiensi annuatim duos solidos Fossatensi monasterio reddentem. Ecclesiam de Noisiaco sicco, cum atrio, magna decima, & duabus partibus in minuta. Ecclesiam de Brocia, cum atrio, magna decima & duabus partibus in minuta. Ecclesiam sancti Dionysii in Turnomio, cum capella sanctæ Mariæ Magdalenæ, cum atriis, magna decima & minuta. Duas capellas, scilicet capellam novam & capellam veterem in Essarto sitas, annuatim priori de Turnomio reddentes triginta solidos publicæ monetæ ; & ecclesiam de oratorio cum atrio, magna decima & duabus partibus in minuta. Ecclesiam de Ferreolis cum atrio, magna decima & duabus partibus in minuta. Ecclesiam de Buxiaco, cum atrio, magna decima & duabus partibus in minuta. Ecclesiam sancti Clementis de castris, cum atrio, medietate tam magnæ decimæ quàm minutæ. Ecclesiam sancti Eligii Parisiensis. Quatuor capellas, capellam scilicet sancti Boniti, capellam sancti Petri de Arsis, capellam sanctæ Crucis, capellam sancti Martialis ad ecclesiam sancti Eligii pertinentes. Ecclesiam sancti Pauli, cum atrio, magna decima & minuta, nihilominus ad ecclesiam sancti Eligii pertinentem. Has igitur supra nominatas ecclesias cum præsentationibus earum Fossatensi monasterio confirmamus, & unam præbendam in ecclesia B. Mariæ Parisiensis, & aliam ecclesiæ beati Eligii Parisiensis. Decimas insuper confirmamus quas idem monasterium ubicumque sint in episcopatu Parisiensi in præsentiarum possidet, vel in futuro, Deo juvante, adipisci poterit. Præterea decimas de novalibus factis sive in posterum faciendis intra terminos Parochiarum seu decimationum quæ ad Fossatense monasterium spectare dignoscuntur. Hæc autem omnia ut firmum & perpetuum vigorem obtineant, præsentem paginam sigilli nostri impressione muniri dignum duximus. Data apud sanctum Victorem anno incarnati Verbi MCXCV. mense septembri. *Ibidem p.* 172.

Charte de CHILDEBERT III.

En faveur de l'abbaye d'Argenteuil.

CHILDEBERTUS rex Francorum vir inluster. Si oportuna beneficia ad loca sanctorum, quod pro juvamen servorum vel ancillarum Dei pertenit, libenti animo prestamus, & hoc nobis ad æterna retributione pertenire confidemus, ideoque cognuscat magnetudo seu hutiletas vestra quod nus silva nostra qui vogator Cornioletus, super fluvium Sequana in pago Parisiaco, quicquid ibidem à longo tempore fiscus fuit, aut in giro tinuit vel forestariæ nostri usque nunc defensarunt, ad monasthirio sanctæ Mariæ, sancti Petri, sancti Pauli vel citerorum sanctorum, qui est constructus in villa Argentoialo ubi præest inlustris Deo sacrata Leudesinda abbs pro mercidem nostri augmentum, vel pro consolatione ancillarum Dei inibi referenti, plena & integra gratia visi fuimus concessisse. Adeo per præsenti preceptione decernimus ordinandum quod in perpetuum volemus esse mansurum, ut neque vos neque juniores seu soccessores vestri, nec quilibet de ipsa silva nostra Cornioletum memorati Leudesindae aut soccessoris suas, vel ipsius monasthirii sui Argentoiali contradicere, nec nichil exinde minuere, nec nulla calumnia generare non presumatis, nisi quicquid superius continetur ipsa silva ad integrum, sicut fiscus noster fuit aut forestariae nostri defensarunt, jam dicta Leudesinda vel pars ipsius monasthirii sui Argentolialo & congregatio ibidem consistentium omne tempore & nostra indulgentia sub emunitatis nomene vidit habere concessum atque indultum fecit, ad ipsos & loco perenniter proficiat in augmentum, & ut haec preceptio firmior habeatur, & per tempora conservetur, manus nostris subscriptionebus subter eam decrevimus roborare.

Childebertus rex.

.... jussus recognovit.

Datum quod ficit min. aprilis dies tres an. tertio rigni nostri Conpendio in Dei nomene feliciter. *Copié sur l'original.*

Epitaphe du diacre Adalalde.

✠ SVB HOC TITVLO CONDITVM EST
CORPVS ADDALALD INDGN DAC^N
QV FVIT IN ISTO MONTRO
MGSTER ARTE MSC QI LEGT
ORA PRO PSO ET EST DPS.
XV KL SPB ✠

REMARQUES.

1. Cette piece, dont l'original est entre les mains de M. l'abbé Fleury, confesseur du roy, & prieur commendataire d'Argenteuil, est d'autant plus importante, qu'elle paroît décisive pour fixer l'état du monastère d'Argenteuil avant Charlemagne. Les auteurs modernes qui en ont parlé ne se font pas avisés de dire qu'il y eut originairement des religieuses en ce lieu, parce qu'ils n'avoient pas vû cette charte, ensevelie depuis long-tems dans les archives d'Argenteuil, par la négligence des agens du cardinal de Coislin, qui en a été prieur plus de soixante ans. On savoit seulement que le monastère d'Argenteuil avoit été donné, dès le temps de sa fondation, à l'abbaye de S. Denys. Mais on a inféré de là, qu'il n'avoit été originairement habité, non plus que S. Denys, que par des moines : ce qui est manifestement faux par ce titre original, où il est fait mention d'une abbesse nommée Leudesinde, & des religieuses qui servoient Dieu en ce monastère. Les autres autorités que j'ai citées dans le corps de cette histoire, soit des empereurs Louis le debonaire & Lothaire son fils, soit de l'abbé Suger, ou ne prouvent rien contre ce que je viens d'avancer, ou ne meritent pas de contrebalancer l'authenticité d'un titre original de beaucoup anterieur.

2. L'inscription que j'ai jointe ici à la charte du roy Childebert, est une épitaphe gravée sur pierre, qui se lit encore à présent dans l'ancienne chapelle de S. Jean, renfermée autrefois dans l'enclos de l'abbaye d'Argenteuil. Cette inscription, qui paroît être du temps de Charlemagne, peut servir à prouver que ce monastère étoit double, comme la plûpart des autres abbayes de filles. Adalalde, pour lequel il fut fait, ou qui fit peut-être lui-même l'épitaphe, y est qualifié diacre, suivant la coûtume ancienne de dénommer les moines par le degré de leur ordre. Il est en même temps qualifié maître de musique, c'est-à-dire, préposé pour enseigner le chant dans le monastère.

Accord entre le roy PHILIPPE LE HARDI, *& les chanoines de S. Merri ; acte utile pour connoître l'ancien état de cette église, & plusieurs curiosités de Paris avant son augmentation.*

AN. 1273.

A Tous ceux qui ces présentes lettres verront, Alexandre de Crevecœur garde de la prevôté de Paris, salut. Savoir faisons, que nous l'an de grace MCCLIII. le mardi XXIII. jour du mois de juillet, veismes unes lettres royaux saines & entières, en scel & en escriptures, scellées de cire verte sur lacs de soye, contenant la forme qui s'ensuit : PHILIPPUS Dei gratiâ Francorum rex, notum facimus universis tam praesentibus quàm futuris, quòd de controversia quae erat inter nos ex una parte, & canonicos sive capitulum S. Mederici Parisius ex altera, super justitiam quam dicebant dicti canonici se habere in tota sua terra dictae ecclesiae suae propè Parisius, in loco qui dicitur Poitronville, & hospitibus ejusdem terrae, gente nostra pro nobis & nomine nostro contrarium asserente, ita pacificatum & concordatum est, ut infra scriptum est. Primò. Habet enim dicta ecclesia S. Mederici propè Parisius, in loco qui dicitur Poitronville, terram quae incipit à terra Johannis Sarraceni, versus Paris. usque ad terram S. Dionysii, sicut itur directè ad bruerias, in qua terra

terra S. Mederici sunt quinque hostitia cum eorum pertinentiis. Item habet terram Parif. videlicet furnum qui est versus Imbray, qui quidem furnus comportat se ante de retro à domo Ascelini veteris usque ad domum Imorrumii de Lorrez. Item terram quæ est ante ecclesiam S. Jacobi versus carnificeriam, quæ incipit à domo Johannis Bonnelli, & durat usque ad domum barbitonsoris. Item terram quæ est in carnificeria, à parte versus Cardubonnarium, quæ incipit à terra burgensium, ubi cœptum est, usque ad domum Andreæ Chabot. Item terram quæ est in eodem vico ab illa parte dicti vici versus Sequanam, quæ quidem terra comportat se à domo parvi Boucherii, ante & retrò ad cuneum ejusdem vici. Item quamdam domum quæ est in taneria ejusdem burgensis qui vocatur Petrus de Baires, quæ domus est ante ruellam per quam itur ad Sequanam. Item terram quæ est in vanneria, vel ad planchias de Mibray, quæ comportat se à domo Stephani de Boisrufilé, cum cuneo dictæ vanneriæ, usque ad domum Johannis de Flament. Item quamdam domum quæ est in Judæaria, quæ domus est Johannis de Dravel, ab oppositis domus magistri Henrici medici, & comportat se dicta domus à domo Simonis de Dumo usque ad domum Guilielmi de Nalua. Item terram quæ est ante ruellam sancti Boniti, quæ comportat se à domo Agnetis la Boncelle ad domum Girardi le Traiz. Item terram quæ est in Marinas, quæ comportat se à domo Agnetis la Boncelle usque ad domum Girardi le Traiz. Item terram quæ est ab oppositis ecclesiæ S. Mederici, quæ comportat se à domo Radulphi le Plastrier usque ad domum Margaritæ de Andegavis, quæ quidem domus facit cuneum vici Amalrici de Rosiaco. Item in vico S. Almarici, retrò domum Galteri Chisons, est quædam curia & quædam camera subtùs dictam curiam, & sunt adjunctæ aliis appenditiis sive domibus, & comportant se retrò domos dicti vici à parte Galteri Chisons usque ad domum Albini le Mercier, quæ domus est in corrigeria ante cuneum vici de Trussevache. Item terram quæ est in magno vico supra calceyam, quæ incipit à vico Alberti le Boucher ante fontem SS. Innocentium, & comportat se à domo Roberti Bolesme, circumeundo cuneum, eundo ad S. Maglorium usque ad domum Jouberti de Chaalons. Item terram quæ incipit à domo magistri Stephani canonici S. Mederici, eundo directè usque ad domum Flairæ de Fossatis, quæ quidem domus est juxta portam & ultra. Item terram quæ incipit à domo Charlemeinne quæ est in fossatis, quæ comportat se eundo directè in vicum novum, & similiter totum vicum novum à parte versus ecclesiam S. Mederici, & totum vicum de Bailloche integrè versus ad claustrum S. Mederici, sicut se comportat ab utraque parte, & totum vicum Radulphi de S. Laurentio, & tam curiam Roberti de Parifiis ab utraque parte usque ad domum Roberti de Sylvanecto. Item terram quæ est ab altera parte novi vici prædicti, & comportat se à domo Johannis Juveinel eundo ad quadrivium Templi, cum quadam ruella sine capite, quæ vocatur Bœuf, & omnem circumeundo cuneum dicti quadrivii usque ad domum Girardi de Casmet, quæ est propè portam Templi. Item totum vicum Gauffridi Langevin, sicut se comportat ab utraque parte, cum quadam ruella sine capite, quæ vocatur Culdpet, circumeundo cuneum, eundo ad portam Nicolai Hidelon usque ad domum Agnetis filiæ Radulphi de S. Laurentio juxta plasteriam. Item quemdam vicum qui est juxta muros regis, qui vocatur Culdesac, sine capite, & comportat se à prædictis muris, circumeundo totum vicum, eundo ad portam prædictam Hindelon, inclusum ab una parte usque ad poternam prædictam, & quamdam domum quæ est in eadem parte, contiguam prædictæ poternæ ultra. Item terram ab illa parte dicti vici poternæ prædictæ, & comportat se à muris regis, eundo ad vicum de parvis campis, cum quodam vico qui vocatur Culdesac le petit, sine capite, circumeundo cuneum vici prædicti de parvis campis, usque ad domum relictæ Petri de..... Item terram quæ est in altera parte dicti vici, & comportat se à domo comitis de Bremine, ad magnam portam ab oppositis domus dictæ viduæ, circumeundo cuneum dicti vici, eundo ad Beaubourg usque ad cuneum Adæ de Ruella. Item terram quæ est in Beaubourg, quæ incipit à cuneo vici Gauffridi l'Angevin, qui comportat se in terra S. Mederici, & comportat se ab una parte dicti vici usque ad domum filii Galterii Rommanville. Item terram quæ est in vico Symonis Franque, à parte versùs vicum novum, eundo in vicum Templi, & comportat se à domo ubi manebat Radulphus Grossus, quando vivebat, usque ad vicum Templi. Item terram ab altera parte dicti vici, eundo in vicum Templi, quæ comportat se à domo Anselli de Chambliaco usque ad vicum Templi. Item terram quæ est in vico S. Martini, quæ incipit à domo Radulphi de Cuneo, quæ quidem domus facit cuneum dicti vici novi versûs S. Martinum, & se comportat eundo per vicum Symonis Franque & per parvam boucheriam, transeundo per vicum novum, usque ad domum Johannis Juveneil. Item terram quæ est in parva boucheria, versus vicum Auffredi de Gressibus, à domo Ægidii de Capella in qua moratur ad presens, & totum vicum Petri Dilart, ab utraque parte sicut se comportat, & totum vicum Auffredi de Gressibus similiter ab utraque parte, usque ad vicum novum. Item terram quæ est ultra quadrivium Templi, ab opposito domûs de Barra, quæ domus fuit domini Symonis de Parisiis, & est modo abbatis & conventûs de Bello..... & comportat se à domo Odonis Lathomi, eundo ad S. Medericum usque ad dictam ecclesiam S. Mederici, exceptis domibus Coraldi Almani & Gervasii de Spera, quæ quidem domus faciunt cuneum dicti vici, qui quidem cuneus est ab altera parte plasterariæ. Item prædicta domus de Barra est in terra S. Mederici, sicut se comportat ante & retrò. Item terram quæ est in vico Lamberti de Brala, sive in vico Andreæ Mallet, quæ comportat se ab una parte à domo Nicolai le Pié, in qua caput asini est scriptum sive insculptum à parte versus Sequanam, veniendo ad S. Medericum, circumeundo cuneum dicti vici usque ad domum Nicolai prædicti juxta domum Johannis Conversi. Item habet dicta ecclesia claustrum sive spatium claustri S. Mederici, in quo claustro sunt & erant portæ in locis infra scriptis, una videlicet in loco qui Barra vulgariter dicitur, alia in capite vici de Ballehoc versus claustrum, & alia ad finem domûs Roberti dicti Morel civis Parisiensis, protenditur rectè usque ad domum Johannis dicti Bourdon, quæ facit cuneum ab oppositis dictæ domûs ipsius Roberti Morel; & ex alia parte erit in fine domûs ipsius Roberti Morel, & ex alia parte erit in fine domûs quæ fuit Alerini dicti Maupas, & facit cuneum in vico magno S. Mederici, & protenditur usque ad cuneum cimeterii ecclesiæ S. Mederici prædictæ. Item domus quæ est in dicto claustro, sicut hæc sunt, videlicet domus juxta Barram, quæ est magistri Stephani de S. Dionysio canonici S. Mederici, quæ habet in longitudine seu profundo quinque thesias ad thesiam regiam. Item immediata domus, quæ domus dicitur Canonicorum, & ubi tenentur placita, quæ habet quinque thesias in longitudine seu profundo. Item domus immediata, quæ domus est magistri Clementis canonici S. Mederici, quæ habet sive continet novem thesias ab introitu usque ad finem pratelli retrò. Item domus Theobaldi Cambellani, quæ continet ab introitu quæ est in claustro, usque ad clausuram retrò, unà cum jardino viginti thesias. Item domus minima quæ est contigua domui prædictæ dicti Theobaldi Cambellani, & quæ domus facit cuneum in vico de Baillehoc, quæ continet in longitudine seu profundo quatuor thesias. Item domus alia quæ dicitur domus Communitatis, & facit cuneum alium ejusdem vici ab oppositis, & continet in longitudine seu profundo quatuor thesias. Item domus magistri Pichardi beneficiati in dicta ecclesia S. Mederici, ubi manet modò, & continet in omnibus ante & retrò novem thesias in longitudine seu profundo. Item domus Isabelis dictæ Bricæ, quæ continet tredecim thesias in longitudine seu profundo, & habet exitum ruellæ sine capite, quæ est juxta. Item domus Renerii Cæci, quæ habet seu continet in longitudine seu profundo, ab introitu qui est in claustro, usque ad clausuram retrò, unà cum pratello, quindecim thesias. Item domus quæ fuit quondam Johannis de Milliaco, quam nunc tenet Gauffridus Tapicerius, & habet ab introitu claustri usque ad clausuram retrò, unà cum pratello præter viginti thesias. Item domus Johannis Marcelli, prout se comportat ante & retrò in longitudine seu profundo, & habet viginti quatuor thesias. Item domus quæ fuit quondam Ysamberti Canonici, quæ modò est Jacobi de Colombarvite S. Mederici canonici Parisiensis, quæ habet ab introitu qui est in claustro usque ad clausuram retrò viginti thesias in longitudine seu profundo. Item domus Roberti Morelli, quæ facit angulum claustri S. Mederici ex una parte, & habet viginti quatuor thesias in longitudine seu profundo. Item domus minima quæ est Johannis dicti Bardon, & est dicta domus ab oppositis domus dicti Roberti Morelli, quæ facit cuneum vici, quæ habet tres thesias in longitudine seu profundo. Item domus Petri Marcelli, quæ habet similiter tres thesias in longitudine seu profundo. Item domus Symonis Maupas, quæ facit cuneum ab oppositis domus Ysabelis dictæ Bricæ, quæ continet

circiter

circiter tres thesias in longitudine seu profundo. Item domus contigua, quæ est familiæ Alerini dicti Maupas, & continet quatuor thesias in longitudine seu profundo. CONCORDATUM igitur est, quòd ipsi canonici habebunt in tota dicta terra prędictæ ecclesiæ quæ superiùs est descripta, census, redditus, ventas, investituras, roagium, foragium, sive chantelagium, & omnia emolumenta quæ possunt evenire ratione fundi terræ, necnon totam justitiam roagii, foragii, sive chantelagii, censum & redditum, ipsorum justitiam super omnibus quæ pertinent ad cognitionem & justitiam, censum & redditum roagii & foragii, sive chantelagii, & etiam terræ fundi. Habebunt etiam dicti canonici in hospitibus dictæ terræ & in dicta tota terra justitiam super mobilibus, catellis, conventionibus, & contractibus quibuscumque. Item super verbis contumeliosis, alapis sive buffis, melleis sine sanguine, necnon & justitiam de ictibus orbis, sive de quibuscumque ictibus sine sanguine, ex quibus non esset verisimile, nec etiam contingeret quòd percussus membrum amitteret, seu vitam, vel etiam mahainium incurreret, seu membri mutilationem, super quibus juramenta trium medicorum credentur qui quod sibi super hoc.... dicerent super hoc in Castelleto in pręsentia præpositi vel ejus vices gerentis, & majores clerici vel laici S. Mederici ad hoc specialiter vocandi, vel in eorum majoris absentia semel vel bis ad hoc specialiter vocaturi, & generaliter omnem justitiam subtùs sanguinem, & in omnibus ad dictæ justitiæ prosecutionem & executionem ex pręmissis vel quolibet pręmissorum, secundùm usum & ordinem judiciorum pertinentibus & emendas, si eas esse & deberi contingeret, occasione pręmissorum seu cujuslibet ex pręmissis, & eas imponere & levare poterunt auctoritate propriâ; nec nos, nec successores nostri in pręmissis seu aliquo de pręmissis aliquid de cętero reclamare ratione ressorti, ut inferiùs continetur, seu quâcumque aliâ ratione, exceptâ, ut dictum est, justitiâ super ictibus orbis, vel aliis ex quibus verisimile esset vel etiam contingeret quòd percussus moreretur, aut vitam amitteret, vel mahaignium incurreret, vel membri mutilationem, ut superiùs est expressum; quam quidem justitiam in pręditta terra ab hospitibus ejusdem, præterquam in claustro dictæ ecclesiæ S. Mederici & domibus ejusdem claustri & in hospitibus manentibus, nec-

non & domibus ejusdem claustri, nec nos & successores nostri habebimus in perpetuum justitiam etiam sanguinis, & omnis alia justitia super sanguinem erit nostra & successorum nostrorum in terra prędicta & hospitibus ejusdem; dicto claustro & domibus ejusdem claustri, & hospitibus in eodem claustro manentibus duntaxat exceptis. Habebimus etiam in tota terra pręditæ ecclesiæ & ipsius hospitibus bannum, guetum, talliam, exercitum & calciatam, talliam panis, & vini mensuras, justitiamque eorum quæ circa prędicta, vel aliquid de pręmissis deliquerint vel forefecerint, & omnia quæ pertinent ad cognitionem & justitiam & prosecutionem prędictorum, ac etiam justitiam falsæ mercaturæ, postquam exposita fuerit venalis, & de iis quæ fient contra statuta artificii & mercaturæ, ac etiam poterimus pro emendis nostris vel pro debito nostro ex contractu, vel quasi nobiscum inito, vel cum præpositis baillivis nostris, vel cum eis qui cum baillivis nostris vel præpositis nostris tantùm, modò hæc non cum aliis contraxerint, ratione dictorum contractuum vel quasi, justitiare, necnon pro forefacto nobis & servientibus nostris ac prepositis nostris aut eorum servientibus illato, dum exercebunt officium ad quod sunt vel fuerunt instituti, quamvis sanguinem non contineat, hoc tamen salvis hospitibus manentibus in domibus ecclesiasticis, quia ipsi sunt & erunt quitti & liberi à gueto, dum tamen non sint Lombardi seu de provincia, seu de ultra montibus nati, & sint commorantes in domibus claustralibus S. Mederici; nos & successores nostri in talibus habebimus tantummodò guettum, sicut in aliis hospitibus manentibus in terra prędicta. Viariam autem pleno jure, & omnem justitiam in eadem viaria & in tota terra prędicta, nos & successores nostri habebimus, si capiatur delinquens in eadem viaria in pręsenti delicto, præter quam in claustro S. Mederici, in quo claustro prout se comportat, & domibus ejusdem claustri, ut suprà dictum est, omnimoda justitia, & alta, & bassa, ad ecclesiam S. Mederici & ipsius canonicos pertinebit, hoc excepto, quòd nos & successores nostri habebimus in dicto claustro, domibus ejusdem claustri, & hospitibus manentibus in domibus ejusdem claustri, bannum, talliam, exercitum & cavalcatam, talliam, panis & vini mensuras, justitiamque eorum quæ circa prędicta, vel aliquid de pręmissis deliquę-

Tome II.

D ij

rint vel forefecerint, similiter guettum, ut suprà dictum est, & omnia quæ pertinent ad cognitionem & justitiam, & executionem & profecutionem prędictorum, quæ, ut dictum est, ad nos pertinet, & etiam justitiam falsæ mercaturæ, postquam exposita fuerit venalis, & de his quæ fient contra statuta artificii vel mercaturæ, ac etiam poterimus ibidem pro emendis nostris vel pro debito nostro ex contractu vel quasi nobiscum inito, vel etiam præpositis vel baillivis nostris, vel cum eis qui cum baillivis & præpositis nostris, & non cum aliis, contraxerunt vel quasi, ratione dictorum contractuum vel quasi, justitiare, necnon pro forefacto nobis & servientibus nostris ac præpositis nostris, ac servientibus eorumdem illato, dum exercebunt officium ad quod sunt vel fuerunt instituti, quamvis sanguinem non contineat. Si verò contingat quòd Major S. Mederici, vel ipsius serviens vel servientes jurati aliquem capiant in terra S. Mederici, vel ipsius bona vel alterius in casu in quo ad dictos canonicos spectat jurisdictio secundùm tenorem presentium litterarum, & captus se recutiat in viaria vel extra viariam, vel bona sua vel alterius ipsius cujus bona sunt, vel alius quicumque recutiat dicta bona, & ob hanc causam cujuscumque executionis jurisdictionis dictorum canonicorum melleia oriatur, sive in dicta viaria terræ S. Mederici, sive extra viariam in terra S. Mederici, sive alibi in terra nostra, super hoc non poterimus justiciare predictum majorem, nec ejus servientem seu servientes, nisi propter delictum perpetratum cum cultello vel ense, vel nisi ex dicta melleia mors vel membri mutilatio intervenerit aut subsequatur, recutientem vel recutientes justitiabit capitulum predictum ratione hujus melleiæ, quamvis in viaria facta sit, quibus in casibus ad dictum capitulum in terra prædicta, eorum etiam extra claustrum prædictum pertinet jurisdictio secundùm continentiam præmissorum. Habemus etiam nos & successores nostri omnimodas costumas alias à prædictis in tota dicta terra, & bona mobilia dictorum hospitum dictæ terræ & aliorum ubicumque manentium mobilia bona habentium in prædicta terra in omni casu quod possunt vel debent forefacere, seu quoquo possint vel dicta bona debeant Domino applicari, & bona mobilia bastardorum in tota terra prædicta, & eorum qui dicuntur Albani in omni casu in quo poterunt vel debent Domino devenire, sive morentur prædicti albani sive bastardi in dicta terra, sive alibi, exceptis bonis dicto claustro existentibus & domibus ejusdem claustri, quæ bona mobilia ad dictos canonicos pertinebunt. Ipsi autem canonici habebunt teneuras & alia bona immobilia sita in terra prædicta ipsius ecclesiæ quorumcumque bastardorum & albanorum, sive morentur in terra prædicta, sive alibi. Habebunt dicti etiam canonici teneuras & alia bona immobilia sita in terra prædictæ ecclesiæ omnium illorum qui forefecerint, sive morentur in terra ipsius ecclesiæ, sive non, multrum vel ruptum, sive homicidium, vel aliud crimen quodcumque commiserint, per quod bona hujusmodi debeant applicari sive devenire ad Dominum, nec poterimus eos, nec successores nostri in teneuris & bonis immobilibus prædictis in aliquo reclamare. Si autem aliquis aliquod crimen commiserit, propter quod teneura seu bona ejusdem sita in dicta terra ad dictos canonicos, ut dictum est, debeant devenire, & nos, vel præpositus noster, aut mandatum nostrum eidem qui dictum crimen commiserit, gratiam fecerit in tantum quod ad ejus condemnationem minimè processerit, nolumus per talem gratiam jus prædictorum canonicorum quoad dictas teneuras & bona immobilia sita in terra prædicta in aliquo deperire, immò jus eorum in omnibus hujusmodi immobilibus esse salvum. A sententiis autem, præceptis, & interlocutoriis sive judiciis canonicorum prædictorum, sive majorum eorum sive dictæ ecclesiæ, necnon & à graviminibus, si qua asseruerint aliqui sibi illata fuisse à dictis canonicis seu à majori eorum seu ecclesiæ prædictæ in terra prædicta, & generaliter in omnimodo casu ad eos per tenorem præsentis chartæ pertinente, appellabitur ad Castelletum Parisiense nostrum, cui dicta ecclesia S. Mederici & dicti canonici immediatè sunt subjecti. Tenebuntur autem majores dictæ ecclesiæ, tam major clericus, quam laïcus, ac eorum vices gerens qui isto tempore fuerint, jurare in novitate sua sine dilatione & diffugio, in præsentia præpositi Parisiensis vel ejus mandati in ecclesia S. Mederici, quòd justitiam nostram quam juxtà tenorem præsentis chartæ, nos & successores nostri in terra prædictæ ecclesiæ & hospitibus ejusdem habemus & habebimus, non impedient, nec in eadem terra nec hospitibus ejusdem justitiam aliquam exercebunt, præter quam in casibus sibi licitis ac permissis ut superiùs est expressum. Consimile verò sacramentum vice versâ sine dilatione & diffugio tenebuntur facere præpositi Parisienses qui pro tempore fuerint, in novitate sua, ac eorum vice gerentes, in præsentia majoris S. Mederici vel ejus mandati, vel eorum quos secum duxerit ad requisitionem majoris S. Mederici clerici vel laïci in Castelleto. Si autem præpositus Parisiensis aliquem hospitem prædictæ terræ, incarceratum detinuerit, vel ejus vices gerens, vel aliqua bona in dicta terra ceperit seu capi fecerit, vel guardas sive custodes, vel servientes ibidem posuerit, vel alius in dicta terra justitiaverit, major nec capitulum S. Mederici, nec etiam capitulum Parisinum, seu detentus in carcere, seu ille super quem guardæ vel custodes fuerint appositæ, vel etiam bona rapta etiam in dicta terra, super his vel aliquo eorumdem, poterunt vexare vel molestare præpositum Parisiensem vel ejus vices gerentes seu vices gerentem, nec super his in causam trahere, aliter quàm hoc modo; videlicet quòd præpositus Parisiensis per sacramentum prædictum in novitate sua præstitum, si præsens fuerit, vel si absens fuerit, vices gerens quicumque fuerit, super hoc præstito juramento, dicet in Castelleto majori S. Mederici vel ejus mandato, quòd ipse prædictum hospitem detinet vel bona prædicta, seu prædictam jurisdictionem exercet in casu in quo nos vel ad nos vel ad successores nostros pertinet jurisdictio secundùm continentiam prædictorum, exprimens illum casum. Similiter & si major S. Mederici aliquem hospitem prædictæ terræ incarceratum detinuerit, vel ejus vices gerens, sive aliqua bona in dicta terra ceperit seu capi fecerit, vel guardas seu custodes seu servientes ibidem posuerit, vel alios in dicta terra justitiaverit ; nos nec præpositus noster super his vel aliquo eorumdem molestare vel vexare poterimus majorem prædictum nec ejus vices gerentem, nec super his in causa trahere aliter quàm hoc modo ; videlicet, quòd major prædictus per juramentum prædictum ab eodem in novitate sua præstitum, si præsens fuerit, vel absens, ejus vices gerens, qui consimiliter præstiterit juramentum, si præsens fuerit, vel absentes si fuerint ambo, alius vices ejus gerens quicumque fuerit, specialiter super hoc præstito juramento, dicet in consistorio ubi tenentur, sive tenebuntur placita dictorum canonicorum, præposito Parisiensi vel ejus mandato, quòd ipse prædictum hospitem detinet, vel bona prædicta, seu prædictam justitiam exercet in casu in quo ad ecclesiam S. Mederici vel capitulum seu canonicos dictæ ecclesiæ pertinet jurisdictio secundùm continentiam præsentis instrumenti, exprimens illum casum, ita quòd si præpositus noster habeat illum hospitem, vel ejus bona justitiare in casu per præmissa nobis retento, super quo crederetur ejusdem præpositi juramento vel ejus vices gerentis, ut supra dictum est, major prædictus eumdem hospitem vel ejus bona mobilia tenebitur deliberare præposito nostro vel ejus mandato, si ea detinuerit prædictus major, & gardas & custodes seu servientes, vel quos ad dicta bona posuerit, removere, salvo tamen jure canonicorum, in modum qui sequitur. Poterit enim dictus major detinere de bonis illis quæ præposito nostro vel ejus mandato liberabit, usque ad quantitatem emendæ in qua teneretur dicto majori pro qualitate delicti quoad prædictos canonicos pertinet, secundùm continentiam præmissorum, super quo crederetur sacramento prædicti majoris. Concordatum est igitur quòd nulla prædictarum domorum claustralium quæ in dicto claustro sunt, ut superiùs est expressum, nullum habeat exitum vel introitum seu fenestras alias quàm ferratas, alibi quàm in claustro, nec de cætero poterit habere. Si tamen aliquis qui nunc moratur, vel per processum temporis morabitur in claustro, habet vel habere voluerit in sua domo exitum vel introitum vel fenestras alias quàm ferratas alibi quàm in claustro, ut dictum est, ipse justitiabitur secundùm modum & conditiones alterius terræ S. Mederici prædictæ sitæ extra claustrum, & quoties introitum obturaverit seu clauserit, habebit libertatem claustri prædictam, & justitiabitur secundùm id quod de aliis commorantibus in claustro superiùs continetur, ita quod videlicet eisdem hospitibus placuerit poterunt obturare seu claudere exitus vel introitus aut fenestras ejusmodi ; hoc tamen significabitur præposito Parisiensi qui pro tempore fuerit, vel ejus vices gerenti, per octo dies ante obturationem seu clausuram hujusmodi, propter omnem malitiam evitandam. In omni alia terra prædictæ ecclesiæ, alia terra S. Mederici quæ superiùs non est expressa, si prædicta ecclesia aliquam aliam habet terram sitam Parisiis ad dimidiam leucam, aliam ab ea quæ superiùs est expressa, habebimus nos & successores nostri in perpetuum totam justitiam altam & bassam & omnimodas costumas, exceptâ justitiâ fundi terræ, quæ dictis canonicis rema-

D iij

nebit, censu terræ, ventis & inveſtituris ſalvis & retentis dictis canonicis. In recompenſationem verò juris quam dicebant dicti canonici ſe habere in caſibus prædictis, in quibus nos & ſucceſſores noſtri habebimus juſtitiam, ut ſupradictum eſt, in perpetuum, & ut ſupradicta eccleſia ſervetur illæſa, damus, concedimus, & aſſignamus ſupradictis canonicis S. Mederici in redditibus ſive proventibus propoſituræ noſtræ Pariſienſis triginta libras Pariſienſes habendas & percipiendas ſine dilatione & abſque arreſtatione ſingulis annis in poſterum à dictis canonicis in feſto nativitatis B. Johannis Baptiſtæ in redditibus præpoſituræ noſtræ Pariſienſis prædictæ, & ad hoc nos & ſucceſſores noſtros obligamus. Volumus etiam quòd omnia & ſingula præmiſſa à præpoſito noſtro vel ejus vices gerentibus, adimpleantur indilatè ſub religione ſacramenti quâ dictus præpoſitus noſter vel ejus vices gerentes nobis & ſucceſſoribus noſtris tenebuntur. Ad majorem autem ſecuritatem & perpetuam memoriam, actum eſt & concordatum quòd metæ ſeu bornæ apponentur in locis prædictis, & ſi proceſſu temporis dictæ metæ ſeu bornæ, vel aliqua earum removerentur aut evellerentur, reponentur in loco priſtino ad petitionem canonicorum dictæ eccleſiæ S. Mederici. Quod ut ratum & ſtabile permaneat in futurum, præſentes litteras ſigilli noſtri fecimus impreſſione muniri. Actum apud Nogentium Eremberti anno Domini milleſimo ducenteſimo ſeptuageſimo tertio menſe Januario. Et nous à ce preſent tranſumpt avons mis le ſcel de ladite prevôté de Paris, l'an & jour deſſuſdits. *Tiré du premier volume des extraits de la chambre des Comptes, qui eſt à la bibliotheque Coiſlin, non milleſſimé; ledit acte referé tiré du regiſtre qui a pour titre: Second livre des ordonnances, fol. lxvi.*

Lettres d'ENE'E évêque de Paris.

En faveur de S. Maur des Foſſez.

An. 868.

IN nomine Patris & Filii & Spiritus ſancti, Amen. Docente Chriſto didicimus, quòd qui ſua reliquerit, & eum ſequi ſtuduerit, centuplum accipiet, vitamque æternam poſſidebit. Item ipſe ad miſericordiam peccatorum provocans ait: date eleemoſynam, & omnia munda ſunt vobis. Beatus verò Paulus doctor egregius jubet nos operari bonum ad omnes, maximè autem ad domeſticos fidei. His vocibus, quaſi manu quadam ſollicitudinis pulſatus, ego Æneas Dei gratiâ Pariſiorum epiſcopus, notum facio cunctis ſanctæ Dei eccleſiæ fidelibus, præſentibus ſcilicet & futuris, quòd anno Dominicæ incarnationis DCCCLXVIII. indictione primâ, juſſu ſereniſſimi Karoli regis ad Foſſatenſem, ob recipiendum corpus beati Levitæ Mauri, accedens abbatiam, dum à propriis ſacram præfati ſancti depoſui humeris ſuper beatorum Apoſtolorum altare glebam, conceſſi eidem eccleſiæ, annuentibus cunctis archidiaconibus & clericis noſtris, qui unà mecum ibi aderant, in ſede noſtri epiſcopatûs, in eccleſia videlicet beatæ Dei genitricis Mariæ perpetuò præbendam integram. Ita ut ab hac hora uſque in noviſſimam hujus ſæculi horam, tam venerabilis Odo qui nunc ibi cœnobio præeſt, quàm ſui ſucceſſores, eam liberè & abſque ulla moleſtia vel inquietudine aut aliquo ſervitio habeant & ſecurè poſſideant. Proceſſionem denique annuatim in quadrageſima, quartâ ſcilicet feriâ poſt Dominicam quæ paſſionis Chriſti prætitulatur, noſtris ſequacibus, in monumentum proceſſionis quam Chriſti dilecto confeſſori Mauro exhibuimus die quâ primùm receptus eſt à Foſſatenſibus, indicimus; ut cujus ſemel in anno membra reviſimus, ejus precibus & meritis aſſiduè muniamur. Quicumque ergo noſtrorum ad hanc venerint proceſſionem, nullam ibi ſumant refectionem, ſed ſolâ charitate, quæ multitudinem peccatorum operit, illuc adeant, atque ſibi mutuò datâ benedictione, ad propria jejuni redeant; abbas verò prædicti cœnobii, ſibique fratres ſubditi nullam hujus rei gratiâ perſolvant Pariſenſi eccleſiæ conſuetudinem, neque nobis aut ſucceſſoribus noſtris redhibitionem. Quòd ſi aliquis noſtrorum ſucceſſorum hujus conceſſionis calumniator aut retractator extiterit, & præbendam reſciderit vel imminuerit, proceſſionem quoque Foſſatenſis eccleſiæ à nobis ob amorem B. Mauri traditam fieri, niſi occaſione rationabili, prohibuerit; excommunicatus, niſi pœnitens reſipuerit, pereat in æternum. Amen. Ut ergo hoc donum firmum & ſtabile permaneat per ſucceſſura tempora, coram omnibus in capitulo B. Mariæ, illud manu propriâ, ac noſtris archidiaconis, cunctiſque clericis ad roborandum tradidi, noſtroque ſigillo munivi. *Dubreul, ſupplem. Antiq. p. 128.*

Sentence

JUSTIFICATIVES.

Sentence de l'official de Paris en faveur du chapitre de S. Germain l'Auxerrois, contre celuy de S. Mery.

An. 1287.

IN nomine Patris & Filii & Spiritûs sancti. Amen. Coram nobis & à nobis officiali Parisiensi emanavit monitio in hunc modum. Officialis curiæ Parisiensis, presbytero ecclesiæ sancti Eustachii Par. salutem in Domino. Cùm nos in causâ quæ inter capitulum seu canonicos ecclesiæ sancti Mederici Par. ex una parte, & decanum & capitulum ecclesiæ sancti Germani Antiss. Par. ex altera quondam coram nobis extitit ventilata, cognito de meritis dictæ causæ diffiniendo inter alia inhibuerimus eisdem decano & capitulo sancti Germani ne de examinatione alicujus vicarii qui quamdam vicariam in ecclesiâ sancti Germani prædicti spectantem ad collationem dicti capituli sive canonicorum sancti Mederici prædicti ab eisdem canonicis sancti Mederici conferri in posterum contingent, se intromitterent, pronuntiando per eamdem diffinitivam sententiam non esse probatum nec ostensum ex parte dictorum decani & capituli sancti Germani examinationem dicti vicarii ad eos debere pertinere, prout in sententiâ prædictâ sigillo curiæ Par. sigillatâ hoc dicitur peniùs contineri ; & capitulum seu canonici sancti Mederici prædicti dictam vicariam vacantem per mortem domini Johannis de Espinolio presbyteri vicarii quondam ejusdem vicariæ, de novo domino Galterio de Dannomartino presbytero contulerint, ipsique decanus & capitulum sancti Germani prædicti nisi fuerint & adhuc nitantur examinare eumdem Galterum, contradicentes ante examinationem ejusdem eumdem recipere ad dictam vicariam, nisi priùs examinaretur ab eisdem in præjudicium dictorum capituli seu canonicorum sancti Mederici prædicti, taliter recusando parere sententiæ supradictæ, prout procurator dictorum capituli seu canonicorum sancti Mederici prædicti nomine procuratorio eorumdem coram nobis asseruit conquerendo. Vobis mandamus quatinus dictos decanum & capitulum sancti Germani ex parte nostra diligenter & canonicè moneatis, ut infra triduum dictis sententiæ & inhibitioni pareant, & ipsum Galterum ad dictam vicariam sine examinatione recipiant ; ad quæ idem procurator, nomine quo supra, ipsos decanum & capitulum sancti Germani sibi à nobis censurâ quâ convenit compelli & compesci ; alioquin ipsos quos in iis scriptis ex tunc suspendimus, suspensos à nobis publicè nuntietis ; nisi justam causam allegaverint ; quare ad hoc minimè teneantur, ad quam allegandam die demum mercurii post dominicam quâ cantatur, *misericordia Domini*, ad audiendum jus super quibusdam instrumentis ex parte capituli seu canonicorum sancti Mederici in judicio coram nobis exhibitis, imò & super quibusdam propositis ex parte decani & capituli sancti Germani Antiss. Par. coram nobis prædictis partibus assignatâ ; dictâque die procuratores dictarum partium in judicio coram nobis comparentibus, & cum instantiâ jus reddi petentibus, visis à nobis & diligenter inspectis actis dictæ causæ, habito bonorum & juris peritorum consilio, sententiam quæ dicitur lata pro capitulo seu canonicis sancti Mederici contra decanum & capitulum sancti Germani prædicti, pronuntiamus non esse mandandam executioni, sed proposita & probata coram nobis. Datum anno Domini M. CC. LXXXVII. die mercurii prædictâ. *Tiré d'un cartulaire de S. Germain l'Auxerrois.*

Donation de l'abbaye de la Croix saint Leuffroy, à l'abbaye de S. Germain des Prés, par CHARLES *le simple.*

IN nomine sanctæ & individuæ Trinitatis. Carolus divinâ propitiante clementiâ rex Francorum. Quoniam Deus omnipotens, qui est rex regum, nostram sui muneris celsitudinem dignanter prætulit suo & regno & populo, idcirco oportet nos non modò præesse, verùm potiùs sanctis prodesse ecclesiis, ac præsertim dirutis, quibus, feritate paganorum, pulsa existunt corpora sanctorum, hactenus debitâ veneratione carentium. Quapropter comperiat omnium sanctæ Dei ecclesiæ fidelium, nostrorumque etiam præsentium ac futurorum solertia, quia Robertus venerabilis Marchio, nostri quidem regni & consilium & juvamen nobiscum, simulque abbas monasterii S. Vincentii martyris, egregii quoque pontificis Parisiorum Germani, adiens nostram sublimitatem, unâ cum comite Heriberto, eximioque episcopo Abbone, suggessit, tam pro veneratione sanctorum cinerum Audoeni scilicet archiepiscopi, necnon beatorum confessorum Leuffredi fratrisque ejus Agofredi, quàm etiam pro nostra totiusque salute regni ; concedere abbatiam quæ nuncupatur Crux S.

Audoeni, monachis prælibati confessoris Germani, quatinus ab hinc & deinceps prædictorum membra sanctorum diu officio divino carentium ab eisdem cœnobitis reverenter susciperentur, cultuque divino secùs beatos artus Germani collocata honorarentur. Quorum scilicet nostrorum fidelium congruis petitionibus annuentes, donavimus & subjecimus illam abbatiam cujus caput est in Madriacensi pago super fluvium [a] Auturæ, S. Germano ejusque monachis ad eorum jugiter mensam, præter partem ipsius abbatiæ quam [b] annuimus Normannis sequanensibus, videlicet Rolloni suisque comitibus, pro tutela regni. Idcirco autem res prædictæ abbatiæ cum omnibus villis, terris cultis & incultis, vineis, pratis, silvis, aquis, aquarumque decursibus, farinariis, cum mancipiis & colonis, & cum omnibus aliis appendiciis ibidem (exceptâ portione Normannorum) tradere & subdere & confirmare decrevimus ad victum, vestimenta, seu etiam cæteros usus congregationis S. Germani; quatinus singulis annis, [c] quarto idus Februarii anniversarium nostræ dilectissimæ conjugis Friderunæ, cum vigiliis missarumque oblationibus frequentent. Diem quoque nostræ unctionis, v. Kalendas Februarii, solemnitate S. Agnetis, cum summa refectione celebrent. Post obitum verò nostrum mutentur & orationum & refectionum præsidia in diem nostræ migrationis. Et super hanc cessionis auctoritatem hoc nostrum regale præceptum fieri jussimus, per quod decernimus atque jubemus ut nullus quilibet fidelium sanctæ Dei ecclesiæ presentium & futurorum de præ notatis rebus inquietudinem aut refragationem vel præjudicium seu violentiam, nec ipse abbas ejus cœnobii facere temptet; sed potiùs sine ulla subtractione vel diminoratione atque divisione liceat eas res eidem congregationi cum omni integritate inviolabiliter absque ulla calumnia & contradictione securiter ac perpetualiter possidere & frui. Ergo hæc nostræ auctoritatis præceptio ut firmiter continuationis vigorem obtineat ac veraciter per curricula annorum succedentia credatur, manu propriâ subter firmantes, annullo nostro eam jussimus insignari. Signum Karoli regis gloriosissimi. Gozlinus notarius ad vicem Herivei archiepiscopi summique cancellarii recognovit. Datum II. idus Martii indictione VI. regnante Karolo rege glorioso redintegrante XXI. Largiore verò hæreditate indeptâ VI. Actum Compendio palatio in Deo nomine feliciter. Amen, amen. *Dubreul, Supplém. p. 86.*

[a] Eure.
[b] Le Vexin Normand.
[c] C'est le 10. de Février; & comme ce jour est dédié à Ste Scolastique, on fut l'anniversaire de Friderune le 9.

Lettres de Thibault, évêque de Paris, au sujet de sainte Opportune.

AN. 1150.

THEOBALDUS Dei gratiâ Parisiensis episcopus, dilectis filiis canonicis sanctæ Opportunæ in perpetuum. Ad officium spectat episcopale unicuique ecclesiæ conservare jus proprium, & de negotiis quæ in præsentia eorum canonicè diffinita sunt, perpetuæ paci & quieti ecclesiarum providere. Idcircò nos ex authoritate nostri officii, acceptâ querelâ inter canonicos sancti Germani & sanctæ Opportunæ de capiceria sanctæ Opportunæ, diem utrique parti certum præfiximus, in qua, convocatis fratribus, & assistente frequentiâ plurimorum sapientum, inter partes in præsentia nostra causa est proposita, & cum omni diligentia per aliquantum temporis est justitia partium investigata. Nos verò auditis allegationibus hinc & inde, & jure utriusque partis cognito, consilium habuimus, & bonum visum est in conspectu nostro & fratrum assistentium absque vexatione judicii causam ipsam per concordiam terminare; forma itaque pacis hujusmodi fuit: Capiceriam canonicis sanctæ Opportunæ liberam & absolutam perpetuò a subjectione sancti Germani reddidimus, quia cùm nullo evidenti titulo juris inniterentur canonici sancti Germani, jus longæ retentionis & possessionis sanctæ Opportunæ canonici proponebant, & vivis testibus se approbaturos asserebant, si non intercessisset verbum concordiæ, eos itaque propriâ manu investivimus de præfata capiceria in conspectu fratrum nostrorum, ut exclusâ omni querelâ sancti Germani, in ditione & potestate eorum de cætero firma permaneat, in quo tàm decanus quàm omnes canonici sancti Germani capiceriam juris canonicorum sanctæ Opportunæ recognoscentes præbuerunt assensum, nihil calumniæ & controversiæ vel juris, sibi in ea de cætero reservantes, quod & propriis manibus subnotarunt. Ut autem hæc diffinitionis nostræ sententia, & in præsentiarum & apud posteros firma & stabilis perseveret; in scripti nostri authoritate eam concludere, & sigilli nostri testimonio confirmare præcepimus; & quoniam nullus erit finis litium si à concordia facilè discedatur, quicumque hujus institutionis temerator extiterit, tanquàm convulsor pacis & amator discordiæ ab ecclesiarum

ecclesiarum liminibus arceatur, & nisi resipuerit, horribili anathemate percellatur. Actum publicè Parisius in curia nostra, in conspectu ecclesiæ, anno Dominicæ incarnationis MCL. indictione XIII. anno verò pontificatûs nostri VII. mense III.

Ego Guido decanus S. Germani, *Signum* Hernaudi, S. Garini, S. Algrini, S. Durandi, S. Gaufridi subdiaconi. S. Asthonis. S. Renaldi subd. S. Giraudi subd. S. Stephani subd. S. Stephani pueri. S. Theobaldi pueri.

Hi sunt testes, Guerminelus sacerdos Paris. archidiaconus, Hugo de S. Florido diac. Paris. canon. Petrus subd. Paris. canon. Radulphus diac. Paris. can. Hosmundus subdiac. Par. can. Joannes subdiac. Paris. canon. Censius Romanæ ecclesiæ subdiac. Milo ejusdem ecclesiæ subdiac. Girelmus sacerdos, Guido sacerdos, Ambertus sacerd. Renaldus sac. Fulconius sac. Joannes sac. Remigius diac. Joannes Grossinus diac. Durandus subdiac. canonicus de Campellis, Hugo acolythus. Data per manum Algrini cancellarii. *Tiré des archives de sainte Opportune.*

Bulle d'ADRIEN IV.
Pour sainte Opportune.

AN. 1159.

ADRIANUS episcopus, servus servorum Dei; dilectis filiis canonicis sanctæ Opportunæ, tàm præsentibus quàm futuris canonicè substituendis in perpetuum. Piæ postulatio voluntatis effectu debet prosequente compleri, ut & devotionis sinceritas laudabiliter enitescat, & utilitas postulata vires indubitanter assumat. Ea propter, dilecti in Domino filii, vestris justis postulationibus clementer annuimus, & præfatam ecclesiam in qua divino mancipati estis, obsequio sub beati Petri & nostra protectione suscipimus, & præsentis scripti privilegio communimus; statuentes ut quascumque possessiones, quæcumque bona eadem ecclesia in præsentiarum justè & canonicè possidet, aut in futurum concessione pontificum, largitione regum vel principum, oblatione fidelium, aut aliis justis modis præstante Domino poterit adipisci, firma vobis vestrisque successoribus & illibata permaneant; in quibus hæc propriis duximus exprimenda vocabulis; ecclesiam SS. Innocentium, & aquosam terram quam mariscos vocant, juxta civitatem Parisius consistentem, quam bonæ memoriæ Theobaldus quondam Parisiensis episcopus & charissimus filius noster Ludovicus illustris rex Francorum vobis & ecclesiæ vestræ confirmasse, ac suis scriptis roborasse noscuntur; capiceriam quoque ipsius ecclesiæ, sicut idem episcopus vobis eam rationabiliter adjudicavit, authoritate apostolicâ confirmamus. Decernimus ergo ut nulli omnino hominum liceat præfatam ecclesiam temerè perturbare, aut ejus possessiones aufferre, vel ablatas retinere, minuere, aut aliquibus vexationibus fatigare; sed omnia integra conserventur eorum pro quorum gubernatione ac sustentatione concessa sunt usibus omnimodis profutura, salvâ in omnibus Apostolicæ sedis authoritate, & diœcesani episcopi canonicâ justitiâ. Si qua igitur in futurum ecclesiastica sæcularisve persona hanc nostræ constitutionis paginam sciens contra eam temerè venire tentaverit, secundò tertiòve commonita, si non præsumptionem suam dignâ satisfactione correxerit, potestatis honorisque sui careat dignitate, reamque se divino judicio existere de perpetrata iniquitate cognoscat, & à sacratissimo corpore ac sanguine Dei & Domini redemptoris nostri Jesu Christi aliena fiat, atque in extremo examine divinæ ultioni subjaceat. Cunctis autem eidem loco sua jura servantibus sit pax Domini nostri Jesu Christi, quatenus & hîc fructum bonæ actionis percipiant, & apud districtum judicem præmia æternæ pacis inveniant. Amen, amen. Ego Adrianus Catholicæ ecclesiæ episcopus. Ego Gregorius Sabinensis episcopus. Ego Hubaldus Ostiensis episcopus. Ego Julius Prænestinus episcopus. Ego Bernardus Portuensis & sanctæ Rufinæ episcopus. Ego Hubaldus presbyter cardinalis tituli sanctæ Crucis in Jerusalem. Ego Hastaldus presbyter cardinalis sanctæ Priscæ. Ego Joannes presbyter cardinalis tituli SS. Silvestri & Martini. Ego Hildebrandus presbyter cardinalis basilicæ duodecim Apostolorum. Ego Bonadies presbyter cardinalis tituli sancti Chrisogoni. Ego Odo diaconus cardinalis sancti Georgii ad velum aureum. Ego Hyacinthus diaconus cardinalis sanctæ Mariæ in Cosmedin Ego Arditio diaconus cardinalis sancti Theodori. Ego Bozo diaconus cardinalis SS. Cosmæ & Damiani. Ego Petrus diaconus cardinalis sancti Eustachii juxtà templum Agrippæ. Ego Raymundus diaconus cardinalis sanctæ Mariæ in viâ latâ. Datum Laterani per manum Hermanni domni papæ subdiaconi & scriptoris IV. idûs Maii, incarnationis Dominicæ anno M.C.LIX. indictione VII. pontificatûs verò domini Adriani papæ IV.

Tome II.

anno v. *Tiré des archives de sainte Opportune.*

Donation de LOUIS VI. à sainte Opportune.

AN. 1154.

IN nomine sanctæ & individuæ Trinitatis. Ego Ludovicus, Dei gratiâ Francorum rex, & dux Aquitanorum. Regni sedes principalis civitas Parisiensis, & antecessoribus nostris Francorum regibus semper grata, quantò nobis est acceptior, tantò ampliùs sollicitudinem regiam ea quæ ad honorem & suffragia civium pertinent, decet providere. Secùs eandem civitatem aquosa quædam terra est quam mariscos vocant, in usum communis pascuæ constituta, & sanctæ Opportunæ propria. Notum sit igitur omnibus tàm natis quàm nascituris, quòd nostro & venerandi Parisiensis episcopi Theobaudi, nostrorumque fidelium consilio, canonici sanctæ Opportunæ propter ecclesiæ paupertatem & communem multorum utilitatem, mariscorum medietatem, culturæ & curticulis faciendis dederunt, habitum censum in festo sancti Remigii, de singulis videlicet agripennis denarios duodecim ex nostro assensu, decimis terræ illius & viariâ retentis & consignatis in jure ejusdem ecclesiæ. Si tamen exinde aliquid grave natum fuerit quod nequeant finire canonici, & majori egeat consilio, salvo jure ecclesiæ, res illa perferetur ad episcopum. Ex hoc itaque redditu, censu scilicet, viariâ, & decimis, constitutum est ampliari præbendas, ut canonicis qui tunc erant in vita sua habentibus seorsum annonam totam, præbendæ singulæ de cætero valeant in nummis sex libras. Quòd si redditus abundaverit, de residuo canonici duo sive plures in servitio ecclesiæ assidui instaurentur, qui in beneficio præbendarum similiter accipiant sex libras. Quod ut ratum sit in posterum & omnimodo inconcussum, conscribi, & nostri sigilli authoritate communiri, nostri quoque nominis caractere roborari præcepimus. Actum publicè Parisius anno ab incarnatione Domini MCLIV. regni verò nostri XVIII. astantibus in palatio nostro quorum subtitulata sunt nomina & signa.

S. Guidonis buticularii, S. Mathæi camerarii, S. Mathæi constabularii.

Data per manum Hugonis cancellarii.
Tiré des archives de sainte Opportune.
*Il est dit dans le livre des Miracles de sainte Opportune, que cette donation fut faite par le roy Louis VI. après qu'il eut été té-*moin de la guérison miraculeuse d'un gentilhomme boiteux, nommé Adalard.

Lettres de LOUIS VII. sur le même sujet.

AN. 1176.

IN nomine sanctæ & individuæ Trinitatis, amen. Ludovicus Dei gratiâ Francorum rex. Notum facimus universis præsentibus pariter ac futuris, quòd canonici sanctæ Oportunæ, propter ecclesiæ suæ paupertatem, & communem totius civitatis utilitatem, marisium qui jacet inter Parisius & montem Martyrum, & protenditur à ponte Petrino usque subtùs villam, quæ appellatur Challoel, qui proprius sanctæ Oportunæ esse dignoscitur, ad excolendum dederunt, in festo beatæ Oportunæ de singulis arpennis XII. denarios annuatim recepturi, decimis marisii illius & viariâ retentis & assignatis in jure ejusdem ecclesiæ. Nos autem prædictæ institutioni, mandato domini papæ, & tàm Senonensis archiepiscopi Guillelmi, quàm Parisiensis episcopi Mauricii, aliorumque prudentum consilio inducti, benignum præbuimus assensum. Et ne argumentosâ malignantium calliditate deinceps valeat aliquatenus immutari, eam sigilli nostri auctoritate nominisque nostri caractere subtùs annotato fecimus communiri. Actum Parisius anno incarnati Verbi M. C. LXXVI. astantibus in palatio nostro, quorum nomina supposita sunt & signa. S. comitis Theobaldi dapiferi nostri, S. Guidonis buticularii, S. Rainaldi camerarii, S. Radulphi constabularii, vacante cancellariâ.

Collationné à l'original en parchemin, ce fait, rendu par les notaires-gardenotes du roy au châtelet de Paris soussignés, le vingt-sixiéme jour d'Avril mil six cent cinquante-sept. *Signé*, RUIN & BAUDRI. *Avec paraphes.*
Tiré des archives de sainte Oportune.

Bulle d'ALEXANDRE III. en faveur de sainte Opportune.

AN. 1178.

ALEXANDER episcopus, servus servorum Dei ; dilectis filiis canonicis sanctæ Opportunæ, tàm præsentibus quàm futuris canonicè substituendis, in perpetuam memoriam. Piæ postulatio voluntatis effectu debet prosequente compleri, ut & devotionis sinceritas laudabiliter enitescat, & utilitas postulata vires indubitanter assumat. Ea propter, dilecti in Christo filii, vestris justis postulationibus clementiùs

clementiùs annuentes, præfatam ecclesiam in qua divino estis mancipati obsequio sub beati Petri & nostra protectione suscipimus, & præsentis scripti privilegio communimus, statuentes ut quæcumque possessiones, quæcumque bona eadem ecclesia in præsentiarum justè & canonicè possidet, aut in futurum concessione pontificum, largitione regum vel principum, oblatione fidelium, seu aliis justis modis præstante Domino poterit adipisci, firma vobis vestrisque successoribus & illibata permaneant; in quibus hæc propriis duximus vocabulis exprimenda: ecclesiam SS. Innocentium, aquosam terram quam mariscos vocant juxtà civitatem Parisiensem, sicut venerabiles fratres nostri Guillelmus quondam Senonensis, nunc Remensis archiepiscopus, apostolicæ sedis legatus, & Mauricius Parisiensis episcopus, & charissimus in Christo filius noster Ludovicus illustris rex Francorum, vobis & ecclesiæ vestræ confirmasse, & suis scriptis roborasse noscuntur, capiceriam quoque ipsius ecclesiæ, sicut bonæ memoriæ Theobaudus Parisiensis episcopus vobis eam rationabiliter adjudicavit, claustri etiam vestri libertatem & antiquarum augmentum præbendarum de novo censu marisii factum, sicut memorati fratres nostri Remensis archiepiscopus & Mauricius Parisiensis episcopus scriptis suis autenticis concesserunt, vobis & eidem ecclesiæ vestræ, auctoritate apostolicâ confirmamus. Decernimus ergo, ut nulli omnino hominum liceat præfatam ecclesiam temerè perturbare, aut ejus possessiones auferre, vel ablatas retinere, minuere, aut aliquibus vexationibus fatigare, sed omnia integra conserventur eorum pro quorum gubernatione & sustentatione concessa sunt, usibus omnimodis profutura, salvâ in omnibus apostolicæ sedis auctoritate & diœcesani episcopi canonicâ justitiâ. Si qua igitur in futurum ecclesiastica sæcularisve persona hanc nostram constitutionis paginam sciens, contrà eam venire temerè tentaverit, secundò tertióve commonita, nisi præsumptionem suam dignâ satisfactione correxerit, potestatis honorisque sui careat dignitate, reamque se divino judicio existere de perpetrata iniquitate cognoscat, & à sacratissimo corpore & sanguine Dei & Domini Redemptoris nostri Jesu Christi aliena fiat, atque in extremo examine divinæ ultioni subjaceat; cunctis autem eidem loco sua jura servantibus sit pax Domini nostri Jesu Christi, quatenus & hîc fructum bonæ

Tome II.

actionis percipiant, & apud districtum judicem præmia æternæ pacis inveniant. Amen, amen. Ego Alexander catholicæ ecclesiæ episcopus. Ego Humbaldus Ostiensis episcopus, presbyter cardinalis ecclesiæ S. Marci. Ego Canthius presbyter card. sanctæ Ceciliæ. Ego Arduinus presbyter card. tunc sanctæ Trinitatis Hierusalem. Ego Mymerius diac. card. S. Georgii ad velum aureum. Ego Gratianus diaconus card. SS. Cosmæ & Damiani. Ego Mathæus diac. card. sancti Nicolai in carcere Juliano. Datum Tusculani per manum Alberti sanctæ Romanæ ecclesiæ presbyteri cardinalis & cancellarii Kalendis octobris, indictione 11. incarnationis Dominicæ anno M. C. LXXVIII. pontificatûs verò domini Alexandri papæ anno XX. *Tiré des archives de sainte Opportune.*

Bulle d'URBAIN III. en faveur de sainte Opportune.

URBANUS episcopus servus servorum Dei, dilectis filiis canonicis sanctæ Opportunæ, salutem & apostolicam benedictionem. Justis petentium desideriis facilem nos convenit præbere consensum, & vota quæ à rationis tramite non discordant, effectu prosequente complere. Ea propter, dilecti in Domino filii, vestris justis postulationibus grato concurrentes assensu, ecclesiam SS. Innocentium, sicut eam justè & sine controversia possidetis, & in confirmatione fœlicis recordationis Alexandri papæ prædecessoris nostri continetur, vobis & pro nomine ecclesiæ vestræ, authoritate apostolicâ confirmamus, & præsentis scripti patrocinio communimus. Nulli ergo omnino hominum liceat hanc paginam nostræ confirmationis infringere, vel ei ausu temerario contraire. Si quis autem hoc attentare præsumpserit, indignationem omnipotentis Dei, & beatorum Petri & Pauli apostolorum ejus noverit se incursurum. Datum Veronæ tertio nonas Junii. *Tiré des archives de sainte Opportune.*

Transaction entre les chapitres de saint Germain l'Auxerrois & de sainte Opportune.

OMNIBUS præsentes litteras inspecturis, canonici sanctæ Opportunæ, salutem. Notum facimus tàm præsentibus quàm futuris, quod cùm quæstio esset inter nos ex una parte, & decanum

An. 1225.

& capitulum sancti Germani Autissiodorensis Parisiis, qui jus patronatûs habent in ecclesia nostra, ex altera, super statu ecclesiæ nostræ; coram venerabilibus viris succentore, officiale ac magistro Bricio, canonicis Autissiodorensibus judicibus à domino papa delegatis, tandem pro bono pacis compromisimus, nos ex una parte, & decanus & capitulum sancti Germani Autissiodorensis, ex altera, in magistrum Thomam Cofrarium concanonicum nostrum, & dominum Guillelmum de Varziaco decanum S. Germani Autiss. Parisiis, litteris nostris & suis hinc inde traditis, continentibus quòd nos & ipsi ratum & firmum haberemus sub pœna quinquaginta marcharum argenti, quidquid dicti decanus & magister Thomas super statu ecclesiæ nostræ ordinarent. Ipsi autem habito prudentum virorum consilio, utilitati ecclesiæ nostræ providentes, de statu ipsius dispoluerunt in hunc modum. Cùm sint in ecclesia nostra quatuor præbendæ, & ibidem sit cura quam nunc habet dominus Guillelmus concanonicus noster, quædam dictarum quatuor præbendarum, videlicèt præbenda domini Guillelmi, erit annexa curæ, & cura præbendæ in perpetuum, ita quod quicumque habebit de cætero præbendam domini Guillelmi, erit presbyter parochialis & capicerius ecclesiæ nostræ & residens in ecclesia, & habebit unam de tribus domibus quas modò habemus, faciétque septimanam suam de omnibus horis canonicis & de missa ad magnum altare. Alii autem tres canonici, videlicèt magister Thomas Cofrarius, & Joannes Brunel, & Joannes de Moreto, successorésque ipsorum erunt in perpetuum liberi & absoluti à residentia & cura; ita tamen quòd præbenda Joannis de Moreto habebit presbyterum vicarium qui singulis diebus deserviet in ecclesia, faciétque septimanam suam de omnibus horis canonicis & missa ad magnum altare, sicut canonicus qui habebit capiceriam & curam. Præbenda verò Joannis Brunel habebit diaconum vicarium, qui singulis diebus deserviet in ecclesia in diaconatûs officio ad magnam missam, & intererit omnibus horis canonicis bonâ fide. Præbenda verò magistri Thomæ Cofrarii habebit subdiaconum vicarium, qui singulis diebus in officio subdiaconatûs serviet in ecclesia ad magnam missam, & intererit omnibus horis canonicis bonâ fide. Et sic erunt duo presbyteri qui facient successivè septimanas suas de omnibus horis canonicis & de missa ad magnum altare, & erunt ibidem singulis diebus ad magnam missam diaconus & subdiaconus. Nullus autem trium vicariorum erit perpetuus; imò poterunt amoveri de anno in annum, & alii substitui pro voluntate nostra. Singuli autem dictorum trium vicariorum percipient in ecclesia nostra annuatim quatuor libras parisienses, quas reddemus eisdem de duodecim libris parisiensibus, quas reddet nobis presbyter ecclesiæ nostræ de capiceria nostra, sicut hactenus consuevit. Si autem contigerit quòd aliqui nostrûm, videlicèt magister Thomas, vel Joannes Brunel, vel Joannes de Moreto, vel aliquis successor eorum velit residentiam facere in ecclesia, & deservire præbendam in ordine quem requiret præbenda, liberè poterit hoc facere, ita quòd ipse deserviat in propria persona, & intersit singulis diebus omnibus horis canonicis ac si esset vicarius, & tunc recipiet quatuor libras loco vicarii sui. Si autem residentiam faceret in ecclesia, & nollet deservire in propria persona, sicut prædiximus, nihilominùs haberet vicarium suum qui quatuor libras perciperet annuatim. Si verò aliqua contentio super his oriretur, per decanum & capitulum sancti Germani Aut. Par. hæc omnia emendare teneremur. Præterea dominus Guillelmus successorésque ipsius, qui habebunt curam & capiceriam, facient tale luminare, quale ipse dictus dominus Guillelmus & antecessores sui qui habuerunt capiceriam, facere consueverunt; videlicet in quatuor festis annualibus, & in festo sanctæ Opportunæ, & in ascensione Domini, & in quatuor festis beatæ Mariæ, in quolibet dictorum festorum octo cereos, quorum quilibet erit de libra. In festis duplicibus sex cereos, quorum quilibet erit de libra. In festis simplicibus novem lectionum quatuor cereos, quorum quilibet erit de libra. In privatis diebus duos, quorum quilibet erit de libra, & administrabunt omne thus quod erit necessarium in ecclesia. Præterea nos volumus & concedimus quòd decanus & capitulum sancti Germani Autiss. Par. omnia beneficia quæ fundata sunt & de cætero fundata erunt in ecclesia nostra, conferant sine contradictione, & instituant personas, excepto eo quod nos canonici sanctæ Opportunæ dabimus ecclesiam Innocentium, quæ est de donatione nostra, sicut dare consuevimus. Quod ut ratum sit, præsens scriptum sigillo nostro duximus roborandum. Actum anno Domini M. CC. XXV. mense

JUSTIFICATIVES.

Martio. *Tiré du cartulaire de saint Germain l'Auxerrois.*

Guillelmus divinâ permissione Parisiensis ecclesiæ minister, licèt indignus, universis præsentes litteras inspecturis salutem in Domino. Noverit universitas vestra, quòd nos ordinationem cujus tenor suprà scriptus est ratam & gratam habemus. Datum anno Domini MCCXLVII. mense Januario. *Cette lettre de l'évêque de Paris, prise sur une copie produite par Messieurs de sainte Opportune.*

Reglement de Renauld évêque de Paris, touchant l'église de sainte Opportune.

An. 1253.

Miseratione divinâ Parisiensis ecclesiæ minister indignus, universis præsentes litteras inspecturis æternam in Domino salutem. Cùm eo largiente qui dat affluenter, & non improperat, facultates ecclesiæ sanctæ Opportunæ Parisiis eatenus excrevissent, ut personarum numerus quantitati reddituum minimè responderet, & fructus cujuslibet præbendæ duabus personis sufficere posse constaret, sicut ex assertione canonicorum ejusdem ecclesiæ, necnon ex assertione decani & capituli ecclesiæ sancti Germani Antiss. Parisiis, qui in dictâ ecclesiâ sanctæ Opportunæ Parisiis collationem obtinent præbendarum, accepimus ; canonicorum etiam paucitate compensatâ, cùm solummodò essent quatuor, nec residentiam facerent in ecclesia memoratâ ; propter quod considerantes ipsam ecclesiam in canonicorum absentiâ debito servitio defraudatam, & potissimùm consilio destitutam ; nos divini cultûs augmentatione consideratâ, & ejusdem ecclesiæ utilitate pensatâ, ut bonorum temporalium incrementa, spiritualium comitaretur augmentum ; de assensu & ad instantiam decani & capituli sancti Germani prædicti, qui in dictâ ecclesiâ sanctæ Opportunæ, ut supradictum est, collationem obtinent præbendarum, præbendas ejusdem ecclesiæ decrevimus dividendas, & divisionem ipsam instantibus dictis decano & capitulo dicti sancti Germani, necnon & canonicis ecclesiæ sanctæ Opportunæ prædictæ statuimus & præcepimus perpetuis temporibus auctoritate nostrâ servandam ; ita videlicet quòd canonicis modò existentibus in eâdem ecclesiâ quamdiù vixerint præbendarum suarum integritate servatâ, necnon & Johanni de Paris clerico magistri Petri de Columpnâ in dictâ ecclesiâ sanctæ Opportunæ canonicè instituto & auctoritate apostolicâ recepto, & præbendam in ipsâ ecclesiâ proximò vacaturam expectanti, eamque quæ citò vacaverit integraliter assecuto, ipsis cedentibus vel decedentibus, cum tempore procedente vacaverint singulæ, dividentur in duas, & duabus personis sinè contradictionis obstaculo conferantur ; ita quòd dicti decanus & capitulum sicut integraliter collationem habebant præbendarum, ita etiam, cùm divisæ fuerint, collationem habeant divisarum ; & ita quòd communitas ecclesiæ sancti Germani prædicti, & fabrica dictæ ecclesiæ sanctæ Opportunæ, sicut integralium percipiebant annualia præbendarum ; ita etiam cùm divisæ vacaverint, annualia percipient divisarum ; & ita quòd oblationes pecuniariæ quæ fient in majori & minori altari capiceriæ sanctæ Opportunæ, cùm in eisdem altaribus missæ celebrabuntur, erunt canonicis ejusdem ecclesiæ, qui celebrationi dictarum missarum intererunt, prout hactenus fieri consuevit. Et ita quod quum præbenda, quam Bartholomæus Berodi in eadem ecclesiâ obtinet, cui cura parochiæ sanctæ Opportunæ & capiceria fuerant annexæ, vacaverit, (sicut in instrumento inter decanum & capitulum dicti sancti Germani ex una parte, & canonicos ecclesiæ sanctæ Opportunæ ex altera confecto & sigillato sigillo bonæ memoriæ Guillelmi prædecessoris nostri pleniùs continetur,)& in duas divisa fuerit, dictæ cura & capiceria cum alterâ illarum duarum præbendarum remanebunt annexæ ; & quicumque curam & capiceriam ejusdem ecclesiæ cum altera illarum duarum præbendarum habebit, solvet de capiceria ejusdem ecclesiæ annuatim aliis canonicis septem libras turonenses, quatuor terminis Parisius consuetis, de duodecim libris Parisiensibus, quas alii, qui antea dictas curam & capiceriam habuerunt, solvebant aliis canonicis, prout in quodam instrumento inter decanum & capitulum dicti sancti Germani ex una parte, & canonicos sanctæ Opportunæ ex alterâ confecto nobis exhibito continetur. Præterea curatus ejusdem ecclesiæ administrabit omne thus quod erit necessarium in dictâ ecclesiâ, prout hactenus fieri consuevit ; & faciet idem curatus etiam tale luminare quale hactenus consuevit fieri in eâdem ecclesiâ, prout continetur in instrumento prædicto ; & idem curatus recipiet totam ceram ubicumque in eadem ecclesia offeretur, duobus festis dumtaxat exceptis, videlicet festo nativitatis Domini, & festo purificationis beatæ Virginis

E iij

ginis; in quibus duobus festis canonici dictæ ecclesiæ sanctæ Opportunæ percipiunt & percipient totam ceram, prout hactenus percipere consueverunt. Nos etiam tam mortuis quàm vivis ejusdem ecclesiæ benefactoribus providere volentes, de consensu dictorum decani & capituli ecclesiæ dicti sancti Germani, prudentium etiam virorum communicato consilio, statuimus ut quicumque de cætero in dictâ ecclesiâ sanctæ Opportunæ canonicè instituetur, juret quòd per sex menses, videlicet viginti sex septimanas annuatim continuè vel per partes ibidem residere & in propriâ personâ tenebitur deservire, nisi aliquis canonicorum in nostro servitio & successorum nostrorum extiterit, qui stagium suum faciet nostro servitio insistendo, ac si in eadem ecclesiâ personaliter resideret, & nichilominus per alios sex menses videlicet viginti sex septimanas residuas tenebitur ibidem deservire per se vel per vicarium ibidem constitutum in ordine quem requirit præbenda; ita quòd dies illa quâ canonicum villam ingredi vel exire contingit, nisi alicui horarum interfuerit, in residentiâ minimè computabitur. Volumus etiam & præcipimus quòd nullus ejusdem ecclesiæ canonicus aliquatenus admittatur in capitulo, nec ad bona dictæ ecclesiæ, antequam juraverit se præmissa firmiter servaturum, & nullatenus se contra venturum. Insuper jurabit quòd per se vel per alium non procurabit quòd à dictâ residentiâ se faciat absolvatur. Actum anno Domini M. CC. LIII. mense Junio. *Tiré du cartulaire de S. Germain l'Auxerrois.*

ARREST ET LETTRES PATENTES.

Qui maintiennent le chapitre de sainte Opportune dans le droit de Commitimus.

Extrait des registres du conseil d'état privé du roy.

SUR la requête présentée au roy en son conseil par le chapitre de l'église royale & collegiale de sainte Opportune à Paris, contenant qu'il a toûjours joui du droit de Commitimus pour les affaires du corps seulement. Mais Sa Majesté ayant ordonné en 1669, que les communautez qui prétendoient ce droit, & qui n'étoient pas comprises dans ladite ordonnance, en rapporteroient les titres, ledit chapitre remit les siens au sieur de la Marguerie conseiller d'état & commissaire à ce député; & sur son rapport, il fut rendu un arrêt au conseil le 15 de Novembre 1673, qui le maintint dans le Commitimus. Cet arrêt fut enregistré aux requêtes de l'hôtel le premier de Decembre suivant, & lû, publié, & enregistré le 6 du même mois en la chancellerie du palais. Sa Majesté ayant ordonné en 1678, que ceux mêmes qui avoient été maintenus par des arrêts posterieurs à l'ordonnance de 1669, seroient tenus de rapporter, tant lesdits arrêts que les titres, ledit chapitre remit ledit arrêt de 1673 & ses titres, entre les mains du sieur de Marillac, conseiller d'état & commissaire à ce député; & sur son rapport, il fut décidé que ledit chapitre seroit confirmé dans le droit de Commitimus, conformément à l'arrêt de 1673. Mais les agens du chapitre ayant alors négligé de poursuivre un arrêt, sur ce qui avoit été réglé au conseil en faveur dudit chapitre, il a sujet d'espérer de la bonté & de la justice de Sa Majesté, qu'elle voudra bien confirmer ledit chapitre dans le droit de Commitimus, nonobstant la défense qu'elle lui avoit faite par son arrêt du 8 de Janvier dernier, de se servir des lettres qu'il en avoit obtenues en la chancellerie le 7 Octobre 1711. A CES CAUSES requeroit ledit chapitre, qu'il plût à Sa Majesté ordonner, que ledit arrêt du conseil de 1673 sera executé selon sa forme & teneur : en consequence rétablir & confirmer ledit chapitre dans le droit de Commitimus du petit sceau, aux requêtes de l'hôtel, ou du palais, à leur choix & option, avec défenses à toutes personnes de l'y troubler, & qu'à cet effet toutes lettres patentes en seront expediées, pour être enregistrées où besoin sera, & en jouir conformément à l'ordonnance de 1669. Vû ladite requête, signée de Chaunac avocat des suppliants, lesdits arrêts du conseil des 15 Novembre 1673, & 22 Janvier 1678, ensemble ledit arrêt du 8 Janvier 1714, & lesdits titres & lettres de Committimus, & autres pieces justificatives de ladite requête. Oui le rapport du sieur de Barillon de Morangis, conseiller du roy en ses conseils, maître des requêtes ordinaire de son hôtel, après en avoir communiqué au bureau du sieur abbé Bignon, conseiller d'état ordinaire pour les affaires de chancellerie. LE ROY EN SON CONSEIL, de l'avis de M. le chancelier, a maintenu & maintient le chapitre de l'église royale & collegiale de Ste Opportune

Opportune dans le droit de Committimus à la chancellerie, près le parlement de Paris, conformément à l'arrêt du conseil du 15 Novembre 1673, pour les affaires du chapitre seulement ; & seront pour ce expediées toutes lettres necessaires. Fait au conseil d'état privé du roy, tenu à Versailles le 5 Mars 1714.

Collationné. *Signé*, DE MONS.

LOUIS par la grace de Dieu roy de France & de Navarre, à nos amés & feaux conseillers les gens tenans notre cour de parlement à Paris, salut. Nos chers & bien amés les chevecier, chanoines & chapitre de l'église royale & collegiale de sainte Opportune de notre bonne ville de Paris, nous ont fait exposer, qu'ils sont de fondation royale, & qu'en cette qualité ils ont toûjours joui du droit de Committimus en notre chancellerie, près notre parlement de Paris, pour les affaires du chapitre. Mais comme par notre ordonnance de 1669, les Communautés qui n'y étoient pas comprises, ont été obligées de rapporter leurs titres, les exposans les auroient rapportés ; & par arrêt de notre conseil du 15 Novembre 1673, ils auroient été maintenus dans ledit droit de Committimus, lequel arrêt fut enregistré aux requêtes de notre hôtel le premier Decembre suivant, & en nostredite chancellerie le 6 du même mois. En 1678 nous aurions ordonné que ceux qui auroient été maintenus depuis ladite ordonnance par des arrêts, seroient tenus de les rapporter avec leurs titres ; ce que les exposans auroient fait. Mais les agens de leur chapitre ayant negligé cette affaire, les exposans se seroient pourvus pardevers nous, & auroient presenté requête à notre conseil, à l'effet d'être rétablis & confirmés dans ledit droit de Committimus en notre chancellerie, établie près notredit parlement de Paris, pour avoir leurs causes commises ausdites requêtes de notre hôtel, ou de notre palais à Paris, à leur choix & option, avec défenses à toutes personnes de les y troubler. Sur laquelle requête seroit intervenu arrêt de notre conseil le 5 Mars de la presente année ; pour l'execution duquel nous aurions, entre autres choses, ordonné que toutes lettres necessaires leur seroient expediées, lesquelles les exposans nous ont très-humblement fait supplier leur vouloir accorder. A ces causes, de l'avis de notre très-cher & feal chevalier, chancelier de France, le sieur Phelypeaux, comte de Pontchartrain, commandeur de nos ordres, nous avons par ces présentes, signées de notre main, maintenu & maintenons le chapitre de l'église royale & collegiale de sainte Opportune dans le droit de Committimus en notre chancellerie, près notredit parlement de Paris, conformément à l'arrêt de notre conseil du 15 Novembre 1673, pour les affaires dudit chapitre seulement. Si vous mandons, que ces présentes vous ayez à faire regitrer, & de leur contenu faire jouir & user lesdits exposans, pleinement & paisiblement ; cessant & faisant cesser tous troubles & empêchemens contraires, car tel est notre plaisir. Donné à Versailles le dix-neuvième jour de Mars, l'an de grace mil sept cens quatorze, & de notre regne le soixante & onze. *Signé* LOUIS. *Et plus bas*, par le Roy, PHELYPEAUX. *Collationé aux originaux par nous conseiller-secretaire du roy, maison, couronne de France & de ses finances.*

Copié sur l'imprimé.

Charte des rois LOTHAIRE & LOUIS.

Portant confirmation de la fondation de l'abbaye de S. Magloire par Hugue le grand duc de France pere du roy Hugue Capet.

IN nomine Domini Dei & salvatoris nostri Jesu Christi, Lotharius & Ludovicus divinâ ordinante providentiâ reges augusti : dum petitionibus Hugonis Franciæ ducis rationabilibus & justis divini cultus amore favemus, supernâ nos gratiâ muniri non dubitamus : proinde noverit omnium fidelium nostrorum, præsentium scilicet & futurorum sollertia, quia vir prætaxatus honorabilis nostram petiit clementiam, præceptum firmitatis à nobis fieri ex rebus, quas idem piè monasterio SS. Bartholomæi apostoli & Maglorii archipræsulis Britanniæ urbis, scilicet Dolensis contulit, quod fundavit in urbe Parisiacâ, ad sanctorum corpora, quæ ut peregrini hospitabantur per aliorum rura. Est autem priùs terra in qua ipsum situm est monasterium & donum ; quod datum est ipso die consecrationis ejusdem, videlicet redibitiones nostrarum præbendarum, quas liberè tenemus, alodus quoque quem dedit ipso die translationis sanctorum ex potestate Misiduni cum omni integritate quæ ad ipsum pertinebat, & capella inibi sita & consecrata in honore sanctæ Dei genitricis Mariæ. Item aliæ res quæ priùs datæ sunt ; undè prior est capella in suburbio Parisiaco, haud procul à mœnibus, in honore S. Maglorii dedica-

Vers l'an 980.

ta, cum terra inibi adjacenti, in qua ipsorum est sepultura monachorum ; clausus etiam vineæ juxta saucias situs, quem dedit bonæ memoriæ Hugo filius Roberti regis. Item pars terræ juxta montem martyrum, quam comes Fulco dedit, parvus & alodus, quem dedit Guillelmus, juxta eumdem situs supra scriptum montem : necnon & alodus in comitatu Meldico, qui dicitur Grandis-campus : sed & ecclesiæ in Pinciacensi comitatu, prima in potestate Medriaca in honore sancti Dionysii dicata, cum capella in Mavois sita, in sancti Martini honore fundata, alia in Vervolio ecclesia in honore sancti Stephani dedicata, & in eadem villa capella sancti Hilarii nominata, denique capella in villa quæ dicitur sancti Leodegarii, in cujus nomine & honore benedicta constat, etiam mansa III. quæ tenuit Riculfus in beneficio & supradicta potestate Madreia ; in episcopio Parisiaco & comitatu ecclesia sanctæ Mariæ nomine sanctificata, & in eodem comitatu in potestate Ysiaca vineæ, unde exit census solid. XI. in comitatu etiam Milidunensi in potestate Saviniaca mansum I. Hæc omnia supradicta, vel quæ deinceps à catholicis viris eidem collata fuerint ecclesiæ, ob amorem Dei & reverentiam ipsorum sanctorum confirmamus authoritate nostrâ ; quatenus semper sub plenissima defensione & emunitatis tuitione corroborata permaneant : ita videlicet ut nullus abhinc ad causas exigendas, aut freda, aut tributa exigenda, aut mansiones, vel paratas faciendas, vel fidejussores tollendos, aut homines ejusdem ecclesiæ tam ingenuos quàm servos, super terram ipsorum dominantes injustè distringendos, nec ullas redibitiones aut illicitas occasiones requirendas, nostris & futuris temporibus ingredi audeat, vel ea quæ supra memorata sunt exigere præsumat ; sed liceat abbati suisque successoribus res prædicti monasterii sub emunitatis nostræ defensionem quieto ordine possidere, & stipendia monachorum ibidem Deo famulantium perennibus perficiat temporibus in augmentis. Volumus etiam ut noster ac vester, ô dux clarissime, omniumque episcoporum ac comitum in hoc concordet assensus, ut idem locus semper abbatem habeat ex propria congregatione, qui ipsam causam Dei & monachos degentes cum normali honore custodiendo tractet. Simulque volumus, ut nullus metropolitanus, aut alius subjectus, etiamque pontifex Parisiacus, causâ alicujus ordinationis illuc ingredi præsumat, nisi vocatus venerit, aut ad sanctam missam celebrandam, aut ad ecclesias consecrandas, aut ad benedictiones clericorum faciendas, & quod debitum excusare non debet, qui vocatus fuerit ; & quoniam peregrini atque alienigenæ esse noscuntur, benignè, misericorditer ac piè à bonis & catholicis viris semper tractari ac contineri debeant, pro Christo, à quo & nos peregrinamur in mundo. Decrevimus etiam pro nostri authoritate præcepti, ut nemo super ipsos servos Dei potestatem exerceat, aut quempiam inter eos contra voluntatem ipsorum imponere temptet ; sed in eorum semper dispositione, ordinatione & electione intùs & foris omnia consistant, quatenus servos Dei, qui inibi Deo famulantur, pro nobis & conjuge, necnon & prole, vel stabilitate totius regni à Deo nobis concessi, proque remedio animarum eorum qui pro amore Dei & sanctorum sua inibi tradidere donaria, eorum quoque qui futuris temporibus daturi sunt præmia & hanc authoritatem, ut firmior in Dei nomine habeatur, à fidelibus sanctæ Dei ecclesiæ & nostris diligentiùs conservetur, manu propriâ subterfirmavimus, & annuli nostri impressione signari jussimus. *Tiré de l'ancien cartulaire de cette abbaye.*

Plusieurs actes tirés du cartulaire de saint Etienne des Grés.

Fondation d'une troisième prébende.

EGo Erveus Parisiensis decanus, totumque ejusdem ecclesiæ capitulum, notum facimus tàm præsentibus quàm futuris, quòd Amicus ecclesiæ beati Stephani Parisiensis presbyter & canonicus, præter duos presbyteros qui ab antiquo in eadem ecclesia instituti sunt, tertium volens ibidem instituere, LX. libras parisiensis monetæ eidem dedit ecclesiæ, unde redditus emerentur ad sustentationem tertii presbyteri, hoc tamen retento quòd ipse illud beneficium quamdiu viveret, haberet ; in morte verò sua utrilibet nepotum suorum, vel si ipsi ante ipsum decederent, cui vellet assignaret. Statutum etiam fuit sub anathemate. . . . contingente, ille tertius presbyter nullo umquàm tempore proscriberetur, nec illius redditus, vel à provisore ecclesiæ, vel ab aliquo alio usurparentur, vel in aliquo minuerentur. Dictum item fuit, quòd si aliquis fidelium, paupertati presbyterorum in prædicta ecclesia Deo famulantium condescendens, pro eorum servitio aliquid largiretur ecclesiæ, sive in

AN. 1187.

in quibuflibet beneficiis, tertius cum duobus aliis parem acciperet portionem, & in redditibus, five in poffeffionibus, five eumdem jus five dominium quod alii duo habent in ecclefia, & ipfe haberet, falvis quidem redditibus eis ab antiquo affignatis. Nos verò tantæ ejus devotioni & juftæ petitioni condefcendentes, de confenfu ac voluntate Ilduini cancellarii loci provisoris, domum collateralem ecclefiæ quam ipfe ad habitandum de fuo fibi ædificavit, prefbytero fic inftituto ita liberam, ficut ipfe habebat, fucceffione perpetuâ habendam conceffimus. *Sig.* Ervei decani, S. Petri cantoris, S. Mauritii archidiaconi, S. Ofmundi archidiaconi, S. Galonis fuccentoris prefbyteri, S. Simonis de fancto Dionyfio diaconi, S. Stephani prefbyteri, decani Silvanectenfis, S. Nicolai prefbyteri, S. Petri de Campellis diaconi, S. Odonis de Campellis diaconi, S. Adæ fubdiaconi, S. Bofonis fubdiaconi, S. Bartholomæi fubdiaconi, S. Raginaldi pueri. Actum in capitulo beatæ Mariæ, anno incarnationis Dominicæ M. C. LXXXVII. Data per manum Ilduini cancellarii. *Tiré du cartulaire de faint Etienne des Grès, écrit au xiiij. fiécle.*

Autre, portant réglement touchant l'églife de S. Etienne des Grès.

AN. 1203.

EGo Hugo decanus Parifienfis ecclefiæ, totúmque capitulum, notum facimus præfentibus & futuris, quòd cùm ecclefia beati Stephani Parifienfis quæ ad noftram penitùs fpectat ecclefiam, duas tantùm præbendulas haberet ab antiquo, & eadem ex dono capituli deveniffet ad manus ejufdem Hugonis tunc decani, fic contigit ut Deo placuit, quòd quidam prefbyter Amicus nomine, canonicus ejufdem ecclefiæ, pro remedio animæ fuæ fexaginta libras de fuo proprio dimifit ecclefiæ beati Stephani, ad inftitutionem præbendæ tertiæ quæ per manum jam dicti decani, vel cujufcumque de capitulo qui præeffet ecclefiæ illi, liberè conferretur. Proceffu verò temporis, dum dictus decanus adhuc illi præeffet ecclefiæ, quædam fœmina nomine Mafcelina migravit à fæculo, & de fua falute follicita, centum libras de fuo tribuit eidem ecclefiæ beati Stephani, fic ut inde redditus emererent qui præbendam quartam efficerent, & tribus aliis illam perpetuò fociarent. Poftmodùm verò de affenfu præfati decani totiúfque capituli, de confilio etiam & voluntate canonicorum prædictas præbendas habentium, ftatutum eft, ut in omnibus fructibus quos tunc habebant vel habituri erant, pares effent, excepto Odone prædictæ Mafcelinæ nepote, qui de centum prædictis libris fructus quadraginta librarum quamdiu vixerit poffidebit. Poft verò ejus deceffum, ad quatuor canonicos liberè & finè contradictione devenient. Statutum etiam fuit pro falute fidelium defunctorum, quòd agenda mortuorum & miffa pro ea & aliis fidelibus defunctis in eadem ecclefia beati Stephani fingulis diebus de cætero agerentur; ita quidem quòd ibi fingulis hebdomadis duo femper hebdomadarii celebrarent, alter videlicèt diurnum officium, reliquus pro defunctis. Ut hæc autem noftra conceffio futuris temporibus inconcuffam obtineat firmitatem fcripturarum, illam perhenni memoriæ fecimus commendari, & figilli noftri munimine roborari. Actum Parifius in noftro capitulo, anno incarnati Verbi M. CC. III. *Signum* Hugonis decani & facerdotis, S. Roberti cantoris & diaconi, S. Mauritii archidiaconi & diaconi, S. Hemerici archidiaconi & diaconi, S. Odonis archidiaconi & diaconi, S. Valonis fuccentoris & facerdotis, S. Leonii facerdotis, S. Nicholai facerdotis, S. Wyllelmi de Nuell diaconi, S. Wyllelmi de fancto Dionyfio diaconi, S. Herloini diaconi, S. Suggerii fubdiaconi, S. Henrici Belvacenfis fubdiaconi, S. Philippi matricularii fubdiaconi, S. Vuillelmi de fancto Dionyfio fubdiaconi, S. Petri de Lagniaco fubdiaconi, S. magiftri Galterii Cornuti fubdiaconi. S. Petri pueri. Datum per manum magiftri Petri Pictavienfis, cancellarii & diaconi. *Ibidem.*

Autre, portant fondation d'une cinquiéme prébende.

AN. 1217.

PEtrus, Dei gratiâ Parifienfis epifcopus, omnibus præfentes litteras infpecturis, falutem in Domino. Notum fieri volumus, quòd Anfellus de Saviniaco cantor Magdunenfis, in extremâ ægritudine conftitutus, quamdam decimam quam in epifcopatu noftro apud Vitriacum longo tempore nomine hæreditario tenuerat, de falute fua follicitus, refignavit fub nomine noftro in manu magiftri Gaufridi prefbyteri fancti Petri de Magduno confefforis fui, infinuans nobis per litteras & nuncios ut de ipfa decima, ad confilium Dei & ad liberationem animæ fuæ pro noftræ voluntatis arbitrio difponeremus. Nos verò attendentes devotionem quam ad ecclesiam beati Stephani Parif. vivens habuerat, prædictam decimam assignavimus, & contulimus eidem ecclesiæ sancti Stephani, volentes ut in ea novus instituatur canonicus, qui fructus illius decimæ ad sustentationem suam percipiat & habeat pro præbenda, & pro anima prædicti Anselli & antecessorum suorum in ecclesia beati Stephani, bonâ fide residens deserviat in perpetuum in ordine sacerdotis. Actum anno gratiæ M. CC. XVII. mense Aprili, pontificatûs nostri anno X. *Ibidem*.

AUTRE.

An. 1217.

STEPHANUS decanus, totumque capitulum Parisiensis ecclesiæ, omnibus præsentes litteras inspecturis, salutem in Domino. Notum facimus, quòd Gilbertus de Parvo-ponte in ecclesia beati Stephani Parif. canonicus institutus, dedit eidem ecclesiæ pro salute animæ suæ & benefactorum suorum quinquaginta libras Parif. ad redditus emendos vel accipiendos in pignus, in augmentum & meliorationem præbendæ suæ, quos redditus ipse cum præbenda toto tempore vitæ suæ liberè & pacificè possidebit. Dedit etiam eidem ecclesiæ, præsente & consentiente Beatrice de Parvo-ponte, cognomine Begauda, quatuor arpennos terræ sitæ in censiva beati Eligii, & dimidium arpennum vineæ sitæ in censiva sancti Marcelli propè Iuriacum; tali tenore, quòd ipsa B. quamdiu vivet, fructus illius terræ & vineæ integrè & sine contradictione percipiet. Post mortem verò ipsius B. prædictæ terræ, & vinea ad præfatum G. vel ad eum qui ei succedet in præbenda sua, si ipse præmortuus fuerit, liberè & integrè revertentur; mortuo autem prænominato G. donatio illius præbendæ & beneficii ad donatorem præbendarum beati Stephani pertinebit. Statutum etiam fuit in institutione & collatione ipsius præbendæ, quòd tàm præfatus G. quàm successores sui tenebuntur deservire in ecclesia beati Stephani in ordine sacerdotis; nec aliquid de proventibus illius præbendæ percipient, quousque ordinem receperint sacerdotis; immò fructus illius præbendæ toto illo tempore cedent in usus communitatis. Quod ut ratum permaneat & stabile, præsentes litteras sigilli nostri munimine fecimus roborari. Actum anno Domini M. CC. XVII. *Ibidem*.

AUTRE.

An. 1217.

PETRUS, Dei gratiâ Parif. episcopus, omnibus præsentes litteras inspecturis, salutem in Domino. Notum fieri volumus, quòd Henricus Licorteis & Hersendis uxor ejus in nostra præsentia constituti, præsente & consentiente Odelinâ filiâ dictæ Hersendis, vendiderunt pro viginti libris parif. Richardo de Vitriaco canonico sancti Stephani domum suam quam habebant de conquestu suo, sitam propè ecclesiam sancti Stephani in censivâ domini Simonis de Pissiaco militis & de garent. . . . . fidem dederunt. Emptione verò factâ, prædictus R. eamdem contulit & concessit ecclesiæ beati Stephani in augmentum & . . . . præbendæ suæ quam habet in eadem ecclesia. Præfatus verò Henricus & Hersendis uxor ejus in augmentum præbendæ memoratæ quatuor libras dederunt de pretio prætaxato pro remedio animarum suarum. Quod ut ratum & firmum permaneat, ad petitionem partium præsentes litteras fecimus sigilli munimine roborari. Actum anno gratiæ M. CC. XVII. mense Aprili. *Ibidem*.

Autre, portant règlement touchant saint Etienne des Grès.

An. 1219.

STEPHANUS decanus totumque Parisiensis ecclesiæ capitulum; omnibus præsentes litteras inspecturis, salutem in Domino. Noverit universitas vestra, quòd cùm in ecclesiâ beati Stephani Parisiensis essent octo canonici, quatuor videlicèt antiqui & quatuor de novo instituti, & inter ipsos esset dissensio super servitio ecclesiæ & super oblationibus & anniversariis, & aliis eleemosinis in eadem ecclesia eisdem canonicis factis ; tandem fide præstitâ promiserunt, quòd quidquid vir venerabilis N. cantor Parisiensis qui eandem ecclesiam ex dono capituli in precariam tenebat, cum consilio bonorum virorum exinde ordinaret, ratum haberent & perpetuò observarent. Idem autem cantor taliter ordinavit, quòd omnia anniversaria facta & facienda, illis canonicis tantùm qui anniversariis intererunt communitèr & æqualiter dividentur, & omnes oblationes & aliæ eleemosinæ quocumque modo fient, salvis tamen eleemosinis fabricæ ecclesiæ factis, inter omnes canonicos communitèr & æqualitèr dividentur, salvâ eidem cantori & successoribus ejus qui eandem precariam tenuerint

nuerint medietate oblationum omnium in duabus festivitatibus beati Stephani. Quatuor verò canonici de novo instituti quatuor canonicis antiquis & eorum successoribus reddent annuatim quatuor libras parisienses in recompensationem oblationum quas ipsi soli percipiebant duobus terminis; medietatem in festo beati Thomæ apostoli, & aliam medietatem in festo beatæ Mariæ Magdalenæ, unusquisque xx. solidos, donec eisdem canonicis antiquis xl. libras parisienses simul persolvant ad augmentationem quatuor præbendarum antiquarum. Postquam autem prædicti canonici de novo instituti aliis præfatis canonicis xl. libras simul persolverint, à pensione quatuor librarum liberi erunt & absoluti; & si prædictæ xl. libræ simul persolvi non poterunt, quicumque prædictorum canonicorum aliis antiquis canonicis x. libras persolverit, à pensione xx. solidorum liber erit & absolutus, & sic de aliis intelligendum est. Statutum est etiam, quòd singuli canonici hebdomadas suas facient successivè, & quilibet in hebdomada sua horas canonicas in ecclesia, sicut consuetum est, decantare & missam per se vel alium tenebitur celebrare. Peractâ verò hebdomadâ idem in alia sequenti hebdomada, secundùm consuetudinem Parisiensis ecclesiæ, singulis diebus missam pro defunctis horâ statutâ bonâ fide per se vel per alium tenebitur celebrare. Hanc igitur institutionem laudabilem & providè ordinatam volumus & approbamus & confirmamus; & ne aliquis præsentium vel succedentium contra hanc institutionem & ordinationem quocumque tempore aliquid attemptare præsumat, præsentes litteras sigilli nostri munimine roboramus. Ita tamen quòd si quid addendum huic ordinationi fuerit vel subtrahendum vel immutandum, penès nos & provisorem loci qui precariam habuerit potestas remaneat ordinandi, sicut viderimus expedire. Actum anno gratiæ M. CC. XIX. mense Aprili. *Ibidem.*

prædictam concessimus præfatæ ecclesiæ, ipsam decimam concedentes & promittentes fideliter quòd numquam contra hoc veniemus. In cujus rei memoriam has litteras feci proprio sigillo muniri. Actum anno Domini M. CC. XIX. mense Decembri. *Ibidem.*

Autre portant fondation d'une nouvelle prebende.

AN. 1222.

G. Decanus totumque Parisiense capitulum, omnibus præsentes litteras inspecturis salutem in Domino. Notum fieri volumus, quòd Nicholaus presbyter Parisiensis canonicus, de eleemosina defuncti Jordani quondam sacerdotis de Leudevillâ & de sua instituit unam præbendam perpetuam in ecclesiâ sancti Stephani; ad cujus instaurationem dictus Nicholaus collocavit octoginta libras Parisienses super decimam de Aqua-bona & decem libras super decimam de Longogemello, & quatuor libras super decimam de Sans, sicut continetur in cartis officialis Domini Paris. episcopi indè confectis. Prædictam verò præbendam voluit ut Martinus alumpnus ejus haberet, & eam toto tempore vitæ suæ liberè ac pacificè possideret. Cantor verò Paris. qui ex dono nostro precariam beati Stephani tenet, ad petitionem ipsius Nicholai de præbenda illa prædictum Martinum investivit. Post decessum verò Martini & dicti Nicholai, cujus Nicholai erit dum vixerit præbendæ collatio, ad eum cujus erit collatio præbendarum beati Stephani, illius præbendæ collatio pertinebit. Voluit etiam dictus Nicholaus & ordinavit ut domum defuncti Jordani sitam in magno vico quæ prædicto Nicholao per coactionem dominorum terræ vendita fuit, dictus Martinus habeat dum vixerit. Post decessum verò ipsius ad augmentum illius præbendæ convertatur. Quod ut ratum permaneat & stabile præsentes litteras sigilli nostri munimine, fecimus roborari. Actum anno Domini M. CC. XXII. mense Decembri. *Ibidem.*

AUTRE.

AN. 1219.

ANSELLUS de Plesseyo, omnibus præsentes litteras inspecturis salutem; noverint universi, quòd cum piæ recordationis Ansellus de Saviniaco cantor Magdunensis quamdam decimam bladi & vini sitam apud Vitriacum ecclesiæ S. Stephani Paris. dedisset; ego de cujus feodo decima ipsa movebat, & Bochardus de Codreio de quo tenebam, donationem

Tome II.

AUTRE.

AN. 1222.

EGo Petrus de Noisius miles, notum facio universis præsentes litteras inspecturis, quòd cùm bonæ memoriæ Ansellus quondam cantor Magdunensis possuisset in manu felicis recordationis Petri quondam Paris. episcopi decimam tam bladi quàm vini, quam percipiebat apud Vitriacum, ut idem episcopus indè pro voluntate sua disponeret, & ipse episcopus

F ij

eandem decimam dedisset ecclesiæ beati Stephani Paris. ad instituendum canonicum qui ibi pro anima ejusdem Anselli deserviret ; ego dicti Anselli nepos eandem donationem fide corporali præstitâ laudo penitùs & concedo, sub eadem fide promittens me dictam donationem contrà omnes garantizaturum in perpetuum ecclesiæ supradictæ. In cujus rei memoriam & testimonium præsentes litteras sigilli mei feci munimine roborari. Actum anno Domini M. CC. XXII. mense Aprili. *Ibidem.*

AUTRE.

AN. 1222.

OFFICIALIS curiæ Paris. omnibus præsentes litteras inspecturis, salutem in Domino. Notum facimus quòd Petrus de Noisius miles in nostra præsentia constitutus eleemosinam decimæ tam bladi quàm vini, quam bonæ memoriæ Ansellus cantor Magdunensis ejus avunculus percipiebat apud Vitriacum, factam sicut idem Petrus coram nobis recognovit ecclesiæ S. Stephani Paris. fide præstitâ laudavit penitùs & concessit ab eadem ecclesia in perpetuum possidendam & habendam, sub eadem fide promittens quòd eandem eleemosinam præfatæ garantizabit ecclesiæ in perpetuum contrà omnes. In cujus rei testimonium & memoriam, præsentes litteras ad petitionem dicti Petri sigilli curiæ Paris. fecimus impressione muniri. Actum anno Domini M. CC. XXII. mense Aprili in octava annuntiationis. *Ibidem.*

AUTRE.

AN. 1222.

OFFICIALIS curiæ Paris. omnibus præsentes litteras inspecturis, salutem in Domino. Notum facimus quòd Guillelmus de Noisius miles, & Simon clericus, fratres, ac Hugo de Vinoliis miles eorum sororius, in nostra præsentia constituti eleemosinam decimæ tam bladi quàm vini factam ecclesiæ beati Stephani Paris. sicut recognoverunt coram nobis ; quam decimam bonæ memoriæ Ansellus cantor Magdunensis dictorum Guillelmi & Simonis fratrum quondam avunculus percipiebat apud Vitriacum, fide præstitâ laudaverunt penitùs & concesserunt ab eadem ecclesia in perpetuum possidendam & habendam ; sub eadem fide promittentes quòd eandem eleemosinam præfatæ garantizabunt ecclesiæ in perpetuum contrà omnes. In cujus rei memoriam & testimonium præsentes litteras ad petitionem dictorum Guillelmi Simonis & Hugonis sigilli curiæ Paris. fecimus impressione muniri. Actum anno Domini M. CC. XXII. mense Aprili in crastino octavæ annuntiationis. *Ibidem.*

AUTRE.

OMNIBUS præsentes litteras inspecturis, abbas de Nealsiia, salutem in Domino. Noverint universi quòd nos de mandato Domini H. archidiaconi Pissiacensis accessimus ad dominam Aalesim uxorem Hugonis de Vinoliis militis, quæ concessit & approbavit coràm nobis eleemosinam factam ecclesiæ beati Stephani Paris. pro anima bonæ memoriæ Anselli avunculi sui quondam cantoris Magdunensis de tota decima bladi & vini quam idem Ansellus tenebat apud Vitriacum nomine hæreditario ; promisit etiam fide datâ in manu nostra, quòd in dictâ decima numquam de cætero aliquid reclamabit, & quòd illam garentizabit ecclesiæ beati Stephani bonâ fide contrà omnes. Actum anno gratiæ M. CC. XXII. *Ibidem.*

AN. 1222.

Autre portant fondation d'une nouvelle prébende.

N Cantor, G. archidiaconus Paris. omnibus præsentes litteras inspecturis, salutem in Domino. Notum facimus quòd nos executores testamenti defuncti Ogeri quondam sacerdotis & canonici sancti Dionysii de Leonibus, vendidimus duas domos quas habebat in clauso Brunelli, pro centum & decem libris paris. attendentes autem quòd de pretio domorum non possent haberi redditus qui sufficerent ad sustentationem unius presbyteri secundùm quod defunctus voluerat, voluimus & ordinavimus quòd præfata pecunia implicaretur ad opus unius præbendæ quam de novo instituimus in ecclesia sancti Stephani de Gressibus Paris. ad ampliandum cultum divinum & ob animam prædicti Ogeri ; quæ præbenda collata fuit Petro clerico de Figiaco, qui per se, vel per alium sacerdotis officium facere tenebitur sicut unus de canonicis habentibus sacerdotales præbendas. Si autem dicta præbenda usque ad valorem duodecim librarum excreverit, statuimus quòd nulli post prædictum Petrum conferetur, nisi jam ordinato sacerdoti, qui in prædicta ecclesia bonâ fide in propria persona tenebitur deservire. Cedente verò vel decedente dicto Petro, collatio dictæ

AN. 1225.

JUSTIFICATIVES. 45

præbendæ ad donatorem præbendarum beati Stephani pertinebit. Actum anno gratiæ M. CC. XXV. mense Aprili. *Ibidem.*

Autre pour une nouvelle prébende.

An. 1233.

OMNIBUS præsentes litteras inspecturis, officialis curiæ Paris. salutem in Domino. Noverit universitas vestra quòd Sedilia uxor Reginaldi de Monte Argii & Johannes ejus filius canonicus Remensis, in nostra præsentia constituti, recognoverunt se de assensu & voluntate dicti R. instituisse quamdam præbendam sacerdotalem in ecclesia beati Stephani de Gressibus Paris. recognoverunt etiam coram nobis se assignasse necnon & contulisse in perpetuum pro remedio animarum suarum & antecessorum suorum ad sustentationem canonici sacerdotis, qui pro tempore in eadem ecclesia fuerit & ibidem deservierit, & dictam præbendam habuerit, tria arpenta vineæ sitæ, ut dicitur, apud Allon in censiva Adæ domini regis concergii, & quamdam domum sitam, ut dicitur, Parisius ultra parvum pontem, in censiva Galteri Potel militis; quæ omnia collata ab eis asseruerunt coram nobis esse & fuisse de conquestu suo, & ab eis fuisse acquisita. Promiserunt autem fide mediâ, dicta Sedilia & dictus Johannes omnia prædicta ab eis piè coli, & quòd ipsa ...... dictæ ecclesiæ, necnon & illi qui prædictam præbendam habuerit, garentizabunt, & quòd contrà prædictam assignationem & donationem per se vel per alium non venient. Gila etiam filia ejusdem Sediliæ in nostra præsentia constituta prædicta voluit, laudavit penitùs & concessit, promittens fide mediâ spontanea, non coacta, quòd contrà per se vel per alium non veniet in futurum, nec dictam ecclesiam super prædictis de cætero inquietabit. Præterea dictus Reginaldus de monte Argii maritus dictæ S. & pater dicti Johannis omnia supradicta voluit & acceptavit, necnon & approbavit coram abbate Montis reg..... ad nos non posset personaliter accedere propter infirmitatem, ut dicitur, proprii corporis, & promisit fide mediâ quòd dictas vineas & domum, prædictæ ecclesiæ in perpetuum garentizabit, secundùm quod hæc omnia in litteris dicti religiosi viri abbatis Montis regalis nobis pleniùs exhibitis vidimus contineri. Actum anno Domini M. CC. XXXIII. mense Aprili. *Ibidem.*

AUTRE.

An. 1257.

UNIVERSIS præsentes litteras inspecturis officialis, curiæ Parisiensis salutem in Domino. Notum facimus quòd in nostra præsentia constituti Mat. relicta defuncti Reginaldi dicti Hannequin, Johannes Hannequin frater ejus Reginaldi & Petronilla ejusdem Johannis uxor, remiserunt & quittaverunt omnino Guillelmo de Semilliaco presbytero canonico ecclesiæ sancti Stephani de Gressibus quidquid juris dominii seu proprietatis eisdem competebat, vel competere poterat super quadam domo quæ quondam fuit Sediliæ de Monte-Argi sita in parochia sancti Severini in vico Judæorum, cedentes & transferentes in eumdem Guillemum presbyterum & ipsius successores canonicos sancti Stephani supradicti, omne jus, dominium & proprietatem quæ vel quod sibi competebat, vel competere poterat in domo prædicta, nichil sibi in ea vel suis hæredibus retinentes; promittentes quilibet eorum in solidum fide in manu nostra præstitâ corporali quod contrà remissionem & cessionem prædictam jure hæreditario, ratione conquestûs doarii aut alio modo per se vel per alium non venient in futurum, & quod in domo prædicta nichil juris in posterum reclamabunt, renuntiantes .... juri sibi competenti vel quod eis competere poterat in domo prædicta. Prædictus verò presbyter pro se & capitulo suo coram nobis constitutus remisit prædictis Mat. & Johanni & Petronillæ & etiam quittavit eosdem de triginta libris paris. quas pater dicti Johannis tenebatur ponere in meliorationem domûs prædictæ, ut dicebat dictus presbyter, promittens fide datâ, quòd contrà dictam quittationem jure aliquo non veniet in futurum. Datum anno Domini M. CC. LVII. mense Martio. *Ibidem.*

AUTRE.

An. 1257.

UNIVERSIS præsentes litteras inspecturis, L. decanus totumque capitulum ecclesiæ Parisiensis, æternam in Domino salutem. Noverint universi, quòd cùm nos nostro & ecclesiæ Parisiensis nomine haberemus & teneremus quoddam jardinum sive plateam sitam ad capitulum ecclesiæ sancti Stephani de Gressibus circà eandem ecclesiam, ac perciperemus annis singulis in duobus festis beati Stephani prothomartyris, in hyeme

F iij

videlicèt & æstate, medietatem oblationum omnium quæ offerebantur in eadem ecclesia ad altare; nos de communi assensu in capitulo Parisiensi habito, consideratâ nostrâ & ecclesiæ nostræ utilitate, dictum jardinum sive plateam & medietatem oblationum ipsarum ad nos, ut dictum est, pertinentem, ecclesiæ beati Stephani prædicti & ejusdem ecclesiæ canonicis ipsius ecclesiæ nomine omninò remisimus & quittavimus in futurum, & adhuc remittimus & quittamus, promittentes de consensu unanimi quòd contrà quittationem & remissionem hujusmodi per nos sive per alios jure aliquo, sive ratione quacumque nullatenus veniemus; & quòd dictos canonicos seu successores eorum futuros canonicos ejusdem ecclesiæ sancti Stephani, occasione jardini sive plateæ prædictæ, aut oblationum ipsarum per nos sive per alios de cætero nullatenus impetemus. Salvâ nobis & ecclesiæ Parisiensi processione more solito facienda, & jure nobis debito pro eadem ab eisdem canonicis sancti Stephani reddendo ad ecclesiam sancti Stephani prædicti in Inventione ejusdem sancti, prout hactenus in ipsa ecclesia fieri consuevit. In quorum omnium recompensationem præfati canonici sancti Stephani prædicti & successores eorum futuri ejusdem ecclesiæ canonici sex libras parisienses annui redditus, videlicèt quatuor libras parisienses in festo beati Stephani, quod est in crastino Nativitatis Domini, & quadraginta solidos parisienses in Inventione ejusdem sancti nobis & successoribus nostris & ecclesiæ Parisiensi annis singulis solvere tenebuntur : in cujus rei testimonium & perpetuam memoriam sigillum nostrum præsentibus litteris duximus apponendum. Actum & datum in capitulo Parisiensi anno Domini MCCLVII. die Jovis proximâ ante purificationem beatæ Mariæ Virginis. *Ibidem.*

Autre, pour l'établissement du chévecier.

An. 1250. OMNIBUS præsentes litteras inspecturis, decanus totumque capitulum Parisiense, salutem in Domino. Cùm ecclesia sancti Stephani de Gressibus ad nos & ad ordinationem nostram immediatè pertineat, considerantesque ex defectu non residentium canonicorum, & quia nullus est in eadem qui in claudendis & aperiendis ostiis, pro loco & tempore, pulsandis campanis, custodiendisque reliquiis, libris, & ecclesiasticis ornamentis & rebus aliis curam gerat seu habeat capicerii, gravem in spiritualibus & temporalibus sustineat læsionem. Volentes ipsius ecclesiæ indemnitati providere, die super hoc à nobis specialiter assignatâ, ordinamus, volumus & statuimus quòd præbenda quæ modò vacat in eadem ecclesia per decessum Johannis dicti de Yssiaco presbyteri, de cætero tali conferatur, qui sit ipso actu sacerdos, quem etiam capicerium esse volumus ecclesiæ supradictæ, statuentes ut in eadem ecclesia continuè resideat, curamque habeat reliquias & libros necnon & ornamenta & vasa ecclesiastica custodiendi, claudendi & aperiendi ostia ipsius ecclesiæ, necnon & pulsandi campanas horis debitis & statutis, accendendi luminaria, & alia faciendi quæ ad officium capicerii pertinere noscuntur, quæ omnia volumus & statuimus quòd in institutione sua jurent se fideliter impleturos illi quibus de cætero dictum beneficium collatum fuerit. Ut autem prædicta onera commodiùs valeant sustinere, ordinamus & volumus ut dictus capicerius habeat ducentas libras parisienses in emendis reddititibus ad augmentum sui beneficii implicandas, quas ad hoc bonæ memoriæ Nicolaus quondam cantor ecclesiæ nostræ dicitur legavisse. Habeat præterea sexaginta solidos parisienses annuatim in implicatura centum librarum quas ecclesia sancti Stephani tempore ordinationis istius implicandas habebat. Per hanc verò ordinationem nullum canonicorum prædictæ ecclesiæ absolvimus ab oneribus quibus ante ipsam ordinationem onerati erant ratione præbendarum suarum. Hanc autem ordinationem fecimus, retinentes nobis in omnibus potestatem subtrahendi, vel quocumque alio modo, sicut nobis videbitur expedire, quotiescumque voluerimus commutandum; ut autem præmissa firma & inconcussa permaneant, præsentem ordinationem sigillo nostro duximus roborandam. Datum anno Domini MCCL. die sabbati post festum purificationis beatæ Mariæ Virginis. *Ibidem.*

AUTRE.

An. 1265. UNIVERSIS præsentes litteras inspecturis, G. decanus totumque capitulum Parisiense. salutem in Domino. Notum facimus quòd coràm nobis constitutus dominus Gilebertus dictus de Parvo ponte canonicus ecclesiæ sancti Stephani de Gressibus Paris. asseruit & confessus est se teneri ecclesiæ memoratæ sancti Stephani pro fundatione præbendæ quam obtinet

net in eadem ecclesia in centum & quinquaginta libras par. in quarum siquidem centum & quinquaginta librarum solutionem & recompensationem idem canonicus dedit & ex nunc in perpetuum concessit prædictæ ecclesiæ ad opus præbendæ suæ prædictæ quamdam domum ipsius presbyteri de novo ædificatam, sitam Paris. in magno vico per quem itur ad sanctum Stephanum prædictum, contiguam domui quæ quondam fuit archidiaconi de Buts in Hispania, ex una parte, & domui ipsius Gileberti, ex altera, quæ facit cuneum vici. Item tria arpenta vineæ sita in sabulis prope ecclesiam beatæ Mariæ de Campis Paris. in censiva nostra. Item quamdam granchiam sitam apud Murellos & duas magnas cuppas. Item dimidium arpentum vineæ situm apud Yvriacum in censiva sancti Marcelli Paris. & quinque arpenta terræ arabilis sitæ prope magnum ulmum de Vitriaco in censiva sancti Eligii Paris. & promisit idem Gilebertus fide datâ in manu nostra stipulatione solempni interjectâ, quòd ipse quoddam celarium construi faciet suis propriis sumptibus & expensis in domo superiùs nominata ad opus præbendæ suæ prædictæ ; necnon & quòd domum prædictam cum dicto celario cùm ibidem constructum fuerit, dicta tria arpenta & dimidium vineæ , dicta quinque arpenta terræ & dictam granchiam cum duabus cuppis prædictis garentizabit, liberabit & deffendet prædictæ ecclesiæ ad opus præbendæ suæ prædictæ & successoribus suis in dicta præbenda in judicio & extrà quandocumque opus fuerit in perpetuum contrà omnes. Cedens coràm nobis spontaneus & ex certa scientia prædictæ ecclesiæ & successoribus suis in dicta præbenda & ex nunc transferens in perpetuum in eosdem omne jus, dominium, proprietatem & possessionem quæ sibi competebant vel competere poterant jure quocumque in rebus superiùs nominatis , ac omnem necessitatem denuntiandi, nichil juris in eisdem sibi penitùs retinendo. In cujus rei testimonium & munimen ac robur perpetuum sigillum nostrum ad petitionem dicti Gileberti præsentibus litteris apponendum. Datum anno Domini M. CC. LXV. mense Julio. *Ibidem.*

Autre , pour la chevecerie de saint Etienne des Grès.

AN. 1269.

UNIVERSIS præsentes litteras inspecturis, G. decanus & capitulum Parisiense, salutem in Domino. Cùm ecclesia sancti Stephani de Gressibus Parisiensis ad nos & ad ordinationem nostram immediatè pertineat , ordinamus, volumus & statuimus, quòd capiceria sit in perpetuum in ecclesia sancti Stephani prædicti , & quòd capicerius dictæ ecclesiæ teneatur & debeat facere seu administrare totum luminare tam olei quàm ceræ , & etiam thus ad dictam ecclesiam pertinens ; videlicèt oleum pro quatuor lampadibus in perpetuum , quarum una ardebit continuè de die , quatuor autem omnes de nocte continuè ardebunt ; luminare autem ceræ tale erit : singulis diebus in matutinis & missa pro defunctis & in majori missa , & in vesperis , duo cerei ad majus altare accendentur , in aliis verò missis unus cereus accendetur ; in dominicis verò diebus & festis novem lectionum in vesperis primis , matutinis , missa , & secundis vesperis ad majus altare decem cerei accendentur ; in quatuor autem festis annualibus, & quatuor festis beatæ Virginis ad majus altare sex cerei accendentur ; in festis verò duplicibus quæ inferiùs scribuntur quatuor cerei ad majus altare accendentur ; quilibet autem cereus debet habere in pondere ad minus unam libram ceræ competenter. Festa autem dupla sunt hæc , Circumcisio Domini , Epiphania, dies Parasceves , Ascensio Domini , nativitas sancti Johannis Baptistæ , festum SS. Petri & Pauli , Mariæ Magdalenæ , S. Dionysii , commemorationis fidelium , S. Martini , sanctæ Catharinæ , S. Nicolai , utrumque festum S. Marcelli. Ministrabit & dictus capicerius pro matutinis tenebrarum tredecim cereos parvos , qui omnes insimul tres libras ceræ continebunt , & ad Pascha cereum benedictum , qui octo libras ceræ continebit. Administrabit & dictus capicerius ad Pascha duos tortios , qui accendentur quotidiè in majori missa , in elevatione corporis Christi ; ad quos anteà canonici dictæ ecclesiæ tenebantur, quorum quilibet tres libras continebit. Debet etiam dictus capicerius ministrare candelam ceream ad omnia officia ecclesiæ peragenda ; debet etiam claves ecclesiæ cum seris reficere & vestimenta ecclesiæ lavare , & refuere libros , & etiam res omnes alias debet custodire , & eas in bono statu & honesto tenere suis sumptibus & expensis absque novi appositione. Debet etiam dictus capicerius ecclesiam tenere mundam , & cordas ministrare ad campanas pulsandas necnon ad lampades pendendas, ipsas etiam lampades si fractæ fuerint tenebitur restaurare , ita quòd si expensæ factæ circà custodiam & reparationem librorum & aliarum rerum ipsius ecclesiæ, & circà munditiam dictæ ecclesiæ, & administrationem cordarum & lampadum excederent per annum ultrà summam decem solidorum parif. canonici dictæ ecclesiæ illud quod plus fuerit de communi solvere tenebuntur. In recompensatione autem omnium prædictorum dictus capicerius habebit totum luminare quod anteà canonici in dicta ecclesia percipiebant seu ratione fructuum, seu etiam aliâ ratione quâcumque per totum annum, exceptis duntaxat duobus festis S. Stephani, videlicèt hyemali & æstivali; in quibus dictus capicerius percipiet sicut alii canonici ratione suæ præbendæ. Percipiet etiam dictus capicerius, ratione capiceriæ cum præbenda sua, triginta duos solidos parisienses annui census super quamdam domum sitam in vico Poretarum, & quinque arpenta vinearum sita apud Vitriacum juxtà pressorium Roquembroch, nec non & sexaginta solidos parif. annui redditùs suprà quamdam domum sitam in vico Bernardi de Tabulis super Secanam; quæ omnia empta fuerunt de ducentis libris quas bonæ memoriæ Nicolaus quondam cantor Parif. dictæ ecclesiæ legaverat ad fundationem capiceriæ supradictæ. Capicerius autem ponet matricularium sufficientem in dicta ecclesia, qui in ecclesia singulis horis resideebit, & singulis noctibus jacebit, & eidem matriculario ministrabit præpositus dictæ ecclesiæ quâlibet hebdomadâ usque ad summam duorum solidorum de redditibus communitatis. Jurabit etiam dictus capicerius in sui institutione continuam residentiam in ecclesia S. Stephani & assiduitatem servitii, nec impetrabit privilegium, & si impetratum fuerit, eo non utetur quamobrem ecclesiam prædictam non debeat continuè & præsentialiter deservire in ordine sacerdotis. Hæc autem omnia prædicta jurabit dictus capicerius in sua institutione se observaturum bonâ fide. Volumus autem & statuimus ut idem capicerius non percipiat de proventibus donec fuerit sacerdos, sed de eisdem proventibus fiant ea quæ ad capiceriam pertinent, residuum verò in augmentationem capiceriæ convertetur. Volumus etiam & communi assensu statuimus, quòd ipsa capiceria ex nunc in posterum annexa sit præbendæ domini Yonii qui nunc capiceriam tenet, cujus collatio quandocumque vacaverit ad nos in communi, & non ad singularem canonicum pertinebit; per hanc verò ordinationem nullum canonicorum prædictæ ecclesiæ absolvimus ab oneribus quibus antè ipsam ordinationem onerati erant ratione præbendarum suarum. Hanc autem ordinationem fecimus, retinentes nobis in omnibus potestatem addendi, subtrahendi, vel etiam imminuendi quotiescumque nobis videbitur expedire. In cujus rei testimonium sigillum nostrum litteris præsentibus duximus apponendum. Actum anno Domini M. CC. LXIX. mense Januario. *Ibidem.*

Charte du roy Henry I.

Portant fondation de l'abbaye de saint Martin des Champs.

IN nomine sanctæ & individuæ Trinitatis. Gloriosæ matris ecclesiæ filii noverint unde gaudeant, & ubi plaudentes piæ devotionis favorem impendere satagant. Orthodoxis siquidem omnibus luce clariùs liquet sanctam ecclesiam Catholicam, fide solidatam, utriusque testamenti multimodis & probabilibus argumentis æterni regis esse sponsam. Unde legitur: Erunt duo in carne una, summo scilicèt sponsi intuitu Christus & ecclesia. Et propheta psalmographus canens: Tanquam sponsus Dominus procedens de thalamo suo, aperte ostendit quia Dominus sanctam ecclesiam, utpotè sponsus sibi sociavit in virginali thalamo. Sed & ipse Dominus hoc idem asseruit, cùm de seipso apostolis loqueretur: non possunt, inquiens, filii sponsi lugere quamdiù cum illis est sponsus. Quod etiam apostolus Ephesiis scribens: Viri, diligite uxores vestras, sicut & Christus ecclesiam, manifestissimè testatur. Quando verò tam evidenti authoritate sancta ecclesia comprobatur esse sponsam Christi, necesse est qui tam pretioso sponso placere studeat in cælis, ejus sponsa pio obsequio venerari in terris. Igitur hæc & hujusmodi ego Henricus Dei gratiâ rex Francorum sedulâ cogitatione recolens, qualiter decorem domûs Domini & locum habitationis ejus dilexi, omnibus tam præsentibus quàm futuris notum fieri volui. Porrò ante Parisiacæ urbis portam in honore confessoris Christi Martini abbatia fuisse dignoscebatur, quam tyrannicâ rabie (quasi non fuerit) omnino deleram, ab integro ampliorem restitui, ecclesiam quæ diù sterilis amissâ prole fleverat, quærens reddere fœcundam cælesti sponso. Religiosorum consilio virorum, canonicos regulari conversatione ibidem Deo famulantes attitulavi, & ut sine solicitudine magis divinis quàm sæculi curis vacantes valeant vivere, de facultatibus dotem facimus

An. 1060.

JUSTIFICATIVES. 49

cimus ecclesiæ ob remedium patris mei matrisque meæ animarum : atque pro mei, necnon conjugis meæ & prolis salute & pace hæc illis largior possidenda perpetuo jure. Altare in primis ejusdem basilicæ omni clarificatum libertate, & terras quas circa eandem ecclesiam prius habebam, & quas ibidem Ansoldus cum nepotibus suis, Milone scilicet & Warino mihi dedit, concedente Hugone Comite, propter præfati Milonis reconciliationem, qui tunc reus magni criminis erat adversùm me. Sed precibus Ymberti præsulis acceptâ terræ culturâ à prædictis militibus, commissum illud, undè centum libras justo judicio exolveret, dimisi. Has ergo terras circa muros ecclesiæ sitas, eidem ecclesiæ concedo, eâ videlicèt libertate, ut nullus in eis aliquam redibitionem exigere presumat. Apud Parisios verò molendinum unum. In villa quæ dicitur Alberti-villare terram quam ibi habebam. Noisiacum verò super Maternam situm, cum omnibus redditibus & redibitionibus terræ, silvæ, vinearum, atque pratorum. In territorio autem Meldensi villam nomine Anethum, cum omnibus redditibus atque redibitionibus terræ, silvæ, vinearum, atque pratorum ; de redditibus quidem pastionis, vieriæ, silvæ, atque leigii, omnem decimam. Item in pago Parisiensi, Bungeias cum omnibus redditibus & redibitionibus liberè sibi adjacentibus. Sed & in pago Laudunensi, Disiaci (excepto altari) dimidium cum præfatis possessionibus habeant, teneant, regant atque possideant. Illud ergo prætermitti nullatenùs volo, quia præfatam ecclesiam eâ firmitate munio, quatenùs in perpetuum regio jure ab omnibus fore concedatur libera, tam videlicèt intrà ambitum munitionis ejus, quàm extrà in procinctu illius, in theloneis, in fredis, in justitiis, in omnibus quæcumque jus nostri exigit fisci, nemo umquam illam inquietare audeat. Canonici etiam hanc potestatem habeant, ut abbate obeunte, assensu fratrum, boni testimonii virum, nemine perturbante, restituant. Verùm etiam ut ea fixa firmamento teneantur stabili, hanc cartam in quâ me precipiente hæc omnia scripta sunt, sigillo meo subterfirmavi, ego ipse rex Henricus, & regina pariter, & Philippus filius meus, cum fratribus suis, manu firmatam corroboravimus. Quam quidem Mainardus Senonum archiepiscopus cum Ymberto Parisiorum præsule, aliique quamplurimi, tam pontifices, quàm laici principes confirmarunt & cor-

roborarunt, omnibus suprà memoratis faventes. Si quis autem posthæc privilegium hoc violare presumpserit, primùm sacrilegii, sive tantæ auctoritatis negligentiæ reus, duro anathemate feriatur, deinde nefandæ præsumptionis irritus, gravi censûs detrimento damnetur. Anno regni supradicti regis XXVII. Actum anno ab incarnatione Domini MLX. indictione XV. Parisius publicè.

Signum regis Henrici.
S. Philippi regis.
S. Annæ reginæ.
S. archiepiscopi Mainardi Senonensis.
S. Gervasii Rhemensis archiepiscopi.
S. Ymberti episcopi Parisiensis.
S. Odolrici archidiaconi Parisiensis.
S. Balduini cancellarii.
S. Voizelini capellani.
S. Richardi capellani.
S. Radulphi Comitis.
S. Thetbaldi de Montemorenci.
S. Rainaldi camerarii.
S. Albrici conestabularii.
S. Willelmi Seniscalci.
S. Hugonis buticularii.
S. Roberti coci.
S. Radulphi Belvacensis.
S. Yvonis sub-camerarii.
S. Walteri filii Berneri.
S. Amalrici Rufi.
S. Willelmi fratris Baldrici.
S. Widonis Ambianensis episcopi.
S. Walteri Meldensis episcopi.
S. Elinandi Laudunensis episcopi.
S. Frollandi Silvanectensis episcopi.
S.   Trecensis episcopi.
S. Roberti filii comitis Balduini.
S. Widonis Ponthivensis comitis.
S. Baldrici.
S. Engenulfi.
S. Amalrici de Monteforti.
S. Stephani præpositi.
S. Hamerici coci.

Tiré des archives de S. Martin des Champs & de l'histoire de ce monastere, de Dom Martin Marrier. p. 5.

Charte du roy PHILIPPE I.

En faveur de saint Martin des Champs.

AN. 1073.

IN nomine sanctæ & individuæ Trinitatis. Divinarum scripturarum authoritate instruimur antiquorum patrum vestigia sequi, & eorum in quantum possumus bona exempla imitari. Undè Dominus per Jeremiam prophetam nos admonet dicens : *State in viis, & considerate de semitis antiquis, & videte quæ sit via bona, & ambulate in ea.* In via ergo bona anti-

Tome II. G

quorum patrum ambulare præcipimur, quia bona opera patrum nostrorum nobis facienda atque imitanda proponuntur, quatenùs eorum consortes atque participes simus in cœlis, quorum exempla imitari laboramus in terris. Ego itaque Philippus Dei gratiâ Francorum rex hâc propheticâ edoctus exhortatione, & præcedentium patrum Francorum videlicet regum, & maximè dilectissimi patris mei Henrici exemplo provocatus, quorum devotissimum studium erga divinam religionem & ecclesiarum instructionem cognovi; notum fieri volo cunctis fidelibus sanctæ Dei ecclesiæ curam gerentibus tam præsentibus quàm futuris, quia ecclesiam S. Martini propè Parisius sitam, quæ vocatur de Campis, quam tyrannicâ rabie destructam & penè ad nihilum redactam pater meus supradictus renovare & reædificare studuerat, & multis beneficiis & donariis ditaverat atque ornaverat, & canonicos quàm plures cœnobialiter viventes ibidem aggregaverat, post mortem ipsius dedicari feci, & opus quod pater meus mortis surripiente articulo præventus complere non potuit, ego pro ipso supplevi. Ad cujus dedicationem celebrandam multo convocato conventu pontificum & procerum nostrorum nobilium, tam clericorum quàm laïcorum, ego ipse præsentiam meam obtuli, & ob amorem Dei & honorem pretiosissimi confessoris beati Martini, cujus nomini attitulata est, & requiem supradicti patris mei defuncti, omnia quæ ipse sibi donaverat concessi; plurima etiam quæ in nostra potestate erant adauxi. Abbatiam videlicèt S. Symphoriani, & S. Samsonis quæ est Aurelianis intra muros civitatis sita, & medietatem fori quod statuimus in loco ipsius monasterii calendis Novembris, tam de theloneis quàm de justitiis & fredis & redibitionibus, quæ in toto tempore ipsius fori jus nostri exigit fisci. Hæc omnia illi ecclesiæ in perpetuum habenda concessi, & hoc testamentum indè fieri præcepi; & ut æternum firmamentum habeat sigillo meo subterfirmavi & corroboravi, & omnibus episcopis qui adfuerunt & principibus regni mei firmandum præsentavi. Si quis verò, quod absit, & quod minùs credimus, hoc regale & legale statutum aliquâ temeritate calumniare vel violare præsumpserit, sciat se regiæ majestatis reum, & anathematis gladio feriendum. Actum Parisius publicè, anno ab incarnatione Domini M. LXVII. indictione v. anno regni Philippi regis VII.

Signum regis Philippi.
Hugo frater regis.
Balduinus comes Flandriæ.
Richerus Senonensis archiepiscopus.
Gaufridus Parisiensis episcopus.
Guido Ambianensis episcopus.
Gaulterus Meldensis episcopus.
Hugo Trecensis episcopus.
Rogerus Catalaunensis episcopus.
Agolandus.
Yvo [a] Saxensis episcopus.
Drogo archidiaconus Parisiensis.
Yvo archidiaconus Parisiensis.
Lando præcentor Parisiensis.
Gaufridus canonicus S. Mariæ.
Olricus capellanus.
Balduinus canonicus S. Mariæ.
Milo decanus S. Dionysii de Carcere.
Engelardus abbas ipsius loci.
Gislebertus prior.
Drogo presbyter.
Drogo grammaticus.
Dainbertus diaconus.
Hildricus canonicus.
Arnulphus S. crucis Aurelian.
Haimo decanus S. crucis Aurelian.
Sanzo sacrista Aurelian.
Rainaldus S. Martini thesaurarius Turonen.
Balduinus comes junior.
Hugo comes Mellendis.
Willelmus comes Suess.
Rainaldus comes Curbuliensis.
Ursio vicecomes Melidun.
Guido de Monte-Lethery.
Simon de Monte-forti.
Thetbaldus de Monmoriaco.
Radulphus seniscalcus.
Waleraunus camerarius.
Baldricus constabularius.
Engenulphus buticularius.
Adam pincerna.
Guido marescalcus.
Drogo pincerna.
Engelramus pædagogus regis.
Petrus cancellarius.
Eustachius capellanus.
Gaufridus sub-capellanus.
Amalricus de Castello forti.
Fredericus de Curbuilo.
Stephanus præpositus Parisien.
Malbertus præpositus Aurelian.
Walterus præpositus Pissiacen.
Willelmus de Gomethiaco.
Hugo de novo castello.
Mainerus de Sparrone.
Herveus de Marleio.
Warinus de Islo.
Warnerus de Parisius.
Frontmundus pater ejus.

[a] Dictus de Bellesme, Sagiensis episcopus.

Giraldus

Giraldus Hostiensis episcopus. *Post subscripsit similiter*, Rainbaldus apostolicæ sedis legatus. Dedicata sub eodem tempore ipsa ecclesia à supradictis penè omnibus episcopis. *Ibidem*, p. 11.

Autre charte du même roy, pour saint Martin.

AN. 1070.

IN nomine sanctæ & individuæ Trinitatis. Quoniam prævaricationis reatu primi parentis Adæ, à sede beatitudinis æternæ in hujus periculosum vitæ stadium corruimus, operæ pretium judicamus, ut viam illuc revertendi, quæ est charitas, quam Christo duce cognovimus, dum licet, aperire festinemus, quatenùs ad gloriam quietis æternæ quam amisseramus, cum fructu bonorum operum læti redeamus, cujus beatitudinis via nobis in promptu aperitur, si præceptum dominicum cordis palato custoditur, de qua ipsa veritas dicit : *Date eleemosinam, & omnia munda sunt vobis.* Quapropter ego Philippus gratiâ Dei Francorum rex, notum fieri volo sanctæ matris ecclesiæ fidelibus tam præsentibus quàm & futuris, quòd frater Joannes inclusus sancti Martini, vir bonæ memoriæ, & de præsentiam obnixè deprecatus est, ut pauperibus & peregrinantibus sancti Martini segregatim ab aliis fratribus in ecclesia psallentibus eleemosinam facerem, & in victum eorum ad hospitalem, molendinum unum qui in dominio meo erat in magno ponte donarem. Et ne furnum quem abbas Engelardus & cæteri fratres sancti Martini admonitione ipsius inclusi, instinctuque fraternæ charitatis hospitali concesserunt, aliquis destruere præsumat, vel in alios usus retorquere audeat, vel alterum præter eum in toto procinctu munitionis sancti Martini construat. Quod si forte fieret, crescente habitantium multitudine, ad hospitale pertineret. Præterea deprecatus est ut via quæ est ante monasterium sancti Martini, pro honore ejusdem ecclesiæ publicè teneatur, & illa alia quæ sub monasterio est ad usum pauperum, in agriculturam immutetur. Quæ via ab eo loco quo se dividit à via quæ ducit ad sanctum Martinum ab urbe Parisio venientes, usque ad eum locum in quo convenientes se uniunt, extenditur. Cujus votis & benivolentiæ condescendens pro salute mea & antecessorum meorum animarum remedio, molendinum pauperibus supradictis & hospitalitati eorum contuli ; furnum illis solum esse, nec præter

eum alterum construi, nisi supradictâ ratione, concessi ; via ne ulterius nisi ante monasterium S. Martini teneatur præcepi. Et ut hoc inviolabile permaneat signum caracteris mei impressi, & sigillo meo corroboravi.

Signum Philippi regis.
S. Hugonis de Pusiaco.
S. Willelmi de Tornabu.
S. Otranni de Drocas.
S. Lisuii Caboti.
S. Herii coci.
S. Radulphi de Stampis.
S. Arnulphi cubicularii.
S. Hergoti.
S. Willelmi de Monsteriolo.
S. Hugonis de Sorda-valle.
S. Chadios.
S. Roberti de Castello.
S. Hulberti archidiaconi Silvanect.
S. Eustachii capellani regis.
S. Rolandi de domo S. Martini.
S. Gisleberti.

Hæc carta firmata est in pago Silvanectensi apud Oriacum tertio nonas Maii, anno ab incarnatione Domini M. LXX. epactâ VI. indictione VIII. anno Philippi regis regni XI. *Ibidem*, p. 17.

Don de S. Martin des Champs à l'abbaye de Clugni.

AN. 1079.

IN nomine sanctæ & individuæ Trinitatis Patris & Filii & Spiritûs sancti. Noverint cuncti fideles sanctæ Dei ecclesiæ, quòd ego gratiâ Dei Francorum rex Philippus nomine dono & concedo Domino Deo & sanctis apostolis ejus Petro & Paulo ad locum Cluniacum in manu Domini Hugonis abbatis & omnium abbatum qui in eodem loco futuri sunt post eum in æternum, locum qui dicitur sancti Martini ad Campos, quem pater meus Henricus fundavit, ut habeant & possideant in perpetuum cum omnibus appenditiis ad eundem locum pertinentibus, id est, terris, vineis, sicut Engelardus abbas possedit in vitâ patris mei & in tempore meo, salvâ subjectione debitâ sanctæ matris ecclesiæ Parisiacensis. Facio autem hanc donationem pro remissione peccatorum meorum & genitoris genitricisque meæ & omnium regum Francorum antecessorum meorum, ut cum omni libertate & quiete absque ulla calumnia alicujus viventis personæ, vel potestate, præfatum locum possideant, ut Deus omnipotens intervenientibus beatis apostolis suis Petro & Paulo regnum & vitam nostram cum pace & tranquillitate disponat in præsenti sæculo, & in futuro sæculo sempiterna gaudia concedat. Ut autem hæc donatio firma & stabilis atque inconvulsa permaneat, hoc præceptum manu propriâ firmo & corroboro, ac sigillo proprio sigillari præcipio, testibusque firmandum trado.

Signum Philippi regis Francorum.
S. Haganonis Æduensis episcopi.
S. Comitis Rainaldi de Nivernis.
S. Roberti dapiferi.
S. Roberti de Alliaco.
S. Gauterii de Clamiciaco.
S. Ebonis de Monte-celso.

Si quis autem hoc donum vel præceptum calumniare tentaverit, iram omnipotentis Dei & omnium sanctorum ejus incurrat, & insuper regiâ potestate constrictus, vindicare nequeat quod repetit, usque dum à calumnia recedat. Hujus rei testes sunt & confirmatores canonici ipsius loci. Goisfredus prior. Eustachius. Gislebertus. Daimbertus. Gauterii duo. Mainardus. Goisbertus. Malfredus. Bernardus. Hugo. Robertus. Arraldus. Actum publicè apud sanctum Benedictum de Floriaco, anno incarnati verbi M. LXXIX. anno regni nostri XIX. Ego Gislebertus ad vicem Rogeri cancellarii relegendo subscripsi. *Ibidem*, *p.* 19.

Bulle d'Urbain II.
Pour saint Martin des Champs.

An. 1097.

URBANUS episcopus servus servorum Dei. Venerabili fratri Hugoni Cluniacensi abbati salutem & apostolicam benedictionem. Piæ postulati voluntatis effectu debet prosequente compleri, quatinùs & devotionis sinceritas laudabiliter enitescat, & utilitas postulata vires indubitanter assumat. Tuæ igitur voluntati & communis filii Ursionis prioris postulationibus annuentes, beati Martini monasterium quod de Campis dicitur in Parisiensi parochia situm, præsentis decreti authoritate munimus, ut quemadmodum cætera Cluniacensis cœnobii membra semper sub apostolicæ sedis tutela permaneat, & cuncta quæ ad locum ipsum in præsentiarum pertinere videntur: ecclesiæ videlicèt de Agenvilla, de Nova-villa, de Marcio, de Monte martyrum, de Loveriis, de Castenio, de Noa sancti Remigii, de Noa sancti Martini, de Renzegio, de Balbineio, de Caleio, de Confluentia, de Capeyo, de Fontanis, de Flamma-regia-villa, de Valle-villaris, de Monciaco, villa quæ dicitur Bonzeia, Nuceium magnum, Nuceium minus, Anetum, Majoriolas, sancta Gemma, Rodani villa, Ursionis villa, Clamardum, Sorvillare, Pentinum, Ceurennum, sanctus Hylarius cum ecclesiis & pertinentiis earum, ecclesia etiam de Conâ, de Bonellâ, de Pringeio. Quidquid præterea idem locus hodie justè possidet vel collatione bonæ memoriæ Henrici Francorum regis, qui ejusdem loci fundator extitit, vel filii ejus Philippi, cujus donatione cella eadem ad vestrum cœnobium noscitur pertinere. Quidquid à quibuslibet fidelibus de suo jure eidem loco collatum est, vel in futurum conferri contigerit, firma semper & illibata permaneant, tam à te, quàm ab his qui per te, vel successores tuos eidem loco præpositi fuerint, perpetuò possidenda, regenda ac disponenda. Decernimus ergo ut nulli omnino hominum liceat idem cœnobium temerè perturbare, aut ejus possessiones auferre, vel ablatas retinere, minuere, vel temerariis vexationibus fatigare; sed omnia integra conserventur eorum pro quorum sustentatione ac gubernatione concessa sunt usibus omnimodis profutura. Si qua igitur in crastinum ecclesiastica sæcularisve persona hujus decreti paginam sciens contra eam temerè venire temptaverit, secundò tertióve commonita, si non satisfactione congruâ emendaverit, potestatis honorisque sui dignitate careat, reamque divino judicio se existere de perpetrata iniquitate cognoscat, & etiam à sacratissimo corpore ac sanguine Dei & Domini redemptoris nostri Jesu Christi aliena fiat, atque in extremo examine districtæ ultioni subjaceat. Cunctis autem eidem loco justa servantibus sit pax Domini nostri Jesu Christi, quatinus & hîc fructum bonæ actionis percipiant, & apud districtum judicem præmia æternæ pacis inveniant. Amen. Amen. Amen. Datum Nemausi per manum Joannis sanctæ Romanæ ecclesiæ diaconi cardinalis II. idus Julii, indictione IV. incarnationis Dominicæ anno M. XC. VII°. Pontificatûs autem Domini Urbani secundi papæ. IX. *Tiré des archives de S. Martin des Champs.*

Charte du roy Louis VI.
En faveur des serfs de saint Martin des Champs.

An. 1118.

IN nomine Patris, & Filii, & Spiritûs sancti, amen. Quia præordinante Spiritu sancto per Esaiam de ecclesia dicitur, quòd *mamilla regum lactabitur*; & *reges erunt nutritii ejus*; regalis serenitatis pietatem decet pro tranquillitate & pace ec-

JUSTIFICATIVES.

clesiæ regni jura temperare, plebiscita relaxare, temperare, & confracta solidare, ut ecclesiæ filii à malignantium infestatione aliquatenùs relevati, Dei servitio attentiùs vacare habeant, & Catholicum regem ad regni gubernationem orationum assiduitate propensiùs adjuvare valeant. *Multùm enim valet*, ut habet Jacobi epistola, *deprecatio justi assidua*. Orante nempe justo Moyse, Israel superabat regem Amalech. Rex autem gladio accingitur, secundùm apostolum Petrum, *ad vindictam malefactorum, laudem verò bonorum*, ut per collatam sibi divinitùs potentiam *obmutescere faciat imprudentium hominum ignorantiam*; constitutus in regno juxtà Jeremiam, *ut evellat, & destruat, & disperdat, & dissipet, & ædificet, & plantet*. Hâc igitur ratione, spe & devotione, ego Dei gratiâ Francorum rex Ludovicus, ecclesiæ sancti Martini quæ dicitur de Campis, super servorum suorum contumeliosa & damnosa in testimoniis abjectione adversùs liberos supplicanti, lacrimanti & instanter rogitanti, tandem misericorditer auscultavimus pontificum nostrorum consilio, comitum quoque & procerum assensu, hâc prærogativâ nostræ majestatis omnes indifferenter hujus præfatæ ecclesiæ servos benigniter honestavimus; quatenùs in omnibus causis, placitis & querelis contrà universas ingenuæ potestatis personas, veritatis testimonium, regali instituto à modò usque in sempiternum exaltati, ut testes legitimi proferant & proferendo asserant, salvo & integro jure & timore, cujus sunt, ecclesiæ; ac deinceps damnum vel repulsam in hujusmodi negotiis pertulisse nullatenùs doleant vel erubescant. Horum itaque probationes aut liberi suscipiant, aut contradicendo falsificent. Regalis igitur decreti transgressor causam de qua agit, in perpetuum amittat, excommunicationi subjaceat, & ejus calumnia irrita fiat. Interim etiam in testimonium non recipiatur, nec pacis osculo à fidelibus osculetur. Dignum est enim suprà cæteros servos exaltare qui ei serviunt, cui servire est regnare. Ut autem hujus instituti traditio per succedentia tempora inconvulsum vigorem obtineat, litterarum memoriæ commendari, imò nostri nominis caractere & sigillo signari & corroborari præcepimus. Presentibus de palatio nostro, quorum nomina subtitulata sunt & signa. *Signum* Ansellí dapiferi. S. Willelmi Garlandensis. S. Widonis de Turre. S. Frogerii de Catalauno. S. Herluini magistri regis. S. Bartholomæi de Fulcois. S. Rainardi Rufi. S. Bernardi nepotis ejus. S. Stephani cancellarii. S. Echenbaldi. Actum Parisius anno incarnati Verbi M. C. X. indict. III. pridiè nonas Febr. anno unctionis nostræ II. Stephanus cancellarius relegendo subscripsit. *Tiré de l'histoire de saint Martin des Champs du P. Marrier p. 22.*

Charte du roy Louis VII.
En faveur de S. Martin des Champs.

An. 1137.

IN nomine sanctæ & individuæ Trinitatis, amen. Quia preordinante Spiritu sancto per Esaiam de ecclesia dicitur, quòd *mamilla regum lactabitur*; *& reges erunt nutritii ejus*. Regalis serenitatis pietatem decet tranquillitati & paci sanctæ ecclesiæ per omnia providere, quatenus ipsius ecclesiæ filii à malignantium infestatione aliquatenus relevati, Dei servitio attentiùs vacare habeant, & catholicum regem ad regni gubernationem orationum assiduitate propensiùs adjuvare valeant. *Multùm enim valet*, ut habet Jacobi epistola, *deprecatio justi assidua*. Orante nempè justo Moyse, Israel superabat regem Amalech. Hâc igitur ratione, spe & devotione, ego Dei gratiâ Ludovicus Francorum rex & dux Aquitanorum, dignum duxi ut ista quæ subscripta sunt, & quæ prædecessores nostri Francorum reges de morte meditantes, Deo & beato Martino de Campis charitativè tribuentes tradiderunt, more regio nostri nominis charactere & sigilli corroboratione confirmaremus. Ipsam in primis beati Martini ecclesiam, cum terris quæ circa eandem ecclesiam habentur, unà cum theloneis & fredis & justitiis earumdem terrarum. Præterea Parisius ad magnum pontem molendinum unum de eleemosina patris mei piæ recordationis Ludovici regis. Alterum verò ad eundem pontem de eleemosina Odonis filii Stephani, alterum etiam suprà prædictum pontem de eleemosina Guerici de Porta. Iterùm alterum in Mibray de eleemosina Roberti Pisel. Terram Alberti-Villaris. Noisiacum villam cum omnibus redditibus terræ, silvæ, vinearum, & pratorum, & aquæ Maternæ. Anetum villam, cum omnibus redditibus terræ, tam in silvis quàm in vineis & pratis, & pascuis, & aquâ, & portu. Omnem verò decimam pastionis, leigii & vieriæ. Bongeïas insuper cum omnibus redditibus liberè sibi adjacentibus, & Pisiacum villam in Laudunensi territorio; quas quatuor villas dedit atavus meus rex Henricus, cum altaribus Hien-

G iij

villæ & Novæ-villæ. Gordum etiam piscium apud Poissiacum in Sequana de dono patris mei. Ex dono etiam ejusdem patris mei apud Pontisaram habet ecclesia sancti Martini de Campis terræ suæ consuetudines, scilicèt libertatem omnium exactionum seu quarumlibet inquietationum quas ibi habebant prædecessores nostri, quod pater meus concessit ad petitionem domni Mathei venerabilis episcopi Albanensis, & precibus matris meæ Adelaïdis reginæ ; ita tamen quòd expeditiones nostras & equitatus nostros tantummodò in hominibus in prædictâ terrâ morantibus retinemus, qui tamen neque à præposito, neque ab aliquo ministrorum nostrorum submoneantur, nisi ex precepto nostro & dapiferi nostri. Viginti etiam solidos in pedagio Bongeiarum de eleemosina Alberti militis cognati Willelmi de Warlanda, quos concessit predictus Willelmus de predicto pedagio. Exaltationem quoque servorum beati Martini, quos omnes pater meus rex Ludovicus humili pontificum suorum rogatu, comitumque & procerum suorum assensu, prærogativâ regiæ majestatis indifferenter honestavit, quatenùs in omnibus causis, placitis & querelis, contrà universas ingenuæ potestatis personas veritatis testimonium regali instituto usque in sempiternum exaltati, ut testes legitimi proferant, & proferendo asserant, salvo & integro jure, cujus sunt, ecclesiæ ; ac deinceps damnum vel repulsam se in hujusmodi negotiis perferre nullatenùs doleant vel erubescant, & eorum probationes liberi aut suscipiant, aut contradicendo falsificent. Dignum est enim suprà cæteros servos exaltare qui ei serviunt, cui servire est regnare. Ecclesiam quoque sancti Dionysii de Carcere, quæ tempore patris mei ad manus regias redacta fuerat, quam ipse ex consensu, voluntate & petitione dominæ Adelaïdis reginæ matris meæ, me etiam in regem sublimato assentiente, & domno Henrico fratre meo ejusdem ecclesiæ abbate, in posterum jure perpetuo concessit possidendam, cum omnibus ad eandem ecclesiam pertinentibus, scilicèt molendino uno Mibray. Furno etiam uno eidem ecclesiæ proximo. Villa de Fontanis cum ecclesia & decima, & nemore & portu. Villa etiam de Limogiis cum ecclesia & decima, terra & pratis in loco qui dicitur Roundel, & cum domo & curia Mathei de Maula, pro qua pater meus concessit predicto Matheo terram Pagani Bigot de Casellis, & cum universis cæteris appenditiis, eo duntaxat modo quo præfatæ ecclesiæ clerici tenuerant. Insuper quinque solidos quos ego debeo de censu prædictæ ecclesiæ S. Dionysii de terra quæ est in Campiaux, in qua pater meus stabilivit novum forum, ubi habent locum venditores mercium & pars cambiatorum ; quos denarios ego precipio ab eisdem mercium venditoribus singulis annis præfatæ ecclesiæ de meis redditibus reddi. Centum etiam solidos ecclesiæ Cluniacensi & quadraginta S. Martini de Campis, quos dedit Burchardus de Montemorenciaco de pedagio suo quod est in camino Pontisarensi, confirmatos à patre meo de cujus erant feodo, piis & devotis ipsius Burchardi precibus. Qui centum solidi statuti sunt persolvendi in capite jejunii in quadragesima, & in transitu S. Martini. Donationem etiam quam fecit pater meus piæ memoriæ rex Ludovicus monachis S. Martini de Campis temporibus & humili prece domini Odonis ejusdem loci prioris, scilicèt quòd nos vel hæredes nostri numquam beati Martini homines vel hospites capiemus, nisi in præsenti forefacti fuerint deprehensi ; & si nos vel homines nostri querelam adversùs eos aliquam habuerimus, in curiam beati Martini ibimus, & justitiam per manum prioris & monachorum inde suscipiemus. Concedimus etiam quòd beati Martini homines numquam in expeditionem vel equitatum ex consuetudine, nisi ex amore solummodò & prece, & voluntate, & licentia prioris ibunt ; exceptis hominibus de Pontisara quorum ista retinuit pater meus, sicut superiùs scriptum est. Præterea quicquid de feodo nostro prædictis monachis S. Martini datum est, vel in futurum poterunt, largiente Domino, adipisci, illis jure perpetuo confirmando concedimus. Quod ne valeat oblivione deleri, scripto commendavimus, & ne possit à posteris infirmari, sigilli nostri authoritate, & nominis nostri caractere subterfirmavimus. Actum Parisius, anno incarnati Verbi M. C. XXXVII. regni nostri V. *Au bas est le monogramme du roy. Avec un sceau, représentant d'un côté le roy assis sur un thrône pliant, sans dossier, vêtu d'un manteau attaché d'une agraffe sur l'épaule droite, couronné d'une couronne surmontée de trois fleurs de lis, & ayant à la main droite une fleur de lis, & à la gauche un sceptre terminé par une lozange où est enfermée une croix ; & tout autour est écrit,* LUDOVICUS DEI GRATIA FRANCORUM REX. *Et au contre-sceel, le roy est représenté à cheval, armé de cotte de maille*

maille & de casque, un bouclier à la gauche, & l'épée à la droite, & autour est écrit: ET DUX AQUITANORUM. *Ibid. p. 26.*

Charte de PHILIPPE AUGUSTE
Pour S. Martin des Champs.

AN. 1190.

IN nomine sanctæ & individuæ Trinitatis, amen. Philippus Dei gratiâ Francorum rex ; noverint universi præsentes pariter & futuri, quoniam intuitu Dei, & in commutationem usuarii quod monachi sancti Martini habebant in nemore nostro de Vilcenna, eis dedimus & in perpetuum concessimus & assignavimus sex libras parif. in præpositura nostra Parisius singulis annis percipiendas in festo S. Remigii. Si quis autem præpositus ultrà statutum terminum retinere præsumpserit prædictos denarios, præcipimus ut totiens quinque solidos det de emendatione, quot diebus ultrà terminum denarios monachorum detinuerit. Quod ut in posterum ratum illibatumque permaneat, præsentem paginam sigilli nostri authoritate & regii nominis caractere inferiùs annotato præcipimus confirmari. Actum Parisius anno incarnati Verbi M. C. LXXXX. regni verò nostri XI. astantibus in palatio nostro quorum nomina supposita sunt & signa. *Signum* Comitis Theobaudi dapiferi nostri. S. Guidonis buticularii. S. Mathei camerarii. S. Radulphi constabularii. Data vacante cancellariâ. *Ibidem p. 34.*

Bulle d'ALEXANDRE IV,
Pour S. Martin.

AN. 1256.

ALEXANDER episcopus servus servorum Dei ; dilectis filiis abbati & conventui Cluniacensi, salutem & apostolicam benedictionem. Exigentibus vestræ devotionis meritis, votis vestris libenter annuimus, & petitiones vestras, quantùm cum Deo possumus, favorabiliter exaudimus. Cùm igitur, sicut ex parte vestra fuit propositum coràm nobis, claræ memoriæ Philippus rex Francorum, locum qui dicitur S. Martini ad Campos Parif. quem claræ memoriæ Henricus pater ejus fundaverat, monasterio vestro pro suorum & progenitorum ejus peccatorum remedio piâ liberalitate concesserit & donarit, prout in litteris inde confectis ipsius & quorumdam aliorum subscriptionibus, ejusque sigillo munitis, pleniùs continetur ; nos vestris supplicationibus inclinati, concessionem & donationem hujusmodi ratas & gratas habentes, ac defectum, si quis ex quacumque causa vel omissione in eis extitit, supplentes de plenitudine potestatis, ipsas authoritate apostolicâ confirmamus, & præsentis scripti patrocinio communimus. Tenorem ipsarum litterarum de verbo ad verbum præsentibus inseri facientes, qui talis est : *In nomine sanctæ, &c.* * Nulli ergo omninò hominum liceat hanc paginam nostræ suppletionis & confirmationis infringere, vel ei ausu temerario contraire. Si quis autem hoc attemptare præsumpserit, indignationem omnipotentis Dei & beatorum Petri & Pauli apostolorum ejus se noverit incursurum. Datum Laterani XII. cal. Feb. pontificatûs nostri anno II. *Ibidem p. 21.*

* On le peut voir ci-dessus, pag. 51.

Charte de PHILIPPE I.
Pour l'expulsion des religieuses de saint Eloy.

AN. 1107.

IN nomine sanctæ & individuæ Trinitatis, Philippus Dei gratiâ Francorum rex. Notum fieri volumus universis sanctæ Dei ecclesiæ cultoribus tam futuris quàm præsentibus, quia divinâ providentiâ clementiâ, & assensu domini papæ Paschalis, monitione quoque & consilio canonicorum sanctæ Parisiensis ecclesiæ, necnon & consensu nostro, & Ludovici filii nostri, Galo Parisiensis episcopus ab ecclesia beati Eligii, membro videlicèt episcopatûs sui, propter intemperantem, quam imprudenter agebant, fornicationem moniales (quamvis canonicè sæpissimè correptas) templum domini apertè pravo usu violantes, ac correptiones pastoris penitùs negligentes, spe meliùs agendi à præfata domo dejecit. Acceptis itaque domini papæ litteris, tunc temporis Parisius venientis, dataque licentiâ ordinem religionis inibi ponendi, nostrâ licentiâ & ordinatione cum filii nostri Ludovici obsecratione, beato Petro Fossatensi, ejusdemque loci Theobaldo abbati, præfatam ecclesiam beati Eligii in cellam duodecim monachorum cum priore suo perpetualiter possidendam concessit habendam, salvo quidem jure suæ potestatis & ecclesiæ Parisiensis, quemadmodum & in ipsius charta determinatum est ; & ut hæc charta firma & inconvulsa permaneat, memoriale istud inde fieri & nostri nominis charactere, & sigillo Philippi signari & corroborari præcipimus. Astantibus de palatio nostro, quorum nomina intitulata sunt & signa.

Signum Hugonis de Cretio tunc temporis dapiferi nostri.

S. Waffionis de Pissiaco tunc temporis constabularii nostri.

S. Pagani Aurel. tunc temporis buticularii nostri.

S. Widonis tunc temporis camerarii nostri.

Actum Parisius in capitulo sanctæ Mariæ anno ab incarnatione Domini MCVII. anno regni nostri XLVII. Stephanus cancellarius relegendo subscripsit. *Du Breul, supplément. p.* 167.

Charte de fondation de l'abbaye de saint Victor.

AN. 1113.

IN nomine sanctæ & individuæ Trinitatis, amen. Quoniam Deo disponente, bona quæ temporaliter agimus, & contrà adversarium nostrum arma sunt inexpugnabilia, & æternæ hæreditatis indubitanter nobis acquirunt præmia ; ratio consulit, necessitas exigit, ut dum tempus habemus, bonum ad omnes, maximè autem ad domesticos fidei operemur ; ut pauperes spiritu, nostræ largitatis munificentiâ, necessitatis suæ obtineant remedium, & nostra fragilitas eorum orationibus adjuta in districto examine judicem sibi misericordem inveniat & propitium ; eleemosina enim, teste scripturâ, & oratio justi assidua, vitiorum incentiva extinguere, & Deum cujus imaginem portamus, valet inoffensum reddere, in cujus manus durum & horrendum est incidere. Illustris verò memoriæ antecessores nostri, quorum excellentiâ, quorum virtute regnum Francorum usque in hodiernum diem floruit ad laudem & gloriam Dei, cui servire regnare est, multas in regno nostro ecclesias fundaverunt, & immensis eas donariis honorare decreverunt, eleemosinis quidem peccata redimentes, & amicos in æterna tabernacula facientes. Ego igitur Ludovicus Dei gratiâ Francorum rex, antecessorum nostrorum exemplis informatus, & accusante conscientiâ diem extremi examinis ante oculos reducens, ob remedium animæ nostræ, pro salute etiam patris nostri Philippi regis & antecessorum nostrorum, in ecclesia beati Victoris quæ juxta Parisiorum civitatem sita est, consultu quidem archiepiscoporum & episcoporum & optimatum regni nostri, canonicos regulariter viventes ordinari volui, qui videlicet tam pro nobis quàm pro salute regni nostri Dei misericordiam implorarent, & memoriam nostri, & nostrorum antecessorum in suis orationibus haberent. Et ne cura temporalis necessitudinis fratrum spiritale propositum ad exteriorum solicitudinem inclinaret, eandem præfatam ecclesiam nostræ largitatis beneficio dotavi & ditavi. Convenientibus verò in unum Catalauni archiepiscopis, episcopis, comitibus, & cæteris regni nostri optimatibus, communi assensu diffinimus : quatinùs prædicti canonici de grege suo vel de alia ecclesia quem vellent sibi abbatem eligerent, ita tamen quòd in illa abbatis electione, nec regis assensum quærerent, nec regis auctoritatem ullatenùs expectarent, nulliusque alterius personæ voluntatem vel laudem attenderent ; sed quem Deus eis concederet, inconsulto (ut diximus) rege, vel quâlibet aliâ personâ, canonicè eligerent, & Parisiensi episcopo inrefragabiliter consecrandum offerrent. Promulgavimus etiam in eodem conventu, villas, prædia & cætera beneficia quæ ad usum canonicorum præfatæ contulimus ecclesiæ, & hæc omnia perpetuo jure, perpetuâ libertate eis habenda concessimus, nihil potestatis, nihil nostri juris reservantes nobis, sed omnia quæ ad nos pertinere videbantur, eis omnino emancipantes. Hæc scilicet : Puteolis villam quæ est in territorio Nanthonensi, cum servis & ancillis, cum feodis militum, cum terris cultis & incultis, cum vineis, & sylvis, cum omnibus ad eam pertinentibus ; mercatum etiam in eadem villa fieri per singulas hebdomadas, regiâ potestate in perpetuum annuimus ; aquam etiam quæ proxima est eidem villæ, quæ scilicet aqua Essonia vocatur ; omnia, inquam, ista quemadmodum possidebam, eis perpetuò possidenda concessimus ; Orgenniacum etiam quod in territorio Milidunensi situm est, cum servis & ancillis, & cæteris omnibus quæ ibidem possidebam, huic dono adjunximus ; unum etiam ex molendinis nostris qui sunt apud veteres Stampas, predictis canonicis perpetuò possidendum tradidimus ; apùd Corbellas etiam juxtà castrum Nantonis viginti arpennos pratorum ; & viaturam de Bussiaco, quam à Tescelino * Vinocensi comparavimus, & quidquid apud idem Bussiacum, quod juxtà Liricantum situm est, habebam ; Bussiacum insuper villam quæ in territorio Aurelianensi sita est, cum servis & ancillis, cum omnibus appenditiis suis ; hæc omnia, inquam, eisdem canonicis plenâ libertate, perpetuò obtinenda annuimus. Apùd Fontanetum etiam in territorio Parisiensi, terram duobus carrucis sufficientem, & quinque hospites, & decem solidos censûs in eadem villa, partim à supradictis hospitibus, partim ab alia terra ; ibidem torcular unum & dimidium, cum pressuris ad ea pertinentibus ;

* al. gosa.

* al. Bimocensi, ou Butnocensi.

pertinentibus ; & apud Musterolium, quod est juxtà idem Fontanetum, terram unius carrucæ cum uno hospite, præfatæ contulimus ecclesiæ. Præterea sciendum est quòd canonici sancti Severini de castro Nantonis apud Uriacum villam, terram, servos & ancillas antiquitùs possidebant, medietatem cujus possessionis prædecessori nostro regi, videlicèt Philippo, sano usi consilio, concessere; hâc scilicèt commutatione, quod idem Philippus noster decessor pro hac concessione eisdem canonicis sancti Severini omnes consuetudines, quas apud Brolium eorumdem canonicorum villam juxtà Puteolis sitam, justè vel injustè obtinere videbatur, præter corvatas ter in anno, omninò remisit. Præter hæc etiam apud prædictum Uriacum, terram ad fiscum nostrum pertinentem possidebamus, quam scilicet terram cum medietate supradictæ possessionis, cum prædictis etiam corvatis, præfatæ sancti Victoris ecclesiæ plenâ libertate in perpetuum habenda tradidimus. Notum etiam omnibus fieri volumus, quia ecclesiam beatæ Mariæ de Puteolis & altare de Amponvilla cum toto atrio, cum medietate magnæ decimæ, cum terra insuper nostri juris in eadem Amponvilla existente, panes etiam ad altare de*Esragosa pertinentes, omnia quidem sicut obtinebamus, præmemoratis canonicis regularibus ex integro possidenda concessimus. Ut autem præfata sancti Victoris ecclesia præscripta nostræ largitatis beneficia, legitimo haberet dono, legitimo obtineret ordine, ea quæ regii juris, quæ nostræ erant procul dubio potestatis, eidem ecclesiæ inviolabiliter obtinenda nostrâ manu tradidimus; ecclesias verò & quæ juris ecclesiastici sunt, in manu Daimberti Senonensis archiepiscopi reddidimus. Ipse autem utilitati fratrum providens, prætaxatis regularibus eadem omninò concessit. Confirmatum est etiam in supradicto episcoporum, ac procerum nostrorum conventu, quòd quicumque allodia sua quæ sub nostra tutela sunt, vel quidquid quod ad fiscum vel feodum nostrum attinet, eisdem regularibus impertiri voluerit, diligenter annuimus & regiâ autoritate confirmamus. Annuimus etiam, quòd si aliquos ex servis vel ancillis suis præfati canonici manumittere voluerint, nostro super hoc assensu minimè requisito, quos vel quot voluerint servos vel ancillas jugo servitutis absolvant, & perpetuæ libertati tradant, remotâ scilicet omni calumniâ & sopitâ totius retractationis molestiâ. Illud insu-

al. Esragofa.

per summopere determinavimus & determinando diffinivimus, quòd omnia quæ superior continet pagina, eo jure, eâ libertate quâ tenuimus, prædicta sancti Victoris ecclesia in æternum possideat; & hoc præceptum nostrum, quod nostri nominis charactere signavimus, in signum & argumentum perpetuæ firmitatis obtineat. In supradictis tamen omnibus salvâ autoritate, salvo jure, salvâ debitâ obedientiâ Senonensis archiepiscopi & Parisiensis episcopi.

Signum Daimberti Senonensis archiepiscopi.

S. Rodulphi archiepiscopi.
† *Signum* Ludovici regis.
† S. Yvonis Carnotensis episcopi.
† S. Galonis Parisiensis episcopi.
† S. Livardi episcopi Suessionensis.
† S. Manassæ Meldensis episcopi.
† S. Johannis Aurelianensis episcopi.
† S. Godefridi Ambianensis episcopi.
† S. Autissiodorensis episcopi Hubaudi.
† S. Philippi Trecensis episcopi.
† S. Huberti Silvanectensis episcopi.

Actum Catalauni in palatio publicè, anno incarnationis Dominicæ M. C. XIII. anno verò regni nostri v.

Data per manum domini Stephani cancellarii.

S. Ansselli tunc temporis dapiferi nostri.
S. Hugonis constabularii.
S. Guidonis camerarii.
S. Gilberti buticularii. *Scellé.*
Pris sur l'original.

Lettres du roy ROBERT.

Pour saint Denis de la Chartre.

IN nomine sanctæ & individuæ Trinitatis. Robertus divinâ propitiante clementiâ rex. Si fidelium nostrorum justas benignè petitiones suscipimus, easque ad pium effectum prosperando perducimus, hoc sine dubio agimus undè communis utilitas profectum suscipiat, regiaque celsitudo firma & stabilis atque gloriosa omnimodis ubique consistat. Cunctorum igitur sanctæ Dei ecclesiæ fidelium, tam præsentium, quàm etiam futurorum, nostrorum quoque industria successorum noverit, quoniam adiens nostræ serenitatis genua quidam nostrorum militum nomine Ansoldus, & uxor sua nomine Reitrudis, summissâ prece petiit, quatenùs S. Dionysii è Parisiaco carcere canonicis inibi Deo famulantibus, assensu Rainoldi Milidunensis pagi comitis & Parisiacæ sedis episcopi, septem mansos & dimidium, qui sunt in comitatu Parisiaco, in villa quæ dicitur Furcas, sub authoritate præcepti perpetualiter concederemus. Placuit nostræ excellentiæ his annuere precibus, & sicut ipse poposcit de septem mansis & dimidio prædictis, S. Dionysii canonicis regale præceptum statuimus habendum. Ipsos autem septem mansos & dimidium cum mancipiis & universis eorum appenditiis per succedentia tempora, Domino adjuvante, sine aliqua diminutione vel abstractione teneant, ac absolutè securè possideant, nemine inquietante. Si quis autem, quod minimè venturum esse credimus, contrà istius præcepti authoritatem præsumptivè tentaverit insurgere, ipse & petitio ejus adnullata coràm regia majestate maneat, & coactus judiciariâ potestate auri viginti libras componat, & quod repetit nullomodo vindicare valeat, sed præsens præcepti authoritas firma æternaliter subsistat. Et ut hæc nostræ authoritatis concessio firma & stabilis perpetualiter maneat, manu propriâ subterfirmavimus, & sigilli nostri impressione insigniri delegavimus. Franco cancellarius palatii subscripsit. Actum in palatio Aurelianis III. id. Novemb. anno XIX. regnante Roberto gloriosissimo rege. *Tiré de l'histoire de S. Martin des Champs par Dom Martin Marrier, p. 314.*

Autres lettres du même roy Robert.

IN nomine sanctæ & individuæ Trinitatis. Rotbertus divinâ propitiante clementiâ rex. Si precibus nostrorum fidelium, quando pro suis vel ecclesiarum necessitatibus aliquid nobis intimare voluerint, aurem libenter accommodamus, eorumque justas petitiones ad optatum effectum perducimus, non solùm regiam consuetudinem in hoc exercemus, sed eosdem nostros fideles Deo atque nobis promptiores facimus atque devotiores. Igitur omnium sanctæ Dei ecclesiæ fidelium nostrorumque, tam præsentium quàm & futurorum, noverit industria, quoniam adiens serenitatis nostræ præsentiam quidam fidelium nostrorum nomine Ansoldus, & uxor sua Reitrudis, assensu Rainoldi Milidunensis comitis, & sanctæ Mariæ sedis Parisiacæ episcopi humiliter deprecatus est, quatenùs canonicis S. Dionysii de Parisiaco Carcere pervigili prece inibi Domino famulantibus, ex quadam villa quæ vulgò vocatur Lemovecas, cum ecclesia & omnibus appenditiis, terris cultis & incultis, omnibus mancipiis, hoc nostræ authoritatis præceptum fieri juberemus. Cujus namque congruam considerantes petitionem, prædictis canonicis S. Dionysii prædictum alodum sub præcepti authoritate cum ecclesia & omnibus appenditiis concedimus perpetualiter habendum. Si quis autem, quod nefarium est dici, plenus dæmonica potestate contrà hujus præcepti authoritatem insurgere ausus fuerit, severis pressus judiciis, terdenas auri libras regali censuræ cogatur exolvere. Ut autem hujus authoritatis præceptum per futura tempora inviolabilem obtineat firmitatis vigorem, manu propriâ subterfirmavimus, & sigilli nostri impressione insigniri rogavimus. Franco cancellarius palatii subscripsit. Actum in palatio Aurelianis. *Ibidem.*

Lettres de GIRBERT évêque de Paris.
Pour S. Denis de la Chartre.

PASTORALIS providentiæ est pio affectu ac studiosâ solicitudine omnibus invigilare, maximè autem, juxtà Apostolum, domesticos fidei beneficiis & & munificentiâ ampliare, & ampliatos diligenti curâ protegere, ac contrà malignorum versutias præmunire. Ego igitur Girbertus Dei misericordiâ Parisiensis ecclesiæ humilis episcopus, notificare curavi, tam posteris quàm præsentibus, quòd quidam miles Ansoldus nomine, & uxor ejus Retrudis, pro antecessorum suorum, necnon & animarum suarum remedio, prout accepimus, ecclesiam beati Dionysii de Carcere suis opibus fundaverunt, & clericos qui ibidem Deo militarent devotè statuerunt, plurimisque beneficiis in sustentationem & in usum prædictorum clericorum eandem ecclesiam liberaliter dotaverunt. Inter quæ supradicta munificentiæ dona, idem Ansoldus, & uxor ejus Retrudis, dederunt præfatæ ecclesiæ B. Dionysii de Carcere jure perpetuo ad possidendum de episcopali feodo, unum videlicèt arpennum terræ cum omnibus ejusdem arpenni consuetudinibus, apud villam quæ dicitur Marescalceis, & totam decimam culturarum duarum villarum, quarum villarum altera Marescalceis, altera vocatur Noereiz, quicumque eas culturas excolat sive possideat. Et hoc totum prædicta ecclesia, prout accepimus, plurimis ac penè innumeris annis quietè ac justâ tranquillitate usque hodiè possedit, & Deo opitulante possidet. Nos verò à quibus charitatis flagrantia in alios debet redundare, & ad quos præcipuè pertinet, tam in se benè agere, quàm aliorum benefacta & dicta sustentare & affirmare, assensu domini Henrici archidiaconi, & totius capituli nostri, & precibus domini Roberti decani

An. 1112.

JUSTIFICATIVES.

cani & canonicorum præfatæ ecclesiæ S. Dionysii, totum quod de episcopali feodo prædictus Ansoldus, & uxor ejus Retrudis, prædictæ ecclesiæ contulerunt, & sicut ejusdem ecclesiæ canonici, ut determinatum, quietè & tranquillè possederunt, confirmamus, & eidem ecclesiæ S. Dionysii de Carcere perpetuo jure obtinendum & possidendum in gratia & charitate Dei concedimus. Et ne hoc aliquâ posterorum calumniâ possit infirmari, sigilli nostri impressione & canonicorum nostrorum signis decrevimus sic fulciri.

Signum Girberti episcopi.
S. Berneri decani.
S. Adæ præcentoris.
S. Stephani archidiaconi.
S. Henrici archidiaconi.
S. Theobaldi archidiaconi.
S. Landonis sacerdotis.
S. Theodorici sacerdotis.
S. Philippi sacerdotis.
S. Frederici diaconi.
S. Guillelmi diaconi.
S. Guinerani diaconi.
S. Hugonis subdiaconi.
S. Petri subdiaconi.
S. Alberti subdiaconi.
S. Anselli pueri.
S. Andreæ pueri.
S. Manassæ pueri.

Actum publicè Parisius in capitulo B. Mariæ anno Dominicæ incarnationis M. C. XXII. concurrentibus VI. epactâ XI. indictione XV. episcopatûs Girberti anno VI. Theobaldus cancellarius subscripsit. *Ibidem p.* 311.

Donation de S. DENIS de la Chartre,
Faite à S. Martin des Champs par Estienne évêque de Paris.

AN. 1133.

IN nomine sanctæ & individuæ Trinitatis. Ego Stephanus Dei gratiâ Parisiorum episcopus licèt indignus, non ignorans quid solicitudinis, quid amoris Christi & ecclesiæ filiis debeam, & cum multo timore perpendens quid oneris pro regendis fidelibus populis sustineam, quanto ad hæc auxilio quantâve pro distribuendis mihi eorum oblationibus solertiâ indigeam, faciendum pro necessitate cognovi ad supportandum tantæ impositionis sarcinam, servorum Dei auxilia quærere, eósque ut nobiscum ob custodiam gregis Dei vigilent & orent, stipendiorum nostrorum participes efficere. Cùm autem omnibus, si fieri posset, munificum & utilem episcopalis me dignitas esse deposcat, religiosis maximè viris munificentiæ & utilitatis meæ liberalitatem aliquam impendere studui. Quapropter ecclesiæ beati Martini de Campis, & fratribus inibi Deo servientibus, ecclesiam sancti Dionysii quæ dicitur de Carcere, quam diù manus laica injustè invaserat, quæ etiam tempore nostro ad manus regias redacta fuerat, ipsam in manibus nostris redditam, ex consensu, petitione, & voluntate ipsius domini regis Ludovici, annuente Adelaïde reginâ, filiis etiam ejus Ludovico rege & Henrico ejusdem ecclesiæ abbate concedentibus, salvo in omnibus jure Parisiensis ecclesiæ, in perpetuum donavimus, cum omnibus ad eandem ecclesiam pertinentibus, scilicet molendino uno in Mibray, furno etiam uno eidem ecclesiæ proximo. Villâ de Fontanis cum ecclesia & decima; villâ de Furcis cum ecclesia & decima, terrâ & pratis in loco qui dicitur Roundel, cum præbenda etiam B. Mariæ majoris & sedalis ecclesiæ, & cum universis cæteris appenditiis, eo dumtaxat modo quo præfatæ ecclesiæ clerici eatenùs tenuerant. Nos autem tranquillitati fratrum ibidem Deo famulantium providentes, ex consensu Bernerii decani & Adæ præcentoris totiusque capituli, solas processiones, *exceptam cruce & capellano & textu & aquâ benedictâ, eis condonavimus, cæteraque omnia ad jus Parisiensis ecclesiæ pertinentia nobis & ecclesiæ nostræ retinuimus. Verùm ut hoc ratum & firmum permaneat in sempiternum, præsentem chartam nostri authoritate sigilli firmavimus, quæ donum nostrum diligenter exponat, & munimentum stabilitatis perpetuò existat. Actum Parisius in capitulo anno incarnationis Domini M. C. XXXIII. regnante Ludovico anno XXV. episcopatûs autem nostri IX. Signa quoque fratrum nostrorum subtitulari decrevimus, ut testimonio veritatis, quod factum est corroboraretur.

Signum Bernerii decani.
S. Adæ præcentoris.
S. Stephani archidiaconi.
S. Theobaldi archidiaconi.
S. Theobaldi archidiaconi.
S. Gisleberti sacerdotis.
S. Theoderici sacerdotis.
S. Willelmi diaconi.
S. Yvonis diaconi.
S. Guineranni diaconi.
S. Anselmi subdiaconi.
S. Petri subdiaconi.
S. Alberti subdiaconi.
S. Henrici pueri.
S. Manasses pueri.
S. Henrici pueri. *Ibidem p.* 327.

* Il y a inst]

PREUVES ET PIECES

Donation de Montmartre à S. Martin des Champs.

AN. 1096.

VIR quidam egregius & miles strenuus, Paganus appellatus, à baptismate Walterius, & uxor ejus à baptismate Hodierna comitissa nuncupata, imitari volentes præcedentium patrum exempla, de possessionibus suis sanctæ B. Martini de Campis ecclesiæ dederunt ecclesiam quæ sita est in monte qui nuncupatur Mons-martyrum, altare videlicèt & capsum, sepulturam & tantum atrii ubi fierent officinæ fratrum, decimæ tertiam partem, & tertiam partem hospitum, terræque medietatem carrucæ ad possidendum. Hoc verò publicè factum est in supradicta B. Martini de Campis basilica, & super sacrosanctum altare donum est positum à supradicto Pagano, & conjuge sua, videntibus cunctis qui aderant, quorum hæc sunt nomina. Petrus & Walo, milites ipsius Pagani. Rotbertus filius Stephani. Henricus filius ejus. Walo frater ejus. Ulrichus falconarius. Walterius major. Warinus & Teudo frater ejus. Helgotus & Herluinus filius ejus. Drogo nepos ejus, & Herlebodus servi ecclesiæ. Albericus Ortolanus. Theobaldus faber. Bernardus parmentarius. Arnulfus major rei illius. Rotbertus pater Johannis presbyteri, & Wiardus filius ejus. Volens itaque omnipotens Deus, qui est omnium futurorum præscius, ut absque calumnia sua quietè possideret ecclesia, eo disponente, ad supradictam ecclesiam B. Martini quæ dicitur de Campis, venit Burcardus de Monte-mauriniciaco, de cujus hoc donum quod fecerat Paganus & uxor ejus, erat beneficio, quod & ipse Deo & senioribus monachis scilicet Cluniacensibus inibi Deo servientibus, libenter & liberè concessit, & super sanctum altare ipsius sancti Martini, quod est principale, coràm cunctis qui aderant donum misit. Hujus rei testes sunt milites ejus qui cum eo venerunt, quique hoc pactum libenter laudaverunt ; quorum nomina hæc sunt : Hugo filius Theodorici. Odo filius Odonis. Hugo de Warenna. Richardus filius Thedorici. Philippus de Tres-luzâ. Wido de Aqua-puta. Herbertus de Vilers. Nostrorum verò nomina hæc sunt : Wido comes. Hudo de sancto Clodoaldo. Willelmus Marmerellus. Walterius major. Rogerus filius ejus. Warinus & Teudo fratres. Helgotus & Drogo nepos ejus. Herlebodus servi ecclesiæ. Walterius & Stephanus custodes equorum. Rotgerius & Rotbertus sartores. Bernardus parmentarius. Bernardus hospitalis. Hoc autem factum est in Galliâ regnante Philippo, Cluniacensis ecclesiæ Hugone existente abbate. Apud Campos sub eo Ursione priore. Willelmo episcopo urbis Parisiacæ. Anno Dominicæ incarnationis M. XCVI. indictione IV. Qui hæc supradictæ ecclesiæ abstulerit erit anathema. *Ibidem p.* 317.

Echange de Montmartre & de saint Denis de la Chartre.

AN. 1133.

IN Christi nomine. Ego Theobaldus prior B. Martini de Campis, totusque ecclesiæ conventus, notum fieri volumus tam præsentibus quàm futuris, quatenùs ecclesiam Montis-martyrum cum suis appendiciis Ludovico Dei gratiâ Francorum regi, & Adelaïdi ejusdem gratiâ reginæ, & Ludovico eorum filio jam in regem sublimato, anno III. ad hoc scilicet donavimus & concessimus, ut sanctimonialibus ibidem Deo famulantibus donarent & perpetuò concederent. Donamus etiam eis ad hoc idem capellam de sancto martyrio, & culturam Morelli, & domum Guerrici cambiatoris, sicuti eam habebamus & tenebamus. Rex autem Ludovicus ecclesiæ B. Martini de Campis & nobis ecclesiam B. Dionysii donavit & habendam perpetuò concessit. Quod ut ratum & firmum permaneat in sempiternum, scripto commendavimus, & ne possit à posteris infirmari, sigilli nostri auctoritate subterfirmavimus. Actum publicè in capitulo B. Martini, anno incarnati Verbi M. C. XXXIII. regnante Ludovico anno XXVII.

Signum Theobaldi prioris.
S. Odonis subprioris.
S. Gislemeri tertii prioris monachi.
S. Petri à secretis.
S. Manasserii à secretis. *Ibidem p.* 326.

Lettres de Pierre le venerable abbé de Clugny, pour l'échange précédent.

AN. 1133.

IN nomine sanctæ & individuæ Trinitatis. Diligens præcedentium patrum providentia, & studiosa nihilominùs sagacis providentiæ eorum solertia, alumna pacis, amica concordiæ, præsentium futurorumque consulens utilitati, hoc instituit, hoc prævidit, hoc inspirante Deo decrevit ; ut quoties aliquid præcipuum agitur, vel Deo servientibus memoriâ dignum confertur beneficium, litterarum testimonio & scriptorum privilegio roboretur, quò memoriæ tenacius commendetur. Cujus constitutionis doctrinam divinitùs editam, ego frater Petrus abbas Cluniacensis subsequens, actionem illam salutiferam inter piissimum regem Francorum Ludovicum & uxorem ejus Adelaidam reginam, eorumque filios, ac priorem sancti Martini de Campis domnum Theobaldum & conventum solemniter peractam, de ecclesia videlicèt Montis-martyrum, & de ecclesia sancti Dionysii de Carcere, approbo & concedo; utque nostris temporibus & futuris firmior habeatur, inviolabiliter teneatur, rata conservetur & indissolubilis, scripto præsenti confirmo. Sunt autem hæc quæ ego & conventus concessimus, ecclesia videlicèt libera, eo duntaxat modo quo monachi nostri tenuerant, & decima ad eamdem ecclesiam pertinens, cum vineis & terra arabili, cum uno hospite apud Darentiacum, cæterisque appenditiis quæ ibidem Deo servientes possederant. Addidimus præterea ecclesiam de sancto martyrio, cum vineis Adam & Morelli culturam; culturam etiam quam domnus Mathæus prior comparavit à Warnerio de Portu. Actum Parisius apud sanctum Martinum de Campis, anno ab incarnatione Domini M. C. XXXIII. indictione XIV. residente in apostolica sede papâ Innocentio, Ludovico rege Francorum, & domni Petri Cluniacensis abbatis anno XII. *Ibidem p. 326.*

Lettres du roy LOUIS VI.
Pour l'abbaye de Montmartre.

An. 1134.

IN nomine sanctæ & individuæ Trinitatis, amen. Ego Ludovicus Dei misericordiâ in regem Francorum sublimatus, notum fieri volumus cunctis fidelibus tam futuris quàm præsentibus, quòd pro remedio animæ meæ & prædecessorum meorum, & prece & consilio charissimæ uxoris meæ Adelaidis, ecclesiam & abbatiam in monte qui Mons-martyrum appellatur, authore Deo construximus, cui videlicèt ecclesiæ & sanctimonialibus ibidem Domino famulantibus hæc quæ subscripta sunt in perpetuum habenda & possidenda de rebus & possessionibus nostris, annuente Ludovico filio nostro jam in regem sublimato, donamus & concedimus: villam ante sanctum Clodoaldum sitam, quæ vocatur Mansionvillam, cum omnibus appenditiis suis, vineis, pratis & nemore ad suos & hominum suorum usus, molendinum apud Clipiacum cum conclusione aquæ & molitura totius villæ. In civitate Parisius furnum quem ibi proprium habebamus cum omnibus consuetudinibus. In silva quoque nostra quæ Vulcenia vocatur, quotidiè vehiculaturam unam mortuorum lignorum eis concessimus. Domum præterea Guerrici, & stationes & fenestras ibi constructas, & ejusdem terræ vicariam prædictis sanctimonialibus liberam prorsus ab omni consuetudine & quietam perpetuò habendam dedimus. Omnibus siquidem innotescere volumus, quòd Guillelmo Sylvanectensi, cujus erat illius terræ vicaria, pro eadem vicaria statum unum inter veteres status carnificum & fenestras duas ex alia parte viæ Parisius, in commutationem dedimus. Eisdem insuper sanctimonialibus dedimus hospites quatuor in foro nostro Parisius, prorsus liberos ab omni exactione & quietos, & terram quam emi à Theoberto filio Gernardi, quæ vocatur Puncta, liberam & quietam, & piscaturam quam Parisius in Sequana habebamus, & terram in insula de Berciliis ab omni consuetudine liberam. Apud Chellam arpenta pratorum decem. In pago Sylvanectensi apud Brayum, domum unam & vineas quas ibi habebamus, & terram uni carrucæ sufficientem, ab omni exactione & consuetudine liberam, ita quòd de carruca illa aut de aliis, si plures Deo donante carrucas ibi habuerint, nullam campi partem, nullam consuetudinem umquam tribuant. Dedimus etiam illis in pago Stampensi villam quæ Tolfolium dicitur cum omnibus appenditiis. In pago Milidunensi nemus & navem ad ligna per Sequanam adducenda ab omni exactione & consuetudine prorsùs liberam & quietam. Hospitem quoque unum ab omni exactione, equitatu & tallia liberum, ut annonam earum à Miliduno usque Parisius per Sequanam adducat; eo scilicet pacto, ut si eis benè non servierit, mortuusve fuerit, alius ad hoc opus idoneus eis restituatur. In pago Gastinensi mansinuillos tres cum terra & molendino, & cæteris eorum appenditiis. Quidquid etiam adipisci de feodo nostro poterunt, liberè in perpetuum concedimus. Et Stampis furnum unum quem ibi proprium habebamus, cum omnibus consuetudinibus. Apud Pratellum-holdeum, villam quam ibi ædificavimus, prorsùs liberam cum omnibus appenditiis. Sub silentio autem præterire non volumus, quòd pro domo Guerrici, quam monachi B. Martini de Campis in manu sua habebant, & pro ecclesia Montis-martyrum quam ipsi possidebant, nos eisdem monachis ecclesiam B.

H iij

Dionysii de Carcere, quam in manu nostra propria habebamus, cum omnibus ejus appendiciis in commutationem donavimus. Quod ne valeat oblivione deleri, scripto commendavimus, & ne possit à posteris infirmari, sigilli nostri authoritate & nominis nostri caractere subterfirmavimus. Actum Parisius in palatio nostro publicè, anno incarnati Verbi M. C. XXXIV. regni nostri XXVII. concedente Ludovico filio nostro jam in regem sublimato anno III. astantibus in palatio nostro quorum nomina subtitulata sunt & signa.

Signum Radulphi Viromandorum comitis & dapiferi nostri, & Guillelmi buticularii, & Hugonis constabularii, & Hugonis camerarii. Data per manum Stephani cancellarii. *Ibidem* p. 329.

Bulle d'Eugene III.
En faveur de l'abbaye de Montmartre.

An. 1147.

EUGENIUS episcopus, servus servorum Dei. Dilectis in Christo filiabus Christianæ abbatissæ monasterii S. Dionysii Montis-martyrum, ejusque sororibus tam præsentibus quàm futuris regularem vitam professis in perpetuum. Religiosis desideriis dignum est facilem præbere consensum, ut fidelis devotio celerem sortiatur effectum. Quocircà, dilectæ in Domino filiæ, vestris postulationibus clementer annuimus, & præfatum monasterium ab illustris memoriæ Ludovico rege ac Adelaidis reginæ uxoris suæ assensu pro animarum suarum salute & peccatorum remissione constructum atque ditatum, in quo divino mancipatæ estis obsequio, sub B. Petri & nostra protectione ut proprias filias suscipimus, & præsentis scripti privilegio communimus. In primis siquidem statuentes ut ordo monasticus secundùm B. Benedicti regulam ibidem perpetuis temporibus inviolabiliter observetur, atque in eodem loco per sanctimoniales honestæ conversationis & vitæ laudabilis omnipotenti Domino de cætero serviatur, & præfatæ sanctimoniales liberam eligendi abbatissam facultatem habeant, ne aliqua persona eis vi præponatur. Abbatissa etiam earum, sive ipsæ sanctimoniales pro aliqua aliquando negligentia à suo penitùs monasterio non expellantur, nisi priùs legali judicio suæ sanctæ matris Romanæ ecclesiæ cujus patrocinio sunt communitæ, dijudicatæ fuerint; sed potiùs Parisiensis episcopi ammonitione & consilio atque aliarum religiosarum personarum corrigantur. Porrò quascumque possessiones, quæcumque bona ab eodem rege sive regina, seu aliis Dei fidelibus in præsentiarum justè & canonicè possidetis, seu in futurum concessione pontificum, largitione regum vel principum, oblatione fidelium, seu aliis justis modis Deo propitio poteritis adipisci, firma vobis vestrisque succedentibus & illibata permaneant. In quibus hæc propriis duximus exprimenda vocabulis. Ecclesiam S. Dionysii in Monte-martyrum, & decimam ad eandem ecclesiam pertinentem cum suis appendiciis. Ecclesiam de sancto martyrio, cum vineis Aden, & Morelli culturam. Culturam quam Matheus Prior comparavit à Warnerio de Portu. Villam quoque quæ vocatur Mansionillus, cum omnibus suis appendiciis. Molendina duo apud Clippiacum cum conclusione aquæ & molitura totius villæ. Parisius fornum unum cum omnibus consuetudinibus suis. In silva Vulcenia quotidiè vehicularturam unam mortuorum lignorum. Domum Guerrici cum stationibus carnificum & vicariam ejusdem domûs. Terram Bernardi quæ vocatur Puncta, liberam & quietam. Piscaturam & terram in insula de Berelliis, ab omni consuetudine liberam. Apud Chelam arpenta pratorum decem. In pago Silvanectensi apud Braium, domum unam & vineas, & terram uni carrucæ sufficientem ab omni exactione & consuetudine liberam, ita quòd de carruca illa aut de aliis, si plures Deo donante carrucas ibi habueritis, nullam campi partem, nullam consuetudinem tributatis, sicut ab illustri Francorum rege vobis concessum est & scripto suo firmatum. In pago Stampensi villam quæ Tolforium dicitur cum omnibus appendiciis. In pago Miledunensi nemus & navem ad ligna per Secanam adducenda, ab omni consuetudine liberam. Hospitem unum ab omni exactione, equitatu & hujusmodi liberum, ut annonam vestram à Miledumo usque Parisius per Secanam adducat. Et si ipse benè non servierit mortuusve fuerit, alius ad hoc opus idoneus vobis à rege restituatur. In pago Gastinensi mansionillos tres cum terra & molendino, & cæteris eorum appendiciis. Stampis furnum unum cum omnibus consuetudinibus. Apud Pratellum-Holdeum villam prorsùs liberam, cum omnibus appendiciis suis. Quidquid de feudo regis adipisci potueritis, vobis hoc & alia à rege concessa & scripto suo firmata nihilominùs confirmamus, necnon etiam viginti libras de cambitu Parisius, quas vobis Ludovicus filius Ludovici regis dedit, & apud Bestisiacum decem

cem arpenta pratorum & quadraginta arpenta de terra arabili. Viridarium quoque suum de S. Leodegario, & stagnum cum molendino. Plateam piscatorum, quæ est inter domum carnificum & regis castellulum. Capellam quoque unam apud Bestesiacum, & apud Boloniam quinque millia allecum quotannis. Omnem partem feodi venatorum regalium, quæ contigerat Mathiæ citrà Secanam, & apud Vitreacum terram quæ fuit Galonis presbyteri ex feodo regis. Parisius domum unam juxtà parvum pontem. Alteram juxtà status carnificum. In monte Savies vineam Burgardi, & in eadem torculari cum una custodia vinearum. Apud Brumille quinque solidos censûs cum justitia. Medietatem unius vineæ, & quod Galterius de Booron in Monte-martyrum vobis dedit, videlicèt custodiam unam vinearum, atque omnes vineas quas ibi habebat, & quatuor solidos & duos denarios censûs, & ea quæ ab illis tenebat. Undecim arpennos de pratis quæ vulgò Mareis appellantur. Sane laborum vestrorum quos propriis manibus aut sumtibus colitis, seu de nutrimentis vestrorum animalium, nullus à vobis decimas exigere præsumat. Decernimus ergo ut nulli omninò hominum liceat præfatum locum temerè perturbare, aut ejus possessiones auferre, vel ablatas retinere, minuere, aut aliquibus vexationibus fatigare. Sed omnia integra conserventur earum pro quarum gubernatione & sustentatione concessa sunt usibus omnimodis profutura. Salvâ sedis apostolicæ in omnibus auctoritate. Si qua igitur in futurum ecclesiastica sæcularisve persona hanc nostræ constitutionis paginam sciens contrà eam temerè venire temptaverit, secundò tertiòve commonita, si non satisfactione congruâ emendaverit, potestatis honorisque sui dignitate careat, reamque se divino judicio de perpetrata iniquitate cognoscat, & à sacratissimo corpore ac sanguine Dei & Domini nostri Jesu Christi aliena fiat, atque in extremo examine districtæ ultioni subjaceat. Cunctis autem eidem loco justa servantibus sit pax Domini nostri Jesu Christi, quatenùs & hîc fructum bonæ actionis percipiant, & apud districtum judicem præmia æternæ pacis inveniant. Amen. Amen. Amen.

Ego Eugenius catholicæ ecclesiæ episc.
† Ego Albericus Ostiensis episcopus.
† Ego Imarus Tusculanus episcopus.
† Ego Guido presb. card. tit. S. Grilogoni.
† Ego Guido presb. card. tit. S. Laurentii & Damasi.
† Ego Julius presb. card. tit. S. Marcelli.
† Ego Jordanus presb. card. tit. S. Susannæ.
† Ego Hugo presb. tit. in Lucina.
† Ego Oddo diac. card. sancti Georgii ad velum aureum.
† Ego Octavianus diac. card. S. Nicholai in carcere Tulliano.
† Ego Johannes Paparo diac. card. S. Adriani.
† Ego Gregorius diac. card. S. Angeli.
† Ego Guido diac. card. S. Mariæ in porticu.
† Ego Jacintus diac. card. S. Mariæ in Cosmydyn.

Datum Parisius per manum Guidonis sanctæ Romanæ ecclesiæ diac. card. & cancell. vii. id. Junii, indict. x. incarnationis Dominicæ anno M. C. XLVII. pontificatûs verò domini Eugenii PP. III. anno III. *Copié sur l'original.*

Dédicace de l'église de Montmartre par le même pape.

An. 1147.

EUGENIUS episcopus, servus servorum Dei. Universis Dei fidelibus, salutem & apostolicam benedictionem. Officii nostri nos hortatur authoritas venerabilia loca cum ipsis personis divino famulatui mancipatis diligere & fovere, & eorum opportunitatibus paternâ sollicitudine providere. Inde est quòd nos sanctimonialium de Monte-martyrum necessitatem attendentes juxtà petitionem earum anno ab incarnatione Domini M. C. XLVII. Kal. Junii ipsum per præsentiam nostram adivimus, ibique Spiritûs sancti gratiâ invocatâ, majus altare in honorem beatorum martyrum, videlicèt Dionysii, Rustici & Eleutherii auctore Domino consecravimus. Illis autem qui tum locum ipsum devotionis & pietatis intuitu visitaverunt, vel de cætero in anniversaria die ipsius consecrationis visitaverint, & de facultatibus sibi à Deo præstitis eisdem sanctimonialibus suas eleemosinas largiti fuerint DCC. dies injunctæ pœnitentiæ confisi de beatorum apostolorum Petri & Pauli meritis indulgemus, & eandem indulgentiam scripti nostri paginâ confirmamus. Dat. Meldis id. Junii.
Pris sur l'original scellé en plomb.

Seconde dédicace de S. Germain des Prez.

An. 1163.

Anno ab incarnatione Domini M.C.LXIII. Alexander papa tertius Parisiensem civitatem ingressus per aliquod tempus ibidem moras fecit. Dumque in eadem urbe moraretur, ego Hugo tertius, Dei gratiâ abbas sancti Germani Par. accedens ad ejus præsentiam, humiliter exoravi eum quatinùs ecclesiam beati Germani novo schemate reparatam, quia necdum consecrata erat, dignitate consecrationis insignire dignaretur. At idem reverendissimus papa Alexander precibus nostris gratanter annuens undecimo Kal. Maii ad prædictam ecclesiam venit magnâ pontificum & cardinalium frequentiâ comitatus. Quorum fuit unus Mauricius Par. episcopus, quem monachi ejusdem ecclesiæ videntes, & ob ejus præsentiam nimium perturbati, dixerunt se nullatenùs passuros, quòd consecratio ecclesiæ fieret, dum prædictus Mauricius episcopus præsens adesset. Unde dominus papa auditâ & cognitâ monachorum perturbatione, convocavit ad se dominum Jacintum diaconum cardinalem sanctæ Mariæ in Cosmidin, & dominum Otthonem diaconum cardinalem sancti Nicolai de carcere Tulliano, dominum quoque Wil. Presbyterum cardinalem S. Petri ad vincula. Quibus accersitis præcepit, ut supradictum Mauricium episcopum convenientes, monachorum commotionem diligenter notificarent, & ex ipsius mandato eidem præciperent, quòd ab ecclesia discederet, alioquin monachi consecrationem fieri omnimodis refutarent. At ille, audito domini papæ mandato, cum omni ornatu & vestimentis, quæ secum detulerat, ab ecclesia recessit. Post cujus abscessum, dominus Hubaudus Hostiensis, Bernardus Portuensis, Galterius Albanensis, Joannes Siguinensis, Geraudus Caturcensis, Almaricus Silvanectensis, episcopi; & de Hispania, Joannes Toletanus archiepiscopus & Hispaniarum primas, Fellandus Asturicensis, Joannes Legionensis, Stephanus Zamorensis, Joannes Luccensis, Assuerus Cauriensis, Petrus Migdoniensis episcopi, præcipiente domino papâ ecclesiam de foris in circuitu ter, & de intus similiter circumlustrantes, & aquâ benedictâ, sicut mos est, aspergentes, eam honorificentissimè prout decebat, dedicaverunt. Deinde dominus papa Alexander majus altare, in honore sanctæ Crucis, & sanctorum martyrum Stephani atque Vincentii solempniter consecravit: & in medio crucem de oleo sancto imposuit, circumstantibus ad quatuor cornua ejusdem altaris quatuor de supradictis pontificibus. Quorum unusquisque crucem de oleo sancto in loco suo similiter imposuerunt. Domnus autem papa reliquias intrà altare posuit, & accepto instrumento, quod vulgò truella dicitur, easdem cemento introsigillavit. Quo peracto, dominus Hubaudus Hostiensis episcopus, & tres episcopi pariter altare matutinale in honore sanctissimi confessoris Germani consecraverunt. Interim domnus papa Alexand. ad pratum quod est juxta monasterii muros, cum solempni processione procedens ad populum sermonem fecit. Et coram omnibus astantibus publicè protestatus est, quòd ecclesia sancti Germani de Pratis de proprio jure beati Petri existens, nulli archiepiscopo vel episcopo, nisi summo pontifici sanctæ Romanæ ecclesiæ, subjacet.

Et plus bas, après les noms des témoins est écrit: Ego Hugo abbas sancti Germani de Pratis tertius, testificor hanc consecrationem meo instinctu sic peractam fuisse. Et ideò ad certitudinem præsentium & futurorum eadem scripto commendavi, & sigillo meo corroboravi. *Tiré des archives de S. Germain des Prés, & rapporté par Dubreul p. 793. de l'édition de 1612.*

Charte de fondation des religieux de Grand-mont au bois de Vincennes par le roy Louis. VII.

An. 1164.

Ludovicus Dei gratiâ Francorum rex. Noverint universi præsentes pariter & futuri, quòd nos amore Dei & animæ nostræ salutis intuitu, dedimus, & concessimus Bonis-hominibus de ordine Grandimontensi locum ad habitandum in nemore de Vincennis, & totum nemus cum fundo terræ, sicut fossatis undique cingitur, liberè, quietè & pacificè in perpetuum possidendum, & ad faciendum quidquid voluerint de prædictis. Sciendum verò est, quòd ad preces nostras abbas & conventus Fossatensis, prior & conventus sancti Martini de Campis, & prior ac conventus sancti Lazari Parisiensis, omne jus & usagium quod habebant in dicto nemore quod infrà prædicta fossata continetur supradictis Bonis-hominibus penitùs quietaverunt. Dedimus etiam & concessimus in perpetuam eleemosinam supradictis Bonis-hominibus

JUSTIFICATIVES. 65

minibus sex modios & dimidium frumenti recipiendos annuatim in grangia nostra, Gonessæ. Ut hoc ratum permaneat scripto commendari & sigilli nostri autoritate confirmari præcipimus. Actum Parisius anno Verbi incarnati millesimo centesimo sexagesimo quarto, astantibus in palatio nostro quorum nomina supposita sunt & signa.

Signum comitis Theobaldi.
S. Mathæi camerarii.
S. Guidonis buticularii.
S. Radulphi constabularii.

Data per manum Hugonis cancellarii episcopi Suessionensis. *Dubreul Antiq. de Paris livre* 4. *p.* 1230.

Lettres de LOUIS VII.
Pour les Bons-hommes de Vincennes.

AN. 1173.

Ludovicus Dei gratiâ Francorum rex. Dignum est & regiæ benignitati conveniens, non solùm ecclesiis & religiosis hominibus beneficia conferre, verùm etiam ab aliis collata confirmare, ne malignantium calliditate valeant imposterum revocari. Noverint igitur universi præsentes & futuri, quòd Matthæus de Monterel unum modium annonæ quem in grangia sancti Germani de Novavilla habebat, medietatem videlicèt frumenti & medietatem avenæ domui religiosorum hominum de Vicena in eleemosinam dedit. Et corvadas quas apud Theophilum & in potestate ejusdem villæ, Gazo pater & Richildis mater prædicti Matthæi habuerant, & ipsas pro censiva præfati modii annonæ commutaverant, idem Matthæus in perpetuum ecclesiæ sancti Germani liberè & quietè dimisit. Ut autem homines sitis potestatis pro prædicta censiva deinceps ab illis corvadis liberi & immunes permaneant, precibus supradicti Matthæi præsentem inde chartam fieri & sigilli nostri auctoritate præcepimus confirmari. Actum Parisius anno ab incarnatione Domini millesimo centesimo septuagesimo tertio. Astantibus in palatio nostro quorum nomina supposita sunt & signa.

Signum comitis Theobaldi dapiferi nostri.
S. Matthæi camerarii.
S. Guidonis buticularii.
S. Radulphi constabularii.

Et infrà scriptum: vacante cancellariâ. *Ibidem.*

Charte de THEBAUD DE MONTMORENCI.
Pour les Bons-hommes de Vincennes.

AN. 1179.

Notum sit omnibus tam præsentibus quàm futuris, quòd ego Theobaldus Montis-Maurenciaci & fratres mei, scilicèt Bochardus & Erveus, dedimus in eleemosinam tam pro nostris quàm pro patris & matris nostræ animabus, ecclesiæ beatæ Mariæ de Vicena & fratribus de Grandimonte ibidem Deo servientibus, salem quem in navibus per Sequanam commeantibus jure hæreditario possidebamus, ad possidendum in perpetuum liberè & quietè & sine ulla reclamatione. Quod ut ratum & inconvulsum permaneat, ego Matthæus sigilli mei munimine feci roborari ; & ut dominus noster rex Francorum istud concederet, confirmaret & manuteneret, ab ipso nostris precibus impetravimus. Hujus rei testes sunt Rainaldus Musavena, Henricus Deu-Maisonil, Thibaldus Dives. Actum ab incarnatione Domini anno millesimo centesimo septuagesimo nono. *Ibidem.*

Charte de ROBERT comte de Dreux.
Pour l'hôpital de saint Gervais.

AN. 1171.

In nomine sanctæ & individuæ Trinitatis, amen. Ego Robertus comes, Ludovici regis Francorum frater, & uxor mea Agnes *comitissa, & filius noster Robertus, notum facimus universis præsentibus & futuris, quoniam domum Garini Cementarii sitam in atrio sanctorum Gervasii & Prothasii, quæ nobis quatuor denarios de censu annuatim persolvebat, quam idem Garinus & filius ejus Harcherus sacerdos ad hospitandos Christi pauperes donaverunt, interventu Domini regis & venerabilis Stephani Bituricensis archiepiscopi, & fratris Bernardi de Vicena, pro animabus nostris & prædecessorum nostrorum ab omni jure nostro & consuetudinibus immunem & quietam in perpetuum fore concedimus. Quod ut ratum & inconcussum permaneat, sigillorum nostrorum auctoritate confirmamus. Actum publicè anno incarnati Verbi millesimo centesimo septuagesimo primo in villa quæ dicitur Chaillis ; astantibus in curia nostra Galtero capellano nostro de Chaillis, magistro Rainaldo capicerio Drocarum ; de militibus Bartholomeo Piloso, Gerramundo de Drocis, Simone de sancto Ferreolo serviente nostro, Drogone de Pontisara. Datum

* de Baudement Dame de Braine, sa troisiéme femme.

Tome II. I

Bulle d'Adrien III.
En faveur du même hôpital.

Vers 1180.

Alexander episcopus servus servorum Dei, dilectis filiis procuratori & fratribus eleemosinariæ domûs sancti Gervasii Parisiensis salutem & apostolicam benedictionem. Justis petentium desideriis dignum est nos fidelem præbere consensum, & vota quæ à rationis tramite non discordant effectu sunt prosequente complenda. Ea propter, dilecti in Domino filii, vestris justis postulationibus gratum concedentes assensum, domum juxta atrium sancti Gervasii sitam, à Garino Cementario eidem eleemosinariæ domui piâ largitione concessam, & annuum censum quatuor denariorum, qui annuatim solvebatur nobili viro Roberto comiti Brenensi, * ab eodem comite in perpetuam eleemosinam eidem domui vestræ collatum, sicut ea rationabiliter possidetis, vobis & domui vestræ authoritate apostolicâ confirmamus, & præsentis scripti patrocinio communimus. Statuentes ut nulli omninò hominum liceat hanc paginam nostræ confirmationis infringere, vel ei aliquatenùs contraire. Si quis autem hoc attemptare præsumpserit, indignationem omnipotentis Dei & beatorum Petri & Pauli apostolorum ejus se noverit incursurum. Datum Florentiæ v. Kal. Augusti. *Ibidem.*

* Il devint comte de Braisne à cause de sa troisiéme femme.

Lettres du roi Louis XI.
Au sujet de la foire de saint Lazare.

An. 1465.

LOUIS par la grace de Dieu, roi de France. A tous ceux qui ces presentes lettres verront, salut. Comme pour certaines causes justes, aucuns de nos prédecesseurs rois de France eussent appliqué & retenu à leur domaine & au nôtre, la foire que les prieurs & freres de l'église saint Ladre lez Paris souloient avoir, faire tenir & seoir chacun an par dix-sept jours après le jour de la fête de Toussaints; & depuis ce eussent iceux nos prédecesseurs tenu & fait tenir & seoir ladite foire à nos halles de Paris, pour laquelle faire regir & entretenir sous bonne & juste police, eussent ordonné un prevôt pardevant lequel les marchans & fréquentans ladite foire avoient leurs recours pour l'expedition des causes, débats & procès qui lors étoient meûs à cause de débats & autres querelles qu'ils avoient ès mettes & limites de ladite foire; laquelle foire depuis ce & de long-temps avoit été & est de présent délaissée & discontinuée, & n'a aucun cours; pourquoi n'a été besoin & n'est de présent, ne expedient, de tenir & exercer esdites limites aucune jurisdiction; neantmoins les receveurs de notre royaume en notre ville de Paris, depuis la cessation & discontinuation de ladite foire, ont fait bailler à ferme au plus offrant par chacun an durant ledit temps de dix-sept jours la prévôté & jurisdiction de ladite foire, appellée vulgairement la prevôté de la foire saint Ladre; à cause de laquelle jurisdiction & de plusieurs exactions & amandes qui par ledit prévôt ou ses commis ont été & sont levées sur les changeurs, épiciers, drapiers, pelletiers & autres, tant gens de métier & marchans vendans à poids, aulne & mesure, comme autres personnes frequentans les limites de ladite foire; & en la place de gréve, se sont engendrés plusieurs & grands abus & exactions indues, au très-grand interêt & dommage desdits marchans & autres fréquentans notre ville, & plus pourroit être, si pourvû n'y étoit de remede convenable. Sçavoir faisons, que nous voulant relever nos sujets de tels abus & exactions indues, & mêmement qu'il n'est besoin d'exercer ne tenir aucune jurisdiction, ne lever sur lesdits marchans, gens de métier ou autres fréquentans les limites de ladite foire, les droits & exactions que lesdits prévôt & fermiers ont accoûtumé de lever durant ledit temps de dix-sept jours, & dont l'émolument n'a monté & ne monte par communes années qu'à quinze ou seize livres Parisis, gaiges & frais payés & rabatus, & à la supplication & requête de nos chers & bien amés les prévôt des marchans & échevins, bourgeois & habitans de notredite ville, qui nous ont ces choses fait remontrer, & très-instamment requis l'abolition de ladite jurisdiction & de la cessation desdites exactions. Avons de notre certaine science & autorité royale, & pour le bien de la chose publique d'icelle notre ville, voulu & ordonné ladite jurisdiction cesser, & icelle par ces presentes, avons abolie & abolissons, & ne voulons icelle doresnavant être exercée, ne les droits & exactions que lesdits prévôt & fermiers avoient accoûtumé prendre & lever, être doresnavant levés. Si donnons en mandement par ces mêmes presentes à nos amés & feaux gens de nos comptes & trésoriers de notre

tre presente grace, abolition, & cessation d'icelle jurisdiction & prévôté, fassent, souffrent & laissent lesdits prévôt des marchans, échevins, bourgeois, & habitans de notredite ville, jouir & user paisiblement, sans faire ne souffrir être fait aucune chose au contraire. En témoin de ce nous avons fait mettre notre scel à cesdites presentes. Donné à Paris le tiers jours d'Août l'an de grace M. CCCCLXV. & de notre regne le cinquième. Ainsi signé par le roi, le sire des Landes & autres presens, Roland. *Tiré du cinquième volume des registres de la chambre des comtes, à la bibliotheque Coislin.*

Lettres de MAURICE évêque de Paris,

En faveur de l'hôpital de sainte Catherine.

AN. 1188.

EGo Mauritius Dei gratiâ Parisiensis episcopus, notum fieri volumus universis tam præsentibus quàm futuris, quòd Theobaldus miles de sancto Germano Altisiodorensi in præsentia nostra constitutus, domum quamdam hospitali pauperum sanctæ Oportunæ contiguam, eidem hospitali in perpetuum quietè possidendam concessit, fide in manu nostra præstitâ, pro se & pro hæredibus suis promittens, quòd numquam in posterum fratres dicti hospitalis domum illam inviti vendere cogerentur. Insuper cùm præfatus Theobaldus de censu domûs illius quatuor denarios & obolum habere consuevisset, obolum illum censualem hospitali in perpetuam eleemosinam remisit, quatuor contentus denariis. Et hoc concessit Drogo filius ejus. Sciendum quoque, quòd supradictus Theobaldus de beneficio fratrum triginta quinque solidos Parisienses accepit. Testes interfuerunt Petrus decanus sancti Germani, frater Daniel, Nicolaus Mathias decanus de Medun, Harcherus presbyter de sancto Jacobo, Guibertus ejusdem domûs frater, WILLELmus coquus, Guibertus panetarius, Joannes portarius, Richardus frater Rogeri de sancto Marcello. Actum in inferiori aula nova Parisius anno incarnationis dominicæ M. C. LXXXVIII. episcopatûs nostri XXVIII. Quod ut ratum permaneat, scripto commendari, & sigilli nostri autoritate præcepimus confirmari.

Cette lettre est scellée en cire jaune sur double queue de parchemin. La maison qui est mentionnée en icelle, est celle qui est au dessus de la grande porte, ruë de la Pourpointerie, par où l'on fait venir les provisions de la maison. Dubreuil Antiquités p. 954.

Tome II.

Bulle d'HONORÉ III.

En faveur de l'hôpital de sainte Catherine.

Vers 1226.

HONORIUS episcopus servus servorum Dei, dilectis filiis magistro & fratribus hospitalis domûs Dei sanctæ Catharinæ Par. salutem & apostolicam benedictionem. Cùm à nobis petitur quod justum est & honestum, tam vigor æquitatis quàm ordo exigit rationis, ut id per solicitudinem officii nostri ad debitum perducatur effectum. Ea propter, dilecti in Domino filii, vestris justis postulationibus grato concurrentes assensu, personas vestras & locum in quo divino estis obsequio mancipati, cum omnibus bonis quæ in præsentiarum rationabiliter possidetis, aut in futurum justis modis, præstante Domino, poteritis adipisci, sub beati Petri & nostra protectione suscipimus, & præsentis scripti patrocinio communimus. Nulli ergo omninò hominum liceat hanc paginam nostræ protectionis infringere, vel ei ausu temerario contraire. Si quis autem hoc attemptare præsumpserit, indignationem omnipotentis Dei & beatorum Petri & Pauli apostolorum ejus se noverit incursurum. Datum Laterani XVI. cal. Februarii, pontificatûs nostri anno sexto. *Ibidem p. 956.*

Autre de GRÉGOIRE IX.

AN. 1231.

GREGORIUS episcopus servus servorum Dei, universis Christi fidelibus per Senonensem provinciam constitutis salutem & apostolicam benedictionem. Quoniam (ut ait apostolus) omnes stabimus ante tribunal Christi recepturi prout in corpore gessimus, sive bonum fuerit, sive malum; oportet nos diem messionis extremæ, misericordiæ operibus prævenire, ac æternorum intuitu seminare in terris quod reddente Domino cum multiplicato fructu colligere debeamus in cœlis; firmam spem fiduciamque tenentes, quoniam qui parcè seminat parcè & metet, & qui seminat in benedictionibus, de benedictionibus & metet vitam æternam. Cùm igitur dilecti filii magister & fratres hospitalis pauperum beatæ Catharinæ Parisiensis suâ nobis petitione monstraverint ad exhibendum charitatis solatia pauperibus qui ad idem confluunt hospitale, propriæ ipsis non sufficiant facultates: universitatem vestram rogamus & hortamur attentè, quatinùs grata eis pietatis subsidia conferatis ; ut per subventionem vestram eorum inopiæ consu-

I ij

latur, & vos per hæc & alia bona quæ Domino inspirante feceritis, ad æternæ possitis fœlicitatis gaudia pervenire. Nos enim de omnipotentis Dei misericordia & beatorum Petri & Pauli apostolorum ejus authoritate confisi, omnibus qui eisdem fratribus manum porrexerint charitatis, viginti dies de injuncta sibi pœnitentia misericorditer relaxamus. Datum Laterani. x. cal. Junii, pontificatûs nostri anno quarto. *Ibidem.*

Lettres de Pierre évêque de Paris.

Portant concession d'une portion de terrain pour augmenter le cimetiere des Innocens.

An. 1218.

PETRUS Dei gratiâ Parisiensis episcopus, omnibus præsentes litteras inspecturis salutem in Domino. Notum facimus nos concessisse ecclesiæ S. Germani Antissiodorensis de Parisius plateam quamdam sitam juxtà terram quæ fuit Willelmi de Montibus, sicut ipsa terra se comportat, ad mensuram muri Girardi bachelerii ad cimiterium augmentandum. Actum anno Domini M. CC. XVIII. mense Junio. *Tiré d'un cartulaire de S. Germain l'Auxerrois.*

Sentence du Prevost de Paris.

Portant reglement pour le cimetiere des SS. Innocens.

An. 1371.

VEu le procès fait en la cour du Châtelet de Paris, entre les doyen & chapitre de S. Germain de l'Auxerrois, & les maistre, freres & sœurs de l'hôtel-Dieu sainte Catherine, fondez à Paris en la grand rue S. Denis, pourtant comme à chacun touche ou peut toucher, ou leurs procureurs pour eux demandeurs d'une part ; & les marguilliers de l'église des SS. Innocens à Paris, ès noms qu'ils procedent en ceste cause, ou leur procureur pour eux, deffendeurs d'autre part, en cas de saisine & de nouvelleté, pour raison de certaine chose dont mention sera faite cy après, & dont declaration est faite plus à plain audit procès ; veues les depositions des tesmoings produits & examinez d'une part & d'autre, les actes & memoriaux mis & baillez en somme de preuve, le memorial pris & accepté dernier entre Pierre de l'Espée, procureur desd. doyen & chapitre, & Girard de la Haye, procureur desd. maistre, freres & sœurs d'une part, & Guillaume Lommoy procureur, Roger de Sortemboc, Thibaul de la Nasse & Guillaume Ronce, marguilliers de lad. église des SS. Innocens d'autre part, à ouir droit en definitive sur led. procez. Et tout veu & consideré ce qu'il faisoit à voir & considerer, eu sur tout conseil & deliberation à plusieurs sages. Nous disons que lesd. doyen & chapitre de S. Germain de l'Auxerrois, seront tenus, gardez & deffendus de par le Roy nostre Sire en saisine & possession de mettre, instituer & establir, oster & destituer seuls & pour le tout, ou cimetiere qui est assis joignant lad. église des SS. Innocens, personnes & fossoyeurs pour faire les fosses & enterrer les corps aud. cimetiere qui y seront apportez des paroisses de S. Germain de l'Auxerrois, de S. Eustache & de S. Sauveur ; & de prendre, avoir & recevoir les proufits & esmolumens par leurs clercs & fossoyeurs, des fossoyages & enterrages de tous les corps qui seront enterrez aud. cimetiere des paroisses susdites. Et lesd. maistre, freres & sœurs de l'hostel-Dieu de sainte Catherine, seront tenus & gardez en possession seuls & pour le tout, de mettre, instituer & establir, oster & destituer aud. cimetiere, personnes & fossoyeurs pour faire les fosses & enterrer les corps qui aud. cimetiere seront enterrez de toute la paroisse S. Jacques de la Boucherie, & des corps qui dud. hostel-Dieu sainte Catherine, seront portez pour estre enterrez aud. cimetiere, soit qu'iceux corps soient apportez du Chastelet de Paris, ou dud. hostel-Dieu ou autrement ; & de prendre & avoir les proufits & esmolumens, par leurs clercs & fossoyeurs, des fossoyages de tous les corps qui y seront apportez & enterrez de ladite paroisse de S. Jacques de la Boucherie, & dud. hostel-Dieu sainte Catherine. Et lesd. marguilliers seront tenus & gardez en saisine & possession, seuls & pour le tout, de mettre, instituer & establir, oster & destituer personnes & fossoyeurs aud. cimetiere pour les fosses, & enterrer les corps des personnes, qui aud. cimetiere seront enterrez de lad. paroisse des SS. Innocens, & de prendre & avoir par eux & leurs fossoyeurs les proufits & esmolumens des fosses & fossoyages de tous les corps d'icelle paroisse. Et quant à tous les corps des personnes de toutes les autres paroisses de Paris ou d'ailleurs, qui aud. cimetiere seront apportez pour estre enterrez, excepté les corps qui y seront apportez de l'hostel-Dieu & des paroisses de S. Christophe & de Ste Marine de Paris, dont les fossoyages & proufits appartiennent à ceux de l'hostel-Dieu de Paris, si comme lesd.

parties le confeſſent, ou au moins n'en font aucune queſtion ; nous diſons que leſd. doyen & chapitre, & leſd. maiſtre, freres & ſœurs de l'hoſtel-Dieu ſainte Catherine, pour tant comme à chacun touche, ſeront tenus & gardez en ſaiſine & poſſeſſion, de mettre, inſtituer & établir, oſter & deſtituer perſonnes & foſſoyeurs aud. cimetiere, & d'avoir & percevoir les proufits & eſmoluments des foſſes des corps, qui des autres paroiſſes & égliſes de Paris ou d'ailleurs (fors des paroiſſes & égliſes cy-deſſus recitées) y ſeront enterrez & apportez. Et ainſi jouiront leſd. parties, chacune pour tant comme à luy touche, des poſſeſſions & ſaiſines cy-deſſus declairées. Et les troubles, nouvelletés & empeſchements qui ont eſté faits & mis ès poſſeſſions & ſaiſines deſſus declairées, ſeront levées & oſtées, & les levons & oſtons au proufit de chacune partie, en tant & pour tant que les poſſeſſions & ſaiſines à elles adjugées, montent & peuvent monter, & levons la main du roy noſtre Sire, qui pour les debats des parties eſtoit miſe en la choſe contentieuſe, au proufit d'icelles parties, ſelon les modifications cy-deſſus declairées. Et quant aux deniers qui pendant ce procez ont eſté levez & receus des foſſoyages des corps, qui aud. cimetiere ont eſté enterrez durant ce plaid, nous diſons & ordonnons que leſd. deniers ſeront baillez & diſtribuez auſd. parties ; c'eſt à ſçavoir à chacune d'icelles, telle partie & portion comme à elle pourra appartenir, eu eſgard à la poſſeſſion & ſaiſine des choſes contentieuſes par nous adjugées auſd. parties, comme deſſus eſt dit, par la meilleure maniere que faire ſe pourra, par l'ordonnance de la cour, ou de gens à ce cognoiſſans. Et condamnons leſd. parties chacun pour autant comme à luy touche, à tenir & accomplir les choſes ſuſd. en compenſant les dépens faits en ceſte pourſuite d'une partie & d'autre, & pour cauſe. Sauf & reſervé auſd. parties & à chacune d'icelles, la queſtion de la proprieté de tout ce dont la poſſeſſion & ſaiſine eſt adjugée à la partie adverſe par noſtre ſentence & par droit. En teſmoing de ce, nous avons faict mettre à ces lettres le ſcel de la prevoſté de Paris. Ce fut fait & prononcé en jugement, l'an M. CCC. LXXI. le mardy avant Noel XXIII. jour du mois de Decembre. *Ainſi ſigné*, P. le Regne, *& ſcellé en placart de cire verde, tant en lacs de ruben de fil verd, qu'en double queue de parchemin*. Ibid.

ARREST DE LA COUR
DU PARLEMENT DE PARIS,
Portant confirmation de la ſentence du prevoſt de Paris de l'an 1371. touchant le cimetiere des Innocens.

AN. 1371.

KAROLUS Dei gratiâ Francorum rex. Univerſis præſentes litteras inſpecturis, ſalutem. Notum facimus quòd lite motâ corâm præpoſito noſtro Pariſienſi in caſu novitatis & ſaiſinæ inter decanum & capitulum eccleſiæ collegiatæ beati Germani Antiſſ. de Par. nominibus ipſorum & ſuæ dictæ eccleſiæ ; ac religioſas perſonas magiſtrum, fratres & ſorores hoſpitii Dei beatæ Katharinæ de Par. in magno vico beati Dionyſii ſituati, ipſorum & ſui dicti hoſpitii nominibus, in quantum quemlibet ipſorum tangebat & tangere poterat actores ex parte una, & Johannem de Montibus, Guillelmum dictum Herbote, atque Henricum dictum Norry parochialis eccleſiæ ſanctorum Innocentium matricularios, & ut garantizatores Roberti Channi, pro quo & cujus nomine in judicio corâm dicto noſtro præpoſito defenſionem & garandiam nomine quo ſuprà in ſe ſuſceperant, defenſores ex parte altera ; ſuper eo quod dicebant actores antedicti, videlicèt decanus ſui & dictæ eccleſiæ beati Germani nomine ad cauſam decanatûs ejuſdem eccleſiæ ; & idem decanus & capitulum præfatæ eccleſiæ ad cauſam eccleſiarum parochialium beati Euſtachii & S. Salvatoris de Par. necnon præfatæ religioſæ perſonæ dicti ſui hoſpitii Dei beatæ Katharinæ & ſuorum nominibus, & ad cauſam eccleſiæ parochialis beati Jacobi in magna carnificia de Par. ſe fuiſſe & eſſe ſolos & in ſolidum in poſſeſſione & ſaiſina per ſe & ſuos prædeceſſores inſtituendi atque ponendi in cimeterio dictorum beatorum Innocentium unum vel plures foſſarios, faciendo omnes ſoveas, pro quibuſcumque corporibus omnium perſonarum Pariſius & alibi decedentium, cujuſcumque parochialis eccleſiæ dicta corpora ſint aut fuerint in dicto cimeterio apportata, & ibidem inhumata & inhumanda, corporibus defunctorum in Dei hoſpitio de Pariſius, & beatorum Chriſtophori & Marinæ parochiis dumtaxat exceptis. Necnon ipſos foſſarium ſeu foſſarios deſtituendi pro libito voluntatis, ac etiam emolumenta prædictarum fovearum, in quantum quemlibet ipſorum tangebat, per ſuos clericos & dictos foſſa-

I iij

rios ipsorum nomine recipiendi, sibique applicandi, & ad usus suos convertendi pacificè & quietè à tanto & tali tempore, de cujus contrario hominum memoria non extabat, & per tantum & tale tempus quod sufficiebat ad bonas possessionem & saisinam acquirendas & retinendas, ac per ultimos annos & ultima expleda, ipsis defensoribus hoc scire & videre valentibus, maximè usque ad tempus præfati cimeterii clausuræ, anno Dom. M. CCC. XLVIII. circà quadragesimam ejusdem anni auctoritate regiâ pro utilitate publica factæ, videlicèt ne aër Par. ratione mortalitatis seu epidemiæ tunc currentis inficiaretur, & ne ex accumulatione corporum pro illo tempore in dicto cimeterio inhumatorum & inhumandorum majus inconveniens seu periculum sequeretur, ac certo cimeterio ex dicta auctoritate regia extrà muros Par. pro quibuscumque corporibus ejusdem villæ inhumandis dictâ epidemiâ durante benedicto, quâ durante, multa ibidem extiterant corpora inhumata; & ipsâ epidemiâ cessante, ac ipso cimeterio dictorum beatorum Innocentium prefatâ auctoritate regiâ anno Dom. M. CCC. XLVIII. aperto, suas possessionem & saisinam prædictas continuando, certum fossarium modo supradicto pro quibuscumque corporibus villæ Par. in ipso cimeterio inhumandis instituerant actores antedicti; & per certum servientem nostrum ex jussu seu præcepto præfati nostri præpositi in suis possessione & saisina antedictis se fecerant teneri & defendi, ipsis defensoribus super hoc certificatis; & quæ præfatus Robertus Channy nomine ipsorum defensorum, cujus factum ratum & gratum habuerant defensores sæpositis, se opposuerat minùs justè, ipsos actores in suis justis possessione & saisina præmissis indebitè & de novo perturbando, in eorum non modicum præjudicium & gravamen. Quare petebant actores prælibati nominibus quibus suprà, impedimentum in dictis suis possessione & saisina per ipsos defensores appositum amoveri, oppositionemque per ipsum Robertum Channy in possessione & saisina antedictis nomine ipsorum defensorum factam, iniquam & tortionariam fuisse pronuntiari, ac manum nostram in rebus contentiosis propter debatum ipsarum partium appositam, ad utilitatem ipsorum actorum ad plenum levari, necnon denarios & emolumenta dictorum fossagiorum per manum nostram prædictam, lite præsenti durante, receptos seu recepta, ad plenum sibi tradi & deliberari, ac etiam possessionem & saisinam antedictas, in quantum quemlibet ipsorum tangebat, sibi adjudicari, ac ipsâ lite pendente, de præmissis recredentiam sibi fieri, & ipsos defensores in suis expensis, dampnis & interesse condempnari. Dictis defensoribus ex adverso proponentibus se fuisse & esse institutos matricularios cimiterii & ecclesiæ beatorum Innocentium prædictorum de consensu majoris & sanioris partis parochianorum ipsius parochialis ecclesiæ, & ad hujus causam extitisse & esse in sufficienti saisina custodiendi jura & libertates prædictorum cimiterii & ecclesiæ, atque faciendi omnia quæ ad officium matriculariorum spectabant & spectant, & à tanto tempore de cujus contrario hominum memoria non extabat, usitatum & consuetum extitisse ex parte matriculariorum prædictorum ponere & instituere certam personam pro mundando dictum cimiterium & ecclesiam, & colligendo ossa dicti cimiterii, & in certis locis ea recondendo, necnon pro faciendo omnes foveas in præfato cimiterio pro omnibus corporibus quorumcumque locorum quæ inhumata fuerant temporibus retroactis in ipsis ecclesiâ & cimiterio, ac etiam fuisse & esse consuetum accipere per ipsos fossarios ad causam sui officii pro pœna & labore eorumdem, & factione & constructione dictarum fovearum emolumenta, ipsorum matriculariorum nomine, & ad opus fabricæ illius ecclesiæ convertenda, solos & in solidum absque hoc quod aliquis fossarius fuisset ibidem per aliquos alios institutus, & unà cum hoc fuisse consuetum per ipsos matricularios dare certam pecuniæ summam anno quolibet ipsi fossario ultra commoda prædicta pro faciendo præmissa. Insuper præfatos matricularios extitisse & esse ad causam sui dicti officii solos & in solidum in possessione & saisina instituendi dictum fossarium seu fossarios pro faciendo omnia prælibata in dicto cimiterio, ac etiam faciendi gaudere ipsos fossarios commodo fossagiorum, ad exonerationem majoris summæ quam oportuisset ipsi fossario pro suo salario dedisse, ac etiam in possessione & saisina denegandi & contradicendi quoscumque volentes ibidem alios fossarios instituere. Quibus possessionibus & saisinis præmissis usi fuerant dicti defensores per tantum & tale tempus quod sufficiebat ad bonas possessionem & saisinam acquirendas & retinendas per annum & diem, & ultima expleta. Nihilominùs præfati actores anno Dom. M. CCC. LI. se fecerant per certum
servientem

JUSTIFICATIVES.

servientem nostrum in possessione & saisina prædictorum teneri & defendi, ipsos defensores in suis possessione & saisina antedictis perturbando indebitè & de novo, ad quæ se opposuerant debitè & legitimè defensores prælibati. Quare petebant impedimentum in suis dictis possessione & saisina per ipsos actores appositum amoveri, ac ipsos in dictis possessione & saisina præmissis teneri & deffendi; oppositionemque per ipsos factam bonam & validam fuisse pronuntiari, ac manum nostram propter debatum partium in præmissis appositam ad eorum utilitatem levari, & emolumenta pro fossagiis dictarum fovearum per manum nostram levata lite pendenti sibi tradi ad plenum & deliberari, ac recredentiam de præmissis, lite præsenti durante, sibi fieri; eosdemque ab impetitionibus actorum prædictorum absolvi, & ipsos actores in suis expensis, dampnis & interesse condempnari. Super quibus omnibus & aliis pluribus hinc inde propositis factâ inquestâ, præfatus noster præpositus pronuntiavit quòd dicti decanus & capitulum sancti Germani prædicti tenerentur & deffenderentur in possessione & saisina soli & in solidum instituendi & destituendi fossarios pro faciendo foveas & inhumando corpora in dicto cimiterio de parochiis sanctorum Germani & Eustachii, ac sancti Salvatoris prædictorum ibidem apportata & inhumata, ac recipiendi per suos clericos & fossarios nomine ipsorum emolumenta dictarum fovearum & corporum ibidem de dictis parochiis apportatorum & ibidem inhumatorum; dictæque religiosæ personæ magister, fratrer & sorores hospitii Dei sanctæ Katharinæ tenerentur & deffenderentur in possessione & saisina soli & in solidum instituendi & destituendi in dicto cimiterio personas & fossarios pro faciendo foveas & inhumando corpora de suo dicto hospitio & de Castelleto nostro Par. aut aliundè in dicto suo hospitio sepelita, ac de parochia S. Jacobi in dicto cimiterio SS. Innocentium apportata & inhumata seu inhumanda, necnon recipiendi emolumenta dictarum fovearum pro factione earumdem, pro corporibus dictæ parochiæ S. Jacobi & præfati hospitii in dicto cimiterio inhumatis & inhumandis; & quòd dicti matricularii tenerentur & deffenderentur in possessione & saisina soli & in solidum instituendi & destituendi personas & fossarios in dicto cimiterio, pro faciendo fossas & inhumando corpora personarum in dicta parochia SS. Innocentium decedentium, necnon accipiendi & habendi per se & suos fossarios emolumenta pro factione earumdem fovearum, & pro fossagio omnium corporum dictæ parochiæ ibidem inhumandorum. Et quantùm ad omnia corpora personarum de omnibus aliis parochiis aut de alio loco, quæ in dicto cimiterio apportarentur & ibidem inhumarentur, corporibus de hospitio Dei Parisius & de parochiis sanctorum Christophori & Marinæ prædictorum quæ ibidem inhumarentur dumtaxat exceptis, dicti actores, in quantum quemlibet ipsorum tangebat, tenerentur & custodirentur in possessione & saisina instituendi & destituendi soli & in solidum personas fossarios in dicto cimiterio, pro faciendo foveas pro quibuscumque corporibus de præfatis locis ibidem apportatis, inhumatis & inhumandis, necnon habendi & percipiendi emolumenta dictarum fovearum, pro factione earumdem, pro corporibus omnibus quæ de dictis parochiis Par. & aliundè ibidem apportarentur & inhumarentur; tenerenturque dictæ partes modo præmisso, & in quantum quemlibet ipsarum tangebat, in præmissis possessionibus & saisinis, novitatem amovendo, & impedimenta in rebus contentiosis apposita, levando manum nostram ad utilitatem earumdem in præmissis appositam, ad utilitatem dictarum partium modo & formâ superiùs declaratis, & secundùm modificationes superiùs expressatas; pronuntiaverat etiam idem præpositus, quòd summa pecuniæ quæ fuerat recepta & levata præsenti processu pendente, pro fossagiis corporum quæ in dicto cimiterio fuerunt inhumata, distribueretur & traderetur cuilibet ipsarum partium pro rata portione, habito respectu ad possessiones & saisinas rerum contentiosarum ipsis partibus adjudicatas modo meliori quo fieri potest, secundùm ordinationem dicti præpositi aut gentium in hoc se cognoscentium & expertarum, hinc indè litis præsentis expensis compensatis, & utrique parti quæstione proprietatis reservatâ. A qua sententia ex parte præfatorum defensorum nominibus quibus suprà, in quantum contrà ipsos exstiterat prolata ad nostram parlamenti curiam fuit appellatum. Partibus igitur videlicet Bertrando de Rothomago, Johanne Magni de Basimonte, & Johanne Ailleti modernis matriculariis dictæ ecclesiæ SS. Innocentium appellantibus ex parte una, & dictis decano & capitulo ac magistro, fratribus & sororibus appellatis ex altera in causâ dictæ appellationis in nostra curia auditis, ac dicto processu an benè vel malè fuisset appellatum, ad judicandum recepto, eo viso & diligenter examinato. Per judicium dictæ nostræ curiæ dictum fuit ipsum præpositum nostrum Par. benè judicasse, & dictos appellantes malè appellasse. Et emendabunt unâ emendâ præfati appellantes, ipsos in expensis hujus causæ appellationis condempnando, taxatione earum expensarum nostræ dictæ curiæ reservatâ. In cujus rei testimonium sigillum nostrum præsentibus litteris jussimus apponi. Datum Parisius in parlamento nostro die XXIX. Januarii, anno Dom'nim. CCC. LXXII. & regni nostri IX. *Ibidem.*

Lettres de MAURICE évêque de Paris,
Touchant S. Germain l'Auxerrois.

AN. 1183.

MAURITIUS Dei gratiâ Parisiensium episcopus; dilectis filiis Petro ecclesiæ S. Germani Antissiodorensis decano, & universis ejusdem ecclesiæ fratribus, salutem & perseverantem in divino amore profectum. Justis æquum est annuere postulantium votis, ea præcipuè quæ ad utilitatem ecclesiæ, & divini ampliationem cultûs pertinent, benigno decet amplecti favore, ut ea quæ utiliter cœpta sunt, in melius semper valeant promoveri. Quapropter, dilecti in Domino filii, vestram circa Dei culturam attendentes devotionem, id quod de beneficio quadragesimali à vobis unanimi assensu laudabiliter constitutum est approbamus, & ea, quâ vobis & ecclesiæ vestræ præsumus, auctoritate simul & potestate in perpetuum confirmamus, videlicèt ut quidquid ad quadragesimale beneficium in præsentiarum pertinet, aut in futurum, Deo annuente, pertinere cœperit, omnibus clericis in ecclesia vestra mansionariis, & quotidiani officii assiduitatem regulariter observantibus, æquâ distributione dividatur; in hoc nulla sit acceptio personæ, non ætatis, non ordinis, non dignitatis ratio habeatur. Canonici sive canonicorum vicarii nullam sibi in hoc præ aliis ecclesiæ clericis prærogativam usurpent. Omnium enim erit conditio & portio æqualis, quicumque in choro locum habuerint, & se divinis officiis assiduos regulariter exhibuerint. Omni autem distributionis tempore hoc conservandum erit, ut nemini quicquam tribuatur, nisi ei qui officio præsens affuerit, licèt ecclesiæ mansionem & assiduitatem tenere videatur. In quadragesimali quidem tempore qui matutinis & ad primam horam psalmis & letaniæ interfuerit, integrum habeat beneficium; qui horum alteri defuerit, beneficii parte dimidiâ privetur. Quòd si fortè hujus communitatis facultates Deo propitio contigerit ampliari, ut quadragesimæ tempus distributio excedat; hâc moderatione fiet partitio; minimè recipiat portionem, nisi qui matutinis & officiorum quatuor diurnorum duobus interfuerit. Officia autem diurna quatuor hîc accipimus, missam & vesperas, primam & nonam. De prima autem & nona hoc ideò constituimus, quia eas plerumque clericorum paucitate desolatas accidit inveniri. De tertia autem & sexta, quia circonstant missam, & de completorio, quia vesperis consequenter adhæret, non necesse est quicquam specialiter diffiniri. Qui autem nocturno vel diurno officio secundùm hanc diffinitionem defuerit, dimidiâ contentus sit portione. Undè consequens est, ut qui utrique officio defuerit, nil penitùs consequatur; non enim ferendus est is qui lucrum amplectitur, onus autem ei annexum contempnit. Quotiens autem deffunctorum anniversarii dies commemorantur, si quid pro anniversario distribuendum erit, fiat officii illius trina partitio, in vigilias, matutinas, & missam pro fidelibus, ut qui duabus hujus officii partibus interfuerit, integram recipiat portionem, qui verò tertiæ tantùm parti præsens affuerit, satis est si ei vel dimidia beneficii portio tribuatur. Nec prætereundum erit quod de matriculario benè constitutum est, ut non solùm in quadragesimæ vel anniversariorum beneficio, sed in omni generali distributione æqualem uni clericorum accipiat portionem, licèt ipse in choro locum non habeat, nec chori regulam aut in habitu aut in officio observet; eo tamen excepto, ut cùm ad exequias fratrum solempniter procedit conventus, si aliquid matriculario pro laboris sui mercede ex bonis defuncti fuerit constitutum, ipse altero contentus sit beneficio, aut eo videlicèt quod specialiter constitutum fuit, aut communi. Iniquum enim esse videtur ut & singulare beneficium solus habeat, nichilominùs generali communicet. Ab ea autem quæ inter capientes & non capientes facta est distributione, solius decani persona excipitur, qui ratione dignitatis & magistratûs quem in ecclesia gerit, tali gaudet privilegio, ut sive præsens officio, sive absens fuerit, non duplam ut priùs, sed simplam de cætero accipiat portionem.

Nec

Nec indignetur quisquis si tali gaudeat praerogativâ decanus, cùm ipse non tantùm interiorem ecclesiae sollicitudinem gerit, sed & exteriorum negotiorum onera necesse habeat sustinere; alioquin ejus derogabitur dignitati, si, quod absit, coeperit praelatus inferiorum regulae subjacere. Nulli autem subjectorum nostrorum liceat hanc nostrae confirmationis paginam infringere, aut ei aliquatenùs contraire. Si quis autem hoc attemptare praesumpserit, indignationem omnipotentis Dei, & beatae Mariae semper Virginis, & omnium sanctorum incurrat, & nisi commonitus resipuerit, ecclesiasticae gladio severitatis percellatur.

Signum Petri decani.
S. Rogeri presbyteri.
S. Johannis presbyteri.
S. Reveris diaconi.
S. Thomae diaconi.
S. Archer subdiaconi.
S. Petri subdiaconi.
S. Johannis subdiaconi.
S. Mauritii subdiaconi.
S. Petri subdiaconi.

Actum Parisius publicè in ecclesia sancti Germani, anno ab incarnatione Domini M. C. LXXXIII. episcopatûs verò nostri XXIII. *Ibidem.*

Lettres de MAURICE évêque de Paris,

En faveur de l'église de saint Germain l'Auxerrois.

AN. 1192.

IN nomine sanctae & individuae Trinitatis, amen. Pastoralis providentiae est summâ sollicitudine & intentione ecclesiarum tranquillitati invigilare & patrum instituta irrefragabiliter observare. Ego igitur Mauricius Dei gratiâ Parisiorum episcopus, notum fieri volumus universis tam praesentibus quàm futuris, quòd nos piis patrum nostrorum pontificum Parisiensium vestigiis adhaerentes, ad tollendum in posterum totius ambiguitatis offendiculum, ecclesiae sancti Germani quae nostra est, & canonicis jura sua, ecclesias etiam & earum praesentationes confirmamus. In primis capiceriam ipsius ecclesiae quae decanatui inseparabiliter adhaerens, ab ipso nulla ratione debet separari, & praesentationem personae & sacerdotis ad curam ejusdem ecclesiae; ecclesiam sancti Landerici & personae praesentationem; ecclesiam sancti Leufredi & personae praesentationem, ecclesiam de Altolio & personae praesentationem, donationem quoque praebendarum sanctae Opportunae liberam & investituram absque requisitione & respectu cujuslibet personae. Hujus etiam confirmationis auctoritate ecclesiam sancti Germani in perpetuum absolvimus à quadam antiqua exactione damnosa per antecessores nostros episcopos abolita, scilicet duorum modiorum avenae & unius equi in exercitum domini regis, ut non ista nobis vel successoribus nostris liceat aliquatenùs exigere vel habere. Quod ut ratum futuris temporibus & inconcussum permaneat, praesentem chartam hujus rei memoriale perpetuum sigilli nostri auctoritate communiri praecepimus. Actum anno incarnationis Dominicae M. C. XCII. episcopatûs nostri XXXIII. *Ibidem.*

Lettre D'ODON évêque de Paris.

Touchant la chapelle dite de la Croix de la Reine, où est aujourd'hui la chapelle des orfèvres.

AN. 1202.

ODo Dei gratiâ Parisiensis episcopus, omnibus ad quos praesens scriptum pervenerit aeternam in Domino salutem. Cùm in domo eleemosinaria de cruce reginae ad opus pauperum ejusdem loci capella fuisset de consensu nostro & voluntate fundata; nos ecclesiae sancti Germani Antiss. Par. infrà cujus decimationis limites memorata capella consistit, & vicinarum ecclesiarum indemnitati providere volentes, de consensu M. decani, canonicorum & presbyteri ejusdem ecclesiae, necnon & Guillelmi Estuacol fundatoris memoratae capellae ordinare curavimus, & ita perpetuò volumus observari, quòd praedicta capella nullatenùs campanam habebit, nec in ipsa jura aliqua parochialia poterunt exerceri, nisi à presbytero sancti Germani, vel de consensu & voluntate ejus. Caeterùm memorata capella praefatae ecclesiae sancti Germani decem solidos Parisiensis monetae solvere tenebitur annuatim, donec eidem aliàs in competenti loco à fratribus praedictae domûs fuerint assignati. De iis autem decem solidis decanus sancti Germani tres solidos, presbyter verò duos, & capitulum ejusdem loci quinque solidos annuatim habebunt. Statutum est insuper, quòd capellanus praelibatae capellae cùm à nobis aut successoribus nostris qui pro tempore fuerint in ipsa capella fuerit electus & institutus, juramentum fidelitatis nobis praestare tenebitur, & sub ipsius juramenti debito specialiter exprimet, quòd vicinarum ecclesiarum jura nullatenùs usurpabit. Nichilominus tamen hoc idem juramentum de juris parochialis indemp-

Tome II. K

nitate servanda ecclesiæ sancti Germani in capitulo ipsius statim post institutionem suam tenebitur exhibere. Ut autem dispositionis hujus series perpetuo robore convalescat, præsens scriptum fieri fecimus, & sigilli nostri impressione muniri. Actum anno incarnati Verbi M. CC. II. pontificatûs nostri anno VI. *Ibidem.*

Lettre d'Eudes évêque de Paris.
En faveur des freres de la Trinité.

AN. 1207.

ODO Dei gratiâ Parisiensis episcopus, omnibus præsentes litteras inspecturis in Domino salutem. Notum facimus quòd cùm esset contentio inter J. decanum & capitulum & presbyterum sancti Germani Antissiodorensis Par. ex una parte, & domum sanctæ Trinitatis Par. ex alia, super campanis quas fratres prædictæ domûs habere volebant in capella sua, prædictis personis sancti Germani contradicentibus, & quòd hoc fieri non deberet plures rationes allegantibus, post plures altercationes in arbitrium nostrum compromiserunt. Nos verò considerantes prædictam capellam sitam esse in parochia sancti Germani, nec campanam habere posse sine quantiscumque dampnis & incommodis prædictorum decani & capituli & presbyteri sancti Germani, pro bono pacis diximus, ut fratres prædictæ domûs decem solidos quos annuatim eis debebant duplicarent; ità quòd eis singulis annis viginti solidos Par. solverent, Robertus verò Ferperius & uxor sua prædictæ domui spiritu pietatis compatientes statuerunt super domum suam, quæ est inter dictam capellam & muros civitatis Par. decem solidos censuales annuatim reddendos prædictis personis sancti Germani pro solutione postremorum decem solidorum. Quod ut ratum in futurum permaneat, litteras præsentes sigilli nostri fecimus impressione muniri. Actum anno gratiæ M. CC. VII. mense Augusto. *Ibidem.*

Lettres de Pierre évêque de Paris.
Portant introduction des religieux d'Hermieres en l'hôpital de la Trinité.

AN. 1210.

EGo P. Dei gratiâ Par. episcopus, omnibus ad quos præsens scriptum pervenerit in Domino salutem. Noveritis quòd Johannes Paalee, & W. Estuacol frater ejus, donum quam in honore sanctæ Trinitatis Par. ad crucem reginæ in via illa quæ ducit ad sanctum Lazarum fundaverunt, ecclesiæ de Hermeriis in perpetuum possidendam cum omnibus appenditiis suis in ea libertate in qua erat, consensu & voluntate nostra, salvo jure episcopali, benignè & fideliter concesserunt. Tali tamen conditione quòd ministerium hospitalitatis peregrinorum tantùmmodo transeuntium tenore immutabili ibidem devotè & fideliter observetur; & si quid amplius & melius poterit ampliari secundùm dictæ domûs incrementum in futuro circà hospitalitatem amplietur. Ecclesia verò Hermeriensis tres sacerdotes sui ordinis ad minus in eodem loco constituet, quorum unus pro prædictis fundatoribus loci specialiter J. & W. & Adam clerico fratre suo & defuncto Adam coquo similiter fratre suo, & uxore sua Richende, & pro animabus parentum & omnium antecessorum suorum singulis diebus missam fidelium Dei defunctorum tenebitur celebrare. Secunda verò missa qualiscumque fuerit pro prædicto Adam coquo & Richende uxore sua specialem memoriam per unam collectam obtinebit. Præterea sciendum est, quòd in consilio dictæ domûs sanctæ Trinitatis propter rerum temporalium dispositiones prædicti duo fratres J. & W. quamdiu vixerint, si voluerint, admittentur. Dilecti autem filii nostri Thomas tunc temporis Hermeriarum abbas, cæterique illius capituli fratres præscriptas constitutiones se firmiter observare in conventu suo bonâ fide & communi assensu promiserunt. Cæterùm in ipsa capella sanctæ Trinitatis prædicti sacerdotes nulla jura parochialia poterunt exercere, nisi hoc facerent de consensu & voluntate decani & presbyteri sancti Germani Antiss. exceptis fratribus suis & transeuntibus peregrinis quibus & nullis aliis poterunt jura parochialia ministrare. Item memorata capella præfatæ ecclesiæ sancti Germani viginti solidos Par. monetæ solvere tenebitur annuatim, decem scilicèt solidos in nativitate sancti Johannis Baptistæ reddendos, eò quòd capitulum & presbyter sancti Germani permiserint dictum hospitale & capellam in parochia sua fundari, & alios decem solidos in festo sancti Remigii reddendos, eò quòd concesserint dictum hospitale habere campanas. Præterea singuli capellani prædictæ capellæ sanctæ Trinitatis, cùm in ipsa pro tempore fuerint constituti, tenebuntur promittere nobis in verbo sacerdotis, quòd vicinarum ecclesiarum jura nullatenùs usurpabunt, & hanc promissionem de juris parochialis indempnitate servanda ecclesiæ sancti Germani in capitulo ejusdem beati

beati Germani statim poſt inſtitutionem ſuam eodem modo tenebuntur exhibere. Quod ut ratum in præſenti conſervetur, & ad poſteros tranſeat inconcuſſum, nulloque modo valeat infirmari, præſentem paginam hæc omnia continentem notari fecimus & ſigilli noſtri munimine roborari. Actum anno gratiæ M. CC. X. *Ibidem.*

Bulle du pape CLEMENT III.

En faveur de ſaint Thomas du Louvre.

AN. 1189.

CLEMENS epiſcopus ſervus ſervorum Dei, dilectis filiis canonicis eccleſiæ ſancti Thomæ de Louvrea, ſalutem & apoſtolicam benedictionem. Juſtis petentium deſideriis facilem nos convenit præbere conſenſum, & vota quæ à rationis tramite non diſcordant, effectu proſequente complere. Ea propter, dilecti in Domino filii, precibus inclinati nobilis fœminæ comitiſſæ Brayæ, poſſeſſiones & redditus à Roberto comite quondam marito ſuo ab ipſa & liberis ejus, in eleemoſinam eccleſiæ veſtræ conceſſos : ſcilicèt curiam, in qua erant ædificata ſtabula, ut ibi conſtrueretur hoſpitale : partem virgulti (vulgò *du verger*) inter hoſpitale canonicos attingentis, à clauſtro quod eſt ante januam eccleſiæ, uſque ad extremitatem muri, & redditus ad ſuſtentationem quatuor canonicorum ſacerdotum manentium in decimis de Torciaco, Galliaco & de Braya; & centum ſolidos Pariſienſis monetæ apud Villam-novam-ſancti-Georgii annuatim in feſto ſancti Remigii perſolvendos; vineam etiam & arpentum terræ quæ jacent extra muros prædicti loci S. Thomæ (ſicut ea juſtè & ſine controverſia poſſidetis, & in eorum ſcripto autentico continetur) eccleſiæ veſtræ auctoritate apoſtolicâ confirmamus, & præſentis ſcripti patrocinio communimus; ſtatuentes ut nulli omninò hominum liceat hanc paginam noſtræ confirmationis infringere, vel ei auſu temerario contraire. Si quis autem hoc attemptare præſumpſerit, indignationem omnipotentis Dei, & beatorum Petri & Pauli apoſtolorum ejus ſe noverit incurſurum. Datum Laterani VII. Kalendas Auguſti, pontificatûs noſtri anno 11. *Dubreul Antiquités.* 1612. *p.* 796.

Donation de l'hôtel de la petite Bretagne aux chanoines de ſaint Thomas du Louvre.

AN. 1418.

JOANNES Dei gratiâ Britanniæ dux, Montisfortis & Richemondiæ comes, dilectis noſtris decano & capitulo eccleſiæ collegiatæ ſancti Thomæ de Lupara Pariſiis, ſalutem & dilectionem. Noverint & cunctis pateat evidenter, quòd nos attentè conſiderantes, & in noſtri pectoris arca revolventes, quòd vos qui nocte dieque circà divinum officium vigilanter inſiſtitis, & eccleſia veſtra prædicta hactenùs per prægenitores noſtros Britanniæ duces fundati eſtis pariter & dotati, & inceſſabiles pro ſalute fidelium apud Deum preces effunditis, ac miſſarum & divinorum officiorum ſolemnia jugiter celebratis, veſtraque eccleſia infrà ſepta ſeu mœnia domûs noſtræ, ſeu hoſpitii noſtri olim parva Britannia nuncupata, ſituata exiſtit. Quæ quidem domus noſtra de præſenti ruinoſa ac inhabitabilis & deſerta (proh dolor.) exiſtit. Infrà cujus ſepta ſeu menſuras, annuente Chriſto potenti, ædificia ſeu jardinos ædificare, vobis & dictæ veſtræ eccleſiæ fructuoſos, cupitis : nos proinde ad vos & veſtram eccleſiam præfatam gerentes præcipuè, & ſpiritualis devotionis affectum, cupientes terrena in cæleſtia, & tranſitoria in æterna felici commercio commutare, & beati Thomæ patroni veſtri ac omnium ſanctorum ac ſanctarum laudem & gloriam, ac pro noſtra ac chariſſimæ conſortis noſtræ, necnon chariſſimi primogeniti & aliorum noſtrorum remedio & ſalute, & ut circa diurnum officium eo ferventiùs & devotiùs intendatis, quo per charitatis dona eccleſiam veſtram in ſuis neceſſitatibus ſenſeritis aliqualiter adjuvari : dictam domum ſeu hoſpitium noſtrum ab olim parva Britannia vulgariter nuncupata, libera & immunis ab omni onere & ſervitute, licèt ruinoſum & pro majore parte demolitum, pro præſenti totum circà & extrà in ambitu & circuitu prout ſe comportat, cum ſuis appenditiis, confrontationibus, & jardinis, terra & maſuris antè & retrò, & ex omni latere, cum cæteris franchiſiis, libertatibus, juribus, & pertinentiis univerſis per vos & ſucceſſores veſtros, decanum & capitulum dictæ eccleſiæ ex nunc in perpetuum quietè, liberè & pacificè tamquàm in manu mortua perpetuò tenendum & poſſidendum tenore præſentium pietatis intuitu pro Deo, ac in puram & perpetuam eleemoſinam ex noſtra mera liberalitate purè & irrevocabiliter vobis & eccleſiæ prædictæ concedimus & donamus. Nihil de prædictis erga nos aut noſtros retinentes, vos & eccleſiam veſtram prædictam, in corporalem, realem & actualem poſſeſſionem, vel quaſi domûs ſeu hoſpitii juriumque & pertinentiarum prædictorum ponemus & inducemus, per concessionem nostrarum præsentium litterarum. Domum verò quam Petrus de Nannetis infra mœnia seu septa dicti hospitii titulo locati, aut ex aventione, vel aliter dicitur possidere cum suis pertinentiis, ad tollendam omnem calumniam omneque dubium, in vestram & dictæ ecclesiæ utilitatem connecti volumus, & in præsenti concessione seu donatione nostra totaliter continemus. Non obstante arrandatione seu locatione quacumque, per procuratores nostros forsan hactenùs facta, seu litteris super id concessis: quas & contenta in eis, omnesque alias & singulas distractiones seu alienationes qualitercumque & à quibuscumque factas tenore præsentium cassamus, irritamus & annullamus, easque decernimus & declaramus nullius existere roboris, efficaciæ vel momenti. Et insuper dominum regem consanguineum nostrum, ejus venerabiles consiliarios & officiarios suppliciter & attentè requirimus & rogamus, quatenùs vos & ecclesiam vestram prædictam (si super hoc fuerint requisiti) in possessione pacifica donationis & concessionis prædictorum manu teneant, custodiant & conservent, seque exhibeant, contemplatione nostrâ, ergà vos in præmissis favorabiles & benignos. Quæ omnia & singula ut firma & stabilia permaneant, præsentes nostras perpetuæ concessionis & donationis litteras, sigilli nostri jussimus appensione muniri. Datum Guerrandi anno Domini M. CCCC. XXVIII. die secundâ mensis Februarii. Signatum, Jehan. Et signatum suprà plicam: Per dominum ducem, in suo consilio, vos dominum comitem Stamparum, abbatem de Bello loco, magnum magistrum hospitii, archidiaconum de Deserto, & plures alios præsentes, Plesseis. Et sigillatum in cera viridi, sub cordulis viridis rubei & albi colorum. Ibidem.

Fondation de l'église de S. Honoré.

AN. 1204.

ODo Dei gratiâ Parisiensis episcopus, omnibus præsentes litteras inspecturis in Domino salutem. Notum facimus quòd Renoldus Chereins novem arpennos terræ sitos prope muros Paris. super viam quæ tendit ad Clichy, presbyterio capellæ in eadem terra faciendæ concessit in perpetuam eleemosinam; ita quòd fiant ibi masuræ, & totum crementum censûs de masuris illis erit ejusdem presbyterii. Super hoc observando fidem in manu nostra dedit ipse & Sebilia uxor ejus & Johannes frater ejusdem Renoldi & Gila uxor Johannis. Johannes autem Palmerius miles & Juliana uxor sua, à quibus tenebat dictus R. sex arpennos terræ præmissæ ad sex solidos censuales, presbyterio suprapradicto medietatem totius juris quod de fundo terræ provenire omnibus modis potest, salvo censu suo sex solidorum in illis sex arpennis in perpetuam eleemosinam concesserunt, & de hoc tenendo fidem corporaliter præstiterunt. Hoc laudaverunt etiam Robertus de Mollento, pater dictæ Julianæ, & Robertus filius Roberti de Mollento; & de hoc tenendo fidem in manu nostra dederunt. In cujus rei testimonium præsentem chartam nostro sigillo fecimus roborari. Actum anno Domini M. CC. IIII. pontificatûs nostri anno IX. *Tiré du cartulaire de S. Germain l'Auxerrois.*

Autre acte sur le même sujet.

AN. 1205.

JOHANNES decanus sancti Germani Antiss. totumque ejusdem ecclesiæ capitulum, omnibus præsentes litteras inspecturis in Domino salutem. Noverint universi quòd propè portam Parisiensem secùs viam quæ tendit ad Clichi, qui locus est infra terminos parochiæ beati Germani, concessimus ædificari capellam; id etiam consentiente Martino presbytero S. Germani. Capellanus autem ipsius capellæ nobis & presbytero S. Germani quotiens instituendus fuerit in capella fidelitatem facere tenebitur, interposito juramento, quòd de nullo intromittet se quod ad jus parochiale pertineat, nisi de assensu & voluntate presbyteri S. Germani & capicerii; & quod in omnibus diebus Dominicis proximis ante ista quinque festa annualia, Pascha, Pentecosten, Natale, festum omnium Sanctorum, & festum S. Germani in ipsa capella sub excommunicatione denuntiare debebit, ut omnes ad suam matrem ecclesiam S. Germani veniant, & ei tamquam matri ecclesiæ reddant fideliter sua jura. Præterea, si quis parochianorum S. Germani ad capellam illam propter purificationes, nuptias vel sepulturam, vel aliam causam ad jus parochiale spectantem venire elegerit, propter hæc exequenda poterit accedere presbyter S. Germani, nec ei poterit contradicere capellanus, horâ tamen competenti, quâ magnum dampnum non possit facere capellano. Curam autem propriæ familiæ secùm manentis in domo sua capellanus habebit. Actum publicè in capitulo nostro, anno gratiæ M. CC. V. *Tiré du cartulaire de S. Germain l'Auxerrois.*

JUSTIFICATIVES.

Sentence arbitrale, au sujet de S. Honoré, S. Eustache, &c.

AN. 1228.

IN nomine Patris, & Filii, & Spiritûs sancti, Amen. Omnibus præsentes litteras inspecturis, magister Ardengus canonicus Papiensis Parisius commorans, salutem in salutis actore. Cùm causa verteretur inter venerabilem patrem G. Dei gratiâ Parisiensem episcopum ex parte una, & decanum & capitulum S. Germani Antiss. Par. ex aliâ, super collatione præbendarum & beneficiorum institutorum & instituendorum in ecclesia beati Honorati, & super jurisdictione temporali in terra quæ dicitur terra S. Germani, & in terra quæ dicitur claustrum S. Germani, & super patronatu ecclesiæ S. Eustachii, & duabus capellaniis institutis à G. Pungente-asinum, auctoritate litterarum domini papæ coràm nobis & collegis nostris prorogatâ jurisdictione de consensu partium, in nos solùm aliis conjudicibus vices suas nobis specialiter demandantibus. Item cùm verteretur controversia inter venerabilem virum G. archidiaconum Parisiensem ex una parte, & decanum & capitulum S. Germani & clericos ex altera, super jurisdictione archidiaconali sede Parisiensi vacante, vel non vacante, auctoritate litterarum domini papæ pro bono pacis eodem modo, ut dictum est, consensum est & convenit inter partes. Item cùm verteretur controversia inter venerabilem patrem G. episcopum Parisiensem ex una parte, & venerabilem virum G. archidiaconum Parisiensem ex alia parte, super jurisdictione archidiaconali, quam dicebat archidiaconus ad se pertinere integraliter in decanum & capitulum, & clericos S. Germani jure archidiaconali, in nos pro bono pacis consensum est ab utraque parte. Item compromissum est in nos specialiter à venerabili patre episcopo & decano & capitulo S. Germani de collatione cujusdam præbendæ S. Honorati, quam episcopus contulit magistro G. clerico decani Parisiensis, quam institutionem decanus & capitulum dicebant ad se pertinere. Super omnibus articulis superiùs nominatis lite contestatâ à personis ad hoc legitimè institutis coram nobis, habitâ deliberatione & consilio cum peritioribus de prædictis articulis omnibus, sic sententialiter diffinimus, ordinamus, disponimus & dicimus & volumus, quòd magister, G. clericus decani Parisiensis præbendam quam ei contulit dictus episcopus in ecclesia S. Honorati possideat & habeat in perpetuum, tamquàm canonicè & legitimè institutus, sine contradictione cujusquam. Item vacante sede ecclesiæ Parisiensis, G. archidiaconus Parisiensis & ejus successores canonicè instituendi habeant in perpetuum jurisdictionem omnem in ecclesia beati Germani Antissiodorensis, quam episcopus Par. residens habet & debet habere in ecclesia jam dicta. Item archidiaconus G. & ejus successores canonicè instituendi habeant & habebunt in perpetuum jurisdictionem civilem in clericos omnes & singulos ecclesiæ S. Germani. In decanum autem & capitulum & canonicos habeat & habebit G. archidiaconus jurisdictionem tantùm civilem quamdiù fuerit archidiaconus, & hanc intelligimus, volumus & ordinamus esse personalem gratiam quantùm ad archidiaconum tantùm, ut eo mortuo vel recedente ab archidiaconatu, jurisdictio liberè revertatur ad episcopum Parisiensem, omnem autem aliam jurisdictionem habebit episcopus Parisiensis, & plenum jus in decanum, & capitulum, & canonicos, & causas criminales in clericos jam dictæ ecclesiæ, & alia omnia habebit quæ ex istis sequuntur. Item in ecclesia sancti Honorati venerabilis pater episcopus Parisiensis & decanus, & capitulum beati Germani alternatim & vicissim conferant præbendas institutas & instituendas, beneficia creata & creanda de cætero in perpetuum sine contradictione alicujus; ita tamen quòd episcopus primus incipiat conferre, & posteà decanus & capitulum, & sic in perpetuum fiat. Collatione reservatâ decano duarum capellaniarum, quas ipse decanus sancti Germani asserit ad se pertinere ex parte ipsius, & non ratione ecclesiæ S. Germani. Item in ecclesia S. Eustachii episcopus Parisiensis & successores sui canonicè instituendi collationem primam cùm primò vacaverit ipsa ecclesia, habebit ; secundam collationem quùm secundò vacaverit, decanus & capitulum S. Germani. Et similiter ordinamus de capellaniis institutis ibidem à Guillelmo Pungente-asinum, & de beneficiis creandis, quòd sic conferat vicissim uterque scilicet episcopus, & decanus, & capitulum S. Germani in posterum, reservatis tamen obventionibus decano. Item de jurisdictione temporali in terra quæ dicitur terra S. Germani, & in terra quæ dicitur claustrum S. Germani, sic ordinamus & dicimus & volumus, quòd decanus & capitulum habeant simplicem justitiam in hospites suos

K iij

& intrà domum ; episcopus autem habeat altam justitiam, & omnem aliam jurisdictionem & plenam. Non intelligimus quòd decanus & capitulum habeant duellum, raptum, murtrum, sanguinem, nec viariam. Si aliqua tamen in his supradictis viderimus declaranda seu interpretanda, faciemus usque ad festum sancti Johannis quandocumque cucurrerit, quod facere possumus, jurisdictione retentâ & prorogatâ de consensu partium. Præcipimus & mandamus auctoritate quâ fungimur in hac parte sub pœna suspensionis, aggravantes manum, si viderimus expedire, tam episcopus, quàm decanus & capitulum S. Germani, quàm dictus G. archidiaconus Par. litteras patentes sigillis propriis communitas exhibeant, has sententias seu ordinationes seu dicta approbantes ac ratas habentes, infrà decem dies à tempore quo à nobis habuerint has sententias sigillo nostro communitas. Datum anno Domini M. CC. XXVIII. mense Aprilis. *Ibidem.*

Suite de plusieurs titres concernant la fondation de l'abbaye de Port-royal des Champs (autrefois dite Porroïs, *ou* Porregium) *& son augmentation, &c.*

AN. 1104.

EGo Guillelmus de Firmitate notum facio præsentibus & futuris, quòd illud feodum en Port-rois, quod dominus Milo des Voisins tenebat de me, & quod idem Milo emerat à priore Bovet, concessi & quitavi in perpetuum domino Odoni venerabili Parisiensi episcopo & dominæ Matildi de Malliaco, ad instituendas ibidem religiosas personas ad serviendum Deum, & indè me devestivi in manu ejusdem episcopi, & fidem interposui me servaturum hoc in perpetuum & garantiam laturum. In cujus rei perpetuam firmitatem præsentem chartam sigilli mei munimine feci roborari. Actum anno incarnati Verbi M. CC. IV. *Tiré du cartulaire de Port-royal.*

Acte de Matthieu de Mont-morency.

EGo Matthæus de Montemorenciaco dominus Malliaci, notum facio tam præsentibus quàm futuris, me ratum habere quidquid dominus Odo Parif. episc. & Mathildis uxor mea facient de quindecim libris quas debebam assignare in redditibus meis de Mellento, antequàm iter susceptæ peregrinationis aggrederer. Sed eas assignare non potui multis & magnis negotiis impeditus, quod ut firmum inconcussumque permaneat, dignum duxi sigilli mei munimine roborandum. *Ibid.*

Autre d'Eudes évêque de Paris.

ODo Dei gratiâ Parif. episc. præsentes litteras inspecturis, in Domino salutem. Notum facimus, quòd cùm dominus Matthæus de Malliaco olim esset Jerosolymam profecturus, ipse pro remedio animæ suæ assignavit XV. libras annui redditûs apud Mellentum, & posuit eas in nostra & ejusdem Mathildis dispositione, ut eas assignaremus & conferremus prout videremus expedire. Consilio itaque bonorum virorum assignavimus & contulimus eas in perpetuum ecclesiæ de Porroïs. Præterea cùm dicta Mathildis acquisivisset quosdam redditus apud Galardum, scilicèt tertiam partem in molendino Herchenout, & dimidiam partem in molendino Divitis burgii, & quartam partem in molendino de Frerseval; concessit in perpetuam eleemosinam eidem ecclesiæ decem modios bladi annui redditûs in prædictis redditibus molendinorum jam dictorum, absque omni exactione & molendinorum receptione percipiendos ad mensuram de Galardone, bladi videlicèt rationabilis quale molendina lucrarentur ; ita quòd si unum vel duo prædictorum molendinorum aliquo casu, quod avertat Deus, in ruinam redigantur, in redditu molendini superstitis, prout poterit sufficere prædictæ ecclesiæ, super decem modiis satisfiet. Hanc autem assignationem & donationem super dicta pecunia & memorato blado præfatæ ecclesiæ factam laudaverunt, & fide interpositâ concesserunt Buchardus & Matthæus fratres, scilicèt filii prænominatorum Matthæi & Mathildis, Matthæus etiam Montis-morencii, de cujus feodo movebant præfatæ xv. libræ, eamdem assignationem laudavit & concessit. In cujus rei testimonium, de consensu ejusdem Mathildis & filiorum suorum, præsentem chartam sigilli nostri fecimus impressione muniri. Actum anno Domini M. CC. VI. *Ibidem.*

Don de Bouchard seigneur de Mailly, au monastere de Port-royal.

EGo Buchardus dominus Malliaci, notum fieri volo, quòd ego, de assensu Mathildis uxoris meæ, pro anima patris mei & matris meæ, & pro salute mea, dedi domui Porregii XXXVI. arpenta

JUSTIFICATIVES.

ta nemoris quod dicitur Molereiz, in ea parte quæ propinquior est præfatæ domui ex utraque parte viæ liberè & quietè possidenda. Itaquè xx. solidi censuales annuatim reddentur mihi & hæredibus meis in crastino festivitatis S. Dionysii pro eodem nemore. Quod ut ratum in perpetuum habeatur, sigilli mei munimine roboravi. Actum anno Domini M. CC. IX. *Ibidem.*

Autre, du même.

An. 1214.

NOverint universi, quòd ego Buchardus dominus Malliaci, & Mathildis uxor mea, pro remedio animarum nostrarum, & patrum, & matrum, & amicorum nostrorum, dedimus domui de Porroïs in perpetuam eleemosinam quidquid per primam donationem possidebamus in nemore de Molerai, quod pertinebat ad hæreditatem ipsius, usque ad magnam viam quæ vocatur *la chevée de Bulloher*, quæ dividit dictum nemus de Desses de Romevilla ; ita tamen quòd dicta domus de Porrois annuatim nobis persolvet in festo S. Dionysii xx. solidos Par. censuales. Si verò prænotata domus de Porrois in terra nostra x. arpenta vinearum emptione, vel donatione, vel alio quocumque modo acquirere potuerit, concessimus sæpe dictæ domui ea in pace possidere sine coactione vendendi. Hanc autem eleemosinam eadem Mathildis uxor mea, in præsentia magistri Harnaudi & magistri Stephani archidiaconorum Parisiensium, fide interpositâ, se in perpetuum garantire promisit. Quod ut ratum in posterum perseveret, sigilli mei munimine præsentes litteras roboravi. Actum anno gratiæ M. CC. XIV. *Ibidem.*

Autre acte, du même.

An. 1214.

UNiversis præsentem paginam inspecturis, Buchardus dominus Malliaci, salutem. Notum sit omnibus, quòd Mathæus frater meus, de assensu meo dedit domui de Porroïs in perpetuam, liberam & quietam eleemosinam c. sol. Par. in censu suo de Malliaco annuatim, in festo S. Dionysii reddendos, & totam vineam de Pruneio. Si autem ipse aliquandò dictos c. sol. vel æquivalens in patria ista sine damno prædictæ domui assignare voluerit, ei licebit ad consilium & assensum abbatis Vallium & abbatissæ ejusdem loci. Si autem vel in vita vel in morte eidem placuerit quintam partem hæreditatis suæ in eleemosinam dare, dicti c. solidi & dicta vinea in quinta parte hæreditatis ejus computabitur ; quod ut ratum permaneat, sigilli mei munimine præsentem paginam roboravi. Actum anno gratiæ M. CC. XIV. *Ibidem.*

Autre, du même.

An. 1218.

NOverint universi, quòd ego B. dominus Malliaci & Mathildis uxor mea quittavimus & dedimus monialibus de Porregio XL. sol. Par. & IX. denarios & obolum, quos solebant reddere nobis de nemore de Molerai, quod pertinebat ad hæreditatem prædictæ M. uxoris meæ, usque ad magnam viam quæ vocatur *la chevée de Bulloher*, quæ dividit dictum nemus de Desses, de Romevilla, pro remedio animarum nostrarum, & patrum, & matrum, & antecessorum nostrorum, liberè & quietè in perpetuam eleemosinam possidendos, salvâ justitiâ nostrâ. Quittavimus & xx. sol. quos Simon monachus miles emerat de canonicis de Faleise, quos Mathæus pater meus dederat eis in quodam furno sito in veteri Judæa Parisius. Concessimus & domum quamdam apud Marleium, quam Odelina dedit eis in eleemosinam, salvâ justitiâ nostrâ ; & si fortè contigerit ut vendatur, vel quoquo modo à prædictis monialibus alienetur, censum & quicquid quittavimus habere . . . Quod ut ratum sit, sigilli mei munimine roboravi. Actum anno gratiæ M. CC. XVIII. *Ibidem.*

Acte de Mathieu frere de Bouchard, en faveur du monastere de Port-royal.

An. 1228.

UNiversis Christi fidelibus ad quos præsens scriptum pervenerit, M. Malliaci dominus, veram in vero salutari salutem. Notum sit omnibus, quòd Taricus Rogarita & Agnes uxor sua pro salute animarum suarum & omnium antecessorum suorum, dederunt Deo & beatæ Mariæ, & monialibus de Porregio in eleemosinam possidendam in perpetuum quamdam domum quæ fuit Garnerii filii Fulcardi, & pratum situm apud Mesnil, juxtà molendinum Herchenout, & quatuor s. & sex d. censuales habendos annuatim apud Bailolet, & sex d. in vinea Hardoin Molin. Tali conditione, quòd anniversarium ejus & uxoris ejus fiat in abbatia singulis annis, & ipso die ministretur pitantia conventui de redditibus supradictis, scilicet de fœno prati. Quod ut ratum sit, ego M. de Malliaco liberè & quietè hanc eleemosinam prædictis monialibus in perpetuum possidendam concessi, & sigilli mei munimine roboravi. Actum anno Domini M.CC.XVIII. *Ibidem.*

Bulle d'Honoré III.
En faveur du monastere de Port-royal.

AN. 1223.

HONORIUS episcopus servus servorum Dei, dilectis in Christo filiabus abbatissæ monasterii de Portu regis Cisterciensis ordinis, ejusque sororibus tam præsentibus quàm futuris regularem vitam professis, in perpetuum. Religiosam vitam eligentibus apostolicum convenit adesse præsidium, ne forte cujuslibet temeritatis incursus aut eos à proposito revocet, aut robur, quod absit, sacræ religionis infringat. Quapropter, dilectæ in Christo filiæ, justis postulationibus annuimus, & præfatum monasterium sanctæ Dei genitricis & virginis Mariæ de Portu regis in quo divino estis obsequio mancipatæ sub B. Petri & nostra protectione suscipimus, & præsentis scripti privilegio communimus. In primis siquidem statuentes, ut ordo monasticus qui secundùm Deum & B. Benedicti regulam atque institutionem Cisterciensium fratrum in eodem monasterio institutus esse dignoscitur, perpetuis ibidem temporibus inviolabiliter observetur. Præterea quascumque possessiones, quæcumque bona idem monasterium in præsentiarum justè ac canonicè possidet, aut in futurum, concessione pontificum, largitione regum vel principum, oblatione fidelium, seu aliis justis modis, præstante Domino, poterit adipisci, firma vobis & eis quæ vobis successerint, & illibata permaneant; in quibus hæc propriis duximus exprimenda vocabulis: locum ipsum in quo præfatum monasterium situm est cum omnibus pertinentiis suis, & alias possessiones vestras cum pratis, vineis, terris, nemoribus, usuagiis & pascuis in bosco & plano, in aquis & molendinis, in viis & semitis, & omnibus aliis libertatibus & immunitatibus suis. Sanè laborum vestrorum de possessionibus habitis ante concilium generale, ac etiam novalium quæ propriis manibus aut sumptibus colitis, sive de hortis & virgultis & piscationibus vestris, vel de vestrorum animalium nutrimentis, nullus à vobis decimas exigere vel extorquere præsumat. Liceat quoque vobis personas liberas & absolutas è sæculo fugientes ad conversionem recipere, ac eas absque conditione aliqua retinere. Prohibemus insuper ut nulli sororum vestrarum post factam in vestro monasterio professionem, fas sit sine abbatissæ suæ licentia de eodem loco discedere, discedentem verò absque communium litterarum vestrarum cautione nullus audeat retinere. Judicium districtius inhibentes ne terras, seu quodlibet beneficium ecclesiæ vestræ collatum liceat alicui personaliter dari, sive alio modo alienari absque consensu totius capituli vel majoris aut sanioris partis ipsius; si quæ verò donationes vel alienationes aliter quàm dictum est factæ fuerint, eas irritas esse censemus. Insuper authoritate apostolicâ inhibemus ne ullus episcopus vel quælibet alia persona ad synodos vel conventus forenses vos ire, vel judicio sæculari de vestra propria substantia vel possessionibus universis subjacere compellat, nec ad domos vestras causâ ordines celebrandi, causas tractandi, vel aliquos conventus publicos convocandi ire præsumat, nec regularem electionem abbatissæ vestræ impediat, aut de instituenda vel removenda ea quæ pro tempore fuerit contrà statuta Cisterciensis ordinis se aliquatenùs intromittat. Pro consecrationibus verò altarium vel ecclesiarum, sive pro oleo sancto vel quolibet alio ecclesiastico sacramento nullus à vobis sub obtentu consuetudinis, vel alio modo quicquam audeat extorquere; sed hæc omnia gratis vobis episcopus diocesanus impendat. Alioquin liceat vobis quemcumque malueritis catholicum adire antistitem gratiam & communionem apostolicæ sedis habentem, qui nostrâ fretus authoritate vobis quod postulatis impendat. Quòd si sedes diocesani episcopi forte vacaverit, interim omnia ecclesiastica sacramenta à vicinis episcopis accipere liberè & absque contradictione possitis, sic tamen ut ex hoc in posterum propriis episcopis nullum præjudicium generetur. Quia verò interdum propriorum episcoporum copiam non habetis, si quem episcopum Romanæ sedis, ut diximus, gratiam & communionem habentem, & de quo plenam notitiam habeatis, per vos transire contigerit, ab eo benedictiones vasorum & vestium, consecrationes altarium, benedictiones monialium authoritate apostolicæ sedis recipere valeatis. Porrò si episcopi vel alii ecclesiarum rectores in monasterium vestrum, vel personas inibi constitutas suspensionis, excommunicationis, vel interdicti sententiam promulgaverint, sive etiam in mercenarios vestros, pro eo quod decimas, sicut dictum est, non persolvitis, sive aliquâ occasione eorum,

quæ

quæ ab apostolica benignitate vobis indulta sunt, seu benefactores vestros pro eo quod aliqua vobis beneficia, vel obsequia & caritatem præstiterint, vel ad laborandum advenerint in illis diebus in quibus vos laboratis & alii feriantur, eandem sententiam protulerint, ipsam ramquàm contrà sedis apostolicæ indulta prolatam duximus irritandam. Nec litteræ ullæ firmitatem habeant quas tacito nomine Cisterciensis ordinis & contrà tenorem apostolicorum privilegiorum constiterit impetrari. Præterea cùm commune interdictum terræ fuerit, liceat vobis nihilominùs in vestro monasterio exclusis excommunicatis & interdictis, divina officia celebrare. Paci quoque & tranquillitati vestræ paternâ in posterum sollicitudine providere volentes, auctoritate apostolicâ prohibemus, ut infrà clausuras locorum seu grangiarum vestrarum, nullus audeat rapinam seu furtum facere, ignem apponere, sanguinem effundere, hominem retinere vel interficere, seu violenter exercere. Præterea libertates & immunitates à prædecessoribus nostris Romanisque pontificibus ordini vestro concessas, necnon libertates & exemptiones sæcularium exactionum à regibus & principibus vel aliis fidelibus vobis rationabiliter indultas auctoritatis apostolicâ confirmamus, & præsentis scripti privilegio communimus. Decrevimus ergo ut nulli omninò hominum liceat præfatum monasterium temerè perturbare, aut ejus possessiones auferre, vel ablatas retinere, minuere, seu quibuslibet vexationibus fatigare; sed omnia integra conserventur eorum pro quorum gubernatione ac sustentatione concessa sunt, usibus omnibus modis profutura, salvâ sedis apostolicæ authoritate. Si quà igitur in futurum ecclesiastica sæcularisve persona hanc nostræ constitutionis paginam sciens, contrà eam temerè venire tentaverit, secundò tertiòve commonita, nisi reatum suum congruâ satisfactione correxerit, potestatis honorisque sui careat dignitate, ream se divino judicio existere de perpetrata iniquitate cognoscat; & à sacratissimo corpore ac sanguine Dei & Domini redemptoris nostri Jesu Christi aliena fiat, atque in extremo examine districtæ subjaceat ultioni. Cunctis autem eidem loco sua jura servantibus sit pax Domini nostri Jesu Christi, quatenùs hîc fructum bonæ actionis percipiant, & apud districtum judicem præmia æternæ pacis inveniant, amen, amen. Datum Lateran. per manum Guidonis capellani domini

Tome II.

papæ xv. Kal. Febr. indict. xi. incarn. Dominicæ anno M. CC. XXIII. pontificatûs verò domini Honorii papæ III. anno VII. *Ibidem.*

Don de Matthieu de Mailli à Port-royal.

An. 1224.

NOverint universi præsentes litteras inspecturi, quòd ego Matthæus de Malliaco pro salute animæ meæ, patris, matris, fratrum & progenitorum meorum, dedi in puram & perpetuam eleemosinam domui Portûs regii C. sol. par. percipiendos per annos singulos primâ die Martii in reditu meo de Mellento pro commutatione C. solidorum quos eædem moniales percipiebant de eleemosina mea in censu de Malliaco; & iterùm alios C. solidos par. percipiendos super quintum meum singulis annis in prædicto reditu meo de Mellento, his terminis, videlicèt primâ die Septembris, L. sol. primâ die Decembris, L. sol. ad faciendum pitanciam in anniversario meo; & ut hoc ratum & stabile in perpetuum perseveret, præsentem cartam sigilli mei munimine confirmavi. Actum anno Domini M. CC. XXIV. mense Maio. *Ibidem.*

Concession du don précedent, par Bouchard seigneur de Mailly.

An. 1224.

NOverint universi, quòd ego Buchardus dominus Malliaci, concessi monialibus Porregii assignationem quam fecit eis Matthæus frater meus, videlicèt C. sol. par. percipiendos annis singulis in reditu suo de Mellento primâ die Junii, pro commutatione C. solidorum quos eædem moniales percipiebant in censu de Malliaco. Et ut hoc ratum in perpetuum habeatur, sigilli mei munimine roboravi. Actum anno Domini M. CC. XXIV. mense Maio. *Ibidem.*

Autre don de Bouchard de Mailly, à l'abbaye de Port-royal.

An. 1224.

GAlterus Dei gratiâ Carnotensis episcopus, universis præsentes litteras inspecturis, salutem in Domino. Notum vobis facimus, quòd nos quasdam litteras sub sigillo nobilis viri Buchardi de Malliaco confectas super quadam eleemosina facta ab ipso abbatiæ de Porregio, vidimus & inspeximus in hæc verba. Noverint universi, quòd ego Buchardus dominus Malliaci de assensu & voluntate Matildis uxoris meæ, Theobaldi & Petri & aliorum filiorum & aliorum amico,

L

rum meorum, pro salute mea & prædictorum Matildis & filiorum & aliorum amicorum meorum, dedi in perpetuam eleemosinam domui Porregii terram meam quam ego habebam apud Chahengneium, videlicet totam terram quæ continetur inter terram domini Hervei de Galardone & Petri Gauterii, quæ tota terra erat mea ; & ut hæc donatio rata in perpetuum habeatur, sigilli mei munimine roboravi. Actum anno Domini M. CC. XXIV. mense Aprili. Ipse insuper Buchardus coràm nobis confessus est eandem eleemosinam se fecisse, domina quoque Matildis uxor ejus, & filii ipsius Theobaldus & Petrus coràm nobis constituti eandem eleemosinam laudaverunt & concesserunt. Nos autem ad preces eorumdem in hujus rei memoriam & confirmationem, præsentes litteras scribi fecimus & sigilli nostri munimine roborari. Actum anno Domini M. CC. XXIV. mense Junio. *Ibidem.*

Autre acte du même.

AN. 1224.

EGo Buchardus de Malliaco universis præsentes litteras inspecturis. Notum facio, quòd ego de assensu & voluntate Mathildis uxoris meæ & Theobaldi filii mei primogeniti, & aliorum filiorum meorum, dedi & concessi in puram eleemosinam pro salute animæ meæ & patris mei & matris meæ & antecessorum meorum & amicorum, monialibus Porregii terram meam de Chaignay, quam teneo de Petro Galteri de Eferoniis ad censum pro quindecim solidis annuatim in festo S. Remigii reddendis in perpetuum liberè & pacificè possidendam. Prædicta autem terra sita est inter terram dicti Petri & terram domini Hervei de Gallardone, sicut metæ dividunt ex utraque parte. Supradictæ verò moniales dicto Petro quindecim solidos ad festum S. Remigii persolvent annuatim, sicut ego persolvebam. Ut hoc autem ratum & inconcussum permaneat, præsens scriptum sigilli mei munimine roboravi anno Domini M. CC. XXIV. mense Jul. *Ibidem.*

Confirmation du don précedent, par le roy LOUIS VIII.

AN. 1224.

LUdovicus Dei gratiâ Francorum rex, universis præsentes litteras inspecturis salutem. Noveritis nos chartam dilecti & fidelis nostri Buchardi de Malliaco vidisse in hæc verba : Ego Buchardus &c. *ut suprà.* Nos autem ad ipsius prædicti Buchardi petitionem eleemosinam, sicut superiùs annotatur, salvo omni jure, ratam habemus, & sigilli nostri munimine roboramus. Actum in obsidione Rupellæ, anno Domini M. CC. XXIV. mense Julio. *Ibidem.*

Don de Matthieu de Mailly.

NOverint universi præsentes litteras inspecturi, quòd ego Matthæus de Malliaco pro salute animæ meæ, patris, matris, fratrum & progenitorum meorum, donavi in puram & perpetuam eleemosinam domui Portûs regis C. sol. parif. percipiendos super quintum meum singulis annis in reditu meo de Mellento, primâ die Decembris, ad faciendum pitanciam in anniversario meo. Et ut hoc ratum in perpetuum perseveret, præsentes litteras sigilli mei munimine confirmavi. Actum anno Domini M. CC. XXVI. mense Maio. *Ibidem.*

AN. 1226.

Don de Bouchard de Mailly.

NOverint universi, quòd ego Buchardus Malliaci, de assensu & voluntate Matildis uxoris meæ, Petri & Buchardi filiorum meorum, pro salute mea & prædictorum M. uxoris meæ, & P. & B. & aliorum filiorum meorum, necnon & progenitorum, & maximè pro salute & amore Theobaldi filii mei primogeniti, qui Dei gratiâ inspirante in abbatia Vallium Sarnaii habitum religionis Cisterciensis susceperat, donavi in perpetuam eleemosinam domui Portûs regis C. sol. par. percipiendos annis singulis in reditu meo de Mellento, primâ die Junii, quem reditum escambiavit mihi Matthæus frater meus pro decem lib. quas ego habebam in feodo quem dedit comes Mellenti bonæ memoriæ domino Matthæo patri meo ; & ut hoc ratum & stabile in perpetuum habeatur, præsentes litteras sigilli mei munimine roboravi. Actum anno Domini M. CC. XXVI. mense Maio. *Ibidem.*

AN. 1226.

Confirmation du don précedent, par la veuve & les enfans.

AN. 1226.

STephanus archidiaconus Paris. universis præsentes litteras inspecturis salutem in Domino. Notum vobis facimus, quòd constituti in nostra præsentia Matildis relicta defuncti Buchardi de Malliaco, Petrus & Buchardus filii ejus, voluerunt & concesserunt, fide præstitâ corporali in manu nostra, ut moniales Portûs regis habeant & pacificè in perpetuum possideant C. sol. par. quos contulit eis prædictus Buchardus percipiendos

JUSTIFICATIVES. 83

dos annis singulis in reditu suo de Mellento, primâ die Junii, sicut in charta ejusdem Buchardi vidimus contineri ; in cujus rei testimonium & munimen, ad petitionem ipsorum, præsentes litteras fecimus annotari, & sigilli nostri munimine roborari. Actum anno gratiæ M. CC. XXVI. mense Novembri. *Ibidem.*

Concession du connestable Mathieu de Mont-morency.

AN. 1227.

NOverint universi præsentes pariter & futuri, quòd nos Matthæus dominus Montismorencii & comestabulum Franciæ, bono animo concedimus eleemosinas quas bonæ memoriæ Matthæus de Montemorenciaco patruus noster, & charissimi consanguinei nostri Buchardus & Matthæus de Malliaco filii ejusdem Matthæi fecerunt in feodo nostro de Mellento, sicut in litteris ipsorum confectis super hoc continetur, videlicèt L. libras par. & ut hoc ratum in perpetuum habeatur, &c. Actum anno Domini M. CC. XXVII. *Ibidem.*

Concession de Guillaume de Gisors.

AN. 1232.

NOverint universi præsentes & futuri, quòd ego Guillelmus de Gisortio, bono animo concessi eleemosinas quas bonæ memoriæ Matthæus de Montemorenciaco & carissimi nostri Buchardus & Matthæus de Malliaco filii ejusdem Matthæi fecerunt in feodo nostro de Mellento, sicut in litteris ipsorum confectis super hoc continetur, videlicèt L. libras par. & ut hoc ratum habeatur in perpetuum, sigilli mei munimine roboravi. Actum anno Domini M. CC. XXXII. mense Aprili. *Ibidem.*

Concession de Pierre, seigneur de Mailly.

AN. 1233.

NOverint universi præsentes litteras inspecturi, quòd ego Petrus dominus Malliaci bono animo concedo eleemosinas quas fecerunt in reditu suo de Mellento bonæ memoriæ dominus Matthæus de Montemorenciaco avus meus, & dominus Buchardus carissimus pater meus & dominus Matthæus de Malliaco avunculus meus, sicut in litteris eorum confectis super hoc continetur, usque ad L. libras par. & ut ratum in perpetuum habeatur, sigilli nostri munimine roboravimus. Actum anno Domini M. CC. XXXIII. mense Maïo. *Ibidem.*

Tome II.

Le nombre des religieuses de Port-royal, fixé par decret du chapitre general tenu à Vau-cernay.

AN. 1233.

RELIGIOSIS in Christo dilectis filiabus abbatissæ & conventui de Portu regis Fr. Stephanus dictus abbas Savig. salutem & continuos in religionis fervore profectus. Capitulum generale pro exigentiæ debito sollicitum quomodo status ordinis inconcussus perseveret, statuit ut in domibus ordinis taxetur numerus certus personarum, & maximè monialium, ita quòd si abbatissa vel priorissa numerum sibi taxatum præsumat excedere, absque retractatione in continenti deponatur. Cùm igitur non ratione solâ derivationis Savigniacensis, sed etiam speciali ordinatione capituli generalis, nobis cura domûs vestræ suprema fuerit commissa, maximè quantum ad receptionem personarum ibidem ; convocatis apud valles Sarnaii administratoribus tam religiosis quàm sæcularibus domûs vestræ, intellexerimus bona immobilia sæpè dictæ domûs vestræ vix sufficere posse ad monialium sexaginta competentem sustentationem. Quapropter taxantes in domo vestra supradictum numerum monialium authoritate ordinis & capituli generalis, districtiùs inhibemus ne qua persona religiosa, vel sæcularis, dictum numerum taxatum præsumat excedere, assensu nostro speciali minimè requisito & ordinatè obtento, ne fortè gente imprudentiùs multiplicatâ, compellantur filiæ Jacob in grave piaculum animarum & famæ suæ læsionem non modicam, mendicando inverecundè discurrere, vel sub prætextu necessitatis jura sibi vendicare proprietatis. In cujus rei testimonium litteras præsentes dedimus patentes. Datum anno Domini M. CC. XXXIII. mense Novemb. *Ibidem.*

Il est à observer, qu'il paroît qu'il y a faute dans la copie que nous avons veuë de ce cartulaire, au mot sexaginta, *puisque dans l'acte suivant, il n'est question que de douze ou treize religieuses.*

Permission d'avoir une abbesse.

VENERABILI patri & domino P. Dei gratiâ Parisiensi episcopo, Fr. R. de Savigniaco & Fr. Th. de Vallibus abbates, salutem & orationes in Domino. Ex tenore litterarum vestrarum accepimus, quòd, sicut ex bonorum testimonio didicistis domus monialium eâ intentione

L ij

fuit fundata, ut cùm suppeterent facultates, præficeretur sororibus abbatissa. Adjecit quoque vestra paternitas, quòd cùm ad domum illam personaliter accessistis, invenistis ita redditus ampliatos, quòd indè possent tredecim moniales vel quatuordecim sustentari, undè authoritas vestra considerato voto fundatorum, petit ut gratum habeamus quòd domus illa gaudeat dignitate abbatissæ. Nos autem pugnare nolentes desiderio fundatorum, & parati semper ad petitionem vestram, quantùm de jure poterimus exaudiendam; præsentibus litteris vobis significamus & mandamus, quòd gratum habemus quod petitis, & gratanter accipimus, ut voluntas fundatorum effectui mancipetur; super hoc sermonem habuimus cum reverendo nostro abbate Cisterciense, & in hoc voluntas ejus nostræ voluntati concordat. Valeat paternitas vestra. *Ibidem.*

Autre lettre sur le même sujet.

DILECTIS in Christo dominæ Mathildi & filiis ejus, Fr. R. de Saviniaco & Fr. Th. de Vallibus, abbates, salutem & orationes in Domino. Ex litteris domini Parisiensis episcopi accepimus, quòd vestrum desiderium & ejus petitio in hoc convenerunt, ut in domo monialium de Porroïs præficiatur abbatissa, cùm jam ad præsens ad sustentationem sororum suppetant facultates. Hoc idem, si benè recolimus, accepimus ex ore vestro. Nos autem cùm vestram præsentiam haberemus, petitioni vestræ acquievimus, sub hac tamen conditione, ut . . . . si dominus Cisterciensis nobis sine conditione aliqua consentiret. Cùm itaquè ejus assensum habuerimus, præsentibus litteris nostrum significavimus assensum, volentes & petentes ut votum vestrum effectui mancipetur. Valete. *Ibidem.*

Concession de Pierre & Boucher de Mailli.

AN. 1238.

UNIVERSIS Christi fidelibus præsentes litteras inspecturis, Petrus dominus Malliaci & Bucher frater ejus, salutem in Domino. Notum facimus universis, quòd nos ratas habemus & gratas, & etiam confirmamus omnes eleemosinas quas dederunt bonæ memoriæ avus noster Matthæus quondam dominus Malliaci, & pater noster Buchardus filius ejusdem Matthæi, & Matthæus avunculus noster monialibus de Portu-regio, necnon & omnes eleemosinas quæcumque datæ sunt eisdem monialibus in omni dominio nostro & in omni potestate nostra, & in omnibus feodis nostris, volentes & concedentes, quòd dictæ moniales dictas eleemosinas in perpetuum liberè possideant & quietè; & ut hæc omnia supradicta perpetuam habeant firmitatem, præsentem paginam sigillorum nostrorum munimine duximus roborandam. Actum anno Domini M. CC. XXXVIII. *Ibidem.*

Autre de Mathieu de Mailli.

MATTHÆUS de Malliaco miles; omnibus ballivis suis salutem & dilectionem. Mandamus vobis & strictè præcipimus quatinùs visis litteris istis, sine dilatione & contradictione reddatis monialibus de Portu-regio, tam anno præsenti, quàm annis singulis futuris, primá die Martii VII. libras par. & dimidiam, primá die Junii VII. lib. par. & dimidiam; primá die Septembris VII. lib. & dimid. parif. primá die Decembris VII. lib. Parif. qui denarii eis assignati sunt ex eleemosina fælicis memoriæ Matthæi quondam patris mei, & Buchardi quondam fratris mei & mea, in redditu quem ego habeo apud Mellentum; quos etiam denarios dedimus dictis monialibus in puram & perpetuam eleemosinam singulis annis ad dictos terminos in dicto redditu percipiendos. In cujus rei testimonium, &c. Actum anno Domini M. CC. XXXVIII. mense Februarii. *Ibidem.*

AN. 1238.

Don de Mahaud, dame de Mailli.

EGO Mathildis nobilis mulier, domina Malliaci; notum facio universis præsentes litteras inspecturis, quòd dedi & concessi in perpetuum Buchardo militi, filio meo charissimo, triginta libratas terræ Turonenses, quas nobilis vir Matthæus de Malliaco miles mihi debebat assignare in propria hæreditate sua pro terra de Chahengneio, quam terram bonæ memoriæ Buchardus quondam dominus Malliaci & ego Mathildis uxor ejus, donavimus in perpetuam eleemosinam abbatiæ Portûs-regis. Ego prædicta M. amodò quitto dictum Matthæum de Malliaco militem ab assignamento prædictarum triginta terræ libratarum in perpetuum bonâ fide, & volo & concedo, quòd dicta abbatia Portûs-regis prædictam terram de Chahengneio in perpetuum quietè & pacificè possideat. Quod ut ratum & firmum permaneat in futurum, præsentes litteras sigilli mei munimine fe-

AN. 1231.

JUSTIFICATIVES.

ci roborari. Actum anno Domini M. CC. XXXVIII. mense Martio. *Ibidem.*

Lettres de S. Louis
En faveur de l'abbaye de Port-royal.

AN. 1239.

LUDOVICUS Dei gratiâ Francorum rex ; universis ballivis & præpositis suis ad quos litteræ præsentes pervenerint, salutem. Mandamus vobis quatinùs universas res dilectarum nostrarum in Christo monialium de Porroïs Cisterciensis ordinis in balliviis nostris constitutas, custodiatis & defendatis, non permittentes quòd rebus ipsarum ubi potestatem habeatis, gravamen, molestia, sive injuria inseratur. Immò, si ipsæ vel earum nuncii ad vos pro jure suo postulando accesserint, jus plenum & ita maturum faciatis, quòd non debeant conqueri de vobis. Actum anno Domini M. CC. XXXIX. mense Maïo. *Ibidem.*

Lettres Patentes de S. Louis
Pour la même abbaye.

AN. 1239.

LUDOVICUS Dei gratiâ Francorum rex ; notum facimus, quòd nos litteras claræ memoriæ regis Ludovici carissimi genitoris nostri vidimus in hæc verba* : Universis præsentes litteras inspecturis, salutem. Noveritis nos cartam dilecti & fidelis nostri Buchardi de Malliaco vidisse in hæc verba : Ego Buchardus, &c. *ut suprà.* * Nos autem prædicti genitoris nostri vestigiis inhærentes, eleemosinam prædictam, sicut superiùs continetur, volumus & concedimus, & eam, salvo omni jure, sigilli nostri munimine confirmamus. Actum apud sanctum Germanum in Laya, anno Domini M. CC. XXXIX. mense Junio. *Ibidem.*

*C'est la charte copiée ci-dessus.

¹ C'est la même qui est rappellée ci-dessus.

Autres lettres du même.

AN. 1248.

IN nomine sanctæ & individuæ Trinitatis, amen. Ludovicus Dei gratiâ Francorum rex ; notum facimus, quòd nos villam quæ dicitur *Piquadivilla*, & villam quæ dicitur *Petitevilla*, quas tenet & habet dilectus & fidelis noster Matthæus de Malliaco, ex dono & concessione inclytæ recordationis Philippi avi nostri, dilecto & fideli nostro Buchardo de Mailly in feodum ligium damus & concedimus sibi & hæredibus suis de uxore sua desponsata procreatis & procreandis, ad usus & consuetudines Normanniæ, & salvo omni jure alieno ; ita quòd dictus Matthæus toto tempore vitæ suæ prædictas villas teneat & habeat, similiter & ejus hæredes de uxore sua desponsata in posterùm procreandi, & hoc etiam salvo quòd si villa quæ dicitur Mons-martini non sufficeret ad solutionem perficiendam quinquaginta librarum annui redditûs, quas in puram & perpetuam eleemosinam dedimus abbatiæ monialium de Porregio Cisterciensis ordinis ; cùm in eadem percipere debeat ex dono nostro alias quinquaginta libras abbatia monialium de Thesauro nostræ Dominæ ejusdem ordinis, residuum capietur in dicta villa de Petitevilla ; hoc etiam semper salvum retinemus, quòd si aliquando dictaret nobis conscientia quòd de dictis villis restitutionem aliquibus facere vellemus, nobis liceret non obstante prædicta donatione. Nec dominus Buchardus vel hæredes ejus prædicti possent in ea aliquid reclamare, vel contrà ire. Volumus quoque quòd dictus Matthæus fructus & exitus dictarum villarum habeat post decessum suum per duos annos, ad faciendum prout de eisdem duxerit disponendum. Quod ut perpetuæ stabilitatis robur obtineat, præsentem paginam sigilli nostri auctoritate & regii nominis charactere inferiùs annotato fecimus communiri. Actum Parisius anno Domini M. CC. XLVIII. mense Junio, regni verò nostri XXII. astantibus in palatio nostro quorum nomina supposita sunt & signa, dapifero nullo ; *Signum* Stephani buticularii. S. Johannis camerarii, constabulario nullo, data vacante cancellariâ. *Ibidem.*

Don de JEAN Comte de Montfort-l'Amauri,
A l'abbaye de Port-royal.

AN. 1248.

OMNIBUS præsentes litteras inspecturis. Joannes Comes Montis-fortis, salutem in Domino. Noverint universi, quòd ego ob remedium animæ meæ & prædecessorum meorum, de assensu & voluntate Johannæ uxoris meæ, do & concedo ex nunc & in perpetuum in puram & perpetuam eleemosinam religiosis mulieribus abbatissæ & conventui Portûs-regii Cisterciensis ordinis, Parisiensis diœcesis, & earum monasterio, ducenta & quadraginta arpenta terræ quam habebam in uno continenti, contigua ex una parte territorio chemini Perreri, ex alia parte nemori quinque fratrum, ex alia terris leprosorum de Essartis regis, & ex alia, terris Roberti de Bacchivalle & Guidonis Parcherii de Gambes, ab eisdem abbatissâ & conventu & earum

L iij

monasterio ex nunc & in perpetuum tenenda & possidenda, libera & quitta absque aliquo onere censuali, costuma, servitio, & redibitione ; insuper autem do & concedo dictis monialibus in puram & perpetuam eleemosinam, quantùm ad dictum locum pertinet, usuarium mortui nemoris in communi foresta Aquilinæ ad comburendum, pasturam animalium & pecorum per communem forestam Aquilinæ, ut habent alii consuetudinarii in defensa. Pro hac autem donatione mihi & hæredibus meis ex nunc & in perpetuum dictæ moniales quittaverunt totum usuarium quod habebant in communi foresta Aquilinæ, scilicèt vivum nemus ad ædificandum, & mortuum ad comburendum, & pannagium porcorum quod ipsæ habebant in defensis meis & alibi, & insuper unum modium bladi quod habent in grangia mea de Meriaco, quæ omnia habebant & tenebant ex donatione patris mei & antecessorum meorum, & promitto eisdem abbatissæ & conventui quòd contra dictam eleemosinam non veniam in futurum, & dictas terras liberas & quitas, secundùm quod prædictum est garantizabo & liberabo in manu mortua bonâ fide, ad usus & consuetudines Franciæ, eisdem abbatissæ, & conventui, & monasterio earumdem. Retineo autem ibi omnes justitias ad baroniam pertinentes, videlicèt multri, rapti, occisionis & furti, & etiam omnem justitiam sanguinis. Volo tamen quòd dictæ moniales habeant simplicem melleam in fratribus & servientibus suis ibi commorantibus sine sanguinis effusione & membrorum deformatione. In cujus rei testimonium præsentes litteras sigilli mei munimine feci communiri. Actum anno Domini M. CC. XLVIII. mense Julii.

Confirmation de l'acte précédent par le roy S. Louis.

An. 1248.

IN nomine sanctæ & individuæ Trinitatis, amen. Ludovicus Dei gratiâ Francorum rex. Notum facimus, quòd nos litteras dilecti ac fidelis nostri comitis Montis-fortis vidimus in hæc verba: Omnibus præsentes litteras inspecturis, Joannes comes Montis-fortis, salutem in Domino. Noverint universi, quòd ego ob remedium animæ meæ, &c. *ut suprà.* * Nos autem prædictam eleemosinam, cùm præmissa de nostro feodo moveant, volumus, & concedimus, & confirmamus, salvo jure alieno. Quod ut perpetuæ stabilitatis robur obtineat, præsentem paginam sigilli nostri authoritate, & regii nominis charactere inferiùs annotato fecimus communiri. Actum apud Aquasmortuas anno incarnationis Dominicæ M. CC. XLVIII. mense Augusti, regni verò nostri XXII. astantibus in palatio nostro quorum nomina supposita sunt & signa, dapifero nullo.

Signum Stephani buticularii.
S. Johannis camerarii.
S. Imberti constabularii.
Data vacante cancellariâ. *Ibidem.*

* C'est la piece précédente.

Acte du Maistre ou Grand-prieur du Temple.

EGo frater Holdomus Templi Parisiensis præceptor humilis & fratres ejusdem loci. Notum facimus præsentibus pariter & futuris, quòd concessimus hospitalariæ sanctæ Opportunæ Par. quandam domum sitam in vico novo, juxtà domum defuncti Simonis Franque, pacificè & quietè in perpetuum possidendam pro sex solidis par. de cremento census, &c. Actum anno Domini M. CC. XI. mense Novembris. *Dubreul, antiquités* 1612. *p.* 873.

An. 1211.

Lettres de fondation de l'église de saint Symphorien.

EGo Matthæus comes Bellimontis, universis notum facio præsentibus pariter & futuris, quòd pro salute animæ meæ & omnium antecessorum meorum, & pro recompensatione itineris Hierosolymitani, dedi, & in perpetuam eleemosinam concessi Deo & Odoni episcopo Parisiensi, in honore beati Dionysii, locum illum in quo incarceratus dicitur beatus Dionysius, qui dicitur Capella sanctæ Catharinæ, & ædificium quod in eodem loco situm est, scilicèt à pratello exteriore usque ad stratam anteriorem, quæ inter ipsum locum & ecclesiam sancti Dionysii dé Carcere ducit, ad ædificandam ecclesiam in qua sacerdotes Deo & beato Dionysio in perpetuum deserviant. Ita quod pratellum & totum residuum ædificiorum meorum mihi & hæredibus meis liberè ex integro remanebunt. Sciendum autem est, quòd episcopus Parisiensis duos sacerdotes ibidem constituet ; & ego intuitu salutis animæ meæ in eadem ecclesia quæ ibidem à prædicto episcopo construenda est, de meo proprio unum sacerdotem constituam, cujus beneficium quotiescumque vel quoquo modo vacare contigerit, ego & hæredes

An. 1106.

redes mei alteri personæ idoneæ liberè conferre poterimus. Quam tamen personam episcopo Parisiensi & successoribus suis præsentare tenebimur, quæ jurabit ei residentiam & servitium illius ecclesiæ. Et quòd si non fuerit sacerdos, infrà annum ordinem sacerdotis recipiet. Duo etiam sacerdotes instituti ab episcopo de servitio & residentia simile juramentum præstabunt. Quod ut firmum & ratum permaneat, præsentem chartam conscribi, & sigilli mei impressione feci communiri. Actum publicè anno incarnati Verbi M. CC. VI. mense Decembri. *Dubreul, antiquités* 1612. *p.* 117.

Lettres d'Eudes de Sully évêque de Paris, sur le même sujet.

An. 1207.

O do Dei miseratione Par. episcopus ; omnibus ad quos præsentes litteræ pervenerint, in Domino salutem. Quod pro divini cultûs augmento statuitur, litterarum convenit testimonio commendari, ne processu temporis valeat in oblivionem adduci. Ad universorum itaque notitiam volumus pervenire, quòd cùm esset in civitate Parisiensi locus quidam reverentiæ & religionis antiquæ, in quo gloriosus martyr Dionysius in carcere traditur fuisse detentus. Quem etiam Dominus Jesus-Christus suâ perhibetur præsentiâ honorasse, cùm eidem martyri corporis sui sacramentum propinavit ibidem. Ubi etiam olim devotio fidelium capellam erexerat, quæ postmodùm per incuriam ad solitudinem redacta fuerat & neglecta. Tandem inspirante gratiâ Spiritûs sancti, nobilis vir Matthæus comes Bellimontis, qui tam in capella quàm in domo adjacente jus patronatûs habebat, quicquid juris habebat, in nos & successores nostros piâ liberalitate transfudit. Nos itaque locum ipsum ad honestiorem statum reducere cupientes, ibi in memoriam & venerationem beati Dionysii capellam solemniorem ereximus, & capellanos instituimus in eadem ecclesia servituros, & residentiam in propriis personis bonâ fide facturos. Ad eorum igitur sustentationem Elien. illustris comitissa Viromandiæ pro salute animæ dominæ A* serenissimæ quondam Francorum reginæ, pietatis intuitu contulit centum marcas argenti, de quibus comparavimus ab abbate & conventu *Montis-Estivi furnum quem habebant Parisius, qui dicitur *furnus inferni*, cum omnibus ad eum pertinentibus, pro centum & triginta libris parisiensibus. De residuo verò videlicet sexaginta & decem libris parisiensibus emetur redditus ad opus capellanorum quos prædiximus, cùm decima Willelmi Buignole militis redempta fuerit, quæ pro illis sexaginta & decem libris modò tenetur pignori obligata, ad opus ejusdem capellæ. Garnerus etiam de sancto Lazaro, civis Parisiensis, & Agnes uxor ejus domum suam sitam antè portam sancti Juliani pauperis totam, sicut comportat se, usque in magnum vicum, liberam ab uno denario censuali, & omni consuetudine & jure, quod Simon de Pissiaco miles in eadem domo habebat, & in manu nostra quittavit, & tres arpennos vinearum in valle sancti Martini, & unum arpennum & dimidium apud Leruel, eidem loco misericorditer contulerunt. Et sciendum quòd omnes proventus & redditus supradicti quatuor sacerdotibus in eadem capella, ut dictum est, servituris, portione distribuentur æquali ; quorum unus pro anima memoratæ reginæ, tres verò pro Garnero & Agnete perpetuò celebrabunt. Cuicumque autem earumdem capellaniarum, vel aliarum in eadem ecclesia futurarum aliqua conferetur, ipse tempore institutionis suæ jure tenebitur se facturum in capella residentiam in propria persona bonâ fide, & quòd ordinem sacerdotis, si sacerdos non fuerit, suscipiet infrà annum ; ita quod nihil percipere poterit de fructibus ecclesiæ, donec promotus fuerit ad ordinem sacerdotis ; sed interim cedent fructus in necessitates ipsius ecclesiæ. Sciendum etiam, quòd divina officia solemniter celebrabuntur in prædicta capella in matutinis, missâ & vesperis, & aliis horis canonicis, & pulsabuntur campanæ, sicut solet fieri in ecclesia præbendali ; ita quod omnes missæ, præter conventualem, sine notâ & pulsatione campanæ celebrabuntur. Concessimus præterea ut dictus comes Bellimontis in eadem capella capellaniam unam constituere possit, & liceat ipsi & successoribus suis comitibus Bellimontis eam conferre personæ idoneæ, nobis & nostris successoribus præsentandæ, quæ nobis subjecta erit in omnibus. Quotiens verò dictarum capellaniarum aliqua per mortem capellani vacaverit, in quibus nullo alio vacationis modo fieri volumus annuale ; medietatem annualis, fabricæ & aliis necessitatibus capellæ statuimus deputari ; & aliam medietatem percipiet institutus juxtà formam prædictam. Quod ut ratum permaneat, præsentem chartam sigilli nostri fecimus impressione muniri. Actum Pari-

* Agnés fille du duc de Meranie.
† Montivier.

sius anno incarnati Verbi M. CC. VII. pontificatûs nostri anno X. mense Augusto. *Ibidem.*

Acte en faveur de la même église.

AN. 1214.

MAGISTER Ernandus officialis Parisiensis curiæ; omnibus præsentes litteras inspecturis, in Domino salutem. Universitati vestræ notum facimus, quòd cùm Rogerus de Camera & Joanna uxor ejus haberent in parte cujusdam furni qui dicitur *furnus inferni*, quæ pars videlicèt fuit defuncti Odonis de sancto Mederico, viginti solidos annui census; tandem iidem Rogerus & Joanna in nostra præsentia constituti, pro animarum suarum remedio in puram & perpetuam eleemosinam, quintam partem prædicti census dederunt ecclesiæ sancti Symphoriani de carcere, & concesserunt in perpetuum quietè & pacificè obtinendam. Totum autem residuum prædicti census vendiderunt eidem ecclesiæ prædictæ pro duodecim libris parisiensibus, similiter possidendum. Promiserunt etiam corporaliter, præstitâ fide suâ, se tam eleemosinam quàm venditionem prædictas in perpetuum defensuros, &c. Actum anno Domini M. CC. XIV. mense Aprili. *Et scellé en cire verde sur queue de parchemin. Ibidem p.* 110.

Translation de la paroisse S. Gilles, S. Leu, du prieuré de S. Denis de la Chartre, en l'église de S. Symphorien.

AN. 1618.

HENRY par la miseration divine, prestre, cardinal de la sainte église Romaine, nommé de Retz évêque de Paris. A tous ceux qui ces présentes lettres verront, salut en nostre seigneur; sçavoir faisons, que pour les grands differens & dissensions, que de temps immemorial auroient esté entre les prieurs de S. Denis de la Chartre à Paris d'une part, & les curés ou vicaires perpetuels & paroissiens de la chapelle parochiale de S. Gilles S. Leu, fondée en la nef de l'église dud. prieuré d'autre part, à cause desquels se seroient ensuivis de grands procez, tant en la cour Ecclesiastique, qu'en celle de parlement. Sur lesquels, combien qu'il ait esté donné plusieurs sentences & arrests, portant reglement entre lesd. parties, toutesfois jusqu'à present nous n'aurions peu pû voir une paix & repos establi entr'elles. Au contraire, nous voyons tous les jours renaître nouvelles occasions de discords au grand préjudice de Dieu, service de son église, & édification & estat de conscience desd. parties, sans esperance d'aucune fin, tant qu'elles feroient leurs fonctions ensemblement en lad. église. A ces causes, nous aurions par plusieurs & diverses fois esté requis & suppliés de vive voix, séparément par chacune d'icelles, & finalement par requeste de maistre Edme Girardon curé, & la pluspart des paroissiens de lad. paroisse, du mois d'Octobre de l'année M. DCVI. pour mettre fin aux scandales, qui continuellement naissoient, de transferer ladite paroisse en l'église S. Symphorian voisine dud. prieuré, & grandement commode ausd. curé & habitans, & laquelle à cause de la vieillesse est en grande ruine, & ne peut estre rétablie & réparée par les chanoines d'icelle, à cause de leur pauvreté & peu de revenu des prebendes d'icelle. Outre qu'il ne s'y fait plus aucun, ou peu de service divin, sinon à la devotion de quelques confrairies & autres personnes charitables, quelques jours de la semaine; & depuis & dès l'onziesme jour de Janvier dernier passé, toutes lesdites parties en pleine audiance de la cour de parlement, auroient de commun accord requis la translation de lad. paroisse hors iceluy prieuré; surquoy par arrest dud. jour, auroit esté ordonné que sur icelle translation les parties se pourvoiroient pardevant nous pour en ordonner suivant les saints decrets & constitutions, ce que verrions bon estre. Ensuite de quoy nous auroient esté faites plusieurs & diverses propositions par lesd. parties, tant de vive voix que par requestes presentées de commun consentement desd. curé & paroissiens, ensuite des resolutions prises en leurs assemblées; lesquelles par nous veues, ouyes & murement considerées, sur ce appellez & ouys les chanoines de lad. église S. Symphorian, lesquels en notre presence seroient demeurez d'accord de l'extreme besoin qu'il y a de rétablir lad. église, qui est presque en ruine, & que pour la remettre en bon estat de massonnerie, charpenterie & couverture, il seroit necessaire d'y employer grande somme de deniers, comme il appert par le rapport de la visite faite par Marie & Girault maistres masson & charpentier, qui auroient estimé les ouvrages necessaires à la somme de trois mil cinq cens livres tournois, ainsi qu'il est porté par l'acte dud. rapport, signé de leurs mains, qui nous a esté representé, & que pour la grande pauvreté de leurs benefices, qui par faute de leurs predecesseurs ou

autres

JUSTIFICATIVES. 89

autres malheurs, auroient esté tant diminuez, que tout le revenu de lad. église, tant en fonds que rentes constituées, ne peut monter qu'à la somme de soixante livres deux sols six deniers tous les ans, outre quelque peu de devotions de quelques confrairies érigées en lad. église, & les oblations qui s'y font les vendredis par les femmes enceintes qui visitent lad. église, & qu'à cause de la modicité de leur revenu, de temps immemorial il ne se faisoit plus aucun service ordinaire en icelle, sinon les jours de Patron, & quelques obits qu'ils auroient introduits depuis peu de temps pour le repos des ames de leurs fondateurs & bienfaicteurs, se remettant à ce que nous ordonnerons sur la récompense de leur église, nous suppliant, en ce faisant, leur conserver le titre de benefice : ouy aussi sur ce notre promoteur en ses conclusions. Nous aurions enfin jugé pour le plus grand honneur de Dieu, service de l'église, édification, paix & repos des paroissiens, & le bien commun de toutes les parties, de transferer, comme par ces presentes nous transferons, de notre autorité épiscopale, & du consentement d'icelles parties, lad. paroisse S. Gilles, S. Leu de l'église dud. prieuré S. Denis de la Chartre en celle de S. Symphorian, avec tous les meubles, ornemens, revenus, obits, fondations, & generalement toutes autres choses qui appartiennent à lad. paroisse, pour estre doresnavant desservie à perpetuité en lad. église S. Symphorian, avec l'administration des SS. sacremens & exercice de toutes autres fonctions curiales & parochiales, par lesd. curé & paroissiens & leurs successeurs, sans que Dom René Hason prieur dud. prieuré S. Denis de la Chartre & ses successeurs prieurs, puissent doresnavant plus prétendre aucune sorte de jurisdiction, droits ou redevances, mesme comme curés primitifs sur les curés & habitans du destroit de lad. paroisse, autrefois dite de S. Gilles, S. Leu, à present appellée de S. Symphorian, & sera tenu led. prieur dans huitaine après la signification qui luy sera faite des presentes, prester son consentement à icelles, & accorder qu'elles seront executées selon leur forme & teneur, & de fournir un acte de renonciation en bonne forme & autentique : à laquelle paroisse de notredite autorité, & du consentement des quatre chanoines fondez en lad. église S. Symphorian, nous assignons, donnons & transportons lad. église, avec toutes ses dépendances & appartenances, droits, revenus, fondations, noms, raisons & actions de quelque sorte & nature qu'ils soient, scituez tant en cette ville qu'ailleurs, pour estre perpetuellement annexez & appropriez à l'œuvre & fabrique de lad. paroisse S. Symphorian, & pour en jouir par lesd. curé, marguilliers, & paroissiens, comme de leur propre fond appartenant à lad. paroisse, suivant & conformément au procez verbal & reglement qui en sera cy-après par nous ou notre vicaire general fait, à la charge toutesfois & conditions, que les marguilliers & fabriciens d'icelle seront tenus & obligez payer & fournir annuellement, & à perpetuité ausd. quatre chanoines, la somme de deux cens liv. tournois ; à sçavoir à chacun d'eux & leurs successeurs, qui doresnavant seront seulement appellez chapelains de S. Symphorian, la somme de cinquante livres tournois de pension annuelle & perpetuelle non rachetable, qui sortira nature de fond & fondations desd. chapelles exemptes de toutes charges, decimes, imposts, tant ordinaires qu'extraordinaires, & à cet effet, & pour l'asseurance de ladite pension, obligeront, outre le revenu de lad. église S. Symphorian, comme dessus transferé, tout le revenu de l'œuvre & fabrique de lad. paroisse, pour estre specialement hypotequé au payement d'icelle, & aux quatre termes à Paris accoûtumez, à commencer au jour de Toussaints prochain, & continuer d'an en an à perpetuité : seront aussi lesd. marguilliers tenus de faire rétablir lad. église S. Symphorian, & la mettre en bon estat de réparation, & l'entretenir doresnavant à leurs dépens & de la fabrique, en sorte qu'en icelle le divin service & administration des SS. sacremens, s'y puisse faire avec honneur & décence deubs, & les paroissiens y assister commodément & en asseurance, sans que lesd. quatre chapelains soient contraints d'y contribuer aucune chose de leur part, semblablement d'y faire celebrer le divin service ordinaire, comme il a accoûtumé d'estre fait aux paroisses : & aux festes de S. Symphorian, S. Blaise, & dédicace de l'église, comme aussi de S. Gilles, S. Leu leurs anciens patrons le faire solemnellement, ainsi qu'il a esté accoûtumé estre fait au jour du patron ; feront aussi lesd. marguilliers continuer & entretenir tout le service qu'ils avoient accoûtumé faire en lad. chapelle S. Gilles, S. Leu, tant ordinaire de la paroisse, que des obits & autres services, conformé-

Tome II.   M

ment aux fondations & anciennes coûtumes. D'autre part, lesd. quatre chapelains seront aussi tenus & obligez pour la charge de leurs chapelles, de dire & celebrer tous les Dimanches de l'année à perpetuité, une messe basse à l'autel de S. Symphorian, à six heures du matin précisément, du jour & feste qui se celebrera, à la fin de laquelle ils diront *De profundis, &c.* avec l'oraison pour les fondateurs & bienfaicteurs de lad. église, outre lesquelles seront encore tenus de dire & celebrer pour le repos des ames des fondateurs & bienfaicteurs de ladite église S. Symphorian, quatre fois chacun an à perpetuité, une haute messe des trepassez, avec les vigiles à neuf pseaumes & neuf leçons le jour precedent, & les recommandaces avec icelle messe, le plus solemnellement que faire se pourra, les mercredis & jeudis des quatre-temps de l'année, ou lesd. jours estant empêchez, aux jours plus proches & commodes, à quoy faire lesd. marguilliers seront tenus leur fournir calice, luminaire, pain, vin, & ornemens necessaires & convenables. La présente translation faite aux causes, clauses, conditions, respectivement ci-dessus specifiées, sans pour ce préjudicier au droit de nomination que les venerables prieur, religieux & convent de S. Martin des Champs de cette ville ont de lad. cure. Ains entendons, que toutesfois & quantes que vacation adviendra d'icelle cure, ils ayent le mesme droit qu'ils avoient lorsque lad. paroisse estoit desservie dans led. prieuré S. Denis de la Chartre, de nous présenter personne séculiere & capable pour y estre par nous instituée, à qui appartiendra la collation, provision & toute autre disposition, comme nous avons par ci-devant eu, à cause de nostre dignité épiscopale. Semblablement nous nous reservons & à nos successeurs évesques de Paris, la nomination, institution, provision & toute autre disposition desdites quatre chapelles, ainsi que dessus instituées en ladite église S. Symphorian, telle que nous avions auparavant des quatre prébendes ausquelles lesd. chapelles ont succedé, sans que les marguilliers & paroissiens de lad. église S. Symphorian, ou autres de quelque qualité & condition que ce soit, puissent jamais prétendre aucun droit de nomination & présentation, ou autre quelconque disposition d'icelles. Et en ce faisant, nous ordonnons que lesd. quatre chapelains mettront entre les mains d'iceux marguilliers & paroissiens, tous les meubles, ornemens, joyaux, reliques, papiers, titres & enseignemens, & autres droits qui appartiennent à lad. église S. Symphorian, lesquels par la présente translation, nous transportons à l'œuvre & fabrique de lad. paroisse S. Symphorian, & ce par bon inventaire, que lesd. marguilliers seront tenus faire mettre au trésor de leurdite église, pour s'en servir, comme lesd. quatre chanoines s'en servoient auparavant lad. translation, & jouir des revenus, rentes & autres droits, comme lesd. chanoines en jouissoient par ci-devant, aux noms, raisons & actions desquels, de notre autorité & de leur consentement, nous les avons mis & subrogez, comme par ces présentes nous les mettons & subrogeons. Nous entendons aussi que led. Girardon curé & ses successeurs ayent seuls la puissance d'habiter les prestres en lad. paroisse S. Symphorian, leur permettre d'y porter le surply, y celebrer la messe & administrer les sacremens, pourveu qu'ils soient approuvez de nous ou nos vicaires, & de bonne vie & mœurs, sans que les marguilliers ou paroissiens puissent prétendre aucun droit d'en introduire d'autres. Semblablement ils accepteront les fondations qui se feront en la paroisse, conjointement avec les marguilliers, comme aussi les confrairies, si aucunes sont doresnavant canoniquement instituées en icelle église, en observant les reglemens portez en nos statuts synodaux, assisteront aux assemblées, tant pour l'audition des comptes qu'élection des marguilliers, & autres affaires de la paroisse, & auront tous les droits, tant honorifiques qu'utiles, qu'ont les autres curés de cette ville de Paris. Ne pourront toutefois prétendre aucun droit aux devotions qui se font les jours de vendredy en lad. église S. Symphorian par les femmes enceintes, lesquelles nous avons assignées ausd. marguilliers & fabrique, pour supporter une partie des charges d'icelle église, à condition néantmoins qu'ils n'employeront que ledit curé & prestres habituez par icelui, pour subvenir ausd. devotions, & n'en pourront commettre aucun autre sans la permission & congé dud. curé. Faisant très-expresses deffenses, tant aud. curé que prestres qui seront commis, de tolerer aucun abus en l'exercice desd. devotions, comme nous avons esté avertis que par ci-devant il avoit esté pratiqué par quelques femmes par trop superstitieuses, nommément de faire aucun voyage autour du puits qui est en la basse chapelle, & y jetter

JUSTIFICATIVES.

jetter des chandelles, fur peine d'eftre procedé contre iceux par les peines canoniques & autres que nous verrons bon eftre. Si donnons en mandement à noftre official, de mettre lefd. maiftre Edme Girardon curé, marguilliers & paroiffiens en la poffeffion & jouiffance de lad. églife S. Symphorian, droits & revenus d'icelles, obfervant les formes, qui en femblables cas ont accoûtumé eftre gardées. Donné à Paris fous le fcel de noftre chambre le xi. Juillet, l'an M. DC. XVIII. *Ainfi figné*, H. Cardinal de Rets. *Marrier hiftoire de S. Martin des Champs, p.* 463.

Acte concernant le Four d'enfer mentionné ci-deffus, p. 87.

An. 1194.
» Suilly.

IN nomine Domini, amen. Ego Mauricius Dei gratiâ Parifienfis epifcopus, notum facimus univerfis præfentibus & futuris, quòd D. Johannes de * Soiliaco & Johanna uxor fua quemdam furnum Parifius, qui furnus inferni dicitur, & ad eum pertinentia ecclefiæ B. M. de Monte-eftivo, pro centum libris, duos etiam modios bladi quos habebant in decima de portis, alterum modium frumenti, & alterum modium avenæ, pro quinquaginta libris, affenfu filiorum fuorum vendiderunt. Venditionem furni concefferunt Robertus & Theobaldus de Chaveneris, de quorum hæreditate erat; & eam laudaverunt Helifeus Senefcalla, de cujus feodo erat, & Ferricus de Bruneyo, de quo feodum illum Senefcalla tenebat. Nos quoque, qui fumus capitalis dominus illius feodi, hanc venditionem approbavimus, & figillo noftro confirmavimus. Venditionem duorum modiorum bladi concefferunt Terricus clericus frater prædicti Johannis & Mileleve foror fua, & Aubertus de Montibus frater fuus, de cujus feodo erant. Datum anno incarnationis M. C. XCIV. epifcopatûs noftri XXXV. Scellé en cire verte fur cordons de foye. *Dubreul antiquités* 1612. *p.* 117.

Ce Four d'enfer étoit hors de la ville, près du grand châtelet, & joignoit les boucheries.

Acte en faveur des religieux de la Trinité de Paris, dits Mathurins.

An. 1209.

UNIVERSIS Chrifti fidelibus præfentis paginæ formam & feriem infpecturis, prior fancti Germani in Laya, totius ejus parochiæ judex ordinarius, falutem in Domino fempiternam. Noverint univerfi quòd in noftra præfentia perfo-
Tome II.

naliter conftitutus Guernerius dictus coquus juftitiabilis nofter, attendens omnia beneficia quæ fiunt & de cætero fient in ecclefia fancti Mathurini Parifius ordinis fanctæ Trinitatis & captivorum fibi in alio fæculo profutura, afferuit corâm nobis fpontaneus non coactus, quòd ipfe in puram & perpetuam eleemofinam miniftro & fratribus dicti loci dederat, concefferat, ac in perpetuum quittaverat poft deceffum fuum habendam medietatem cujufdam domûs fitæ apud fanctum Germanum in Laya, in vico per quem itur de domo Joannis Victoris ad capellam S. Eligii &c...... Quod ut ratum, firmum & ftabile permaneat in futurum, his præfentibus litteris, ad requeftam dicti datoris figillum noftrum duximus apponendum. Datum anno Domini M. CC. IX. die Jovis ante nativitatem Domini noftri. *Dubreul, antiquités* 1612. *p.* 491.

Lettres du roy LOUIS VII.

En faveur de l'hôpital S. Benoift, près des Thermes.

An. 1138.

IN nomine fanctæ & individuæ Trinitatis, &c. Ego Ludovicus Dei gratiâ rex Francorum & dux Aquitanorum, notum haberi volumus univerfis tam futuris quàm præfentibus, quòd nos pro remedio animæ noftræ & antecefferorum noftrorum, eleemofinæ beati Benedicti quæ fita eft in fuburbio Parifienfi juxta locum qui dicitur Thermæ, obolum unum quem de cenfu annuatim ab eadem eleemofina habebamus, de terra fcilicèt Simonis Tornelle, prorfus dimifimus & in perpetuum condonavimus: ut prædicta eleemofina terram illam ab omni exactione liberam & quietam perpetuò poffideat, &c. *Ibid. pag.* 490.

Sentence arbitrale au fujet de la jurifdiction fpirituelle de l'abbaye de S. Germain des Prés dans les nouvelles paroiffes de fon territoire.

An. 1210.

GAUFRIDUS Dei gratiâ Meldenfis ecclefiæ minifter humilis, & Michael decanus fancti Marcelli, & frater Garinus; omnibus Chrifti fidelibus falutem in Domino. Cùm effet contentio inter Petrum epifcopum & Hugonem decanum totumque capitulum Parifienfe, & Willelmum archipresbyterum S. Severini, ex una parte: & Joannem abbatem & conventum fancti Germani de Pratis, & Radulphum presbyterum fancti Sulpicii, ex altera; fuper jure epifcopali

M ij

& jure parrochiali spirituali in territorio sancti Germani de Pratis ultrà parvum pontem, sivè sit ædificatum, sivè ædificandum usque ad burgum S. Germani ; tandem pro bono pacis compromiserunt in nos ab utraque parte sub pœna ducentarum marcharum ratum habituri, & firmiter servaturi quicquid nos tres pro bono pacis inter ipsos statuerimus bonâ fide. Nos autem pro bono pacis diximus, quòd totum territorium quod continetur à tornella Philippi Hamelini suprà Sequanam, usque ad metam quæ dividit terram beati Germani, ex una parte, & terram sanctæ Genovesæ, ex altera versus Garnelles, sicut Sequana comportat; & ab eadem secunda meta usque ad metam quæ est propè cheminum Issiaci, quæ similiter dividit utramque prædictam terram; & ab illa tertia meta usque ad quartam metam quam nos posuimus extra muros versùs sanctum Stephanum, sicut cheminum Issiaci comportat, ab illa tertia meta usque ad quartam prædictam metam, & ab illa meta usque ad supradictam tornellam Philippi Hamelini, sicuti muri extrà se comportant, exemptum maneat ab omni jure episcopali & parrochiali spirituali Parisi. in perpetuum. Totum autem territorium quod est infrà muros erit in perpetuum de jurisdictione episcopali Parisiensi. Præterea diximus parrochiam sancti Severini durare ab ecclesia S. Severini usque ad metam quam posuimus suprà Sequanam, juxtà domum quæ dicitur domus W. de S. Marcello ; & ab illa meta usque ad secundam metam quam posuimus juxtà domum Odonis de Hedera, sicut vicus se comportat à prima meta ad secundam, & à secunda meta usque ad tertiam metam quam posuimus in platea quam Balduinus cementarius tenet de sancto Juliano, sicut vicus comportat. In toto autem territorio ædificato sivè ædificando ultrà metas illas parrochiæ S. Severini usque ad muros regis habebit monasterium S. Germani in perpetuum jus patronatûs ad construendam unam vel duas ecclesias parrochiales, non plures, & presbyteros ibi instituendos tenebitur abbas præsentare archidiacono & episcopo Parisi. Si ibi fuerint duæ ecclesiæ constructæ, ab utroque presbytero illarum habebit abbas S. Germani singulis annis in perpetuum triginta solidos. Si verò unica fuerit ibidem ecclesia, capellanus ejusdem singulis annis in perpetuum reddet dicto abbati sexaginta solidos. Episcopus autem Parisiensis tenebitur reddere abbati prædicto quadraginta solidos in festo S. Remigii usque ad triennium : nisi antè triennium in prædicto territorio constructa fuerit ecclesia una vel duæ ; quia ex quo constructa ibi fuerit ecclesia, cessabit solutio illorum quadraginta solidorum. Et etiam post triennium, sive sit constructa ecclesia, sive non : nihilominùs cessabit solutio. Et donec ibi sit constructa ecclesia, parrochiani de illo territorio ibunt ad S. Severinum tamquam parrochiani. Ecclesiâ verò ibidem constructâ, vel ecclesiis constructis, parrochiani illi revertentur ad ecclesiam constructam vel ecclesias. Et si duæ ecclesiæ ibi fuerint, pro voluntate abbatis, parrochiæ limitabuntur. Radulphus autem presbyter S. Sulpicii in recompensatione decimæ, quam in territorio reclamabat, quamdiù vivet habebit ab ecclesia S. Germani quadraginta solidos in festo S. Remigii, vel singulis diebus quamdiù vixerit habebit unum panem album & unam quartam vini conventualis, si abbas maluerit. Post mortem verò ejusdem Radulphi non tenebitur dicta abbatia reddere successori ejus illos quadraginta solidos, neque panem neque vinum. Omnis justitia sæcularis remanet abbatiæ sancti Germani in perpetuum in toto territorio suo, sive in parrochia S. Severini, sive extrà. Quod ut firmum habeatur in perpetuum, sigillorum nostrorum munimine præsentem paginam roboramus. Actum an. gratiæ M. CC. X. mense Januario. *Ibidem p. 343.*

Lettres du roy PHILIPPE AUGUSTE
Portant confirmation d'une charte de Galeran comte de Meulan.

AN. 1195.

IN nomine sanctæ & individuæ Trinitatis, amen. Philippus Dei gratiâ Francorum rex. Noverint universi præsentes, præteriti & futuri, quòd nos inspectâ chartâ Galerani quondam comitis Mellenti, ad petitionem fratris Hugonis prioris beati Nigasii de Mellento, pro salute animæ nostræ eleemosynas & consuetudines præfati monasterii, sicut in ipsius Galerani charta continebantur, in præsenti charta præcepimus annotari, sicut inferiùs scriptæ sunt, videlicèt quòd idem Galeranus dedit beato Nigasio & Beccensibus monachis in ipsius ecclesia Deo famulantibus teloneum mercati de Mellento integraliter, sicut à prædecessoribus suis Galerano & Hugone comitibus, & Roberto comite patre suo donatum & confirmatum est; scilicèt, ab hora qua signum ad nonam sonuerit quartâ feriâ in ecclesia beati Nigasii, usque ad horam quintæ feriæ, quando tertium in eadem ecclesia signum ad nonam sonuerit. Erit itaque teloneum universorum indifferenter, quæ in eodem mercato Mellenti infrà præscriptum terminum vendentur aut ementur sub jure beati Nigasii, ad usus monachorum perpetuò profuturum. Præcepit etiam idem Galeranus juxtà quod in antiqua charta patris sui continebatur omnibus baronibus servientibus atque fidelibus suis, ut mercatum S. Nigasii custodiant & attrahant melius quàm si teloneum esset situm proprium ; insuper & eisdem prohibuit super fidelitatem quam sibi debebant, ut nihil omninò contrà voluntatem negotiatorum ab ipsis accredant, neque proprium auferant, nec eosdem in eundo aut redeundo, vel in ipso mercato qualibet occasione disturbent. Addidit præterea, quòd nullus liber erit à telonei solutione, præter istos qui subscripti sunt, omnes videlicet infrà castrum Mellenti, & Mellentum villam, & villam de Tessencoro usu quotidiano commorantes, aut famulus alicujus militis in castro Mellenti residentis, custodiens aliquam domum domini sui extrà Mellentum positam, & vivens de pane domini sui, si tamen ipsa domus est de feodo Mellenti. Famulus etiam Gachonis de Pissiaco, custodiens domum ipsius de Fresnes. Si quis alius deprehensus fuerit teloneum fraudulenter celasse, vel modo quolibet beato Nigasio abstulisse, præpositus Mellenti de eo vindictam faciat, & salvâ ejus vitâ & membris, primùm quidem cogat eum reddere ecclesiæ teloneum quod abstulerat, deindè quinque solidos pro forisfacto ablati telonei priori aut monachis assignare compellat, quos quinque solidos nullus condonare poterit, excepto priore aut monachis ad quos indubitanter pertinere cognoscuntur. Præterea concessio præfatæ ecclesiæ beati Nigasii absque ulla retentione totam decimam de redditu Sal.... troncorum per aquam transeuntium, & decimam molendinorum suorum de Mellento, operum molendinarii, aut molendinorum firmarii, tam bonum bladum ecclesiæ reddere debent, quàm bonum ad suos usus proprios servientes sui ab eisdem receperint. In festivitate etiam beati Nigasii præpositus Mellenti annuatim de redditu comitis porcum quinque solidorum aut quinque solidos, sicut monachi maluerint, debet ex more eis reddere, & cellarius comitis unum modium boni vini de vino comitis, candelam etiam pretii trium denariorum de redditu comitis debet idem præpositus uno quoque sabbatho portare aut mittere in ecclesiam sanctæ Mariæ sanctique Nigasii pro comite. In dedicatione præterea quando ecclesia infrà insulam Mellenti in honorem Dei genitricis Mariæ & sanctorum martyrum Nigasii, Quirini, & Sculuiculi à Gaufrido Carnotensi episcopo consecrata est. Dictus Galeranus dedit Deo & beatis martyribus de redditu navium antè castrum Mellenti per fluvium Sequanæ transeuntium, decem libras denariorum apud Mellentum publicè currentium, annuatim jure perpetuo in monachorum usus transituras, & à præposito Mellenti reddendas, scilicèt primam medietatem in initio quadragesimæ, & aliam medietatem mediante quadragesimâ. Gualbertus etiam vicecomes Mellenti sub eadem dedicatione dicto Galerano comite præsente & concedente, spontaneus obtulit eidem sacrosanctæ ecclesiæ decem solidos denariorum, quos in feodum de prædicto navium redditu à comite Mellenti tenebat singulis annis à præposito Mellenti, dum comes ipsum feodum sibi retinuerit, secretario beati Nigasii persolvendos. Quòd si illud de manu sua comes jecerit, quicumque ipsum feodum tenuerit, ipsos decem solidos præfatæ ecclesiæ reddat. Simon etiam cognomento Malusfiliastus ibidem obtulit Deo & beatis martyribus quinque solidos annuatim persolvendos de feodo quem de comite apud Mellentum in aqua tenebat. Concessit etiam idem Galeranus præfatæ ecclesiæ ecclesiam sancti Nicolai in novo castro extrà insulam Mellenti constitutam, sicut ex dono patris sui acceperat in perpetuum possidendam. Similiter & ecclesias S. Gervasii & S. Johannis, quæ sunt sitæ Parisius in vico qui dicitur Greva. Sic & secundam decimam prout primam decimationem de domestica quarruca sua de vallis, sive in manu sua sit, sive ad firmam vel censum eandem aliquis de manu sua receperit, videlicèt pro brevibus suis quæ monachi beati Nigasii debent facere uti à præposito suo vel ab aliis servientibus suis rogati fuerint ; feriam quoque quam nomine alio mercatorum nundinas dicunt, sicut christianissimus pater noster rex quondam Francorum Ludovicus præfatæ ecclesiæ scripto proprio confirmavit, idem Galeranus concessit cum omnibus consuetudinibus & utilitatibus quas feria reddere debet. Inhibuit etiam ne aliquis servientium aut hominum suorum ab aliquo ad ipsam feriam veniente aliquod debitum vel consuetudinem exigere præsumat. Sic quicumque ad eandem feriam venerint, liberè & quietè veniant, liberè & quietè negotia sua faciant, liberè & quietè recedant, præfatæ ecclesiæ debitum tantummodò reddentes. Universa denique quæ à primis suis fundamentis præfata ecclesia largitione prædecessorum suorum, vel oblatione fidelium usque ad tempus suum conquisivit vel conquisitura est deinceps, sive etiam jure emptionis dictus Galeranus chartæ suæ munitione confirmavit. Nos igitur omnia prædicta ut perpetuum robur contineant, sigilli nostri auctoritate & regii nominis charactere inferiùs annotato præsentem paginam, salvo jure alieno, confirmamus. Actum apud Vernonem anno ab incarnatione Domini M. C. XC V. regni nostri anno XVII. astantibus in palatio nostro quorum nomina supposita sunt & signa. Dapifero nullo.

Signum Guidonis buticularii.
S. Mathæi camerarii.
S. Droconis constabularii.
Data vacante cancellariâ.

L'original de cette charte est en parchemin, scellé du grand sceau de cire verte, où est empreinte l'image du roy assis sur son thrône, avec cette inscription : Philippus Dei gratiâ Francorum rex. *Il est à noter pour l'histoire, que la petite éminence sur laquelle sont bâties les églises de saint Gervais & saint Jean & les environs, appellée vulgairement le Monceau S. Gervais, est en la seigneurie directe du roy, comme étant à présent comte de Meulan. Cet endroit de Paris est nommé* Moncellum S. Gervasii, *dans un registre manuscrit de Philippe Auguste, contenant les fiefs relevans de la couronne, tiré du thrésor des chartes de la bibliotheque du roy, où il se lit dans le dénombrement des fiefs relevans dudit comte de Meulan. pag. 23. tit.* feoda comitis Mellenti, Parisius tota Gravia & Moncellum S. Gervasii. *Ce qui sert pour éclaircir le droit de patronage de ces deux églises, appartenant aux comtes de Meulan, & par eux donné au prieuré de Meulan qu'ils ont fondé, comme on voit par une charte de l'an* 1141. *qui commence :* Sæpè contingere solet. *Laquelle charte du comte Galeran ne contient que ce qui est rapporté dans les lettres royaux ci-dessus copiées.*

Tiré d'un imprimé de l'an 1651.

Lettres de l'archevêque de Sens
Sur le patronage de S. Gervais.

GUILLELMUS Dei gratiâ Senonensis archiepiscopus, apostolicæ sedis legatus, dilectis filiis priori totique capitulo ecclesiæ S. Nichasii de Mellento, in Domino salutem. Cùm ecclesiam vestram in qua divino mancipati estis obsequio, paterno affectu amplexamur, nos, sicut decet, jura sua volentes vobis & illi illæsa observari & illibata ; ecclesiæ S. Gervasii de Greva in episcopatu Parisiensi, & ecclesiæ S. Petri des Mureaux, necnon & ecclesiæ B. Martini de Frenes in episcopatu Carnotensi præsentationes, & quæ hactenùs huc usque in dictis ecclesiis rationabiliter possedistis, præsentis scripti attestatione & sigilli nostri authoritate vobis & ecclesiæ vestræ confirmamus. Statuentes & sub anathemate inhibentes ne quis huic nostræ confirmationis paginæ ausu temerario in aliquo obviare præsumat, salvâ tamen in omnibus sedis apostolicæ authoritate. *Ibidem.*

Erection de l'église de S. Jean en Grève, en paroisse.

PETRUS Dei gratiâ Parisiensis episcopus, omnibus præsentes litteras inspecturis salutem in Domino. Ad universitatis vestræ notitiam volumus pervenire, quòd cùm largiente manu Domini ecclesia S. Gervasii parrochialis in tantum excrevisset, tam multitudine parrochianorum, quàm redditibus ampliata, quòd ibidem non possent ab uno curato divina salubriter ministrari ; nos consideratione salubri, ut cultus augmentetur divinus, convocato bonorum virorum consilio, de consensu & voluntate dilectorum nostrorum abbatis & conventûs de Becco, necnon & prioris & conventus S. Nicasii de Meulanco dictam ecclesiam in duas divisimus bonâ fide ad ordinationem nostram & consilium limitatæ. Ita quòd ecclesia ipsa S. Gervasii uni curato, & ecclesia S. Joannis alteri de cætero conferatur. Quia verò donatio S. Gervasii ad abbatem & conventum de Becco & priorem & conventum S. Nicasii antè pertinebat, volumus & concedimus quòd donatio duarum illarum ecclesiarum similiter & in perpetuum pertineat ad eosdem. Dictus autem abbas & conventus de Becco, & prior & conventus S. Nicasii duas personas nobis ad dictas ecclesias præsentabunt, quas ad eorum præsentationem

An. 1111.

An. 1326.

JUSTIFICATIVES.

tionem liberaliter decernimus admittentendas. Cæterùm notum esse volumus, quòd utraque ecclesia onerabitur omnibus servitiis quæ ecclesia S. Gervasii noscebatur debere. Possessiones quidem quas habebat ecclesia S. Gervasii, illæ duæ divisas habebunt æqualiter. Præter hoc tamen quòd curatus S. Gervasii habebit domum ecclesiæ suæ contiguam & recognitionem perpetuam, eò quòd cura S. Joannis suum sumpserit exordium à cura S. Gervasii, tenebitur curatus S. Joannis ad aliqua ad quæ curatus S. Gervasii anteà tenebatur. Primò tenebitur distribuere ecclesiæ Parisiensi in festo SS. Gervasii & Protasii celebranti tertiam, magnam missam & sextam, quinquaginta solidos parisienses cum tribus sextariis bladi frumenti optimi. Tenebitur insuper in die beati Marci cum duobus thuribulis thurificare crucem ecclesiæ beatæ Mariæ Parisiensis, & dominos de capitulo in vico dicto *de la Mortellerie*, cùm illàc transeuntes processionaliter vadunt ad ecclesiam beati Pauli de Campis. Item, tenebitur dare unum aut duos ex suis capellanis, qui deferant capsam beatæ Mariæ primâ die Rogationum, cùm itur processionaliter ad Montem-martyrum. Super quibus omnibus & singulis à præfato curato S. Joannis exonerabitur curatus S. Gervasii in posterum, & ejusdem successores curati. Item, tenebitur idem curatus S. Joannis in die Mortuorum processionaliter ire ad cimiterium præfatæ ecclesiæ S. Gervasii. Ut igitur hæc divisio perpetuis temporibus perseveret, has litteras conscribi fecimus, & sigilli nostri munimine roborari. Actum anno Domini M. CC. XII. mense Januario. *Scellé de trois sceaux. Dubreul Antiquités 1612. p.* 811.

Lettres de CHARLES LE BEL
Pour l'église S. Jean en Grève.

AN. 1326.

CAROLUS Dei Francorum & Navarræ rex; omnibus in perpetuum notum facimus quòd nos è progenitorum nostrorum recordationis inclytæ vestigio, libenter ad ea quæ decoris ecclesiarum crementum & augmentum venerationis sanctorum conspiciunt, regiæ liberalitatis auxilium extendentes, & attendentes exindè parrochialem ecclesiam beati Joannis-Baptistæ in Gravia Parisius, propter multitudinem populi ad ipsam ecclesiam confluentis, ob sacræ Eucharistiæ (in qua Dominus noster Jesus-Christus suâ ineffabili pietate & mirâ potentiâ ad nostræ fidei firmitatem tantum miraculum palàm monstrare dignatus est: quod dum perfidus Judæus eam gladio, clavo, & alio cuspide transfigere & laniare, igneque & aquâ ferventibus, ac modis nefandis aliis variis & perfidis consumere damnabiliter moliretur, non valuit, sed sanguis sacratissimus mirè fluxit ex sacra hostia, vivâ carne, & vero corpore Christi, quod in eadem requiescit ecclesia) venerationem, & ob ipsius S. præcursoris Domini reverentiam, cujus meritis multa miracula Deus omnipotens in eadem ecclesia operatur, ampliatione sumptuosi operis indigere, ac pro ampliatione ipsa opus esse domos presbyterii, & quasdam alias contiguas multis oneratas censibus & reddibentiis occupare, & transferre alibi domum præsbyteralem prædictam, sicut assertione percepimus fide dignâ; dilecti & fidelis magistri Bertrandi Bonifacii clerici nostri, rectoris, matriculariorumque, & parrochianorum ipsius ecclesiæ precibus porrectis nobis propter hoc, annuentes, eis concedimus ex certa scientia & de gratia speciali quod ipsi in censivis nostris & subditorum nostrorum, pro ampliatione, occupatione & translatione prædictis usque ad summam sexaginta librarum parisiensium annui & perpetui redditûs, in simul vel partes acquirere tenereque, & in usus prædictos convertere, sicque conversas habere, & pacificé possidere perpetuò valeant; absque coactione vendendi vel extrà manum suam ponendi, seu præstandi nobis aut successoribus nostris quamcumque financiam pro eisdem; nostro in aliis, & alieno in omnibus jure salvo. Quod ut firmum & stabile perpetuò perseveret, præsentibus litteris nostrum fecimus apponi sigillum. Actu mapud Karoli campum anno Domini M. CCC. XXVI. mense Junio. *Dubreul Antiquités 1612. p.* 812.

Lettres de PHILIPPE AUGUSTE
Touchant le Landi de S. Denis.

AN. 1215.

PHILIPPUS, &c. notum, &c. quòd hæc est forma pacis inter dilectos nostros abbatem & conventum S. Dionysii & eorum ecclesiam, ex una parte, & universos mercatores Paris. qui venient ad nundinas Indicti, &c. ex altera. Duo vel tres ex burgensibus Parisii, primâ die Maii convenient præpositum S. Dionysii in loco in quo Indictum solet convenire, & præpositus debet ibi esse, & eidem præposito debent denunciare quòd ipsi volunt capere plateas suas, & signare logias suas ad opus Indicti, quantùm eis necesse fuerit. Præpositus autem si voluerit, poterit videre quantùm exindè capient ad opus logiarum ; & si ipse requisitus & inventus in loco Indicti, interesse aut videre noluerit, propter hoc non dimittent quin singant & assignent ad plateas suas quantùm convenerit ad opus dictorum mercatorum Parisiensium ; & illas non poterunt alicui locare, nec associare sibi aliquem qui non sit ad idem catallum cum eis. Si verò præpositus S. Dionysii ipsâ die non fuerit inventus in loco Indicti, eâdem die ibunt ad S. Dionysium, & denuntiabunt abbati, vel priori, vel portario, ut videant signari plateas, sicut prædictum est. Quòd si nullus eorum propter hoc venire voluerit, dicti burgenses nihilominùs capient & signabunt logias suas, sicut superiùs dictum est. Et si abbas vel præpositus, vel prior, aut portarius imponant dictis burgensibus quod exindè non fuerint ab eis requisiti, duo vel tres ex prædictis burgensibus super sacrosancta jurabunt quòd ex hoc eos requisierint, secundùm quod in præsenti scripto continetur, & sic liberi erunt exindè ab omni emenda, salvâ tamen ecclesiâ beati Dionysii. Nullus autem, undecumque sit, in loco Indicti poterit capere plateam antè primam diem Maii. Nundinæ autem fient vendendi & emendi in prædicto loco Indicti, eo tempore quo solent & sicut solent. Quod ut ratum, &c. salvo jure nostro. Actum apud Parisi. anno Domini M. CC. XV. mense Maio. *Tiré du cartulaire de Philippe Auguste.*

Extrait d'une Bulle d'HONORE' III.

Pour les Jacobins.

AN. 1220.

HONORIUS, &c. dilectis filiis, priori & conventui S. Mariæ de Vineis extrà portam Parisiensem, &c. Gratum gerimus, quòd dilectos filios fratres ordinis prædicatorum in sacra pagina studentes apud Parisios, in visceribus charitatis vestræ pietatis officiis laudabiliter consoveatis, &c. *La date est do l'an iv. de son pontificat, le iv. des calendes de Mars. Dubreul Antiq. p. 499.*

SENTENCE ARBITRALE
Entre le doyen & les chanoines de saint Germain l'Auxerrois.

AN. 1223.

NOs J. abbas sanctæ Genovefæ & B. Carnotensis ecclesiæ dictus decanus, arbitri electi à decano sancti Germani Antiss. Par. ex una parte, & canonicis ejusdem ecclesiæ, ex altera, in causis quæ inter eos vertebantur, videlicèt de justitia sæculari terræ sancti Germani, quam canonici dicebant se debere habere, ita quod singuli haberent in locis suarum præbendarum, cùm decanus contrà diceret se solum debere habere justitiam in omnibus præbendis ; & de quibusdam litteris quas dicebant sigillatas super domo defunctæ Aaliz, quibusdam canonicis residentibus in ecclesia S. Germani irrequisitis ; & super oblationibus novæ capellæ sanctæ Agnetis quæ fiunt in quatuor diebus ; videlicèt in nativitate Domini in duabus primis missis, & in die passionis Domini & in die Paschæ, & in die Pentecostes, quas dicebant canonici debere esse communes sibi, & clericis chori S. Germani, lite coràm nobis contestatâ, receptis testibus & publicatis, & partibus auditis in iis quæ proponere voluerunt, habito prudentum consilio, ita dicimus & pronuntiamus, scilicèt quòd ab illa prima petitione quâ petebant canonici justitiam sæcularem singuli in locis suarum præbendarum, decanum absolvimus ; nec tamen propter hoc dicimus quòd debeat illa justitia solius esse decani ; utrùm autem debeat esse communiter decani & canonicorum non determinamus, quia non fuit de hoc petitio facta nec responsio coràm nobis. A secunda petitione quâ petebant canonici, quòd litteræ frangerentur, vel decanus in triginta libris condempnaretur, decanum absolvimus. De petitione verò oblationum capellæ sanctæ Agnetis, ita dicimus quòd decanus ita provideat quod in supradictis quatuor festivitatibus non faciat celebrari in illa capella, sicque canonici vel clerici amittant oblationes quas in supradictis quatuor festivitatibus consueverunt recipere in majori ecclesia sancti Germani ; aut si hoc non fecerit, oblationes quæ fient in capella sanctæ Agnetis in nativitate Domini antequam duæ missæ celebrentur in ecclesia sancti Germani, & illas quæ fient in die Passionis Domini, & in die Paschæ, & in die Pentecostes restituat canonicis pro parte sua, & in hoc ipsis canonicis decanum condempnamus. Condempnamus etiam eum quod à tempore litis more receptas oblationes in illa capella restituat canonicis pro parte sua. De parte clericorum chori nichil dicimus, quòd non egerint coram nobis, nec in nos compromiserint. Illas autem oblationes omnes pro tempore præterito æstimamus viginti solidos per annum unum. Actum anno Domini M. CC. XIII. mense Februario. *Tiré d'un cartulaire de S. Germain l'Auxerrois.* *AUTRE.*

JUSTIFICATIVES.

AUTRE.

AN. 1216.

PETRUS Dei gratiâ Parisiensis episcopus, E. archidiaconus, M. decanus sancti Marcelli Par. omnibus præsentes litteras inspecturis salutem in Domino. Notum facimus quòd cùm in nos compromissum fuisset pro bono pacis sub pœna quadraginta marcharum argenti ; nichilominus præfato juramento à dilectis nostris E. decano sancti Germani Antissiodorensis, ex parte una, & magistro Galtero presbytero prædictæ ecclesiæ, ex alia, super ordinatione & servitio, & super divisione parochiæ sancti Germani, necnon & super capellis sanctæ Agnetis & de Turre, & quid juris ad decanum, & quid ad presbyterum sancti Germani in iis omnibus pertineret. Tandemque cùm diutiùs tractassemus de pace, nec pervenire aliquatenùs potuisset, nos de bonorum virorum consilio diffinitivè pronuntiavimus, quòd decanus sancti Germani prorsùs idem juris habeat in capella sanctæ Agnetis, & de Turre quod habet in ecclesia S. Germani Antiss. Ita quòd parochia S. Germani sicut antea remaneat indivisa ; insuper presbyter sancti Germani in capellis sanctæ Agnetis, & de Turre faciet deserviri. Actum anno Domini M. CC. XVI. mense Decembri. *Ibidem.*

Reglement de REGNAULT évêque de Paris.

Entre le doyen de S. Germain l'Auxerrois & le curé de S. Eustache.

AN. 1254.

REGINALDUS miseratione divinâ Parisiensis ecclesiæ minister indignus, universis præsentes litteras inspecturis salutem in Domino. Noverit universitas vestra, quòd cùm inter dilectos filios decanum sancti Germani Antissidorensis Par. ex una parte, & Guillelmum presbyterum sancti Eustachii Parisi. ex altera, super diversis articulis orta esset materia quæstionis, propter quod impediri & perturbari frequenter divinum officium contingebat ; tandem prædictæ partes, videlicèt decanus pro se & successoribus suis, de assensu & voluntate capituli dicti sancti Germani, in nostra præsentia propter hoc constituti, & dictus Guillelmus presbyter pro se & successoribus suis, in nos super omnibus quæstionibus, articulis & contentionibus inter ipsos ratione parochiæ sancti Eustachii hactenùs retroactis, & quæ occasione ipsius ecclesiæ poterant inter eos suboriri, compromiserunt juramento præstito, promittentes sub eodem juramento, se firmiter & inviolabiliter observaturos, & ad hæc successores suos quoslibet generaliter & specialiter obligantes, quicquid per nos super præmissis omnibus & singulis hanc & has fuerit ordinatum, secundùm ordinationem, quam aliàs fecimus inter dictum decanum & presbyterum parochialem dicti sancti Germani, super contentionibus quæ occasione parochiæ sancti Germani inter eos vertebantur, salvâ tamen nobis & retentâ de consensu partium potestate addendi, declarandi, diminuendi, mutandi, detrahendi, corrigendi & aliter disponendi, quàm in ordinatione prædicta sit contentum, pro voluntatis nostræ arbitrio, super contentionibus & aliis de quibus est in nos à dictis decano, & presbytero sancti Eustachii compromissum. Nos autem, inspectâ diligenter ordinatione jam factâ inter decanum & presbyterum sancti Germani prædicti, consideratis etiam articulis qui nobis ad præsens occurrerunt, de quibus inter eos contentio movebatur, communicato bonorum consilio, partibus præsentibus, & ordinationem nostram instanter petentibus ; in primis ordinamus, dicimus, & diffinimus, quòd decanus, qui nunc est & successores sui percipiant & habeant liberè & quietè de cætero totam ceram quæ quoquomodo offeretur, & obveniet ratione parochiæ, in eadem ecclesia sancti Eustachii ; presbytero tamen parochiali ad faciendum divinum servitium idem decanus luminare competens ministrabit. Item, quòd decanus & ejus successores omnes oblationes atque proventus omnium missarum, quæ celebrabuntur in ecclesia sancti Eustachii in festivitatibus omnium Sanctorum, Natalis Domini, Paschæ, & Pentecostes sine participatione aliqua presbytero facienda percipiant & habeant, salvâ capitulo sancti Germani portione quam in prædictis idem capitulum percipere consuevit. Exceptis tamen missis defunctorum quorum corpora in dictis festivitatibus in ecclesia prædicta contigerit esse præsentia, & exceptis oblationibus peregrinorum & mulierum purificatarum, & eos sive eas sequentium, quarum oblationum decanus qui fuerit pro tempore medietatem tantùm habebit, alterâ medietate penes parochialem presbyterum liberè remanente. Ordinamus etiam, dicimus, & diffinimus, quòd de cætero oblationes primæ missæ quæ celebrabitur in dicta ecclesia, decano, & presbytero sint

Tome II.

communes, non obstante usu, vel consuetudine, vel ordinatione aliquâ super iis hactenùs observatis. Item volumus, ordinamus, & diffinimus, quòd in omnibus aliis oblationibus, & proventibus quocumque modo ratione juris parochialis provenientibus ad manum presbyteri parochialis, vel capellanorum suorum, seu cujuscumque ex parte sua, habeant & percipiant decanus & successores ipsius medietatem, sive provenientem in dicta ecclesia, sive extra, & presbyter sancti Eustachii aliam medietatem, exceptis victualibus quæ presbytero dantur, quæ solus presbyter poterit retinere, si valorem duorum solidorum parisiensium non excedant. Quod verò superfuerit communicare tenebitur eidem decano, si dicta victualia majoris valoris existant. De denariis verò qui dantur in confessionibus, & de denariis qui dantur quando pueri baptizantur, & de denariis qui dantur quando infirmi visitantur & quum inunguntur, item de legatis quæ fiunt presbytero S. Eustachii ratione parochiæ suæ, sive fiant in rebus mobilibus sive immobilibus, & de denariis qui dantur pro lectulis nuptiarum, item de denariis qui dantur à nubentibus in foribus ecclesiæ, habebunt decanus & successores ejus medietatem, & presbyter parochialis alteram medietatem. De denariis tamen qui dantur in confessionibus presbyter parochialis dare poterit capellanis quos ad audiendum secum confessiones in quadragesima advocabit pro scientia & quantitate laboris; ita tamen quòd tertiam partem oblationum quæ ad manus ipsius obveniunt non excedat. De denariis etiam quos recipit presbyter à nubentibus, duos denarios dare poterit, licentiâ decani non petitâ. Verùm si de nocte postquam presbyter lectum intraverit, ab aliquo presbyterum vocari contingat, oblationes quæ tunc fient non communicabit decano, nisi octo denarios tunc excedant, quod verò ultra octo denarios fuerit tenebitur communicare. Item quum dictus presbyter celebrabit pro defunctis, si oblationes usque ad valorem duorum solidorum attingant, poterit presbyter dare pauperibus de communi duos denarios, licentiâ non petitâ. Crismalia autem omnia habebit decanus. Item si unum corpus vel plura corpora defunctorum deferrentur ad ecclesiam S. Eustachii in aliqua dictarum festivitatum quatuor, unica tantùm missa pro illo vel pro illis omnibus celebrabitur, cujus oblationes decano & presbytero erunt communes. Oblationes verò primæ missæ quæ celebrabitur in crastino omnium Sanctorum erunt communes presbytero & decano, sicut de oblationibus cujuslibet primæ missæ est superiùs ordinatum, exceptis quatuor festivitatibus supradictis. De festo autem S. Eustachii volumus & statuimus, quòd firma & stabilis remaneat ordinatio, prout de ea fuit aliàs ordinatum. Cæterùm si presbyter viderit expedire quòd aliqui extra ecclesiam S. Eustachii matrimonialiter conjungantur ex causâ, debet hoc denuntiare capicerio dicti decani, & post, sive capicerius consenserit sive non, salvo omni jure decani, poterit in alia ecclesia ex causa dictis contrahentibus matrimonium celebrare divina. Matricularios verò & fossarium decanus & ejus successores instituent & destituent prout est hactenùs observatum; ita tamen quòd presbytero parochiali jurabunt quòd ei obedient bonâ fide in iis in quibus ei obedire debent ratione parochiæ supradictæ; quos si presbyter asseruerit in verbo sacerdotis eidem decano ipsos, vel aliquem ipsorum esse inutilem vel infamem, idem decanus illum vel illos ad petitionem presbyteri tenebitur amovere, & alium vel alios idoneos subrogare. Citationes verò & mandata suorum superiorum presbyter parochialis per ipsos matricularios, vel per alios per quos expedire viderit, exequetur. Licebit insuper presbytero parochiali, qui pro tempore fuerit, libros proprios & ecclesiastica ornamenta, si voluerit, secum ad ecclesiam deferre, & in eis celebrare divina, & in propria custodia conservare. Verùm quia presbyter parochialis in die Paschæ plusquàm in aliis laborare tenetur, cujus diei oblationes soli decano assignavimus, ut superiùs est expressum, volumus & ordinamus, quòd presbyter parochialis & successores ipsius de cætero percipiant annuatim in oblationibus dictæ diei Paschæ per manum capicerii decani decem solidos turonenses pro labore. Ordinamus insuper & statuimus, quòd quotiens contigerit presbyteros parochiales vel eorum capellanos mutari, presbyter parochialis substitutus de novo infrà tres dies dicto decano publicè faciet juramentum quòd decano & successoribus suis de omnibus quæ ad ipsum pertinuerint, seu ad manus capellanorum suorum occasione dictæ parochiæ provenerint, medietatem decano fideliter restituet, exceptis iis quæ superiùs sunt excepta. Sub eodem etiam juramento concludi volumus & comprehendi, quòd nullatenùs procuret sacerdos, vel ipsius capellanus

pellanus quòd modica fiant legata presbytero, vel quòd in aliquo deterioretur vel diminuatur portio quam assignavimus dicto decano, & ut omnis fraus plenius excludi valeat, inhibemus dicto presbytero & successoribus ejus ne legata capellanorum, vel clericorum suorum ad firmam capiant, vel aliquam partem ex pacto, vel aliàs aliquid in ipsis sibi vendicare præsumant. Volumus etiam quòd cùm legatum sibi factum sacerdos repetere voluerit ab hæredibus sive executoribus defuncti, decano denuntiet vel ejus procuratori quantitatem legati sibi factam, & quòd ad ipsum repetendum mittat decanus, si voluerit, cum presbytero, ut ambo simul legatum repetant, non nominatâ personâ decani, nominando personas & locum & tempus, & qui interfuerint testamento sive legato. Volumus insuper & ordinamus, quòd idem presbyter S. Eustachii de matutinis, missis & alio divino servitio singulis sibi & dicto decano communibus, ordinet & disponat prout meliùs videbitur expedire, salvis tamen iis quæ de quatuor festivitatibus prædictis & festo S. Eustachii superiùs sunt expressa. Statuimus etiam & volumus, quòd in pixide communi in qua reponuntur oblationes communes, sint duæ claves de cætero, quarum unam habeat decanus, & aliam presbyter S. Eustachii, & quòd reponatur ubi reponi hactenùs consuevit. Ut autem ordinatio ista vires capiat à præsenti, præcipimus dicto Guillelmo presbytero parochiali, sub debito juramenti quod nobis præstitit de ordinatione nostrâ observandâ, quòd juret coràm nobis vel mandato nostro statim, quòd ordinationem prædictam in perpetuum observabit; & expressè jurabit, quòd decano qui nunc est, & successoribus ejus, de omnibus quæ ad ipsum pertinuerint, secundùm ea quæ superiùs dicta sunt, ad manus suas sive ad manus capellanorum suorum occasione dictæ parochiæ provenientibus, medietatem fideliter decano restituet memorato. Cæterùm, quòd de omnibus quæ ad partes pertinent in nos est, ut supradictum est, à partibus compromissum & difficile vel quasi impossibile est quòd omnis casus nobis in præsenti occurrerit, nobis & successoribus nostris de consensu partium duximus reservandum, ut determinare possimus casus novos alios à præmissis, si emerserint inter partes prædictas, & interpretari & declarare omnia dubia vel ambigua, sive minùs clara, si qua fuerint in ordinatione præsenti. Præcipimus etiam sub debito

Tome II.

juramenti prædictis decano & presbytero, quòd in signum approbationis & consensûs ipsorum unâ cum sigillo nostro sua sigilla præsenti ordinationi apponant; quam ordinationem etiam quantùm ad successores eorum perpetuò volumus esse ratam. Datum anno Domini M. CC. LIV. mense Martio. *Ibidem.*

Reglement entre le doyen & le chapitre de S. Germain l'Auxerrois.

AN. 1303.

UNIVERSIS præsentes litteras inspecturis, decanus & capitulum ecclesiæ S. Germani Antiss. Par. salutem in Domino. Consideratione diligenti præhabitâ circa statum ecclesiæ prædictæ tam ad personas pro divinis officiis sicut decet agendis in ipsa ecclesia constitutas, quàm ad distributiones & emolumenta seu profectus quos dictæ personæ de bonis dictæ ecclesiæ nomine stipendiorum percipiunt, & percipere consueverunt de bonis & obventionibus ejusdem; videntes & attendentes perceptiones hujusmodi tenues, nec tanti valoris existere quòd sufficerent ad sustentationem dictarum personarum, personâ decani dumtaxat exceptâ, qui decanus ratione decanatûs de bonis & obventionibus dictæ ecclesiæ percipit & percipere consuevit abundanter & in valore majori longè plusquàm alii ipsius ecclesiæ servitores, videlicèt cantor, canonici, vicarii, & alii in ipsa ecclesia beneficiati, quorum perceptio modica consistit, & in tantùm quòd propter eorum perceptiones modicas & tenues non erat aliquis de canonicis præsentibus vel cantoriam seu cantoris officium assumere vellet, ad quem spectare debent librorum, vestimentorum & ornamentorum ecclesiæ custodia, & plura ejusdem ecclesiæ negotia specialiter ad divinum officium spectantia peragenda, paucique essent canonici vel nulli non habentes aliunde vitæ necessaria, qui in dicta ecclesia residentiam facerent personalem. Ex quibus frequenter accidebat dictam ecclesiam in officiis divinis defectus quamplures, & in temporalibus non modica sustinere detrimenta. Cupientes igitur præmissis, quantùm in nobis est, occurrere, & in statum reformare meliorem, attentis insuper scripturis dicentibus, quòd qui altari servit, vivere debet de altari, & qui vocatur ad onus repelli non debet à mercede, dignumque existere ut ecclesiæ stipendiis clerici sustententur, in qua divinis officiis ascribuntur ad honorem Dei, beatorumque Germani & Vincentii, in quo-

N ij

rum honore dicta ecclesia dedicata consistit, & ut ipsius ecclesiæ ministri circà divinum officium ferventiùs insistant & intendant, de consilio bonorum, & specialiter de assensu & voluntate reverendi patris domini S. Dei gratiâ Parisiensis episcopi, ac venerabilium virorum magistrorum J. decani, G. archidiaconi, S. cancellarii Parisiensis ecclesiæ, coadjutorum ejusdem episcopi, super præmissis & ea tangentibus, sic unanimiter duximus ordinandum; videlicèt quòd omnes proventus & obventiones quos & quas decanus ecclesiæ nostræ S. Germani percipere & habere consuevit, provenientes ab ecclesiis seu parochiis sanctorum Salvatoris & Eustachii Par. levabuntur & percipientur ex parte & nomine capituli dictæ ecclesiæ, in distributiones chori ipsius ecclesiæ, in augmentum videlicèt antiquarum distributionum, quæ minùs tenues existebant, de cæterò convertendos, per hunc modum quòd decanus qui pro tempore fuerit in distributionibus de augmento hujusmodi faciendis duplum percipiet, sicut de aliis distributionibus facere consuevit; cantor verò de augmento prædicto duplum similiter percipiet, de aliis simplum sicut priùs percipiet. Decanus siquidem de duodecim libris parisiensibus quas annuatim cantori præstabat & solvebat, & de viginti octo libris quas annis singulis solvebat & debebat capitulo, liber & immunis de cætero remanebit, nec ad solvendum seu reddendum pensionem de XII. libris & de XXVIII. libris prædictis tenebitur de cætero. Decanus, tenebitur tamen, ut priùs, ad luminare & ad ea quæ consuevit in choro & altaribus chori ministrare. Clerici verò dictæ ecclesiæ, vicarii scilicèt & beneficiati in eadem ecclesia, qui in horis præsentes erunt & in missa secundùm consuetudinem dictæ ecclesiæ diebus Dominicis & festivis novem lectionum, percipient duplum de augmento, hoc excepto quod in diebus quibus duplum percipiebant antea duplo hujusmodi contenti erunt, nec percipient vel habebunt aliud duplum. De prædictis verò obventionibus à prædictis ecclesiis sanctorum Salvatoris & Eustachii provenientibus absentes canonici percipient & habebunt xx. solidos, qui priùs x. solidos tantummodò percipiebant. Pecunia autem quæ in quadragesima distribui consuevit de proventibus & obventionibus prædictis, sicut priùs distribuetur de augmento. Residuum verò proventuum & obventionum hujusmodi in augmentum distributionum chori, decano, cantori & canonicis qui præsentes erunt secundùm consuetudinem ecclesiæ in missa & choris convertetur, canonicis videlicèt in simplum, decano verò & cantori in duplum, ut jam prætactum est, prout quantitas dicti residui se extendere poterit & habere. Cantor autem & canonici residentes quorum quilibet xxx. solidos annuatim percipere consuevit, de hujusmodi xxx. solidis nichil de cætero percipient, sed pro eis contenti maneant & manebunt de distributionibus, ut dictum est, faciendis. Cæterùm volumus & ordinamus, quòd quotienscumque missam in choro celebrari contingit, quòd duæ torchæ cereæ in perpetuum ad expensas capituli in elevatione corporis Christi habeantur & teneantur accensæ de augmento. Præmissis verò sic ordinatis & decisis, nos decanus & capitulum juravimus ea omnia & singula modo & formâ prædictis tenere firmiter & inviolabiliter observare; promittentes per juramenta nostra hujusmodi nullo modo contrà facere seu venire contrà; nosque curaturos & pro posse facturos, quòd quicumque decanus de cætero instituetur, & quicumque in canonicum recipietur vel admittetur, consimile juramentum facient & præstabunt, nec ipsos pro decano vel canonicis habebimus donec fecerint & præstiterint hujusmodi juramentum; & cum hoc quòd aliquod privilegium vel indulgentiam quamcumque specialiter super relaxatione dicti juramenti non impetrabunt, nec fuit impetratum, vel etiamsi proprio motu concedentis fuit obtentum, non utentur eodem. Per ea verò quæ superiùs ordinata sunt vel decisa, nolumus domino Par. episcopo, qui pro tempore fuerit, præjudicium aliquod generari, quominùs vacante decanatu dictæ ecclesiæ levet & percipiat proventus & obventiones dictarum ecclesiarum sanctorum Salvatoris & Eustachii, sicut percipere consuevit. In quorum testimonium nos magister Remigius decanus dictæ ecclesiæ sigillum nostrum unà cum sigillo capituli præsentibus litteris duximus apponendum. Datum in capitulo anno Domini M. CCC. III. die Veneris ante festum beati Johannis Baptistæ. *Ibidem.*

Lettres de SIMON évêque de Paris,
Portant confirmation du reglement précedent.

UNIVERSIS præsentes litteras inspecturis, Simon permissione divinâ Pariensis ecclesiæ minister, licèt indignus, salutem in filio Virginis gloriosæ. Ex

AN. 1304.

parte decani & capituli ecclesiæ S. Germani Antissiodorensis Parisiensis nobis extitit humiliter supplicatum, quòd cùm ipsi fecissent, ut dicebant, communi eorum concurrente assensu, ecclesiæ suæ prædictæ utilitati providendo, & ad divini cultûs augmentum, statum & ordinationem contentam & de verbo ad verbum expressam in litteris quibus nostræ litteræ præsentes sunt annexæ, nos super præmissis inquireremus veritatem, & eâ inquisitâ, prædictum statum & ordinationem, ut perpetui habeant roboris firmitatem, confirmaremus. Nos igitur eorum supplicationi volentes annuere tamquàm justæ, super iis omnibus & singulis habitis consilio & assensu virorum venerabilium & discretorum magistrorum J. decani, G. archidiaconi & S. cancellarii ecclesiæ Parisiensis coadjutorum nostrorum, inquisivimus diligenter, & quia ex fide dignorum testimoniis evidenter comperimus prælibatam ordinationem & statum, omniaque & singula in dictis ordinatione & statuto expressa, fuisse & esse facta licitè & sine aliquo pravitatis excessu, ac ad divini cultûs augmentum, utilitatem dictæ ecclesiæ, personarumque ejusdem ; idcircò super præmissis cum dictis coadjutoribus nostris habitis deliberatione & tractatu, diligenter consideratis omnibus quæ de ratione & æquitate considerari debuerunt, de consilio & assensu prædictorum eamdem ordinationem ratam & gratam habentes ac statutum, omniaque & singula in dictis eorum litteris præsentibus iis annexis contenta, quantùm in nobis est, volumus, laudamus, ratificamus, approbamus & decreti nostri interpositione confirmamus ; juri nostro & successorum nostrorum Parisiensium episcoporum quovis modo in præmissis & quolibet præmissorum nolentes per præsentes eorum ordinationem & statutum aliquid detrahi, seu in aliquo derogari. In cujus rei testimonium & munimen nos Parisiensis episcopus prædictus sigillum nostrum unà cum sigillis dictorum coadjutorum nostrorum, & nos coadjutores sigilla nostra unà cum sigillo dicti episcopi præsentibus litteris, dictis statuto & ordinationi annexis duximus apponenda. Datum & actum anno Domini M. CCC. III. die Veneris post nativitatem beati Johannis Baptistæ. *Ibidem.*

Lettres d'ETIENNE archevêque de Sens,

Qui confirme les deux actes ci-dessus.

STEPHANUS miseratione divinâ Senonensis archiepiscopus, universis præsentes litteras inspecturis, æternam in Domino salutem. Divinum servitium diurnum pariter & nocturnum, quantùm cum Deo possumus, ubilibet augeri nostris temporibus cupientes, ad supplicationem dilectorum in Christo filiorum decani & capituli beati Germani Par. nostræ provinciæ Senonensis statum & ordinationem per eos ad divini cultûs augmentum facta, & in eorum contenta litteris, quibus nostræ præsentes litteræ sunt annexæ, & omnia alia quæ in præfatis continentur litteris, rata & grata habemus, & quantùm in nobis est volumus, laudamus, ratificamus & approbamus, ac ea auctoritate metropolitanâ confirmamus, nostro & cujuslibet jure in omnibus semper salvo. Quod omnibus quorum interest tenore præsentium sigilli nostri sigillatarum munimine intimamus. Datum anno Domini M. CCC. IV. die Dominicâ post festum beati Mathiæ apostoli. *Ibidem.*

An. 1304.

Sentence de l'OFFICIAL de Paris,

En faveur des doyen & chapitre de S. Germain l'Auxerrois, contre le curé de S. Sauveur.

UNIVERSIS præsentes litteras seu publicum instrumentum inspecturis, officialis Parisiensis salutem in Domino. Notum facimus, quòd in quadam causa nuper mota & pendenti coràm nobis inter venerabiles & circumspectos viros decanum & capitulum ecclesiæ parochialis & collegiatæ S. Germani Antiss. Paris. actores ex una parte ; & venerabilem & discretum virum magistrum Alexandrum Nacardi curatum seu vicarium perpetuum parochialis ecclesiæ S. Salvatoris Par. suo & dictæ ecclesiæ nomine reum, parte ex altera. Petitio pro parte dictorum actorum formata extitit contrà dictum reum, & in scriptis edita per modum libelli sub hac forma : CORAM VOBIS magnæ circumspectionis & scientiæ viro domino officiali Par. dicit & in jure proponit discretus vir magister Adam de Sancto-Amando, procurator & procuratorio nomine venerabilium virorum dominorum decani & capituli ecclesiæ parochialis & collegiatæ S. Germani Antiss. Par. & pro ipsis actor contrà magi-

An. 1407.

strum Alexandrum Nacart curatum seu vicarium perpetuum parochialis ecclesiæ S. Salvatoris Par. suo & dictæ suæ ecclesiæ nomine reum, quòd dicta ecclesia S. Salvatoris fuit & est ædificata & fundata infrà parochiam prædictæ ecclesiæ S. Germani, & infrà ejus limites & terminos aliàs, si sit opus, declarandos, ac de parte ejusdem parochiæ S. Germani juriumque suorum dotata, quarum fundationis & dotationis causâ & aliàs.

prædicta ecclesia S. Germani fuit & est patrona & matrix ecclesiæ dictæ ecclesiæ S. Salvatoris, & ad ipsam ecclesiam S. Germani patronam & matricem pertinuit & pertinet dicta ecclesia S. Salvatoris, à suis fundatione & dotatione jure proprietatis, vel quasi ; ac etiam jus patronatûs & præsentandi curatum seu vicarium perpetuum ad ecclesiam S. Salvatoris prædictam, & alia jura quæ ad veram matricem, fundatricem & dotatricem ecclesiam debent in suis capellis & ecclesiâ secundùm sacros canones pertinere ; & per consequens ad eamdem ecclesiam S. Germani omnes oblationes & obventiones quæ in dictâ S. Salvatoris ecclesiâ & ejus parochiâ offeruntur & obveniunt ratione juris parochiæ, de jure communi pertinent & pertinere debent. Quòdque antiquitùs & antequàm infrà terminos dictæ ecclesiæ S. Germani aliqua alia ecclesia ædificaretur, populo ejusdem ecclesiæ Dei gratiâ augmentato, ecclesia ipsa facta fuit collegiata, certo numero in eâ instituto & ordinato ; rectorque ejusdem ecclesiæ ad quem animarum cura parochianorum & jura parochialia parochiæ supradictæ anteà pertinebant, fuit factus decanus ; ita quòd ad decanum & capitulum decimæ prædiales & mixtæ annualium, & nonnulla alia jura communiter pertinerent ; & quòd propter onus sollicitudinis quod dicto decano ratione collegii dictæ ecclesiæ injunctum fuit, idem decanus animarum curam personaliter exercere non poterat, fuit in eadem ecclesiâ unus curatus seu vicarius perpetuus institutus, per quem animarum cura dictæ ecclesiæ exerceretur, certâ portione oblationum missarum quæ extrà chorum ejusdem ecclesiæ celebrantur, & aliorum proventuum qui ad manus ejus & capellanorum suorum ratione juris parochialis obvenirent, eidem curato seu vicario assignatâ. Hinc est quòd omnes decimæ fructuum excrescentium, & fœtus animalium quæ infrà terminos dictæ parochialis ecclesiæ S. Germani nutriuntur, omnes etiam capellæ & ecclesiæ infrà fines dictæ parochialis ecclesiæ S. Germani ædificatæ; jusque præsentandi & conferendi beneficia earumdem ad dictam ecclesiam S. Germani, tamquàm matricem ecclesiam, & ad causam ejus ad dictos decanum & capitulum ab earum fundationis, & à tali & tanto tempore cujus initii hominum memoria non existit, pertinuerunt & pertinent palàm, publicè & notoriè, ut patet de sanctæ Opportunæ & Honorati, & Villæ-episcopi ecclesiis, & capellâ domûs de Trinitate, & nonnullis aliis ecclesiis infrà fines & terminos dictæ parochialis ecclesiæ S. Germani ædificatis, de quibus infrà dicetur. Augmentato verò populo dictæ parochiæ infrà ejus terminos versùs partem Montis-martyrum, fuerunt fundatæ duæ novæ capellæ, videlicèt una ad honorem beatæ Agnetis, in loco ubi est nunc ecclesia S. Eustachii, & alia vocata de Turre, in loco ubi est nunc dicta ecclesia S. Salvatoris. Et quòd super oblationibus, juribus ac proventibus provenientibus in dictis capellis, ac divino servitio in eis faciendo, eorum occasione super divisione parochialis prædictæ ecclesiæ S. Germani orta fuit quæstio inter decanum, ex una parte, & curatum sive parochialem presbyterum S. Germani, ex altera ; per sententiam domini episc. Par. extitit judicatum quòd ad dictum decanum pertinebant in dictis capellis sanctæ Agnetis & de Turre, omnia & talia jura sicut sibi in ecclesiâ S. Germani competebant, & quòd parochia S. Germani remaneret indivisa ut anteà, & quòd presbyter parochialis S. Germani faceret divinum servitium in capellis prædictis. Et quia post etiam super dictis oblationibus & proventibus etiam ratione juris parochialis in ecclesiâ & parochiâ S. Germani provenientibus inter decanum, ex una, & curatum S. Germani, parte ex alterâ, orta fuit alia discordia, certa compositio & ordinatio facta fuit per bonæ memoriæ dominum Guillelmum tunc Parisiensem episcopum, inter dictas partes pro ipsis & eorum successoribus, juramento firmata, tempore & loco opportunis coràm nobis judicialiter exhibenda, in quâ certa portio hujusmodi oblationum & proventuum assignata dicto curato & ejus successoribus fuit & est declarata ; cæteris oblationibus & proventibus in dictâ ecclesiâ & ejus parochiâ, & per hoc in dictis capellis ratione juris parochialis obvenientibus decano & ejus successoribus assignandis, quæ etiam in eadem ordinatione & compositione specificè declarantur. Augmentato
verò

verò populo dictæ parochiæ, infrà ejus terminos versùs partes dictarum capellarum S. Agnetis & de Turre, fuit ædificata ecclesia S. Eustachii in dicta capella S. Agnetis, & in parochiam erecta, in qua curatus seu vicarius perpetuus quoad ministrationem ecclesiasticorum sacramentorum parochianis certæ partis dictæ parochiæ S. Germani, in qua dicta capella de Turre existebat, eidem pro parochia assignandæ, aliàs, si sit opus, declarandæ, fuit institutus; in quem portio oblationum & proventuum quæ in eadem parte S. Germani competebant, fuit translata, & sibi fuit assignata & non ultrà; cæteris oblationibus & proventibus ac juribus parochialibus in dicta parte obvenientibus prædictis decano & capitulo communiter & divisim, sicut anteà, remanentibus & salvis. Ortâque controversiâ inter curatum seu vicarium perpetuum dictæ novæ ecclesiæ S. Eustachii, actorem ex una, & decanum S. Germani, defensorem, parte ex altera, de & super oblationibus & juribus parochialibus in dicta ecclesia S. Eustachii & ejus parochia provenientibus, per sententiam domini episcopi Parisiensis extitit judicatum, quòd ad dictum decanum pertinebant in ecclesia S. Eustachii & ejus parochia omnia & talia jura, sicut sibi in ecclesia S. Germani competebant. Tandem verò ortâ iterùm quæstionis materiâ inter dictos decanum & curatum S. Eustachii prædictos super prædictis, fuit facta inter eos per bonæ memoriæ dominum Reginaldum tunc episcopum Paris. certa compositio & ordinatio perpetua, talis qualis per prædictum dominum Guillelmum inter dictos decanum & capitulum, & curatum S. Germani facta fuerat; per quam compositionem domini Reginaldi jura dicto decano in dicta ecclesia S. Eustachii & ejus parochia, & per consequens in dicta capella de Turre competentia, fuerunt & sunt declarata; & ordinatum inter alia, quòd curati sive parochiales presbyteri S. Eustachii & ejus successores juramentum præstarent de reddendo jura, oblationes & proventus dicto decano, in dicta compositione declarata & declaratos, & de observando compositionem prædictam, sicut per litteras dicti domini Reginaldi super hoc confectas patet evidenter, quarum litterarum seu compositionis tenor est talis: *Reginaldus miseratione divinâ Parisiensis ecclesiæ minister indignus,* &c. * Item & quòd postmodùm aucto populo dictæ parochiæ S. Eustachii fuit infrà ejusdem parochiæ terminos, videlicet in dicta capella de Turre, de consensu dictorum decani & capituli ædificata prædicta ecclesia S. Salvatoris, & in parochiam erecta; jure præsentandi curatum seu vicarium perpetuum in dicta ecclesia S. Salvatoris & instituendi, ac juribus tam decimarum quàm aliorum, & specialiter in dicta compositione domini Reginaldi declaratis, cæterisque juribus prædictæ matrici ecclesiæ S. Germani, competentibus, integraliter remanentibus semper salvis eisdem decano & capitulo in dicta ecclesia S. Salvatoris, & certâ parte dictæ parochiæ S. Eustachii eidem curato seu vicario ecclesiæ S. Salvatoris pro parochia quoad sacramentorum ecclesiasticorum administrationem assignandâ, aliàs, si sit opus, declarandâ, ita quòd illa & talis portio solùm quæ curato S. Eustachii de oblationibus & proventibus in ecclesia S. Eustachii & tota prædicta sua parochia obveniens fuerat, assignata fuit curato seu vicario novæ ecclesiæ S. Salvatoris, & parte parochiæ S. Eustachii eidem pro parochia assignandâ pro suis sustentatione & juribus episcopalibus persolvendis assignata, & nichil ultrà. Ex quibus patet quòd dicta ecclesia S. Salvatoris de bonis & juribus dictæ ecclesiæ S. Germani antiquitùs competentibus, & de parte suæ parochiæ fuit & est dotata, & in ea ædificata & fundata, & per consequens dicta ecclesia S. Germani, & ad ejus causam dicti decanus & capitulum sunt fundati de jure communi in oblationibus & proventibus dictæ ecclesiæ S. Salvatoris, parte solâ prædictâ dicto curato seu vicario S. Salvatoris remanente. Patet etiam ex præmissis, quòd dictus curatus seu vicarius S. Salvatoris, in quantùm ecclesiam sancti Salvatoris & ejus parochiam concernit, fuit & est successor curati S. Eustachii, & per consequens fuit & est astrictus ad præstandum juramentum dicto decano S. Germani & successoribus suis, juxta compositionem domini Reginaldi antedictam, de reddendo sibi dicta jura sibi assignata, & de servando compositionem prædictam, in quantùm ecclesiam S. Salvatoris & ejus parochiam concernit. Et ita fuit observatum per tempora prædicta, & quamdiù dicta jura ad solum decanum pertinentia, fuerunt in manu solius decani prædicti. Demùm verò prædicta jura dicto soli decano in dictis ecclesiis S. Eustachii & S. Salvatoris & eorum parochiis competentia, quæ in dictis compositionibus sunt declarata, fuerunt ex certis, legitimis & rationabilibus

* Cy-dessus à la page 97.

causis in corpus decani & capituli sancti Germani prædicti, auctoritate ordinariâ & apostolicâ translata, & sic corpus capituli succedit in dictis juribus solius decani. Ex quibus patet, quòd non solùm curatus S. Eustachii, imò etiam curatus seu vicarius S. Salvatoris tamquàm ejus successor, tenetur præstare juramentum prædictum in dictâ compositione domini Reginaldi declaratum prædictis decano & capitulo S. Germani, tanquàm successoribus solius decani prædicti, & ita etiam dicti curati seu vicarii SS. Eustachii & Salvatoris, & sui prædecessores dictis decano & capitulo, cùm ad ipsas ecclesias præsentati fuerunt, præstiterunt & præstare consueverunt à decem, viginti, triginta, quadraginta & quinquaginta annis citrà & ultrà, & à tali & tanto tempore cujus initii hominum memoria non existit. Item & quòd dudum dictâ ecclesiâ S. Salvatoris vacante, præfati decanus & capitulum ipsius ecclesiæ patroni dictum magistrum Alexandrum reum ad dictam ecclesiam eorum reverendo in Christo patri domino Par. episcopo præsentarunt, qui ad eorum præsentationem, dicto juramento præstari solito per eum ad sancta Dei evangelia dictis decano & capitulo præstito, fuit per dictum dominum episcopum in dictâ ecclesiâ institutus. Et licèt tempore dictæ primæ compositionis domini Guillelmi, decanus & curatus S. Germani pro illo tempore pro se & successoribus eorum dictam compositionem approbaverunt, eamque ac omnia & singula contenta in ipsâ promiserunt, & quamquam etiam decanus & curatus S. Eustachii pro tempore dictam secundam compositionem domini Reginaldi, prædictæ compositioni domini Guillelmi similem, mutatione festi S. Germani in festum S. Eustachii factâ, pro se & successoribus eorum, etiam approbaverunt, ac tenere & servare promiserunt & juraverunt; & licèt deinde successione curati seu vicarii pro tempore tam S. Eustachii quàm S. Salvatoris, dictam compositionem domini Reginaldi firmando, eam tenere & servare promiserunt, & ad sancta Dei evangelia juraverunt; & quamvis etiam hujusmodi compositio per curatos S. Eustachii & S. Salvatoris pro tempore observata fuerit, dictique decanus & capitulum conjunctim, ad causam dictæ translationis decanatûs in corpus capituli de oblationibus & proventibus supradictis soli decano pertinentibus factæ, consueverint à temporibus antedictis, & per ipsa tempora vel saltem per tantum tempus quod sufficit & sufficere debet ad bonam ac justam possessionem & saisinam vel quasi acquirendas, & acquisitis retinendas, habere & percipere, fueruntque & sint in possessione & saisinâ, vel quasi habendi & percipiendi omnes & singulas oblationes & proventus atque jura in dictis compositionibus decano & suis successoribus assignatas, & assignatos, & assignata, ac etiam in die Veneris sanctâ in dictis ecclesiis S. Eustachii & S. Salvatoris, & earum prædictis parochiis provenientes & provenientia, de hujusmodi possessione & saisinâ usi & gavisi fuerunt palàm & publicè, pacificè & quietè usque ad temerariam contradictionem dicti rei infrà declarandam; & licèt etiam idem reus qui ad dictam curam seu vicariam fuit assumptus, certificatus de dictâ compositione domini Reginaldi, deliberatus & suâ spontaneâ voluntate dictam compositionem, in quantùm dictam suam curam seu vicariam concernit, in qua loco dicti curati S. Eustachii successit, & ut est successor ejusdem, tenere & servare dictis decano & capitulo solempniter promiserit & juraverit, ut præfertur; nichilominùs idem reus in officio procuratoris in curia parlamenti continuè insistens, & ecclesiæ S. Salvatoris in cujus curâ seu vicariâ est institutus personaliter non deserviens, ut tenetur, etiam per sacramentum astrictus beneficii à dictis decano & capitulo suscepti, ac propriæ salutis immemor & oblitus, contrà suum prædictum juramentum scienter veniens & perjurium incurrens, citrà injuriam loquendo, dictam compositionem & ordinationem domini Reginaldi tam validam & tam firmam, ut præfertur, in capitulis sive articulis infrà scriptis tenere & servare recusavit & recusat, denegavit & denegat, & eam infringere nititur, dictos decanum & capitulum in suis prædictis possessionibus & saisinis ac juribus turbando & impediendo indebitè & injustè, & primò in eo quòd licèt in dictâ compositione seu ordinatione caveatur expressè quòd decanus S. Germani & ejus successores, & per hoc decanus & capitulum ejusdem ecclesiæ tamquàm ejus successores omnes oblationes atque proventus missarum quæ celebrantur in dictâ ecclesiâ S. Eustachii & ejus parochiâ, & per hoc in ecclesiâ S. Salvatoris & ejus parochiâ antedictâ in festivitatibus anni magis solemnibus, videlicèt omnium Sanctorum, Nativitatis Domini, Paschæ, Pentecostes & S. Eustachii patroni ipsius ecclesiæ S. Eustachii, & ad cujus honorem

rem ædificata est ; & per hoc S. Salvatoris patroni ejusdem ecclesiæ S. Salvatoris, in cujus honorem est ædificata, factâ mutatione dictæ festivitatis S. Eustachii prædicti, percipere & habere debeant, exceptis missis defunctorum, quorum corpora in dictis festivitatibus & missis ipsis præsentia esse contigerit ; & exceptis etiam oblationibus peregrinorum & mulierum purificatarum & eos sive eas sequentium, quarum oblationum decanus qui fuerit pro tempore, & per hoc dicti decanus & capitulum ejus successores medietatem tantùm habere debent, alterâ medietate penès curatum seu vicarium liberè remanente. Nichilominùs præfatus reus oblationes quæ venerunt in missis celebratis in dicta ecclesia S. Salvatoris in festivitate omnium Sanctorum proximè lata, & omnes oblationes panis & vini quæ in missis in dicta ecclesia S. Salvatoris in dictis festivitatibus magis solemnibus à sex annis citrà obvenerunt, ad dictos decanum & capitulum solùm & in solidum virtute dictæ compositionis per ipsum reum juratæ, pertinentes, habuit & recepit, seu per alios recipi fecit, & sibi appropriavit, in suos usus convertendo, non permittens quòd dicti decanus & capitulum, seu eorum deputatus eas reciperet, & aliàs impedimentum eisdem decano & capitulo super ipsis quominùs eas reciperent præstitit atque præstat, contra prædictam compositionem veniendo & eam infringendo ac perjurium incurrendo. Item, in eo, quòd licèt in dicta compositione seu ordinatione teneatur expressè quòd decanus & successores ejus, & per hoc decanus & capitulum prædicti tamquam ejus successores, in omnibus aliis oblationibus & proventibus à prædictis oblationibus dictarum festivitatum magis solemnium, quocumque modo ratione juris parochialis provenientibus ad manum curati S. Eustachii vel capellanorum suorum, seu cujuscumque ex parte sua, & per hoc ad manus curati seu vicarii S. Salvatoris, vel capellanorum suorum seu cujuscumque ex parte sua, percipere & habere debeant medietatem, sive provenientem in dicta ecclesia sive extrà ; & medietatem denariorum qui dantur in confessionibus dictis curatis seu vicario & capellanis per eum ad audiendum confessiones deputatis ; ac medietatem denariorum qui dantur cùm parvuli in dicta ecclesia S. Salvatoris baptizantur ; necnon & medietatem denariorum qui dantur à nubentibus in foribus seu valvis ejusdem ecclesiæ, ac etiam omnia crismalia

Tome II.

in dicta ecclesia obvenientia. Nichilominùs tamen præfatus reus medietatem omnium oblationum panis & vini in dicta ecclesia S. Salvatoris, & extrà in parochia sua aliis diebus quàm in dictis festivitatibus magis solemnibus à sex annis citrà, & per dictos sex annos factarum, & medietatem denariorum confessionum, ac medietatem denariorum baptismi parvulorum, exceptis sex denariis parisiensibus pro quolibet parvulo eidem decano & capitulo seu eorum deputato traditis, necnon & medietatem denariorum nubentium, ac etiam omnia crismalia qui & quæ à sex annis citrà & per dictos sex annos in dicta ecclesia S. Salv. obvenerunt, ad dictos decanum & capitulum solùm & in solidum virtute dictæ compositionis per ipsum reum juratæ pertinentes & pertinentia, habuit, retinuit & recepit, seu per alios recipi fecit, & ad suos usus applicavit & convertit, non permittens quòd dicti decanus & capitulum seu eorum deputatus hujusmodi jura ad eos pertinentia reciperet, & aliàs eisdem decano & capitulo impedimentum super ipsis præstitit & præstat, quominùs jura ipsa ad eos pertinentia reciperent & recipiant, contrà dictam compositionem veniendo & eam infringendo ac perjurium incurrendo. Item in eo quòd licèt in dicta compositione seu ordinatione caveatur expressè, quòd quotiens contingit curatos seu vicarios S. Eustachii vel eorum capellanos mutari, & per hoc curatos seu vicarios ecclesiæ S. Salvatoris vel eorum capellanos, dictus curatus seu vicarius de novo institutus infrà octo dies, & capellanus substitutus de novo infrà tres dies dicto decano, & per hoc eisdem decano & capitulo publicè faciant juramentum, quòd decano & successoribus suis, & per hoc eisdem decano & capitulo tamquam ejus successoribus, de omnibus quæ ad ipsum pertinuerint, seu ad manus capellanorum suorum occasione dictæ parochiæ S. Eustachii, & per hoc ad curatum seu vicarium S. Salvatoris tamquam ejus successorem, occasione dictæ parochiæ S. Salvatoris, provenerint, medietatem præfato decano, & per hoc eisdem decano & capitulo tamquam ejus successoribus, fideliter restituent. Nichilominùs præfatus reus, qui dictam compositionem seu ordinationem tenere & de puncto in punctum observare juravit, noluit quòd dicti capellani sui in ecclesia S. Salvatoris per eum substituti & ordinati dictis decano & capitulo præfatum præstarent juramentum, eisdem decano & capitulo impedi-

O

mentum super iis præstando in dampnum permaximum decani & capituli præfatorum. Licet etiam dictus reus debeat per se personaliter ecclesiæ S. Salvatoris deservire, & in ea per juramentum per eum domino Parisi. episcopo præstitum residentiam facere personalem, juraque dictæ ecclesiæ conservare & non diminuere, & intersit dictorum decani & capituli quòd præmissa faciat ut teneatur; cùm quòd dicta ecclesia debito servitio hujusmodi defraudatur, & ad eos pertinet jura dictæ ecclesiæ persequi, cùm quòd majora emolumenta ad ipsam ecclesiam, & per eam ad ipsos decanum & capitulum ratione prædictorum jurium parochialium ad eos pertinentium provenirent, si debitè personaliter deserviret eidem; & nichilominùs idem reus officium procuratoris in dicta parlamenti curia exercens assiduè, in dicta sua ecclesia residere & eidem personaliter deservire non curavit neque curat; propter quod dicta ecclesia S. Salvatoris debito servitio personali prædicto fraudata fuit & fraudatur; & dicti decanus & capitulum à tempore quo idem reus in dicta ecclesia S. Salvatoris fuit institutus, fuerunt & sunt multùm damnificati propter diminutionem proventuum, quæ diminutio ex defraudatione dicti servitii personalis evenit. Et licèt dictus reus fuerit & sit postmodùm ex parte dictorum decani & capituli pluries & legitimè requisitus & summatus quatinùs à prædictis turbationibus & impedimentis per eum appositis in præmissis desisteret & cessaret, juraque antedicta ad dictos decanum & capitulum pertinentia, per eum habita, percepta & rerenta, eisdem decano & capitulo redderet & restitueret, ac dictam ordinationem seu compositionem domini Reginaldi & contenta in eadem, prout juravit, teneret & servaret; idem tamen reus hoc recusavit & recusat indebitè & injustè, contra dictam compositionem veniendo & eam infringendo ac perjurium incurrendo. Suntque præmissa omnia & singula vera, notoria & manifesta, & ea recognovit & confessus fuit dictus reus coram pluribus fide dignis pluries & legitimè fore vera; & super eis fuit & est Parisius & alibi publica vox & fama. Quarè petit dictus procurator, nomine quo suprà, per nos & nostram sententiam diffinitivam dici, pronunciari, declarari ac decerni omnia & singula jura parochialia superiùs declarata & expressa, in dicta S. Salvatoris ecclesia & ejus parochia obvenientia, ad dictos dominos decanum &

capitulum pertinuisse & pertinere, eaque sibi adjudicanda fore & adjudicari; dictamque compositionem domini Reginaldi & omnia & singula in ea contenta, præsertim in capitulis & articulis superiùs declaratis, per dictum reum curatum seu vicarium S. Salvatoris modernum, & ejus successores tamquàm successores dicti curati ecclesiæ S. Eustachii, in quantum ecclesiam prædictam S. Salvatoris, & parochiam ejusdem ecclesiæ concernit, fore & esse servandam ac servari debere, factâ mutatione festivitatis S. Eustachii in festivitatem S. Salvatoris; necnon turbationes, impedimenta, cessationes, denegationes & damnificationes antedictas per dictum reum appositas in præmissis, fuisse temerarias, illicitas & de facto præsumptas; dictoque reo non licuisse neque licere sic temerariè & de facto contra dictam compositionem seu ordinationem dicti domini Reginaldi, præsertim in & super præmissis omnibus & singulis, ac contra juramentum de observando eamdem compositionem & ordinationem per eum præstitum, venisse & venire; ipsumque reum ad revocandum, tollendum & amovendum hujusmodi turbationes & impedimenta dictis dominis decano & capitulo in præmissis eorum possessionibus, & saisinis ac juribus per eum appositas & apposita, & ad reintegrandum dictas possessiones & saisinas ac jura eorum, & ad observandum dictum ejus juramentum super hoc præstitum, & ad tenendum, servandum & adimplendum inposterùm omnia & singula in dicta compositione & ordinatione dicti domini Reginaldi, in quantum dictam ecclesiam S. Salvatoris & ejus parochiam, ipsumque reum ut curatum seu vicarium ejusdem ecclesiæ & suos capellanos tangit & concernit, contenta, factâ mutatione prædictâ dicti festi S. Eustachii in festum S. Salvatoris, condempnari & compelli; necnon ad reddendum eisdem decano & capitulo legale compotum & rationem legitimam de præmissis, & ea reddenda & restituenda eisdem, si extant in rerum natura, alioquin eorum verum valorem quem extimant ad centum libras turonenses, salvo jure plurimi, ac etiam damna prædicta per dictos decanum & capitulum propter non residentiam personalem dicti rei supradictam passa, quæ ad centum libras turonenses extimant, salvâ taxatione nostrâ legitimâ, si sit opus, in præmissis procedendo, unà cum dicti actoris expensis in hac causa & ejus occasione factis; & de faciendis protestatur; quas expensas unà
cum

cum præmissis ex nunc deducit idem procurator, actor quo suprà nomine, contrà dictum reum in judicium coràm nobis; petens in & super præmissis & eorum quolibet per nos sibi fieri justitiæ complementum; officium nostrum in præmissis implorans, si & in quantum de jure fuerit implorandum; offerens & protestans idem actor nomine prædicto, se de præmissis probaturum ea quæ sibi sufficient de eisdem ad suam intentionem in toto vel in parte consequendam, ad superfluam probationem se non astringendo; addendi, diminuendi, corrigendi & declarandi ac mutandi omnique alio juris beneficio sibi salvo. Datum Par. anno Domini M. CCCC. VII. die lunæ post festum beati Michaëlis archangeli, sic signatum M. de Kergourant. LITE igitur pro parte dicti rei super contentis in dicto libello ipsorum actorum contestatâ in scriptis per modum acti in hunc modum. PRÆMISSIS protestationibus coràm vobis, venerabili & circumspecto viro domino officiali Par. pro & ex parte venerabilis & discreti viri magistri Alexandri Nacardi, presbyteri rectoris seu curati parochialis ecclesiæ S. Salvatoris Parif. rei, seu potiùs juris sui legitimi defensoris de ineptitudine, insufficientia, obscuritate, & inadmissibilitate cujusdam talis qualis petitionis seu libelli traditæ seu traditi in scriptis coràm vobis, pro & ex parte venerabilis viri magistri Adæ de sancto Amando procuratoris & procuratorio nomine venerabilium virorum dominorum decani & capituli ecclesiæ S. Germani Antiss. Parif. actorum contrà præfatum reum, necnon de ipsius rei factis contrariis exceptionibus partium, & aliis omnibus & singulis exceptionibus, defensionibus, salvationibus & allegationibus tam facti quàm juris eidem reo competentibus & competituris, loco & tempore proponendis & allegandis, & si necesse fuerit probandis, & quòd si contingat prænominatum actorem, nomine quo agit, aliquid de propositis per eumdem ultrà confessata per ipsum reum probare, quod absit, quod illud præfato reo non noceat, nec dicto actori proficiat in aliquo. Insuper de expensis ipsius rei factis in hac causa seu lite & ejus occasione, & etiam faciendis à præfato actore, nomine prædicto, eidem reo reddendis & reffundendis. De contentis in dicta tali quali petitione seu libello ipsius actoris, confitetur ipse reus quòd dicti domini decanus & capitulum ecclesiæ prædictæ S. Germani Antiss. Parif. præsentare consueverunt domino Parisiensi episcopo rectorem seu curatum dictæ parochialis ecclesiæ S. Salvatoris; ad quem post dictam præsentationem & collationem sibi factam per præfatum dominum Parisiensem episcopum spectant, prout ab antiquissimo tempore spectaverunt, omnia & singula jura, proventus & emolumenta dictæ parochialis ecclesiæ, exceptis tamen aliquibus infra declaratis, quæ præfati domini decanus & capitulum capere consueverunt, prout dicit dictus actor prædicto nomine; videlicèt ceram in eadem parochiali ecclesia oblatam, & provenientes oblationes quæ in eadem parochiali ecclesia proveniunt die Paschæ; exceptis tamen decem solidis parisiensibus, quos idem rector seu curatus capere consuevit super oblationibus diei Paschæ, medietatem omnium oblationum in pecunia in eadem ecclesia obvenientium, sex denarios parif. pro quolibet baptismo in eadem ecclesia facto, & etiam sex denarios cum obolo super oblationibus seu emolumentis cujuslibet benedictionis nuptialis in eadem ecclesia factæ, quæ præmissa domini decanus & capitulum perceperunt & percipere consueverunt pacificè à toto tempore quo idem reus fuit curatus dictæ parochialis ecclesiæ, absque hoc quod ipse reus in præmissis seu aliquo præmissorum aliquod impedimentum eisdem apposuerit, prout nec apponere intendit. Cætera verò omnia & singula in dicta tali quali petitione ipsius actoris, nomine quo agit, proposita & narrata modo & formâ quibus ibidem proponuntur & narrantur, & ad finem seu fines ad quem seu ad quos tendunt seu tendere dignoscuntur, negat idem reus fore vera, litem contestando & animo litem contestandi, dicens petita per ipsum actorem, nomine quo suprà, non fieri debere, sed ipsum reum fore & esse ab impetitione dicti actoris, nomine quo suprà, absolvendum, cum adjudicatione expensarum eidem reo contra præfatum actorem. Adjiciens ipse reus quòd quia domini decanus & capitulum se pluries jactaverunt de quibusdam compositione & sententia, de quibus in dicta tali quali petitione eorumdem fit mentio, & de nonnullis aliis, ipse reus eosdem pluries tam judicialiter quàm extra summavit & requisivit prout adhuc summat & requirit, quòd si dictas compositionem & sententiam aut aliam quamcumque habeant, per quam seu quas eidem reo constare possit quòd ipsi in dicta sua ecclesia parochiali ultrà jura per ipsum reum confessata superiùs, capere seu recipere debeant aut consueverint, ipse reus paratus erit & est dictis compositionibus obtemperare, & liti præsenti cedere, & expensas ejusdem, in quantum ad hoc tenetur, solvere. Datum anno Domini M. CCCC. VII. die Lunæ post festum hyemale beati Martini. DEINDE nonnullis propositionibus per procuratorem dictorum actorum prænominatum coràm nobis propositis, juratis & affirmatis, multisque responsionibus pro parte dicti rei ad easdem datis ultrà præmissa confessata per dictum reum in sua litis contestatione præscripta, idem reus pleniùs advisatus & instructus super contentis in dicto libello ipsorum actorum, aliam fecit confessionem, & tradidit in scriptis penès curiam nostram sub hac forma: EGO Alexander curatus antedictus ultrà aliàs per me confessata, benè instructus & deliberatus, recognosco & confiteor, quòd dicta ecclesia S. Germani fuit & est patrona & matrix dictæ ecclesiæ S. Salvatoris, & quòd ad dictos dominos decanum & capitulum pertinet jus patronatûs & præsentandi curatum ad dictam ecclesiam S. Salvatoris; quodque præfati decanus & capitulum me ad dictam ecclesiam S. Salvatoris domino episcopo Parisiensi præsentaverunt ; quorum præsentatione mediante fui in dicta ecclesia S. Salvatoris per dictum dominum episcopum institutus ; item & quòd dicti domini decanus & capitulum, & eorum prædecessores consueverunt habere, & ad eos pertinuit & pertinet habere & percipere, fueruntque & sunt in possessione & saisina habendi & percipiendi in dicta ecclesia S. Salvatoris & ejus parochia omnia & singula jura parochialia, in compositione bonæ memoriæ domini Reginaldi quondàm episcopi Parisiensis, de qua in dictorum actorum petitione fit mentio, declarata & expressa, & per dictos dominos decanum & capitulum in eorum libello petita, in dicta ecclesia S. Salvatoris & ejus parochia provenientia, prout in eorum actorum libello continetur ; quæ jura ad dictos dominos decanum & capitulum pertinentia non impediri nec impedire intendo in futurum. Quibus quidèm confessionibus ex parte dicti rei emissis in causa hujusmodi, dictus procurator ipsorum actorum, nomine quo suprà, à dictis actoribus magistris suis benè informatus, ad confessiones hujusmodi ejusdem rei se restrinxit & acquievit. Postmodùm verò concluso in causa ipsa de consensu procuratoris & rei & præfatorum à nobis & per nos, & pro concluso habito, cæterisque rite peractis & observatis quæ circà hoc servari debuerunt ; demùm die datæ præsentium continuatâ seu expectatâ de more, usu, stilo, & consuetudine curiæ nostræ Parisiensis de die in diem, videlicèt à die sabbati post festum beati Valentini martyris assignatâ peremptoriè coràm nobis dictis partibus ad audiendum à nobis & per nos jus seu nostram sententiam diffinitivam in hujusmodi causâ dici, ferri & pronuntiari, si dictâ die de commodè fieri posset ; comparente in judicio coràm nobis magistro Adam de S. Amando, dictorum actorum procuratore præfato, & nomine procuratorio ipsorum & pro ipsis, & dicti rei non comparentis nec aliquem pro se mittentis contumaciam accusante, petente & requirente dictum reum per nos contumacem reputari, & in ejus contumacia jus seu nostram sententiam diffinitivam dici, ferri & pronuntiari, asserente hoc per nos sibi, nomine quo suprà, fieri debere, nedùm de jure, verùm de more, usu, stilo, & consuetudine curiæ nostræ prædictis. Nos verò officialis Parisiensis præfatus, petitioni & requisitioni hujusmodi justæ & juri consonæ annuentes, dictum reum coràm nobis sufficienter vocatum & non comparentem, de die hodiernâ reputavimus & meritò reputamus contumacem ; & ejus exigente contumaciâ visis causæ præsentis meritis, & cæteris attendendis, quæ nos & animum nostrum meritò movere potuerunt & debuerunt, præhabitâ maturâ deliberatione cum peritis & advocatis curiæ nostræ, ad jura reddenda pro tribunali sedentes, Christi nomine primitùs invocato, jus seu nostram sententiam diffinitivam protulimus & proferimus in scriptis in hunc modum : IN NOMINE Domini, amen. Visis in præsenti processu petitione actorum, nomine quo agunt, responsione ac confessionibus rei nomine quo se deffendit, quibus confessionibus procurator actorum se restrinxit cum cæteris attendendis, maturâ deliberatione præhabitâ cum peritis, reum nomine quo suprà in confessatis per eum & observatione compositionis per dominum Reginaldum quondam episcopum Parisiensem factæ, in petitione actorum allegatæ, & in expensis in hoc processu factis, taxatione nostrâ reservatâ, per hanc nostram sententiam diffinitivam condempnamus in iis scriptis. In quorum omnium fidem & testimonium præsentes litteras seu publicum instrumentum in hanc publicam formam per notarium publicum subscriptum scribam nostrum redigi fecimus, sigillique curiæ Parisiensis unà cum signeto nostro, signoque & subscriptione dicti notarii publici subscripti scribæ nostri jussimus appensione muniri. Datum & actum in curia Parisiensi, anno Domini M. CCCC. VII. die Veneris post Dominicam quâ cantatum fuit in sanctâ Dei ecclesia *Reminiscere* XVI. mensis Martii, indictione primâ, pontificatûs sanctissimi in Christo patris & domini nostri domini Benedicti divinâ providentiâ papæ XIII. anno XIIII. præsentibus venerabilibus & discretis viris magistris Yvone de Kerengar, Mauritio de Kergourant, Oliverio Doviou decretorum doctoribus, Johanne de Villa-novâ, Herveo Ponchardi & Guillelmo Graterii jurisperitis, advocatis curiæ nostræ, unâ cum pluribus aliis testibus ad præmissa vocatis specialiter & rogatis. *Sequitur subscriptio notarii* : Et ego Johannes Rode Cameracensis diocesis publicus apostolicâ & imperiali auctoritatibus notarius, curiæque Parisiensis juratus, ac domini officialis Parisiensis præfati scriba; quia prædictæ sententiæ diffinitivæ pronuntiationi & aliis dùm, ut præmittitur, dictâ die corám prædicto domino officiali & corám ipso pronuntiarentur, fierent & agerentur, unâ cum testibus prænominatis, præsens instrumentum, eaque sic fieri vidi & audivi ; idcircò de mandato ejusdem domini officialis, præsentes litteras seu publicum instrumentum alterius manu scriptum, me aliàs legitimè occupato, signo meo solito hîc me manu propriâ subscribendo signavi, unâ cum appensione sigilli curiæ Parisiensis & dicti domini officialis signeti, requisitus in testimonium præmissorum. *Ibidem.*

Bail à ferme des droits appartenans aux doyen & chapitre de S. Germain l'Auxerrois, sur la cure de S. Sauveur.

An. 1408.

UNIVERSIS præsentes nostras litteras inspecturis, decanus & capitulum ecclesiæ collegiatæ sancti Germani Antiss. Parisi. salutem in Domino. Notum facimus, quòd nos qui ad causam ecclesiæ nostræ habemus, possidemus & percipimus pacificè & à tanto tempore, cujus memoria hominum in contrarium non existit, habuimus, possedimus & percepimus insuper ecclesiis & parochiis sancti Salv. Paris. quæ olim ædificata & in parochialem erecta fuit infrà confines parochiæ ecclesiæ nostræ sancti Germani, videlicèt in capella quæ vocabatur *Capella de Turre*, tunc sita extrà portam antiquam Parisi. suprà magnum vicum sancti Dionysii Parisi. & sancti Eustachii Parisi. quæ scilicèt infrà dictos confines parochiæ ecclesiæ nostræ sæpedictæ, videlicèt in capella sanctæ Agnetis propè portam Montis-martyrum ædificata, & in parochialem erecta fuit, fructus, obventiones & emolumenta qui & quæ olim soli decano ecclesiæ nostræ pro illo tempore competebant, pertinebant & spectabant, in cujus solius decani locum nos decanus & capitulum communiter auctoritate ordinariâ & etiam apostolicâ successimus ; qui quidem fructus, proventus, obventiones & emolumenta in certa compositione olim inter decanum prædictæ nostræ ecclesiæ pro illo tempore, ex parte una, & presbyterum dictæ sancti Eustachii pro eodem tempore, ex altera, per dominum Reginaldum tunc Parisi. episcopum facta; cujus compositionis tenor in sententia per nos contrà discretum virum Alexandrum Nacardi presbyterum paroch. sive curatum ecclesiæ S. Salv. prædictæ in curia domini Parisi. episcopi obtenta, est de verbo ad verbum insertus, & etiam in ipsa sententia declarati, declaratæ & declarata existunt ; cujus tenor talis est : *Universis præsentes litteras inspecturis, &c.** considerantes quòd quia super nonnullis ex prædictis obventionibus quæ ad nos in ecclesia & parochia prædicti sancti Salv. pertinent, suspicio de facili oriri potest, quòd nobis per dictum Alexandrum & ejus capellanum fideliter non reddantur, & quòd propterea dissensiones inter nos & eundem Alexandrum esse possent ; ad vitandum suspiciones & contentiones hujusmodi, pro utilitate utriusque ecclesiarum, videlicèt nostræ S. Germani matricis ejusdem ecclesiæ sancti Salv. & prædictæ sancti Salv. salvâ & retentâ auctoritate, consensu & voluntate reverendi in Christo patris ac domini nostri domini Parisi. episcopi, omnes & singulos fructus, proventus, obventiones & emolumenta hujusmodi nobis in dictâ ecclesiâ sancti Salv. & ejus parochia pertinentes & spectantes, pertinentiaque & spectantia, qui & quæ in præscripta sententia & tenore dictæ compositionis in ea inserto declarantur, in quantum concernit dictam ecclesiam & parochiam sancti Salv. concessimus & tradidimus, & tenore præsentium concedimus & tradimus, ad locationem sive firmam. à die datæ præsentium incipiendam, & titulo locationis seu firmæ præfato Alexandro nomine suo privato personali, & per eum percipiendos & percipienda, ad utilitatem sui convertendos & convertenda, ad tempus & per tempus quo paroch. presbyter sive cura-

* C'est l'acte précédent.

tus ejusdem ecclesiæ sancti Salv. extiterit, & non ultrà, eorumdem tamen verâ possessione & saisinâ naturali & civili penès nos & nostram ecclesiam remanente continuè, pro pensione annua quinquaginta librarum turonensium nobis quatuor terminis Parisius consuetis, videlicèt in festivitatibus Natalis Domini, Paschæ, beati Johannis-Baptistæ & sancti Remigii æqualitèr per dictum Alexandrum persolvendarum; pacto solemni stipulatione vallato inter nos & Alexandrum prædictum interposito, quòd dictus Alexander non poterit nomine suo proprio, nec etiam nomine suæ vicariæ sive officii presbyteri paroch. dictæ ecclesiæ seu beneficii sui aut alio quovis modo, fructuum, proventuum, obventionum & emolumentorum prædictorum juriumque nostrorum ratione ipsorum nobis & ecclesiæ nostræ competentium in ecclesia & parochia S. Salv. prædictorum, possessionem & saisinam aliquam seu aliquas acquirere vel retinere, per quam vel quas præscriptionem aliquam contrà nos & ecclesiam nostram S. Germani valeat acquirere aut allegare, de & super fructibus, proventibus, obventionibus & emolumentis, juribusque nostris prædictis, quominùs nobis & ecclesiæ nostræ fructus, obventiones, emolumenta & jura, eorumque possessiones & saisina remaneant semper salvi, salvæ & salva, utilitate tantummodò eorum ad eundem conductorem sive firmarium durante locatione & firmâ hujusmodi permanente, & non ultrà. Ita quòd locatione sive firmâ hujusmodi finitâ, nos prædictos fructus, proventus, obventiones, emolumenta & jura prædicta authoritate nostrâ propriâ, ut eorumdem & de ipsis ex nunc in anteà verè & continuè saisiti & possessores levare, recipere & percipere poterimus per nos & deputandos à nobis, ipsius Alexandri sive successoris sui in dicta ecclesia sancti Salv. hæredisve sui aut cujusvis alterius personæ voluntate minimè requisitâ; quia sic notoriè & pacificè antè traditionem & concessionem hujusmodi faciebamus & facere poteramus. Acto etiam inter nos & eumdem Alexandrum quòd ipse nobis dabit litteras obligatorias de receptione locationis sive firmæ hujusmodi à nobis, sub pactis & conventionibus, formis & modis prædictis, & de omnibus & singulis supradictis tenendis & observandis sub sigillo Castelleti Parisf. conficiendas, meliori formâ quâ fieri poterunt, ad conservationem jurium prædictorum nostrorum, omnia bona sua & beneficii sui prædicti ecclesiæ sancti Salv. obligando. Acto etiam inter nos quòd ipse Alexander & nos simul supplicabimus pro bono & utilitate nostrûm & ecclesiarum nostrarum prædictarum domino nostro Parisf. episcopo, ut prædicta omnia & singula dignetur laudare, approbare & confirmare. Quæ omnia &.singula suprascripta, in quantum nos & ecclesiam nostram concernunt, servare & in nullo contravenire promittimus bonâ fide, sub obligatione & hypoteca omnium bonorum ecclesiæ nostræ. Actum & datum in capitulo nostro, sub sigillo nostro, die Martis penultimâ mensis Octobris, anno Domini M. CCCC. VIII. *Ibidem.*

Le même bail accepté par le curé de S. Sauveur.

IN nomine Domini, amen. Noverint universi præsens instrumentum inspecturi, quòd anno ejusdem Domini M. CCCC. VIII. ind. II. secundùm usum & computationem ecclesiæ Gallicanæ mensis Decembris die I. regnante illustrissimo principe & domino nostro domino Karolo Dei gratiâ Francorum rege VI. & sui regni XXVIII. præsidente in ecclesia Parisf. reverendo in Christo patre ac domino domino Petro de Ordeomonte eâdem gratiâ Parisf. episc. In mei notarii publici & testium infrà scriptorum præsentiâ, personaliter constitutus discretus vir magister Alexander Nacart curatus ecclesiæ parochialis S. Salvatoris Parisf. dixit & asseruit, quòd ipse sciens & certus quòd domini decanus & capitulum ecclesiæ paroch. S. Germani Antiss. Parisf. matricis dictæ ecclesiæ sancti Salvatoris habebant jus percipiendi & possidendi, percipiebantque & possidebant pacificè, & à tanto tempore & per tantum tempus quod de initio memoria hominum non extabat habuerant, possederant & perceperant ad causam dictæ ecclesiæ S. Germani, in cujus parochia ecclesia prædicta S. Salvatoris ædificata & fundata extitit ab antiquo, in & super ecclesia prædicta S. Salvatoris fructus, proventus, obventiones & emolumenta qui & quæ sequuntur. In primis totam ceram quæ quoquo modo offertur & obvenit ratione parochiæ in eadem ecclesia S. Salvatoris; presbytero tamen parochiali sive curato ipsius ecclesiæ sancti Salv. ad faciendum divinum servitium dicti domini decanus & capitulum luminare competens debent perpetuò ministrare. Item oblationes atque proventus, sive in pecunia, pane vel vino, sive in quibuscumque aliis rebus consistant, omnium missa-

rum

rum quæ celebrantur in dicta ecclesia S. Salv. in festivitatibus omnium Sanctorum, Natalis Domini, Paschæ, Pentecostes, & S. Salv. sine participatione aliqua eorum vel earum parochiali presbytero sive curato pro tempore ipsius ecclesiæ sancti Salv. facienda. Exceptis tamen missis defunctorum quorum corpora in dictis festivitatibus contigerit esse præsentia; & exceptis oblationibus peregrinorum & mulierum purificatarum, & eos sive eas sequentium; quarum oblationum dicti domini decanus & capitulum medietatem tantùm habere & percipere debent, alterâ medietate penès parochialem presbyterum liberè remanente. Item, in omnibus aliis oblationibus & proventibus quocumque modo ratione juris parochialis provenientibus ad manus presbyteri paroch. vel capellanorum suorum seu cujuscumque ex parte sua, habent & percipiunt, habereque & percipere consueverunt per tempora suprà dicta dicti domini decanus & capitulum medietatem, sive proveniant in dictâ ecclesiâ sive extrâ, & presbyter paroch. sive curatus dictæ ecclesiæ sancti Salv. aliam medietatem, exceptis victualibus quæ aliàs quàm in oblationibus missarum dicto paroch. presbytero seu curato dantur, quæ solus curatus seu presbyter potest retinere, si valorem duorum solidorum paris. non excedant ; verò superfuerit communicare tenetur dictis dominis decano & capitulo, si dicta victualia majoris valoris existant. Item, de denariis qui dantur in confessionibus, de denariis qui dantur cùm pueri baptizantur; de denariis qui dantur quando infirmi visitantur & quando inunguntur; item, de legatis quæ fiunt dicto presbytero seu curato sancti Salv. ratione parochiæ, sive fiant in rebus mobilibus sive immobilibus; & de denariis qui dantur pro ferculis nuptiarum; & de denariis à nubentibus in foribus ecclesiæ habent & percipiunt, habereque & percipere consueverunt dicti domini decanus & capitulum medietatem, & presbyter seu curatus prædictus aliam medietatem. De denariis tamen qui dantur in confessionibus presbyter sive curatus prędictus dare potest capellanis quos ad audiendum secum confessiones in quadragesima advocabit pro scientia & quantitate laboris; ita tamen quòd tertiam partem oblationum, confessionum hujusmodi quæ ad manus ipsius advenerint, non excedant. De denariis etiam quos recipit idem presbyter sive curatus à nubentibus, duos denarios dare potest, licentiâ ipsorum dominorum deca-

ni & capituli non petitâ. Verùm si de nocte, postquàm ipse presbyter lectum intraverit, ab aliquo eum vocari contingat, oblationes quæ tunc fient non tenetur communicare dictis dominis decano & capitulo, nisi octo denarios tunc excedant. Quod verò ultrà octo denarios fuerit, eisdem dominis communicare tenetur. Item, quando dictus presbyter celebrat pro defunctis, si oblationes usque ad valorem duorum solidorum attingant, potest ipse presbyter seu curatus dare pauperibus de communi duos denarios, licentiâ non petitâ. Crismalia autem habent & percipiunt soli & in solidum dicti domini decanus & capitulum. Item, si unum corpus seu plura corpora defunctorum deferantur ad ecclesiam sancti Salvatoris in aliqua dictarum quinque festivitatum, unica tamen missa pro illo vel illis omnibus celebrari debet, cujus oblationes dictis dominis decano & capitulo ac presbytero sive curato prædicto sunt & esse debent communes. Cæterùm si dictus parochialis presbyter seu curatus viderit expedire quòd aliqui extrà ecclesiam sancti Salvatoris matrimonialiter conjugantur ex causa, debet hoc denuntiare procuratori dictorum dominorum decani & capituli; & post, sive procurator consenserit sive non, salvo jure ipsorum dominorum decani & capituli, poterit in alia ecclesia ex causa dictis contrahentibus matrimonium celebrare divina. Clericum verò seu clericos dictæ ecclesiæ sancti Salvatoris & fossarium dicti domini decanus & capitulum instituere & destituere debent; ita tamen quòd ipse vel ipsi clericus aut clerici presbytero paroch. seu curato jurare debent quòd ei obédient bonâ fide in iis in quibus ei obedire debent ratione parochiæ supradictæ; quem vel quos si presbyter asseruerit in verbo sacerdotis eisdem dominis decano & capitulo esse inutilem vel inutiles, vel infamem vel infames, dicti domini decanus & capitulum illum vel illos ad petitionem dicti presbyteri tenentur amovere, & alium vel alios subrogare. Verùm quia presbyter paroch. in die Paschæ plusquàm in aliis diebus laborare tenetur, cujus diei oblationes ad dictos dominos decanum & capitulum solos pertinent, ut suprà dictum est, presbyter parochialis habere debet in oblationibus dictæ diei Paschæ per manus procuratorum dictorum dominorum decani & capituli decem solidos turonenses pro labore suo. Quæ omnia & singula supradicta, & nonnulla alia jura quæ dicti domini decanus & capitulum antedicti habent & percipiunt ac percipere consueverunt in ecclesia sancti Salvatoris & ejus parochia supradictis, in quadam sententia pro dictis dominis decano & capitulo contrà dictum magistrum Alexandrum die XVI. mensis Martii ultimo præteriti per dominum officialem Parif. lata, necnon in certis eorumdem dominorum decani & capituli litteris super locatione & firma hujusmodi confectis eidem magistro Alexandro traditis & per eum receptis, ut dicebat, sunt plenius specificata & declarata ; non vi nec dolo, sed suâ spontaneâ voluntate sui motûs, benè deliberatus & ad plenum consultus pro sua & ecclesiæ suæ prædictæ utilitate, ut dicebat, salvâ & retentâ auctoritate, consensu & voluntate reverendi in Christo patris & domini domini Parif. episcopi, omnes & singulos fructus, proventus, obventiones & emolumenta superiùs & in dicta sententia declaratos & declarata, in quantum concernit dictam ecclesiam sancti Salv. & ejus parochiam, & ad dictos dominos decanum & capitulum in dicta ecclesia sancti Salv. & ejus parochia, ut prædictum est, pertinentes & spectantes, pertinentia & spectantia, ad locationem seu firmam, & titulo locationis sive firmæ à die penultima mensis Octobris ultimè præteriti inceptæ, à dictis dominis decano & capitulo ecclesiæ sancti Germani, nomine suo privato & personali, per eumdem magistrum Alexandrum percipiendos & percipienda, ad utilitatem sui convertendos & convertenda, usque ad tempus & per tempus quo ipse magister Alexander paroch. presbyter sive curatus ejusdem sancti Salv. ecclesiæ extiterit, & non ultrà, acceperat & receperat, eorumdem tamen fructuum, emolumentorum ac jurium verâ possessione naturali & civili penès eosdem dominos decanum & capitulum, & eorum dictam ecclesiam sancti Germani remanente continuè, pro pensione annua quinquaginta librarum turonensium per dictum magistrum Alexandrum prædictis dominis decano & capitulo quatuor terminis Parisius consuetis, videlicèt in festivitatibus Natalis Domini, Paschæ, nativitatis beati Johannis-Baptistæ, & sancti Remigii æqualiter persolvendarum ; pacto solemni stipulatione vallato inter dictos dominos decanum & capitulum, & ipsum magistrum Alexandrum interposito, ut dicebat, quòd dictus magister Alexander non poterit nomine suo proprio, nec etiam nomine vicariæ suæ, sive officii presbyteri paroch. dictæ ecclesiæ, sive beneficii sui, aut alio quovis modo fructuum, proventuum, obventionum & emolumentorum prædictorum, juriumque eorumdem dominorum decani & capituli ratione ipsorum ipsis dominis decano & capitulo competentium in ecclesia prædicta sancti Salv. possessionem & saisinam aliquam seu aliquas acquirere vel retinere, per quam vel quas præscriptionem aliquam contrà ipsos vel eorum ecclesiam sancti Germani valeat acquirere aut allegare, & super fructibus, proventibus, obventionibus & emolumentis juribusque ipsorum dominorum decani & capituli & ecclesiæ eorumdem, quominùs fructus, obventiones, emolumenta & jura, eorumque possessio & saisina remaneant semper salvi, salvæ & salva, utilitate tantummodò eorumdem ad eumdem magistrum Alexandrum conductorem sive firmarium solum durante locatione & firmâ hujusmodi permanente, & non ultrà. Itaque locatione sive firmâ hujusmodi finitâ, dicti domini decanus & capitulum prædictos fructus, proventus, obventiones, emolumenta & jura prædicta authoritate eorum propriâ tamquàm eorumdem & de ipsis ex nunc in anteà verè & continuè saisiti & possessores levare, percipere & recipere poterunt per eos seu ab eis deputandos ; ipsius magistri Alexandri sive successorum suorum in dicta ecclesia sancti Salv. hæredisve sui aut cujusvis alterius personæ voluntate minimè requisitâ, quia sic notoriè & pacificè antè traditionem & concessionem hujusmodi faciebant & facere poterant. Acto etiam inter ipsas partes, ut dicebat, quòd decimæ prædiales, reales & mixtæ quæ dominis decano & capitulo in parochia dictæ ecclesiæ sancti Salv. noscuntur pertinere, & alia jura, si quæ sint eis competentia in ecclesia & parochia supradicta, quæ in locatione seu firma hujusmodi non comprehenduntur, eisdem dominis decano & capitulo remaneant semper salva & illæsa. Acto etiam inter partes, ut idem magister Alexander asserebat, quòd ipse magister Alexander dictis dominis decano & capitulo dabit litteras obligatorias de receptione locationis sive firmæ hujusmodi ab ipsis dominis receptæ, sub pactis & conventionibus, modis & formis prædictis, & de omnibus & singulis supradictis tenendis & observandis per litteras sub sigillo Castelleti Parif. conficiendas, meliori formâ quâ poterit, ad conservationem jurium prædictorum dominorum decani & capituli, omnia bona sua & beneficii sui prædicti ecclesiæ S. Salv. obligando. Acto etiam inter

inter ipsos, ut dicebat idem magister Alexander, quòd ipse magister Alexander & dicti domini decanus & capitulum simul supplicabunt pro bono & utilitate ipsorum & ecclesiarum suarum prædictarum domino Parif. episcopo, ut prædicta omnia & singula dignetur laudare, approbare & confirmare. Quæ omnia & singula supradicta præfatus magister Alexander promisit michi notario publico subscripto, ut communi & publicæ personæ pro dictis dominis decano & capitulo stipulanti solemniter & recipienti, ac fidem suam in manu mea notarii publici subscripti propter hoc personaliter spontè præstitam juravit tenere, complere ac firmiter & inviolabiliter observare, & in nullo contrà facere, dicere vel venire per se vel alium aut alios, clàm vel palàm, directè vel indirectè, tacitè vel expressè, publicè vel occultè quomodolibet in futurum. Obligans & submittens idem magister Alexander quoad hoc ac etiam custibus, expensis, missis, damnis & interesse quos, quas & quæ præfati domini decanus & capitulum eorumve procurator seu lator præsentis instumenti publici pro eis incurrerent seu paterentur, aut incurreret seu pateretur ob defectum complementi præmissorum, aut alterius eorumdem, seipsum hæredesque & successores suos, ac sua & beneficii sui prædicti hæredumque & successorum bona omnia & singula, mobilia & immobilia, præsentia & futura, ubicumque sint & poterunt reperiri, jurisdictioni, choro & coercioni, compulsioni ac juribus cameræ apostolicæ, dictæque curiæ camerarii ac auditoris, vice-auditoris, locum tenentis seu vices gerentis ejusdem, ac curiæ domini officialis Parif. necnon curiarum ipsarum & cujuslibet earumdem, quam vel quas, ac quem vel quos iidem domini decanus & capitulum, eorumve procurator seu lator præfatus eligere vel adire voluerint seu voluerit pro præmissis, ita tamen quòd unâ curiâ vel uno, seu pluribus per præfatos dominos decanum & capitulum, vel eorum procuratorem seu latorem præfatum electis, ad alios judices & curias, & ad dimissis & dimissas redire & recursum habere valeant seu valeat, exceptione cœpti judicii & quâlibet aliâ non obstante. Volens idem magister Alexander & expressè consentiens, quòd præfati domini camerarius, auditor, vice-auditor, vices gerens seu locum tenens, & officialis Parif. & alii judices ecclesiastici quicumque in ipsum magistrum Alexandrum sententias suspensionis & excommunicationis, ac alias quascumque graviores promulgent & ferant, & alios quoscumque processus contra ipsum gerant & faciant, quotienscumque, quandocumque & ubicumque fuerit opportunum, & per eosdem dominos decanum & capitulum, vel alium eorum nomine fuerint requisiti. Et nichilominùs posse & debere ad petitionem & voluntatem eorumdem dominorum decani & capituli eorum procuratoris seu latoris præfati per dictos marescallum & præpositum, ac alios quoscumque dominos & justitiarios temporales & sæculares, & eorum quemlibet in solidum cogi & compelli pro captione, venditione, alienatione & exspletatione omnium bonorum prædictorum, ac etiam per omnia alia juris remedia ; & renuntiavit in hoc facto dictus magister Alexander sub suo juramento prædicto exceptionibus doli mali, vis, metûs, fori, fraudis, læsionis, circumventionis rei non eodem modo gestæ in factum, actioni, conditioni, indebitis sine causâ, & ob injustam causam omni provocationis & appellationis remedio, omni consuetudini, usui & statuto, beneficio restitutionis in integrum, omnibus privilegiis, gratiis, respectibus & indulgentiis apostolicis & regiis, ac aliis quibuscumque sibi concessis & concedendis ; & generaliter omnibus aliis exceptionibus, rationibus, allegationibus & defensionibus quibus contrà præmissa vel eorum aliqua venire posset, aut in aliquo se deffendere vel juvare ; & specialiter juri dicenti generalem renuntiationem non valere ; volens & expressè consentiens idem magister Alexander super & de præmissis præfatis dominis decano & capitulo fieri atque tradi publicum instrumentum unum vel plura, tot quot eisdem fuerint necessaria seu etiam opportuna, ad dictamen & consilium cujuscumque sapientis, facti tamen substantiâ in aliquo non mutatâ per me notarium publicum infrà scriptum. Acta fuerunt hæc in aula palatii regalis Parif. sub anno, indictione, mense & die prædictis. Præsentibus reverendo in Christo patre ac domino domino Johanne Dei gratiâ episcopo Lodovensi, & discretis viris Guillelmo de Bavatio in ipsa sancti Germani, & Adam Baccalarii in Lodovensi ecclesiis, testibus ad præmissa vocatis specialiter & rogatis. *Sequitur subscriptio notarii*. Et ego Johannes Socii clericus Suessionensis diœcesis, auctoritatibus apostolicâ & imperiali notarius, ac curiæ Parif. juratus, præmissis omnibus & singulis, dum sic ut suprà scribuntur ageren-

Tome II.

tur, dicerentur, recognoscerentur & fierent, unà cum prænominatis testibus præsens fui, eaque sic dici, recognosci & fieri vidi & audivi, publicavi, & in hanc publicam formam redegi, & hoc præsens publicum instrumentum aliâ manu scriptum me circà alia legitimè præpedito signo meo solito signavi, hîc me subscribens, requisitus & rogatus in testimonium præmissorum. *Ibidem.*

Lettres de MAURICE évêque de Paris,
Touchant la chapelle de S. Leufroy.

AN. 1191.

IN nomine Domini, amen. Ego Mauritius Dei gratiâ Parisiensis episcopus notum fieri volumus tam præsentibus quàm futuris, quòd Robertus Balduni & Richeldis uxor ejus, & Gaufridus filius eorum, & Hildeardis filia eorum, benigno convenientes assensu, pro remedio & salvatione animarum suarum, patris quoque & matris prædicti Roberti & prædecessorum suorum, ecclesiæ S. Leufredi ad augmentum presbyterii, in perpetuam eleemosinam donaverunt quinque arpennos & dimidium vinearum ad censum trium solid. Quæ scilicèt vineæ sitæ sunt in loco qui dicitur *Malassis*, & contiguæ vineis sanctimonialium de Hedera. In hujus autem eleemosinæ perpetuam & salubrem animarum suarum recompensationem, Johannes sancti Leufredi sacerdos & omnis in posterùm sacerdotum ejusdem ecclesiæ successio capellanum unum in domo sua mansionarium habebit ; qui scilicèt capellanus de bonis sacerdotis sustentatus, pro supradictæ eleemosinæ largitoribus & pro fidelibus defunctis singulis diebus officium defunctorum & missam decantabit. Sciendum verò quòd sacerdos capellanum illum singulis annis, si ei placuerit, mutare, & alium ad se vocare poterit. De hac autem eleemosina super altare à prædicto Roberto & à prænominatis, & ab uxore sua Richeldis, & Gaufrido filio, & filia sua Hildeardis, oblata in facie ecclesiæ & postmodùm in manu nostra deposita, nos ad petitionem illorum sæpedictum sacerdotem manualitèr investivimus. Actum quidem de eleemosinæ hujus largitione primùm apud sanctum Victorem, deindè publicè Par. confirmatum, præsentibus Mauritio Par. archidiacono, Matthæo, Nicholao, canonicis Par. fratre Daniele, Adam de Barris, Seherio decano, Garnerio canonico sancti Clodoaldi, Radulpho priore sancti Lazari, Herveo archipresbytero, Michaele decano de Linaiis, Philippo de Orli, Renoldo de Ties, Reginaldo de veteri Corbolio, Gervasio de sancto Dionysio, Johanne de Sarcl. Fulcone de sancto Petro ad Boves, Drocone de sancto Christophoro, Adam Capicerio, Petro de Medunta, sacerdotibus ; Theobaldo de Spina, Seherio de sancto Clodoaldo clericis, Petro Maucion de Villa-nova, Ogerio de Chaumes, Alberto camerario, David, Radulpho de sancto Dionysio & Odone fratre suo, Radulpho Aalo. Johanne qui Auquessoit, Emmaurico de sancto Dionysio, Tyerrico Rufo, Simone de Sevres, Rogerio Fornier, Petro Asceline, Gilberto Torto, Godefrido Bocel, Renaudo Ph. Bertoldo de Greva, Garnero & Vincentio aurifabris, Galtero Holeaumier, Milone Furnerio, Drogone Rufo, Pagano le Mursnier, Richardo Besse-diable, Stephano de Bosco, Hamelino cordubennario, Laurentio de sancto Medardo, Herberto Malepoe, Arnulpho de Romanvilla, Hugone Rege, Ebrardo Locorum, Petro marescallo, Willelmo de Medunta, Girardo aurifabro, Johanne Morello laïcis, & aliis quampluribus. Quod ne valeat oblivione deleri, aut malignitate quâlibet infringi, præsenti chartæ commendavimus, & sigilli nostri auctoritate firmavimus. Si quis autem hanc confirmationis nostræ paginam infringere præsumpserit, irâ Dei omnipotentis intereat, & excommunicationi donec resipuerit subjaceat. Actum anno Dominicæ incarnationis M. C. XCI. episcopatûs nostri XXXI.
Tiré d'un autre cartulaire de saint Germain l'Auxerrois.

Union de la chapelle de S. Leufroy à l'église de S. Germain l'Auxerrois.

R miseratione divinâ Parisiensis ecclesiæ minister indignus, universis præsentes litteras inspecturis æternam in Domino salutem. Nos attendentes quòd ecclesia sancti Germani Antiss. Paris. patiebatur non modicum tam in spiritualibus quàm temporalibus detrimentum, pro eo quòd canonici dicti sancti Germani in ipsa ecclesia non resident, eo quòd præbendæ adeò sunt tenues & exiles quòd canonici de proventibus earumdem non possunt commodè sustentari, propter quod divini cultûs augmentationi & ejusdem ecclesiæ utilitati salubriter providentes, ad petitionem & instantiam decani & capituli sancti Germani prædicti, & de assensu & voluntate dilecti & fidelis nostri Johannis archidiaconi Paris. communica-

AN. 1253.

to

JUSTIFICATIVES.   115

to etiam virorum prudentum consilio, capellam sancti Leufredi Parif. cui cura animarum non est annexa, & in qua dicti decanus & capitulum jus obtinent patronatûs, salvo jure nostro & archidiaconi Parif. à nobis declarando ecclesiæ dicti S. Germani duximus adnectendam, videlicèt ut exitus & proventus dictæ capellæ sancti Leufredi in distributionibus canonicorum ecclesiæ dicti sancti Germani, qui horis canonicis intererunt in eadem ecclesia cedant, & in alios usus nullatenùs convertantur. Retentâ nobis potestate compellendi dictos decanum & capitulum, ut procurent quòd in dicta capella sancti Leufredi, cùm vacaverit, divinum officium, ita benè, sicuti modò fit, vel meliùs celebretur. Actum anno Domini M. CC. LIII. mense Junio. *Ibidem.*

Autres lettres de REGNAULT évêque de Paris,

Concernant la chapelle de S. Leufroy.

An. 1253.

R miseratione divinâ Parif. ecclesiæ minister indignus, universis præsentes litteras inspecturis æternam in Domino salutem. Cùm ad petitionem & instantiam decani & capituli sancti Germani Antiff. Parif. & de assensu & voluntate dilecti & fidelis nostri Johannis archidiaconi Parif. capellam sancti Leufredi Parif. cui cura animarum non est annexa, & in qua dicti decanus & capitulum jus obtinent patronatûs, salvo jure nostro & archidiaconi Parif. à nobis declarando, ecclesiæ dicti sancti Germani duximus annectendam; nos dicta jura declaramus in hunc modum, quòd cùm dicta capella vacaverit, dicti decanus & capitulum de proventibus dictæ capellæ pro dictis juribus solvant singulis annis, videlicèt episcopo Parif. qui pro tempore fuerit viginti solidos parif. archidiacono Parif. qui pro tempore fuerit decem solidos parif. In cujus rei testimonium præsentes litteras sigilli nostri munimine fecimus roborari. Actum anno Domini M. CC. LIII. mense Martio. *Ibidem.*

Lettres de GUILLAUME évêque de Paris:

En faveur des Cordeliers.

An. 1230.

V ILLELMUS permissione divinâ Parisiensis ecclesiæ minister indignus, universis præsentes litteras inspecturis salutem in Domino. Universitati vestræ notum facimus, quòd dilecti in Christo abbas & conventus S. Germani

Tome II.

de Pratis Par. quèmdam locum cum domibus ibidem constructis, situm in parochia sanctorum Cosmæ & Damiani infrà muros domini regis, prope portam de Gibardo*, (cujus fundus & proprietas ad ipsos abbatem & conventum sancti Germani pertinent) divinæ charitatis intuitu commodaverunt dilectis in Christo filiis fratribus ordinis fratrum Minorum, ut ibi maneant tamquàm hospites; ita quòd nec ibi habere poterunt campanas, nec cimiterium, nec altare sacratum; sed (salvo in omnibus jure parochiali ecclesiæ sanctorum Cosmæ & Damiani, cujus patronatus ad monasterium sancti Germani de Pratis pertinet,) habebunt in ipso loco abbas & conventus sancti Germani temporalem justitiam, sicut habent in alia terrâ sua infrà muros constituta. Si autem futuris temporibus aliquo casu contigerit fratres ordinis prædicti à loco recedere memorato, locus ipse cum omnibus ædificiis & incremento ibi facto ad jus & proprietatem monasterii sancti Germani (cujus juris & dominii esse dignoscitur) integrè & absque contradictione aliqua revertetur. In cujus rei testimonium & munimen de consensu eorumdem fratrum præsentes litteras sigilli nostri munimine fecimus roborari. *Dubreul, Antiq.* 1612. *p.* 515.

* C'est la porte S. Michel.

Acte de reconnoissance donné par les religieux de S. François à l'abbaye de S. Germain.

An. 1240.

U NIVERSIS præsentes litteras inspecturis frater Robertus minister & servus fratrum Minorum administrationis Franciæ, totusque conventus fratrum Parisiensium salutem in Domino sempiternam. Notum facimus quòd cùm dominus papa viris religiosis Simoni Dei gratiâ abbati beati Germani de Pratis Parisiensis, ejusdemque loci conventui dedisset in mandatis quatinùs de terris positis infrà & extrà muros civitatis Parisiensis, quæ suæ jurisdictionis exsisterent & ad censum annuum locatæ perpetuò referuntur, nobis partem ad arbitrium venerabilis patris Adæ Dei gratiâ Silvanectensis episcopi nostris usibus opportunum pietatis intuitu vendi liberè permitteretur; præsertim cùm possessores illarum ducti spiritu charitatis eas vendere, & quidam alii devotione ferventes nobis ipsas emere ad divinæ laudis obsequium parati existant (salvo tamen quòd iidem abbas & conventus pro terris ipsis perceperunt, vel æquivalens in posterum percipere va-

P ij

leant, & ex hoc aliàs ipsis aut ecclesiæ suæ super privilegiis ipsorum vel rebus aliis nullum deinceps præjudicium generetur) dicti venerabilis patris Silvanectensis episcopi monitione præmissâ, peteremus ab eis ut duas pecias terræ, prout limitatæ sunt & divisæ, sitas infrà & extrà muros civitatis ejusdem partim in dominio partim in censiva monasterii sui nobis habendas ad usum fratrum nostrorum, quamdiù fratribus eisdem ibidem placuerit habitare, juxtà tenorem mandati apostolici salvâ tamen indemnitate monasterii assignarent ; præfati abbas & conventus tamquam filii obedientiæ mandatis apostolicis parere volentes petitas duas pecias terræ nobis supradicto modo tenendas , sicut petitum fuerat, assignarunt ; salvis sibi dominio & justitiâ & proprietate locorum, sicut habebant antiquitùs in eisdem tam spirituali quàm temporali, & privilegiis eorumdem. Acto etiam inter partes & à nobis promisso quòd in muro secùs viam quæ ducit à porta civitatis Par. monasterio nostro contigua ad burgum sancti Germani nec aditum nec egressum habebimus, vel habere poterimus. Tamen si necessitas operandi in illo loco nobis immineret, murum frangere poterimus ; & cùm opus illud impletum fuerit fracturam muri obstruere tenebimur, & sumptibus nostris reficere murum. Nos autem concessionem istam ab ipsis nobis benigniter factam, & quòd monasterium nostrum cum ædificiis nostris ad nos ibidem spectantibus situm est in fundo beati Germani, corde puro & piis oculis attendentes, ne abbas & conventus beati Germani de Par. dubitent de cætero quòd nos super finibus nostris in terra ipsorum ampliùs dilatandis, seu super aliquo in terra ipsorum nobis habendo ipsos imposterum molestemus ; promittimus eis bonâ fide quòd super finibus nostris in terra ipsorum ampliùs dilatandis, vel super aliquo in terra ipsorum nobis ampliùs habendo ipsos nullatenùs molestabimus, nec per nos nec per alios aliquid impetrabimus, nec utemur aliquatenùs impetratis, si fuerit aliquid impetratum ; & quòd si dominus papa motu proprio nobis super hoc gratiam fecerit, obtentâ gratiâ non utemur. Quod ut ratum permaneat & stabile perseveret, præsentes litteras sigillorum nostrorum munimine duximus roborandas. Actum anno Domini M. CC. XL. *Ibidem*, *p.* 517.

Lettres d'amortissement pour les Filles-Dieu.

PRIOR & conventus S. Lazari Parisiensis omnibus præsentes litteras inspecturis salutem in Domino. Noverint universi quòd nos dedimus & concessimus Filiabus-Dei Parisiensibus totam terram, quam ipsæ emerunt à Guillelmo Barbette cive Parisiensi, ubi videlicèt domus earum fundata est ; quæ terra erat in nostro dominio & censiva. Et insuper quamdam petiam terræ, circiter quatuor arpennos & dimidium, sitam juxtà maseriam quam liberè possidebamus. Quittavimus insuper ipsis Filiabus-Dei omne dominium & censivam & justitiam & quicquid in dictis terris habebamus & habere poteramus. Volentes & concedentes quòd dictæ terræ ab ipsis Filiabus-Dei in manu mortua perpetuò teneantur. Ita tamen quòd in recompensationem istius concessionis & quittationis, præfatæ Filiæ nobis duodecim libras parisienses incrementi censûs annuatim solvere tenebuntur, quousque ad duodecim libras incrementi censûs alibi & competenti loco & in manu mortua ab ipsis Filiabus-Dei fuerimus assignati. Videlicèt his terminis : ad nativitatem Domini sexaginta solidos ; ad Pascha totidem ; ad nativitatem beati Joannis Baptistæ totidem ; & ad festum S. Remigii totidem. Quittavimus etiam ipsis Filiabus-Dei pietatis intuitu totam decimam & jus decimæ quam habebamus in dictis terris, ab ipsis in manu mortua perpetuò possidendam. Quod ut ratum permaneat, præsentes litteras sigillorum nostrorum munimine fecimus roborari. Datum anno Domini M. CC. XXXII. mense Maïo. *Ibidem*, *p.* 885.

Lettres du roy Jean pour les Filles-Dieu.

JOANNES Dei gratiâ Francorum rex. Notum facimus universis tam præsentibus quàm futuris, quòd cùm nuper ad nostram pervenerit audientiam, quòd illustris & sanctæ memoriæ beatus Ludovicus noster in Franciæ regno gloriosissimus prædecessor, ita nedum generis prosapiâ, sed morum virtutibus insignitus, ut in cunctos generaliter rectâ justitiâ uteretur, ac humilitate perculsus in omnibus regnum suum misericordi clementiâ roboraret, & in pauperes ad congruum exerceret devotissimè opera pietatis, & cujus affectare debemus (ut fragilitas nostra permittit) digna & salubria vestigia imi-

JUSTIFICATIVES.

tari, voluerit ordinaveritque, & cum effectu postmodùm duxerit exequendum, quòd quædam mulieres generaliter Dei Filiæ nuncupatæ simul ad invicem convenirent & in eodem monasterio ultrà portam sancti Dionysii morarentur, vacantes divinis laudibus & à mundo specialiter* sequestratæ, soli Christo nubentes, & ei veraciter adhærentes, ... & pro dictis religiosis mulieribus solicitam curam gerens, ipsas in domo seu monasterio præfato perpetuò permansuras fore in numero ducentenario instituit ac etiam ordinavit ; & ut aliqualiter provideret ipsis præfatis ducentis religiosis, quadringentas libras annui redditûs dedit seu contulit amore Dei ac intuitu pietatis, dictasque quadringentas libras super suum thesaurum præfatis mulieribus assignavit. Sanè quia episcopus Parisiensis anno quadragesimo nono vel eo circà, & forsan considerans rerum caristiam pro temporibus currentibus pauperes affligentem, etiam quòd ratione pestilentiæ communis multæ mortuæ fuerant, undè dictarum mulierum ultrà medium numerus diminutus fuerat ; ipsas sic anteà ordinatas perpetuò fore modo dicto sub numero ducenteno, ad numerum sexagenarium reducere voluit, ac totidem & non plures in præfata domo seu monasterio in perpetuò remanere ; dilecti & fideles thesaurarii inclytæ memoriæ charissimi domini genitoris nostri, & nunc etiam nostri, audientes & attendentes hujusmodi episcopi ordinationem seu numeri diminutionem, noluerunt præfatis mulieribus reddere seu solvere nisi medietatem dictarum quadringentarum librarum, dicentes quòd sexaginta religiosæ remanentes possent de ducentis libris meliùs & convenientiùs se juvare & etiam vivere, quam ducentæ priùs ibi constitutæ de illis quadringentis libris. Pro quarum quadringentarum librarum solutionis retardatione seu recusatione (ut superiùs est expressum) dictæ religiosæ lamentabiliter dolentes remanserunt, & ad nos accedentes nobis pluries ac devotissimè supplicarunt, quatenùs eis vellemus providere super præmissis de remedio opportuno. Nos igitur volentes præfati prædecessoris nostri beati Ludovici statuta & ordinationes seu dona, facta seu factas, quantùm possumus in hac parte inviolabiliter observari & extrema minùs debita refellere (prout decet) mediumque sectari, dicimus & diffinimus, quòd reductio ducentarum religiosarum ad numerum sexagenarium fuit nimis exquisita seu restricta, & minùs perindè facta ; insuper quòd inclytæ recordationis domino progenitore nostro pro tunc inconsulto, vel ejus consilio quoad hoc nullatenùs evocato, episcopus præfatus non potuit nec debuit de dictarum mulierum tali numero ordinare, ita quòd dictas quadringentas libras solvere teneremur ; undè ipsam reductionem seu ordinationem nolumus ulteriùs observari, nec etiam quòd thesaurarii nostri teneantur solvere jam sæpe memoratas quadringentas libras dictis religiosis ; quibus insuper attentis, dicimus, & sententiam diffinimus & volumus & ordinamus pro perpetuis temporibus, quòd de cætero dictæ religiosæ sint in numero centenario, & sic perpetuò perseverent. Ita nec ad numerum ducentarum æqualiter reducantur, nec ad minùs quàm ad centum auctoritate quâcumque de cætero redigantur. Et nos volentes nostrum præbere assensum legatis dono seu eleemosinæ per beatum Ludovicum nunc factis ac etiam ordinatis, volumus & concedimus quòd præfatæ religiosæ in nostro præfato thesauro per manum dictorum nostrorum thesaurariorum præfatas quadringentas libras percipiant & habeant de cætero omni anno, quia nos devotionis affectu ad cultum divinum & sustentationem dictarum pauperum sic eis dedimus & concessimus amore Dei & intuitu pietatis, ac de gratia speciali. Dantes tenore præsentium in mandatis præfatis thesaurariis nostris præsentibus & futuris quatenùs dictis mulieribus de cætero dictam summam quadringentarum librarum solvant omni anno terminis consuetis, prout ante ordinationem dicti episcopi fuit fieri consuetum ; necnon dilectis & fidelibus gentibus cameræ computorum nostrorum Parisius, ut dictam summam quolibet anno dictis religiosis (ut præmittitur) solutam, in ipsorum computorum allocent sinè difficultate quacumque. Quod ut firmum & stabile permaneat in futurum, nostrum, quo ante regni nostri regimen susceptum utebamur, præsentibus litteris fecimus apponi sigillum. Salvo in aliis jure nostro, & in omnibus quolibet alieno. Datum Par. anno Domini M. CCC. L. mense Novemb. Per dominum regem. *Signatum*, MELLOU. *Ibidem, p.* 887.

spiritualiter.

Lettres patentes du roy CHARLES VI.
En faveur des Filles-Dieu.

AN. 1386.

CHARLES par la grace de Dieu roy de France, au prevôt de Paris ou à son lieutenant, salut. Oye l'humble supplication des religieuses dites Filles-Dieu, fondées par monseigneur saint Louys: contenant, que comme pour le temps de leur fondation leur hostel & habitation eut esté ordonnée au dehors de la ville de Paris, où ils avoient bel hostel & notables & belles possessions appartenans aud. hostel. Et avec ce eussent une fontaine descendant de la fontaine S. Ladre pour servir à leur hostel. Et il soit ainsi que pour le fait des guerres & la fortification & closture de la ville de Paris, leursd. hostel, habitation & autres heritages d'icelles ayent esté détruits & démolis. Et a convenu que les religieuses soient venues demeurer dedans la closture & fermeté de la ville, à destroit & en grand danger, où ils font chacun jour continuellement le service divin. Et avec ce, font en leur hostel hospitalité, en accomplissant tousjours de tout leur pouvoir les œuvres de misericorde, & hebergeant les pauvres passans, & administrant autres necessitez. Et pour ce que l'hostel de leur premiere fondation leur a ainsi esté gasté & dissipé, elles ont semblablement perdu le cours & tuyau de leur fontaine, laquelle a esté & est attribuée au ponceau S. Denys. Si comme elles dient qu'il nous plaise sur ce leur pourvoir & estendre nostre grace. Nous inclinant à leur supplication, consideré ce que dit est, vous mandons & enjoignons expressement, que s'il vous appert deuement, qu'au temps de la démolition de leur hostel la fontaine courut de icelluy, vous à icelles pourvoyez par certaine portion de l'eau d'icelle fontaine, en les laissant & faisant jouyr de vostred. provision, si comme il vous semblera à faire de raison. Car ainsi le voulons estre fait, & à icelles religieuses l'avons octroyé, & octroyons de grace speciale par ces présentes. Donné à Sainct-Liger à Yveline le XXVII. de Juillet, l'an de grace M. CCC. LXXXVI. & le VI. de nostre regne. *Et plus bas est escript:* Par le roy, à la relation de monsieur le duc de Bourgongne. *Et au-dessous signé*, G. De la Fons. *Ibidem, p.* 889.

Lettres patentes du roy CHARLES VIII.
Portant introduction des religieuses réformées de l'ordre de Fontevraud, au monastere des Filles-Dieu.

AN. 1483.

CHARLES par la grace de Dieu roy de France, sçavoir faisons à tous presens & à venir, que comme feu de bonne memoire monsieur S. Louys en son vivant roy de France, meu de grande devotion, & pour le bien de son ame & des ames de ses successeurs rois de France, entre ses autres œuvres louables & dignes de memoire, eut ja pieça fondé hors nostre ville de Paris, entre la maladerie S. Ladre & l'église S. Laurent, un monastere de deux cens religieuses appellées Filles-Dieu, & en ce faisant eut voulu & ordonné qu'icelles religieuses ainsi fondées à l'honneur & louange de Dieu, chantassent toutes les heures canoniales nuict & jour, & que ne fussent receues en iceluy lieu que filles bien renommées, qui chantoient toutes les heures canoniales. Et jusques à ce que par la fureur de certaine guerre qui long-temps depuis advint, led. monastere fut demoly, & lesd. religieuses translatées de dehors nostre ville de Paris, dedans icelle nostre ville, en un lieu que feu Hymbert de Lions avoit fondé en la ruë S. Denys, pour recueillir & loger une nuict pauvres femmes mandiantes passantes, & au matin quand elles se partiront, voulut leur estre baillé un denier & un pain; & en iceluy lieu furent establies lesd. religieuses Filles-Dieu, qui par aucun temps chanterent les heures canoniales en la chapelle qui est en iceluy lieu assez grande & spacieuse; & se tenoient en une partie dud. lieu tout separé de la salle où sont les licts pour loger & coucher lesd. pauvres femmes passantes. Lesquelles pauvres femmes estoient servies, & leurs licts faits par aucunes converses bonnes preudesfemmes qui portoient l'habit de Filles-Dieu; & n'avoient icelles converses office ne charge, sinon dire certain nombre de patenostres; & continuerent lesd. Filles-Dieu clergesses par aucun temps le service aud. lieu. Et ainsi soit qu'à l'occasion des guerres & divisions, qui depuis par long-temps ont eu cours en nostre royaume, les revenus dud. monastere des Filles-Dieu sont fort diminuez, & leurs édifices tournez en grande ruine; parquoy de long-temps a esté & est encore led. monastere tout depopulé desd. Filles-Dieu, que S. Louys avoit fondé pour chanter
les

les heures canoniales. Et par faute de bien voir & considerer la fondation & statut baillé par led. feu S. Louys, est venu la chose en telle erreur, & lad. fondation tellement pervertie que led. lieu par aucun temps a esté & encore est appliqué à pecheresses, qui toute leur vie avoient abusé de leurs corps, & à la fin estoient en mendicité, en pervertissant tout led. ordre des Filles-Dieu, & contre l'intention du fondeur. Et de present & de long-temps n'y a plus nulles religieuses chantantes, ne qui sceussent chanter les heures canoniales. Et est la chapelle ordonnée pour led. service, & les lieux establis, où habitoient lesd. religieuses chantantes & faisant le service divin, vacans & inhabitez. Et n'y a plus que quatre ou cinq anciennes converses, qui devroient faire les licts de l'hospital dont elles ne font rien. Parquoy l'intention de S. Louys nostre predecesseur, (qui avoit fondé ladite religion principalement à ce que Dieu y fut loué nuict & jour par bonnes filles chantans les heures canoniales) est défraudée & le service divin demeuré ; & nous successeurs privez des suffrages, prieres & oraisons qu'esperions avoir aud. lieu. Parquoy nous deuement acertenez de ce que dit est, ne voulons la fondation d'un si gratieux amy de Dieu qu'est nostredit predecesseur S. Louys totalement deperir, ne son intention estre ainsi notoirement pervertie, qu'en lieu de bonnes filles bien renommées qu'il ordonna estre mises aud. lieu par cy-devant nommé & declaré, par erreur & sinistre imagination ont esté recueillies aud. lieu pecheresses publiques, qui à la fin leurs jours ne sçavoient de quoy vivre. Considerans qu'impossible chose seroit de repeupler led. lieu, & remettre à ce mesme ordre des Filles-Dieu comme elles estoient anciennement ; nous par l'advis de nostre conseil, avons ordonné & ordonnons, que led. lieu en retenant ses rentes, revenus & appartenances quelconques sera habité perpetuellement par les religieuses reformées de l'ordre de Fontevraud, dont notre très-chere & très-amée cousine Anne d'Orleans, est pour le present mere abbesse, vivantes en observance reguliere & perpetuelle closture, tout ainsi & en la forme & maniere, statuts & privileges qu'est le convent & prioré de la Magdelaine près Orleans. Si donnons en mandement &c. Donné à Amboise le XXVII. jour de Decembre, l'an de grace M. CCCC. LXXXIII. & de nostre regne le premier. *Ibidem, p.* 890.

Fondation de la chapelle de la Vierge au palais de Paris.

AN. 1154.

IN nomine sanctæ & individuæ Trinitatis, amen. Ego Ludovicus Dei gratiâ Francorum rex. Sciant universi præsentes & futuri, quòd in honore B. Mariæ matris Domini, Parisius in domo nostra oratorium quoddam construximus, in cujus dedicatione pro victualibus sacerdotis in capella eadem servientis, dotem assignavimus & annualem redditum, apud Gonessam duos modios frumenti in festivitate sancti Remigii, sex modios vini de haubanno, triginta solidos parisienses de censu apud Bantels ad luminare & servitium capellæ. Præterea quotiens & quamdiù rex, sive regina, sive etiam proles regia in palatio fuerint Parisius, capellanus qui in capella B. Mariæ servierit, quatuor panos, & dimidium vini sextarium, & tesam candelæ, & duos denarios quotidiè habebit pro coquina ; omnes verò oblationes ejusdem capellæ habebit capellanus. Sed cùm missam audierimus ibidem, capellani qui curiam sequuntur, medietatem oblationum habebunt ; & si regina adfuerit, suus capellanus tertiam partem offerendæ habebit ; & cùm regina sinè nobis missam audierit, capellanus suus unam habebit medietatem offerenda, & alteram, qui assiduus est in capella. Quod ut ratum sit & indubitabile, sigillo nostro muniri, & nominis nostri charactere insigniri præcepimus. Actum publicè Parisius anno Dominicæ incarnationis M. C. LIV. astantibus in palatio nostro quorum subtitulata sunt nomina & signa.

Signum Theobaldi Blesensis comitis, dapiferi nostri.

S. Guidonis buticularii.
S. Matthæi camerarii.
S. Matthæi constabularii.

Data per manum Hugonis cancellarii. *Le monogramme de* Ludovicus. *Et scellé sur queue double de cuir blanc, en cire jaune. Tiré du livre des statuts & fondations de la Sainte-Chapelle, imprimé.*

Premiere fondation de la Sainte-Chapelle de Paris par saint Louis.

AN. 1245.

IN nomine sanctæ & individuæ Trinitatis, amen. Ludovicus Dei gratiâ Francorum rex. Notum facimus universis tam præsentibus quàm futuris præsentem paginam inspecturis, quòd nos pro salute animæ nostræ & pro remedio animarum inclytæ recordationis regis Ludovici genitoris nostri, charissimæ dominæ & genitricis nostræ Blanchæ reginæ, & omnium antecessorum nostrorum in honorem Dei omnipotentis & sacrosanctæ coronæ spineæ Domini nostri Jesu-Christi, fundavimus & ædificavimus intra septa domûs nostræ Parisiensis, Domino concedente, capellam in qua eadem sacrosancta corona Domini, crux sancta & aliæ quamplures pretiosæ reliquiæ repositæ continentur; quæ ut divinæ laudis obsequio jugiter honorentur, & idem locus in perpetuum debito & devoto divini cultûs servitio frequentetur, volumus, statuimus & ordinamus, ut in eadem capella sint quinque presbyteri principales sive magistri capellani, computato illo qui capellæ veteris beneficium obtinebat, & duo matricularii in diaconatûs vel subdiaconatûs ordine constituti. Quilibet autem illorum quinque principalium capellanorum tenebitur secum habere unum presbyterum subcapellanum, & unum clericum, diaconum vel subdiaconum existentem. In beneficium autem & sustentationem eorumdem quinque principalium capellanorum, damus eisdem & concedimus centum libras parisienses annui redditûs, unicuique videlicèt viginti libras pro corpore capellaniæ; quas centum libras volumus eos percipere Parisius in Castelleto de præpositura nostra Parisiensi singulis annis, duobus terminis, videlicèt medietatem ad festum Ascensionis Domini, & aliam medietatem ad festum omnium Sanctorum, quousque easdem centum libras annui redditûs eisdem assideamus alibi competenter. Prædictis etiam matriculariis damus pro beneficio triginta libras parisienses annui redditûs, unicuique videlicèt quindecim libras annui redditûs, quas similiter ipsi percipient in Castelleto de præpositura nostra Parisiensi, medietatem videlicèt ad festum Ascensionis Domini, & aliam medietatem ad festum omnium Sanctorum, quousque eis eumdem redditum alibi competenter fecerimus assideri. De consensu quoque Matthæi presbyteri, qui prædictæ veteris capellæ nostræ beneficium obtinebat, cui spontaneus cessit & renuntiavit expressè, volumus & concedimus quòd totum illud beneficium cum omnibus ejus proventibus, oblationibus ad manus presbyterorum in missis venientibus, & emolumentis, sicut in litteris claræ memoriæ regis Ludovici atavi nostri, & regis Ludovici proavi nostri pleniùs continetur, cedat in augmentum quinque capellaniarum, & ut inter prædictos quinque principales capellanos æqualitèr dividantur. Ad hæc volumus & statuimus, quòd præter redditus supradictos prædicti principales capellani & subcapellani, matricularii & clerici capellanorum prædicti divinis officiis insistentes percipiant distributiones inferius annotatas. Pro festis sive privatis diebus percipiet unusquisque principalium capellanorum duodecim denarios, videlicèt ad matutinas sex denarios, ad horam primam, tertiam, majorem missam, & sextam tres denarios, ad nonam, vesperas & completorium tres denarios, etiamsi de prædictis horis in die omiserit duas horas: distributiones tamen matutinarum non percipiet nisi qui matutinis præsens erit, vel qui infirmus fuerit vel minutus: quod idem de missa majori & vesperis statuimus observandum. Eisdem quoque diebus privatis quilibet subcapellanus habebit quatuor denarios, videlicèt ad matutinas duos, in horis de mane cum missa majori unum, & in horis serotinis unum sub conditione prædicta. Similiter & eisdem diebus quilibet de prædictis clericis capellanorum prædictorum habebit tres denarios, videlicèt unum ad matutinas, & duos ad omnes horas diei cum majori missa. Diebus Dominicis & in festis singulis novem lectionum percipiet quilibet principalium capellanorum prædictorum sexdecim denarios, videlicèt ad matutinas octo denarios, ad supradictas horas de mane cum missa majori quatuor denarios, & ad horas de sero quatuor denarios, omissione duarum horarum non obstante, sicut superiùs est expressum. Singuli subcapellani habebunt sex denarios, videlicèt in matutinis quatuor denarios, & ad horas de mane cum missa majori unum, & ad horas de sero unum. Singuli quoque de prædictis clericis capellanorum habebunt quatuor denarios, videlicèt ad matutinas duos denarios, ad horas de mane cum missa majori unum, & ad horas de sero unum. In festis quæ cum semiduplo celebrantur, habebit quilibet principalis capellanus decem & octo denarios, videlicèt ad matutinas octo denarios, & ad horas de mane cum missa majori quinque, & ad horas de sero quinque. Subcapellanus habebit octo denarios, videlicèt ad matutinas quatuor denarios, ad horas de mane cum missa majori duos denarios, & ad horas de sero duos denarios. Clericus habebit sex denarios, videlicèt ad matutinas quatuor denarios, ad horas de mane cum missa

majori

majori unum denarium, & ad horas de sero unum denarium. In festis duplicibus habebit quilibet principalis capellanus duos solidos, videlicèt ad matutinas duodecim denarios, ad horas de mane cum missa majori sex denarios, & ad horas de sero sex denarios. Subcapellanus habebit decem denarios, videlicèt ad matutinas sex denarios, ad horas de mane cum missa majori duos denarios, & ad horas de sero duos denarios. Clericus habebit octo denarios, videlicèt ad matutinas quatuor denarios, ad horas de mane cum missa majori duos denarios, & ad horas de sero duos denarios. In festis annualibus percipiet quilibet principalis capellanus tres solidos, videlicèt ad matutinas duos solidos, ad horas de mane cum missa majori sex denarios, & ad horas de sero sex denarios. Subcapellanus habebit quatuordecim denarios, videlicèt ad matutinas octo denarios, ad horas de mane cum missa majori tres denarios, & ad horas de sero tres denarios. Clericus habebit decem denarios, videlicèt ad matutinas sex denarios, ad horas de mane cum missa majori duos denarios, & ad horas de sero duos denarios. In iis tamen omnibus intelligimus esse salvum, ut ulli eorum qui distributiones debent percipere supradictas, omissio unius vel duarum horarum omni die non obsit quoad percipiendas distributiones prædictas, dum tamen missæ & vesperarum officia nullatenùs intermittant. Distributiones autem matutinales, ut suprà dictum est, nullus habebit nisi præsens fuerit in matutinis, vel qui minutus fuerit vel infirmus. In distributionibus quoque prædictis omnibus & singulis matricularios subcapellanis volumus esse pares. Omnes autem distributiones prædictas volumus fieri de obventionibus & oblationibus quæ annuatim fient in capella prædicta, exceptis illis oblationibus quæ fient in missis ad manus sacerdotum; quæ oblationes erunt principalium capellanorum, sicut superiùs est expressum. Luminare quoque ipsius capellæ, videlicèt tres cereos continuè nocte & die in bacillis argenteis ante sanctuaria & altare ardentes, quorum quilibet tres libras ponderabit ad minùs, & aliud luminare sicut à nobis est ordinatum, fieri volumus successivè per capellanos principales prædictos, videlicèt ab unoquoque ipsorum vice suâ, de obventionibus & oblationibus prædictis cum additione sexaginta solidorum annui redditûs, qui ad faciendum luminare prædictæ capellæ veteris,

prout in suprà notatis prædecessorum nostrorum litteris continetur, fuerunt ab antiquo concessi. De ipsis obventionibus & oblationibus verrerias ejusdem capellæ refici & reparari volumus quotiens opus fuerit & in bono statu servari. Si quid verò de obventionibus & oblationibus completis hujusmodi residuum fuerit, nos illud voluntati & ordinationi nostræ, quoad vixerimus, volumus fideliter reservari. Volumus insuper & ordinamus, quòd quilibet prædictorum quinque principalium capellanorum, cùm deserviet in ordine vicis suæ, quâlibet nocte dormiat cum matriculariis in capella prædicta, ut circa sanctarum reliquiarum custodiam juges excubiæ perseverent. Ut autem eis ex hoc aliquod temporale emolumentum accrescat, volumus ut ille capellanus qui vice suâ jacuerit in capella, pro singulis noctibus percipiat in matutinis tres denarios plusquàm cæteri capellani. Liceat autem cuilibet principali capellano, quòd si legitimum habeat impedimentum, subcapellanus ipsius vices ejus suppleat, quantùm ad ecclesiasticum officium faciendum in ordine vicis suæ, & jacendum in capella de nocte, & percipiat in distributionibus quantùm perciperet principalis capellanus dominus suus, si in officio illo personaliter deserviret. Super liberatione verò quam Matthæus quondam capellanus capellæ nostræ veteris, nobis sive reginâ vel prole regiâ præsentibus in palatio nostro Parisiensi, percipere consuevit, ita duximus ordinandum; quòd idem Matthæus qui est unus de principalibus capellanis, percipiet liberationem quamdiù vixerit in officio capellaniæ prædictæ; qui cùm decesserit, vel capellanus capellæ ipsius esse desierit, capellanus hebdomadarius liberationem percipiet antedictam. De capella autem inferiori duximus providendum, ut omni die, salvo capellæ superioris servitio, per aliquem de capellanis principalibus, sive de subcapellanis eorum, uno sibi de clericis assistente, divina ibidem officia celebrentur. Jurabunt autem prædicti principales capellani, necnon & matricularii tam præsentes quàm futuri, quòd in prædicta capella continuam facient residentiam bonâ fide. Jurabunt etiam ipsi principales capellani, & omnes eisdem pro tempore successuri, necnon & omnes subcapellani & clerici eorum, & matricularii supradicti, quòd nobis & hæredibus nostris regibus sanctas reliquias universas & singulas, & totum thesaurum capellæ prædictæ, tam in auro quàm in argento & lapidibus pre-

Tome II.

tiosis ornamentis, libris etiam, & quibuscumque aliis rebus, bene & fideliter conservabunt. Quotiens vero principales capellani novos secùm subcapellanos aut clericos evocabunt, illi subcapellani novi & clerici tenebuntur præstare simile juramentum. Vacantibus autem capellaniis principalibus & matriculariis supradictis, nos & hæredes nostri reges conferemus easdem, & hoc jus nobis & hæredibus nostris regibus in perpetuum reservamus. Personæ autem quibus eas contulerimus juramentum ejusdem formæ facere tenebuntur. In iis etiam omnibus quæ superiùs sunt expressa, retinemus & reservamus nobis salvam & liberam potestatem, ut in iis & aliis quæ circà statum prædictæ capellæ viderimus ordinanda, possimus addere, minuere vel mutare dum vixerimus. Quæ omnia ut perpetuæ stabilitatis robur obtineant, præsentem paginam sigilli nostri auctoritate, & regii nominis charactere inferiùs annotato fecimus communiri. Actum Parisiis anno incarnationis Dominicæ M. CC. XLV. mense Januarii, regni verò nostri anno XX. Astantibus in palatio nostro quorum nomina supposita sunt & signa, dapifero nullo, S. Stephani buticularii, S. Joannis camerarii. Constabulario nullo. Datum vacante cancellariâ. *Tiré du livre intitulé* : Ordinationes, consuetudines, sive statuta, quæ ab antiquo tempore in sacra regali capella debent observari.

Seconde fondation de la Sainte-Chapelle de Paris, par le roy S. Louis.

An. 1248. IN nomine sanctæ & individuæ Trinitatis, amen. Ludovicus Dei gratiâ Francorum rex. Etsi ad omnes ecclesias quæ non solùm in regno, sed in toto terrarum orbe consistunt, sinceræ devotionis habeamus affectum, speciali tamen prærogativâ sinceritatis amplectimur venerabilem illam & sacram capellam, quam pro salute animæ nostræ & pro remedio animarum inclytæ recordationis regis Ludovici genitoris nostri, & charissimæ dominæ & matris nostræ Blanchæ illustris reginæ, & omnium antecessorum nostrorum in honorem Dei omnipotentis, & sacrosanctæ spineæ coronæ Domini nostri Jesu Christi fundavimus & ædificavimus infrà septa domûs nostræ Parisiensis, in qua eadem sacrosancta corona Domini, crux sancta & aliæ quàm plures pretiosæ reliquiæ repositæ continentur, quæ ut divinæ laudis obsequio jugiter honorentur, & idem locus in perpetuum debito & devoto divini cultûs servitio frequentetur, volumus, statuimus & ordinamus, ut in eadem capella sint quinque presbyteri principales, sive magistri capellani, computato illo qui veteris capellæ beneficium obtinebat, & tres matricularii sacerdotes. Quilibet autem illorum quinque principalium capellanorum tenebitur secum habere unum presbyterum subcapellanum, & unum clericum diaconum vel subdiaconum; & quilibet illorum trium matriculariorum secum habere tenebitur in eadem capella unum clericum diaconum vel subdiaconum existentem. In beneficium autem & sustentationem eorumdem quinque principalium capellanorum damus eisdem & concedimus centum viginti quinque libras parisienses annui redditûs, unicuique videlicèt viginti quinque libras pro corpore capellaniæ; quas centum viginti quinque libras volumus eos percipere Parisiis in Castelleto nostro de præpositurâ nostrâ Parisiensi singulis annis, duobus terminis, videlicèt medietatem ad festum Ascensionis Domini, & aliam medietatem ad festum omnium Sanctorum, quousque easdem centum viginti quinque libras annui redditûs eisdem assederimus alibi competenter. Prædictis etiam matriculariis damus pro beneficio septuaginta quinque libras parisienses annui redditûs, unicuique videlicèt viginti quinque libras annui redditûs, quas ipsi percipient in Castelleto de præpositurâ nostrâ Parisiensi, medietatem videlicèt ad festum Ascensionis Domini, & aliam medietatem ad festum omnium Sanctorum, quousque eisdem eumdem redditum alibi competenter fecerimus assideri. De consensu quoque Matthæi presbyteri, qui prædictæ veteris capellæ nostræ beneficium obtinebat, cui spontaneus cessit & renunciavit expressè, volumus & concedimus quòd totum illud beneficium cum omnibus ejus proventibus, oblationibus ad manus presbyterorum in missis venientibus, & emolumentis, sicut in litteris claræ memoriæ regis Ludovici atavi nostri, & regis Ludovici proavi nostri pleniùs continetur, cedat in augmentum quinque capellaniarum & trium matriculariarum prædictarum, & ut inter prædictos quinque capellanos principales & tres matricularios æqualiter dividantur. Super liberatione verò quam Matthæus quondam capellanus prædictæ capellæ nostræ veteris, nobis sive reginâ vel prole regiâ præsentibus in palatio nostro Parisiensi, percipere consuevit, ita duximus ordinandum, quòd idem Matthæus qui est
unus

...inus de principalibus capellanis, percipiet liberationem prædictam quamdiu vixerit in officio capellaniæ prædictæ; qui cùm decesserit, vel capellanus capellæ ipsius esse desierit, capellanus hebdomadarius liberationem percipiet antedictam. Ad hæc volumus quòd præter redditus supradictos prædicti principales capellani, matricularii & subcapellani & clerici capellanorum & matriculariorum prædicti divinis officiis insistentes percipiant distributiones inferiùs annotatas. Profestis sive privatis diebus percipiet unusquisque principalium capellanorum & matriculariorum duodecim denarios, videlicèt ad matutinas sex denarios, ad horas Primam, Tertiam & missam majorem & Sextam tres denarios, ad Nonam, ad Vesperas, & Completorium tres denarios, etiam si de prædictis horis in die omiserit duas horas: distributiones tamen matutinarum non percipiet nisi qui matutinis præsens erit, vel qui præsens in villa infirmus fuerit vel minutus primâ & secundâ die minutionis: quod idem de majori missa & vesperis statuimus observandum. Eisdem quoque diebus privatis quilibet subcapellanus habebit quatuor denarios, videlicèt ad matutinas duos, in horis de mane cum missa unum, & in horis serotinis unum sub conditione prædicta. Similiter & eisdem diebus quilibet de prædictis clericis capellanorum & matriculariorum habebit tres denarios, videlicèt unum ad matutinas, & duos ad omnes horas diei cum majori missa. Diebus Dominicis & in festis singulis novem lectionum percipiet quilibet principalium capellanorum prædictorum & matriculariorum sexdecim denarios, videlicèt ad matutinas octo denarios, ad supradictas horas de mane cum missa majori quatuor denarios, & ad horas de sero quatuor denarios, omissione duarum horarum non obstante, sicut superiùs est expressum. Singuli subcapellanorum habebunt sex denarios, videlicèt in matutinis quatuor denarios, & ad horas de mane cum missa majori unum, & ad horas de sero unum. Singuli quoque de prædictis clericis capellanorum & matriculariorum habebunt quatuor denarios simili modo, videlicèt ad matutinas duos denarios, ad horas de mane cum missa unum, & ad horas de sero unum. In festis quæ cum semiduplo celebrantur, habebit quilibet principalis capellanus & quilibet matricularius decem & octo denarios, videlicèt ad matutinas octo denarios, & ad horas de mane cum missa majori quinque, & ad horas de sero quinque. Subcapellanus habebit octo denarios, videlicèt ad matutinas quatuor denarios, ad horas de mane cum missa majori duos denarios, & ad horas de sero duos denarios. Clericus habebit sex denarios, videlicèt ad matutinas quatuor denarios, ad horas de mane cum missa majori unum denarium, & ad horas de sero unum. In festis duplicibus habebit quilibet principalis capellanus & quilibet matricularius duos solidos, videlicèt ad matutinas duodecim denarios, ad horas de mane cum missa majori sex denarios, & ad horas de sero sex denarios. Subcapellanus habebit decem denarios, videlicèt ad matutinas sex denarios, ad horas de mane cum missa majori duos denarios, & ad horas de sero duos denarios. Clericus habebit octo denarios, videlicèt ad matutinas quatuor denarios, ad horas de mane cum missa majori duos denarios, & ad horas de sero duos denarios. In festis annualibus percipiet quilibet principalis capellanus & matricularius tres solidos, videlicèt ad matutinas duos solidos, ad horas de mane cum missa majori sex denarios & ad horas de sero sex denarios. Subcapellanus habebit quatuordecim denarios, videlicèt ad matutinas octo denarios, & ad horas de mane cum missa majori tres denarios, & ad horas de sero tres denarios. Clericus habebit decem denarios, videlicèt ad matutinas sex denarios, ad horas de mane cum missa majori duos denarios, & ad horas de sero duos denarios. In iis tamen omnibus intelligimus esse salvum ut illis eorum qui distributiones debent percipere supradictas omissio unius vel duarum horarum omni die non obsit quoad percipiendas distributiones prædictas, dum tamen missæ & vesperarum officia nullatenùs intermittant. Distributiones autem matutinarum nullus habebit nisi fuerit præsens in matutinis, vel qui infirmus fuerit vel minutus, sicut superiùs est dictum. Omnes autem distributiones prædictas volumus fieri de obventionibus & oblationibus quæ fient in missis ad manus sacerdotum; quæ oblationes erunt principalium capellanorum & matriculariorum, sicut superiùs est expressum. Luminare quoque ipsius capellæ, sicut à nobis est ordinatum, fieri volumus per prædictos matricularios de obventionibus & oblationibus prædictis, cum additione sexaginta solidorum annui redditûs, qui ad faciendum luminare capellæ veteris, prout in suprà notatis prædecessorum nostrorum litteris continetur, fuerunt ab antiquo concessi. De quo luminari sic ordinavimus, ut tres cerei quorum quilibet tres libras ponderabit ad minus continuè omni die ac nocte ardeant in bacinnis argenteis ante majus altare ; privatis diebus ad vesperas, matutinas & ad majorem missam super majus altare ante sanctuaria ardeant quatuor cerei : in festis novem lectionum & Dominicis diebus sex cerei : in festis quæ cum semiduplo fiunt, octo : in festis duplicibus, duodecim : in festis annualibus, viginti quatuor ; quorum cereus quilibet ponderabit duas libras. Præter hæc etiam volumus ut in omnibus annualibus festis in missa, in matutinis, & vesperis primis & secundis, & omnibus diebus quibus de sacrosanctis reliquiis fiet missa solemnis, in missa ardeant duodecim cerei, quorum quilibet ponderabit duas libras, circà capsam sanctarum reliquiarum, sex videlicet ab uno latere, & sex ab alio ; & similiter quotiens infrà octavas Susceptionis sanctæ coronæ, sanctæ crucis, vel sanctarum reliquiarum, de ipsis sacrosancta corona, de sancta cruce vel prædictis reliquiis celebrabitur missa solemnis. De prædictis etiam obventionibus & oblationibus verrerias ejusdem capellæ refici & reparari volumus quotiens opus fuerit, & in bono statu servari. Si quid verò de obventionibus & oblationibus completis hujusmodi residuum fuerit, nos illud voluntati & ordinationi nostræ, & successorum nostrorum regum Franciæ volumus fideliter reservari, in defectum luminaris ipsius vel alios usus ejusdem capellæ convertendum : si quid verò defecerit, volumus & præcipimus ut illud quod deerit de prædictis obventionibus & oblationibus ad prædicta complenda percipiatur de denariis nostris & successorum nostrorum regum Franciæ Parisiis apud Templum, quousque super hoc aliter duxerimus ordinandum. Volumus insuper & ordinamus quòd quilibet prædictorum principalium capellanorum, cùm deserviet in ordine vicis suæ, quálibet nocte dormiat in capella prædicta cum matricolariis, quos omnes in eadem capella jacere volumus omni nocte, ut circà sanctarum reliquiarum custodiam juges excubiæ perseverent. Volumus etiam ut ille capellanus qui vice suâ jacuerit in capella, pro singulis noctibus percipiat in matutinis tres denarios plusquàm cæteri capellani. Liceat autem cuilibet capellano, quòd si legitimum habeat impedimentum, subcapellanus ipsius vices ejus suppleat quantùm ad ecclesiasticum officium faciendum in ordine vicis suæ, &

jacendum in capella de nocte, & percipiat in distributionibus quantum perciperet principalis capellanus dominus suus, si in officio illo personaliter deserviret. De capellâ autem inferiori duximus providendum ut omni die, salvo capellæ superioris servitio, per aliquem de capellanis principalibus, sive de subcapellanis eorum, uno sibi ad minus de clericis assistente, divina officia celebrentur ibidem. Jurabunt autem prædicti principales capellani, necnon & matricularii tam præsentes quàm futuri, quòd in prædicta capella continuam facient residentiam bonâ fide. Jurabunt etiam ipsi principales capellani & matricularii, & omnes eisdem pro tempore successuri, necnon & omnes subcapellani & clerici eorum, quòd nobis & hæredibus nostris regibus Franciæ sanctas reliquias universas & singulas & totum thesaurum capellæ prædictæ tam in auro quàm in argento & lapidibus pretiosis, ornamentis, libris etiam, & quibuscumque rebus aliis benè ac fideliter conservabunt. Quotiens verò principales capellani aut matricularii novos subcapellanos & clericos evocabunt secum, illi novi subcapellani & clerici tenebuntur præstare simile juramentum. Vacantibus autem capellaniis principalibus & matricolariis prædictis, nos & hæredes nostri reges conferemus easdem, & hoc jus nobis & hæredibus nostris regibus in perpetuum reservamus. Personæ autem quibus eas contulerimus, juramentum ejusdem formæ facere tenebuntur. Verumtamen ne ea quæ super prædictis à nobis ordinata præmisimus, inordinatè procedant, cùm inter prædictos capellanos, matricularios & clericos, si pares essent & personam certam sibi præpositam non haberent, paritas ipsa & superioris defectus procedente tempore posset esse jurgiorum fomes, & materia scandalorum ; volumus quòd de prædictis capellanis aut matricolariis qui pro tempore fuerint, per nos & hæredes nostros reges assumatur unus, qui præsit aliis capellanis, matricolariis, subcapellanis & clericis universis capellæ prædictæ ; & ipsi tenebuntur ejusdem parere mandatis. Ipse autem contradictores & rebelles per substractionem beneficiorum & aliàs convenienti poterit districtione punire. Ille autem qui cæteris præerit habebit quindecim libras præ cæteris in beneficio percipiendas in Castelleto nostro Parisiensi, eodem modo qui superiùs est expressus, & in festis duplicibus & annualibus duplicem distributionem. In iis etiam omnibus quæ superiùs sunt expressa retinemus & reservamus nobis & hæredibus nostris salvam & liberam potestatem, ut in iis & aliis quæ circà statum prædictæ capellæ viderimus ordinanda, possimus addere, minuere vel mutare. Retinemus etiam nobis & hæredibus nostris regibus Franciæ plenum jus & perpetuam potestatem, ut de prædictis reliquiis universis & singulis & ornatu eorum, & de toto thesauro quod reposuimus aut reponemus in posterum in capella prædicta, in auro, argento, lapidibus pretiosis, ornamentis etiam & aliis quibuscumque rebus ad nostrum beneplacitum ordinare, & nostram possimus facere voluntatem. Rogamus tamen hæredes nostros, ut prædictas sacras reliquias, sive ornatum earum, vel aliquid de thesauro quod ibidem reposuimus in auro, argento, lapidibus pretiosis seu aliis rebus de capella prædicta non amoveant in futurum vel amoveri permittant. Quod ut perpetuæ stabilitatis robur obtineat, præsentem paginam sigilli nostri auctoritate & regii nominis charactere inferiùs annotato fecimus communiri. Actum apud Aquas-mortuas anno incarnationis Dominicæ M. CC. XLVIII. mense Augusto ; regni verò nostri anno XXII. Astantibus in palatio nostro quorum nomina supposita sunt & signa ; dapifero nullo, S. Stephani buticularii ; S. Johannis camerarii ; S. Huberti constabularii. Datum vacante cancellariâ. *Ibidem.*

Lettres du roy S. LOUIS,

Portant concession de huit muids de froment sur la prevôté de Sens en faveur de la Sainte-Chapelle de Paris.

AN. 1256.

IN nomine sanctæ & individuæ Trinitatis, amen. Ludovicus Dei gratiâ Francorum rex. Notum facimus universis tam præsentibus quàm futuris, quòd nos intuitu pietatis, & pro salute animæ nostræ, necnon inclytæ recordationis regis Ludovici genitoris nostri, Blanchæ reginæ genitricis nostræ, & aliorum prædecessorum nostrorum, capellanis & matricularis Deo famulantibus in sacra capella, quam infrà septa domûs nostræ Parisiis construximus, sacrosanctarum nostræ redemptionis reliquiarum decorata præsentiâ ad laudem & gloriam Redemptoris, ut circà divinæ servitutis obsequium propensiùs insistere teneantur, liberalitate regiâ damus & concedimus in augmentum redditûs ad quotidianam & perpetuam panum distributionem faciendam inter singulos eorumdem, octo modios frumenti de redditibus bladi præpositurâ nostræ Senonensis, ad mensuram Senonensem, percipiendos in perpetuum annuatim infrà octavas omnium Sanctorum per manum præpositi quicumque pro tempore præposituram tenuerit Senonensem ; ita quòd de dictis octo modiis frumenti, necnon & de quatuor modiis quæ apud Gonessam & Villam-novam percipiunt, sicut percipiebat anteà capellanus qui veteris capellæ beneficium obtinebat, fiat hujusmodi panum distributio diebus singulis tam solemnibus quàm profestis secundùm ordinationem in litteris confectis super ipsius capellæ & totius servitii ordinatione contentam. Volumus autem atque præcipimus, ut quicumque pro tempore præposituram Senonensem tenuerit, dictos octo modios frumenti sine difficultate quacumque persolvat eisdem ad terminum antedictum, alioquin pœnam quinque solidorum parisiensium pro singulis diebus quibus cessaverit, elapso termino in solutione bladi prædicti teneatur solvere capellanis & matricularis antedictis. Quod ut perpetuæ stabilitatis robur obtineat, præsentem paginam sigilli nostri auctoritate, ac regii nominis charactere inferiùs annotato fecimus communiri. Actum Parisiis anno Domini M. CC. LVI. regni verò nostri anno XXX. Astantibus in palatio nostro quorum nomina supposita sunt & signa, dapifero nullo.

Signum Johannis buticularii.
S. Alfonsi camerarii.
S. Ægidii constabularii.
Data vacante cancellariâ.
Ibidem.

Charte du roy PHILIPPE LE BEL,

En faveur du grand convent des Augustins de Paris, pour faire l'office dans la Sainte-Chapelle le jour de la translation du chef de S. Louis.

AN. 1306.

PHILIPPUS Dei gratiâ rex Francorum ; dilectis nostris priori & conventui fratrum Eremitarum sancti Augustini Parisius, salutem. Religionis honestas, vitæ puritas, morum decor & litterarum scientia, aliaque probitatis merita quæ vos gratos reddunt, laudabiles & acceptos, meritò nos inducunt ut vos favore speciali benevolentiæ prosequamur. Ut igitur affectum nostrum evidentiùs cognoscatis, & nostram vobis sentiatis benevolentiam fructuosam, vos & successores vestros in ordine qui tempore fuerint Parisius residentes, in capelclanos speciales & servitores perpetuos capellæ nostræ Parisius in translatione sancti regis Ludovici avi nostri gratiosè recipimus; vobis favorabiliter concedentes, ut ex nunc in posterum quolibet anno die Lunæ post ascensionem Domini primas vesperas, die verò Martis sequente, tam prædicationis quàm horarum & missæ, ac in omnibus aliis solemne servitium per vos solos possit & debeat solemniter celebrari; mandantes thesaurario, canonicis & aliis servitoribus nostræ capellæ prædictæ qui nunc sunt & qui pro tempore fuerint, ut ad præmissa servitia vos solos recipiant loco, diebus & horis prædictis, ut præmittitur, facienda; pro quibus quidem faciendis servitiis, cuilibet fratrum prædictorum tunc Parisius existentium viginti septem denarios parisienses pro pitantia, videlicet pro primis vesperis novem denarios, & pro missa & horis decem & octo denarios, pietatis intuitu concedimus & donamus. Dantes fidelibus & dilectis thesaurariis nostris Parisius, & qui pro tempore fuerint, tenore præsentium, in mandatis, ut ipsi dictis fratribus prædictam pitantiam modo præscripto annis singulis sine difficultate qualibet & alterius expectatione mandati persolvant. In testimonium verò præmissorum præsentes litteras concedimus vobis sigilli nostri robore communitas. Datum Parisius anno M. CCC. VI. die Martis post festum Pentecostes. *Tiré des archives des grands Augustins.*

Charte du roy PHILIPPE V.

En faveur de la Sainte-Chapelle.

An. 1318.

PHILIPPUS Dei gratiâ Francorum & Navarræ rex. Deus ipse rex regum & dominus dominantium altissimus, ab excelso suæ bonitatis irriguo in aridam regionem habitationis humanæ sic imbrem salutaris devotionis infundit & rorem, quòd concepta divinitùs in patrum cordibus opera sanctitatis ad plenum compleri interdum non sinit, sed eadem protendit ad filios, ut in successiva propagine nequaquam degeneret intentio filialis, quin imò suprà commendabilia gesta patris proficiat & augeat quod incumbit. Sanè sanctæ memoriæ proavus noster beatissimus Ludovicus inter cætera quàm dilecta & quàm pulchra ecclesiarum Dei undique tabernacula, infrà septa domus seu palatii regalis Parisiensis in honore Dei omnipotentis & sacrosanctæ spineæ coronæ ipsius Domini nostri Jesu-Christi, quoddam fundavit & ædificavit habitaculum præinsigne, sicut rei evidentia declarat, in quo fulget thesaurus admirabilis salutarium vexillorum sacratissimæ Dominicæ passionis, ipsa videlicet corona spinea, atque lignum crucis vivificæ, quas pius Redemptor omnium pro humani redemptione generis suo cruore roseo consecravit. Ipse quidem almificus confessor Domini Ludovicus, ob sancta sanctorum in capella prædicta seu in eodem habitaculo mirificè collocata, circà fundationem ac venerationem dictæ capellæ se ferventi devotione totum impendens, ut in ea cresceret & resonaret uberiùs majestatis altissimæ laus & decus, ad divini cultûs augmentum, octo principales capellanos, quoddamque officium thesaurariæ, quòd per alterum dictorum principalium capellanorum exerceri disposuit, & illum magistrum capellanum dictæ capellæ vocavit, instituit in eadem; pro quorum sustentatione septingentas libras parisienses annui redditûs percipiendas ab ipsis annis singulis, assignari eisdem in locis congruis per certos ad hoc deputatos ab ipso commissarios mandavit; sed Christus processu temporis, assisâ dictarum septingentarum librarum parisiensium dictis principalibus capellanis minimè factâ, ipsum proavum nostrum de terreno regno transtulit ad cæleste; inclytæque recordationis Philippus ejus primogenitus, avus noster, sibi succedens in regno, volens illius in hac parte laudabile propositum adimplere, dictas septingentas libras parisienses dictis principalibus capellanis assignavit apud Templum, vel ubicumque esset thesaurus regius, per manus thesaurarii Parisiensis pro tempore capiendas, prout in dictorum proavi & avi nostrorum super hoc confectis litteris pleniùs continetur. Capiebant insuper dicti principales capellani, prædicto Philippo rege filio dicti beati Ludovici sublato de medio, pro ipsius anniversario, in thesauro Parisiensi annis singulis octo libras parisienses. Item, percipiebant in Castelleto Parisiensi pro dono Johannis de Camera presbyteri, quatuor libras parisienses. Item, pro escambio facto cum Guidone de Lauduno, magistro capellano seu thesaurario ipsius capellæ, viginti libras parisienses; itémque dono dicti Guidonis sexdecim solidos & tres denarios parisienses. Item, percipiebant in & super thesauro prædicto pro antiquis capellaniis summas pecuniæ quæ sequuntur: videlicet pro fundatione capellaniæ sancti Clementis viginti duas libras parisienses, pro fundatione capellaniæ sancti Blasii viginti libras

libras parisienses, pro fundatione capellaniæ sancti Nicolai retrò altare inferioris capellæ, in Castelleto Parisiensi triginta tres libras parisienses; pro capellania quam frater Petrus de Condeto in honore beati Ludovici fundavit ibidem, viginti libras parisienses in dicto thesauro, & pro augmento quod fecit eidem capellaniæ magister Michael de Bourdaneto, viginti novem libras, quinque solidos & duos denarios parisienses. Demùm verò recolendæ memoriæ dominus & genitor noster carissimus, dominus Philippus, fortis, verissimus & strenuissimus suo tempore miles Christi, ac fidei catholicæ defensor præcipuus, cujus fidei puritas & devotionis sinceritas in fornace hujus vallis miseriæ enituit sicut aurum; ad capellam prædictam quâdam prærogativâ favoris gerens eximiæ dilectionis & caritatis affectum, cupiens in ea cultum divini nominis augmentari, quatuor præbendas novellas, ut ita loquamur, præbendis antiquis in emolumentis & redditibus omnibus consimiles statuit & æquales. Quarum summa pro quolibet canonico ad dictas novas præbendas instituto & instituendo pro tempore, habito respectu ad portionem cuilibet antiquorum principalium capellanorum in dictis septingentis libris parisiensibus pro se & magistro capellano ratione sui officii thesaurariæ contingentem, est septuaginta septem librarum, quindecim solidorum, septem denariorum parisiensium, & sic est summa totalis prædictis quatuor canonicis trecentæ undecim libræ, duo solidi, quinque denarii parisienses. Volensque eosdem magistrum capellanum capellæ prædictæ & alios principales capellanos ejusdem honorare quodam modo, dictum magistrum capellanum capellæ prædictæ thesaurarium, & meritò tamquàm tanti thesauri sicut dictarum reliquiarum custodem & ministrum, & dictos capellanos principales, canonicos appellavit. Ordinavit insuper idem dominus & genitor noster in suo testamento anniversarium suum annis singulis in capella prædicta de cætero & perpetuò celebrari, legans pro ipso fundando duodecim libras parisienses annui redditûs. Ad quarum quatuor præbendarum novarum & anniversarii sui fundationem complendam hæredes suos Francorum reges in eodem testamento specialiter obligavit. Nos autem etsi cunctas Christi ecclesias earumque ministros, progenitorum nostrorum imitantes vestigia, piâ devotione colimus, & ipsarum zelamus honorem; ad capellam tamen ipsam majori nimirùm affectione perstringimur, dum veraciter intuemur qualiter dicta capella tantorum feliciter locupletata sanctuariorum præsentiâ, non sine prærogativa speciali in terris revereri meretur, jugiterque ab omnibus Christi fidelibus honorari. Hâc igitur consideratione inducti, & pleniùs attendentes quòd inter ea quæ ad conservationem justitiæ pertinere noscuntur, nihil specialius regibus & principibus incumbit quàm donationes seu largitiones factas ecclesiis, libertates & jura ecclesiastica in sua stabilitate tueri, & ea liberaliùs adaugere; & ne forte per obliviones hominum, rerumque aut temporum mutabilitates, ea quæ piâ consideratione gesta sunt, novis imposterum contingat implicari calumniis, necesse est illa autenticorum scriptorum patrocinio communiri. Laudabilis, immò summæ devotionis eorumdem progenitorum nostrorum affectum in prædictis non immeritò commendantes, prædictas & alias ab ipsis in dicta capella factas institutiones, fundationes & donationes quascumque, pro dictarum fundationibus præbendarum & thesaurariæ tam antiquarum quàm novellarum, anniversariorumque & capellaniarum in dicta capella, sive sit superiùs, sive sit inferiùs, à quibuscumque personis quomodolibet fundatarum, & omnia in dictis contenta litteris, volumus, laudamus, concedimus, approbamus, & ex certa scientia auctoritate regiâ confirmamus. Dumque ad divina laudum obsequia, quæ dilecti nostri thesaurarius, canonici, & alii capellæ ipsius servitores nocte dieque, quibuscumque curis & negotiis temporalibus postpositis & rejectis, impendunt ibidem, ubi etiam quasi incessanter pro nostri incolumitate corporis, nostrique tranquillitate regiminis, & pro nostræ ac progenitorum nostrorum animarum salute pias preces fundunt ad Dominum, nostræ meditationis animum reflectimus, ducimur ut unà cum duodecim præbendis & thesauraria prædictis à sæpedictis nostris proavo & domino genitore fundatis, unam novam præbendam in dicta capella, & sic decimam tertiam instituamus ac fundemus de nostro, pro nostræ ac Johannæ Dei gratiâ reginæ Francorum & Navarræ, consortis nostræ charissimæ, animarum salute; quam quidem præbendam novam cæteris duodecim præbendis in omnibus & singulis emolumentis, redditibus & servitii oneribus consimilem & æqualem, de septuaginta septem libris, quindecim solidis & septem denariis parisiensibus annui redditûs ex nunc tenore præsentium instituimus & fundamus. Ordinamus etiam de novo duo anniversaria in dicta capella de cætero facienda, unum videlicet pro inclytæ recordationis Johannæ reginæ Francorum & Navarræ, genitricis, & aliud pro regis Ludovici, germani quondam nostrorum, remedio animarum, & sub redditu duodecim librarum parisiensium fundamus quodlibet eorumdem. Utque dicti quinque novi canonici per dictum dominum & genitorem nostrum & per nos in capella prædicta creati novissimè & fundati, prædictis antiquis canonicis in perceptione omnium & singulorum ipsorum proventuum, reddituum, anniversariorum, acquestuum, in oblationibusque indulgentiarum, & de vino sancti Stephani in omnibus & singulis emolumentis cæteris quibuscumque quoquo modo provenientibus, exceptâ dumtaxat liberatione panis, grani & frumenti, pro qua dictis thesaurario & canonicis recompensationem aliam per nostras alias sub certa forma litteras duximus faciendam, fiant participes & æquales. In recompensationem hujusmodi consideratis custibus & expensis, quos dicti thesaurarius, canonici & capellani habuerunt facere, ipsosque subire multipliciter oportuit, in præmissis communitati ipsorum thesaurarii & canonicorum, ac capellanorum ejusdem capellæ, fuit expositum coràm nobis, quòd de prædictis reddditibus annuis sibi ob suæ vitæ sustentationem pro divinis obsequiis & laudibus ibidem jugiter exolvendis, tam pro antiquarum quàm quatuor novellarum, quas dictus dominus & genitor noster statuit, præbendarum & thesaurariæ prædictæ, & dictarum antiquarum capellaniarum fundatione, quàm etiam pro Philippi avi, Philippi genitoris, Johannæ genitricis, Ludovici germani nostrorum prædictorum anniversariis faciendis, quàm etiam de dictis quatuor libris de dono dicti Johannis de Camera, viginti libris de escambio Guidonis de Lauduno, sexdecim solidis & tribus denariis parisiensibus de dono ejusdem, promptam seu competentem habere nequeunt satisfactionem, pro eo quòd redditus hujusmodi non sunt eisdem thesaurario, canonicis & capellanis in certis locis & proventibus annuis assignati, ex cujus ingruente frequentiùs satisfactionis nimiâ difficultate, divinum in dicta capella sæpè tepescit officium, & (quod Deus avertat) posset exindè futuris temporibus deperire. Nos hujusmodi periculis occurrere cupientes, pro assignatione dictarum septingentarum librarum parisiensium, ratione dictarum antiquarum præbendarum & thesaurariæ, & pro fundatione dictarum quatuor novellarum præbendarum, dictarum etiam capellaniarum in dicta capella antiquitùs statutarum, anniversariorum quoque dictorum Philippi avi, Philippi genitoris, Johannæ dominæ & genitricis, ac Ludovici germani nostrorum, necnon & pro fundatione præbendæ institutæ à nobis noviter & fundatæ, ac pro dono centum viginti librarum parisiensium quod dictis thesaurario & canonicis fecimus, ut dicti novissimi canonici antiquis canonicis in perceptione omnium suorum reddituum, ut præmittitur, sint æquales, liberatione panis, grani & frumenti duntaxàt exceptâ, quia eisdem alteram propter hoc recompensationem fecimus, prout superiùs est expressum; quorum omnium reddituum eisdem thesaurario, canonicis & capellanis assidendorum in denariis pro prædictis, summa est mille quadringentæ una libræ, decem & novem solidi, quinque denarii parisienses, valentium mille septingentas quinquaginta duas libras, novem solidos & tres denarios turonenses; dictam summam dictarum mille septingentarum quinquaginta duarum librarum, novem solidorum & trium denariorum turonensium annui redditûs, super firmis feodalibus & reddititibus subscriptis nostris Cadomensis & Bajocensis vicecomitatuum. In bailliviâ Cadomensi redditus & proventus qui sequuntur, exonerando quoad hanc præposituram & thesaurum nostros Parisienses dictis thesaurario, canonicis & capellanis perpetuò & hæreditariè assidemus, jusque & proprietatem quod & quam habemus in ipsis, in dictos thesaurarium, canonicos & capellanos ex nunc transferimus per præsentes; in vicecomitatu videlicet Cadomensi firmam de Curfiaco sexaginta librarum turonensium; firmam de Savenayo quindecim librarum, decem novem solidorum, duorum denariorum; firmam sanctæ crucis de Grentonne undecim librarum decem solidorum; molendinum de Euvrechiaco quinquaginta librarum; firmam de Trachiaco septuaginta sex librarum decem solidorum; molendinum de Mondevilla viginti octo librarum; molendinum de Loveignaco triginta octo librarum; molendinum de Caronne triginta trium librarum; firmam de Villa Odonis decem & octo librarum; firmam de Euvrechiaco triginta librarum; firmam de Hamaris viginti septem librarum quindecim solidorum;

JUSTIFICATIVES.

dorum ; firmam de Colevilla septuaginta librarum ; firmam de Nulliaco sexaginta librarum ; forefacturam Rogeri Tyrel triginta octo librarum ; terram Henrici de Ponte-Audomari ad duo sacaria decem & octo librarum quindecim solidorum ; terram quæ fuit cujusdam Judæi inventi Lugduni, pro toto in festo S. Michaelis quinque solidorum. Summa totalis reddituum prædictorum in vicecomitatu Cadomensi, quingentæ septuaginta quinque libræ quatuordecim solidi duo denarii turonenses. In vicecomitatu Bajocensi ; firmam de Vero per hæredes magistri Henrici de Rya, ducentarum octoginta librarum contraplegiatam ; firmam Descures per magistrum Guillelmum de Masiaco, quinquaginta librarum ; firmam de Semilly per Richardum de profundo Rivo, septuaginta septem librarum trium solidorum ; firmam de Quesnay Garnon per Johannem Mariæ, quadraginta octo librarum octo solidorum & octo denariorum ; firmam de Digri per Johannem Labey, triginta unius librarum decem & octo denariorum ; firmam de Campellis per homines dictæ villæ, quadraginta librarum ; firmam de Listeauë per Guillelmum Præpositi, viginti unius librarum tredecim solidorum & sex denariorum ; firmam de Coismieres, centum decem librarum octo solidorum sex denariorum ; firmam de sancto Claro per Gaufridum Hugonis, decem novem librarum decem & septem denariorum ; vivarium de fossato de Trevieres, quatuordecim librarum trium solidorum & sex denariorum ; terram de boscis de Briquessart per hæredes Matthiæ de la Couardo, viginti unius librarum quatuor solidorum decem denariorum ; firmam de Cormergueron quadraginta sex librarum decem & octo denariorum ; terram Alemanni de Albigniaco à Trimgy per hæredes Roberti de Beroliis, decem librarum ; firmam feodalem quam abbas de Montebourt tenet apud Treviers, centum duodecim librarum quinque solidorum & sex denariorum ; census de Cromy, octo librarum undecim solidorum & sex denariorum ; boscum de Cordeillon, quem tenet abbatissa dicti loci, quatuordecim librarum quinque solidorum octo denariorum ; firmam Haye Aguillon, quæ fuit dominæ Johannæ de Aguillon, pro toto anno in Paschate per abbatem de Montdac, quadraginta librarum ; firmam de Semilly per abbatem sancti Laudi, quadraginta quatuor librarum ; terram de bosco de Barra de Semilly per eumdem abbatem, viginti quinque librarum ; duo molendina de terra de Torreigniaco per dictum abbatem, viginti quinque librarum ; molendinum de Malo-respectu per eumdem abbatem, triginta librarum ; firmam de Longuez per abbatem dicti loci, centum septem librarum sexdecim solidorum. Summa totalis reddituum prædictorum vicecomitatus Bajocensis, mille centum septuaginta sex librarum quindecim solidorum unius denarii turonensis : & sic in universo reddituum prædictorum dictorum duorum vicecomitatuum summa est mille septingentæ quinquaginta duæ libræ novem solidi & tres denarii turonenses ; tenendos & percipiendos ex nunc imposterum ab eisdem thesaurario, canonicis & capellanis ac ipsorum successoribus, quittos & liberos ab omnibus servitiis, redibentiis, & oneribus quibuscumque, tamquam de nostro patrimonio procedentes, ipsosque & eodem modo quibus eos anteà tenebamus, levandosque per manus eorum terminis consuetis ad idem pretium cujuscumque monetæ, quibus reddebantur dicti redditus nobis vel nostris gentibus, ante præsentem assisiam, illoque modo & ad monetam talem, quibus nobis vel gentibus nostris pro nobis, aut successoribus nostris vel gentibus eorum pro ipsis, de aliis nostris redditibus in Cadomensi ballivia annis singulis de cætero satisfiet, vel satisfieret de eisdem firmis & redditibus, si eos in nostris manibus teneremus, retentis nobis & successoribus nostris regibus Francorum in locis prædictis omnimodâ justitiâ, altâ & bassâ, omnique commodo contraplegiamentorum dictarum firmarum, in casu in quo dicti firmarii firmas dimitterent prædictas ; in quo siquidem casu, nos dictum commodum retinentes, pretium firmarum, de quibus contraplegiamenti perciperemus commodum, in æquipollenti æstimatione, quâ per assisiam sunt dictæ firmæ eisdem traditæ, sibi perficere teneremur, & salvis nobis & successoribus nostris emolumentis omnibus occasione altæ & bassæ justitiæ proventuris, exceptis dumtaxàt emendis, quas ob defectum solvendorum dictorum reddituum & firmarum, firmarii ipsarum juxtà patriæ consuetudinem possent incurrere, quas prædictorum thesaurarii & canonicorum usibus & rationibus volumus applicari. Et salvis eisdem emendamentis seu meliorationibus quibuscumque, per eos circa loca firmarum & reddituum hujusmodi imposterum apponendis. His addentes quòd si prædictos redditus seu firmas minùs valere dictâ summâ mille sep-

Tome II. R.

tingentarum quinquaginta duarum librarum novem solidorum & trium denariorum turonensium appareat in futurum, nos & successores nostri reges Francorum eisdem thesaurario & canonicis, ac pro ipsis ipsorum in dicta capella successoribus, id quod de dicta summa deerit, in locis competentibus prædictis propinquioribus tenebimur assidere ; hoc insuper adjecto, quòd in casu in quo (quod absit) impedimentum seu obstaculum poneretur, quominùs ipsi dictis redditibus sibi, ut præmittitur, assignatis gaudere non possent ; nos & successores nostri prædicti eisdem alios redditus in æquivalenti valore assidere in locis congruentibus, & donec id fieret, dictam mille septingentarum quinquaginta duarum librarum novem solidorum & trium denariorum turonensium summam annis singulis reddere Parisiis, in thesauro nostro, duobus terminis consuetis teneremur. Pro eorum securitate volentes, quòd ipsi omnia munimenta antiqua & litteras, quas habent à nostris prædecessoribus confectas super fundationibus antedictis, penès se conservent. Dum tamen quamdiù redditus perceperint prædictos, cessent de percipiendo in thesauro nostro & alibi redditus alios, in recompensationem quorum præscriptos sibi duximus assignandos. Volumus etiam ac eisdem thesaurario canonicis & capellanis pro se & suis successoribus duximus concedendum , quòd ipsi procuratorem, œconomum , syndicum seu actornatum sub sigillo suo constituere valeant, qui coràm quibuscumque judicibus sæcularibus regni nostri, agendo & defendendo , contra quoscumque adversarios suos, in omnibus causis & negotiis suis ac capellæ prædictæ & singularum personarum ejusdem, absque renovatione alterius gratiæ, deinceps admittatur. Damus etiam bailivo Cadomensi, ejusdemque loci & Bajocensis vicecomitibus modernis, & qui pro tempore fuerint, in mandatis, ut quoscumque firmarios & debitores dictorum thesaurarii & canonicorum, firmarum, reddituum & proventuum prædictorum sibi in locis præscriptis, à nobis, ut prædicitur, traditorum, & alios quoscumque bonorum suorum quorumlibet detentores, ad satisfaciendum sibi plenariè terminis solitis de prædictis, ac si nobis propriè deberentur, summariè & de plano, & absque morosa dilatione compellant, nostris propriis sumptibus, & per bonorum debitorum ac detentorum ipsorum & corporum captionem. Illos enim quos de dictis bailivo & vicecomitibus negligentes reperiremus in præmissis, ad restituendum nobis & dictis thesaurario & canonicis expensas quascumque & misias, quæ ob defectum ipsorum propter hæc factæ fuerint, teneri volumus, eosque de eorum negligentia aliàs graviter puniemus. Quòdque ipsi baillivus & vicecomites pro tempore dictos thesaurarium, canonicos & capellanos in suis justis possessionibus illarum partium manuteneant, ac defendant ab omnibus injuriis, oppressionibus & violentiis manifestis, unum vel plures de servientibus nostris, de quibus expedire viderint, dictis thesaurario & canonicis deputantes. Præterea cùm præfatus Philippus rex dominus & genitor noster carissimus, quandam capellaniam præter prædictas, ad altare sancti Johannis Evangelistæ sub valore viginti quatuor librarum parisiensium annui redditûs in suo testamento institui præceperit & fundari, nosque pro ipsius ac genitricis nostræ, quondam consortis ejusdem, animarum salute, decem libras parisienses deputavimus pro distributionibus ad opus servitorum dictæ capellæ, certis diebus & temporibus faciendis eisdem thesaurario, canonicis & capellanis pro servitoribus & capellanis dictæ capellaniæ, qui fuerint pro tempore, ultra assisam prædictam , dictas triginta quatuor libras parisienses in baillivia Senonensi supra terram & redditus dudum thesaurarii & canonicorum nomine emptos de denariis nostris apud Soupes in Gastinesio, à nobili muliere Ysabelli domina de Blanchefouace, relicta Adæ de Cronis militis, in hebergamento, hortis, censibus, oubleiis, pratis , lanis, molendinis , nemoribus , ovis , & medietate granchiæ, bassaque justitia, & aliis quæ dicta Ysabellis in dicta villa dictæ venditionis tempore possidebat , & super terram quæcumque ad nos ex forefactura Philippi de Alneto militis apud Savigny devenisse noscitur, perpetuò & hæreditariè assidemus, retentis nobis & successoribus nostris redditibus dictarum terrarum de Soupes & de Savigny, excedentibus dictam triginta quatuor librarum parisiensium summam, quam eisdem in dictis duobus locis pro dictis capellania & distributionibus duximus assidendum ; à prædictis thesaurario canonicis & capellanis, ac eorum in dicta capella successoribus, & una cum iis omnes & singulas firmas ac redditus prædictos, quos in dictis baillivia & vicecomitatibus ex causis prædictis sibi duximus assidendos , una etiam cum redditibus annuis qui sequuntur, dictis thesaurario, canonicis, capellanis

pellanis & dictæ capellæ cæteris servitoribus, super certis domibus infrà scriptis, Parisiis situatis, à diversis personis legatis, emptis, ac per ipsos etiam acquisitis, pro certis anniversariis faciendis, videlicèt suprà domum Guillelmi de Suetyaco, sitam in Tonnelaria, centum octo solidos parisienses; suprà domum Radulphi Normanni, sitam in vico de Barris de super Mortelariam, septuaginta solidos parisienses; suprà quamdam domum quæ fuit Mossé apothecarii, sitam suprà parvum pontem prope Domum-Dei Parisiensem, quatuor libras quindecim solidos; suprà quamdam domum vocatam, *au Mouton*, sitam in vico magno ultrà parvum pontem, quatuor libras tres solidos & duos denarios parisienses; item suprà tres domos sitas ab oppositis forgiæ juxta sanctum Severinum in cuneo vici, centum decem solidos parisienses; suprà quamdam domum sitam in vico *de la Huchette*, facientem cuneum vici de Sacalie, viginti duos solidos sex denarios; suprà quamdam domum, quæ vocatur domus Richardi Barberii, sitam in magno vico ultrà parvum pontem versùs sanctum Benedictum, contiguam domui Margaretæ de Aurelianensi ex parte una, & ex altera domui Andreæ Ferperii, prout se comportat, post quatuor denarios fundi terræ quadraginta solidos parisienses, unà etiam cum vineis, quas nunc tenet Reginaldus de Caprosia presbyter, sub æstimatione sex librarum parisiensium annui redditus, quas dicti thesaurarius & canonici in censibus, terris & vineis ex eorum acquisitione apud Salices possidere dicuntur, tenentes, percipientes & possidentes perpetuò, hæreditariè, pacificè & quiete, absque coactione vendendi vel extrà manum suam ponendi, aut præstandi pro eis nobis vel nostris successoribus regibus Franciæ, nos omnes & singulas firmas & terras & redditus prædictos dictis thesaurario, canonicis & capellanis in præfatis locis ex causis prædictis traditos, & hæreditariè assignatos eisdem, nostris propriis expensis & custibus garantire, ipsosque & successores eorum servare indemnes quantùm ad hoc contra omnes. Ut autem ipsi thesaurarius, canonici & capellani, & alii capellæ ipsius servitores & successores eorum, ad obsequendum divinis & orandum pro nobis, tantò se reddant devotos & ferventibus animis promptiores, quantò defensionis nostræ brachium gratiosius se noverint invenisse; ipsos & successores suos in dicta capella, familiasque eorum & bona sub nostra protectione suscipimus & gardia speciali, Quod ut firmum & stabile perpetuò perseveret, nostrum præsentibus fecimus apponi sigillum, salvo in aliis jure nostro, & in omnibus alieno. Actum Parisiis anno Domini M. CCC. XVIII. mense Junio. *Tiré du même livre que dessus.*

Fondation du chantre de la sainte Chapelle de Paris.

PHILIPPUS Dei gratiâ Franciæ & Navarræ rex, universis præsentes litteras inspecturis, salutem in Domino sempiternam. Ad divinæ laudis obsequium basilicæ sanctorum in titulum eriguntur, ut in eis quæ domus orationum existunt, agminum beatorum implorentur suffragia, quorum muniti præsidiis Christi fideles, æternæ felicitatis gaudia valeant promereri; terrestris nimirùm ecclesia cælestis mansionis ædificium repræsentat, & in ea exhiberi debet obsequium, quo ad illam ascensus felicioris aditus præparetur. Cùm igitur ad tam magnificè jam constructam basilicam, videlicèt capellam regalem nostri palatii Parisiensis, nostræ mentis aciem reflectimus, inducimur perinde quòd, etsi divini cultûs mysteria per capellanos & clericos in ea hactenus institutos devotè & solemniter, quâdam specialitate & singularitate, ad ecclesias cæteras respectu habito, consueverunt celebrari, amodò etiam devotiùs & solemniùs, ac cum majori & uberiori obedientia, à capellanis & clericis moderno tempore institutis, & imposterum instituendis, in ipsa divinæ laudis organa, ad honorem illius qui capellam ipsam thesauro admirabili salutarium vexillorum suæ sacratissimæ passionis insignivit, mirabiliter horis debitis expendantur. Hâc itaque consideratione inducti, & ne (quod absit) servitium divinum ibidem ab olim institutum, ob defectum præficiendi inibi cantoris, tepescat, sed augeatur potiùs & accrescat, quoddam in capella ipsa officium novum, quod Cantoriam volumus appellari, instituimus ex certa scientia per præsentes, & cantoriam ipsam, ad cujus onus etiam redditus certos deputamus, dilecto nostro Ægidio de Condeto, ipsius capellæ canonico tanquam ad hoc idoneo duximus conferendam, intuitu pietatis, statuentes, quòd ipse cantor & ipsius successores quoad ea quæ statum & honestatem chori perspiciunt, debitæ correctionis officium, psallendi & legendi in choro, ac divinum, prout inibi consuevit, ministerium fieri faciendi studeant exercere; quòdque omnes & singulos

An. 1359.

capellæ ipsius capellanos & clericos in exhibitione debiti servitii delinquentes, ignorantes, inobedientes, tepidos & remissos arguant, & caritativâ monitione præmissâ, omnes defectus ipsorum denunciare thesaurario dictæ nostræ capellæ, qui pro tempore fuerit, teneantur, per eumdem thesaurarium puniendos, in aliis quibuscumque contra ipsos, ac contra ipsum cantorem & ejus successores in omnibus auctoritate antiquitùs attributâ atque datâ, seu etiam consuetâ ipsi thesaurario & ejus successoribus semper salvâ. Mandamus igitur dilectis nostris thesaurario & canonicis capellæ prædictæ, quòd juxta præsentis nostræ institutionis & collationis tenorem dictum Ægidium in cantorem ipsius capellæ recipiant liberaliter & admittant, eidemque thesaurario, ut sibi stallum in choro, secundùm quod decet, deliberetur & assignetur, ac eundem in dictæ cantoriæ corporalem possessionem inducat; necnon & omnibus & singulis dictæ capellæ capellanis & clericis, præsentibus & futuris, damus tenore præsentium in mandatis, quòd dicto cantori & ejus successoribus pro tempore, in præmissis & ea tangentibus, efficaciter pareant & intendant. Volumus autem & præcipimus districtè dictum Ægidium & successores suos post installationem suam jurare eisdem thesaurario & canonicis se facturos & servaturos bonâ fide omnia super officio dictæ cantoriæ ordinata, prout in litteris assignationis reddituum ejusdem videbitur contineri. Datum apud Longum-campum juxtà sanctum Clodoaldum, octavo die Julii anno Domini M. CCC. XIX. Ibidem.

Autre fondation de la chantrerie de la sainte Chapelle.

AN. 1319.

PHILIPPUS Dei gratiâ Francorum & Navarræ rex, universis præsentes litteras inspecturis, salutem. Ad divinæ laudis obsequium basilicæ sanctorum in titulum eriguntur, ut in eis quæ domus orationum existunt, agminum beatorum implorentur suffragia, quorum præsidiis muniti Christi fideles, æternæ felicitatis gaudia valeant promereri; terrestris nimirùm ecclesia cælestis mansionis ædificium repræsentat, & in ea exhiberi debet obsequium, quo ad illam ascensus felicioris aditûs præparetur. Cùm igitur ad tam magnificè jam constructam basilicam sacrosanctæ capellæ regalis nostri palatii Parisiensis, nostræ mentis aciem reflectentes, providimus quòd etsi divini cultûs ministeria per capellanos & clericos in ea hactenùs institutos devotè, feliciter ac solemniter, quâdam specialitate & singularitate, ad ecclesias cæteras respectu habito, consueverint celebrari, amodò etiam devotiùs, solemniùs, ac cum majori & uberiori obedientia à capellanis & clericis moderno tempore institutis & imposterum instituendis, in ipsâ divinæ laudis organa, ad honorem illius, qui capellam ipsam thesauro admirabili salutarium vexillorum suæ sacratissimæ passionis insignivit, mirabiliter horis debitis impendantur. Hâc itaque consideratione inducti, & ne (quod absit) servitium divinum ibidem ab olim institutum, ob defectum cantoris inibi jam præfecti tepesceret, sed accresceret & potiùs augeatur, notum facimus nos per alias litteras nostras instituisse nuper ex certa scientia quoddam in capella prædictâ novum officium, quod cantoriam appellavimus, & volumus appellari, ac ipsam cantoriam, pro qua sub certa forma inferiùs annotata per nostras alias patentes litteras certos redditus, videlicet quinquaginta librarum parisiensium duximus assignandos, dilecto nostro Ægidio de Condeto ipsius capellæ cantori pietatis intuitu contulisse; statuentes quòd ipse cantor & ipsius in dictâ cantoria pro tempore successores, quoad quæ statum & honestatem chori perspexerint, debitæ increpationis officium, psallendique, psalmodiandi & legendi seriosè & distinctè in ipsâ capellâ superiùs & inferiùs, ac divinum, prout inibi consuevit, ministerium horis diurnis & nocturnis fieri faciendi, studeant exercere; quòdque omnes & singulos capellæ ipsius capellanos & clericos in exhibitione debiti servitii delinquentes, ignorantes, inobedientes, tepidos & remissos debitè increpent, & defectus ipsorum, nulli sub debito juramento parentes, thesaurario dictæ nostræ capellæ qui pro tempore fuerit, denunciare teneantur, per eumdem thesaurarium puniendos, in aliis quibuscumque contra ipsos, & in omnibus contra ipsum cantorem & ejus successores auctoritate prædicto thesaurario antiquitùs attributâ, datâ seu etiam consuetâ, eidem semper salvâ. Disponimus insuper ac volumus, quòd dictus cantor & ipsius in dictâ cantoria successores teneantur in ipsâ capellâ talem facere residentiam personalem, quòd sint & esse possint præsentes die ac nocte in omnibus ipsius capellæ horis canonicis, continuè à principio usque ad finem, nisi causa legitima ipsos excuset. Tenebuntur etiam personaliter regere &

tenere chorum in utrisque vesperis, matutinis & missa in omnibus annualibus festis institutis & imposterum statuendis in eadem capella, nisi adeò sint antiqui, debiles vel infirmi, quòd hæc in persona propria nequeant adimplere; quòd tunc tamen per alium canonicum facere teneantur: & si per canonicum omnibus canonicis requisitis fieri non valeat, per capellanum ad ejusdem cantoris & successorum requisitionem fiat, non coactè, & ad sumptus cantoris ad arbitrium thesaurarii memorati. Tenebuntur præterea de se & per se audire lectiones, epistolas & evangelia ab illis, qui per tabulam vel aliud in capella legere tenebuntur, antequàm legant, ut ipsos in hoc doceant, increpent & emendent; qui legentes si pronunciando vel legendo defecerint, perdent commodum horæ quâ legerint, nisi priùs, ut dictum est, auditi fuerint à cantore. Item dictus cantor & ipsius successores tenebuntur facere tabulam per se vel per alium ad hoc idoneum ad sumptus suos proprios, quoties opus erit, & prout est hactenùs per alium in ipsa capella fieri consuetum. Tenebuntur etiam omnes & singulas processiones faciendas, institutas & instituendas in cantu & aliis disponere & ordinare, sicut decet. Supradictas verò quinquaginta libras, quas pro ipsa cantoria per nostras litteras duximus assignandas, recipi volumus per thesaurarium dictæ nostræ capellæ qui pro tempore fuerit, & ipsi cantori & ipsius in ea cantoria successoribus per manum dicti thesaurarii distribui, modo & formâ qui sequitur: videlicèt quâlibet die duos solidos cum quatuor denariis parisiensibus, in matutinis scilicèt quinque denarios parisienses, & in prima, in tertia, in meridie, in nona & in completorio tres denarios parisienses pro qualibet hora prædictarum horarum, in missa quatuor denarios parisienses, & in vesperis quatuor denarios parisienses: & in viginti duobus festis annualibus hujusmodi distributio pro cantore duplicabitur: in sexaginta sex festis duplicibus matutinæ pro eadem cantoria augmentabuntur de tribus denariis, missa de duobus, & vesperæ de duobus, & de uno denario horarum quælibet aliarum: in decem verò semiduplicibus matutinæ augmentabuntur de duobus denariis, missa de totidem, & vesperæ de totidem sic accrescent. In qualibet verò die quatuor processionum duodecim denarios percipiet & habebit. Idem verò cantor & successores sui viginti solidos pro tabula facienda anno quolibet reportabunt. Si verò plura festa annualia, duplicia, semiduplicia, vel plures processiones in dicta capella imposterum institui contigerit & fieri, distributiones hujusmodi festorum & processionum per dictum thesaurarium & ejus successores defalcabuntur seu minorabuntur, ut in dictis festis annualibus, duplicibus, semiduplicibus & processionibus post hujusmodi ordinationem instituendis & etiam faciendis, ut in antiquis hujusmodi festis per dictum thesaurarium fiat congrua distributio & æqualis; ita tamen quòd ipse cantor & ipsius successores omnium & singularum horarum prædictarum, in quibus præsentes non fuerint, & in quibus perfectè debitum suum non impleverint, perdant totum commodum illius horæ in qua deficient, & ad communem bursam, sicut cæterarum personarum ipsius capellæ, defectus quos perdiderint applicentur, puniendi per dictum thesaurarium, si contemptâ pœnâ prædictâ pluriès se voluerint aut consueverint absentare. Et nihilominuùs idem cantor & ipsius in eadem cantoria successores in prima sui receptione ac institutione jurare tenebuntur præmissa omnia & singula bonâ fide diligenter adimplere. In cujus rei testimonium præsentibus litteris nostrum fecimus apponi sigillum. Actum Parisiis anno Domini M. CCC. XIX. mense Martio. *Ibidem.*

Charte du roy Charles VI.
Au sujet de la chantrerie de la Sainte-Chapelle.

KAROLUS Dei gratiâ Francorum rex, ad perpetuam rei memoriam. Notum facimus universis præsentibus & futuris, quòd consideratis per nos debitè & cum discretione matura perpensis scandalis & infinitis defectibus, quæ, proh dolor! prout nonnullorum fide dignorum conquestione & veridicâ relatione accepimus, in Dei offensam atque detrimentum, ex diminutione servitii divini sacrosanctæ capellæ nostri regalis palatii Parisiensis, quæ præ cæteris regni nostri ecclesiis solet hactenùs de solemnissimo servitio laudabiliter commendari, multotiens à modico tempore emerserunt, & adhuc quotidiè emergunt, ex eo præcipuè quòd à die obitûs Michaelis de Fontanis presbyteri, dum vivebat, cantoris & canonici ejusdem nostræ sacræ capellæ, qui officium cantoris dictæ sacræ capellæ, ut erat in hoc expertus & sufficiens valdè, commendabiliter exercuit, offi-

An. 1405.

R. iij

cium cantoriæ antedictæ, cui incumbit onus totius servitii, & regimen chori, & & quòd ex sui institutione debet per canonicum notabilem virum, musicum, & aliis scientiis & virtutibus insignitum, nec per alium exerceri ; nos ab anno citrà , non adnotantes quòd officium hujusmodi per canonicum ad hoc idoneum, nec per alium, ut præfertur, debet possideri ; illud certis personis ad hoc non idoneis, de eorum meritis & sufficientia minùs debitè informati, successivè contulimus ; quibus, tam propter eorum insufficientiam quoad officii prædicti exercitium, quàm pro eo quòd eorum aliqui non exiterunt canonici, prout nec est ille qui nunc exercet ipsum officium, à capellanis & clericis dictæ sacræ capellæ, quos cantor prædictus ex sui officii debito & fundatione instruere habet & corrigere in lectura, cantu, discantu, accentu, & aliis divinum concernentibus obsequium, atque eorum defectus (nulli parcendo) sub juramenti debito increpare & thesaurario referre, per ipsum thesaurarium puniendos, nulla exiterit, saltem modica, propter eorum imperitiam, reverentia exhibita, nec adhuc moderno cantori, quia non canonicus, exhibetur ; nos prædecessorum nostrorum ejusdem nostræ sacræ capellæ primorum fundatorum, qui sibi & suis successoribus Franciæ regibus addendi, mutandi, & in melius reformandi, circà dictum officium divinum ipsius sacræ capellæ, plenam atque liberam reservarunt facultatem, volentes imitari vestigia, cupientesque totis affectibus super defectibus prætactis, prout nostræ regiæ incumbit majestati, ad honorem Dei & decorem dictæ sacræ capellæ, providere, & præsertim ut officium divinum prædictum ibi ad Dei laudem amodò institutum de bono in melius prosperetur, & cum reverentia debita & majori obedientia, ut moris est, continuetur & celebretur ; ex nostra certa scientia, auctoritate regia, atque plenitudine potestatis, STATUIMUS ex nunc atque ordinamus officium cantoriæ sæpedictæ electivum fore deinceps in perpetuum, nec per alium quemcumque possidendum ; quòdque dum & quotiens illud officium quovis modo vacare amodò contigerit, thesaurarius modernus & sui in eadem sacra capella successores tenebuntur omnes suos fratres & concanonicos convocare & congregare, breviùs & celeriùs quàm commodè fieri poterit, & congregatis, Deum præ oculis habendo, & non personæ, sed divino servitio providendo, ipsorum alterum in cantorem eligere, qui officium & onus ejusdem cantoriæ sciat & valeat, sicut decet & ejusdem officii exigit fundatio, exercere ; & electum per eos nobis & successoribus nostris Franciæ regibus præsentare ; cui, sic per eos electo & præsentato, nos & successores nostri officium conferemus antedictum. Quod ut firmum & stabile perpetuò perseveret, nostrum præsentibus litteris fecimus apponi sigillum. Datum Parisius mense Maio, anno Domini M. CCCC. V. & regni nostri XXV. *Ibidem.*

Bulle du pape JEAN XXII.

En faveur du trésorier de la Sainte-Chapelle.

JOANNES episcopus servus servorum Dei, dilecto filio thesaurario capellæ regiæ Parisiensis, salutem & apostolicam benedictionem. Personam tuam speciali benevolentiâ prosequentes, ea tibi libenter concedimus, ex quibus tibi honoris & status proveniat incrementum. Igitur ut portarius, consiergius, giardinarius, & duo speculatores seu custodes vigiliarum noctis regalis palatii Parisiensis, necnon omnes familiares canonicorum capellæ regiæ Parisiensis tibi, tamquàm membra capiti, sentiant se subesse ; nos charissimi in Christo filii nostri Philippi regis Franciæ & Navarræ illustris supplicationibus inclinati, ut pro commissis per eos infrà muros palatii supradicti, sic jurisdictionem in eos valeas exercere, ac habeas in eosdem, prout exerces & habes in canonicos, capellanos & clericos dictæ capellæ, quorum animarum curam & jurisdictionem totalem idem rex asserit te habere, tenore præsentium indulgemus. Nulli ergo omninò hominum liceat hanc paginam nostræ concessionis infringere, vel ei ausu temerario contraire. Si quis autem hoc attentare præsumpserit, indignationem omnipotentis Dei & beatorum Petri & Pauli apostolorum ejus se noverit incursurum. Datum Avinione nonis Augusti, pontificatûs nostri anno IV. *Tiré des archives de la Sainte-Chapelle.*

Lettres du roy CHARLES V.

Touchant les aumuces des chanoines de la Sainte-Chapelle.

CAROLUS Dei gratiâ Francorum rex, ad perpetuam rei memoriam. Etsi cunctos ecclesiæ Christi ministros per fructuosa suæ devotionis opera ac fidelitatis merita serenitatem regiam deceat congruis favoribus prævenire, multò magis

gis dilectos & fideles capellanos nostros thesaurarium & canonicos sacrosanctæ capellæ regalis nostræ Parisius, qui votis & orationibus continuis pro nostri corporis incolumitate & regiminis atque regni tranquillitate majestatem Altissimi exorare non desinunt, dextera nostræ liberalitatis astringitur gratiarum titulis & honoribus benignius extollere, & notabilibus insigniis largius decorare, ut quantò se noverint iis suffulti, tantò ferventiùs ad divina laudum præconia vacare & intendere valeant salubrius in futurum. Cùm igitur jam pridem gloriosus confessor beatus Ludovicus quondam rex Francorum, prædecessor noster, fundator atque patronus primitivus ejusdem sacrosanctæ capellæ, nobis in sua venerabili fundatione, suisque successoribus aliis Francorum regibus, salvam & liberam potestatem addendi & mutandi in his, quæ circa statum capellæ prædictæ videremus ordinanda, specialiter reservasset, & ad nostræ meditationis animum revolvamus, quòd ecclesiastica signa, scilicèt almutiæ, quas in superficie capitis æstivo tempore thesaurarius & canonici prænominatæ capellæ, ac alii nonnulli ecclesiastici tam de gremio præsentis sacrosanctæ capellæ quàm de aliis Parisiensibus collegiis deferre sunt hactenus consueti, fuerunt temporibus evolutis, ut pluriès evidenter inspeximus, & adhuc invicem se conferrunt, tam similes & sic pares, quòd vix potuerunt & possunt idem thesaurarius & canonici inter ecclesiasticos prædictos habitum seu signum hujusmodi deferentes propriè recognosci vel distingui, & sæpissimè dicuntur solummodò capellani, non canonici, vel alii quàm de collegio sacrosanctæ capellæ prædictæ, quod nobis plurimùm displicuit, & præsertim cùm prædicti thesaurarius & canonici sint prorsùs ab episcopi Parisiensis diœcesani, & archiepiscopi Senonensis metropolitani ac quorumlibet ordinariorum potestate & jurisdictione liberi & exempti. Notum facimus universis præsentibus & futuris, quòd attendentes præmissa, quæ nolumus ampliùs sub dissimulatione transire, ne status canonicalis ecclesiæ nostræ prædictæ valeat in aliquo deprimi vel contemni, sed de bono semper in melius augmentari: nos ad Dei laudem & gloriam, & ob ejusdem ecclesiæ nostræ reverentiam & honorem, dictorumque thesaurarii & canonicorum laudabilium meritorum obtentu, quodque de ipsis tamquam de regalis ecclesiæ & tam venerandæ sacrosanctæ capellæ thesaurario & canonicis, ac personis notabilibus, & ut præmittitur, exemptis specialior & major notitia ac plenior differentia temporibus successivis inter cæteros habeatur; proprio nostro motu, & cum hoc charissimis germanis nostris Andegavensi & Cenomanensi ac Burgundiæ ducibus nobis super his humiliter supplicantibus & instanter, statuimus & de nostra certa scientia & authoritate regia tenore præsentium ordinamus, quòd ab hinc in anteà thesaurarius & canonici sacrosanctæ capellæ memoratæ præsentes & futuri tenebuntur habere & deferre, temporibus, horis & locis congruis & statutis, almutias de griso seu de pellibus grisis, fouratas de minutis variis ; almutias verò nigras præcedentes totaliter amovendo : & in titulum atque signum nostri præsentis statuti firmiter observandi perpetuò, nos thesaurario & canonicis prædictæ sacrosanctæ capellæ modernis donavimus istâ vice de gratia speciali primas suas almutias de griso, modo quo supra fouratas, ut ad earum instar cæteræ subsequentes almutiæ valeant exindè confici similiter & portari. Quod ut firmum & stabile permaneat in futurum, nostrum præsentibus fecimus apponi sigillum, nostro in aliis, & alieno in omnibus jure salvo. Datum Parisius mense Januarii, anno Domini M. CCC. LXXI. & regni nostri VIII. *Ainsi signé*, Per regem J. CABART. *Tiré du livre ci-dessus mentionné.*

Réformation de la Sainte-Chapelle par le roy CHARLES VI.

AN. 1401.

CAROLUS Dei gratiâ Francorum rex, dilecto & fideli nostro thesaurario sanctæ capellæ nostri regalis palatii Parisiensis moderno pariter & futuro, salutem & dilectionem. Auditis dudum per nos defectibus quamplurimis, quos, proh dolor ! in Dei offensam patitur eadem sacra capella, ex eo, sicut accepimus, quòd horis canonicis diei, scilicèt primæ, tertiæ, sextæ, nonæ ac completorii, nulla præsentibus fiebat distributio, prout in nonnullis regni nostri cathedralibus & etiam collegiatis ecclesiis distribui solitum est & dari ; quarum defectu capellani & clerici non solùm horis eisdem, sed etiam matutinis & horis B. Mariæ, laudibusque ac commendationibus defunctorum tunc ibidem non fundatis, rarissimè veniebant, atque ibi per tam modica intervalla residebant, quòd minùs debitè, minùsque solemniter quàm deceat, eadem sacra & famosissima capella (quæ de solemnissimo & continuo servitio solet

antiquitùs, nec immeritò, per orbem universum commendabiliter attolli) non modicum in divinis patiebatur detrimentum, quod nedum altissimo Creatori nostro (ad cujus honorem & laudem debent & consueverunt altis sonis decantari ibidem dictæ horæ) verùm etiam omnibus hoc speculantibus summè displicere censebatur; unde summis desideriis affectantes, & habentes in votis, ut nostris temporibus divini nominis cultus in eadem nostra sacra capella nequaquam tepescat, sed potiùs ad divinæ decus majestatis fervescat, ac in melius prosperetur; moti devotione speciali quam habuimus jugiter ad eamdem sacram capellam nostram, in qua fulget admirabilis thesaurus salutarium vexillorum sacratissimæ passionis Domini nostri J. C. voluerimus & ordinaverimus per nostrum testamentum, quod, Deo nobis propitio, adimplere, vitâ nostrâ comite, proponimus, præfatas horas canonicas fundare, & de facto jam fundaverimus easdem; cupientes defectibus antedictis, & servitio dictæ nostræ capellæ sacræ, sicut decet & nobis incumbit, per modum reformationis providere; visis priùs per nos in consilio nostro, & curiosè inspectis fundatione primævâ, & divini in ipsa servitii institutione per almificum confessorem beatissimum Ludovicum quondam Francorum regem, dominum & prædecessorem nostrum, præcipuum dictæ nostræ sacræ capellæ fundatorem, piè & salubriter dispositis, necnon & antiquis statutis & constitutionibus super eodem cultu ejusdem ritè & canonicè editis, atque in ipsa capella à longævis & retroactis temporibus laudabiliter observatis, per quæ nobis luculenter constitit universos & singulos capellanos & clericos prædictos, & præsertim secundùm juramenta per eorum quemlibet in sua receptione præstita, & quæ juramenta inferiùs inseruntur, chorum diligenter prosequi debere, & horis omnibus atque servitio, tam diurno quàm nocturno, à principio usque ad finem interesse teneri, eosque ad onus hujusmodi subeundum assumi per vos & concanonicos vestros, dum casus occurrunt; pro quo etiam onere subeundo distributiones quotidianas percipiunt, victualiaque & hospitia vestris & dictorum concanonicorum sumptibus ministrantur eisdem, ac de beneficiis ecclesiasticis, cùm ad id se offert facultas, per nos & vos thesaurarium, vice & auctoritate nostris, providetur; nostrorum in hac parte prædecessorum Francorum regum ipsius sacræ capellæ fundatorum, qui sibi semper & suis successoribus plenam & liberam reservaverunt facultatem declarandi, addendi, mutandi & disponendi, tam in servitio quàm aliis ordinationibus dictæ sacræ capellæ, pia & salubria imitari anhelantes vestigia, hâc præsenti perpetuò valiturâ constitutione ordinamus, prout aliàs ordinavimus per clausulam quamdam dicti nostri testamenti, cujus tenor talis est, Item, Voulons et ordonnons, pour accomplir & parfaire " la fondation de la Sainte-Chapelle de " nostre palais à Paris, & pour remedier " aux fautes du divin service qui sont maintenant en icelle, fonder & ordonner " distributions pour les heures non fondées; c'est à sçavoir, pour prime, tierce, midi, none & complie, selon la " forme & maniere qui seront plus à plain " exprimées ez lettres qui sur ce seront " faictes, & que auxdictes heures & chacune d'icelles les chantre, chapelains " & clercs de nostredicte Chapelle fassent " entrée dedans le premier Gloria, & demeurent jusqu'à la fin; & oultre, que " le distributeur, qui pour ce aura chacun an trente sols parisis, ne baille " les mereaulx jusqu'à la fin de l'heure " de Nostre-Dame, quand on les dira " au chœur, & que les defaulx desdictes " heures soient convertis au samedy avec " les autres defaulx, selon l'ordonnance " que monsieur S. Loys fist en ce cas; " ut omnes capellani & clerici supradicti, præsentes & posteri, otio & torpore expulsis, prophanisque & inhonestis vagationibus rejectis, horis omnibus tam canonicis quàm aliis prædictis, pro suis honore ac debito, modo & formâ superiùs & inferiùs annotatis, deinceps interesse teneantur. In primis siquidem ad evitandum intolerabilem defectum emergentem sæpissimè, pro eo quòd idem capellani & clerici tardiùs quàm possunt venire assuescunt matutinis festivitatum annualium, quorum absentiâ & defectu invitatoria & hymni, qui ibi solemniter consueverunt decantari, multotiens debiliter & defectivè cantantur; volumus ipsos in matutinis prædictis, necnon & Adventûs & Quadragesimæ, suum facere introïtum infrà primum aut saltem secundum versum de *Venite exultemus Domino*, aliàs distributione earumdem matutinarum eos privari jubemus; ordinantes quòd illi, qui deinceps in eisdem annualibus festis dicere & cantare invitatorium tenebuntur, taliter in principio dicti invitatorii prompti & cappis induti existant, quòd illud
insimul

insimul incipiant, & sub pœna duodecim denariorum de dictis suis distributionibus per eorum quemlibet amittendorum; illos verò qui in duplicibus festis, prout suprà, defecerint, octo denarios similiter perdere decrevimus; eos quoque qui epistolas & evangelia legere habebunt, si, prout sæpe dicitur evenire, in lectura aut accentu defecerint, commodo horæ quâ deficient, penitùs carere volumus. Ordinamus etiam quòd matricularius hebdomadarius qui amodò negligens fuerit, aut plus debito distulerit ministrare ignem, incensum, & thuribulum pro thurificando ad *Benedictus*, ad *Magnificat*, & ad nocturnos festivitatum annualium, per amissionem distributionis horæ quâ defectum committet, puniatur. Ut autem obvietur defectibus in B. Mariæ matutinis, laudibusque, ac commendationibus defunctorum crebrè intervenientibus; ordinamus quòd nisi capellani & clerici prædicti eisdem B. Mariæ matutinis continuò intersint, distributione matutinarum diei penitùs careant; quam distributionem in fine prædictarum B. Mariæ matutinarum eis tradi volumus, & non ante; & cùm anniversarium interveniet illâ die, eamdem distributionem usque ad finem laudum mortuorum differri jubemus. Utque dictis commendationibus diligenter veniant, & ut ipsis curiosiùs intersint, videlicèt à fine primi psalmi, usque ad ipsarum complementum continuè, nisi tamen aliqua necessaria & legitima causa eos cum licentia exire compellat; quotiens anniversarium celebrabitur, cujus scilicèt missæ distributio triphariè valeat dividi, tertia pars ipsius distributionis in fine dictarum commendationum eis tradatur, & reliquæ duæ partes ad eamdem missam; quando verò dictæ missæ distributio dividi non poterit nisi in duas partes dumtaxat, illa distributio fiet eis in dictis commendationibus & missa æqualiter, prout suprà. Statuimus insuper quòd omnes ex prædictis in choro, dùm ibi divina celebrabuntur, debitum suum faciendi negligentes, dormientes, aut inhonestè fabulantes, vel rixantes, seu etiam chorum sine rationabili causa aut licentia exeuntes, & in thesauro seu revestiario se tenentes, commodo horæ priventur; distributori merellorum, in vim præstiti per eum juramenti, inhibentes, ne personis hæc committentibus, pro horis quibus aliqua præmissorum committent, distributiones aliquas exsolvere præsumat; qui si contrarium fecerit, ipsum super hoc per vos puniri præcipimus. Inhibendo capellanis & clericis hebdomadariis inferioris capellæ, & etiam duarum missarum olim per inclytæ recordationis defunctum dominum & genitorem nostrum fundatarum, & quæ in navi superioris capellæ singulis diebus post matutinas & submissâ voce celebrantur, ne de cætero absque suo ecclesiæ habitu integro, cùm in choro matutinæ decantabuntur, dictum chorum, nec etiam superiorem & inferiorem capellam intrare præsumant; qui si secùs egerint, matutinarum prædictarum distributionibus privabuntur. Nec etiam dicti capellani easdem missas ejusdem defuncti domini & genitoris nostri, nisi priùs matutinis diei finitis, prout juramento adstringuntur, incipiant, & sub pœna in ipsarum missarum fundatione seriosiùs declarata. Clerici verò earumdem duarum missarum hebdomadarii, suis durantibus septimanis continuè & absque recessu missis intersint supradictis, & presbyteris celebrantibus jugiter assistant, & sub pœna in eadem fundatione similiter expressa. Volumus præterea primam missam dictæ inferioris capellæ, quæ cum notâ celebratur, amodò benè & distinctè, absque acceleratione seu festinatione cantûs celebrari, nec permitti volumus altare parari ibidem per laicas personas, imò prout decet & est assuetum, per clericos ibi hebdomadarios administrari; qui si tunc fuerint legitimè præpediti, hoc per suos consocios fieri procurent; nec retrò altare se teneant, imò sacerdoti celebranti secùs dictum altare semper assistant, atque suum in matutinis more solito faciant introitum. Quòd si hoc neglexerint, per suarum distributionum unius hebdomadæ integræ substractionem puniri ordinamus. Et quotiens deinceps aliquis de dicto choro, sive canonicus aut capellanus vel clericus fuerit, chorum post solitum horarum introitum præsumpserit introire, exceptis tamen officiariis, & eis qui suas percipiunt distributiones liberas; præcipimus quòd quamdiù ille sic ingrediens in dicto choro perstiterit, & donec chorum illum exierit, aut in thesauro seu revestiario se retraxerit, cathedras collidi & pulsari, sicut in ecclesiis cathedralibus & collegiatis est ab antiquo regulariter observatum. Pro honore etiam chori ac totius collegii, inhibemus omnibus de dicto choro & collegio existentibus, cujuscumque status extiterint, ne ulteriùs, dum divina, scilicet magna missa, horæ diei, & vesperæ in præfato choro celebrabuntur, per navem incedere aut girare præsumant; & sub pœna amissionis horæ quâ hoc attemptare præsumpserint. Dictis quoque capellanis & clericis districtè prohibemus, ne ad modum mercenariorum missas celebrare, aut alia servitia in ecclesiis extrà palatium absque vestri licentia speciali ampliùs frequentare præsumant ; quos per vos, si contrà egerint, prout ratio suadebit, exinde corrigi volumus ; nisi tamen eorum aliqui beneficia Parisiis obtinuerint, quibus licenter poterunt deservire, dummodò talibus horis hoc faciant, quòd propter eorum absentiam servitium dictæ nostræ sacræ capellæ ullo modo fraudari non valeat. Volentes quòd clerici matricularii, in tempore delationis nigrarum cappanum, suis cappis in choro utantur, & illas deferant, quemadmodum cæteri dictæ sacræ capellæ eas deferunt, excepto tamen eorumdem tunc hebdomadario, qui suâ durante hebdomadâ cappam nigram deferre non tenebitur, nisi solùm in horis quibus in choro facere tenebitur officium, habitum cappæ requirens ; quo officio peracto, dictam cappam, si voluerit, liceat ei dimittere, & in supercilicio remanere, exceptis festis annualibus dictæ nostræ capellæ, quibus dicti matricularii dictis cappis non utantur, nisi voluerint, præsertim cùm in iisdem summum matriculariatûs officium omnes insimul exercere teneantur. Et quòd matricularius hebdomadarius teneatur de cætero, prout fieri solebat, quolibet sabbato, matutinis finitis, in congregatione vestra comparere, & vobis nuntiare si capellani qui pro excubiis & custodia sacrarum reliquiarum tenentur in sacra capella pernoctare, ibidem pernoctaverint, an non ; ut si contingat aliquem super hoc intervenire defectum, provideatur super hoc per vos, prout rationabiliter fuerit faciendum. Postremò verò cùm in chartis antiquis, & litteris fundationis dictæ nostræ sacræ capellæ, in institutione servitii ejusdem, non inveniatur cautum, quòd vos thesaurarius & capellanus vester ad majora servitii onera ibidem facienda sitis adstricti ampliùs quàm vestri canonici & capellani eorum, imò liquidè constet, prout & ab antiquo est ibidem observatum, ut singuli capellani canonicorum in suæ turno hebdomadæ ad totum teneantur servitium, tam missarum defunctorum, quàm aliorum, demptis annualibus festis à fundatione primævâ institutis, in quibus ad ecclesiæ honorem prædecessores vestri propter sui dignitatem per se quandoque aut per capellanos suos servitium hactenus celebrare consueverunt, & prout in tabula inscribuntur ; & nuper accepimus quomodò à tempore exiguo anniversaria defunctorum quamplura, & cætera annualia festa in ipsa sacra capella fundata extiterint, & adhuc alia in futurum fundari sperantur, ad quorum celebrationem, prætextu festorum annualium prædictorum, & maximè sub umbra quòd per aliqua tempora idem vester capellanus eadem anniversaria annualia, necnon & missas annualium festorum de novo fundatorum celebravit, cæteri capellani canonicorum ad sui exonerationem hoc ad consequentiam trahere nitantur ; nos debita consideratione perpendentes augmentationem distributionum eorumdem capellanorum, atque emolumentum quod pro pluralitate missarum de novo per vos & canonicos vestros capellanis eisdem extitit ordinatum & concessum ; volentes de congruo super iis remedio providere, & præsertim ut inter eos in præmisso onere servetur æqualitas, quemadmodum in honore & commodo pares censentur ; ordinamus quòd amodo tresdecim capellani canonicorum, alter alteri succurrendo, & etiam dictum percipiendo emolumentum pro missis ipsis ordinatum, scilicèt uterque illorum in sua hebdomada easdem, tam defunctorum, quàm festorum annualium de novo, ut prætangitur, fundatorum, missas quaslibet celebrare teneantur, aut per alium suum consocium procurare celebrari, excipientes tamen à præmissis servitia annualium festorum ibidem à priori fundatione ordinatorum, ac etiam anniversariorum pro regibus & reginis fundatorum & in posterum fundandorum ; ad quorum celebrationem capellanum thesaurariæ modernum, & ejus in servitio ibidem successores teneri decernimus. Cùm autem inclytæ recordationis dominus Philippus olim Franciæ & Navarræ rex, prædecessor noster, officii cantoriæ ejusdem nostræ sacræ capellæ fundator, per fundationem eamdem statuerit ut cantor, & sui in dicta cantoria successores, quoad ea quæ statum & honestatem chori prospexerint, debita increpationis officium psallendi psalmodiandique, & legendi seriosè & distinctè in ipsa sacra capella superiùs & inferiùs, ac divinum ministerium horis diurnis & nocturnis fieri faciendi studeant exercere, utque omnes & singulos sacræ capellæ prædictæ capellanos & clericos, in exhibitione debiti servitii delinquentes, ignorantes, inobedientes, tepidos, & remissos, debitè increpent, & defectus ipsorum, nulli (sub debito juramenti) parcentes, vobis thesaurario

saurario denunciare teneantur, per vos puniendos; & nonnunquàm contingat quòd eorumdem capellanorum & clericorum quàm plures, contra propria juramenta temerè & præsumptuosè venientes, dicto cantori in præmissis parere contemnunt, prout ipsius cantoris frequenti conquestione refertur, & à nonnullis oculatâ fide percipitur; nos super iis, prout expedit, desiderantes mederi, eisdem capellanis & clericis, sub pœna perjurii injungimus, atque distrietè præcipimus, ut in omnibus & singulis divinum officium & honestatem chori concernentibus, quæ eis à prædicto cantore, in choro,, cùm præsens fuerit, aut à vobis ; vobisque ambobus absentibus, ab antiquiore canonico tunc ibi præsente fuerint & præcepta, pareant humiliter & intendant; alioquin super perjurio & aliter, juxtà canonicas sanctiones, per vos procedi volumus contrà ipsos. Cùmque etiam, inter cætera quæ cordi gerimus, non mediocriter affectemur, ut personarum dicti collegii mores, actus, & habitus in melius reformentur, volumus & ordinamus quòd personæ collegii prædicti amodò, prout est hactenùs consuetum, tonsuras amplas & decentes, vestesque simplices absque colleretis & superfluitate manicarum, capucia & calceamenta deferant honesta, & viris ecclesiasticis convenientia & congrua, scilicèt caligas nigri coloris, & sotulares non excoriatos aut rostratos, seu etiam perforatos desuper; nec per villam, more laïcorum, desuper zonis præcincti incedant ; & si contrà ordinationes nostras suprascriptas venire præsumpserint, volumus, vobisque distrietè injungimus, quòd contra pertinaciter inobedientes, & ordinationibus nostris non obtemperantes, procedatis, etiam ad privationem & expulsionem servitii dictæ nostræ sacræ capellæ, si vobis videatur rationabiliter faciendum, alios idoneos, humiles, & majoris obedientiæ, bonæ vitæ, & conversationis honestæ locis ipsorum subrogando & instituendo. Et ne capellani & clerici præfati, omnium præmissorum, per nos in magno consilio nostro ad incrementum & decorem dicti servitii divini ejusdem nostræ sacræ capellæ, necnon & honorem ac debitum personarum ipsius, salubriter & cum matura deliberatione dispositorum, ignorantiam prætendere valeant; ordinamus ex nunc quòd statuta & constitutiones hujusmodi in vestra congregatione solita publicè legantur quater in anno coràm omnibus capellanis & clericis memoratis, videli-

cèt in quolibet die sabbati qui deinceps claudet & finiet terminum solutionis triumdecim hebdomadarum, & præsertim antequam iidem capellani & clerici de suis distributionibus pro illo termino tunc finito persolvantur. Sequitur forma juramenti quam capellani & clerici canonicorum tenentur, & ordinamus, in eorum receptione de cætero præstare, & jam receptos, ad illud præstandum & tenendum volumus adstringi : « Et primo ego N. « juro quòd continuam residentiam in « præsenti sacra capella faciam bonâ fide, « & quòd chorum & totum servitium diur- « num & nocturnum ipsius diligenter pro- « sequar, & officia solita & instituta, quibus « in tabula ero adscriptus & intitulatus, « & quæ à domino cantore mihi erunt im- « perata, prout meliùs & diligentiùs po- « tero, adimplebo ; nec distributiones ali- « quas petam aut recipiam quovis modo, « nisi horis quibus lucrantur præsens inter- « fuero, juxtà ordinationem regiam in « fundatione horarum canonicarum la- « tiùs expressam. Item quòd domino nos- « tro regi & ejus successoribus Franciæ re- « gibus sanctas reliquias universas & sin- « gulas, & totum thesaurum hujus sacræ « capellæ, tam in auro, quàm in argento « & lapidibus preciosis, ornamentis, libris « etiam, & quibuscumque rebus aliis, benè « & fideliter conservabo; etsi in præmissis « aut præmissorum aliquo, damnum aut de- « trimentum mihi innotuerit, citiùs quàm « potero notificabo. Item, quòd domino « & magistro meo, in omnibus licitis & « honestis humiliter parebo, res & bona « sua fideliter & diligenter conservabo, « nec secretum suum in ejus dedecus & « vituperium seu præjudicium ullatenùs « revelabo. Item, quòd ultrà tres dies abs- « que licentia vestri, domine mi thesau- « rarie, & etiam domini & magistri mei, « numquàm de Parisius me absentabo, & « etiam Parisius extra septa hujus palatii, « nisi de licentia ejusdem domini & ma- « gistri mei, dummodò ejus præsentiam « habere potuero, non pernoctabo. Item, « quòd contrà vos & dominos canonicos « nullatenùs machinabo, imò vobis tam- « quàm judici & superiori meo obedien- « tiam & subjectionem, & ipsis reveren- « tiam & honorem, sicut decet, humili- « ter exhibebo. Item, quòd ordinatio- « nem missarum defuncti regis Caroli V. « juxtà sui institutionem & fundationem, « benè & diligenter observabo. Sic me « Deus adjuvet, & hæc sancta Dei evan- « gelia. » Quod ut firmum & stabile perpetuò perseveret, nostrum præsentibus lit-

Tome II.   S ij

teris jussimus apponi sigillum. Datum Parisiis XVIII. die Julii, anno Domini M. CCCC. I. & regni nostri XXI. *Ibidem.*

Lettres du roy CHARLES VI.

Touchant la trésorerie de la Sainte-Chapelle.

AN. 1410.

CAROLUS Dei gratiâ Francorum rex. Notum facimus universis præsentibus & futuris, nos dilectorum nostrorum canonicorum sacrosanctæ capellæ nostri regalis palatii Parisius humili insinuatione recepisse, quòd cùm fœlix confessor Christi beatissimus Ludovicus à primævâ institutione & fundatione ejusdem sacræ capellæ, nonnulli alii ejus successores, nostri prædecessores, reges Francorum, per eorum fundationes & ordinationes voluerint & inter cætera statuerint, quòd thesaurarius capellæ prædictæ in sacro presbyteratûs ordine constitutatur, quòdque prædictorum canonicorum, necnon & capellanorum clericorumque chori, & aliarum cæterarum personarum in apostolicis inde confectis litteris latius expressarum, curam habeat & sollicitè gerat animarum, & demùm genitor noster (cujus anima paradisi fœlicitate fruatur) pro dignitate thesaurariæ, ad honorem Dei & preciosarum sacro-sanctarum reliquiarum, quæ in eadem sacra capella venerantur & honorificè conservantur, ab ipsâ sede apostolicâ obtinuerit, quòd thesaurarius memoratus certis diebus festis solemnibus in præfata sacra capella in pontificalibus celebret, populo benedictionem tribuat, mitrâque & omnibus insigniis pontificalibus, dempto pastorali baculo, cum multis aliis prærogativis, gaudeat & utatur; & nuper thesaurariâ supradictâ per obitum defuncti magistri Ysambardi Martelli ultimi decessi thesaurarii vacante, dilectus consanguineus noster Jacobus de Borbonio simplex clericus, in minori ætate, nec in sacris ordinibus constitutus, tacitis & non expressis antedictis, collationem ejusdem thesaurariæ à nobis obtinuerit, quem dicti canonici, sub certis conditionibus, præsertim quia de nostro erat genere, prætextu & colore dictæ nostræ collationis, in thesaurarium favorabiliter admiserunt. Nos verò ut deinceps super his non emergat contentio, eorumdem prædecessorum vestigiis cupientes inhærere, & statuta ipsorum, necnon Romanorum pontificum super præmissis edita in suis terminis observare, auctoritate nostrâ regiâ, & ex certâ scientiâ statuimus & ordinamus, quòd nullus amodò ad eamdem thesaurariæ dignitatem, nisi primitùs in sacro presbyteratûs ordine constitutus, quovis modo admittatur. Et si per inadvertentiam, & aliter, contigerit futuris temporibus, nos aut successores nostros de dictâ thesaurariâ cuicumque non sacerdoti providere; provisionem eamdem ex nunc prout ex tunc, invalidam decernimus ac nullius fore efficaciæ vel momenti; canonicis prælibatis, eorumque successoribus expressè inhibentes, & sub juramento quo nobis adstringuntur, ne talibus provisionibus qualitercumque pareant. Volentes præterea & eis districtè mandantes, quatenùs nostram ejusmodi ordinationem ipsi in clausulâ juramenti per eos, dum ad præbendas recipiuntur, præstari soliti, conscribi & intitulari faciant, ut singuli canonici de cætero recipiendi, illud juramentum, antequam admittantur, præstare teneantur. Quod ut firmum & stabile perseveret in futurum, nostrum præsentibus jussimus apponi sigillum, salvo in aliis jure nostro, & in omnibus quolibet alieno. Datum Parisius mense Octobri, anno Domini M. CCCC. X. & regni nostri XXXI. Per regem, præsentibus confessore domino Oliverio de Mancey & pluribus aliis . . . . *On a obmis la signature.* Ibidem.

Don fait à la Sainte-Chapelle de Paris, par CHARLES VIII. *des fruits de la regale, sa vie durant, à l'imitation de Louis XI.*

AN. 1483.

CHARLES par la grace de Dieu roy de France, à tous ceux qui ces presentes lettres verront, salut. Avons receu l'humble supplication de nos chers & bien amez les thresorier & chanoines de la Sainte-Chapelle en notre palais à Paris, contenant que pieça nostre tres chier seigneur & pere que Dieu absolve, considerant & bien averti de la grande diminution qui étoit & est à l'occasion des guerres qui par cy-devant ont eu cours en nostre royaume, de plusieurs rentes, revenus, terres, heritages, possessions, estans en la fondation & dotation de notredite Sainte-Chapelle, tellement qu'elles ne suffisoient fournir aux charges & necessitez d'icelle Sainte-Chapelle, ne pour les vie & estat des personnes ordonnées en icelle, donna auxdits thresoriers & chanoines sa vie durant, tous & chacun les fruits, prouffits, revenus, & emolumens quelsconques, qui viendroient, istroient, & escherroient des

JUSTIFICATIVES.

regales & droits d'icelles, qui appartiendroient & pourroient appartenir & eschoir à nostredit feu seigneur & pere, en quelque maniere que ce fust, & de & en toutes & chacunes les eglises, tant metropolitaines & cathedrales de nostredit royaume, & en, & par tout iceluy nostre royaume, pour les convertir & emploier, la moitié à la continuation & entretien dudit service divin en ladite Sainte-Chapelle, & l'autre moitié en ornemens & vestemens d'eglise & en linge pour ledit service divin, & pour soustenir & entretenir les voiries & autres reparations d'icelle, lequel don est expiré & failli par le decez & trespas de nostredit feu seigneur & pere; parquoy lesdits supplians n'ont plus dequoi fournir aux necessitez d'icelle Sainte-Chapelle, ne aux vivres & entretenemens & estat de leurs personnes, faisans & continuans jour & nuit ledit service en icelle, lequel par ce moien seroit en adventure d'estre discontinué & mal entretenu; parquoy nos predecesseurs fondateurs d'icelle pourroient estre fraudez de leur entention, se par nous n'estoit subvenu à icelle Sainte-Chapelle, ainsi que lesdits supplians nous ont fait remonstrer humblement, requerant que en suivant l'intention de nostredit feu seigneur & pere, & de nos predecesseurs & progeniteurs, il nous plaise leur continuer nostre vie durant, & sur ce leur impartir nostre grace. Savoir faisons que nous, ces choses considerées, desirans de tout nostre cœur icelle Sainte-Chapelle, qui est notre principal & solemnel oratoire royal en notre royaume, en laquelle repose & resplandit le tres-precieux & tres-digne thresor, & tres-dignes enseignes de la passion benoiste de notre sauveur & redempteur Jesus-Christ, ausquelles avons tres fervente & singuliere devotion, estre bien & deuement entretenue, & garder & augmenter de plus en plus, & le service divin qui y a accoustumé d'estre faict de jour & de nuit, estre continué & entretenu de bien en mieux, en l'honneur & louange de Dieu nostre createur, & à la gloire & magnificence de nos predecesseurs roys de France, de nous, & de nostredit royaume, ausdits thresorier & chanoines de ladite Sainte-Chapelle, pour ces causes, & par l'advis de plusieurs princes de nostre sang & lignage, & plusieurs grands seigneurs & gens de nostre conseil, & pour autres grandes considerations à ce nous mouvans, & mesmement que nous sommes tenus soustenir & entretenir ledit divin service & autres necessitez & charges d'icelle Sainte-Chapelle; avons donné & octroié, donnons & octroions de grace especiale, par ces presentes, tous & chacuns les fruits, prouffits, revenus, & esmolumens quelconques venus & eschus depuis nostre advenement à la couronne, venans & issans, & qui vendront & escherront des regales & droits d'icelles qui nous appartiennent & pourront competer & appartenir & escheoir en quelque maniere que ce soit, de & en toutes & chacunes les eglises, tant metropolitaines, que cathedrales de nostre royaume, & en & par tout iceluy nostre royaume & seigneurie où lesdites regales ont lieu, & à cause d'icelles & les droits d'icelles, & les avoir & prendre doresenavant, nostre vie durant, à quelque valeur & estimation qu'ils se pourront monter, par les mains du receveur general d'icelles, tout ainsi qu'ils ont fait du vivant de nostredit feu seigneur & pere, pour les convertir & emploier, la moitié à la continuation & entretenement dudit service divin en ladite Sainte-Chapelle, & l'autre moitié en ornemens & vestemens d'eglise, & en linge pour ledit divin service, & à soustenir & entretenir les voiries de ladite Sainte-Chapelle, & autres reparations d'icelle, lesquelles reparations, necessitez, & autres charges dessusdites, nous conviendroit autrement fournir de nos propres deniers; & moiennant & parmi ce, nous entendons demourer quittes & deschargez de tout ce qui nous pourroit estre demandé, tant à cause dudit service divin, comme aussi desdites reparations & autres charges & necessitez dessusdites, nostre vie durant, pour autant que monteront au prouffit de ladite Sainte-Chapelle, faisans & continuans, & qui feront & entretiendront ledit service divin en icelle, lesdits fruits, prouffits, revenus & emolumens desdites regales. Si donnons en mandement par ces mesmes presentes à nos amez & feaux gens de nos comptes & thresoriers à Paris, que lesdits thresorier & chanoines de ladite Sainte-Chapelle, ils fassent, souffrent, & laissent jouir & user plainement & paisiblement de nostredit don & octroy, sans leur y faire, mettre, ne souffrir estre fait, mis, où donné aucun destourbier ou empeschement au contraire; mais se faict ou mis estoit par importunité de requerans, ou autrement, en quelque maniere, qu'ils fassent incontinent & sans delay oster & lever au prouffit de ladite Sainte-Chapelle & des-

S iij

dits thresorier & chanoines, en faisant & consentant audit general receveur desdites regales, ou ses commis, qui pour lors ou pour le temps advenir seront commis à ladite recepte, avoir, cueillir, & lever entierement tous lesdits fruits, prouffits, revenus, & esmolumens d'icelles regales, nostre vie durant, & les bailler & delivrer, c'est à sçavoir la moitié, comme dit est, auxdits thresorier & chanoines, pour employer & convertir à la continuation dudit service divin de ladite Sainte-Chapelle, & l'autre moitié convertir & employer par ledit receveur general, par l'advis toutesfois & ordonnances de nosdits gens des comptes & thresoriers, ou de l'un d'eux, à ce deputé par eux, & desdits thresorier & chanoines de ladite Sainte-Chapelle, ou leurs commis & deputez, en ornemens & vestemens d'église, & en linge pour ledit service divin, & à soustenir & entretenir lesdites voiries de ladite Sainte-Chapelle, & esdites autres reparations de ladite Sainte-Chapelle; & par rapportant ces presentes signées de nostre main, ou *vidimus* d'icelles faict soubz scel royal, pour une fois, & quittance desdits thresorier & chanoines, touchant leurdite portion pour l'entretenement dudit service divin, & aussi quittance des ouvriers qui auront fait lesdits ouvrages ou reparations, & des autres qui auront fourni auxdites necessitez & charges ou aucunes d'icelles, & certification, quant auxdits ouvrages, reparations, necessitez & charges de ladite Sainte-Chapelle, de nosdits gens des comptes & thresoriers ou de leursdits deputez, & desdits thresorier & chanoines, ou de leursdits commis & deputez, en tant que à chacun d'eux appartiendra; voulons ledit receveur general & ses commis, & chacun d'eux, demeurer & estre tenus quittes & deschargez des sommes de deniers que pour les causes dessusdites, ou d'aucunes d'icelles ils auront, comme dit est, payé, & icelles sommes de deniers & chacune d'icelles estre allouée ès comptes dudit receveur general desdites regales, & rabatu de la recepte par les gens de nosdits comptes, ausquels nous mandons que ainsi le facent sans aucune difficulté. Et s'il advenoit en temps advenir nous, non record de nostredit don & octroy, aucuns dons & octrois touchant lesdits fruicts, prouffits, revenus, & esmolumens desdites regales, ou d'aucunes d'icelles, ailleurs ou à autres personnes estoient par nous faits par importunité de requerans, ou autrement, que auxdits thresorier & chanoines de ladite Sainte-Chapelle, nous voulons, ordonnons, & declarons dès maintenant pour lors, tout ce que par nous seroit faict ou ordonné au contraire de nostredit present don & octroy, estre nul & de nul effect & valeur. En tesmoing de ce nous avons faict mettre nostre scel à cesdites presentes. Donné à N. D. de Clery le iv. jour de Decembre, l'an de grace M. CCCC. LXXXIII. & de nostre regne le premier. *Signé*, CHARLES. Par le roy en son conseil, monseigneur le duc de Bourbon, le comte de Clermont & de la Marche, les évesques d'Alby & de Coustance, les sires d'Esquerdes, de Baudricour, du Lau, & autres presens, Primandaye. *Tiré du registre de la chambre des comptes cotté S. à la bibliotheque Coislin, vol. 7. Le même don a esté fait à la Sainte-Chapelle par Louis XII. en 1498. Ibidem.*

Autre réforme de la Sainte-Chapelle par le roy
FRANÇOIS I.

FRANCISCUS Dei gratiâ rex Francorum, dux Mediolani & Genuæ dominus, ad perpetuam rei memoriam. Non minùs à viris etiam prudentissimis laudabile existimari solet jam facta emendare, partaque tueri, aut edita ordinare, quàm ea ab initio adinvenire, acquirere, seu novâ quâdam editione componere; verùm multò laudabilius excogitandum est difformata reformare, inordinataque ad debitam & opportunam seriem ponere. Cùm verò sacrosancta nostri palatii Paris. capella, quàmplurimis colendissimis sanctissimísque reliquiis, etiam salutaribus vexillis sacratissimæ passionis Domini nostri J. C. adornata à recolendæ memoriæ glorioso confessore S. Ludovico prædecessore & progenitore nostro fundata, deindè à plerisque aliis prædecessoribus & progenitoribus nostris Francorum regibus multis & variis muneribus, donis & proventibus dotata & augmentata fuerit, in qua pro divino cultu & servitio exercendo thesaurarius unus certique canonici, multi etiam alii presbyteri, capellani, clerici & habituati seu officiarii instituti fuerint, ut Deo summo & maximo assiduas preces pro nobis dictísque prædecessoribus, necnon successoribus nostris, fundere possent; quod antea adeò præclarè, integrè & perfectè, ac cum tanta gravitate, honestate & modulatione actum fuerat, ut ab omnibus etiam exteris, & quasi in toto orbe terrarum laudari & extolli soleret. Verùm, quod dolenter ferimus, à paucis temporibus citrà inter præfatos thesaurarium & canonicos, parte ex una, dictósque

JUSTIFICATIVES.

tofque capellanos & clericos, parte ex altera, tantæ ortæ fuerant lites & controversiæ, ut pro amore odium, pro pace rixa, & pro concordia litigium inter eofdem in tantum pullularunt, quòd nulla communitatis ecclefiafticæ fraternitas inveniri poffet. Verùm, quod deterius eft, pro ecclefia & divino cultu, palatia & diverfas judicum & practicantium curias & domos frequentare, in iifque vagari, in magnum ecclefiafticæ difciplinæ fcandalum, miferè cernerentur. Quod quidem fumma cum ratione moleftè ferentes, illofque ad rectum quietis & pacis tramitem reducere anhelantes, certos probos, fapientes & oculatos viros commifimus, qui omnes & quafcumque dictorum prædeceflorum noftrorum fundationes, inftitutiones & ordinationes viderent, litefque & controverfias præfatas perpendere haberent ; omnibufque benè & prudenter palpatis, vifis & intellectis, quid in ea re agendum per nos foret præmeditarentur, nobifque fideliter referrent; quod quidem æquiffimo libramine peractum fuit ; illifque, aliis etiam probatiffimis viris per nos auditis fuper prædictis controverfiis, & ut iifdem thefaurario & canonicis, necnon aliis capellanis, clericis, habituatis & officiariis dictæ facrofanctæ capellæ palatii noftri Parifienfis certa vivendi forma detur, divinufque cultus in eadem, juxtà & fecundùm intentionem prædictorum fundatorum, ad Dei omnipotentis, gloriofiffimæque ejus genitricis Mariæ honorem, celebrari decenter & fanctè valeat, fequentes ordinationes, fanctiones & ftatuta fecimus, edidimus & ordinavimus, & tenore præfentium facimus & ordinamus in ævum perpetuum valituras ; nobis tamen & fucceffforibus noftris illas augendi, minuendi, declarandi & interpretandi refervantes facultatem, prout præfati prædeceffores noftri fibi & nobis ac fucceffforibus noftris expreffè refervaverunt. I. In primis fiquidem, infequendo fundationes beatiffimi Ludovici de anno M. CC. XLV. & de anno M. CC. XLVIII. approbationemque illarum factam per Philippum ejus filium de anno M. CC. LXXVIII. regifque Philippi de anno M. CCC. XVIII. chartamque reformatiam Caroli VI. de anno M. CCCC. I. prædeceflorum noftrorum, ftatuimus ordinamufque, quòd thefaurarius dictæ facrofanctæ capellæ, & quilibet aliorum canonicorum illius tenebitur habere unum capellanum prefbyterum actu, & unum clericum diaconum vel fubdiaconum, ipfofque hofpitare, nutrire & alimentare in domibus fuis honeftè, prout antiquitùs confuetum fuit. II. Præfatus verò thefaurarius dictæ capellæ fanctæ erit prefbyter actu, nec poterit thefauraria conferri alteri quàm prefbytero actu exiftenti, infequendo ordinationem per præfatum Carolum VI. factam anno M. CCCC. X. & per facrum concilium Conftantienfe confirmatam. III. Erunt præterea canonici dictæ capellæ fanctæ prefbyteri, nec poterunt canonicatus & præbendæ ejufdem conferri aliis quàm prefbyteris, aut faltem perfonis quæ poffint ac teneantur promoveri ad facrum prefbyteratûs ordinem infrà annum. IV. Quamvis autem capellani & clerici dictorum thefaurarii & canonicorum dictæ capellæ fanctæ non fint intitulati, feu habere beneficia intitulata non dicantur, non tamen poterunt ipfi capellani & clerici privari aut expelli à fervitio dictæ capellæ fanctæ, nifi per thefaurarium, qui cum caufa rationabili, vocatifque fecum duobus probis viris ecclefiafticis, non fufpectis neque favorabilibus, poterit procedere fummariè & de plano ac fine figura judicii ad privationem & expulfionem dictorum capellanorum & clericorum, ipfis tamen fummariè & de plano auditis. Sententia verò per præfatos thefaurarium & duos probos viros ecclefiafticos conformes & unanimes in opinionibus fuis, per eofdem tres concorditer fignata, demandabitur executioni, nonobftante quâcumque appellatione interponendâ, fine tamen præjudicio illius. V. Deindè infequendo tenorem arrefti lati anno Domini M. CCCC. XIII. inter canonicos dictæ fanctæ capellæ agentes & opponentes refpectivè in cafu novitatis & faifinæ, & dictum thefaurarium, capellanos & clericos opponentes in dicto cafu novitatis ; canonicus ille qui tenetur habere capellanum & clericum, tenebitur illum vel illos præfentare infrà unum menfem thefaurario prædicto, vel ejus vicario (thefaurario abfente, in cafibus in quibus præfatus thefaurarius fe abfentare poteft, ut infrà dicetur) & eo fic præfentato, dictus thefaurarius, vel ejus vicarius, tenebitur eumdem præfentatum mittere cantori dictæ capellæ, ad eumdem, ut moris eft, examinandum ; qui quidem cantor tenebitur illum infrà aliam immediatè fequentem diem examinare ; & fi idoneus & fufficiens repertus fuerit, eum prædicto thefaurario, feu fuo præfato vicario repræfentabit ; qui quidem thefaurarius, feu ejus vicarius, horâ fervitii in dictâ capellâ fiendi, & in reveftiario dictæ capellæ, vocato fecum canonico qui illum primò præsentaverit, in præsentia aliorum canonicorum qui intereſſe voluerint, à dicto præsentato juramentum recipiet secundùm tenorem & formam inſertam in libro ſtatutorum dictæ capellæ, locumque in choro eidem aſſignabit ſeu monſtrabit, nullâ aliâ ſolemnitate ſervatâ ; & ubi prædictus canonicus dictos capellanum & clericum infrà dictum unius menſis ſpatium non præſentaverit, prædictus theſaurarius ſeu ejus vicarius poterit & tenebitur de alio providere, prædictâ ſolemnitate ſervatâ. Dictus verò capellanus aut clericus, ſicut præmittitur receptus, deſcribetur ſecundùm ſuæ receptionis ordinem, in quadam tabella prædictis capellanis & clericis per ordinem deſcribendis fienda: ſic enim in futurum ſervari volumus. VI. Decernimus etiam quòd capellani prædicti de cætero habeant & percipiant duos ſolidos pariſienſes pro qualibet miſſa per eoſdem dicenda de anniverſariis ſeu obitibus fundatis per Carolum V. prædeceſſorem noſtrum. VII. Inſuper tres matricularii dictæ capellæ, & quilibet ipſorum ſuo periculo tenebitur habere clericum unum benè & debitè cautionatum ; tenebunturque dicti tres clerici dictorum trium matriculariorum pernoctare ſingulis noctibus & cubare in dicta capella pro cuſtodia præfatarum reliquiarum ; ultrà quos quidem clericos, capellanus dictorum theſaurarii & canonicorum, qui erit hebdomadarius, tenebitur etiam qualibet nocte hebdomadæ ſuæ in præfata capella pro dicta cuſtodia pernoctare, recipietque dictus capellanus tres denarios pariſienſes ſingulis diebus ſuæ hebdomadæ, ordinatos ex fundatione B. Ludovici canonico aut capellano pernoctanti in dicta capella cum matriculariis. VIII. Deindè inſequendo chartam reformativam de anno M. CCCC. I. matricularius hebdomadarius die ſabbati ſuæ hebdomadæ, matutinis finitis, tenebitur ire ad locum vocatum de la paye, in quo dicti theſaurarius & canonici conſueverunt congregari, & ibidem denuntiabit præfecto theſaurario, an dictus capellanus hebdomadarius cubuerit in dicta capella, prout tenebatur, vel non, ut videlicèt dictus theſaurarius in caſu defectûs & negligentiæ provideat, prout juris fuerit & rationis. IX. Miſſa autem inferioris capellæ per præfatum B. Ludovicum fundata dicetur per unum ex dictis canonicis aut capellanis eorumdem, abſque eo quòd pro dicta miſſa aliquid accipiat, ſecundùm ejuſdem B. Ludovici fundationem. X. Capellanus verò qui cantabit miſſam fundatam in dicta inferiori capella per Philippum regem filium dicti B. Ludovici, percipiet pro qualibet miſſa duos ſolidos pariſienſes. XI. Et capellanus ille quem continget facere ſervitium pro alio canonico quàm pro domino ſuo abſente, videlicèt canonico illo & capellano ſuo hebdomadariis, percipiet dictus capellanus pro tota hebdomada & diſtributionibus illius hebdomadæ xvi. ſolidos pariſienſes. XII. Capellanus autem qui celebrabit miſſam obituum fundatorum in dicta ſancta capella, percipiet pro qualibet miſſa duos ſolidos pariſienſes. XIII. Inſuper capellani præfatorum theſaurarii & canonicorum tenebuntur celebrare ſingulis diebus, matutinis finitis, in navi dictæ capellæ duas miſſas fundatas per præfatum Carolum V. pro quibus percipient centum libras eis ordinatas ex dicta fundatione ſingulis annis, quatuor terminis eis ſolvendas & tradendas ; in quarum miſſarum celebratione aſſiſtere habebunt clerici cum habitu decenti ; qui etiam exſolventur ex dicta ſumma centum librarum. XIV. Circà verò diſtributiones quotidianas, inſequendo dictam fundationem B. Ludovici, hunc ſervari volumus ordinem ; videlicèt quòd præfati capellani prædictorum theſaurarii & canonicorum percipiant quatuor denarios pariſienſes pro aſſiſtendo divino ſervitio diebus ferialibus aut feſtis trium lectionum ; ſic videlicèt, pro matutinis duos denarios pariſienſes ; pro horis primæ, tertiæ ; magnæ miſſæ & ſextæ, unum denarium pariſienſem ; quibus diebus quilibet clericus dictorum canonicorum, ut dictum eſt, aſſiſtendo, tres percipiet denarios pariſienſes, unum videlicèt pro matutinis, alios verò duos pro aliis horis & miſſa magna. XV. Diebus autem Dominicis & feſtis novem lectionum quilibet præfatorum capellanorum percipiet ſex denarios pariſienſes ; videlicèt quatuor pro matutinis ; pro horis verò primæ, tertiæ, miſſæ & ſextæ unum denarium ; & pro horis nonæ, veſperarum, & completorii, alium denarium ; prædicti verò clerici habebunt quatuor denarios pariſienſes, videlicèt duos pro matutinis, unum pro miſſa & aliis horis antè prandium dicendis, alium verò pro cæteris horis ſumpto prandio dicendis. XVI. In feſtis autem ſemiduplicibus, quilibet dictorum capellanorum habebit octo denarios ; quatuor videlicèt pro matutinis, pro aliis verò horis antè meridiem dicendis cum miſſa duos denarios, & pro aliis horis poſt meridiem dicendis, alios duos denarios pariſienſes.

parisienses. Quilibet autem dictorum clericorum sex denarios parisienses habebit, videlicèt quatuor pro matutinis, unum pro horis cum missa antè meridiem, & alterum pro aliis horis post meridiem dicendis. XVII. In festis autem duplicibus quilibet præfatorum capellanorum habebit decem denarios parisienses; sex videlicèt pro matutinis, duos pro missa & horis antè meridiem dicendis, alios duos pro horis post meridiem dicendis. XVIII. In festis verò solemnibus quilibet capellanus percipiet XIV. denarios parisienses, octo videlicèt pro matutinis, tres pro horis matutinalibus & missa, & alios tres pro aliis horis de sero dicendis; & clericus quilibet percipiet decem denarios, sex pro matutinis, duos pro horis matutinalibus & missa, alios verò pro horis aliis de sero dicendis. XIX. Ultra quas quidem distributiones suprà insertas, insequendo fundationem à Carolo VI. prædecessore nostro factam de anno M. CCCC. II. quilibet prædictorum capellanorum & clericorum, assistendo horis primæ, tertiæ, sextæ, nonæ, & completorii, pro qualibet dictarum horarum habebit unum denarium parisiensem. XX. Præterea insequendo primam fundationem à præfato Philippo anno M. CCC. XIX. factam, ordinationemque Caroli VI. de anno M. CCCC. VII. cantor dictæ capellæ tenebitur assistere continuè omnibus horis canonialibus & magnis missis de die, à principio usque ad finem; nec poterit dictus cantor esse vicarius dicti thesaurarii; poterit tamen ipse thesaurarius in sui absentia, & casibus quibus se absentare potest, committere seu creare vicarium, unum videlicèt de dictis aliis canonicis, qualem videbit & placuerit. XXI. Insuper canonici dictæ sacrosanctæ capellæ nihil percipient de distributionibus ordinatis pro magnis & parvis horis dicendis, nisi intersint in illis. XXII. Insequendo etiam antiquum statutum (editum per quemdam Petrum de Alliaco, tunc thesaurarium dictæ capellæ, & deindè cardinalem) de anno M. CC. XCIX. de mense Martii, prænominati thesaurarius & canonici poterunt se absentare in quolibet anno per spatium unius mensis continui aut discontinui; quo quidem mense durante, & eorum absentia non obstante, solitas lucrabuntur distributiones, ac si interfuissent, actuque servitium fecissent, dum tamen prædicta absentia per eosdem non capiatur aut fiat diebus Natalis Domini, Paschatis, Pentecostes, Inventionis & Exaltationis S. Crucis, Coronæ Domini, sanctæ Spinæ, Assumptionis, Nativitatis, Purificationis, & Annuntiationis B. Mariæ virginis, S. Ludovici regis, prædictæ susceptionis SS. Reliquiarum dictæ capellæ, omnium Sanctorum, & Dedicationis ejusdem capellæ. XXIII. Demùm merelli præinsertis canonicis, capellanis, & clericis distribuendi in choro dictæ capellæ tradentur, nec exsolvetur aliquid eisdem canonicis & capellanis, nisi ad rationem & ad modum dictorum merellorum, de quibus justa & æqua fiet computatio, antequàm ad solutionem procedatur effectualem. XXIV. Tenebuntur autem præfati canonici interesse horis & missæ, & chorum intrare, in missa videlicèt antè finem epistolæ, in matutinis verò & aliis horis antè versum *Gloria Patri* primi psalmi, assistendo tamen usque ad finem dictarum horarum & missæ; aliter, tamquam absentes censebuntur & reputabuntur. XXV. Tenebuntur insuper dicti canonici continuam facere residentiam in dicta capella, secundùm tenorem fundationis B. Ludovici, & aliorum fundatorum prædecessorum nostrorum, & formam juramenti per eosdem canonicos in nova receptione sua præstari soliti; & si illam desierint, contra eos procedetur per præfatum thesaurarium secundùm tenorem fundationum dictarum & juramenti, ac alias secundùm juris dispositionem, prout juris fuerit & rationis. XXVI. Quantùm verò ad oblationes, quæ in dies in honorem dictarum sacratissimarum reliquiarum in dicta capella dari solent, fiet distributio talis, videlicèt quòd prædicti thesaurarius & canonici percipiant duas partes de tribus, alia verò tertia pars spectabit & pertinebit capellanis & clericis dictæ capellæ, inter se dividenda. XXVII. Sex verò presbyteri seu capellani perpetui in dicta capella fundati, quotidianas distributiones accipientes, tenebuntur etiam continuam facere residentiam in dicta capella sancta, juxtà formam juramenti per eos præstari soliti, & tenorem fundationis eorumdem. Ubi autem eos, aut aliquem eorum, per spatium duorum mensium absentari contingat, monebuntur per dictum thesaurarium ad residendum; quâ monitione factâ, si non paruerint, procedetur per eumdem thesaurarium contra illos ad privationem eorumdem, & alias prout juris fuerit & rationis. XXVIII. Tenebuntur autem dicti sex presbyteri seu capellani perpetui sequens agere servitium. Videlicèt capellanus fundatus per prædictum Philippum regem anno M. CC. LXXXVI.

tenebitur celebrare singulis diebus unam missam pro defunctis, exceptis diebus festorum solemnium & duplicium, quibus missam celebrare habebit de die festi occurrentis. Alius verò capellanus fundatus per prædictum Philippum anno M. CC. LXXXIX. tenebitur singulis diebus, aut saltem quater in hebdomada, celebrare missam pro defunctis in inferiori capella ad altare S. Clementis. Capellanus fundatus per prædictum Philippum anno M. CC. XCI. nisi legitimam habeat excusationem, tenebitur celebrare missam pro defunctis, ad minùs quater in hebdomada, in dicta inferiori capella ad altare S. Blasii, exceptis diebus Dominicis & festis, quibus tamen celebrare poterit missam de die occurrenti, si ei videatur, loco missæ defunctorum ; si verò legitimo impedimento cessante, prædictus capellanus omitteret prædictas celebrare missas, præfatus thesaurarius faciet per alium aut alios illas celebrare, expensis proventuum dictæ capellæ. Capellanus fundatus per dictum Philippum anno M. CCC. I. in honorem SS. Nicolai & Ludovici, tenebitur singulis diebus, nisi legitimè impeditus fuerit, & ad minus quater in hebdoda, celebrare missam pro defunctis in dicta inferiori capella ad altare dictorum SS. Nicolai & Ludovici, exceptis diebus Dominicis & festis, quibus poterit celebrare missam de die occurrenti, si ei videatur ; quia si cessante legitimo impedimento missas prædictas celebrare omitteret, idem thesaurarius easdem celebrare per alios faciet sumptibus proventuum dictæ capellæ. Capellanus fundatus per præfatum Philippum anno M. CCC. XVIII. ad altare S. Joannis Evangelistæ, tenebitur in eodem celebrare & dicere quatuor missas in qualibet hebdomada ; & si cessante legitimo impedimento desistat, præfatus thesaurarius sumptibus dictæ capellæ faciet illas celebrare. Capellanus fundatus per præfatum Philippum anno M. CCC. XXXIX. in mense Julii in honorem beatissimæ Virginis Mariæ, S. Venantii, & totius curiæ cælestis, tenebitur singulis diebus in propria persona, nisi justum allegaverit impedimentum, celebrare & cantare missam in altari existente retrò magnum altare dictæ capellæ sanctæ subtùs reliquiis illius ; videlicèt die Dominicâ, de ipsa Dominica currente, vel festo novem lectionum, si in eadem occurrat ; Lunæ verò, de angelis ; Martis, pro defunctis ; Mercurii, de S. Venantio ; Jovis, pro defunctis ; Veneris, de veneratione SS. reliquiarum suprà dictum altare repositarum ; Sabbati, de Virgine Maria ; facietque in qualibet dictarum missarum & singulis prædictis diebus commemorationem S. Venantii, exceptis diebus quibus celebrabitur pro defunctis. Qui quidem capellanus si in præmissis celebrandis missis defecerit, prædictus thesaurarius illas celebrare faciet sumptibus dictæ capellæ. XXIX. Prætereà decernimus quòd de proventibus fundationum de novo factarum, & earum quas in futurum in dicta capella fieri contingeret, fiat distributio & divisio talis ; videlicèt quòd dicti capellani percipiant tertiam partem ejus partis quam thesaurarius & canonici percipient, clerici verò quartam ; ita & taliter, quòd si contingat canonicum percipere duodecim denarios, capellanus accipiet quatuor, clericus verò tres ; quam quidem divisionem & partitionem observari volumus in distributionibus exequiarum corporum præsentium, & aliis emolumentis eorumdem. Si tamen aliter per fundationem ordinatum fuerit, servabitur fundatorum voluntas & judicium. XXX. Et hæc ordinata fuerunt, insequendo fundationum tenorem prædicti S. Ludovici & Philippi ejus filii, aliorumque prædecessorum nostrorum. XXXI. Fiet tamen solutio distributionum processionis fundatæ in dicta capella sancta per defunctum magistrum Joannem Mortis cantorem illius, per merellos, & per distributorem dictæ capellæ. XXXII. Tenebuntur insuper dicti thesaurarius & canonici præsentare vicarios perpetuos in tribus ecclesiis parochialibus Normanniæ, secundùm reformationem Caroli de anno M. CCC. XXII. XXXIII. Tenebitur autem thesaurarius dictæ capellæ committere unum bonum distributorem, videlicèt unum de habituatis in dicta capella sancta. XXXIV. Si verò accidat aliquem aut aliquos ex prædictis capellanis & clericis in aliquam incidere infirmitatem, fiet eis integra distributionum solutio infirmitate durante, & ab illam faciendam arctabuntur & astringentur prædicti thesaurarius & canonici. XXXV. In libro autem obituum dictæ capellæ describentur dies obitûs & nomina fundatorum illorum, necnon summa in genere proventuum pro dictis fundationibus relictorum. XXXVI. In acceptandis verò novis fundationibus in dicta capella fiendis, commissioneque receptoris, & auditione computorum ejusdem capellæ, prædicti capellani & clerici minimè vocabuntur. XXXVII. Insequendo prætereà fundationem B. Ludovici aliorumque

que fundatorum dictæ capellæ sanctæ prædecessorum nostrorum, thesaurarius prænominatus habebit totalem jurisdictionem & superintendentiam super omnes canonicos, capellanos, clericos, clericulos seu infantes chori, magistros eorumdem, & alios presbyteros capellanos & habituatos in sacrosancta capella, sive dicti magistri fuerint in arte musices, sive grammatices. XXXVIII. Fiet autem per dictum thesaurarium tabula una, in qua describentur nomina & cognomina canonicorum, capellanorum, & clericorum prædictorum, secundùm suarum receptionum ordinem. XXXIX. Demùm volumus & ordinamus, quòd omnes & singuli capellani capellaniarum totius præpositurae vel vice-comitatûs Parisiensis ad dispositionem nostram existentium, teneantur tradere dicto thesaurario inventarium signatum manu grafarii officialatûs dicti thesaurarii, de omnibus & quibuscumque ornamentis, calicibus, jocalibus, & aliis bonis dictis capellis pertinentibus & spectantibus; habeantque dicti capellani prædictarum capellaniarum, & teneantur indilatè reponere in gazophylacio seu thesauro præfatæ capellæ omnes litteras, titulos, documenta, instrumenta, & alia monumenta originalia, factum & jus prædictarum capellarum concernentia, pro illorum perpetua conservatione, cum legitimo inventario duplicato, uno videlicet apud dictos vicarios seu capellanos retento, altero verò in dictis archivis capellæ sanctæ relicto; de quibus quidem documentis & aliis, prædicti capellani poterunt habere copias ab originalibus extractas, & cum eisdem collationatas, quatenùs opus fuerit. XL. Et ulteriùs tenebuntur capellani dictarum capellarum semel in anno, videlicèt die Mercurii post Dominicam Brandonum vocatam, comparere in domo dicti thesaurarii, ad certificandum ei thesaurario de servitio per eos, & quemlibet ipsorum respectivè facto secundùm fundationem dictarum capellarum. XLI. Statuimus etiam & ordinamus, quòd ad obviandum insolentiis & tumultibus qui fieri solent in dicta capella, durante servitio divino & processionibus ejusdem, thesaurarius prædictus possit & valeat committere, ordinare & instituere tres apparitores de proventibus dictæ capellæ sanctæ salarizandos, qui tenebuntur assistere omni servitio divino in dicta capella fiendo, processionibusque ejusdem; necnon custodire portas chori dictæ capellæ sanctæ, dicto servitio durante, & quotiès dictarum sacratissimarum reliquiarum ostensio fiet; quos quidem tres apparitores & quemlibet ipsorum volumus, statuimus, & ordinamus fore & esse immunes, exemptos, liberos & francos ab omnibus impositionibus, aidis, & aliis tributis per nos impositis & imponendis, prout & quemadmodùm alii canonici, capellani & habituati dictæ capellæ sunt & fuerunt. XLII. Insuper volumus, statuimus, & ordinamus, ut clericuli seu infantes chori dictæ capellæ, qui suæ juventutis dies & teneros annos in ejusdem capellæ servitio consumunt, non irremunerati discedant, verùm virtutis & sapientiæ via eisdem præbeatur; duo videlicèt ex illis quos prædictus thesaurarius juxta sui conscientiam, quam super hoc oneramus, duxerit idoneiores eligendos, per eum præsententur dilecto & fideli confessori nostro, qui pro nunc est, & pro tempore erit; qui quidem confessor noster habeat & teneatur providere illis de duabus primis bursis inclyti nostri regalis collegii Navarræ vacaturis, ita & taliter quòd prædictus confessor noster, cui dispositionem dictarum bursarum commisimus, teneatur in futurum de dictis duabus bursis duobus ex dictis clericulis capellæ sanctæ providere. UT IGITUR præinsertæ ordinationes suum sortiri valeant effectum, præfatique thesaurarius, capellani, clerici, & habituati nostræ dictæ capellæ sanctæ in pace & quiete vivere possint; nos proprio motu, ex certa nostra scientia, & de plenitudine potestatis nostræ, adnullamus & & adnullatas declaramus omnes & quascumque lites, processus, & controversias motas & pendentes, tam agendo, quàm deffendendo inter prædictos thesaurarium & canonicos, ex una, & dictos capellanos & clericos, ex altera partibus, occasione præmissorum intentatas, absque tamen præjudicio arreragiorum per nonnullos capellanos & clericos prætensorum de suis distributionibus in dicta capella lucratis, de quibus lites nonnullæ sunt adhuc in curia nostra parlamenti Parisius pendentes; ad quas summariè & de plano, ac sine figura & strepitu judicii cognoscendas, deffiniendas, & determinandas committimus magistros Andream Verjus, Robertum Turquam, & Matthæum de Longuejoë consiliarios nostros in nostra curia parlamenti Parisius; decernentes id quod per eosdem super his factum fuerit, esse & fore tenendum ac si per nos & curiam nostram esset decisum per arrestum, omnem cognitionem à dicta curia ad illos tres suprà nominatos

Tome II. T ij

dictâ causâ evocantes & remittentes, prout ex dictis motu proprio, certâ scientiâ, & potestatis plenitudine evocamus, &c. Quod ut firmum & stabile perpetuò perseveret, his præsentibus sigillum nostrum duximus apponendum, salvo in cæteris jure nostro, & in omnibus quolibet alieno. Datum Romorentini, mense Januarii, anno Dom. M. D. XX. & regni nostri VII. *Sic signatum suprà plicam*, Per regem, ROBERTET. Visa, contentor, LONGUET. *Scellé en lacs de soye, de cire verte, avec quatre petits contre-scels.*
Ibidem.

Arrest de la chambre des comptes de Paris:

Qui fait voir que le roy FRANÇOIS I. *avoit continué à la Sainte-Chapelle du palais le don de la regalle.*

AN. 1529.

LEs gens des comptes du roy nostre sire. Veuë la requeste ci attachée soubz l'un de nos signets, à nous presentée de la part des tresorier & chanoines de la Sainte-Chapelle du palais de Paris, ouy sur icelle le procureur du roy esdits comptes, & tout consideré, consentons que les commissions qui seront désormais par nous ordonnées, pour saisir & mettre en la main du roy le temporel subjet à la regalle, soient baillées & delivrées auxdits suppliants, pour par l'un des chanoines d'icelle Sainte-Chapelle par eux delegué se transporter sur les lieux, faire mettre à exécution lesdites lettres, afin d'obvier à la retardation des couppes de bois & pesches d'estangs, estre present aux baux, vendition de grains, vins, bois, poissons, forests, pesches d'estangs, adeneration d'iceulx, & recepte desdites choses, rentes, censives, lods, ventes, saisines, & autres debvoirs & droits seigneuriaux ordinaires & casuels, & consequemment recevoir par ledit chanoine estant sur les lieux, la moitié des deniers de la recepte desdites choses par les mains du receveur ordinaire dudit seigneur promptement que les payemens se feront, pour ce faisant saisir ladite Sainte-Chapelle des deniers dudit revenu d'icelles regalles & controller la recepte, & par ce obvier à l'effet des dons & octroys faicts au contraire, & les susdits inconveniens & autres qui s'en ensuivent ; avec ce, que les requestes & supplications des requerans pardevant nous l'enterinement des dons à eux faicts du revenu desdites regalles, & des autres pretendant mainlevée & delivrance de la closture d'icelles après le serment de fidelité faict & presté au roy par les pourveus & receus par icelui seigneur des archeveschez & eveschez de ce royaume subjets à regalle, soient monstrées auxdits suppliants, pour estre ouys & dire ce qu'il appartiendra du revenu de regalle à eux appartenant, à la charge toutesfois que lesdits suppliants seront tenus apporter en la chambre de ceans le double desdites commissions, ensemble les procez verbaux des executeurs d'icelles. Donné soubz nosdits signets le XII. Mars l'an M. D. XXIX. *Tiré des registres de la chambre des comptes, à la bibliotheque Coislin, vol.* 10.

Visite & verification des reliques de la Sainte-Chapelle de Paris:

Faite à l'occasion de la consignation des clefs du tresor, entre les mains de messire François de Montmorency, seigneur de la Rochepot, bailly & concierge du palais.

AN. 1537.

AUJOURD'HUY se sont trouvez en la Sainte-Chapelle du palais à Paris, haut & puissant seigneur messire François de Montmorency seigneur de la Rochepot, chevalier de l'ordre du roy, bailly & concierge du palais ; l'archevesque de Vienne, l'evesque d'Angoulesme tresorier de ladicte chapelle ; nobles personnes messeigneurs Pierre Lizet, chevalier conseiller dudict seigneur, & premier president en sa chambre des comptes ; maistres Jean Brion, & Dreux Hennequin conseillers maistres desdicts comptes ; Jean Homelin, notaire & secretaire dudict Seigneur & son premier aumosnier ; Claude de Sermisy, & Denis Vidant, chanoines de la susdicte chapelle du palais ; & dame Michelle Gaillard, veufve de feu messire Florimond Robertet, en son vivant, chevalier conseiller dudict seigneur & tresorier de France. A laquelle dame veufve dudict Robertet, ledit seigneur de la Rochepot a declaré en presence de moy soubscript Pierre Chevalier, notaire & secretaire dudict seigneur, & greffier de sa chambre des comptes pour ce mandé, que le roy luy avoit addressé ses lettres patentes, pour prendre & recevoir d'elle les clefs des sainctes reliques estans en la Saincte-Chapelle, dont ledict seigneur luy envoyoit la descharge, qu'il luy presentoit, pour satisfaire au bon plaisir dudict seigneur. Laquelle a faict response que depuis le temps de feu Charles, que Dieu absolve, roy de France, estant au royaume de Naples, le deffunct son mary en avoit eu la charge ; après son trepas avoit envoyé les clefs aud. seigneur, par maistre Claude Robertet aussi conseiller dud. seigneur & tresorier de France son fils ; auquel ledict seigneur dict qu'il gardast les clefs, jusques à ce que autrement en seroit ordonné. Depuis, le roy estant dernierement en cette ville, luy a icelle dame demandé à qui son plaisir estoit qu'elle les baillast, qui luy ordonna de les donner audict seigneur de Rochepot, comme presentement il mande faire par icelles lettres. A cette cause, en obeissant ausdictes lettres, & voyant sa descharge, a donné & délivré aud. seigneur de la Rochepot huict clefs en deux trousseaux, qu'elle disoit estre toutes les clefs estans en sa possession d'icelles sainctes reliques, affermant n'en avoir autres. Lesquelles huict clefs iceluy de la Rochepot a receues, & en ce faisant fourni lad. descharge ès mains d'icelle dame.

Copie des lettres patentes mentionnées cy-dessus.

FRANÇOIS par la grace de Dieu roy de France ; à nostre amé & feal cousin le sieur de la Rochepot, chevalier de nostre ordre, bailly & concierge de nostre palais royal à Paris, salut & dilection. Comme pour bonnes causes qui à ce nous meuvent, nous ayons voulu & ordonné que les clefs des sainctes reliques de la Saincte-Chapelle de nostredict palais, lesquelles auroient esté par cy-devant données par feu de bonne memoire nostre très-cher & très amé cousin Charles VIII. à feu maistre Florimond Robertet, en son vivant, nostre conseiller tresorier de France & secretaire de nos finances, & depuis jusques icy gardées par sa veufve, seront presentement mises & delivrées en vos mains pour les garder ; nous à cette cause vous mandons, commettons & enjoignons, que vous ayez à prendre & recevoir en vos mains la garde d'icelles clefs, à la présentation, délivrance, & consignation, qui vous en sera faicte par nostre chere & bien amée Michelle Gaillard veufve dessusdicte, laquelle nous en avons déchargée ; & neantmoins nos amez & feaux les premiers presidens de nos cours de parlement & chambre des comptes à Paris, les archevesque de Vienne, & tresorier de nostredicte chapelle, avec deux chanoines d'icelle, deux maistres ordinaires de nos comptes, & deux orphevres de nostre ville de Paris, vous faictes faire le recollement & inventaire desd. reliques, lequel ils certifieront bien & deuement ; & à ce les avons commis & depputez, commettons & depputons par ces présentes. Car tel est nostre plaisir. Si mandons & commandons à tous nos justiciers, officiers & subjects, que à vous, en ce faisant, soit obei, &c. Donné à Paris le XVIII. jour de Mars, l'an de grace M. D. XXXIII. & de nostre regne le XX. *Signé*, FRANÇOIS.

Acte de descharge pour la dame veufve Robertet, nommée cy-dessus.

NOUS François par la grace de Dieu roy de France, certiffions à tous ceux qu'il appartiendra, que ce jourd'huy nostre chere & bien amée Michelle Gaillard veufve de feu nostre amé & feal conseiller tresorier de France & secretaire de nos finances maistre Florimond Robertet, chevalier, a mis par nostre commandement & ordonnance, ès mains de nostre amé & feal le seigneur de Rochepot, chevalier de nostre ordre, nostre conseiller & chambellan ordinaire, les clefs des sainctes reliques de la Saincte-Chapelle de nostre palais à Paris, dont luy avons donné la garde, lesquelles clefs auroient esté par cy-devant données semblablement en garde par feu nostre cher & très-amé cousin le roy Charles VIII. que Dieu absolve, audict feu Robertet, luy estant au royaume de Naples, dont nous avons lad. veufve & tous autres deschargez & deschargeons par cesd. présentes, que nous avons pour ce signées de nostre main, sans que cy-après l'on puisse à icelle veufve, ne aussi à ses enfans, ou heritiers, demander pour ce aucune chose, en quelque maniere que ce soit. Fait à Paris le XVIII. Mars M. D. XXXIII. *Ainsi signé*, FRANÇOIS.

En quoy faisant a remonstré icelle veufve que de coustume, en faisant ouvertures desd. sainctes reliques, a esté toujours appellé un secretaire du roy, à laquelle fut dict qu'il y auroit secretaire dud. seigneur, mesmement moy Chevalier susnommé greffier desd. comptes.

Ce fait, sont tous les dessusnommez, & aussi Thibault Hauteman & Guillaume Chastillon orphevres, mandez à cette fin, montez en haut, où reposent lesdites reliques, dont a esté faicte ouverture du treillis, par le moyen d'icelles clefs, & lesd. sainctes reliques veues, recollées & verifiées, sur la copie de certain inventaire presenté par moy greffier susdict, dont aussi la teneur s'ensuit.

T iij

Ancien inventaire des reliques de la Saincte-Chapelle de Paris.

PREMIEREMENT. La saincte Couronne d'espines de nostre Seigneur JESUS-CHRIST.

II. La sainte Croix.

III. Du sang de nostre Sauveur.

IV. Les drapeaux d'enfance de nostre Seigneur, esquels il fut enveloppé en son jeune aage.

V. Une grande partie du bois de la saincte Croix.

VI. Du sang, qui par miracle fut distillé d'une image de nostre Seigneur, qui avoit esté frappée par un infidele.

VII. La chaisne, ou lien de fer faict en maniere d'anneau, duquel on croit que nostre Seigneur fut lié.

VIII. La sainte Treille, inserée à la table où est la face de N. S. J. C.

IX. Une grande partie de la pierre du sépulchre de N. S. J. C.

X. Du laict de la benoiste vierge Marie.

XI. Le fust* de la sainte lance, duquel fut percé en la croix le costé de J. C.

*fer.

XII. Une autre croix moyenne, laquelle les anciens appelloient triumphalle, parce que les empereurs avoient de coustume de la porter en bataille, en esperance de victoire contre leurs ennemis.

XIII. Le mantel de pourpre, que les chevaliers donnerent à nostre Seigneur, en se moquans de luy.

XIV. La ronce, qu'ils mirent à la main de nostre Seigneur, au lieu de sceptre.

XV. L'esponge, qu'ils luy donnerent en la croix pleine de vinaigre, quand il dit *sitio*.

XVI. Une partie du suaire, auquel fut enveloppé son corps au sepulchre.

XVII. Le linceul, que nostre Seigneur avoit, quand il lava les pieds à ses disciples, & duquel il essuya leursdicts pieds.

XVIII. La verge de Moyse.

XIX. La haute partie du chef du benoist S. Jean-Baptiste.

XX. Le chef de S. Blaise.

XXI. Le chef de S. Simon.

XXII. Le chef de S. Clement.

Laquelle coppie d'inventaire a esté entierement verifiée, & se sont trouvées toutes les pieces y mentionnées, fors & excepté le V. article, contenant une grande partie du bois de la sainte Croix, qui n'a été trouvée; & fut sur ce dict & declaré par icelle dame Michelle Gaillard, veufve dudict feu Robertet, que ladicte croix souloit être en une longue layette d'argent, mais avoit été ladicte croix demandée par feu madame mere du roy, pour nos seigneurs les enfans dudict seigneur, & par son ordonnance donnée & delivrée à icelle dame sa mere, & n'en estoit demeuré, & n'a été trouvé que ladicte layette d'argent. Fors aussi les trois derniers articles, contenant les chefs de saint Blaise, saint Clement, saint Simon, qui n'ont été trouvez; & sur ce fut declaré par un chapelain de la Sainte-Chapelle présent, qu'ils estoient en bas, en la garde de ceux, qui ont la charge des saintes reliques estans en bas.

Et neantmoins outre le contenu audict inventaire, a esté trouvé le voile de Nostre-Dame mere du Redempteur, en une petite boëtte de fin or, ouvrage meslé.

Et faisant led. recollement, sur le penultiesme article contenant la haute partie du chef du benoist S. Jean-Baptiste, a esté trouvé un coffre rond d'argent doré, garni de pierreries, du tout vuide, où l'on disoit avoir esté entierement led. chef S. Jean, & de présent est avec lesd. sainctes reliques, en un grand chef d'or, auquel lad. partie du chef se voit par dessous.

Et au regard du huictiesme article, contenant la treille inserée à la table, après plusieurs difficultés, a esté finalement trouvée en un grand reliquaire ou tableau garni d'argent surdoré, où il y a apparence d'une effigie.

Et quant au douziesme article, contenant une autre croix moyenne, laquelle les anciens appelloient triumphalle, parce que les empereurs avoient de coustume de la porter en bataille en esperance de victoire, a esté trouvée garnie de quatre poinctes de diamans, & plusieurs grosses pierreries tout à l'entour.

Et pour ce qu'en faisant led. recollement, a esté trouvé que deffailloient aucunes pieces, a esté regardé partout, & semblablement lesd. pieces deffaillans entour desd. reliquaires, tant pierres & couppes d'or, ont esté trouvées en une petite boette d'argent surdoré, mesme y a esté trouvé une grande émeraude cassée.

Tous lesquels reliquaires ainsi enchassez qu'ils sont, moyennant lad. descharge, ont esté donnez & mis en garde ès mains dud. seigneur de la Rochepot, lequel s'en est chargé suivant lesdictes lettres & bon plaisir d'icelluy seigneur. Faict ès présences des dessus nommez & plusieurs autres, le Dimanche de la Passion de nostre

noſtre redempteur J. C. le XII. Mars M. D. XXXIII.

Signé, de Montmorency, & Paulmier archevesque de Vienne, Philippes evesque d'Angouleſme, Pierre Lizet, Aimard Nicolaï, de Brion, de Hennequin, de Sermiſy, de Vidault, Chatillon, Haultman. *Tiré du registre de la chambre des comptes, cotté GG. biblioth. Coiſlin, vol. 10.*

Sermens & statuts de la Sainte-Chapelle de Paris.

Juramentum D. thesaurarii.

EGo thesaurarius juro & affirmo, quòd continuam residentiam faciam bonâ fide. *Item*, quòd omnes quaſcumque ſingulas & univerſas reliquias, omnemque theſaurum hujus ſanctæ regalis capellæ, tam in auro, quàm in argento, ac lapidibus pretioſis, libris, & rebus aliis quibuſcumque, benè & fideliter ſervabo. *Item*, quòd diſtributiones quovis modo non recipiam aut habebo, niſi horis interfuero, prout hactenùs eſt fieri conſuetum, niſi infirmus, vel minutus, ſeu eccleſiæ legitimè negotiis impeditus ſive occupatus, aut miſsâ novâ alicujus amici mei Pariſius celebrandâ, in nuptiis, funeralibus, aut principio ſeu propoſito neceſſario alicujus amicorum meorum interfuero. *Item*, quòd abſque conſilio & aſſenſu collegii, aliquas novas conſuetudines nullo modo introducam, nec antiquas aliqualiter immutabo. Sic me Deus adjuvet, & hæc ſancta evangelia.

D. theſaurarius, poſt juramentum ab ipſo, modo ſuperiùs deſcripto, præſtitum & factum, debet oſculari cantorem & canonicos, unum poſt alium, prout ſunt in ordine canonici, in ſignum fraternitatis & dilectionis. Et deinde debet à prædicto cantore in prima ſede dextri chori, & in prima ſede collegii apponi; quo facto debet poni in poſſeſſionem domûs ad ſuam theſaurariam pertinentis.

Juramentum D. cantoris.

Et primò juro quòd reſidentiam continuam faciam bonâ fide; quòdque ſingulis horis diurnis & nocturnis, à principio uſque in finem, intererò bonâ fide, niſi legitimum impedimentum habuero, aut infirmus vel minutus, ſeu eccleſiæ legitimè negotiis occupatus, aut in miſſa nova alicujus amici mei Pariſius celebranda, in nuptiis, funeralibus, aut principio ſeu propoſito neceſſario alicujus meorum interfuero amicorum; alioquin diſtributiones quæ in hora vel horis in quibus deficiam, fieri ſunt conſuetæ, non recipiam. *Item*, quòd ego quoad ea quæ ſtatum & honeſtatem chori proſpexerint, debitæ increpationis, pro modulo meo, pſallendi pſalmodiandique, & legendi ſerioſè & diſtinctè in ipſa capella ſuperiori & inferiori, ac divinum (prout inibi conſuevit) miniſterium horis diurnis & nocturnis fieri faciendi, exercere ſtudebo. *Item*, quòd omnes & ſingulos capellanos & clericos in exhibitione debiti ſervitii delinquentes, ignorantes, inobedientes, & remiſſos, increpabo, & eorum defectus, nulli ipſorum (ſub juramento) parcendo, theſaurario qui fuerit pro tempore denuntiare ſtudebo, ut eos puniat, prout viderit faciendum. *Item*, quòd in feſtis annualibus, videlicèt in utriſque veſperis, in matutinis, & in miſſa tenebo chorum, niſi debilitate corporis aut infirmitate fuero excuſatus; & cùm caſus prædictus evenerit, propter quem prædicta adimplere non valebo, per aliquem canonicorum, ſi eidem placuerit, fieri procurabo; & ſi canonicus requiſitus facere noluerit, tunc per capellanum meum fieri faciam. *Item*, quòd lectiones, evangelia, & epiſtolas ab illis qui per tabulam, vel alias, in capella legere tenebuntur, antequàm legant, audiam, auſcultabo, corrigam, remendabo, ut in lectura, accentu, & pronunciatione non interveniat defectus. Qui legentes, ſi pronunciando vel legendo defecerint, perdent & amittent commodum horæ quâ legerint, niſi priùs (ut dictum eſt) auditi fuerint à me cantore. *Item*, quòd ego tabulam chori faciam, prout hactenùs in capella prædicta eſt fieri conſuetum, aut per capellanum aut clericum meum, vel alium de collegio ad hoc idoneum fieri procurabo. *Item*, quòd omnes proceſſiones inſtitutas & inſtituendas regam, ordinabo, & diſponam, in cantu & aliis, pro poſſe, ſicut decet. *Item*, quòd omnes & ſingulas reliquias, omnemque theſaurum hujus S. Capellæ, tam in auro, quàm in argento, lapidibus pretioſis, libris, & rebus aliis quibuſcumque benè & fideliter obſervabo, & vobis theſaurario, vel ei qui fuerit pro tempore, ſi quid mali ſcivero, nuntiabo. *Item*, quòd ſecreta collegii nemini detegam, aut etiam revelabo. *Item*, quòd juxtà ordinationem regiam quovis modo non conſentiam quòd de cætero in poſſeſſionem theſaurariæ præſentis S. Capellæ aliquis inducatur niſi priùs fuerit in ſacro presbyteratûs ordine conſtitutus. Sic me Deus adjuvet & hæc ſancta evangelia.

Dominus cantor, poſt juramentum ab ipſo,

modo suprascripto factum & præstitum, debet osculari dominum thesaurarium & singulos canonicos, sicut sunt in ordine canonici, in signum fraternitatis & dilectionis. Et deinde debet in secunda sede dextri chori, quæ est sedes contigua sedi D. thesaurarii, vel in prima sede sinistri chori, & per ipsum thesaurarium installari, & simili modo in congregatione collegii, & ultimò, debet poni & induci in possessionem domûs quam adeptus fuerit.

Juramentum D.D. canonicorum.

Primò ego   juro, quòd residentiam continuam faciam bonâ fide. *Item*, quòd omnes & singulas reliquias, omnemque thesaurum hujus sacræ capellæ, tam in auro, quàm in argento, lapidibus pretiosis, libris, ac rebus aliis quibuscumque benè & laudabiliter observabo; & defectum, si quem sciverim, vobis thesaurario, vel ei qui fuerit pro tempore, si quid mali scivero, nuntiabo. *Item*, quòd secreta collegii nemini pandam aut revelabo. *Item*, quòd distributiones ecclesiæ quovis modo non recipiam, nisi horis interfuero, prout hactenus est fieri consuetum, nisi infirmus, vel minutus, seu ecclesiæ negotiis legitimè præpeditus sive occupatus, aut in missa nova alicujus amici mei Parisius celebranda, in nuptiis, funeralibus, aut principio sive proposito fuero necessario alicujus amicorum meorum. *Item*, quòd absque consilio & assensu collegii aliquas novas consuetudines nullo modo introducam, nec antiquas aliqualiter immutabo. *Item*, quòd juxtà ordinationem regiam quovis modo non consentiam quòd de cætero in possessionem thesaurariæ præsentis hujus sacræ capellæ aliquis inducatur, nisi priùs fuerit in sacro presbyteratûs ordine constitutus. Sic me Deus adjuvet, & hæc sancta evangelia.

D. *canonicus, facto juramento superiùs scripto, debet D. thesaurarium, cantorem, & singulos canonicos juxtà eorum ordinem osculari in signum fraternitatis & dilectionis. Deinde debet à thesaurario in choro installari, scilicet in parte dextra, si præbenda vel prædecessor suus in præbenda, illius chori vel partis fuerat; & si sinistri chori, debet in sinistro choro installari. Deinde in congregatione collegii debet ei dari locus; & ultimò, mitti in possessionem domûs suæ præbendæ pertinentis.*

Juramentum sex capellanorum perpetuorum, accipientium quotidianas distributiones in sanctâ capellâ.

Primò ego   juro, quòd continuam residentiam faciam bonâ fide, juxtà capellaniæ meæ fundationem. *Item*, quòd altari seu capellaniæ meæ prædictæ benè & diligenter deserviam, prout ex ejus fundatione teneor, & per prædecessores meos est fieri consuetum. *Item*, quòd contra thesaurarium & canonicos nullatenùs machinabo, sed ipsis omnibus, sicut decet, honorem & reverentiam exhibebo. *Item*, quòd sanctas reliquias universas & singulas, omnemque thesaurum hujus sacræ capellæ in auro, argento, lapidibus pretiosis, libris, ornamentis, & rebus aliis quibuscumque benè & legaliter conservabo, & damnum sive defectum, si quem sciverim, vobis thesaurario, aut illi qui fuerit pro tempore, nuntiabo. *Item*, quòd chorum fideliter prosequar, & officia in tabula inscripta, & quæ mihi à cantore imperata seu injuncta fuerint, prout potero, meliùs adimplebo. *Item*, quòd distributiones non petam nec recipiam nisi horis præsens fuero, sicut hactenùs est fieri consuetum. Sic me Deus adjuvet, & hæc sancta evangelia.

Facto juramento superiùs descripto, debet capellanus perpetuus accipiens quotidianas distributiones, in parte chori sui prædecessoris installari. Deinde debet ei tradi suæ capellaniæ omnia & singula ornamenta; & ultimò, debet poni in domûs suæ capellaniæ possessionem.

Juramentum capellanorum perpetuorum non accipientium quotidianas distributiones in sanctâ capellâ.

Primò   ego juro, quòd continuam residentiam faciam bonâ fide, si teneor ad hoc per capellaniæ meæ fundationem. *Item*, quòd altari sive capellaniæ meæ prædictæ benè & diligenter deserviam, prout in ejus fundatione teneor, ut hactenùs est fieri consuetum. *Item*, quòd contrà thesaurarium &c. *comme au precedent. Item*, quòd sanctas reliquias &c. *comme au precedent, & les deux derniers articles du serment précedent ne sont point emploiez en celui-ci.*

Facto juramento superiùs scripto, debet in choro, in parte in qua prædecessor suus fuerat installatus, installari. Deinde debet mitti in possessionem ornamentorum suæ capellaniæ, & ultimò, domûs, si capellaniæ suæ aliqua pertinuerit.

Juramentum

Juramentum capellanorum & clericorum. DD. canonicorum.

Ego juro quòd continuam residentiam &c. *ce sermont est deja raporté tout entier, dans la reformation de* Charles VI. *pag.* 139.

Capellani & clerici canonicorum nullo modo installantur, quia non habent hic serviendo beneficium; & ratione & causa beneficii sit installatio.

Pueri chori debent ad formulas installari sine juramento.

Statuts de la Sainte-Chapelle de Paris,

De rasuris.

Sciendum est principaliter, quòd universi & singuli de collegio istius sacræ capellæ, quique & cujuscumque status fuerint, debent esse rasi in barba & tonsura in festis annualibus quæ sequuntur in primis vesperis: videlicèt in diebus Paschæ, Dedicationis, Pentecostes, Assumptionis beatæ Mariæ virginis, omnium Sanctorum, Nativitatis Domini, & Purificationis beatæ Mariæ.

Item. Hebdomadarii magnæ missæ, evangelii, epistolæ, & chorialis, & adjutor superioris capellæ, singulis diebus Dominicis debent esse rasi.

Item, quòd si contingat aliquod festorum prædictorum esse die Jovis, Veneris vel Sabbati, hebdomadarii prædicti, qui in Dominica præcedenti rasi fuerint, etiam in isto festo radi debebunt; & hebdomadarii Dominicæ sequentis debebunt iterùm esse rasi in dicta Dominica sequenti.

Item, universi & singuli de collegio prædicto debent habere coronas bonas & honorabiles ad honorem ecclesiæ, non sicut advocati & laïci, sed tanquam homines ecclesiastici, ut sit differentia inter eos & clerum.

Item, non debent nutrire, neque deferre comas, ne per hoc valeant aut debeant incurrere sententiam excommunicationis, nec etiam facere gravias in frontibus eorum, quia talia non pertinent ecclesiasticis hominibus.

Item, si aliquis eorum in contrarium inciderit quoquo modo, cantor potest ei jubere ut exeat à choro.

De habitu ecclesiæ in hyeme & æstate.

Sciendum est quòd ab antiquis temporibus observatur in ista sacra capella quòd in vigilia Paschæ in hora completorii quæ cantatur post prandium, omnes canonici, capellani, & clerici vadant ad ecclesiam in suppelliciis & almutiis, videlicèt canonici in almutiis griseis, & capellani perpetui in almutiis nigris, unà cum capellanis & clericis canonicorum: & istum habitum deferant ab illo die usque ad vesperas mortuorum, quæ cantantur in die omnium Sanctorum post vesperas diei, & post processionem factam ad omnia altaria hujus sacræ capellæ prædictæ.

Et notandum est insuper, quòd durante isto tempore cavendum est propter honestatem status ecclesiastici, ne subtùs suppellicia induantur hopelandæ, propter deformitatem quæ ibi multoties est apparens in colleriis, & aliis multis modis.

Item in festivitate omnium Sanctorum post secundas vesperas, & processione facta & completa ad omnia altaria tam superioris quàm inferioris capellæ, à collegio ante inceptionem vesperarum mortuorum, debent indui & accipi cappæ nigræ, & in ecclesià deferri usque ad completorium vigiliæ Paschæ. *Ex statuto anni* M. DC. XLV. *cappæ nigræ sumuntur in primis vesperis omnium Sanctorum.*

De calceamentis.

Sciendum est insuper quòd universi & singuli de collegio præsenti tenentur propter honestatem habere caligas nigras; & si binà monitione moniti à cantore ut abstineant, noluerint abstinere, cantor jubere potest eis & præcipere sub pœna distributionum suarum amittendarum per octo dies, quòd exeant chorum; & si facere recusaverint, pœnas prædictas incurrant ipso facto, graviùs per dominum thesaurarium puniendi, prout ei pro contemptu videbitur expedire.

Item, quòd nullus deferat caligas rebrassatas ad genua, ad modum paillardorum.

Item, cavendum est quòd nullus prædictorum in sotularibus suis habeat aut deferat polanas sive rostrum, quia talia hominibus ecclesiasticis, qui sunt exemplar cæterorum, non pertinent, nec sunt honesta.

De pulsationibus horarum.

Consuetum est ab antiquo tempore, quòd in die magni festi beati Ludovici quondam Franciæ regis pulsatur media nocte aut in aurora ad matutinas, & ab illo die usque ad feriam quartam pœnalis hebdomadæ modo simili semper fuit hactenùs observatum.

Item, quòd per totum tempus istud,

& maximè hyemali tempore, primus ictus sive prima pulsatio matutinarum omnium dierum novem & trium lectionum, temporis & sanctorum, debet durare sive pulsari per tantum tempus à matricularioa, quòd ipse possit & valeat durante dictâ pulsatione dicere completè matutinas beatæ Mariæ.

Item, in diebus trium lectionum temporis quadragesimæ, pulsatio primæ debet durare per spatium unius horæ.

Item, in anniversario annuali ad vesperas, cùm incipitur *Placebo*, quatuor campanæ debent pulsari continuè sine aliqua intermissione usque ad incœptionem tertii nocturni, & ad missam dum incipitur commendatio mortuorum usque ad evangelium.

Item, in duplo anniversario in vesperis, dum incipitur *Placebo*, pulsatur cum duabus grossis campanis usque ad quartam lectionem, & ad missam ab incœptione commendationis mortuorum usque ad finem epistolæ.

Item, in anniversario novem lectionum, in vesperis, dum incipitur *Placebo*, usque ad primam lectionem, & ad missam ab incœptione commendationum usque ad *Kyrie eleison*, cum duabus grossis campanis.

Item, in anniversario trium lectionum, dum incipitur *Placebo*, pulsatur cum duabus parvis campanis usque ad *Dirige*, & in missâ, ab incœptione commendationum usque ad incœptionem missæ, scilicèt cùm incipitur *Requiem*.

De incœptione horarum, quæ fit post pulsationem.

In primis sciendum est quòd in die festi Epiphaniæ, & in octavis ipsius, & in die mortuorum, trinâ pulsatione pro matutinis factâ, non statim incipiuntur matutinæ, sed post pulsationem prædictam accenduntur cerei, & fit tanta pausa, quòd cantor possit venire ad ecclesiam de domo suâ post pulsationem ante incœptionem matutinarum prædictarum, pro eo quod invitatorium nec *Venite* in ipsis non dicuntur.

Item, quòd singulis diebus totius anni non debet incipi prima, donec cantor venerit ad ecclesiam, aut saltem expectatus fuerit post pulsationem per tantam pausam quòd de domo suâ ad ecclesiam præfatam venire potuerit.

Et scias quod dictum est modò de incœptione primæ, intelligendum est etiam de incœptione nonæ.

Item, quòd in quadragesimali tempore post prandium & pulsationem completorii non statim incipiuntur vigiliæ mortuorum, sed accenduntur cerei, & fit tanta pausa, quòd cantor & hebdomadarius & alii de collegio possint bono modo de domibus venire ad ecclesiam, discretione cantoris super hoc requisitâ.

Item, quòd in diebus in quibus nullum est anniversarium, pulsatur ad primam & ad nonam tardiùs quàm cæteris diebus; & si contingat manè aut illâ horâ, quâ pulsatur diebus in quibus est anniversarium, pulsari, quod non fieri debet, neque etiam fuit consuetum, tunc debet fieri magna pausa inter finem primæ, & pulsationem tertiæ, & tanta quòd possit æquiparari missæ obitûs dicta pausa.

Item, Notandum est inter alia, quòd cantatâ primâ absque pausâ, debet incipi commendatio mortuorum, si sit obitus, & deinde tertia, magna missa, & deinde hora meridiei; & si non sit obitus, fit pausa inter primam & tertiam, prout dictum est modò suprà. Sed cantatâ tertiâ, omnia cætera officia sive horæ sine pausa aliqua aut intermissione cantantur, & alio modo cadit defectus in ecclesia, & contrà statuta.

Item, quòd cantor & omnes capellani & clerici tenentur esse ad primam, nisi habeant excusationis justam causam: & ubi omnes adesse non valebunt propter negotia dominorum suorum aut sua, unus eorum de quolibet hospitio ad minus absque aliqua excusatione tenetur interesse, alioquin debent deficientes puniri per privationem & amissionem distributionis obitûs aut missæ sequentis, ad voluntatem cantoris ; & ubi fuerint rebelles, aut propter hoc venire contempserint, cantor debet domino thesaurario eorum contemptum nuntiare, qui eos punire super his, prout ei videbitur expedire.

Item, ubi pueri aliqua de causâ occupati ad primam interesse non valebunt, hebdomadarius clericus tenebitur legere lectionem puerorum.

De introitu & exitu horarum, & primò matutinarum.

In primis necesse est, & ita observatum est ab antiquo, quòd in matutinis, sive in æstate sive in hyeme cantentur, omnes faciant introitum in choro ante primum *Gloria Patri* primi psalmi, aut ipso durante, & quòd pro exitu matutinarum prædictarum omnes sint præsentes in choro ad orationem primam, de qua fiunt matutinæ: nec sufficit esse in thesauro, quia abusus est, maximè hoc continuare volentibus,

tibus, nam dedecus est ecclesiæ sedes chori vacuas remanere, & honor maximus ipsas à pluralitate canonicorum occupari.

De introitu & exitu missarum mortuorum.

Primò oportet quòd singuli canonici faciant introitum in missis mortuorum ante finem epistolæ, & ipsâ finitâ prohibetur eis ingressus; & quòd pro exitu intersint ad corporis Christi levationem, aut saltem ad primam orationem post communionem; & contrarium facientes amittunt lucrum missæ illius.

Item, capellani perpetui, & canonicorum capellani & clerici tenentur intrare missam sive missas mortuorum ad ultimum *Kyrie*, quo finito prohibetur eis ingressus, & in choro interesse pro exitu missæ ad corporis Christi levationem; & si post prædictam levationem contingat eos intrare chorum, pro exitu suo faciendo, necessariò in choro usque ad finem missæ prædictæ remanere tenebuntur, & contrarium facientes amittunt lucrum missæ illius.

De introitu magnarum missarum.

Primò oportet quòd singuli canonici in magnis missis ante finem epistolæ faciant introitum, quâ finitâ prohibetur eis ingressus; & quòd pro exitu intersint ad corporis Christi levationem, aut saltem ad primam orationem post communionem; & contrarium facientes lucro missæ illius privandi sunt.

Item, capellani & clerici tenentur ad missas magnas introitum facere ad ultimum *Kyrie*, quo finito prohibetur eis ingressus, & pro exitu missæ tenentur in choro ad corporis Christi levationem interesse. Et si aliquo casu eos intrare chorum contingat, pro exitu suo faciendo, necessariò in choro usque in finem missæ prædictæ remanere tenebuntur, & contrarium facientes lucro seu commodo missæ illius privabuntur.

De introitu & exitu duodecim missarum regis CAROLI V.

Sciendum est quòd juxtà & secundùm ordinationem istarum missarum à rege Carolo fundatarum, omnes & singuli canonici tenentur per juramentum suum intrare & esse ad missas prædictas ante finem primi *Kyrie*, & ibi remanere, absque eo quòd exeant chorum præter ad quærendum cappas ad dicendum *Alleluya* vel tractum, donec missæ fuerint completæ, scilicèt quòd dicatur, *Ite missa est*, aut *Benedicamus Domino*. Et contrarium facientes lucro seu commodo missæ illius ubi defecerint, omnimodè privabuntur.

Item, capellani & clerici juxtà fundationem prædictam modo simili tenentur intrare missas ad primum *Kyrie*, & ibi remanere, nec exire chorum, præter ad quærendum cappas propter *Alleluya* aut tractum dicendum, donec missæ fuerint completæ, scilicèt quòd dicatur, *Ite missa est*, aut *Benedicamus Domino*. Contrarium facientes commodo missæ in qua defecerint privabuntur.

De ordinatione duarum missarum fundatarum à rege CAROLO V. *in navi ecclesiæ.*

Primò sciendum est quòd capellani & clerici hebdomadarii dictarum missarum debent ad eas accedere & ibi interesse in habitu ecclesiæ.

Item, quòd in prima missa quæ celebratur statim post matutinas æstivali tempore, & hyemali in solis ortu, de sancto Spiritu, debet fieri memoria de beata Maria, de sancto Dionysio, de beata Agnete virgine & martyre, & ultimò de rege, regina & eorum liberis.

Item, in secunda missa quæ statim post cantatur de beata Maria, debet fieri memoria de sancto Spiritu, de sancto Dionysio, de beata Agnete, & ultimò de rege, regina & eorum liberis.

Item, quòd si in aliqua missarum prædictarum interveniat defectus quoquo modo per aliquem hebdomadariorum, sive capellani aut clerici privantur toto lucro illius hebdomadæ, prout per fundationem regiam extitit ordinatum.

De introitu & exitu vesperarum.

Necessarium est enim quòd canonici, capellani & clerici omnes & singuli faciant introitum in vesperis ante finem primi *Gloria Patri*, scilicèt primi psalmi, & quòd pro exitu vesperarum intersint præsentes in choro ad primam orationem vesperarum prædictarum; nec sufficit esse in thesauro, nec ad altare retrò.

Item, si contingat quòd in fine vesperarum fiat aliqua processio, prout in tempore Paschali, omnes tenentur esse ad dictam processionem qui fuerunt ad vesperas prædictas, quia processio prædicta de vesperis reputatur, alioquin commodo vesperarum prædictarum privabuntur.

De introitu & exitu vesperarum mortuorum.

Item, in vesperis mortuorum omnes canonici, capellani & clerici tenentur intrare chorum ante finem primi *Requiem* vigiliarum, videlicèt de psalmo *Verba mea*, & debent adesse in choro prædicto præsentes pro exitu vigiliarum prædictarum ad orationem *Absolve quæsumus Domine*.

De processionibus ordinariis per annum.

Item, quòd omnes & singuli qui vadunt ad processiones quæ fiunt in Rogationibus, debent esse præsentes in missis processionum quæ fiunt in ecclesiis ad quas fiunt processiones prædictæ, & tenentur reverti ad sacram capellam processionaliter cum cæteris de collegio; & si secùs faciant, commodo processionis privandi sunt.

De processionibus extraordinariis.

Sciendum est autem quòd si contingat aliquo casu propter guerras, sanitatem principis, reginæ, aut liberorum, aut fratrum, aut contrà temporis inordinationem, inundantiam impetrandam, aliquas processiones aut missas extraordinarias celebrare, missæ prædictæ debent à canonicis aut eorum capellanis secundùm ordinem domorum canonicorum prædictorum, incipiendo à thesaurario, celebrari & cantari; & debet ordo iste semper observari, proviso quòd si pro una causarum prædictarum fiant duæ vel tres missæ, si contingat pro alia causa aliâ vice missas vel missam celebrare, incipietur in ista vice ultima, ubi dimissum fuit primâ vice supradictâ.

De ordinatione hebdomadarum capellanorum.

Ab institutione istius sacræ capellæ extitit ordinatum, quòd hebdomadarius missarum & officii superioris capellæ faciat officium matutinarum, missæ, vesperarum, & omnium horarum cæterarum diei & noctis per totam hebdomadam.
In secunda verò hebdomada ipse hebdomadarius primas missas quæ cantantur cum nota in inferiori capella per singulos dies hebdomadæ unà cum vesperis Sabbati istius hebdomadæ jam dictæ, quæ sunt de beata Maria, tenebitur celebrare & cantare.
Et si contingat aliquo casu festum aliquod annuale in istâ secundâ hebdomada evenire, ipse vesperas in inferiori capella supradicta de festo prædicto tenebitur dicere & cantare.
In tertia hebdomada hebdomadarius supradictus missas mortuorum quæ dicuntur in inferiori capella singulis diebus, statim & sine intermissione aliqua post primam missam supradictam tenebitur celebrare.

In quartâ verò hebdomada hebdomadarius prædictus missas obituum, sive anniversariorum, quæ fient in superiori capella, dum tamen fuerint dupla, novem aut trium lectionum, tenebitur dicere & cantare; sed si fuerit annuale, ad thesaurarium pertinebit.
Et isto modo quatuor vicibus capellani canonicorum facere in anno tenebuntur, nisi aliqua de causa aliud statuatur.

De ordinatione hebdomadarum clericorum.

Ab institutione supradicta extitit ordinatum, quòd semper pro officio divino decentiùs celebrando, quilibet clericorum esset in ordine suo ad incipiendum antiphonas, psalmos, tenere chorum in matutinis, in missa & in vesperis ordinatus hebdomadarius in superiori capella, & in istâ primâ hebdomadâ hebdomadarius prædictus, in matutinis novem lectionum debet dicere invitatorium cum suo *Venite*, cum adjutore suo, & dicto *Venite* debet solus tenere chorum ad prædictas matutinas, debet etiam legere lectionem primæ in absentia puerorum, ad missam chorum tenere, & ad vesperas modo simili.
In secundâ verò hebdomada sequenti ipse clericus hebdomadarius debet esse adjutor chori in superiori capella, videlicèt tenere chorum in festo novem lectionum ad missam, ad vesperas, & ad *Venite*, ad matutinum. Et debet esse principalis clericus in inferiori capella, videlicèt habere claves capellæ prædictæ, ornamenta altaris custodire, capellam antedictam aperire, claudere, altare parare ornamentis, administrare panem, vinum & aquam pro missa & aqua benedicta, & in ipsa missa dicere per omnes dies hebdomadæ epistolam, & incipere omnia quæ in missa ad clericum possunt pertinere, & missâ cantatâ iterùm esse clericus secundæ missæ quæ ibidem statim cantatur de mortuis, & eâ cantatâ, ornamenta in tuto, videlicèt in armariolo, reponere.
In tertiâ verò hebdomada præfatus clericus debet esse adjutor in inferiori capella prædicta ad missam primam antedictam.
Et ordo præsens observatur inviolabiliter in capellâ præsenti, de uno clerico ad alium consequenter ordinem observando quater in anno, & completo uno turno incipit alius, nisi aliud imposterum statuatur.

De oblationibus quæ offeruntur ad manus sacerdotum.

Primò sciendum est quòd omnes oblationes quæ offeruntur in superiori capella ad manus sacerdotis ad majus altare, ad altare retrò, in thesauro, & ad altare regis, ad quod duæ missæ diebus singulis perpetuò celebrantur, debent Sabbato distribui inter eos qui defectus suos lucrati sunt, vel qui præsentes fuerunt ad oblationes faciendas.

Item, oblationes illæ quæ in inferiori capella ad majus altare ad primam & secundam missam quæ quotidie celebrantur, scilicèt prima de die, secunda de defunctis, offeruntur, debent canonico hebdomadario primæ missæ inferioris capellæ præfatæ pertinere, nisi ad missas prædictas aut ipsarum aliquam fiat de speciali aliqua solemnitas, ut sæpè accidit, de defunctis pro corpore præsenti, vel anniversario alicujus capellani clerici, aut de familia aut sanguine alicujus canonicorum: nam in isto casu oblationes quæ ibi offeruntur, sive in pecunia, sive in cereis, non sunt hebdomadarii, sed inter eos qui fuerunt præsentes ad missam & qui defectus sunt lucrati distribuuntur æqualiter.

Item, oblationes quæ offeruntur in superiori capella in exequiis sive funeralibus defuncti cujuscumque, sive corpus sit ibi præsens, aut sive ejus anniversarium, debent inter canonicos præsentes exequiis sive funeralibus prædictis, vel qui defectus hebdomadæ prædictæ sunt lucrati, distribui modo & formâ supradictâ.

De oblationibus quæ offeruntur ad reliquias.

Si ad sanctas reliquias superiores aut inferiores aurum aut argentum aliquod offeratur, illud inter præsentes oblationi, vel qui defectus suos hebdomadæ præsentis lucrati sunt, distribui debet modo supradicto.

De oblationibus indulgentiarum.

Sciendum est prætereà quòd oblationes quæ offeruntur in ista sacra capella temporibus indulgentiarum ad majus altare, ad reliquias, ad cuvas, ad missas, vesperas & per omnes dies nocte dieque, debent distribui inter canonicos qui illâ die ad ecclesiam in matutinis, missâ aut vesperis fuerint præsentes, vel qui in palatio illâ die pernoctabunt. Nam qui in aliqua horarum prædictarum præsentes non fuerint, nec illâ die in palatio pernoctabunt, absentes reputantur. Et hoc idem servabitur in indulgentiis Paschalibus.

De oblationibus truncorum.

Præterea consuetum est quòd semper feriâ quartâ post Pentecosten, in qua oblationes indulgentiarum translationis capitis beati Ludovici dividuntur, omnes trunci aperiantur, & pecunia in eis inventa unâ cum oblationibus supradictis pari formâ dividantur, videlicèt inter eos qui oblationes prædictas, prout dictum est, sunt lucrati.

De oblationibus dierum Veneris.

Sciendum est insuper quòd oblationes quæ in diebus Veneris totius anni ad reliquias quæ super truncum reponuntur, sunt oblatæ, debent in Sabbato sequenti canonicis ad compotum hebdomadæ præsentibus distribui & dividi ratione compoti faciendi. Et etiam quia ibidem de negotiis ecclesiæ tractatur & expeditur per præsentes supradictos.

De oblationibus cereorum & torcharum.

Si autem rex, regina, aut eorum fratres vel liberi, vel aliqua privata persona, veluti faciunt multi, & multâ devotione moti, ad sanctas reliquias cereos vel torchas offerant, dum tamen cereus vel torcha pondus unius libræ ceræ non excedat, ad hebdomadarium superioris capellæ integraliter pertinebit.

Sed si cereus aut torcha in pondere libram excedat, tunc canonicis præsentibus ad oblationem, vel qui defectus suos in hebdomada sunt lucrati, prout dictum est in oblationibus pecuniarum, dividetur pro rata.

Si unâ vice vel horâ plures cerei à diversis personis offerantur, omnes illi cerei qui de una libra & minùs subtùs libram extiterint, ad hebdomadarium superiorem pertinebunt: & qui libram excedent, ad illos qui præsentes fuerint, vel qui defectus suos lucrabuntur. Si autem offertorium unius singularis personæ libram excedens offeratur, ad omnes tunc suos defectus percipientes, vel qui in horis offertorii interfuerunt, spectabunt.

Item, omnes candelæ quæ in superiori & inferiori capella per totam hebdomadam sunt oblatæ, hebdomadario superiori debent integraliter pertinere.

Item, si fiat aliquod officium mortuorum propter alicujus mortui præsentiam vel aliquod anniversarium, ad quod officium ponantur cerei, vel torchæ, vel aliquod luminare; luminare illud debet dividi & distribui inter canonicos præsentes, vel qui in hebdomada defectus suos modo prædicto sunt lucrati.

Item, si à rege, regina, aut fratribus, aut eorum liberis, aut aliis dominis vel personis aliquis pannus sericeus offeratur, debet venditioni exponi, & pecunia inde recepta inter canonicos præsentes oblationi, vel qui in hebdomada defectus suos lucrabuntur; distribui.

De officio proturatoris.

Ab antiquis temporibus statutum & ordinatum est in ista sacra capella, ut procurator primâ die vel secundâ mensis Decembris, & primâ vel secundâ mensis Julii, aut ad quam fiet continuatio, compotum suum in omnium canonicorum qui interesse voluerint, præsentiâ, ad hoc quòd eorum aliqui de statu negotiorum ipsius capellæ ignorantiam prætendere non valeant, bono modo singulis annis reddere teneatur. Et fuit præsentis statuti causa sive ratio, ut prædictus procurator in negotiis & rebus ecclesiæ procurandis & agendis se redderet promptiorem; & ubi in ipsis negotiis aut ipsorum aliquo defectus appareret, per consilium & eorum juvamen remedium apponatur, & modo meliori quo fieri poterit succurratur.

Item, quòd omnes & singuli canonici ibidem cùm tractatur de negotiis ipsius sacræ capellæ expediendis, præsentes intersint, ut de consultatione & assensu omnium deliberetur quid in eis melius fuerit agendum, & qui in dictis compotis audiendis non fuerint præsentes, commodo compotorum, nisi infirmi fuerint, privabuntur, absque eo quòd aliâ causâ quàm prædictâ sint excusandi.

Juramentum procuratoris & receptoris generalis.

Primò, ego N. juro quòd officium receptæ & procurationis hujus sacræ capellæ, quamdiù vobis dominis meis thesaurario & canonicis placuerit, benè & fideliter exercebo, secretaque vestra & negotiorum præsentis sacræ capellæ, & venerabilis collegii ejusdem in mei præsentia deducta & tractata nemini pandam seu quovis modo revelabo, etiamsi tangant capellanos seu clericos prædictæ sacræ capellæ.

Item, quòd in detrimentum domanii atque rerum & bonorum hujus præsentis sacræ capellæ aut præjudicium vestri aliqua corruptionis munera non recipiam; immò si damnum vel defectum in præmissis scivero, totis viribus reparari & emendari procurabo, & si non possum, vobis intimabo.

Item, quòd de receptis & missionibus per me in præsenti officio gestis & administratis bonum compotum & legitimam rationem bis in anno, sicut hactenùs est fieri consuetum, aut aliàs prout ordinaveritis, fideliter vobis reddam, & cætera omnia eidem meo officio incumbentia, & quod ab antiquo mei antecessores facere & exercere consueverunt, diligenter prosequar, & totis viribus procurabo. Sic me Deus adjuvet & hæc sancta Dei evangelia.

De solutionibus grossorum & distributionum.

Sciendum est quòd in quatuor terminis, videlicèt in festo beati Joannis, omnium Sanctorum, Nativitatis Domini & Paschæ, fiunt solutiones canonicis & capellanis perpetuis de grossis fructibus & distributionibus suis, prout sunt lucrati, & capellanis & clericis canonicorum modo simili in termino quolibet, pro tredecim hebdomadis.

De residentia.

Sciendum est quòd omnes canonici tenentur in ea residentiam continuam facere personalem, nisi per regem, ejus consensum & ejus litteras fuerint excusati.

Præterea, sex capellani perpetui qui quotidianas in sacra capella percipiunt distributiones, tenentur ad residentiam continuam & personalem, nisi habuerint à rege licentiam de non ibi residendo; & in casu isto ipsi unum capellanorum canonicorum suis sumptibus ad serviendum choro in his in quibus in tabula pro officio inibi faciendo adscribuntur, habere tenebuntur: & nisi super hoc provisionem fecerint, cantor habet requirere domino thesaurario, ut super fructibus capellaniæ provideat servitio suæ capellaniæ, & officio sacræ capellæ.

Item, omnes capellani perpetui non distributiones quotidianas percipientes tenentur in magnis festis & sæpè, hoc est bis vel ter in hebdomada, ad missas aut vesperas interesse, in processionibus ordinariis & extraordinariis simili modo, ut appareant esse de gremio sacræ capellæ & de exemptione ipsius, alio modo non gaudere debent de prædicta exemptione; & si in hoc defecerint, per dominum thesaurarium sunt monendi, & si post monitionem hoc facere renuerint, puniendi.

Item, quòd omnes capellani & clerici canonicorum tenentur facere residentiam continuam & personalem in sacra capella, nec aliqua de causa possunt se ultra unum diem, nisi de licentia thesaurarii & magistrorum petita & obtenta, absentare; & si secùs fecerint, privandi sunt tanquam perjuri, si placuerit dictis thesaurario ac magistris.

Item,

Item, cavendum est principaliter ne aliquis de collegio in domo sua mulierem suspectam, vel de qua homines debeant suspicari, teneat vel habeat, propter scandalum quod potest inde oriri & generari, prout sæpe & sæpiùs videtur manifestè, & ita in ecclesia Parisiensi ab antiquis temporibus observatur. Sed si de sanguine suo, veluti soror, mater, avia vel consanguinea talis mulier extiterit, satis est permittendum, & si monitione præmissâ & factâ à domino thesaurario non destiterit.

De excusationibus absentiæ horis.

Quia verò non solùm percipiuntur distributiones in istâ sacrâ capellâ stando in horis diurnis & nocturnis, sed etiam aliquibus causis aut excusationibus mediantibus, quibus homines ecclesiastici multoties excusantur; sequitur de prædictis excusationibus sive causis.

Et primò, sciendum est quòd si aliquis canonicorum fuerit lapsus aut deductus in senio, videlicet in sexagesimo anno, vel ultrà, debet in capitulo ætatem suam allegare, & ætatis suæ causâ matutinas suas petere liberas, prout hactenùs fuit à prædecessoribus nostris observatum; & si à thesaurario & canonicis verisimile videatur de ætate petentis, debent sibi annuere quod petit, & si fuerit ei concessum quòd habeat causâ prædictâ matutinas liberas, propter hoc tamen non excusatur de matutinis seu vigiliis quæ in æstate post vesperas cantantur : nam in illis debet interesse, alioquin amitteret eas, quia conceduntur ei matutinæ ob hoc quòd grave est ei surgere in manè, ubi esse debet requies sanguinis.

Item, si propter infirmitatem aut corporis debilitatem aliquis ad ecclesiam accedere non valeat, bono modo excusandus est, dum tamen per villam ad negotiandum non vadat.

Item, si in infirmitate sua propter sanitatem adipiscendam aut aëris intemperantiam, ad aliquem locum se transferat, & ibi stet per duos aut tres dies solos, excusandus est.

Item, si fuerit minutus, aut recipiat medicinam, potest accipere distributiones suas liberè per tres dies, & ubi sibi placuerit spatiari in domo sua, in villa, vel extrà.

Item, si in negotiis ecclesiæ, in deliberatione, scripturâ ergâ regem, cameram compotorum, parlamentum, thesaurum, generales, aut alio quovis modo legitimè & ad requestam capituli aut ipsius ratificationem post hoc, fuerit occupatus, benè meritò est excusandus.

Item, si in nova missâ, nuptiis, funeralibus, aut principio alicujus amici sui fuerit Parisius, ad ipsum, sicut moris & decens est, honorandum, vel quia patriota aut de genere suo extiterit oriundus, excusandus est.

De defectibus qui distribuuntur inter præsentes.

Sciendum est quòd in quolibet Sabbato anni omnes canonici, capellani & clerici conveniunt in camerâ solutionis, & debent merellos suos ibi asportare, ut videatur quid & quod eorum unusquisque fuerit lucratus, & procuratoris papyro ascribatur, pro sibi solutione de lucro facienda ad terminum inde sequentem, & quid in defectibus computetur; & quicumque non venerit illâ horâ, videlicèt ante conclusionem compoti, perdet sex denarios in hebdomada sequenti.

Defectus hebdomadæ, hoc est summa illa quæ restat ex universo valore canonicorum, cantoris, capellanorum omnium, clericorum, cubitûs, missarum regis & de Borbonio hebdomadæ, deductione factâ totius lucri antedictorum de valore universo præfato, distribuitur in Sabbato inter eos qui eos lucrati sunt; videlicèt qui in diebus tribus hebdomadæ tres magnas horas, hoc est matutinas, magnam missam vel vesperas fecerint, & in ecclesiâ in eis personaliter fuerint, & ter in palatio regis in hebdomadâ præfatâ pernoctaverint, ut dictum est, tribus diebus notabiliter; quia non sufficeret facere duas horas in die.

Præterea sciendum est specialiter quòd matutinæ iis qui eas liberas percipiunt, eis pro horis pro defectibus antedictis lucrandis & habendis nullo modo computantur, quia non sunt præsentes in ecclesiâ in illâ horâ. *Ibidem.*

Lettres de FRANÇOIS I.

Portant ordre d'abatre les maisons & loges basties dans la cour du palais.

AN. 1527.

SUR la presentation faite à la chambre de ceans des lettres patentes du roy données à S. Germain en Laye le deuxiéme jour de Mars l'an M. D. XXVI. dont la teneur ensuit : FRANÇOIS par la grace de Dieu roy de France, à nos amez & feaux gens de nos comptes à Paris, salut & dilection. Comme nostre palais royal situé & assis à Paris soit fait & construit pour maison forte, fermant à porte, distinct & séparé des habitans de nostre ville, ordonné seulement pour la demeure des rois, leurs domestiques & familiers; pour la sureté duquel lieu guet soit establi toutes les nuits par dedans & par dehors pour la garde des saincts reliquaires de nostre Saincte-Chapelle, trésor de nos chartes, & des registres de nos cours de parlement & chambre desdits comptes, & autres cours & jurisdictons qui se tiennent journellement audit palais, & ne soit loisible construire aucunes maisons ou loges ou pourpris dudit palais sans nostre vouloir & exprez consentement; neantmoins soubs couleur d'augmentation de nostre domaine, ont puis nagueres esté édifiées plusieurs maisons, loges & édifices, joignans & attenans à ladite Saincte-Chapelle, la grande salle du palais, chambre du trésor, & autres lieux sur les carreaux de la cour du palais, par gens méchaniques & de mestiers, demourans ordinairement & tenans leur ménage & feu en icelles, qui rendent ledit lieu moins seur, trop commun, & infecté, & subjet à ordures, pestes, & autres maladies contagieuses, & autres grands dangers de feu, de larcin, empeschans & occupans ladite cour expressément ordonnée grande & plantureuse, pour la décoration dudit lieu, & pour recevoir gens & chevaux y arrivans journellement, & aux entrées des rois, reines & autres princes faisans leurs entrées en ladite ville, & autres assemblées générales & communes, le tout au tres-grand préjudice & dommage de nous & de nostre chose publique. Pourquoi nous, ces choses considerées, & le rapport qui nous en a esté fait, & autres considerations à ce nous mouvans, vous mandons, commandons, & expressément enjoignons, que incontinent & sans délay vous faites abbatre & démolir toutes & chacunes lesdites maisons de la qualité dessus dicte, & que trouverez nuire à la décoration de nostredit palais, nonobstant oppositions ou appellations quelconques, pour lesquelles ne voulons estre differé; car tel est nostre plaisir. Donné à S. Germain en Laye le deuxiéme jour de Mars M. D. XXVI. & de nostre regne le XIII. Signé, par le roy, ROBERTET, & scellé de cire jaulne sur simple queue. ONT esté ordonnez pour l'execution d'icelles, Jehan Badouiller, & Jehan de Pommereu conseillers & maistres desdits comptes. Fait le v. Febvrier M. D. XXVII.

Tiré du registre de la chambre des comptes cotté DD. Bibliot. Coislin vol. 9. des registres de ladite chambre, non millesimé.

Bulle du pape INNOCENT IV.
En faveur du college des Bernardins.

INNOCENTIUS episcopus, servus servorum Dei. Dilectis filiis provisori & monachis loci qui dicitur beati Bernardi in Cardineto Parisiensi Cisterciensis ordinis, salutem & apostolicam benedictionem. Ex parte vestra fuit propositum coràm nobis, quòd de loco, ubi primitùs fueratis, qui usibus vestris nimiùm arctus erat, ad locum de Cardineto vobis accommodum, & studio cui insistitis magis aptum vos deliberatione providâ transtulistis. Unde cùm vobis in priori loco degentibus concessisse dicamur ut privilegiis, indulgentiis & libertatibus Cisterciensis ordinis ab apostolica sede concessis, sicut cæteri fratres ejusdem ordinis, gauderetis; nos præmissis aliquid ad vestram supplicationem addentes, expressiùs vobis præter præmissa privilegia, indulgentias & libertates, quibus ob translationem hujusmodi nolumus derogari, auctoritate præsentium indulgemus, ut in capella vestra ejusdem loci de Cardineto divina possitis celebrare officia, & cimiterium, sicut moris est, ab episcopo benedictum habere, ad opus fratrum ibidem decedentium, juxta consuetudinem Cisterciensis ordinis approbatam. Nulli ergo omninò hominum liceat hanc paginam nostræ concessionis infringere, vel ei ausu temerario contraire. Si quis autem hoc attemptare præsumpserit, indignationem omnipotentis Dei & beatorum Petri & Pauli apostolorum ejus se noverit incursurum. Datum Lugduni VII. Kal. Septembris, pontificatûs nostri anno VIII.

Copié sur l'original, sur le sceau duquel il y a: INNOCENTIUS *papa* IIII.

Autre bulle du pape INNOCENT IV.
En faveur du même college.

INNOCENTIUS episcopus, servus servorum Dei. Dilectis filiis provisori & monachis loci qui dicitur beati Bernardi in Cardineto Parif. Cisterciensis ordinis, salutem & apostolicam benedictionem. Affectu sincero sic vestri ordinis decus & decorem diligimus, quòd super omnibus spectantibus ad ipsius honorem & commodum nos benignos & benivolos exhibemus. Sanè sicut lecta coràm nobis vestra petitio continebat, dilectus filius nobilis vir Johannes de Lexinton, dominus de Eston, jus patronatûs quod in medietate ecclesiæ de Roderham Eboracensis

JUSTIFICATIVES.

fis diocefis obtinebat, piâ & providâ liberalitate vobis & per vos loco vestro contulit, prout in patentibus litteris confectis exindè dicitur pleniùs contineri. Nos itaque obtentu dilecti filii nobilis viri A. comitis Pictaviensis, qui terrena pro cælestibus piè cupiens commutare, dictum locum de propriis bonis suis fundasse dicitur, & super hoc apostolicam gratiam per affectuosas litteras imploravit, vestris supplicationibus inclinati, quod à præfato domino de Eston super hujusmodi collatione dicti juris patronatûs factum est, ratum & firmum habentes, id auctoritate apostolicâ confirmamus, & præsentis scripti patrocinio communimus; defectum qui ex eo super hoc est habitus, quòd venerabilis fratris nostri archiepiscopi, & dilectorum filiorum capituli Eboracensis non intervenit assensus, supplentes de nostræ plenitudine potestatis. Nulli ergo omninò hominum liceat hanc paginam nostræ confirmationis & suppletionis infringere, vel ei ausu temerario contraire. Si quis autem hoc attemptare præsumpserit, indignationem omnipotentis Dei & beatorum Petri & Pauli apostolorum ejus se noverit incursurum. Datum Laterani II. Kal. Martii, pontificatûs nostri anno XI. *Copié sur l'original, sur le sceau duquel il y a :* INNOCENTIUS *papa* IIII.

Bulle du pape GREGOIRE X.

En faveur des Bernardins.

GREGORIUS episcopus, servus servorum Dei. Dilectis filiis fratribus Cisterciensis ordinis scolaribus Parisius apud sanctum Bernardum in theologica facultate studentibus, salutem & apostolicam benedictionem. Ne studium vestrum inutile, si non proveniret exindè fructus aliquis, videatur, vobis ad instar felicis recordationis Innocentii papæ IV. prædecessoris nostri præsentium auctoritate concedimus, ut in prædicando publicè, si fueritis requisiti, & legendo ordinarie in theologia, cùm licentiati fueritis, non obstante quòd estis monachi, illâ quâ fratres Minores & Prædicatores illic morantes utuntur, omnimodâ utamini libertate. Nulli ergo omninò hominum liceat hanc paginam nostræ concessionis infringere, vel ei ausu temerario contraire. Si quis autem hoc attemptare præsumpserit, indignationem omnipotentis Dei & beatorum Petri & Pauli apostolorum ejus se noverit incursurum. Datum apud Urbem-veterem IV. idûs Julii, pontificatûs nostri anno I.

Copié sur l'original, sur le sceau duquel il y a : GREGORIUS *papa* X.

Lettres d'amortissement accordées par le roy PHILIPPE LE BEL au college des Bernardins.

PHILIPPUS D. G. Francorum rex &c. Notum facimus universis tam præsentibus quàm futuris, quòd cùm abbas & conventus monasterii Claræ-vallis Cisterciensis ordinis pro se ac fratribus ejusdem monasterii apud monasterium S. Bernardi Parisius studentibus finaverint cum magistro Symone dicto Bouel & Symone dicto Paren clericis, ad recipiendum pro nobis & nomine nostro hujusmodi financias in præpositura Parisiensi & ejus ressorto deputatis à nobis, super dimidio arpento terræ empto per eos à magistro Gregorio de S. Maglorio; item super tribus arpentis terræ, vel circiter, emptis à quondam Philippo dicto concergio regis; item super duobus arpentis terræ, vel circiter, emptis à Johanna de sancto Richerio; item super uno arpento terræ, vel circiter, extendente se à ponte Bevere qui est ante ecclesiam sancti Nicolai in Cardinero, usque ad Sequanam, empto ab abbate & conventu monachorum S. Victoris Parisiensis; item super uno arpento terræ empto à presbytero S. Nicolai in Cardinero Parisiensi & ejus consortibus, apud ipsos & dictum monasterium Claræ-vallis perpetuò remanendis; quæ præmissa ab eisdem abbate & conventu in censiva monachorum S. Victoris prædicti in loco qui dicitur Cardinetum infrà muros civitatis Parisiensis sita, acquisita fuisse noscuntur. Nos financiam hujusmodi ratam & gratam habentes, volumus & præsentium tenore concedimus, quòd dicti abbas & conventus, & fratres ac successores eorum, præmissa omnia habeant & possideant in futurum pacificè & quietè, absque coactione vendendi vel extrà manum suam ponendi, salvo in aliis jure nostro, & in omnibus alieno. Quod ut firmum & stabile perseveret, præsentibus litteris nostrum fecimus apponi sigillum. Actum Parisius mense Septembri anno Domini M. CC. XCIV. *Tiré des archives du college de S. Bernard, & pris sur une copie.*

Tome II.

Extrait de quelques titres, reglemens, &c.

Communiquez par les religieux du college de S. Bernard de Paris.

AD honorem Dei & ordinis decus & decorem sanctæ universalis ecclesiæ, & ut corda nostra luce divinæ sapientiæ pleniùs illustrentur, præsertim cùm domini papæ mandatum, & plurium cardinalium petitionem & admonitionem susceperimus, & præcipuè domini J. tituli S. Laurentii in Lucina presbyteri cardinalis, sic statuit capitulum generale ut in singulis abbatiis ordinis nostri in quibus abbates habere potuerint vel voluerint, habeatur studium, ita quòd ad minùs in singulis provinciis provideatur abbatia una in qua habeatur studium theologiæ, ita quòd monachi ad studium deputati, à Kalendis Octobris usque ad Pascha statim postquàm missam audierint, extrà terminos exeant ad studium, & studio vacent usque ad collationem; à Pascha autem usque ad dictas Kalendas exeant post laudes, & usque ad prandium studeant, hoc salvo quòd missas audiant vel celebrent; iterùm post nonam, usque ad cœnam revertantur ad ipsum. Ad dictas abbatias mittere poterunt de monachis suis quos ad hoc magis idoneos viderint; ita tamen quòd ad id compelli non poterunt quibus facultas deerit vel voluntas; & abbati loci illius ad quem mittentur respondere tenebuntur qui mittent, de expensis transmissorum; nec clerici sæculares vel alterius ordinis in ipsis scholis admittantur. Pro reverentia verò domini papæ & aliorum cardinalium qui pro prædicto scripserunt negotio, & præcipuè domini J. tituli S. Laurentii in Lucina presbyteri cardinalis, concedit capitulum generale, ut studium per sollicitudinem abbatis Claræ vallis Parisius jam inceptum, inviolabiliter perseveret, & illuc nullus mittere compellatur, nisi spontaneâ voluntate. Qui autem sic miserint, missis provideant in expensis. *Capitulum generale Cistercii, anni 1245.*

On ne sçait pas où estoit d'abord situé ce college de Clairvaux, fondé par Estienne de Lexinton abbé de Clairvaux, docteur de Paris, depuis deposé par l'abbé de Cisteaux, & decedé simple religieux de l'abbaye d'Ourscamp, l'an 1264. après avoir esté nommé évesque en Angleterre par le pape Alexandre IV. mais les actes suivans font voir comment ce college a esté estabil au Chardonnet.

Le premier jour de Novembre 1246. les doyen & chapitre de N. D. de Paris firent bail à toûjours-mais aux abbé, convent & religieux de Clairvaux estudians au college de S. Bernard à Paris, pour 25 liv. parisis de rente annuelle & perpetuelle payable dans leur cloistre pendant l'octave de S. J. B. chaque année, de deux pieces de vignes, l'une de six arpens moins huit quartiers, située près des murailles & de la porte de Paris par laquelle on va à S. Victor; & l'autre sise vers lesdits six arpens & ladite porte, cum omni ea libertate quâ eas possidebamus, quam libertatem sic intelligimus, videlicet ut vineæ sint liberæ ab omni servitute personali, sive prædiali, hoc excepto quòd vineæ illæ censum debent monachis de Tyron; nos tamen (c'est toûjours le chapitre de N. D. qui parle) illum censum solvemus illis de Tyron . . . . sciendum verò est quòd prædicti abbas & conventus & fratres, dictas vineas poterunt vendere, commutare vel alio modo extrà manum suam ponere, si eis videbitur expedire; ita tamen quòd ab eis & successoribus eorum census prædictus nobis in perpetuum persolvatur; nec poterunt prædicti abbas, conventus, & fratres liberari à solutione census jam dicti, licèt locum prædictum in quomodò sunt vineæ, processu temporis non habeant nec possideant. Pro dicto autem censu nobis in perpetuum persolvendo, prædicti abbas, conventus, & fratres se & domum Claræ vallis . . . . . . insuper & vineas prædictas nobis specialiter obligarunt.

De ces deux pieces de vignes sises hors des murs de la ville, frater Stephanus abbas & conventus Claræ vallis, & monachi ejusdem loci in loco B. Bernardi Parisius studentes, eschangerent la piece de six arpens moins huit quartiers, sise suprà viam quâ itur ad ecclesiam S. Victoris, liberam ab omni servitute & omni censu, & comme telle promirent de la garentir aux chanoines de S. Victor, qui leur donnerent à la place de cette piece de six arpens moins huit quartiers, cinq arpens de terre contigue dans le lieu appellé Chardonnet, libera ab omni onere & exactione ad censu, avec pouvoir de les tenir en main-morte, & d'acquerir encore quand ils voudroient la terre de M. Pierre de Lamballe, & un autre arpent de terre situé entre celle-là & lesdits cinq arpens de terre; sinon, ailleurs où ils voudront, trois autres arpens de terre audit lieu du Chardonnet dépendans de leur censive, avec un chemin pour aller à ladite terre. Les religieux, en faisant cet eschange, promettent

aux

aux abbé & chanoines de S. Victor, quòd nullo tempore nos vel successores nostri (disent-ils) ædificabimus ipsis invitis extrà muros Parisienses, à strata per quam itur à porta S. Genovefæ ad S. Marcellum, & à sancto Marcello directè usque ad Sequanam; nec ememus, nec ædificabimus in censiva ejusdem ecclesiæ aliquid, absque permissione ipsius ecclesiæ (S. Victoris) excepto in Cardoneto. Cela se passa au mois de Novembre 1246.

L'année suivante, abbas & conventus Claræ-vallis & monachi ejusdem domûs Parisius studentes in loco B. Bernardi, *achetèrent moyennant la somme de* 200 *liv. parisis payée comptant, de Philippe concierge du roy, de ses freres, sœurs, & beaux-freres, une piece de terre sise au Chardonnet, contenant environ trois arpens, près de la terre que lesdits religieux avoient déja au Chardonnet, en la censive de S. Victor; & frere Guillaume prieur dudit college en fut mis en possession, comme procureur des religieux de Clairvaux, au mois d'Avril* 1247. *L'acte d'acquisition dressé par Guillaume évesque de Paris.*

Au mois de Juillet de l'an 1254. *l'abbé & les chanoines de S. Victor vendirent viris religiosis abbati & conventui Claræ-vallis & fratribus ejusdem ecclesiæ apud S. Bernardum Parisius commorantibus, un arpent de terre ou environ, sis au Chardonnet, & tout le reste de la terre qu'ils pouvoient avoir audit lieu, depuis le pont de Biévre qui est devant l'église de S. Nicolas, jusqu'à la riviere de Seine en longueur, excepto jure quod Tyronenses habent in tribus quarteriis terræ in cardineto suprà Sequanam (c'est apparemment où estoit autrefois l'hostel de Tyron, & où a demeuré depuis M. le president de Nesmond) & en longueur, depuis la terre appartenant à sainte Genevieve, qui s'estendoit depuis le pont de S. Nicolas en tirant vers la Seine, jusqu'à la terre qui a esté achetée de Philippe concierge du roy; ensemble toute la terre d'entre ces bornes & qui estoit de la censive de S. Victor, avec tous les droits qu'y avoient ceux de S. Victor, & omne dominium dicti arpenni & totius terræ inter terminos nominatos, & omnem justitiam, jurisdictionem, censivam, districtum, & omne jus quod habebamus, disent-ils, & quidquid juris habebamus vel habere poteramus in via ibidem existente.*

Au mois de Septembre de l'année suivante 1255. *M. Gregoire de S. Magloire & sa femme, reconnurent pardevant l'official de Paris, avoir vendu, moyennant* 40 *liv. tournois viris religiosis abbati & conventui*

Tome II.

Claræ-vallis Cisterciensis ordinis & fratribus ejusdem domûs in domo S. Bernardi Parisius studentibus, *un demi arpent de terre sis au Chardonnet proche l'église de S. Nicolas & dans leur censive.*

En 1275. *le curé de S. Nicolas & quelques autres vendirent conjointement ausdits de Clairvaux une piece de terre contenant un arpent & plus, sise au Chardonnet immediatè juxtà murum dictorum religiosorum, d'une part, & dans leur censive, & de l'autre part près la terre de N. D.* autrement de M. Pierre de Lamballe, depuis le ru de Biévre, jusqu'à la Seine, moyennant 60 liv. parisis. La possession de cette piece de terre fut prise par frere Jean, proviseur dudit college.

* C'est où est le college du cardinal le Moine.

Après que l'ordre de Cisteaux en general eut acheté le college de S. Bernard des religieux de Clairvaux, il fut ordonné au chapitre general de l'an 1321. *que tous les ans le chapitre general ordonneroit de la visite qui se feroit audit college, & nommeroit à cet effet, la premiere année un abbé de la filiation de Cisteaux, la seconde un de celle de la Ferté, la troisiéme un de celle de Pontigny, la quatriéme un de celle de Clairvaux, la cinquiéme un de celle de Morimond, & ainsi de suite à perpetuité. Mais cette ordonnance fut changée dans les nouvelles definitions, & le droit de visite fut donné alternativement aux chefs des filiations.*

Lettres patentes du Roi PHILIPPE LE LONG.

Portant confirmation de la vente du college de S. Bernard à l'ordre de Cisteaux.

AN. 1320.

PHILIPPUS Dei gratiâ Francorum & Navarræ rex. Notum facimus universis præsentibus & futuris nos infrà scriptas vidisse litteras in hæc verba: Universis præsentes litteras inspecturis, frater Matthæus dominus abbas Claræ-vallis Cisterciensis ordinis Lingonensis diœcesis, totusque ejusdem loci conventûs, salutem in Domino. Notum facimus quòd nos in pleno nostro capitulo congregati, propositis in medio statu gravi nostri monasterii prædicti, plurimorumque debitorum onere, quibus apud creditores plurimos, necnon reddituum perpetuorum, quibus apud nonnullas personas & etiam generale capitulum ordinis nostri dispendiosè opprimebatur, ad reformationem statûs ipsius & oneris prædicti relevationem plenis desideriis anhelantes, monasterii nostri evidenti utilitate, ac studii quod in

X ij

domo nostra sancti Bernardi in Cardineto Parisiensi hactenus viguit promotione pensatâ, diligentibus tractatu & deliberatione præhabitis, domum ipsam cum toto pourprisio & omnibus ædificiis ejusdem bonisque mobilibus, sacristiam & ornatum ecclesiæ, aliasque officinas communes domus ejusdem, pertinentibus in eadem existentibus, omnesque terras, vineas dictæ domus contiguas, necnon triginta libras parif. annui redditus quas in villâ de Furnis, & viginti libras parif. nobis dudum per recolendæ memoriæ dominum Alphonsum quondam Pictaviensium & Tholosanorum comitem erogatas, quas super redditus & emolumenta præpositure de Ruppella pro missa una in dicta domo nostra pro ipsius comitis antecessorumque & successorum suorum animarum salute perpetuò celebranda, percipiebamus annuatim, communitati & capitulo generali nostri Cisterciensis ordinis, vendidimus sub certis modo & forma, prout in aliis nostris litteris super ipsa venditione confectis, quas ipsi generali capitulo nostro munitas sigillo tradidimus, pleniùs continetur; quidquid nostris* proprietatis, garditionis, possessionis habebamus in præmissis vel habere poteramus quomodolibet in dictam communitatem & generale capitulum transferentes; tali conditione & pacto quòd dictus ordo missam prædictam per residentes in ipsa domo monachos continuare tenebitur & faciet celebrari. In quo si forsan, quod absit, deficeret dictus ordo, nos missam illam continuare tenebimur, nos quantùm ad hoc & successores nostros obligantes, & percipiemus liberè redditum supradictum. Verùm cùm præfatus comes, post oblatum seu concessum sibi per abbatem Claravallensem patronatum, seu jus patronatûs atque fundatoris dictæ domûs sancti Bernardi, nobis & nostro monasterio Claravallis prædictis centum & quatuor libras parif. annui redditus super exitus & emolumenta prædictæ præpositurae Ruppellæ, pro sustentatione viginti monachorum, quorum ad minus tredecim sint in sacerdotio constituti, ad quos ibidem tenendos nostrum est monasterium obligatum, in puram & perpetuam eleemosinam, sub certis modis & conditionibus donaverit; nos mediante venditione & translatione hujusmodi de consensu prædictæ communitatis & generalis capituli totius prædicti Cisterciensis ordinis, ipsas centum & quatuor libras ad opus & commodum nostri Claravallensis monasterii retinemus in usus & sustentationem scholarium nostri Claravallensis monasterii in prædicta domo sancti Bernardi studentium committendas. Obligantes nos & successores nostros & monasterium nostrum sub omnium nostrorum obligatione bonorum, & præcipuè ac specialiter sub amissione dictarum centum & quatuor librarum redditûs annui, quòd si forsan contigerit communitatem ordinis Cisterciensis quocumque casu vel causa in negligentia vel defectu existere tenendi & habendi in domo dicta seu monasterio sancti Bernardi viginti monachos scholares conditionis præscriptæ Deo servientes ibidem, nos & monasterium nostrum Claravallense prædictum vigenarium numerum perficiemus ibidem atque tenebimus sub conditionibus suprà scriptis. Nihil autem aliud juris, proprietatis, possessionis vel dominii seu jurisdictionis in dicta domo nisi quod ordini commune fuerit cum cæteris retinemus; sed potiùs præmissa vendita & translata, sicut præmittitur, ipsi communitati & capitulo generali ordinis nos garantizaturos huic nostris expensis & sumptibus sub omnium nostri monasterii bonorum obligatione bonâ fide promittimus & tenemur. Renuntiantes penitùs & expressè quantùm ad hoc exceptioni rei dicto modo non gestæ, aut quòd dicere possimus nos in ipso contractu fuisse deceptos seu in aliquo circumventos, & omnibus aliis exceptionibus, quæ contra præsens instrumentum dici possent vel objici in futurum, & specialiter juri dicenti generalem renuntiationem non valere. In quorum omnium testimonium & munimen sigillum nostrum quo unico communiter utimur, præsentibus litteris de communi consensu duximus apponendum. Datum in dicto monasterio Claravallis anno Domini M. CCC. XX. mense Octobris. NOS autem præmissis diligenter attentis, quia per hæc nemini præjudicari, sed potiùs monasterio Claravallensi, cui sicut & progenitores nostri non sine causa vehementer afficimur, ad abbatis ipsius monasterii supplicationis instantiam, & ut fratres sub regularis observantia disciplinæ Deo servientes in eo pro nostra & reginæ consortis nostræ charissimæ, nostræque regalis sobolis sospitate continua, regni quoque perpetua pace summo patri luminum preces teneantur offerre devotas, venditioni, translationi, cessioni & ordinationi prædictis, ac omnibus & singulis suprascriptis nostrum benigne præbemus assensum, dum tamen in dicta domo missa continuetur expressa superiùs, & monachorum

nostra ou nostrorum, ou plutôt juris.

JUSTIFICATIVES.

Deo servientium sub præscriptis conditionibus prætaxatus numerus jugiter habeatur. Patronatum seu jus patronatûs domûs prædictæ, cæteraque omnia jura quæ ad dictum comitem Alphonsum dum viveret pertinebant seu poterant quomodolibet pertinere, nobis & nostris successoribus, juxtà litterarum comitis prædicti super fundatione domûs ejusdem confectarum continentiam, retinentes expressè. Et in præmissorum testimonium præsentes litteras sigilli nostri fecimus impressione muniri, nostro in aliis & alieno in omnibus jure salvo. Actum & datum Parisius anno Domini M. CCC. XX. mense Februario. *C'estoit au mois de Fevrier de l'an* 1321. *qui selon le calcul de ce temps-là, ne commençoit qu'à Pasques.*

Pris surune copie communiquée par le R. P. procureur du college de S. Bernard.

Extrait du Nomasticon Cisterciense, touchant le college de S. Bernard de Paris.

PRo reverentia D. papæ & cardinalium qui fuerunt studiorum nostrorum præcipui promotores, ordinatum est quòd studia ordinis Parisius, apud Oxoniam, in Monte-Pessulano, in Tolosa, & Stella, & si quæ sunt alibi concessione capituli generalis constituta, per sollicitudinem eorum qui præsident eis, inviolabiliter perseverent; & quòd habeant in illis, prout ad quemlibet eorum spectat, jurisdictionem, provisionem, correctionem, & absolutionem in studentes ibidem, sicut in proprios subditos, vel in hospites ad se missos, propriorum tamen & patrum abbatum in omnibus jure salvo, & salvâ hospitalitatis gratiâ quæ in domo Montis-Pessulani fieri solet, & debet hospitibus exhiberi.

Monachus verò qui prædictorum studiorum cuilibet pro tempore præpositus fuerit, non prior, sed provisor vocetur, & ubique extra studium stet in dextro choro immediatè post abbatem, nisi ibidem fuerit alius qui abbatizaverit, cui ubique post abbatem stare sit concessum. Hujusmodi autem provisor, non nisi de licentia abbatis cui subest studium, scholarem aliquem potest ad proprium remittere monasterium, nec etiam nisi cùm subest causa legitima. Novitii autem Parisius recipi poterunt, prout in privilegio D. papæ continetur. Omnia verò ordinis studia libertatibus, gratiis, & consuetudinibus eisdem gaudeant, quibus gaudet Parisiense; & quibus hactenùs est gavisum.

Ita capitulum generale, anni 1248. & *cap. gen. anni* 2250.

Quoniam autem Parisius locus est celeberrimus & fons omnium studiorum, illi studio S. Bernardi Parisiensi nulla lex imponitur, quin ad illud possint de quacumque provincia & patria liberè mitti monachi ad studendum, absque præjudicio aliorum studiorum. Sed ut cætera studia majori auctoritate & celebriori titulo fulciantur, omnes illi abbates qui in illis præsident, duos ex suis monachis continuè ad expensas proprias in studio Parisius sustentent, ut sic major lectorum copia ac certior scientia ab aliis studiis inde hauriatur.

Præcipitur abbatibus universis de Burgundia, de provincia Lugdunensi, Bisuntinensi, de Francia, de Picardia, de Brabantia, de Flandria, de Alemannia, & de Normannia, ut ad studium Parisiense monachos suos cum bursis suis consuetis * infrà Nativitatem Domini annuatim mittere debeant, sub hac forma, quòd ubi xxx. monachi fuerint, unus ad studium destinetur; ubi verò XL. & suprà fuerint, duo ex illis in studio sustententur, & prout visum fuerit patribus abbatibus aut visitatoribus, eligantur. *Ex libello antiq. defin. ord. Cist. distinctione* x. *pag.* 547.

Elles estoient de 10 liv. tournois, pag. 548.

Autres extraits du même livre.

BEnedictus [a] episcopus servus servorum Dei &c. Statuimus...... quòd generalia studia, Parisiis, Oxoniæ, Tholosæ, & apud Montem-Pessulanum deinceps existant &c. Sed ad studium Parisiense, quod est cæteris præcipuum & fons omnium studiorum, indistinctè mittantur ex omnium natione &[b] generatione, secundùm modum inferiùs annotatum; videlicet quòd abbates monachos illos quos habebunt ad dicta studia mittere, ad ea de consilio patris abbatis vel visitatoris & conventûs proprii, aut sanioris partis ejusdem conventûs transmittere teneantur; sic tamen quòd mittantur magis dociles & idonei, necnon ad proficiendum dispositi; & quòd tali tempore transmittantur, quòd primâ die mensis Octobris vel circa, in studio Parisiensi existant; in aliis verò studiis in B. Lucæ vel omnium Sanctorum festis infallibiliter sint præsentes.

Numerus autem mittendorum videtur sufficere prout sequitur, consideratis oneribus dicti ordinis & temporum qualitate: scilicet de quolibet monasterio cujuscumque provinciæ seu generationis, in quo sunt vel erunt aut esse poterunt xL. monachi vel suprà, Parisios debeant

An. 1335.

[a] Is suit Jacobus Furnerius, aliàs Novelli, Tolosanus, primò monasterii de Bolbona monachus, tum Fontis-frigidi, ejusdem ordinis, id est Cisterciensis, abbas; posteà episcopus Mirapicensis; deinde cardinalis tit. S. Priscæ; demum summus pontifex Benedictus XII.

[b] *C'est-à-dire, de toutes les filiations indifferemment.*

X iiij

mitti duo. De quolibet verò monasterio in quo sunt vel esse poterunt xxx. monachi & suprà, usque ad xl. monachos exclusivè, ad idem studium Parisiense debeat mitti unus. Et de quolibet monasterio in quo erunt vel esse poterunt xviii. monachi & suprà usque ad xxx. monachos exclusivè, ad alia generalia studia, vel Parisiis si mittentes maluerint, debeat similiter unus monachus destinari.

Provisionem equidem studentium taliter limitamus, & sufficientem esse conspicimus; videlicet quòd magister regens Parisius, de contributione communi dicti ordinis, vel redditibus communibus, lxxx. lib. turonensium parvorum, & à monasterio proprio xxv. lib. ejusdem monetæ, pro bursa & aliis necessitatibus suis; baccalaureus verò regens Parisius, de dicto communi xxv. pro bursa & aliis necessitatibus ejus, ac lector bibliæ in eodem studio, de præfato communi x. & à proprio monasterio xx. libras ejusdem monetæ percipiant annuatim. Quilibet verò scholarium studentium in ipso studio, xx. libras dictæ monetæ à proprio monasterio, pro bursa & aliis necessitatibus suis percipiat similiter annuatim. *Le pape establit ensuite de moindres pensions pour les autres universitez.*

Ubi autem erit aliquis de ordine ipso in Parisiensi studio assignatus, qui sit vitæ laudabilis, aliàsque idoneus & discretus, & ad baccalaureatum vel magisterium theologiæ dispositus & propinquus; abbas Cisterciensis qui est pro tempore, cum consilio magistrorum, baccalaureorum, & provisoris domûs studentium Parisiis, mandet abbati proprio quòd talem non revocet, sed eum permittat in ejusmodi scientia perfici, & ad statum baccalaureatûs & honorem magisterii provehi, lecturamque continuare, prout ipsius ordinis generale capitulum ordinabit. *Le pape deffend dans l'article suivant l'estude du droit canon, sous de grandes peines.*

Et quia decet ac expedit, ut inter studia cætera studium Parisiense refloreat, & juge sinè intermissioni dispendio habeatur; statuimus & ordinamus quòd in eodem studio Parisiensi deputentur magistri, baccalaurei, & lectores bibliæ, ac provisores, cellerarii, & alii officiales, per dicti ordinis capitulum generale. Quòd si ipsi, vel aliqui eorum deficiant, seu ex aliqua causa magistri, baccalaurei & lectores lecturam assumere vel continuare, aut cellerarii & officiales præfati sua officia exercere nequirent, subrogentur alii loco ipsorum per visitatorem illius anni usque ad sequens duntaxat capitulum.

Ad hæc denique statuimus & ordinamus, quòd quicumque dicti ordinis, qui tamen in eodem studio Parisiensi vel in aliquo prædictorum generalium ipsius ordinis studiorum per sex annos in theologia studuerint & ad hoc idonei extiterint, in dicto studio Parisiensi possint cursus bibliæ facere, & qui per octo annos studuerint, ut præfertur, sententias legere in Parisiensi studio memorato, non obstantibus quibuscumque statutis &c. & illo præsertim statuto quo in eodem studio Parisiensi caveri dicitur, quòd nullus possit legere cursum bibliæ, nisi ibidem studuerit septem annis &c. Datum apud pontem Sorgii Avinionensis diœcesis iv. idus Julii, pontificatûs nostri anno I. *Ibid. pag. 607. & seqq.*

Ordinatio studii S. Bernardi Parisiensis remanet penes capitulum generale, & per domnum Cistercii & quatuor primos in ordine vicis suæ, aut eorum commissarios, visitabitur successivè; quæ visitatio fiat omni anno circà festum B. Johannis Baptistæ. Cellerarius studii S. Bernardi Parisiensis per definitores capituli eligetur, eidemque cellerario inhibetur, ne mutuum contrahere ultrà bursas scholarium audeat, nisi de definitorum ipsorum licentia speciali.

Statuitur etiam quòd omnes receptæ dicti studii, tam de bursis, quàm de redditibus & jardinis, quàm etiam de eleemosynis & legatis ac obventionibus quibuscumque, deveniant ad manus dicti cellerarii, & per ipsum recipiantur & expendantur, prout ad utilitatem studii viderit expedire; & de ipsis secundùm ordinationem D. papæ Benedicti XII. super hoc editam, fidelem teneatur exhibere rationem. Bursam verò integram teneantur solvere scholares infrà mensem à festo B. Remigii, vel ab adventûs sui tempore computandum. Qui verò in principio Aprilis venerint, solvant dimidiam bursam; alioquin ex tunc solvere teneantur pro ratâ temporis quo in studio manserint, & ex tunc nihil eis de bonis communibus ministretur. Nec alicui de studio recedenti ante annum completum fiat aliqua restitutio bursæ suæ, nisi de recessûs sui causa necessaria & legitima fecerit plenam fidem. Sed si quis ibidem decesserit aut revocatus fuerit vel remissus, abbas ejusdem, si voluerit, alium mittat ad studium, cui ministretur de bonis communitatis, sicut & aliis, pro residuo dictæ bursæ; nec alicui tardè venienti aliquid de dicta bursa sa defalcetur. Qui verò minus quàm dictam bursam imbursaverit, nihil eidem de communi ministretur.

Quòd si scholares sinè imbursatione post festum Omnium SS. remanserint, sententiam excommunicationis se noverint incurrisse, & nihilominùs sub eadem pœna per magistrum, provisorem, & baccalaureum de studio expellantur; sed & eadem excommunicationis sententia ad residentes Parisius occasione prædictâ extendatur, talesque per cellerarium S. Bernardi capiantur & ad propria monasteria remittantur, ipsorum monasteriorum sumptibus & expensis, in quibus pœnâ debitâ puniantur. Magistri autem sacræ theologiæ non intelliguntur præsentibus ordinationibus obligati. Scholaribus autem qui se horâ prandii vel cœnæ præsumpserint absentare, nihil de bonis communibus ministretur, nisi in ipso studio præsentes fuerint ipsis horis.

Abbatibus ordinis præcipitur, quòd de cætero tales scholares ad studium Parisiense mittere studeant, qui sint conversationis honestæ, ad studium fervidi, & idonei ad documenta salutaris scientiæ capescenda. Ut autem dicti studentes metu pœnæ ad studendum ferventiùs animentur, refrenentur à noxiis, & à dissolutionibus arceantur; statuitur quòd emissi de studio ob suæ pravitatis demerita, in claustro teneantur in arctissima disciplina, nullum deinceps habituri officium absque licentia capituli generalis.

Domno Cistercii & quatuor primis, cuilibet in generatione sua, committitur quatenùs abbates qui scholares indisciplinatos & otiosos miserint ad studium Parisiense, possint ad revocationem illorum compellere, auditâ visitatoris relatione contrà tales. Si verò abbates prædicti recepto super hoc mandato domni Cistercii, vel ab aliquo quatuor primorum, prout ad quemlibet eorum pertinebit, scholarem suum incontinenti revocare renuerint, vel revocatum iterùm mittere præsumpserint, in medietate unius bursæ pro anno Parisius solvi consuetæ mulctentur, capitulo generali applicanda.

Insolentiæ, dissolutiones, novæ solemnitates à singulis nationibus in servitiis, comessationibus, ludis, choreis, instrumentis musicalibus, cum larvis, armis, sæculari habitu, & his similia districtissimè fieri prohibentur in studio antedicto, & instrumenta talia conservari à scholaribus antedicti studii. Qui præmissorum aliquid vel aliqua deinceps præsumpserit attentare, à dicto studio expellatur, nec

ei aliquid de communis bursæ substantia ministretur.

Baccalaurei in sacra theologia in futurum per generale capitulum ad prosecutionem sui magisterii domino cancellario Parisiensi præsentandi, antequàm præsententur, jurare tenebuntur solemniter requisiti per provisorem in capitulo S. Bernardi, provisore præsente atque omnibus scholaribus (qui provisor sub pœna excommunicationis latæ sententiæ juramentum hujusmodi exigere teneatur) quòd videlicèt cùm ad magisterium pervenerint, contrà ordinis statuta, privilegia & libertates aliquando in futurum non attentabunt &c. Quòd si noluerint jurare, priventur gratiis in domibus propriis sibi factis, neque sperent ab ordine gratiam aliquam, quousque prædictum præstiterint juramentum.

Quoniam quamplures monachi scholares ordinati ad lecturam sententiarum & bibliæ gravarent propria monasteria, si remanerent in Parisiensi studio continuè usque ad tempus assignatum eis ad legendum, consulitur abbatibus eorumdem ut revocent eos, ipsosque in aliis occupent, dum tamen illos ad studium remittere teneantur per triennium, antequàm annus incipiat, in quo lecturam fuerint incepturi. Si verò scholares aliqui cursores sint in studio, qui non sint ad sententias ordinati, permittitur quòd, quandocumque placuerit abbatibus suis, possint eos de studio revocare.

Inhibetur sub pœna excommunicationis latæ sententiæ, ne quisquam abbas vel monachus audiat vel legat jura canonica........ Abbas autem qui super hoc monacho licentiam dederit, excommunicationis sententiam incurrat ipso facto.

Inhibetur etiam, ne aliquis scholasticus in collegio S. Bernardi famulum, servientem, vel scriptorem teneat, nisi pro eo voluerit imbursare. Qui secùs fecerit, tribus diebus faciat levem culpam, & visitationis tempore coràm visitatore se inde recognoscat in capitulo. Oppositum verò nihilominùs facientes contumaciter & protervè, ex nunc, prout ex tunc, de studio ejiciantur.

Statuitur etiam quòd quotiescumque aliquis constituitur ad faciendum subprovisoris officium pariter & sacristæ, integraliter de communitate habeat bursam suam. Quoties verò dicta officia committentur duobus, cuilibet communis bursæ tantùm medietas ministretur.

Inhibetur ne alicui venienti ad franchisiam in collegio S. Bernardi provideatur de camera seu confugio, nisi per provisorem dicti loci ; & tales in consilio seu colloquio ab omnibus evitentur. Qui secùs fecerit, à dicto studio expellatur, nec eidem de communis bursæ substantia aliquid ulteriùs ministretur. *Ex libello novarum definitionum ordinis Cisterciensis distinctione nona, cap. VII. Ibidem, pag. 645. & seqq.*

Statuts du college de saint Bernard de Paris.

An. 1493.

FRATER Johannes abbas Cistercii in Cabilonensi diocesi, totius ordinis nostri Cisterciensis reformator, plenariâ capituli generalis ejusdem ordinis potestate fungens, dilectis filiis & confratribus nostris provisori, magistro regenti, cæterisque scholaribus in venerabili collegio nostro S. Bernardi Parisiensi studentibus, salutem, & de fontibus Salvatoris aquam sapientiæ & scientiæ salutaris habundantiùs reportare. Cupientes eò ferventiori studio præfatum collegium nostrum in utroque regimine decenter gubernari, & de bono in melius provehi, quò sacrum ordinem solemniores viros ex eo hactenùs suscepisse cognoscimus, susceptúrumque Deo favente speramus ; habitâ maturiori consultatione cum majoribus ordinis patribus tam sacræ theologiæ professoribus, quàm aliis, super prioribus ejusdem collegii statutis, emergentibúsque vivendi difficultatibus, statuta ipsa in multis abbreviando, aliqua addendo, & per capitula ordinando, infrascripta edidimus, volentes & totius ordinis auctoritate districtiùs præcipientes ea ab omnibus & singulis vestrûm, aliisque universis in eodem collegio successoribus respectivè, devotiùs observari.

Officium divinum per quos & sub qua forma in ecclesia celebrari debeat ; & de sacrista.

In primis sedulò attendentes quòd etsi Psalmistæ sententiâ, omnibus in timore Domino Deo servire mandetur ; id tamen potissimùm decet religiosos qui B. P. nostri Benedicti regulâ dicente, propter divinum servitium professi esse noscuntur, omnes & singulos ejusdem collegii scholares, tam graduatos quàm non graduatos, paternis affectibus monemus, quatenùs Divinæ majestatis sublimitatem antè mentis oculos præferentes, ferventi cum devotione & filiali reverentia divinum officium juxtà salutarem patrum observantiam in choro, simul incipiendo, pausando, simulque finiendo, absque diruptione aut præcipitatione, sed tali cum gravitate persolvant, quòd ad summi Dei laudem & populi christiani ædificationem cedat. Ad quod quidem diebus Dominicis, singulisque duarum missarum festis, ac generalibus anniversariis, omnes & singuli scholares, tam graduati quàm non graduati, ad vigilias, ad missam, & ad utrasque vesperas & completorium accedere & usque ad finem integrè perseverare tenebuntur ; reliquas verò horas, cum officio defunctorum, illi de dormitorio, juxtà provisoris dispositionem, celebrare non omittent. Statuentes autem ordinamus sacristam sic horologium temperare & disponere, quòd hyemis tempore, diebus XII. lectionum, prò tardiori, horâ IV. æstatis verò tempore horâ III. post mediam noctem, vigilias regulariter per se aut per alium pulset ; diebus verò solemnibus & sermonum, ad arbitrium provisoris, cæteras horas tempore debito studiosè ordinando ; volentes campanæ pulsum tamdiù continuari, donec illorum qui servitio interesse tenebuntur competens numerus præsens adfuerit, ut intranei & extranei ædificentur. Maxima autem cura sit & diligentia provisori ac suppriori indissimulanter omnes, tam graduatos quàm non graduatos, intitulatos ad dictum officium & non intitulatos, ad surgendum horis competentibus & persolvendas horas binos & binos, maximè juvenes extrà chorum, sicut commodiùs fieri poterit, compellere, ne tempus suum pigritando inutiliter consumant. In omnibus magnis solemnitatibus & festis quibus sermo in ordine habetur, duæ missæ conventuales ad notam ; aliis verò diebus una, horis consuetis in collegio, cum ministris solemniter celebrentur, similiter anniversaria consueta. Die quâlibet, juxtà ordinis consuetudinem, celebretur missa de B. Virgine in capella ipsius horâ magnæ missæ, nisi in aliquo casu, dispensatione speciali provisoris, aut in ejus absentia, supprioris, certâ die in aliam horam transferatur ; & pro majori certitudine, succursúsque negligentium, eam duobus aut tribus ictibus campanæ signari volumus. Missas verò ipsas, judicio nostro, laudabile erit per illos qui sequuntur celebrari, videlicèt solemnibus diebus quibus abbates in ordine debent missam, provisor majorem missam celebrabit, ad quam aliquis abbas, si præsens fuerit, rogari poterit. Magnam missam quotidianam

dianam & matutinalem, diebus solemnibus, celebrabunt illi de dormitorio more solito, ita tamen ut intitulatus, cessante inevitabili impedimento, quotidiè missam ipsam celebret per seipsum & non per capellanum alium, specialiter de noviter venientibus, sicut audivimus fuisse introductum à paucis diebus. Missam verò B. Mariæ per se celebrabunt, tam scholares dormitorii, quàm graduati cursores & formati, non procedentes in cursu secundùm intitulationem. Quòd si forsitan aliquis præmissorum legitimum habuerit impedimentum ut missam ipsam celebrare non possit, eam per aliquem alium, non de noviter venientibus, nec coactum, celebrari faciet; sitque maxima cura provisori & suppriori, ut sacerdotes, tam graduati quàm non graduati, etiam baccalaurei formati non intitulati, semel ad minus in hebdomada celebrare non omittant; & si sæpiùs id faciant, meliùs erit. Non sacerdotes verò ad magnam missam de quindecim in quindecim diebus Dominicis & solemnitatum, salutari confessione præmissâ, communicare inducantur aut compellantur, cum discretione tamen, ut omnia pro animarum salute fiant, solemnitatibus cum proximioribus Dominicis fideliter comprehensis seu defalcatis. Cùmque domus Dei debeat esse orationis, & quemadmodùm asserit B. P. N. Benedictus, esse debet quod dicitur; inhibemus ne quispiam, quocumque tempore, in choro, aut extra chorum, derisionem, colloquutionem, clamorem, aut quascumque insolentias faciat, seu qualitercumque divinum officium impediat. Ipsam verò domum Dei & capellas, mappas quoque, albas, libros, & cætera divini cultûs ornamenta, sacrista mundiùs rutiùsque solito, & ostia clausa diligentiùs teneat. Et quia collegium, ut ex chartis ipsius collegii percipimus, ad aliqua specialia servitia ecclesiastica obligatur; ordinamus ut sacrista qui deinceps à nobis vel successoribus nostris pro tempore fuerit institutus, duas missas de *Requiem* ad intentionem ordinis & nostram circà præmissa, quâlibet hebdomadâ per se vel per alium celebrare tenebitur; & pro laboribus & vino missarum ipsius collegii duodecim lib. turon. annuatim à cellerario collegii in quatuor terminis percipiet; & propter hoc ad alias missas non intitulabitur. Nec more sæcularium, horâ divini officii deambulent soli vel cum alio per ecclesiam. Hortamur quoque attentiùs omnes scholares, etiam graduatos qui in collegio fuerint, ut cum omni diligentia ad *Salve regina* singulis diebus interesse non omittant, cùm & hoc faciant non solùm alii religiosi, sed etiam sæculares & laïci, propter causas quas ignorare non possunt; & illud quidem morosè ad omnium ædificationem cantetur. Qui aliter facere præsumpserit, aut aliquid præmissorum implere omiserit, per provisorem, & eo absente per suppriorem, taliter, sive per disciplinam regularem, sive per privationem vini & pitantiæ, aut aliter rationabiliter puniatur, quòd culpa expietur, omissum illicò restituatur, & aliis cedat in exemplum.

De potestate provisoris & confessorum.

Provisori, ultrà contenta in reformatione D. Benedicti papæ XII. & in deffinitionibus capituli generalis, tenore præsentium plenariam conferimus facultatem omnium & singulorum scholarium in eodem collegio residentium confessionem audiendi, ipsosque semel in anno ante Pascha ab omnibus peccatis, sententiis, & casibus nobis & nostro generali capitulo specialiter reservatis, cum pœnitentia salutari absolvendi, necnon confessores sufficientes & idoneos, secundùm formam ordinis constituendi, qui nullatenùs de prædictis peccatis, sententiis, & casibus quemcumque absolvere poterunt, nisi quatenùs provisor suâ prudentiâ limitare decreverit. Caveat quemcumque instituere confessorem, nisi quem Deo & conscientiâ teste idoneum judicaverit, non habendo respectum ad antiquitatem, sed secundùm ipsius provisoris discretionem; nec confessores multiplicet sine necessitate. Confessor & pœnitens semper cucullis induantur; regulariùs quoque esset confessiones in capitulo fieri, quàm alibi. Nullus in collegio, cujuscumque gradûs vel dignitatis existat, confessionem aliorum de ordine, seu religiosorum non gratiâ studii ad ipsum collegium venientium, aut aliorum quorumcumque, absque speciali licentia provisoris, audire præsumat. Transgressor, per ipsius provisoris arbitrium rigidè puniatur. Ad provisorem verò spectat officium divinum & tabellam intitulationis, per se aut per alium qui debitum faciat, regulare; capitulum, quoties decreverit, omnibus vocatis, tenere; omnium officiariorum & aliorum juramenta recipere; dormitorium ordinare & regulare; ad frequentandam aulam communitatis in refectione omnes compellere; ibidemque & in computationibus, ac aliis locis collegii, exceptis scholis, præsidere; concilium convocare, singula proponere, & cum majori aut saniori parte concludere; singulos, etiam magistrum regentem, ad faciendum debitum suum monere, increpare, & si opus fuerit, compellere; delinquentes quoslibet, etiam casu requirente, per carceres & alias ordinis censuras & pœnas tam spirituales quàm temporales, punire; sobriè tamen sententiis excommunicationis eum uti volumus; licentias transeundi extrà collegium & ad jardinum inquirendi dare aut negare; non ômittat, prout opus cognoverit; per se, aut cum iis de concilio quos vocaverit, in dormitorio & aliis collegii locis scrutinium sæpiùs facere; inordinatas comessationes, potationes, inhonestas seu suspectas societates & conventiones penitùs de collegio alienare, exterminare, & dissolvere. Si quis verò (quod absit) cameram ei aperire recusaverit, aut rebellionem sibi, facto, verbo, aut nutu fecerit; pro ipsius arbitrio taliter puniatur, quòd aliis cedat in exemplum. Abbatum quoque in collegio moram trahentium capellanos eidem in omnibus & per omnia, sicut reliquos scholares, subditos esse volumus, habereque potestatem compellendi dictos abbates ad inbursandum integraliter pro ipsis eorumque capellanis & servitoribus, sub pœna privationis bonorum communitatis, sicut inbursant alii, & sint contenti singuli eorum ordinariâ portione dumtaxat, ne propter eos gravetur communitas. Cui provisori generaliter omnes & singulas ordinis personas ad collegium ratione studii venientes, necnon capellanos & servitores abbatum & aliorum quorumlibet in collegio residentium omninò volumus subjici & obedire, sicut religiosi & servitores in monasterio rationabiliter proprio abbati obtemperare tenentur; dignitate abbatiali salvâ. Meminerit se de omnibus judiciis & omissis, imò etiam de aliorum delictis rationem omnipotenti Deo rediturum, nec obliviscatur illius Apostoli: *Si adhuc hominibus placerem, Christi servus non essem.* Studeat veri abbatis & pastoris officium exercere, & zelum legis cum sancto Helia habere. Si quâdam molli dissimulatione quietem suam quærat, aut aliorum murmurationes seu odia injusta, aut obloquutiones nimis timeat, se fatuum ipsorum causâ agnoscat necesse est. Studeat divinum servitium facere decenter celebrari; lectiones cum disputationibus, sermonibus, & collationibus frequentari, potationes particulares & extrà aulam communitatis evitari; ludos, nominationes nationum inter fratres qui mundo renuntiarunt, non haberi; charitatem fraternam inter omnes servari; religiosam simplicitatem in vestimentis, loquutionibus, omnique conversatione ab omnibus custodiri; loca quælibet publica ab omni urinarum spurcitia munda tractari; & sanctè hæc statuta inviolabiliter facere observari.

De noviter venientium disciplina & directione.

Quia diuturniori experimento didicimus, magnorumque virorum ac patrum ordinis relatione sæpè cognovimus dissolutiones, insolentias & enormitates multas à nonnullis scholaribus dicti collegii super noviter venientes exerceri, quæ, proh dolor! longè à religionis gravitate, & disciplina regulari, & ab omni honestate plurimùm discrepant, quas per incuriam seu negligentiam, juvenilesque studentium affectiones pullulasse clarum est, per quas profectò, omni proborum & Deum timentium judicio, infiniti ordinis filii in viam perditionis hucusque abierunt; quibus summo studio & remedio providere cupientes opportuno, & tantas abominationes, etiam suasu plurium zelatorum ordinis, funditùs eradicare desiderantes, ut tandem sacris locus detur virtutibus, maturâ deliberatione etiam à longo tempore præhabitâ, nostrâ & capituli generalis auctoritate plenariâ, omnes receptiones noviter venientium, quos voluntariâ opinione *Bejanos* nuncupare solent, cum suis consequentiis, necnon bajulationes, fibrationes, reliquasque omnes insolentias & levitates circa quoscumque noviter venientes, tam in capitulo, in dormitorio, in parvis scholis, in jardinis, quàm ubiubi, & tam de die quàm de nocte, deinceps à quoquam studentium sub pœna emissionis perpetuæ à collegio fieri prohibemus. Omnes consuetudines seu constitutiones quâcumque authoritate in contrarium editas penitùs cassando & irritando, & abbatis *Bejanorum* nomen penitùs delendo, ac deinceps nominari prohibendo. Omnia vasa, munimenta, & instrumenta hujusmodi levitatibus, insolentiis & dissolutionibus dicata provisori infrà tres dies à lectura & publicatione præsentium afferri, præsentari & relinqui jubentes, & ab hujusmodi dissolutionibus, insolentiis & levitatibus sub pœna prædictâ integraliter perpetuò cessari mandantes. Ne verò noviter ipsi venientes quâdam libertate abutentes & quasi sine directione vagantes insolescant, & non solùm tempus cum expensis perdant,

dant, verùm etiam ad vitia multa declinent, & debito regimine careant, ordinamus quòd provisor, cum magistri regentis, cellerarii & supprioris consilio, statim deputabit duos aut tres de sufficientioribus dormitorii, morum gravitate præditos, quos nominare discretos non erit inutile, qui talem super hujusmodi noviter venientes, sive sint sacerdotes si venon, habeant potestatem, qualem prædicti provisor & alii sibi adjuncti juxta personarum exigentiam & temporum considerationem declarabunt, qui eos in honestis moribus collegii, in ecclesia & aliis locis omnibus instruent & docebunt. Pro culparum autem correctione, emendatione & punitione tam in ecclesia, in evagationibus, in ludis, quàm in aliis universis, ad insinuationem dictorum discretorum, aut alterius eorum, provisor aut supprior solitò sæpiùs capitulum omnibus vocatis congregare & intrare debebunt, & ibidem juxta delictorum qualitates, sicut fieri solet & debet in capitulis quotidianis monasteriorum, charitativè, discretè, & ubi opus fuerit, rigidè, salutares tam ipsis noviter venientibus, quàm etiam aliis universis, brevi sermone apponent plagarum modos & emendationis remedia. Poteruntque dicti noviter venientes per primum mensem vel ampliùs, juxta provisoris discretionem, ad crebriùs frequentandum chorum & celebrandum missas, legendumque epistolas & evangelia super cæteros compelli. Quibus exitum à collegio, seu ingressum ad villam, per primum annum sub pœna emissionis illicò faciendæ interdicimus, ut in collegio bonis assuescant moribus. Omnes autem conventiones quâcumque horâ diei vel noctis, quæ concilia ab eis vulgariter dici consueverunt, omninò damnamus, & sub excommunicationis sententia & pœna usque ad determinationem provisoris, deinceps fieri prohibemus. Dictorum autem discretorum qui judicio provisoris & prædictorum sibi adjunctorum magis idoneus videbitur, custos ordinis vocabitur, & ita deinceps vocari decernimus & mandamus, qui & oculum bonæ prudentiæ super sacerdotes & non sacerdotes de dormitorio habeat, monendo, hortando, arguendo, increpando, & dirigendo, & ubi necesse fuerit, ad provisorem seu suppriorem, ut præmissum est, incurrendo; cui custodi & aliis, ut præmittitur, ad hoc deputandis volumus prædictos noviter venientes & alios, juxta provisoris & aliorum sibi adjunctorum ordinationem, plenariè, sicut religiosi suis prioribus & supprioribus tenentur, obedire. Verùm quoniam non solùm clarissimo experientiæ libro, verùm etiam in consideratione conditionis juvenilis ætatis legere potuerunt omnes qui collegium à multis annis frequentarunt, plures noviter venientes in eo potissimè erroris occasionem sumpsisse, quòd suarum provisionum pecuniam per se, quantumcumque juvenes aut senes essent, tractaverunt; ordinamus ut provisor cum dictis adjunctis, in adventu cujuslibet scholaris, juxta ipsius prudentiam, de pecuniis suæ provisionis liberè disponant, ita ut si videant ipsum aut nimis juvenem, aut inexpertum, aut ad exponendum facilem, pecunias ipsas ex integro consignent in manus aut bursarii aut alterius providi scholaris sub chyrographo, qui eas custodiat, & secundùm necessitates hujusmodi scholaris exponat, fideliter cuncta scribendo, ne se deceptum conqueratur. Quibus noviter venientibus districtè sub pœna emissionis à collegio mandamus, ut in hoc casu ipsis provisori & adjunctis per omnia obediant. Et quoniam à noviter venientibus per primi anni decursum, similiter ab eisdem & aliis sequentibus annis multæ pecuniæ sub diversis particulis exigi consueverunt, quæ ad nullius fructum vel commodum, sed potiùs ad eorumdem scholarium & monasteriorum incommodum proveniunt, prædictorum patrum consilio limitationem sequentem æterno decreto censuimus, videlicèt quòd à supervenientibus religiosis & abbatibus non gratiâ studii venientibus, ordinatione custodis ordinis, gratiosè per deputatos ab eo poterunt requiri quatuor solidi parisienses, si rationabili apparentiâ tales sint à bus talia requiri debeant, salvâ ampliori abbatum liberalitate. Ab aliis autem gratiâ studii venientibus pro omnibus juribus, subsidiis & exactionibus, tam pro jucundo adventu, pro collatione, & sermone tam in cathedra quàm in capitulo, pro confessoratu, determinatoriatu & similibus, non nisi octo solidos parisienses, & unâ vice, repetere poterunt illi de dormitorio, de quibus custos ordinis duplicem bursam recipiet. Solvent etiam sexdecim solidos par. juxta morem antiquum pro utensilibus aulæ, & octo solidos par. pro provisionibus factis & fiendis. Deindè pro actibus sequentibus repeti poterunt quæ sequuntur, videlicèt præsidenti in disputationibus & principiis, sicut consuetum est, provisori & suppriori pro prima intitulatione sermonum & collationum ac pro libraria, necnon provisori,

Tome II. Y ij

bursario, bidello, coquo, barbæ-tonsori, cuilibet duos solidos parisienses, & non ultrà. Omnes alias pecuniarum exactiones & quarumlibet aliarum rerum penitùs abolentes, & sub pœna restitutionis fieri prohibentes.

De juramentis in capitulo per licentiandos, per collegii officiales, per scholares noviter ad collegium venientes, ac per alios præstandis.

Fœlicissimæ recordationis dominus Benedictus papa XII. congruis rebus ordinis providens, censuit cellerarios, bursarios, negotiorumque gestores, ac cæteros officiales ad præstandum fidelitatis juramentum teneri ; majores quoque nostri multis diffinitionibus & ordinationibus voluerunt, sub excommunicationis latæ sententiæ pœna, bacchalaureos ad magisterii licentiam præsentandos, priusquàm in facultate exhibeantur, in capitulo collegii publicè jurare, quòd nihil unquàm contrà ordinis instituta, privilegia & libertates, per se vel per alium, attentabunt, nec attentare quocumque modo quovis colore quæsito procurabunt, seu per se procurari patientur. Item, quòd contrà ipsius ordinis instituta, privilegia & libertates, nullas quascumque gratias aut litteras impetrabunt, nec per se vel per alium clàm vel palàm ea infringere, seu quomodolibet impugnare procurabunt. Quòd si sic jurare noluerint, illicò provisor qui pro tempore fuerit, seu regens, oppositionem in facultate theologiæ, causis expositis contrà eum, sub pœna talionis facere non omittant, & nihilominùs statim sub pœna excommunicationis latæ sententiæ antè hujusmodi munus ad monasterium proprium remittantur, ubi gratiis in domibus propriis talibus communiter concessis priventur. Quæ quidem statuta ipsi collegio & ordini pernecessaria, & tamen quandoque neglecta fuisse scientes, districtiùs mandamus provisori, ut quoties erunt aliqui in collegio ad licentiam hujusmodi præsentandi, omni dissimulatione postpositâ, eos juramenta ejusmodi præmissa, priusquàm præsententur, in formâ prædictâ sub pœnis prædictis jurare in capitulo faciat. Bursarius publicè jurabit quòd pecunias inbursationum fideliter recipiet, scribet, conservabit, tractabit & exponet, nec credentias ultra decem libras absque consensu concilii contrahet, de quibus singulis mensibus provisorem certiorabit, necnon quolibet mense de omnibus receptis & expensis in aula communitatis more solito reddet computationem. Itidem cellerarius & sacrista in eorum institutione, secundùm officiorum exigentiam, necnon bidellus, publicè jurabunt, & similiter comparatores seu procuratores in manu provisoris juramenta præstabunt. Omnes insuper noviter venientes ad dictum collegium gratiâ studii priusquàm admittantur, jurabunt solemniter in capitulo provisori vel supriori, quòd nullatenùs per se vel quoscumque alios, directè vel indirectè, de die vel de nocte, mulierem suspectam in collegii limitibus introducent, nec per quoscumque introduci consentient, quin imò si (quod absit) cognoverint hoc qualitercumque factum esse, confestim, sub excommunicationis latæ sententiæ pœna, provisori aut magistro regenti, aut alicui seniorum de concilio, provisore absente, revelabunt, ita quòd ad notitiam provisoris possit pervenire. Item, quòd nullum gladium invasivum aut excessivè acuminatum, aut aliqua vasa bellica seu invasiva, nec etiam quascumque vestes sæculares, aut alias quàm ab ordine approbatas, in eodem collegio habebunt ; jurabuntque illud idem juramentum quod superiùs pro bacchalaureis ad magisterium præsentandis expressum est. Item, quòd absque licentiâ speciali provisoris vel præsidentis, nihil penitùs tradent personis ad collegium gratiâ franchisiæ habendæ fugientibus, nec ipsas in cameris recipient, aut cum eis loquentur. Si quis verò alicujus præmissorum transgressor fuerit, à dictâ excommunicationis sententiâ nullatenùs absolvi poterit, donec omnia præmissa provisori tradiderit ; & qui convictus fuerit, strictissimis carceribus in pane & aquâ usque ad dispositionem nostram mancipetur, ut postmodùm dejiciatur, numquàm deinceps in ipso collegio remansurus.

De dormitorio, & qualiter puniuntur qui extrà ipsum aut collegium pernoctaverint.

Volumus & districtissimè mandamus statim ut ad dormitorium, cùm pro ignitegio in Nostra-Domina pulsatur, facto competenti signo campanæ à sacristâ, omnes simplices scholares accedant, illicóque ostia ipsius ac refectorii & capituli cum clave claudantur, nec pro quocumque, absque provisoris mandato, antè vigilias noctis sequentis aperiantur. Cujus dormitorii ostium superius, propter loci honestatem, etiam diurno tempore ab introeuntibus & exeuntibus semper cum clave, sub pœnâ per provisorem assignanda, firmetur ; nec aliquis ad

JUSTIFICATIVES.

ipsum sæculares aut alienos quoscumque, absque præsidentis licentia, introducere præsumat. Nullus simplex scholaris, nisi qui propter virtutum excellentiam de concilio creatus fuerit, cameram extra dormitorium habeat. Si quis autem in ipso dormitorio tumultus excessivos, potationes, garrulationes, rixas, clamores, seditiones, aut aliquam inhonestatem ad aliorum inquietationem fecerit, aut contra aliquid præmissorum temerarie venerit, taliter per provisorem puniatur, quòd cæteris cedat in exemplum. Eorum autem qui in ipso dormitorio dormire tenentur, si quis extra ipsum, absque licentia provisoris, pernoctare præsumpserit, illicò, si apprehendi poterit, carceribus mancipetur, & velut fugitivus per omnia puniatur. Quam pœnam irrevocabiliter subire volumus omnes & singulos cujuscumque conditionis sint, qui absque licentia provisoris extra collegium pernoctaverint, aut muros civitatis, absque expressa provisoris licentia, excepto magistro regente, exiverint. Porrò licèt quæcumque frequentatio aliquorum in una camera dormitorii, gratia conferentiæ lectionum, & scientiarum utilis visa fuerit, præcipuam tamen curam volumus habere provisorem, seu ordinis custodem, ne bini & bini ullo tempore in uno lecto seu loco dormiant, aut alicui inhonestati fomitem præbeant. Et si contingat eos in cameris ad invicem conferentiam facere, ostiis apertis, & non aliter, hoc faciant, & numquam post scrutinium.

De aulæ communis frequentatione.

Omnes, nisi evidenter & provisoris judicio, aut, eo absente, subprioris, excusandi, & id quidem rarissimè & causa legitima exigente, ad utramque refectionem in aula communi indefectibiliter antè benedictionem conveniant, exceptis magistris, si nonnunquàm se absentare vellent, exceptis etiam abbatibus studentibus, qui tamen secum quoscumque scholares sine permissione provisoris vocare vel tenere non poterunt; demptis etiam baccalaureis formatis, & aliis qui in Sorbona & alias actibus theologicis ad longum interesse tenentur. Qui post benedictionem accesserit, aut more ordinis dicat *Benedicite*, aut satisfaciat coràm præsidente. Volumus autem religiosum ambabus manibus bibendi modum ab omnibus ubilibèt potando servari. Cùm monachus ubicumque consistat, claustri honestatem servare debeat, districtiùs inhibemus clavigero & procuratori, sub pœna disciplinæ in capitulo pro qualibet vice, ne alicui, nisi ei de cujus excusatione per præsidentem sufficienter sibi constabit, panem, vinum, aut pitantiam ministrare præsumat; præcipientes provisori & suppriori ut salubre hoc statutum firmiter servari faciant, sub pœna abstinentiæ vini in prandio per eos faciendæ ; super quo eorum conscientias coràm Deo oneramus. Ex hac enim aulæ frequentatione intimiores nutrientur amicitiæ inter fratres, disputationes seu reparationes post refectionem erunt fructuosiores, exercitium disputandi tollet studendi pigritiam, linguam generabit expeditiorem, bacchalaurei commendabiliorem in schola acquirent audientiam, juvenes recipient à senioribus doctrinam, licentiandi locum obtinebunt laudabiliorem, ordo & collegium honestiorem reportabunt famam, ordinis & ecclesiæ jejunia puriùs observabuntur, esus carnium feria quarta tutiùs evitabitur, garrulationes, suspiciones, nationum favores, quarum nominationes districtè inhibemus, necnon & multæ fatuitatum occasiones devitabuntur. Videant quælibet ordinis statuta, si non inevitabiliter ita fieri præcipiant. Districtiùs inhibemus ne in mensa quicumque se aut alios ad potandum, juxtà multorum effrænatum modum, invitare aut incitare præsumant. Exemplum cæteris volumus provisorem demonstrare, vigilareque ne ex villa pro quocumque particulari convivio, contra licentiam & dispositionem suam, quæcumque victualia deferri permittat. Morosè autem & graviter à provisore vel præsidente in prandio & cœna benedictio & gratiæ secundùm formam ordinis dicantur, lectioque de Biblia aut homeliis Sanctorum habeatur ; & ut fructuosiùs fiat, decorum esset lectorem, juxtà ordinis consuetudinem, in ecclesia die Dominicâ post missam benedictionem accipere. Loquente præsidente, cum silentio audiant omnes quos loqui contigerit ; scurrilitates, verbositates, ineptiasque devitando, cum modestia & honestate. Verbis latinis & non aliis, sub pœna solutionis unius pintæ vini qualibet vice assistentibus illicò distribuendæ, loquantur. Si quis autem protervè nimis, indignanter aut arroganter loqui præsumpserit, alterive injuriatus fuerit, seu iras, rixas, contentiones, dissensiones, divisiones, clamores aut derisiones promoverit, sive contra mensæ honestatem quicquam scienter egerit aut loquutus fuerit, acriter per præsidentem arguatur, & prout meliùs judicaverit, sive tunc sive in capitulo, regulariter puniatur.

Y iij

De exercitio scholastico, tam in scholis, in aula, quàm alibi, habendo.

Attentè provideant & disponant provisor &, eo absente, supprior & magister studentium, quòd scholaribus minoribus, videlicèt summulistis, logicis, philosophis deputentur de sufficientioribus collegii, qui certis horis & locis per provisorem deputandis, eosdem secundùm librorum & lectionum facultatem reparent, interrogent, & ædificent. Theologi verò duobus aut tribus diebus in hebdomada per provisorem die Dominico pro hebdomada sequente deputandis, disputationes ordinarias post gratias in aula communitatis cum opponente & respondente habeant, ubi ab omnibus theologis tam graduatis quàm non graduatis, ordinatè argumenta, sinè lite, jurgio & offensione alicujus, sed ut decet viros religiosos, proponantur ; respondeantque & opponant juxtà consuetudinem laudabilem secundùm ordines suos, nec per codicillos aut breviculos, sed aliquem librum incipiant, & per quæstiones ordinatè in hujusmodi disputationibus percurrant. Si quis autem in lectione repetenda, vel in disputatione facienda, tam in respondendo, objiciendo & arguendo tepidus, remissus vel negligens fuerit, vel se sinè licentia provisoris absentaverit, respondens vel opponens, cartam vini solvere ad arbitrium provisoris tenebitur, & si denuò se absentaverint, in capitulo disciplinæ regulari subjaceant. Aliorum autem arguere debentium si quis sinè licentia provisoris absens fuerit, pro qualibet vice pintâ vini plectetur, si sæpè defecerit, acriùs puniatur. Damus insuper provisori, magistro regenti & magistro studentium per præsentes liberam potestatem compellendi scholares per pœnam privationis vini, aut pitantiæ, necnon disciplinæ regularis, ac aliis rationabilibus ad proficiendum in moribus & scientiis, diligenterque lectiones suas & lectorum ordinariorum continuandum, necnon actus scholasticos universitatis & collegii frequentandum, ac etiam providendi ipsis scholaribus de magistris sufficientibus, & applicandi eos ad scientias & libros, non pro ipsorum studentium desiderio, sed prout eis aut concilio videbitur expedire, taliter quòd nulli summulas audire permittatur, nisi qui in grammaticalibus sufficienter fundatus & habituatus per eos fuerit judicatus. Similiterque ad logicam nullus accedat, nisi qui ordinariè sub magistro summularum glosas audiverit, & textum ex corde reddiderit, & sic consequenter de gradu in gradum, ne absque fundamentis spiritualem domum ædificare putantes, confusionis ruinam patiantur ; necnon compellendi omnes, præsertim de dormitorio & cursores, ad frequentandam fructuosam poëtarum seu rhetoricorum lectionem, quam diebus non legibilibus maximè festivis in collegio deesse nolumus, præcipientes provisori & magistro studentium ut de sufficienti lectore hujusmodi artis in collegio provideant. Antiquum autem morem & retroactis temporibus observatum tanquàm laudabilem approbantes, ordinamus quòd præter disputationes sabbatinas de artibus, quas per magistros studentium cum tribus conclusionibus sive corrolariis volumus in parvis scholis post prandium inviolabiliter continuari, fiant de mane theologales diebus ab antiquo deputatis, videlicèt commemorationis animarum, Clementis, vigiliæ Nativitatis Domini, Genovefæ, cathedræ S. Petri, Thomæ de Aquino & die cinerum, in quibus per magistrum studentium intitulati respondere tenebuntur. Sermones insuper & collationes prisco more, tam in ecclesia quàm in capitulo, per determinatores & alios studentes indefectibiliter habeantur. Et quamvis aliqui sermonem in cathedra vel in capitulo fecerint, si tamen paucitas scholarium hoc requirat anno sequenti ne sit defectus, & ut perfectiùs habilitentur, denuò anno sequenti intitulentur, sinè pecuniarum aliqua exactione. Nullus etiam graduatus sub inobedientiæ & gravis animadversionis pœna per provisorem infligenda, lectiones quotidianas theologiæ aut artium extrà collegium, nisi per concilii determinationem, frequenter, saltem quando lectiones sufficientes in collegio habebuntur ; si quis verò in præmissis rebellis, superbus, negligens, remissus, seu inobediens inventus fuerit, seu circà studium debitum suum facere noluerit, tanquàm inutilis à studio per concilium ad monasterium proprium remittatur ; numquàm absque nostra vel capituli generalis ordinatione reversurus. Omnes verò à collegio recedentes, si in villa Parisiensi ultrà duos dies ab exitu de collegio reperti fuerint, per cellerarium capiantur, & expensis monasterii sui carceribus mancipentur, & postmodùm ad propria transmittantur.

De loquutionis & convictûs disciplina.

Studeant omnes virtutis amore exemplo patrum mores suos religiosè & decenter componere, verba gravia & talibus viris

viris digna, doctrinam & disciplinam redolentia, & non alia proferre; silentio, quantùm exercitii facultas permittit, vacare; exercitiis scholasticis ferventer die noctuque insistere; habitus quoque sui corporis, quam primam devotissimi patris nostri Bernardi canimus esse virtutem, ita ut nihil in eis appareat quod offendat intuentes, deferre; non tunicas pretiosi panni foderatas aut scissas ante vel retro, non diploides colorum, seu grossa collaria aut bombacia, non caligas tenentes, aut alterius quàm albi coloris, non denique cucullas magnificas, nimis longas, seu alia quæcumque simplicitati monasticæ dedecentia. Coronas capitis juxtà usum dispositionem radi faciant, ut infimum capillorum supremum auriculæ non transeat, sintque latitudinis unius pollicis tantùm. Nec aliud ubiubi quàm latinum idioma cum quocumque intelligente fari, aut de quacumque inhonestate os aperire præsumant. Cùmque regalem videamus sollicitudinem invigilare ut juramentorum corruptela ab omnibus auferatur, longè decentiùs & necesse est religiosos à talibus abstinere; idcircò sub pœna privationis vini in proximiori refectione prohibemus ne quis etiam per Deum aut talia juramenta, quoniam sicut à multis jurantibus, ita quoque neque ab ipsis audientibus multùm æstimantur, proferre præsumat. Discant autem sufficienter dictare & scribere, ut cùm ad monasteria redierint, saltem vel iis servire possint. Abstineant omninò à ludis, nisi ex speciali permissione provisoris, aut, eo absente, subprioris, & hoc quidem numquam ante prandium, aut post primum pulsum vesperarum, sub gravi interminatione fieri permittimus, ne tempus infructuosè consumant. Cùm autem pro honesta recreatione superiorum licentiâ eos ludere contigerit, religiosè & honestè, religionis habitu non deposito, absque juramentis, litibus, contentionibus, clamoribus, seu injuriosis verbis, se habere omninò mandamus; inhibendo sub pœnis carceris, si deprehendi possit, aut excommunicationis latæ sententiæ, si se absentaverit, ne quis in villa vel in suburbiis ipsius ad palmam, seu ad ludum pilæ, cum habitu vel sine habitu religionis, ludere præsumat, aut extraneos ad ludum in collegio recipiat. Præterea districtiùs sub gravissima pœna per provisorem taxanda inhibemus, ne quispiam, præter provisorem, magistros nostros, cellerarium, & bacchalaureos formatos, clavem ostii jardini super curiam habeat; de ostio autem super Sequanam soli provisor & magister regens clavem habeant. Festa sæcularia, ut sunt festa Regum, sanctorum Joannis, Petri, Nicolai, Anthonii, Firmini, Ivonis, Guillelmi, Martini, Catharinæ, necnon choreas & mundiales cantilenas, ex quibus infinitæ sectæ & expensæ oriri solent, celebrari in collegio æternaliter prohibemus. Poterunt tamen quandoque in aula, secundùm discretionem provisoris & concilii, habere aliquam gratiosam, religiosam & honestam in cibo & potu recreationem. Licèt autem juvenili ætate nostrâ, juxtà prædecessorum nostrorum statuta, nullis in collegio præter bacchalaureis permitteretur portare bireta etiam nigra & sub caputio; nihilominùs consideratâ humanæ conditionis fragilitate, permittimus non graduatos sub caputio portare nigra bireta & non alia. Bacchalaureos autem discretos esse & fore sperantes, in ampliori relinquimus libertate, dummodò coloribus religiosis & decentibus utantur.

De porta claudenda & transitu ad villam.

Statim ut pro prandio & cœna in collegio pulsatum fuerit, bidellus secundam collegii portam clavibus firmans, claves provisori portet, nec alicui ingressuro vel egressuro absque ipsius licentia aperiatur. Similiter & in nocte post pulsum de *Ave Maria* in Nostra-Domina, aut citiùs, si provisor ordinaverit, maximè hyemali tempore claudatur; apud quem claves usque in mane servabuntur. Nullum simplicem scholarem, absque speciali licentia provisoris, aut, eo absente, subprioris, seu alicujus discreti per provisorem ad hoc deputati, prædictis provisore & subpriore absentibus, & nullius alterius, collegium etiam cum quocumque exire permittimus. Districtiùs inhibemus, sub pœna fugitivorum, ne quispiam cujuscumque gradûs existat, solus collegii limites exeat. Comitivam autem habeat in modum qui sequitur. Provisor, magister regens, cellerarius, ac subprior, ac bacchalaurei formati secùm ducere poterunt religiosum aut clericum sine alia expressa licentia, nisi forte provisor propter certas causas quoad aliquos restringere decreverit. Bacchalaurei verò cursores bini, seu cum religioso qui expressam habuerit licentiam, ad actus scholasticos transire poterunt. Determinatores verò, non nisi bini, aut cum bacchalaureo, seu cum religioso qui expressam habuerit licentiam, ad ipsos actus universitatis transibunt; qui si licentiâ hujusmodi abuti inveniantur, eâdem volumus eos privari ; numquàm similiter vadant duo non sacerdotes, aut duo noviter venientes. Causas verò hujusmodi exituum, & loca ad quæ volunt transire, prædicti provisor, subprior, vel discretus, antequàm hujusmodi licentias tribuant, exactissimè inquirant, quibus auditis, licentiam eundi dare aut denegare potereunt, propter gravia scandala & pericula quæ ex indiscretis exitibus frequenter oriri visa sunt, carceribusque mancipentur qui aliter etiam clarâ luce exire præsumpserint. Exeunti autem frater maturus & discretus deputetur, & assignetur tempus limitatum revertendi. Quicumque prætextu actuum universitatis modo præmisso aut alio collegium exiens, ad aliqua alia loca ire præsumpserit, juxtà delicti exigentiam acriter puniatur. Incedentes autem religiosè & honestè atque disciplinatè per omnia se habeant verbo, visu, habitu, & aliis corporis membris, non visu curiosè per vicos vagantes, nec foris alicubi extrà collegium sine magna necessitate bibere & comedere præsumant. Abusum accipiendi convivium in domibus pistoris, carnificis, pastillarii, sub gravissima pœna inhibemus, ne ultrà nostri status indecentiam suspicio detur fraudandi communitatem. Si autem domum aliquam eos intrare contigerit, numquàm se ad invicem separent aut divertant, sed tam in via quàm in domibus semper simul sint, similiter pro boni testimonii honestate & laudabilis famæ securitate ad collegium redeant. Districtissimè etiam mandamus ne amodò sive graduati sive non graduati, post cœnam aut aliâ quacumque horâ circà littora Sequanæ in scapulari transire, aut ad insulas descendere, seu inter duas portas vulgariter nimis ambulare præsumant, nisi à provisore gravibus pœnis plecti velint. Insuper nullus cujuscumque conditionis existat, sub pœna præmissa fugitivorum, muros villæ Parisiensis, absque provisoris, aut, eo absente, subprioris licentiâ expressâ, exire præsumat.

De promovendis ad determinatoriatûs & bacchalaureatûs gradum.

Ad determinatoriatûs gradum duntaxàt admittantur qui pro minori in dicto collegio per tres annos residentes, ad plenum cursum artium sub magistro audierint, sermonesque ac collationes, tam in ecclesia quàm in capitulo, juxtà morem personaliter fecerint. Ad bacchalaureatûs verò gradum nullus admittatur, nisi vigesimum-quintum ætatis annum attigerit, & continuè in dicto collegio per sex annos completè resederit, & gradum determinatoriatûs adeptus fuerit, salvâ nostra ex privilegio & indulto apostolico authoritate super biblici ordinarii præsentatione. Ad lecturam ordinariam Sententiarum nullus se præsentare præsumat, nisi qui jam expletis per eum theologiæ responsionibus in forma prædicta determinatoriatûs gradum adeptus fuerit, & ad hoc per concilium electus, nobisque fuerit præsentatus, & à nobis acceptatus per litteras nostras patentes licentiam obtinuerit. Nulli autem sermonem vel actum publicum, aut Tentativam, responsionem, seu aliud quodcumque in universitate aggrediantur, nisi priùs coràm sufficientioribus collegii ter vel quater materiam suam diligenter disputando examinaverint, sermonemque ac conclusiones magistro regenti aut alteri ordinatione provisoris ostenderint, & coràm ipsis semel & bis pronuntiaverint, pro dicti collegii & ordinis honestate. Qui aliter facere præsumpserit, ad arbitrium provisoris & magistri regentis, sive per emissionem, sive aliter, graviter puniatur. Nullus sub excommunicationis latæ sententiæ & perpetuæ ejectionis à collegio & universitate pœna, ad Licentiæ munus fine nostra speciali licentia, juxtà laudabiles ordinis consuetudines, accedere præsumat, aut accedere permittatur, & donec publicè in capitulo collegii, ut præmissum est, juramentum fidelitatis ad ordinem, ordinisque unitatem & obedientiam solemniter præstiterit. Item inhibemus sub gravissimis pœnis per provisorem, & in ejus absentia, per subpriorem infligendis, ne aliqui quacumque ex causa præsumant tollere & secare, vel dividere lapides murorum principalium dormitorii vel aliorum ædificiorum absque speciali licentia provisoris & concilii. Similiter ne aliqui in eorum discessu à collegio, tam bacchalaurei quàm simpliciter studentes, vendant, seu tollant aut removeant ostia, seu seras, vel fenestras aut vitrinas camerarum suarum, inhibentes sub dictis pœnis ne immundiores avibus irrationalibus, quæ non stercorisant in nidulo, esse volentes, per effusionem urinæ non solùm commaculent angulos murorum, sed etiam ipsum totum inficiant collegium, cum scandalo & divisione quorumdam honestorum supervenientium.

De expensis in actibus graduandorum.

Cùm gradus scholastici in testimonium ac quoddam virtutum & scientiarum præmium

mium conferantur, nonnunquam tamen contingit ut ubi coquina pinguior, ibi scientia & virtus profusior falsò judicetur, & qui bursam copiosiùs effundunt, gloriosiores evadunt. Quo fit ut nonnunquam plures docti & digni inopiâ cogente, quia expensarum gravitatem ferre non possunt seu supportare, plerumque ad gradûs apicem conscendere aut non possint aut vereantur. Quibus abusibus modificationis remedium apponere cupientes, sic determinamus, quòd deinceps in responsionibus & principiis determinandorum, præsidens duos aut tres dumtaxàt secum commensales in una sola refectione habeat, taliterque refectio ultrà quatuordecim solidos parisienses non ascendat. Cuilibet autem eorum qui disputationibus & principiis interfuerint & debitum fecerint, in proximiori refectione copina vini ministretur, & unus caseus omnibus sufficiat. Bacchalaurei autem tam cursores quàm alii, restrictioni factæ per almam theologiæ facultatem insistant, nec qualitercumque eam transcendant.

De libraria & clavibus ejus.

Nulli scholares nisi duintaxàt bacchalaurei determinatores & confessores librariæ claves habeant, quas non aliunde nisi de manu provisoris recipiant. Qui clavem suam perdiderit, cogatur per concilium alias omnes & serram expensis suis renovare. Recedens à collegio sub pœna excommunicationis clavem suam provisori dimittat. Antequàm verò quis clavem recipiat, duos solidos parisienses proprationi librorum secundùm determinationem concilii applicandos provisori solvat, sicut & noviter venientes; de quibus quidem pecuniis provisor ipse sub pœna etiam excommunicationis latæ sententiæ fidelem concilio reddat rationem. Quicumque dictæ librariæ sive intrando sive exeundo ostium apertum dimiserit, vel libros aperiens apertos dimiserit, aut quoscumque extraneos, nisi semper cum eis præsens fuerit, introducere præsumpserit, clavis eidem penitùs auferatur, nec sibi nisi pro arbitrio provisoris restituatur. Nullus cujuscumque status, officii, vel gradûs fuerit, librum extra librariam, pro se vel pro altero, in collegio aut extrà, quâcumque causâ, nisi forte causâ reparationis, sub pœna gravissima extrahere præsumat. Vinum autem provisori & subpriori interdicimus, quamdiù aliquis liber extra librariam aliter fuerit. Librum verò seu libros ejusdem librariæ qui perdiderit seu destruxerit, ad condignam satisfactionem per concilium compellatur.

Tome II.

De concilio.

Nullus ad concilium recipiatur, nisi fuerit bacchalaureus formatus, cellerarius, subprior, & si eisdem bonum videatur, lector ordinarius Sententiarum. Intrantes autem priusquàm admittantur, jurabunt solemniter coram concilio, quòd rejectis sinistris affectionibus, super proponendis per præsidentem fideliter secundùm Deum & rectam conscientiam opiniones suas dabunt; & cuncta in eodem concilio tractata secretè servando, nulli verbo, scripto, aut nutu eadem reserabunt; quódque honorem ordinis, collegii & personarum, statutaque, ordinationes & mandata superiorum observabunt; & si aliqua audierint dedecus aut damnum ordinis, collegii, aut personarum, seu infractionem privilegiorum aut diffinitionum ordinis tangentia, indilatè concilio vel provisori reserabunt. Prædictum verò concilium diebus sabbathinis, & quoties propter aliqua ardua in collegio agenda opus erit, certâ horâ ante prandium per solum provisorem, & in ejus absentia, per subpriorem volumus & ordinamus aggregari. Cujus quidem concilii congregatio ad præceptum provisoris per bidellum omnibus sigillatim die præcedenti insinuabitur; quâ insinuatione factâ, si quis horâ præfixâ morâ notabili factâ venire obmiserit, de concilio privetur; aut taliter per provisorem puniatur, quòd pœna alios à noxa retrahat. In quo decenter & clarè agendis per provisorem propositis, reliqui super eisdem, incipiendo à junioribus, cum religiosâ maturitate & reverentia, secundùm sui juramenti formam, decentibus & honestis verbis latinis opiniones suas cum motivis & advisamentis dicent. Quibus auditis, provisor, secundùm majorem, & quam saniorem noverit partem, concludat, ordinando cellerario ut conclusionem exequutioni demandet. Si quis autem opinionem suam pertinaciter contra saniorem partem deffendere, aut injuriosa verba & contemptuosa proferre præsumpserit, seu perjurus, aut contrà aliqua præmissorum fecisse repertus fuerit, ipso facto eumdem per præsentes à prædicto concilio resecamus & privamus, nonnisi per nos readmittendus. Nullæ aliæ quoque congregationes fiant in collegio per quoscumque. Quòd si qui oppositum attemptaverint, tamquàm conspiratores puniti ad propria monasteria remittantur. Omnibus de dicto concilio præsentibus & futuris in virtute salutaris obedientiæ, & sub excommunicationis latæ sententiæ pœna inhibemus, ne, sicut abusivè & arroganter nuper præsumpserunt, de cætero bidellum seu quemcumque officiarium ad nostram vel capituli generalis dispositionem spectantem eligere præsumant.

De imbursatione & servatione pecuniarum, computationibus, & statu bursariæ.

Ut omnium scholarium, etiam graduatorum & abbatum imbursatio, juxtà fœlicis recordationis domini Benedicti papæ XII. statutum fiat, ordinamus omnes infrà beati Remigii festum pro provisionibus mensis Octobris imbursare; bursam verò integram pro residuo anni, secundùm taxam per concilium temporis qualitate pensatâ conclusam, in festo omnium Sanctorum bursario tradere, carebuntque omnes vino & pitantiâ, quoadusque dictas summas diebus & terminis præfixis persolverint; quas quidem bursas seu imbursationes scholarium, bursarius qui pro tempore fuerit per concilium constitutus, ad provisiones commodiùs faciendas recipiet, & cum subbursario atque aliis sibi per concilium adjungendis provisiones lignorum, vinorum, victualium & consimilium faciet, distribuetque & applicabit, ac bonum & fidelem compotum de omnibus receptis & expensis quolibet mense in communitate reddet, quittantias mercatorum producendo, ut appareat de solutione expensarum. Volumus etiam numerum doliorum vini cum pretio, loco, & die emptionis in scriptis per bursarium & procuratorem communitatis publicè in dictis computationibus declarari. Nullus de bonis communitatis quicquam accipiat, nisi ordinariè cum cæteris imbursaverit. Recedenti de collegio nihil penitus de imbursatione restituatur per bursarios, sed in bonum communitatis vestræ convertantur, nisi fortè abbas ejus aut ipsum aut alium scholarem infrà duos menses ad collegium remittat; & tunc respectivè de omnibus participabit, ac si semper mansisset. Districtiùs mandamus bursario sub pœna depositionis ab officio, ut omni dissimulatione semotâ, ad vitanda inconvenientia venditionis particularum substantiæ collegii, quæ nuper collegio propter defectum imbursationis acciderunt, & ut provisiones competentes solito meliùs fieri possint, omnes tam graduatos quàm non graduatos imbursare compellat, taliter quòd ii quos constabit provisionem sufficientem pecuniarum accepisse, imbursent integraliter pro uno anno, & qui minùs, saltem pro dimidio, & non pro minori tempore, secundùm taxationem bursæ cujuslibet anni; exceptis dumtaxàt bacchalaureis actu legentibus, qui pro rata imbursando sic supportari consueverunt; ita tamen quòd in fine cujuslibet mensis imbursent pro sequenti mense, aliàs nihil eis ministrari permittat, retento pignore seu vadio pro iis qui in bursaria debuerint; nec præsumat credentiam cum aliquo scholari occasione imbursationis ultrà valorem imbursationis unius mensis facere, pro quo pignus bonum & securum accipiat. Alioquin quidquid supererit, de proprio solvere teneatur absque damno communitatis. Quidquid autem ultrà portionem in vino, pane, aut pitantia datum fuerit scholaribus, illicò ab eis in pecunia prompta persolvatur, nec in diminutionem principalis imbursationis quocumque convertatur seu recipiatur; aliàs tam bursarius quàm sic accipientes, atque etiam non sufficienter, ut dictum est, imbursantes, bonis communitatis omninò priventur, donec integraliter satisfecerint. Et quoniam multa incommoda, distractiones studii, ac occasiones plurium impedimentorum scholaribus hactenùs acciderunt, pro eo quòd noviter venientes quantumcumque inexperti, sive juvenes, sive senes, ad officium clavigeratûs exercendum applicari solent, ordinamus ut deinceps sub tutela & directione bursarii probus clericus sæcularis ad distributionem ordinariam vinorum & panum ab ipso bursario cum conscientia provisoris instituatur, & pro quo fidem faciat, & eidem bursario computum reddat; qui & clericus aulæ esse poterit; nec cuiquam scholari cujuscumque status fuerit, ultrà portionem panem vel vinum tribuat, nisi manualiter pretium ab eo recipiat, sicut in aliis collegiis tam religiosorum quàm sæcularium fieri solet. Quia verò experientiâ docente statum bursariæ adnullari comperimus propter restæ imbursationis cujuslibet anni partitionem & divisionem; pro bono & conservatione communitatis & personarum ipsius, expressè mandamus omnibus scholaribus tam graduatis quàm non graduatis, & officiariis quibuslibet, sub pœna punitionis per nos declarandæ, ne de cætero restam quamcumque imbursationis sine nostra aut capituli generalis expressa licentia dividere seu distribuere præsumant, sed omnia ad utilitatem communitatis reserventur & convertantur.

De cellerario.

Omnes redditus & proventiones tam ordinarii quàm extraordinarii collegii à cellerario

cellerario recipiantur, & fideliter serventur & exponantur ; quorum partem secundùm dispositionem provisoris ad expensam ordinariam collegii, utpote pro luminari, oleo, hostiis, sacristia & prandiis consuetis applicabit, residuum conservabit. Nullus extraneus vel abbas de nostra aut ordinis licentia in collegio cameram habeat, nisi priùs pro manutenentia cameræ & collegii quadraginta solidos cellerario persolverit. Caveat ipse cellerarius incipere processum quemcumque aut notabilem reparationem absque conscientia provisoris & concilii. Sit subjectus priori in omnibus, sicut & cæteri bacchalaurei formati ; nec omittat singulis annis in capitulo generali suas computationes per concilium visas & examinatas, cum sufficientibus mercatorum quittantiis, ad nos transmittere.

De computatoribus seu procuratoribus.

De mense in mensem comparatores* quos procuratores vocant, tales per concilium, nullum habendo respectum ad antiquitatem, eligantur, qui officium honestè & utiliter exercere possint, in officio continuandi quantùm concilio videbitur expedire ; qui jurabunt quòd fideliter & absque fraude provisiones necessarias secundùm dictamen provisoris & bursarii ement & persolvent, scribent, distribuent & computabunt, nec extrà aulam pitantias quibuscumque, nisi prout superiùs diximus, ministrabunt. Quòdque nulli de dormitorio ultrà quatuor solidos parisienses, aliis autem ultrà octo vel eo circà pro mense ultrà portionem dabunt : de quibus tamen cum eis faciant, ne veniant in onus communitatis. Item quòd de singulis fidelem & legalem coram communitate singulis mensibus reddent rationem, & quod ultrà quinque francorum summam absque ordinatione provisoris & bursarii debita, sive activa, sive passiva, procuratorio nomine non contrahent.

*ès computatis

De clericis.

Nullus in collegio clericum habeat, demptis provisore, magistro regente, cellerario, subpriore, bacchalaureis formatis, lectoribus ordinariis Summarum & Bibliæ ; sitque eorum quilibet uno solo contentus. Si verò aliquis ipsorum alicui scholari injuriam notabilem fecerit, percutiendo, injuriando, vel alio modo, penitùs mox de collegio expellatur ; & si magister ejus ipsum deffendere temptaverit, tamdiù careat bonis communitatis, quamdiù in hujusmodi rebellione perduraverit. Clericum communitatis & eum cui clavis penoris dabitur, compellet provisor, tam medio juramento quàm aliter, quòd nullis jentacula, seu aliud præter ordinatas refectiones aut potationes, sinè ipsius licentia nullatenùs ministrabunt ; & si dissolutiones quascumque, sive in ludis, sive in aliis viderint, eidem provisori revelabunt.

De potestate compellendi abbates ad mittendum scholares, & eis providendum.

Provisori, magistro regenti & cellerario, tam conjunctim quàm divisim, tenore præsentium conferimus authoritatem & plenum posse compellendi omnes & singulos abbates ordinis ad mittendum suos scholares ad dictum collegium, eisdemque sufficienter providendum juxtà Benedictinæ ordinationem, sub pœnis & censuris in eadem Benedictina & diffinitionibus ordinis contentis.

Conclusio exhortatoria.

Finaliter vos omnes & singulos fratres amantissimos, graduatos & non graduatos, præsentes & futuros, affectuosiùs in visceribus Domini nostri Jesu Christi hortamur, ut apertis oculis vestri status conditionem jugiter considerantes, præmissa omnia, tamquàm ex vera charitatis & disciplinæ officina prodeuntia, respectivè pro utriusque hominis vestri perfectione devotiùs adimplere studeatis ; præcipientes & mandantes, ut provisori, & in ejus absentia, subpriori in exequutione præmissorum, aliisque collegii & personarum honestatem concernentibus, tamquàm vestris patribus spiritualibus humiliter obediatis, eisque debitam semper & in omni loco religiosam exhibeatis reverentiam, sacram inter vos charitatem conservantes. Ordinantes in calce, ut si quispiam ad collegium mittatur, qui psalterium ac divinum servitium juxtà morem ordinis corde tenùs nescivierit, priusquàm ad quascumque artes applicetur, psalterium ipsum cum officio divino corde tenùs addiscere compellatur. Hæc pauca quæ vobis in collegio salubria arbitramur, ut efficaciùs ad effectum deduci possint, ter ad minus in anno coram omnibus in capitulo integraliter & publicè, scilicet die secundâ post Nativitatem Domini, crastino resurrectionis Dominicæ, & crastino Penthecostes, sæpiùs verò & quotiens provisori opportunum videbitur, particulariter secundùm capitula rerum emergentium, legi volumus & districtiùs præcipimus, ne quis de ignorantia se excusare valeat. Si quis autem diebus prædic-

Tome II.

Z ij

tis in capitulo ad integrum præmissa non audiverit, vino & pitantia ipsâ die irremissibiliter careat, ac postmodùm donec præmissa ad longum perlegerit, idque se fecisse provisori juramento firmaverit.

Lecta fuerunt & exposita præsentia statuta jussu nostro publicè in capitulo præfati collegii, coassistentibus & confedentibus nobis venerabilibus & in Christo nobis percharissimis coabbatibus nostris de Firmitate, de Morimundo, de Karoliloco sacræ theologiæ professoribus, de Regali-monte, de Bellabrancha & de Claritate Dei ; in quorum omnium robur & testimonium sigillum nostrum præsentibus duximus apponendum, die XI. mensis Augusti, anno Domini M. CCCC. XCIII. *Signatum*, J. VINCENTII.

De bacchalaureis aliarum universitatum ad hoc Parisiense collegium causâ studii venientibus.

LICET annis superioribus nonnulli religiosi ordinis, bacchalaurei quarumdam aliarum universitatum, ad istud S. Bernardi Parisiense collegium gratiâ studii transeuntes, propter certas rationes fuerint positi in dormitorio, & ab aliquibus tunc dubitetur si antè vel post determinatores in eodem collegio creatos collocari deberent, & ob hoc fortè quia tales in facultate theologiæ hujus universitatis nullum locum habent, donec ibidem præsentati fuerint & recepti, sicut alii bacchalaurei ; rationi tamen & æquitati consonum videtur, cùm hujus sint ordinis fratres, & illo gradu honorati, ut, si aliquod notabile non adsit impedimentum, deinceps ipsi cameras à provisore extra dormitorium, & locum, ordine quo venerunt, immediatum suprà determinatores post alios bacchalaureos cursores habere poterunt ; in servitiis ecclesiasticis & aliis, juxta statutorum formam & provisoris discretionem facturi. Donec autem ipsi aliarum universitatum bacchalaurei cursores fuerint facultatis theologiæ hujus universitatis, bacchalaurei quotquot ex determinatoribus hujus collegii ad bacchalaureatum vocabuntur, si sacerdotis honore fungantur, ascendent super eos ubique ; non sacerdotes verò eos solùm in schola & actibus scholasticis præcedent. Sed postquam hujusmodi bacchalaurei cursores aliarum universitatum, bacchalaureatûs gradum sic receperint, semper tenebunt locum illum suæ institutionis, & præcedent omnes alios qui post eos ad bacchalaureatum hujus promovebuntur.

De bacchalaureis autem formatis aliarum universitatum ad hoc collegium gratiâ studii transeuntibus, hæc poterit esse dispositio universalis, ut semper sequantur immediatè bacchalaureos formatos, donec & ipsi fuerint in hoc collegio bacchalaurei formati, & tunc præcedent eos qui post eos legerint Sententias. Salvâ semper gratiâ per Cisterciensem patrem nonnullis gravibus personis moribus & scientiâ pollentibus, propter quæ meritò quibusdam aliis anteferri deberent, faciendâ ; quorum qualificatio, etiamsi in alio ordinis collegio studuerint, per provisorem ex deliberatione concilii domino Cistercii manifestari debebit, ut de ipsis & de aliis propter certas considerationes pro meliori semper disponat. Datum in dicto collegio nostro S. Bernardi die II. mensis Decembris anno Dom. M. CCCC. XCIII. *Signatum*, J. VINCENTII.

NOS frater Guillelmus abbas Cistercii in Cabilonensi diœcesi, totius nostri Cisterciensis ordinis & capituli generalis plenariâ fungentes potestate, habitâ conferentiâ cum venerabilibus & nobis præcharissimis coabbatibus nostris monasteriorum de Frigido-monte, de Longo-villari, de Karoli-loco sacræ theologiæ professoribus, de Prulliaco, de Acceyo & aliis regularibus personis tam sacræ theologiæ professoribus quàm aliis, pro fœlici & debito regimine venerabilis collegii nostri S. Bernardi Parisius, & aliquali morum & exercitii scholastici, ac ibidem residentium religiosorum & studentium ordinatâ dispositione, per modum chartæ visitationis seu paternæ exhortationis, subsequentes confecimus articulos, volentes & districtissimè præcipientes eos ab omnibus & singulis dicti collegii studentibus, tam graduatis quàm non graduatis, prout unumquemque concernit, observari.

An. 1525.

In primis igitur sedulius attendentes quæ rationabilia, utilia, & discreta sint, & quæ per fœlicissimæ recordationis dominum Joannem de Divione prædecessorem nostrum dudum statuta sunt & ordinata, ipsa laudamus, approbamus, & quantùm opus est, præsentium tenore renovamus, ac ea in suo vigore relinquimus & confirmamus, demptis quibusdam paucis, quorum aliqua pro temporum varietate esse mutanda decrevimus. Ante omnia autem & super omnia præcipimus & ordinamus, ut divinum servitium propter quod professi sunt monachi, cum distinctâ verborum pronuntiatione debitisque ceremoniis reverenter ab omnibus persolvatur, prout plenius & expressius in dictis statutis continetur, volentes provisorem & subpriorem super præmissis diligenter invigilare, negligentes secundùm defectuum gravitatem & graduum discretionem indissimulanter puniendo.

Ut autem privatis diebus morosius & devotius solito debitum peragant servitium, quod, proh dolor! frequenter anteà tam negligenter & irreverenter, non sine gravissima Dei offensa, & maximo audientium scandalo, celebratum est, permittimus ut officium defunctorum deinceps extrà chorum, sicut de horis beatæ Virginis facere consueverunt, dicere possint; præcipientes ut in quolibet mense, die quæ cantori videbitur tamquàm commodior assignanda, solemne celebretur anniversarium in ecclesia pro defunctis cum collectis *Præsta, Domine, quæsumus, Deus veniæ, & Fidelium.* Ad quod quidem servitium, tam in vesperis quàm in laudibus & missa, omnes tam graduati quàm non graduati, per sonum majorum campanarum convocabuntur, & ibidem, sicut in aliis quinque præcipuis defunctorum anniversariis, comparere tenebuntur. Ne autem per hanc nostram gratiosam concessionem aliqualis detur scholaribus occasio illud debitum pro defunctis servitium omittendi, injungimus præsidentibus, ut cunctis junioribus non sacerdotibus aut non graduatis tales assignent directores graduatos aut confessores, cum quibus dicti juniores divinum officium, quod extrà chorum dicendum erit, integrè dicere compellantur. Et ut præmissa efficacius adimpleri valeant, monemus prædictos provisorem & subpriorem, eisque damus in mandatis, quatenùs alter ipsorum, etiam diebus privatis quotidiè, aut saltem frequentissimè præsens sit in choro tam in vigiliis quàm in vesperis & aliis horis. Quòd si utrumque ipsorum interdum abesse contingat, talem saltem procurent discretum ibidem loco ipsorum adesse, cujus præsentia & maturitas nullas in domo & servitio Dei dissolutiones aut irreverentias fieri permittat.

Ordinamus etiam ut alter ipsorum præsidentium diebus singulis, maximè privatis, tempore vigiliarum dormitorium ascendat, visurus si omnes horâ debitâ ad horas dicendas surrexerunt, quatenùs tempore congruo suas prævidere lectiones, & ad eas accedere possint & valeant; itidem etiam circà bacchalaureos fieri volumus, si tamen in præmissis tardi & somnolenti comperirentur.

Solers etiam cura sit provisori & subpriori, ut sacrista mundam teneat ecclesiam & ornamenta ecclesiastica, providendo sufficienter de luminaribus, scilicèt cereis, candelis & tædis, prout hactenùs laudabiliter actum extitit; attentis sufficientibus stipendiis ipsi sacristæ pro pœnis suis & dicto luminari assignatis. Procurator etiam antè proximum festum Paschæ faciat auferri omnes immunditias & araneas in ecclesia, à summo usque deorsum existentes.

Circà exercitia autem scholastica propter quæ missi sunt dicti studentes ad hanc florentissimam universitatem, volumus exactam diligentiam adhiberi. Ea propter provisorem, subpriorem, magistrum regentem & magistrum studentium summoperè niti decet, ut continuè habeantur boni & docti præceptores, tam in theologia quàm in artibus, ac etiam in grammatica, sive fuerint sæculares, sive religiosi, secundùm quod dictis provisori & subpriori videbitur expedire, qui diebus non suetis sine intermissione legant, ad quorum lectiones omnibus viis rationabilibus ire cogantur omnes qui ire tenebuntur. Nec erit in potestate cujuslibet eligere sibi librum quem audiat, aut lectiones quas frequentet; sed magis penès dictos provisorem & alios remanebit ista dispositio, cum consilio magistri regentis & magistri studentium, si opus fuerit. Præter lectiones autem ordinarias, bonum erit habere aliquem præceptorem pro diebus Dominicis, festis & Aristotelicis, qui certis horis legat aliquid de moralibus, vel de grammatica, rhetorica, vel de poëtis. Fiant etiam frequentissimæ disputationes de theologia in aula, quibus omnes theologi interesse, & in ipsis fructus sui studii ostendere debebunt, nec pro occasione quacumque intermittantur reparationes artium, quæ benè practicatæ æquivalent aut prævalent lectionibus ordinariis. Ideò omnes interesse debent, & arguere compellantur. Hoc unum reprehensione dignissimum videmus in hoc collegio, quòd pauci se exercent in loquutione latina, quod quàm absurdum sit facile est videre; nam testimonio plurium & experientiâ docente, cùm non habent in promptu verba latina aut sententias optatas, recurrunt ad maternam linguam & vernaculam; quod in auribus multorum turpiter sonare inficiabitur nemo peritus. Assuescant etiam omnes perfectè proferre & distinctè loqui cum bona prolatione

Z iij

& accentu debito, ut potiùs verba humana proferre quàm balba ineptum resonare videantur.

Cùmque ex consueta procuratorum communitatis ordinatione multa retroactis temporibus acciderunt damna tam in spiritualibus quàm in temporalibus, eò quòd ut in pluribus constitui solent procuratores juvenes & rerum temporalium inexperti, ex quibus multi vagi discursus sequuntur & abusus; hinc est quòd nos animarum saluti & communitatis utilitati consulere ac providere volentes, ac futuris periculis obviare cupientes, ordinamus ut de cætero nulli religiosi scholares instituantur procuratores, sed loco ipsorum aliquis ponatur sæcularis honestus & industriosus, ex consilio provisoris, magistri regentis & subprioris, sub bursario, qui omnia disponet & sollicitabit, ac provisiones faciet quæ per dictos procuratores fieri solebant, secundùm quod bursarius prædictus ipsi ordinabit. Qui quidem sæcularis consueta prædictorum procuratorum stipendia percipiet, aut alia rationabilia, secundùm quod dictis provisori, regenti, subpriori & bursario videbitur expedire.

Quia etiam ex defectu frequentationis aulæ communis pro sumenda refectione corporali, veridicorum relatu & experimento longissimo multa damna studio & marsupio provenire didicimus, prædictis statutis inhærendo ordinamus, ut omnes studentes indifferenter, omnibus frivolis excusationibus rejectis, sub pœna privationis vini & pitantiæ pro qualibet vice, & aliis gravioribus pœnis per præsidentem imponendis, ad utramque refectionem in dicta aula sumendam accedere teneantur & cogantur; exceptis abbatibus & doctoribus, necnon & bacchalaureis formatis, iis solùm diebus quibus in urbe erunt disputationes, aut alii actus publici in universitate. Qui quidem abbates rem laude dignam & ipsis commodam facerent, si sæpiùs in aula communi prædicta cum studentibus reficerent. Provisor etiam & subprior exemplo suo alios ad dictæ aulæ frequentationem inducere debebunt. Quibus mandatum speciale facimus, ut viis omnibus omnes potationes, comessationes, insolentias & clamores excessivos fieri impediant tam in dicta aula quàm in cameris, & hortis particularibus pro sola honesta sensuum recreatione concessis, quorum ostiorum omnium volumus provisorem habere claves.

Et quia juvenibus noviter venientibus & quibusdam aliis, ex eo quòd aliquas reservant pecunias, datur occasio eas inutiliter, cum detrimento quoque studii, corporis & animæ dispensandi; occasiones hujusmodi de medio tollere volentes, provisori & subpriori districtè præcipimus, ut tantis periculis modis sibi possibilibus obvient, interrogando dictos scholares aut eorum rectores etiam medio juramento, si quas habeant pecunias ultrà eas quas ponent in bursaria; quo in casu auferant ab eis hujusmodi pecunias, deponentes eas in manibus bursarii, aut alterius probi studentis, qui eas sub chyrographo recipiet, & eas secundùm eorum necessitates & provisoris voluntatem distribuet.

Verùm quoniam sancti patres ordinis nostri institutores mulierum ingressum in monasteriis penitùs damnabant, nos eorum vestigiis inhærentes, famamque hujus religiosæ domûs illibatam servare cupientes; quàm insuper periculosa sit communicatio religiosorum cum mulieribus, etiam charitatis prætextu, ex traditione patrum cognoscentes, omnibus hujus collegii studentibus præsentibus & futuris, etiamsi abbates fuerint, in virtute salutaris obedientiæ, & sub excommunicationis latæ sententiæ pœna, quam ex nunc prout ex tunc in iis scriptis ferimus, cujus absolutionem nobis, commissario nostro, aut provisori, vel in ejus diutina absentia subpriori, extrà mortis articulum reservamus, distrietè præcipimus, ne quis de die vel de nocte, per se vel per alium, directè vel indirectè, introducat seu introduci faciat in ipsum collegium, vel in hortos ipsius, quamcumque mulierem suspectam, dissolutam aut diffamatam, nec talibus faveat, deffendendo, celando, potum cibumve quomodolibet ministrando. Similem etiam excommunicationis pœnam incurrere volumus eum qui tale facinus factum esse cognoverit, nisi illicò præsidenti revelaverit; idem præceptum extendendo procuratori, & bidello, & clericis abbatum vel bacchalaureorum sub pœnis privationis à suis officiis & ejectionis perpetuæ à collegio. Et cùm per familiaritates, colloquia, risus, visus, tactus aut auditus, inimico salutis cooperante, illecebrarum seu turpitudinum occasiones nonnumquam præbeantur, districtè prohibemus, ne quis dictorum studentium & abbatum, quacumque ex causa, sub pœna disciplinæ regularis aut carceris, nisi abbas fuerit, aut sub pœna ejectionis à collegio, nisi semel monitus à cœptis destiterit, si abbas fuerit, mulierem quamcumque, licèt consanguineam,

aut

aut aliam quantumcumque honestam, absque provisoris, vel in ejus absentia, subprioris expressâ & speciali licentiâ, in ipsum collegium vel hortum introducat, aut introductam celet, nisi tantæ excellentiæ esset cui sine evidenti periculo damni & formidandæ indignationis ingressûs hujusmodi denegari non posset ; super quibus volumus provisorem & subpriorem sollicititissimè invigilare, si nostram & patrum ordinis indignationem evitare velint. Cui legi etiam dictum procuratorem sub pœna ejectionis à dicto collegio comprehendi volumus. Quæ omnia ut facilius vitari possint, præcipimus in prima porta haberi unum continuum portarium expensis solitis portariæ, prout commissarii nostri ac provisor & subprior pro utiliori & expeditiori faciendum judicaverint. Horâ tamen vesperarum & majoris missæ permitti poterunt ingredi graves & honestæ matronæ cum decenti comitiva, quas verisimile erit illuc devotionis causâ adventare.

Attentè insuper considerantes quàm periculosus damnosusque animæ, famæ, bursæ, & vacationi scholasticæ contrarius sit frequens transitus ad villam & exitus extra muros Parisienses, habito respectu ad formam vivendi aliorum collegiorum tam religiosorum quàm sæcularium, præsenti scripto decernimus, ut nulli bacchalaureo formato deinceps liceat ducere ad urbem prætextu actuum scholasticorum quemcumque alium studentem, nisi fuerit similiter bacchalaureus formatus ; nec cuiquam bacchalaureo simplici seu cursori, aut inferioris gradus seu status, licebit exire collegium quacumque ex causa absque comitiva honestâ & absque expressa licentia provisoris, aut in ejus absentia, subprioris. Ne tamen per hanc nostram constitutionem videamur impedire profectum studentium quem ex frequentatione actuum scholasticorum reportare possent, ipsis provisori, & in ejus absentia, subpriori damus potestatem & mandatum speciale deputandi aliquem discretum, probum & honestum bacchalaureum, vel alium timentem Deum, qui secundùm ordinationem & voluntatem ipsius provisoris ducet ad actus publicos theologiæ dictos bacchalaureos & alios determinatores, sub hac lege quòd omnes ibunt, manebunt & redibunt simul, nullibique sub pœna carceris divertendo, nisi fortè provisor aliquos bacchalaureos pro suarum gravitate virtutum ab hac lege eximere voluerit. Qui quidem discretus habebit jurare provisori, quòd si quos cognoverit hujus legis transgressores, quàm primùm poterit ipsi provisori aut, eo absente, subpriori revelabit. Similiter etiam custos dormitorii in sua institutione jurare tenebitur, quòd omne sibi impositum juxtà statutorum & provisoris intentionem fideliter exequetur. Similiter cùm contigerit fieri processiones generales in universitate, dictus provisor deputabit unum vel duos de hujusmodi discretis, cum quibus omnes scholares prædicti, etiam bacchalaurei formati, si provisor voluerit, in fine missæ convenire tenebuntur in loco & horâ per dictum discretum vel discretos, seu per provisorem determinandâ, ex quo loco omnes ad collegium redire tenebuntur. Si qui autem aliter, quod absit, facere præsumpserint, & ad prandium cum aliis non venerint, puniantur pintâ vini & pitantiâ, & nihilominùs cùm redierint disciplinâ regulari, aut, si delicti gravitas exegerit, carcerali pœnâ illicò & irremissibiliter puniantur. Aliis autem temporibus aliisque studentibus rara, & non nisi pro inevitabili necessitate aut evidentissimâ utilitate, de quâ constare debebit dictis provisori, vel eo absente, subpriori, & per eos approbandâ vel reprobandâ, detur licentia eundi ad villam ; quæ cùm concessa fuerit, deputetur euntibus fidelis & honesta comitiva, limitando tempus infra quod sub pœna prædicta nullibi divertendo redire tenebuntur. Sacristæ autem omnimodam auferimus facultatem eundi ad urbem occasione officii sui, sine licentiâ petitâ & obtentâ pro bonâ occasione. Abusus etiam & scandala quæ ex transitu ad campos oriri visa sunt, altâ mente recensentes, provisori & subpriori omnimodam auferimus potestatem dandi licentiam studentibus eundi ad campos, nisi fortè semel in anno, si sibi omnibus consideratis ita expedire videbitur, supposito quòd ipse vel subprior aut uterque exibunt cum dictis studentibus, sub hac tamen conditione quòd nullus sub pœna carceris se à gremio sejungere præsumat. Provisor tamen poterit cum magnâ discretione & cautelâ dare licentiam eundi ad solatium extrà muros aliquibus ab infirmitate convalescentibus, quod tamen raro fieri intendimus. Vagum etiam illum discursum occasione peregrinationis fieri solitum penitùs amodò fieri prohibemus.

Quantùm autem ad ea quæ forum conscientiæ & casuum reservationem concernunt, nolumus ampliùs priorem & antiquum modum de petendis confessoribus specialibus & generalibus observari ; sed volumus provisorem per seipsum de hujusmodi casibus & criminibus reservatis absolvere, cùm ad eum pœnitentes recurrerint. Ut autem animæ faciliùs salventur, & ne dictus provisor nimis gravetur, volumus ut etiam tres instituat discretos de primis confessoribus, prout viderit expediens, qui similiter ab hujusmodi casibus reservatis absolvere poterunt, non excludendo quin idem provisor possit peccantibus alios ab aliis tribus deputare confessores.

Ne autem propter negligentiam infirmis detur occasio ad urbem declinandi, aut aliud majus eis occurrat periculum, ordinamus infirmitorium in antiqua camera bursarii deputari stipendiis collegii, in quo utensilia necessaria reponantur per inventarium à provisore factum servitoribus infirmorum ministranda, cujus provisor solus clavem habeat, ne occasio comessationum aut dissolutionum fiat; nec ibi aliquis suscipietur nisi per provisoris expressam licentiam, qui secundùm infirmitatum qualitates de clerico aut servo; aliisque rebus eisdem infirmis monasteriorum eorum sumptibus providere poterit.

Finaliter dilectissimos nobis in Christo filios provisorem, magistrum regentem, subpriorem, cæterosque scholares dicti collegii paternis charitativisque hortamur affectibus, ne in vacuum gratiam Dei spiritualem recipiant; vocationem suam altiori & propensiori mente recogitent; acceptabile & irrevocabile tempus juvenile non inaniter, sed cum fructu multiplici transfigant, non vanæ, sed solidæ sapientiæ, quæ sinè bonis optimisque moribus & Dei gratia spirituali ac fraterna charitate consistere non potest, totâ aviditate & mentis devotione incitentur *, ad eamque aspirent. Antè omnia autem inter se mutuam charitatem & dilectionem habeant.

* vix incitantur

Hæc autem nostræ præsentis visitationis statuta cum iis quibus annectuntur, quater quolibet anno in capitulo aut sacristia ubi omnes conveniant, ut moris est, legi & ab omnibus devotè adimpleri volumus & præcipimus, ut in viros bonos, claros & fructiferos, ad totius ordinis nostri gloriam, decus & ornamentum, nostramque ac cæterorum ordinis patrum consolationem, necnon famæ & nominis sui commendationem ac exaltationem, evadere valeant, ipso auxiliante qui nunquam deserit sperantem in se, sed omnibus invocantibus nomen ejus adest auxiliator, vivitque & regnat per immortalia sæcula Deus, amen.

Datum in præfato collegio nostro sancti Bernardi Parisius sub appensione sigilli nostri, die XI. mensis Junii, anno Domini M. D. XXIII. *Signatum*, De Avalone.

Isti sunt casus, quorum absolutionem nos frater Guillelmus abbas Cistercii, pro certis bonis & rationabilibus causis, maturâ deliberatione cum pluribus ordinis patribus habitâ, nobis, commissariis nostris, provisori, ac duobus aut tribus discretis confessoribus, prout ipse provisor viderit expedire, in collegio nostro sancti Bernardi Parisiensi reservavimus, & usque ad aliam nostram dispositionem, vestigia prædecessorum nostrorum insequendo, reservamus; teste signo manuali fratris Joannis de Avalone secretarii nostri hîc apposito, die XI. mensis Junii, anno Domini M. D. XXIII.

Si quis in villa sinè licentia carnes comederit.

Si quis in dormitorio carnes manducaverit, aut vinum biberit.

Si quis sinè licentia, contrà prædecessorum nostrorum, aut statutorum nostrorum tenorem, collegium exiverit.

Si quis extrà collegium ad palmam luserit.

Si quis irâ vel odio alium graviter percusserit, mutilaverit, aut sanguinem effuderit.

Si quis absque licentia extrà collegium pernoctaverit.

Si quis de dormitorio extrà ipsum sinè licentia pernoctaverit.

Si quis domum inhonestam & suspectam scienter intraverit.

Si quis carnis contagium commiserit, aut pollutionem in seipso vel in alio efficaciter procuraverit.

Si quis, ad taxillos, chartas, aut alios ludos à jure & ordine prohibitos luserit, aut ludentibus astiterit.

Si quis in eodem lecto & in eadem camera in dormitorio & cum alio jacuerit.

Si quis relicto aut occultato habitu regulari, induerit se habitu sæculari.

Aliis casibus à jure aut ab ordine reservatis in suo vigore permanentibus.

Propter pericula autem quæ provenire possunt, provisor diligenter provideat, ne per quoscumque quâcumque occasione fiat ignis in dormitorio, sive ex lignis, sive ex paleis, aut aliis combustibilibus; præcipientes ne ita fiat; absolutionem transgressionis hujus præcepti tam necessarii sibi, si voluerit, reservando. *Signatum*, De Avalone.

NOS

JUSTIFICATIVES.

AN. 1556.

Nos frater Joannes abbas Cistercii in Cabilonensi diœcesi, totius nostri Cisterciensis ordinis & capituli generalis ejusdem plenariâ fungentes potestate, sollicitudine paternâ moti, ut in collegio nostro sancti Bernardi Parisiensi perpetuò morum ac pacis integritas maturiùs solitò servetur, studiorumque exercitatio floreat, per modum chartæ visitationis & statuti, pio affectu subsequentes ordinationes addidimus prædecessorum nostrorum statutis; volentes & districtissimè præcipientes, ut ab omnibus tam graduatis quàm non graduatis in eodem collegio nostro commorantibus diligenter observentur.

Primò, laudamus & approbamus ea omnia quæ habentur in statutis præfati nostri collegii, tam de divino officio, de exercitio scholastico, imbursatione, quàm de mulieribus non intromittendis in dictum collegium, exitu in urbem, de clericis communitatis & commorantium in collegio, quibus pauca jure optimo addenda esse decernimus.

Antè omnia, ne graventur posthàc bacchalaurei hujus nostri collegii, actuum suorum præsidentibus convivia facientes, eisdem prohibemus quempiam alium doctorem in collegio præfato manentem, aut extraneum non doctorem vocare ad sua convivia per se vel per alium, præter abbates ordinis, provisorem & magistrum regentem, sub pœna solutionis viginti solidorum parisiensium tam à vocante quàm ab eo doctore qui interfuerit, tradendorum communitatis bursario, in quo convivio inservient tantùm bacchalaurei & discreti dormitorii; interdicentes omnibus famulis tam doctorum quàm bacchalaureorum ac communitatis, ipsorum conviviorum ingressum; præcipientes eidem provisori invigilare ne fiant alia privata convivia; quod si reperiat fieri, opponat se nostrâ authoritate promotioni abutentis.

Ne verò posthàc ambigatur cujus intersit officium magistri regentis, tam in aula quàm in aliis locis, eodem absente, exercere, & propter idem officium honores & emolumenta percipere, volumus & ordinamus ut hoc penès provisorem remaneat, cùm mens non sit ordinis & generalis capituli alios doctores in nostro prædicto sancti Bernardi collegio, excepto provisore & magistro regente dumtaxàt, post trimestre commorari, imò cautâ & expressâ definitione prædicti nostri generalis capituli, elapso trimestri ad sua monasteria, ubi monasticâ professione suscepti sunt, & indè assumpti, reverti compelluntur ad suorum fratrum claustralium illuminationem.

Quod verò attinet ad Sorbonicam responsionem, volumus ut bacchalaurei qui in primo jubileo responderunt de Tentativa, iidem in primo anno; & qui in secundo jubileo, iidem in secundo anno de actu Sorbonico suo ordine respondeant.

Cæterùm, quia compertum habemus bursam communem multùm gravari, ex eo quòd ex pluribus pauci sint imbursantes; volumus & districtè præcipimus bursario, ut ab unoquoque bacchalaureo non imbursante pro quolibet mense accipiat septem solidos, à reliquis autem decem, inscribendos computationibus communitatis. Si quis verò satisfacere recusaverit, pro bono communitatis expellatur à colegio; interim tamen cogatur à provisore nostro statuto parere.

Datum in præfato nostro collegio sancti Bernardi Parisiensis, die XXVII. mensis Julii, anno Domini M. D. LVI.

Signatum, Cistercii abbas.

AN. 1604.

FRATER Nicolaus Boucherat, abbas Cistercii in Cabilonensi diœcesi, sacræ theologiæ doctor, necnon in supremo Burgundiæ senatu consiliarius, totius Cisterciensis ordinis caput, capitulique generalis ejusdem plenariâ authoritate fungentes; venerabilibus & nobis in Christo charissimis fratribus, magistris, provisori, regenti, bacchalaureis, theologis, cæterisque collegii nostri sancti Bernardi apud Parisios scholasticis præsentibus & futuris, salutem. Cùm primùm ad hujus dignitatis apicem, meritis licet imparibus, assumpti sumus, nihil antiquius nobis extitit, quàm ut hocce collegium nostrum (à quo velut uberrimo altiorum scientiarum fonte præstantissima quæque sacri ordinis nostri ingenia hactenùs irrigata fuisse certum est) seriò reformaremus, & in meliori statu quàm primùm reponeremus. Quo in negotio sanis reverendorum co-abbatum nostrorum de Clara-valle, deque Morimundo, honorificum ac fidelem comitatum sub ipsis nostræ inaugurationis primordiis gratiosè præbentium consiliis adjuti, peritos navium gubernatores nobis proposuimus imitandos, qui in earum administratione pro secundâ seu adversâ tempestate alia atque alia.... uti consueverunt. Etsi enim ad extera almæ universitatis collegia pro quibuscumque lectoribus audiendis accedere anteà fuit

Tome II.   A a

extrà morem, penitúsque interdictum, vel quia ordinarii lectores minimè deerant, iidemque assidui, vel ne ejusmodi exeundi facultatibus nonnullis vagandi subministraretur occasio; at jam cùm nostri theologiæ lectores ipsius candidatis hanc gratiam fieri non invideant, beneque de charissimorum nostrorum theologorum modestia & honestate in Domino confidamus; nos habito desuper consilio, super hoc benignè cum ipsis dispensandum esse duximus, prout tenore præsentium dispensamus; concedentes absque ullo antiquorum statutorum præjudicio, ut nostri theologi tam præsentes quàm alii pro tempore existentes, ad ordinarias lectiones regiorum professorum nuper in Sorbonæ collegio institutorum, matutinis atque pomeridianis horis quibus habebuntur, liberè & licitè accedere valeant; ita nihilominùs, ut omnes cum decenti habitu è collegio simul exeant, simul ad Sorbonæ scholas proficiscantur, & ex eis in collegium sese simul recipiant; neque cuiquam fas sit alio quopiam quacumque de causa, sine venerabilis magistri provisoris licentia priùs obtenta, divertere. Qui enim secùs semel atque iterùm faxit, velut apostata carceri mancipetur, ibique in pane & aqua triduò jejunabit: qui autem usque tertiò, è collegio prorsùs amandabitur. Insuper qui prior atque dux cæterorum erit, eamdem ob culpam dignè punietur. Ut autem conventuali missæ cum cæteris adesse queant, ipsius celebratio deinceps ad nonam sesqui differetur; cùmque vespertino officio nequaquàm interesse valeant, saltem ad devotam illam antiphonam, quæ à completorio canitur, convenire nequaquàm omittent.

Singulis porrò diebus Dominicis à prandio theologicas quæstiones & disputationes habebunt in aula superiori super materia illa quæ sibi in scholis Sorbonicis prælegetur, de qua singuli per ordinem conclusiones proponent.

Quia verò hæreticorum tela retorquere haud satis est theologo, imò etiam torpentia catholicorum corda ad pietatem & mandatorum Dei observantiam sedulò hortari & excitare tenetur; singulis quoque Dominicis diebus & festis præcipuis, decantato vesperarum officio, statim aliquis ex ipsis cathedram concionaturus ascendet, ut postmodùm in aliis ecclesiis idem officium cum proximorum ædificatione dignè præstare queat.

Ac, ne quid absurdum per ignorantiam forte ibi proponatur, is cui ex ordine incumbet, de subjecto & præcipuis futuræ concionis articulis, aliquot antè diebus, cum venerabili provisore, vel alio ab ipso deputando conferet. Idem venerabilis provisor lectores regios per se vel per subpriorem nonnumquam consulet, ut de assiduitate vel negligentia eorumdem theologorum certior efficiatur.

Porrò, cùm per sumptuum immensitatem non pauci à cœpto studiorum theologicorum curriculo regredi cogantur, districtissimè & in virtute salutaris obedientiæ prohibemus, ne deinceps in quibuscumque respondentium actibus ulla prorsùs convivia publicè instituantur.

Fraternæ tamen charitati religiosæque honestati consulentes, benignè indulgemus, ut præter honestum moderatoris actûs pastum, qui in ipsius ædibus eidem ministrabitur, novem dumtaxat libræ turonenses in Tentativa, & totidem in Aulica, si in collegio celebrabitur; in majori verò Ordinaria & in Sorbenica pro qualibet quindecim, doctorum, baccalaureorum atque theologorum communitati pro sua assistentia & aliquali recreatione modestè inter se habenda, à respondente erogentur. Quibus in summis quinquaginta solidos dormitorii custodi dari solitos, comprehendi declaramus. Nam de exiguis illis distributionibus quæ in communi scholasticorum aula tunc fiunt, deque iis quæ quando responsurus tentatur, theologis erogantur, sicut nec de convivio in doctoris inauguratione fieri consueto, quin laudabilis ille mos retineatur nequaquàm interdicimus.

Scurrilitates verò histrionicas, seu potiùs fanaticorum insanias in sanctissimæ Epiphaniæ festivitate, cum summo honoris Dei damno & præjudicio, & incredibili religiosæ modestiæ jactura, edi solitas, tam in ludis & choreis quàm in habitûs peregrini susceptione, scholasticorum mulctatione, aliisque insolentiis nequidem inter nos nominandis, tamquàm damnabiles juventutis corruptelas, ingensque scandalum sæcularibus hominibus præbentes, prorsùs abrogamus, & à nostrorum contubernio æternùm exulare præcipimus.

Denique cùm sacer ordo noster uniformitatem semper tanti fecerit, ut in charta charitatis (quæ basis ac fundamentum ejusdem meritò habetur) eumdem cantum, eosdemque ritus in omnibus monasteriis inviolabiliter servari mandaverit; extraneos cantus, hymnos & prosas in festis divorum Nicolai atque Catharinæ sine auctoritate hactenùs usurpatos penitùs interdicimus; seriò præcipientes ut ordinario cantu

cantu hymnifque dumtaxàt communibus, prout in libris annotati reperiuntur, deinceps utantur. Cætera venerabilis magistri provisoris prudentiæ relinquimus ordinanda.

Datum Lutetiæ in dicto collegio nostro, die III. mensis Decembris, anno Domini M. DC. IV. sub nostro manuali sigillo, necnon secretarii nostri subscriptione.

Signatum, Fr. Nicolaus abbas Cistercii. Fr. Joannes Foucart.

Lecta & publicata in loco capitulari supradicti collegii, præsentibus subpriore, magistro regente, bacchalaureis atque theologis & scholasticis, per me infrà scriptum Clari-loci abbatem, à reverendissimo nostro deputatum, die VII. mensis Decembris, anno M. DC. IV. *Signatum,* Fr. Jo. Martinus A. Clari-loci, & Fr. Joannes Foucart.

Collation des présentes a été faite à son original en parchemin, par nous conseiller du roy en sa cour de parlement, commissaire en cette partie, en présence des procureurs des parties, suivant qu'il est porté par notre procès verbal du vingt-quatrième d'Avril M. DC. XXXII. *Signé*, HOTMAN, *avec paraphe. Pris sur l'original dudit collationné.*

ARREST DU CONSEIL D'ETAT DU ROY.

Touchant les droits de prééminence des cinq premiers abbez de l'ordre de Cisteaux au college de saint Bernard de Paris.

Extrait des registres du conseil d'état.

AN. 1679.

VEU par le roy estant en son conseil, l'arrest d'iceluy du 14 Mars 1679. intervenu entre les abbez de la Ferté, Pontigny, Clairvaux & Morimond, premiers peres, chefs & superieurs majeurs de l'ordre de Cisteaux, visiteurs & reformateurs de l'abbaye de Cisteaux, d'une part ; & dom Bernard du Teillé abbé de l'Estoile, proviseur du college des Bernardins, d'autre ; par lequel S. M. auroit ordonné, avant faire droit sur la reintegrande demandée par lesdits abbez de la Ferté, Pontigny, Clairvaux & Morimond, après qu'ils ont soustenu & mis en fait premierement, que la premiere chaise du costé droit du chœur de l'église dudit college des Bernardins, tant celle qui est du costé de l'autel, que celle qui est au bas du chœur, vulgairement appellée dans les abbayes de l'ordre la chaise de l'abbé, n'a jamais esté occupée dans ledit college que par les abbez de Cisteaux, la Ferté, Pontigny, Clairvaux, & Morimond ; en second lieu, que ladite place est toujours demeurée vuide autant de temps & en autant de rencontres que lesdits abbez de Cisteaux, la Ferté, Pontigny, Clairvaux & Morimond ne se sont point trouvez presens à l'église, & ce jusqu'au trouble qui leur a esté fait par ledit dom du Teillé, & deux ou trois autres abbez ses adherans ; en troisiéme lieu, que mesme depuis ledit trouble formé par ledit dom du Teillé & autres, il s'est trouvé des abbez, qui assistans aux offices de l'église ont refusé de prendre ladite place, & l'ont laissée vuide, ne voulant autoriser par leur exemple cette nouveauté, reconnoissant qu'elle ne leur appartenoit pas ; en quatriéme lieu, que le proviseur dudit college, soit qu'il fust docteur ou abbé, n'a de memoire d'homme cedé la premiere place qu'il occupe d'ordinaire du costé gauche du chœur de ladite église, à qui que ce soit, qu'à celuy des abbez de la Ferté, Pontigny, Clairvaux & Morimond, qui s'est trouvé concurremment dans ledit chœur de l'église avec l'abbé de Cisteaux occupant la premiere place du costé droit, ou avec un plus ancien d'entr'eux occupant la mesme place en l'absence dudit abbé de Cisteaux ; cet ordre ayant toujours esté observé à leur égard, & non à l'égard des autres abbez particuliers ; en cinquiéme lieu, que mesme depuis la carte de visite de l'abbé de Cisteaux, dont ledit du Teillé prétend se prévaloir, le proviseur qui l'a précedé n'a jamais cedé sa place à aucun abbé, quoiqu'il ne le fust pas, si ce n'a esté à quelqu'un desdits abbez de la Ferté, Pontigny, Clairvaux, & Morimond ; en sixiéme lieu, que dans l'ordre qui se tient pour sortir du chœur, aller à l'eau-benite & à la procession, le proviseur n'estant point abbé a toujours pris son rang après les autres abbez ; en septiéme lieu, que lesdits abbez de la Ferté, Pontigny, Clairvaux, & Morimond, & leurs predecesseurs, sont en possession avec l'abbé de Cisteaux, à l'exclusion de tous les autres abbez, quand l'un d'eux arrivoit audit college après un temps considerable d'absence, d'estre haranguez par le *custos* dudit college, lequel va prendre en particulier de celui desdits abbez de Cisteaux, la Ferté, Pontigny, Clairvaux, & Morimond, l'heure & le temps auquel il pourroit conduire les religieux estudians audit college, pour l'aller saluer, & ladite heure estant venue, le *custos* fait sonner la cloche de la classe pour assembler la communauté desdits estudians, & à leur teste va faire audit abbé une harangue latine de congratulation sur son arrivée ; & en dernier lieu, que s'il est autrefois arrivé que quelques escoliers ayent donné des épigrammes aux abbez ou prieurs venans dans ledit college, cela n'a esté que par le fait particulier desdits escoliers, jamais en corps, ni dans l'ordre, ni avec la ceremonie marquée dans le fait precedent qui ne s'est jamais pratiqué qu'envers lesdits abbez de Cisteaux, la Ferté, Pontigny, Clairvaux, & Morimond ; joint que cette coûtume de donner des épigrammes est abolie depuis plus de cinquante ans, au lieu que celle de faire la harangue latine ausdits abbez de la Ferté, Pontigny, Clairvaux, & Morimond, a duré jusqu'au trouble qui leur a esté fait par ledit dom du Teillé ; & que par ledit abbé de l'Estoile a esté soustenu au contraire, & mis en fait que l'on a salué, soit par harangue ou épigrammes, dans ledit college indifferemment tous les abbez, & mesme souvent de simples prieurs, à leur arrivée ; que très-souvent lesdits quatre premiers abbez sont venus audit college sans cette civilité, & que ces harangues leur ayent esté faites ; que tous les abbez dudit ordre indifferemment sont en possession d'occuper ladite premiere place du chœur dans l'église du college des Bernardins ; qu'il n'a pas troublé lesdits quatre premiers abbez dans la possession par eux prétendue, & qu'il ne s'est mis dans ladite place que long-temps après plusieurs autres abbez, & qu'après luy d'autres l'ont prise ; que jamais ladite premiere place n'a esté disputée à quelque abbé que ce soit ; & que souvent plusieurs abbez, & en particulier les abbez de Foucarmont, de l'Estoile son predecesseur, & de la Charmoie, ont depuis quarante ans & pendant plusieurs années occupé la seconde place du chœur dudit college ; S. M. auroit ordonné que lesdites parties feroient respectivement preuves de leurs faits dans un mois, pardevant le sieur de Fieubet, pour ce fait & rapporté, estre ordonné ce que de raison , sans préjudice des autres faits articulez par ledit abbé de l'Estoile dans sa requeste du 4 Mars dernier, qui demeureront joints au principal, pour en jugeant y avoir tel égard que de raison ; exploit de signification dudit arrest audit sieur abbé de l'Estoile le 20 Mars 1679 ; ordonnance dudit sieur de Fieubet dudit jour, aux fins d'assigner tesmoins, obtenue par lesdits abbez de la Ferté, Pontigny, Clairvaux, & Morimond, ensemble ledit abbé de l'Estoile, pour les voir produire & jurer, signifiée ledit jour ; procez verbal de prestations de sermens des tesmoins assignez à la requeste desdits sieurs abbez de la Ferté, Pontigny, Clairvaux, & Morimond, du 20 Mars 1679. signifié le 22 Avril audit an ; enqueste faite en consequence ledit jour, signifiée le 2 May audit an ; requeste presentée au conseil par ledit abbé de l'Estoile, à ce que acte lui fust donné de ce que pour responce & contredits, tant contre ladite enqueste, que contre la requeste desdits quatre premiers abbez, il employe le contenu en sadite requeste, & en celles presentées le 3 Fevrier & 25 Avril, & sans avoir égard à ladite enqueste, qui sera rejettée, debouter lesdits quatre premiers abbez de leurs conclusions & demandes en reïntegrande, ordonner qu'ils produiront dans le temps qu'il plaira à S. M. pour estre jugez au fond, suivant les statuts dudit ordre, & les condamner aux despens ; au bas est l'ordonnance dudit sieur de Fieubet qui donne acte, signifié le 6 May 1679 ; autre requeste presentée par ledit sieur abbé de l'Estoile, à ce que pour respondre à la sommation & mentionnée, & pour reproches contre lesdits prétendus tesmoins, il employe le contenu en ladite requeste, comme aussi l'offre qu'il fait de justifier lesdits reproches en cas de deni, par les pieces qui sont produites au procez ; au bas est l'ordonnance dudit sieur de Fieubet, portant qu'elle seroit signifiée ; signification d'icelle du 25 Avril 1679 ; autre requeste presentée audit conseil par lesdits sieurs abbez de la Ferté, Pontigny, Clairvaux, & Morimond, tendante à ce qu'en consequence de l'enqueste par eux rapportée en exécution de l'arrest contradictoire du 14 Mars dernier, leur adjuger les fins des conclusions contenues en leurs requestes des 18 & 22 Fevrier, & condamner ledit dom du Teillé aux despens ; au bas est l'ordonnance du 26 Avril 1679. portant qu'elle seroit communiquée, signifiée le 27 dudit mois ; autre requeste presentée audit conseil par lesdits sieurs abbez de la Ferté, Pontigny, Clairvaux, & Morimond, tendante à ce que sans s'arrester à celle dudit dom du Teillé afin d'évocation de l'instance pendante au grand conseil, renvoyer les parties sur leurs differens particuliers audit grand conseil, pour leur estre fait droit ainsi qu'il appartiendra par raison, signifié le 20 May 1678 ; & autres pieces énoncées & jointes ausdites requestes ; oüi le rapport dudit sieur de Fieubet conseiller d'estat ordinaire, commissaire à ce deputé, qui en a communiqué aux sieurs archevesque de Paris, Poncet, de Marillac, Voisin, & Bénard de Rezé, aussi conseillers d'estat ordinaires; oüi leur rapport conjointement, & tout consideré, SA MAJESTÉ ESTANT EN SON CONSEIL, faisant droit sur ladite réintegrande, a ordonné & ordonne que lesdits abbez de la Ferté, Pontigny, Clairvaux, & Morimond seront remis & réintegrez en la possession d'occuper seuls, avec l'abbé de Cisteaux, la premiere chaise du costé droit du chœur de l'église dudit college des Bernardins, tant celle qui est du costé de l'autel, que celle qui est au bas du chœur, vulgairement appellée la chaise de l'abbé, & qu'en leur absence & dudit abbé de Cisteaux, ladite place demeurera vuide, sans qu'elle puisse estre occupée par aucuns autres abbez ; ensemble, qu'ils seront réintegrez dans la possession d'occuper seuls la premiere chaise du costé gauche de l'église dudit college, vulgairement appellée la chaise du proviseur, lorsque ladite premiere place du costé droit sera occupée par ledit abbé de Cisteaux, ou l'un d'eux, sans qu'aucun autre abbé la puisse prendre en la presence ou absence dudit proviseur ; comme aussi qu'ils seront remis en la possession d'estre seuls, & ledit abbé de Cisteaux, haranguez en latin par le *custos* dudit college, à la teste des religieux estudians audit college, quand quelqu'un d'eux y sera arrivé après une absence considerable, pour raison de quoi ledit *custos* ira prendre d'eux l'heure & le temps de leur commodité, & ladite heure estant venue, fera sonner la cloche de la classe pour assembler la communauté desdits religieux estudians, en la maniere accoustumée ; le tout sans préjudice du droit des parties au principal. Fait au conseil d'estat du roy, S. M. y estant, tenu à S. Germain en Laye le 23 jour de May 1679. Signé, ARNAUD, avec paraphe. *Pris sur une copie imprimée en papier timbré.*

Fondation de la chapelle & du chapitre de Vincennes.

AN. 1387.

CHARLES par la grace de Dieu roy de France, sçavoir faisons à tous presens & avenir, comme nostre treschier seigneur & pere que Dieu absoille, meû de devotion, eust à son vivant pour le salut des ames de luy, de nostre treschiere dame & mere, & de leurs predecesseurs, dont Dieu ait les ames, & aussi leurs successeurs & nostres, de nous & de toute leur lignée, fondé une chapelle en nostre chastel du bois de Vincennes, en l'honneur & raniembrance de la benoiste Trinité & de la glorieuse Vierge Marie, & pour le service divin faire & celebrer en icelle chapelle, y eut mis & ordonné un college de quinze personnes, c'est à sçavoir un tresorier, un chantre, sept chanoines, quatre vicaires, & deux clercs ; & aussi voulu & ordonné que lesdites personnes eussent & ayent, tant pour retribution quotidienne, comme pour gros & autres droits, chacun selon son ordre, degré & estat, certaine portion d'argent par an, qui revient pour eux tous en somme toute à la somme de treize cens vingt-trois livres huit sols deux deniers tournois de rente, & en outre afin que lesdits tresorier & chapitre fussent perpetuellement tenus de querir, faire & livrer tout le luminaire de l'église, cierges, torches & chandelles, tant pour matines que pour les autres heures, oille pour une lampe continuellement ardant nuit & jour ; faire laver & tenir net le linge de l'église, les vestemens & touailles parez, deparer pour laver & reparer après ; querir cordes pour les cloches, tresses, baudriers & autres choses necessaires pour la sonnerie, excepté les cloches refaire ; & aucunes autres menues choses necessaires pour le fait de ladite église ; leur eut promis baillier & asseoir la somme de huit vingt seize livres onze sols dix deniers tournois de rente. Ainsi monte tout ce que nostredit seigneur & pere ordonna pour la fondation & dotation de ladite église & dudit college, quinze cens livres tournois de rente par an, lesquelles nostredit seigneur & pere promit baillier & asseoir ausdits tresorier & chapitre, à eux revenans franchement chacun an, tous frais payez & toutes amorties ; & en outre leur promit faire avoir toutes les oblations, & pourvoir à chacun selon son estat de habitation & domicille, & de le soutenir convenablement ; si comme ès lettres de nostredit seigneur & pere scellées en las de soye & cire vert est à plein contenu, desquelles lettres la teneur s'ensuit.

CAROLUS Dei gratiâ Francorum rex, ad perpetuam rei memoriam. Æterni regis immensa bonitas, quos concussos è viis adversitatibus hujus mundi misericorditer intuetur, in viam pacis sic dirigit sub potenti virtutis ipsius brachio, dum in ejus sperantis misericordia, & amoris divini fervore succensos adeò mira-

AN. 1379.

A a iij

biles efficit veritatis amicos, quòd falubria cogitant, vitia deteftantur, & cœleftia commoda præferentes terrenis illecebris quæ tranfeunt velut umbra, devotis affectibus quæ funt Deo placita contemplantur, & fœliciter difpofita ad effectum deducunt falutiferum, ut exinde gratiam in præfenti, & gloriam in futuro divinæ retributionis commercio valeant promereri. Nos itaque hâc confideratione inducti, & ut divinæ gratiæ præmium, quod merita noftra non exigunt, aliorum patrocinio confequi mereamur, volentes juxtà Sapientis confilium opus noftrum ante tempus operari, mercedem fuo tempore recepturi, ad omnipotentis Dei laudem & gloriam, & beatiffimæ Mariæ Virginis matris ejus, aliorumque Sanctorum honorem, & præcipuè in augmentum cultûs illius, qui exinaniens femetipfum in ligno crucis humani falutem generis conftituit, ac pro noftrorum liberorumque & fucceflorum noftrorum Franciæ regum, ac pro inclytiffimæ memoriæ domini & genitoris, ac dominæ genitricis, & quondam Joannæ confortis, aliorumque progenitorum ac prædeceflorum noftrorum, & aliorum fidelium animarum remedio & falute, in capella five ecclefia per nos, domino difponente, in caftro noftro magno nemoris Vincennarum, in honorem fanctiffimæ & individuæ Trinitatis, & dictæ gloriofiffimæ Virginis Mariæ, ordinata fieri & incepta, novem canonicorum, quorum unus thefaurarii ipfius capellæ nomen retinens, ut caput ejufdem aliis omnibus beneficiatis & beneficiandis in eadem præfidebit, quique in ea dignitatem quæ thefauraria, alter verò ipforum canonicorum officium quod cantoria nuncupentur, obtineant, ac quatuor vicariorum & duorum clericorum perpetuorum collegium, per quos in ipfa capella perpetuò deferviatur in divinis, ex nunc auctoritate noftrâ regiâ inftituimus & fundamus. Auctoritate ftatuentes eâdem, ut ipfi omnes & finguli, thefaurarius, cantor, canonici & vicarii, quos in facerdotali, ac clerici in fubdiaconali ordinibus, cùm ipfos in dicta capella five ecclefia pacificè recipi contigerit, vel infrà annum à die fuæ receptionis ibidem computandum conftitui & promoveri volumus, in ipfa capella infrà tempus bimeftre perfonalem & continuam refidentiam facere teneantur, fub debito juramenti quod inde folemniter in dicta eorum receptione præftabunt, quodque fuper iis per aliquem fuper ipfo præftito juramento nullatenùs facient feu facere procurabunt fecum quomodolibèt difpenfari, nec difpenfatione quâcumque, fi quam pro eis ipfis etiam ignorantibus, vel non procurantibus fuper iis impetrari & obtineri contingeret, nec etiam privilegio in favorem ftudii & fcholaritatis, aut aliter, conceffo vel concedendo fub quâvis formâ verborum utentur. Si verò infrà tempus prædictum ad dictos ordines neglexerint aut noluerint fe facere conftitui aut promoveri, & ultrà tempus quinque hebdomadarum in anno, quo durante tempore continuatis vel difcontinuatis diebus poterunt, petitâ & obtentâ à capitulo dictæ capellæ licentiâ, liberè & impunè fuis propriis & aliis vacare negotiis, à dictâ capellâ fe abfentaverint, nifi caufam ulterioris abfentiæ & impedimenti legitimam prætendant & habuerint, quæ meritò excufationis locum fibi vindicare debeat, per dictum capitulum audiendam & admiffam, canonicatibus & præbendis ac beneficiis fuis quæ in hujufmodi capella obtinebunt, quorum omnium & aliorum quorumvis beneficiorum in ipfo proceffu temporis fundandorum collationem & difpofitionem omnimodam nobis ac dictis noftris fucceffloribus Franciæ regibus refervamus, ipfo facto priventur. Item intentionis & voluntatis noftræ exiftit, quòd omnes & finguli canonici, vicarii & clerici prædicti cum dictis fuis beneficiis alia duo dumtaxàt, & non ultrà, beneficia fine cura, & quæ refidentiam continuam non requirant, obtinere valeant. Quòdque dicta fua beneficia, quæ in dicta capella feu ecclefia obtinent & obtinebunt, cum alio five aliis beneficiis permutare nequeant, nifi illa permutare volentes ad hujufmodi permutationem faciendam caufa rationabilis impellat, quam prædicto capitulo referare teneantur, nobis aut fucceflforibus noftris Franciæ regibus per ipfum capitulum referendam. Noftræ etiam intentionis eft, quòd fi, vel dum aliquem dictorum canonicorum præfentium & futurorum fubtrahi contigerit ab hac luce, canonicatus & præbenda, quos in ipfa capella obtinebat, per ipfius tunc vacantes obitum, alteri vicariorum prædictorum ex fuis promovendo meritis, de quibus nos aut dictos fucceflores noftros per thefaurarium dictæ capellæ volumus primitùs informari, per nos aut ipfos noftros fucceflores conferantur. Quòdque in ipfius vicarii loco, cùm ipfe dictos canonicatum & præbendam modo præmiffo vacantes fibi collatos acceptaverit, & dicto ipfius vicarii beneficio fic vacante, ac cujuflibet dictorum vicariorum præfentium rium & futurorum, dum decesserit, alter prædictorum clericorum meritis sibi suffragantibus subrogetur. Quódque bona mobilia quarumcumque personarum ipsius collegii seu capellæ, si quas intestatas mori contigerit, per dictum thesaurarium, vel si absens fuerit, per cantorem unà cum capitulo ipsius capellæ vel ecclesiæ, in tres partes dividenda, quarum una pro ipsius capellæ seu ecclesiæ jurium defensione, custodiæ committenda; alia parentibus aut consanguineis seu proximioribus dicti defuncti, si qui apparuerint, eroganda; tertiæ verò partis, duæ partes inter canonicos, & tertia pars inter vicarios & clericos distribuendæ, reserventur. Statuimus insuper, quòd dicti omnes & singuli, tam thesaurarius quàm cantor & canonici, almutias competentes, vicarii verò & clerici supradicti almutias illis dispares & habitum deferant, prout gloriosissimus confessor prædecessor & proavus noster beatus Ludovicus quondam rex Franciæ, in sacra capella palatii nostri regalis Parisius deferri voluit & ordinavit. Quódque in dicta capella sive ecclesia per nos sic ordinata, die quálibet post horam Primam missa pro defunctis, & post horam Tertiam missa major, prout diei & temporis qualitas exegerit, cum nota & pleno cantu, & non aliàs, celebrentur; omnesque horæ canoniales cum nota & cantu etiam dicantur; similiter quoque in ipsa capella, & dictis missis, horis, & aliis officiis ibidem celebrandis, dicendis & faciendis, usus dictæ sacræ capellæ ordinarius observetur. Dictique thesaurarius, cantor, canonici, vicarii & clerici in suis ordinibus per hebdomadas alternatim deserviant, alioquin distributiones quotidianas, quæ ipsis aliàs juxtà subscriptum ordinem deberentur, amittant. Præterea ordinamus quòd de redditibus infrascriptis, vel in nostris aliis super hoc confectis & conficiendis litteris diffusiùs declaratis & declarandis, dictus thesaurarius quindecim, cantor verò & singuli canonici decem libras, singulique vicarii centum, & singuli clerici quinquaginta solidos turonenses pro ipsorum grossis fructibus annuatim percipiant, & nihilominùs eorum singuli quotidianas distributiones habeant & recipiant in hunc modum; videlicèt thesaurarius pro uno canonico cum dimidio, cantor verò pro uno canonico & quarto unius canonici, & quilibet canonicus qui in matutinis intererit à principio quando cantatur *Gloria patri* post psalmum de *Venite*, usque ad finem psalmi seu cantici de *Benedictus*, oc-

to; qui in anniversario à prima oratione usque ad ultimam orationem de *Post-communione*, quatuor; qui in majori missa diei à prima oratione usque ad ultimam orationem de *Communione*, octo; qui in vesperis à *Gloria patri* primi psalmi usque ad orationem cantatam, octo; qui in vigiliis defunctorum à fine primi psalmi usque ad *Requiescant in pace*, quatuor; qui verò in omnibus & singulis aliis horis diei, videlicèt Primæ, Tertiæ, Sextæ, Nonæ & Completorii, à *Gloria* primi psalmi usque ad orationem intererunt, pro qualibet dictarum horarum quatuor denarios turonenses recipiant: quilibet verò vicarius, qui in omnibus & singulis matutinis, missis, vesperis & horis prædictis modo quo suprà intererit, pro medietate unius canonici: & quilibet clericus simili modo pro medietate unius vicarii recipiet & habebit: absentibus autem nihil in prædictis quomodolibèt percepturis. Volumus etiam & ordinamus, quòd in octo solemnioribus festis anni, videlicèt Nativitatis Domini, Paschæ, Pentecostes, Eucharistiæ, Trinitatis, Assumptionis beatæ Mariæ, omnium Sanctorum, & Dedicationis dictæ capellæ sive ecclesiæ, ultrà distributiones quotidianas, quilibet canonicus qui in vesperis vigiliæ, sexdecim, in Completorio sequenti, sex; in matutinis, missa & vesperis diei dictorum festorum, sexdecim; & qui Primæ, Tertiæ, Sextæ, Nonæ & Completorii intererunt modo præmisso, pro qualibet ipsarum horarum sex denarios turonenses habeant & percipiant. In omnibus verò festis tam duplicibus quàm semiduplicibus per annum celebratis vel celebrandis secundùm usum dictæ sacræ capellæ, videlicèt in Circumcisione, Epiphania, Ascensione Domini, in Annuntiatione, Conceptione, Nativitate & Purificatione beatæ Mariæ, ac etiam in octavis Nativitatis & Assumptionis ipsius Virginis, & in festis sancti Joannis-Baptistæ, beatorum apostolorum Mathiæ, Petri & Pauli, & in ipsius Pauli Conversione, Barnabæ, Matthæi, Simonis & Judæ, Joannis Evangelistæ, Jacobi, Andreæ, & beati Michaëlis Archangeli, ac beatorum martyrum Dionysii & sociorum ejus, & in ipsorum Inventione, Eutropii, Quiriaci, Thomæ martyris, Stephani & ipsius Inventione, Laurentii, Cosmæ & Damiani, Innocentium, Exaltationis & Inventionis sanctæ Crucis, ac beatorum confessorum Martini & Nicolai, & ejus Translationis, Ægidii, Marcelli, Germani Antissiodorensis, Ludovici regis Franciæ, Augustini, Ægidii, Hieronymi, sanctarum Mariæ Ægyptiacæ, Mariæ Magdalenæ, Catharinæ, Agnetis & Annæ, & commemorationis fidelium, quilibet canonicorum, vicariorum & clericorum prædictorum qui in primis vesperis & completorio, & in omnibus & singulis matutinis, missa, vesperis & aliis horis diurnis intererunt modo & formâ suprascriptis, in festis duplicibus duplices, & in semiduplicibus semiduplices distributiones percipiant, prout in Kalendario duplicia & semiduplicia festa invenientur ordinata & scripta. Luminare etiam in dicta capella fieri volumus in hunc modum, videlicèt quòd diebus ferialibus & festis simplicibus duo cerei, quilibet duarum librarum ponderis, ad matutinas, missas majoris altaris, & vesperas; in Dominicis autem & festis novem lectionum, quatuor ; & in duplicibus & triplicibus, sex ; & in omnibus aliis horis, duo ejusdem ponderis & quantitatis ; ac in missis omnibus ad dictum majus altare deinceps celebrandis, duæ torchiæ, quælibet quinque librarum ponderis, & debitè in levatione corporis Christi ardeant etiam quantitatis. Quod quidem luminare usque ad summam & quantitatem quadringentarum librarum ceræ annuatim, necnon unam lampadem, quæ in eadem capella sive ecclesia continuè die noctuque ardeat, ac etiam ejusdem capellæ ornamenta munda tenere, disparare & reparare quoties opus erit, cordasque pro pulsatione campanarum necessarias, ac alia, & præcipuè etiam liquoris & pinguedinis materiam, quæ motum campanarum ad sonum leviùs & velociùs producendum accelerant & disponunt, quærere, ministrare & debitè retinere præfati thesaurarius & capitulum per obligationem temporalitatis eorum & ejusdem capellæ seu ecclesiæ perpetuò tenebuntur. Dictos autem clericos, & quemlibet ipsorum, ut dictum luminare accendere & extinguere, ac ad dictarum campanarum pulsationem, & ad alia in ipsa ecclesia agenda, eis commissa & committenda, se attentiùs & indefessè dispositos præparent, & præparatos disponant, viginti quinque solidos parisienses in dictis octo festis anni solennioribus, & eorum singulis, ultrà grossos fructus & distributiones eisdem in prædictis redditibus, ut superiùs est expressum, assignatos, in ipsis etiam redditibus annis singulis inanteà percipere volumus, & habere. Nostræ insuper voluntatis & intentionis est, ut oblationes, quæ in missis nunc in dicta capella sive ecclesia ordinatis, & in posterum ordinandis suprà dictum majus altare ejusdem celebrandis, venerint, in communi distribuendæ transeant: illæ verò quæ in aliis particularibus missis in ipsa capella suprà alia altaria in eadem constructa vel construenda dicendis & celebrandis venerint, illas missas celebrantibus remaneant, & eas iidem ipsas missas celebrantes sibi & singulas ipsorum utilitati, ut suas, valeant & eis liceat applicare ; quod etiam sic de & in oblationibus, quæ in missis in capella dicti confessoris beati Ludovici olim per eum in dicto castro nostro fundata modo prædicto dicendis & celebrandis venient, quamdiù dumtaxat in ea per supradictos canonicos, vicarios & clericos divinum fiet servitium, per nos in alia supradicta capella sive ecclesia, ut præfertur, ordinatum & statutum, fieri volumus, & intendimus observari. Volumus quoque quòd bis in qualibet hebdomada, videlicèt Mercurii & Veneris diebus, thesaurarius in dextra parte dicti chori ipsius capellæ, & cantor in sinistra, in locis ejusdem chori honorabilioribus installandi, ac canonici & vicarii in revestiario dictæ capellæ, aut in alio loco per nos eisdem aliàs assignando, simul & dicti thesaurarii vel, ipso absente, cantoris convocatione conveniant, & capitulum in quo thesaurarius primam, dictus verò cantor post eundem thesaurarium immediatè & secundam vocem habeat, faciant, in quo negotia pro ipsius capellæ vel ecclesiæ regimine, tam in spiritualibus quàm temporalibus incumbentia capitulariter tractare, definire & expedire tenebuntur ; sigillumque commune habeant, quod sigillum capituli nuncupetur, quódque pro quolibet capitulo, in quo duorum vicariorum voces pro una voce dumtaxàt computabuntur, dictus thesaurarius decem & octo, cantor verò & singuli canonici duodecim, ac dicti vicarii singuli sex denarios turonenses percipient & habebunt. Volumus præntereà & ordinando adjicimus, quòd bis in anno, videlicèt in Epiphaniæ Domini & festivitatis sancti Joannis-Baptistæ crastino duo capitula generalia per prædictos teneantur, in quibus prædictis vel subsequentibus & continuatis diebus ipsius capellæ negotia maturè & deliberatè tractentur & expediantur ; pro quibus capitulis dictum thesaurarium triginta, cantorem verò ac singulos dictorum canonicorum viginti, & vicariorum prædictorum etiam singulos decem solidos turonenses, qui omnes in ipsis

sis capitulis à principio usque ad finem continuè intererunt, percipere volumus & habere. Nostræ etiam intentionis protendentes ulteriùs & qualificantes affectum, desideramus quòd præfatus dictæ capellæ thesaurarius, per quem & successores suos, cantorem, canonicos, vicarios & clericos prædictos, antequàm in dicta capella recipiantur, in litteratura, cantu & aliis, quatenùs sibi & suæ conscientiæ faciendum videbitur, super quo etiam & aliis suprà & infrà scriptis debitè faciendis & exequendis dictam ipsius conscientiam oneramus, examinari volumus. Quique prædictorum aliorum canonicorum, vicariorum & clericorum, & aliarum quarumvis ipsius capellæ & collegii personarum, ac ipsorum familiarium & servitorum, domesticorum & commensalium quoruncumque curam animarum habebit, crimina & excessus eorumdem omnium & singulorum corrigere & punire, ac cognitionem quarumcumque causarum, quæ inter easdem personas, & familiares, & servitores prædictos de quibuscumque rebus & negotiis, quomodocumque & qualitercumque orientur, habeat; & omnimodam ac plenariam ecclesiasticam & spiritualem jurisdictionem in personas easdem valeat exercere. Cæterùm volumus & ordinamus, quòd dictæ capellæ thesaurarius, qui dictos etiam cantorem, canonicos, vicarios & clericos in ea inanteà recipiendos installare habebit, circà custodiam chartarum, privilegiorum, ornamentorum, reliquiarum, vestimentorum, utensilium & jocalium aureorum & argenteorum quorumcumque, quæ per nos aut successores nostros sive alios quoscumque eidem capellæ ex devotione aut aliter tradi, dari & offerri contigerit, & quæ omnia ex nunc eidem capellæ tradita, data & oblata, & in posterum tradenda, danda & offerenda, à dicto thesaurario & dictis ejus successoribus per inventarium recipi, ipsiusque inventarii copiam in camera computorum nostrorum Parisius registrari & retineri volumus: ac cantor circà ea quæ statum & honestatem chori tam in psalmodiis quàm aliis agendis, ac circa luminare, & dictarum pulsationem campanarum, & alia prædicta prospexerint; ut videlicet ornatè, decenter & debitè fiant, curam & exactam diligentiam studeant adhibere; expressè autem prohibemus ne præfati thesaurarius & capitulum, reliquias, vestimenta, ornamenta, utensilia ac jocalia prædicta, aut aliquod eorum, quæ veluti nostra propria & dicto-

rum nostrorum successorum, in eadem capella cum integritate manere, & perpetuò cum omni sollicitudine & fide servari desiderantes affectamus, pro facto quocumque, etiam pro ipsius capellæ debito, seu quâvis aliâ urgente necessitate, alienare aut pignorare quovis modo præsumant. Si quid verò, quod absit, contrà prohibitionem hujusmodi fieri sive attentari contingeret, illud ex nunc decrevimus nullius esse firmitatis, ac per nos & dictos successores nostros, quantùm de facto processit, posse liberè revocari. Insuper ad honestæ conversationis observantiam, quam in dicta capella sive ecclesia vigere desideramus & habere, statuimus, quòd nullus canonicorum, vicariorum ac clericorum dicti collegii in domicilio suo, de quo eorum cuilibet decenter intendimus providere, & quod in statu debito sumptibus nostris de cætero retineri volumus, manentem aliquam mulierem, etiamsi in quavis linea consanguinitatis attineat, tenere præsumat. Quòd si contrà statutum hujusmodi facere quis ausus fuerit, contrà eum dictus thesaurarius, utpotè contrà ipsius statuti transgressorem, procedat, & eum super hoc, utpotè vitato moræ dispendio, corrigat, muliere abinde prorsùs expulsâ. Et ne personæ dicti collegii, sub quovis quæsito colore vacandi circà negotia dictæ capellæ seu ecclesiæ & suorum, promotionem vagandi potiùs, & divinum prætermittendi officium causam assumant, statuimus & ordinamus, quòd dicti thesaurarius & capitulum aliquem de collegio canonicum aut vicarium, vel clericum idoneum dictæ capellæ, & singularium personarum ipsius, in quantum beneficia quorumlibet & eorum jura tangere poterit, per ipsorum thesaurarii & capituli litteras constituere in eorum capitulo œconomum seu syndicum necessariò teneantur, qui coràm judicibus omnibus quâcumque auctoritate fungentibus, quamcitò constitutus fuerit, auctoritatem & liberam potestatem habeat eorum nomine agendi, defendendi & promovendi capellæ seu ecclesiæ & collegii ac singularium personarum prædictarum causas & negotia contra quoscumque, ita quòd thesaurarius, vel alius de collegio, coràm aliquo judice sæculari vel ecclesiastico non habeat personaliter, sed per ipsum œconomum vel syndicum comparere; quem poterunt ad nutum revocare, & alium constituere, quotiens eisdem thesaurario & capitulo visum fuerit expedire. Omnes autem & singulas ipsius capellæ vel ecclesiæ causas

Tome II.   B b

motas, & in anteà contrà quoscumque movendas, ejusdem capellæ seu ecclesiæ temporalitatem concernentes, in nostro parlamento Parisius pro tempore sedente agitari, deduci ac tractari, & definiri omninò volumus ; quódque præfati thesaurarius & capitulum moderni, & eorum successores, super hujusmodi causis in quibus in nostro dicto parlamento prosequendis illos agendo & defendendo per procuratorem admitti, ac secum procuratorem nostrum adjungi etiam volumus, alibi præterquàm in ipso parlamento nullatenùs trahi possint, nec etiam conveniri. Ordinantes denique, quòd thesaurarius dictæ sacræ capellæ nostri regalis palatii Parisius modernus, & qui pro tempore fuerit, bis in annis singulis, videlicèt in octavarum Apparitionis Domini, ac sancti Joannis-Baptistæ festivitatum crastino capellam & collegium prædicta per nos sic, ut præmittitur, fundata, deinceps personaliter visitare, dictaque nostra, ordinationes, intentionem, voluntatem, prohibitionem & statuta, quæ in martyrologio & duobus libris dictæ capellæ notabilioribus, ac in una tabula, quæ in dicto capitulo seu revestiario, aut alio loco communi ipsius capellæ pendeat, redigi & inscribi, & ne quis etiam prædicta ignorandi causam assumat, in pleno tunc capitulo legi, & illa à præfatis thesaurario, canonicis, vicariis & clericis, & eorum singulis, recepto per eumdem dictæ sacræ capellæ thesaurarium, & in his ab eisdem & eorum quolibet manibus super hoc juramento, inconcussè & inviolabiliter teneri & observari præcipimus, facere teneantur. In votis gerimus ut crimina & excessus, si quos idem sacræ capellæ thesaurarius corrigendos & puniendos, & alia etiam si quæ ibidem reformanda dictæ visitationis tempore compererit, per dictum dictæ capellæ per nos, ut præfertur, ordinatæ thesaurarium corrigi, puniri & reformari debitè & instanter procuret, eundemque thesaurarium ad correctionem, punitionem & reformationem prædictas faciendum sollicitet, & moneat & inducat, & ad illa exequenda, per censuram ecclesiasticam, si necesse fuerit, compellat ; nullam propter visitationem hujusmodi à collegio & personis prædictis procurationem sive subventionem, aut exactionem qualemcumque penitùs recepturus. Ut autem prædicta capella sive ecclesia & collegium, eorumque singulares personæ, à malorum inquietationibus præservata, Domino devotiùs famulentur, & pacificâ tranquillitate vigentes, sub omni quietis beatitudine in domo Domini valeant conversari ; nos pro nobis nostrisque successoribus gardiam specialem, & ut ipsorum verus patronus & præcipuus gardiator, in perpetuum retinemus & reservamus ; promittentes pro nobis nostrisque dictis successoribus, institutionem, fundationem, ordinationes & statuta hujusmodi, ac capellam, collegium, & eorum possessiones prædicta, & bona & jura ipsorum posse nostrâ manutenere, custodire & defendere ab oppressionibus, molestiis & injuriis manifestis. Ad cujus collegii & dictæ capellæ seu ecclesiæ collegiatæ dotationem, ac pro luminaris & aliorum omnium præmissorum supportandis oneribus, nos annuos mille quingentarum librarum turonensium redditus in dictis nostris aliis indè confectis, ut præfertur, litteris specificè & seriosè descriptos, dictâ nostrâ regiâ auctoritate deputamus & assignamus, eosque damus, concedimus & donamus, ab ipso collegio & dictis ejusdem personis præsentibus & posteris, tam suo quàm ipsius capellæ nomine percipiendos, tenendos & possidendos perpetuò, pacificè & quietè, absque eo quòd illos alienare, distrahere, vendere, aut alio quovis modo extrà manum suam ponere, seu financiam propter hoc aliquam qualitercumque præstare seu facere teneantur. Quæ ut indivulsa & stabilia in futurum permaneant, nostrum præsentibus litteris fecimus apponi sigillum ; nostro in aliis, & alieno jure in omnibus salvo. Datum & actum apud Montem-Argi, mense Novembri, anno Domini M. CCC. LXXIX. regni verò nostri XVI.

PAR VERTU desquelles nostredit seigneur & pere eut baillié ausdits tresorier & chapitre, pour convertir en ladite fondation & dotation, & en deduction & rabat desdits quinze cens livres tournois de rente, certaines possessions & heritages ; c'est à sçavoir les terres de Virey sous Bar, & de Marolles, & de Mery sur Seine, de Villarsel, de Champs sur Marne, de Moulignon & des Prez en Montfortois, par luy acquestez de ses propres deniers, plusieurs maisons & heritages à luy escheus par la forfaiture de Guillaume d'Andresel, tant en terre comme en valeur, c'est à sçavoir les hostels de Orly, Maulroy, Laleuf, les Champs, les Hayes & le Châne, & aussi un sié mouvant des Hayes, & autres heritages seants en Brie, à luy escheus par la forfaiture & felonnie de Renaud de Pontmolain, & à Villeperot

perot d'autres héritages à luy donnez par feu meſſire Michel de Vaires jadis éveſque de Châlon, ſi comme par les lettres & titres que ont ſur ce iceux treſorier & chapitre...... plus à plein aparoiſt, & les aucunes d'icelles poſſeſſions leur eut noſtredit ſeigneur bailliez ſans pris, & les autres ſur eſtant pris ſelon ſa volonté & ordennance, ſans ce que à iceux pris leſdits treſorier & chapitre ſe convertiſſent ou accordaſſent, ne que ils les acceptaſſent, & auſſi eut reſervé à luy & retenu en toutes icelles terres les hautes juſtices, ainſi qu'il appert par leſdites lettres, jaçoit que ce que depuis il ordenna, & nous ſemblablement après ſon trépaſſement, que tout le prouſit des hautes juſtices de Mery ſur Seine, Virey ſous Bar, & Marolles, fuſt auſdits treſorier & chapitre, reſervé à luy & à nous le nom ſeulement de hauts juſticiers, & des autres ne fit aucunes choſes ordenner, pourquoy icelles en l'eſtat qu'elles furent bailliez avec toute la juſtice telle comme noſtredit ſeigneur y avoit, & les autres deſſuſdites, ainſi que dit eſt, iceux treſorier & chapitre ayent depuis tenus, gouvernez & fait valoir au mieux qu'ils ont pû, en pourſuivant toujours pardevant nous à leur pouvoir l'enterinement & accompliſſement de leurdite fondation, & en nous requerant que, comme leſdites poſſeſſions & heritages ils teniſſent en plus grand prix & valeur aſſez que ils ne ſe revenoient par communes années, & outre leur fuſſent les aucunes de très-grand charge & ſans prouſit, comme vignes & terres où il convenoit & eſconvient continuellement faire labourage ſans autre revenu quelconque, nous iceux leur vouluſſions reduire, mettre & baillier à prix competent & convenable; & nous voulons de tout noſtre pouvoir en ce accomplir le bon deſir, affection & ordonnance de noſtredit ſeigneur & pere, inclinant à la requeſte deſdits treſorier & chapitre, pour la beſogne plus abregée, & eſchever les grands frais & meſſions qu'il eut convenu faire à aller ſur les lieux deſdites poſſeſſions & heritages pour l'appretiation & advaluement faire d'iceux, euſſions ordenné, commis & deputé aucuns nos conſeillers en la chambre de nos comptes & treſoriers à Paris, pour voir les terres d'iceux treſorier & chapitre, & auſſi examiner leurs comptes, livres, & eſcriptures, pour ſçavoir de quels prouſits, revenus & émolumens leſdites poſſeſſions & heritages avoient eſté par communes années depuis le temps qu'ils leur furent bailliez, & qu'ils ont eſté en leurs mains, & rapporter declarément pardevers les gens de noſtre grand conſeil, afin que ores ſur ce la relation de noſdits commis nous en puſſions ordenner ainſi qu'il appartiendroit; laquelle eſtimation faite & parfaite, & par leſdits commiſſaires rapportée en noſtredite chambre en la préſence de noſtre grand conſeil, a eſté trouvé par icelle que leſdites poſſeſſions & heritages ne leur ont valu par chacune de ſept années communes, rabatues & deduites les charges & dépenſes ordinaires, que ce qui s'enſuit; c'eſt à ſçavoir la terre de Virey & de Marolles en Champagne, & leurs appartenances, avec tous les prouſits de la haute juſtice, & autres droits quelconques, conſideré l'eſtat de la revenue d'iceux pour la ſeptieſme partie de ſept années que ils les ont tenus, que cent quinze livres trois ſols ſix deniers maille tournois; la terre de Mery ſur Seine en toutes choſes comme deſſus, deux cens ſoixante & quatre livres ſept ſols neuf deniers tournois; la terre de Villarſel, de la Granche rouge, & de Poncey en Champagne, auſſi en toutes choſes, & tout deduit comme deſſus, vingt-ſept livres ſeize ſols ſix deniers tournois; la terre qui eut Guillaume d'Andreſel ſeante en Brie, c'eſt à ſçavoir Orly, Maulroy, le Chaſne, Laleuf, les Hayes & les Champs, & un fié mouvant des Hayes, & autres heritages ſeants en Brie, qui furent Renault de Pontmollain, & toutes choſes deduites tout comme deſſus, quatre-vingt neuf livres quatre ſols cinq deniers tournois; la terre de la Loge-Triſtan ſeante en Valloi, qui ſemblablement fut audit Guillaume d'Andreſel, veu l'eſtat & la revenue pour la cinquieſme partie de cinq années que leſdits treſorier & chapitre l'ont tenus, tant ſeulement rabatues les charges ordinaires, trente ſept livres un ſol deux deniers tournois; la terre de Champs ſur Marne, à compter par ſept années comme deſſus, quatre-vingt-dix livres huit deniers maille tournois; la terre de Moulignon par ſept années comme deſſus, ſix vingt-cinq livres quatorze deniers maille tournois; la terre des Prez près Montfort-l'Amaury par ſept années comme deſſus, cinquante-trois livres quinze ſols trois deniers trois poitevinés tournois. *Item*, quarante neuf livres deux ſols onze deniers maille tournois de rente que leſdits treſorier & chapitre ont acquiſe de nos deniers, iſſues de la vendition de la terre du Chaſtelle en Brie; c'eſt à ſçavoir quatorze ſols tournois de rente, ou crois de

Bb ij

cens achepté de Simon de Cirniallet eſ-cuyer & Aalippe Deſtauriz ſa femme, laquelle rente du propre heritage de la-dite Aalippe, leſdits mariez avoient & prenoient chacun an ſur l'hoſtel de La-leuf deſſuſdit, qui eſt audit treſorier & chapitre; quarante ſols tournois de rente acheptée de Pierre Deſpiete, aſſiſe ſur ſon hoſtel, terres & appartenances de Malpertuis en la paroiſſe de Seans en Brie; trente-deux livres un ſol cinq de-niers maille tournois de rente ſur les bois de feu Eſtienne Porchier jadis maiſtre de nos garniſons, depuis aſſiſe ſur noſtre re-cepte de Paris; un fié mouvant deſdits treſorier & chapitre à cauſe de leurdite terre des Prez, qui vaut quatre livres ſept ſols ſix deniers tournois de rente, aſſis ſur pluſieurs heritages ou fermages de Boiſſy, ſans avoir achepté de Simon de Meſclant chevalier; & dix livres de rente acheptez de feu Jean Joffart de Mante, aſſiſe ſur quatre fiés qu'il tenoit d'iceux treſorier & chapitre au territoire ou fer-mage de Boiſſy, & ſur tout le vaillant du-dit Joffart: font en ſomme toutes les par-ticularitez deſſuſdites, huit cent cinquan-te-ſix livres quatorze ſols dix deniers trois poitevines tournois, ſur quoy ſont à ra-batre & deduire, par l'advis & delibera-tion deſdites gens de noſtre grand con-ſeil & deſdits commis, & par traité & compoſition faite avec leſdits treſorier & chapitre de noſtre commandement, pour-ce que leſdits quinze cent livres de rente doivent eſtre aſſiſes franchement, comme dit eſt, pour ſalaire & penſion d'officiers, conſeillers, procureurs & avocats, & pour les frais, meſſions & dépens qu'il con-viendra pour ce faire, & pour aller que-rir & recevoir par chacun an leſdites ren-tes, la ſomme de deux cent livres tour-nois de rente, & avec ce demeurent les terres & heritages de Vilperot donnez à noſtredit ſeigneur & pere par ledit feu éveſque de Châlon, auſdits treſorier & chapitre ſans aucun pris, conſideré que par l'eſtimation de ſept années commu-nes que ils les ont tenus, ils leur ont couſ-té plus que ils ne leur ont valu par cha-cun an cinquante-deux livres douze ſols unze deniers tournois. Ainſi demeurent en valleur franchement les poſſeſſions & heritages & rentes deſſus declarées & di-viſées, pour la ſomme de ſix cent cin-quante-une livres quatorze ſols neuf de-niers trois poitevines tournois de rente ſeulement. Nous oye la relation deſdites gens de noſtre grand conſeil & de noſdits commis, par grande & meure delibera-tion, avons auſdits treſorier & chapitre, pour eux & leurs ſucceſſeurs, baillié & aſſi-gné, baillions & aſſéons toutes leſdites terres & poſſeſſions entierement comme pris & par la maniere que dit eſt, ſans y aucune choſe reſerver ou retenir, hors ſeulement à Mery, Virey & Marolles le nom de la haute juſtice, & la tour du-dit Mery, laquelle juſtice d'oreſnavant à toujours ſera gouvernée en noſtre nom, comme dit eſt, ſous certaines formes & ordennances, qui par nos autres lettres ſeront plus à plein declarées; & avons ordenné & ordennons, & par ces preſen-tes octroyons, de noſtre grace eſpecial & authorité royal, à iceux treſorier & cha-pitre, pour eux & leurs ſucceſſeurs deſ-ſuſdits, que ils ayent & tiennent dès main-tenant à toujourſmais perpetuellement, toutes icelles terres, poſſeſſions & heri-tages, compriſes en *les quarante-neuf li-vres deux ſols onze deniers maille tour-nois de rente deſſus declarées, pour & parmi le prix & la ſomme deſdits ſix cent cinquante une livres quatorze ſols dix deniers trois poitevines tournois de rente annuelle & perpetuelle, & pour ce prix les leur laiſſons en deduction & rabat deſdits quinze cent livres tournois, qui franchement leur ſont dedës, & doi-vent eſtre bailliées pour leurdite fonda-tion, comme dit eſt; & par ainſi leur de-meure à aſſigner & aſſeoir par nous pour reſte de leurdite fondation, huit cent quarante-huit livres cinq ſols un denier pite tournois, deſquelles nous leur en-tendons pourvoir, & icelles à eux aſſeoir & baillier, & auſſi leurdites habitations & domiciles, & ordenner qu'ils puiſſent avoir les oblations deſſuſdites dedans brief temps; & ladite ſomme de huit cent qua-rante-huit livres cinq ſols un denier poi-tevin tournois reſtant à aſſeoir de leurdite fondation & dotation, leur promettons payer chacun an doreſnavant, juſqu'à ce que par nous ladite reſte leur ſoit du tout & entierement aſſiſe, bailliée & accomplie: & toutefois eſt-il vray que iceux treſo-rier & chapitre ont en certain depoſt de la reſte des deniers iſſus & venus de la vente de la terre dudit Caſtelle, comme dit eſt, douze cent vingt-neuf livres tour-nois, qui ſont encore à employer en ren-tes, leſquelles quand elles ſeront achep-tées, ſeront à deduire de la ſomme à eux deuë, comme dit eſt. Or donnons en man-dement par ces meſmes preſentes à nos amez & féaux gens tenants de preſent, & qui pour le temps avenir tendront noſ-tre parlement, aux gens de nos comptes,

*y compriſ

aux gens par nous ordonnez sur le fait de nostre domaine, & tresoriers à Paris, au bailly de Troyes qui est à present, & qui pour le temps avenir sera, & à tous nos autres justiciers & officiers, ou à leurs lieutenants presens & avenirs, & à chacun d'eux, si comme à luy appartiendra, que des terres & possessions & rentes dessus declarées & divisées par la forme & maniere que dit est, & selon nostre presente grace & ordonnance, fassent, sueffrent & laissent lesdits tresorier & chapitre & leurs successeurs perpetuellement jouir & user pleinement & entierement, sans les molester ou empescher, ne souffrir estre molestez ou empeschez aucunement au contraire, ores ne pour le temps avenir; & que ce soit ferme chose & estable à toujours, nous avons fait mettre nostre scéel à ces lettres, sauf nostre droit & l'autruy en toutes choses. Donné à Paris ou mois de Fevrier, l'an de grace M. CCC. LXXXVII. & de nostre regne le VIII. *Et plus bas est écrit sur le reply.* Registrata in camera compotorum, & expedita ibidem de ordinatione dominorum, prout est in regiſtro dictæ cameræ sept. ibidem, die XXVI. Octobris CCC. LXXXVIII. *Signé,* CRETE. *Et à costé est écrit:* par le conseil auquel monsieur le cardinal de Laon, vous les évesques de Paris & d'Evreux, plusieurs autres du grand conseil, & les gens des comptes, & les tresoriers estiez. *Signé,* LAPAINGAUT. *Et plus bas est encore écrit:* collation est faite aux lettres originaux dessus transcripts. *Et cesdites lettres sont scellées en lacs de soye & cire vert.*
Tiré d'un imprimé en feuille volante.

Lettres patentes du roi CHARLES VI.

Qui confirment la fondation de la chapelle & du chapitre de Vincennes, faite par le roy CHARLES V.

AN. 1397.

CHARLES par la grace de Dieu roy de France, sçavoir faisons à tous presens & à venir, que comme nostre très cher seigneur & pere à qui Dieu pardonne, eust fondé ja pieça par grande devotion en l'honneur de la benoiste Trinité & de la Vierge Marie, certaine chapelle & college de chanoines en nostre chastel du bois de Vincennes, & leur eust baillé & fait certaines ordonnances, pour le vivre desquels eust ordonné mil & cinq cent livres tournois de rente par an, & en son vivant assigné certaines terres & heritages pour partie de ladite fondation, comme Virey sous Bar, Marolles, Villarsel, Poucey & la Grange-rouge en Champagne, Mery sur Seine, & toute la chastellenie, Orly, Maulroy, Laleuf, le Chasne, les Hayes, les Champs en Brie, la Loge-Tristan en Vallois, Champs sur Marne, Moulignon la paroisse de Tour sous Montmorency, & les Prez en Montfortois, avec toutes leurs appartenances & appendances quelconques, & aucunes autres terres desquelles il leur suffit bailler la possession & saisine par nostre amé & feal chevalier Gilles Mallet lors son varlet de chambre, & procureur étably en cette partie, lequel leur aye baillé reaument la possession d'icelles terres & heritages sans y rien retenir, fors seulement le nom de la haute justice desdits lieux de Virey, Marolles, Mery & la tour dudit Mery, selon l'ordonnance de nostredit seigneur & pere, & pour icelles justices garder & gouverner au nom de luy & au profit desdits chanoines, ledit son varlet à leur nomination y ordonna, constitua & establit de par nostre seigneur & pere, prevosts, sergens, procureurs & autres officiers, & par especial audit Virey & Marolles fist & ordonna certaines exemptions de la prevosté de Bar sur Seine, jusqu'à ce que nostredit seigneur & pere en eust autrement ordonné; après le trespassement duquel nostredit seigneur & pere, nos officiers de Troyes, de Bar sur Seine, & autres s'efforcerent de troubler & empescher lesdits chanoines au fait de justice & heritages dessusdits, & pour cette cause & pour la perfection de leur fondation, & aussi pour ce que ce qui leur avoit esté baillé & assigné par nostredit seigneur & pere leur auroit esté baillé en plus grand prix qu'ils ne valoient, si comme ils disoient, nous leur baillasmes nos lettres le premier an de nostre regne en Mars, par lesquelles pour ce que lors nous ne pouvions vacquer à la perfection de ladite besongne, nous mandasmes à nostre bailly de Troyes qu'il ne troublast, ne souffrist estre troublez, lesdits chanoines en ce qui leur avoit esté baillé & assigné; desquelles lettres la teneur s'ensuit: CHARLES par la grace de Dieu roy de France, au bailly de Troyes ou à son lieutenant, salut. Nos amez en Dieu les tresorier & chanoines de nostre chapelle du bois de Vincennes n'agueres fondez par nostre très-cher seigneur & pere, dont Dieu ait l'ame, nous ont exposé & montré en complaignant, que comme en leur fondation nostredit seigneur & pere leur eust donné en son vivant les terres & appartenances de Mery

AN. 1380.

sur Seine & Virey sous Bar, de Marolles & autres qu'ils ont acheptées, & leur eust fait bailler la possession par nostre amé & feal conseiller Gilles Mallet lors son varlet de chambre & procureur establi en cette partie, lequel Gilles constitua & establit de par nostredit seigneur & pere, prevosts, sergens, procureurs & autres officiers à la nomination & requeste desdits tresorier & chapitre, pour garder & gouverner les justices & terres desdits lieux au profit desdits signifians, & par special audit Virey & Marolles fist & ordonna certaines exemptions de la prevosté de Bar sur Seine, jusqu'à ce que nostredit seigneur & pere en eust autrement ordonné, & signifia au prevost dudit Bar qui pour le temps estoit, ou à son lieutenant, les choses dessusdites; desquels ils ont jouy & usé depuis ladite possession à eux baillée, & encore jouissent. Mais pour les empeschemens qui sont intervenus à nostredit seigneur & pere, tant de guerres comme de sa mort, & à nous depuis par les convocations & assemblées qui ont esté faites, & encore se font ès bonnes villes pour le fait de nos guerres, nous n'avons pû ne presentement ne pouvons ordonner des choses dessus declarées à l'intention de nostredit seigneur & pere, & au profit desdits signifians, jaçoit que lesdits officiers, lesquels ordonnez & establis furent par ledit Gilles Mallet, soient bien profitables & plaisans ausdits signifians, dont ledit Gilles donna ses lettres à aucuns & non à autres; & il soit ainsi que vous, nostre procureur illec, le prevost de Bar sur Seine, & autres nos officiers depuis la mort de nostredit seigneur & pere, sous ombre de ces choses non accomplies, ou de vos volontez vous soyez efforcez ou voulez efforcer de troubler & empescher lesdits signifians & officiers ès choses dessusdites ou en aucunes d'icelles, qui est au grand grief & prejudice d'iceux signifians, si comme ils disent, & en nostre deplaisir s'il est ainsi, requerant par nous estre sur ce pourvû de remede convenable; nous qui à nostre pouvoir voulons accomplir la volonté de nostredit seigneur & pere, combien que de present nous ne puissions vacquer ne entendre à l'entherinement des choses dessusdites, ne à l'accomplissement de ladite fondation pour les empeschemens & occupations dessusdites, vous mandons & commandons, que desdits troubles & empeschemens par vous & nos autresdits officiers mis, ou que vous ou l'un de vous voulez mettre esdites terres, & ès ordonnances dessusdites, desquelles lesdits signifians & officiers ont joüy depuis ladite possession, comme dit est, vous cessez à plain & faites cesser lesdits procureur, prevost de Bar & tous autres, & les en laissez & faites laisser joüir & user comme ils ont fait, jusqu'à ce que plus à plain soit par nous & nostredite cour ordonné des choses dessusdites; pourveu toutesfois que les officiers qui sont ou seront esdites terres, qui ont ou qui auront lettres dudit Gilles Mallet, soient instituez par vous bailly, ou par vous lieutenant, à la nomination desdits signifians; & ces choses voulons ainsi estre faites, & les avons octroyées & octroyons de grace speciale & certaine science ausdits signifians, nonobstant quelconques lettres, ordonnances, mandemens ou deffences à ce contraires. Donné en nostre chastel du bois de Vincennes le 11. jour de Mars, l'an de grace M. CCC. LXXX. & le premier de nostre regne. ET DEPUIS pour la grande affection que nous avons d'accomplir ladite fondation selon son ordonnance, nous avons fait voir & visiter par nos gens des comptes & autres de nostre conseil ledit fait, les terres & les revenus desdites terres, & de tout ce qui leur avoit esté baillé, & avons voulu & ordonné par nostre conseil, que toutes icelles terres & possessions dessusdites qu'ils avoient, compris la somme de quarante-neuf livres deux sols onze deniers maille tournois d'autre part, que tout ce ils ayent en rabat & deduction de ladite somme de quinze cens livres tournois, pour le prix de six cent cinquante-une livres quatorze sols dix deniers trois poitevins tournois de rente, reservé tant seulement le nom de la haute justice desdits lieux de Virey, Marolles, Mery, & la tour dudit Mery, comme dit est; & le surplus de ladite fondation qui monte huit cent quarante-huit livres cinq sols un denier poitevin tournois, avons ordonné de leur asseoir le plus brief que nous pouvons, & promis de payer chacun an jusqu'à tant que ce soit accomply, comme ces choses & autres apparent plus clairement par nos lettres au mois de Fevrier, l'an LXXXVII. en laz de soye & cire verte, expediées par nostre chambre des comptes au mois de Fevrier ensuivant. Et depuis pour ce que aucuns qui tiennent fiefs & arriere-fiefs d'iceux chanoines, tant à cause de la tour & chatellenie dudit Mery, comme desdites autres terres, ne vouloient faire leurs devoirs pardevers lesdits chanoines, nous mandasmes à nos baillifs de Sens, de Troyes & de Meaux,

&

JUSTIFICATIVES. 199

& à chacun d'eux qu'ils contraignissent tous ceux dont ils seroient requis que dedans certains temps lors à venir ils fissent leur foy & hommage, & payassent leurs devoirs tels qu'il appartient ausdits chanoines à cause de leursdits fiefs, comme il peut apparoir par nos lettres données au mois d'Aoust l'an LXXXIX. desquelles la teneur ensuit : CHARLES par la grace de Dieu roy de France ; aux baillifs de Sens, de Troyes & de Meaux, & à tous nos autres justiciers ou à leurs lieutenans, salut. Nos amez chapelains, les trésorier & chapitre de nostre chapelle, que nostre trés-cher seigneur & pere dont Dieu ait l'ame, fonda en l'honneur de la Trinité en nostre chastel du bois de Vincennes, nous ont exposé en complaignant, que jaçoit que ja pieça nostredit seigneur pour partie de la fondation & dotation de nostredite chapelle leur eut baillé à toûjours pour eux & leurs successeurs en ladite chapelle, les terres & hostels de Virey sous Bar, de Marolles, de Villarsel, Poucey & la Grange-rouge en Champagne, de Mery sur Seyne, & toute la chatellenie, d'Orly, de Maulroy, de Laleuf, du Chasne, des Hayes, des Champs en Brie, de la Loge-Tristan en Valois, de Champs sur Marne, de Moulignon en la paroisse de Tour sous Montmorency, & des Prez en Montfortois, & aucunes autres. Toutes lesquelles terres avec leurs appartenances quelconques pour certaines causes qui à ce nous ont meu, nous avons n'agueres fait aprisager, & pour le prix mis sur chacunes d'icelles par aucuns nos conseillers, leur avons baillées entiérement, sans y rien retenir ou reserver fors la souveraineté, & à Mery, Virey & Marolles & leurs appartenances, le nom de la haute justice, & la tour dudit Mery tant seulement, en laquelle apréciation & assiete à eux par nous faite, sont compris & contenus tous les fiefs mouvans desdites terres & de chacunes d'icelles. Neantmoins aucuns des vassaux d'icelles, & qui tiennent & doivent tenir des fiefs mouvans d'aucunes d'icelles, sont refusans de les tenir & reprendre d'eux, de leur en faire hommages & autres devoirs tels comme faire appartient en tel cas, sans cause raisonnable, laquelle chose est en leur grand grief & préjudice, & diminution des droits par nous à eux baillez, si par nous ne leur est sur ce pourveu, si comme ils dient. Pourquoy nous vous mandons & commettons, & à chacun de vous ez termes & metes de vos jurisdictions, ou ez ressorts d'icelles, que vous fassiez faire commandement de par nous à toutes les personnes dont vous serez requis, qui tiendront aucuns fiefs mouvans des terres dessusdites, ou aucunes d'icelles, que dedans certain temps competent que vous leur ordonnerez, ils fassent ausdits exposants foy & hommage & autres devoirs tels comme faire le doivent à cause de leursdits fiefs ; & en cas que de ce faire ils seroient refusans ou délayans ledit terme passé, ou qu'ils s'opposeroient au contraire, pour ce que lesdits trésorier & chapitre ne sont tenus plaider fors en nostre cour de parlement, adjournez les refusans, contredisans & opposans à certain & competent jour pardevant nos amez & feaux gens tenans nostre présent parlement, si bonnement se peut faire, sinon aux jours du bailliage de Vermandois de nostre prochain parlement à venir, nonobstant que les parties n'en soient pour dire les causes de leur refus, contredit ou opposition, répondre sur ce ausdits complaignans, & proceder & aller avant & en outre selon raison, & surtout certifiez suffisamment nosdits gens qui tiendront ledit parlement, ausquelles nous mandons que aux parties icelles ouyes ils fassent sommairement & de plain, sans long procez, bon & brief accomplissement de justice ; car ainsi l'avons nous octroyé & octroyons ausdits exposans de grace especiale par ces présentes, nonobstant quelconques lettres subreptices à ce contraires. Donné à Paris le XII. jour d'Aoust, l'an de grace M. CCC. LXXXIX. & de nostre regne le IX. LESQUELS mandemens ils ont fait mettre à execution publiquement, & y ont obtemperé lesdits vassaux sans oppositions quelconques jusques à présent, en continuant de jour en jour, & usent paisiblement de la nomination des officiers dessusdits, sans contredit. Mais pour ce que lesdites nos lettres ne sont fors en simple queuë de simple justice, & par ainsi ne sont pas perpetuelles, mais faudroit lesdits chanoines à chacune fois retourner pardevers nous toutes fois qu'ils auroient empeschemens ez choses dessusdites, sans qu'ils osassent bonnement justicier lesdits fiefs ou vassaux, ne user du contenu en nosdites lettres, qui leur seroit chose trés somptueuse & dommageable, mesmement qu'ils doivent avoir tous les profits, issues & émolumens d'icelles terres, justices, fiefs & arriere-fiefs entiérement, sans rien retenir pardevers nous, fors à Mery, Virey & Marolles le nom de la haute justice tant seulement & la tour dudit Mery, comme dessus est dit, nous ont requis qu'il nous plust icelles choses & tout le contenu en nosdites lettres confirmer, & sur ce leur donner nos lettres en laz de soye de cire verte à perpetuelle mémoire. Pourquoy nous, pour la grande amour & affection que nous avons à ladite chapelle & aux chanoines d'icelle, de nostre certaine science & grace especiale loüons, voulons, approuvons & avons agréable à toûjours l'octroy fait à eux par nosdites lettres en simple queuë, dont dessus est fait mention, & cy-dessus transcriptes. Et voulons que perpetuellement lesdits chanoines & chapelains ayent la nomination des prevosts, procureurs, tabellions, jurez, sergens & autres officiers, & y soient mis & instituez à leurdite nomination par nos baillys de Troyes ou leurs lieutenans, quand mestier sera, & avec ce, qu'ils ayent & joüissent entierement de tous les profits, issues & émolumens desdites terres, justices, fiefs & arrierefiefs tenus & mouvans d'eux, tant à cause de ladite terre & chastellenie & tour dudit Mery, comme de leursdites autres terres, & qu'ils en ayent & perçoivent les hommages, reliefs, rachapts, quints deniers & autres devoirs quelconques, quand ils écheront, & qu'ils puissent justicier leursdits fiefs, vassaux & arrierefiefs, comme il appartient par raison & coûtume, & que nous ferions & faire pourrions, si d'iceux fiefs, arriere-fiefs & vassaux nous eussions retenu les hommages & justices. SI DONNONS EN MANDEMENT par ces présentes à nos amez & feaux gens tenans & qui tiendront nostre parlement à Paris, & gens de nos comptes & trésoriers à Paris, aux baillifs de Sens, de Troyes & de Meaux, & à tous nos autres justiciers & officiers, ou à leurs lieutenans présens & à venir, & à chacun d'eux, si comme à luy appartiendra, que, contre la teneur de ces présentes & des choses dessusdites octroyées ausdits chanoines & chapelains, comme dit est, ils ne molestent, troublent aucunement ou empeschent, ny ne fassent, ne souffrent estre molestez, troublez ou empeschez iceux chanoines & chapelains, mais les en fassent, souffrent & laissent joüir & user plainement & perpetuellement, & de chacune d'icelles, tant par la forme & maniere que dessus est dite, déclarée & specifiée; & si aucune chose avoit esté ou estoit faite au temps avenir au contraire, qu'ils la mettent & fassent mettre à estat deû. Et afin que ce soit ferme chose & stable à toûjours, nous avons fait mettre nostre scel à ces lettres, sauf en autres choses nostre droit, & l'autruy en toutes. DONNE' à Paris le XVIII. jour de Janvier, l'an de grace M. CCC. XCVII. & de nostre regne le XVIII. *Ainsi signé sur le reply d'icelle*, Par le roy, l'évêque d'Auxerre, les maistres des requêtes & l'aumônier présens, L. BLANCHET. *Visa*, collation est faite, *Contentor*, FRERON, & scellées de cire verte. *Collationné aux originaux par nous conseiller-secretaire du roy, maison, couronne de France, & de ses finances*....... Ibidem.

Autres lettres de CHARLES VI.
Pour la chapelle de Vincennes.

CHARLES par la grace de Dieu roy de France, sçavoir faisons que comme nostre très-cher seigneur & pere que Dieu absolve, ait fondé & institué en nostre châtel du bois de Vincennes l'église collegiale de la sainte Trinité pour le salut & sauvement de l'ame de luy & de nous, lequel pour cause de son brief trépassement ne put de grandes choses entretenir, faire ne accomplir ladite fondation; & pour ce nous ayent humblement supplies, nos bien aimez chapelains, les trésorier & chapitre de ladite église, que nous leur voulions donner, asseoir & assigner rentes & revenus convenables, jusqu'à l'achevement & perfection de la fondation dessus dite, selon ce que nostre seigneur & pere leur avoit promis & encommencé, & qu'il peut apparoir par ses lettres sur ce faites, & que autrement ils ne pouvoient vivre, ne avoir leurs necessités, en faisant le service divin en icelle église. Et nous ayant grand desir & affection, si comme nous y sommes tenus & obligés, au salut & sauvement de l'ame de nostredit seigneur & pere, & à ce que le service divin ne cesse en ladite église, en outre euë consideration à ce que lesdits trésorier & chapitre depuis le jour de leur institution en icelle église y ont fait & font le service de Dieu continuellement bien, à bonne & grande affection & devotion, tout en la forme & maniere que si dans le tems de leurdite institution icelle église eut esté fondée entierement, & à plain doüée. Pour ce est-il que nous enclins à leurdite supplication, comme consonante à raison, à iceux trésorier & chapitre de grace speciale avons donné & octroyé, donnons & octroyons par ces présentes, toutes & quelconques confiscation

AN. 1398.

cations & forfaitures qui sont advenues & echues, & lesquelles n'ont pas encore été prises & reçûes pour nous, adviendront & écherront d'oresnavant, en & par tout notre royaume, & que icelles confiscations ils prennent & appliquent à leur seul & singulier profit, pour tourner toutefois, convertir & employer en la perfection & enterinement de la fondation dessusdite, & plusieurs biens par exprés, tant meubles comme heritages, & plusieurs dettes & obligations qu'avoient tous les Juifs & Juifves qui ont été & demeuré à Paris, & dont les uns sont baptisez, & les autres s'en sont enfuis; c'est à sçavoir les maisons de Salomon de Vescu, de Samuel de saint Miel, de Margalis, de la Vielle, de Croissant, de Corbueil, de Josset, de Vezon, de Mc Bonjour, de Bonnefoy, & de l'Estoille, & aussi les biens de la confiscation de Jean Mathere nostre sergent, & de toutes autres confiscations, tant dans Paris comme ailleurs, par tout nostre royaume, sans diminution aucune, excepté tant seulement la somme de 1200. francs d'or, que nostre seigneur & pere leur avoit donnée pour leur vivre & autres necessitéz, sur une amande faite par Regnier le Coustelier, pour envoyer aucuns nostres messagers en partie au pays de Bretagne. Si donnons, commandons & étroitement enjoignons à nos amez & & feaux tresoriers à Paris, au prevôt de Paris, & à tous autres nos justiciers, sujets & officiers de nostre royaume, présens & à venir, & à chacun d'eux, si comme à luy appartiendra, que lesdits tresorier & chapitre laissent, fassent & souffrent joüir & user paisiblement & à plain de nostredite grace & octroy, sans les molester ne souffrir estre molestez ou empêchez au contraire par quelque maniere que ce soit, ainçois que lesdits tresorier & chapitre, ou leur procureur au nom d'eux & de leur église, ils mettent en saisine & possession desdits biens meubles & immeubles. Et en outre, s'il avenoit que nous eussions fait ou fissions sur les confiscations dessusdites à aucun, pour quelque cause que ce fût, aucun don, grace & octroy, & que nous en voulussions aucune chose retenir à nous & à nôtre seul & singulier profit, nous leur deffendons à chacun, tant expressément comme plus pouvons, que nos lettres qui ce seroient faites, ils ne mettent aucunement à execution, car ce que nous en ferions seroit fait par inadvertance & importunité des requerans; lesquels don, grace & octroy, s'il avenoit qu'aucuns

Tome II.

en fissions, dès maintenant comme pour lors, les annulons, irritons, révoquons & décernons être nuls & de nulle valeur & effet. La valeur desquels biens & heritages dessusdits nous voulons être allouez és comptes de celuy ou ceux à qui il appartiendra, & rabattus de leurs recettes par nos amez & feaux les gens de nos comptes à Paris, sans difficulté ou contredit aucun, nonobstant quelconques ordonnances, mandemens & deffenses faites ou à faire par lettres, de bouche ou autrement. Et en outre ce que dit est, voulons & octroyons auxdits tresorier & chapitre, que au transcript & *Vidimus* de ces présentes faits sous scel authentique, soit adjoûtée pleniere foy comme à ce présent original. En tesmoing de ce nous avons fait mettre nostre scel à ces présentes, ordonné en l'absence du grand, sauf nostre droit en autres choses, & l'autruy en toutes. Donné à nostre châtel du bois de Vincennes, au mois de Mars M. CCC. LXXXI. & de nostre regne le 11. *Ainsi signé* Par le conseil, MONTARENTE; *& en la marge étoit ainsi contenu*: Registrata in thesauro domini regis, Parisiis XI. die Aprilis, anno M. CCC. LXXXI. ante Pascha, ROBERTUS DE ACHERIIS; *& au dos des lettres étoit ainsi contenu*: Publié en jugement au Châtelet de Paris, le Jeudy XXVII. jour de Mars, l'an de grace M. CCC. LXXXIII. séant M. Hugues le Grand en siége. J. LE BEGUE.

Tiré du greffe de la chambre des comptes, registre cotté E. fol. 56.

LETTRES D'UNION des Saintes-Chapelles de Vincennes, & du Vivier, & réglemens.

AN. 1694.

LOUIS par la grace de Dieu roy de France & de Navarre : à tous présens & à venir, salut. Le roy Charles V. l'un de nos prédecesseurs, faisant son séjour ordinaire dans le chasteau du Vivier en Brie, pendant qu'il estoit Dauphin, fonda sous l'invocation de Nostre-Dame, une Sainte-Chapelle, composée de quatorze ecclesiastiques, pour y entendre journellement la messe, y faire chanter l'office canonial, & donner moyen à ses officiers & à ceux qui suivoient sa cour, d'y satisfaire à leur devotion; mais estant parvenu à la couronne, & ayant abandonné l'habitation de ce chasteau, aucuns des rois ses successeurs n'ayant jugé à propos de le faire réparer & entretenir, il est tombé en ruine, & les beneficiers de la Sainte-Chapelle du Vivier n'ayant plus esté honorez de la présence des rois, la discipline s'est relâchée dans leur college, plusieurs se sont dispensez de se faire promouvoir à l'ordre de prêtrise, ainsi qu'ils y estoient obligez par leur fondation; d'autres ont manqué à la résidence, & paroissant difficile de remedier à ces desordres, si cette Sainte-Chapelle restoit dans un desert écarté du monde, hors les bourgs & villages, on nous a proposé de la transferer dans celle du bois de Vincennes, & de l'y unir: sur quoy nous avons commis & député par arrest de nostre conseil, nostre amé & feal conseiller ordinaire en nostre conseil d'estat, le sieur de Harlay-Bonneuil, pour informer sur la commodité ou incommodité desdites translation & union, ouir les parties interessées, & se transporter au Vivier, y dresser procez verbal de l'estat de la Sainte-Chapelle, pour aprés en avoir communiqué à nostre cher & bien amé cousin le sieur de Harlay archevêque de Paris, duc & pair de France, & à nostre bien amé le P. de la Chaize nostre confesseur ordinaire, commissaires par nous députez, y estre pourveu; ce qui ayant esté executé, nous avons reconnu par le rapport que ledit sieur de Harlay nous a fait de sa procedure, que l'édifice de ladite Sainte-Chapelle ne répondoit aucunement à la dignité d'une Sainte-Chapelle royale, qu'elle estoit dans un estat indecent, située dans un château ruiné, au milieu des bois, & dans un lieu où il n'y avoit aucun habitant pour profiter des bons exemples d'une communauté ecclesiastique; & que comme successeur du zele du roy Charles V. nous ne pouvions rien faire de plus avantageux pour conserver la memoire de sa pieté, que d'ordonner la translation de cette Sainte-Chapelle en celle du bois de Vincennes, dont il est aussi fondateur, de les unir ensemble, pour des deux fondations en composer un corps capable de celebrer le service Divin, avec la même majesté qu'il se fait dans les principales églises de nostre royaume; & à cette fin de supprimer quelques benefices de l'une & l'autre desdites Saintes-Chapelles, pour fonder les officiers, les enfans de chœur, & les serviteurs de l'église qui manquent en la Sainte-Chapelle de Vincennes, & donner moyen à tous ceux qui la desserviront de soûtenir honnestement leur qualité. A CES CAUSES, & autres bonnes considerations à ce nous mouvans, après avoir fait voir en nostre conseil les fondations des Saintes-Chapelles du Vivier & du bois de Vincennes, les consentemens des tresoriers, chanoines & chapitres desdites Saintes-Chapelles du Vivier & du bois de Vincennes pour lesdites translation & union, & autres pieces attachées sous le contre-scel de nostre chancellerie; desirant joindre ensemble ces deux monumens de pieté, pour prévenir la ruine de l'un, & accroître la décoration de l'autre; de l'avis desdits sieurs commissaires, & de nostre certaine science, pleine puissance & authorité royale, nous avons par ces présentes signées de nostre main, du consentement cy-attaché de nostre amé & feal conseiller en nos conseils, le sieur évêque de Meaux, transferé & transferons aux charges, clauses & conditions cy-aprés, la fondation de la Sainte-Chapelle du Vivier en Brie du diocese de Meaux, ensemble les quatre canonicats & deux des vicaries en dépendans, en nostre Sainte-Chapelle du bois de Vincennes, du diocese de Paris; & en consequence nous avons uni, annexé & incorporé, unissons, annexons & incorporons à nostre Sainte-Chapelle du bois de Vincennes, les fiefs, domaines, justices, censives, rentes, immunitez, privileges, & autres droits quelconques honorifiques & utiles, appartenans à la Sainte-Chapelle du Vivier; pour lesdites deux Saintes-Chapelles ne faire plus d'oresnavant qu'un seul & mesme corps, sous le titre & dénomination de la Sainte-Chapelle royale du bois de Vincennes, & les biens en dépendans ne composer qu'une seule & mesme mense capitulaire.

2. Nous avons éteint & supprimé, éteignons & supprimons la dignité de trésorier & l'office de chantre, fondés en la Sainte-Chapelle du Vivier, & présentement vacans par les démissions cy-jointes des titulaires, n'entendons qu'il y soit doresnavant pourveu; voulons que les biens & revenus y annexés, soient unis, comme nous unissons, à la mense capitulaire de nostre Sainte-Chapelle de Vincennes, pour estre employés à la dotation des beneficiers & officiers dont nous la composons.

3. Nous avons pareillement éteint & supprimé, éteignons & supprimons les deux clergeries de la Sainte-Chapelle de Vincennes, deux des quatre vicairies, & trois des quatre clergeries fondées en la Sainte-Chapelle du Vivier; tous lesdits benefices vacans par mort. Déclarons qu'il n'en pourra doresnavant estre expedié aucune collation. Voulons que les

biens

biens destinés à la subsistance des titulaires, soient appliqués au profit de la mense capitulaire de nostre Sainte-Chapelle du bois de Vincennes ; & pour la quatriéme clergerie du Vivier, possedée par maistre Marc Roger prestre, nous l'avons reservée, & du consentement dudit Roger cy-attaché, l'avons convertie en titre de chapelle sacerdotale, requerant résidence personelle, pour en jouir par ledit Roger en vertu des présentes, sans qu'il ait besoin de nouvelle provision ; & vacation arrivant d'icelle, il y sera par nous & par les rois nos successeurs pourveu d'un prêtre, que nous chargeons de celebrer à perpetuité les dimanches & les festes doubles une messe basse du jour dans la chapelle du Vivier, & les autres jours une messe aussi basse pour le repos des ames des rois & des reines de France trépassés. Ordonnons que ledit Roger celebrera lesdites messes, & que luy & ses successeurs jouiront d'un logement au Vivier, tel qu'il luy sera assigné par le chapitre du bois de Vincennes, & de la somme de six cens livres qui luy sera payée par chacun an sur les revenus du Vivier, pour toute dotation & pour l'entretien d'un clerc.

4. Nostre Sainte-Chapelle du bois de Vincennes sera composée d'une dignité de trésorier, d'un office de chantre, auquel il y aura un canonicat & prébende annexés, de douze canonicats & prébendes pour douze chanoines, ceux du chantre compris, de six chapellenies ou vicairies perpetuelles, de quatre places d'enfans de chœur, & de deux places d'appariteurs ou huissiers-bâtonniers pour servir à l'église. Enjoignons aux pourveus desdits benefices & offices, d'acquiter soigneusement le service canonial ordonné par les fondations des Saintes-Chapelles du Vivier & de Vincennes, & de faire celebrer tous les jours à basse voix en la maniere accoûtumée la messe d'obit ordonnée par la fondation de ladite Sainte-Chapelle.

5. Vacation arrivant de l'office de chantre, il ne sera plus prétendu affecté à l'ancien chanoine ; les canonicats vacans ne seront plus aussi affectés à l'ancien vicaire, ni les vicairies perpetuelles à aucun clerc ; nous nous en réservons & à nos successeurs rois la libre collation, pour en disposer ainsi que de la trésorerie en faveur de telle personne capable que nous aviserons bon estre, dérogeant pour ce regard aux affectations établies par la fondation du roy Charles V.

Tome II.

6. Les trésorier, chantre & chanoines capitulairement assemblés choisiront un des six chapelains ou vicaires perpetuels par nous pourveus, pour faire les fonctions de sacriste, & un autre pour faire celle de maistre des enfans de chœur, leur apprendre le catechisme, le chant & les cérémonies de l'église, & les principes de la langue Latine. Voulons que chacun desdits chapelains ou vicaires reçoive par chacun an sur la mense capitulaire, outre & pardessus le revenu de sa chapellenie ou vicairie perpetuelle, la somme de deux cens livres pour sa rétribution, & que l'un & l'autre soit tenu pour présent aux heures de l'office Divin, lorsqu'il sera actuellement occupé à l'exercice de sa charge.

7. La présentation des enfans de chœur appartiendra au chantre, sur l'avis de leur maistre, & la réception au chapitre, auquel nous deffendons d'en admettre aucun qui ne soit nay de mariage légitime, & qui n'ait pour le moins atteint l'âge de neuf ans. Ordonnons que pour leur nouriture & entretien il soit pris par chacun an une somme de six cens livres sur les revenus de la mense capitulaire.

8. Le trésorier pourvoira aux deux charges d'appariteur ou d'huissier-bastonnier, & aura soin que lesdits appariteurs tiennent nostre Sainte-Chapelle nette, & soient assidus à tous les autres services dont ils seront chargés. Voulons que le receveur du chapitre leur paye à chacun pour leurs gages la somme de cent cinquante livres par an.

9. Déclarons la dignité de trésorier, l'office de chantre, les canonicats & les six chapellenies de nostre Sainte-Chapelle de Vincennes, affectés par la fondation à des prestres, ou pour le moins à des ecclesiastiques tenus de se faire promouvoir à l'ordre de prestrise dans l'an, à compter du jour de leur prise de possession. Voulons qu'à faute de s'y faire promouvoir dans ledit temps, ils soient privés de plein droit de leurs benefices, sans qu'il soit besoin d'aucune monition ny jugement, & qu'il soit par nous pourveu ausdits bénefices, comme vacans par deffaut de promotion, d'autres personnes de la qualité requise.

10. Le trésorier, le chantre, chacun des chanoines & chacun des chapelains prometront par serment lors de leur réception, de faire une résidence personnelle & continuelle dans le lieu de la situation de nostre Sainte-Chapelle ; permettons neanmoins ausdits trésorier, chan-

Cc ij

tre & chanoines, de s'abſenter durant le cours de chaque année cinq ſemaines continues ou diſcontinues, & aux chapelains trois ſemaines pour vacquer à leurs affaires particulieres, à la charge d'en requerir & obtenir préalablement le congé du chapitre, & de ne point accumuler des demies journées de réſidence, pour en faire des journées entieres. Voulons que ſi aucun deſdits beneficiers s'abſente plus que le temps par nous permis, il perde ſes diſtributions manuelles pour chaque heure de ſon abſence, & ſoit en outre privé de ſes gros fruits, à proportion de l'excedent, du temps qu'il aura eſté abſent; & ſi l'un deſdits beneficiers s'abſente durant une année entiere ſans cauſe approuvée de nous par brevet, déclarons ſon benefice vacant & impetrable de plein droit pour ſa non réſidence, & qu'il y ſera par nous pourveu.

11. Tous les fruits & revenus tant gros qu'autres, provenans des fondations des Saintes-Chapelles du Vivier & du bois de Vincennes, déduction faite des charges ordinaires, ſeront diviſés en deux portions égales, dont l'une ſera appliquée aux gros fruits des tréſorier, chantre, chanoines & chapelains, & l'autre aux diſtributions manuelles & quotidiennes qui ſeront baillées pour chacune des grandes & petites heures de l'office à ceux qui y auront eſté préſens & aſſiſtans, dont les abſens ſeront privés, & leur part employée à l'achat d'ornemens pour la ſacriſtie, & en aumônes après qu'elle ſera ſuffiſamment garnie d'ornemens ; entendons que le département de ladite portion ſoit fait de telle maniere, qu'il y ait triple diſtribution pour chacun des aſſiſtans aux ſervices des feſtes ſolemnelles auſquelles le tréſorier officie, & un double les jours auſquels les chanoines ont coûtume de porter chappe, & que le tréſorier reçoive tant au partage des gros fruits, qu'à celuy deſdites diſtributions, le double d'un chanoine, le chantre une portion & demie de chanoine, & les chapelains la moitié de celle d'un chanoine.

12. Sera fait un fonds de tous les obits, ſaluts, proceſſions & autres prieres de fondation particuliere qui ſe diſent dans les Saintes-Chapelles du Vivier & de Vincennes, pour l'honoraire des meſſes eſtre baillé à ceux qui les auront celebrées à leur tour, ſuivant le réglement qui en ſera fait par le chapitre, & la diſtribution ordonnée pour les autres offices, eſtre payée à ceux qui auront eſté préſens & aſſiſtans, ſans préjudice neanmoins auſdits

tréſorier & chapitre de faire proceder à la réduction deſdites fondations, ſi elles ſont en trop grand nombre, ou qu'elles ne ſoient pas d'un revenu ſuffiſant pour les faire acquiter.

13. Les douze minots de ſel que les tréſorier, chantre, chanoines & chapelains de Vincennes ont droit par leur fondation de prendre au grenier à ſel de Paris, pour le prix du marchand, ſeront partagés entre tous les beneficiers de noſtredite Sainte-Chapelle, ſur le même pied que les gros fruits & diſtributions manuelles ont eſté par nous fixées entr'eux.

14. Et d'autant qu'il n'y a pas de lieu propre au chaſteau de Vincennes pour loger les quatre chanoines & les deux vicaires qui y viendront du Vivier, noſtre intention eſt de leur y faire bâtir des maiſons canoniales ; & en attendant qu'elles ſoient conſtruites, nous ferons payer à chacun deſdits chanoines la ſomme de cent livres par an, & celle de cinquante livres à chacun deſdits vicaires pour le loyer des maiſons qu'ils occuperont ; & feront employer leſdites ſommes en l'eſtat des charges aſſignées ſur nos domaines de la generalité de Paris, au chapitre des fiefs & aumônes.

15. Déclarons que leſdites tranſlation & union ſont faites, à condition que les tréſorier & chapitre de Vincennes acquiteront à toûjours ſur les revenus du Vivier, les décimes ordinaires & extraordinaires dont la Sainte-Chapelle du Vivier eſtoit chargée envers le dioceſe de Meaux ; enſemble les taxes des dons gratuits du clergé, impoſées en vertu de nos lettres, les aumônes & autres charges généralement quelconques, dont ladite Sainte-Chapelle ſeroit tenue, ſi elle eſtoit ſubſiſtante.

16. Les originaux des titres concernans le pouvoir du tréſorier pour la charge des ames de tous les beneficiers & officiers de noſtre Sainte-Chapelle & de leurs domeſtiques, ceux qui regardent l'exemption prétenduë par leſdits tréſorier, chanoines & chapitre de la juriſdiction ordinaire, & ceux de la juriſdiction qui peut appartenir au tréſorier ſur les beneficiers de noſtre Sainte-Chapelle, ſeront inceſſamment remis és mains de noſtre trés-cher & feal chevalier & commandeur de nos ordres, le ſieur Boucherat chancelier de France, pour après avoir eſté communiqués audit ſieur archevêque de Paris, y eſtre par nous pourveu, ainſi qu'il appartiendra.

17. Sera au ſurplus la fondation de nô-

tre Sainte-Chapelle de Vincennes executée en ce qui n'y a point esté dérogé par ces presentes, ni par les rois nos predecesseurs. Si donnons en mandement à nos amés & feaux conseillers les gens tenans nostre cour du parlement à Paris, que ces presentes ils ayent à faire registrer, & & le contenu en icelles garder & executer de point en point selon leur forme & teneur, nonobstant toutes choses au contraire, ausquelles nous avons dérogé & dérogeons par cesdites presentes; & afin que ce soit chose ferme & stable à toûjours, nous avons fait mettre nostre scel à cesdites presentes. Donné à Compiegne au mois de Mars, l'an de grace M. DC. XCIV. & de nostre regne le LI. *Signé*, LOUIS; *& à costé visa,* BOUCHERAT: *& plus bas,* Par le roy, *Signé*, PHELIPPEAUX, *avec paraphe ; & au dessous :*

Registrées, oui & ce requerant le procureur general du roy, pour estre executées selon leur forme & teneur, suivant l'arrest de ce jour. A Paris en parlement le xix. *Avril* M. DC. XCIV. *Signé*, DONGOIS, *avec paraphe.*

Collationné aux originaux par nous conseiller secretaire du roy, maison couronne de France & de ses finances. LAGAU. *Copié sur un imprimé en papier timbré.*

Acensement d'une maison près de Montmartre, qui avoit esté aux Augustins, fait par l'évêque de Paris, au comte de Nevers.

An. 1293.

UNIVERSIS præsentes litteras inspecturis, Simon permissione divinâ Parisiensis episcopus, salutem in filio Virginis gloriosæ. Notum facimus quòd cùm nos haberemus & possideremus quoddam manerium sive pourprisium situm extrà muros Parisienses, ultrà portam Montismartyrum in terra nostra, quæ quondam à quodam prædecessore nostro Parisiensi episcopo concessa fuit sub annuo censu priori & fratribus heremitarum ordinis sancti Augustini, & prædictum manerium dictus prior cum dictis fratribus recepissent sub annuo censu augmentato per eos, videlicèt ad quatuor libras paris. quas nomine censûs annui augmentati, ut dictum est, promiserunt se reddituros & soluturos annis singulis certis terminis episcopo Parisiensi & nostris successoribus pro tempore existentibus ; verumtamen cùm idem prior & fratres, jamdiù est, dictum pourprisum deseruissent, & dimisissent quasi pro derelicto, & per tantum temporis spatium in debitâ solutione dicti censûs annui seu redditus cessavissent, quòd juxtà usus & consuetudines, & maximè loci in quo dictum pourprisium situm est, ipsum manerium seu pourprisium ad nos meritò debeat reverti & reversum esset; nos ecclesiæ nostræ Paris. successorumque nostrorum utilitate consideratâ seu pensatâ, & ut meliora prospiciamus, dictum manerium seu pourprisium, prout se comportat ante & retrò, & protenditur in longo & in lato, cum omnibus & singulis ejusdem pertinentiis & appendiciis universis, accensavimus, & nomine accensationis tradidimus & concessimus illustri viro & potenti domino Roberto primogenito comitis Flandriæ comiti Nivernensi, & suis hæredibus in perpetuum, seu causam habentibus ab eodem, tenendum, habendum, possidendum & inhabitandum, pro duodecim libris paris. annui incrementi censûs seu redditûs, solvendis & reddendis ab ipso comite prædicto nobis & successoribus nostris episcopis Parisiensibus quatuor terminis Parisius generaliter consuetis ; computatis in dictis duodecim libris omni alio censu capitali, si quis ibidem à quoquam haberetur ; retentâ tamen nobis & successoribus nostris in dicto manerio seu pourprisio, ac in terris inferiùs annotatis, omnimodâ jurisdictione, & omnibus aliis quæ ad dominum fundi loci pertinent & pertinere possunt, tam de jure quàm de consuetudine. Hoc autem etiam in accensatione hujusmodi quòd dictus comes tenetur ponere & implicare in melioratione & in emendatione dicti manerii aliquos sumptus congruos, vel ædificium construere, vel ad minus in tali statu ponere, quòd nos & successores nostri poterimus tuti esse de percipiendo & levando in dicto manerio dictas duodecim libras dictis terminis. Eidem quoque comiti accensavimus totam terram nostram arabilem quam habemus & possidemus nostro & ecclesiæ Parisiensis nomine, contiguam manerio seu pourprisio antedicto, prout se comportat dicta terra à muro potentissimi viri comitis Flandriæ usque ad viam magnam quâ itur ad Montem-martyrum, circùm circà pourprisium antedictum, pro octo libris paris. nobis & nostris successoribus episcopis Paris. ab ipso comite & ejus hæredibus seu causam ab eo habentibus, in festo Assumptionis beatæ virginis Mariæ annis singulis in futurum persolvendis. Et ut locus antedictus honestiùs & securiùs inhabitari valeat & jure possit, unà cum præmissis prædicto comiti & ejus hæredibus concessimus, quantum in nobis est, ruellam contiguam pourprisio antedicto, quæ ruella in directum protenditur usque ad murum mansionis vel manerii poten-

C c iij

tissimi viri domini comitis antedicti, & tendit usque ad vicum qui dicitur vicus Maversæ, in quo vico est plastreria quædam : & ad evitandam specialiter dictæ ruellæ immunditiam, volumus ut clausuram aliquam in prædicta ruella faciat competentem, de consensu tamen & voluntate inhabitantium ibidem, seu habentium ostia & exitus in ruella prædicta ; nec est intentionis nostræ eisdem aliquod præjudicium afferre. Quæ omnia & singula bonâ fide promisimus nos firmiter observare, & contra traditionem & concessionem hujusmodi non venire, immò dictum pourprisium, prout se comportat, dictamque terram & omnia alia mediante censu prædicto garantizabimus, liberabimus & deffendemus dicto comiti & ejus hæredibus, in judicio & extrà, absque alio onere quocumque, quotienscumque opus fuerit, nostris sumptibus & expensis contrà omnes, etiam si contingeret, quod absit, dictum comitem vel ejus hæredes in aliquo præmissorum per aliquem quoquo modo inquietari, perturbari, vel etiam impediri ; nos successoresque nostros quoad hæc obligantes. Actum est etiam quòd eidem comiti non liceat aut ejus hæredibus in cimiterio quodam olim ibidem consecrato & sito infra clausuram dicti pourprisii inhoneste ædificare, vel illud ad usus prophanos quomodolibet applicare. Renuntiantes in hoc facto omnibus exceptionibus, defensionibus, allegationibus juris, facti, consuetudinis patriæ sive loci, quæ contra præsens instrumentum possent in posterum objici vel proponi, & specialiter beneficio restitutionis in integrum, & ne possimus dicere seu allegare nos fuisse aut esse in contractu hujusmodi deceptos vel etiam circumventos. In quorum omnium testimonium & munimen præsentem litteram duximus nostro sigillo sigillandam. Datum die Veneris ante Brandones anno Domini M. CC. XCIII. *Tiré du 3 registre de la chambre des comptes de Nevers, fol. 62. & du 4. fol. 42.*

La mesme maison donnée par le comte de Nevers susdit à son fils.

A**N**. 1296.

A Tous ceux qui verront ces présentes lettres, Robert ainsnez fils le comte de Flandres, advoez d'Arras, sires de Bethune & de Tenremonde, salut. Saichent tuit que nous attendens que Loys nôtre ainsnez fils, cuens de Nevers & de Rethel, n'a point de maison à Paris, là où il puist descendre, quand il vendra pour ses besognes, li havons donnée & donnons perpétuelment à luy & à ses hoirs nôtre maison que nous havons à Paris, qui fut jadis aux Augustins, & laquelle nous accensisimes de reverend pere S. par la grace de Dieu évêque de Paris, par vingt livres chacun an à payer à luy à certains termes contenus ès lettres que nous havons de luy. Et velons que li dis Loys & si hoir puissent jouir hæreditablement tousjoursmais de ladite maison & des appartenances, & en faire leur volonté du tout, comme de leur propre heritaige. Et de ladite maison & des appartenances baillons nous audit Loys la saisine par la teneur de ces lettres. Et promettons en bonne foy que nous contre cest don ne vendrons par nous ne par autruy ou temps à venir. Et en temoing de ceste chose nous avons fait mettre nostre seaul en ces lettres, faites en l'an de grace M. CC. XCVI. le lundy amprès *Quasimodo*. *Ibidem fol. 96.*

Charte de fondation du couvent des Sachets, aujourd'huy des grands Augustins.

A**N**. 1261.

L**U**DOVICUS Dei gratiâ Francorum rex. Noverint universi præsentes pariter & futuri, quòd cùm nos divini amoris intuitu, pro salute animæ nostræ, necnon & pro remediis animarum inclytæ recordationis regis Ludovici genitoris nostri, & reginæ Blanchæ genitricis nostræ, ac aliorum antecessorum nostrorum, in perpetuum concessimus fratribus de ordine pœnitentiæ Jesu Christi, domum quamdam ad inhabitandum, sitam Parisius in parrochia sancti Andreæ de Arsiciis, cum ejus pertinentiis : ut in eadem domo (si de voluntate & ordinatione dilecti & fidelis nostri episcopi Paris. procederet, & presbyteri parrochialis sancti Andreæ, necnon abbatis & conventûs sancti Germani de Pratis Parisius consensus adesset) ecclesiam & cimiterium ædificare valeant. Sed ne forte in posterum ex adventu & remanentia dictorum fratrum, quantùm ad oblationes, obventiones, & alia jura parrochialia, presbyter assereret se esse gravatum ; nos in recompensationem prædictorum, de assensu presbyteri parrochialis qui nunc est, eidem & successoribus suis in perpetuum concedimus septuaginta solidos parisienses, singulis annis in præpositura nostra Parisiensi percipiendos, medietatem videlicèt ad natale Domini, & aliam medietatem ad festum beati Joannis Baptistæ, per manum præpositi qui pro tempore præposituram tenuerit antedictam.

Quod

Quod ut ratum & stabile permaneat in futurum, præsentes litteras sigilli nostri fecimus impressione muniri. Datum Parisius anno Domini M. CC. LXI. mense Novembri. *Dubreul antiquitez 1612. p. 551.*

Lettres de l'abbé de S. Germain pour les Sachets.

An. 1263.

UNIVERSIS præsentes litteras inspecturis Gerardus permissione divinâ sancti Germani Parisiensis humilis abbas, capellanus domini papæ, & totus ejusdem loci conventus, salutem in Domino. Notum facimus quòd nos habuimus & recepimus ab illustri domino nostro Ludovico Dei gratiâ rege Francorum centum libras parisienses in pecuniâ numerata, convertendas in emptionem ad opus nostri monasterii, pro recompensatione quinquaginta solidorum quos percipiebamus super quadam plateâ sita Parisius in Laes, juxta domum fratrum pœnitentium Domini nostri Jesu Christi, quæ fuit magistri Hugonis de Castelleto clerici, & tegulariâ sitâ juxtà domum prædictorum, & pertinentiis ipsius tegulariæ, concessis à nobis ad instantiam dicti domini regis fratribus pœnitentiæ Jesu Christi prædictis: quittantes dictum dominum regem, pro dicta summa pecuniæ sic à nobis habita & recepta, tam de prædicto censu annuo, quàm de omnibus aliis & singulis quæ ratione dictorum quinquaginta solidorum annui censûs possemus à prædicto domino rege usque in præsentem diem & etiam in futurum repetere quoquo modo. In cujus rei testimonium præsentibus litteris sigilla nostra duximus apponenda. Datum anno Domini M. CC. LXIII. die lunæ post Pentecosten. *Ibidem pag. 553.*

Manumission des serfs de l'abbaye de Saint Germain des Prez.

An. 1250.

UNIVERSIS præsentes litteras inspecturis, frater Thomas miseratione divinâ beati Germani de Pratis Parisiensis minister humilis, & totus ejusdem loci conventus, æternam in Domino salutem. Cùm homines nostri de burgo nostro sancti Germani de Pratis grata nobis pluriès impenderint obsequia, res & bona, proprias etiam personas nonnumquam pro necessitatibus nostris exponentes; nos ipsorum attendentes devotionem, & pro ducentis libris parisiensibus de quibus nobis est satisfactum, manum mortuam, foris-maritagium & omnimodam servitutem quam habebamus, vel habere poteramus in dictis hominibus, & eorum hæredibus, quantùm ad personas seu corpora ipsorum, ubicumque de cætero se transferre voluerint, totaliter & in perpetuum remittimus, quittavimus, & eosdem manumittimus, ac perpetuæ libertati plenè describimus & donamus. Hujusmodi autem remissionibus & libertatibus tantummodò gaudere volumus illos & illas, undecumque duxerint originem, qui & quæ in dicta villa sancti Germani remissionis & manumissionis tempore morabantur, & illos ejusdem villæ nativos, qui se causâ peregrinationis, seu ad aliena servitia transtulerint, qui necdum alibi matrimonium contraxerunt. Hanc autem remissionem fecimus, salvis nobis & ecclesiæ nostræ omnimodâ justitiâ & dominio in dicta villa sancti Germani, & omnibus redditibus, consuetudinibus & coustumis. Quæ coustumæ tales sunt; omnes homines de dicto burgo sancti Germani bannarii ad furnum nostrum, seu furna nostra (dum tamen furnum & furnarium competentes habeamus) per bannum coquere, & furnagia (prout hactenùs consueverunt) nobis solvere tenebuntur. Si verò per duos dies aut per tres ad requisitionem illius qui panem suum ad coquendum petierit, furnarius coquere distulerit, ex tunc absque contradictione & emenda illorum dictorum hominum alibi, prout meliùs placuerit, panem suum deferre poterit ad coquendum. Item, prout hactenùs extitit consuetum, de omnibus bobus & vaccis pascentibus in insula nostra Sequanæ, pro quolibet bove sive vaccâ duodecim denarios, de jumenta fœta sex denarios in mense Mayo annis singulis nobis solvere tenebuntur. Item, census nostros, videlicèt pro qualibet mazura in magno censu nostro sita, tres solidos censuales; & si in duas aut plures masuras quælibet dividatur, quilibet partem cujuslibet masuræ possidens, tres solidos censuales solvere; si verò ad unum possidentem quælibet masura redierit, non nisi tres solidos tantummodò censuales in festo sancti Remigii solvere tenebitur annuatim. Item, cuvas suas & vindemias omnium vinearum quæ tenentur ad censum à nobis, in vindemiis ad ecclesiam nostram vel ad pressorium nostrum *de Gibert* quolibet anno tenentur adducere; & pro quolibet modio vini, unum sextarium de mera gutta vini pro decima, & tertiam partem totius pressoragii. Exceptis vineis de territorio sancti Sulpitii, ex quarum vindemiis, unum sextarium vini de mera gutta pro decima, & quartam partem totius pressoragii tantummodò nobis solvent. De vineis verò quarum vindemias consueverunt & tenentur ducere ad pressorium nostrum *de Gibert*, quartam partem totius pressoragii nobis solvent, & decimam, prout hactenùs extitit consuetum. Et nos prædictis hominibus cuvas ad ponendum vindemias dictarum vinearum debemus in eodem pressario ministrare. De quatuor verò arpentis vineæ quæ fuerunt defuncti Aberni, quatuor modios vini convenientis pro censu & decima, & quartam partem totius pressoragii nobis solvent. De vineis de fossis liberis quæ fuerunt Adæ Coqui, tres modios vini convenientis solvent pro decima, censu & pressoragio. Vineæ verò quæ sunt in masuris assignatis ad anniversarium bonæ memoriæ Roberti quondam abbatis ecclesiæ nostræ, solvent dicti homines integram summam pecuniæ, & alia quæ in charta super his confecta continentur. Salvo etiam hoc & retento nobis & ecclesiæ nostræ, quòd omnes mulieres prædictæ villæ, in die purificationis suæ post puerperium, & primo die quo accedent ad parochialem ecclesiam post sponsalia, ad ecclesiam nostram tenentur vertere, ratione matricis ecclesiæ, & oblationes ibidem facere, prout hactenùs extitit consuetum. Salvo etiam nobis & ecclesiæ nostræ, quòd eo anno quo dominus rex à nobis solidos suos levabit, * solidos à dictis hominibus nobis impositos, & terram nostram tailliabilem viderimus bonâ fide. Ita tamen quòd homines dictæ villæ electi à communitate ejusdem villæ, summam pecuniæ quam nos vel successores nostri super communitate dictæ villæ pro solidis domini regis bonâ fide duxerimus imponendam, assidebunt, levabunt, & infra terminum à nobis vel successoribus nostris eis quolibet anno impositum integrè persolvent; & quòd si in solutione facienda summæ prædictis hominibus dictæ villæ impositæ eis à nobis vel successoribus nostris imposterum, pro prædictis solidis domini regis electi à communitate villæ cessarent in toto vel in parte, ex tunc nos, vel successores nostri, capiemus, vel capi faciemus de bonis cujuslibet hominis in dictâ villâ commorantis, unius vel plurium, prout nobis meliùs placuerit, & distrahere poterimus res captas, quousque super totâ summâ pecuniæ hominibus dictæ villæ impositâ, nobis & ecclesiæ nostræ, vel mandato nostro, fuerit plena-

* Il paroît qu'il y a faute dans la copie rapportée par Dubreul, que nous suivons ici, au défaut de l'original, que nous n'avons pû voir.

riè satisfactum. Præstereà dicti homines dictæ villæ sancti Germani omnes alios redditus nostros & consuetudines (exceptis prædictis manu-mortuâ, foris-maritagio, servitute) & alia ad servitutem corporum vel personarum ipsarum pertinentia, nobis & ecclesiæ nostræ sine contradictione & difficultate qualibet solvent de cætero, pacificè & quietè. Salvo etiam nobis in omnibus omni alio jure nostro. Quod ut ratum & stabile permaneat in futurum, prædictis hominibus in testimonium præsentes litteras concessimus, sigillorum nostrorum munimine roboratas. Actum anno incarnationis Dominicæ M. CC. L. mense Mayo, regnante Ludovico Ludovici filio, rege Francorum piissimo. *Ainsi signé*, FRESNES. *Et scellé sur simple queuë en cire verte. Dubreul antiquitez* 1612. *p.* 365.

Contract d'acquisition d'une maison sise ruë de Hautefeüille, par l'abbé & les religieux de Premontré, pour y établir leur college.

AN. 1252.

UNIVERSIS præsentes litteras inspecturis, officialis curiæ Parisiensis salutem in Domino. Noveritis quòd in nostra præsentia constituta domina Gila dicta de Houzel, civis Parisiensis, vidua, olim uxor defuncti Joannis Sarraceni, asseruit quòd ipsa ex sua propria hæreditate habebat, tenebat & possidebat pleno jure, domum quandam Petri Sarraceni nuncupatam, cum porprisio & pertinentiis ejusdem domûs, sitam Parisius ultra parvum pontem in vico *de Hautefeuille*, oneratam in duodecim solidos capitalis census, centum solidos parisienses incrementi census, & quatuor libras parisienses annui census super tribus partibus prædictæ domûs, ut dicebat. Quam domum, prout cum suis pertinentiis se comportat ante & retrò, & in longo & lato, ipsa Gila propter hoc coràm nobis constituta vendidit, quitavit & concessit ex nunc perpetuò, seque vendidisse, & nomine venditionis ex nunc perpetuò quitavisse & concessisse recognovit viris religiosis Joanni abbati & conventui Præmonstratensi, pro pretio centum & viginti librarum parisiensium jam sibi soluto in pecunia numerata, ut confessa fuit coràm nobis; de quo pretio quitavit dictos emptores, exceptioni non numeratæ & non receptæ pecuniæ renuntiando per fidem. Cedens dictis emptoribus, & eorum successoribus, ac penitùs transferens in eos omne jus & dominium, omnem possessionem & proprietatem, & omnes actiones reales & personales

nales, utiles & directas, & quascumque alias quæ eidem Gilæ in dicta domo & pertinentiis ejusdem competebant, & competere poterant modo quolibet; nihil juris vel actionis, dominii, possessionis vel proprietatis sibi vel suis hæredibus de cætero retinendo in eisdem. Et promisit ipsa Gila, fide in manu nostra præstitâ corporali spontè, adversùs venditionem & quitationem hujusmodi, vel præmissorum aliquod, non venire, per se vel per alium, jure aliquo in futurum. Immò dictam domum, prout ipsa cum aliis pertinentiis suis, ut dictum est, se comportat, ad dictos duodecim solidos capitalis censûs, & centum solidos parisienses incrementi censûs, & quatuor libras parisienses annui censûs, sine alio onere, impedimento, vel obligatione garantizabit, liberabit & defendet suis propriis sumptibus, periculo & expensis, in judicio & extrà judicium, dictis emptoribus & eorum successoribus, quandocumque opus fuerit, & super hoc requisita fuerit, contrà omnes. Promisit etiam, sub præstita fide & ex pacto contractûs hujusmodi, se pacificè soluturam dictis emptoribus quintum denarium dicti pretii, nomine pœnæ seu interesse, cum missis & omnibus rectis costamentis, damnis & expensis, per solum procuratoris dictorum emptorum juramento sine alia probatione credendo, declarandum, si dicta venditio in toto vel in parte retracta fuerit vel evicta. Et pro rectâ garandiâ modo prædicto ferenda super jam dicta venditione, & dicta pœna seu interesse, si committatur, solvendis, cum missis, costamentis, damnis & expensis, ipsa Gila se & hæredes suos, & omnia bona sua & hæredum suorum, mobilia & immobilia, præsentia & futura, tituloque specialis hypothecæ domum quamdam, in qua ipsa ad præsens moratur, suam, ut dicebat, sitam Parisius in civitate in quadrivio *de Marché-Palu*, contiguam domui quondam Egidii Miette, in censu monialium Montis-martyrum, oneratam in sex libras censûs, ut dicebat, dictis emptoribus obligavit, & obligatam reliquit, ad quoscumque devenerit possessores; se quantum ad hæc jurisdictioni curiæ Parisiensis supponendo. In cujus rei testimonium sigillum curiæ Parisiensis duximus præsentibus litteris apponendum. Datum anno Domini M. CC. LII. tertio die sabbati post Trinitatem. *Bibliotheca Præmonstrat. p.* 582.

Tome II.

Vente de quelques cens, par l'abbesse de saint Antoine aux religieux de Prémontré.

AN. 1255.

UNIVERSIS præsentes litteras inspecturis, soror Guillerma humilis abbatissa S. Antonii Parisiensis, totúsque ejusdem loci conventus, salutem in Domino. Noverit universitas vestra quòd cùm haberemus dominium fundi terræ & ventarum, necnon & censum septem librarum & sex solidorum parisiensium annui redditûs, super novem domos sitas Parisius juxtà domum fratrum Minorum, in vico qui dicitur *aux Estuves*; videlicèt quatuor solidos parisienses fundi terræ super domum liberorum uxoris Adæ, dicti Romani; duodecim solidos parisienses fundi terræ super domum defuncti Petri Sarraceni; & centum solidos paris. incrementi censûs super eamdem domum; sex solidos paris. fundi terræ super domum Johannis de Bello-monte; sex solidos paris. fundi terræ super domum Margaretæ, dictæ Doucelier; quatuor solidos paris. fundi terræ super domum Nicolai, dicti Romani; quatuor solidos paris. fundi terræ super domum defuncti Richardi, dicti *don Porche*; quadraginta denarios paris. fundi terræ super domum Agnetis de Vitriaco; & quadraginta denarios paris. fundi terræ super domum Dionysiæ de Campis: nos pro evidenti utilitate domûs nostræ, de communi consensu & voluntate nostra, ac de licentia domini abbatis Cisterciensis patris nostri in hoc utilitatem ecclesiæ nostræ attendentis, & ipsum contractum ad petitionem nostram per suas patentes litteras confirmantis, sicut in eisdem litteris pleniùs continetur, ac etiam venerabilis patris episcopi Parisiensis eumdem contractum assensu suo & consilio approbantis, & per suas litteras attestantis, vendidimus abbati & ordini Præmonstratensi præfatum fundi terræ dominium & ventarum, necnon & omne jus quod cum ipso dominio, & cum præfatis septem libris & sex solidis parisiensibus censûs annui in prædictis novem domibus & in earum fundo habebamus, & habere poteramus, pro trecentis & quinquaginta libris parisiensis monetæ, in aliam hæreditatem utiliorem nostræ ecclesiæ jam conversis. Quæ omnia supradicta, videlicèt tam dictum fundi terræ dominium, quàm prædictas septem libras & sex solidos parisienses annui censûs super nobis super domos supradictas annis singulis debebantur, & etiam plenam possessionem & pa-

D d

cificam omnium prædictorum in dictos abbatem & ordinem Præmonstratensem per traditionem transtulimus: promittentes bonâ fide, quòd contrà venditionem prædictam, & omnia supradicta, nec per nos nec per alium, aliquatenùs de cætero veniemus ; & quòd prædicta omnia abbati & ordini memoratis, secundùm usum & consuetudines Parisienses, garantizabimus contrà omnes. In cujus rei testimonium & memoriam præsentes litteras dictis abbati & ordini Præmonstratensi tradidimus, sigilli nostri munimine roboratas. Datum Parisius anno Domini M. CC. LV. mense Junio. *Dubreul Antiq. 1612. p. 628. & Biblioth. Præmonstrat. p. 583.*

Autre contract d'acquisition faite par les religieux de Prémontré.

An. 1256. UNIVERSIS præsentes litteras inspecturis, officialis curiæ Parisiensis, salutem in Domino. Notum facimus, quòd coràm nobis constitutus Joannes de Bello-monte, civis Parisiensis, asseruit quòd ipse habebat, tenebat & possidebat quamdam domum sitam Parisius ultrà parvum pontem, contiguam domui quæ fuit Petri Sarraceni, cum porprisio & pertinentiis ejusdem domûs. Asseruit etiam idem Joannes coràm nobis, quòd ipse habebat & percipiebat annuatim quatuor libras parisienses annui census super tribus partibus domûs prædictæ Petri Sarraceni, & super tribus partibus stuffarum domûs ejusdem. Quam siquidem domum prædictam cum porprisio & pertinentiis ejusdem domûs, & quas quatuor libras annui census idem Joannes recognovit se vendidisse & quittasse in perpetuum religiosis viris abbati & conventui Præmonstratensi, pro ducentis & quinquaginta libris parisiensibus tum solutis eidem in pecunia numerata, sicut confessus est coràm nobis. Et promisit fide datâ, quòd contrà venditionem & quittationem prædictas, per se vel per alium, jure hæreditario, ratione conquestûs, aut alio modo non veniet in futurum ; & quòd dictam domum, necnon & dictas quatuor libras censûs annui habendas & percipiendas singulis annis ab abbate & conventu prædictis, super tribus partibus dictæ domûs Petri Sarraceni, & stuffarum ejusdem, eisdem abbati & conventui Præmonstratensi garantizabit & liberabit, quotiescumque opus fuerit, ad usus & consuetudines Franciæ, contra omnes. Et quantùm ad rectam garandiam & perpetuam super hujusmodi venditionem ferendam, idem Joannes se & hæredes suos, bona sua, & hæredum suorum, omnia & singula, mobilia & immobilia, præsentia & futura, ubicumque & in quibuscumque rebus existant, abbati & conventui memoratis specialiter obligavit, & reliquit penitùs obligata. Confessus insuper fuit idem Joannes coràm nobis sibi esse satisfactum ab abbate & conventu supradictis de quatuordecim libris parisiensibus in pecunia numerata, in quibus dicti abbas & conventus tenebantur eidem ex locatione dictæ domûs venditæ, & pro censu domûs Petri Sarraceni prædictæ, ut dicebat. Renuntians quantum ad istas quatuordecim libras, & quantùm ad ducentas & quinquaginta libras prædictas, exceptioni non numeratæ pecuniæ, non habitæ, non receptæ. Renuntiavit insuper omni juris auxilio canonici & civilis, omnibus litteris & instrumentis, necnon & omnibus aliis exceptionibus, actionibus & defensionibus juris & facti, loci & temporis, per quas præmissa vel aliquod ex præmissis possent infringi vel aliquatenùs retractari, & quæ sibi vel ejus hæredibus prodesse possent in aliquo, & nocere abbati & conventui memoratis. Datum anno Domini M. CC. LVI. mense Octobri, die Lunæ antè festum Omnium Sanctorum. *Ibidem. p. 584.*

Bulle du pape Urbain IV. en faveur du college de Prémontré.

An. 1264. URBANUS episcopus servus servorum Dei, venerabili episcopo Parisiensi salutem & apostolicam benedictionem. Hoc de tuæ sinceritatis devotione tenemus, quòd illa mandata promptâ facilitate ad effectum demandes, quæ juri non obviant, & animarum salutem ac regularem respiciunt honestatem. Cùm igitur dilecti filii abbas Præmonstratensis ejusque coabbates, & conventus Præmonstratensis ordinis, quemdam prioratum in Parisiensi civitate habeant, in quo ipsius ordinis morantur fratres studentes in theologica facultate ; quia ipsorum fratrum honestati expedire non creditur nec saluti, quòd per ecclesias pro divinis officiis audiendis discurrant. Nos ipsorum abbatum & conventuum precibus inclinati, fraternitati tuæ per apostolica scripta mandamus, quatenùs eisdem fratribus celebrandi divina in eodem prioratu super altare portatili authoritate nostrâ concedas licentiam, si expedire videris, sinè juris præjudicio alieni. Datum apud Urbem-veterem bem-veterem 11. Calend. Februarii, pontificatûs nostri anno 11. *Ibidem p.* 585.

Statuts du College de Prémontré.

Ad cultûs Divini jura reddenda.

AN. 1618.

QUONIAM prima debet esse religionis ac pietatis cura, omnes & singuli religiosi canonici in prædicto gymnasio commorantes, suave jugum Domini ab adolescentia portare, (Thren. 2.) assuescant, moresque suos, juxtà regulæ S. patris nostri Augustini in professione assumptæ præscriptum, corrigant, & vitam emendent, aliisve religionis exercitiis Deum sibi propitium reddere, illique studia sua commendare satagant.

Omnes quoque ad pulsum campanulæ, qui quotidiè dabitur horâ quartâ antelucanâ, surgant, acceptoque ab excitatore lumine, mox se aquâ lustrali aspergant, in genua procumbant, & petito musarum principio à sanctissimâ Trinitate, Deiparâ Virgine, & divis Joanne-Baptistâ, & Anna ejusdem Deiparæ matre, præfati collegii tutelaribus sanctis, beatis Augustino & Norberto ordinis patribus, sua omnia cogitata, dicta & opera devoveant gloriæ Dei, Ecclesiæ matri, & Præmonstratensis ordinis utilitati, privatæ suæ, & proximorum saluti. Deinde tùm naturæ cùm cellulæ justa persolvant, & lectum sternant; tùm demùm signo secundo campanæ ecclesiæ insonante, quod præcisè dabitur quadrante antè quintam matutinam, properè & graviter in ecclesiam conveniant, antiphonam *Veni Sancte Spiritus*, vers. *Emitte spiritum*, orationem *Deus qui corda fidelium*, devotè cantaturi; & illicò Primam & capitulum canonicum, Tertiam, Sextam & Nonam pensi canonici juxtà can. *Docentes. Extra. de celebrat. missarum*, distinctè & non truncatis verbis aut versibus, devotè, quâ potest reverentiâ & humilitate, recitaturi. *Cùm oratis Deum* (inquit regula nostra Augustiniana) *hoc versetur in corde, quod profertur in ore*. Antiphonam porrò prædictam de Spiritu Sancto sequatur immediatè missa, quæ de feria, vel de festo occurrente, adhibitâ semper de Spiritu Sancto oratione, ab hebdomadariis vicibus immediatè, celebrabitur. Reliquum verò temporis quod supererit usque ad horam sextam, meditationi (sine quâ anima Deo conjungi vix potest) liberè concessuri.

Lampas coràm augustissimo corporis Christi sacramento, juxtà illud Levitici

6. *Ignis in conspectu meo ardebit semper*, indesinenter ardeat.

Sacerdotes bis ad minus sacris operentur in hebdomada, præter diem Dominicam, ne sanctissimæ Trinitati honorem debitum, vivis mortuisque suffragia necessaria denegare videantur; & alternis diebus, aut ad minus Dominicâ die, confessione auriculari conscientias suas eluant. Cæteri verò omnes qui non fuerint sacerdotes, quâlibet saltem Dominicâ primâ & tertiâ cujusque mensis, necnon singulis Dominicis Adventûs & Quadragesimæ, festisque triplicibus peccata sua confiteantur, & ad sacram synaxim accedant.

Hujus autem sacramenti pœnitentiæ ministros pater prior duos vel plures seliget ac nominabit, probos & doctos religiosos, & qui lepram à non lepra discernere possint; quorum uni potestatem absolvendi à reservatis, ex Clementis VIII. pontificis maximi decreto, concedet. Qui verò alteri quàm designatis confiteri præsumpserit, pœnâ cap. 4. distinct. 1. statutorum ordinis indictâ mulctetur.

Ingressuri gymnasium confessione generali anteactæ vitæ conscientiam expiabunt coràm patre priore, aut quem ipse præfecerit.

Confessiones fiant ante vel post horas canonicas, ut Divinum officium non perturbetur.

Juge silentium in ecclesia servetur, nisi necessitas exhortationis aut correptionis exegerit ut loquatur quis.

Ut autem lectioni succedat oratio, singulis diebus ferialibus post quintam, Dominicis verò & festis diebus post sesquiquartam vespertinam, edito ultimo campanæ signo, rursùs omnes illicò ad ecclesiam, preces vespertinas & completorium canonicum, subindeque matutinas, eo quo superiùs dictum est modo, distinctè & devotè recitaturi se conferent, ne eorum maledictioni subjiciantur, *qui opus Dei faciunt negligenter*. Jerem. 48.

Nullus pensum divini officii, quod sibi ex munere solvendum incumbet, nisi præparatus aggrediatur. *Nolite cantare* (inquit regula nostra cap. 2.) *nisi quod legeritis esse cantandum*. Alioquin si fallatur leviùs, terram manu attinget; si verò graviùs, vel tardiùs venerit, in medio choro profundè inclinabit, aut in genua procumbet, ad signum superioris tantùm surrecturus. Absentes ab eodem choro, aut ex eo egredientes sine præpositi licentiâ, inobedientiam suam sive negligentiam aquæ potu in altera refectionum abluant.

Quolibet sabbato, & singulis festorum solemniorum vigiliis, hebdomadarius ecclesiam everrat, & in ornando altari, curandis linteaminibus, ornamentis, & libris sacris, sedulâ pietate operam suam navet, celebrantibusque opportunè & religiosè inservire studeat.

Ad paupertatis monasticæ jura reddenda.

Communis vitæ ratio adeò est necessaria, ut eâ non sedulò observatâ paupertatis evangelicæ votum (quod nihil proprii admittit) vix ac ne vix quidem inviolatum esse queat. Proinde nullus religiosorum in hoc collegio proprium aliquid habere præsumat, sed juxtà sancti patris Augustini, sub qua militamus, regulam cap. 1. *omnia sint communia, & distribuatur unicuique, sicut cuique opus erit.* Apostolicam enim vitam in professione assumpsimus, à qua sine propriæ salutis dispendio resilire non possumus.

Ut ergo nulli proprietatis periculum immineat, ingressuri hoc gymnasium, indiculum seu inventarium rerum suarum in papyro fideliter descriptum & subsignatum dabunt patri priori, ne partem silentio obvolventes, cum Anania & Saphira, Spiritui Sancto qui monasteriorum præses existit, mentiantur; eidemque priori nummos non solùm ad trimestrem pensionem, sed etiam quos ad privatas suas impensas peragendas, cùm ad rem litterariam, tùm ad statum monasticum, paraverant, prænumerabunt & tradent, sedulò in area communitatis cum cæteris pecuniis consignandos & recondendos, juxtà illud D. Augustini cap. 4. suæ regulæ: *Sub communibus custodibus habete quod ponitis.* Adeò ut nihil umquam habeant, nullâ re uti queant, nisi de ejusdem patris prioris consensu & conscientia.

Et ne proprietatis labe contaminetur idem pater prior, privatarum pecuniarum commonefactorium dabit illas deponenti, ab eoque vicissim memoriale recipiet earumdem distributarum ad illius privatos usus, utrumque cujus intererit manu subsignatum.

Nulli cuique de suppellectile sibi concessa disponere, litterasve dare vel accipere, aut quodlibet munus recipere liceat, absque ejusdem patris prioris licentia, nisi velit tanquam proprietarius coerceri, &, prout cap. 3. regulæ nostræ Augustinianæ præscribitur, graviùs emendari.

Ne verò pensionum pecuniæ ex malo aliquo regimine videantur diffluere, in cistâ communitatis, juxtà statutorum ordinis cap. 20. distinct. 4. præscriptum, fideliter recondantur, & religiosè serventur, quæ tres seras & claves diversas habeat, quarum primam pater prior, secundam studiorum ac morum præfectus, tertiam is religiosus qui à conventu ad id idoneus censebitur, asservabunt. Qui quidem sufficientes pecunias ad quotidiana religiosorum & communitatis necessaria comparanda fratri quæstori, seu exteriorum provisori tradent; quarum, sicut & expensarum rationes, idem exteriorum provisor singulis trimestribus, coràm patre priore & duobus religiosis presbyteris, candidè reddet, ut sic se bonum & fidelem dispensatorem, ac proprietatis vitiorum omnium propagatricis inimicum patefaciat; memores verborum regulæ nostræ cap. 4. *Quantò ampliùs rem communem, quàm propria vestra curaveritis, tantò vos ampliùs proficere noveritis.*

Ægrotorum necessitati ac infirmitati summa cum charitate & sollicitudine, ut citiùs recreentur, subveniatur; eorumque cura, prout cap. 15. distinct. 1. statutorum ordinis præcipitur, sedulò geratur.

Ad castitatis Deo promissæ jura reddenda.

Studeat unusquisque, Apostolo 1. Thessal. 4. jubente, *Vas suum possidere in sanctificatione & honore, non in passione desiderii, sicut & gentes quæ ignorant Deum.* Continentia autem quantò est sublimior, tantò est naufragio propinquior; *Et quemadmodum ea* (inquit Laurentius Justinianus lib. de continentia cap. 5.) *laboriosè acquiritur, ita facilè deperditur, si ejus puritas negligatur.*

Et ut ipsa de moribus non effugiat, sed limitibus illius contineamur semper, *Caro* (inquit Hugo à S. Victore) *sic nutriatur, ut tamen serviat, sic reprimatur, ut non superbiat, sic foveatur necessitas naturæ, ut abscindatur superfluitas concupiscentiæ.*

Signo ad prandium, cœnam, vel collationem dato, in refectorium, ut consecrationi intersint, tempestivè conveniant; serò venientes, priusquàm accumbant, inclinati in refectorii medio precentur, donec sedendi signum præses dederit, vel mulctam imposuerit.

In mensâ, honesti & taciti, corpus cibo, sacrâ lectione, eâque perpetuâ (nisi pater prior dispensandum judicaverit) audiendâ animum pascant; idque ut regulæ quam profitemur satisfiat, quæ præcipit cap. 2. *Cùm accessitis ad mensam, donec inde surgatis, quod vobis secundùm consue-*

tudinem legitur, sinè tumultu & contentionibus audite ; nec solæ vobis fauces sumant cibum, sed & aures esuriant Dei verbum.

Compotationes & commessationes omnes doctrinæ Apostoli Rom. 13. & Galat. 5. repugnantes, penitùs tollantur, ne juratos castitatis hostes in sinu nostro fovere videamur.

Et quoniam jejunium (docente S. patre Augustino) conscientiæ nebulas dispergit, & libidinum ardores restringit, jejunia ecclesiæ & ordinis, Adventus præsertim & dierum Veneris, inviolabiliter & exactè serventur. *Carnem vestram* (inquit regula nostra cap. 2.) *domate jejuniis & abstinentiâ escæ & potûs, quantùm valetudo permittit.* Violatores proinde jejuniorum ordinis ad jejunium duorum dierum compellantur ; qui autem jejunium Ecclesiæ solverint, ad triduanum in pane & aquâ teneantur.

Collationes dierum jejunii, solo pane & modico vino adhibitis, accumbendo mensæ conventuali, & prout cap. 12. distinct. 1. statutorum præscribuntur, fiant.

Cubiculum & musæum, præter libros reliquamque suppellectilem necessariam, etiam imagine Christi crucifixi, ac Virginis matris, quos cogitationum, dictorum & factorum testes se habere quivis certò existimet, sit ornatum.

In iis existentes cubiculis aut musæis, clavem in sera relinquant ; nec ullus ita cubiculi aut musæi sui januam obserabit, ut à foris aperiri non possit à præposito, vel studiorum ac morum præfecto, quibus solis hoc licitum erit.

Ad fugiendum otium castitati Deo consecratæ inimicum, omnes studiorum penso impigrè incumbant, & juxtà uniuscujusque ingenium ea industriam serio occupati detineantur : *Ne adversarius noster diabolus quærens quem devoret,* (1. Pet. 5.) nos otiosos reperiat. *Ascendam* (inquit apud Ezechielem cap. 38.) *ad terram sine muro, veniam ad quiescentem, habitantemque securè.*

Deniquè, ne castitati omnium virtutum monasticarum delicatissimæ propositis objectis præparentur insidiæ, nullus ante vel post lectiones, in plateis, aut in cubiculorum vel musæorum suorum fenestris, aut collegii hujus & aliorum portis hærere præsumat, nisi velit competenti severitate coerceri ; mulieribusque nullus ad septa regularia pateat accessus, ne suspensionis à divinis, excommunicationis & irregularitatis à summis pontificibus, præsertim à Pio V. & Gregorio XIII. latæ pœnæ incurrantur. *Quando,* (inquit Augustinus cap. 3. suæ regulæ) *simul estis in ecclesiâ, & ubicumque fæminæ sunt, oculi vestri in nullam figantur ; quia impudicus oculus impudici cordis est nuntius : sed invicem vestram pudicitiam custodite : Deus enim qui habitat in vobis, etiam isto modo custodiet vos ex vobis.*

Ad voti obedientiæ, & ludi litterarii jura reddenda.

Omnes ad obedientiæ votum, quod in altari Deo, coràm angelis & hominibus emiserunt, attendentes, & opera sua nullius valoris ac meriti apud Deum esse, nisi cum obedientia conjungantur, perpendentes, in voti illius amplexum avidè ruant, docente Christo Domino Lucæ 9. *Si quis vult venire post me, abneget semetipsum.* Videlicèt per propriæ voluntatis & libertatis abdicationem, quæ est omnium verior & perfectior abnegatio & holocaustum medullatum, quo religiosus non solùm bona externa, ut sunt divitiæ & voluptates corporis, sed & bona interna animæ, scilicèt propriam voluntatem & libertatem Deo mactat & consecrat, superiorumque arbitrio ac judicio moderandas submittit. *Ipse verò* (ut docet S. Augustinus legislator noster in sua regula cap. ultimo) *qui vobis præest, non se existimet potestate dominante, sed charitate serviente fœlicem. Honore coràm vobis prælatus sit vobis, timore coràm Deo substratus sit pedibus vestris : semper cogitans Deo se pro vobis redditurum esse rationem. Undè vos magis obediendo, non solùm vestri, sed etiam ipsius miseremini, qui inter vos quantò in loco superiore, tantò in periculo majore versatur.*

Ad consequendam igitur & conservandam hanc in nobis virtutum omnium absolutissimam virtutem, *quæ* (ut testatur D. Gregorius lib. 35. moral. cap. 21.) *cæteras menti inserit, insertasque custodit,* omnes cum eruditione morum probitatem conjungant, mutuam sibi invicem reverentiam exhibeant, præsertim *junior seniori & sacris initiato.* Qui moribus & studiis præsunt, eos veluti animorum parentes venerentur, tantòque progressûs suorum studiorum sperent fœliciores, quantò iis aliquid imperantibus promptiùs obtemperaverint.

Nunquam cum ullo nisi de virtute vel de eruditione contendant ; quæ honesta in aliis, imitari, quæ secùs animadverterint, quod in se erit, corrigere nitantur. *Si* (inquit regula nostra cap. 3.) *aliquam oculorum petulantiam aut quodlibet aliud peccatum in aliquo vestrûm adverteritis, sta-*

D d iij

tim admonete, ne cœpta progrediantur, sed de proximo corrigantur. Quemadmodum autem grave est alterum ad improbitatem quovis modo impellere, ita vel ad bonum perducere vel à malo abducere, Deo gratissimum.

Inchoent & terminent ludum litterarium & quodlibet aliud negotium tàm publicè quàm privatim, oratione præmissâ & sequente.

Nullus ab hora octava vespertina usque ad octavam matutinam alienum cubiculum aut musæum adeat; nullusve alium ad suum admittat, nisi à patre priore permissus vel vocatus; sed in suo quisque studiis, servato silentio, vacet.

Si frigeat, postquàm silenter & properi calefecerint, ad studia sua taciti revertantur, vel ad classes, si eundum fuerit, properent.

Omnes ejusdem saltem classis & ordinis gymnasia sibi à patre priore assignata simul adeant, simulque revertantur; lectionesque, libris aliisque necessariis instructi, sub pœna biduani jejunii in medio refectorii, assiduè frequentent; in iis diligenter attentèque docentem audiant. Scholam adituri lectionem prævidere, egressi auditam repetere numquàm negligant, dubiorumque quæ occurrent, rationem à suis magistris poscere ne verecundentur.

Peractis regulariter prandio & cœnâ, fiet copia honestæ & religiosæ recreationis in horto ad sesqui horæ spatium; quâ finitâ, ad campanulæ signum instituentur in refectorio à studiorum & morum præfecto repetitiones grammaticorum post prandium, & philosophorum post cœnam, duraturæ unius tantùm horæ spatio, quibus omnes interesse satagent, absentes verò absque licentia, negligentiæ suæ, secundùm præpositi arbitrium, emendatoriam subeant vindictam.

His repetitionibus completis, in cellas suas taciti divertant, studiorum pensô, usque ad classium aut examinis conscientiæ pulsum, alacriter incubituri.

Campanulæ signo quidvis facere admoniti ne cunctentur, sed expedite & cum tali agilitate sua munia peragant, ut studendi tempore nullus per hortum vel cubicula discursus. Fabulas, cantus, vociferationes, pulsus ac strepitus, omniaque quibus vicinorum confratrum studia turbare quovis modo possent, illicita arbitrentur.

Omnes grammatici & philosophi latinè loquantur semper, alioquin mulctentur graviùs, (nisi cùm factâ rusticandi copiâ ex urbe evolant aut urbem adeunt)

ut sic promptiùs componant & audentiùs argumententur.

Præter libros necessarios, habeant etiam aliquos spirituales ex consensu superioris & morum præfecti, quos saltem diebus Dominicis post prandium legant, de illorum lectione praxi & meditatione iisdem perscrutantibus rationem reddituri.

A prohibitis libris caveant, fugiantque pejùs cane & angue.

Singulis diebus Veneris sancti patris nostri Augustini regula in conventuali mensâ, alterius lectionis loco, legatur, eodemque die immediatè post sacrum vel collationem tractetur à patre priore de eadem regula vel de disciplina claustrali, per modum explicationis, in ecclesia vel refectorio; suosque confratres ea quæ sunt religiosæ vocationis ita doceat, ut religiosi probi evadant, & votorum suorum memores semper existant.

Quolibet die sabbati statim à prandio compareant grammatici omnes coràm patre priore, vel coràm eo quem ipse præfecerit, rationem de studiorum pensô reddituri.

Singulis diebus Dominicis & festis triplicibus statim post capitulum canonicum concio latina, vel vulgari idiomate, in ecclesia habeatur alternatim à theologis, ut hoc exercitio studii sui specimen aliquod edant, & ad animarum regimen idonei reddantur.

Semel in hebdomada, idque Dominicâ quoque, vel aliâ commodiori die, si Dominica fuerit festo solemniori impedita, fiant generales in refectorio disputationes, tam inter theologos quàm philosophos, & de utraque scientia pridiè positiones in refectorio columna præfigantur, earumque probationes saltem principales patri priori offerantur, agitandæ à theologis & philosophis, præfuturo die sequenti ab hora prima usque ad sesquiquintam vespertinam. Porrò philosophus quilibet, confecto cursu philosophico, statim assertiones ex tota philosophia ibidem propugnare compellatur.

Grammatici item omnes semel in mense lectiones vel compositiones suas de suggestu refectorii declament, quos pater prior aut studiorum præfectus ad pronuntiationem & gestus formandos instruet diligenter.

Omnes fratris titulo, quo cæteri regulæ Augustinianæ alumni non parum gloriantur, sint contenti.

Modestiam servent in omnibus; *In incessu,* (inquit regula nostra cap. 3.) *statu, habitu, & in omnibus motibus vestris nihil fiat*

fiat, quod cujusquam offendat aspectum, sed quod vestram deceat sanctitatem.

Vestes à vestibus ordinis vel ratione formæ vel coloris dissonas quàm primùm abjiciant ; *Nos sit* (inquit S. Augustinus cap. 3. suæ regulæ) *notabilis habitus vester, nec affectetis vestibus placere, sed moribus.* Caveantque quando student, laborant, recreationi indulgent, vel rus petunt, habitum religionis deponere ; ne excommunicationis latæ sententiam in cap. *ut periculoso,* incurrant.

Convitio ac maleficio apùd omnes semper abstineant. *A verbis durioribus* (docente regulâ nostrâ cap. 5.) *parcite, quæ si emissa fuerint ex ore vestro, non pigeat ex ipso ore proferre medicamentum, unde facta sunt vulnera.*

Nulli Gymnasii hujus septa egredi, nisi ad lectiones eundum fuerit, absque patris prioris venia, præsumant. Egressuri eidem patri priori se sistant, idemque mox regressi faciant. Et quemadmodum bini exire debent, sic bini & tempore præscripto redire compellantur ; neque ad alia, quàm quorum gratiâ dimissi sunt, negotia divertant ; nec cibi, nec potûs quidpiam attingant foris, nisi permissi, vel urgente necessitate. Ad plures verò dies egressuri obedientiam portent, vel commendatitias litteras.

Deambulationis ergò urbem egressuri ad pagos vel domos quascumque non divertant, sed in loco ab omnium frequentia & conspectu, si fieri potest, remoto, deambulationes & recreationes suas instituant.

Nullus in cubiculis vel musæis suis ludere, comedere aut extraneos quoscumque hospitari, nisi id per patrem priorem licuerit, præsumat. Id enim disciplinæ monasticæ repugnat.

Cubiculorum seu musæorum ostia, fenestræ, reliquaque, uti quisque invenerit, sarta tectaque conservet.

Communibus officinis, culinæ, promptuarii, cellæ vinariæ, atque aliis similibus sibi omnes interdictum sciant.

Quolibet denique die ad campanulæ pulsum qui dabitur præcise horâ nonâ vespertinâ, omnes & singuli post præviam orationem & aquæ lustralis aspersionem, conscientiam, cogitationes, verba, opera & omissiones per quadrantem horæ examinent : de erratis doleant, & de bonis Deo gratias agant, antequàm lecto decumbant.

Studiorum seu morum præfectus quotidiè, post examen conscientiæ, cubicula omnia & musæa visitet ac perlustret, ut si quid desit, statim patrem priorem moneat.

His verò & quibuscumque aliis salutaribus monitis ac legibus ad substantiam regularis disciplinæ & studiorum pensum spectantibus, amore magis quàm metu quivis obtemperet ; & delicti, si quod errore aut negligentiâ inciderit, reprehensionem seu pœnam ita accipiat, ut eâ ad munus suum obeundum & peragendum cautior vigilantiorque reddatur.

Acta, lecta, & publicata in sacello ejusdem collegii Præmonstratensis, religiosis omnibus præsentibus, feriâ quintâ in cœna Domini, quæ incidebat in diem XII. mensis Aprilis anni M. DC. XVIII. Quo quidem die communem vitæ rationem in eodem collegio introduximus & stabilivimus.

Reverendissimi domini Præmonstratensis approbatio.

Suprà scriptas regulas secretarii nostri manu sub chirographo nostro approbamus, & executioni præcipimus ab omnibus quorum intererit demandari. Datum Parisiis die XVII. mensis Martii anno M. DC. XXIII. *Signatum*, F. P. GOSSETIUS abbas Præmonstratensis & totius ordinis generalis, *& paulo infrà*. De mandato reverendissimi domini D. *Pramonstratensis.* F. DOMINICUS GERARDUS. *Et sigillatum. Ibidem, p. 1062. & seqq.*

Acte par lequel l'abbé de S. Maur des Fossez approuve l'établissement des Carmes à Paris, en la censive du prieuré de S. Eloy dépendant de l'abbaye de S. Maur.

AN. 1259.

UNIVERSIS præsentes litteras inspecturis ; frater Petrus humilis abbas monasterii Fossatensis, totusque conventus ejusdem loci, salutem in Domino. Notum facimus nos litteras religiosi viri Johannis prioris sancti Eligii Parisiensis vidisse & inspexisse in hæc verba : UNIVERSIS præsentes litteras inspecturis, J. humilis prior sancti Eligii Parisiensis, salutem in Domino. Noveritis quòd nos volumus & concedimus quòd fratres de ordine beatæ Mariæ de Monte-Carmeli habeant & possideant in perpetuum, pacificè & quietè, in manu mortua, quamdam domum sitam Parisius in terra nostra, in parrochia S. Pauli ; quam domum emerunt à Philippo Buketyn ; & quòd in ea ecclesiam ædificare, divina celebrare valeant, & infrà clausuram suam habere cimiterium & campanam. Recompensationem etiam quadraginta solidorum parif. annui redditûs, quam Ludovicus Dei gratiâ rex Francorum illustris fecit nobis & successoribus nostris pro admortizatione dictæ domûs, & recompensationem quatuor librarum annui redditûs, quamidem rex fecit presbytero sancti Pauli & ejus successoribus, pro adventu & remanentia dictorum fratrum in dicta parrochia, approbamus, & concedentes ordinationem quam reverendus pater R. Dei gratiâ Parisiensis episcopus fecit inter dictum presbyterum & ejus successores, & fratres supradictos. Et promittimus nos omnia supradicta & singula observare, & contrà de cætero non venire. In cujus rei memoriam & testimonium præsentes litteras sigillo nostro fecimus sigillari. Datum anno Domini M. CC. LIX. mense Februario. PRÆMISSA autem omnia & singula, velut præmissa sunt, ad petitionem dicti prioris & fratrum prædictorum volumus, laudamus pariter & approbamus. In cujus rei testimonium sigilla nostra præsentibus litteris duximus apponenda. Datum anno Domini M. CC. LIX. mense Februario.

Copié sur l'original en parchemin & scellé.

Acensement d'une piece de terre sise au lieu appellé la Folie-Morel, fait aux Carmes par Jean Flameng, & amorti par l'abbé de S. Maur des Fossez.

AN. 1270.

UNIVERSIS præsentes litteras inspecturis, frater Petrus humilis abbas monasterii Fossatensis, totusque ejusdem loci conventus, salutem in Domino. Notum facimus quòd nos religiosis viris priori & conventui ordinis beatæ Mariæ de Monte-Carmeli Parisi. & eorum monasterio quamdam peciam terræ sitam immediatè juxtà domum dictorum prioris & conventûs ad Foliam-Morelli, in censiva & dominio prioratûs S. Eligii Parisi. qui prioratus membrum est monasterii nostri Fossatensis; quam peciam terræ receperunt dicti religiosi à Johanne Flamingo cive Parisi. ad annuum redditum, sive ad incrementum censûs LV. solidorum parisi. tam nostro quàm dicti prioratûs S. Eligii Parisi. priore vacantis nomine admortificavimus, & concessimus ipsis illam in manu mortua in perpetuum tenere & possidere, absque aliqua coactione extrà manum suam ponendi, pro decem solidis parisi. annui redditûs dicto prioratui S. Eligii Parisi. & priori dicti loci qui pro tempore fuerit, à prædictis religiosis & eorum monasterio reddendis & solvendis annis singulis, terminis qui sequuntur: videlicèt in festo nativitatis beati Johannis Baptistæ quinque solidos, & in festo nativitatis Domini quinque solidos; ad partes ipsorum religiosorum & aliorum bonorum quàmplurimorum. Salvis & retentis dicto prioratui S. Eligii Parisi. ventis in prædictis LV. solidis parisi. annui redditûs seu incrementis censûs, quandocumque in toto vel in parte vendi illos contigerit, & aliis juribus quibuscumque, quæ ante admortificationem hujusmodi dicto prioratui in dictis LV. solidis parisi. annui redditûs seu incrementi censûs competebant. Hoc adjecto in admortificatione & concessione prædictis, quòd dicti religiosi & eorum successores dicto prioratui S. Eligii, & priori qui pro tempore fuerit, sex denarios parisi. nomine pœnæ solvere tenebuntur, pro quolibet die per quem contigerit ipsos deficere quotienscumque in solutione dictorum decem solidorum parisi. annui redditûs, seu solutionem eorumdem ultrà dictos terminos differre, seu prorogare. Necnon & quòd tenens dictum prioratum S. Eligii Parisi. sive prior qui pro tempore fuerit, liberè se poterunt assignare ad dictam domum dictorum religiosorum, ad dictam peciam terræ, pro redditu & pœna prædictis, si contigerit ipsos priorem & conventum deficere in solutione dicti redditûs terminis supradictis; quousque de dictis redditu & pœna dicto prioratui & priori qui pro tempore fuerit, ad plenum fuerit satisfactum. Et promittimus bonâ fide, tam nostro quàm dicti prioratûs nomine, quòd contrà præmissa vel aliquod præmissorum, jure aliquo vel causâ, per nos vel per alios, non veniemus in futurum. In cujus rei testimonium sigilla nostra præsentibus litteris duximus apponenda. Datum anno Domini M. CC. LXX. mense Maii.

Copié sur l'original en parchemin & scellé.

Don d'une partie de la rente de la même piece de terre, fait aux Carmes par les heritiers de Jean Flameng.

AN. 1275.

UNIVERSIS præsentes litteras inspecturis, officialis curiæ Parisiensis salutem in Domino. Notum facimus quòd in nostra præsentia constitutus Odo dictus Pizdoë juvenis, & coràm Roberto de Turre & Johanne Clerico Parisi. senioribus clericis nostris juratis, ad hæc à nobis specialiter destinatis, quibus quantum ad hæc fidem adhibemus, constituta Agnes uxor dicti Odonis, ita gravida quòd coràm nobis personaliter accedere commodè non poterat, asseruerunt, videlicèt dictus Odo coràm nobis, & dicta Agnes coràm

AN. 1305.

coràm dictis clericis nostris, quòd ipsi habebant & percipiebant annuatim de hæreditate ipsius Agnetis, per divisionem factam inter ipsam & cohæredes ipsius, quatuor terminis Parisius consuetis, LV. solidos paris. incrementi censûs, super duabus peciis terræ arabilis, quæ fuerunt Johannis Flamingi quondàm civis Parisiensis, Parisius propè Foliam-Morelli; de quibus LV. solidis paris. incrementi censûs præfatus Odo coràm nobis, & dicta Agnes coràm dictis clericis nostris, ex certa scientia proprioque motu dederunt, contulerunt & concesserunt religiosis viris priori & fratribus ordinis beatæ Mariæ de Carmelo Paris. in puram & perpetuam eleemosynam, donatione facta pure & simpliciter inter vivos irrevocabiliter, undecim solidos paris. Cedentes & transferentes ex nunc in posterum in ipsos religiosos omne jus, proprietatem, possessionem & omnes actiones reales & personales, utiles & directas, quæ sibi competebant & competere poterant ratione quâcumque in dictis undecim solidis paris. censualibus; nihil juris sibi & hæredibus suis in eisdem retinentes. Et promiserunt, videlicèt dictus Odo fide datâ in manu nostra, & dicta Agnes fide datâ in manibus nostrorum clericorum prædictorum, spontanei non coacti, quòd contrà hujusmodi donationem & concessionem, seu contrà præmissa vel aliquod de præmissis, jure hæreditario, ratione caduci successi......... vel alio jure communi vel speciali, per se vel per alium, non venient in futurum; & quòd dictam donationem de cætero nullatenùs revocabunt, seu facient revocari; prout hæc omnia prædicti clerici nostri nobis retulerunt oraculo vivæ vocis. Ad quorum clericorum relationem sigillum curiæ Parisiensis præsentibus litteris duximus apponendum. Datum anno Domini M. CC. LXXVI. mense Mayo.

Copié sur l'original en parchemin, & scellé du sceau de l'officialité de Paris.

Charte de fondation du nouveau monastere des Carmes proche la place Maubert, par le roy Philippes le Bel.

An. 1309.

IN nomine sanctæ & individuæ Trinitatis, amen. Philippus Dei gratiâ Francorum rex; attendentes innumera humanæ fragilitatis incommoda, variaque corruptionis & infirmitatis dispendia, quibus subjicitur omnis creatura mortalis, & rursùs tam ponderosum tamque importabile onus regendarum nobis subjectarum plebium, nostris affixum humeris; infrà nostri claustra pectoris admirantes divinam laudamus omnipotentiam, quæ suâ ineffabili sapientiâ vincens malitiam, attingit à fine usque ad finem fortiter, & suaviter universa disponens, prædecessores nostros, regnum nostrum, & nos suæ benignitatis immensæ clementiâ in augmento prosperitatis continuè stabilivit, firmam spem fiduciamque tenentes, quòd ob eximiæ devotionis abundantiam, quam ad sacrosanctas Dei ecclesias & ministros earum, & præcipuè religiosas & miserabiles personas, prædecessores ipsi jugiter habuisse noscuntur, donaque prægrandia & largas eleemosynas quæ & quibus ecclesiis ipsis atque personis tam liberaliter tamque magnificè sunt largiti, hoc præclarum & singulare donum eis desuper à patre luminum à quo omne datum optimum & omne donum perfectum descendit, dictarum personarum devotis orationibus & meritis suffragantibus sit collatum. Sanè fide dignorum relatione nobis innotuit, quòd cùm religiosi viri fratres beatæ Virginis Mariæ de Carmelo extrà portam Beguinarum Parisius super ripam Sequanæ pauperrimam habeant mansionem; insuper annis pluribus jam elapsis hyemali tempore à supervenientibus immensis aquarum inundationibus adeò fuerunt oppressi, quòd in cœnaculis & solariis habitantes, vix poterant ad terram descendere, vel absque navis adjutorio pro necessitatibus seu negotiis quibuslibet domum exire, & frequenter ipsorum domunculæ non valentes aquarum sustinere injurias & impulsus, in præcipitium & ruinam versæ sunt; alia quoque perplura per hoc damna passi sunt & jacturas atque pericula, & futuris annis formidant verisimiliter majora vel similia se passuros; inter hæc etiam magis condolent quòd à scholis & studiis, ubi solet acquiri scientiæ margarita, fratres ipsi qui priscis temporibus in ordine suo in quibuscumque facultatibus, & maximè in theologia, consueverunt habere & habent magistros, virosque famosos & litteratissimos, adeò sunt remoti, quòd eas omninò, vel saltem absque labore nimio frequentare non possunt. His igitur & suavis famæ redolentiâ, quâ in ciborum austeritate, vestium asperitate, corporum castitate, obedientiæ humilitate, divinæ laudis assiduitate, cæterarumque virtutum florere prædicantur exercitio, diligenter attentis, moti fuimus ad compassionis affectum; quapropter ad ipsos, eorumque ordinem, regiæ pietatis dirigentes oculos, nostro-

Tome II. Ee

218 PREUVES ET PIECES

rumque progenitorum vestigia, quantùm cum Deo possumus, imitantes, domum vocatam ad Leonem, quæ quondam fuit defuncti Petri de Brochia, sitam in vico sanctæ Genovefæ Parisiensi, quæ ad nos ex legitima causa devenit, prout se comportat in longum & latum, cum omnibus suis pertinentiis, eisdem fratribus & eorum ordini, pro ædificando & construendo ibidem, suffragantibus Christi fidelium charitativis subsidiis, ordinis sui novo cœnobio, ad divini cultum numinis, ob nostræ progenitorumque nostrorum prædictorum, ac recolendæ memoriæ Joannæ Franciæ & Navarræ consortis nostræ quondam charissimæ animarum remedium, in puram eleemosynam, de nostra regali munificentia, perpetuâ donatione largimur; ut ubi fuerat domus comessationis & solatii, domus orationis existat, in qua nomen invocetur Altissimi, & in ara salutifera, pro totius salute populi & expiatione peccaminum, summæ Trinitati salutares offerantur hostiæ, Patrique Filius immoletur, sintque fratres ipsi vicini scholis & studiis, in quibus potum valeant haurire sapientiæ, quem ad salutare Christi fidelium documentum, officio prædicationis, operumque bonorum exemplo, Christo cooperante & sermonem confirmante virtutis divinæ signis sequentibus, ubique terrarum credentibus populis accepto in tempore disseminent & effundant. Volumus itaque, & tenore præsentium concedimus, quòd fratres prædicti domum ipsam cum suis pertinentiis habeant, teneant, & perpetuò possideant, absque coactione vendendi, vel extrà manum suam ponendi, seu præstandi propter hoc nobis vel quibuscumque successoribus, financiam qualemcumque; alieno tamen in habenda jure salvo; nihilque inibi penitùs, nisi superioritatem nostram, gardiam & ressortum justitiæ, pro nobis vel nostris successoribus retinemus. Et ut præsens nostra donatio stabilitatem perpetuam, omnique carentem inquierudine, sortiatur, præsentem paginam sigilli nostri appensione, ac recolendæ memoriæ Joannæ regiique charactere nominis in fine annotato fecimus communiri. Actum & datum Parisius, anno incarnati Verbi M. CCC. IX. regni verò nostri XXV. mense Aprili, astantibus in palatio nostro quorum nomina supposita sunt & signa, dapifero nullo. *Signé*, PHILIPPUS.

Signum, Guidonis buticularii.
S. Ludovici camerarii.
S. Gualterii constabularii.
Data vacante cancellariâ.

Collationné à l'original, qui est dans les archives de ladite maison, par Gendron sergent à verge au chastelet de Paris, en vertu de certaines lettres en forme de compulsoire, obtenues en chancellerie le 7 Novembre 1654.

Pris sur une copie imprimée dans un factum pour les Carmes de la place Maubert.

Seconde charte de fondation du monastere des Carmes de la place Maubert, par le roy Philippes le Long.

PHILIPPUS Dei gratiâ Francorum & Navarræ rex. Notum facimus universis præsentibus & futuris, quòd nos progenitorum nostrorum, qui ob eximiæ devotionis abundantiam, quam ad sacrosanctas Dei ecclesias & ministros earum prædecessores ipsi jugiter habuisse noscuntur, dona prægrandia & largas eleemosynas ecclesiis ipsis atque personis tam liberaliter tamque magnificè sunt largiti, vestigiis inhærentes; religiosis viris fratribus ordinis beatæ Mariæ de Carmelo, qui extrà portam Beguinarum Parisius suprà rippariam Secanæ mansionem habere noscuntur pauperrimam, qui etiam annis pluribus jam elapsis hyemali tempore à supervenientibus immensis aquarum inundationibus adeò fuerunt oppressi, quòd in cœnaculis & solariis habitantes vix ad terram poterant venire seu descendere, vel absque navis adjutorio pro necessitatibus & negotiis quibuslibet domum exire; domum nostram, quæ fuit dilecti magistri Guidonis de Livriaco, aliàs dicti Cointet, clerici nostri, & quam ab eodem comparavimus, sitam in magno vico sanctæ Genovefæ ultrà crucem Haymonis, inter domum magistri Quintini Faitment ex parte una, & domum Petri Lotharingi tissoris pannorum, ex altera; habentemque introitum in vico magno prædicto & exitum super vicum S. Hylarii, prout domus ipsa altè & bassè in longum & in latum se protendit, ob nostræ, charissimæque consortis nostræ Joannæ Franciæ & Navarræ reginæ, & progenitorum nostrorum animarum remedium, in puram & perpetuam cleemosynam, de nostra regali munificentia, perpetuâ donatione largimur; ut fratres ipsi sint vicini studiis & scolis in quibus potum sapientiæ haurire valeant, quem ad salutare fidelium documentum, officio prædicationis, operumque bonorum exemplo, accepto in tempore disseminent, & effundant credentibus populis ubique terrarum. Volumus itaque quòd fratres ipsi & eorum successores domum prædictam cum suis pertinentiis omnibus habeant, teneant

An. 1317.

An. 1318.

neant & perpetuò possideant, sine coactione vendendi, aut extrà manum suam ponendi, vel præstandi nobis seu successoribus nostris quibuscumque propter hoc financiam qualemcumque. Nos enim inibi nichil penitùs, nisi superioritatem nostram, gardiam & resortum pro nobis nostrisque successoribus retinemus. Quod ut firmum & stabile permaneat in futurum, præsentibus litteris nostrum fecimus apponi sigillum ; salvo tamen in præmissis jure quolibet alieno. Actum apud Montem-Argi anno Domini M. CCC. XVII. mense Novembri. *Sur le reply est escript:* Per dominum regem, J. DE TEMPLO.

Copié sur l'original en parchemin, & scellé.

Bulle du pape JEAN XXII.

Par laquelle il permet aux Carmes leur translation à la rue sainte Geneviéve, près de la place Maubert.

JOANNES episcopus servus servorum Dei ; dilectis filiis priori & fratribus domûs ordinis beatæ Mariæ de Monte Carmeli Parisiensis, salutem & apostolicam benedictionem. Inter cæteros ordines in agro plantatos ecclesiæ ordinem vestrum gerentes in visceribus caritatis, ad ea vigilanter intendimus & benignam operam impertimur, per quæ dictus ordo prosperis successibus affluat, & votivis proficiat incrementis. Sanè petitio vestra nobis exhibita continebat, quòd locus quem habetis in civitate Par. est adeò ab eo loco, ubi communiter in dicta civitate viget studium generale, remotus, quòd propter hujusmodi distantiam, subtractâ vobis aliorum participatione studentium, contingit etiam propter hoc à profectu discendi fratres vestri ordinis morantes inibi retardari ; & quòd carissimus in Christo filius noster Philippus rex Franciæ & Navarræ illustris gerens ad dictum ordinem devotionis affectu, de certo loco prædicto studio magis vicino vobis regiâ liberalitate providit. Sed quia locum ipsum de novo recipere, seu hactenùs receptum mutare, vel eum venditionis, permutationis, donationis aut cujusvis alienationis titulo transferre in alium non potestis, constitutione fœlicis recordationis Bonifacii papæ VIII. prædecessoris nostri specialiter prohibente, absque sedis apostolicæ licentia speciali ; nobis humiliter supplicastis, ut providere vobis super hoc de oportuno remedio dignaremur. Nos itaque vestris in hac parte supplicationibus inclinati, vobis recipiendi locum prædictum, piâ vobis ejusdem regis liberalitate collatum, & ad illum vos liberè transferendi, ibique ecclesiam seu oratorium, domos & officinas necessarias, juxtà morem dicti ordinis, construendi, & morandi in illis, prædicta & quâlibet aliâ constitutione contrariâ non obstante, plenam & specialem auctoritate apostolicâ licentiam impertimur. Quòd si forte locus ipse ad quem proponitis vos transferre, & quem etiam processu temporis pro ipsius ampliatione & commodo justo titulo duxeritis acquirendum, alicui sæculari ecclesiæ, vel regulari, aut monasterio cujuscumque ordinis fuerit censualis, vel alio quovis modo subjectus, locum hujusmodi ab omni dominio & servitute, quibus degentes in eo eidem ecclesiæ vel monasterio tenerentur, debitâ & justâ recompensatione pro censu hujusmodi ad arbitrium venerabilis fratris nostri episcopi Parisiensis, quem super hoc authoritate præsentium volumus arbitrari, à vobis prædictæ ecclesiæ vel monasterio assignatâ, authoritate apostolicâ eximimus de gratia speciali. Vobis insuper concedimus, ut postquàm ad alium locum vos, ut præmittitur, duxeritis transferendos, prædictum locum in quo nunc estis vendere & alienare de nostra speciali licentia valeatis, constitutione prædecessoris ejusdem, & quâlibet aliâ in contrarium editâ, non obstante. Nulli ergo omninò hominum liceat hanc paginam nostræ concessionis, voluntatis & exemptionis infringere, vel ei ausu temerario contraire. Si quis autem hoc attemptare præsumpserit, indignationem omnipotentis Dei, & beatorum Petri & Pauli apostolorum ejus se noverit incursurum. Datum Avinione VI. Kal. Maii, pontificatûs nostri anno II. *Copié sur l'original.*

Autre bulle du pape JEAN XXII.

En faveur des Carmes.

JOHANNES episcopus servus servorum Dei ; dilectis filiis priori & fratribus domûs ordinis beatæ Mariæ de Monte-Carmeli Paris. salutem & apostolicam benedictionem. Provenit ex virtutum vestrarum meritis, per quæ divinis jugiter vacatis obsequiis, ut vos & ordinem vestrum paternis affectibus prosequentes, ad illa liberaliter intendamus, quæ votis vestris sunt consona, & ejusdem ordinis prospiciunt incrementa. Cùm itaque nuper ad vestræ supplicationis instantiam, quòd in loco vestro de quo vobis carissimus in Christo filius noster Philippus rex Franciæ & Navarræ illustris in civitate

Parisiensi regiâ liberalitate providit, nosque postmodùm vobis illum apostolicâ auctoritate concessimus, cimiterium & liberam sepulturam habere licitè valeretis, per alias nostras certi tenoris litteras gratiosè vobis duxerimus concedendum; si venerabilis frater noster episcopus Parisiensis, ad quem ordinario jure benedictio dicti cimiterii spectare dinoscitur, à vobis super hoc humiliter requisitus, cimiterium ipsum per se vel alium benedicere fortasse noluerit, sive nequiverit, vos illud per alium quem malueritis antistitem, gratiam & communionem apostolicæ sedis habentem, possitis auctoritate nostrâ facere benedici, quâcumque constitutione contrariâ non obstante, auctoritate vobis præsentium indulgemus. Nulli ergo omninò hominum liceat hanc paginam nostræ concessionis infringere, vel ei ausu temerario contraire. Si quis autem hoc attemptare præsumpserit, indignationem omnipotentis Dei & beatorum Petri & Pauli apostolorum ejus se noverit incursurum. Datum Avinione xiv. Kal. Januarii, pontificatûs nostri anno III. *Copié sur l'original.*

Acte au sujet de la vente que les Carmes firent de leur premiere maison.

An. 1319.

UNIVERSIS præsentes litteras inspecturis; officialis curiæ Parisiensis, salutem in Domino. Noveritis quòd corâm nobis personaliter constitutus Jacobus Marcelli, civis Parisiensis, asseruit & confessus est, quòd sibi nuper à priore & fratribus Carmelitis Paris. perpetuò venditâ & concessâ domo fratrum ipsorum sitâ Parisius suprà ripariam Sequanæ, fuit ipse ipsum Jacobum, dictosque priorem & fratres in contractu dictæ venditionis actum expressè, pactoque speciali concordatum, quòd dicti prior & fratres quotiens & quandocumque vellent (hinc tamen ad festum nativitatis beati Joannis-Baptistæ quod erit anno Domini M. CCC. XX.) possent & poterunt ab ipsa domo suisque pertinentiis levare & habere, ac quocumque sibi placuerit duci facere & deferri lapides omnes tailliatos, & non tailliatos, omnes tumbas & corpora seu cadavera defunctorum, columnas & fundamenta quæ pro nova ecclesia fuerant & sunt incœpta, illa etiam vetera fundamenta quæ retrò dictæ domûs refectorium existunt; item moncellum unum sive tassum *de mortier*, qui in ejusdem domûs magno jardino consistit, necnon totum merrenum quod extra fabricam est vel opus, cum muris illius dictæ novæ ecclesiæ qui versùs Sequanam existunt. Eâ tamen conditione quòd in loco murorum ipsorum, dicti prior & fratres eorum sumptibus fieri facere & construi teneantur æqualem & consimilem clausuram, ut sunt muri qui jardinum circumdant. Item quòd dictus civis medietatem fructuum jardini prædicti & viridis succi, jardinarius verò medietatem aliam (prout sibi dicti prior atque fratres convenerant) perciperent & haberent hoc anno. Quòd si dicti prior & fratres infrà dictum terminum locum prædictum non evacuaverint de præmissis, in eis ulteriùs vendicare sibi jus non poterunt nec debebunt. In cujus rei testimonium sigillum Parisiensis curiæ præsentibus duximus apponendum. Datum anno Domini M. CCC. XIX. die Jovis post festum Ascensionis ejusdem. Sic signatum P. CHAMPION. *Cum præfato sigillo appenso.*
Dubreul, Antiquitez 1612. *p.* 569.

Benediction du nouveau monastere des Carmes.

UNIVERSIS præsentes litteras inspecturis, prior & conventus fratrum ordinis beatæ Mariæ de Carmelo Paris. salutem in Domino. Notum facimus quòd cùm reverendus in Christo pater & dominus G. Dei gratiâ Sagonensis episcopus, virtute commissionis infrascriptæ à reverendo patre domino Parisiensi episcopo sibi factæ, juxtà privilegii apostolici infrascripti tenorem, ad locum nostrum Parisius inter vicos sancti Hylarii & sanctæ Genovefæ situatum, quem ad præsens inhabitamus, accessisset anno Domini M. CCC. XVIII. die Martis post ramos palmarum, & ex parte nostra cum reverentia quâ decuit instantissimè requisitus fuisset, quatinùs ad benedicendum locum ipsum quem de novo inhabitamus, auctoritate sibi in hac parte commissâ procederet indilatè; idem reverendus pater hujusmodi requisitione auditâ, tam litteras apostolicas, quàm etiam commissionis sibi factæ infrascriptas corâm notario & testibus subscriptis legi fecit, & ipsis lectis in continenti protestatus est, quòd per ea quæ diceret aut faceret, seu dicere aut facere intendebat tunc & ibidem ipsâ die, circà officium benedictionis & consecrationis dicti loci, nulli intendebat aut intendit præjudicium seu quidcumque facere, quod personæ vel ecclesiæ alicui verti posset ex tunc in futurum in præjudicium quoquo modo, quantùm in ipso

An. 1318.

est aut erat, sed dumtaxat in iis officio sibi commisso procedere, juxtà gratiam à sede apostolica nobis fratribus dicti loci concessam, & dictam commissionem sibi factam ; petens à nobis & requirens in omnem eventum, pro calumpniis quibuslibet evitandis, & ut si quam indignationem vel molestiam ex parte abbatis aut conventûs sanctae Genovefae Parisius seu alterius cujuscumque personae, eumdem dominum Sagonensem episcopum, quod absit, incurrere contigerit ratione dicti officii sibi commissi exercendi seu faciendi in ipso loco nostro praedicto, nos prior & conventus praedicti caveremus pro eodem, ipsumque defenderemus, & indemnem penitùs conservaremus, seu conservari faceremus ergà omnes, nostris sumptibus & expensis. Quâ requisitione per ipsum reverendum patrem sic factâ, nos prior & conventus de Carmelo supradicti in continenti, pro nobis & successoribus nostris in dicto loco nostro, promisimus ac promittimus bonâ fide ex nunc in perpetuum dictum dominum reverendum patrem dominum G. Sagonensem episcopum, super omnibus per eumdem in praemissis & circà praemissa executis ipsâ die benedictionis & consecrationis dicti loci nostri dictis & actis, defendere & indempnem servare, ergà omnes personas ecclesiasticas & saeculares, cujuscumque conditionis existant, nunc & in futurum, apud quaecumque loca, tam in Romana curia, quàm in aliis curiis, & locis publicis & privatis, dum tamen sufficienter super hoc requisiti, nostris propriis sumptibus & expensis; & super dampnis, laboribus & expensis, si quae, quos & quas eumdem reverendum patrem, occasione praemissorum seu alicujus eorumdem, incurrere contigerit, eidem satisfacere, juxtà ejusdem domini reverendi patris taxationem, absque quacumque alia petitione ab eodem exigenda. Et ut haec omnia & singula roboris perpetuam obtineant firmitatem, ea per infrà scriptum notarium, ad requisitionem ejusdem reverendi patris, scribi & signari mandavimus, & sigillis nostris communiri. Datum & actum anno & die supradictis Parisius in loco nostro memorato. Tenor autem privilegii apostolici supradicti de verbo ad verbum talis est : JOANNES episcopus servus servorum Dei, &c.

Tenor autem commissionis talis est : REVERENDO in Christo patri ac domino domino G. Dei gratiâ Sagonensi episcopo, Guillelmus permissione ejusdem Parisiensis episcopus, salutem & sinceram in Domino dilectionem. Benedicendi loca & cimiteria quae benedictione indigent, cùm super hoc fueritis requisiti, legitimè in nostris civitate & diocesi Parisi. privilegiis à sede apostolicâ concessis, si quae sint, in omnibus observatis, vobis, quantùm in nobis est, & nos tangere potest, tenore praesentium concedimus facultatem ; salvo jure nostro in omnibus, & quolibet alieno ; praesentibus post instans festum beati Johannis-Baptistae minimè valituris. In cujus rei testimonium sigillum nostrum duximus praesentibus litteris apponendum. Datum anno Domini M. CCC. XVIII. die sabbati ante festum Annuntiationis beatae Mariae Virginis.

Ego Radulphus Benedicti clericus Bathoniensis diocesis, publicus apostolicâ & imperiali auctoritate, ac universitatis Parisiensis notarius, qui praemissis requisitioni, protestationi, permissioni, caeterisque suprà scriptis, dictâ die & loco sic actis & dictis, unà cùm reverendis doctoribus magistris Guillelmo de Narbona Parisiensis, Reynero Alamanno Trecensis ecclesiarum canonicis, fratre Reginaldo de sancto Avito ordinis praedicti, Amblardo Sereins, Godefrido de Monstreolo, Guillelmo Marpandi, notariis publicis, Thierrico de Cardono, clericis, & aliis pluribus, praesens interfui, praesentes litteras de voluntate & mandato dictorum prioris & conventûs, ad requisitionem praefati reverendi patris, scripsi, & signo meo consueto signavi, unà cum sigillis dictorum prioris & conventûs, in praemissorum testimonium iis appensis, sub anno & die supradictis, indictione II. pontificatûs domini Johannis papae XXII. anno III. *Signé* R. *avec paraphe & scellé.*

Copié sur l'original en parchemin.

Bulle du pape CLEMENT VI.
Pour les mêmes religieux.

AN. 1342.

CLEMENS episcopus servus servorum Dei, dilectis filiis cancellario ecclesiae ac universis magistris theologicae facultatis studii Parisiensis, salutem & apostolicam benedictionem. Ad ordinem beatae Mariae de Monte Carmeli gerentes paternae dilectionis affectum, personas ipsius benigno favore prosequimur, & quae ad status & honoris ipsorum augmentum cedere valeant, liberaliter impertimur. Sanè dilectorum filiorum prioris generalis & fratrum dicti ordinis petitio nuper nobis exhibita continebat, quòd in univerſitate dicti ſtudii Pariſienſis præſentati per quemcumque aliorum ordinum mendicantium ad legendum Sententias Pariſius, liberè admittuntur ad actum & gradum hujuſmodi ſinè requiſitione moræ Pariſius, vel temporis ſeu curſûs, aut Bibliæ lectura. Quare præfati prior & fratres nobis humiliter ſupplicarunt, ut ipſos prædictis aliis ordinibus mendicantium in hac parte parificare de benignitate apoſtolica dignaremur. Nos itaque hujuſmodi ſupplicationibus inclinati, diſcretioni veſtræ per apoſtolica ſcripta mandamus, quatenùs, ſi dicti prior & fratres lectorem Bibliæ Pariſius habeant, ſicut habent religioſi alii mendicantes, præſentatos ad lecturam Sententiarum hujuſmodi de ordine Carmelitarum prædicto per dictum priorem generalem, illis modo & formâ ac ordine ad hujuſmodi Sententiarum lecturam ſinè requiſitione cujuſcumque moræ vel temporis Pariſius, vel curſûs ſeu lecturæ Bibliæ admittatis, quibus præſentatos aliorum ordinum mendicantium prædictorum ad ſimilem actum & gradum conſueverunt recipere ; & quacumque ordinatione per nos in contrarium editâ, etiam juramento vallatâ, aliquatenùs non obſtante. Datum apud Villam-novam Avinionenſis diœceſis x. Kal. Septembris, pontificatûs noſtri anno 1.

Copié ſur l'original.

Autre bulle du pape CLEMENT VI.

En faveur des Carmes.

An. 1350.

CLEMENS epiſcopus ſervus ſervorum Dei ; dilectis filiis priori generali & fratribus ordinis beatæ Mariæ de Monte-Carmeli, ſalutem & apoſtolicam benedictionem. Dignum reputamus & congruum, ut veſtri ordinis profeſſores, cùm per laudabilis ſcientiæ ſtudium in theologica facultate bravium aſſecuntur, ad obtinendum in ea magiſtratûs inſignia inſolita dilatio non retardet. Sanè petitionis veſtræ ſeries nuper pro parte veſtra nobis exhibita continebat, quòd cum religioſi aliorum ordinum mendicantium in ſtudio Pariſienſi bacallarii formati in facultate prædicta, per perſonas eorumdem ordinum ad hoc deputatas cancellario eccleſiæ Pariſienſis qui eſt pro tempore, pro obtinendo in ea magiſterio præſentantur, idem cancellarius poſt hujuſmodi præſentationem, acceptat, & in expeditionibus ordinariis ſeu rigoroſis licentiat eos abſque requiſitione moræ temporis cujuſcumque. Quare pro parte veſtra fuit nobis humiliter ſupplicatum, ut ne à bacallariis in dicto ſtudio in eadem facultate formatis veſtri ordinis profeſſoribus, cùm eos per perſonas dicti veſtri ordinis ad hoc deputatas eidem cancellario, pro hujuſmodi obtinendo magiſterio, præſentari contingat, in acceptando ipſos ac dictam eis licentiam tribuendo mora temporis alia quàm eiſdem bacallariis prædictorum aliorum ordinum minimè requiratur, providere vobis de benignitate apoſtolica dignaremur. Nos itaque veſtris in hac parte ſupplicationibus inclinati, ut in præmiſſis circa prædictos bacallarios ejuſdem veſtri ordinis qui ſunt & erunt pro tempore, illud per omnia obſervetur, quod in bacallariis prædictorum aliorum ordinum mendicantium obſervatur, quibuſcumque ſtatutis & conſuetudinibus dicti ſtudii juramento, confirmatione apoſtolicâ vel quâcumque firmitate aliâ vallatis non obſtantibus, vobis & ordini veſtro concedimus auctoritate apoſtolicâ, tenore præſentium, de gratia ſpeciali. Nulli ergo omninò hominum liceat hanc paginam noſtræ conceſſionis infringere, vel ei auſu temerario contraire. Si quis autem hoc attemptare præſumpſerit, indignationem omnipotentis Dei & beatorum Petri & Pauli apoſtolorum ejus ſe noverit incurſurum. Datum Avinione VI. nonas Julii, pontificatûs noſtri anno VIII. *Copié ſur l'original.*

Lettres de la reine JEANNE de Navarre :

Qui donne ſes joyaux pour baſtir l'égliſe des Carmes.

An. 1348.

JEHANNE par la grace de Dieu royne de France & de Navarre ; à tous ceux qui ces préſentes lettres verront, ſalut. Comme par noſtre teſtament fait ou mois de May en ceſt an préſent, nous en l'honneur de la benoiſte vierge Marie mere de noſtre douz Sauveur, pour le remede & ſalut de l'ame de noſtre tres-chier ſeigneur, que Dieu abſoille, & de nous, euſſiens laiſſé & donné à l'œuvre du mouſtier de Noſtre-Dame du couvent des Carmeliſtes de Paris les joyaux ci-aprés eſcripts & deviſiez ; c'eſt aſſavoir noſtre couronne à cinc grans florons & à cinc petiz, ou cors de chacun grant floron a une groſſe eſmeraude, & quatre balais entour, & quatre dyamans ; & au deſſus ou floron a quatre balais, & cinc eſmeraudes, & huit perles, & deux dyamans ou pié dud. floron ; & en chacun des petiz

tiz florons a entour deux grans balais, & quatre efmeraudes, & douze perles en crois; & deffus à deux balais, & quatre efmeraudes, & trois perles deffus en haut. Et y a fur le tout foixante balais, foixante-dix efmeraudes, que grans que petites; trente dyamans, & cent & quinze perles. Et poife lad. couronne fur le tout, or & pierrerie, cinc mars quinze eftell. *Item*, noftre fleur de liz d'or que nous eufmes à noz noces & à noftre couronnement, où il y a feize balais, quatorze efmeraudes, & vint & cinc perles. *Item*, noftre ceinture, en laquelle nous fufmes facrée, toute de balais & efmeraudes, & à perles. *Item*, nos treffons d'orfaverie, qui font de rubiz d'alixandre, d'efmeraudes, & de perles, chafcun par foy. Lefquiex joyaux nous avons ordené par noftredit teftament eftre vendus le plus briefment & proufitablement que l'en pourra, par lefdiz religieux & par certaines perfonnes, une ou plufieurs, que nous ordeneriens à ce de par nous eftre avec eulx, ou qui y feroient ordenez par nos executeurs, fe nous trefpaffiens avant qu'il fuffent vendus; pour convertir les deniers que ilz feroient venduz, entierement efdiz ouvrages; & avec ce leur ayons leffié par icelui noftre teftament, & pour lad. caufe, quinze cens florins d'or à l'efcu. Sachent tuit que nous defiranz l'avancement des chofes deffus dites, avons fait bailler comptant lefd. quinze cenz efcuz d'or au prieur & couvent defd. Carmeliftes. Et auffi leur avons donné & donnons, par don fait entre vifs & non revocable, lefdictes couronne, fleur de liz, ceinture & treffons, lefquelx nous leur avons fait bailler prefentement; & tranfportons efdiz religieux, à la caufe deffufdicte, tout le droit & action que nous y avienz & povienz avoir, comment que ce fuft, par la maniere & condition qui s'enfuivent. C'eft affavoir que lefd. joyaux feront mis en feur & certain lieu en lad. églife, en un coffre dont iceulx religieux auront une clef, & nous, ou perfonne qui à ce foit eftablie de par nous, ou nos executeurs, une autre, jufques à tant que lefd. joyaux puiffent profitablement eftre vendus; & que tant lefd. quinze cens efcuz, que aprefent leur avons fait bailler, comme les deniers qui feront euz & receuz de la vendue defd. joyaux foient mis oudit coffre, pour convertir entierement efdiz ouvrages. Defquiex deniers aucune delivrance ne payement ne foit faite fans la perfonne que nous ou nos executeurs ordenerons à ce; & que icelle perfonne foit préfente à faire touz les marchiez & payemens defd. ouvrages. Et fe ainfi eftoit que iceux ouvrages parfaits, il y euft aucun demourant de deniers, nous voulons que led. demourant foit converti és ordenances neceffaires & convenables qui feroient à faire dedens l'eglife, felon ce que meilleur femblera à nous, ou à nos executeurs, fe fait n'eftoit avant noftre trefpaffement. En tefmoin de ce nous avons fait fceller ces lettres de noftre grant fcel. Donné à Becoifel, le Dimanche devant la faint Jean-Baptifte, l'an de grace M. CCC. XLIX. *Copié fur l'original en parchemin, fcellé fur double queue de parchemin.*

Dedicace de l'églife des Carmes.

JEHANNE par la grace de Dieu royne de France & de Navarre. Savoir faifons à tous préfens & advenir, que en l'an de grace M. CCC. LIII. le Dimanche XVI. jour du mois de Mars, que l'eglife des freres de Noftre-Dame du Carme du couvent de Paris fut dediée, à noftre requefte & priére, par reverent pere en Dieu noftre cher coufin monf. Guy de Bouloigne, par la permiffion de Dieu evefque cardinal; en préfence de nous, de nos tres cheres & tres amées niéces la royne Blanche de France, la royne de France, & la royne de Navarre; pour la devotion que nous avons à ladicte eglife, qui ou nom de la glorieufe Vierge Marie eft fondée, donnafmes & offrifmes aud. lieu un ymaige d'argent de Noftre-Dame, tenant fon enffant, à un entrepié des armes de France & des noftres; lequel ymaige de Noftre-Dame tient en l'une de fes mains un petit vaiffel de criftal, en maniere d'un pot, à une fleur de liz deffus; ouquel vaiffel a du lait de lad. Vierge glorieufe. Et li enffens dud. ymaige tient un autre vaiffelet de criftal, en maniere de pomme, a une cirifete deffuz; ouquel vaiffelet a des cheveux du precieux chief Noftre Seigneur Jefus-Chrift. Et ainfin le tenons nous & creons piteufement par la teneur de ces lettres; lefquelles en tefmoin de ces chofes, nous avons fait fceller de noftre grant fcel; qui furent faites & données à Paris ou mois de Novembre l'an de grace M. CCC. LXI. *fur le reply eft efcript* Par madame la royne, & leuë en fa préfence; *& au deffous* J. CRECY.

Copié fur l'original en parchemin & fcellé en lacs de foye rouge & verte.

AN. 1361.

Bulle du pape CLEMENT VII.

Qui permet aux Carmes d'acheter le college de Dace, pour augmenter leur monastere.

An. 1386.

CLEMENS episcopus servus servorum Dei, venerabili fratri Miloni episcopo Belvacensi & dilectis filiis Guillelmo Marteleti decano Nivernensis Parisius commoranti, ac cantori Parisiensis ecclesiarum, salutem & apostolicam benedictionem. Sinceræ devotionis affectus quem dilecti filii prior & fratres ordinis beatæ Mariæ de Monte-Carmeli Parisiensis ad nos & Romanam gerunt ecclesiam, promeretur ut votis eorum, in illis præsertim quæ ipsis opportuna fore conspicimus, favorem benivolum impendamus. Exhibita siquidem nobis pro parte dictorum prioris & fratrum petitio continebat, quòd locus eorum adeò modicus & arctus existit, quòd ipsi & alii fratres dicti ordinis ad locum ipsum causâ studendi & proficiendi pro tempore confluentes, ipsorum attentâ multitudine, ad serviendum Deo, seque in regulari observantia exercendum, ac faciendum alios actus suos, commodè vacare non possint; quòdque olim abbas qui tunc erat, & dilecti filii conventus monasterii sanctæ Genovefæ Parisiensis ordinis sancti Augustini, quamdam domum loco prædicto contiguam, tunc ad eosdem abbatem & conventum justo titulo pertinentem, dilectis filiis collegio magistrorum & scholarium clericorum regni Daciæ, sub certo censu annuo abbati dicti monasterii qui est pro tempore, & eisdem conventui perpetuò persolvendo, canonicè tradiderunt; hoc inter alias conditiones adjecto, quòd ipsis magistris & scholaribus memoratam domum in aliquas personas ecclesiasticas, ecclesias, collegia seu monasteria alienationis titulo voluntariè transferre, seu ponere non liceret. Cùm autem, sicut eadem petitio subjungebat, iidem magistri & scholares domum eamdem quam inhabitant, & quam propter ruinam quam minari dignoscitur, & parvitatem ipsius coguntur dimittere, libenter venderent, si eam vendere licitum eis esset; ipsaque domus eisdem priori & fratribus, pro ampliando & dilatando locum prædictum, plurimùm necessaria existeret, & etiam oportuna; pro parte dictorum prioris & fratrum nobis fuit humiliter supplicatum, ut præfatis magistris & scholaribus vendendi domum eamdem dictis priori & fratribus, ac ipsis priori & fratribus eam emendi, & dicto ipsorum loco adjungendi & applicandi perpetuò, pro usu & habitatione ipsorum, licentiam concedere; necnon super censu prædicto, & aliàs super jure tam ad eosdem abbatem & conventum, quàm ad dilectum filium rectorem parochialis ecclesiæ sancti Stephani Parisius, in cujus parochia dicta domus consistit, spectante, quòd justum foret statui & ordinari mandare de benignitate apostolica dignaremur. Nos itaque hujusmodi supplicationibus inclinati, quia de præmissis certam notitiam non habemus, discretioni vestræ, de qua in his & aliis fiduciam gerimus in Domino specialem, per apostolica scripta mandamus & committimus, quatenùs vos vel duo, aut unus vestrûm, per vos vel alium seu alios, si per summariam informationem præmissa reperiretis fore vera, prædictis magistris & scholaribus vendendi domum præfatam, & eisdem priori & fratribus illam emendi, ac perpetuò ipsorum loco prædicto adjungendi & applicandi pro usu & habitatione ipsorum, authoritate apostolicâ licentiam concedatis. Et nihilominùs super censu & jure prædictis eâdem auctoritate statuatis, & etiam ordinetis id quod secundùm Deum vobis videbitur expedire; super quo vestras conscientias oneramus. Fœlicis recordationis Bonifacii papæ VIII. prædecessoris nostri inhibente, ne fratres ordinum mendicantium in aliqua civitate, castro, vel villa, seu loco ad inhabitandum domos vel loca recipere de novo præsumant absque sedis apostolicæ licentia speciali faciente plenam & expressam de prohibitione hujusmodi mentionem, & aliis constitutionibus apostolicis, necnon conditionibus prædictis contrariis nonobstantibus quibuscumque. Datum Avenione nonis Maii, pontificatûs nostri anno v. *Copié sur l'original en parchemin & scellé.*

Prise de possession du college de Dace par les Carmes.

An. 1386.

A MES très-chers & redoubtez seigneurs, messeigneurs tenant le parlement du roy nostre sire à Paris; Estienne le Fevre huissier audit parlement & le votre, honneur, service & reverence, avec toute obeissance. Mes très-chers seigneurs, plaise vous savoir que de par religieuses & honnestes personnes le prieur & le convent des freres Notre-Dame du Carmel du convent de Paris, & de par maistre Jehan Basse du royaume Dasse escolier estudiant à Paris, m'ont esté presentées lettres du roy nostredit seigneur, contenant

contenant la forme qui s'ensuit : CARO-
LUS Dei gratiâ Francorum rex, universis præsentes litteras inspecturis, salutem.
Cùm certâ lite nuper in nostra parlamenti
curia subortâ inter magistrum Johannem
Basse de regno Daciæ, prout dicebat,
oriundum, ex una parte, & rectorem carissimæ filiæ nostræ universitatis, ac ipsius
universitatis procuratorem, ex altera, ratione cujusdam domûs Parisius propè domum & ecclesiam fratrum beatæ Mariæ
de Carmelo situatæ, quam idem magister Johannes dicebat in recompensationem cujusdam domûs pro scolaribus de
dicto regno Daciæ Parisius studentibus,
& pro ipsorum mora in prædicto studio
per quemdam doctorem de prædicto regno Daciæ oriundum dudum datæ &
concessæ, per religiosos abbatem & conventum beatæ Genovefæ Parisius eisdem
scolaribus traditam & ordinatam fuisse.
Quæ siquidem domus ruinosa & ob defectum reparationum ibidem necessariò
faciendarum, quasi inhabitabilis esse dicebatur, nisi super hoc celeriter provi-
deretur. Dicta curia nostra partibus auditis die xiv. Julii anno Domini M. CCC.
LXXXV. ordinasset inter cætera, quòd certi
consiliarii nostri per eamdem curiam nostram ad hoc deputati & commissi, vocatis gentibus in talibus expertis, prædictam domum, juxtà domum & ecclesiam
dictorum fratrum, ut præmittitur, situa-
tam, visitarent ; quo facto, dicti consiliarii nostri se cum nonnullis prudentibus &
provectis dictæ universitatis ac dicto magistro Johanne super præmissis advisarent,
& deliberarent per quem modum de prædicta domo, attento quòd, ut præmittitur, tam minabatur & adhuc minatur
ruinam, meliùs & utiliùs ordinare possent,
& in casu dubii, dicti consiliarii nostri ref-
ferrent quidquid super hoc facerent, advisarent, seu reperirent, ac super hoc dicta curia ordinaret quod esset rationis ;
dicti verò commissarii prædictam domum,
prout eis mandatum & commissum extiterat, vocatis gentibus in hoc expertis,
ac modo & formâ prætactis, visitaverint,
& dictæ curiæ nostræ suam & certorum
ex parte dictæ universitatis ad præmissa
deputatorum deliberationem retulerint.
Notum facimus quòd, audità relatione
commissariorum prædictorum, attento-
que quòd dicta domus in ruinam maxi-
mam lapsa extitit, & consideratis etiam
& attentis circà hoc attendendis & consi-
derandis, præfata curia nostra pro evidenti commodo & utilitate dictorum scolarium de dicto regno Daciæ, ordinavit

& ordinat, quòd dicta domus cum oneribus quibus oneratur, dictis religiosis
beatæ Mariæ de Carmelo Parisius trade-
tur & deliberabitur, hoc mediante quòd
dicti religiosi viginti quatuor libras annui
& perpetui redditûs admortisati ad opus
& utilitatem dictorum scolarium de regno Daciæ benè & sufficienter in villâ
nostra Parisius tradent & assignabunt.
Quem quidem redditum vel partem ejus
dicti scolares vendere vel alienare, seu
extrà manum suam ponere, aut in alios
transferre non poterunt, nisi dumtaxat si
domum pro mansione & morâ suâ emere
vellent, quod facere tenebuntur & tenentur dicti scolares quàm citiùs hoc commodè fieri poterit, & domus ipsis scolaribus apta & sufficiens venalis reperietur.
Quo casu dicti scolares prædictum redditum aut partem ipsius, usque ad summam quæ pro dicta domo habenda erit
necessaria, vendere, vel alienare, aut in
alios transferre poterunt, cum consilio
tamen & deliberatione rectoris & universitatis prædictorum. Quocircà primo dicti parlamenti hostiario aut servienti nostro committimus & mandamus, quatenùs præsentes litteras in hiis quæ executionem exigunt, viriliter & debitè exequatur. Datum Parisius in parlamento
nostro nonâ die Augusti, anno Domini
M. CCC. LXXXVI. & regni nostri VI.
PAR VERTU desquelles, & pour icelles
enteriner & accomplir selon leur forme
& teneur, je à la requeste desd. prieur &
convent, & maistre Jean Basse, me suis
aujourd'huy transporté en l'hostel desd.
religieux ou reffectouer d'icelluy, & illec
présens & appellez frere Jehan Noblet
prieur dud. convent, maistre Jehan Goulain maistre en theologie, maistre Jehan
de la Parme maistre regent & maistre en
theologie, frere Yves Bouyc, frere Bernard le Texier, frere Pierre de S. Martin, frere Nicole de Reville soubz-prieur
& procureur dud. convent, frere Jehan
Cherite, frere Guillaume Quatre-molins,
frere Guillaume Perier, frere Raymon
Chamar, frere Pierre Ros, frere Henry
Beutart, frere Jacques de Chasteau-
therry, tous religieux dud. ordre & dud.
convent ; maistre Jehan Poupart procureur en parlement, Guerin le Bossu, Nicolas le Barbier, Yvon du Pommier,
Raoul Pest-l'herbe, Nicolas Chat rouge,
Estienne de la Naste, Geffroy Vivier, &
le bedel dud. convent, leur ay exposé la
teneur & l'effect desd. lettres, & les ay
faict lire en leur présence & audiance ; &
de là me suis transporté, les dessusdiz

présens avec moy ou grant partie d'iceulx, en la maison de Dasse nommée esdites lettres, & icelle en la présence des desfusdiz ay baillée reaulment & de fait & délivrée à iceulx prieur & convent, aus personnes desdiz prieur, soubsprieur & procureur pour eulx, & les en ay mis en possession & saisine relle & corporelle par la tradition des clefs d'icelle maison, que m'avoit baillées led. maistre Jehan Basse, entant que faire le devoye & povoye, par vertu desd. lettres; & ce fait, lesd. prieur & convent & leurd. procureur pour eulx, en la présence de Richart de Vaily & de Macé de Baigneux notaires du roy nostred. seigneur ou chastelet de Paris & en leurs mains, & aussi en la présence des tesmoings dessus nommez baillerent, assignerent & delivrerent audit maistre Jehan Basse pour luy & les autres escoliers dud. royaume Dasse qui sont & seront pour le temps avenir, selon la teneur desdictes lettres, xxiv. liv. parisis de rente, assiz & assignez sur xxx. liv. de rente amorties, que prennent lesd. religieux par chacun an sur deux maisons assises à Paris en la rue au Fuerre près de S. Innocent, qui furent seuë damoiselle Perrenelle de Crepon, & de ce leur passerent iceulx religieux lettres obligatoires ez mains desd. notaires, teles & sy bonnes que faire le povoient & devoient. Et ce jour mesmes me transportay en lad. ruë au Fuerre ezdites deux maisons qui furent à lad. damoiselle, & en la présence dud. maistre Jehan Goulain, frere Nicole de Reville soubzprieur dud. couvent, Raoul Pest-l'herbe, Jehan de Vaulcourt & Robert de Bethune, & de Regnault de Champigny demourant en une desd. maisons, mis led. maistre Jehan Basse, ou nom cy-dessus, en possession & saisine de prendre, lever & percevoir chacun an doresenavant à tousjours perpetuellement en & sur lesd. maisons les xxiv. liv. parisis de rente annuelle & perpetuelle admorties dessusdictes, sur lesd. xxx. liv. parisis de rente; & fis commandement aud. Regnault de Champigny demourant en une desd. maisons, que doresenavant il païast aud. maistre Jehan Basse, ou nom que dessus, ou autres procureur ou procureurs desd. escoliers, ou commis & deputez par eulx, tel part & porcion que il devra & pourra devoir chacun an desd. xxiv. liv. sur le loyer de lad. maison; & pareillement fis commandement à Lucas Dyonis demourant en l'autre desd. maisons, à la personne de Alain Dyonis son familier ou varlet, que doresenavant il païast aud. maistre Jehan Basse, ou nom que dessus, ou autres procureur ou procureurs desd. escoliers, ou commis & deputez par eulx, tel part & porcion que il pourra devoir de lad. rente de xxiv. liv. & de laquelle rente de xxiv. liv. parisis mis & baillay la possession & saisine aud. maistre Jehan Basse, ou nom que dessus, en tant que faire le povoie & devoie. Et ce, mes très-chers & redoubtez seigneurs, vous certifie je avoir fait par ceste moye relacion scellée de mon scel, duquel je use en mond. office. *Copié sur l'original en parchemin & scellé.*

Donation de la pointe d'un clou de N. S. aux Carmes de la place Maubert, par la reine Blanche femme de Philippe VI.

IN nomine Domini, amen. Noverint universi præsens publicum instrumentum inspecturi, quòd anno ejusdem Domini M. CCC. XCVIII. indict. VII. more Gallicano, mensis Novembris die xxiv. horâ hujus diei de mane quasi nonâ, ab electione domini Benedicti ultimò in papam electi anno v. in nostrum notariorum publicorum ac testium infra scriptorum ad hoc vocatorum specialiter & rogatorum præsentia propter hoc personaliter constituti venerabiles ac nobiles & circumspecti viri domini Petrus Basin ordinis fratrum minorum, quondam confessor defunctæ illustrissimæ dominæ dominæ Blanchæ quondam reginæ Franciæ, Reginaldus de Braquemonte miles, Stephanus Joffroy, Oudardus le Gendres & Theobaldus Rousselli, consiliarii & executores dictæ defunctæ dominæ reginæ, dicentes & asserentes religiosis viris fratribus Galtero de Lunaris-villa sacræ theologiæ professori, actu regenti Parisius in dicta facultate, Guillelmo Sequirolli priori conventûs fratrum beatæ Mariæ de Carmelo Paris. bachalario in theologia, Nicolao Coc bachalario formato in theologia præsentato ad licentiam obtinendam in primo jubilleo, Theobaldo Picardi bachalario formato in theologia, Bernardo Mager bachalario formato in theologia, Guillermo Sochardi bachalario legenti Bibliam, Joanni Michon, Firmino de Dussyaco subpriori, Joanni de Villeron procuratori, Roberto Symonis, Johanni Caritatis, Nicolao Saoul de sancto Marcello, Guillermo Alain, Johanni de Palluribus, Nicolao de Revilla, Petro de Maseriis, Oliverio Semoris, Henrico de Marcha, Petro de Haya, Johanni de Metis, Petro Mercerii, Johanni Pinon, Stephano

AN. 1398.

JUSTIFICATIVES. 227

Sthephano Pelliparii, Henrico Bentardi, Guillerno de Harcy, Johanni de Bullis, Johanni Vicecomitis, Ludovico de Vernone, Gauffrido Poille-chien, omnibus presbyteris, ac facientibus majorem partem fratrum conventûs beatæ Mariæ de Carmelo Parif. coràm magna multitudine gentium ibidem, usque ad numerum octuaginta personarum vel eò circà, Parisius in domo dictæ dominæ reginæ defunctæ existentium, dictam dominam Blancham reginam legasse ac etiam dimisisse prædictis fratribus beatæ Mariæ de Carmelo Parisius ibidem existentibus, unum jocale sive gaudeolum aureum pretiosum, in quo est clavus parvus seu pars clavi, de quo Dominus noster Jesus-Christus fuit crucifixus in arbore crucis. Qui quidem prior, subprior, procurator & fratres Carmelitæ antedicti, antequàm dictum jocale reciperent, petierunt à dictis dominis executoribus tenentibus dictum jocale seu gaudeolum, quis tradiderat dictæ dominæ reginæ, & à quo seu quibus personâ seu personis habuerat, ut meliùs scirent veritatem ipsius jocalis, & etiam ne darent populo intelligere falsum, sive derisorium. Qui quidem domini Petrus Basin confessor, Reginaldus de Braquemonte miles, Stephanus Joffroy, Oudardus le Vendres, & Theobaldus Rousselli consiliarii & executores antedictæ dominæ reginæ defunctæ, asseruerunt bonâ fide quòd dicta domina Blancha, quondam regina Franciæ defuncta, eis asseruerat & bonâ fide affirmaverat, quòd defuncta illustrissima domina domina Johanna quondam regina Franciæ & Navarræ habuerat dictum clavum à defuncto illustrissimo principe domino Karolo quondam rege Francorum & Navarræ ejus domino, & illum clavum dicta domina Johanna regina fecerat adornari de auro, & etiam parari quinque lapidibus nuncupatis gallice *ballays* quatuor saphiris, sex dyamantibus lapideis, duodecim gallicè *pelles**, cum parvo imagine aureo ad figuram domini nostri Jesu Christi tenente dictum clavum seu partem clavi. Deinde dicta domina Johanna regina dictum jocale seu gaudeolum dedit defunctæ illustrissimæ dominæ dominæ Blanchæ ducissæ Aurelianensi ejus filiæ, & posteà dicta domina Blancha ducissa Aurelianensis dimisit dictum jocale dictæ dominæ Blanchæ quondam reginæ Franciæ. Quæ quidem domina Blancha quondam regina Franciæ legavit prælibatis fratribus beatæ Mariæ de Monte-Carmelo in suo testamento prædictum jocale seu gaudeolum ; & oneravit prædictos suos executores, ut traderent dictum jocale seu gaudeolum prædictis fratribus, ut asserebant dicti executores. Qui quidem fratres in nostrum notariorum subscriptorum præsentia, cum torchiis cereis illuminatis, sex fratribus dicti ordinis indutis vestibus ecclesiasticis, dictum jocale cum magna solemnitate receperunt, cantando altâ & intelligibili voce : *O Christo plebs dedita, tota Christi donis prædita, jorderis* hodie, tota sis devota, erumpens in jubilum depone mentis nubilum. Tempus est lætitiæ, cura sit semota ; ecce crux & lancea, clavus, corona spinea, arma regis gloriæ tibi commendantes omnes terræ populi, laudent auctorem sæculi, per quem tantis gratiæ signis gloriantur.* Et veniendo de domo dictæ reginæ defunctæ, portando dictum jocale seu gaudeolum publicè per vicos Parisienses à domo dictæ reginæ defunctæ usque ad introitum ecclesiæ prædictorum fratrum continuè cantaverunt. Et in continenti in introitu dictæ ecclesiæ reverendus in Christo pater & dominus dominus Girardus Octonensis episcopus dictum jocale seu gaudeolum in manibus suis recepit, & portavit suprà majus altare dictæ ecclesiæ. De & super quibus omnibus & singulis præfati fratres petierunt à nobis notariis publicis subscriptis eis fieri & confici publicum instrumentum, unum vel plura. Acta fuerunt hæc Parisius sub anno, indictione, mense, die & electione prædictis, præsentibus ad hæc reverendo in Christo patre domino Eustacio abbate monasterii sancti Geremari de Flayaco, ordinis sancti Benedicti, Belvacensis diocesis, decretorum doctore, necnon venerabilibus & discretis viris magistris Stephano de Cheritate, domini nostri Francorum regis secretario, Johanne Maugerii & Guillermo de Porta, curiæ Castelleti notariis, Parisius commorantibus, testibus cum pluribus aliis ad præmissa vocatis specialiter & rogatis.

Et ego Johannes de Edyo clericus Rothomagensis, publicus auctoritate apostolicâ & imperiali ac venerabilis universitatis studii Parif. notarius juratus, præmissis omnibus & singulis, dum, sicut suprà scribuntur, agerentur & fierent unâ cum notario subscripto & prænominatis testibus præsens interfui, ideóque hujusmodi præsens publicum instrumentum alienâ manu scriptum signo meo solito, unâ cum signo & subscriptione notarii subscripti & meliùs subscribendi, signavi

* jucunderis

* perles

Tome II.

Ff ij

in testimonium omnium & singulorum præmissorum requisitus. *Signé*, DE EDYO, *avec paraphe.*

Et ego Robertus Maubroueti clericus Remensis diocesis magister in artibus, apostolicâ & imperiali auctoritate notarius ; quia præmissis omnibus & singulis, dum, sicut præmittitur, agerentur & fierent unà cum venerabili & discreto viro magistro Johanne de Edyo clerico Rothomagensis diocesis publico apostolicâ & imperiali auctoritate notario, ac etiam testibus prænominatis præsens interfui, ideò huic præsenti publico instrumento manu meâ propriâ scripto, unà cum signo & subscriptione notarii publici suprà scripti, signum meum solitum apposui, requisitus & rogatus, in testimonium veritatis omnium & singulorum præmissorum. *Signé*, MAUBROUETI, *avec paraphe.*

Copié sur l'original en parchemin & scellé.

Fondation des Chartreux de Vauvert.

AN. 1259.

IN nomine sanctæ & individuæ Trinitatis, amen. Ludovicus Dei gratiâ Francorum rex. Noverint universi præsentes pariter & futuri, quòd ad nostram accedentes præsentiam fratres ordinis Cartusiensis nobis humiliter supplicarunt, ut propè civitatem nostram Parisiensem, (in qua fluunt aquæ largissimæ salutaris doctrinæ, adeò quòd fluminis impetus civitatem ipsam lætificans & inundans, universalem irrigat ecclesiam) pro divini nominis amore vellemus eidem ordini de loco aliquo competenti liberalitate regiâ providere ; petentes humiliter & instanter ut locum nostrum ac domum de Valle-viridi, propè civitatem prædictam, muris excelsis & commodis circumcinctam, pietatis intuitu dignaremur sibi concedere, ut in ipso & per ipsum revivisceret & floreret, sicque domus ipsa secùs salutarium aquarum plantata decursus, fructum in tempore suo datura gratissimum totum Cartusiensem ordinem fœcundaret. Nos autem fratres ipsos & eorum ordinem Deo gratum specialis dilectionis & favoris gratiâ prosequentes, piis eorum supplicationibus annuimus, & locum prædictum ac domum de Valle-viridi, sicut eum tenebamus, fratribus ipsis ibidem summo regi perpetuò servituris, in puram & perpetuam eleemosynam concedimus & donamus ; locum ipsum, personas & bona quæcumque ad ipsum pertinentia, in nostra & regia protectione suscipientes, & volentes ab omni injustâ molestatione manere quieta. Donamus insuper, & concedimus in perpetuam eleesynam, pietatis intuitu, & pro nostræ & antecessorum nostrorum animarum remedio, fratribus ipsis inibi Domino servituris ad eorum sustentationem quinque modios bladi nostri de Gonessia, ad mensuram & modium Parisiensem, in granario nostro Parisiensi percipiendos annuatim, ad festum omnium Sanctorum, quos à præpositis & ministris nostris quicumque pro tempore fuerint, eisdem fratribus solvi sinè diminutione vel difficultate præcipimus ad terminum prælibatum. Præterea donamus eisdem, & concedimus domum quam emimus à liberis defuncti Petri Cocci, sitam juxtà Gentiliacum, cum pourprisio & terris adjacentibus & vineâ, & aliis ejus pertinentiis ab ipsis in perpetuum pacificè possidenda. Quod ut perpetuæ stabilitatis robur obtineat, præsentem paginam sigilli nostri authoritate ac regii nominis charactere inferiùs annotato fecimus communiri. Actum apud Meldunum anno Dominicæ incarnationis M. CC. LIX. mense Maii, regni verò nostri anno XXXIII. astantibus in palatio nostro quorum nomina supposita sunt & signa ; dapifero nullo.

Signum Joannis buticularii.

S. Ægidii constabularii.

S. Alfonsi camerarii. Data vacante cancellariâ. *Signum* Ludovici, *avec le monogramme. Scellé en cire verte sur lacs de soye rouge.*

Pris sur l'original.

Transaction entre le curé de saint Severin & les Chartreux de Paris.

AN. 1260.

SIMON miseratione divinâ Parisiensis ecclesiæ minister indignus, universis præsentes litteras inspecturis, salutem in Domino. Notum facimus nos vidisse litteras inferiùs annotatas, formam quæ sequitur continentes : REGINALDUS miseratione divinâ Parisiensis ecclesiæ minister indignus, universis præsentes litteras inspecturis, salutem in Domino. Notum facimus quòd coràm nobis constituti frater Guillelmus prior Vallis-viridis, nostræ Parisiensis diœcesis, ordinis Cartusiensis, pro se & fratribus suis, ut dicebat ; & nomine eorumdem, ex una parte ; & magister Guillelmus archipresbyter sancti Severini Parisiensis, nomine archipresbyterii & ecclesiæ suæ, ex altera, recognoverunt coràm nobis quòd ortâ discordiâ dudùm inter defunctum Jacobum prædécessorem ipsius Guillelmi archipresbyteri, ex una parte, & Jocerandum prædecessorem ipsius prioris, ex altera, super jure parochiali quod petebat idem archipresbyter ab ipso priore & ejus fratribus habitantibus apud Vallem-viridem, infrà limites parochiæ ipsius ; fuit super eodem jure parochiali, & super aliis inferiùs contentis, tenendis & perpetuò possidendis ab ipsis religiosis in manu-mortua, sicut ipse Guillelmus & prædecessores ipsius archipresbyteri possederunt & possidere debuerunt, de bonorum consilio amicabiliter compositum in hunc modum. Quittavit enim idem Guillelmus archipresbyter, pro se & successoribus suis in dicta ecclesia, dicto priori & ejus fratribus & eorum successoribus, & eos & locum prædictum de Valle-viridi penitùs ab omni jure parochiali absolvit, pro decem solidis parisiensibus annuæ pensionis ; ita quòd, si quis alius presbyter, vel curatus, seu patronus, dictos priorem & fratres & successores eorumdem super jure parochiali molestaverit, eò quòd ad aliam parochiam debeant quoad jura parochialia pertinere, dictus archipresbyter & successores sui tenebuntur in posterum se opponere pro dictis priore & successoribus suis, & eos deffendere contra omnes; alioquin dicti prior & successores sui ad annuam solutionem præfatæ pensionis minimè tenebuntur. Jus verò parochiale taliter duximus declarandum, videlicet quòd licebit priori & fratribus ecclesiam & capellas construere, in quibus poterunt divina officia solemniter celebrare. Item, cimeterium habebunt ad opus fratrum suorum, necnon illorum omnium qui apud eos elegerint sepulturam ; salvo jure parochiali archipresbyteri supradicti, scilicet mortuario, si defunctus sit parochianus archipresbyteri prænotati. Item, campanas habeant quibus pulsando uti licebit, quandocumque viderint expedire. Item, oblationes licebit eis recipere, tam in missis solemnibus, quàm in privatis. Item, propriæ familiæ sacramenta ecclesiastica ministrare. Item, si locum dictorum prioris & fratrum dilatari contigerit, locum ipsum & ampliationem seu dilatationem futuram, & omnia infrà contenta in plena libertate & pace, quantùm ad archipresbyterum sancti Severini prænotati, perpetuò possidebunt. Si quæ verò alia sunt quæ ratione juris parochialis ab eisdem fratribus in loco prædicto vel ampliationibus supradictis archipresbyter petere posset, eisdem quittavit penitùs & remisit ; ita tamen quòd, si tempore procedente in terra dictæ domûs sita infrà limites prænotatæ parochiæ aliquem vel aliquos habitare contigerit, cura ipsorum habitantium ad archipresbyterum sancti Severini liberè pertinebit. Dedit insuper & concessit idem archipresbyter dictis priori & fratribus ad censum annuum sive firmam perpetuam decimas omnes & singulas bladi & vini, quas habet dictus archipresbyter vel habere debet in territorio de Valle-viridi, & in terris & vineis adjacentibus, in terris & vineis apùd Corcinos & circà ; item, decimas omnes & singulas, quas habet vel habere debet idem archipresbyter apùd Issiacum, pertinentes ad presbyterium sancti Severini prædicti, pro decem solidis parisiensibus annui reditûs seu censûs, ut dictum est, ab ipsis fratribus in manu-mortua possidendas ; quorum viginti solidorum in manu-mortua possidendorum medietas in nativitate Domini, & alia medietas in nativitate beati Joannis-Baptistæ, ab ipsis priore & fratribus annis singulis dicto archipresbytero qui pro tempore fuerit, persolvetur. Voluit nihilominùs præfatus archipresbyter, pro se & successoribus suis, & concessit quòd, quandocumque dicti prior & fratres, seu successores sui, viginti solidos parisienses annui reditûs archipresbytero sancti Severini qui pro tempore fuerit, in loco competenti, ad dictum nostrum vel alicujus successorum nostrorum episcoporum Parisiensium, assignarent, ex tunc remanebunt dicti fratres quoad obligationem prædictam viginti solidorum liberi penitùs & immunes. Quam compositionem & donationem, sive accensationem, dictus magister Guillelmus rector ecclesiæ prædictæ, pro se & successoribus suis, & dictus prior, pro se & fratribus suis, & successoribus eorumdem, voluerunt & ratam habuerunt & firmam ; asserentes coràm nobis quòd compositio prædicta erat, ut credebant firmiter, utrique prædictæ ecclesiæ non modicùm profutura ; obligantes se & successores suos ad compositionem ejusmodi futuris temporibus inviolabiliter observandum. Renuntiantes expressè exceptioni doli, actioni in factum, beneficio restitutionis in integrum, conditionis sine causa vel ex injusta causa, & omnibus aliis exceptionibus realibus & personalibus loci & temporis, & juris canonici & civilis, quæ contra præsens instrumentum possent objici vel adduci. Nos verò pensata utilitate dictarum ecclesiarum, prout ex relatione dictarum partium intelleximus, ad supplicationem di-

F f iij

ctarum partium præmissa omnia & singula laudamus & approbamus, & etiam confirmamus. In cujus rei testimonium sigillum nostrum præsentibus litteris duximus apponendum. Datum anno Domini M. CC. LX. mense Martio. *Au dessous est écript ce qui suit*: Virtute quarum litterarum &c. *est assigné à saint Severin une rente annuelle de vingt sols, à prendre sur une maison, rue de la Mortellerie.*

Pris sur l'original.

Bref du pape CLEMENT IV. à S. Louis roy de France.

En faveur des Chartreux de Vauvert.

AN. 1266.

AD dominum Ludovicum regem Franciæ Clemens papa IV. Cartusiacensis ordinis, cujus sinceritas in sui instituti simplicitate non desuit, sed quasi lux splendens usque ad diem perfectum crescit, Domino promovente, oblivisci non possumus; & de nostro æstimantes, quod amamus tenerrimè specialibus amicis commendamus. Hoc probavit tua sinceritas, cùm minori fungeremur officio; nam quoties à te recessimus, ni fallimur, ultima verba nostra recommendationem ejusdem ordinis continebant. Aucta ergo in nobis ad eumdem dilectio, pro eo scribere tuæ celsitudini nos compellit, quam attentiùs duximus deprecandam, quatenùs totum ordinem, sed specialiter domum Vallis-viridis propè Parisios quam plantasti, pro nostra & sedis apostolicæ reverentia, in tuorum remissionem peccatorum, oculo pietatis respiciens, sic eis benevolus & benesicus & eisdem defensor existas, & assistas consiliis & auxiliis oportunis. Datum Viterbii xv. Calendas Augusti, anno pontificatûs nostri 11. *Tiré des archives des Chartreux de Paris.*

Lettres de JEANNE DE CHASTILLON comtesse d'Alençon & de Blois.

Portant fondation de quatorze religieux en la Chartreuse de Vauvert.

AN. 1290.

A Tous ceux qui verront & oiront ces présentes lettres, nous Jehanne comtesse d'Alençon & de Blois, salut en nostre Seigneur Jesus-Christ. Sachent tuit que nous en rémission de nos pechiez, pour Dieu, en pure aumosne, & pour la devote affection que nous avons à l'ordre des freres de Chartreuse, desirans & voulans que li nombre de seize freres d'oudit ordre, qui à Dieu servent ou lieu qui est apellé Vauvert près de Paris, soit creuz & augmentez dou nombre de quatorze personnes prestres, ou à ordenner à prestres, qui oud. lieu & oud. ordre servent à Dieu & facent & celebrent le devin office selon mesme cet ordre des ores en avant perpetuelement à l'onneur de Dieu & de sainte église, & pour nous à mort & à vie, & pour les ames de nostre chier seigneur de pere & de nostre chiere dame de mere, & de nostre chier seigneur & époux Pierre jadis comte d'Alençon, & de nostre chier seigneur Phelippe par la grace de Dieu jadis roy de France, qui trépassa ou voyage d'Arragon, & de nos autres parents & amis, & pour tous Chrétiens morts & vis, donnons & ottroyons à toûjoursmès des ores en avant, à la soutenance & au vivre desdiz quatorze personnes, onze-vingt livres de bons tournois petits de annuel & perpetuel rente, à tenir en main-morte franchement & paisiblement; lesquels onze vingt livres nous leur assignons à prendre, à avoir & recevoir à toûjoursmès par la main dou prieur & dou procureur de lad. meson qui ores sont ou seront ou tems à venir, ou nom des quatorze freres dessusd. pour eux & à leurs soutenances, à prendre à toûjoursmès chacun an à la Toussainz au Temple de Paris, de mil livres de tornois de rente amorties que nous y avons fait assises ou tresor le roy, pour raison de l'échange de la comtée de Chartres; & se li petit tornois de rien déchéoient, l'en leur payeroit bon parisis, & autre bonne monnoye adonc coursable, au vaillant que li petit tournois valoient au tems & au jour que cest don leur fut donnez; & se ailleurs leur en convenoit prendre leur payement que au Temple, lesdiz onze vingt livres de tournois petiz l'en leur payeroit, sans touz frais, sans touz couz & touz dommages de la maison de Vauvert devant dite; & voulons que ces onze vingt livres devant dites soient payées entierement chacun an au terme de la Toussainz aux devant diz freres ou leur prieur ou procureur, par la main du tresorier dud. Temple qui ores est ou sera pour le tems, sans nul contredit, comme à nous-mesmes; & voulons bien, se il plaist au dessusdits prieur & freres de Vauvert, que ils preignent dès maintenant des freres prestres des autres maisons de leur ordre pour mettre en leur maison de Vauvert, en lieu de nos quatorze freres, jusques à tant que ils auront reçuz les nos quatorze freres, prestres, ou à ordener à prestres, pour ce que le bien & le service Dieu dessusditz soient pluftost encommenciez

JUSTIFICATIVES. 231

menciez à faire ; mès qu'ils le facent en bonne foy & le plus hativement que ils pourront, & que li nombre de seize freres qui étoient oudit lieu de Vauvert, ençois* que nous feissions cest don, ne se puisse de rien amenuiser, ne apeticier par raison de nos quatorze freres que nous, par l'aide de Dieu, faisons establir ; car en cette entention faisons nous cest don & cest ottroi dessusdiz, que li nombres des trente freres moines qui toûjours soient & servent à Dieu ou lieu dessusdit, soit & complez & maintenuz, en quelque lieu que ils soient pris, se ce n'estoit à tems, pour mort, ou pour autre achoison raisonnable ; & se il avenoit que pour mort, ou pour autre raison quele quele fust, que li nombres des trente freres fust amenuisiez, nous voulons que li dit prieur & freres soient tenus au nombre restablir dedans les six mois prochains de la faute, ou pluftost se ils pouvoient. Et de cest don, & dou payement, ainsi comme il est dit par dessus, nous promettons que nous n'irons encontre, par nous ne par autre, ne ne soufferrons à aller ou tems à venir, & que nous avoir leur ferons en bonne foy, au pluftost que nous pourrons, les lettres notre chier seigneur le roy de France de confirmation. Et generalement de tenir & à accomplir & garder fermement & entierement notre don, & toutes les choses dessus nommées, & chacune d'icelles nous oblijons nous & nos hoirs, & nos successeurs, & tous nos biens meubles & non meubles, & les biens de nos hoirs & de nos successeurs, quiex qu'ils soient, & en quelque lieu que ils soient ; & renonçons generalement à ce à toutes exceptions & deceptions de droit & de fait, & à toutes barres & deffenses, & à tous privileges & chartres qui ores sont ou seront, lesquiex & lesquelles pourroient aidier à nous & à nos hoirs & successeurs, & au devant ditz religieux de Vauvert nuire. Et voulons & ottroyons que notre chier seigneur le roy de France qui ores est ou sera ou tems à venir, nous contraigne, & nos hoirs, ou successeurs, à tenir, garder & accomplir toutes les choses dessus dittes enterignement, toutes les fois que il en sera mestiers, par la prise de nos biens meubles & non meubles en quelque lieu que ils soient. Et se il avenoit en aucun tems (que ja n'avieigne) que aucun de nos hoirs ou successeurs encontre notre présent don & aumosne voulsist aller, par quoy les devant ditz religieux convenit faire coust, frais, ou despens pour cest don deffendre ; nous voulons que tout leur soit rendu à leur simple dit des biens de nos hoirs & successeurs, par lesquiex ce aviendroit, quiex que ils soient, en quelque lieux que ils soient. En teimoins desquels choses nous avons mis notre propre seel en ces présentes lettres. Données en la meson l'Evesque de Winceftre, qui est apellée *la granche au quenx*, dessus Gentilli, jouste Paris ; l'an de grace M. CC. XC. le mardy après la feste Notre-Dame en Mars. *Scellées & contre-scellées des sceel & contre-scel de cire verte sur lacqs de soye rouge.*
Pris sur l'original.

Lettres patentes du roy PHILIPPES LE BEL.
Qui confirment la fondation ci-dessus.

PHILIPPUS Dei gratiâ Francorum rex. Notum facimus universis tam præsentibus quàm futuris, quòd nos litteras quasdam nostro sigillatas sigillo vidimus in hæc verba : IN NOMINE sanctæ & individuæ Trinitatis, amen. Philippus Dei gratiâ Francorum rex. Notum facimus universis tam præsentibus quàm futuris, quòd nos recepimus à dilecta amitta & fideli nostra Johanna Alençon. & Blesen. comitissa civitatem Carnotens. cum toto comitatu & eorum pertinentiis, tam in domaniis & feodis, quàm in aliis consistentibus, & etiam totum quod habet apud Bonam-vallem & in ejus territorio, prout prædicta onerata sunt feodis, eleemosinis, donis, & largitionibus & concessionibus quibuscumque hactenùs ab eadem comitissa & suis antecessoribus factis. Quæ omnia inspectis oneribus eorum, quæ inspici fecimus & eorum valorem diligenter æstimari, per nos & successores nostros tenenda perpetuò & possidenda pro tribus millibus libris turon. annui & perpetui reditûs, quas ei concedimus ab ipsa comitissa suisque hæredibus vel successoribus, aut causam ab eis habentibus, percipiendas & habendas in domo Templi Parisiens. ad tres compotos nostros, videlicèt ad compotum omnium Sanctorum mille libras, ad Candelosam mille libras, & ad Ascensionem mille libras turonensium, ex receptionibus redditum, proventuum, seu obventionum regni nostri, per manum thesaurarii ejusdem domûs Templi, vel illius seu illorum qui pro tempore recipient, aut receptiones facient futuris temporibus, pro nobis & successoribus nostris, apud Templum ; item pro quinque millibus libris turon. quas deduci fecimus

AN. 1290.

AN. 1286.

de debito in quo nobis tenebatur. Quæ siquidem tria millia librarum turonenſ. annualis redditûs tenemur & promittimus ſolvi facere terminis & modo prænotatis eidem comitiſſæ, hæredibus, vel ſucceſſoribus ſuis, aut illis qui ab ipſa vel ab eis cauſam habebunt. Et pro ipſis tribus millibus libris redditualibus ſic ſolvendis & habendis de cætero, ut præmittitur, obligamus prædictæ comitiſſæ ejuſque hæredibus & ſucceſſoribus, & cauſam ab eis habituris, omnia bona noſtra, proventus & exitus regni noſtri, & ſpecialiter caſtra noſtra, villas & caſtellanias de Yenvilla in Berſea, de Arbeniaco in Sigalonia, & de Exorduno in Bituria, cum omnibus pertinentiis, proventibus & exitibus locorum eorumdem. Præterea ſciendum eſt quòd dicta comitiſſa per traditionem quam fecit nobis de civitate & comitatu Carnotenſi ſeu terræ Bonæ-vallis, nihil in nos tranſtulit de his quæ habet apud Campum-rotundum de conqueſtu comitis Johannis patris ſui, immò ei remanent cum dominio & juſticia tota; nec etiam de feodis quæ habet in Duneſio, quacumque parte inter feoda Carnotenſe protendant; quæ feoda Duneſii remanent eidem comitiſſæ; hoc ſalvo quòd, ſi aliqua feoda hujuſmodi habet inter feoda Carnotenſ. vel Bonæ-vallis inclavata, ipſa ea proſequi & juſticiare poterit, ſicut priùs. Et nos verſâ vice & ſucceſſores noſtri feoda terræ Carnotenſ. & Bonæ-vallis, ſi quæ inclavata ſint inter feoda Duneſii, illa proſequi poterimus, & juſticiare ac explectare, ſicut noſtra. Quæ ut perpetuæ ſtabilitatis robur obtineant, præſentem paginam ſigilli noſtri auctoritate & regii nominis charactere inferiùs annotato fecimus communiri. Actum Pariſius anno Domini M. CC. LXXXVI. menſe Julio, regni verò noſtri primo. Aſtantibus in palatio noſtro quorum nomina ſuppoſita ſunt & ſigna. Dapifero nullo.

Signum Roberti, ducis Burgundiæ, camerarii.

S. Joannis buticularii.

S. Radulphi conſtabularii. Data vacante cancellariâ. ITEM vidimus quaſdam alias litteras eodem ſigillo noſtro ſigillatas, tenorem qui ſequitur continentes: PHILIPPES par la grace de Dieu roy de France; nous faiſons à ſavoir à tous qui ſont & qui à venir ſont, que comme notre amée tante & feale Jehanne comteſſe d'Alençon & de Blois nous euſt baillé la cité & le comté de Chartres, pour échange de trois mil livres de tournois de rente, leſquieux elle doit avoir & prendre chacun an en notre recepte dou Temple de Paris, & nous euſt requis lad. comteſſe, (tout diſt-elle que elle le peûſt, & en faire de ſon droit, ſans nous requerre) que nous luy otroïſſons à aliener & amortir de la devant ditte rente mil livres de rente, & que elle la peuſt bailler & tranſporter en quelque perſonne & quelque lieu que elle voulſiſt ou royaume de France, en vendant, en donnant entre vis, & pour cauſe de mort, en laiſſant, en guerdonnant, & en autres manieres, ſi comme il li pleuſt; nous voulons & ottroions à lad. comteſſe que elle puiſſe aliener, bailler & amortir mil livres de rente des devant dites trois mil de rente, en vendant, en donnant, en aumoſnant, & en toutes les manieres deſſuſd. & en autres, ſi comme il li plairoit, tout & enſemble, ou par parties, à une perſonne, ou à pluſieurs, & que elle les puiſſe amortir, & bailler amorties en quelquonque maniere, & pour quelquonque titre elle les voudra bailler, ou tranſporter en autre lieu ou en autre perſonne, ou royaume de France; & promettons que nous payerons ou ferons payer au Temple à Paris les devant dittes mil livres, ou ce que la devant ditte comteſſe en voudra aliener & bailler, en quelquonque maniere que ce ſoit, à quelconque perſonne ſinguliere que elle voudra, & à quelquonque lieu religieux ou royaume de France, en vendant, & às tems & en la maniere deſſus deviſée. Et pour ce que la devant ditte comteſſe diſoit que elle pooit bien faire de ſoi les choſes devant dites ſans notre otroi, par aucune raiſon que elle avoit de ce faire, comme il li ſembloit; nous ne voulons mie que cet otroi que nous li avons fait li tieigne, ne li faſſe point de prejudice contre les raiſons devant dites, ſi elle les y a; mais li demeurgent toutes ſauves; ſauf notre droit en autre choſe, & ſauf l'autruy droit en toutes choſes. Et pour ce que cette choſe ſoit ferme & ſtable à tousjourſmés, nous avons fait mettre notre ſeel en ces préſentes lettres. Ce fut fait en l'an de l'incarnation noſtre Seigneur M. CC. LXXXVII. ou mois d'Aouſt. ITEM vidimus quaſdam alias litteras ſigillo noſtræ amittæ & fidelis noſtræ Johannæ comitiſſæ Alençon. & Bleſen. ſigillatas, quarum tenor talis eſt : A TOUS CEUX qui verront & orront ces preſentes lettres, nous Jehanne comteſſe d'Alençon & de Blois, ſalut en notre Seigneur Jeſus-Chriſt, &c. *raportées ci-deſſus*. NOS igitur ex abundantia, ad majorem ſecuritatem dictorum religioſorum,

JUSTIFICATIVES. 233

rum, ad requisitionem comitissæ prædictæ, salvis siquidem ipsius comitissæ rationibus, si quas habet, nostrum in prædictis omnibus impartientes assensum, donationem & concessionem prædictas, & omnia & singula supradicta, prout in superioribus exprimuntur, concedimus, volumus, approbamus, & tenore præsentium confirmamus ; volentes quòd dicti religiosi redditum ducentarum & viginti librarum turon. antedictarum sub forma prædicta perpetuò percipiant & habeant Parisius apud Templum, absque coactione vendendi vel extrà manum suam ponendi. Dantes thesaurario domûs Templi Paris. qui pro tempore fuerit, præsentibus in mandatis, ut dictis religiosis prædictum annuum redditum ducentarum & viginti librarum turonens. de summa prædicti redditûs annui mille librarum turonens. persolvat, sicut suprà est expressum, nullo alio nostro vel nostrorum successorum mandato super hoc expectato ; salvo tamen in aliis jure nostro, & jure in omnibus alieno. Quod ut ratum & stabile permaneat in futurum, præsentes litteras sigillo nostro fecimus communiri. Actum anno M. CC. XC. mense Aprili. *Scellées de cire verte sur lacs de soye rouge, avec contre-scel.*
Pris sur l'original.

Lettres de S. LOUIS,

Où il est parlé des religieux de Sainte-Croix de la Bretonnerie.

AN. 1258.

LOuis par la grace de Dieu roy des François. Savoir faisons à tous présens & à venir, que comme ainsi soit que nostre bien amé clerc ou chapelain maistre Robert de Sorbonne, à nostre instance & priere ait laissé aux freres de Sainte-Croix, pour en joüir par iceux freres à tousjours, comme de leurs propres héritages, certaines maisons sises à Paris en la ruë de la Bretonnerie, paroisse de S. Jean en Gréve, par luy acquises de Guillaume dit Mantel & Gilbert de Braye ; nous en contr'eschange & récompense desdites maisons, avons donné & délaissé à perpetuité, pour en joüir comme de son propre, audit maistre Robert, & à ceux qui de lui auront cause, toutes les maisons que nous avions, selon qu'elles se poursuivent & comportent, sises en la ruë de Coupe-gueule, devant le palais des Bains ou Estuves, depuis la maison de Guillaume le Pannetier & de Jean d'Hermanville, jusqu'au bout de ladite ruë ; & encore certaines maisons sises auprès de la maison de maistre Pierre de Camblai sise au bout de l'autre ruë qui lui est opposite ; voulant, en tant qu'en nous est, qu'il puisse fermer les deux ruës & susdites maisons contenuës en icelles, sans préjudice d'autrui, & qu'il tienne en main morte les maisons qui sont en la censive des bourgeois de Paris situées entre lesdites deux ruës ; sauf en tout le droit d'autui. Ce que afin qu'il demeure ferme & stable à tousjours, nous avons fait donner ces présentes lettres audit maistre Robert de Sorbonne, scellées de nostre sceau. Fait à Paris l'an de nostre Seigneur M. CC. LVIII. au mois de Février. *Malingre. Antiquitez fol.* 616. *Il paroist par ces mots :* Roy des François, *& par le stile récent de cet acte, que l'original estoit en latin.*

Bulle du pape ALEXANDRE IV.

En faveur des Guillelmites de Mont-rouge, depuis establis aux Blancs-manteaux.

AN. 1260.

ALexander episcopus servus servorum Dei ; dilectis filiis priori & fratribus heremitis Rubei-montis ordinis sancti Guillermi, Parisiensis diocesis, salutem & apostolicam benedictionem. Meritis vestræ religionis inducimur, ut vos prosequamur gratiâ, quæ vestris necessitatibus esse dinoscitur oportuna. Hinc est quòd nos vestris supplicationibus annuentes, ut de usuris, rapinis & aliis malè acquisitis, si hii quibus ipsorum restitutio fieri debeat omninò inveniri & sciri non possint, necnon de quibuslibet legatis indistinctè in pios usus relictis, dummodò executorum testamentorum ad id accedat assensus, ac de redemptionibus votorum auctoritate diocesanorum priùs factis, Jerosolymitano dumtaxat excepto, usque ad summam centum marcarum argenti recipere valeatis, auctoritate vobis præsentium duximus concedendum, si pro similium receptione aliàs non sitis à nobis hujusmodi gratiam consecuti. Ita quòd si aliquid de ipsis centum marcis dimiseritis vel restitueritis, aut dederitis illis à quibus eas receperitis, hujusmodi dimissum, vel restitutum, seu datum nichil ad liberationem eorum prosit, nec quantum ad illud habeantur aliquatenùs absoluti. Nulli ergo omninò hominum liceat hanc paginam nostræ concessionis infringere, vel ei ausu temerario contraire. Si quis autem hoc attemptare præsumpserit, indignationem omnipotentis Dei & beatorum Petri & Pauli apostolorum ejus se noverit incursurum. Datum Anagniæ III. Nonas Julii, pon-

Tome II. Gg

tificatûs nostri anno VI. *Copié sur l'original.*

Bulle du pape CLEMENT IV.

Confirmative des lettres par lesquelles on avoit donné la regle de S. Augustin aux freres Serviteurs de la Vierge, establis au diocese de Marseille.

AN. 1266.

CLEMENS episcopus servus servorum Dei, dilectis filiis priori & fratribus beatæ Mariæ de Areno, Servis beatæ Mariæ matris Christi vulgariter apellatis, ordinis sancti Augustini, Massiliensis diocesis, salutem & apostolicam benedictionem. Cùm à nobis petitur quod justum est & honestum, tam vigor æquitatis quàm ordo exigit rationis, ut id per sollicitudinem officii nostri ad debitum perducatur effectum. Sanè petitio vestra nobis exhibita continebat quòd cùm fœlicis recordationis Alexander papa prædecessor noster dudùm venerabili fratri nostro Massiliensi episcopo suis dedisset litteris in mandatis, ut vobis qui eratis novella plantatio, nec tunc astricti alicui observantiæ regulari, auctoritate ipsius prædecessoris concederet aliquem de ordinibus approbatis, idem episcopus ordinem beati Augustini concessit vobis, prout in litteris inde confectis, sigillatis sigillo ipsius episcopi pleniùs continetur. Nos igitur vestris supplicationibus inclinati, quod à prædicto episcopo super hoc providè factum est ratum & firmum habentes, id ad instar ejusdem prædecessoris nostri auctoritate apostolicâ confirmamus, & præsentis scripti patrocinio communimus. Tenorem litterarum ipsarum ipsius episcopi de verbo ad verbum præsentibus inseri facientes, qui talis est: UNIVERSIS ad quos præsentes litteræ pervenerint, Benedictus Dei gratiâ Massiliensis episcopus, salutem in Domino Jesu Christo. Litteras domini papæ recepimus sub hac forma: ALEXANDER episcopus servus servorum Dei, venerabili fratri episcopo Massiliensi, salutem & apostolicam benedictionem. Piis propositis & honestis desideriis, & hiis præcipuè per quos salus & profectus provenit animarum, annuere sedis apostolicæ benignitas tantò libentiùs consuevit, quantò ipsarum lucrum est omni thesauro fructuosius, & pretiosius re quâcumque. Cùm igitur dilecti filii prior & fratres beatæ Mariæ de Areno Massiliensis diocesis, qui vulgariter nuncupantur Servi sanctæ Mariæ matris Christi, sicut nobis significare curarunt, hujus mundi vanitatibus, pompâ & gloriâ derelictis, sub

AN. 1257.

jugo regularis obedientiæ suo desiderent obsequi creatori ; nos ipsorum hujusmodi propositum & desiderium multipliciter commendantes, ac annuentes favorabiliter ipsorum precibus pietate non vacuis & continentibus honestatem, fraternitati tuæ per apostolica scripta mandamus, quatinùs dictis priori & fratribus auctoritate nostrâ concedas unam de regulis approbatis ; ut sub ipsius observantia perpetuis temporibus dignum præstent obsequium, suorum vitulos offerant labiorum, & acceptabile impendant sacrificium Deo patri. Datum Viterbii VI. Kal. Octobris, pontificatûs nostri anno III. HUJUS igitur auctoritate mandati ad honorem Dei omnipotentis & gloriosæ virginis Mariæ matris Christi, priori & fratribus beatæ Mariæ de Aregno Massiliensis diocesis, qui vulgariter nuncupantur Servi sanctæ Mariæ matris Christi, auctoritate apostolicâ concedimus regulam beati Augustini, ut sub ipsius observantia perpetuis temporibus dignum præstent obsequium Deo patri. In cujus rei memoriam præsentem paginam sigilli nostri munimine fecimus roborari. Datum II. Non. Januarii, anno Domini M. CC. LVII. NULLI ergo omnino hominum liceat hanc paginam nostræ confirmationis infringere, vel ei ausu temerario contraire. Si quis autem hoc attemptare præsumpserit, indignationem omnipotentis Dei & beatorum Petri & & Pauli apostolorum ejus se noverit incursurum. Datum Viterbii III. Id. Maii, pontificatûs nostri anno II. *Pris sur l'original, aux Blancs-manteaux.*

Autre bulle du pape CLEMENT IV.

Confirmative d'une sentence arbitrale, par laquelle les hermites de S. Guillaume sont distinguez de ceux de S. Augustin, & declarez Benedictins.

AN. 1266.

CLEMENS episcopus servus servorum Dei, dilectis filiis generali & aliis prioribus ac fratribus heremitarum ordinis sancti Guillermi, salutem & apostolicam benedictionem. Ea quæ vel judicio vel concordiâ terminantur, firma debent & illibata persistere, & ne in recidivæ contentionis scrupulum relabantur, apostolico convenit præsidio communiri. Exhibita siquidem nobis coràm petitio continebat, quòd dudum à fœlicis recordationis Alexandro papa prædecessore nostro mandatum, ut dicitur, emanavit, ut de singulis domibus heremitarum, quarum quædam sancti Guillermi, quædam sancti Augustini ordinum, nonnullæ autem rem fratris Johannis Boni, aliquæ verò de Fabali, aliæ verò de Brutinis censebantur, & apud homines ambiguis interdùm nuncupationibus vacillabant, duo fratres cum pleno mandato ad ipsius prædecessoris mitterentur præsentiam, quod ejus circà ipsos salubriter ordinaret dispositio recepturi. Cùmque fratres hujusmodi ad sedem apostolicam accessissent, dilectus filius noster R. sancti Angeli diaconus cardinalis, auctoritate mandati prædecessoris ejusdem vivo ad eum sermone directi, universas domos & congregationes eorumdem ordinum in unam ordinis heremitarum sancti Augustini professionem & regularem observantiam perpetuò conivit. Idemque prædecessor, ipsius cardinalis processum approbans, illum auctoritate apostolicâ confirmavit; & postmodùm vestræ volens providere quieti, vobis apostolicâ auctoritate concessit, ut sub regula beati Benedicti secundùm institutionem beati Guillermi possetis in habitu solito licitè remanere, non obstantibus aliquibus litteris, gratiis, seu privilegiis ab eadem sede in contrarium impetratis seu etiam impetrandis. Sanè inter vos ex parte una, & generalem ac alios priores & fratres heremitarum ejusdem ordinis sancti Augustini, super eo quòd ipsi de porta sanctæ Mariæ de *Wissenborne*, de corona sanctæ Mariæ & quasdam alias domos ipsius ordinis sancti Guillermi cum fratribus domorum ipsarum Alemaniæ & Hungariæ regnorum, occasione hujusmodi unionis cui vos non consenseratis, in prædicto sancti Augustini ordine receperant, ac domos ipsas cum fratribus suis incorporaverant eidem ordini sancti Augustini in vestrum præjudicium & gravamen, ex altera, materiâ questionis exortâ; nos dilectum filium nostrum J. sanctæ Mariæ in Cosmedin diaconum cardinalem dedimus in causa hujusmodi partibus auditorem; coràm quo lite legitimè contestatâ, factisque positionibus & responsionibus ad easdem; tandem partes ipsæ viam pacis & concordiæ amplectentes, videlicet frater Johannes de Linsen procurator vester pro vobis à quibus habebat ad hoc speciale mandatum, ac idem prior generalis heremitarum dicti ordinis sancti Augustini, pro se ac aliis prioribus & fratribus sui ordinis, & dictis domibus ac prioribus & fratribus de quibus erat contentio, quorum procurator erat, in venerabilem fratrem nostrum Prenestinensem episcopum, cui cura prædicti ordinis sancti Guillermi & personarum ipsius est ab eadem sede commissa, in præsentia nostra de voluntate & consensu ipsius R. cardinalis cui curam prædicti ordinis heremitarum sancti Augustini eadem sedes commisit, tamquàm in arbitrum arbitratorem & amicabilem compositorem super causa hujusmodi & omnibus eam contingentibus, altè & bassè, sub pœna mille marcarum argenti, compromittere, ac ipsius ordinationi, diffinitioni, laudo, arbitrio & arbitratui totaliter se submittere curaverunt. Promittentes super hoc præstito juramento, se ratum & firmum habituros quidquid idem episcopus super hoc statueret, arbitraretur, diceret & etiam ordinaret. Dictus autem episcopus à partibus recepto hujusmodi compromisso, & à nobis obtento vivæ vocis oraculo consensu & licentiâ super præmissis ordinandi, statuendi, diffiniendi, decernendi & providendi, prout sibi expediens videretur; super hoc fecit quamdam ordinationem providam inter partes, prout in instrumento publico inde confecto ipsius episcopi sigillo munito plenius continetur. Nos itaque vestris supplicationibus inclinati, ordinationem ipsam ratam & firmam habentes, ac defectum qui erat in procuratione ipsius prioris generalis prædicti ordinis sancti Augustini, ex eo quòd ad compromittendum non habebat mandatum, & si quis alius in procuratoriis partium ipsarum extiterat, supplentes de apostolicæ plenitudine potestatis, eam auctoritate apostolicâ confirmamus & præsentis scripti patrocinio communimus; tenorem ipsius instrumenti de verbo ad verbum præsentibus inseri facientes, qui talis est: IN NOMINE DOMINI AMEN. Præsidente rationis imperio in animo judicantis, sederin examine veritatis pro tribunali justitia, & quasi rex in solio judicii rectitudo, cujus dissipatur intuitu propriæ voluntatis arbitrium & acceptio personarum; ex quo fit ut parvi & magni, pauperes & divites, potentes & debiles, absentes etiam & præsentes æquo libramine judicentur. Sanè, prout prior generalis aliique priores & fratres heremitæ ordinis sancti Augustini dicebant, dudum à fœlicis recordationis domino Alexandro papa IV. emanavit mandatum, ut de singulis domibus heremitarum; quarum quædam sancti Guillermi, quædam sancti Augustini ordinum, nonnullæ autem fratris Johannis Boni, aliquæ verò de Fabali, aliæ verò de Brutinis censebantur, & apud homines ambiguis interdum nuncupationibus vacillabant, duo fratres cum pleno mandato ad ipsius domini papæ mitterentur præsen-

Tome II.

tiam, quod ejus circà ipsos salubriter ordinaret dispositio recepturi. Cùmque fratres ipsi sedem apostolicam accessissent, ipsi coràm venerabili in Christo patre domino R. Dei gratiâ sancti Angeli diacono cardinali, quem idem dominus Alexander papa negotio unionis perficiendæ deputaverat vice suâ, ad id sufficientia exhibuere mandata, & in generali eorum capitulo tunc in urbe celebriter congregato, nomine omnium à quibus fuerant destinati, & de communi capituli ejusdem assensu, se & domos easdem in unam ordinis observantiam & vivendi formulam uniformem redigi, unumque ex eis ovile fieri generalis prioris præsidentiâ gubernandum, unanimiter consenserunt. Sicque dictus cardinalis ipsius domini Alexandri papæ auctoritate mandati vivo ad eum sermone directi, necnon & concordi eorumdem fratrum ac prædicti capituli consensione suffultus, universas domos & congregationes easdem in unam ordinis heremitarum sancti Augustini professionem & regularem observantiam & perpetuò couniit ; idemque dominus Alexander papa ipsius cardinalis processum approbans, illum auctoritate apostolicâ confirmavit. Verùm religiosi viri generalis & alii priores & fratres heremitæ ipsius ordinis sancti Guillermi unioni hujusmodi minimè se consensisse, imò contradixisse potiùs asserebant, dicentes quòd prædictus dominus Alexander papa quieti eorum paterno volens providere affectu, eis apostolicâ auctoritate concessit, ut sub regula beati Benedicti secundùm institutionem beati Guillermi possent in habitu solito liberè remanere, non obstantibus aliquibus litteris, gratiis vel privilegiis ab eadem sede in contrarium impetratis, vel in posterum impetrandis. Porrò prædicti priores & fratres ipsius ordinis S. Guillermi asserentes quòd dicti generalis ac alii priores & fratres heremitarum ejusdem ordinis sancti Augustini de porta sanctæ Mariæ *de VVissenborne* Maguntinensis diocesis, de corona sanctæ Mariæ *de Fubihenne* Constantiensis diocesis, *de Seminhusem* de Valle-Speciosa Ratisponensis diocesis, *de Mindelham* Augustensis diocesis, Vallis sancti Johannis de Binonia, de insula sanctæ Mariæ Pragensis diocesis, *de Lixein* Caminensis diocesis, & quasdam alias domos prædicti ordinis sancti Guillermi cum fratribus domorum ipsarum Alemaniæ & Ungariæ regnorum, occasione hujusmodi unionis, cui, ut dictum est, priores & fratres prædicti ordinis sancti Guillermi se non consensisse, sed potiùs contradixisse

dicebant, in prædicto ordine sancti Augustini receperant, ac domos ipsas cum fratribus suis incorporaverant eidem ordini sancti Augustini, in eorumdem priorum & fratrum ordinis sancti Guillermi præjudicium & gravamen ; ac inter eosdem priores & fratres ipsius ordinis sancti Guillermi ex parte una, & prædictos priores & fratres ipsius ordinis sancti Augustini, ac domorum supradictarum super hoc, ex altera parte, materiâ quæstionis exortâ ; sanctissimus pater dominus Clemens papa IV. venerabilem in Christo patrem dominum J. Dei gratiâ sanctæ Mariæ in Cosmedin diaconum cardinalem dedit in causâ hujusmodi partibus auditorem. Lite igitur in causâ coràm eodem domino J. cardinali legitimè contestatâ, factisque positionibus & responsionibus ad easdem ; tandem partes volentes litigiorum vitare anfractus, ac viam pacis & concordiæ amplectentes ; videlicèt frater Johannes de Linsen procurator prædictorum generalis, priorum & fratrum heremitarum ipsius ordinis sancti Guillermi pro eis à quibus habebat ad hoc speciale mandatum, ac frater Guido prior generalis heremitarum dicti ordinis sancti Augustini pro se ac aliis prioribus & fratribus sui ordinis, & dictis domibus & prioribus & fratribus ipsarum de quibus erat contentio, quarum domorum & priorum & fratrum ipsorum procurator erat, in nos Stephanum miseratione divinâ Prenestinensem episcopum quibus cura prædicti ordinis sancti Guillermi & personarum ipsius est ab eadem sede commissa, de voluntate & consensu dicti domini R. sancti Angeli diaconi cardinalis cui curam prædicti ordinis heremitarum sancti Augustini eadem sedes commisit, tamquàm in arbitrum arbitratorem & amicabilem compositorem, super causis, litibus & quæstionibus hujusmodi quæ erant vel esse possent super prædictis & ipsorum occasione, altè & bassè, sub pœnâ mille marcarum argenti, compromittere, ac nostræ ordinationi, diffinitioni, laudo, arbitrio, arbitratui totaliter se summittere curaverunt ; promittentes super hoc præstito juramento & sub pœnâ mille marcarum prædictâ, ratum, gratum & firmum habituros se dictosque ordines, domos & priores ac fratres eorumdem ordinum & domorum, totum & quidquid super prædictis ordinaremus, statueremus, arbitrati essemus, vel etiam diceremus, prout in publico instrumento indè confecto per manum Lambardi notarii infrà scripti pleniùs continetur.

JUSTIFICATIVES. 237

Nos itaque à partibus recepto hujusmodi compromisso, & à sanctissimo patre domino nostro Clemente papa IV. obtento vivæ vocis oraculo consensu & licentiâ ordinandi, statuendi, diffiniendi, decernendi & providendi super his, prout nobis expediens videretur, ac etiam arbitrariâ potestate nobis à partibus ipsis concessâ, ordinamus, dicimus, statuimus, laudamus, providemus & arbitramur, quòd prædictæ domus de porta sanctæ Mariæ *de VVissenborne* & de corona sanctæ Mariæ, necnon & si quæ aliæ sint in regionibus diversis, exceptis prædictis regnis Alemaniæ & Ungariæ, cum ipsarum fratribus earumque possessionibus & juribus, ad dictum ordinem sancti Guillermi totaliter redeant, & sub regula beati Benedicti secundùm institutionem beati Guillermi remaneant in habitu solito antequàm transirent ad sancti Augustini ordinem supradictum. Quas domos cum juribus & pertinentiis suis eidem priori generali ordinis sancti Guillermi summittimus, easque ad sancti Guillermi ordinem supradictum sententialiter laudamus & decernimus omni tempore pertinere, & in nullo dicto priori generali aliisque prioribus & fratribus heremitarum ordinis S. Augustini debere subesse; eisdem generali aliisque prioribus & fratribus ordinis sancti Augustini super ipsis perpetuum silentium imponendo. Ita tamen quòd fratres domorum ipsarum, qui ad alia loca heremitarum ordinis sancti Augustini se forsitan transtulerunt, ad domos ipsas vel ad ipsum ordinem sancti Guillermi redire non compellentur inviti, sed illuc redeant & ibidem admittantur, si de ipsorum fratrum qui se transtulerunt processerit voluntate. Quem reditum eis concedimus infrà mensem postquàm hoc eis fuerit intimatum. Illi etiam fratres qui medio tempore in prædictis domibus beati Augustini regulam & ordinem sunt professi, sive in ipsis morentur, sive ad alia loca ipsius ordinis sancti Augustini se transtulerint, inviti non compellantur in ipsis domibus morari, sive ad ipsas domos vel ordinem sancti Guillermi redire, sed id infrà dictum terminum in eorum voluntate consistat. Reliquæ verò domus prædictæ, ac omnes aliæ domus quæ de prædicto ordine sancti Guillermi ad prædictos heremitas ordinis sancti Augustini in prædictis regnis Alemaniæ & Ungariæ transiverunt, cum ipsarum fratribus, juribus, bonis mobilibus & immobilibus & pertinentiis universis, remaneant in prædicto ordine sancti Augustini pacificè &

quietè, & eas decernimus & arbitramur ad eumdem ordinem sancti Augustini omni tempore pertinere. Super eis dictis generali aliisque prioribus & fratribus sancti Guillermi ordinis perpetuum silentium imponendo. Ordinamus etiam & dicimus, statuimus, laudamus & arbitramur de consensu, licentia & potestate prædictis, quòd memorati generalis, priores & fratres heremitarum ipsius ordinis sancti Augustini, prætextu unionis hujusmodi, vel aliâ quacumque causâ, aliquas domos eorumdem heremitarum ipsius ordinis sancti Guillermi, ad ordinem suum de cætero non recipiant, nec se de ipsis aliquatenùs intromittant, nec umquam ipsi ordini sancti Guillermi vel aliquibus de ipso ordine moveant de unione vel subjectione aliquam quæstionem. Et si contingeret eos contra facere vel venire, volumus & arbitramur quòd liceat priori generali & aliis prioribus & fratribus ordinis sancti Guillermi possessionem ingredi domorum de quibus erat quæstio inter partes. Si verò generalis, priores & fratres ordinis sancti Guillermi contra prædicta facerent vel venirent, aut quòd aliquam de prædictis domibus dicto ordini sancti Augustini adjudicaris, vel aliquas alias ad ipsum sancti Augustini ordinem pertinentes recepissent, vel in posterum recipere attentarent, liceat priori generali & provincialibus heremitarum ordinis sancti Augustini, retentis domibus quæ per hoc arbitramentum debent eidem ordini sancti Augustini remanere, ingredi in possessionem dictarum trium domorum quæ debent ad ordinem sancti Guillermi redire; pœnâ in compromisso contentâ nichilominus exsolvendâ à parte contrarium faciente, & nichilominus hâc ordinatione & laudo nostro salvo in omnibus permanente. Et quia intendimus omnem quæstionem à dictis ordinibus removere, volumus & mandamus sub pœna excommunicationis de licentia nobis concessâ, quòd deinceps nullus frater professus dicti ordinis sancti Guillermi ad dictum ordinem sancti Augustini aliquatenùs admittatur, vel modo aliquo recipiatur, & è converso quòd nullus frater professus dicti ordinis sancti Augustini ad dictum ordinem sancti Guillermi aliquo modo recipiatur vel admittatur. Et si quid contra attentatum fuerit, receptionem ipsam reputamus & pronuntiamus irritam & inanem, & receptus ad suum ordinem redire compellatur, & decernimus irritum & inane si secùs contigerit attentari. His tamen quæ supra de fratribus domorum, de quibus erat inter partes contentio,

Gg iij

dicta sunt, in sua manentibus firmitate. In cujus rei testimonium præsens instrumentum per infrà scriptum Lambardum notarium nostrum, hujusmodi ordinationis, laudi & arbitrii nostri pronunciationi præsentem, scribi & publicari mandavimus, ipsumque fecimus nostri sigilli munimine roborari. Latum & pronunciatum est hujusmodi nostrum arbitrium, laudum, ordinamentum & quidquid superiùs continetur, Viterbii in hospitio nostro, in præsentia dicti fratris Guidonis prioris generalis ordinis heremitarum sancti Augustini, & fratris Guillermi prioris generalis ordinis heremitarum sancti Guillermi, & dicti fratris de Linsen dicti generalis & ordinis sancti Guillermi procuratoris, & de ipsorum voluntate & plena concordia ; ac præsentibus venerabili patre J. Sipuntin. archiepiscopo, fratre Simone canonico sancti Johannis de platea Urbenetan. camerario nostro, magistro Andreâ priore sanctorum apostolorum de Spoleto, magistro Paulo archidiacono Cameriensi in ecclesia Strigoniensi, magistro Johanne Romanutio domini papæ scriptore, fratribus Beringeva & Gra de ordine Minorum capellanis nostris, & aliis pluribus ad hæc vocatis & rogatis testibus, incontinenti post compromissum in nos factum ; videlicèt in anno nativitatis Domini M. CC. LXVI. indictione IX. mense Julii, die ultimâ ejusdem mensis, pontificatûs domini Clementis papæ IV. anno II. Ego Lambardus quondam Bonvillani de Podio Bonisi imperiali auctoritate notarius publicus prolationi sive pronunciationi hujusmodi laudi, arbitrii, ordinamenti & omnium quæ superiùs continentur, unà cum dictis testibus præsens interfui, & omnia & singula suprà contenta de mandato dicti venerabilis patris domini S. Prenestensis episcopi scripsi, & in publicam formam redegi, publicavi & signo meo signavi. NULLI ergò omninò hominum liceat hanc paginam nostræ suppletionis & confirmationis infringere, vel ei ausu temerario contraire. Si quis autem hoc attentare præsumpserit, indignationem omnipotentis Dei, & beatorum Petri & Pauli apostolorum ejus se noverit incursurum. Datum Viterbii III. Kal. Septembris, pontificatûs nostri anno II. *Pris sur une copie, tirée des archives des Blancs-manteaux.*

Vidimus d'une bulle du pape Boniface VIII. qui permet aux hermites de S. Guillaume de Mont-rouge, de s'établir à Paris dans le monastere des Servites de Notre-Dame, appellé aujourd'huy des Blancs-manteaux.

UNIVERSIS præsentes litteras inspecturis, officialis curiæ Parisiensis salutem in Domino. Notum facimus nos anno Domini M. CC. XCVII. die Jovis post festum sancti Remigii in capite Octobris litteras domini papæ recepisse & diligenter inspexisse, ut primâ facie apparebat, formam quæ sequitur continentes: BONIFACIUS episcopus servus servorum Dei ; dilectis filiis priori & conventui monasterii Montis-rubei per priorem soliti gubernari, ordinis sancti Guillermi, Parisiensis dyocesis, salutem & apostolicam benedictionem. Quia ex apostolici cura tenemur officii circà religionis augmentum attenti & vigiles inveniri, super hiis dignè votis vestris annuimus, ex quibus ordo vester, quem propter sanctæ operationis officium quod jugiter exercetur in eo, sincero affectu diligimus, honoris incrementa suscipiat & salus proveniat animarum. Sanè petitio vestra nobis exhibita continebat, quòd fœlicis recordationis Gregorius papa X. prædecessor noster in Lugdunensi concilio inter cætera statuit, ut ordinum professores quibus victum quæstus publicus ministrabat, quibusdam ex eis exceptis, non possent domos seu loca quæ hii quos hujusmodi comprehendit statutum habent, alienare nisi sedis apostolicæ licentia speciali ; eis sedis dispositioni reservatis ejusdem in terræ sanctæ subsidium, vel pauperum, seu alios pios usus, per locorum ordinarios vel alios quibus sedes ipsa id commiserit, convertendis. Quare nobis ex parte vestra fuit humiliter supplicatum, ut cùm vobis non modicum expedire noscatur in civitate Parisiensi, à qua monasterium vestrum Montis-rubei remotum existit, locum habere pro fratribus vestris studentibus in theologica facultate ; domum sive locum beatæ Mariæ matris Christi Parisiensem, in quo prior & fratres tres ordinis beatæ Mariæ de Monte-viridi qui juxtà statutum hujusmodi est unus de ordinibus revocatis, tantummodò remanserunt, vobis de benignitate sedis apostolicæ concedere dignaremur ; maximè cùm dicti prior & fratres ad monasterium vestrum & ordinem transire cupiant, & in eodem ordine vestro virtutum domino perpetuò famulari. Nos itaque sperantes quòd in domo

domo prædicta sive loco per vestræ vigilantiæ studium continuè debeant pietatis opera exerceri, dictis priori & fratribus transeundi cum domo sive loco eorum prædicto, ac omnibus juribus & pertinentiis suis, ita quòd domus ipsa sive locus dictorum prioris & fratrum per fratres vestri ordinis sancti Guillermi perpetuò gubernetur & deserviatur ibidem, auctoritate præsentium plenam & liberam concedimus potestatem ; statuto prædicto sive quolibet alio in contrarium edito. non obstante. Datum apud Urbem-veterem xv. Kal. Augusti, pontificatûs nostri anno III. TRANSCRIPTUM autem fieri fecimus sub sigillo curiæ nostræ, salvo jure cujuslibet. *Copié sur l'original.*

Lettres du roy Philippe de Valois.
Qui permet aux religieux des Blancs-manteaux, de percer le mur de la ville & y faire une porte.

PH. par la grace de Dieu rois de France.. Savoir faisons à tous présens & avenir.. que comme sur ce que les freres de saint Guillaume des Blancs-manteaulx à Paris nous ont supplié plusieurs fois que de nostre congié il peussent percier le mur des closures de Paris dererriers leur cloistre & y faire une huysserie par où le peuple peust aler & venir à leur eglise & pour eulx aiser daucunes maisons que il ont oultre ledit mur, lesquels leur sont moult necessaires pour cause de l'estreceté & petitesce de leur lieu qui est joignant audit mur de Paris.. Nostre recepveur de Paris, auquel nous avons mandé que il s'enformast & nous certifiast, se aucun inconvenient ou domage s'ensuivroit par ledit octroy, se nous le faisions, nous ait rescript & certifié, par le serement & tesmoignage des maistres de nos œuvres, d'aucuns nos conseillers & d'aucuns aultres, que il a trouvé, que tout veu & consideré, à percier ledit mur ou lieu & en la maniere que lesdits maistres de nos œuvres, avec le conseil des aultres dessus dis, devisoient, ne à peril, dommage ne préjudice, à nous ne à autres.. ainçois seroit à l'onneur de Dieu, & au bien & aisement du commun peuple & des voisins. & pour mieulx savoir la verité sur ce, nous eussions depuis mandé & commis par nos lettres, à nos amez & feaulx maistres.. Loys Derquery, Jacques Rousselet clercs, Jehan du Chastellier, & Renaut de Lyouart chevaliers & conseillers, que il, ou trois, ou deux de eulx, appellez avec eulx ceuls que il verroient qui seroient à appeller, veu & consideré ledit lieu, & tout ce qui à considerer seroit, nous rescripsissent sous leur seaulx, quel peril, inconvenient, ou domage est pour nous, ou pour le peuple & la ville de Paris, & quel profit & aisement pour lesdis religieux, se nous leur octroions leurdite supplication. Et eussiens envoïé avec nosdites lettres, à nosdis conseillers, sous le scel de nostre secré, pour avoir meilleur avis en ceste besoigne, la rescription ou information, que nostredit receveur de Paris, de nostre commandement, en avoit faite autres fois, & renvoïée pardevers nous, comme dit est, & lesdis maistre.. Loys Derquery, Jehan du Chastellier, & Renaut de Lyouart, nos conseillers, nous aient rescript sous leurs seaulx, que il se sont transportez ou lieu dont mention est faite és dites lettres, & ont appellé avec euls plusieurs personnes de nostre conseil, & aultres, c'est assavoir, Pierre de Tiercelieu, & Jehan de Breye, nos chevalliers & conseillers, maistres Bernart Daubigny, Jehan Dacy, & Jacques du Boullay, nos clers, nostredit receveur de Paris, maistres Jacques Vincent, & Courrat de Fontenay, maistres de nos œuvres, avec plusieurs des jurés de la ville de Paris, c'est assavoir.. Pierre Roussel.. Nicolas de Londres, Symon de la Courtille, Philippes de Baailly, & Crestian de Roan, maçons & charpentiers, & plusieurs autres personnes, bourgeois & autres de la ville de Paris.. demourans environ ladite église, dedans ledit mur, & dehors, à la plus grant partie desquels ladie huysserie est poy necessaire, pour ce que il demeurent dedans ladite closure, & ont l'entrée de lad. église pardevers euls. C'est assavoir Jehan Roussel, Jehan de Més, Guillaume Michel, Hanry Carré, Jehan de la Roche, Jourdain de Caen, Pierre de Montfort, Jehan de Saint Lo, Jehan de Chaalons, Guillaume le Bourguignon, Jehan Dorly, Jehan Langlois, Eude Datainville, & Damian de Louveciennes, ausquelles personnes dessus nommées, & présentes avec nosdis conseillers sur ledit lieu, yceuls nos conseillers firent lire, & exposerent nosdites lettres, si comme de raison estoit, & que ce fait il leur monstrérent le lieu, où lesdis freres requierent avoir ladite huysserie, dessus & dessous, & puis les firent jurer sur sains évangiles de Dieu, que bien & loyaument leur rapporteroient leur avis, de ce que il leur demanderoient sur les choses dessus dites, & que après ce il leur commandérent & enjoindrent de par nous, que il se advisassent sur ce, & que par le serement, que il avoient fait, il leur rapportaſſent leur avis & leurs entencions, à ſavoir mon eſt, quel dommage, peril, ou inconvenient ſeroit, ou pourroit eſtre, à nous, au pueple, & à la ville de Paris, & quel profit & aiſement, auſdis religieus, ſe ledit mur eſtoit percié, & ladite huiſſerie faite, & que icelles perſonnes deſſus nommées, eu ſur ce conſeil & avis entre eulx, leur rapporterent, & teſmoignerent tous d'un accort, que, combien que aucun deiſſent, en debatant, que ſe aucuns malfaicteurs faiſoient aucunes maleſaçons au dehors du mur deſſus dit, qui eſt en la juriſdiction des hoſpitaliers, à cauſe du Temple, plus legierement entreroient, & vendroient en l'immunité de ladite égliſe, par quoy juſtice pourroit eſtre empeſchée, neantmoins il leur ſembloit, que plus grant bien, que dommage, peril, ou inconvenient, ſera, & s'en enſuivra, & pourra enſuivir, ſe nous leur faiſons ledit octroy. Nous pour les prieres, que nous avons deſdis religieus, de nuys & de jours, & des bonnes autres perſonnes qui demeurent dehors ledit mur deſſus dit, & qui ſont loing de leurs paroiſſes, & d'autres égliſes, & des alans, & des venans, qui plus aiſéement vendront à ladite égliſe pour oir les meſſes, & l'autre ſervice divin, que il ne ont fait ça en arrieres. au pueple pour l'aiſement que il en auront d'aler au ſervice divin, comme dit eſt, & pour le ſauvement de leurs ames acquerir, tant en adminiſtracions des ſacremens de ſainte Egliſe, en cas de neceſſité, comme autrement, meſmement à ceuls qui demeurent dehors ledit mur, & grans profis auſdis freres, qui ſont mandians & povres, pour les oblacions, dont il ont bien meſtier, que il en auront plus abondamment, & pour l'aiſement d'une place vuide, que il ont dehors le mur deſſus dit, dont il ne ſe peuvent aider, & parmi laquelle ladite huiſſerie ſera faite, ou cas que accordé leur ſera, & que iceuls nos conſeillers, après ce, appellerent le prevoſt de Paris, & maiſtre Symon de Bucy noſtre procureur, auquel noſtre procureur, en l'abſence dudit prevoſt, qui ne vint pas, il expoſerent les choſes deſſus dites, & li diſtrent, le il y veoit choſe par quoy y li ſemblaſt que l'en deuſt mieuls denéer, auſdis freres, ladite huiſſerie, que accorder, il leur deiſt, & s'y oppoſaſt pour nous, & que noſtredit procureur leur reſpondi, que y li ſambloit, que conſiderées les choſes deſſus dites, & tout ce que il y veoit à conſiderer, mieulx ſeroit, & plus grant bien, pour les cauſes deſſus dites, que ladite huiſſerie feuſt faite, que non, & que en riens ne s'y oppoſoit, & auſſi nous aient reſcript yceuls nos conſeillers, que quant eſt de leur avis, veu tout ce que deſſus eſt dit, & ce, que ladite huiſſerie eſt deviſée par les maiſtres de nos œuvres, & jurez deſſus dis, telle que charete n'y puiſſe aller ne venir, & que elle ſoit bien garnie de bon huis & fort, & fermée de nuis, ſe elle ſe fait, & veu auſſi par euls ladite reſcripcion de noſtredit receveur de Paris, laquelle il nous ont renvoiée, cloſe ſous leurs ſceaus, avec leur dite reſcripcion, il leur ſamble que grant bien & profit, ſera de faire auſdis freres ledit octroy, & non domage, ne peril, par quoy ledit octroy doit ceſſer. Si comme ces choſes ſont contenues, en ladite reſcripcion deſdis maiſtre Loys Derquery, Jehan du Chaſtellier, & Renaut de Lyouart nos conſeillers, que il nous ont ſur ce envoiée ſous leurs ſeauls, & laquelle, & les choſes contenues en ycelle, nous avons fait veoir, bien & diligemment par certaines de nos gens, & à nous rapporter de bouche. Nous touſjours deſirans l'accroiſſement du divin ſervice, & conſiderans la devocion, & l'aiſement du commun peuple, eſpeciaument de nos ſubjés voiſins de ladite égliſe, qui pourront aler plus aiſéement, & plus ſouvent oir en ycelle égliſe ledit divin ſervice & y faire leurs oblacions, & aumoſnes, avec les autres cauſes ci-deſſus contenues, avons octroyé, & octroyons par ces lettres, à touſjours, pour nous, & nos ſucceſſeurs, rois de France à venir, de grace eſpecial, de noſtre auctorité royal, & certaine ſcience, auſdis freres, que il puiſſent faire faire pour euls & leurs ſucceſſeurs freres de ladite égliſe, ladite huiſſerie, oudit mur, telle, & en la maniere que il eſt contenu, en unes lettres ſeellées des ſeauls des devant dis, maiſtres. Courrat de Fontenay, & Jacques Vincent, maiſtres de nos œuvres, deſquelles la teneur eſt telle. C'EST la relacion, que Currat de Fontenay, maçon noſtre ſeigneur le roy, & Jacques Vincent charpentier d'icelluy ſeigneur font pour cauſe d'une huiſſerie, que le roy noſtre ſeigneur ha donnée aus freres de ſaint Guillaume des Blans-manteauls, laquelle ſera faite, és murs de la ville de Paris, & dient les deſſuſdis, que la bée de ladite huiſſerie, aura trois piés & demi de jour, & ſis piés & demi de haut, & auront les rabas de ladite huiſſerie pié & demi de lé, entre le vierre, & le chanfraint, juſques au batant de luys, & aura la fueillure du batant

tant de ladite huisserie, demi pié ; & auxi une vousseure, du lé, & de l'espoisse dessus dite. *Item*, l'en fera escoinssons de taille a parement, tant comme l'espoisse du mur se comportera, responnant à ladite feuillure, & aura une vousseure, qui surmontera la premiere, & prendra toute l'espoisse du mur, pour soustenir l'entablement, des voies desdis murs : & fera l'en en la bée de ladite voussure un bon huys fort, de un doux d'espoisse, & sera ferré d'une bonne ferreure fort, & aura une barre par devers lesdis freres tournant, de demi pié d'espoisse, & fermant à clef, en tesmoing des choses dessus dites estre vraies, ont mis les dessus dis leurs seauls. le v. jour de Septembre, l'an M. CCC. XXXIV. Mandans & commandans à nostre prevost de Paris, & à tous nos autres justiciers & subjés, que ausdis freres, il laissent & suffrent faire faire oudit mur, ladite huisserie, & ne les empeschent, sur ce, ou temps avenir en aucune maniere, contre la teneur de nostre présente grace. Et que ce soit ferme, & establie, à tousjours, nous avons fait mettre nostre seel en ces présentes. Donn. à Paris, l'an de grace M. CCC. XXXIV. ou mois d'Aoust. *Et sur le repli*, Par le roy, présent le confesseur. *Signé*, CHARROLLES. *Scellé du grand sceau en cire verte, sur lacs de soye rouge & verte ; & sur le sceau est representé le roy assis sur un trône à dais, aiant à sa main gauche la main de justice, & à sa droite un sceptre fort long, dont le bout d'en-bas porte à terre ; & y a un contre-scel, chargé de l'escu de France semé de fleurs de lis sans nombre. Pris sur l'original, dont on a copié jusqu'à la ponctuation.*

Il y a aux archives des Blancs-manteaux, outre cet original, un vidimus du mème acte, délivré les mesme jour & an par Pierre Belagent garde de la prevosté de Paris, avec un sceau en cire verte, sur lequel est une fleur de lis, accompagnée à droite du sceau d'un petit escusson parti, au premier de fleur de lis sans nombre, & au second d'une bande chargée de quelque chose qu'on ne peut discerner; & à gauche, d'une porte de ville. Et au contre-scel un escusson chargé de trois fleurs de lis, avec un besant, ou autre chose en chef, pour brisure.

Vidimus d'une autre charte du roy PHILIPPES DE VALOIS.

En faveur des Blancs-manteaux.

AN. 1336. A Tous ceulx qui ces lettres verront, Alexandre de Crevecuer garde de la prevosté de Paris, salut. Sçavoir faisons que nous l'an de grace M. CCC. LII. le Mercquedi second jour de May, veismes unes lettres du roy nostre sire, scellées de son grant scel en lacs de soie & en cire vert, contenant cette forme : PHILIPPES par la grace de Dieu rois de France. Sçavoir faisons à touz presens & àvenir, que à la supplication des religieux le prieur & le convent de l'ordre de saint Guillaume de Paris qui sont povres mendians & n'ont point de propre, combien que leur ordre soit fondée sur propre ; & ou temps passé il eussent trouvé & encores trouveroient aucunes bonnes personnes & devotes meües de pieté, qui pour le salut de leurs ames leur eussent donné & encores veulent donner aucunes rentes pour leur sustentation & de leur ordre, & pour celebrer plus curieusement & plus fervemment le divin office, se lesdiz prieur & convent les peussent tenir amorties franchement. Nous considerans les bonnes devotions desdictes personnes, & qui sommes tous desirans de l'acroissement du divin service, avons octroié & octroions de nostre grace especial ausdiz prieur & convent & pour le salut de nostre ame, qu'il puissent acquerir par quelconque juste titre quarante livres tournoiz de rente annuel & perpetuel en noz censives ou ailleurs ou de noz subjez, sanz fief & sanz justice ; & que lesdiz prieur & convent & leurs succcesseurs puissent tenir & tieignent perpetuellement & paisiblement ladicte rente, sanz ce qu'il soient ou puissent estre contrains en aucun temps à la vendre ou mettre hors de leurs mains, comment que ce soit, & sanz en payer à nous ou à noz successeurs aucune finance, laquelle nous leur avons quitté & quittons de nostredicte grace, & pour le bon estat de notre royaume, pour lequel ils nous ont octroié de leur bonne & pure volenté à celebrer en leur eglise une messe chacune sepmaine à tousjoursmais perpetuelement. Et pour ce que ces choses soient fermes & estables à tousjours, nous avons faict mettre nostre scel en ces lettres ; sauf nostre droit en autres choses & l'autrui en toutes. Donné à Becoysel, l'an de grace M. CCC. XXXVI. ou mois de Juillet. Par le roy, *Signé*, MELLOU. Et nous à cest présent transcript avons mis le scel de la prevosté de Paris, l'an & le jour premierement dessusdiz. *Signé*, DESRAME *avec paraphe*. *Copié sur l'original*.

Lettres patentes du roy CHARLES VI.

Qui accorde au tresorier de la reine une tour de l'ancienne closture de Paris, pour en élargir son hostel, cedé depuis aux Blancsmanteaux.

AN. 1391.

CHARLES par la grace de Dieu roy de France, à tous ceulx qui ces présentes lettres verront, salut. Savoir faisons que nous donnasmes japieça à nostre bien amé maistre Jehan Perdrier à présent maistre de la chambre aux deniers de nostre trés chere & trés amée compaigne la royne, pour les bons & agreables services que ou temps passé nous auroit faiz ; & pour consideration d'autres choses qui à ce nous meurent, une tour de l'ancienne muraille & fermeture de nostre ville de Paris, pour élargir & croître un hostel qu'il y a à la porte Barbete, auquel ladicte tour joint, parmi ce qu'il soit tenuz de nous en faire & païer deux sols parisis de rente par an ; & de ce lui donnasmes nos lettres, lesquelles, si comme il nous a rapporté, sont perdues, & ne les puet-on trouver. Et pour ce il nous a humblement supplié que nostredit don nous lui vueillons confermer. Pourquoy nous les choses dessusdictes considerées, & les bons & agreables services que chascun jour il fait à nous & à nostredicte compaigne, icelluy nostre premier don lui confermons, & voulons qu'il ait & sortisse son plain effect, & se mestier est, par ces presentes de grace especial de nouvel lui donnons. Si donnons en mandement à noz amez & feaulx gens de noz comptes & tresoriers & receveur à Paris que de nostredicte grace & octroy facent, souffrent & laissent ledit maistre Jehan Perdrier joïr & user plainement & paisiblement, en païant lesdiz deux sols parisis de rente par an ; sans lui donner empeschement en aucune maniere ; ainçois se edifié n'y a, lui souffrez edifier, ainsi que bon lui semblera ; pourveu toutesvoies qu'il ne nous tourne à préjudice ne à la chose publique. Car ainsi nous plaist-il estre fait, & audit maistre Jehan l'avons octroyé & octroyons par ces présentes de grace especial, nonobstant lesdictes lettres ainsi perdues, ordonnances & quelconques autres choses à ce contraires. En tesmoing de ce nous y avons fait mettre nostre seel. Donné à Gisors le xxv. jour de May, l'an de grace M. CCC. XCI. & de nostre regne le XI. *Sur le reply est escript :* Par le roy, DE MONSTROLIO.

Copié sur l'original.

Extrait de quelques statuts des chapitres generaux des Guillelmites.

STATUTA anno Domini M. CC. LI. ex speciali licentia Innocentii IV. patentibus litteris bulatis in capitulo generali apud S. Guillelmum in Valle Rodis Grossenatensis diocesis.

AN. 1251.

De ordine domorum, caput 50. In capitulo generali habito in Mancepalo, ordo domorum institutus est in provincia Franciæ & Alamaniæ : Porta cœli propè Buscum-Ducis ; Ortus S. Mariæ propè Burlo ; Wastina S. Mariæ, Bernaphing ; Pratum S. Mariæ ; Valis S. Mariæ propè Walincourt ; Valis Comitis ; Mons rubeus ; Locus pacis propè Nenlant ; Vriborna ; Corona ; Porta S. Mariæ ; Wisenbourne ; Alost ; Vallis S. Mariæ propè Hagnoias ; Paradisus propè Duren ; Syon ; domus S. ma. Katherinæ propè Nivellam ; Huberghen ; Meghen ; Vallis rosarum ; Motha S. Willelmi ; domus S. Warneri, Warmaria ; Mulebach ; Wisonse.

De numero fratrum, caput 51. Domus de Busco xx. fratres diocesis Leodiensis. Domus de Burlo Monasteriensis diocesis xiii. Domus de Wastina xii. Domus de Barnaphaing xii. Domus de Prato x. Domus de Valle B. Mariæ x. Domus Vallis Comitis xiii. Domus Montis rubei xii. Domus de Neulant viii. Domus de Wiborna xx. Domus de Corona xiii. Domus de Porta cœli xvii. Domus de Wisenborne xii. Domus de Alost vi. Domus de Hagnoia x. Domus de Paradiso x. Domus de Syon xii. Domus de Nivella x. Domus de Hubergis vii. Domus de Menches xvi. Domus Vallis rosarum x. Domus de Mota viii. Domus S. Walneri x. fratres.

De porcione studencium, caput 52. Quoniam propter bonum commune, honorem Dei, & ordinis, efficaciùs augmentandum in capitulo provinciali celebrato in domo de Walincourt sub anno Dom. * M. CCC. XXXVII. fuerit ordinatum & statutum quòd quilibet prior nostræ provinciæ pro sustentacione studentium Parisius solveret quolibet anno unum florenum, quilibet conventus unum, quilibet terminarius** sex grossos, quilibet socius terminarii participans secum in lucro tres grossos, & dicta pecunia dimitti deberet de quolibet conventu longiori à domino provinciali propinquiore &c. in antea. Ita quòd dom. provincialis eam haberet in festo B. Laurencii, studentibus pro suis provisionibus opportuno tempore faciendis tradendam.

Cette date fait voir que le recueil des statuts commencé en 1251. contient des statuts des chapitres suivants.

**Terminatius, dans ces statuts, est celui qui a vû certaines bornes marquées, pour faire la queste dans un canton.*

tradendam. Auctoritate præsentis capituli ipsum statutum ratificamus & confirmamus. Nihilominùs propter incaritativam & involuntariam aliquorum, statuimus & firmiter præcipientes sub pœnis inobedientiæ, præsenti statuto, sinè relaxatione infligendis, quatenùs quilibet prior pro se & pro suo conventu, quilibet aliorum in statutis taxatus portionem sibi impositam sinè aliqua retractatione, antè vel in festo beati Petri ad vincula in manu proprii prioris integraliter persolvat, dictusque prior ipsam pecuniam sic receptam, cum florenis sibi & conventui suo taxatis, antè vel in festo prædicto B. Laurencii domino provinciali transmittat. Qui secùs fecerit, sive prior, sive frater, termino dictæ solucionis elapso, à carnibus & vino in conventu & extrà omninò abstineant. Si terminarius est, ad terminos pro lucro & salario propriæ personæ non exeat ; si prædicator, non prædicet ; si confessor, confessiones non audiat ; donec de sua porcione, ut præmittitur, plenariè satisfecerit cui debet. Item præcipimus & ordinamus sub pœnis in eodem statuto ordinatis & taxatis, quòd fratres in curiis manentes, seu in parochiis vel capellis deservientes, quilibet eorum solvere debeat sex grossos, ad modum terminariorum. Similiter quoque ordinatum fuit in dicto capitulo de Vall. quòd melius vestimentum fratris decedentis, debitis ejus persolutis, seu justum ejus precium, vel saltem pars precii debita supercrescens, eidem domino provinciali dicto tempore transmittatur. Eadem auctoritate præsentis capituli confirmamus, & ut debito tempore persolvatur, sub pœnis præmissis firmiter præcipimus & mandamus. Et hoc statutum iterò approbatum & ratificatum fuit in capitulo celebrato apud Alustum anno Dom. M. CCC. XLI. per venerabiles patres dominum provincialem, dominos Bernardum priorem in Bourlo, Johannem priorem Parisius, Johannem priorem in Durlen, & Danielem priorem in Brouch, qui fuerunt diffinitores in dicto capitulo in modum qui sequitur : Præcipimus universis prioribus & fratribus, quatenùs taxatum studentibus necessario tempore, quantitate, & qualitate aliàs ordinatum, absque aliqua retractatione persolvant.

Hæc omnia statuta extracta à quodam libro vetustissimo, vix præ vetustate legibili, in conventu Parisiensi conservato, de verbo ad verbum sinè additione vel imminutione aliqua, anno Dom. M. CCC. XCVII. in octavis Innocentium. Nota pro

Tome II.

majori fidelitate, quòd omnia supradicta statuta reperiuntur Parisius ab antiquo de verbo ad verbum de Latino in Gallicum translata, ordinacione suprascriptâ conservata.

In capitulo generali celebrato anno Dom. M. CCC. XL. &c. Cùm fratres nostri de Francia & Alamania paupertate graventur, & ipsos frequenter oporteat pro sublevanda paupertate sua, hospicia diversa visitare ; conceditur eisdem piâ condescensione, ut foris uti possint pulmentis, carnibus seu sagimine conditis, dum tamen omninò à carnibus abstineant, exceptis adventu Domini & sabbatis, nec procurent sibi fieri cibaria, aliquâ arte delicata vel fraude, ne per abusum dictâ veniâ privari mereantur, postmodùm impetratâ in bulla Clementis.

Capitulum provinciale celebratum fuit in domo nostra *des Blans-mantiaulx* Parisius, anno Dom. M. D. XIX. *Tiré d'un registre manuscrit des Blancs-manteaux.*

Dédicace de l'église des Blancs-manteaux.

ANNO Domini M. CCC. XCVII. in festo beati Andreæ, scilicèt feriâ sextâ quæ fuit ultima dies Novembris, dedicata & consecrata fuit hæc ecclesia per reverendum in Christo patrem ac dominum Johannem de Gonnessia Nassoviensem episcopum, hujus ordinis professorem, necnon ejusdem ordinis provinciæ Franciæ provincialem, de licentia reverendi in Christo patris ac domini domini Petri de Ordeomonte Parisiensis episcopi, præsentibus reverendis in Christo patribus ac dominis, videlicèt Guillelmo de Dormano Senonensi archiepiscopo, domino, Michaele Anthissiodorensi episcopo, domino Johanne Carnotensi episcopo, ac domino Karolo Cathalanensi episcopo ; præsentibus etiam illustrissimis principibus domino videlicèt Karolo Dei gratiâ rege Franciæ, & Karolo rege Navarriæ. Hujus autem dedicationis occasione tam summorum pontificum quàm prælatorum spirituali largissione collatæ fuerunt indulgenciæ omnibus hâc die præsentem ecclesiam visitantibus, in summa duorum annorum & trecentorum quadraginta dierum.

L'an de nostre seigneur M. CCC. XCVII. le vendredi qui fut derrenier jour de Novembre & le jour sainct Andrieu ceste église, laquelle a esté fondée par sainct Loys roy de France en l'an M. CC. LXIII. fut dediée & consacrée par reverend pere en Dieu monseigneur Jehan de Gonnes-

AN. 1397.

Hh ij

se évesque de Nasso religieux de cheans & provincial de la province de France de ceste ordene; de la licence de reverend pere en Dieu monseigneur Pierre de Orgemont évesque de Paris. Présens reverens peres en Dieu monseigneur Guillaume de Dormans archevesque de Sens, & monseigneur Michiel évesque de Ausserre, monseigneur Jehan évesque de Chartres, & monseigneur Charles évesque de Chalons. Présens aussy très-nobles & redoubtés princes Charles par la grace de Dieu roy de France & Charles roy de Navarre. Et à l'occasion de ceste dedicace sont octroiés indulgences & pardons de plusieurs prélas à tous ceulx qui visiteront à tel jour ceste église, en somme deux ans trois cens & quarante jours. Copié sur l'original en parchemin.

Arrest de la chambre des comptes & trésoriers de Paris.

Qui donne à rente aux Blancs-manteaux, une tour & partie des anciens murs de la closture de la ville joignant leur monastere.

AN. 1403.

CHARLES par la grace de Dieu roy de France, savoir faisons à tous presens & à venir, que comme les religieux Guillemins de l'église des Blancs-manteaulx de Paris eussent exposé à noz amez & feaulx gens de noz comptes & trésoriers à Paris, que tout temps leur église & leurs autres habitations ont esté & sont joignans sans aucun moïen des anciens murs & fermeté de la ville de Paris, & que pour ce ilz prendroient volontiers à aucun pou de rente ou à argent pour une fois lesdiz anciens murs joingnans à eulx, avec une tournelle desdiz murs, estant ainsi comme ou milieu d'iceulx par dehors au regart de leurs édifices, s'il plaisoit à nozdites gens des comptes à les leur bailler, en la maniere que l'en a acoustumé faire à autres personnes aïans édifices joingnans ou près d'iceulx murs. Et nozdites gens des comptes & trésoriers inclinans à leur requeste eussent mandé à nostre receveur de Paris que, appellez avec lui les maistres de nos euvres à Paris, il se transportast sur lesdiz murs, & que il & lesdiz maistres de noz euvres eussent adviz ensemble quel proufit ou dommage pouroit avenir à nous & à la chose publique, se lesdiz murs & tournelle estoient bailliez ausdiz religieux pour eulx & leurs successeurs perpetuellement, à crois de cens ou rente ou autrement, par quel prix & comment on avoit acoustumé à faire en semblable cas; & ce que trouvé en au-

roit, rapportast ou renvoïast feablement par escript devers nozdites genz des comptes & tresoriers, avec les adviz de lui & desdiz maistres de noz euvres, cloz soubz leur seaulx, afin de y pourveoir, comme il appartiendroit. Et par vertu des lettres sur ce adressées audit receveur, icelui receveur & lesdiz maistres de noz euvres aïent veu & visité les murs & tournelle dessuzdiz, la quantité & la qualité de la chose, & eue consideration sur toutes les choses dessuzdites, & sur ce aïent fait leur rapport par escript & soubz leurs seaulx, & icelui envoïé à nozdites genz des comptes, en la maniere qui ensuit: A NOS très-chiers & doubtés seigneurs nosseigneurs les genz des comptes & tresoriers du roy nostre sire à Paris, Jehan Bourreau receveur & voyer de Paris, Remon du Temple & Robert Fouchier sergens d'armes du roy nostredit sire, maçon & charpentier d'icelui seigneur, honneur & reverence avec toute obeissance. Noz très-chiers seigneurs, plaise vous savoir nous avoir receu vos lettres ausquelles estoit attachiée une requeste des religieux Guillemins de l'église ditte les Blans-manteauls de Paris, desquelles lettres & requeste la teneur ensuit; & premierement de ladite requeste: A NOSSEIGNEURS des comptes & tresoriers du roy nostre sire à Paris, supplient voz humbles chappelains & orateurs les religieux Guillemins de l'église des Blansmanteauls à Paris; comme de toute anciennetté leur église & autres habitations soient joignans sans aucun moyen des anciens murs & fermeté de la ville de Paris en venant jusqués à la porte Barbete. Et ils aïent entendu que aucunes personnes layes ayans leurs maisons & habitations semblablement joignans sans aucun moyen desdiz anciens murs, les ont par contrainte ou autrement de leur volenté acensez du roy nostredit sire; & que se ainsi ne le faisoient, ils seroient en aventure d'y estre empeschiez pour le temps à venir; laquelle chose leur seroit moult prejudiciable ou à leurs successeurs religieux ilec. Qu'il vous plaise, afin que lesdiz suppliants & leursdiz successeurs puissent plus seurement demourer audit lieu & y exercer le divin service, mander & commettre, se mestier est, au receveur de Paris, que semblablement que il ou ses predecesseurs ont bailliez & acensez les autres anciens murs de ladite ancienne closture & fermeté de ladite ville à ceulx qui sont heritez & ont leurs maisons & habitations à l'endroit d'iceulx murs, il les leur baille & acense, avec une tournelle desdiz anciens murs qui sciet avecques ou milieu de leurdit pourpris au dehors d'iceulx murs, parmi en faisant & rendant doresenavant chacun an au roy nostredit sire aucun peu de rente, ou payer pour une fois seulement aucune legiere & aisiée finance, que lesditz religieux qui sont povres gens mandians puissent aisément faire & payer; & vous ferez bien & aumosne; & si prieront Dieu devotement pour le roy nostredit sire & pour vous. *Item* de vos lettres: LES gens des comptes & tresoriers du roy nostre sire à Paris, au receveur de Paris salut. Veuë la requeste des religieux Guillemins de l'église des Blancs-manteaulx de Paris cy attachée soubz l'un de noz signez. Nous vous mandons, & se mestier est, commettons de par le roy nostredit sire & de par nous, que appellez avec vous les maistres des œuvres dudit sire à Paris, vous vous transportez sur les lieux dont mention est faite en ladite requeste, & ayez adviz ensemble se soit prouffit ou dommage au roy nostredit sire, ou à la chose publique, que les murs & tournelle declairiez pluz à plain en icelle requeste fussent bailliez ausdiz religieux pour eulx & leurs successeurs à crois de cens ou rente, ou autrement, par quel pris ou comment on a acoustumé à faire en semblable cas. Et ce que trouvé en aurez avec les advis & mouvement sur ce de vous & desdiz maistres des œuvres, nous rapportez ou renvoyez par escript feablement soubz voz seaulx, afin que ce veu, nous puissions au seurpluz faire & ordonner pour le bien & prouffit du roy nostredit sire, ainsi qu'il appartiendra. Donné à Paris le XXIV. jour de Novembre l'an M. CCCC. III. POUR lesquelles voz lettres acomplir & enteriner nous nous sommes transportez le jour de la date de ces presentes en l'hostel & pourpris desdiz religieux, tenant & aboutissant d'une part à la porte Barbete qui est ès anciens murs, closture & fermeté de ladite ville de Paris pardevers la viez rue du Temple, & d'autre part tenant, joignant & aboutissant tout au long d'iceulx anciens murs, jusques à l'hostel de noble & puissant seigneur monseigneur Jacques de Bourbon seigneur de Preaux. Et avons eu advis & deliberation ensemble, assavoir se ce soit aucun dommage ou préjudice au roy nostredit sire ne à la chose publique de bailler & acenser ausdiz religieux, au proufit d'icelui sire, les anciens murs & tournelle dont mention est faite plus à plain esdittes lettres & requeste. Si nous semble en noz veritez, loyautez & consciences, veu & consideré que tout l'ostel & pourpris desdiz religieux est de très-grant ancienneté logié & hebergié à l'encontre d'iceulx murs, & que ce ne fait & ne puet faire ou porter aucun dommage ou préjudice à aucun; & aussi que en semblable cas l'en en a plusieurs bailliez & acensez à plusieurs autres personnes, qui pareillement estoient & sont logiez & hebergiez à l'encontre desdiz murs. Reservé que s'il venoit guerre, que Dieux ne vueille, & il estoit besoing & necessaire de reprendre iceulx murs & tournelle pour servir de fermeté à ladite ville, comme il souloient anciennement, on le peust faire, en tenant lesditz religieux quittes & deschargiez à plain de la charge à quoy il prendroient lesdiz murs & tournelle, l'en puet licitement bailler & acenser au prouffit du roy nostredit sire aux religieux dessusdiz pour eulx & leurs successeurs les murs & tournelle dessusdiz, & que ce ne sera ne ne fera ou portera aucun dommage ou préjudice audit sire ne à la chose publique. Et quant au seurpluz de savoir parmi & moyennant quel pris ou acensement d'argent ou de rente ou crois de cens ou autrement; pour ce qu'il nous est apparu par lettres royaulx en laz de soie & cire vert, par vous, nosseigneurs, expediez, & par le rapport dedans icelles encorporé, que depuis quatre ou cinq ans en ça par l'ordonnance & commandement de feu Guillaume Amé jadiz receveur de Paris, nous Remon du Temple & Robert Fouchier dessus nommez, appellez avec nous feux maistres Jehan Filleul, & Adam Ravier dit de Moret, & Regnault Lorier maçons, & feu Philippe Milon charpentier, tous jurez du roy nostredit sire en ladite ville de Paris en l'office de maçonnerie & charpenterie, feusmes ensemble pour veoir, visiter & estimer une tournelle & quatorze toises ou environ desdiz anciens murs, joignant & aboutissant jusques à la porte du Chaume pour un nommé Pierre Alvart demourant adoncques en la rue de Paradis pardevers & au dehors desdiz anciens murs, & que par très-grant, bonne & meure deliberation eue sur ce, nous apretiasmes ladite tournelle qui est toute telle que celle que demandent lesdiz religieux, à douze solz parisis de rente, avec deux sols parisis pour fons de terre, & chacune toise desdiz murs deux solz parisis de rente, avec deux deniers parisis pour fons de terre; & que laditte rente vauldroit à argent pour une foiz, les vingt folz parifis dix livres parifis, refervé au roy ledit fons de terre ; nous difons encores que confideré la fituation defdiz murs, qu'il ne pourroient & ne devroient par raifon eftre baillez ne acenfez à autres que aufdiz religieux, attendu ce que dit eft, que les murs & tournelle deffufdiz puent eftre & font affez raifonnablement baillez & acenfez à iceulx religieux, à autel & femblable pris de rente ou argent pour une foiz, avec le cens ou fons de terre perpetuel deffus declairié au roy noftredit fire. Et par ainfi lefdiz murs par nous tefez à la toife du roy, montans en quantité de toifes courans au long, & comptant chacune toife à fix piez au pié le roy, trente-neuf toifes deux piez fans laditte tournelle, valent lefdites trente-neuf toifes deux piez, au feur de deux fols parifis de rente chacune toife, foixante-dix-huit fols huit deniers parifis, & douze fols parifis pour laditte tournelle ; pour tout quatre livres dix fols huit deniers parifis, qui valent à argent pour une foiz, au feur de dix livres parifis chacune livre, quarente-cinq livres neuf fols deux deniers parifis ; & de fons de terre par chacun an huit fols fix deniers parifis. Parmi ce auffi que lefdiz religieux ne pourroient abatre ne démolir les murs & tournelle deffufdiz ; mais les pourront haucier pour amender & édifier dedans & deffus, fi comme bon leur leur femblera, tant de maçonnerie que de charpenterie & de couverture, & les veuës & agoux mettront aux us & coutumes de la ville de Paris devers les voifins. Et avec ce que s'il venoit guerre, que Dieux ne vueille, pourquoy il feuft befoing & neceffaire de reprendre lefdiz murs & tournelle pour fervir de clofture & fermeté à laditte ville, ainfi que deffus eft dit, le roy noftredit fire le pourroit faire, fans ce qu'il feuft tenuz de riens rendre ou reftituer aufdiz religieux pour rachapt de laditte rente, ne pour quelconques amendemens, édifications ou reparations defdiz murs & tournelle, mais feulement que lefdiz religieux & leurs fucceffeurs foient & demouroient à toufjours quittez & defchargiez à plain dudit fons de terre. Si pouez, nos très-chiers & doubtez feigneurs fur ce faire & appointier, ainfi que vos très-notables & loables difcretions fauront bien ordonner & appointier. En tefmoing defquelles chofes, nous avons mis en ces lettres nos propres feaulx, defquelz nous ufons en nozdiz offices faifant & exerçant, le Dimanche ix. jour du mois de Decembre, l'an M. CCCC. III. ET AIT efté veu & examiné ledit rapport en la chambre de nozdiz comptes à grant & meure deliberation, & confideré tout ce qui faifoit à confiderer en cefte partie. Nous adecertes pour confideration de ce que dit eft, par deliberation de nozdittes gens des comptes & treforiers, aufdiz religieux, pour eulx & leurs fucceffeurs en laditte églife, avons baillé & accenfé les murs & tournelle deffufdiz à plein declairiez & fpecifiez oudit rapport, à les tenir & en ufer par eulx & leurfdiz fucceffeurs en la maniere deffuz declairiée oudit rapport, pour le pris de quatre livres dix folz huit deniers parifis de rente, avec huit fols fix deniers parifis de fons de terre que ilz nous en feront tenuz payer chacun an en noftre recepte de Paris, aux termes en icelle acouftumez ; par condition toutes voies que par nous baillant autant de rente en affiette convenable, ou nous acquittant d'autant de rente envers ceulx qui prennent rente fur noftre domaine, quant ilz le pourront & vouldront faire, ils feront & demourront quittes envers nous de la rente deffus déclairiée ; & auffi fe il avenoit que pour la neceffité de la chofe publique nous repreiffions lefdiz murs & tournelle, ou que ils feuffent tellement occupez que ils n'en peuffent joyr, lefdiz religieux en ce cas feroient & demouroient quittes de laditte rente & fons de terre, durant le temps de laditte occupation. Si donnons en mandement aus prevoft, receveurs de Paris, & à tous nos autres jufticiers & officiers, ou à leurs lieuxtenans, & à chacun d'eulx, fi comme à lui appartiendra, que ilz facent & fueffrent lefdiz religieux joyr & ufer paifiblement des murs & tournelle deffufdiz, par la forme & maniere devant dittes ; fans les fouffrir en ce molefter, travailler ne empefcher aucunement contre la teneur de ces prefentes. Et afin que ce foit ferme chofe & eftable à touzjours, nous avons fait mettre noftre fcel à ces prefentes, fauf en autres chofes noftre droit & l'autrui en toutes. Donné à Paris ou mois de Janvier, l'an de grace M. CCCC. III. & de noftre regne le XXIV. *Sur le reply eft efcript:* Par le confeil eftant en la chambre des comptes ouquel les treforiers eftoient. *Et plus bas, figné,* MILERAT.

Copié fur l'original en parchemin, & fcellé de trois fceaulx.

Arreft

JUSTIFICATIVES.

Arrest de la chambre des comptes:

Qui permet aux Blancs-manteaux d'ériger un chapiteau au-dessus de la porte de leur église.

An. 1551.

LEs gens des comptes du roy nostre sire à Paris, à tous ceux qui ces présentes lettres verront , salut. Sçavoir faisons que veüe la requeste cy-attachée soubz l'un de noz signetz, à nous présentée de la partie des religieux prieur & convent de l'église saint Guillaume, dit les Blancs-manteaux à Paris, requerans par icelle que leur voulussions permettre de faire ériger, mettre & asseoir sur la premiere porte & entrée dudit convent, ung chappiteau de charpenterie, qui par l'évesque de Troyes, & damoiselle Marie Beauvarlet veufve de feu maistre Jehan Raguier, en son vivant seigneur de la Mothe, leur a esté donné pour couvrir & garder de pluye les ymages estans au-dessus de ladicte porte ; & veüe semblablement la certification des maistres des œuvres de maçonnerie & charpenterie dudict sire , & oy aussi sur ce maistre Raoul de Refuge conseiller & maistre desdictz comptes, lesquelz ont par nostre ordonnance esté veoir & visiter ensemble ledict lieu, & eulx informer sur le contenu en ladicte requeste ; & consideré ce que en cette partie faisoit à considerer ; nous ausdictz religieux prieur & convent supplians avons , en suivant le contenu en ladicte certification , laquelle est cy-attachée comme dessus , permis & permettons par ces présentes , de faire ériger, mettre & asseoir sur ladicte premiere porte de leurdict convent, ledict chapiteau de charpenterie, de trois à quatre piedz de saillye sur rue , qu'il peut bien avoir, sans porter aucun préjudice au roy nostredict seigneur, ne à la chose publique , ainsi que lesdictz maistres des œuvres le certifient par leurdicte certification. Si donnons en mandement par cesdictes présentes au voyer & receveur ordinaire de Paris , & tous autres qu'il appartiendra, que de nostre présente permission ils facent, souffrent & laissent joyr & user plainement & paisiblement iceulx religieux prieur & convent supplians , selon & ainsi que dessus est dit. Donné à Paris soubz nosdictz signetz le VIII. jour de Juillet l'an M. D. II. Signé , LE BLANC *avec paraphe.*

Copié sur l'original en parchemin & scellé.

Actes concernans l'introduction des Benedictins réformez de la congregation de France, depuis dite de S. Maur, au monastere des Blancs-manteaux à Paris.

An. 1618.

NOus soussignez religieux, prieur & convent du monastere de monsieur S. Guillaume dit Blancs-manteaux, fondé en cette ville de Paris, avons trouvé fort expedient, très-necessaire & extremement salutaire de prendre & vivement embrasser une bonne réforme qui depuis quelques années se voit en lumiere & vigueur. C'est pourquoy aujourd'huy matin, après avoir invoqué l'assistance du S. Esprit par la celebration d'une messe solemnellement chantée , nous nous sommes assemblez en nostre chapitre , pour après l'exposé fait & murement examiné sur ce sujet, recevoir par nous prieur les suffrages des sentimens de nos confreres, lesquels par la grace de Dieu nous avons trouvez unanimes pour suivre & embrasser ladite reforme, suivant & au désir de l'ordre reformé des Benedictins de S. Vanne de Verdun. Et pour y parvenir, nousdits religieux avons prié & requis notre pere prieur d'y apporter le soin, l'affection & diligence qu'il jugera expedient pour l'avancement de perfection d'une si sainte affaire , le constituant par ces présentes notre procureur avec frere Maurice de Vaubicourt, promettans d'avoir pour agreable tout ce qui sera fait par eux. En témoin de quoy nous avons signé ces présentes de nos mains & signes manuels ce III. jour de Septembre M. DC. XVIII. comme cy-après.

NOus soussigné F. Jean Goyer prieur susd. de la maison Blancs-manteaux à Paris , au sujet de la procuration & requisition cy-dessus à nous faites par nos soussignez confreres, tous religieux profez de notredit monastere , nous nous sommes transportés avec notre confrere F. Maurice de Vaubicour prestre religieux profez & procureur de notre maison , au college de Cluny , auquel ayant trouvé le V. R. P. en Dieu dom Martin Tesnier prieur de S. Faron-lez-Meaux, l'avons requis tant en notre nom que de nos confreres susdits religieux, d'accepter , unir & agréger dès aprésent & pour jamais notredite maison à la congregation Françoise de Benedictins reformez & abbayes reformées de S. Augustin de Limoges, de Nouaillé en Poitou, Jumiege, & Bernay en Normandie & de S.

Faron-lez-Meaux, selon la reforme à S. Vanne de Verdun, selon aussi les lettres royales données à Paris au mois d'Aoust dernier passé an présent; pour vivre cy-après sous les loix, forme, & superieurs de ladite reforme. En foy de quoy nous avons signé les présentes, le susdit jour & an III. de Septembre M. DC. XVIII. *Ainsy signé*, F. JEAN GOYER prieur. F. MAURICE DE VAUBICOUR procureur.

ET nous soussigné D. Martin Tesnier humble prieur de S. Faron-lez-Meaux de la congregation Françoise des Benedictins reformez en France, selon la reforme dans la congregation de S. Vanne de Verdun, avons accepté, uni & agregé à notredite congregation Françoise ladite maison Blancs-manteaux à Paris, sous le bon plaisir de N. S. P. le pape, du roy nostre sire, & de nos confreres les autres superieurs de nostredite congregation. En foy de quoy nous avons signé la présente avec deux de nos confreres religieux, ce III. de Septembre M. DC. XVIII. au college de Cluny. *Ainsi signés*, F. MARTIN TESNIER, F. BENOIST TRISTAN, F. CYPRIEN LE CLERC.

ET le mesme jour que dessus, nous soussigné D. Martin Tesnier prieur que dessus, nous sommes transporté en lad. maison Blancs-manteaux à la requisition du R. P. prieur d'icelle, où estant, il a assemblé tous ses religieux & declaré tout ce que dessus, les interpellant de répondre de vive voix, & signer s'ils avoient agreable tout ce que luy & leur confrere son religieux avoient dit & negocié avec nous susdit prieur de S. Faron, pour l'agregation de leurd. maison à la reforme & congregation Françoise des Benedictins. Ce qu'ils ont tous agréé, acordé, consenti, & ratifié de leurs signes manuels, comme aussi moy dit prieur de S. Faron ay reïteré mon acceptation & agregation qu'ay fait de ladite maison Blancs-manteaux, au nom & sous le bon plaisir que dessus dit est. *Ainsi signé*, F. MARTIN TESNIER, F. JEAN GOYER prieur. F. SIMON GUESPEREAU. F. MAURICE DE VAUBICOUR. F. JEAN ROUSSEL. F. RENE' GALLOIS. F. CLAUDE DE SANTENY. F. FRANÇOIS TOURNON profez. F. NICOLAS HAMON, & F. BERNARD LAMBERT, novices. *Pris sur l'original.*

Lettres patentes du roy LOUIS XIII.
Qui confirment l'introduction des Benedictins réformés de la congregation de France, depuis dite de S. Maur, dans le monastere des Blancs-manteaux de Paris.

LOUIS par la grace de Dieu roy de France & de Navarre; à tous présens & à venir, salut. Ayans esté avertiz que le prieur & relligieux de la maison des Blancz-manteaux de nostre bonne ville de Paris, de la congregation des Guillemins & regle de saint Benoist, auroient unanimement requis nostre très-cher cousin le cardinal de Retz évesque de nostredite ville de Paris, de les vouloir agréger à la congregation Françoise des Benedictins reffomez, ainsy que jadis la mesme maison des Blanz-manteaux avec ses prieur & relligieux, qui estoient de l'ordre des Serviteurs Nostre-Dame, furent translatez & agrégez en celuy desd. Guillemins; & que led. cardinal les auroit admis & receuz en lad. congregation Françoise des Benedictins, tant pour remedier aux grandz desordres qui ont esté depuis quelques années en lad. maison des Blancz-manteaux, que pour l'édification que cause au public la vie exemplaire & reguliere desd. Benedictins reformez en plusieurs abbayes & maisons de cestuy nostre royaume, où ilz sont establiz, & mesme à présent en ladire maison des Blancz-manteaux, au grand contentement des habitans de nostre bonne ville de Paris. Sçavoir faisons que nous desirans favoriser tous les pieux desseings qui tendent à la gloire de Dieu & propagation de nostre sainte foy, comme au salut & consolation de nos subjectz, avons de l'avis de nostre conseil approuvé, confirmé & ratifié l'agrégation faicte de lad. maison des Blancz-manteaux à lad. congregation des Benedictins reformez par nostredit cousin le cardinal de Retz, avec tous les biens & revenuz, droictz & appartenances d'icelles, pour en joüir à perpetuité par lesd. relligieux Benedictins reformez, en la mesme forme & maniere qu'en ont joüy lesd. Guillemins, à condition de satisfaire par eux aux fondations de lad. maison & aux charges d'icelle. Si donnons en mandement à noz amez & feaux conseillers les gens tenans nostre cour de parlement à Paris, que ces présentes ils fassent lire, publier & enregistrer, & du contenu en icelles facent, souffrent & laissent plainement & paisiblement joüir lesd. Benedictins reformez, faisans cesser tous troubles ou empeschemens

mens, qui leur pourroient estre donnez pour quelque cause ou occasion que ce soit. Car tel est nostre plaisir. Donné à Paris le XXIX. jour de Novembre, l'an de grace M. DC. XVIII. & de nostre regne le IX. *Signé* LOUIS; *Et sur le reply est escript:* Par le roy; *& plus bas*, BRULART. *Copié sur l'original en parchemin, scellé du grand sceau de cire verte, en lacs de soye rouge & verte.*

Lettres de surannation, qui confirment les précedentes.

AN. 1622.

LOUIS par la grace de Dieu roy de France & de Navarre: à nos amez & feaux conseillers les gens tenans nostre cour de parlement à Paris, salut. Nos chers & bien amez les Benedictins refformez de la congregation de S. Maur, nous ont fait remontrer que par nos lettres en forme de chartre au mois de Novembre M. DC. XVIII. nous avons approuvé, confirmé & ratifié l'aggregation de la maison des Blancs-manteaux de Paris faitte à la congregation desd. Benedictins refformez par nostre très-cher cousin le cardinal de Retz évesque de Paris, avec tous les biens & revenus, droits & appartenances d'icelle, pour en jouïr par lesd. religieux Benedictins, ainsi qu'il est porté par lesd. lettres. Mais d'autant qu'elles ne vous ont pas esté presentées dans l'an de leur impetration pour estre par vous veriffiées, les exposans craignent que vous leur en feissiez difficulté, s'il ne leur estoit sur ce pourveu de nos lettres necessaires, qu'ils nous ont très-humblement requises. A ces causes vous mandons faire lire, publier & registrer lesdittes lettres, & du contenu en icelles joüir pleinement & paisiblement lesd. exposants, tout ainsi que si elles vous eussent esté presentées dans l'an de leur impetration, nonobstant lad. surannation que ne voulons leur nuire ni préjudicier, & dont en tant que besoin seroit, nous les avons relevez & relevons par ces presentes. Car tel est nostre plaisir, donné à Paris le XX. jour de Fevrier, l'an de grace M. DC. XXII. & de nostre regne le XII. *Plus bas est escript:* Par le roy en son conseil, *& audessous signé*, FARDOIL. *Copié sur l'original en parchemin, scellé du grand sceau de cire jaune sur simple queuë de parchemin.*

Lettres du roy PHILIPPE AUGUSTE:

Portant concession des pailles & litieres de sa maison à Paris, à l'Hostel-Dieu de cette ville.

PHILIPPUS Dei gratiâ Francorum rex, universis ad quos litteræ præsentes pervenerint, salutem. Noveritis quòd nos pro salute animæ nostræ & antecessorum nostrorum, domui Dei Parisiensi, quæ sita est ante majorem ecclesiam beatæ Mariæ, pietatis intuitu concedimus ad usus pauperum ibidem decumbentium, omne stramen de camera & domo nostra Parisiensi, quociens de Parisius recedemus ut alibi jaceamus, obtinendum. Quod ut perpetuum robur obtineat præsentes litteras sigilli nostri auctoritate, præcepimus roborari. Datum Parisius anno Domini M. CC. VIII. mense Marcio. *Tiré d'un petit recueil imprimé des titres de l'Hostel-Dieu.*

AN. 1208.

Lettres du roy SAINT LOUIS.

En faveur de l'Hostel-Dieu de Paris.

LUDOVICUS Dei gratiâ Francorum rex, omnibus amicis & fidelibus suis, bailliuis etiam & præpositis ad quos litteræ præsentes pervenerint, salutem. Licèt omnes religiosæ domus regni nostri, nostræ protectionis præsidium generaliter debeant habere, vobis innotescere volumus hospitale beatæ Mariæ Parisiensis specialiter esse sub nostra protectione; unde vobis præcipientes mandamus quatinùs illam domum nullâ propulsetis injuriâ, immò quæcumque eam contingunt, ab omni injuria & vexatione protegatis, tanquàm ea quæ nostri proprii sunt juris; quia etiam difficillimum est illi domui, cum sæpiùs non propè sumus, quociescumque gravatur ad nos recurrere, præsenti scripto vobis præcipimus, quòd quandocumque memoratæ domui aliqua irrogabitur injuria, & vos super hoc requisierit, illud sine dilacione faciatis emendari. Actum anno Domini M. CC. XXVII. *Ibidem.*

AN. 1227.

Autres lettres du roy SAINT LOUIS.

En faveur de l'Hostel-Dieu.

LUDOVICUS Dei gratiâ Francorum rex, universis præsentes litteras inspecturis, salutem. Notum facimus quòd nos fratribus domûs Dei Parisiensis dedimus & concessimus, quòd precium suum ad victualia ad opus infirmorum dictæ do-

AN. 1243.

Tome II.

I i

mûs emenda Parisius habeant quandiu nobis placuerit. Apud Chableyas, anno Domini M.CC. XLVIII. mense Junio. Et *in dorso*, De precio victualium à rege Ludovico concesso. *Visa* per Petr. J. Fr. BRUYERE. *Ibidem.*

Autres lettres du roy SAINT LOUIS.

Qui déchargent l'Hostel-Dieu de toutes exactions & impôsts.

AN. 1255.

LUDOVICUS Dei gratiâ Francorum rex, amicis & fidelibus suis & universis baillivis & præpositis ad quos præsentes litteræ pervenerint, salutem. Præcepimus ne quis contrà libertates seu privilegia à nobis & prædecessoribus nostris pauperibus domûs Dei Parisiensis concessa, aliquid injustè attemptare præsumat; & volumus quòd ipsi cum omnibus quæ ad ipsos pertinent, ab omni exactione penitùs sint immunes. Actum apud Vicenas anno Domini M. CC. LV. mense Aprili. *Ibidem.*

Autres lettres du roy SAINT LOUIS.

Qui exemptent de tous peages par terre & par eau, & de toute autre coustume, tout ce qui est pour l'usage de l'Hostel-Dieu de Paris, & de ceux qui y demeurent.

AN. 1269.

LUDOVICUS Dei gratiâ Francorum rex, universis tam præsentibus quàm futuris. Notum facimus quòd nos divini amoris intuitu, ob remedium animæ nostræ & animarum inclytæ recordationis regis Ludovici genitoris nostri & reginæ Blanchæ genitricis nostræ ac aliorum antecessorum nostrorum, concessimus domui Dei Parisiensi ut de blado, vino & aliis quibuscumque rebus suis, per propria pedagia nostra tam per terram quàm per aquam ducendis, in usus pauperum, fratrum, sororum, & aliorum in dicta domo degentium expendendis seu convertendis, quitta sit in perpetuum & immunis in propriis pedagiis nostris, in omni pedagio & alia quacumque costuma. Quod ut ratum & stabile permaneat in futurum, præsentibus litteris nostrum fecimus apponi sigillum. Actum apud sanctum Germanum in Laya anno Domini M. CC. LXIX. mense Octobri. *Ibidem.*

Lettres du roy PHILIPPES LE LONG.

Qui confirment & expliquent plus au long celles de S. Louis de l'an 1227. en faveur de l'Hostel-Dieu.

AN. 1320.

PHILIPPUS Dei gratiâ Francorum & Navarræ rex. Notum facimus universis tam præsentibus quàm futuris, nos litteras inclytæ recordationis beatissimi Ludovici proavi nostri, quondam Francorum regis, in serico & cera viridi sigillatas vidisse, tenorem qui sequitur continentes: LUDOVICUS &c. *ce sont les lettres de saint Louis de l'an 1227. copiées cy-dessus.* NOS autem præfati beatissimi Ludovici proavi nostri sanctam intentionem & voluntatem quam ad domum Dei prædictam & ad alia pia & miserabilia loca semper habuit, attendentes, ac summis desideriis affectantes, quòd ea quæ per ipsum acta & concessa fuerunt, perpetuam & irrevocabilem obtineant roboris firmitatem, prædicta omnia & singula in suprascriptis contenta litteris, rata habentes & grata, ea volumus, laudamus, approbamus & auctoritate nostrâ regiâ & speciali gratiâ confirmamus; universis baillivis, præpositis, officialibus, servientibus & ministris nostris præsentibus & futuris districtè præcipiendo mandantes, amicos & fideles nostros alios requirentes, quatinùs dictam domum, fratres, sorores, ministros & servitores ejusdem, cum rebus & bonis omnibus & singulis ad domum ipsam nunc & in posterum pertinentibus quoquomodo, deffendant & faciant deffendi ab injuriis, violentiis, molestiis, gravaminibus, vexationibus illicitis, vi armorum, ac indebitis novitatibus quibuscumque, & factas, si quæ sint, ad statum debitum celeriter & de plano sinè alterius expectatione mandati, & aliqua difficultate reducant, ipsosque manuteneant & conservent in suis juribus, franchisiis, libertatibus, justis possessionibus, & saisinis. Quod ut ratum & stabile permaneat in futurum, nostrum præsentibus litteris fecimus apponi sigillum; salvo in aliis jure nostro & in omnibus alieno. Actum Parisius anno Domini M. CCC. XX. mense Januarii. *Et suprà plicam :* Per dominum regem ad relationem thesaurarii Remensis, sic signatum, BARR. *Ibidem.*

Lettres du roy CHARLES LE BEL.

Qui confirment les précedentes.

AN. 1324.

CAROLUS Dei gratiâ Francorum & Navarræ rex. Notum facimus universis præsentibus & futuris, nos infrà scriptas

scriptas vidisse litteras in hæc verba: PHILIPPUS Dei gratiâ &c. *ce sont les lettres précédentes.* NOS igitur domum ipsam seu hospitale præ cæteris domibus religiosis & hospitalibus, consideratione operum caritatis & misericordiæ, quæ ibidem fiunt jugiter & devotè, necnon affectionis præcipuæ quam ad domum istam & personas Deo servientes in ea sanctissimum regem prædictum proavum nostrum habuisse cognovimus, specialis prosequentes prærogativâ favoris, omnia & singula in litteris præscriptis contenta, volentes, laudantes, approbantes, propriâ auctoritate nostrâ regiâ & ex certâ scientiâ confirmamus. Eisdem quoque fratribus & sororibus gratiam volentes facere pleniorem, concedimus & auctoritate regiâ districtiùs inhibemus, ne provisores, servientes, aut ministri quicumque nostri, vel conjugis, aut liberorum, nostrorum hospiciorum, equos, quadrigas, boves, porcos, oves, stramina, blada, avenas aut alia bona quælibet dictæ domûs, pro prædictorum hospiciorum provisione, capere audeant vel præsumant. Quod ut perpetuæ stabilitatis robur obtineat, præsentes litteras sigilli nostri fecimus impressione muniri, nostro tamen in aliis & alieno in omnibus jure salvo. Actum & datum Parisius anno Domini M. CCC. XXI. mense Martio. *Sic signatum super plicam:* Per dominum regem, ad relationem eleemosinarii, MAILLARDUS. *Et in dorso:* Registrata est. *Ibidem.*

Autres lettres du roy CHARLES LE BEL.

Portant concession à l'Hostel-Dieu de cent charetées de bois par an, à la charge de porter les reliques de la Sainte-Chapelle à la suite du roy, jusqu'à trente-quatre lieues de Paris.

AN. 1324.

CAROLUS Dei gratiâ Francorum & Navarræ rex. Notum facimus universis tam præsentibus quàm futuris, quòd cùm inter nos seu gentes nostras pro nobis ex una parte, & magistrum, fratres ac sorores domûs Dei Parisiensis ex altera, dilectorum nostrorum decani & capituli Parisiensis ecclesiæ assensu ad hoc interveniente, fuerit concordatum, nostrâ dictâque domûs utilitate pensatâ, quòd præfati magister, fratres & sorores ex nunc singulis annis in perpetuum in quatuor festis annualibus teneantur cum quatuor equis suis & duobus famulis propriis, cum sumptibus regiis & expensis reliquias capellæ regiæ Parisiensis ducere seu defferre, vel duci aut defferri facere à civitate Parisiensi ad quemcumque locum quò personam regiam in prædictis quatuor festis annualibus personaliter contigerit interesse, intrà tamen triginta quatuor leucarum spatium à civitate prædictâ & non ultrà: quódque propter hoc, & intuitu pietatis, habeant & percipiant dicti magister, fratres, ac sorores ex largitione nostrâ ex nunc in perpetuum anno quolibet centum quadrigatas lignorum, quâlibet quadrigatâ modulos quatuor continente, in forestâ nostrâ Cuisiæ vel in aliis forestis nostris ad dictæ domûs majorem aisentiam, & cum nostro minori incommodo, unà cum ducentis quadrigatis lignorum quantitatis prædictæ, quas ex largitione prædecessorum nostrorum & nostrâ habent & percipiunt ab antiquo. Nos prædicta rata habentes & grata, ex uberioris dono gratiæ, necnon pietatis intuitu, volumus quòd dicti magister, fratres & sorores, prædictas ducentas quadrigatas lignorum, quas, ut prædicitur, ex largitione prædecessorum nostrorum ac nostrâ habent & percipiunt ab antiquo, licèt eas nisi ad voluntatem non haberent, ex tunc in antea singulis annis in perpetuum, unà cum prædictis centum quadrigatis habeant & percipiant in forestâ prædictâ. Dantes præsentibus in mandatis, magistris forestarum nostrarum præsentibus & modernis, ac eorum cuilibet, quatinùs præfatis magistro, fratribus & sororibus, vel eorum certo mandato ex nunc in antea singulis annis in perpetuum dictas ducentas quadrigatas lignorum, unà cum centum quadrigatis prædictis in dictâ forestâ nostrâ Cuisiæ vel in aliis nostris forestis faciant sinè dilatione vel difficultate qualibet liberari. Quod ut ratum & stabile permaneat in futurum præsentibus litteris nostrum fecimus apponi sigillum. Actum apud sanctum Germanum in Laya, anno Domini M. CCC. XXIV. mense Maii. *Ibidem.*

Autres lettres du roy CHARLES LE BEL.

Portant que toutes lettres de chancellerie & actes de justice pour les affaires de l'Hostel-Dieu de Paris, seront expediés gratuitement.

AN. 1325.

CAROLUS Dei gratiâ Francorum & Navarræ rex. Notum facimus universis tam præsentibus quàm futuris, quòd Deo dignum credimus impendere famulatum, dum ejus pauperes favoribus gratiosis extollimus, & honoris præcipui beneficio prævenimus. Hinc est quòd ad cœtum pauperum domûs Dei Parisiensis compassionis oculos dirigentes, & ipsos ab onere sumptuoso misericorder relevare volentes, eorum consideratione, & intuitu pietatis divinæ, magistris & fratribus dictæ domûs, pro ipsis & successoribus suis, concedimus per præsentes, quòd à modo de quacumque littera gratiam vel justitiam continente & negotia dictæ domûs seu fratres ejusdem tangente, quæ nostro vel successorum nostrorum sigillo regio sigillata fuerit, aliquid pro eodem sigillo, vel etiam pro scriptura solvere minimè teneantur; sed litteræ quas pro eis in cancellaria vel alibi per notarios regios contigerit in futurum confici, sibi gratis reddantur. Quod ut ratum & stabile perseveret, fecimus nostrum præsentibus apponi sigillum. Actum Pissiaci anno M. CCC. XXV. mense Maii. *Sic signatum super plicam:* Per dominum regem ad relationem vestram G. DE BARRO. *Ibidem.*

Lettres du roy PHILIPPES DE VALOIS.

Qui confirment la concession de trois cens charetées de bois par an, à prendre dans la forest de Biévre, au lieu de celle de Cuise.

AN. 1328.

PHilippus Dei gratiâ Francorum rex. Notum facimus universis tam præsentibus quàm futuris, nos carissimi domini & consanguinei nostri prædecessorisque nostri quondam regis Caroli vidisse litteras, tenorem qui sequitur continentes: CAROLUS, &c. *Ce sont les lettres précedentes de l'an* M. CCC. XXIV. NOS autem præmissa rata habentes, dictis magistro, fratribus & sororibus ad requisitionem ipsorum concedimus per præsentes, quòd ipsi dictas centum quadrigatas lignorum unà cum aliis ducentis quadrigatis quantitatis supradictæ, quas in foresta Cuisiæ percipiebant annis singulis in perpetuum, prout superiùs continetur, de cætero percipiant & habeant in perpetuum, in foresta nostra Bierriæ, propter eorum dictæque domûs Dei majorem aisantiam, modo & formâ quibus eas habebant & percipiebant in foresta Cuisiæ supradictâ. Dantes præsentibus in mandatis, magistris forestarum nostrarum modernis, & qui fuerint pro tempore, & eorum cuilibet, quatinùs præfatis magistro, fratribus & sororibus, vel eorum mandato, de nunc in antea singulis annis in perpetuum dictas ducentas quadrigatas lignorum, unà cum centum quadrigatis prædictis in dictâ forestâ nostrâ Bierriæ faciant sinè dilatione & difficultate quâlibet liberari. Quod ut ratum & stabile permaneat in futurum, præsentibus litteris nostrum fecimus apponi sigillum. Datum apud Vicennas anno Domini M. CCC. XXVIII. mense Januarii. *Ibidem.*

Autres lettres du roy PHILIPPES DE VALOIS.

Portant admortissement de cent livres de rente à la prieure de l'Hostel-Dieu, pour les toiles à ensevelir les morts.

A Tous ceus qui ces lettres verront, Guillaume Gormont, chevalier le roy nostre sire, & garde de la prevosté de Paris, salut. Savoir faisons, que nous l'an de grace M. CCC. XLIII. le Jeudy VIII. jour de Mars, veismes unes lettres du roy nostre sire, scellées en cire verte, & en las de soye ; contenant la forme qui s'ensuit : PHILIPPES par la grace de Dieu roy de France ; savoir faisons à tous présens & à venir, que à la supplication de nostre amée Raoule Duboys prieuse de la maison-Dieu de Paris, disant que plusieurs legs, dons & aumosnes ont esté faits, & se font souvent de bonnes gens à ladite maison, pour gouverner & soutenir son office, c'est assavoir, de toiles pour ensevelir les pauvres qui trespassent en ladite maison, lequel office est de grant amission, & s'y y a si peut de rente que il ne pourroit estre soutenuz ne gouvernez, sans l'aide & les aumosnes des bonnes gens ; nous en aumosne & de grace especial avons octroyé & octroyons à ladite prieuse, que en nos censives ou de nos subjects, elle puisse acquerir par tiltre d'achapt ou autrement, cent livres tournois de rente annuelle & perpetuelle, pour icelle convertir audit office & usage, & que ladite prieuse & celles qui après elle seront prieuses de ladite maison-Dieu, lesdites cent livres de rente puissent tenir & tiegnent paisiblement & perpetuellement, sanz ce que elles ou autres de ladite maison soient contraintz à les vendre ne mettre hors de leur main, & sans en payer à nous ou à nos successeurs aucune finance ; laquelle & aussi cent livres tournois qui pour cause du quint denier ou des rentes de l'achapt desdites cent livres nous seroient ou pourroient estre deuës, nous avons quitté & donné, quittons & donnons en aumosne & de nostredite grace à ladite prieuse & à sondit office, non contredits quelconques autres dons & graces faites par nos devanciers & par nous à ladite maison, à lad. prieuse & à sondit office ; & afin que ce soit ferme & estable à toûjoursmays, nous avons fait mettre nostre scel

AN. 1338.

AN. 134

JUSTIFICATIVES.

en ces lettres, sauf nostre droict en autres choses & l'autruy en toutes. Donnez au bois de Vincennes, le XXII. jour de Febvrier, l'an de grace M. CCC. XXXIX. ET NOUS en ce transcript avons mis le scel de la prevosté de Paris, l'an & le jour dessusdit: *Signé*, BEAUSIRE. *Ibidem.*

Autres lettres du roy PHILIPPES DE VALOIS;

Portant concession de paisson pour deux cent porcs en la forest de Rez.

AN. 1344.

A Tous ceus qui ces lettres verront & oiront, Guillaume Gormont garde de la prevosté de Paris, salut. Savoir faisons, que nous l'an de grace M. CCC. XLIV. le lundy VI. jour de Septembre, veismes unes lettres scellées du scel nouvel du roy nostre sire, contenant la fourme qui s'ensuit: PHILIPPES par la grace de Dieu roy de France; au bailly & au receveur de Senlis, & aux gardes de nostre forest de Rez, salut. Nous avons octroyé de grace especialle & en aumosne, aux maistre, freres & suers de l'Hostel-Dieu de Paris, que il puissent mettre & tenir cette foiz en la peusson de nostre forest de Rez deux cens pourceaulx ou porcs franchement. Si vous mandons, & à chacun de vous, que vous y laissiez tenir yceulx franchement, sans en avoir ou demander pasnage ou autre redevance quelle qu'elle soit. Et outre encores, nous voulons que au cas que lesdits maistre, freres & suers ne pourroient faire leur profit de mettre le nombre desdits porcs en ladite forest, que ils puissent vendre le droit qui leur pourroit appartenir, au marchant de ladite peusson ou à autre, non contestant ordonnance ou deffences à ce contraires, & les dons ou graces que faites leur aions ça en autre. Donné à Gouvieux le XXVIII. jour d'Aoust, l'an de grace M. CCC. XLIV. soubs nostre scel nouvel. ET NOUS en cest present transcript avons mis le scel de la prevosté de Paris. Esquelles lettres dessus transcriptes avoit contenu *à tergo* d'icelles les escritures qui s'ensuivent: DE PLUS gens des comptes, bailly, recepveurs & garde de ladite forest, nous vous mandons & à chacun de vous, que le contenu au blanc vous faites & accomplissiez en la maniere que le roy nostre sire le vous mande. Donné à Paris le 11. Septembre, l'an M. CCC. XLIV. Donné comme dict est, *Signé*, BOUCEL, *& scellé. Ibidem.*

Autres lettres du roy PHILIPPES DE VALOIS,

En faveur de l'Hostel-Dieu.

AN. 1344.

PHilippes par la grace de Dieu roy de France, à nos amez & feaulx les gens de nos comptes, salut & dilection. Nous avons entendu que les commissaires deputez sur le faict des finances des acquests faitz par les gens d'église, s'efforcent par vertu de leur commission, à prendre & lever finance des acquests que les prieures, les maistres, les freres & gouverneurs des maisons-Dieu des hospitaulx, où les povres sont hebergez, & des maladries de nostre royaume, ont faitz & acquis pour leursdites maisons, & pour soustenir les povres. Nous pour ce avons ordonné & ordonnons, que aucune finance n'en soit prise, mais dès maintenant les en quictons, & leur donnons pour Dieu & en aumosne, & de nostre grace especial, toute telle finance comme il nous en peut & doit appartenir. Si vous mandons que ainsi le faciez faire & tenir, & se aucune chose en a esté levée à cette foiz d'aucun d'eulx, si leur faites rendre sans delay & restablir, ces choses certifiéez & mandez par lettres ausdictz commissaires, sy que ils ne s'en puissent excuser de ignorance. Donné à Saint Christophle en Halate, le XXIX. jour d'Octobre, l'an de grace M. CCC. XLIV. *Signé* Par le roy P. DANNOZ. Collation est faite. *Extrait des registres de la chambre des comptes, en vertu de la requeste presentée à ladite chambre, par les commis au gouvernement du temporel de l'Hostel-Dieu de Paris, décretée le dix-neufiesme jour d'Aoust, l'an mil cinq cens cinquante. Signé*, CHEVALIER. *Ibidem.*

Autres lettres du roy PHILIPPES DE VALOIS,

Pour transferer ailleurs un estal de boucher qui estoit devant l'Hostel-Dieu.

AN. 1345.

PHilippes par la grace de Dieu roy de France. Sçavoir faisons à tous presens & advenir, que comme les maistres, freres & sœurs de l'Hostel-Dieu de Paris nous ayent fait exposer, que nostre amé & feal conseiller l'évesque de Paris, & ses prédecesseurs évesques de Paris ont eu de si long-temps qu'il n'est memoire du contraire, devant l'Hostel-Dieu desfusdit, entre la grant porte & l'autre huis par lesquels l'on entre leans, en la haute, moyenne & basse justice dudit évesque,

Ii iij

un seul estal à boucher, lequel faict & donne moult d'empeschement & de desplaisirs aux chappellains qui celebrent audit Hostel-Dieu & aux malades souventefois, & des abominations au peuple qui par devotion vient audit Hostel-Dieu; & pour ce ont traité avec ledit évesque que ledit estal soit translaté en autre lieu plus loing dudit ostel en rue neufve Nostre Dame, se il nous plaisoit à consentir que ledit évesque eust au lieu où ledit estal sera translaté telle justice & jurisdiction, comme il a en cestuy qui à present est, & que celuy qui tiendra ledit estal, aist & joüisse des franchises & libertés de quoy ont toûjours joüy cils qui ont tenu ledit estal ; & sur ce nous ont supplié iceux maistre, freres & sœurs qu'il nous pleust cette chose octroier audit évesque. Nous considerans les œuvres de charité qui sont faites audit Hostel-Dieu aux pauvres de Jesus-Christ, & que grand honnesteté fut d'oster ledit estal du lieu où il est à present, & grands aises ausdits maistre, freres & sœurs, & aux malades, & à tout le peuple grand plaisir ; enclinans à leur supplication, avons octroyé & octroyons par ces lettres de certaine science & grace especialle audit évesque, pour luy & pour ses successeurs évesques de Paris, que au lieu où ledit estal sera transporté & faict, icelluy évesque & sesdits successeurs ayent toute ou telle jurisdiction en tous cas, comme il a au lieu où ledit estal est à present ; auquel lieu ledit évesque ny sesdits successeurs ne pourront jamais au temps avenir faire faire estal, ny autre empeschement quel qu'il soit ; & voulons qu'icelluy & ceux qui ledit estal tiendront, ayent & joüissent de toutes ou telles franchises & libertés, comme ont accoustumé à joüir & joüissent ceux qui ont tenu ledit estal qui encores est, tout aussi entierement, comme ils'fissent & pussent & deussent faire, se ils teinssent & fussent toûjours demourez en iceluy estal, & que il n'eust onques esté transporté en autre lieu; & demeurera aussi comme auparavant audit évesque & à ses successeurs évesques de Paris la jurisdiction qu'il a audict lieu, dont ledit estal sera osté, & en joüira & usera paisiblement en la maniere que il & ses predecesseurs évesques ont accoustumé à faire. Et pour ce que ce soit ferme & estable à toûjoursmais, nous avons fait mettre nostre scel en ces lettres, sauf en autres choses nostre droit, & l'autruy en toutes. Donné au bois de Vincennes l'an de grace M. CCC. XLV. au mois de Décembre, *Ainsi signé*, J. CHARNIER, *sine financia*; & *sur le reply* : Par le roy présent, R. DE MOLINS. *Ibidem.*

Lettres du roy JEAN,

Portant défenses à ses pourvoyeurs & ceux des princes du sang, de prendre aucuns vivres ou ustancilles appartenans à l'Hostel-Dieu.

JEAN par la grace de Dieu roy de France, à tous fourriers, chevaucheurs, & quelconques autres deputez & à deputer pour les provisions de nostre hostel, de nostre très chiere compagne la roine, de nos enfans, & de quelconques de nostre lignage ; salut. Pour la reverence de Dieu, en l'amour de qui les pauvres malades, femmes accouchées, & autres miserables personnes sont soustenues, relevées & confortées des biens de la maison-Dieu de Paris, nous vous mandons & deffendons estroitement, & à chacun de vous, sur tout ce que vous pouvez meffaire envers nous, & d'en estre punis en corps, que aucuns des biens de ladite maison-Dieu, ou que ils soient, blés, vins, bestes, chevaux, charrettes, fruits, feures, aveines, ou autres quels que ils soient, vous ne prenez, arrestez ne emportez, ne faciez prendre, arrester ou emporter ; & se aucun faisoit ou vouloit faire le contraire, nous mandons & commettons par ces présentes, au prevost de Paris ou à son lieutenant, que par soy ou par autre vous contraigne à cesser & à délivrer ce que pris, arresté, ou mené aurez des choses dessusdites, & vous en punisse deüement, & que ce soit essample aus autres. Donné à Galatas le huitiéme jour de Juillet, l'an de grace M. CCC. LIII. *Ainsi signé*, Par le roy, MACH. *Et scellé du grand sceau. Ibidem.*

An. 1353.

Lettres patentes de CHARLES duc de Normandie, dauphin & lieutenant du roy.

Qui décharge l'Hostel-Dieu du subside qui se levoit sur les maisons de tout le royaume.

CHARLES, aisné fils, & lieutenant du roy de France, duc de Normandie & dauphin de Viennois ; à nos amez & feaulx conseillers, les generaulx gouverneurs du subside ordené pour le faict de la guerre, salut & dilection. Il a n'agueres esté ordené par grant deliberation de conseil de monsieur & le nostre, que pour causes des guerres qui de present sont, certain subside & aide sera levé & cuilly parmy le royaume de France, en & sur les

An. 1363.

JUSTIFICATIVES. 255

les rentes des maisons, pour ce convertir & tourner ou fait d'icelle guerre. Et pour ce que noz bien amez les maistre, freres & sœurs de l'Hostel-Dieu de Paris, tiennent & possedent plusieurs rentes, tant en la ville de Paris que ailleurs, qui leur ont esté données & aumosnées de longtemps pour soustenir & sustenter les povres de Jesus-Christ, venans & affluans de tous pays audit Hostel, auquel les œuvres de misericorde sont faits chacun jour, & est aussi comme chose importable de soustenir & administrer lesditz povres avec les familiers dudit hostel; consideré la qualité de la revenue d'iceluy hostel, & la quantité des povres qui leans sont doucement & tres-humblement traitiez & soustenus ; nous ont lesditz maistre, freres & sœurs fait très-humblement supplier, que sur ce leur voulussions faire grace. Savoir vous faisons que, entendues les choses dessusdittes & considerées, voulans augmenter de tout nostre pouvoir le divin service, il nous plait & voulons de grace especiale, que lesdits maistre, freres & sœurs soient quittes & franz de toute aide & subside que il pouront ou peuvent devoir pour les rentes que ils ont, tant en la ville de Paris ès fauxbourgs d'icelle que ailleurs, en quelque lieu que ce soit, sans que vous ou voz commis leur en doyez ou puissiez rien demander de present ne avenir. Si vous mandons que de nostre presente grace laissiez & faites joïr lesdits maistre, freres & sœurs, & contre la teneur d'icelle ne les souffrez estre empeschiez en quelque maniere ; ains se pour celle cause trouvez aucune chose du leur pris feust, saisis, arresté ou empeschié, si le mettez ou delivrez sans nul delay, non contestant ordenance, mandement ou deffences contraires. Donné à Paris le XXI. jour d'Avril, l'an de grace M. CCC. LXIII. Signé, Par monsieur le duc, à la relation de son conseil, ouquel estoient monsieur l'archevesque de Sens, les evesques de Chartres, de Laon, de Lisieux, vous & autres plusieurs, ROBERT. Et scellé du grand seel.

Au dos desquelles lettres estoient plaquiez trois des signes des generaulx gouverneurs du subside ordené pour la guerre ; & estoit ce qui s'ensuit: De par les generaulx gouverneurs du subside ordené pour la guerre, Nicolas de Mauregart, & vous commis à recevoir les deux sols pour les rentes, valeurs & loyers de maisons à Paris, faites & laissiez joïr les maistres, freres & sœurs de la maison-Dieu de Paris du contenu au blanc, selon ce qu'il est contenu au blanc ; & gardez qu'il n'y ait deffaut.

Donné à Paris le XXV. jour de Avril M. CCC. LXIII. Signé, R. DE BEAUFOU. *Ibidem.*

Lettres du roy CHARLES V.
Portant exemption des aydes sur le vin, tant du cru qu'achepté, en faveur de l'Hostel-Dieu.

CHARLES par la grace de Dieu roy de France ; à noz amez & feaulx conseillers les generaulx tresoriers à Paris sur le fait des aydes ordenez pour la delivrance de nostre très-chier seigneur & pere, que Dieu asolve ; salut & dilection. Comme par la grief complainte de noz amez les maistre, freres & sœurs de l'Hostel-Dieu de Paris, nous avons entendu que des vins qu'ilz cueillent en leurs heritages, & qu'il leur convient acheter pour le vivre & alimenz d'eux & des povres malades illec affluents journellement, & dont ledit hostel est très grandement endebté, les fermiers desditz aydes ordenés sur les vins vendus à Paris, les veulent contraindre à payer icelles aydes, aussi comme les populaires & marchands de ladite ville. Sçavoir vous faisons que nostre intention est que des vins despensez audit hostel, & convertis esditz alimens, par eulx achetez ou creus en leurs heritages, il ne payent aucuns aydes ou impositions, mais en soient du tout tenus quittes & paisibles. Si vous mandons & enjoignons estroitement, que desdiz aydes vous les tenez & faites tenir par lesdiz fermiers quittes & paisibles, tout ainsi que les autres gens d'église de nostredite ville de Paris ; & leur faites restituer tant est & sans delay tout ce que pour cette cause auroit esté pris ou arresté du leur. Car ainsi nous plaist-il estre fait, & à iceulx complaignanz, consideré la povreté & grant charge d'iceluy hostel, octroyons de nostre certaine science & grace especialle, nonobstant quelconques ordenances, mandemens ou deffences à ce contraires. Donné en nostre hostel de lez saint Pol à Paris, l'an de grace M. CCC. LXVII. le XX. jour de Septembre, & quart an de nostre regne. Signé, Par le roy en ses requestes, J. CHESNET. Et scellé. *Ibidem.*

AN. 1367.

Autres lettres du roy CHARLES V.
Qui dispensent l'Hostel-Dieu de produire en justice les originaux de ses titres.

CHARLES par la grace de Dieu roy de France ; à tous ceux qui ces presentes lettres verront, salut. Nos bien

AN. 1369.

amez les maiftre, freres & fœurs de l'Hoftel-Dieu de Paris, nous ont fait expofer que comme ledict Hoftel-Dieu foit fondé de rentes & d'aumofnes faites au temps paffé de plufieurs perfonnes par devotion, à prendre icelles rentes & aumofnes fur leurs heritages & poffeffions que icelles perfonnes avoient à leur vivant, affiz les uns en Flandres, en Normandie, en Vermandois, & en plufieurs autres loingtaines parties de noftre royaume, fi comme ils dient ce plus à plain apparoir par certaines lettres, chartres & autres juftes & loyaux titres & enfeignemens fur ce faicts; les originaux defquelles lettres, chartres, tiltres & autres juftes enfeignemens feroit moult griefve chofe, & pourroit eftre préjudiciable & dommageable audit Hoftel-Dieu, à porter efdites parties, là où leurfdites rentes & aumofnes font deues, tant pour doutes des chemins, comme pour autres inconveniens qui pourroient enfuivre, fi par nous ne leur eft fur ce pourveu de remede convenable. Pour ce eft-il que nous, attendu ce que dict eft, voulons de grace efpecialle, & avons ordonné par ces préfentes, que toutes les lettres, chartres & autres juftes titres de fondation des rentes & aumofnes deuës audit Hoftel-Dieu, dont il apperra par bon *Vidimus* faict foubs fcel autentique, il foit aufdits *Vidimus* obey & entendu en toutes chofes, tout ainfi comme il feroit aux propres originaux, fans en faire aucune difficulté, jufques à ce, & tant que la caufe ou caufes d'entre parties les oppofans, fi comme en y a, fera venuë au devant des juges, qui de l'oppofition ou oppofitions cognoiftront; pardevant lefquels juges les tiltres & chartres dudict Hoftel-Dieu feront monftrées & exhibées aux parties. Si donnons en mandement au prevoft de Paris, aux baillifs de Sens, de Vermandois, d'Amiens, & à tous les autres jufticiers, officiers, & fubjets de noftre royaume, ou à leurs lieutenans & à chacun d'eux, fi comme à eux appartiendra, que de noftre préfente grace & ordonnance faffent, fouffrent & laiffent joüir paifiblement lefdits maiftre, freres & fœurs, ny contre la teneur d'icelle ne les contraignent ou empefchent en aucune manière. Car nous le voulons ainfi eftre faict, & aufdits expofans l'avons octroyé & octroyons de noftredite grace; nonobftant ordonnances, ufaige, coftume & ftile en quelconques lettres fubreptiffement impétrées ou à imperrer au contraire. Donné à Paris le xxv. jour de May, l'an de grace M. CCC. LXIX. & de noftre regne le VI. *Ainfi figné*, GIVOY CHANAC, *Ibidem*.

Autres lettres du roy CHARLES V.
Portant conceffion de paiffon pour 200. porcs en la foreft de Cuife.

CHARLES par la grace de Dieu roy de France; à noz amez & feaulx les maiftres de noz eaux & forefts: aus verdier & garde de noftre foreft de Cuife, & à tous noz autres jufticiers & officiers, ou à leurs lieutenans, falut. Savoir vous faifons que nous de noftre certaine fcience & grace efpecialle, pour Dieu en aumofne, avons donné & octroyé, donnons & octroyons par ces préfentes, aux maiftre, freres & fœurs de la maifon-Dieu de Paris, congié & licence de mettre & tenir deux cens pourceaux en la paiffon de noftre foreft de Cuife, & que il y aient feu & loge cefte fois feulement, franchement & fans aucune redevance ou paffnages faire ou rendre à nous ne à autres pour cefte caufe. Si vous mandons & eftroitement enjoignons à chacun de vous, fi comme à luy appartiendra, que auxdiz maiftre, freres & fœurs, ou à leur certain mandement, vous laiffiez tenir & mettre lefdiz pourceaux, & livrez feu & loge en noftredite foreft, franchement comme dit eft; en les faifans joïr & ufer paifiblement de noftre préfente grace, fans aucun contredit. Donné au bois de Vincennes le xxvii. de Juillet, l'an de grace M. CCC. LXXII. & de noftre regne le ix. *Signé*, Par le roy, DE REMIS. *Et fcellé. Ibidem*.

Lettres du roy CHARLES VI.
Qui deffend aux pourvoyeurs de fa maifon, des princes du fang & autres, de prendre aucuns vivres ou uftancilles dans l'Hoftel-Dieu, maifons & fermes en dépendantes.

CHARLES par la grace de Dieu roy de France; à nos amez & feaux les maiftres de noftre hoftel, à tous pannetiers, efchevins, portes-chappes, chevaucheurs & tous autres commis deputez & à deputer fur le faict des provifions & garnifons des hoftels de nous & de noftre très-chere amée compaigne la roine, de noftre très-cher & amé oncle le duc de Berry, de noftre très-cher & amé frere le duc d'Orleans, de nos enfans & autres de noftre fang: de nos conneftables & marefchaux de France, & autres ayans prifes; & à tous les autres jufticiers, officiers & commiffaires de nous & de noftre royaume ou à leurs lieutenans, aufquels ausquels ces lettres venront ; salut & dilection. Nous pour la reverence de Dieu, en l'honneur de qui les pauvres malades, femmes accouchées, & autres miserables personnes qui sont soutenues, nourries & confortées des biens de la Maison-Dieu de Paris, & afin que nous soyons participans ez œuvres de misericorde qui se font chacun jour en ladite Maison-Dieu, vous mandons, & à chascun de vous, si comme à luy appartiendra, enjoignons, tant estroitement comme nous pouvons, qu'en icelle Maison-Dieu ez granches, manoirs & hostels appartenantz à icelle, vous ne prenez ou souffrez prendre pour quelconque necessité que ce soit, aucuns bleds, vins, avoines, foins, feures, poix, fébves, chevaux, char, chartier, porcs, vaches, bœufs, coultres, coussins, poulailles, moutons, brebis, tables, treteaux, ni autres biens ou victaille quelconque, estans ou appartenantz à ladite Maison-Dieu, ne de leursdits manoirs. Et afin que vous ou aucun de vous ne puisse ignorer la nostre presente grace, nous voulons que sur les lieux, terres, maisons, possessions, charrettes & autres choses dessusdites à eux appartenants, ils mettent ou facent mettre nos pennonceaux & bastons-royaux signés de nos armes, afin d'estre gardez de toutes violences & oppressions ; & gardez vous & chacun de vous, sur le serment que vous avez à nous, & sur peine d'encourir nostre indignation, que les maistre, freres & sœurs de ladite Maison-Dieu, leurs gens, familiers & serviteurs vous ne molestiez ou empeschez en aucune maniere pour cette cause ; sçachans que si vous ou aucun de vous faites le contraire, il vous en desplaira, & vous en ferons punir si griefvement, que ce sera exemple à tous autres. Car ainsi le voulons nous, & leur avons octroyé & octroyons de grace especialle par ces presentes. Donné à Paris le IV. jour du mois de May, l'an M. CCCC. V. & de nostre regne le XXV. *Ainsi signé*, Par le roy, à la relation du conseil, MAULONE. *Ibidem*.

Autres lettres du roy CHARLES VI.

Portant exemption de l'ayde de huit sols sur chaque queuë de vin entrant à Paris.

CHARLES par la grace de Dieu roy de France ; à noz amez les prevost des marchands & eschevins de nostre bonne ville de Paris, salut. L'humble supplication de noz bien amez les maistre, freres & sœurs de l'Hostel-Dieu de Paris avons receuë, contenant que comme audit Hostel-Dieu soient de jour en jour receuz, soustenuz & alimentez les povres malades qui de jour en jour y viennent & affluent de toutes parts en grande habondance, ouquel aussi les œuvres de misericorde & le service divin sont faites & accomplies chacun jour ; pour lesquelz povres gouverner & service divin faire, ait ou temps passé & de present convenu & encores fault & convient de jour en jour ausdiz supplians engaigier peu de calices & reliquiaires qu'ils avoient audit Hostel-Dieu, & endebter icelluy envers plusieurs marchands, & tellement que de present ilz sont endebtez en la somme de trois mil livres & plus, pour avoir & achepter bleds, vins, chairs, buches & autres necessitez ; pour ce que passé a trois ans, ilz n'ont eu ne peu avoir aucunes provisions de leurs granches & manoirs, ne estre payez de tant peu de rentes qu'ilz ont, & est ainsi comme chose importable de soustenir, nourrir & alimenter lesdiz povres, les freres & sœurs & familiers dudit hostel, consideree la qualité de la revenuë d'icelluy qui à present est très-petite, la quantité des povres qui illec sont très-humblement & très-doucement traitiez & soustenus, & lesquelz supplians de tout temps ont esté tenus francs & quittes de payer aucuns aydes ou subsides quelconques qui ont eu cours ou temps passé, & encores ont besoing iceulx supplians de l'estre à present mieulx que autres fois. Ce nonobstant, depuis n'agueres que on a mis sus de par nous en nostredite ville de Paris, un aide de huit solz parisis pour chacune queuë de vin, les receveurs ou commis de par vous à ceuillir & recevoir ledit ayde, se sont efforciez de contraindre, & de fait ont contraint lesdiz supplians à payer ledit ayde de leur vin creu en leurs vignes, de celluy à eulx donné & aumosné par aucunes bonnes personnes, & aussi de celluy par eulx achetté pour le gouvernement desdiz povres malades & desdiz supplians ; lesquelles choses sont contre raison & à grant grief, prejudice & dommage desdiz supplians & Hostel-Dieu, & plus seroit, se par nous n'estoit sur ce pourveu de remede de nostre grace, ainsi comme dient iceulx supplians, requerans humblement sur ce iceulx provision, remede & grace. Pourquoy nous, ces choses considerées, mesmement que ledit Hostel-Dieu, ouquel tant de biens sont faiz, tant en recevant & alimentant lesdiz povres membres de Nostre-Seigneur, ainsi & en la maniere que dit est, comme ou service divin, qui notablement & continuellement est fait en iceluy hostel, est fondé sur hospitalité & soustenu des biens & aumosnes que y ont fait le temps passé noz predecesseurs, & que y font encores nous & ceulx de nostre sang, & autres devotes personnes, & par ce rigoureuse & inique chose seroit, que du vin ordonné à sustenter lesdiz povres membres de Nostre-Seigneur & ceulx qui les servent, fust payé ledit ayde ; vous mandons & estroitement enjoignons, que tout ce qui à cette cause a & aura esté prins, levé ou receu desdiz supliants à la cause dicte, leur faictes rendre & restituer incontinent & sans delay ; & en ce faisant, nous voulons ceulx qui rendu & restitué l'auront, en estre & demourer quittes par tout où il appartiendra, & avecques ce tenez & faites tenir lesdiz suppliants, & ledit Hostel-Dieu quittes & paisibles de payer doresnavant aucune chose dudit ayde, & lesquels nous mesme les y tenons de grace especiale par ces presentes. Car ainsi nous plaist-il & voulons estre fait, & ausdiz suppliants & Hostel-Dieu, en faveur & pour comtemplation des choses dessusdites, l'avons octroyé & octroyons de grace especialle par ces presentes, se mestier est ; nonobstant ledit octroy & quelconques ordonnances, mandemens ou deffenses faites ou à faire, & lettres impetrées ou à impetrer au contraire. Donné à S. Denis en France le XXV. jour de Juillet, l'an de grace M. CCCC. XIX. & de nostre regne le XXXIX. *Signé*, Par le roy, le seigneur de Rolleboise present, ISAMBART. *Et scellé. Ibidem.*

Lettres du roy CHARLES VII.

Qui ordonnent que toutes sortes d'affaires concernant l'Hostel-Dieu, seront instruites & jugées par le prevost de Paris, mesme en temps de vacations.

AN. 1444.

CHARLES par la grace de Dieu roy de France ; au prevost de Paris ou à son lieutenant, salut. L'humble supplication de nos bien amez les maistres, freres & sœurs de l'Hostel-Dieu de Paris avons receue, contenant comme ils soient fondez & donnez par plusieurs nos predecesseurs rois de France & autres princes & seigneurs, de plusieurs rentes, revenus, possessions & droits pour le soubtienment, entretenance & victaillement, tant dudit Hostel-Dieu que desdits suppliants, & du service divin que chascun jour se fait en iceluy Hostel, & aussi des pauvres malades membres de Nostre-Seigneur, qui de jour en jour affluent & sont receus & repeus audit hostel ; à cause desquels droits, rentes, & revenus & possessions qui sont deus & constituez sur plusieurs & divers lieux, sont deus ausdits suppliants plusieurs arreirages, pour les aucuns desquels & autres leurs debtes, ils ont fait convenir & adjourner devant vous plusieurs personnes leurs debteurs, & les autres ont intention y faire convenir & adjourner. Mais pour ce que en vostre cour est accoustumé donner chascun an vacations d'Aoust & de vendanges qui durent du moins deux mois, & que selon l'usaige & stile de vostre cour l'on voudroit ou pourroit dire que les poursuites desdites actions seroient ordinaires, que par ce ne se pourroient ou devroient conduire & demener durant & pendant le temps desdites vacations, iceux suppliants n'ont peu ne osé, peuvent ne osent poursuivre les actions par eux desja encommencées, ne intenter les autres qu'ils ont intention de faire & commencer, qui est en leur grand interest, prejudice & dommaige, & plus pourroit estre, se par nous ne leur est sur ce porveu de remede convenable, ainsi qu'ils dient, humblement requerans icelluy. Pourquoy ces choses considerées, qui voulons les causes & procez desdits suppliants, en faveur dudit service divin, & autres charitez qui chacun jour & nuit se font audit hostel, estre favorablement traittez & abregez, sans dilations, vous mandons, & pour ce que estes juge ordinaire en & de la prevosté de Paris, & que desja plusieurs desdites causes & procez ont esté, & sont introduits devant vous, que en avez cogneu, & des autres devez cognoistre & avoir la cognoissance, par privilege par nous & nos predecesseurs rois de France octroyé ausdits suppliants, & autrement, ainsi qu'ils dient, commettons que les parties presentes & comparans devant vous en jugement, ou leurs procureurs, vous icelles faites proceder esdits procez dont la cognoissance vous appartient & devra appartenir durant le temps desdites vacations, tout ainsi & pareillement que feriez & pourriez faire hors le temps d'icelles vacations ; nonobstant lesdites vacations, & que lesdites causes de leur nature soient ordinaires. Car ainsi nous plaist-il estre faict, & ausdiz suppliants l'avons octroyé de grace especialle par ces presentes, nonobstant quelconques lettres subreptices impetrées ou à impetrer, usaige ou stile & commune observance à ce contraires. Donné à Paris le premier

premier jour de Septembre, l'an de grace M. CCCC. XLIV. & de nostre regne le XXII. *Ainsi signé*, Par le conseil J. Eschart. *Et au dos est escrit*: Publiées en jugement au Chastelet de Paris, le Samedy XII. jour de Septembre l'an M. CCCC. XLIV. *Signé*, Choart. *Ibidem*.

Lettres du roy Louis XI.

Qui ordonnent que les causes de l'Hostel-Dieu seront plaidées tous les jours de la semaine.

AN. 1467.

Ludovicus Dei gratiâ Francorum rex, præposito Parisiensi, aut ejus locum tenenti, salutem. Illorum quippe qui die noctuque crebris orationibus & vigiliis insistunt, quique membra Dei, pauperes videlicet, quos senectus flebilis arguit, infirmitasque corripit, ac inimica naturæ fragilis paupertas constituit mendicantes, benignè suscipiunt, & in suis angustiis seu doloribus fœtidis misericorditer amplectuntur, jura debent & causæ tractari favorabiliter & tueri. Quamobrem nos intendentes pia quæ cotidie tribuunt obsequia Dei pauperibus incessanter dilecti nostri magister, fratres & sorores domûs Dei seu hospitalis Parisiensis, eisdem de speciali gratia & autoritate nostra regia concessimus, & etiam concedimus per præsentes, ut ipsi pro causis & quærelis suis quibuscumque deducendis in judicio quas habent, vel habere contigerit in Castelleto nostro corâm vobis, absque deffectu habeant audientiam quolibet die litigabili in septimana. Quocircà vobis mandamus firmiter injungendo, quatinùs præfatos magistrum, fratres & sorores præsenti nostrâ gratiâ uti & gaudere pacificè faciatis, & etiam permittatis; ipsos in contrarium nullatenùs molestando seu impediendo; usu, stilo seu consuetudine dicti Castelleti nostri, litterisque, mandatis vel ordinantiis contrariis non-obstantibus quibuscumque. Datum Parisius die XXIX. mensis Julii anno Domini M. CCCC. LXVII. & regni nostri VII. *Sic signatum*: Per regem, ad relationem consilii, G. Anthonis, *& in dorso*: Leuës & publiées en jugement au Chastelet de Paris, le Mardy XI. jour d'Aoust, l'an M. CCCC. LXVII. *Signé*, Le Cornu. *Ibidem*.

Autres lettres du roy Louis XI.

Portant amortissement general pour l'Hostel-Dieu.

AN. 1473.

Loys par la grace de Dieu roy de France, savoir faisons à tous presens & avenir, nous avoir receuë l'umble supplication de nos bien amez les maistre, freres & sœurs de l'Hostel-Dieu de Paris, contenant que ledit Hostel-Dieu a esté anciennement fondé pour les très-grandes & très-singulieres œuvres de misericorde qui se font & administrent continuellement audit Hostel-Dieu, tant en la reception, cure, administration & aliment des povres personnes indigens & souffreleux, tant des demourans & habitans en nostredite ville, prevosté & vicomté de Paris, que d'autres gens affluans, venans & conversans en icelles, de quelques nations ou contrées qu'ilz soient. Auquel Hostel-Dieu pour ces causes, & pour les grans œuvres charitables qui y ont esté & sont faites cothidiennement jour & nuyt, ont esté donnez, leguez, delaissez & aumosnez par diverses personnes, dès la fondation d'iceluy & depuis, plusieurs rentes, revenus, terres & possessions, pour fournir & subvenir aux necessitez dessusdites; lesquelz dons & legatz anciens, feu de bonne memoire le roy Philippe le Bel nostre predecesseur admortit, & voulut que lesdits freres & sœurs dudit Hostel-Dieu & leurs successeurs les peussent tenir & posseder paisiblement, sans estre contrains de les vendre, ne mettre hors de leurs mains, ne en payer aucune finance ou indemnité. Depuis le temps duquel roy Philippe, lesditz supplianz & leurs predecesseurs ont joy dudit admortissement & de plusieurs autres dons & legatz qui ont esté faits audit Hostel-Dieu jusques à present. Mais obstant ce que lesdites choses ainsi à eulx données, leguées & aumosnées, & qu'ilz ont acquises, pour aider à supporter les grans charges & despenses que faire leur convient pour la sustention des povres y affluans en grant nombre & multitude, n'ont esté de nous admorties, ils doutent que noz commissaires commis ou à commettre pour le faict des francs fiefs & nouveaux acqueztz, les voulsissent contraindre à nous paier grant finance & indemnité pour raison desdites choses, ou à les mettre hors de leurs mains, & que doresnavant ilz ne osassent plus acquerir aucunes choses, ne accepter ce qu'on leur vouldroit donner & aumosner, en quoy les povres affluans audit Hostel-Dieu auroient grant interest, par ce qu'ilz ne seroient alimentez, nourris, administrez ne receuz comme ils devroient, selon les œuvres de charité & l'intention des fondateurs dudit Hostel Dieu, & seroient frustrez de leur enrention & devotion, se noz grace & provision n'estoient

Kk ij

sur ce imparties ausdiz suppliantz, comme ilz dient, en nous humblement requerans icelles. Pourquoy nous, ces choses considerées, & afin que soyons participans ès œuvres meritoires & charitables qui sont continuellement faites audit Hostel-Dieu, à l'onneur, louenche & reverence de Dieu nostre createur; ausdiz maistre, freres & seurs d'icelluy Hostel-Dieu suppliants, & à leurs successeurs, avons octroyé & octroyons de nostre grace especial, pleine puissance & auctorité royal par ces presentes, qu'ilz puissent & leur loise tenir & posseder les terres, rentes, justices, fiefz, heritages, possessions & choses quelconques à eulx données & aumosnées ou temps passé, & qu'ilz ont & possedent de present à quelque tiltre que ce soit, perpetuellement, sans ce que soubz l'ombre des commissions par nous ou noz successeurs données ou à donner pour besogner ou fins desdiz francs fiefz & nouveaulx acquestz, on puisse contraindre lesdiz suppliantz ne leur successeurs, ne les molester, inquieter ou travailler ores, ne pour le temps avenir, en maniere quelconque. Et de nostre plus ample grace, en faveur & pour contemplation des choses dessusdites, & à ce que lesditz maistre, freres & seurs d'icelluy Hostel-Dieu suppliantz & leursdiz successeurs soient plus enclins & curieux à servir les povres, & prier Dieu & la glorieuse vierge Marie pour nous & la prosperité de nostre royaume, avons en outre semblablement octroyé & octroyons par cesdites presentes qu'ilz puissent & leur loise tenir, posseder & acquerir à une ou plusieurs fois, quant bon leur semblera, soit de leurs propres deniers, par pur don fait entre-vifs, legatz, ou autrement, en quelque maniere que ce soit, en nostredite ville, prevosté & vicomté de Paris, ou ailleurs par tout nostre royaume, jusques à la valeur & extimation de deux cent livres parisis de rente, soit en fiefz nobles, charges rotutieres, ou autres quelconques, & icelles tenir & posseder comme admorties & à Dieu dediées; & lesquelles dès maintenant pour lors, nous avons admorties & admortissons de nosdittes grace, puissance & autorité par cesdites presentes, sans ce que lesdiz maistre, freres & seurs, ou leursdiz successeurs, soient tenuz ne contrainz à en paier à nous ou à nos successeurs, aucune finance ou indempnité; & laquelle quelle quelle soit & à quelque somme quelle puisse monter, ensemble celle qui nous peut ou pourroit estre deue & appartenir à cause de l'admortissement des choses qu'ilz ont & possedent à present, nous leur avons de nostre certaine science & meure liberalité donnée & quictée, donnons & quictons par ces mesmes presentes. Par lesquelles donnons en mandement à noz amez & feaulx les gens de noz comptes & tresoriers, au prevost de Paris, & à tous nos autres justiciers & officiers, ou à leurs lieutenants presens & à venir, & à chacun d'eulx, si comme à luy appartiendra, que lesdiz suppliantz & leursdiz successeurs en icelluy Hostel-Dieu, ilz facent, souffrent & laissent joyr & user pleinement & paisiblement de noz presentes graces, admortissemens, don, quittance, & octroy, sans leur faire ne souffrir estre fait, mis, ou donné, ores ne pour le temps avenir, aucun destourbier ou empeschement au contraire; lequel se fait, mis, ou donné leur avoit esté ou estoit en aucune maniere, si l'ostent ou facent oster & mettre sans delay à pleine delivrance, & ce en rapportant cesdites presentes signées de nostre main, ou *Vidimus* d'icelles fait soubz scel royal pour une fois, & recognoissance sur ce souffisant tant seulement, nous voulons noz changeur de nostre tresor, receveur ordinaire de Paris, & tous autres qu'il appartiendra, en estre & demourer quittes & dechargez par nosdites gens des comptes; ausquels nous mandons ainsi le faire sans difficulté, nonobstant que la somme à quoy se pourroit monter ladite finance ne soit si expressement declarée que descharge n'en soit levée par ledit changeur de nostre tresor, & quelconques ordonnances, mandemens ou deffences à ce contraires. Et afin que ce soit chose ferme & establé à toujours, nous avons fait mettre nostre scel à cesdites presentes; sauf en autres choses nostre droit, & l'autruy en toutes. Donné à Sarblé au mois de Septembre, l'an de grace M. CCCC. LXXIII. & de nostre regne le XIII. *Signé,* LOYS. *Et sur le reply*: Par le roy nostre sire, de Rentcurt, M. Loys d'Amboise, & autres presens: *Signé*, JAMENG. *Et scellé. Ibidem.*

Lettres patentes du roy CHARLES VIII. *Contenant le* Vidimus *de presque toutes les précedentes lettres & chartres, & la confirmation des privileges, droits & octrois y mentionnez, & de tous autres privileges dont l'Hostel-Dieu de Paris est en possession de joüir.*

CHARLES par la grace de Dieu roy de France; sçavoir faisons à tous pré- AN. 1484.

JUSTIFICATIVES.

sens & avenir, nous avoir veu les lettres en forme de chartres, en laz de soye en cire verte, & aussi en simple queuë, de nos prédecesseurs & progeniteurs, & aussi de nostre très-chier seigneur & pere, que Dieu absolve, octroyées & confirmées à nos chiers & bien amés les maistre, religieux, freres & sœurs de l'Hostel-Dieu de Paris, dont la teneur des premieres desdites lettres s'ensuit & est telle : PHILIPPUS, &c. en M. CC. VIII. La teneur de la seconde desdites lettres s'ensuit, & est telle : LUDOVICUS, &c. en M. CC. XXVII. De la tierce, LUDOVICUS, &c. en Juin M. CC. XLVIII. De la quatriesme, LUDOVICUS, &c. en Avril M. CC. LV. De la cinquiesme, LUDOVICUS, &c. en Octobre M. CC. LXIX. De la sixiesme, PHILIPPUS, &c. en Janvier M. CCC. XX. De la septiesme, CAROLUS, &c. en Mars M. CCC. XXI. De la huitiesme, CAROLUS, &c. en May M. CCC. XXV. De la neufviesme, CAROLUS, &c. PHILIPPUS, &c. en May M. CCC. XXIV. & Janvier M. CCC. XXVIII. De la dixiesme, PHILIPPES, &c. en Decembre M. CCC. XLV. De la unziesme, CHARLES, &c. en May M. CCC. LXIX. De la douziesme, CHARLES, &c. du IV. May M. CCCC. V. De la treiziesme, CHARLES, &c. du V. Aoust M. CCCC. IX. De la quatorziesme, CHARLES, &c. du I. Septembre M. CCCC. XLIV. Et de la quinziesme, LUDOVICUS, &c. du XXIX. Juillet M. CCCC. LXVII. Du contenu ès-quelles lettres iceux suppliants ont toûjours joy & usé paisiblement ; toutefois ils doubtent que si elles n'estoient par nous confirmées, on fist difficulté de les en laisser joyr cy-après, & pour ce nous ont humblement fait supplier & requerir nostre grace leur estre sur ce eslargie. Pourquoy nous ces choses considerées & les causes qui meurent nos progeniteurs à faire lesdiz octroiz, aussi à ce que nous soyons participans ez bienfaits qu'un chascun un jour se font & feront audit Hostel-Dieu, lesdictes lettres dessus transcriptes & tout le contenu en icelles, si avant que lesdits suppliantz en ont deuement & justement joy & usé par cy-devant, avons par l'advis, conseil & deliberation d'aulcuns des princes & seigneurs de nostre sang & lignaige & gens de nostre conseil, de nostre grace especialle, pleine puissance & authorité royalle, loüé, ratifié, confirmé & approuvé, loüons, ratiffions, confirmons & approuvons par ces présentes ; & voulons que lesdits suppliants & leurs successeurs en joüssent perpetuellement & à toûjours, & ensemble de tous autres privileges à eux octroyés par nosdits prédecesseurs & progeniteurs, desquels ils ont joy & usé paisiblement jusques à present. Si donnons en mandement par cesdites presentes à nos amés & feaux conseillers les gens de nostre cour de parlement, gens de nos comptes, tresoriers & generaux conseillers par nous ordonnés sur le faict & gouvernement de nos finances, & sur le faict de la justice des aydes, au prevost de Paris, & à tous nos autres justiciers officiers, ou à leurs lieutenants présens & avenir, & à chascun d'eux, si comme à luy appartiendra, que lesdits suppliants facent, souffrent & laissent joïr & user plainement & paisiblement du contenu esdites lettres dessus transcriptes, de poinct en poinct, selon leur forme & teneur, & de leursdits autres privileges en la forme & maniere dessus declarée, sans leur faire ny souffrir estre fait, mis, ou donné aulcun destourbier, ou empeschement au contraire, & cesdites présentes enregistrent ou fassent enregistrer, & autres dont lesdits suppliants leur fairont apparoir, tant en nostre cour de parlement, chambre des comptes & ailleurs où besoing sera. Car ainsi nous plaist-il estre fait, nonobstant quelconques ordonnances, mandemens, restrictions, ou deffenses à ce contraires. Et pour ce que lesdits suppliants pourroient avoir à besongner en plusieurs lieux de ces presentes, nous voulons que au *Vidimus* d'icelles fait soubs scel royal, foy soit adjoûtée, comme à l'original. Et afin que ce soit chose ferme & estable à toûjours, nous avons signé ces presentes de nostre main, & faict sceller de nostre scel ; sauf en autres choses nostre droit, & l'autruy en toutes. Donné à Paris le XIII. jour de Juillet, l'an de grace M. CCCC. LXXXIV. & de nostre regne le I. *Signé*, CHARLES. *Et sur le reply est escrit* : Par le roy en son conseil, ouquel vous, les évesques d'Alby, de Lombez, & de Rieux ; les sieurs de Gyé, de Richebourg, de Torcy, de Baudricourt, de Genly & autres estoient. *Signé*, BRINON, *& paraphé, & à costé, Visa*; *Et au dessous* : Leüe, publiée & registrée à Paris en parlement le XVI. jour de Decembre l'an M. CCCC. LXXXIV. *Signé*, CHARTELIER. *Scellée en cire verte à laqs de soye rouge & verte. Ibidem.*

Lettres de Louis duc d'Orleans, depuis roy de France,

En faveur de l'Hostel-Dieu.

AN. 1485.

LOys duc d'Orleans, de Milan & de Vallois, comte de Blois, de Parme & de Beaumont, seigneur d'Ast & de Roucy, & de la terre & seigneurie de Villiers-le-Chastel, Savoir faisons à tous presens & avenir, que nous inclinans à la supplication & requeste à nous faite par religieuses & honnestes personnes les maistre, freres & sœurs de l'Hostel-Dieu de Paris, pour consideration des grans charitez, aumosnes, biens, fons, curialitez & secours qui sont fais de jour en jour aux povres membres de Dieu estans & qui continuellement affluent en icelluy Hostel-Dieu, & des service divin, prieres & oraisons que l'on y fait jour & nuit, & afin d'estre accompagné esdites prieres & oraisons & biens faits, à iceulx maistre, freres & sœurs, pour eulx & leurs successeurs ou temps advenir, avons admorty, & par ces presentes de nostre grace especialle admortissons, en tant que à nous est & que nous pouvons le faire, les fiefs, terre, justice & seigneurie de Puisselay-le-Mares, appartenant audit Hostel-Dieu, tenu & mouvant de nous en plain fief, à cause nostre chastel, terre & seigneurie dudit Villiers le Chastel, avec tous les fiefs, arriere-fiefs, maisons, édifices, terres, vignes, prez, bois, cens, rentes, revenus, fruits, prouffits & émolumens qui y appartiennent, & peuvent appartenir & en deppendent; voulans que lesdiz maistre, freres & sœurs & leursdiz successeurs en joüissent plainement, paisiblement & perpetuellement à toûjours, sans ce que nous ou noz successeurs seigneurs de ladite terre & seigneurie de Villiers ou temps advenir, puissent ou doyent contraindre iceulx maistre, freres & sœurs, ne leursdiz successeurs, à faire aucune foy & hommage, ne à bailler homme vivant & mourant, ne aussi à payer aucuns droiz seigneuriaulx, quinz, requins, ne autres, ne à en vuider leurs mains, pour quelque cause, ne en quelque maniere que ce soit; & pareillement sans ce que iceulx maistre, freres & sœurs soient tenus de nous payer aucune finance pour ce present admortissement; laquelle finance nous leur avons donnée & donnons de nostredite grace par ces mesmes presentes. En tesmoings de ce, nous avons signé ces presentes de nostre main, & fait sceller de nostre scel; sauf en autres choses nostre droit & l'autruy en routes. Donné à Paris au mois de Janvier l'an de grace M. CCCC. LXXXV. Signé, LOYS, & scellé en cire verte, & sur le reply est escrit: Par monsieur le comte de Saint Pol, vous, & Jean Boudet, controlleurs des finances presens, Signé COTEREAU. *Ibidem.*

ARREST DU PARLEMENT,

Portant reglement pour l'administration de l'Hostel-Dieu.

AN. 1505.

SUr ce qu'il est venu à la cognoissance de la cour que en l'Hostel-Dieu de Paris a eu & a de present mauvais ordre, tant en spirituel que temporel, & mesmement en ce qui concerne les pauvres malades, que l'on dict n'y estre receus & traictez, comme il appartient; combien que des pieça ladite cour eust commis aucuns des presidents & conseillers en icelle, sur le faict de la reformation & gouvernement dudit Hostel-Dieu, & sur ce donné plusieurs arrests & jugemens, & enjoinct par plusieurs & diverses fois aux doyen & chapitre de Paris de donner ordre & pourvoir au faict dudit Hostel-Dieu, sur peine de privation de la superiorité & administration qu'ils en avoient; pour le faict de laquelle reformation, le roy nostre sire eust le VIII. Janvier dernier passé, decerné ses lettres patentes addressantes à certains commissaires, afin de faire mettre à execution aucuns advis & deliberations des proviseurs dudit Hostel-Dieu, commis tant par le cardinal d'Amboise legat en France, que par les doyen & chapitre de Paris, & depuis ait ledict seigneur escrit à ladite cour, laquelle auroit deputé & commis de nouvel aucuns des presidens & conseillers en icelle, pour parler & communiquer avec lesdits proviseurs, & les prevost des marchands & eschevins de cette ville de Paris, touchant le faict de ladite reformation; lesquels proviseurs auroient baillé certain advis par escript, & entre-autres choses touchant le temporel d'icelluy Hostel-Dieu, à ce que lesdits prevost des marchands & eschevins nommassent & esluffent aucuns bourgeois & marchands de ladite ville, pour estre commis à gouverner & administrer ledict temporel, & y donner bon ordre, & commettre un ou plusieurs receveurs, pour recevoir le revenu dudit Hostel-Dieu, pour en rendre compte, selon & ensuivant les articles cy-après declarez; lesquels prevost des marchands & eschevins eussent nommez & esleus pour avoir ledict gouvernement & commission dudict

dudict temporel, les personnes dont les noms & surnoms s'ensuivent: c'est à sçavoir, Jean le Gendre, maistre Hierosme de Marle, François Cousinot, Henry le Begue, Estienne Huvé, Jean Baudin, Guillaume le Caron, Millet Lombart, bourgeois de Paris, VEU par ladite cour lesdites lettres patentes dudict seigneur, autres lettres missives escrites par luy, tant à ladite cour que ausdits commissaires par elle dernierement commis, & tout ce qui a esté mis devers icelle cour par lesdits vicaires & commis, & ouy sur ce iceulx vicaires & commis tant par ledict legat, que par lesdits du chapitre de Paris, & tout consideré; LA COUR a commis & commet au regime & gouvernement dudit temporel d'icelluy Hostel-Dieu, & autres choses cy-dessous declarées, les dessusdits Jean le Gendre, maistre Hierosme de Marle, François Cousinot, Henry le Begue, Estienne Huvé, Jean Baudin, Guillaume le Caron, Millet Lombart, pour par eux faire & accomplir les choses respectivement, contenues ez articles qui s'ensuivent. Et premierement, lesdits bourgeois esleus & commis, commettront bonnes & loyalles personnes, pour estre receveurs & procureurs, à recevoir tout le revenu & entremise dudict Hostel Dieu, ausquels lesdits bourgeois commis pourvoiront de gages ou pensions raisonnables, ainsi qu'ils verront estre à faire; & lesquels receveurs & procureurs rendront compte de leurs receptes & mises chacun an ausdits bourgeois commis, present l'un des presidents, ou un ou deux conseillers du roy en ladite cour; y assistera aussi l'un des chanoines de l'église de Paris, qui à ce sera commis par lesdits doyen & chapitre, si bon leur semble. *Item* pourvoiront lesdits bourgeois commis à ce que tous les deniers qui ont accoustumez estre receus audict Hostel-Dieu tant ez corps des religieux que des religieuses, & mesmement prieuse de la chambre du linge, de l'apoticairerie, & autres semblables, soient tous receus & mis en une bourse commune ou lieu commun, ainsi que par lesdits bourgeois commis sera advisé; pour les distribuer par eux, ou leurs commis, par leur commandement & ordonnance, & à leur discretion, en distribuant toutefois & employant ce qui sera donné en aulmosne, ainsi & en la forme & maniere que ceux qui feront lesdits dons & aulmosnes l'auront ordonné. *Item* enjoint ladire cour ausdits doyen & chapitre de Paris, & autres qu'il appartiendra, qu'ils mettent ez mains desdits bourgeois commis tous les comptes, receptes, papiers, enseignemens & autres monumens touchant ledit temporel qu'ils ont dudit Hostel-Dieu, afin que lesdits bourgeois commis soient instruits & advisez pour mettre ordre à la recepte & autres choses qui concernent ledit temporel dudit Hostel-Dieu. *Item*, & touchant les comptes qu'on dit estre encore à rendre par frere Jean le Febvre depuis quatorze ou quinze ans, ordonne icelle cour, que ledict le Febvre rendra lesdits comptes ausdits bourgeois commis, present l'un desdits presidents ou un conseiller ou deux du roy en icelle cour, à laquelle reddition assistera l'un desdits chanoines qui sera commis par lesdits doyen & chapitre, si bon leur semble, comme dessus a esté ordonné des autres comptes. *Item* touchant les baulx des heritages dudit Hostel-Dieu, tant des champs que de la ville, qui pouroient avoir esté faits autrement que à point, & aussi touchant les heritages qui ont esté baillés à vie ou à temps, qui sont ja peut estre expirez, ou expirent ou expireront d'oresnavant, lesdits bourgeois commis y pourvoiront selon l'exigence des cas. *Item*, lesdits bourgeois commis auront la charge de mettre ordre & provision touchant les questes des pardons & indulgences dudit Hostel Dieu, & feront recevoir les deniers desdites questes comme des autres revenus dudict Hostel-Dieu, & dont ils ont la charge. *Item* lesdits bourgeois commis pourvoiront aux nourritures & habillemens des religieux & religieuses qui sont audit Hostel-Dieu, tant de celles qui ont esté amenées de nouvel, que de celles qui y sont demourées & autres qui ont esté à temps translatées, ainsi que lesdits bourgeois commis verront estre à faire; & feront iceux bourgeois commis diligence à eux possible, afin que lesdits religieux & religieuses, selon leurs charges & offices, fassent ce à quoy ils sont tenus, & principalement touchant les pauvres malades, & pourvoiront lesdits bourgeois commis ausdits religieux & religieuses d'habillemens & nourritures, des revenus & deniers dudict Hostel-Dieu. *Item* enjoinct & commande ladite cour ausdits doyen & chapitre de Paris, d'apporter & mettre ez mains desdits bourgeois commis, ou de leur receveur ou receveurs, qui à ce par eux seront deputez, tous les deniers que iceux doyen & chapitre ou autre de par eux, ont pris & fait prendre ez troncs dudict Hostel-Dieu, & des pardons, questes & autres deniers appartenants à icelluy Hostel; & de ce que iceux doyen & chapitre en ont employé, bailleront descharge ausdits bourgeois commis. Feront diligence touchant la maison qui est assise entre ledict Hostel-Dieu, & l'hostel Episcopal, pour l'appliquer audict Hostel-Dieu, afin de l'accroistre pour subvenir à la multitude des pauvres qui y affluent. *Item*, lesdits bourgeois commis feront faire promptement, & le plustost que faire se pourra, inventaire de tous les biens d'icelluy Hostel-Dieu, tant en argent monnoyé ou à monnoyer, vaisselle d'argent, estain, blez, vins, chevaux, bœufs, vaches, & autres choses & biens estant à present audict Hostel-Dieu, & ez maisons d'icelluy, à ce que plus facilement iceux bourgeois commis au temps à venir puissent dresser les comptes dudict receveur, qui par eux sera commis. *Item*, que lesdits huit commis, ou sept, six, cinq, ou quatre à tout le moins, pouront vacquer en l'absence des autres; & de trois ans en trois ans seront muez quatre d'iceux huit, afin de supporter les uns & les autres. *Item*, s'il advenoit que aucun ou aucuns desdits huit commis decedast, ou que autrement il fut legitimement empesché, ou que quatre d'iceux fussent muez, lesdits prevost des marchands & eschevins en elliront d'autres en leur lieux, qui feront le serment comme les autres l'auront fait. *Item*, que lesdits huit commis ensemble, s'ils sont en cette ville de Paris, feront lesdits baux, & bailleront les quittances necessaires; mais s'ils ne sont tous huit en cettedite ville, ou que tous n'y peussent vacquer ou fussent empeschez, quatre d'iceulx commis du moins feront lesdits baux & quittances, selon qu'ils verront estre necessaire pour le profit dudict Hostel-Dieu; & ce qu'ils auront faict touchant lesdits baux & quittances, le rapporteront aux autres qui n'auront esté presens, à la premiere assemblée où iceux huit se trouveront. *Item*, ordonne ladite cour que s'il advenoit qu'on pourveut au lieu d'aucuns desdits commis aucuns autres, & que ceux qui ne s'entremettroient plus de ladite commission, eussent aucune chose advancé pour le faict dudict Hostel-Dieu, ils seront remboursez de ce qu'ils auront advancé, des deniers dudict Hostel-Dieu. *Item*, que se touchant le faict & charge de ladite commission, & les affaires du temporel dudict Hostel-Dieu, survenoit aucune difficulté entre lesdits doyen & chapitre ou autres, & lesdits bourgeois commis, iceux bourgeois commis auront recours à ladite cour, ou à ceux qu'elle commettra sur ce, pour, se besoin est, en faire rapport à ladite cour, afin d'en ordonner par elle. Et feront lesdits bourgeois tant les dessus nommez, que autres que cy-apres y seront commis, serment solemnel en ladite cour, de bien & loyaument exercer ladite commission, au profit & utilité dudict Hostel-Dieu. Le tout des choses dessusdites par maniere de provision, & jusques à ce que par ladite cour & justice autrement en soit ordonné. *Item*, sera enjoinct aux religieux & religieuses dudict Hostel-Dieu, qu'ils vivent selon leur statuts. Et ont esté mandez lesdits le Gendre, de Marle, Cousinot, le Begue, Huvé, le Caron & Lombart, lesquels ont fait le serment de bien & loyaument administrer ledict temporel, & y faire ce que bons administrateurs doivent faire. Le tout selon & ensuivant les articles dessusdicts, dont leur sera baillé le double. Signé par le greffier de ladite cour. Faict en parlement le 11. jour de May M. D. V. Signé, DU TILLET. *Ibidem*.

Lettres du roy LOUIS XII.

Qui confirment à l'Hostel-Dieu ses privileges, sauve-garde, & garde, garde-gardienne au Chastelet de Paris.

LOYS par la grace de Dieu roy de France; sçavoir faisons à tous presens & avenir, que à la supplication de nos bien amez les maistre, freres & sœurs & commis au regime & gouvernement par nostre cour de parlement de l'Hostel-Dieu de Paris, pour consideration des pauvres membres de Nostre-Seigneur Jesus-Christ, qui jour & nuit y sont receus, gouvernez & alimentez, & auquel se font plusieurs autres charitez & œuvres piteables, & aussi en contemplation du service divin qui y est fait & celebré par chacun jour; nous pour ces causes, & à ce qu'ils puissent plus seurement & pacifiquement vivre, faire le divin service, & prier Dieu pour le salut des ames de nos progeniteurs & predecesseurs rois de France, fondateurs d'icelluy Hostel-Dieu, pour nous, nostre très-chere & amée compaigne la royne, nos très-chieres & très-amées filles, & nos successeurs qui seront le temps advenir, & autres leurs bienfaicteurs, pour lesquels ils sont tenus prier; voulans les causes, querelles & affaires dudit Hostel-Dieu estre favorablement traictées, iceux suppliants, leurs gens, familiers, serviteurs, fermiers, hommes & femmes de corps, s'aucuns en ont, droiz, possessions

AN. 1511.

possessions & biens quelconques à eulx appartenants & qui si après leur pourront appartenir, quelque part qu'ils soient scituez & assis en nostre royaume, tant à cause dudit Hostel-Dieu que autrement, avons prins & prenons & mettons de nostre grace especiale par ces presentes lettres, soubz nostre protection & sauvegarde especial, à la conservation de leur droit tant seulement, & leur avons commis & deputez, commettons & deputons par cesdites presentes pour gardiens d'eux, de leursdits gens, procureurs & serviteurs, fermiers, familiers, hommes & femmes de corps, & de leursdits biens, choses & possessions quelzconques, tant nos huissiers de nostre cour de parlement, huissiers, sergens des requestes de nostre hôtel, de nostre palais à Paris, que autres nos sergens presens & advenir ; lesquels nous mandons & commettons par ces presentes, & à chacun d'eulx sur ce premier requis, que lesdits suppliants, leursdits procureurs, serviteurs, fermiers, hommes & femmes de corps presens & advenir ils maintiennent & gardent en toutes leurs justes possessions, droitz, usages, franchises, libertés & saisines esquelles ils les trouverront estre, & leurs predecesseurs avoir esté paisiblement & d'ancienneté, & leur faire donner bon & loyal assentement de toutes les personnes dont ils & chacun d'eulx les requerreront, selon la coûtume des pays, & les gardent & deffendent de par nous de toutes injures, griefs, violences, oppressions, molestations, de force d'armes, de puissance, delaiz, & de toutes autres inquietations & nouvelletez indues, lesquelles s'ils les trouvent estre ou avoir esté faites contre & au préjudice de cette presente nostre sauve-garde, & desdits suppliants, ils les facent ramener & remettre par juge competant estat incontinent & sans delay au premier estat & deû ; & pour ce facent faire à nous & ausdits suppliants amende convenable, & nostredite sauve-garde publient & signifient ez lieux & aux personnes où il appartiendra, & dont ils seront requis par eux ; & en signe d'icelle en cas de heminent peril, mettent & apposent nos panonceaux & bastons royaulx en & sur les lieux, manoirs, maisons, granges, prez, bois, terres, heritaiges, possessions, & biens quelzconques desdits suppliants ; en faisant inhibitions & deffenses de par nous à tous ceulx qu'il appartiendra, & dont ils seront requis, sur certaines & grosses peines à nous à appliquer, que ausdits suppliantz leurs gens, procureurs, serviteurs, fermiers, familiers, hommes & femmes de corps, leursdites possessions & biens quelzconques, ils ne meffacent ne mesdient, ou facent meffaire ne mesdire en corps ne en biens en aucune maniere ; & se sur ce naist debat ou opposition entre lesdits suppliants, leursdits gens, procureurs, serviteurs, fermiers, familiers, hommes & femmes de corps & autres leurs adversaires, pour raison des biens dudit Hostel-Dieu & appartenances d'icelluy, ledit debat & choses contentieuses prinses & mises en nostre main comme souveraine, la nouvelleté, troubles & empeschemens ostés, & restablissement fait reaument & de fait premierement & avant tout euvre des choses prinses & levées, attendu que des cas de nouvelleté par prevention la cognoissance en appartient à noz juges & officiers, adjournent les opposans ou faisans ledit debat à certain & competant jour ou jours : c'est assavoir des demeurans à vingt lieuës à l'entour de nostre ville de Paris, pardevant nostre prevost de Paris ou son lieutenant, & les autres pardevant les juges ou leurs lieutenants ausquels la cognoissance en appartiendra, pour respondre ausdits suppliants, ou à leur procureur pour eulx, & oyr telles demandes, requestes & conclusions qu'ils voudront contr-eulx & chacun d'eulx, sur ce que dict est, faire proposer & eslire, proceder & aller avant en outre selon raison, & avecques ce toutes les debtes bonnes & loyaux, cogneues ou prouvées souffisamment par lettres, cedulles, instrumens, confession de partie, ou autres loyaulx enseignemens qui apperront estre deuës ausdits suppliantz, ils les leur facent payer tantost & sans delay ou à leur premier & certain commandement, en contraignant à ce les debteurs, & chacun d'eulx, par prinse, saisine, vendition & exploictation de leurs biens, meubles & immeubles, detention & emprisonnement de leurs corps, si mestier est & à ce sont obligez ; & en cas d'opposition, refus ou delay, nostre main souffisamment garnie premierement & avant tout euvre, des sommes contenuës ès lettres obligatoires faites & passées soubz sceaulx royaulx, adjournent les opposans, refusans ou delayans, & aussi toutes les personnes dont de par lesdits suppliantz ou leur procureur pour eux seront requis, à certain & competant jour ou jours ; c'est assavoir quant aux demeurans à vingt lieuës à l'entour de nostre ville de Paris, comme dit est, pardevant nostredit prevost de Paris

Tome II.

ou sondit lieutenant, & les autres pardevant les juges ou leurs lieutenantz, ausquels la congnoissance en appartient, pour dire les causes de leurs oppositions, refus ou delais, respondre, proceder & aller avant en oultre selon raison ; & neantmoins facent lesdits gardiens, ou l'un d'eux sur ce premier requis, exprés commandement de par nous, à tous les juges ou à leurs lieutenantz pardevant lesquelz lesdits suppliantz auront aucunes causes personnelles & possessoires pendant, tant en demandant comme en deffendant, ou celles desquelles ils ou leur procureur pour eulx en voudroient prendre l'adveu, charge, garentie & deffences en icelles causes, si elles sont entieres & non liticontestées, ilz les renvoyent avec les parties adjournées à certain & competant jour, quant aux demeurans à vingt lieuës à l'entour de nostredite ville de Paris, pardevant nostredit prevost de Paris ou sondit lieutenant, pour y respondre comme de raison, sans plus en tenir par eulx aucune cour, jurisdiction ny congnoissance, & laquelle nous leur avons en cas dessusdits interdicte & deffenduë, interdisons & deffendons par cesdites presentes, & en leur refus ou delaiz, lesdits gardiens facent lesdits renvoy & adjournement par la maniere devant dicte ; & de tout ce que fait auront sur ce iceulx gardiens & chacun d'eulx, certiffient souffisamment audit jour ou jours nostredit prevost de Paris ou sondit lieutenant & lesdits juges ou leursditz lieutenantz ; ausquelz nous mandons, & pour ce que ledit Hostel-Dieu & le corps d'icelluy est assis dedans nostre ville de Paris, commettons par cesdites presentes, que aux parties oyes facent bon & brief droit. Car ainsi nous plaist-il estre fait, nonobstant quelzconques lettres subreptices, impetrées ou à impetrer, à ce contraires ; & generalement que lesdits gardiens & chacuns d'eulx facent & puissent faire pour lesdits suppliantz, leurs gens, procureurs, serviteurs, fermiers, hommes & femmes de corps, toutes & chacunes les autres choses qu'à l'office de gardien peuvent & doivent competer & appartenir. Mandons & commandons par ces presentes à tous nos justiciers officiers & subjects, que ausdits gardiens & chacun d'eulx & autres executeurs de cesdites presentes, en faisant ledit office & les choses dessusdites, soit obey, & leur donnent & prestent conseil, confort & ayde, si mestier est & requis en sont. Toutefois nous ne voulons pas que lesdits gardiens ne aucuns d'eulx s'entremettent de chose qui requiere cognoissance de cause. Et afin que à toujours les choses dessusdites soient fermes & estables, nous avons à cesdites presentes faict mettre nostre scel ; sauf en autres choses nostre droit, & l'autruy en toutes. Et pour ce que de cesdites presentes l'on pourra avoir à besongner en plusieurs & divers lieux, nous voulons que au *Vidimus* d'icelles faict soubz scel royal, foy soit adjoustée comme à ce present original. Donné à Blois au mois d'Octobre l'an de grace M. D. XII. & de nostre regne le XV. *Signé sur le reply,* Par le roy, à la relation du conseil, BARBOT. *Visa*, Contentor, BARBOT. *Et plus bas*: Leuës, publiées & enregistrées en jugement en l'auditoire civil du Chastelet de Paris, le Lundy VIII. jour de Novembre l'an M. D. XII. en la presence des avocats & procureur du roy audit Chastelet. *Signé* PELMONS. *Ibidem.*

Lettres du roy FRANÇOIS I.

Qui deschargent l'Hostel-Dieu du payement des subsides imposez sur le vin, & declarent que l'Hostel-Dieu ne peut estre aucunement compris dans les mots d'exempts & non exempts, privilegiez & non privilegiez.

FRANÇOIS par la grace de Dieu roy de France ; à tous ceulx qui ces presentes lettres verront, salut. Nos chers & bien amez les maistre, freres, sœurs & commis au gouvernement & administration du temporel de l'Hostel-Dieu de notre bonne ville de Paris, nous ont fait entendre que pour l'honneur de Dieu nostre createur, & pour subvenir à l'entretenement, nourriture & aliment des pauvres & malades affluants de toutes parts audict Hostel-Dieu, tant de nostre royaulme que de tous les endroits de la Chrestienté, dont y a ordinairement grand nombre, nos predecesseurs rois & nous y ont non seulement donné & legué plusieurs belles aumosnes & bienfaits, mais ont voullu que ledict Hostel-Dieu fust franc, quitte & exempt de tous tribuz, impositions, aydes & subventions quelconques mises ou à mettre sus en nostredite ville de Paris, soit pour le fait de nos guerres ou pour quelque autre cause ou occasion que ce soit ; mesmement de toutes entrées & issues, barraiges, appetissemens & impost de vin, & tous autres vivres, denrées & fruictz, tant du creu des terres & heritaiges dudict Hostel-Dieu, que de ceulx que l'on achepte pour la provision & despense desdits pauvres malades, freres & sœurs ; & de telle franchise, exemption &

JUSTIFICATIVES.

& immunité à toûjours, par cy-devant & de tout temps, ledit Hoſtel-Dieu joy & usé plainement & paiſiblement ſans aucun trouble ne empeſchement, juſques à preſent que les prevoſt des marchands & eſchevins de noſtredicte ville de Paris, ſoubz coulleur de certaines lettres patentes que leur avons octroyées, par leſquelles leur avons permis prendre, cueillir & lever durant certain temps deux ſols ſix deniers tournois pour chacun muid de vin entrant en ladite ville, & des autres pieces de vin à l'équipolent, & pareillement deux ſols ſix deniers tournois pour chacun muid de vin tranſporté hors d'icelle ville de Paris, pour les deniers de ce provenus employer à parfaire les boullevarts & fortifications commencées en ladite ville & ès foſſez d'icelle, fraiz de l'artillerie & munitions neceſſaires ; & auſſi à parfaire l'entier payement de la ſoulde de ſept mil cinq cens hommes de pyé, pour quatre mois, à nous octroyée par leſdits prevoſt & eſchevins, manans & habitans de ladite ville, ont puis n'agueres & encores auparavant l'octroy & expedition de noſdites lettres, contraintz & veullent contraindre au payement de ladite impoſition & tributz deſſuſdits, leſdits maiſtre, freres, ſœurs & commis à l'adminiſtration du temporel dudit Hoſtel-Dieu, & conſequemment leſdits pauvres malades y eſtans, à la nourriture & ſubſtentation deſquelz & deſdits freres & ſœurs eſt ledit vin dedié & ordonné ; nous ſuplians & requerans très-humblement leſdits maiſtre, freres, ſœurs & commis, attendu ce que deſſus, & meſmement la très-grande & onereuſe charge & deſpenſe qu'ilz ſont contraints de faire & ſupporter à nourrir leſditz pauvres & malades, pour l'effrenée multitude de habondance d'iceulx qui y afflue chacun jour, & meſmement puis n'agueres que les maladyes contagieuſes ont eu & encores ont plus grand cours que de coutume en noſtredite ville de Paris, au moyen deſquelles le nombre deſdits malades en eſt tellement augmenté que chacun a peû & peut encores veoir, ſur ce leur pourveoir de noſtre grace, & faire declaration de noſtre vouloir & intention. Pour ce eſt-il que nous, ce que dict eſt bien entendu, & conſiderans que nous ne pourrions eſtendre ne employer noſtre charité, aumoſne & liberalité en plus loüable effect né meilleur endroit que audit Hoſtel-Dieu, ne faire œuvre plus agreable à noſtredict createur, voullans, comme nous avons toûjours fait, iceluy Hoſtel-Dieu maintenir, conſerver & entretenir en toutes & chacunes les franchiſes, libertez, graces & immunitez que noſdits predeceſſeurs & nous avons données & concedées, & dont ont accoûtumé de joyr & uſer par le paſſé leſdits pauvres, avons de noſtre certaine ſcience, grace eſpeciale, pleine puiſſance & autorité royale, dict & declairé, diſons & declairons par ces preſentes, que nous n'avons entendu & n'entendons en octroyant auſdits prevoſt des marchands & eſchevins de noſtredite ville de Paris leſdites lettres pour lever leſdicts ſubſides, ne encores auparavant l'octroy & conceſſion d'icelles, ledit Hoſtel-Dieu avoir eſté ne eſtre aucunement compris au payement deſdits ſols ſix deniers pour chacun muid entrant en noſtredite ville de Paris ou tranſporté hors d'icelle, ne des autres pieces de vin à l'équipolent, ou autres ſubſides ou impoſitions ordonnées par noſdites lettres eſtre prins & levez, ſoit pour le payement des pyonniers & fortifications de noſtredite ville de Paris, de la ſoulde des ſept mil cinq cens hommes de pyé, ou autres effectz quelzconques ; ains voulons & nous plaiſt que deſdits ſubſides & tributz pour quelque expreſſe cauſe ou octroy qu'ilz puiſſent eſtre octroyez & levez, il ſoit franc, quitte & exempt, tant pour le paſſé que pour l'avenir, & tant pour le regard du vin du cru des terres ou heritaiges appartenans audit Hoſtel-Dieu, que de ceulx que leſdits maiſtre, freres, ſœurs & commis à l'adminiſtration du temporel d'icelluy, font achepter, amener & conduire en noſtredite ville de Paris, pour la proviſion & deſpenſe deſdits pauvres malades, freres & ſœurs, en baillant par leſdits maiſtre & commis, ou par le procureur & negociateur d'iceluy Hoſtel-Dieu, d'ung d'eulx certification ſignée de leurs mains, que leſdits vins ſont pour la fourniture & proviſion dudit Hoſtel-Dieu, ſans & que ſoubz coulleur deſdites lettres par nous octroyées auſdits prevoſt des marchands & eſchevins, que en icelles ſont par exprès couchez ces mots : *Exemptz & non exemptz, privilegiez & non privilegiez*, ledit Hoſtel-Dieu y puiſſe eſtre aucunement compris, ne le payement deſdits ſubſides & impotz levez ſur leſdits vins entrans en noſtredite ville pour la proviſion dudit Hoſtel-Dieu, encores que euſſions auparavant noſdites lettres permis auſditz prevoſt des marchands & eſchevins de iceulx lever, pour employer au payement deſdits pionniers, fortifications & ſoulde deſdits ſept mil cinq cens hommes de pyé ; ains ſi aucune

Tome II.

chose en avoit esté ja levé & payé auparavant & depuis l'octroy & expedition de nosdites lettres, soit pour lesdits pionniers ou autres causes quelzconques, voulons, ordonnons & nous plaist leur estre rendu & restitué incontinent & sans delay, & à ce faire & souffrir estre contraintz tous ceulx qu'il appartiendra, nonobstant oppositions ou appellations quelzconques, pour lesquelles ne voullons estre differé. Si donnons en mandement par cesdites presentes ausdits prevost des marchands & eschevins de nostredite ville de Paris, presens & advenir, ausquelz est permis de faire cueillir & lever lesdits subsides & impotz, & dont par nosdites lettres leur avons commis & attribué la cognoissance & jurisdiction, & à tous nos autres justiciers & officiers, ou à leurs lieutenans & à chacun d'eulx endroit soy & si comme à luy appartiendra, que de noz presens declaration, ordonnance, voulloir & exemption, & de tout le contenu en cesdites presentes ils facent, souffrent & laissent lesdits maistre, freres, sœurs & commis à l'administration dudit Hostel-Dieu & leurs successeurs joïr & user plainement & paisiblement, cessans ou faisant cesser tous troubles & empeschementz au contraire, lesquels sy faicts, mys ou donnez leur estoient, les mettent ou facent mettre incontinent & sans delay à plaine & entiere delivrance & au premier estat & deü. Car tel est nostre plaisir, en tesmoing de ce nous avons faict mettre nostre scel à cesdites presentes. Donné à Saint Germain en Laye le I. jour de Octobre l'an de grace M.D.XLIV. & de nostre regne le XXX. Signé sur le reply: Par le roy, BOCHETEL, & scellées du grand sceau de cire jaulne. Ibidem.

Enregistrement des lettres ci-dessus.

An. 1544.

A Tous ceulx qui ces presentes lettres verront; Jehan Morin, seigneur de Paroiz en Brie, conseiller du roy nostre sire, lieutenant civil de la prevosté de Paris, prevost des marchands & les eschevins de la ville de Paris, salut. Sçavoir faisons, comme aujourd'huy datte de ces presentes, nous ont esté presentées au bureau de ladite ville par messieurs les maistres & gouverneurs de l'Hostel-Dieu de Paris, unes lettres patentes du roy, données à S. Germain en Laye le premier jour d'Octobre M.D.XLIV. signées, par le roy, Bochetel, & scellées en double queuë du grand scel de cire jaulne; par lesquelles le roy nostre sire declare qu'il n'a entendu & n'entend que en octroyant à ladite ville l'ayde de deux sols six deniers tournois pour muy de vin entrant ou transporté hors d'icelle, pour les fortifications de ladite ville & autres causes contenues esdites lettres, les maistre, freres & sœurs & ayans l'administration du temporel de l'Hostel-Dieu de Paris y fussent comprins, quant au vin qu'ils font achepter & admener pour la provision & entretien des povres malades, freres & sœurs dudit Hostel-Dieu, ainsi qu'il est plus à plain contenu en icelles; nous requerans lesdits maistre & gouverneurs l'enterinement desdites lettres. Et après ce que lesdites lettres patentes ont esté communiquées au procureur du roy & de ladite ville, lequel a declaré qu'il n'empeschoit l'enterinement d'icelles, nous pour & au nom de ladite ville, avons enteriné & enterinons lesdites lettres de point en point selon leur forme & teneur, à la charge que lesdits maistre, ou commis, ou le procureur & administrateur d'iceluy Hostel-Dieu, ou l'ung d'eulx, bailleront certification signée de leurs mains, que lesdits vins sont ou seront pour la fourniture & provision dudit Hostel-Dieu. En tesmoin de ce nous avons mis à ces presentes le scel de ladite prevosté des marchands. Ce fut faict le XI. jour de Decemb. l'an M.D.XLIV. *Signé*, SEIDNER. *Ibidem.*

Declaration du roy HENRY II.

Qui exempte l'Hostel-Dieu de la contribution pour les fortifications de Paris.

An. 1554.

HENRY par la grace de Dieu roy de France, à noz amez & feaulx les gens de nostre cour de parlement, chambre de noz comptes & generaulx de la justice de noz aydes, prevost des marchands & eschevins de nostre bonne ville & cité de Paris, salut & dilection. Comme sur la remonstrance à nous faite par les maistre & gouverneurs du temporel de l'Hostel-Dieu de nostredite ville de Paris, des grandes charges & despenses qu'ilz sont tenuz faire & supporter chacun jour, tant pour l'entretenement du grand nombre de pauvres qui y affluent de tous costez, que autres œuvres pyeuses, nous avons par noz lettres patentes du X. jour de Juillet M.D.LIII. dict & declaré que nous ne voullions & n'entendions qu'ils fussent aucunement comprins à la contribution des ouvraiges & fortifications d'icelle ville, pour raison des maisons scituées & assizes en ladite ville &

JUSTIFICATIVES. 269

fauxbourgs appartenans audit Hostel-Dieu, & de ce nous les eussions quictez & exemptez; lesquels lettres auroient esté par vous prevost des marchands & eschevins de nostredite ville, verifiées & enregistrées. Toutesfois au moyen que depuis par noz lettres du IV. jour de Mars M. D. LIII. nous ayons voulu & ordonné que toutes personnes, tant d'église que seculiers, ayans maisons, presbytaires, loges, eschoppes, terres & jardins scituez au dedans de nostredite ville & fauxbourgs, feussent comprins à la contribution desdits ouvraiges & contrainz payer les sommes à quoy ils seroient taxez & cotisez, sans aucuns en exempter, quelzques lettres qu'ils en ayent de nous obtenues ou puissent obtenir cy-après, lesquelles nous aurions revoquées, cassées & annullées, reservé celles qui auroient esté ou seroient deuement verifiées & publiées par vos gens de nosdites cour de parlement, chambre des comptes, que generaulx de la justice de noz aydes, ils doubtent que on les voulut contraindre au payement de ladite contribution sans avoir esgard à nosdites lettres, s'ils n'avoient plus ample declaration de noz vouloir & intention. Sçavoir vous faisons, que nous desirans la conservation & augmentation du bien & revenu ordonné & delaissé pour l'entretenement & nourriture des pauvres, & ayans esgard que tous pionniers & aydes auxdites fortifications devenans malades & invalides sont receuz, nourris, alimentez & medicamentez audit Hostel-Dieu, recordz & memoratifs des bonnes & justes causes & considerations qui nous ont meu d'octroyer lesdites lettres de declaration & exemption, avons suivant icelles dict & declaré, disons & declarons par ces presentes, que nous ne voulons & n'entendons que lesdits maistres & gouverneurs, pour raison des maisons & autres choses appartenans audit Hostel-Dieu, scituées & assises en ladite ville & fauxbourgs, soient aucunement comprins à la contribution des ouvraiges & fortifications d'icelle ville, quelques lettres de declaration que nous en avons fait expedier & pourrions faire expedier ci-après, dont les avons exemptez & reservez, exemptons & reservons par cesdites presentes; par lesquelles vous mandons & enjoignons que noz presentes declaration & exemption vous faites lire, publier & enregistrer, & du contenu en icelles faites, souffrez & laissez lesdits maistre & gouverneurs du temporel dudit Hostel-Dieu, joyr & user plainement & paisiblement; par la forme & maniere que dict est, & à ce faire & souffrir contraignez & faites contraindre tous ceulx qu'il appartiendra, & qui pour ce seront à contraindre par toutes voyes & manieres deuës & raisonnables, nonobstant oppositions ou appellations quelzconques & sans prejudice d'icelles, pour lesquelles ne voulons estre differé; nonobstant aussi nosdites lettres de declaration & quelzconques autres lettres impetrées ou à impetrer à ce contraires. Car tel est nostre plaisir. Donné à Fontainebleau le XXII. jour de Mars, l'an de grace M. D. LIV. & de nostre regne le VIII. *Signé*: Par le roy, le sieur Desroches maistre des requestes ordinaire present, CLAUSSE. *Et à costé*, FUME'E. *Ibidem.*

Bulle d'ALEXANDRE IV.

En faveur de l'hospital des Quinze-vingt.

ALEXANDER episcopus servus servorum Dei, charissimo in Christo filio Ludovico regi Franciæ illustri salutem & apostolicam benedictionem. Licèt is de cujus munere venit ut sibi à fidelibus suis dignè ac laudabiliter serviatur, de abundantiâ pietatis suæ quæ merita supplicum excedit & vota, benè servientibus multò majora retribuat quàm valeant promereri; nihilominùs tamen desiderantes reddere Domino populum acceptabilem, fideles ejus ad complacendum ei, quasi quibusdam illectivis muneribus, indulgentiis scilicèt & remissionibus invitamus; ut exindè reddantur divinæ gratiæ aptiores. Cùm igitur (sicut ex parte tua fuit propositum coràm nobis) tu quamdam domum ad opus cæcorum Parisiensium & in ea ecclesiam in honore sancti Remigii duxeris construendas; nos cupientes ut ecclesia ipsa congruis honoribus frequentetur, omnibus verè pœnitentibus & confessis; qui die translationis dicti sancti & per tres menses immediatè sequentes ad ecclesiam vestram accesserint annuatim, unum annum, de omnipotentis Dei misericordia & beatorum Petri & Pauli apostolorum ejus auctoritate confisi, de injuncta sibi pœnitentia misericorditer relaxamus. Datum Anagniæ x. Kal. Augusti, pontificatûs nostri anno sexto. *Dubr. Antiq. p.* 969.

AN. 1260.

Autre bulle de CLEMENT IV.

En faveur du mesme hospital.

CLEMENS episcopus servus servorum Dei, venerabilibus fratribus archiepiscopis & episcopis, & dilectis filiis

AN. 1264.

Ll iiij

abbatibus, prioribus, decanis, archidiaconis, & aliis ecclesiasticis prælatis per regnum Franciæ constitutis ad quos litteræ istæ pervenerint, salutem & apostolicam benedictionem. Circà opera pietatis vos non credimus invenire difficiles, ad quæ tenemur per nos ipsos viros subditos invitare. Licèt autem debeatis omnibus benignitatis vestræ gratiam exhibere, & in pio eorum proposito adjuvare; christianissimo tamen in Christo filio nostro Ludovico illustr. regi Francorum, qui in honorem B. Remigii hospitalem domum ad sustentationem cæcorum pauperum Parisius de novo construxit, tenemini ampliorem præstare favorem, quantò per hospitalitatis opera quæ in domo exercentur eâdem, divinam & apostolicæ sedis gratiam poteritis pleniùs obtinere. Monemus igitur universitatem vestram & hortamur attentè, per apostolica vobis scripta præcipiendo mandantes, quatinùs prædictam domum, pro reverentia ejusdem sedis & nostra, commendatam habentes, nunciis domûs ejusdem, cùm pro acquirendis à fidelibus eleemosynis ad partes vestras accesserint, conferatis consilium & juvamen. Et vos singuli archiepiscopi & episcopi litteras vestras convocatorias favorabilès benigniùs absque difficultate aliqua concedatis eisdem; mandatum nostrum taliter impleturi, quòd ex hoc præter divinæ retributionis gratiam, eos nobis de ecclesiis vestris fortiùs obligetis. Datum Perusii XII. Kal. Octob. pontificatûs nostri anno 1. *Dubreul Antiqu.* 1612 *p.* 970.

Ratification du roy S. Louis, d'une donation faite au mesme hospital.

An. 1269.

Ludovicus Dei gratiâ Francorum rex. Notum facimus quòd cùm Guillelmus Barberius dictus ad pedem ferreum, acquisivisse dicatur à Petro Coquillario cive Parisiensi & Genovefa ejus uxore per factum excambium inter eos, decem libratas & quindecim solidatas incrementi censûs annui redditûs, quas præ nominatus Petrus & ejus uxor habebant & percipiebant annis singulis, quatuor terminis Parisius consuetis, super duabus domibus sitis Parisius ab oppositis stallorum carnificum, in censiva nostra, videlicèt super domo quam tenere dicitur ad præsens Radulphus Caligarius, quæ contigua est domui defuncti Obicii carnificis, octo libras & quindecim solidos parisienses incrementi censûs annui redditûs, & super domo quam Radulphus de Ponte tenet, contiguâ domui defuncti Obicii prædicti alios quadraginta solidos residuos incrementi censûs annui redditûs, sicut præmissa audivimus. Et idem Guillelmus Barberius prædictas decem libratas & quindecim solidatas parisi. incrementi censûs annui redditûs, divini amoris intuitu & pro animæ suæ remedio, dicatur dedisse & in perpetuum concessisse congregationi cæcorum Parisi. & domui eorumdem; nos prædictam donationem, quantùm in nobis est, concedimus & ratam habemus; volentes quòd dicta domus cæcorum prædictum redditum valeat in perpetuum & pacificè possidere, sinè coactione aliquâ vendendi vel extrâ manum suam ponendi; retentis nobis & nostris successoribus in dictis locis omnimodâ justitiâ altâ & bassâ, necnon censu nostro & omnibus aliis redibentiis nostris, & salvo in aliis jure nostro & jure in omnibus alieno. Quod ut ratum & stabile permaneat in futurum, præsentibus litteris nostrum fecimus apponi sigillum. Actum apud abbatiam Humilitatis beatæ Mariæ juxtà sanctum Clodoaldum anno Domini M. CC. LXIX. mense Octobris. *Tiré d'un cartulaire de S. Germain l'Auxerrois.*

Autres lettres du mesme, sur le mesme sujet.

An. 1269.

Ludovicus Dei gratiâ Francorum rex. Notum facimus universis tam præsentibus quàm futuris, quòd cùm Guillelmus Barberius dictus ad pedem ferreum, acquisivisse dicatur à Petro Coquileario cive Parisiensi & Genovefa ejus uxore per factum excambium inter eos, decem libras & quindecim solidos incrementi censûs annui redditûs, quas ipsi Petrus & ejus uxor percipiebant & habebant, ut dicitur, quatuor terminis Parisius consuetis, super duabus domibus sitis Parisius ab oppositis stallorum carnificum, in censiva nostra, videlicèt super domo quam tenet ad præsens, ut dicitur, Radulphus Caligarius, contiguâ domui defuncti Obicii carnificis, octo libras & quindecim solidos annui censûs, & super domo Radulphi de Ponte, contiguâ domui dicti Obicii, residuos quadraginta solidos annui censûs, ut dicitur, ac dudum idem Guillelmus prædictas decem libras & quindecim solidos pro animæ suæ remedio dedisse dicatur congregationi cæcorum Parisi. & domui eorumdem in perpetuum concessisse. Nos, quantùm in nobis erat, voluimus quòd præfata congregatio prædictum redditum teneret in perpetuum, absque

JUSTIFICATIVES.

absque coactione aliquâ vendendi vel extrà manum suam ponendi; retentis nobis & successoribus nostris omnimodâ justitiâ quam in prædictis locis habebamus, necnon censu nostro, & omnibus aliis redibentiis ac jure nostro & alieno. Et ipsa congregatio cæcorum consideratâ & pensatâ utilitate domûs suæ, sicut datum est nobis intelligi, prædictas decem libras & quindecim solidos annui census per factum excambium seu recompensationem quorumdam bonorum, dedit & in perpetuum quittavit decano & capitulo ac curato ecclesiæ sancti Germani Antiss. Parisi. Nos divini amoris intuitu volumus, quantùm in nobis est, & concedimus quòd præfati decanus, capitulum & curatus prædictum redditum tenere valeant in perpetuum ac pacificè possidere, absque coactione aliquâ vendendi vel extrà manum suam ponendi; retentis nobis & successoribus nostris in locis prædictis omnimodâ justitiâ & censu nostro, ac omnibus aliis redibentiis nostris, & salvo in omnibus aliis jure nostro, ac jure etiam in omnibus alieno. Quod ut ratum & stabile permaneat in futurum, præsentibus litteris nostrum fecimus apponi sigillum. Actum Parisius anno Domini M. CC. LXIX. mense Martii. *Ibidem.*

Autres lettres du roy SAINT LOUIS.

Pour les Quinze-vingt.

AN. 1269.

LUDOVICUS Dei gratiâ Francorum rex. Notum facimus universis tam præsentibus quàm futuris, quòd nos divini amoris intuitu, & pro salute animæ nostræ, ac inclytæ recordationis regis Ludovici genitoris nostri, reginæ Blanchæ genitricis nostræ & aliorum antecessorum nostrorum, congregationi pauperum cæcorum Parisius, ad opus potagii eorumdem, dedimus & concessimus triginta libras parisienses annui redditûs, habendas & percipiendas ab eisdem in perpetuum pacificè & quietè per manum thesaurarii nostri apud Templum Parisius, annis singulis, terminis subnotatis; videlicèt in festo Ascensionis Domini, decem libras parisienses; in festo omnium Sanctorum, decem libras; & in festo Purificationis beatæ Mariæ Virginis, decem libras parisienses; volentes, præcipientes & mandantes, quòd quicumque thesaurarius noster pro tempore fuerit vel hæredis nostri regis Francorum, dictas triginta libras parisienses prædictis terminis, ut dictum est, persolvat eisdem. Insuper volumus & mandamus quòd in domo & congregatione dictorum cæcorum numerus trecentorum pauperum, prout aliàs ordinavimus, perpetuò observetur; & quod ab eleemosynario vel hæredis nostri prædicti (quem eleemosynarium ad visitandam loco nostri dictam domum constituimus) quandocumque de dicto numero aliquis defuerit, suppleatur. Quod ut ratum & stabile permaneat in futurum, præsentibus litteris nostris fecimus apponi sigillum. Actum apud Melodunum, anno Domini M. CC. LXIX. mense Martio. *Dubreul Antiquitez, p.* 970.

Echange fait par l'hopital des Quinze-vingt, pour avoir un cimetiere.

AN. 1282.

UNIVERSIS præsentes litteras inspecturis, officialis curiæ Parisi. salutem in Domino. Noveritis quòd coràm Johanne dicto Kesnel & Johanne Blondelli clericis nostris juratis ad hoc à nobis specialiter destinatis, quibus fidem adhibemus, constituta congregatio domûs pauperum cæcorum Parisi. more solito congregata, asseruit quòd ipsa habebat & possidebat pacificè in manu mortua, & percipiebat annuatim decem libras & quindecim solidos paris. census incrementi annui redditûs, quatuor terminis Parisius consuetis, super duabus domibus sitis Parisius ab oppositis stallorum carnificum magni pontis, in censiva domini regis, scilicèt super domo Radulphi Caligarii contiguâ domui defuncti Obicii carnificis octo libras & quindecim solidos census annui, & super domo Radulphi de Ponte contiguâ domui dicti Obicii quadraginta solidos census annui. Item asseruit quòd venerabiles viri decanus & capitulum ac curatus ecclesiæ sancti Germani Antiss. Parisi. nomine permutationis, sive in excambium perpetuum pro dictis decem libris & quindecim solidis census, concesserant eidem congregationi cæcorum & ejus domui prædictæ habere perpetuò & possidere in quadam platea porprisii dictæ domûs cæcorum, quemdam cimiterium ibidem perpetuò liberè remanendum, ad usus eorum qui decesserint in domo prædictâ & aliorum quorumcumque qui ibidem voluerint eligere sepulturam, & duas campanas, quamlibet ponderis centum librarum in capellâ domûs cæcorum congregationis prædictæ ponendas, pendentes duabus thesiis super copertura ipsius capellæ, pro servitio ejusdem capellæ & officiis dictæ domûs cæcorum, cùm necesse fuerit & eis expedire videbitur, pulsandas, & ibidem perpetuò remanendas; ac etiam remiserant perpetuò & quittaverant eidem congregationi cæcorum &

ejus domui prædictæ totam decimam quam dicti decanus & capitulum habebant super omni terra domûs congregationis prædictæ, necnon & triginta libras parif. quas inclytæ recordationis Ludovicus rex Franciæ, dum vivebat, eisdem decano & capitulo dare promiserat, ut dicta congregatio asserebat coràm dictis clericis nostris, hoc modo quòd in continenti postquàm dictum cimiterium constructum & benedictum esset, dicta congregatio cæcorum dictæ domûs easdem triginta libras parif. solveret, salvis tamen eisdem decano, capitulo & curato in dictis cimiterio, capella & domo & omnibus aliis pertinentiis domûs cæcorum prædictæ, luminari & oblationibus & alio jure parochiali, prout anteà habebant & habere consueverant in ecclesia S. Germani prædicti. Pro quibus verò præmissis dictæ congregationi cæcorum & ejus domui à dictis decano, capitulo ac curato, ut prædictum est, concessis remissis ac quittatis, ac in eorum recompensationem, dicta congregatio cæcorum nomine domûs prædictæ coràm dictis clericis nostris, considerata & pensatâ in prædictis utilitate dictæ domûs cæcorum, & congregationis ipsius, dedit, quittavit & penitùs concessit ex nunc perpetuò, nomine permutationis sive in excambium perpetuum, dictis decano, capitulo & curato prædictas decem libras cum dictis quindecim solidis census incrementi annui redditûs, videlicèt dicto decano sex libras parif. dicto capitulo quinquaginta quinque solidos, & dicto curato quadraginta solidos parif. ab eisdem decano, capitulo & curato, & eorum successoribus in dicta ecclesia singulis annis imposterum habendas & possidendas in manu mortua, ac percipiendas super dictis duabus domibus terminis prædictis, & prout dicta congregatio cæcorum tenebat & percipiebat easdem, per litteras inclytæ recordationis Ludovici regis Francorum prædicti. Et promisit dicta congregatio cæcorum stipulatione solempni coràm dictis clericis nostris, quòd contrà hujusmodi permutationem, quittationem & concessionem prædictas non veniet, per se vel per alium, jure aliquo in futurum ; imò dictas decem libras & quindecim solidos census percipiendas & possidendas in posterum, prout ipsa congregatio ipsas percipiebat & possidebat, in manu mortua, garantizabit, quantum in se est, & defendet decano, capitulo & curato prædictis & eorum successoribus in dicta ecclesia contrà omnes ; mediantibus tamen & sibi salvis prædictis eidem congregationi cæcorum ab eisdem decano, capitulo & curato, ut prædictum est, concessis ; cedentes dictis decano, capitulo & curato & eorum successoribus, quidquid juris & actionis eidem congregationi cæcorum & domui prædictorum cæcorum competebat, in dictis decem libris & quindecim solidis censûs in domibus prædictis super quibus percipiuntur ; & pro præmissis à dictâ congregatione cæcorum firmiter servandis dicta congregatio se & dictam domum eorum ac eorum in eâ successores dictis decano, capitulo & curato obligavit titulo specialis ypothecæ. Ad quorum clericorum nostrorum relationem, coràm quibus acta fuerunt præmissa & concessa à dictâ congregatione more solito, ut dictum est, congregata, prout ipsi clerici nostri nobis concorditer & vivæ vocis oraculo retulerunt, sigillum curiæ Parif. præsentibus litteris duximus apponendum in memoriam rei gestæ. Datum anno Domini M. CC. LXXXII. die Sabbati ante festum Nativitatis beati Johannis-Baptistæ. *Tiré d'un cartulaire de S. Germain l'Auxerrois.*

Bulle du pape JEAN XXIII.

Qui exempte l'hospital des Quinze-vingt, de la jurisdiction de l'ordinaire.

JOANNES episcopus, &c. Nos dilectorum filiorum magistri & pauperum cæcorum hospitalis sive domûs Dei Quindecim-viginti cæcorum nuncupati seu nuncupatæ, olim per B. Ludovicum Francorum regem Parisiis fundati sive fundatæ, supplicationibus inclinati, & eorum inopiæ ac cæcitati pio compatientes affectu, ne ipsi pauperes à judicibus ecclesiasticis molestentur, eosdem magistrum & pauperes qui nunc sunt, & pro tempore futuris perpetuis temporibus erunt, ac prædictam domum sive hospitale, cum singulis membris, rebus & bonis eorum, quæ in præsentiarum rationabiliter possident, & in futurum justis titulis poterunt adipisci, & eorum capellam, cum capellanis & clericis, sororibus, aliisque personis pauperibus & infirmis degentibus in eisdem, præsentibus & futuris, ab omni jurisdictione, dominio & potestate venerabilis fratris nostri episcopi, & dilecti filii archidiaconi Parisiensis, auctoritate apostolicâ prorsus eximimus & perpetuò liberamus, &c. Fœlicis recordationis Innocentii papæ III. prædecessoris nostri circà exemptos editâ, quæ incipit : *Volentes*, ac aliis quibuscumque constitutionibus & ordinationibus apostolicis contrariis, non obstantibus.

A N. 1411.

bus. Nos enim quascumque excommunicationis, suspensionis & interdicti ac alias sententias & quoscumque processus, quas & quos contra tenorem & formam exemptionis nostræ hujusmodi promulgari & haberi contigerit, irritos decernimus & inanes. Et nihilominùs volentes eosdem magistrum & pauperes, capellanos, clericos & personas præfatas amplioris dono gratiæ prævenire ; volumus & eâdem auctoritate, præsentium tenore, decernimus eorumdem magistri, pauperum, capellanorum, clericorum & personarum in eadem domo pro tempore degentium, & præfatæ domûs jurisdictionem, punitionem, correctionem, condemnationem & expeditionem, prout casuum & temporum necessitas postulabit, ad dilectum filium eleemosynarium regis Francorum illustris pro tempore existentis, etiam pro tempore existentem (dummodò sit in aliquo sacrorum ordine constitutus) alioquin ad primum capellanum prædictæ capellæ, in perpetuum pertinere, &c. Datum Romæ apud S. Petrum IV. Id. Novembris anno II. Pontificatûs nostri. *Dubreul Antiquitez* 1612. *p.* 972. *& Chopin Monastici l.* 2. *tit.* 1. *art.* 28. *p.* 217.

ERECTION DE LA CHAPELLE S. Josse en paroisse.

AN. 1260.

UNIVERSIS præsentes litteras inspecturis, frater Evrardus humilis prior monasterii beati Martini de Campis Parisiensis, totusque ejusdem loci conventus, æternam in Domino salutem. Noverint universi, quòd ad preces & instantiam nostram & magistri Joannis presbyteri sancti Laurentii Parisiensis, venerabiles viros dominum Radulphum de Capriaco in ecclesia Parisiensi archidiaconum & magistrum Lucam canonicum Parisiensem deputaverint ad ordinandum loco ipsius episcopi, de ecclesiis sancti Laurentii & sancti Judoci Par. ac earum bonis ; iidemque archidiaconus & magister Lucas, auctoritate dicti domini episcopi, de prædictis ecclesiis ac earum bonis providere ordinaverint & statuerint, deliberatione diligenti super hoc habitâ & tractatu, prout in litteris dictorum archidiaconi & magistri Lucæ super dicta ordinatione seu statuto confectis, sigillis eorum sigillatis, quæ sic incipiunt: UNIVERSIS præsentes litteras inspecturis, Radulphus in ecclesia Parisi. archidiaconus & magister Lucas Par. canonicus, à reverendo patre Reginaldo, miseratione divinâ Parisiensi episcopo, deputati ad ordinandum de ecclesiis S. Laurentii & S. Judoci Parisiensis ac earum bonis, salutem in Domino. Ad omnium volumus notitiam pervenire, quòd volentibus & expressè consentientibus viris religiosis in Christo charissimis priore & conventu S. Martini de Campis Par. unà cum magistro Joanne presbytero S. Laurentii prædicti, auctoritate domini jam dicti Parisiensis episcopi nobis in hac parte commissâ, ordinavimus & statuimus, ut capella S. Judoci in parochia S. Laurentii infrà muros Parisienses de novo fundata, ob ampliationem divini cultûs, & ut periculis ac aliis inconvenientibus obviaretur salubriter, quæ quasi propter intolerabilem distantiam proprii sacerdotis in dicta parochia sancti Laurentii sæpiùs accidebant, sit matrix ecclesia, presbytero S. Laurentii qui nunc est, cedente vel decedente, qui presbyter quamdiù ecclesiam S. Laurentii tenuerit, simul capellam, si voluerit, possidebit. Tenebitur tamen singulis diebus, per se vel per alium idoneum, quamdiù eam tenuerit, missam & alia divina officia in ea per integrum celebrare, juraque parochialia omnibus parochianis qui infrà muros Parisienses sunt, quos eidem capellæ per hanc nostram ordinationem donavimus & assignavimus, ibidem ministrare. Presbyter verò qui, cedente vel decedente presbytero S. Laurentii, ad dictæ capellæ curam suscipiendam prædicto domino Parisiensi episcopo vel successoribus suis per archidiaconum loci (sicut moris est) à priore S. Martini de Campis Par. præsentabitur ad quem patronatus ejusdem capellæ pertinet, habebit in cura sua omnes parochianos qui sunt vel erunt infrà muros Parisienses, sicut fines parochiæ S. Laurentii se comportant, & omnia quæ obvenient capellæ vel presbyterio ex quacumque causa vel titulo : exceptis quæ ad opus fabricæ dictæ capellæ conferentur, quæ in usus fabricæ convertentur : & exceptis medietate omnium oblationum, quæ obvenient in omnibus festis sanctorum Judoci & Laurentii in capella illa sive ecclesia, in quacumque specie fiant, à prima pulsatione vesperarum vigiliarum dictarum festivitatum, usque ad finem diei sequentis : & exceptis duabus partibus candelarum quæ offerentur ibi in festo Purificationis gloriosæ Virginis Mariæ ; quæ omnia prioris & conventûs S. Martini erunt ; pro quibus sibi conservandis custodes ad ecclesiam sive capellam (si voluerint) mittere poterunt & habere. Dictus verò presbyter sancti Laurentii percipiet & habebit annuatim in perpetuum à presbytero qui pro tempore fuerit institutus in ecclesia S. Judoci, decem libras par. in recompensatione parochianorum S. Laurentii manentium infrà muros Parisienses, qui adjunguntur à nobis, seu etiam subjiciuntur ecclesiæ S. Judoci supradictæ, solvendas apud S. Laurentium presbytero S. Laurentii, quatuor terminis Parisius consuetis. Volumus etiam & ordinamus, quòd si dictus presbyter S. Judoci defecerit in solutione dictæ pecuniæ aliquo prædictorum terminorum, secundùm portionem terminum contingentem, prædictus presbyter S. Judoci prædicti tenebitur solvere dicto presbytero S. Laurentii duos solidos parisienses nomine pœnæ, pro quolibet die in quo cessaverit in solutione post dictum terminum, donec de pecunia dicto termino debita dicto presbytero S. Laurentii fuerit integrè satisfactum. Presbyteri verò qui in præfata ecclesia sive capella pro tempore canonicè fuerint instituti, ad submonitionem prioris juramentum faciant in capitulo sancti Martini de Campis, eo modo quo presbyteri S. Laurenti facere consueverunt. Ut autem hæc nostra ordinatio futuris temporibus observetur, eam sigillorum nostrorum munimine jussimus & fecimus consignari, salvo jure omni archidiaconali archidiacono Parisiensi in ipsa ecclesia seu capella. Datum anno Domini M. CC. LX. PLENIUS continetur. Nos in dicta ordinatione utilitatem nostram & nostri monasterii attendentes, ac ordinationem ipsam rectè & legitimè esse factam, eandem ordinationem voluimus & volumus, laudavimus & laudamus, & eidem ordinationi expressè in omnibus & per omnia unanimiter consentimus. In quorum omnium testimonium sigilla nostra præsentibus literis duximus apponenda. Datum de communi assensu nostro in pleno capitulo, anno Domini M. CC. LX. mense Aprili. *Dubreul Antiquitez* 1612. *pag.* 860.

De la justice dans la petite isle du palais, appartenante à S. Germain des Prez.

AN. 1313.

PHILIPPUS Dei gratiâ Francorum rex. Notum facimus universis tam præsentibus quàm futuris, quòd cùm nuper Parisius in insula existente in fluvio Secanæ, juxta portam jardini nostri, inter dictum jardinum nostrum, ex una parte dicti fluvii, & domum religiosorum virorum fratrum ordinis sancti Augustini Parisius, ex altera parte dicti fluvii, executio facta fuerit de duobus hominibus qui quondam Templarii extiterunt, in insula prædicta combustis; & abbas & conventus S. Germani de Pratis Par. dicentes se esse in saisina habendi omnimodam altam & bassam justitiam in insula prædicta, super hoc conquererentur, requirentes eorum indemnitati super hoc provideri: nos volentes eorum juri super hoc providere, tenore præsentium declaramus, quòd nos nolumus, nec nostræ intentionis existit, quòd juri prædictorum abbatis & conventûs monasterii S. Germani de Pratis ex facto prædicto ex nunc vel futuris temporibus præjudicium aliquod generetur. Quod ut firmum & stabile permaneat in futurum, præsentibus literis nostrum fecimus apponi sigillum; salvo in aliis jure nostro, & in omnibus quolibet alieno. Actum Parisius anno Domini M. CCC. XIII. mense Martii. *Scellées du grand sceau de cire verte, pendant en lacs de soye rouge & verte. Dubreul Antiq. p.* 329.

L'HOSTEL AU DAUPHIN, acheté par le prevost des marchands & les eschevins de Paris, pour en faire l'hostel de ville.

AN. 1355.

CHARLES ainsné fils & lieutenant du roy de France, duc de Normandie, dauphin de Viennois; sçavoir faisons à tous presens & avenir nous avoir veu unes lettres patentes saines & entieres, scellées du scel du Chastelet de Paris, faites & passées sur le vendage que Jean d'Aucerre & Marie sa fame ont fait à nos bien amez le prevost des marchands & les eschevins de Paris, pour & ou nom de ladite ville & de toute la communauté d'ycelle, d'une maison que yceux Jehan & Marie avoient & possedoient à Paris de nostre don à eux fait, seant ou lieu que l'en dit *Gréve*, contenant la forme qui s'ensuit: A TOUS CEUX qui ces presentes lettres verront & orront; Guillaume Staise garde de la prevosté de Paris, salut. Sachent tous que pardevant nous Philippes du Vivier & Maran le Pretel clercs notaires jurez du roy nostre sire de son Chastelet de Paris, personnellement establis honnorable homme & sage sire Jehan d'Aucerre & Marie sa fame, à laquelle Marie ledit Jehan d'Aucerre son mary donna & ottroya, & prinst & receut en elle agreablement pouvoir, ottroy, licence & autorité, quant à passer & accorder avec luy ce qui s'ensuit: Recogneurent & confesserent yceux sire Jehan d'Aucerre & Marie sa fame pardevant lesdits notaires jurez, comme pardevant nous en figure du jugement, de leur bon gré & de leur bonne volonté,

certaine

certaine science, sans force, fraude, contrainte, erreur ou decevance aucune, eulx avoir vendu & par nom de pure & perpetuelle vente, quitté, cessé, ottroyé, mis, transporté, & du tout en tout delaissé dez maintenant à tousjoursmais heritablement, à honnorables hommes & sages sire Estienne Marcel prevost des marchands de la ville de Paris & les eschevins de ladite ville, achepteurs pour eux & leurs successeurs prevosts & eschevins de ladite ville de Paris, & pour & ou nom de ladite ville & de toute la communauté d'ycelle, une maison ou hostel dit & apellé *Hostel au Dauphin*, à deux pignons pardevant, si comme ycelle maison ou hostel se comporte & estend de toutes parts haut & bas, devant & derriere, en long, en large & en parfond, avecques tous ses droits, vuës, issuës, entrées, aissences, adjacences, apartenances & appendences, que ledit sire Jehan d'Aucerre & Marie sa fame vendeurs se disoient avoir, tenir & paisiblement possoir de leur conquest, & par titre de don à eulx fait par haut & excellent prince monseigneur le duc de Normandie, dauphin de Viennois, assis à Paris en Greve, tenant d'une part à la maison d'honorable homme & sage sire Dimenche de Chateillon, & d'autre part à la maison de Giles Marcel, aboutant par derrieres à la ruelle du martray de saint Jehan en Greve, & par devant à la place de Greve en la censive du roy nostre sire, chargié l'hotel de devant où sont les piliers, en vingt-deux deniers parisis pour fond de terre, & la partie dudit hotel par derrieres en dix deniers parisis pour fond de terre, tout payé par an audit notre sire le roy, & avec ce chargié toute ladite maison ou hotel en vingt-quatre livres quatorze sols huit deniers parisis de crois de cens ou rente deus & payez par an aux censives qui s'ensuivent; c'est à savoir aux religieuses de Longchamp cent & onze sols parisis & huit deniers, aux religieux de saint Victor-lez-Paris sept livres trois sols parisis, & à mess. Guillaume de la Staire chapelain de la chapelle madame sainte Anne fondée en l'église Nostre-Dame de Paris, douze livres parisis, sans nulle autre charge, servitute ou redevance. C'est à savoir cette presente vente faite pour le prix & la somme de deux mille huit cent quatre-vingt livres parisis, forte monnoye courant à present, que yceux vendeurs en ont eu & receu desdits prevost des marchands & eschevins de la ville de Paris, achepteurs pour & ou nom d'ycelle & de toute la communauté, en deux mille & quatre cens florins d'or *au mouton* du coin du roy nostre sire, courans à present, si comme ils le confessent & dont ils se teindrent bien payez pardevant lesdits jurez, comme en droit pardevant nous; & d'ycelui prix dessus dit ils quitterent desorendroit à toujours lesdits achepteurs & tous autres à qui quittance en apartient; transportant, mettant, cessans & du tout en tout delaissans lesdits vendeurs esdits achepteurs, pour eux & pour leurs successeurs prevosts & échevins, ou nom que dessus, tout le droit, toute la proprieté, fons, possession, saisine, seigneurie, raison & action quelquonque reelle & personelle, mixte, directe, taisible, expresse, & toute autre que ils avoient, pouvoient & devoient avoir en ladite maison ou hostel & en ses apartenances, & envers quelquonques personnes & leurs biens pour raison de ce, sans aucune chose excepter, retenir, ne y reclamer jamais à nul jour, pour eux ne pour leurs hoirs; & toute ladite vente faite, comme dit est, lesdits vendeurs sont tenus & promirent garentir, deliberer & deffendre chacun pour le tout, sans division aucune faire l'un de l'autre, ausdits achepteurs & leurs successeurs prevosts & eschevins, ou nom que dessus, de tous troubles, debtes, obligations, arrerages & autres empêchemens quelquonques, envers tous & contre tous, en jugement & hors, toutes & quantes fois que métier en sera. Et pour faire la dessaisine & devestissement de toute ladite vente de ladite maison ou hotel & de ses apartenances, & pour en faire saisir & mettre en possession & saisine corporelle lesdits prevost des marchands & eschevins de la ville de Paris, pour eulx & leurs successeurs prevosts & eschevins, ou nom que dessus, par tout où il apartiendra, lesdits vendeurs firent, ordonnerent & établirent leur procureur certain & especial messagier, sans aucun rapel, ledit Giles Marcel seul pour le tout, monstrant ces lettres, & li donnerent & ottroyerent pardevant lesdits notaires jurez plein pouvoir, autorité & mandement especial de ce faire & tout ce qui y apartient, ainsi & en la maniere comme ils mesmes feroient ou pouroient faire, se ils y étoient presens en leurs personnes. Promettans yceux vendeurs par leurs sermens & par la foy de leurs corps pour ce donnée corporellement ès mains desdits notaires jurez, tant comme en la notre, que encontre cette vente & quittance ne encontre aucune des choses contenues en ces lettres, n'iront ne aller feront à nul jour

Tome II.   M m ij

par eux ne par autre, pour quelquonque cause ou raison que ce soit, couvertement ou en apert ; ainçois tout ce que dist est, yceux vendeurs par leur foy & sermens dessusdits, promirent faire, tenir, garder & accomplir de point en point, sans faire, dire ne venir contre ; & à rendre & payer tous cousts, despens, dommages, mises, journées & interests qui en isseroient par deffaut de guarantie ou autrement, pour raison de ce que dit est non tenu, non gardé & non accompli ; & quant à tout ce que dit est, finalement & loyaument faire, tenir, garder & accomplir, & pour non venir encontre, lesdits vendeurs obligierent, chacun pour le tout, eux, leurs hoirs, tous leurs biens & les biens de leurs hoirs meubles & non meubles, presens & avenir, que ils soufmirent pour & à justicier & exploiter par nous & par nos successeurs prevosts de Paris, & par toutes autres justices sous quiex jurisdiction ils seront ou pourront estre trouvez. Renonczans en ce fait yceux vendeurs par leurdite foy & par leurdit serment, à action en faire, à convention de lieu & de jugement, à tous privileges, graces, respis & indulgences données & à donner pour quelquonques causes que ce soit, à l'exception dudit prix de deux mille huit cent quatre-vingt livres parisis non avant heu & non receu, comme dit est, à toute exception & deception outre moitié du juste prix, ou autrement, à tout droit escript & non escript, à tous us, coustumes & establissemens de lieux, de ville & de pays, à toutes fraudes, barats, malices, erreurs, cauteles, allegances, cavillances & decevances, & à toutes autres choses quelquonques, qui aidier ou valoir leur pourroient à dire ou venir contre la teneur de ces lettres ou contre le fait dedans contenu, au droit disant generale renonciation non-valoir, mesmement ladite Marie de ladite autorité au benefice du senat-consult Velleian, à l'espitre du dive Adrian, & à tous autres droits ottroyez & introduits en la faveur des fames. En tesmoings de ce nous, à la relation desdits clercs notaires jurez, ausquels nous adjoustons pleniere foy en ce cas & en plus grands, avons mis à ces lettres le seel de la prevosté de Paris, l'an de grace M. CCC. LVII. le Vendredy VII. jour de Juillet. ET POUR CE QUE les dessusdits prevost & eschevins pourroient avoir doute que ou tems à venir ne fussent contraints de mettre hors de leurs mains ladite maison & ses apartenances, tant pour cause de la tenue, comme pour communauté de ville, ou de en payer aucune finance, ou autrement que ladite maison avec sesdites apartenances ne leur fust empêchée & mise hors de leursdites mains, tant par vertu des ordonnances ou aucunes clauses d'ycelles duement faites sur le gouvernement dudit royaume, soit la clause par laquelle tous dons faits depuis le tems de nôtre trèscher seigneur le roy Philippe le Bel, que Dieu absoille, du domaine du royaume, ou de chose sentant nature de domaine, sont rapellez, ou quelquonques autres clauses d'ycelles, comme pour les debtes de notre amé & feal cousin Humbert jadis ancien dauphin, patriarche d'Aquilée & gouverneur de l'archeveschié de Rheims, ou d'autres qui ladite maison avoient tenue avant nous, & aussi pour les debtes en quoy les dessus nommez mariez ou les leurs pour eux peuvent & pourroient estre tenus à notredit seigneur & pere & à nous ou aulcun de nous, pour cause des gabelles dont ledit Jehan a été receveur de la recepte de la prevosté & vicomté de Paris, laquelle il a gouverné par long temps, ou autrement comment que ce soit qu'il ait receu ou eu gouvernement d'aucunes choses apartenant à notredit seigneur ou à nous ou aulcun de nous, nous ayent ledit Jehan d'Aucerre & Marie sa fame humblement suppliez que à la seureté d'yceulx suppliants & autres, afin que lesdits prevost des marchands & eschevins de ladite ville de Paris ou nom d'ycelle ne puissent être fraudez de si grande somme de florins, comme ladite somme leur couste, nous voulsissions sur ce pourvoir de remede convenable & gracieux. Nous, recordant du don par nous fait auxdits suppliants de ladite maison & de ses apartenances quelquonques, voulant que iceluy don leur soit profitable entierement, sans vouloir, ou esperer de jamais icelle vouloir avoir ou icelle être ostée & mise hors de la main de ses achepteurs le prevost des marchands & les eschevins de la ville de Paris dessusdits, ou de leurs successeurs prevosts & eschevins d'ycelle ville, ou nom que dessus, & aussi ledit vendage être valable & avoir telle force & vertu, comme si nous l'avions fait, & que les deniers de la vente fussent tournez & convertis par devers nous & à notre prouffit ; inclinans à ladite supplication, pour consideration des bons & agreables services que ledit Jehan d'Aucerre a fait ou temps passé à notredit seigneur & pere, ses predecesseurs rois de France & à nous, & esperons qu'il nous fasse encore ou temps à venir ; vou-

JUSTIFICATIVES. 277

lans auſſi que leſdits prevoſt des marchands & eſchevins de ladite ville de Paris, ou nom & pour toute la communauté d'ycelle, puiſſent ſeurement & ſans aucune doute tenir ladite maiſon & toutes les apartenances d'ycelle perpetuellement doreſenavant; les devantdittes lettres de vendage & toutes les choſes qui dedans ſont contenues & chacune d'icelles ayant fermes & agreables, ycelles voulons & loüons, greons, ratiffions & approuvons, & de grace eſpeciale, certaine ſcience, autorité & poiſſance royaux, de quoy comme ainſné fils & lieutenant de notredit ſeigneur & pere & gouverneur dudit royaume uſons à preſent, & enſemblement en notre pure & privé nom, comme duc de Normandie & dauphin de Viennois, par la teneur de ces preſentes lettres conſermons, & en eux ampliant notredite grace, avons ottroyez & ottroyons par ces meſmes lettres, que leſdits prevoſts & eſchevins de ladite ville de Paris qui ſont à preſent & qui pour le temps avenir ſeront, ayent & puiſſent tenir & poſſeder doreſenavant à touſjours, ou nom de ladite ville de Paris & pour toute la communauté d'ycelle, ladite maiſon & toutes ſeſdittes apartenances, ſans ce que eux ou aucuns d'eulx ſoient ou puiſſent être jamais contraints par notredit ſeigneur ou par nous à la mettre hors de leurs mains & de l'éritage de ladite ville, ou en payer & faire finance aucune ne autres redevances quelconques à notredit ſeigneur & à nous ou à ſes ſucceſſeurs & de nous, aux gens des comptes de notredit ſeigneur & de nous, aux treſoriers, receveurs & autres de nos gens, pour & ou nom de nous, laquelle nous de notre grace & autorité deſſuſdite leur avons quitté & quittons par ces preſentes, & ſans ce que pour leſdites debtes de notredit couſin duquel nous ſommes heritier, ne d'autres qui ladite maiſon ayent tenuë avant nous, tant par achapt, par don, comme autrement, ou celles des deſſuſdits vendeurs ezquelles ils peuvent ou pouroient être tenuz à notredit ſeigneur & pere & à nous ou aucun de nous, pour cauſes des choſes & adminiſtrations deſſuſdites, aucune execution puiſſe être faite ſur ladite maiſon & ſes apartenances ores ne ou temps à venir, nonobſtant que on ne trouvaſt aucuns autres biens deſdits vendeurs ou de l'un d'eux, & nonobſtant leſdites dernieres ordonnances & quelquonques autres dons à yceulx vendeurs, auxdits prevoſt & eſchevins ou à leurs predeceſſeurs faits, ou nom & au proufit de ladite ville de Paris par notredit ſeigneur & pere, ſes predeceſſeurs rois de France & nous, & que en ces preſentes ne ſoient par eſpecial ſpecifiez & dénommez, leſquels nous voulons être tenus pour tout ſpecifiez auſſi bien, comme ſi de mot à mot y fuſſent eſcrits, & quelquonques autres ordenances, mandemens, prohibitions & deffenſes faites ou à faire au contraire; & leurs chartres & lettres faites ſur ce, voulons eſtre delivrez de la chambre des comptes auſdits prevoſt & eſchevins, ſans payer aucune finance ou autres redevances quelquonques. Et pour ce que ce ſoit ferme choſe & ſtable à touſjours, nous avons fait ſceller ces preſentes lettres du ſcel du Chaſtelet de Paris, en l'abſence du grand ſcel de notredit ſeigneur, ſauf le droit d'yceluy notre ſeigneur & le noſtre en autres choſes, & l'autruy en toutes. Donné à Chaſteau-Gaillart l'an de grace M. CCC. LVII. ou mois de Juillet. Par monſ. le duc. *Signé*, OGIER. *Tiré des archives de l'hoſtel de Ville.*

Don fait par CHARLES VIII.

Des aubaines, confiſcations &c. pour la reparation du Chaſtelet de Paris.

CHARLES par la grace de Dieu roy de France, à nos amez & feaulx gens de nos comptes à Paris & treſoriers dudit lieu, ſalut & dilection. Comme nous aions eſté advertis que les édifices de noſtre Chaſtelet de Paris, qui ſont de grands & ſomptueux ouvrages, par faute de reparations & entretenemens, ſont de preſent en grande ruine, tant en murailles, planchers, feneſtres, que autres choſes, tellement que, ſe proviſion n'y eſt donnée, leſdits édifices ſont en danger en bref tumber du tout en demolition & decadence; par quoy ſoit beſoin y pourveoir le plus promptement que faire ſe pourra. Savoir vous faiſons que nous, deſirans noſtre Chaſtelet, auquel ſe tient la cour, ſiege & juriſdiction ordinaires de noſtre prevoſté & vicomté de Paris, & à cauſe duquel ſont la pluſpart des fiefs tenus de nous en noſtredite prevoſté & vicomté de Paris mouvans, eſtre tenu en bon eſtat & ſuffiſante reparation; pour ces cauſes & autres à ce nous mouvans, par l'advis & deliberation de pluſieurs des ſeigneurs de noſtre ſang & gens de noſtre grand conſeil, avons voulu & ordonné, voulons & ordonnons par ces preſentes, que toutes les forfaitures, confiſcations, aubennages, ou ſucceſſions qui nous pourront eſcheoir & advenir doreſenavant en noſtredite prevoſté & vicomté de Paris, ſe-

An. 1485.

ront prinses, converties & employées en reparation & emparement de nostredit Chastellet, sans ce que nostre receveur ordinaire de Paris en puisse prendre ne lever les deniers pour les employer ailleurs, ni que pareillement de icelles forfaitures, confiscations, aubenages, ou successions, puissions disposer, ne en faire don à quelsconques personnes, jucques à ce que lesdites reparations soient bien & convenablement faictes & parfaictes. Si vous mandons & commandons bien expressément, & à chacun de vous, si comme à luy appartiendra, que entretenant, observant & gardant nos presens volonté & ordonnance, vous toutes & chacunes lesdites forfaictures, confiscations, aubenages & successions qui nous pourront escheoir & advenir en nostredite prevosté & vicomté de Paris, & les deniers qui en proviendront & istront, fassiez prendre, lever & cueillir par nostredit receveur de Paris, ou autre personne que vous, trésoriers, nostre prevost de Paris & autres nos officiers dudit Chastellet, que entendons estre à ce faire appellez, verrez à faire estre, lequel en sera tenu rendre compte en nostre chambre des comptes à Paris. Et icelles reparations & emparemens, thrésoriers, prevost & autres officiers dudit Chastellet dessus nommez, faictes faire desdits deniers d'icelles forfaictures, confiscations, aubenages, ou successions, telles qui seront convenables & necessaires audict Chastellet, sans iceulx deniers convertir ne employer, ne souffrir estre employez ailleurs en quelconque autre affaire que ce soit, ne pareillement souffrir jouïr d'icelles confiscations, forfaitures, aubenages, ou successions aucunes personnes quelles qu'elles soient, soubz couleur de quelques dons qu'ils en puissent avoir ne obtenir de nous; lesquels dons, se aucuns par inadvertance en avoient esté par nous faicts, ne voulons pas par vous y estre obtemperé, ne les lettres que en pourrions avoir octroyées, leur estre enterinées en aucune maniere, mais les avons declarez & declarons nuls, & par cesdites presentes les revoquons, cassons & adnullons, jucques à ce que lesdites reparations & empareniens de nostredit Chastellet soient faicts & parfaicts, comme dessus est dit; & lesquels deniers qui auront ainsi esté & seront employez esdites reparations, nous voulons par vous gens de nos comptes estre alloüez ez comptes de celui ou ceux qui auront esté commis à la distribution d'iceulx, en rapportant les presentes ou *vidimus* d'icelles faict

soubz scel royal, avec la quittance de ceulx à qui en auront esté faicts les payemens, sans aucune difficulté y estre faicte. Car ainsi nous plaist-il estre faict, nonobstant que les sommes à quoy pourroient monter lesdites reparations ne soient cy autrement specifiées ne declarées, & quelsconques ordonnances, restrictions & mandemens, ou deffenses à ce contraires. Donné à Roüen le IX. jour de May, l'an de grace M. CCCC. LXXXV. & de nostre regne le II. *Signé*, Par le roy en son conseil, monseigneur le duc de Lorraine, les comtes de Clermont, d'Albret, vous, les évesques de Perigueux, de S. Papoul, de S. Pons & de Rieux, les sires d'Urfé, de l'Isle, & de Chastelaillon, messire Pierre Salart president des enquestes, M. Louis Blosset, le juge du Maine, & autres presens; MESMES. *Lecta publicata registrata in camera computorum domini nostri regis Parisius die* IX. *mensis Julii anno* M. CCCC. XCIII. *& sic signatum*: LE BLANC.

Tiré du registre T. de la chambre des comptes, à la bibliotheque Coislin, vol. 7.

Donation d'une maison aux Jacobins, par le roy CHARLES V.

CAROLUS Dei gratiâ Francorum rex, ad perpetuam rei memoriam. Magnifica prædecessorum nostrorum gesta dignâ memoriâ recensentes, dum ipsos ecclesiarum & locorum religiosorum fundatores ac dotatores fuisse recolimus, dignum agere credimus, si ipsorum vestigiis inhærentes ad augmentum locorum hujusmodi, cùm casus & necessitas hoc requirunt, manus nostras porrigimus adjutrices, potissimè locorum illorum qui proprium non habentes, loca ipsa augmentare, sinè nostro vel alterius suffragio, quantacumque eminerent vel vigeret necessitas, non valerent. Notum igitur facimus universis præsentibus & futuris, quòd cùm pro securitate vel fortificatione villæ nostræ Parisi. guerris nostris hoc exigentibus, tot & tanta ædificia loci prioris & conventûs fratrum Prædicatorum Parisi. capta, rupta & præcipitata, taliterque destructa extiterint, quòd non haberent vel habent ubi fratres infirmos & hospites conventûs hujusmodi hospitare, prout de hoc sufficienter fuimus informati. Nos piè considerantes quanta indè possent pericula potissimè quoad infirmos prædictos evenire, & propterea volentes in hac parte sibi & dictis fratribus infirmis & hospitibus præsentibus & futuris nostrâ

noſtrâ liberalitate atque munificentiâ regiâ ſubvenire : domum ſeu hoſpitium ſitum Pariſius propè portam quæ porta *Inferni* vulgariter nuncupatur, contiguum ex uno latere domibus vel habitationibus loci prioris & fratrum prædictorum, ex alio latere portæ *Inferni* præfatæ, in cenſiva locutorii, gallicè *le parloir*, burgenſium dictæ villæ Pariſienſis, ad duodecim denarios pariſienſes ſolvendos pro fundo terræ die feſti beati Remigii, & ſexaginta ſolidos pariſienſes alterius cenſûs ſeu redditûs ſolvendos duobus terminis : videlicèt medietatem in feſto nativitatis beati Johannis Baptiſtæ, & aliam medietatem in feſto nativitatis Domini annuatim ; quod quidem hoſpitium erat nuper religioſorum virorum abbatis & conventûs beatæ Mariæ de Burgo-medio Bleſenſis, & quod ab ipſis abbate & conventu certo & juſto titulo propter hoc acquiſivimus, cum ipſius hoſpitii jardinis & circuitu , prout ipſum undique ſe comportat, ſæpè fatis priori & conventui pro ſe & ſucceſſoribus eorumdem , ut ibidem perpetuò valeant dictos infirmos & hoſpites hoſpitare , & ut bonorum omnium quæ per ipſos fieri contigerit perpetuò, participes exiſtamus, authoritate regiâ de ſpeciali gratia & ex certa ſcientia donavimus atque conceſſimus, tenoreque præſentium purè, merè & liberaliter concedimus & donamus. Volentes & concedentes, quòd ipſi & ſucceſſores eorumdem hoſpitium hujuſmodi, prout ſe comportat (quòd tamquàm admortiſatum nobis fuit per præfatos Bleſenſem abbatem & conventum traditum atque demiſſum) tenere & poſſidere perpetuò tamquàm rem admortiſatam pacificè valeant & quietè, abſque eo quòd poſſint compelli ipſum extrà manus ipſorum ponere , vel pro eo nobis aut ſucceſſoribus noſtris Francorum regibus ſolvere ſeu facere financiam qualemcumque ; quam quidem financiam (ſi aliqua exindè exigi deberet) eiſdem perpetuò per præſentes remittimus, concedimus & donamus. Dantes his præſentibus in mandatis committendo, ſi opus ſit , præpoſito Pariſ. vel ejus locum tenenti , quatinùs prædictos fratres priorem & conventum Pariſ. in poſſeſſionem dicti hoſpitii, prout ſe comportat, ponat, vel poni faciat indilatè , eoſdemque & ſucceſſores eorum ipſo gaudere & uti perpetuò pacificè faciat & permittat. Mandantes etiam dilectis & fidelibus gentibus compotorum & theſaurariis & receptori noſtris Pariſ. cæteriſque officiariis, eoſdem fratres atque ſucceſſores ſuos ſæpè dicto hoſpitio cum ejus pertinentiis gaudere & uti pacificè perpetuò faciant & permittant. Quod ut firmum & ſtabile permaneat in futurum , ſigillum noſtrum præſentibus litteris fecimus apponi ; noſtro in aliis, & alieno in omnibus jure ſalvo. Datum Pariſius v. die Novembris anno Domini M. CCC. LXV. & regni noſtri II. Per regem, J. BLANCHET. *Scellé en cire verde ſur lacs de ſoye verde & rouge.*

Dubreul Antiquitez, p. 503.

Charte de CHARLES VI.

Faiſant mention de la ſuppreſſion du prevoſt des marchands & des eſchevins de Paris.

CHARLES par la grace de Dieu roy de France. Comme par grand avis & meure deliberation de nos très-chers & très-amez oncles les ducs de Berry & de Bourgongne & de noſtre conſeil , & pour bonnes juſtes & raiſonnables cauſes, nous ayons entre les autres choſes ordonné n'agueres , & fait dire & ſignifier en noſtre preſence, publique aſſemblée & convocation de noſtre commandement faite en noſtre palais royal à Paris, tant de noſdits oncles & pluſieurs autres de noſtre ſang, prelats, nobles & autres, comme de Jean de Fleury dernier prevoſt des marchands, les échevins, quarteniers , cinquanteniers & dixeniers, qui lors eſtoient en noſtredite ville, & de très-grande multitude de peuple d'icelle, que doreſnavant n'aura prevoſt des marchans ne eſchevins en noſtredite ville, & ſera l'office dud. prevoſt des marchans fait, gouverné & exercé par noſtre prevoſt ordinaire de Paris qui eſt à preſent & ſera pour le tems avenir ; & ſemblablement ayons unis , annexez, adjoints, appropriez & mis tous les droits quelconques & appartenances de ladite prevoſté des marchands & des échevins en notre main & domaine pour toujours. Savoir faiſons à tous preſens & avenir, que nous, conſiderant eſtre choſe convenable, expediente & neceſſaire que noſdits prevoſts, quand ils venront au gouvernement de ladite prevoſté, ayent honorable demeure & maiſon, où ils puiſſent tantoſt retraire & leurs biens , & qui ſoit en lieu publiq & apparent, pourquoy tous ceux qui devront avoir recours à eux comme à leurs juges, ſçachent où aller plus promptement, pour faire & expedier leurs beſoignes ; par la deliberation de noſd. oncles & de noſtre conſeil, avons donné & octroyé, donnons & octroyons de grace ſpeciale, pleine puiſſance & autorité royale perpetuellement à l'office de ladite prevoſté de noſtredit Chaſtelet, ladite maison & toutes ses appartenances, ainsi comme elles se comportent, qui souloit estre pour l'office de ladite prevosté des marchands, & estoit appellée *la maison de ville*, assise en la place que l'en dit de *Gréve*, & voulons & ordonnons que dès maintenant en avant pour le tems à venir elle soit nommée & appellée *la maison de la prevosté de Paris*; à avoir tenir & exploiter ladite maison avec toutes ses appartenances, & en prendre incontinent par nos susdites lettres, sans autre commission ou mandement attendre, pour & au nom dudit office, la possession, proprieté & saisine par le prevost de Paris qui à present est, pour y habiter & en jouir, & exploiter tant qu'il sera audit office, & après luy les autres prevosts qui venront successivement & à toujours. Si donnons en mandement à nos amez & feaux les gens de nos comptes & tresoriers à Paris, & à tous nos autres officiers quelconques, ou à leurs lieutenans & à chacun d'eux, presents & à venir, que ledit prevost de Paris & ses successeurs prevosts ils facent, laissent, & souffrent, pour & au nom dudit office, jouir & user paisiblement & sans contredit de ladite maison & de ses appartenances, & contre la teneur de cesdites presentes ne les empeschent en aucune maniere, & que nostre presente ordonnance, don & octroy ils écrivent & registrent, ou facent écrire & registrer és écrits & livres de nostre chambre desd. comptes & de nostre tresor, ainsi qu'il en appartiendra, pour en avoir memoire perpetuelle; pour laquelle continuer, maintenir & garder, & afin que ce qui dit est soit chose ferme & stable doresnavant, nostre scel ordonné en l'absence du grand avons fait mettre à ces lettres. Donné à Paris le XXVII. jour de Janvier, l'an de grace M. CCC. LXXXII. & le tiers de nostre regne. *Ainsi signé*, Par le roy, à la relation de messieurs le duc de Berry & le duc de Bourgongne. *Tiré des registres de la chambre des comptes, à la bibliotheque Coislin, vol. 3.*

Statuts du college de Clugny extraits des statuts generaux de l'ordre de Clugny, recueillis & augmentez par Henry I. élu abbé du mesme ordre l'an 1308.

SALUTIS auctor volens omnes homines salvos fieri & ad agnitionem veritatis suique sanctissimi nominis venire, sicut pro manifestatione rerum corporalium & terrestrium à principio lucem corporalem fecit; sic miranda suæ bonitatis superabundantiâ pro notificatione spiritualium & cælestium quamdam lucem spiritualem creavit, scilicèt sacræ scripturæ inextinguibile lumen, quæ juxta Salomonis testimonium *est candor lucis æternæ*, in credendis, sperandis & diligendis mentes hominum illuminans, ostendensque suis discipulis & auditoribus omnem veritatem necessariam ad salutem, & *speculum sine macula*. Sacra etenim scriptura velut speculum nostris interioribus faciebus & mentibus apponitur, ut si quæ in eis foeda fuerint, videantur. Hæc tamquàm *doctrix disciplinæ Dei* docet Deum timere, seipsum propter Deum abnegare, mundum & ea quæ in eo sunt, contemnere, cælestia appetere, mala vitare, & perseveranter bona salutaria operari. Hæc est illa lex divina, in qua est & lacteus potus quo tenera fidelium nutriatur infantia, & solidus cibus quo robusta perfectorum juventus sanctæ virtutis spiritalia accipiat incrementa. Hæc est lex perfecta, quæ ad salutem consulit universis quos Dominus noster Jesus-Christus salvare dignatur. Hæc est lex continens quod omni ætati congruit, quod omni professioni convenit. In ea audivimus præcepta quæ faciamus, & in ea cognoscimus præmia quæ speremus.

Ad tantæ igitur lucis totam ecclesiam illustrantis claritatem, in toto nostro ordine & alibi diffundendam, legisque hujus tam sacræ tam salutiferæ fructum efficaciùs conservandum & peramplius dilatandum; nos frater Henricus miseratione divina Cluniacensis ecclesiæ minister humilis, de consilio majorum conventûs nostri Cluniacensis & plurium de nostro ordine discretorum, statuta prædecessorum nostrorum super proprietate & promotione studii theologiæ in domo nostra Parisius edita cum infrascriptis additionibus approbantes & innovantes, statuimus & adjicimus ad statum prosperum dicti studii & studentium quæ sequuntur.

In primis omnes & singulos priores & decanos nostri ordinis, pensiones in dicta domo nostra pro studentibus ibidem debentes, obsecrantes in Domino exhortamur, quatenùs in dicta domo nostra ordinata & fundata principaliter ad audiendam theologicam facultatem, sapientiam tam supremam & difficilem, tam profundam & investigabilem, mittant ad proficiendum & studendum docibiles, aptos mente & ingenio, & potissimè in grammaticalibus ad minus sufficienter fundatos. Præcipientes in virtute obedientiæ priori scholarium dictæ domûs nostræ
vel

vel alii vice nostrâ & successorum nostrorum ad hoc agendum deputando, quòd nullum pro pensionario & studente ibidem amodò recipiant, nisi sufficienti examinatione recipiendorum per nos factâ, aut per ipsum priorem scholarium seu per alium loco nostri ad faciendam examinationem hujusmodi deputandum. Quibus priori & deputando à nobis & successoribus nostris præcipimus in virtute obedientiæ, quòd in actu examinationis hujusmodi in sinceritate animi faciendæ, affectionibus inordinatis semotis, nemini deferentes, docibiles, idoneos ac sufficientes tantummodò recipiant, alios minùs idoneos & insufficientes repellendo, & ad propria loca undè venerant remittendo, & nisi mittentes tales loco sic repulsorum & remissorum infrà mensem à tempore remissionis numerandum habiles & idoneos miserint, id nobis & successoribus nostris per priorem nostrum scholarium & per deputandum significari præcipimus & maturè, ut in hujusmodi ad commodum & promotionem studii æquitatis & justitiæ remedium apponamus.

Item, quia in rebus ordo est maximum bonum, & ubi non est ordinis bonum, erroris & horroris malum existit, statuentes præcipimus quòd scholares & studentes in dicta domo nostra libros audibiles audiant ordinatè, utpotè dispositi ad logicam audiendam, quæ est modus sciendi ad omnium artium & scientiarum principia viam habens. Primò summulas in domo, deindè veterem logicam & posteà novam logicam in domo vel extrà audiant: ut sic imbuti in logica competenter libros naturales & philosophiæ audire & faciliùs intelligere possint. Cujusmodi logicalium & librorum naturalium philosophiæque auditionem eisdem concedimus in favorem sacræ scripturæ, ut videlicèt efficaciùs & faciliùs capiant & intelligant librum Sententiarum, in quo profunda mysteria totius sacræ paginæ continentur. Similiter de audientibus theologiam statuimus quòd libros Bibliæ audiant ordinatè. Dispositis verò & habilibus ad logicalia audienda, de quorum dispositione & habilitate diligenter attendenda & judicanda prioris & subprioris dictæ domûs nostræ & trium discretorum studii conscientiam onerantes, pro logicalibus audiendis spatium biennii, & pro libris naturalibus & philosophicis spatium triennii concedimus. Nolentes hujusmodi spatium temporis præfixum ampliari sinè nostra & successorum nostrorum licentia speciali petita debitè & obtenta.

Tome II.

Ordinantes etiam quòd in logicalibus & philosophicis modo præscripto studentes, horis quibus poterunt, lectiones magistri actu regentis in dicta domo nostra, lectionesque Bibliæ & bacchalariorum ibidem legentium audiant interdum, & honorificent eosdem; super quo superiorum loci & ipsorum scholarium conscientias oneramus.

Item, ad habendum experimentum qualiter proficiant studentes, & ad exercitationem ingenii & intellectûs eorumdem, statuimus quòd omnes & singuli Bibliam audientes, postquàm biennii spatio eam audierint, sermones & collationes secundùm ordinem faciant diebus & temporibus hactenùs consuetis. Propter verò bonum provisionis & studii debiti in sermonibus & collationibus hujusmodi faciendis, prior vel subprior dictæ domûs nostræ rogando, aut, si opus fuerit, præcipiendo & injungendo prædicare debentes excitent & exhortentur per quindecim dies antè. Recusantes autem vel inobedientes in opere tam salubri, per superiores loci in capitulo vel alibi regulariter puniantur. Et quia fabricando fabri fimus, redditque & facit usus hominem ad quælibet promptiorem, ordinantes statuimus quòd post Pascha de quindena in quindenam fratres & studentes in Gallico prædicent, ut in hujusmodi usu & opere exercitati possint per ordinem & alibi promptiùs in Gallico proponere verbum Dei.

Item, quia docet apostolus Petrus quòd *unusquisque sicut accepit gratiam in alterutrum administret*, sitque sapientia communicando largior, quæ retinendo minoratur, & redundantior est largiendo scientia, quæ dum plus confertur plus abundat; statuimus quòd magis sciens, minùs scientem charitativè informet, unusquisque eligendus aliquem librum de logica vel philosophia aliis legat, juxtà ordinationem prioris & subprioris, de consilio tamen magistri actu regentis & bacchalariorum seu trium discretorum studentium, anno quolibet post festum beati Dionysii faciendam; super qua ordinatione prioris & subprioris ac aliorum prædictorum conscientias oneramus. Præcipientes in virtute obedientiæ aptis & sufficientibus ad legendum fratribus & consociis, quatinùs in exercitio hujusmodi lecturæ horis certis & dicto modo faciendæ se exhibeant promptos, obedientes & benignos.

Item, propter exercitium collationis & disputationis fructum, (meliùs enim est conferre quàm legere, quia quod obscurum est aut dubium citiùs declaratur & percipitur conferendo) statuimus quòd semel in hebdomada, si fieri possit, vel saltem in quindena semel, horis certis per priorem & subpriorem dictæ domûs, de consilio tamen prænominatorum, determinandis, disputationes quæstionum logicalium, philosophiæ & theologiæ alternatim sint inter fratres studentes: in quibus disputationibus & collationibus notificandis, opportunè per aliquem studentium, verbis contentiosis & indecentibus propulsatis, veritas amicabiliter inquiratur. Inquisitores nempe veritatis non contentiosos sed benignos & pacificos decet. Et ut dicti studentes ad repetendum studiosiùs lectiones auditas excitentur, statuimus quòd horâ potationis serotinæ, quæ apud eos collatio nuncupatur, ad quam horam omnes convenire præcipimus, præsidens in conventu vel deputandus per priorem de lectionibus singulorum studentium singulis diebus petat.

Item, quòd teste beato Isidoro *summa virtus monachorum humilitas est*, quæ debet maximè in personis scientibus efflorere, juxtà verbum Sapientis dicentis, quòd *ubi est humilitas ibi est sapientia*, propter bonum obedientiæ regularis meritum augentis & opus religiosorum laudabilius reddentis, astringentisque fratres & monachos omnia etiam bona agere de consensu & dispositione patris spiritualis, quia quod sinè patris spiritualis & superioris prælati fit voluntate, vanæ gloriæ attribuitur non mercedi: statuentes inhibemus in virtute obedientiæ, ne apti & sufficientes ad legendum solemniter, aliquem librum Bibliæ, cujusmodi lectura in studio Parisiensi cursus communiter appellatur, & præsertim librum Sententiarum præsumant legere, sinè nostra & successorum nostrorum licentia speciali petita debitè & obtenta.

Item, ad compescendos propriæ excellentiæ & honoris sæculi appetitus, servos Christi & præcipuè religiosos qui abrenuntiationem sæculi promiserunt, monet & inducit sententia beati Joannis Chrysostomi sic dicentis: *Desiderans primatum in terra inveniet confusionem in cælo, nec inter servos Christi computabitur qui de primatu tractaverit; nullusque eorum festinet quomodò aliis major appareat, sed quomodò omnibus inferior videatur.* Ut ergo nemo fratrum nostrorum Parisius in theologia studentium assumat sibi honorem, nisi vocatus & electus ab illo qui est vicarius Dei & ejus prælatus; statuentes in virtute obedientiæ & sub pœna excommunicationis quam ipso facto incurrant contrarium attentantes, inhibemus ne magister actu regens in theologia in domo nostra Parisius, aut aliquis alius de ordine cujuscumque status & conditionis existat, ad licentiam obtinendam seu ad statum honoris magisterii theologicæ facultatis requirentis utique hominem in scientia perfectum, in morum honestate præclarum & in eloquentia expeditum ac gratum, de cætero præsentare aliquem bacchalarium domino cancellario beatæ Mariæ Parisiensis; nullus etiam bacchalarius præsentationi de se factæ consentire, aut licentiam hujusmodi acceptare, seu preces sæcularium ad hoc impetrare præsumat, nisi nobis & successoribus nostris super hoc facto debitè consultis, & sinè nostri & successorum nostrorum consilii deliberatione matura. Si verò duo bacchalarii præsentandi & promovendi ad dicti magisterii honorem simul & in eodem tempore concurrerent, licèt secundùm morem studii Parisiensis antiquior in lectura Sententiarum primò sit præsentandus, præpositionem tamen unius eorumdem ad hujusmodi magisterii honorem nobis & successoribus nostris reservamus.

Item, dicit beatus Benedictus in regula quòd *obedientia quæ majoribus impenditur, Deo exhibetur*, propter bonum obedientiæ quæ est salus omnium fidelium, genitrix omnium virtutum & inventrix regni cælorum, inter studentes laudabilius promovendum, præcipimus quòd omnes & singuli tam bacchalarii quàm alii studentes priori & subpriori dictæ domûs nostræ seu eorum vices gerentibus obediant humiliter & devotè. Inobedientes autem volumus & præcipimus per dictos superiores, extrà capitulum vel in capitulo quod saltem semel in hebdomada per priorem aut subpriorem loci teneri statuimus, regulari disciplinâ puniri. Si verò, quod absit, in crimen inobedientiæ & rebellionis sæpiùs præsertim in casu correctionis aliquis esset deprehensus, priori dicti loci per præsens statutum damus auctoritatem hujusmodi inobedientes & rebelles, quos ex tunc jure pensionis privamus, de studio & dicto loco amovendi, & ad loca undè pensiones habebant pro mansionariis mittendi. Omnibus & singulis prioribus & decanis nostri ordinis pensiones debentibus præcipiendo mandantes, quatenùs in hujusmodi missione priori dictæ domûs tamquam nobis obediant, missosque per litteras dicti prioris recipiant, & ut priùs tractent fraternâ in Domino charitate: &
id

JUSTIFICATIVES.

id idem fieri præcipimus de non proficientibus in moribus & scientia, de quorum conversatione miserabili infamia & scandala orirentur, ad quæ dijudicanda & discernenda prioris, subproris & trium discretiorum loci conscientias oneramus.

Item, quia juxtà verbum Senecæ turpis est jactura quæ per negligentiam fit, quæ tantò est reprehensibilior quantò res amissa magis est necessaria & utilior, statuentes præcipimus libros communes dictæ domûs per subpriorem loci aut per unum scholarium idoneum à priore & subpriore deputandum tutè, diligenter & fideliter custodiri, distribuique sine acceptione personarum per subpriorem studentibus, secundùm facultates & scientias quas actualiter audiunt; videlicet theologiam audientibus libros theologicos, & logicam audientibus logicales: recipientes verò libros hujusmodi nomina seu titulos librorum, annum, diem receptionis & nomen recipientis in scedula in communi registro redigenda scribant. Singulis autem annis die Cinerum, vocatis omnibus studentibus in domo per priorem vel subpriorem, certum inventarium de libris hujusmodi fiat & in loco communi; in quibus loco & die anno quolibet distributio dictorum librorum fiat modo & formâ superiùs annotatis.

Item, quia anima sedendo & quiescendo efficitur prudens, statuimus quòd dicti studentes horis opportunis & consuetis ad studendum sint & sedeant solitarii in cellis & studiis eorumdem, pro fructu studii & doctrinæ efficaciùs acquirendo; in claustro aliisque locis dictis horis colloquia quæcumque & collationes verborum ad invicem, præcipuè taliter prolatorum quæ studentes impediret seu turbare valeant, evitando. Interdicentes eisdem omninò civitatis Parisiensis frequentiam, vagosque discursus per eamdem, prosecutiones causarum quarumcumque; nullusque in civitate comedat nisi cum personis ordinis nostri & cum venerabilibus personis studii, & tunc de licentia superioris obtenta. Nullus etiam extrà domum nisi pro lectionibus & sermonibus audiendis horis determinatis & sine licentia vadat, bacchalariis dumtaxat exceptis. Quando autem oportebit aliquos per civitatem ire pro aliquibus agendis, bini tunc socii simul honestè & maturè incedant, & juveni habenti agere in civitate socius maturus jungatur eidem. Nemo verò dictorum studentium extrà domum pernoctare præsumat sine notitia & licentia superioris, ad cujus licentiæ concessionem evidens utilitas vel urgens necessitas ipsius superioris conscientiam inducat.

Item, ut congruè fundati & dispositi in morum honestate & discretionis bonitate ad perfectionem scientiæ statumque magisterii assequendum sine debito non fraudentur; affectantes nostrum ordinem personis solemnibus præcipuè thesauro sapientiæ incomparabili refertis decorari; statuimus inhibentes omnibus & singulis prioribus & decanis nostri ordinis, ne scholares locorum sibi commissorum pensiones habentes in dictâ domo Parisiensi, ad proficiendum planè & ad fructum scientiæ theologiæ adipiscendum dispositos & fundatos, à dictâ domo removere, etiam juxtà consuetudinem antiquam finito quinquennio, pensionesque talium aliis dare & assignare præsumant sine nostrâ & successorum nostrorum licentia speciali. Audientes verò Bibliam indispositosque ad perfectionem in facultate theologica consequendam, post completum quinquennium possunt & poterunt, si velint, revocare ad eorum loca & claustra, pro aliis fratribus prædicationum & sermonum instantiâ & exemplorum honestate salubriter informandis; loco quorum propter ordinis honorem & sacræ scripturæ favorem alios docibiles & idoneos, affectibus cognationis, affinitatis & nationis à cordibus mittentium penitùs exclusis, pensiones in dictâ domo debentes opportuno tempore mittere teneantur. Et si, quod absit, contingeret aliquem de dictis prioribus & decanis non mittere annis singulis pensionarios & scholares, ut tenentur, nihilominùs in favorem dicti studii & scientiæ, cujus augmentum cupientes ejus detrimentum nolumus, propter provisionem & munitionem etiam victualium quæ sit annuatim pro omnibus & singulis scholaribus in communi, ac propter hoc quòd dicti scholares non sunt in culpa in hoc casu, sed mittere omittens, cùmob culpam hujusmodi omissionis & negligentiæ in bono tam salutari dignum sit quòd pœna suum teneat adversarium; præcipimus districtiùs à dictis prioribus & decanis obmittentibus mittere scholares, summam integram pensionis in pecuniâ dictis scholaribus aut procuratori eorumdem, ac si scholaris fuisset inibi præsens & residens, sine defectu & quovis obstaculo persolvi. Insuper infrà duos menses id nobis & successoribus nostris per priorem & subpriorem loci significari debitè præcipimus, ut in hoc per nos opportunum remedium apponatur. Præterea notam reprehensibilis parcitatis & cupiditatis quæ om-

Tome II.

nium malorum radix est, eradicare volentes, universis & singulis prioribus & decanis prædictis sub pœna amissionis juris pensiones dandi inhibemus, ne prioribus aut beneficium competens habentibus pensiones has concedere amodò & assignare præsumant. Priori scholarium nostrorum Parisius præcipientes in virtute obedientiæ, quatenùs nullum priorem aut beneficium competens habentem ad pensiones hujusmodi monachis simplicibus solitas dari, de cætero admittat, quin imò repellat. Denique statuentes inhibemus quòd nullus prior aut beneficiatus, seu jura aliamque facultatem distinctam à logica, philosophia & theologia audire intendens, in dicta domo nostra scholarium Parisius commoretur aut recipiatur ibidem, sinè nostra & successorum nostrorum licentia speciali.

Item, quia habitis vitæ necessariis incœperunt amatores sapientiæ vacare studio & acquisitioni scientiæ & doctrinæ, ordinantes statuimus quòd pensionarii de novo mittendi ad dictam domum nostram Parisius veniant muniti integrâ pensione, aliàs minimè recipiantur, etiamsi idonei fuerint & fundati: quod & statuimus de aliis jamdudum receptis & studentibus in fine anni cujuslibet vel in principio accedentibus ad loca & domos undè habent pensiones. Obsecramus autem in Domino dictos priores & decanos, seu loca eorumdem tenentes, quatenùs in prompta traditione & solutione pensionis sese exhibeant propitios & benignos. Denique ut dicti scholares, dispendiosâ multipliciter solutionis pensionum tarditate sublatâ, bono provisionis necessariæ & commodo munitionis utilis opportuno tempore faciendæ valeant congaudere, præcipientes districtè ordinamus, quòd omnes & singuli priores & decani pensiones debentes, annis singulis in capitulo Cluniacensi generali ; vel ad tardius in festo nativitatis beati Joannis Baptistæ, subpriori dictæ domûs, procuratori, aut certo mandato dictorum scholarium solvant integras pensiones. Exhortantes verò dictorum priorum & decanorum fraternæ dilectionis affectum, monemus eosdem per præsens statutum, quatinùs dictis scholaribus pensiones solvere Parisius studeant sinè difficultatis obstaculo, modo & formâ præscriptis. In quo si, quod absit, negligentes essent, damus in præsenti statuto priori vel subpriori dictorum scholarium plenam potestatem negligentes & recusantes solvere, vice & auctoritate nostrâ per censuram ecclesiasticam compellendi ad satisfaciendum de integris pensionibus debitis, & expensis ob defectum solutionis hujusmodi factis.

Ad faciendas autem tempore accepto munitiones & provisiones pro anno, & ad ministrandum conventui nostro scholarium Parisius victui necessaria, statuimus quòd annis singulis termino convenienti, prior vel subprior de consilio trium discretiorum domûs eligant & constituant duos fratres de ipsis idoneos & expertos in agibilibus, & ad profectum scientiæ minùs aptos, pro dictis munitionibus & provisionibus tempore magis expedienti, ac pro officio & ministerio procurationis annuæ debitè faciendis. Quibus eligendis & instituendis præcipimus ut in hoc casu & in aliis omnibus priori & subpriori obediant tanquàm nobis. Et quia merces laborantibus debetur, volumus quòd dicti procuratores in bona diligentia secundùm durationem pensionum communitati scholarium servientes, stipendium seu salarium hactenùs consuetum habeant pro labore. Cæterùm, quia decet magisque expedit ut dicti scholares nostri studeant & proficiant dum studium Parisiense viget, videlicèt in certis mensibus anni, in quibus doctores, magistri & bacchalarii legendo, disputando & determinando sibi & aliis proficiunt, & non in certis septimanis, in quibus certis ex causis, præsertim propter calores æstivales, ab actibus scholasticis cessant & vacant ; ordinantes statuimus quòd juxtà antiquum morem in festo B. Bartholomæi amodò & non anteà incipiant pensiones. In quo festo seu termino præcipimus pensionarios de novo mitti & recipi de cætero & non antè ; & alios jam receptos ad dictam domum nostram Parisius pro studendo reverti, nisi pro toto anno sufficerent pensiones. Verùm de longè pensiones habentibus, utpotè de Imperio, de ultrà Sagonam, de Pictavia & de Arvernia pio compatientes affectu concedimus gratiosè, quòd in casu ubi non haberent undè ad loca à quibus pensionarii existunt accedere possent, citrà dictum festum B. Bartholomæi in dicta domo nostra faciant residentiam ; quorum quemlibet tribus solidis & sex denariis parisiensibus tantum in hebdomada qualibet ministrandis eisdem residentibus in domo per deputatum seu deputatos ad provisiones faciendas, contentos esse volumus, usque ad initium pensionum.

Prætereà, quia fratres, dictante regulâ, *omnia sibi necessaria debent à patre monasterii sperare & habere*, exhortantes omnes priores & decanos prædictos, ordinamus quòd in casu ubi propter rerum caristiam & temporis importunitatem victûs necessaria dictis scholaribus deficerent, quòd in tali necessitate suis pensionariis viscera charitatis pio fraternitatis aperientes affectu, eosdem in locis suis recipiant benignè, nisi in domo dicta scholarium propter favorem studii tunc temporis voluerint eisdem gratiosâ liberalitate exhibere affectum charitatis consimilis vel majoris. Insuper statuimus quòd nullus recipiental ibidem nisi ponat integram pensionem, nec aliquis particulariter teneat vel habeat clericum aut servientem ad expensas communitatis, nisi summam duodecim librarum parisiensium solvat annuatim. De cameris autem domûs, ordinantes statuimus quòd conventus antè omnia habeat necessarias cameras ad comedendum, & alia loca opportuna ad reponendum & custodiendum bona & victualia conventûs. De reliquarum verò camerarum & aliorum locorum dispositione & ordinatione prioris, subprioris & trium discretiorum studii conscientias oneramus.

Si quis verò de nostris fratribus & scholaribus in dicta domo nostra decesserit, obsecrantes in Domino omnes & singulos ibidem studentes exhortamur, quatenùs decedenti & defuncto fratri in suffragiis spiritualibus, psalmodiis, orationibus & missis in nostro ordine consuetis fieri, piæ compassionis affectu benignâque fraternitate assistant, ut sic in tempore urgentioris necessitatis, frater quem manus Dei viventis tangit, à suis fratribus misericorditer adjuvetur. Res autem & bona omnia ejusdem statuimus quòd ad manus prioris & subprioris dictæ domûs nostræ, vel priore absente ad manus subprioris & duorum discretorum domûs & seniorum deveniant, ab eisdem fideliter observanda, & per eosdem disponenda vice & auctoritate nostrâ per hunc modum. In primis factâ plenâ & promptâ restitutione librorum locis & personis receptorum precariò vel ex accommodato ab ipso defuncto, dum viveret, quòd de pecunia, si fuerit, vel libris & aliis rebus inventis, si quæ debebat, solvantur. Funeralia & opportuna pro ecclesiastica sepultura, juxtà conditionem & statum defuncti, per dictas personas emantur. Quibus peractis, si fuerint aliqui libri remanentes, exceptis decretalibus & decretis nostræ & successorum nostrorum dispositioni reservandis, eos volumus ad communem usum conventûs scholarium

dictæ domûs nostræ perpetuò remanere. Vestes autem & alia hujusmodi bona reliqua inter fratres studentes egentes, semotis favoribus & affectibus inordinatis, per superiùs nominatas personas quarum super hoc conscientias oneramus, justè & fideliter dividantur, vel pauperibus erogentur pro remedio animæ decedentis.

Item, juxtà antiquum statutum præcipimus, quòd nullus scholaris de ordine nostro extrà dictam domum nostram, quæ domus scholarium Cluniacensium communiter Parisius appellatur, studere & morari præsumat, sinè nostra & successorum nostrorum licentia speciali; statutum antiquum in nostro ordine innovantes, inhibemus ne aliqui priores ordinis nostri aliquibus monachis mansionariis eorum seu morantibus apud ipsos, qui tamen nostri & ecclesiæ nostræ Cluniacensis obedientes existunt & professi, licentiam studendi alicubi in aliqua facultate dare & concedere præsumant, sinè nostra & successorum nostrorum licentia speciali.

Item, juxtà antiquum statutum in nostro ordine, præcipimus quòd nullus de ordine studeat amodò in jure canonico, nisi in altero de locis infrascriptis, videlicèt Aurelianis, Tholosæ, in Monte-pessulano & Avinione.; & tunc non nisi de nostra & successorum nostrorum licentia speciali, ut est dictum; ordinantes quòd studentes in dicta facultate, si sit possibile, insimul commorentur non divisim, vel saltem in hospitiis contiguis & vicinis. *Tiré du livre intitulé*, Bibliotheca Cluniacensis, *pag.* 1578.

Charte de fondation du college du Thrésorier.

OMNIBUS hæc visuris Guillelmus de Saana ecclesiæ Rothomagensis thesaurarius, salutem in Domino. Noveritis quòd cùm ego acquisiissem, tam in civitate Rothomagensi quàm extra, possessiones & redditus usque ad summam sexies viginti librarum & septem & decem solidorum & quinque denariorum turonensium, quorum sit expressa mentio in litteris domini regis, in pios usus & necessitates pauperum committendos; ego valens corpore & mentis compos, volens de bonis mihi à Deo collatis & acquisitis aliqua universalis usibus ecclesiæ & commoditatibus pauperum applicare, maximè in his quæ videntur respicere commodum animarum; de prædictis meis bo-

AN. 1268.

nis ordino & dispono etiam donatione inter vivos: videlicèt quòd duodecim scholares theologi, si tot bonorum facultas & temporis esse permiserit, manentes simul in domo una Parisius, vel alibi ubi solemne studium esse contigerit, habeant quilibet tres solidos parif. per hebdomadam, per hebdomadas quadraginta quinque, termino incipiente à festo S. Dionysii, vel circà. Item, quòd alii duodecim artistæ parvi, si aliquandò esse possint, habeant de prædictis reditibus viginti libras turonenses, tam pro domo quàm pro pane, cum beneficio prædictorum theologorum. Volo etiam & ordino quòd prædicti scholares omnes eligantur, cùm opus fuerit, ab archidiaconis majoris Caleti* & minoris Caleti cathedralis ecclesiæ Rothomagensis qui pro tempore fuerint, interveniente, si videbitur, domini Rothomagensis archiepiscopi consensu, si tunc inveniri dicti archidiaconi non possent, cùm electio & provisio erit facienda de quodam bursario; quódque prædicti scholares sint tam de majori Caleto quàm de minori, si in ipsis duobus sufficientes & idoneos inveniant, vel si non inveniantur in istis duobus Caletis, saltem ex tota diœcesi Rothomagensi sint ; & tales eligantur, quatenùs ad theologos, qui vixerint probabiliter in artibus quibusdam, & quatenùs ad utrosque, qui sint, quatenùs ad mores, conversationis honestæ & laudabilis. Volo & ordino quòd si prædicti theologi vel aliqui per sex annos theologiam audierint, vel beneficium aliquod sufficiens fuerint assecuti, quòd ex tunc alii idonei & sufficientes eligantur per eosdem electores & substituantur eisdem, sub modis & conditionibus antedictis, omni affectione carnali & contradictione cessantibus, nisi aliquis eorum in tanta prærogativa scientiæ pervenerit, quòd possit in scholis alicujus magistri theologi publicas lectiones legere, & tunc admittatur ibidem, si voluerit, donec ad cathedram valeat ascendere magistralem. Residuum autem prædictorum reddituum, & domum quam habeo Rothomagi in ponte Gaufredi, soluto censu domûs dictorum theologorum, do & lego priori beatæ Magdalenæ, pro colligendis & assignandis dictis scholaribus redditus antedictos, pro suis & suorum laboribus & expensis. Volo etiam & ordino quòd de prædictis theologis duo consimiliter eligendi tempore vacationis, scilicèt per septem hebdomadas, ad custodiam domûs & in ea contentorum remaneant. Ad opus autem prædictorum theologorum, do, donatione inter vivos, domum quam emi Parisius à Guillelmo dicto Fructuario, juxtà Harpam, in parochia sancti Severini. Do etiam ipsis ad opus omnium & singulorum totum corpus theologiæ, videlicèt biblias simplices & sufficientes, item libros glossatos omnes, & quosdam duplicatos, cum postillis & lecturis sufficientibus, & quibusdam summis molaribus, cum sermonibus diversarum contemplationum, item originalia plura, & multa alia scripta, quorum omnia nomina in quadam littera sigillo meo sigillatâ continentur. Item prædicti theologi manebunt simul, propter commoditatem librorum, & propter collationes invicem faciendas, ac propter alia multa. Item parvuli artistæ (si qui sint) similiter manebunt insimul, tam propter commodum collationis, quàm propter honestatem morum, ac in testimonia probitatis. Item prædicti theologi jurabunt quolibet anno servaturos statuta quæ pro eis feci, secundùm quòd in meis libris eorum seriem continentibus pleniùs continentur. Si autem contingat, (quod Deus avertat) quòd studium Parisiense vel aliud solemne ex toto cesset, vel penitùs dissipetur, volo & ordino quòd prædicta omnia remaneant domui dictæ Magdalenæ & leprosis de monte juxtà Rothomagum, in pauperum necessitates expendenda & convertenda, quousque studium generale alicubi reformari contingat ; tali videlicèt modo, quòd qualibet hebdomadâ sanctæ Magdalenæ vel personæ tradantur, quæ dabit infirmis sub priore in domo sua vel hospitali jacentibus viginti solidos parisienses pro privatis necessitatibus infirmorum ; ita tamen quòd prior vel provisor dictæ domûs non relevetur per hoc à quotidianis & consuetis expensis. Residuum autem debetur leprosis de monte prædicto, in eorum necessitatibus expendendum, videlicèt usque ad summam pauperum de Magdalenâ prædictâ, & de eo quod supererit fiat æqualis distributio inter fratres Prædicatores & Minores & pauperes hospitalis quod constitui in parochia sancti Audoëni Rothomagensis. Et volo & ordino quòd ad ista omnia fideliter facienda compellantur illi priores per dominum archiepiscopum Rothomagensem qui pro tempore fuerit, quem in istis omnibus sub dicta forma rectorem instituo & defensorem perpetuum. In cujus rei testimonium, sigillum meum præsentibus apposui. Datum anno Domini M. CC. LXVIII. mense Novembri, testibus scilicèt magistro Johanne *de Sainteville*, tunc procantore Rothomagensi, magistro

magistro Jacobo *de Megtuit* & Johanne *de Breteville*, canonicis Rothomagensibus & aliis. *Tiré des archives du college du Trésorier.*

Statuts du même college.

UNIVERSIS præsentes litteras inspecturis officialis Parisiensis salutem in Domino. Noveritis nos anno Domini M. CC. LXXXI. die XII. Martii propriis oculis meis infrà scriptas litteras vidisse in hæc verba. OMNIBUS hæc visuris Guillelmus de Saana, thesaurarius Rothomag. salutem in Domino. Noveritis nos scholarium nostrorum Parisius studentium ordinem fecisse in hunc modum qui sequitur. Primò volumus quòd ii qui bursas habebunt, ex toto vacent theologiæ, & quòd ut apparenter proficiant, libros habeant competentes & alia necessaria. Et si clericos habeant in villa exercendos, vel pro aliis laborent in alia scientia, nolumus his bursam dare, quia intentio nostra est tantummodò veris & puris pauperibus assiduè studentibus providere, & eos sustentare. Idem dicimus de iis qui adepti fuerint aliquod sufficiens beneficium, per cujus receptionem aliorum renunciant paupertati. Item, si aliquis eorum contentiosus sit & rixosus, qui alios impediat vel aliorum pacem perturbet, nolumus ei ampliùs bursam dare, nisi se ipsum festinanter correxerit. Idem dicimus de illis qui malæ vitæ fuerint, vel etiam diffamatæ ; & volumus quòd alii nobis teneantur, vel alicui alii per quem scire valeamus, revelare ; quia non intendimus providere perversis & discolis, & ribaldis, & lusoribus, vel prosecutoribus meretricum & tabernarum, sed bonis & veris scholaribus, per quos ecclesiæ possit provideri & animarum saluti. Item, nolumus quòd cum iis maneat aliquis dives qui alios provocet ad plus dependendum, vel impediat ad proficiendum. Si autem prædicti scholares nostri aliquem divitem pacificum secùm receperint, volumus quòd pro camera sua viginti solidos parisienses solvere teneatur. Item, nolumus quòd cum iis maneat aliquis qui non ex toto vacet theologiæ. Item, nolumus quòd libri accommodentur per villam ad transcribendum, vel etiam scribendum, quia sic possent diminui, vel etiam inquinari ; & volumus quòd eorum custodia iis deputetur qui valeant de illis respondere integrè, & qui aliis ministrent & dividant, prout viderint expedire. Volumus etiam & ordinamus quòd antiquior bursarius semel in hebdomada die Dominicâ vel alio die solemni, videat alios aliquâ horâ competenti ; & omnibus coràm se constitutis, videat & audiat qualiter profecerint, & corrigat, si quem excessum invenerit ; & si aliquis eorum expelli debeat, fiat communicato consilio aliorum, & si aliquem invenerint rebellem vel non proficientem, severè expellant. Et volumus quòd omnes in domo ad minus Latinis verbis utantur. Et volumus quòd alii teneantur nobis dicere veritatem de quolibet æquali, vel alios accusare, nisi illi suâ sponte suum defectum cognoscant & confiteantur, ac mitiùs ac leniùs cum illis agatur. Volumus etiam quòd quantùm ad victum non dividantur, sed accipiant simul quod domus ministrabit ; & qui contrà fecerit, de aliorum consortio expellatur. Item, volumus quòd postquàm fuerint licentiati in theologia, legant tantummodò per duos annos ; quia nolumus ampliùs eis dare aliquid ; quia intentio nostra tantùm est eos disponere ad gradum magisterii theologiæ assequendum. Item, si aliquis eorum obliget se servitio alicujus divitis, vel alterius, nolumus ei aliquid dare. Item, si aliquis eorum post bursam obtentam velit audire de scientiis lucrativis, nolumus ei aliquid dare, quia intentio nostra est benè studentibus juvare, & non iis qui non sunt apti ad proficiendum theologiæ. Hanc autem observationem volumus firmiter & inviolabiliter servari. In cujus rei testimonium, & ad majorem confirmationem præmissorum, præsentibus litteris sigillum nostrum duximus apponendum. Datum anno M. CC. LXXX.* die Dominicâ post Assumptionem beatissimæ Mariæ Virginis. TRANSCRIPTUM autem ejusmodi litterarum fieri fecimus sub sigillo curiæ Parisiensis, salvo jure cujuslibet. Datum anno & die prædictis : *Signé*, SELIGERIE. *Ibidem.*

* S'il n'y a point erreur dans la date, ces statuts sont differens de ceux dont le fondateur a parlé dans l'acte précedent.

Autres statuts du college du Trésorier.

PRIMÒ obedire provisori hujus domûs in licitis & honestis.

II. Tenere privilegia, libertates, jura, & tueri & defendere.

III. Non alienare nec permittere alienari bona hujus domûs, sive mobilia sive immobilia, nisi de consensu & deliberatione omnium sociorum.

IV. Quòd perdita & alienata pro posse recuperabitis & recuperari procurabitis.

V. Quòd intereritis missis & vesperis solitis & servitio in capella.

VI. Quòd pacem servabitis cum bursariis & non bursariis.

VII. Quòd non facietis ad partem, conspirationem, aut monopolium contra bursarios aut non bursarios; nec patiemini facere; nec intereritis ubi talia fierent; nec favebitis directè vel indirectè; & si sciveritis, revelabitis.

VIII. Nec personas inhonestas nec die nec nocte in domum introducetis.

IX. Quòd ultra duas noctes aliquem hominem vobiscum non tenebitis sinè licentia provisoris.

X. Quòd fideliter custodietis libros aut alia bona quæ vobis mutuò dabuntur in custodia.

XI. Quòd in domo aut cameris nullam novitatem facietis, nisi præconsultis provisore & magistris domûs.

XII. Quòd si discordia inter bursarios & non bursarios oriatur, tendetis ad pacem, quantùm poteritis; & nullo modo bursariis favebitis, nisi ducendo ad pacem & bonum & utilitatem domûs.

XIII. Quòd in disputationibus faciendis tempore vestro respondebitis, & opponetis in ordine vestro.

XIV. Quòd libros vobis accommodatos extrà domum cuipiam non dabitis.

XV. Quòd officia ad quæ fueritis electi, si contingat, exerceri fideliter facietis.

XVI. Quòd unam mappam cum rogilla pro magna mensa aulæ in introitu vestro solvetis domui, insequendo morem sociorum dudum observatum.

XVII. Quòd unam tasseam argenteam cum uno cochleari domui solvetis antè primum computum provisoris, secundùm modum solitum bursariorum.

XVIII. Quòd pro utensilibus domûs in introitu vestro solvetis quadraginta solidos parisienses.

Ultimò, quòd jucundum ad ventum vestrum juxtà consilium sociorum vestrorum honestè facietis. *Copié sur la collation faite par Daglant notaire, sur l'original de l'écrit signé par M. Galliot. Ibidem.*

Decret de l'université, touchant le college des Thresoriers.

An. 1678.

ANno Domini M. DC. LXXVIII. die V. Martii apud regiam Navarram horâ secundâ pomeridianâ scribendo adfuerunt rector, decani facultatum, procuratores nationum, & officiarii almæ universitatis Parisiensis. Verba facta sunt de statu collegii Quæstorum, quod vulgò Thesaurariorum nuncupatur, auditis MM. Petro Halley & Antonio le Moine, consultissimæ & saluberrimæ facultatum doctoribus & decanis ad illum recognoscendum delegatis, concordi omnium consensu & sententiâ ita statutum est.

I. Ut missa quotidiana celebretur horâ septimâ matutinâ à festo solemni omnium Sanctorum ad Pascha, à Paschate verò ad prædictum festum omnium Sanctorum, horâ sesquisextâ.

II. Ut primarius collegii, aut, eo absente, antiquior è bursariis sacerdos missas celebret.

III. Ut vesperæ singulis diebus Dominicis & festis cantari solitæ horâ sesquimeridianâ pro more collegiorum, cantentur; vesperæ verò defunctorum & *Salve Regina* horâ sesquiquintâ.

IV. Ut quod anno M. DC. III. latum est ab universitate & à proprætore urbano confirmatum decretum adversùs bursarios à sacro, officio divino & vesperis absentes, si absque veniâ primarii absint, aut non sint aliàs legitimè impediti, robur omninò suum habeat, & absque ulla tergiversatione executioni demandetur.

V. Ut singulis diebus Sabbati post vesperas fiant repetitiones scholasticæ, iisque teneantur bursarii omnes interesse.

VI. Ut omnes bursarii mensam habeant communem, & convescantur & accumbant statis horis, sub pœna privationis ratæ portionis diei proximè sequentis. Eorum verò singuli pro ordine antiquitatis per unam hebdomadam integram legant unum caput librorum ex libris historicis, & alterum caput ex historia ecclesiastica tempore comestionis.

VII. Ut porta collegii à prima die Septembris ad primam Maii horâ nonâ vespertinâ claudatur, reliquo anni tempore horâ decimâ, & claves ad primarium, aut, eo absente, antiquiorem è bursariis sacerdotem vel diaconum deferantur.

VIII. Ut caveat primarius ne bursarii suæ curæ commissi colludant, rixentur, divagentur, comessentur, aut commessatores in sua cubicula admittant, nec cauponentur, nec foràs divertant ad cubandum, nec enses gestent in urbe, sed curet eos iis disciplinis studere assiduè quibus incumbere tenentur; secùs, ipse ab administratione primariatûs amoveatur, & bursarii qui contrà prædictum decretum peccaverint, communi mensâ priventur.

IX. Ut coquus communis acceptæ à procuratore & impensæ pecuniæ rationes reddere teneatur, singulis hebdomadis tempore quadragesimali, extrà illud singulis mensibus; procurator verò suas singulis trimestribus, præsentibus & audientibus bursariis.

X. Ut

X. Ut idem procurator, cùm generales rationes suæ procurationis reddet quot annis, earum exemplar descriptum collegis deferendum curet, pro ipsorum antiquitate, antequàm eas reddat.

XI. Ut communi bursariorum consilio provideatur ut domus collegiales conductoribus locupletibus & minimè suspectis elocentur, lustrentur conductorum cubicula, & supellex describatur, quo de summâ debitâ caveatur.

XII. Ut si opus fuerit aliquem è sociis ad procurandas res collegii delegare, id ex consilio omnium fiat, & quàm minimis fieri poterit sumptibus. *Signé,* JOSALLEY *&* LE MOINE. *Ibidem.*

ARREST DU PARLEMENT, portant reglement pour le college du Trésorier.

Extrait des registres du parlement.

AN. 1679.

ENTRE Pierre le Vasseur, maître ès arts en l'université de Paris, cy-devant grand boursier du college du Trésorier, fondé en ladite Université, opposant à l'execution de l'arrest du 17 Decembre 1678. suivant la réponse énoncée au bas de la signification des qualités d'iceluy, du 22 Decembre dernier, lequel arrest deboute ledit le Vasseur de l'opposition formée par luy à l'éxécution de l'arrest du 22 d'Aoust précedent, par lequel le deffendeur cy-après nommé a fait prononcer sur l'appel interjetté par ledit le Vasseur, de la sentence renduë par le recteur de l'université de Paris, le 2 d'Avril audit an 1678. d'une part, & M. Guillaume Bochart de Champigni, docteur en theologie de la faculté de Paris, archidiacre du petit Caux de l'église cathédrale de Roüen, & collateur alternatif des grandes & petites bourses dudit college du Trésorier, ayant pouvoir de M. Bernard Lepigny, licentié en droit canon, & archidiacre du grand Caux en ladite église, & collateur alternatif des bourses dudit college, deffendeur d'autre part, sans que les qualités puissent préjudicier ; après que Corson procureur du deffendeur a demandé la reception de l'appointement, admis au parquet & paraphé de Lamoignon pour le procureur general ; la cour ordonne que l'appointement paraphé de Lamoignon, sera reçû, & suivant iceluy faisant droit sur le tout, a debouté ledit le Vasseur de son opposition, & le condamne aux dépens ; & en consequence, ordonne que la sentence de l'université de Paris du 2 d'Avril 1678. confirmée par arrest du 22 Aoust audit an 1678. sera exécutée selon sa forme & teneur. Ce faisant, ledit le Vasseur demeurera privé de sa bourse dudit college, & l'avis des sieurs des Periers & Blampignon, docteurs en theologie, du 10 Juillet dernier, homologué, & suivant iceluy, ordonne que les statuts, tant de l'université, que dudit college du Trésorier, que les reglemens intervenus sur iceux, & specialement les reglemens qui ont esté faits pour la réformation dudit college par l'université de Paris le 5 de Mars 1678. avec les explications, déterminations & additions faites ausdits reglemens particuliers de lad. université pour led. college, contenus dans l'acte de visite faite le 24 de Mars 1678. par led. M. Guillaume Bochart de Champigny, collateur alternatif des bourses dudit college, seront exécutés selon leur forme & teneur, exceptés néantmoins quelques articles des statuts dudit college qui regardent le principal. La cour a évoqué & évoque du tout à elle ce qui pourroit se trouver de contraire aux articles cy-après mentionnés & arrestés pour la réformation dudit college, excepté aussi l'article VII. des reglemens particuliers de l'université pour ledit college, qui regarde l'heure de fermer la porte, laquelle sera fermée depuis la S. Remy jusqu'à Pasques, à huit heures précises du soir, & depuis Pasques jusqu'à la S. Remy à neuf heures précises. Ordonne en outre que la porte qui donne dans la ruë des Maçons, & toutes les autres qui ont issuë dans les maisons des locataires, seront incessamment bouchées & murées, ensorte qu'il n'y ait que la grande porte sur la ruë de Sorbonne par laquelle on puisse entrer dans le college & en sortir ; fait deffense au principal des boursiers dudit college d'y loger désormais, ni même d'y laisser entrer aucune femme ; enjoint à celles qui y habitent, & à toutes autres personnes portant espée, & autres qu'estudians ou ecclesiastiques, de vuider dudit college incessamment. Que si quelqu'un des boursiers, hors le temps des vacances, s'absenté dudit college un mois entier, il sera privé de la bourse, à moins qu'il n'ait demandé au principal la permission de s'absenter, ou que n'ayant pû luy demander ladite permission avant son absence, il luy en apporte après son retour quelques raisons legitimes qui soient jugées telles par le principal. Ordonne pareillement qu'à toutes les festes annuelles marquées dans les statuts generaux de l'université, tous les

Tome II. Oo

boursiers qui ne seront pas prestres, seront obligés de se confesser dans la chapelle dudit college à un prestre de la paroisse que l'on demandera au sieur curé, & ensuite d'y communier, à quoy les boursiers seront invités & exhortés par le principal. Outre les repetitions ausquelles la cour veut, suivant les statuts & reglemens du college, que tous les boursiers assistent une fois chaque semaine, pour y rendre compte au principal de leurs estudes ; ordonne en outre ladite cour que tous les boursiers estudians ou ayant estudié en theologie, seront tenus de soustenir une these de theologie une fois l'an chacun à leur tour, comme aussi ceux qui estudieront en philosophie. Le jour pour soustenir lesdites theses sera marqué par le principal à chacun des boursiers selon l'ordre de sa reception. Le respondant sera tenu de communiquer sa these au principal dix jours avant que d'y respondre, & d'en donner ensuite, huit jours avant que de la soustenir, une copie à chacun des boursiers. Seront obligés tous les boursiers theologiens de disputer aux theses de theologie ; tous les boursiers, tant theologiens que philosophes, seront tenus de disputer aux theses de philosophie, & ce après le principal qui ouvrira toutes les disputes, & y presidera. Ladite cour veut & ordonne que ceux des grands boursiers qui manqueront aux répétitions de toutes les semaines, & qui ne pourront justifier au principal de leur absence, seront privés de la somme de dix sols pour chaque absence, & ceux qui manqueront de soustenir ou de disputer aux theses à leur tour, seront privés de la somme de vingt sols ; lesquelles sommes seront prises sur les quarante livres qu'on leur baille tous les ans. Comme aussi que les petits boursiers qui manqueront aux répétitions de la semaine, seront privés de leurs portions pendant un jour, & ceux qui manqueront à soustenir ou disputer aux theses du mois, seront privés de leurs portions pendant deux jours. Et parce que les désordres qui ont esté cy-devant dans ledit college, tant en ce qui regarde les mœurs & les estudes desdits boursiers, que ce qui regarde l'administration du temporel, ne sont provenus que de ce qu'il ne s'est pas trouvé une personne qui eût assés de capacité, d'autorité & d'attachement pour faire executer les statuts ; le principal ayant esté jusques icy par la disposition desdits statuts, le plus ancien boursier, qui souvent n'a pas d'âge ni de lumieres suffisantes pour se bien acquitter de ce devoir ; & qui à cause du peu de temps qu'il est dans ladite charge en neglige entierement les fonctions, ne peut prendre assés d'autorité sur les boursiers pour les faire vivre dans l'ordre & les conduire dans leurs estudes ; ladite cour ordonne que pour restablir la discipline dudit college, il y sera désormais establi un principal en titre & perpetuel, qui sera originaire du diocese du Roüen, & aumoins bachelier en theologie de la faculté de Paris, lequel ne pourra estre depossedé qu'en cas d'un abus & manquement considerable & évident ; & ce seulement par les sieurs archidiacres du grand & petit Caux de l'église cathedrale de Roüen, collateurs des bourses dudit college conjointement, lesquels auront droit de nommer & d'instituer seuls & tous deux conjointement ledit principal perpetuel. Comme aussi que lesdits deux collateurs seront avertis de proceder incessamment à la nomination & institution dudit principal perpetuel. Ordonne que ledit principal perpetuel sera obligé de visiter de temps en temps les chambres de tous les boursiers, pour voir s'il ne s'y commet point de désordres, ausquels, s'il s'en trouve, il sera tenu d'y apporter l'ordre necessaire, conformément aux statuts & reglemens dud. college. Sera pareillement tenu ledit principal de punir, conformément ausd. statuts & reglemens, ceux qui auront manqué à leur devoir, sans qu'il soit obligé d'en demander avis ausdits boursiers ; d'informer les collateurs du progrès desd. boursiers dans leurs estudes & de leurs mœurs, assister aux comptes ordinaires dudit college, & de les clorre selon la pluralité des voix des grands boursiers qui seront presens ; convoquer lesdits boursiers, toutes les fois qu'il sera necessaire pour les affaires du college ; presider à toutes les assemblées, & conclurre toutes les deliberations à la pluralité des voix ; la cour declarant nulles toutes les deliberations faites par lesdits boursiers sans la communication & consentement dudit principal. En consideration des peines que prendra ledit principal, & afin de pourvoir à sa subsistance, ordonne la cour que la premiere grande bourse theologienne qui vaquera, sera affectée pour toûjours à ladite charge de principal, avec les mêmes revenus, jouissances & appartenances dont jouissent lesd. grands boursiers dud. college, & que outre les quarante livres que ledit college a accoûtumé de payer par chacun an au principal, sera encore payée annuellement aud. principal

JUSTIFICATIVES.

principal par ledit college, la somme de cent dix livres, avec le logement qu'il pourra choisir par préférence à tous les bourſiers, quand le logement de quelque grand bourſier viendra à vacquer. Et en attendant que ledit principal ſoit poſſeſſeur paiſible de ladite premiere grande bourſe vacante, la cour ordonne que ledit college ſera tenu de payer aud. principal, la penſion dans la ſalle commune, & ce qui eſt donné à chaque grand bourſier, & depuis ſon inſtallation à lad. charge juſqu'au jour de la poſſeſſion paiſible de ladite grande bourſe ; & outre ledit college ſera tenu de luy fournir un logement convenable, & luy payer ladite ſomme de quarante livres & de cent dix livres pour leſdits appointemens. Et afin que la diſcipline dudit college ſe puiſſe mieux maintenir à l'avenir, ordonne que les collateurs des bourſes dudit college, ſeront tenus d'aſſiſter tous les ans aux comptes generaux, d'y preſider & les clorre, de viſiter ledit college, ſoit par eux-mêmes, ſoit par procureur, pour ſçavoir ſi leſd. principal, procureur & officiers s'aquittent bien de leur devoir, & ſi les ſtatuts & reglemens ſont exécutés ; & faire même de leur ſeule & propre autorité des reglemens nouveaux, ſelon les occurrences auſquelles ils les jugeront neceſſaires. Ordonne auſſi ladite cour que leſdits collateurs ſeront auſſi tenus de s'informer des mœurs des bourſiers, & de leurs eſtudes, de corriger & punir ceux qui auront manqué à leur devoir, de priver même & pour toûjours de leurs bourſes, ceux qui ſeront trouvés ſcandaleux, ou rebelles, ou negligens dans leurs eſtudes, ou incorrigibles ; laquelle privation ne pourra eſtre faite que par leſdits deux collateurs conjointement. Ordonne auſſi leſd. deux collateurs auront inſpection ſur le temporel dudit college, & ne pourront les principal, procureur & bourſiers en aliener aucuns biens, ſans le conſentement exprès & par eſcrit deſdits deux collateurs conjointement. Et ne pourront les qualités du préſent arreſt nuire ni préjudicier aux parties. Fait en parlement le xvii. d'Aouſt M. DC. LXXIX. Ibidem.

Autre arreſt concernant le meſme college.

Extrait des regiſtres du parlement.

AN. 1707. VEU par la cour la requeſte à elle preſentée par le procureur general du roy, contenant qu'il a apris que dans le college du Tréſorier eſtabli dans cette ville de Paris, il n'y avoit nul ordre, tant pour ce qui concerne le ſpirituel, que le temporel dudit college ; que le different qui eſt entre le principal nommé par les proviſeurs d'une part, & l'ancien bourſier d'autre part, qui prétend que cette charge de principal luy appartient de droit, ne contribuoit pas peu à renverſer la diſcipline dudit college ; qu'il eſtoit neceſſaire d'eſtablir une regle certaine pour le temps que les bourſiers pourront poſſeder leurs bourſes, par rapport au cours des eſtudes & des degrés qui ſe pratiquent à preſent dans l'univerſité de Paris, & de faire un reglement general, fixe & certain, ſur tout ce qui peut regarder le college ; c'eſt ce qui oblige le procureur general d'avoir recours à l'autorité de la cour, pour y eſtre pourvû ; à ces cauſes, il luy plaiſe ordonner que par tel des conſeillers d'icelle qu'il luy plaira commettre, qui ſe tranſportera au college du Tréſorier, aſſiſté d'un des ſubſtituts dudit procureur general du roy, il ſera dreſſé procès verbal de l'eſtat dudit college ; à l'effet de quoy les proviſeurs dudit college, s'ils ſont lors en cette ville, oüis, celuy ou ceux qui ſeront fondés de leur procuration ſpeciale, enſemble le principal, procureur, chapelain & bourſiers du même college ſeront entendus en preſence de tel docteur en theologie, ou autre ſuppoſt de l'univerſité de Paris qu'il plaira à la cour de nommer, entre les mains deſquels ſeront mis le procès verbal qui ſera fait par ledit conſeiller, les lettres de fondation, les ſtatuts & les comptes des dix dernieres années dudit college, avec les memoires que leſdits proviſeurs, principal, procureur, chapelain & bourſiers pourront bailler dans la quinzaine du jour dudit procès verbal ; & à la repreſentation deſdites lettres de fondation, deſdits ſtatuts & comptes des dix dernieres années dudit college, celuy ou ceux qui les ont en leur poſſeſſion, contraints par toutes voyes düés & raiſonnables ; pour donner par leſdits docteur & ſuppoſt de l'univerſité, leurs avis ſur ce qu'ils eſtimeront de plus à propos pour le bon ordre & la diſcipline dudit college, pour le tout eſtre mis & rapporté avec les pieces & memoires, ſi aucuns auront eſté baillés, & le tout communiqué au procureur general, eſtre ordonné ce que de raiſon ; lad. requeſte ſignée du procureur general du roy, oüi le rapport de meſſire Jean-Jacques Gaudart conſeiller ; tout conſideré ; la cour ayant égard à la requeſte, ordonne que meſſire le Nain conſeiller ſe tranſ-

Tome II. O o ij

portera au college du Trésorier, assisté de l'un des substituts du procureur general du roy; il sera dressé procès verbal de l'estat du college; à l'effet de quoy les proviseurs dudit college, s'ils sont lors en cette ville, ou celuy ou ceux qui seront fondés de leur procuration speciale, ensemble le principal, procureur, chapelain & boursiers du même college seront entendus, en presence des messieurs Thomas Durieux, docteur de Sorbonne, principal du college du Plessis, Edme Pourchot syndic de l'université, & Claude le Fevre docteur & professeur de Navarre, entre les mains desquels seront mis le procès verbal qui sera fait par ledit conseiller, les titres de fondation, les statuts & les comptes des dix dernieres années dudit college, avec les memoires que lesd. proviseur, principal, procureur, chapelain & boursiers pourront bailler dans ladite quinzaine, du jour dudit procès verbal; à la representation desdits titres de fondation, des statuts & comptes des dix dernieres années dudit college, celuy ou ceux qui les auront en leur possession, contraints par toutes voyes dûes & raisonnables; pour donner par lesdits Durieux, Pourchot & le Fevre leur avis sur ce qu'ils estimeront plus à propos pour le bon ordre, le bien & la discipline dudit college; pour ledit avis estre rapporté, avec les pieces & memoires, si aucuns auront esté baillés, & le tout communiqué au procureur general du roy, estre ordonné ce que de raison. Fait en parlement le 1. Septembre M. DCC. VII. *Ibidem.*

Lettres patentes du roy PHILIPPES LE HARDY.

Portant confirmation de la fondation de l'abbaye de Gercy.

An. 1272.

PHILIPPUS Dei gratiâ Francorum rex, notum facimus universis tam præsentibus quàm futuris, quòd cùm claræ memoriæ carissimus patruus & fidelis noster Alphonsus, comes Pictaviensis & Tholosæ, ad laudem & gloriam sanctæ Trinitatis & in honore beatissimæ & gloriosissimæ Virginis genitricis Dei Mariæ omniumque Sanctorum, monasterium sanctimonialium ordinis sancti Augustini, in loco qui dicitur ecclesia B. Mariæ de Gersiaco, Parif. diœces. incepisset construere, & de quingentis libris parif. annui redditûs in perpetuum proposuisset dotare, quas ordinavit percipi super terra sua Alumniæ, donec eas alibi assedisset; prædictusque patruus noster præventus, quod proposuerat nequiverit consummare; nos tam sanctum opus & salutare ad effectum perducere cupientes, pro salute animæ nostræ & ob remedium animarum inclytæ recordationis domini & genitoris nostri Ludovici Franciæ regis, & carissimæ nostræ Isabellis Franciæ reginæ ac aliorum antecessorum nostrorum, ad fundationem prædicti monasterii & monialibus ibidem Domino in futurum deservientibus, donamus & in perpetuum concedimus quingentas libras parif. annui redditûs percipiendas ab eis in cofris nostris: tertiam partem videlicèt ad festum Ascensionis Domini, aliam partem ad festum omnium Sanctorum, & aliam partem tertiam ad festum Purificationis beatæ Mariæ Virginis, donec eas in assisia terræ alibi duxerimus assignandas; computatis dumtaxàt in dictis quingentis libratis terræ, centum & decem libratis quinque solidatis & novem denariatis terræ ad turonen. annui redditûs, quas dictæ moniales ex dono dicti patrui nostri jam possident in parrochia de Gastinis, & quinquaginta duabus libratis & quinque solidatis terræ ad turonen. annui redditûs quas habent in parrochia de Gersiaco, quas deduci volumus de summa quingentarum librarum prædictarum & quas etiam, quantùm in nobis est, volumus à prædictis monialibus teneri in perpetuum & pacificè possideri, absque coactione aliquâ vendendi, vel extrà manum suam ponendi, salvo in aliis jure nostro & jure etiam in omnibus alieno. Ita tamen quòd prædictæ moniales assignationis prædictæ à dicto patruo nostro sibi factæ de cætero nihil poterunt reclamare, sed, &c. Datum apud sanctum Germanum in Laya anno Dom. M. CC. LXXII. mense Februario. *Dubreul, Antiquités page 1259.*

Bulle D'ALEXANDRE IV.

Qui permet aux religieux de S. Germain des Prez de porter des aumusses.

An. 1257.

ALEXANDER episcopus servus servorum Dei, dilecto filio abbati monasterii S. Germani de Pratis Parif. salutem & apostolicam benedictionem. Dilecti filii..... prior & conventus monasterii tui nobis porrectâ petitione monstrarunt, quòd nonnulli predicti monasterii monachi frequenter graves infirmitates incurrunt, propter frigus quod patiuntur ex eo quod discoopertis capitibus semper omnes ecclesiasticas horas canunt. Quare nobis humiliter supplicaverunt, ut utendi almutiis eorum ordini congruentibus, dum horas cælebraverint ecclesiasticas, licentiam de benignitate solita largiremur. Quocircà discretioni tuæ per apostolica scripta mandamus, quatenùs eis super hiis concedas auctoritate nostrâ, si expedire videris, licentiam postulatam. Datum Anagniæ 11. nonas Decembris pontificatûs nostri anno IV. *Tiré d'un des cartulaires de l'abbaye de S. Germain appellé:* Liber benefactorum. fol. 8.

Lettres patentes de PHILIPPES LE HARDI,

Au sujet de la justice temporelle de S. Germain des Prez.

AN. 1272.

PHILIPPUS Dei gratiâ Francorum rex. Notum facimus universis tam præsentibus quàm futuris, quòd cùm contentio verteretur inter nos ex una parte, & religiosos viros abbatem & conventum sancti Germani de Pratis juxtà Parisius, ex altera, super justitia locorum infrà scriptorum ; tandem inter nos & dictos abbatem & conventum de terra sua quam habent infrà muros Parisienses, facta fuit concordatio in hunc modum : videlicèt quòd à cuneo adaquatorii Matisconensis *, eundo directè ad portam sancti Germani de Pratis, à dextera parte usque ad Sequanam, & à cuneo murorum sancti Andreæ à sinistra parte, eundo directè ad prædictam portam sancti Germani, & à cuneo murorum sancti Adreæ prædicti, eundo directè usque ad cuneum murorum fratrum Minorum, à dextra parte, & à prædicto cuneo fratrum Minorum, usque ad cuneum murorum ecclesiæ SS. Cosmæ & Damiani, & ab eodem cuneo usque ad portam * Gibardi, à dextra parte, & in omnibus locis, plateis, mansuris, domibus & vicis, quæ vel qui continentur infrà metas superiùs nominatas, habebunt dicti religiosi ex nunc in perpetuum omnimodam justitiam, altam & bassam ; nihil nobis & successoribus nostris justitiæ, dominii, proprietatis & possessionis retento ; exceptis gueto, talliâ, exercitu, cavalcatâ & banno, item talliâ panis & vini, cæterisque costumis nobis ab antiquo debitis, & resorto ; quæ infrà prædictas metas nobis & nostris successoribus retinemus. Habebunt etiam dicti religiosi in omnibus locis & vicis sitis infrà metas suprà dictas, viariam & justitiam viariæ, & quicquid pertinet ad viariam, & falsas mensuras, salvo tamen & retento Johanni dicto *Sarrazin* civi Parisiensi, & Stephano filio uxoris suæ, usufructu quem ipsi dicunt se habere ex collatione inclytæ recordationis præclarissimi domini & genitoris nostri Ludovici Francorum regis, in dictis viaria & justitia viariæ, & in * saliis domorum, quæ fient in vicis sitis infrà metas superiùs nominatas, quarum saliarum faciendarum cum viaria & justitia viariæ, post decessum ipsorum civium, absque aliqua contradictione nostri vel nostrorum successorum, ad prædictos religiosos possessio cum proprietate liberè revertetur. Nos insuper & successores nostri de cætero habebimus in perpetuum, absque aliqua contradictione prædictorum religiosorum, omnimodam justitiam, altam & bassam in omnibus censivis eorumdem religiosorum infrà metas Parisius sitis, extrà metas superiùs nominatas ; salvâ tamen & retentâ inibi dictis religiosis justitiâ fundi terræ. Item ad nos & successores nostros ex nunc in perpetuum pertinebit tota via, cheminum & viaria, quæ est à prædicto adaquatorio, usque ad dictum cuneum murorum sancti Andreæ, & ab eodem cuneo usque ad cuneum fratrum Minorum, & à prædicto cuneo fratrum Minorum usque ad cuneum murorum ecclesiæ sanctorum Cosmæ & Damiani, & ab eodem cuneo usque ad portam Gibardi, cum omni jure, dominio, proprietate & possessione, & omnieo quod pertinet ad viariam, cum omni justitia alta & bassa, pleno jure ; ita quòd dicti religiosi in eadem via seu viaria vel chemino nihil de cætero reclamabunt. Licebit enim absque aliqua nostri vel nostrorum successorum contradictione famulis & servientibus dictorum religiosorum statutis ad custodiendam terram suam, virgas deferre in manibus & arma, propter suorum defensionem corporum, si necesse fuerit, prout servientes nostri de Castelleto deferunt infrà muros Parisius, ubicumque infrà metas prædictas. Inhibemus etiam, ne servientes nostri de Castelleto qui pro tempore fuerint, vel eorum aliquis, faciant evocationes seu citationes in terra sancti Germani, infrà metas prædictas ; quòd si contrà fecerint, prædictas citationes, seu evocationes penitùs annullamus, nec volumus quòd aliquis hospitum sancti Germani infrà metas prædictas, propter hujusmodi citationes, si defecerit, vel ad diem non comparuerit, in aliquo puniatur, nisi ratione ressorti, vel casuum ad honorem nostrum pertinentium, vel aliquorum aliorum nobis & successoribus nostris (ut suprà dictum est) retentorum, vel alte-

*L'abreuvoir Mirou au bout de la rue S. Michel.

*C'est aujourd'hui la porte S. Michel.

* Il faut apparemment entendre ce terme des saillies des maisons, dont le voier a droit de connoistre.

rius alicujus casûs, qui ad nos vel successores nostros, ratione debiti nostri, vel alicujus foris-facti nobis vel servientibus nostris illati, vel aliquo alio modo jure communi posset pertinere ; in quibus casibus nobis & successoribus nostris in prædictis locis infrà dictas metas, justitiam & omnia quæ ad justitiam pertinent, in prædictis casibus retinemus, salvo jure in omnibus alieno. Quod ut ratum & stabile permaneat in futurum, præsentibus litteris nostrum fecimus apponi sigillum. Actum apud sanctum Germanum in Laya, anno Domini M. CC. LXXII. mense Februario. *Dubreul, Antiquités p. 320.*

Actes pour le rétablissement de frere Estienne de Pontoise, prevost de l'abbaye de S. Germain.

UNIVERSIS, &c. Officialis curie Parisiensis, &c. Noveritis quòd cùm olim inter Giraldum tunc abbatem & monachos monasterii sancti Germani de Pratis Paris. ex una parte, & universitatem scolarium Paris. ex altera, dissentione subortâ cujus occasione graves secuti sint excessus, bone memorie dominus * Martinus papa quartus tunc temporis in partibus Francie apostolice sedis legatus, fratrem Stephanum monachum tunc præpositum ejusdem monasterii, ad scandalum quod inde fuerat exortum sedandum, officio prepositure ejusdem monasterii sue legationis auctoritate privavit, ad quamlibet administrationem ipsum inhabilem esse decernens, eum mandavit in aliqua Cluniacensis monasterii cella recludi per quinquennium ad penitentiam inibi peragendam, & ipsum non suspendit aliquatenùs à divinis, ut dicitur. Tandem ad preces illustrissimi viri domini Philippi Dei gratiâ Francorum regis bone memorie, dominus * Nicholaus papa quartus, auctoritatem præstitit per suas patentes litteras, ut in iisdem pleniùs vidimus contineri, viro religioso Johanni abbati S. Germani de Pratis Parif. ut ipse dominus abbas concederet auctoritate apostolicâ dicto fratri Stephano, ut ad omnes regulares administrationes ordinis S. Benedicti posset assumi, ordinatione predictâ non obstante. Qui dominus abbas auctoritate apostolicâ suffultus, ut dictum est, concessit predicto fratri Stephano administrationes ordinis S. Benedicti, non obstantibus premissis, prout in patentibus litteris domini abbatis S. Germani pleniùs vidimus contineri, & quod vidimus testamur, salvo jure cujuslibet. In cujus rei testimonium, &c. Datum, &c.

* Martin IV. élû le 22 Fev. 1281. & mort le 28 Mars 1285.

* Nicolas IV. élû le 22 Fev. 1288. & mort le 4 Avril 1292.

UNIVERSIS presentes litteras inspecturis, Johannes miseratione divinâ monasterii B. Germani de Pratis Parif. humilis abbas, salutem in Domino. Noveritis nos recepisse litteras domini pape in forma que sequitur : NICOLAUS episcopus, servus servorum Dei, dilecto filio nostro abbati monasterii sancti Germani de Pratis Parif. ad Romanam ecclesiam nullo medio pertinentis, ordinis S. Benedicti, salutem & apostolicam benedictionem. Petitio tua nobis exhibita continebat, quòd olim inter Girardum tunc abbatem & monachos monasterii tui, ex una parte, ac universitatem scolarium Parif. ex altera, dissensione subortâ, cujus occasione graves secuti fuerint excessus, felicis recordationis Martinus papa IV. predecessor noster, tunc in minori officio constitutus, & in partibus illis apostolice sedis legatus, fratrem Stephanum monachum, tunc prepositum ejusdem monasterii, ad scandalum quod inde fuerat exortum sedandum, officio prepositure ipsius monasterii, sue legationis auctoritate privavit, & ad quamlibet administrationem ipsum inhabilem esse decernens, ipsum mandavit in aliqua Cluniacensis monasterii cella recludi per quinquennium ad penitentiam inibi peragendam, sed ipsum non suspendit aliquatenùs à divinis. Quare tu asserens quòd idem Stephanus juxta mandatum predicti legati dictam penitentiam jam peregit, & quòd in predicto monasterio, tam post peractam ejusmodi penitentiam, quàm antè, fuit laudabiliter conversatus, & quòd utilis & necessarius extitit monasterio memorato ; nobis humiliter supplicasti ut cum eodem Stephano super hoc agere misericorditer dignaremur. Nos igitur carissimi in Christo filii nostri Philippi regis Francorum illustris pro dicto fratre Stephano sedis apostolice gratiam implorantis supplicationibus inclinati, plenam de discretione tua in Domino fiduciam obtinentes, presentium tibi auctoritate concedimus, ut si utilitati dicti monasterii videris expedire, & eidem Stephano ad hoc propria merita suffragantur, nec grande in supradicta universitate scandalum oriatur, premissis nequaquam obstantibus, dicto Stephano, auctoritate nostrâ, concedas ut ad omnes regulares administrationes communes dicti ordinis possit assumi. Datum Rome apud S. Mariam majorem 11. Id. Januarii, pontificatûs nostri anno IV. NOS IGITUR auctoritate apostolicâ suffulti, scientes fratrem

An. 1292.

An. 23

trem Stephanum de Pontisara monasterii nostri monachum, juxtà mandatum domini legati predictum penitenciam sibi injunctam peregisse, & antè & post laudabiliter conversatum fuisse, ac ipsum dicto monasterio utilem & necessarium existere; & quia nobis constat quòd universitas magistrorum scolarium Parisi. assensum prestitit quòd ipsi magistri permitterent impetrari quamcumque gratiam à sede apostolica pro dicto fratre Stephano, juxtà formam nobis traditam, auctoritate apostolicâ concedimus quòd, non obstante ordinatione de ipso factâ per dominum legatum, ad omnes regulares administrationes ordinis S. Benedicti possit assumi. In cujus rei testimonium presentibus litteris sigillum nostrum duximus apponendum. Datum anno Dom. M. CC. XCI. mense Martio, presentibus testibus quorum nomina subscribuntur, videlicèt domino Johanne divinâ miseratione abbate Trenorchiensi, fratre Regnaudo hostelario dicti loci, fratre Valthero priore de Lonnyco, fratre Johanne de Castillione, Galterio de Sommerico, monachis Trenorchiensibus, fratre Philippo infirmario S. Germani de Pratis Parisi. magistro Nicolao de S. Gendulpho, Petro de Montigniaco, Guillelmo de S. Gradulpho clericis, & pluribus aliis fide dignis. *Tiré d'un des cartulaires de l'abbaye de S. Germain, appellé*: Liber benefactorum. fol. VIII.

Fondation du college d'Harcour.

UNIVERSIS hæc visuris, Robertus permissione divinâ Constantiensis ecclesiæ minister humilis, & executor testamenti seu ultimæ voluntatis bonæ memoriæ domini Radulphi de Haricuria, quondam archidiaconi de Constantino in ecclesia Constantiensi, salutem in Domino. Cùm nos de bonis executionis prædictæ ac nomine executorio, tres domos cum eorum pertinentiis situatas Parisius in vico sancti Cosmæ versùs portam quæ dicitur porta *Inferni*, quæ quidem domus, domus *Abrincenses* communiter nuncupantur, in perpetuum acquisierimus, ac insuper ducentas libras turonensis amortizatas annui redditûs, capiendas largâ præpositurâ Cadomensem, emerimus nomine quo suprà, prout in litteris super præmissis confectis peniùs continetur; notum facimus quòd nos prædictas domos ducentasque & quinquaginta libras turonenses annui redditûs damus, quantum in nobis est & possumus, deputamus, assignamus ac ordinamus, nomine quo suprà, ad usum, victum & sustentationem pauperum scholarium in artibus & theologia studentium ibidem institutorum ac instituendorum, secundùm formam & ordinationem quæ in statutis à nobis super hoc editis pleniùs continetur. In cujus rei testimonium sigillum nostrum præsentibus litteris duximus apponendum. Datum in crastino nativitatis beatæ Mariæ Virginis, anno Domini M. CCC. XI. *Dubreul. Antiq. p.* 637.

Lettres de GUILLAUME évêque de Paris,

Portant confirmation de la fondation du college d'Harcour.

UNIVERSIS præsentes litteras inspecturis, Guillelmus permissione divinâ Parisiensis episcopus, salutem. Devotionem laudabilem sanctumque propositum reverendi in Christo patris domini Roberti Constantiensis episcopi, instituentis de novo & instituere affectantis in brevi viginti quatuor, videlicèt sexdecim in artibus & octo in theologiæ facultate scholares, in domibus quæ communiter domus *Abrincenses* vocantur, in vico sancti Cosmæ Parisius propè portam quæ porta *Inferni* vulgariter nuncupatur, situatas, quas nomine executorio testamenti bonæ memoriæ Radulphi de Haricuria fratris sui, quondam de Constantino in ecclesia Constantiensi archidiaconi acquisivit; ut inibi dicti scholares, juxtà ordinationes ejusdem episcopi super hoc editas, convivant; ad quorum quidem scholarium convictum ibidem idem episcopus ducentas libras annui redditûs amortizatas deputavit, assignavit, ac etiam ordinavit, sub certis conditionibus & statutis super hoc editis ab eodem; quantùm in nobis est & possumus, consuere volentes; attendentes insuper per præmissa cultum divinum & inde potissimè fructus ecclesiæ pullulare, quod totis visceribus peroptamus, cohabitationem & convictum dictorum scholarium tam electorum quàm eligendorum, necnon & aliorum, si quos ultrà dictum numerum ulteriùs eligi continget in dictis domibus, acquisitionum dictarum domorum & reddituum, ac deputationem & assignationem eorumdem ad usum prædictum, juxtà ordinationes ab ipso episcopo jam factas, & in futurum rationabiliter faciendas, quantùm in nobis est & possumus, auctoritate ordinariâ laudamus, ratificamus, approbamus ac etiam tenore præsentium confirmamus, jure nostro & ecclesiæ nostræ Parisiensis in posterum semper salvo. In cujus rei testimonium sigillum nostrum præsentibus litteris duximus apponendum. Datum anno Domini M. CCC. XII. die Jovis antè festum nativitatis beati Joannis Baptistæ. *Ibidem p.* 644.

Bulle du pape CLEMENT V.

En faveur du college d'Harcour.

AN. 1313.

CLEMENS episcopus, servus servorum Dei, dilectis filiis, magistro & collegio scholarium domûs de Haricuria Parisiensis, salutem & apostolicam benedictionem. Meruit vestræ devotionis affectus quem ad nos & Romanam geritis ecclesiam, ut petitionibus vestris, quantùm cum Deo possumus, favorabiliter annuamus. Vestris itaque in hac parte supplicationibus inclinati, ut vos in capella seu oratorio domûs de Haricuria Parisiensis divinum officium, diurnum pariter & nocturnum, cum nota & sinè nota, singulis diebus celebrare & facere celebrari, etiam absque licentia episcopi Parisiensis qui est & qui erit pro tempore, petitâ vel obtentâ (episcopalis & parrochialis ecclesiæ ac cujuslibet alterius jure aliàs in omnibus semper salvo) vobis auctoritate apostolicâ de speciali gratia indulgemus. Nulli ergo omninò hominum liceat hanc paginam nostræ concessionis infringere, vel ei ausu temerario contraire. Si quis autem hoc attemptare præsumpserit, indignationem omnipotentis Dei & beatorum Petri & Pauli apostolorum ejus se noverit incursurum. Datum Avinioni Kalend. Junii, pontificatûs nostri anno IX. *Ibidem p.* 645.

Lettres de SIMON MATIPHAS évêque de Paris,

Au sujet de S. Estienne des Grez.

AN. 1290.

SIMON miseratione divinâ Parisiensis ecclesiæ minister licèt indignus, universis præsentes litteras inspecturis, salutem in filio Virginis gloriosæ. Noveritis quòd cùm nos ad instantiam magistrorum nationis Anglicanæ, in festo beati Guillermi Bituricensis, ad ecclesiam sancti Stephani *de Gressibus* Parisius, causâ celebrandi missam ibidem, declinavissemus; canonicos ipsius ecclesiæ monuimus ut emendarent nobis hoc quòd in nostro primo adventu ad ipsam ecclesiam nos processionaliter non receperant, prout in cæteris ecclesiis Parisiensis civitatis & diocesis fieri consuevit ; eisdem nihilominùs injungendo ut procurationem nostram intrà certum tempus nobis pararent, quia ibi proponebamus visitationis officium exercere, oblationesque factas in dictâ missâ gens nostra recepit, & easdem secum asportavit. Quæ prædicta venerabiles viri decanus & capitulum Parisiense asseruerunt in sui læsionem & præjudicium redundare : eo quòd (ut dicebant) ecclesia prædicta eisdem suberat pleno jure. Nos jura eorumdem decani & capituli nolentes minui in aliquo vel infringi, sed potiùs illibata servari, quicquid diximus vel fecimus in præmissis pro infecto & non dicto haberi volumus & habemus ; nec ex hoc dictos canonicos aliquatenùs ligari volumus vel astringi, seu juri quod habebant & habent dicti decanus & capitulum in eisdem canonicis & ecclesia prædicta in aliquo derogari ; oblationesque prædictas eisdem canonicis omninò restitui volumus , præcipimus & mandamus. In cujus rei testimonium sigillum nostrum præsentibus litteris duximus apponendum. Datum anno Domini M. CC. XC. die Martis antè festum Catedræ sancti Petri. *Tiré du cartulaire de S. Estienne des Grez.*

Bulle du pape BONIFACE VIII.

Pour la construction de l'église des Billettes.

AN. 1157.

BONIFACIUS episcopus servus servorum Dei, venerabili fratri episcopo Parisiensi salutem & apostolicam benedictionem. Petitio dilecti filii Raynerii Flamingi civis Parisiensis nobis exhibita continebat, quòd ipse in illo loco civitatis Parisiensis in quo quidam Judæi inventam venerandam Eucharistiam cutello pungentes eam in ferventi aqua caldariæ igni superpositæ immiserunt, quæ quidem aqua divino miraculo in sanguinem noscitur fuisse conversa ; quandam capellam affectat in honorem Domini nostri Jesu Christi construere, ac ei de bonis propriis sufficientes redditus assignare , de quibus capellanus in ea perpetuò serviturus commodè valeat sustentari ; jure patronatûs sibi & suis hæredibus in capella ipsa retento. Quare idem civis nobis humiliter supplicavit , ut apostolici favoris sibi præsidium impertiri, per quod hujusmodi suum votum adimplere valeat , dignaremur. Nos igitur ipsius civis laudabile in hac parte propositum commendantes, ac de tua circumspectione plenam in Domino fiduciam obtinentes, fraternitati tuæ per apostolica scripta mandamus, quatenùs præfato civi capellam ipsam in loco prædicto construendi, si locus ipse ad eum civem pertineat, alioquin postquàm illum justè acquisierit,

acquisierit, dummodò quod offert duxerit faciendum, authoritate nostrâ licentiam largiaris, sinè juris præjudicio alieni, jure patronatûs in præfata capella sibi & suis hæredibus ac successoribus in perpetuum reservato. Datum Anagniæ XVI. Calendas Augusti, pontificatûs nostri anno I. *Tiré des archives des Carmes des Billettes.*

Don fait par PHILIPPES LE BEL.

D'une maison aux religieux hospitaliers de la Charité-Nostre-Dame.

AN. 1299.

PHILIPPUS Dei gratiâ Francorum rex. Notum facimus universis tam præsentibus quàm futuris, quòd nos divini cultûs cupientes & affectu benivolo prosequentes augmentum, quandam domum quam habebamus, sitam Parisius in vico de *Jardinis*, in censiva Johannis Arrodis, oneratam duobus denariis anno quolibet de fundo terræ dicto Johanni debitis, & decem solidis augmentati census annui Thomæ dicti *Malleclerc* debitis; duas tesias in latitudine à parte anteriori & retrò totidem, ac novem tesias cum dimidiâ in longitudine continentem, contiguam ex unâ parte domui Mathæi Britonis, & ex aliâ domui Guillelmi Britonis, capellani in ecclesia beati Johannis *in Gravia*, pro redemptione animarum charissimi genitoris nostri, nostrarum & charissimæ consortis nostræ, fratribus hospitalis *Dongiez*, ordinis Charitatis beatæ Mariæ, pro cultu divini officii & ipsorum inhabitatione pietatis intuitu, sub prædictis censu & onere, conferimus, concedimus perpetuò & donamus tenendam, habendam & perpetuò possidendam, cum omni jure, proprietate & possessione quod & quas inibi habebamus & habere quomodolibet poteramus, absque coactione vendendi & extrà manum suam ponendi, & ulla præstatione financiæ cujuscumque; salvo in aliis jure nostro & in omnibus alieno. Quod ut ratum & stabile perseveret, præsentes litteras sigilli nostri secimus appensione muniri. Actum apud Vallum-colorem anno Dom. M. CC. XCIX. mense Decembri. *Ibidem.*

Don fait aux mesmes religieux par Jean Arrode panetier du roy.

AN. 1302.

ATous ceux qui ces presentes lettres verront, Pierre Li-Jumiaux garde de la prevosté de Paris, salut. Nous faisons à sçavoir que pardevant nous personnellement établi en jugement Jehan

Arrode l'ainzné pannetier nostre seigneur le roy de France, & afferma que religieux hommes le maistre & les freres de la Charité-Nostre-Dame avoient, tenoient & poursuivoient, ont, tiennent & poursuivent paisiblement toute admortie dudit nostre seigneur le roy par ses lettres patans, une maison, si comme elle se comporte, ô toutes ses appartenances & appendances, en laquelle il a estant une chapelle, & laquelle est appellée *la meson des miracles*, assise à Paris en la rue des Jardins, en la censive & seignourie de la Bretonnerie de Paris, que l'en appelle *la terre aux Flamens*, si comme il disoit. Laquelle maison desusdite, si comme elle se comporte, ô toutes ses appartenances & appendances, le devant dit Jehan Arrode pour ce present en jugement pardevant nous de sa bonne volenté sans nulle fraude, de sa pure & franche liberalité, admortit, recogneut en droict luy avoir admorti, franche, quitte & delivre en nom de pur & perpetuel admortissement, heritablement des or en droict à toujours de luy & de tous seignours, & especiallement de monsieur de Sieure chevalier, & de Jehannot de Chaillouet, aux devantdits religieux, à leurs successeurs & à ceux qui ont ou auront cause de eux, pour Dieu & en nom de pure & perpetuelle aumône, &c. En témoin de ce, nous à la requeste dudit Jehan, avons mis en ces presentes lettres le seel de la prevosté de Paris. Donné en l'an de grace M. CCC. II. le Mercredy jour de la feste S. Jehan decolace. *Signé,* ESTIENNE DE MAANTE. *Ibidem.*

Concession du don précedent par Jean de Sèvre.

AN. 1314.

ATous ceux qui ces presentes lettres verront, Jehan de Sèvre, escuyer, salut. Sçachent tous que je veult, loüe, ratifie, consent & accorde, pour tant comme à moy touche & toucher puet, l'admortissement que Jehan Arrode bourgeois de Paris a faict d'une place assize en la ville de Paris, en la rue des Jardins, en laquelle le corps de Nostre-Seigneur fut boully des Juifs, & en laquelle est édifiée une église où habitent & demeurent à present servants Dieu, les freres de la Charité-Nostre-Dame; laquelle place est ès mestes du sié que ledit bourgeois tient de moy par foy & hommage faict à moy, & lequel fief est nommé *le fief de la Bretonnerie*, qui fut jadis aux Flamens. Et prometz en bonne foy sur l'obligation de mes biens & de ceux de mes hoirs, que contre cest admortissement & accord ne vendre ne venir, ne faire par moy ne par autres au temps advenir, oblige quant à ce, moy, mes biens, mes hoirs & leurs biens. Et en seur que tout je clame quitte ledit bourgeois de tout quenque je li puisse demander pour la cause dudit fief, & pour cause que le seust hors mon service deu à moy pour la cause dudit fief, & de l'obeissance d'iceluy de tout le temps passé jusqu'aujourd'huy. Et veult & accorde que iceluy bourgeois jouisse & jouir puisse dudit fief doresnavant & en oste ma main. Fait le Lundy après le Dimanche que l'on chante *Lætare Jerusalem*, & l'an M. CCC. XIV. *Ibidem.*

Consecration de la chapelle des mesmes religieux.

An. 1350.

NOverint universi quòd nos Johannes permissione divinâ Dragonariensis episcopus anno Dom. M. CCC. L. in festo beati Gregorii papæ, munus benedictionis & consecrationis cujusdam capellæ capituli & claustri, cum consecratione trium altarium, in ecclesia religiosorum virorum prioris & conventûs hospitalis de Charitate beatæ Mariæ domûs miraculorum, in vico Jardinorum Parisius, virtute commissionis nobis factæ à reverendo in Christo patre ac dom. domino Falcone eâdem permissione Parisiensi episcopo cujus vices nunc gerimus in civitate & diœcesi Parisiensi, contulimus de gratia speciali. In cujus rei testimonium sigillum nostrum præsentibus apponendum duximus. Datum loco, anno & die supradictis. *Ibidem.*

Lettres de CHARLES V.

En faveur des mesmes religieux.

An. 1382.

CArolus Dei gratiâ Francorum rex, ad perpetuam rei memoriam. Dignum & meritorium opus agere credimus, si illis petitionibus quæ pro divini cultûs augmento nobis fiunt, & potissimè ab illis qui de die ac nocte divinis insistunt obsequiis, nostræ liberalitatis dextera faciliter se inclinet. Sanè cùm, sicut per humilem supplicationem religiosorum virorum magistri & fratrum de Charitate beatæ Mariæ, ordinis S Augustini, conventûs Parisiensis, in quorum ecclesiâ hostia consecrata Domini nostri Jesu Christi noscitur fuisse bullita, & ex eadem pretiosum sanguinem profluisse nostrum pervenerit ad auditum ; quæ domus dictorum magistri & fratrum tam parva sit & stricta, quòd necessaria dictæ domûs oportet scituari subter altare vel juxtà super quod quotidiè sacramentum altaris continuè celebratur, & de novo dicti magister & fratres quandam domum sitam ex altera parte vici acquisierint ; quatenùs nobis placeret gratiosè eisdem licentiam concedere construendi facere quandam viam de subtùs pavimentum, à dictâ domo eorum usque ad aliam partem alterius lateris vici, ut honestiùs Deo deservire possint. Nos itaque, ut bonorum quæ in dictâ ecclesia de cætero fient perpetuò participes efficiamur, eisdem religiosis qui sunt in præsenti & pro tempore futuro fuerint, concessimus de nostrâ gratiâ speciali & authoritate regiâ concedimus per præsentes, quatenùs dictam viam &c. Datum Parisius XXIX. die Junii, anno Domini M. CCC. LXXXII. & regni nostri II. *Signé sur le reply*, Per regem ad relationem consilii Yvo ...... Expedita per cameram (compotorum) die III. Julii M. CCC. LXXXIII. A. REYMODETI. *Ibidem.*

Dedicace de l'église des Billettes.

An. 1401.

UNIVERSIS præsentes litteras inspecturis, Johannes miseratione divinâ episcopus Nassoviensis Parisius residens in domo religiosorum S. Guillelmi de desertis, aliàs de *Albis mantellis*, salutem in Domino. Notum facimus nos litteras reverendi in Christo Patris ac domini domini Petri eâdem miseratione Parisiensis episcopi sigillo suo in cera rubea & cauda pendenti sigillatas sanas & integras, non vitiatas nec abrasas nec aliquâ in parte sui suspectas, sed omni prorsùs vitio & suspicione carentes, nobis & ex pro parte religiosorum virorum prioris & conventûs prioratûs seu hospitalis de Charitate beatæ Mariæ Parisiis fundati, ordinis S. Augustini præsentatas & porrectas recepisse, formam quæ sequitur continentes: PETRUS miseratione divinâ episcopus Parisiensis, dilectis nobis in Christo religiosis viris priori & conventui prioratûs seu hospitalis de Charitate beatæ Mariæ Parisiis fundati, ordinis S. Augustini, salutem in Domino sempiternam. Morum probitas, religionis zelus & conversationis honestas quibus apud nos multiplici & veridico commendamini relatu, nos ob reverentiam maximè pretiosissimi corporis domini nostri Jesu Christi, quondam in loco in quo ædificata est dicti vestri prioratûs ecclesia, enormiter per iniquum Judæum bullitti & miraculosè reperti, devotâ & humili assertione inducunt, ut vos

An. 1408.

&

& ecclesiam vestram prædictam, in his præsertim quæ divini cultûs augmentum concernunt, gratioso favore prosequamur & benigno. Ut ergo ecclesiam vestram prædictam per quemcumque antistitem catholicum ritè promotum, gratiam & communionem sanctæ sedis apostolicæ obtinentem, dedicari & consecrari facere valeatis, solemnitatibus exhibitis in talibus requisitis, & cujuslibet alterius jure salvo, licentiam & facultatem vobis & dicto antistiti per vos ad hoc, ut præfertur, eligendo impartimur. Speciale in cujus rei testimonium, sigillum nostrum præsentibus litteris duximus apponendum. Datum Parisiis die XII. mensis Maii anno Domini M. CCCC. VIII. *Sic signatum*, J. LIEZART. QUARUM quidem præscriptarum virtute & authoritate litterarum ac facultatis per ipsas nobis attributæ, ad supplicationem præfatorum religiosorum prioratûs de Charitate beatæ Mariæ pluries nobis factam, anno & die infrascriptis, ecclesiam dicti prioratûs, prout se comportat, secundùm sui scituationem, in honore sanctæ & individuæ Trinitatis ac gloriosissimæ virginis Mariæ omniumque sanctorum & sanctarum Dei, secundùm ritum ecclesiæ solemniter & devotè dedicavimus & consecravimus, aliaque fecimus quæ virtute & suffultu præscriptarum litterarum nobis fuerant concessa. Indulgentias secundùm juris dispositionem in dedicatione ecclesiarum concessas visitantibus ipsam ecclesiam & manus ad fabricam ipsius adjutrices porrigentibus, de omnipotentis Dei misericordia tribuendo ac relaxanditer in Domino relaxando. In quorum testimonium sigillum nostrum quo utimur & uti consuevimus, præsentibus litteris duximus apponendum. Datum in dicto prioratu XIII. mensis Maii, anno Domini M. CCCC. VIII. *Ibidem*.

Lettres patentes du roy LOUIS XIII.

Pour l'établissement des Carmes au couvent des Billettes.

AN. 1631.

LOUIS par la grace de Dieu roy de France & de Navarre, à tous presens & à venir, salut. La plus grande partie des religieux des anciens monasteres & abbayes de cetuy nostre royaume qui ont par le passé vecu plus licentieusement que leur institut ne permettoit, s'estans conformément à nostre desir & intention, à la gloire de Dieu & au contentement d'un chacun, réformés & reduits à l'observation de leurs regles ; à leur imitation, les religieux, prieur & convent de l'ordre de la Charité-Nostre-Dame, vulgairement appellés les *Billettes* de nostre bonne ville de Paris, parmi lesquels le déreglement commun s'est glissé, désirant faire le semblable, auroient tasché par tous moyens de rétablir dans leurdit convent l'ancienne discipline & observance de leur ordre ; mais ils n'auroient pû executer leur bonne volonté & parvenir audit rétablissement, tant à cause que leur ordre est réduit à present à un fort petit nombre de religieux, & leurs maisons qui en dépendent sont ou la pluspart ruinées, desertées & déja possedées par personnes qui ne sont de leur ordre, & qu'à cause aussi que leurdit convent de Paris par le mauvais ménage de leurs predecesseurs, est à present redevable de plusieurs & grandes dettes, pour lesquelles acquitter le peu de revenu du temporel qui en dépend, ne peut suffire, non plus qu'à l'entretien de leur église & monastere, nourriture de leurs personnes, & autres charges ordinaires & extraordinaires, suivant l'examen qui en a esté fait par les commissaires à ce deputés par notre parlement de Paris ; de sorte que lesdits religieux, prieur & convent des Billettes, pour éviter l'entiere ruine de leur maison & le scandale qui sans doute s'ensuivroit à cause de leur diserte & necessité, auroient estimé n'y pouvoir mieux remedier, qu'en s'unissant & incorporant à quelque congrégation de religieux réformés de cetuy notre royaume, ausquels ils cederoient & transporteroient leurdit prieuré & convent avec le peu de bien temporel qui en dépend, pour vivre avec lesdits religieux réformés le reste de leurs jours ; lequel traité, cession & transport lesd. religieux, prieur & convent des Billettes auroient fait, sous notre bon plaisir, avec les religieux de l'ordre des Carmes de l'observance de Rennes en la province de Tours, par contrat passé entre les prieur & religieux Billettes d'un costé, & les peres Leon de S. Jean & Lezin de sainte Scholastique d'autre part, pardevant Jean Dupuis & Nicolas Boucher notaires en nostre Chastelet de Paris, le 24 Juillet 1631. sous plusieurs & diverses conditions y contenues. Lequel contrat auroit depuis esté veu & approuvé par nostre amé & feal archevesque de Paris, ensemble par le superieur desdits religieux Billettes, qui en auroient consenti l'execution par actes du 19 Aoust & 19 Septembre ensuivant. Mais d'autant que lesdits religieux, prieur & convent des Billettes & les religieux Carmes de l'observance de Rennes nous ont très-humblement supplié de les avoir pour agréables ; nous, ayant fait voir à notre conseil ledit contrat, avec le consentement & permission de nostredit amé & feal l'archevesque de Paris & dudit superieur general cy attachés sous notre contre-scel, & desirans plus que toute autre chose l'accroissement de la pieté & devotion en cetui notre royaume, de notre grace speciale, pleine puissance & auctorité royale, avons, entant qu'en nous est, par ces presentes signées de notre main, en l'honneur de Dieu & de la très-sainte Vierge à laquelle ledit ordre des Carmes est particulierement consacré, iceluy contract approuvé, ratifié, confirmé, approuvons, ratifions & confirmons, voulons & nous plaist qu'il sorte son effet, soit exécuté de point en point, selon sa forme & teneur, les formes prescrites par les saints decrets, constitutions canoniques & non ordonnées, gardées & observées ; permettons ausdits religieux Carmes de l'observance de Rennes, d'entrer & s'establir en ladite maison & prieuré des Billettes de notredite ville de Paris, pour y faire le service divin & les fonctions requises à leur institution, en attendant qu'ils ayent obtenu de N. S. P. le pape les bulles & expeditions necessaires, pour l'union dudit prieuré & convent des Billettes à leur congrégation. Si donnons en mandement à nos amés & feaux les gens tenant notre cour de parlement à Paris, & à tous nos autres officiers & justiciers, que du contenu en ces presentes & audit contract ils fassent jouir & user pleinement & paisiblement lesdits religieux, & sans en ce leur estre fait, mis ou donné aucun trouble & empeschement au contraire, & à cet effet homologuer iceluy contract, nonobstant toutes choses qui se pourroient alleguer au contraire ; sauf en autres choses notre droit & l'autruy en toutes. Car tel est notre plaisir. Donné à Troye le XXVI. jour de Septembre M. DC. XXXI. & de nostre regne le XXII. *Signé*, LOUIS. Et *sur le reply*, Par le roy, DE LOMENIE : & scellées du grand sceel en cire verte. *Ibid.*

Arrest de verification des lettres ci-dessus.

AN. 1632.

VEU par la cour les lettres patentes données à Troyes le 26 Septembre 1631. signées Louis, & sur le reply par le roy, de Lomenie, & scellées en las de soye du grand sceel de cire verte, par lesquelles & pour les causes y contenues, ledit seigneur approuve, ratifie & confirme le contract fait & passé entre les religieux de l'ordre des Carmes réformés de l'observance de Rennes en la province de Touraine le 24 Juillet 1631. &c. veut qu'il sorte son plein & entier effet, & soit exécuté selon sa forme & teneur ; permettant ausdits religieux Carmes d'entrer & s'establir en la maison & convent desdits Billettes pour y faire le service divin, comme il est plus au long contenu esdites lettres & contract ; consentement de l'archevesque de Paris & du general de l'ordre des Billettes, des 19 Aoust & 19 Septembre audit an ; requeste presentée à la cour afin d'enterinement desdites lettres ; conclusions du procureur general du roy ; & tout consideré ; ladite cour a ordonné & ordonne que lesdites lettres seront registrées au greffe, pour estre exécutées selon leur forme & teneur. Fait en parlement le VIII. Janvier M. DC. XXXII. *Signé*, RADIGUE. *Ibidem.*

Bulle du pape URBAIN VIII.

Pour l'établissement des Carmes dans le convent des Billettes de Paris.

AN. 1631.

URBANUS episcopus servus servorum Dei, dilecto officiali venerabilis archiepiscopi Parisiensis sal. &c. .... Liceat ipsi congregationi seu illius religiosis prioratûs, ecclesiæ, ac annexorum membrorum, dependentiarum, jurium, bonorum, rerum & proprietatum hujusmodi possessionem, per se vel alium seu alios, propriâ authoritate liberè apprehendere & apprehensam perpetuò retinere, fructufque, redditus, proventus & emolumenta exindè provenientia quæcumque, mediante satisfactione & adimplemento supradictorum omnium onerum, pactorum & conditionum, percipere, exigere, levare, ac in communes religiosorum dictæ congregationis (ut petitur) introducendorum usus & utilitatem convertere, diocesani loci vel cujusvis alteriùs licentiâ desuper minimè requisitâ, & perpetuò pari authoritate concedas & assignes. Nos enim si contractum hujusmodi per te approbari ac suppressionem & extinctionem, concessionem & assignationem petitas per te vigore præsentium fieri non contingat (ut petitur) easdem præsentes semper & perpetuò validas esse & fore ; nec sub quibusvis similium vel dissimilium gratiarum revocationibus, suspensionibus, limitationibus aut aliis contrariis dispositionibus comprehendi, sed semper ab illis exceptas esse, sicque per quoscumque judices ordinarios &

delegatos quâvis authoritate fungentes, judicari & definiri debere ; & si secùs super his à quocumque quâvis authoritate scienter vel ignoranter contigerit attentari, irritum & inane decernimus ; non-obstantibus præmissis ac piæ memoriæ Bonifacii papæ VIII. prædecessoris nostri & aliis apostolicis constitutionibus, dictorumque prioratûs ordinum & congregationis juramento confirmatione apostolicâ vel quâvis firmitate aliâ roboratis, statutis & consuetudinibus contrariis quibuscumque ; aut si aliqui super provisionibus sibi faciendis de hujusmodi prioratibus, speciales vel aliis beneficiis ecclesiasticis in illis partibus generales dictæ sedis aut legatorum ejus litteras impetrarint, & jam si per eas ad inhibitionem, reservationem & decretum vel aliqualiter sit processum ; quas quidem litteras & processus habitos per easdem ac inde statim consequenda quæcumque ad prioratum prædictum volumus non extendi, sed nullum per hoc eis quoad assecutionem prioratuum vel beneficiorum aliorum præjudicium generari, & quibuslibet aliis privilegiis indultis & litteris apostolicis specialibus vel generalibus quorumcumque tenorum existant, per quæ præsentibus non expressa vel totaliter non inserta effectus earum impediri valeat quomodolibet vel differri, & de quibus quorumque totis tenoribus habenda sit in nostris litteris mentio specialis, &c. Datum Romæ apud sanctum Petrum anno Incarn. Domini M. DC. XXXII. pridiè idus Februarii ; pontificatûs nostri anno x. *Ibidem.*

Fondation du college des Cholets, approuvée par le pape BONIFACE VIII.

An. 1296.

BOnifacius episcopus servus servorum Dei ; dilectis filiis custodibus, magistris & scholaribus domûs pauperum scholarium propè ecclesiam sancti Stephani *de Gressibus* Parisiens. salutem & apostolicam benedictionem. Cùm à nobis petitur quod justum est & honestum, tam vigor æquitatis quàm ordo exigit rationis, ut id per sollicitudinem officii nostri ad debitum perducatur effectum. Sanè petitio vestra nobis exhibita continebat, quòd dudum dilecti filii magister Evrardus de Noyentello & Gerardus de sancto Justo, canonici Belvacenses, executores testamenti bonæ memoriæ Johannis tituli sanctæ Ceciliæ presbyteri cardinalis, in quadam domo sita juxtà ecclesiam sancti Stephani *de Gressibus* Parisiensis, quæ fuerat bonæ memoriæ Gualteri de Chambliaco episcopi Silvanectensis primò, & postmodum quondam Johannis de Bullis archidiaconi majoris Caleti in ecclesia Rothomagensi, ab eis de bonis dicti cardinalis rationabiliter acquisita, pro ipsius cardinalis & dicti etiam archidiaconi qui partem dictæ domûs eis ad hoc legavit intuitu pietatis, remedio peccatorum, inter alia taliter ordinarunt, quòd in eadem domo sexdenarius numerus scholarium qui de Belvacensi & Ambianensi duntaxat civitatibus & diœcesibus fuerint oriundi, quique in artibus sub natione Picardorum incœperint, habeatur perpetuis futuris temporibus institutus, pro vitæ necessariis de bonis executionis eisdem executoribus à cardinali prædicto commissæ, acquirendis, ab eis præfatis scholaribus competentibus redditibus assignatis. Statuerunt etiam prædicti executores & etiam ordinarunt, quòd omnes scholares prædicti audiant theologiam, nec aliquis ex eis in dicta domo institui debeat, nisi priùs magister in artibus habeatur ; sit licitum tamen eis, si voluerint, studere in philosophia & theologia in camera vel in domo ; & quòd omnes scholares vivant etiam in communi ; quódque nullus scholaris extraneus cum præfatis scholaribus faciendi bursam, nisi per quindenam, habeat facultatem. Et si aliquis de prædictis scholaribus beneficium ecclesiasticum cujus proventus viginti librarum turonensium annuum valorem attingerent, in scholis fuerit assecutus, postquàm fructus ipsius beneficii perceperit pacificè & quietè, pro bursa de dicta domo nichil accipiet, sed illa sibi penitùs subtrahatur, & ibidem in camera vacua vel cum socio, cum pensione cameræ ipsum pro parte contingente, de proprio suo vivat, reservatâ præfatis executoribus, quoad vixerint, eligendi, instituendi & ponendi scholares prædictos & plures de civitatibus & diœcesibus antedictis, si de bonis prædictæ executionis inibi fuerint augmentati vel etiam instituti, ac corrigendi, puniendi & removendi eosdem, si ex causa fuerint removendi, plenariâ potestate. Et eorumdem executorum altero decedente, potestas hujusmodi ad superstitem debeat pertinere ; & si uterque ipsorum decedat, iidem executores taliter ordinarunt, quòd unus Belvacensis per Belvacensis, & alter Ambianensis, canonici vel personæ de præfatis civitatibus & diœcesibus oriundi, & prebendas vel personatus inibi obtinentes, per Ambianensis ecclesiarum capitula eligantur, si forsitan ad hoc reperiantur idonei; alioquin decanus ipsius ecclesiæ Belvacensis qui pro tempore fuerit principalis, & in illius defectu, quamdiù decanatus Belvacensis vacaverit, archidiaconus Belvacensis existens pro tempore, in scholares dictæ domus de dictis Belvacensi civitate & diœcesi oriundos; decanus quoque Ambianensis qui fuerit pro tempore, ac in ejus carentia, quamdiù careret decano ipsa ecclesia Ambianensis, archidiaconus Ambianensis, in scholares ipsius domûs qui originem traxerunt de Ambianensi civitate ac diœcesi, nominati ex tunc in futurum loco dictorum executorum, similem & plenam habeant & obtineant potestatem. Iidem etiam executores in præfata domo & circà scholares ipsius domûs quædam alia statuerunt salubria & honesta, prout in instrumento publico indè confecto dictorum executorum sigillis munito, pleniùs continetur. Nos igitur vestris suplicationibus inclinati, quod per eosdem executores super hoc piè ac providè factum est, & in alicujus præjudicium non redundat, ratum & firmum habentes, id auctoritate apostolicà confirmamus, & & præsentis scripti patrocinio communimus. Tenorem ipsius instrumenti de verbo ad verbum præsentibus inseri facientes, qui talis est : IN NOMINE Domini, amen. Universis præsens instrumentum publicum inspecturis, magistri Evrardus de Noientello & Gerardus de sancto Justo, canonici Belvacenses, executores testamenti bonæ memoriæ domini Johannis tituli sanctæ Ceciliæ presbyteri cardinalis, æternam in vero salutari salutem. Noverint universi præsentes pariter & futuri, quòd nos in domo quæ fuit bonæ memoriæ domini Gualteri de Chambliaco Silvanectensis episcopi, & postmodùm domini Joannis de Bullis archidiaconi majoris Caleti in ecclesia Rothomagensi, sità Parisius juxtà ecclesiam sancti Stephani *de Gressibus* Parisiensis, cujus introitus est ab oppositis capellæ sancti Simphoriani, ad hoc partim à nobis emptâ, & partim ab eodem archidiacono in suo testamento legatâ & deputatâ, ordinamus, pro domini nostri cardinalis & archidiaconi prædictorum animarum salute, instituere sexdecim scholares de Belvacensi & Ambianensi duntaxàt civitatibus & diœcesibus oriundos, qui inceperint in artibus sub natione Picardorum; pro quorum sustentatione ac vitæ necessariis certos comparatos de bonis executionis præfati domini cardinalis redditus duximus assignandos. Item ordinamus & statuimus,

An. 1295.

quòd nullus scholaris inibi instituatur, nisi sit magister in artibus. Item, quòd nullus eorum possit audire aliam scientiam, nisi philosophiam, in camera vel in domo. Item quòd omnes scholares prædicti audiant theologiam. Item, quòd nullus, quamdiù ibi morabitur, possit legere de alia scientia quàm de theologia vel philosophia in camera. Item, quòd omnes scholares prædicti vivant in communi. Item ordinamus quòd nullus scholaris extraneus ponat in bursa cum ipsis ultrà quindecim dies. Item, quòd si aliquis de dictis scholaribus sit beneficiatus de beneficio ecclesiastico valoris viginti librarum turonensium in scholis, quàm citò percipiet fructus & proventus dicti beneficii pacificè & quietè in dicta domo, nichil accipiet pro bursâ, sed sibi subtrahatur eadem, & ibidem de proprio suo vivat, si sit ibi camera vacua in qua possit remanere vel per se vel cum alio, dum tamen solvat pretium cameræ pro parte ipsum contingente. Item, retinemus nobis potestatem eligendi, instituendi & ponendi scholares prædictos, & plures, si expedire viderimus, & nobis de bonis executionis prædictæ suppetant facultates, in domo prædicta, quamdiù vixerimus, de civitatibus & diœcesibus antedictis; ac etiam corrigendi, puniendi & removendi eosdem qui ex causa fuerint removendi. Item, ordinamus quòd altero nostrum sublato de medio, omnimoda potestas institutionis, destitutionis, punitionis & correctionis scholarium prædictorum penès superstitem remaneat, & nobis ambobus rebus humanis exemptis, unus per capitulum Belvacensis, & alter per capitulum Ambianensis ecclesiarum de dictis civitatibus & diœcesibus oriundi, si ibidem extimatione capituli reperiatur idoncus, eligantur, qui electi in hujusmodi ecclesiis personatum seu saltem præbendam obtineant. Quòd si forsan tales, quod absit, non reperiantur, decanus ecclesiæ Belvacensis qui pro tempore fuerit, vel archidiaconus ejusdem ecclesiæ, decanatu vacante, habeat electionem, institutionem & destitutionem scholarium prædictorum de civitate & diœcesi Belvacensi assumendorum. Item & quòd decanus ecclesiæ Ambianensis, vel archidiaconus ejusdem loci, decanatu vacante, similem habeat electionem, institutionem & destitutionem de scholaribus civitatis & diœcesis Ambianensis. Item, quòd dicti electi aut decani seu archidiaconi, decanatibus vacantibus, similiter habeant potestatem corrigendi, puniendi & removendi, seu removeri faciendi

ciendi illos qui fuerint corrigendi, puniendi & removendi, quilibet de sua civitate & diœcesi oriundos. Item, ordinamus quòd si aliquem de dictis scholaribus, vel ratione beneficii ecclesiastici adepti, vel alia quacumque de causa, à dicta domo exire contigerit, vel etiam removeri & bursam non accipere in eadem, loco ipsius per nos vel successores nostros in ordinatione prædicta, in electione facienda subrogetur alius de civitate & diœcesi in qua erat ille oriundus qui exierit, aut qui remotus fuerit, & non aliundè ; & per illum qui in civitate & diœcesi hujusmodi eligendi & instituendi, ut prædicitur, habeat potestatem. Item, retinemus & reservamus nobis plenariam potestatem ordinandi & deputandi aliquem seu aliquos discretos Parisius commorantes, qui bis in anno dictam domum & scholares prædictos visitabunt, & inquirent de vita, scientia & moribus eorumdem, & si inveniant aliquem minùs sufficientem vel culpabilem qui meritò removeri debeat vel expelli à domo prædicta, quòd nobis referant aut alteri nostrûm, aut dictis electis decanis seu archidiaconis, ut est dictum, & quòd de levi offensa seu crimine puniendi & corrigendi eosdem habeant potestatem. In quorum omnium & singulorum testimonium, præsens instrumentum publicum per Aubertum notarium publicum scribi & fieri fecimus, ac nostrorum sigillorum impressione muniri. Actum & datum Belvaci in claustro ecclesiæ Belvacensis, anno Domini M. CC. XCV. indictione VIII. mense Julii, die Dominicâ tertiâ ejusdem mensis, pontificatûs domini Bonifacii papæ VIII. anno I. præsentibus venerabilibus viris magistris Radulpho de Novilla succentore, Thomâ de Verreria, Odardo de Hardencuria, & Hanibaldo de Setano, canonicis ecclesiæ Belvacensis prædictæ, Johanne de Lis presbytero, Petro dicto Normanno perpetuo capellano in dicta ecclesia, Colardo de sancto Justo, Petro dicto Feré, & Guillelmo de Formentaria clericis, testibus ad præmissa vocatis & rogatis. Ego Aubertus de Nantonvilla clericus Rothomagensis diœcesis, apostolicâ publicus auctoritate notarius, præmissis omnibus & singulis, sub anno, indictione, die, loco & pontificatu prædictis, per præfatos executores sic ordinatis & actis præsens, unâ cum testibus suprascriptis, interfui, eaque propriâ manu scripsi & in hanc publicam formam redegi, meoque signo consueto signavi, rogatus ab executoribus antedictis. NULLI ergo omninò hominum liceat hanc paginam nostræ confirmationis infringere vel ei ausu temerario contraire. Si quis autem hoc attemptare præsumpserit, indignationem omnipotentis Dei & beatorum Petri & Pauli apostolorum ejus se noverit incursurum. Datum Romæ apud sanctum Petrum VII. Calendas Februarii, pontificatûs nostri anno II. *Des archives des Cholets.*

Donation de la reine MARGUERITE de Provence, femme de S. LOUIS,

Aux Cordelieres de S. Marcel.

AN. 1294.

MARGARETA Dei gratiâ Francorum regina ; universis præsentes litteras inspecturis, salutem. Notum facimus, quòd nos orationum suffragia quæ in monasterio sororum Minorum ordinis sanctæ Claræ, juxtà Parisius sito, fiunt quotidiè & fient auctore Domino, cupientes animæ nostræ remedio profutura, nullorum precibus nec inductionibus, sed divino instinctu, ut firmiter credimus, inclinatæ, domum nostram quam ædificavimus, contiguam dicto monasterio, cum suis pertinentiis & appenditiis universis, dictis sororibus & earum successoribus, pietatis intuitu, ob animæ nostræ remedium, & cultum Dei perpetuò celebrandum ibidem, concedimus & donamus, ab ipsis sororibus & earum successoribus perpetuò possidendam ; ita tamen quòd dictæ sorores nec earum successores, dictam domum nec ejus pertinentias possint vendere, donare, alienare, vel ad usum alium applicare ; retento Blanchæ filiæ nostræ, post decessum nostrum, in dicta domo & ejus pertinentiis, ad vitam suam tantummodò, usufructu ; quem siquidem usumfructum dicta Blancha non possit vendere, donare, vel etiam permutare, nisi sororibus antedictis. In cujus rei testimonium præsentibus litteris nostrum apponi sigillum fecimus. Datum apud monasterium prædictum, anno Domini M. CC. XCIV. *Dubreul. antiq. p. 399.*

Fondation de la messe du palais.

AN. 1340.

PHILIPPES par la grace de Dieu roy de France, à tous ceux qui ces présentes lettres verront, salut. Savoir faisons que nous, considerant la loüable affection & devotion de nos amez & feaux gens & conseillers en notre chambre des enquestes en notre parlement à Paris ; & sachant que quand aucun est mis en ladite chambre, il paye pour son entrée un manger aux autres ; nosdits gens &

conseillers ont de leur assentement commun voulu & ordonné, que pour ladite entrée chacun de nos conseillers mis & à mettre en ladite chambre, payera pour entrée cent sols parisis, pour administrer chacun an certaine somme d'argent, pour faire chanter à toûjours une messe pour nous, notre chere compagne la roine, nos enfans & nos prédecesseurs & successeurs rois de France ; & nosdits conseillers requerans de grace especiale, que nous leur voulions octroyer qu'ils puissent faire chanter en notredit palais sur un autel portatif chacun jour une messe au matin ; avons donné & octroyé de grace especiale & de notre autorité royale à nosdits conseillers, qu'en notredit palais ils puissent faire chanter une messe sur un autel portatif, sans qu'il soit attaché en pierre ne en plastre, en notredit palais, en la forme & maniere qu'ils le nous ont requis ; & que lesdits cent sols pour ladite entrée soient tournés & convertis pour le vivre du chapelain qui audit autel déservira, & autres choses à ce convenables & necessaires ; donnant en mandement à notre concierge dudit palais, que contre notre présente grace ou octroy il n'empesche nosdits conseillers en aucune maniere. En tesmoins de quoy nous avons fait mettre notre sceel en ces présentes lettres. Donné au bois de Vincennes le XXII. Avril M. CCC. XL.

Par autres lettres du IV. *Janvier* M. CCC. XL. *le roy ordonne que cette messe sera ditte per fratres quatuor ordinum mendicantium, anno quolibet per unum ordinem successivè. Par autres lettres du* XXII. *Aoust* M. CCC. XLI. *le roy accorde aux conseillers de la chambre des enquestes, permission de prendre la nef de son palais pour faire ledit autel, afin qu'il soit enfermé en telle maniere qu'il n'apparoisse qu'il y ayt autel ni chapelle, fors que quand l'on chantera.*

Tiré d'un vieux registre en parchemin, estant au greffe de la cour.

EDIT DU ROY,

Servant de réglement entre les officiers du Chastelet de Paris, & ceux du bailliage du palais.

AN. 1712.

LOuis par la grace de Dieu roy de France & de Navarre ; à tous présens & à venir, salut. Les contestations importantes que nos officiers du Chastelet & ceux du bailliage du palais ont fait naistre pour l'exercice de leurs fonctions & pour l'étendue de leur jurisdiction, durent depuis si long-temps, & elles ont esté si souvent renouvellées, que nous avons estimé qu'il estoit necessaire de nous faire rendre compte de leurs prétentions réciproques ; & comme les conflits de jurisdiction devenus très-frequens entre nosdits officiers, sont également préjudiciables à leur caractere, à l'interest de nos sujets & à l'ordre public, nous avons résolu d'en arrester le cours, en terminant par nostre présent édit les differens qui y ont donné lieu, afin que nos sujets connoissans les juges dont ils sont justiciables, s'adressent à eux d'autant plus volontiers, qu'ils seront seurs d'obtenir une justice plus prompte ; & afin qu'il ne reste dorénavant entre nosdits officiers qu'une émulation honorable & digne de loüange pour se distinguer en nous rendant leurs services, & en veillant avec soin à l'execution de nos ordonnances dans le territoire que nous leur avons confié. A ces causes & autres à ce nous mouvant, de nostre certaine science, pleine puissance & autorité royale, nous avons par ces présentes signées de nostre main dit, déclaré & ordonné, disons, déclarons & ordonnons, voulons & nous plaist.

ARTICLE PREMIER.

Que le bailly du palais, son lieutenant general & autres officiers dudit bailliage excercent leur jurisdiction civile, de police & criminelle, dans les cours & galleries neuves, ainsi que dans le reste de l'enclos du palais.

II.

Permettons aux commissaires du Chastelet, lorsqu'ils auront apposé le scellé sur les effets d'une personne domiciliée hors le territoire du bailliage du palais, qui aura aussi laissé d'autres effets dans l'étendue dudit bailliage, de s'y transporter pour y apposer le scellé sur lesdits effets ; à la charge que réciproquement lorsque le scellé aura esté apposé par le lieutenant general au bailliage du palais sur les effets d'une personne domiciliée dans ledit bailliage, qui aura d'autres effets dans la jurisdiction du Chastelet, ledit lieutenant general pourra se transporter dans le territoire du Chastelet, pour sceller lesdits effets, & seront les scellés, ensemble toutes les contestations qui naistront en execution desdits scellés & des inventaires, portées devant les juges qui auront apposé lesdits scellés.

III.

Lorsqu'un bourgeois de Paris aura fait arrester les effets de ses debiteurs forains dans le cas de l'article CLXXIII. de la coustume de Paris, la connoissance de tel

JUSTIFICATIVES.

tel arreſt appartiendra au prevoſt de Paris, conformément à l'article CLXXIV. de la meſme couſtume, ſans que le lieutenant general au bailliage du palais en puiſſe connoiſtre, quand meſme le forain ou ſes effets auroient eſté arreſtés dans ledit bailliage.

IV.

Ne pourra le bailly du palais ny ſon lieutenant connoiſtre des conteſtations qui naîtront en execution des privileges de l'univerſité, leſquelles ſeront portées devant le prevoſt de Paris, comme conſervateur deſdits privileges, encore que les deux parties fuſſent domiciliées dans le bailliage du palais.

V.

Le privilege des huiſſiers & ſergens du Chaſtelet, qui conſiſte à ne pouvoir eſtre pourſuivis, tant en matiere civile que criminelle, ailleurs que devant le prevoſt de Paris, aura lieu contre le bailly du palais, ainſi qu'il s'obſerve à l'égard des autres juriſdictions, en telle ſorte que leſdits huiſſiers & ſergens ne puiſſent eſtre contraints de plaider pardevant le bailly du palais ny ſon lieutenant.

VI.

Tous jugemens, ordonnances, ſentences, ſoit préparatoires ſoit définitives, renduës en matiere civile dans l'une des deux juriſdictions, ſoit du Chaſtelet ſoit du bailliage du palais, ſeront executées dans l'autre, ſans permiſſion ny *pareatis*, en les faiſant executer par les huiſſiers qui ont pouvoir d'exploiter dans les deux juriſdictions; ſinon leſdites ordonnances & jugemens ne pourront eſtre executées, qu'après en avoir obtenu la permiſſion des officiers de la juriſdiction dans laquelle il s'agira d'executer les ſentences & jugemens émanés de l'autre juriſdiction.

VII.

Le bailly du palais connoiſtra de tous les cas royaux arrivés dans l'étenduë de ſon territoire, & pour ce qui concerne les cas prevoſtaux, noſtre déclaration du 29. May 1701. ſera executée ſelon ſa forme & teneur, & conformément à icelle, le bailly du palais connoiſtra dans ſon reſſort, à la charge de l'appel en noſtre cour de parlement, des énoncés dans l'article XII. du titre I. de l'ordonnance du mois d'Aouſt 1670. & à l'égard des crimes qui ne ſeront du nombre des cas royaux & prevoſtaux, mais qui auront eſté commis par des perſonnes de la qualité exprimée dans le meſme article, voulons pareillement que le bailly du palais ou ſon lieutenant general en prenne connoiſſance, à la charge de l'appel en noſtre cour de parlement; exceptons neanmoins de la précedente diſpoſition les vagabons & les bannis, à l'égard deſquels noſtre déclaration du 27. Aouſt 1701. aura lieu, & en conſequence leur procès ſera fait & parfait par le lieutenant general de police, ou par le lieutenant criminel de robe courte du Chaſtelet, dans le cas & en la forme preſcrite par noſtredite déclaration.

VIII.

Ordonnons que l'article XII. du titre des decrets, & l'article XV. du titre des ſentences, jugemens & arreſts de l'ordonnance de 1670. ſeront executés ſelon leur forme & teneur, ſans qu'il ſoit beſoin dans les cas portés par leſdits articles de permiſſion ny *pareatis*, ſoit qu'il s'agiſſe des decrets & ſentences du Chaſtelet dans le territoire du bailliage du palais, ou de l'execution des decrets & ſentences du bailliage du palais dans celuy du Chaſtelet. Voulons en outre, que toutes les Ordonnances renduës pour l'inſtruction des procès criminels, tant par le lieutenant criminel de noſtre Chaſtelet, que par le lieutenant criminel de robe courte audit Chaſtelet, chacun dans les matieres de leur competance, ſoient executées dans le bailliage du palais, ſans *pareatis* ny permiſſion du lieutenant general audit bailliage; ce qui aura lieu réciproquement pour les ordonnances renduës par le lieutenant general audit bailliage, pour l'inſtruction des procès criminels, leſquelles ſeront executées ſans permiſſion ny *pareatis* des officiers du Chaſtelet dans leur territoire.

IX.

L'article précedent aura lieu pareillement pour l'execution des ordonnances renduës par le lieutenant general de police, dans les cas de ſa competance qui concerneront la ſeureté & la tranquillité de noſtre bonne ville de Paris, ſans qu'en aucun cas & ſous quelque prétexte que ce puiſſe eſtre, le lieutenant civil du Chaſtelet, le lieutenant general de police, le lieutenant criminel du Chaſtelet, le lieutenant criminel de robe courte, ny le lieutenant general au bailliage du palais, puiſſent faire ou faire faire aucun acte de juriſdiction, faire arreſter ny recommander aucun priſonnier, qu'en vertu d'ordonnances renduës par écrit, & dans les formes en tel cas requiſes & preſcrites par nos ordonnances. Défendons aux concierges & geoliers des priſons de recevoir aucuns priſonniers, s'ils ne ſont écroüés en vertu d'ordonnances renduës dans la forme cy-dessus marquée.

X.

Maintenons le bailly du palais & son lieutenant dans le droit de connoistre de toutes matieres de police dans l'étenduë de son territoire, aux exceptions & modifications cy-après declarées.

XI.

Les hosteliers, aubergistes, & autres tenant chambres garnies dans ledit territoire, feront tenus, conformément aux édits, arrests & réglemens, de déclarer au lieutenant general audit bailliage, les noms de ceux qui viendront loger chez eux, & de les écrire sur un registre qui sera cotté & paraphé sans frais par le lieutenant general audit bailliage; desquels registres & déclarations le greffier dudit bailliage remettra un double certifié de luy entre les mains du lieutenant general de police, de quinzaine en quinzaine, mesme plus souvent, s'il en est par luy requis.

XII.

Les marchands & les maistres, de quelques corps & communauté qu'ils soient, qui voudront s'establir dans l'enclos dudit bailliage, & y ouvrir boutique ou échope, seront enregistrer leurs lettres de maistrise au greffe dudit bailliage, pour lequel enregistrement sera payé pour tous droits la somme de deux livres.

XIII.

Les maistres & gardes, syndics, adjoints & jurez seront aussi enregistrer leurs lettres de jurande au greffe dudit bailliage; ils demanderont lors dudit enregistrement une permission au lieutenant general au bailliage du palais, de faire les visites qu'ils croiront necessaires chez les maistres de leur corps & communauté, pendant tout le temps de leur exercice & jurande, laquelle permission le lieutenant general audit bailliage du palais ne pourra leur refuser; & payeront lesdits maistres & gardes, syndics & adjoints & jurez la somme de deux livres pour le droit d'enregistrement.

XIV.

Et quant aux visites qu'ils feront dans les limites dudit bailliage, les rapports en seront faits pardevant le lieutenant general de police; & ne pourra connoistre le lieutenant general audit bailliage que des délits, rebellions & autres empeschemens que les marchands establis dans ledit bailliage auront faits ausdites visites, sans préjudice neanmoins au lieutenant general audit bailliage de prendre connoissance des contraventions aux statuts, ordonnances & réglemens de police, lesquelles seront incidentes aux procés civils & criminels portés devant luy par les parties interessées, ou d'ordonner sur la requisition qui sera faite d'office par le substitut de nostre procureur general audit bailliage, & lorsqu'il sera seul partie, tout ce qu'il estimera necessaire pour l'execution de nos ordonnances & réglemens dans son territoire.

XV.

Dans le cours des visites qui seront faites dans le bailliage du palais, ne pourront les maistres & gardes, syndics, adjoints & jurés se faire assister d'autres huissiers que de ceux de nostre cour de parlement ou dudit bailliage du palais, & dans les cas où ils se doivent faire assister d'un commissaire au Chastelet, ils se feront assister dans l'enclos du bailliage du lieutenant general audit bailliage, auquel à cet effet le lieutenant general de police adressera une commission rogatoire.

XVI.

Maintenons le substitut de nostre procureur general au Chastelet, dans le droit de proceder à la creation des maistres & gardes & jurés, & à la reception des maistres, de délivrer & faire executer toutes contraintes necessaires, faire faire significations de ses ordonnances aux maistres demeurans dans l'enclos dudit bailliage par les sergens ordinaires du Chastelet, sans prendre congé ny *pareatis* des officiers du bailliage.

XVII.

Les marchés avec les entrepreneurs & les ouvriers pour les lanternes & pour le nettoyement des ruës, seront faits pardevant un des commissaires du quartier de la cité, en la maniere accoûtmée; & toutes les ordonnances concernant cette partie de la police, seront renduës par le lieutenant general de police; mais la connoissance des contraventions ausdites ordonnances, arrivées dans le bailliage du palais, appartiendra au lieutenant general audit bailliage. Enjoignons au surplus ausdits officiers du Chastelet & du bailliage du palais, d'éviter tous conflits de jurisdiction, & en cas qu'il s'en forme à l'avenir, de les faire regler en nostre cour de parlement, sans qu'ils puissent rendre de part ny d'autre aucunes ordonnances portant condamnation d'amende pour distraction de jurisdiction, ny mesme aucunes ordonnances de quelque nature qu'elles soient, après que le conflit aura esté formé. Si donnons en mandement à nos amés & feaux conseillers, les gens tenant nostre

noſtre cour de parlement à Paris, que noſtre preſent édit ils ayent à faire lire, publier, regiſtrer & executer ſelon ſa forme & teneur, nonobſtant tous édits & declarations, réglemens, ordonnances & autres choſes à ce contraires. Car tel eſt noſtre plaiſir; afin que ce ſoit choſe ferme & ſtable à toûjours, nous y avons fait mettre noſtre ſcel. Donné à Verſailles au mois d'Octobre, l'an de grace M. DCC. XII. & de noſtre regne le LXX. Signé, LOUIS; *Et plus bas*, Par le roy, PHELYPEAUX, *Viſa*, PHELYPEAUX. *Et ſcellé du grand ſceau de cire verte, en lacs de ſoye rouge & verte.* Regiſtrées, oüy & ce requerant le procureur general du roy, pour eſtre executées ſelon leur forme & teneur, & copies collationnées envoyées au Chaſtelet & au bailliage du palais, pour y eſtre lûës, publiées & regiſtrées; enjoint aux ſubſtituts du procureur general du roy d'y tenir la main, & d'en certifier la cour dans huitaine, ſuivant l'arreſt de ce jour. A Paris en parlement le XIV. Decembre M. DCC. XII. *Signé*, DONGOIS. *Tiré d'un imprimé en feüille volante.*

Lettres patentes du roy CHARLES VIII.

Portant augmentation de gages pour le parlement.

An. 1493.

CHARLES par la grace de Dieu roy de France; à tous ceux qui ces preſentes lettres verront, ſalut. Comme depuis noſtre advenement à la couronne de France nous ayons eſté continuellement occupez à la conduite de nos guerres, pour reſiſter à l'entrepriſe de pluſieurs nos rebelles & deſobeïſſans ſubjets que ils s'eſtoient élevez à l'encontre de nous, & auſſi à pluſieurs princes qui nous ont voulu mener guerre & envahir les pays de noſtre obeïſſance, par quoy n'ayons pu donner ordre au faict de la juſtice de noſtredit royaume juſques à preſent nagueres, que après ce que par la grace de Dieu noſtre createur nous avons apointé & pacifié toutes les querelles & diviſions qui eſtoient meuës à l'encontre de nous, & mis bonne paix en icelluy noſtre royaume, nous aurions commis aucuns princes de noſtre ſang & lignage, pluſieurs prelats, barons & chevaliers, & gens de noſtre grand conſeil & de noſtre cour de parlement, & par le conſeil & advis deſquels, oüi leur rapport, après grandes deliberations faictes pardevant nous & en noſtre preſence, nous avons faict & ordonné, conſtitué & eſtabli pluſieurs belles conſtitutions & ordonnances touchant le faict de noſtre juſtice, & meſmement touchant noſtredite cour de parlement, leſquelles ordonnances nous avons faict lire & publier en icelle noſtredite cour, & faict jurer nos preſidens, conſeillers & officiers d'icelle de les obſerver & entierement garder pour le bien & entretenement de la juſtice de noſtredit royaume & l'honneur de noſtredite cour; & pour ce que en ce faiſant nous avons eſté advertis, & évidemment veu & cogneu que iceulx nos preſidens, conſeillers & autres nos officiers de noſtredite cour n'ont pas gages convenables ne ſuffiſans pour eulx entretenir honneſtement en noſtredit ſervice, & qu'il leur ſeroit impoſſible d'obſerver & garder noſd. ordonnances, ſi les gages qu'ils ont accouſtumé prendre, tant de matin qu'après-diſner, ne leur eſtoient creus & augmentez; ſavoir faiſons que nous connoiſſans les grandes charges & occupations continuelles que noſdits preſidens, conſeillers & autres officiers de noſtredite cour ont ſupportées, & que doreſenavant de plus en plus leur faudra faire & ſouſtenir au moyen de noſdites ordonnances, leſquelles pour nous obeïr ils ont liberalement jurées & promis obſerver & garder; avons, par l'advis & deliberation des princes & ſeigneurs de noſtre ſang & lignage, prelats, barons, chevaliers & gens de noſtredit conſeil, tant de juſtice que de nos finances, ſtatué, ordonné & eſtabli, voulons, ſtatuons, ordonnons & eſtabliſſons que doreſenavant iceulx nos preſidens, conſeillers & autres noſdits officiers de noſtredite cour, leſquels n'avoient accouſtumé d'avoir & prendre par chacun jour, pour matin & après diſner des jours..... que, c'eſt aſſavoir le premier preſident IV. liv. II. ſ. III. den. pariſis; chacun des autres preſidens. XLI. ſ. I. den. & obole pariſis pour leſdits matin & après-diſner; chacun de nos conſeillers lays, pour chacun jour. xv. ſ. pariſis, & les autres officiers, greffiers civil & criminel & des preſentations, huiſſiers & gardes de chambre de noſtredite cour; chacun en ſon regard..... ſoient & ſeront payez pour gages ordinaires du matin & d'après-diſner en la maniere & forme qui s'enſuit, c'eſt à ſçavoir : ledit premier preſident IV. liv. XII. ſ. par. chacun des autres preſidens LI. ſ. par. chacun de nos conſeillers clercs en icelle cour auront auſſi xv. ſ. par. chacun de nos conſeillers lays xx. ſ. par. chacun de nos greffiers civil & criminel auront auſſi xx. ſ. par. le greffier des presentations xii. s. par. le premier huissier v. s. iv. den. par. par jour ; & les autres huissiers, avec l'huissier & garde de la chambre de nostredite cour de parlement, chacun iv. s. par. par chacun jour qu'ils serviront en nostredite cour, icelle durant seant, par les mains de nostre amé & feal notaire & secretaire M. Jacques Eclant, receveur du paiement desdits gages, ou autre qui pour le temps advenir le sera, auquel, pour ses peines & salaires de cueillir & recevoir & faire venir les deniers qui lui seront ordonnez pour le paiement desdits gages ordinaires à l'occasion de la creuë par nous presentement faicte, avons ordonné & octroié, & par ces presentes ordonnons & octroions la somme de ccc. liv. parisis, à icelle avoir & retenir outre les gages, droits, dons, taxations & bienfaicts qu'il a & peut avoir de nous, sans prejudice ne aucune diminution d'icelle. Et voulons que nosdits presidens, conseillers & greffiers baillent leur *debentur* de ce qu'ils ont & auront servi durant nostredit parlement, à raison dessusdite, pour estre enregistrez en la chambre de nos comptes, & les huissiers leurs quittances, ainsi que par cy-devant a esté accoustumé de faire, & commencer le premier de ce present mois de Juillet. Toutefois nous n'entendons pas que nosdits presidens, conseillers & autres officiers qui ont accoustumé prendre gages durant les vacations de nostredit parlement, prennent autre ne plus grand gage qu'ils ont accoustumé prendre par cy-devant, icelles vacations durant. Aussi n'entendons faire aucune diminution des manteaux & autres droicts, dons & bienfaicts qui par nous ont esté & seront ordonnez à nosdits presidens, conseillers & autres officiers de nostredite cour, ou aucun d'eux. Si donnons en mandement à nos amez & feaulx gens de nos comptes, que nostre presente ordonnance, augmentation & declaration ils facent enregistrer ez registres de la chambre de nos comptes, & que doresenavant par chacun des mois que nostredit parlement sera, à commencer ledit * dixième jour de ce present mois de Juillet, ils facent enregistrer les cedulles de *debentur* de nosdits presidens, conseillers & greffiers de nostredite cour, à la raison & ainsi que dessus est dit ; en mandant aussi à nos amez & feaulx les generaux conseillers par nous ordonnez sur le faict & gouvernement de toutes nos finances, que par iceluy des receveurs generaux qu'ils adviseront & verront estre à faire, ils facent bailler & delivrer audit maistre Jacques Eclant la somme de deux mil liv. tournois, outre l'assignation qui a esté faicte cette presente année pour le paiement des gages de nostredite cour, pour celle somme estre par luy employée au payement des gages ordinaires de present par nous ordonnez à nosdits presidens, conseillers & autres officiers de nostredite cour, pour ce present mois de Juillet & du mois d'Aoust, & des sept premiers jours du mois de Septembre prochain venant, & que doresenavant par chacun an, à commencer le premier jour d'Octobre prochain venant, ils facent appointer iceluy Eclant ou autre qui en aura cy-après la charge, de la somme de neuf mil liv. tournois, à quoi se monte ladite creuë, outre & pardessus la somme de xxxi. mil dc. xxxvii. liv. x. s. tourn. qui par cy devant a esté ordonnée pour cette cause, qui est en somme xl. mil dc. xxxvii. liv. x. s. tournois, & en facent leur descharge sur tels de nos receveurs, greneriers ou fermiers, aux termes & en la maniere & ainsy que faict a esté par cy-devant pour leur premiere assignation, sans y faire aucune interruption ; & par rapportant cesdites presentes signées de nostre main, ou *vidimus* d'icelles faict soubz scel royal, pour une fois, avec lesdites cedulles de *debentur* & quittance sur ce suffisante seulement, nous voulons tout ce que payé & delivré auroit esté à nosdits presidens, conseillers & autres officiers de nostredite cour, pour ladite creuë, estre alloué aux comptes & rabbatu de la recepte dudit Eclant ou autre qui pour le temps advenir le sera, par nosdits gens des comptes, auxquels mandons de rechef le faire ainsy sans difficulté. Et pour ce que pour le paiement desdits gages, & à ce que aucune faute n'en advienne, feu de bonne memoire le roy Charles nostre ayeul, que Dieu absolve, ordonna une creuë de cent sols tourn. estre prise sur chacun muid de sel vendu en certains nos greniers, laquelle creuë a esté toujours depuis continuée par lettres renouvellées à certaines années par feu nostre très-cher seigneur & pere & par nous, icelle creuë de cent sols tourn. avons voulu & voulons estre doresenavant à toujours levée & continuée sur chacun muid de sel, ainsi que par cy-devant a esté accoustumé de faire, & icelle creuë estre convertie au paiement desdits gages, sans avoir autres lettres que cesdites presentes. Et pour ce que desdites presentes on pourra avoir affaire en plusieurs & divers lieux,

* Il y a ci-dessus : premier.

JUSTIFICATIVES. 309

nous voulons que au *vidimus* d'icelles faict soubz scel royal, foy soit adjoustée comme à ce present original. En tesmoing de ce nous avons faict mettre nostre scel à cesdites presentes. Donné à Paris le VII. jour de Juillet, l'an de grace M. CCCC. XCIII. & de nostre regne le X. *Ainsi signé*, CHARLES. Par le roy, messeigneurs les ducs d'Orleans, de Bourbon, le comte d'Angoulesme, les sires de la Trimouille, de Miolans, de Piennes, de l'Isle ; messire Jehan de la Vacquerie premier président en la cour de parlement, les advocat & procureur general dudit seigneur en ladite cour, & Guillaume Briçonnet general des finances, & autres presens, BOYER.

NOUS les gens des comptes du roy nostre sire, veuës les patentes lettres du roy nostre seigneur signées de sa main, auxquelles ces presentes sont cy attachées soubz l'un de nos signets, par lesquelles & pour les causes en icelles contenuës il statuë & ordonne que les presidens & conseillers de sa cour de parlement qui ne souloient prendre de gages par chacun jour que le parlement sied, c'est à sçavoir : le premier president IV. l. II. s. III. d. par. à luy ordonnez pour matin & après disner ;* chacun des autres presidens LI. s. parif. chacun desdits conseillers. clercs en icelle cour XV. s. parif. chacun desdits conseillers lays XX. s. parif. chacun des greffiers civil & criminel XX. s. parif. le greffier des presentations XII. s. par. le premier huissier V. s. IV. den. parif. & les autres huissiers, & aussi l'huissier & garde de la chambre de ladite cour, chacun IV. s. par. par chacun jour qu'ils serviroient en ladite cour, icelle durant & seant, & ce par les mains de M. Jacques Esclant receveur du payement de leurs gages, auquel il taxe & ordonne la somme de CCC. liv. outre les autres gages & droicts, dons, taxations & bienfaicts qu'il a & pourra avoir de luy ; lesquels presidens, conseillers & greffiers bailleront leurs cedulles de *debentur* du temps qu'ils auront servi durant ledit parlement, à la raison dessusdite, pour estre enregistrées en la chambre desdits comptes ; & les huissiers quittances, ainsi que par ci-devant a esté accoustumé de faire, à commencer dudit premier jour de Juillet dernier passé ; & n'entend pas ledit seigneur que lesdits presidens, conseillers & officiers qui ont accoustumé prendre gages durant les vacations dudit parlement, prennent autres ne plus grands gages, qu'ils ont accoustumé prendre par ci-devant, icelles

Le copiste du regître a omis ici quelques lignes qui ne peuvent suppléer par ce qui est ci-dessus p. 307.

vacations durant, comme plus à plain le continent lesdites lettres ; & consideré les causes & interests du roy nostredit seigneur, & autres choses qui sont pour le present à considerer en cette matiere, consentons entant que touche ce que le roy nostredit seigneur ordonne de creuë ausdits presidens, conseillers, greffiers & huissiers, outre leurs anciens gages ordinaires de matinées & après-disnées, *que tant qu'il plaira audit seigneur, & qu'ils serviront*, ledit parlement seant tant seulement, ils en soient payez selon & ainsi qu'il appartiendra, & que le continent lesdites lettres ; excepté quant aux presidens, conseillers des requestes du palais, greffiers & huissiers du parlement, que desdites requestes du palais, qui ont accoustumé d'ancienneté de prendre gages durant vacations ; lesquels durant ledit temps prendront seulement gages tels que par ci-devant ils ont accoustumé prendre, sans ladite cruë. Et entant que touche la garde de ladite chambre, dont esdites lettres est faite mention, pour ce qu'avons esté advertis que audit parlement n'y a point de garde, mais seulement esdites requestes, il aura de cruë tant seulement autant que les autres huissiers, c'est à sçavoir de XVI. den. par. de cruë par jour, pourveu qu'il gardera lad. chambre, ainsi qu'à son office de garde appartient, & quant audit maistre Jacques Esclant, qu'il ait & prenne des gages à cause de ladite cruë ladite somme de CCC. liv. parif. pourveu que toutesfois lesdits presidens, conseillers, & greffiers bailleront par chacun mois en ladite chambre leursdites cedules de *debentur* du temps qu'ils auront servi, pour y estre enregistrées, ainsi que de toute ancienneté il a esté accoustumé, *& qu'ils garderont & observeront les ordonnances nouvellement faites par le roy nostredit seigneur*. Donné à Paris le XVII. jour d'Aoust M. CCCC. XCIII. *Signé*, BADOUVILLER. *Et au-dessous sont escriptes ces mots*: Cette presente expedition a esté, par l'ordonnance de messeigneurs des comptes, corrigée & refaicte, & en ont esté ostez les mots qui s'ensuivent, rayez d'encre par dessoubz : que tant qu'il plaira audit seigneur, & qu'ils serviront ; & aussi ceulx qui s'ensuivent, rayez par dessoubz : & qu'ils garderont & observeront les ordonnances nouvellement faictes par le roy nostredit seigneur. *Signé*, BADOUVILLER. *Tiré du regître T. de la chambre des comptes, à la biblioth. Coislin, vol. 7.*

Par autres lettres données à Tours le dernier jour d'Octobre de la mesme année, le

Qq iij

roy, sur la remonstrance que luy firent les quatre notaires, qui sont officiers du corps de la cour de parlement, qu'ils avoient esté obmis dans l'augmentation de gages accordée par S. M. aux officiers du parlement, leur ordonna à chacun une augmentation de IV. sols parif. outre leurs anciens gages qui estoient de C. XLIX. liv. VIII. sols IV. den. par an. Ibidem.

Ordonnance de CHARLES VIII.

Touchant les clercs des comptes.

AN. 1488.

C'EST l'ordonnance faicte par monseigneur, & prononcée au bureau, prétens les clercs des comptes, ou la pluspart d'eux, le Sabmedy matin XIII. Septembre, l'an M. CCCC. LXXXVIII. sur la mutation desdits clercs, pour servir ez chambres, ainsi qu'il s'ensuit.

En la chambre de France.

Maistre Jehan le Clerc.
Maistre Jacques Picart.
Maistre Jehan Perreau.
Maistre Pierre le Duc.

Normandie.

Maistre Jehan la Pitte.
Maistre Jehan le Moine.
Maistre Symon Malingre.
Maistre Jehan Guillaut.

Languedoc.

Maistre Guillaume de Sailly.
Maistre Louis de Montmirel.
Maistre Louis d'Ahuille.

Champagne.

Maistre Jacques Testu.
Maistre Pierre le Comte.
Maistre Jehan Quisdan.

Le Thresor.

Maistre Imbert l'Huillier.
Maistre Geoffroy Caulers.
Maistre Regnault Menegent.

Les Monnoies.

Maistre Guy Aurillot.
Maistre Jehan Prevost.
Maistre Pierre Barthomer.

Anjou.

Maistre Charles Andrant.
Maistre Gilles Courtin.

Et afin que plus en plus soit nourrie amour & dilection fraternelle entre lesd. clercs, ordonné est que les droicts de Champagne que lesdits clercs prennent sur les fermes des quatre bailliages illec, & autres droicts quelsconques, ensemble les prouffits & emolumens qui raisonnablement pourront desormais venir de ce qu'ils feront en la chambre de ceans à cause de leursdits offices, qui par nosd. seigneurs seront taxez selon l'ordonnance sur ce faite ; seront commis & départis entr'eux par égale portion. *Tiré du registre S. de la chambre des comptes, à la bibliotheque Coislin volume 7.*

Augmentation faite à la chambre des comptes par le roy CHARLES VIII.

AN. 1483.

CHARLES par la grace de Dieu roy de France, à tous ceux qui ces presentes lettres verront, salut. Comme depuis nostre advenement à la couronne & royaume de France, & que les princes & seigneurs de nostre sang & lignage, & plusieurs autres grands & notables personnages se sont assemblez & rendus pardevers nous pour nous servir & obeir comme à leur roy souverain & naturel seigneur, & en traitant des principaux affaires & estats de nostre royaume, par leur advis & deliberation nous ait esté remonstré entre autres choses, que pour la réunion, entretenement & augmentation de nostre domaine & autres nos affaires, il estoit principalement convenable de donner ordre & provision au fait de nostre chambre des comptes à Paris, & pourvoir de gens notables suffisans & idoines connoissant iceux affaires ; savoir faisons que nous desirans donner si bon ordre & police en toutes les choses dessusdites, que nos affaires soient doresenavant bien regies, traictées, conduires & gouvernées ; pour ces causes & autres considerations à ce nous mouvans, avons, par l'advis & deliberation que dessus, pourveu, ordonné & disposé au fait des officiers de nostredite chambre des comptes de personnages & en la maniere qui cy-après ensuit : c'est à sçavoir, nostre amé & feal conseiller Pierre Doriolle chevalier seigneur de Loiré pour premier president clerc en nostredite chambre ; & nostre amé & feal conseiller & chambellan Antoine de Beaumont* seigneur de Precigny, president lay ; maistre Jacques de Coitier vice-president d'icelle ; & pour maistres ordinaires clercs de nosdits comptes, maistres Symon Bureau, Olivier le Roux, Jacques Chevalier, François Bourfier ; & pour maistres laïcs ordinaires de nosdits comptes, maistres Jehan Bourré, Pierre l'Orfeuvre, Leonard de Pantes,

* Il faut lire: Beauvau.

Pantes & Jehan Martin. Et en oultre, pour ce que nos pays d'Anjou & du Maine sont plus prochains de nostre bonne ville & cité de Paris, que plusieurs autres dont les receveurs ont accoustumé compter en nostredite chambre des comptes à Paris, & que nous avons supprimées & abolies les chambres des comptes que nostredit feu seigneur & pere avoit establies ez villes & citez d'Angers & du Maine, nous, pour aucunement relever les dessus nommez des grandes charges & affaires qu'ils auront doresenavant à cause de nosdits pays d'Anjou & du Maine, avons fait & créé, faisons & créons, par l'advis & deliberation que dessus, deux maistres de nosdits comptes, c'est à sçavoir : Claude Sanguin : & maistre Matthieu Beauvarlet ; lesquels deux maistres nous voulons, entendons & ordonnons estre doresenavant tenus, dits & reputez ordinaires en nostredite chambre. Et en oultre, par l'advis & deliberation que dessus, avons faits & establis maistres extraordinaires en nostredite chambre les personnes ci après nommées, & oultre & par-dessus maistre Martin Picart, establi & ordonné audit estat extraordinaire par feu nostre ayeul Charles VII. du nom, que Dieu absolve & pardoint ; c'est à sçavoir : ledit maistre Martin Picart, Pierre le Breton, maistre Jehan Reilhac, Robert le Jeune, Eustache de Sansac, Leutmaris Baronnart, Anthoine de Pompadour & Jacques Ponceau ; pour avoir & tenir lesdits estats & offices doresenavant & en jouir & user, à tels & semblables honneurs, prérogatives, libertez, franchises, gages & droits, comme les autres ordinaires les ont accoustumé avoir & prendre par ci-devant. Pour correcteurs ordinaires en nostredite chambre, maistres Pierre Jouvelin & Nicolle Vyolle ; & pour correcteur créé par nous ordinaire, oultre ledit nombre de deux, maistre Jehan Gilbert ; & pour clercs ordinaires en nostredite chambre maistres Pierre Amer & Pierre-Symon Amer son fils, au survivant des deux, à ungs gages seulement, tant que les deux vivront ; Jacques Teste, Charles Andrant, Guillaume de Sailly, Guy Aurillot, Jehan le Riche, Geoffroy de Cauleret, Louis de Montmirail, Thomas Garnier, Guy Regnault Mengin & Louis Dahuille, auquel par arrest a esté adjugé ledit office, comme l'en dit. Outre plus, pour les causes dessusdites, avons faict, créé & adjousté, faisons, créons & adjoustons, par l'advis & deliberation devant dite, quatre clercs en nostredite chambre des comptes, c'est à sçavoir : maistres Jehan de Sansac........ lesquels quatre clercs nous voulons & ordonnons pareillement estre tenus, dits, reputez & demourer ordinaires & de telle condition que les autres susdits ordinaires de l'ancien nombre. Et avec ce, oultre & par dessus tout le nombre des clercs dessusdits, avons faict & estably clercs ordinaires ceux qui s'ensuivent, c'est à sçavoir : maistres Imbert l'Huillier, Jehan Guerdon, Pierre le Comte, Jehan la Pipe, Symon Malingre, Jehan Perot, Nicole Gilles. Et pour ce que nous avons aboli les chambres d'Anjou & du Maine, pour les causes dessusdites, avons ordonné & ordonnons qu'il y aura un clerc pour le pays & comté du Maine, & autre pour le pays & duché d'Anjou, lesquels seront tenus & par nous instituez par nos autres lettres au nombre & en la qualité desdits clercs extraordinaires, pour iceux offices avoir, tenir & exercer doresenavant, & en jouir & user à tels & semblables gages, droits, prérogatives, libertez & franchises, que les clercs ordinaires ont accoustumé. Et pour greffiers ordinaires de nostredite chambre, maistres de Badouvillers & Louis le Blanc ; pour nostre procureur ordinaire en nostredite chambre, maistre Jehan Egret ; & pour nostre advocat, maistre Pierre Frotel de nouvel estably par nostre édit & par nostre feu seigneur & pere audit estat ; pour receveur & huissier de nostredite chambre, maistre Jacques Eclant, tous lesquels officiers dessus nommez nous avons tous, chacun endroit soy confirmez, reintegrez, instituez, créez, adjoustez & ordonnez, confirmons, reintegrons, instituons, créons & adjoustons & establissons par ces presentes ausdits estats & offices ; & entant que on pourroit dire iceux ou aucuns d'iceux estre vacans par le trespas de nostredit feu seigneur & pere & nostredit advenement à nos royaume & couronne, les leur avons ordonné & ordonnons de nouvel par cesdites presentes, pour les avoir, tenir & exercer doresenavant par eux & chacun d'eux, aux honneurs, prérogatives, libertez, franchises, gages & autres droits, proufits & émoluments qui y appartiennent ; & en avons osté & debouté, ostons & deboutons, par l'advis & deliberation que dessus, tous autres detempteurs non ayans nos lettres de don, confirmation, & création, depuis nostredit advenement à la couronne, precedant en date cesdites presentes. Lesquels officiers dessus nommez feront tenus faire le serment en tel cas accoustumé au bureau en ladite chambre de nos comptes. Et voulons & ordonnons que ils & chacun d'eux en droit soy soient payez de leursdits gages & droits par ledit receveur present & advenir, & que les cedules de *debentur* leur en soient expediées & delivrées par nostre thresorier doresenavant chacun an, aux termes & à la maniere accoustumée. Et entant que touche lesdits offices extraordinaires, quand vacation y escherra, soit par mort, resignation, ou autrement, en quelque maniere que ce soit, ils ne soient aucunement impetrables ; mais les avons dez maintenant, pour lors, supprimez & abolis, supprimons & abolissons par cesdites presentes, jusqu'à ce que les officiers d'icelle chambre soient reduits au nombre ordinaire, tant du temps ancien, que des nouvellement créez ordinaires, & sans ce que iceux extraordinaires en puissent aucunement disposer par resignation, eschange, ou autrement. Et afin que aucuns ne puissent prétendre cause d'ignorance du contenu en cesdites presentes, nous voulons icelles estre veues, leues, publiées & enregistrées en nostred. chambre des comptes, & que au *vidimus* d'icelles, un ou plusieurs, faicts soubz sceaux, foi soit adjoustée comme à ce present original, auquel en tesmoing de ce nous avons faict mettre nostre scel. Donné au chastel de Blois le xxiv. jour d'Octobre, l'an de grace M. CCCC. LXXXIII. & de nostre regne le premier. *Ainsi signé* : Par le roy en son conseil, les comtes de Clermont, d'Albret, de Dunois, de Comminges; les évesques de Langres, d'Alby, de Coustance, de Perigueux ; les sires de Torcy, de Valois, d'Argenton, & de l'Isle, & autres presens, ROBERT. *Lecta & publicata & regiſtrata ad burellum in camera computorum domini regis, Pariſius die IV. Novembris anno* M. CCCC. LXXXIII. *Fuerunt, tertiò & sequenti recepti & instituti officiarii infrà nominati, & praestiterunt juramentum, prout in regiſtro super hoc facto latiùs cavetur.* BADOUVILLER.

Tiré du regiſtre S. de la chambre des comptes, à la bibliotheque Coiſlin, vol. 7.

Ordonnance de CHARLES VIII.

Pour les gages de la chambre des comptes.

AN. 1491.

ROOLLE des payemens que le roy nostre seigneur a ordonné estre faits aux presidens, conseillers & officiers de sa chambre des comptes à Paris ci-après nommez, pour cette presente année, donné le premier jour d'Octobre dernier passé, & autres années subsequentes, en la maniere ci-dessoubz declarée.

PREMIEREMENT.

Messire Estienne de Vest, chevalier seigneur de Grimaut, president lay. 1200. l. Pour les gages du president clerc, ainsi que par le roy sera avisé, & non autrement.
Maistre Jacques Coitier vice-president. 300. liv.
Maistre Symon Bureau. 812. l. 10. s.
Maistre Olivier le Roux. 712. l. 10. s.
Jacques le Chevallier. 712. l. 10. s.
François Boursier. 712. l. 10. s.
Maistre Jehan Bourré chevalier. 700. l. t.
Maistre Pierre l'Orfeuvre. 700. l. t.
Maistre Eustache l'Huillier, au lieu de maistre Jehan Martin. 700. l. t.
Maistre Guillaume Briçonnet, au lieu de feu M. Martin Picart, M^e creu ordinaire* du temps du feu roy Charles. 700. l. t.
Maistre Eustache de Sansac. 500. l. t.
Maistre Leonard Baronnat. 500. l. t.
Maistre Jacques Pouceau. 500. l. t.
Pierre le Breton. 500. l. t.
Maistre Jehan de Reilhac. 500. l. t.
Maistre Jehan Raguier. 500. l. t.
Maistre Pierre Jouvelin. 500. l. t.
Maistre Nicole Vyolle. 500. l. t.
Maistre Jacques Teste. 280. l. 17. s. 6. d.
Maistre Jacques Picart. *idem.*
Charles Andrant. *idem.*
Guillaume de Sailly. *idem.*
Guy Aurillot. *idem.*
Geoffroy de Caulers. *idem.*
Louis de Montmirail. *idem.*
Pierre Berthonnier. *idem.*
Gilles Courtin. *idem.*
Regnault Menegent. *idem.*
Louis Dahuille. *idem.*
Pierre le Duc. *idem.*
Maistre Jehan la Pite, lequel le roy a créé, tant par le moyen de certain accord fait entre ledit la Pite & Jehan de Sainte-Clere, pour raison de l'office de clerc des comptes ordinaire que tenoit ledit de Sainte-Clere, & lequel il a depuis resigné audit Duc, comme aussi pour le bon fait & grand rapport que luy a esté fait de sa personne & de son experience audit office. *idem.*
Maistre Jean Provost. 286. l. 17. s. 6. d.
Maistre Imbert l'Huillier. *idem.*
Jehan de Sansacq. *idem.*
Maistre Jehan Badouvilliers. *idem.*
Maistre Louis le Blanc. *idem.*
Maistre Jehan Egret. 125. l. t.
Maistre Pierre Freret. *idem.*
Marc Cenesme commis à faire le payement desdits gens des comptes........

Somme toute. 20288. l. 15. s. tourn.

Laquelle

* extraordinaire, ci-dessus pag. 311. col. 1.

Laquelle somme est appointée ainsi qu'il s'ensuit; c'est à sçavoir, ez generalitez de Languedoil cinq mil cent quatre-vingt-six livres dix-sept sols six deniers, outre douze mil cinq cent quatre-vingt-huit livres dix-sept sols six deniers tournois; Languedoc deux mil cinq cent treize livres deux sols six deniers tournois.

De par le roy. Generaux de nos finances. Nous voulons & vous mandons, que par les receveurs generaux de nosd. finances, des charges & generalitez dessusdites, vous faites lever les descharges necessaires des sommes dessus declarées, montans à ladite somme 20288. liv. 15. s. tournois par nostre cher & bien amé Marc Cenesme par nous commis à faire le payement des gages & droicts de nos amez & feaulx les gens de nos comptes à Paris, auquel nous l'avons ordonné & ordonnons par ces presentes, pour convertir & employer au faict de la commission qu'il a selon le contenu du present roolle, & non autrement, en cette premiere année, commençant le premier jour d'Octobre dernier passé, & doresenavant par chacun an, faites lever pareille descharge sur les receptes & pour les causes dessusdites, tant par les receveurs generaux qui sont de present, que ceux du temps advenir, sans ce qu'il soit besoin à iceux receveurs generaux avoir ne recouvrer autre cedulle ou acquit, que le *vidimus* de ces presentes signées de nostre main, par chacun d'iceux; en rapportant lequel, nous employerons les sommes dessusdites & chacune d'icelles en leurs roolles sans aucune difficulté. Et en outre avons voulu, ordonné & declaré, voulons, ordonnons & declarons que les payemens desdits gages & droicts de nosdits gens des comptes seront doresenavant par chacun an & selon les termes accoustumez faicts par ledit Marc Cenesme, ou autre que pour le temps advenir sera commis à faire lesdits payemens, en ensuivant cedit precedent roolle & la forme ordinaire des autres acquits accoustumez estre par lui pour ce pris & recouverts pour la reddition de ses comptes, sans ce qu'il soit besoin avoir de nous autre roolle chacun an. Toutesfois nous n'entendons pas que ceste nostre presente declaration soit prejudiciable ne derogeant aux ordonnances & declarations par nous faictes touchant les officiers extraordinaires qui sont de present & s'efforceroient ci-après estre mis en nostredite chambre des comptes. Donné à Baugé le XXII. de Novembre, l'an de grace M. CCCC. XCI. Ainsi signé, CHAR- Tome II.

LES, BOHIER. *Tiré du registre S. de la chambre des comptes, à la bibliotheque Coislin, vol. 7.*

AUTRE.

An. 1493.

S'Ensuit le roolle des gaiges que le roy ordonne estre payez aux officiers de sa chambre des comptes à Paris durant l'année M. CCCC. XCIII.

PREMIEREMENT.

Messire Jehan Bourré seigneur du Plessis, president clerc, aura pour chacun an pour sesdits gaiges. 1400. l.
Maistre Estienne de Vest seigneur de Grimault, la somme de 1200. l.
Maistre Jacques de Coitier. 1000. l.
Maistre Symon Bureau aura la somme de 712. l. 10. s.
Maistre Olivier le Roux. idem.
Maistre Jacques Chevalier. idem.
Maistre François Boursier. idem.
Maistre Pierre le Febvre. 700. l.
M. Charles Bourré. idem.
M. Eustache l'Huillier. idem.
M. Jehan de Hacqueville. idem.
Maistre Eustache Sansaq. 500. l.
Maistre Leonard Baronnat compris, aura pareillement 143. l. 8. s. 9. d. de cours, faisant moitié de 286. l. 17. s. 6. d. que prenoit par le roolle precedent fait des gages des officiers de ladite chambre, M. Imbert l'Huillier, en son vivant clerc extraordinaire en icelle; moyennant laquelle somme ledit nostre seigneur le roy veut & entend que si ledit Baronnat avoit aucun mandement pour prendre autre somme que celle qui estoit couchée en icelluy roolle, à cause de son office, qu'il sera du tout aboli & de nul effet pour le temps advenir. 643. l. 8. s. 9. den.
M. Jacques Ponce. 500. l.
M. Pierre le Breton. idem.
M. Jehan de Reilhac, compris 143. l. 8. s. 9. d. de creuë, faisant moitié aussi de 286. l. 17. s. 6. d. ainsi & pour pareille cause que audit Baronnat, & pareillement du tout abolissant pour l'advenir quelques lettres ou mandemens qu'il pourroit avoir eus & obtenus, la somme de 343. l. 8. s. 9. d.
Maistre Jehan Raguier aura pour sesdits gages par chacun an la somme de 550. liv. tourn.
M. Jehan François aura pareillement pour sesdits gages par chacun an semblable somme de 550. l. t.
M. Nicolle Vyole, pour sesdits gages par chacun an. 550. l.
M. Jehan Gilbert. idem.
M. Jacques Teste, pour sesdits gages par

314 PREUVES ET PIECES

chacun an. 286. l. 17. f. 6. d.
M. Jacques Picart. *idem.*
M. Charles Andrant. *idem.*
M. Guillaume de Sailly. *idem.*
M. Guy Aurillot. *idem.*
M. Geoffroy de Cauliers. *idem.*
M. Louis de Montmirail. *idem.*
M. Pierre Berthonnier. *idem.*
M. Gilles Courtin. *idem.*
M. Regnault Mengin. *idem.*
M. Louis d'Ahuille. *idem.*
M. Pierre le Duc. *idem.*
M. Jehan de la Pithe, lequel &c. *comme l'acte à precedent*, pareille somme de 286. liv. 17. f. 6. d.
M. Jehan Prevost. *idem.*
M. Jehan de Sauscy. *idem.*
M. Guillaume Badouvilliers. *idem.*
M. Louis le Blanc. *idem.*
M. Jehan Egret. 300. l.
M. Pierre Fiebet. *idem.*
M. Marc Cenesme commis à faire le payement desdits gages. . 126. l.

Somme totale. 20088. 15. f. *Et le reste comme à l'acte précedent.* Donné à Amboise le XXIV. Janvier M. CCCC. XCIII. *Signé*, CHARLES. A nos amez & feaulx les gens de nos comptes à Paris. Apporté ausdits officiers le III. Febvrier M. CCCC. XCIII. *Ibidem.*

Edit du roy HENRY II.

Portant creation de plusieurs officiers en la chambre des comptes, & division d'icelle en deux semestres.

AN. 1551.

HENRY par la grace de Dieu roy de France ; à tous presens & à venir, salut. Comme depuis nostre advenement à la couronne nous ayons bien voulu soigneusement regarder & considerer l'établissement, institution & ordre des officiers & magistrats préposez & ordonnez à l'administration & conduite tant de la justice de nos finances, que de nos autres principales charges concernans le fait de nostre estat & la police de nostre royaume, pour savoir & entendre quels devoirs ils estoient tenus faire en leurdite administration, comme ils s'en acquitoient, & si pour ce faire estoit besoin augmenter ou diminuer leurs compagnies, afin d'y pourvoir, ainsi que avons déja commencé & esperons parachever de faire en aucunes desdites compagnies qui necessairement le requierent ; & soit ainsi que celle de nostre chambre des comptes à Paris, où nos principaux comptables & quasi tous les autres particuliers de nostre royaume doivent compter, soit à present composée de quatre presidens, douze conseillers, quatre correcteurs, vingt auditeurs, un garde des livres & papiers, un procureur & avocat pour nous & deux greffiers & dix-huit huissiers, chacun desquels respectivement doit continuellement faire residence en ladite chambre tout du long de l'année, pour vacquer à l'expedition des matieres & affaires concernant nos droits, domaines & finances dont la connoissance leur est attribuée, que à l'audition, examen & decision, arrest & closture des comptes de nosdits comptables, outre les autres charges & commissions qui leur surviennent extraordinairement, selon qu'il nous plaist les y employer ; & considerant le grand nombre des comptables, la longue visitation que requierent les comptes des principaux d'entre eux : c'est à savoir de nostre épargne, des receveurs generaux de nos finances, tresoriers de l'ordinaire & extraordinaire de nos guerres & de nostre artillerie, commis au payement des reparations, fortifications, vivres & munitions des villes & places fortes de nos pays & provinces, & autres particuliers comptables que à chacun en droit soy doivent respectivement compter par chacun an de leurs charges, receptes & administrations, sous les peines de nostre ordonnance ; ayant vû par experience que les gens de nos comptes difficilement y peuvent satisfaire, quelque augmentation de bureau qui ait esté faite pour user de plus grande diligence & expedition. A ces causes, après avoir mis cette matiere en deliberation de nostre conseil privé, où estoient aucuns princes & seigneurs de nostre sang & autres grands & notables personnages de nostredit conseil, il a esté advisé que pour nostre service, bien, conduite, direction & conservation de nosdits droits & finances ; afin aussi que lesdits gens de nos comptes qui font continuellement services actuels & continuels, comme dit est, ayent quelque intervalle de temps, les uns après les autres, pour prendre quelque repos de leur labeur, & que par ce moyen retournans audit labeur ils soient plus aptes & mieux disposés à le porter, soûtenir & continuer, il est bien requis & non moins necessaire de ajoûter & augmenter à ladite compagnie de nostre chambre des comptes le nombre d'officiers qui ensuivent, lesquels & chacun d'eux respectivement, de nostre certaine science, pleine puissance & autorité royale nous avons par édit perpetuel & irrevocable creez & érigez, creons &

& érigeons en titre d'offices formez, c'est à savoir comme ils s'ensuivent.

PREMIEREMENT,

Huit conseillers & maistres, qui avec les douze qui y sont, feront le nombre de vingt.

II.

Deux correcteurs, qui avec les quatre qui y sont, feront ensemble six.

III.

Douze auditeurs, qui avec les vingt qui y sont ja establis, feront le nombre de trente-deux.

IV.

Un garde-livre de papiers, qui avec celuy qui est déja, feront deux.

V.

Pareillement six huissiers, qui avec les dix-huit qui y sont de toute ancienneté, feront le nombre de vingt-quatre, pour servir generalement à faire & executer les mandemens, commandemens & ordonnances qui leur seront faites par ladite chambre des comptes, & pareillement deux à deux par chacun mois, tout ainsi qu'il sera avisé pour le mieux par lesdits gens de nos comptes.

VI.

Et lesquels douze auditeurs ainsi de nouvel par nous creez, avec les vingt y estans de present & leurs successeurs esdits estats, attendu que ce sont les premiers juges sur le fait de nosdites finances, & l'importance de leursdites charges & estats, nous avons decoré & decorons par cesdites presentes du titre de nosdits conseillers, voulans que tels ils se puissent dire, nommer & instituer.

VII.

Voulons en outre & nous plaist, que par le moyen d'icelle adjonction & augmentation la compagnie soit cy-après divisée en deux, y ayant de chacun costé deux presidens, dix maistres des comptes & trois correcteurs & seize auditeurs qui serviront en ce nombre en continuelle vacation six mois durant, à la charge des picqueures sur les absences de ceux qui doivent servir; de sorte que le long de l'année il y aura toûjours pareil nombre avec pareille charge; c'est à savoir que deux des presidens, ensemble les trois maistres des comptes laïcs qui sont les plus anciens en reception, les trois autres maistres clercs des premiers reçûs du nombre qui est de present, avec quatre de la nouvelle creation & qui seront premierement reçûs, serviront pour les mois de Janvier, Février, Mars, Avril, May & Juin de chacune année; & les deux autres

Tome II.

presidens, ensemble trois plus anciens en reception maistres des comptes clercs, trois autres laïcs des derniers reçûs dudit nombre ancien, avec quatre de la presente creation, serviront pour les autres six mois de Juillet, Aoust, Septembre, Octobre, Novembre & Decembre.

VIII.

Et quant aux correcteurs & auditeurs, ils serviront en semblable de six mois en six mois, selon le département qui en sera fait par lesdits gens de nos comptes, & le tout aux jours & heures accoustumez, en façon toutefois qu'ils seront également départis, pour estre en pareil nombre au service d'icelle chambre par chacune demie année.

IX.

Et quant à nos procureur, avocat & greffiers, ils debvront continuelle résidence, sinon pour quelque cause legitime ils en fussent excusez par lesdits gens de nos comptes. Et encores que ladite moitié de ladite compagnie, comme dit est, soit sujette de servir journellement durant six mois, & l'autre moitié pour ledit temps exceptée dudit service, comme par cesdites presentes nous les exceptons; toutefois nous n'entendons que ceux qui seront hors du service, ne puissent, si bon leur semble, aller & venir en ladite chambre pour nostre service, & ce durant ledit tems, mais sera en leur liberté de ce faire & y entrer & mettre en leurs rangs, selon l'ordre & antiquité de leur reception, tout ainsi qu'ils feroient s'ils estoient dans le tems de leursdits services, pour l'execution des affaires y occurrens & pour ne demeurer oisifs.

X.

Davantage, s'il advenoit que sur la fin de chacune desdites demies années il y eût aucun desdits auditeurs qui eussent commencé l'examen de quelque gros compte d'importance ou autre moindre, & que pour en faire leur raport au bureau ils fussent entrez en audience, & pour iceluy achever, fust besoin qu'ils demeurassent en nostredite chambre encore quelque tems, outre leurs six mois de service; en ce cas nous voulons & entendons qu'ils continuent leur résidence en icelle chambre sans intervalle, ne eux en éloigner jusques à ce que lesdits comptes ainsi encommencez soient entierement vuidez, terminez, clos & arrestez.

XI.

Et afin que nos officiers estans de present en nostredite chambre, ne puissent pretendre aucun interest & dommage,

Rr ij

soit par le moyen & occasion de cette nostre creation & augmentation, ou autre qui a esté cy-devant faite par le feu roy nostre pere, que Dieu absolve, depuis l'octroy à eux fait par le feu roy Louis XII. nostre ayeul, aussi que Dieu absolve, de leurs droits d'épices, mais au contraire voulans iceux favorablement traiter, nous avons de nosdites grace, pleine puissance & autorité, voulu & ordonné, voulons & ordonnons, que lesdits droits d'épices à eux cy-devant octroyez, comme dit est, pour l'audition, examen & closture des comptes qui seront rendus & clos, à commencer du premier jour du mois de Mars prochainement venant, soient augmentés & doublés d'autant & de pareille somme que cy-devant elles leur ont esté promises & octroyées par nos prédecesseurs, & que icelles, à quelque somme qu'elles se puissent monter, selon les comptes qui seront par eux clos chacun mois, soient & demeurent toûjours communes & à départir entre eux, selon la portion accoûtumée, & à chacun des officiers respectivement qui ont de coûtume y participer, tant à ceux du service que à ceux qui n'en seront point, réciproquement, & que la participation desdites épices que pourroient faire les uns durant le tems de leursdits services, n'apportast confusion ne préjudice à nosdites affaires & à nostredit service, & aux absens.

XII.

Auront chacun desdits maistres de nosdits comptes nouveau creez & érigez pour leurs gages & droits par chacun an la somme, huit cens quarante-six livres, cy en somme. 846. l.
Chacun corecteur. . . . . 758 l. 15. s.
Chacun auditeur. . . . . 369. l. 7. s.
Et le garde des livres. . . . . . 144. l.

Et quant aux huissiers qui n'ont aucun gage, mais seulement ont les . . . . . . qui servent par chacun mois, chacun dix livres tournois de taxation qui leur est faite, par lesdits gens de nos comptes par mois, revenans à deux cens quarante livres, pour le tout par chacun an. Nous voulons que icelle somme soit départie és vingt-quatre, au lieu que lesdits dix-huit anciens la souloient prendre & percevoir.

Joüissent au surplus chacun desdits officiers de ladite nouvelle creation, respectivement, de tels & semblables honneurs & autorités, prérogatives, prééminences, privileges, franchises, libertez, droits, prouffits & emolumens, dont joüissent & usent nos autres anciens officiers leurs semblables.

Mesme voulons que lesdits huissiers, ayent pouvoir d'exploiter & executer tous arrests & jugemens qui leur seront presentés pour ce faire, comme ils ont accoustumé, par tout nostre royaume, ainsi que plus à plein de contiennent leurs lettres de provision, que nous ferons expedier à ceux qui en vertu de cettuy nostre present édit seront par nous pourveus desdits offices, & autres que nous pourvoirons cy-après, vacation arrivant par mort, résignation ou autrement.

Et pour ce que cy-devant a esté octroyé & toléré ausdits gens de nos comptes certaines festes particulieres en l'année, esquelles, encore que durant icelles ceux de nostre cour de parlement entrassent & continuassent le service qu'ils nous doivent en leur regard, ce neantmoins les gens, de nosdits comptes n'entroient en nostredite chambre, leur ayant esté ainsi concedé & accordé par nous & nos prédecesseurs, en consideration du continuel service qu'ils estoient tenus nous prester, dont ils seront doresenavant soulagez & relevez pour les mutations & changemens qui se feront de six mois en six mois, comme dit est; à cette cause nous voulons & entendons, comme il est bien raisonnable, que iceux gens de nos comptes continuent respectivement le service de nostredite chambre és jours & heures qu'ils ont accoustumé d'entrer, sans intermission, ne faire jours de festes autres que ceux qui sont feriez & chomables par ceux de nostredite cour de parlement à Paris. Si donnons en mandement à nos amez & feaux les gens de nos comptes & à tous nos autres justiciers & officiers chacun en droit soy, comme il appartiendra, que, &c. Mandons en outre au tresorier de nostre épargne present & à venir, que au receveur & payeur des gages de nosd. gens des comptes il ait à donner & délivrer doresenavant par chacun an l'assignation entiere pour le payement desdits gens de nosdits comptes, avec ladite creuë & augmentation de ceux qui sont par nous nouvellement creez & érigez, montant davantage l'assignation ordinaire & accoustumée de la somme de à la raison desdits gages cy-dessus specifiez & particularisez. Et ensemble aux tresoriers generaux de nosdites finances, & à chacun d'eux en droit soy, &c. d'employer & coucher és estats qu'ils feroient à l'avenir, tant à nos receveurs generaux que particuliers, les droits d'espices cy-devant par nous octroyez à nosdits gens des comptes, au double de celles qu'ils avoient accoustumé comprendre, esdits érats, &c. Donné à Fontainebleau au mois de Février M. D. LI, & de nostre regne le v. *Ainsi signé*, HENRY. *Et sur le reply*, Par le roy, en son conseil, auquel estoient presens messieurs le cardinal de Loraine, le duc de Guise, le duc de Montmorency connestable de France, le sire de S. André mareschal du royaume de France, & autres presens aussi. *Signé*, DU THIER. Lecta, publicata & registrata, audito & requirente procuratore generali regis in camera computorum Parisiis XVIII. Februarii, anno Domini M. D. LI. *Tiré des registres de la chambre des comptes à la bibliotheque Coislin, volume xj.*

Fondation du college de Navarre.

KAROLUS Dei gratiâ Francorum rex. Notum facimus universis presentibus & futuris, quòd nos in thesauro privilegiorum, cartarum & registrorum nostrorum vidimus litteras formam que sequitur continentes: JOHANNA Dei gratiâ Francie & Navarre regina, Campanie Brieque comitissa palatina, ad perpetuam rei memoriam. Spiritus Domini replens orbem terrarum, providè summi Patris cujus sedes parata est in eternum, dispositione, studium Parisius decore virtutum & exuberante gratiarum affluentia sic ornavit, sic & ipse oriens, visitavit ex alto cuncta prospiciens, ut in ipso studio plantavisse per sue virtutem dextere videatur alterum voluptatis scolastice paradisum in quo positi sunt scolares, ut illum custodiant, & per laboriosam operationem ferventis studii fructum vite producat ex ligno, secus decursus aquarum sapientie salubriter plantato, ad quam sapientiam videlicet veri regis Salomonis, in sancta ecclesia catholica, filii Dei typum tenentis, nos ducte salubri Sabe regine laudabili consilio, dirigentes intima voti nostri, in ejus honore qui sapientiam prestat parvulis, de rerum nostrarum substantia & bonorum, interveniente carissimi domini nostri regis ad hoc nobis auctoritatem prestantis, necnon L. primogeniti nati nostri consensu, quandam in dicto studii paradiso fundare decrevimus congregationem scolarium, ut ex vivido congregationis illius humore per continuam studii disciplinam quesito, fons exeat aque vive, qui velut Euphrates uberrimus filios Deo pariat adoptivos, & sicut alter Jordanis, fluvios ad irrigandam totius orbis superficiem, tam per vite munditiam quàm per veram doctrinam, valeat derivare. Sicut igitur in domo Domini triplex status habetur, incipientium videlicet, & proficientium, ac etiam perfectorum ; sic in domo nostra Navarre Parisius existente premissam scolarium congregationem ibidem perpetuò remanendam ordinamus, fundamus, creamus & precipimus ut scolares ipsi recipiendi de regno Francie, triplicem statum habeant & in triplici studeant facultate, viginti videlicet in grammatica, triginta in logica & philosophia, ac viginti in theologia, quorum singuli, scilicet grammatici IV. solid. parisi. per hebdomadam, logici VI. sol. parisi. & theologi octo solidos parisienses habeant in futurum, videlicet sibi, videlicet grammaticis, de beneficio valoris XXX. logicis valoris XL. & theologis valoris LX. librarum parisi. vel amplius, per quemcumque contigerit provideri. Grammatici doctorem in grammatica, bone vite, & sufficienter instructum in grammaticalibus, necnon logici magistrum in artibus idoneum, & expertum habeant; qui doctor & magister scolares suos non solùm in scientia, sed etiam in conversatione laudabili, honestate vite & moribus caritative & fideliter erudiant, verbo pariter, & exemplo, ac ipsi videlicet doctor scolaris grammatice bursam duplicem per hebdomadam, & magister in artibus logice bursam duplicem similiter pro sallario suo percipient & habebunt. Volumus etiam, & ordinamus, & statuimus, quòd decanus & universitas magistrorum scolarium theologice facultatis Parisius actu regentium vel non regentium, seu illi quos ad hoc ipsa universitas vel major pars ipsius universitatis elegerit, dicte domui, cùm & quotiens opus fuerit, de aliquo seculari probo viro curam & administrationem domus & scolarium predictorum gesturo, qui duplicem theologici bursam habeat pro labore, provideat ; qui rectoris officio seu magistri fungatur, & ipse cum dicta universitate vel illis, quos ad hoc universitas ipsa, vel major pars ejusdem deputaverit, de magistro in grammatica sufficienter instructo pro grammaticis, & magistro in artibus pro logicis & studentibus in philosophia, providebit, ac recipiet cum eisdem pueros necnon scolares in theologica facultate, qui tales scolares theologi recipiantur in domo, qui in artibus cathedram meruerint ascendere magistralem, & aliàs habiles ad proficiendum in ipsa scientia, & sint tales tam ipsi quàm alii inferiores scolares recipiendi, de quibus verisimiliter presumetur quòd non habeant undè per seipsos aut per parentes eorum in studio sustentari valeant, sed existant pauperes bone vite. Et ne ipsi scolares vagandi causam assumant, dum ipsi ad ecclesiam suam parrochialem vel aliam, ut audirent ibidem divinum officium, se conferrent, occasionem quamlibet in hac parte provideri cupientes eisdem aufferre, statuimus, precipimus & ordinamus, quòd in domo predicta sit publica capella & communis, in qua duo capellani perpetui per septimanam, unus post alium, die qualibet celebrabunt, & habebunt duos clericos servitores in ipsa capella & custodes ejusdem; qui capellani videlicèt singuli bursam theologi, & quilibet clericus grammatici bursam habebunt; dictique scolares ibidem, tam dicti carissimi domini nostri & nostrûm, quàm patris nostri & matris nostre anniversarium solemniter anno quolibet faciant, & aliàs pro ipso domino nostro, nobis & predecessoribus nostris rogabunt, & alias (utinam acceptas) preces & placabiles Deo fundant. Quos quidem scolares, magistros, capellanos, clericos, rectorem ac domum, dicti decanus & universitas magistrorum scolarium theologice facultatis, vel aliqui ex iisdem quos ipse decanus & universitas, seu major pars ipsius universitatis ad hoc deputaverint, semel in anno cum diligentia visitabunt, & compotum administrationis bonorum domûs à rectore recipient & exigent, necnon de conversatione scolarium & magistrorum suorum ibidem morantium cum ipso rectore & aliquibus probis viris de domo solerter inquirent; & si sint aliqui de quibus nulla vel modica spes haberi valeret quòd in facultate sua possent proficere; & de circumstantiis universis domûs & scolarium se fideliter informabunt; & ea que corrigenda repererint, similiter corrigent, punient, deponent, mutabunt; & que reformatione digna invenerint, tam circà domum quàm personas ejusdem, fideliter reformabunt; nec tam in receptione scolarium, magistrorum, rectoris aut aliarum quarumlibet personarum, quàm in correctione earum, ducentur acceptione persone vel patrie, seu favore quocumque; sed Deum habentes solum pre oculis, juxtà merita cujuslibet instantis recipi, ponderabunt in eorum conscientia; necnon facta propter que aliqui deberent corrigi vel mutari, videbunt, & tunc facient absque scrupulo cujuslibet odii quod consonum fuerit rationi; & hoc fideliter se facturos jurabunt coràm cancellario & preposito Parisiensi. Meum presentibus sigillum apponere dignum duxi. Actum apud boscum Vincennarum in festo Annunciationis Dominice, anno Domini M. CCC. IV. ITEM quasdam litteras annexas ad litteras superiùs insertas, forme que sequitur & tenoris: PHILIPPUS Dei gratiâ Francorum rex, universis hec visuris salutem. Noverint universi quòd cùm nos carissimo Ludovico, nostro & carissime consortis nostre Johanne regine Francie primogenito, consentiendi ac prestandi assensum suum omnibus his que in ordinatione, institutione & fundatione super testamento ipsius consortis nostre confectis pleniùs continentur, quibus presentes nostre littere sunt annexe, ac faciendi provisiones quascumque, prestandi quoque juramentum de predictis omnibus & singulis tenendis & servandis, & de non veniendo contrà predicta vel aliqua eorum, auctoritatem plenamque & liberam potestatem aliàs & nunc etiam duxerimus concedendam, ad supplicationem & humilem requisitionem ipsius primogeniti nostri; idem Ludovicus primogenitus noster prefatus propter hoc in nostra presentia constitutus, omnia & singula in dictis ordinatione, institutione & fundatione contenta, visa & lecta ab eo & pleniùs attenta, voluit & singulis suum expressè consensum prebuit & assensum, eaque omnia & singula sub juramento corporaliter ab eo prestito, tactis sacrosanctis evangeliis, tenere firmiter, servare fideliter, & nullo tempore contrà venire promisit. In cujus rei testimonium presentibus litteris nostrum fecimus apponi sigillum. Datum apud Vicennas ultimâ die Martii anno Domini M. CCC. IV. IN CUJUS VISIONIS testimonium sigillum nostrum litteris presentibus est appensum. Datum Parisius mense Februarii, anno Domini M. CCC. LXXXI. regnique nostri II. *Signatum super plicam in superiori parte*: De precepto gentium compotorum, DE MONTAGU. *Et inferiùs scriptum*: Contentor. *Et sigillatum in cera viridi & magno sigillo sericeis cordulis appenso.*

Collation du transcript cy-dessus a esté faite à l'original d'icelluy en parchemin sain & entier, veu & collationné à cette fin par les notaires soubzcripts, le Vendredy XIX. *jour du mois de Juing, l'an* M. D. XXIII. N. VIAU, C. DU HAULSOYS.

Tiré du manuscrit cotté 516. *à la bibliotheque Coislin, contenant les statuts du college de Tours.*

ARREST

JUSTIFICATIVES. 319

ARREST DE LA COUR
DU PARLEMENT DE PARIS,

Contenant investiture & mise en possession en faveur des maistre & freres de l'hospital de S. Jean de Hierusalem, des biens & privileges que l'ordre des Templiers possedoit avant sa suppression.

An. 1464.

An. 1312.

LUDOVICUS Dei gratiâ Francorum rex ; universis præsentes litteras inspecturis, salutem. Notum facimus quòd curia nostra parlamenti ad requestam fratris Reginaldi Gorre præceptoris hospitalis antiqui sancti Johannis Parisius fundati, ex registris ejusdem curiæ extrahi fecit quoddam arrestum hunc tenorem continens : CUM propter abhominationes & errores Templariorum contra fidem catholicam in eis repertos, eorum ordo, nomen & habitus fuerint in perpetuum nuper in generali concilio Viennæ per apostolicam sedem omninò sublati, & domino rege præsente, instante atque requirente, bona dictorum Templariorum seu eorum ordinis, quæ piâ devotione fidelium pro terræ sanctæ obsequio destinata fuere, per eandem sedem apostolicam magistro & fratribus hospitalis sancti Johannis Hierosolymitani ac eorum ordini, pro prædictæ terræ sanctæ subsidio, concessa fuerint in perpetuum & in eos translata, per eos habenda, tenenda & perpetuò possidenda, eo statu & jure quibus dicti Templarii ea possederant, cum omnibus honoribus & oneribus, juribus ac pertinentiis bonorum ipsorum: salvis ipsi domino regi, prælatis, baronibus, nobilibus & personis aliis regni Franciæ, juribus quibuscumque, quæ in bonis prædictis quomodolibet ipsi & eorum quilibet habebant, tempore quo bona ipsa præfati Templarii possidebant ; dictus insuper dominus rex fratrem Leonardum de *Thibertis, fratrem dicti ordinis hospitalis, procuratorem generalem magistri, fratrum & ordinis ejusdem, ac ad manutenendam possessionem dictorum bonorum Templariorum quondam specialiter constitutum, petentem & supplicantem investivit de bonis eisdem in regno Franciæ existentibus, & eum in possessionem misit eorumdem, nomine ordinis hospitalis prædicti, cum omnibus honoribus & oneribus, juribus & pertinentiis bonorum ipsorum, & salvis ipsi domino regi, prælatis, baronibus, nobilibus & personis aliis regni Franciæ, juribus quibuscumque, quæ ipsi domino regi seu dictis prælatis, baronibus, nobilibus & per-

al. Thibal-

sonis aliis regni Franciæ, tempore quo dicti Templarii ea possederunt, quomodolibet pertinebant ; ut bona ipsa magister, fratres & ordo prædicti habeant, teneant & possideant, & eis fruantur eo statu & jure, quantùm ad se & alios attinet, quibus dicti Templarii habuerant & possederant bona ipsa, tempore quo propter errores prædictos in regno Franciæ capti fuerunt, & per ecclesiam cœptum fuit contrà eos procedi. Investituram verò, missionem in possessionem, traditionemque bonorum prædictas, modo & formâ prædictis dictus dominus rex fecit procuratori prædicto, expresso quòd de bonis prædictis fratrum & ministrorum Templariorum qui ratione dictorum errorum per dispositionem ecclesiæ capti tenentur seu tenebuntur, accipientur expensæ quæ fient ratione processuum dicti negotii fidei contrà personas singulares Templariorum auctoritate apostolicâ faciendorum ; & quòd mobilia, fructus, obventiones & redditus bonorum prædictorum, deductis suis oneribus ac etiam expensis quas oportuerit fieri pro iisdem regendis, administrandis, colligendis & custodiendis, ad obsequium terræ sanctæ negotii fideliter convertantur. Formâ igitur & modo suprascriptis, & prout dictus rex suprà expressit, procurator prædictus præmissa acceptans nomine magistri, fratrum & ordinis prædictorum, investituram, missionem in possessionem, traditionem & deliberationem bonorum prædictorum à domino rege recepit. Quare dictus dominus rex præcepit quatenùs bona prædicta & eorum possessionem realem senescalli, baillivi cæterique justiciarii ipsius domini regis, quilibet prout in suis districtibus seu ressortis existunt bona ipsa, plenariè tradant & deliberent, tradi & deliberari faciant dictis magistro, fratribus seu prioribus provincialibus, administratoribus seu procuratoribus eorumdem, & eos bonis prædictis & eorum possessione, quantùm ad eos pertinet, gaudere faciant plenariè, eo statu, modo & jure, quantùm ad se & alios, quibus (ut dictum est) olim Templarii prædicti, tempore prædicto, eisdem bonis gaudebant ; quibuslibet injustis occupatoribus seu detentoribus bonorum ipsorum de plano vocatis & auditis, inde, prout ratio suadebit, amotis. Dando prælatis, baronibus, nobilibus & personis quibuslibet regni nostri, per litteras quæ dictis justiciariis super hoc dirigentur, in mandatis, ut ipsi in præmissis & ea tangentibus, eisdem justiciariis domini regis pareant efficaciter

& intendant. Pronuntiatum die Mercurii post Annuntiationem Dominicam, anno Domini M. CCC. XII. DATUMQUE est extractum hujusmodi Parisius in parlamento nostro, die XII. Februarii, anno Domini M. CCCC. LXIV. & regni nostri IV. Signé, CHETENEAU, & scellé du sceau de ladite cour. *Tiré du recueil des privileges de Malthe, mis au jour par le chevalier des Clozeaux, où cet acte est imprimé avec une prodigieuse quantité de fautes, que nous avons tasché de corriger.*

PREMIERE COMPOSITION
faite entre le roy & les chevaliers de S. Jean de Jerusalem, au sujet des biens des Templiers.

AN. 1312.

UNIVERSIS has præsentes litteras inspecturis, frater de Theobaldis sanctæ domûs hospitalis sancti Johannis Herosolymitani prior humilis Venetiarum, & locum tenens R. P. domini magistri hospitalis prædicti in partibus cismarinis, & generalis ipsius ordinis procurator, & frater Johannes de Villaribus præceptor domûs de Fressis, prioratûs Franciæ, salutem in Domino. Ad tollendum totius ambiguitatis scrupulum quod inter gentes excellentissimi principis domini Philippi Dei gratiâ Francorum regis illustris & pro ipso, ex parte una, & ordinem nostrum ac fratres ipsius ordinis, ex altera, successivis temporibus suscitari posset super variis regni Francorum receptis nomine dicti domini regis factis & habitis apud Templum, in quo thesaurus ejusdem domini regis repositus servabatur per fratres ordinis Templi, ante reprobationem ipsius ordinis, ex quo dictæ gentes dicti domini regis finalem compotum minimè recepisse dicuntur, volentes dicto ordini super hoc de condigno remedio providere, cum dictis domini regis gentibus compossuimus & pro toto ordine nostro promisimus & promittimus per præsentes, nos soluturos ac etiam reddituros præfato domino regi vel ejus mandato, tam de ordinis nostri quàm etiam Templi bonis, ducenta millia librarum turonensium, sub forma & conditionibus infrascriptis, videlicèt quòd pro ipsa pecuniæ summa solvenda omnia & singula quæ per gentes regias à tempore captionis Templariorum de bonis eorum recepta fuerunt, & quæ in utilitatem præfati domini regis conversa, per compotum faciendum ab eis, liquebit, in solutionem ac acquisitionem prædictæ summæ pecuniæ deducentur ordini nostro prædicto, necnon ea quæ Templariis ipsis debebantur recognoscibilia & scibilia, recipientur absque difficultate qualibet in absolutum; dilationem autem solvendi residuum quod superfuerit de dicta pecuniæ quantitate, recepimus, dicti ordinis nostri nomine, triennalem; ita quòd anno primo tertiam partem illius residui, videlicèt medietatem in festo omnium Sanctorum proximè veniente, & aliam medietatem in festo Ascensionis Dominicæ subsequente, & sic duobus annis sequentibus aliis, ad eosdem terminos, pro prædicto ordine persolvemus; ac proindè dictus ordo (cui bonorum, quæ regi prædicto pro regimine & custodia dicti thesauri regii dictis Templariis tradita sub eorum cura & periculo, obligata remanserant, administratio pro terræ sanctæ subsidio est commissa) in perpetuum remanebit quittus & penitùs absolutus super rationibus & compotis exhibendis, occasione receptæ cujuslibet à fratribus ordinis Templi nomine dicti domini regis factæ in dicto thesauro vel alibi, necnon super eo omni quod ab ordine nostro prædicto occasione receptarum aut rationum seu compotorum hujusmodi reddendorum de ipsis receptis deinceps peti posset. In cujus rei testimonium nos sigilla nostra, totius ordinis nostri prædicti nomine, præsentibus duximus apponenda. Datum Parisiis XXI. die mensis Martii, anno Domini M. CCC. XII. *Tiré du registre de la chambre des comptes intitulé* Noster, *fol.* CCC. LIV. *à la bibliotheque Coislin, vol.* I.

SECONDE COMPOSITION
sur le mesme sujet.

AN. 1313.

A Tous ceux qui ces presentes lettres verront, frere Lienard de Theobaldis de la sainte maison de l'hospital de saint Jean de Jerusalem, lieutenant au prieuré de Venise de R. P. & seigneur frere Foulques de Villars par la grace de Dieu maistre de la sainte maison dudit hospital, & visiteur general ez parties de la mer, salut. Nous faisons assavoir que comme les gens de très-excellent & très-puissant prince nostre très-chier seigneur Philippes jadis roy de France, dont Diex ait l'ame, deissent & maintinssent pour lui ou temps que il vivoit, & après ce aussi les gens de nostre très-chier seigneur le roy son fils qui ores est, deissent & maintinssent pour lui, que les biens jadis du Temple estoient à eux obligez en moult de grandes & diverses sommes d'argent: c'est assavoir, tant en deux cens mil livres de petitz

petitz tournois pour raiſon d'une compoſition faicte par nous au temps dudit roy Philippes avec ſes gens, pour cauſe de ſon threſor & de ſes devanciers, lequel les freres du Temple avoient eu longuement en leur garde, comme en ſoixante mil liv. de petitz tournois prominſes & octroyées par nous au roy noſtredict ſeigneur qui ores eſt, pour certaines cauſes, & encores .... par moult de dépens & de miſes neceſſaires, faictes pour occaſion des perſonnes & des biens jadis du Temple, en la pourſuite de la beſongne d'iceux, & pour moult d'autres cauſes, & entant que à peine ſouffiſent ne puiſſent ſouffrir iceux biens du Temple eſtant au royaume de France à pleiniere ſatisfaction faire ſur ce, & nous en euſſent appellé par-devant eux & fait par eſpecial demande pour nous & pour les autres freres de l'hoſpital, pour cauſe des biens deſſuſdits ; à la parfin nous, conſiderant les grands biens que par noſtredit ſeigneur le roy Philippes, ſes devanciers & li roy qui devant eſt, ſont venus en la maiſon dudit hoſpital, & la grande affection que ilz ont touſjours monſtré par tres-grandz effetz, & adcertes deſirans la bonne grace de noſtredict ſeigneur le roy acquerre & garder devotement en toutes manieres, pour nous & pour ladicte maiſon de l'hoſpital, de l'autorité & du pouvoir à nous donné & commis à ce dudict frere Foulques maiſtre de ladicte maiſon & du convent d'icelle par maniere de tranſlation, & pour bien d'accord, avons faictes, baillées & octroyées à noſtredit ſeigneur le roy & à ſes gens, pour luy & à ſon prouffit, les offres qui s'enſuivent.

Premierement, nous li avons offert à quitter & des orez en droict quittons, delaiſſons & octroyons tout ce qui eſt receu & levé en quelque maniere que ce ſoit, par les gens dudict roy Philippes ſon pere ou par les ſiens, des biens jadis du Temple, dez le jour que les Templiers furent proſcritz au royaume de France, & juſques aujourd'huy, qui ſera trouvé avoir eſté converti en l'uſage & prouffit dudict roy Philippes ou de luy.

II. *Item*, li avons offert à li quitter & quittons des orez en droict & delaiſſons de toutes choſes deſquelles noſtredict ſeigneur ſon pere, & noſtre chiere dame la royne Jeanne, que Dieux abſolve, ou leurs devanciers ou luy ou ſes freres nous fuſſent tenus ou puſſent eſtre de cauſe de preſt, pour l'occaſion du temple.

III. *Item*, nous li avons offert li quit-ter & quittons dez ores en droict, octroyons & delaiſſons des deux parts de tout ce que li curateur, gouverneur & adminiſtrateur, & autres officials quiels qu'ils ſoient, jadis deputez ſur les biens du Temple ou royaume de France, devront & ſeront tenus à rendre par le reſte de leurs comptes pour cauſe de l'adminiſtration d'iceux biens, dez le jour que leſditz Templiers pris furent oudict royaume de France, juſques au jour que la poſſeſſion d'iceux biens corporelle fuſt délivrée à nous au nom de l'hoſpital, par noſtre ſeigneur le roy Philippes.

IV. *Item*, li avons offert à quitter & quittons ores en droict, délaiſſons & octroyons les deux parts de toutes les debtes claires & non claires, & de toutes autres choſes où repoſent meubles quels qu'ils ſoient, qui eſtoient deuës au Temple ou aucune perſonne du Temple par quelque perſonne que ce fuſt, ſoient freres de l'hoſpital ou autres, par quelque raiſon, occaſion ou tiltre que ce fuſt, au jour que les Templiers furent pris ; ſauf ce que aucuns debteurs autres que les freres de l'hoſpital eſtoient trouvez non ſolvables, que l'hoſpital n'en ſoit tenu à rendre raiſon, ne payer pour eux ; & ſe deſdictes debtes ou choſes réelles leſdicts freres de l'hoſpital avoient aucune choſe levé devant le temps ou depuis que ladicte poſſeſſion leur fuſt délivrée, l'hoſpital ſeroit tenu à en rendre raiſon & à payer les deux partz à noſtredict ſeigneur le roy.

V. *Item*, li avons offert à quitter & quittons dez ores en droict, délaiſſons & octroyons les deux partz de tous les arrerages de toutes les fermes qui ſont deuës & peuvent appartenir à l'hoſpital, pour raiſon deſdits biens du Temple, dez le jour que li Templiers furent pris, juſques à ladicte journée que iceux biens furent delivrez en la maiſon de l'hoſpital.

VI. *Item*, li avons offert à quitter & dez ores en droict delaiſſons & octroyons les deux partz de tous les meubles, quiex qui ſoient, de maiſons jadis du Temple, eſtant au royaume de France, qui furent aſſignez & délivrez oudict hoſpital par leſdicts curateurs, ſi comme il appert par leurs inventaires faictz ſur ce : c'eſt à ſçavoir tant de aornemens de chapelle, comme oſtiblemens & de garniſons des oſtieux & des debtes groſſes & menues ; leſquelles deux parties, ou ce que meſtier leur en ſera, noſditz freres de l'hoſpital pourront avoir pour loyal & juſte prix, ſi comme il fera eftimé par preudhommes, qui à ce feront efleuz par les gens noftredict feigneur le roy & les noftres à ce fpecialement eftabliz; lefquels prix le roy noftre feigneur recouvrira & prenra fur noftre tierce partie des biens & des debtes deffufdictes, & fur tous nos autres biens, ou cas où icelle tierce partie ne fuffiroit à ce, fauf à retenir premierement audict hofpital hors fa partie pour chacune chapelle defdictes maifons un calice, un veftement & un ornement & des livres, & que meftier fera pour le fervice d'Eglife, au regard defditz preudhommes; & fauvez & retenus auffi tous les meubles, qui depuis ledict affentement font accruz & venus efdictes maifons, lefquiex feront & demourront franchement à l'hofpital. Et avons promis & promettons, ou nom defsufdict, loyalement & en bonne foy, noftredict feigneur le roy pour lui & fes fuccefseurs, & ceux qui de lui auront caufe des chofes deffufdictes, toutes & chacunes, quittées ainfi & octroyées & délaiffées par nous, comme devant eft dict, fe par adventure aucun empefchement y eftoit trouvé par le faict de l'hofpital, ou par le noftre, ou par aucun de noz freres, garantir, deffendre & garder de dommage, & les chofes deffufdictes, fi comme elles font defsus plus expreffes, tenir fermement & loyalement accomplir & garder, fans aller encontre par quelque maniere. Et quant à ce nous avons obligé & obligeons nous & noftre convent de ladite maifon, les finguleres perfonnes & les biens meubles prefens & avenir dudict hofpital & les noftres propres fpecialement, nous & eux foubmettans à la jurifdiction temporelle de noftredict feigneur le roy & de fes jufticiers, par la teneur des prefentes lettres. Lefquelles nous en tefmoin defdictes chofes, avons feellées de noftre feel & greigneur fermeté, faict feeller du feel de la cour à l'official de Paris, & encore pour toutes certainetez faict publier & mettre en forme publique, fi comme il eft defsus contenu. Donné & faict à Paris en la maifon de l'hofpital XIV. jour en Février, l'an de grace M. CCC. XV. ET NOUS official de Paris, à la requefte & inftance dudict vifiteur, ledict feel de noftre cour de Paris avons mis à cefdictes prefentes avec le feel dudict vifiteur, le jour & an deffufdict.

Et ego Garnerius de Tilleriis clericus Ebroicenfis diœcefis publicus auctoritate apoftolicâ notarius, præmiffis, unâ cum religiofis viris fratre Altardo de fancto Romano præceptore Lugdunenfi, fratre Francifco de Thebaldis generali in Romana curia, fratre Henrico de Novocaftro in regno Francorum procuratore dictæ domùs hofpitalis, fratre Thebardino & Vineali, & fratre Jacobo capellano dicti vifitarii & magiftro Berenger & .... clerico dicti regis & Joanne de Longo-Jumello clerico curiæ Parifienfis notario jurato, teftibus ad hoc vocatis & rogatis, anno Domini M. CCC. XV. indictione IV. die menfis Februarii XIV. vacante adhuc apoftolicâ fede per obitum fœlicis recordationis domini Clementis papæ V. ut dicebatur, præfens interfui, & huic inftrumento inde confecto, unâ cum difcreto viro magiftro Angelo de S. Victoria infrà fcripto notario, de mandato ejufdem domini vifitatoris, feu ad rogatum ipfius, me fubfcripfi, fignumque meum appofui eidem, in teftimonium præmifforum.

Et ego Angelus de fancta Victoria civis Neapolitanus, publicus apoftolicâ & imperiali auctoritate notarius, unâ cum teftibus fupradictis præfens interfui, anno, indictione, die, menfe & fede vacante, ut fuprà, & huic inftrumento inde confecto, unâ cum provido viro & difcreto magiftro Guernerio de Chibertis* fuprafcripto, vocatus de mandato ejufdem domini vifitatoris, feu ad rogatum ipfius, me fubfcripfi, fignumque pofui meum, in teftimonium præmifforum. *Ibidem.*

*Supra Tiberletis.

TROISIEME COMPOSITION
au mefme fujet.

A Tous ceux qui ces prefentes lettres verront, frere Symon le Rat de la faincte maifon de l'hofpital de faint Jean de Jerufalem, humble prieur de France, falut. Saichent tuit que comme les gens de noble memoire noftre très-cher feigneur Philippes jadis roy de France, que Diex abfolve, deiffent & maintinffent pour luy ou temps que il vivoit, & après ce les gens de noble memoire noftre feigneur le roy Louis pour lui enfement deiffent & maintinffent encore que les biens qui furent du Temple, leur eftoient obligez en deux cens mil livres de tournois petitz, pour raifon d'une compofition, que frere Lienard de Theobaldis prieur de Venife, vifiteur general des maifons de l'hofpital de S. Jean de Hierufalem, feift ou temps que ledict roy Philippes vivoit avec fes gens, pour caufe de fon tréfor de fes deniers, lequel lefditz freres du Temple avoient eu longuement en leur garde.

Maintinffent

Maintinſſent encores les gens dudict noſtre ſire le roy Louis, que ledict prieur & viſiteur avoit promis ſoixante mil livres de petitz tournois, pour miſes, dépens & autres certaines choſes.

Et après ce pour faire gré deſdictz deux cens ſoixante mil livres, une compoſition ſe fiſt entre ledict roy Louis d'une part, & ledict viſiteur d'autre, par laquelle iceluy roy dict Louis devoit avoir les deux partz de tous les biens meubles, des joyaux & des aornemens des maiſons & des chapelles, & autres choſes, ſi comme il eſt plus à plein contenu en ladicte compoſition, & encores après par la vertu d'un arreſt donné en la cour de noſtredict ſeigneur le roy qui eſt ores, contre nous & les freres dudict hoſpital, les deux parties de tous les biens, les fruicts des terres & des vignes, & toutes les maiſons qui avoient eſté baillées pleines, comme des terres ſemées & des vignes toutes labourées & preſtes à lever, par les curateurs & commiſſaires du Temple, fuſſent adjugez à iceluy noſtre ſire le roy, & à nous la tierce partie. Et comme pour la diviſion des biens meubles d'icelle maiſon, moult diſputes ſourdoient entre les gens d'iceluy noſtre ſire le roy & nos gens de l'hoſpital, non ſeulement à preſent, mais pouvoient encores ſourde au temps à venir, pour aucune demande que les gens noſtre ſire le roy pour luy & en ſon nom nous faiſoient & entendoient faire pour raiſon de la derniere compoſition; en la parfin nous, pour nous & pour tous les freres dudict hoſpital, ſuppliaſmes que ledict noſtre ſire le roy traictaſt de faire aucun accord avec nous, & en telle maniere que nous & noſtre ordre peuſſions demeurer en aucune ſeureté de paix. Laquelle choſe faire ledict noſtre ſeigneur le roy a voulu & faict traicter avec nous par ſes gens, en la maniere qui enſuit. Par lequel traité nous luy avons offert & déja tranſporté en luy tout le droict:

Premierement, que l'hoſpital avoit & pouvoit avoir ez comptes & pour raiſon des comptes des curateurs ou de leurs commiſſaires jadis eſtablis ſur l'adminiſtration des biens qui furent du Temple, juſques au jour que nous & l'hoſpital euſmes la poſſeſſion d'iceux biens, ſauf ce que aucun de nous ou aucuns de nos freres de l'hoſpital en avons aucune choſe receue & euë; de tout ce que nous en avions receu & eu juſques aujourd'huy, ou autre pour nous ou pour eux, ledict noſtre ſire le roy ne nous en demandaſt rien doreſnavant, ainçois nous a quittez du tout.

Item, nous & noſdits freres li avons quitté & delaiſſié toutes les debtes deuës par lettres au Temple, ou autrement, par quelque cauſe que ce ſoit, avant que nous euſſions la poſſeſſion des biens jadis du Temple & autres, tout ce que ſes gens en ont levé & receu juſques aujourd'huy en tel droict, comme l'hoſpital y pouvoit & devoit avoir; ſauf ce que nos freres de l'hoſpital en auront eu & receu, ou autres pour nous & pour eux, demourra acquis auxdictz freres & aux deputez de par nous ou de eux franchement, ſans ce que ledict noſtre ſire le roy y puiſſe rien reclamer.

Item, nous nous ſommes accordez que ledict noſtre ſire le roy ait tout ce que ſes gens auront eu & levé au droict que l'hoſpital avoit aux biens meubles, contenus en inventaires faictz des biens du maiſons & des chapelles jadis du Temple, meſmement pour le temps paſſé juſqu'aujourd'huy; & veut enſement ledict noſtre ſire le roy que ce que noſdictz freres de l'hoſpital, nos gens, ou leur fermier en leur nom, en auront eu, levé & receu, demourra à nous & à eux franchement; & que ſe enſement .... prenant ilz euſſent donné caution de rendre ou faire obligation avec gens noſtre ſire le roy celle caution ou obligation eſt nulle, & en ſommes quittes dez maintenant.

Item, avons accordé que tout ce que les gens noſtre ſire le roy ont levé deſditz biens du Temple, pour cauſe de l'arreſt dont mention eſt faicte deſſus, & contre la teneur de l'arreſt, fuſt encores du droict du tiers appartenant à nous & à nos freres de l'hoſpital, demourra audict noſtre ſire le roy, ſans ce que nous en puiſſions jamais rien demander de tel droict, comme nous avons audict tiers.

Item, avons accordé que ledict noſtre ſire le roy, pour toutes les maiſons, eſquelles par la vertu dudit arreſt il prendre doibt des deux parties des bledz, levera tout ce que à lui appartient de ces deux partz pour les termes paſſez des fermes de ces maiſons, & non d'autres termes à eſcheoir, & fera lever pour ce que luy eſt deub pour les termes paſſez, exploictez juſques à cette mi-careſme tant ſeulement; ſauf que ſi aucuns de nos freres ou des fermiers pour nous ou pour leſditz freres ſe eſtoient obligez audict noſtre ſeigneur le roy, ou ſes gens, pour l'année paſſée juſques au jour de cette compoſition, pour cauſe des blez & vins, nous ſerions tenus à rendre ce qui ſeroit contenu en celle obligation, mefmement pour les maifons où ledict noftre fire le roy avoit droict, pour caufe dudict arreft, pour le temps paffé feulement; & fe aucuns de nos freres ou fermiers fe eftoient obligiez en aucune fomme d'argent pardevers les gens dudict noftre feigneur le roy, pour caufe des deux parties des bledz & des vins des aucunes maifons, qui ne feuffent efcheuës en l'Aouft paffé ou vendange paffée, & fuffent ..... enfemblement à efcheoir en l'Aouft qui vient, & enfement des maifons qui ne furent pas faillies pleines, & les devoient li fermier vides, telle obligation feroit nulle, & ne feront contraintz nous, ne nofdictz freres, ou li fermier, à garder la.

Et voulfifmes & voulons, & avons accordé & accordons que tout ce qui fut levé defdictz biens, en quelque chofe que ce foit, tant du temps des devant ditz nos feigneurs les roys Philippes & Loys, que Diex abfolve, que pour noftre feigneur le roy qui ores eft, & monfeigneur Charles comte de la Marche fon frere, ou pour aucune de leurs gens, demourra devers eux quittement, fans ce que nous, ne nos freres de l'hofpital en puiffions jamais rien demander pour caufe du Temple. Pour lequel accord nous devantdict prieur de France & nofditz freres de l'hofpital avons offert & donné audict noftre feigneur li roy cinquante mille livres tournois, à payer à trois ans : c'eft à fçavoir huict mil livres tournois à payer à la Noel qui vient, & à la S. Jean-Baptifte enfuivant autant, ... & au tiers an à chacun de ces termes, neuf mil livres. Pour laquelle fomme d'argent payer & rendre à noftre feigneur li roy, ou à fon commandement, il a quitté & délaiffé à nous & à nofdictz freres de l'hofpital tout ce que demander pourroit, pour lefdictes compofitions faictes par ledict frere Lienard, avec les gens des devantdictz rois Philippes & Loys, & pour caufe dudict arreft qui s'enfuit de la feconde compofition devantdicte, & pour quelque raifon que ce fuft dépendant de ces compofitions, arreftz & autres chofes, de toutes demandes, queftions, pour quelque caufe il peut ou puiffe mouvoir en faire contre nous, pour raifon du Temple, & mefmement pour le temps paffé jufques aujourd'huy.

Et fe il eftoit ainfi que noftre feigneur li roy dift ou puft avoir droict aucun ez biens que jadis furent du Temple, pour quelque caufe que ce fuft, jaçoit ce que ez compofitions & accordz deffufdictz n'en eft faicte nulle mention, li devantdict noftre feigneur li roy, voulant que nous & lefditz freres de l'hofpital puiffions eftre & vivre en paix foubz luy & ne foyons empefchez d'accomplir noftre defir de la Terre Sainte, nous a quitté & delaiffé tout le droict deffufdit, & toute l'action qui en lui pourroit appartenir, & ce nous a donné pour Dieu & pour aumofne, excepté ce que pour ladicte fomme de cinquante mil livres, & ce pour ce prefent accord nous fommes tenus de faire & rendre; & nous a promis pour luy & fes fucceffeurs, lefquiex à tenir & garder fermement les chofes deffufdictes il a obligé, que contre ledict accord, en tout ne en partie, ne vendra, ne venir fera, pour luy ne pour autre, foubz quelque couleur que ce foit, ains le tendra fans nul contredict en bonne foy à tousjourfmais.

Ce adjoufté que ledict droict, comme monfieur Charles comte de Valois fon oncle, doit avoir efditz biens jadis du Temple, ne doibt avoir par cet accord efte empefché, ainfi li demeure tout franc.

Et fe les commiffaires ou leurs deputez, envoyez de par ledict noftre feigneur le roy auxdictz biens exploicter, ont aucune chofe levé qui appartiegne audict monfieur Charles comte de Valois, pour la caufe des meubles ou inventaires ou des deux partz des bledz ou des vins, noftre feigneur li roy fera contrainct de rendre en compte à nous ou à nos gens, à ce que il nous tiegne lieu fur ladicte fomme promife à noftre fire le roy eftre rendue & payée, comme dit eft.

Veut encores noftre fire le roy que fe fes gens, depuis cette compofition faicte, levent aucune chofe defdictz biens, meubles, inventaire, ou pour caufe des deux parties des fruitz ou des debtes, tant pour les lettres que pour autrement, ou ledict monfieur Charles doye prendre fon droict, icelles gens en foient tenus à rendre compte pardevers luy, & de tant avons tandis lieu en payement, comme de ce fera faict droict audict monfieur Charles, & enfement ce que nous luy rendons ledict noftre fire le roy nous fera rabbatre.

Et pour ce que toutes les chofes deffufdictes & chacune d'icelles ayent plus grande fermeté, nous promettons pour nous & pour tout l'ordre de l'hofpital, que nous ferons & pourchafferons envers noftre fainct pere le pape, qu'il confermera de fon auctorité ce prefent accord, pour lequel garder & tenir fermement à tousjourfmais.

JUSTIFICATIVES.

De ce pour y essayer à nostre pouvoir la confirmation desdictes choses envers nostredict sainct pere le pape, nous obligeons nous & nos freres, & tout nostre temporel qui fust du Temple, en quelque lieu il soit au royaume de France. En resmoin de laquelle chose nous avons mis nostre scel du prioré de France en ces presentes lettres. Ce fut faict à Paris le VI. jour de Mars, l'an de grace M. CCC. XVII. *Ibidem.*

Fondation des colleges de Laon & de Presle.

An. 1313.

PHILIPPUS Dei gratiâ Francorum rex ; universis præsentes litteras inspecturis, salutem. Notum facimus quòd in nostra præsentia propter hoc personaliter constituti dilecti & fideles nostri Guido de Lauduno canonicus Laudunensis ac thesaurarius capellæ nostræ Parisiensis, & magister Radulphus de Prælis clericus noster, considerantes foecunditatem bonorum & innumerabiles utilitates animarum & corporum, quæ doctrina laudabilis Parisiensis studii in populis Christi fidelium diffusa jam lapsis præbuit temporibus, & concedente Domino est præbenda in posterum ac etiam paritura, quódque nihil apud Deum gloriosius quàm vitem ædificare & plantare in terris, cujus fructus prudenter & fideliter totius reipublicæ præest regimini, & qui vitam ducit laudabilem in corpore, aliorum etiam animas ad salutem ædificat, & ad sui redit gratiam Salvatoris ; attendentes insuper copiosam largitionem quam fecit eis Dominus de bonis suis, non secundùm ipsorum, ut asserebant, merita, immò merita millesiés excedendo ; & quòd licèt de ipsis bonis administrationem à Deo habuerint, tamen pro suis viribus ad concedentis Domini beneplacitum de ipsis bonis disponere & ordinare tenentur, ut cùm venerit ipse Dominus habiturus cum eis rationem, dicat eis : *Super pauca fuistis fideles, super multa vos constituam.* Idcircò ipsi juxtà suam prædictam considerationem dictum Parisiense studium augere cupientes, pro fundatione perpetua cujusdam domûs scholarium Parisius in vico sancti Hilarii facienda, de bonis suis pro fundatione prædicta disposuerunt, ordinaverunt, & dictæ domui ac scholaribus ibidem manentibus & mansuris capiendis de Suessione & Lauduni civitatibus & diocesibus perpetuò, & in hæreditatem perpetuam dederunt & se dedisse recognoverunt in modum qui sequitur : videlicèt dictus Guido centum libratas terræ ad Parisien. annui & perpetui redditûs, quas habet, ut dicebat, admortisatas : videlicèt viginti libratas super præpositura Laudunensi & octoginta de Crispeïo in Laudunesio, ac omnes domos suas & plateas quas nunc habet seu est in posterum habiturus in prædicto vico S. Hilarii, & inter vicum S. Hilarii & vicum clausi *Brunelli** cum omnibus pertinentiis earumdem. Et præfatus magister Radulphus similiter ad opus prædictum dedit ducentas libras terræ ad Parisien. annui & perpetui redditûs capiendas & appreciandas, primò super boscis suis de Lisiaco & super molendino suo de Yverni, &c. Quæ omnia & singula prædicti Guido & Radulphus promiserunt tenere & firmiter observare, &c. retentis tamen eisdem Guidoni & Radulpho expressè ordinatione & dispositione dictæ domûs di‍ctorum scholarium, &c. Renuntiaverunt insuper prædicti Guido & Radulphus omnibus & singulis tam juris quàm facti exceptionibus quæ ad impediendum præmissa, &c. In quorum omnium testimonium & munimen præsentibus his nostrum fecimus apponi sigillum, salvo jure nostro & quolibet alieno. Actum Parisius, anno Domini M. CCC. XIII. mense Januarii. *Dubreul, antiquitez* 1612. *pag.* 666.

* *le clos Brunneau.*

Consentement de la chambre des comptes à l'effet de la donation faite par Noel Beda de ses biens immeubles, quoique confisqués, pour la fondation de six boursiers au college de Montaigu.

An. 1536.

LEs gens des comptes du roy nostre sire, veuës les deux lettres patentes dudit seigneur données à Lyon le XXVII. May & penultiéme Juillet dernier passez, par lesquelles & pour les causes & contenuës le roy nostredit seigneur agrée & approuve les don, cession & transport faits par maistre Noel Beda docteur en theologie, de ses biens aux pauvres escolliers du college de Montaigu, fondé en l'université de Paris, pour entretenir en l'estude & profession de ladite theologie six de ces pauvres escolliers, permettant audit Beda la joüissance & usufruit d'iceux biens, par lui retenuë sa vie durant, & ce nonobstant la sentence donnée par les commissaires deputez par ledit seigneur, par laquelle, pour certains cas dont ledit Beda avoit esté trouvé chargé, entre autres choses les immeubles d'icelui Beda avoient esté declarez acquis & confisquez audit seigneur, nous mandant souffrir & permettre auxdits pauvres escolliers joüir dudit don à eux fait par ledit Beda de sesdits biens, pour entretenir lesdits six pauvres escoliers, selon & ainsi que le testament fait par ledit Beda auparavant ladite sentence le contient, & ledit Beda de l'usufruit sa vie durant de sesdits biens, desquels, en tant que besoing seroit, ledit seigneur fait don auxdits six pauvres escoliers, à la reservation toutesfois dudit usufruit audit Beda sa vie durant, nonobstant que la valeur desdits biens ne soit specifiée ezdites lettres d'ordonnance par ledit seigneur faite sur le fait de ses finances, par laquelle est dit que tous les deniers d'icelles seront portez en ses coffres du Louvre, & que tels dons ne doivent estre expediez que pour la moitié, aussi l'édit par lequel a esté ordonné que tous deniers de confiscation, amendes & autres parties casuelles seroient converties & employés aux réparations des villes & places frontieres ; & quelques autres ordonnances, mandemens ou deffenses contraires à l'effet desdites lettres, auxquelles & à la dérogatoire de la dérogatoire d'icelles, en faveur desdits pauvres & de ladite faculté de theologie, ledit seigneur déroge. Veuë aussi la requeste sur ce à nous presentée par lesdits pauvres escolliers, cy attachée avec lesdites deux lettres soubz l'un de nos signets, consideré ce qui faisoit à considerer en cette partie : nous en tant que touche ledit don de l'usufruit desdits biens immeubles fait audit maistre Noel Beda, consentons l'expedition desdites lettres ; & en tant que touche ledit don fait à la communauté desdits pauvres dudit college de Montaigu, consentons aussi la proprieté des rentes constituées, lesquelles ledit Beda a constituées & laissées par son testament à la communauté desdits pauvres, estre baillées à ladite communauté, reservé toutesfois audit Beda l'usufruit. Quant au résidu de la clause du testament dudit Beda, en tant que touche le legs fait à ladite communauté, demeurant en sa force & vertu. Donné soubz nosdits signets le xxx. Aoust M. D. XXXVI. *Tiré des registres de la chambre des comptes de Paris, à la bibliotheque Coislin, volume* 10.

Lettres du roy Louis Hutin,

Touchant les gens de guerre fournis par la ville de Paris pour la guerre de Flandres.

An. 1315.

LOYS par la grace de Dieu roy de France & de Navarre. Nous faisons sçavoir à tous presens & advenir, que comme nostre gent estant à Paris pour nos besongnes demandassent pour nous & en nostre nom la ayde & gens de guerre de Paris pour nostre presente guerre de Flandre, laquelle ayde lesdits gens de Paris & tuit les autres de nostre royaume sont tenus à nous faire ; entre nosdites gens pour nous & en nostredit nom, d'une part, & lesdites gens de Paris qui toûjours volontiers & de cœur bien & loyaument ont servi & aidé nos antecesseurs, & lesquiex nous avons trouvez & trouvons loyaux & de bonne foy envers nous & envers nostre royaume, d'autre part, fut traicté & accordé en la maniere & forme & selon ce qui s'ensuit ; c'est à sçavoir que lesd. gens de Paris nous seront en cette presente année en nostre ost que nous entendons en l'aide de Dieu avoir contre ceulx de Flandre, ayde de quatre cens hommes de cheval & deux mille hommes de pied, lesquels seront payez par les gens de ladite ville de Paris, au feur & prix pour chacune journée, que le commun de nos soudoyers seront payez, mouvans de Paris, retournant à Paris, & aussi loing, & leur payeront lesdites gens de Paris au partir de Paris pour quinze jours à venir, & ainsi de quinzaine en quinzaine à venir ; & pour ce que nuls ne doibvent s'excuser, ne ne dient que ils ne soient tenus à nous ayder en ce cas, voulons que tous les bourgeois, marchands ou non marchands, habitans en la ville & faubourgs de Paris, qui se dient francs ou demourans en terres franches de ladire ville, soient tenus à contribuer avec lesdites gens de ladite ville, selon la valeur & faculté d'iceulx, aussi comme ils sont tenus de faire à nous pour la taxation de la ville, si elle semble juste à nos gens, & par la contrainte de nos gens, se ils se en doulloient. Et à ce que telle maniere de gens d'armes soient payez sans delai, si comme ils estiment & est mestier de faire, nous mandons par mandement bien estroitement pour tous, & commettons par nos lettres patentes à nostre prevost de Paris & à certains prudhommes que ils nous nommeront, que ils, tantost & sans delai, ne contrestant mandement ou priere faite au contraire, liévent ou fassent lever par les deputez de la ville à ce faire, les assietres & impositions qui seront mises à la gent de ladite ville, pour payer lesdits frais, par la prise ou la venduë de leurs biens, à tel feur telle vente, de tous ceux qui en seront rebelles ou contredisans de payer, sommairement &

& de plain ouſtées toutes cautelles, allegations ou fuites d'advocats; & accordé que tout l'argent qui ſera levé deſdites impoſitions ou aſſiettes, ſoit prins & receu par la main des gens de ladite ville, & payé par leur main & en leur nom, ou par leurs deputez à ce faire, auxdits ſoudoyers, & que leſdits ſoudoyers ayent à porter toûjours quant & eux deux bannieres; c'eſt à ſçavoir ceux de cheval une, & cil de pied autre telle que les gens de Paris leur bailleront, au ſigne de la ville. Et s'il advenoit par adventure que il conveniſt que le commun des gens de la ville allaſt audit oſt par maniere d'arriereban ou autrement, ou que il euſt paix ou treſve, ou que nous nous en retourniſſions; nous voulons que dez lors, tantoſt comme l'un deſdits cas adviendront, que leſdites gens de Paris fuſſent quittes envers nous de plus tenir les ſoudoyers, payant toutefois ce que leur ſeroit deub juſqu'à leur retour à Paris; ne ne voulons que leſdits gens de Paris ſoient tenus de faire les choſes deſſuſdites, ſe nous n'allons & ſommes en noſtre perſonne, & ainſi n'eſtoit que nous euſſions eſſoine juſte & loyale, dont Dieu nous deffende. Et s'il advient que l'on vienne à aller audit oſt, leſdites gens de Paris payeront ſur tous retours de chevaulx cinq cent livres tourn. tant ſeulement; mais ſi l'on n'y mouvoit à aller, ils ne payeront rien, parce que nous ne voulons pas que leſdites gens de Paris ſoient grevez ni moleſtez en aucune façon. Nous voulons que pendant ledit oſt ils ne ſoient moleſtez de ſervices nuls... ne d'autres choſes par quelque maniere que ce ſoit. Et toutefois ſi aucuns ſeigneurs s'eſmouvoient ou vouloient rien demander pour raiſon de leurs fiefs, nous ferions parties avec eulx avec ceux de la ville, & les deffendrions en tant que nous pourrions de raiſon; & n'eſt pas noſtre intention & ne voulons que cette choſe puiſſe porter à nous ne auxdites gens de la ville de Paris aucun préjudice, ne que nous ne il nous en puiſſions de rien ayder au temps advenir l'un contre l'autre. Et que ce ſoit choſe ferme & ſtable, nous avons fait mettre noſtre ſcel à ces preſentes lettres, ſauf en autres choſes nos droits, & en toutes choſes l'autruy. Donné à Paris l'an de grace M. CCC. XV. au mois de Juillet. *Tiré des regiſtres de la chambre des comptes, à la bibliotheque Coiſlin, volume 2.*

Lettres patentes du roy PHILIPPES V.

Portant permiſſion de conſtruire & fonder l'égliſe de Noſtre-Dame de Boulogne, & d'y établir une confrairie.

AN. 1319.

PHILIPPUS Dei gratiâ Francorum & Navarræ rex, notum facimus univerſis præſentibus & futuris, quòd rex gloriæ & virtutum Dominus Jeſus Chriſtus, cui à Patre data eſt omnis poteſtas in cælo & in terra, cæleſtia pariter & terrena ſalubri moderamine dirigens ac perpetuâ ratione gubernans ſupernæ potentiæ, quâ tamquam Dei virtus & ſapientia ſuaviter univerſa diſponit; ſuæ ineffabilis ut oſtenderet opera pietatis & clementiæ, de ſalute humani generis curam gerens ſollicitam, diſcipulos ſuos miſit per varia loca docentes invicem charitatem fraternitatis diligi & in benevolo fraternitatis amore perſiſtere, quâ doctrinâ ducimur & monemur ſubditis noſtris annuere, ut convenientes in unum unanimes ſint in fide, ac vacantes orationibus amatores efficiantur fraternitatis mutuæ, per quam Dei miſericordiam conſequi mereantur. Nos itaque dilectis civibus noſtris Parisienſibus & aliis qui devotæ mentis aciem causâ peregrinationis aut aliàs ad eccleſiam glorioſiſſimæ Virginis Mariæ de Bolonia ſuprà mare dirigentes, ob Dei laudem ac ipſius Virginis glorioſæ honorem, quamdam eccleſiam in villa *de Menus* propè ſanctum Chlodoaldum conſtrui facere, & ibidem inſtruere & diſponere confratriam inter ipſos proponunt, per præſentes concedimus, quantùm ad nos pertinet, ut ipſi dictam eccleſiam fundare in villa eadem & confratriam ibidem inſtituere; & cùm habuerint ſuper aliquibus quæ ſuarum ſalutem animarum perſpexerint, agere vel tractare, ob reverentiam prædictæ glorioſæ Virginis, in dicta villa aut in loco alio Pariſius convenire poſſint; ut confratres ipſi ſibi ſubvenire ſtudeant auxiliis opportunis, & ſic ex bonis operibus charitatis fraternæ ſplendeant apud Deum & homines; quo cæteri pios actus eorum conſiderantes, glorificent patrem ſuum cæleſtem, & ad conſimilium operum executionem propenſiùs animentur. Volumus tamen quòd quotieſcumque inſimul voluerint convenire, quòd præpoſitus Pariſienſis aut deputatus ab eo, pro omni evitando ſcandalo, ipſorum congregationi præſens interſit. Quod ut firmum & ſtabile permaneat in futurum, præſentibus litteris noſtrum fecimus apponi ſigillum. Actum apud Vivarium in Bria anno Domini M. CCC. XIX. mense Februario. *Signé sur le reply*, Per dominum regem ad relationem confessoris J. de Templo. *Et scellé de cire verde sur lacs de soye verde & rouge. Dubreul, Antiquitez* 1612. *p.* 1262.

Bulle du pape JEAN XXII.
Pour la fondation de l'hospital S. Jacques-aux-pelerins.

AN. 1321.

JOANNES episcopus servus servorum Dei, venerabili fratri episcopo Belvacensi & dilecto filio Gaufredo de Plessio notario nostro, salutem & apostolicam benedictionem. Quamvis neque qui plantat neque qui rigat, juxtà Apostoli doctrinam, sit aliquid, sed qui incrementum dat Deus, fovenda tamen est hominum pietatis amica devotio, quæ intenta charitatis operibus ad illas plantationes intendit in militia mundi hujus, quæ lucis æternæ uberes fructus afferant, & uberiores suo tempore repromittant. Sanè, sicut ex parte confratrum peregrinorum hospitalis beati Jacobi apostoli Parisius de novo fundati nobis extitit intimatum, quamplurium corda fidelium de civitate Parisiensi & locis circumvicinis adeò sunt igne spiritualis devotionis accensa, quòd cælestis curiæ principem in præfato apostolo venerari ardentiùs exquirentes, ac desiderantes ex corde, ad divinæ majestatis honorem & ejusdem apostoli gloriosi, pauperibus & egenis perpetuæ charitatis hospitium impertiri, in dicta civitate quoddam hospitale, opere non modicum sumptuoso, ut ibidem cultus divinus & alia exerceantur opera pietatis, construere & ædificare cœperunt, intendentes eidem de propriis facultatibus dotes sufficientes & congruas assignare, ita quòd omnes utriusque sexûs præfati gloriosi apostoli peregrini, & alii causâ suscipiendæ hospitalitatis declinantes ad illud, ibidem valeant hospitari, quódque in eo quædam constituatur capella, in qua sint quatuor perpetui capellani, ibidem sub personali & continua residentia in missis quotidianis & horis canonicis jugiter & solemniter Altissimo servituri, à quibus diebus singulis tres missæ ad minus, una videlicèt de Spiritu Sancto, vel de beata Maria Virgine in aurora, alia pro defunctis horâ primâ, tertia in hora tertia secundùm diei exigentiam celebrentur, & ubi ipsi vel eorum aliquis essent canonicè impediti, illas per alios faciant celebrari, hoc tamen attento quòd diebus Dominicis loco missæ de defunctis, missa de dicto apostolo celebretur ; quolibet dictorum quatuor capellanorum unum clericum idoneum ad expensas suas sibi assistentem in divinis officiis habituro ; ita quòd unus de dictis capellanis thesaurarius ordinetur, qui res ecclesiasticas & alia ipsius hospitalis bona ad divinum duntaxat servitium pertinentia, debeat sub sui periculo conservare, de hujusmodi suo officio administratoribus qui per fratres ipsius hospitalis pro tempore inibi fuerint deputati, anno quolibet rationem debitam redditurus, curamque gesturus aliorum capellanorum, hospitatorum & infirmorum hospitalis ejusdem, ac ministraturus eisdem omnia ecclesiastica sacramenta ; dicto thesaurario usque ad quinquaginta, & quolibet dictorum capellanorum usque ad quadraginta libras parisienses annuatim in certis ac destinatis redditibus habituris ; & quòd administratores qui per fratres ipsius hospitalis fuerint pro tempore inibi constituti, ad capellanias & clericatus hujusmodi pro præsenti & futuro tempore, cùm vacabunt, personas idoneas dicto thesaurario præsentabunt, instituendas per eum in perpetuos capellanos & clericos in eisdem ; ille verò ex capellanis prædictis taliter institutis, qui quoties officium hujusmodi thesaurariæ vacabit, erit in thesaurarium assumendus, Parisiensi episcopo qui est & erit pro tempore, vel ejus seu capituli Parisiensis vicario, ecclesiâ Parisiensi vacante, præsentetur instituendus similiter in dicto officio ab eodem. Hoc per eos, quantùm in ipsis est, similiter ordinato, quòd omnes oblationes quæ fient hospitali præfato ex quacumque causa, in opus & fabricam ipsius hospitalis, dictorum hospitatorum ac infirmorum & pauperum sustentationem, secundùm ordinationem dictorum administratorum, integraliter convertantur, certâ personâ idoneâ à dictis administratoribus deputandâ ad recipiendum oblationes prædictas, quæ de receptis ac conversis in usus præfatos, aliis confratribus prædicti hospitalis teneatur reddere rationem ; & quòd juxtà dictum hospitale possent habere tam cimeterium pro peregrinis pauperibus & infirmis ac servientibus hospitalis ejusdem sepeliendis inibi, cùm decedunt, quàm unam campanam ponderis competentis. Quare pro parte dictorum fratrum nobis extitit humiliter supplicatum, ut cùm decanus & capitulum ecclesiæ sancti Germani Altissiodorensis Parisiensis, qui sunt patroni parochialis ecclesiæ sancti Eustachii Parisiensis, & rector ejusdem parochialis

chialis ecclesiæ, infrà cujus parochiæ metas consistit hospitale præfatum, de jure parochiali ad eos spectante nolint cum dictis fratribus ipsius hospitalis amicabiliter & rationabiliter convenire, licèt dicti fratres super his recompensationem debitam in instanti obtulerint se daturos, ne propter hoc hujusmodi pium opus valeat impediri, providere eis super hoc de opportuno remedio dignaremur. De vestra igitur circumspectionis industria specialem in Domino fiduciam obtinentes, discretioni vestræ præsentium authoritate committimus & mandamus, quatenùs vos antè omnia diligentiùs informantes, si hospitali prædicto, pro prædictis ministris & aliis servitoribus deputandis in eo & aliis supportandis oneribus, dos sufficiens fuerit assignata, si per informationem hujusmodi reperiretur eidem hospitali de sufficienti dote fore provisum pro supportatione omnium præmissorum, dictos decanum & capitulum & rectorem ejusdem parochialis ecclesiæ, ac fratres & personas hospitalis ejusdem super oblationibus & aliis juribus parochialibus studeatis, juxtà datam vobis à Deo prudentiam, concordare. Quòd si, faciente Domino, hujusmodi feceritis concordiam inter eos, quæ circà constructionem dictorum hospitalis & capellæ acta sunt authoritate nostrâ confirmare curetis: ita quòd dicti fratres ejusdem hospitalis personam idoneam in thesaurarium assumendam dicto episcopo Parisiensi loci ordinario vel ejus seu dicti capituli vicario, ut præmittitur, debeant præsentare instituendam in thesaurarium inibi per eundem; alios verò tres sacerdotes & quatuor clericos quorum singuli singulis prædictis thesaurario & sacerdotibus teneantur assistere in divinis, dicto thesaurario repræsentent instituendos per eum, ut superiùs est præmissum, hujusmodi præsentationis & institutionis ordinem, cùm officium thesaurariæ necnon capellaniæ & clericatûs hujusmodi vacabunt, perpetuis futuris temporibus observando; eisdem nihilominùs fratribus ipsius hospitalis habendi cæmeterium pro sepeliendis peregrinis, pauperibus, infirmis & servitoribus dicti hospitalis, cùm ibidem decedent, & unam campanam competentis ponderis, sicut videritis expedire, concedentes auctoritate prædictâ liberam facultatem. Volumus tamen quòd ab eorum ordinariis vel quibuscumque jurisdictionem habentibus in dictâ parochiâ visitandi de consuetudine vel de jure, cùm expedire viderint, absque alicujus procuratoris exactione vel onere valeant

Tome II.

visitari. Quòd si fortè dictos decanum & capitulum ac rectorem cum fratribus hospitalis ejusdem super prædictis oblationibus & parochialibus juribus nequiveritis concordare, de quantitate & æstimatione oblationum & parochialium jurium hujusmodi quæ propter dictum hospitale & occasione ipsius dictæ parochialis ecclesiæ detrahentur, studeatis, sicut meliùs potestis, informari, quidquid super iis inveneritis, nobis per vestras litteras rescribentes, ut vestra super his relatione instructi, quod utriusque partis utilitatibus expedire viderimus, securiùs agere valeamus. Cæterùm in eo casu ubi dicto hospitali dos sufficiens fuerit assignata, ut fideles Christiani ad hospitalis ejusdem beneficia promptiùs accendantur, omnibus verè pœnitentibus & confessis qui in festo principali ejusdem apostoli, ad capellam seu oratorium dicti hospitalis, eidem hospitali suas eleemosynas largiendo, unum annum, qui verò in alio festo ejusdem apostoli illùc venerabiliter accesserint annuatim, quadraginta dies de injunctis eis pœnitentiis auctoritate prædictâ misericorditer relaxetis. Volumus autem quòd in eo casu in quo dicti fratres ejusdem hospitalis cum præfatis decano & capitulo ac rectore ejusdem parochialis ecclesiæ concordare non possent, per illa quæ superiùs concedi dicto hospitali præcipimus, præfato rectori in suis juribus nullum præjudicium generetur. Datum Avenione xv. Cal. Augusti, pontificatûs nostri anno vi. *Tiré de deux brochures imprimées pour le chapitre de S. Jacques de l'Hospital, & les confreres pelerins dudit lieu, leurs administrateurs, gouverneurs, &c.*

FULMINATION DE LA BULLE
précedente.

An. 1313.

UNIVERSIS præsentes litteras inspecturis; Joannes miseratione divinâ Belvacensis episcopus, & Gaufredus de Plexeio sanctæ Romanæ ecclesiæ notarius, æternam in vero salutari salutem. Noverit universitas vestra nos litteras sanctissimi patris ac domini nostri domini Joannis divinâ providentiâ sacrosanctæ Romanæ ac universalis ecclesiæ summi pontificis, verâ bullâ cum filo sinapis integro bullatas, non cancellatas, non abolitas, non abrasas, nec in aliqua parte sui corruptas, sed omni suspicione carentes, cum qua decuit reverentia recepisse, tenorem qui sequitur continentes : JOANNES episcopus servus servorum Dei, venerabili fratri episcopo Belvacensi & dilecto filio Gaufrido de Plexeio notario nostro, salutem, &c. NOs igitur mandatum apostolicum nobis in hac parte directum diligentiùs exequi, ut tenemur, cupientes, & in ipsius executione cum debita maturitate procedentes, ejusque fines diligentiùs servare volentes, providos viros procuratores seu iconomos & administratores confratrum peregrinorum dicti hospitalis beati Jacobi, ipsorum confratrum & hospitalis nomine, ac venerabiles & discretos viros decanum & capitulum S. Germani Antissiodorensis Parif. & rectorem parochiæ sancti Eustachii Parisiensis, nomine ipsorum & ecclesiarum prædictarum, ad certam diem coràm nobis Parisiis fecimus convocari. Quo termino Roberto dicto *la Pie*, Simone *de Biaudehors*, Conraldo dicto *Toussac* & Gerardo dicto *Hazart*, civibus Parisiensibus, procuratoribus seu iconomis dictorum confratrum peregrinorum & hospitalis ipsorum, procuratorio nomine ac pro ipsis, prout in quodam instrumento publico inde confecto cujus tenor inferiùs est conscriptus, pleniùs continetur; ac discretis viris dominis Gregorio de Roma & Nicolao de Altifago, presbyteris seu iconomis dicti capituli, ... decano in remotis agente, prout in quodam procuratorio unico eorum sigillo munito cujus procuratorii tenor inferiùs describitur, pleniùs continetur; ac discreto viro domino Bernardo rectore dictæ parochialis ecclesiæ personaliter pro se comparentibus coràm nobis, nos in eorum præsentia suprascriptas litteras apostolicas legi fecimus publicè ac distinctè, ipsisque procuratoribus seu iconomis confratrum peregrinorum & hospitalis prædictorum mandavimus, ut de dote quam eidem hospitali pro sustentatione thesaurarii, capellanorum & aliorum servitorum, & aliis oneribus supportandis assignare volebant, nos pleniùs informarent, certum alium eis ad hoc terminum præfigentes, ac denuntiantes procuratoribus seu iconomis prædicti capituli, ipsius nomine ac pro ipso, ac rectori prædicto, ut informationi hujusmodi, si sua interesse crederent, interessent. Quo quidem termino procuratores seu iconomi confratrum hospitalis prædicti, eorum nomine, ad informandos nos de dote prædicta, præsentarunt & exhibuerunt coràm nobis, præsentibus procuratoribus seu iconomis præfati capituli ac rectore prædicto, quasdam patentes litteras Castelleti Parisiensis sigillo munitas, expressiùs continentes magnificum dominum Carolum Valesium & Andegavensem comitem, ac nonnullos alios, tam clericos quàm laicos, nobiles & ignobiles, fervore devotionis accensos & operibus expositos charitatis, diversos redditus, possessiones & terras sitas in diversis partibus & locis, & præcipuè in civitate & suburbio Parisiensi ac locis circumpositis & vicinis, quorum reddituum particulares summæ ad quantitatem centum septuaginta librarum parisiensium ascendebant, hospitali prædicto in puram & perpetuam eleemosynam donavisse seu etiam erogasse. Exhibuerunt etiam quasdam litteras excellentissimi principis domini nostri domini Caroli regis Franciæ & Navarræ illustris sigilli munimine roboratas, super amortizatione dictarum centum septuaginta librarum annui & perpetui redditûs, per eundem dominum regem sibi & hospitali prædicto concessas. Et nihilominùs Guillelmus *Pidoé*, Philippus *de Cormeilles*, Conraldus *Toussac*, Guillelmus *Capet* & Andreas *Laguete* cives Parisienses, per patentes litteras Castelleti prædicti sub stipulatione legitima solemniter promiserunt, quòd si qui de prædictis redditibus non essent boni & securè, ut præmittitur, assignati, seu etiam situati, ipsos facient bonos, & securè, ut præmittitur, assignari; & si quid forsitan reperiretur deesse de redditibus supradictis, ipsum defectum usque ad quantitatem centum septuaginta librarum prædictarum integrè & perfectè supplebunt, obligantes quoad hæc se, hæredes & successores suos, ac omnia sua & hæredum & successorum suorum bona, mobilia & immobilia, præsentia & futura. Nos itaque prædictis litteris, tam super largitione dictorum reddituum quàm super amortizatione confectis, diligentiùs inspectis & visis, & etiam super promissionibus & obligationibus supradictis cum jurisperitis & aliis sapientibus in talibus expertis deliberatione præhabita diligenti, reputantes tam per promissa quàm per oblationes, eleemosynas & largitiones quæ ipsi hospitali devotione fidelium quotidiè offeruntur, eidem hospitali pro præmissis oneribus supportandis de sufficienti dote fore provisum, ad tractandum & concordandum dictos decanum & capitulum & rectorem parochialis ecclesiæ ac procuratores seu iconomos confratrum peregrinorum hospitalis prædicti, super oblationibus & aliis juribus parochialibus, interposuimus diligenter & efficaciter partes nostras; & illo faciente qui pacis & donator est & actor, post tractatus varios & diversos pluriès hinc indè super his habitos,

JUSTIFICATIVES. 331

bitos, memorati capitulum & rector ac procuratores seu iconomi supradicti, nobis mediantibus ad hanc pacis concordiam devenerunt, videlicèt quòd dicti capitulum & rector divini cultus desiderantes augmentum, suosque beneplacitis apostolicis in hac parte conformare volentes affectus, voluerunt & consenserunt expressè, quòd prædicti confratres & peregrini hospitale prædictum in loco in quo jam illud ædificare cœperant, videlicèt in magno vico juxtà portam sancti Dionysii, prout se comportat ipse locus, à domo quæ dicitur de Ardesia, usque ad vicum qui vocatur de Malo-consilio, & de cuneo ipsius vici usque ad domum Laurentii præpositi, contiguando se in parte posteriori muris ipsius domûs prædicti Laurentii, in quibus locis ponentur metæ seu limites per juratos villæ Parisiensis, prout inter partes prædictas coràm nobis extitit concordatum ; ita tamen quòd domus infrascriptæ, licèt contiguentur & confrontentur in aliquibus locis loco seu pourprisio hospitalis prædicti, in præsenti compositione vel ordinatione nullatenùs includuntur, sed prorsus excluduntur ab ea, videlicèt domus Joannis *Toussac* & domus Joannis *de la Nasse* sibi invicem contiguæ, domus Rufii *Hestiard*, domus quæ fuit Joannis *Luzarches*, quæ est ad præsens dicti Joannis *Toussac*, domus Matthæi *de Belvais*, domus Guillelmi de Fonchenado, domus Jacobi Coqueti, domus Stephani Barillori, domus Petri Molitoris ; & capellam in eodem hospitali perficere, ædificare & consummare valeant, ac juxtà illud cimeterium pro peregrinis pauperibus, infirmis & servitoribus dicti hospitalis, cùm ibidem decedent, & campanam ponderis competentis ad nostrum arbitrium moderandi, necnon oblationes, eleemosynas & obventiones quascumque, quas tam pro sepulturis decedentium, quàm ex aliis causis quibuslibet ex largitione fidelium in capella & hospitali prædictis contigerit obvenire, habeant, percipiant & sibi retineant ; ita quòd nec decanus, capitulum, nec rector prædicti ex iis possint exigere, nec quibuscumque futuris temporibus aliquam portionem, nec aliàs, ratione jurium parochialium in hospitali, capella, cimeterioque prædictis, vel infrà septa ipsorum quicquam imposterum vendicare ; hoc salvo retento prædictis decano, capitulo ac rectori pro se & ecclesia S. Eustachii prædicta suisque successoribus in eadem, quòd si aliquis de parochianis ipsius ecclesiæ in hospitali, capella vel cimeterio prædictis

elegerit sepulturam, jus parochiale eisdem decano, capitulo, rectori & successoribus suis salvum ita plenè remaneat, sicut competit & competere consuevit in aliis parochianis ecclesiæ prædictæ S. Eustachii, qui in cimeterio sanctorum Innocentium vel alibi extrà dictam parochiam pro tempore eligunt sepeliri, etiamsi infrà septa hospitalis, capellæ & cimeterii prædictorum ipsum parochianum ab hac luce migrare contingat. In quorum omnium compensationem, procuratores confratrum & prædictorum peregrinorum volentes indemnitati ecclesiarum prædictarum gratæ recognitionis commercio idoneè providere, memoratis decano & capitulo, pro se & ecclesia sua prædicta quadraginta libras, necnon præfato rectori, pro se & præcedenti parochiali ecclesia, centum sexaginta libras parisienses dederunt & solverunt in bona pecunia numerata, pro emendis & acquirendis redditibus admortisandis ad opus ecclesiarum ipsarum in feodis, retro-feodis, censivis vel allodiis sæpè fati domini nostri regis ; quos quidem redditus præfati procuratores fratrum & peregrinorum prædictorum, postquàm acquisiti fuerint, prædictis ecclesiis, pro rata cujuslibet, amortizari facere, & litteras super hujusmodi amortizatione tradere tenebuntur suis propriis sumptibus & expensis. Quibus hinc indè inter partes prædictas coràm nobis taliter concordatis & actis, nos accelerationem tam pii negotii, tam laudabilis, tam salubris, plenis desiderantes affectibus, & ad ejus consummationem, juxtà suprascripti mandati apostolici tenorem & formam, cum omnimoda diligentia procedentes, quæ circà constructionem dictorum hospitalis & capellæ acta sunt per confratres peregrinos prædictos, auctoritate apostolicà nobis in hac parte commissa tenore præsentium confirmamus, ita quòd dicti fratres ejusdem hospitalis personam idoneam in thesaurarium assumendam dicto episcopo Parisiensi loci ordinario, vel ejus seu dicti capituli vicario, ut præmittitur, debeant præsentare, instituendam in thesaurarium inibi per eundem, alios verò tres sacerdotes & quatuor clericos quorum singuli singulis prædictis thesaurario & sacerdotibus teneantur assistere in divinis, dicto thesaurario repræsentent instituendos per eum, ut superiùs est præmissum ; hujusmodi præsentationis & institutionis ordine, cùm officium thesaurariæ necnon capellaniæ & clericatûs hujusmodi vacabunt, perpetuis futuris tem-

Tome II. Tt ij

poribus observando: Præfatis etiam confratribus peregrinis construendi, ædificandi, perficiendi & consummandi hospitale & capellam prædictam, & habendi ibidem cimeterium pro sepeliendis peregrinis, pauperibus, infirmis & servitoribus prædicti hospitalis, inibi cùm decedent, & campanam ponderis ducentarum librarum, quod pondus quoad hoc competens arbitramur, concedimus auctoritate prædictâ liberam facultatem. Sequitur tenor procuratorii confratrum peregrinorum hospitalis prædicti : IN NOMINE Domini, amen. Per hoc præsens publicum instrumentum pateat universis, quòd anno ejusdem M. CCC. XXIII. indictione VII. mensis Februarii die XX. videlicèt die Lunæ antè festum Cathedræ S. Petri, pontificatûs sanctissimi patris ac domini domini Joannis divinâ providentiâ & clementiâ papæ XXII. anno VIII. in nostra notariorum publicorum & testium infrascriptorum præsentia personaliter constituti Gaufridus de *Dammartin*, Michael de *Flamungi*, Petrus dictus *des Essars*, Hugo dictus *le Nier*, Guillelmus Summelarius, Philippus Monstardius, Joannes de Centum-nucibus dictus *le Frison*, Galterius *de Serop*, Simon dictus *l'Esmancheur*, Joannes Corderii, Laurentius dictus *Biaudehors*, Adam dictus *des Essars*, Judocus Candelarii, Philippus de Cormeliis, dominus Jacobus de Loulayo, Andreas Caligarii, Joannes Parvi, Gaufridus de Medunta & Michael de sancta Suzanna, cives Parisienses, confratres confratriæ peregrinorum hospitalis beati Jacobi apostoli de novo fundati Parisiis, suo & aliorum confratrum suorum nomine, dilectos & fideles Robertum dictum *La Pie*, Simonem dictum *Beaudehors*, Conraldum dictum *Toussac* & Ægidium dictum *Hazart*, confratres suos confratriæ prædictæ, suo & aliorum confratrum suorum & hospitalis prædicti nomine, fecerunt & constituerunt procuratores, actores, syndicos seu iconomos ac negotiorum gestores generales & nuncios speciales & dominos ipsorum in solidum, ita quòd non sit melior conditio occupantis, sed quòd duo ipsorum cœperint, alii duo prosequi valeant & finire, cùm effectu ad transigendum, componendum, pacificandum, concordandum, finalemque concordantiam faciendam, suis & nominibus quibus suprà, coràm reverendo in Christo patre ac domino domino Johanne Dei gratiâ Belvacensi episcopo, & venerabili patre domino Gaufrido de Plexeio sedis apostolicæ notario, commissariis ab eadem sede in negotio prædicti hospitalis & fratrum specialiter deputatis, cum venerabilibus & discretis viris decano & capitulo sancti Germani Antissiodorensis Parisiensis, ac rectore seu curato parochialis ecclesiæ sancti Eustachii Parisiensis, tam de & suprà discordia mota & pendente, ratione & occasione dicti hospitalis & pertinentiarum ejusdem & jurium parochialium ad dictos decanum & capitulum & curatum spectantium inter ipsos confratres, suis & nominibus quibus suprà, ex una parte, decanum & capitulum sancti Germani & curatum sancti Eustachii prædictos, ex altera ; necnon ad componendum coràm prædictis commissariis, diebus ab eisdem sibi assignatis & assignandis, ad metendas seu dividendas, ponendas & præfigendas seu præfigi faciendas metas, divisiones seu fines dicto hospitali & pertinentiis ejusdem, & ad obligandos se suosque confratres & bona dicti hospitalis ergà prædictos decanum & capitulum & curatum, de amortizando seu amortizari faciendo redditus perpetuos qui comparari & emi poterunt per eosdem decanum ac capitulum ac curatum, de quingentis & sexaginta libris parisiensibus ipsi decano, capitulo & curato à dictis confratribus, secundùm ordinationem dictorum commissariorum, & ratione & occasione actorum in eadem, eisdem solvendis, & ad omnia alia & singula facienda quæ ipsi confratres, suis & nominibus quibus suprà, facerent & facere possent in præmissis & ea tangentibus, si personaliter interessent, etiamsi mandatum exigant speciale ; ratum & gratum habentes & habituri, suis & quibus suprà nominibus, quidquid per dictos procuratores aut duos eorumdem in præmissis & quolibet præmissorum factum, transactum, pacificatum & concordatum fuerit & modo quolibet procuratum ; promittentes, suis & confratrum suorum nominibus, sub hypoteca rerum & bonorum dictorum confratriæ & hospitalis, pro dictis procuratoribus suis, si opus fuerit judicatum, solvi. Protestantes dicti constituentes, quòd pro hujusmodi procuratores non intendunt revocare alios procuratores suos ab eisdem in negotiis dictorum hospitalis & confratriæ aliàs constitutos; volentes alios suos procuratores & eorum procuratorios in suo robore permanere. Acta sunt hæc in dicto hospitali, in loco ubi dicti fratres tenent sedem suam, sub anno, indictione, die, mense, loco & pontifice prædictis ; præsentibus ad hæc venerabilibus & discretis viris domino

Guillelmo *des Essars* presbytero, Martino *des Essars*, magistro Joanne de Loulayo & pluribus aliis testibus ad præmissa vocatis specialiter & rogatis. Et ego Gaufridus *de Quergant* Briocensis diœcesis clericus, publicus sacri authoritate Imperii Parisiensisque curiæ notarius juratus, præmissis omnibus & singulis, unà cum notario publico infrà scripto & prænominatis testibus, præsens fui, eaque omnia fideliter scribi feci, & in hanc publicam formam redigi, signumque meum solitum, unà cum signo & subscriptione notarii publici infrà scripti, hîc in veritatis testimonium requisitus, apposui & rogatus. Et ego Herveus de Treveio, clericus Lexovensis diœcesis, publicus authoritate imperiali & regià notarius, præmissis omnibus & singulis, unà cum supràscripto notario publico & prænonimatis testibus præsens fui, & hoc publicum instrumentum signo meo solito, unà cum signo supràscripti notarii, signavi requisitus specialiter & rogatus. Tenor verò procuratorii capituli prædicti talis est: UNIVERSIS præsentes litteras inspecturis, capitulum ecclesiæ sancti Germani Antissiodorensis Parisiensis, decano in remotis agente, salutem in Domino sempiternam. Notum facimus quòd nos in capitulo nostro propter hoc specialiter congregati, discretos viros dilectos dominum Gregorium de Roma & Nicolaum de Altifago, concanicos nostros, presbyteros & procuratores in solidum, ita quòd non sit melior conditio occupantis, ad tractandum, nostro nomine & ecclesiæ nostræ, componendum, transigendum, pacificandum conveniendum & concordandum cum fratribus hospitalis sancti Jacobi ad portam sancti Dionysii Parisiis nuper fundati, super compositione inter nos ratione ecclesiæ nostræ, ex unâ parte, & dictos confratres ratione dicti hospitalis, ex alterâ parte, faciendâ, super obventionibus & juribus quibuscumque pertinentibus ad ecclesiam nostram, ratione etiam dicti hospitalis quod infrà metas parochialis ecclesiæ sancti Eustachii Parisiensis in qua jus capiceriatûs habere noscimur ab antiquo, situatum est, & omnia & singula quæ in præmissis & ea tangentibus tractanda & statuenda fuerint, vel etiam concordanda, & omnia alia & singula prædicta, nostro & ecclesiæ nostræ prædictæ nomine, facienda, quæ faceremus aut facere possemus, si præsentialiter interessemus, plenam & liberam concedimus potestatem; ratum & gratum habentes & perpetuò habituri quicquid per dictos procuratores nostros vel eorum alterum, vel cum ipsis actum fuerit in præmissis; promittentes quòd nos contra hæc quæ cum eis acta fuerint in prædictis, nullo umquam tempore per nos vel alium non veniemus quomodolibet in futurum. In cujus rei testimonium, præsentibus litteris signum capituli nostri quo unico utimur, duximus apponendum. Datum Parisiis in capitulo nostro die vi. Februarii, anno Domini M. CCC. XXIII. IN QUORUM omnium testimonium & evidentiam pleniorem præsentes litteras fieri & per infrà scriptos notarios publicos publicari mandavimus, & sigillorum nostrorum appensione muniri. Acta sunt hæc in domo magistri Petri dicti *Paris*, canonici capellæ regalis Parisiensis infrà palatium domini regis die xxi. mensis Februarii, videlicèt die Martis antè festum Cathedræ sancti Petri, præsentibus venerabilibus & discretis viris fratribus Joanne de Pratis doctore in theologia, Clemente Doyel ordinis Prædicatorum, magistris Joanne dicto *Caillou* cantore ecclesiæ sancti Germani Antissiodorensis Parisiis, Reginaldo de Albigniaco, domino Jacobo *Mersers* legum professore, magistris Godefredo de Boissiaco, Joanne de Roseto, domino Gregorio de Roma presbytero, canonicis sancti Germani Antissiodorensis Parisiensis prædicti, domino Bernardo rectore ad præsens parochialis ecclesiæ sancti Eustachii Parisiensis, magistro Guillelmo dicto *de Cuivrecour* canonico capellæ regis Parisiis, magistro Joanne de Longlio canonico sancti Marcelli juxtà Parisios, Martino *des Essars*, Guillelmo dicto *Pisdoé*, Roberto dicto *Lapie*, Guillelmo Flamingo campsoribus Parisiensibus, Philippo de Cormeliis, Conraldo dicto *Toussac*, Hugone dicto *le Niez*, Guillelmo dicto *Capet* civibus Parisiensibus, domino Jacobo de Loulayo presbytero, & Joanne dicto *Darames* armigero domini episcopi Belvacensis, testibus ad præmissa vocatis specialiter & rogatis, sub anno Domini M. CCC. XXIII. indictione vii. pontificatûs sanctissimi patris ac domini nostri domini Joannis divinâ providentiâ papæ XXII. anno viii.

Et ego Henricus de Treveyo clericus Leonensis* diœcesis publicus authoritate imperiali & regià notarius, prædictæ dotis competentis, assignationi, declarationi, compositioni, ordinationi, concordiæ & confirmationi ac omnibus aliis & singulis actis in isto instrumento publico contentis, unà cum suprà scriptis testibus & infra scriptis notariis publicis præsens

* *Suprà Lexoviensis.*

fui, & de bulla papali, unà cum aliis litteris originalibus superiùs insertis & transcriptis, collationem, nihil addito vel remoto, de verbo ad verbum, cum toto alio processu superiùs contento, cum suprascriptis notariis publicis diligentiùs feci & reperi in omnibus concordare, ideoque istud præsens publicum instrumentum propriâ manu scripsi & in hanc publicam formam redegi, signoque meo solito, unà cum sigillis prædictorum reverendorum patrum & signis publicorum notariorum infrà scriptorum, huic publico instrumento, de mandato prædictorum reverendorum patrum, in testimonium veritatis apposui requisitus specialiter.

Et ego Andreas dictus *Bravage* de Longolio, clericus Belvacensis diœcesis, apostolicâ & imperiali publicus authoritate notarius, qui dotis competentis declarationi, assignationi, compositioni, ordinationi, concordiæ & confirmationi ac aliis ipsâ die xxi. mensis Februarii per suprascriptos reverendum in Christo patrem ac dominum Dei gratiâ Belvacensem episcopum & venerabilem patrem magistrum Gaufridum de Plexeio sedis Romanæ notarium, authoritate apostolicâ super præscriptos commissarios deputatos, actis præsens fui, & de ipsâ bulla papali & aliis litteris originalibus superiùs insertis & transcriptis ad eorum originales collationem, cum suprascripto & infrascriptis notariis, feci diligentem; & quia ipsas litteras originales ad transumptum sive transcriptum hujusmodi in omnibus concordare inveni, ideò huic publico instrumento exindè confecto, signisque & subscriptionibus ipsorum notariorum roborato, & impressionibus sigillorum ipsorum commissariorum inferiùs appensorum munito, me subscripsi, signumque meum solitum de mandato ipsorum commissariorum apposui in testimonium veritatis, requisitus specialiter & rogatus.

Et ego Gaufridus *de Quergant* clericus Briocensis diœcesis, imperiali authoritate notarius, qui dotis competentis declarationi, assignationi, compositioni, ordinationi & concordiæ & confirmationi ac aliis omnibus & singulis actis in isto instrumento publico contentis, unà cum suprascriptis testibus ac notariis publicis, præsens fui, & de bullâ papali unà cum aliis litteris originalibus superiùs insertis & transcriptis, collationem, nihil addito vel remoto, de verbo ad verbum cum toto alio processu superiùs contento cum suprascriptis notariis publicis diligentiùs feci, & reperi in omnibus concordare; ideò huic publico instrumento exindè confecto signisque & subscriptionibus ipsorum notariorum roborato, & impressionibus sigillorum ipsorum commissariorum inferiùs appensorum, me subscripsi, signumque meum solitum de mandato ipsorum commissariorum apposui in testimonium veritatis, requisitus specialiter & rogatus. *Ibidem.*

Autre bulle du pape JEAN XXII.

En faveur de l'hospital S. Jacques.

JOHANNES episcopus servus servorum Dei, dilectis filiis confratribus hospitalis sancti Jacobi Parisiensis præsentibus & futuris, salutem & apostolicam benedictionem. Vestræ devotionis sinceritas promeretur ut petitiones vestras, quantùm cum Deo possumus, ad exauditionis gratiam favorabiliter admittamus. Hinc est quòd nos vestris supplicationibus inclinati, ut in omnibus & singulis capellaniis & quibusvis aliis beneficiis ecclesiasticis, quæ in hospitali beati Jacobi Parisiensis de novo fundato, de cætero à quibuscumque personis creari contigerit, jus præsentandi personas idoneas perpetuò habeatis, quibuscumque statutis & consuetudinibus contrariis nequaquàm obstantibus, vobis tenore præsentium authoritate apostolicâ duximus concedendum. Nulli ergo omninò hominum liceat hanc paginam nostræ concessionis infringere, vel ei ausu temerario contraire. Si quis autem hoc attemptare præsumpserit, indignationem omnipotentis Dei & beatorum Petri & Pauli apostolorum ejus se noverit incursurum. Datum Avinioni xii. Cal. Maii pontificatûs nostri anno x. *Ibidem.*

An. 1316.

Bulle du pape CLEMENT VI.

Pour le mesme hospital.

CLEMENS episcopus servus servorum Dei, dilectis filiis confratribus hospitalis sancti Jacobi Parisiensis præsentibus & futuris, salutem & apostolicam benedictionem. Exigit devotionis vestræ sinceritas ut petitiones vestras, quantùm cum Deo possumus, ad exauditionis gratiam favorabiliter admittamus. Exhibitæ siquidem nobis pro parte vestra petitionis series continebat, quòd fœlicis recordationis Johannes XXII. prædecessor noster, vobis ut ad capellanias fundatas in hospitali vestro sancti Jacobi Parisiensis tunc de novo fundato, cùm vacarent, personas idoneas thesaurario dicti hospitalis instituendas per eum in eisdem perpetuis capellaniis,

An. 1342.

pellaniis, præsentare possetis, primò, & deinde, ut in omnibus & singulis capellaniis & quibusvis aliis beneficiis ecclesiasticis, quæ in prædicto hospitali de cætero à quibuscumque personis creari contingeret, jus præsentandi personas idoneas, non expresso ad quem earumdem personarum in dictis capellaniis & beneficiis institutio seu collatio pertineret, perpetuò haberetis, per diversas suas litteras duxit auctoritate apostolica concedendum, prout in eisdem litteris dicitur pleniùs contineri. Nos itaque vestris supplicationibus inclinati, eidem thesaurario dicti hospitalis qui pro tempore fuerit, tam in omnibus capellaniis & beneficiis supradictis, quàm etiam in aliis fundandis ibidem, personas idoneas per vos ei ad illas pro tempore præsentandas instituere valeat, tenore præsentium authoritate apostolicâ de speciali gratia indulgemus. Nulli ergo omninò hominum liceat hanc paginam nostræ concessionis infringere, vel ei ausu temerario contraire. Si quis autem hoc attemptare præsumpserit, indignationem omnipotentis Dei & beatorum Petri & Pauli apostolorum ejus se noverit incursurum. Datum Avinioni XVII. Cal. Februarii pontificatûs nostri anno primo. *Ibidem.*

Bulle du pape URBAIN VIII.

Qui confirme les précedentes.

AN. 1643.

URBANUS papa VIII. ad futuram rei memoriam. Exponi nobis nuper fecerunt dilecti filii officiales & confratres confraternitatis sancti Jacobi *in Compostella* nuncupati, hospitalis ejusdem sancti Jacobi Parisiensis, quòd ipsi privilegia aliàs à fœlicis recordationis Joanne XXII. & Clemente VI. Romanis pontificibus prædecessoribus nostris, eidem confraternitati concessa, pro illorum firmiori subsistentia & validitate apostolicæ sedis confirmationis patrocinio communiri summoperè desiderant. Nos eosdem exponentes specialibus favoribus & gratiis prosequi volentes, & eorum singulares personas à quibusvis excommunicationis, suspensionis & interdictionis aliisque ecclesiasticis sententiis, censuris & pœnis, à jure vel ab homine quâvis occasione vel causâ latis, si quibus quomodolibet innodatæ existant, ad effectum præsentium dumtaxat consequendum harum serie absolventes & absolutas fore censentes, supplicationibus illorum nomine nobis super hoc humiliter porrectis inclinati, eadem privilegia, dummodò tamen in usu ac licita sint & honesta, & non sint revocata, nec sub aliquibus revocationibus comprehensa, ac sacris canonibus & concilii Tridentini decretis ac constitutionibus Apostolicis non adversentur, apostolicâ authoritate tenore præsentium approbamus & confirmamus, illisque inviolabilis apostolicæ firmitatis robur adjicimus, ac omnes & singulos tam juris quàm facti defectus, si qui desuper quomodolibet intervenerint, supplemus, decernentes illa necnon præsentes litteras semper & perpetuò valida & efficacia existere & fore, suosque plenarios & integros effectus sortiri & obtinere, & ab omnibus & singulis ad quos spectat & in futurum spectabit, inviolabiliter observari, sicque per quoscumque judices ordinarios & delegatos etiam causarum palatii apostolici auditores judicari & definiri debere, irritumque & inane, si quid secùs super his à quoquam quâvis authoritate scienter vel ignoranter contigerit attentari, in contrarium facientibus nonobstantibus quibuscumque. Datum Romæ apud sanctum Petrum sub annullo piscatoris, die XXI. Novembris M. DC. XLIII. pontificatûs nostri anno XXI. *Ibidem.*

Il y a une autre bulle du pape Innocent X. de l'an 1645. qui n'est qu'une repetition de la précedente.

Transaction passée entre les fondateurs, patrons laïques, maistres, gouverneurs & administrateurs de l'hospital, chapelle & confrerie de S. Jacques-aux-pelerins d'une part, & les six chapelains de la premiere fondation, d'autre.

AN. 1383.

A Tous ceux qui ces presentes lettres verront, Audoin Chauveront chevalier conseiller du roy nostre sire, garde de la prevosté de Paris, salut. Sçavoir faisons, que pardevant Nicolas le Quintois & Philippe du Ruvet, clercs notaires jurés du roy nostre sire de son Chastelet de Paris, furent personellement establis honorables hommes maistres Pierre Allippée, avocat au Chastelet de Paris, & Martin de Boissy, drapier, bourgeois de Paris, maistres, gouverneurs, pourvoyeurs & administrateurs de l'église, hospital & confrerie de monseigneur S. Jacques en Galice apostre, fondez à Paris en la grande rue S. Denys, lez la porte susdite. Il est apparu ausdits notaires par lettres de leur procureur sur ce faites, scellées du scel de la prevosté de Paris, au nom & comme maistres, gouverneurs, provoyeurs & administrateurs dessusdits desd. église, hopital & confrerie, d'une part, & honorables hommes & discrets messires Jacques de Sanguin, Jean Pancel, Henry la Loys, Robert le Sueur, & Hebert le Fenon prestres, chapelains premiers fondez & beneficiers tous cinq esd. église & hospital, & honorable homme & discret messire Guillaume Barbot, chapelain depuis fondé esd. église & hospital, ès noms & comme chapelains & beneficiers dessusdits, d'autre part. Reconnurent & confesserent lesd. parties, esd. noms que dessus, pardevant lesd. notaires, pour le bien & augmentation de lad. église & du divin service, faire & icelles avoir fait & traité & accordé entre elles ce qui s'ensuit : c'est à sçavoir que iceux cinq premiers chapelains ont adjoint & fait égal led. messire Guillaume Barbot, qui a la plus grande fondation de chapelle en revenu qui soit en icelle église, & ceux qui viendront après luy ses successeurs, avec eux premiers cinq chapelains & leurs successeurs, & sera le sixiesme chapelain, & aura sur le tout pour son gros compte & compris eux, les trentedeux livres parisis qu'il avoit à cause de lad. chapelle, quarante livres parisis de gros par an, comme un des autres premiers devantdits, & les distributions communes, sans autres demandes, & si aura un clerc assistant & demeurant avec luy pour aider à faire le service, comme les autres ; & auront iceux six chapelains, outre & avec leurdit gros, douze livres parisis par chacun an ; & se payeront à chacun des six par portion aux quatre termes generaux à Paris accoustumez, à commencer à payer pour le premier payement & premier terme à la S. Jean-Baptiste prochainement venant ; & parmi ce sont & demeurent chargez iceux six chapelains & leurs successeurs, de faire tout le service de l'église jour & nuit, selon la fondation ancienne, & si feront tous les jours diacre & sousdiacre à la grande messe, & encore aux jours des anniversaires, & avec ce feront & seront tenus de faire deux chœurs à vespres & à matines, selon ce que les festes feront, & selon ce qui a accoutumé d'estre fait és églises collegiaux de Paris, & aussi seront chargez lesd. cinq premiers fondez de faire avec led. messire Guillaume, le surplus des messes que doit faire led. messire Guillaume, à cause de la fondation de sa chapelle, chacune semaine, & chacun à son tour : c'est à sçavoir quatre messes, dont ledit messire Hebert & son benefice en fera deux chacune semaine, & les autres & leurs successeurs feront le surplus desdites quatre messes quand ils seront francs de semaine ; ledit service de quatre messes dudit messire Guillaume Barbot se fera & seront faits en commun sur lesdits six chapelains ; & auront iceux six chapelains ensemblé & pour le tout les anniversaires qu'ils avoient & dont ils possedoient, & leur sera payé tout ce que deu leur en est pour le tout passé, & sera doresnavant ; excepté toutesfois que led. messire Hebert ne prendra plus les mereaux qu'il prenoit particulierement aux vigiles des anniversaires, mais demeureront à l'église de S. Jacques ; & des autres anniversaires qui doresnavant écherront, les maistres & gouverneurs qui à present sont, & leurs successeurs qui pour le temps à venir seront, en ordonneront à leur volonté. *Item*, & afin que le divin service soit doresnavant fait à l'heure deue & competente, est ordonné par lesdites parties, que doresnavant le clerc des autels de l'église, ou autre que les maistres & gouverneurs voudront, sonnera à chacun jour matines au point du jour, prime, none & vespres tantost, comme elles sonneront ou autrement sonnent à S. Magloire, & les autres heures, comme les messes de *Libera*, tierce & midy, ne seront point sonnez par les clercs desdits six chapelains. Toutes les choses dessusdites faites sans préjudice de lad. église, de la fondation ancienne, des bulles, lettres & autres droits appartenans auld. église, hospital & confrerie, ne que pour ce iceux six chapelains y puissent demander ou reclamer aucun autre droit, & aussi sans préjudice desd. six chapelains, de leurs successeurs, leurs fondateurs, ou d'aucun d'eux, en la présence d'honorables hommes & sages sire Philippes Giffard, sire François d'Anvoy, Jean de Meaux, maistre Thomas de la Huise procureur & receveur des église, hospital & confrerie dessusdits, pardevant lesdits notaires, comme dit est. Lesquelles choses dessusdites, toutes & chacune d'icelles, en la maniere que dit & décrits sont ci-dessus, lesd. parties chacun en droit soy & pour tout, comme il leur touche & appartient, ez noms que dessus, promirent : c'est à sçavoir lesdits maistres, gouverneurs, pourvoyeurs & administrateurs par léur serment & foy, & lesdits six chapelains en parole de prestre, la main au pie, faire, tenir, garder & accomplir à toujours, sans jamais faire, dire, ni aller encontre par raison de decevance, d'erreur, d'ignorance, ni pour quelquonque autre clause

ou

JUSTIFICATIVES.

ou raison que ce soit, couvertement ou en apparence, & rendre & payer l'une partie à l'autre tous couts, dommages, depens, mises & interests que l'une y avoit eus & soutenus par le defaut ou par la coulpe de l'autre; obligeant quant à ce l'une partie à l'autre, en tant & pour tant comme à chacun appartient, ès noms que dessus : c'est à sçavoir lesdits maistres, gouverneurs, pourvoyeurs & administrateurs tous les biens de l'église, hospital & confrerie dessusdits, le temporel & les biens d'icelle église, hospital & confrerie, & lesdits six chapelains eux, leurs hoirs, leurs biens & de leurs hoirs, tout le temporel & les biens d'iceluy, tous tant ceux de l'une partie comme de l'autre, meubles & immeubles, presens & à venir, qu'ils soumirent pour à justicier & exploiter par nous & par nos successeurs prevosts de Paris, & par toute autre justice, sous quiex jurisdiction ils peuvent & pourront estre trouvez. Et renoncent en ce faisant icelles parties par leur foy, serment & solemnitez dessusdites, à action en fait, à commutation de lieu & de juge, à tous privileges, graces, respys, dilations, dispensations, absolutions, droits & coutumes, constitutions ordinaires, & establissemens de villes, de lieux & de pays, à toutes fraudes, forces, erreurs, contraintes & decevances, & à toutes autres choses quelconques que aider & valoir leur pourroient, ou à l'une aider & à l'autre nuire, à dire ou venir contre ces lettres ou aucunes des choses esdites presentes contenues, & au droit disant generale renonciation non valloir. Après ce vinrent & furent presens pardevant lesdits notaires Bertault de Hacqueville, drapier bourgeois de Paris, Jeanne sa femme, fille & heritiere de feu Jean de Gentilly, jadis échevin bourgeois de Paris, fondateurs dudit benefice dudit messire Guillaume Barbot, Isabelle de Gentilly, fille aussi dudit Jean de Gentilly, à laquelle Jeanne sondit mary donne authorité & licence quant à ce qui s'ensuit; lesquels & chacun d'eux, pourtant comme il leur touche & que besoin ou mestier en est, veulent, passent, louent, & trouvent agreable la convention, ordonnance, composition, accord & toutes les choses dessusdites & chacune d'icelles; & promettent par leur foy & serment non venir, faire ou dire contre par eux ne par autres, en aucuns temps, & à rendre & payer tous couts, dommages & depens qu'eux y feroient par leur defaut ou par leur coulpe, sur l'obligation de tous leurs biens & de leurs hoirs meubles & immeubles, presens & à venir, qu'ils soumirent pour ce à justicier & exploiter par toutes justices; en renonçant en ce faisant par leur foy & serment dessusdits, à tout ce que de fait, de droit, de uz & de coutume ou autrement aider & valoir leur pourroit à dire ou venir contre ce que dit est, & au droit disant generale renonciation non valloir. En tesmoing de ce nous à la relation desdits notaires avons mis le scel de la prevosté de Paris à ces lettres, qui furent passées & accordées par lesd. maistres, gouverneurs, pourvoyeurs, administrateurs & chapelains le Mardy v. jour d'Avril, & par lesd. Bertault, sa femme &, Isabelle, le Mercredy ensuivant vi. jour dud. mois d'Avril, tout en l'an de grace M. CCC. LXXXIII. avant Pasques. *Ainsi signé*, PHILIPPES DU RUVEL *&* LE QUINTOYS. *Ibidem.*

ELECTION DE GOUVERNEURS
pour la confrairie & hospital S. Jacques.

AN. 1337.

A Tous ceux qui ces presentes lettres verront, Pierre Belagent garde de la prevosté de Paris, salut. Sçavoir faisons que pardevant nous vinrent en jugement Estienne de la Bruiere, drapier bourgeois de Paris, maistre, proviseur & gouverneur à present & confrere de l'hostel ou hospital de monseigneur S. Jacques l'apostre, fondé à Paris dans la grande rue S. Denis près la porte S. Denis, procureur establi de sire Jehan Gencian, sire Pierre des Essarts, Jehan Despinon, Regnault le Paonnier, Simon Beaudehors, Guillaume de Saint-Denis, Adam des Essarts, Martin des Essarts, Estienne Andry, Jehan-Marcel de la Poterie, Henry Legrand, tapissier, Jehan de Cormeilles l'aisné, Jehan de Montmartre, Jacques de Gentilly, Guillaume Robiolle, Jacques Lepannier, Chigalin, Jehan le Feron, Pierre de Meudon, potier, Jehan le Couturier, Richard le Barbier, Gilles des Fossez, Jehan Barbedot, Pierre Aoys, Jacques Vigot, Gaultier le Marinier, Mahin de Beaunez, Michel de Sainte-Suzanne, Jehan Cordel, Clement le Maçon, Guillaume le Boursier, Garnot le Scelleur, Guillaume de Chesnay, Gauthier de la Pointe, Jehan Langlois, charpentier, Josse le Chandelier, Roger Liné, Jehan le Comte, tous demeurans à Paris, & Adam Chefdeville demeurant à S. Denis, d'une part, ayant pouvoir de maintenir & gouverner la confrairie, hostel &

Tome II. V u

hospital dessusdits, de recevoir & quitter, si comme nous vismes plus pleinement estre contenu en une lettre de procuration scellée du scel de la prevosté de Paris, qui ainsi commence: A TOUS ceux qui ces presentes lettres verront, Pierre Belagent, garde de la prevosté de Paris, salut. Sçavoir faisons, que pardevant Jehan le Comte & Macé de la Prée, clercs notaires jurez, establis de par nostre seigneur le roy au Chastelet de Paris aux choses qui s'ensuivent, oir & mettre en forme publique, & specialement en lieu de nous deputez & commis, personnellement établis sire Jehan Gencian, sire Pierre des Essarts, Jehan Despinon, Regnault le Paonnier, &c. & tous les dessus nommez, tous confreres, avec autres de la confrairie monseigneur S. Jacques l'apostre de Galice, fondée à Paris par lesdits confreres en l'honneur & en la louange de Dieu & de madame sainte Marie & du saint apostre dessusdit, affermerent que en plein siege de lad. confrairie qui fut le Dimanche d'après la feste de S. Jacques l'apostre dessus nommé, c'est à sçavoir le XXVII. jour de Juillet M. CCC. XXXVII. en l'hospital dudit S. Jacques l'apostre, fondé à Paris par lesdits confreres & leurs predecesseurs en la grande rue près de la porte S. Denis, de l'assentement de tous lesdits confreres ou de la greigneur & la plus saine partie d'iceux, furent nommez, élûs & publiez en maistres, gouverneurs, procureurs & administrateurs de ladite confrairie & de l'hospital dessusdit, & de tous les biens, revenus, profits & émolumens d'iceux, jusqu'à un an dit & ensuivant sans nul contredit : c'est à sçavoir Estienne de la Bruiere, drapier, & Pierre Malaesié, changeur, confreres de ladite confrairie, & chacun d'eux pour le tout, si comme les dessus nommez confreres disoient ; pourquoy tuit les dessus nommez confreres representans tout le commun de leurs autres confreres, pardevant lesdits notaires jurez firent, ordonnerent & establirent pour eux & pour tous leursdits confreres, en leurs noms & au nom de la confrairie & hospital dessusdits, les dessus nommez Estienne de la Bruiere & Pierre Malaesié, & chacun d'eux pour le tout portant ces lettres, maistres, gouverneurs, procureurs & administrateurs de la confrairie & hospital dudit monsieur S. Jacques, & de tous les biens, rentes, heritages, maisons, possessions, & de toutes les issues, revenus, profits & esmolumens de la confrairie & hospital dessusdits, & de tous les dons, legs & autres choses qui y pourront eschoir & appartenir, jusqu'à un an seulement, si comme dit est ; donnant & octroyant ès noms dessusdits ausdits maistres & gouverneurs, & à chacun d'eux pour le tout, plein & delivré pouvoir de maintenir & gouverner la confrairie & hospital dessusdits ; de multiplier, accroistre, garder & defendre les biens & les droits d'icelle confrairie & dudit hospital ; de pourchasser & recevoir tous dons, legs, aumones, & tous les profits, issues, revenus & esmolumens qui à la confrairie & hospital dessusdits pourront & devront appartenir ; de faire fondations, chapellenies & admortissemens de rentes & de lieux, de sepultures des morts, & de quelconques autres choses, au nom & au profit de l'hospital & confrairie dessusdits ; de transiger, composer & accorder avec quelconques personnes, tant d'église comme seculiers, qui tant des choses spirituelles comme temporelles & autres affaires, auront à besongner pardevers la confrairie & hospital dessusdits : de pourvoir aux prébendes & benefices qui y pourront eschoir en leurs temps, selon la fondation de la confrairie & hospital dessusdits, sans mésuser ni exceder les points de la fondation dessusdite : de faire toutes autres pensions de biens & de personnes audit hospital à l'usage & au profit d'iceluy & de ladite confrairie. Et ainsi se finissent ; promettans les confreres dessus nommez, pour tout le commun de leurs autres confreres, aux noms d'eux & de la confrairie & hospital dessusdits, d'avoir ferme & agreable sans appel à toûjours, tout ce que par lesdits maistres & gouverneurs & par chacun d'eux & par les procureurs qu'ils établiront, & par les substituts d'iceux sera fait, procuré, ordonné & gouverné ez choses dessusdites & en leurs dependances, sans jamais aller encontre, & à payer le juge, si mestier est, sur la caution & obligation de tous les biens, & specialement du temporel & revenus de la confrairie & hospital dessusdits ; ces presentes lettres jusqu'à un an demeurant en leur vertu. EN TESMOING de ce nous à la relation desdits notaires jurez, auxquels nous adjoutons pleniere foy en ce cas & en greigneur, avons mis à ces presentes lettres le scel de la prevosté de Paris. Ce fut fait & accordé l'an de grace M. CCC. XXXVII. le Lundy après le jour dudit siege XXVIII. jour dudit mois de Juillet. *Signé*, LE COMTE & DE LA PRÉE, *avec paraphes. Ibidem.*

STATUTS

STATUTS DU CHAPITRE
de S. Jacques-l'hôpital.

An. 1388.

UNIVERSIS præsentes litteras inspecturis, miseratione divinâ Petrus epiícopus Parisiensis, notum facimus quòd ecclesia sancti Jacobi de hospitali nobis in spiritualibus subjecta, patiebatur per negligentiam servitorum ejusdem in divinis obsequiis & in modo deserviendi ibidem plures defectus notabiles, & quòd non modicum detrahebatur honestati dictæ ecclesiæ per aliquas personas ejusdem se non gerentes in eâ prout decet, & se habentes in gestu & habitu aliter quàm debeant; & ob hoc nos timentes ne divinus cultus diminuatur in eâ, quem temporibus nostris augeri totis mentibus affectamus; in primis igitur, ut divini servitii cultum tam primi capellani quàm beneficiati & alii clerici liberiùs & honestiùs in posterum exequantur, eorum transgressionibus provocati.

I. Statuimus quòd stallus seu locus erit in choro, ubi hinc inde tam primi capellani quàm alii qui ibidem assignantur, assideant. Quamdiu autem divinum officium celebratur, abstineant omnes à frivolis collocutionibus, fabulationibus, cachinnationibus, tumultibus atque signis, per quæ forsan posset divinum officium impediri; ordinantes ut si vox alicujus tumultuosa atque contentiosa proferatur, ille qui sic fecerit, distributionibus illius diei privetur; graviùs puniendus qui frequenter in hoc deprehensus fuerit excessivè.

II. Ac etiam statuimus quòd qui voluerit interesse processioni, à choro cum processione exeat; qui contrà fecerit, distributione quæ pro processione datur, privetur. In singulis horis intret quilibet ante primum *Gloria Patri*, scilicèt in fine primi psalmi; qui contrà fecerit, distributione illius horæ privetur, & exeat è choro. Nullus postquàm intraverit chorum, dum ibi missa seu quodlibet aliud officium celebratur, exeat, nisi necessaria & inevitabilis causa subsit; qui contrà fecerit distributione illius horæ privetur, & qui secundò super hoc adhibuerit, graviùs punietur.

III. Præcipimus etiam ut primi capellani & beneficiati ad processiones defunctorum non vadant, nisi tot remaneant in ecclesia qui honestè & sinè scandalo divinum officium valeant adimplere; tum etiam qui remanebunt æqualem cum exeuntibus percipiant portionem, nam *æqua debet esse pars descendentis ad prælium & remanentis ad sarcinas*. Præterea præcipimus ut clericus debito tempore horas pulset,

Tome II.

& prout consuetum est in ecclesia.

IV. Item statuimus quòd clericus in ecclesia de nocte jaceat, sub pœnâ quatuor solidorum parisiensium, & sub pœnâ redditionis periculorum.

V. Præcipimus etiam ut primi capellani & sui clerici faciant, prout juraverunt, & teneant officia sua; alioquin ad convincendum illos de perjurio & privandos ipsos de beneficiis suis, prout jura exigunt, procedemus. Inhibemus etiam ne aliquis de dicto loco ad taxales seu girestum ludat; quod si secùs fecerit, contrà ipsum procedetur per legitimas sanctiones.

VI. Item, statuimus quòd nullus dictæ ecclesiæ intret tabernam cum habitu ecclesiæ; quòd si fecerit, privatum de choro se noverit per tres dies.

VII. Præcipimus quòd omnes psalmodiantes in dictâ ecclesiâ psalmodient tractuatim, facientes pausam in medio versiculi, & quòd altera pars chori non incipiat versiculum, donec versiculus alterius partis sit non finitus.

VIII. Præcipimus etiam & ordinamus, quòd de cætero nullus de servitoribus ejusdem ecclesiæ recedat, dum celebratur officium matutinarum, quousque fuerit completum dictum officium, nec causâ dicendi secretè ad partem matutinas, nec aliàs omninò. In choro usque ad completionem dicti officii remaneant, nisi urgente causâ necessariâ eos vel aliquem ipsorum exire oporteat, & quâ cessante redire ad dictum officium tenebuntur. Omnes etiam ad matutinum officium surgant, & ad divinum officium sint intenti, scilicèt primi capellani qui se vocant canonicos, qui tenentur totum servitium chori cum suis clericis adimplere.

IX. Præcipimus similiter ne beneficiati seu etiam alii clerici, quamdiù celebratur divinum officium, in cæmeterio, claustro, seu plateâ ecclesiæ, sive in angulis ipsius ecclesiæ invicem vel cum personis sæcularibus colloquantur, vel publicè se ostendant.

X. Hebdomadarius autem qui privatis diebus defectum fecerit in officio vesperarum, matutinarum vel missæ, solvat pro quolibet defectu duodecim denarios.

XI. Item, si defectum fecerit in horâ primæ, tertiæ, sextæ, nonæ, vel completorii, solvat pro quolibet defectu quatuor denarios. Qui autem defectum fecerit in evangelio, solvat octo denarios; qui in epistolâ defectum fecerit, solvat sex denarios; qui autem in officio chori vel in ordinandâ tabulâ defecerit, solvat duo-

Vu ij

decim denarios pro qualibet vice; qui verò in responsorio vel lectione defectum fecerit, privetur in duplo. Quos denarios ad fabricam dictæ ecclesiæ volumus pertinere.

XII. Et præcipimus quòd fiat tabula ex nunc super ordinatione divini servitii in dicta ecclesia, prout in dicto statuto continetur, & quòd ex nunc scribantur quotidiè defectus qui fient, & nomina illorum per quos fient, & qui tenentur qualibet septimanâ, vel solùm quolibet mense; retinendo ipsos defectus de iis quæ ipsis deficientibus debebuntur distributionibus sive redditibus, aut aliter procedendo, prout fuerit legitimè faciendum. Et reputamus illos deficientes, qui licèt in principio servitii intersint, recedunt servitio non completo, absque causa necessaria, sicuti illos qui non intersunt in principio, nec in medio, nec in fine.

XIII. Item, præcipimus ne diaconus & subdiaconus qui sunt induti ad magnam missam vel ad missam de anniversario pro epistola vel evangelio, recedant vel se exuant, aut dimittant presbyterum celebrantem antequam missa fuerit integrè celebrata; aliàs sint reputati, ut reputamus, deficientes omninò, sicuti in aliquo non interfuissent. Etiam inhibemus ne aliquis pro subdiacono vel diacono aliquatenùs ibidem ad hoc ponatur alicujus vice, qui non sit in sacris ordinibus, & qui non sit in ecclesia beneficiatus, aut officiarius in ea; hoc addendo præmissis pro honore & utilitate dictæ ecclesiæ.

XIV. Statuimus etiam ac ordinamus quòd quilibet de choro dictæ ecclesiæ sancti Jacobi habeat & assumat in tempore hyemali cappam nigram, scilicèt in craftino octavarum sancti Dionysii in matutinis, & quòd absque eâ nullomodo intret chorum, dum fiet divinum servitium in eo, & quòd eas cappas dimittat, scilicèt in vigilia Paschæ in completorio, prout fit in ecclesia Parisiensi, ut de cætero non sit disparitas in habitu inter illos de choro dictæ ecclesiæ sancti Jacobi. Item, quòd nullus de dicto choro sancti Jacobi calceos vel caligas alterius coloris quàm nigri de cætero patenter deferre præsumat; nullusque comam nutriat, neque barbam. Item, quòd quilibet, impedimento cessante, absque contradictione aut defectu quocumque se radi faciat temporibus ordinatis, largas coronas deferat & competentes tonsuras.

XV. Si quis autem post publicationem præsentium litterarum contrarium fecerit, eo ipso omnibus distributionibus divinis ac nocturnis, usque ad unum mensem continuè computandum, noverit se privatum. Decernentes quòd si quis de bonis ecclesiæ, durante termino supradicto, quocumque modo perceperit, non faciat illud suum, sed id restituere teneatur, sicut injustè detinens alienum; & usibus ecclesiæ applicandum.

XVI. Statuimus & ordinamus quòd quilibet hebdomadarius in processione die Dominico, diaconus & subdiaconus & tenentes chorum sint rasi. Si quis eorum defecerit, si presbyter hebdomadarius, sex denarios solvat; si diaconus aut subdiaconus seu tenens chorum defecerit, solvat quilibet quatuor denarios; & in annualibus festis si quis eorum defecerit, privetur in duplo.

XVII. Statuimus etiam & ordinamus quòd clericus dictæ ecclesiæ pulset matutinas & horas temporibus debitis, & per competentia intervalla & ordinatè, taliter quòd ipsi de choro possint surgere ac se præparare. Et in ultimo ictu pulsato, statim hebdomadarius sinè magna mora incipiat; & ita in omnibus horis aliis divinis, sicuti & in matutino; & si moram fecerit, pro qualibet hora solvat sex denarios. Item, præcipimus quòd nullus dictæ ecclesiæ sit ausus pulsare pro quacumque hora, nec incipere pulsare, nisi ille qui tenetur hoc facere in hora debita.

XVIII. Præcipimus primis capellanis & etiam aliis capellanis dictæ ecclesiæ, ut missas ad quas tenentur in altaribus suis absque defectu celebrent, prout sunt stricti per sua juramenta; inhibentes etiam ne aliquis ipsorum bis in die celebrare præsumat, cùm vix sit aliquis sufficiens ad celebrandum unâ vice, saltem nisi in casibus quibus est à jure permissum.

XIX. Statuimus etiam ac ordinamus ut de cætero nullus recipiatur in choro dictæ ecclesiæ sancti Jacobi, nisi de licentia thesaurarii & gubernatorum dictæ ecclesiæ, & super hoc habeat litteras, ut, si necesse fuerit, docere possit quòd sit de choro dictæ ecclesiæ.

XX. Statuimus etiam & ordinamus quòd in dicta ecclesia risus inhonesti & omnes rixæ & confabulationes ac omnia jurgia, dum celebrantur sacra solemnia, penitùs conquiescant, & quòd conversatio ipsorum de dicta ecclesia sit ita devota, humilis & quieta, ut Deo omnipotenti & omnibus affluentibus ad eam placabilis sit & grata. Beneficiati autem dictæ ecclesiæ ac etiam clerici honorem deferant thesaurario ac etiam magistris laïcis, prout decet.

XXI. Deputamus autem discretum virum dominum Robertum *le Sueur* thesaurarium dictæ ecclesiæ, vel &c. prout juris fuerit, ad recipiendum vel levandum pœnas omnes prædictas ab omnibus illis contrà quos erunt commissæ, absque eo quòd super hoc alteri pareatur, & compellendum ipsos ex parte nostra ad satisfaciendum in præmissis, & ad sciendum qui erunt rebelles & contradictores in præmissis, & ad remittendum eos nobis puniendos, & ad faciendum alia super hoc necessaria & etiam opportuna ; cui in hac parte pareri volumus & mandamus ; præfatus enim dominus Robertus promisit coràm nobis hoc fideliter facere absque acceptione personarum. Quòd si negligens fuerit in præmissis vel remissus, de suo proprio restituere teneatur.

XXII. Præmissa autem omnia & singula unanimiter statuimus & ordinamus, & sic volumus in posterum observari, antiquis statutis per nos factis ad hoc non contrariis & cæteris in suo robore durantibus ; retentâ tamen potestate ordinandi & addendi, declarandi & corrigendi in præmissis, prout nobis videbitur expedire. Et ne aliquis de prædicta ecclesia ignorantiam contrà prædicta prætendere possit, volumus præmissa legi & publicari in choro dictæ ecclesiæ, ut contrà transgressores hujusmodi debitè procedere valeamus. Et volumus aliquam scripturam de præmissis fieri in aliqua tabula, & suspendi in aliquo loco eminenti in revestiario ecclesiæ prædictæ. Et inhibemus sub pœna excommunicationis, ne aliquis vel aliqui illam scripturam amoveat vel amoveant, absque licentia nostra, aut dilaceret vel dilacerent quoquomodo. Et monemus per præsentes omnes & singulos palàm & publicè, ne hoc faciant aut fieri procurent. Quòd si aliqui vel aliquis contrarium fecerint aut fecerit, seu ad hoc consilium, auxilium aut opem seu juvamen præstiterint seu præstiterit, clam vel palàm, illum vel illos in iis scriptis excommunicationis vinculo innodamus ; & volumus illum vel illos excommunicationis sententiam incurrere ipso facto. Et ut præmissa firma & stabilia perseverent, sigillum nostrum fecimus præsentibus litteris apponi. Datum anno Domini M. CCC. LXXXVIII. mensis Decembris die x. *Ibid.*

Autres statuts & réglemens pour l'église de S. Jacques-l'hospital.

CH. 1657.

JEAN-BAPTISTE de Contes, prestre docteur ès droits, doyen & chanoine de l'église métropolitaine de Paris, conseiller ordinaire du roy en ses conseils d'état & privé, & vicaire general de mon-

seigneur l'éminentissime & reverendissime pere en Dieu messire Jean-François-Paul de Gondy cardinal de Retz archevêque de Paris ; à tous ceux qui ces presentes lettres verront, salut. Sçavoir faisons que le Mardy XXIII. jour d'Octobre M. DC. LVII. sur la requisition à nous faite par les sieurs tresorier & chanoines, ensemble par les administrateurs de l'église de saint Jacques de l'hospital, située ruë S. Denis à Paris, nous nous sommes transportez en ladite église de S. Jacques, assistez de messire Antoine Dupuys, aussi prestre, bachelier en theologie, curé de l'église des SS. Innocens & promoteur de l'archevêché de Paris, & de messire Jean Roger notaire apostolique & commis du secretaire ordinaire dudit archevêque ; où estans, nous aurions esté receus par lesdits sieurs tresorier, chanoines & administrateurs ; & leur ayant exposé le sujet de nostre venuë, nous nous serions revestus de nos habits ecclesiastiques & d'une estolle, & en leur presence aurions commencé ladite visite par le tabernacle de ladite église, & après en avoir donné la benediction, nous avons ouvert le ciboire & visité les hosties qui estoient dedans en assez bon nombre, lesquelles nous avons trouvées avoir esté depuis peu de tems renouvellées, sans qu'il y eust rien à desirer pour la netteté & bienseance dans laquelle elles doivent estre gardées ; & après avoir refermé ledit ciboire & avec iceluy donné la benediction, comme devant, nous l'avons reporté & remis audit tabernacle qui est du costé de l'évangile dudit grand autel, avec les solemnités en tel cas requises & accoustumées.

Ce fait, nous avons visité une petite armoire estant du costé gauche du chœur de ladite église, en laquelle sont gardées les saintes huiles, que nous avons trouvées toutes dans un mesme vaisseau d'argent separé en trois petites boëtes ; & d'autant que pour l'administration du sacrement de l'extrême-onction l'on est obligé de porter ledit vaisseau, dans lequel est aussi le saint cresme & la sainte huile des cathecumenes, nous avons ordonné ausdits sieurs administrateurs d'achepter un vaisseau separé pour mettre la sainte huile de l'extrême-onction pour les malades. Comme aussi nous avons visité les fonts baptismaux estant au bas de ladite église, près la grande porte d'icelle, lesquels nous avons trouvez en bon estat ; & neantmoins ordonné qu'au lieu de la cuvette de plomb qui est à present ausdits fonts, il en sera achepté une autre d'estain, pour y con-

Vu iij

ſerver l'eau baptiſmale plus nettement.

Enſuite nous avons veu & viſité toute ladite égliſe & les chapelles & autels qui ſont en icelle, que nous avons trouvez en bon eſtat & deûment ornez, ſans y avoir remarqué aucunes images qui ne ſoient dans la bienſeance ordonnée par les ſaints decrets & conſtitutions eccleſiaſtiques.

Après quoy, aſſiſtez comme deſſus, nous ſommes entrez dans le bureau & lieu auquel leſdits ſieurs adminiſtrateurs ont accouſtumé de s'aſſembler pour traiter des affaires du temporel de lad. égliſe, auquel lieu ſe ſont trouvez & ſont comparus par-devant nous meſſire Jacques le Normant, preſtre treſorier, Jean-Jacques Pelens, Pierre Belin, Jacques Aubery, Charles Tuppin & Jean Cramoiſy, chanoines, Maximilien Henry, Germain Chapperon, Matthias Thomé, François Gougeon, Jean l'Hoſte, Jean Ruſuveille, Antoine Girodon, Nicolas Taillandier, Jean Leſturgeon & Pierre Bourguet, chapelains, David Reguier, Guillaume Cormiolle, François Préfontaine & François Coquillart, vicaires, les quatre enfans de chœur, les ſieurs René de la Haye, Sebaſtien Cramoiſy, Jean-Baptiſte Forme, André le Vieux, Jacques de Veuges, Jean Montmireau & Guillaume le Beau, adminiſtrateurs dudit hoſpital; & après avoir oüy leſdits ſieurs treſorier, chanoines, chapelains, vicaires & adminiſtrateurs, en preſence des uns & des autres, ſur pluſieurs plaintes, remontrances & requiſitions qu'ils nous ont reſpectivement faites, enſemble le promoteur, nous avons ordonné ce qui enſuit.

Premierement, que ledit ſieur treſorier adminiſtrera par luy ou ſon vicaire ou commis, les ſacremens à tous les chanoines, chapelains & beneficiers demeurans & réſidens au cloiſtre de ladite égliſe & hoſpital; comme auſſi à tous les habituez, ſerviteurs & autres perſonnes demeurans audit cloiſtre.

II. *Item*, que ledit ſieur treſorier fera l'office divin aux premieres veſpres, matines, grande meſſe & ſecondes veſpres aux jours & feſtes de Paſque, de l'Aſcenſion, de la Pentecoſte, de la Trinité, de la premiere feſte de Dieu, de S. Jacques, patron de ladite égliſe, de l'Aſſomption de Noſtre-Dame, de la Dédicace de ladite égliſe, de Touſſaints, de la Tranſlation de S. Jacques, de Noel, du premier jour de l'an, de l'Epiphanie, de la Chandeleur, par préference à tous chanoines & beneficiers, encore qu'auſdits jours & feſtes ils ſe trouvaſſent en tour de ſemaine. Et lorſque ledit ſieur treſorier ſera l'office ès jours & feſtes cy-deſſus declarez, il ſera aſſiſté à la meſſe de deux chanoines qui feront l'office de diacre & ſoudiacre, chacun à ſon tour, & ſelon la table qui en ſera faite à chacune deſdites feſtes & miſe à l'aigle & dans la ſacriſtie deux jours auparavant leſdites feſtes; comme auſſi aux matines, premieres & ſecondes veſpres deſdites feſtes ſera ledit ſieur treſorier aſſiſté d'un chanoine preſtre ſeant au coſté gauche du chœur de ladite égliſe, pour aller à l'encens avec luy.

III. *Item*, que ledit ſieur treſorier fera la benediction de l'eau-benite & des fonts les vigiles de Paſque & de la Pentecoſte, la benediction des cendres, la benediction de rameaux, le lavement & l'ablution des autels le Jeudy-ſaint, & l'adoration de la croix le Vendredy-ſaint, auſſi par préference aux chanoines ſemainiers.

IV. *Item*, qu'eſdits jours de feſtes eſquelles ledit ſieur treſorier fera l'office, deux chanoines tiendront chœur & porteront chappes aux premieres & ſecondes veſpres, matines & grande meſſe; & les chapelains porteront les ſecondes chappes aux répons deſdites premieres veſpres & au dernier répons des matines eſdits jours de feſtes.

V. *Item*, ès autres jours & feſtes de l'année leſdits chanoines ſeront tenus de dire & chanter, chacun alternativement & à tour de ſemaine, les grandes meſſes qui ſe chantent au grand autel de ladite égliſe, & en icelle faire l'office de diacre, ſuivant la table qui en ſera dreſſée & miſe tant à l'aigle qu'à la ſacriſtie de ſemaine en ſemaine; & fera ou fera faire ledit ſieur treſorier ſa ſemaine à ſon tour, comme les autres. Et ne pourra le ſemainier s'abſenter pendant la ſemaine ſans grande neceſſité, de laquelle il donnera connoiſſance audit ſieur treſorier; & en cas qu'il trouve bon ladite abſence, ledit ſemainier commettra une autre perſonne de ladite égliſe à ſes dépens, pour achever ſa ſemaine.

VI. *Item*, que pour donner commodité à chacun de chanter, les lutrins ou pupitres qui ont eſté oſtez devant les places deſdits chanoines, ſeront rétablis, & ſur iceux mis des pſeautiers & autres livres de chant.

VII. *Item*, afin que chacun ſoit diligent de ſe trouver à l'office divin, il ne ſera permis d'entrer au chœur après le premier *Gloria Patri* du premier pſeaume des veſpres & matines, & à la grande meſſe après que l'épitre d'icelle ſera commencée,

mencée ; & ne pourra le pointeur tenir presens & donner la distribution à ceux qui seront entrez après ledit temps.

VIII. *Item*, que lesdits sieurs tresorier, chanoines & autres beneficiers de ladite église entrans au chœur d'icelle, feront une inclination à l'autel & aux assistans de l'un & de l'autre costé, & en sortant du chœur feront la mesme inclination à l'autel & à ceux de leur costé, tant au-dessus qu'au-dessous d'eux.

IX. *Item*, afin que le service soit fait avec la bienseance requise, sera la mediation observée en telle sorte que l'on ne commencera point à chanter un autre verset que le precedent ne soit entierement achevé, sans anticiper l'un sur l'autre. Et afin que le chœur ne demeure point desert & abandonné, nous avons défendu & défendons à tous lesdits chanoines & beneficiers de sortir du chœur pendant les vespres, matines, laudes & la grande messe, pour entendre les confessions, ni pour dire leurs messes particulieres, sans le consentement dudit sieur tresorier, ou, en son absence, du plus ancien estant audit chœur.

X. Et d'autant qu'il ne suffit pas d'estre à l'office, si on n'y apporte l'attention requise, nous défendons ausdits sieurs tresorier, chanoines, chantres & choristes de parler les uns aux autres en particulier audit chœur, si ce n'est pour quelque necessité pressante de l'office.

XI. Comme aussi nous leur défendons de reprendre à haute voix ceux qui feront quelque faute au chant & à l'office dudit chœur, mais de reserver à les advertir en particulier & hors dudit chœur, pour ne point faire de scandale, & donner lieu aux laïques de remarquer & observer la faute qu'ils n'auroient pas reconnuë, sans la reprehension qui en auroit esté faite publiquement.

XII. *Item*, s'il arrive que par incommodité, maladie ou autre empeschement un ou plusieurs desdits chanoines ou autres beneficiers ou habituez s'absentent dudit chœur, ils en avertiront ledit sieur tresorier, & les autres qui y seront suppléront l'office que doivent faire les absens, sans qu'ils puissent quitter ledit chœur & s'exempter de faire l'office desdits absens.

XIII. *Item*, que lesdits sieurs tresorier, chanoines & autres beneficiers & habituez recevront debout & teste nuë, avec inclination & respect, les antiennes qui leur seront annoncées par les chappiers & autres à ce commis ; & en chantant lesdites antiennes laisseront tomber & descendre les costez de leurs chappes en hyver ; ce qu'ils feront aussi en chantant les leçons, repons & versets à matines & aux autres heures.

XIV. *Item*, affin que les heures de l'office divin soient certaines, le chanoine qui sera en semaine ne pourra avancer ni retarder ledit office, si ce n'est pour quelque necessité, de laquelle il donnera avis audit sieur tresorier, duquel il en recevra l'ordre.

XV. *Item*, que les enfans de chœur ne sortiront point d'iceluy pendant l'office que pour quelque necessité, & y seront conduits par leur maistre, pendant qu'on sonnera le dernier coup des heures ausquelles ils devront assister, & avant qu'elles soient commencées, & après l'office achevé seront conduits par leurdit maistre en leur maison.

XVI. *Item*, que le portier & sonneur de ladite église sera assidu à son office, tant pour sonner les cloches aux heures prescrites, que pour tenir ladite église ouverte & fermée, & obeïr aux ordres dudit sieur tresorier ou de son commis.

XVII. *Item*, seront tenus lesdits sieurs tresorier, chanoines, chapelains & autres habituez de ladite église, d'assister à toutes les processions & particulierement aux generales, desquelles ils ne seront dispensez que pour cause de maladie ou autre legitime empeschement, lequel lesdits chanoines, chapelains ou habituez feront connoistre audit sieur tresorier ; & en cas d'absence & non assistance ausdites processions, seront privez de leurs distributions ordinaires par trois jours.

XVIII. *Item*, seront tenus lesdits sieurs tresorier & chanoines d'assister aux obits qui se celebrent à l'église les premier & quinziéme jours de chacun mois non empeschez d'octaves ou festes doubles ; & lorsqu'ils n'y assisteront pas, seront privez de leur pain de chapitre pour trois jours, si ce n'est qu'ils soient actuellement malades, ou ayent quelque autre empeschement legitime, duquel ils auront donné connoissance audit sieur tresorier avant la celebration desdits obits.

XIX. *Item*, afin que les fondations des chapelles de ladite église soient acquittées au desir d'icelles, seront tenus lesdits chapelains nous representer dans quinzaine les actes de fondation de leurs chapelles, pour suivant iceux regler le nombre des messes qu'ils doivent dire par chacune semaine ou autrement ; auquel reglement ledit sieur tresorier tiendra la main.

XX. *Item*, nous avons ordonné que les statuts & reglemens de ladite église faits par feu d'heureuse memoire Pierre, évesque de Paris, & autres cy-devant faits, seront gardez & observez selon leur forme & teneur, en ce qu'il n'y est dérogé par ces presentes. Fait à Paris les jours & an que dessus. *Signé*, DE CONTES, *& plus bas*, ROGER. *Ibidem.*

Election de deux gouverneurs-administrateurs de la confrairie de S. Jacques de l'hospital, & leur pouvoir.

AN. 1400.

A Tous ceux qui ces lettres verront, Jehan seigneur de Folville, chevallier, chambellan, conseiller du roy nostre sire, garde de la prevosté de Paris, salut. Sçavoir faisons que pardevant Andry le Preux & Jehan Chastenier, clercs notaires du roy nostre sire au Chastelet de Paris, furent presens honorables hommes & sages messire Jehan de Dormans, chevalier, & messire Thibault Fiessart, conseiller du roy nostre sire en son parlement, sire Philippes Giffart, conseiller & maistre des comptes dudit seigneur à Paris, sire Guillaume Perdriere, sire François Dannoy, tresorier de France, sire Jehan Fale, sire Jacques Dupuys, élû à Paris, maistre Robert de Thilliers, examinateur, Nicolas Legras, procureur au Chastelet de Paris, Hulain de Renneval, Richard de Laillier, Adam de Compans, Gautier de Favencourt, Guillaume de Longuepé, Adam de Lecoffe, Pierre Gencien, Jehan Lallemant, Guillaume Godin, Gassot le Bossu, Pierre Nocent, Colin Bilain, Colin du Pont, Bodet de Calais, Jehan de Compiegne, Simon Benoist, Jehan du Chemin, Berthault Lorbateur, messire Jehan la Damoisel, prestre, Gilles Sime, Jehan de Dinant, Regnault Morise, Girard de la Barace, Perrin de S. Venant, Mathieu de Vannes, Pierre Ogier & Pierre Caboche, tous confreres & conseillers de la confrairie monsieur S. Jacques apostre, & plusieurs autres freres & sœurs de ladite confrairie, assemblez de present en l'église & hospital du dessus nommé apostre monsieur S. Jacques, fondez à Paris en la grande ruë saint Denis près la porte; lesquels aux noms d'eux & des autres freres & sœurs d'icelle confrairie, & representans la plus grande & plus saine partie d'icelle confrairie, qui fut l'an de grace M. CCCC. le Dimanche premier jour d'Aoust, firent, ordonnerent & établirent pardevant lesdits notaires, de leurs bonnes volontés & de l'accord & consentement de tous les freres & sœurs d'icelle confrairie; que audit siege en icelle église & hospital estoient assemblez, maistres, pourvoyeurs, administrateurs & gouverneurs desd. église, hospital & confrairie, & de tous les droits, profits, revenus & émolumens d'iceux, du jour de la date de ces presentes lettres jusqu'à la fin d'un an prochainement venant & accompli, noble homme monsieur Philippes des Essarts, chevalier-seigneur de Thieux, conseiller maistre d'hostel du roy nostredit seigneur, & Nicolas Marc, marchand bourgeois de Paris, confreres d'icelle confrairie, ensemble & chacun d'eux par soy & pour le tout, montrant ou portant ces lettres, en telle maniere que la condition de l'un ne soit pire ou meilleure de l'autre, ainçois ce que l'un d'eux aura entrepris & commencé, l'autre puisse poursuivre & mener à fin, en toutes & singulieres les causes, querelles & besognes desd. église, hospital & confrairie, & des freres & sœurs d'icelle mouvez & à mouvoir, tant pour eux comme contre eux, en demandant & en défendant, contre toutes personnes, tant d'église comme de siecle, clercs, nobles & laïcs en toutes cours, pardevant nosseigneurs du parlement, & pardevant tous autres juges & commissaires, & leurs lieutenans commis & députez, quels qu'ils soient, tant d'église comme de siecle, & de quelque pouvoir & autorité qu'ils usent ou soient fondez; donnant & octroyant ès noms que dessus, ausdits maistres, pourvoyeurs & gouverneurs, & à chacun d'eux par soy pour le tout, plein pouvoir, autorité & mandement special de maintenir, gouverner, accroistre & multiplier, garder & défendre lesd. église, hospital & confrairie, tous les biens, droits, causes, querelles, besognes & droits d'iceux: demander, pourchasser, requerir & recevoir pour & ès noms que dessus tous dons, legs, aumônes, profits, bienfaits & revenus & esmolumens quelconques appartenans à iceux église, hospital & confrairie: de transiger, composer, finir & accorder avec toutes personnes, qui tant du spirituel comme du temporel, mêmement de sepultures de morts, de voyages ou de pelerinages vouez & promis audit monsieur S. Jacques en Galice, lesquelles pour foiblesse de corps ou pour cause de maladie ou autre vraye exoine l'on ne pourroit accomplir, ou autrement auroient à besogner pardevers ladite église, hospital & confrairie avec eux: de pourvoir aux prebendes

bendes & benefices qui écherront & pourront vacquer en lad. église & hospital, & y presenter telles personnes qu'il leur plaira, selon les points & statuts de la fondation d'iceux église, hospital & confrairie ; d'oüir les comptes & accepter mises & depenses qui par les officiers desd. église, hospital & confrairie seront faits en leur temps, de les corriger & mettre hors de leurs offices & services, & de instituer & mettre autres en leurs lieux & offices, se mestier est, & aussi de les quitter & absoudre, & de leur donner lettres de quittance, une ou plusieurs sous le scel de lad. église & hospital, ou sous tels autres sceaux comme bon leur semblera, privez ou autentiques ; de faire toutes manieres de poursuites de biens & de personnes pour iceux église, hospital & confrairie, & au profit d'iceux ; de vendre, aliener, & mettre hors de leurs mains, ès noms que dessus, à la vie d'une ou de plusieurs personnes, telles quantitez de rentes annuelles ou pensions à vie sur les biens, rentes, revenus & temporel d'iceux église, hospital & confrairie, à telles personnes ou personne, à tel temps & pour tel prix, comme il leur plaira, & en faire bonne & suffisante assiette & assignation, une ou plusieurs, generales ou particulieres ; & aussi de vendre, permuer, échanger & à toûjours ascenser à telle personne ou personnes, & pour tel prix qu'il leur plaira, toutes les maisons, terres, rentes, heritages & autres possessions quelconques, appartenans & qui appartiendront à iceux église, hospital & confrairie, lesquels ils ne pourroient tenir sans estre amorties, ou bailler à ferme, loyer ou moison ou autrement, jusques à certain temps, iceux heritages, maisons & possessions immeubles, ensemble ou par partie, à une personne ou à plusieurs, pour tel prix, loyer ou moison, comme bon leur semblera ; & encore & avec ce vendre, transporter & aliener, échanger & mettre hors leurs mains à toujours tous les heritages, rentes, maisons & possessions quelconques appartenans & qui appartiendront ausd. église, hospital & confrairie, qui leur sembleront estre improfitables à tenir & garder pour iceux église, hospital & confrairie, à telle personne ou personnes, & pour tel prix d'or & d'argent, ou pour & à l'encontre de tels autres heritages, rentes & possessions, comme il leur plaira ou à l'un d'eux ; de eux désaisir & devestir de ce qu'ils auront vendu ou échangé, & en faire saisir & vestir celuy ou ceux à qui il appartiendra ; de recevoir le prix des ventes des soultes ou échanges, fermes, loüiages, moisons, cens, rentes, revenus & dettes quelconques qui ausd. église, hospital & confrairie sont & seront dûs & appartenans, de quelconques personnes ou personne, & pour quelconque cause que ce soit ou peut estre ; de en quitter ceux de qui il appartiendra, pourvû que l'argent & deniers qui y seront des heritages, maisons, rentes ou possessions qu'ils auront vendués & qui ne seront profitables pour lad. église, hospital & confrairie, comme dit est, soit employé en autres heritages, rentes ou possessions, pour & au nom & au profit d'iceux église, hospital & confrairie, & non en autre usage ; de promettre & gager, payer & rendre lesd. rentes & possessions à ceux à qui il appartiendra, à un terme ou à plusieurs, tel ou tels comme bon leur semblera ou à l'un d'eux ; de promettre & garantir ce que vendu ou échangé, amoisoné ou aliené auront aux cousts des biens & temporel d'iceux église, hospital & confrairie, & à ce les obliger de promettre non venir contre ce que fait auront des choses dessusd. ou d'aucunes d'icelles, & à rendre & payer tous cousts, dépens, dommages & interests qui faits & soutenus seroient, tant par defaut de leurs payemens & de leurs garanties, au nom que dessus, comme autrement, pour raison des choses par eux promises en faisant lesdits contracts non accomplies ; de donner, passer & accorder sous le scel d'icelle église & hospital, ou sous autres sceaux tels comme il leur plaira, une ou plusieurs lettres de garantie, de quittance, de vente, d'échange, bail, assentement, ou autres, tant & tels comme bon leur semblera ou à l'un d'eux, sur lesdits contracts & sur chacun d'iceux ; de obliger en icelles lettres tous les biens & temporel d'iceux église, hospital & confrairie, meubles & non meubles, presens & à venir, & les soumettre à telles jurisdictions ou jurisdiction comme il leur plaira, & de mettre en icelles lettres telles promesses, obligations & renonciations comme bon leur semblera ou à l'un d'eux, & comme au cas appartiendra ; de bailler & prendre saisines ; entrer en saisine en foy, procurer de amortissemens de rentes & de fondations de chapellenies, & d'autres choses quelconques dont ladite église & hospital auront à besongner ; de transiger, pacifier, composer, compromettre & accorder & faire valoir accords, compromis, par foy, par plaige, par terme, par obligation & autrement ; de faire &

établir, tant pour eux & en leurs noms, comme au nom des autres confreres & sœurs desd. église, hospital & confrairie, tant conjointement que divisement, procureur un ou plusieurs, en toutes leurs causes, querelles & besongnes meuës & à mouvoir, tant pour eux comme contre eux, en demandant & en deffendant, en toutes cours, pardevant nosseigneurs de parlement, & pardevant tous autres juges & commissaires & leurs lieutenans commis & deputez, quels qu'ils soient, tant d'église comme de siecle, & de quelque pouvoir & autorité qu'ils usent ou soient fondez, lesquels procureurs ayent & auront, tout ainsi comme lesdits maîtres & gouverneurs, plein pouvoir de faire pour lesdits maistres & gouverneurs & pour les confreres & sœurs d'icelle confrairie, d'estre en jugement & hors, de faire toutes manieres de demandes & requestes, bailler & recevoir libelles, supplications & apparitions de leurs personnes, representer & exoiner, de convenir, reconvenir, avouer, desavouer, délivrer cour & juge, de requerir & demander garants, prendre & recevoir garantie, de faire & voir faire vûës & ostentions de lieux, de gager & prèndre gages, faire faire criées & subhastations, eux opposer en tous cas & à toutes fins à toutes criées & subhastations, de faire toutes manieres de renonciations, accepter adjournemens & contredire, plaider plaid ou plaids, entamer & commencer, jurer & dire les veritez, faire toutes manieres de sermens que ordre de droit requiert & enseigne, de produire témoins, & contredire témoins produits de partie adverse, leurs dires & dépositions, & mettre en forme de preuves, & contredire lettres, actes, memoraux & instrumens, de conclure, en causes requerir apostres, impetrer benefices d'absolution, de oirs, droits, arrests interlocutoires & sentences diffinitives, d'appeller de griefs & de sentences, de poursuivre & renouveller leur appel ou appeaux, de y renoncer, se mestier est; de donner ausdits procureurs & à chacun d'eux tout ou tel & semblable pouvoir comme donné est ausd. maistres & gouverneurs par ces presentes, se mestier est, ou partie d'iceluy, de les rappeller, se mestier est; & generalement de faire, dire, gouverner, pourvoir & administrer des choses dessusdites & des biens & choses quelconques d'iceux église, hospital & confrairie, jaçoit que la chose requit mandement plus special. Promettant iceux confreres ci-dessus nommez, pour eux & pour tous les autres confreres & sœurs d'icelle confrairie, & sous l'obligation des biens temporels & revenus d'iceux église, hospital & confrairie, avoir agreable & tenir ferme & stable à toujours & sans aucun rappel, tout ce que des choses dessusdites & de chacune d'icelles & de leurs dépendances sera fait, dit, gouverné & administré, & autrement ordonné par lesdits maistres & gouverneurs ou par l'un d'eux, & par les procureurs qui par lesdits maistres & gouverneurs seront établis & par chacun d'eux, & à payer le juge, se mestier est. Ces presentes après un an non valables. En tesmoin de ce nous à la relation desdits notaires avons mis à ces lettres le seel de lad. prevosté de Paris, l'an & le Dimanche dessusdits. *Signé*, LE PREUX & CHASTENIER *notaires, avec paraphes.* Ibidem.

ARREST DU CONSEIL,

Qui maintient le presenté à une prébende par les confreres de l'hospital S. Jacques, & deboute le pourveu pour cause du nouvel advenement à la couronne.

Extrait des registres du conseil privé du roy.

ENTRE maistre Jean Chesdeville chantre de la chapelle du roy, demandeur, requerant l'enterinement d'une requeste presentée au roy le 24 Mars 1580. tendante à fin que la prébende de S. Jacques de l'hospital à Paris vacante par le decez de maistre Jean Hallot, luy soit adjugée, d'une part; & les maistres, gouverneurs & administrateurs de lad. église S. Jacques de l'hospital, défendeurs & empeschans l'enterinement de lad. requeste, d'autre. Veu par le roy en son conseil lad. requeste, appointement en droit donné par le commissaire à ce deputé, lettres patentes dudit seigneur du 6 Mars 1577. par laquelle sa majesté auroit ordonné que ceux par luy nommez aux archeveschez, éveschez & chapitres de son royaume à son avenement à la couronne, seroient pourvus des premieres prébendes qui viendroient à vacquer. Brevet du 16 Septemb. audit an, par lequel led. seigneur auroit donné à maistre Emery de Coufoureux la chanoinie & prébende à luy affectée en lad. église de S. Jacques à cause du nouvel avenement à la couronne. Autre brevet du 10 Juin 1577. par lequel ladite prébende auroit esté accordée par sa majesté audit demandeur par le decez dudit Coufoureux. Lettres de sommation faite ausdits défendeurs, à ce qu'ils eussent

JUSTIFICATIVES. 347

sent à pourvoir iceluy demandeur d'une prébende en lad. église, & mesme de celle vacante par le decez dudit Hallot, des 12 Decembre 1578. 4 Decembre 1579. & 22 Mars 1580. Arrests dudit conseil des 24 Septembre 1577. & dernier Juillet 1579. Bulles de sa sainteté datées xv. *Calendas Augusti, & pontificatûs sui anno* VI. Une autre XII. *Calendas Maii & pontificatûs sui anno* X. Et l'autre X. *Calendas Februarii, pontificatûs sui anno* I. contenans permission & concession faite aux confreres, maistres & gouverneurs de lad. église de l'hospital S. Jacques, de presenter & nommer aux benefices & chapelles de ladite église. Avertissemens deld. parties, & tout ce que par elles a esté mis & produit pardevers ledit commissaire; oui son rapport, & tout consideré: LE ROY en son conseil a debouté & deboute ledit demandeur de l'effet & enterinement de ladite requeste par luy presentée led. jour 24 Mars 1580. & en ce faisant a ordonné & ordonne que celuy qui a esté pourveu à la nomination & presentation desdits défendeurs de lad. chanoinie & prébende qui a vacqué par le decez dudit maistre Jean Hallot, en jouira paisiblement, comme estant ladite chanoinie en patronage lay, sans dépens de l'instance. Fait au conseil privé du roy, tenu à Fontainebleau le XIX. jour d'Octobre M.D.LXXX. Signé, DE LAUBEPINE. *Ibidem*.

Autre arrest pareil au précedent.

ENTRE maistre Antoine de Murat pourvû de la chanoinie & prébende n'aguères vacante en l'église S. Jacques de l'hospital de cette ville de Paris par le decez de défunt maistre Mathurin le Maitre, en consequence du don à luy fait par le roy de ladite chanoinie à cause de son avenement à la courone, demandeur & complaignant pour raison du possessoire de ladite chanoinie, d'une part; & maistre Jean Bonnard aussi pourvû de ladite chanoinie & prébende à la nomination & presentation des maistres, gouverneurs & patrons laïques de ladite église & confrairie de S. Jacques, opposant à ladite complainte, & lesdits gouverneurs patrons laïques respectivement, défendeurs & opposans à ladite complainte, d'autre. Après que Vervin pour ledit de Murat a dit, qu'ayant esté nommé par le roy pour tenir la premiere prébende qui viendroit à vacquer en ladite église S. Jacques à cause de son joyeux avenement à la couronne, il auroit fait signifier le brevet de

ladite nomination aux chanoines & chapitre de ladite église, & d'eux requis de luy conferer la prébende vacante par la mort dudit le Maitre, qui luy auroient refusé; au moyen duquel refus il les auroit fait assigner au conseil pour proceder sur la complainte qu'il a formée pour raison du possessoire de ladite prébende, à laquelle il conclud, & demande dépens, dommages, interests & restitution de fruits. Camus pour ledit Bonnard a dit que par le discours mesme dudit de Murat sa cause est sans apparence; car estant certain qu'en France aucuns mandats & graces expectatives ni du pape ni du roy mesme ne peuvent estre establis sur les patrons laïques, d'autant que ce seroit divertir la pieté & charité des fondateurs & patrons, ce qui fut cause qu'au concile de Basle, & au mesme temps en la pragmatique, il fut resolu qu'aucunes graces expectatives n'auroient lieu sur les patrons laïcs, comme enseigne le texte, quand il restraint toûjours ses mandats en ces mots: *Patronis ecclesiasticis*, & la glose de la pragmatique l'enseigne. §. *Item quòd ad dictas, verbo ecclesiastico, & in* §. *placuit, verbo, collationem, de collationibus, & Joannes de Silva* 19. 3. *p. q.* 11. & notamment Rebuffe *in decima quint.æ nominationum*. Et encore que l'antiquité n'en ait jamais douté, toutesfois pour en exclure toute esperance, ceux qui composerent le concordat, le voulurent éclaircir, quand en tous les chapitres premier & subsequens du titre *de collationibus*, ils disposent des benefices des collateurs, & declarent toûjours *collatores ordinarios & patronos ecclesiasticos*, adjoûtant toûjours cette particularité pour en exclure tous autres, quand il faut parler des nominations, insinuations, requisitions, bailler copie des piéces aux ordinaires; or les huit prébendes de S. Jacques de l'hospital sont de la qualité des patronages laïques, comme mesme porte la provision de Bonnard, qui nomme le fondateur d'icelles un marchand de cette ville, & a esté jugé contradictoirement par arrest du privé conseil du 19 jour d'Octobre 1580. donné par le roy, qui extraordinairement, afin qu'il servist de regle, adjoute que s'il excludt Chefdeville nommé pour le joyeux avenement, à cause que telles places sont de fondations laïques; car la qualité une fois jugée est decidée *in perpetuum & quoad omnes*. Ce qui excludt maintenant ledit Murat, lequel estant contraire à lui-mesme, a mal-à-propos rapporté que Charlemagne fonda l'an 810. cet hospital, d'autant que

Xx ij

s'il estoit de fondation royale, il n'asserviroit pas la servitude du joyeux avenement sur luy, non plus que sur les prébendes de la Sainte-Chapelle de Paris, Dijon, Bourges, Saint-Quentin, *quia nemo sibi potest servire*. Quant au second point que ledit Murat a voulu traiter, qu'il y a plus de huit prébendes audit hospital, & qu'il faut pour le rétablissement du mandat remplir le nombre de dix complet, des douze chapelles & des vicairies qui sont audit hospital, il est inutile de répondre, puisque le tout est de fondation laïque, qui exclud telles nominations, quelque nombre de présentations qu'il y ait. Mais davantage le roy ne pouvant nommer pour joyeux avenement que sur les prébendes qui sont de fondations ecclesiastiques, l'accumulation des chapelles & vicairies sur lesquelles il ne peut en tout nommer, ne sert de rien à l'accumulation qui n'est faite que *respectu ordinarii*, qui est capable & tenu de telles servitudes, ce que ne sont lesdits de l'hospital S. Jacques, puisqu'ils sont de fondations laïques, ainsi qu'il a esté jugé par ledit arrest de 1580. par le roy mesme *cum dictâ declaratione expressâ*, & *novissimè* par l'arrest du conseil de 1607. contre le procureur general du roy, qu'il ne pouvoit demander la reddition des comptes dudit hospital, comme le roy fait sur tous les hospitaux, comme pere du peuple & des pauvres, que pour examiner si les fondations sont entretenuës, & non plus. Partant conclud à ce que ledit Murat soit debouté de ladite complainte avec dépens. Jolly pour lesdits maistres administrateurs a dit, qu'il est fondé en titre & possession de trois cens ans & en arrest; car il est veritable que les confreres de la confrairie de S. Jacques en l'an 1315. ont acquis de leurs deniers la place où est à present basti S. Jacques de l'hospital, & obtinrent du roy Louis Hutin l'amortissement. Ils assemblerent les materaux, & en l'an 1319. ils suplierent la reine Jeanne fille du duc de Bourgogne, de poser la premiere pierre de leur bâtiment; ce qu'elle fit, assistée de mesdames de France ses filles, & de la duchesse de Bourgogne sa mere, ainsi qu'il est porté par leurs titres. En l'an 1321. ayant fait quelques épargnes, ils fonderent quatre chapelains & un tresorier dont ils ont la bulle de Jean XXII. pape, par laquelle ils se sont reservé la présentation, à sçavoir de presenter à l'évesque de Paris le tresorier, qui luy donne sa collation, & de presenter lesdits chapelains au tresorier qui donne les collations; & sur ces titres par arrest du 5. Septembre 1607. ledit hospital fut jugé de la fondation des confreres contre le procureur general du roy. Ils sont demeurez en cette possession de presenter ausdits benefices, sans qu'aucun les ait troublez. Par la devotion des confreres ils ont fait autres chapelains qui ont maintenant la qualité de chanoines, du nombre de huit. Estant donc en présentation laïque, ils sont exempts de toutes sortes de mandats & graces expectatives. Mais comme il est dit *in §. quod ora in pragmaticâ de collationibus*, *cap. dilectus*, *de jure patronatûs*, *abbas Joannes Andr. & Hostiensis in cap. dilectus de offi. ordina.* & les docteurs *in can. filiis 16. q. 7*. Et pour ne pas sortir de la cause, il remontre qu'un nommé Chefdeville ayant esté nommé par le roy Henry III. sur ladite église de S. Jacques pour son droit de joyeux avenement, les confreres & maîtres administrateurs s'opposerent à sa reception, & soutinrent qu'estant patrons laïques ils ne pouvoient estre grevez de ce rescrit, & par arrest du privé conseil du 19 Octobre 1580. ledit Chefdeville fut debouté, & prononcé disertement par l'arrest que l'église dudit S. Jacques estoit exempte dudit rescrit, comme estant à patronage laïque. La cause qui se présente est semblable, tellement qu'ils esperent un pareil arrest; n'estant necessaire de repondre de ce que ledit de Murat a dit, que pour faire le nombre de dix benefices, il faut compter tant les chanoinies que chapelles ou chapellenies, afin qu'il y ait lieu d'asseoir les mandats & graces expectatives, d'autant que l'on sçait qu'il faut compter les chanoines simplement. Mais il se faut arrester simplement à ce que les benefices sont en présentation laïque, & qu'ils ne peuvent estre grevez d'indult. Et conclud à ce qu'il plaise au conseil, faisant droit sur leur intervention; les declarer exempts du droit de nomination du roy pour son joyeux avenement, & demande dépens. Et que ledit Vervin pour repliques a dit, qu'il est premier pourvû que ledit Bonnard, eu égard à la requisition qui luy affecte le benefice dès l'instant qu'elle a esté faite & notifiée. Quant à ce que ses parties disent qu'il n'y a point dix prébendes en ladite église S. Jacques; répond qu'il y en a huit & douze chapelains de valeur égale aux prébendes: tellement que n'estant differentes qu'en nom, elles doivent estre accommodées pour parfaire le nombre requis pour asseoir la nomination; joint qu'estant question d'un droit royal, il n'est point raisonnable de le regler par les concordats qui procedent de l'autorité du pape. Quant à ce qu'on allegue que l'église S. Jacques est en patronage laïque & partant exempte de la nomination pour le joyeux avenement ; répond que l'histoire porte qu'elle a esté fondée par Charlemagne en 813. au retour des Espagnes, & par ainsi il faut qu'elle soit de fondation royale, conséquemment capable de recevoir telles nominations ; & si ses parties vouloient representer leurs registres & titres de la fondation, il se trouveroit qu'ils ont Charlemagne pour patron, & qu'en cette qualité ils ont celebré sa feste tous les ans, mesme qu'ils payent un certain cens au roy comme fondateur. Et pour le regard de l'arrest de l'an 1580. soutient que c'est un arrest collusoire pratiqué entre Chefdeville, moyennant la promesse qu'on luy fit de le pourvoir à l'ordinaire de la prébende qu'il vouloit avoir pour le joyeux avenement ; laquelle promesse se trouve avoir esté executée de fait, puisque Chefdeville a esté pourvû de la prébende, & en est mort saisi. Par ces raisons conclud & persiste. Et que de Chevrieres pour le procureur general du roy a sur ce esté oui : LE CONSEIL sans avoir égard à la complainte formée par led. de Murat, faisant droit sur l'opposition dudit Bonnard, a maintenu & gardé, maintient & garde ledit Bonnard en la possession & jouissance de ladite chanoinie & prébende en l'église S. Jacques de l'hospital de cette ville de Paris, fruits, profits, revenus & esmolumens d'icelle ; a levé & osté, leve & oste à son profit la main du roy & tous autres empeschemens mis & apposez sur lesdits fruits ; a condamné & condamne ledit de Murat à la restitution des fruits par luy pour ce perçûs, & aux dépens de ladite instance de complainte taxez & moderez à la somme de trente livres. Et ayant égard à l'intervention desdits maistres, gouverneurs & patrons laïques dudit hospital de S. Jacques, ledit conseil les a dechargez & decharge à l'avenir du droit de nomination du roy pour son joyeux avenement à la couronne, sans dépens. Fait audit conseil à Paris le xiv. jour de Novembre M. DC. XIII. *Signé*, HERBIN, *avec paraphe. Ibidem.*

AUTRE ARREST

Contre un pourveu en regale.

Extrait des registres du parlement.

An. 1658.

ENTRE maistre Adrien Gambart prestre, prétendant droit en la chanoinie & trésorerie de l'église & hospital S. Jacques-aux-pelerins de cette ville de Paris ruë S. Denis, demandeur en regale suivant les lettres obtenuës de sa majesté le 19 jour de Decembre 1654. d'une part. Et maistre Jacques le Normand chanoine & trésorier de ladite église de S. Jacques de l'hospital, pourvû d'icelle par la présentation des maistres, gouverneurs & administrateurs pelerins & patrons laïcs de ladite église & hospital S. Jacques ; les chanoines d'icelle église opposans à la prise de possession dudit le Normand, & lesdits administrateurs patrons laïcs de ladite église intervenans & défendeurs, d'autre, sans que les qualités puissent préjudicier. Après que Robert pour Gambart a conclu en sa demande en regale, Dubois pour ledit le Normand a soutenu ledit benefice n'avoir vaqué & n'estre sujet à la regale ; Lambin pour les administrateurs patrons laïques & Issalis pour les chanoines ont esté ouis, ensemble Bignon pour le procureur general du roi : LA COUR a reçû & reçoit les parties de Lambin & Issalis intervenantes, & faisant droit sur le tout, a déclaré & déclare le benefice contentieux n'avoir vacqué & n'estre sujet à regale, & en consequence a maintenu & gardé, maintient & garde la partie de Dubois en la possession dudit benefice, sans dépens. Fait en parlement le XIII. Février M. DC. LVIII. *Signé par collation*, GUYET, *avec paraphe. Ibidem.*

AUTRE ARREST DE REGLEMENT

pour l'hospital S. Jacques-aux-pelerins.

An. 1632.

LOUIS par la grace de Dieu roy de France & de Navarre, au premier des huissiers de nostre cour de parlement ou autre huissier ou sergent sur ce requis, salut. Sçavoir faisons que comme le jour & datte des presentes, comparans en nostredite cour les tresorier, chanoines & chapelains de l'église S. Jacques-l'hospital à Paris, demandeurs selon la requeste par eux presentée à la cour l'onziesme Janvier 1630. d'une part ; les maistres, gouverneurs, administrateurs & patrons lays de ladite église & hospital S. Jacques-aux-pelerins fondée à Paris ruë S. Denys, défendeurs, d'autre. Et lesdits tresorier, chanoines & chapelains de ladite église appellans d'une sentence donnée par nostre prevost de Paris ou son lieutenant civil le 1. Février 1630. d'une part; & les maistres, gouverneurs, administrateurs & patrons lays de l'église & hospital S. Jacques, inthimez, d'autre. Et lesdits maistres, gouverneurs, administrateurs & patrons lays de ladite église & hospital S. Jacques, demandeurs en requeste du 21. Mars 1631. d'une part; & lesdits tresorier, chanoines & chapelains de ladite église & hospital de S. Jacques de l'hospital, défendeurs, d'autre. Et lesdits maistres, gouverneurs, administrateurs & patrons lays de ladite église & hospital S. Jacques fondée à Paris ruë S. Denys, demandeurs en entherinement des lettres par eux obtenuës en chancellerie le 29. Novembre 1631. d'une part; & les tresorier, chanoines & chapelains de ladite église & hospital S. Jacques, défendeurs, d'autre. Et lesdits tresorier, chanoines & chapelains de ladite église, demandeurs selon la requeste par eux presentée à la cour le 16. Decembre audit an, d'une part; & lesdits maistres, gouverneurs, administrateurs & patrons lays de ladite église & hospital S. Jacques, défendeurs, d'autre. Et lesdits maistres, gouverneurs, administrateurs & patrons lays de ladite église & hospital, demandeurs aux fins de la requeste par eux presentée à la cour le 28. Février 1632. d'une part; & lesdits tresorier, chanoines & chapelains de ladite église & hospital S. Jacques, défendeurs, d'autre. Et lesdits maistres, gouverneurs, administrateurs & patrons lays, appellans comme d'abus de l'octroy de la requeste presentée à l'archevesque de Paris & à son conseil le 10. May 1633. ordonnance apposée au bas d'icelle & de ce qui s'en est ensuivy, & défendeurs, d'une part; & maistre Louis Thibault prestre, chanoine & tresorier de ladite église S. Jacques, inthimé & demandeur en requeste par luy presentée à la cour le 27. dudit mois de May, d'autre. Et lesdits maistres, gouverneurs, administrateurs & patrons lays de ladite église & hospital S. Jacques, demandeurs suivant la requeste par eux présentée à la cour le 13. Aoust 1633. d'une part; & ledit maistre Louis Thibault tresorier, François Chassebras, Pascal Bazoüin chanoines, Isaac Maucuid & Pierre Faure prestres, chapelains en ladite église, défendeurs, d'autre. Et encore lesdits maistres, gouverneurs, administrateurs & patrons lays de l'église & hospital de S. Jacques, appellans d'une sentence renduë par nostre prevost de Paris ou son lieutenant civil le 28. Juin 1586. d'une part; & lesdits tresorier, chanoines & chapelains de ladite église, inthimez, d'autre, ou les procureurs des parties. Et veu par ladite cour, en laquelle par arrest de nostre conseil d'estat du 16. Aoust 1635. les procez & differens des parties évoquez d'icelle par autre arrest dudit conseil d'estat du 16. Avril audit an, y auroient esté renvoyez, ladite requeste du 11. Janvier 1630. à ce que les arrests des 2. Juin 1590. & 22. Mars 1591. & reglemens rendus entre les parties fussent executez selon leur forme & teneur, & pour les contraventions faites à iceux, lesdits maistres, gouverneurs & administrateurs condamnez en l'amende; ce faisant, le compte à rendre du revenu temporel de ladite église & hospital pour l'année commencée au jour S. Jean-Baptiste 1628. & finie à pareil jour 1629. & tous les autres comptes à rendre cy-aprés, seroient avec les acquits & pieces justificatives d'iceux mis ès mains du tresorier de ladite église, pour les voir & communiquer par luy & non autres aux chanoines & chapelains d'icelle église, pour le tout rapporté quinzaine aprés qu'ils luy auront esté baillez, estre en presence desdits maistres, gouverneurs & administrateurs, dudit tresorier, plus ancien chanoine & du plus ancien chapelain, ou autres par eux députez, procedé à la huitaine ensuivant à l'audition, examen & closture desdits comptes, au bureau de ladite église & non ailleurs, suivant & en la forme prescrite par les arrests & reglemens, à peine de nullité des comptes qui seroient rendus ailleurs, & en autre forme que celle cy-dessus, & de tous dépens, dommages & interests contre lesdits maistres, gouverneurs & administrateurs, en leurs propres & privez noms; lesquels comptes lesdits maistres & gouverneurs seroient tenus faire rendre, oüir & examiner trois mois aprés chacune année écheuë. Que toutes les visitations des réparations necessaires à faire ès maisons dépendantes de ladite église, seroient faites en presence dudit tresorier & de deux chanoines & chapelains députez à cet effet par la communauté des beneficiers de ladite église; lors desquelles visitations seroit fait un devis & estat desdites réparations à faire, signé desdits tresorier, chanoines & chapelains députez. Que les marchez des réparations, suivant lesdits devis & estat, & tous autres marchez & arrestez des parties seroient pareillement faits avec lesdits

JUSTIFICATIVES.

lesdits tresorier, chanoines & chapelains & les ouvriers ; ensemble les toisez & comptes des ouvrages après la perfection d'iceux, le tout signé d'iceux tresorier & deputez, à peine de nullité & radiation des sommes employées ausdites reparations ès comptes qui se rendroient à l'avenir dudit revenu. Que lesdits maistres, gouverneurs & administrateurs ne pourroient intenter aucun procez, sans avoir consultation signée de deux avocats, dont l'un nommé par lesdits tresorier, chanoines & chapelains qui deputeront l'un d'entre-eux pour assister à ladite consultation ; autrement & à faute de ce faire, lesdits maistres & gouverneurs tenus en leurs noms des dépens, dommages & interests de tous les procez où ils succomberont. Que la cire qu'il convient fournir pour l'église, seroit délivrée en la presence dudit tresorier & de celuy qui seroit député par la communauté desdits beneficiers, comme pareillement la cire vieille baillée au cirier qui fournit les cierges & bougies pour ladite église ; desquelles cires neuves & vieilles seroit fait un arresté signé desdits tresorier & député. Qu'il ne seroit doresnavant passé & alloüé aucune chose dans le compte du revenu temporel de ladite église pour les beuvertes desdits maistres & gouverneurs. Que ceux qui ont esté maistres & gouverneurs ne pourront pour seconde fois estre esleus, sinon vingt ans après la premiere eslection, sur peine de nullité & de tous dépens, dommages & interests ; & qu'il fust dès à present procedé à l'eslection d'un nouveau maistre, au lieu de Jean du Moulin l'un desdits maistres & gouverneurs qui est à present en charge, attendu que depuis vingt ans il a esté esleu par trois diverses fois en ladite charge. Que lesdits maistres & gouverneurs fussent tenus raporter les titres & pieces en vertu desquels ils prennent chacun d'eux tous les jours un pain de chapitre ; autrement & à faute de ce, la dépense dudit pain de chapitre rayée purement & simplement dans les comptes dudit revenu, avec défense de plus prendre à l'avenir ledit pain de chapitre, sur telles peines qu'il plaira à la cour d'arbitrer. Défenses, apointement en droit à écrire & produire pardevers la cour ; advertissement & production des parties ; arrest du 27. Avril 1630. à bailler contredits & salvations ; contredits des parties ; requeste employée pour salvation par lesdits tresorier, chanoines & chapelains ; requeste presentée par lesdits maistres, gouverneurs & administrateurs le 21. Novembre 1630. à ce que l'instance en laquelle lesdits tresorier, chanoines & chapelains sont demandeurs en requeste du 19. Decembre 1619. qui est en estat de juger, & distribuée à deffunt M. de Fortia conseiller, fust pour le bien commun des parties & éviter à diversité d'arrests, jointe à celle en laquelle lesdits tresorier, chanoines & chapelains sont aussi demandeurs, selon la susdite requeste du 11. Janvier 1630. comme estant l'une & l'autre desdites requestes à mesme cas, pour estre jugée conjointement ou séparément ; arrest en plaidant du 14. Decembre audit an 1630. par lequel ladite requeste auroit esté jointe à l'instance ; requeste du 11. Janvier pour en jugeant y estre fait droit ainsi qu'il appartiendroit ; ladite sentence dont est appel du premier Février 1630. par laquelle, oüy nostre procureur, par maniere de provision, & sans préjudicier aux droits des parties, auroit esté ordonné que le compte du revenu temporel de ladite église & hospital S. Jacques, presenté par Jacques Chapelain receveur de ladite église, & communiqué tant aux maistres en charge, que tresorier, chanoines & chapelains de ladite église, seroit oüy & examiné pardevant le lieutenant civil, & à cette fin les acquits & pieces justificatives d'icelui representés au bureau de ladite église, pour estre communiqués aux parties en la maniere accoustumée, & à faute d'y comparoir seroit procedé tant en presence qu'absence, nonobstant oppositions ou appellations quelconques, & sans préjudice d'icelles, & au principal seroient les pieces des parties mises pardevers ledit lieutenant civil, écriroient & produiroient pour leur estre fait droit, ainsi que de raison, dépens reservez ; arrest du 29. Juillet 1630. par lequel sur ledit appel les parties auroient esté appointées au conseil à fournir causes d'appel, réponses, produire pardevers la cour & joint ; requeste du 2. Aoust 1630. employée pour causes d'appel par lesdits tresorier, chanoines & chapelains ; forclusions d'y fournir de réponses ; production desdits maîtres, gouverneurs & administrateurs ; requeste dudit jour 2. Aoust employée pour production par lesdits tresorier, chanoines & chapelains ; arrest du 17. Decembre audit an 1630. par lequel auroit esté ordonné que la production desdits maistres & gouverneurs seroit communiquée ausdits tresorier, chanoines & chapelains, pour y bailler contredits, & lesdits maîtres & administrateurs, de salvations ; requeste du 14. Janvier 1631. employée pour contredits ; ladite requeste du 21. Mars 1631. à ce qu'en procedant au jugement des précedentes instances, il fust ordonné que lesdits tresorier, chanoines & chapelains & autres habituez en ladite église S. Jacques de l'hospital seroient tenus representer les baux en vertu desquels ils joüissent des maisons par eux occupées, en payer les loyers à raison desdits baux, & à faute de baux, payer lesdits loyers depuis le jour que chacun d'eux occupe, au dire de gens à ce connoissans, & que pour l'advenir il fust procedé au loyer par enchere entre tous lesdits ecclesiastiques, suivant l'arrest du 19. Février 1548. & à ce que ceux qui occupent lesdites maisons fussent tenus les mettre en bon & suffisant estat, pour estre délivrées à la charge de l'entretenement de toutes réparations, avec défenses ausdits ecclesiastiques de prester leurs noms, ni de reloüer tout ou partie desdites maisons à autres que personnes ecclesiastiques habituées en ladite église, & fussent tenus à faire vuider les personnes étrangeres qui occupent le tout ou partie desdites maisons, sinon permis ausdits maistres, administrateurs & gouverneurs de les faire vuider & mettre les biens sur les carreaux, nonobstant oppositions ou appellations quelconques ; défenses, apointement en droit à écrire pardevers la cour & joint ; advertissement, production, contredits des parties, suivant l'arrest du 21. Juillet 1631. lesdites lettres du 29. Novembre 1631. pour articuler de nouvel & faire preuve par lesdits gouverneurs, administrateurs des faits y contenus ; défenses, appointement en droit à écrire & produire pardevers la cour, & joint ; productions & contredits des parties, suivant l'arrest du 6. Mars 1633. & ladite requeste du 16. Decembre ensuivant audit an 1631. à ce que lesdits maistres, gouverneurs & administrateurs fussent condamnez payer entierement & pour le tout ausdits tresorier, chanoines & chapelains le *remanet*, qui est la part des mereaux & distributions des absens qui n'ont cause legitime, qui doit accroistre aux presens & assistans au service divin, ainsi qu'il se pratique en tous les chapitres & communautés, & qu'il a esté jugé par sentence de l'official de Paris du 19. Septembre 1591. que en executant la sentence contradictoirement renduë entre les parties par le prevost de Paris ou son lieutenant le 28. Juin 1586. tous les baux des maisons de cette ville & de la ferme de Mitry dépendans de ladite église & hospital se feroient publiquement au bureau de ladite église au plus offrant & dernier encherisseur, en présence du tresorier & de l'un des chanoines & chapelains ; & à cette fin affiches mises aux portes des églises paroissiales & publiées aux prosnes des messes des lieux où les maisons & fermes sont situées, avec défenses de faire lesdits baux par anticipation & à plus long temps que de six ans, à peine de nullité & de tous dépens, dommages & interests contre lesdits maistresgouverneurs en leurs propres & privez noms. Que les troncs & boëtes de ladite église & hospital fussent fermés à deux serrures & clefs, desquelles le tresorier en aura une, & que lesdits maistres & gouverneurs n'en pourront faire l'ouverture sinon en presence dudit tresorier ou de l'un desdits chanoines & chapelains qui seroit par luy commis & deputé. Que lesdits maistres & gouverneurs ne pourront recevoir aucune fondation en ladite église qu'en presence du tresorier, ou d'un chanoine député à cet effet par luy & lesdits chanoines & chapelains, & l'employ des deniers qui seront baillez comptans, & de ceux qui procederont des rachapts desdites fondations & autres rentes, sera fait aussi en la presence & par l'avis dudit tresorier & député. Que les deniers qui se recevront de la confrairie S. Jacques, seront mis en une boëte fermant à double clef, l'une d'icelles baillée audit tresorier ; & que aux questes qui se feront pour ladite confrairie, assistera un député desdits tresorier, chanoines & chapelains, qui seroit aussi present à la reception des nouveaux pelerins ; & les deniers qui en proviendront, ensemble de ladite queste, comptez en la presence dudit tresorier & de celuy qui y auroit assisté, dont seroit fait registre ; sur lesquels deniers sera pris telle somme qu'il plaira à la cour arbitrer pour les frais & dépens de ceux qui auront fait ladite queste, sans qu'elle puisse estre excedée pour quelque cause ou occasion que ce soit, sur peine de concussion & du quadruple. Que le receveur de ladite église & hospital ne pourroit estre salarié ni payé de ses gages sinon en argent, & que lesdits gages seroient reglez à telle raison qu'il seroit advisé par lesdits maistres, tresorier & député ; & à faute de ce, les gages & autres choses payez audit receveur sans avoir esté reglez en la forme cy-dessus, rayés de la dépense des comptes. Que lesdits maistres & gouverneurs ne pourroient employer aucune chose dans la dépense desdits comptes pour

JUSTIFICATIVES.

pour les œufs de Pasques, ni pour le déjeuner de ceux qui portent le ciel aux festes du S. Sacrement, & la dépense de 23. liv. tant de sols employée dans le compte de l'année précédente, rayée. Que les maistres & administrateurs ne pourroient intenter aucun procez à l'avenir, soit contre lesdits tresorier, chanoines, chapelains ou autres, sans avoir une consultation signée de deux avocats qui seroient nommez l'un par lesdits maistres, & l'autre par lesdits tresorier, chanoines & chapelains qui députeront l'un d'entre eux pour assister à ladite consultation ; desquels procez lesdits maistres ne pourroient chevir ni composer sans l'avis dudit député, sur peine de nullité & de porter & payer par lesdits maistres, en leurs propres & privez noms, tous les dépens dudit procez, en cas qu'ils y succombent, sans qu'il en puisse estre employé ni alloüé aucune chose. Que lesdits maistres fussent condamnez, en leurs propres & privez noms, ès dépens des precedentes instances, sans en pouvoir employer aucune chose dans leurs comptes ; & que les frais qu'ils ont employez ès comptes des années 1630. & 1631. seront rayez, & lesdits tresorier & chanoines rembourser de tous les frais qu'ils ont faits & feroient cy-après esdites instances, & ce sur le revenu de de ladite église. Qu'il fust assigné un jour de bureau tous les quinze jours, où s'assembleront lesdits maistres & gouverneurs & lesdits tresorier & député desdits chanoines & chapelains, où se trouveroient ceux qui auroient affaires concernant ladite église & hospital, tant pour les marchez & réparations, que baux des maisons & autres affaires ; & ce qui seroit résolu audit bureau seroit signé desdits maistres, gouverneurs, tresorier & député, & en cas de contravention, ce qui auroit esté résolu & arresté, declaré nul, & ne seroit alloüé aucune chose dans les comptes. Que défenses fussent faites ausdits maistres & gouverneurs d'emporter hors dudit bureau en leurs maisons ni ailleurs les titres & papiers de ladite église, sinon en cas de necessité pour les produire en justice & les communiquer au conseil ; & se purgeroient par serment de ceux qu'ils ont transportez & ont en leurs maisons, lesquels ils seront tenus rapporter, à ce faire contraints par toutes voyes deuës & raisonnables, mesme par corps. Qu'il fust fait inventaire de tous les titres & enseignemens de ladite église, qui seront mis en un coffre fermant à deux serrures & deux clefs dont lesdits maistres, administrateurs & gouverneurs en auront une, & le tresorier l'autre ; sur lequel inventaire ou sur un livre & papier séparé sera fait mention des titres qui seront tirez dudit coffre, & la décharge faite lorsqu'ils seront rapportez au bureau & remis audit coffre. Et que pour éviter au desordre & à la dissipation du bien & revenu de ladite église qui se commet par lesdits maistres & gouverneurs, qui d'ordinaire sont de simples artisans non entendus ni experimentez aux affaires, il soit nommé deux notables bourgeois demeurans proche ladite église & ès environs, qui feront la charge conjointement avec lesdits maistres, gouverneurs & administrateurs, lesquels bourgeois seroient esleus par lesdits tresorier, chanoines & chapelains, & telles autres personnes qu'il plaira à la cour ordonner, en presence du lieutenant civil & du substitut de nostre procureur general audit Chastelet. Défenses, apointement en droit à écrire & produire pardevers la cour, productions & contredits des parties suivant ledit arrest du 6. Mars 1633. ladite requeste du 28. Février, à ce que le contract passé entre les heritiers de deffunct maistre Jean Chesvetard vivant chanoine en ladite église, & maistre Loüis Thibault, Jean Girard, François Chassebras, Pascal Bazoüin tresorier & chanoines, Isaac Maucuid & Maximilien Henry chapelains, pour raison d'un legs de fondation de quatre écus d'or sol de rente & arrerages écheus, fust declaré nul & de nul effet & valeur, sauf audits maistres & gouverneurs dudit hospital à eux pourvoir contre lesdits heritiers ; & à cette fin lesdits Thibault tresorier, Girard, Chassebras, Bazoüin, Maucuid & Henry tenus remettre ès mains desdits maistres & gouverneurs tous & chacuns les titres concernans ladite fondation ; comme aussi rendre tous les autres titres concernans directement ou indirectement ladite église & hospital & s'en purger par serment ; avec défenses ausdits tresorier, chanoines & chapelains de plus à l'avenir intenter aucunes actions en leurs noms, singulierement ou collectivement, pour raison des dons & fondations qui ont esté & seroient faites à l'avenir à l'église ou hospital ou ecclesiastiques, ains en donner advis ausdits maistres pour intenter toutes actions ès noms qu'ils procedent, & faire tous actes convenables suivant lesdits reglemens ; le tout à peine de destitution contre les ecclesiastiques qui contreviendront. Et pour l'entreprise faite par lesdits Thibault, Chassebras, Maucuid & Henry,

Tome II.   Y y

ils soient condamnez en leurs propres & privez noms en tous les dépens, dommages & interests. Défenses, apointement en droit à écrire, produire pardevers la cour, & joint; advertissement, productions & contredits des parties suivant ledit arrest du 6. Mars 1633. ladite requeste & ordonnance du 6. May 1633. dont est appel, presentée à l'archevesque de Paris & à son conseil par ledit Thibault, à ce que, attendu que à cause de sa charge de tresorier il est chef & superieur de ladite église & collateur de tous les benefices d'icelle, tant chanoines que chapelains, & a droit de les instituer & mettre en possession, d'instituer & destituer les vicaires & chantres, & que au préjudice de ce François Lantier l'un des gouverneurs veut introduire pour maistre des enfans de chœur, un prestre habitué en l'église des SS. Innocens, & luy faire donner le surplis par un notaire apostolique, défenses fussent faites audit prestre & à tous autres de s'immiscer en ladite charge, & à tous notaires de luy installer, & ausdits maistres & gouverneurs de faire telles violences & entreprises; ladite ordonnance dont est appel, qui est au bas de ladite requeste, par laquelle auroit esté ordonné: Soit donné assignation à comparoir de huit en huit jours, deux heures de relevée au conseil dudit archevêque de Paris, & cependant défenses d'innover & entreprendre aucune chose au préjudice des droits dudit Thibault; ladite requeste du 27. dudit mois de May, à ce qu'il fust ordonné que sur ledit appel comme d'abus les parties auroient audiance au premier jour, & cependant attendu que ledit Thibault estoit fondé en droit & accord fait avec tous les administrateurs & en possession, que provision & sans préjudice des droits des parties au principal, il luy fust permis d'instituer en ladite église de S. Jacques de l'hospital un maistre des enfans de chœur & trois vicaires chantres dans les quatre places vacantes, & défenses ausdits maistres-gouverneurs de les troubler, & à eux enjoint leur fournir de logemens & les payer de leurs gages accoustumez, à peine de tous dépens, dommages & interests en leurs propres & privez noms; arrest du 8. Juin 1633. par lequel sur l'appel comme d'abus les parties auroient esté appointées au conseil, & sur ladite requeste en droit à écrire & produire pardevers la cour & joint; causes d'appel & moyens d'abus; réponses, productions des parties sur lesdites appellations comme d'abus & requeste; arrest du 5. May 1636. employé pour contredits par ledit Thibault; autre requeste du 13. Aoust 1633. à ce que lesdits Thibault tresorier, Chassebras, & Bazoüin chanoines, Maucuid & Pierre Faure chapelains de ladite église S. Jacques de l'hospital, pour la faute par eux commise de n'avoir assisté à la procession generale qui fut faite & celebrée le premier jour dudit mois d'Aoust, fussent condamnez chacun à cent sols parisis d'amande, suivant les jugemens & arrests cy-devant rendus, & qu'il leur fust enjoint & à tous les autres ecclesiastiques d'assister ausdites processions solemnelles & au divin service, à peine de destitution de leurs charges, commissions ou benefices; défenses, apointement en droit à écrire & produire pardevers la cour; productions & contredits des parties, suivant ledit arrest du 5. May 1636. ladite sentence du 28. Juin 1586. dont est appel, par laquelle entre autres choses auroit esté ordonné que les troncs & boëtes dudit hospital seroient fermez à deux serrures, de l'une desquelles lesdits administrateurs auroient la clef, & de l'autre le tresorier, pour en estre fait ouverture par les administrateurs & tresorier ensemblement & non autrement; que lesdits administrateurs ne pourroient vendre ni apprecier le grain de la ferme de Mitry, qu'en la presence & du consentement de celuy qui seroit pour ce député par lesdits tresorier, chanoines & chapelains, ni recevoir à l'avenir aucune fondation de ladite église, que du consentement & en la presence d'un qui seroit député par lesdits tresorier, chanoines & chapelains; & au cas qu'on baille deniers comptans pour faire lesdites fondations, ils seroient reçûs en la presence dudit député, & l'employ fait avec luy & par son avis, comme aussi les rentes, si aucunes estoient baillées, & au remploy, le tout sans préjudicier à ce qui auroit esté reçû par le passé, pour raison de quoy les parties demeureroient en leurs droits & actions; que lesdits maistres retiendroient copies des executoires des dépens par eux obtenus, pour les presenter en leurs comptes; que les deniers qui se recevroient doresnavant de la confrairie de S. Jacques seroient mis en une boëte fermant à double clef, l'une desquelles seroit baillée au tresorier; que à la queste qui se feroit pour ladite confrairie, assisteroit un député desdits tresorier, chanoines & chapelains, qui seroit aussi présent à la reception des nouveaux pelerins, & les deniers qui en proviendroient & de ladite queste,

seroient

seroient comptez en la presence dudit tresorier & de celuy qui y auroit assisté, & en seroit fait registre ; sur lesquels deniers seroit pris la somme de six escus pour la dépense de ceux qui feroient ladite queste, sans que pour ce ils puissent exceder ladite somme, & un inventaire seroit fait, au plustost que faire se pourroit, de tous les titres de ladite église, tant de ceux qui concernent le fond des terres que des rentes ; & par ledit inventaire seroit particulierement exprimé la nature & qualité desdites rentes, si elles sont racheptables ou non, & n'en pourroit estre fait rachapt, sans y appeller celuy qui seroit député par lesdits tresorier, chanoines & chapelains, pour en procurer le remploy ; que lesdits maistres-administrateurs ne pourroient doresnavant salarier leur receveur qu'en argent, à la raison qu'il seroit par eux advisé avec le député desdits tresorier, chanoines & chapelains ; que dans un mois seroient faits baux des maisons dont les baux estoient expirez, & de ceux dont les baux n'estoient expirez, six mois auparavant la fin desdits baux ; lesquels baux seroient faits au plus offrant & dernier encherisseur en la maniere accoustumée, & où lesdits maistres-administrateurs se rendroient negligens de faire lesdits baux dans le temps cy-dessus, audit cas seroit permis ausdits tresorier, chanoines & chapelains de les faire faire ; & au regard des baux qui avoient esté faits depuis la coûtume réformée à plus de six ans, seroient réduits audit terme de six ans, sans qu'en vertu desdits baux les preneurs en puissent jouïr plus longuement ; pendant lesquels six ans lesdits maistres & gouverneurs prendroient quittance des gros qu'ils payeroient, & sans lesquelles quittances la dépense qu'ils feroient pour ce, ne leur seroit alloüée ; & ne pourroient aussi à l'avenir faire dépenses pour la fondation des mereaux que de neuf liv. seize sols parisis par mois, avec specification des personnes ausquelles ladite somme seroit distribuée, & ne payeroient aussi aucune chose pour les distributions que selon le bordereau des assistans, lequel bordereau seroit baillé par le distributeur au tresorier qui le signeroit, & seroit baillé ausdits maistres le jour de bureau ; lequel bordereau lesdits maistres seroient tenus representer à la reddition de leur compte, & jusques à ce la dépense qu'ils feroient desdites distributions ne leur seroit alloüée ; qu'il seroit baillé doresnavant pour chaque messe de fondation à celuy qui l'auroit celebrée, la somme de cinq sols ; ne pourroient lesdits maistres administrateurs intenter aucun procez à l'avenir, sans avoir consultation signée de deux avocats qui seroient nommez, l'un par lesdits maistres, l'autre par lesdits tresorier, chanoines & chapelains, lesquels deputeroient l'un d'entre eux pour assister à ladite consultation, & sans lequel on ne pourroit chevir ni composer lesdits procez & differens ; & à faute de poursuivre par lesdits maistres & gouverneurs ceux que l'on trouveroit par conseil devoir estre poursuivis pour le bien de ladite église, auroit esté permis ausdits tresorier, chanoines & chapelains, sommation préalablement faite ausdits maistres & gouverneurs, d'en faire les poursuites & en avancer les frais qui leur seroient rendus ; que la cire qui seroit fournie en ladite église seroit baillée en la présence de celuy qui seroit député par lesdits tresorier, chanoines & chapelains, & se garderoit la mesme forme pour la cire vieille qui seroit baillée par lesdits maistres & gouverneurs, dont seroit fait arresté signé desdits maistres & gouverneurs & député ; ne seroient faites aucunes réparations, marchez & toisez ès maisons appartenans à ladite église, qu'en la présence de celuy qui seroit député par lesdits tresorier, chanoines & chapelains, & à faute de ce faire, la dépense que l'on feroit pour ce regard, seroit rayée des comptes qui se rendroient doresnavant par lesdits maistres-gouverneurs, & qu'il seroit fait despense par un seul article de ce que l'on bailleroit à l'hospitalier, auquel hospitalier lesdits maistres-gouverneurs ne pourroient alloüer aucunes parties qu'elles n'ayent auparavant esté veuës par le tresorier ; & qu'il ne seroit à l'avenir fait dépense pour les œufs de Pasque, ni pour le déjeuner de ceux qui portent le ciel du S. Sacrement. Arrest du 26. Février 1638. par lequel sur ledit appel les parties auroient esté appointées au conseil à fournir de causes d'appel. Réponses, produire & joint. Joint aussi les prétenduës fins de non-recevoir des intimez, qui sont qu'il y a cinquante-deux ans que ladite sentence est donnée & executée, & défenses au contraire, sur quoy seroit préalablement ou autrement fait droit, ainsi que de raison. Requestes des 11. 12. 16. & 19. Mars 1638. employées pour causes d'appel. Réponses & productions par les parties. Forclusions de fournir de défenses par lesdits maistres-administrateurs ausdites fins de non-recevoir. Production nouvelle defdits maiftres adminiftrateurs. Forclufions de les contredire par lefdits treforier, chanoines & chapelains. Conclufions de noftre procureur general, & ce qui a efté mis & produit pardevers la cour. Tout confideré; NOSTREDITE COUR, fans s'arrefter aufdites prétenduës fins de non-recevoir, requefte & lettres des 21. Novembre 1630. & 29. Novembre, en tant que touche l'appel de la fentence du 28. Juin 1586. a mis & met ladite appellation & ce dont a efté appellé au neant & fans amende; en émendant, faifant droit fur les demandes contenuës ès requeftes des 11. Janvier 1630. 21. Mars, 16. Decembre 1631. & 28. Février 1632. a ordonné & ordonne que les anciens reglemens & arrefts pour l'adminiftration & police de la maifon & hofpital S. Jacques-aux-pelerins feront gardez & obfervez; ce faifant, que les maiftres & gouverneurs dudit hofpital ne feront que au nombre de trois, pris du nombre des confreres, qui en auront l'adminiftration ordinaire, & ne pourront eftre nommez pour feconde fois en ladite charge & adminiftration, finon douze ans après le temps de leur premiere nomination expiré. Que inventaire fera fait de tous les titres de ladite maifon & hofpital, tant de ceux concernant le fond & heritages, que des autres redevances & rentes; & à cette fin enjoint à ceux qui auront aucuns defdits titres, les rapporter au trefor de ladite maifon. Fait défenfes aufdits maiftres, gouverneurs & adminiftrateurs les tranfporter fans neceffité & fans avis de l'affemblée des confreres au bureau de ladite églife. Que le rachapt des rentes ne pourra eftre reçû fans délibération préalable du remploy audit bureau. Fait défenfes aux treforier, chanoines & chapelains de recevoir aucuns rachapts defdites rentes ou fondations d'icelle. Ordonne que fur ce qui leur doit eftre fourni pour les diftributions, la fomme de 50. livres qu'ils ont reçûë des heritiers de feu maiftre Jean Chefvetard vivant chanoine en ladite églife, des arrerages de 12. livres de rente, par contract du 5. Decembre 1631. leur fera déduite, & que la fomme de 200. liv. reftant ès mains des heritiers dudit Chefvetard, fera baillée & payée aufdits maiftres-adminiftrateurs, pour eftre employée en rente. Que lefdits maiftres & gouverneurs ne pourront accepter aucunes fondations, finon par l'avis commun du bureau, où fera par mefme moyen avifé de l'employ des deniers defdites fondations; & qu'aucuns procez ne feront intentez, finon par le mefme avis & délibération. Que les troncs & boëtes de ladite églife feront fermés à deux ferrures differentes, dont les maiftres & gouverneurs auront les clefs, defquelles ouvertures ne feront faites finon à jour de bureau & en prefence de tous les anciens affiftans à iceluy. Que les vifitations des reparations neceffaires à faire ès lieux dependans de ladite maifon & les marchez des ouvrages feront faits, les parties des ouvriers & de toutes fournitures à faire pour ladite maifon, même de la cire neuve & vieille, arreftez, & les maifons & fermes dependantes dudit hofpital baillées à loyer au bureau de ladite églife, au jour d'affemblée, au plus offrant & dernièr encherifleur, fans avoir égard à aucune preference pour les anciens locataires; & à cette fin pour ce qui concerne les baux à faire, feront les maifons ou fermes qui feront baillées, publiées ès profnes des quatre paroiffes circonvoifines dudit hofpital par trois Dimanches confecutifs, & affichées mifes ès portes de l'églife & hofpital dudit S. Jacques & des églifes paroiffiales de la fituation des lieux à bailler, fans qu'aucuns defdits baux puiffent eftre faits par anticipation, ou exceder le terme de fix ou neuf ans. Fait défenfes de paffer en la dépenfe des comptes aucuns deniers pour réparations, falaires d'ouvriers, ou parties de fournitures, fi les marchez n'ont efté faits & les parties arreftées en la forme fufdite en l'affemblée du bureau de ladite églife. Que les comptes feront rendus par celuy qui aura efté choifi pour recevoir par l'avis de l'affemblée dudit bureau, trois mois après chacune année finie, & lefdits comptes avec tous les acquits & pieces juftificatives mis ès mains du treforier de ladite églife, pour les communiquer aux chanoines & chapelains, & les raporter huitaine après qu'elles luy auront efté delivrées, & procedé au bureau de ladite églife, pardevant le prevoft de Paris ou fon lieutenant civil, en la prefence du fubftitut de noftre procureur general au Chaftelet, defd. maiftres, gouverneurs, treforier & plus ancien defd. chanoines, à l'examen & clofture d'iceux; en la dépenfe defquels ne pourra eftre employé & alloüé pour œufs de Pafques, déjeuner des porteurs de ciel, beuvettes defdits maiftres & gouverneurs, en quelque maniere ou pour quelque caufe que ce foit, que la fomme de 300. livres feulement. Que lefdits maiftres & gouverneurs pourront avoir chacun un pain de chapitre par jour. Que la diftribution des deniers pour les fondations de ladite église & hospital, sera faite en la forme ancienne aux tresorier, chanoines, chapelains, clercs & autres fondez en ladite église, selon l'assistance qu'ils auront faite au service divin ; & les deniers revenans bons par la faute de ceux qui auront manqué d'assister au service, demeureront ès mains desdits maistres, pour estre comme les autres employez à la nourriture & entretenement des pauvres & autres choses necessaires audit hospital ; & à cette fin lesdits maistres-gouverneurs tenus, en rendant leurs comptes, rapporter les tables de la distribution qui se fait chacun jour, afin de connoistre les deniers revenans bons par le défaut d'assistance par lesdits tresorier, chanoines & chapelains. Lesquels tresorier, chanoines & chapelains joüiront des maisons de tout temps destinées pour leurs logemens, tant qu'ils seront beneficiers en ladite église, lesquelles ils seront tenus de tenir en bon estat & les entretenir de menuës réparations, suivant la coustume ; à la charge que vacation advenant, lesdites maisons seront à l'avenir baillées aux encheres entre les chanoines, pardevant lesdits gouverneurs. Fait défenses ausdits tresorier, chanoines & chapelains de prester leurs noms pour le loüage des maisons claustrales à aucuns étrangers, soit laïcs ou ecclesiastiques, ni loger avec eux autres personnes que ecclesiastiques beneficiers ou habituez en ladite église, si ce n'est par la permission & consentement desdits gouverneurs. Que commandement sera fait à tous autres qui occupent lesdits lieux, qui ne sont de ladite qualité & n'auront ledit consentement, d'en vuider dans trois mois après la signification du present arrest, autrement & à faute de ce faire, ledit temps passé, y seront contraints par toutes voies deuës & raisonnables, mesme leurs meubles mis sur les carreaux en vertu du present arrest. A enjoint & enjoint ausdits maistres, gouverneurs & administrateurs dudit hospital, tresorier, chanoines & chapelains, de tenir la main à ce que les pauvres soient receus audit hospital, logez, nourris & entretenus conformément à l'institution & establissement de ladite maison. Et sur l'appel comme d'abus, dit qu'il a esté mal, nullement & abusivement octroyé, procedé & ordonné ; &, sans s'arrester à la requeste dudit Thibault du 27. May 1633. a maintenu & gardé, maintient & garde lesdits maistres, gouverneurs & administrateurs & patrons lays en possession du droit d'instituer ou destituer, admettre ou refuser tous les officiers non titulaires dudit hospital, ecclesiastiques & autres ; fait défenses audit Thibault de les troubler & empescher à l'avenir ; & en consequence de ce, sur l'appel du 1. Février 1630. requeste du 13. Aoust & surplus des autres demandes, a mis & met les parties hors de cour & de procez. Et neantmoins enjoint ausdits Thibault, Chassebras, Bazoüin, Maucuid, Faure & à tous autres ecclesiastiques de ladite église de S. Jacques de l'hospital, d'assister à l'avenir aux processions qu'ils sont tenus par la fondation aux jours & heures y mentionnées, le tout sans dépens. Si te mandons & commettons à la requeste desdits maistres, gouverneurs, administrateurs & patrons lays de ladite église & hospital S. Jacques, le present arrest mettre à deuë, pleine & entiere execution, en ce qu'execution il requiert, de point en point, selon sa forme & teneur. De ce faire te donnons pouvoir. Donné à Paris en nostre parlement le VIII. jour de May, l'an de grace M.DC.XXXVIII. & de nostre regne le XXVIII. *Signé*, GUYET, *& scellé*. *Ibidem*.

AUTRE ARREST,

Portant reglement general pour l'hospital S. Jacques-aux-Pelerins.

Extrait des registres du conseil privé du roy.

AN. 1654.

VEU au conseil du roy le procès verbal fait par les sieurs Laisné seigneur de la Marguerie, conseiller ordinaire du roy en ses conseils, de Lamoignon & Mellian aussi conseillers de sa majesté en sesdits conseils, maistres des requestes ordinaires de son hostel, commissaires à ce deputez en execution des arrests du conseil des 8 & 19 May dernier, au bureau de l'église & hospital S. Jacques des 19 & 26 Juin aussi dernier, & 10 du mois de Juillet, & en l'hostel dudit sieur de la Marguerie le 15 dudit mois, sur les comparutions, dires, requisitions & contestations d'entre le tresorier, chanoines & chapelains de ladite église, les sieurs de la Haye & Cramoisy administrateurs bourgeois, & les sieurs Puleu & le Beau administrateurs pelerins, & Nicolas de Niesté ci-devant receveur dudit hospital, lesd. requisitions faites par lesd. chanoines assistez de maistre Antoine Aubry leur avocat ès conseils, à ce que le VII. article du VI chapitre de dépense du dernier compte rendu par ledit de Niesté, tiré pour 83. liv. 10. s.

fust rayé, comme ayant esté employé au compte précedent ; que la somme de 600. liv. pour une année des gages dudit de Niesle en qualité de greffier, employée en l'article IV. & dernier du IX. chapitre de dépense du premier compte, & celle de 150. liv. portée par l'article X. & dernier du VI. chapitre, fussent réduites à 200. liv. d'une part & 50. l. d'autre, pour estre les gages de 600. liv. en tout suffisans pour une seule personne faisant les deux fonctions de receveur & de greffier, & qu'il fust accordé audit de Niesle une somme de 800. liv. pour le contenu ès articles débatus ès chapitres de reprise desdits deux comptes ; que le calcul desd. comptes fust fait en présence des beneficiers, & arresté par eux signé comme aux précedens comptes ; que le receveur en charge fust tenu de leur communiquer les comptes des quatre dernieres années écheuës au jour de S. Remy dernier, avec les pieces justificatives d'iceux, pour ensuite estre procedé audit bureau en leur présence à l'examen & closture d'iceux, suivant l'arrest du parlement du 8 May 1638. l'arrest du conseil du 22 Novembre 1639. & 8 May dernier ; que suivant autre arrest du conseil du 6 Mars aussi dernier, les charges de ladite église & hospital fussent acquittées, comme elles estoient en 1649. & lesdits beneficiers payez de leurs gros, messes d'évangile, distributions, obits de fondation, bougies de matines, processions & autres choses generalement quelconques, selon les tables des distributions de ladite année, tant pour ce qui est déja écheû, que ce qui écherra à l'avenir, & ce par provision, & jusqu'à ce que par la reddition desdits comptes il fust justifié des deniers revenans bons ; se reservant lesdits beneficiers à demander les augmentations de leurs gros ; que défenses fussent faites à maistre Louis Carré de prendre la qualité de greffier dudit bureau, & d'en faire les fonctions, comme n'estant necessaire de charger ledit hospital de 800. liv. de rentes pour les gages de cet officier entierement inutile, puisque ledit receveur en doit faire l'exercice, comme il s'est toûjours pratiqué ; qu'il fust fait un estat de toutes les fondations faites depuis l'établissement dudit hospital jusqu'à présent, & qu'à cet effet lesdits administrateurs fussent tenus de mettre ès mains desdits commissaires l'inventaire des titres & enseignemens dressé en 1632. & celuy fait en consequence de l'arrest du mois de Septembre 1649. ensemble les originaux desd. titres & enseignemens, lesquels après que lesdits beneficiers en auroient pris communication, seroient remis dans un coffre dont le trésorier ou plus ancien chanoine auroit une clef, conformément à l'arrest du conseil du 22 Novembre 1639 ; que les maisons du cloistre de ladite église affectées au logement desdits beneficiers, leur fussent conservées, suivant l'arrest du 8 May 1638. & en consequence que défenses fussent faites ausdits administrateurs de mettre en exécution le contract par eux passé avec le sieur Tupin chanoine le 10 ou 11 Decembre 1652 ; que lesdits beneficiers fussent appellez à la passation des baux des maisons appartenantes à ladite église & hospital, comme il avoit esté pratiqué ci-devant, mesme accordé par la transaction du 4 Juillet 1586 ; & finalement qu'ils fussent pareillement appellez au toisé des ouvrages de maçonnerie necessaires à faire ausdites maisons, conformément à ladite transaction. Repliques, consentemens & soutenemens, tant desd. administrateurs, que dudit de Niesle. Deux requestes desdits administrateurs, tendantes à ce que sans s'arrester aux arrests du conseil des 2 Janvier, 6 & 31 Mars, 8 & 19 May derniers, ni à tout ce qui s'en seroit ensuivi, ni audit procès verbal, les parties fussent renvoyées au parlement de Paris, pour y proceder sur leurs contestations. Autre requeste des pelerins & confreres qui ont fait le voyage de S. Jacques, tendante à mesme fin. Plusieurs pieces attachées ausdites requestes. Veu aussi lesdits arrests du conseil des 31 Mars & 8 May dernier, portant que par lesdits commissaires il seroit incessamment procedé à l'examen des comptes du revenu dudit hospital presentez par ledit de Niesle ci-devant receveur, les administrateurs dudit hospital presens ou deûment appellez ; comme aussi procès verbal par eux dressé de l'estat & administration dudit hospital & des demandes des parties, pour sur le tout estre fait droit, ainsi qu'il appartiendroit par raison ; à quoy seroit procedé, nonobstant oppositions ou appellations quelconques, & sans préjudice de celles inférées audit procès verbal ; & l'ordonnance des sieurs commissaires estant enfin d'icelluy, par laquelle

JUSTIFICATIVES.

se ils auroient donné acte ausd. parties de leurs requisitions, consentemens & declarations, & ordonné que pour y faire droit, il en seroit par eux fait rapport au conseil. Ouy leur rapport, ensemble du sieur Chomel, & tout consideré : LE ROY EN SON CONSEIL, sans s'arrester ausdites requestes des administrateurs pelerins, & faisant droit sur ledit procés verbal, a ordonné & ordonne que lesdits tresorier, chanoines & chapelains seront payez de leurs gros, messes d'évangile, distributions, obits de fondation, bougies de matines & droits de procession, de mesme & ainsi qu'ils avoient accoûtumé en l'année 1649. selon les tables de distribution de ladite année, & ce à commencer du jour du present arrest seulement, à la charge d'acquitter par lesdits beneficiers toutes les charges de fondations, & de celebrer le service divin en ladite église, ainsi qu'ils y sont obligez ; & à cet effet ordonne sa majesté qu'il sera fait un estat de toutes & chacunes les fondations faites depuis l'établissement de la maison jusqu'à present, contenant exactement toutes les charges d'icelle, pour raison dequoy seront les titres & inventaires d'iceux remis & representez, pour en prendre par lesdits tresorier, chanoines & chapelains communication ; & enjoint aux administrateurs qui seront, de tenir la main à ce que lesdites fondations soient entierement acquittées, pour en cas de contravention, faire leurs plaintes aux superieurs ecclesiastiques. Ordonne aussi que lesdits tresorier & chanoines auront la correction, direction & conduite des vicaires & autres ecclesiastiques servans au chœur, pour les fautes qu'ils pourroient commettre dans ledit chœur, à l'institution desquels demeurera ausd. administrateurs ; & demeureront les vicaires réduits au nombre de quatre, outre le sacristain. Et quant aux ornemens de ladite église & reliques, ledit tresorier ou le plus ancien des chanoines, en cas d'absence ou empeschement, en aura le soin, conjointement avec lesdits administrateurs, & pour cet effet il y aura deux clefs, dont l'une sera és mains dudit tresorier ou ancien chanoine, & l'autre en celle desdits administrateurs. Et encore les maisons affectées aux logemens desdits tresorier, chanoines & chapelains leur seront conservées, suivant & conformément à l'arrest du 8 May 1638. Et sur la demande des beneficiers contre les administrateurs, à l'égard du contract fait avec maistre Charles Tupin, sa majesté a mis & met, quant à present, les parties hors de cour & de procés, sans que neantmoins ledit contract puisse nuire ni préjudicier ausdits beneficiers. Et pour conserver le revenu dudit hospital, ordonne qu'à l'avenir il n'y aura qu'un seul receveur pour faire la recepte du temporel de ladite maison & la fonction de greffier, & solliciter les affaires, duquel les gages ne pourront exceder la somme de 600. liv. par an. Faisant sa majesté iteratives prohibitions & défenses audit Carré, suivant & conformément audit arrest du 20 Septembre 1640. de plus s'immiscer en la recepte ni sollicitation des affaires de ladite maison. Ordonne que le tresorier & un chanoine député par les autres, ou deux chanoines, en l'absence du tresorier, assisteront à l'examen & calcul des comptes qui se presenteront au bureau, & signeront les arrestez, ainsi qu'ils ont fait par le passé, & à cet effet sera tenu le receveur leur communiquer lesdits comptes ; comme aussi assisteront aux baux des maisons dépendantes dudit hospital qui se feront audit bureau, en la forme prescrite par l'arrest du parlement du 8 May 1638. & seront appellez aux toisez des ouvrages de maçonnerie, suivant & conformément à la transaction du 4 Juillet 1586. Ordonne sa majesté que sans s'arrester à la nomination desdits Lebeau-de-Saint-Amour, Montmirau & Puleu en qualité d'administrateurs dudit hospital, dans quinzaine pour toute préfixion & délay, assemblée sera faite des anciens confreres, bastonniers & pelerins de S. Jacques, pardevant lesdits sieurs de la Marguerie, Chomel, de Lamoignon & Meliand, ou trois d'entr'eux que sa majesté a commis pour cet effet, pour estre par lesdits pelerins procedé à l'élection de trois gouverneurs & administrateurs dudit hospital de leurs corps, autres toutesfois que lesdits sieurs Lebeau, Montmirau & Puleu, pour avec les quatre bourgeois déja nommez que sa majesté a continué à cet effet, ou avec autres qu'elle nommera en leur lieu & place, en cas de refus par eux de continuer lad. administration, administrer le revenu dudit hospital en la forme ordinaire, & estre ensuite de trois ans en trois ans procedé à nouvelle élection ; sçavoir des pelerins par lesdits pelerins, & des bourgeois par sa majesté. Et à l'égard dudit de Niesle, du consentement des parties, sera le VII. article du VI. chapitre de dépense de son dernier compte tiré pour la somme de 83. liv. 10. s. rayé, celles de 600. liv. contenuës en l'article IV. du

IX. chapitre de dépense de son premier compte, & de 150. liv. au dernier article du VI. chapitre de son dernier compte, alloüées sans tirer à consequence pour l'avenir, & la somme de 800. liv. seulement alloüée pour tous les articles débattus és chapitres de reprise desdits deux comptes. Fait au conseil privé du roy tenu à Paris le xv. jour de Septembre M. DC. LVII. Signé, DE MONS. *Ibidem.*

ARREST DU CONSEIL D'ETAT PRIVÉ DU ROY.

Qui maintient les confreres pelerins dans le droit de patronage de l'église de S. Jacques-l'hospital.

AN. 1698.

ENTRE les trésorier, chanoines & chapelains de l'église collegiale de S. Jacques dit de l'hospital à Paris, demandeurs aux fins de leur requeste inserée en l'apointement signé le 3 Avril 1694. d'une part; & Guillaume Faveroles, Augustin Fleury, Philippes Bourgeois, Guillaume Breton, Pierre Maillard & Leonard Froment & consors confreres - pelerins de S. Jacques & administrateurs, gouverneurs, patrons & presentateurs de l'église de S. Jacques de l'hospital-aux-pelerins à Paris, défendeurs, d'autre : & entre lesd. Faveroles, Fleury & consors, demandeurs en requeste inserée audit apointement signé ledit jour 3 Avril 1694. d'une part; & les trésorier, chanoines & chapelains, défendeurs, d'autre : & entre messire Louis-Antoine de Noailles archevesque de Paris, duc de S. Cloud, pair de France, ayant repris l'instance au lieu & place de défunt François de Harlay archevesque de Paris, duc & pair de France, commandeur des ordres de sa majesté, qui avoit esté receu partie intervenante en l'instance par ordonnance du 11 jour de Février 1694. & demandeur en requeste inserée audit apointement signé ledit jour 3 Avril 1694. d'une part; & lesdits trésorier, chanoines & chapelains de ladite église collegiale de S. Jacques, Faveroles, Fleury & consors, défendeurs, d'autre : & messire Olivier de Crées prestre, à présent chanoine & trésorier de l'église de S. Jacques de l'hospital à Paris par voye de démission, ayant repris l'instance au lieu & place de messire Philippes de Crées son frere, qui estoit demandeur en requeste inserée audit apointement signé ledit jour 3 Avril 1694. d'une part; & lesdits Faveroles, Fleury & consors confreres-pelerins, administrateurs & gouverneurs, patrons & presentateurs de lad. église, défendeurs, d'autre ; & entre François le Grand huissier du roy en la grande chancellerie de France, premier huissier en son grand conseil, Charles Ledesmé sieur de la Baillée & Simon Langlois marchand orfêvre, créanciers & directeurs des autres créanciers de ladite église & hospital de S. Jacques à Paris, receus parties intervenantes en l'instance, suivant l'ordonnance du 3 Decembre 1695. d'une part ; & lesd. trésorier, chanoines & chapelains de ladite église collegiale de S. Jacques de l'hospital, Faveroles, Fleury & consors confreres - pelerins dudit S. Jacques, & administrateurs, gouverneurs & patrons & présentateurs de ladite église, ledit sieur archevesque de Paris, & de Crées, défendeurs, d'autre : & entre Michel de Blampignon prestre, chanoine & trésorier de l'église dudit S. Jacques de l'hospital-aux-pelerins à Paris, receu partie intervenante par ordonnance du 8 Mars 1696. d'une part ; & lesdits trésorier, chanoines & chapelains de ladite église de S. Jacques, Faveroles, Fleury & consors, ledit sieur archevesque de Paris, de Crées, le Grand & consors, défendeurs, d'autre : & entre Philippe Devaux diacre du diocese de Paris, receu partie intervenante par ordonnance du 14 Aoust 1696. d'une part ; & lesdits sieurs trésorier, chanoines & chapelains de ladite église de S. Jacques, Faveroles, Fleury & consors, ledit sieur archevesque de Paris, de Crées, le Grand & consors, & Blampignon, défendeurs, d'autre : & entre ledit sieur de Noailles archevesque de Paris, demandeur en requeste inserée en l'arrest du conseil du 18 May 1697. & lesdits sieurs trésorier, chanoines & chapelains de ladite église de S. Jacques, Faveroles, Fleury & consors, lesdits sieurs de Crées, le Grand & consors, Blampignon & Devaux, défendeurs, d'autre : & entre Barthelemy Guaite prestre du diocese de Frejus, docteur en theologie de la faculté de Paris, & chanoine de l'église collegiale de S. Jacques de l'hospital de Paris, receu partie intervenante par ordonnance du 7 Juillet 1696. d'une part ; & lesdits sieurs trésorier, chanoines & chapelains de ladite église de S. Jacques, Faveroles, Fleury, & consors, le sieur archevesque de Paris, de Crées, le Grand & consors, Blampignon & Devaux, défendeurs, d'autre ; sans que les qualités puissent nuire ni préjudicier aux parties. Veu au conseil du roy l'arrest rendu en iceluy le 27 Janvier 1694. par lequel est ordonné que, pour faire

JUSTIFICATIVES. 361

faire droit sur les contestations concernant les prétendus administrateurs de ladite église, & hospital de S. Jacques & les trésorier, chanoines & chapelains de ladite église, & autres contestations qui seront formées pour les autres maladreries & hospitaux, où il sera necessaire que les parties soient reglées à se communiquer, écrire & produire, sa majesté ordonne que les sieurs commissaires generaux nommez par sa majesté pour l'exécution de ses édits & declarations, regleront les parties à se communiquer, écrire & produire, suivant les procedures ordinaires du conseil & les reglemens qui ont esté rendus, pour sur leur avis estre pourveu par sa majesté ainsi qu'il appartiendra : exploit de signification du 13 Fevrier 1694: apointement à se communiquer, écrire & produire, signé par ledit sieur de Fourcy conseiller d'estat, commissaire à ce deputé, le 3 Avril 1694. sur les requestes & demandes desdits trésorier, chanoines & chapelains de l'église collegiale de S. Jacques, dit de l'hospital, à Paris, lesd. Faveroles, Fleury & consors pelerins de S. Jacques, & administrateurs, gouverneurs, patrons & présentateurs de l'église S. Jacques de l'hospital-aux-pelerins à Paris, le sieur archevesque de Paris & ledit de Crées: celle desdits trésorier, chanoines & chapelains tendante à ce qu'il plust à sa majesté ordonner qu'ils seront & demeureront seuls gouverneurs & administrateurs de ladite église & hospital de S. Jacques, & qu'à cet effet les clefs des archives où sont les titres, papiers & enseignemens de ladite église & hospital, leur seront remises entre les mains ; à ce faire le sieur Varnier dépositaire desdites clefs, contraint ; quoy faisant, déchargé : celle desdits Faveroles, Fleury & consors pelerins dudit S. Jacques, administrateurs, gouverneurs, patrons & présentateurs de ladite église de S. Jacques, tendante à ce qu'il plust à sa majesté, en conséquence des édits & declarations du roy des mois de Mars, Avril & Aoust 1693. ordonner qu'ils seront remis en la possession actuelle de l'administration & gouvernement de ladite maison & hospital de S. Jacques-aux-pelerins, lieux, biens, revenus, honneurs, privileges en dependans, nomination & présentation aux benefices, comme ils estoient avant l'arrest de la chambre royale du 5 May 1676. faire défenses aux sieurs de l'ordre de S. Lazare & à tous autres de les y troubler ; ordonner que lesdits sieurs de l'ordre & le sieur Varnier remettront incessamment ès mains desdits Faveroles, Fleury & consors tous les titres, comptes, régistres, inventaires, papiers & effets qu'ils ont esté obligez de remettre ausdits sieurs de l'ordre, en vertu dudit arrest concernant ladite maison, ensemble la declaration des dettes actives & passives, pour par lesdits Faveroles, Fleury & consors regir & gouverner ladite maison, suivant la fondation, comme ils ont fait ci-devant ; condamner ceux qui contesteront aux dépens : celle dudit sieur archevesque de Paris tendante à ce qu'il fust reçu partie intervenante en l'instance, & en consequence de l'arrest du conseil qu'il a plû à sa majesté de faire rendre le 27 Janvier, luy donner acte de ce qu'il employe pour moyens d'intervention le contenu en ladite requeste, & faisant droit sur son intervention, ordonner que l'arrest du conseil rendu, sa majesté y estant, le 30 Janvier 1674. sera exécuté selon sa forme & teneur, & pour y satisfaire par ledit sieur archevesque & faire le reglement porté par iceluy, ordonner que les clefs des archives où doivent estre les titres, papiers & enseignemens de ladite église & hospital, seront données audit sieur archevesque par ledit sieur Varnier ; à ce faire contraint, comme dépositaire ; quoy faisant, il en demeurera bien & valablement déchargé ; & que si aucuns titres en ont esté tirez par ceux dudit ordre de S. Lazare ou autres, ils seront remis incessamment ausdites archives par ceux qui les auront pris, & à ce faire contraints par les mesmes voyes, pour estre procedé à la verification des titres, sur l'inventaire d'iceux qui doit estre ausdites archives, & à cet effet, & pour connoistre l'estat de ladite église & hospital, quels en sont les revenus & les charges, connoistre les dissipations qui en ont esté faites, & remedier aux abus, que ledit sieur archevesque nommera telle personne qu'il verra bon estre, pour de sa part satisfaire aux édits, declarations, arrests & memoires de sa majesté des mois de Mars, 15 Avril, 24 Aoust & 22 Decembre ; & que ledit sieur archevesque, suivant l'arrest du 30 Janvier 1674. pourvoira de plein droit à tous les benefices dépendans de ladite église & hospital ; & lesdits administrateurs condamnez solidairement aux dépens : celle du sieur de Crées tendante à ce qu'il plust à sa majesté qu'il soit, en ladite qualité de trésorier de ladite église & dudit hospital, maintenu & conservé dans le droit & possession de conferer de plein droit les chanoinies,

Tome II. Zz

prébendes & chapelles de ladite église & hospital de S. Jacques, & que ceux qui insisteront au contraire, soient condamnez aux dépens, & au cas neantmoins que sa majesté vouluft que l'arrest du conseil du 30 Janvier 1674. rendu par provision entre la confrairie & communauté des pelerins de S. Jacques, le sieur archevesque de Paris & le trésorier de ladite église & hospital, soit déclaré diffinitif, & que conformément à iceluy, ledit sieur archevesque de Paris nomme de plein droit aux chanoinies & prébendes de ladite église, ledit sieur de Crées trésorier requiert en ce cas, qu'il soit ordonné par forme d'indemnité de la privation du droit general de collation de tous les benefices de ladite église, dans la possession immemoriale de laquelle sont les trésoriers de ladite église, que ledit de Crées en ladite qualité nommera de plein droit aux chapelles d'icelle : procès verbal du sieur de Fourcy conseiller d'estat, dudit jour 3 Avril 1694. au bas duquel est son ordonnance portant que ledit apointement sera signé, signifié le 17 May 1694 : autre procès verbal dudit sieur de Fourcy du 20 Aoust 1694. au bas est son ordonnance, que sans préjudice des droits des parties au principal, ladite instance seroit & demeureroit pour reprise par ledit sieur Olivier de Crées, au lieu & place dudit Philippes son frere, pour proceder en icelle, suivant les derniers erremens : exploit de signification d'iceluy des 24 Decembre & 5 Janvier 1695 : la requeste présentée audit conseil par lesdits le Grand & Ledesmé créanciers & directeurs des droits des autres créanciers de ladite église & hospital, tendante à ce que, pour les causes y contenues, il plust à sa majesté les recevoir parties intervenantes en ladite instance, au sujet de l'administration & patronage de ladite église & hospital, leur donner acte de ce que pour moyens d'intervention, réponses & défenses à la requeste desdits pelerins, ils employent le contenu en ladite requeste ; & en consequence, attendu que pour empescher la mauvaise administration de ladite église & hospital, il a esté ordonné par plusieurs arrests, & particulierement par celuy du 18 Decembre 1654. que quatre bourgeois en feroient l'administration conjointement avec trois pelerins, que ces bourgeois estoient en possession de cette administration au temps de l'union qui a esté faite de cet hospital à l'ordre de S. Lazare, & que c'est l'intention de sa majesté que les choses soient rétablies dans l'état qu'elle estoient dans le temps de cette union, ordonner que quatre des suplians qui sont bourgeois de Paris, créanciers de sommes considerables, qui par consequent ont un veritable & sensible interest de veiller à la conservation desdits biens, puisque la perte de leurs créances dépend de la dissipation qui en peut estre faite, seront elus pour regir & gouverner, conjointement avec trois administrateurs-pelerins, les biens dudit hospital ; & parce que la soustraction que les pelerins ont faite au trésor dudit hospital de plus de cinq cens titres, a esté & est encore aujourd'huy une cause plus que suffisante pour leur faire perdre ladite administration, ordonner qu'ils ne pourront estre rétablis, qu'au préalable ils n'ayent restitué & remis audit trésor les titres, & au défaut de ces titres, qu'ils n'ayent rétabli les fonds des rentes qu'ils ont vendues ou perduës par leur negligence, & justifié l'employ des deniers provenans des maisons & autres biens qu'ils ont pareillement vendus ; que les nommez Fleury & Dameron qui estoient administrateurs-pelerins, lors de l'union qui a esté faite dudit hospital à l'ordre de S. Lazare, seront condamnez de remettre au trésor les titres justificatifs de l'employ des deniers prestez par les créanciers dudit hospital, que ces pelerins ont pareillement soustraits, à ce faire contraints solidairement, mesme par corps, comme dépositaires ; & pour empescher que le mesme désordre n'arrive par la suite des temps, que nouvel inventaire sera fait en exécution de l'arrest rendu contradictoirement le 8 May 1638. de tous les titres & enseignemens dudit hospital S. Jacques dont le receveur des revenus dudit hospital se chargera, pour par luy en donner communication par ses mains & sans deplacer à toutes les parties interessées ; & en cas de contestation, soit de la part des pelerins dudit hospital S. Jacques, ou des trésorier, chanoines & chapelains de ladite église & autres, les condamner aux dépens, dommages & interests desdits créanciers ; au bas est l'ordonnance du 3 Decembre 1695. qui reçoit lesdits directeurs des créanciers parties intervenantes : acte de l'employ, au surplus, en jugeant, signifié le 5 dudit mois : autre requeste présentée audit conseil par ledit sieur de Noailles archevesque de Paris, à ce qu'acte luy fust donné de ce qu'il reprend ladite instance au lieu & place dudit sieur archevesque de Paris ; au bas est l'ordonnance du 20 Janvier 1696. qui donne

donne acte de ladite reprife, fignifiée le 26 dudit mois : ladite requefte prefentée au confeil par ledit fieur de Blampignon, tendante à ce qu'il pluft à fa majefté le recevoir partie intervenante en ladite inftance, luy donner acte de ce que pour moyens d'intervention il employe le contenu en ladite requefte & ce qui a efté écrit & produit par lefdits adminiftrateurs & confreres-pelerins, & y faifant droit, debouter ledit fieur de Crées de fon oppofition, & le condamner aux dépens ; au bas eft l'ordonnance du 8 Mars 1696. qui reçoit ledit Blampignon partie intervenante, luy donne acte de l'employ, fignifiée ledit jour : arreft du confeil du 22 Juin 1695. portant que les procès dont eft queftion, circonftances & dépendances, feront jugez au confeil fur l'avis des fieurs commiffaires & les conclufions du fieur procureur general de la commiffion, & à cet effet fa majefté leur en attribuë toute cour & jurifdiction, & icelle interdit à tous autres juges, & ordonne que les titres concernans l'hofpital S. Jacques, qui ont efté mis au greffe de la chambre royale, & font à prefent ès mains de Varnier, dont les parties auront befoin, leur feront communiquez par les mains dudit Varnier à leur premiere requifition & fans déplacer : exploit de fignification dudit arreft du premier Juillet 1695 : autre arreft du confeil du 10 Mars 1696. portant que les beneficiers, adminiftrateurs-bourgeois, confreres-pelerins & autres remettront leurs titres & pieces juftificatives de leurs prétentions ès mains du fieur de Fieubet maiftre des requeftes ordinaire de fon hoftel, pour après en avoir communiqué aux fieurs de la Reynie, de Marillac, d'Agueffeau & de Fourcy confeillers d'eftat, eftre fait droit aux parties, ainfi qu'il appartiendra par raifon ; cependant par provifion & fans préjudice des droits des parties au principal, le fieur archevefque de Paris fera en ladite églife les reglemens provifoires qu'il jugera neceffaires pour empefcher les abus, & pourvoira de plein droit à la tréforerie, canonicats & prébendes & le tréforier aux chapelles ; fait fa majefté défenfes aux parties de fe pourvoir ailleurs par pardevant lefdits fieurs commiffaires, à peine de nullité, caffation de procedures, & de trois mille livres d'amende : exploit de fignification dudit arreft du 23 Mars 1696 : ladite requefte prefentée au confeil par ledit fieur Devaux, tendante à ce qu'il pluft à fa majefté le recevoir partie intervenante en ladite inftance, luy donner acte de ce que pour moyens d'intervention il employe le contenu en ladite requefte, & ce qui a efté écrit & produit par lefdits fieurs adminiftrateurs & patrons de ladite églife de S. Jacques de l'hofpital, & y faifant droit, maintenir ledit Devaux dans la jouiffance dudit benefice, & debouter ledit Guaitte de l'oppofition par luy formée à fa prife de poffeffion, & le condamner aux dépens ; au bas eft l'ordonnance du 4 Aouft 1696. qui reçoit ledit Devaux partie intervenante, luy donne acte de l'employ, au furplus en jugeant, fignifiée le 20 dudit mois : autre requefte prefentée au confeil par ledit Guaitte, tendante à ce qu'il pluft au confeil recevoir partie intervenante en l'inftance, faifant droit fur fon intervention, ordonner que l'arreft du confeil d'eftat du 10 Mars 1696. fera executé felon fa forme & teneur ; ce faifant, fans avoir égard à l'oppofition formée par lefdits fieurs adminiftrateurs de S. Jacques de l'hofpital à fa prife de poffeffion, dont il luy fera fait mainlevée avec dommages & interefts, le maintenir & garder en la poffeffion & jouiffance du canonicat & prébende de S. Jacques de l'hofpital dont eftoit pourvû maiftre Germain Dupuy, en confequence des provifions du fieur archevefque de Paris & prife de poffeffion, luy donner acte de ce que pour moyens d'intervention, écritures & production il employe le contenu en ladite requefte, & condamner les adminiftrateurs aux dépens ; au bas eft l'ordonnance du 7 Juillet 1696. qui reçoit ledit Guaitte partie intervenante, luy donne acte de l'employ, & au furplus, en jugeant, fignifiée le 11 dudit mois : autre requefte prefentée au confeil par ledit Guaitte, employée pour réponfe à l'intervention dudit Devaux & demande y contenuë ; en confequence, fans s'arrefter à la nomination faite par lefdits pelerins, prétendus adminiftrateurs, de la perfonne dudit Devaux pour remplir le benefice en queftion, ni à fa prife de poffeffion, faifant droit fur l'oppofition dudit Guaitte qu'il y a formée, il fera maintenu & gardé en la poffeffion & jouiffance de la prébende dont il s'agit, & condamner ledit Devaux & tous autres qui contefteront lefdites conclufions, aux dommages & interefts dudit Guaitte, & aux dépens de l'inftance ; au bas eft l'ordonnance du 6 Septembre 1696. qui donne acte, au furplus, en jugeant, ledit jour fignifiée : ledit arreft du confeil à la requefte des pelerins, qui ordonne que les titres originaux feront rapportez, à ce faire Varnier contraint : bulle du pape Jean XXII. du 19 Juillet 1321 : procès verbal de l'évêque de Beauvais du . . . . . 1323 : autre bulle du pape Jean XXII. du 18 Avril 1326 : bulle de Clement VI. du 14 Juillet 1342 : ledit arrest du conseil intervenu sur la requeste du sieur de Noailles archevesque de Paris, ledit jour 18 May 1697. tendante à ce qu'il pluft à sa majesté, pour les causes y contenues, le recevoir appellant comme d'abus de l'exécution des bulles du pape Jean XXII. des 18 Juillet 1321. & 18 Avril 1326. du procès verbal du sieur évêque de Beauvais, & de la bulle de Clement VI. du 14 Juillet 1342. & de ce qui peut s'en estre ensuivi ; faisant droit sur son appel, le maintenir & garder dans la possession de conferer pleinement & librement la tresorerie, canonicats, prébendes & autres benefices fondez en l'église de S. Jacques de l'hospital, & aux droits de faire les reglemens qui seront par luy jugez necessaires, tant pour le service divin, que pour l'administration des biens dudit hospital, conformément à l'édit du mois d'Avril 1695. avec défense aux administrateurs soy disans bourgeois ou pelerins, d'y apporter aucun trouble, à peine de tous dépens, dommages & interests, & les condamner aux dépens, & luy donner acte de ce que pour moyens d'abus il employe le contenu en ladite requeste ; par lequel arrest sa majesté auroit receu ledit sieur archevesque de Paris appellant comme d'abus de l'exécution des bulles du pape Jean XXII. des 18 Juillet 1321. & 18 Avril 1326. du procès verbal du sieur évêque de Beauvais & de la bulle de Clement VI. du 14 Janvier 1342. & de ce qui s'en est ensuivi, luy donne acte de son employ ; & pour faire droit, tant sur ledit appel que sur les autres fins & conclusions de ladite requeste, ordonne que les parties se communiqueront, écriront & produiront dans huitaine pour tout delay, & joint à l'instance, sauf à disjoindre, s'il y échet : exploit de signification dudit arrest du dernier May 1697 : copie d'arrest du conseil du 20 Septembre 1640. intervenu sur le procès verbal du sieur d'Orgeval, sur les plaintes faites par les ecclesiastiques de l'église & hospital S. Jacques contre les maistres & administrateurs d'iceluy, par lequel est ordonné que les arrests d'iceluy des 22 Novembre 1639. & 31 Juillet 1640. seront exécutés selon leur forme & teneur, & qu'il sera procedé au renouvellement de tous les baux des maisons & revenus temporels de ladite église & hospital pardevant ledit sieur d'Orgeval, nonobstant ceux ci-devant faits par lesdits maistres & administrateurs & autres, lesquels entant que besoin sont cassez, sauf neantmoins à y avoir égard tel que de raison par ledit commissaire, procedant à l'adjudication d'iceux ; & pour remedier entierement aux abus de ladite maison, & rétablir icelle dans un ordre convenable à sa fondation, sa majesté commet les sieurs de Corde, de la Cour & de Poix pour trois ans maistres & administrateurs de ladite église & hospital, au lieu de ceux qui estoient en charge, auxquels il fait défense de plus s'immiscer en la fonction d'administrateurs, pour par lesdits commissaires estre ladite église & hospital administrez, suivant les anciens reglemens, jusqu'à ce que sur leurs avis en ait esté autrement ordonné par sa majesté, & fait un reglement general, tant pour le service divin, que pour l'administration du revenu temporel de ladite maison ; ordonne que lesdits sieurs commissaires auront la garde des reliques, ornemens & titres de ladite maison, disposeront des benefices, vacation avenant, & pourront instituer & destituer les officiers d'icelle, ainsi qu'ont fait par le passé les maistres administrateurs de lad. église & hospital, nommeront un receveur d'iceluy aux gages anciens, au lieu & place de Louis Carré, auquel est fait défenses de plus faire aucune recepte : imprimé d'édit de sa majesté du mois d'Aoust 1671. qui fait défenses d'aller en pelerinage hors du royaume : autre imprimé d'édit du mois de Mars 1674. donné pour l'union des hospitaux des pelerins & pauvres passans à l'ordre de Nostre-Dame de Mont-Carmel & de S. Lazare : autre imprimé de declaration de sa majesté du 7 Janv. 1686. qui défend les pelerinages sans la permission du roy & des évêsques : imprimé d'arrest du conseil du 30. Janvier 1694. portant entr'autres choses que les beneficiers, administrateurs - bourgeois, confreres. pelerins & autres mettront les titres de leur prétendu droit de présentation ès mains des commissaires nommez, pour estre fait droit ; & cependant par provision, sans préjudice du droit des parties, que le sieur archevesque de Paris fera en ladite église les réglemens provisoires qu'il jugera necessaires pour empescher les abus, & pourvoira de plein droit à la tresorerie, canonicats & prébendes de ladite église ; & ledit tresorier aux chapelles : imprimé d'arrest de la chambre royale, du 5 May 1676. entre les

JUSTIFICATIVES.

fieurs grand-vicaire general, commandeurs & chevaliers de l'ordre de N. D. de Mont-Carmel & de S. Lazare, d'une part, & les adminiftrateurs de l'hofpital S. Jacques, & le fieur Belin chanoine & ancien trefforier, portant réunion audit ordre dudit hofpital S. Jacques : groffe de tranfaction paffée pardevant notaires à Paris le 30 Aouft 1686. entre les fieurs grand-vicaire & chevaliers de l'ordre, d'une part; & lefdits treforier, chanoines & chapelains de S. Jacques, en forme de reglement pour l'adminiftration dudit hofpital : bulle du pape Jean XXII. de la fondation de l'églife & hofpital S. Jacques, adreffée au fieur évefque de Beauvais & au fieur du Pleffis pour la fulmination, du 18. Juillet 1321. qui approuve la conftruction que les pelerins avoient commencée dudit hofpital, au bas de laquelle eft la fentence des commiffaires apoftoliques qui en ordonne l'execution, en payant par les pelerins quatre cens livres au chapitre de S. Germain l'Auxerrois, & au curé cent foixante livres, par maniere de dédommagement : lettres patentes du roy Charles de l'an 1322. qui amortit les heritages qui feroient donnez audit hofpital jufqu'à 40. liv. de rente : imprimé d'arreft du parlement du 8. May 1638. entre le treforier, chanoines & chapelains de ladite églife de S. Jacques, d'une part, & les maiftres, gouverneurs, adminiftrateurs & patrons lays de ladite églife, d'autre, portant entre autres chofes que les reglemens & arrefts pour l'adminiftration & police de ladite maifon & hofpital feront gardez & obfervez ; ce faifant, que les maiftres-gouverneurs dudit hofpital ne feront, qu'au nombre de trois, pris des confreres, qui en auront l'adminiftration ordinaire ; maintient & garde lefdits maiftres, gouverneurs & adminiftrateurs & patrons lays en la poffeffion du droit d'inftituer & deftituer, admettre ou refufer tous les officiers non titulaires dudit hofpital, ecclefiaftiques & autres : autre arreft dudit parlement du 26. Juin 1665. entre lefdits gouverneurs & adminiftrateurs bourgeois de ladite églife & hofpital, d'une part, & les gouverneurs-pelerins fe prétendans feuls patrons lays de ladite églife, le fieur Ledefmé preftre, fe prétendant pourvû de la chapelle S. Nicolas defservie en ladite églife, & le fieur Huffon foy difant pourvû fur la nomination defdits adminiftrateurs-bourgeois, intervenant, par lequel eft ordonné que, vacation arrivant des benefices dépendans de ladite églife S. Jacques, lefdits adminiftrateurs-pelerins & bourgeois s'affembleront en leur bureau, pour choifir conjointement, à la pluralité des voix de ceux qui fe trouveront préfens, une perfonne capable pour remplir le benefice qui vacquera, à la charge neantmoins que l'acte des nomination & préfentation audit benefice ne fera figné que des adminiftrateurs-pelerins feulement, & fcellé de leur fceau ordinaire : imprimé d'arreft du confeil du 19. Octobre 1668. intervenu entre lefdits treforier, chanoines & chapelains de ladite églife & hofpital, d'une part, & les doyen, bâtonniers & confreres-pelerins repréfentans le corps & communauté de ladite confrerie, le fieur Tortet l'un des douze chapelains, & Boifleve & autres chanoines de ladite églife, & le receveur du temporel, d'autre, qui deboute les treforier, chanoines & chapelains de leurs demandes, & renvoye les parties au parlement de Paris, pour y proceder fur leurs procez & differens, circonftances & dépendances, ainfi qu'il appartiendra, condamne lefdits treforier, chanoines & chapelains & Tortet aux dépens : groffe en parchemin dudit arreft de la chambre royale dudit jour 5. May 1676. portant réunion à l'ordre dudit hofpital cy-devant énoncé : procez verbal du 23. Octobre 1676. fait en execution dudit arreft, contenant l'inventaire des titres, papiers & effets qui furent remis par lefdits adminiftrateurs-pelerins audit ordre : trois imprimez de declarations de fa Majefté, des mois de Mars, Avril & Aouft, qui defunit de l'ordre de S. Lazare les maladreries & hofpitaux qui y avoient efté unis : imprimé d'arreft du confeil d'eftat du 30. Janvier 1674. qui ordonne que les beneficiers, adminiftrateurs-bourgeois, confreres-pelerins & autres mettront leurs titres & pieces juftificatives de leur prétendu droit de préfentation ès mains du fieur le Pelletier, pour en communiquer aux fieurs commiffaires & eftre fait droit, & cependant par provifion & fans préjudice du droit des parties, le fieur archevefque de Paris fera en ladite églife les réglemens provifoires qu'il jugera neceffaires pour empefcher les abus, & pourvoira de plein droit à la treforerie, canonicats & prébendes de ladite églife, & le treforier aux chapelles : copie de declaration fous feing privé des confreres-pelerins, donnée au fieur archevefque de Paris pour faire leur proceffion, portant leur reconnoiffance que c'eft fans préjudice aux droits du fieur archevefque de Paris dans l'inftance qu'il a contre eux

Z z iij

au conseil, du 29. Juillet 1694: opposition formée par les administrateurs, fondateurs, gouverneurs, presentateurs & patrons laïcs, confreres-pelerins de l'église & hospital de S. Jacques, à la prise de possession que ledit de Crées vouloit faire de la treforerie dudit hospital, du 21. Juillet 1694: arrest en parchemin du conseil dudit jour 20. Septembre 1640. intervenu sur les plaintes des ecclesiastiques de l'église & hospital de S. Jacques contre les maistres & administrateurs, & iceluy énoncé cy.devant : procez verbal dressé par le sieur curé de S. Laurent grand vicaire du sieur archevesque de Paris, & en vertu de sa commission pour faire la visite dans ladite église & hospital; ledit procez verbal du 26. Avril 1696. concernant l'estat des affaires dudit hospital : provisions de la treforerie accordées par le sieur archevesque de Paris en faveur de Philippes de Crées, le 5. May 1688. au dos est l'insinuation au greffe ecclesiastique de Paris le 22. dudit mois : procez verbal de prise de possession par ledit sieur de Crées de la treforerie, le 10. May 1688: résignation dudit Philippes de Crées en faveur d'Olivier son frere de ladite treforerie, le 18. Juillet 1694: prise de possession par ledit Olivier de Crées de ladite treforerie, du 22. Juillet 1694. ensuite sont les provisions données, & conferées par le sieur archevesque de Paris : provisions accordées par le sieur Charpentier treforier de ladite église de S. Jacques de l'hospital, d'une chanoinie & prébende en ladite église, au profit de Philippes de Crées, du 10. Avril 1678: acte de présentation & nomination faite audit treforier de S. Jacques par le sieur de Louvoy du sieur Dupuy prestre, à une prébende le 5. Décemb. 1686: autre pareil acte de présentation faite audit de Crées tresorier, le 19. Sept. 1690: autre & pareil acte de presentation à une desd. prébendes audit treforier, le 13. Mars 1692: acte de résignation faite pardevant notaires le 30. dudit mois par le sieur Charpentier, de la chapelle de S. Denis & de sainte Marie-Magdelaine de ladite église : lettres de présentation de sa majesté du 5. Avril 1692. & nomination audit treforier de S. Jacques du sieur le Maire à une desdites chapelles : autres & pareilles lettres en faveur du sieur Millet dudit jour : copie collationnée d'autres lettres de sa majesté du premier Novembre 1694. de la personne du sieur Ossemont à la chapelle de S. Martin de ladite église : copie de la requeste présentée audit sieur archevesque de Paris par ledit Blampignon les 19. & 26. Mars 1695. par laquelle appert qu'il qualifie ledit sieur de Crées de tresorier : copie d'opposition du sieur de Blampignon & autres, à la déliberation y mentionnée du 24. dudit mois : copie collationnée de la marche de la procession de S. Jacques du premier Aoust 1695: copie du brevet du roy du 8 Septembre 1695. en regale, en faveur du sieur de Crées pour ladite treforerie & prébende : copie de prise de possession de ladite treforerie en consequence dudit brevet, du 18. Octobre 1695: copie d'arrest du parlement du 6. Juillet 1672. sur la requeste des administrateurs - bourgeois dudit hospital, portant entr'autres choses que les pelerins se trouveront au bureau dudit hospital, pour estre procedé à la nomination d'une personne capable pour remplir la chapelle S. Michel : copie d'autre arrest du parlement du 13. Juillet 1674. qui maintient & garde le nommé Labadie en la possession & joüissance de la grande chapelle de S. Thomas fondée en ladite église de S. Jacques, aussi les administrateurs-bourgeois de ladite église dans le droit de nomination, conformément aux arrests de la cour : copie d'interpellation faite le premier Juillet 1672. par les administrateurs-bourgeois dudit hospital saint Jacques audit Faveroles & autres administrateurs-pelerins, au sujet de la démission du sieur Hideux, pour raison de la chapelle saint Michel érigée en ladite église : copie d'arrest du conseil du 20. Septembre 1640. par lequel entr'autres choses est ordonné qu'il sera procedé au renouvellement des baux des maisons & revenus dudit hospital, nonobstant ceux faits par lesdits maistres & administrateurs : copie d'autre arrest du conseil du 18. Décembre 1654. portant que les administrateurs-pelerins ne pourront rien disposer & résoudre touchant ledit hospital, ni faire aucun acte, à peine de nullité : copie d'autre arrest du conseil du 2. Mars 1655. portant entr'autres choses que les administrateurs-pelerins ne pourront rien disposer ni résoudre touchant ledit hospital, ni faire aucun acte, ni mesme nommer ni présenter ausdits benefices, que conjointement avec les administrateurs-bourgeois : copie d'arrest de la chambre royale du 18 Aoust 1676. qui ordonne que celuy du 5 May sera executé : copie de nomination dudit sieur Blampignon par ledit Fleury à la treforerie, du 26 Mars 1695 : copie de provisions du chapitre de Nostre-Dame en faveur du sieur de Blampignon de ladite treforerie,

JUSTIFICATIVES. 367

tresorerie, du 17 Aoust 1695 : procez verbal de prise de possession dudit de Crées du 21 Aoust 1695 : nomination faite par lesdits maistres, gouverneurs, administrateurs, fondateurs, présentateurs & patrons de ladite église & hospital audit sieur Blampignon, de la personne dudit Devaux au benefice y mentionné : sommation faite par ledit Devaux audit Blampignon le 23 Juillet 1696. de luy délivrer des provisions, conformément à ladite nomination : requeste présentée au lieutenant civil par ledit Devaux, à ce qu'il luy fust permis de prendre possession dudit benefice ; au bas est l'ordonnance qui permet d'assigner le 26. Juillet 1696. ensuite est l'exploit d'assignation donnée en consequence audit sieur Blampignon ledit jour : ordonnance du sieur lieutenant civil du 27. dudit mois, qui permet audit Devaux de prendre possession du canonicat dudit Guaitte y mentionné, du 25. Juin 1696 : lettres de provision dudit canonicat dudit sieur archevesque de Paris, en faveur dudit Guaitte : escritures, pieces & productions des parties : requeste presentée au conseil par lesdits Faveroles, Fleury & consors, employée pour contredits aux productions desdits ecclesiastiques de S. Jacques, de Crées & du sieur archevesque de Paris, servant de production nouvelle des pieces y jointes ; ce faisant, leur adjuger leurs conclusions ; & en cas qu'il plust à sa majesté prononcer dès à present sur les pretentions du sieur archevesque de Paris & de Crées, sans les renvoyer pardevant les juges qui en doivent connoistre, ordonner sans avoir égard à l'arrest du 28. Février 1674. surpris sur un faux exposé, & dont cet arrest l'effet doit estre cessé par les changemens qui sont survenus audit hospital, l'édit du mois de Mars 1693. concernant la desunion des hospitaux unis à l'ordre de saint Lazare, sera executé selon sa forme & teneur à l'égard de l'hospital de saint Jacques, & qu'ils seront rétablis en tous les droits dont ils joüissoient en 1672. faire défenses à toutes personnes, mesme au sieur archevesque de Paris de les y troubler ; ayant égard à l'opposition qu'ils ont formée à la prise de possession dudit Olivier de Crées, luy faire défenses de s'immiscer dans les fonctions de tresorier en ladite église, ni d'en prendre la qualité, ni d'y troubler celuy qui en sera pourvû sur la présentation qu'ils en feront & en ont faite, & condamner les contestans aux dépens ; au bas est l'ordonnance du 11. Mars 1695. qui donne acte : la requeste

& pieces communiquées, au surplus en jugeant, signifiée le 12. dudit mois ; lesdites pieces sont un imprimé d'arrest du conseil du 19. Octobre 1580. entre le sieur Chefdeville chantre de la chapelle du roy, demandeur à fin qu'il luy fust adjugé une prébende dudit saint Jacques, & les maistres, gouverneurs & administrateurs de ladite église, qui deboute ledit Chefdeville de sa demande, & ordonne que celuy qui a esté pourvû à la nomination & présentation desdits maistres, gouverneurs & administrateurs de ladite chanoinie & prébende, en joüira, comme estant ladite chanoinie en patronage laïque : imprimé d'arrest de la chambre royale du 18. Aoust 1676. rendu entre les grand-vicaires & les cy-devant administrateurs de l'hospital de saint Jacques, portant réglement pour le payement de ce qui est deû des arrerages, loyers & autres droits dépendans dudit hospital : imprimé de declaration faite par les commis pour l'administration du temporel dudit hospital saint Jacques, portant que la presentation aux benefices de l'église dudit hospital n'appartient qu'aux seuls administrateurs-pelerins, nommés seuls fondateurs, du 30. Janvier 1658 : autre requeste presentée audit conseil par lesdits Olivier de Crées, chanoines, tresorier & chapelains de ladite église, tendante à ce qu'il plust à sa majesté declarer les parties adverses non recevables en leur opposition du 22. Juillet 1694. & subordinément mal fondez aux fins d'icelle, dont ils seront deboutez aux dépens, signifiée le 14. Avril 1695 : autre requeste presentée audit conseil par lesdits administrateurs, fondateurs & patrons de ladite église saint Jacques-aux-pelerins, à ce qu'en leur adjugeant leurs fins & conclusions prises en l'instance, declarer l'arrest qui interviendra sur icelle, commun avec le sieur archevesque de Paris, comme ayant repris au lieu & place dudit défunt sieur archevesque de Paris, servant aussi de production nouvelle des pieces y énoncées, signifiée le 8. Mars 1696. ladite piece & copie collationnée d'arrest du conseil d'estat du 6. Aoust 1676. intervenu sur la requeste desdits grands-vicaires generaux & chevaliers commandeurs de Nostre-Dame de Mont-Carmel & saint Lazare, portant qu'ils seront & tous autres prétendans droit à la présentation desdits benefices, tenus se pourvoir sur leurs pretentions à la chambre royale, pour en icelle les régler incessamment, tout ainsi que si l'arrest du 30. Janvier 1674. n'avoit point esté expedié: autre requeste presentée au conseil par ledit Olivier de Crées, employée pour réponses & défenses à la requeste dudit Blampignon, du 8. Mars 1696. signifiée le 13. Septembre 1696 : autre requeste presentée audit conseil par lesdits tresorier, chanoines & chapelains de lad. église S. Jacques, employée pour contredits contre lesdites pieces nouvellement produites par les pelerins, signifiée le 8. May 1697: autre requeste presentée audit conseil par lesdits tresorier, chanoines & chapelains de ladite église S. Jacques, employée pour contredits contre la production des pelerins, servant aussi de production nouvelle des pieces y jointes, signifiée le 7. May 1697. lesdites pieces sont, imprimé d'arrest du parlement du 7. Septembre 1689. portant reglement pour les confreries, imprimé d'autre arrest du parlement du 20. Juin 1696. donné au sujet de la confrerie du S. Sacrement érigée en l'église de saint Eustache : autre requeste presentée au conseil par lesdits confreres-pelerins de ladite église & hospital de saint Jacques, employée pour réponse aux moyens d'abus du sieur archevesque de Paris, escritures & production en vertu de l'arrest du 8. May 1697. ce faisant, dire qu'il n'y a point d'abus dans les bulles des papes Jean XXII. & Clement VI. des années 1326. & 1342. non plus que dans le procez verbal du sieur évesque de Beauvais de l'année 1323. qui a decreté la fondation de l'église & hospital saint Jacques ; ce faisant, en deboutant le sieur archevesque de Paris de sa demande pour estre maintenu de conferer de plein droit la treforerie & canonicats & autres benefices de ladite église, maintenir & garder lesdits confreres-pelerins en la possession & jouïssance de presenter le tresorier au sieur archevesque de Paris, ensemble tous les autres benefices fondez dans ladite église au tresorier & dans tous les droits de fondateurs, patrons & administrateurs dont ils jouïssent de temps immemorial, & le condamner aux dépens; au bas est l'ordonnance du 3. Decembre 1697. qui donne acte, au surplus en jugeant, signifiée les 4. & dernier dudit mois, à laquelle requeste est joint un imprimé de la fondation dudit hospital saint Jacques-aux-pelerins à Paris, avec copie de la bulle & procez verbal du sieur évesque de Beauvais cy-devant énoncez : copie de lettres d'amortissement accordées par les rois Philippes & Charles aux maistres & gouverneurs de l'hospital de saint Jacques ès années 1321. 1342. 1346. & 1401: copie collationnée de don fait par plusieurs confreres-pelerins en 1323. de 162. liv. 13. sols de rente : copie collationnée de lettres de Louis X. de 1315. portant permission aux bourgeois de Paris & autres qui auront fait le voyage de saint Jacques, d'instituer & ériger une confrairie, & de s'assembler en la maison des Quinze-vingt : copie collationnée par le sieur de Breteuil, de lettres de l'official de Paris, par lesquelles il exhorte les fideles d'assister de leurs aumônes les pelerins de saint Jacques, qui faisoient bâtir un hospital en la ruë saint Denys, pour y recevoir & heberger toutes sortes de pauvres pelerins & pauvres passans : commission des sieurs évesque de Beauvais & du Plessis notaire du pape, de l'an 1322. aux chefciers de saint Mederic & sainte Opportune pour l'execution des bulles du pape Jean XXII : autres lettres d'amortissement de quarante livres de rente de l'an 1322: copie collationnée par le sieur de Harlay, de lettres patentes du mois d'Octobre 1329. portant fondation d'une chapelle à l'hospital saint Jacques près la porte Mauconseil : acte par lequel lesdits administrateurs & patrons declarent, que pour satisfaire à l'arrest du conseil du 18. May obtenu par le sieur archevesque de Paris, ils ont joint & mis pardevers le sieur raporteur leur requeste servant de réponses aux écritures & productions à l'appel comme d'abus interjetté par ledit sieur archevesque, & qu'ils poursuivront incessamment le jugement de l'instance : exploit de signification dudit acte du 5. Decembre 1697 : autre requeste presentée audit conseil par ledit sieur de Noailles archevesque de Paris, employée pour plus amples moyens d'abus, & satisfaire à l'arrest du conseil du 18. May 1697. ensemble pour contredits contre la requeste desdits pelerins du 4. Decembre, à ce qu'en procedant au jugement de l'instance, luy adjuger les fins & conclusions qu'il a prises, avec dépens ; au bas est l'ordonnance du 26. Juin 1668. qui donne acte, au surplus en jugeant, signifiée le 27. dudit mois : acte par lequel lesdits tresorier, chanoines & chapelains de l'église collegiale de saint Jacques, dit de l'hospital, declarent que pour satisfaire de leur part audit arrest du 18. May, ils employent ce qu'ils ont écrit & produit : signification dudit acte du 16. Juillet 1698 : autre acte par lequel ledit Olivier de Crées declare que pour satisfaire audit arrest du 18. May, il employoit pour écritures & production ce qu'il a écrit en l'instance : conclusions

JUSTIFICATIVES.

clusions du sieur procureur general ; & tout ce qui a esté mis pardevers le sieur de Fieubet conseiller du roy en ses conseils, maistre des requestes ordinaire de son hostel, commissaire à ce deputé, qui en a communiqué aux sieurs de la Reynie, de Marillac, d'Aguesseau & de Fourcy conseillers d'estat ordinaires, commissaires aussi à ce deputez : oüy son rapport, & tout consideré, LE ROY EN SON CONSEIL, faisant droit sur l'appel comme d'abus interjetté par le sieur archevesque de Paris, des bulles de Jean XXII. du procez verbal de l'évesque de Beauvais, de la bulle de Clement VI. & de tout ce qui s'en est ensuivi, a declaré & declare qu'il n'y a abus ; en consequence a maintenu & gardé lesdits confreres-pelerins dans le droit de patronage des benefices de l'église saint Jacques ; & avant faire droit sur l'administration des biens de ladite église & hospital de saint Jacques, pretenduë tant par le tresorier, chanoines & chapelains de ladite église, que par lesdits confreres-pelerins & creanciers, a ordonné & ordonne que lesdits creanciers representeront les titres de leurs creances, & les beneficiers & confreres-pelerins les baux & titres des revenus de ladite maison devant le sieur rapporteur, qui en dressera procez verbal, pour le tout veu & rapporté, estre ordonné ce que de raison, & qu'à cet effet Varnier sera tenu d'ouvrir les archives & les aider des titres & papiers dont ils auront respectivement besoin, sur le recepissé de leurs avocats; & cependant par maniere de provision, & sans préjudice du droit des parties au principal, que ladite administration sera continuée par le tresorier, un chanoine & un chapelain de ladite église, trois pelerins & trois creanciers, & que les déliberations seront prises & arrestées à la pluralité des voix. Permet sa majesté au sieur archevesque de Paris d'y faire les visites & les reglemens necessaires, suivant & conformément à l'édit de 1695. comme aussi a maintenu & maintient ledit de Crées dans la tresorerie, & ledit Guaitte dans le canonicat ; & ce sans s'arrester à l'opposition desdits Blampignon, Devaux & pelerins, dont ils sont deboutez; dépens reservez. Fait au conseil d'estat privé du roy, tenu à Paris le III. jour de Septembre M. DC. XCVIII. Signé, collationné, DESVIEUX. *Ibidem.*

ARREST DE LA COUR DU PARLEMENT DE PARIS.

Qui oblige les chapelains de l'église de saint Jacques de l'hospital à faire résidence & assister au service divin.

AN. 1705.

LOUIS par la grace de Dieu roy de France & de Navarre ; au premier des huissiers de nostre cour de parlement, ou tel autre huissier ou sergent sur ce requis, salut. Sçavoir faisons, que comme de la sentence donnée par nostre prevost de Paris au Chastelet de cette ville le 25 Octobre 1703. entre les fondateurs & administrateurs de l'hospital de S. Jacques-aux-pelerins à Paris, demandeurs aux fins de la requeste par eux présentée au lieutenant civil le 10 Decembre 1701. & de l'exploit fait en consequence le 13 du mesme mois, d'une part ; maistre Auguste le Tourneur prestre, docteur en theologie de la faculté de Paris, curé d'Arcueil & chapelain de la chapelle de S. Nicaise fondée en ladite église & hospital de S. Jacques-aux-pelerins, défendeur, d'autre : & encore lesdits fondateurs & administrateurs, demandeurs aux fins de l'exploit fait le 24. du mesme mois de Decembre 1701. & maistre Nicolas Dossemont prestre, chapelain de la chapelle S. Martin fondée en ladite église & hospital, & curé de Torp en Normandie, défendeurs, d'autre : & encore entre lesdits fondateurs & administrateurs, demandeurs aux fins de l'exploit du 26 Janvier 1702. d'une part ; & maistre Gabriel Desmarquets licentié ès loix de la faculté de Paris, chapelain de la chapelle S. Nicolas fondée en ladite église & hospital, & curé de la Potterie, province de Normandie, défendeur, d'autre : & entre maistre Claude Charles prestre du diocese de Paris, pourvû de ladite chapelle S. Martin fondée en ladite église & hospital de S. Jacques, intervenant & demandeur, suivant sa requeste verbale signifiée le 26 Juillet 1703. d'une part ; & ledit Dossemont ci-devant chapelain de ladite chapelle, défendeur, d'autre ; par laquelle, faute par lesdits le Tourneur, Dossemont & Desmarquets de faire leur résidence actuelle dans le cloistre S. Jacques de l'hospital-aux-pelerins, & d'avoir assisté journellement au service divin de ladite église, conformément aux fondations desdites chapelles S. Nicaise, S. Martin & S. Nicolas, statuts, reglemens & pointe du chœur de ladite église, lesdits benefices & chapelles auroient esté declarés

Tome II.   Aaa

vacans; ce faisant, permis aux demandeurs d'y pourvoir, si fait n'avoit esté; & faisant droit sur l'intervention & requeste dudit Charles, iceluy Charles auroit esté maintenu & gardé dans la possession de ladite chapelle S. Martin, ledit Dossemont condamné à restituer les fruits, si aucuns avoient esté par luy perçûs depuis le 20 Juillet 1703. que ledit Charles a pris possession de ladite chapelle : défense audit Dossemont de l'y troubler, nonobstant ce qui pourroit estre dit au contraire par lesdits le Tourneur, Dossemont & Desmarquets, qui n'avoient produit, dont ils ont esté deboutés, & condamnés aux dépens envers les demandeurs, mesme ledit Dossemont envers ledit Charles; eust esté appellé en nostredite cour de parlement, en laquelle le procès par écrit conclu par arrest du 29 Janvier 1704. entre ledit maistre Auguste-Lazare le Tourneur prestre, docteur en theologie de la faculté de Paris, curé d'Arcueil & chapelain de la chapelle S. Nicaise fondée en l'église & hospital de S. Jacques-aux-pelerins; maistre Nicolas Dossemont prestre, chapelain de la chapelle S. Martin fondée en ladite église, & curé de Torp en Normandie; & maistre Gabriel Desmarquets licentié ès loix de la faculté de Paris, chapelain de la chapelle S. Nicolas fondée en ladite église, curé de la Potterie en Normandie, appellans de ladite sentence renduë audit Chastelet de Paris le 25 Octobre 1703. prononcée le 27 dudit mois d'Octobre, d'une part; & les fondateurs & administrateurs de l'hospital de S. Jacques-aux-pelerins à Paris; & maistre Claude Charles prestre du diocese de Paris, pourvû de la chapelle S. Martin fondée en ladite église & hospital S. Jacques, intimés, d'autre; & reçû pour juger en la maniere accoûtumée, & lesdites parties appointées à fournir griefs & réponses & faire production nouvelle, joint l'appellation verbale interjettée par lesdits le Tourneur, Dossemont & Desmarquets, de deux sentences renduës audit Chastelet de Paris le 4 Aoust & 19 Septembre 1703. sur lequel les parties auroient esté appointées au conseil à écrire & produire par mesmes griefs & réponses, le tout dans le temps de nostre ordonnance, pour leur estre sur le tout fait droit, ainsi que de raison. Vû iceluy procès, lesdites sentences dont est appel verbal, &c. NOSTREDITE COUR par son jugement & arrest, a mis & met les appellations & ce dont a esté appellé au neant; émendant, ordonne que dans un mois pour toute préfixion & delay, à compter du jour de la signification du present arrest à personnes ou domicile, lesdits le Tourneur, Dossemont, & Desmarquets seront tenus de faire résidence au cloistre de l'église de S. Jacques de l'hospital-aux-pelerins, & d'assister journellement au service divin qui se celebre dans ladite église; autrement & à faute de ce faire, & deux mois après ledit temps d'un mois écoulé, seront tenus les fondateurs & administrateurs dudit hospital de presenter au trésorier de ladite église personnes suffisantes & capables pour desservir lesdites chapelles, & pour en estre par luy pourvûes en la maniere accoûtumée. Sur la demande dudit Dossemont portée par requeste du 9 du present mois de Janvier, met les parties hors de cour, tous dépens compensés entre toutes les parties, l'exécution du present arrest à nostredite cour reservée en la premiere chambre des enquestes. Si mandons mettre le present arrest à exécution. Donné à Paris en nostredite cour de parlement en la premiere chambre des enquestes, le XXVI. Janvier M. DCC. V. & de nostre regne le LXII. *Signé*, par collation, par jugement & arrest de nostre cour, DU TILLET. Et par le *retentum* de l'arrest est ordonné que lesdits le Tourneur, Dossemont & Desmarquets payeront par tiers les vacations, épices & cousts du present arrest. Et scellé le 19 Février 1705. & signifié à M. de la Marliere procureur le 20 Février 1705. *Copié sur un imprimé en feuille volante.*

AUTRE ARREST CONFIRMATIF du precedent.

ENTRE Gabriel Desmarquets prestre, curé de la Potterie en Normandie, & Nicolas Dossemont curé de Torp, & maistre Lazare-Auguste le Tourneur curé d'Arcueil, demandeur en requeste du 4 du present mois, à ce qu'il plust à la cour proroger le delay porté par l'arrest de la cour le 26 Janvier dernier, de trois mois ou tel autre terme qu'il plaira à la cour, & en cas de contestation condamner les contestans aux dépens, d'une part; & lesdits fondateurs, patrons & administrateurs de l'hospital de S. Jacques-aux-pelerins à Paris, défendeurs, d'autre. Après que de la Marliere pour les demandeurs, & François Chireix pour les défendeurs ont esté oüis; LA COUR de grace, & sans esperance d'autre délay, a prorogé

prorogé de trois mois, à compter du jour de la signification du present arrest, le délay d'un mois porté par l'arrest du 26 Janvier dernier; lequel délay expiré, faute par les demandeurs de faire la résidence ordonnée par ledit arrest, ordonne que les fruits & revenus de leurs benefices demeureront appliqués au profit de l'hospital S. Jacques, dépens compensés. Fait en parlement le XIV. Mars M. DCC. V. *Signé*, par collation, DU TILLET. *Ibidem.*

ARREST DU CONSEIL D'ETAT DU ROY.

Qui déclare les chanoines & chapitres de S. Jacques de l'hospital & de S. Estienne des Grès, déchus des privileges & exemptions dans l'étenduë de leurs cloistres.

LE roy s'estant fait representer en son conseil d'estat l'arrest rendu en iceluy le 28e Novembre 1716. portant qu'à la diligence du sieur Vaultier avocat au parlement, que sa majesté auroit commis pour son procureur, toutes personnes qui ont ou prétendent avoir dans la ville & fauxbourgs de Paris des droits de justice ou de police, privileges ou affranchissement de maistrises, franchises locales ou personnelles, perpetuelles ou pour un certain temps de l'année, & toutes autres exemptions qui concernent le commerce, les manufactures & les arts, seroient tenuës de representer dans un mois, à compter du jour de la publication dudit arrest, leurs titres de concession & confirmation pardevant les sieurs commissaires y dénommez, pour en examiner la validité & les abus qui peuvent s'estre introduits dans l'usage desdits droits, franchises ou privileges, contre les termes de leur concession; mesme proposer au conseil les moyens qu'ils estimeront les plus convenables pour rétablir ou maintenir parmi les ouvriers qui travaillent à la faveur de ces exemptions, l'observation des reglemens generaux & particuliers; à l'effet dequoy lesdits sieurs commissaires entendroient non seulement les personnes à qui lesdits privileges ont esté concedés ou confirmés, & les ouvriers qui travaillent à la faveur desdits privileges ou franchises, mais aussi les jurés de chaque communauté des maistres de Paris, & mesme, si besoin est, les marchands qui font commerce desd. ouvrages, pour sur le tout donner leur avis à sa majesté, & par elle estre statué & ordonné ainsi qu'il appartiendroit : autre arrest du conseil du 9 Aoust 1717. portant injonction ausdits privilegiés, ou soy prétendans tels, de remettre dans quinzaine pour tout délay, à compter du jour de la publication d'iceluy, les titres sur lesquels ils se fondent, entre les mains de maistre Simon Cailleau commis greffier de ladite commission par arrest du 2 Janvier 1717. & que faute par eux d'y satisfaire dans ledit temps de quinzaine, & iceluy passé, & sans qu'il en fust besoin d'autre, ils seroient & demeureroient déchus pour toûjours de leurs droits, privileges, franchises & prétentions; voulant sa majesté qu'après ledit délay passé, les jurés des communautés pussent librement faire leurs visites dans lesdits lieux privilegiés ou pretendus tels, nonobstant toutes oppositions ou autres empeschemens, dont, si aucuns intervienroient, sa majesté s'est réservé la connoissance, & icelle interdite à toutes ses cours & juges : autre arrest du conseil du 12 Octobre de la mesme année 1717. lequel auroit commis pour greffier de ladite commission, à la place du sieur Simon Cailleau, maistre Antoine Gromesnil greffier des commissions extraordinaires du conseil, entre les mains duquel tous lesdits titres de concession & confirmation ci-dessus expliqués seroient remis sans délay; lesquels trois arrests auroient esté publiés & affichés à tous les carrefours & places publiques de la ville & fauxbourgs de Paris : & les trois sommations faites à la requeste dudit sieur Vaultier aux chanoines & chapitres de S. Jacques de l'hospital ruë S. Denis, & de S. Estienne des Grès ruë S. Jacques, de remettre dans trois jours pour tout délay entre les mains dudit maistre Antoine Gromesnil les titres de concession & de confirmation sur lesquels ils se fondent pour l'exercice de leurs prétendus privileges & franchises, par Cochin, Macé & Devaux huissiers des conseils de sa majesté les 4 & 19 Decembre 1717. & 4 Janvier 1718. à quoy ils n'auroient satisfait; oüi le rapport, LE ROY EN SON CONSEIL, de l'avis de monsieur le duc d'Orleans regent, faute par lesdits chanoines & chapitres de S. Jacques de l'hospital ruë S. Denis, & de S. Estienne des Grès ruë S. Jacques, d'avoir satisfait ausdits arrests du conseil & ausdites trois sommations, les a déclarés & déclare déchus des privileges & exemptions qu'ils pourroient prétendre dans l'étenduë de leurs maisons, cloistres, cours & autres lieux en dépendans; leur fait défenses d'y recevoir aucuns ouvriers & artisans qui ne soient maistres du mestier dont ils font profession ; enjoint à ceux qui pourroient s'y trouver d'en sortir incessamment, & ausdits sieurs desdits chapitres de permettre & souffrir dans l'étenduë desdits lieux toutes les visites que les jurés des mestiers voudront & pourront y faire, comme dans les autres endroits de Paris ; le tout à peine de 300. livres d'amende & de plus grande peine, s'il y échet. Enjoint sa majesté au sieur lieutenant general de police de tenir la main à l'exécution du present arrest, qui sera lû, publié & affiché par tout où besoin sera. Fait au conseil d'etat du roy, sa majesté y estant, tenu à Paris le XII. jour de Février M. DCC. XVIII. Signé, PHELYPEAUX. *Copié sur un imprimé en feuille volante.*

Fondation du college du Plessis, & confirmation du pape Jean XXII.

An. 1326. JOANNES episcopus servus servorum Dei, dilecto filio magistro Gaufrido de Plesseyo notario nostro, salutem & apostolicam benedictionem. Quæ divini cultûs augmentum respiciunt, & acquisitionem & propagationem divinæ & humanæ sapientiæ & scientiæ repromittunt, oportunis nos convenit fovere favoribus, eisque, ut perpetuâ stabilitate subsistant, apostolicæ confirmationis adjicimus firmitatem. In nostra siquidem proposuisti præsentia constitutus, quòd tu piè desiderans ut in ecclesia sanctâ Dei divini & humani juris & aliarum scientiarum fructus excrescat, & distributus per partes suscipiat incrementum, atque pro domo lutea domum non manu factam cum cælestibus cupiens pro fœlici commercio comparare, domum quam in vico sancti Jacobi Parisius inhabitare solebas, cum aliis domibus tuis eidem adjacentibus, cum ingressibus & egressibus suis, prout se contingunt & protendunt ab eodem vico sancti Jacobi usque ad vicum de Frigidomantello, ex uno latere, & usque ad domum ducis Burgundiæ qui est pro tempore, ex altero, cum viridariis, virgultis, ruribus & pertinentiis suis, ad te ratione personæ tuæ spectantem, Deo ex cujus largitione bona quæ obtinuisti & obtines recepisti, & gloriosissimæ Virgini Mariæ matri suæ, & beato Martino apostolico confessori, in personis pauperum magistrorum & scholarium qui in domo ipsa perpetuis futuris temporibus commorentur, ipsisque magistris & scholaribus pro subsidio sustentationis eorum, ne prætextu indigentiæ vel defectu alimentorum eos forsan in posterum à studio retrahi vel subduci contingat, maneria quæque, domos, terras, possessiones & redditus omnes & perpetuos, quos in diversis regni Franciæ partibus ad te justis titulis pertinentes possidebas, piâ devotione ac providâ deliberatione donasti, ipsosque magistros & scholares ex tunc donatione irrevocabili inter vivos, tuos instituisti hæredes in domibus, viridariis, virgultis, maneriis, terris, possessionibus, redditibus, juribus & pertinentiis supradictis ; ut eorumdem magistrorum & scholarium in sacra pagina, jure canonico & septem liberalibus artibus, aliisque scientiis, sub certo numero, in qualibet facultate studentium, in præfata domo perpetua cohabitatio & convictus existat, unusque magister actu regens, vel saltem bacchalarius in theologia continuè legens sit in ea, unusque provisor qui curam domûs & negotiorum ejus gerere studeat ; & redditus & proventus ex ea & præmissis per te donatis, & cæteris quæ largitione fidelium vel aliis justis causis ad magistros, scholares & domum præfatos contigerit obvenire, recipiat, illisque magistris, scholaribus, capellanis & personis aliis in eadem pro tempore degentibus, juxta ordinationem super his providè per te factam ; distribuat & ministret ; quam siquidem domum sancti Martini in monte Parisiensi nuncupari perpetuò voluisti, ac zelo fidei & devotionis accensus capellam sub beatissimæ Virginis, & oratorium sub prædicti confessoris honore & vocabulis fundasti, duasque in capella & unam in oratorio prædictis capellanias in eadem domo instituisti, & sufficienter congruis sibi assignatis redditibus donavisti ; quodque in capella & oratorio prædictis celebrandarum certis temporibus missarum solemnia, & sacra mysteria, & alia divina officia providè ac salubriter ordinasti ; ita quòd capellaniarum prædictarum collatio, quoad vixeris, ad te spectet, & post tuum ab hac luce transitum, ad magistros & scholares pertineret supradictos ; certis insuper ecclesiarum prælatis & cancellario Parisiensis ecclesiæ qui nunc est & qui pro tempore fuerit, ac magistro seu bacchalario in theologia dictæ domûs & eorum successoribus, domûs ejusdem gubernationem & regimen, electionem, assumptionem, amotionem & subrogationem magistrorum & scholarium prædictorum ipsorum, & capellanorum & personarum in ipsa domo degentium, visitationem, correctionem & reformationem eorum & ipsius domûs, sub certis formis & mo-

JUSTIFICATIVES. 373

dis rationabilibus commisisti ; ac eosdem prælatos, cancellarium, & magistrum seu bacchalarium in theologia & successores eorum, gubernatores dictæ domûs perpetuos deputasti, aliaque pro cultu divini numinis ac profectu & proventu magistrorum, scholarium & personarum dictæ domûs, & pro ejus statu prospero, salubria & utilia ordinasti, prout in patentibus litteris indè confectis tuo sigillo munitis pleniùs continetur, quarum tenorem de verbo ad verbum præsentibus fecimus annotari, qui talis est : UNIVERSIS præsentes litteras inspecturis, Gaufridus de Plesseyo sanctæ Romanæ ecclesiæ notarius, æternam in vero salutari salutem. Creator omnium rerum Deus, scientiarum dominus, nobilem creaturam humani plasmatis ad imaginem & similitudinem suam formavit, & præ cæteris aliis muniis munera pretiosa, altitudinem videlicèt intellectûs & rationis excellentiam tribuit, eamque luminosâ luce scientiæ illustravit, cunctis super terram animantibus prætulit, & angelicæ creaturæ paulò minùs coæquavit. Sed humanæ naturæ conditioni fragili, proh dolor ! succumbenti fallaciis antiqui serpentis, cùm per inobedientiam protoplasti in se & posteris ignorantiæ tenebras & mortis sententiam excepisset, miserator & misericors Dominus nolens plasma tam nobile signatum sancto lumine vultus sui, ignorantiæ cæcitate vilescere, operi manuum suarum porrigens dexteram, piâ justi judicii miseratione providit, ut ignari & rudes homines scientiam ab initio gratis datam, sed admissi, ut præmittitur, commissione reatûs amissam, proprii studio laboris acquirerent, & per exercitia scripturarum in lege Domini eruditi, decori scientiâ, sapientiâ eruditi, potentes opere & sermone, tanquam in cælo stellæ fulgentes, in domo Domini præclari resplendeant & rutilent. Gloriosi cæli species, stellarum gloria, & sapientium multitudo virorum in ecclesiæ firmamento sydereo quasi fulgore micantium, summa est gloria, summa potentia regnantium & regnorum. Per tales namque viros extirpatis vitiis servantur virtutes, dilatatur & exaltatur fides catholica, status & honor extollitur universalis ecclesiæ, & summum bonum in rebus justitia colitur, pax servatur, firmantur regna, roborantur imperia, eorumque salutaribus monitis & exemplis ad vidindum Deum deorum in Sion post corruptibilis hujus vitæ curriculum, soluto mortis imperio, cælestis largitionis munere pervenitur. Attendentes igitur quòd venerabile Parisiense studium, tanquam fertilitatis ager, fructus uberes perferens in ecclesia sanctâ Dei, viros tales ab olim producere consuevit, & successivâ continuâ propagatione producit, quódque ad ipsum studium, tanquam ad fontem vivum de quo rivi prodeunt ubertatis, multi ut aquam sapientiæ hauriant & pretiosam acquirant scientiæ margaritam, de diversis mundi climatibus confluunt ; quorum quidam, licèt ingeniosi & ad proficiendum habiles, prætextu indigentiæ & defectu necessariæ sustentationis à studio subducuntur ; ac volentes aliquorum inopiam de bonis à Deo nobis collatis juxtà nostræ facultatis modulum relevare, domum nostram quam diù inhabitavimus, amortizatam, sitam Parisius in vico sancti Jacobi, prout se comportat & protendit ab eodem vico à parte anteriori usque ad vicum sancti Symphoriani, per exitum seu ruellam communem eidem domui nostræ ac domibus Cenomanensis ac quondam domini R. de Harcurio Constantiensis episcoporum, ex uno latere, & ex alio usque ad vicum de Frigido-mantello, protendendo se versùs domum hospitalis, cum ingressibus & egressibus, jardino, virgultis & omnibus juribus & pertinentiis suis, bonorum omnium largitori & gloriosissimæ Virgini Mariæ matri Domini nostri Jesu-Christi, ac beato Martino præsulum gemmæ, apostolico confessori, in personis pauperum, magistrorum & scholarium qui in domo ipsa perpetuis temporibus commorentur, præsentium tenore donavimus, ipsosque magistros & scholares ex nunc donatione irrevocabili inter vivos hæredes nostros instituimus in domo, juribus, & pertinentiis supradictis. Quorum quidem scholarium viginti in artibus, decem magistri vel licentiati in artibus, in philosophia & naturalibus disciplinis studentes, & alii decem in jure canonico & in theologica studeant facultate ; sitque in prædicta domo unus magister in theologia actu regens, vel saltem bacchalarius continuè legens ibidem, unusque provisor qui curam domûs & negotiorum ejusdem gerat, redditus & proventus domûs recipiat, & bursas ministret magistris, scholaribus & capellanis, & personis aliis de quibus inferiùs ordinatur ; quam siquidem domum beati Martini in monte Parisiensi volumus nuncupari. Et quia ubi non est gubernator, populus corruit, gubernationem & regimen dictæ domûs, electionem, assumptionem, amotionem & subrogationem magistro-

Aa iij

rum & scholarium, ac visitationem, correctionem & reformationem omnium & singulorum quæ in domo ipsa & circà magistros, scholares, capellanos aliasque personas domûs ejusdem correctione & reformatione digna fuerint, venerandis patribus dominis Gaufrido Ebroicensi, nepoti nostro, & Alano Macloviensi episcopis, & abbati Majoris-monasterii Turonensis, eorumque successoribus qui pro tempore fuerint, & venerabili viro cancellario ecclesiæ Parisiensis moderno & qui erit pro tempore, ac magistro in theologia seu bacchalario dictæ domûs omninò committimus, ipsosque rectores & gubernatores domûs ejusdem perpetuos deputamus. Cùm autem iidem episcopi & abbas & cancellarius Parisiensis præsentes affuerint, sine ipsorum, vel alterius eorum qui præsens aderit, deliberatione, consilio & consensu, circà regimen dictæ domûs & personarum in ea degentium, nihil penitùs ordinetur; in eorum verò absentia prædicti cancellarius & magister in theologia seu bacchalarius dictæ domûs in omnibus & singulis supradictis plenariam habeant potestatem; electione & assumptione dicti magistri seu bacchalarii in theologia præfatis episcopis & abbati, duobus vel uni eorum, aliis sublatis de medio aut absentibus vel impeditis legitimè, unà cum prædicto cancellario, reservatâ. Ipsos quidem episcopos & abbatem, necnon cancellarium & magistrum seu bacchalarium in theologia prædictos per viscera misericordiæ Christi Jesu obnixè rogamus, ut in tam pio negotio habentes præ oculis Deum, magistros & scholares bonæ vitæ & ad proficiendum habiles, qui de bonis propriis vel parentum aut potentum suffragiis amicorum non habeant undè valeant sustentari in hac parte, assumant, & aliàs ad bonum regimen & prosperum ac fœlicem statum ipsius domûs & personarum degentium in eadem diligenter intendant. Et quia divinus cultus ad informationem fidei catholicæ dignoscitur institutus, nam devotionem auget fidelium, mentes fidei splendore illustrat, & corda calefacit in exercitio operum charitatis; capellam ad cultum & honorem sanctæ & individuæ Trinitatis, sub beatissimæ Virginis Mariæ gloriosæ vocabulo, in loco ubi nunc est, transferendam, favente Domino, processu temporis ad locum ubi hucusque fuit aula dictæ domûs, & oratorium in honore sancti Martini suprà portam domûs ejusdem, & duas perpetuas capellanias in ipsa capella & unam in oratorio prædicto fundamus, quarum capellaniarum collatio ad nos, vitâ comite, ac post obitum nostrum ad magistros & scholares prædictos perpetuis temporibus pertineat pleno jure. Qui siquidem capellani singulis diebus duas missas, unam videlicèt post Primam, & aliam immediatè post Tertiam, necnon matutinas & vesperas, & cæteras horas canonicas, quibus magister & scholares dictæ domûs in suppelliciis intersint, lectoribus & negotiorum domûs gestoribus propter occupationes suorum officiorum super his dispensatis & excusatis, altâ voce teneantur solemniter decantare; sed ne impediantur magistri vel scholares in collationibus faciendis, ad vesperas diebus festivis non intererunt nisi vellent; salvo quòd singulis diebus Dominicis in suppelliciis, ut suprà, intersint vigiliis defunctorum & missæ in crastino, quas volumus, jubemus, & constituimus celebrari solemniter pro animabus claræ memoriæ domini Philippi regis ac dominæ Johannæ consortis ejusdem, & fœlicis recordationis domini Clementis papæ V. ac bonæ memoriæ domini Johannis Choleti cardinalis, olim legati in Francia, parentum & benefactorum nostrorum, & omnium fidelium defunctorum; & chorum capellæ tam ad missas quàm ad horas canonicas, tam de die quàm de nocte, intrent juxtà consuetudinem quæ in Parisiensi ecclesia super hoc observatur; alioquin qui in hoc, impedimento cessante legitimo, absque magistri vel provisoris licentia, negligens vel defectivus extiterit, pro defectu quolibet in duobus denariis retinendis de bursa propria puniatur, qui in arca communi cum bursis absentium conserventur, & in utilitatem domûs fideliter convertantur. Profestis verò diebus capellani præfati cum beneficiariorum (de quibus inferiùs ordinatur) auxilio duas missas in capella & unam in oratorio supradictis, & horas canonicas cum brevi seu cursili nota, aut, si expediat pro quiete scholarium, ne ipsos in studio turbari vel impediri contingat, submissâ voce decantent, unam videlicèt de beata Virgine, aliam de tempore, & aliam pro defunctis, & in Sabbatho solemniter de beata Virgine in capella, & in oratorio de sancto Martino semel in septimana, illâ die quâ festum ejus evenerit principale. Et quia per interventum ejusdem gloriosissimæ Virginis & beati Martini prædicti, bona de quibus ordinamus inferiùs, & alia collata divinitùs nobis confidimus, imò recognoscimus provenisse, eorumque patrociniis nos à multis

tis periculis, quæ per ardua cum hujus mundi potentatibus ambulantes sæpè cadendo subivimus, præservatos ; ordinamus & volumus quòd duo ex theologis scholaribus supradictis quos magister vel bacchalarius domûs duxerit eligendos, nisi plures spontè promoti fuerint ad supplendum interdùm capellanorum absentiam & defectum sacerdotum, debeant promoveri ; sicque per ipsius magistri providentiam ordinetur, quòd diebus singulis in capella prædicta de beata Virgine & in oratorio ter in septimana de beato Martino missæ submissâ saltem voce cum aliis missis ordinariis, tam de festo vel tempore, quàm pro defunctis, continuè celebrentur. Ordinamus etiam quòd quilibet de theologis supradictis promotis ad sacerdotium, quàm frequentiùs commodè poterit, celebret in capella vel oratorio supradictis, & quilibet celebrans faciat specialem commemorationem pro nobis, dùm in humanis agemus, per orationem : *Rege, quæsumus, famulum tuum,* cum aliis sequentibus, in canone & in fine missæ ; & post mortem nostram per orationes dici solitas pro defunctis ; & quilibet non sacerdos sex pro nobis psalteria anno quolibet, tam in vita nostra quàm post mortem, dicere vel dici facere teneantur. Volumus siquidem & statuimus quòd pro fœlici statu Romanæ ecclesiæ, domini Johannis nunc summi pontificis & successorum ejusdem qui pro tempore fuerint, ac excellentissimi principis domini Caroli ac reginæ nunc regnantium, ac successorum suorum, & regni Franciæ, necnon pro animabus claræ memoriæ domini Philippi regis præmortui, domini & creatoris nostri post Deum, ac dominæ Johannæ consortis ejusdem, ac dominorum Ludovici & Philippi liberorum suorum regum Franciæ, dominorum Clementis papæ & cardinalis Choleti prædictorum, ac nostrûm, parentum & benefactorum nostrorum, ad Dominum devotas atque assiduas preces fundant, ac eorum anniversaria, domini nostri regis Philippi die ultimâ Novembris, domini Clementis papæ XXI. die Aprilis, domini Johannis cardinalis die III. Augusti, domini Johannis papæ, ac dominorum regis ac reginæ nunc regnantium, necnon nostrûm ac parentum nostrorum, diebus quibus ipsos dominos papam, regem, reginam, & nos de præsenti luce à Domino vocari contigerit, teneantur solemniter celebrare. In mensa verò societas quælibet, tam in prandio quàm in cœna, solitâ benedictione præmissâ, & in fine debitarum gratiarum actionibus exsolutis, pro memoratis dominis Johanne nunc papa, rege & regina nunc regnantibus, nobis & aliis benefactoribus nostris, unus orationes speciales effundat per psalmum: *Ad te levavi,* cum versu scilicèt : *Salvos fac servos tuos,* & oratione: *Deus qui charitatis dona,* cum cæteris quæ sequuntur, ac postmodùm commemorationem faciat de defunctis per psalmum *De profundis,* cum versu & orationibus consuetis. Præterea societas quælibet quatuor solidos ultra bursam habentium, duos beneficiarios habeat pauperes & honestæ vitæ, qui in aliqua parte domûs de qua commodiùs expedire videbitur, habeant mansionem; qui capellanos, cùm opus fuerit, juvent in missis & aliis officiis ecclesiasticis peragendis, ita tamen quòd propter hoc studium omninò deserere non cogantur, sed per magistrum vel bacchalarium in theologia & provisorem domûs taliter ordinetur, quòd missæ & alia officia diebus profestis, horis talibus compleantur, quòd capellani & alii beneficiarii diebus legibilibus lectionem saltem unam, si non plures, audire valeant & studere. Nullus in camera comedat, nisi minutus forsitan vel infirmus. Præfati verò capellani juxtà capellam cameram habeant, ut commodiùs & competentiùs ei servire valeant in divinis ; & ad missas & ad horas diurnas pariter & nocturnas continuam faciant residentiam personalem ; alioquin post admonitionem legitimam amoveantur à domo, & loco ipsorum alii subrogentur idonei, qui præmissa diligenter & laudabiliter exequantur. Cùm autem locum in theologia facultate vacare contigerit, sufficientior de magistris vel licentiatis in artibus, & in philosophia & naturalibus scientiis studentibus, ut præfertur, obtineat locum ipsum ; similiter cùm in philosophia locus se offeret, magis idoneus inter artistas licentiatos in loco ipso ponatur. Nullus ad audiendum jura canonica recipiatur ibidem, nisi priùs per tres annos in solemni studio audierit jura civilia, & de hoc fidem faciat saltem proprio juramento. Postquàm verò theologus & canonista in decretis licentiam obtinuerit cum effectu, domum teneatur dimittere & exire, nisi forsan aliquos ex eis per rectores domûs ad legendum & regendum ibidem contigerit retineri, & ob hanc causam susceptionem licentiæ vel magisterii non differre jurabunt. Statuimus insuper quòd magistri & scholares in gestu & habitu humiliter & honestè se gerant, amplas coronas habeant, cucullis, vestibus viridibus & aliis inhonestis, laqueatis sotularibus vel caligis indecentibus non utantur. Logici cappas seu habitus similes in colore & forma illis quos gestant Boni-pueri de porta sancti Victoris; nec unquam soli vel absque honestiori habitu domum exire præsumant. Theologi verò & canonistæ hucias * longas, & bacchalarii cappas habeant honesti coloris. Si autem de aliquo scholari domûs præfatæ, postquam in domo ipsa per triennium moratus fuerit, spes nulla verisimiliter habeatur quòd in sua possit proficere facultate, ex tunc à domo penitùs expellatur; nisi cum aliquo paupere, ut discat scribere, vel in aliqua arte proficiat, ad modicum tempus gratiosè fuerit dispensatum. Si verò aliquis infra septimum annum à receptionis suæ tempore computandum non mereatur in artibus licentiam obtinere, à domo recedat & provisionis hujusmodi beneficio privetur perpetuò, nisi propter infirmitatem vel aliud impedimentum legitimè excusetur. Sitque theologus ita diligens & ad studium se taliter disponat, quòd infra sex annos possit prædicare communiter, & infra septimum annum inclusivè ad legendum cursus de biblia & arguendum in disputationibus communiter, & ad legendum Sententias infra annum decimum idoneus censeatur; & si quis in hoc defecerit, domûs beneficio sit privatus. Et si fortè, quod absit, eorum aliquis timore amissionis beneficii dictæ domûs, improvisus, insufficiens, vel indignus se vellet ingerere ad aliqua præmissorum; propter vitandum domûs periculum vel scandalum, minimè permittatur, nisi à magis provectis sociis dictæ domûs idoneus repertus fuerit ad præmissa. Et postquàm alicui de theologis, canonistis, & studentibus in philosophia provisum fuerit de beneficio ecclesiastico, cujus proventus bursæ seu provisioni quam percipit in domo prædicta prævaleat, tenebitur per juramentum suum infra duos menses, postquàm percipere inceperit fructus hujusmodi beneficii, cameram dimittere simpliciter & exire, ut subrogatus socius obtineat locum ejus, nisi à rectoribus dictæ domûs vel à majore parte eorumdem ex magna & rationabili causa cum ipso super hoc de speciali gratia dispensetur. Demùm ordinamus & volumus quòd scholaris logicus duos solidos, licentiatus in artibus studens in philosophia vel naturalibus quatuor solidos, theologus & canonista & capellani sex solidos, magister seu bacchalarius in theologia octo solidos parisienses pro bursis habeant singulis septimanis, & quilibet capellanus quatuor libras parisienses pro vestibus & calceamentis in anno, & quilibet beneficiarius viginti solidos parisienses pro habitu in festo hiemali beati Martini; item pro luminari capellæ octo libras parisienses. Pro hujusmodi provisionibus faciendis & aliis domûs oneribus supportandis deputamus, donamus, & ex nunc magistris & domui sæpè satis, donatione irrevocabili inter vivos, in puram & perpetuam eleemosynam assignamus trecentas libras annui & perpetui redditûs amortizatas, quas super firmis & redditibus de Sanavilla bailliviæ Caletensis, item nonaginta libras turonenses quas suprà firma de Plesseyo Constantiensis bailliviæ, & sexaginta libras viginti quoque solidos turonenses annui & perpetui redditûs quas in præpositura super pedagio Meledunensi amortizatas habemus; item manerium nostrum de Vanvis propè Parisios, ac domos, terras, possessiones & redditus nostros de Eriaco & de Monte-Gisonis Parisiensis diœcesis, cum omnibus juribus & pertinentiis suis, donatione consimili donamus eisdem; volentes & ordinantes quòd ipsi magistri & scholares viginti libras parisienses amortizatas annui redditûs pro anniversario nostro in Parisiensi ecclesia annuatim persolvant, donec prædictum manerium de Vanvis quod amortizatum non est, cum amortizatis redditibus fuerit permutatum; super quibus redditibus viginti libras reddituales amortizatas ipsi Parisiensi ecclesiæ pro prædicto anniversario nostro assignari. Quòd si possessiones & redditus prædictos ultrà solutionem bursarum & provisionum prædictarum & aliorum incumbentium onerum divinæ largitatis munere superabundare contingat, volumus magistrorum & scholarium numerum augmentari; quòd si forsan eosdem redditus & possessiones decrescere vel diminui processu temporis fortè contigerit, magistrorum & scholarium numerus minuatur. Item omnes capellas nostras, ornamenta, paramenta capellarum argentea & alia, ac libros nostros juris canonici & theologicæ facultatis, & alios quoscumque, necnon omnia & alia bona nostra mobilia & immobilia, & nomina debitorum ubicumque & in quibuscumque consistentia quæ nunc habemus & possidemus, & quæ tempore obitûs nostri nos habere & possidere seu nobis deberi contigerit, de quibus in vita vel in testamento non duxerimus aliter ordinari, magistris ac scholaribus & domui memoratis donatione

* Ce mot est expliqué dans les statuts de l'abbé Simon par celui de Cappas.

donatione irrevocabili inter vivos præsentium tenore donamus, ipsosque magistros & scholares hæredes nostros instituimus de omnibus & singulis bonis nostris mobilibus & immobilibus, reservato nobis in eis ad vitam nostram tantummodò usufructu ; volentes & tenore præsentium ordinantes, quòd prædicti magistri & scholares ejusdem domûs ad solutionem debitorum nostrorum & legatorum per nos jam factorum vel faciendorum in posterum in testamento nostro seu ultima voluntate, quæ soluta non fuerint tempore mortis nostræ, tamquam hæredes nostri omninò teneantur, & quòd prædicta bona mobilia & immobilia cum hujusmodi onere transeant ad eosdem. Et licèt nostræ intentionis & voluntatis existat, quòd magistri & scholares prædicti undecumque de regno Franciæ oriundi ad beneficia dictæ domûs, dum tamen idonei, admittantur, illos tamen de Turonensi provincia de qua originem traximus, & præsertim de Macloviensi diœcesi in qua regenerationis sumpsimus sacramentum, necnon de Rhemensi, Senonensi & Rothomagensi provinciis in quibus & prædicta Turonensi dignitates & beneficia à longis retrò lapsis temporibus obtinuimus, & specialiter de Ebroïcensi diœcesi volumus pro majori parte assumi, & de prædicta Macloviensi diœcesi sex semper esse volumus in domo prædicta, duo videlicet in qualibet facultate, qui propinquiores de genere nostro, cùm idonei reperti fuerint, assumantur. Et quia, favente illo qui pias fidelium actiones aspirando prævenit & adjuvando prosequitur, sæpe fatæ domûs ædificia taliter ampliare disponimus, quòd longè majoris numeri scholarium poterit esse capax, quàm, ut præmissum est, instituerimus in eadem, volumus & statuimus quòd quæcumque persona ecclesiastica vel sæcularis, cujusque status vel conditionis existat, quæ victum seu bursam, secundùm suprascriptum modum, competenti & securâ assignatione constituerit pro uno vel pluribus scholaribus vel magistris in domo eadem recipiendis, ipsi scholares & magistri hujusmodi assignatione præmissa recipiantur & locum habeant in eadem ; & persona prædicta pro se ac successoribus suis jus habeat & retineat ipsos scholares & magistros, quibus de victu seu bursa duxerit, ut præmittitur, providendum, perpetuò præsentandi, quódque, si præsentatus idoneus vitâ & moribus & ad proficiendum habilis per magistrum dictæ domûs repertus fuerit, sine difficultate qua-

Tome II.

libet admittatur ; alioquin eadem persona alium repræsentet, admittendum vel repellendum per prædictum magistrum, juxtà formam immediatè præmissam. Sed si secundò repelli contigerit præsentatum, præsentandi illâ vice solummodò jus amittat, & magister domûs de alia persona idonea illâ vice provideat, præsentatoris jure in aliis præsentationibus semper salvo. Ne tamen magister domûs, ut ad manus suas provisio devolvatur, difficultatem ingerat, ubi non est forsitan ingerenda ; statuimus quòd idem magister eligere habeat de civitate vel diœcesi cujus est præsentator, si ibidem inveniatur idoneus, alioquin de contiguis & vicinis. Et pro constituentibus victum seu bursam hujusmodi, specialiter & nominatim orationes juxtà formam præmissam in domo prædicta devotè fundantur. Licèt autem hujusmodi magistris & scholaribus quibus de bursis per alios provideri contigerit, mansionem & inhabitationem domûs prædictæ gratis ab initio pietatis intuitu concedamus, nihilominùs tamen ordinamus & volumus quòd, si forsan processu temporis eidem domui reparationis seu refectionis aut alia urgens & evidens necessitas immineret, ipsi magistri & scholares unà cum aliis in talis necessitatis articulo contribuere teneantur, ac gubernatores seu rectores ejusdem domûs de bursis eorum qui ultra duos solidos in septimana percipiunt, detrahere, dando seu ministrando turonensem pro parisiensi, aut diminuere ad tempus scholarium numerum, vel aliàs possint & debeant, prout secundùm exigentiam necessitatum hujusmodi & qualitatem temporis viderint faciendum. Et jurabunt omnes scholares, tam illi quibus ex devotione nostra, quàm alii quibus bursæ per alios ministrabuntur, hujusmodi ordinationem nostram & gubernatorum seu rectorum prædictorum aut vices eorum gerentium super hoc observare ; bursis minorum scholarium qui duos solidos duntaxat percipient, in sua semper integritate mansuris. Et quoniam pro qualitate temporis hominum disponuntur agenda, ipsiusque mutabilitate mutantur, addendi, detrahendi, interpretandi, declarandi, corrigendi & mutandi in hujusmodi ordinationibus, donationibus, concessionibus, translationibus & statutis, prout & quando & quoties visum fuerit expedire nobis, quandiù egerimus in humanis, potestatem plenariam retinemus, eamque post obitum nostrum rectoribus concedimus prælibatis, omnimodâ alienatione sibi penitus interdictâ.

Bbb

In quorum omnium testimonium sigillum nostrum præsentibus duximus apponendum. Datum Parisius die II. Januarii anno Domini M. CCC. XXII. NOS igitur tuis in hac parte devotis supplicationibus inclinati, quod super hoc à te piè & providè actum est, ratum & gratum habentes, illud authoritate apostolicâ ex certa scientia confirmamus, & præsentis scripti patrocinio communimus. Nulli ergò omninò hominum liceat hanc paginam nostræ confirmationis infringere, vel ei ausu temerario contraire; si quis autem hoc attemptare præsumpserit, indignationem omnipotentis Dei & beatorum Petri & Pauli apostolorum ejus se noverit incursurum. Datum III. Kal. Augusti, pontificatûs nostri anno X. *Pris sur l'original.*

STATUTS DU COLLEGE du Plessis.

AN. 1466

IN nomine Domini, amen. Tenore hujus præsentis publici instrumenti cunctis fiat manifestum, quòd anno ejusdem Domini M. CCCC. LXVI. more Gallicano computando, indictione XV. pontificatûs sanctissimi in Christo patris & domini nostri D. Pauli divinâ providentiâ papæ secundi anno III. in collegio sæculari beatissimi Martini in monte Parisiensi, de Plesseyo vulgariter nuncupato, fundato, personaliter constituto & comparente venerabili & religioso viro fratre Booz Justinelli priore prioratûs S. Theobaldi juxtà Basochias, vicarioque & procuratore reverendi in Christo patris & domini D. Guidonis abbatis monasterii Majoris-monasterii prope Turones ad Romanam ecclesiam nullo medio pertinentis, ordinis S. Benedicti, ratione & ad causam ejusdem monasterii rectoris, gubernatoris & administratoris collegii de Plesseyo prædicti, ut litteratoriè docuit ; in ejusdem vicarii, necnon venerabilium & discretorum virorum magistrorum Yvonis Porcelli, magistri Petri Canuti, Alani clerici, Roberti *Boulay*, Roberti *la Loringue*, ac nonnullorum aliorum ipsius collegii bursariorum in eodem tunc existentium, testiumque infrà scriptorum præsentia, per me notarium publicum subsignatum, de dicti D. vicarii mandato, fuit publicatum & de verbo ad verbum altâ & intelligibili voce, ipsis magistro, bursariis & testibus audientibus, perlectum quoddam publicum instrumentum per eundem D. vicarium, nomine præfati D. abbatis & gubernatoris, michi præsentatum & traditum, signoque & subscriptione venera-

bilis viri magistri Philippi Radulphi notarii apostolicâ & imperiali authoritatibus publici, ac sigillo magno ejusdem D. abbatis, ut primâ facie apparebat, munitum, statuta nonnulla regimen ipsius collegii de Plesseyo concernentia in se continens, cujus tenor sequitur & est talis : IN NOMINE DOMINI, AMEN. Per hoc præsens publicum instrumentum cunctis pateat evidenter & sit notum, quod anno ejusdem Domini M. CCCC. LXVI. die verò XXIX. mensis Julii, indictione XIV. pontificatûs sanctissimi in Christo patris ac domini nostri D. Pauli divinâ providentiâ papæ secundi anno secundo, in reverendi in Christo patris & domini D. Guidonis miseratione divinâ abbatis monasterii Majoris-monasterii prope Turones, ordinis S. Benedicti, ad Romanam ecclesiam nullo medio pertinentis, ratione & ad causam ejusdem monasterii rectoris, gubernatoris & administratoris collegii sæcularis beatissimi Martini in monte Parisiensi, de Plesseyo vulgariter nuncupati, honesti & devoti religiosi fratris Guillermi *Fougeres* in decretis baccalarii, prioris prioratûs *de Cuici* Morinensis diocesis, membri à præfato monasterio dependentis, venerabilis ac discreti viri magistri Johannis *Brette* in sacra pagina professoris, canonici ecclesiæ Turonensis, plurimque aliorum tam religiosorum quàm sæcularium virorum, meique notarii publici præsentiâ personaliter constitutis venerabilibus & scientificis viris magistro Yvone Porcelli sacræ theologiæ doctore, Guillermo *le Becque* pro provisore substituto se gerente, Johanne Galeran, Olivario Jamo, Guillermo Anglici & Paulo Balazenaut scholaribus bursariis ejusdem collegii, ipsumque collegium repræsentantibus, post multas & diligentes inquisitiones, partesque debitæ visitationis interpositas super statûs reformatione prædicti collegii quoad morum honestatem personarum, providamque administrationem bonorum ejusdem, per præfatum reverendum in Christo patrem, prout ex debito totalis sibi creditæ administrationis ejusdem collegii soli sibi & in solidum competit, præfati magistri & scholares bursarii collegium ipsum, ut præmittitur, repræsentantes, spontaneâ ac omnimodè liberâ voluntate solemniter jurarunt, juravitque eorum quilibet in solidum, tenere in futurum & observare pro lege regulæ & ordine studendi, vivendi, in divinisque deserviendi & conversandi in collegio supradicto, ac disponendi de rebus & negotiis ejusdem, statuta laudabilesque

AN. 1466

bilesque observantias ejusdem collegii, illa præsertim statuta quæ pridem recolendæ religionis pater & dominus Herveus monasterii S. Germani de Pratis prope Parisios ordinis S. Benedicti abbas, dum viveret, magnarum authoritatis & scientiæ viri magistri Thomas de Courcellis canonicus Parisiensis, sacræ theologiæ, Johannes *de Montigni* decretorum, egregii doctores, & defunctus frater Johannes *Pele*, dum viveret, prior prioratûs beatissimæ Mariæ de Campis in suburbiis Parisiensibus, membri honorabilis præfati monasterii Majoris-monasterii, vicarii reverendi in Christo patris D. Guidonis immediati prædecessoris præfati D. moderni abbatis monasterii Majoris-monasterii, nunc verò Bibiliensis episcopi, sufficienti (ut fertur) ad ipsa conficienda statuta potestate suffulti, ediderunt & coram tunc magistro & scholaribus promulgarunt in præfato collegio, quatenùs tamen præfata statuta declarantur & modificantur, nonnullis additionibus per ipsum dominum abbatem modernum editis, de quibus inferiùs cavetur, non recedendo etiam à laudabili usu antiquorum præcedentium statutorum per religiosæ memoriæ patres dominos Simonem & Heliam dudum præfati monasterii successivè abbates editorum, quatenùs nonnulli articuli eorumdem qui in subsequutis non satis explicitè continentur statutis, ex usu longævo usque in hodiernum diem, ut putà de custodia clavium coffri & aliis consimilibus, reddantur cæteris articulis in majori observantia habiti in collegio supradicto, ad quos fines omnes & singulos supradictos ... utque præsentibus & futuris ejusdem collegii magistris & scholaribus quandocumque in futurum innotescat, quòd multis ex dudum statutis & ordinationibus providissimis bonæ memoriæ præfati monasterii Majoris-monasterii abbates, exoptantes eosdem magistrum & scholares in intentione sui fundatoris ambulaturos, collegium ipsum munierint & decoraverint, michi notario ea omnia & singula statuta sub copia concordata, publicè astantibus supradictis, inter præfatum dominum abbatem monasterii Majoris-monasterii & eosdem magistrum & scholares collegii beatissimi Martini in monte Parisiensi de Plesseyo, ut præmittitur, vulgariter nuncupati, in hoc instrumento ex ordine, prout fuerunt edita, incorporanda & inserenda, præfatus reverendus in Christo pater dominus abbas monasterii Majoris-monasterii, præfatis assessoribus ejus, necnon magistro &

scholaribus memoratis, collegium (ut præmissum est) repræsentantibus, videntibus & consentientibus, tradidit & assignavit, cujus copiæ concordatæ statutorum eorumdem ex ordine sequitur tenor : FRATER SIMON permissione divinâ Majoris-monasterii Turonensis abbas humilis, gubernator & administrator ac rector domûs beati Martini in monte Parisiensi per bonæ memoriæ magistrum Gaufridum de Plesseyo olim apostolicæ sedis notarium, & consequenter monasterii prædicti nostri monachum institutæ ac fundatæ, ac magistrorum, baccalariorum & scholarium dictæ domûs solus & in solidum per eumdem fundatorem, dum viveret, deputatus, dilectis nobis in Christo magistris, baccalariis, scholaribus & capellanis ejusdem domûs, tam præsentibus quàm futuris, salutem in authore salutis, & per subsidia scripturarum ad cumulum scientiæ pervenire. Quoniam teste Prophetâ ille Dei populus qui scientiam non habebat, captivus ductus fuit, & nobiles laïci interierunt fame & siti..... & alibi dicitur per eumdem : *Erudire Hierusalem, ne forte recedat anima mea à te, & ponat te terram inhabitabilem & in desertum*; & è contrario : *Honor regis cœlestis in suis clericis & magistris judicium discretionis diligit*; & Sapientiâ dicente in proverbio : *Acceptus est regi minister intelligens, & iracundiam ejus inutilis sustinebit* ; satis patet quantùm abjecta sit & vilis ignorantia, quæ suos ministros reddit inutiles & ingratos, quantumque sit appetenda scientia quæ expellit ignorantiæ cæcitatem, & hominem acceptabilem Deo facit, & ad exercitium convertit bonorum operum, & divertit à devio vitiorum. Hæc itaque prudenter attendens dictus fundator, ac piè desiderans ut ecclesia sancta Dei viris eruditis & intelligentibus repleatur, & quòd in ipsa divini pariter & humani juris & aliarum scientiarum fructus excrescat, & distribuatur per partes suscipiat incrementum, providéque considerans quòd ad venerabile Parisiense studium, tanquàm ad fontem vivum de quo rivi prodeunt ubertatis, multi ut expulsis ignorantiæ nubibus aquam sapientiæ hauriant, & preciosam acquirant scientiæ margaritam, de diversis mundi partibus confluunt, quorum multi, licèt ingeniosi & ad proficiendum habiles, prætextu indigentiæ & defectu necessariæ sustentationis, plerumque à studio subducuntur ; & ob hoc volens inopiam aliquorum ex talibus de bonis sibi à Deo collatis juxta suæ facultatis modulum relevare, prædictam domum cum suis juribus & pertinentiis bonorum omnium largitori & gloriosissimæ virgini Mariæ matri D. N. J. C. ac beato Martino præsulum gemmæ apostolico confessori, in personis pauperum magistrorum & scholarium qui in domo ipsa perpetuis temporibus morarentur, dedit, deputavit & concessit & etiam assignavit; volens & præcipiens in ea magistros & scholares bonæ vitæ & ad proficiendum habiles, qui de bonis propriis, vel parentum aut potentum suffragiis amicorum non haberent undè sustentari valerent, institui & assumi; plurésque circà regimen dictæ domûs & statum & conversationem studentium qui in domo ipsa moram traherent, ordinationes fecit, potestate tamen addendi, detrahendi, interpretandi, declarandi, corrigendi ac mutandi in ipsis, ac donationibus, concessionibus & statutis per ipsum circà præmissa factis, prout expedire videretur, sibi, quoad viveret, in ipsa fundatione reservatâ specialiter & retentâ. Verùm quia ordinationes prædictæ per eandem fundationem, ut præmittitur, factæ, saltem quoad multa in ipsis contenta, non possunt nec possent in posterum, sine ipsius domûs & studentium in ea multiplici & quasi irreparabili detrimento, imò verò absque exinanitione domûs prædictæ, plenâ subsistere firmitate, tùm pro eo quia post ipsius fundatoris tempus ex causis supervenientibus per eumdem fundatorem, dum adhuc viveret, status ejusdem domûs in pluribus extitit immutatus, & inter alia fuerunt redditus ipsius domûs in dotationem deputati, & numerus scholarium in eadem primitùs institutus, postmodum per fundatorem prædictum non modicùm diminuti, dictis ordinationibus, quamquàm ab ipsius primævis dotatione & numero pro magna parte dependentibus, propter hoc per ipsum fundatorem nullatenùs immutatis; tum pro eo quia ordinationes prædictæ vobis nimis sunt graves & difficiles, utpote humeris vestris multa gravia & quasi quodammodo intolerabilia & importabilia onera imponentes, ad quæ sufficere non possetis, attentis vestris muneribus & stipendiis & aliis circà hujusmodi negotium attendendis, prout ex ipsorum inspectione & forma potest colligi evidenter; nos, inspectis & sollicitâ meditatione pensatis ordinationibus memoratis, & consideratis omnibus & singulis quæ circà hoc consideranda fuerunt, & peritorum consilio, cum quibus deliberationem & tractatum super hoc habuimus diligentem super statum & regimen dictæ domûs & vestrum; ad utilitatem vestram & dictæ domûs ordinationes infrà scriptas, quas, quantùm possibile fuit & commoditati dictæ domûs & vestræ credidimus expedire, voluntati & intentioni fundatoris prædicti studuimus coaptari, aliqua reformando, & immutando etiam nonnulla, alia superaddendo, prout vestra & dictæ domûs utilitas suadere & exigere videbatur, edidimus & fecimus, ac edimus & facimus, mandantes eas perpetuis futuris temporibus inviolabiliter servari. I. In primis siquidem ordinavimus & ordinamus quòd in dicta domo sit unus perpetuò qui præsit inter vos tanquàm magister, per nos & successores nostros qui pro tempore fuerint, deputandus, & quando ac quotiens nobis & eisdem successoribus nostris expedire videbitur, amovendus, qui vice & loco nostri scholares dictæ domûs, quatenùs opus fuerit, in bonis conversatione & moribus habeat informare, & ab illicitis cohibere, & eorum inobedientias & excessus, si qui fuerint, nisi forte tales extiterint, quòd exigente eorum gravitate nobis debeat ipsorum cognitio & punitio reservari, corrigere & punire, ac cum diligentiâ providere quòd vos scholares sitis ad studium solliciti & intenti, & quòd in eadem domo juxtà infrascriptam ordinationem nostram divina officia congruè celebrentur, & alia quæ ad magisterii spectant officium exerceri. II. Unusque provisor seu procurator de vobis & per vos eligendus, qui curam dictæ domûs & negotiorum ipsius gerat, & redditus & proventus ipsius domûs recipiat, & bursas ministret vobis magistris, baccalariis, scholaribus, capellanis & personis aliis dictæ domûs, & semel in anno quolibet in nostra & deputandorum super hoc à nobis, & vestrâ præsentiâ habeat computare, & de gestis, receptis & solutis plenam reddere rationem. Quorum quilibet in sui institutione juret & jurare teneatur in iis quæ ad suum spectant officium, fideliter se habere; & bursam octo solidorum parisf. habeant singulis septimanis. III. Et quia divinus cultus ad informationem fidei catholicæ noscitur institutus, utpote devotionem augens, fidelium mentes fidei splendore illustrans, & corda calefaciens in exercitio operum charitatis; ordinamus quòd vos capellani ejusdem domûs qui estis & eritis pro tempore, singulis diebus Dominicis & festivis non legibilibus duas missas, unam videlicèt post Primam, & aliam immediatè post Tertiam, ac matutinas, vesperas & alias horas canonicas, necnon singulis diebus Dominicis vigilias mortuorum, & in crastino missam, quas dictus fundator prædictis diebus Dominicis & earum crastino in capella dictæ domûs pro animabus claræ memoriæ D. Philippi regis quondam Franciæ & D. Johannæ consortis ejusdem, ac felicis recordationis D. Clementis papæ V. & bonæ memoriæ D. Johannis Choleti cardinalis olim legati Franciæ, & sua ac parentum & benefactorum suorum, & omnium aliorum defunctorum fidelium voluit & constituit celebrari. IV. Quibus studentes in dicta domo in superficiis intersint (lectoribus & negotiorum domûs gestoribus super his, quando & quotiens propter officia sua occupati fuerint, quod eorum conscientiis relinquimus, excusatis) solemniter altâ voce. Insuper & quâlibet die Lunæ, ultra missam per dictum fundatorem inibi illâ die celebrari statutam, ut superiùs est expressum, ac singulis diebus profestis unam missam, videlicèt ad magnum altare dictæ capellæ de B. V. Maria quâlibet die Sabbati, & de B. Martino quâlibet septimanâ, illâ die quâ festum ejus evenerit principale, vel aliâ die proximâ ad id aptâ, dum, quando & quotiens illam diem festis vel aliis contigerit occupari, quòd id fieri nequeat, illâ die ad quoddam altare quod in honore Dei & B. Martini in eadem capella construi volumus & ordinamus, & aliis diebus interdum de B. M. V. interdum de B. Martino, interdum pro tempore, interdum pro defunctis, & aliàs, prout temporis aptitudo requiret, & ille qui vice nostrâ in dictâ domo tanquàm magister præerit, ut prædicitur, viderit expedire. V. Ac horas canonicas cum brevi seu cursili nota, seu, si expediat pro quiete studentium, ne ipsos in studio turbari vel impediri contingat, submissâ voce teneamini celebrare; & vesperas diebus festivis tali & ita competenti horâ studeatis decantare, quòd studentes in dictâ domo propter hoc non impediantur quominùs possint in collationibus interesse. VI. Ordinamus insuper & volumus, sicut & per dictum fundatorem extitit ordinatum, quòd vos omnes & singuli chorum dictæ capellæ, tam ad missam, quàm ad horas canonicas, tam de die, quàm de nocte, intretis, juxtà consuetudinem quæ super hoc in ecclesia Parisiensi observatur; alioquin qui in hoc, impedimento cessante legitimo, absque illius licentia qui magisterium dictæ domûs rexerit vice nostrâ, negligens vel defectivus extiterit, pro quolibet defectu induobus denariis retinendis de bursa propria puniatur, qui in archa communi cum bursis absentium conserventur, & in utilitatem dictæ domûs fideliter convertantur, juxtà ordinationem nostram & successorum nostrorum, sine qua nihil penitus de ipsis disponatur. VII. Præterea statuimus & ordinamus quòd quilibet vestrûm magistrorum, baccalariorum & scholarium prædictorum promotus ad sacerdotium, quàm frequentiùs commodè poterit, celebret in capella prædicta, aliis missis de quibus superiùs ordinatum est, propter hoc aliquatenùs non omissis; & quòd quilibet in eadem capella celebrans faciat specialem commemorationem pro ipso fundatore per orationes dici solitas pro defunctis. VIII. Et quilibet non sacerdos sex pro ipso fundatore psalteria anno quolibet dicere vel dici facere teneatur. IX. Et quia idem fundator in ipsa fundatione statuit & voluit pro felici statu Romanæ ecclesiæ ac felicis recordationis D. Johannis tunc papæ XXII. & successorum suorum qui erunt pro tempore, ac regis & reginæ pro tempore regni Franciæ, necnon pro animabus D. Philippi quondam regis ac D. Johannæ ejus consortis, ac dominorum quondam Clementis ac cardinalis Choleti prædictorum, ipsiusque fundatoris, parentum & benefactorum suorum in dicta domo per vos omnes & singulos ad Dominum devotas preces fundi, & eorum anniversaria, videlicèt D. regis Philippi die ultimâ Novembris, D. Clementis papæ die XXI. mensis Aprilis, D. Johannis cardinalis die III. Augusti, D. Johannis papæ prædictorum, ac dominorum quondam Caroli ac reginæ Franciæ qui tempore ipsius fundationis regnabant, ipsiusque fundatoris & parentum suorum, diebus in quibus ipsos dominos papam, regem & reginam prædictos, ac eumdem fundatorem à præsenti luce à Domino vocari contingeret, solemniter celebrari; nos hoc, cùm pium esse noscatur, volumus & præcipimus fieri & compleri, adjicientes & statuentes ut diebus quibus hujusmodi anniversaria fuerint celebranda, etiam si ille dies profestus fuerit, in dictâ capella ad minus duæ missæ, quarum una sit de anniversario, celebrentur. X. Statuimus insuper & volumus quòd in mensa quâlibet vestra societas, tam in prandio, quàm in coena, solitâ benedictione præmissâ, & in fine debitis gratiarum actionibus exsolutis, commemorationem de defunctis per psalmum *De profundis*, cum versiculis & orationibus consuetis, speciales orationes pro ipso fun-

Bbb iij

datore & ejus benefactoribus, amicis & parentibus effundere teneatur. XI. Item quòd quælibet vestrûm societas bursam habens quatuor solidorum & ultrà, unum beneficiarium habeat pauperem honestæ vitæ, qui in aliqua parte domûs de qua commodiùs expedire videbitur, mansionem habeat, & capellanos juvet cùm opus fuerit in missis & aliis ecclesiasticis officiis peragendis; ita tamen quòd propter hoc studium omninò deserere non cogantur, sed per illum qui vice nostrâ magisterium dictæ domûs exercebit, taliter ordinetur, quòd missæ & alia divina officia diebus profestis horis talibus compleantur, quòd capellani & beneficiarii dictæ domûs diebus legibilibus lectionem saltem unam, si non plures, audire valeant & studere. XII. Item & quòd nullus vestrûm in camera comedat, nisi minutus forsitan vel infirmus, vel nisi super hoc ab illo qui inter vos præerit ut magister, licentiam habeat specialem, quam ipse sine causa rationabili non concedat. XIII. Statuit autem & præcepit idem fundator in ipsa fundatione, quòd vos capellani prædicti ad missas & horas diurnas pariter & nocturnas in dicta domo continuam faciatis residentiam personalem; alioquin post monitionem legitimam amoveamini à domo prædicta, & loco vestri alii subrogentur idonei, qui præmissa diligenter & laudabiliter exsequantur. XIV. Item & quòd, cùm locum in theologica facultate vacare contigerit, sufficientior de magistris vel licentiatis in artibus, in philosophia & naturalibus studentibus in eadem domo obtineat locum ipsum; & similiter cùm in ipsa philosophia seu naturalibus locus se offeret, magis idoneus inter artistas, licentiatus tamen, in loco ipso primo ponatur. XV. Item & quòd nullus ad audiendum jura canonica recipiatur ibidem, nisi priùs per tres annos in solemni studio audierit jura civilia, & de hoc fidem faciat, saltem proprio juramento. XVI. Item & quòd, postquàm theologus in theologia & canonista in decretis licentiam obtinuerit cum effectu, domum ipsam teneatur dimittere & exire, nisi forsan aliquis expers per nos ad legendum & regendum ibidem contigerit retineri, & ob hanc causam susceptionem licentiæ vel magisterii non differre jurabunt. XVII. Item & quòd vos geratis in gestu & habitu humiliter & honestè, amplas habeatis coronas, cucullis, vestibus viridibus, vel aliis inhonestis, laqueatis sotularibus, vel caligis indecentibus non utamini. XVIII. Item & quòd si de aliquo scholari domûs præfatæ, postquàm in eadem domo per triennium moratus fuerit, spes nulla verisimiliter habeatur quòd in sua possit facultate proficere, ex tunc à domo penitùs emittatur, nisi cum aliquo paupere, ut discat scribere, vel in aliqua arte proficiat, ad modicum tempus gratiosè fuerit dispensatum. XIX. Item & quòd, si aliquis intrà septimum annum à receptionis suæ tempore numerandum non mereatur in artibus licentiam obtinere, à domo recedat, & provisionis ejusdem domûs beneficio privetur perpetuò, nisi propter infirmitatem vel aliud legitimum impedimentum excusetur. XX. Quòdque quilibet theologus ita sit diligens & ad studium taliter se disponat, quòd infrà sex annos possit prædicare communiter, & ad legendum cursus de Biblia infrà annum septimum inclusivè, & in disputationibus communiter arguendum, & ad legendum Sententias infrà annum decimum idoneus censeatur; & si aliquis in hoc defecerit, domûs beneficio sit privatus. XXI. Et si fortè aliquis timore amissionis beneficii dictæ domûs, improvisus, insufficiens, vel indignus, se vellet ingerere ad præmissorum, propter vitandum domûs scandalum, minimè permittatur, nisi à magis provectis dictæ domûs idoneus repertus fuerit ad præmissa. XXII. Item & postquàm alicui de theologis, canonistis & studentibus in philosophia provisum fuerit de beneficio ecclesiastico, cujus proventus bursæ seu provisioni quas percipit in ipsa domo prævaleat, tenebitur per juramentum suum infrà menses duos postquàm percipere incœperit fructus hujusmodi beneficii, cameram dimittere & simpliciter exire, ut subrogatus socius obtineat locum ejus, nisi per nos ex causa cum ipso dispensetur super hoc. Quæ omnia, cùm sint æqua & rationabilia & providè edita, observari mandamus & volumus indefessè. XXIII. Ulteriùs statuentes & ordinantes, quòd vos omnes & singuli habeatis longas hussias sive cappas honesti coloris, sine quibus nunquam domum exire aut soli per villam incedere præsumatis. XXIV. Item & quòd nullus vestrûm januas dictæ domûs transgrediatur vel exeat, absque licentia illius qui inter vos præerit ut magister, petitâ primitùs & obtentâ, nisi pro scholasticis artibus excolendis. XXV. Item & ne inter vos invicem, vel aliàs infrà metas ejusdem domûs, nisi quando cum personis extraneis vel illiteratis vos stare contigerit, Gallicis, nec nisi duntaxàt Latinis, seu turpibus vel aliis inhonestis
verbis

verbis uti; seu arma quæ plerumque pacis unitatem disgregant in diversa, præsertim infrà septa ipsius domûs deferre de cætero præsumatis; & si quis vestrûm hujusmodi statutorum transgressor fuerit comprobatus, juxtà qualitatem excessûs, magistri domûs arbitrio sic plectatur, quòd alii metu pœnæ perterriti à similibus arceantur. Hujusmodi igitur ordinationes & statuta sic efficaciter observare, sicque integraliter ad effectum perducere studeatis, quòd vestra vel alicujus vestrûm, quod absit, inobedientia vel contumacia non exposcat quòd contrà vos ad pœnam prædictam vel aliàs procedatur, sed potiùs exhibitione reverentiæ & obedientiæ mereamini collaudari; vosque nihilominùs & vestrûm singulos obnixè rogamus, monemus & exhortamur in visceribus charitatis, quatenùs vos, qui estis electi & deputati ad scientiam acquirendam, ejus immensa beneficia attendentes, & ignorantiæ discrimina providè cogitantes, factis & operibus ostendatis vos fore scientiæ dono dignos, eâ vocatione quâ vocati estis dignè ambulantes, ac veritatem habentes in intellectu, charitatem in affectu & honestatem pariter in effectu, relictisque vitiorum sordibus, cum quibus vera scientia non est compassibilis, sic vos vitâ, moribus, conversatione & gestu divinis beneplacitis coaptetis, sicque expulsis vitiorum voluptatibus quæ nonnunquam occasionem tribuunt delinquendi, ad studium vos reddatis tam sollicitos & intentos, quòd ad instar fidelis & prudentis servi talenta vobis tradita possitis Domino reddere duplicata, & in præsentis vitæ curriculo veræ sapientiæ effici professores, per quam possitis ad æternæ fœlicitatis gaudia promoveri. Datum & actum in Majori-monasterio die XI. mensis Decembris anno Domini M. CCC. XXXV.

Statuta de Collegii Elie. Sequuntur statuta abbatis Heliæ: AD LAUDEM, GLORIAM ET HONOREM sanctæ & individuæ Trinitatis Patris & Filii & Spiritûs Sancti, amen. I. In primis statuimus & ordinamus quòd vos omnes capellani & scholares dicti collegii circà divinum servitium sitis taliter intendentes, quòd ab ipso Deo bonorum omnium retributore retributionem vitæ perhennis, ab hominibus autem laudem & gloriam consequi meritoriè valeatis. II. Circà quod specialiter ita duximus providendum, videlicèt ut de quinque capellanis dicti collegii bursas sacerdotales tenentibus, unusquisque sit hebdomadarius vice suâ, & hebdomadâ suâ durante celebrabit die Dominico altâ voce cum nota de tempore; die Lunæ altâ voce de mortuis, diebus verò Martis, Mercurii, Jovis ac Veneris de tempore submissâ voce, nisi dies festi solemnis & non legibilis extiterit, ubi tantùm de festo altâ voce; die Sabbati de B. Maria etiam altâ voce & cum cantu celebrare tenebitur. III. Item celebrabuntur aliæ missæ submissâ voce & sine cantu in capella seu oratorio dicti collegii die Dominicâ, Lunæ, Sabbati & aliis diebus festivis & non legibilibus, ultrà dictas missas ordinarias cum cantu altâ voce celebratas, ita tamen quòd una ipsarum dicetur de glorioso pontifice B. Martino, quâlibet dictarum septimanarum existat, illâ die quâ videlicèt festum ejus evenerit principale; quas missas, & etiam pecuniarias seu lucrativas, si contigerit, sine diminutione ordinariarum prædictarum ordinamus celebrari per eum de dictis sacerdotibus qui ultimò suam hebdomadam ordinariam, de quâ suprà, perfecerit; quem modum sic volumus & in anteà jubemus observari, usquequò per nos aut successores nostros aliud fuerit ordinatum. Et si per aliquem sacerdotem bursas sacerdotales tenentem in prædictis fuerit defectus, per magistrum de summa duorum solidorum puniatur; qui duo solidi alteri dentur presbytero qui defectum suppleat prælibatum, toties quoties casus contigerit; super quibus exequendis conscientiam magistri oneramus. IV. Item sitis solliciti ut, dum horæ canonicæ debeant secundùm antiqua statuta altâ voce & cum cantu ad Dei gloriam decantari, eas integrè & cum pausis competentibus decantetis, matutinas, videlicèt, Primam, Tertiam, Sextam, Nonam, vesperas & completorium, nihil omninò de horis prædictis dimittendo. V. Item quando anniversaria mortuorum die Dominico vel sequenti à vobis secundùm formam statutorum celebrabuntur, vigiliis, Laudibus non omissis, laudabiliter faciatis. In anniversariis etiam seu obitibus fundatorum & aliorum de quibus in statutis agitur, cum novem lectionibus & missâ solemni peragatis, in quibus adsint omnes omninò scholares sacerdotes seu sacerdotales bursas tenentes, & alii scholares, rationabili excusatione cessante. Si quis autem prædictorum scholarium in ipsis vigiliis seu missâ non interfuerit, in duobus denariis parif. pro quolibet defectu de bursâ propriâ puniatur. VI. Item scholares non sacerdotes seu sacerdotales bursas tenentes, inviolabiliter custodiant statutum antiquum de sex psalteriis pro anima fundatorum anno quolibet cum devotione dicendis, quæ pfalteria temporibus inferiùs defignatis dici volumus & jubemus, duo videlicèt inter feftum B. Remigii & feftum Nativitatis Domini, duo inter feftum Nativitatis Domini & Pafcha, duo inter Pafcha & dictum B. Remigii feftum; & quilibet fcholaris non facerdos in fine cujuflibet termini tenebitur fidem facere magiftro quòd ea dixerit per proprium juramentum. Pendenti autem termino fit magifter follicitus de eos admonendo ut ipfa pfalteria non omittant ; quæ fi non dixerint per fe vel per alium, vel jurare noluerint, pro quolibet pfalterio omiffo in duobus folidis parif. puniantur, qui per magiftrum dentur alteri qui dictum pfalterium vel plura, fi fuerint, dicere tenebitur; fuper quibus exequendis ipfius magiftri confcientiam oneramus. VII. Sacerdotes quoque qui burfas facerdotales in dicto collegio obtinent, ita fæpè, ita devotè in capella feu oratorio collegii miffas celebrare procurent, pro fundatore & ejus benefactoribus fpeciali oratione adhibitâ, quòd à Deo vel hominibus non valeant aliquatenùs reprehendi. VIII. Item in oratorio vel capella collegii, præcipuè cum divina officia celebrantur, fint fcholares in habitu decenti ad divinum officium peragendum, & auxilium & juvamen præbendum, ceffentque ab actibus prophanis, ab exteris collocutionibus, & tumultuofis & inordinatis inceffibus in illa domo quæ orationis effe dignofcitur, in orationibus afcendentes; aliàs per magiftrum debitè puniantur, ut ipfa mulctatione agnofcant qualiter debeant in domo Dei ambulare lætantes. IX. Item in perpetuum valituro ftatuto firmamus, ut infrà metas dictæ domûs, maximè ubicumque fueritis collegialiter congregati, omnes linguâ Latinâ utamini, in duobus denariis contrarium faciente pro quolibet defectu punito ; idiomata fingularia, feu verba deriforia, inhonefta & fuperflua inter vos dici vel proferri decætero prohibendo omninò, fimili pœnâ contrarium faciente punito. X. Modum laudabilem de Biblia quotidiè & in prandio & in cœna legenda ab ipfis fcholaribus approbamus & ftatuendo confirmamus; fundationes quas *quartas* aliqui nominant, omninò fieri prohibendo ; quia de hoc aliquando eveniunt fcandala, oriuntur difcordiæ, odia generantur, & fæpè fiunt illicitæ exactiones, ac nonnumquam maleficia perpetrantur. Is ergo folus qui collegio præeft, habeat inter ipfos fcholares judicandi, puniendi & corrigendi talia poteftatem, & in hoc delinquentes per magiftrum graviter puniantur; & fi in hoc dicto magiftro rebelles vel inobedientes exiftant, nobis & fucceffioribus noftris per magiftrum nuncietur, ut fuper hoc de remedio provideamus opportuno. XI. Item quòd in dicto collegio exerceantur difputationes, fiantque collationes, ita videlicèt ut femel ad minus in hebdomada collegialis difputatio peragatur, alternatis vicibus & aliis fcientiis per ordinem. XII. Item quia burfariorum eftis quatuor fpecies five congregationes, videlicèt provinciales, Maclovienfes, Leonenfes & Ebroïcenfes; ftatuimus quòd in coffro feu arca communi quatuor claves & diverfæ exiftant, quarum quælibet congregatio fcholarium unam habeat; ita videlicèt ut magifter quicumque fuerit, fuæ diœcefis feu provinciæ clavem habeat, procurator etiam clavem fuæ, & de aliis duabus claves habeant & cuftodiant duo fcholares antiquiores ex ipfis in dicto collegio, & quòd illi qui dictas claves cuftodient, continuè in dicto collegio refideant, adeò quòd, dum aditus ad archam ipfam fuerit neceffarius vel utilis, non fit abfens; alioquin in duobus folidis parif. pro tali contumacia puniatur. Quòd fi ipfum ex jufta caufa abfentari contigerit, clavem dimittat, arbitrio magiftri, alicui de difcretioribus ex fua diœcefi vel provincia quem duxerit eligendum. XIII. Item ftatuimus quòd dum pecuniæ pro collegio recipientur, ftatim in archa communi projiciantur, & de illa, cùm opus fuerit, extrahantur, & procuratori domûs, ficut erit utile vel neceffarium, affignentur; & nequaquam quitanciæ debitorum folutorum figillentur figillo collegii, ufquequò pecuniæ realiter & de facto fuerint in archa communi repofitæ. XIV. Item de quatuor libris parif. pro vobis facerdotibus burfas facerdotales tenentibus in fefto Pafchæ folvendis, ftatuimus quòd nullus facerdotum quatuor libras habeat prælibatas, nifi per annum continuè, vel faltem per majorem partem ipfius refidens fuerit in dicto collegio ; quòdque in dicto fefto Pafchæ, rationabili impedimento ceffante, perfonaliter præfentes adfint. XV. Item ftatuimus & jubemus, ut fcholares omnes refideant in dicto collegio, circa fcientiam pro modulo fuæ potentiæ operam præftantes continuè, fine quavis diftractione ad extraneos actus, fecundùm quod etiam fuit intentio fundatoris ; quòd fi contigerit * fine licentia vel neceffaria caufa aliquem è fcholaribus fe per tempus viginti fex hebdomadarum

in

* A la marg. d'une écriture recente, eft écrit: Non approbata, ideo non ftatuta.

in anno, five continuè five difcontinuè, abfentare à collegio prælibato, ex tunc ex ipfo lapfu temporis fuâ burfâ irrevocabiliter fit privatus ; provifo infuper, quòd per quantumcumque modicum tempus nullus fcholarium finè licentia magiftri à dicto collegio fe abfentet. *Deinde fequuntur ftatuta edita à vicariis feu commiffariis D. Guidonis ultimi & immediati abbatis Majoris-monafterii.* ANNO DOMINI M. CCCC. LV. die X. menfis Septembris ordinata fuerunt quædam ftatuta, infcripta & lecta in præfentia omnium burfariorum, formam quæ fequitur continentia : SEQUUNTUR STATUTA collegii de Pleffeio Parifienfis, facta, edita & addita antiquis ftatutis dicti collegii per reverendum patrem Herveum abbatem S. Germani de Pratis propè Parifios, & venerabilis ac eminentis fcientiæ viros & magiftros Thomam de Courcellis in facra pagina, & Johannem de Martigneio *in decretis doctores eximios, deputatos & commiffos ad reformandum dictum collegium per reverendum in Chrifto patrem D. Guidonem monafterii Majoris-monafterii propè Turones abbatem, gubernatorem & adminiftratorem folum & in folidum prædicti collegii per fundatorem ipfum expreffè cum fuis fucceforibus in perpetuum conftitutum. I. Et primò quia dicti collegii fundator ordinavit & voluit quòd, fi forfitan proceffu temporis eidem domui reparationis feu refectionis, feu alia urgens & evidens neceffitas immineret, gubernatores & rectores, feu eorum vices gerentes, domûs ejufdem, poffent, prout fecundùm exigentiam neceffitatum hujufmodi & qualitatem temporum viderent faciendum, de burfis fcholarium detrahere, aut diminuere ad tempus fcholarium numerum, & ftatuta mutare & facere, omnefque fcholares jurejurando aftringere ad fuas ordinationes obfervandas ; hujufmodi neceffitate fuadente, & reddituum feu obventionum dicti collegii diminutione urgente, quæ de quingentis libris turonenfibus vix ad CL. librarum turonenfium devenerunt ; ftatuimus & ordinamus quòd hinc ufque ad tres annos non fint neque recipiantur ad burfas ipfius collegii nifi duodecim fcholares præter magiftrum, fcilicèt de qualibet quatuor congregationum dicti collegii tres, quorum unus fit capellanus burfarius fex folidorum, alius quatuor folidorum, & tertius duorum folidorum ; quódque deductis reparationibus neceffariis de pecuniis quæ reftabunt, magifter qui habet onera multa, recipiat duas partes, capellani habeant medietatem, alii habebunt quilibet tertiam partem burfarum. II. Item dicto tempore durante fiet divinum fervitium in capella ipfius collegii, prout confequenter exprimitur, videlicèt quòd ex quatuor capellanis prædictis unufquifque erit hebdomadarius vice fuâ, & hebdomadâ fuâ durante celebrabit & celebrare tenebitur miffas in hunc modum, fcilicèt die Dominicâ altâ voce & cum nota de tempore, die Lunæ altâ voce de mortuis, & die Sabbati de B. Maria altâ voce, & de B. Martino finè nota die ftatutâ ad id aptâ ; & fi diebus Lunæ vel Sabbati, aliis diebus hebdomadæ evenerit feftum non legibile, miffa celebrabitur de fefto altâ voce & cum cantu per ipfum hebdomadarium, & miffæ de mortuis & de B. Maria & de B. Martino modo præmiffo per hebdomadarium præcedentis hebdomadæ celebrabuntur. De horis verò, prædicto tempore durante, fic agetur : qualibèt die Sabbati dicentur vefperæ cum nota, & die Dominicâ vefperæ & vigiliæ mortuorum integræ cum nota, & fimiliter adveniente quolibet fefto non legibili, utræque vefperæ de ipfo dicentur altâ voce cum cantu. In magnis verò feftis etiam matutinæ, in omnibus etiam miffis & horis defignatis aderunt omnes fcholares & burfarii dicti collegii, prout in ftatutis continetur, & fub pœnis in iifdem appofitis ; anniverfaria etiam & pfalteria perfonaliter, prout in ipfis ftatutis ordinatur. Statutis verò antiquis ipfius collegii ea quæ fequuntur nos commiffarii duximus annectenda. III. Primò quòd nullus recipiatur ad burfas quafcumque dicti collegii, nifi fuerit ab abbate Majoris-monafterii, ad quem folum & in folidum fpectat omnium & fingulorum burfariorum dicti collegii inftitutio & deftitutio, ut præmittitur, debitè inftitutus, & diligenter fe obtulerit & procuraverit recipi. IV. Item nullus recipiatur, nifi fit bonæ vitæ, ad proficiendum habilis, & qui de bonis propriis vel parentum aut potentum fuffragiis non habeat unde valeat in ftudio fuftentari, nifi in ultimo cafu duntaxat fuerit ex caufa rationabili per dictum dominum abbatem pro certo & modico tempore difpenfatum. V. Item ad burfas facerdotales nullus recipiatur, nifi fuerit fufficiens & idoneus ad divinum officium, prout fibi incumbit, peragendum. VI. Item ad burfas fex vel quatuor folidorum non recipiatur aliquis, nifi fuerit fufficiens & idoneus ad ftudendum in theologia vel jure canonico, vel faltem licentiatus in artibus, fecundùm quod in fundatione & statutis antiquis ipsius collegii designari videtur. VII. Item cuilibet bursario noviter venienti exhibeantur & legantur statuta collegii, nec recipiatur nisi juret ea se inviolabiliter pro posse suo servare, & contra ea per se neque per alium facere vel venire ; cujus juramenti forma inferiùs exprimitur. VIII. Item ad receptiones bursariorum & alias deliberationes collegii omnes scholares residentes vocentur & audiantur, cessetque in his omnibus favor omnis vel acceptio personæ seu nationis, sed solummodò veritas & collegii utilitas attendatur ; nec receptos vel recipiendos gravent exactionibus vel oneribus, quovis quæsito colore. In locis quoque & cameris antiquiores recepti in ipso collegio cæteris præferantur, distinctione ordinum, graduum & bursarum rationabiliter observatâ. IX. Item omnes & singuli scholares dicti collegii, tam capellani quàm alii, honestè vivant, sollicitè & intentè studeant, ad lectiones & actus scholasticos suæ facultatis diligentes vadant, & gradus suos acquirant ; disputationi etiam collegii vel collegiali, secundùm statuta, omnes intersint, opponentes & audientes ; in qua re de respondente magister ordinabit. Si quis autem sine licentia magistri ab eadem se absentaverit, portione suâ unius horæ privetur. X. Item omnes simul in aula comedant, habitâ distinctione portionum secundùm facultatem & bursariorum voluntatem, horis debitis ; nec pro aliquo deferatur portio extrà collegium ; neque post horam prandii vel cœnæ reservetur, nisi ex ordinatione magistri, legitimè impedito secundùm communem utilitatem societatis per præpositum custodiatur. XI. Item nullus extrà collegium commorans recipiatur ad expensas in collegio faciendas, nec aliquis de collegio adducat extraneum ad mensam sociorum, nisi de licentia magistri & consensu aliorum, & solvat pro eo secundùm taxationem præpositi & assistentium. XII. Item quilibet scholarium sit præpositus suâ vice per totam septimanam, & die Veneris post cœnam unâ cum clerico vel famulo coràm magistro & scholaribus computare tenebitur ; & si quid absentium superfuerit, in archâ communi reponetur & custodietur in utilitatem collegii convertendum ; quem compotum procurator collegii in sua papiro in summa describet. XIII. Item nulli, maximè in domo, ludos illicitos nec cantus & clamores aut tumultus faciant, quibus alii scholares in studio turbentur seu molestentur, nec etiam teneant bestias vel aves immundas, vel alias nocivas. XIV. Item non adducant vel teneant in cameris vel infrà septa collegii personas inhonestas vel prohibitas, maximè mulieres suspectas. Si quis autem mulierem fornicariam vel suspectam infrà collegium adduxerit vel habuerit, per magistrum vivâ voce monitus, ex ipsâ domo expellatur, & bursâ sit privatus. XV. Item magister per se, vel cum aliquibus scholaribus ejusdem collegii quos duxerit associandos, cùm de præmissis vel aliis prohibitis suspicionem habuerit, intret & visitet cameras, studia & loca quorumlibet in ipso collegio commorantium, & si qui fuerint in hoc contradictores vel rebelles, tanquam convicti de præmissis habeantur & puniantur. XVI. Item porta collegii posterior quæ ducit ad vicum Frigidi-mantelli* teneatur semper clausa, propter damnorum pericula, suspiciones & scandala ipsius collegii & personarum in eo degentium, quæ possunt evenire, claudaturque per magistrum horâ cœnæ bonâ horâ, saltem cliqueti Sorbonæ, vel ignitegii B. Mariæ ; aperianturque manè horâ cliqueti fratrum Prædicatorum, & magister custodiat claves ; nec ullus habeat aliquas claves collegii, nisi sit juratus, & qui eas aliis tradiderit, puniatur. XVII. Item caveant omnes à blasphemiâ Dei & sanctorum. In hoc delinquentes per magistrum coràm omnibus graviter puniantur ; & si quis eorum alteri dixerit vel fecerit injuriam, per ipsum magistrum injuriam passo debitè satisfacere compellatur ; vel si rixa seu contentio oriatur, per eumdem magistrum pacificetur quantociùs & sedetur. XVIII. Item magister & scholares dicti collegii suis privatis commodis & affectionibus utilitatem & honorem ipsius collegii præponant, & opere pro posse diligenter prosequantur ; bona ipsius mobilia & immobilia, possessiones & jura conservent & augmentent ; nihil alienent, sed alienata revocare procurent ; absque tamen domini abbatis Majoris-monasterii authoritate & consensu circà regimen dictæ domûs & personarum in ea degentium nihil penitùs ordinent, prout in fundatione prohibetur ; sed nec hæreditagia, terras, dominia vel jura ipsius collegii ultrà novem annos ad firmam tradant, nec ad redditum perpetuum vel ad vitam, seu antiquos redditus diminuant, collegium quoque non subjiciant vel obligent quoquo modo. Quod si secùs egerint, irritum sit

penitùs

* La rue Frormantel.

penitùs & inane. XIX. Item non accommodentur res collegii, nec etiam ipsis bursariis vel alicui ipsorum super suis bursis futuris, quibus nec ipsæ bursæ solvantur antequàm debeantur, sed fiat earum solutio in fine cujuslibet mensis, & duntaxàt pro tempore quo fuerint in dicto collegio residentes. XX. Item omnes libri collegii incatenentur in libraria & capella, exceptis missalibus, nullusque ipsos decatenare audeat vel accommodare, seu apud se tenere, nisi de consensu omnium; aliàs alienasse reputetur, & reddere compellatur, etiam pro facto graviter puniendus. XXI. Item nullus quascumque res, etiam utensilia ipsius collegii, per se seu authoritate propriâ accipere, detinere, seu tractare præsumat, clericum seu servitorem collegii sive communitatis verberet & percutiat, nec sibi verbo vel facto faciat injuriam; contrarium facientes per magistrum puniantur, & emendare, prout justum fuerit, compellantur; nec ab eo plus servitii exigat unus quàm alius, & maximè eum non occupet aliquis in negotiis propriis, quando agere habebit pro communi. In clerum verò seu servitorem communitatis collegii nullus recipiatur, nisi fuerit honestus & fidelis & prudens, & dederit sufficientem cautionem magistro & procuratori, jurabitque collegio & communitati utiliter, fideliter & diligenter servire, & communitatis servitium cuilibet servitio particulari præferre, utensilia omnia custodire, & domum ab igne, secreta domûs & scholarium collegii non revelare, magistro tamen socios dissolutos aut extrà jacentes secretò pandere, qualiter nocte ostia claudere & claves magistro reddere, & de mane ab eodem petere. XXII. Item nullus excommunicatus notorius pro violenta manuum injectione, vel aliàs, communicationi sociorum se ingerat, nec etiam à sociis excipiatur, donec de absolutione suâ plenè docuerit. XXIII. Item & licèt secundùm fundationem & antiqua statuta dicti collegii quælibet societas * quatuor solidorum & ultrà, debeat habere unum clericum beneficiarium, pauperem & honestæ vitæ, qui capellanos juvet in missis & aliis ecclesiasticis officiis; tamen propter diminutionem reddituum & obventionum dicti collegii, hoc ad unum beneficiarium restringimus, ad expensas collegii, omni excusatione seu oppositione non obstante, providendum. XXIV. Item magister, procurator & scholares dicti collegii, postquàm aliquis vel per statuta collegii, vel per dictum dominum abbatem, aut ejus commissarios ad hoc deputatos bursis & beneficiis dictæ domûs privatus vel depositus extiterit, elapso tempore præfixo nec in præfato collegio eum retineant, nec bursas vel aliquid de collegio eidem ministrent vel habere permittant. XXV. Et licèt de intentione fundatoris videatur existere quòd nullus in dicto collegio moretur vel habitet, nisi sit bursarius; nobis tamen temporibus istis dicto collegio visum est utile, ut habitationes & cameræ dicti collegii quæ bursariis superfuerint, aliis scholaribus non bursariis collocentur, servatis circà hoc statutis quæ sequuntur. 1. Primò quòd nullus recipiatur hospes in domo dicti collegii, nisi sit bonæ vitæ & conversationis atque famæ, de quo nullum scandalum collegio generetur, & qui communitati scholarium non sit onerosus, vocatis & consentientibus omnibus ipsius collegii bursariis residentibus, & sufficienti præstitâ cautione, nec in aliquo casu possit in dicto collegio manere, nisi si & quamdiù placuerit magistro & scholaribus dictæ domûs. 2. Item quòd nullus recipiatur hospes in dicto collegio, nisi voluerit scholariter vivere & cum bursariis in communitate comedere, nisi per modum & ex causis per fundatorem & statuta collegii pro bursariis ordinatis. 3. Item quòd quilibet hospes honorem & reverentiam exhibeat & deferat magistro collegii, & in mensa, locutione, honestate & modestiâ se habeat, ut decet bursarios & scholares collegii. 4. Item quilibet hospes in dicto collegio, quoad mensam, clausuram, ludos, arma, personas suspectas, & hospitii sui à magistro visitationem, & prædictorum pœnam & emendam sit subjectus ut bursarii, aliàs de collegio expellatur. 5. Item quòd nullus hospes suâ authoritate propriâ aliquas res collegii vel communitatis accipiat vel detineat, nec clericum vel servitorem collegii seu communitatis percutiat, aut injurietur eidem. Contrarium faciens, injuriam passis satisfacere cogatur, & si opus fuerit, de collegio expellatur. 6. Item nullus hospes, nisi sit de bursariis ipsius collegii, se ingerat vel intersit deliberationibus collegii, nisi de magistri & omnium scholarium sive bursariorum ejusdem consensu; nec de factis collegii se intromittat, secreta collegii & scholarium vel aliorum de collegio non revelet, etiam malefacta, nisi illis duntaxàt ad quos spectat eorumdem correctio. 7. Item cuilibet hospiti per magistrum coràm omnibus exhibeantur & exponantur hujusmodi statuta de hospitibus, & si opus fuerit, eorum copia tradatur, juretque ea observare; aliàs non recipiatur, & receptus si ea non observaverit, de collegio expellatur. XXVI. Magister autem collegii in ipso continuè faciat residentiam, & officium suum pro posse exequatur. Et si fortè pro aliqua necessaria vel aliàs justa causa contigerit ipsum abesse, vices suas committat provisori vel alicui de scholaribus ad hoc sufficienti & idoneo, qui ejus absentiam velit & possit debitè supplere, & cui singuli in omnibus præmissis, sicut magistro, obediant; non tamen diù ab ipso collegio se absentet, sinè domini abbatis Majoris-monasterii licentia; alioquin officio suo privetur. XXVII. Forma autem juramenti à scholaribus & eorum singulis præstandi, à presbyteris in verba sacramentalia, & ab aliis per sancta Dei evangelia, hæc est: primò, quòd reverentiam & obedientiam exhibebunt domino abbati Majoris-monasterii qui erit pro tempore, tanquam rectori, superiori, gubernatori ipsius collegii soli & in solidum, & ab eo super hoc commissis vel committendis. 2. Item quòd honorem & reverentiam seu obedientiam exhibeant magistro collegii à dicto domino abbate deputato, in his quæ ad suum spectant officium. 3. Item quòd statuta ipsius collegii ab ipso abbate vel ejus prædecessoribus facta vel fienda, inviolabiliter pro posse suo servabunt, nec contrà venient. 4. Item quòd secreta collegii vel defectus quorumcumque de collegio non revelabunt quoquo modo extrà collegium; jura quoque, res & bona ipsius collegii mobilia & immobilia conservabunt, non alienabunt, nec alienari permittent; sed alienata procurabunt pro posse revocari. 5. Item quòd honorem & utilitatem dicti collegii, quamdiù vixerint & ad quemcumque statum devenerint, sinè alieni juris præjudicio procurabunt. Et ad illud juramentum & singula in eo contenta promittenda & observanda & tenenda magister ipsius collegii se noverit obligatum in his quæ concernunt suum officium. *Deindè sequuntur alia statuta facta & edita à D. Guidone abbate moderno; & sunt hæc:*

Statuta de l'abbé Gui. II.

I. ITEM STATUIMUS quòd dum pecuniæ pro collegio recipientur, statim in archa communi ponantur, & de illa, quando opus fuerit, extrahantur, & provisori, sicut erit utile vel necessarium, assignentur, & nequaquam quitanciæ debitorum sigillentur sigillo collegii, usquequò pecuniæ realiter & de facto fuerint in archa communi positæ, ad quod omnes & singuli bursarii nominatim vocabuntur. II. Item de pecuniis extrahendis à coffro procurator tenebitur facere receptam & misiam, quæ ad nullos usus distribuantur nisi per manum ejus, ut per sua compota possit & valeat reddere rationem & reliqua de hujusmodi pecuniis, & per hunc modum sciatur & appareat totus status collegii, reddituum & proventuum ejus, tam in receptis ordinariis quàm extraordinariis. III. Item tenebitur procurator seu provisor de gestis per eum in negotiis collegii conferre cum omnibus capitulariter, & statum suum, quotiens fuerit requisitus capitulariter, ostendere, saltem unâ vice & in fine anni, ut moris est, de gestis, receptis & misiis per eum factis plenariam reddere rationem & reliqua. IV. Item procurator in misiis per ipsum faciendis, & in foris seu pactis quatuor solidos excedentibus tenebitur habere socium unum de bursariis. V. Item quia sæpè contingit ex aviditate percipiendi pecunias in coffro collegii repositas, quòd major pars collegii stipulationibus & aliis inductionibus ad ipsarum extractionem consentit; statuimus quòd ad earum pecuniarum extractionem omnes & singuli bursarii præsentes sint vocandi nominatim, & quòd minor pars ipsam extractionem possit, etiam usque ad unum inclusivè, per viam oppositionis aut appellationis impedire, quibus oppositione & appellatione pendentibus, donec super hoc nostra aut nostri super hoc commissi determinatio intervenerit, nihil omninò attentetur; quòd si secùs fecerint, attentantes condignam punitionem pro modo excessûs recipiant. VI. Item statuimus præsertim de grammaticis & decretistis, quòd non exeant septa collegii nisi ad lectiones & actus scholasticos, absque licentia petita à magistro collegii. VII. Item quia aliquotiens procurator collegii præsumit in sua absentia alium sibi, durante suâ absentiâ, substituere, id omninò reprobamus, & etiam quòd ipse procurator ad id habeat à collegio facultatem. VIII. Item nullus audeat quemquam in librariam collegii introducere, nisi personaliter ipsum, quamdiù in eadem libraria stabit, associet. IX. Item nullus consentiat aliquem librum à libraria collegii excathenari, nisi intervenerit consensus magistri & omnium & singulorum bursariorum authoritate nostrâ confirmatus, aut nostri super hoc commissi. DE QUIBUS præmissis omnibus & singulis præfatus reverendus in Christo pater dominus abbas supradicti monasterii Majoris-monasterii petiit à me notario publico subscripto, sibi fieri & confici publicum instrumentum seu publica instrumenta, unum vel plura. Acta fuerunt hæc Parisiis in collegio Majoris-monasterii, sub anno, die, mense, indictione & pontificatu prænotatis, præsentibus ad hæc personis de quibus superiùs cavetur, testibus ad præmissa vocatis specialiter & rogatis. ET EGO Philippus Radulphi presbyter Leonensis diœcesis, auctoritatibus apostolicâ & imperiali notarius publicus, quia prædicti juramenti præstiti receptioni, cæterisque omnibus & singulis, dum sic ..... agerentur ..... interfui ..... ideò huic publico instrumento appensione sigilli ejusdem reverendi in Christo patris munito, alienâque manu, me in aliis legitimè præpedito ..... signum meum apposui ..... sic signatum, P. RADULPHI. POST CUJUS QUIDEM publici instrumenti præinserti publicationem, prænominati magistri Petrus Canuti, Alanus Clerici &c. qui nondum juramenta in dicto publico instrumento inserta in manibus dicti D. abbatis fecerant, ad mandatum præfati domini vicarii ..... præstiterunt, statutaque, ordinationes &c. tenere & pro posse observare in futurum promiserunt ..... dempto duntaxat isto statuto per alterum prædecessorum præfati domini abbatis edito, tenoris sequentis: *Ulteriùs statuentes & ordinantes quòd vos omnes & singuli habeatis longas hussias sive cappas honesti coloris, sine quibus nunquam domum exire aut soli per villam incedere præsumatis* ..... Acta fuerunt hæc in capella supradicti collegii de Plesseyo, sub anno, indictione, die, mense & pontificatu quibus suprà, præsentibus ibidem venerabilibus & religiosis viris magistro Philippo Radulphi, fratre Hugone *de Noyalbes* bursario collegii Majoris-monasterii Parisius fundati, & Nicolao *Fourmage* clerico, testibus ad præmissa vocatis &c. ET EGO HUGO ANGLICI clericus Belvacensis, publicus apostolicâ & imperiali authoritatibus, curiæque conservationis privilegiorum apostolicorum almæ universitatis Parisiensis notarius juratus, quia instrumentum originale præ-insertum vidi, ab ipsoque copiam extraxi ..... & dum præfata omnia agerentur interfui &c. idcircò præsenti publico instrumento, manu alterius, non aliis præpedito negotiis, fideliter scripto, signum meum publicum & consuetum apposui in testimonium veritatis præmissorum, requisitus pariter & rogatus. *Tiré d'une copie du tems de la date, conservée à la bibliotheque Coislin, cottée 514.*

LETTRES PATENTES DU ROY LOUIS XIV.

Pour l'union du college du Plessis à celuy de Sorbonne.

AN. 1646.

LOUIS par la grace de Dieu roy de France & de Navarre : à tous presens & à venir, salut. Nos chers & bien amés les prieur, docteurs & bacheliers de la societé de Sorbonne à Paris nous ont très-humblement fait remonstrer, que le college du Plessis fondé en l'université de Paris estant ruineux & en décadence, tant pour les bastimens & édifices que le tems a mis en estat de ne pouvoir plus subsister, & au restablissement desquels le revenu dudit college ne pourroit satisfaire, que pour l'exercice des bonnes lettres qui y est presque entierement cessé, nostre cher & bien amé Amadore-Jean-Baptiste de Vignerod abbé commendataire de l'abbaye de Marmontier, à qui seul & pour le tout appartient la superiorité, direction & administration dudit college par sa fondation, auroit cedé, donné & delaissé à ladite societé par lettres de concession du 3 Juin dernier, ensemble les édifices, maisons, biens, rentes, heritages, revenus & droits qui en dependent, à la seule reserve de la collation des bourses, que ledit sieur abbé auroit retenuë pour luy & ses successeurs, desquelles deux seroient à la presentation du sieur évesque d'Evreux, & deux autres à celle du sieur évesque de S. Malo ; & auroit uni au corps de ladite societé la grande maistrise & principauté dudit college, à la charge d'y restablir & entretenir à l'avenir les bastimens, & y faire refleurir l'exercice des bonnes lettres, tant en theologie morale, si besoin est, qu'en philosophie, rhetorique, humanités & grammaire ; d'y conserver l'ancien nombre des boursiers, suivant la premiere fondation, statuts de moderation, réduction & autres reglemens de nostre cour de parlement de Paris sur ce intervenus ; d'y faire celebrer le service divin les festes, Dimanches & autres jours de fondation, & entr'autres chaque jour une messe basse par l'un des grands boursiers dudit college, & d'y commettre un principal & un procureur, tous deux docteurs ou bacheliers de ladite societé, pour avoir sous l'autorité d'icelle societé la direction dudit college, & le gouvernement du bien remporel d'iceluy, selon que le tout est plus amplement declaré par lesdites lettres de concession. Et parce qu'ils craignent qu'après s'estre engagez dans des grandes despenses pour l'exécution desdites lettres, l'effet ne leur en soit un jour contesté par les abbez successeurs dudit sieur de Vignerod, soit mesme par nos procureurs generaux & autres officiers, si nostre autorité n'y estoit intervenuë, ils nous auroient requis nos lettres sur ce necessaires. A CES CAUSES, après qu'il nous est apparu desdites lettres de concession, ensemble des procès verbaux de visitation dudit college & de ses bastimens par le recteur de ladite université, vicaire general dudit sieur abbé, & experts par luy deputez les 5 Février 1643. & 10 Juin 1644. cy attachez sous le contrescel de nostre chancelerie; desirant, en tant qu'est en nous, contribuer au restablissement dudit college, & tesmoigner en cette occasion l'affection que nous avons pour ladite societé, qui depuis plusieurs siecles qu'elle s'est renduë venerable, & qu'elle conserve entiere la pureté de ses mœurs & des maximes chrestiennes, contient nos sujets par ses bons exemples dans la fidelité qu'ils nous doivent: de l'avis de la reine regente nostre très-honorée dame & mere, nous avons par ces presentes signées de nostre main approuvé & agréé, approuvons & agréons lesdites lettres de concession, voulons & nous plaist, en tant qu'en nous est, qu'elles soient exécutées selon leur forme & teneur. Si donnons en mandement à nos amez & feaux conseillers les gens tenans nostre cour de parlement, qu'ils ayent à proceder à l'enregistrement desdites lettres de concession & des présentes, & de leur effet faire jouïr les exposans, sans souffrir qu'il y soit contrevenu, nonobstant tous les édits, ordonnances, reglemens, statuts & autres lettres à ce contraires; car tel est nostre plaisir. Et afin que ce soit chose ferme & stable à toûjours, nous avons fait mettre nostre scel à cesdites presentes. Données à Paris au mois d'Octobre l'an de grace M. DC. XLVI. & de nostre regne le IV. *Ainsi signé*, LOUIS, *& sur le reply*, Par le roy, la reine regente sa mere presente, DE LOMENIE, *& scellé de cire verte*.

Pris sur l'original.

Consentement de l'université de Paris à l'union susdite.

AN. 1646.

ANNO Domini M. DC. XLVI. die XI. Maii, rector, decani & procuratores studiorum universitatis apud Sorbonam scribendo affuerunt. Quòd verba facta sunt collegii Plessæi in hac universitate fundati ædes maxima ex parte ruinosas, ut patet ex visitatione ab architectis facta anno Domini M. DC. XLIV. die X. Junii; alumnos præterea litibus contendere, rem familiarem perperàm administrari, nullam propemodùm esse rei litterariæ exercitationem, ut ex lustratione ejusdem collegii facta, tum à clarissimo viro Ludovico *de S. Amour* ejusdem universitatis rectore anno Domini M. DC. XLIII. die V. Februarii, tum à magno illustrissimi viri Amadori-Joannis-Baptistæ *de Vignerod* Majoris-monasterii abbatis commendatarii summi ejusdem collegii moderatoris vicario anno Domini M. DC. XLIV. die IV. Junii & deinceps, atque adeò ex publica notitia constat quòd eidem collegio tandem futurum est exitio, atque adeò magno reipublicæ litterariæ detrimento. His de causis eundem illustrissimum abbatem qui solus vices gerit fundatoris, uti pro sua prudentia cum singulari in academiam studio conjuncta, idem collegium ab interitu vindicaret, atque adeò in pristinum splendorem restitueret, societati sorbonicæ tum pietate tum eruditione clarissimæ, necnon academiæ studiosissimæ, jus collegii transcripsisse, ut in posterum eadem societas in primis rem divinam ex tabulis conditionis fieri pro sua pietate curet, magnum moderatorem, primarium & procuratorem rite è suo ordine renuntiet, alumnos seu bursarios ad tabulas ejusdem conditionis revocet, professores asciscat qui optimas artes & disciplinas magna cum laude in singulis ordinibus profiteantur, ædes ruinosas instauret, neque committat ut quidquam in ædibus desideretur, atque adeò rem familiarem illius collegii pro sua prudentia administret, efficiatque ut pietas atque litterarum meliorum exercitatio in eodem tandem collegio revivisant, ut amplius continetur in tabulis ab eodem illustrissimo abbate consignatis, & ejusdem sigillo munitis, apud pagum vulgò *Ruel*, anno Domini M. DC. XLVI. die III. Junii; quæ tabulæ diplomate regio confirmatæ fuerunt Parisiis eodem anno mense Octobri. De hac re omnes & singuli, perlectis ejusmodi tabulis, necnon regio diplomate & variis visitationum actis, audito procuratore fisci, omnibusque maturè consideratis, inprimis de illustrissimo abbate præclarè senserunt, qui collegium Plessæum pro jure concessit collegio Sorbonico toto orbe celeberrimo, pro summis illius in ecclesiam, in regnum atque in academiam meritis; ut in eo tandem collegio optimæ reflorescant artes & disciplinæ, atque adeò in communem academiæ splendorem quam optimè consulatur. Deinde censuerunt illius collegii cum societate sorbonica conjunctionem videri maximè è re academiæ, nihilque prætermittendum quin ad eam quàm primùm accedat supremi senatûs auctoritas. Parisiis anno & die prædictis. *Signé*, QUINTAINE. *Ibidem.*

ARREST D'ENREGISTREMENT
des lettres ci-dessus.

An. 1647.

ENTRE les prieur, docteurs & bacheliers du college & societé de Sorbonne, demandeurs en requeste par eux presentée à la cour le 6 Juin 1647. d'une part, & les procureur & boursiers du college du Plessis, ruë S. Jacques de cette ville de Paris, deffendeurs, d'autre. Veu par la cour ladite requeste du 6 Juin , à ce qu'il fust ordonné que sans s'arrester à l'opposition formée par lesdits procureur & boursiers du college du Plessis à la verification & enregistrement des lettres patentes du roy du mois d'Octobre 1646. approbatives de l'union du college du Plessis à ladite societé par le sieur abbé de Marmonstier superieur, directeur & administrateur dudit college du Plessis, de laquelle lesdits procureur & boursiers seroient déboutés, il fust passé outre à la verification & enregistrement desdites lettres; sur laquelle requeste auroit esté ordonné que les parties parleroient sommairement à l'un des conseillers de ladite cour; deffenses, causes d'opposition, responses à icelles, repliques, dupliques, appointement à mettre, productions des parties, contredits par elles respectivement fournis, suivant l'arrest du 2 Aoust dernier, requeste desd. de Sorbonne du 22 dudit mois, employée pour salvation, conclusions du procureur general du roy, & tout consideré: LADITE COUR, sans s'arrester à l'opposition, a ordonné & ordonne que lesdites lettres seront regiftrées au greffe de ladite cour, pour joüir par les impetrans de l'effet contenu en icelles, sans despens. Fait en parlement le VII. Septembre M. DC. XLVII. *Signé*, DU TILLET. *Copié sur l'original.*

FONDATION DU COLLEGE
de Marmoutier.

An. 1328.

UNIVERSIS præsentes litteras inspecturis, Gaufridus de Plexiaco sanctæ Romanæ ecclesiæ notarius, in omnium salvatore salutem. Deus scientiarum Dominus, cui cogitationes eorum qui sapientiæ dant operam, præparantur, venerabile Parisiense studium ad hoc piâ ineffabilis divini consilii miseratione constituit, ut tamquàm lignum fructiferum secùs salutarium aquarum plantatum decursum, extendens palmites suos à mari usque ad mare, & quasi flumen Dei repletum aquis sapientiæ & scientiæ, ubique fluenta diffundens, rudes erudiens, debiles efficiens virtuosos, & de virtute in virtutem ad altiora provectos extollens, cunctis fidei orthodoxæ cultoribus, universis reipublicæ christianæ profectibus, fructuosum divino munere redderetur. Undè quantò ad insigne Majus-monasterium Turonense ad Romanam ecclesiam nullo medio pertinens, & personas ejusdem, majorem ab antiquo gessimus & gerimus devotionis affectum, tantò desiderabiliùs affectamus, quòd monasterium ejusdemque personæ spiritualibus & temporalibus proficiant incrementis, illæque de personis eisdem quæ disciplinis scholasticis insudantes, pretiosam acquirere satagunt scientiæ margaritam, opportunis ad hoc suffragiis, submotis impedimentis quibuslibet, fulciantur. Attendentes itaque quòd scholares ejusdem monasterii studentes Parisius, domum habitationis propriam ibidem congruam non habentes, pro defectu mansionis accommodæ impediebantur in studio, & multimodè frequenter incommoda sustinebant; ac cupientes hujusmodi, favente Domino, supplere defectum, ut eò ferventiùs vacare studio & ampliùs proficere valeant, quò commodiorem ad id habuerint mansionem; quatuor domos nostras admortizatas, sitas Parisius, tres videlicèt in majori vico S. Jacobi, unam contiguam & confrontatam domui quæ fuit quondam Simonis Barbitonsoris in eodem vico sitæ, & aliam eidem domui immediatè contiguam & in eodem vico confrontatam eidem, & protendentem se usque ad domum in qua camera nostra nova constituta dignoscitur, & eamdem cameram novam, cum aula inferiùs constituta, cum capella, coquina & omnibus aliis adjacentibus & se directè protendentibus, inferiùs & superiùs, à dicta nova camera usque ad magnam aulam in qua magna capella fieri paratur, domum quam inhabitare, & in ejus superiori camera pernoctare solemus, cum cava, cameris, garderobis, pratellis, virgultis, plateis, ingressibus & egressibus suis, prout se comportant antè & retrò, inferiùs & superiùs, à prædicto vico S. Jacobi ab anteriori parte, usque ad parvum vicum contiguum muro domûs ducis Burgundiæ, qui vicus *de la Chariere* vulgariter nuncupatur, per quem venitur ad vicum qui dicitur vicus clausi-Brunelli, à parte posteriori, continuando se juxtà aulam in qua paratur fieri major capella domûs prædictæ, & protendendo se usque ad muros domûs prædictæ seu jardini scholarium Atrebatensium, recto diametro seu directâ lineâ, prædicto Majori-monasterio Turonensi, ac dominis abbati & conventui ejusdem monasterii, pro inhabitatione scholarium ipsius monasterii Parisius studentium modernorum, & qui pro tempore fuerint, divinæ pietatis intuitu, ac ob reverentiam beatissimæ Virginis Mariæ matris Domini nostri Jesu-Christi, ac beatissimi Martini apostolici confessoris, gemmæ præsulum, specialium præfati monasterii patronorum, consideratione siquidem beneficiorum multiplicium quæ ab ipso monasterio recepisse dignoscimur, in puram & perpetuam eleemosynam concedimus & donamus habendas, tenendas, inhabitandas & possidendas, monasterio, abbati & conventui & scholaribus supradictis, cum cellario & cava dictæ tertiæ domûs anterioris, quoadusque cellarium aliud & cavam sufficientes pro magistris & scholaribus nostris sæcularibus *, in parte quam dicti scholares inhabitant sæculares, præfati religiosi monasterii fieri fecerint suis propriis sumptibus & expensis; retentoque nobis in prædicta domo quarta, ejusque cameris, gardarobis, pertinentiis & jardinis, quoad vixerimus, usufructu; salvis etiam scholaribus nostris sæcularibus omnibus meramentis & lignis integraliter domûs existentis in capite aulæ, in qua fieri debet processu temporis magna capella, quam aulam pro facienda capella volumus & ordinamus esse communem dictis scholaribus Majoris-monasterii & nostris scholaribus sæcularibus antedictis, & eamdem aulam pro capella facienda dictis scholaribus religiosis & sæcularibus communiter possidendam, in puram & perpetuam eleemosynam concedimus & donamus. Et ut præmissa omnia & præmissorum singula firma permaneant in futurum & valida, nostras præsentes litteras religiosis dedimus memoratis, & iisdem litteris nostrum fecimus apponi sigillum in testimonium veritatis. Datum Parisius die Veneris in festo beatissimi confessoris & episcopi Juliani, anno Domini M. CCC. XXVIII. *Tiré d'un manuscrit de Marmoutier, collationné à l'original, & signé par F. C. Bouvot garde des archives du monastere.*

* C'est-à dire ceux du college du Plessis.

Testament de Geoffroy du Plessis.

CUm ego Gaufridus de Plessio monachus Majoris-monasterii Turonensis, fundator, patronus & administrator bonorum domûs pauperum magistrorum & scholarium sæcularium B. Martini in monte Parisiensi, cujus patronatum, administrationem & regimen de expressis voluntate & assensu dominorum abbatis & conventûs dicti monasterii ad vitam meam mihi expressè retinui in religionis ingressu, cupiens dudum ante ipsum ingressum, temporalia pro æternis, & terrena pro spiritualibus fœlici commercio, dante Domino, permutare, domum meam quam diù inhabitavi Parisius, in vico sancti Jacobi sitam, prout se comportat, protendendo se versus domum hospitalis & vicum de Noerio *, cum aliis domibus adjacentibus, contiguis & vicinis, cum ingressibus & egressibus, jardino, virgultis & omnibus pertinentiis & juribus suis, bonorum omnium largitori altissimo, ac beatissimæ Virgini Mariæ, & beatissimo Martino apostolico confessori, gemmæ præsulum, in personis pauperum magistrorum qui in domibus ipsis perpetuò morabuntur, ipsisque magistris & scholaribus quadraginta libras turonenses annui & perpetui redditûs amortizatas, vel circà, super firmis & redditibus de Sanavilla & locis circumpositis & vicinis, necnon & domos, census, reditus, droituras, terras, prata, vineas, nemora & possessiones alias apud Evriacum in Bria & in locis circumpositis existentes, & domum de Vanvis, cum omnibus juribus & pertinentiis suis, & alia bona mea mobilia & immobilia, ubicumque & in quibuscumque consistentia, quæ pro tunc habebam & possidebam, & quæ tempore obitûs mei me habere & possidere, seu mihi deberi contigerit, de quibus in vita mea vel in testamento meo aliter non duxerim ordinandum, donaverim donatione irrevocabili inter vivos in puram & perpetuam eleemosynam, ipsosque magistros & scholares hæredes meos instituerim in omnibus & singulis bonis mobilibus & immobilibus supradictis, reservato mihi in eis ad vitam mam usufructu; & etiam voluerim & expressè ordinaverim quòd prædicti magistri & scholares & successores ipsorum in domo ipsa, eademque domus, in solutionem debitorum & legatorum per me factorum & faciendum in posterum in testamento vel ultima voluntate, quæ soluta non fuerint tempore mortis meæ, tanquam hæredes

An. 1328.

* La ruë des Noyers.

JUSTIFICATIVES.

hæredes mei teneantur omninò, & quòd prædicta bona mobilia vel immobilia cum hujusmodi ordinatione transeant ad eosdem, mihique retinuerim potestatem corrigendi & mutandi ordinationes prædictas, ac renovandi, detrahendi, diminuendi de terris, & reditibus, & possessionibus, & aliis rebus mobilibus & immobilibus supradictis, per me, ut præmittitur, donatis magistris, scholaribus ac domui memoratis, sicut mihi placuerit & visum fuerit expedire, prout hæc omnia in litteris meis confectis super hoc, sigillo meo munitis & authoritate apostolicâ ex certâ scientiâ confirmatis, pleniùs & expressiùs continetur; & postmodùm de terris, reditibus, possessionibus & rebus aliis immobilibus, sic donatis per me magistris & scholaribus supradictis, detrahendo, aliqua donaverim religiosis viris dominis abbati & conventui Majoris-monasterii supradicti, & scholaribus ipsius Majoris-monasterii Parisius studentibus, aliisque piis locis certisque personis; donationem per me, ut præmittitur, primò factam eisdem magistris & scholaribus de domibus, reditibus & possessionibus antedictis, quantùm ad ea quæ postmodùm non retraxi, & in præsenti ordinatione non retraho, ac detractiones & donationes de sic detractis personis & locis aliàs memoratis per me factas hactenùs, hâc meâ ordinatione præsenti quam pro ultima voluntate esse volo, rectifico & approbo & confirmo.

Sed considerans quòd post ordinationem prædictam, propter mutationem monetarum & alios eventus varios & successus, tempora sunt mutata, & domorum reditus diminuti, propter quod debita in quibus domûs ex meâ successione tenetur, hucusque persolvi de ipsis reditibus, ut sperabam, minimè potuerunt; & nolens eorum solutionem in animæ meæ periculum differre diutiùs; debita infrascripta & alia, si quæ sunt, statim post obitum meum de bonis mobilibus, quæ tam in vasis argenteis quàm in libris, ornamentis ecclesiasticis & rebus aliis quibuscumque habeo, volo & mando persolvi: videlicet executioni Johannis de Assartis, præfecti quondam beatæ Mariæ de ..... quadraginta sex libras decem solidos parisienses. Item Nicolao Clanodi de Calestria, quatuor libras turonenses. Item volo dari magistris & scholaribus domûs bonæ memoriæ domini mei Johannis Choleti quondam sanctæ Romanæ ecclesiæ cardinalis, in recompensationem eorum si quid habui de bonis ejusdem,

Tome II.

centum libras bonorum parvorum turonensium. Item religiosis mulieribus de Censeya prope Parisius, sexaginta solidos parisienses. Et quia non ignoro ad solutionem debitorum ipsorum non sufficere mobilia supradicta, domum de Venvis cum pertinentiis suis, & quatuordecim libras turonenses annui & perpetui redditûs non amortizatas, debitas apud Evriacum, pro supplemento solutionis debitorum ipsorum sine dilatione qualibet vendi volo, & pretium converti in solutionem debitorum ipsorum.

Quia verò domus de Venvis cum pertinentiis suis, & quatuordecim libræ reddituales prædictæ obligatæ sunt in quadraginta libris turonensibus annui & perpetui redditûs amortizatis, capellaniæ beati Martini quam in ecclesiâ Parisiensi fundavi; eidem capellaniæ & capellano ipsius qui est, & qui pro tempore fuerit eidem capellaniæ continuè desserviens, domos, terras, vineas, prata, nemora, census, redditus, droituras & alios omnes proventus de Evriaco amortizatos delibero & assigno pro dote capellaniæ supradictæ, & pro quadraginta solidis redditûs annui pro distributionibus capitulo assignandis.

Verùm quia magistris & scholaribus supradictis redditus consuetos diminuo, idcircò minuatur numerus eorumdem; & ideò quadragenarium numerum per me primitùs institutum, ad viginti quinque magistros & scholares dumtaxat restringo, diminuo & reduco, quorum sex de Macloviensi diœcesi proximiores de genere meo, si inveniantur idonei, sex de Ebroicensi diœcesi, & sex de Leonensi diœcesi assumentur: quorum de Leonensi diœcesi quinque de redditibus domûs, videlicet unus capellanus sex solidos parisienses quâlibet septimanâ, & quatuor libras parisienses pro vestibus annuatim, duo quatuor solidos, & reliqui duo duos solidos percipient, & sint semper inter primos, cùm sibi debeantur ex directo, & fiat satisfactio eorum integra; sextus verò de scholaribus Leonensibus bursam sex solidorum super redditibus qui pro domibus Aurelianensibus habiti fuerunt, & tenentur ab Yvone Simonis *Alain*, vel aliis redditibus qui loco eorum substituentur, si eos retrahi contingat quos idem Yvo tenet ad præsens, percipiet & habebit. Dominus verò abbas Majoris-monasterii qui est & qui erit pro tempore, sex scholares ponat undecumque voluerit in domo prædictâ, de provinciâ Turonensi, percepturos bursas primas, se-

D d d

cundas, tertias, secundùm ordinem aliorum. Et de qualibet congregatione sex scholarium erit unus sacerdos qui celebrabit continuè in capella, & habebit quatuor libras parisienses pro vestibus annuatim. Volo etiam & ordino quòd vigesimus quintus de Macloviensi diœcesi assumatur, & sit sacerdos, & habeat bursam sex solidorum & quatuor librarum pro vestibus, sicut alii, & continuè celebret pro anima bonæ memoriæ Domini Radulphi episcopi Laudunensis.

Et licèt curam, administrationem & regimen dictæ domûs reverendis patribus & dominis Ebroïcensi & Macloviensi episcopis, abbati Majoris-monasterii, cancellario Parisiensi & magistro seu bacchalario in theologia dictæ domûs sub certa forma duxerim committendum ; quia tamen de fidelitate ac specialis dilectionis & caritatis amore quos reverendus pater dominus Simon nunc abbas Majoris-monasterii mihi exhibuit & exhibet præ cæteris, confido, curam & administrationem & regimen dictæ domûs, magistrorum & scholarium prædictorum sibi & successoribus suis qui pro tempore fuerint abbates ipsius monasterii, solis & in solidum committo totaliter & relinquo.

Volo tamen & ordino quòd prædicti magistri & scholares de diœcesi Ebroïcensi & Macloviensi, eligantur per charissimos nepotes meos magistros Guillelmum cantorem Ebroïcensem, Alanum *de Baroth* & Radulphum *Piquelier*, & quemlibet ipsorum in solidum, quamdiù vixerint, & post eos ad Ebroïcensem & Macloviensem episcopos devolvatur electio. Et cupiens quòd in capella scholarium regularium Majoris-monasterii in dicta domo constituta missa, diebus profestis saltem, submissà voce omni tempore celebretur, pro dicta missa celebranda & specialibus collectis faciendis pro me in dicta missa, & aliis missis solemnibus quas in dicta capella contigerit celebrari, celleriam & caveam domûs in qua comedent iidem religiosi & scholares, eisdem religiosis & scholaribus ex nunc in perpetuum do & concedo, sine aliqua recompensatione facienda eisdem scholaribus sæcularibus antedictis. Item do & concedo ecclesiæ Majoris-monasterii prædicti librum meum qui dicitur *Catholicon*, & duos pannos sericeos de pannis quos Parisius habeo meliores. Item do & concedo majori altari ejusdem ecclesiæ quamdam crucem modicam deauratam.

Cæterùm quia teneor conventui Majoris-monasterii in CXVI. libris turonensibus ratione perfectionis XX. librarum annui reditûs, quas eis dedi & concessi pro certis missis & anniversariis in ecclesia dicti loci pro meæ animæ remedio celebrandis; volo & ordino quòd libri mei inferiùs designati, videlicèt Decretum cum apparatu, Decretales cum apparatu, sextus liber Decretalium cum apparatu, septimus liber Decretalium sine apparatu, Summa Innocentii, Summa Hostiensis, Repertorium juris, unus liber Concordantiarum, Summa Confessoris, liber epistolarum Bernardi, liber de Proprietatibus rerum, Legenda aurea, Biblia cum uno parvo volumine, unum Graduale notatum ad usum Parisiensem, unum Missale notatum ad eumdem usum, liber epistolarum magistri Petri Blesensis, unus liber Sermonum Dominicarum totius anni qui incipit in rubrica Dominicæ primæ Adventûs, primus sermo ; liber de Secretis Secretorum, quidam parvus liber Sermonum qui incipit in primordio temporum , & liber Sibillæ Erithreæ ; item scyphi tres argentei non metallati, ponderis sex marcharum & dimidiæ ad marcham turonensem, duo bachini immetallati, ponderis quinque marcharum & septem unciarum & duorum sterlingorum ; item duo candelabra argentea, ponderis quinque marcharum & decem & octo sterlingorum, ad marcham prædictam ; quæ præmissa priori claustri & aliis probis viris dicti monasterii volo assignari & tradi eisdem, & apud eos tamdiù titulo pignoris remaneant, pro quo dicta summa pecuniæ est obligata, donec ex parte magistrorum & scholarium beati Martini domûs prædictæ de dicta summa pecuniæ sit plenariè satisfactum. Et ut præsens ordinatio majorem obtineat roboris firmitatem, præsentes litteras publicari feci per notarium publicum infrascriptum, ac suo signo solito signari, ac mei appensione sigilli pariter communiri. Datum & actum in manerio de Malonydo propè Turones anno Domini M. CCC. XXXII. die Veneris post festum S. Laurentii, videlicèt XIV. mensis Augusti, indictione XV. pontificatûs sanctissimi patris & domini nostri Johannis divinâ providentiâ papæ XXII. anno XVI. præsentibus ad hoc discretis viris magistro Radulpho *Piquelier* S. Martini, Johane *de Molinault* S. Petri-puellarum Turonensis canonicis ecclesiarum, Gaufrido Magni rectore ecclesiæ de Ventileïo Rhemensis diœcesis, domino Guillelmo Bertheloti presbytero Macloviensis diœcesis, & notario publico infrascripto, & pluribus aliis testibus ad præmissa

vocatis

vocatis specialiter & rogatis.

Et ego Guillelmus *Dolives* clericus Dolensis diœcesis, publicus apostolicâ & imperiali auctoritate notarius, præmissis omnibus & singulis, dum per præfatum fratrem Gaufridum, anno Domini, die Veneris, mense, indictione & pontificatu prædictis, ut præmittitur, ordinarentur, agerentur & fierent, una cum dictis testibus præsens fui, & in horum testimonium hîc me subscripsi, signumque meum, unâ cum sigillo ipsius Gaufridi, hîc apposui consuetum. *Ibidem.*

Confirmation de ce testament par l'abbé de Marmoutier.

AN. 1332.

UNiversis præsentes litteras inspecturis & audituris, frater Simon permissione divinâ Majoris-monasterii propè Turones minister humilis, salutem in omnium Salvatore. Noveritis quòd cùm venerabilis in Christo pater magister Gaufridus de Plesseïo, quondam apostolicæ sedis notarius, monachus Majoris-monasterii nostri, fundator, patronus & administrator bonorum domûs pauperum magistrorum & scholarium sæcularium sancti Martini in monte Parisiensi, cujus patronatum, administrationem & regimen, de expressis voluntate & assensu bonæ memoriæ fratris Johannis tunc abbatis ejusdem monasterii immediati prædecessoris nostri & conventûs ejusdem loci, sibi ad vitam suam in religionis ingressu expressè retinuit & specialiter reservavit, prout in instrumentis & litteris inde confectis seriosiùs continetur, vellet & proponeret, ut dicebat, circa ordinationem dictæ domûs aliqua de contentis in instrumentis & litteris fundationis domûs ejusdem corrigere & etiam immutare, & nonnulla alia de novo, pro suæ animæ salute & remedio, statuere & salubriter ordinare ; nos nolentes, quatenùs in nobis erat, correctiones, immutationes & ordinationes faciendas per ipsum, ob defectum auctoritatis posse futuris temporibus impugnari, imprimis corrigendi, immutandi & ordinandi quæ & prout sibi expedire videretur, auctoritatem sibi præstitimus & assensum, si & quatenùs opus erat, & auctoritatis nostræ interventus erat necessarius, ad hoc ut agenda & ordinanda per ipsum valerent & haberent roboris firmitatem. Et consequenter idem magister Gaufridus, in nostra & notarii publici ac testium infra scriptorum præsentia, contenta in litteris quibus præsentes sunt annexæ, ordinavit, statuit & disposuit, prout in iisdem litteris seriosiùs & latiùs continetur. In quorum testimonium præsentibus litteris quas per infrascriptum publicum notarium inde fieri, scribi & publicari fecimus, & suo solito signo signari, sigillum nostrum duximus apponendum. Datum & actum in manerio nostro de Malonido propè Turones, anno Domini M. CCC. XXXII. die Veneris post festum B. Laurentii, videlicèt XIV. die mensis Augusti, indictione XV. pontificatûs sanctissimi patris & domini nostri Johannis divinâ providentiâ papæ XXII. anno XVI. præsentibus ad hoc discretis viris magistris Radulpho *Piglier* sancti Martini, Johanne *de Molinaut* sancti Petri-puellarum Turonensis canonicis ecclesiarum, Gaufrido *Maugin* rectore ecclesiæ de Vauceleïo Rhemensis diœcesis, domino Guillelmo *Berthelot* presbytero Macloviensis diœcesis, notario publico infrascripto, & pluribus aliis testibus ad præmissa vocatis & specialiter rogatis.

Et ego Guillelmus *Dolivier* clericus Dolensis diœcesis, apostolicâ & imperiali auctoritate notarius publicus, auctoritatis & assensûs prædictorum præstationi, dum per dominum abbatem præfatum magistro Gaufrido præstaretur, modo & formâ superiùs declaratis, & subsequenter factæ ordinationi contentæ in litteris meo signo signatis quibus præsentes sunt annexæ, unâ cum dictis testibus interfui, & præsens instrumentum inde confeci, scripsi & publicavi, signumque meum unâ cum sigillo domini abbatis hîc apposui consuetum, rogatus. *Ibidem.*

STATUTS DU COLLEGE de Marmoutier.

AN. 1390.

UNiversis præsentes litteras seu præsens publicum instrumentum inspecturis, fratres Gaufridus Chocardi de Belismo, Paulus Moneti beatæ Mariæ de Campis propè Parisios prioratuum priores, commissarii ad infrascripta à reverendo in Christo patre ac domino domino Elia permissione divinâ abbate monasterii Majoris-monasterii Turonensis, prout per litteras commissionis ejus sigillo in cauda duplici & in cera viridi, ut primâ facie apparebat, sigillatas, quarum tenor talis est : ELIAS permissione divinâ humilis abbas monasterii Majoris-monasterii Turonensis, reverendo patri domino abbati B. Mariæ de Loulayo, necnon discretis fratribus nostris de Belismo & B. Mariæ de Campis, salutem in Domino. Quoad visitandum & ordinandum statum religiosorum nostrorum

Tome II. Ddd ij

Parisiis studentium, moresque ipsorum reformandum, &, si sit necesse, puniendum & corrigendum, cæteraque omnia & singula faciendum circà reformationem personarum & domûs necessaria, seu quomodolibet opportuna, vobis & vestrûm cuilibet in solidum, de quorum peritia & discretione atque fidelitate plenam in Domino fiduciam obtinemus, committimus vices nostras. In cujus rei testimonium sigillum nostrum præsentibus litteris duximus apponendum. Datum nostro teste sigillo, die primâ mensis Junii, anno Domini M. CCC. XC. AD HÆC specialiter deputati, salutem in Domino. Notum facimus quòd nos, virtute litterarum præfati domini abbatis, accessimus ad domum collegii religiosorum virorum scholarium dicti ordinis Majoris-monasterii Parisiis studentium, in vico sancti Jacobi Parisiis fundati, & idem collegium diligenter, bonaque dicti collegii, jura & redditus eidem collegio spectantia & pertinentia, necnon refectiones in eodem collegio faciendas visitavimus. Et quia invenimus per diligentem informationem per nos de ipso factam, quòd in dicto collegio, in personis, in ædificiis, redditibus & aliis plurima sunt necessariò facienda & reformanda; statuimus & ordinavimus certa statuta tenenda & observanda, quæ inferiùs describuntur.

I. Et primò, quòd in dicto collegio sint de præsenti sex scholares solummodò, quorum unus erit magister, & alii quinque sub ipso studentes: videlicèt magister Gaufredus Bertrandi in decretis, magister dictæ domus, fratres Martinus &c. Et si contingat quòd dictus abbas prædictus committat officium procuratoris alteri quàm priori B. Mariæ de Campis prædicto, vel alteri beneficiato, in dicto collegio recipietur & cum aliis communiter vivet, sicut hactenùs consuetum est. Supradictos verò scholares, factâ diligenti examinatione & inquisitione per nos de vita, moribus, scientia & conversatione prædictorum, elegimus & nominavimus, tamquàm sufficientes & idoneos, ibidem moraturos.

II. Item, statuimus & ordinavimus quòd per prædictos scholares omnibus diebus Dominicis & festivis quibus non legetur, cantentur vesperæ tractim, & in crastinum matutinæ & missa; & fiant omnia prædicta tali horâ, quòd statim in exitu missæ omnes scholares in cappis vadant simul ad sermonem, & post secundas vesperas ad collationem, & quòd omnes intersint in dictis horis.

III. Item, quòd quilibet sacerdos scholaris faciat hebdomadam suam, secundùm consuetudinem collegii.

IV. Item, quòd omnes libri existentes in capella pro servitio divino, incathenentur in eadem capella, & quòd nullus dictos libros sic incathenatos decathenet vel deponat, sed habeat quilibet clavem capellæ.

V. Item, quòd omnes infrà domum cucullas portent omnibus horis, & quòd eundo per villam cappas deferant decenter & honestè.

VI. Item, quòd nullus deferat mantellum per villam, vel alias vestes irreligiosas vel inhonestas, nec arma deferat aut teneat in camera, sed ponentur in custodia magistri, nec etiam in domo; & quòd faciens contrarium regulariter puniatur; & si post tertiam monitionem inobedientes fuerint in hoc aut rebelles, capiantur dicta arma de facto per magistrum & alios scholares, & vendantur in utilitatem collegii convertenda.

VII. Item, quòd omnes indifferenter jaceant in dormitorio; & quòd magister, quoties voluerit, intret studium vel cameram cujuslibet, & si ibidem reperiat aliqua irreligiosa aut inhonesta, ea corrigat & emendet juxtà qualitatem excessûs.

VIII. Item, quòd inter se, tam in domo quàm alibi & omnibus locis, loquantur verbis Latinis, prout inter bonos scholares est fieri consuetum, & quòd contrarium faciens puniatur.

IX. Item, quòd omnes, audito sono, ad benedictionem veniant indilatè, & quòd nimis non protrahant comestionem, sed cum moderamine se expediant; & si quis ex causa tardiùs veniat, sic se moderet quòd alios non fatiget in sedendo diutiùs.

X. Item, quòd nullus præsumat vocare extraneum ad mensam sociorum vel etiam famulorum, sine licentia speciali magistri.

XI. Item, quòd refectionem suam accipiant gratanter & sine murmuratione, de appositis sint contenti, videlicèt de dimidia pecia carnis & copina vini pro quolibet; in exitu verò prandii pinta vini pro omnibus, & in coena totidem post gratiarum actiones. In aliis autem se habeant moderatè & honestè, secundùm consuetudinem & regulam bonorum studentium. Et quòd dicti scholares habeant summam antiquitùs ordinatam.

XII. Item, quòd omnes simul in aula comedant, nec aliquis extra comedat, nisi ex causa necessaria & legitima, & de licentia magistri speciali ; in quo casu ministrabitur ei dumtaxât quantùm in aula cum aliis habuisset.

XIII. Item, post comestionem non remaneant diù in aula, nisi super lectionibus seu quæstionibus velint inter se conferre.

XIV. Item, quòd in Adventu & in quarta feria carnes non comedant, prout etiam in statutis Majoris-monasterii continetur.

XV. Item, quòd nullus ducat extraneum in dormitorio ; & si quis ex aliqua causa ducat aliquem in studio, socios suos ex hoc non impediat aut perturbet.

XVI. Item, quòd caveant omninò à ludo taxillorum, alearum & palmæ, juxtà continentiam & formam statutorum Majoris monasterii, sub pœnis ibidem contentis. Et si contingat quòd aliquoties ludant, hoc faciant de licentia magistri, & sine tumultu, & taliter quòd alios non impediant, & clauso ostio non ad ludum secum extraneos introducant.

XVII. Item, quòd januæ teneantur clausæ dùm scholares sedebunt in prandio & in cœna ; & præcipimus quòd claudantur bonâ horâ serò, scilicèt antequàm sit obscura nox ; & si quis scholarium fortassis tunc veniret de villa, tunc vocet seu percutiat ad januam sine strepitu, sed maturè & modestè.

XVIII. Item, statuimus, ordinamus & districtè inhibemus ne aliquis introducat in domo mulierem suspectam ; & si quis contrarium fecerit, pro prima vice per magistrum graviter puniatur ; & si, quod absit, secundâ vice contigerit, ipso facto excludatur à domo, & mittatur ad abbatiam cum litteris causam suæ expulsionis continentibus, & privatus remaneat omni jure & honore scholaritatis & collegii; & insuper inhibemus magistro & scholaribus dictæ domûs in virtute sanctæ obedientiæ, ne post dictam expulsionem & privationem aliqua victualia in domo sibi ministrent.

XIX. Item, quòd nullus teneat in domo canes, vel aves, vel alias bestias immundas impedientes alios ; & generaliter quòd non sit aliquis canis & avis seu bestia immunda & nocua in domo ; & quòd nullus ludat in domo cum cythara, vel choro, vel aliis instrumentis sonoris, per quod possent dicti scholares aliqualiter molestari.

XX. Item, quòd nullus recipiatur ad gradum in aliqua facultate, sine speciali licentia domini abbatis.

XXI. Item, quòd scholares, præter

Tome II.

actum scholasticum, non exeant domum absque licentia magistri petita pariter & obtenta, nec vadant per villam sub colore & umbra eundi ad studium vel sermones, & quòd non stent vel sedeant diù in porta.

XXII. Item, quòd actus scholasticos laudabiliter & diligenter continuent, tam audiendo quàm studendo ; sermonibus, disputationibus & lectionibus ordinariis interessendo, prout cuilibet est concessum.

XXIII. Item, quòd nullus jaceat extrà domum, nisi de licentia speciali magistri; & omninò caveant à tabernis, à locis & spectaculis irreligiosis & inhonestis.

XXIV. Item, quòd nullus beneficiarius recipiatur ad expensas dictæ domûs ; & si quis scholarium fuerit beneficiatus, infrà duos menses collegium exire teneatur.

XXV. Item, si, quod absit, inter eos vel eorum aliquos rixa sit, vel murmuratio oriatur, volumus quòd per magistrum eorum pacificetur quantociùs, ac sedetur omninò ; & si qui sint eidem rebelles, vel sibi super hoc obedire nolentes, volumus & ordinamus quòd in capitulo prioratûs B. Mariæ de Campis, per priorem dicti loci & magistrum collegii, in præsentia scholarium ac religiosorum dicti loci prioratûs, regulariter juxtà modum culpæ puniantur.

XXVI. Item, quòd nullus extraneus scholaris vel religiosus recipiatur in dicta domo ad pensionem, vel aliàs, nisi de mandato speciali domini abbatis.

XXVII. Item, in dicto collegio fiat arca communis in qua ponantur vasa argentea, litteræ & statuta collegii, & sigillum commune, & etiam omnes pecuniæ per quemcumque receptæ ibidem ponantur, in qua sint tres claves, quarum magister habeat unam, procurator collegii unam, & tertia alteri scholarium committatur ; & ibidem erit papirus communis, in qua ponentur & transcribentur receptæ collegii, ac etiam omnia quæ qualibet hebdomadâ per præpositum pro victualibus & aliis factis collegii expendentur. Qui præpositus in fine suæ hebomadæ in præsentia magistri & scholarium computare tenebitur. Et fiet præpositura per quemlibet scholarium successivè.

XXVIII. Item, quòd ter in anno fiant generalia computa : videlicèt infrà octavas Paschæ, Assumptionis B. Mariæ Virginis, & Nativitatis Domini ; & eâdem die quâ computabitur, omnes habentes libros collegii exhibebunt illos in præsentia magistri & scholarium, quorum magi-

Ddd iij

ſter habebit cedulam ; & eâdem die legentur præſentes conſtitutiones, ne poſſint à quoquam ignorari. Volumus etiam quòd cuilibet ſcholari noviter venienti legantur, ne aliquâ ignorantiâ ſe valeat excuſare.

XXIX. Item, quòd nullus vadat nec mittat aliquem ad pecunias recipiendas, ſinè conſilio & aſſenſu aliorum, neque recipiatur aliqua pecunia in domo, niſi ſcholaribus vocatis, & ea recepta indilatè ponatur in arca.

XXX. Quolibet anno fiant reparationes in dicto collegio uſque ad ſummam quadraginta francorum ; & non tradantur reparationes faciendæ per magiſtrum vel alium, niſi vocatis & conſentientibus aliis ſcholaribus ; & ſolvantur dictæ reparationes per illos qui habebunt claves prædictas.

XXXI. Et generaliter omnia alia & ſingula ſtatuimus & ordinamus ; quòd ſi in contrarium prædicti ſcholares fecerint, volumus quòd per dictum magiſtrum puniantur, ſecundùm quòd ſibi videbitur expedire. Noſtræ tamen intentionis non exiſtit, quòd ſtatutum de reſtrictione numeri prædictorum ſcholarium, nec etiam de poſitione victualium, in perpetuum obſervetur ; ſed factis reparationibus neceſſariis in dicto collegio, ſolutis debitis, ac ſupportatis oneribus de præſenti incumbentibus, reducatur ad ſtatum priſtinum & antiquum. Et ad majorem plenioremque ſecuritatem, volumus & ordinamus unanimiter ſigillis noſtris propriis, unà cum ſigno & ſubſcriptione Johannis Couſtelli clerici Rhemenſis diœceſis, publici apoſtolicâ & imperiali auctoritate notarii, præſens publicum inſtrumentum ſeu litteras communiri, & eis appendi, cum interpoſitione auctoritatis decreti præfati domini abbatis, in teſtimonium veritatis præmiſſorum. Acta fuerunt hæc in aula dicti prioratûs B. Mariæ de Campis, anno Domini M. CCC. XC. indictione XIV. menſis Octobris die penultimâ, pontificatûs ſanctiſſimi in Chriſto patris ac domini noſtri domini Clementis divinâ providentiâ papæ VII. anno XII. præſentibus &c.

Et ego Johannes Couſtelli clericus Rhemenſis, publicus apoſtolicâ & imperiali auctoritate notarius, quia præmiſſis omnibus & ſingulis, dum, ſicut præmittitur, agerentur & fierent, unà cum prænominatis teſtibus præſens interfui ; idcircò præſentibus inde confectis litteris ſeu publico inſtrumento manu alienâ fideliter ſcripto, illas ſeu illud publicando, & in formam publicam reducendo, ſignum meum ſolitum, unà cum præfatorum dominorum commiſſariorum appenſione ſigillorum, de ipſorum dominorum commiſſariorum mandato, appoſui in teſtimonium veritatis præmiſſorum, requiſitus & rogatus. *Ibidem.*

Confirmation des ſtatuts précedens par l'abbé de Marmoutier.

FRATER Elias permiſſione divinâ humilis abbas monaſterii Majoris monaſterii Turonenſis, dilectis filiis magiſtro & ſcholaribus collegii noſtri Pariſiis ſtudentibus, ſalutem in domino ſempiternam. Notum facimus per præſentes, quòd nos, viſis & diligenter inſpectis certis capitulis ſuper reformatione dicti collegii noſtri, factis & editis per religioſos viros fratres Gaufridum Cochardi de Beliſmo & Paulum Moneti B. Mariæ de Campis propè Pariſios prioratuum noſtrorum priores, dicta capitula ſeu ſtatuta quibus præſentes noſtræ litteræ ſunt annexæ, ex noſtra certa ſcientia, tamquàm juſta & rationabilia & honeſtati religionis convenientia, approbamus, ratificamus atque tenore præſentium confirmamus, excepto tamen quòd fratrem H. in dictis capitulis inter alios ſcholares nominatum amovemus, ac de dictis burſis privamus, & ex cauſa ; volumuſque & ordinamus ac etiam nominamus fratres..... inter ſcholares dicti noſtri collegii, ipſorumque ſcholarium numero aggregari, omnes quoſcumque alios tenore præſentium revocando. Quæ omnia & ſingula in virtute ſanctæ obedientiæ, & ſub pœnis ſuſpenſionis & excommunicationis quam ſeu quas in vos & veſtrûm quemlibet ferimus, niſi feceritis quod mandamus, vobis magiſtro & ſcholaribus antedictis, & veſtrûm cuilibet in ſolidum, præcipimus obſervari ; diſtrictiùs injungentes, ſub eiſdem pœnis, quatenus ipſi magiſtro, juxta contenta in dictis capitulis, cum effectu parere ſtudeatis. Retentis tam nobis quam ſucceſſoribus noſtris jure & poteſtate amovendi quemcumque dictorum ſcholarium, in caſu quòd ipſi vel eorum alter delinqueret in præmiſſis. In quorum omnium teſtimonium ſigillum noſtrum præſentibus litteris duximus apponendum. Datum in loco de Nantonvilla die 11. menſis Novembris, anno Domini M. CCC. XC. *Ibidem.*

JUSTIFICATIVES. 399

AUTRES STATUTS DU COLLEGE de Marmoutier.

An. 1552.

CAROLUS miseratione divinâ tituli sanctæ Ceciliæ sacrosanctæ Romanæ ecclesiæ presbyter cardinalis de Lotharingia vulgò nuncupatus, archiepiscopus dux Rhemensis, primus par Franciæ, sanctæ sedis apostolicæ legatus natus, necnon sacri monasterii Majoris-monasterii propè Turones ordinis sancti Benedicti, ad Romanam ecclesiam nullo medio pertinentis, abbas commendatarius & administrator perpetuus; gymnasiarchæ ac cæteris omnibus collegii nostri regularis prædicti monasterii in academia Parisiensi bursariis & alumnis, salutem in Domino. Quoniam nos in eam curam totâ mente incumbimus ut, juxtà Apostoli decretum, gregi nostro quàm optimè sit, ad Dei laudem & gloriam ac reipublicæ Christianæ utilitatem, quam Dominus noster suo sanguine procuravit, ne per negligentiam duriore vadimonio in Dei judicium evocemur; quod superiori anno in solemni illo omnium religionis nostræ sodalium atque fratrum conventu, ubi præfuimus, decretum est, ut otium litterarum diligentissimè cum actuosa vita monastica conjungeretis, monemus vos atque hortamur ut, pro vestra in nos nostrumque ordinem observantia, sanctissimo illi decreto religiosissimè pareatis. Datum Parisiis anno Domini M. D. LII. die verò XX. mensis Februarii.

An. 1590.

I. Primùm, sint juxtà antiqua statuta novem bursarii, quorum unus erit magister à nobis instituendus & ad nutum revocandus, ut reliqui omnes bursarii ejusdem collegii.

II. Item, omnes erunt professi ipsius monasterii Majoris-monasterii, & studebunt philosophiæ vel theologiæ, nisi in collatione bursæ tempus aliquod præfigatur, quo permittantur studere grammaticæ & humanioribus disciplinis.

III. Magistrum oportet in collegio continuè residere, & saltem cursum artium audivisse, ut reliquorum studiis præesse possit.

IV. Magistro omnes teneantur obedire in iis quæ ad monasticam disciplinam & scholasticum exercitium spectant; qui, dum per impedimenta adesse non poterit, substituet aliquem bursarium sacerdotem qui eâdem fungatur auctoritate.

V. Magister & ad minus alii duo ex bursariis erunt sacerdotes.

VI. Curet magister ut surgant æstate horâ quintâ matutinâ; hyeme verò sextâ, vel citiùs, si ita exigat lectionis tempus.

VII. Item, scribatur modus quo consueverunt celebrare divinum officium altâ voce, & jubeatur ita deinceps observari ab his qui hæc statuta promulgabunt.

VIII. Idem fiat de diebus quibus tenentur qui non sunt sacerdotes confiteri, & sacræ Eucharistiæ communicare. Diebus quibus non fit sacrum in collegio, omnes ibunt ad collegium Plessiaci ad missam, & dicent bini horas & preces.

IX. Nullus, nisi bacchalaurei gradu insignitus, ibit in urbem sine licentia magistri.

X. Et quoniam in collegio nullæ fiunt lectiones, magister examinabit quemque bursariorum in sua receptione, & annis singulis in festo sancti Remigii; & illis præfiget lectiones in aliis collegiis audiendas. Ut autem tollatur vagandi occasio, mittentur, quoad commodè fieri poterit, in collegium Plessiaci.

XI. Si quis verò non statim à lectionibus & disputationibus redierit in collegium, vel alios quàm sibi præstitutos præceptores audierit, pro delicti ratione puniatur.

XII. Item, theologi qui artium curriculum peregerint, poterunt audire conciones in urbe diebus singulis in Quadragesima; in Adventu, diebus Dominicis, alio verò tempore, solemnioribus festis; numquam tamen manè, diebus illis quibus fiet sermo à prandio.

XIII. Item, diebus quibus non fiunt lectiones in collegiis, reliqui, permittente magistro, poterunt audire easdem conciones, dummodò non sacerdotes à sacerdotibus ducantur.

XIV. Item, theologi ibunt omnes ad actus disputationum facultatis theologiæ; & ne illis desit exercitatio huic disciplinæ apprimè necessaria, curabit magister ut argumententur & respondeant suo ordine in aliquo collegio in quo fiant privatæ theologiæ disputationes.

XV. Magister ordinabit per menses aliquem qui deferat loquentes Gallicè; statuet præterea mulctam, à qua præter bacchalaureos neminem excusabit.

XVI. Juvenes cogantur ad minus ter per hebdomadam coram magistro repetere suas lectiones.

XVII. Magister & cæteri sint moribus compositis. Omnes utantur vestibus talaribus, & reliquo cultu monachum decente; numquam, sive in collegio, sive in urbe, sint sine capitio, sine magno cucollo non eant ad officium divinum vel ad actus publicos, nec incedant nisi tonsurâ semel in mense rasâ, barbâ verò singulis quindecim diebus.

XVIII. Correctiones semper fiant in sacello, omnibus convocatis; si quis autem nolit correctionem magistri recipere, vel crimen gravius admiserit, idem magister convocabit priorem beatæ Mariæ à Campis, si sit regularis, aut, illo absente, subpriorem & procuratorem collegii, quorum consilio puniet delinquentem; qui si eorum sententiæ non acquieverit, remittatur ad monasterium, vel in ipso prioratu beatæ Mariæ à Campis incarceretur.

XIX. Si quis bursariorum alium vocaverit in jus coràm judice alio à superioribus ordinis, remittatur in monasterium.

XX. Solus magister habebit claves portarum collegii, quarum major quæ est in via ad divum Jacobum, claudetur æstate serò horâ nonâ, & aperietur manè horâ quintâ; hyeme verò claudetur octavâ & aperietur sextâ; altera autem sit semper clausa.

XXI. Extrà collegium pernoctare nemini permittatur, aut sæcularem secum admittere. Poterunt tamen bacchalaurei habere servum suis expensis, qui ut reliqui servi communitatis magistro subjicietur.

XXII. Nulla mulier introducatur in collegii cubicula.

XXIII. Magister visitabit bis per mensem omnium cubicula, & frequentiùs, si illi expediens videatur. Observabit autem præcipuè ne apud se habeant libros in fide & moribus suspectos, arma, vel aliud quidpiam quod eorum professionem non deceat.

XXIV. Si quis in suspicionem hæresis inciderit, remittatur in monasterium, numquam in collegio posteà recipiendus.

XXV. Magister nullum ludum permittat in collegio à jure prohibitum; honestè autem ludere per curiam vel per hortum poterit concedere bis per hebdomadam.

XXVI. Magister & reliqui omnes in aula communi prandium faciant & cœnam; qui verò sine legitimo impedimento & magistri permissione abfuerit, privetur portione, & detur his qui aderunt.

XXVIII. Excusati à magistro propter legitimam causam, non accipient portionem nisi post illos qui ibunt in aula, nisi sint infirmi vel in primo ordine bacchalaureorum facultatis theologiæ, quos oportet publicis disputationibus vacare.

XXIX. Cuique bursariorum dabuntur duo panes per diem, pane ponderis octo unciarum; eidem pro jentaculo dabitur dimidiatus panis.

XXX. Quatuor magni bursarii habebunt per diem duas cartas vini; pitancia illorum quatuor emetur diebus quibus comeduntur carnes, octo solidis; reliquis diebus emetur quatuor solidis.

XXXI. Parvus bursarius tantùm habebit panis quantùm magnus; sed vini & pitanciæ tantùm habebunt quatuor magni, quantùm sex parvi bursarii.

XXXII. In eadem aula fiet lectio ex Bibliis à non sacerdotibus per ordinem.

XXXIII. Magister nullam habeat deinceps proventuum collegii administrationem, sed annis singulis ex omnibus sacerdotibus bursariis, magistro excepto, eligetur unus procurator, cujus officium erit eosdem proventus recipere, & victum & vestitum, juxtà consuetudinem & hujus statuti formam, aliis ministrare, singulis hebdomadis rationem reddere, audiente magistro & omnibus bursariis; & hæ rationes à procuratore redditæ perferantur annis singulis ad generale capitulum Majoris-monasterii, ut in eodem examinatæ approbentur vel reprobentur.

XXXIV. Contractus locationis ædificiorum & reliquorum reddituum collegii, fiant à magistro, à procuratore & tribus senioribus bursariis, ad quatuor annos tantùm.

XXXV. Alienationes bonorum immobilium, vel mobilium notabilium, magistro & bursariis omninò prohibeantur.

XXXVI. Procurator nullas solus faciet expensas; sed quando emendum erit vinum, aut de panis, carnis & ligni pretio conveniendum, ab omnibus designabuntur duo qui id faciant cum procuratore & magistro, quorum consilio suscipientur etiam lites, & fient reparationes ac cæteræ expensæ.

XXXVII. Pecunia à procuratore accepta servabitur in arca communi, cujus magister habebit unam clavem, senior bursariorum aliam, procurator aliam; & ab eisdem scribantur accepti lationes seu quittanciæ quæ dabuntur his qui debebant hujusmodi pecunias.

XXXVIII. Magistro & duobus habentibus bursam sacerdotalem dabitur pensio viginti aureorum solis *, reliquis sexdecim aureorum, more solito.

XXIX. Eidem magistro dabuntur in festo Assumptionis beatæ Mariæ, pro vestiario, viginti quinque libræ turonenses; procuratori bursariorum sexdecim libræ turonenses, cuique cæterorum........ libræ turonenses. XL.

* Vingt [...] d'or au [...]

JUSTIFICATIVES. 401

XL. Communitati bursariorum sufficient duo servi ; alter erit dispensator, alter erit coquus. Mulierem verò ancillam in collegio residere omninò prohibemus. Procurator cum consilio magistri procurabit ut mappa sacelli & aulæ communis, cum linteaminibus bursariorum, ab aliqua honesta matrona mundentur expensis collegii ; & illis more solito de hujusmodi & aliis utensilibus providebit.

XLI. Eisdem collegii expensis providebitur ornamentis & reliquis pro officio divino requisitis, satisfiet tonsori collegii, & fient communes expensæ quæ hactenùs factæ fuerunt.

XLII. Reparationes necessariæ omnibus aliis negotiis præponentur, de quarum expensis reddatur ratio in capitulo generali.

XLIII. Conscribantur omnia utensilia communia, ut ii quibus committentur, reddant rationem singulis tribus mensibus coràm magistro & bursariis sacerdotibus.

XLIV. Qui recipietur in bursarium, dabit quindecim libras turonenses pro utensilibus & reparationibus, & quatuor linteamina, & feret ex monasterio vestimenta & magnam cucullam, ut primo anno non recipiat vestiarium.

XLV. Qui per tempus ex facultatis theologiæ statutis requisitum ad gradum bacchalaurei studuerit, promoveatur anno proximè sequenti ; alioqui cedat bursæ, & ita fiat de aliis gradibus in eadem facultate acquirendis, usque ad gradum licentiarum inclusivè ; quo accepto, uno tantùm anno erunt bursarii.

XLVI. Magister annis singulis in capitulo generali certum faciet abbatem Majoris-monasterii pro tempore existentem, vel ejus magnum priorem, de numero, residentia, honesta conversatione & studio omnium bursariorum, & de expensis pro reparationibus factis.

XLVII. Bursarii habebunt cubicula & musæola, quæ designabuntur ab eis qui hæc statuta promulgabunt ; reliqua verò cubicula locabuntur personis regularibus, maximè hujus nostri monasterii, quantùm commodè fieri poterit sinè damno collegii.

XLVIII. Habens beneficium valens centum libras turonenses, cedat bursæ post annum pacificæ possessionis ; si tamen incœperit legere Sententias, poterit retinere cubiculum usque ad gradum magisterii, dummodò non differat ultrà tempus ex statutis theologiæ præfixum.

XLIX. Qui sunt jam recepti in bursarios, examinabuntur, ut illis præfigatur

Tome II.

tempus quo poterunt studere philosophiæ.

L. Legantur hæc statuta à magistro, omnibus convocatis, feriâ secundâ post resurrectionem Domini, & in festo S. Remigii, & quoties aliquis erit in bursarium recipiendus. *Signatum*, CAROLUS & BRETON.

CAROLUS miseratione divinâ tituli sanctæ Cæciliæ sacro-sanctæ Romanæ ecclesiæ cardinalis presbyter, de Lotharingia vulgò nuncupatus, archiepiscopus dux Rhemensis, primus par Franciæ, sanctæque sedis apostolicæ legatus natus, necnon inclyti monasterii Majoris-monasterii propè Turones ordinis sancti Benedicti, ad Romanam ecclesiam nullo medio pertinentis, abbas commendatarius & administrator perpetuus ; dilectis nostris fratribus Eustachio *Aubert* in sacratissima theologiæ facultate doctori, & Petro *Serie* in decretis licentiato, religiosis professis prædicti monasterii, salutem in Domino. Nos de vestris doctrina, prudentia, fidelitate & sufficientia in Domino confidentes, sperantesque quòd ea quæ vobis duxerimus committenda, solerti studio, curâ & diligentiâ curabitis adimplere ; igitur vos vicarios nostros generales & speciales institumus & ordinavimus, instituimúsque & ordinamus ; vobis dantes & concedentes plenariam & integram potestatem quædam statuta & ordinationes & decreta collegii nostri Majoris-monasterii Parisiis fundati præsentibus annexa, facta, decreta & ordinata in capitulo per nosmetipsos in dicto monasterio celebrato, vice & nomine nostris, cùm primùm vobis vacaverit, promulgandi & publicandi, cæteraque omnia circa præmissa necessaria & oportuna faciendi, gerendi & exercendi quæ nos faceremus & facere possemus, si præsentes & personaliter interessemus, licèt talia sint quæ mandatum exigant magis speciale quàm præsentibus sit expressum ; promittentes in fide principis & verbo prælati, nos gratum, ratum atque firmum habere & perpetuò habituros totum id & quidquid per vos actum, dictum, factum gestumve fuerit in præmissis, ac contrà non venire in futurum. In cujus rei testimonium præsentes litteras per secretarium nostrum infrascriptum signari, sigilliue nostri jussimus appensione communiri. Datum Parisiis anno Domini M. D. LII. die XX. mensis Februarii, reverendo domino Joachimo *de la Sourciere* abbate de Clara-valle, & nobili viro Adriano *d'Espinay* testibus ad hæc vocatis. *Signatum suprà plicam*, BRETON, de mandato illustrissimi ac reverendissimi domini mei domini cardinalis à

Eee

Lotharingia, abbatis Cluniacensis & Majoris monasterii supradicti. *Collatio facta cum originali, per me infrascriptum religiosum custodem chartarum Majoris-monasterii. Signé,* F. C. BOUVOT. *Ibidem.*

Lettres du roy PHILIPPES DE VALOIS,
Pour l'érection de la confrairie du saint Sepulcre.

AN. 1328.

PHILIPPUS Dei gratiâ Francorum rex, notum facimus universis, quòd cum per dilectos fideles nostros Mimatensem episcopum comitem Gabaritam, & Ludovicum ducem Borbonii camerarium Franciæ, consanguineum nostrum carissimum, ad nostrum sit perlatum auditum multos fore Parisius cruce signatos, optantes votum ultrà mare passagii per eos emissum utiliter adimplere, & ad id consultiùs peragendum, & ut eorum crescat numerus, eorum ampliùs augeatur devotio, nomen Domini nostri Jesu-Christi exaltetur gloriosiùs, & dicti passagii incrementum procuretur sollicitiùs, confratriam habere desiderant inter ipsos; nos dictorum episcopi & ducis precibus inclinati, & de dictorum cruce signatorum laudabili proposito exultantes, eisdem concedimus quòd, ad honorem & gloriam crucis prædicti Domini nostri Jesu-Christi, dictam confratriam usque ad nostrum beneplacitum habere & facere valeant, absque fraude, dolo, turbatione & scandalo pacifici status civitatis nostræ Parisiensis, & sine nostro & alieno præjudicio, eo modo & formâ & sub eisdem libertatibus quibus dictam confratriam habent & faciunt aliquæ aliæ confratriæ auctoritate regiâ Parisius approbatæ. Datum & actum apud Vicenas die VI. Januarii, anno Domini M. CCC. XXVIII. *Au dos est escrit:* Per dominum regem ad relationem decani Turonensis. *Signé,* AUBIGNY. *Copié sur l'original.*

FONDATION D'UNE CHAPELLENIE
dans l'église du S. Sepulcre;

Laquelle chapellenie fut depuis augmentée & érigée en prébende par le fondateur; & les actes qu'on en rapporte ici servent à faire voir l'ancien estat de l'hospital du saint Sepulcre.

SUR un feuillet de veslin qui est à la teste du cartulaire de cette prébende, est escrit ce qui suit: Pour le saint Sepulcre, grande ruë de S. Denys. Cy après s'ensuit la fondation de la chapelle que messire Yves de la Porte prestre de l'évesché de Cornouaille, né en la paroisse de Lanbaban, chanoine de Montmorency & de Luserches, fonda en l'église dudit S. Sepulcre à Paris, en l'honneur de Dieu & de la vierge Marie & de monsieur S. Anthoine & sainte Catherine, & est douée ladite chapelle de trente livres parisis de rente amorties, prinses sur toutes les rentes & revenus de l'église & hospital dudit S. Sepulcre de mois en mois par égal portion, comme ung des chanoines d'icelle, & 4. liv. qui sont assignées ailleurs. *Signé,* M. MARION.

Suit l'acte de fondation, dont le premier feuillet orné de vignette & de dorure, a esté coupé.

. . . . . Fevre, Guillaume des Poulies, mess. Jehan Petit, mess. Jacques Poyvre, mess. Olivier Rouzaut prestres, Henry de Brye, Pierre Goulot, Michel Sevestre, Jehan le Macecrier, Symon Vacherot, Thierry d'Orgeret, Nicolas de Fribourt, Arnoul de Dours, Gilles Cyme, Jehan Aignelet & Phelipot Thouroude, tous confreres avecques plusieurs autres de la confrairie & hospital du S. Sepulcre de Jerusalem fondé à Paris en la grant ruë S. Denis, assemblez en plein siege d'icelle confrairie, qui fu le Dymenche vint-trois jours de Juing, l'an de grace M. CCC. LXXXI. & faisant la plus saine partie de tous les confreres & conseurs estans oudit siege. Et illec en la presence desdits notaires, consentans & non contredisans leursdits confreres & conseurs, firent, ordonnérent & establirent de leurs bons grés & certaines sciences, pour eulx & pour tous leurs dis confreres & conseurs & en leurs noms & ou nom de ladite confrairie, maistres, gouverneurs, pourveeurs & administreurs de la confrairie, église & hospital dessus dis, & de tous les biens, prouffits, revenus & émolumens d'iceulx, jusques à ung an ensuivant seulement, Jehan Coulon, Jehan de Més, Robert de Cantelou & Alain Lestoffe tous marchans & bourgeoys de Paris & confreres de ladite confrairie, ensemble les troys ou les deux pour le tout, monstrans ces lettres, en maniere que la condicion de l'un d'eulx ne soit pire de l'autre, & ce que les deux auront entrepris & commencé, les autres deux puissent poursuir & mener à fin, en toutes & singulieres les causes, querelles & besoingnes desdis eglise, hospital & confrairie & des confreres & conseurs presens & à venir, en demandant & en deffendant, contre toutes personnes & en tous lieux, pardevant tous juges & seigneurs tant d'église comme séculiers, de quelconque pooir & auctorité que il usent & soient

AN. 1381.

JUSTIFICATIVES. 403

soient fondés, donnans & octroyans ès noms que dessus esdis maistres & gouverneurs, aux troys ou deux pour le tout, plain & délivré pooir, auctorité & especial mandement en la maniere accoustumée, de maintenir, gouverner, accroistre, multiplier, garder & deffendre la confrairie, église & hospital dessus dis, & tous les biens & droyz d'iceulx, de requerre, pourchacier & recevoir tous dons, lays & aumosnes, & tous les prouffits, yssuës, émolumens & revenuës qui aux dis confrairie, église & hospital puent & pourront appartenir, de traicter & accorder avec quelsconques personnes de estre fondés en ladite église & hospital du Sepulcre benefices de chanoines, chapelains ou messes, en recevoir les finances & compositions qui avecques eulx en seront faictes par celui ou ceulx qui les chanoines, chappelains ou messes y establiront & fonderont, & sur ce bailler & accorder teles lettres comme au cas appartiendra, de fixer de sepultures de mors & de quelsconques autres personnes & choses au prouffit & ou nom desdis église & hospital & confrairie, de transiger, composer & accorder avec quelsconques personnes d'église & de siecle, qui tant de spirituel comme de temporel auroient à besoingner par devers la confrairie, église & hospital dessus dis, ou ladite confrairie, église & hospital par devers eulx, de pourveoir & presenter aux prouvendes & benefices qui en leur temps pourroient vacquer en yceluy hospital & église, selon les poins de la fondation d'yceulx & de ladite confrairie, & faire toutes manieres de provisions de biens & de personnes oudit hospital & confrairie, d'oir comptes de receptes & mises ou despenses qui par les serviteurs & officiers dudit hospital & confrairie seroient faites en leur temps, de les pugnir, corriger & destituer, se mestier est, & autres instituer, & aussi de les quitter & absoldre, & faire & donner à yceulx lettres de quittance soubz le seel dudit hospital ou autres, de vendre, aliener & mettre hors de leurs mains à tousjours, ensemble ou par parties, toutes les rentes, maisons & autres heritages appartenans à l'hospital, église & confrairie dessus dis, lesquelx ils ne pourroient tenir s'il n'estoient admortis, d'eschangier, acenser & bailler à ferme, à moison ou loyer quelconques possessions desdis hospital & confrairie, d'eulx dessaisir de la chose venduë ou eschangée, & de en faire saisir les acheteurs ou eschangeurs, de vendre sur les biens d'yceulx église, hospital & confrairie, à la vie de une ou plusieurs personnes, teles quantitez de rentes en deniers, en grains ou autres choses, comme bon leur semblera, de recevoir les pris des ventes, soultes & autres fermes, moisons & loages, & avecques ce toutes debtes & ceulx qui deus seroient à ladite confrairie & hospital, de quelconques personnes & pour quelconques causes que ce soit, de faire & donner bonnes lettres de venduë, d'eschanges, moisons, fermes & loages & de quittance aussi de ce qu'il auront receu, seeller de seel autentique ou du seel desdis hospital & confrairie, de obligier tout le temporel & tous les autres biens & revenuës desdis hospital & confrairie à garantir perpetuellement les choses venduës & eschangiées, & celles qu'il auront baillé à perpetuité, à vie & à temps, & avoir & tenir leur fait ferme & estable, de prendre & recevoir saisines, de pacifier, de compromettre, de fermer, de faire valoir compromis par foy, par paine, par obligation & par terme, de faire & establir pour eulx & ez noms de tous les confreres & conseurs de ladite confrairie, église & hospital, procureurs un ou plusieurs en toutes les causes, querelles & besoingnes desdis église, hospital & confrairie meuës & à mouvoir, en demandant & en deffendant contre tous leurs adversaires d'église ou de siecle, pardevant tous juges quelconques & seigneurs, ou leurs lieutenans & commissaires ordinaires & extraordinaires, de quelconques pooir & auctorité qu'il usent ou soient fondez, lesquelx procureurs & chacun d'eulx auront, ainsi comme lesdis maistres & gouverneurs, plain pooir, auctorité & mandement especial de faire pour lesdis maistres & gouverneurs & pour tous lesdis confreres & conseurs, & ou nom d'eulx & de chacun d'eulx & desdis hospital & confrairie, en jugement & hors, de faire demandes, petitions & libelles bailler, de les deffendre & essoinier, de convenir, reconvenir, reppliquer, duppliquer, trippliquer, de plait ou plais entamer, denyer, de cognoistre, de poser, de respondre aux positions, de dire les veritez, de jurer ez ames d'eulx toutes manieres de seremens que ordre de droit requiert & enseigne, de admener & produire tesmoings, de mettre lettres, actes & instrumens en forme & maniere de prouver, de veoir jurer tesmoins produits de partie adverse, de dire contre eulx & leurs dis, de faire crier & subhaster lieux vains & vagues, d'eulx opposer aux criées & subhastations, d'advoüer garant, de prendre en eulx garantir,

Eee ij.

de faire rayſons & replications de droit & de fait, de conclure ez cauſes, d'oir drois, arrés interlocutoires & ſentences diffinitives, d'appeller de griefs & de ſentences, de pourſuir leur appel ou appiaux, de les renouveller & y renoncier, ſe meſtier eſt, de requerre appoſtres & empetrer benefice d'abſolution, de ſubſtituer en lieu d'eulx ou de l'un d'eulx autres procureurs, un ou pluſieurs, auſquels ils donnent & puiſſent donner tel pooir, comme il leur plaira, de clauſes deſſus dites & de celles qui en dependent ; en ſeur que tout donnérent les confreres deſſus nommez auxdis maiſtres & gouverneurs, aux trois & aux deux pour le tout, plain & general pooir & eſpecial mandement de rappeller leurs procureurs, & de eſtablir autres toutes fois qu'il leur plaira, de faire, gouverner, pourveoir & adminiſtrer tout ce que leurs predeceſſeurs ont accouſtumé, & que maiſtres & gouverneurs loyalement eſtablis peuent & doibvent faire, ja ſoit ce que leſdites choſes requeiſſent mandement eſpecial. Promettans les confreres deſſus nommez pour eulx & pour tout le commun de tous leurs autres confreres & conſeurs, & ez noms d'eux & deſdis hoſpital, egliſe & confrairie, loyalement & en bonne foy avoir & tenir ferme & eſtable à tousjours, ſans rappel aucun, tout ce que par leſdis maiſtres & gouverneurs & par les deux d'eux, & par les procureurs qu'ils eſtabliront & par chacun d'eulx, ou par les ſubſtituts ou ſubſtitut d'yceulx, ou par l'un d'eulx ſera fait, dit, plaidé, ordenné, gouverné & procuré ez choſes deſſus dites & ez dépendances d'ycelles, & à payer le jugié, ſe meſtier eſt, ſoubz la caution & obligation de tous les biens & eſpecialement de tout le temporel & des revenuës deſdis hoſpital, egliſe & confrairie. En teſmoing de ce nous à la relation deſdis notaires, avons mis à ceſdites lettres le ſcel de ladite prevoſté. Ce fut fait audit ſiege de ladite confrairie l'an & le Dymenche deſſus-dis. Et affermérent & diſtrent leſdites parties en bonne verité pardevant leſdis notaires, que ledit meſſire Yves deſirant acquerir le ſalut & ſalvation de ſon ame, meû de devotion, & affin d'eſtre accueillis & participans ez meſſes, prieres, oraiſons & bienfais qui de jour & de nuit ſont fais & celebrés en ladite egliſe & hoſpital du Sepulcre, voulant rendre graces à Dieu des biens & choſes que N. S. J. C. lui a preſtez & donnez en ceſt ſiecle, & dont il a l'adminiſtration & gouvernement, s'eſtoit trait pardevers leſdis maiſtres & gouverneurs, & les avoit ſuppliez & requis, comme il euſt propos & en-

tention au plaiſir de Dieu de fonder en ladite egliſe du Sepulcre à l'autel de monſieur ſaint Anthoine une chapelle ou chappelenie, ou nom & ou titre de monſeigneur ſaint Anthoine & de madame ſainte Katherinne, laquelle ſeroit doée de XVIII. l. par. de rente par an admorties, qui ſeroient payées chacun an également de mois en mois par portion, au buriau ou comptoir d'ycelle egliſe & hoſpital, audit meſſire Yves, ou à autre preſtre ou chapelain qui inſtitué & ordenné y ſeroit, ſelon les ſtatuts de ladite egliſe & hoſpital, lequel ſeroit tenus de y dire & celebrer à tousjours perpetuelment pour ledit meſſire Yves, ſes parens, amis & bienfaiteurs trois meſſes de *requiem* la ſepmaine : c'eſt aſſavoir au Lundy, au Mercredy & au Vendredy ; & ſe à aulcun deſdis jours eſchéoit jour de féſte ſolennel, la meſſe ſeroit dicte du jour ou feſte qui eſcherroit, & ſeroit le preſtre qui la diroit, *memento* pour ledit meſſire Yves & memoire des trépaſſez ; & en ladite chappelle pourroit ledit Meſſire Yves eſlire ſa ſepulture, s'il lui plaiſoit, en lieu non occupé d'autres enterremens ; & pour ce vouloit faire offre & don convenable à Dieu & à ladite égliſe & hoſpital, & garnir ycelle chappelle à preſent de livre, calice, nappes, veſtemens & autres aournemens & choſes à ce neceſſaires ; & ou temps avenir ſeroient ſouſtenus aux couſts & deſpens deſdis égliſe & hoſpital ; que à ces choſes faire & eſtre faites yceulx maiſtres & gouverneurs le vouliſſent recevoir ; & ad ce l'euſſent receu par le conſeil, advis & deliberation qu'il avoient ſur ce eu entre eulx & avec pluſieurs des confreres & conſeillers de ladite égliſe & hoſpital, ou cas qu'il plairoit à honorables hommes & ſaiges doyen & chapitre de l'égliſe de Paris, ſeigneurs ſpirituels de ladite égliſe du Sepulcre, le avoir agreable & conſentir, ſoubz les conditions que après declaire, dont ils ont été à accort enſemble par la maniere qui s'enſuit : c'eſt aſſavoir que ledit Meſſire Yves a baillé & payé preſentement auxdis maiſtres & gouverneurs en la preſence deſdis notaires la ſomde DCCL. frans d'or de bon poix du coing du roy noſtre ſire, pour ycelle ſomme eſtre miſe & employée en rente perpetuelle admortie ou proufſit de ladite égliſe & hoſpital ; & a garny pour une foys de preſent bien & ſouffiſamment ladite chapelle de livre, calice, aournemens & autres choſes neceſſaires, teles que à une chappelenie appartient ; & pour les ſouſtenir ou temps à venir, au fait des trois meſſes ſeulement, leur a baillé & payé en la preſence deſdis notaires pour une foys vint frans d'or dudit coing; lefquels vint frans d'or avecques ladite fomme de DCCL. frans d'or qui font en fomme toute DCCLXX. frans d'or, yceulx maiftres & gouverneurs confefferent avoir eus & receus dudit meffire Yves & en quittérent & quitte clamérent bonnement & abfolument dez maintenant à tousjours, en la prefence defdis notaires, ycellui meffire Yves, fes biens, hoirs & ayans caufe; & confefférent oultre que ledit meffire Yves avoit bien & fouffifamment garni de prefent ladite chappelle de livre, calice, aournemens & autres chofes neceffaires pour une chappelenie. Et parmy ce yceulx maiftres & gouverneurs fe chargérent & gaigerent & promiftrent par eulx & leurs fucceffeurs maiftres & gouverneurs de ladite églife & hofpital du Sepulcre, de & fur les biens temporels, rentes & revenues quelconques d'ycelle prefens & à venir & fur chacun lieu & partie pour le tout, rendre & payer audit meffire Yves ou à autre preftre & chappelain qui inftitué & ordenné feroit à ladite chappelenie, & à fes fucceffeurs, lefdites XVIII l. par. de rente par an admorties, chacun an à tousjours perpetuelment, également de moys en moys par portion en la fin de chacun moys, felon ce que defervis feront, au buriau ou comptoir d'ycelle églife, en la forme & maniere que les autres chanoines beneficiez ont accouftumé de y eftre payez; & fouftenir lefdis aournemens ou temps à venir, au fait defdites troys meffes. Lefquels biens, rentes & revenues defdis églife & hofpital ils obligiérent, ypothequérent & afservirent, quant à ces chofes faire & accomplir par la maniere que dit eft. Et ou cas qu'il plaira à ycelui meffire Yves de augmenter le divin service en ladite chappelenie ou temps à venir, faire le pourra; & lefdis maiftres & gouverneurs par eulx & leurs fucceffeurs, s'il les en requiert, ou les ayans de lui caufe, feront tenus fur lefdis biens & temporel, rentes & revenues de ladite églife & hofpital lui bailler & payer en la maniere deffus-dite, pour caufe dudit accroiffement, autre rente admortie felon la quantité du pris devant dit. Et en ce cas fera ycelui meffire Yves don convenable à ycelle églife pour l'empirance des livre, calice & autres aournemens deffus-dis. Et pour premier chappelain de ladite chappelle ledit meffire Yves s'eft prefenté & prefente en fa perfonne, & la tendra fa vie durant, s'il lui plaift; lequel ne pourra en aucune maniere lui vivant, eftre contraint de dire ou faire dire & celebrer lefdites meffes, s'il ne lui plaift; & ce nonobftant fera-il payé par chacun moys en la maniere deffus-dite de la rente de ladite chappelenie. Et lui alé de vie à trépaffement, & touttes foys que ladite chappelenie vaquera, elle fera donnée une foys par chapitre de Paris, & autre foys à eulx prefentée par lefdis maiftres & gouverneurs, felon les eftatuts & ordonnances de ladite églife du Sepulcre, ou cas que ledit chapitre en difcernant ycelle eftre benefice à la requefte dudit meffire Yves & defdis maiftres & gouverneurs, n'en feroit autrement ordonné à perfonne & homme, preftre & non autre, quelque privilege qu'il ait; lequel par lui & fes fucceffeurs fera tenu de dire & celebrer lefdites meffes aux jours & en la maniere deffus-dis en fa perfonne, ou par autre preftre fouffifant & ydoine; & fe deffaut y avoit par lui ou par fefdis fucceffeurs, lefdis maiftres & gouverneurs & leurs fucceffeurs pourront de fait, fans licence dudit chapitre, faire dire & celebrer à tel jour qu'il leur plaira, lefdites meffes que ledit chappelain auroit deleffées, par autre preftre tel comme bon leur femblera; & lui rendre & payer pour chacun jour qu'il lui feront ainfi dire & celebrer meffe, deux fols parifis de la rente dudit chappelain, qui lui rabattront par leur main, fans contredit ne empefchement aulcun que ycelui chappelain ne fes fucceffeurs y puiffent mettre en aucun temps avenir. Lequel meffire Yves tenant ladite chappelle en fa main, & les chappelains qui après lui y feront inftituez, uferont & pourront ufer & joüir des privileges, franchifes & libertez que les autres beneficiez d'ycelle églife du Sepulcre ufent & ont accouftumé ufer, fans ce que pour ce ils puiffent demander ne avoir habitation ne demeure ou pourprins de ladite églife & hofpital, ne eftre participans ez diftributions du cuer d'ycelle en aucune maniere. Et ces chofes afin de memoire perpetuel promiftrent lefdis maiftres & gouverneurs faire enregiftrer & efcrire ou livre & martreloge de ladite églife, & ont voulu que en ladite chappelle en lieu & place moins occupé d'autres enterremens, ycellui meffire Yves puiffe eflire & avoir fa fepulture, fe il lui plaift & bon lui femble. Touttes lefquelles chofes deffus-dites & chacune d'ycelles par la forme & maniere que divifées & efcriptes font, lefdites parties ez noms que deffus & pour tant que à chafcune touche & appartient, jurérent & promiftrent: c'eft affavoir ledit meffire Yves par fon ferement fait en parole de preftre, & lefdits maiftres & gouverneurs par leurs feremens & foy donnée ez mains defdis notaires, tenir & avoir fermes, eftables & agreables, accomplir & non aller contre jamais à nul jour, & rendre & payer à plain tous defpens, dommages & interés qui fais & eus feroient par le contraire; & quant à ce ils obligiérent & delefférent pour oblig. c'eft affavoir ledit meffire Yves tous fes biens & les biens de fes hoirs, & les maiftres dis & gouverneurs pour eulx & pour leurs fucceffeurs tous les biens, rentes, revenuës & temporel defdis eglife, hofpital & confrairie, tous tant de l'une partie comme de l'autre, meubles & immeubles prefens & avenir quelx & où qu'ilfoient, à jufticier & exploiter par nous, nos fucceffeurs prevos de Paris & tous autres jufticiers en qui juridicion ils feront & pourront eftre trouvez, pour ces lettres enteriner. Et renoncérent en ce fait, par leurfdis feremens & foy chacun pour tant qu'il lui touche ezdis noms, à toutes exceptions & deceptions, de mal, fraude, erreur, barat, lefion, circonvention & decevance, à action en fait, à condition fans caufe, à convention de lieu & de juge, à tous drois, us & couftumes, privileges & lettres difpenfatoires, & abfolutions données & à donner, generalement à toutes autres chofes qui aidier & valoir pourroient à faire ou dire contre, & au droit difant general renonciation non vallior; & d'abondant promiftrent & gaigerent lefdis maiftres & gouverneurs payer & rendre par eulx & leurs fucceffeurs, audit meffire Yves chafcun an aux termes deffus dis, lefdites XVIII l. par. de rente, la vie d'ycelui meffire Yves durant, en quelque point, eftat & habit que il foit ou deviengne, foubz les promeffes & obligations deffus-dites. En tefmoing de ce nous à la relation defdis notaires jurez avons mis à ces lettres doubles le feel de la prevofté de Paris, l'an de grace M. CCC. LXXXI. le ouitiéme jour du moys de Septembre. *Copié fur le cartulaire original de ladite prebende, eftant à la bibliotheque Coiflin, num. 525.*

Confirmation du chapitre de Noftre-Dame de Paris.

AN. 1381.

UNIVERSIS prefentes litteras infpecturis decanus & capitulum ecclefie Parifienfis, falutem in eo qui eft omnium vera falus. Notum facimus quòd coràm nobis perfonaliter conftitutus venerabilis vir Yvo de Porta magifter in artibus, ac in ecclefia noftra Parifienfi perpetuus capellanus, in ordineque facerdotali exiftens & Parifius commorans, affectans ejus necnon parentum & benefactorum fuorum animarum faluti providere, & diem fue peregrinationis extreme operibus mifericordie prevenire, eternorumque intuitu feminare in terris quod reddente Domino colligere cum multiplicato fructu valeat in celis, ad impetrandum ejus remiffionem peccatorum, & ob parentum & benefactorum fuorum animarum remedium ac falutem, ad honorem omnipotentis Dei & gloriofe Virginis Marie matris ejus & fanctorum Antonii & Katherine virginis, ac ad altare fub defignatione illius fancti Antonii quandam capellaniam perpetuam in ecclefia feu hofpitali fancti Sepulcri Parifius fundatis & in vico fancti Dionyfii, nobis immediatè fubjectis, fundare & dotare de certis redditibus & fub certo onere & conditionibus infertis & expofitis, licitifque & honeftis & à jure permiffis, ac declaratis in litteris Cafteleti Parifius quibus le noftre littere prefentes annectuntur, ipfam capellaniam ex noftris voluntate, licentia & affenfu fundavit & dotavit. Et nos ejus laudabile propofitum attendentes, & affectantes, ut tenemur, cultum divinum in dicta ecclefia feu hofpitali fancti Sepulcri augmentari & non diminui, noftris & dicte ecclefie feu hofpitalis cujus fumus fuperiores prelati, fub benevolentia domini noftri pape, utilitate penfatâ, & deliberatione providâ inter nos fuper hoc prehabitâ, premiffa omnia & fingula volumus, laudamus & etiam approbamus, & interpofitione noftri decreti auctoritate ordinariâ confirmamus, & decernimus magiftros, provifores feu gubernatores ipfius loci, ecclefie feu hofpitalis S. Sepulcri pro tempore exiftentes, ad obfervationem predictorum aftringi debere & compelli. Eidem fundatori ex uberiori dono gratie concedentes quòd poffit dictam capellaniam, nonobftante quòd fit fundator, quamdiù fibi placuerit, tenere & eam dimittere, ac ad eam aliam perfonam ydoneam nobis prefentare, ac jus patronatûs habere ac poffidere, juxtâ formam in prefatis literis annotatam, noftro & cujuflibet alterius jure falvo. In cujus rei teftimonium figillum noftrum duximus apponendum prefentibus, anno Domini M. CCC. LXXXI. die XIII. menfis Decembris. *Ibidem.*

Lettres de la chambre du domaine au fujet de la mefme fondation.

AN. 1389.

A Tous ceulx qui ces lettres verront, Pierre de Sens receveur de Paris,

JUSTIFICATIVES. 407

Paris, Estienne Charpentier procureur du roy nostre sire, Guillaume de Maudestour & Jehan de Villeris commissaires de par le roy nostre sire, sur le fait de la visitation de son domaine en la ville, prevosté & vicomté de Paris, salut. Comme en faisant ladite visitation il feust venu à nostre cognoissance que messire Yves de la Porte prestre ait fondée une chapelle de saint Anthoine & sainte Katherine en l'église du saint Sepulcre à Paris, si comme il est plus à plain contenu ez lettres parmi lesquelles ces presentes sont annexées; pour laquelle fondation nous heussions voulu contraindre ledit messire Yves à paier au roy nostredit seigneur les ventes & amortissemens d'ycelle, lequel messire Yves se feust trait devers nous, & eust requis que ladite contrainte nous voulsissions cesser, disant que veuës ses lettres de la fondation de ladite chapelle il ne devoit pour ce aucunes ventes ne amortissemens. Pour lequel debat lesdites lettres de fondation furent exhibées & mises en terme devant nosseigneurs des comptes, & ycelles veuës & considerées par nosdits seigneurs, fu dit & declaré que ledit messire Yves ne devoit aucunes ventes ou admortissemens d'ycelle fondation; & nous su par eulx dit que nous l'en tenissions quitte, & que pour ce il n'en feust contraint ne executez en aucune maniere. Presens ad ce messires Regnault de Coulons, Ernant Raymondet, maistres Guillaume de Hametel, Estienne Braque, Jehan Maulin & Hugues de Guingant. Si donnons en mandement à tous à qui il appartient, que ledit messire Yves ils tieignent quitte desdites ventes & admortissemens, & à paier ycelles ne le contraignent en aucune maniere. En tesmoing de ce nous recevuer dessus nommé avons seellées de nostre seel ces lettres qui furent faites le Samedy XVIII. jour d'Avril l'an M. CCC. LXXXIII. après Pasques. *Ibidem.*

Premiere augmentation de la fondation precedente, dont on ne rapporte ici que le commencement, pour servir de supplement à ce qui manque au commencement des lettres de fondation.

A Tous ceux qui ces lettres verront; Audoüin Chauveron * chevalier-conseiller du roy nostre sire, garde de la prevosté de Paris, salut. Savoir faisons que pardevant Nicaise le Munier & Guillaume des Grés notaires jurez du roy nostredit seigneur, de par luy establis en son Chastelet de Paris, furent personnelment establis honorable & discrete personne messire Yves de la Porte prestre demourant à Paris, pour lui & en son nom, d'une part; & Jehan Falle, Jehan de la Bene, Guillaume Coingnart & Jehan Hampou de Més bourgeoys de Paris, adpresent maistres & gouverneurs de l'église, hospital & confrairie du saint Sepulcre de Jerusalem fondez à Paris en la grant rue saint Denys, si comme il est apparu auxdits notaires par lettres seellées du seel de la prevosté de Paris, desquelles la teneur est telle : A TOUS CEULX qui ces lettres verront, Audouin Chauveron chevalier-conseiller du roy nostre sire, garde de la prevosté de Paris, salut. Savoir faisons que pardevant Denys Nepveu & Jehan de la Court notaires dudit seigneur en son Chastelet de Paris, furent presens en leurs personnes maistre Pierre Alespée avocat dudit Chastelet, maistre Jehan Maulin clerc du roy nostre sire de la chambre de ses comptes, maistre Guillaume Lomoy, Rogier Sausson, Jehan la Vache espicier, Pierre Megret mercier, Martin Loutre, Nicolas de la Baste hucher, Jehan Coste, maistre Nicolas Hoignet procureur en parlement, Jehan de Raims cordouanier, Symon Vacherot, messire Jacques Poivre, Giles Syme, Giles Malemain, Andry de Savoye, Pierre Boyleauë & Pierre de la Bene, tous conseillers & confreres de l'église de l'hospital & confrairie du saint Sepulcre de Jerusalem, fondez à Paris en la grant rue saint Denys, lesquielx par vertu de l'auctorité, congié & licence à eulx donné par nous, par la relation & tesmoingnage de honorable homme & sage maistre Andry le Preux nostre clerc & examinateur du roy nostre syre oudit Chastelet, à ce commis & envoyé de par nous, qui pour ce vint & fu present en ladite église en la presence desdits nommez & de plusieurs autres de ladite confraire, & en la presence dudit maistre Andry & desdits notaires & par sondit congié & auctorité, se assemblerent en ladite église & hospital, ou comptoir & lieu accoustumé, à faire & pourparler des besongnes & choses necessaires de ladite église & hospital, l'an de grace M. CCC. LXXXIV. le Dymenche XIX. jour du moys de Juing, & là oudit comptoüer de ladite église & hospital, comme lors faisant la plus grant & plus saine partie des confreres & conseillers de ladite église, hospital & confrairie, & par vertu dudit congié, licence & auctorité à eulx donnée de bouche de par nous par ledit maistre Andry le Preux, comme dit est, de leurs bons grés, de leurs certaines sciences, & comme bien conseillez, advisez & adcertainez sur ce, feirent, ordennérent, constituérent & establirent, & tant conjointement, comme divisément, pour eulx & pour tous les confreres & conseurs de ladite église, hospital & confrairie, & en leurs noms, maistres, gouverneurs, pourveeurs & administreurs de ladite église, hospital & confrairie dessusdis, & de tous les biens, prouffits, émolumens & revenus d'yceulx, jusques à un an ensuyvant tant seulement, y celuy an tout finy & accomply, Guillaume Coignart, Jehan Falle, Jehan de la Bene merciers, & Jehan de Hampou dit de Més, tous demeurans à Paris en la grant ruë saint Denys, tous confreres de ladite confrairie, église & hospital &c.

Cette premiere augmentation est de 6. livres parisis de rente ; le fondateur y adjousta 8. liv. parisis de rente, par acte du 27 Juin 1389. donné sous le sceau de la prevosté de Paris par Jean seigneur de Folleville, chevalier-conseiller du roy, garde de la prevosté de Paris. Après quelques autres augmentations faites par le fondateur, la chapelenie fut érigée en prébende par acte du 4. de Juin 1391. les sommes par lui données furent 1. 770 francs pour 18 liv. par. de rente. 2. 263. francs & un tiers de franc, pour 6. liv. par. de rente. 3. 355. francs 9. s. par. pour 8. liv. par. de rente. 4. pour la mutation de la chapelle en chanoinerie 684. francs & demi ; en tout 2072. francs & demi & 9 s. parisis ; laquelle somme fut emploiée par les gouverneurs de la confrairie à l'achat d'une maison joignant l'hospital de saint Sepulcre, & de cette maison & d'une autre qu'elle touchoit & qui estoit audit hospital, les gouverneurs firent faire trois maisons neuves sous trois pignons, appellées depuis, l'une de sainte Catherine, l'autre le Griffon, & la troisième le Pot d'estain, toutes trois joignant ledit hospital, & en la censive & seigneurie du s.int Sepulcre ; lesquelles furent assignées pour la rente de la nouvelle prébende de messire Yves de la Porte, par acte du 8 Juin 1393. Ibidem.

Consentement des religieux de saint Vaast d'Arras, à quelques acquests ou aumosnes de leur abbé en faveur du college d'Arras.

An. 1332.

UNIVERSIS præsentes litteras inspecturis, prior humilis monasterii sancti Vedasti Atrebatensis, totusque ejus loci conventus, salutem in Domino sempiternam. Ex parte venerabilis patris & domini nostri domini Nicolai Dei patientiâ abbatis monasterii prælibati fuit nobis fiducialiter intimatum, se nonnullas pecuniarum summas olim in manibus ipsius, ut executoris testamentorum plurium fidelium defunctorum, relictas, & in opus pium secundùm ejusdem arbitrium convertendas, necnon alias quas ut deputatas ad faciendas suas proprias eleemosinas, elargiri pauperibus secundùm ipsius voluntatem se posse dicebat, in emptiones quorumdam reddituum & terrarum sitarum in villis seu territoriis de *Greunny* & *de Bouchoirre* & *de la Chavate*, necnon cujusdam domûs sitæ Parisiis in vico Murorum * pro usu & sustentatione pauperum scholarium oriundorum de civitate vel diœcesi Atrebatensi, Parisiis in domo prædicta commorantium & studentium, in futurum piè & misericorditer erogasse, nos humiliter requirentis quatenùs dictas emptiones & erogationes, prout nos tangunt, ratificare vellemus. Nos verò, etsi per litteras dictarum emptionum non constet eas nostrum monasterium tangere ; veruntamen requestæ dicti venerabilis patris, quantùm cum Deo nobis licuerit, annuentes, prædictas emptiones & erogationes pecuniarum, quatenùs nos tangunt ritéque factæ sunt, & honestè possumus, ratificantes, adhibemus eisdem nostrum consensum pariter & assensum. In quorum testimonium sigillum nostrum præsentibus duximus apponendum. Datum anno Domini M. CCC. XXXII. die XXVIII. mensis Novembris. *Dubreul, Antiquitez pag.* 689.

* La ruë Mac...

Fondation du college de Tours.

An. 1333.

UNIVERSIS præsentes litteras inspecturis & audituris, Stephanus permissione divinâ archiepiscopus Turonensis, salutem in Domino sempiternam. Noveritis quòd sicut nos à longis retrò temporibus nostræ mentis oculos dirigentes ad considerationem profectuum qui universali ecclesiæ ex Parisiensi studio hactenùs etiam nostris temporibus provenirunt, in quo præ cæteris mundi studiis studentes, nedum in logicalibus & aliis primitivis scientiis per quas ad divinarum scientiarum & canonicarum notitiam faciliùs devenitur, sed etiam in divinis & canonicis scientiis & scripturis uberiùs profecisse cognovimus, & magistra rerum efficax experientia manifestat, & ex quo tot boni palmites, sicut experientia ipsa docet, hactenùs processerunt, qui præfatis imbuti scientiis & maximè in divinis docti scripturis, à quibus omnis splendor rethoricæ eloquentiæ, omnisque modus poëticæ cæ locutionis, & quælibet varietas decoræ pronunciationis sumpserunt exordium, & in quibus quicquid alibi quæritur perfectius, invenitur, disseminaverunt ubique scientiæ margaritam, & per sua perlucida & salutaria documenta ecclesias, clerumque & populum catholicum illustrantes decorarunt virtutibus, & moribus informarunt ; inter cæteras meditationes cordis nostri sæpè revolvimus qualiter nos, qui de Andegavensi diocesi originem traximus, ubi beneficia plura recepimus, & postmodùm in Turonensi de quo quoad temporalia esse dignoscitur nostræ locus originis, conversati, inibi habuimus multas promotiones & bona, & ibi, favente Domino, finire proponimus dies nostros; pauperibus scolaribus Turon. juxtà virium nostrarum modulum subvenire possemus, ut dicto Parisiensi studio tam ..... possint in scientiâ proficere & fructum in Ecclesia Dei afferre suis temporibus opportunum ; sic postquàm ad ecclesiæ Turonensis regimen, licet immeriti, divinâ fuimus dignatione vocati, animum nostrum applicavimus ad perficiendum quod in mente diutiùs gesseramus ; & idcircò modo conceptum nostrum deducendo ad optatum effectum, deliberatione habitâ diligenti, ad honorem Dei *qui scientiarum Dominus est*, ipsarumque caput & auctor, & in quo solo perfecta sapientia reperitur, gloriosæ Virginis Mariæ matris ejus, sanctorum martyrum Mauricii sociorumque ejus, gloriosorumque confessorum Gaciani, Ludovici & Martini patronorum nostrorum, omniumque sanctorum, sex scolares sæculares, & unum principalem, seu magistrum collegii, quos perpetuò de civitate vel diocesi Turonensi ordinamus & statuimus assumendos cotannis, fundamus & statuimus in studio Parisiensi prædicto, & ipsos in posterum ibidem poni, manere & studere volumus expensis & bursis nostris, secundùm modum inferiùs declaratum; quibus scolaribus pro habitatione sua & pro loco suo principali damus, concedimus & assignamus quamdam domum sitam in civitate Parisiensi in vico *de la Serpente*, cum virgulto & domibus retrò eam consistentibus & pertinentiis earumdem, prout protenduntur in longo & largo, in quâ jam dicti scolares habitant; quas domos cum pertinentiis suis, jamdiù est, tanquàm privata persona, ad usum dictorum scolarium acquisivimus à defuncto magistro Petro *la Postolle* canonico Parisiensi, doctore in theologia, tempore quo vivebat; in quâ domo ad usum dictorum scolarium de novo fecimus ædificare capellam suprà virgultum domûs alterius de quâ inferiùs mentio habetur, protensam ; & insuper ipsos scolares domumque suam prædictam, pro bursis eorumdem scolarium & domûs prædictæ necessitatibus, dotamus rebus & redditibus infrà scriptis, eosque redditus & res dictis scolaribus & domui, pro bursis & necessitatibus antedictis & dictæ domûs oneribus supportandis , ex nunc damus , concedimus & assignamus, fructusque, proventus & redditus eorumdem ad usum dictorum scolarium & domûs de cætero applicando, secundùm ordinationem nostram inferiùs designatam : videlicèt duas domos sitas in civitate Parisiensi in vico Citharæ*, prout protenduntur in longo & largo, cum virgultis & pertinentiis universis earumdem, quarum domorum una vocatur *Domus ad capita*, & altera vocatur *Domus ad equos*. Quas domos cum pertinentiis suis, jamdiù est, tanquàm privata persona, ad usum dictorum scolarium acquisivimus à Simone *la Postolle* fratre & solo hærede dicti defuncti magistri Petri *la Postolle*, sicut in litteris venditionis de eis nobis factæ pleniùs continetur ; necnon & quoddam nemus situm tam in parochia de Grisiaco Paris. diocesis, quàm in territoriis adjacentibus, cum omnibus censibus, terragiis, decimis & aliis redditibus & juribus quibuscumque, quas & quæ habemus ibidem , & quæ ad usum dictorum scolarium ibidem acquisivimus , tanquàm privata persona , à magistro Menfredo de Mediolano magistro in medicina, sicut in litteris super acquisitione hujusmodi confectis pleniùs continetur ; quæ omnia prædicta per nos eisdem scolaribus assignata, dicti scolares tam diutiùs tenuerunt & etiam possederunt ; & insuper decimam nostram bladi & vini quam habemus in parochia de Montibus, Turonensis diocesis, quam acquisivimus à Johanne *de Fæverolles ;* necnon & decem libras & decem solidos Turonenses annui & perpetui redditûs, quas tamquàm privata persona acquisivimus & habemus super quodam bosco vocato *Bois-Rideau*, cum pratis ibidem existentibus & aliis pertinentiis ejusdem. ..... in parochia de Villa-dominarum. Quorum prædictorum omnium & singulorum possessionem , proprietatem & utile dominium in dictos scolares & successores eorumdem, domumque prædictam transferimus per præsentes, ipsisque & dictæ domui cedimus, & concedimus omnes actiones & jura quæ nobis competebant , tamquàm privatæ personæ , & competere poterant quoquo

* La rue de la Harpe.

modo in præmissis omnibus & singulis eorumdem. Statuimus siquidem & ordinamus quòd sex scolares prædictos, quamdiù vixerimus, ponemus ibidem; post mortem verò nostram, & deinceps quandò loca vacaverint, per archiepiscopum Turonensem qui pro tempore erit, in dicta domo instituentur, ponentur & eligentur; & per ipsum pari modo destituentur & amovebuntur qui per sua demerita vel aliàs indè erunt rationabiliter amovendi. Item volumus & ordinamus quòd à festo resurrectionis Domini proximè venturo & deinceps, scolares prædictæ domûs, qui hactenus habuerunt pro bursis suis quilibet duos solidos & sex denarios parisienses dumtaxàt, percipiant & habeant pro bursis suis quilibet eorum tres solidos parisi. pro quâlibet septimanâ quâ scolares fuerint Parisius, & in domo cum aliis manserint supradictâ; aliàs non, nisi pro utilitate dictæ domûs procuranda per aliquos dies, de voluntate sociorum vel sanioris partis eorum & de mandato principalis magistri domûs prædictæ, se duxerint aliquoties absentandos. Jacobo Barbitonsore clerico Turonensis diocesis, quem principalem magistrum domûs prædictæ & ejus administratorem per nostras alias litteras deputavimus, & adhuc etiam deputamus, quamdiù principalis extiterit, & quolibet principali ejusdem domûs ipsius successore, ac procuratore dictæ domûs quem de collegio dictorum scolarium per dictos scolares, seu per majorem & saniorem partem eorum ex nunc, si procuratore indigeant, eligi & deputari, &, cùm amovendus fuerit, amoveri volumus, quamdiù procurator fuerit & precuratione prædictâ utetur, quolibet videlicèt eorumdem, ultra bursas communes prædictas, decem & octo denarios parisienses septimanâ quâlibet habituro, pro suis impendendis, circa procuranda dictorum scolarium & domûs utilia, scientiâ, vigiliis & labore. Hujusmodi principalem magistrum per scolares prædictos, vel majorem & saniorem partem eorum, quotiens post mortem nostram principali carebunt, similiter eligi volumus & per archiepiscopum prædictum vel deputandos ab eo approbari, & etiam, si amovendus fuerit, amoveri. Item volumus & ordinamus, quòd dicti scolares à dicto festo resurrectionis Domini, & deinceps in antea, singulis diebus Dominicis & aliis festis solemnibus & novem lectionum, in quibus in studio Parisiensi ordinariè non legetur, & in festivitatibus præcipuè ecclesiæ nostræ Turonensis, specialiter in festis sanctorum martyrum Mauritii sociorumque ejus, gloriosorumque confessorum Gaciani & Martini patronorum nostrorum, & translationis beati Candidi, etiamsi dictis diebus Parisiis legeretur, omnes horas canonicas ad usum ecclesiæ Turonensis dicant & decantent in communi, in capellâ dictæ domûs ad hoc idoneè deputatâ, dictisque festis & eorum singulis missas altâ voce & cum cantu per capellanum idoneum ad hoc per eos seu saniorem partem eorum, cum principalis ejusdem domûs consilio, assumendum, quibus intersint dicti scolares cantando & officiando ibidem, faciant celebrare de festo; & insuper aliis diebus non festivis tot missas ibidem celebrare faciant sine cantu, quòd, habitâ compensatione de missis festorum prædictorum ad missas dierum simplicium, pro quâlibet septimanâ celebrare faciant tres missas in capella superiùs declarata; pro quibus faciendis calicem, libros, vestimenta & alia necessaria ordinamus destinari ibidem. Statuentes quòd si quis scolarium prædictorum presbyter fuerit, & onus celebrandi dictas missas assumere voluerit, & eas per se, dum eas in propria persona celebrare commodè potuerit, seu per alium, ipso canonicè impedito, celebrare voluerit & celebraverit secundùm ordinationem nostram prædictam, ultrà bursas suas communes, sex libras parisienses de redditibus supradictis percipiat & habeat, pro labore suo circa celebrationem hujusmodi impendendo; quas sex libras parisienses redditûs de redditibus prædictis hujusmodi deputamus; quem etiam redditum percipiendo, illum teneri volumus ad incipiendum & faciendum horas canonicas, quas, ut prædicitur, ordinamus celebrari in prædicta capella, & ad officiandum, sicut per hebdomadam in collegiatis ecclesiis hactenùs hæc sunt fieri consueta. Si verò nullus scolaris presbyter ibidem fuerit, volumus quòd sacerdos extraneus qui ad celebrationem ipsarum missarum assumptus fuerit, ut præfertur, & ipsas celebraverit, salarium competens de quo cum principali domûs cum assensu sanioris partis dictorum scolarium conveniat, percipiat de summâ prædictâ pro officio missarum prædictarum, ut præfertur, deputatâ; residuo dictæ summæ convertendo in utilitatem dictæ domûs. Volumus insuper & ordinamus, quòd de redditibus prædictis teneantur assiduè in dictâ capella super altare duo cerei, quorum quilibet sit de dimidia libra ceræ, qui accendentur & ardeant ad omnes missas prædictas, & ad omnes matutinas & vesperas quas in

festivis

festivis diebus suprà ordinavimus in capella eadem celebrari. Ad quæ omnia fundanda oneramus & afficimus omnes & singulas res & redditus supradictos, cùm ad prædicta & omnia alia superiùs ordinata, tenendumque omnia prædicta in statu sufficient copiosè. Si verò principalis scolaresque prædicti horas canonicas missasque prædictas omiserint celebrare, & celebrari facere, & dictam capellam officiare secundùm modum superiùs expressum, volumus & ordinamus quòd pro qualibet hebdomada quâ deficient in prædictis, quilibet ipsorum qui in hoc fuerit culpabilis, burfæ suæ & stipendii quam & quod eâdem septimanâ esset de domo eadem habiturus, eo ipso dimidiam partem amittat, nisi canonicum impedimentum habuerit per quod à prædictis se potuerit legitimè excusare, quo casu defectum hujusmodi suppleat proximâ septimanâ sequenti; alioquin culpabiles in pœnam incidant supradictam; stipendio hujusmodi quod amittent, prædictæ domûs utilitatibus reservando. Quantum autem ad residuam ordinationem domûs & scolarium prædictorum, tradendasque eisdem regulas, cum appositione pœnarum contrà non observantes easdem, & ad faciendum, statuendum & ordinandum omnia alia & singula quæ pro utilitate, quiete, tutoque & perpetuo statu dictorum scolarium & domûs facienda, statuenda & ordinanda fuerint, venerabilibus viris magistris Nicolao Philippo Nicolai canonico Turonensi, & Ægidio Cooportoris decano de Candeyo, fratri Thomæ de Suzelleyo, ordinis Prædicatorum, & magistro Joanni de Lucyo socio nostro, de quorum fidelitate & prudentia circumspecta gerimus plenam fidem, & duobus de ipsis in solidum tenore præsentium committimus vices nostras. In quorum testimonium sigillum nostrum præsentibus litteris duximus apponendum. Datum die Sabbati post *Oculi mei*, anno Domini M. CCC. XXXIII. Sic signatum, GERVASIUS. *Pris sur un ancien manuscrit collationé, étant à la bibliotheque Coislin.*

Statuts du college de Tours.

AN. 1340. IN nomine Domini, amen. Nos Martinus *Ruzé* cantor & canonicus insignis ecclesiæ Parisiensis, christianissimi Francorum regis in suprema parlamenti Parisiensis curia consiliarius, & domini domini Antonii *de la Barre* Turonensis archiepiscopi vicarius generalis, quoad collegium Turonense Parisiis in vico Serpentis situm ac fundatum visitandum & reformandum, tam in capite quàm in membris, statutaque dicti collegii in publicam & autentiquam formam redigendum, cum potestate illa corrigendi, interpretandi, superaddendi, modificandi & alia de novo, si opus esset, condendi, prout litteris dicti vicariatûs clarissimè constat; necnon Nicolaus *Brachet* in dicta curia consiliarius, & cameræ inquestarum ejusdem curiæ præsidens, reformatorque generalis collegiorum universitatis Parisiensis per eamdem curiam commissus; dilectis nobis in Christo Joanni *Gentils* magistro seu primario dicti collegii, Joanni *Moreau*, Philippo *Joulain*, Joanni *Goury*, Stephano *Sauvage*, Francisco *Gentils*, & Renato *Lucas* ejusdem collegii bursariis seu scolaribus, ipsumque omne collegium repræsentantibus, salutem. Quoniam, Prophetæ testimonio, ille Dei populus qui verum scientiæ lumen non habebat, captivus per Ægyptum, hoc est per hujus mundi tenebras, ductus fuit, & nobiles ejus occubuerunt fame & siti, ipsius corruit multitudo, & alio loco scribitur: *Erudire, Jerusalem, ne fortè anima mea à te recedat, & ponat te terram inhabitabilem ac desertam*, & è contrario honor regis cælestis in suis clericis & ministris discretionis judicium diligit, Sapiente dicente: *Acceptus est regi minister intelligens*; satis patet quantùm abjecta sit & vilis ignorantia, quæ suos ministros reddit inutiles & ingratos, quantùmque sit appetenda scientia, quæ ignorantiæ cæcitatem expellit, & hominem Deo acceptabilem facit, & ad bonorum exercitium operum convertit, à vitiorumque clivo divertit. Hæc itaque olim prudenter attendens reverendissimus in Christo pater ac dominus dominus Stephanus de Burgolio Turonensis archiepiscopus, dicti collegii Turonensis fundator, ac piè desiderans ut sancta Dei ecclesia viris eruditis & intelligentibus repleatur, & quòd in ipsa divini pariter & humani juris aliarumque fructus scientiarum excrescat, & per partes distributus suscipiat incrementum, providèque considerans ad venerabile Parisiense studium, tamquàm ad fontem vivum ex quo sapientiæ fluunt rivi, multos, ut expulsis ignorantiæ nubibus aquam hanc hauriant, & preciosam acquirant margaritam, de diversis orbis partibus concursuros; quorum multi licet ingeniosi doctrinæque capaces, indigentiæ prætextu necessariæque sustentationis defectu, à litterarum studio se divertunt. Quare volens aliquorum inopiam ex suis bonis sibi à Deo datis relevare, prædictam domum, cum suis juribus & pertinentiis universis, personis pauperum magistri seu primarii & scolarium qui in ipsa domo perpetuis morarentur temporibus, dedit, deputavit, concessit, ac etiam assignavit; præcipiens in ea magistrum & scolares bonæ vitæ & ad scientiam discendam habiles, qui de bonis propriis commodè sustentari nequirent, institui & assumi, plures circà dictæ domûs regimen ac statum & studentium conversationem qui in ipsa domo habitarent, ordinationes faciens. Verùm quia prædictarum ordinationum nulla omninò apparebat publica forma, seu autentiquum instrumentum, cui ulla fides adhiberi posset, sed duntaxat quoddam transcriptum sive exemplum hinc inde lacerum, fractum, ruptum, inductum, abrasum, nullo sigillo sive subscriptione aut aliâ probationis notâ insignitum, quodque ab ipso fundatore sic editum fuisse nullâ ratione præsumi potest; ad hæc quia prædictæ ordinationes vobis erant nimis graves & difficiles, utpotè humeris vestris multa gravia & quasi intolerabilia onera imponentes ad quæ sufficere non possetis, attentis vestris muneribus & stipendiis, ac circà hujusmodi negotium attendendis, prout ex ipsarum inspectione & forma evidenter colligi potest; nos igitur, inspectis & sollicità meditatione pensatis ordinationibus memoratis, & consideratis omnibus & singulis quæ circà hoc consideranda erant, de peritorum consilio cum quibus deliberationem & tractatum super iis habuimus diligentem, circà statum & regimen dictæ domûs & vestrum, ad utilitatem vestram & dictæ domûs ordinationes infrascriptas, quas, quantùm fuit possibile & commoditati dictæ domûs & vestræ credidimus expedire, voluntati & intentioni fundatoris studuimus coaptari, aliqua reformando, alia immutando, nonnulla etiam superaddendo & de novo condendo, prout vestra & dictæ domûs utilitas suadere & exigere videbatur, edidimus & fecimus, ac edimus & facimus; mandantes eas per nos in publicam & autenticam formam ritè & decenter redactas, prout sequitur, perpetuis futuris temporibus inviolabiliter observari.

Et primò ordinamus & statuimus, quòd singulis diebus Dominicis, festis duplicibus & novem lectionum quæ in urbe Parisiensi festivantur in populo, scolares seu bursarii prædicti collegii primas & secundas vesperas ac missam de dicto festo, ad usum ecclesiæ Turonensis, cum pausis competentibus, maximè mediatione, perpetuò in communi in capella dictæ domûs dicant & decantent. In festis verò annualibus & Virginis Mariæ à populo celebratis, ac patronorum ecclesiæ Turonensis & prædicti collegii, videlicèt sanctorum Gaciani, Mauricii & Martini, decantentur in dictâ capellâ matutinæ, & similiter primæ & secundæ vesperæ cum magnâ missâ, per capellanum idoneum, horis tamen competentibus: videlicèt missa horâ septimâ vel circà, vesperæ horâ secundâ, nisi sit Quadragesima, in qua dicentur ante prandium, & matutinæ horâ quintâ de mane aut circà; à festo tamen Trinitatis usque ad festum Assumptionis Virginis Mariæ, dicentur matutinæ in vigiliis festorum post primas vesperas, ut fit in majori ecclesia & aliis ecclesiis hujus urbis; quibus servitiis & horis supradictis præfati scolares cum honestate, reverentia & habitu decenti integrè intererunt cantando & officiando, & statim post secundam pulsationem campanæ quæ fiet ad beneplacitum capellani & primarii, ad sacellum accedant, ita quòd ante servitium inceptum (quod capellanus paulò post dictam secundam pulsationem incipiet) in dicto sacello, aliàs in pœnas infra statutas incidant; & insuper aliis diebus non festivis tot missas ibidem celebrari faciant sine cantu, quòd, habitâ compensatione de missis festorum prædictorum ad missas dierum simplicium, pro quâlibet septimanâ celebrari faciant tres missas in capella prædicta; volentes etiam & statuentes, quòd si principalis & prædicti scolares horas missásque prædictas omiserint celebrare & celebrari facere, & dictam capellam officiare secundùm modum prædictum, quòd pro qualibet hebdomada quâ defecerint in prædictis, quilibet ipsorum qui in hoc culpabilis fuerit, bursæ suæ & stipendii quam & quod septimanâ eâdem esset de dictâ domo habiturus, eo ipso dimidiam partem amittat, nisi tantum impedimentum subeat per quod à prædictis se possit legitimè excusare. In casu autem in quo non intererunt missis & aliis horis prædictis, statuimus quòd quilibet eorumdem pro quolibet defectu quem faciet, solvat pro quibuslibet matutinis, missis & vesperis quibus non intererit integrè, quatuor denarios parisienses, & in pœnas hujusmodi incidat ipso facto, nisi de licentia magistri principalis se absentaret à dictis servitiis, quam licentiam non impartietur sine causa, & nisi sit legitima, vel nisi posteà allegaret aliquod impedimentum quod videretur ipsi principali justum & legitimum. Et si aliquis scolaris assuescat abesse servitiis & horis prædictis, & post unicam monitionem per principalem in præsentia duorum sociorum factam non abstineat, suspendatur à bursis per ipsum primarium, donec pœniteat & se emendaverit.

Item, volumus & ordinamus, quòd in vigiliis festorum dicti bursarii studeant & provideant officium dictorum festorum, & quòd principalis moneat & cogat ad hoc eos; similiter quòd bursarii non graduati inserviant sacellano per hebdomadas alternatis vicibus, ita quòd hebdomadarius accendat & extinguat cereos, vinum, aquam, ignem quærat & afferat, & cætera alia necessaria administret, ac epistolam missæ cantet. Et si contingat omnes bursarios esse magistros aut graduatos, tunc duo novissimè recepti inserviant sacellano per hebdomadas alternatis vicibus, ut supradictum est. Famulus autem communitatis mundet sacellum, quandò opus erit, & principalis ei præcipiet. Quoad verò parvos versiculos horarum matutinarum & vesperarum decantandos, duo bursarii juniores dicant & decantent.

Item, cùm intentio fundatoris existat, quòd dicti scolares simul vivant & comedant in communi, idcircò, ut faciliùs id perpetuò observetur, statuimus & ordinamus, quòd singulis annis ematur lignum sumptibus collegii pro carnibus & aliis epulis ipsius communitatis solummodò decoquendis; similiter ematur omfacium, seu verjutium cum sale, pro dictis carnibus & epulis condendis, dummodò vivant & comedant in communi in aula. Pro quibus quidem munitionibus emendis ordinamus summam quadraginta librarum paris. & non ultrà, nisi de consensu nostro aut visitatorum infrascriptorum, annuatim capiendam suprà annuum redditum dicti collegii; si verò aliquid de supradicta summa supersit, applicetur commodo & utilitati dicti collegii; jubemusque ipsi primario ad quem spectat cura & administratio totius domûs, ne hanc præsentem nostram ordinationem infringat, nec infringi patiatur & permittat, sub pœna solvendi nomine suo proprio & privato quod ultrà dictam summam expositum fuerit; & quòd ipsum lignum studiosè conservari, & cum maxima parcimonia comburi satagat, ignem citò post prandium & cœnam cooperiendo, seu cooperire faciendo; & si quis posteà illum discooperiat, aut ad suum cubiculum lignum transferat, per dictum primarium graviter puniatur; volentes quòd provisio ipsius ligni & aliæ munitiones fiant per ipsum primarium & procuratorem dictæ domûs, aut, eo cessante, per dictum principalem, adjuncto secum uno de sociis magis ad hoc idoneo, nominando per socios vel majorem & saniorem partem eorumdem. Statuimus simili modo bursas solvi & distribui, & missas domûs fieri per magistrum ipsius domûs, quamdiù procuratore carebunt, & cùm procuratorem habebunt, per procuratorem prædictum, cum consilio ipsius magistri principalis. Attamen cùm magnæ missæ, ut putà excedentes summam quatuor librarum parisiensium, pro domo fuerint faciendæ, ad hoc adjungi & vocari volumus unum vel duos de sociis domûs magis industriosos, nominandos per majorem & saniorem partem præsentium sociorum.

Item, ordinamus & statuimus, quòd si quæcumque persona ecclesiastica vel sæcularis emerit & assignaverit dictæ domui viginti libras parisienses annui & perpetui redditûs amortizatas, pro vita unius scolaris per annum, jus perpetuò retineat sibi & successoribus suis, seu illi cui hoc duxerit concedendum, præsentandi magistro seu principali dictæ domûs scolarem seu scolares de diocesi Turonensi oriundos, qui in dicta domo recipiantur, & dùm recepti fuerint, jus habeant ut alii in eadem; et si præsentatus idoneus vitâ & moribus habilis ad proficiendum per eumdem magistrum seu principalem inveniatur, recipiatur ibidem; si verò secùs fuerit, adhuc eadem persona alium repræsentet, & admittatur seu repellatur eo modo quo dictum est. Si verò secundâ vice repellatur præsentatus, tunc illâ vice præsentans jus præsentandi amittet, & ad dominum archiepiscopum Turonensem pertinebit nominatio & dispositio vice illâ; jure illius patroni in aliis præsentationibus semper salvo. Nec poterit archiepiscopus ponere aliquem loco illius repulsi, nisi de eadem diocesi Turonensi. Et tenebuntur scolares prædicti jus illorum patronorum perpetuò servare illæsum sine fraude, & non permittere, quamdiù domus ad hoc sufficiat, quòd ista clausula de domo tollatur.

Item, ordinamus & statuimus, quòd si aliquis in vita vel in morte prædictæ domui vel scolaribus ejusdem aliquid dederit vel legaverit, pro emendis redditibus ad eamdem domum augmentandam, quòd illud in alios usus non possint convertere, sed in redditus proprios domûs legatum hujusmodi convertere teneantur.

F ff iij

Si verò aliquid eis datum vel legatum fuerit non ob causas prædictas, secundùm donantis vel legantis voluntatem poterunt dicti scolares disponere de eodem.

Item, ordinamus & volumus, quòd secreta & defectus quorumcumque, ac consilia domûs non revelentur alicui, nisi visitatoribus infrascriptis, vel aliis præfatæ domûs amicis, de quibus spem firmam habeant quòd hujusmodi revelatio sit proficua & non nociva domui & scolaribus antedictis.

Item, & quòd bona domûs prædictæ mobilia & immobilia, & maximè libros capellæ & ornamenta studiosè conservent; honorem, utilitatem & augmentum dictæ domûs pro posse procurent; & si aliquid fuerit fractum, deterioratum aut amissum culpâ alicujus, talis resarciat damnum suis propriis nummis.

Item, statuimus & ordinamus, quòd si scolares prædicti sciverint in domo prædicta aliquem de ipsis scolaribus inhabilem & incapacem bursæ suæ, vel inutilem, vel propter mores, vel quia non possit vel nolit proficere, cùm de intentione fundatoris extiterit quòd boni scolares ad proficiendum habiles ponerentur ibidem, quòd non sustineant, imò visitatoribus infrascriptis, aut, ipsis non existentibus Parisiis, archiepiscopo Turonensi id notificent, omni favore submoto, & laborent ad expulsionem ipsius de domo & privatione bursarum.

Item, licèt fundator prædictus in eadem fundatione voluerit quòd si quis de dictis scolaribus sacerdos existens dictam capellam officiare voluerit, pro horis atque missis ordinatis ibidem per fundatorem, juxtà ordinationem ipsius, ultrà bursas suas communes, pro labore suo circà celebrationem & officium ejusmodi impendendo, sex libras parisienses solummodò annuatim perciperet; volumus & ordinamus, quòd de cætero, (cùm prædictum salarium sit his temporibus multò minùs quàm competens) dictus capellanus habeat singulis annis, pro missis & horis prædictis per eum celebrandis, sexdecim libras par. Et si talis sacerdos sic officians se à dictâ domo duxerit per aliqua tempora absentandum, & hujusmodi tempore absentiæ per alium non fecerit dictum celebrare officium, juxtà ordinationes fundatoris prædicti, nihil percipiat pro hujusmodi tempore absentiæ de stipendio prædicto pro missis & officio deputato, sed pro rata hujusmodi temporis de summa prædictâ defalcatio per principalem & per socios sibi fiat, nisi suppleret posteà dictum defectum; illud autem quod per defalcationem hujusmodi remanserit, convertatur, ad primùm commodè fieri poterit, ad supplendum defectum missarum hujusmodi officii taliter omissarum, ad ordinationem majoris & sanioris partis sociorum, super quo eorum conscientias oneramus. Ubi verò in dictâ domo plures fuerint sacerdotes bursarii, quorum quilibet velit dictum officium assumere, is ad dictum officium per principalem & socios deputetur & eligatur, qui per judicium sociorum vel majoris partis eorum ad hoc magis idoneus fuerit reputatus, vel id inter eos dividatur, si major pars sociorum hoc judicaverit faciendum. Principalem tamen dictæ domûs qui pro tempore fuerit, si sacerdos existat, & officium hujusmodi exequendum eligat assumere & assumat cum effectu, in hoc statuimus præferendum. Si verò, nullo de dictis scolaribus existente presbytero per sacerdotem extraneum missas hujusmodi debitas in dictâ capellâ celebrari contingat, majores & capaciores domûs, ac in arte musices peritiores qui præsentes fuerint, ad dispositionem principalis qui dictis servitiis sæpissimè intersit, & etiam primus incipiat, vel aliis det exemplum, per septimanas successivè officium exerceant, horas incipiendo diebus in quibus juxtà ordinationem fundatoris horæ in capella eadem sunt cantandæ.

Item, statuimus & ordinamus, quòd nullus scolaris extraneus qui non sit bursarius, aliquo modo admittatur vel permittatur ad manendum in dicto collegio cum sociis, nisi ad hoc accedat consensus principalis & sociorum vel sanioris partis eorum, & nisi vitâ & moribus & ad proficiendum habilis per primarium priùs inventus fuerit; similiter nisi solvat ad minus quolibet anno pro domo & habitatione domûs viginti sex solidos parisienses; & tunc quilibet bursarius graduatus non poterit habere secum nisi duos extraneos scolares, absque consensu principalis; non graduatus verò, nisi unum solum. Qui quidem extranei scolares tenebuntur cum bursariis interesse missis, vesperis & aliis horis superiùs specificatis, cantantes & præbentes auxilium & juvamen ad dictum officium celebrandum pro posse suo, sicut ipsi bursarii; alioquin in pœnas quatuor denariorum paris. superiùs constitutas incidant, sicut unus bursariorum incideret, rationabili excusatione cessante, nisi essent aliquæ honestæ & egregiæ personæ cum quibus poterit primarius dispensare. Similiter tenebuntur ad observationem

tionem statutorum & ordinationum hujus collegii, & subjicientur pœnis in eis contentis, sicut bursarii, aliàs expellentur per primarium ab hac domo absque mora, cogendo ipsos bursarios, si opus sit, etiam per substractionem bursarum suarum, ad ejiciendum dictos extraneos à cubiculis suis. Nullus præterea de dictis bursariis habeat famulum, cùm ipsæ bursæ solis pauperibus & non divitibus debeantur. Si tamen aliquis esset in artibus magister, aut aliàs debitè & post lecturam sui cursûs graduatus, habere poterit ex causâ & de consensu principalis, & non aliàs; qui quidem famulus teneatur subvenire famulo communitatis in munitionibus ligni cæterisque necessitatibus collegii seu communitatis.

Item, statuimus & ordinamus, quòd quicumque, sive sit principalis, sive procurator, sive alius de scolaribus dictæ domûs, qui negotia ipsius domûs gesserit, seu misias vel receptas pro eadem fecerit, ad sancta Dei evangelia jurare teneatur & juret in præsentia sociorum, in principio gestionis & administrationis de cætero, quòd in gestione hujusmodi in receptis & misiis fideliter se habebit, & de datis & receptis reddet fidelem rationem & computa temporibus inferiùs constitutis, vel aliàs, si per socios ex causa rationabili fuerit requisitus.

Item, prædicta statuta & similiter sequentia principalis & quilibet scolaris dictæ domûs, in introitu domûs jurabit, prout ad ipsos pertinuerit, inviolabilia observare & observari facere pro posse, nullumque ibidem consentient vel permittent recipi, nisi priùs dictum præstiterit juramentum.

Item, statuimus & ordinamus, quòd de cætero quilibet bursarius habeat & percipiat singulis hebdomadis septem solidos turonenses pro bursâ suâ; principalis verò habeat decem solidos sex denarios turonenses, cùm fundator per fundationem suam sibi assignaverit & ordinaverit pro reverentiâ sui status unam bursam cum dimidiâ. Volumus tamen quòd si futuris temporibus, Domino concedente, ultra bursas septem solidorum turonensium restarent in domo prædicta aliqua de redditibus collegii expendenda, scolares prædicti, solutis bursis prædictis, de illo residuo nihil possint capere vel habere, immò illud residuum thesauro & utilitati collegii futuro tempore reservetur. Si tamen domum prædictam successivis temporibus aliquos annuos redditus de novo acquirere, & sic locupletiorem fieri & ad pinguiorem fortunam pervenire contingat, omnibus ædificiis & aliis rebus dicti collegii prævisis & in bono statu existentibus; concedimus quòd tunc usque ad infra duodecim denarios parisienses & non ultra, de consensu tamen superioris, videlicèt domini archiepiscopi Turonensis, vel visitatorum infrascriptorum, possint bursæ, secundùm augmentationes ipsorum reddituum, qualibet septimanâ futuro tempore per primarium & bursarios augmentari, quamdiù redditus collegii poterunt illam augmentationem sustinere. Si verò è converso contingat, quod absit, ipsos redditus collegii diminui, volumus expressè quòd etiam diminuantur bursæ ad certum tempus, arbitrio dictorum principalis & visitatorum infrascriptorum.

Item, ordinamus & districtè injungimus quòd dicti scolares amicabiliter convivant in domo tamquàm fratres, nec sit aliqua divisio, rixa, briga aut dissensio inter eos. Si autem dissensionem, brigam, rixam, aut divisionem inter eos, quod absit, evenire contingat; cùm non deceat nec honestum sit ob hanc in domo infamiam corâm judice litigare, ordinamus & statuimus, quòd principalis & procurator, si procuratorem habeant, vel principalis cum altero sociorum qui ad hoc capacior per socios judicabitur, summariè & de plano prædicta audiant & terminent, nullo de ext. à domum admisso nisi pro testimonio ad causam illam ferendo, nisi sit aliquis de visitatoribus infrascriptis; nec de talibus extrà domum fiat quæstio sive rumor, nec corâm judice sæculari aut ecclesiastico, sub pœnâ suspensionis bursarum; & casu quo bursarii contumaces essent ad eligendum unum ex eis ad assistendum cum principali, eo casu quo eligere debent, tunc primarius (eis semel dumtaxat summariè auditis) solus procedat ad inquirendum, cognoscendum & decidendum de dictâ causâ, rixâ & contentione; quorum seu cujus sententiis tenebuntur parere, aliàs à bursis suspendentur quousque paruerint & inobedientiam emendaverint. Si tamen ille contra quem lata erit sententia, sentiat se gravatum, vel si dicti principalis & procurator aut electus à sociis sint contrarii in decisione illius causæ, habeatur recursus ad nos aut unum nostrûm statuentium, & post mortem nostram ad visitatorem seu visitatores infra scriptos, quorum decisioni stabunt, nec ultra progredietur in causâ illâ. Si verò causa & contentio sit cum principali & procuratore, vel cum aliquo sociorum, tunc dicti visitatores aut unus illorum dictam causam & contentionem etiam summariè & de plano audiant & terminent ; quorum visitatorum sententiis, tam primarius, quàm cæteri omnes scolares tenebuntur parere & obedire, sub pœna suspensionis bursarum, nec ultrà etiam, ut suprà dictum est, prosequentur illam causam.

Item, ordinamus quòd si aliquis dictorum scolarium ultrà tres menses à domo (tempore vacationis minimè computato, videlicèt à festo nativitatis Nostræ Dominæ usque ad festum omnium Sanctorum) fuerit absens, absque rationabili causa exposita & admissa à principali & duobus antiquioribus sociorum, eo ipso domo prædictâ & bursâ, nullâ etiam premissâ monitione, sit privatus, & alius per archiepiscopum vel patronum prædictos loco ipsius, prout ad ipsos pertinuerit, instituatur. Si tamen contingat aliquam magnam & necessariam impensam in collegio fieri, & nullæ pecuniæ, vel minimè sufficientes exiliant, volumus expressè quòd tunc bursæ dictorum scolarium subtrahantur vel diminuantur usque ad certum tempus, arbitrio principalis & visitatorum infrascriptorum ; & si aliquis propter illam causam se absentaret, nolumus quòd propter dictam causam absens dicatur, nec tempus studii, durante suâ absentiâ, currat contrà eum, dum tamen in recessu protestetur quòd ob causam illam recedit ; & hoc tenebuntur præfati scolares nuntiare infrà dimidium annum dicto archiepiscopo vel patrono.

Item, cùm sciamus processisse de bonitate fundatoris prædicti, quòd scolares dictæ domûs grammaticam, logicam, medicinam, canones & theologiam, sicut eis magis expedit & utile videbitur, possint indifferenter audire, id statuimus observandum ; ordinantes tamen quòd nullus in dicta domo admittatur ad audienda jura canonica, nisi sit magister in artibus, vel ad minus fuerit primæ classis in grammatica, sufficiensque & capax ad dicta jura canonica audienda per primarium priùs repertus fuerit. Si autem aliquis de domo velit se transferre ad audiendum jura civilia, & protestetur quòd velit reverti ad domum ut audiat jura canonica in eadem, concedimus sibi, & ordinamus quòd in casu prædicto suus locus sibi salvus remaneat usque ad suum regressum, & dummodò sit infrà quinquennium, & studuerit sic continuè in jure civili, quòd in anno absens non fuerit à studio legali ultrà tres menses ; & antè recessum alium scolarem de Turonia ortum præsentabit magistro domûs, ut loco ipsius substituatur in ejus absentia tantummodò, & non perpetuò ; quem præsentatum ipse primarius recipiet & substituet usque ad regressum substituentis seu recedentis, si illum vitâ & moribus & ad proficiendum reperiat habilem. Qui quidem recedens jurabit in recessu suo, quòd pro audiendo jura civilia & non ex alia causa recedit, intendens reverti ad jura canonica audienda sine fraude quacumque ; & illum regressum à studio legali dicti primarius & bursarii benignè recipient, & alium substitutum à cubiculo & collegio expellent.

Item, si scolares dicti collegii proficere velint in scientia artium, volumus quòd ipsi infrà triennium cum dimidio digni licentia inveniantur ; & si in quarto anno ad tardius non habuerint licentiam cum effectu, eo ipso domo & bursis ex nunc, prout ex tunc, declaramus privatos.

Item, in medicina infrà quinque annos legant cursus suos, & infrà septem annos habeant licentiam ; alioquin, ut dictum est de artistis, eo ipso domo & bursis ex inde, prout ex tunc, declaramus privatos.

Item, in jure canonico infrà quinque annos legant cursus suos, & infrà septem annos licentiam habeant in decretis, sicut dictum est de præcedentibus ; alioquin domo & bursis eo ipso, ut suprà scriptum est, declaramus privatos.

Item, in theologia infrà octo annos legant cursus suos, & infrà undecim legant Sententias & habeant licentiam ; alioquin, ut dictum est de cæteris, domo & bursis eo ipso ex nunc, prout ex tunc, declaramus privatos ; statuentes ne in domûs vituperium ad lecturam vel examen indistinctè prorumpant, & quòd hoc nullo modo faciant sine consilio & examine principalis & in scientia expertorum. Post quorum quidem graduum licentiæ adeptionem poterunt adhuc manere in dicta domo per spatium unius anni integri, percipiendo suas bursas, & non ultra ; immò dicto anno finito, declaramus ipsos ex nunc, prout ex tunc, dictis bursis & domo privatos.

Item, ordinamus quòd postquam aliquis licentiam vel gradum magisterii in artibus adeptus fuerit, statim se transferat (nisi sit regens actu) ad unam prædictarum scientiarum, quam in præsentia magistri domûs & sociorum eliget, alioquin privetur ; nec sit regens ultrà quatuor annos in domo prædicta, alioquin privetur domo & bursis, nisi postquàm regere sic desierit, ad unam supradictarum scientiarum se duxerit transferendum, vel nisi exeat, ut præmittitur, pro legibus audiendis,

diendis, post quinquennium reversurus ad canones audiendos.

Item, quia hæc domus per negligentiam superiorum aut aliorum diù caruit visitatoribus, nihilque est statuta condere, nisi sint qui ea executioni demandent & observare faciant, ideò statuimus & ordinamus quòd de cætero erunt perpetuò duo visitatores hujus collegii Turonensis, quorum unus erit dominus cancellarius ecclesiæ seu universitatis Parisiensis, qui est reformator multorum collegiorum dictæ universitatis, & quem ordinamus perpetuum visitatorem seu reformatorem dicti collegii Turonensis; alter verò deputabitur & committetur per dominum archiepiscopum Turonensem, de Turonia oriundus. Qui ambo, aut unus eorum, habebunt visitare tam principalem quàm bursarios & dictam domum, bis in anno, aut semel ad minus, in crastino videlicet sancti Gaciani hyemalis, & in crastino sancti Gaciani æstivalis, & inquirent diligenter de cultu divino, de administratione bonorum & reddituum collegii, de profectu, moribus & scientia dictorum scolarium; & si aliquem defectum in dicto cultu divino, aut abusum in ipsa administratione bonorum & reddituum, vel si aliquem illorum scolarium inhabilem ad proficiendum, vel incapacem propter mores, vel quòd nolit proficere, vel ultrà tempora studii superiùs præfixa studuisse & mansisse in dicta domo invenerint, tunc poterunt dicti visitatores & quilibet ipsorum in solidum corrigere illum defectum & abusum, illumque sic inhabilem & incapacem suspendere, & etiam, si opus sit, bursis suis privare, quorum seu cujus sententia executioni demandabitur, non obstantibus quibuscumque appellationibus aut oppositionibus, significabiturque archiepiscopo vel patrono, prout ad quemlibet eorumdem pertinuerit, quòd alterum in locum illius ponant.

Item, nullus admittatur bursarius in domo, qui habeat in patrimonio vel beneficio ecclesiastico ultrà viginti-quatuor libras parisienses annui redditus in scolis Parisiensibus portati, vel cujus pater & mater sint ita divites & opulenti, quòd possint illum commodè mittere in studio litterario, & ei necessaria subministrare, cùm de intentione fundatoris existat quòd bursæ pauperibus scolaribus de Turonia natis assignentur. Similiter nullus admittatur in bursarium, nisi sit major decennio, & de Turonensi diocesi ortus; & ideò ordinamus quòd quilibet scolaris in receptione sua afferat cum collatione bursæ litteras suæ tonsuræ, ad cognoscendum si sit de diocesi Turonensi natus; & cùm primùm aliquis fuerit receptus in bursarium, volumus quòd si nesciat elementa musices seu suam gamam, statim addiscat illam, primariusque præfigat sibi certum tempus ad illam addiscendam, & diebus festivis studeat pro posse suo suum plenum cantum.

Item, nullus præterea jam receptus, postquàm habuerit quadraginta libras parisienses annui redditûs in scolis Parisiensibus portatas, in domo prædicta remaneat; immò illum ex nunc, prout ex tunc, declaramus bursis suis privatum ac etiam domo.

Item, statuimus quòd quilibet sociorum amicabiliter & pacificè convivat, nec opprobriosè dicat alicui convitia vel opprobria, sub pœna sex denariorum parisiensium aut alterius majoris summæ, juxtà qualitatem & quantitatem injuriæ; nec percutiat aliquem sociorum injuriosè, neque similiter extraneum aut famulum communitatis; aliàs puniatur arbitrio principalis & procuratoris, vel, eo cessante, arbitrio dicti principalis & alterius socii judicio aliorum sociorum vel majoris & sanioris partis eorumdem electi; ita quòd unus non dementiatur alterum injuriosè, sub pœna duorum denariorum; nullus præterea inhonesta verba, maximè in locis communibus domûs, proferat sub eadem pœna.

Item, nullus bibat in taberna tabernariæ, sub pœna sex denariorum parisiensium; & si sit assuefactus, & post unicam monitionem per principalem in præsentia duorum sociorum factam non abstineat, subtrahantur sibi bursæ per dictum primarium, donec penitùs se emendaverit.

Item, omnes scolares caveant à lupanaribus, sub pœna privationis suarum bursarum.

Item, nullus mulieres, cujuscumque conditionis existant, ad domum prædictam de nocte ducere præsumat, nec de die, nisi tales sint & in tali societate, quòd constet principali & sociis nullam inde malam suspicionem orituram, sub pœna privationis. Si quis verò eorumdem causâ libidinis mulierem suspectam in domo prædicta de nocte duxerit, vel ire fecerit, & de hoc deprehensus fuerit vel convictus, eo ipso domum & bursam amittat.

Item, volumus quòd omnes dicti bursarii in aula semper comedant, & simul in communi vivant, & quòd primarius semper, saltem sæpiùs quàm poterit, comedat in aula, ne quid indignum mensæ agatur. Hanc tamen nostram ordinationem, quòd videlicèt semper in aula comedant, non intelligimus habere locum in casu necessitatis, quam necessitatem declaramus in tribus casibus, videlicèt in infirmitatis articulo, infirmis enim nullam legem imponimus, immò volumus eos piè & misericorditer pertractari, ita quòd possint unum vocare in camera, qui eis faciat solatium & juvamen; item in minutione in qua quilibet minutus cum uno in camera poterit comedere unâ die; item & in hospitibus seu extraneis, dummodò tales sint quòd propter eos aula debeat prætermitti; de quibus sic ordinamus quòd nullus propter famulum aut personam no socio communi domûs minorem, vel æqualem sibi, dimittat aulam. Sed si aliqua seu aliquæ personæ superveniant, de quibus domus vel persona possint honorem vel commodum reportare, duci poterunt ad cameram comesturi; & poterit socius adducens eos, ducere secum unum ad defferendum eisdem; & habebunt bursarii in istis prædictis tribus casibus, secundùm taxationem præpositi, debitas portiones; & si aliquid ultrà habere voluerint, de bursis propriis illud solvant.

Item, nullus hospes in domo sine licentia principalis aut locum tenentis ejusdem petita & obtenta remaneat nec etiam hospitetur; & si post monitionem principalis in præsentia duorum sociorum, bursarius qui tos hospites ad collegium adducet & recipiet, non abstineat, & in hoc pertinax fuerit, procedatur per dictum principalem adversùs eum per suspensionem bursarum suarum, donec pœnituerit & apparuerit de emendatione ipsius.

Item, nullus hospites seu extraneos suspectos ad domum ducat, sub pœna unius bursæ, hoc est sub pœna distributionis unius hebdomadæ.

Item, nullus ducat extraneos ad deliberationes speciales sociorum nec ad mensam, absque principalis consensu.

Item, nullus ponat vel faciat in domo immunditias, nisi in locis ad hoc deputatis, sub pœna unius denarii, aut majoris summæ, si assuescat hoc facere.

Item, nullus habitet vel comedat in urbe, nisi in locis vel cum personis honestis, sub pœna sex denariorum.

Item, morantes & comedentes in urbe pro rata dierum quibus hoc facient, perdant bursas: similiter absentes ab hac urbe, nisi pro utilitatibus & necessitatibus collegii procurandis, nihil percipiant de bursis suis tempore suæ absentiæ, insequendo voluntatem fundatoris.

Item, horâ prandii præpositus pulset campanam, & tunc socii veniant ad mensam, & benedictione factâ per principalem vel alium loco sui, quam (si sit absens) major post ipsum facere teneatur, cum silentio & honestate comedant; leganturque Biblia altâ voce, durante prandio & cœnâ, per dictos bursarios alternatis vicibus, donec dictus primarius jubeat lectori silere. Post mensam verò omnibus astantibus, is qui benedictionem fecerit, reddat gratias, vel per quemdam juvenem faciat reddere, & dicatur psalmus *De profundis*, cum oratione speciali pro fundatore prædicto, & generali pro defunctis. Qui autem in domo præsens ad mensam non venerit, nihil habeat nisi panem, exceptis casibus antedictis. Si autem extrà fuerit, & citò post introitum venerit ad mensam, comedat, & tunc habeat portionem debitam, sicut si veniat de lectionibus vel de disputationibus suæ facultatis, vel de extrà urbem causâ necessitatis, non ludi. Et si quis assuefactus fuerit extrà prandium esse sine causâ rationabili, nihil habeat nisi sit præsens.

Item, horâ undecimâ matutinâ, & horâ sextâ serotinâ comedant, juxtà consuetudinem aliorum collegiorum.

Item, nullus jaceat extrà domum in urbe, sub pœna dimidiæ bursæ, nisi de licentia & consensu principalis, seu, ipso absente, locum tenentis ejusdem, vel post factum legitime se excuset, & excusatio ipsius videatur ipsi magistro legitima & justa; & præcipue nullus ad hoc assuescat; & si monitus per principalem unâ monitione in præsentia duorum sociorum non destiterit, per dictum principalem vel ejus locum tenentem suspendatur à bursis, quousque appareat de correctione ejusdem. Et idem statuimus de nimis tardè venientibus, vel nocte exeuntibus horâ indebitâ & suspectâ. Undè ad obviandum dictis casibus, volumus quòd ostia dictæ domûs seris interiùs claudantur, quarum solus principalis habeat claves, qui singulis diebus claudet dicta ostia statim post horam nonam, vel citiùs, maximè in hyeme, si opus sit, & habeat aliquam suspicionem contra aliquos, & manè etiam aperiet vel aperire faciet horâ debitâ & competenti, videlicèt à festo nativitatis Nostræ-Dominæ usque ad Pascha horâ sextâ, & à dicto Pascha usque ad prædictum festum Nostræ-Dominæ horâ quintâ. Et quia nunc

nunc sunt duo ingressus seu duæ portæ in dicto collegio, quorum unus est in vico Serpentis, & alter in vico Citharæ, volumus & ordinamus quòd porta in vico Serpentis sita, sit porta principalis dicti collegii, sicut fundator voluit, cujus singuli bursarii habeant unam clavem, ut illam portam semper claudant quando exibunt. Quantùm verò ad portam in vico Citharæ sitam, quæ fuit facta pro munitionibus & commoditatibus collegii & aliis negotiis necessariis subveniendis, volumus quòd sit semper die clausa, & quòd solus primarius habeat clavem dicti ostii, per quod nullus, nisi ex causa, poterit ingredi nec egredi collegium; & cùm procurator indigebit clave pro necessitatibus collegii, primarius tradet illi unam clavem, nisi personaliter dictis necessitatibus intersit.

Item, in omnibus deliberationibus ordinatè respondeant à præsidente requisiti & interrogati, & tunc nullus verbum alterius interrumpat. De quibus deliberationibus & conclusionibus fiet registrum per ipsum primarium, qui, vel ejus locum tenens, concludet à majori & saniori parte. Et si in votis æquales vel aliàs discordes reperiantur, recursum habere poterunt ad nos solummodò, aut unum nostrûm statuentium, quandiù superstites erimus, & post mortem nostram ad supradictos visitatores aut unum illorum, qui causis & rationibus dictorum principalis & bursariorum auditis summariè & de plano, super hoc ordinabunt & terminabunt; quorum seu cujus ordinationi ipsi omnes, tam magister domûs quàm bursarii, parere tenebuntur sub pœna suspensionis bursarum.

Item, ordinamus quòd nullus scolaris vacet ludo taxillorum aut aliis ludis illicitis & prohibitis, maximè in dicto collegio. Similiter nullus cantet, nec ita altè loquatur quòd impediat socios ad studendum aut quiescendum; nec etiam clamores aut tumultus faciat in scandalum collegii & nocumentum aliorum sociorum.

Item, volumus quòd magister domûs cum aliquibus bursariis aut aliis in eadem domo commorantibus quos ducet associandos, & quem tenebuntur associare, visitet cameras, studia & alia loca quorumlibet in ipso collegio commorantium, de mense in mensem, vel sæpiùs, si de præmissis & aliis prohibitis suspicionem habuerit. Et si qui fuerint in hoc contradictores & rebelles, tamquàm convicti de præmissis habeantur, & puniantur per ipsum primarium.

Tome II.

Item, volumus quòd juvenes qui non erunt magistri aut graduati, saltem qui erunt adhuc grammatici, nullo modo domum exeant absque licentia magistri, aut, eo absente, locum tenentis ejusdem, nisi causa lectionis, sermonis aut præpositurae, sub pœna quatuor denariorum parisiensium; quam licentiam impartietur eis benignè, si sit legitima.

Item, ordinamus & distrectè injungimus, insequendo statuta aliorum collegiorum, quòd omnes tam bursarii quàm extranei scolares loquantur semper verbis Latinis, aliàs contrarium faciens punietur per magistrum domûs pœna duorum denariorum parisiensium pro quolibet defectu, seu pro qualibet oratione completa, demptis magistris graduatis vel in jure canonico studentibus, & iis qui essent adhuc ignari & incapaces Latinæ locutionis, cum quibus principalis poterit dispensare ad tempus, secundùm quod ratio suadebit. Et si assuescant loqui verbis Gallicis, & suas lectiones minimè frequentare & prosequi, & post unicam monitionem per primarium in præsentia duorum sociorum factam non abstinuerint, ordinamus quòd tunc principalis procedat contrà eos per suspensionem bursarum suarum, donec veniant ad emendationem; & si sint extranei, expellat eos à domo, cogendo etiam bursarios qui tales extraneos habebunt, ut illos à suis cubiculis ejiciant, sub pœna supradicta.

Item, inhibemus ne aliquis arma quæcumque, etiam pugionem de die nec nocte ferat in collegio, nec per urbem, neque faciat brigam aut rixam, nec se associet cum scolaribus discolis malæ vitæ & conversationis, aut aliis quibuscumque talia perpetrantibus, sub pœna privationis.

Item, volumus insuper quòd dicti scolares in gestu & habitu humiliter & honestè se gerant, calceis & caligis laqueatis & discoloribus, aliisque indumentis decisis & indecentibus non utantur. Similiter comam atque barbam minimè nutriant, scolaresque in grammatica studentes portent semper suas vestes cinctas zonis decentibus & non diversi coloris, sub pœna superiùs statuta contrà loquentes verbis Gallicis.

Item, & quia multæ querelæ vicinorum ad aures nostras devenerunt de insolentiis, exclamationibus & ludis palmariis dictorum scolarium, qui ludunt sophis seu pilis durissimis, ac ferulis reticulis, & aliis indecentibus instrumentis, horisque & diebus indebitis, in scandalum

Ggg ij

collegii & detrimentum dictorum vicinorum; ideo ordinamus quòd nulli, tam bursarii quàm extranei, de cætero ludant ad ludum palmarium, maximè in magna area dicti collegii, nisi pilis seu scophis mollibus & manu, ac cum silentio & absque clamoribus tumultuosis; neque ludant antè prandium, aliis horis & diebus incongruis & indecentibus; aliàs contrarium facientes per primarium mulctentur. Prohibemusque juvenibus in grammaticalibus aut logicalibus studentibus, ne ludant in dicto collegio absque licentia obtenta principalis aut ejus locum tenentis, sub pœna duorum denariorum parisiensium pro qualibet vice.

Item, ordinamus quòd nullus admittatur magister seu principalis hujus collegii, nisi ad minus sit magister in artibus, aut licentiatus in jure civili vel canonico, & de diocesi Turonensi natus.

Item, ordinamus quòd de omnibus libris, ornamentis ecclesiæ, utensilibus & aliis rebus mobilibus dictæ domûs in eadem existentibus, communibus quibuscumque omnibus sociis, fiat inventarium; & quòd singulis annis primâ septimanâ Quadragesimæ fiat ostensio præmissorum coram principali & procuratore, cùm procuratorem habebunt, & aliis sociis dictæ domûs; & fiat comparatio ad inventarium de rebus prædictis ante factum, in arca communi reservatum; & si aliquid defecerit, diligenter perquiratur; & si aliquid de novo fuerit acquisitum, in inventario scribatur, & in arca fideliter reponatur.

Item, nullus mittat utensilia & vasa extrà domum, sed neque libros, aliquâ ratione vel causâ. Nullus similiter portet vasa nec alia bona communitatis ad suum cubiculum, absque licentia conservantis aut principalis. Omnesque libri collegii incathenentur in librariâ, ut meliùs conserventur.

Item, volumus & ordinamus, quòd vina per præpositum tradantur in aula qualibet septimanâ per talliam, & in fine septimanæ quod fuerit expensum solvatur per præpositum procuratori, vel, eo cessante, ipsi principali, vel deducatur de bursis sociorum, qui cogentur per ipsum primarium ad dictum vinum & alia cibaria qualibet hebdomadâ solvenda, sub pœna substractionis bursarum; & similiter vinum tradatur sociis in cameris ad talliam; taxatione cujuslibet dolii per principalem & procuratorem, cùm procuratorem habebunt, &, eo cessante, per principalem & magis industrium sociorum in ejusdem distributionis principio semper factâ; tradaturque in qualibet septimana procuratori, cùm ibi procurator fuerit, alioquin principali recepta vini, & scribat quantum de exhausto quolibet dolio fiat summa receptæ in præsentia sociorum; lucro tamen, si quod fuerit, vel damno penès quemlibet eorum reservatis. Et est intentionis & ordinationis nostræ, quòd virtute juramenti præstiti quilibet præpositus sit astrictus ad hoc fideliter faciendum; quòd si appareat de contrario, puniatur arbitrio sociorum, vel majoris partis eorum, etiam, si necesse fuerit, per substractionem bursarum.

Item, ordinamus quòd quilibet bursarius in introitu domûs det communitati tria manutergia & tres mappas bonas & pulchras, vel æstimationem earum in pecunia. Volumus præterea quòd quilibet dictorum scolarium solvat singulis annis in festo Purificationis beatæ Mariæ virginis procuratori seu gerenti negotia domûs, quinque solidos turonenses pro rebus communibus domûs reparandis, & consumptis, quantum opus fuerit, restaurandis.

Item, ordinamus & statuimus insuper, quòd in sacello vel alio loco tutiori dictæ domûs sit una arca communis, quæ duabus seris & duabus clavibus diversi & dissimilis operis & artificii claudatur; cujus arcæ principalis dictæ domûs habeat unam clavem, & procurator, cùm procuratorem habebunt, vel, eo cessante, major & capacior dictæ domûs post principalem, eligendus judicio ipsorum, vel sanioris partis eorum, habeat aliam clavem, pro reponendis litteris, pecuniâ, cæterisque rebus pretiosis pertinentibus ad dictam domum.

Item, ordinamus quòd in domo prædicta majores sint duo in regimine domûs, scilicet principalis & etiam procurator, cùm procuratorem habebunt, qui principalis durabit in officio, sicut ordinavit fundator prædictus, quandiù erit in domo, nisi ex causa ad requestam sociorum per archiepiscopum Turonensem sit amotus; ipso autem amoto per ipsum, vel auctoritate illius, provideatur per ipsum dominum archiepiscopum de officio magisterii seu primatiæ dictæ domûs capaci & idoneo. Si autem ultrà tres menses in anno, sine causa rationabili à sociis vel à supradictis visitatoribus admissâ, à domo se absentaverit, eo ipso dicto officio sit privatus; & tunc præfatus dominus archiepiscopus provideat alteri de dicto officio magisterii seu primatiæ, sicut posset fieri ipso primario vitâ defuncto, vel per dictum prælatum, aut ejus auctoritate amoto.

Item, quamdiù ipse principalis erit in domo, debebitur ei obedientia & reverentia in licitis & honestis, sub pœna sex denariorum parisiensium pro prima vice, & dimidiæ bursæ pro secundâ vice, & suspensionis bursarum pro tertia vice. Absensque alicui de sociis poterit committere vices suas. Ad ejus verò officium spectabunt quæ suprà pro eo sunt expressa. Similiter pœnas singulis hebdomadis exiget & levabit, seu exigere & levare faciet, illas in utilitatem collegii convertendo. De pœna tamen unius bursæ, vel minoris, cum assensu majoris partis sociorum, semel in anno tantummodò cum quolibet poterit dispensare. Quas quidem pœnas pecuniarias non intelligimus habere locum in parvulis grammaticis minoribus quindecim annis; sed loco illarum pœnarum pecuniariarum volumus quòd puniantur per ipsum primarium virgis, moderatè tamen & non sæviendo. Et easdem pœnas pecuniarias dicti scolares tenebuntur solvere singulis hebdomadis procuratori, vel, eo cessante, ipsi primario, sub pœna suspensionis bursarum suarum. Si verò sint scolares extranei renuentes prædictas pœnas solvere, tunc expellentur à domo per dictum principalem, cogendo etiam bursarios ad tales extraneos à suis cubiculis expellendos; & nihilominùs fiat detentio bonorum suorum in collegio existentium, usque ad plenariam satisfactionem prædictarum pœnarum.

Item, dictus principalis incitabit scolares ad studium, ad bonos mores, & ad suas lectiones frequentandas, providebitque de famulo communitatis, quandò opus erit.

Item, quamdiù domus procuratore carebit, tenebitur dictus primarius misias & receptas dicti collegii facere, & de his reddere rationem. Cùm autem ibi erit procurator, tenebitur idem principalis quâlibet septimanâ misias procuratoris audire & scribere, ità quòd in computo procuratoris scriptum suum semper apportet.

Item, dictus principalis cameras assignabit scolaribus, prout sibi meliùs videbitur faciendum. Eruntque duo in uno cubiculo, & antiquior receptus habebit bibliothecam in suo cubiculo existentem, & præferetur posteriori recepto in mensa, sede, deliberationibus & cæteris (distinctione ordinum & graduum rationabiliter observatâ.) Non intendimus quòd antiquior receptus non graduatus aut non presbyter præferatur alteri bursario presbytero aut graduato, licèt posteriùs recepto. Si tamen aliquis dictorum scolarium sit magister, aut aliàs debitè & post lecturam seu auditionem sui cursûs graduatus, & maximè si sit lector in medicina, canonibus, vel theologia, solus habeat cameram, si possit fieri commodè & absque gravamine sociorum & damno collegii, ad discretionem magistri domûs, qui habebit duo cubicula pro se & suis famulis, cum una cavea, & ad quem principaliter spectabit cura & administratio domûs; non enim possunt omnia declarari specialiter. Solus tamen non poterit bursas suspendere, nisi in casibus supradictis; sed pœnas quas dicti scolares bursarii incurrent, exequetur. Si autem casus correctione digni ultrà suprà contentos evenerint, ipse cum majori & saniori parte sociorum poterit corrigere, & bursas suspendere, prout eis videbitur expedire. Quotiens verò, quando erit ibi procurator, ipse procurator indigebit auxilio aut consilio ipsius primarii ad suum officium, vel è converso, unus requisitus tenebitur ire cum alio in eorum officiis & aliis domûs utilitatibus & necessitatibus procurandis; pro quibus etiam ipse vel eorum alter aliquem vel aliquos de sociis secum ducere, vel solos mittere poterunt, maximè ubi fuerint causâ probabili vel necessariâ impediti, dum & quandò pro domûs utilitate videbitur expedire, sub pœna dimidiæ bursæ. Caveant tamen sub debito juramenti, ne malitiosè aliquos avertant à studio, vel sine causâ & impedimento rationabili mittant, vel plus debito secum mittant.

Item, procurator durabit anno, cum oportuerit ibi procuratorem habere, & non plus, nisi placuerit sociis atque sibi; electusque à sociis vel majori parte eorum, sub pœna suspensionis bursarum tenebitur onus procuratoris assumere, si anno præcedenti non fuerit procurator, nisi excusationem prætendat quæ majori parti sociorum rationabilis videatur. Ad ejus officium spectabunt quæ sunt pro eo suprà scripta.

Item, & debita, legata, obventiones, redditus & alia jura domûs exigere & levare, reparationesque domorum & misias dicti collegii (extra tamen sociorum & bursarum expensas quæ fient per præpositum tantummodò) cum assensu & scientia prædicti principalis facere, nisi excedant summam quatuor librarum parisiensium; suprà deductum fuit. Similiter ad eum spectabit terras, domos & res alias dicti collegii cum principali tradere, habito tamen priùs consensu & deliberatione majoris &

Ggg iij

sanioris partis sociorum aut visitatorum suprascriptorum.

Item, cùm procurator seu negotiorum gestor dictæ domûs receperit ultrà centum solidos parisienses, illud propter pericula in archam eorum reponat, si major & sanior pars sociorum hoc ita censuerit.

Item, qualibet septimanâ dicat procurator principali missas dictæ domûs, & generaliter omnia negotia domûs ad ejus curam & magistri domûs pertinebunt. Computabitque procurator, seu qui, cessante procuratore, negotia gesserit dictæ domûs, infrà mensem post annum completum, vel citiùs, si opus sit; putà si habeatur suspicio contrà illum de mala administratione, aut aliter. Et in recusationem computandi & suas rationes reddendi, poterunt dicti socii eum revocare atque deponere ab officio procurationis, & procedere adversùs illum per substractionem bursarum, & per omnes alios modos & vias decentes & rationabiles. Quandiù verò domus prædicta procuratore carebit, supradicta ad ejus officium pertinentia principalis tenebitur exercere, percipiendo ultrà bursas suas communes dimidiam bursam ipsi procuratori per fundatorem assignatam. Si verò dicti bursarii quâdam malitiâ aut invidiâ moti, recusarent videre & subsignare seu subscribere computa procuratoris, vel illius qui gesserit negotia domûs, aut nollent approbare aliquos articulos in dictis computis contentos, licèt justos & rationi congruos, tunc dictus procurator aut negotiorum gestor dictæ domûs poterit habere recursum ad nos aut unum nostrum, quandiù superstites erimus, vel post mortem nostram, ad visitatores supradictos aut unum illorum, qui causis & rationibus tam procuratoris aut illius qui negotia ipsius domûs gesserit, quàm dictorum scolarium auditis, poterunt seu poterit summariè approbare vel reprobare articulos de quibus erit inter eos quæstio & controversia; & similiter approbare & subsignare, seu subscribere ipsa computa, & illis conclusionem apponere. Quorum quidem computorum approbationes, conclusiones & subscriptiones volumus & ordinamus tantæ esse auctoritatis, fidei, efficaciæ & roboris, ac si per omnes ipsos bursarios factæ essent.

Item, quilibet sociorum sit præpositus, unus post alium consequenter, qui quærat victualia pro communitate sociorum. Leganturque ordinationes istæ in præsentia sociorum anno quolibet bis, videlicèt in crastino festi sancti Gaciani hyemalis, & in crastino alterius festi dicti Gaciani in mense Maïo celebrati, in quibus omnes dicti bursarii tenebuntur interesse sub pœna unius bursæ, nisi essent absentes de licentia principalis. Inhibemusque ne has ordinationes vel earum aliquas immutent in aliquo principalis & socii dictæ domûs. Sed si imminente domûs utilitate & honore aliqua seu aliquæ expressè viderentur in melius immutanda, ad petitionem sanioris partis sociorum; hoc fiat per nos & collegam nostrum, quandiù supervixerimus, & post mortem nostram, per prælatum prædictum seu visitatores ab eo deputandos, si hoc illis duxerit committendum. Volumus insuper, tam propter periculum amissionis instrumenti, quàm propter observationem prædictorum, quòd fiant duo originalia præsentium statutorum, à unâ copia; quorum originalium unum semper remanebit reconditum in archa communi hujus collegii, & aliud Turonis in thesaurum domini archiepiscopi Turonensis recludetur. Copiam verò solus primarius habebit penès se.

Item, ordinamus quòd si sint in prædictis statutis aliqua obscura, vel pro domûs ordinatione minùs sufficienter declarata, super his nos adeant, quandiù supervixerimus, & post mortem nostram, visitatores supradictos qui super hoc ordinabunt, obscuraque & dubia declarabunt & interpretabuntur. In quorum omnium robur, fidem & testimonium præmissorum, signa seu chirographa nostra manualia duximus præsentibus apponenda, unâ cum chirographo scribæ seu graffarii universitatis Parisiensis, ad requisitionem nostram & ad majorem approbationem & certitudinem præmissorum eisdem præsentibus affixo. Signé M. Ruzé, N. Brachet & A. Guibert dictæ universitatis parisiensis scriba, de mandato præfatorum dominorum.

Ego Guillelmus *le Tonnellier* presbyter Andegavensis diocesis, publicus auctoritate apostolicâ notarius juratus ac scriba, à venerabili & circumspecto viro domino & magistro Martino *Ruzé* vicario supradicto ad hoc deputatus & constitutus, de ipsius domini vicarii præcepto, mandato & auctoritate præinsertum & suprascriptum instrumentum publicum, collegii Turonensis Parisiis in vico Serpentis siti statuta continens, de verbo ad verbum perlegi palàm, pronunciavi atque publicavi in sacello seu capella dicti collegii; præsentibus dicto domino vicario & primario seu magistro, ac bursariis ejusdem collegii in dicto instrumento publico nominatim insertis: demptoPhilippo *Joulain*,
à collegio

à collegio & ab hâc urbe abſente & Turonis nunc exiſtente. Quo quidem inſtrumento perlecto, pronunciato atque publicato, prædicti primarius & burſarii, ſeu ſcolares reſponderunt & dixerunt prælibatum inſtrumentum in prædicti collegii & domûs ſuamque utilitatem ordinatum, compoſitum ac editum eſſe, idque gratiis dicto vicario actis laudaverunt; juraruntque ſe perpetuò pro viribus illud, ac ordinationes & modificationes in ipſo ſcriptas ac declaratas, cuſtodituros atque obſervaturos in omnibus & ſingulis ipſos concernentibus. Acta fuerunt hæc in dicto ſacello ſeu capella dicti collegii Turonenſis anno Domini M. D. XL. indictione XIII. pontificatûs ſanctiſſimi in Chriſto patris & domini noſtri domini Pauli divinâ providentiâ papæ III. anno VI. die verò XXI. menſis Maii; præſentibus ibidem honeſtis viris Guillelmo *Jobert*, Johanne *Meonneau* & Mathurino *Hoquelin* clericis Sueſſionenſis & Andegavenſis & Turonenſis reſpectivè diœceſum, teſtibus ad hæc requiſitis ſpecialiter & rogatis. In quorum omnium robur, fidem & veritatis teſtimonium, hîc meum ſignum manuale quo in talibus utor, appoſui requiſitus atque rogatus. *Signé* G. LE TONNELLIER.

Nos Martinus *Ruzé* vicarius ſupradictus, auditis rationibus & requeſtis magiſtri Joannis *Gentils* collegii Turonenſis primarii, cognovimus multis jam menſibus divinum officium à majoribus piè & religioſè inſtitutum, à burſariis prætermiſſum ac propè ſpretum fuiſſe, quoniam qd burſarii muſices imperiti præſtare ſatis commodè non poterant. Statutis autem dicti collegii poteſtas libera reverendiſſimo domino archiepiſcopo Turonenſi, aut ab eo deputatis relinquitur ipſa ſtatuta ad requeſtam majoris & ſanioris partis burſariorum immutandi, maximè ubi utilitas ipſius collegii immineret. Ea de cauſa ad majorem & commodiorem rerum divinarum cultum, ac communem totius collegii utilitatem & honorem, ſtatuimus & ordinamus, ex conſenſu tamen dicti primarii ac majoris & ſanioris partis burſariorum, ut burſa quam nuper obtinebat magiſter Johannes *Goury*, à reverendiſſimo domino Turonenſi archiepiſcopo, per ipſius *Goury* reſignationem, Samſoni *Olivier* clerico diœceſis Andegavenſis, nuper puero ſymphoniaco alias pſalletæ eccleſiæ Turonenſis, in muſicis experto, collata, poſſit impoſterùm, caſu vacationis occurrente, per dictum reverendiſſimum & ejus ſucceſſores uni juveni ex pueris ſymphoniacis ſeu pſalletæ dictæ eccleſiæ Turonenſis in cantu & muſicis experto conferri: modò ſit ex diœceſi Turonenſi, vel Andegavenſi, aut Cenomanenſi oriundus. Ordinando, prout ordinamus, dictum *Olivier* à prædictis principali & burſariis in burſariorum numerum recipi. Volentes nihilominùs, quòd cæteri burſarii prævideant officium feſtorum, & ſtudeant ſimul plenum cantum pro poſſe, ut ſuprà jam per nos ordinatum eſt, teſte ſigno noſtro manuali hîc appoſito, die IV. menſis Februarii, anno Domini M. D. XL. *Signé* M. RUZE'. *Sequitur tenor ſupradicti vicariatûs:*

ANTONIUS *de la Barre*, miſeratione divinâ archiepiſcopus Turonenſis; venerabilibus ac ſcientificis viris magiſtris Jacobo *de la Barde* & Martino *Ruzé* in ſuprema parlamenti Pariſienſis curia regiis conſiliariis, ſalutem in Domino. Quoniam circa viſitationem, correctionem & reformationem collegii noſtri Turonenſis Pariſiis fundati, pluribus aliis negotiis præpediti, vacare non poſſumus; vos & quemlibet in ſolidum (licèt alios anteà noſtrâ auctoritate conſtituerimus vicarios) ex ordinatione dictæ ſupremæ parlamenti Pariſienſis curiæ, vicarios noſtros in ſpiritualibus & temporalibus generales fecimus, creavimus & ordinavimus, facimuſque, creamus & ordinamus per præſentes, ad nomine noſtro & pro nobis viſitandum & reformandum antedictum collegium noſtrum, tam in capite quàm in membris, ac ſtatuta ipſius collegii in publicam & auctenticam formam redigendum, corrigendum, interpretandum, augmentandum, & ſi opus ſit, alia de novo condendum; necnon magiſtrum & burſarios prædicti collegii ad prædicta ſtatuta obſervanda, etiam per privationem aut ſubſtractionem burſarum ſuarum, cogendum & compellendum, delinquenteſque & culpabiles ſecundùm delicti quantitatem puniendum & corrigendum, ac privandos privandum; ſimiliter burſas ipſius collegii juxtà facultatem redditituum, ſi opus ſit, augmentandum; cæteraque omnia & ſingula faciendum & exercendum quæ circà præmiſſa erunt neceſſaria, ſeu etiam opportuna, & quæ nos faceremus, ſi præſentes & perſonaliter intereſſemus. Promittentes ratum & gratum habere ac perpetuò habituros totum id & quicquid per dictos noſtros vicarios circa præmiſſa factum, ſeu alias reformatum fuerit; vices noſtras quoad hoc dumtaxàt committendo. Alios per nos anteà quoad ea ſupradicta peragenda conſtitutos vicarios revocando, prout per præſentes revocamus.

AN. 1538.

In cujus rei testimonium præsentibus sigillum nostrum duximus apponendum. Actum in domo nostra de Plico suprà Darnestalum anno Domini M. D. XXXVIII, die XIX. mensis Maii, præsentibus magistro Jacobo *Fillastie* presbytero, curato de Requiecuria, & Petro *Bonyn* clerico, curato de Playo, testibus de præmissis. *Sic signatum suprà plicam.* De mandato reverendissimi domini archiepiscopi, LE SENECHAL, *& sigillatum sub duplici cauda & cera rubea.*

Collatio facta fuit de supradicta copia cum litteris originalibus per nos Guillelmum *le Tonnellier* presbyterum Anlegavensis, & Antonium *Guibert* clericum Belvacensis respectivè diocesum, publicos auctoritate apostolicâ notarios juratos, anno Domini M. D. XL, die IV. mensis Martii. *Signé* G. LE TONNELLIER *&* A. GUIBERT. *Pris sur l'original de ladite collation, ou copie antentique du temps, conservée à la bibliotheque Coislin.*

Visite du college de Tours.

AN. 1563.

LE Samedy vingt-neuviéme jour de May mil cinq cens soixante & troys, nous Jacques Bienassis abbé de Boisaubry, chanoine & official de Tours, vicaire general de très-reverend pere en Dieu messire Simon de Maillé archevesque de Tours, fondateur à cause de sondit archevesché, du college de Tours en l'université de Paris, & auquel appartient y pourvoir de principal & boursiers, & iceulx instituer & destituer, quand le cas y eschet ; & pareillement de visiter ledit college ; lesdits principal, boursiers & autres personnes y estans à reformer, corriger, & faire entretenir la fondation, statuts & ordonnances faites par le premier fondateur, & depuis par autres successeurs archevesques ou leurs vicaires, mesme par deffunt Martin Ruzé en son vivant conseiller en la cour de parlement, vicaire general, quant ad ce, de deffunt messire Antoine de la Barre lors archevesque dudit Tours, & de statuer & ordonner tout ce qu'en visitant ledit college sera trouvé necessaire & convenable pour le bien, profit, utilité & commodité dudit college, principal & boursiers & autres officiers ; estant de present en la ville de Paris pour les affaires tant dudit seigneur archevesque, que de son chapitre de l'église de Tours & clergé de Touraine, advertis que audit college y avoit plusieurs choses auxquelles est besoing pourveoir, tant au nombre des boursiers, provision de leurs alimens & necessités, que autres choses. Pour ces causes & autres raisonnables, nous sommes transportez audit college de Tours, situé en la ruë de la Serpente, assistant avec nous venerable & discret M. Pierre Boiret chanoine prébendé en ladite église de Tours ; auquel estant, avons procedé à la visitation d'icelluy, correction & emendation de ce qui estoit besoing corriger & emender, comme s'ensuit : Premierement avons fait evoquer & appeller au son de la cloche dudit college les principal, procureur & boursiers d'icelluy, lesquels sont comparus : sçavoir est maistre Mathurin Riddé principal, maistre Jehan de la Charte boursier & procureur, maistre Jacques le Cerf, Mathurin le Febvre, & maistre Jehan Sausard boursier & chapelain. Et interroguez où sont les autres, parce qu'il y en doit avoir six, nous ont les dessusdits déclaré y avoir deux desdites bourses vacantes, l'une par le decez de maistre Mathurin Chezeau, & l'autre par l'absence & incapacité d'ung nommé Laurens de la Barre, qui est absent dès deux ans ou environ, & est marié, comme nous a esté certifié par ledit le Cerf. Ce fait, nous estans en la chapelle dudit college de Tours, nous a esté representé par les dessusdits principal & boursiers le livre des statuts dudit college, lesquels statuts & ordonnances avons leuz en presence des dessusdits principal & boursiers, & les leur avons fait entendre, leur faisant les remontrances pertinentes ; auxquelz & chacun d'eux avons enjoint garder, entretenir & observer lesdits statuts, spécialement audit principal de les faire garder & observer à son pouvoir de poinct en poinct, selon leur forme & teneur. Et pour mieux les entendre & tenir en memoire, leur avons enjoinct de les lire ou faire lire non seulement deux fois l'an, selon ce qui est ordonné par iceulx, mais aussi plus souvent que faire pourront, à ce que nul d'eux en puisse pretendre cause d'ignorance. Et apres avoir prins le serment desdits principal, procureur, boursiers & chapelain, nous ont tous concordablement remonstré qu'il est besoing pourvoir de deux boursiers au lieu desdits Chezeau & de la Barre ; semblablement nous ont remonstré que ung nommé maistre Loys Chesneau qui a ci-devant tenu & exercé l'estat de principal audit college, s'est absenté y a long-tems, mesme dès le troisiesme jour de Juin 1562. dernier, qu'il en fut chassé par le capitaine Masurier pour la suspicion d'heresie, lequel a fait & commis plusieurs malversations

JUSTIFICATIVES. 425

malversations & dommaiges audit college. Que neantmoins ledit Chesneau s'est efforcé & ingeré de rentrer audit college, pour y exercer ledit estat de principal, combien qu'il en soit privé selon la fondation & statuts, & soit incapable d'iceluy tenir & exercer, pour plusieurs raisons par eulx alleguées & déduites, mesmes à raison de son absence, & aussi qu'il a plus de quarente livres de revenu. Nous disant lesdits boursiers que ledit Riddé à present principal, en a esté deûment pourveu par nostredit seigneur l'archevesque de Tours, & qu'il est suffisant & convenable pour exercer ladite principaulté. Nous ont en oultre remontré que par l'ordonnance dudit deffunt Ruzé, leur a esté assigné pour leur vivre sept sols tournoys par chacune semaine seulement, avec réservation d'augmenter ou diminuer, selon que le revenu dudit college & les affaires d'icelluy le pourroient porter ; disans que notoirement leur seroit & est impossible de vivre de si petite somme, laquelle ne sçauroit suffire à les fournir de pain seulement ; & que le revenu dudit college pourroit bien porter plus grande provision, leur faisant distribuer partie des deniers qui ont esté reservez pour la part des boursiers qui ont esté absents, & des bourses vacantes, attendu que eulx qui ont esté presents, ont porté tout le faix & charge du service divin & autres charges. Aussi nous ont remontré qu'il y avoit cy-devant audit college ung beau calice d'argent doré qui estoit en la garde de Mathurin Gilles lors boursier & procureur, lequel dit l'avoir perdu, & qu'il est besoing faire poursuite contre ledit Gilles pour le retirer de luy. Sur toutes lesquelles choses leur avons reservé faire droit à la fin de la presente visitation. Ce fait, avons visité ladite chapelle, laquelle avons trouvée en assez bon ordre, tant aux vîtres, autel, coffres, que aultres choses, mesme le messel & livres qui sont à l'usaige de Tours, selon lesdits statuts ; & quant aux ornemens, sont semblablement en assez bon ordre & estat. Et parce que l'heure estoit tarde, & qu'il estoit la vigile de Pentecoste, qu'il falloit vacquer au service divin, avons continué l'assignation de ladite visitation au prochain jour que y pourrons vacquer. Et le Samedy cinquiesme jour du mois de Juing ensuivant & audit an, en continuant ladite visitation par nous commencée ledit jour de Samedy vingt-neuviesme jour de May dernier, nous sommes derechef transportez audit college de Tours en la compagnie dudit Boiret, & pareillement en la compagnie de M. Françoys Leger seigneur de Chaulconniere, secretaire de mondit seigneur l'archevesque de Tours, & de M. Jean le Teillier notaire apostolique, & aussi notaire & audiancier de la cour épiscopale de Paris, par nous prins pour greffier en ceste partie ; en la presence desquels avons veu & visité le logis & maison dudit college, & pareillement la bibliotheque & librairie qui nous ont semblé estre en assez bon ordre & estat. Et neantmoins avons enjoinct audit Riddé principal, sur peine d'en répondre en son propre nom, de faire tenir lesdites maisons & édifices en bonne & suffisante réparation, sans les laisser en aulcune décadence ne ruine. Aussi luy avons inhibé & deffendu de souffrir ne laisser frequenter ne habiter audit college ledit maistre Loys Chesneau, ne y faire aucun acte d'administration ; mesmes de ne frequenter avec les boursiers & enfans, pour éviter le peril & danger qui pourroit advenir pour la suspicion de quelque doctrine non saine, ains reprouvée ; & pareillement de recevoir aulcun compte par luy presenté ou à presenter de principal ou procureur, sinon qu'il y ait ces mots ou semblables : *Cy-devant principal ou procureur* ; & auxdits boursiers de n'obeïr audit Chesneau, ne aultre en qualité de principal, sinon audit Riddé, tant & si longuement qu'il y sera, selon la provision qui luy en a esté faite par mondit seigneur de Tours. Semblablement nous avons enjoinct auxdits principal & boursiers de faire toute diligence & poursuite contre qui il appartiendra, de recouvrer le calice dudit college, sur peine de le recouvrer sur eulx & chacun d'eulx. Et parce que notoirement toutes sortes de vivres & choses necessaires pour la vie & entretenement des personnes sont à Paris excessifs, mesmes le pain & viandes, & que l'intention du fondateur a esté que lesdits boursiers fussent alimentez, nourris & entretenus aux despens du revenu dudit college, attendu mesmes que par ladite fondation il a voulu & ordonné lesdites bourses estre baillées à pauvres enfans qui n'eussent d'ailleurs moyen suffisant pour eulx nourrir & entretenir, & que par le rapport desdits principal, procureur & boursiers nous a esté certifié le revenu dudit college, oultre les réparations & aultres charges necessaires, estre suffisant pour avoir chascun desdits boursiers par chascune sepmaine la somme de quinze sols tournoys, & au principal vingt-deux sols six

Tome II.   Hhh

deniers tournoys ; avons par maniere de provision, ayant égard à la necessité du temps, ordonné & ordonnons que à chacun desdits boursiers sera baillé & payé quinze sols tournoys par chascune sepmaine pour leur nourriture & entretenement, à commencer du Dimanche de Pentecoste dernier, passé icelluy jusques au Dimanche prochain d'après la mi-Aoust prochaine, & au principal vingt-deux sols six deniers tournoys, parce qu'il luy est taxé par la fondation & statuts le revenu d'une bourse & demie. Et dudit jour de Dimanche d'après la mi-Aoust en avant auront lesdits boursiers par chascune sepmaine douze sols six deniers tournoys, & ledit principal dix-huit sols neuf deniers tournoys : sauf toutesfois, au cas que le revenu diminuëroit ou ne seroit suffisant pour satisfaire ad ce que dessus & aux réparations & autres charges, de retrancher ce que sera necessaire & utile. Et le tout selon & ainsi qu'il sera advisé par mondit seigneur de Tours ou aultresayans de luy charge & pouvoir. Et quant aux deux bourses vacantes cy-dessus mentionnées, y sera pourveu par mondit seigneur de Tours ou nous en temps deû. Ce que certiffions avoir esté ainsi par nous fait les an & jours que dessus. En tesmoingde ce avons signé les presentes & fait signer ausdits Boiret, Leger secretaire, le Teillier notaire, & autres dessus nommez, & sceller de nostre scel accoustumé. *Pris sur une copie autentique à la bibliotheque Coislin.*

Augmentation des bourses du college de Tours.

AN. 1587.

NOus Jehan de saint André chanoine en l'église de Tours, vicaire general de très-reverend pere en Dieu messire Simon de Maillé archevesque de Tours, estant à cause de sondit archevesché fondateur du college de Tours fondé en l'université de Paris; à tous ceux qui ces presentes lettres verront, salut. Sçavoir faisons que veu la requeste à nous presentée par les principal & boursiers dudit college, narrative de ce qu'à cause de l'excessive charté des vivres il leur soit impossible de s'entretenir audit college de la provision qui leur a esté cy-devant ordonnée pour leur nourriture & entretenement : sçavoir audit principal vingt-deux sols six deniers, & à chacun desdits boursiers quinze sols par semaine ; à ceste occasion, & attendu que les revenus dudit college estoient puis quelques années en ça augmentez de beaucoup, qu'il nous plaisist, comme grand vicaire dudit seigneur archevesque, augmenter ladite pension, selon & au prorata de ce que nous trouverions lesdits revenus estre augmentez ; ce que n'aurions voulu entreprendre, sans en avoir au préalable eu l'advis & conseil dudit seigneur archevesque, auquel nous aurions envoyé ladite requeste, pour sur icelle ordonner ce qui lui plairoit. Et depuis nous auroit ledit seigneur renvoyé icelle requeste, avec mandement special de proceder à l'augmentation des bourses, ainsi que nous verrions estre le plus expedient. A ces causes, nous estant bien & deûment informez des revenus & charges dudit college, & ayant trouvé que lesdits revenus estoient puis quelques années en ça augmentez environ du tiers, & ayant égard à la grande charté des vivres qui est de present en cette ville de Paris, en faisant droit sur ladite requeste, & de l'authorité dudit seigneur archevesque à nous concedée, avons ordonné & ordonnons que ledit principal, à cause que par la fondation & statuts dudit college lui est taxé le revenu d'une bourse & demie, aura par chacune semaine la somme de trente sept sols six deniers, & chacun desdits boursiers la somme de vingt & cinq sols ; & ce à compter du onziesme jour de ce present mois de May jusqu'à l'onziesme jour de Novembre prochainement venant seulement ; & de-là en après aura ledit principal la somme de trente sols, & chacun desdits boursiers la somme de vingt sols par chacune semaine. Sauf toutesfois ou cas que les revenus dudit college diminueroient, & ne se trouveroient suffisans pour satisfaire à ce que dessus, & aux reparations des bastimens dudit college & maisons qui en dépendent, & autres charges tant ordinaires qu'extraordinaires, de retrancher & diminuer de ladite pension cequi sera utile & necessaire ; le tout selon & ainsi qu'il sera advisé par ledit seigneur archevesque, ou autres ayans de lui charge & pouvoir. En temoin de ce nous avons signé les presentes de nostre main, & icelles fait signer par M. Denys Bauduyn l'un des secretaires dudit seigneur, estant de present en ceste ville de Paris, & sceller du scel dudit seigneur dont nous avons accoustumé user ez actes dependans de notre vicariat, le 11. jour de May M. D. LXXXVII. *Signé* DE SAINT ANDRÉ & BAUDUYN.

Collation du transcript cy-dessus a esté faite à l'original d'icelluy estant en parchemin sain & entier, signé & scellé par moy secretaire de monseigneur l'archevesque de Tours, soubsigné, le XXIV. jour de Juin M. D. LXXXVII. *Signé* BAUDUYN. *Ibidem.*
Vidimus

JUSTIFICATIVES. 427

Vidimus de la fondation du college des pauvres escoliers Italiens, autrement dit des Lombards.

[AN. 1541.]

A TOUS ceux qui ces presentes lettres verront, Jehan d'Estouteville chevalier, seigneur de Villeleu, la Gastene, Blainville, Bistandry, Fretigny, & vicomte capitaine & bailli de Rouen, conseiller du roy & garde de la prevosté de Paris, salut. Sçavoir faisons nous l'an M. D. XLI. le Mercredi XIII. de Febvrier avoir veu & tenu & de mot à mot avoir lu une lettre de *vidimus*, ou transcrit en latin, en parchemin, d'ancienne escripture, ainsi qu'il appert par cy-après, videlicet: IN NOMINE DOMINI AMEN. Hoc est

[AN. 1383.]

verum transsumptum, exemplar, seu copia quarumdam litterarum fundationis domûs seu collegii pauperum scolarium Italorum in studio Parisiensi ordinati, dotati & fundati, sigillo prepositure Parisiensis in laqueo sericeo viridis coloris ac in cera viridi, signisque manualibus Michaëlis Douchericho & Pontii dicti Burgundi clericorum notariorum juratorum in Castelleto Parisiensi constitutorum sigillatarum & signatarum, sanarum & integrarum, non vitiatarum, non cancellatarum, non abolitarum, non abrasarum, nec in aliqua sui parte corruptarum seu suspectarum, sed omni prorsùs vitio & suspicione carentium in sigillo & scriptura, ut per inspectionem ipsarum prima facie apparebat, quarum transcriptum factum, exemplatum, seu copiatum per nos Guillermum de Maresco presbyterum Sagiensis diocesis, laudabilis studii universitatis Parisiensis scribam, & Simonem *Garson* clericum Carnotensis diocesis, ac apostolicâ & imperiali auctoritate notarios, continentium veram formam que sequitur: UNIVERSIS presentes litteras inspecturis Johannes de *Milone custos prepositure Parisiensis, salutem. Notum facimus quòd coram Michaele Douchericho & Pontio dicto Burgundo clericis fidelibus nostris, notariis juratis ex parte domini nostri regis Francie in Castelleto suo Parisiensi constitutis, ad infrascripta audienda nobisque fideliter referenda, ac in formam publicam redigenda à nobis & loco nostri specialiter destinatis & missis, quibus in hoc & majoribus fidem indubiam adhibemus, & quibus quoad hoc commisimus & tenore presentium committimus vices nostras propter hoc, personaliter constituti reverendus pater D. Andreas Ghini de Florentia, gratiâ Dei nunc episcopus Atrebatensis, suo & proprio nomine, & pro ipso pro-

[AN. 1333. *Al. de Millon.]

Tome II.

vidi viri & honesti Franciscus de Hospitali Mutinensis civis, clericus ballistariorum domini nostri regis Francorum, Renerius Johannes civis Pistoriensis, apothecarius Parisius, & venerandus & discretus vir D. Manuel de Rollandis de Placentia, canonicus sancti Marcelli propè Parisios, ad opus fundationis unius domûs in studio Parisiensi pro pauperibus scolaribus Italie, videlicet non habentibus in redditibus ultrà viginti libras parisienses annui & perpetui redditûs ad vitam, vel ecclesiasticis, vel patrimonialibus, portatis Parisius, in ea recipiendis, sustentandis & instituendis in liberalibus artibus & theologica facultate, donationem, collationem, translationem seu assignationem ac etiam ordinationes fecerunt in modum qui sequitur & in formam. In primis cognoverunt & confessi fuerunt ad honorem sancte & individue Trinitatis & beatissime & gloriosissime virginis & genitricis Dei Marie, & augmentationem & exaltationem ecclesie ac sacre theologice facultatis, se concorditer ordinare & unanimiter convenisse de fundando in studio Parisiensi unam domum duraturam perpetuis temporibus, ad opus pauperum scolarium Italicorum clericorum, cum firmo proposito proficiendi in ecclesia ac statu & ordine clericali; que domus vocabitur: *Domus pauperum scolarium Italorum de chariitate Beate Marie*; qui scolares studebunt in artibus vel theologia, & promittent bonâ fide, cùm recipientur in domo, se esse in proposito transeundi immediatè de artibus ad theologiam. Promittentes predicti fundatores ex nunc, & ex certa scientia se obligantes ad dandum & ministrandum perpetuò undecim pauperibus scolaribus in dicta domo permansuris, bursas videlicet XIV. florenum de Florentia boni & justi ponderis, vel valorem ipsorum, pro quibuslibet eorumdem, omni anno; scilicet prefatus reverendus pater D. Andreas de Florentia pro quatuor*, & prefatus Franciscus pro tribus, & prefatus Renerius pro aliis tribus, & D. Emmanuel pro uno, modo & formâ predictis. Hoc acto specialiter & expresso, quòd si fortè contingat fundatores predictos, vel aliquos seu aliquem eorumdem, ad opus domûs seu scolarium predictorum redditus vel possessiones deputare ac tradere & assignare, ex quibus domus seu scolares predicti haberent & habere & percipere possent (ultrà expensas & onera rerum ipsarum) annis singulis quantitatem & summam predictorum florenorum seu valorem ipsorum, quam pro numero scola-

* *Subaudi* scolaribus.

Hhh ij

rium predictorum tenerentur assignare, in utilitate domûs & scolarium ipsorum liberè convertendam; quòd hoc mediante possint seu possit se & bona sua ab hujusmodi annuâ prestatione acquitrare & penitùs liberare, sintque, seu sit ille, post translationem & assignationem hujusmodi sufficienter & legitimè factas, unà cum bonis suis, à solutione seu obligatione predictis liberi & immunes, seu liber & immunis penitùs & omninò. Insuper reverendus pater predictus Andreas de Florentia, de uberiori dono gratie, ultrà predicta donavit & concessit prefatis scolaribus & ad opus eorum, quamdam domum quam dicti scolares ad presens inhabitant, sitam in monte sancti Hilarii, descendendo de ecclesia sancti Hilarii ad ecclesiam fratrum Carmelitarum, cui domui coherent à parte superiori domus D. Guidonis Caprarii, & quedam via que vadit versùs domum comitis Blesensis, à parte verò inferiori domus Garini dicti de Laïco, à parte verò posteriori domus que fuit D. Johannis *Paste* quondam episcopi Carnotensis, & à parte antè via publica descendendo ad Carmelitas; promittens dictam domum prefatis scolaribus expedire, deliberare, garantizare & deffendere adversùs & contrà omnes suis sumptibus & expensis, in judicio & extrà, ad usus & consuetudines Francie, quotiescumque à scolaribus vel eorum procuratore fuerit requisitus. Et si forte garantizare non posset, promisit ad opus predictum dare & concedere aliam equè bonam. Hoc tamen acto specialiter & unanimiter inter ipsos fundatores, quòd census & cetera onera, nec non sustentatio & reformatio seu refectio dicte domûs, pertineat & pertinere debeat ad omnes fundatores predictos pro rata & numero scolarium predictorum, ita videlicèt quòd de xi. denariis exponendis in predicto seu predictis, prefatus reverendus pater iv. denarios, Franciscus iii. Renerus iii. & Emmanuel unum ministrabunt & solvent, ac ministrare & solvere tenebuntur. Voluerunt etiam & ordinaverunt fundatores predicti quòd predicte domûs scolares sint & esse debeant clerici de Italia, & de legitimo matrimonio nati, & quòd illi qui ad presens clerici non existunt, promittent & facient se insigniri caractere clericali intrà festum nativitatis beati Johannis Baptistæ proximè venturum. Item voluerunt & ordinaverunt quòd predicti quatuor quibus predictus reverendus pater D. Andreas bursas ministrabit, sint & recipiantur perpetuis temporibus de civitate Florentie,

si ad hoc indè reperiantur habiles & idonei; alioquin de diocesi; & illis deficientibus, de districtu Florentino; & in defectu illorum, aliundè de propinquioribus partibus ad civitatem predictam, de provincia Tuscie; & si de illa provincia non invenirentur ad hoc idonei, poterunt ad tempus recipi de aliis provinciis & partibus Italie; & si posteà supervenerint Florentini, seu Florentine diocesis aut districtûs, ad hoc idonei, illi aliundè in eorum defectu assumpti, cedent eis pro numero supervenientium Florentinorum, vel diocesis seu districtûs; pro quibuscumque autem aliis supervenientibus non cedent jam assumpti. Et simili modo voluerunt quòd illi tres quibus Franciscus de Hospitali predictus bursas ministrabit, sint & recipiantur perpetuis temporibus de civitate Mutinensi, si ad hoc indè reperiantur habiles & idonei; alioquin de diocesi Mutinensi, & in defectu illorum, aliundè de propinquioribus partibus ad predictam civitatem de provincia Lombardie; & si de illa provincia non invenirentur ad hoc idonei, poterunt ad tempus recipi de aliis partibus Italie; & si posteà supervenerint Mutinenses, vel Mutinensis diocesis aut districtûs, ad hoc idonei, illi aliundè in eorum defectu assumpti, cedent eis pro numero supervenientium Mutinensium, vel diocesis & districtûs; pro quibuscumque autem aliis supervenientibus non cedent jam assumpti. Parique modo voluerunt quòd illi tres quibus Renerus predictus bursas, ut premittitur, ministrabit, sint & recipiantur perpetuis temporibus de civitate Pistoriensi, si indè reperiantur habiles & idonei; alioquin de diocesi Pistoriensi; & illis deficientibus, de districtu Pistoriensi; & in defectu illorum, aliundè de propinquioribus partibus ad civitatem predictam, de provincia Tuscie; & si de illa provincia non invenirentur ad hoc idonei, poterunt ad tempus recipi de aliis provinciis & partibus Italie; & si posteà supervenerint Pistorienses, vel Pistoriensis diocesis aut districtûs, ad hoc idonei, illi aliundè in eorum defectu assumpti, cedent eis pro numero supervenientium Pistoriensium, vel diocesis seu districtûs; pro quibuscumque verò aliis non cedent jam assumpti. Simili quoque modo voluerunt quòd ille scolaris cui D. Emmanuel predictus bursam, ut premittitur, ministrabit, sit & recipiatur perpetuis temporibus de Placentie civitate, si ad hoc indè reperiatur habilis & idoneus; alioquin de diocesi Placentie; & illo deficiente, de districtu Placentie; & in defectu illius, aliundè de propinquioribus partibus ad civitatem predictam, de provincia Lombardie; & si de illa provincia non inveniretur ad hoc idoneus, poterit ad tempus recipi de aliis provinciis & partibus Italie; & si posteà supervenerit aliquis de Placentia vel Placentie diocesi aut districtu ad hoc idoneus, ille aliundè in defectum ejus assumptus cedet ei; pro quocumque autem alio superveniente non cedet jam assumptus. Pro quibus omnibus & singulis tenendis & adimplendis prefati fundatores obligaverunt se & omnia bona sua, & nihilominùs prefatus reverendus pater D. Andreas de Florentia obligavit specialiter domum suam quam habet Parisius in vico Serpentis, cum juribus & pertinentiis universis ipsius domûs, cui ab una parte coheret domus scolarium de Suecia, & ex alia parte domus Johannis de Dordanna hostellarii & domus Johannis dicti *le Couconnier*, & via publica à parte anteriori & etiam posteriori, illis modo & formâ, & non aliter, quòd si contingeret eum in vita sua emere aliam domum Parisius vel in diocesi Parisiensi equivalentem vel meliorem, domus empta succederet in obligatione, & predicta domus de vico Serpentis esset libera totaliter & absoluta ab obligatione predicta & infrascripta; quódque domus quas fratres sancti Jacobi de Alto-passu donaverunt eidem reverendo patri, site extra portam sancti Jacobi in vico beate Marie de Campis, cum suis pertinentiis, ad predicta vel infrascripta, seu pro eis, in nullo penitùs teneantur nec intelligantur quomodolibet obligari. Et simili modo predictus Franciscus de Hospitali pro predictis & ad predicta obligavit specialiter & expressè domos suas quas habet Parisius, sitas in vico sancti Martini de Campis Parisius, cum juribus & pertinentiis ipsarum, quibus coherent à parte superiori domus Johannis dicti *le Deschargeur de vin*, & à parte inferiori vicus dictus *les petits Champs*, & via publica à parte antè. Et simili modo predictus Renerus obligavit pro predictis & ad predicta specialiter & expressè domum suam quam habet Parisius super ripam Sequane propè Nigellam, cum juribus & pertinentiis ipsius domûs, cui adherent domus Rodulphi Romani dicti Coquus, sivè *le Queux*, ab una parte hortus Nigelle, ab alia viridarium Nigelle, à parte retro, & via publica à parte antè; & in casu quòd illa non sufficeret, obligavit etiam specialiter & expressè domum suam sitam in vico Novo Parisius, cum suis juribus & pertinentiis universis, quam ad presens inhabitat. Et simili modo predictus D. Emmanuel obligavit pro predictis & ad predicta specialiter & expressè domum quam habet Parisius, ultrà parvum pontem, ante ecclesiam sancti Severini, cum omnibus juribus & pertinentiis universis, que domus fuit quondàm magistri Hermani medici, & coheret eidem domui ab una parte domus magistri Philippi medici, & ex alia parte quidam locus ubi fuit ficus, dictus domus quondàm pauperum clericorum, quam universitas Parisiensis ad presens tenet, ut dicitur; & à parte antè via publica, & à parte posteriori quedam domus magistri Manfredi de Mediolano. Voluerunt insuper & ordinaverunt quòd ad directionem & ordinationem ac regimen dicte domûs sint & esse debeant perpetuò tres clerici boni status, studentes seu commorantes Parisius, provisores dicte domûs, videlicet unus de partibus Tuscie, & alius de partibus Lombardie, & tertius de partibus Rome. Et pro ista prima vice nominati fuerunt per predictos fundatores magister Robertus de Bardis de Florentia, sacre theologie doctor, pro provincia Tuscie; & magister Henricus de Conventina, dictus *de Hast*, clericus Astensis, utriusque juris professor, pro provincia Lombardie; & D. Joannes[*] domini Andree *de Secopesans* . . . . . prepositus S. Angeli de Rento, pro provincia Romana, intelligendo per provinciam Romanam Marchiam Anconitanam, ducatum Spoleti, & omnes alias partes Italie ultrà provinciam Tuscie, sicut nationes predicte inter scolares Bononie dividuntur; qui tres provisores plenam & liberam potestatem & administrationem, ac regimen domûs & scolarium predictorum, ac etiam institutionem & destitutionem & correctionem ipsorum scolarium presentium & futurorum habebunt, salvâ tamen & reservatâ fundatoribus predictis & eorum singulis, quam diù vitam duxerint in humanis, presentatione seu nominatione suorum scolarium predictorum, quos, dum tamen videantur vel reperiantur idonei dictorum judicio provisorum, provisores sine difficultate recipere & instituere tenebuntur. Instituti quoque & instituendi de cetero ad nominationem eorum & cujuslibet eorumdem, amoveri vel destitui non poterunt, nisi cum beneplacito vel assensu illius ad cujus nominationem amovendus fuerit institutus; de quo beneplacito fundator provisores certiorare debebit per instrumentum seu literas sigillo proprio aut authentico sigilla-

[*] *Al.* Domini de Stephano.

H h h iij

tas. Insuper provisores predicti tam presentes quàm futuri, poterunt in dicta domo facere ordinationes & statuta semel & pluries, prout de his ad utilitatem domûs ipsius & scolarium visum fuerit expedire, salvâ tamen & reservatâ semper ipsorum statutorum correctione prefato reverendo patri D. Andree de Florentia predicto, quamdiù vixerit in humanis ; hoc acto, quòd ea que in predictis & circà predicta omnia & singula prefati tres provisores, seu successores eorum, aut duo ex eis, tertio primitùs requisito, duxerint facienda vel etiam ordinanda, valeant & teneant plenam valoris firmitatem. Prefati verò provisores promiserunt & juraverunt predictam domum bonâ fide & ad utilitatem ipsorum scolarium secundùm conscientias eorum regere & gubernare, bonaque ipsorum & jura fideliter conservare, bonas & utiles ordinationes, institutiones & destitutiones facere, quoad facultates scilicet artium & theologie predictas, ad honorem Dei & utilitatem predicte domûs ac scolarium, omni fraude cessante. Juraverunt insuper quòd si contingat aliquem ex eis se absentare ex villa Parisiensi, & ad partes remotas se transferre, quòd ille qui se absentabit substituet alium clericum secularem de natione sua loco sui, videlicet Tuscus Tuscum, Lombardus Lombardum, & Romanus Romanum, quem secundùm conscientiam suam ad id idoneiorem & utiliorem de natione illa sciet Parisius commorantem ; & si fortè de natione illa secundùm conscientiam suam ad hoc non repererit idoneum, pro tunc & non aliter, loco sui aliquem de aliis partibus seu provinciis aut nationibus Italie supradictis ad hoc idoneum, pro tempore, quousque supervenerit ad hoc de illa parte Italie idoneus clericus secularis, licitè poterit subrogare ; & hoc idem juramentum exigent provisores predicti ab illis quos loco sui, ut premittitur, subrogabunt, ac omnes & singuli qui erunt dicte domûs pro tempore provisores. Et predicta omnia & singula reverendus pater D. Andreas & predicti Franciscus, Renerus & D. Emmanuel in puram & perpetuam elemosinam fecerunt & concesserunt, ac etiam promiserunt prefatis provisoribus ibidem presentibus & nomine domûs & scolarium predictorum recipientibus, nec non etiam ipsis scolaribus pro se & suis successoribus recipientibus & stipulantibus, nomine dicte domûs & scolarium & successorum eorumdem in eadem domo constitutorum, & aliorum omnium quorum interest aut interesse poterit in futurum, & auctoritate dicte sedis prepositure Parisiensis. Nomina dictorum verò scolarium sunt hec : Bonaventura de Florentia, Johannes de Bononia, Johannes de Mediolano, Matheus de Mediolano, Johannes de Moirano diocesis Vercellensis, Michaël de Monte Calerio diocesis Taurinensis, Lanfranchinus de Pergamo, Simon de Verona, Christophorus de Senis. Jacobus verò de Padua qui erat & est unus de scolaribus hujus domûs, dicto loco ex causa interesse non potuit. Pro hoc tamen predicti fundatores noluerunt aliquod prejudicium generari. Qui quidem scolares juraverunt coram dictis notariis nostris ad sancta Dei evangelia, se de cetero in eadem domo decenter tenere, portare, ac etiam gubernare, dictisque provisoribus ac eorum successoribus nomine dicte domûs obedire, & mandata sua tenere, quemadmodum boni & prudentes scolares in talibus facere consueverunt, juxtà formam & tenorem presentium litterarum. Voluerunt insuper prefati fundatores domûs, quòd si aliqui alii in posterum velint alios scolares Italicos in dicta domo fundare, quòd hoc possint liberè facere, assignando tamen cuilibet tantum quantum assignaverunt pro singulis fundatores predicti ; & quòd ipsi scolares sint & esse debeant sub regimine & gubernamento provisorum predictorum & eorum qui pro tempore fuerint, modo & formâ ac conditionibus supradictis ; ita tamen quòd loco jam receptorum per illos qui de novo fundarentur, non impediantur nec coarctentur taliter, quòd illi non possint convenienter portare ; super quo providere debebunt fideliter provisores. Et quia non nisi pacis in tempore benè colitur pacis auctor, idcircò fundatores predicti omnem altercationis & dissensionis materiam in predictis & circà predicta prohibere cupientes, voluerunt & ordinaverunt quòd predicta domus habeat perpetuis temporibus protectores & precipuos deffensores, videlicèt abbatem sancti Victoris propè Parisius, & cancellarium beate Marie virginis qui pro tempore fuerint ; statuentes quòd in casu quo in predictis vel in aliquo predictorum, seu aliàs, circà negotia dicte domûs inter provisores oriretur discordia talis quòd duo concordare non possent, quòd illud quod ipsi protectores, vel alter ipsorum (altero tamen non contradicente) cum uno de provisoribus concorditer ordinabunt, valeat & firmiter observetur, ac robur habeat firmitatis. Dicti verò provisores

visores juraverunt insuper, quilibet pro se & in quantum suâ interest, ad sancta Dei evangelia proposita coràm ipsis dominis notariis juratis predicti Castelleti, quòd quamdiù vixerint, sine fraude in premissis & circà premissa honestè &decenter se portabunt & habebunt; promittentes sub obligatione omnium bonorum suorum predicti fundatores, & eorum quilibet, pro se & successoribus suis,seu ab eis causam habentibus vel habituris,predictis provisoribus & scolaribus nomine quo suprà recipientibus, modo & formâ predictis, & notariis predictis, omnia & singula supradicta perpetuò firma, rata & grata habere, observare & integraliter adimplere, nec contrà facere vel venire, per se vel per alium, aliquâ ratione vel causâ seu ingenio, de jure vel facto, quovis modo; se quantùm ad hoc, & quilibet pro rata eorumdem, de cetero & bona sua omnia & singula obligando, ac jurisdictioni & coercioni dictæ prepositure Parisiensis penitùs supponendo, aut cujusvis alterius judicis sub cujus vel quorum jurisdictione bona reperientur predicta, usque ad debitam & perfectam perfectionem omnium premissorum, quotiescumque deinceps latori presentium visum fuerit expedire; renunciantes in hoc facto dicti fundatores per juramentum eorumdem, ex nunc & in perpetuum omni exceptioni doli mali, fraudis, lesionis, deceptionis, actionis, rationis rei circà hoc non gestæ, privilegio fori, beneficio conditionis indebitæ, sine causa vel injustâ causâ, & omnibus aliis exceptionibus tam juris quàm facti, quæ contrà tenorem presentium litterarum dici possent quomodolibet vel opponi, jurique dicenti generalem renunciationem non valere. In cujus rei testimonium presentibus litteris, ad relationem dictorum clericorum nostrorum & juratorum qui nobis vivâ voce omnia & singula coràm ipsis facta, ordinata & promissa extitisse retulerunt, sigillum dictæ prepositure Parisiensis duximus presentibus apponendum. Datum anno Domini M. CCC. XXXIII. die Veneris post festum sancti Matthiæ apostoli, xxv. die mensis Februarii. DE QUARUM QUIDEM LITTERARUM superiùs insertarum, sigillo prepositure Parisiensis sigillatarum tenore cum tenore suprascripto, unâ cum venerabilibus viris fratre Johanne de Florentia, & Guillelmo *la Riviere* presbyteris, & Johanne Coustelli clerico notario publico, auscultantibus & diligenter inspicientibus, de verbo ad verbum collationem fecimus, & tenorem ejusmodi, nihil addito vel amoto, invenimus per omnia concordare. Acta fuerunt hec Parisiis in domo mei Guillermi de Maresco notarii subscripti, sitâ in vico Claustri-Brunelli, anno Domini M. CCC. LXXXIII. indictione VI. die IX.mensis Aprilis, pontificatùs sanctissimi in Christo patris & domini nostri D. Clementis divinâ providentiâ papæ VII. anno v. presentibus ad hoc testibus suprà nominatis, in testimonium omnium & singulorum premissorum.

Et ego Guillermus de Maresco Sagiensis diocesis, apostolicâ & imperiali auctoritate notarius, universitatis Parisiensis scriba, in signum vere transumptionis & collationis factarum de predictis tenoribus, unâ cum notario subscripto ac testibus suprascriptis, quódque prefatos tenores in omnibus & per omnia, nihil addito vel amoto quod sensum mutet aut variet intellectum, veraciter concordantes inveni, presenti transcripto signum meum solitum apposui, hîc me subscribens, in omnium & singulorum premissorum testimonium, requisitus & rogatus. *Signé en marge,* G. M.

Et ego Simon *Garson* clericus Carnotensis diocesis, publicus apostolicâ & imperiali auctoritate notarius, qui de predictis tenoribus unâ cum notario publico & testibus suprascriptis..... prefatos tenores in omnibus & per omnia, nihil addito, nihil amoto quod sensum mutet aut variet intellectum, veraciter concordantes inveni, presenti transcripto, transsumpto, exemplari seu copie alienâ manu scripto signum meum solitum, hîc me ascribens, apposui, requisitus & rogatus, in testimonium premissorum ac etiam veritatis. *Signé auffi en marge,* S. G.

ET NOUS à ce present transcript ou *vidimus*, en tesmoing de verité, avons fait mettre le scel de ladite prevosté de Paris, les jour & an premier dits. *Signé,* CONTESSE *&* CHENU. *Tiré des manuscrits de la bibliotheque de Coiflin, au troisiéme volume d'un recueil d'affaires ecclesiastiques*, p. 380. *& suivantes.*

EXTRAIT DE LA FONDATION *& des statuts du college de Cambray.*

IN nomine Domini, amen. Ego Joannes de Archeriis canonicus Carnotensis, executor testamenti defuncti bonæ memoriæ domini Hugonis de Pommarco Hæduensis diocesis, quondam episcopi Lingonensis; & ego Joannes Lupy succentor ecclesiæ Parisiensis, executor testamenti bonæ memoriæ domini Hugonis de Arciaco Antissiodorensis diocesis, quondam episcopi Laudunensis, & posteà

AN. 1348.

archiepiscopi Rhemensis; & ego Guillelmus de Novem-fontibus canonicus Antissiodorensis, executor ejusdem testamenti dicti defuncti domini de Arciaco, & procurator quorumdam aliorum executorum ejusdem testamenti, dudum unà cum quibusdam aliis coexecutoribus nostris, ac etiam vigore testamentorum dictorum dominorum defunctorum nobiscum à fundatoribus ordinatis, jam tamen viam universæ carnis ingressis, hujus serie scripti significamus omnibus quorum interest vel intererit, seu interesse poterit in futurum, nos ad pium opus fundationis scholarium emisse pro executione præfati domini defuncti Hugonis de Pommarco, & de bonis ejus, centum libras & decem solidos parisienses annui & perpetui redditûs, in villa Montis-Desiderii Ambianensis diœcesis situatas; & pro executione prædicti domini Hugonis de Arciaco, & de bonis ejus, centum libras parisienses annui & perpetui redditûs, situatas apud Mallayum regis, Senonensis diœcesis, Parisius portatas, eosque ambos redditus admortizari procurasse ad illud opus pium per clementissimos principes dominos nostros serenissimos regem seu reges Francorum, & per alios principes & prælatos & dominos ad quos hujusmodi admortizatio pertinebat & spectabat, & de bonis executionum prædictarum; ac eosdem redditus transtulisse in magistrum perpetuum, capellanum & scholares per nos seu nostri & à nobis causam habentes, institutos ac etiam instituendos, secundùm numerum, ordinationes & statuta inferius exprimenda, collegialiter habitantes & in posterum habitaturos domum defuncti bonæ memoriæ domini Guillelmi de Auxona quondam episcopi Cameracensis, & tandem episcopi Hæduensis; quam domum de suo patrimonio, dùm viveret, obtinebat, sitam Parisius antè sanctum Johannem hospitalis Hierosolymitani; interveniente consensu & exhortatione magistri Henrici de Salinis canonici Lingonensis, nobis associati in faciendo fundationem prædictam, nomine executorio præfati defuncti domini Guillelmi de Auxona, prædictus dominus Hugo de Pommarco extitit executor principaliter in testamento illius nominatus; & idem dominus Hugo de Arciaco extitit executor testamenti defuncti domini Hugonis de Pommarco ibidem principaliter nominatus; ipsamque domum defuncti domini Guillelmi de Auxona ad usum fundationis scholarium per eum deputatam, pro tunc non-

dùm admortizatam, sed pro magna parte ruinosam, & multis & sumptuosis reparationibus & refectionibus indigentem, & etiam oneratam de viginti & una libris parisiensibus annui & perpetui redditûs, tradidit idem magister Henricus de Salinis, vice & nomine executoris dicti defuncti domini de Auxona, pro portione fundationis quæ executionem dicti defuncti Guillelmi de Auxona posset contingere; cùm alia bona dicti defuncti domini Guillelmi de Auxona non superessent, ut idem magister Henricus de Salinis asserebat. Quam quidem domum reparari fecimus de bonis prædictarum executionum dicti defuncti domini Hugonis de Pommarco, ac domini Hugonis de Arciaco, absque hoc quòd idem magister de Salinis, vel aliquis alius, pro executione seu de bonis defuncti domini Guillelmi de Auxona in prædictis missionibus aliquid posuerit seu contribuerit. Et pro ipsius domûs admortizatione & exoneratione certam summam in deposito posuimus in eadem domo de bonis ambarum executionum, scilicet de qua pecunia postmodùm illam domum admortizari fecimus, & pro ejus exoneratione vel parte exonerationis domum de Honcia Giletti sitam in vico sancti Jacobi Parisius, emimus in terra domini regis; à quo domino rege obtinuimus quamdam litteram admortizationis viginti librarum reddituum, procuratam & obtentam de bonis executionis dicti defuncti Hugonis de Pommarco; quam litteram admortizationis magistro & scholaribus tradidimus, ut indè se juvare possent, applicando eam in toto vel in parte ad admortizationem præfatæ domûs emptæ de Honcia Giletti, &c.

Statuimus, disponimus, fundamus & ordinamus specificè in domo præfata olim defuncti domini Guillelmi de Auxona, de redditibus & proventibus suprà dictis, collegium seu congregationem domûs, magistri clerici sæcularis, qui in theologia magister aut licentiatus, vel saltem incœperit legere cursus suos, & unius sacerdotis sæcularis, qui in dicta capella serviat, & divina officia celebret ibidem, & procurator collegii existat, & septem pauperum scholarium qui sint tantæ ætatis & litteraturæ, ut valeant interpretari statuta; quorum quilibet percipiat pro qualibet septimana sex solidos parisienses pro bursa; & prædictus magister percipiet duplam bursam, scilicet duodecim solidos parisienses pro qualibet septimana; & sacerdos capellanus percipiet

piet sex solidos parisienses pro bursa in qualibet septimana, & ultrà hoc percipiet quolibet anno centum solidos parisienses pro stipendio officii procuratoris dictæ domûs seu collegii antedicti. Capellanus erit theologus, aut decretista, aut artista.

CAPUT II. *Ordinatio divini officii.* Volumus quoque, præcipimus & statuimus, ordinamus ac disponimus, quòd sacerdos ad minus ter in septimana in dicta capella missam celebret, vel celebrari faciat per idoneum sacerdotem acceptum à magistro domûs; & si contingat missam non celebrari propter negligentiam sacerdotis, ipse sacerdos teneatur solvere pro quolibet defectu missæ, duodecim denarios.

Capella est sub invocatione sancti Martini episcopi Turonensis, & sancti Michaëlis, in quâ fit officium cum notâ omnibus solemnibus festis Domini & sanctorum omnium; vesperæ etiam cum notâ omnibus & singulis festis tum Dominicis, cum omnium Sanctorum à populo feriatis; cum anniversario solemni pro fundatoribus, quod celebratur annuatim in eadem capellâ postridiè sancti Michaëlis. Preces item quotidiè manè & vesperè: manè scilicet cantabitur Veni creator; *vesperè verò antiphona beatæ Virginis Mariæ cum responsoriis:* Domine, non secundùm, *&c. cum antiphonis beati Martini patroni capellæ, pro pace, pro rege & pro defunctis. Quibus omnibus officiis interesse tenentur omnes bursarii, sub proposita taxatione amissionis dimidiæ bursæ pro singulis; ita ut si quis absuerit ab officio totius diei, bursam illius diei amittet seu emolumenta.*

CAP. III. Item, nullus scholaris recipiatur ad bursam, qui habuerit anno quolibet ultrà viginti libras parisienses portatas Parisius, in redditibus sive mundanis sive ecclesiasticis.

CAP. IV. *est de hospitibus seu extraneis quibus locari possunt cameræ, si quæ sint vacuæ, ad subsidium domûs.*

CAP. V. *Qualis litteraturæ & quantæ ætatis erunt recipiendi.* Nullus scholaris recipiatur ad bursas dicti collegii, nisi sit tantæ ætatis & discretionis, quòd possit & sciat intelligere statuta. Item, nullus recipiatur ad bursas qui sit bacchalaureus in theologiâ vel in decretis.

CAP. VI. *De translatione scholarium, non est ampliùs in usu propter abusus.*

CAP. VII. *De jocondo adventu.* Item, quicumque recipietur ut percipiat bursas domûs, solvat in suo adventu viginti solidos pro utensilibus, & unum sextarium boni vini sociis tunc præsentibus in aulâ.

Item, provideat sibi de suo proprio lecto & aliis sibi necessariis ultrà bursas.

CAP. VIII. *est de destitutione scholarium, qui statim atque attigerunt septimum suæ bursæ annum, tenentur exire, & bursas & omnia jura domûs dimittere.*

CAP. IX. *De potestate magistri.* Possitque idem magister, de consilio & assensu scholarium vel etiam duarum partium collegii, privare ad tempus de quo sibi videbitur, capellanum qui in officio capellani vel procuratoris notabiliter inveniretur culpabilis, ipsumque capellanum, & quemlibet scholarium dicti collegii qui de vitæ dissolutione vel alio gravi crimine convictus fuerit coràm eo, vel aliàs diffamatus fuerit publicè; & si incorrigibilis fuerit, privare perpetuò loco & beneficio dictæ domûs, & eum ab eâ totaliter expellere habeat potestatem.

CAP. X. *De procuratore eligendo.* Sacerdos capellanus in vigiliâ sancti Remigii, si placeat magistro & majori parti sociorum, constituatur procurator domûs usque ad unum annum, &c.

CAP. XI. *De archâ communi & computo.* Ordinamus insuper, ut magister domûs quater in anno, vocatis secum duobus clavigeris, aperiat archam communem, & accipiet de pecuniâ quantùm sufficiet ad finem trium mensium pro bursis.

CAP. XII. Magister domûs quâlibet die Veneris, post compotum præpositi septimanæ præcedentis, deliberet præposito septimanæ sequentis sex solidos pro quolibet socio quem credet fore præsentem in septimanâ futurâ.

CAP. XIII. *De non adducendo extraneos neque de die neque de nocte, ad manendum in domo, neque convivendum, absque licentiâ magistri.*

CAP. XIV. *De non jacendo extrà collegium, nisi propter causam, de quâ quilibet, etiam capellanus, teneatur magistrum docere, & ab eo priùs obtineat licentiam.*

CAP. XV. *De non residentibus.* Cautum est ne quis scholarium aut capellani, secedat è collegio, neque in villam discedat; quòd si discesserit ad tres vel etiam sex menses, nisi gravioribus de causis, licentiâ petitâ & obtentâ à magistro, perdat emolumenta bursæ. Et dictus magister ultrà annum licentiam nemini dabit cuilibet, etiam gravissimâ de causâ; aliter lapso anno, qui sic discesserit, totaliter expellatur, & alius in ejus locum sufficiatur.

CAP. XVI. *De injuriis.*
CAP. XVII. *De prohibitâ conspiratione.*
CAP. XVIII. *De famulis.*

Cap. XIX. *De lignis.*

Cap. XX. *Magister tenetur docere bursarios, & curam studiorum habere.*

Cap. XXI. . . . . .

Cap. XXII. *Juramentum de custodiendo bona domus, honorem, pacem & obedientiam ergà magistrum per quemlibet scholarem & capellanum.*

Cap. XXIII. *Inventarium in receptione magistri faciendum præscribitur.*

Cap. XXIV. *De nomine domûs & patroni capellæ; quod dictum est ubi de officio divino.*

Cap. XXV. *Distributio camerarum.*

Cap. XXVI. *De qua natione assumentur.* Item, volumus & ordinamus, quòd nullus magister, capellanus vel scholaris ad bursas recipiatur pro parte continente executionem bonæ memoriæ domini Hugonis de Pommarco episcopi Lingonensis, nisi sit de episcopatu Æduensi oriundus. Pro parte verò continente executionem domini Hugonis de Arciaco, de diœcesi Antissiodorensi, non aliundè, quandiù reperientur idonei; si verò illîc non reperiantur idonei, tunc assumentur de diœcesi Æduensi. Pro parte verò executionis domini Guillelmi de Auxona, cujus executores nobis associati fuerunt in fundatione præsenti, etiam assumantur de locis suæ originis, id est *d'Avennes* diœcesis Cameracensis; modò tamen istæ tres diœceses sint de regno Franciæ & Burgundiæ, quantùm virtus sui testamenti dicti domini de Auxona pati poterit.

Cap. XXVII. *Commissio potestatis fundatorum ac reservatio.* Deputationem, assumptionem & positionem magistri domûs, capellani ac scholarium nobis reservamus, quandiù fuerimus in humanis; sed nobis viam universæ carnis ingressis, illam reservamus cancellario ecclesiæ Parisiensis; & tunc volumus quòd ad ipsum cancellarium sub nomine officii perpetuò potestas hujusmodi devolvatur, servatis tamen nostris aliis ordinationibus & statutis circà hoc editis.

Cap. XXVIII. *Forma eligendi magistrum.* Volentes præterea circà assumptionem seu provisionem magistri dictæ domûs perpetuò provideri, statuimus, ordinamus ac disponimus, quòd post decessum nostrum, &c. quandocumque vacare contigerit in dicta domo magistri officium, scholares omnes dictæ domûs intrà duos dies ad longius à tempore vacationis cujuslibet numerandos, in capella dictæ domûs conveniant, & convenire omnes teneantur, justo impedimento cessante, ibidemque præsentes, Christi nomine invocato, & præstito sacramento coràm capellano sacerdote domûs, eligant bonâ fide quem utiliorem existimaverint, coràm notario publico, magistrum in theologia aut licentiatum, &c. modò tamen sit de regno Franciæ oriundus. Celebratâ illâ electione, magister ipso facto absque confirmatione quacumque magistri officium assequatur, & facto primitus inventario, ac præstito sacramento, administrationis officium valeat exercere, &c.

Cap. XXXII. *De capellano.* Statuimus quòd cancellarius ecclesiæ Parisiensis sacerdotem sæcularem idoneum, quando locus sacerdotis vacaverit, ad præsentationem magistri domûs, ad dictæ capellæ servitium possit ordinare, destituere & instituere. Nullum tamen admittat sacerdotem præsentator magister, nisi baccalaureum in theologia vel saltem in decretis; nec etiam cancellarius, nisi sciat benè legere & benè cantare, & in grammaticalibus laudabiliter instructus, & nisi sciat divinum officium & procuratoris officium utiliter exercere.

Cap. XXXIII. *De potestate cancellarii Parisiensis.* Ut autem prædicta & infrà scripta omnia & singula futuris temporibus securiùs & fructuosiùs observentur, cancellarium dictæ ecclesiæ Parisiensis nunc vel pro tempore existentem, facimus, constituimus ac deputamus perpetuò specialem & immediatum protectorem, deffensorem & visitatorem, correctorem, reformatorem & superiorem dictæ domûs & collegii supradictorum; & nihilominùs statuimus & ordinamus, quòd magister dictæ domûs, & capellanus & scholares omnes dictæ domûs, omnes & singuli, præsentes & futuri, teneantur & debeant anno quolibet requirere & rogare ipsum cancellarium qui erit pro tempore, & ergà eum semel & pluriès insistere cum effectu, ut accedat ad domum eamdem personaliter, & in ea officium visitatoris, correctoris & reformatoris impendat. Cui cancellario, cùm ad ipsam domum causâ exercendæ visitationis accesserit, ostendi & legi debeat de verbo ad verbum præsens capitulum super hoc in fundatione dictæ domûs per nos specialiter ordinatum. Item, cancellarius, vocatis secum aliquibus honestis personis, super statu domûs, ac vitâ & moribus magistri & scholarium & sacerdotis dictæ domûs, & observatione statutorum & ordinationum factarum vel faciendarum & scholasticæ disciplinæ, & super aliis quæ sibi videbuntur,

JUSTIFICATIVES. 435

buntur, inquirat simpliciter & de plano, sinè strepitu judicii & figura; & quæ corrigenda viderit, corrigat & emendet; ipsique cancellario visitanti magister, scholares, & sacerdos & cæteri domûs ejusdem familiares obedire & parere in prædictis totaliter teneantur, &c. *Tiré des archives du college de Cambray.*

Confirmation de la fondation & des statuts cy-dessus par Jean évesque de Preneste, legat à latere du pape Clement VII.

An. 1379.

NOs Johannes Dei gratiâ episcopus Prænestensis, & S. R. E. cardinalis, nuncius apostolicus ad regem & regnum Franciæ destinatus, fulcitus omnimodâ potestate legati *à latere*, &c. supplicationibus venerabilis viri domini Johannis de Calore cancellarii prædictæ universitatis Parisiensis inclinati, prædictam fundationem & statuta confirmamus, ratificamus & approbamus, & auctoritate eâdem supplemus omnem defectum, si quis intervenerit in fundatione collegii & dictorum scholarium, &c. *Ibidem.*

Autre confirmation par Aimery évesque de Paris.

UNIVERSIS, &c. Nos Emericus Dei misericordiâ Parisiensis episcopus, salutem in Domino. Notum facimus quòd visis prædictis per nos & diligenter perscrutatis ordinationibus & statutis, ex tenore quorum legitimè nobis constitit collationem, provisionem & omnimodam dispositionem bursarum prædictarum spectare & pertinere debere venerabili & discreto viro cancellario ecclesiæ nostræ Parisiensis; nos eandem fundationem, ordinationes & statuta laudamus, approbamus & nostrâ auctoritate ordinariâ confirmamus, cum potestate eidem cancellario attributâ, &c. *Ibidem.*

IMPOSITIONS FAITES A PARIS, du consentement de la ville, & pour un an seulement, par le roy Philippes de Vallois.

An. 1349.

PHILIPPES par la grâce de Dieu roy de France, à tous ceux qui ces presentes lettres verront, salut. Comme nous ayons fait monstrer & exposer à nos amez les bourgeois & habitans de nostre bonne ville de Paris les grands frais & despens que il nous a convenu faire & convient encore de jour en jour, pour le faict des guerres que nous avons eues & avons, pour la deffension de nostre royaume & de tout le peuple d'icelluy,

Tome II.

contre le roy d'Anglerre & plusieurs autres qui se sont assemblez & alliez comme nos ennemis, pour soy efforcer à mesfaire à nostredit royaume & audit peuple à tort, si comme à chacun est notoire chose & manifeste, & eussions requis & faict requerre à nosdits bourgeois & habitans, faire à nous subsides & aides pour les frais & despens dessusdits supporter, savoir faisons que eux considerans les choses dessusdites, pour & en nom de subsides, ont voulu liberalement & accordé pour toute leur communauté, entant comme il leur touche & peut toucher & appartenir, & sur ce premierement euë bonne deliberation & advis; que par l'espace d'un an entierement accompli soit levée & à nous payée une imposition ou assise sur toutes les marchandises & denrées qui seront vendues en nostredite ville de Paris & faulxbourgs, en la forme & soubz les conditions qui s'ensuivent.

PREMIEREMENT:

Chacun tonnel de vin François qui sera vendu en ladite ville de Paris & faulxbourgs, payera xviii. den. & celui qui l'acheptera pour revendre, autant.

Item, le tonnel de vin de Bourgogne, le vendeur ii. s. & l'achepteur pour le revendre, autant.

Item, la queuë de vin de S. Porcian & de Souvergny payera ii. s. & l'achepteur pour revendre, autant.

Item, le tonnel de vin de Beaune, de S. Jehan d'Angely, de S. Jeangou, de Givry, payera vi. s. & l'achepteur pour revendre, autant.

Item, le tonnel de vin d'Espagne vii. s. vi. den. & l'achepteur pour revendre, autant.

Item, le tonnel de vin de la riviere de Loyre, iii. s. viii. den. & l'achepteur pour revendre, autant.

Item, la queuë Garnache payera autant que xxx. s. s'estendent, & l'achepteur pour revendre, autant.

Item, la queuë de vin Grec payera xx. s. & l'achepteur pour revendre, autant.

Item, vinaigre & verjus payeront comme vin François en la maniere dessusdite.

Item, bleds & autres grains, aussi en la maniere qui s'ensuit, c'est à sçavoir:

Le septier de froment & de noix, chacun iv. den. & l'achepteur pour revendre, autant.

Item, tout autre grain, chacun septier payera iii. den. & l'achepteur pour revendre, autant.

Et est à sçavoir que dez lors que lesdits

III ij

vins & grains entreront en ladite ville de Paris, tant par terre que par eauë, s'acquiteront à ce faict cellui ou ceux qui les auront acquitez; ainsi pourront vendre & faire leur profit de leursdits vins & grains, sans en rien plus payer.

Item, harencs sor, le vendeur payera du millier xii. den. & l'achepteur pour revendre, autant.

Item, le pignon de harenc xii. den. le tonnel de quaque, en la manière dessusdite.

Item, pour chacun pannier de poisson, le vendeur payera iv. den. & l'achepteur autant.

Item, moruë, saumons frais & sallez, seches de mer, moules, huistres, pourpris & grapris, payeront i v. den. pour livre, & ne seront tenus ceux qui vendront poissons & harencs à détail, pour fournir la ville de Paris, de rien payer de ce qu'ils vendront à détail, se ils ne vendent cinq cens harencs & au-dessus.

Item, la balle de poivre vi. s.
La balle d'encre brisiée iii. s.
La balle de sucre de Chypre iii. s.
La balle de gingembre vi. s.
La balle de canelle vi. s.
La balle de cutre entier vi. s.
La balle de cotton filé iii. s.
La balle de cotton en laine ii. s.
Le pain de lie de Poulaine iii. s.
La balle de cire iii. s.
La balle d'amandes xvii. den.
La balle d'alun de glace xviii. den.
La balle de cumin xvi. den.
La balle d'anis verd xvi. den.
La balle de garence xvi. den.
La balle de graine d'escarlate xv. s.
La balle de bresil xvi. s.
La balle de saffran xviii. s.
La balle de girofle xxx. s.
L'estain, le cent, xii. den.
Le cent de plomb iv. den.
Le cent de cuivre ii. den.
Le baril de miel de Narbonne xviii. d.
La queuë de miel de ce pays vi. s.
La chuite d'huile d'olive xviii. den.
Le tonnel d'huile d'olive xii. s.
Le cent de poix noire & blanche vi. d.
Cubebes,
Macis,
Graine de paradis,
Poivre long,
Noirs,
Muguettes,
Espic,
Fleur de canelle,
Litroual,
Garingal,
Galles,
Gommes,
Orpin,
Vert de gris,
Vernis en glace,
Vif argent,
Vermeillon,
Encens,
Adir,
Euque,
Mastic blanc,
Mine borrois,
Inde de Dandas,
Yvoire,
Signe de Melite,
Dattes,
Festus,
Pignons,
Boistes vuides,
Racolice,
Fustet,
Saffleur,
Savon,
Souffre,
Couperose,

Toutes ces menuës choses & les semblables payeront au feur de quatre deniers pour livre.

Item, toutes confictures & dragées, iv. den. pour livre.

Item, tous brasseurs qui brasseront cervoises à Paris & aux fauxbourgs, pourront faire cervoise à xvi. den. le septier & non à plus, & payeront de chacun septier ii. den. & payeront chaque sepmaine.

Item, le bestail, comme bœufs, vaches, moutons, &c. le vendeur payera iv. den. pour livre, & l'achepteur pour revendre ii. den.

Item, sur tous draps, pelleterie, chevaux, & toutes autres marchandises venduës en la ville & fauxbourgs dessusdits, payeront iv. den. pour livre.

Item, les orfeuvres, pour chacun marc d'argent que ils vendront, ils payeront ii. den. & pour les vaisselles dorées, émaillées, couronnes, chapeaulx, perles & pierreries, payeront iv. den. pour livre, comme toutes les autres marchandises.

Item, changeurs, pour chacun marc d'argent, ii. den.

Item, pour chacun marc d'argent que ils porteront à la monnoie à Paris, payeront iv. den. tourn. & pour marc d'or x. den.

Item, menus fenestriers, comporteurs aval la ville de Paris, ne seront tenus rien payer, s'ils ne vendent en un jour dix sols de denrées.

Item, que pendant ladite année que

ladite imposition sera levée, nous voulons de certaine science & de grace especial, que toutes prises, tant de nous, que de nostre chere compagne la royne, de nostre très-cher fils le duc de Normandie, & de nos autres enfans, cessent sur lesdits bourgeois & habitans, tant en icelle ville & vicomté de Paris, comme dehors & aillieurs, quelque part que ils ayent leurs hostiex, manoirs, biens & marchandises, selon le contenu de nos autres lettres.

Item, que pour cette ayde lesdits bourgeois & habitans de ladite ville, durant ladite année, ne seront tenus d'aller ou envoyer en l'ost, pour arriere-ban, ou autrement, se n'est en cas d'évidente necessité.

Item, que tous emprunts, tant en nostre nom, comme ez noms dessusdits, cessent.

Item, avec ce voulons & octroyons de nostredite grace auxdits bourgeois & habitans, qu'ils ne soient tenus de nous faire autre aide ou service pour cause de nos guerres durant ladite année, que dessus est dit, pour cause de fiefs ou des teneures des fiefs.

Item, que lesdits bourgeois & habitans durant ladite imposition, pour cause de leurs heritages, quelque part que ils soient assis, ne soient tenus nous en faire autre ayde ou subvention.

Item, que si advenoit que paix fust, nous voulons que ladite imposition cesse ; & au cas que tresves seroient, que ce que levé ou à lever seroit pour ladite année, soit mis de par nous en depost, & de par lesdits bourgeois, afin que l'en le trouve plustost toutesfois que besoin sera, pour cause desdites guerres.

Item, voulons & nous plaist, que se il advenoit que aucuns débats ou dissensions fussent avec les collecteurs députez à lever ladite imposition, & les bonnes gens de ladite ville de Paris, pour cause de ladite imposition, que les prevost & eschevins en puissent ordonner & en ayent la cour & connoissance, pour faire raison à icelles ; & au cas où ils ne les pourront accorder, nous voulons que nos gens des comptes en puissent connoistre, & non autres.

Item, que tous ceulx de ladite ville seront creus par leurs sermens des denrées qu'ils vendront ; & au cas qu'il seroit trouvé qu'ils auroient plus vendu qu'ils n'auroient juré, ils payeront ladite imposition, & à ce seront contraints deuëment, sans nous en payer aucune amende. Laquelle imposition dessusdite nous avons agréable, nous voulons & commandons estre levée par l'espace dudit an tant seulement, en la fourme & maniere & soubz les conditions dessus escriptes, & & non autrement ; lesquelles conditions nous voulons & commandons à tous nos justiciers & subjects estre gardées & accomplies de poinct en poinct selon la teneur, sans faire ou attenter aucune chose au contraire ; & voulons aussi & avons octroyé & octroyons par ces presentes, de nostre grace especial, auxdits bourgeois & habitans de ladite ville de Paris, que l'aide & octroy que faicts nous ont de ladite imposition, ne porte ou puisse porter au temps advenir aucun préjudice à eux, aux mestiers de ladite ville, ne à leurs privileges, libertez & franchises, ne que pour ce aucun nouvel droict nous soit acquis contre eulx, ne aussi à eux contre nous ; mais le tenons à subside gracieulx. En tesmoing de laquelle chose nous avons faict mettre nostre scel en ces presentes lettres. Donné au bois de Vincennes le XVII. Febvrier M. CCC. XLIX. Signé : Par le conseil, où vous estiez . . . . . *Le reste en blanc*. Tiré des registres de la chambre des comptes, à la bibliotheque Coislin vol. 2.

Institution de l'ordre militaire des chevaliers de N. D. de la noble maison, autrement dits de l'Estoille, par le roy Jean.

BEAU cousin. Nous à l'honneur de Dieu, & en essaucement de chevallerie, & accroissement d'honneur, avons ordonné de faire une compaignée de chevalliers qui seront appellez chevalliers de N. D. de la noble maison, qui porteront la robbe cy-après divisée ; c'est à sçavoir une cotte blanche un surcot, & un chaperon vermeil, quand ils seront sans mantel ; & quand ils vestiront mantel, qui sera faict à guise de chevallier nouvel à entrer & demourer en l'église de la noble maison, il sera vermeil & feurré de vair, non pas de hermines, de cendail ou samit blanc, & faudra qu'ils ayent soubz ledit mantel surcot blanc, ou cotte bardée blanche, chausses noires & souliez dorez, & portent continuellement un annel, entour la verge duquel sera escript leur nom & surnom, auquel anneau aura un esmail plat vermeil, en l'esmail une estoile blanche, au milieu de l'estoile une rondeur d'azur, un petit soleil d'or, & au mantel sur l'espaule au devant en leur chaperon, un fermail auquel aura une estoile toute telle & comme en l'annel est divisé. Et tous les Sabmedis ils porteront un . . . . . ver-

AN. 1351.

meil & blanc, en cotte & en surcot & chaperon, comme dessus, se faire se puet bonnement ; & se ils veulent porter vermeil mantel, ils le pourront, & fendu à l'un des costez, à toujours blanc dessoubs. Et si tous les jours de la sepmaine ils veulent porter fermail, faire le pourront, & sur quelle robbe il leur plaira. En l'armée pour guerre, ils porteront ledit fermail en leur camail, ou en leur cotte d'armes, ou là où leur plaira, apparemment. Et seront tenus de jeusner tous les Sabmedis, s'ils peuvent bonnement ; & se bonnement ne peuvent jeusner, ils donront ce jour quinze deniers en l'honneur des quinze joyes N. D. Jureront qu'à leur pouvoir ils donront loyal conseil au prince de ce qu'il leur demandera, soit d'armes, ou d'autres choses. Et se il y a aucuns qui ayant cette compaignée, ayent emprise aucun ordre, ils la debvront laisser, se ils peuvent bonnement ; & se bonnement ne le peuvent laisser, ce sera cette compaignée devant, & de ci en avant n'en pourroit aucune autre emprendre sans le congié du prince. Et seront tenus de venir tous les ans à la noble maison assise entre Paris & saint Denis en France, à la veille de N.D. d'ami-Aoust, dedans prime, & y demeurer tout le jour, & le lendemain jour de la feste, jusques après vespres, & se bonnement ils n'y peuvent venir, ils en seront creus par leur propre parole. Et en tous les lieux où ils se trouveront venir ensemble ... ou plus, à la veille & au jour de ladite mi-Aoust, & que bonnement ils n'auront pu venir au jour au lieu de la noble maison, ils porteront lesdites robbes, & orront la messe & les vespres ensemble, se ils peuvent bonnement. Et pourront, s'il leur plaist, lever une banniere vermeille semée des estoiles ordonnées, & une image de N. D. blanche, especialement sur les ennemis de la foy, ou pour la garde de leur droicturier seigneur. Et au jour de leur trespassement ils envoieront à la noble maison, se ils peuvent bonnement, leur annel & leur fermail les meilleurs que ils auront faicts, pour ladite compaignée, pour en ordonner au profit de leurs ames & en l'honneur de l'église de la noble maison, en laquelle sera faict leur service solemnellement, & sera tenu chacun de faire dire une messe pour le trespassé, au pluftost que ils pourront bonnement, depuis que ils l'auront sceu. Et est ordonné que les armes & timbres de tous les seigneurs chevaliers de la noble maison, seront peints en la salle d'icelle au-dessus d'un chacun, là où il sera. Et se il y a aucun qui honteusement se porte de la bataille où besoigne à lui donnée, il sera suspendu de la compaignée, & ne pourra porter tel habit, & li tournera l'en en la noble maison ses armes & son timbre sans dessus dessoubz, jucques à tant que il fuest restitué par le prince ou son conseil, & tenu pour relevé par son bien fait. Et est encore ordonné que en la noble maison aura une table, appellée *la table d'honneur*, en laquelle seront assis la veille & le jour de la feste les trois plus suffisans princes, trois plus suffisans bannerets & bacheliers, qui seront de la dite feste, de ceux qui seront receus en ladite compaignée, & en chacune veille & feste de la my-Aoust, l'an après ensuivant, seront assis à ladite table d'honneur les trois princes, trois bannerets, trois bacheliers qui l'année auroient plus faict en armes de guerre ; car nuls faicts d'armes du pays ne sera mis en compte. Et est encores ordonné que nul d'iceulx de ladite compaignée ne pourra entreprendre ne aller en aulcun voyaige loingtain, sans le dire ou faire sçavoir au prince. Lesquielx chevalliers seront en nombre de cinq cens, & des quielx nous, comme inventeur & fondateur d'icelle compaignée, serons prince, & ainsi l'en devront estre nos successeurs roys ; & vous avons élu d'estre du nombre de ladite compaignée, & pensons à faire, se Dieu plaist, la premiere feste & entrée de ladite compaignée à saint Ouyn, le jour & la veille l'Apparition prochaine. Si soyez auxdits jour & lieu, le pouvant bonnement, à tout vostre habit, annel & fermail ; & adoncques sera à vous & aux autres plus à plain parlé sur cette matiere. Et est encores ordonné que chacun apporte ses armes & son timbre painct en un feuillet de papier ou de parchemin, afin que les painctres les puissent mettre pluftost & plus proprement là où ils debvront estre mis à la noble maison. Donné à saint Christophe en Halate le VI. jour de Novembre l'an de grace M. CCC. LI. *Ibidem*.

Lettres patentes du roy JEAN,
En faveur du chapitre de saint Ouyn & des chevaliers de l'Estoile.

JOANNES Dei gratiâ Francorum rex. Inter cæteras sollicitudines mentis nostræ sæpè sæpiùs vigenti meditatione pensavimus, qualiter ab antiquis temporibus regni nostri militia per universum orbem sic strenuitate & nobilitate floruit & probitate

bitate viguit, quòd antecessores nostri Francorum reges, auxilio præstante divino, & fidelibus ministris ejusdem militiæ manus suas sinceriter & unanimiter præbentibus adjutrices, in quoscumque rebelles suos manus voluerunt mittere, victoriam reportarunt, & infinitos quos perfidus inimicus humani generis in vera fide Christi dolo suæ calliditatis errasse fecerat, ad veræ catholicæ fidei puritatem divinitùs revocarunt, ac demùm tam pacis quàm securitatis tranquillitatem taliter præpararunt in regno, quòd successu longorum temporum nonnulli ministrorum ipsorum, propter armorum insolentiam & defectum exercitii, vel aliis de causis quas nescimus, istis temporibus otiosis & vanis operibus plus solito se involvunt, honoris & famæ (proh dolor!) neglectâ pulchritudine, ad utilitatem privatam libentiùs declinantes. Quamobrem nos reminiscentes præterita tempora, laudabilesque gestus & unanimes prædictorum fidelium, undè tam victoriosa tamque virtuosa & foelicia opera processerunt, fideles ipsos præsentes & futuros ad unitatem perfectam providimus revocare, ut uniti unanimes sitientes honorem & famam, otiositatibus depositis, sicut decet, gloriam nobilitatis & militiæ ad gratiam laudis antiquæ & nobile consortium nostris temporibus revertantur, & renovatâ laude militiæ, propitianteque divinâ clementiâ, regno nostro & fidelibus pacis præparetur tranquillitas, & laudis præconium undiquè prædicetur. Attendentes quòd hæc & alia providentia divina ministrat, sine qua nihil est validum, nihil sanctum, in honore gloriosissimæ beatæ Mariæ Virginis quæ mediatrix Dei & hominum esse meruit, & Spiritu Sancto cooperante filium peperit Dominum Jesum-Christum, qui genus humanum à divinorum consortio separatum ad unitatem veræ fidei & laudem sui nominis & gloriæ sempiternæ dignatus est suâ misericordiâ revocare, consortium societatemque militum beatæ Mariæ nobilis domûs apud sanctum Odoenum propè sanctum Dionysium in Francia, & collegium canonicorum, capellanorum & clericorum, pro divinis servitiis celebrandis, ibidem duximus statuendum, sperantes indubiè quòd, intercedente dictâ gloriosissimâ Virgine Mariâ pro nobis & nostris fidelibus ad Dominum Jesum-Christum ejus filium, & ex orationibus canonicorum, capellanorum & clericorum ipsorum, idem Dominus Jesus-Christus militibus dicti consortii seu societatis gratiam suam infundet misericorditer, taliter quòd ipsi milites in actibus militiæ facientes honorem & famam, sic unanimiter, sic valenter de cætero se habebunt, quòd flos militiæ quæ per aliquod tempus ex causis prædictis sub quadam taciturnitate marcescit in regno nostro, lætabitur, & in unitate perfectâ ad gloriam & laudem dicti regni & nostrorum fidelium reflorebit. Et quia summis desideriis affectamus ut istud opus nobile nobiliter & infallibiliter compleatur, notum facimus universis præsentibus & futuris, quòd nos merâ liberalitate nostrâ, motu proprio & ex certâ scientiâ duximus, ordinamusque, concedimus & donamus per præsentes ad opus dictæ domûs omnes forefacturas, tam in hæreditatibus quàm mobilibus, & omnes espavias, seu *espaves* vulgariter, quæ in regno nostro evenient & ad nos pertinebunt propter crimina læsæ majestatis, vel alia quacumque de causâ, cujuscumque valoris existant, convertendas in dotationem dicti collegii canonicorum, capellanorum & clericorum aliorumque ministrorum, necnon & in opus & ad perfectionem operis dictæ domûs distribuendas & ponendas per illos quos ad hæc deputabimus, seu suos deputatos, quousque dictum opus completum & perfectum fuerit, vel aliàs ex certâ scientiâ, cum deliberatione maturâ nostri consilii super hoc duxerimus ordinandum. Mandantes dictis & fidelibus gentibus compotorum nostrorum, thesaurariisque nostris Parisi. & omnibus receptoribus & justiciariis regni nostri præsentibus & futuris, & eorum cuilibet, ut dictas forefacturas & espavias integraliter tradant & reddant gubernatori seu receptori dictæ domûs, seu deputatis aut deputandis ab eis, vel aliis ad hoc authoritate nostrâ, nihil indè alibi tradendo vel liberando per quodcumque mandatum nostrum vel alterius cujuscumque, & de quacumque forefacturâ & espaviâ mobili & immobili, cujuscumque valoris existat, quæ dicto gubernatori seu receptori, vel ab eo deputatis aut deputandis tradentur & liberabuntur, tradentes ipsos ex traditis exindè exoneramus & liberamus per præsentes, & pro exoneratis & liberatis haberi volumus & teneri, ac si thesaurariis nostris Parisi. illud traderent & etiam liberarent; ordinationibus, prohibitionibus & mandatis contrariis non obstantibus quibuscumque. Quod ut firmum & stabile permaneat in futurum, nostrum præsentibus litteris fecimus apponi sigillum in pendenti. Datum in abbatiâ Regalis-montis, anno Domini M. CCC. LII. mense Octobris. *Tiré d'un manuscrit de la bibliotheque Coislin, intitulé :* Extrait du premier livre des memoriaux de la chambre des comptes, *non millesimé.*

Autres lettres du roy JEAN,

Confirmatives des précedentes.

AN. 1354.

JEAN par la grace de Dieu roy de France, à tous ceux qui ces lettres verront, salut. Comme par le très-grand desir que nous avons eu & que nous avons encores à l'accomplissement de l'œuvre & fondation de nostre noble maison de saint Ouyn lès Paris, à ce que ladite fondation puisse estre parfaicte de nostre temps, selon ce que proposé l'avons, ayons pieça donné & octroyé par nos autres lettres scellées en las de soye & cire vert, à ladite noble maison toutes les forfaictures & espaves de nostre royaume à nous appartenans, soit pour crime de leze-majesté ou pour quelconque autre cause, pour estre converties esdites œuvres & fondation, & non ailleurs, si comme plus à plein est contenu en nosdites lettres sur ce faictes. Et en perseverant & continuant nostredict propos, ayons ordonné certain nombre de chapelains & clercs, qui chaque jour celebrent & font continuellement le service divin en ladicte noble maison, à certains gaiges par jour, lesquels gaiges avec le luminaire & autres choses qui de necessité appartiennent à la chapelle d'icelluy lieu, peuvent monter par an environ huit cens livres parisis, & ne pourroient estre payez des forfaictures qui sont escheuës depuis ledit don, pource que nous en avons faict plusieurs dons ailleurs, qui est en très grand retardement de ladite fondation & du payement des gaiges & autres choses pour ce necessaires, comme dict est ; pour quoy nous voulons sur ce pourvoir à plein, & que par deffaut de payement lesdicts chapelains & clercs ayent cause de eulx départir de ce lieu, pour quoy le service divin en soit amendriz ou retardé en aucune maniere ; ORDONNONS & decernons de certaine science par ces lettres, toutes lesdites forfaictures & espaves à nous advenuës depuis que nous les donnasmes à ladite noble maison, lesquelles nous n'avons données ailleurs au-devant de ces lettres, & qui escherront d'oresnavant en nostre royaume, à nous appartenant par quelconque maniere que ce soit, estre appliquées à ladite noble maison, pour en payer les gaiges desdicts chapelains, clercs, & autres choses necessaires, comme dessus est dict, & non autrement, jusques à ce que lesdictes huit cens livres parisis par an soient bien & convenablement assises. Et se il advenoit que depuis nostre presente ordonnance nous en feissions aucuns dons par importunité ou autrement, à quelque personne que ce soit de nostre lignage, nos serviteurs ou autres, sur quelque forme de parole que ce fust, jaçoit ce que en leurs dons fust contenu non obstant le don ou ordonnance que nous en avons faict pour ladicte maison noble, si est-ce nostre entente que non obstant iceulx dons, les gens de ladite noble maison à ce ordenez de par nous, en preignent pour icelle, & puissent prendre de faict la possession, & les y appliquer selon nostre presente ordonnance. Et au cas que sur ce debat naistroit en nostre parlement, pour causes des dons que nous en avons faict au contraire de ceste presente ordenance, nous voulons que par nos amez & feaulx gents qui tendront nostredit parlement, iceulx dons soient réputez & tenus pour nuls ; car dès maintenant & pour lors nous les y réputons & tenons par ces presentes ; par lesquelles nous donnons en mandement à nos amez & feaulx chancelier, gents de nostredict parlement, de nos comptes & tresoriers à Paris, & à chacun d'eulx, si comme à luy appartiendra, que ils & chacun d'eulx tiennent & gardent, & fassent tenir & garder nostre presente ordonnance, sans enfreindre ou attenter aucune chose au contraire. En tesmoin de ce nous avons faict mettre à ces presentes lettres le scel de nostre Chastelet de Paris, en l'absence du grand. Donné au Temple lez Paris, le XVII. jour de Février, l'an de grace M. CCC. LIV. *Ibidem.*

FONDATION ET STATUTS du college de Boncour, en Latin de Bonocodio.

AN. 1357.

UNIVERSIS tam præsentibus, quàm futuris ad quos præsentes litteræ pervenerint, Asselinus sancti Bertini in sancto Audomaro ordinis sancti Benedicti, Morinensis diœcesis, & Michael de monte sancti Eligii ordinis sancti Augustini, Atrebatensis diœcesis, permissione divinâ abbates monasteriorum, salutem in Domino sempiternam. Cùm bonæ memoriæ dominus Petrus *de Becoud* miles ac dominus *de Flechinel*, dùm vitam ageret in humanis, voluerit ac ordinaverit quòd

quòd in domo sua seu manerio quod, dum vivebat, Parisius in monte sanctæ Genovefæ obtinebat, creentur, ponantur, instituantur, ordinentur perpetuò & fundentur octo scholares qui in studio Parisiensi valeant proficere & studere, de diœcesi Morinensi, extrà metas patriæ Flandrensis, oriundi; certis redditibus dictis scholaribus pro eorum fundatione, dotatione & sustentatione per dictum militem donatis, concessis & assignatis, dictusque miles voluerit & ordinaverit quòd per nos ac successores nostros abbates dictorum monasteriorum scholares prædicti in dicta domo creentur, eligantur, instituantur, ponantur & constituantur seu amoveantur, & quòd loco destitutorum & amotorum, cessione, morte vel privatione, vel aliàs, alii subrogentur, prout nobis visum fuerit opportunum, dispositionem, gubernationem ac regimen dictorum scholarium dictæque domûs, ac bonorum, reddituum ac proventuum ejusdem, tam præsentium quàm futurorum, nobis ac successoribus nostris plenariè committendo, prout hoc inter cætera latiùs & pleniùs in litteris dicti militis sigilloque suo sigillatis, dum viveret, datis die x. Decembris, anno Domini M. CCC. LIII. continetur, quarum litterarum tenor inferiùs continetur. Cùmque nos attendentes laudabile propositum dicti militis super fundatione & dotatione dictorum scholarium perpetuò in dicta domo sua sita in monte sanctæ Genovefæ Parisius, ut præfertur, dispositionemque & ordinationem dicti militis pro posse ad effectum perducere desiderantes juxta posse, pro remedio animæ dicti militis & salute, creationem, electionem, institutionem, gubernationem, dispositionem ac regimen dictorum scholarium dictæque domûs, ac bonorum, reddituum ac proventuum ejusdem domûs, tam præsentium quàm futurorum, omniumque prædictorum, prout possumus de jure, recepimus in nos & in successores nostros, ac recipimus per præsentes, eorumque scholarium destitutionem seu privationem, prout de jure erit faciendum, ac in locum vacantium, cedentium vel decedentium subrogationem, ubi dicti casus se obtulerint & facultates. Notum facimus quòd ad perpetuam rei memoriam, pro utilitate dictæ domûs & scholarium in eadem commorantium in futurum, prædictarum civitatis & diœcesis Morinensis extrà metas patriæ Flandrensis oriundorum, ut præfertur, virtute, auctoritate & potestate nobis per dictum militem in præmissis attributis,

statuentes ordinamus ac ordinavimus, & statuimus per præsentes, modo & formâ quæ sequuntur, ordinationesque & statuta super hac materia facta cum consilio peritorum, ab eisdem scholaribus nunc in eadem commorantibus seu in posterum moraturis, jubemus, præcipimus, volumus & mandamus inviolabiliter per juramenta eorumdem corporaliter præstita in ingressu dictæ domûs, seu cùm primò recepti fuerint in eadem, & sub pœnis infrascriptis, observari. Statuimus ergò in primis, quòd in dicta domo sint residentes & morentur perpetuò & continuè octo scholares, magistro eorumdem de quo fiet mentio, in iis computato; qui scholares in studio Parisiensi, in artibus liberalibus, naturali & morali philosophia studeant & proficiant, de iisdem civitate & diœcesi Morinensi, ut præfertur, oriundi, liberæ conditionis, & de legitimo matrimonio procreati, moribus & vitâ honesti, ingeniosi, dociles & habiles ad studium, bene fundati in grammaticalibus, de quibus spes habeatur quòd possint proficere in studio Parisiensi; ita tamen quòd quilibet prædictorum scholarium tam in redditibus & patrimonio, quàm ecclesiastico beneficio, ultra valorem quinquaginta librarum parisi. non habeat. Item, ordinamus quòd quilibet prædictorum scholarium habeat quâlibet septimanâ quatuor solidos parisienses pro bursa sua consueta, solvendos per manus procuratoris dictæ domûs, de quo inferiùs fit mentio; reservatis nobis & successoribus nostris abbatibus auctoritate & potestate augendi & diminuendi bursas prædictorum scholarium, prout ubertas vel caristia bonorum exegerit; ita tamen quòd annales expensæ, tam pro bursis dictorum scholarium, quàm aliis necessariis expensis utilibus & opportunis, facultates seu redditus dictæ domûs singulis annis non excedant. Item, statuimus quòd quicumque prædictorum scholarium per mensem continuum, tempore vacationis in studio Parisiensi in hoc minimè computato, mansus fuerit extrà domum prædictam, nec de licentia magistri dictæ domûs vel causâ legitimâ hoc fecerit, primâ vice ab emolumentis bursarum per unum mensem sequentem, secundâ vice per duos menses, & tertiâ vice ab omni beneficio dictæ domûs eo ipso supprimatur; volentes benè & statuentes quòd si aliquis prædictorum scholarium est consuetus à dicta domo abesse, tabernas & lupanaria frequentare, arma deferre, seu ludos inhonestos exercere, protinùs à di-

Tome II.   Kkk

cta domo expellatur & privetur ; prohibentes ne eorum aliquis Parisius extra domum jaceat, vel hospitem ad pernoctandum recipiat, aut aliquos, vel aliquem, vel aliquam per privilegium universitatis, vel aliàs alio nomine convenire seu citare faciat, vel sui nomine, nisi cum rationabili causa, & primitùs à magistro dictæ domûs petitâ licentiâ pariter & obtentâ ; qui magister, nisi causam rationabilem crediderit, licentiam concedere non præsumat, & si rationabilis extiterit, denegare. Item, statuimus quòd quilibet præfatorum scholarium, prout ejusdem status & facultates suppetunt, de libris quos audierit, & vestimentis & calceamentis honestis, cum cæteris opportunis, sibi provideat & procuret ; prohibentes districtiùs ne aliquis eorumdem comam vel barbam longam nutriat, vel ab aliis consociis in vestibus & calceamentis adeò difformiter se habeat, quòd ex hujusmodi gestu vel habitu indecenti domus aut societas vilescat aut scandalum patiatur. Volentes etiam quòd dicti scholares bini & bini habeant suas cameras in quibus studeant & jaceant, quas cameras binis scholaribus magister dictæ domûs cum consilio provisoris ejusdem dividat & assignet, prout discretè videbitur expedire ; & eosdem scholares, quatenùs se studio magis sedulos reddant, & vacare malis moribus vereantur, idem magister per cameras eorumdem, habens claves de iisdem, tam de nocte quàm de die, visitet diligenter, quoties viderit opportunum. Itemque statuimus quòd quâlibet septimanâ, per se vel per alium, sociis dictæ domûs victum quærat & emat, & in mensa cæteris distribuendo fideliter subserviat ; qui de misis & receptis, die Veneris in fine septimanæ coràm singulis tenebitur computare ; præcipientes quòd omnes simul comedant certis horis & loco consuetis, & quòd absentes, nisi rationabilis causa subsit de qua magister habebit cognoscere, priventur victualibus hujus horæ. Volentes etiam quòd antè prandium & antè cœnam eorum fiat benedictio, & in fine Deo reddantur gratiæ laudabiles & solemnes ; ad quas benedictionem & gratias, & ad legendum in mensa de Biblia seu de Legenda Sanctorum vel aliis moralibus pertinentibus ad salutem, præpositus præcedenti septimanæ, per se vel per alium, teneatur. Item, statuimus quòd scholares qui eumdem librum audient, ordine vel etiam uniformiter illum audient ab eodem magistro quem magister prædictæ domûs eis voluerit assignare ; quodque singuli eidem magistro vel ejus locum tenenti, seu magis provecto minùs provecti de eisdem, lectiones loco & horâ debitis & consuetis in quibus conveniant, reddere teneantur ; volentes quòd singulis certis diebus & horis fiat inter eos de sophismatibus collatio seu disputatio proficua ; in quibus, tam disputationibus faciendis, quàm reddendis & audiendis lectionibus, nisi rationabilis causa subsit de qua magister habeat cognoscere, se scholares non præsumant absentare, cætera quæ in his & aliis ad doctrinam studii vel ejus honestatem pertinebunt, & occurrentia, fidelitati & discretioni magistri, cui scholares obedire tenentur, penitùs relinquentes. Item, statuimus quòd quilibet prædictorum scholarium quâlibet die dicat horas de B. V. Dei genitrice Maria ; quòd diebus Dominicis & festivis antè sermonis horam, vel citò post sermonem, si potiùs videatur expedire, simul omnes in capella dictæ domûs habeant & audiant unam missam, volentes quòd eisdem diebus quibus ad fratres Prædicatores aut Minores, vel alibi Parisius, ubi solet publicè clericis scholaribus in Latino prædicari, vadant diligenter ad sermones, Dei verba & Sanctorum salubriter audituri ; præcipientes quòd ad minus diebus Dominicis pro suo principali fundatore præfato, videlicèt defuncto domino Petro *de Becoud*, cæterisque benefactoribus suis, in præfata capella dictæ domûs habeant & dicant vigilias altâ voce pro defunctis. Item statuimus quòd in dicta domo non sit columbarium nec stabulum ad equos alienorum recipiendos, & quòd nullus magister vel scholaris, aut alius de familia seu residens in domo prædicta, ultrà octo dies equum teneat in eadem ; præcipientes omninò quòd nullus canem teneat, columbas vel aves inhonestas nutriat ; volentes etiam quòd nullus habeat proprium servitorem, sed famuli sint communes omnibus scholaribus ; famuli per magistrum & saniorem partem scholarium conducendi, quoties fuerit opportunum, suis sumptibus & expensis, sub debito juramento singulis servire teneantur ; qui famuli jurabunt quòd personas magistri, provisoris & cujuscumque scholarium minimè diffamabunt, nec fovebunt aliquem vel aliquos in diffammatis excessibus inhonestis. Item, statuimus quòd quilibet præfatorum scholarium electorum, & in prædicta domo institutorum seu instituendorum in futurum, ut præfertur, in primo ingressu suo, & dum primò receptus
fuerit

fuerit in eadem, procuret sibi & provideat de lecto furnito, videlicet culcitrâ, pulvinari, duobus paribus pannorum lineorum, & copertura dicti lecti decentibus, item unâ pintâ, quatuor scutellis magnis & quatuor parvis de stanno, quæ omnia supradicta, si recedat vel decedat dictus scholaris, ad commodum dictæ domûs perpetuò remanebunt. Item, statuimus quòd quolibet dictorum scholarium decedente, post mortem ejus duos meliores libros quos habebat dùm vitam duceret in humanis idem scholaris, in testamento suo sub debito juramenti relinquere teneatur ad usum & commodum perpetuum dictæ domûs. Item, statuimus quòd debita dictæ domûs, seu redditus, eleemosynas, vel legata recipiat quicumque tunc fuerit procurator, vel ejusdem nomine, nec celabit quovis modo; volentes quòd si eorum aliquis alterum vel alteros per octo dies celantem vel celantes perceperit vel sciverit, & magistro per alios octo dies consequentes revelare negligat vel contemnat, protinùs recipiens, vel etiam percipiens non revelans, expellatur & privetur consortio dictæ domûs; præcipientes omninò ne magister & scholares, communiter vel divisim, dona, legata relicta, vel eleemosynas dictæ domui seu scholaribus factas inter se dividant quovis modo; sed si donum legatur, seu eleemosyna certorum solidorum, si majoris summæ exiftat, ad emendos redditus refervetur, si verò fuerit minoris summæ, in aliis dictæ domûs opportunis & neceffariis cafibus juxtà majoris partis scholarium & magistri arbitrium expendatur; & si residuum fuerit, ad emendum redditus, ut præfertur, refervetur. Item, statuimus quòd anno quolibet, certâ die per nos statuendâ, per provisores dictæ domûs à nobis & successoribus nostris pro tempore eligendos, tam de scientia quàm de moribus, fiat examen scholarium; quatenùs si sibi inventi fuerint se debitè habuiffe in moribus, & in studio laudabiliter profeciffe, pro sequenti anno recipiantur ad bursas, & in dictâ domo remaneant, sicut priùs, & dyscoli cæteri expellantur; volentes quòd dictâ die vel immediatè sequenti, de cunctis libris, ornamentis capellæ, cæterisque bonis & facultatibus dictæ domûs & utensilibus ejusdem fiat & renovetur inventarium; quæ omnia fieri volumus per provisores dictæ domûs, absque tamen sumptibus & expensis ejusdem; præcipientes insuper quòd qui scholaris vel magister primo anno fuerit procu-

Tome II.

rator, sicut dicetur inferiùs, de omnibus receptis & misis illius anni per ipsum factis, provisoribus præsentibus, cæterisque scholaribus dictæ domûs, reddendo rationem juxtà cursum varium monetarum, legitimè computare, & de summa quæ restabit, indilatè satisfacere teneatur. Item, ne præfati scholares tempus suum expendant in otiis, statuimus quòd quicumque præfatorum scholarium in artium facultate non deliberaverit infrà quinquennium à die ingreffus sui primi in dictâ domo numerandum, & licentiatus non fuerit infrà septennium, nullatenùs admittatur ad octavum; volentes quòd qui declinare voluerit* seu & licentiam, hoc sibi non liceat, nisi de provisore seu alterius eorumdem * & de consilio magistri dictæ domûs; sed potiùs ne scandalum domui propter ejus repulsam forsitan contingeret suboriri, primitùs examinetur si dignus fuerit ad præmissa; præcipientes omninò quòd nullus eorumdem ultrà terminum biennii post acceptam licentiam in dictâ domo commoretur, nisi causâ legitimâ per provisores domûs, de consensu magistri, cum aliquibus volentibus ad majora proficere, nec aliàs valeant, de quo fidem faciant verisimiliter probabilem, quoad tempus dispensetur. Item, statuimus quòd quilibet scholaris de novo recipiendus in dictâ domo, hæc quæ sequuntur juret; primò, quòd statuta & ordinationes præsentes per nos factas fideliter observabit. Item, quòd bona, jura, libertates dictæ domûs & utilitates, commoda & honorem ipsius pro posse suo conservabit, tuebitur & deffendet, ad quemcumque statum devenerit in futurum, nec contrà dictam domum jura seu libertates ipsius, per se vel per alios, interveniet vel se opponet in judicio vel extrà quovis modo. Item, quòd personas provisoris dictæ domûs, magistri, vel uniuscumque consortis sui comburfalis, non diffamabit ergà personas extraneas; sed si sciverit aliquem vel aliquos vitæ vel conversationis inhonestæ, sub secreto denuntiabit magistro seu provisoribus vel eorum loca tenentibus, ut provisores seu magister secundùm delictorum qualitates vel exigentias punitiones inferat debitas, minoribus per castigationem, majoribus per substractionem præbendæ etiam universæ, si casus exigat culpabilis; aliàs ad provisores habeat recurrere, si gravior fuerit excessus ejusmodi, quàm usque ad examen dissimulari possit. Item, statuimus quòd provisores dictæ domûs & magister, si opus sit, sub pœnis pecuniariis in societatis uti-

Kkk ij

* *Ce qui est entre ces deux astérisques ne peut être ni corrigé, ni entendu, à moins de voir l'original; ce qui ne nous a pas été possible.*

litatem convertendis, valeant statuta facere, & scholares dictæ domûs ad hæc servanda obligare. Item, statuimus quòd per nos vel provisores à nobis deputandos dictus magister prædictorum scholarium instituatur, qui sit magister vel saltem bachelarius licentiatus in artium facultate, vitæ laudabilis & conversationis honestæ, provectus, intelligens & discretus, qui præfatis scholaribus & familiæ dictæ domûs sub debito juramento præesse valeat & prodesse, & eosdem sub obedientiâ fideliter instituat & gubernet; qui magister bursam habeat scholaribus consimilem superiùs expressam; & quia eisdem scholaribus præesse habet, & ipsos tam in moribus quàm in scientiâ instruere, ac circà negotia, utilitatem & promotionem dictæ domûs multipliciter vacare; volumus quòd juxtà munera sua, secundùm facultates domûs, quolibet anno fiat sibi compensatio laboris, prout nos aut provisores nostro nomine fore faciendum decreverimus. Item, statuimus quòd si nobis seu provisoribus à nobis deputatis seu deputandis videatur & legitimè appareat futuro tempore redditus dictæ domûs fuisse tantùm augmentatos & ad hoc posse sufficere, quòd cum præfato numero scholarium per nos vel dictos provisores, de prædicti magistri consilio, unus sacerdos scholaris de civitate aut diœcesi Morinensi, ut præfertur, vitæ laudabilis deligatur, instituatur, & in dictâ domo ponatur, qui singulis septimanis in capella dictæ domûs pro præfato testatore, singulis benefactoribus sui ac domûs præfatæ, tam vivis quàm defunctis, ac quâlibet die Dominicâ vigilias & in crastinum missam pro defunctis, ut superiùs est expressum, teneatur celebrare; qui quidem capellanus singulis septimanis bursam cæteris scholaribus consimilem percipiat, & ibidem commoretur, & eisdem scholaribus se conformet. Item, statuimus quod per prædictos provisores seu commissarios nostros semel quolibet anno alter prædictorum scholarium, vel magister, de magistri & sanioris partis eorumdem consilio, procurator dictæ domûs eligatur & constituatur, qui bona, redditus & proventus dictæ domûs recipiet & exigens, per dicti magistri consilium, tam pro bonis consuetis, quàm cæteris, in capellæ seu domorum reparationibus & aliis opportunis in fine suæ procurationis præfatæ sub debito juramento computaturus, redditus legationum fideliter administret; volentes etiam quòd præfati commissarii nostri seu provisores dictæ domûs, auditis computis, ut præfertur, statum domûs nobis abbatibus & successoribus nostris singulis annis referant & scribant, sine tamen expensis dictæ domûs & sine custu. Statuimus insuper quòd hæ nostræ præsentes ordinationes & statuta singulis annis semel ad minùs, præsentibus provisoribus & commissariis nostris, necnon scholaribus & capellano dictæ domûs, legantur, ut meliùs memoriæ singulorum commendentur, & firmiùs ab omnibus observentur. Præcipimus etiam quòd in certo loco dictæ domûs & securo ordinetur arca fortis quæ tres habeat claves, in qua chartæ, litteræ, deposita, & cætera monimenta cariora reponantur & ibidem deposita fideliter reserventur; quarum quidem clavium unam habebunt & custodient commissarius, si solus electus per nos fuerit; secundam magister; & tertiam unus dictorum scholarium electus ab eisdem. Regimen verò dictæ domûs & scholarium, quorum redditus & proventus assignati per chartas & litteras modò factas possunt pleniùs apparere, penès nos & successores nostros retinemus, potestate, facultate & auctoritate nobis & successoribus nostris abbatibus expressè reservatis per præsentes, circà præmissa omnia aut eorum aliqua seu singula, prout nobis utile visum fuerit pro utilitate domûs, scholarium, magistri & capellani, dispensandi juxtà temporum varietatem & discrimen. Quæ omnia & singula ut laudabiliùs & firmiùs perseverent, supplicamus reverendo in Christo patri ac domino Dei gratiâ episcopo Parisiensi, quatenùs ordinationes vel statuta præfata per nos facta, ut præfertur, sui sigilli appensione muniat, ejusque ordinariâ auctoritate & potestate approbet, valere decernat & confirmet. Datum sub sigillis nostris ad robur & testimonium præmissorum omnium & singulorum, anno Dom. M. CCC. LVII. die XVIII. mensis Novembris. Tenor verò litterarum supradicti militis, de quibus fit mentio, per omnia sequitur in hæc verba:* A TOUS CEUX qui ces presentes lettres verront & oirront, Pierre Becoud chevalier seigneur de Flechinel, salut & dilection. Comme veritable & notoire chose soit à un chacun, que pour semer bonne semence en bonne terre, & pour en bonne terre planter bons arbres, obtient-on bon fruit, & convient le labeur preceder le proffit; & soit aussi claire chose, que par enfans bien apprenant & ayant de quoy apprendre, soient faits sages hommes par lesquels le pays là où ils demeurent, soit enluminé, conseillé

* *Testament de Pierre de Becoud fondateur du college de Beaucour.*

AN. 1355.

& conforté ; fachent tous que ayant confideration à ceque dit eft, voulans auffi procurer à mon pooir au falut de m'ame; attendant que charitable chofe & œuvre à Dieu plaifant eft de bailler vivre & hofpitalité à enfans de bonne doctrine, dont ils puiffent apprendre & venir à perfection en chofes qui regardent l'utilité publique & proffit commun, dont à toufjours lefdits enfans, en quelconques eftats qu'ils viennent, font tenus à prier pour l'ame de celui dont ils ont eu le proffit deffus dit ; veux & ordonne par maniere de liberale donation & en nom de pure aumofne, que ma maifon que j'ai à Paris au mont fainte Genevieve, ainfi comme elle fe comporte & contient devant & derriere, fans rien excepter ; item, une dixme que on dit la dixme d'Ame, que je prends & ai chacun an en ladite ville d'Ame deffous Nedon en Artois, & en plufieurs villes des contours, environs & appartenances ; item, une que je prends & ai chacun an en la ville & contours de Gouy deffous Bovines & appartenances, avec tous les droits, proffits & émolumens appartenans ezdites dixmes, lefquelles font feans en l'évefché de Therouenne, foient appartenans tantoft après mon decez heritablement & à toujours, à huit efcholiers pris & efleus, toutes fois que le cas fi offerra, en le evefquié de Therouenne, excepté qu'il y a dudit evefquié au pays de Flandre, par reverend pere en Dieu monfieur l'abbé de faint Bertin en faint Omer, & monfieur l'abbé du Mont-faint Eloy ; lefquels efcholiers demoureront à Paris en ladite maifon par moi & eux aumofnée, comme dit eft, & aura un chacun quatre fols parifis la fepmaine, à prendre fur lefdites dixmes, & eftudieront lefdits efcholiers en logique & philofophie. Et toutes fois qu'il femblera à meffeigneurs les abbez que bon foit d'en ofter ou mettre aucun ou aucuns, faire le pourront, & au lieu de celui ou de ceux, remettre autre ou autres, & tous d'y tenir ledit nombre plein des fufdits huit efcholiers, fuppofé qu'aucun en mouruft ou fe preftre feift par aucune maniere. Au proffit defquels deffufdits efcholiers, à prendre aux lieux deffufdits & par les perfonnes deffufdites, je donne dez maintenant ladite maifon & dixmes pour joüir & poffeder après mon decez par lefdits efcholiers fucceffivement, ainfi qu'ils feront mis & eflus l'un après l'autre, heritablement & à toujours, fans y rien retenir, fors feulement mondit viage ; & en tranfporte en iceux & à leur proffit dez maintenant pour adonques, par ces prefentes lettres, la proprieté & la faifine, en y retenant mondit viage tant feulement, comme dit eft. Item, je donne & laiffe aux deffufdits efcholiers la fomme de mil vingt huit livres parifis forte monnoie, un gros tournois d'argent de droict poids & bon alloy pour douze deniers parifis, que mes chier fire meffire le duc de Bretaigne me doibt, après mon decez, pour d'icelle fomme d'argent faire pourchacer l'amortiffement de ladite maifon & dixmes par moi ordonnées & aumofnées ezdits efcholiers. Et la donation & tranfport deffufdits je ay fait & fais incommutablement & irrevocablement, fans que je ou mes hoirs ou mes executeurs ou les ayant caufe de moi puiffent jamais aucune chofe demander ou reclamer par voye ou maniere quelconque, ou par quelconque caufe que ce foit, excepté mondit viage, comme dit eft, tant feulement ; & à che je oblige moi, mes hoirs, mes biens & les biens de mes hoirs prefens & avenir. Item, au cas qu'il plaira à mefchiere dame madame Marie de faint Paul comteffe Pembrok mettre efcholiers en ladite maifon outre le nombre que je ai ordonné, & pourvoir iceux de rente, je vueil, accorde & octroye qu'en ladite maifon & pourpris d'icelle feulement lefdits efcholiers ordonnez par madite dame, ayent autel advantage en ladite maifon & pourpris pour leur demourance feulement, comme cil que je y ay ordonné eftre mis & eftablis. En tefmoignage defquelles chofes je ay mis mon propre fcel à ces deffufdites prefentes. Ce a efté fait & donné le XII. jour de Septembre l'an de grace M. CCC. LIII. *Tiré d'une copie communiquée par M. Maillard avocat au parlement.*

Reglement pour le college de Boncour.

À Tous ceux qui ces prefentes lettres verront, meffire François de Lieres par la permiffion divine & du faint fiege apoftolique abbé de l'églife & abbaye de faint Bertin immediatement fubjet audit faint fiege, prefident de la congregation des monafteres exempts de l'ordre de faint Benoift au pays bas, dans la ville de faint Omer, & meffire Pierre le Roy auffi abbé de l'églife & abbaye du Mont-faint Eloy lez Arras, confeiller du roy en fes confeils d'eftat & du confeil provincial d'Artois, fuperieurs & provifeurs du college de Boncours en l'univerfité de Paris, falut. Savoir faifons que veu par nous le procez verbal de la vifite faite au

AN. 1668.

dit college par religieuse personne frere Jacques de la Nouë-Boüet prestre, chanoine regulier de l'abbaye de saint Victor à Paris, bachelier en theologie, conseiller, aumosnier & predicateur ordinaire du roy, & nostre vicaire general en l'administration de nostre college, en date du XIII. d'Aoust dernier, & desirant restablir la discipline & le bon ordre audit college, conformément aux statuts & fondation d'icelui ; avons statué, reglé & ordonné, statuons, reglons & ordonnons ce que s'ensuit. I. La fin de l'institution dudit college estant pour former certain nombre d'escoliers tant ez bonnes mœurs qu'ez lettres ; le principal dudit college aura soin que les boursiers & lui-mesme resident actuellement audit college, sans en pouvoir estre absens l'espace d'un mois, à peine d'estre privez des fruits de leur bourse pour un mois pour la premiere fois; & s'ils font recidive une seconde fois, ils perdront les fruits de deux mois ; & à la troisiéme, seront chassez dudit college ; leur deffendant bien expressément de s'attacher à aucun service ou autre emploi qui les puisse empescher en ladite residence & en leurs estudes. Ne pourront mesme coucher une seule nuit hors du college, ni recevoir aucune personne à coucher dans leur chambre, sans la permission expresse dudit principal. II. Que le service divin porté par les statuts & fondation, tel que de reciter l'office de la Vierge tous les jours, & l'office des morts pour l'ame du fondateur tous les Dimanches de l'année, se dira par les boursiers & principal en la chapelle dudit college, laquelle à ces fins sera restablie en estat décent & convenable ; & si faire se peut, ledit principal y dira ou fera dire la messe tous les Dimanches & festes, à laquelle assisteront lesd. boursiers. III. Que tous les boursiers vivront sans scandale, & s'abstiendront de frequenter les tavernes & lieux infames ou suspects ; ne porteront pas d'armes ; ne s'adonneront aux jeux deffendus ; porteront des habits modestes & conformes à leur estat ; frequenteront les sacremens de confession & communion, au moins une fois le mois ; feront les prieres en commun tous les soirs & matins en ladite chapelle ou autres lieux que designera ledit principal ; & de tout ce que dessus lui rendront compte & raison toutes fois & quantes qu'ils en seront requis ; lequel principal aura la clef commune de toutes leurs chambres pour les visiter de temps en temps, & examiner s'ils font bien leur devoir. IV. Que les boursiers vivront en commun, & qu'à cet effet les quarante livres leguées par feu monsieur Cornet, receuës par ledit principal, seront fidellement employées à acheter ce qui sera necessaire pour meubler la table & la salle commune ; & le surplus qu'il conviendra avoir pour lesdits meubles & usage, sera pris sur les revenus dudit college ; à laquelle table commune voulons qu'un desdits boursiers fasse la lecture de la Bible ou autres livres selon l'ordonnance dudit principal, conformément ausdits statuts. V. Que certain jour de la semaine à nommer par le principal, se fera une dispute ou repetition de la philosophie par lesdits boursiers, chacun à son tour, à laquelle tous & chacun seront tenus assister ; & une fois l'an, s'il plaist à nostre vicaire general, se fera un examen des estudes & profits desdits boursiers, & mesme de leurs mœurs & comportemens, pour corriger les abus qui se pourront glisser par laps de tems contre l'observance ancienne de nosdits statuts. VI. S'il arrive quelque different entre le principal & lesdits boursiers, ou entre lesdits boursiers, ils ne se pourront porter en justice sans nous avoir préalablement communiqué ou à nostre vicaire general resident à Paris, pour le terminer, si faire se peut, à peine de privation des fruits de leur bourse pendant le temps que dureroit le procès intenté sans nostre participation. VII. Finalement voulons & entendons que le principal & les boursiers dudit college feront à leur reception le serment porté par lesdits statuts, & promettront d'observer nos susdites ordonnances, à savoir ledit principal en nos mains, ou de nostredit vicaire general, & lesdits boursiers entre les mains dudit principal. VIII. Finalement voulons & entendons que ce present reglement soit executé & observé en tous ses points, le tout sans préjudice ou innovation aux statuts primitifs faits en l'an 135*3. qui demeureront en leur force & vigueur, nonobstant opposition ou appellation quelconque, & sans préjudice d'icelle ; pour laquelle execution sera, si besoin est, imploré le secours de la justice tant ecclesiastique que seculière. Donné par nous abbé de saint Bertin en nostre chasteau d'Arques, & par nous abbé du Mont-saint Eloy en nostre monastere, sous nos signes & sceaux ordinaires, le III. de Septembre M.DC.LXVIII. *Ainsi signé*, F. DE LIERES abbé de saint Bertin, & P. LE ROY abbé du Mont-saint Eloy, *& scellé des sceaux desdits sieurs abbez*. Ibidem.

* Ou plustost 1357.

Anciens

JUSTIFICATIVES. 447

Anciens statuts des petites escoles de Paris.

Antiqua statuta parvarum scholarum grammaticalium villæ, civitatis, universitatis, & suburbiorum ac banleucæ Parisiensis, quæ reperta sunt in veteri libro domini cantoris ecclesiæ Parisiensis scripto anno Domini M. CCC. LVII.

AN. 1357.

QUILIBET magister vel magistra tenetur ad ista per juramentum. I. Quòd fideliter exercebit officium docendi pueros, diligenter eos instruendo in litteris, bonis moribus & bonis exemplis. II. Quòd exhibebunt honorem & reverentiam domino cantori ecclesiæ Parisiensis, & quòd jura cantoriæ pro posse fideliter observabunt, ad quemcumque statum pervenerint. III. Quòd in his quæ spectant ad scholarum regimen, exhibebunt obedientiam eidem cantori. IV. Quòd nullus magistrorum pueros socio allocatos sine illius licentia tenebit, & donec de illis se teneat pro contento. V. Nullus subtrahet, per se vel per alium, pueros alteri sociorum conductos. VI. Nullus socium suum detrectoriè diffamabit; poterit tamen denuntiare cantori. VII. Nullus tradet scholas suas ad firmam, nec habebit socium, sed habere poterit submonitorem. VIII. Nullus tenebit submonitorem qui cum alio magistrorum fuerit, nisi tribus scholis intermediis. IX. Nullus procurator alicujus curiæ scholas obtinebit. X. Nullus capellanus similiter, aut beneficiatus, absque dispensatione domini cantoris. XI. Nullus submonitor tenebit scholas juxta magistrum suum, nisi tribus scholis intermediis. XII. Nullus magistrorum mulierem mœchantem tenebit. XIII. Quilibet tenebit pacem cum socio; & de discordia propter scholas orta, stabit in dicto domini cantoris sub pœnâ privationis scholarum. XIV. Nullus trahet coràm alio quàm cantore socium de causa orta ex scholis, sub pœnâ antedictâ. XV. Nullus recipiet scholas ab alio collatore in aliqua parochia: esto quòd de facto alius à cantore voluerit dare sibi. XVI. Quilibet debet interesse in vigilia sancti Nicolai in vesperis, in die in missa, & hora vesperarum, in vigiliis pro defunctis, & in crastino in missa. XVII. Quilibet magister aut magistra stabit in limitibus gratiæ suæ, ità quòd non excedet in numero & sexu puerorum, seu etiam in qualitate librorum. XVIII. Quilibet reddet litteram cantori in fine anni, scilicet in nativitate sancti Joannis, vel etiam quandò dimittet scholas. XIX. Non intendit cantor alicui dare scholas, nisi usque ad terminum nativitatis sancti Joannis, & nisi habeat litteram. XX. Si quis excedat numerum puerorum, retinet cantor in sua dispositione pretium scholarium ultrà numerum concessum. XXI. Nullus exeat villam nisi sit festum, nisi de licentia cantoris, & nisi dimittat submonitorem sufficientem, & hoc de consensu cantoris. XXII. Omnes magistri & magistræ debent esse in exequiis magistrorum seu magistrarum. XXIII. Nulla mulier habeat nisi filias, absque dispensatione cantoris, nec magister nisi pueros, nisi de ejusdem dispensatione. XXIV. Nullus doceat libros grammaticæ, nisi sit bonus grammaticus & sufficiens. XXV. Si quis sciat aliquem docentem pueros sine licentia cantoris, revelabit statim cantori. XXVI. Pro scholis habendis nihil dederunt aut promiserunt, nihilque in futurum promittent seu dabunt. XXVII. Similiter pro scholis alicui magistro procurandis nihil ab aliquo recipient, seu aliquod pactum facient. XXVIII. Item, si contingat vos capere vice-magistrum, præsentabitis eum domino cantori infrà octo dies, & antequàm pactum aliquod feceritis cum ipso vice-magistro; & si cantor sit absens, simili formâ præsentabitis procantori, in quo casu ibitis ad illum quem procantor vobis nominabit, & non recipietis vice-magistrum, nisi de beneplacito cantoris. XXIX. Item, non recipietis vice-magistrum nisi de consensu domini cantoris, aut ipso absente, procantoris ejus, seu deputati per ipsum. *Tiré du livre des statuts & reglemens des petites escoles imprimé à Paris en 1672. pag. 1.*

Autres statuts des petites escoles de Paris, tirez du livre de M. le chantre.

PREMIEREMENT, sont tenus tous les maistres & maistresses d'école d'estre & comparoir le jour & feste de saint Jean Porte-Latin, pour entendre l'exhortation que fait mondit sieur le chantre, ou autre par lui commis, oüyr la lecture desdites ordonnances, & estre appellez par leurs noms & surnoms, selon les paroisses où ils exercent lesdites écoles, à peine de huit sols parisis d'amende. II. Item, jurent lesdits maistres & maistresses, qu'ils porteront honneur & reverence à mondit sieur le chantre qui est leur chef, & qu'ils garderont selon leur pouvoir les droits de ladite chantrerie de Paris. III. Item, ils promettent & jurent que fidelement ils exerceront l'office qui leur est commis:

c'eſt à ſçavoir qu'ils inſtruiront les enfans qu'ils auront, en bonnes mœurs, exemples & ſciences; & pour cet effet ils feront le catechiſme deux fois la ſemaine, ſçavoir le Mercredy & le Samedy. IV. Item, tous les maiſtres & maiſtreſſes entretiendront la paix & concorde les uns envers les autres; & en cas qu'aucun diſcord ſurvienne entr'eux ſur le fait deſd. écoles, ils ne ſe pourvoiront que pardevant mondit ſieur le chantre, ſur peine de privation deſd. écoles & de l'amende. V. Item, aucun maiſtre & maiſtreſſe ne diffamera & ne dira aucune injure l'un à l'autre, ſous peine de privation deſdites écoles. VI. Item, nul maiſtre n'aura aucun ſubmoniteur qui ait eſté ou demeuré avec autre maiſtre, s'il n'y a diſtance de deux ou trois écoles de celle dont il eſt ſorti, à celle où il eſt entré, ſous peine au maiſtre qui le prendra de privation deſd. écoles. VII. Item, nul maiſtre ni maiſtreſſe ne recevra en ſes écoles les enfans qui ſeront ſortis d'autres écoles, s'il lui eſt ſignifié de paroles verbales que le ſalaire eſt deû au maiſtre de chez qui ils ſont ſortis, ſous peine de l'amende ordinaire & de payer ce qui ſera dû audit maiſtre ou maiſtreſſe. VIII. Item, nul ne ſouſtraira ou demandera les enfans qui vont és autres écoles, & ne les attirera chez lui en quelque maniere que ce ſoit, ſous peine de l'amende & de parjure. IX. Item, il eſt deffendu à tous maiſtres de tenir des filles en leurs écoles, & aux maiſtreſſes de tenir des garçons, ſous quelque prétexte que ce ſoit, à peine de privation deſd. écoles. X. Item, deffenſes tres-expreſſes ſont faites à tous maiſtres & maiſtreſſes de joindre leurs écoles, & d'avoir compagnons pour eſtre en profit commun: mais bien ſera permis d'avoir ſubmoniteur ou aide convenable, par licence de mondit ſieur le chantre, & non autrement. XI. Item, nul preſtre ou clerc tenant benefice en ſainte égliſe, ne pourra tenir école en la collation de mond. ſieur le chantre, ſans diſpenſe de lui. XII. Item, nul ne tiendra école en cette ville, fauxbourgs & banlieuë d'icelle, ſans avoir lettres de mondit ſieur le chantre, à peine de l'amende portée par les arreſts. XIII. Item, tous & chaſcuns maiſtres & maiſtreſſes doivent rapporter leurs lettres la veille & le jour de ſaint Nicolas d'eſté, entre les mains de mondit ſieur le chantre ou ſon vice gerent, pour en prendre de nouvelles, ſi bon ſemble à mond. ſieur le chantre. XIV. Item, il eſt expreſſement deffendu à tous maiſtres de tenir ni loger chez eux aucune diffamée, ou perſonnes ſuſpectes, ſous peine de privation deſdites écoles. XV. Item, il eſt tres-expreſſément deffendu à tous maiſtres & maiſtreſſes de mener ou faire mener leurs enfans par la ville à cheval ou autrement, en habits diſſolus, tambours, trompettes, ni inſtrumens, en quelque ſorte & maniere que ce ſoit, à peine de cent ſols pariſis d'amende, applicable moitié à la confrairie, & l'autre moitié aux pauvres. XVI. Item, enjoint & commande mondit ſieur le chantre à tous maiſtres & maiſtreſſes, ſous peine de l'amende, qu'ils ayent à mettre tableaux à leurs portes ou feneſtres, pour plus facilement les trouver. XVII. Item, nul ne changera de domicile pour aller demeurer en un autre, ſans en avertir le promoteur de mondit ſieur le chantre, ſous peine de privation des écoles. XVIII. Item, nuls maiſtres & maiſtreſſes ne s'approcheront les uns des autres pour tenir écoles, plus près de vingt maiſons pour les quartiers non peuplez, & de dix pour ceux qui ſont peuplez, ſous peine de privation deſd. écoles. XIX. Item, tous leſdits maiſtres & maiſtreſſes doivent, & leur eſt enjoint de ſe trouver tous enſemble les jours de ſaint Nicolas d'hyver & d'eſté aux premieres veſpres, & ledit jour à la grande meſſe & aux ſecondes veſpres, & de payer leur confrairie, comme ils ont accouſtumé, & le lendemain d'aſſiſter au ſervice des trépaſſez, pour prier Dieu pour les ames de leurs confreres & ſœurs maiſtres & maiſtreſſes trépaſſez & des bienfacteurs de la confrairie. XX. Item, il eſt enjoint à tous maiſtres & maiſtreſſes, ſuivant leur ſerment, s'ils ſçavent quelques uns qui tiennent écoles ſans le congé de mond. ſieur le chantre, d'en avertir mondit ſieur le chantre ou ſon promoteur, pour y eſtre pourveû. XXI. Item, tous maiſtres & maiſtreſſes doivent aſſiſter aux meſſes & ſervices, obſeques & funerailles qui ſe font pour les maiſtres ou maiſtreſſes, quand ils en ſeront avertis. XXII. Item, tous les maiſtres & maiſtreſſes doivent au ſortir du ſynode aller en l'égliſe Noſtre-Dame dire trois fois *Pater* & *Ave*, afin que noſtre Seigneur Jeſus-Chriſt, par l'interceſſion de la glorieuſe Vierge Marie & de ſaint Nicolas leur patron, leur donne la grace de pouvoir bien, & deûment gouverner & inſtruire les enfans qui leur ſont & ſeront commis, & grace & volonté aux-dits enfans d'y obéïr, au plaiſir & contentement de leurs parens & amis, & au ſalut de leurs ames. Deſquelles choſes nous

nous prions le Pere, le Fils & le Saint-Esprit, qui est beny dans les siecles des siecles. Ainsi soit-il. *Ibid. p. 6.*

Procez verbal d'une assemblée des maistres & maistresses d'école de Paris l'an 1380. en la maison de M. le chantre de l'église de cette ville.

Extrait des anciens registres des écoles.

AN. 1380.

IN nomine Domini, amen. Per præsens publicum instrumentum pateat universis, quòd anno Domini M. CCC. LXXX. indictione III. mensis Maii die VI. pontificatûs sanctissimi in Christo patris & domini nostri domini Clementis divinâ providentiâ papæ VII. anno II. in domo quam habitat in claustro Parisiensi circumspectus vir magister Guillelmus Salvarvilla sacræ paginæ professor, cantorque Parisiensis, in aula inferiori ejusdem domûs constitutis præfato domino cantore, virisque venerabilibus, providis & discretis personis ac honestis mulieribus, scolas in arte grammatica in villa Parisiensi & intrà banleucam exercentibus, regentibus & tenentibus, quorumque & quarum nomina & cognomina subsequuntur. Et primò dominus Robertus *Vuitzart*, Nicolaus de Monte-cornuti, Jacobus *Edalart*, Robertus de Balla, Laurentius *Josses*, Gallerius *Gorassy* baccha-laureus in decretis, dominus Petrus *Vieiary* bacchalaureus in decretis, Nicolaus *Mahere*, Joannes *Ciffleot*, dominus Joannes *Lambert*, magister Johannes *Taignon* magister in artibus, Guillelmus *Constant*, magister Joannes de Moreveo magister in artibus, dominus Guillelmus *Hervey*, Petrus *de Fluvet*, magister Michaël *le Drapier* magister in artibus, magister Guillelmus *Avis* magister in artibus, Radulphus de Astella, dominus Joannes de Colengüis, Joannes Olvari, dominus Nicolaus *de Bincellier*, Guillelmus *Boulon*, dominus Petrus *Cabert*, magister Nicolaus de Valle magister in artibus, Bertrandus *Seguin*, dominus Joannes *Milet*: magister Guillelmus *Gouloch* magister in artibus, Joannes de Jocis, Joannes *Rouget*, Joannes *la Crouche*, Stephanus *Troucheli*, dominus Robertus *Estat*, dominus Petrus Davidis, dominus Yvo de Porta, magister Guillelmus *Parin* magister in artibus, Joannes de Paello, dominus Bernardus de Piseyo, dominus Joannes Bernardi, Joannes *Asselin*, Joannes *de Haye*, dominus Stephanus de Molendino, tam clerici quàm laïci. Joanna de Vieneria, Joanna Pelleperia, Sersiva *la Berangiere*,

Mariana de Porta, Joannetta *la Merciere*, Pereta *la Verierre*, Joannetta *du Deluge*, Martineta *la Thomasse*, Jacqueta *la Denise*, Joannetta *la Morelle*, Joanna de Castellione, Jacquelina de Transvecio, Joanna *la Feronna*, Maria *de Lingon*, Joanna *de Ballieres*, Deniseta *de Nerel*, Joanna de Asmoradiato, Edeleta *la Juiote*, Marguareta *la Choquette*, Joanna *la Bourgeoise*, Maheuta *la Bernarde*; tam rectores quàm rectrices scolarum grammaticalium. Præfatus dominus cantor fecit legi explicitè juramenta contenta in quodam libro, quem penès se retinuit; & quilibet asseruit se aliàs ipsa juramenta præstitisse; quorum juramentorum tenor in prædicto libro sequitur in hæc verba: QUILIBET magister vel magistra tenetur ad ista per juramentum. I. Quòd fideliter exercebit officium docendi pueros, diligenter eos instruendo in litteris, bonis moribus & bonis exemplis. II. Quòd exhibebunt honorem & reverentiam domino cantori ecclesiæ Parisiensis, &c. *cy-dessus pag. 447.* Acta fuerunt hæc anno, indictione, mense, die, loco & pontificatu, quibus suprà, præsentibus discretis viris domino Joanne *Guery* presbytero capicerio ecclesiæ sancti Stephani de Gressibus Parisiensis, & Ivone de Fageto clerico Corisopitensis diœcesis, testibus ad hæc vocatis specialiter & rogatis.

Et ego Ivo Mareschalis Leonensis diœcesis clericus, publicus apostolicâ & imperiali authoritate notarius, præmissis omnibus & singulis, cùm fierent, dicerentur & agerentur, prout superiùs continetur, unà cum prænominatis testibus præsens fui, & ea in hanc publicam formam redigendo per alium scribi feci legitimè occupatus; ideò hîc subscripsi, signumque meum consuetum apposui rogatus.

Collation de la presente copie a esté faite sur son original estant en parchemin; ce fait, rendu par les notaires garde-notes du roy nostre sire en son Chastelet de Paris, soussignez, l'an 1609. le douziéme jour de Juin. *Signé* IRIVO. LE BOUCHET. *Ibid. pag.* 177.

Arrest de la cour de parlement de Paris, au sujet de l'instruction des enfans, & des petites écoles de Paris.

AN. 1554.

LA Cour, après avoir veu par elle les XXXIV & XXXV. articles de l'edit fait par le roy touchant la connoissance, jurisdiction & jugement des procez des Lutheriens & heretiques, appartenans à tous juges présidiaux, par lesquels par led.

XXXIV. article, d'autant que led. seigneur auroit esté averti que plusieurs jeunes enfans par la fausse & mauvaise doctrine de leurs maistres & pédagogues sont tombés dans l'erreur & heresie, pour l'instruction qu'ils ont euë esdites nouvelles doctrines; il a ordonné que doresnavant aucun ne seroit reçeu à tenir école & instruire és premieres lettres lesdits jeunes enfans, que premierement il n'ait esté deûment approuvé de ceux à qui par droit & coustume appartiendra la provision desdits estats & maistrises; leur enjoignant qu'ils ayent, avant que pouvoir pourvoir d'iceux estats & maistrises, à eux informer bien exactement des mœurs, qualités & conversation desdits maistres & regens, ainsi que pour raison ils sont tenus & doivent faire, & ce sous peine de s'en prendre à eux, si faute en avient: exhortant par ces presentes, peres & meres, que pour la pitié, amitié & charité qu'ils doivent porter à leurs enfans, ils se donnent bien garde de ne prendre aucuns desdits pédagogues en leurs maisons pour l'instruction de leursd. enfans, & après les envoyer sous leur conduite és universitez, premierement ils ne soient bien asseurez de leurs bonnes vies, & qu'ils ne seront aucunement entachez desdites erreurs & nouvelles doctrines, afin que par la negligence & peu de soin que pourroient avoir lesdits peres & meres en cet endroit, leursdits enfans ne se perdent. Et par l'edit XXXV. article, enjoint ledit seigneur à toutes personnes ayant droit & charge de commettre maistres & principaux aux colleges des universitez de ce royaume, mesme de celle de Paris, qu'ils ayent à y pourvoir gens de bonne vie & religieuse conversation, non suspects desd. nouvelles doctrines; & aux principaux ainsi par eux instituez, de ne commettre ne bailler charge esdits colleges pour l'instruction des enfans estans en iceux, aucuns regens qui ne soient gens de bien & non suspects desdites doctrines; ayant tel égard & vigilance sur eux qu'ils ne puissent pervertir le bon naturel & entendement desdits enfans. Et s'ils trouvoient aucuns regens qui couvertement ou autrement eussent quelque imitation ou intelligence esdites nouvelles doctrines, ils n'eussent à faillir incontinent de leur oster la charge à eux baillée, sans plus les laisser frequenter avec lesdits enfans & jeunes écoliers; & neanmoins s'ils avoient ainsi fait faute notable, ils en avertiront l'evesque, ou ses vicaires, ou les juges présidiaux, pour chacun en son égard en faire la punition. Et estant ladite cour avertie que plusieurs gens d'église & autres personnes qui tiennent écoles secrettes & buissonnieres, sans avoir esté approuvez du chantre de Paris collateur des petites écoles de la ville, fauxbourgs & banlieuë de Paris, és églises & autres lieux dont ledit chantre ne peut avoir connoissance, & sçavoir quelle doctrine est enseignée aux petits enfans, tant masles que femelles, pour à quoy obvier, après que le procureur general l'a consenty: LADITE COUR a pour aucunes causes & considerations à ce la mouvans, ordonné & ordonne lesdits articles estre leûs & publiez à son de trompe par les carrefours de cette ville de Paris, & devant les principaux colleges d'icelle, à ce que nul par cy-après n'en puisse prétendre cause d'ignorance. Et a enjoint & enjoint ladite cour aux personnes de la qualité declarée esdits articles, d'y obéir & satisfaire entierement & n'y contrevenir, sur peine d'amende arbitraire & de prison, & de punition corporelle, si mestier est, quant aux laïques, & quant aux gens d'église, sur peine de saisissement de leur temporel. Fait en parlement le sixiesme jour d'Aoust M.D.LII. & publié à son de trompe & cry public par les carrefours de cette ville de Paris, suivant l'arrest donné par la chambre ordonnée par le roy au temps des vacations, le vingt-quatriesme de Septembre audit an. Signé MATON. *Ibid. pag.* 61.

Autre arrest du parlement de Paris, concernant les petites écoles de cette ville.

ENTRE les principal & boursiers du college Maistre-Pierre-Bertrand, dit d'Autun à Paris, & maistre Barthelemy du Pré soy disant boursier dudit college, appellans comme d'abus de certaine sentence donnée par l'official de Paris ou son vice-gerent le vingt-sixiesme jour de May dernier, ensemble des procedures precedentes sur lesquelles ladite sentence est intervenuë, & de tout ce qui s'en est ensuivi, d'une part; & maistre Jean Moreau chanoine & chantre de l'église de Paris, & maistre Thomas Bertoul prestre, maistre des petites écoles en la paroisse saint Severin, intimés, d'autre. Après que Perichart pour les appellans, & du Mesnil pour les intimés ont esté oüys, ensemble le procureur general du roy: APPOINTE' est que nostredite cour, entant que touche ladite appellation comme d'abus, a mis & met les parties hors de cour & de procez,

AN. 1552.

procez, sans despens de part & d'autre; & au surplus, après avoir oüy sur ce le procureur general du roy & ledit Moreau, a ladite cour enjoint & enjoint audit chantre en ladite église de Paris, de donner ordre que, hors les petites écoles qui sont & seront destinées par ledit chantre en cette ville de Paris, ne se tiennent aucunes autres écoles buissonnieres, & ce pour obvier aux inconveniens qui en pourroient advenir, pour la mauvaise & pernicieuse doctrine que l'on pourroit donner aux petits enfans, pervertissant leurs bons esprits; & outre de ne permettre & souffrir par ledit chantre que les maistres ayent aucunes filles esdites écoles, pour instruire avec les garçons, ne semblablement les maistresses d'école aucuns garçons avec lesdites filles. Et outre ordonne ladite cour que le chantre ne pourvoira à l'avenir aux dites petites écoles maistres qui soient prestres habituez aux églises des paroisses, si faire se peut, ains y commettra autres personnes qualifiées de la qualité de maistre és arts pour le moins, mesmement és petites écoles des grandes paroisses, comme saint Eustache, saint Severin & autres; & où il conviendroit y commettre prestres, enjoint ladite cour audit chantre de n'en recevoir qui ne soit de la mesme qualité, & qu'il les charge de résidence ordinaire en leursdites écoles. Fait en parlement le septiesme jour de Fevrier, l'an M. D. LIV. Signé BERNIER. Ibid. pag. 66.

Mandement de Pierre de Gondy evesque de Paris, au mesme sujet.

AN. 1570.

PETRUS DE GONDY miseratione divinâ Parisiensis episcopus; omnibus & singulis parochialium ecclesiarum nostræ Parisiensis diœcesis rectoribus seu curatis, eorumve vicariis, salutem in Domino. Vobis mandamus quatenùs ad tollendas & extirpandas hæreses, perversa dogmata & doctrinas fidei nostræ catholicæ contrarias, præsentibus temporibus passim vigentes, quæ de novo in perniciem Christianorum, maximè juvenilis ætatis, pervenerunt culpâ nonnullorum ludi-magistrorum & præceptorum, significeritis in pronis vestrarum ecclesiarum, nos inhibuisse, prout inhibemus & injungimus omnibus quibuscumque, & maximè parvarum scholarum, tam puerorum masculorum quàm puellarum, rectoribus seu præceptoribus, quatenùs pueros sivè masculos sivè fœminas nullatenùs edoceant, nisi in locis publicis in qualibet parochia nostræ Parisiensis diœcesis respectivè constitutis; ac iidem præceptores specialem dilecti nostri cantoris ecclesiæ nostræ Parisiensis, collatoris & ordinarii hujusmodi parvarum scholarum in villa, civitate & banleuca Parisiensi, super hoc obtinuerint licentiam; nullusque præceptor puellas, nullaque magistra pueros masculos edocendos suscipiant, in quacumque constituti seu constitutæ fuerint ætate, quovis quæsito colore, sub pœnâ excommunicationis latæ sententiæ ex nunc, prout ex tunc, & ex tunc, prout ex nunc, & aliis pœnis à nobis irrogandis, prout aliàs inhibitum & prohibitum extitit edicto regio; & arresto curiæ parlamenti, ad instantiam defuncti cantoris, die decimâ sextâ Augusti, anno Domini M. D. LII. obtento, & exindè die scilicet vigesimâ quartâ Septembris publicato per quadrivia urbis Parisiensis, pleniùs & diffusiùs continetur. Datum die IV. mensis Aprilis, anno Domini M. D. LXX. sub sigillo cameræ nostræ. Signé, De mandato domini, HATON. Ibid. p. 36.

Arrest de la cour du parlement de Paris, qui regle quelques differens entre les maistres & maistresses d'écoles de cette ville.

AN. 1635.

ENTRE maistres Christophe-Arduphe Petit, Adam de Bétisis, Clement Gallois, Nicolas Cuvillere, André du Four, Charles Bauvoy, Toussaint des Marests, Jacques Mauduit, Louis Julianne, François de Bray, Charles le Chien, François du Tertre, Herme Gallet, André Buchot, Jean de la Gouge, Jean Barbin, Sebastien d'Avelour, Hector de saint Martin, Claude Messot, Guillaume Gadeau, tous prestres, Denis l'Arbalestrier, Jean Caillot, Denis Miche, Geoffroy Haultrove, Gilles Parfect, Florent Chenauld, Adrien Desauchault, Pierre Turquet, Mathurin Duhamel, Jacques le Leup, Philippes Saillard, Evangeliste Diolois, Magdelaine Lespinasse, Marie Chesneau, Françoise Privé, Helaine Boucher, Jeanne Boulanger, authorisées de leurs maris, Anne le Maréchal, Catherine Gaillard, Genevifve Petit, Antoinette Hardorin, Françoise de Boissi, Marguerite le Pin, Marie Cenart, Elizabeth d'Auxerre, Genevifve Gareau, Marie Chesneau, Catherine Collart, Marie de Sainecourt, Andrée Rousseau, Louise de la Mothe, Françoise Gareau, tous maistres & maistresses des petites écoles à Paris, demandeurs en requestes par eux presentées à la cour le dernier May

1622. & appellant des elections faites des personnes des deffendeurs & intimez cy-après nommez, és charges de maistres de confrairie & communauté de leur corps; ensemble des taxes & impositions qu'ils ont faites sur eux, saisies & executions de biens, opposans desdits ensemble des redditions de comptes qui se sont rendus les uns des autres, & de tout ce qui s'en est ensuivi, d'une part : & maistre Julien Hudeart, Jean Mahot, Esme Hugot, Jean Poirette, Nicolas de Varenne, Claude Gaffet, Jean Fermeluis, François le Grand, Estienne Nicolas, René Noury, Pierre Rabours, deffendeurs & intimez, d'autre. Et encores lesdits Petit, de Betisis, Gallois, Cuvillier, du Four & consors, appellans de trois sentences données par le prevost de Paris ou son lieutenant, au profit de Jean Blaisot, Jean du Houx & René Julien les cinq Fevrier & premier Septembre 1621. & de ce qui s'en est ensuivi, d'une part; & lesdits Blaisot, du Houx, Julien & Aubry intimez, d'autre. Et encores lesdits Blaisot, du Houx & Aubry cy-devant maistres desdites confrairie & communauté, demandeurs en intervention suivant la requeste par eux presentée à la cour le vingt-neuf Decembre 1623. d'une part : & lesd. Petit, Barbin, Betisis, Cuvillier, du Four, des Marests & consors, deffendeurs, d'autre. Et encores lesdits Petit, Barbin & consors demandeurs en requeste du vingt-neuf Juin 1623. d'une part : & Jean Mainguet, Estienne, Nicolas, Jean Poirette, Toussaint Hermé, Hugot, de Varenne, Gosset, Mahault, Blaisot, Jean Olivier & Nicolas Noury notaires au Chastelet de Paris, deffendeurs, d'autre. Et encore lesdits maistres Christophe & Ardulphe Petit, Jean Barbin, Betisis, Gallois & consors, demandeurs en lettres en forme de requeste civile par eux incidemment obtenuë le deux Avril 1624. & requeste d'ampliation du vingt-trois Novembre audit an, contre les arrests des vingt-deux Aoust 1615. quatre & sept Septembre 1618. & dix-sept May & cinq Juin 1619. quinze Fevrier 1620. vingt-quatre Decembre 1621. & autres donnez en consequence, d'une part : & lesdits Gosset, le Grand, Hugot, Poirette, de Varenne, Blaisot, Mahault, Aubry, du Houx, Fermeluis, Langlaché & Mainguet deffendeurs, d'autre. VEU par la cour la requeste & demande desdits Petit, Betisis, Gallois, Nicolas Cuviller, du Four & consors, du dernier May 1622. tendante à ce que deffenses fussent faites ausdits deffendeurs de prendre qualité de maistres de confrairie & communauté des petites écoles, & de s'attribuer aucune direction ou superiorité sur les demandeurs & autres maistres & maistresses desdites écoles, ny prendre ou exiger aucune somme de deniers sur eux, soit de trente-deux sols pour le doit d'entrée, frais de procès ou autres, & que la maistrise desdites écoles fût dirigée par le chantre de l'église de Paris seul, comme elle a toûjours esté, sans que lesdits prétendus maistres de communauté & confrairie s'en puissent ingerer en façon quelconque, & qu'il ne se feroit à l'avenir aucune levée sur le corps qu'après une solemnelle assemblée d'icelui en la salle de l'officialité, de l'ordonnance dudit sieur chantre, & que ce qui a esté par eux fait de l'ordonnance au préjudice de la direction & contre les arrests de ladite cour, mesme pour les taxes & impositions, levée de deniers, reddition de compte faite entr'eux, & des confrairies, sauf les services des jours saint Nicolas d'esté & d'hyver, fussent cassez & revoquez, comme faits par personnes sans pouvoir & authorité ; & outre à ce qu'ils fussent condamnez par corps rendre & restituer tous les deniers qu'ils ont exigé des demandeurs & autres maistres & maistresses, & tous dépens, dommages & interests, & que toutes les levées de deniers, poursuites & executoire qu'ils ont intentés audit Chastelet & ailleurs, mesme les contraintes des sommes sur eux taxées, fussent sursises jusqu'à ce qu'il eust esté ordonné ; les actes des élections, taxes & prétenduës impositions; exploits de saisies & d'assignations données pardevant ledit prevost de Paris ou son lieutenant, à aucuns demandeurs & opposans; comptes rendus par aucuns des deffendeurs & intimez, & ce qui s'en est ensuivi, dont est appel; arrest du vingt-quatre Janvier 1623. par lequel sur ladite requeste du dernier May 1622. les parties auroient esté appointées en droit à écrire & produire, joint les prétenduës fins de non recevoir, & deffenses au contraire, sur lesquelles seroit préalablement fait droit ; autres arrests du vingt-cinq Fevrier & sept Mars 1623. par lesquels sur lesdites appellations, les parties auroient esté appointées au conseil à bailler causes d'appel, réponses, produire & joint à la susdite instance, joint aussi les fins de non recevoir, sur lesquelles seroit préalablement fait droit, ensemble sur la reddition des prétenduës paroles injurieuses; cause d'appel des appellans, forclusions d'y répondre

JUSTIFICATIVES. 453

par les intimez; les écritures & productions des parties esdites instances; requeste desdits Hugot, Poirette, de Varenne & consors du dix Juillet 1624. employée pour fin de non recevoir desdits Petit & consors; arrest du trois Fevrier 1624. portant que les productions faites esdites instances, seroient communiquées pour y bailler contredits & salvations; contredits respectivement fournis suivant ledit arrest, & requeste du trois Juin employée pour salvations; lesdites sentences des cinq Fevrier & premier Septembre 1621. dont est appel, par lesquelles maistre ..... Rabours prestre & lesdits Poirette, de Varenne, Gosset & autres soy disans maistres de communauté & confrairie, auroient esté condamnez payer ausdits du Houx, Blaisot & Julien precedens en ladite charge, les sommes y contenuës pour le *reliqua* desdits comptes par eux rendus de ladite charge; arrest du dix-neuf Juin 1624. par lequel sur l'appel desdites sentences les parties auroient esté appointées au conseil à bailler causes d'appel, réponses, produire & joint; requeste desdits appellans du vint-cinq dudit mois, par laquelle pour toutes causes & moyens d'appel ils auroient employé le contenu en icelle avec ce qu'ils ont écrit & produit; production desdits opposans en ladite instance; requeste des intimez du trois Juillet audit an, par laquelle pour toutes réponses & causes d'appel ils auroient employé le contenu en ladite requeste & demande à intervention desdits du Houx, Blaisot & consors du vingt-neuf Decembre 1623. tendant à ce que, faisant droit sur ladite intervention, il fust ordonné à leur égard que les roolles seroient executez, & les sommes levées & payées sans préjudice de l'interest, & despens faits & à faire, & des droits des autres parties au residu; appointement du huit Janvier 1624. par lequel sur ladite instance d'intervention les parties auroient esté appointées en droit, & joint les écritures & moyen d'intervention des demandeurs; requeste des deffendeurs du vingt-six Mars dernier, employée pour réponses & escriture; productions des parties & contredits d'icelles, ceux des demandeurs par leur requeste du trente Avril dernier; la requeste & demande desdits Barbin, Petit & consors du dix-neuf Juin 1623. à ce que pour les causes y contenuës lesdits Mainguet, Nicolas & consors fussent tenus & contraints par corps de representer la transaction, & les autres pieces concernant l'opposition mentionnée en ladite requeste, & les nommez Noury & Arragon notaires au Chastelet de Paris fussent tenus d'affirmer s'ils n'avoient pas receu & passé ladite transaction, & lesdits Hugot, Gosset & consors tenus de representer la declaration sur laquelle ledit Gosset prétend avoir obtenu certain executoire de six cens livres d'autre, & à faute de ce faire, ils fussent condamnez tant en general qu'en particulier, payer la somme de 3000. liv. & en tous dépens, dommages & interests desdits demandeurs; procez verbal d'un des conseillers de ladite cour du sept Juin 1622. contenant ladite demande, deffenses, dires & declarations des parties, sur lesquels pour leur faire droit, ils les auroient appointez à mettre, & joint ausdites instances pour leur estre conjointement fait droit, ainsi que de raison; production desdits Petit, Barbin & consors, & dudit Noury notaire; requeste desdits Hugot, Poirette, de Varennes & de Mahault du douze Septembre 1624. employée pour production avec ce qu'ils auroient dit au procez verbal; requeste desdits Petit & consors employée pour contredits contre la production dudit Noury; forclusion d'en fournir par lui; lesdites lettres en forme de requeste civile, & requeste d'ampliation du trois Avril & vingt-deux Novembre 1624. obtenuës contre lesdits arrests susdattez, en ce que par iceux ladite qualité de maistres de confrairie & communauté auroit été prise par lesdits Gosset, le Grand, Hugot & consors, & qui se sont fait permettre de faire lesdites levées & exactions sur ledit corps de tous les maistres & maistresses desdites écoles; arrest du cinq Juin 1624. par lequel sur lesdites lettres de requeste civile, les parties auroient esté appointées, & au conseil à écrire & produire, & joint ausdites instances; requestes des demandeurs employées pour moyens de requeste civile; autre requeste desdits Hugot & consors, employée pour responses; forclusions d'en fournir par aucuns des deffendeurs; les escritures és productions des parties; requeste desdits Petit & consors, employée pour contredits en ladite instance; forclusions d'en fournir par toutes les autres parties; conclusions du procureur du roy; & tout considerè: DIT A ESTE', faisant droit sur le tout, que la cour ayant aucunement esgard aux lettres en forme de requeste civile & d'ampliation, a remis les parties en tel estat qu'elles étoient avant l'arrest du dix-sept May 1619. en ce que par icelui ladite qualité de maistre

L ll iij

de confrairie & communauté auroit esté donnée aux intimez, fait inhibitions & deffenses ausdits Hugot, Mahault & autres de prendre ladite qualité, ny s'attribuer aucune superiorité sur lesdites petites écoles, prendre & exiger sur les maistres & maistresses aucunes sommes de deniers en quelque sorte & maniere que ce soit, ny proceder cy-aprés à telles elections, à peine de nullité; la direction & superiorité desquelles petites écoles appartiendra, comme elle a fait de tout temps, au chantre de l'église de Paris, pardevant lequel lesdits maistres & maistresses se pourvoiront pour les differens qui pourroient survenir entr'eux sur le fait desdites écoles, suivant & conformément aux statuts de l'an 1380. & en cas qu'ils ayent quelque affaire pour le bien commun de leur corps, pourront s'assembler en la salle de l'auditoire de l'officialité de Paris, de l'autorité ou en presence dudit chantre ou son vicaire, pour élire un syndic pour la poursuite de ladite affaire, la charge duquel syndic durera jusqu'à ce que ladite affaire soit terminée; & s'ils ont besoin de quelques deniers pour les frais & poursuites de leurs affaires, les roolles & départemens en seront faits par six maistres: sçavoir les quatre plus anciens, & deux qui seront nommez par ledit chantre, suivant l'arrest du quatre Septembre 1612. Ordonne la cour que le service divin accoutumé estre fait en l'église saint Mederic és jours de Dimanches & festes de saint Nicolas d'hyver & d'esté, sera continué, pour l'entretenement duquel & autres affaires seront donnez par chacun maistre & maistresse, lors de leur reception, trente-deux sols d'entrée, & autre dix sols par an par chacun d'eux, qui seront mis és mains des deux plus anciens maistres qui en rendront compte pardevant les six cy-devant nommez; & sur le surplus des differens des parties les a mis & met hors de cour & de procez; sans néantmoins que lesdits maistres & maistresses puissent estre contraints au payement de ce qui reste du contenu du *reliqua* de compte, executoire desdits dépens, & roolles & départemens sur eux faits, ou autres sommes de deniers de quelque nature qu'elles soient. Prononcé le XXVIII. jour de Juin M DC. XXV. & sans dépens. Signé GALLARD. *Ibid. p. 72.*

Reglemens & interpretation des anciens statuts des petites écoles de Paris.

AN. 1654.

GUILLAUME Ruellé conseiller du roy nostre sire en sa cour de parlement, chantre & chanoine de l'église de Paris, collateur, juge & directeur des petites écoles de grammaire de Paris; à tous ceux qui ces presentes lettres verront, salut. Depuis qu'il a plu à ladite cour par l'authorité de ses arrests, de mettre fin aux differends, partialités & procez qui ont été entre les maistres & maistresses desd. petites écoles, & nous conserver en nostre jurisdiction & authorité, contre laquelle plusieurs d'iceux maistres s'estoient soulevez, nous avons reconnu, tant par les visites qui ont été faites par nostre vice-gerent & autres officiers desdites écoles, que par les plaintes de diverses personnes, mesme de plusieurs desdits maistres & maistresses, que pendant ledit soulevement, partialitez & procez, nos anciens statuts & reglemens faits pour la police & direction des petites écoles, quoyque confirmez par divers arrests, auroient esté enfraints en diverses façons, & que plusieurs abus & desordres se seroient insensiblement glissez en l'exercice desd. écoles, au grand préjudice de la bonne education de la petite jeunesse & de son instruction, tant en la pieté & doctrine chrétienne, que principes des bonnes lettres. Pour à quoy remedier, & rétablir l'ancienne discipline desdites écoles, en renouvellant & interpretant lesdits anciens statuts, & y adjoustant en tant que besoin est; avons statué & ordonné, statuons & ordonnons ce qui suit.

I. Que lesdits anciens statuts avec les presens seront gardez & observez par tous les maistres & maistresses selon leur forme & teneur; & à cette fin, qu'aprés lecture d'iceux faite par nostre greffier en nostre synode general, tous lesdits maistres & maistresses seront tenus renouveller la promesse & serment par eux fait de l'observation desdits anciens statuts en leur reception, & promettre d'observer les presens; & où aucuns d'iceux en seroient refusans, deffendons à nostre greffier de renouveller leurs lettres.

II. Qu'aucun ne sera receu à faire exercice desdites écoles à l'avenir, qui ne soit recommandé pour ses bonnes mœurs & religion catholique, au moins par deux ou trois personnes dignes de foy, & qui ne rapporte en outre certificat en bonne frome de soncuré de sa catholicité & bonne

bonne vie, qui sera laissé entre les mains de nostre greffier, auquel nous enjoignons le garder soigneusement.

III. Nonobstant toute autre capacité & suffisance, ceux qui voudront estre receus audit exercice, seront tenus de comparoir pardevant nous, nostre vice-gerent ou nostre promoteur, à la fin de nostre audiance ordinaire, pour répondre de leur creance & religion, suivant les questions & demandes qui leur en seront par nous faites sur les principes & rudimens de la doctrine chrestienne, conformément aux petits catechismes qui sont ou seront à l'avenir imprimez de l'ordonnance de M. l'archevesque de Paris.

IV. Tous lesdits maistres & maistresses seront tenus d'enseigner ledit catechisme du moins deux fois la semaine en leurs écoles, sçavoir les jours de Mercredy & de Samedy de relevée, avec défenses de leur en souffrir d'autres, ny mesme de les apprendre à lire en livre apocryphes & non approuvez, romans & autres livres de mauvaise édification.

V. Les maistres & maistresses ne recevront aucunes personnes en leurs écoles pour y faire le catechisme ou autre instruction ausdits enfans, ny prendront submoniteurs ou coadjuteurs, s'ils n'ont sur ce obtenu nostre permission par écrit, laquelle nous n'entendons accorder, sinon après une information & certificat de catholicité & bonne vie de celui qu'on voudra employer audit office, & après l'avoir examiné comme dessus.

VI. Et pour empescher que les heretiques, libertins & autres personnes malsentantes de la foy, & de mauvaise vie, ne tiennent écoles buissonnieres, au grand préjudice de l'église & de la petite jeunesse, & encores des maistres qui sont legitimement appellez audit exercice des petites écoles, & à ce que nous puissions reconnoistre les lieux où elles se tiennent, pour les visiter; nous avons enjoint & enjoignons à tous lesd. maistres & maistresses de tenir le tableau ordinaire desd. écoles sur les portes ou principales entrées des lieux où ils tiennent lesdites écoles, & de dénoncer à nostre promoteur, pour faire appeller pardevant nous à leurs requestes, ceux qui s'ingereront de tenir lesd. écoles buissonnieres en leurs quartiers, avec défenses très-expresses de les soustenir & tolerer à ce faire, sous quelque couleur & prétexte que ce soit.

VII. Nous n'entendons recevoir aucunes résignations de quartiers ou places de maistre ou maistresse, ny donner lettres de maistrise à aucun, s'il n'y a un ancien quartier vacant par mort ou cessation d'enseigner de quelque maistre ou maistresse, pour éviter aux negociations & trafics illicites qui se font desdits quartiers & places de maistrise desdites écoles; mesme declarons que nous ne donnerons lettres de maistrise à aucun qui n'aye juré suivant les anciens statuts desdites écoles, qu'il n'a donné ou promis, ne donnera ou promettra aucune chose par luy-mesme ou personne interposée, pour parvenir à lad. maistrise. Et en cas qu'il fust besoin cy-après d'en establir quelque nouveau, nous ordonnons que les lieux seront préalablement visitez, & enqueste sommaire faite sur la commodité ou incommodité, les maistres voisins presens ou deûment appellez.

VIII. Et pour éviter aux procez qui naissent ordinairement entre lesd. maistres & maistresses pour raison de leurs demeures & distances d'icelles, nous avons fait & faisons deffenses à tous lesd. maistres & maistresses de changer leurs demeures & habitations, sans avoir sur ce obtenu nostre permission, laquelle ne sera décernée sans avoir préalablement fait visiter les lieux, à ce que celui qui voudra faire ledit changement de demeure, ne s'establisse trop près d'un autre maistre, ou mesme dans le quartier d'icelui; & le mesme sera observé lorsque la premiere fois ils se logeront en leur quartier.

IX. Nous avons enjoint & enjoignons aux susdits maistres & maistresses de se tenir actuellement en leursdites écoles tous les jours de la semaine, excepté les Dimanches & les festes, depuis les huit heures du matin jusqu'à onze, & depuis les deux heures de relevée jusqu'à cinq en esté & jusques à quatre l'hyver; & pendant ledit temps d'y vacquer soigneusement à l'instruction des enfans qui leur sont commis, à la reserve toutesfois de l'après-dinée du Jeudy, quand il n'escherra aucune feste en la semaine.

X. Et d'autant que ladite après-dinée du Jeudy est d'ancienneté destinée à l'exercice de nostre jurisdiction & à la recreation desdits enfans, pour éviter la perte de leur temps, & soulager lesdits maistres & maistresses; nous avons ordonné que nostre audiance & jurisdiction ordinaire tiendra à l'avenir seulement ledit jour de Jeudy une heure de relevée précisement, ou en nostre prétoire ordinaire de l'officialité, ou pour plus grande commodité en nostre hostel canonial au cloistre de ladite église; à laquelle heure ceux desdits maistres & maistresses buissonnieres, & autres qui y seront appellez de nostre ordonnance pour le fait desdites écoles, seront tenus de comparoir en personne, pour estre ouys & respondre par leurs bouches, & non par procureurs & advocats, que nous declarons n'y vouloir recevoir, pour éviter à involution de procez & à la dépense des parties ; nostre intention estant de rendre la justice sommairement ausdits maistres & maistresses sommairement & *de plano*, sans aucuns frais, comme il a toujours été observé ; & à cette fin nous avons permis & permettons ausdits maistres & maistresses de faire signifier nos ordonnances à qui besoin sera, par le premier prestre, clerc, appariteur ou maistre d'icelles écoles sur ce requis, sans les astraindre à avoir recours aux huissiers & sergens, sinon en cas d'execution & saisie ou autre semblable acte de justice.

XI. Deffendons en ce faisant, suivant nos anciens statuts & reglemens confirmez par divers arrests, à tous lesdits maistres & maistresses de se pourvoir pour raison de l'exercice desdites écoles & choses qui en dépendent, pardevant autre juge que nous ou nostre vice-gerent ; leur enjoignant & à chacun d'eux de demander leur renvoy pardevant nous, & se faire vendiquer par nostredit promoteur, où ils seront convenus pardevant autre juge.

XII. Et pour nourrir & élever la petite jeunesse avec plus grande pureté & innocence, & obvier aux accidens qui en pourroient arriver, nous avons réïteré & réïterons les deffenses portées par lesdits anciens statuts & arrests de la cour, ausdits maistres d'enseigner les filles, & aux maistresses d'enseigner les garçons, avec deffenses de nous faire importuner pour en obtenir de nous la dispense, que nous declarons ne vouloir accorder, ains revoquons toutes celles qui pourroient avoir été de nous obtenuës (si aucunes sont) comme estant subreptices & obtenuës par importunité, & voulons & ordonnons tous lesdits reglemens cy-dessus estre gardez & observez par lesdits maistres & maistresses, à peine de cinquante livres d'amende, ou autre arbitraire & de privation de la permission de tenir lesdites écoles.

XIII. Deffendons aussi à tous lesdits maistres & maistresses, suivant les arrests de ladite cour, de faire aucunes assemblées clandestines & monopoles tendans à procez & factions, ny faire aucune levée de deniers sans nostre permission & ordonnance, que nous n'entendons accorder, sinon pour causes très-importantes au general desdits maistres & maistresses ; & en cas de contravention, ordonnons dès-à-present, comme dès-lors, à nostre promoteur de proceder contre les contrevenans à cet article par voye extraordinaire.

XIV. Plusieurs desdits maistres & maistresses negligent de renouveller leurs lettres de permission de tenir petites écoles, quoyque suivant lesdits anciens statuts elles soient annuelles seulement, ou pour jusques au synode lors prochain ; dont il arrive qu'on ne sçait pas si les quartiers sont occupez par des maistres ou maistresses, ou par des buissonniers qui y sont bien souvent introduits, mesme par lesdits maistres, par moyens indirects, à nostre desceu & au préjudice du public. Pour à quoy remedier, nous avons enjoint à tous lesdits maistres & maistresses qui voudront continuer ledit exercice, de faire renouveller leurs lettres dans l'année de l'expedition d'icelles ; & de comparoir à nostre synode : & à faute de ce faire, nous avons ordonné que les défaillans seront rayez du catalogue desdits maistres & maistresses, & d'autres seront establis en leur place dans la huitaine, si les deffaillans ne se justifient dans icelle par excuse legitime.

XV. Et néanmoins afin de pourvoir à l'entretien du service divin qui se celebre, suivant la loüable coustume approuvée par les arrests, aux dépens desdits maistres & maistresses d'école ; nous deffendons à nostre greffier de renouveller les lettres de permission de tenir école aux maistres & maistresses susdits, sinon qu'il lui apparoisse qu'ils ayent payé és mains des receveurs qui seront à ce commis, les dix sols à ce destinez par an, à peine de les payer en son propre & privé nom.

XVI. Et d'autant que lesdits receveurs suivant lesd. arrests, doivent rendre leurs comptes pardevant nous en la presence de certain nombre d'autres maistres, nous avons ordoné pour connoistre l'ancienneté de leur reception, ils se retireront dans le mois pardevant nostre promoteur, auquel ils exhiberont & presenteront leurs premieres lettres, & d'icelles laisseront copies signées de leurs mains & collationnées à l'original, en la présence dudit promoteur, ce qui se fera sans aucuns frais ; sinon qu'ils remettront les originaux de leursdites lettres au greffe, pour y avoir recours quand besoin sera ; & cependant lors de la tenuë de nostre synode, nous commettrons deux desdits maistres à faire la recepte.

XVII.

XVII. Et à ce que nos presens reglemens soient gardez & observez selon leur forme & teneur, & que lesdits maistres & maistresses n'en prétendent cause d'ignorance ; nous ordonnons qu'ils seront leûs & publiez en nostre prochain synode, que nous ordonnons estre convoqué au Jeudy troisiesme du mois prochain, heure de neuf heures de la matinée, au prétoire ordinaire en la maniere accoustumée ; & qu'ils seront enregistrez en nostre greffe, pour y avoir recours, quand il appartiendra. Donné par nous chantre & chanoine de l'église de Paris, collateur, juge & directeur susdit, le vingt-sixiesme jour de Novembre M. DC. XXVI. Signé RUELLE'; & plus bas, GALLOT greffier.

Acte de la publication & de l'enregistrement des reglemens cy-dessus.

LEs reglemens cy-dessus ont esté leûs & publiez au synode general de la chantrerie de l'église de Paris des petites écoles, par noble & discrette personne messire Fiacre Riviaire prestre, docteur és droits, chanoine de l'église de Paris, vice-gerent & vicaire general de M. le chantre de ladite église, collateur, juge & directeur desdites écoles ; oüy ce requerant le promoteur de ladite jurisdiction, avec injonction ausdits maistres & maistresses de les garder & observer, & à nostre greffier soussigné de les registrer au greffe pour y avoir recours, le Jeudy troisiesme de Decembre M. DC. XXVI. Signé GALLOT greffier. *Ibid. p.* 372.

Au mois de Mars 1659. *Michel le Masle seigneur des Roches & chantre de l'église de Paris, renouvella les reglemens cy-dessus, & les fit publier sous son nom, ce qu'ont fait aussi plusieurs de ses successeurs. Ibid. p.* 13. & 31.

Arrest de la cour de parlement de Paris concernant les petites écoles.

AN. 1628. VEU par la cour la requeste presentée par maistre Guillaume Ruellé conseiller en icelle, chantre & chanoine de l'église Nostre-Dame de Paris, à cause de la dignité de chantre, collateur & directeur des petites écoles de la ville, cité, université, fauxbourgs & banlieuë de Paris ; tendante à ce qu'en executant les arrests de la cour, statuts & reglemens y attachez, inhibitions & deffenses iteratives fussent faites à toutes personnes, hommes & femmes, qui n'ont permission dud. chantre, de tenir écoles buissonnieres & particulieres en ladite ville, cité, université, fauxbourgs & banlieuë, à peine de cinq cens livres d'amende applicable à l'Hostel-Dieu de cette ville, & de permettre audit chantre & son vice-gerent, commis & promoteur, de faire saisir tous les livres, papiers & autres choses semblables qui concernent lesdites petites écoles, qui se trouveront chez lesdits buissonniers, maistres & maistresses, écrivains & autres qui s'immiscent sans sa permission en l'exercice desd. petites écoles, sous quelque couleur ou prétexte que ce fust ; & outre faire aussi très-expresses inhibitions & deffenses ausdits petits maistres de recevoir les filles à leurs écoles, & aux maistresses de tenir des garçons, & de se pourvoir pardevant autres juges que led. chantre & son vice-gerent, pour raison des differens qui pourroient survenir entr'eux à raison de l'exercice desdites petites écoles, à peine de cinquante livres d'amende & privation de ladite maistrise ; & que ce qui seroit par lui ordonné, seroit executé nonobstant oppositions ou appellations quelconques, & sans préjudice d'icelles ; & que l'arrest qui interviendroit seroit leû & publié par les carrefours & aux prosnes des grandes messes & au synode dudit chantre. Veu aussi lesdits arrests, statuts & reglemens ; conclusions du procureur general du roy, & tout consideré : LADITE COUR a ordonné & ordonne que les statuts & reglemens cy devant faits & concernans lesdites petites écoles, & arrests donnez en consequence d'iceux, seront gardez & observez selon leur forme & teneur ; & suivant iceux a fait & fait inhibitions & deffenses à toutes personnes de tenir écoles buissonnieres & particulieres en cette ville, fauxbourgs & banlieuë, sans la permission dudit chantre, à peine de cinquante livres d'amende applicable à l'Hostel-Dieu, & de perte de tous livres & papiers qui se trouveront chez lesdits buissonniers. Comme aussi fait très-expresses inhibitions & deffenses à tous maistres enseignans par la permission dudit chantre, de recevoir les filles en leurs écoles, & aux maistresses d'y recevoir les garçons, ni se pourvoir pour leurs differens concernans l'exercice desdites petites écoles, ailleurs que pardevant ledit chantre, à peine de destitution ; & ce qui sera par lui ordonné, executé par le premier huissier ou sergent sur ce requis, nonobstant oppositions ou appellations quelconques, & sans préjudice d'icelles ; & permis de faire publier le present arrest aux prosnes des messes parois-

Tome II. M m m

siales & au synode dudit chantre. Fait en parlement le dix-neufviesme jour de May M. DC. XXVIII. Signé GUYET. *Ibid.* p. 88.

Autre arrest du parlement concernant la jurisdiction du chantre de l'église de Paris.

AN. 1631.

ENTRE Philippe Petit maistre d'école & écrivain en la ville de Paris, appellant des sentences contre luy renduës par le prevost de Paris ou son lieutenant civil les vingt-quatre, vingt-sept May & vingt-trois Septembre 1628. tant comme de juge incompetent, qu'autrement, & de tout ce qui s'en est ensuivi, & inthimé, d'une part ; & Pierre Masseré aussi maistre d'école en ladite ville, inthimé, & appellant des sentences contre luy renduës par le chantre de l'église de lad. ville, collateur & directeur desdites petites écoles, les neuf Mars, premier Juillet & vingt-neuf Decembre audit an, d'autre. Veu par la cour lesdites sentences dont est appel, données par le prevost de Paris, la premiere du vingt-quatre May, par laquelle entre autres choses desfenses auroient été faites à Petit de poursuivre Masseré ailleurs que pardevant le lieutenant civil, à peine d'amende ; la deuxiesme du vingt-sept May, par laquelle desfenses auroient été reïterées à peine de prison & de mil livres d'amende ; la troisiesme dudit vingt-trois Septembre 1628. par laquelle tout ce qui avoit été fait devant le chantre de ladite église Nostre-Dame, auroit été cassé, permis à Masseré d'emprisonner, & ledit Petit condamné aux dépens ; lesdites sentences dont est appel, données par le chantre de l'église Nostre-Dame de Paris, la premiere dudit jour neuf Mars, par laquelle auroit esté ordonné que Masseré se retireroit au quartier de la ruë des Lombards à lui assignée par ses lettres, ou environ l'extremité de la ruë de la vieille monnoye vers la ruë des Lombards, & ce dans la saint Jean lors prochain ; la deuxiesme dudit premier Juillet, par laquelle Masseré auroit esté condamné en soixante sols parisis d'amende, à lui enjoint d'executer la susdite sentence dans la fin du mois, autrement sa permission revoquée ; la troisiesme dudit jour vingt-neuf Decembre, par laquelle les provisions de Masseré auroient esté revoquées, & condamné en trente livres d'amende ; les arrests des vingt-un Juillet 1631. & dix-neuf Janvier 1632. par lesquels sur lesdites appellations desdites sentences les parties auroient esté appointées au conseil, bailler causes d'appel, réponses & produire ; causes d'appel, réponses, productions desdites parties ; contredits d'icelles suivant l'arrest du trois Septembre 1631. autre arrest du trois Juillet dernier, par lequel sur l'appel dudit Masseré de ladite sentence dudit premier Juillet, lesdites parties auroient été appointées au conseil, & acte ausdites parties de ce qu'elles employent pour toutes causes d'appel, réponses & productions, ce quelles auroient écrit & produit sur les autres appellations ; instance entre maistre Guillaume Ruellé conseiller en icelle & chantre & chanoine en ladite église de Paris, collateur & directeur desdites petites écoles, demandeur & intervenant avec ledit Petit, suivant la requeste du cinq Janvier 1631. d'une part, & ledit Masseré deffendeur, d'autre ; demande, deffenses, appointement en droit, production dudit Ruellé ; requeste dudit Masseré du vingt-neuf Janvier dernier, employée pour production sur ladite intervention, & ce qu'il auroit écrit contre ledit Petit ; acte de signification de redistribution desdites instances ; & conclusions du procureur general du roy ; & tout consideré : DIT A ESTE' que lad. cour a mis & met lesd. appellations & ce dont a esté appellé, au neant, & emendant sur la demande dudit Petit, à ce que ledit Masseré cy-devant logé ruë de la vieille monnoye, des trois Mores, & à present logé en la ruë des Lombards, eust à se retirer desdites ruës de la monnoye & des trois Mores, a mis & met les parties hors de cour & de procez ; & faisant droit sur ladite intervention, a ordonné & ordonne que les arrests & reglemens d'icelle donnez sur le fait desdites petites écoles des neuf Decembre 1617. treize May 1628. seront executez selon leur forme & teneur ; fait inhibitions & deffenses audit prevost de Paris ou son lieutenant civil, de prendre connoissance du fait desdites petites écoles, audit Masseré & à tous autres maistres de se pourvoir pour raison de leursdites fonctions de maistres de petites écoles, pardevant autre juge que ledit chantre ; leur enjoint d'obeïr aux jugemens qui seront par lui rendus, à peine d'amende arbitraire : le tout sans dépens. Prononcé le dixiesme jour de Juillet M. DC. XXXII. *Ibid. pag.* 95.

EXTRAIT

EXTRAIT DES REGISTRES du synode des petites écoles, tenu par M. le Masle chantre de l'église de Paris le sixiesme jour de Juillet 1633.

NOUS enjoignons à tous lesd. maistres & maistresses de tenir en leurs écoles une image de nostre Sauveur crucifié, ou de Nostre-Dame, en relief ou plate peinture, du moins imprimée, & devant icelle (auparavant de commencer les leçons) d'y faire mettre leurs écoliers à deux genoux, & dire à basse voix l'oraison Dominicale, la salutation angelique, le symbole des apostres, les commandemens de Dieu & de l'église, en langue Latine & vulgaire, avec l'antienne *Veni sancte spiritus*: le ꝟ. *Emitte*, & l'oraison *Deus qui corda fidelium*, pour invoquer la grace du saint Esprit, pendant que l'un d'iceux écoliers prononcera le tout à haute & intelligible voix, & si distinctement que les autres qui ne le sçavent, puissent l'apprendre & prononcer après ledit enfant. Et quant au catechisme, nous leur avons enjoint d'en faire leçon suivant nos reglemens, & de recevoir dans leurs écoles, du moins une fois le mois, un ecclesiastique seculier ou regulier qui y sera par nous envoyé ou nostre vicaire & vice-gerent, pour y faire l'explication familiere dudit catechisme ausdits enfans, & leur donner precepte de la doctrine & pieté chrestienne.

II. Et d'autant qu'il n'est permis à ceux de la religion prétenduë reformée de tenir écoles publiques; & qu'estant pour ce necessitez d'envoyer leurs enfans en nosd. écoles, & que plusieurs desdits maistres & maistresses refusent de les y admettre; nous leur avons enjoint & enjoignons de les y recevoir à l'avenir, à la charge qu'ils ne leur y souffriront apporter aucuns mauvais catechismes ou autres livres suspects d'heresie; leur ordonnons au contraire leur faire apprendre le catechisme ordinaire & les prieres susdites & les lettres, comme aux enfans catholiques, & de les traiter avec pareille humanité & douceur, à peine de destitution.

III. Nous avons fait & faisons injonctions à tous lesdits maistres & maistresses de s'abstenir de tous mauvais déportemens qui peuvent scandaliser la petite jeunesse, & de garder les reglemens portant deffenses ausdits maistres de recevoir des filles, & aux maistresses de recevoir des garçons, & de vacquer soigneusement & avec édification à leurs fonctions és heures prescrites par lesdits reglemens, à peine de privation & de l'amende. Ordonnons à nostre promoteur de faire visite esdites écoles, & faire sortir les filles des écoles des maistres & les garçons des écoles des maistresses, & d'informer soigneusement de la contravention des presentes, à ce qu'il soit pourveû d'autres maistres ou maistresses vertueux, capables & diligens, comme nous proposons faire, nonobstant oppositions ou appellations quelconques, s'il y eschet.

IV. Et sur la plainte de nostre promoteur & d'aucuns d'iceux maistres, nous avons fait & faisons inhibitions & deffenses à tous lesdits maistres & maistresses d'admettre aucuns submoniteurs & coadjuteurs en leurs écoles, sinon és cas permis par nos statuts, & après avoir obtenu lettres de permission de nous, à peine de dix livres d'amende & de cassation; & mesme de loger avec personnes de mauvaise édification, & souffrir que leurs écoliers ayent aucune communication avec telles personnes, sous mesmes peines.

V. Deffendons aussi à tous maistres & & maistresses de se loger & tenir en mesme maison, s'il n'y avoit plusieurs entrées, & diverses montées entierement separées, & ce pour éviter aux riottes & mauvais déportemens qui en peuvent arriver. Ce fut fait & ordonné en nostre synode general le six Juillet M.DC.XXXIII. *Ibid. pag. 27.*

Mandement de Jean-François de Gondy archevesque de Paris, touchant les petites écoles.

AN. 1641.

JEAN-FRANÇOIS DE GONDY par la grace de Dieu & du saint siege apostolique archevesque de Paris, à tous curez & vicaires de cette ville & diocese de Paris, salut en nostre Seigneur. Le devoir de nostre dignité pastorale nous obligeant de veiller exactement sur le troupeau qu'il a pleû à Dieu nous commettre; nous avons toûjours reconnu que de l'instruction de la jeunesse dépend principalement la bonne ou mauvaise conduite d'iceluy troupeau; par quoy resolus d'en prendre un soin plus particulier dans la corruption du siecle present, que nous voyons incliner facilement au vice; pour remedier & obvier aux desordres qui en sont arrivez, & pourroient arriver par cy-après; nous avons ordonné que les statuts synodaux de ce diocese, ensemble ceux par nous cy-devant faits au synode des petites écoles de cette ville, fauxbourgs & banlieuë de Paris, feront renouvellez. A CES CAUSES, nous vous mandons de publier ou faire publier inceſſamment és prônes de vos églifes parochiales, que conformément à noſdits ſtatuts, nous avons fait & faiſons très-expreſſes inhibitions & deffenſes ſous peine d'excommunication, à tous maiſtres d'écoles & aux maiſtres écrivains & à toutes autres perſonnes de quelque qualité ou condition qu'ils ſoient, tant de cette ville que dans l'étenduë de noſtre diocèſe de Paris, de ne recevoir ny admettre à l'avenir en leurs écoles aucunes filles, ſous quelque prétexte & occaſion que ce ſoit: comme auſſi aux maiſtreſſes de n'admettre ny recevoir ſous les meſmes peines aucuns garçons dans leurs écoles. Et où ce mauvais uſage ſe trouveroit introduit, nous voulons & enjoignons, ſous les meſmes peines d'excommunication, que tous leſdits maiſtres d'école & maiſtres écrivains jurez renvoyent auſſi-toſt leſd. filles, & les maiſtreſſes leſdits garçons, & ce dans trois jours après qu'ils auront connoiſſance de noſtre preſent mandement. Avons en outre fait deffenſes à toutes perſonnes de quelque qualité ou condition qu'elles ſoient, ſous les meſmes peines d'excommunication; & aux preſtres & autres eccleſiaſtiques de ſuſpenſion *à divinis*, de s'ingerer en la fonction deſdites petites écoles, ſans la permiſſion du chantre de noſtre égliſe de Paris, auquel nous en avons commis la direction pour le regard de la ville, fauxbourgs & banlieuë de Paris, & ſans la permiſſion & conſentement des curez, pour le reſte de noſtre diocèſe. Que ſi aucuns eſtoient ſi temeraires que de reſiſter & contrevenir à noſtre preſente ordonnance; nous faiſons auſſi commandement ſous pareilles peines aux peres & meres de retirer leurs enfans dans ledit temps; ſinon & à faute de ce faire dans icelui, nous declarons tant les uns que les autres excommuniez *ipſo facto*, afin que perſonne n'en pretende cauſe d'ignorance. Enjoignant audit chantre de noſtre égliſe de Paris, & au promoteur des petites écoles, de tenir la main à l'execution des preſentes, pour ce qui eſt de la ville, fauxbourgs & banlieuë de Paris; comme auſſi au promoteur de noſtre cour archiepiſcopale, tant pour ce que deſſus, que par tout noſtre diocèſe. Fait à Paris le huitieſme du mois de Janvier M.DC.XLI. Signé BAUDOUIN. *Ibidem pag.* 41.

Sentence renduë par Michel le Maſle chantre de l'égliſe de Paris, au ſujet des petites écoles.

A TOUS ceux qui ces preſentes lettres verront, Michel le Maſle conſeiller du roy en ſes conſeils d'état & privé, prieur & ſeigneur des Roches-ſaint-Paul, chantre & chanoine de l'égliſe cathedrale & metropolitaine de Paris, collateur, juge & directeur des petites écoles de la ville, fauxbourgs & banlieuë de Paris, ſalut. Scavoir faiſons que ce jourd'hui datte des preſentes, veu la requeſte à nous preſentée par pluſieurs maiſtres & maiſtreſſes deſdites écoles, expoſitive que par les ſtatuts & reglemens deſdites écoles, confirmez par divers arreſts de la cour de parlement, nonobſtant ceux donnez és années 1628. & 1654. pour les cauſes y contenuës, & pour remedier & obvier aux deſordres, abus & malverſations qui ſont arrivez & peuvent arriver journellement eſd. écoles par le meſlange des filles avec les garçons, très-expreſſes inhibitions & deffenſes ſont faites auſdits maiſtres d'enſeigner aucunes filles en leurs écoles, & aux maiſtreſſes d'enſeigner aucuns garçons; que neantmoins au meſpris deſdits ſtatuts, reglemens & arreſts, aucuns deſd. maiſtres & maiſtreſſes ne délaiſſent pas d'entreprendre & continuer un ſemblable meſlange deſdites filles avec les garçons: ce qui a cauſé & peut cauſer & produire de nouveaux deſordres dans la depravation du ſiecle preſent, où l'on ne peut apporter trop de circonſpection pour la conduite de la jeuneſſe; veû que de cette premiere inſtitution & des premieres habitudes qui ſont imprimées aux enfans dans les écoles, dépend entierement tout le reſte des mœurs, conſequemment le ſalut ou la perte des hommes; & c'eſt ce qui a donné lieu auſdits reglemens & arreſts, pour que la pureté ſoit gardée ſans aucun meſlange dans ceſdites écoles; requerans qu'il nous pleuſt ſur ce interpoſer noſtre jugement & authorité. Veû auſſi les concluſions de noſtre promoteur, auquel de noſtre ordonnance ladite requeſte a eſté communiquée, & qui a adheré aux fins & concluſions des ſuppliants; tout veû & conſideré: NOUS chantre, juge & directeur ſuſd. après avoir ſur ce pris conſeil, diſons que leſdits ſtatuts, reglemens & arreſts ſeront executez, gardez & obſervez de point en point, ſelon leur forme & teneur, partous les maiſtres & maiſtreſſes qui enſeignent ſous noſtre authorité, & dans

JUSTIFICATIVES. 461

toute l'étenduë de noſtre juriſdiction ; ce faiſant, ſeront tenus leſdits maiſtres & maiſtreſſes congedier de leurs écoles inceſſament, ſçavoir leſdits maiſtres les filles, & leſdites maiſtreſſes les garçons, ſans qu'ils en puiſſent retenir aucuns ſous quelque pretexte que ce ſoit. Et en cas de contravention, ſix ſemaines après la prononciation & publication de noſtre preſent jugement, dès-à-preſent comme dès-lors, & ſans qu'il ſoit beſoin d'autre jugement, avons condamné & condamnons chacun des contrevenans en quatre livres pariſis d'amende applicable à l'Hoſtel-Dieu de Paris, & en cas de recidive, les declarons déchûs du droit de tenir écoles, & ordonnons qu'il ſera pourveu d'autres maiſtres ou maiſtreſſes en leur lieu & place. Et ſera noſtre preſent jugement exécuté nonobſtant oppoſitions ou appellations quelconques, & ſans prejudice d'icelles, pour leſquelles ne ſera differé. En témoin de ce nous avons à ceſdites preſentes fait mettre & appoſer le ſcel de noſtre cour. Ce fut fait & donné, prononcé & publié, l'audiance tenant, en preſence dudit promoteur, des maiſtres de communauté deſdites écoles de preſent en charge & de pluſieurs autres maiſtres & maiſtreſſes, l'an M. DC. LV. le Jeudy dix-huitieſme jour du mois de Novembre. *Signé* LE MASLE, *& plus bas*, LE VASSEUR *greffier. Ibid. p. 51.*

ARREST DU PARLEMENT touchant les petites écoles.

An. 1665.

ENTRE la communauté des maiſtres d'école de la ville, cité, univerſité, fauxbourgs & banlieuë de Paris, demandeurs aux fins de l'exploit & requeſte du vingt-ſix Septembre 1663. tendante à ce qu'il plaiſe à la cour ordonner que les ſtatuts deſdites écoles & les arreſts de ladite cour du vingt-quatre Septembre 1552. ſept Fevrier 1554. neuf Fevrier 1585. dix-neuf may 1628. & autres rendus en conſequence, ſeront executez; ce faiſant, que deffenſes ſeront faites au deffendeur de plus entreprendre de faire aucuns exercices de petites écoles à Picpus, ny ailleurs dans l'étenduë de la juriſdiction du ſieur chantre de l'égliſe de Paris, ſuperieur & directeur general d'icelles écoles, ſans l'authorité dudit ſieur chantre, à peine de confiſcation & de cinq cens livres d'amende, dépens, dommages & intereſts, d'une part: & maiſtre Paul Matthieu maiſtre és arts en l'univerſité de Paris, deffendeur, d'autre part. Après que les advocats & procureurs des parties ont communiqué de la cauſe au parquet des gens du roy, & ſont par leur advis demeurez d'accord de l'appointement qui enſuit ; APPOINTE' eſt que la cour a ordonné & ordonne que les ſtatuts des petites écoles & arreſts de ladite cour des vingt-quatre Septembre 1552. ſept Fevrier 1554. neuf Fevrier 1585. dix-neuf May 1628. & autres rendus en conſequence, ſeront executez ſelon leur forme & teneur. Ce faiſant & conformément à iceux, a fait deffenſes audit deffendeur & tous autres maiſtres és arts & autres perſonnes, de faire la fonction des petites écoles ſans l'authorité & permiſſion du chantre de l'égliſe de Paris, à peine de confiſcation des choſes ſervant à l'uſage des petites écoles, en vertu du preſent arreſt, & ſans qu'il ſoit beſoin d'autre, cinq cens livres d'amende, dépens, dommages & intereſts. Fait en parlement ce cinquieſme jour de Janvier M. DC. LXV. *Signé* DU TILLET. *Ibid. pag.* 100.

Mandement de meſſire Hardoüin de Perefixe archeveſque de Paris, touchant les petites écoles.

An. 1666.

HARDOÜIN de Perefixe par la grace de Dieu & du ſaint ſiege apoſtolique archeveſque de Paris, à tous curez & vicaires de cette ville & dioceſe de Paris, ſalut en noſtre Seigneur. Il n'eſt rien de plus avantageux pour détruire l'empire du peché dans l'égliſe, & pour faire regner Jeſus-Chriſt dans ſon peuple par la pureté des mœurs & de la doctrine, que d'imprimer fortement & de bonne heure dans les eſprits de la jeuneſſe des ſentimens & des inclinations dignes de la ſainteté de noſtre religion ; car comme il n'eſt rien de plus facile à corrompre par les mauvais exemples, par les converſations dangereuſes & par les coutumes dépravées du ſiecle, que ces meſmes eſprits, & qu'il n'eſt rien plus difficile à déraciner des habitudes qu'ils prennent à cet aage, auſſi n'eſt-il rien plus facile que de leur donner, avec les elemens des lettres, de ſaintes & ſalutaires impreſſions des vertus chrétiennes, ſi fortes & ſi puiſſantes qu'ils les conſervent toute leur vie pour leur propre ſanctification & pour la gloire de l'Egliſe. C'eſt la connoiſſance de cette verité importante qui a obligé nos predeceſſeurs à mettre au nombre de leurs plus grands ſoins celui de l'inſtruction de la jeuneſſe, & à veiller avec une application particuliere ſur les petites écoles, & ſur les maiſtres & maiſtreſ-

Mmm iij

ses qu'on choisit pour en avoir la conduite. Ce qui leur a paru si important, qu'ils ont pourveu à la direction & au bon ordre desdites écoles par plusieurs statuts synodaux & reglemens generaux, qui ont été souvent renouvellez dans les synodes particuliers qu'ils ont fait tenir pour le fait desdites petites écoles. Mais encore que tout le monde reconnoisse l'utilité & mesme la necessité de ces reglemens, nous apprenons tous les jours qu'on y contrevient en plusieurs lieux : ce qui porteroit un prejudice notable à l'éducation des enfans, s'il n'y estoit pourveu de nouveau de nostre authorité. A CES CAUSES, renouvellant en tant que besoin est ou seroit, les reglemens susdits, & entr'autres celuy du huit Janvier 1641. nous avons ordonné & ordonnons que ledit reglement sera observé selon sa forme & teneur. Ce faisant, & conformement à iceluy, nous avons fait & faisons très-expresses inhibitions & deffenses, sous peine d'excommunication, à tous maistres d'école, aux maistres écrivains & à tous autres hommes de quelque qualité & condition qu'ils soient, dans l'estenduë de cette ville, fauxbourgs & diocese de Paris, de recevoir ou admettre à l'avenir en leurs écoles aucunes filles sous quelque pretexte que ce soit ; comme aussi aux maistresses de recevoir dans leurs écoles aucuns garçons. Voulons & enjoignons sous les mesmes peines d'excommunication, que si en quelqu'un des lieux susdits ce mauvais usage est introduit, dans trois jours après qu'ils auront eu connoissance de nostre present mandement, lesdits maistres d'école & maistres écrivains renvoyent lesdites filles, & lesdites maistresses renvoyent lesdits garçons. Et quant aux paroisses de la campagne dans lesquelles il n'y a assez d'enfans pour occuper & entretenir un maistre & une maistresse ensemble ; nous ordonnons, sous les mesmes peines, que les garçons & les filles soient instruits dans des lieux separez, ou à des heures differentes. Faisons en outre deffenses à toutes personnes, de quelque qualité & condition qu'elles soient, sous les mesmes peines d'excommunication, & aux prestres & autres ecclesiastiques de suspension *à divinis*, de s'ingerer en la fonction desdites petites écoles, sans la permission du chantre de nostre église de Paris, auquel nous avons commis la direction pour le regard de la ville, fauxbourgs & banlieuë de Paris, & sans la permission & consentement des curez pour le reste de nostre diocese. Que si aucuns étoient si temeraires que de resister & contrevenir à nostre presente ordonnance, nous faisons aussi commandement sous pareilles peines aux peres & meres de retirer leurs enfans dans ledit temps, sinon & à faute de ce faire dans iceluy, nous declarons tant les uns que les autres excommuniez *ipso facto*, afin que personne n'en pretende cause d'ignorance ; enjoignons audit chantre de nostre église de Paris, & au promoteur des petites écoles, de tenir la main à l'execution des presentes, pour ce qui est de la ville, fauxbourgs & banlieuë de Paris ; comme aussi au promoteur de nostre cour archiepiscopale, tant pour ce que dessus, que pour tout nostre diocese. Si voulons le present mandement estre lû & publié au prône de vos messes de paroisse, & affiché où besoin sera, afin que personne n'en pretende cause d'ignorance. Donné à Paris sous le sceau de nos armes, ce dixiesme May M. DC. LXVI. *Signé* HARDOÜIN archevesque de Paris ; *& plus bas*, Par mondit seigneur, *signé* PETIT. *Ibid. p.* 45.

Sentence renduë par le chantre de l'église de Paris touchant les petites écoles.

A Tous ceux qui ces presentes lettres verront, Claude Ameline prestre, licentié ez droits, chanoine & chantre de l'église metropolitaine de Paris, collateur, juge & directeur des petites écoles de la ville, fauxbourgs & banlieuë, salut. Savoir faisons que ce jourd'huy date des presentes, sur la plainte & remontrance judiciairement faite devant nous par le promoteur desdites écoles, que par les statuts & reglemens desdites écoles confirmez par plusieurs arrests du parlement, & une infinité de jugemens rendus en cette cour, pour obvier aux desordres, abus & malversations que pourroit causer le mélange des garçons avec des filles dans une même école, très-expresses inhibitions & deffenses ont été faites & reïterées de temps en temps aux maistres & maistresses d'école, sçavoir aux maistres de tenir ny enseigner aucunes filles, & aux maistresses de tenir ny enseigner aucuns garçons respectivement, sous les peines y contenuës. Que neantmoins aucuns desdits maistres & maitresses par une audace insupportable, au mepris desdits statuts, reglemens & arrests, n'ont delaissé d'y contrevenir ; à quoy il est très-important de remedier promptement & incessamment, pour obvier, comme me dit est, aux desordres qui en peuvent arriver, veû qu'on ne peut apporter trop de circonspection pour la conduite de la jeunesse, puisque de-là depend tout le reste de la vie. Partant requeroit ledit promoteur, afin qu'aucune des choses qui peuvent contribuer à l'innocence & pureté des enfans ne manquast, qu'il nous pluft ordonner que tous les maistres & maistresses qui seront trouvez refractaires, desobeïssans & contrevenans, sur le simple rapport des visites qu'il fera, seront privez du droit desdites écoles, & des permissions à eux accordées; & sera pourveu d'autres maistres & maistresses en leur lieu & place, conformement ausdits statuts, reglemens & arrests. Nous chantre & juge susdit ayant égard aux remontrances & requisitions dudit promoteur, disons que lesdits statuts, reglemens & arrests seront executez de point en point selon leur forme & teneur; & conformement à iceux, nous avons ordonné & ordonnons que dans la fin du mois courant tous les maistres & maistresses qui enseignent sous nostre authorité & dans l'étenduë de nostre jurisdiction, congedieront incessamment, sçavoir lesdits maistres les filles, & les maistresses les garçons qu'ils peuvent avoir de present en leurs écoles, sans qu'ils en puissent retenir aucuns sous quelque pretexte que ce soit; & en cas de contravention, le mois passé, nous les avons condamné & condamnons chacun à douze livres parisis d'amende payable sans deport applicable à œuvre pieuse, & en cas de recidive, les avons declarez & declarons décheûs du droit desdites écoles & desdites permissions à eux respectivement accordées, & ordonné qu'il sera pourveu d'autres maistres & maistresses en leur lieu & place. Et sera nostre present jugement executé nonobstant toutes oppositions ou appellations quelconques, sans prejudice d'icelles presentes, pour lesquelles ne sera differé. En temoin de ce nous avons ausdites presentes fait apposer le scel de nostre cour. Ce fut fait, donné & prononcé par nous chantre & juge susdit, l'audience tenant le vingtiesme jour de Mars M. DC. LXVI. Signé AMELINE, & plus bas LE VASSEUR greffier. *Ibid. p. 55.*

Reglement donné en interpretation du XVIII. article des statuts des petites écoles.

CE dix-huitiesme article est tel: *Nuls maistres & maistresses ne s'approcheront les uns des autres pour tenir écoles plus près de vingt maisons pour les quartiers non peuplez, & de dix pour ceux qui sont peuplez, sur peine de privation des écoles.* Pour lequel expliquer & interpreter : premierement, nous disons que tous les maistres & maistresses d'école se pourront loger dans toute l'étenduë de leurs quartiers inclusivement, pourveu que le maistre ou la maistresse des plus prochains quartiers ne soit auparavant logé à vingt maisons près dans les quartiers non peuplez, ou à dix dans les quartiers peuplez; en telle sorte que le premier maistre ou maistresse logé, serve de borne & d'empeschement aux autres maistres ou maistresses, pour se pouvoir loger plus près de vingt ou de dix maisons de la demeure des premiers logez. II. Nous disons encore que si un maistre ou maistresse estoit logé à quatre, cinq ou six maisons près des bornes ou limites de son quartier, le maistre & la maistresse du quartier voisin pourroit s'approcher de la demeure dudit maistre ou maistresse de dix ou douze maisons, selon les quartiers peuplez ou non peuplez; en telle sorte qu'il y ait toujours dix ou douze maisons de distance, comme cy-dessus, de la demeure du maistre ou de la maistresse, qui sera la premiere logée. III. Nous disons enfin qu'on ne doit point avoir égard à l'éloignement des maisons pour la demeure entre un maistre & une maistresse, soit d'un mesme quartier, soit des quartiers voisins. Nous deffendons toutes-fois à tous maistres de se loger dans la mesme maison où il y aura une maistresse logée; & nous deffendons pareillement à toutes maistresses de se loger dans la mesme maison où logera un maistre, sous peine d'amende. *Ibid. p. 33.*

Forme des lettres de permission de tenir école.

CLAUDIUS JOLY presbyter, jurium doctor, insignis & metropolitanæ ecclesiæ Parisiensis præcentor & canonicus præbendatus; dilecto nostro N. salutem in Domino. Cùm ad nos, ratione nostræ dignitatis præcentoris dictæ ecclesiæ Parisiensis, spectet & pertineat collatio & regimen parvarum scholarum villæ seu civitatis, suburbiorum & banleucæ Parisiensis, & antea fide dignorum relatu de vita, moribus, pietate & religione catholica commendatus, ac examine nostro dignus ad scholas tenendas repertus fueris: tibi idcirco scholas tenendi & exercendi in via vulgò dicta *la ruë, &c.* Icy sont specifiez *les noms des ruës assignées à chaque maistre & maistresse pour leur demeure.* Inibique pueros docendi & instituendi in bonis moribus, litteris grammaticalibus & aliis piis & honestis exercitiis ; juramento priùs à te recepto de dictis scholis sedulò & fideliter exercendis, statutisque & ordinationibus nostris observandis ; licentiam concedimus & facultatem impartimur. Præsentibus exinde ad synodum nostram proximè futuram usque, si intrà annum habeatur, aliàs ad annum dumtaxàt valituris. Datum Parisiis sub sigillo nostro & signo manuali magistri Joannis *le Vasseur* notarii apostolici, nostri scribæ & sigilliferi. Anno Domini, &c. De mandato præfati domini præcentoris, J. LE VASSEUR. *Ibid. p.* 378.

Union des écoles du fauxbourg saint Germain des Prez avec celles de la ville, fauxbourgs & banlieuë de Paris.

AN. 1669.

A TOUS ceux qui ces presentes lettres verront, Claude Ameline prestre, licentié és droits, chantre & chanoine de l'église metropolitaine de Paris, collateur, juge & directeur des petites écoles de la ville, cité, université, fauxbourgs & banlieuë de Paris, salut. Sçavoir faisons que ce jourd'huy datte des présentes, sur les remontrances judiciairement faites par le promoteur desdites écoles, que la préten-duë exemption du fauxbourg saint Germain des Prez, contraire à l'unité établie par les canons de l'église, est aujourd'-huy comme abandonnée par ceux qui prenoient seuls interest de la soutenir ; qu'en consequence ledit fauxbourg rentre naturellement & de soy-mesme dans l'état & dans la forme du reste du dio-cese de Paris ; que M. l'archevesque de Paris faisant presentement paisiblement les mesmes fonctions épiscopales dans ledit fauxbourg qu'il a droit de faire dans tout son diocese, MM. les official, archidiacres & pénitencier de l'église de Paris y faisant aussi seuls sans contestation tous les actes qui suivant l'usage du diocese de Paris, leur appartiennent, chacun à leur égard : c'est pourquoy il a estimé estre obligé par le deü de sa charge, de nous denoncer qu'en ladite qualité de chantre de l'église metropolitaine de Paris, estant de toute antiquité collateur, juge & directeur des petites écoles de la ville, cité, université, fauxbourgs & banlieuë de Paris, comme il paroist par les anciens statuts de l'an 1380.

& par une infinité d'arrests du parlement donnez de temps en temps ; & nostre jurisdiction établie de maniere que les appellations de nos jugemens ressortissent immediatement à la grande chambre dudit parlement, il est important de donner ordre que nos anciens statuts & reglemens soient notifiez & publiez dans toute l'étenduë dudit fauxbourg saint Germain, pour y estre ponctuellement gardez & observez ; partant requeroit luy estre permis de faire appeller au premier jour tous ceux & celles qui se disent maistres & maistresses d'écoles audit fauxbourg, pour rapporter les lettres de permission en vertu desquelles ils s'ingerent en la fonction desdites écoles, pour icelles veuës prendre par luy telles conclusion qu'il advisera. Nous chantre susdit ayant égard au requisitoire dudit promoteur, avons ordonné que tous lesdits prétendus maistres & maistresses d'écoles dudit fauxbourg saint Germain seront appellez à Jeudy prochain, trois heures de relevée, en nostre auditoire ordinaire de l'officialité, aux fins portées par ledit requisitoire. En temoin de ce nous avons à cesdites présentes fait apposer nostre scel. Ce fut fait, donné & prononcé, l'audience tenant, le Samedy ving-septiesme de Juillet M. DC. LXIX. *Signé* LE VASSEUR greffier.

L'an mil six cens soixante-neuf, le...... du mois de Juillet, le jugement cy-dessus à la requeste de M. le promoteur des petites écoles y dénommé, lequel, en tant que besoin seroit, a eslu son domicile en la maison où il est demeurant au cloistre de l'église de Paris, a esté par moy Michel Faguet huissier, sergent à verge au Chastelet de Paris, y demeurant ruë & paroisse saint Pierre-aux-Bœufs soussigné, deûment signifié & notifié à N. N. exerçant les petites écoles au fauxbourg saint Germain, en parlant à ..... en leurs domiciles audit fauxbourg. Auxquels parlant comme dessus, j'ay donné assignation à comparoir Jeudy prochain, trois heures de relevée, devant M. le chantre de ladite église de Paris en son auditoire, aux fins dudit jugement ; dont & du present exploit je leur ay laissé copie, és presences & assisté de Simon & Antoine Nicolas praticiens, tous deux demeurans ruë neufve Nostre-Dame à Paris, témoins soussignez. *Ibid. p.* 419.

Procez

Procez verbal de l'assemblée des maistres & maistresses d'école du fauxbourg saint Germain en presence du chantre de l'église de Paris.

AN. 1669.

LE Jeudy premier jour d'Aoust mil six cens soixante-neuf, les dix-sept maistres & les dix-sept maistresses d'école du fauxbourg saint Germain, paroisse saint Sulpice, ayant esté assignez, comme cy-dessus, par un huissier, comparurent à trois heures après midy devant monsieur messire Claude Ameline chantre de l'église de Paris, en presence du promoteur des écoles & du greffier ; & sur le requisitoire & conclusions dudit promoteur, à ce que lesdits maistres & maistresses d'école rendissent leurs lettres, que d'autres lettres de l'authorité de M. le chantre leur fussent délivrées *gratis*, & qu'ils jurassent & promissent de garder les statuts & reglemens des écoles ; M. le chantre prononça sur les trois chefs, conformement au requisitoire & conclusions dudit promoteur, leur ayant fait un petit discours : puis après ils remirent leurs lettres au greffe ; & leur ayant esté distribué des statuts & reglemens des écoles, ils leverent tous la main droite, puis jurerent & promirent à M. le chantre de garder & d'observer exactement lesdits statuts & reglemens. Puis le greffier delivra à chacun d'eux des lettres nouvelles des mesmes quartiers qu'ils avoient auparavant. On parla ensuite de quelques unes de leurs affaires, sçavoir du syndic ou maistre en charge, de leur messe fondée à saint Sulpice chaque premier Dimanche du mois, de leurs ornemens & de leur compte, &c. On ne détermina rien, sinon que de continuer toujours à faire dire la messe fondée S. Sulpice, & qu'on y rendroit le pain-benit pour la derniere fois le premier Dimanche d'Aoust prochain, & que doresnavant ils assisteroient à la messe en l'église de saint Christophe, comme les autres maistres & maistresses de la ville. Les autres affaires furent remises à un autre jour. *Ibid. p.* 424.

collateur, juge & directeur des petites écoles de la ville, cité, université, fauxbourgs & banlieuë de Paris ; salut. Sçavoir faisons, que ce jourd'huy datte des presentes, veu la requeste à nous presentée par tous les maistres & maistresses d'école du fauxbourg saint Germain des Prez, les conclusions du promoteur desdites écoles estant au bas de ladite requeste ; tout veu & consideré ; NOUS chantre susdit en consequence de nos lettres de permission cy-devant accordées & delivrées à tous lesdits maistres & maistresses dudit fauxbourg saint Germain, pour la fonction desdites écoles, & du serment qu'ils ont tous presté en nos mains, de garder exactement nos statuts & reglemens, avons ordonné que tous lesdits maistres & maistresses d'école dudit fauxbourg saint Germain des Prez seront & demeureront pour toujours reputez maistres & maistresses d'école, ainsi que tous les autres maistres & maistresses de cette ville de Paris : auront & tiendront lesdits maistres leur rang avec les autres maistres de cette ville, selon l'ordre de leur reception ; & par mesme moyen à la requeste du promoteur seront deffendus & revendiquez en toutes occasions, mesme contre les écrivains dudit fauxbourg, buissonniers & autres qu'il appartiendra, ainsi qu'il a esté accoutumé d'estre pratiqué à l'égard des maistres d'école de la ville de Paris. Et à l'égard de la fondation faite par Genevielve Bourgoin ancienne maistresse dudit fauxbourg, d'une messe basse tous les premiers Dimanches des mois en l'église de saint Sulpice, nous disons qu'elle sera executée selon l'intention d'icelle, avec injonction à Anne Rochon ancien maistre desdites écoles, d'en prendre le soin, jusques à ce que par nous autrement en ait esté ordonné, & qu'il ait esté procedé à l'élection d'un nouveau maistre en charge du nombre des maistres dudit fauxbourg. En témoin de ce nous avons à cesdites presentes fait apposer nostre scel. Donné à Paris ce huitiesme jour d'Aoust M. DC. LXIX. *Ibid. p.* 426.

Sentence d'union des maistres & maistresses d'école du fauxbourg saint Germain à ceux de la ville, fauxbourgs & banlieuë de Paris.

AN. 1669.

A Tous ceux qui ces presentes lettres verront, Claude Ameline prestre, licentié ès droits, chantre & chanoine de l'église metropolitaine de Paris,

Tome II.

Transaction entre les chantre & deputez du chapitre de Nostre-Dame & les curez de la ville & fauxbourgs de Paris, au sujet des petites écoles.

AN. 1669.

PARDEVANT nous Charles Pioger & Estiene Jousse conseillers du roy, notaires, gardenotes & gardes du scel de S. M. au Chastelet de Paris, soussignez,

N n n

furent presens messire Claude Joly prestre, docteur ès loix, chantre & chanoine de l'église metropolitaine de Paris, & messieurs les députez des venerables doyen, chanoines & chapitre de ladite église: sçavoir messire Michel de la Roche prestre, docteur en theologie de la faculté de Paris, abbé de Clairfontaine, chanoine & archidiacre de Brie en l'église de Paris: messire Nicolas Petitpied prestre, docteur de la maison & société de Sorbonne, chanoine & sous-chantre de ladite église: messire Pierre Courcier prestre, docteur de Sorbonne, abbé de Talmont, chanoine theologal de ladite église : messire Loüis Perta de Villemareüille, abbé de Miseré, chanoine : & messire Claude Chappelier prestre, docteur en theologie, aussi chanoine de ladite église de Paris, nommez à cet effet par conclusion capitulaire du 24. Avril dernier, signée Sarrasin, qui est demeurée annexée à la minute des présentes, par lesquels sieurs du chapitre lesdits sieurs députez ont promis de faire ratifier ces présentes dans quinzaine, à peine de tous dépens, dommages & interests, d'une part.

Et messieurs les curez de cette ville & fauxbourgs de Paris: sçavoir, messires Victor de Massac licentié de Sorbonne, archiprestre, curé de la Magdelaine: Charles-Nicolas Garson docteur de Sorbonne, curé de saint Landry : Claude le Caron docteur de Sorbonne, curé de saint Pierre-aux-Bœufs: François Dupuy curé de sainte Marine: Jean Choart docteur de Sorbonne, curé de saint Germain-le-vieux : Georges Guerin bachelier en droit canon; curé de saint Martial : Antoine Morant docteur de Sorbonne, curé de saint Pierre des Arcis : Charles - Pierre Carré docteur de Sorbonne, curé de saint Barthelemy: Gilles le Sourt docteur de Sorbonne, curé de saint Paul & de sainte Marguerite son annexe: François Feu docteur de Sorbonne, curé de saint Gervais & saint Protais: Alexandre-Antoine de Francelles docteur de Sorbonne, curé de saint Jean en Greve : François de Montmignon docteur de Sorbonne, curé de saint Nicolas des Champs: Nicolas de Blampignon docteur de Sorbonne, chefcier - curé de saint Mederic: Antoine Lauzy docteur en theologie, curé de saint Jacques de la Boucherie: Leonard de Lamet docteur de Sorbonne, curé de saint Eustache: François Vivant docteur de Sorbonne, curé de saint Leu-saint-Gilles: François Macé docteur de Sorbonne, chefcier-curé de sainte Opportune : Loüis Hideux docteur de Sorbonne, curé des saints Innocens : Antoine Seglinean bachelier en theologie, curé de saint Sauveur : Estienne de la Bruë curé de saint Germain l'Auxerrois : Nicolas Gobillon docteur de Sorbonne, curé de saint Laurent, vicaire general de monseigneur l'archevesque de Paris: Pierre Hutrel docteur de Sorbonne, curé de la Ville-l'evesque : Denis Coignet docteur de Sorbonne, curé de saint Roch: Philippes. Joseph de Cambefort licentié de Sorbonne, curé de Notre-Dame de Bonne Nouvelle : Jean Lizot bachelier en theologie, archiprestre & curé de saint Severin: Joachin de la Chetardie docteur de Sorbonne, curé de saint Sulpice : Nicolas Matthieu bachelier en theologie, curé de saint André des Arcs : André Tullou docteur en theologie, curé de saint Benoist : Nicolas Berbis licentié ès droits, curé de saint Cosme & de saint Damien : Jacques Jollain docteur de Sorbonne, curé de saint Hilaire du Mont : Jean-Baptiste Dantecourt docteur en theologie, curé de saint Estienne du Mont : Joseph Boucher docteur de Sorbonne, curé de saint Nicolas du Chardonnet : Jacques-Louis Canto bachelier en theologie, curé de saint Médard : Michel le Breton docteur de Sorbonne, curé de S. Hippolite: Louis Marcel bachelier en theologie, curé de S. Jacques du Hautpas: Pierre Danet licentié en theologie, abbé de saint Pierre de Verdun, curé de saint Martin au cloistre de saint Marcel: & Jacques Luillier docteur de Sorbonne, curé de saint Louis, isle Nostre-Dame; tous demeurans en leurs maisons presbyterales, d'autre part.

Lesquelles parties esdits noms, estant prestes de faire juger l'instance pendante entr'elles au parlement de Paris, sur la demande formée par lesdits sieurs chantre & chapitre de ladite église, & par les maistres & maistresses des petites écoles de la ville & fauxbourgs de Paris, à ce que la sentence arbitrale renduë entre les parties par feu monseigneur l'archevesque de Paris le 20. Septembre 1684. & l'arrest d'homologation d'icelle du 8. May 1691. fussent executez selon leur forme & teneur; d'une part : & sur l'appel de ladite sentence interjetté par lesdits sieurs curez, opposition formée à l'execution dudit arrest, ensemble sur la demande par eux faite, afin d'estre maintenus au droit & possession de regir les écoles de charité de leurs paroisses, sans

prendre

prendre lettres ni pouvoir desdits sieurs chantre ou chapitre, d'autre; deffenses au contraire desdits sieurs chantre & chapitre.

Toutes lesdites parties animées de cet esprit de paix & de bonne intelligence si convenable entre personnes de leur caractere, persuadez mesme que cette réunion amiable ne contribuëra pas peu à soustenir plus solidement à l'avenir l'établissement des écoles de charité si avantageuses au public, ce qui est le principal fruit que les uns & les autres se sont proposé dans cet accommodement, après avoir pris conseil, & murement deliberé sur leurs interests & differens, ont demeuré d'accord des articles qui suivent, pour les regler entierement.

C'est à sçavoir que les sieurs curés de la ville & fauxbourgs de Paris prendront dudit sieur chantre des lettres portant pouvoir de regir & gouverner les écoles de charité de leurs paroisses, lesquelles lettres seront accordées à chacun desdits sieurs curés, sur la simple representation de leurs provisions & prise de possession, sans qu'il soit besoin de presenter requeste audit sieur chantre, ni obtenir conclusions du sieur promoteur; & lesdites lettres auront leur effet tant & si longuement que le curé qui les aura prises, demeurera en possession de la cure. La minute desdites lettres sera signée de chaque curé sur le registre de la chantrerie, & l'expedition en sera delivrée gratuitement à chacun desdits sieurs curés.

Ceux qui seront pourveûs de leur cure pendant la vacance de la dignité de chantre, recevront ledit pouvoir desdits sieurs du chapitre en la mesme maniere.

Chaque curé dans sa paroisse instituera & destituera les maistres & les maistresses d'écoles de charité, & dirigera lesdites écoles, sans que lesdits maistres & maistresses soient tenus de prendre aucune permission dudit sieur chantre.

L'on mettra sur les portes des maisons où se tiendront lesdites écoles de charité, une inscription portant: *Ecole de charité pour les pauvres de la paroisse.*

Ne sera reçeu dans les écoles de charité que des enfans vrayment pauvres de la paroisse, reconnus tels par le sieur curé, dont sera tenu registre qui sera signé de luy tous les six mois, où seront exprimez les noms, surnoms & demeures desdits enfans; & deffenses seront faites aux autres maistres & maistresses d'école d'inquieter & de troubler les maistres & maistresses d'école de charité dans l'exerci-

Tome II.

ce de leurs fonctions, par visites, saisies ou autrement, sous quelque pretexte & maniere que ce puisse estre.

Ledit sieur chantre lorsqu'il sera en cette ville, & dans la vacance de la dignité de chantre, les deputez dudit chapitre pourront une fois tous les ans visiter lesdites écoles de charité en presence du sieur curé de la paroisse; sans qu'aucuns desdits maistres ou maistresses d'école qu'on appelle de quartier, y puissent assister. Statueront ledit sieur chantre & deputez dudit chapitre, avec l'avis du sieur curé de la paroisse, sur les desordres, si aucuns y a dans lesdites écoles; & où il arriveroit sur ce sujet entr'eux quelque difficulté, pourront ledit sieur chantre ou deputez dudit chapitre, statuer par provision sur lesdits desordres.

Lorsque le sieur chantre pour cause de maladie ou absence n'aura pû faire ladite visite dans le cours de l'année, il pourra un mois écoulé de l'année suivante, choisir un vice-gerent à cet effet seulement, qui ne pourra estre autre qu'un chanoine de ladite église métropolitaine, prestre & gradué; lequel vice-gerent visitera une fois seulement lesd. écoles dans ladite année en presence du sieur curé de la paroisse, sans qu'aucuns maistres ou maistresses d'école qu'on appelle de quartier, y puissent assister. Pourra aussi ledit sieur vice-gerent statuer par provision, avec l'avis dudit sieur curé, sur les desordres, si aucun y a; & ce qui sera ainsi statué par lesdits sieurs chantre, son vice-gerent, ou lesdits deputez du chapitre, sera executé nonobstant oppositions ou appellations quelconques, & sans prejudice d'icelles.

Les maistres & les maistresses desdites écoles de charité ne seront point traduits en jugement pardevant ledit sieur chantre, son vice-gerent, ou deputez dudit chapitre; & en cas de défaut & de délit, seront corrigez par le sieur curé de la Paroisse, hors le temps des visites desdits sieurs chantre, vice-gerent & deputez dudit chapitre, lors desquelles sera executé ce qui est dit cy-dessus.

Ne seront les maistres & maistresses d'école de charité tenus d'aucuns droits de communauté, de confrairie ou autres droits pecuniaires, tels qu'ils puissent estre, ni obligez de se trouver aux assemblées des autres maistres & maistresses d'école.

Tous les maistres & maistresses des écoles de charité seront exhortez d'assister au synode dudit sieur chantre, & quatre

N nn ij

maiſtres & quatre maiſtreſſes deſdites écoles qui ſeront nommez par led. ſieur chantre, ſelon l'ordre du tableau des paroiſſes de Paris obſervé audit ſynode, ſeront tenus d'y aſſiſter, pour referer enſuite auſdits ſieurs curez ce qui s'y ſera paſſé.

Et moyennant les articles cy-deſſus convenus, ſe ſont leſdites parties reſpectivement déſiſtées : ſçavoir leſdits ſieurs chantre & chapitre du profit de ladite ſentence arbitrale du 20. Septembre 1684. & arreſt d'homologation d'icelle, renonceans à s'en ſervir ; & leſdits ſieurs curez en conſequence ſe déſiſtent auſſi de leur part de leurs appellations, oppoſitions & demandes. Conſentant leſdites parties qu'au moyen de la preſente tranſaction tous procez & differens meûs entre elles au ſujet deſdites écoles de charité, demeurent entierement éteints & aſſoupis. Et pour donner plus de force à ladite tranſaction, a eſté en outre convenu que l'homologation en ſera inceſſamment pourſuivie en la cour de parlement ; à l'effet de quoy les parties eſdits noms conſtituent reſpectivement leurs procureurs les porteurs des preſentes. Car ainſi a eſté accordé entr'elles ; promettans, &c. obligeans, &c. renonçans, &c. Fait & paſſé à Paris és maiſons de toutes leſdites parties, l'an M. DC. XCIX. les XVIII. XX. XXII. XXIII. XXIX. & XXX. jours de May, avant & après midy. Et ont ſigné la minute des preſentes demeurée à Jouſſe l'un des notaires ſouſſignez. *Enſuit la teneur de la concluſion capitulaire y annexée.*

Extrait des concluſions capitulaires du chapitre de l'égliſe de Paris du 24. Avril 1699.

MEſſieurs ont prié & donné pouvoir à meſſieurs l'archidiacre de Brie, le ſous-chantre, le theologal, Villemareuille & Chappellier chanoines de l'égliſe de Paris, d'accompagner M. le chantre de ladite égliſe, lorſqu'il paſſera la tranſaction entre ledit chapitre, le chantre & meſſieurs les curez de cette ville de Paris, au ſujet des petites écoles de la meſme ville ; leſquels ſigneront ladite tranſaction pour & au nom dudit chapitre. Fait audit chapitre, les an & jour que deſſus. *Signé* SARRASIN ; *& au deſſous,* PIOGER & JOUSSE *notaires.* Scellé le XIV. Octobre M. DC. XCIX. *Copié ſur l'imprimé en feuille volante.*

ARREST DU CONSEIL D'ETAT DU ROY.

Qui maintient les maiſtres des petites écoles dans le droit d'enſeigner l'écriture, l'ortographe, l'arithmetique & tout ce qui en eſt émané, comme les comptes à parties doubles & ſimples & les changes étrangers.

VEU l'arreſt rendu au conſeil d'eſtat du roy le 23. Octobre 1717. ſervant de reglement pour la communauté des maiſtres écrivains de la ville de Paris, par lequel S. M. conformément à l'avis des ſieurs commiſſaires nommez par arreſts des 3. Mars & 26. May 1716. pour proceder à la liquidation des dettes des communautez d'arts & metiers de ladite ville de Paris, a entr'autres choſes ordonné que nul ne pourroit entreprendre ſur les fonctions deſdits maiſtres écrivains, à qui ſeuls appartient le droit d'enſeigner l'écriture & l'arithmetique, & de verifier les écritures ; que ceux qui ſe preſenteroient pour eſtre receus en qualité d'arithmeticiens, payeroient ſeulement la moitié des droits que les aſpirans à la maiſtriſe d'écrivains ont accoûtumé de payer, ſans que ſous ce titre d'arithmeticiens ils puſſent enſeigner l'écriture, aſſiſter aux verifications d'icelles, parvenir au nombre des vingt-quatre anciens examinateurs des aſpirans, non plus qu'aux charges de ladite communauté ; mais qu'ils pourroient ſeulement vacquer à la verification des comptes & calculs conteſtez en juſtice, & toutesfois prétendre à toutes les autres fonctions attribuées à ladite communauté, en ſatisfaiſant au bout de cinq ans au ſurplus des droits ordinaires & accoûtumez, avec excluſion à tous autres particuliers de faire aucunes fonctions d'écrivains, d'arithmeticiens, ni d'expoſer aucuns tableaux, enſeignes, placards, ni affiches, à peine de 500. livres d'amende applicable moitié au profit de la communauté, l'autre moitié à l'hôpital general de Paris, de confiſcation & de tous dépens, dommages & intereſts. Autre arreſt du conſeil du 17. May 1718. ſur les requeſtes du ſieur Dorſanne chantre de l'égliſe de Paris, & en cette qualité juge, collateur & directeur des petites-écoles de la ville, fauxbourgs & banlieuë de Paris, & des maiſtres des petites écoles, des nommez le Fêvre, Dericours, Nainville, Prieur, Bouvelin, le Cocq & Aubry ſoy diſans mathematiciens, profeſſeurs & teneurs de livres & comptes, & des maiſtres écrivains. Celle du sieur Dorsanne & des maistres des petites écoles tendante à ce que, pour les causes y contenuës, il plust à S. M. les recevoir opposans audit arrest du 23. Octobre 1717. & en consequence ordonner que sans y avoir égard, les arrests & reglemens faits & intervenus entr'eux & lesdits maistres écrivains, & notamment celuy du 23. Juillet 1714. seroient executez selon leur forme & teneur; ce faisant, qu'ils seroient exceptez & ne pourroient estre compris dans les termes de l'arrest dont est question, n'empeschant au surplus qu'il ne soit executé contre tous autres qu'eux, leurs sous-maistres & sous-moniteurs, & en outre qu'ils joüiront de tous les droits qui leur sont attribuez par les arrests & reglemens du parlement de Paris, sans qu'aucun arrest posterieur ni lettres patentes que pourroient obtenir lesdits maistres écrivains, leur puissent nuire ni préjudicier. Celle desdits le Fêvre, Dericours & autres, tendante à ce que pour les causes y énoncées, il plust à S. M. les recevoir pareillement opposans à l'execution dudit arrest du conseil du 23. Octobre 1717. & sans y avoir égard, & faisant droit sur leurs oppositions, les maintenir & conserver dans la possession où ils sont d'enseigner l'arithmetique, tenir les livres des comptes à parties doubles, les changes étrangers, l'arpentage, le toisé & autres sciences dépendantes des mathematiques, & verifier comptes & calculs; qu'il leur sera permis d'avoir au devant de leurs maisons des tableaux qui contiendront les noms des sciences qu'ils professent; faire deffenses à la communauté desdits maistres écrivains, de les inquieter ni troubler en quelque maniere que ce soit dans l'exercice d'icelles, à peine de mille livres d'amende, & les condamner aux dépens. Celle des maistres écrivains tendante à ce que, sans avoir égard à l'opposition formée par lesdits le Fêvre, Dericours & consors à l'execution de l'arrest du conseil dudit jour 23. Octobre 1717. en laquelle ils seroient declarez non recevables, il plust à S. M. ordonner que ledit arrest seroit executé selon sa forme & teneur, & en consequence declarer l'amende de 500. livres portée par iceluy, encouruë contre chacun desdits particuliers, & les condamner aux dépens, dommages & interests, & en outre ordonner que l'arrest qui interviendroit, demeureroit commun avec les nommez d'Henouville, Aubry & Bouvelin, & que pour l'execution d'icelui toutes lettres necessaires seroient expediées. Autre requeste desdits maistres écrivains tendante à ce qu'il leur fust donné acte de ce qu'ils consentent que l'arrest audit jour 23. Octobre 1717. ne puisse nuire ni préjudicier aux maistres des petites écoles, en ce qu'il pourroit estre contraire à l'arrest du parlement du 23. Juillet 1714. Par lequel dit arrest du conseil du 17. May 1718. S. M. avant faire droit sur lesdites requestes, a renvoyé les parties pardevant lesdits sieurs commissaires, lesquels dresseroient procez verbal de leurs dires & contestations, pour icelui veü & rapporté au conseil avec l'avis desdits sieurs commissaires, estre par S. M. ordonné ce qu'il appartiendroit. Autre arrest du conseil du 14. Fevrier 1719. rendu sur la requeste dudit sieur Dorsanne & des maistres des petites écoles, par lequel S. M. a ordonné que lesdits sieurs commissaires donneroient leur avis, tant sur les requestes énoncées en l'arrest du 17. May 1718. que sur celles à eux presentées par les parties, circonstances & dépendances, dont ils dresseroient procez verbal, pour le tout veü & rapporté, estre ordonné ce qu'il appartiendroit. Les requestes presentées par les parties ausdits sieurs commissaires, celle desdits maistres écrivains tendante à ce que, en interpretant l'arrest du conseil dudit jour 23. Octobre 1717. il fust fait défenses ausdits prétendus mathematiciens & à tous autres, exceptez les maistres des petites écoles, d'enseigner l'arithmetique & tout ce qui en est émané, comme les comptes à parties doubles & simples & les changes étrangers, ni d'exposer aucuns tableaux sous le titre de mathematiciens, cette science ayant des professeurs publics établis par S. M. Celle dudit sieur Dorsanne & des maistres des petites écoles, à ce que défenses soient faites ausdits particuliers se disans mathematiciens & à tous autres, exceptez les maistres écrivains, d'enseigner l'arithmetique & tout ce qui en est émané, comme les comptes à parties doubles & simples & les changes étrangers, ce droit n'appartenant qu'aux maistres d'école & aux maistres écrivains, ni d'exposer aucuns tableaux, enseignes, placards ou affiches, à peine de 500. livres d'amende applicable moitié au profit de S. M. & l'autre moitié ausdits maistres d'école; faisant droit au surplus sur leur opposition formée audit arrest du 23. Octobre 1717. il fust ordonné que les arrests & reglemens intervenus entre lesdits maistres d'école & les maistres écrivains, notamment l'arrest du 23. Juillet 1714. rendu au parlement de

Paris, seront executez selon leur forme & teneur, & en consequence que lesdits maistres d'école ne pourront estre compris dans les termes dudit arrest du conseil du 23. Octobre 1717. qui ne pourra leur nuire ni préjudicier, & qu'ils seront en outre maintenus dans le droit d'enseigner l'écriture, l'orthographe, l'arithmetique & tout ce qui en est émané, comme les comptes à parties doubles & simples & les changes étrangers, consentans au surplus qu'il soit executé contre lesdits soy-disans professeurs de mathematiques & tous autres qui entreprendroient d'enseigner l'arithmetique, lesdits comptes à parties doubles & simples & les changes étrangers, & que les contestans soient condamnez en leurs dommages, interests & dépens. Le procez verbal des productions respectives des parties, ensemble de leurs dires & contestations. L'avis desd. sieurs commissaires, par lequel ils estiment qu'il y a lieu de declarer lesdits Alexandre le Fevre, Odille Dericours, François Courtin, Gilles. Alexandre Prieur, François-Louis Rogeau, Nicolas Nainville, Louis le Cocq & Charles Aubry non recevables en l'opposition par eux formée audit arrest du conseil, leur faire defenses d'enseigner l'arithmetique & tout ce qui en est émané, comme les comptes à parties doubles & simples, &c. & d'exposer aucuns tableaux, à peine de l'amende de 500. livres qui demeurera encouruë, en vertu de l'arrest qui interviendra, contre chacun des contrevenans, sans qu'il en soit besoin d'autre ; donner acte aux maistres écrivains de leur consentement que l'arrest du conseil du 23. Octobre 1717. ne pourra nuire ni préjudicier aux maistres des petites écoles, en ce qu'il pourroit estre contraire à l'arrest du parlement du 23. Juillet 1714. ce faisant, ordonner que ledit arrest ne pourra nuire ni préjudicier aux maistres des petites écoles, & que les arrests & reglemens intervenus entr'eux & les maistres écrivains, seront executez selon leur forme & teneur ; en consequence maintenir & garder les maistres des petites écoles dans le droit d'enseigner l'écriture, l'orthographe, l'arithmetique & tout ce qui en est émané ; ordonner que pour l'execution de l'arrest qui interviendra, toutes lettres necessaires seroient expediées ; & sur le surplus des demandes mettre les parties hors de cour ; declarer l'arrest qui interviendra, commun avec les nommez d'Henouville, Aubry & Bouvelin non comparans, & condamner lesdits le Fêvre & consors & lesdits d'Henouville, Aubry & Bouvelin aux dépens, & compenser ceux faits entre les maistres écrivains & les maistres des petites écoles. Oüy le rapport : LE ROY EN SON CONSEIL, faisant droit sur l'instance, & conformément à l'avis desdits sieurs commissaires, sans s'arrester à l'opposition formée par Alexandre le Fêvre & consors à l'execution de l'arrest du conseil du 23. Octobre 1717. dont S. M. les a deboutez, ordonne que ledit arrest sera executé selon sa forme & teneur, & en consequence leur fait défenses d'enseigner l'arithmetique & tout ce qui en est émané, comme les comptes à parties doubles & simples & les changes étrangers, & d'exposer aucun tableau sous le titre de mathematiciens, à peine de l'amende de 500. liv. portée par l'arrest du 23. Octobre 1717. qui demeurera encouruë contre chacun des contrevenans, en vertu du present arrest, sans qu'il en soit besoin d'autre ; & ayant égard à la requeste du sieur Dorsanne & des maistres des petites écoles, & du consentement des maistres écrivains, ordonne que l'arrest du conseil du 23. Octobre 1717. ne pourra nuire ni préjudicier aux maistres des petites écoles, en ce qu'il pourroit estre contraire à l'arrest du parlement du 23. Juillet 1714. & que les arrests & reglemens intervenus entr'eux & lesdits maistres écrivains, seront executez selon leur forme & teneur ; & en consequence a maintenu & maintient lesdits maistres des petites écoles dans le droit d'enseigner l'écriture, l'orthographe, l'arithmetique & tout ce qui en est émané, comme les comptes à parties doubles & simples & les changes estrangers ; declare S. M. le present arrest commun avec les nommez d'Henouville, Aubry & Bouvelin ; & sur le surplus des demandes & contestations, a mis & met les parties hors de cour & de procez ; & pour l'execution du present arrest toutes lettres necessaires seront expediées. Fait au conseil d'estat du roy tenu à Paris le 1x. jour de May M. DCC. XIX. *Collationné*, *signé* DU JARDIN. *Copié sur un imprimé en feuille volante.*

CHARTE DE CHARLES REGENT de France, duc de Normandie, portant concession d'une bourse à la chancellerie, en faveur des Celestins de Paris.

An. 1358.

CAROLUS primogenitus regis Franciæ, regnum regens, dux Normanniæ & delphinus Viennensis, ad perpetuam rei memoriam. De summis cœlorum ad ad ima mundi descendens unigenitus Dei filius Jesus-Christus, ut hominem de laqueo servitutis eriperet in quem ipsum suggestio impegerat serpentina, carnem nostræ mortalitatis in utero gloriosæ & immaculatæ Virginis Mariæ mystico formatam spiramine assumpsit, volens proprii aspersione sanguinis incendia perpetui cruciatûs extinguere, ac suos æternâ morte possessos, vitæ perennis efficere possessores. Ipse quidem commissæ sibi legationis à Deo in hanc vallem miseriæ, regionem peccantium, exercens officium, in universum mundum discipulos quos elegerat, destinavit creaturæ omnium evangelium prædicare ; quibus non defuit tetras evangelistarum Joannis, Matthæi, Marci & Lucæ beatorum ; sed Verbum quod erat in principio apud Deum, carnem factum intuentes visione faciali, & cum eo in tentationibus permanentes, aquas divinæ scientiæ hauserunt in gaudio de fonte vivido Salvatoris; ex quibus quatuor Christi evangelia eructantes affluenter, antiquæ legis figuris & ænigmatibus totum mundum novæ legis veritate rigaverunt, ac sanctam matrem Ecclesiam eorum scripturis & doctrinâ decorarunt. Hi testes veridici, relatores mirifici, notarii doctissimi cœli secreta scire, & actiones Christi ac ejus incarnationis evangelia scribere meruerunt, qui susceptâ de manu Domini supernæ benedictionis laureâ, in perennitate laudis gloriosè consistunt ad dexteram Dei patris. Devoto namque metuendi sunt animo, & omnium veneratione in terris colendi, ut quantò divina clementia precibus eorum benigniùs aurem suæ pietatis inclinat, tantò ipsi qui sunt mediatores hominum præcipui, intercedere pro peccatoribus efficaciùs inducantur. Porrò licèt ad prosequenda munificè vota fidelium nostræ liberalitatis dextera generali quâdam regularitate sit proclivis, illis tamen gratiosa porrigitur quâdam specialitate libentior, quos ad Dei & sanctorum ejus famulatum & obsequia regiæ majestati grata continuos, fructuosos & utiles claris semper indiciis experimur. Ea propter per præsens privilegium noverit tam præsens ætas, quàm successura posteritas, quòd nos attendentes devotionem fervidam & fidelitatem præclaram omnium & singularium personarum collegii notariorum charissimi domini nostri & nostrorum dilectorum, grataque servitia & labores quæ in exercitio officiorum suorum fideliter exhibuerunt hactenùs, & incessanter ad præsens exhibent, & exhibere devotiùs poterunt in futurum ; eos si quidem in domo regia sydereâ claritate prælucere conspicimus, & submissis humeris pro republica & bono justitiæ assistendo nobis, operosâ sedulitate laborant, & incumbentia nobiscum onera sollicitudinibus subeunt indefessis. Ipsi namque fluctuantis ambitionis naufragium virtuosè calcantes, non funestâ cupiditate seducti, non diris avaritiæ nexibus involuti, nec privatis utilitatibus inhiantes, devotissimè proposuerunt, volueruntque & etiam concesserunt, voluntate regiâ super his præhabitâ, quòd de & super emolumento quod in cancellaria seu sigillo regis, ratione officiorum notariatûs eisdem collatorum, recipere consueverunt & habere, certa pecuniæ summa capiatur, ex qua fiat una bursa, prout unicuique eorumdem, mense quolibet per audientiarium regium distribuenda & tradenda priori & fratribus ordinis Cælestinorum conventûs Parisiensis, nostrorum in Christo dilectorum, quos ad divinum officium celebrandum, ac pro ipsis bonoque statu regni & cancellariæ prælibatæ, singulares oratores ad reverentiam & honorem summæ Trinitatis, gloriosæ Virginis Mariæ, beatissimorum quatuor evangelistarum prædictorum totiusque curiæ cælestis elegerunt, ac etiam eâ occasione fundaverunt. Undè decens & debitum arbitramur, ut quos nominis honorisque & exaltationis regiorum fide digna & præclara reddunt testimonia, zelatores illos in suis votis, his præsertim quæ regiæ majestati nobis & ipsis cedunt ad salutem, vultu sereno ipsa prospiciat regia magnitudo. Nos igitur singula præmissorum contemplantes, votis ipsorum notariorum humilibus decrevimus inclinandi, ut ipsi unitate fraternitatis in Christo solidati, ad regia atque nostra reddantur servitia promptiores, & integritate statûs eorumdem resumptâ, quem prosperum plenis desideriis affectamus, reperiantur in suis peragendis officiis fortiores, præfatam bursam super jure suo antedicto, mense quolibet præfatis priori & fratribus ordinis Cælestinorum conventûs Parisiensis per audientiarium regium fore distribuendam & tradendam, ad opus divinæ laudis, ut præfertur, tenore præsentis paginæ, authoritate regiâ quâ nunc fungimur, & de gratia speciali in casu prædicto perpetuò duximus concedendum ; mandantes insuper dilectis & fidelibus cancellario regio atque nostro ac audientiario antedicto qui nunc sunt & qui pro tempore fuerint, & eorum cuilibet, quatenùs bursam antedictam præfatis priori & fratri-

472　PREUVES ET PIECES

bus aut eorum certo mandato tradant & deliberent modo prætaxato, absque alterius expectatione mandati. Ad cujus rei memoriam & robur perpetuò valiturum præsens privilegium fieri, ac filo serico & cerâ viridi jussimus communiri; salvo in aliis jure regio & quolibet alieno. Acta fuerunt hæc anno Dominicæ incarnationis M. CCC. LVIII. mense Augusti. *Sur le reply est écrit* :Per dominum regentem, domino duce Aurelianensi præsente. *Signé* JUSSY. *Tiré de l'histoire du monastere des Celestins de Paris, par le P. Louis Beurrier.*

Lettres du mesme à Eustache de Morsans grand audiancier, touchant ladite bourse.

AN. 1359.

CHARLES premier aisné du roy de France, regent le royaume, duc de Normandie & dauphin de Vienne; à nostre amé monsieur Eustache de Morsans clerc, notaire & audiancier de monsieur & de nous, salut & dilection. Comme nous vous avons n'aguerres mandé par nos autres lettres, qu'une bourse de notaire que nous avions ordonnée à prendre en lad. audience chacun mois à nos bien amez en Jesus Christ les freres Celestins du convent de Paris, vous baillassiez & delivrassiez ausdits freres doresnavant sans contredit, selon la teneur de nos lettres à eux données sur ce; si aucuns des notaires en estoient contredisans ou délayans, vous leur arrestassiez leurs bourses jusques à tant que nous en eussions ordonné, si comme ce & autres choses sont plus à plein contenuës en nosdites lettres; pour lesquelles accomplir vous avez fait mettre en un roole les seings des notaires qui à ce se sont accordez, & nous avez envoyée la bourse ordonnée pour lesdits freres, pour en ordonner à nostre volonté; laquelle bourse nous avons receuë & baillée ausdits freres par nostre main, & d'icelle leur en avons baillé la possession & saisine realement & de fait pour le temps present & advenir. Si mandons par ces presentes, commandons & enjoignons étroitement à vous & à tous vos successeurs qui après vous feront ladite audience, que sur vos loyautez & consciences doresnavant vous bailliez & delivriez ausdits freres ladite bourse chacun mois sans contredit au tems à venir, c'est à sçavoir une des grandes & meilleures qui seront faictes & distribuées ausdits notaires. Car ainsi l'avons nous ordonné, voulons, ordonnons & decernons de grace speciale, de certaine science, & pour consideration des choses dessus écrites. Donné au Louvre lés Paris le XXIX.

jour de Novembre l'an de grace M. CCC. LIX. Par M. le regent, present le comte d'Estampes, *signé*, ESSARE; *& scellé en cire jaune pendant sur simple queuë. Ibidem.*

LETTRES DU ROY JEAN, portant confirmation de la mesme bourse en faveur des Celestins.

JOANNES Dei gratiâ Francorum rex, notum facimus universis præsentibus & futuris, nos litteras charissimi primogeniti nostri, ducis Normanniæ & delphini Viennensis, pro tempore quo in nostra absentia regnum regebat prædictum concessas, vidisse, formam quæ sequitur continentes: CAROLUS primogenitus regis Franciæ, &c. *comme cy-dessus.* NOS autem dictas litteras & contenta in eisdem rata & grata habentes, ipsa volumus, laudamus & approbamus, & tenore præsentium authoritate regiâ, de speciali gratia & ex certa scientia confirmamus; mandantes dilectis & fidelibus cancellario & audientiario nostris qui nunc sunt, nec non futuris cancellariis & audientiariis regis qui in posterum fuerint, ac cuilibet eorumdem, quatenùs bursam prædictam sæpè satis priori & conventui concessam & donatam, ut in præscriptis litteris continetur, sibi vel certo mandato ipsorum tradant & deliberent de cætero perpetuis temporibus, juxtà formam & tenorem præscriptarum litterarum. Quod ut firmum & stabile perseveret perpetuò, nostri magni sigilli præsentes litteras appensione fecimus communiri; nostro in aliis & alieno in omnibus jure salvo. Datum in hospitio palatii nostri regii Parisiensis, anno Domini M. CCC. LXI. mense Octobris. *Sur le reply est escript*: Per regem, præsente domino cardinali de Monte. acuto, *signé* BLANCHET; *& à costé*, Collatio facta est; *& au bout dudit reply*, Vila. *Ibidem.*

AN. 1361.

CHARTE DU ROY CHARLES V. par laquelle il donne dix mille francs d'or pour bastir l'église des Celestins de Paris.

CHARLES par la grace de Dieu roy de France, au receveur de Paris, &c. Sçavoir vous faisons que nous estant aujourd'huy en nostre conseil en pleines requestes, remembrans par inspiration divine & grace du saint Esprit le saint temps où nous sommes, la benoiste passion de nostre seigneur Jesus-Christ, qu'il souffrit aujourd'huy pour nous racheter tous de la mort éternelle, & glorieuse annonciation de la Vierge Marie, dont la feste sera

AN. 1365.

JUSTIFICATIVES.

sera demain celebrée, & le service fait en l'église de Dieu ; de nostre certaine science & propre mouvement, meûs de devotion, avons donné & donnons par ces presentes de grace speciale à nos amez les religieux prieur, freres & convent des Celestins de Paris, près nostre hostel de saint Paul, pour édifier, parfaire & achever leur église en laquelle avons mis & assis la premiere pierre, la somme de dix mille francs d'or ; laquelle somme nous vous mandons & estroitement commandons de delivrer, ces lettres veûës, sans contredit, ou autre mandement attendre de nous. Donné à Paris en nostredit hostel de saint Paul le XXIV. jour de Mars l'an de grace M. CCC. LXVII. & de nostre regne le IV. *Signé*, Par le roy en son conseil, J. DE VERNON. *Ibidem.*

AUTRE CHARTE DU MESME,
qui confirme aux Celestins la bourse qu'il
leur avoit accordée, estant dauphin.

CAROLUS Dei gratiâ Francorum rex, per hanc præsentem paginam notum sit omnibus præsentibus pariter & futuris, quòd nos vidimus nostras alias privilegii litteras in filis sericis & cera viridi sigillatas, sanas & integras, omni suspicione carentes, in his verbis: CAROLUS primogenitus regis Franciæ, &c. *comme cy-dessus pag.* 470. ITEM, quasdam alias nostras litteras executorias dicti nostri privilegii, & illud privilegium ampliantes, quæ tales sunt: *CHARLES aisné fils du roy de France, regent le royaume, &c.* NOS autem suprascriptas privilegii & ampliationis litteras, & omnia & singula in eis contenta, per nos fuisse concessa & facta, prout in eisdem litteris declaratur, ad memoriam reducentes, nostrâ authoritate regiâ, certâ scientiâ & gratiâ speciali, ac de nostræ plenitudine potestatis approbamus, ratificamus & confirmamus per præsentes. Quod ut firmum & stabile permaneat in futurum, præsentibus litteris nostrum fecimus apponi sigillum; nostro & alieno in aliis jure salvo. Acta fuerunt hæc Parisius anno Domini M. CCC. LXVIII. & regni nostri V. mense Decembris. *Sur le reply est écrit :* Per regem, advestram relationem, *signé* TASSIN; *& à costé*, Visa. *Ibidem.*

Autre charte du roy Charles V. par laquelle
il prend les Celestins sous sa protection &
sauve-garde, & commet leurs causes per-
sonnelles & possessoires aux requestes du
palais à Paris.

CAROLUS Dei gratiâ Francorum rex ; notum facimus universis præsentibus pariter & futuris, quòd nos rationi congruum arbitrantes, si inter curas & sollicitudines quas in regendis nostris subditis frequenter habemus, ad hæc præcipuè nostræ mentis aspiret affectus, per quæ status ecclesiasticus nostris temporibus, sub commisso nobis regimine, in pacis tranquillitate manuteneri valeat & defendi, & regni prædicti ecclesiæ religiosæque personæ quæ de die & de nocte divinis insistunt obsequiis, sub nostrâ protectionis clypeo releventur à pressuris & per regalem potentiam à noxiis defendantur, ut eò devotiùs circà divina vacare valeant, quò liberaliùs per eandem potentiam senserint se adjutos. Dilectos nostros religiosos priorem & conventum monasterii Cælestinorum, ordinis sancti Petri dicti Cælestini, per nos in loco de Barretis nuncupato propè nostram domum seu hospitium juxta sanctum Paulum Parisius fundatos, & membra dicti monasterii speciali & benevolo prosequentes affectu: attento quòd ipsi religiosi pro se & successoribus suis spontaneè promiserunt, & ex nunc tenebuntur perpetuò Deum exorare pro nostro prædecessorumque & successorum nostrorum regum Franciæ animarum remedio & salute ; ipsos religiosos, tam in capite quàm in membris, unà cum eorum gentibus, familiaribus singularibusque personis dicti monasterii & membrorum ejusdem, hominibus de corpore, possessionibus, locis, terris, domibus bonisque & rebus ipsorum omnium in regno nostro existentibus, in nostris protectione, tuitione ac salvâ & speciali gardiâ suscipimus per præsentes ; eisdemque religiosis gardiatores concedimus & deputamus universos & singulos ostiarios parlamenti nostri, & servientes nostros qui nunc sunt & qui fuerint temporibus affuturis ; quibus & eorum cuilibet præsentium serie committimus & mandamus, quatenùs prædictos religiosos, gentes, familiares, singularesque personas dictæ ecclesiæ & membrorum ejusdem, ac homines prædictos defendant ab omnibus injuriis, violentiis, gravaminibus, oppressionibus, vi armorum, potentiâ laïcorum, ac ab inquietationibus & novitatibus inde-

Tome II.   O oo bitis quibuscumque tueantur & defendant, & in suis possessionibus, franchisiis, libertatibus, juribus, immunitatibus usibusque & saisinis in quibus ipsos esse & eorum prædecessores fuisse pacificè ab antiquis invenerint, manuteneant & conservent; non permittentes in personis ipsorum, aut gentium familiariumque & singularium personarum dicti monasterii, ejusdemque membrorum & hominum prædictorum, seu in bonis eorumdem, aliquas fieri vel inferri offensas, injurias aut indebitas novitates; quas si factas fore vel fuisse in dictæ nostræ salvæ & specialis gardiæ & ipsorum præjudicium invenerint, ad statum pristinum & debitum reducant, seu reduci faciant indilatè, & nobis ac parti propter hoc emendam condignam fieri & præstari; dictamque salvam-gardiam nostram publicari ubi, quando & quoties fuerit opportunum; & in signum hujusmodi nostræ salvæ-gardiæ panuncellos seu baculos nostros regios in suis ecclesiis, domibus, locis, possessionibus & rebus prædictis, in terra quæ jure scripto regitur, & alibi in casu eminentis periculi dumtaxat, apponant seu faciant affigi vel apponi: inhibentes ex parte nostra omnibus illis de quibus fuerint requisiti, sub omni pœnâ quam ergà nos possent incurrere, ne eisdem religiosis, familiaribus singularibusque personis dicti monasterii & membrorum ejusdem, ac hominibus prædictis, seu bonis eorumdem quibuscumque, quomodòlibet fore-facere præsumant. Et si in casu novitatis inter ipsos religiosos, gentes, familiares singularesque personas dicti monasterii & membrorum ejusdem, ac prædictos homines & aliquos alios, ratione bonorum quorumcumque dicti monasterii, oriatur oppositio vel debatum, locis de ablatis, dictum debatum & rem contentiosam ad manum nostram tamquam superiorem ponant, & opponentes ac partes debatum ejusmodi facientes, & etiam dictæ nostræ salvæ-gardiæ infractores & contemptores, & qui prædictis gardiatoribus aut eorum alteri gardiatoris officium exercendo injuriam fecerint vel offensam, sive qui eis inobedientes fuerint vel rebelles, coràm dilectis & fidelibus gentibus requestarum palatii nostri Parisius adjournent ad certam & competentem diem sive dies, processuros super hoc, prout fuerit rationis. Si verò dicti religiosi, aut aliqui de gentibus, familiaribus singularibusque personis dicti monasterii & membrorum ejusdem, seu hominibus prædictis, ab aliquo seu aliquibus assecuramentum habere voluerint, volumus quòd dicti gardiatores, aut alter eorum, adjournent illos à quibus dictum assecuramentum habere voluerint, coràm dictis gentibus nostris ad certos & competentes dies, daturos assecuramentum prædictum bonum & legitimum, juxtà patriæ consuetudinem, & prout rationabiliter fuerit faciendum; nec non omnia debita bona & legalia, recognita vel probata legitimè per testes, litteras, instrumenta, confessionem partium, vel alia legitima documenta, quæ prædictis religiosis, tam ratione fructuum, exituum, censuum, reddituum suorum, quàm aliter, deberi noverint, & de quibus nulla quæstio referatur, eisdem religiosis vel eorum certo mandato persolvi faciant indilatè; debitores hujusmodi ad hæc per captionem, venditionem & explectationem bonorum suorum quorumcumque & eorum corporum detentionem, si ad hæc fuerint obligati, reàliter & debitè compellendo; litteris impetratis vel impetrandis à nobis seu curia nostra per ipsos debitores vel eorum alterum, super statu vel respectu de non solvendo ad tempus debita sua, vel de non procedendo in eorum causis, quibus per eos fide & juramento intervenientibus exititerit renunciatum, de fide & juramento prædictis non facientibus plenam & expressam mentionem, non obstantibus quibuscumque; si verò aliqui debitores ad hoc se opponant, ipsos opponentes adjournet ad instantiam & requestam prælibatorum religiosorum, coràm dictis gentibus nostris ad diem seu dies competentes, in causa oppositionis hujusmodi processuros, & ulteriùs facturos quod fuerit rationis: quas gentes nostras certificent competenter de iis quæ fecerint in præmissis. Et generaliter faciant dicti gardiatores & eorum singuli, præsentes pariter & futuri, omnia alia & singula quæ ad gardiatoris officium pertinent & pertinere possunt atque debent. Nolumus tamen quòd ipsi de recredentia facienda & iis quæ causæ cognitionem exigunt, se aliquatenùs intromittant. Damus autem tenore præsentium in mandatis, ac etiam committimus prædictis nostris gentibus præsentibus & futuris, quatenùs parlamento nostro sedente & non sedente, tam in dictis causis coràm eis agitandis, quàm quibuscumque aliis personalibus, tam agendo quàm defendendo, exhibeant partibus auditis inter ipsas celeris justitiæ complementum; nos enim ipsos eisdem religiosis

religiosis in commissarios & judices committimus ac etiam deputamus. Ab omnibus autem justitiariis & subditis nostris eisdem gentibus nostris & ab eisdem deputandis, dictisque gardiatoribus & cuilibet eorumdem, in præmissis pareri volumus efficaciter & intendi. Quæ omnia singula suprascripta sic fieri volumus, ac eisdem religiosis ex nostra certa scientia, auctoritateque regia & speciali gratia duximus concedenda, & concedimus per præsentes. Placet etiam nobis & volumus ex gratia ampliori, transcripto seu *vidimus* præsentium litterarum sub sigillo Castelleri nostri Parisiensis facto, collationato & sigillato, tamquàm originali, propter viarum pericula, fidem plenariam & indubiam adhiberi. Quod ut firmum & stabile perseveret in futurum, nostrum præsentibus litteris fecimus apponi sigillum; salvo in aliis jure nostro & in omnibus quolibet alieno. Datum Parisius mense Octobris, anno Domini M. CCC. LXIX. & regni nostri VI. *Sur le reply est écrit*: Per regem, domino archiepiscopo Senonensi præsente, *signé* BLANCHAR; *& au dos*, Publié en jugement au Chastelet de Paris le Mercredy XXIX. Janvier l'an M. CCC. LXX. *Signé* LE BEGUE; *& scellé*. Ibidem.

BULLE DU PAPE CLEMENT VII. qui permet aux Celestins de France de celebrer leur chapitre provincial à Paris, & d'y élire de trois ans en trois ans un provincial pour le royaume.

CLEMENS episcopus servus servorum Dei; dilectis filiis universis prioribus & aliis fratribus monasteriorum in provincia Gallicana, secundùm morem vestrum, & aliis citra-montanis partibus consistentium, per priores solitorum gubernari, secundùm instituta beati Petri confessoris viventibus, ordinis sancti Benedicti, salutem & apostolicam benedictionem. Sacræ vestræ religionis observantia in qua humilitatis spiritu continuè gratum præbetis Altissimo famulatum, vestræque devotionis sinceritas promerentur, ut ea vobis favorabiliter concedamus, quæ divini cultûs augmentum ac quietem vestram & animarum vestrarum salutem, vestrique ordinis directionem & commodum respicere dignoscuntur. Cùm itaque, sicut exhibita nobis nuper pro parte vestra petitio continebat, pro eo quòd priore provinciali legitimo caretis ad præsens, observantia regularis in vestro ordine, in partibus maximè Gallicanis non vigeat,

ut assolet ac deberet, vosque in bonis ac rebus temporalibus detrimenta nimia sustinere cogamini, & propter guerrarum turbines quæ quasi ubique, procurante humani generis inimico, invalescunt, & etiam propter divisiones & schismata quæ vigent, proh dolor! in ecclesia sancta Dei, ad vestrum capitulum generale quod ultra montes in partibus Italiæ celebrari consuevit, accedere vel mittere tutè ac commodè non possitis; nos præcipuè consideratione charissimi in Christo filii nostri Caroli regis Francorum inlustris, pro vobis nobis super hoc humiliter supplicantis, hujusmodi ac vestris supplicationibus inclinati, vobis auctoritate apostolica de speciali gratia præsentium tenore concedimus, quòd in monasterio beatæ Mariæ Virginis Parisiensis vestri ordinis, provinciale capitulum celebrare, ac unum ex vobis, citra-montanum tamen, tam hâc vice quàm deinceps, usque ad apostolicæ sedis beneplacitum, de triennio in triennium in priorem provincialem ipsius ordinis provinciæ Gallicanæ eligere valeatis, prout vobis & monasteriis ac ordini vestris videbitur salubriter expedire; qui quidem prior usque ad tres annos continuos à die electionis hujusmodi computandos, monasteria & alia loca ac priores & fratres ejusdem ordinis visitet, ac in eis reformanda reformet, corrigenda corrigat, indirecta dirigat, & alia quæ emendatione indigere cognoverit, emendet, & in hujusmodi provinciali capitulo, unà cum diffinitoribus ipsius capituli, ordinare, facere, statuere & diffinire valeat quæ pro bono statu vestro & ipsius ordinis eis videbitur expedire; & aliàs in omnibus & per omnia similem super vos dictum capitulum provinciale & prior provincialis ibidem electus, habeat potestatem, sicut capitulum generale & abbates vestri ordinis qui fuerunt pro tempore, habere & exercere consueverunt; cujus prioris provincialis officium cessare ac vacare volumus atque decernimus imposterùm, post lapsum cujuslibet triennii supradicti; & quòd si contingeret dictum priorem suo durante triennio decedere, aut tali impedimento legitimè detineri quòd ad executionem sui officii vacare non posset, vos capitulum provinciale hujusmodi in eodem monasterio celebrare, ac priorem provincialem pari modo eligere valeatis, qui similem, ut suprà, habeat potestatem, quique quandócumque & quotiescumque sibi videbitur, pro bono statu & reformatione vestræ religionis prædictæ, possit in dicto vel alio monasterio dictæ provinciæ vestri ordinis provinciale capitulum celebrare, & inibi unà cum illius diffinitoribus ordinare, statuere & diffinire, prout sibi & eis pro bono statu vestro & monasteriorum ac ordinis prædictorum ac aliàs secundùm Deum videbitur canonicè faciendum; quódque supradicti beatæ Mariæ Parisiensis, ac beatæ Mariæ de Amberto, & sanctæ Trinitatis propè Meduntam, ac sancti Petri montis de Castris dicti ordinis, Aurelianensis, Rothomagensis & Suessionensis Diœceseon, monasteriorum priores qui sunt & erunt pro tempore, dictum priorem provincialem visitent, prout abbates ipsius ordinis & certi priores ejusdem ordinis visitare consueverunt: constitutionibus & privilegiis apostolicis ac statutis & consuetudinibus monasteriorum & ordinis prædictorum contrariis, juramento, confirmatione apostolicâ vel quâcumque firmitate aliâ roboratis, non obstantibus quibuscumque. Nulli ergò omninò hominum liceat hanc paginam nostræ concessionis, voluntatis & constitutionis infringere, vel ei ausu temerario contraïre. Si quis autem hoc attemptare præsumpserit, indignationem omnipotentis Dei & beatorum Petri & Pauli apostolorum ejus se noverit incursurum. Datum Avenioni VIII. calend. Februarii, pontificatûs nostri anno II. *Sic signatum suprà plicam* G. SIFFREDUS; *& item scriptum*: Registrata; *& sigillatum in plumbo.* Ibidem.

CHARTE DU ROY CHARLES VI. en faveur des Celestins.

AN. 1412.

CHARLES par la grace de Dieu roy de France, à nos amez & feaux conseillers les gens de nostre parlement, de nostre chambre des comptes & les generaux conseillers sur le fait des aides, & generaux commissaires sur le fait des dixiesmes, &c. salut & dilection. Avons receu l'humble supplication de nos bien amez chapelains & orateurs en Dieu les religieux, prieur & convent du prieuré & monastere de Nostre-Dame des Celestins, fondez à Paris par feu nostre très-cher seigneur & pere, que Dieu absolve, & de tous les autres monasteres des Celestins de l'ordre de saint Benoist, estant en la province de France, & des parties & pays de par deçà les monts, consors en cette partie, contenant comme par beaux privileges, tant du saint siege de Rome & de nostredit feu seigneur & pere, comme de nous, successivement donnez & octroyez ausdits supplians, ils sont & doivent estre francs, quittes & exempts de payer dixiesmes, aides, tailles, emprunts, impositions, quatriesmes & autres aides, subventions & redevances ordonnées & à ordonner, à cueillir & lever en nosdits royaume & dauphiné, &c. Et afin que les bonnes & devotes prieres que font jour & nuit lesdits supplians pour les ames de nosdits predecesseurs leurs fondateurs & bienfaicteurs, & pour le bon estat & prosperité de nosdits royaume & dauphiné, lesquelles nous affectons de tout nostre cœur estre continuées, & qu'iceux supplians soient toûjours plus enclins, tenus & obligez à ce faire, & aussi à fin d'interiner, garder & confirmer & amplier, si mestier est, les dons, privileges, franchises & exemptions à eux octroyez, &c. à iceux supplians, & pour leurs convers & oblats, & autres serviteurs, familiers & personnes quelconques de leurdit ordre, & à leurs successeurs perpetuellement, de nostre certaine science & grace speciale, &c. donnons & octroyons par ces presentes, qu'ils soient & demeurent francs, quittes & exempts de payer dixiesmes, quatriesmes, impositions, tailles, emprunts, gabelles & autres tailles, aides, subsides, redevances & subventions à nous ou autres octroyez, &c. Donné à Melun le XX. Septembre l'an de grace M. CCCC. XII. & de nostre regne le XXXIII. *Ainsi signé*: Par le roy, à la relation de son conseil tenu par monseigneur le duc de Guyenne, où messieurs les ducs de Berry, de Bourgogne, d'Orleans & de Bourbonnois, les archevesques de Sens & de Bourges, & autres estoient presens........ Ibidem.

Concordat fait entre les Celestins de France & ceux d'Italie, touchant l'élection d'un provincial & superieur general en France.

UNIVERSIS & singulis præsentes litteras inspecturis, nos frater Johannes de Alborano humilis abbas monasterii sancti Spiritûs propè Sulmonam, ac totius religionis fratrum Cælestinorum ordinis sancti Benedicti, secundùm instituta beati Petri confessoris viventium, frater Jacobus de Aprucina visitator generalis, frater Philippus de Gardia vicarius generalis ejusdem religionis, frater Laurentius de Atrya decretorum doctor, vicarius generalis provinciarum remotarum, frater Marinus de Dyano nuper abbas, frater Nicolaus de sancto Juliano prior monasterii sancti Petri Cælestini de Neapoli, frater Petrus de Agello decretorum doctor, provincialis Aprucia, frater Ma-

AN. 1412.

thæus de sancto-Martino decretorum doctor, prior monasterii sanctæ Mariæ de Guillimicio, frater Christophorus prior monasterii sanctæ Trinitatis de Barlo, frater Joannes de Dyano provincialis terræ Laboris, & frater Thadæus de Mediolano sacræ theologiæ professor, provincialis Lombardiæ, omnes diffinitores hujus sacri capituli generalis, nec non & cæteri provinciales, priores & discreti in eodem capitulo congregati, paci & quieti ac saluti animarum & corporum fratrum nostrorum in provincia Franciæ, ac partium eidem Franciæ adjacentium, degentium toto cordis desiderio & affectu providere, ipsosque in sacræ religionis nostræ observantia laudabili visceroſiùs confovere, & à laboribus & expensis pro posse relevare meritò cupientes; præcipuè quia propter gravissimos labores & expensas, pericula quoque animarum & corporum, guerras & prædones, aliaque dispendia quamplurima terrâ marique contingentia, ob longissimam etiam locorum distantiam, priores & fratres qui ex dictis Franciæ partibus huc ad monasterium sancti Spiritûs præfatum, ubi generale capitulum ordinis nostri celebrari consuevit, mitterentur, casibus plurimis & modis diversis in mari terraque periclitari possent, ac varios infirmitatum casus incurrere, litteras & bona sua perdere, ac in alia innumera pericula incidere, prout experientia hactenùs edocuit ; quia etiam priores & discreti prioratuum & monasteriorum dictæ provinciæ simul in unum congregati, meliùs scire possent atque cognoscere fratrum mores, sufficientiam & conditiones eisdem præficiendorum, & ad regimen eorum ipsiusque provinciæ gubernationem assumendorum, quàm facere posset abbas religionis nostræ pro tempore exsistens; iis atque aliis quamplurimis rationabilibus causis animos nostros moventibus, diligenti & maturâ super his inter nos deliberatione præhabitâ, de unanimi omnium nostrûm concordia & consensu, ac in perpetuum valiturâ constitutione irrevocabiliter volumus, consentimus, statuimus, decernimus & ordinamus, quòd iidem fratres nostri in prædicta provincia Franciæ & partium adjacentium nunc degentes, & successores eorum, suum provinciale capitulum de triennio in triennium, aut citiùs, si per mortem vel aliàs necessitatis articulus immineret, in monasterio nostro beatæ Mariæ de Parisiis, seu altero monasterio nostro provinciæ & partium prædictarum, prout eisdem fratribus nostris pro tempore expedire videbitur, congregare ac celebrare, & in eodem capitulo unum ex ipsis fratribus in priorem provincialem canonicè eligere perpetuis futuris temporibus valeant; qui quidem provincialis sic electus confirmationem ab illo qui in eodem provinciali capitulo officio provincialatûs immediatè renuntiaverit, vel in ejus absentia aut defectu, à priore monasterii in quo capitulum ipsum pro tempore retineri contigerit, seu à tribus nostri ordinis, videlicèt ejusdem beatæ Mariæ de Parisiis, beatæ Mariæ de Amberto & sancti Petri de Castris prioratuum prioribus vice & nomine abbatis religionis nostræ pro tempore existentibus, recipere teneatur; & ille vel illi cui vel quibus ac eorum singulis nos abbas & capitulum generale prædicti vices nostras atque potestatem quoad hoc perpetuò committimus, eumdem sic electum, si præsens fuerit in eodem capitulo, absque dilatione quâcumque, vel si absens extiterit, quamprimùm electioni de se factæ consenserit, confirmare vice & nomine quibus suprà tenebuntur. Præfato verò provinciali sic, ut præfertur, electo & postmodùm confirmato, ut fratres & personas, prioratus, monasteria & loca provinciæ Franciæ & partium prædictarum, secundùm Deum, B. Benedicti regulam ac religionis nostræ statuta visitare, regere atque gubernare: institutiones & destitutiones, prout expedire viderit, facere: fratres conversos, oblatos & personas prioratuum, monasteriorum & locorum ipsius provinciæ & partium in casibus abbati religionis nostræ reservatis absolvere: omniaque alia & singula necessaria & opportuna in spiritualibus & temporalibus quæ abbas religionis nostræ pro tempore existens facere posset, in eisdem provinciâ & partibus, suo durante triennio, in futurum liberè exequi & exercere: vicesque suas & auctoritatem illi vel illis cui vel quibus sibi videbitur, committere possit & valeat, nos abbas præfatus, de voluntate, consilio, consensu & auctoritate totius hujus sacri capituli generalis, plenariam & integram contulimus atque conferimus facultatem. Ipse tamen provincialis qui pro tempore fuerit, ad capitulum nostrum generale de sexennio in sexennium, legitimo cessante impedimento, personaliter venire tenebitur, aut mittere casu illo personam idoneam de consensu provinciæ cum pleno mandato. Abbas verò religionis nostræ pro tempore existens dumtaxàt, & nullus alius quâquumque fungatur auctoritate,

O oo iij

fratres & personas, prioratus, monasteria & loca provinciæ & partium prædictarum, quandòcumque voluerit, personaliter visitare poterit. Præftereà nos abbas & capitulum generale prædicti irrefragabiliter consentimus, volumus & concedimus, quòd iidem provincialis, priores & discreti ipsius provinciæ Franciæ & partium in suo provinciali capitulo congregati, ordinationes & statuta pro bono statu ordinis nostri ac observantia regularis disciplinæ, prout viderint expedire, vice & authoritate hujus sacri capituli generalis, facere atque statuere in futurum possint, dummodò contra immunitatem privilegiorum ordinis nostri non fuerint; illaque pro varietate temporum, si utile perspexerint, immutare & innovare; quæque per eos sic facta robur æquè firmitatis in eadem provincia Franciæ & partium, & non alibi, videlicèt in partibus Italiæ & Alamaniæ, obtineant, ac si per nos in nostro generali capitulo facta forent. Verùm ut provincialis prædictus pro tempore existens circa sibi injunctum officium meliùs & irreprehensibiliùs incedat, nos abbas & capitulum generale præfati eosdem beatæ Mariæ de Amberto, & beati Petri de Castris prædictorum, ac sanctæ Trinitatis propè Meduntam monasteriorum nostrorum priores qui pro tempore fuerint, in visitatores deputamus, constituimus & ordinamus, qui ipsum provincialem singulis annis valeant visitare, ipsumque, si (quòd absit) culpabilem invenerint, juxta casûs exigentiam corrigere, suspendere & punire, nec non si opus fuerit, penitus ab officio deponere possint; ad hoc enim peragendum nos abbas & capitulum sæpè dicti visitatoribus eisdem plenariam conferimus potestatem. Ad obviandum insuper instabilitati multorum, nos abbas & capitulum generale præfati inviolabiliter statuendo decernimus, quòd fratres nostri citra-montani seu Italici ad provinciæ Franciæ & partium monasteria, & etiam fratres nostri ultra-montani, seu de provincia Franciæ, ad nostra monasteria citra-montana nullatenùs deinceps ad morandum se transferre possint; quòd si aliqui oppositum attentarent, prior & conventus ad quos sic accederent, eosdem recipere non valeant, nisi de voluntate & consensu abbatis religionis nostræ & provincialis provinciæ Franciæ pro tempore existentium legitimè constiterit. Cæterùm quia præfatum principale monasterium sancti Spiritûs ac abbatem religionis nostræ pro tempore existentem, pro conservatione & tuitione libertatis &

jurium ipsius plura & diversa onera & expensas frequentissimè subire & sustinere contingit, præfata provincia Franciæ & partium adjacentium, in signum subjectionis & recognitionis gratiæ hujusmodi per nos abbatem & capitulum generale præfatos eisdem fratribus provinciæ Franciæ & partium factæ, & prædictorum onerum supportatione, de triennio in triennium summam viginti ducatorum eisdem abbati & monasterio sancti Spiritûs in perpetuum solvere tenebitur. In quorum omnium & singulorum præmissorum fidem & testimonium, nos abbas, visitator, vicarii, diffinitores, provinciales, priores & discreti prænominati, præsentes litteras sigilli abbatis religionis nostræ fecimus appensione muniri, & per notarium publicum infrascriptum signo & subscriptione signari. Datum in præfato capitulo nostro generali in dicto monasterio sancti Spiritûs propè Sulmonam celebrato, anno Domini M. CCCC. XVIII. indictione XII. die II. mensis Septembris, pontificatûs sanctissimi in Christo patris & domini nostri D. Martini divinâ providentiâ papæ V. anno primo.

Ego Johannes Amici Buetii Sylvestri de Sulmona, publicus per totum regnum Siciliæ auctoritate reginali notarius, præmissis omnibus & singulis, dum sic, ut præmittitur, per reverendum in Christo patrem dominum abbatem monasterii sancti Spiritûs propè Sulmonam, per visitatorem & vicarios generales, provinciales, diffinitores, priores & discretos supra nominatos, capitulum generale in eodem monasterio, ut supra scribitur, celebrantes, fratribus provinciæ Franciæ & partium adjacentium confidenter concederentur, præsens interfui; præsentesque litteras sigillo ipsius domini abbatis sigillatas de prænominatorum mandato manu propriâ signoque meo consueto signavi, requisitus & rogatus per religiosum virum fratrem Stephanum de Coublans presbyterum, monachum dicti ordinis Cælestinorum, procuratoremque generalem prædictorum fratrum provinciæ Franciæ & partium, &c. prout de ipsius procuratorii mandato quodam publico instrumento per Bartholomæum de Monasteriis clericum Noviomensem, apostolicâ & imperiali auctoritate notarium, die primâ Maii anno Domini M. CCCC. XVII. indè confecto, mihi constitit, in fidem & testimonium præmissorum ; anno, die, indict. pontif. & loco quibus in præsentibus litteris supra ; præsentibus Tadeo Joannis Tadei de Sulmona, auctoritate regiâ per
totum

totum regnum Siciliæ ad vitam ad contractus judice, domino Antonio Onufrii .... &c. Nicolao Onufrii, Joanne Magistri Thomæi & Marino Amici .... de Sulmona, testibus ad præmissa vocatis & specialiter rogatis. *Ibidem.*

BULLE DU PAPE MARTIN V.
qui ratifie le concordat cy-dessus.

An. 1413.

MArtinus episcopus servus servorum Dei, ad futuram rei memoriam. Regimini universalis ecclesiæ quamquam immeriti, disponente Domino, præsidentes, curis perurgemur assiduis, ut juxtà creditæ nobis dispensationis officium subditorum quorumlibet, præsertim sub regulari observantia studio piæ vitæ viventium, in quorum utique prosperitate jugiter reficimur, quantùm nobis ex alto permittitur, intendamus; & iis quæ pro ipsorum quiete, ac ut ab eis omnis dispendii auferatur materia, nec non pro divini cultûs ac religionis incremento providè facta comperimus, ut illibata persistant, libenter, cùm à nobis petitur, apostolici muniminis adjicimus firmitatem. Sanè petitio pro parte dilectorum filiorum universorum priorum & conventuum monasteriorum per priores solitorum gubernari, ordinis sancti Benedicti, secundùm instituta beati Petri confessoris viventium, in provinciâ Franciæ constitutorum, nobis nuper exhibita continebat, quòd olim dilecti filii Joannes monasterii sancti Spiritûs propè Sulmonam, Valvensis diœcesis, ac totius ordinis antedicti abbas, Jacobus visitator, Philippus & Laurentius vicarii generales provinciarum remotarum, Marinus olim ordinis & monasterii prædictorum abbas, Petrus Aprutii, Joannes terræ Laboris, & Thadæus Lombardiæ provinciales, ac Nicolaus sancti Petri Neapolitani, Matthæus beatæ Mariæ de Guillivisio, nec non Christophorus sanctæ Trinitatis de Barulo, Traciensis & Termulanensis diœcesis, per priores solitorum gubernari monasteriorum priores, diffinitores capituli generalis dicti ordinis in eodem monasterio sancti Spiritûs celebrati, & nonnulli alii provinciales, priores & monachi dicti ordinis partium diversarum in eodem capitulo congregati, quieti & saluti animarum monachorum dicti ordinis provinciæ Franciæ & partium eidem provinciæ adjacentium toto cordis affectu intendentes, ipsosque in sacræ religionis laudabili observantia confovere, ac à laboribus, expensis & periculis animarum & corporum, propter longissimam distantiam dictæ provinciæ ab eodem monasterio sancti Spiritûs, in quo generale capitulum dicti ordinis ab antiquo celebrari consuevit, quæ eis in via diversis modis in terra & mari accidere possent, prout pluribus ex ipsis plerumque acciderunt, experientiâ edocente, temporibus retroactis ; & considerantes etiam quòd priores & fratres monasteriorum & prioratuum hujusmodi insimul congregati, meliùs scire possent atque cognoscere mores, conditiones & sufficientiam monachorum dicti ordinis, pro priore provinciali dictæ provinciæ Franciæ & partium hujusmodi pro tempore assumendo, quàm abbas monasterii sancti Spiritûs & ordinis prædictorum pro tempore existens ; ex his & aliis pluribus causis ipsos moventibus, maturâ deliberatione præhabitâ, unanimi & concordi omnium ipsorum voluntate & consensu, in perpetuum irrevocabili constitutione statuerunt, voluerunt, consenserunt, decreverunt & etiam ordinaverunt, quòd priores & monachi monasteriorum & prioratuum provinciæ Franciæ ac partium hujusmodi qui nunc sunt, & successores eorum qui erunt pro tempore, capitulum generale de triennio in triennium, aut citiùs, si per mortem aut alias necessitatis articulus immineret, in monasterio beatæ Mariæ de Parisiis dicti ordinis, vel alio monasterio provinciæ Franciæ & partium prædictarum, prout eisdem prioribus & monachis pro tempore expedire videretur, congregare & celebrare, & in eodem capitulo unum ex dictis monachis in priorem provincialem canonicè eligere perpetuis futuris temporibus valerent ; idemque prior provincialis electus confirmationem suam ab immediato prædecessore suo in officio provincialatûs, vel in ejus absentia seu defectu, à priore monasterii in quo capitulum provinciale hujusmodi pro tempore celebraretur, vel à beatæ Mariæ de Parisiis & beatæ Mariæ de Amberto ac sancti Petri de Castris, Aurelianensis & Suessionensis diœcesum, ordinis & provinciæ prædictorum monasteriorum per priores solitorum gubernari prioribus pro tempore existentibus, cui vel quibus idem Joannes abbas authoritate dicti generalis capituli in perpetuum commisit vices suas, quis vel qui nomine & auctoritate abbatis sancti Spiritûs & ordinis prædictorum pro tempore existentis, teneretur vel tenerentur eundem electum confirmare ; quòdque ipse prior provincialis electus &

confirmatus, ut suprà monachos & personas, necnon monasteria, prioratus & alia loca dicti ordinis in eisdem provincia Franciæ & partibus, secundùm Deum & sancti Benedicti regulam ac dicti ordinis instituta, visitare, regere & gubernare: institutiones & destitutiones, prout expediens videbitur, facere: monachos, conversos, oblatos & personas monasteriorum, prioratuum & locorum provinciæ Franciæ & partium hujusmodi, etiam in casibus abbati monasterii sancti Spiritûs & ordinis prædictorum reservatis, absolvere, omniaque alia & singula necessaria & opportuna in spiritualibus & temporalibus, quæ abbas monasterii sancti Spiritûs & ordinis prædictorum pro tempore existens, in eisdem provincia Franciæ & partibus facere posset, durante triennio suo hujusmodi in futurum liberè exequi & exercere; vicesque suas illi vel illis cui vel quibus sibi videretur, committere posset & valeret; super quo idem Joannes abbas consilio, consensu & auctoritate hujusmodi capituli generalis, dicto priori provinciali plenariam potestatem contulit & facultatem; quòdque prior provincialis provinciæ Franciæ & partium hujusmodi qui esset pro tempore, de sex annis in sex annos ad capitulum generale hujusmodi, cessante impedimento legitimo, personaliter venire, aut casu illo personam idoneam de consensu provinciæ Franciæ & partium hujusmodi cum pleno mandato mittere teneretur; & insuper quòd priores & monachi ordinis provinciæ Franciæ & partium hujusmodi in eorum capitulo provinciali ordinationes & statuta, pro bono statu ordinis & observantia regularis disciplinæ, prout ipsis videretur expedire, vice & auctoritate hujusmodi generalis capituli facere & statuere, dummodo contra immunitatem privilegiorum dicti ordinis non forent, illaque pro varietate temporum immutare & innovare possent & deberent, quæque per eos sic facta robur æquè firmitatis in eisdem provincia Franciæ & partibus, non alibi, obtinerent, ac si per hujusmodi generale capitulum facta forent. Præterea ipsi Joannes abbas & capitulum eosdem beatæ Mariæ de Amberto & sancti Petri de Castris prædictorum, nec non sanctæ Trinitatis propè Meduntam, ordinis & provinciæ Franciæ prædictorum monasteriorum priores qui essent pro tempore, deputaverunt & etiam ordinaverunt visitatores, dantes ipsis plenam potestatem visitandi annis singulis priorem provincialem provinciæ Franciæ & partium hujusmodi qui esset pro tempore, & si ipsum culpabilem invenirent, juxtà casûs exigentiam corrigendi, suspendendi & puniendi, nec non, si opus foret, penitùs ab officio deponendi, quemadmodum in quibusdam litteris sive publico instrumento desuper confectis ipsius Joannis abbatis sigillo munitis, quorum tenorem de verbo ad verbum præsentibus inseri fecimus, pleniùs continetur. Quare pro parte dictorum priorum & conventuum & monachorum provinciæ Franciæ & partium prædictorum nobis fuit humiliter supplicatum, ut statuto, voluntati, consensui, decreto & ordinationi prædictis, ac litteris sive instrumento desuper confectis hujusmodi, ac omnibus in illis contentis, pro illorum subsistentia firmiori robur apostolicæ confirmationis adjicere de benignitate apostolica dignaremur. Nos itaque qui salutem animarum universorum, necnon quietem & commodum præsertim personarum sub regulari observantia Domino famulantium, ac religionis hujusmodi propagationem intensis exoptamus desideriis, hujusmodi supplicationibus inclinati, statutum, voluntatem, consensum, decretum & ordinationem prædictam, nec non litteras sive instrumentum hujusmodi, ac in illis contenta, & omnia inde secuta, rata habentes & grata, illa authoritate apostolicâ ex certa scientia confirmamus, & præsentis scripti patrocinio communimus, supplentes omnes deffectus, siqui forsan intervenerint in eisdem. Tenor verò litterarum sive instrumenti hujusmodi talis est: UNIVERSIS & singulis præsentes litteras inspecturis, nos frater Joannes de Albarano generalis abbas monasterii sancti Spiritûs, &c. C'est l'acte precedent. NULLI ergò omninò hominum liceat hanc paginam nostræ confirmationis, communitionis & suppletionis infringere, vel ei ausu temerario contraïre; si quis autem hoc attemptare præsumpserit, indignationem omnipotentis Dei & beatorum Petri & Pauli apostolorum ejus se noverit incursurum. Datum Romæ apud sanctam Mariam-Majorem v. calendas Octobris, pontificatus nostri anno VI. *Ibidem.*

Acquisition de l'hostel de saint Paul par Charles dauphin & duc de Normandie, depuis roy de France. Different à ce sujet, terminé en la chambre des comptes.

AN. 1364

LE prevost des marchands & les eschevins de la ville de Paris, au nom & pour

pour ladite ville, donnerent à monſieur le duc de Normandie au mois de Novembre l'an mil trois cens ſoixante, qui eſtoit lors regent le royaume, quatre mil royaulx d'or pour payer la maiſon aſſiſe lez ſaint Paul, laquelle ledit monſieur le duc avoit achepteé du comte d'Eſtampes, & laquelle ſomme leſdits prevoſt & eſchevins devoient payer audit comte d'Eſtampes des aydes lors aſſiſes en ladite ville de Paris depuis le Noël après enſuivant ou environ, pendant lequel temps le roy noſtre ſeigneur retourné d'Angleterre, & fut à Paris à la feſte de Noël, & pour la neceſſité qu'il eut du faict de ſa delivrance, fiſt mettre la main en toutes les aydes ordonnées paravant en ladite ville de Paris, pour eſtre toutes tournées & converties par devers luy pour ſa neceſſité, & ordonna autres aydes pour le payement de ſa delivrance ; & ainſi ne peûrent leſdits prevoſt & eſchevins payer leſdits quatre mil royaulx audit monſieur d'Eſtampes ; & pour ce que ſatisfaction leur convenoit faire deſdits quatre mil royaulx, ainſi comme donnez & promis les avoient, firent tant leſdits prevoſt & eſchevins envers Bernart Belnati qu'il repondit pour eux, & paya & ſatisfeit audit monſieur d'Eſtampes leſdits quatre mil royaulx d'or, & leſdits prevoſt & eſchevins au nom de ladite ville s'en obligerent envers luy à luy payer ladite ſomme de quatre mil royaulx. Et ces choſes ainſi faites, avant que l'en commençaſt à faire aucun payement audit Bernart, le roy noſtredit ſeigneur mua ſes monnoyes, & fiſt faire francs d'or, & leur donna cours pour ſeize ſols pariſis, & fut donné cours aux royaulx pour treize ſols quatre deniers pariſis. Pour laquelle ſomme de quatre mil reaulx d'or payer audit Bernart, leſdits prevoſt & eſchevins des deniers des aydes de ladite ville ont payé dès le vingt-ſeptieſme jour de Mars ¹ l'an M. CCC. LX. * juſques au treizieſme jour de Juillet M. CCC. LXI. par pluſieurs parties & diverſes journées, trois mil trois cens trente trois frans d'or & un tiers, leſquels, à eſtimer cinq frans pour ſix royaulx, monteroient à ladite ſomme de quatre mil royaulx. Duquel payement ainſi faict ledit Bernart s'eſt dolu, en diſant qu'il n'eſtoit mie ſuffiſamment payez : leſdits prevoſt & eſchevins affermans du contraire. Finablement s'accorderent leſdites parties que Jehan de Hangeſt & Jacques le Flament conſeillers du roy noſtredit ſeigneur, veiſſent ſur ledit debat, & ce que il en ſeroit à faire de rai-

¹ C'étoit le nos de Mars 1361. l'année ſe commençoit alors qu'à Pâques.

ſon, tant pour ledit Bernart, comme pour ladite ville de Paris, en ordonnaſſent. Pour laquelle choſe faire plus ſeurement, leſdits Jehan de Hangeſt & Jacques le Flament furent en la chambre des comptes le ſeptieſme jour de Decembre l'an M. CCC. LXI. pour avoir la conſultation de noſſeigneurs des comptes ſur ce ; par leſquels oy tout le faict cy-deſſus eſcript, conſideré le don & l'obligation qui s'en eſt enſuivi, & auſſi tout ce qui faiſoit à conſiderer en ceſte matiere, fuſt deliberé & ordonné que l'avaluëment dudit debte & des payemens ſe feroit par la maniere qui s'enſuit : c'eſt à ſçavoir, quatre mil royaulx d'or ayans cours au mois de Novembre l'an M. CCC. LX. (de ſoixante & quatre royaulx & ſeize ſols, de vingt-ſix ſols le royal, par marc d'or,) vallant ſoixante & un marcs ſept onces un eſtelin d'or ; & trois mil trois cens trente-trois frans d'or & un tiers (de cinquante-neuf frans & douze ſols tournois pour marc d'or) ſur ce payez, vallant cinquante-cinq marcs ſept onces huit eſtelins obole d'or. Ainſi demeurent à payer pour leſdits quatre mil royaulx, cinq marcs ſix onces douze eſtelins obole d'or, qui vallent, à cinquante-neuf livres douze ſols tournois pour marc d'or, trois cens cinquante-quatre livres ſeize ſols tournois. Ce fut fait en ladite chambre des comptes au burel, preſens maiſtres Jean Laigle, Ligier Morieux, Oudart Levrier, Jehan Dachierres, Jacques de Pacy, Olivier le Febvre, Philippes Gillier, & les deſſuſdits Jehan de Hangeſt & Jacques le Flament, le VII. jour de Decembre l'an M. CCC. LXI. *Tiré d'un manuſcrit de la bibliotheque Coiſlin, intitulé : Extrait du premier livre des memoriaux de la chambre des comptes, non milleſimé.*

LETTRES DU ROY JEAN, touchant la boucherie du mont ſainte Genevieve.

AN. 1363.

JEHAN par la grace de Dieu roy de France, ſçavoir faiſons à tous preſens & à venir, que comme à la requeſte de noſtre très-chere fille l'univerſité de Paris, des colleges & hoſtels de Navaire & de Laon, des religieux mandians de l'égliſe Notre-Dame du Carmel & de aucuns autres ſinguliers, tous demeurans & habitans en la ruë ſainte Genevieve à Paris, les bouchers de la boucherie ſainte Genevieve euſſent eſté approuchez & traittez en cauſe pardevant nos amez &

Tome II. Ppp

feaux les gens tenans noſtre grand conſeil eſtant à Paris, ſur ce que ladite univerſité, colleges & autres ſinguliers deſſuſdits ſe douloient & complaignoient deſdits bouchers, de ce que iceux bouchers tuoient leurs beſtes en leurs maiſons, & le ſang & ordures de leurſdites beſtes jettoient, tant par jour que par nuit, en la ruë ſainte Genevieve; & pluſieurs fois le ſang & ordures de leurſdites beſtes gardoient en foſſes & latrines qu'ils avoient en leurſdites maiſons, tant & ſi longuement qu'il eſtoit corrompu & infect & puant; & que pour plus aiſément jetter ledit ſang & leurs ordures, pluſieurs d'iceux bouchers avoient fait faire puis trois ou quatre ans, chacun en ſa maiſon, un conduit qui vient juſqu'au milieu de la ruë; & en outre que iceux bouchers ardoient & affinoient leur ſuif & leurs graiſſes en leurs maiſons, & vendoient leurs chairs au jour de Samedy; leſquelles choſes eſtoient & ſont faites par leſdits bouchers contre raiſon, contre les ordonnances, uſages & communes ordonnances des autres bouchers, tant de la bonne ville de Paris, comme des autres bonnes villes du royaume de France, contre les regiſtres & ordonnances anciennement faites en l'égliſe ſainte Geneviéve ſur l'eſtat & gouvernement de ladite boucherie, & auſſi contre le prouffit, le bien & l'utilité deſdits complaignans & de toute la choſe publique, & par eſpecial des habitans & demourans en ladite ruë ſainte Geneviéve & de la place Maubert, & de tous ceux qui frequentent & paſſent par le lieu; & pour ce requeroient que briefvement remede y fuſt mis. Et pour plus meurement & ſeurement proceder ès choſes deſſuſdites, ayent noſdites gens ordonné & deputé certain commiſſaire pour aller ſur leſdits lieux & ſoy informer des choſes deſſuſdites; laquelle information faite & raportée par devers eux, & ouïs pluſieurs inconveniens qui par leſdits bouchers arrivoient ſur les choſes deſſuſdites, vûë auſſi certaine cedule baillée à noſdites gens par leſdits bouchers, qui diſoient eſtre la copie du droit regiſtre ancien de ladite égliſe de ſainte Geneviéve ſur l'eſtat & gouvernement de ladite boucherie; & vûë à grande & meure deliberation la depoſition des teſmoins ouis & examinez en ladite information, & tout ce qui fait à conſiderer en cette partie, fut dit & ordonné par noſdites gens en la preſence deſdites parties, par la maniere qui s'enſuit : c'eſt à ſavoir que nul boucher de ſainte Geneviéve ne pourra d'ores en avant achepter ni vendre chair morte quelle qu'elle ſoit, s'elle n'a eſté tuée en ladite boucherie. *Item* que nul boucher ne pourra ne devra, par luy ne par autres, tuer chairs quelles qu'elles ſoient, au jour dont l'on ne mangera point de chair le lendemain, puiſqu'il ſera ajorné, ſe ce n'eſt aux Vendedis depuis la ſaint Remy juſqu'à Careſme prenant. *Item* que nul boucher ne pourra ne devra, par luy ne par autres, tuer chairs quelles qu'elles ſoient, qui ayent eſté nourries en maiſon de huillier, de barbier ne de maladeries. *Item* que nul boucher ne pourra ne devra ardoir en ladite boucherie les greaulx qui yſſent du ſuif des beſtes qu'ils tueront ou feront tuer. *Item* nul ne pourra avoir eſvier ne egouſt par lequel il puiſſe laiſſer couler ſang deſdites beſtes ne autre punaiſie, ſe n'eſt eau qui ne ſente aucune corruption. *Item* que nul boucher ne pourra avoir ne tenir foſſes, & celles qui à preſent ſont, ſeront remplies dedans la my-Aouſt prochainement venant, aux depens & frais de ceux qui les ont; & recueilleront iceux bouchers le ſang, les bruailles, les fiens & les laveures de leurs beſtes en vaiſſeaux; lequel ſang, fien & laveüre iceux bouchers ſeront tenus faire porter & vuider ce jour meſme hors des murs & foſſez de Paris, hors voye. *Item* nul boucher ne pourra ne devra tuer en ladite boucherie aucune groſſe beſte qui ait le fil; & au cas qu'il ſeroit trouvé ſur aucun, il perdroit la beſte, & ſeroit arſe devant ſon huis. *Item* que nul boucher ne fera aucune choſe contre les points & articles deſſuſdits ou aucun d'iceux, en peine de payer pour chacune fois VI. livres d'amande, moitié à nous & moitié à ſainte Geneviéve de Paris; & ſur ce ſeront ordonnez jurez de par nous & de par ladite égliſe, pour tant que à chacun touchera, ſur la garde & viſitation des choſes deſſuſdites. Et pour icelles ordonnances faire tenir & garder, nous pour le bien & prouffit commun & des habitans & converſans dans ladite boucherie & ès lieux deſſuſdits, & ſur ce eû avis & deliberation à noſtre conſeil, voulons & ordonnons par ces preſentes être tenües & gardées d'ores en avant à toujours-mais, ſans enfraindre, & ſur les peines deſſuſdites, en la forme & maniere comme ordonné a eſté par noſdits conſeillers, & comme dit eſt deſſus. Et que ce ſoit ferme choſe & ſtable à toujours, nous avons fait mettre noſtre ſcel à ces preſentes lettres, ſauf noſtre droit

JUSTIFICATIVES. 483

droit & l'autrui en tout. Donné à Paris l'an de grace M. CCC. LXIII. au mois d'Aouſt. *En marge eſt écrit*: Par le conſeil eſtant à Paris, *Pro univerſitate triplicata*, P. VENONNE. Viſa, contentor. *Et au dos*: Publiées en jugement au Chaſtelet de Paris le Mercredy XVI. jour d'Aouſt l'an M. CCC. LXIII. *Plus eſt écrit ce qui ſuit*: L'an M. CCC. LXVI. le VII. jour de Septembre par la cour de parlement fut dit par arreſt, que leſdits bouchers eſtouperoient leurs foſſes & eſviers; & outre fut ordonné que iceulx bouchers tuëroient d'ores en avant leurs chairs hors Paris ſur la riviere, & après les apporteroient à Paris pour vendre, ſur peine de x. livres moitié au roy & moitié à ſainte Geneviéve; toutes les ordonnances deſſuſdites demouras en autres choſes en leur vertu. *Tiré d'un manuſcrit de ſaint Victor, fol. CCC. XXIII. C'eſt ainſi que la cité Sauval dans ſes memoires manuſcrits, ſans autre ſpecification.*

Autres lettres du meſme pour l'execution des precedentes.

AN. 1363.

JEHAN par la grace de Dieu roy de France; au prevoſt de Paris ou à noſtre procureur general, ſalut. Comme pour la complainte qui a eſté faite à nos amez & feaux conſeillers les gens de noſtre grand conſeil eſtant à Paris, par noſtre très chere fille l'univerſité de Paris, & par les colleges & hoſtels de Navarre & de Laon, les religieux mandians de l'égliſe Noſtre-Dame du Carmel & aucuns autres ſinguliers, tous demourans & habitans en la ruë ſainte Geneviéve à Paris, contre les bouchers de la boucherie ſainte Geneviéve, noſdits conſeillers en la preſence des parties ayent ordonné certaine ordonnance ſur l'eſtat & gouvernement de ladite boucherie, & leſquelles ordonnances, pour le bien & profit commun & des habitans & converſans en ladite boucherie & lieu, avons voulu & ordonné eſtre tenuës & gardées d'ores en avant à toujours-mais ſans enfraindre, ſur les peines & par la maniere que ordonné a eſté par noſdits conſeillers, & que jurez ſeront ordonnez ſur la garde & viſitation des choſes contenuës eſdites ordonnances, & pour icelles faire tenir & garder, ſi comme ces choſes & autres vous pourront plus à plein apparoir par nos lettres ſur ce faites en las de ſoye & cire verte; nous vous mandons & par ces preſentes commettons, & à chacun de vous, que noſdites or-

Tome II.

donnances deſquelles il vous aperra par noſdites lettres, vous faſſiez tenir & garder ſans enfraindre, ſelon leur forme & teneur; & contraigniez ou faites contraindre tous ceux que vous trouverez avoir fait aucune choſe contre noſdites ordonnances qui depuis furent faites, & ceux qui d'ores en avant feront aucunes choſes contre icelles, à nous payer les peines dont en noſtredite ordonnance eſt fait mention, en la maniere qu'il eſt accouſtumé à faire pour nos propres debtes; & avec ce ordonnez un ou pluſieurs jurez de par nous ſur la garde & viſitation des choſes contenuës en noſdites ordonnances, & pour icelles faire tenir & garder; & avec ce faites publier noſdites ordonnances, tant en ladite ruë ſainte Geneviéve, comme ailleurs où vous verrez qu'il ſera bon à faire, afin que aucun ne puiſſe pretendre ou alleguer ignorance d'icelles. Donné à Meaux le XIV. jour d'Aouſt M. CCC. LXIII. *En marge eſt écrit*: Par le roy, à la relation du conſeil.... *& enſuite*: Publié en jugement ou Chaſtelet de Paris, le XVI. jour d'Aouſt l'an deſſuſdit. *Ibidem fol. CCC. XXV.*

EDIT DU ROY CHARLES V.
pour l'union de l'hoſtel de ſaint Paul au domaine.

AN. 1364.

CHARLES par la grace de Dieu roy de France, ſavoir faiſons que nous qui avons toujours deſiré & deſirons de tout noſtre cœur l'accroiſſement de l'heritage de tout le royaume & de la couronne de France, conſiderans que noſtre hoſtel de Paris, appellé l'hoſtel de ſaint-Paul, lequel nous avons acheté & fait édifier de nos propres deniers, eſt l'hoſtel ſolemnel des grands ébatemens, & auquel nous avons eu pluſieurs plaiſirs, acquis & recouvré à l'aide de Dieu ſanté de pluſieurs grandes maladies que nous avons euës & ſouffertes en noſtre temps; pour leſquelles choſes & autres qui à ce nous ont émus, ayans oudit hoſtel amour, plaiſance & ſinguliére affection, avons voulu & ordonné de noſtre propre mouvement, certaine ſcience, pleine puiſſance & auctorité royale, voulons & ordonnons par ces preſentes, que noſtre hoſtel deſſuſd. tout ainſi comme il ſe comporte en long & large en toutes ſes parties haut & bas, avec tous les jardins, appartenances & appendances d'icelui quelconques, ſoit & demeure à toujours & perpetuellement propre domaine & he-

P pp ij

ritage de nostredit royaume & de la couronne de France, pour nous & nos successeurs rois de France, & lequel hostel, les jardins, & toutes leurs appartenances & appendances quelconques, en quelque estat qu'ils soient, & tout ce que nous y avons acquesté, accreû, acquesterons & accroistrons, nous ordonnons, enjoignons & adnexons au domaine de ladite couronne, sans que jamais à nul jour ils soient ou puissent estre disjoints, divisés, ou séparés, pour quelconques dons ou octroys que nous en fassions ou puissions faire, fust à nostre très-chere & très-amée compaigne la royne, & à nos enfans, si aucuns en avions, à nos très-chers freres ou aulcuns d'eux, ne aultres quelconques de nostre sang, ne aussi nosdits successeurs, pour quelconque autre cause, soit pour raison des partages qui se pourroient faire entre nos hoirs successeurs, ou d'assiettes de doüaires faits ou à faire par nous ou nosdits successeurs à roynes ou autres femmes, de quelque estat ou condition qu'elles soient, ne autrement en aucune maniere; lesquels dons & octroys, partages ou assiettes, pour quelque cause de doüaire ou autrement, si faicts en estoient, comment que ce fust, nous dez maintenant pour lors les cassons, irritons & adnullons du tout, & decernons par ces mesmes lettres, par nostre decret royal, estre de nulle valeur; & voulons & declarons de nostre auctorité & puissance royale, que d'ores en avant celluy nostre hostel ne doïe ou puisse estre disjoint en aucune maniere du domaine de ladire couronne de France, & que iceluy après le palais royal, soit propre & special hostel de nous & de nos successeurs rois, du propre domaine & heritage dudit royaume & de la couronne de France à toujours perpetuellement. Et pour ce que ce soit chose ferme & stable sans rappel, nous avons fait mettre nostre grand scel à ces presentes. Fait & donné en nostredit hostel royal de saint Paul, l'an de grace M. CCC. LXIV. au mois de Juillet. *Ainsi signé*, Par le roy, OGIER. *Tiré du registre de la chambre des comptes coté D. fol. LXX. à la bibliotheque Coislin, volume* 3.

CHARTE DU ROY CHARLES V.
pour le petit saint Antoine.

An. 1368.

KAROLUS Dei gratiâ Francorum rex; notum facimus universis tam præsentibus quàm futuris, quòd nos mentem & cordis nostri oculos erigentes ad illum à quo omnia bona procedunt, & sub cujus fide vivere & ei servire regnare est, per quem reges regnant & ei pariter famulantur, sanctam quoque gloriosissimam Mariam semper virginem, matrem ipsius salvatoris nostri, pietatis & misericordiæ fontem, nec non ad beatissimos & gloriosos ejus apostolos beatissimosque martyres ejusdem Domini nostri, confessoresque pariter, & virgines virginis præcelsæ Christi matris imitatrices, & ad totam curiam civium supernorum qui pro nobis peccatoribus die noctuque interpellant, & maximè ad gloriosissimum ac sanctissimum ejus confessorem meritis excelsum sanctum Antonium abbatem, cujus sacrum corpus in venerabili delphinatûs nostri Viennensis loco quiescit, & quem locum, ipsius sancti gratiâ & Domino permittente, personaliter visitavimus, ob cujus gloriosissimi confessoris beati Antonii reverentiam, cujus merita gloriosa per universalem ecclesiam, in hujus orbis latitudine constitutam manifestiùs innotescunt, de bonis nobis à summo largitore in hujus mundi naufragio collatis, ut nos & dilecta nostra Johanna de Borbonio consors nostra, ipsius sanctissimi confessoris interventu, hujus mundi agone pugnato, tandem ad illam cælestem patriam, sine fine in gaudio & lætitia perpetuò mansuri, pertingere mereamur; in Dei omnipotentis & ipsorum omnium honore, ac pro remedio animarum inclytæ recordationis domini Philippi avi nostri quondam regis, domináque Johannæ ipsius consortis reginæ Francorum aviæ nostræ, necnon charissimorum genitoris & genitricis nostrorum, quorum Deus animas collocet in sublimi, ac etiam omnium prædecessorum nostrorum; quamdam domum nostram quam de nostro proprio acquisivimus, sitam Parisius in vico sancti Antonii, nuncupatam de Salseya, sicut se comportat & extendit in longum & latum, altum & profundum, unà cum suis appenditiis & adjacentiis quibuscumque, contiguam ex una parte domui quæ fuit aut est hæredibus defuncti magistri Johannis Lotharingi, & ex altera parte ad domum quæ quondam fuit dominæ de Rupe-forti, & nunc hæredibus magistri Johannis de Monte-Lotheuco, habensque retrò exitum ad vicum regis Ceciliæ* nuncupatum, attinens versùs dictum vicum ad domum quæ est hæredibus dicti magistri Johannis ex una parte, & ad domum Nicolæ dictæ *la Merciere* ex altera, cum omni proprietate, saisina, usu ac jure pos-

* La rüe du roy de Sicile.

JUSTIFICATIVES. 485

sessionis quas & quæ habebamus & habere poteramus, dedimus, concessimus & tenore præsentium damus liberè & concedimus proprio motu nostro ex nunc in perpetuum, ad augmentationem divini cultûs & pia opera charitatis facienda, religiosis viris abbati & conventui monasterii præfati gloriosissimi confessoris beati Antonii, ordinis sancti Augustini, Viennensis diœcesis, tenendam, habendam, regendam ac possidendam perpetuò à dictis religiosis, ad usum & mansiones fratrum & canonicorum dicti monasterii sancti Antonii, ibidem Deo famulantium, & hospitalitatem pauperum infirmorum morbo igneo ipsius sancti Antonii infectorum, per ipsos fratres secundùm eorum dispositionem in eadem suscipiendorum. Et insuper, ut ferventiùs dicti fratres seu canonici perpetuò in prædicta domo tutiùs valeant Deo servire, nos dictam domum cum omnibus pertinentiis suis, appenditiis & adjacentiis superiùs declaratis, ex uberiori gratia certaque nostra scientia amortisamus, sine financia quavis nobis aut successoribus nostris Franciæ regibus, seu officiariis regiis quibuscumque, propter hoc nunc vel in posterum persolvenda. Concedimus insuper & volumus autoritate regiâ de speciali nostra gratia prædicta, & ex certa scientia, quòd prænominata domus cum suis pertinentiis, appenditiis & adjacentiis supradictis, necnon in eadem degentes fratres, seu familiares & servitores ejusdem domûs, aut qui pro immunitate aut franchisia & suorum corporum & bonorum tuitione venerint in eandem, ab omni deinceps laïcalis justitiæ coërcione, seu compulsione, captione, seu quovis explecto, intra septa dictæ domûs de cætera perpetuò sint immunes; sed privilegiis, libertatibus, franchisiis, immunitatibus quibus aliæ ecclesiæ regni nostri, seu personæ ecclesiasticæ, nec non domus sive claustra quæcumque sunt Deo dicata seu fundata vel fundatæ, ex privilegio seu dono regali gaudent aut possunt gaudere, de cætero gaudeant & utantur, eosque à prædictis omnibus & singulis eximimus, exemptosque & immunes perpetuò fore & esse debere decernimus per præsentes, autoritate prædictâ. Quod ut firmum & stabile perpetuò perseveret, has litteras nostri appensione sigilli jussimus roborari. Datum & actum in domo nostra sancti Pauli prope Parisius anno Domini M. CCC. LXVIII. regni nostri V. mense Julii. *Au dessous est écrit*: Per regem in requestis suis, *signé*, DE REMIS. *Et ensuite*: Collatio facta ad originale à me consiliario à secretis regis domúsque Galliæ & financiarum, *signé* POUPET. *Tiré des archives du petit saint Antoine.*

UNION DE LA COMMANDERIE
du petit saint Antoine de Paris à celle de Flandres.

AN. 1373.

IN nomine sanctæ & individuæ Trinitatis Patris & Filii & Spiritûs Sancti amen. Anno à nativitate Domini M. CCC. LXXIII. indictione XI. die IV. mensis Junii, horâ quasi tertiarum, pontificatûs sanctissimi in Christo Patris & domini nostri, domini Gregorii divinâ providentiâ papæ XI. anno III. Pateat cunctis præsentibus atque futuris quòd infra monasterium sancti Antonii ad Romanam ecclesiam nullo medio pertinentis, ordinis sancti Augustini, Viennensis diœcesis, in aula majori hospitii abbatialis dicti monasterii, loco generalis capituli assignato, ad sonum majoris campanæ more solito generali capitulo, ad infra scripta & alia ordinis negotia tractanda & peragenda, specialiter indicto, & capitulariter convocatis & congregatis reverendo in Christo patre domino Pontio Dei gratiâ abbate, & venerabili conventu dicti monasterii, videlicèt religiosis viris fratribus Johanne de Vallevangio priore claustrali, Guillelmo de Romanis subpriore, Petro Veheri sacristâ dicti monasterii, Bartholomæo de Monte-calvo sacristâ capellæ beatæ Mariæ, Humberto de Balma camerario, Andreâ Baudeti infirmario & correrio, Jacobo Piscatoris brasserio, Guillelmo *de Filcavillar* pitancerio, Petro Johannis mistrali, Johanne Gomardi curato villæ sancti Antonii, Petro Paschodi curato Montanæ, Amedeo Gofredi curato sancti Joannis, Sacelino Coindeti curato Hospitalis, Hugone de Grassa curato *de Vinay*, Bartholomæo de Bosco, Guigone Rogerii, Egidio de Fontana, Vincentio *Jay*, Jacobo de Prato, Guillelmo de Tilio, Johanne de Cilio, Audiberto de Quincevo, Johanne Quincelly, Humberto Johannis, Rodulpho Guifordi, Petro *de Bourchenvos*, Johanne de sancto Vitale, Petro de sancto Amano, Petro de Lamaco, Poinsone de Bonoilo, Guarino de Brione, Petro de Pernino, & Godemardo de Angenato, canonicis conventualibus dicti monasterii, & conventum in eodem præsentialiter facientibus & repræsentantibus; ac venerabilibus & religiosis viris

Ppp iij

fratribus Audiberto Draconis Massiliæ, Gaufrido de Pernanto Vappicensis, Amedeo de Chalmassello *de Ryostorf*, Gaufrido de Lymona Angliæ, & Pontio de Bessio Hispaniæ domorum & balliviarum sancti Antonii præceptoribus, diffinitoribus, unâ cum priore claustrali & sacrista capellæ beatæ Mariæ supradictis, capituli generalis dictorum monasterii & ordinis, & in eodem monasterio præsentialiter celebrati, capitulantibus super infrà scriptis & nonnullis aliis articulis ordinem concernentibus, capitulumque generale dictorum monasterii & ordinis facientibus & repræsentantibus, & celebrantibus unanimiter & concorditer, ac unanimi & mutuo consensu pariter & assensu, nemine eorum discrepante; dictus videlicèt dominus abbas de consensu dictorum conventûs, fratrum diffinitorum & totius capituli generalis & eorum cujuslibet, ipsique verò conventus, fratres & diffinitores, & totum capitulum generale, & eorum quilibet, de licentia, auctoritate, voluntate, consensu & assensu domini abbatis supradicti, licentiam, auctoritatem, voluntatem, consensum & assensum pro infrà scriptis peragendis præstantes, attentè ac debitâ & maturâ deliberatione considerantes, quòd domus & præceptoria Parisiensis nova est plantatio, & quòd adhuc satis exilibus & paucis abundat fructibus & emolumentis, quódque multùm indiget erectione & exaltatione ecclesiæ & hospitalis, quas summè necessarias & utiles reputabat, ne in tam solemni loco, sicut est ipsa civitas Parisiensis, & in conspectu domini regis Franciæ, qui ad ordinem & monasterium prædictum ac personas ejusdem, ac specialiter ad dictam domum habens devotionem specialem, primum locum fundationis ipsius domûs Parisiensis dicto ordini multâ devotione & liberalitate donavit, ne depressa remaneat in scandalum ipsius ordinis domus illa, & non esset ibi ecclesia beati Antonii solemniter ædificata & constructa, quæ quidem ædificatio & constructio non sine multis expensis fieri possunt, ad quas tamen nullo modo sufficiunt nec sufficere possent redditus dictæ domûs, sollicitâ meditatione revolventes, hinc inde cogitantes modum faciliorem, meliorem & utiliorem quomodo prædictis omnibus posset salubriter provideri, demùm oculo debitæ considerationis attendentes quòd circa Parisios est quædam alia generalis præceptoria & ballivia dicti ordinis multum solemnis, & in redditibus ac emolumentis satis copiosa & opulenta, ac tam longam magnamque habens quæstam, videlicèt præceptoria & ballivia Flandriæ sic communiter appellata & vocata, per quam & de ejus redditibus, quæstis, bonis & emolumentis prædictæ domûs Parisiensis ecclesia cum hospitali possent faciliter in altum extolli & ædificari; & proptereà iis principaliter moti, non videntes alium modum meliorem quomodo posset faciliùs, salubriùs & commodiùs eis provideri, pro communi utilitate ordinis, & speciali commoditate & augmento dictorum ecclesiæ & hospitalis Parisiensis, ac in laudem & exaltationem nominis Domini nostri Jesu-Christi & beati Antonii, iidem domini abbas & conventus quibus super infrà scriptis, & reformatione dicti monasterii ac hospitalis & ordinis, per dictum monasterium abbatem & conventum & generale capitulum plena & libera fuit & est attributa potestas, & totum ipsum capitulum generale unanimiter & concorditer, pluribus anteà tractatibus præhabitis, vocatis ad hoc religiosis viris fratribus Hugone Castronovo præceptore præceptoriæ & balliviæ Flandriæ, & Hugone *de Lespinete* præceptore domûs Parisiensis prædictarum, ibidem præsentibus, volentibus & consentientibus, de eorum consilio pariter & assensu præfatam domum & præceptoriam sancti Antonii Parisiensis, cum omnibus membris, quæstis, emolumentis suis consuetis, ac pertinentiis & juribus suis universis, eidem præceptoriæ & balliviæ Flandriæ, ex prædictis & aliis justis & rationabilibus ipsos, ut dixerunt, ad hoc moventibus, omni meliori modo & formâ quibus meliùs potuerunt, perpetuò univerunt, connexaverunt & incorporarunt, & tenore præsentis publici instrumenti uniunt, annexant & incorporant, ac voluerunt, definierunt, statuerunt & ordinarunt, ac definiunt, volunt, statuunt & ordinant quòd cedente vel decedente præfato fratre Hugone *de Lespinete* nunc præceptore dictæ domûs Parisiensis, vel aliàs quomodolibet domum ipsam dimittente, præceptor dictæ præceptoriæ Flandriæ qui est vel erit pro tempore, per se vel alium seu alios, auctoritate præsentis instrumenti, possessionem corporalem ipsius domûs & præceptoriæ Parisiensis, juriumque & pertinentiarum ipsius, liberè recipere & apprehendere valeat & habere, ita videlicet quòd præceptor dictæ præceptoriæ seu balliviæ Flandriæ qui est & fuerit pro tempore, de fructibus, redditibus, quæstis, emolumentis

JUSTIFICATIVES. 487

emolumentis & aliis bonis ipsius præceptoriæ & balliviæ Flandriæ teneatur domum & ecclesiam Parisiensem prædictas in ædificiis extollere, exaltare & manutenere, ac supra dicta & omnia alia & singula ipsius onera supportare. Hanc autem unionem, connexionem, incorporationem & ordinationem fecerunt, & in perpetuum valere voluerunt, salvâ tamen & retentâ in omnibus & per omnia voluntate & reverentiâ domini nostri summi pontificis & apostolicæ sedis. De quibus omnibus & singulis iidem domini abbas & conventus necnon diffinitores & præceptores supradicti ad perpetuam rei memoriam voluerunt & petierunt per me Evercardum notarium publicum infrascriptum sibi fieri unum & plura instrumenta publica, in meliori forma quâ dictari poterit consilio sapientis, non mutatâ tamen substantiâ præmissorum. Acta sunt hæc apud villam sancti Antonii, Viennensis diœcesis, in aula majori abbatialis hospitii supradicti, loco generalis capituli assignato, sub anno, indictione, die, mense, hora & pontificatu quibus suprà : præsentibus religiosis & discretis viris fratribus Bartholomæo de Bressiaco, Philippo Moneti, & Roleto Malguineti canonicis dicti monasterii, ac prudenti viro ser Nicolao ser Andreæ de Pistoyo, & pluribus aliis fide dignis testibus, ad præmissa vocatis & rogatis.

Et ego Everhardus *de Smalemborch* Coloniensis diœcesis, publicus apostolicâ & imperiali auctoritate notarius, supradictis unioni, connexioni & incorporationi ex causis prædictis, aliisque omnibus & singulis supradictis, dùm sic ut præmittitur, per dominos abbatem & conventum, necnon præceptores & diffinitores ac generale capitulum supradictos agerentur & fierent, unà cum dictis testibus præsens interfui, & in notam recepi, quam scripsi & publicavi, ac signo meo solito signavi legitimè requisitus. *Signé* A. G. C. V. *avec paraphe. Tiré du recueil des titres, privileges & statuts de l'ordre de saint Antoine de Viennois, imprimé in 4°. vers l'an* 1625. *pag.* 207.

Lettres touchant l'establissement des boucheries du fauxbourg saint Germain.

An. 1373.

Tous ceux qui ces presentes lettres verront, Hugues Aubriot garde de la prevosté de Paris, salut. Sçavoir faisons que pardevant Jehan Foucault & Jehan Contecourt notaires jurez du roy nostre sire en son Chastelet de Paris, pour cé personnellement establis Jehan Henry, Jehanne sa femme, Richard son fils, Jehan Brisart, Jehanne sa femme, Ancelet Jumans, Agnès sa femme, Jehan Denicourt, Jehanne sa femme, Guillemin d'Orsoi, Benoiste sa femme, Geoffroy de la Ville, Alenette sa femme, Jehan Milecent, Jehan Chirot, Guillot le Jeune, Gille Remond, Guillemette sa femme, Pierre Amoins, Jehanne sa femme, Jehan Vilain, Alipe sa femme, tous bouchers demeurans à saint Germain des Prez lez Paris, en leurs propres & privez noms, & eux faisans & portans forts en cette partie des autres bouchers absens dudit lieu de saint Germain, pour faire, passer, ratifier, accorder, & eux obliger avec eux aussi, autant l'un comme l'autre, ez choses qui s'ensuivent ; auxquelles femmes leursdits maris, chacun à la sienne, donnérent & octroyérent purement & liberalement, & d'eux elles prindrent & receûrent très agréablement pouvoir, authorité, congié, licence & mandement special de faire, passer & accorder avec eux ez qui s'ensuit ; & affermérent en bonne foy, reconnurent & conffessérent pour verité les dessus nommez, & chacun d'eux, tenir ferme & estable par eux & par leurs hoirs à toujours perpetuellement tout le contenu dans les lettres scellées en lacs de soie & cire verte, si comme il apparoist, des sceaux feu reverend pere en Dieu Girard jadis abbé par la permission divine dudit saint Germain des Prez & du convent d'iceluy ; lesquelles lettres lesdits notaires ont veûes & tenûes saines & entiéres, & dont la teneur d'icelles est telle : UNIVERSIS præsentes litteras inspecturis fr. Girardus permissione divinâ sancti Germani de Pratis Parisiensis humilis abbas, totusque ejusdem loci conventus, salutem in Domino sempiternam. Longinquitate temporis sæpè fit ut res clara præsentibus, redditur obscura futuris ; & ideó cautela prudentum providit, ut quæ aguntur in præsentiarum, æqualiter scripturæ testimonio commendentur ; & idcircò, ne rem gestam lædat oblivio, notum facimus quòd de voluntate & assensu omnium nostrûm, Guillelmo de Oricis, Reginaldo fratri *Monet*, Simoni *Monet*, Matthæo Picardo, Petro de Oricis, Ricardino de Vannis, Simoni de Valle-preciosâ, Johanni & Gautino ejus filiis, Alermo de Plaalli, Johanni filio defuncti Natalis, Girardo ejus fratri, Petro filio defuncti Petri d'*Aubemalle*, Mandato filio Johannis Bergerii,

An. 1374.

Mathioto de Separa, Guilloto filio Petri *Boutemont* nepoti quondam defuncti Natalis carnificis, burgi nostri de sancto Germano carnificibus & eorum hæredibus tradidimus & concessimus sex-decim stallos, ad vendendum carnes, sitos ab utraque parte loci, sicut itur ad ecclesiam fratrum Minorum Parisius, & damus licentiam & authoritatem vendendi carnes bonas & sufficientes ex nunc in perpetuum, pro viginti libris turon. nobis & monasterio nostro solvendis & reddendis annis singulis à dictis carnificibus & eorum hæredibus, & ab ipsorum quolibet, in solidum, quatuor terminis Parisius consuetis, videlicet medietatem nobis & successoribus nostris, & aliam medietatem præposito nostri monasterii qui pro tempore fuerit, terminis supradictis; talibus tamen conditionibus appositis & addictis, quòd dicti carnifices aut eorum successores vel hæredes, seu eorum aliquis, numerum dictorum stallorum augere non poterunt, seu minuere, sine licentia & authoritate nostra, nec stallum alicujus absentis vel decedentis tradere alicui vel locare, nisi sit oriundus de burgo nostro sancti Germani, nec etiam tradere vel obligare alicui, sub majori onere redditûs quam xx. solidorum parisiensium. Tenebuntur etiam dicti carnifices aut eorum successores & hæredes quicumque fuerint, quilibet eorum in solidum, nobis, monasterio nostro & præposito prædictis reddere & solvere annis singulis prædictas xx. libras turon. prædictis terminis, ratione prædictorum xvi. stallorum, licèt aliquis ipsorum stallorum per mortem vel absentiam quorumdam carnificum, vel alicujus ipsorum, vacuus fuerit, vel non traditus alicui de burgo sancti Germani, vel locatus, etiam si contingeret dictorum stallorum aliquem dirui, vel dirutum penitùs adnihilari. Si autem defecerint in solutione prædictæ pecuniæ terminis supradictis, in toto vel in parte, authoritate propriâ poterimus capere bona mobilia ipsorum carnificum, communiter vel divisim, cùm nobis teneantur in solidum, ut superiùs dictum est, quousque nobis de pecuniæ summa prædictæ fuerit integrè & plenariè satisfactum. Item capere poterimus authoritate propriâ, nomine pœnæ, omnes & singulas carnes eorum, & ex eis nostram voluntatem facere, sine aliqua restitutione vel recompensatione facienda, si in solutionibus defecerint, aut in eorum aliqua; aut etiam in præmissorum aliq o contraïerint; salvis tamen & retentis nobis & successoribus nostris dominio, obventionibus & proventibus qui in posterum ratione prædictorum xvi. stallorum poterunt provenire. Quod ut ratum permaneat in futurum, in præmissorum testimonium sigilla nostra litteris præsentibus duximus apponenda. Datum anno Domini M. CC. LXXIV. mense Aprilis. ET D'ABONDANT ont voulu & accordé pleinement, & encore veulent & accordent pardevant lesdits notaires jurez, comme en droit pardevant nous en jugement, tous les dessus nommez, c'est à sçavoir Jehan Henry, Jehanne sa femme, Richart son fils, Jehan Brisart, Jehanne sa femme, Jehan Denicourt, Jehanne sa femme, Guillemin d'Orsoy, Benoiste sa femme, Geoffroy de la Ville, Alenette sa femme, Pierre Amoins, Jehanne sa femme, Jehan Milcent, Jehan Chirot, Guillot le Jeune, Gille Remond, Guillemette sa femme, Jehan Villain & Alipe sa femme, icelles femmes authorisées, comme dit est, & eux faisans forts des autres bouchers absens, comme dessus est dit, estre purement & loyaument tenus & obligez, & chacun d'eux pour le tout, sans faire division l'un de l'autre, à tousjours perpetuellement, soubz le scel de ladite prevosté de Paris, envers lesdits religieux en la somme de xx. livres tourn. Et en augmentant l'église dudit lieu de S. Germain & au profit d'icelle, & parmi les moyens cy-dedans contenus, firent & font les dessus nommez aux noms que dessus, pour & en lieu desd. xx. liv. tourn. la somme de xx. livres parisis, en laquelle somme de xx. liv. parisis ils voulurent estre tenus & demeurerent obligez perpetuellement eux, leurs hoirs & successeurs & chacun d'eux pour le tout; pour icelle somme de xx. liv. parisis rendre & payer d'ores en avant chacun an, aux termes & sur les peines & en la forme & maniere comme contenu est ez. lettres cy-dessus transcriptes, pour raison & à cause desdits xvi. estaux; lesquels xvi. estaux sont & seront pris & situez en la ruë par où l'on va de ladite église de saint Germain à la porte de Paris près des freres Mineurs, c'est à sçavoir du coing de la ruelle qui descend vers Sayne, dont la maison qui fut à Rolin le jeune, fait ledit coing; & ne pourront faire aucuns estaux en ladite ruelle au dessoubz dudit coing; & d'autre part, de la maison Jean Henry, jusques à la maison que l'on dit la Croix de fer, en l'endroit dudit coing de ladite ruelle; & reservé en ce expressément une maison où sont trois estaux, qui sont de ladite église, & ne sont point obligez ne en ce comprins;

prins; par telle maniere, & sur telle condition que nul ne taillera, ne pourra tailler chair en ladite boucherie, ezdits termes & metes, s'il n'est né ou née de ladite ville de saint Germain. Et s'il advenoit qu'il y eust au temps advenir plus de XVI. estaux, lesdits religieux les pourront bailler, si comme bon leur semblera, à leur profit singulier, à ceux qui sont ou seront nez ou nées de ladite ville de saint Germain, si comme dit est, & non à autres personnes quelconques, pour quelque cause que ce soit; & ne sera point à la descharge desdits bouchers. Et si moins y avoit de XVI. estaux en ladite boucherie, neantmoins sont & seront tenus lesd. bouchers, eux & leurs hoirs, & chacun d'eux pour le tout, de rendre & payer chacun an perpetuellement lesdites XX. livres parisis auxdits religieux, c'est à sçavoir à monsieur l'abbé dudit lieu de saint Germain la moitié, & au prevost de ladite église l'autre moitié, par la forme & maniere, & sur les peines contenuës ez lettres cy-dessus transcriptes, où estoient obligez leurs devanciers dont ils ont la cause, & lesquelles lettres les dessus nommez derechef loüerent, gréerent, ratifierent & approuvérent, & par ces presentes loüent, gréent, ratifient & approuvent tant comme ils peuvent. Et aussi ne pourront & ne seront tenus lesdits religieux ni leurs successeurs mettre ezdits trois estaux qui sont leurs & reservez à eux, comme dit est, personne quelle qu'elle soit, s'il n'est de la condition né ou née de ladite ville de saint Germain; & si aucun ou aucune né ou née d'icelle ville de saint Germain, espouse un autre qui ne soit pas né ou née d'icelle ville, que neantmoins icelui ou icelle joüist & use dudit privilege, comme si il ou elle estoit né ou née dudit lieu de saint Germain, nonobstant quelconques choses ou contradictions que l'on peust dire au contraire; pourveû toutesfois que s'il advenoit que si aucuns des dessus nommez bouchers estoient executez l'un seul & pour le tout, ils pourront prendre par congé & licence du prevost de ladite église un ou deux des sergens de ladite église pour executer tous les autres bouchers contredisans, chacun pour sa portion, jusqu'à pleine & entiére satisfaction de ce qui sera deüb de ladite rente; promettans les dessus nommez bouchers & mesmement leursdites femmes authorisées, comme dit est, par leurs sermens faits pour ce solemnellement aux saints évangiles de Dieu, & par la foy de leurs corps pour ce donnée& baillée corporellement ez mains desdits notaires jurez, que contre les choses dessusdites ou aucunes d'icelles ils n'iront, aller ne venir feront, couvertement ne en appert, par eux ne par autres, ne pour le temps advenir, par voye d'erreur, d'ignorance, ou de decevance aucune, ne par quelconque autre voie, art, engin, cautelle, ou barat que ce soit, & rendront & poyeront, & promirent rendre & poyer paisiblement & sans aucun plait ou procez tous cousts, despens, dommages & interests quelconques qui faits seroient, ou en aucune maniere encourroient par faulte de payement ou autrement comment que ce soit: desquels cousts, dommages & interests & despens ils voulurent & accordérent que le porteur de ces lettres soit creû par son simple serment, sans autre preuve faire ou taxation demander; & pour tout ce que dit est enteriner & accomplir, les dessus nommez & chacun d'eux pour le tout obligérent & obligent eux, leurs hoirs, tous leurs biens & de leurs hoirs, meubles & immeubles, presens & advenir, quels & où qu'ils soient, lesquels ils soumirent & soumettent pour ce du tout, par la teneur de ces presentes, à la jurisdiction, coercion & contrainte de nous & de nos successeurs prevosts de Paris, & de toutes autres justices où ils seront & pourront estre trouvez tous, pour iceux leurs biens prendre, saisir, arrester, vendre, &c. renonçans en ce fait expressément par leurs sermens & foy dessusdits à toutes fraudes, forces, barats, engins, erreurs & decevances, à toutes exceptions de deceptions, de mal, de fraude, d'erreur, de cession, circonvention & action en fait, de convention de lieu & de juge, à condition sans cause ou de non juste & induë cause, à la deception d'outre moitié du juste prix ou autrement, à toutes lettres d'estat, de graces, repit, lettres de privilege & franchise, à la dispensation & absolution de leur prelat & de tout autre quelconque sur le fait de leurs sermens, à tout droit escrit & non escrit, tant canon comme civil, au benefice de division, à ce qu'ils puissent dire autre chose avoir esté par eux passée & accordée, & generalement à toutes autres choses quelconques qui tant de fait comme de droit, us, coustume ou autrement aider & valoir leur pourroient, pour dire ou proposer contre la teneur & execution de ces presentes, & mesmement au droit disant generale renonciation non valoir. En tesmoing de ce, nous à la relation d'iceux notaires, avons mis à ces presentes

Tome II.   Qqq

490 PREUVES ET PIECES

lettres le scel de la prevosté de Paris. Passées par les dessusdits Jehan Henry, Jehanne sa femme, Richard son fils, Jehan Brisart, Jehanne sa femme, Ancelet Jumans, Agnès sa femme, Jehan Denicourt, Jehanne sa femme, Guillemin d'Orsoy, Benoiste sa femme, Geoffroy de la Ville, Alnette sa femme, Jehan Melicent, Jehan Chirot, Guillot le Jeune, le Samedy xxv. jour du mois de Mars; & par les autres dessusdits Gillet Remond, Guillemette sa femme, Pierre Amoins, Jehanne sa femme, Jehan Villain & Alipe sa femme, le Mardy xxviii. jour dudit mois ensuivant, tout en l'an de grace M. CCC. LXXIII. *Ainsi signé*, DE CONTECOUR & FOUCAULT, *avec paraphe. Pris sur une copie en papier timbré, tirée des archives de l'abbaye de saint Germain des Prez.*

FONDATION DU COLLEGE de Cornoüaille.

AN. 1321.

UNIVERSIS præsentes litteras inspecturis, officialis curiæ Parisiensis, salutem in Domino. Notum facimus nos anno Domini M. CCC. XXI. die Jovis post festum Epiphaniæ ejusdem Domini vidisse, tenuisse & diligenter inspexisse litteras infrascriptas, formam quæ sequitur, continentes : IN NOMINE Domini amen. Universis præsentes litteras inspecturis, religiosus vir frater Stephanus de Lessivis prior quondàm conventûs fratrum ordinis sancti Guillelmi*, & dominus Guillelmus de Yginaco eleemosynarius domini regis Franciæ, executores unà cum venerabili viro domino Guillelmo de Manciaco quondàm rectore ecclesiæ *de Plaire* Trecensis diœcesis, testamenti seu ultimæ voluntatis defuncti Galerani Nicolai Britonis, clerici Corisopitensis diœcesis, & dominus Guillelmus de Garchiis presbyter, executor unà cum prædictis fratre Stephano & domino Guillelmo substitutus & subrogatus à dicto quondàm rectore, virtute potestatis sibi traditæ à dicto defuncto in dicto suo testamento, salutem in Dom. Notum facimus quòd auctoritate nobis à dicto defuncto, in dicto suo testamento seu ultima voluntate cujus tenor inferiùs est insertus, concessâ; in quo quidem testamento dictus testator voluit & præcepit quòd si aliqua ambiguitas seu obscuritas reperirentur aut orirentur in testamento dicti defuncti prædicto, quòd hujusmodi ambiguitas seu obscuritas aut contrarietas terminarentur, interpretarentur & deciderentur secundùm inter-

*Les Blancsmanteaux.

pretationem & declarationem nostrum executorum suorum, totum committens ordinationi & declarationi nostris, vel nostrûm duorum, prout in dicto testamento inferiùs inserto pleniùs continetur; nos verò attendentes & considerantes obscuritatem & ambiguitatem cujusdam clausulæ in dicto testamento seu ultima voluntate contentæ, quæ talis est : *Item legavit aliam tertiam partem dicti residui omnium bonorum suorum prædictorum, pauperibus clericis scolaribus Parisius, de partibus suis oriundis, eisdem distribuendam per ejus executores infrà scriptos*, dictam clausulam virtute potestatis hujusmodi nobis traditæ interpretamur, decidimus & declaramus in modum qui sequitur. Nos videlicet ordinamus & deputamus dictam tertiam partem residuam omnium bonorum dicti defuncti mobilium & immobilium, solutis impensis debitis & legatis, ad usum quinque pauperum scholarium de partibus Britanniæ, per nos hâc vice, & aliis futuris in perpetuum temporibus per episcopum Parisiensem qui pro tempore fuerit, creandorum; ita tamen quòd episcopus prædictus nullum ad bursas quæ de dicta tertia parte obvenient, eligere seu instituere valeat, nisi dumtaxàt illos qui de prædictis partibus fuerint oriundi. Ordinantes insuper quòd dicti quinque scholares vel alii qui in futurum ad dictas bursas eligentur, non possint compelli inviti ad dimittendas eas, nisi pro mala vita & inhonesta conversatione, tali pro qua de consuetudine studii Parisiensis possent expelli à societate sua : & quòd non possint dictas bursas habere aliqui qui habeant in redditibus ecclesiasticis viginti libras parisienses annui redditûs, juxtà taxationem decimæ. Insuper ordinamus quòd dicti quinque scholares in domo quam venerabilis & discretus vir magister Gauffridus de Plexeyo notarius domini papæ, Parisius instituit & fundavit, quam nobis ex sua gratia obtulit & concessit, cùm commodè possint ibi recipi, morentur & ibi vivant in bursa communi. Sed in casu in quo dictus magister Gauffridus suum vellet mutare propositum, quod absit, & quamdiù non possint ibi commodè recipi, nos ordinandi de domo pro dictis scholaribus authoritatem plenariam retinemus, prout nobis videbitur expedire. Insuper ordinamus quòd quilibet quinque scholarium prædictorum percipiet & habebit in futurum super dicta tertia parte, quatuor solidos parisienses de bursa, qualibet septimanâ, retentâ tamen penès nos potestate dictum numerum augmentandi & diminuendi

nuendi secundùm quantitatem reddituum ad dictam tertiam partem spectantium ; necnon dictam clausulam & alias in dicto testamento contentas, meliùs & clariùs, si opus fuerit, interpretandi & declarandi. Notum etiam facimus quòd ex nostra auctoritate quâ suprà, ad dictam tertiam partem & ad bursam prædictam de cætero percipiendam & levandam super dicta tertia parte, legimus & nominamus quinque pauperes scholares infrascriptos, videlicèt Guillelmum *de Treboul*, Galeranum *de Tremybrit*, Gauffridum *de Barlas*, Guillelmum dictum Castriæ & Yvonem Hervey-Moricii-de-Lanna-Petri, dictos scholares pariter de partibus Britanniæ supradictæ; transferentes nomine quo suprà, in prænominatos Guillelmum *de Treboul*, Galeranum *de Tremybrit*, Gauffridum *de Barlas*, Guillelmum dictum Castriæ & Yvonem Hervey-Moricii-de-Lanna-Petri, suo & successorum suorum qui ad dictas bursas in futurum eligentur, nomine, omne jus ac omnem actionem personalem & realem, tacitam, mixtam, utilem & expressam, quod & quam habebamus & habere poteramus nomine executorio prædicto, in dicta tertia parte bonorum prædictorum; inducentes ex nunc per præsentes dictos quinque scholares, nomine quo suprà, in possessionem dictæ tertiæ partis bonorum quorumcumque mobilium & immobilium, residuorum post solutionem debitorum & legatorum dicti defuncti ; ipsosque præsentes coràm nobis investimus per præsentes de præmissis; cedentes nomine quo suprà dictis quinque scholaribus actionem contrà quascumque personas ratione successorum. Tenor verò hujus testamenti talis est : UNIVERSIS præsentes litteras inspecturis, officialis curiæ Parisiensis, salutem in Domino. Notum facimus quòd coràm Dionysio dicto de domo Dei, Britone, & Laurentio *Boschier* clericis Parisiensis curiæ notariis, juratis nostris, quibus quantùm ad infrascripta audienda & nobis fideliter referenda commisimus & tenore præsentium committimus vices nostras, & quibus etiam in hiis & majoribus fidem plenariam adhibemus, propter hoc personaliter constitutus Galeranus Nicolai Brito, clericus, bonæ memoriæ & sanus mente, ut primâ facie apparebat, attendens & considerans quòd nihil est morte certius & nihil incertius horâ mortis, ob hoc non immeritò cogitans de supremis, volens & cupiens de bonis & rebus suis sibi à Deo collatis disponere, causâ suæ ultimæ voluntatis testamentum fecit, condidit &

Tome II.

An. 1317.

ordinavit ob remedium animæ suæ & salutem, prout inferiùs continetur. Et primò voluit & præcepit quòd omnia debita & forefacta sua, prout apparebunt seu probabilia videbuntur executoribus suis inferiùs nominandis, super quo vult stare ordinationi ipsorum, eorum in hoc conscientias onerando, integrè restituantur, emendentur & penitùs persolvantur. Deindè & legavit animo testandi ecclesiæ de Monte-rubeo*, ordinis sancti Guillelmi prope viam per quam itur de Parisius ad Balneolum*, decem libras annui & perpetui redditûs habendi & percipiendi à priore & fratribus dicti ordinis in perpetuum, super domo dicti Galerani & super ejus pertinentiis in Gravia Parisiensi situatis, ad opus trium missarum celebrandarum perpetuò ter in septimana ad minus, in ecclesia ipsorum de Monte-rubeo, aut in eorum ecclesia Parisf. quæ consuevit vulgariter vocari ad Albos-mantellos*. *Item*, legavit magnæ domui-Dei Parisiensi prope ecclesiam beatæ Mariæ Parisiensis quadraginta solidos annui & perpetui redditûs, ad opus sui anniversarii in dicta domo-Dei anno quolibet faciendi, & eâ intentione ut sit particeps omnium bonorum spiritualium quæ fient ibidem, & suum lectum meliorem & benè firmatum. *Item*, legavit ecclesiæ sancti Nicolai Parisiensis de Campis, suæ ecclesiæ parochiali, quadraginta solidos annui & perpetui reddituûs, ad opus sui anniversarii in dicta ecclesia perpetuò faciendi solemniter, volens & præcipiens dictus testator quòd dictæ quatuor libræ annui redditus, legatæ ab eo dictis locis, possideantur, habeantur & percipiantur super domo sua & ejus pertinentiis ad Petram*, lactis Parisius situatâ. *Item*, cuilibet capellano ecclesiæ sancti Nicolai prædicti quinque solidos parisf. semel. *Item*, cuilibet clerico dictæ ecclesiæ duos solidos. *Item*, fabricæ dictæ ecclesiæ quadraginta solidos. *Item*, legavit priori & conventui sanctæ Catharinæ de Valle-scholarium* Parisf. centum solidos. *Item*, fratribus ordinis Prædicatorum Parisf. quadraginta solidos. *Item*, fratribus Minoribus & fratribus S. Augustini Parisiensibus, cuilibet conventui eorumdem, quadraginta solidos. *Item*, fratribus sancti Mathurini Parisf. quadraginta solidos. *Item*, fratribus beatæ Mariæ de Monte-Carmeli, decem solidos. *Item*, fratribus sanctæ Crucis*, viginti solidos. *Item*, fratribus in vico Jardinorum*, quinque solidos. *Item*, congregationi pauperum cæcorum* Parisf. centum solidos. *Item*, pauperibus scholaribus

* Montrouge proche Paris.
* Bagnolet.

* Blancs-manteaux.

* La pierre au-laict proche S. Jacques de la Boucherie.

* Sainte Catherine de la Couture.

* Sainte Croix de la Bretonnerie.
* Les Carmes des Billettes.
* Les Quinze-vingts.

Qqq ij

sancti Honorati* Parisiensis, viginti solidos. *Item*, Bonis-pueris* commorantibus juxtâ portam sancti Victoris Parisiensis, quadraginta solidos. *Item*, legavit Jacquelinæ dictæ *la Gantiere*, uxori Mahioti quondàm hostiarii defuncti domini quondàm Cathalaunensis episcopi, intuitu pietatis & eleemosynæ, centum solidos paris. annui redditûs, quamdiù vixerit tantummodò, percipiendos ab eâ super redditibus suis; tali conditione adjectâ, quòd ipsa Jacquelina non possit vendere, distrahere, vel alienare, per se vel per alium, prædictos centum solidos parisienses, nec extrà manum suam ponere; & si secùs fecerit, quòd dicti centum solidi revertantur ad illos ad quos residuum omnium bonorum suorum deveniet seu revertetur, prout est in testamento inferiùs ordinatum. *Item*, legavit congregationi cæcorum Parisiensium quinquaginta solidos parisienses annui & perpetui redditûs, habendos & percipiendos super redditibus & censibus suis in censiva domini regis situatis, unà cum legato eisdem superiùs fundato. Deindè voluit & præcepit dictus testator, quòd solutis debitis & legatis, & forefactis suis restitutis & penitùs emendatis, prout suis executoribus apparuerit vel eis videbitur faciendum juxtà eorum conscientias, infrà annum à tempore obitûs ipsius testatoris, totum residuum omnium bonorum suorum quorumcumque, ubicumque fuerint, & in quibuscumque rebus & bonis mobilibus & immobilibus poterunt inveniri, dividantur per executores suos inferiùs nominandos, in tres partes: scilicet quòd Radulphus Nicolai ejusdem testatoris frater, ac ejus nepotes ac neptes, habeant & possideant tertiam partem dicti residui: in qua quidem parte voluit & præcepit, quòd frater suus prædictus habeat & percipiat tantùm, quantùm duo nepotes vel neptes ipsius testatoris habebunt, & in residuum hujus partis dicti nepotes & neptes penitùs sint æquales, scilicet quòd ipsorum quilibet æqualem portionem consequatur. *Item*, legavit aliam tertiam partem dicti residui omnium bonorum suorum prædictorum, pauperibus scholaribus Parisiensibus, de partibus suis oriundis, eisdem distribuendam per ejus executores infràscriptos. *Item*, legavit aliam tertiam partem hujusmodi residui, pauperibus in villa Parisiensi & ejus banleuca distribuendam, prout suis executoribus & eorum conscientiæ meliùs videbitur expedire. Ad quæ omnia & singula in hujusmodi testamento contenta, exequenda & fideliter adim-

plenda, seu executioni debitè demandanda, dictus testator fecit & constituit executores suos dilectos suos religiosum virum & honestum fratrem Stephanum de Lessivis priorem fratrum ordinis sancti Guillelmi conventûs Parisiensis, venerabiles & discretos viros dominum Guillelmum de Yginaco eleemosynarium domini regis, & dominum Guillelmum rectorem ecclesiæ *de Plaire*, Trecensis diœcesis; ità tamen quòd si omnes ipsi tres præmissis exequendis noluerint aut non potuerint insimul interesse, duo eorum præmissa omnia & singula nihilominùs exequantur, tertii coexequutoris absentiâ non obstante; & si præfati duo executores noluerint aut non potuerint vacare insimul, quòd ille qui non vacaverit circà expeditiones hujus testamenti, possit alium virum loco sui substituere seu etiam subrogare, qui in præmissis tanquàm ille substituens seu subrogans consimilem habeat potestatem. *Item*, voluit & præcepit dictus testator, quòd si aliquis vel aliqui fratrum, nepotum neptumve ipsius testatoris, impediat seu impediant, vel impedire nitatur seu nitantur suam ultimam voluntatem in aliquo, aut contrà hujusmodi testamentum aliquid faciat aut attentet, faciantve aut attentent quoquomodo, quòd privetur seu priventur omni legato sibi in hujusmodi testamento facto & omni successione seu caduco quæ possent ei vel eis obvenire quâcumque de causâ ex persona dicti testatoris, & legatum sibi factum domui-Dei Parisiensi & aliis pauperibus religiosis Parisiensibus per executores suos vult fideliter erogari. *Item*, voluit & præcepit quòd si aliqua ambiguitas seu obscuritas reperiatur aut oriatur in præsenti testamento, quòd hujusmodi ambiguitas seu obscuritas aut contrarietas quæcumque sit, interpretetur, terminetur & decidatur, secundùm interpretationem seu declarationem executorum suorum; & totum committit dictus testator ordinationi & declarationi eorum vel duorum ipsorum. Et elegit ac eligit dictus testator sepulturam suam apud ecclesiam dictorum fratrum ordinis sancti Guillelmi Parisiensis, ità quòd erogentur pauperibus ibi eleemosynæ in die sui obitûs, & fiant exequiæ suæ & luminare suum, prout ipsi executores sui meliùs viderint expedire. Et tradidit ex nunc præfatis executoribus suis possessionem & saisinam omnium bonorum suorum quorumcumque; inhibens & præcipiens dictus testator, ne ipsi executores sui, cogantur seu compellantur ab aliquo ad reddendum compotum seu rationem

*S. Nicolas du Louvre.
*Le college des Bons-Enfans.

JUSTIFICATIVES. 493

de negotiatione hujusmodi testamenti, seu de administratione bonorum ejusdem testatoris, donec quadriennium à tempore sui obitûs fuerit integrè adimpletum; & reddito etiam compoto voluit nihilominùs & præcepit, quòd ipsi executores sui intromittant se, omnibus personis aliis exclusis & omissis, de administratione omnium bonorum ..... testamenti, & quòd legata sub conditione facta & alia bona sua præcipua sint in manu, ordinatione, dispositione seu potestate executorum suorum, vel duorum eorumdem, quâlibet consuetudine contrariâ non obstante. Volens insuper & præcipiens quòd hujusmodi testamentum valeat meliori modo quo de jure poterit & debebit, seu jure saltem codicillorum, seu jure cujuslibet ultimæ voluntatis. Et hæc omnia & singula supradicta facta & concordata fuerunt ab ipso testatore, coràm præfatis clericis juratis nostris, præsente adhuc prædicto priore ordinis sancti Guillelmi, fratre Johanne de Parisius dicti ordinis, Johanne dicto *le Ferron*, testibus ad hoc vocatis specialiter & rogatis, prout hæc omnia & singula dicti jurati nostri nobis fideliter & concorditer retulerunt oraculo vivæ vocis; ad quorum relationem in testimonium præmissorum, sigillum curiæ Parisiensis præsentibus litteris duximus apponendum. Datum anno Domini M. CCC. XVII. die Lunæ antè festum Ascensionis ejusdem. ITEM tenor substitutionis & subrogationis dicti domini Guillelmi de Garchiis talis est: UNIVERSIS præsentes litteras inspecturis, officialis curiæ Parisiensis, salutem in Domino. Notum facimus quòd coràm Laurentio dicto *Boschié* & Henrico dicto *Vitart* clericis, curiæ Parisiensis notariis juratis, quibus quantùm ad infrascripta audienda & nobis fideliter referenda tenore præsentium commisimus & committimus vices nostras, & quibus in hiis & majoribus fidem indubiam adhibemus, personaliter constitutus vir venerabilis & discretus dominus Guillelmus curatus ecclesiæ *de Plaire*, Trecensis diœcesis, executor testamenti seu ultimæ voluntatis defuncti magistri Galerani Nicolai Britonis, unà cum quibusdam aliis ..... dilectum suum dominum Guillelmum de Garchiis presbyterum, exhibitorem præsentium, suum fecit & constituit & etiam subrogavit executorem seu procuratorem substitutum ac etiam subrogatum in omnibus & singulis causis & negotiis testamenti supradicti, quotiescumque ipse dominus Guillelmus negotiis testamenti dicti defuncti non potuerit interesse; dans & concedens dictus dominus Guillelmus eidem domino Guillelmo de Garchiis omnimodam potestatem sibi in dicto testamento ab eodem defuncto concessam, quousque præmissa voluerit & sibi placuerit revocare. Hæc omnia & singula acta fuerunt coràm dictis juratis nostris, prout ipsi jurati nostri nobis concorditer retulerunt oraculo vivæ vocis; ad quorum relationem & in testimonium præmissorum sigillum curiæ Parisiensis præsentibus litteris duximus apponendum. Datum anno Domini M. CCC. XVII. die Veneris post festum beatæ Luciæ virginis. IN QUORUM omnium testimonium sigilla nostra, unà cum signo & subscriptione notarii publici infrascripti præsentibus litteris duximus apponenda. Datum anno Domini M. CCC. XXI. die Mercurii post festum beati Andreæ apostoli. Ego Gauffridus de Alneto clericus Corisopitensis diœcesis, apostolicâ & imperiali authoritate notarius publicus, præmissis omnibus & singulis, prout superiùs scripta sunt, unà cum infrascriptis testibus præsens interfui, & ea publicando scribi de mandato prædictorum executorum feci, hîc me subscripsi, & unà cum sigillis executorum eorumdem signum meum rogatus apposui consuetum. Datum sub anno & die prædictis, indictione v. pontificatûs sanctissimi patris & domini nostri domini Joannis divinâ providentiâ papæ XXII. anno vi. præsentibus dominis Petro Fabri & Joanne Brunelli presbyteris, Guillelmo dicto Castriæ & Joanne *Lestrier* clericis, curiæ Parisiensis notariis, Guillelmo Canivedi clerico & Stephano Furnerio de Monte-martyrum & quibusdam aliis testibus ad hoc vocatis specialiter & rogatis. TRANSCRIPTUM nos hujusmodi litterarum sub sigillo curiæ Parisiensis fieri fecimus, cujuslibet jure salvo. Datum anno Domini & die Jovis prædictis. *Au dessous est écrit:* Collationné à son original en parchemin; ce fait, rendu par les notaires du roy au Chastelet de Paris soubsignez, ce XII. Juillet M. DC. LXXII. *Signé* LANGLOIS & VINCENT. *Tiré du cartulaire du college de Cornoüaille.*

Acte portant que les seuls originaires du diocese de Cornoüaille pourront estre admis aux bourses du college de ce nom.

UNIVERSIS præsentes litteras inspecturis, frater Stephanus de Lessivis prior quondam ordinis sancti Guillelmi in conventu fratrum Parisiensium, venerabilis & discretus vir dominus Guil-

Qqq iij

lelmus de Yginaco domini regis Franciæ eleemosynarius, executores unà cum venerabili viro domino Guillelmo de Manciaco quondàm rectore Ecclesiæ de *Plaire* Trecensis diœcesis, testamenti seu ultimæ voluntatis defuncti magistri Galerani Nicolai Britonis, clerici Corisopitensis diœcesis, & dominus Guillelmus de Garchiis presbyter, executor unà cum prædictis fratre Stephano & domino Guillelmo de Yginaco, substitutus & subrogatus à dicto quondàm rectore, virtute potestatis sibi à dicto defuncto in dicto suo testamento traditæ, salutem in Domino. Notum facimus quòd cùm nos authoritate nobis à dicto defuncto in dicto suo testamento concessâ, & sequendo ipsius voluntatem, quosdam redditus & hæreditates ad usum & sustentationem aliquorum pauperum scholarium studentium assignaverimus & deputaverimus, nomine executionis prædictæ; nos ad utilitatem & tranquillitatem dictorum scholarium ordinamus quæ sequuntur. Et primò cùm dictus testator in dicto suo testamento voluerit & præceperit quòd si aliqua ambiguitas aut obscuritas oriretur in dicto testamento ratione cujuscumque clausulæ, per nos aut per nostrûm duos terminaretur ac etiam interpretatetur; nos verò attendentes & considerantes obscuritatem & ambiguitatem cujusdam clausulæ in dicto testamento contentæ, quæ sic incipit: *Item legavit tertiam partem residui bonorum suorum pauperibus scholaribus, de partibus suis oriundis, &c.* non obstante quâcumque interpretatione aliàs per nos factâ, per quam prædicta ambiguitas seu obscuritas non omninò tollebatur, immò in æquali dubio & ambiguitate locus remanebat, sicut postmodum diligentiùs inquirentibus apparuit manifestè: igitur voluntatem dicti testatoris, ut credimus, assequentes, juxtà potestatem nobis ab ipso traditam & concessam, cui nondùm renuntiavimus, sed potius eam retinuimus, prout in littera fundationis dictorum scholarium continetur expressè, dictam clausulam adhuc declaramus & interpretamur in hunc modum: statuentes & ordinantes quòd de cætero nullus ad bursas per nos dictis scholaribus ordinatas, percipiendas admittatur seu recipiatur, nisi de diœcesi Corisopitensi fuerit oriundus, de quâ diœcesi dictus testator oriundus fuisse cognoscitur. In casu tamen in quo nullus de dicta diœcesi reperiretur scholaris, quod absit, statuimus quòd de propinquioribus dictæ diœcesis semper recipiantur. Item, statuimus quòd nullus habeat bursam, si præsens cum aliis non fuerit, & quòd bursæ absentium serventur & in utilitate communi ponantur, prout meliùs videbitur expedire. *Item*, ordinamus & constituimus circa comestionem, quòd in principio comestionis fiat benedictio mensæ per principalem, vel per alium sociorum, & quòd in fine ejusdem reddant dicti scholares magnas gratias, cum memoria defunctorum & oratione speciali pro anima testatoris. In quorum omnium testimonium sigilla nostra præsentibus litteris duximus apponenda. Datum anno Domini M. CCC. XXI. die Sabbati post festum beati Andreæ apostoli. *Au dessous est écrit*: Collationné à son original en parchemin; ce fait, rendu par les notaires du roy au Chastelet de Paris soubsignez, ce XII. Juillet M. DC. LXXII. *Signé* VINCENT & LANGLOIS. *Ibidem*.

STATUTS DU COLLEGE de Cornoüaille, *confirmez par* Aimery *évesque de Paris.*

AN. 1380.

UNIVERSIS præsentes litteras inspecturis, Aymericus Dei gratiâ Parisiensis episcopus, salutem in Domino sempiternam. Pia ac laudabilia proposita venerabilium & discretorum virorum, videlicèt magistri Galerani dicti de Gravia, de diœcesi Corisopitensi in Britannia minori oriundi, & quondàm habitatoris Parisiensis; qui volens temporalia mutare in æterna, in suo testamento ultimaque voluntate voluit & ordinavit, quòd super tertia parte bonorum suorum immobilium quæ tempore mortis suæ habebat & possidebat in civitate Parisiensi & locis vicinis, quinque pauperes scholares perpetui de dicta diœcesi oriundi, per episcopum Parisiensem qui tunc erit, & suos successores perpetuò ac successivè assumerentur, instituerentur & crearentur; ita quòd institutio & destitutio locorum, & & bursarum collatio, quoties locus & bursæ vacarent, ad episcopum Parisiensem qui esset pro tempore, solùm & in solidum & pleno jure spectaret & pertineret; voluitque & ordinavit testator antedictus, quòd quilibet ipsorum scholarium haberet & perciperet quâlibet hebdomadâ quatuor solidos parisienses, pro eorum aliquali in studio Parisiis sustentatione & onerum ipsius studii supportatione; nec non magistri Joannis *de Guistry* de dicta etiam diœcesi oriundi, in artibus & medicina magistri, ac, dum vivebat, ecclesiarum Parisiensis, Nannetensis & Corisopitensis canonici; qui volens etiam temporalia commutare in æterna, ob remedium animæ suæ, parentum suorum & benefactorum,

JUSTIFICATIVES.

nefactorum, in suo etiam voluit & ordinavit testamento & ultimâ voluntate, quòd super redditu amortizato cujusdam decimæ & aliorum reddituum & jurium quæ de bonis à Deo sibi collatis justo & legitimo titulo emptionis habuit & acquisivit in certa parte Normanniæ, videlicèt in Caleto, in villa, territorio & parrochia *de Fresles* & pertinentiarum ejusdem, Rothomagensis diœcesis, & super etiam certis aliis redditibus amortizatis quos tempore mortis suæ habebat & possidebat in civitate Paris. & quibusdam locis circumvicinis, & in comitatu Drocarum *, ex justis & legitimis titulis, quatuor alii pauperes scholares, de dictâ diœcesi oriundi, per nos & successores nostros instituerentur, crearentur & fundarentur, &, si casus requireret, destituerentur, ut de aliis est superiùs expressum, quorum etiam quilibet in qualibet hebdomada quatuor scilicèt solidos parisienses perciperet & haberet, adjungerenturque & unirentur cum quinque primis prædictis in uno collegio atque una domo; quam quidem domum ipse magister Joannes ad usum & utilitatem omnium ipsorum scholarium de bonis suis propriis emit & acquisivit, dum vivebat, sitam Parisiis in vico Plastri, exitum & introitum habentem in vico Galandiæ, ex opposito vici Straminum *; inter quos quidem quatuor scholares unus assumeretur qui ante receptionem suam inter ipsos scholares esset actu in sacerdotio constitutus, qui in certis diebus pro remedio animarum prædictorum fundatorum haberet & deberet certas missas celebrare, & ut alii in divinis deservire; qui tamen scholaris, licèt sacerdos, nihil tamen authoritatis aut perpetuationis haberet ultrà alios scholares, sed eodem modo & formâ & ex eisdem causis ex quibus cæteri scholares essent ipso facto & loco & bursis privati, vel per superiorem privandi, & iste scholaris esset etiam loco & bursis privatus, vel per superiorem privandus in casibus sententiam vel privationem requirentibus, nullam quoad hoc inter ipsum scholarem sacerdotem & cæteros scholares differentiam faciendo : nihilque haberet nomine beneficii ecclesiastici, sed ut purus scholaris reciperet singulis hebdomadis ea quæ essent pro ipso ordinata, per manum communis receptoris; quique etiam teneretur frequentare studium juris canonici vel divini, & in eis gradum facere & acquirere infrà tempora statuta, sicut & cæteri scholares; in Domino quàmplurimùm commendantes: prædictas ordinationes, dispositiones &

* Dreux.

* La rüe du Feüarre.

(1380.

voluntates præfatorum testatorum, laudamus, approbamus & ratificamus & authorisamus, statuentes, ordinantes & decernentes prædictos quinque & prædictos quatuor scholares de cætero & perpetuis temporibus fore per nos & successores nostros assumendos de dictâ diœcesi Corisopitensi, & de nulla alia diœcesi, terra, fine, provincia, prout præfati testatores voluerunt & ordinaverunt, & prout hactenùs extitit per nos & prædecessores nostros in præmissis quinque scholaribus primis usque ad hæc tempora inviolabiliter observatum. Nobis tamen & nostris successoribus examinationem, approbationem, institutionem, destitutionem, depositionem, dispositionem & correctionem & omnimodam disciplinam omnium prædictorum scholarium specialiter & expressè reservamus per præsentes, salvis tamen & in robore manentibus certis statutis & ordinationibus infrascriptis, circà regimen, gubernationem, disciplinam & aliqualem correctionem ipsorum scholarium per receptorem magistrum .... compositis & continuatis, approbatis, ratificatis & confirmatis. Verùm quia executores præfati magistri Joannis nobis in veritate affirmarunt, quòd ipse magister Joannes nonnullos alios redditus amortizatos tempore sui decessûs Parisiis & alibi possidebat & habebat, quos ad fundationem dictorum quatuor scholarium non reliquerat seu ordinaverat, sed in dispositione, ordinatione & arbitrio ipsorum executorum posuerat & reliquerat, ipsique executores intendebant & volebant, ut dicebant, omnes ipsos redditus ubicumque existentes ad augmentationem, incrementum & utilitatem ipsorum scholarium relinquere, concedere atque dare, & in ipsos scholares quoad jus realiter & de facto transferre ; & nobis humiliter supplicarunt ut ad hunc numerum quatuor prædictorum scholarium unum alium scholarem de dictâ diœcesi oriundum & assumendum vellemus adjungere & addere, quem isti executores possent pro istâ primâ vice eligere, & nobis instituendum præsentare, & qui similem bursam seu summam in singulis hebdomadis cum aliis scholaribus perciperet & haberet, ut sic esset omnium ipsorum scholarium numerus par & perfectus; quod nos attendentes hoc esse pium & laudabile, eis concessimus, gratiosè volentes & ordinantes addi & adjungi ad ipsos quatuor scholares unum alium scholarem de dictâ diœcesi, sicut & cæteri scholares, etiam oriundum & futuris temporibus assumendum, qui similem bursam seu summam habeat & percipiat singulis hebdomadis, sicut unus ex ipsis quatuor antedictis; ut sic tam ex primis quinque scholaribus à præfato magistro Galerano ordinatis, fundatis & dotatis, quàm ex quinque aliis à prædicto magistro Joanne & executoribus ejus fundatis, dotatis & ordinatis, insurgat, efficiatur & constituatur unum collegium, una societas & unum corpus decem scholarium in una habitatione & una domo, & in ea insimul manentium & degentium. Quam societatem & quod collegium seu corpus decem scholarium insimul & in eadem domo de cætero manentium & degentium, nos authoritate nostrâ ordinariâ constituimus, facimus, ordinamus & creamus perpetuis temporibus nomen collegii & corporis habiturum, quod amodò seu de cætero vocabitur, denominabitur & intitulabitur collegium scholarium Corisopitensium. Damusque & concedimus ipsi collegio & personis in eo pro tempore constitutis, plenariam potestatem, licentiam & authoritatem agendi, defendendi, conveniendi & recipiendi quæcumque bona nunc & in futurum ad eos spectantia, seu eis debita, quittandi & litteras quittatorias dandi & concedendi de iis quæ ipsi recipient, & alia omnia faciendi quæ cætera collegia scholarium Parisiis fundatorum possent de consuetudine facere vel de jure. Volumusque & ordinamus quòd omnes prædicti decem scholares insimul habitent & maneant, in domo videlicet de qua est facta mentio superiùs; quódque omnes eorum redditus tam quinque primò, quàm quinque secundò fundatorum, communicentur, uniantur & insimul per unum ipsorum vel etiam alium recipiantur, colligantur, teneantur, & inter ipsos decem prædictos per ipsum procuratorem, receptorem, seu reddituum ipsorum scholarium collectorem, fideliter, prout superiùs & inferiùs exprimitur, singulis hebdomadis dividantur & distribuantur, prout ipse Joannes certus de diminutione reddituum ipsorum quinque primò fundatorum expressè voluit & ordinavit, prout executoribus suis vivâ voce pluriès explicavit, qui numerum dictorum quinque primò scholarium voluit & affectavit non solùm in numero, sed etiam in redditibus & multis aliis bonis mobilibus, utpotè pluribus libris & ornamentis ecclesiasticis, ampliare, relevare & dotare, prout de facto adimplevit & ad effectum perduxit, ut nos de hoc fuimus veraciter informati. Præfato autem collegio, societati & corpori antedictorum decem scholarium, ut præfertur, per nos instituto & creato, & personis in eodem nunc & in futurum manentibus, damus & concedimus pro omnibus futuris temporibus, per præsentes nostras litteras, authoritate nostrâ ordinariâ, ex nostra certa scientia & de nostra speciali gratia, licentiam, authoritatem, facultatem ac potestatem celebrandi altâ voce & cum nota missas, & alia divina officia diurna pariter & nocturna, & celebrare faciendi in capella nunc in dicta domo ad divina officia & ad nullum alium usum deputatâ & ordinatâ, seu in futurum deputandâ & ordinandâ, sine alia speciali licentia à nobis vel à successoribus nostris super hoc de cætero impetranda; jure tamen parrochialis ecclesiæ semper salvo; non obstantibus quibuscumque revocationibus per nos vel successores nostros Parisienses episcopos in nostris & eorum synodis in posterum faciendis.

Sequuntur autem statuta & ordinationes quæ & quas prædicti magister & scholares & eorum successores debebunt & tenebuntur observare, eaque & eas volumus ad præsentem nostram institutionem specialiter & expressè adjungi, apponi & annecti, & sub magno sigillo nostro ad perpetuam eorum memoriam & corroborationem includi & sigillari, quorum & quarum tenor sequitur in hunc modum : HÆC SUNT STATUTA & constitutiones quæ & quas magister & scholares collegii Corisopitensis quondàm per defunctum magistrum Galeranum Nicolai dictum de Gravia, quondàm habitatorem Parisiensem, de diœcesi Corisopitensi in Britannia minori oriundum, Parisiis fundati, & de novo, videlicèt anno Domini M. CCC. LXXX. per venerabilem & discretum virum magistrum Joannem *de Guistry* dictæ etiam Corisopitensis diœcesis oriundum, & canonicum ecclesiarum Parisiensis, Nannetensis & Corisopitensis, in melius reformati & in unum congregati, & in numero personarum & etiam in emolumento bursarum aucti & augmentati, ac eorum successores perpetuis temporibus inviolabiliter observare tenebuntur, aliqua vel aliquas per juramenta, & alia seu alias sub pœnis infrascriptis. Quæ statuta & constitutiones confirmata & confirmatæ fuerunt & sunt, ut infrà sequitur, per reverendum in Christo patrem & dominum dominum Aymericum Dei gratiâ Parisiensem episcopum, provisorem & superiorem cum suis successoribus, ex ordinatione prædictorum fundatorum, ipsorum
scholarium,

scholarium & hoc prædicto anno M. CCC. LXXX.

Et primò supplicant fundatores & executores eorum prædicto reverendo in Christo patri ac domino domino Parisiensi episcopo qui nunc est, & successoribus suis qui pro tempore erunt, ad quos voluerunt fundatores & volunt executores pertinere & spectare collationem & institutionem magistri & scholarium prædictorum, quòd nullum admittant ad locum & bursas inter dictos scholares, nisi sit de dicta diœcesi Corisopitensi oriundus, prout voluerunt ipsi fundatores, & nisi sit habilis ad proficiendum, & primò examinatus & idoneus repertus, tali audimus idoneitate, quòd sit tonsuratus & benè sciat legere, & si indigeat grammaticam continuare & in ea proficere, in ea studeat per tres annos continuos, & non ultrà; & si in illis tribus annis non profecerit in ipsa grammatica, taliter quòd debeat reputari aptus & sufficiens ad audiendas alias scientias, (nisi fuerit impeditus per infirmitatem vel corporis detentionem, ut de aliis inferiùs dicetur) lapso triennio, loco & bursis ex toto ipso facto sit privatus, & à domo & à communitate aliorum expellatur, & alius loco ipsius per provisorem instituatur.

Si verò aliquis juvenis inter ipsos scholares ab initio cum modica litteratura receptus fuerit, & in grammatica sua per dictum triennium benè profecerit, vel etiam aliquis alius, qui ante receptionem suam inter ipsos scholares erit in sua grammatica sufficienter instructus, velit in artibus & philosophia studere, studium taliter & ita continuet diligenter, quòd infrà quinquennium ad tardius licentiam in artibus apud examen cancellarii ecclesiæ Parisiensis obtineat ; alioquin lapso quinquennio prædicto, nisi per infirmitatem vel detentionem corporis se valeat coràm provisore excusare, tunc loco & bursis ex toto ipso facto sit privatus, & à communitate expellatur, & alius in ejus loco subrogetur ; si verò infirmitas vel corporis detentio ipsum impediverit, tantùm restituatur sibi de tempore ad prædictum gradum obtinendum, per quantum tempus fuerit impeditus.

Si autem aliquis sufficienter instructus in logica & philosophia, ad audiendam medicinam vel theologiam in aliqua ipsarum scientiarum incœperit studere, nisi infrà tempus, in quo secundùm statuta ipsarum duarum facultatum quis potest gradum magisterii sibi acquirere, prædictos gradus sibi acquirat, lapso tempore ipsorum statutorum (quod tempus formaliter requisitum sciri poterit per decanos ipsarum facultatum) loco & bursis privetur, & alius loco ejus instituatur, nisi, ut dictum est priùs , infirmitas vel corporis detentio ipsum impediverit , & tunc fiat sibi restitutio temporis, prout superiùs est expressum..

Ille verò qui aptus ad audienda jura canonica, ut potè in grammatica, in logica & philosophia, vel fortè in sola grammatica sufficienter instructus, jura canonica audire incœperit , nisi etiam infrà tempora in statutis ipsius facultatis expressa gradum baccalaureatûs & licentiæ obtinuerit , sit & fiat de ipso , sicut de aliis superiùs est expressum.

Cùm verò aliquis acquisierit licentiam in artibus , nisi infrà annum se ad aliam scientiam transferat , sit privatus ipso facto loco & bursis , & alius loco ipsius subrogetur. Et cùm quis magisterium in medicina, vel licentiam in jure canonico obtinuerit, post unum annum integrum sit privatus loco & bursis ipso facto, & in loco ipsius alius instituatur. Non autem sic fiat de paupere magistro in theologia, qui nullam habet practicam, sicut medici & juristæ habent, donec in reditibus habuerit summam quadraginta librarum turonensium Parisiis apportatam. Et contrà illud statutum vel aliquam ejus clausulam nulli fiat per provisorem gratia vel dispensatio, ut per hoc possint de dicta diœcesi Corisopitensi viri litterati multiplicari. Et circà observationem hujus statuti & ordinationis placeat domino provisori & ejus successoribus exactam diligentiam exhibere, & semel in anno per se vel per alium de veritate & observantia hujus statuti diligenter inquirere.

Item, tenebuntur omnes in simul manere & residere, videlicèt in prædicta domo jam eis assignata. & tradita per prædictum magistrum Joannem *de Guistry*, sita in vico Plastri, quæ, ut dictum est, exirum habet ad vicum Straminis. Et idcircò nullus poterit obtinere alias bursas residentiam requirentes cum istis ; & si contrarium eveniret, scilicèt quòd aliquis obtinuerit istas bursas residentiam requirentes, vel si quis sit qui de præsenti istas & alias obtineat, postquàm fuerit per magistrum solemniter coràm testibus requisitus, quam requisitionem magister infrà octo dies postquàm hoc sciverit , tenebitur per juramentum suum facere, eligere quas maluerit, & electione factà aliæ planè vacabunt ; & si infrà dictos quindecim dies non elegerit, erit iftis burfis privatus, & alius loco ipfius poterit inftitui. Illis autem qui noluerint manere in communitate cum aliis, nihil miniftretur pro burfis, & burfæ eorum feu emolumenta earum in arca communi ponantur ad utilitatem domûs & fuftentationem & ejus onera fupportanda; & idem fiat de burfis abfentium, fi aliqui fe abfentent ex aliqua caufa rationabili extrà villam Parifienfem, fortè ad partes fuas vel alibi. Illi autem qui erunt præfentes Parifiis, nifi infrà menfem redeant ad manendum & convivendum cum aliis in domo communi, fint, lapfo menfe, ipfo facto loco & burfis privati, & alii loco ipforum inftituantur; nifi fortè propter infirmitatem maneant extrà domum communem penès amicum, & hoc de licentia magiftri, & magifter de licentia proviforis, & tunc eis miniftrentur burfæ durante eorum infirmitate, ac fi manerent in domo communi.

Inter illos prædictos fcholares erit etiam unus fcholaris fæcularis, non religiofus, qui ante receptionem fuam inter ipfos erit actu facerdos, de dicta diœcefi Corifopitenfi oriundus, ficut & cæteri omnes fcholares de dicta diœcefi, & de nulla alia affumi debeat, ut eft dictum; quem fcholarem facerdotem ipfi magifter & fratres fcholares, vel eorum major pars eligent, & domino Parifienfi epifcopo eorum proviſori confirmandum & inftituendum præfentabunt; quique fcholaris facerdos nihil nomine beneficii ecclefiaftici recipiet vel habebit, fed ut purus fcholaris recipiet fingulis hebdomadis ea quæ fibi debebuntur per manum receptoris communis, & qui etiam tenebitur fub pœnis contrà alios fcholares ftatutis frequentare juris canonici vel divini ftudium, & in eo gradum acquirere infrà tempora ftatuta, ficut de aliis fcholaribus fuperiùs eft expreffum. Ex omnibus caufis ex quibus cæteri fcholares erunt ipfo facto loco & burfis privati, vel per nos & eorum fuperiorem, juxtà ordinationes & ftatuta fuper his editas & edita, & per nos confirmatas & confirmata, privandi, erit & ipfe fcholaris facerdos ipfo facto loco & burfis privatus, vel per nos & eorum fuperiorem privandus, in cafibus fententiam vel hominis privationem requirentibus, nullam quoad hoc inter ipfum fcholarem facerdotem & cæteros fcholares differentiam faciendo. Habebitque & percipiet per manum receptoris feu collectoris communis prædictus fcholaris facerdos, in remunerationem majoris laboris quem ipfum fubire circà divinum officium opportebit, duos folidos parifienfes, unà cum prædictis quatuor folidis, & recipiet fingulis hebdomadis fex folidos parifienfes. Et eâdem ratione, fcilicèt in remunerationem majorum laborum fuorum, magifter ipforum fcholarium habebit etiam & percipiet fingulis hebdomadis fex folidos parifienfes. Et eâdem ratione tantumdem etiam habebit & percipiet fingulis hebdomadis, fcilicèt fex folidos parifienfes, procurator feu receptor redituum, obventionum & proventuum ipforum fcholarium. Cæterorum autem fcholarium quilibet habebit & percipiet fingulis hebdomadis quatuor folidos parifienfes tantummodo, prout fuperiùs eft expreffum.

Item, tenebuntur prædicti magifter & fcholares, & prædictus fcholaris facerdos, in omnibus diebus fabbathinis cantare feu dicere vefperas & completorium, ad ufum ecclefiæ Parifienfis, altâ voce & cum nota, & ob hoc quilibet fcholaris tenebitur fcire & addifcere plenum cantum, fub pœna privationis loci & burfarum, infrà annum poftquàm domum intraverit; & idem eft renendum & ftatuendum de his qui nunc funt in domo jam recepti, ut fcilicèt infrà annum à tempore publicationis horum ftatutorum, teneantur fcire cantum plenum fub pæna fupradicta; & poft completorium cantabunt unam antiphonam de beata Maria Virgine, cum oratione confueta fecundùm tempus; & in fequenti Dominica dicere matutinas & miffam ad ufum prædictum, & cum nota, & tali horâ quâ fcholares poft miffam ire poterunt ad fermonem; & in die etiam Dominica tenebuntur dicere vefperas & completorium, & officium mortuorum cum novem pfalmis & novem lectionibus & novem refponforiis, ad ufum prædictum fcilicet Parifienfem, ufque ad laudes; & in fequenti die Lunæ immediatè poft primam beatæ Mariæ, celebrabunt cum nota miffam de defunctis, pro animabus fundatorum fuorum, & aliorum benefactorum fuorum, priùs tamen laudibus cantatis, quæ nocte præcedente dictæ non fuerunt.

Tenebuntur etiam prædicti magifter & fcholares & fcholaris facerdos primas & fecundas vefperas dicere folemniter & cum nota, & etiam completorium, in feftis præcipuis totius anni, & matutinas & miffam etiam cum nota in die fequenti, & bonâ horâ matutinali, ut jam dictum eft, videlicèt in fefto nativitatis Dominicæ & per octavas, in fefto Epiphaniæ, in fefto Pafchæ

Paschæ & per tres dies sequentes, in Ascensione, in festo Pentecostes & per duos dies sequentes, in festo corporis Christi, in omnibus festis beatæ virginis Mariæ, in festis beati Joannis Baptistæ, omnium apostolorum, beati Nicolai, beatæ Catharinæ, in festis beati Corentini quæ sunt XII. Decembris & 1. die mensis Maii, in festis beati Yvonis, beati Martini, sanctæ Crucis, & omnibus aliis in quibus solent scholares de Plessæo qui sunt pro majori parte de natione Britanniæ, in divinis officiare & celebrare, & specialiter in festis beatæ Mariæ Magdalenæ, & beati Laurentii martyris, & in conversione sancti Pauli, & in cathedra sancti Petri, necnon in festo Omnium Sanctorum, & in crastino in commemoratione defunctorum.

Tenebuntur etiam prædicti magister, & scholares & ipse scholaris sacerdos celebrare missam de beata Virgine in omnibus diebus Sabbathi, immediatè post primam, & cum nota, dum tamen festum solemne in Sabbatho non veniat, & prædictus scholaris sacerdos celebrabit unam missam de Trinitate in qualibet hebdomada, in die tamen in qua festum solemne non intervenerit, & in die quâ voluerit, & sine nota; in quacumque tamen missa quam celebrabit, dicet unam collectam specialem pro animabus fundatorum; & tenebuntur dicti scholares quærere & habere in omnibus vesperis, matutinis & missis collegialibus duos cereos, quemlibet unius libræ ceræ ad minus, accensos, & unam torchiam quatuor librarum ceræ ad minus, quæ accenderetur & inflammabitur in elevatione corporis Christi. Unusquisque etiam scholaris, exceptis magistro & procuratore domûs, tenebitur in ordine & in turno suo* servire in vesperis, matutinis & missis in capella, indutus supellitio, & in hebdomada sua pulsando campanam, procurando vinum & aquam & ignem, incendendo cereos & torchiam ad elevationem Eucharisthiæ, ministrando sacerdoti vinum & aquam, & legendo seu cantando epistolam publicè in pulpito in omnibus missis eorum collegialibus, & cætera omnia faciendo quæ ad hoc requiruntur; & quicumque in hoc defecerit, pro qualibet vice quâ defecerit, nisi per alium scholarem socium domûs defectum suum suppleverit, puniatur, sex denarios parisienses de bursa sua deducendo, nisi propter infirmitatem fuerit excusatus; quo casu, si sit longa & prolixa infirmitas, alius veniens in ordine incipiat; si verò sit pau-

*En marge ist fort d'une autre main ce qui suit: Usus contrarius & consuetudo invaluerunt contra illud statum; bursarii tam ultimò recepti est in omnibus horis canonicis servire.

corum dierum infirmitas, procuret infirmus aliquem socium domûs qui vices suas suppleat, quousque per sanitatem facere valeat. Si verò aliquis in ordine & turno suo omnino recuset, graviùs puniatur, scilicèt per suspensionem bursarum suarum, quoadusque ab inobedientia sua resipiscat, & humiliter servire incipiat, & cum effectu continuet. Et quilibet scholaris tenebitur dicere in hebdomada semel septem psalmos pœnitentiales cum litaniis & orationibus dici consuetis, secundùm usum ecclesiæ Parisiensis, pro animabus fundatorum suorum; & an ita dixerint investiget magister diligenter in fine cujusque hebdomadæ, & dicere omittentes corrigat, ut sibi videbitur faciendum, non tamen correctionem omittendo ex toto. Et dictus scholaris sacerdos tenebitur continuè morari in domo prædicta cum ipsis scholaribus, & emolumenta per fundatores sibi deputata & ordinata recipere, per manum receptoris per cujus manum ipsi scholares bursas recipient, & nihil pro se recipiet, nisi scholares forte ipsum in receptorem suum elegerint. Ille verò scholaris qui in officiis divinis supradictis in aliqua horarum ipsarum defecerit, nisi legitimum impedimentum habuerit, de quo per juramentum suum fidem faciet magistro, per ipsum magistrum privetur in sequenti die communione & societate aliorum mensæ, & portione diei sequentis, & etiam servitio famulorum. Et circà hujus statuti & omnium contentorum in eodem observationes, magister propter honorem & reverentiam Dei & divini officii, exactam apponat diligentiam, si Dei & sanctorum suorum indignationem, & superioris ipsorum scholarium velit evadere asperam correctionem.

ELECTIO MAGISTRI.

Item ad ipsos scholares, vel ad majorem eorum partem spectabit & pertinebit electio magistri eorum; sed ejus examinatio, confirmatio & institutio ad episcopum Parisiensem eorum provisorem spectabit & pertinebit; sed nullus per ipsos scholares eligatur vel assumatur in ipsorum magistrum, & eorum domûs, nisi sit sufficiens magister in artibus, ut possit tenere singulis hebdomadis vel in feriis sextis, in quibus scholares communiter non canunt, unam disputationem inter illos qui audient logicam & physicam, & alios qui dictas scientias noverint; & respondebit unusquisque qui ad hoc aptus erit, in ordine & turno suo, & alii circà eum arguent, prout scient. Et prædictus magister jurabit in præsentia provisoris, vel domini episcopi Parisiensis, vel alterius qui nomine ipsius episcopi collationem loci & & bursarum & magistri domûs ejusdem faciet & eum instituet, servare & servari facere omnia statuta ista; & alii scholares etiam hoc jurabunt in receptione sua intrà domum, in præsentia ipsius magistri & aliorum scholarium ; & nullus nolens jurare in omnibus hujusmodi statuta servare, inter ipsos recipiatur. Magister etiam tenebitur per juramentum à quolibet novo scholari hujusmodi juramentum exigere, & nulli gratiam super hoc facere. Et tenebitur ipse magister in scientia proficere, & gradum in ea acquirere infrà tempora statuta, prout de scholaribus superiùs est expressum, & sub pœnis ibidem declaratis.

Item, scholares prædicti debebunt ante comestionem benedicere mensam, & tenebuntur post comestionem suam gratias reddere Deo, & preces effundere pro fundatoribus suis & aliis benefactoribus suis, videlicèt post prandium dicere *Agimus tibi gratias*, &c. & in diebus non jejunalibus dicere psalmum *Laudate Dominum omnes gentes*, cum *gloria Patri*, &c. *Kyrie eleison*, *Christe eleison*, *Kyrie eleison* : *Pater noster* &c. *& ne nos inducas* &c. *Dispersit dedit pauperibus*, cum aliis versiculis dici consuetis, & erit oratio *Retributor omnium bonorum* &c. *Benedicamus Domino*, *Deo gratias* ; post dicent psalmum *De profundis clamavi* pro animabus fundatorum, & orationem *Inclina*, *Domine*, *aurem tuam ad preces nostras*, *quibus misericordiam tuam supplices deprecamur*, *ut animas fundatorum nostrorum quos de hoc seculo* &c. posteà verò orationem communem videlicèt *Fidelium* pro aliis defunctis. In diebus autem in quibus erit jejunium ecclesiæ, & in diebus Veneris dicent psalmum *Miserere mei Deus* &c. ut priùs ; posteà verò dicent *Agimus tibi gratias* &c. *Dispersit* &c. & in fine psalmum aliquem & orationem *Retributor* &c. pro defunctis, ut est dictum, post prandium ; & istas gratias & preces & benedictionem mensæ ante comestionem tenebitur dicere scholaris sacerdos, si sit præsens, & in absentia ipsius scholaris sacerdotis tenebitur eas dicere præpositus quilibet in hebdomada sua ; & habebit ipse scholaris sacerdos primum locum post magistrum in mensa, in camera, in voce & in aliis omnibus honoribus.

Item, jurabit quilibet scholaris, ante-quàm ad bursas recipiatur, exhibere & servare honorem & reverentiam provisori eorum, scilicèt domino episcopo Parisiensi qui est & erit pro tempore & ejus successoribus, & eisdem obedire ad quos spectat & pertinet de ipsis bursis providere ; & idem servabit & exhibebit & per juramentum, magistro qui præerit sive præsidebit, ex authoritate & collatione seu provisione ipsius provisoris, & specialiter officia domûs exercendo, & ejus utilitatem procurando, si ad hoc tanquam idoneus ab aliis scholaribus eligatur.

Item, jurabit quilibet scholaris in receptione sua ad bursas, coram magistro & scholaribus, quòd secreta domûs, vel defectus seu excessus sociorum, ad extrà seu coram extraneis non revelabit, nisi sint tales defectus vel excessus, quòd expediat communitati quòd revelentur propter pacem & communitatis bonum & tranquillitatem ; & tunc poterit dictos defectus vel excessus provisori domûs, ad quem spectat institutio & destitutio scholarium, revelare, si hoc tamen visum fuerit majori parti scholarium fore superiori revelandum, ut per hoc deficiens vel excedens corrigatur, & de defectibus seu excessibus suis, prout visum fuerit provisori, puniatur.

Item, caveat quilibet scholaris, quòd non injurietur, per se vel per alium, dicto, verbo, vel signo, alteri conscholari suo, nec etiam hospiti suo intraneo qui debito modo fuit ad manendum & convivendum inter ipsos receptus ; & contrarium faciens, absque tamen gravi læsione seu injuria, quia tunc est ad superiorem recurrendum, nisi ad arbitrium magistri & partis majoris communitatis emendare voluerit usque ad condignam emendam, à bursis per magistrum suspendatur ; & si hospes debito modo inter scholares receptus alicui injurietur, nisi, ut dictum est de scholare, emendare voluerit, à communitate & domo expellatur. Si autem magister domûs alicui scholari vel etiam hospiti injurietur, nisi debitè, honestè & modestè officium suum exercendo hoc faciat, (quod non debet ad injuriam reputari) nisi ad arbitrium duarum partium communitatis emendare voluerit ; & tunc præerit in petendo & requirendo deliberationem singulorum scholarium, & concluderet secundùm deliberationes procurator qui erit in domo ; tunc significet hoc provisori domûs, qui ipsum ad arbitrium suum faciat & debeat corrigere & punire.

Item, caveant omnes & singuli scholares, quòd in aula, mensa, camera, & per vicum incedendo, quietè & honestè se habeant, & maximè tempore comestionis & benedictionis mensæ & gratiarum actionis, & tempore quo fiunt preces & orationes pro fundatoribus & aliis benefactoribus, vivis & defunctis, cessante temporibus prædictis quocumque clamore, tumultu, risu, ludo & quâcumque inordinatione; & contrarium faciens puniatur in æstimatione unius quartæ vini mediocris, vel graviùs, si casus requirat, deducendo de summa bursæ suæ septimanæ sequentis, quod vinum inter socios compotabitur. Et per juramentum suum magister sit diligens & attentus in observatione hujus statuti, quia indecens valdè debet judicari, quòd tempore quo Deus debet laudari, vel preces debeant pro benefactoribus fundi, dissolutiones vel inordinationes quæcumque interveniant.

Item, omnes & singuli in aula & capella & in aliis locis communibus Latinum ad invicem loquantur; & contrarium faciens, solvat pro qualibet vice precium unius pintæ vini, deducendum de bursa sua, si aliter non velit satisfacere; & nimium protervus graviùs puniatur, ut magistro visum fuerit.

Item, caveant omnes & singuli scholares, quòd famulum vel famulos & servitores communitatis animo malevolo seu irato non percutiant, nec eis injurientur; & contrarium faciens pro levi injuria puniatur, ut dictum est in statuto secundo suprà, scilicet in æstimatione unius quartæ vini; si verò injuria fuerit gravis, privetur injurians per magistrum bursâ unius hebdomadæ, vel plurioris temporis, secundùm qualitatem delicti & personæ delinquentis, prout majori parti scholarium & magistro præsertim visum erit. Si verò excessus sit enormis, ut quia sit magna sanguinis effusio, vel membri magna læsio, significetur provisori, id est, domino episcopo Parisiensi, vel ejus vicario generali, vel ejus officiali, qui delinquentem puniet per privationem perpetuam suarum bursarum, & etiam aliter, prout visum sibi erit.

MODUS ET MORES AD recipiendum bursarium necessarii.

Item, caveant magister & scholares, quòd nullum extraneum recipiant ad morandum & convivendum inter eos, nisi sit bonus & honestus moribus & verus & continuus scholaris, & habilis ad proficiendum; & tunc fiat de consensu omnium scholarium tunc in urbe Parisiensi præsentium. Et talis sic receptus tenebitur per juramentum suum ab ipso in receptione sua præstandum, secreta domûs & scholarium servare, & secundùm statuta domûs vivere, & ea servare, in quantum ipsum tangent & tangere poterunt, alioquin non recipiatur; & receptus si contrarium faciat, statim à domo expellatur. Et talis sic receptus solvet singulis annis pro habitatione & usu utensilium domûs illud quod magistro & majori parti communitatis visum erit; & in sua receptione solvet viginti solidos parisienses convertendos in utensilibus domûs, sicut inferiùs idem de scholaribus dicetur.

Item, caveant omnes & singuli, quòd extrà domum propriam de nocte non dormiant, nisi ex causa rationabili & de licentia magistri hoc faciant; & si contingat aliquem vel aliquos extrà domum dormire sinè magisti licentia, in crastino informet seu informent magistrum per juramentum eorum, & per unum testem non suspectum, in quo loco, in quo hospitio & inter quos ipse vel ipsi dormivit vel dormiverunt; & contrarium faciens vel facientes, per magistrum privetur communitate & mensâ communi & servitio famulorum per diem, vel per duos aut per plures, si sit assuetus taliter facere & contemnere; si verò reperiatur quòd in loco inhonesto pernoctaverit ipse, poterit & debebit magister, & per juramentum suum, ipsum ad tempus competens & sufficiens de quo sibi videbitur, bursâ suâ privare; & si contrarium hujus ordinationis magister & scholares fecerint, poterit & debebit eorum provisor, scilicèt episcopus Parisiensis, vel ejus vicarius, eos punire per substractionem seu privationem bursarum suarum, ad tempus de quo sibi videbitur; & ille qui per illos aliter quàm est dictum fuerit receptus, à domo expellatur.

Item, caveant omnes & singuli scholares, quòd portionem suam de pane vel pitantia extrà domum non portent; & si quis contrarium fecerit, detrahetur sibi de bursa sequentis hebdomadæ valor portionis, & cum hoc defalcabuntur etiam sibi duo denarii pro emenda.

Item, quâlibet hebdomadâ sit unus præpositus in domo per ordinem, & nullus ab hoc sit exemptus, nisi solus magister; qui præpositus per juramentum suum in sua receptione in scholarem à quolibet præstandum, bona communitatis fideliter custodiet & expendet, & in fine hebdomadæ de ipsis fidelem comptum reddet.

Item, si scholares habeant vinum in convivium ex provisione, si velint habere vinum ad potandum in domo extrà horam comestionis, pro se solùm, vel pro se & pro amicis suis supervenientibus, tradatur eis per famulum communem ad hoc ordinatum, pro pretio quo vinum emptum fuerit, sed ad potandum extrà domum nequaquàm eis tradatur. Et quando consumptum erit vas vini, vel cauda, vel folium vini, famulus communis ad hoc deputatus reddat comptum de quantitate vini quod erat in vase, quod vas, antequàm ponatur ad usum seu ad despensam, debebit esse mensuratum per homines juratos ad hoc Parisius deputatos; & tunc quilibet scholaris solvet pecuniam, pro quantitate vini quod de illo vase habuerit seu receperit; & si non habeat unde solvat, retineantur bursæ suæ usque ad integram satisfactionem. Et si quis portaverit vinum extrà domum, contra tenorem hujus statuti, solvat duplum illius quantitatis seu mensuræ quam extrà portaverit, potandum inter socios tunc præsentes.

Item, nullus præsumat prandere vel cœnare, vel portionem suam capere, antè horam comestionis convenientem scholaribus, videlicèt ante decimam horam, sine licentia magistri, quam magister concedet, si videat causam rationabilem quare eam concedere debeat, & non aliter; & contrarium faciens privetur per magistrum mensâ & societate ac portione suâ in præsenti die.

Item, nullus comedat in camera, nisi fuerit infirmus, vel habeat secum extraneum socium, vel aliquam aliam causam rationabilem, & tunc petat licentiam à magistro, quam magister illi concedet, dum tamen non fuerit nimis assuetus sic in camera comedere; & contrarium faciens privetur per magistrum mensâ, societate & portione in tota sequenti die.

Item, si aliquis tardè venerit post prandium vel post cœnam, panis & vinum solùm ministrentur, si tamen portionem vini scholares habeant de communi; nisi quis fuerit occupatus in aliquo facto scholastico & negotio domûs, vel habeat aliquam causam rationabilem, de qua per conscientiam suam fidem faciat præposito qui in illa hebdomada præerit.

Item, nullus ambulet per gradus vel cameras domûs cum calepodiis, id est cum patinis, sub pœna unius pintæ vini pro qualibet transgressione.

Item, nullus præsumat ludere ad taxillos, vel etiam ad tabulas, in domo vel extrà, nisi causâ recreationis alicujus socii infirmi ludat coràm eo ad tabulas, in domo vel extrà in diebus festivis & causâ solatii, & pro aliquo modico comestibili vel potabili; & contrarium faciens, scilicèt ludendo ad taxillos, nisi forte hoc faciat in vigilia nativitatis Domini, in vigiliis beati Nicolai, beatæ Catharinæ & beati Corentini, & in domo, pro aliquo comestibili vel potabili, pro prima vice privetur per magistrum bursâ suâ per unam hebdomadam, & secundâ vice per duas hebdomadas, & sic secundùm vices multiplicatas multiplicetur & aggravetur pœna; & si post aggravatas seu multiplicatas pœnas remaneat incorrigibilis, significetur provisori, & eum totis bursis suis privet. Ludens verò ad tabulas contra formam hujus prohibitionis, suspendatur à bursis suis per magistrum, donec se humiliaverit, & à ludo se retraxerit; & si retrahere se post monitionem magistri noluerit, procedatur contrà eum per privationem bursarum, ut dictum est de ludente ad taxillos.

Abstineant omnes & singuli scholares prædicti, & sub pœnis majoribus supradictis, maximè intrà domum, & extrà etiam, à quibuscumque aliis ludis qui possent aliis sociis studentibus incommodum ferre, vel requiescere in domo volentibus impedimentum & turbationem afferre, vel extrà domum personis ludentibus & per ipsas toti collegio notam aliquam & infamiam saltem facti generare; & specialiter abstineant à quibuscumque ludis mimorum, joculatorum, histrionum, goliardorum & consimilium, per quos ludos ea quæ immediatè dicta sunt, possent sequi & evenire.

Item, nullus adducat aliquem extraneum ad mensam communitatis ad comedendum vel videndum secretum mensæ, nisi fiat de voluntate omnium tunc ibidem præsentium; & contrarium faciens, solvat unam quartam boni vini sociis in aula præsentibus, de bursâ sequentis hebdomadæ deducendo, pro qualibet vice; & si non obstante pœnâ istâ hoc assuefcat facere, puniatur graviùs ad arbitrium magistri.

Item, nullus portet per villam Parisiensem, vel per ejus suburbia, arma offensiva, nec in die nec in nocte, nisi fortè propter timorem personæ suæ portet arma deffensiva, habitâ tamen priùs à superiore licentiâ ea portandi; & contrarium faciens, & convictus per duos testes idoneos de hoc, pro prima vice privetur per

JUSTIFICATIVES.

per magistrum per unam hebdomadam bursâ suâ, & sic de aliis vicibus usque ad quatuor vices, & post quatuor vices magister hoc referat & exponat provisori, ut ipse privet sic incorrigibilem per privationem perpetuam loci & bursarum, vel aliter, ut placuerit sibi ; & tamen talis sic arma deferens, & quicumque alius ex quacumque causâ sententiâ excommunicationis innodatus, privetur mensâ, communitate & servitio famulorum, quousque fidem fecerit magistro, per juramentum suum, & per unum de sociis domûs, vel per aliam personam dignam fide, quòd fuerit absolutus à sententiâ excommunicationis, latâ per statuta synodalia diœcesis Parisiensis contra arma deferentes, vel etiam ex alia causâ latâ.

Item, nullus introducat intrà domum mulierem suspectam & inhonestam ; contrarium faciens, & convictus de hoc per duos testes idoneos, privetur per magistrum bursis suis pro prima vice per quindecim dies, pro secundâ vice per mensem. Et etiam si semel mulier cum aliquo in domo jacuerit, significet hoc magister per juramentum suum, & alii etiam scholares per juramenta sua hoc significent magistro provisori, & sibi humiliter supplicetur, ut talem perpetuò loco & bursis privet, & alium idoneum & honestum scholarem loco ipsius instituat ; & nulli contrà hoc provisor, tamquam zelator honoris & commodi collegii ac etiam justitiæ, gratiam faciat.

Item, caveant omnes & singuli ne sint, ut suprà dictum est, frequentes & communes lusores taxillorum, & ne sint fures & latrones, hominum verberatores, violatores, seu fractores ostiorum, vel errabundi de nocte, brigosi, rixosi, vel melliatores. Si autem aliquis vel aliqui, talis vel tales, fuerit vel fuerint, alii omnes scholares tenebuntur per eorum juramenta revelare hoc magistro & provisori, citiùs quàm commodè poterunt, ut talis vel tales per provisorem puniantur, prout decreverit, prout qualitas personæ & delicti suadebit.

Item, tota domus quâlibet nocte, statim quàm pulsatum fuerit pro ignitegio in ecclesiâ Parisiensi, claudatur cum clavibus, & claves magistro tradantur ; & tunc nullus permittatur intrare domum, vel exire, nisi ex aliquâ causâ rationabili hoc magistro videatur faciendum. Et si quis post clausuram domus, domum scandalisaverit, fortiter fortè percutiendo, vel clamando, seu aliter, privetur per magistrum per totam diem sequentem communitate, mensâ & portione suâ.

Item, nullus invitus cogatur expendere ultrà summam bursæ suæ ; secundùm tamen qualitatem temporis ministretur sibi de victualibus omnibus, juxtà summam bursæ suæ, & si ultrà petat & propter hoc tumultum faciat, privetur per magistrum bursâ suâ per unam hebdomadam.

Item, habebunt ipsi scholares unam arcam communem & fortem quæ erit in eorum librariâ vel in capellâ ; suprà quam arcam erunt tres fortes claves diversæ, quarum unam magister tenebit, alteram custodiet scholaris sacerdos, tertiam tenebit & custodiet unus de valentioribus magistris qui erunt pro tempore de dictâ diœcesi Corisopitensi Parisius, quem ad hoc ipsi scholares vel eorum major pars duxerit eligendum ; in quâ quidem arcâ reponentur & custodientur litteræ fundationum suarum, & omnes aliæ litteræ ad eos pertinentes, & copia omnium statutorum & ordinationum super regimine, gubernatione, vitâ & moribus eorum conditorum & factorum ; & in quâ etiam arcâ reponentur pecuniæ quæ de bursis absentium vel de pœnis privationum temporalium ipsorum supererunt & colligentur, vel relinquentur, & undècumque eis venient, & si quæ jocalia vel ornamenta habeant, & omnia alia pretiosa.

Item, ista statuta erunt quadruplicia, in pergameno & in bonâ litterâ scripta, & erit una copia penès dominum episcopum Parisiensem, & alia copia in arcâ communi, ut est dictum, & alia erit in libraria incatenata, & alia copia erit penès magistrum ad quem spectat ipsa statuta servare, & ab aliis facere observari.

Item, receptor & collector reddituum & bonorum ipsorum scholarium, qui etiam erit procurator domûs & scholarium ad causas & ad negotia, quicumque erit, sive sit magister, sive sit scholaris sacerdos, vel quicumque alius, tenebitur semel in anno ad minus, scilicet in crastino beati Remigii, scilicet in secundâ die Octobris, computare de receptis & missis per eum factis, coràm omnibus scholaribus tunc Parisius præsentibus & coràm aliquo ab eorum provisore deputato, si eum deputare voluerit ; & quandò assumetur ad officium, jurabit in præsentiâ omnium, quòd benè & fideliter geret officium sibi commissum, & computum de receptis & missis fideliter reddet ; & in fine, quandò reddiderit comptum, jurabit missas per eum factas, de quibus computavit, veraciter esse expositas atque factas, prout eas in comptum dedit. Et tenebuntur etiam dicti scholares & eorum receptor, quandò comptus fieri debebit, vocare quatuor vel tres valentes magistros de dicta diœcesi, ipsius collegii zelatores, ut sint præsentes in compto, ut per hoc sciatur status & gubernatio eorum, & an negligenter se habuerint omnes in conservatione reddituum & jurium suorum; qui quatuor vel tres sic vocati & in compto præsentes, provisori significare debebunt statum & gubernationem ipsorum scholarium, si quid minùs benè aptum, gubernatum, vel indebitè factum invenerint, ut super hoc ipse provisor provideat.

Item, quilibet qui ad locum & bursas admittetur, tradet & solvet in receptione sua triginta solidos parif. convertendos in conservatione & continuatione & perpetuatione utensilium domûs, & per juramentum in nullum alium usum convertendos. Pro jocundo autem adventu solvat unusquisque secundùm personæ suæ qualitatem & secundùm quantitatem facultatum suarum, secundùm quod ipsi videbitur, ita tamen quòd nec nimis parcè se habeat, nec etiam fortè propter pompam se gravet.

Item, sciant omnes & singuli scholares, quòd si aliquis eorum absens fuerit extrà Parisios per annum integrum, cum detentione vel infirmitate corporali, quam tamen detentionem debebit infrà annum magistro & scholaribus significare, privatus erit ipso facto per lapsum anni bursis, & loco ipsius alius post annum instituatur, nisi, ut dictum est, impedimentum, si quod habuerit, infrà annum sufficienter significaverit.

Item, nullus admittatur ad ipsas bursas, qui habuerit in redditibus suis ecclesiasticis, sive patrimonialibus, vel undecumque acquisitis, triginta libras turonenses Parisius apportatas; & cùm aliquis scholarium ipsorum habuerit summam prædictam Parisius apportatam, vel factus canonicus alicujus ecclesiæ cathedralis, licèt grossi fructus præbendæ summam prædictam non valeant legitimè, de hoc factâ fide & lapso mense, ipso facto bursæ suæ & locus vacabunt, & alii conferri debebunt.

Item, nullus scholarium nec etiam magister sequatur & frequenter curias ecclesiasticas sive laïcales, sive alteri serviendo & cum eodem morando, sive etiam per se ipsum practicando, nisi aliquis sit baccalaureus in decretis, qui poterit sequi & addiscere practicam curiæ ecclesiasticæ, sic tamen quòd propter hoc non omittat facere & legere cursus suos in jure canonico, taliter & infrà tale tempus quòd possit acquirere & habere licentiam in ipso jure canonico, infrà tempus in statutis facultatis decretorum definitum, alioquin subjacebit pœnæ suprà in septimo statuto contrà negligentes positæ & ordinatæ, & si quis contrarium fecerit, nisi post trinam monitionem & requisitionem solemniter & publicè per magistrum domûs factam sibi, à tali frequentatione & curiarum ipsarum insequntione desistat, sit ipso facto bursis & loco privatus, & alteri conferantur; & tenebitur magister ad observandum & observari faciendum istud statutum per juramentum suum.

Item, omnes & singuli scholares prædicti abstineant inter se ad invicem humiliter & omninò, in domo & extrà, ab omnibus contentionibus, rixis, jurgiis, conviciis, riotis & quibuscumque illicitis & inhonestis verbis quæ auribus audientium possent æqualiter displicere, & eos ad aliquod illicitum excitare, seu quæ turbationem & tumultum possent in communitate generare; si autem quis contrarium fecerit, nisi imposito sibi per magistrum silentio, si sit præsens, statim non cessaverit, in sequenti die privetur per magistrum communitate, portione & servitio famulorum; & si in absentia magistri hoc fecerit, & per duos de scholaribus domûs probatum fuerit quòd aliquis in hoc excesserit, simili pœnâ per magistrum puniatur. Et si non obstantibus fortè simplicioribus correctionibus aliquis sit nimis in hoc assuetus, & sic quodam modo sit quasi incorrigibilis, puniatur graviùs, scilicèt per privationem bursæ ad tempus, vel aliter, prout magistro visum erit.

Item, inventarium bonorum mobilium ipsorum scholarium, scilicèt librorum tùm in eorum libraria existentium, & librorum & ornamentorum ecclesiasticorum, seu indumentorum, & omnium utensilium domûs tam aulæ quàm coquinæ, & quorumcumque aliorum bonorum mobilium triplicabitur, seu tres copiæ inde fient, quarum una copia erit in arca communi, & alia penès magistrum, & alia erit penès procuratorem; & quolibet anno, quandò de receptis & missis computabunt, ut dictum est, videbuntur, visitabuntur & examinabuntur prædictæ copiæ, & scietur & inquiretur per illos qui erunt præsentes in audiendo comptum, si omnia bona in ipso inventario contenta & expressa, sint sana & integra, prout ibi fuerunt imposita atque scripta, exceptis utensilibus quæ usu consumuntur, super quibus necesse erit quolibet anno inventarium renovare,

&

& per illos qui præsentes erunt in comptis audiendis, signis suis signare, & se in eis subscribere..... scholares ipsi vasa & alia utensilia quæcumque sint, consumpta & antiquata, seu inutilia facta, conservent & custodiant usque ad futurum proximum comptum. Illi autem qui præsentes erunt in comptis audiendis, & ipsi omnes scholares & eorum singuli, si per inspectionem inventarii, ut dictum est, invenerint aliqua esse sublata & substracta de bonis in ipso inventario expressis & contentis, nobis & successoribus nostris, vel vicariis & officialibus nostris hoc significent, & hoc sub excommunicationis pœna quam contrà non significantes, canonicâ monitione præmissâ, ferimus in his scriptis.

Item, magister & procurator, seu receptor & collector ac distributor reddituum ac bursarum inter scholares, quilibet per se & separatim redigat diligenter in scriptis diem receptionis seu introitûs vel ingressûs intrà domum novorum scholarium, diem etiam recessûs vel absentationis eorum ad suas partes, vel alibi, diem etiam regressûs vel reversionis eorum ad domum, ut per hoc sciatur & sciri valeat, quandò reddentur computa, quæ & quanta emolumenta evenerint & evenire debuerint domui & ad ejus utilitatem ex bursis scholarium abscutium; & in hoc caveant, si velint, prædicti magister & procurator, quia ab eis & à quolibet eorum & etiam ab ipsis scholaribus de hoc exquiretur veritas per eorum juramenta.

Item, quilibet scholaris in receptione sua ad bursas & ad locum in domo, jurabit coràm magistro & aliis scholaribus ad sancta Dei evangelia servare & tenere & teneri facere omnia statuta prædicta, secundùm formam in qua scripta sunt; & si quis contrarium fecerit, tamquàm perjurus reputari debebit, & per consequens erit à domo (hoc tamen probato) tamquàm perjurus expellendus, & locus suus alteri conferri debebit. Et caveat magister quòd in observatione hujus statuti erit diligens & attentus, & etiam in observatione omnium aliorum statutorum; alioquin tamquàm negligens & remissus poterit & debebit non immeritò à magisterio deponi, & eodem privari, & alius diligentior loco ipsius subrogari.

ET NOS Aymericus Dei & sanctæ sedis apostolicæ gratiâ Parisiensis episcopus, quia prædicta omnia statuta vidimus, legimus, consideravimus, diligenter per nos & alios examinavimus, eaque rationabilia & laudabilia & rationi consona reperimus, ideò ea omnia & singula laudamus, approbamus, ratificamus, corroboramus, confirmamus & authorisamus, & eis omnibus & eorum singulis robur & authoritatem concedimus atque damus, districtè ipsis omnibus scholaribus & eorum singulis præsentibus pariter & futuris præcipiendo mandantes, quatenùs omnia statuta prædicta, & eorum singula inviolabiliter & sub pœnis in eis contentis diligenter teneant atque servent. Nobis tamen & successoribus nostris specialiter reservando potestatem & authoritatem prædicta statuta per nos sic confirmata, in casibus dubiis declarandi, interpretandi, & ad ea addendi, & etiam in melius reformandi. In cujus approbationis, confirmationis, corroborationis & authorisationis signum & testimonium, nos ad ipsa statuta per nos sic confirmata, corroborata & approbata nostrum sigillum magnum apponi fecimus & appendi. Datum Parisius die penultimâ mensis Julii, anno M. CCC. LXXX. *De suite est écrit*: Sigillatum sub duplici cauda in serica viridi & in cera rubea. Collatio facta est ad originale suum, sanum & integrum, in pergameno conscriptum, deinde restitutum per nos publicos apostolicâ authoritate notarios juratos, Parisiis descriptos & immatriculatos, subsignatos, anno M. DC. II. die IV. Martii. Sic signarunt V. MORIER notarius juratus; DUVAL, alter notarius. *Ibidem.*

SENTENCE DU CHASTELET
de Paris concernant le college d'Albuzon.

A Tous ceux qui ces presentes lettres verront, Simon Mahier chevalier, seigneur de Villiers, conseiller du roy nostre sire & garde de la prevosté de Paris, salut. Sçavoir faisons que l'an de grace M. CCCC. XXIV. le Samedy cinquiesme jour d'Aoust furent presens devant nous en jugement au Chastelet de Paris Pierre Tevenon, comme procureur des maistres & escoliers du college d'Albuzon fondé en l'université de Paris par feu de bonne memoire monseigneur Raoul d'Albuzon en son vivant doyen de Chartres, demandeurs d'une part, & Denis Mauger, comme procureur des religieux, abbé & convent de saint Germain des Prez lez Paris, deffendeurs d'autre part. Contre lesquels deffendeurs ledit procureur desdits demandeurs faisoit demande & requeste en action personnelle .... proposant que par titres & moyens justes & de bonne foy, à dire & declarer en temps & lieux, iceux demandeurs avoient

AN. 1424.

droit & cause & estoient en bonne & suffisante saisine & possession d'avoir, prendre, lever & percevoir chacun an aux quatre termes à Paris accoutumez, quatorze livres parisis de rente annuelle & perpetuelle, en & sur tous les biens & temporel de ladite eglise & abbaye de saint Germain..... Disoit aussi ledit procureur desdits demandeurs que dès longtemps lesdits deffendeurs ou leurs predecesseurs religieux, abbé & convent de ladite eglise & abbaye de saint Germain avoint promis rachepter desdits demandeurs, ou de leurs predecesseurs dont ils ont droit & cause, une voye & maniere de chemin royal contenant environ dix-huit pieds, que lesdits deffendeurs ou leursdits predecesseurs avoint, tenoint & possedoint audit lieu de saint Germain des Prez, moyennant & parmi quatre livres de rente annuelle & perpetuelle que lesdits deffendeurs ou leursdits predecesseurs avoint promis & gaigé rendre & payer par chacun an de là suivante..... par la forme & maniere qu'ils estoint tenus payer ausdits demandeurs les xiv. livres parisis de rente devant dites........ Nous ausdits demandeurs adjugeâmes & adjugeons leursdites demandes, requeste & conclusions & action personelle & hypoteques cy dessus declarez pour raison desdites rente & arrerages confessez par ledit procureur desdits deffendeurs seulement, & en icelles condamnasmes & condamnons lesdits deffendeurs par nostre sentence & par droit....... En tesmoing de ce nous avons fait mettre à cesdites presentes lettres le scel de ladite prevosté de Paris. Ce fut fait l'an & le jour dessusdit. Signé BILLARD. Collationné à son original en parchemin; ce fait, rendu par les notaires du roy au Chastelet de Paris soussignéz ce xi. Aoust M.DC.LXXII. Signé AUMONT & LANGLOIS. Tiré du cartulaire du college de Cornouaille. *

* Il se trouve dans le mesme cartulaire plusieurs actes concernans le college d'Albuzon fondé en l'université de Paris, & un entre autres du 29. Novembre 1583. qui fait mention de Pierre Pichard procureur boursier de la communauté d'Albuzon, au nom & comme procureur d'icelle communauté.

FONDATION ET STATUTS du college de Dainville.

AN. 1380.
Confirmation de cette fondation par Aimery evesque de Paris.

AD PERPETUAM rei memoriam. Universis praesentes litteras inspecturis, Aymericus Dei & apostolicae sedis gratiâ Parisiensis episcopus, aeternam in Domino salutem, & fidem indubiam praesentibus adhibere. Etsi cunctorum justa petentium votis ex debito pastoralis officii nobis injuncti teneamur favorabiles inveniri; multò magis illorum quorum petitiones in divini cultûs cedunt augmentum, ac aliorum redundant commodum pariter & honorem. Sanè dilectus noster venerabilis vir magister Michael de Dainvilla archidiaconus Ostrevanensis in ecclesia Attrebatensi, clericus & consiliarius domini nostri regis, haeresque & executor defunctorum bonae memoriae dominorum Gerardi de Dainvilla quondam Attrebatensis, deinde Morinensis, & novissimè Cameracensis episcopi, ac Johannis de Dainvilla militis per longa tempora, dum viveret, hospitiorum Johannis quondam Francorum regis inclytae memoriae, & Caroli nunc regnantis, Francorum regum, magistri, fratrum dicti magistri Michaëlis; attendens quòd rex excelsus, filius summi regis Deus & homo Jesus-Christus ab initio constituit paradisum voluptatis, in quo posuit hominem quem formaverat; inter alia ligna pomifera pulchra visu & ad vescendum suavia, plantavit in medio ejus lignum vitae; sic in praesenti ecclesia militante pretiosum lignum scientiae, quam velut in populo honorificato firmiter radicatam, magistris videlicèt, scholaribus & discipulis fultam nobilibus, & tanquam hortus irriguus, rivulis affluentibus circumdatam sapientiam salutarem per singula totius orbis climata diffusam voluit à cunctis, maximè qui Christianâ professione censentur, in terris honorari, tanquam in coelis gloriosè coronatam. Ex quorum speciali contemplatione mentis oculos dirigens idem magister Michaël ad fontem tantae dulcedinis & virtutis, non humanâ provisione, quin immò coelitùs infusum in venerabili studio Parisiensi, cujus rore dulcedinis & radiis illustratur & virescit orbis universus, quod in proposito praefati fratres sui defuncti & ipse diu gesserunt, eorumdem fratrum suorum sequendo vestigia, volens executioni demandare suis temporibus cum effectu, & virescentibus plantulis flores & fructus tempore debito parituris cupiens stipites transplantare; certum collegium duodecim scholarium in grammatica positiva & regulari ac philosophia, necnon in sacrorum canonum scientiâ, in domo seu hospitio suo sito Parisius in vico Cytharae, coràm ecclesia beatorum Cosmae & Damiani, studere volentium, per modum & formam infrà declarandam, duxit ordinandum, fundandum & dotandum, & de servitiis & omnibus in eisdem fundatione & dotatione contentis onerandum; cum instantia nos requirens, quatenùs hujusmodi ordinationem, fundationem & dotationem, ac omnia & singula

Acte de fondation.

singula in eis contenta ratificare & approbare, ac auctoritate nostrâ ordinariâ perpetuò confirmare vellemus, eisdemque nostrum interponere decretum; litteras ordinationis, fundationis & dotationis super hoc confectas, suo proprio sigillo per litteras curiæ nostræ Parisiensis eisdem annexas approbato, sigillatas, nobis manu propriâ realiter exhibendo. Quarum quidem litterarum & approbationis prædictarum tenores de verbo ad verbum subsequuntur. Et primo: UNIVERSIS præsentes litteras inspecturis Michaël de Dainvilla archidiaconus Ostrevanensis in ecclesia Attrebatensi, clericus & consiliarius domini nostri regis, hæres & executor defunctorum fratrum nostrorum bonæ memoriæ dominorum Gerardi de Dainvilla quondam Attrebatensis, postea Morinensis & novissimè Cameracensis episcopi, & Johannis de Dainvilla militis, per longa tempora, dum viveret, hospitiorum inclytæ recordationis Johannis & Caroli nunc regnantis, Franciæ regum, magistri; salutem in Domino, & præsentibus fidem indubiam adhibere. Notum facimus quòd nos cupientes, dum vivimus in humanis, Deo propitio aliquid operari quod cedere valeat ad prædictorum Johannis quondam Francorum regis, & fratrum nostrorum defunctorum, necnon & dicti domini nostri regis nunc regnantis, nostræque & omnium benefactorum nostrorum animarum remedium & salutem, ac aliorum respiciat commodum, honorem & profectum; ideóque præsens opus quod diu in proposito dicti fratres nostri & nos cordi gessimus, nunc, ut infrà sequitur, realiter duximus effectui producendum. Igitur nos archidiaconus præfatus, tam nostro, quàm executorio dictorum fratrum nostrorum nominibus, de bonis temporalibus eorumdem & nobis ab omnium bonorum largitore collatis, videlicèt de trecentis octodecim libris, sexdecim solidis & decem denariis cum obolo turonens. annui & perpetui redditûs, capiendis anno quolibet in duobus terminis, videlicèt medietatem dicti redditûs in festo beati Michaelis archangeli, & aliam medietatem in festo sancti Paschæ per manus nostras in & super hallis & molendinis villæ Rothomagensis (quas trecentas XVIII. lib. XVI. solid. X. den. cum ob. turon. tam de bonis nostris propriis, quàm de bonis executionum dictorum fratrum nostrorum, nuper à nobili viro Ægidio *Malet* domino *de Ville-Pescle* & *de Choisy* super Secanam, famulo cameræ dicti domini nostri regis, & domicillâ Nicolai *de Chambly* ejus uxore, certis titulis acquisivimus) & de domo nostra sita Parisius in vico Cytharæ coràm ecclesia beatorum Cosmæ & Damiani, prout jacet & se extendit in longitudine, largitudine & profunditate, quos redditus & domum admortisari procuravimus, sicuti per litteras indè confectas de præmissis liquidiùs potest apparere; ad laudem, gloriam & honorem beatissimæ Virginis gloriosæ, beatorum Joannis-Baptistæ, Petri & Pauli apostolorum, Nicolai confessoris gloriosissimi, Catharinæ virginis eximiæ, ac totius curiæ supernorum, necnon ad divini cultûs augmentationem fecimus, ordinavimus, creavimus, fundavimus & dotavimus unum collegium perpetuum in dicto hospitio nostro moraturum, duodecim scholarium qui bursas nostras capient subscriptas, sub modis & conditionibus inferiùs annotatis. I. Primò igitur fundamus in dicto collegio nostro perpetuis temporibus, & ordinamus duodecim scholares qui nominabuntur scholares de Dainvilla, per nos, quandiù vixerimus, & executores nostros ecclesiarum Attrebatensis vel Noviomensis canonicos, qui de executione nostrâ onus assumpserint, capiendos, eligendos & assumendos, videlicèt sex de diocesi Attrebatensi, & alios sex de diocesi Noviomensi, habiles tamen ad studendum & proficiendum; quorum institutionem & patronatum sive nominationem post nostrum & dictorum executorum nostrorum decessum, ad venerabiles viros dominos præpositum, decanum & capitulum Attrebatense, de illis videlicèt qui fuerint de diocesi Attrebatensi, & decanum & capitulum Noviomense, de illis de diocesi Noviomensi, ut magis eligantur & assumantur idonei scholares, semotis favore & amore quibuscumque, volumus in communi perpetuò pertinere. Qui scholares taliter assumpti, sint clerici tonsurati, liberæque conditionis & non servilis, & attigerint ad minùs ætatem quatuordecim annorum. II. Item ordinamus, creamus & fundamus in dicto collegio unum magistrum, qui dictos scholares nostros, ut præmittitur, eligendos & assumendos sciat, debeat & teneatur instruere & docere fideliter & diligenter in grammatica positiva & regulari ac philosophia; in quibus scientiis moram faciendo in dicto collegio poterunt studere per sex annos, & non ultrà; quibus transactis, si majorem moram in dicto collegio facere voluerint, habebunt transire ad sacram scientiam canonicam, pro qua acquirenda & audienda per decem annos completos in hujusmodi collegio & non ultrà poterunt remanere. Sin autem ad dictam scientiam vacare noluerint, completis sex primis annis pro fundatione eorum primariâ in grammatica & philosophia, à dicto collegio habebunt recedere. Non est tamen nostræ intentionis, quòd quilibet de novo receptus aut recipiendus in dicto nostro collegio, antequàm ad canones ascendat, habeat ibidem per sex annos residere ; immò volumus quòd quàm citiùs sufficiens erit ad ascendendum, ad decretum visitatoris & magistri collegii, ascendat ad canones ; à quâ die ascensûs & non ultrà, ut suprà, audiendo & acquirendo sacram scientiam canonicam, valeat ibidem per decem annos remanere ; nisi tamen in introitu esset baccalarius vel licentiatus in legibus, vel provectus in jure canonico ; quo casu talem volumus in dicto collegio tantùm commorari, quòd juxtà statuta universitatis Parisiensis valeat in dictâ scientiâ licentiari, & non ultrà. III. Item, modo consimili facimus, constituimus & ordinamus unum procuratorem in dicto collegio, qui redditus, agendaque communia & negotia dictæ domûs scholarium nostrorum prosequi valeat, gerere & tractare, cum consilio dicti magistri & visitatoris ejusdem. Quos scilicet magistrum & procuratorem comprehendi volumus in numero dictorum duodecim scholarium nostrorum, & assumi, ut prædicitur, quoties opus erit, ex dictis diocesibus ; nec ipsos volumus quoad moram, si bene se rexerint, in ordinatione supradictâ comprehendi. Volumus tamen & ordinamus quòd dicti magister & procurator actu presbyteri capiantur ; teneanturque die qualibet in capellâ seu oratorio domûs nostræ prædictæ, ad minus unam missam celebrare, ob remedium & salutem animarum nostrarum, & aliorum prædictorum ; ita quòd unus ipsorum vices alterius, quantùm ad missas celebrandas, supplere valeat & etiam supportare. IV. Item, quia principaliter præsens collegium ordinatur pro scientiâ acquirendâ, ex quâ glorificetur unigenitus Dei Filius, & divinum servitium augmentetur in eodem ; sintque in dictis diocesibus plura monasteria in quibus aliquotiens sint plures ingeniosi viri religiosi, sitientes maximè sacram scientiam canonicam adipisci, ad cujus acquisitionem devenire non possunt, obstante tenuitate reddituum hujusmodi monasteriorum ; volumus & ordinamus, si casus eveniat, quòd de numero dictorum duodecim scholarium nostrorum, de qualibet diocesi unus talis religiosus solummodò actu presbyter, sufficienter fundatus & habilis ad acquirendam dictam scientiam canonicam, non habens officium seu dignitatem propter quam in suo monasterio residentiam facere sit astrictus, ne negotia dicti sui monasterii negligere videatur, valeat atque possit recipi & assumi in dicto collegio per patronos ad hoc ordinatos, licèt non sit de dictis diocesibus oriundus, dum tamen ordines sacros receperit in eisdem, semotis omni favore pariter & amore, & bursas nostras sicut unus alius scholaris percipere in eodem, per tempus decennii supradictum, aut saltem quousque in dictâ scientiâ canonicâ licentiatus esse possit. Qui talis religiosus sic receptus ad bursas nostras, non habeat in redditibus portatis ultrà triginta libras parisienses, ut de aliis scholaribus inferiùs est expressum, teneaturque ad exemplar bonæ devotionis aliis scholaribus ostendendum, in capellâ sive oratorio dictæ domûs nostræ seu collegii semel in hebdomadâ ad minus celebrare. V. Item, damus, concedimus & perpetuò cuilibet bursariorum nostrorum in hujusmodi collegio nostro instituendorum, tenore præsentium assignamus quatuor solidos parisienses ; prædictis verò magistro octo, & procuratori septem, percipiendos per quemlibet ipsorum pro bursis suis in pecuniâ numeratâ, qualibet hebdomadâ, perpetuis temporibus affuturis, quandiu insistent in dictâ domo nostrâ, per tempus supradictum, per manum dicti procuratoris, in & super prædictis trecentis octodecim libris, sexdecim solidis, decem denariis cum obolo turon. annui & perpetui redditûs admortisati, per nos, ut præmittitur, acquisiti, super hallis & molendinis dictæ villæ Rothomagensis ; solutis verò ante omnia de & super hujusmodi redditu quadraginta libris turonensibus annui & perpetui redditûs pro fundatione unius capellaniæ perpetuæ per nos fundatæ in parochiali ecclesiâ *de Gueulesin* Attrebatensis diocesis, per nos ordinatis & assignatis, ut inferiùs plenaria fiet mentio. VI. Item, collationem & provisionem omnium bursarum nostrarum prædictarum, ac electionem & institutionem tam bursariorum nostrorum, quàm magistri & procuratoris prædictorum, privationemque & destitutionem eorum, si casus contingat, suis exigentibus demeritis, post nostrum & præfatorum executorum nostrorum decessum, præfatis dominis præposito, decanis & capitulis Attrebatens. & Noviomens. specialiter in communi reservamus; qui siquidem de dictis bursis, juxtà tenorem nostræ præsentis ordinationis, plenariè disponere possint & valeant, secundùm quod superiùs & inferiùs duximus statuendum, totiens quotiens per vacationem ipsarum fuerit opportunum; absque eo tamen quòd ipsi vel eorum alter hanc præsentem ordinationem nostram seu contenta in ipsa valeant in futurum aliqualiter immutare; sed eandem tenere & complere teneantur, atque eam ab aliis quorum intererit, pro posse faciant & procurent inviolabiliter observari; nisi tamen pro meliori, tempore futuro statutis præsentibus de consilio collatorum, visitatoris, magistri & procuratoris prædictorum, aliqua mutarentur, seu etiam adderentur. VII. Item, quia in ecclesia Parisiensi magnæ litteraturæ & famosus homo pœnitentiarius semper esse consuevit, & nunc est, talemque semper ibidem esse speramus in futurum, Domino concedente; ideo de hujusmodi pœnitentiario qui nunc est & erit pro tempore, in Domino fiduciam assumentes, ipsum ex nunc dicti collegii nostri, necnon dictæ domus nostræ, ac bursariorum, magistri & procuratoris prædictorum visitatorem perpetuum constituimus, & specialiter deputamus, qui malos mores & defectus ipsorum, si qui (quod absit) intervenerint, reprehendere valeat, corrigereque, & in melius reformare, quique juramentum dicti magistri, quando primò fuerit institutus, recipiat. Ipseque magister in suâ primariâ institutione, & consequenter quolibet anno, juramentum præstare teneatur de hujusmodi magisterio fideliter exercendo ad commodum, utilitatem & honorem domûs, collegii & scholarium prædictorum. Similiter & procurator prædictus simile juramentum in manibus dicti visitatoris in dictâ institutione suâ, & anno quolibet, redditis suis compotis præstare tenebitur; quamvis aliis principalibus collatoribus bursarum hujusmodi ipsi magister & procurator idem priùs præstiterint & præstare debuerint juramentum. VIII. Item, recordantes laudabilia servitia quæ venerabilis & discretus vir magister Petrus Cramette canonicus Attrebatensis, de diocesi Attrebatensi oriundus, secretarius dicti domini nostri regis, per longissima tempora dictis dominis fratribus nostris impendit, & adhuc impendere non cessat in fundatione hujusmodi collegii & aliis, non immemores nec ingrati tantorum servitiorum, volumus & ordinamus quòd dictus magister Petrus ad vitam suam habeat, nobis absentibus vel præsentibus, moram & usum suos pro nobis, pro se & gentibus nostris & suis, in dictâ domo nostra, in parte illâ quam nunc inhabitat altè & basse, cum cellario & camera ubi nunc clericus suus jacere consuevit, usumque suum in coquina majori domûs, cellario & cava ad vina nostra, & sua, si opus sit, reponenda, cum introitu & exitu portæ domûs; sperantes & firmiter tenentes quòd de mora & societate ejusdem dictum collegium nostrum meliùs prosperari valeat, consuli & augeri, Dei gratiâ suffragante. Etiam retinemus ad usum nostrum & suum, quotiens opus erit, cameram altam & bassam ulteriorem super jardinum, in quibus nuper dominus frater noster prædictus bonæ memoriæ dominus Cameracensis duos caminos construi fecit, unâ cum stabulo prope introitum portæ domûs nostræ, ad usum nostrorum & dicti magistri Petri equorum, quandiù vixerimus in humanis, & non aliorum. Immò statuimus, & ordinamus quòd nobis duobus de medio sublatis, in dicto hospitio nostro minimè sit stabulum equorum, nec in eo equi personæ cujusvis hospitentur. IX. Item, volumus & ordinamus quòd dictus procurator habeat per declarationem in scriptis penes se omnes redditus & proventus dicti collegii; & quòd de & super receptâ hujusmodi reddituum ipse procurator fideliter faciat misias & expensas collegii inde faciendas; & etiam quòd idem habeat in scriptis, per copiam sibi à magistro prædicto traditam, partes inventarii bonorum utensilium domûs & ornamentorum capellæ dicti collegii & aliorum quorumcumque ad ea spectantium; quorum omnium & singulorum idem procurator tenebitur compotum facere, & rationem legitimam reddere bis in anno, duobus terminis, videlicèt in festo nativitatis beati Johannis-Baptistæ, & in festo omnium Sanctorum, vel saltem infrà octavas cujuslibet festi, in præsentia certi vel certorum à principalibus collatoribus hujusmodi deputandi vel deputandorum, necnon dicti visitatoris, si commodè possit interesse, ac magistri & cæterorum bursariorum domûs, qui quantum ad hoc utiles poterunt evocari, absque tamen aliquo onere expensarum; qui sic congregati corrigere valeant & reformare, omni favore postposito, quidquid repererint corrigendum & in meliùs reformandum. Quibus collatoribus, aut deputan-

S ss iij

dis ab eisdem, necnon visitatori prædicto, præmissa faciendi perpetuam damus facultatem & etiam potestatem. X. Item, ordinamus quòd magister & procurator dicti collegii, & eorum quilibet, habeat penès se in scriptis nomina & cognomina omnium & singulorum bursariorum nostrorum, & etiam aliorum foraneorum, si qui sint in dicto collegio nostro moram habentes, notatis die & tempore receptionis ipsorum & perceptionis bursarum prædictarum, necnon recessûs & moræ ipsorum, dum eos aut eorum aliquos ex aliqua honesta causa recedere contingeret; ad hoc quòd absentia talium ad utilitatem dictæ domûs convertatur, & quòd dictus procurator, concordatis scriptis suis cum scriptis dicti magistri, possit & debeat de gestis indè & administratis per eum, fidelem & clariorem facere rationem. XI. Item, quòd unusquisque de bursariis nostris in dictâ domo nostrâ instituendis, habeat moram suam in eadem & in eodem collegio, percipiendo bursas nostras prædictas per tempus supradictum, modo & formâ superiùs declaratis, nisi per vitium aut culpam suam expellatur per judicium seu ordinationem dictorum visitatoris & magistri, vocato ad hoc dicto procuratore; à quorum judicio & ordinatione in hac parte, habendo respectum ad bonum statum & meliorationem ac reformationem dicti collegii, nolumus quòd ab aliquo bursario prædicto possit appellari, seu quomodolibet provocari. XII. Item, quia istud collegium est per nos institutum ex opere & intentione caritatis & eleemosynæ, ob remedium animarum superiùs declaratarum; volumus & ordinamus quòd quilibet scholaris noster prædictus, antequam percipiat nostras easdem bursas, sibi de suo provideat de habitu condecenti & honesto, & sic incedat, sive eundo ad sermonem vel ecclesiam, aut alibi per villam, quandiu in perceptione earumdem bursarum nostrarum morabitur. Ad quem sermonem & etiam ecclesiam volumus quòd dicti bursarii nostri, saltem quandiu studebunt in grammatica & logica, vadant singulis diebus Dominicis & festivis humiliter, bini & bini, habentes tonsuras rasas, ita quòd notoriè appareant clerici tonsurati, & in fraternitate ejusdem collegii nominati. XIII. Item, quando ipsi bursarii nostri accipient refectionem suam, & erunt in mensa in loco ad hoc ordinato, præcipimus quòd omne silentium sit inter illos, & quòd ex ipsis sit unus hebdomadarius successivè, qui Bibliam legat intelligibiliter & succinctè; ita quòd ab omnibus ibidem in comestione astantibus possit intelligi & audiri. XIV. Item, quòd omni die in sero omnes de dicto collegio, sub pœna emendæ per dictum magistrum pro suo libito in deficientibus infligendæ, sint insimul congregati in capella dictæ domûs nostræ, in qua tunc unam antiphonam cum versiculo & oratione de beatâ Virgine devotè cantare tenebuntur; quâ cantatâ, dicant *De profundis*, cum oratione *Fidelium*, pro suis fundatoribus. XV. Item, quòd omni die Dominicâ post prandium ipsimet bursarii invicem conveniant in eadem capella, dicendo & psallendo officium mortuorum, videlicèt *Placebo* & *Dirige*, cum novem lectionibus & orationibus consuetis. Insuper ad eorum devotionem excitandam, & ut magis habiles fiant ad divinum servitium exercendum, volumus, statuimus & ordinamus quòd in hujusmodi collegio nostro, in annualibus & majoribus festivitatibus matutinale, in aliis verò diebus Dominicis & festivis missæ & vesperarum officium solemniter cum notâ celebretur, in quo omnes bursarii nostri qui bono modo poterunt, teneantur interesse sub pœna emendæ, ut suprà, in deficientibus infligendæ. XVI. Item, quòd quilibet bursarius noster prædictus teneatur confiteri peccata sua saltem quater in anno, videlicèt in quatuor festis annualibus; ut gratia divina mentes eorum illuminet & illustret ad hauriendam scientiam; quoniam sic dicit Scriptura : *In animam malevolam non intrabit sapientia, nec habitabit in corpore subdito peccatis*. XVII. Item, ad hoc quòd res & bona dictæ domûs & collegii perpetuis temporibus magis debeant meliorari, & in bono statu manuteneri, volumus & specialiter ordinamus quòd quilibet scholaris bursarius noster, de novo ad easdem bursas admissus & receptus, antequàm aliquid recipiat de propriis bursis, solvat procuratori ejusdem collegii quadraginta solidos parisienses pro introitu suo, in commodo & utilitate ipsius collegii convertendos, & cum hoc mappam sufficientem cum una thobalia, ad usum cotidianum dicti collegii, quæ ex tunc eidem collegio quæsita remanebunt. XVIII. Item, tam magister & procurator, quàm scholares prædicti tenebuntur quærere & sibi de suo providere de linteaminibus & coopertis, ac etiam de libris quos audire voluerint, prout eis placuerit, quæ sibi & suæ dispositioni ac voluntati particulariter remanebunt. XIX. Item, decernimus, volumus & declaramus

claramus quòd quandocumque aliquis de prædictis bursariis domûs nostræ habebit & possidebit, tam in bonis ecclesiasticis quàm temporalibus, videlicèt scholaris triginta lib. parif. annui redditûs, magister verò & procurator, quilibet sexaginta libr. parif. liberè portatas quolibet anno Parisius, quòd talis hujusmodi redditum habens & possidens, ex tunc dimittat earumdem bursarum nostrarum perceptionem penitùs & omninò. XX. Item, ad declarandas pœnas & punitiones quas & non alias supponimus infligendas, tam per collatores dictarum bursarum, sive ab eis deputandum seu deputandos, quàm per visitatorem nostrorum domûs & collegii prædictorum, volumus & nostræ intentionis existit, quòd si aliquis de eisdem bursariis nostris vel aliis foraneis scholaribus & hospitibus moram in eodem collegio habentibus, si qui sint, qui etiam foranei, sicut & bursarii, statuta domûs ipsius servare tenebuntur, incedat per villam vagabundus, vel vadat extrà & absque expressa licentia magistri, aut si propriâ stultitiâ vel per alium inductus nocturnet extrà eandem domum, absque licentia prædicta, nisi tamen interveniat aliqua causa rationabilis & justa; quòd talis scandalizans, hospes vel foraneus duntaxàt, cum propriis rebus suis privetur & expellatur ab eadem domo nostra, sine scandalo & rumore in vicinio, sicut meliùs poterit fieri; bursarius verò de numero duodecim bursariorum nostrorum pro simili culpa & defectu, pro qualibet vice qua talem offensam incurrerit, privetur à perceptione earumdem bursarum per mensem, adjectâ correctione virgæ & ferulæ in grammaticis per dictum magistrum infligendâ Et si incorrigibilis persisteret talis bursarius, vel aliàs esset vitæ inhonestæ, brigosus aut perversus, ita quòd scandalum vel detrimentum aliis bonis scholaribus oriri posset vel generari, nisi per bonam disciplinam se corrigat & emendet, volumus quòd ab aliis segregetur, & ab eadem domo nostra ac perceptione bursarum privetur, & penitùs expellatur, absque aliqua misericordia expectanda, & absque eo quòd inde appellare valeat, vel alio quovis modo se conqueri. XXI. Item, etiam si contingeret magistrum vel procuratorem prædictos vel aliquem ipsorum, quod absit, vitam ducere inhonestam, vel quòd aliàs essent suspecti vel malè famati, aut alio vitio irretiti, quod veniret ad notitiam aliorum per experientiam vel præsumptionem vehementem, attento quòd iidem magister & procurator sunt & esse debent bursariorum prædictorum exemplar & doctrina, volumus & ordinamus quòd tales defectuosi & vitiosi priventur bursis nostris prædictis, & ab ipsa domo nostra & regimine sibi commisso removeantur, ac loco ipsorum vel alterius eorumdem, per dictum visitatorem & deputatum à collatoribus cum consilio scholarium sufficientiorum, alii probi, boni, sufficientes & honesti de collegio, si reperiantur, aut saltem de dictis diocesibus constituantur & ponantur. XXII. Item, si aliqui foranei scholares boni & honesti vellent accipere moram in dicta domo nostra,& facere expensas suas de suo cum prædictis bursariis nostris, & sub regimine dictorum magistri & procuratoris, sicut in aliis collegiis Parisiensibus est aliquandò fieri consuetum; volumus quòd liceat eisdem magistro & procuratori tales secum admittere & recipere in eadem domo nostra, dum tamen hoc fiat absque impedimento & nocumento dictorum principalium bursariorum nostrorum, tam in cameris quàm in modo vivendi, vel aliter, ita quòd iidem foranei scholares sint decretistæ, & in sacerdotio constituti, ac actu missas in dicta domo nostra interdùm celebrantes, ad excitandam devotionem aliorum & ad augmentationem divini servicii; & quòd quilibet talium foraneorum annuatim pro habitatione hujusmodi LX. solidos parisienses solvere teneatur procuratori dictæ domûs, in ipsius utilitatem communem convertendos. Hoc adjecto & etiam expressè servato, quòd tam principales bursarii nostri, quàm foranei alii prædicti, refectionem suam semper recipiant in communi, non in cameris, nec ad partem, nisi ex aliqua necessitate fieret, aut causa rationabili, de dicti magistri licentia & expressa voluntate. XXIII. Item, statuimus quòd bini & bini habeant unam cameram in qua jaceant & studeant; volentes quòd magistri discretio cameras dictæ domûs binis & binis, prout sibi videbitur expedire, dividat & assignet; ita tamen quòd ipsis vel eorum altero existentibus in camera de die sive nocte, donec ambo iverint cubitum, camera non firmetur, ut ad eos magister faciliùs accedere valeat, si voluerit, omni horâ, & ut iidem scholares se studio sedulos magis reddant & vacare malis moribus & otiis vereantur; & si expediens videatur magistro, de qualibet camera poterit habere clavem. XXIV. Item, statuimus & ordinamus quòd quâlibet hebdomadâ unus scholarium prædictorum sit præpositus, qui ejusdem hebdomadæ, unà cum famulis dictæ domûs, per se vel per unum de sociis per hebdomadam victus quærat ac mensæ serviat; & quòd per ordinem unus post alium de hebdomada in hebdomadam illud officium facere teneatur. Qui quidem præpositus quâlibet die, de missis septimanæ inter se & famulum tenebitur computare, easque scribere & summare, & in die Veneris societati de his omnibus reddere rationem; jurabitque dictus præpositus initio septimanæ se illud officium fideliter exercere. XXV. Item, statuimus quòd omnes simul comedant certâ horâ & in loco dictæ domûs ad hoc ordinato, & quòd si aliquis vel aliqui absentes fuerint illâ horâ, nisi rationabilis causa subsit, priventur victualibus illius horæ; quódque antè prandium & cœnam benedictionem faciant, & post prandium & cœnam gratias agant Deo solemnes. Quas benedictionem & gratias facere & reddere tenebitur ille qui præpositus fuerit in septimana præcedente; & magister sive procurator presbyteri, dicendo *Fidelium* pro defunctis, gratias consummabunt, aut saltem alius presbyter ibidem residens. Si autem aliqui eorum fuerint infirmitate corporis detenti, qui cum sanis comedere & inter illos conversari non valeant, eisdem infirmis in certo loco dictæ domûs, ut jaceant & possint requiescere, ad hoc specialiter deputato, prout opus fuerit, necessaria ministrentur sumptibus dictæ domûs, usque ad valorem bursæ suæ, nisi aliud magistri discretio duxerit ordinandum. XXVI. Item, statuimus quòd omnes grammatici & philosophi bursarii nostri litteraliter seu Latinum loquantur; & quòd illi qui eundem librum audient, ordinariè seu cursoriè ab uno & eodem magistro audiant, illo videlicèt quem magister eis voluerit assignare, & quòd statim finitâ lectione ad domum redeant, & in uno loco pariter conveniant ad suam lectionem repetendam; itâ quòd unus post alium totiens lectionem repetat, quòd ipsam eorum quilibet benè sciat, & quòd minùs provecti magis provectis lectiones quotidiè reddere teneantur. XXVII. Item, statuimus quòd in dictâ domo nostrâ de novo receptus, ultrâ unum sextarium vini non mediocris suis sociis pro novo suo ingressu seu bejanno non solvat, quódque pro determinatione sua pastum vel sumptus alios facere minimè teneatur; volentes & ordinantes quòd quilibet in eadem domo de novo recipiendus juret quæ sequuntur: primò, quòd statuta præsentia

& futura, facta & facienda inviolabiliter observabit. Item, quòd bona, jura & libertates domûs ac utilitates ipsius, pro posse suo conservabit & defendet, ac etiam procurabit; nec contrà dictam domum & libertates ejusdem, ad quemcumque statum devenerit, esse poterit vel debebit, seu veniet quoquo modo. Item, quòd nullas eleemosynas seu legata domui seu scholaribus prædictis facta, nisi de licentia speciali magistri, recipiet nec celabit; quódque, si sciverit aliquem vel aliquos qui receperint vel celaverint, aut ex nunc recipiant vel celent, magistro, quàm citò sciverit, revelabit. Item, quòd personam magistri & procuratoris sociorumque & aliorum existentium in dictâ domo ergà extraneas personas non diffamabit; & quòd si sciverit aliquem vel aliquos perversæ conversationis vel inhonestæ vitæ, denunciabit magistro vel ejus locum tenenti. Item, quòd res communitatis, quæcumque fuerint, sicut res proprias conservabit; & quòd libros de domo non impignorabit, nec alienabit, seu extrà domum commodabit; quódque, si aliquem hoc fecisse sciverit, dicto magistro vel ejus locum tenenti nunciabit. XXVIII. Præterea statuimus quòd si aliquis dictorum scholarium velit aliquem vel aliquos convenire auctoritate apostolicâ, virtute privilegiorum ab eadem sede universitati Parisiensi indultorum, hoc sibi facere non liceat, nisi cum licentia primitùs à magistro petita pariter & obtenta. Cui universitati præsens collegium nostrum attentè supplicamus aggregari. XXIX. Demùm verò, computato bis in anno, sicut est prætactum, de receptis & missis ac expensis domûs & collegii prædictorum, factísque domorum & ædificiorum reparationibus ac solutis custibus prosequendi, declarandi & defendendi jura & redditus, necnon & retentis & reparatis utensilibus & aliis mobilibus, cum solutione dictarum bursarum, ac cæteris universis necessariis ipsorum domûs & collegii primitùs adimpletis; si qua pecunia indè remaneat aut supersit, facto compoto prædicto, placet nobis & volumus quòd residuum in deposito servetur pro redditibus ipsorum domûs & collegii acquirendis & ampliandis, per consilium tamen & auctoritatem patronorum & visitatoris prædictorum qui erunt pro tempore, & cujuslibet eorumdem. XXX. Deindè placet nobis & perpetuâ stabilitate volumus observari, quòd in dictâ domo nostrâ sit una fortis arca communis, in quâ sint tres claves differentes & distinctæ, quarum

magister

magister habebit unam, procurator aliam, & tertiam visitator prædicti qui erunt pro tempore; in qua siquidem arca pecunia communis ac omnes chartæ & tituli originales fundationis & statûs collegii & domûs prædictorum, cum copia reddituum & aliorum servandorum, sub secura & tuta custodia includentur & ponentur; ad quam arcam dicti tres, quando erit necessitas, insimul ire poterunt, & non aliàs; nec unus aut duo, tertio non vocato, poterunt ipsius arcæ facere aperturam; & quotiens eandem aperturam facere oportebit, volumus & jubemus quòd hoc fiat etiam vocatis cum ipsis duobus aut tribus de sufficientioribus bursariis nostris prædictis, ad hoc quod de statu domûs ipsius majorem habere valeant notitiam, & se habilitare ad futurum regimen ejusdem, volentes etiam & specialiter ordinantes, quòd præmissa statuta per nos, ut præmittitur, facta, bis vel ter in anno ad minus in dicto collegio nostro, præsentibus scholaribus ejusdem, legantur & publicentur; videlicèt diebus Lunæ post festum omnium Sanctorum, post Brandones, & post festum beati Joannis Baptistæ. Quorum quidem redditus & domûs ac admortizationum eorumdem litteras ac titulos quos in & super acquisitione ipsorum habuimus & habemus, tradi fecimus & reponi in arca superiùs dicta ad eorum conservationem, & etiam perpetuum documentum. Quos quidem redditus capiendos, ut prædicitur, super villam Rothomagensem, oneravimus & oneramus de quadraginta libris turonensibus pro dotatione unius capellaniæ perpetuæ, fundatæ per nos in parochiali ecclesia *de Gueulesin* Attrebatensis diocesis, capellano ejusdem capellaniæ per manus procuratoris dicti collegii singulis annis perpetuò solvendis, juxtà tenorem & formam litterarum nostrarum super hoc passatarum sub sigillo Castelleti Parisiensis; ad solutionem cujus redditûs in terminis per nos in fundatione hujusmodi capellaniæ ordinatis, volumus dictum collegium, magistrum, procuratorem & scholares, antequàm bursas nostras recipiant, obligari viis & modis quibus meliùs & commodiùs fieri poterit ad utilitatem & securitatem hujusmodi capellaniæ capellani. Harum serie supplicantes reverendo in Christo patri & domino nostro, domino episcopo Parisiensi, quatenus omnia & singula præmissa auctoritate suâ ordinariâ pro eorum stabilitate perpetuâ corroborare, confirmare ac in eis auctoritatem interponere dignetur pariter &

Tome II.

decretum. In quorum omnium & singulorum testimonium præmissorum, ac horum veram certitudinem pleniorem, præsentibus litteris nostrum fecimus apponi sigillum. Datum & actum Parisius XIX. die mensis Aprilis, anno Domini M. CCC. LXXX. Item UNIVERSIS præsentes litteras inspecturis, officialis Parisiensis salutem in Domino. Notum facimus quòd litteræ quibus hæ nostræ præsentes sunt annexæ, sunt sigillatæ vero & proprio sigillo seu verâ & propriâ sigilli impressione venerabilis & circumspecti viri magistri Michaelis de Dainvilla archidiaconi Ostrevanensis in ecclesia Attrebatensi, clerici & consiliarii domini nostri regis Francorum; quo sigillo seu quâ impressione idem magister Michael utitur & uti consuevit, prout nobis legitimè constitit & constat per depositionem & testimonium venerabilium & discretorum virorum magistri Petri dicti *Cramette* secretarii, & Colardi dicti *Briffaut-Desplancques* armigeri ostiarii armorum dicti domini nostri regis, ac magistri Johannis Blondi clerici, notarii apostolici, Attrebatensis diocesis, testium coràm nobis super hoc productorum, receptorum, juratorum, ac per nos diligenter & articulatim examinatorum, præmissa deponentium fore vera. In cujus rei testimonium sigillum curiæ Parisiensis litteris præsentibus duximus apponendum. Datum anno Domini M. CCC. LXXX. die Jovis post Dominicam quâ cantatum fuit in Ecclesia sanctâ Dei *Jubilate*. QUIBUS siquidem litteris fundationis, ordinationis & dotationis supradictorum duodecim scholarium, ac contentis in ipsis seriatim visis & inspectis, ac à nobis cum diligentia & deliberatione perscrutatis ipsius magistri Michaelis laudabile propositum in Domino non mediocriter attollentes, affectioneque & amore quos præfati defuncti episcopus & miles dicti fundatoris germani, dum vitâ fruebantur humanâ, ad nos habere comperimus, animadversione condignâ annotatis, præfatas fundationem, ordinationem & dotationem scholarium & collegii prædictorum, sub modis, formis & conditionibus superiùs declaratis, ac omnia & singula in eisdem litteris contenta, rata & grata habentes, ipsas & ipsa volumus, ratificamus & approbamus, ac nostrâ auctoritate ordinariâ, tenore præsentium confirmamus; auctoritatem nostram pariter & decretum eisdem interponentes: jure nostro ordinario & quolibet alieno in omnibus semper salvo. In quorum omnium

Ttt

Certificat de l'oficial de Paris touchantes lettres du fondateur.

Suite des lettres de confirmation de l'évesque de Paris.

& singulorum testimonium & certitudinem pleniorem, nos Aymericus Parisiensis episcopus supradictus præsentes litteras seu præsens publicum instrumentum per notarios publicos infrà scriptos scribi & publicari mandavimus, nostrique sigilli fecimus appensione communiri. Datum & actum Parisius in superiori capella domûs nostræ episcopalis, anno Domini M. CCC. LXXX. indictione III. mensis Aprilis die XXI. pontificatûs sanctissimi in Christo patris ac domini nostri domini Clementis dignâ Dei providentiâ papæ VII. anno II. Præsentibus ad hæc dilecto germano nostro domino Gerardo de Magnaco præposito de Anisio in ecclesia Carnotensi, & ejusdem ecclesiæ canonico, dilectoque nostro consocio magistro Ricardo *de Los* in utroque jure licentiato, Johanne de Fayaco canonico Noviomensi, & dominis Johanne Raymondi de Soisiaco, & Hugone Pillot de sancto Audoeno propè Pontisaram nostræ diocesis ecclesiarum parochialium presbyteris curatis, dilectis capellanis nostris, testibus ad præmissa vocatis specialiter & rogatis.

Certificats des notaires.

ET EGO Joannes Touppeti de Castaneto Belvacensis diocesis clericus, publicus apostolicâ auctoritate notarius, prædictis ratificationi, approbationi, confirmationi, decretique interpositioni & cœteris omnibus & singulis supradictis, dum & prout suprà scriberentur, fierent & agerentur, unà cum subscripto publico notario & testibus prænominatis, præsens interfui, & ea sic fieri vidi & audivi, & hæc omnia publicando his litteris præsentibus, seu instrumento huic publico manu propriâ me subscripsi, signumque meum consuetum unà cum signo & subscriptione dicti notarii publici infrà scripti requisitus apposui in testimonium veritatis. ET EGO Johannes Blondi clericus Attrebatensis diocesis, auctoritate apostolicâ publicus notarius, præmissis litterarum exhibitioni, ratificationi, approbationi, confirmationi, auctoritatis & decreti interpositioni, cœterisque omnibus & singulis supradictis, dum sic per præfatum reverendum patrem & dominum dominum episcopum Parisiensem fierent & agerentur, unà cum notario publico & testibus superiùs nominatis, præsens interfui, ea sic fieri videndo & audiendo, præsentesque litteras seu præsens publicum instrumentum inde confectum, manu meâ propriâ scripsi; & hîc me subscribens signum meum solitum unà cum præfati reverendi patris sigilli appensione, signoque & subscriptione dicti notarii publici apposui, requisitus in testimonium veritatis præmissorum. *Tiré d'une brochure imprimée en 1703. intitulée: Statuta collegii de Dainvilla.*

Additions & modifications faites par le fondateur aux statuts precedens.

UNIVERSIS præsentes litteras inspecturis Michael de Dainvilla archidiaconus Ostrevanensis in ecclesia Attrebatensi, hæres & executor defunctorum bonæ memoriæ dominorum Gerardi de Dainvilla quondam Cameracensis episcopi, & Johannis de Dainvilla militis, dum vixit, inclytæ recordationis Johannis & Caroli Franciæ regum hospitiorum magistri, fratrum nostrorum, in Domino salutem. Cùm in fundatione collegii nostri de Dainvilla de novo fundati Parisius in domo nostra sita ante ecclesiam sanctorum Cosmæ & Damiani, expresse retinuerimus omnimodam potestatem statutis ipsius collegii in dicta fundatione per nos factis & ordinatis addendi, augmentandi, ea immutandi, corrigendi & diminuendi, prout nobis juxta varietatem temporum & statûs dicti collegii videretur expedire; post cujus siquidem collegii fundationem, quod dotavimus de trecentis octodecim libris sexdecim solidis & decem denariis cum obolo turonensibus, annis singulis capiendis in & super hallis & molendinis Rothomagensibus; ipsum collegium, cum solutione bursarum duodecim scholarium, onerassemus de fundatione cujusdam capellaniæ valoris quadraginta librarum turonensium annis singulis; supradictum collegium nostrum de fundatione supradictæ capellaniæ, auxiliante Deo, exoneravimus; & pro dotatione ipsius capellaniæ certos redditus in Attrebato admortizatos præfato collegio assignavimus, sicut per fundationem hujusmodi capellaniæ præmissam clariùs potest apparere, ad quam nos referimus. Noverint universi quòd nos considerantes servitium divinum quod quotidiè in dicto collegio nostro celebratur, & illud suffragante divinâ gratiâ speramus augmentari; ad ipsum collegium nostrum oculos pietatis dirigentes, de nostra speciali gratia statuimus & ordinamus, ut scholares in dicto collegio nostro moram facientes, ad studendum & pro fundatoribus Salvatorem nostrum deprecandum ferventiùs animentur & obnoxiùs astringantur, quòd de & super dictis redditibus, anno quolibet, pro salario famulorum suorum sibi obsequentium, decem libras parisienses, & pro lignis in communi

muni præfatis fcholaribus diftribuendis, totidem percipiant & habeant. Et ut præsens gratia noftra se extendat ad magiftrum & procuratorem ipfius collegii noftri, qui onus & curam illius gerunt, tam in fpiritualibus, quàm in temporalibus, & in capella ipfius collegii die quâlibet tenentur celebrare; volumus & ordinamus quòd quilibet eorumdem à modo qualibet feptimanâ, ultrà burfas fuas in ftatutis collegii ordinatas, habeat duodecim denarios parifienfes principaliter, ne à modo noftrum collegium ob defectum miffarum, detrimentum aliquod patiatur. Quas viginti libras annis fingulis, unà cum cremento burfarum dictorum magiftri & procuratoris collegii fuperiùs expreffato, ad ufum dictarum miffarum convertendo, in compotis dicti procuratoris per vifitatorem dicti collegii & ad hoc à nobis deputatos, volumus allocari, ceffante contradictione quâcumque. Item, penfatâ utilitate dicti collegii, ftatuimus & ordinamus, quòd quicumque burfarius nofter burfas in dicto collegio noftro participans, five fit magifter, five procurator, aut quivis alius, ultrà tres menfes pro quacumque caufa, abfque licentia noftra feu collatorum dictarum burfarum poft deceffum noftrum, priùs petita & obtenta, se nequeat à dicto collegio abfentare; imò volumus & expreffe declaramus, quòd burfa five burfæ talium abfentium tranfactis dictis tribus menfibus (quas vacare decrevimus) aliis benè meritis conferantur & affignentur. Et quia circà perceptionem burfarum noftrarum in earumdem primaria receptione vel aliàs dubium verfari poffet, declaramus quòd quicumque burfarius nofter hujufmodi burfas noftras minimè recipiat, nifi per tres dies in feptimanâ, in principio vel in fine feptimanæ, continuè moram fecerit in præfato collegio noftro, ufu contrario quocumque non obftante. Item, modificando vigefimum fecundum articulum dictorum ftatutorum noftrorum, in quo fit mentio de forma recipiendi fcholares foraneos in dicto collegio noftro; volumus quòd illic recipi valeant quicumque fcholares provinciæ Remenfis, dum tamen fint vitæ laudabilis & converfationis honeftæ, frequentantes ftudium, ad decretum magiftri prædicti collegii noftri: dicto articulo cæterifque ftatutis noftris in aliis in fuo robore perdurantibus. In quorum teftimonium præfentibus litteris figillum noftrum duximus apponendum. Datum Parifius, XVI. die Januarii, anno Domini M. CCC. LXXXIII. *Ibidem.*

Tome II.

Statut du vifiteur & du collateur des bourfes du mefme college.

UNIVERSIS præfentes litteras infpecturis, falutem. Gerardus de Vimino pœnitentiarius & canonicus ecclefiæ Parifienfis, magifter actu regens in theologiæ facultate, collegiique fcholarium de Dainvilla de novo fundati ante ecclefiam fanctorum Cofmæ & Damiani vifitator, & Petrus *Cramette* cum fuo collega burfarum ipfius collegii collator, in Domino falutem. Nobis in præfato collegio cum magiftro & procuratore dicti collegii & majori parte fcholarium ejufdem XIII. die menfis Novembris, anno Domini M. CCC. LXXXIV. congregatis, præfentibus venerabilibus & circumfpectis viris magiftro Arnaldo Remondeti in camera compotorum confiliario, & Francifco de Monte-acuto domini noftri regis clericis, ad audiendum compotum receptarum & mifiarum reddituum ad præfatum collegium pertinentium, & ad illud reformandum, fi quæ reperiremus reformatione indigere; per nos ftatutum fuit & ordinatum, de confenfu pariter & affenfu dictorum magiftri & procuratoris & fcholarium, ne in illo collegio divinum officium, propter varias occupationes cafualiter fæpiffimè in dicto collegio emergentes in officio dictorum magiftri & procuratoris, qui alternis vicibus in ipfo tenentur die qualibet celebrare fub certis conditionibus in ftatutis dicti collegii pleniùs declaratis, detrimentum aliquod pateretur, & ad relevamen eorumdem magiftri & procuratoris, quòd deinceps in dictis miffis celebrandis, ut ordinatum eft, coadjutores habebunt duos religiofos ftudentes, & burfas capientes in dicto collegio, juxtà prædicta ftatuta; qui religiofi per feptimanas miffas in dicto collegio, ficut ipfi magifter & procurator, quilibet pro quartâ parte anni tenebuntur celebrare; & ob hoc quilibet dictorum religioforum, ultrà burfas fuas communes quatuor folidorum per feptimanam, duos folidos parifienfes percipiet, quorum medietatem folvet collegium, & aliam medietatem folvent præfati magifter & procurator, & deducentur de emolumento quod pro dictis miffis celebrandis recipere confueverunt. Si verò non effent religiofi in collegio ante dicto, qui mediam partem dictarum miffarum five quartam partem vellent celebrare, præfati magifter & procurator, ficut confueverunt & aftricti funt per fta-

Ttt ij

tura dicti collegii quæ juraverunt, quâlibet die in dicto collegio missam celebrare tenebuntur ; percipiendo ad eorum aliquod relevamen & subsidium, emolumentum superiùs ordinatum, ut pro qualibet septimana duos solidos, scilicèt magister duodecim denarios, & procurator
totidem, cum aliis emolumentis ob causam prædictam aliàs sibi ordinatis, ut pleniùs continetur tam in statutis dicti collegii, quàm in adjectionibus eorumdem.
Et quia in adjectionibus dictorum statutorum cavetur, quòd bursarii bursas percipientes in dicto collegio, quacumque
de causa se absentare non valeant ultrà
tres menses absque licentia collatorum
dictarum bursarum petita & obtenta, sub
pœna privationis suæ bursæ ; ad obviandum malitiis & cautelis quæ in hoc evenire possent, & jam satis luculenter apparent ; statutum est & ordinatum, ut à modo collegium magis vigeat, & illuc bursarii continuè frequentent pro scientia acquirenda, quòd aliquis bursarius, magister & procurator, sive alius simplex, plusquàm per tres menses in uno anno, unâ
vice vel pluries, à dicto collegio quacumque de causa se minimè poterit absentare,
nisi tanta sit & talis necessitas, quòd illâ
cognitâ, & ad notitiam nostrûm visitatoris & collatoris deductâ, cum consilio
dictorum magistri & procuratoris, tali
bursario absenti majoris absentiæ mora
meritò debeat elargiri ; statutis collegii in
omnibus aliis, & maximè quoad religiosos in suo robore duraturis. In quorum
testimonium sigilla nostra præsentibus litteris duximus apponenda. Datum Parisius, anno, mense, die & loco prædictis.
Ibidem.

MODIFICATION DE L'ARTICLE IX. des statuts du college de Dainville.

An. 1389.

UNIVERSIS præsentes litteras inspecturis, Petrus *Cramette* canonicus Noviomensis, collegii scholarium de
Dainvilla fundati Parisius ante ecclesiam
sanctorum Cosmæ & Damiani bursarum
collator, unà cum domino Petro Falconerii dictæ ecclesiæ Noviomensis canonico, Johannes de Milliaco advocatus in
curia parlamenti, Attrebatensis, necnon
Robertus *Coiffe* clericus in camera compotorum domini nostri regis, Noviomensis ecclesiæ canonici, ad audiendum compota redditûs dicti collegii, & alia faciendum quæ circà hæc fuerint opportuna,
à dictis collatoribus deputati per litteras
inferiùs scriptas, in Domino salutem.

Cùm nos anno præsenti, videlicèt mensis
Augusti die primâ fuerimus congregati in
dicto collegio ad negotia ejusdem pertra-
ctanda, compotaque ipsius collegii audienda, &, si quæ erant reformatione
indigentia, reformanda ; noverint universi quòd per nos visis statutis dicti collegii, quorum inter alia unum erat, cujus
tenor sequitur in his verbis : *Item, quòd
dictus procurator habeat per declarationem
in scriptis penès se omnes redditus & proventus dicti collegii ; & quòd de & super recepta hujusmodi reddituum ipse procurator fideliter faciat missas & expensas collegii indè
faciendas ; & etiam quòd idem habeat in
scriptis per copiam sibi à magistro prædicto
traditam, partes inventarii bonorum, utensilium domûs & ornamentorum capellæ dicti
collegii & aliorum quorumcumque ad ea spectantium ; quorum omnium & singulorum idem
procurator tenebitur compotum facere & rationem legitimam reddere bis in anno, duobus terminis ; videlicèt in festo nativitatis
beati Johannis-Baptistæ & in festo omnium
Sanctorum, vel saltem infrà octavas cujuslibet festi, in præsentia certi vel certorum à
principalibus collatoribus hujusmodi deputandi vel deputandorum, necnon etiam in præsentia visitatoris & magistri ac cæterorum
bursariorum domûs, qui quantum ad hoc utiles poterunt evocari, absque tamen aliquo
onere expensarum ; qui sic congregati conrige-
re & reformare valeant, omni favore postposito, quidquid repererint corrigendum &
in melius reformandum ; quibus collatoribus
aut deputandis ab eisdem, necnon visitatori
prædicto præmissa faciendi perpetuam damus
facultatem ac etiam potestatem.* Attendentes quòd temporibus affuturis propter
verba in dicto statuto superiùs expressata,
ubi videlicèt cavetur, *absque tamen aliquo
onere expensarum*, ab auditione dictorum
compotorum & reformatione istius collegii collatores, visitator & alii ad hoc deputati se retrahere possent, nisi saltem die
hujusmodi visitationis sive compotorum
redditionis quoad suas expensas de bonis
collegii procurarentur, cùm nemo suis
propriis stipendiis in re aliena militare teneatur, de unanimi consensu magistri,
procuratoris & scholarium aliorum dicti
collegii, qui ad hoc fuerunt advocati,
tunc præsente venerabili viro magistro
Guillermo de Marchia fratre & procuratore visitatoris dicti collegii, pro melioratione regiminis ejusdem, statuimus &
ordinavimus, statuimusque & ordinamus
per præsentes, quòd deinceps procurator
dicti collegii de bonis ejusdem, pro expensis suprà nominatorum collatorum,

JUSTIFICATIVES.

visitatoris, deputandorum & aliorum ad hæc necessariorum, propter hoc congregatorum die redditionis compotorum, bis in anno, juxtà dictum statutum, summam quadraginta solidorum parisiensium poterit expendere, & non ultrà, pro omnibus & singulis expensis; quæ summa videlicet pro duabus vicibus quatuor librarum per dictum procuratorem sic soluta, de suis receptis deducetur, & in suis misiis allocabitur, quâcumque contradictione cessante. Tenor verò litterarum, de quibus superiùs fit mentio, sequitur sub hac forma. MAGNÆ scientiæ & discretionis viris, magistris Johanni de Millia. co advocato in parlamento, in utroque jure licentiato, Attrebatensis, ac Roberto *Coiffe* domini nostri regis clerico in camera sua compotorum, Noviomensis ecclesiarum canonicis, Petrus *Cramette* domini nostri regis secretarius, & Petrus Falconerii canonici Noviomenses, executores bonæ memoriæ defuncti domini Michaëlis de Dainvilla archidiaconi Ostrevanensis in ecclesia Attrebatensi, ac dum viveret, canonici Noviomensis; in Domino salutem. Cùm ad nos collatio bursarum scholarium collegii de Dainvilla per præfatum dominum archidiaconum fundatorum, ex ordinatione ipsius defuncti, ratione dictorum beneficiorum nostrorum & suæ executionis, quamdiù vixerimus in humanis, pleno jure pertinere dignoscatur, sicut per statuta collegii dictorum scholarium potest liquidiùs apparere; per quæ, ut in diversis locis ipsorum diffusè continetur, potestatem habemus inter alia, compota procuratoris dicti collegii audiendi, corrigendi & examinandi per nos vel à nobis deputatos, & plura alia faciendi in dictis statutis latiùs enarrata; debeatque post decessum nostrum, bursarum dictorum scholarium ad reverendos dominos nostros præpositum, decanos & capitula dictarum Attrebatensis & Noviomensis ecclesiarum devolvi collatio, & dicti collegii tanquàm ad veros collatores seu patronos omnimoda dispositio pertinere; de dominationibus & circumspectionibus vestris non immeritò confidentes, ut in compotis procuratoris dicti collegii, & aliis actibus regimen ipsius collegii tangentibus interesse possitis loco nostrûm alibi multotiens occupatorum, tanquàm à nobis & à quolibet nostrûm deputati, vobis & vestrûm cuilibet juxtà tenorem dictorum statutorum concedimus per præsentes plenariam potestatem, vices nostras quoad hoc committendo; penès nos tamen, quamdiù vi-

Commission des executeurs testamentaires de Michel de Dainville.

xerimus, dictarum bursarum collatione retentâ. Rogantes tenore præsentium præfatos dominos nostros præpositum, decanos & capitula prædictarum ecclesiarum, ad majorem confirmationem præmissorum, & ad hoc quod status præfati collegii sciri & agnosci perfectiùs valeat atque possit, ut ipsis & eorum cuilibet præsentes litteras per suas patentes placeat approbare & confirmare juxtà eorum seriem & tenorem. Datum sub sigillis nostris die ultimâ Julii, anno Domini M. CCC. LXXXIX. UNIVERSIS præsentes litteras inspecturis, Tristandus præpositus & capitulum ecclesiæ Attrebatensis, ejusdem ecclesiæ decano notoriè absente, salutem in domino. Notum facimus quòd nos visis litteris quibus præsentes insigniuntur, capitulo ad sonum campanæ congregato, omnia & singula in eisdem litteris contenta, quemadmodum nos & nostram ecclesiam præfatam tangunt & concernunt, juxtà litterarum ipsarum seriem approbamus, laudamus & etiam confirmamus. In cujus rei testimonium præsentibus litteris sigillum ecclesiæ nostræ prædictæ ad causas duximus apponendum. Datum in capitulo nostro anno Domini M. CCC. LXXXIX. mensis Augusti die XXIII. UNIVERSIS præsentes litteras inspecturis capitulum ecclesiæ Noviomensis, decano ejusdem notoriè absente, salutem in Domino. Notum facimus quòd nos visis litteris quibus nostræ præsentes insigniuntur, omnia & singula in eisdem litteris contenta, in quantum nos & nostram ecclesiam prædictam tangunt & concernunt, juxtà litterarum ipsarum seriem & tenorem approbamus & etiam confirmamus. In cujus rei testimonium sigillum dictæ ecclesiæ nostræ ad causas, litteris præsentibus duximus apponendum. Datum in capitulo nostro anno Domini M. CCC. LXXXIX. die XXVI. mensis Novembris. IN QUORUM testimonium litteris præsentibus sigilla nostra duximus apponenda. Datum Parisius, anno Domini M. CCC. LXXXIX. mense & die prædictis. *Ibidem.*

Ratification du chapitre d'Arras.

Autre du chapitre de Noyon.

Suite & date de l'acte de modification.

NOUVEAU REGLEMENT
pour le college de Dainville.

I. QUAVIS anni tempestate ad campanæ sonitum omnes è lecto surgent horâ quintâ matutinâ; & horâ ipsâ sesqui-quintâ, iterùm pulsante campanâ, omnes & singuli sistent se in capella, preces ad Deum fusuri eo modo & ritu qui adhiberi consuevit in collegio; bursarii acce-

T tt iij

dent veste talari induti, atque eo habitu qui deceat & statum ipsorum, & locum in quo astant, & officium quod exolvere Deo cogitant.

II. Precationem excipiet sacrarum novi Testamenti scripturarum attenta lectio & meditatio per horæ quadrantem circiter.

III. Lectionem hanc mox sequetur missa collegii, ex præscripto fundationis & statutorum singulis omninò diebus accuratè exolvenda, sic ut ordinariè non incipiat tardiùs horâ sextâ matutinâ, cui omnes atque singuli studiorum causâ morantes in collegio, adesse tenebuntur.

IV. Ubi verò ex fundatione obitûs secundam missam celebrari oportebit, ea cantabitur horâ commodiori, habitâ ratione scholarum quas studentes bursarii ex officio frequentant; ubi & illud de obituum diebus observari convenit, ipsos anteverti potiùs quàm differri oportere.

V. Diebus verò per quos scholarum est intermissio, sicuti Dominicis atque festis, horâ tantummodò sextâ matutinâ ad surgendum è lecto campana pulsabitur; & sesqui-sextâ ipsâ ad secundum campanæ sonitum precatio habebitur, uti suprà dictum fuit; hanc diebus istis, Dominicis scilicèt & festis, excipiet major missa cum cantu, uti statuta præcipiunt. Ac post missam diebus Dominicis & solemnioribus festis omnes & singuli bursarii, unà cum aliis clericis in collegio commorantibus, ad parochiam se conferent, quod statutis expressè cautum est, atque in ipsâ ordinis sui officiis sedulò ac religiosè fungentur.

VI. Diebus iisdem Dominicis atque festis vesperæ celebrabuntur horâ post meridiem sesqui-primâ, quas continuò sequentur aliæ vesperæ pro defunctis, ex articulo XV. statutorum quod de solis Dominicis diebus accipiendum est; utrisque autem vesperis die Dominicâ quâlibet celebratis, horæ unius circiter spatium impendetur in ipsâ capellâ interpretationi sacrarum litterarum novi Testamenti, aut explanationi historiæ sacræ veteris; quæ exercitatio alio loco haberi, aut in aliam horam transferri poterit, si sic commodiùs aut opportuniùs judicabit magister, penès quem est hujus exercitii labor ac cura. Nec tamen istius officii pretextu, utriusque diocesis Attrebatensis & Noviomensis commorantes in collegio clerici, seu domestici, seu extranei, avocabuntur aut immunes fient ab ecclesiasticis collationibus, quæ certis per mensem diebus instituuntur ex præscripto & jussu reverendiss. episcoporum Attrebatensis &

Noviomensis. In his verò exercitiis colendis assiduos esse ipsos collegii clericos advigilabit magister, aut qui ejus vices fungetur.

VII. Solemnibus festis, ubi matutinum officium cum cantu ex statutis & fundatione ipsâ præscribitur, illud mox post precationem serotinam peragi poterit, servatis Laudibus ad ipsum manè, ut sit frequentandæ parochiæ etiam istis diebus opportunior facultas.

VIII. Istis iisdem solemnibus festis cuncti sacræ communionis participes esse studebunt, tum ad pietatem alendam & amplificandam, tum ut quemadmodum statu & gradu aliis præstant, sic rerum sanctarum studio, amore & fructu provectiores evadere nitantur. Certis quoque per mensem diebus Eucharistiam percipient, ex illius videlicèt consilio cui arcanos animi sensus affectumque animæ referabunt.

IX. Prandium in loco ad id destinato omnes sument unâ eâdemque horâ, nimirùm duodecimâ; quo durante, suo quisque ordine, sive è domo, sive extraneus, leget primò sacram scripturam; dein librum quem indicabit magister; tum lecto martyrologio, & finitis gratiarum actionibus, horæ circiter unius spatium relaxandis animis dabitur; quod fiet aut deambulatione intrà septa collegii, vel liberâ & modestâ collocutione: quâ peractâ, sedulò repetet quisque cameram, studiis operam daturus.

X. Cœnæ tempus quâvis anni tempestate erit horâ post meridiem septimâ, cum lectione & gratiarum actionibus suprà notatis. Hæc excipiet deambulatio, vel collocutio, ut suprà, ad horam usque sesqui-octavam; quo tempore serotinæ preces in capellâ habebuntur, à quibus abesse nemo poterit, absque magistri permissu; & antequàm ab capellâ discedatur, legetur attentè ab uno caput unum novi Testamenti, omnibus studiosè auscultantibus.

XI. Ipso precationis serotinæ tempore claudetur major porta collegii, idque quâvis anni tempestate; neque post licitum erit ulli bursario aut studenti egredi domo, nisi ob urgentem necessitatem copiam ab magistro impetrarit.

XII. Qui student humanioribus litteris, singulis scholarum diebus manè scriptionem, id est orationem aut Latinè, aut Græcè, aut vernaculè editam, magistro perlegent, parati quoque explicare scriptorem seu historicum, qui in ipsorum scholis quotidianâ lectione teritur. Sub finem

finem hebdomadæ, id est die Veneris aut Sabbati, reddent eidem magistro rationem cunctarum lectionum quas didicerint ejusdem hebdomadæ spatio ; diurnam verò ac quotidianam , antequàm scholas adeant, recitare tenebuntur uni vel è philosophis, vel è theologis, quem in hoc opus delegerit magister.

XIII. Qui logicæ aut physicæ scholas adeunt, ter in hebdomada diebus sibi assignatis repetent placita, sententias & argumenta quæ scriptis in schola sedulò excipiunt ; atque in trium istorum dierum uno collocutionibus seu disputationibus philosophicis tempus certum impendetur ; cui exercitationi aderunt unà & philosophi & ipsi theologi, quisque ipsorum ordine suo responsurus & disputaturus.

XIV. Ad theologorum expendenda promovendaque studia, dies in qualibet hebdomada duo designabuntur, quorum uno iidem theologi rationem reddent scriptorum & tractatuum quos ab professoribus in schola accipiunt ; alterius verò diei tempus indictum insumetur in exercitatione, quâ de rebus theologicis, juxtà ea quæ docentur ab suis professoribus, disputatio instituetur ad eum modum qui mox de exercitatione philosophica præscriptus est.

XV. Notabuntur etiam aliquot dies in hebdomada, in quibus hora una quæ commodior videbitur, in addiscendo cantu ecclesiastico consumetur ; nec ab isto exercitio ullus bursariorum immunis erit absque magistri permissu. Sumptus verò in eam rem faciendos suppeditat collegium , cui summam pecuniæ hac de causa testamento suo legavit D. Martinus *Grandin* collegii ejusdem olim magister. *Ibidem.*

ORDONNANCES DU ROY Charles VI. contre la ville de Paris.

CHarles par la grace de Dieu roy de France, savoir faisons à tous presens & avenir, que comme assez tost après le trespassement de nostre tres-cher seigneur & pere, que Dieu absolve, les aydes qui en son tems avoient cours en nostredit royaume pour la deffense d'icellui, & mesmement en nostre ville de Paris, eussent esté abbatuës de faict & mises au neant pour certaine commotion de peuple faicte à Paris par plusieurs gens de mauvaise volonté & desordonnée, & les boistes de nos fermiers abbatuës & despeciées ; & depuis ce, en l'année dernierement passée les bourgeois manans & habitans de nostredite ville, ou la plus grande & saine partie d'iceulx, nous eussent accordé avoir cours en nostredite ville de Paris pour la deffense de nostre royaume certaines aides communes, c'est à savoir l'imposition de la gabelle & autres aydes, par la forme & maniere plus à plain declarée en certaines instructions sur ce faictes, à commencer le premier jour de Mars dernierement passé ; duquel jour plusieurs manans & habitans de nostredite ville & autres gens de male volonté qui estoient ledit jour en icelle, en perseverant de mal en pis, & pour empescher le cours desdites aydes à nous octroyées, comme dit est, se fussent assemblez & alliez dans nostredite ville, & y tué & meurtry aulcuns qui estoient ordonnez & commis sur le faict desdites aydes, rompu les boistes ordonnées pour mettre les deniers d'iceulx aydes, & delà allez à l'église saint Jacques de l'Hospital où ils trouverent uns des fermiers desdites aydes, lequel débouterent & menerent par force hors d'icelle église, & le tuérent & meurdrirent ; & après se fussent transportez en la maison de ville, & d'icelle rompu les portes, huis & coffres, & pris grant quantité de maillets qui y estoient, lesquels Hugues Aubriot jadis prevost avoit faict faire du commandement de nostre très honoré pere, dont Dieux ait l'ame, & eussent aussi tué & meurdry aucuns de nos officiers & autres qui auroient receu les impositions ou autres aydes & pris à ferme, abbatu plusieurs maisons à Paris, rompu coffres, effondré vins & autres bruvages, pris ensemble plusieurs biens en iceux ; & avec ce eussent pris & rompu les prisons de nostre Chastellet de Paris, & entrez ont delivré les prisonniers estans en icelles, tant ceux qui estoient detenus pour cas criminels, comme autres ; pris, cassé & emporté & deschiré plusieurs procez, papiers, chartres, registres & autres lettres & escritures touchans nous & nostre peuple ; & aussi tué & meurdry plusieurs Juifs & Juifves qui estoient en nostre speciale sauve-garde, & pillé, gasté & dissipé leurs biens & ceux de plusieurs Chrestiens que ils avoient à gage par devers eux ; & depuis en perseverant en leurs mauvaises volontez, ayent faict plusieurs assemblées & plusieurs commotions, tant armez, comme desarmez, & faict chaines & barrieres en nostredite ville, de leur auctorité, sans nostre congé & licence, & gardé les portes à l'encontre de nous & de nos officiers, & refusé de nous y laisser entrer à nostre volonté, & aussi empesché par plusieurs fois que nos chariots & ceux de nostre très cher oncle le duc de Bourgongne, & plusieurs autres choses, tant d'aucuns de nostre lignage, comme d'autres nos officiers, fussent amenez par devers nous, & à nosd. officiers où nous estions; & avec ce ayent faict, commis & perpetré plusieurs autres rebellions, désobeïssances, monopoles, crimes & malefices, tant de leze majesté, comme autres, en faicts & en paroles, depuis ledit premier jour de Mars, jusques au Dimanche VI. jour de ce present mois de Janvier que nous vinsmes en nostredite ville de Paris; & en oultre ayent plusieurs fois mesprins dès le temps de nostredit seigneur & pere, que Dieu absolve, & depuis sa mort en plusieurs manieres, dont plusieurs autres bonnes villes de nostre royaume y ont pris mauvais exemple, & pour ce s'en sont ensuivis plusieurs grands & enormes inconveniens moult préjudiciables à nous & à nostre royaume, & encore s'en pourroient ensuivir, se remede n'y estoit mis. Pourquoi nous voulans pourvoir à ce, & tenir nos subjets en bonne paix & tranquillité, & les garder de rencheoir en telles ou semblables rebellions, malefices & desobeïssances, par grande & meure deliberation, à laquelle estoient nos tres chers & amez oncles les ducs de Berry, de Bourgongne & de Bourbon, le sire d'Albret, le connestable, l'admiral, les mareschaux de France, & plusieurs autres, tant de nostre sang & lignage, comme prelats & autres, avons ordonné & ordonnons par ces presentes les choses qui ensuivent. I. Nous avons pris, mis, prenons & mettons en nostre main la prevosté des marchands, eschevinage & clergé de nostredite ville de Paris, avec toute la jurisdiction, cohertion & connoissance, & tous autres droits quelconques que avoient & souloient avoir les prevosts des marchands, eschevins & clercs d'icelle ville, en quelque maniere que ce soit, & aussi toutes les rentes & revenus appartenans à iceux prevost, eschevins & clercs, à la charge dessusdite. II. Item, voulons & ordonnons que nostre prevost de Paris qui à present est, & pour le temps à venir sera, ou son commis ou lieutenant ad ce, ait toute la jurisdiction ou connoissance & cohertion que les susdits prevost, eschevins & clercs avoient & pouvoient avoir en quelque maniere que ce fust, & fasse & puisse faire, tant au faict de la riviere & de la marchandise, comme en toutes autres choses, tout ce que iceux prevost, eschevins & clercs faisoient & pouvoient faire, excepté le faict de la recepte des rentes & revenus de nostredite ville tant seulement, laquelle nous voulons estre faicte par nostre recepveur ordinaire de Paris qui ores est, ou pour le temps à venir sera. III. Item, que en nostredite ville de Paris n'y ait d'ores en avant aucuns maistres ne communautez quelconques, comme le maistre & communauté des bouchers, les maistres des mestiers des changes, d'orfeuvre, de draperie, de mercerie, de pelleterie, mestier de foulon de draps, & de tisserans, ne quelconques de quelque mestier & estat que ils soient; mais voulons & ordonnons que en chaque mestier soient esleûs par nostredit prevost, appellez ceux que bon lui semblera, certains prud'hommes dudit mestier, pour visiter icelui, afin que aucunes fraudes ne soient commises, lesquels y seront ordonnez & instituez par nostredit prevost de Paris, ou son lieutenant, ou autre commis à ce deputé par lui, lesquels seront tenus de visiter les denrées selon l'ordonnance de nostredit prevost, & seront nommez & appellez visitateurs du mestier duquel ils seront. Et de tous delinquans ou deffaillans en leur mestier nostredit prevost de Paris de par nous, ou son lieutenant, ou autres commis à ce de par lui, auront toute la connoissance & jurisdiction, & leur feront raison & justice, selon le cas, sans ce que nul autre en ait aucune connoissance, jurisdiction & justice, fors que nostredit prevost tant seulement, & leur deffendons que d'ores en avant ils ne facent assemblée aucune par maniere de confrairie ou autrement, en quelque maniere que ce soit, excepté pour aller à l'église ou y revenir, si ce n'est par le congé & licence de nous, si nous en lad. ville sommes, ou de nostre prevost de Paris en nostre absence, & que lui ou aucuns de nos gens à ce commis par icelui prevost, y soient presens & non autrement, sur peine d'estre reputez rebelles & desobeïssans à la couronne de France, & de perdre corps & avoir. IV. Item, nous deffendons que d'ores en avant il n'ait en nostredite ville aucuns quarteniers, cinquanteniers ou dixeniers establis pour la deffense de la ville, ne autrement; car si aucun besoing ou necessité y estoit, pour la puissance de nos ennemis ou autrement, nous y pourvoirons & ferons garder nostredite ville & les bourgeois manans & habitans d'icelle d'oppression, en sorte qu'il n'arriveroit aucun inconvenient à nostredite ville ou habitans d'icelle. V. Item, que aussi nuls de quelque estat & condition que ils soient, ne puissent faire d'ores en avant aucunes assemblées ou congregations,

gregations, pour quelque cause que ce soit, fors en la maniere que dessus est dit des mestiers, & sur la peine dessusdite. Toutesfois nostre intention n'est pas que en nosdites ordonnances nos offices fievez qui ont aucune juridiction ou connoissance de causes en nostredite ville de Paris, comme le connestable, le chambrier, le pannetier & le bouteiller de France & autres officiers fievez semblablement, ne aussi les seigneurs terriens, tant d'église, comme de seculiers, qui ont justice & juridiction en nostredite ville de Paris, y soient en aucune maniere comprins; mais voulons que ils usent & joüissent de leurs justices & juridictions comme ils ont faict & deû faire, sans faire ne souffrir faire pour ce aucunes assemblées ou congregations, fors par la maniere dessusdite. Si donnons en mandement par ces presentes à nos amez & feaux conseillers qui tiennent & tiendront en nostre parlement de Paris, les gens de nostre chambre des comptes & tresoriers de Paris, & aussi nostredit prevost, & à tous nos autres officiers & justiciers presens & à venir, ou à leurs lieutenans, que nosdites ordonnances fassent crier & publier par tous les lieux où il appartiendra, & icelles tiennent & gardent, fassent tenir & garder par tous nos subjets, sans enfraindre en aucune maniere, sur les peines dessusdites, en les contraignant à ce par toutes les voies & manieres deuës. Et pour ce que se soit chose ferme & stable à tousjours, nous avons faict mettre à ces presentes nostre scel. Donné à Paris le XXVII. jour de Janvier l'an de grace M. CCC. LXXXII. & le le tiers de nostre regne. *Ainsi signé*: Par le roy, en son conseil, auquel estoient messieurs les ducs de Berry, de Bourgongne, de Bourbon, le sire d'Albret, le connestable, l'admiral & les mareschaux de France, & plusieurs autres, tant du lignage du roy & de son sang, comme prélats & autres; BLANCHET. *Tiré du registre E. de la chambre des comptes, à la bibliotheque Coislin, volume 3.*

DON FAIT AU ROY CHARLES VI. *de l'hostel de Sicile, par le comte d'Alençon.*

An. 1390.

PIERRE comte d'Alençon & du Perche, seigneur de Fougieres & vicomte de Beaumont, savoir faisons à tous presens & à venir, que comme n'agueres pour ce que nostre tres redoubté seigneur monseigneur le roy avoit affection & volonté d'avoir en sa ville de Paris un hostel auquel se peust privément exercer, pour les joustes que faire se pourroient en la coulture sainte Catherine, qui est la plus convenable place de Paris, au plaisir de mondit seigneur, pour jouster & faire telles festes; icelui monseigneur nous eust escript & prié par ses lettres closes, que nous lui voulsissions donner nostre hostel estant à Paris, appellé l'hostel de Sicile, afin que par la closture d'icelui qui est des anciens murs de la ville de Paris, il peust lui & ceux qui voudroient estre avec lui, entrer sur les rangs quand joustes se feroient en ladite coulture; à qui nous qui voudrions, comme droict est, nous & toutes nos choses au plaisir de nostredit seigneur souzbmettre, eussions obeï, en faisant de nostredit hostel avec toutes ses appartenances à mondit seigneur, ses hoirs & successeurs ou ayans cause, don & transport par nos lettres, lesquelles nous lui eussions envoyées scellées en lacs de soye & cire verte; & il soit ainsi que comme pour ce que par les lettres closes dessus dites à nous escriptes par mondit seigneur, il nous offroit d'icelui hostel nous faire bonne rescompensation, eust esté mis en nosdites lettres de don & transport, que celui monseigneur nous en devoit recompenser; & ainsi est le don & transport dessusdit aucunement soubz condition; par quoi mondit seigneur qui toutes les choses veult tenir & posseder à bon tiltre, nous ait derechef escript que ledit hostel nous lui voulsissions donner plainement & absolument, sans toutes les doubtes & obscuritez qui en nosdites lettres pourroient estre; nous desirans sur toutes choses accomplir le dict & plaisir de mondit seigneur, à icelui monseigneur, ses hoirs ou successeurs, ou ayans cause à tousjoursmais, de nostre certaine science & propre mouvement avons donné, transporté & delaissé, donnons, transportons & délaissons nostredit hostel avec toutes ses appartenances quelconques plainement & absolument, à en faire leur plaine volonté hault & bas, comme de leur propre chose, sans ce que jamais y puissions en saisine ou en proprieté, pour recompensation, ne par raison quelle qu'elle soit ou puisse estre, aulcune chose demander ou reclamer; voulons nosdites autres lettres & ces presentes estre entenduës en tout leur contenu au proffit de mondit seigneur, de ses hoirs & successeurs ou ayans cause, rejertées & mises hors toutes doubtes & obscuritez quelconques. Et pour ce que ce soit chose ferme & stable à tousjours, nous avons faict mettre nostre grand scel à ces lettres. A Argen-

Tome II.

V uu

ton le XXVI. May l'an M. CCC. XC. *Ainsi signé*: Par monseigneur le comte, S. LE COMTE. *Ibidem*.

ACTE DU SERMENT DE fidelité presté au roy Charles VI. en la chambre des comptes, & ailleurs.

AN. 1403.

VEndredy onziesme jour de May, mil quatre cens & trois, en la chambre de ceans vindrent & comparurent monseigneur le connestable & monsieur le chancellier de France, & illec en presence de nosseigneurs dont les noms s'ensuivent: monseigneur le comte de Tancarville, le patriarche d'Alexandrie, les archevesques de Sens & d'Aux, des evesques de Bayeux, de Paris, de Chartres, de saint Flour, du seigneur de Hengueville, de messire Hector de Chartres; de Jehan Remon, Gilles Vilet, P. Chapele & Jehan le Mareschal, generaux maistres des monnoyes; de maistres R. Coiffe, R. Raoul, J. de la Croix, J. Voillon, N. Desprez, J. Maulin, G. de Dampmart, P. de Breban, E. Tesson, J. Gillon & Courtevache, clercs des comptes du roy nostredit seigneur; de maistres Isambert Martel, E. de Bray, J. d'Estouteville, François & J. Chanteprime, J. de Valdetar, J. Maulin, M. Livieres, J. de Dussy, P. Giffart, H. de Guingant, G. Chrestien, M. Baillet, A. Boucher, conseillers & maistres des comptes, notaires & secretaires du roy, & greffier de la chambre des aydes; de maistre Jean de Vorly advocat du roy en la chambre des aydes, J. Gobin & Jean Fleury, & de maistre Pierre de Fresne clerc de la prevosté de Paris; Thibaut de Mezeret, maistre J. du Drac, N. de Mauregard, G. Perdrier & J. Naudin, generaux conseillers du roy nostre seigneur sur le faict des aydes; de H. de Neauville, J. Coignet, J. de la Cloche, tresoriers de France; de maistres Guy Brochier, A. Dessous-l'orme, clercs du tresor; & Jean Chaux changeur du tresor; mesdicts seigneurs le connestable & le chancellier, par la bouche de monsieur le chancellier, reciterent comment le roy nostredict seigneur par grant & bonne deliberation avoit n'a gueres faict certaine ordonnance par ses lettres patentes, dont la teneur s'ensuit: CHARLES par la grace de Dieu roy de France, à tous ceux qui ces presentes lettres verront, salut. Sçavoir faisons que nous par grande & meure deliberation, & pour le bien, seureté & proffict de nous, de nostre royaume & de tous nos sugiez, lesquels nous avons desiré & desirons tousjours de tout nostre cœur tenir & gouverner en bonne paix & tranquillité soubs nous, & obvier à tous debaz & dissentions qui aucunement se pourroient mouvoir entr'eulx au temps advenir, en quelque maniere que ce fust, & aussi affin que chacun soit tenu & astrainct de nous porter & tenir foy & loyaulté, comme par raison naturelle sont tenus de faire, avons voulu & ordonné, voulons & ordonnons par ces presentes, que nostre tres chere & tres amée compaigne la royne, nos tres chers & tres amez oncles & frere les ducs de Berry, & de Bourgongne, & d'Orleans & de Bourbon, & tous autres de nostre sang & lignage & les autres gens de nostre conseil nous facent solemnel serment de nous estre bons, vrays, loyaux sugiez & obeïssans envers tous & contre tous qui pourroient vivre & mourir, comme à leur droict, souverain & naturel seigneur, tant comme nous vivrons, & nous obeïront ainsi qu'ils ont faict au temps passé, & que doibvent faire vrays & loyaux sugiez envers leur droict, souverain & naturel seigneur. Et avec ce avons voulu & ordonné que tous prelaz, tous barons, chevaliers, escuyers, bourgeois de bonnes villes & autres gents d'estat de nostredict royaume feront le serment dessusdict pour nous és mains de nostre tres cher & amé cousin Charles sire d'Albret connestable de France, & de nostre amé & feal chancellier, appellez avec eulx des plus notables gens de nostre conseil, telz & en tel nombre que bon leur semblera, lesquels nous y avons ordonnez & commis, ordonnons & commettons par ces presentes de par nous; & ne obeïront à quelconque autre personne pour quelconque cause ou action que ce soit, comme à souverain seigneur, fors à nous & à nos commis & deputez. Et aussi avons voulu & ordonné par ces mesmes lettres, voulons & ordonnons que nostredicte compaigne, nosdits oncles & frere, & autres de nostre sang & lignage, feront le serment dessusdict en nostre presence, ensemble ceulx de nostre conseil & les autres dessusdicts prelaz, comtes, barons, chevaliers, officiers, bourgeois de bonnes villes, & autres gents d'estat de nostre dict royaume es mains de nosdicts connestable & chancellier, appellez avec eulx, comme dict est, des plus notables de nostre conseil, de tenir pour leur roy souverain & naturel seigneur aprés nous, nostre tres cher & amé ainsné filz le duc de Guyenne, dalphin de Vienne qui à present fent eft, ou autre ainfné filz qui pour lors sera, & non autres. En tefmoing de ce nous avons faict mettre noftre fcel à ces prefentes. Donné à Paris le XXI. jour d'Avril, l'an de grace M. CCCC. III. & de noftre regne le XXIIII. LADICTE ordonnance avoit faict jurer à noffeigneurs fes oncles, & auffi à d'aucuns de fon grand confeil icy prefens, comme M. de Tancarville, le patriarche, les archevefques de Sens & d'Aux, l'evefque de Paris, l'evefque de Chartres & le fire de Hengueville; & avoit enchargié à nofdicts feigneurs les connestable & chancellier que eulx & aucuns de noffeigneurs du grand confeil, telz comme ils vouldroient appeller avec eulx, feiffent ladicte ordonnance jurer, & receuffent fur icelle les fermens de tous les autres princes, comtes, barons, prelaz & officiers du roy noftredict feigneur; & que pour cefte caufe ilz avoient aujourd'huy efté en la cour de parlement, & ilenc après lecture faicte de ladicte ordonnance, avoient pris les fermens de noffeigneurs de parlement & autres perfonnes comprins & aftraints à jurer ladicte ordonnance, que ils avoient trouvé en la cour dudict parlement. Et pour ce en executant le commandement à eulx fur ce faict par le roy noftre feigneur, après la lecture faicte ceans de lad. ordonnance par maiftre Martin de Rian notaire & fecretaire du roy noftredict feigneur, feirent ladicte ordonnance jurer à monfieur l'évefque de Bayeux *, & confequemment à tous les autres deffus nommez, tant de ceans comme defdictes chambres des aydes, du trefor & des monnoyes, excepté à ceulx qui l'avoient ja jurée devant le roy, comme dict eft. Et commanda monfeigneur le chancellier à moy Guy le Rat notaire & fecretaire du roy noftredict feigneur, & greffier de ceans, que de la prefentation, lecture & reception des fermens fur ladicte ordonnance je feiffe regiftre, & lui en feiffe lettres convenables pour la defcharge de mondict feigneur le connestable & de luy, & auffi pour mettre ou trefor des chartres du roy noftredict feigneur, pour valoir ce que valoir pourront & devront. *Tiré d'un mf. de la bibliotheque Coiflin, intitulé:* Memoriaux de la chambre des comptes, depuis 1395. jufqu'à 1408. *non milleſimé.*

* Il eftoit prefident de la chambre.

ESTABLISSEMENT DE LA compagnie des foixante arbaleftiers de Paris, par le roy Charles VI.

AN. 1410.

CHARLES par la grace de Dieu roy de France. Sçavoir faifons à tous prefens & à venir, nous avoir receu l'humble fupplication des roy, connestable & maiftres de la confrairie des arbaleftiers de noftre bonne ville de Paris, contenant comme noftredicte ville foit la ville capitale de noftre royaume, & celle où nos devanciers, nous & nos fucceffeurs, avec ceux de noftre fang & lignage & noftre confeil ont accouftumé demourer, & y faire plus continuelle refidence que autre part en noftre royaume; & par ce de raifon doit eftre icelle ville garnie & ordonnée de gens bien inftruiz de deffence, & qui foient preftz de nous fervir à l'honneur, bien & proffit de nous, du bien public & d'icelle ville; & en icelle ville de tout temps ait eu confrairie d'arbaleftiers de gens d'eftat & de mefnage qui font entremis du traict & exercite de l'arbalefte, lefquelz font bons & expertz pour ledict traict honneftement & feurement fervir pour la feureté & deffenfe de nous & de noftredicte bonne ville; & plus en y euft beaucoup, fe en icelle confrairie euft eu aucuns droiz, privileges & prérogatives, comme il a és autres bonnes villes notables de noftre royaume, comme à Roüen, à Tournay & en autres plufieurs villes: car les frais & charges dudict traict & exercite de l'arbalefte, & auffi du fervice que iceux arbaleftiers feroient, & qui leur conviendroit faire & fouftenir, fe ayder fe vouloient aucunement dudict exercite, font grans, & ne les pourroient bonnement fupporter, fans avoir de nous privileges autres que les habitans d'icelle bonne ville; requerans fur ce humblement noftre grace & provifion. Pourquoy nous voulans & defirans le bien, honneur & feureté de noftredicte bonne ville, & des frequentans & habitans en icelle, & icelle eftre ordonnée en police & gouvernement de bien en mieulx; avons ordonné & ordonnons par ces prefentes, que d'ores en avant en noftredicte bonne ville de Paris foit faicte affemblée & confrairie, ainfy que autres fois a efté, & fe puiffent les confreres d'icelle veoir & affembler enfemble, pour led. traict & exercite de l'arbalefte frequenter & exerciter, afin de edifier en icelluy toutes bonnes gens qui à ce fe voudroient inftruire; & que de lad. confrairie des arbaleftiers y

Tome II.
Vuu ij

en aura soixante des mieux joüans & plusieurs dudit exercice de l'arbaleste, lesquels auront & leurs donnons de grace especial par ces presentes, les privileges & prérogatives en nostredicte bonne ville de Paris, autels & semblables que les arbalestiers de nostre ville de Roüen ont en icelle ville de Roüen ; parmi ce que lesd. soixante arbalestiers de Paris seront tenus de faire les fraiz & service à nous & à nostredicte bonne ville par eulx, & semblables que sont tenuz de faire en lad. ville de Roüen ceux qui sont arbalestiers au nombre de cinquante en icelle ville de Roüen. Lesquels privileges & aussi les charges que pour ce seront tenuz de faire iceux soixante arbalestiers à Paris : c'est à sçavoir que iceux soixante arbalestiers, qui par ces presentes seront mis audict nombre, & leurs successeurs en icelui nombre & exercice d'arbalestiers, seront francs, quittes & exempts, & par ces mesmes presentes les affranchissons de payer quatriesme, impositions, ne quelconques autres aydes ayans cours pour la guerre, des biens & choses qui croistront en leurs heritages seulement, & aussi de payer quelconques tailles, subsides, gabelles & toutes autres aydes qui ont & auront cours en icelle nostre bonne ville de Paris, avec de tous quetz & arrierequetz qui mis seront, ou seront mis sus en icelle nostre bonne ville de Paris, pour quelconques causes que ce soit, fors seulement pour les reparations & fortifications de nostredicte bonne ville de Paris, pour l'arriereban & pour la rançon de nous ou de nos successeurs, se occupez estions de nos ennemys, que Dieu ne veuille tant seulement. Lesquels soixante arbalestiers nous voulons estre pris des habitans de nostre bonne ville, & des confreres d'icelle confrairie les plus suffisans & experts audict faict. Et tous ceulx qui audict nombre de soixante arbalestiers seront mis, seront amenez en la presence de nostre prevost de Paris & du prevost des marchans, tous armez & prestz de leurs corps deffendre, en tel estat comme ilz voudront venir toutesfois que besoing en sera pour la deffense de nous & de nostredicte bonne ville & de leur corps ; lesquels soixante arbalestiers, se ils suffisent & semblent bons & bien habillez à nosdicts prevostz de Paris & des marchans, par leur ordonnance seront escriptz & enregistrez ez livres & registres des clercz de nostredicte prevosté de Paris & des marchans, & du clerc criminel de nostredicte prevosté, avec noz autres officiers. Et iceulx soixante ainsi nommez, receuz & enregistrez ez livres & registres, comme dict est, esliront d'eulx tous un, tel comme bon leur semblera, lequel ilz nommeront à nosd. prevostz de Paris & des marchans, pour estre le maistre & capitaine d'iceulx soixante arbalestiers, & led. maistre ainsi esleu & receu feront jurer ez mains de nosd. prevostz de Paris & des marchans, que bien & loyaument il gardera les ordonnances & statutz dud. exercice de l'arbaleste & de la confrairie d'icelle, verra & diligemment visitera les bastons & armeures desd. compagnons, à ce qu'ils soient seurs & prestz tousjours pour la deffense de leurs corps & de nostredicte bonne ville, leur fera sçavoir les mandemens & commandemens que faictz luy seront de par nous & de par nosd. prevostz de Paris & des marchans ; & ceux où il trouvera faulte, rapportera à icelluy prevost de Paris, pour estre par luy punis selon l'ordonnance de lad. confrairie. Et se muera led. maistre & capitaine d'an en an, à l'eslection desd. arbalestiers, comme dict est. Lequel maistre & aussy tous les soixante arbalestiers feront ez mains de nosd. prevostz de Paris & des marchans, serment solemnel aux saincts evangiles de Dieu, chacun en droict soy : c'est à sçavoir que tout ce dont ilz vendront & seront trouvez garniz & habillez, pour la deffense de leur corps & de nostredicte bonne ville, sera leur propre, & que ilz ne le vendront, engaigeront, donneront, presteront, ne eschangeront, ou mettront hors de leurs puissances, pour quelconque cause que ce soit ; & que en l'estat que ilz se monstreront, ilz vendront au mandement de nosd. prevostz de Paris & des marchans, ou de leurs lieutenans, audict maistre & capitaine des arbalestiers qui pour lors sera, toutesfois que mestier sera, & que mandez seront par la licence de nos prevostz de Paris & des marchans. Et au cas que aucun ou aucuns desd. soixante arbalestiers qui mis & receus seront en icelluy nombre, cherra ou cherront en pouvreté ou impotence par vieillesse, maladie, ou autre accident, icelluy qui sera ainsi debilité de son faict, pourra mettre en son lieu & pour luy un homme suffisant, fort & delivré, armé & embastonné au gré desd. prevostz de Paris & des marchans ; lequel servira lad. ville aud. faict, aux frais, coustz & despens d'icelluy pour & au lieu duquel il sera mis & receu aud. nombre, en la forme & maniere que feroit ou seroit tenuz de faire celui au lieu duquel il sera mis, & durant la vie d'icelluy ainsi

JUSTIFICATIVES.

debilité seulement ; & pour ainsi icelluy debilité usera desdictes franchises & libertez, & non mie celui qui sera pour luy. Et ne pourront iceulx soixante arbalestiers aller en aucune armée, ne partir de nostre bonne ville pour aller en armée, sans le congé & licence de nosd. prevostz de Paris & des marchans. Et se l'un d'eulx va de vie à trespassement, il en sera prins un autre en son lieu des meilleurs de lad. confrairie, à la nomination & election d'iceulx soixante arbalestiers ; lequel sera presenté à nosd. prevostz de Paris & des marchans, armé & ordonné pour la defense de son corps & de nostredicte bonne ville, par la maniere que dict est ; & fera les sermens accoustumez en la main de nosd. prevostz de Paris & des marchans, qui led. ainsy esleu recevra, s'il luy plaist, & le fera registrer avec les autres, par la maniere cy-devant recitée. Et avons ordonné & ordonnons par ces presentes, que se par nostre ordonnance ou commandement nosd. prevostz de Paris & des marchans, ou leurs lieutenans, veulent iceulx arbalestiers, ou aucuns d'eulx, mener hors de la banlieuë de nostredicte bonne ville, faire le pourront ; & seront tenuz iceulx arbalestiers y aller aux dépens de nostredicte bonne ville, pour eulx & leurs chevaulx; & ne le pourront recuser valablement, se ilz n'ont si juste & si loyal essoure, que on ne le puisse ou doye refuser, parmi trois sols de tele monnoye que il courra au païs où on le merra, que nosdicts prevostz de Paris & des marchans leur seront tenuz, c'est à sçavoir à chacun d'eulx, faire payer pour chacun jour de gaiges des deniers de nostredicte bonne ville, & audict maistre & capitaine cinq solz pour jour de ladicte monnoye, outre leursdicts despens de bouche pour eulx & pour leurs chevaulx ; ou ilz seront payez au pris d'autres arbalestiers, & de pareils gaiges que nous baillerons à nos autres arbalestiers que nous tendrons pour le temps à gaiges. Et se aucuns desd. arbalestiers faillent ou refusent à venir au mandement de leurdict maistre, qui faict & sera de nostre commandement par nosdicts prevostz de Paris & des marchans ou leurs lieutenans, pour nous servir, par la maniere que dict est, ou excede les choses dessusdictes, se il n'a justice & vraye excusation, il sera à tousjours privé dudict exercice d'arbalestier, où il payera amende à la volonté & tauxation d'icelluy nostre prevost de Paris. Lesquelles amendes qui à cause dud. faict seront par icelluy nostredict prevost tauxées, nous voulons estre appliquées, moitié à ladicte confrairie, & moitié à nostredicte ville, & icelle moitié apartenant à nostredicte ville estre receuë par le receveur ordonné à recevoir les exploicts & proffiz d'icelle ville de Paris, qui de ce sera tenu rendre compte, comme des autres deniers d'icelle nostre bonne ville de Paris, là où il appartiendra. Et au cas que aucun desd. soixante arbalestiers pour occasion dudict office & exercite seront par aucun ou aucuns adjournez ou autrement dommagiez, la cause vendra pardevant nostredict prevost de Paris, qui en sera juge commis quant à ce ; & seront demenez les procez pour iceux arbalestiers qui ainsi seroient travaillez, par nostre procureur ou Chastelet de Paris, se nostredict procureur n'est partie formelle en cas d'excez, à l'encontre desdicts arbalestiers. Si donnons en mandement par ces presentes à nos amez & feaulx les gens tenans & qui tendront nostre parlement à Paris, les gens de nos comptes & tresoriers à Paris, les generaulx conseillers sur le faict des aydes ordonnez pour la guerre, à nosd. prevostz de Paris & des marchans de nostredicte bonne ville, & à tous nos autres justiciers & officiers, & à leurs lieutenans, & à chacun d'eulx, si comme à luy appartiendra, & quant à nostred. prevost de Paris qui à present est, & qui au temps advenir sera, ou son lieutenant, quant à la pleine cognoissance des causes desdicts soixante arbalestiers, touchant ledict exercite d'arbalestiers & des dependances, par ces presentes commettons, que de nostre presente grace & octroy fassent, souffrent & laissent iceulx arbalestiers joüir & user pleinement & paisiblement, cessant tout empeschement; & ces presentes fassent enregistrer en nos registres de parlement, de la chambre des comptes, du Chastelet, de ladicte prevosté des marchans, ausquelz registres nous voulons pleine foy estre adjoustée, comme à ces presentes. Et que ce soit ferme chose & estable à tousjours, nous à ces presentes lettres avons faict mettre nostre scel ; sauf en autres choses nostre droict, & l'autruy en toutes. Donné à Paris le onziesme jour d'Aoust, l'an de grace M. CCCC. X. & de nostre regne le XXX. *Ainsi signé* : Par le roy en son conseil, auquel le roy de Navarre, messire Charles de Savoisy, M. Philippes de Corbye & plusieurs autres estiez. M. DE LA TEILLAYE. *Au dos desquelles lettres estoit escript ce qui s'ensuit* : Lecta in camera computorum domini regis Parisius,

& ibidem registrata libro Memorialium signato G. fol. CLIV. cum expeditione super *vidimus* seu transcripto earumdem, factâ per dominos generales super facto subsidiorum pro guerra. Scriptum in dicta camera, die XVIII. Aprilis, post Pascha, anno Domini M. CCCC. XI. LE BEGUE. *Après s'ensuit l'attache sur le vidimus d'icelles lettres:* De par les generaulx conseillers sur le faict des aydes ordonnez pour la guerre, esleûz & receveur sur led. faict à Paris, accomplissiez, chacun en droict soy, le contenu ez lettres du roy nostre seigneur, sceelées en laz de soye & cire vert, au transcript desquelles collationné de nostre commandement à l'original, ces presentes sont attachées soubz l'un de nos signez, faisant mention du nombre des soixante arbalestiers demourans en lad. ville de Paris, ordonnez par le roy nostredict seigneur, tant pour le servir où il luy plaira, comme pour la seureté & deffense de lad. ville; en les tenant & faisant d'ores en avant tenir quittes & paisibles de payer quatriesme, ou imposition, ou autre subside des biens & choses qui croistront en leurs heritages seulement, & sans fraude, à commencer au premier jour du mois d'Octobre prochain venant, & delà en avant, pour les causes contenuës esdictes lettres, & ainsy que le roy nostredict seigneur le mande par icelles. Donné à Paris le XVII. jour d'Avril après Pasques, l'an M. CCCC. XI. signé, J. GELIE. *Tiré du mesme ms. de la bibliotheque Coislin, intitulé:* Memoriaux de la chambre des comptes, depuis 1395. jusqu'à 1408*.

* Il est à noter qu'il y a erreur dans le titre de ce volume; car il s'estend jusqu'à l'année 1412. inclusivement.

Retablissement du bureau de la ville, par le roy Charles VI.

AN. 1411.

CHARLES par la grace de Dieu roy de France. Sçavoir faisons à tous presens & à venir, que comme nostre bonne ville de Paris, qui est la principale ville capitale de nostre royaume, ait esté de toute ancienneté decorée de plusieurs grans & notables droiz, noblesses, prérogatives, privileges, libertez, franchises, possessions, rentes, revenus; & pour le bon gouvernement d'icelle y ait eu de tout temps prevost des marchans, eschevins, clergié, maison appellée la maison de ville, parloüer aux bourgeois, & plusieurs autres officiers pertinens au faict desdictes prevosté & eschevinage, par lesquels nostredicte bonne ville & les manans & habitans d'icelle, ont esté anciennement gardez & maintenuz en bonne paix & seureté, & le faict des marchandises d'icelle esté grandement & notablement soustenu; & depuis aucun temps en ça pour aucunes causes à ce nous mouvans, nous eussions & ayons prins & mis en nostre main lesdictes prevosté, eschevinage, maison de la ville, & clergié d'icelle prevosté des marchans, ensemble la jurisdiction, cohercion, cognoissance, rentes, revenus & autres droiz quelsconques appartenans à icelle prevosté, eschevinage & clergié, & commis à nostre prevosté de Paris toute la jurisdiction, cognoissance & cohercion qui paravant appartenoient, & à nostre receveur de Paris la recepte des rentes & revenus desdictes prevosté & eschevinage & clergié; qui par aucun temps ont fait & exercé pour nous & en nostre nom ce que dict est, & depuis aussi l'ont gouverné & exercé autres à ce commis de par nous. Après lesquelles choses, se soient survenus plusieurs grans affaires à nous & à nostredicte bonne ville, esquelz affaires par vraye experience avons sçeû & très évidemment cognu & trouvé en faict & en conseil nos bien amez les bourgeois, manans & habitans en nostredicte bonne ville de Paris très vrays & loyaulx obeïssans sugiez à nous, nostre seigneurie & posterité, au bien, tuition, deffense & exaltation de nostre couronne & de tout le bien public de nostre royaume; & en ce ont exposé liberalement leurs corps, biens & chevances, & pour ce souffert & soustenus plusieurs grans peinnes, perilz, travaux & dommages. Nous les choses dessusdictes considerées, pour le bien, profit & seureté de nostredicte ville, & pour autres causes & considerations à ce nous mouvans, eû sur ce grant & meure deliberation de conseil avec plusieurs de nostre sang & lignage & autres de notre grand conseil, l'empeschement & main-mise, ainsi que dict est, par nous mis esdictes prevosté des marchans, eschevinage, clergié, maison de la ville, parloüer aux bourgeois, jurisdiction, cohercion, privileges, rentes, revenuz & droiz appartenans d'ancienneté à icelle prevosté des marchans, eschevinage & clergié de nostredicte bonne ville de Paris, avons levé & osté, levons & ostons à plein, de nostre certaine science & propre mouvement; & voulons que nosdicts bourgeois, manans & habitans en icelle nostre ville, desdictes prevosté des marchans, eschevinage, clergié, maison de la ville, parloüer aux bourgeois, jurisdiction, cohercion, cognoissance, rentes, revenuz & possessions quelsconques, droiz, honneurs, noblesses

blesses, prerogatives, franchises, libertez & privileges joïssent entierement & paisiblement, perpetuelement à tousjours, pareillement qu'ilz faisoient paravant l'empeschement & main-mise dessus dicte. Et d'abondant, en tant que mestier en seroit, à iceulx bourgeois, manans & habitans avons donné & octroyé, donnons & octroyons par ces presentes toutes les choses dessusd. & chacune d'icelles pour en joïr perpetuelement, comme dict est, Si donnons en mandement à noz amez & feaulx conseillers, les gens tenans & qui tendront nostre parlement, à noz gens des comptes & tresoriers à Paris, & à tous noz autres justiciers & officiers, presents & à venir, ou à leurs lieutenantz, & à chacun d'eulx, si comme à luy appartiendra, que desdictes prevoste, eschevinage & autres droiz dessusdicts fassent, souffrent & laissent nostredicte bonne ville & lesdicts bourgeois, manans & habitans en icelle, & leurs successeurs joïr & user pleinement & paisiblement, selon la forme & teneur de ces presentes, sans leur donner ou souffrir estre faict ou donné aucun empeschement au contraire ; lequel se mis y estoit ores & au temps advenir, ostent ou fassent oster tantost & incontinent, nonobstant nostredicte main-mise & empeschement ne soient en ces presentes incorporés de mot à mot, laps de temps, usages, possessions, ordonnances, mandemens & deffenses à ce contraires. Et affin que ce soit ferme chose & estable à tousjours, nous avons faict mettre nostre scel à ces presentes ; sauf en autres choses nostre droict, & l'autruy en toutes. Donné à Paris le x x. jour de Janvier l'an de grace M. CCCC. XI. & de nostre regne le XXXII. Ainsi signé : Par le roy en son conseil, auquel le roy de Sicile, monsieur le duc de Bourgoigne, les comtes de Mortaing & de Nevers, vous l'arcevesque de S. Briant, le chancellier de Guyenne & de Bourgoigne, le grand maistre d'hostel, les seigneurs de la Suze, de Rambures, de Florensac & de Walphin, messires Charles de Savoisy, le Galois, Daunay, messire Jehan de Courcelez, le gouverneur d'Arras, messire Jehan de Chambrillac & plusieurs autres estoient, G. BARRO. *Visa, contentor gratis*, FRERON. *Au dessous estoit escrit* : Lecta & in camera parlamenti publicata & ibidem registrata XXVI. Januarii, anno Domini M. CCCC. XI. BAYE. Similiter in camera compotorum domini regis Parisius lecta & publicata, anno & die supradictis. LE BEGUE. Pari

formâ lecta & publicata judicialiter in Castelleto regio Parisius, anno & die præscriptis. FRESNES. *Ibidem*.

Reconciliation des ducs de Bourgogne & d'Orleans.

AN. 1412.

CHARLES par la grace de Dieu roy de France, à tous ceux qui ces presentes lettres verront, salut. Sçavoir faisons que pour obvier à plusieurs maux, griefs & oppressions qui se faisoient en nostre royaume, pour occasion des debaz & discors qui estoient entre aucuns de ceulx de nostre sang & lignage, & autrement, dont maints inconveniens irreparables estoient deja advenuz, & advenoient de jour en jour, au grand prejudice de nous, de nostredict royaume & de noz sugez ; & pour certaines autres causes & considerations qui à ce nous ont meû, avons par grand avis & meure deliberation ordonné de nostre pleine puissance & auctorité royal, que bonne paix & union soit & demeure entre les seigneurs de nostre sang, entre lesquels estoient lesdicts debaz & discors, & mesmement entre nostre tres cher & tres amé cousin Jean duc de Bourgoigne, & noz tres chers & tres amez nepveux & niepce Charles duc d'Orleans, Philippes comte de Vertus, Jean comte d'Angoulesme, ses freres, & Marguerite leur sœur. Pour confirmation de laquelle paix, & afin que ce fust & soit chose ferme & estable à tousjours, nous avons mandé lesdictes parties venir pardevers nous, ou nostre ainsné filz le duc de Guyenne, en nostre ville d'Auxerre, en la presence duquel nostre filz representant nostre personne, icelles parties sont aujourd'huy venues & comparues ; c'est à sçavoir nostredict cousin le duc de Bourgoigne en sa personne, d'une part, & nosdicts nepveux Charles & Philippes d'Orleans en leurs personnes, pour eulx & leursdicts frere & sœur Jean & Marguerite, & eulx faisant fort d'eulx, d'autre part ; de l'accort & consentement desquelles parties, & de leur bongré & plaisir, & de chacune d'icelles, nous par tres grand & meur advis, avons faict faire & mettre par escript certaine cedule, de laquelle la teneur s'ensuit : COMME ja pieça sur certains debaz & discors meûz entre monseigneur le duc de Bourgoigne, ses amys & alliez, d'une part, & monseigneur le duc d'Orleans, ses freres & sœur, amys & alliez, d'autre part, pour occasion de la mort de feu monseigneur Loys jadis duc d'Orleans, dernier trespassé, & autrement, ayent esté faictz par le commandement & ordonnance du roy certains traictez, tant à Tours, à Chartres, à Bourges, comme ailleurs; finablement pour la bonne, vraye & ferme paix entre lesdictes parties, leurs amys & alliez perpetuelement tenir & garder, le roy, par l'advis & deliberation de monseigneur le duc de Guyenne, & de plusieurs autres de son sang & lignage, de plusieurs prelaz, & autres de son grand conseil, de ceux de sa cour de parlement & de sa chambre des comptes, & d'autres notables preud'hommes, a voulu & ordonné, veut & ordonne, que les pardonnances du cas dessusdict & de tout ce qui s'en est ensuivi, faictes au duc de Bourgoigne audict lieu de Chartres, soient fermes & estables, & demeurent en leurs forces & vigueur; & aussi en tant que touche lesdictes parties, a voulu & ordonné, par l'advis que dessus, & du consentement des parties, que une chacune d'icelles, c'est à sçavoir monseigneur de Bourgoigne en sa personne, & monseigneur d'Orleans, & monseigneur de Vertus son frere, & chacun d'eulx pour eulx, & comme eulx faisoient forts de leur tiers frere & sœur, jurent & promettent solemnellement les choses qui s'ensuivent: premierement, que d'ores en avant ilz seront bons amys ensemble, & aussy tous leurs parens, amys & serviteurs, & que jamais ne demanderont aucune chose l'un à l'autre pour le cas de ladicte mort, ne pour chose qui s'en soit ensuye, & que jamais pour ceste cause n'auront dissension, debat ou division, l'un envers l'autre. Item, que jamais à quelque personne que ce soit, qui se soit entremis de ceste chose, ou qui ait porté faveur à l'une partie ou à l'autre, soit par le commandement du roy ou autrement en quelque maniere que ce soit, ilz ne porteront rancune, ne mal-talent, ne ne feront dommage, destourbier ou desplaisir en corps ou en biens, ne autrement comment que ce soit, ainçois pardonnent tout & à tous, exceptez ceulx qui ont faict le faict dessusdict en la personne de feu mondict seigneur d'Orleans. Item, & afin que bonne amour & union soit plus ferme entre eulx, & se puisse mieulx entretenir, ils promettront & jureront faire & accomplir le mariage de monseigneur le comte de Vertus, & de l'une des filles de monseigneur de Bourgoigne; & que à l'œuvre d'icelluy mariage mondict seigneur de Bourgoigne baillera quatre mil livres tournois de rente par an, qui sera heritage de ladicte fille, & aux enfans venans dudict mariage, & cent cinquante mil francs pour une fois, dont les cinquante mil francs seront convertis & employez en terre qui sera heritage de ladicte fille & de ses heritiers, & des cent mil francs mondict seigneur de Vertus son mary pourra faire à son bon plaisir. Et quant à mondict seigneur de Vertus, il aura en la succession de feu monseigneur d'Orleans son pere, & en la succession de feu madame d'Orleans sa mere, telle part & portion que ordonné luy a esté, ou que de droit de pere & de mere luy peut & doit appartenir, surquoy il doit aura la fille de mondict seigneur de Bourgoigne de quatre mil livres tournois de rente par an. Item jureront lesdictes parties de bien & loyaument tenir & accomplir l'ordonnance de la paix, que le roy a ordonnée entre eulx, & tous les seigneurs du sang & lignage du roy, leurs adherans, aydans, confortans, serviteurs & subgiez, tant de l'un costé comme de l'autre, sur les debaz & discors entre eulx entrevenuz jusques aujourd'huy, & sur tout ce qui s'en est ensuy & autrement, & que aucun mal, destourbier ou empeschement ils ne porteront & ne feront, ne souffriront à leur pouoir estre porté ou faict par quelque maniere que ce soit, à quelque personne qui és choses dessusdictes se soit entremis ou meslez; ainçois detourberont & l'empescheront à leurs loyaulx pouoirs. Item, renonceront lesd. d'Orleans, és noms que dessus, sur les sermens dessusdicts, à toutes alliances qui peuvent avoir esté faictes par eulx ou pour eulx, avec l'adversaire d'Angleterre, ses enfans & autres quelconques dudict royaume ou tenans leur party, & icelles revocqueront & rappelleront, s'aucunes en y a, combien qu'ils afferment qu'il n'en y a aucunes. Item & promettront toutes lesdictes parties de jamais non faire aucunes alliances avec lesd. d'Angleterre ou tenans leur party, au préjudice & à l'encontre l'un de l'autre. Item, jureront lesd. parties, comme dessus, bailler leurs lettres patentes scellées de leurs grans sceaulx, contenant lad. renonciation, revocation & adnullation d'alliances, soubz quelconques formes ou manieres de paroles qu'elles soient ou ayent esté faictes par eulx ou par autres pour eulx, avec ledict adversaire d'Angleterre, ses enfans & chacun d'eulx, ou autres dudict royaume d'Angleterre, ou tenans leur party. Item, renonceront lesdictes parties, soubz

les

JUSTIFICATIVES.

les fermens que dessus, à toutes alliances faictes par eulx ou pour eulx, avecques quelconques seigneur ou seigneurs, ou autres personnes de quelqu'estat qu'elles soient, de ce royaume ou ailleurs, à l'encontre l'un de l'autre, leurs aydans, confortans, adherans, ou subgez; & les lettres que aucunes desdictes parties ont sur ce, bailleront au roy & à monseigneur de Guyenne, ou au moins icelles rapporteront en la presence d'eulx ou de l'un d'eulx ; & des choses dessusdictes bailleront icelles parties leurs lettres, telles que par le roy ou son conseil seront ordonnées. Item, jureront en outre lesdictes parties, par la maniere dessusdicte, bailler au roy ou à monseigneur de Guyenne pour luy, leurs lettres patentes scellées de leurs grans sceaulx, en la meilleure forme que le roy fera adviser, par lesquelles ils signifieront audict adversaire d'Angleterre, à ses enfans, à chacun d'eulx, ou autres dessusdicts comprins en alliances devers eulx, lesdictes renonciation, revocation & adnullation desdictes alliances. Item, jureront & promettront lesdictes parties, comme dessus, de obeyr, ayder & servir le roy, comme leur souverain seigneur, à l'encontre dudit adversaire d'Angleterre, ses enfans ou autre dudict royaume, & autres dessusdicts, ainsi que bons & loyaulx parens, vassaulx & subgiez doivent faire à leur souverain seigneur. Item, jureront lesdictes parties, comme dessus, que se aucun s'advançoit ou s'efforçoit de faire ou venir contre l'un d'iceulx & autres choses dessusdictes, ou qui en icelle paix & choses dessusdictes ne vouldroient estre comprins, d'estre avec le roy. Item, jureront lesdictes parties au surplus de obeir au roy, & faire & consentir ce que par le roy ou monseigneur de Guyenne & leur conseil sera ordonné plus amplement, pour la seureté de l'entretenement de ladicte paix. LAQUELLE cedule cy-dessus transcripte, nous par l'advis de nostredict fils, avons faict lire de mot à mot, publiquement & en pleine audience, en la presence desdictes parties, presens aussi noz très chers & très amez cousins & oncle le roy de Sicile, les ducs de Berry & de Bourbon, le comte de Nevers, le duc de Bar, les comtes de la Marche, d'Eu & de Vendosme, noz connestable & chancellier, plusieurs prelaz & barons & autres de nostre grand conseil, le premier president de nostre parlement & plusieurs autres conseillers de nostre parlement, le president & autres gentz de nostre chambre des comptes, noz advocaz & procureur de nostredicte cour de parlement, plusieurs clercs notables deputez de nostre fille l'université de Paris, plusieurs bourgeois & gens notables deputez tant de nostre bonne ville de Paris, comme de plusieurs autres bonnes villes de nostre royaume, & plusieurs autres chevaliers & escuyers & gens notables, en grand nombre & multitude. Et ce faict lesdictes parties & chacune d'icelles ont accordé ladicte cedule, & en agreables toutes & chacunes les choses, poinctz & articles contenuz en icelle, & ont promis & juré solemnellement en la main de nostredict filz, sur la vraye croix & les saincts evangiles par eulx touchés, mesmement nosdicts nepveux d'Orleans & de Vertus, pour eulx & leursdicts frere & sœur, & eulx leurs faisans fors d'eulx, les tenir, garder & accomplir inviolablement, sans faire ne souffrir faire, ou aller aucunement au contraire. Et semblablement ont juré ceulx de nostre sang, & les prelatz & autres gens notables qui là estoient presens, tenir & faire tenir ladicte paix à leur pouvoir. Et en signe de bonne paix lesdictes parties ont touché ensemble. Et afin que la cedule dessus transcripte se entretienne, & que les choses, poinctz & articles contenuz en icelle ayent & ressortissent pleinement & entierement leur effect, sans ce que jamais en soit faicte aucune doubte, ne que debat ou dissention en puist ensuir, nous par la deliberation de nostre grand conseil, tenu par nostredict ainsné filz representant nostre personne, comme dict est, auquel estoient ceulx de nostredict sang & autres dessusdictz, de nostre pleine puissance & auctorité royal, avons voulu & ordonné, voulons & ordonnons par ces presentes, icelle paix & cedule, & toutes lesdictes choses, poins & articles dedans contenuz, & chacun d'iceulx, estre tenuz & gardez perpetuellement & inviolablement, sans ce que aucun, quel qu'il soit, puisse jamais dire ne venir à l'encontre en aucune maniere. Et en oultre par la deliberation & auctorité que dessus, avons commandé & commandons ausdictes parties, sur le lignage & feaulté que ilz ont à nous & qu'ilz nous doivent, sur tant qu'ilz se peuvent mesfaire envers nous, & en tant qu'ilz redoubtent encourir nostre indignation à toujours-mais, que ilz & chacun d'eulx, comme à luy appartiendra, les tiennent, gardent, enterinent & accomplissent de point en point, sans infraction aucune. Et à gregneur seureté, nous vou-

Tome II.   Xxx

lons & nous plaift que à ce ilz foient condamnez par noftre cour de parlement ; & en oultre que de toutes les chofes devant dictes & chacune d'icelles, lefdictes parties pour plus grand approbation, baillent l'un à l'autre leursdictes lettres de ratification, fcellées de leurs grands fceaulx, en la meilleure & plus feure forme que faire fe pourra, efquelles ces prefentes foient incorporées de mot à mot. Si donnons en mandement à tous ceulx de noftre fang & lignage, aufdictes parties, & à chacune d'icelles, & à leurs parens & amys, à nos connestable & chancellier, aux gens de noftredict parlement, à nos marefchaux, admiral, maiftre des arbaleftiers, ceux de noftre chambre des comptes, à nofdicts advocaz & procureur, au prevoft de Paris, à tous nos feneschaux, baillis, prevoftz, & à tous nos autres jufticiers & officiers quelconques, prefens & à venir, & à chacun d'eulx en droict foy, que toutes & chacunes les chofes & articles contenuz & exprimez en ces prefentes, ilz entretiennent, enterinent & accompliffent, & faffent entretenir, enteriner & accomplir de point en point, en tant qu'il leur touche & pourra toucher, & ne faffent ou souffrent aucune chofe eftre faicte, attemptée ou innovée, comment ne par quelque personne que ce foit, au contraire. En tefmoing de ce nous avons avons faict mettre noftre fcel à ces prefentes. Donné à Auxerre le XXII. jour d'Aouft, l'an de grace M. CCCC. XII. *Signé*: Par le roy, à la relation de fon confeil tenu par monfeigneur le duc de Guyenne, auquel le roy de Sicile, noffeigneurs les ducs de Berry & de Bourbon, le conte de Nevers, le duc de Bar, le grand maiftre de Rhodes, les comtes d'Eu & de la Marche, le connestable, vous, plufieurs prelaz, barons & autres dudict confeil, le premier prefident & autres des gens du parlement, le prefident & autres des gens de la chambre des comptes, plufieurs clers notables de l'univerfité de Paris, le prevoft des marchans, & plufieurs notables bourgeois, tant de la ville de Paris, comme d'autres, & plufieurs autres notables perfonnes eftoient. J. MILET. *Ibidem*.

LETTRES DU ROY CHARLES VI. en faveur de la chambre des comptes, au fujet du guet nouvellement eftabli pour la garde de la ville de Paris.

An. 1411. CHARLES par la grace de Dieu roy de France, à tous ceulx qui ces prefentes lettres verront, falut. Comme pour la garde de noftre bonne ville de Paris & pour aucunes nouvelles qui nous eftoient furvenuës, par grande & meure deliberation, ayons ordonné garde & guet eftre faict de jour ez portes de noftredicte ville de Paris, & de nuit par icelle noftredicte ville ; & pour ce plus diligemment & par meilleure ordonnance faire & accomplir, avons ordonné quarteniers, cinquanteniers, pour gouverner ledict guet, comme il appartient ; & il foit ainfi que jaçoit que nos amez & feaulx gens de nos comptes & les clercs d'iceulx font continuellement occupez au faict & exercice de leurs offices, & tellement que fans permiffion d'iceulx ils ne peuvent ou doivent bonnement aller au guet, comme autres qui ne font pas nos officiers par fpecial en fi notables offices ; neantmoins aucuns nos fergens, par l'ordonnance & commandement d'aulcuns quarteniers & cinquanteniers de noftredicte ville & autres, ont efté faire commandement à aulcuns de nos gens des comptes qu'ils allaffent ou envoyaffent pour eulx aulcunes perfonnes audict guet pour la caufe deffufdicte : & de faict pour caufe de quoy y aller & envoyer, ont mis gardes ez hoftels d'aulcuns d'iceulx ; laquelle chofe eft au grand grief, dommage & deshonneur des gens & clercs de nofdicts comptes, & pourroit encore plus eftre, fi par nous fur ce pourveu ne leur eftoit, fi comme ils nous ont faict expofer, à nous humblement requerans noftre gracieufe provifion. Sçavoir faifons que nous, les chofes deffufdictes diligemment entenduës, & confiderée la continuelle occupation qu'ils ont & leur convient avoir, comme dict eft, en l'exercice de leurfdicts offices, & mefmement que plufieurs autres nos officiers font quittes & exempts d'aller audict guet ; pour certaines autres caufes & confiderations à ce nous mouvans, iceulx nos confeillers en la chambre de nofdicts comptes, enfemble les clercs d'icelle, combien que noftre intention n'euft oncques efté qu'en ladicte ordonnance ils deuffent eftre comprins, nous, en tant que befoin leur en feroit, les avons exemptez, & de nos certaine fcience & grace efpeciale en exemprons & tenons quittes paifiblement par ces prefentes. Si donnons en mandement par ces prefentes à nos amez & feaulx gens qui tiendront nos parlemens à venir, au prevoft de Paris & gardes de la prevofté & marchandife de noftredicte ville de Paris, aux quarteniers & cinquanteniers d'icelle, & à tous nos autres jufticiers, officiers

ciers & fubjets, ou à leurs lieutenans, & à chacun d'eulx, ſi comme à lui appartiendra, que de noſtre preſente grace & exemption faſſent, ſouffrent & laiſſent noſdicts conſeillers de ladicte chambre & les clercs d'icelle, & chacun d'eulx, ſi comme à lui appartiendra, joüir & uſer paiſiblement ſans contredict de la teneur d'icelle, ſans les en travailler ou empeſcher, ne ſouffrir eſtre travailliez, moleſtez ou empeſchez en aulcune maniere ; ainçois ſi pour cauſe de non aller en envoïer audict guet, empeſchement avoit eſté ou eſtoit mis en corps ou en biens aux deſſuſdicts ou à chacun d'iceulx, ſi les oſtez & faites oſter incontinent ces lettres veuës, & mettre en pleine delivrance. Car ainſi nous plaiſt & voulons eſtre faict, nonobſtant que par adventure en dreſſant l'ordonnance deſſuſd. de faire le guet en noſtred. ville & aux portes d'icelle, nous n'euſſions aulcunes perſonnes exemptées, fuſt nos officiers ou autres, & quelconques ordonnances & lettres ſubreptices impetrées ou à impetrer au contraire. En teſmoing de ce nous avons faict mettre noſtre ſcel à ces preſentes. Donné à Paris le XXIX. Avril M. CCCC. XI. & de noſtre regne le XXXI. *Ainſi ſigné* : Par le roy en ſon conſeil, auquel Loys de Baviere, l'admiral, meſſire Charles de Savoiſy & autres eſtiez, MORGAR. *Et au dos eſt eſcript ce que s'enſuit* : Curia, in quantum cauſa concernitur, præſentibus obtemperavit. Actum in parlamento XXVIII°. Aprilis anno M. CCCC. XI. Signé BAYE. *Tiré des regiſtres de la chambre des comptes, à la bibliotheque Coiſlin, volume 3.*

STATUTS DU COLLEGE de Reims.

AN. 1720.

L'AN mil ſept cens vingt le ſix de Septembre, nous Louis le Gendre preſtre, docteur en theologie, chanoine de l'égliſe de Paris, député extraordinairement pour viſiter, & en tant que beſoin ſeroit, pour réformer & policer le college de Reims à Paris, au nom & par commiſſion expreſſe de S. E. M. le cardinal de Mailly archeveſque duc de Reims, premier pair de France, legat né du ſaint ſiege, primat de la Gaule Belgique, ſuperieur, proviſeur, collateur & réformateur dudit college ; après nous y eſtre tranſportez & avoir bien examiné les titres & actes des archives, l'eſtat du college où il n'y a point de bourſiers, mais ſeulement deux officiers, dont les fonctions, les honoraires, les logemens & la durée de leurs emplois ne ſont reglez ni deſignez par aucun titre ni ſtatut, l'eſtat des lieux & des biens, un eſtat de la recette actuelle & de la dépenſe ordinaire, le *finito* de pluſieurs comptes, tant anciens que modernes, les reglemens proviſionels faits ès années 1672. & 1684. qui n'ont point eu d'execution, & generalement avoir vû & examiné tout ce qui concerne le ſpirituel & le temporel dudit college ; après en avoir conferé avec venerable & ſcientifique perſonne, maiſtre François Caſſé docteur en theologie de la faculté de Paris, principal du college de Liſieux à Paris, commiſſaire ordinaire dudit college de Reims, à ce deputé par mondit ſeigneur le cardinal ; après avoir dans le ſaint ſacrifice de la meſſe & par autres ferventes prieres demandé humblement à Dieu, par l'interceſſion de la très ſainte Vierge & par celle de ſaint Remy patron du dioceſe de Reims & dudit college, qu'il daigne nous éclairer pour un ſi ſaint œuvre, n'aïant que ſa gloire en vûë, le tout meurement peſé ; nous, ſous le bon plaiſir de mondit ſeigneur le cardinal archeveſque duc de Reims, avons ſtatué & ordonné ce qui enſuit :

I. Il y aura dans ledit college un principal & un chapelain. Ceux qui à l'avenir ſeront pourvûs de ces emplois, ſeront du dioceſe de Reims ; le chapelain ſera auſſi procureur, ſi ce n'eſt que monſeigneur de Reims ne jugeaſt à propos pour un plus grand bien, par rapport au tems ou à quelqu'autre circonſtance, de déſunir ces deux emplois.

II. Il y aura au moins ſept bourſiers, dont la dot ſe prendra ſur les biens fonds dudit college ; de ces ſept bourſiers de nouvel eſtabliſſement, cinq ſeront indiſtinctement du dioceſe de Reims, un de la ville ou duché de Rhetel, & un autre de la ville ou comté de Porcien, en memoire des trois fondations réünies dans ledit college : ſçavoir, celle de l'ancien college de Reims fondé par meſſire Guy de Roye ſoixante-douziéme archeveſque de Reims, celle du college de Rhetel fondé par Gautier de Launoy chevalier, & uni pour toûjours à l'ancien college de Reims par lettres patentes de Charles VII. enregiſtrées au parlement le 4. Mars 1444. & celle de damoiſelle Jeanne de Breſle, en faveur des pauvres eſcoliers du comté de Porcien.

III. Nul ne ſera principal dudit college, qu'il ne ſoit au moins maiſtre ès arts de la faculté de Paris.

IV. Nul des ſept bourſiers dont la

dot sera assignée sur les biens-fonds dudit college, ne pourra y estre reçû, qu'il ne soit capable d'aller du moins en rhetorique ; tant afin que le cours de leurs estudes estant plus court, ils en fassent plûtost place à d'autres, qu'à cause des difficultez qu'il y auroit dans un college sans exercice, à y former de jeunes gens au-dessous de cet âge, lesquels iroient en differentes classes.

V. Nul ne sera ni principal ni chapelain dudit college, qu'il ne soit actuellement prestre ; afin que leur bon exemple serve à édifier les boursiers, & que le respect qui est dû aux uns, serve à contenir les autres.

VI. Monseigneur de Reims est très-humblement supplié de choisir, autant que faire se pourra, les officiers de son college parmi les ecclesiastiques qui en auront esté boursiers, afin que formez dans les maximes & dans les regles qu'on y observe, ils en soient plus en estat de les faire pratiquer aux autres.

VII. Les boursiers de ce college, aux termes de la fondation, devant estre tous clercs (ce mot ne doit s'y entendre que dans sa signification moderne) aucun n'y sera reçû qu'il ne soit tonsuré.

VIII. Le jour assigné & l'heure venuë pour recevoir un officier ou un boursier dudit college, on sonnera trois fois la cloche de la chapelle, pour y appeler les autres officiers & boursiers ; le principal ou autre qui presidera, dira ensuite à genoux *Veni sancte Spiritus* & l'oraison *Adsit*, puis on lira les provisions & les presents statuts ; après quoi le recipiendaire sera sermement de les garder en ce qui le concerne.

IX. Défendons de rien exiger à titre de bien-venuë ou de joïeux avenement, ni mesme de rien recevoir, quoique volontairement offert ; défendons qu'il se fasse à cette occasion aucun festin dans le college, du moins aux frais des boursiers, à qui l'acte de leur reception sera delivré *gratis* par celui des officiers qui sera chargé du registre.

X. Le boursier qui se presentera, ne sera point tenu de subir aucun examen, pour faire voir qu'il est capable d'aller du moins en rhetorique : de peur que sous ce prétexte, des gens mal-intentionnez n'affectassent de retarder ou d'éluder sa reception ; ses provisions donnant lieu de présumer qu'il est suffisamment capable ; le principal ou autre qui presidera, ne l'interrogera point avant que de le recevoir.

XI. Le principal & le chapelain devant estre prestres, ne paroistront dans le college qu'en robe & bonnet, & dans les ruës qu'en manteau long & en soutane ; quand ils se trouveront en la chapelle à l'office divin, ils y seront en surplis, bonnet ou camail , surplis uni & sans dentelle.

XII. Les boursiers devant estre clercs, porteront un petit colet, les cheveux courts, une tonsure plus ou moins grande selon qu'ils avanceront dans les ordres, & un habit noir ; ils ne paroistront dans le college qu'en robe de boursier de mesme couleur ; à la grande messe & à vespres ils seront en soutane , surplis , bonnet ou camail , surplis uni & de toille commune ; ce sera à eux à se pourvoir de la robe , de la soutane & du bonnet ; à l'égard tant du surplis que du camail , ils seront fournis par le college ; pour cela le procureur en fera faire au meilleur marché qu'il pourra , & la dépense lui en sera allouée dans son prochain compte , en la justifiant.

XIII. Défendons aux boursiers de jamais porter , sous quelque prétexte que ce soit , dans le college ou dans Paris, ni cravatte, ni épée , ni habit de couleur ; si quelqu'un le fait, il en sera reprimendé par le principal en presence des autres boursiers & officiers dudit college ; s'il retombe dans la mesme faute , il sera privé pour un mois de tous les fruits de sa bourse ; en cas d'une troisième désobéïssance , il sera chassé du college, si monseigneur de Reims à qui on en rendra compte , le juge ainsi à propos.

XIV. Il se fera tous les jours dans la chapelle dudit college une priere publique qui sera tintée à trois reprises , cette priere se fera le matin immediatement avant la messe ; le soir après que les portes dudit college seront fermées ; la formule de ces prieres sera jointe aux presents statuts ; cet exercice cessera pendant les deux mois de vacances.

XV. A l'une & à l'autre priere assisteront le principal , le chapelain - procureur & tous les boursiers, sans qu'ils puissent s'en dispenser, s'ils n'ont une excuse legitime ; le principal sera le juge de celle des boursiers ; à l'égard des officiers, nous nous en rapportons à leur conscience , les conjurant pour l'édification publique, de n'y point manquer qu'ils ne soient effectivement malades , ou occupez à quelque chose qui regarde soit le spirituel soit le temporel dudit college.

XVI. A l'une & à l'autre priere il y aura un honoraire dont seront privez ceux des officiers & boursiers qui s'en absenteront sans cause ; pour cela tous les soirs il sera dressé par le procureur & signé de lui

& du principal, un eſtat de ceux qui auront aſſiſté ou qui auront eſté legitimement excuſez. S'il y a eû dans la journée quelque autre honoraire gagné à autre occaſion, on l'inſerera dans cet eſtat, & au bas ſera arreſtée la ſomme totale des honoraires dudit jour, laquelle ne ſera alloüée qu'en repreſentant cet eſtat.

XVII. Ceux qui ne ſe trouveront au commencement de la priere, de la meſſe ou autre exercice où il y aura retribution, ou qui ſans cauſe en ſortiront avant la fin, ne gagneront point leur honoraire.

XVIII. Cette priere publique du matin & du ſoir ſera lûë à haute voix par un des bourſiers tour à tour ; les oraiſons ſeront dites tous les jours par le chapelain, hors les quatre grandes feſtes de l'année & le jour de ſaint Remy, qui ſeront reſervez par diſtinction au principal.

XIX. Les portes du college depuis la ſaint Remy juſques à Paſques ſeront ouvertes le matin à ſix heures, & fermées le ſoir à huit heures, & depuis Paſques juſques à la ſaint Remy ouvertes à cinq, fermées à neuf, la clef portée au principal ; elles ne pourront eſtre ouvertes extraordinairement, que pour cauſe grave & preſſante.

XX. Si ſans permiſſion ou ſans cauſe, dont le principal ſera le juge, il arrivoit à un bourſier de découcher dudit college, il en ſera puni ſelon l'ordre preſcrit dans l'article XIII. reprimende publique la premiere fois, privation des fruits la ſeconde, deſtitution à la troiſiéme.

XXI. Les jours non chommés il ſe dira une meſſe baſſe dans la chapelle à ſix heures en eſté, à ſept en hyver ; les bourſiers y aſſiſteront avec pieté ; il y aura un honoraire pour chacun d'eux ; exhortons le principal qui ſera le juge des excuſes, de n'en recevoir que de legitimes.

XXII. La meſſe ſe dira haute, & une heure plus tard les Dimanches & les feſtes ; l'évangile y ſera chanté par le celebrant, & l'epiſtre par un des bourſiers ; hors les quatre grandes feſtes & le jour de ſaint Remy, qu'il y aura diacre & ſoſdiacre, à chacun deſquels il ſera donné dix ſols de retribution.

XXIII. Il y aura honoraire pour le principal, lorſqu'il aſſiſtera à la meſſe feſtes & Dimanches ; il la dira, ſi bon lui ſemble, les quatre grandes feſtes & le jour de ſaint Remy ; les autres jours de l'année elle ſera dite par le chapelain.

XXIV. Il y aura veſpres feſtes & Dimanches ; il y aura des premieres veſpres la veille des feſtes annuelles. A cet office meſme honoraire qu'à la meſſe, tant pour les officiers que pour les bourſiers ; le chapelain y officiera, hors les jours qui par diſtinction ſont reſervez au principal ; les veſpres ſe diront à l'heure qu'on a couſtume de les dire dans les autres colleges de l'univerſité.

XXV. La meſſe & les veſpres ſeront chantées par les officiers & bourſiers.

XXVI. Pendant les mois de vacances, qui ſont Aouſt & Septembre, la meſſe ſe dira baſſe, & il n'y aura point de veſpres.

XXVII. L'honoraire des bourſiers pour leur aſſiſtance à la meſſe, ſera ſimple les jours ouvriers, double les feſtes non ſolemnelles & les Dimanches, triple les feſtes ſolemnelles qui ſont la Circonciſion, l'Epiphanie, la Purification, l'Annonciation, Paſques, l'Aſcenſion, la Pentecoſte, la Trinité, le ſaint Sacrement, la ſaint Pierre, la Touſſaint, la Conception & Noël. L'honoraire du principal ſera double les feſtes ſolemnelles ; pareille loi pour les veſpres, où il y aura pour le chapelain un honoraire égal à celui du principal. Nous ne faiſons point ici m'ention ni de l'Aſſomption de la ſainte Vierge, ni de ſa Nativité, parce que ces feſtes ſe trouvent dans les mois de vacances, pendant leſquels il n'y aura ni aſſiſtance ni honoraire.

XXVIII. Le jour de ſaint Remy patron du dioceſe de Reims & dudit college, jour auquel les bourſiers doivent eſtre de retour pour la rentrée des claſſes, il y aura pour chacun d'eux un honoraire de trente ſols à la grand'meſſe, autant aux premieres & aux ſecondes veſpres ; & pour les officiers ſix livres pour tout l'office de la veille & de la journée ; il y aura à veſpres deux choriſtes ou chapiers, à chacun deſquels ſera donné une retribution de dix ſols. Après veſpres du jour, il ſe fera dans la chapelle un diſcours Latin à la loüange du ſaint, d'une demie heure ou environ, pour quoi ſera donné à l'orateur la ſomme de dix livres ; les officiers par préference pourront faire ce diſcours les premieres années, les bourſiers le feront tour à tour s'ils peuvent les années ſuivantes ; s'il arrivoit à la honte du college qu'il ne s'y trouvaſt perſonne en eſtat de faire ce diſcours, il ſera fait par un eſtranger, & les dix livres de retribution qu'il aura, ſeront regalées proportionnellement comme amende, tant ſur les officiers, que ſur les bourſiers.

XXIX. Les bourſiers iront à confeſſe une fois par mois, & feront apparoir au principal qu'ils y ont eſté ; ils communieront à la meſſe du college la feſte la plus solemnelle de chaque mois, ou le premier Dimanche, s'il n'y a point dans ce mois de festes solemnelles; s'ils venoient à manquer à l'un ou à l'autre de ces devoirs sans une excuse legitime, il en sera usé ainsi qu'il est prescrit article XIII. pour les fautes graves & publiques.

XXX. Pour les disposer d'autant plus à s'approcher des sacremens avec ferveur, le principal, après la priere du soir, leur fera le Samedy une explication sommaire de l'évangile du lendemain, & une exhortation la veille des jours de communion.

XXXI. Les boursiers iront tous ensemble au jour dont on conviendra, faire leurs Pasques à la paroisse en soutane, surplis, bonnet ou camail; ce jour autant que faire se pourra, sera le Jeudi saint ou le jour de Pasques.

XXXII. Si quelque officier ou boursier se trouve assez malade dans le college, pour qu'il ait besoin de recevoir ses sacremens; les autres officiers & boursiers iront au devant à la paroisse en soutane, surplis, bonnet ou camail, & y reconduiront le saint sacrement, deux des boursiers portant le dais.

XXXIII. Si le malade meurt, les autres officiers & boursiers assisteront en mesme habit à son enterrement.

XXXIV. Les jours ouvriers, après avoir entendu la messe basse dans la chapelle, les boursiers prepareront à aller en classe au college qui leur sera marqué de l'ordre de monseigneur de Reims; ils iront en classe, ils s'y comporteront & ils en reviendront avec une modestie qui les fasse distinguer pour estre du college de Reims; au retour ils se retireront dans leurs chambres pour y estudier jusques à l'heure du repas, qu'ils prendront tous dans le college, & mesme ensemble, s'il se peut, dans le lieu qui leur sera marqué pour cela.

XXXV. Les jours de congé ou aux heures de recréation ils pourront se promener dans la cour, & y joüer aux jeux en usage dans les autres colleges de l'université; hors ces jours & heures le principal tiendra ce à ce qu'ils ne soient point dans la cour.

XXXVI. S'il arrive qu'au jeu ou en autre occasion les boursiers se querellent, & qu'ils en viennent jusques à se battre, ou à se dire des injures atroces, l'agresseur demandera pardon; s'il refuse de le faire, on en usera à son égard ainsi qu'il est prescrit dans l'article XIII.

XXXVII. Ni boursiers ni officiers de ce college n'y pourront joüer, mesme dans les chambres particulieres, aux jeux de hazard défendus aux ecclesiastiques, ni à tout autre jeu mal séant aux gens de leur estat; s'ils le font, on en usera à leur egard selon ledit article XIII. de plus il sera donné au denonciateur qui administrera des preuves, la somme de six livres que le procureur reperera sur les fruits de la bourse ou de l'office du coupable.

XXXVIII. Le Samedi ou autre jour libre de chaque semaine les boursiers rendront compte de leurs estudes au principal. Il y aura à cet exercice, honoraire pour lui & pour eux, à la fin de chaque trimestre ils en rendront un nouveau compte devant le commissaire ordinaire, en presence de qui ils seront interrogez selon le dégré de leurs estudes.

XXXIX. Au mois de Juillet il se fera en presence du commissaire ordinaire, du principal & du chapelain, un nouvel examen du progrez que chaque boursier aura fait pendant cette année, de sa conduite, de ses talens, de sa disposition & inclination à l'estude; & aussi-tost après ledit sieur commissaire en fera un rapport exact, afin que monseigneur de Reims en puisse d'autant mieux regler l'estat de son college pour l'année suivante.

XL. Le principal & le chapelain-procureur qui seront pourvûs à l'avenir, ne le seront, le principal que pour six ans, & le chapelain-procureur que pour quatre, sauf à monseigneur de Reims de les continuer pour un plus long-tems, s'il le juge ainsi à propos, l'un ou l'autre de ces officiers venant à accepter un benefice à residence, son emploi vacquera aussi-tost.

XLI. Les bourses n'estant fondées que pour aider de pauvres escoliers à faire leurs estudes, il est contre tout ordre qu'elles soient remplies du moins long-tems par ceux qui n'ont ni disposition ni inclination à l'estude, & il n'est que trop juste qu'ils fassent place à d'autres qui en feront un bon usage; par cette raison & autres aussi fortes, les bourses ne seront que pour deux ans dans ce college, sauf à monseigneur de Reims à les continuer autant de tems qu'il lui plaira.

XLII. Les officiers seront logez dans le college selon la préeminence de leurs titres, honorablement & commodément; au-dessus de leur appartement qu'ils ne pourront échanger entr'eux, il y aura écrit en gros caractere: *Appartement du principal*, ou *du chapelain-procureur*; ces logemens leur seront par nous assignez de l'ordre exprès de monseigneur le cardinal, archevesque duc de Reims.

XLIII.

XLIII. Chaque boursier aura une chambre; sur la porte il y aura écrit: *Chambre de boursier*; ils opteront dans la suite selon leur ancienneté; pour la premiere fois les chambres plus ou moins belles leur seront par nous assignées selon le degré de leurs estudes, & s'ils sont destinez à aller en la mesme classe, selon la date de leurs provisions.

XLIV. Les officiers & boursiers logez, ce qui restera à loüer dans l'interieur dudit college, ne sera occupé que par des ecclesiastiques, des estudians ou autres celibataires de bonne conduite & d'une profession conforme aux usages & aux reglemens de l'université; s'il se trouvoit dans la suite qu'ils n'en fussent pas, le procureur après en avoir parlé au commissaire ordinaire & au principal, leur donnera congé pour le plus prochain terme.

XLV. Il n'entrera dans le college des personnes du sexe, que par necessité; celles qui y apporteront ou du linge ou à manger, le mettront dans le lieu qui sera marqué pour cela, où les boursiers iront le prendre; mere, sœur ni tante ne pourra entrer dans leurs chambres sans permission du principal; si quelqu'un d'eux s'oublioit jusques à introduire d'autres filles ou femmes chez lui, il sera chassé aussitost, si monseigneur de Reims qu'on aura soin d'en avertir, le juge ainsi à propos; le principal ne sçauroit avoir sur cela les yeux trop ouverts, ni y veiller trop exactement; il sera donné au dénonciateur qui administrera des preuves, la somme de six livres que l'on repetera sur ce qui sera dû au coupable.

XLVI. Il se tiendra chaque mois, le premier ou le second jour, sur les affaires du college, une assemblée œconomique, où se trouvera, s'il lui plaît, le commissaire ordinaire, & où assisteront le principal & le chapelain procureur; ce qu'on y résoudra, sera escrit sur un registre, & signé tant par le commissaire que par le procureur.

XLVII. Le commissaire présidera à cette assemblée; sa voix y décidera, & s'il ne s'y trouve pas, la résolution ne sera escrite dans le registre, qu'après qu'il l'aura approuvée.

XLVIII. Cette assemblée ne pourra ni emprunter aucuns deniers, ni faire ou recevoir aucun remboursement, sans un ordre exprés de monseigneur de Reims.

XLIX. Le procureur rapportera dans cette assemblée les offres qu'on lui aura faites pour les maisons, chambres & appartemens qui seront à loüer; ces offres seront signées, autant que faire se pourra, par ceux qui les feront; & ce sera dans cette assemblée que l'on résoudra sur ces offres, eû égard au tems, aux lieux, aux personnes, ce qui sera du plus grand avantage du college.

L. Long-tems avant l'expiration du bail, le procureur rendra visite au locataire, le portera à augmenter, & lui marquera le jour que l'assemblée œconomique ajugera au plus offrant, la maison ou appartement à loüer; il donnera pareil avis aux gens qui viendront lui faire de nouvelles offres.

LI. A moins que le locataire ne fasse le bien du college, on mettra escriteau qui sera imprimé, & où le nom du procureur à qui il faudra s'adresser, sera en gros caractere.

LII. Autant qu'on le pourra, on ne fera point de bail avec la clause des six mois, ni plus long que pour six années; au-dessus de cent francs, il sera passé devant notaires; on choisira pour notaire celui qui en usera avec le plus de moderation, afin de ménager la bourse du locataire qui païera les frais de l'acte & de la grosse.

LIII. Depuis trente livres jusques à cent, le bail se pourra faire sous seing privé; au-dessous de trente livres, si on ne peut engager le locataire à signer, on sera du moins dans le registre des maisons une mention la plus exacte & la plus ample qu'on pourra, de sa qualité, de ses facultez, du prix, des termes de païement &c. pour y avoir recours au besoin.

LIV. Il ne sera ni exigé ni pris, quoique volontairement offert, ni pot de vin ni present, soit en faisant le bail, soit en le renouvellant.

LV. A la fin de chaque trimestre le procureur fera un bref estat de sa recette, de sa dépense & de ce qui sera dû, & le presentera dans l'assemblée œconomique au commissaire ordinaire, qui lui prescrira l'ordre, la maniere & le plus ou moins de poursuites qu'il conviendra faire contre les débiteurs.

LVI. Le procureur ne pourra faire de dépense extraordinaire au-dessus de six livres, qu'elle n'ait esté résoluë dans l'assemblée œconomique; & il y rendra compte de ce qu'il aura dépensé au-dessous de cette somme.

LVII. L'assemblée œconomique ne pourra résoudre de dépense extraordinaire pour achat ou autrement, au-dessus de cinquante livres, sans un ordre de monseigneur de Reims qui aura esté informé de la necessité de la faire.

LVIII. A l'égard des réparations, il ne s'en fera point sans necessité; l'assemblée œconomique, le commissaire ordinaire present, pourra en ordonner jusques à cent francs; au-delà il ne s'en fera point sans devis & sans un ordre particulier de monseigneur de Reims.

LIX. Le procureur se trouvera quand on abattra ce qu'il y aura à reparer, & empeschera qu'on n'en abatte plus qu'il ne faut.

LX. Avant que de faire abattre, on fera marché ou à forfait ou à tant la toise: marché par escrit, & qui sera conclu au rabais dans l'assemblée œconomique.

LXI. L'année academique commençant au premier Octobre, & finissant au trente Septembre, le procureur dressera son compte selon cet ordre; tous les ans il rendra son compte au plus tard dans le mois de Decembre suivant, autrement il lui sera rabattu sur ses appointemens autant de fois dix livres, qu'il sera de semaine en demeure, sans que cette peine puisse passer pour comminatoire.

LXII. Toutes les sommes tant de recette que de dépense, seront mises tout au long dans le corps de l'article, & tirées hors ligne en chifre romain, les dattes des jours, mois & années seront aussi tout au long, & non en chifre.

LXIII. Le compte sera adressé & rendu au commissaire ordinaire, qui l'apostillera de sa main; en chaque article de reprise sera fait mention des soins, diligences & poursuites qu'aura faites le comptable pour en estre païé; autrement elle ne lui sera point passée; la dépense lui sera allouée en la justifiant par quittances, lesquelles après avoir esté paraphées par le commissaire, seront mises en liasses aux archives.

LXIV. Toute allocation qui se fera outre ou contre la teneur des presens statuts, sera nulle, quand bien mesme elle seroit faite par le commissaire ordinaire, s'il n'en a un pouvoir special de monseigneur de Reims, dequoi il fera dans l'apostille une mention expresse.

LXV. Des trois copies qu'il se fera de chaque compte, & qui seront bien & duëment signées & apostillées, l'une sera envoïée à monseigneur de Reims, l'autre demeurera au comptable, la troisiéme sera mise dans les archives du college avec les pieces justificatives.

LXVI. Il se fera de cinq ans en cinq ans une révision des comptes, de l'ordre de monseigneur de Reims; & s'il se trouve ou des omissions de recette, ou des dépenses mal alloüées, on les repetera contre le procureur ou ses ayans cause.

LXVII. Le compte rendu, s'il y a du revenant bon, & qu'il n'aille qu'à deux cens francs, il demeurera entre les mains du procureur pour païer les charges courantes; s'il excede cette somme, le surplus sera mis dans un cofre fort qui sera déposé chez le procureur, & dont il y aura trois clefs, l'une pour lui, une pour le commissaire, & une pour le principal; on ne pourra tirer de ce cofre au-dessus de cent francs sans un ordre de monseigneur de Reims.

LXVIII. S'il se trouve quelque somme considerable accumulée avec le tems, ce sera monseigneur de Reims qui en déterminera l'emploi.

LXIX. Le procureur aura differens livres ou registres qui seront paraphez par premier & dernier feüillet par le commissaire ordinaire, & où les articles seront dattez exactement par jour, mois & an; dans le premier registre seront les resolutions des assemblées œconomiques; dans le second les baux des maisons, chambres & appartemens; dans le troisiéme la recette & la dépense; dans le quatriéme sera jour par jour la somme à quoi monteront les honoraires des assistances de la journée.

LXX. Au bout de chaque mois le procureur presentera à l'assemblée œconomique un estat de ces sommes, pour estre examinées & visées par le commissaire ordinaire, qui n'y manquera pas, s'il se trouvoit que le principal ou autre officier eussent eu trop d'indulgence ou pour eux ou pour les boursiers, de leur faire sur cela les remontrances convenables. Cet estat visé par le commissaire, sera acquitté aussi-tost par le procureur.

LXXI. Il y aura honoraire pendant les mois d'Octobre, Novembre, Decembre, Janvier, Fevrier, Mars, Avril, May, Juin & Juillet; il n'y en aura point en Aoust & Septembre qui sont les mois de vacances; parceque pendant ces deux mois il n'y aura point d'assistance.

LXXII. De l'ordre exprès de monseigneur le cardinal de Mailly archevesque de Reims, superieur dudit college, nous assignons pour logement du principal celui qui l'est aujourdhui: sçavoir, le petit corps de logis qu'on trouve à main gauche en entrant par la grand'porte du college; de plus, pour partie de ses appointemens, nous affectons à la

principalité

principalité les quatre chambres les plus proches de ce corps de logis dans la premiere gallerie qui est au-dessus de la grand'porte, lesquelles chambres le principal pourra occuper sans en rien païer, ou les loüer à son profit.

LXXIII. Nous assignons pour logement au chapelain qui sera aussi procureur, la moitié de la seconde gallerie qui est au-dessus de la grand'porte ; & nous lui affectons pour appointement l'autre moitié de cette gallerie, & la premiere chambre du costé de l'escalier dans la gallerie au-dessous, lesquels lieux il pourra occuper sans en rien payer, ou loüer à son profit.

LXXIV. Nous assignons aux boursiers pour logement, les six pieces du second estage qui est au-dessus de la chapelle, & deux autres pieces dans la troisiéme gallerie qui est au-dessus de la grand'porte.

LXXV. Outre cela le principal aura pour gros fruits cent vingt livres par an, à prendre sur les revenus du college, & chaque boursier cent dix livres ; ce gros ou somme fixe se gagnera par eux en résidant dans le college, de maniere qu'on en rabattra à ceux qui s'en absenteront, à proportion de leur absence, s'ils le font sans en avoir permission du commissaire ordinaire à l'égard des boursiers, & de monseigneur de Reims à l'égard du principal.

LXXVI. Outre ces gros fruits il y aura, tant pour le principal que pour les boursiers, les sommes suivantes, qu'ils ne gagneront qu'en assistant : le principal, à la priere du matin, deux sols ; à celle du soir, autant ; à la grand'messe les Dimanches & festes non-solemnelles, quatre sols ; à vespres autant ; les festes solemnelles à la grand'messe six sols; à vespres de mesme ; le jour de saint Remy à la messe deux livres ; aux vespres de la veille & du jour autant ; à chaque exercice du Samedi où les boursiers lui rendront compte de leurs estudes, six sols. Les boursiers, chacun d'eux à la priere du matin, un sol six deniers ; à celle du soir autant ; à la messe les jours ouvriers, mesme retribution ; à la messe haute, festes non-solemnelles & Dimanches, trois sols ; à vespres de mesme ; les festes solemnelles, à chacun de ces deux offices, quatre sols & demi ; le jour de saint Remi à la messe trente sols ; à vespres de la veille & du jour autant ; à chaque exercice du Samedi où ils rendront compte de leurs estudes, quatre sols & demi. Le chapelain, outre son logement & le loyer des piéces qu'on lui abandonne, il aura de fixe pour le luminaire & autres frais de la chapelle, cinquante livres, & pour l'honoraire de ses messes, deux cens francs ; sur quoi lui sera rabattu, en cas d'absence à la priere du matin, deux sols, à celle du soir autant ; à vespres les Dimanches & festes non-solemnelles, quatre sols ; les festes solemnelles, s'il ne dit pas la messe, six sols ; à vespres de mesme ; le jour de saint Remy à la messe, deux livres ; aux premieres & secondes vespres, autant ; il dira ou fera dire la messe tous les jours ; en Aoust & Septembre, il ne dira qu'une messe basse.

LXXVII. Ces presents statuts seront lûs tous les ans dans la premiere assemblée œconomique, en presence du commissaire ordinaire, du principal, du chapelain & de tous les boursiers, & à la reception des uns & des autres ; chaque boursier sera tenu d'en avoir une copie, afin d'en estre parfaitement instruit.

LXXVIII. Ils seront gardez à la lettre par les officiers & boursiers, sans qu'ils puissent s'en dispenser, sous pretexte d'un plus grand bien ou de la difficulté à les pratiquer ; s'il arrive des circonstances singulieres où l'on se trouve embarrassé, on aura recours à monseigneur de Reims dont la réponse décidera. Fait à Paris les jour, mois & an que dessus. *Signé*, LE GENDRE, *& plus bas*, Par mondit sieur le commissaire extraordinaire, *Signé*, ROUX secretaire de la commission. *S'ensuit la teneur de ladite commission.*

FRANÇOIS, par la misericorde de Dieu & par la grace du saint siege apostolique, cardinal de Mailly, archevesque duc de Reims, premier pair de France, legat né du saint siege, primat de la Gaule Belgique, proviseur & reformateur du college de Reims fondé en l'université de Paris ; au sieur abbé le Gendre chanoine de l'église de Paris, salut. L'avantage que nostre college de Reims estably à Paris, vient de retirer, par la reduction des rentes qu'il païoit à ses créanciers au denier vingt, ensuite au denier trente, & qu'il ne païera plus à l'avenir qu'au denier cinquante, nous mettant en estat de donner quelques boursiers audit college, auquel est réüni depuis long-tems par arrest du conseil d'estat du roy celui de Rhetel ; nous avons cru, avant de rien statuer, devoir prendre connoissance particuliere des fondations de ces deux colleges, des clauses & conditions

An. 1720.

y portées, de mesme que de celles qui sont inserées dans les actes de réünion d'iceux, des reglemens ci-devant faits par nos prédecesseurs pour ledit college, de ses charges, de ses revenus & de l'usage auquel ils sont employez, s'il ne se fait pas de dépense au-delà de la somme portée par les reglemens, sans avoir auparavant obtenu nostre permission, de l'ordre & de la discipline qui s'observe dans ledit college, des devoirs du principal & du procureur, de leurs gages ou honoraires. Et comme toutes ces connoissances ne peuvent se prendre que par une visite à laquelle des affaires pressantes & importantes ne nous permettent pas de vacquer; nous pleinement informez de vostre zele à favoriser l'estude des lettres, de vostre habileté & experience dans les affaires, & de vos autres belles qualitez, vous avons commis & commettons par ces presentes, pour voir & visiter extraordinairement pour nous ledit college establi en cette ville de Paris, en presence du principal, du procureur d'icelui & du sieur Caffé docteur de Sorbonne, principal du college de Lisieux, nostre commissaire ordinaire pour la visite & l'audition des comptes dudit college de Reims, pendant le cours de laquelle vous ferez representer par lesdits sieurs principal & procureur dudit college, les titres de sa fondation & de celui de Rhetel qui y a esté joint, les lettres patentes d'union avec l'arrest d'enregistrement, les autres titres de propriété des biens appartenans audit college, les baux anciens & nouveaux qui en ont esté faits, les comptes de tous les revenus dudit college & de l'emploi qui s'y en fait, verifier par lesdits comptes si lesdits revenus sont administrez conformément aux reglemens faits par nos prédecesseurs, examiner le compte qui est à rendre, le nombre des boursiers & écoliers qui ont estudié audit college, & depuis quel tems on a cessé d'en recevoir, vous faire aussi representer les lettres d'institution du principal & celles du procureur, de mesme que les titres ou actes qui regardent leurs droits, leurs gages & leurs fonctions; les actes de la fondation du sieur Gerbais pour deux boursiers, & attendu la réduction considerable survenuë dans le revenu donné par lui à cet effet, donner vostre avis sur ce qu'il convient faire à l'égard desdits boursiers, par rapport à la diminution du revenu; & generalement vous vous ferez representer tous les autres titres, papiers, documens & enseignemens dont vous avez besoin pour prendre la connoissance la plus exacte qui se pourra, de ce qui concerne, tant les biens, que l'ordre & la discipline dudit college. De plus vous donnons pouvoir de faire, conjointement avec ledit sieur Caffé, tous les reglemens que vous jugerez à propos pour le temporel & le spirituel dudit college, pour la diminution ou augmentation des officiers d'iceux, & pour leurs fonctions, pour le retablissement des boursiers en telle quantité que vous estimerez convenable, regler le tems & le revenu de leurs bourses, & la conduite qu'ils seront tenus d'observer dans ledit college; & faire generalement tous les reglemens que vous jugerez à propos, lesquels nous seront ensuite par vous representez avec le procès verbal que vous aurez dressé sur tout ce que dessus, circonstances & dépendances; promettant d'agréer & ratifier tout ce qui sera par vous fait, reglé & statué en vertu des pouvoirs que nous vous en donnons par ces presentes. Mandons & enjoignons ausdits sieurs principal & procureur dudit college, de s'y trouver aux jours & heures que vous leur aurez indiquez, & de vous representer autant de fois qu'il sera nécessaire, tous & chacuns les titres, documens & enseignemens dudit college, & de vous donner toutes les connoissances & éclaircissemens qu'ils pourront, & dont vous aurez besoin au sujet de la visite extraordinaire dudit college. En témoin de quoi nous avons signé ces presentes, que nous avons fait sceller du petit sceau de nos armes, & contresigner par l'un de nos secretaires. Donné à Paris en nostre hostel, le premier jour du mois d'Aoust de l'année M. DCC. XX. *Signé* FRANÇOIS CARDINAL DE MAILLY; *& plus bas:* Par son eminence, CHARUEL. *Tiré d'une brochure imprimée in 4. en 1721.*

Avis sur la réünion des deux bourses fondées au college de Reims par M. Gerbais.

NOUS commissaire susdit, nous estant fait representer l'extrait du testament de venerable & scientifique personne maistre Jean Gerbais docteur de Sorbonne & principal du college de Reims à Paris, en datte du dix Juin mil six cens quatre-vingt dix-neuf; nous aurions trouvé que ledit sieur Gerbais a fondé deux bourses dans ledit college: qu'il laisse à monseigneur l'archevêque de Reims la disposition entiere de ces bourses: que pour

pour dotter ces bourses, & dédommager le college du logement des deux boursiers, & de la peine qu'auront le principal & le procureur, l'un de les instruire, & l'autre de recevoir leurs revenus, il donne audit college, à prendre sur l'hostel de ville de Paris, six cens livres de rente au denier dix-huit: sçavoir, deux cens francs par an à chaque boursier, & le reste au college; & qu'il veut que ce fonds ne puisse estre diverti ni emploïé à autre usage. Nous, le tout meurement examiné, considerant que ce fonds qui est separé & non incorporé dans les biens fonds dudit college, est sujet à diminution: que les six cens liv. de rente données par ledit sieur Gerbais, sont effectivement réduites à deux cens soixante-dix livres: que ce fonds peut encore souffrir une plus ample réduction, si sa majesté le juge ainsi à propos pour le bien de l'estat: & que consequemment la fondation ne peut subsister sur le pied qu'elle a esté faite; nous estimons, en entrant dans les vûes du fondateur, eû égard aux changemens arrivez & qui peuvent arriver aux rentes sur quoi la fondation est assignée, qu'il y a lieu de réduire les deux bourses à une; ce faisant, donner au boursier deux cens francs de dot (sauf à diminuer à proportion du changement, s'il en arrivoit de nouveau) & laisser au college en dédommagement les soixante-dix livres restans. Et comme ledit sieur Gerbais laisse à la prudence de monseigneur de Reims de faire tels reglemens qu'il lui plaira à l'égard des deux boursiers de sa fondation, nous croïons qu'en conformité des statuts que l'on vient de faire pour mettre l'ordre dans ledit college, il est convenable que ledit boursier de la fondation de Gerbais, reçoive ses deux cens francs de dot, partie en gros fruits qui seront de cent dix livres, & partie en distributions pareilles à celles des boursiers nouvellement establis dans ledit college, en assistant comme eux aux offices & exercices qui s'y feront, & en observant les articles de police contenus dans lesdits statuts. Fait à Paris le vi. Septembre M. DCC. XX. *Signé*, LE GENDRE. *Ibidem.*

Confirmation des statuts & de l'avis precedens.

VEU par nous cardinal de Mailly, archevesque duc de Reims, premier pair de France, legat né du saint siege, primat de la Gaule Belgique, su-
Tome II.

perieur, proviseur, collateur & reformateur du college de Reims fondé en l'université de Paris, &c. nostre commission en datte du premier Aoust dernier, donnée au sieur abbé le Gendre chanoine de Paris, pour visiter extraordinairement nostredit college de Reims établi à Paris, avec pouvoir & faculté de faire des reglemens & statuts pour le rétablissement dudit college tellement negligé depuis long-tems, qu'il n'y avoit aucun boursier, & que tous les revenus estoient consommez ou à l'entretien & aux réparations des bastimens dépendans dudit college, ou par les gages du principal & procureur; ce qui estoit formellement contre l'intention des fondateurs, & ce qui nous auroit engagé à faire faire ladite visite extraordinaire dudit college. Vû aussi le procès verbal dud. sieur commissaire extraordinaire du seize dudit mois d'Aoust dernier & jours suivans, & les reglemens & statuts par lui faits ensuite, en consequence de nostredite commission, lesquels nous aurions trouvez très-utiles & propres pour rétablir l'ordre & la discipline dans ledit college. Tout meûrement examiné, nous avons agreé, approuvé, ratifié, agréons, approuvons & ratifions par ces presentes tous lesdits statuts & reglemens contenans soixante-dix-huit articles, outre l'avis sur la fondation du feu sieur Gerbais; & en consequence, voulons qu'il y ait régulierement à l'avenir dans nostredit college de Reims establi à Paris, sept boursiers qui seront, autant que faire se pourra, & qu'il se trouvera des sujets propres, de nostre diocese, outre le huitième de la fondation du feu sieur Gerbais; à l'effet de quoi, l'avis de nostredit commissaire sera executé dans tous ses points, comme les articles des statuts & reglemens; enjoignons aux principal & procureur qui sont à present, & à ceux qui viendront après eux ausdits offices, comme au chapelain, quand il y en aura un, & à tous les huit boursiers, d'executer tous & chacuns les articles dudit reglement selon leur forme & teneur, sous les peines y portées, & sous les autres peines de droit. Donné à Paris en nostre hostel sous nostre seing, le petit sceau de nos armes & le contre-seing de l'un de nos secretaires, le IV. jour du mois d'Octobre de l'année M. DCC. XX. *Signé*, FRANÇOIS CARDINAL DE MAILLY; *& plus bas*, Par son eminence, CHARUEL. *Ibidem.*

Intimation des mesmes statuts.

AN. 1720.

L'AN mil sept cens vingt, le douziéme Novembre à trois heures après midi, jour & heure par nous indiquez, nous Louis le Gendre prestre, docteur en theologie, chanoine de l'église de Paris, député extraordinairement pour visiter & policer le college de Reims à Paris, au nom & par commission expresse en datte du premier Aoust dernier de son eminence monseigneur le cardinal de Mailly, archevesque duc de Reims, premier pair de France, legat né du saint siege, primat de la Gaule Belgique, superieur, proviseur, reformateur & collateur dudit college de Reims, nous nous y sommes transportez ; & après avoir fait nostre priere dans la chapelle, nous, en presence de venerable & scientifique personne maistre François Cassé docteur en theologie de la faculté de Paris, principal du college de Lisieux à Paris, commissaire ordinaire dudit college de Reims, à ce député par mondit seigneur le cardinal de Mailly, de venerable & scientifique personne maistre Jean-Baptiste-Joseph Favart docteur en theologie de la faculté de Paris, société de Navarre, & professeur en theologie audit college de Navarre, principal dudit college de Reims, & de venerable & scientifique personne maistre Claude Lorey ancien recteur de l'université, chapelain procureur dudit college de Reims, mentionnez en nos procez verbaux de la visite extraordinaire dudit college par nous faite le seize & jours suivans du mois d'Aoust dernier, y avons fait lire & publier à voix haute & intelligible par maistre Jean-François Roux prestre, secretaire de ladite commission, nommé ausdits procez verbaux, les statuts par nous faits & dressez pour ledit college, en datte du six Septembre dernier, l'avis par nous donné le mesme jour de la réduction des deux bourses de la fondation de M. Gerbais, nostre commission extraordinaire ci-dessus dattée, & l'ordonnance de mondit seigneur le cardinal de Mailly du quatre Octobre dernier, portant confirmation & ratification desdits statuts & avis, avec ordre de les executer selon leur forme & teneur. Après quoi au nom & par ordre exprès de mondit seigneur le cardinal, nous avons prié ledit sieur Cassé commissaire ordinaire, de vouloir bien tenir la main à l'execution desdits statuts & avis ; & en mesme tems avons enjoint audit sieur Favart principal & audit sieur Lorey chapelain procureur, de les observer exactement en ce qui les concerne, & de les faire garder par les boursiers qui seront nommez par mondit seigneur le cardinal & par ses successeurs archevesques de Reims ; desquels statuts & avis, ensemble de la confirmation & ratification d'iceux, nous avons délivré ausdits sieurs Favart & Lorey, pour estre mis dans les archives dudit college, un exemplaire original en papier timbré, signé respectivement, tant par mondit seigneur le cardinal, que par nous, & contresigné ainsi qu'il convient ; lequel exemplaire lesdits sieurs Favart principal & Lorey chapelain procureur ont reconnu avoir reçû de nous. Fait à Paris dans la chapelle dudit college, les jour, mois & an que dessus. *Signé*, LE GENDRE. CASSÉ. J. B. J. FAVART. LOREY. *Ibidem*.

PRIERES QUI SE DIRONT
à haute voix dans la chapelle du college de Reims.

POUR LE MATIN.

In nomine Patris & Filii & Spiritûs sancti.

Mettons-nous en la presence de Dieu, remercions-le de tous les biens qu'il nous a faits, & demandons-lui la grace de ne le point offenser en ce jour, mais de rapporter à sa gloire nos pensées, nos paroles & nos actions.

Veni, sancte Spiritus, &c.
Emitte Spiritum,

OREMUS.

Deus qui corda fidelium,
Kyrie eleison. Christe eleison,
Pater, Ave, Credo,
Dignare, Domine, die isto,
Miserere nostri, Domine,
Fiat misericordia tua,
Domine exaudi orationem,
Dominus vobiscum,

OREMUS.

Domine Deus omnipotens qui ad principium hujus diei nos, &c.

Demandons ces graces par l'intercession de la sainte Vierge, par celle de nostre ange gardien, de saint Remy nostre patron, & de tous les saints.

Sancta Maria, sanctus angelus custos, sanctus Remigius & omnes sancti intercedant, &c.

Prions pour le repos de l'ame des fondateurs & bienfacteurs de ce college.

De profundis clamavi,

JUSTIFICATIVES.

Oremus.

Abfolve, Fidelium,
Adjutorium noftrum in nomine,
Dominus nos benedicat & ab omni
malo deffendat, &c.

POUR LE SOIR.

In nomine Patris & Filii & Spiritûs fancti.

Veni, fancte Spiritus,
Emitte,
Deus qui corda,

Mettons-nous en la prefence de Dieu, & examinons les pechez que nous avons commis en ce jour, par penfées, paroles & actions.
Pause.
Demandons-en pardon à Dieu.

Confiteor Deo omnipotenti,
Miferere mei Deus fecundùm magnam mifericordiam tuam, *Le pfeaume tout au long.*
Mifereatur noftri,
Indulgentiam, &c.
Oremus.
Deus qui culpâ offenderis, pœnitentiâ placaris, &c.

Demandons à Dieu la grace de bien paffer la nuit.

Pater, Ave, Credo.
Te lucis antè terminum,
In manus tuas, Domine,
Dignare, Domine, nocte iftâ.
Oremus.
Vifita quæfumus,

Demandons ces graces par l'interceffion de la fainte Vierge, par celle noftre ange gardien & de faint Remy noftre patron.

Alma redemptoris, Ave regina cœlorum, Regina cœli, Salve regina, *Avec le verfet & l'oraifon felon le temps.*

Angele Dei qui cuftos es,
Deus qui miro ordine,

Elegit ipfum Dominus,
Deus qui populo tuo æternæ falutis beatum Remigium,

Benedicat & cuftodiat nos omnipotens & mifericors Dominus, Pater & Filius & Spiritus fanctus, amen. Et fidelium animæ per mifericordiam Dei requiefcant in pace; amen. *Ibidem.*

LETTRES DU ROY CHARLES VI. portant ordre d'abatre la grande boucherie devant le grand chaftellet.

CHARLES, &c. A tous ceux, &c. Comme de tout temps nous avons eu noftre cœur & penfée à la decoration & police de noftre bonne ville de Paris qui eft la ville capitale de noftre royaume, afin qu'elle púft eftre tenuë & gardée belle, fpacieufe, plaifante & nette de toutes ordures, infections & immondices nuifables à corps humain, au plus que faire fe pourroit; & il foit ainfi que devant noftre chaftellet de Paris qui eft une des plus notables & communes places de noftredite bonne ville, & en laquelle eft le fiege ordinaire de noftre juftice, eft affife la boucherie, laquelle empe!che moult la decoration d'icelle noftre ville; & auffi pour occafion de ce viennent plufieurs infections & immondices nuifables au corps humain, lefquelles ne font à tolerer ne à fouffrir ez lieux fi publics, comme de ladite place, en laquelle il afflue communément grand peuple, & mefmement de gens notables, tant nos officiers, comme autres reparans & frequentans en noftredit chaftellet, comme il eft tout notoire; fçavoir faifons que nous, voulans toujours augmenter & accroiftre la decoration d'icelle noftre ville, & obvier aux inconveniens deffufdits, defirans que devant noftredit chaftellet ait une belle & notable place & fpacieufe; avons par l'advis & deliberation de noftre confeil, où plufieurs de noftre fang & lignage & autres en grand nombre eftoient, voulu & ordonné, voulons & ordonnons par la teneur de ces prefentes, que lad. boucherie foit du tout démolie & abbatuë jufqu'au rez de terre, fans y rien referver; & avec ce ordonnons que l'efcorcherie qui eftoit derriere le grand pont de Paris, n'y foit plus, ne que aucunes beftes n'y foient tuées ne efcorchées; ainçois voulons & ordonnons qu'en plufieurs lieux & places de noftredite ville, par l'advis & deliberation d'iceux de noftre confeil, tant de parlement, comme autres, foient mis & ordonnez eftaux de boucherie à ce propices & convenables, & auffi que ladite efcorcherie foit mife & ordonnée ailleurs en lieu moins commun & moins nuifable à la chofe publique, pour caufe de l'infection, que faire fe pourra. Si donnons en mandement à noftredit prevoft ou fon lieutenant, que appellez avec lui aucuns de noftre confeil, le pre-

An. 1416.

voſt des marchans, les eſchevins de noſtredite ville, & autres tels & en tel nombre que bon lui ſemblera, incontinent ces
lettres veuës, faſſe démolir & abbatre ladite boucherie par la maniere que dit eſt,
& pourvoye aux choſes deſſuſdites; & ce
fait, faſſe paver ladite place, ainſi qu'il eſt
accouſtumé de faire ez autres rües d'icelle noſtre ville de Paris. Et oultre voulons
que les frais, miſions & deſpens à ce neceſſaires ſoient prins ſur la revenuë des
aydes que ordonnez & octroiez avons auxdits prevoſt des marchands & eſchevins
de noſtredite ville de Paris. En teſmoing
de ce nous avons fait mettre noſtre ſcel à
ces preſentes. Donné à Paris le XIII. jour
de May M. CCCC. XVI. *Tiré par Sauval,
d'un manuſcrit de ſaint Victor fol* DLV.

*EDIT DU MESME PORTANT
erection de quatre nouvelles boucheries
royales, après la démolition de la grande
boucherie; & ordonnances faites à ce ſujet.*

AN. 1416. CHARLES, &c. Sçavoir faiſons à tous
preſens & advenir, que comme pour
la decoration & embelliſſement de noſtre
bonne ville de Paris, & pour pourvoir &
obvier aux infections & corruptions nuiſables à corps humain, qui venoient par les
immondicitez de la tuerie & eſcorcherie
des beſtes, qui par long-temps a eſté faite au deſſus & aſſez près de noſtre chaſtellet & du grand pont de Paris, & pour
autres juſtes & raiſonnables cauſes à ce
nous mouvans, contenuës & declarées en
certaines nos autres lettres ſur ce faites;
nous par grande & meure deliberation de
conſeil, ayons ordonné que certaine
boucherie eſtant nagueres devant noſtredit chaſtellet, appellée la grande boucherie de Paris, ſeroit abbatuë & démolie juſques au rez de terre, & auſſi que
la tuerie & eſcorcherie des beſtes ne ſe
feroit plus au lieu où elle avoit accouſtumé d'eſtre faite, ainçois feroit faire ailleurs en lieu ou lieux moins nuiſables à la
choſe publique de noſtred. ville & moins
diſpoſez à la corruption & infection de
l'air d'icelle; leſquelles nos lettres ont
eſté publiées & executées, quant à la démolition de ladite boucherie; & ſoit ainſi
que en mettant à execution noſtredite ordonnance, nous avons fait abbattre & démolir ladite boucherie, & encore n'ayons
ordonné lieu ou lieux là où d'ores en
avant leſdites boucheries, tueries & eſ-
corcheries ſeront; nous, qui de tout noſtre cœur deſirons pourvoir au bien & utilité des habitans frequentans & converſans en noſtredite bonne ville de Paris, & à
la bonne police & gouvernement d'icelle,
& en oſter & éloigner tout ce qui peut eſtre cauſe & occaſion de corruption ou
infection d'air, & de nuire au corps humain, & auſſi voulant obvier aux inconveniens qui par communauté & aſſemblée de gens ſe ſont aucunes fois enſuis
ez temps paſſez, & de legier ſe peuvent
enſuir, & pour certaines autres juſtes &
raiſonnables cauſes à ce nous mouvans;
avons, par grande & meure deliberation
de conſeil, tant de ceux de noſtre ſang,
comme des gens de noſtre grand conſeil,
d'aucuns de noſtre parlement, de noſtre
chambre des comptes, & des prevoſt des
marchands, eſchevins & pluſieurs autres
bourgeois de noſtredite ville, fait & ordonné, faiſons & ordonnons, de noſtre
certaine ſcience, authorité royale, &
pleine puiſſance, les ordonnances qui s'enſuivent: I. Premierement, que pour &
en lieu de ladite grande boucherie abbatuë & démolie, comme dit eſt, ſeront
faites, conſtruites & édifiées à nos deſpens quatre boucheries particulieres en
quatre divers lieux de noſtredite ville de
Paris, afin que plus aiſément & plus promptement le peuple d'icelle y puiſſe finer &
recouvrer de ce que beſoing lui ſera. II.
Item, & ſeront leſdites boucheries aſſiſes
ez lieux qui s'enſuivent: c'eſt à ſçavoir,
l'une en partie de la halle de Beauvais;
l'autre près noſtre chaſtellet de Paris à
l'oppoſite de ſaint Lieffroy, aboutiſſant
par derriere ſur & près de la riviere de
Seine; l'autre près & joignant de noſtre
petit chaſtellet de petit pont, en la reculate où ſouloit eſtre le petit pont ancien;
& l'autre ſera entour les murs du cimetiere ſaint Gervais; & ſeront leſdites quatre boucheries nommées & appellées les
boucheries du roy. III. *Item*, & combien que en ladite grande boucherie démolie n'euſt que XXXI. eſtaux occupez,
où l'on vendoit chair au temps de ladite
démolition; neantmoins pour plus grand
aiſement de noſtredit peuple, & afin qu'il
y ait plus grand nombre de bouchiers &
marchands vendans chair, nous avons ordonné & ordonnons que ezd. quatre boucheries aura XL. eſtaux: c'eſt à ſçavoir en
celle de la halle de Beauvais XVI. en celle
qui ſera près noſtredit chaſtellet devant
l'égliſe ſaint Lieffroy XVI. en celle qui ſera en la reculate de petit pont, quatre;
& en celle qui ſera environ les murs du
cimetiere ſaint Gervais, quatre. IV. *Item*,
& pour ce que ezdits XL. eſtaux aſſis ez
places deſſuſdites noſtredit peuple de Paris

ris se peult très bien & souffisamment fournir, avec les autres estaux & boucheries anciennes de ladite ville, nous avons ordonné & ordonnons que en icelle nostre ville de Paris, en quelque lieu que ce soit, ne seront faits, levez ne mis sus aucuns autres estaux de boucherie; seulement les XL. dessusdits avec les autres estaux & boucheries anciennes qui desja y sont en plusieurs & diverses places, comme dit est. V. *Item*, & quant auxdits XL. estaux desdites quatre boucheries nouvelles, ils seront & demeureront à tousjours unis à nostre domaine, & seront loüez ou baillez à rente, à vie ou autrement, à nostre proufit, par nostre receveur de Paris ou autre tel ou tels comme nous y commettrons, le plus proufitablement que faire se pourra. VI. *Item*, & en tant que touche le fait de la tuerie & escorcherie de bestes, nous avons ordonné & ordonnons, afin que l'air de nostredite ville ne soit d'ores en avant infect ne corrompu par icelle tuerie & escorcherie, & aussi que l'eau de la riviere de Seine ne soit corrompuë ne infectée par le sang & autres immondices desdites bestes qui descendoient & que l'on jettoit en ladite riviere, que toutes tueries & escorcheries se feront hors de nostredite ville de Paris, c'est à sçavoir près ou environ des tuilleries saint Honoré qui sont sur ladite riviere de Seine, ourre les fossez du chasteau du Louvre; & se feront & ordonneront le lieu ou les lieux desdites tueries & escorcheries le mieux & le plus proufitablement que faire se pourra, par l'advis & ordonnance d'aucuns nos officiers à ce par nous commis, appellez avec eux gens experts & connoissans en ce fait, tels & en tel nombre comme bon nous semblera. VII. *Item*, & pour pourvoir à la paix & seureté de la chose publique de nostredite ville, & obvier aux inconveniens qui par congregations & assemblées souvent faites soubz l'umbre d'avoir corps & communauté, se sont ensuis le temps passé, & se peuvent de tres legèr ensuir, & afin que ceux qui seront d'ores en avant bouchiers desdites quatre boucheries nouvelles, n'ayent occasion d'entendre ne vacquer, fors seulement à leur mestier & marchandise, & aussi pour oster très grands & excessifs frais & despens qui pour occasion de communauté que ont eu le temps passé lesdits bouchiers de ladite grande boucherie démolie, se sont faits, tant en la creation desdits bouchiers comme autrement, lesquels frais il convenoit qu'ils reprinssent sur la vendition de leurs chairs, à la grande charge & dommage de nostre peuple; nous, par l'advis & deliberation que dessus, & de nosdites science, puissance & auctorité royales, avons cassé & aboli, & par ces presentes cassons, abolissons & mettons du tout au neant la communauté qu'avoient les bouchiers, tueurs & escorcheurs de la grande boucherie démolie, voulans & ordonnans que d'ores en avant ils n'ayent corps ne communauté, maistres, officiers, arche, seel, juridiction ne autres droits ne enseignes quelconques de communauté; mais voulons & ordonnons que toutes les causes & querelles desdits bouchiers, tueurs & escorcheurs soient demenées pardevant nostre prevost de Paris, ou les autres seigneurs & juges ordinaires soubz qui iceux bouchiers, tueurs & escorcheurs seront demeurans, sans ce qu'ils ayent d'ores en avant aucune juridiction, cour ou connoissance de causes quelconques. VIII. *Item*, & pour ce que au temps passé aucun ne pouvoit estre bouchier de la grande boucherie, s'il n'estoit fils d'aucun bouchier d'icelle; & faisoient leurs enfans bouchiers dez qu'ils n'avoient que sept ou huit ans, afin d'avoir grands droits & revenus sur ladite boucherie, & si faisoient à leurs entrées grande solemnité de disner, qu'ils appelloient leur past, & nous payoient certains debvoirs, & aussi à nostre prevost de Paris, & à plusieurs tant nos officiers comme autres: toutes lesquelles choses estoient à la charge de nostre peuple & à l'encherissement des denrées; nous lesdites solemnitez avons abolies & abolissons, & voulons & ordonnons que d'ores en avant en nosdites quatre boucheries soit bouchier qui le voudra & pourra estre, soit fils de bouchiers ou autres, sans difference de personnes, & sans ce que pour estre bouchier nouvel aucun soit tenu de nous payer à son entrée, ne à aucun de nos officiers, aucuns droits ou redevances, ne qu'il soit tenu de payer past, ne faire disner, ne autres solemnitez quelconques. IX. *Item*, & pour ce qu'il est necessaire que audit mestier de boucherie ayent jurez qui ayent esgard & visitation sur les chairs qui sont exposées en vente, nous avons ordonné & ordonnons que par nostre prevost de Paris present & advenir, ou par son lieutenant, soit pourveu desdits jurez, de telles personnes & en telle nombre comme il lui semblera estre à faire par raison, & que de par nous il les mette & institue audit office, & reçoive d'eux le serment en tel cas accoustumé, & tout en la forme & maniere qu'il est accoustumé d'estre fait au regard des autres maistres de nostredite ville de Paris. X. *Item*, & pareillement, pour ce qu'il est necessaire pour l'exercice dudit mestier de boucherie, qu'il y ait certain nombre de tueurs & escorcheurs jurez ; nous avons ordonné & ordonnons que par nostredit prevost de Paris soit sur ce pourveu de telles gens & en tel nombre comme il lui semblera estre bon & expedient, lesquels il mettra & instituera de par nous audit office, & leur ordonnera à prendre & avoir tels droits comme il lui semblera estre à faire par raison, & recevra d'eux le serment en tel cas accoustumé ; & ainsi se fera d'ores en avant toutes fois qu'il sera besoin de pourvoir d'aucun tueur ou escorcheur pour le fait desdites boucheries nouvelles. XI. *Item*, & pour ce que ladite grande boucherie démolie estoit chargiée de plusieurs grandes charges & rentes, tant envers gens d'église, que autres personnes, & que c'est raison que lesd. rentiers soient rescompensez & restituez de leursd. rentes, nous avons ordonné & ordonnons que certaines rentes appartenantes à la communauté des bouchiers de lad. grande boucherie démolie, assises sur plusieurs lieux & places de nostredite ville de Paris, montans, se comme l'on dit, à la somme de CXLII. livres ou environ, seront appliquées & par ces presentes appliquons à nostre domaine, pour sur ce & autrement, se mestier est, rescompenser les rentiers qui avoient accoustumé de prendre rentes sur ladite grande boucherie, comme dit est. Si donnons en mandement à nos amez & feaux conseillers les gens tenans & qui tiendront pour l'advenir nostre parlement, les gens de nos comptes & tresoriers à Paris, au prevost de Paris ou à son lieutenant, &c. que nosdites presentes ordonnances fassent publier solemnellement & enregistrer par tout où il appartiendra, & icelles mettent à execution duë, & fassent tenir & garder sans enfraindre, nonobstant quelconques usages anciens ou nouveaux, & quelconques privileges, dons, octrois ou confirmations sur ce faits ez temps passez par nous ou nos predecesseurs rois de France au prouffit de la communauté des bouchiers de ladite grande boucherie démolie ; lesquels, en tant qu'ils seroient contraires ou repugnans en aucune maniere à nos ordonnances dessusdites ou à aucune partie d'icelles, nous avons cassez, revoquez & annullez, & par ces presentes cassons, revoquons, annullons & mettons du tout au neant, de nostre certaine science, pleine puissance & auctorité royale. Et afin que, &c. nous avons fait mettre nostre scel à ces presentes. Donné à Paris au mois d'Aoust l'an de grace M. CCCC. XVI.

Publiées en jugement au chastellet de Paris le Jeudy XX. jour du mois d'Aoust l'an de l'incarnation de N. S. M. CCCC. XVI. *Ibid. fol.* D. LVIII. *verso.*

LETTRES PATENTES POUR la confirmation & l'execution de l'edit precedent.

CHARLES par la grace de Dieu roy de France, au prevost de Paris ou son lieutenant, salut. Comme après ce que par grande & meure deliberation de conseil, & pour les causes contenuës & declarées en nos lettres sur ce faites, avons fait abatre & démolir jusques au rez de terre certaine boucherie n'a gueres estant devant nostre chastellet de Paris, appellée la grande boucherie de Paris, & aussi ordonné que la tuerie & escorcherie des bestes, qui par long temps a esté au dessus & assez près de nostredit chastellet & du grand pont de Paris, ne soient plus audit lieu, si comme plus apertement nosdites lettres le contiennent ; nous par nos autres lettres en lacs de soie & cire verte, & pour certaines & justes causes & raisonnables à ce nous mouvans, ayons par grande & meure deliberation de conseil, tant de ceux de nostre sang & lignage, comme de nostre grand conseil, de nostre parlement, de nostre chambre des comptes, & des prevost des marchands & eschevins, & plusieurs notables bourgeois de nostre ville de Paris, fait certaine ordonnance sur le fait desdites boucherie, tuerie & escorcherie, & bouchiers, tueurs & escorcheurs d'icelle, & ordonné là où elles seront d'ores en avant, si comme ce & autres choses sont plus à plain contenuës en nosdites lettres de l'ordonnance dessusdite, dont l'on dit la teneur estre telle: CHARLES, &c. (*c'est l'edit precedent.*) DESQUELLES lettres & ordonnances dessus transcriptes, & de vous, en mettant icelles à execution, ainsi que mandé par nous vous estoit, lesdits bouchiers de la grande boucherie démolie ayent, par leur procureur, appellé, soubz umbre d'aucuns privileges, franchises, droits, usages & possessions qu'ils se disoient avoir au contraire, lesquels par l'execution de nostredite ordonnance ils disoient estre enfraints, & dont par ladite execution se disoient estre grevez

grevez & endommagez, ou autrement. Nous, eux ouis en nostre conseil au long sur le fait de leurdite appellation, & eû sur ce grand advis & meure deliberation, avons ordonné, eux presens, ladite appellation non estre recevable, & icelle avons mis & mettons au neant par les presentes, & voulons nosdites lettres par vous estre mises à execution, & les ordonnances en icelles contenuës, ainsi meurement avisées & déliberées, comme dit est, estre poursuives, enterinées, accomplies & observées de poinct en poinct selon leur forme & teneur, pour les causes qui à ce nous ont meu & meuvent; vous mandans, commendans & enjoignans estroitement, & commetans, se mestier est, que appellez avec vous des gens de nostre conseil, de nostre parlement, les prevost des marchands & eschevins & autres bourgeois de nostredite ville de Paris, en tel nombre que vous verrez estre à faire, vous reaument & de fait mettez & faites mettre à execution nosdites lettres, & les ordonnances contenuës en icelles faites parfaire, enteriner, accomplir, tenir, observer & garder selon leur forme & teneur, nonobstant ladite appellation & quelconques autres oppositions ou appellations faites ou à faire par lesdits bouchiers ou autres pour eux, auxquels ne voulons estre deferé ne obey en quelque maniere que ce soit; car ainsi l'avons ordonné en nostredit grand conseil, & voulons & nous plaist estre fait. Donné à Paris le tiers jour de Septembre l'an de grace M. CCCC. XVI. & de nostre regne le XXXVI. *Ainsi signé:* Par le roy, à la relation de son grand conseil, où quel le roy de Secille, Mr. le duc de Touraine, vous l'archevesque de Bourges, les évesques de Lizieux, de Paris & d'Evreux, le chancelier de la royne, M. Simon de Nanterre president au parlement, M. Guillaume le Boutelier, M. Pierre de l'Esclat, Jehan de Norry, Guillaume Torreau, M. Mathieu du Bost, Philippe du Puis, & plusieurs autres estoient .... *Ibidem fol.* DXLVIII. *Cependant la grande boucherie fut restablie en* 1421. *comme on le verra plus au long dans ce que nous donnerons des memoires manuscrits de Sauval.*

Ordonnance du roy Charles VI. sur une ayde levée à Paris.

CHarles par la grace de Dieu roy de France, à tous ceux qui ces presentes lettres verront, salut. Sçavoir faisons que pour obvier & resister à la damnable entreprinse & male volonté de nostre adversaire & ennemi le roy d'Angleterre, & tant pour garder & entretenir nostre royaume & seigneurie entiere, ainsi comme il appartient, comme pour le relevement du peuple & de tous nos autres bons & loyaux serviteurs feodaux vassaux & subjets contre nostredit adversaire & ses adherans alliez & complices, qui en grande puissance de gens d'armes & de traict se sont bouttez en nostre royaume, & par force & puissance d'armes ont desja occupé & occupent de jour en jour, tant en nostre pays de Normandie, comme ailleurs en nostredit royaume, plusieurs villes fermées, chasteaux & forteresses, & en continuant tiennent de present siege devant nostre ville de Rouen, & s'efforcent d'icelle prendre pour en avoir l'administration, gouvernement & seigneurie, tendant que se ainsi estoit (que Dieu ne vueille) eux traire & approcher devers nostre bonne ville de Paris, pour icelle pareillement assieger, prendre & occuper par force, & les manans & habitans d'icelle tenir en servage & captivité, & par consequent nos autres bonnes villes, & les bonnes gens d'icelles & des plats pays d'environ; par quoy nous seroit besoin de necessité, de donner resistance à nostredit ennemi & adversaire & autres dessusdits; & pour ce faire ayons fait grands mandemens de gens d'armes & de trait, tant de nos vassaux & subjets, comme de nos autres bienveillans & amis & alliez; & nous sommes disposez de nous mettre sur les champs à toute puissance d'armes, pour la conservation de nostredit royaume qui autrement seroit en voie d'estre desert, & tourner en grande desolation; qui ne se peut faire sans avoir grande finance & ayde sur tous nos bons vrais & loyaux subjets; lesquelles choses nous avons fait exposer entr'autres à nos chers & bien amez les prevost des marchands, eschevins, bourgeois, manans & habitans de nostre bonne ville de Paris, lesquels prevost & eschevins ont pour ce assemblé bon nombre de bons preud'hommes de plusieurs & divers estats, tant de nostre grand conseil, de nostre cour de parlement, nostre chambre des comptes, comme de nosdits bourgeois & autres, lesquels euë consideration aux aydes ordonnez pour la guerre, que de present n'ont plus cours; à la charge que a eu & a encore de present nostre peuple à supporter pour l'estat des guerres ou autrement, ont ouvert plusieurs voyes & manieres pour avoir finances au plus prouffitable & moins chargeable pour noſtre peuple que bonnement faire ſe peut, & toutesfois, veuës les pertes & oppreſſions, dommages & intereſts que a eu & a noſtre peuple à ſupporter, & veu auſſi la cherté & petite abondance des vivres, denrées & marchandiſes dont noſtredite bonne ville a meſtier d'eſtre garnie pour l'alimentation & gouvernement des manans & habitans en icelle, & pour les neceſſitez & empeſchemens que y pourroient ſurvenir, ils ne voyent pas qu'on puſt bailler à charge, ſans grand intereſt de tout le bien de la choſe publique, dont l'on peut avoir finance ou ayde ſuffiſant pour faire & conduire noſtredite armée, au regard des autres bonnes villes & plat pays de noſtre dioceſe & élection d'icelle, ſinon que toute maniere de gens de quelque auctorité & condition qu'ils ſoient, y contribuent ; & finalement après pluſieurs choſes ouvertes & miſes en deliberation, tant ſur toutes manieres de denrées & marchandiſes, ou par maniere de fouages, tailles, rentes, louages de maiſons, comme autrement, n'ont ſçeû trouver voie ne maniere d'avoir finance pour faire ce que dit eſt, ſinon qu'ils ont adviſé eſtre expedient que le moins chargeable pour noſtredit peuple eſt de lever une ayde juſques à dix mois, à commencer du premier jour d'Octobre de cette preſente année, en la maniere qui s'enſuit : c'eſt à ſçavoir.

I. Que pour chacune queuë de vin qui eſt entrée & entrera, & qui ſera trouvée en nature, tant vieille que nouvelle, en laditte ville de Paris, ſe payera pendant les dix mois huit ſols, & quatre ſols pariſis pour chacun poinçon de vin françois ; & de vin de Beaune & d'ailleurs des parties de Bourgongne, ſeize ſols pariſis.

II. Quand aucun d'icelui vin dont il aura eſté payé VIII. ſ. & XVI. ſ. pariſis pour ladite entrée, ſera vendu en gros, l'achepteur payera pour chacune queuë & pour chacun poinçon, autant que le vendeur aura fait pour ladite entrée.

III. Et ſi aucun fait tirer hors ladite ville aucuns vins pour les mener vendre ailleurs, ſoit par mer, ſoit par terre, il payera pour iſſuë pareillement que s'il les achetoit, huit ſols pariſis par queuë, & IV. ſ. pour poinçon. Et quant aux vins qui entreront dans ladite ville, & paſſeront oultre par eauë ou par terre ſans deſcendre, ne payeront que ladite entrée.

IV. Quand aucun vin ſera vendu à détail par quelque perſonne, ſera payé par chacune queuë VIII. deniers * pariſis XVI. ſ. pariſis ; & s'il eſt plus ou moins vendu, ſoit en queuë ou en poinçon, ſera payé à feur l'emplaige, à prendre deux poinçons pour une queuë.

*Il y a eu.

V. Et du vin qui eſt ez autres villes, forterreſſes & plat pays de ladite élection, ſera payé preſentement pour chacune queuë IV. ſols pariſis, & pour chacun poinçon deux ſols pariſis ; & ſi après il eſt amené en ladite ville de Paris, il ne ſera payé pour l'entrée deſſuſdite que IV. ſ. pour queuë & deux ſols pour poinçon.

VI. Et ſe dudit vin eſt vendu ez lieux deſſuſdits en gros, l'achepteur payera pour chacune queuë IV. ſ. pariſis, & pour poinçon deux ſols pariſis ; & de tout le vin qui y ſera vendu en detail, ſera pareillement payé ce qu'il eſt ordonné eſtre fait en ladite ville de Paris.

VII. Et pour promptement avoir finances, ainſi que le cas le requiert, ſera fait inventaire des vins eſtans tant en ladite ville de Paris, qu'ailleurs en ladite élection, & en payent toutes manieres de gens ſans aucun en excepter, comme deſſus eſt dit.

Lequel advis, après ladite deliberation, a eſté redigé par eſcrit, & baillé à tous les quarteniers de noſtred. bonne ville, leſquels chacun en droit ſoy ont fait aſſembler les notables & bonnes gens de leur quartier en nombre competant, & leur ont expoſé ou fait expoſer ce que dit eſt : & ce fait, ils ont la plus grande & ſaine partie d'eux rapporté ledit ayde eſtre prouffitable & agreable auxdites bonnes gens ainſi appellez & aſſemblez par leſdits quarteniers, pourveu que chacun, ſans aucun en excepter, y contribuë par la maniere que dit eſt.

Pour ce eſt-il que nous, deſirans ſur toutes choſes mondaines donner reſiſtance à noſtredit adverſaire & ancien ennemi & ſeſdits adherans, alliez & complices, & tant pour ſecourir noſtre ville de Rouen, & faire le recouvrement de toutes autres occupées par noſtredit adverſaire, comme pour la ſalvation de celles qui ſont en noſtre obeïſſance, & afin que noſtre peuple puiſſe vivre & demeurer en paix & tranquillité, pour faire & entretenir noſtredite armée ; avons voulu & ordonné, voulons & ordonnons par ces preſentes, de noſtre pleine puiſſance & auctorité royale, ledit ayde eſtre cueilli & levé par la maniere deſſus declarée, durant ledit tems de dix mois ſeulement,

par

JUSTIFICATIVES.

par l'ordonnance desdits prevost & eschevins de nostre bonne ville de Paris, que nous commettons, ordonnons & députons quant à ce, auxquels nous avons donné & donnons par ces presentes pouvoir & puissance & auctorité pour élire, ordonner & commettre de leurs preud'hommes pour estre presens à faire les montres, veües & reveües de nos gens d'armes & de trait qui se feront en nostredite ville & élection de Paris, & aussi recevoir des receveurs general & particuliers, controlleur ou controlleurs, gardes, commissaires pour faire inventaires, pour prendre les venües desdits vins estans & venans durant ledit temps seulement en nostredite bonne ville & par tout ailleurs en l'élection d'icelle, avec tous autres officiers que pour ce seront à commettre, pour les deniers d'icelui ayde faire venir, eux, & autrement selon leur advis & discretion, & qu'ils puissent contraindre de par nous, ou eux, ou leurs officiers, comme bon leur semblera, les refusans ou contredisans à payer ledit ayde, comme il est accoustumé pour nos propres debtes, nonobstant quelconques oppositions ou appellations; & en outre leur avons donné & donnons pouvoir, puissance & auctorité de faire bailler & delivrer les deniers qui viendront & istront d'icelui ayde, tant pour le fait de nostredite guerre, comme pour les fortifications, emparemens, tout habillement de guerre, & toutes autres necessitez pour les affaires & despense d'icelle nostre bonne ville de Paris; & deffendons au receveur dudit ayde, qu'il ne baille & distribue aucuns deniers d'icelui ayde, sinon par l'ordonnance desdits prevost & eschevins, sur peine de la recouvrer sur luy, & que tout ce qui apparoistra avoir esté baillé par leur ordonnance & mandement, pour tourner & convertir ez choses dessusdites, avec quittances suffisantes sur ce faites d'iceux à qui il appartiendra, nous voulons estre alloué ez comptes des receveurs ou autres sur ce ordonnez par eux, par nos amez & feaux gens de nos comptes, & par tout ailleurs où il appartiendra, sans difficulté ou contredit aucun ; & generalement leur avons donné pouvoir, puissance & auctorité, comme dessus, de faire & ordonner toutes autres choses qu'ils verront estre expedient de faire pour le bien & advancement dudit ayde, & de ses dependances. Si donnons en mandement à nos amez & feaux les gens tenans nostre cour de parlement, gens de nos comptes à Paris, aux commissaires & generaux gouverneurs de toutes nos finances en Languedoc & Languedoil, au prevost de Paris, & à tous nos justiciers, officiers, ou à leurs lieutenans, & à chacun d'eux, si comme à lui appartiendra, que nostre presente ordonnance, volonté & commission ils souffrent, fassent & laissent lesdits prevost & eschevins, leurs officiers ou autres leurs commis & deputez de par eux, joüir & user au nom de nous & de nostredite bonne ville, sans leur faire ni souffrir estre fait ou donné aucun destourbier ou empeschement au contraire ; mais si aucun leur avoit esté fait, mis ou donné, leur fassent incontinent mettre à plaine delivrance, & leur donnent conseil, confort & ayde, si mestier en ont & requis en sont, & ces presentes fassent publier en leurs auditoires & ailleurs, si mestier est, où ils verront estre bon à faire. En tesmoing de ce nous avons fait mettre nostre scel à ces presentes. Donné à Paris le XIV. jour d'Octobre l'an de grace M. CCCC. XVIII. & de nostre regne le XXXIX. *Ainsi signé*: Par le roy en son grand conseil, auquel monseigneur le duc de Bourgongne, l'archevesque de Vienne, les évesques de Beauvais & d'Arras, le premier president & autres estoient, L. CALLOT. *Et au dos des lettres est escrit*: Publiées au chastelet de Paris, le Samedy VIII. jour d'Octobre l'an de grace M. CCCC. XVIII. *Signé*: NICOLAS. *Tiré du registre de la chambre des comptes cotté* H. *à la bibliotheque Coislin, volume* 4.

Lettres patentes de Henry VI. *roy d'Angleterre, en faveur des bourgeois de Paris.*

AN. 1424.

HENRY par la grace de Dieu roy de France & d'Angleterre, à tous ceux qui ces presentes lettres verront, salut. Comme pour les grandes & excessives charges de rentes, hipoteques & autres debtes dont plusieurs maisons, lieux & heritages assis en nostre bonne ville de Paris & ez faubourgs & appartenances d'icelle, & pour occasion des mortalitez & guerres qui ont depuis quinze ans en ça esté en nostre royaume de France, grande partie d'icelles maisons soient tournées en ruine & demolition, & celles qui ne sont pour le present ruineuses, ezquelles l'on peut bien habiter, ne peuvent estre louées, parcequ'on ne trouve personne qui les veuille louer la moitié ou la tierce partie de ce dont elles sont chargées ; pour quoi ladite ville est en adventure de devenir en très grande difformité & demolition & desolation ; & combien que pieça nos predecesseurs rois de France considerans semblables inconveniens que pour lors y estoient, eussent, pour éviter & obvier à iceux, donné & octroyé aux bourgeois de nostredite ville de Paris certain privilege appellé le privilege aux bourgeois, par lequel chacun bourgeois qui avoit rente sur chacune maison, & à qui à cause d'icelle lui estoit deubs aucuns arrerages, pouvoir & peut icelle maison faire mettre en criées, lesquelles durant un & quarante jours, icelles criées faites & parfaites, tous ceux qui à icelles ne s'opposent dedans ledit tems, perdent tout tel droit qu'ils ont & peuvent avoir sur icelles maisons ; mais neantmoins, à cause des oppositions qui se font auxdites criées, qui sont comme perpetuelles, & dont on ne peut avoir fin ne conclusion, pour la prolixité des procez & des longs delais & autres cautelles qui en sont faites, ledit privilege est comme de nul effet, & par ainsi lesdites maisons sont inhabitées & converties en masures & places vuides, en grande deturpation & amoindrissement de nostredite ville qui est capitale de nostre royaume ; & pour ce nous ont humblement supplié les prevosts des marchands, eschevins & bourgeois de nostredite ville, que sur ce leur voulsissions pourvoir de remede convenable. Pourquoi nous, pour grandes causes justes & raisonnables, désirans très singulierement, comme raison est, le bien & utilité de nostre ville, par l'advis & deliberation de nostre très-cher & très-amé oncle Jean regent nostre royaume de France, duc de Betford, & des gens, tant de nostre cour de parlement, & d'autres notables personnes pour ce assemblez par devers nostredit cousin & oncle, avons voulu & ordonné, voulons & ordonnons, pour le bien & augmentation de nostre bonne ville de Paris & abbreviation desd. procez, estre observées & gardées les ordonnances qui s'ensuivent:

I. Que le privilege pieça donné & octroyé par nos predecesseurs roys de France à nos bourgeois & habitans de nostredite bonne ville de Paris, demeurera & sera tenu en ses termes au regard desdites maisons vuides, vagues, ruineuses & inhabitées, assises en ladite ville & fauxbourgs d'icelle ; & se feront les criées par vertu dudit privilege, & que accoustumé a esté faire d'ancienneté.

II. Que toutes maisons vuides, vagues & ruineuses & inhabitées qui seront criées par vertu dudit privilege aux bourgeois, se pourront louer, & de fait seront louées par auctorité de justice, pendant lesdites criées, si l'en trouve personnes qui icelles veuillent louer, nonobstant & sans prejudice d'icelles criées.

III. Que toutes maisons vuides & vagues, & toutes autres manieres de maisons qui seront inhabitées, & n'y aura point de proprietaire, se pourront semblablement crier par vertu dudit privilege, à la requeste de celui ou ceux qui auront rentes sur icelles maisons, ainsi & tout en la forme & maniere que si elles estoient vuides, vagues & non habitées.

IV. Et s'il advient que pendant lesdites criées & avant quelles soient parfaites, aucun qui se dit proprietaire, vienne & se traye par devers celui ou ceux qui feront lesdites criées, & les paye de leur deub, ja pour ce lesdites criées ne cesseront, au cas toutesfois que autres pretendans avoir droit de rente ou hipotheque sur ladite maison voudront continuer, reprendre & parfaire icelles criées, auquel cas faire le pourront, tout ainsi que faire l'eust pu celui qui auroit commencé à faire lesdites criées, & sans autre evocation pour ce faire.

V. Pour obvier à ce qu'aucun ne soit fraudé par le moyen desdites criées qui se feront d'ores en avant, par vertu dudit privilege, desdites maisons ou autres heritages non habitez, ainsi que dessus est dit, & en ce que dit est, les ayans interests puissent avoir connoissance d'icelles criées ; nous avons ordonné & ordonnons qu'en faisant lesdites criées & chacune d'icelles, seront faites les croix que l'on a accoustumé de faire en tel cas, & avec ce y sera mis d'abondant une maniere apparante au pignon principal de ladite maison ou autres heritages, où il y aura escript que la maison est criée par vertu dudit privilege, & si y seront faites lesdites croix selon lesdites criées ; laquelle banniere y demeurera pendant lesdites criées.

VI. Que toutes manieres de maisons vuides, vagues, ruineuses & inhabitées, desquelles les censiers & rentiers ne tiennent ou tiendront compte, mais laissent ou laisseront cheoir & devenir en ruine, & en cet estat auroient esté par un an entier, nostre procureur en nostre chastellet de Paris pourra icelles maisons faire bailler à rente par criées, qui seront faites en la maniere accoustumée, à convertir la rente à quoi elles seront ainsi bail-

JUSTIFICATIVES. 549

lées au profit de celui qu'il appartiendra, & ledit bail ainfi fait vaudra & tiendra, & demeureront icelles maisons ainfi franches & quittes de toutes autres rentes & charges, excepté de celles à quoi elles seront ainfi baillées.

Item, pour parvenir à l'abbreviation des procez qui feront ou pourront estre meûs pour occasion des oppositions faites ou à faire à cause desdites criées ; avons ordonné & ordonnons ce qui s'enfuit :

I. Qu'incontinent après ce que les criées par vertu dudit privilege feront commencées, ceux qui auront & pretendront avoir droit de rentes sur icelles maisons, pourront poursuir l'un autre, afin de garnir ou quitter.

II. Que les deffendeurs qui seront en procez afin de garnir ou quitter, n'auront que deux delais, c'est à sçavoir garant & pour abfence, tant au regard d'icelui qui aura fait lesdites criées à l'encontre de ceux qui se feront oppofez, comme desdits oppofans l'un contre l'autre.

III. Que tous les adjournemens qui seront faits aux domiciles élus par les opposans auxdites criées, en faisant leursdites oppositions à icelles, vaudront & feront de tel effet & vertu, comme si faits estoient aux personnes d'iceux opposans, tant au regard de celui qui sera lesdites criées, comme desdits opposans l'un contre l'autre.

IV. Qu'à ceux desdits opposans qui en tel procez se vanteront de lettres (lesdits deux delais de garant & d'absence passez) le juge leur donnera & prefixera temps de quarante jours & au deffoubz à l'arbitrage du juge, & non plus, au cas que le procez se fera après lesdites criées faites & parfaites ; lequel temps paffé, au cas que dans icelui ils n'auront baillé leursdites lettres & titres, ils feront deboutez de leursdites lettres & de toutes autres preuves par lettres.

V. Et fe les parties efchéent en faits, c'est à sçavoir que l'un die fon droit estre premier & avant l'autre, & qu'ils propofent autres faits contraires ; icelles parties seront incontinent appointées à rapporter l'enquefte dedans certain jour qui pour ce faire leur sera donné de deux mois & audesfous, & non plus, à l'arbitrage du juge sur ce, qui sera baillé par maniere de rubriche, plus brief que faire se pourra, & sans responde ; & au jour de rapporter l'enquefte, une chacune desdites parties qui voudra prendre eftat sur fon absence, faire le pourra ; & lui sera donné par le juge au plus long, terme d'un mois & au desfoubz, à l'arbitrage du juge ; & au jour de rapporter icelle enquefte fini & passé, jour sera afsigné à ouir droit aux parties, sauf les contredits & salvations qu'ils bailleront dedans quinzaine, & non plus.

VI. Pourceque aucuns pour fuir, delayer ou retarder les causes & procez, dependans d'icelles criées, pourroient interjetter appellations, nous avons ordonné & ordonnons que lesdits appellans ez matieres desfusdites, seront tenus de relever lesdites appellations interjettées, & en icelui mefme parlement, s'ils en ont faculté ; ou autrement, au prochain parlement lors à venir, nonobstant que les parties ne soient des jours dont l'on plaidera lors. Si donnons en mandement à nos amez & feaux confeillers les gens tenans & qui tiendront noftre parlement, au prevoft de Paris, & à tous nos autres justiciers & officiers, ou à leurs lieutenans prefens & advenir, que nos prefentes ordonnances chacun en droit soy les faffent garder & obferver par tous nos subjetz, sans les enfraindre par quelle personne ne en quelle maniere que ce soit. En tefmoin de ce nous avons fait mettre noftre fcel à ces prefentes. Donné à Paris le vingt-septiefme jour de May, l'an de grace M. CCCC. XXIV. & de noftre regne le II. *Ainsi signé* : Par le roy, à la relation du grand conseil tenu par monseigneur le regent le royaume de France, duc de Betford, JEAN DE RINEL. *Et en la marge d'en bas eftoit efcript* : Lecta, publicata & regiftrata in curia parlamenti, penultimâ die Maii, anno Domini M. CCCC XXIV. *Signé* CLEMENS. *Et ou dos d'icelles lettres eftoit efcript ce qui s'enfuit* : Publiées en jugement au chaftelet de Paris, le Mardy trentiefme & penultiefme jour de May M. CCCC. XXIV. monsieur le prevoft tenant le siege, par lequel après icelle publication faite, a efté commandé & enjoinctz aux advocatz & procureurs illec eftans en grand nombre, & à autres, que les ordonnances transcriptes en ces prefentes, ils tiennent & gardent felon leur forme & teneur, sur peine d'en eftre punis, comme au cas appartiendra. *Ibidem.*

ORDONNANCE DU MESME,
touchant les maifons & heritages de Paris & les rentes constituées deffus.

AN. 1424.

HENRY par la grace de Dieu roy de France & d'Angleterre, à tous ceux qui ces prefentes lettres verront,

Zzz iij

salut. Sçavoir faisons qu'entre les sollicitudes que nous avons d'entendre au bon gouvernement des citez, bonnes villes & communautez de nostre royaume de France, celles préalablement sont fichées en nostre pensée qui regardent l'utilité & conservation de nostre bonne ville de Paris capitale & principal lieu & siege souverain de nostredit royaume, à laquelle non pas seulement les autres provinces, pays & bonnes villes dudit royaume, mais generalement toutes autres nations ont eu de toute ancienneté leur regard & consideration, tant pour la grande & bonne justice que ez temps de nos predecesseurs roys de France & soubz eux y a esté aux grands & aux petits raisonnablement administrée, comme pour la demeure que souvent y faisoient les seigneurs de nostre sang & lignage, & avec eux plusieurs barons, chevaliers & autres notables gens, & aussi pour la grande multiplication des clercs solemnels, que toutes les regions Chrestiennes y affluent pour acquerir degrez, & pour la grande multiplication des marchands que de toutes parts y venoient & y residoient, pour avoir bonne & briefve expedition de leurs denrées, marchandises & ouvrages ; à l'occasion desquelles choses & des notables habitations estans en icelle, nostre ville estoit moult renommée, habitée de notable peuple, & garnie très-abondamment de richesses & marchandises ; mais ainsi que par les prevost des marchands, eschevins & notables bourgeois de nostredite ville avons esté de nouvel acertenez & advertis que icelle nostredite ville depuis quinze ans en ça a esté moult diminuée & empirée par les guerres, divisions, mortalitez, famines & autres pestilences qui depuis ce temps y ont couru, & avec ce pour les grandes & excessives rentes & hypotéques dont sont chargées lesdites maisons, & que plusieurs personnes par deffaut de marchandises, labeurs, pratiques, ouvrages & autres manières de vivre ont esté contraints de plus avant charger de rentes leursdites maisons & heritages, & les autres n'ont eu de quoi les soustenir, reparer, ne payer les rentes qu'elles debvoient, pour ce qu'on ne pouvoit ne peut l'on loüer à la moitié près de la charge d'icelles ; dont il est advenu que très grande partie desdites maisons sont cheutes, demolies & ruinées, & les autres inhabitées, en grande diminution & difformité d'icelle nostre ville, & pourra encore plus estre, si de nostre pleine puissance & auctorité royale n'y est briefvement pourveu de remedes raisonnables & convenables. Pourquoi nous, les choses dessusdites considerées, desirans de tout nostre cœur, comme raison est, l'accroissement, utilité, continuation de nostredite ville, & éviter à nostre pouvoir la diminution & dépopulation d'icelle, avons ja pieça, par l'advis & deliberation de nostre très-cher & très-amé oncle Jehan regent nostredit royaume de France, duc de Betford, ordonné & commis plusieurs notables personnes ecclesiastiques & seculieres, tant de nostre grand conseil, que de nostre cour de parlement, & autres en bon & suffisant nombre, pour nous adviser & advertir de tout ce qui pourroit estre au bien, accroissement & utilité, répopulation & continuation de nostredite ville ; lesquels, après ce que par longues journées y ont vacqué & entendu diligemment, ont rapporté à nostre grand conseil à Paris par devers nostredit oncle ce qu'ils avoient advisé en la matiere ; & veü leurs advis, & iceux discutez & digerez meurement en nostredit grand conseil, en la presence de nostredit oncle, avons par son avis & deliberation, euës sur ce les opinions des gens de nostre grand conseil, fait, voulu & ordonné, faisons, voulons & ordonnons de nostredite pleine puissance & auctorité royale les ordonnances qui s'ensuivent :

I. Que d'ores en avant on ne pourra charger à poids d'argent ne autrement de rente perpetuelle, maisons ou heritages assis en nostredite ville de Paris ou faubourgs, se ce n'est jusques à la valeur du tiers que lesdites maisons ou heritages pourroient valoir de rente à aucune estimation, à comprendre en ce les autres charges précedentes ; laquelle estimation sera faite par ordonnance du prevost de Paris, ou autres commis à ce.

II. *Item*, que d'ores en avant aucunes rentes constituées ou à constituer au temps advenir, quiconque sera proprietaire de lors pour le temps advenir, les pourra r'avoir à tous ses bons poincts, de quelque personne que ce soit, lignage ou autre, en payant ensemble à une fois le vray prix qu'elles auront cousté sans fraude, avec les loyaux cousts & arrerages, pourveu qu'icelui n'excede le denier seize ; & posé que le denier excedast XVI. den. si ne sera tenu le racheteur d'en payer aucune chose outre ledit prix du marc d'or & d'argent, au cas qu'il y auroit mutation de monnoye, & selon les ordonnances sur ce faites.

III. Que toutes les rentes non amorties

ties qui ont esté venduës par les proprietaires sur les maisons & heritages de ladite ville & fauxbourgs de Paris depuis le jour de Pasques includ l'an M. CCCC. X. jusqu'à present, pourront estre racheptées par ceux qui sont ou seront proprietaires desdites maisons & heritages, au temps dudit rachapt, par rendant le prix qu'elles cousteront avec les arrerages & loyaux coustemens, au prix du marc d'argent, selon les ordonnances royaux. Et s'il advient que ceux qui lesdites rentes vendirent, vueillent maintenir avoir esté deceus ezdits vendages outre la moitié de juste prix, contre les proprietaires qui lesdites rentes auront rachepté & retractées par vertu de cette ordonnance....

IV. Pourront les proprietaires poursuivre les églises tenans rentes non amorties constituées en ladite ville de Paris, pour en vuider leurs mains, tout ainsi que pourroient faire nostre procureur ou autres ayant pouvoir & puissance de faire icelle poursuite.

V. Et s'il advenoit que les proprietaires des maisons & heritages, si aucuns d'eux acheptent ou acquierent rentes dont icelles maisons & heritages soient chargez, & depuis ce ils renoncent à icelles maisons & heritages, ou leur soient évincées par le moyen des criées, du privilege aux bourgeois, ou autrement; iceux proprietaires pourront poursuivre leursdites rentes & les arrerages escheus sur lesd. maisons & heritages contre toutes personnes qui y prétendront avoir rentes, obligations ou charges à cause d'icelles, depuis qu'ils y auront renoncé, ou qu'elles auront esté évincées, & leur aider de proprieté, comme eussent pû faire les vendeurs d'icelles rentes, ou un tiers à estranges personnes, nonobstant quelconques confusions que l'on pourroit arguer ou objicer en cette partie; & laquelle confusion nous ne voulons prejudicier à iceux proprietaires en quelque maniere que ce soit.

VI. Item, & pour ce que par la très-grande & excessive charge des rentes, hipoteques & autres charges réelles dont plusieurs desdites maisons & heritages situez & assis en nostre ville, prevosté & vicomté de Paris, ont esté chargées le temps passé, se sont meûs plusieurs debats & procez, & aussi sont cheûs en ruine lesdites maisons & heritages; nous, pour eschever lesdites ruines & procez, & pourveoir au temps advenir à ce que chacun puisse avoir certaineté & vraie connoissance desdites charges & hipotecques dont seront & pourront estre chargées lesdites maisons & heritages; avons ordonné & ordonnons que d'ores en avant nantissement aura lieu ezdites ville, prevosté & vicomté de Paris, & que ezdits lieux hipotecques ne pourront estre constituez valablement, & ne sortiront aucun effet, sinon du jour & date qu'icelui nantissement aura esté fait.

VII. Et au regard des autres choses réelles, comme rentes, debtes ou obligations constituées d'anciennété & dez par avant la date de ces presentes sur lesdites maisons & heritages assis ezd. ville, prevosté & vicomté de Paris, avons pareillement ordonné que ceux qui voudront avoir droit & hipotecque, seront tenus de faire ledit nantissement dedans un an à compter du jour de la publication de ces presentes: & tout ce que dessus est dit touchant ledit nantissement, tant au regard des droits jà constituez, comme de ceux qui sont à constituer.... reservons à declarer & exprimer plus à plein par nos autres lettres que sur ce entendons faire publier.

Si donnons en mandement à nos amez & feaulx les gens tenans & qui tiendront nostre parlement, au prevost de Paris & à tous nos autres justiciers & officiers, ou à leurs lieutenans presens & advenir, que nos presentes ordonnances fassent solemnellement publier & enregistrer chacun en droit soi, & icelles tiennent, gardent & observent, & fassent tenir, garder & observer par tous nos sujets sans les enfraindre, ne souffrir estre enfraints par quelques personnes ne en quelque maniere que ce soit. En tesmoing de ce nous avons fait mettre nostre scel à ces presentes. Donné à Paris le xxvii. jour de May l'an de grace M. CCCC. XXIV. & de nostre regne le second. *Ainsi signé*: Par le roy, à la relation du grand conseil tenu par monseigneur le regent le royaume de France, duc de Betford, J. DE RINEL. *Et sur le reply est escript*: Lecta & publicata & registrata in curia parlamenti, penultimâ Maii, anno Domini M. CCCC. XXIV. CLEMENS. Lecta similiter & registrata in camera compotorum domini nostri regis Parisius, die III. Junii anno Domini M. CCCC. XXIV. J. DE CONFLANS. Publiées en jugement au chastellet de Paris le Mardy trente & penultieme jour de May l'an M. CCCC. XXIV. *Item*, Publiées à son de trompe par les carrefours accoustumez à faire criées & publications en la ville de Paris. *Ibidem*.

LETTRES PATENTES DU mesme roy d'Angleterre, portant réunion de la chambre des comptes de Caën à celle de Paris.

An. 1424.

HENRY par la grace de Dieu roy de France & d'Angleterre ; à tous ceux qui ces presentes lettres verront, salut & dilection. Comme en nostre grand conseil de France tenu nagueres en nostre bonne ville de Paris par nostre très cher & très amé cousin Jean regent nostre royaume de France, duc de Betford, auquel nostre très-cher & très-amé oncle & cousin le duc de Bourgongne, plusieurs prelats, barons, chevaliers & autres notables preud'hommes presens & appellez estoient, ayent été advisées plusieurs grandes matieres necessaires & prouffitables pour l'entretenement & conduite de nostre seigneurie de France, dont les aucunes dépendent du traité de la paix final de nos royaumes de France & d'Angleterre ; entre lesquels par meure & grande deliberation de conseil dessusdictz, ait esté déliberé & conclud que veû qu'après le decez de feu nostre-très cher seigneur & ayeul le roy Charles dernierement trépassé, que Dieu absolve, selon le traité de ladite paix nostre duché de Normandie & les autres terres conquises en nostredict royaume par feu nostre très-cher seigneur & pere, que Dieu pardoint, sont & demeurent soubz la subjection, obeïssance & monarchie de nostredicte couronne de France, il est expedient, prouffitable & necessaire pour le bien & utilité de nous & de nos subjects, mesmement pour entretenir & garder ledict traitté de paix, que par un autre moyen & en un mesme lieu le faict de nostredict domaine & de nos autres droicts & finances, soit conduit & demeure demené, afin que de nosd. domaines & droicts nous puissions avoir claire cognoissance & pleine information, toutes fois que bon nous semblera, & besoin sera. Sçavoir faisons que nous qui à nostre pouvoir voulons ledict traitté de paix estre tenu, gardé & observé, en obtemperant aux bons conseils & avis de nos oncles & conseillers dessudicts, avons voulu & ordonné, voulons & ordonnons par ces presentes, que la chambre de nos comptes qui par nostredict feu seigneur & pere a esté ordonnée & instituée en nostre ville de Caën, audevant dudict traitté, pource que alors la chose estoit disjoincte & separée, & laquelle chambre y est encores de present, cesse d'ores en avant, & soit mise, joincte, reduicte & unie, & laquelle nous par ces presentes remettons, joignons, reduisons & réunions en nostre chambre des comptes à Paris, pour illec faire & exercer par ceux qui y sont ou seront par nous ordonnez, tout ce qui au gouvernement, estat, office & exercice des présidens, maistres & clercs en icelle chambre peut & doibt competer & appartenir, & ainsi que deûment & raisonnablement a esté faict au temps passé ; & voulons que tous comptes, registres, papiers & autres enseignemens estans en nostredicte chambre des comptes à Caën, soient portez, mis & gardez en nostredicte chambre des comptes à Paris, pour la conservation de nos droicts & en faire ce qu'il appartiendra. Si donnons en mandement à nos amez & feaux conseillers les gens de nostre parlement à Paris, de nostre eschiquier en Normandie, de nostre conseil à Rouen, & à tous baillifs, prevosts, vicomtes, & à tous nos autres justiciers & officiers, ou à leurs lieutenans, & à chacun d'eux, si comme à luy appartiendra, que nos presentes volonté & ordonnances gardent & observent, & facent garder & observer, sans venir à l'encontre. Mandons aussi aux presidens, maistres & clercs de ladicte chambre à Caën, que de ladicte exercice du faict des comptes ne s'entremettent d'ores en avant en aucune maniere audict lieu de Caën, mais envoïent ou fassent envoïer incontinent en nostre chambre des comptes à Paris tous comptes clos ou à clorre, livres, papiers, registres, lettres, cedulles & autres maniemens & enseignemens qui sont des appartenances & appendances d'icelle chambre. En tesmoin de ce nous avons faict mettre nostre scel à ces presentes. Donné à Vernon le quinziesme jour du mois de Juillet, l'an de grace M. CCCC. XXIV. & de nostre regne le II. *Signé* : Par le roy, à la relation du grand conseil tenu par M. le regent du de Betfordt. J. DE RINEL. *Et en la marge d'en bas d'icelles lettres estoit escript* : Lecta, publicata & registrata in curia, die vigesimâ quartâ Julii, anno M. CCCC. XXIV. *Signé* CLEMENS. Similiter lecta, publicata & registrata in camera compotorum Parisius die, mense & anno prædictis. *Signé*, DE CONFLANS. *Tiré du registre de la chambre des comptes cotté J. biblioth. Coislin, vol. 4.*

Testament

JUSTIFICATIVES. 553

Testament de la reine Isabeau de Baviere, femme du roy Charles VI.

AN. 1431.

OU nom de la très-saincte & glorieuse Trinité le Pere, le Fils & le S. Esprit, amen. Nous Isabelle de Bavieres par la grace de Dieu royne de France, sçavoir faisons & certifions à tous presens & à venir qui ces lettres verront, que nous considerans les grands & divers perils de ce siecle, tant de la mort de laquelle rien n'est plus certain, ne plus incertain que l'heure d'icelle, comme griefves maladies & autres empeschemens qui moult souvent & aucunes fois soudainement adviennent à plusieurs personnes en cette mortelle vie; & pour ce desirans, tandis que la merci de nostre createur sommes saine de corps & de pensée, & que raison gouverne nostre entendement, pourvoir au salut de nostre ame, & ordonner ce qu'il appartient, & non voulans de ce siecle trespasser intestate, faisons & ordonnons nostre testament & ordonnance de derniere volonté en la forme & maniere que cy-après ensuit, en rappellant premierement tout œuvre, & revocquant tous autres testamens, codicilles & ordonnances de derniere volonté par nous faicts au temps passé, en quelque maniere que ce soit: excepté toutesfois que se aucuns des poincts, clauses & articles contenus en nosd. testamens par nous autresfois faictz, ont esté faictz, accomplis & payez ou commencez faire, payer & accomplir, nous voulons & nous plaist qu'ils demeurent en l'estat qu'ils sont de présent, & que ce qui en a esté faict, payé & accompli, demeure en l'estat qu'il est, sans ce que par nostre présente revocation nous ne noz executeurs en puissions rien retraire ne demander, ne aussi que nous soyons aucunement tenue d'aucune chose en payer, mettre à fin ou accomplir.

Premierement, nous croyons, recognoissons & confessons la verité de la saincte foy catholique, ainsi que nostre mere saincte Eglise la tient & enseigne, & que tous bons Chrestiens la doibvent croire & tenir, recommandans très-humblement l'ame de nous à nostre createur Dieu tout puissant & la glorieuse vierge Marie, à monseigneur sainct Michel ange archange, & à toute la benoite compagnie des saincts & sainctes de paradis, afin que quand elle partira de nostre corps & de celle nostre mortelle vie, nostre seigneur JESUS-CHRIST qui de son precieux sang l'a racheptée, la vueille par sa très grande grace & misericorde recevoir à sa bienheureuse compagnie & perdurable gloire, amen.

II. Et pour ce que nous voulons & est tousjours nostre intention vivre, & quand il plaira à Dieu, mourir comme vraïe Chrestienne, & en la foy de nostre très saincte mere l'Eglise, nous requerons dès maintenant pour lors que les sacremens de nostre mere saincte Eglise à nous convenables, nous soient administrez & baillez chacun en son lieu & en temps, si comme en saincte Eglise ordonnez sont, se par force de maladie ou autre accident advenoit que nous ne les puissions requerir ne demander, comme il appartient.

III. Et semblablement requerons que nostre indulgence & remission de peine & de coulpe nous soit leuë & admonestée en la forme & maniere accoustumée.

IV. *Item*, nous élisons la sepulture de nostre corps au lieu le plus prochain de celui de feu mon très redoubté seigneur le roy, auquel Dieu fasse vrai pardon, en l'église de monseigneur sainct Denys en France; & voulons & ordonnons qu'après nostre decez, le plustost que faire se pourra bonnement, nostred. corps soit enseveli & mis en terre aud. lieu de sainct Denys, tout entier, sans icelui diviser, ni y faire aucune ouverture & incision, en ensuivant par toutes manieres humblement & devotement le commun usage d'ensevelir corps humains.

V. *Item*, voulons & ordonnons que, se nous trespassons à Paris, nostre corps soit porté en l'église Nostre-Dame de Paris, où illec soit faict un service solemnel, selon le bon advis & ordonnance de nos executeurs.

VI. *Item*, & s'il advenoit que nous trespassassions hors la ville de Paris, en quelque lieu que ce soit, nous voulons que d'illec nostre corps soit porté tout droit en lad. église de sainct Denys, sans passer ne apporter en ladicte église Nostre-Dame de Paris.

VII. *Item*, & au regard de nos obseques & de l'atour de nostre corps de drap d'or, comme en tel cas appartient, du luminaire, enterrement & sepulture, il nous plaist, voulons & ordonnons qu'ils soient faicts sans orgueil & vanité, selon le bon advis, regard & consideration & deliberation de nos executeurs.

VIII. *Item*, voulons & ordonnons que nos debtes soient payées purement & à plein, & nos forfaictz entierement amendez & addressez, en chargeant nosd. executeurs de ce qu'il appert clairement en

Tome II.   A aaa

leurs consciences que nous pourrons estre tenuë pour debtes pour lors faictes, ou pour autres justes causes, ils en fassent ou fassent faire payement & satisfaction à ceux à qui il appartiendra, selon leur bonne discretion & advis.

IX. *Item*, nous voulons & ordonnons que le jour de nostre obseque & enterrement de nostre corps en ladicte église, soit faicte une donnée, jusqu'à la somme de cent francs : c'est à sçavoir à chacun qui voudra venir à ladicte donnée, huit deniers parisis, tant que ladicte somme pourra fournir.

X. *Item*, voulons & ordonnons que le jour de nostre obseque de sainct Denys, soit faict pitance au convent d'iceluy de la somme de vingt cinq livres.

XI. *Item*, voulons & ordonnons, tant pour dire messes que pseautiers en la presence de nostre corps, avant l'enterrement d'icelui, que pour dire messes le jour de nostre obseque, & après, se mestier est, soit employée la somme de cent francs, sçavoir à chacun qui dira un pseautier quatre sols parisis, & à chacun qui dira messe deux sols huict deniers parisis, tant que ladicte somme pourra fournir.

XII. *Item*, donnons & délaissons à ladicte église Nostre Dame de Paris, au cas que pour la condition dessusdicte nostre corps seroit porté en icelle après nostre trespassement, & non autrement, la somme de cent livres tournois pour le rachapt de nostre couronne & drap d'or que nous aurons sur & autour nous. Et avec ce donnons & laissons au cas dessusdict, & non autrement, au college de ladicte église la somme de cent livres, pour disposer aux chanoines, chapelains, clercs, vicaires & autres dudict college qui seront audict service faict en presence de nostre corps, & y demeureront dès le commencement jusqu'à la fin. Et aussi donnons & laissons la somme de quinze francs aux marguilliers de ladicte église & sonneur d'icelle, qui feront la sonnerie bien & deûment.

XIII. *Item*, voulons & ordonnons que nos gens & officiers soient aux despens & gages de nostre hostel, en la maniere accoustumée, jusques à tant que nostre corps soit enterré, & les obseques d'iceluy faictes.

XIV. *Item*, voulons & ordonnons que tous vrais officiers & seigneurs commensaulx qui au jour de nostre trespassement seront trouvez en nostre service, tant hommes que femmes, seront revestus de drap noir de laine, chacun selon son estat, aux dépens de nostre presente execution.

XV. *Item*, voulons & ordonnons que six annuels soient celebrez : à sçavoir quatre d'iceulx à quatre religieux des mandians, & les deux autres par pauvres prestres à Paris, aussi nostre vie durant, si bonnement se peut faire, & laissons à chacun d'iceux annuels quarante-cinq francs & douze sols parisis.

XVI. *Item*, donnons & délaissons auxd. quatre ordres mandians, à chacun la somme de vingt cinq francs, pourveû que ils seront tenus d'accompagner nostre corps après nostre decez, jusques à lad. église de saint Denys, & aussi que dedans huict jours après ils seront tenus de faire chacun en leur église un service solemnel.

XVII. *Item*, pareillement nous donnons & délaissons aux dessusdicts quatre ordres vingt-cinq francs, pour dire cent pseautiers.

XVIII. *Item*, nous donnons aux Cordelieres de sainct Marcel six francs quatre sols parisis, pour dire cent vigiles à neuf pseaumes & à neuf leçons.

XIX. *Item*, nous donnons aux religieuses de Long. champ quatre francs deux sols huict deniers, pour dire cent sept psalmes.

XX. *Item*, nous donnons & délaissons au grand hostel Dieu de Paris la somme de cinquante francs.

XXI. *Item*, à l'hospital saincte Catherine à la grande ruë sainct Denys, cinq francs.

XXII. *Item*, à l'hospital des Filles-Dieu, cinq francs.

XXIII. *Item*, à l'hospital du sainct Esprit en Greve, la somme de quarante sols.

XXIV. *Item*, à l'hospital sainct Julien-le-Pauvre à la ruë S. Martin, deux francs.

XXV. *Item*, à l'hospital sainct Mathurin à la ruë sainct Jacques, quarante & un sols quatre deniers parisis.

XXVI. *Item*, à l'hospital de Crecy en Brie, cinq francs.

XXVII. *Item*, à l'hospital de Briecomte-Robert, cinq francs.

XXVIII. *Item*, aux pauvres enfans trouvez de Nostre-Dame de Paris, huict francs.

XXIX. *Item*, pour remettre sus & réparer les édifices & maisons de l'hospital saint Gervais, qui sont de present en grande ruine, & aussi pour estre accompagnez aux bienfaicts dudict hostel, nous donnons & délaissons audict hospital quarante francs.

XXX. *Item*, donnons aussi & laissons aux Quinze-vingts de Paris, cinq francs.

XXXI. *Item*, nous donnons aussi, & pareillement

pareillement délaissons pour donner pour Dieu & en aumosne aux pauvres honteux, mesme honnestes mesnagiers, aux pauvres prisonniers, aux pauvres prestres, aux pauvres filles de bonne renommée, & aux pauvres veufves, la somme de treize-vingts francs.

XXXII. *Item*, & pareillement délaissons & donnons à nostre très chere & très amée fille Marie de France religieuse de Poissy, nos debtes payées & nostre testament accompli, nos tableaux d'or & d'argent & autres quelsconques, & les livres & heures qui seront trouvez en nostre chapelle au jour de nostre decez, & nos chambres de tapisserie, & avec ce toutes nos robbes quelles qu'elles soient, & generalement tous les biens meubles qui nous demeureront après nostre decez, quelle part qu'ils soient. Et au cas que nous survivrons nostredicte fille, nous en contemplation de lad. église de Poissy, où elle a usé & use ses jours, donnons & laissons à lad. église aud. cas toutes les choses dessusdictes, parmi ce qu'ils seront tenus de faire dire & celebrer une messe solemnelle en ladicte église par tout le convent d'icelle, par chacun mois à tousjours-mais d'ores en avant, laquelle nous voulons estre dicte de Nostre-Dame, nostre vie durant, & après nostre trepas, de *Requiem*, pour le salut & remede de feu monseigneur, à qui Dieu pardoint, & de nous.

XXXIII. *Item*, un service pour l'ame de feu mond. seigneur par chacun an à tousjours-mais, au jour de son trespas.

XXXIV. *Item*, semblablement un service pour le salut & remede de nostre ame, & un pour nostre fille Marie, à tousjours-mais par chacun an, au jour qu'il plaira à nostre seigneur nous prendre. Et avec ce seront tenuës lesdictes religieuses de faire dire par chacune des religieuses de ladicte église recommandaces, pseautiers, vigiles, sept pseaumes, par la maniere qu'il est accoustumé de faire en ladicte église en tel cas. Desquelles choses elles nous ont promis de nous en bailler lettres seellées des seaux desd. prioré & convent de Poissy.

XXXV. *Item*, pareillement donnons à nostred. fille, nos debtes payées & nos testamens accomplis, tous les joyaux que le seigneur de sainct Georges a de nous en garde, & desquels nous avons baillé à nostredicte filles lettres esquelles ils sont bien au long declarez, & se n'estoit que nostre vie durant nous les eussions recouvrez & allouez.

Tome II.

XXXVI. *Item*, voulons & ordonnons que le plustost que faire se pourra après le jour de nostre enterrement, que un service soit faict en l'église de sainct Paul à Paris, selon l'ordonnance & bon advis de nos executeurs, tant de luminaires, messes, que de toutes choses quelsconques qui à tel cas appartiennent.

XXXVII. *Item*, donnons & laissons à la fabrique dud. lieu de sainct Paul, vingt livres.

XXXVIII. *Item*, nous voulons & ordonnons que le plustost que faire se pourra, toutes nos terres, maisons & seigneuries, cens, rentes & possessions que nostre seigneur par sa grace nous a donnez, & que nous avons acquis, & dont aujourd'huy usons, jouïssons & possedons, estans en ce royaume, soient baillez & delivrez purement & à plein aux églises & lieux, & par la maniere cy-après declarée.

Premierement, nous donnons & laissons, voulons & ordonnons estre baillé & delivré à l'église Nostre-Dame de Paris tous les hostels, cens, rentes, revenus, possessions & appartenances quelsconques que souloit avoir & tenir Hemonet Regnier & Jean le Blanc. . . . . . & generalement tout ce qu'ils souloient avoir outre la riviere de Seine, du costé & devers la Beausse, hors l'enclos des murs de la ville de Paris d'icelui costé.

2. Nous donnons aussi à ladicte église de Paris nostre hostel du Val-la-royne, avec toutes ses appartenances, pourveu que l'hospital, & hostel-Dieu sainct Gervais assis à Paris, duquel nostre confesseur est le gouvernement, prendra sur lad. église à perpetuité vingt livres parisis par chacun an, en tant que ceux de ladicte église de Nostre-Dame de Paris auront assigné audict hospital vingt livres parisis bien assises; & dont le gouverneur & ceux dudict hospital seront tenus de celebrer à perpetuité par chacun mois de l'an, le premier jour dudict mois, une messe à note, & vigiles à neuf psalmes & leçons; & ceux de lad. église de Nostre-Dame de Paris seront tenus à perpetuité de faire dire en leurd. église un obit solemnel par chacun an, ainsi & en la maniere accoustumée en lad. église; avec ce serons accompagnez aux bienfaicts & prieres de lad. église.

3. *Item*, pareillement nous donnons à l'église & à l'abbaye de sainct Denys en France, nostre hostel de sainct Oüyn, avec l'hostel des bourgeois, avec toutes ses appartenances; pourveu toutes fois que frere Anceau Happart nostre confesseur,

A aaa ij

pour les agreables services qu'il nous a faicts, & esperons qu'il fasse au temps à venir, & aussi qu'il puisse après nous honnestement vivre sans mandier, prendra sur ladicte abbaye franchement, sa vie durant, solemnellement cinquante livres parisis par chacun an. Et semblablement Catherine le Fouquet, fille de Guillaume Fouquet ecuyer, de laquelle nous desirons son bien & advancement, & pource que nous avons aussi promis à sa mere de lui querre sa vie, prendra aussi franchement sur ladicte abbaye cinquante livres parisis, sa vie durant, seulement, comme plus à plein est contenu en nosdictes lettres que leurs avons baillées. Pour ce seront toutesfois tenus ceux de ladicte église & abbaye sainct Denys de dire & celebrer par chacun an obit solemnel, & avec ce serons mis en toutes leurs prieres qui se feront journellement en ladicte église.

4. *Item*, nous donnons à l'hostel-Dieu & hospital de Gonnesse nostre hostel assis audit lieu de saint Oüyn, qui fut à maistre Guillaume Fleureau, avec toutes ses appartenances; pourveu que ceux dudict hospital celebrent à perpetuité par chacun mois, le dernier jour dudict mois, une messe à note & vigiles à neuf leçons de *Requiem*.

5. *Item*, donnons au grand hostel-Dieu de Paris toutes les rentes & revenus, maisons à nous de present appartenans, qui furent & apparteindrent auxdicts Hemonnet Regnier & Jean le Blanc, estans dans l'enclos des murs de Paris.

6. *Item*, Nous donnons au grand hostel-Dieu de Provins toutes les terres, cens, rentes & revenus, que souloit avoir & tenir au païs de Champagne ledit Hemonnet Regnier; pourveu que lesdicts hostels-Dieu de Paris & de Provins seront tenus prier pour le salut & remede des ames de feu mon très-redoubté seigneur, que Dieu pardoint, & de nous.

7. *Item*, voulons que nostredicte vie durant, se bonnement faire se peut, les dessusdictes maisons, cens, rentes, possessions & revenus soient delivrez aux églises & hospitaux, & par la maniere dessusdicte, afin de plus grande seureté, & que jamais ne puissions revocquer, rappeller ne aller au contraire ce que dict est. Reservé & retenu à nous l'usufruit desdictes terres, maisons, revenus & possessions, dont nous jouïrons nostre vie durant.

8. *Item*, voulons & ordonnons que chacun de nos executeurs qui cy après seront nommez, ou en nos codicilles, s'il advient que aucuns en fassions, ayent chacun telle somme qu'ils aviseront ensemble, de & sur les biens de nostre execution; de laquelle chose nous nous rapportons sur les consciences d'iceux; & leur prions & requerons par ces presentes à prier & requerir qu'ils se vueillent charger d'executer & accomplir nostredict testament & nos codicilles, se aucuns en faisons sur l'ordonnance de nostre derniere volonté. Et pour ce que nous pensons bien & convenablement que continuellement ils ne pourroient pas bonnement tous vacquer & entendre, nous avons volonté, au plaisir de nostre createur, d'accomplir ou faire accomplir par tel de nos serviteurs que bon nous semblera, nostre vie durant.

9. *Item*, nous voulons & ordonnons que nosdicts executeurs puissent contraindre tous nos debteurs à payer toutes debtes qui par eux nous seront deües au jour de nostre trepassement, ouïr & clorre leurs comptes, composer & accorder, se mestier est, & que iceux executeurs baillent & puissent bailler auxdicts debiteurs telles lettres de quittance que bon leur semblera; lesquelles lettres de quittance nous voulons estre baillées pour valables.

10. *Item*, il nous plaist & voulons que de nos debtes qui seront deües au temps de nostre trepassement, nosdicts executeurs puissent faire grace & remission à nosdicts debteurs, en tout ou en partie, selon qu'ils verront estre à faire par bonne equité, au prouffit & salut de l'ame de nous.

11. *Item*, nous voulons & ordonnons que tout ce que nous adjousterons, soubstrairons, muerons & changerons en nostre present testament, par codicilles en iceluy annexez, tienne, vaille & soit mis en execution & accompli, tout ainsi comme il est contenu en ce present testament, demeurant en sa force & vertu entierement & à plein.

12. *Item*, pour mettre à execution, entheriner & accomplir le contenu en ce present testament & derniere volonté, & en nos codicilles, se aucuns en faisons, des maintenant pour lors qu'il plaira à nostre Seigneur que nous trespassions de ce siecle, nous dessaisissons de tous nos biens, meubles & autres choses quelconques, & quels qu'ils soient; & voulons que nosdicts executeurs en soient & demeurent saisis & vestus sans moyen, inconti-

JUSTIFICATIVES.

nent après nostre decez ; auxquels executeurs nous dès maintenant pour lors transportons par ce testament tous les droicts & possessions que nous y avons, afin que d'iceux biens & autres meubles quelsconques ils puissent après nostre decez jouïr & user & exploicter paisiblement, iceux prendre & les tenir en leurs mains, en faire bon & loyal inventaire, & les vendre & employer au mieux & plus prouffitablement qu'ils pourront, sans aucune faveur, tout au prouffit de nostre execution ; & leurs transportons pour les causes dessusdictes tous droicts, raisons & actions que nous y avons & pourrons y avoir, contre quelconque personne que ce soit, au jour de nostre trepassement. Voulons & ordonnons que tous les demourans de nosdicts biens, quels & en quelle valeur qu'ils soient, demeurent en la main de nosdicts executeurs, pour estre par eux distribuez, & au moins en trois parties, par leur discretion & selon leur advis, & par la forme & maniere contenuë & declarée cy-dessus en nostre present testament.

13. *Item*, voulons & ordonnons que de nos present testament & codicilles, s'il advient que aucuns en faissions sur l'ordonnance de derniere volonté, les gens de la cour de parlement ayent la prevention & cognoissance, seuls & pour le tout, & non autres ; & en soubmettons à eux & à ladicte cour la cognoissance ; voulans & ordonnans qu'après nostre decez, nostre testament & codicille soient mis en leurs mains, pour avoir la cognoissance de tous les debats & procez qui à cause de ce pourroient mouvoir, & pour estre par eux commis telles personnes qu'ils verront qu'il sera bon à faire, pour voir l'estat & ouïr le compte de nostre execution, & estre par eux pourveu, comme au cas appartiendra. Et requerons au roy nostre très-cher & très amé fils le roy, tant que nous pouvons, que nosdicts executeurs & le faict de l'execution de nostre present testament & de nos codicilles, se aucuns en faisons, il vueille de sa grace avoir pour specialement recommandez, & prendre en sa sauve-garde & protection speciale ; & se à nosdicts executeurs estoit donné ou faict par quelque personne que ce fust, aucun empeschement ou destourbier au faict de nostredicte execution, la vueille faire oster ou mettre au neant, & en telle maniere que nosdicts executeurs puissent iceux nostre testament & codicilles entierement accomplir selon nostre entention. Et aussi prions très acertes & de cœur à nostre très-cher & très-amé fils Jean duc de Bethford & Philippes duc de Bourgongne, que semblablement vueillent avoir le faict de nostredicte execution pour recommandé, & estre procureurs & deffendeurs d'iceluy, & faire cesser à leur pouvoir tout ce qui en seroit ou pourroit estre donné à nosdicts executeurs ; lesquels nous prions semblablement qu'ils vueillent ouïr, & les ayder & conforter toutes fois que pour ce ils se trairont par devers eux. Pour lesquels legs & autres choses dessusdictes & devisées en ce présent testament & ordonnance de derniere volonté, & en nos codicilles, s'il advient que aucuns en fassions, mettre à execution duë & loyaument & briefvement, si comme nous desirons de tout nostre cœur, nous eslisons & nommons, & faisons, ordonnons & establissons par vraie confiance nos executeurs, les personnes dont les noms ensuivent : à sçavoir nostre fille Marie, reverend pere en Dieu nostre très-cher & très-amé cousin l'évesque de Therotiane chancellier de ce royaume de France, nos très-chers & bien amez les évesques de Noyon, de Paris, de Meaux qui à present sont ; *item*, nos amez & feaux, maistre Jehan Chaussart nostre chancelier, frere Anceau Happart nostre confesseur, Hector de Laon nostre maistre d'hostel, Estienne Bonneau nostre secretaire, maistre Jean l'Huillier advocat en parlement, & Denisot de Gastinet nostre controlleur. Et pour ce que si nous pensons que tous les dessusdicts nommez ne pourront pas estre presens, ne vacquer au faict de nostredicte execution, pour plusieurs empeschemens qu'ils pourroient avoir : il nous plaist, voulons & ordonnons que les quatre ou cinq d'iceux puissent entreprendre, poursuir & demener le faict de nostredite execution en iceluy, & toutes les choses contenuës en nosdicts testament ou codicilles & de toutes les depenses d'iceux entheriner & accomplir, & de ce faire leur donnons pouvoir & auctorité ; pourveu toutesfois que entre les autres qui ainsi vacqueront au faict de nostredicte execution, soient tousjours lesdicts Chaussart, Happart, Bonneau & de Gastins, pour proceder au faict de nostredicte execution, par le bon conseil & ayde de nostredicte fille Marie, ainsi qu'il appartiendra par raison, & selon leurs bonnes discretions. Toutes fois nous voulons que ce que nous aurons accompli, ou faict accomplir nostre vie durant, par ceux que

Aaaa iij

nous y ordonnerons, ait lieu & soit de valeur; & prions & requerons si affectueusement & de cœur que plus pouvons, à tous nosdicts executeurs, ensemble à chacun par soy, que charitablement vueillent prendre & accepter en eux la charge de nostredicte execution, selon la forme & maniere dessusdicte; & pour l'amour de nous icelle execution accomplir & mener à fin, ainsi qu'ils voudroient pour eux estre faict, pour le salut de leurs ames, en telle maniere qu'ils en doibvent & puissent de Dieu recevoir pardon, & q uel'ame de nous puisse plus glorieusement aller en paradis & plus briefvement, laquelle nostre Seigneur JESUS-CHRIST nous vueille accorder par sa douce misericorde; *amen.* En tesmoing desquelles choses & unes chacunes dessusdictes nous avons faict mettre nostre propre seel à ces presents testament & derniere volonté, auquel pour plus grande confirmation, nous y avons mis & apposé nostre nom. Donné à Paris en nostre hostel de sainct Paul, le deuxiesme jour du mois de Septembre, l'an de grace M. CCCC. XXXI. *Ainsi signé*, ISABETH. *Item* Par la royne, BONNEAU. *Reg. de la chambre des comptes cotté K. bibliot. Coislin. vol.* 4.

Lettres portant union entre les quatre ordres mendians de Paris.

AN. 1434.

IN nomine Domini, amen. Noverint universi præsentes & futuri, & præsentes litteras inspecturi, quòd nos priores & gardiani conventuum ordinum mendicantium Parisius existentium, videlicèt prior conventûs fratrum Prædicatorum, gardianus conventûs fratrum Minorum, prior conventûs fratrum Eremitarum sancti Augustini, & prior conventûs fratrum beatæ Mariæ de Carmelo, cæterique magistri, patres ac fratres, unanimiter considerantes quòd *frater qui juvatur à fratre* Prov. 18. *quasi civitas firma* sit, quódque in rebus potissimùm pax est necessaria, ut ait Boëtius, necnon quòd concordiâ minimæ res crescunt, discordiâ autem maximæ dilabuntur; promisimus, juravimus ac de præsenti promittimus & juramus omnes & singuli pro nobis nostrisque successoribus inviolabiliter, nos invicem consolari, juvare, confortare, sublevare & defendere ad tuitionem, conservationem atque defensionem nostrorum privilegiorum totis viribus; sic quòd si in futurum contingat aliquem nostrorum conventuum aut fratrum in communi vel particulari, cujuscumque gradûs existant, in-

vadi, lædi, offendi aut gravari seu detineri ratione prædictorum, omnes & singuli ad illius aut illorum conventûs vel conventuum, fratris sive fratrum auxilium, protectionem, defensionem & totalem liberationem concorditer ac totis nisibus concurremus, expensis omnibus æqualiter contribuendo, contrà quoscumque insultantes, invasores atque adversarios, tam præsentes quàm futuros. In quorum robur & testimonium ad perpetuam rei memoriam sigilla nostrorum conventuum duximus apponenda præsentibus; anno Domini M. CCCC. XXXIV. die XXI. mensis Martii. *Tiré des archives des Augustins,* Item *Dubreul, Antiquitez* 1612. *pag.* 576.

Abolition accordée aux Parisiens par le roy Charles V I I. à l'occasion de ce qui s'estoit passé sous la domination des Anglois.

CHARLES par la grace de Dieu roy de France, salut. Sçavoir faisons à tous présens & à venir que comme nous ayant entendu que nos bien amez les gens d'église, nobles, bourgeois & habitans de nostre ville & cité de Paris, ayent volonté & intention en nous recognoissant, comme faire doibvent, pour leur seigneur souverain & naturel, de nous rendre & faire pleine obeïssance d'icelle nostre ville & cité de Paris: mais les choses advenuës & passées au regard d'eux, à cause des divisions qui ont esté longuement & encore sont en cettuy nostre royaume, par le moyen desquelles, & pour la salvation de leurs corps, leur a convenu par force & contrainte adherer & faire obeïssance aux Anglois nos anciens ennemis, nous pleust mettre en oubly & tout pardonner & abolir, en les remettant & recevant en nostre bonne grace & bienveillance, comme nos vrais & loyaux subjectz. Pour ce est-il que nous en consideration des choses dessusdictes, voulans & desirans tousjours retraire & réunir à nous & à nostre bonne obeïssance nos vassaux & subjectz, & les oster hors de la servitude des Anglois nos anciens ennemis, ausdictz gens d'église, nobles, bourgeois & habitans de nostredicte ville de Paris, pour les considerations dessusdictes, avons par grande & meure deliberation de conseil, de nostre certaine science, auctorité royal & grace special, quitté, pardonné & aboli, quittons, pardonnons & abolissons par ces presentes, & à chacun d'eux qui nous fera le serment

AN. 1435.

ment de nous eftre defornais vrais fub-
jedz & obeïffans, tous les crimes, de-
lidz & offenfes en quoy l'on pourroit dire eux ou chacun d'eux avoir offenfé &
delinqué envers nous, noftre majefté &
couronne, aux caufes que deffus & leurs
dependances, tant en matiere de guerre
qu'autrement, en quelque maniere que
ce foit. Toutes lefquelles chofes nous
avons annullées & abolies, annullons &
aboliffons, & voulons eftre dides & re-
putées comme non advenuës, & que les
deffufdidz joüiffent des honneurs, franchifes, libertez & prérogatives dont paravant ces chofes avoient accouftumé de
joüir, & auffi de leurs biens, heritages
& poffeffions, meubles & immeubles, eftant en nature de chofe, nonobftant quelf-
conques dons que en pourrions avoir faicts
& les exploicts qui s'en feront enfuivis,
que revocquons & adnullons par cefdides
prefentes, & fur tout impofons filence à
noftre procureur & à tous nos autres officiers; & ne voulons pas que à l'occafion
des chofes devant dides, aucune chofe
leur foit & à leurs fucceffeurs au temps à
venir, reprochée ou imputée contre leur
honneur; mais voulons & ordonnons qui
ce feroient, fouffriroient, eftre contraincts
à le réparer & amender par voie de juftice. Si donnons en mandement à nos amez
& feaux confeillers les gens de nos parlemens, au prevoft de noftredide ville, &
à tous nos autres jufticiers & officiers, ou
à leurs lieutenans, prefens & à venir & à
chacun d'eux, fi comme à lui appartiendra, que de noftre prefente grace, quittance & pardon & abolition, & de toutes
les autres chofes devant dides, faffent &
fouffrent lefd. gens d'eglife, nobles, bourgeois & habitans de noftred. ville & cité
de Paris & chacun d'eux, joüir & ufer
pleinement & paifiblement, par la maniere que dict eft, fans les travailler ou
empefcher ores ne au temps à venir, ne
fouffrir eftre faicts, travaillez ou empefchez en aucune maniere au contraire. Et
afin que ce foit chofe ferme & eftable à
tousjours, nous avons faict mettre noftre
fcel à ces prefentes; au *vidimus* defquelles faict foubz fcel royal, & autre fcel
authentiquement, voulons pleine foy eftre adjouftée, comme à l'original, & que
d'icelui *vidimus* un chacun à qui ce pourra toucher, fe puiffe ayder, comme dud.
original. Donné à Poidiers le penultief-
jour de Febvrier, l'an de grace M. CCCC.
XXXV. & de noftre regne le XIV. *Ainfi
figné*: Par le roy en fon grand confeil,
B. D. BUDE. *Reg. de la chambre des comp-*

tes, cotté K. bibliotheque Coiflin vol. 4.

*ASSEMBLE'E DES OFFICIERS
de la chambre des comptes, après leur
retour à Paris.*

L'AN mil quatre cens trente fix, le
Vendredy treiziefme jour d'Apvril
après Pafques, les gens du roy noftre fouverain feigneur, defquelz eftoit condu-
deur & chef haut & puiffant prince monfeigneur Arthus de Bretagne comte de
Richemont, conneftable de France, par
le moyen des bons bourgeois & habitans
de la ville de Paris, de laquelle led. monfieur le conneftable print lors l'obéïffan-
ce pour le roy noftredid feigneur; & le
Lundy enfuivant au matin maiftres Gilles
le Veau, fire Michel Lallier, Pierre de
Canteleu, fire Jehan Guerin maiftres des
comptes; Jacques Fromond, Adam des
Champs, Miles de Bray clercs; & Jehan
le Begue greffier en la chambre des comptes, s'affemblerent en la baffe chapelle
du palais royal à Paris, pour avoir advis
entre eux comment ilz fe auroient d'ores
en avant à gouverner au faict d'icelle
chambre: c'eft à fçavoir, fi fans l'auctorité
dudid monfeigneur le conneftable ilz y
debvroient aller gouverner & befongner,
comme devant, où ilz debvroient attendre fon auctorité & ordonnance; & mefmement qu'à leur cognoiffance eftoit venu que le roy noftre fire & led. monfeigneur le conneftable ayant de ce puiffance, comme il difoit, avoient ja faid &
créé aucuns officiers nouveaux, comme
prevoft de Paris, treforiers de France,
generaux maiftres des monnoies & autres
officiers qui devroient prendre certification & expeditions de leurs gaiges, faire
ferment, bailler cautions & autrement
avoient à befongner en icelle chambre.
Et finalement, après plufieurs regardz led.
fire Michel de Lallier, qui le Samedy
précedent avoit été faid & créé prevoft
des marchands de lad. ville de Paris, &
à caufe dud. office de prevoft des marchands de lad. ville de Paris avoit grand
accez envers lediét monfeigneur le conneftable, fut par tous les deffus nommez
prié, requis & chargé de par eux audit
monfeigneur le conneftable lui remonftrer
les chofes deffufdides, & autres illec tou-
chées, pour fçavoir de lui fa volonté &
intention fur ce que did eft; lequel fire
Michel à leur priere & requefte, de ce
faire fe chargea.

Et le dix-feptiefme jour du mois d'Apvril, lediét fire Michel lors occupé pour

AN. 1436.

le faict de lad. prevosté, comme disoit, feist ceans sçavoir & dire par maistre Jehan Fromond nommé, comme il rapporta lors au burel, que il avoit remonstré bien au long ches chofes devant dictes audict monseigneur le connestable, lequel après son advis eû fur ce, lui avoit dict que sa volonté & intention estoient que l'on besongnast en lad. chambre, comme l'on avoit accoustumé par avant lad. entrée, pour & au nom du roy nostred. seigneur, jusques à ce que par le roy nostred. seigneur ou led. monsieur le connestable en fust autrement ordonné; & led. Michel advoüa en ce led. Fromond, disant que ainsy lui avoit dict icelui monseigneur le connestable.

Et le vingt-troisiesme jour dud. mois led. monseigneur le connestable envoïa sur ce ceans ses lettres patentes dont la teneur ensuit: ARTHUS fils du duc de Bretagne, comte de Richemont, seigneur de Parthenay, connestable de France, sçavoir faisons que comme par la reduction de la ville de Paris en l'obéïssance de monseigneur le roy, pour la conduite de ses besongnes & affaires, soit besoin presentement pourveoir aux affaires des finances & autrement, selon l'exigence des cas & matieres; nous pour ces causes, eû fur ce grande deliberation & meur conseil, acertenez des discretions & puissances & sufisances des personnes cy-dessous nommées, les avons commis & deputez, & par ces presentes commettons & députons au faict des comptes de mond. seigneur le roy: c'est à sçavoir, maistres des comptes, maistres Marc de Foras, Gilles le Veau; conseillers laics, Michel de Lallier, maistres Pierre de Canteleu, Jean Guerin, Regnaud Doriac; clercs, maistres Robert de Bailleul, Jacques Roussel, Jean Fromont, Adam des Champs, & Miles de Bray; maistre Jean le Begue greffier des comptes de mond. seigneur le roy en la chambre pour ce ordonnez à Paris; & Gilles le Grand huissier d'icelle chambre. A tous lesquels & à chacun d'eux à son regard, de l'auctorité & par le pouvoir à nous baillé de mond. seigneur, avons donné & donnons pouvoir & auctorité de besongner & proceder aud. faict des comptes de mond. seigneur le roy en lad. chambre des comptes, à l'expedition des choses à ce appartenantes; tout ainsi & pareillement comme les conseillers & maistres clercs des comptes de mond. seigneur, greffier & huissier de ladicte chambre ez temps passez ont accoustumé de faire, jusques à ce que par mond. seigneur le roy en soit autrement ordonné; aux gaiges, droicts, proufficts & émolumens accoustumez & auxd. offices appartenans, tant qu'il plaira à mond. seigneur le roy. Si donnons en mandement par ces presentes au changeur du tresor du roy present & à venir, & autres, que les gages appartenans auxd. offices, ou ont accoustumé de payer, que iceux payent, baillent & délivrent aux dessus nommez conseillers, maistres, clercs, greffier & huissier des comptes de mondict seigneur le roy, aux termes en la maniere accoustumée; & par rapportant ces presentes, ou *vidimus* d'icelles faict soubz scel royal pour une fois seulement, avec quittances d'iceux, lesd. gages & tout ce qui leur auroit été baillé & délivré à cette cause, sera alloüé és comptes dud. changeur du tresor, ou d'autres qui payé les aura ou auront, sans aucun contredict ou difficulté. En tesmoin de ce nous avons mis nostre scel à ces presentes. Donné à Paris le XXIII. jour d'Apvril M. CCCC. XXXVI. *Ainsi signé*: Par le comte connestable... *Ibidem.*

LETTRES PATENTES DU ROY Charles VII. qui ordonne que les chambres du parlement & autres cours du palais seront fermées, & les clefs mises entre les mains des officiers de la chambre des comptes.

CHARLES par la grace de Dieu roy de France; à nos amez & feaux conseillers maistre Jean Tudart maistre des requestes de nostre hostel, Philippes de Ruilly, Guillaume Cotin & Michel de Lallier prevost des marchands de nostre bonne ville & cité de Paris, salut & dilection. Comme par la grace de nostre seigneur JESUS-CHRIST, & l'aide de nos bons & loyaux subjectz, nostred. ville ait esté depuis nagueres reduicte & mise en nostre obéïssance, laquelle par long-temps avoit été ez mains des Anglois nos anciens ennemis; & pour ce nous est de present necessaire pourveoir pour la salvation de nos droictz & autres, tant au faict de la justice, que de nos comptes & tresor d'icelle ville; nous par la deliberation des gens de nostre conseil, avons ordonné & ordonnons nos chambres de parlement, des requestes de nostre hostel, & du palais des enquestes, & de la tournelle, tant civile que criminelle, où sont les procez jugez & à juger, & les chambres des greffes, estre closes & scellées; & semblablement la chambre où sont

JUSTIFICATIVES. 561

font nos chartres fur le reveſtiere de la ſainte Chapelle, les chambres de nos comptes, de noſtre threſor & de nos monnoies, eſtant en noſtre palais de Paris. Si vous mandons & commettons & enjoingnons expreſſément, & à trois de vous, que vous vous tranſportiez en noſd. chambres & autres lieux deſſuſdictz, & faictes commandement de par nous à tous ceux qui ont les clefs deſd. lieux & chambres, ſur peine d'eſtre rebelles & déſobéïſſans à nous, qu'incontinent & ſans delay icelles clefs vous baillent pour les garder devers vous; & icelles chambres & autres lieux deſſuſdictz vous fermiez & faictes fermer; avec ce ſur les ſerrures deſd. lieux vous mettrez & appliquerez vos ſeaulx, & que icelles chambres & lieux ne ſoient aucunement ouvertz, juſques à ce que par nous en ſoit autrement ordonné. De ce faire nous à vous par ces preſentes donnons pouvoir, mandement & auctorité ſpecial. Mandons & commandons à tous nos juſticiers, officiers & ſubjects, que à vous en ce faict obéïſſent & entendent diligemment. Donné à Bourges le XV. jour de May, l'an de grace M. CCCC. XXXVI. & de noſtre regne le XIV. ſoubz noſtre ſcel ordonné en l'abſence du grand. *Signé*: Par le roy en ſon conſeil, BUDE. *Ibidem*.

DONATION DE L'HOSTEL de Neſle au duc de Bretagne par le roy Charles VII.

AN. 1446.

CHARLES par la grace de Dieu roy de France. Sçavoir faiſons à tous preſens & à venir, que nous conſiderans les hautz, grandz & loüables ſervices à nous faictz par noſtre très-cher & très-amé nepveu & couſin François duc de Bretagne, & l'amour qu'il a au bien de nous & de noſtre ſeigneurie, & auſſi qu'il n'a aucune habitation ne hoſtel pour luy en noſtre bonne ville de Paris, ainſy que ont pluſieurs autres ſeigneurs de noſtre ſang; à iceluy noſtre couſin François duc de Bretagne, afin qu'il ait en noſtred. ville de Paris hoſtel & habitation honorable pour luy & ſon train, & pour certaines grandes cauſes & conſiderations à ce nous mouvans, avons donné, quitté, cedé, tranſporté & delaiſſé, donnons, quittons, tranſportons & delaiſſons, de grace ſpeciale, pleine puiſſance & auctorité royale par ces preſentes, à ſes hoirs maſles deſcendans de ſa chair en loyal mariage, noſtre hoſtel appellé de Neſle, que teint en ſon vivant feu noſtre très-cher oncle le

Tome II.

duc de Berry, que Dieu abſolve, avec les entrées, iſſues, cours, jardins, appartenances & appendances d'iceluy ſejour de Neſle quelconques, ainſy qu'elles ſe comportent & comprennent; pour les avoir, tenir, poſſeder & exploicter à touſjours perpetuellement par noſtred. nepveu & couſin, ſes hoirs, ſucceſſeurs & ayans cauſe, comme deſſus eſt dict, en faire & diſpoſer comme de leur propre choſe. Si donnons en mandement par ces meſmes preſentes à nos amez & feaux gens de nos comptes & threſoriers, au prevoſt de Paris, & à tous nos autres juſticiers & officiers, preſens ou à venir, ou à leurs lieutenans, & à chacun d'eux, ſi comme à luy appartiendra, que noſtred. nepveu & couſin, ſeſd. hoirs & chacun d'eux, faſſent, ſouffrent & laiſſent joüir & uſer paiſiblement & à plein de nos preſens don, quittance, ceſſion & tranſport, ſans leur faire ou donner, ne ſouffrir eſtre faict, mis ou donné en aucune maniere aucun moleſte, deſtourbier ou empeſchement au contraire, ores ne pour le temps à venir; ainçois ſi faict, mis ou donné leur eſtoit en aucune maniere, ſi l'oſtent ou faſſent oſter chacun en droict ſoy, & mettre ſans delay au premier eſtat & deüb. Et afin que ce ſoit ferme choſe & eſtable à touſjours, nous avons faict mettre à ceſd. preſentes noſtre ſcel, ſauf en autres choſes noſtre droict & l'autruy en toutes. Donné à Baſſilly près Chinon, le XXIV. jour du mois de May l'an de grace M. CCCC. XLVI. & de noſtre regne le XXIV. *Ainſi ſigné ſur le reply de la marge*: Par le roy, & les cy-après nommez preſens, à ſçavoir le roy de Sicile, le comte d'Angouleſme, l'eveſque de Magalonne, les ſires de Varennes, de Preſſigny & autres, J. DE LA LOIRE. *Reg. de la ch. des compt. cotté I. biblioth. Coiſlin, vol. 4.*

LETTRES DE LOUIS XI. par leſquelles il eſtablit Bertrand de Beauvau & Charles de Melun lieutenans à Paris, en ſon abſence.

AN. 1462.

LOUIS par la grace de Dieu roy de France; à tous ceux qui ces preſentes lettres verront, ſalut. Comme pour le bien, prouffit & utilité de noſtre royaume & la ſeureté d'icelui, ayons par grande & meure deliberation conclud & deliberé à aller & nous tranſporter en noſtre ville de Bayonne, auquel lieu ſe doibt trouver & venir noſtre très-cher & très-amé frere & couſin le roy de Caſtille & de Leon, à ce que nous puiſſions entretenir, parler

B bbb

ensemble & communiquer des faits & affaires de nostre royaume & de nos seigneuries, & appaiser plusieurs differens qui ont esté ci-devant entre nos subjets & les siens, & ses subjets & les nostres, touchant les limites de nos royaumes & seigneuries, & autres choses ; & pour ce qu'il est à doubter que durant nostre absence pourroient survenir plusieurs questions & debats de diverses contrées, tant des extremitez de nostredit royaume, que au dedans d'iceluy, à quoi seroit bon, voire pure necessité de donner prompte provision, laquelle peut-estre requereroit estre par nous & les gens de nostre grand conseil faite & donnée ; ce que se faire ne pourroit si diligemment que la matiere le requereroit, par la longue distance qui est de nostre pays de France jusques en ladite ville de Bayonne, dont inconvenient & accident irreparable se pourroit ensuyr ; pour laquelle cause soit-il besoing en nostre bonne ville de Paris qui est la ville capitale & principale de nostre royaume, & où est nostre cour souveraine, avoir notables personnes à nous bien sures & feables, & à qui on puisse avoir recours pour les matieres & affaires que durant nostredite absence pourroient survenir. Sçavoir faisons que nous confians entierement des sens, prudence, loyauté, bonne prudhommie & grande diligence de nos amez & feaux conseillers & chambellans Bertrand de Beauvau seigneur de Precigny & president de nos comptes, & Charles de Melun seigneur de Landes & bailli de Sens ; iceux & chacun d'eux avons commis, ordonnez & establis, commettons, ordonnons & establissons par ces presentes pour estre, demourer & eux tenir en nostredite ville de Paris, & durant le temps de nostre absence pourvoir aux besongnes & affaires qui y surviendront & au pays des environs. Et outre pour ce que l'on dit au chastelet de Paris y avoir plusieurs officiers qui en leurs offices & estats font & commettent plusieurs fautes & abus, & commettent envers nous & nos affaires, & se gouvernent autrement qu'ils ne doibvent ; nous vous avons commis & ordonnez, commettons & ordonnons par cesdites presentes à vous informer de ce, & sur lesdites fautes & abus & autres choses dessusdites, & d'iceux suspendre de leursdits offices & estats, si voïez que le cas le requiert ; & generalement de faire pour le bien de nous & nostre seigneurie, ez besongnes & matieres qui surviendront en nostredite ville & pays d'environ durant nostredite absence, tout autant & ainsi que ferions & faire pourrions en nostre personne, se presens nous estions. De ce faire à vous & chacun de vous donnons pouvoir, &c. Donné à la Rochelle le XI. Janvier l'an de grace M. CCCC. LXII. & de nostre regne le deuxième, soubz nostre scel ordonné en l'absence du grand. *Ainsi signé*: Par le roy en son conseil, les sires de Lau*, de Beauvoir, & autres presens, A. ROLAND. *Tiré des registres de la chambre des comptes de Paris, à la bibliotheque Coislin, volume* 5.

* C'est Antoine de Chastelneuf chevalier, grand seneschal de Guyenne.

DON DE L'HOSTEL DE LA REINE, dit de la Pissote, fait par Louis XI. à Charles de Melun.

AN. 1463.

LOUIS par la grace de Dieu roy de France ; à tous ceux qui ces presentes lettres verront, salut. Sçavoir faisons que pour consideration des bons, grands, agreables & recommandables services que nous a fait par cy-devant nostre amé & feal conseiller & chambellan Charles de Melun chevalier baron des Landes & nostre bailli de Sens, fait & continué chacun jour autour nostre personne & autrement, & que esperons que plus fasse au temps à venir ; à icelui, pour ces causes & autres à ce nous mouvans, avons donné, cedé, transporté & delaissé, donnons, cedons, transportons & delaissons à tousjours perpetuellement l'hostel vulgairement appelé de la royne, autrement l'hostel de la Pissotte, situé & assis en nostre ville de Paris en la grande ruë saint Anthoine, tenant d'une part à la maison de Jehan Raguin du costé devers la Bastille, & d'autre à l'hostel du sieur Gerard de Conflans & au cimetiere de saint Paul, avec ses appartenances & appendances quelconques, soient cours, jardins, estables, issuës, entrées, avec la fontaine d'icelui, & autrement, tout ainsi qu'ilse comporte & consiste, pour en joüir par nostredit conseiller & chambellan, ses hoirs & successeurs à tousjours perpetuellement, plainement & paisiblement, ensemble des droits, fruits & profits, revenus & esmolumens quelconques qui y appartiennent & peuvent appartenir, en payant par lui d'ores en avant & sesdits hoirs & successeurs, les charges, droits & debvoirs anciens, s'aucuns en sont pour ce deûbs, où il appartiendra. Si donnons en mandement par cesdites presentes à nos amez & feaux gens de nos comptes & tresoriers à Paris, à nostre prevost dudit lieu, & à tous nos autres justiciers & officiers, &c. nonobstant

AN.

JUSTIFICATIVES. 563

nonobstant certaines confirmations par nous faites de la conciergerie dudit hostel depuis nostre advenement à la couronne à un nommé Jehan Tartereau, dit du Mons, & à Pierre de Lestre, que à autres quelconques, lesquelles nous avons cassées & annullées, cassons & annullons par ces mesmes presentes. Données à Chartres le XVII. jour d'Aoust l'an de grace M. CCCC. LXIII. & de nostre regne le III. Ainsi signé: LOUIS. & plus bas, Par le roy, le sire du Lau, & de Bazoges, & autres presens, L. TOUSSAINT. *Ibidem*.

Dans les mesmes mois & année, le roy fit don au mesme Charles de Melun & à ses heritiers, de tous les biens meubles & immeubles qui avoient esté à Antoine de Chabannes declaré criminel de leze majesté, à la reserve des terres de pairie qui avoient esté à Jacques Cœur, qui furent restituées à son fils Geoffroy Cœur eschanson du roy, & des terres de Blancafort en Guyenne, & de Rochefort & d'Anciere en Auvergne; la terre de Blancafort fut donnée à Antoine de Chasteauneuf chevalier, sire du Lau, grand seneschal de Guyenne, par lettres des mesmes mois & an; & le roy donna celles de Rochefort & d'Anciere ou Ossires, à Jean de Montespedon dit Houasse, seigneur de Beauvoir & de Beaupreau, bailli de Roüen, les mesmes mois & an. Ibidem.

LETTRES DU ROY LOUIS XI.
en faveur des sergens du parloir aux bourgeois, &c.

An. 1465.

LOUIS, &c. Sçavoir faisons avoir receuë l'humble supplication des dix sergens, tant du parloir aux bourgeois de Paris, que de la marchandise de nostre bonne ville de Paris, contenant que à cause de leursdits offices ils sont tenus & adstraints par les ordonnances & statuts faire residence à l'hostel commun de nostredite ville de Paris, pour faire & accomplir les exploits, commandemens & executions à eux ordonnées & enjointes par nos chers & bien amez les prevost des marchands & eschevins de nostredite ville de Paris, touchant les faicts de la garde & autres affaires de la police & chose publique d'icelle nostre bonne ville de Paris, en quoi lesdits sergens sont continuellement occupez, dont ils ont très-petits gaiges : c'est à sçavoir lesdits sergens du parloir un denier tourn. & lesdits sergens de la marchandise six deniers tourn. par jour, avec chacun une robbe de cent sols, qui est très-petite provision,

Tome II.

dont bonnement ne se pourroient entretenir ni continuer les frais de leurs charges, comme ils dient ; en nous requerant que attendu ce que dit est, & que ils sont occupez pour le bien publicq de ladite ville, & les grandes charges par eux portées durant les divisions dernieres, il nous plaise les affranchir & tenir francs, comme sont les archiers & arbalestriers de ladite ville, & sur ce leur impartir nostre grace. Pourquoi nous, ce consideré, & afin qu'ils puissent mieux entendre au faict du bien publicq, à icelle quantité de dix sergens avons octroyé & octroyons que d'ores en avant eux & leurs successeurs ezdits offices, soient & demeurent francs, quittes & exempts, & jouïssent de tels & semblables privileges, exemptions & franchises de nostre ville de Paris, fors seulement pour les fortifications & reparations de nostredite ville, pour l'arriere-ban, & pour la rançon de nous & de nos successeurs, se oncques prins estoient de nos ennemis (que Dieu ne vueille) tant seulement ; & de semblables exemptions & franchises dont sont exemptez & affranchis lesdits archiers & arbalestriers, nous avons lesdits supplians exemptez & affranchis, exemptons & affranchissons, & leursdits successeurs ezdits offices, de grace especiale, pleine puissance & auctorité royale. Si donnons en mandement, &c. Donné à Paris le mois de Novembre M. CCCC. LXV. & de nostre regne le V. *Ainsi signé* : Par le roy, monseigneur le duc de Calabre, le comte de Penthiévre, M. Henry de Livré, & autres presens, J. DE REILLIAC.

Lecta, publicata & registrata Parisius in parlamento XXVII. Julii die anno Domini M. CCCC. LXXVII. CHESNETEAU. Similiter lecta, publicata & registrata in camera computorum domini nostri regis Parisius, anno & die quibus suprà, BADOVILLIER. *Tiré du registre O. de la chambre des comptes, à la bibliotheque Coislin, volume 6.*

COMMISSION DU ROY LOUIS XI.
pour le temporel de l'abbaye de Montmartre.

An. 1468.

LOUIS par la grace de Dieu roy de France, au prevost de Paris ou à son lieutenant, salut. Reçeu avons l'humble supplication de nostre procureur au chastelet de Paris, & de nos bien amées les religieuses, abbesse & convent de Montmartre lez-Paris, estant de fondation royale, contenant que ladite église & abbaye & les revenus & rentes d'icelle,

B bbb ij

tant pour le fait & occasion des guerres & divisions qui ont esté en nostre royaume, & que les gens de guerre ont esté és lieux où elles ont leurs rentes & revenus; & à cette cause leurs fermiers ou aucuns d'eux se sont absentez, & n'ont pû cueillir leurs fruits, ne recevoir leurs rentes & revenus, & aussi que les revenus que lesdites suppliantes ont ou pays de Gastinois, qui dez longtems leur ont esté & sont de nulle valeur, ont esté & sont demeurés tellement gastés, & lesdites suppliantes tellement grevées & endommagées, que au tems passé il leur a convenu faire plusieurs emprunts, & en sont tenuës envers plusieurs personnes, & en aucuns arrerages de rentes, esquels elles ont esté condamnées, & autres choses dont à present ne pourroient faire satisfaction ne payement, qu'il ne leur conviensist cesser le divin service, & les religieuses de ladite église partir par défaut de vivres, & pour ce nous a notredit procureur remonstré, & lesdites religieuses supplié humblement que sur ce leur voulsissions gracieusement pourvoir de remede convenable. Nous inclinant à leurdite supplication, ces choses considerées, & afin que le divin service puisse estre continué en ladite église, vous mandons, & parce qu'elle est assise près de nostre ville de Paris en vostre prevosté, & que l'on dit plusieurs de leurs creanciers estre demourans en ladite ville & à l'environ, commettons que information faite par le premier examinateur du chastelet de Paris sur ce requis des choses dessusdites, & se par ladite information ou autrement deûement il vous appert des choses dessusd. ou de tant que souffrir doyt, commettez & deputez de par nous aucuns ou aucune bonne personne souffisante & solvable au gouvernement des rentes, revenus & temporel de ladite église & abbaye de Montmartre, lesquels ou lequel commis seront ou sera tenu de gouverner, recevoir & lever les debtes, cens, revenus & temporel de ladite église & abbaye jusqu'à trois ans prochainement venans, à compter du jour & execution de l'enterinement des presentes; desquelles rentes, revenus, fruits & temporel lesdits commis ou commis feront ou fera trois parties, & les emploiront & distribueront par nostre main en la maniere que s'ensuit: c'est à sçavoir la premiere partie pour le vivre & autres necessitez desdites abbesses & convent, & de leurs familiers & serviteurs; la seconde partie pour les maisons, édifices, héritages & labours de ladite église & abbaye maintenir; & l'autre tierce partie ou payement & solution desdites debtes à leursdits creanciers, chacun proportionnellement selon la qualité & quantité de leursdites debtes qui leur seront deûës, parmi ce que lesdits commis ou commis en feront ou sera tenu rendre bon & loyal compte du gouvernement & administration des choses dessusdites pardevant vous ou vos commis & deputez, toutes fois que mestier sera; & à faire autre solution ou payement à leursdits creanciers, ne contraignez ne souffrez estre contraintes en quelque maniere que ce soit lesdites religieuses, abbesse & convent de Montmartre, leurs pleiges ou autres pour elles obligez. Et s'aucuns de leurs biens estoient pour ce prins & arrestez ou empeschez, ou aucune chose faite ou attemptée au contraire, si leur faites rendre & restituer, & mettre au premier estat & deû. Car ainsi nous plait-il estre fait, & ausdites religieuses, abbesse & convent l'avons octroyé & octroyons de grace especial par ces presentes, nonobstant que lesdites religieuses suppliantes ayent eû de nous semblables lettres, & aussi quelconques obligations & renonciations sur ce faites & passées par foy & serment, pourvû qu'elles seront dispensées de leur prelat & d'autre ayant pouvoir à ce, & quelconques lettres subreptices à ce contraires. Donné à Paris le quart jour de Fevrier, l'an M. CCCC. LXVIII. & de nostre regne le VIII.
Tiré d'une histoire manuscrite de l'abbaye de Montmartre.

PREMIER ESTABLISSEMENT
de la foire saint Germain, fait par le roy Louis XI.

LOUIS par la grace de Dieu roy de France, sçavoir faisons, &c. nous considerans que comme feu de très-bonne memoire le roy Childebert en son vivant roy de France nostre progeniteur, pour la grande & singuliere devotion qu'il avoit à Dieu nostre createur, & pour aucunes autres grandes causes qui à ce le meûrent, fonda en son vivant l'église & abbaye de monseigneur saint Germain des Prez lez nostre bonne ville de Paris, laquelle il doüa de plusieurs belles seigneuries, rentes & revenus, & en icelle ordonna faire dire & celebrer certain bel & notable service divin, pour lequel dire & continuer il donna certain nombre de religieux, & depuis alla de vie à trespassement, & s'est fait inhumer & ensepulturer en ladite église; après le trepas duquel le roy S. Charlemagne, pour la très-grande & singu-

An. 1484.

liere devotion que il avoit à ladite église, tant pour les grands miracles qui y avoient esté faits sur sa personne, par le moyen dudit glorieux saint Germain qui repose en icelle église, que pour la continuation dudit service divin, pour lequel faire il accreut & ordonna en ladite église plusieurs religieux outre ceux qui y estoient de la premiere fondation, & donna à icelle église plusieurs terres & seigneuries, cens, rentes, joyaulx & autres biens, pour estre participant ez prieres desdits religieux & service divin d'icelle église ; depuis lequel temps lesdits religieux ont tousjours fait, continué & entretenu ledit service divin. Mais au moyen des guerres & divisions qui ont esté plusieurs & diverses fois en nostre royaume, & mesmement du temps des infidelles, lesquels par plusieurs & diverses fois, & aussi les Anglois anciens ennemis de nostre royaume, ont esté devant nostredite ville de Paris à puissance d'armes, ladite abbaye a esté brulée & destruite, ensemble les titres, chartres & enseignemens, & autres choses quelconques que ils avoient des rentes & revenus d'icelle église, lesquels sont fort diminuez, & tellement que lesdits religieux, abbé & convent d'icelle abbaye en sont grandement diminuez & appauvris. Lesquels à ces causes nous ont humblement supplié & fait supplier & requerir, que pour aulcunement les recompenser de leurdite perte, & accroistre leurdit revenu, il nous plaise leur octroïer certaines foires franches, comme ont nos chers & bien amez les religieux, abbé & convent de saint Denis, & sur ce leur impartir nostre grace. Pour ce est-il que nous, voulans & desirans entretenir ladite église en ses droits & libertez, & les augmenter à nostre pouvoir, à ce que de plus en plus soïons participans ez bienfaits, prieres & oraisons & service divin qui se celebrent jour & nuit en ladite église, & que lesdits religieux, abbé & convent d'icelle abbaye soient plus enclins à prier Dieu, pour la prosperité & santé de nostre personne & pour celle de nostre très cher & très-amé fils dauphin de Viennois ; audit lieu de saint Germain des Prez, pour ces causes & considerations & autres à ce nous mouvantes, avons donné & octroyé, donnons & octroyons semblable foire franche comme ont ceux de ladite abbaye de saint Denis, & icelle avons créé, instituté & establi, & par ces presentes, de nostre propre mouvement, grace especiale & autorité royale, créons, instituons, establissons & ordonnons, pour icelle foire franche avoir & faire tenir chacun an durant huit jours entiers, commençans le premier jour d'Octobre & finissans le huitiéme jour dudit mois après ensuivant, lesdits jours inclus; voulons & nous plaist que d'ores en avant perpetuellement & à tousjours ladite foire franche soit par chacun an tenuë en la terre & lieu de S. Germain des Prez, où lesdits supplians verront estre à faire pour le mieux, durant lesdits huits jours ; & que iceux religieux, abbé & convent de saint Germain en jouïssent, ensemble de tous les profits quelconques, & tous marchands & autres quelconques qui en icelle foire afflueront & frequenteront, soient francs, quittes & exempts de tous aides, péages & tributs, & y puissent vendre & eschanger toutes denrées & marchandises licites, & joüir de tous les droits que ont accoustumé joüir lesdits marchands allans à ladite foire. Si donnons en mandement à nos amez & feaux gens de nos comptes, tresoriers à Paris, & les generaux conseillers ordonnez sur le fait & gouvernement, tant de nos finances, que de la justice de nos aydes, au prevost de Paris, & élus sur le fait des aydes, &c. Donné au Plessis lez-Tours le .... Mars l'an M. CCCC. LXXXII.   Lecta, publicata & registrata in camera computorum domini nostri regis & ibidem expedita, impositionibus, juvaminibus & subsidiis vinorum & animalium, pedem fissum habentium, præfato domino nostro regi reservatis. Actum die XXIII. Augusti anno M. CCCC. LXXXIII. *Tiré du registre R. de la chambre des comptes, à la bibliotheque Coislin, volume 6.*

Requeste des religieux de saint Germain, expediée à la chambre des comptes, touchant la foire franche de l'abbaye transferée au 3. de Fevrier par le roy Charles VIII.

A NOSSEIGNEURS des comptes, supplient humblement les religieux, abbé & convent de saint Germain des Prez. Comme dez l'an M. CCCC. LXXXII. en Mars il pleût au roy Louis XI. de nom donner à ladite abbaye & eriger une foire franche à certains jours y designez, & sur ce octroyer des lettres en forme de chartes, lesquelles vous furent presentées, & après information faite *super commodo vel incommodo*, & icelle rapportée, & nonobstant l'opposition des religieux, abbé & convent de saint Denis, furent par vous deuement expediées, dont lesdits de saint Denys se porterent

AN. 1523.

pour appellans en la cour de parlement, par arrest de laquelle donné au proffit desdits de saint Germain le XII. de Mars l'an M. CCCC. LXXXIV. les jours de ladite foire furent muez du premier Octobre au III. Fevrier ; & craignans lesdits de saint Germain ce leur tourner à consequence, se retirerent vers le roy Charles VIII. de ce nom, & obtinrent lettres du roy en forme de chartes en Febvrier l'an M. CCCC. LXXXVI. narratives des precedentes dudit roy Louis XI. & de vostre expedition, & aussi de l'arrest de ladite cour sur ce intervenu, avec la mutation desdits jours ; & ayant ledit roy Charles le tout agreable, auroit d'abondant créé, erigé & octroyé ladite foire auxdits de saint Germain audit III. jour du mois de Febvrier & autres jours ensuivans, lesquelles ont semblablement par vous, messeigneurs, & aussi par la cour de messeigneurs les generaux deuëment esté expediées, & en l'auditoire de messeigneurs les élus au chastelet de Paris ; & depuis au moyen de ce jouï, comme encore jouïssent de present. Toutesfois le XII. jour de Septembre dernier passé, a esté signifié auxdits de saint Germain par vostre huissier certaine requeste presentée par le procureur du roy de ladite chambre, le IX. jour dudit mois, par laquelle leur a esté fait commandement d'exhiber audit procureur les lettres originales de l'erection de lad. foire, ce que lesdits de saint Germain, en obeïssant à icelle, ont fait le XIX. jour du mois d'Octobre ensuivant dernier passé, & d'icelles baillé un double collationné par vostre greffier. Ce consideré, & que par icelles lettres appert ladite foire avoir esté erigée, octroyée & par vous verifiée deuëment & expediée, comme dit est, il vous plaise faire cesser le travail & moleste que donnent aux marchands frequentans ladite foire puis certain temps aucuns sergens soi disans deputez par messeigneurs les élus de cette ville de Paris, & laisser lesdits de saint Germain jouïr franchement & quitement, selon leurs octrois & expeditions de vous sur ce intervenuës ; & vous ferez bien & justice. *Et en la marge d'enhaut de ladite requeste est escript ce qui s'ensuit :* OSTENDATUR procuratori regis. VISA præsenti requestâ, visis etiam litteris originalibus nundinarum de quibus infrà, per cameram expeditis, impositionibus & subsidiis vinorum & animalium pedem furcatum habentium, domino nostro regi reservatis, & audito dicto procuratore regis, consen-

tiunt quòd supplicantes gaudeant de dictis nundinis, juxtà & insequendo præfatæ cameræ expeditionem, & super his ordinarunt fieri mandatum. Actum apud burellum XX. die mensis Januarii anno Domini M. D. XXIII.

LES GENS DES COMPTES du roy nostre sire, veuë la requeste cy attachée soubz l'un de nos signets, à nous presentée de la partie des religieux, abbé & convent de saint Germain des Prez, veuës aussi les lettres originales des foires à plein mentionnées en ladite requeste, par nous expediées auxdits supplians, à la reservation des impositions & aydes des vins & bestes à pied fourché ; ouy sur ce le procureur du roy en la chambre desdits comptes, & tout consideré ce qui fait sur ce à considerer ; consentons que lesdits supplians jouïssent desdites foires selon & ensuivant nostredite expedition. Donné soubz nos signets le XXV. jour du mois de Janvier l'an M. D. XXIII. *Ainsi signé :* CHEVALLIER. *Tiré du régistre D D. de la chambre des comptes à la bibliotheque Coislin*, volume 8.

Ordonnance du roy Charles VIII. au sujet des halles de Paris.

CHARLES par la grace de Dieu roy de France ; à tous ceux qui ces presentes lettres verront, salut. Comme dez pieça les halles de nostre bonne ville de Paris eussent esté construites, édifiées & ordonnées par nos predecesseurs roys de France, pour le bien du peuple & utilité de la chose publique, & afin que toutes manieres de denrées & marchandises, vivres & autres choses, comme bleds, grains, poisson de mer, tant frais que salé, draperie, poterie, friperie, mercerie, chapellerie, tapisserie, chaufseterie, cordonnerie, tannerie & plusieurs autres denrées & marchandises fussent portées ezdites halles, & icelles venduës & debitées aux jours de marchez ordonnez en icelles, c'est à sçavoir ez jours de Mercredi, Vendredi & Sabmedi, & sans ce qu'il fust permis ne loisible à aucun de les porter vendre, ne distribuer ailleurs, & dont les aucunes d'icelles halles sont de nostre propre droit & domaine ; & au regard des autres, elles auroient dez longtemps esté acensées & baillées pour certain prix & somme de deniers qui en sont deûs, & ont accoustumé d'estre par chacun an payez à nostre receveur de Paris par les charges d'aucuns mestiers & marchandises, qui les debvoient & doibvent

JUSTIFICATIVES.

vent foubftenir, reparer & tenir en bon eftat. Mais neantmoins plufieurs marchands & gens de meftier ont efté refufans ou deffaillans d'apporter leurs denrées & marchandifes ezdites halles; au moien de quoi la plufpart des eftaux d'icelles font cheûs & tombez en ruine; tellement que les demourans à l'entour defdites halles & eftaux, y viennent faire leurs voiries, & porter leurs ordures & immondices; & avec ce les marchands gens de meftier & marchandife fubjets à porter ezdites halles leurs denrées & marchandifes ezdits jours de marché ordonnez, ont difcontinué & delaiffé d y aller, pour ce qu'on ne les avoit point contredit ne declaré les peines indictes qui font contenuës & declarées ez ordonnances fur ce faites; laquelle chofe eft au grand detriment & préjudice de la chofe publique, & non pas feulement des manans & habitans de noftredite ville de Paris, mais des gens eftrangers des villages & lieux circonvoifins qui venoient auxdits jours fe fournir de leurs neceffitez, & achepter ce qui leur eftoit befoing; & avec ce les marchandifes & gens de meftier fe vifitoient plus fouvent & aifément par les gardes & commis fur ce, & l'en les vendoit à meilleur marché qu'on ne les fait à prefent. Et outre les deniers qui venoient defdits eftaux lors habitez par lefdits gens de meftier à noftre prouffit, ont efté & font grandement retardez, & n'en vient comme rien à noftre prouffit & domaine, fi comme nous a efté remonftré, avec les ordonnances & provifions qui ont efté autrefois faites touchant cette matiere, pour y donner ordre & provifion, tant pour le temps prefent, que pour l'advenir. Pourquoi nous, ces chofes confiderées, & en nous reglant & conformant ez ftatuts & ordonnances de nos predeceffeurs, & à ce que la police de noftredite ville de Paris, tant pour les vivres, que pour les marchandifes, foit toufjours de bien en mieux continuée & entretenuë; nous, en fuivant l'ordonnance qui fut pieça faite & enregiftrée en noftre chaftellet de Paris touchant cette matiere, avons déclaré, ftatué & ordonné par maniere de ftatut & édit irevocable, que tous marchands & maiftres ouvriers des marchandifes & meftiers que d'ancienneté avoient & ont efté accouftumez d'aller aux halles de Paris, iront & porteront leurs denrées & marchandifes ezdites halles, pour là eftre venduës: c'eft à fçavoir chacun d'iceux en la halle ou lieu où a efté ou fera ordonné & eftabli felon la matiére & nature de fadite marchandife, fans rien en vendre en leurs hoftels & domiciles, ne ailleurs marchander, par chacune femaine ez jours qu'ils font tenus d'y aller, & fur les peines cy-après contenuës, à prendre & lever icelles fur chacun deffaillant & pour chaque fois qu'il deffaudra; & lefquelles peines feront taxées: c'eft à fçavoir la premiere fois à XL. f. parifis, la feconde à IV. livres parifis, & la troifiefme à VIII. livres parifis felon la faculté du deffaillant & la nature defdites marchandifes, & tout le contenu en l'ordonnance fur ce faite & enregiftrée en noftredit chaftelet de Paris. Et avec ce & par ces prefentes avons ordonné & ordonnons que tous ceux qui font tenus à foubftenir & entretenir lefdites halles & eftaux, ils feront contraints de les mettre en bon eftat, fur peine de perdre leurdit droit & proprieté qu'ils pourroient pretendre & demander en iceux. Et pour ce que durant le temps de la difcontinuation d'aller ezdites halles, avoient & ont efté faits certain baux de plufieurs eftaux & places à plufieurs particuliers à petit & vil prix, & fans avoir efté gardée la folemnité & ufage accouftumé felon nos ordonnances, lefquels baux ainfi faits voulons par nos gens des comptes & treforiers eftre reformez, appellez ceux qu'ils verront eftre à appeller, & y eftre par eux pourveû ainfi qu'ils verront eftre à faire par raifon. Et en outre, afin que lefdites halles foient pluftoft reparées, & lefdits eftaux cheuz en ruine mis fus & redreffez, nous avons aboli, fupprimé & adnullé, aboliffons, fupprimons & adnullons les charges, rentes & redevances qui fur icelles halles ou aucunes d'icelles auroient efté conftituées fans noftre congé & licence, le tout en enfuivant nos ordonnances. Et d'ores en avant ordonnons que lefdites halles & eftaux foient jettez au lot & en la maniere accouftumée, ou baillées à ferme ou à vie, ou autrement, ainfi qu'il feroit advifé par nofdits gens des comptes & treforiers; auxquels nous mandons & expreffément enjoignons par cefdites prefentes, qu'ils faffent garder & entretenir noftre ordonnance, declaration & volonté, & que touchant les chofes deffufdites & leurs dependances ils procedent par reformation, augmentation, moderation, ou autre telle provifion qu'ils verront eftre à faire pour le bien de la ville, utilité de la chofe publique, & à la confervation de nos droits & domaine, appellez à ce, fe bon leur semble, nos gens & officiers dud. chastellet & autres qu'ils voudront sur ce convoquer & appeller, & laquelle provision & declaration; & tout ce qui sera fait en cette matiere par nosdits gens des comptes & tresoriers, nous voulons sortir effet, sans venir ne souffrir venir au contraire, pour quelques oppositions ou appellations qui pourroient estre interjettées par lesdits marchands, gens de mestier ou aucuns d'eux, & pour lesquelles oppositions ou appellations ne voulons en rien estre differé. Car tel est nostre plaisir, & voulons qu'ainsi soit fait, nonobstant quelconques lettres, ordonnances, mandemens, restrictions ou inhibitions & deffenses qu'on pourroit faire au contraire. En tesmoing de ce nous avons fait mettre nostre sceel à cesdites presentes. Donné à saint Just lez Lyon le III. jour de May l'an de grace M. CCCC. XCVII. & de noste regne le XIV. *Ainsi signé*: Par le roy, les sires de Gié mareschal de France, de Guinant seneschal de Beaucaire, M. Pierre Parent tresorier, & autres presens, ROBERTET. Lecta, publicata & registrata in camera compotorum domini nostri regi Parisiis, die XXIX. Maii anno Domini M. CCCC. XCVII. DE BADOUILLER. *Tiré du registre T. de la chambre des comptes, à la bibliotheque Coislin, volume 7.*

Lettres patentes du roy Louis XII. qui confirment l'establissement du grand conseil.

AN. 1498. LOuis, &c. à tous ceux qui ces presentes lettres verront, salut. Comme nostre très-cher seigneur & cousin le roy Charles VIII. de ce nom, que Dieu absolve, considerant qu'il estoit, ainsi que nous sommes, debiteur de justice à nos sujets, & qu'en son grand conseil qui souventesfois estoit ambulatoire, avoient esté & estoient, selon les cas occurrens, introduites les plus grandes matieres & affaires de son royaume, tant hereditaires, beneficiales, qu'autres, lesquelles n'avoient pû & ne pouvoient estre vuidées, à cause de ce qu'audit grand conseil n'y avoit auparavant nombre suffisant & limité de conseillers ordinaires qu'eussent eû gages pour y faire continuelle residence: & tellement qu'il estoit souventesfois advenu que les chanceliers, à faute de ce, s'estoient trouvez petitement accompagnez de gens de conseil qui pûssent vacquer & soigneusement entendre avec eux, tant au fait de la chancellerie, qu'à vuider lesdites causes & procez, & autres grandes matieres survenantes audit grand conseil; voulant & desirant pourvoir au bien de justice, eust pour lesdites causes & autres bonnes & raisonnables considerations qui à ce le mouvoient, & par l'advis & deliberation des princes de son sang & autres notables personnages pour ce assemblez, statué & ordonné qu'avec ledit chancelier, & avec le nombre des maistres des requestes ordinaires de son hostel, y auroit de là en avant en l'assistance dudit grand conseil, le nombre de dix-sept conseillers, tant d'église que lays, gens clercs & bien experimentez au fait de justice, qu'il erigea en offices ordinaires & college; & dès lors y pourveût de bons & notables personnages & suffisans, aux charges & conditions contenuës en ses lettres que sur ce on octroya, ainsi comme plus à plein peut apparoir, & ensuivant lesquelles qui furent dès lors bien & deûment verifiées, publiées & entretenuës audit conseil, ladite ordonnance sortit effect, & lesdits conseillers servirent ordinairement, au bien & honneur de nostredit seigneur & cousin, & de justice, & aussi de nous qui l'avons depuis nostre advenement à la couronne fait entretenir jusques à present, & avons encore intention faire: parquoy seroit besoin declarer sur ce nostre vouloir, & en octroyer nos lettres. Sçavoir faisons que nous, les choses dessusdites considerées, voulans pour le bien de nous, de justice & de toute la chose publique de nostre royaume, entretenir le corps & college de nostre grand conseil, comme à nous très-necessaire & honorable, utile, profitable & à tous nos royaumes, pays, terres & seigneuries, eû sur ce l'advis & deliberation des princes & seigneurs de nostre sang & lignage, & autres notables personnages de plusieurs & divers estats; pour ces causes & autres à ce nous mouvans, ledit corps & college ainsi erigé par nostredit feu seigneur & cousin, comme dit est, avons advoüé, confirmé & approuvé, l'advoüons, confirmons & approuvons de nostre certaine science, grace speciale, pleine puissance & authorité royale par ces presentes, quant au nombre des personnages cy-aprez nommez. Et en outre afin que nostredit conseil soit tousjours de bien en mieux fourni de grands & notables personnages, & que plus convenablement ils puissent satisfaire & fournir aux charges qui ont accoustumé estre expediées en nostredit grand conseil, ledit

JUSTIFICATIVES.

dit nombre de dix-sept conseillers avons creû & amplifié d'un notable prelat, & de deux autres personnages conseillers, & de deux secretaires dont l'un sera greffier de nostredit conseil; & avons voulu, statué & ordonné, voulons, statuons & ordonnons qu'avec nostred. chancelier qui à present est ou sera pour le temps à venir, & outre le nombre des maistres des requestes ordinaires de nostre hostel, y aura d'ores en avant pour l'assistance de nostredit grand conseil, le nombre de vingt conseillers, tant d'église que lays, & nostre procureur general en nostredit conseil, pour poursuyvir, soustenir & defendre nos droicts, authoritez, prérogatives, & prééminences de la chose publique de nostredit royaume, & lesdits greffier & secretaire, qui seront tous gens lettrez & experimentez au fait de justice, comme dit est ; & iceluy nombre de vingt conseillers, en tant que besoin seroit, pour raison & à cause de nostre advenement à la couronne, nous avons érigé & érigeons en offices ordinaires, en corps, cour & college qui sera institué en nostre grand conseil, & qui aura authorité souveraine par tous nos royaume, pays, terres & seigneuries, & toute telle qu'ont nos autres cours souveraines establies en divers lieux de nostre royaume, en leurs limites & ressorts. Et pour d'ores en avant assister en nostredit grand conseil, seront les personnages qui s'ensuivent : c'est à sçavoir, nos amez & feaux conseillers maistre Pierre de Sacierges évesque de Luçon, Philippes Bandot, Guillaume de Pelignac, Antoine Destain, Hugues de Banza, François Beslain, maistre Arense Mesnier, Jean Merlay, Jean Burdelot, Pierre de saint Andrieu, Nicole de Souif, Michel Roche, Philippes d'Estars, Amaury de Quinqueville, Claude d'Ais, Hebert Benot, Mondet de Berthomié, Richard Neveu, Robert d'Estain, Claude de la Salle, Macé Toustain procureur general, Jean de Moulins greffier, & Jean Menon secretaire ; & lesquels dessus nommez & chacun d'eux avons mis en un roolet fait à ceste cause, & signé de nostre main. Nous à plein informez de leur grande suffisance, idoineté, science, litterature, preud'hommie & bonnes experiences, avons retenu & retenons esdits offices de nosdits conseillers ordinaires en nostredit grand conseil, & pareillement lesdits procureur general, greffier & secretaire dessusdits, & iceux offices leur avons donné & donnons par ces presentes, pour les tenir & exercer d'ores en avant, aux gages comme à chacun d'eux par nous ont esté ordonnez & à plein declarez audit roole signé de nostre main, & aux honneurs, droits & profits, prééminences & prerogatives, comme ont accoustumé avoir les autres conseillers de nos cours souveraines. Et quand il adviendra que lesdits offices vacqueront par mort, resignation ou autrement, nous y pourvoyrons d'autres, tout ainsi comme avons accoustumé de faire en nos autres cours souveraines, quand les offices sont vacquans. Et pour ce que lesdits conseillers dessus nommez ne pourroient continuellement resider en cour, nous voulons & ordonnons qu'après que la moitié dudit nombre d'iceux conseillers auront servi six mois entiers en cour, en ambassade ou autres commissions de par nous, duquel service apparoistra par la certification de nostre chancelier present & à venir, & ceux qui auront congé de nous ou de nostre chancelier, se pourront retirer en leurs maisons & affaires ; & le temps eschéu & passé, seront tenus retourner nous servir audit conseil, en maniere que le nombre d'eux * sera tousjours ordinairement audit conseil; & seront en servant lesdits six mois par la maniere que dit est, payez par la certification de nostredit chancelier present & à venir pour toute l'année, à la fin dudit temps de leur service, selon le taux qui leur est fait par ledit roole signé de nostre main, comme dit est. Et en outre ordonnons que d'ores en avant nuls autres conseillers, de quelque dignité ou condition qu'ils soient, n'entreront ni assisteront en nostredit grand conseil, mesmement au jugement des procez, si nommément ils n'y estoient convoquez par nostredit chancelier, & tout ainsi & par la forme & maniere qu'il estoit ordonné par nostredit feu seigneur & cousin, & que faict a esté en son vivant. Et avec ce pour le payement des gages par nous ordonnez ausdits conseillers, procureur, greffier & secretaire par ledit roole, & en tenir le compte, avons commis & commettons par cesdites presentes nostre cher & bien amé maistre Guillaume Briconnet, lequel cy devant & du vivant de nostredit feu seigneur & cousin y estoit commis, pour icelle charge & commission avoir, tenir & d'ores en avant exercer par ledit Briçonnet, à telles gages & taxations qui luy ont esté cy-devant, ou seront cy-après par nous taxez & ordonnez. &c. *Tiré du recueil des edits & ordonnances des rois de France par Antoine Fon-*

* Dix

Tome II. Cccc

tanon, *tome* 1. *pag.* 117.

Lettres d'octroi du roy Louis XII. pour la construction du pont Nostre-Dame.

AN. 1499.

Louis par la grace de Dieu roy de France, à tous ceux qui ces presentes lettres verront, salut. Receuë avons l'humble supplication de nos chers & bien amez les commis au gouvernement de nostre ville de Paris, & autres manans & habitans en icelle, contenant que l'un des ponts de nostredite ville, appellé le pont Nostre-Dame, qui estoit de bois, par cas fortuit & inesperé, est tombé & demoli ; à cette cause, & qu'il est de necessité urgente d'en refaire & construire un autre au mesme lieu & endroit, lesdits suppliants ont declaré avoir deliberé de ce faire ; & afin qu'il soit de meilleure seureté & durée, & de plus grande decoration à ladite ville, comme la capitale, ils ont intention de le faire edifier de pierre & de bonne maçonnerie, qui sera de grand & merveilleux coust ; à quoy, obstant les debtes qu'ils ont de present, tant en rentes en quoy ladite ville s'est obligée, pour trouver argent pour subvenir aux affaires des feux rois nos predecesseurs de bonne memoire Louis & Charles derniers decedez, que Dieu absolve, que autres grandes charges necessaires pour les fortifications, reparations, pavemens, & autres qu'il leur convient continuellement supporter, ne pourroient fournir, se par nous n'y estoit pourveû & à eux secouru. Sçavoir faisons que nous, considerans les especiaux & recommandables services que ladite ville a faits par cy-devant à nosdits predecesseurs, & esperons que plus fassent & feront à nous & à nostre royaume, attendu la loyauté & singuliere affection qu'ils ont tousjours euë envers nous, desirans le bien & augmentation d'icelle ville, & luy subvenir en cette partie; pour ces causes & autres à ce nous mouvans auxdits suppliants avons octroyé & octroyons de grace especiale par ces presentes, que durant le temps de six ans prochainement venans, à commencer du jour de la verification de ces presentes, ils & leurs successeurs, soient les prevosts des marchands, eschevins & autres gouverneurs de la police & communauté de ladite ville, puissent lever & prendre, ou faire lever & prendre au nom d'icelle ville, six deniers pour livre sur tout le bestail à pied fourché & poisson de mer amené & vendu au marché & ailleurs en icelledite ville & fauxbourgs, tant des privilegiez que non privilegiez, en quelque façon & maniere que ce soit, excepté des pourceaux auxdits habitans apartenans à cause de leurs maisons & heritages, & pour leur usage seulement, & ce outre & pardessus les douze deniers pour livre que nous y prenons ; & pareillement puissent prendre dix sols tournois sur & pour chacune prise de sel qui sera monté & levé par eaux & contremont la riviere de Seine, audessus & outre les limites du grenier à sel de Vernon, selon les rescriptions des greniers & controleurs de nostre ville de Roüen ; pour tous les deniers qui en proviendront, estre convertis & employez en l'edifice & construction dudit pont, & non ailleurs ; & lesquels deniers ils feront recevoir par le receveur d'icelle dite ville, ou autre tel que lesdits gouverneurs verront estre à faire, pour plus grande sureté d'iceux deniers & le bien dudit edifice : c'est à sçavoir l'ayde du pied fourché & poisson de mer en ladite ville au marché, & ledit sel à Mante ou ailleurs où iceux commis & gouverneurs verront estre bon à faire, en y procedant & contraignant tous les receveurs, vendeurs, marchans & autres qu'il appartiendra, comme pour nos propres deniers & affaires ; lequel receveur ou commis distribuera lesdits deniers par mandemens & acquits desdits commis & gouverneurs presens & à venir, & en comptera en nostre chambre des comptes selon lesdits mandemens & acquits que nous luy voulons valoir & servir en ses comptes. Et se à cause desdits aydes survient aucun debat ou question, nous voulons que lesdits commis ou prevost des marchands, eschevins & gouverneurs ores & pour l'avenir en cognoissent & decident en l'hostel d'icelledite ville en premiere instance, comme ils font des autres aydes qu'ils levent à present, par nous à eux nouvellement prolongez & confirmez. Et ledit temps de six ans passé, nous voulons dès à present iceux aydes de six deniers pour livre & dix sols sur le sel presentement octroyez, estre du tout abolis, annullez & supprimez, sans ce qu'ils en puissent jamais obtenir ne impetrer aucune permission, continuation ou prolongation ; & si d'avanture par importunité de requerans, inadvertance ou autrement il avenoit que aucunes lettres en fussent expediées, nous dèz maintenant pour lors les revoquons, cassons & annullons, & deffendons expressément à nos cours de parlement, des comptes, generaux de la justice, prevost

JUSTIFICATIVES.

voſt de Paris & à tous nos autres officiers, qu'ils n'y obtemperent, ne les ſouffrent en aucune maniere, afin que de noſtre temps la choſe publique ne ſe charge de nouveaux ſubſides. Si donnons en mandement par ceſdites preſentes a nos amez & feaux les gens de noſtre cour de parlement, de noſdits comptes, generaux tant ſur le fait de nos finances que des aydes, prevoſt de Paris & à tous nos autres juſticiers & officiers, ou à leurs lieutenans, preſens & à venir, & à chacun d'eux, ſi comme à luy appartiendra, que de nos preſens octroy & conceſſion ils faſſent, ſouffrent & permettent joüir leſdits gouverneurs, & iceux prendre & lever leſdits ſix deniers pour livre ſur ledit beſtail à pied fourché & poiſſon de mer, & leſdits dix ſols tournois pour priſe de ſel durant ledit temps de ſix années tant ſeulement, ſans ce qu'ils puiſſent tirer plus avant, ne tirer à conſequence, comme dit eſt; & ayant noſdits gens des comptes veû les comptes deſdits deniers, & toutes les ſommes que ledit receveur d'iceux en aura payées pour leſdites conſtructions & edifices du pont tant ſeulement, ils les paſſent & aloüent en ſeſdits comptes, en raportant ſur iceux leſdits mandemens & acquits deſdits gouverneurs de Paris deûment expediez, & les quittances de ceux qui en auront eû les payemens. Car tel eſt noſtre plaiſir, nonobſtant quelconques ordonnances, reſtrictions, mandemens ou deffenſes à ce contraires. En teſmoing de ce nous avons fait mettre noſtre ſcel à ces preſentes. Donné à Orleans le XIX. jour du mois de Decembre M. CCCC. XCIX. & de noſtre regne le II. *Signé ſur le reply:* Par le roy, monſeigneur le cardinal d'Amboiſe, le ſire de Gyé mareſchal de France, maiſtre Jacques Hurault treſorier, les generaux des finances, & autres preſens ...... *Tiré des regiſtres de la chambre des comptes à la bibliotheque Coiſlin, volume 7.*

Arreſt du parlement ſur la chute du pont Noſtre-Dame.

AN. 1499.

LE neuvieſme jour du mois de Janvier a eſté donné & prononcé certain arreſt en la cour de parlement, duquel la teneur s'enſuit: EXTRAIT des regiſtres du parlement. Veû par la cour le procès fait, tant par l'ordonnance d'icelle, que par les préſidens de la chambre de parlement, iceluy vacant, à l'encontre de maiſtre Jacques Piédefer prevoſt des marchands, Anthoine Malingre, Loys de Harlay, Bertrand Ripault & Pierre Turquain eſchevins de la ville de Paris, Eſtienne Boucher, Simon Aymier qui eſtoient eſchevins de ladite ville paravant la my-Aouſt derniere paſſée, & Denis & Jehan Seſſelin clercs & & receveurs, Jacques Rebours procureur d'icelle ville, priſonniers en ce palais, pour raiſon de la ruine & rompture du grand pont de Paris nommé le pont Noſtre-Dame: la confeſſion de Gaultier Hubert maiſtre des œuvres de la charpenterie de ladite ville, & autres gens en ce cognoiſſans ſur ce oüis & examinés: les rapports faits en l'hoſtel de la ville touchant le peril, & ce qu'il en eſtoit à faire pour l'entretenement d'iceluy pont: les quittances, deſcharges & acquits, tant dudit Hubert, que d'autres qui ont beſongné en iceluy pont depuis le mois de Juillet dernier paſſé: les adjournemens, ſommations, interpellations & denonciations faites auſdits prevoſt des marchands & eſchevins, le tout auparavant de ladite ruyne: les comptes du domaine de ladite ville, & autres qui ont eſté mis & apportés devers la cour, par leſquels appert de la diſtribution des deniers du domaine: les concluſions baillées à l'encontre des deſſuſdits, tant par le procureur general du roy, que par Henry du Four, Pierre Grejen, Jacques Loyans, Anthoine de Brie, Laurens Strain, Jean Galopin, Jehan Treperce, Gillet Ardoüyn, Andry Gallant, Robert Coſſon, Pierre de Greville, Nicolas Thomas, Jehan Guerin, Adam le Doux, Jehan Lavandiere, Pierre Triboullet, Jehan Rouſſelet, Marguerite veufve de feu Pierre Alexandre, la veufve feu Nicolas de l'Eſpinay, Anthoine Verard, Noel Briſebarre, Pierre Hiret, Clement Bougis, Jehan Boudin, Loys d'Eſtampes, Jehan de Cermont, Girard de la Ruë, Euſtache de Brion, la veufve de feu Pierre Ponfils, Pierre Crou, Hugues le Maure, Philippes Charantin, Robert du Mont, Jehan le Begue, Hubert d'Arche, Huguet Auguyne, Jehan Cordier, Pierre Gilbert, Pierre Droüart, Nicolas Regnault, Jehan Rouſſeau, Jehan Mareüil, la veufve feu Lempereur, Paulle de ſainte Croix, Robert Coſſon, Claude Waterie, Anthoine Meneſtré, la veufve de feu Dauſſi, Rambault le Begue, Jean Rouſt, Jehan Rozier dit des Jeur, Pierre Gregy, Vincent Rochon, Jehan Meſchant, Laurens Bonté, Re-

Tome II.

mond Bonté, Fleurent Dalex, la veufve Michel Boeſſin femme Pierre Baron, Pierre Pelaut, Raullin Beauſeporte, la veufve feu Jehan Daniel, Adam Meſer, Jehan Chevart & Nicolas Laiſné, tous demourans tant ſur ledit pont, que ès maiſons contiguës d'iceluy : les deffenſes & denonciations baillées au contraire de l'ordonnance de ladite cour par leſdits prevoſt des marchands & eſchevins & autres officiers deladite ville priſonniers : & tout ce qui faiſoit à voir & conſiderer en cette partie ; IL A ESTE' DIT que la cour, pour les fautes, malverſations & negligences commiſes, tant en l'entretenement dudit pont, comme en la diſtribution des deniers de ladite ville, a condamné & condamne ledit Piédefer en mil livres pariſis, leſdits Boucher, Aymier, Malingre & Harlay, chacun en quatre cens livres pariſis d'amende envers la ville de Paris, leſquelles ſommes ſeront employées en la reparation & refection dudit pont : prins ſur icelles préalablement la ſomme de cent livres pariſis, qui ſera employée tant en un ſervice ſolemnel qui ſera fait en l'égliſe de Paris, comme en autres œuvres piteables, pour le ſalut de l'ame des trepaſſés qui ſont morts à l'occaſion de la fonte & ruine dudit pont ; & ſi les a privez & deboutez, prive & deboute à touſjours des offices de prevoſt des marchands & eſchevins de ladite ville, les a declarez & declare inhabiles à les obtenir d'ores en avant. Et au regard deſdits Turquain & Ripault, la cour les a deboutez & deboute de toute adminiſtration des affaires de ladite ville pour cette fois ſeulement ; & a condamné & condamne iceux Piédefer, Boucher, Aymier, Malingre & Harlay & auſſi leſdits Ripault & Turquain, chacun d'eux à ſon regard, à rendre & reſtituer tous les deniers qu'ils ont receus pour le temps qu'ils ont eſté ez offices de prevoſt des marchands & eſchevins de ladite ville de Paris, tant à cauſe de la vendition des offices d'icelle, que autrement, du domaine d'icelle ville, outre les gages anciens & açcouſtumés, qui ſont deux robes my-parties chacun an, chacune robe de quarante-huit livres pariſis à chacun deſdits prevoſt des marchands & eſchevins ; & à tenir priſon juſqu'à plein payement & accompliſſement deſdites choſes. Et a ordonné & ordonne ladite cour que l'office du greffe & clerc de ladite ville ſera diviſé & ſeparé, & le diviſe & ſepare ladite cour dès maintenant à touſjours de l'office de receveur, comme incompatibles enſemble ; pour lequel office exercer ſera commis aucun notable perſonne, autre que leſdits eſchevins, qui ſera regiſtre de tous actes, appointemens & ordonnances qui ſeront faites, tant judiciairement, que autrement, des baux des fermes tant du domaine que des aydes d'icelle ville, enſemble des tiercemens & doublemens ; ſera auſſi regiſtre de toutes taxations, deſcharges, acquits, moderations des eſtats des receveurs, & autres choſes touchant la diſtribution des deniers de ladite ville ; & ſera extrait ſigné de ſa main pour valoir de contrerolle à la reddition des comptes de la recepte & miſe des deniers de lad. ville, tant du domaine que des aydes, & juſqu'à ce que ſur le fait dudit office par ceux de la ville deuëment aſſemblés autrement en ſoit ordonné. Et au regard du fait de ladite recepte, la cour a ſuſpendu & ſuſpend leſdits eſchevins de l'exercice d'icelle, juſques à ce que par elle en ſoit autrement ordonné ; & cependant ſera commis à la recepte de perſonne ydoine & ſouffiſant. Et a icelle cour commandé & enjoint audit maiſtre Jacques Rebours procureur de ladite ville, qu'il faſſe diligence de faire rendre les comptes des eſchevins, ſelon la teneur de l'arreſt contre eux donné le 23. jour de Decembre dernier paſſé, qu'il advertiſſe la cour & les auditeurs d'iceulx comptes de ce qu'il verra eſtre à faire pour le bien d'icelle ville ; & pour ce faire ſera élargy, & l'eſlargit ladite cour par tout, juſques au lendemain d'après *Quaſimodo* prochain venant, auquel jour il ſera tenu comparoir en ladite cour, & montrer les diligences qu'il aura faites, *ſub pœna convicti* & de privation de ſon office. Et auſſi a condamné & condamne ladite cour ledit Denis Seſſelin à rendre, payer & mettre reaulment & de fait promptement ès mains des commiſſaires ordonnés au gouvernement de ladite ville, ou autre qui à ce faire ſera commis, la ſomme de trois mil deux cens quatre-vingt-dix-ſept livres ſeize ſols cinq deniers maille pariſis, qu'il doit de reſte par la cloſture des comptes qu'il a rendus en l'hoſtel de ladite ville, du domaine d'icelle, pour les années finiſſants au jour ſaint Jehan* quatre-vingt-huit, neuf, dix, unze & douze : & à ce faire ſera ledit Denis Seſſelin contraint par detemption de ſa perſonne, prinſe & exploitation de ſes biens, & par toutes autres voyes & manieres deuës & raiſonnables, nonobſtant oppoſitions & appellations quelconques, ſans

* *Supplex* mil quatre cens.

JUSTIFICATIVES. 573

prejudice des actions que la ville de Paris & ledit Denis Seſſelin ont & peuvent avoir à l'encontre de Robert Cailleret & autres commis d'iceluy Seſſelin, & à eux leurs deffenſes au contraire. Et touchant les dommaiges & intereſts requis & demandés & baillés par declaration par les deſſus nommés qui demouroient ſur ledit pont & ès lieux contigus, à l'heure de la ruine d'iceluy : ladite cour a mis & met leſdits Turquain & Ripault hors de cour & de procès, & leurs corps & leurs biens à pleine delivrance, en payant & reſtituant comme deſſus; & neantmoins a condamné & condamne leſdits Piédefer, Boucher, Aymier, Malingre & Harlay, & chacun d'eux en ſon regard, ès dommaiges & intereſts par leſdits demandeurs ſoufferts & ſouſtenus à cauſe de la fonte, cheûte & ruine dudit pont, la taxation d'iceux reſervée par devers elle; & a ordonné & ordonne icelle cour que avant proceder à ladite taxation, leſdits Seſſelin & ceux qui ont eſté prevoſts des marchands & eſchevins de ladite ville de Paris depuis la my-Aouſt quatre-vingt-dix juſqu'à la my-Aouſt quatre-vingt-dix-huit, ſeront interrogez par les commiſſaires à ce ordonnez, ſur les articles qui pour ce faire leur ſeront baillez par ladite cour; & cependant ſera prins le ſerment deſdits demandeurs ſur les declarations par eux baillées touchant leurſdits dommaiges & intereſts; & leur enjoint la cour qu'ils faſſent mettre par devers elle les lettres & titres qu'ils ont des maiſons qu'ils tenoient ſur ledit pont à rente, loüaige ou autrement, les certifications, quittances ou deſcharges des payemens qu'ils ont faits aux officiers de ladite ville en general ou en particulier, dedans huitaine prochainement venant, ſur peine d'eſtre privez & deboutez deſdits dommaiges & intereſts par eux pretendus, pour ſur iceux dommaiges & intereſts faire plus amplement droit. Semblablement ſeront tous ceux qui depuis vingt ans en ça ont eſté prevoſts des marchands & eſchevins de ladite ville, interrogés ſur le fait de la vendition de pluſieurs offices & des deniers qu'ils en ont reçûs: pour ce fait, & le tout raporté devers la cour, eſtre fait droit ſur le reſidu des concluſions prinſes par le procureur general du roy à l'encontre deſdits Seſſelin & autres qu'il appartiendra, ainſi qu'elle verra eſtre à faire par raiſon. Prononcé le IX. jour de Janvier de l'an M. CCCC. XCIX. Signé, ROBERT. *Tiré d'un regiſtre de l'hoſtel de ville, de l'an* 1499.

Ayde de 40000. *livres demandée à la ville de Paris par le roy Louis XII.*

AN. 1512.

DU Mardy XXVIII. jour du mois de Septembre l'an M. D. XII. Ce jourd'huy les prevoſt des marchands & deux des eſchevins de cette ville de Paris ſont venus en la chambre de ceans devers meſſeigneurs au bureau, leur dire & declarer le don & ayde de XL. mil livres que le roy noſtre ſire demande aux bourgeois, manans & habitans de ſa ville de Paris, pour ſubvenir aux grands & urgens affaires qu'il a de preſent en ſon royaume & pour la deffenſe d'icelui, requerans à meſdits ſeigneurs leſdits prevoſt des marchands & eſchevins, que leur plaiſir fuſt vouloir contribuer pour leur cotte part & portion audit don & ayde requis par ledit ſeigneur, nonobſtant leurs privileges & exemptions qu'ils ont de noſtredit ſeigneur & ſes predeceſſeurs, de n'eſtre contribuables à telles manieres d'aydes, dons ou emprunts; car attendu l'affaire qui s'offroit de preſent, il eſtoit neceſſaire que tous privilegiez & non privilegiez contribuaſſent audit don & ayde, ſans prejudice de leurs privileges; car ſi autrement ſe faiſoit, il ne ſeroit poſſible au corps de ladite ville octroyer au roy noſtredit ſeigneur ladite ſomme de XL. mil livres tournois par lui requiſe, mais ſeulement la ſomme de XX. mille livres tourn. Oüyes par meſdits ſeigneurs leſquelles requeſtes ainſi faites par leſdits prevoſt & eſchevins, leur a par meſdits ſeigneurs eſté dit & reſpondu que pour le preſent la chambre n'eſtoit bien aſſemblée, pour l'abſence d'aucuns de meſdits ſeigneurs, par quoi on ne leur ſçauroit bonnement faire reſponſe; mais que ladite chambre a eſté & encore eſt preſte à faire ſervice au roy & luy aider de corps & de biens; & combien que de tout temps & ancienneté les officiers deladite chambre ont eſté & ſont francs & exempts de tous aydes & ſubſides, emprunts & autres impoſts, par privileges à eux octroyez par les roys de France, ceans enregiſtrez, neantmoins dernierement conſiderant par noſdits ſeigneurs l'eſtat & affaire du roy & de ſon royaume, lui ont preſté la ſomme de dix mille livres. Mais nonobſtant quand les autres officiers, gens d'egliſe & autres privilegiez voudront contribuer audit don & ayde, meſdits ſeigneurs ſe mettront touſjours en leur debvoir pour ſecourir & aſſiſter ledit ſeigneur en ſes affaires & cel-

Cccc iij

les de son royaume. Fait en ladite chambre les jours & an que dessus. *Ainsi signé:* LE BLANC. *Tiré du registre Y. de la chambre des comptes, à la bibliothéque Coislin, volume* 8.

DON FAIT DE L'HOSTEL
de Piennes au chancellier du Prat, par le roy François I.

AN. 1514.

FRANÇOIS par la grace de Dieu roy de France, sçavoir faisons à tous presens & advenir, que comme nous considerans que nostre hostel & maison appellée vulgairement de Piennes, assise en nostre bonne ville de Paris près les Augustins, à nous appartenant par acquisition qu'en fit feu nostre très cher seigneur & cousin le roy Charles, que Dieu absolve, de nostre amé & feal conseiller & chambellan le sire de Piennes, nous est de nul proffit & commodité, ains porte perte & dommaige, pour les reparations que chacun an y convient faire, & qu'elle est si petite, que bonnement ne commodement y pourrions loger, & que nous avons autres logis à Paris plus commodes que ladite maison, ezquels nous faisons nostre demeure, quand nous y sommes residens, & que depuis qu'elle fut acquise, elle a tousjours esté baillée par feux nos predecesseurs à diverses personnes par maniere de garde, ainsi que de present elle est à nostre amé & feal conseiller* .... qui y fait sa demeurance; ayans aussi égard aux grands, notables, vertueux, agreables & recommandables services que nostredit amé & feal chancelier Anthoine du Prat chevalier a cy-devant faits à feu nostre très-cher seigneur & beaupere, que Dieu absolve, & à nous auparavant nostre advenement à la couronne, & depuis, & qu'il fait de present en l'estat & office de chancelier, & à la conduite & direction de nos principaux affaires, ezquelles il s'est loyaument & vertueusement employé & acquitté en très soigneuse cure, sollicitude & diligence, & esperons qu'il face cy-après, pour lesquels il merite grandement d'estre bien traité; à icelui nostre chancelier pour ces causes, desirans aucunement le remunerer, afin que de bien en mieux il soit encouragé de continuer & perseverer en sesdits bons & laborieux services, & pour autres bonnes & raisonnables considerations à ce nous mouvans, avons donné, cedé, quitté, transporté & délaissé, & par la teneur de ces presentes, de nostre propre mouvement, certaine science, grace especiale, pleine puissance & aucto-

Il faut apparemment lire chancelier.

rité royale, donnons, cedons, quittons, transportons & délaissons, pour lui, ses hoirs, successeurs & ayans cause, nostredit hostel & maison nommée de Piennes, assise en nostredite ville de Paris près les Augustins, acquise par ledit feu roy Charles, ainsi qu'elle se comporte & poursuit, tant en édifices, cours, jardins, caves & autres aisances & appartenances quelconques, pour en joüir & user par nostredit chancelier, sesdits hoirs, successeurs & ayans cause, & en faire & disposer comme de leur propre heritage, en payant & acquittant les cens & autres charges & deniers qu'elle peut debvoir, où & ainsi qu'il appartiendra; & de ladite maison nous sommes dessaisis & devestus, & en saisissons & vestissons nostredit chancelier par la teneur de ces presentes, sans jamais y rien reclamer ou demander par nous & nos successeurs, en quelque maniere que ce soit. Si donnons en mandement par ces presentes à nos amez & feaux gens de nos comptes, & tresoriers de France & prevost de Paris, & à tous autres nos officiers & justiciers, ou à leurs lieutenans presens & advenir, & à chacun d'iceux, si comme à lui appartiendra, que, &c. Donné à Paris au mois d'Avril l'an de grace M. D. XIV. avant Pasques, & de nostre regne le premier. *Ainsi signé:* FRANÇOIS. *& plus bas:* Par le roy, le bastard de Savoye comte de Villars & autres presens, GEDOYN. Lecta, publicata & registrata in camera computorum domini nostri regis XIII. die Aprilis anno Domini M. D. XV. post Pascha. *signé:* BADOUILLER. *Tiré des registres de la chambre des comptes, à la bibliothéque Coislin, volume* 8.

ALIENATION DE L'HOSTEL
S. Paul ou partie, faite par le roy François I. au sieur de Genoüillac.

AN. 1516.

FRANÇOIS par la grace de Dieu roy de France, à tous presens & advenir, salut. Comme nostre desir & affection soit de resider souventes fois, au plaisir de Dieu, en nostre bonne ville & cité de Paris, voulans à cette cause aucuns de nos bons & loyaux serviteurs, & mesmement ceux qui sont continuellement au service de nostre personne, eux y habiter, desquels nosdits serviteurs entr'autres nostre amé & feal conseiller & chambellan Jacques de Genoilhac dit Gallis, chevalier, grand maistre & capitaine general de nostre artillerie, nous a fait remonstrer qu'il feroit volontiers bastir, construire & edifier édiffier un logis en nostre bonne ville, s'il avoit lieu & place à ce utile & convenable; sçavoir faisons que nous, considerans que avons en nostredite ville de Paris un grand hostel fort vague & ruyneux à nous appartenant, de nostre domaine, assis près l'église de saint Paul, auquel n'avons accoustumé faire residence, parce que avons en nostre bonne ville plusieurs autres bons logis & places somptueuses, & que ledit hostel nous est & à nostredit domaine de peu de valeur; aussi que presentement nous convient fournir argent pour satisfaire, tant au payement de nos gens de guerre, qu'à plusieurs pensions envers plusieurs estrangers, auxquels nos deniers, domaines, aydes & autres, attendu les grandes charges qui sont sur iceux, ne peuvent satisfaire ne fournir; inclinans aussi à la supplication & requeste dud. Jacques de Genoilhac, pour consideration des bons, grands & recommandables services qu'il nous a faits, tant à nous, qu'à la chose publicque de nostre royaume & subjets, en plusieurs armées & batailles, où il a exposé son corps par plusieurs & diverses fois, & mesmement à la journée de sainte Brigide entre Milan & Marignan, où estions en propre personne, & de laquelle, moyennant l'aide de Dieu & de nos bons & loyaux serviteurs, nous avons obtenu victoire en la premiere année de nostre regne, à l'encontre des Suisses & autres leurs alliez, & que entr'autres ledit de Genoilhac est ordinairement nous faisant service en grand soin, cure & sollicitude à l'entour de nostre personne, & esperons que plus fera cy-après. Pour ces causes & autres à ce nous mouvans, luy avons baillé, cedé, transporté & delaissé, & par la teneur de ces presentes, de nostre grace especiale, pleine puissance & auctorité royale, baillons, cedons, transportons & delaissons la part & portion dudit hostel contenant les grands corps d'hostel, en l'un desquels est de present la porte & entrée par où l'on va à la grande cour cy-après declarée, qui est sur la ruë des Barrez, & tout le corps d'hostel, masures, chantiers & jardins à prendre depuis ladite cour jusques sur ladite ruë des Barrez & sur la ruë de Petit-musse, les lieux comme ils se comportent & estendent de toutes parts & de fonds en comble, avec leurs veuës & esgouts, ainsi qu'ils sont de present; tenant d'un costé en partie à une petite maison neufve assise sur ladite ruë des Barrez appartenant aux religieux Celestins de ladite ville de Paris, d'une autre partie à une maison & cour appartenant au seigneur de Segré, & auparavant au feu cardinal de Bourdeaux, & en autre partie du mesme costé au jardin de l'hostel de Lyons que tient presentement M. Jehan Phelippes, & d'autre part en partie à un autre petit hostel & cour assis en icelle ruë des Barrez & faisant le coing de la ruë du Petit-musse, & ayant issuë sur icelle ruë, aboutissant par derriere à ladite cour, de milieu à un autre corps d'hostel & chantier à nous appartenant, lequel chantier Robert le Gris tient & occupe de present, & par devant en partie au petit hostel faisant le coing de la ruë du Petit-musse appartenant, comme dit est, auxdits religieux, & en autre partie & ayant issuë & principale entrée sur ladite ruë des Barrez, tous lesdits lieux contenans ensemble trente-trois toises deux pieds de profondeur & largeur, à prendre depuis le mur d'entre le grand hostel estant des appartenances desdits lieux en la grande cour dudit milieu, jusques sur icelle ruë des Barrez par l'endroit de la porte estant sur icelle ruë, & quarante huit toises quatre pieds de longueur, à prendre depuis le mur mitoyen du jardin des Lyons jusques sur ladite ruë du Petit-musse, & quarante toises aussi de longueur, à prendre au long de ladite ruë des Barrez, & depuis ledit hostel desdits Celestins, jusques à leurdit autre hostel faisant le coing desdites ruës, & sur la ruë du Petit-musse, quinze toises quatre pieds & demi de longueur, à prendre entre deux murs mitoyens; pour d'icelle part & portion dudit hostel dessus declaré & specifié jouïr & user par ledit Genoilhac, ses hoirs & ayans cause, à tousjours perpetuellement pleinement & paisiblement: tout moyennant la somme de deux mille escus d'or sol, valans quatre mille livres tournois, qu'il sera tenu de payer, bailler & delivrer comptant ez mains de nostre amé & feal conseiller & receveur general de nos finances en nos pays & duché de Normandie Jehan l'Allemant l'aisné, à present commis de par nous à l'exercice de la recepte generale de nosdites finances & la charge & generalité de Languedoil, au moien du decez naguères intervenu en la personne de feu M. Jehan Premyer, & jusqu'à ce que par nous autrement y ait esté pourvû; pour ladite somme estre par lui convertie & employée au fait de ladite commission; que aussi à la charge d'en faire & payer par ledit de Genoilhac à nostre recepte ordinaire de Paris quatre livres tournois de rente par chacun an, & douze deniers parisis de cens portans lots & ventes, saisines & amendes, quand le cas y escherra, au terme saint Remy, & de faire reparer bien & suffisamment ledit hostel qui de present est ruyneux, comme dit est, en maniere que ladite rente y puisse estre par nous & nos successeurs prinse & perceuë cy après. Si donnons en mandement par cesdites presentes à nos amez & feaux les gens de nos comptes & tresoriers à Paris, & à tous autres nos justiciers & officiers ou à leurs lieutenans presens & advenir, que &c. Donné à Amboise au mois de Novembre l'an de grace M. D. XVI. & de nostre regne le second. *Ainsi signé*, FRANÇOIS, *& plus bas:* Par le roy, les sires de la Tremoille premier chambellan, de Boisy grand maistre de France, & autres presens..... *Ibidem.*

Commission donnée par le roy François I. à la chambre des comptes, pour l'eschange qu'il vouloit faire de la terre de Chantelou avec les maisons & jardins qu'avoit le sieur de Neufville entre la porte saint Honoré & la Seine.

AN. 1518.   FRANÇOIS par la grace de Dieu roy de France; à nos amez & feaux les gens de nos comptes & tresoriers à Paris, salut & dilection. Comme depuis deux mois en ça estant de sejour en nostre bonne ville & cité de Paris, ayons avec nostre très chere & très amée compaigne la royne & nostre très chere dame & mere fait continuelle residence en nostre maison des Tournelles assise près la bastille saint Anthoine, en laquelle nostredite dame & mere s'est par aucuns jours trouvée indisposée de sa santé corporelle, tant à l'occasion de la situation du lieu qui est humide, paludeux & en basse assiere, voisin & près des immondices & esgoust de l'un des quartiers de nostredite ville, que autrement; & à ces causes nous ayons par aucuns de nos principaux officiers & serviteurs fait voir & visiter plusieurs lieux & places, maisons & edifices à l'entour de cette dite ville, & nous mesme en personne ayons veû & visité certaines maisons & edifices, cours & jardins clos à murs, appartenans à nostre amé & feal conseiller secretaire de nos finances & audiancier de France Nicolas de Neufville chevalier, situez & assis ez faubourgs de la porte saint Honoré près & joignant les fossez de cettedite nostre bonne ville & cité de Paris & de la riviere de Seine, sur le chemin allant de ladite porte à nos bois de Boulongne & saint Cloud, lesquels nous avons trouvez de nostre part, & aussi par le rapport que fait nous a esté par gens experts & en ce connoissans, estre en bel air & belle situation, bien edifiez & à nous très agreables, & principalement pourceque nostredite dame & mere puis aucuns jours s'est continuellement tenuë ezdites maisons & tient encore à present, & très bien trouvée en bonne disposition & santé de sa personne, au moyen de quoi elle a desir & affection de soi y tenir souvent, parceque l'air & situation du lieu sont propres & convenables pour la santé de sa personne, & nous semblablement pour y prendre nostre plaisir & recreation, & pour autres nos commoditez & aisances; & pour ce avons fait entendre à nostredit conseiller Nicolas de Neufville, que nostre plaisir & vouloir estoit qu'il nous baillast & delaissast pour nous & nos successeurs à tousjours perpetuellement lesdites maisons, edifices, cours & jardins à luy appartenans, dont dessus est faite mention, en luy baillant & faisant bailler de par nous, par permutation & eschange, bonne recompense à luy commode & utile, en assiette de terre ou revenus sur nostre domaine, de la valeur desdites maisons, edifices & lieux dessus declarez; ce que ledit de Neufville nous a franchement & volontairement accordé. Nous, à ces causes, voulans ladite recompense estre faite & baillée audit de Neufville par eschange & permutation, comme dit est, vous commandons & très expressement enjoignons que vous vous informiez ou faites informer bien & deûment de quel profit, revenu & esmolument est à nous & à nostre domaine nostre hostel ou masure, parc, lieu & appartenances de Chanteloup situez & assis près Chastres sous Montlehery, que l'en dit estre de present lieu vague en ruine, decadence & de petite valeur & revenu, quels frais, mises & despens conviendra faire par necessité audit lieu de Chanteloup pour la reparation, edifice & construction d'icelui; aussi vous informez & faites voir & apprecier par gens & ouvriers experts & à ce connoissans lesdites maisons, edifices, cours, jardins, dont dessus est faite mention, appartenans audit sieur de Neufville, de son conquest, ayant par vous regart tant à l'achapt qu'il en a fait, qu'aux bastimens, edifices & meliorations qu'il y a fait faire de neuf, & pareillement à la valeur dudit lieu de Chanteloup & appartenances, ayans toutefois égard & consideration

JUSTIFICATIVES. 577

confideration auxdits frais, mifes & defpenfes qu'il conviendra faire par neceffité audit lieu pour la reparation, edifice & conftruction d'icelui ; & fi par ladite information ou autrement deuement faite, il vous appert que lefdites maifons & lieux deffufdits appartenans aud. de Neufville que defirons fingulierement avoir de lui par efchange & permutation pour les caufes deffus declarées, foient d'auffi bonne ou meilleure valeur que ledit lieu de Chanteloup & appartenances, eu efgard, & comme dit eft, à l'achapt, edifices & meliorations faites par ledit de Neufville, & à la ruyne & petit revenu dudit lieu de Chanteloup, appartenances, & frais qu'il conviendra faire pour la reparation & conftruction d'icelui ; vous, audit cas, faites avec ledit de Neufville ledit efchange & permutation, à luy baillez & delivrez pour luy, fefdits hoirs, & ayans caufe, à tousjours perpetuellement noftredit hoftel ou mazures, parc, lieu & appartenances de Chanteloup, avec le droit de juftice haute, moyenne & baffe audit lieu fur les hommes fubjets & cenfiers qu'il pourroit avoir & accroiftre à demie lieuë à l'entour d'icelui, pour en faire & difpofer comme de fon propre heritage fans en rien referver, retenir ne excepter pour nous ne les noftres, fors feulement les foy & hommage, fouveraineté & reffort immediatement du bailly dudit Chanteloup par devant noftre prevoft à noftre chaftellet de Paris, en nous baillant, cedant & tranfportant par ledit de Neufville pour nous & nofdits fucceffeurs à tousjours perpetuellement fefdites maifons, cours, jardins & appartenances dont cy-deffus eft faite mention ; & lettres fur ce requifes & neceffaires, pour eftre & demeurer unies à noftre domaine ; & lequel bail qui ainfi fera par vous fait audit de Neufville nous avons dez à prefent comme pour lors validé & auctorizé, validons & auctorizons, & voulons eftre de tel effet & valeur comme s'il avoit par nous efté fait. Et au cas que, ou par ladite information, eu efgart à tout ce que dit eft, trouverez que ledit de Neufville nous deuft faire aucune refcompenfe, le pourrez charger de nous payer & bailler en rente annuelle & perpetuelle, ou defcharger noftredit domaine de telle autre fomme que verrez en vos loyautez & confciences eftre à faire. Et pareillement où trouverez que lefdites maifons, edifices & lieux deffus declarez appartenans audit de Neufville fuffent de plus grande ou meilleure valeur que ledit lieu

Tome II.

de Chanteloup & appartenances, nous en renvoyerez vos rapports & advis fur ce en vofdites confciences & loyautez, pris après toutesfois ledit efchange fait par vous, comme dit eft, pour eftre par nous pourveû à la recompenfe dudit de Neufville felon que verrons eftre à faire. De ce faire vous avons donné & donnons plain pouvoir & auctorité, nonobftant quelconques ordonnances, reftrictions, mandemens ou deffenfes faites ou à faire à ce contraires. Donné à Paris le XII. Febvrier l'an de grace M. D. XVIII. & de noftre regne le v. Signé : Par le roy, ROBERTET. *Ibidem.*

Acte par lequel l'évefque de Troye expofe à la chambre des comptes les volontez du roy François I. tant fur une proceffion en action de graces de la guerifon du roy, que pour l'eftabliffement d'un college royal & d'une chapelle à l'hoftel de Nefle.

DU Mardy XXII. jour du mois de Janvier M. D. XX. Aujourd'huy R. P. en Dieu meffire Guillaume Pariez confeffeur ordinaire du roy & évefque de Troyes, eft venu au bureau de la chambre de ceans, & a prefenté à nos feigneurs y eftans les lettres du roy, dont la teneur contient ces termes : DE PAR LE ROY. Nos amez & feaux &c. APRES lecture defquelles lettres ledit reverend pere, pour fa creance, a dit à mefdits feigneurs, que puis nagueres, comme ils pouvoient eftre advertis, il eftoit advenu à la perfonne dudit feigneur un grand & merveilleux inconvenient, qui eftoit tel, que ledit feigneur eftant en la ville de Remorentin, en laquelle il eft encore de prefent, il lui eftoit tombé une groffe bufche fur la tefte, laquelle l'avoit fort bleffé & rompu une des arteres de la tefte, dont il eftoit forti grande abondance de fang ; tellement qu'il lui avoit convenu faire incifion en la tefte en quatre lieux ; toutesfois, par le rapport des chirurgiens & medecins, il eftoit hors de tout danger, mefme de la fiebvre ; & que à cefte caufe ledit feigneur n'en vouloit eftre ingrat de la grande grace que noftre feigneur lui avoit faict, de l'avoir prefervé & gardé de fi grand dangier, duquel (fans fa grande mifericorde) la mort fe pouvoit enfuivre ; avoit donné charge audit reverend pere venir en cefte ville de Paris, pour de par luy en faire rendre loüange & graces à Dieu le createur devant la fainte & glorieufe couronne d'efpines eftant en la fainte - Chapelle

AN. 1420.

Dddd

du Palais, à laquelle il auroit devotion & s'estoit recommandé à l'heure qu'il receut le coup ; ayans neantmoins propos & vouloir, après avoir recouvert, au plaisir de Dieu, santé, y venir en personne; pour reverence de laquelle sainte couronne il avoit fait faire une couronne d'argent de son chef, laquelle il avoit intention venir presenter en personne, si commodement le pouvoit faire ; sinon l'envoyeroit à ladite sainte Chapelle. Et pour plus solemnellement & devotement rendre à Dieu & à ladite sainte couronne lesdites graces, avoit ledit seigneur ordonné que les tresorier, chantre & chanoines d'icelle sainte Chapelle feroient procession à l'entour de la cité de ladite ville, & à icelle porteroient la portion de la très sainte vraye croix estant en icelle; & à ladite procession, pour l'honneur & reverence de Dieu & de la sainte croix, assisteroient les gens de la cour de parlement & des comptes, auxquels ledit seigneur à celle fin, avoit escript de ceste matiere, & leur avoient esté les lettres de ce faisant mention, par ledit reverend pere, presentées & offertes. Et outre ledit reverend dit avoir presenté lesdites lettres à ladite cour ; & eûe d'icelle responce, avoir dit : je m'en voy à la chambre des comptes porter aux seigneurs d'icelle les lettres que ledit seigneur leur escript de ladite matiere.

Et quant au surplus de ladite creance, a dit led. reverend à mesdits seigneurs, que led. seigneur lui avoit donné charge de leur dire, qu'il avoit intention de faire ériger un college à l'hostel de Nesle pour faire lire la langue Grecque, & en icelui faire construire & edifier une église ou chapelle, & icelle fonder de quatre chanoines & quatre chapelains, à l'honneur & reverence de Dieu. Et pour plus aisément faire ladite fondation, ledit seigneur desiroit que mesdits seigneurs feissent voir par les comptes estant en ladite chambre, & autrement comme ils verroient bon estre, les fondations de plusieurs chapelles anciennement fondées par les predecesseurs dudit seigneur en plusieurs chasteaux estant de present en ruyne & decadence, le service desdites fondations non fait ne celebré, & par ce diminué ; le revenu desquelles chapelles ledit seigneur prendra pour la fondation & dotation de ladite église ou chapelle dudit college, à ce que l'intention desdits fondateurs ne fust en tout frustrée, mais entretenüe & accomplie à l'honneur & reverence de Dieu. *Ibidem.*

ORIGINE DES RENTES SUR L'HOSTEL DE VILLE DE PARIS.

EDIT DU ROY FRANÇOIS I. portant creation de seize mil six cens soixante-six livres treize sols quatre deniers de rente au denier douze, au principal de deux cens mille livres, sur la ferme du pied-fourché & autres impositions, en faveur des prevost des marchands & eschevins de Paris, pour en passer des constitutions particulieres aux bourgeois de cette ville, au prorata des sommes ausquelles ils seroient taxés, pour parfaire celle de deux cens mille livres susdite.

FRANÇOIS par la grace de Dieu roy de France, à nos amez & feaux les gens de nostre cour de parlement, de nos comptes, & generaux tant sur le fait & gouvernement de nos finances, que de la justice de nos aydes, & chacun d'eux, salut. Comme par cy-devant nous ayons fait appeller pardevant nous en nostre hostel des Tournelles plusieurs officiers, bourgeois, manans & habitans de nostre ville & cité de Paris, auxquels nous avons remontré nos grands & urgens affaires, qui sont tels que nul ne les peut ignorer, & depuis fait plusieurs assemblées en l'hostel commun d'icelle en vertu de nos lettres par nous envoiées à cette fin aux prevost des marchands & eschevins de ladite ville, pour ouir les remonstrances qui leur seroient faites par nos commissaires à ce deputez & ordonnez ; en la deuxiesme & plus grande desquelles assemblées faite aussi par vertu d'autres nos lettres adressantes à icelle assemblée, lesquelles lors furent veües & leües par le clerc & greffier de ladite ville, où estoient lesdits prevost des marchands & eschevins, conseillers, quarteniers & gros nombre de notables bourgeois, & chacun des seize quarteniers de nostredite ville, comme faisans & representans le corps & la plus grande saine partie de la commune d'icelle nostredite ville & cité de Paris, après ce que nosdits commissaires, en continuant les remonstrances de nosdites affaires, & le besoing qui estoit de nous servir & secourir, tant pour la sûreté de nostre personne & de nostre royaume, que aussi de leurs propres biens & personnes, auroient offert vendre & aliener pour & au nom de nous, en vertu d'un pouvoir & mandement especial à eux donné, à ceux qui voudroient

AN. 1530.

voudroient bailler la somme de deux cent mille livres tournois pour une fois, qui nous estoit entierement necessaire par l'estat que nous avons fait getter & calculer par les gens de nos finances, le revenu du pied fourché vendu en ladite ville & faubourgs de Paris, compris saint Laurent, le huitiesme du vin vendu à destail, l'imposition du vin vendu en gros, & les poissons aussi vendus en ladite ville, & autres membres & portions de nos domaines, aydes, impositions & gabelles de la charge d'outre Seine, ou partie desdites choses, à perpetuel rachapt & remeré, jusqu'à la somme de vingt-cinq mille livres tournois de rente; & la declaration qui par nous en sera faite, aussi les ventes qui s'en ensuivront desdites aydes & gabelles, faire lire, publier & enregistrer en nostredite cour de parlement & chambre des comptes; nous a esté accordé liberallement fournir & bailler icelle somme de deux cent mille livres tournois monnoie courante à present, attendu le grand besoing & necessité en laquelle nous sommes de present; mais pource que ladite somme ne se pourroit bonnement fournir, sans estre particulierement taxée sur chacun desdits manans & habitans puissans de nous ayder, ils deliberérent en icelle assemblée & conclurent en suivant l'offre qui leur avoit esté faite par nosdits commissaires, de nostre vouloir, & commandement, que certaines fermes & aydes seroient prinses par achapt de nous par la communauté & corps universel de ladite ville representé par les prevost des marchands & eschevins, jusqu'à la concurrence de ladite somme de deux cent mille livres tournois ou environ, pour après estre par iceux prevost des marchands & eschevins constituée rente particuliére à chacun d'eux qui nous bailleroient partie ou portion de ladite somme de deux cent mille livres tournois selon la quantité des deniers qu'ils en fourniroient, & de la taxe qui sur eux en sera faite; depuis laquelle assemblée, en vertu de nosdites lettres de commission & pouvoir, nosdits commissaires ont vendu à nostredite ville de Paris les fermes du pied fourché vendu en icelle ville, faubourgs & marchez d'iceux, & hors d'icelle ville, compris saint Laurent; du huitiesme du vin vendu en destail au quartier de la Gréve, faisant l'une de nos quatre fermes dudit huitiesme de ladite ville, ainsi qu'elle a accoustumé estre baillée par cy-devant. Mais au moyen de ce qu'il a esté mis & couché par erreur ou autrement en nos premieres lettres de declaration leuës, publiées & enregistrées esdites cours, que lesdites aydes, impositions & gabelles ainsi venduës & delaissées se recevront par les achepteurs & acquereurs d'icelles par les mains de nos recepveurs & greneriers, chacun en son regard, & que en icelles n'est fait mention que quand lesdits domaines & aydes seront rachaptées par nous ou nos successeurs, il ne sera rien précompté des fruits & revenus que les preneurs & achepteurs auront prins & perçûs, jusqu'au jour dudit rachapt, plusieurs faisoient difficulté de nous bailler les sommes ezquelles ils estoient taxez & imposez, comme dit est, ce que nous a esté remonstré par nosdits commissaires. Pourquoi nous, ces choses considerées, & ayans égard au bon secours qui nous est fait en nostredite ville, & à la bonne & liberale volonté que nous avons promptement trouvée ausdits habitans, voulans entretenir les paroles que nous & nosdits commissaires leur avons portées & accordées, ou fait porter & accorder, les asseurer & relever de perte & dommage, avons d'habondant & en tant que besoing seroit, ratifié & agreé, ratifions & agreons avec l'expression susdite, la vente qui faite a esté par nosdits commissaires, du pied fourché vendu, tant en ladite ville, faubourgs & marchez d'icelle, que hors icelle ville, y compris saint Laurent, & de l'imposition du vin vendu en détail au quartier de Gréve, telle qu'elle a accoustumé d'estre baillée par cy-devant par nos chers & bien amez les élûs de Paris, faisant l'une desdites quatre fermes du huitiesme du vin vendu en ladite ville, ausdits prevost des marchands & eschevins presens & advenir représentans le corps universel de ladite ville, ensemble les rentes qui par eux seront cy-après constituées particulierement sur les deniers qui proviendront desdites aydes & impositions ainsi venduës à chacun de ceux qui nous bailleront partie & portion de ladite somme de deux cent mille livres tournois, selon la cotte des deniers qu'ils en fourniront en la taxe qui sur eux en sera faite, & ce au prix de cent livres tournois de rente pour douze cent livres tournois qu'ils auront baillez comptant, & de cinquante livres tournois pour DC. liv. tournois, & de plus & de moins, selon l'observance & coustume de ladite ville; auxquels prevost des marchands & eschevins de ladite ville nous avons donné & donnons plain pouvoir, auctorité & mandement especial de constituer lesdites rentes, & au surplus, de faire & promettre & obliger audit nom les biens de ladite ville, & faire ce qui sera requis & necessaire selon la nature desdits contrats; lesquelles rentes seront payées & baillées comptant par les commis desdits prevost des marchands & eschevins, aux quatre termes à Paris accoustumez, à ceux particulierement qui les auront acquises.& acheptées; & par rapportant par ledit commis sur le premier de ses comptes lesdites presentes signées de nostre main, ou *vidimus* d'icelles fait soubz scel royal, avec les quittances d'un chacun d'eux sur ce suffisans seulement, & sur les comptes des années suivantes, lesdites quittances tant seulement, les sommes qui ainsi y auroient esté payées & baillées par lesdits commis, seront passées & allouées en la despense de ses comptes; voulans que lesdites aydes & impositions ainsi vendües & baillées par nosdits commissaires à ladite ville de Paris, elle jouisse comme de sa propre chose & heritage, par ses mains, ou de ses fermiers & commis, si ainsi est qu'elle les baille à ferme, ou commette à la recepte d'icelles, sans ce que nos officiers ordinaires ou extraordinaires, ou commissaires de par nous s'en entremettent aucunement, & qu'il soit besoing en leurs descharges de lettres d'estat ou autre acquit, que les lettres qui en seront baillées par nosdits commissaires, jusqu'à ce que par nous ou nosdits successeurs les deniers qui en auroient esté baillez par lesdits achepteurs, ou prins, leur ayent esté restituez en monnoye courante à present, à une fois, ou à deux payemens, assavoir pour ladite ferme du pied fourché, cent dix mille livres tournois, & pour ladite ferme du huitiesme du vin vendu en destail audit quartier de Greve x c. mille livres tournois sans rien précompter, comme dit est, des fruits & revenus qu'ils en auront prins & perceus jusqu'au jour dud. rachapt, avec tous loyaux coustemens, lesquelles ventes desd. aydes & impositions ainsi faites par nosdits commissaires à nostred. ville voulons & nous plaist estre leuës, publiées & enregistrées en nosdites cours, & mesmement en icelle nostre cour de parlement, en ensuivant nostre promesse & de nosdits commissaires, faite & reiterée en ladite assemblée, nonobstant qu'on puisse alleguer icelles aydes ne ressortir de present en ladite cour de parlement, & quelconques ordonnances que pourrions avoir faites sur le fait de nosdites aydes, à ce contraires, auxquelles nous avons dérogé & dérogeons pour cette fois, & sans prejudice d'icelles. Et outre ce avons octroyé & octroyons, voulons & nous plaist, que lesdits prevost des marchands & eschevins presens & advenir connoissent en leur hostel de ville, jugent & decident des questions, procez & differens qui pourront sourdre & se mouvoir à cause desd. aydes & des dependances d'iceux, entre quelconques personnes que ce soient, privilegiez & non privilegiez quant à la juridiction & connoissance de ladite matiere, nonobstant leurs privileges: iceux toutesfois, quant aux autres choses, demourans en leur force & vertu; & laquelle juridiction, connoissance & decision leur avons de nostre grace especialle, pleine puissance & auctorité royale octroyée, deleguée & ordonnée, octroyons, deleguons & ordonnons; & aussi que les sentences qui sur ce seront par eux données & prononcées, & les contraintes par eux decernées & ordonnées, seront executées, comme si elles estoient émanées de nosdits élus, & pour nos propres debtes & affaires; lesquels deniers venans desdites fermes & aydes, nous ne voulons ne entendons estre receus par nos officiers ou commis par les officiers de la ville, ne autres quelconques, sinon par celui qui y sera commis par lesdits prevost des marchands & eschevins, en quoi faisant, nous avons interdit & deffendu, interdisons & deffendons à nosdits élûs de l'élection de Paris, tous baux, juridiction & connoissance d'icelles aydes, fermes & impositions pour le temps advenir, jusques à ce qu'elles soient par nous racheptées & remises en leur premier estat; voulans & ordonnans que les appellations qui seront interjettées desdits prevost des marchands & eschevins, ressortissent par appel en nostredite cour des generaux de la justice des aydes, & ce sans prejudice du privilege de ladite ville en autres causes. Et si par inadvertance ou autrement lesdits élûs avoient fait aucuns baux, baillé aucunes commissions des choses dessus dites en vertu de nostre mandement, nous iceux avons revoquez, cassez & adnullez, revocquons, cassons & adnullons, en leur mandant qu'ils n'ayent à recevoir aucuns pleiges, ne bailler leurs commissions desdits baux & fermes pour les années à venir commençans au jour de saint Remy dernier passé; & s'aucunes en ont baillées, qu'ils ayent à rayer & adnuller, ou faire rayer & adnuller par leur clerc & greffier le registre qui pour ce pourroit avoir esté fait, ensemble de la reception desdits pleiges, s'aucune en est ensuivie, comme nulle & de nul effet & valeur. Promettant en bonne foy & parole de roy & sur nostre foy, pour nous, nostre royaume, couronne & successeurs en icelle, ne convertir ne employer à nostre profit ne de nos successeurs, ne en autres usages ne chose quelconque, lesdites fermes & aydes; & obligeans specialement aux choses dessusdites & chacunes d'icelles, nostre propre & privé patrimoine present & advenir, nonobstant toutes ordonnances faites par nos predecesseurs, s'aucune en y a que l'en pourroit alleguer, contraire à nosdites declaration, ratification & à tout le contenu en cesdites nos lettres, à quoy nous avons derogé & derogeons pour cette fois.... Les deniers venans desquelles aydes nous deffendons auxdits prevost des marchands & eschevins presens & advenir, estre ailleurs employez que pour l'acquit & payement des preneurs & acquereurs desdites rentes, jusqu'à la concurrence des constitutions d'icelles & des frais qui s'en ensuivront, sur peine de recouvrer par lesdits particuliers preneurs & achepteurs ce qui en auroit esté par eux ailleurs employé, sur les prevost des marchands & eschevins qui pour lors seront audit estat & charge, & pour le temps tant seulement. Et si par cy-après estoient par nous ou nos successeurs expediées aucunes lettres, mandemens & commissions à ce contraires, nous icelles avons dez à present pour lors, & dez lors pour à present revocquées & revocquons par cesdites presentes lettres, auxquelles nos lettres, en tesmoing de ce, nous avons fait apposer nostre grand scel. Donné à saint Germain en Laye le x. Octobre M. D. XXII. & de nostre regne le VIII. Ainsi signé: FRANCOIS. & plus bas, Par le roy, DORNE.

Lecta, publicata & registrata, audito procuratore generali regis Parisiis in parlamento, IX. die mensis Decembris, anno Domini M. D. XXII. Signé : DE VIGNOLLES.

Lecta, publicata, registrata & verificata in curia justitiæ juvaminum, audito super hoc procuratore generali regis in dicta curia, aut ejus substituto, ad onus contentum in ipsis litteris, & ultrà quòd de causis & processibus qui occasione dictarum impositionum seu firmarum de quibus supra fit mentio, orientur & procedent, scriba villæ Parisiensis faciet registrum distinctum atque separatum à registro aliarum causarum; & dicti præpositus mercatorum & scabini villæ Parisiensis in expeditionibus dictarum causarum & processuum judices delegatos & commissarios regis se intitulabunt. Die XI. mensis Octobris anno Domini M. D. XXII. Signé DE VAUX. de ordinatione curiæ.

Lecta, publicata & registrata in camera computorum domini nostri regis, audito ejusdem procuratore, tam super contentis in præsentibus, quàm aliis litteris datis Parisiis secundâ Septembris ultimatè lapsi per prædictam cameram die VI. dicti mensis expeditis, pro per prælibatos præpositum mercatorum & scabinos gaudendo, prout antea dominus noster rex gavisus est, de revenuto firmarum in albo mentionatarum, usque ad concurrentiam summæ * .... librarum XIII. solidorum quatuor denariorum turon. annui redditus, ad onus quòd commissus ad receptam reddet rationem & computabit in dicta camera. Die VI. Januarii, anno quo suprà. Signé, CHEVALIER. Ibidem.

*Il faut suppléer:XVI. milium DCLXVI. car 16666. livres 13. sols 4. deniers est le denier douze de la somme de 200000. l.

Rang de la chambre des comptes & de l'hostel de ville, à une procession publique, le roy present.

AN. 1523.

DU XII. jour de Mars M. D. XXIII. Le Sabmedy XII. jour du mois de Mars l'an M. D. XXIII. messeigneurs des comptes estant au bureau ont ordonné à moy Pierre Chevallier notaire & secretaire du roy & greffier en sa chambre desdits comptes, de rediger par escript l'ordre qui fut le jour precedent onziesme jour dudit mois de Mars tenu, observé & gardé en la procession faite par le roy en sa personne depuis l'église de saint Germain de l'Auxerrois à Nostre-Dame de Paris; pour à quoi satisfaire & obeïr, & en estre informé plus amplement, j'ai mis peine à en sçavoir la verité par forme de devis de monsieur maistre Nicolas Aurillot notaire & secretaire dudit seigneur & greffier des presentations de la cour de parlement, lequel m'a dit estre tel : Premierement le Vendredy XI. jour dudit mois de Mars la cour du parlement, incontinent qu'elle fut arrivée en ladite église de saint Germain de l'Auxerrois, elle se mit en ordre aux chaises d'en haut au costé dextre, & tost après survint monseigneur le chancelier qui print sa place au dessus de messeigneurs les quatre presidens d'icelle cour, & fit appeller ledit maistre Nicolas Aurillot, au

Dddd iij

PREUVES ET PIECES

quel mondit seigneur le chancelier dit, presens mesdits seigneurs les quatre presidens assistans...... messire Nicole de Neufville chevalier seigneur de Villeroy notaire & secretaire dudit seigneur & de ses finances, qu'il allast devers messeigneurs des comptes & messieurs de la ville estant dans le chœur de ladite église de saint Germain, auxquels en ensuyvant l'ordonnance de monseigneur le chancelier, il dit, c'est à savoir à mesdits seigneurs des comptes, parlant à messire Jehan Briçonnet chevalier conseiller dudit seigneur president, maistre Eustache l'Huillier, & autres conseillers & maistres desdits comptes: qu'il avoit esté ordonné qu'après les églises & chapitres de Paris & messeigneurs les prelats, premierement marcheroit le roy, & devant lui iroient messeigneurs les princes du sang & chevaliers de l'ordre ; incontinent après marcheroit la cour de parlement à main dextre, mondit seigneur le chancelier tenant le premier lieu & place, ainsi qu'il est accoustumé ; d'autre costé, à la main senestre, iroient messieurs de la chambre des comptes, & qu'ils prinssent ce lieu-là ; & à messieurs de ladite ville de Paris, parlant à monseigneur l'archevesque d'Aix lieutenant du roy à Paris, & monsieur maistre Guillaume Budé conseiller & maistre des requestes ordinaire de l'hostel dudit seigneur, prevost des marchands de ladite ville, dit qu'ils marchassent incontinent après la cour de parlement, & qu'ils ne feissent aucun tumulte, disant que en ensuivant ladite ordonnance avoit esté faire ladite procession, fors que les gentilshommes de la maison du roy & autres se missent incontinent après la cour de parlement, après la garde du roy ; après la garde du roy marchoit la ville de Paris & leurs gardes. Et aussi pour le tesmoignage dudit ordre, pour ce qu'il ne m'estoit possible d'aller à pied, & partant à ladite procession, obstant quelque indisposition de maladie, estant sur ma mulle au coing de saint Denis de la Chartre, j'apperceus ledit ordre, & mesmement que à costé de ladite cour de parlement marchoient à la senestre, comme dit est ; & après ladite cour marchoit aussi comme dessus, ladite ville de Paris.

Du Lundy XIV. jour dudit Mars M.D. XXIII. Et le Lundy ensuivant XIV. jour dudit mois m'a esté dit par mesdits seigneurs des comptes, en plein bureau, que ledit maistre Nicolas Aurillot leur auroit fait son message tel que dessus. Et d'habondant un gentilhomme qu'on appelle monsieur de Vaux lieutenant des archers de la compagnie de monsieur de Chavigny, tenant en sa main un rolle qu'il disoit estre l'ordre que le roy vouloit & entendoit estre gardé pour ceremonie de ladite procession, leur dit, lors qu'on vouloit partir dudit saint Germain, qu'ils marchassent comme dessus avec la cour de parlement, tenant la dextre & eux la senestre, & que le roy & son conseil l'auroient ainsi ordonné ; & que après ladite cour & eux marcheroient les gentilshommes, & derriere eux la garde du roy, & par après marcheroit ladite ville de Paris; ce qui fut gardé, observé & entretenu sans tumulte quelconque. Dont & desquelles choses mesdits seigneurs m'ont ordonné de faire ce present acte pour valoir & servir en temps & lieu & que de raison. Fait soubz mon seing manuel cy mis ledit jour de Lundy XIV. jour du mois de Mars M. D. XXIII. Ainsi signé : CHEVALIER. *Ibidem.*

ORDRE DES RANGS,
aux processions où le roy assiste.

L'ORDRE que le roy a ordonné estre tenu, tant pour le present, que pour l'advenir, ez processions où ledit seigneur se trouvera en personne.

Premierement, les gens d'église & les prelats, selon l'ordre & leur degré, marcheront deux à deux.

Après messieurs les officiers & chevaliers de l'ordre, selon leur degré, deux à deux.

Le roy.

Le roy de Navarre.

Et monseigneur le cardinal de Lorraine.

Les ambassadeurs des princes, aussi selon leurs degrez & rangs.

Messieurs de la cour de parlement à dextre.

Et messieurs des comptes à leur senestre.

Les gentilshommes de la chambre du roy, & autres suivans la cour.

Messieurs de la ville de Paris.

Les capitaines & archers des gardes.

Fait au conseil estroit establi du roy, auquel ledit seigneur estoit en personne, monseigneur le duc de Vandosmois, le grand maistre, le senechal de Normandie & le grand escuyer de France, & autres estoient presens aussi, le XI. jour du mois de Juin M. D. XXVIII. *Signé :* ROBERTET. *Ibidem volume* 9.

LETTRES

LETTRES DE LA REGENTE MERE du roy François I. accordées à la ville de Paris pour l'indemniser de la ratification qu'icelle regente en avoit exigée du traité fait avec le roy d'Angleterre, pendant la prison du roy.

An. 1525.

LOuise mere du roy, duchesse d'Angoulesme, &c. Comme par les traitez de paix & obligations qui se sont ensuis, leus & publiez, enregistrez & approuvez en la cour de parlement, entre nos ambassadeurs & ceux du roy d'Angleterre, ayons promis y faire consentir les ville & cité de Paris, & pour ce faire ayons obligé & envoïé plusieurs nos ambassadeurs & deputez par devers nos chers & bien amez les prevost des marchands & eschevins desdites ville & cité de Paris, avec lettres par lesquelles leur ayons requis & commandé faire lesdits accords & obligations, & promis qu'en ce faisant leur seroit par nous faite & baillée sureté valable & suffisante ; pour à quoi satisfaire lesdits prevost des marchands & eschevins, après avoir eu l'advis & deliberation des conseillers & quarteniers d'icelle ville pour ce assemblez, auroient conclud & accordé soubz & moyennant nos suretez & promesses declarées cy-après, leurs lettres qui ensuivent : JOHANNES MORIN locum tenens bailliviatûs civitatis Parisiensis & palatii ejusdem, præpositus mercatorum dictæ civitatis, universis præsentes litteras inspecturis notum facimus quòd cùm per oratores ambassiatores commissarios procuratores & legatos ab illustrissima domina Christianissimi Francorum regis & domini nostri genitrice & in Francia regente, ad potentissimum & serenissimum Angliæ regem fidei protectorem & dominum Hiberniæ transmissos nomine illustrissimæ regentis, pro Christianissimo rege nostro ejusque regno & dominiis, fuerit tractatus pacis factus & celebratus cum dicto serenissimo & potentissimo Angliæ rege fidei protectore, pariterque obligationes factæ & contractæ pro nonnullis pecuniarum summis certis annis, locis & terminis exsolvendis, in quibus expressè conventum, cautum atque promissum est, quòd ad dictos tractatum pacis & obligationes, & alios quoscumque tractatus per dictos oratores initos & conclusos perimpleri & observari realiter & cum effectu à Christianissimo rege & domino nostro ac illustrissima ejus matre Franciæ regente eorumque hæredibus & successoribus curandum & faciendum, civitas prædicta regni primaria obligaretur in bonâ, sufficienti & valida forma ; super quo arduo summæ & magnæ importantiæ negotio fecimus, prædecessorum nostrorum ritus & mores in talibus consuetos insequendo, consiliarios & alios officiarios vulgò appellatos *Quarteniers* solemniter, ut moris est, congregari, cum quibus nobiscum insimul commune ac politicum dictæ civitatis corpus repræsentantibus & facientibus, habitâ maturâ & providâ deliberatione, est conclusum dictis obligationibus & promissionibus per dictos oratores factis pro bono pacis satisfaciendum, & votis ac desideriis illustrissimæ dominæ regis matris Franciæ regentis parendum & obediendum fore. Quapropter nos præpositus & scabini in domo nostra communi, sicut superiùs, & ut moris est, congregati, politicum & commune corpus dictæ civitatis repræsentantes, & exoptantes prædictam pacem & concordiam inter Christianissimum Francorum regem dominum nostrum & dictum potentissimum & serenissimum Angliæ regem fidei defensorem, eorumque regna & dominia, conciliatam, initam & conclusam reipublicæ Christianæ, dictis regibus & nobis tam salutiferam quàm utilem & necessariam , viribus & effectu subsistere, omnes & singulos tractatus prædictos & obligationes exinde secutas, de quibus lectura, publicatio & approbatio facta fuit in nobilissima parlamenti curia, sub data xx. die mensis Octobris ultimò lapsi, sponté, liberè & non coactè, sed ex merâ nostrâ voluntate, ratificamus, approbamus & in quantum in nobis est confirmamus, ratos, gratos & acceptos habemus, promittimusque pro nobis & præpositurâ & scabinatûs dictæ civitatis nomine, tanquam politicum illius corpus repræsentantes, nos patrimonium & bona nostra obligantes, quòd omnes & singulos tractatus & obligationes prædictas, per dictos oratores illustrissimæ dominæ regentis (ut prædicitur) factos & conclusos, registratos & publicatos in dictâ curiâ parlamenti, curabimus & faciemus per dictum Christianissimum regem ejusque matrem illustrissimam ac eorum hæredes & successores observare & perimplere realiter & cum effectu, & quòd Christianissimus rex dominus noster infrà duos menses cùm ad libertatem pervenerit, aut eo antè (quod Deus avertat) ab hac vita decedente, hæredes & successores sui infrà duos menses à tempore quo primùm in regno successerint, novas litteras & obligationes in validâ & efficaci formâ conventa &

concordata confectas atque absolutas prædicto regi Angliæ, hæredibus & successoribus suis, intrà idem tempus tradet seu tradent aut tradi faciet & facient realiter & cum effectu, tactis sacrosanctis evangeliis jurantes quòd nihil contrà & adversùs dictos tractatum & obligationem vel aliqua earumdem faciemus, moliemur aut attentabimus, aut ab aliis moliri fieri aut attentari sinemus aut permittemus, sed ex integro, bonâ fide (quantùm in nobis erit) executioni demandari, perimpleri quoque, atque observari faciemus. In quorum omnium fidem & testimonium, &c. SUPPLIANS & requerans lesdits prevost & eschevins que nos plaisir & vouloir fussent & soient accorder lesdites suretez & leur en bailler pareilles nos lettres. Pour ce est il que nous, ce que dit est considéré, par l'advis & deliberation des gens du conseil du roy nostre très-cher seigneur & fils estant lez nous, & en usant de nos pouvoir & regence, & tant par vertu & au moïen d'icelui, que en nostre propre & privé nom & chacun d'iceux, avons par ces presentes promis & promettons acquitter, descharger & rendre indemnes lesdits prevost des marchands & eschevins presens & advenir, habitans, patrimoine & biens de ladite ville de Paris, desdites promesses & obligations & de tout ce qui s'en pourroit ensuivre, sans ce que par le moyen d'icelles obligations, ne pour cause ou occasion d'icelles soient faites en quelque maniere que ce soit aucuns exploits, executions, actions, recours & poursuites à l'encontre d'eux, ne aussi aucuns prests, emprunts, dons, octrois, prisées ou saisies sur eux, ne en leurs biens quelconques, de quelque qualité ou nature qu'ils soient; & si aucunes impetrations ou mandemens estoient faits au contraire, dez à present comme dez lors, & dez lors comme dez à present les avons reputez nuls, cassez & adnullez, auxquelles impetrations soubz quelques nonobstances ou clauses derogeantes que ce soient, avons de nostre propre mouvement, certaine science, de nostredite auctorité & pouvoir de regence, derogé & derogeons; & si aucunes lettres contraires à ces presentes suretez, contracts & convenances estoient données & octroyées, expediées par nous, nostredit fils, ou ses successeurs, ne voulons & n'entendons que y soit obtemperé ne obeï par les cours de parlement, juges, officiers, soient royaux ou ecclesiastiques, ne autres; mais leur inhibons & deffendons de ce faire, & que ce nonobstant, ces presentes soient tousjours tenues, entretenuës & effectuées; & si aucuns exploits ou contraintes advenoient ou estoient faicts, à quelque requeste que ce soit contre lesdits prevost des marchands, eschevins, habitans, & biens desdites ville & cité de Paris, promettons ezdits noms les faire cesser, lever & oster, & en rendre du tout indemnes lesdits prevost des marchands, eschevins, habitans & biens de ladite ville de Paris. Et outre avons promis & promettons faire bailler auxdits prevost des marchands & eschevins de ladite ville de Paris par nostredit fils lettres de ratification & aussi desdites suretez & promesses pareilles à ces presentes, dedans deux mois après que le roy nostredit fils & seigneur sera de retour; & où (que Dieu ne vueille) nostredit seigneur & fils iroit de vie à trepas plustost & avant que ce faire & bailler lettres desdites suretez & promesses, les ferons faire & bailler à son successeur à la couronne & par luy tenir & entretenir effectuellement le contenu en ces presentes, lesquelles avons promis & promettons en parolle de princesse tenir, entretenir & observer entierement, & à ce avons soubmis & obligé, soubmettons & obligeons par le moyen de nostredite auctorité & pouvoir de regence tous & chacuns les biens de nostredit seigneur & fils & aussi les nostres. Et accordons, voulons & promettons de faire decreter, auctoriser, émologer & expedier ces presentes par nos amez les gens tenans nostre parlement de nostredit seigneur & fils à Paris, gens de ses comptes & de la justice des aydes, & en faire bailler auxdits prevost des marchands & eschevins lettres de decret, auctorization & émologation & expeditions avec jugement de tenir & entretenir effectuellement ces presentes suretez, pactions, promesses & convenances; & pour ce faire, consentir & accorder en icelles en nostre nom, ezdites cours de parlement, des comptes & aydes, & en chacune d'icelles, avons constitué & constituons les procureurs de nostredit seigneur & fils ezdits noms, & chacun d'iceux en son esgard, donnons mandement & pouvoir de ce faire en nostredit nom, & d'y faire ces consentemens, accords, & tout ce que au cas appartiendra, que promettons comme dessus entretenir, & le tout nonobstant quelconques ordonnances, restrictions, mandemens & autres choses à ce contraires, auxquelles avons, par l'advis & conseil que dessus, & en vertu de nostredit pouvoir & auctorité de regence derogé & derogeons par ces presentes,

presentes, lesquelles, en tesmoing de ce, avons signées de nostre main, & à icelles fait mettre nostre scel. Donné à saint Just sur Lyon le 1. Febvrier M. D. XXV. *Signé*: LOYSE; *& sur le reply*: Par madame regente en France, ROBERTET. *Et scellées sur double queuë, de cire rouge.*

Registrata Parisiis in parlamento, audito procuratore generali regis, XXVI. Februarii anno Domini M. D. XXV. *Signé*, DU TILLET.

Registrata similiter in camera computorum domini nostri regis Parisiis, audito in præfata camera ejusdem procuratore, anno, mense & die prædictis. CHEVALLIER. *Ibidem volume* 8.

FONDATION ET STATUTS du college du Mans.

An. 1526.

PRODIDIT Sapientissimus: *Memoria justi cum laudibus, nomen autem impiorum putrescet.* Cui astipulatus moralis ille Seneca ait: *Cùm mortalibus denegatum sit diù in terris vivere, optimum & commendatissimum est aliquid relinquere quod hominem benè vixisse testetur.* Enimverò & benè vixit & aliis benè vivendi monumenta reliquit defunctus bonæ memoriæ Philippus de Luxemburgo cardinalis, apostolicæ sedis in Francia legatus, Cenomanensis & Morinensis episcopus: qui dùm in terris, velut sidus quoddam radians, diversaretur, præter multifarios virtutum radios, his tribus emicuit: in primis verus fuit pauperum patronus, communeque eorum consilium fuit: item, publici boni amantissimus, & ejusdem adauctor magnificus fuit; denique super gregem pervigil, sedulusque animarum pastor. Ipse namque scientiam laudibus partam ac studiis, ad hæc tria conducere non ignoravit, quippe quæ de stercore erigit pauperem, collocans eum cum principibus populi; cæterùm ipsa est reipublicæ firmum pedamen, sacraque anchora, undè sacro proditum sit oraculo: *Multitudo sapientum sanitas est orbis terrarum.* Postremò ipsa lumen est in hac valle peregrinos auspicato deducens per semitas rectas, tandem Deum deorum in Sion visuros. His itaque multifariis multarum disciplinarum fructibus permotus ipse litterarum gymnasium Parisius (ubi totius orbis celebratissimum floret emporium) extrui instituit, & de bonis suis mobilibus in pios usus per suos executores convertendis ibidem fundari suo testamento ordinavit, prout & verbo tenùs, dum viveret, sæpe declaraverat. Ad cujus sanè exequendam com-

Tome II.

modiùs supremam voluntatem executores, videlicèt venerabiles viri magistri Christophorus *de Chauvigné* nunc Leonensis episcopus & canonicus Cenomanensis, Joannes *Hays* in medicina doctor, archidiaconus de Sabolio & canonicus in dicta ecclesia Cenomanensi, Guillelmus *Veron* archidiaconus de Castrolidi & canonicus in dicta ecclesia, Joannes *de Coutardi* archidiaconus de Monteforti, Julianus *de Baif* sanctæ sedis apostolicæ protonotarius, & Joannes *du Gué* præfatæ ecclesiæ canonicus, qui domum Parisius comparare, in eaque gymnasium extruere curarunt, in quo sub peritis regentibus & præceptoribus tum in grammatica, tum in dialectica floreat exercitium, ne prout in nonnullis collegiis cum gravi jactura contigit, prætextu lectionum per alia gymnasia perendarum, detur ipsis incolis vagandi occasio, quantusque per hujusmodi intraneum exercitium & regentium præstantiam uberior in moribus & scientiis enascatur studentium fructus, qui Deo omnipotenti preces pro defuncti reverendissimi anima fundant, prout fundere tenebuntur, ad quemcumque statum devenerint. Construere igitur fecerunt prænominati executores domos & capellam collegii Cenomanensis, puteum, pavimenta curiæ & omnia quæ ibidem sunt magnificè à fundamentis: pro quibus impenderunt de bonis ipsius defuncti plusquam XIIII. millia francorum turon. Ibi enim erat priùs domus quædam antiqua & ruinosa, quæ vix ab aliquo prætextu ruinæ incolebatur, quæ erat de patrimonio episcopatûs Cenomanensis, & quam domum eisdem executoribus in perpetuam emphiteosin tradidit reverendissimus in Christo pater & dominus D. Ludovicus cardinalis de Borbonio, sancti Sylvestri de urbe, consanguineus & immediatus successor in dicto episcopatu ipsius defuncti, & dictæ Cenomanensis diœcesis modernus episcopus, ad opus & ædificationem dicti collegii, & ad onus eidem domino Ludovico, & suis successoribus in episcopatu Cenomanensi, solvendi per procuratorem bursariorum & collegii, singulis annis in festo beatissimi Juliani, summam viginti-quinque librarum turonen. annui redditus; hâc conditione adjectâ, quòd cùm primum dicti bursarii eidem domino aut suis successoribus in dicto episcopatu ement & tradent unam medietariam seu hæreditatem in feodo de Tholevio seu alio indemnisatam in episcopatu Cenomanensi, tunc hujusmodi redditus XXV. librarum turon. cessabit

E eee

& extinctus erit ; & insuper eâ conditione quòd collatio magisterii, capellaniæ seu procuratoris & bursarum ad eumdem reverendissimum & suos successores episcopos Cenomanenses pertinebit. Quam traditionem auctorisavit capitulum Cenomanense, & inquestâ factâ auctoritate archiepiscopi Turonensis, an hujusmodi traditio cederet in utilitatem episcopatûs, visâ hujusmodi inquestâ, dictus archiepiscopus hujusmodi traditionem auctorisavit & approbavit, huicque suum decretum apposuit, & signo sui secretarii ac sigillo secretariatûs muniri fecit.

Sed quoniam nulla potest diù subsistere respublica, nullaque potest perseverare communitas, nisi certis legibus, statutis & ordinationibus, tamquàm quibusdam habenis, dirigatur & reguletur : hinc est quòd desiderantes, in quantum possunt & valent, dicti executores adimplere supremam dicti reverendissimi voluntatem, statuerunt quòd in dicto collegio erunt duodecim numero, quorum unus erit magister seu primarius totius collegii, qui ante ejus institutionem in primariatu erit artium magister, sic doctus in logicalibus & grammaticalibus qui possit regere & publicè regentiam exercere in qualibet dictarum facultatum, gravis & eloquens, aptus ad præsidendum in aula, habendamque orationem in communitate sive in collegio aut extrà, sitque talis opere & sermone, vitâ & exemplo, quòd scholastici tamquàm in speculo mores & actus suos studeant illius doctrinâ & exemplo reformare & instruere.

Item, & ex dictis duodecim jam suprà, unus erit procurator ac capellanus collegii, qui similiter antè ejus institutionem in dicto officio erit artium magister : qui tenebitur se promoveri facere ad sacerdotium infrà annum, si presbyter tunc non esset ; alioquin elapso, ipso facto sine ulla ulteriori declaratione, si ad sacerdotium se promoveri non fecerit, vacabit dicta bursa, unà cum dicto officio procurationis, tenebiturque episcopus Cenomanensis illam alteri conferre infrà quatuor menses à tempore vacationis computandos ; infrà quos si non providerit, illis elapsis, jus conferendi erit devolutum ad archiepiscopum Turonensem metropolitanum ipsius episcopi Cenomanensis ; & tenebitur dictus procurator seu capellanus quâlibet hebdomadâ celebrare tres missas in capellâ dicti collegii, & in illis collectam seu memoriam facere pro animâ Philippi cardinalis fundatoris, eruntque dictæ missæ præcisè, videlicet diebus Dominicis, Lunæ & Veneris, dicenturque ejusmodi missæ de tempore & festis occurrentibus ; & diebus Dominicis & festivis celebrabit dictus procurator altâ voce, & etiam vesperas præfatis diebus & Sabbatis.

Item, & quolibet anno celebrabunt dicti primarius, procurator & bursarii quatuor anniversaria solemnia in jejuniis quatuor temporum anni, dicendo altâ voce in die Sabbati vigilias mortuorum & missam de *Requiem*, quam altâ voce celebrabit capellanus, in collectis utendo his verbis : *Pro anima Philippi cardinalis fundatoris nostri.* Et pro salario ultrà quod est ordinatum pro qualibet bursa, in quolibet anniversario habebit primarius decem solidos turon. & capellanus seu procurator tantùm, & quilibet de bursariis quinque solidos turonenses. Et poterit procurator pro illa die in prandio ex ordinatione primarii, si bonum videatur, tradere quinque solidos turonenses, ut ex illis pro dicto prandio ematur vinum pro magistris & regentibus qui sedebunt in majori mensâ : absque hoc quod bursarii qui non erunt de illa mensâ, sint participes hujusmodi vini ; sed hoc fiet ut in gratiis post prandium & cœnam dicendis dicti regentes & magistri qui forte non erunt bursarii, faciliùs inclinentur ad orandum pro anima defuncti fundatoris. Poterit etiam primarius, si voluerit, celebrare missam dicti anniversarii, etiam vigilias necnon missas & vesperas diebus Dominicis & solemnibus, sine diminutione salarii procuratoris, si in illis interfuerit.

Item, quòd bursarii & alii scholastici intersint officio divino ordinario, fiendo & celebrando in dicto collegio, sintque honestè & non dissolutè induti, nec comam nutriant, habeantque caputia secundùm usum, morem & consuetudinem universitatis. Tenebuntur etiam parare altare & ministrare sacerdoti sic, ut dictum est, celebranti, nisi sint artium magistri : dicenturque dictæ missæ collegii, videlicèt diebus Dominicis & festis horâ octavâ, & diebus feriatis horâ sextâ.

Item, quòd omnes & singuli bursarii, magister & procurator erunt nati & orti de diœcesi Cenomanensi ; nec poterit dominus episcopus Cenomanensis qui in episcopatu sedebit tempore vacationis dictarum bursarum magisterii seu primariatûs, capellaniæ seu procurationis, aut alicujus bursarum, alicui aliquam de dictis magisterio, capellaniâ & bursis conferre, nisi nato & orto de dictâ diœcesi Cenomanensi : quòd si contrà fecerit, aliquam

quam de præmissis conferendo alicui non existenti de dicta diœcesi Cenomanensi, erit ipso facto collatio nulla : jusque conferendi pro illa vice bursam sic vacantem, devolutum erit ad archiepiscopum Turonensem, qui similiter dictam bursam conferre orto de dicta diœcesi Cenomanensi tenebitur ; aliàs, si contrà fecerit conferendo non diœcesano, ipso facto jus pro illa vice conferendi devolvetur ad primatem, & sic consequenter gradatim de superiore in superiorem.

Item, quòd pro fundatione & dotatione hujusmodi collegii, magisterii, procurationis & bursarum, dicti executores tradiderunt & cesserunt & transportarunt, ceduntque & per præsentes transportant dicto collegio & prænominatis magistro, procuratori & bursariis emolumentum sigilli regii castelleti & præpositure ac balliviatûs Parisiensis, seu conservationis privilegiorum regalium universitatis ac villæ Parisiensis, quod emolumentum à Christianissimo principe Francisco Francorum rege primo hujus nominis dicti executores emerunt octo mille libris turonensibus de bonis illius defuncti reverendissimi cardinalis ; quod emolumentum tempore hujus emptionis affirmabatur ad summam sexcentarum librarum parisiensium per receptorem dominii regii in villa Parisiensi; & fuit hæc emptio facta consentiente curiâ parlamenti Parisiensis, ac dominis computorum : fuitque contractus lectus, publicatus & registratus in dicta curia parlamenti, & in camera compotorum, & etiam in judicio castelleti, prout in litteris super hoc confectis continetur.

Item, & fuit hujusmodi emolumentum sigilli & revenutum ejusdem traditum & transportatum præfatis magistro, capellano & bursariis per dictos executores, ad onera contenta in contractu facto cum præfato domino nostro rege seu commissariis illius qui venditionem fecerunt, videlicet solvendi singulis annis sigillifero castelleti stipendia assueta, & similiter calefactori ceræ, quæ sunt de summa decem librarum parisiensium ; & quòd in præfata venditione dictus dominus rex retinuit pro se & suis successoribus regibus Franciæ, facultatem perpetuam redimendi hujusmodi sigilli emolumentum pro simili summa octo mille librarum turonensium.

Item, ordinaverunt dicti executores, quòd si contingat dominum nostrum regem prænominatum, seu aliquem ex successoribus suis regibus, præfatum emolumentum sigilli reemere aut redimere, & dictam summam octo mille librarum tu- ronensium præfatis executoribus, primario & bursariis aut clericis restituere, quòd hujusmodi summa illicò convertetur in emptionem alterius redditûs pro præfata fundatione : & fiet hujusmodi emptio cum consilio & auctoritate domini episcopi Cenomanensis & dictorum executorum, si tunc temporis adhuc aliqui superstent & vivant, vel eorum qui audient computa dicti collegii : & pendente tempore à restitutione dictæ pecuniæ, usquequò dicta pecunia convertatur in alium redditum, remanebit in archivo dicti collegii, si locus sit tutus, aliàs deponetur in loco securiori, cum consilio & assensu bursariorum & domini cancellarii Parisiensis.

Item, ordinaverunt dicti executores, quòd quælibet bursa erit ex fundatione dotata singulis annis de summa viginti quinque librarum turonensium. Primarius autem seu magister principalis dicti collegii, & procurator seu capellanus, ex dicta fundatione duplicem portionem accipient, videlicet quilibet de dictis primario-magistro & procuratore seu capellano summam quinquaginta librarum turonensium accipiet & habebit, quod est duplum unius bursæ, in tantum quòd summa trecentarum quinquaginta librarum turonensium annui redditûs sufficiet singulis annis pro solutione fundationis dictarum decem bursarum, magisterii & capellaniæ seu procurationis : quæ summa accipietur singulis annis suprà emolumentum dicti sigilli, quod ordinatum & deputatum est ad opus prædictæ fundationis. Et erunt tam primarius quàm procurator & bursarii portionistæ viventes communiter in aula, semper tamen sub portione primarii ; nec sedebit aliquis bursariorum, etiam artium magister, in aula ante regentes artium, nisi in isto vel alio collegio fortassis rexerint integrum cursum artium.

Item, & quia emolumenta præfati sigilli seu sigillorum castelleti & præpositure ac balliviatûs seu conservationis privilegiorum regalium urbis & universitatis Parisiensis, in annuo redditu longè excedit summam prædictam trecentarum quinquaginta librarum turonensium, quæ, ut dictum est, sufficit singulis annis pro solutione bursarum prædictarum, ordinaverunt & statuerunt dicti executores, quòd residuum firmæ seu valoris emolumenti præfati sigilli reponetur in coffro seu arca thesauri dicti collegii, pro novis redditibus comparandis, reparationibus collegii faciendis, & aliis oneribus infrà declarandis, supportandis.

Item, & quia diligenti inquisitione facta per ipsos executores de valore cujuslibet bursæ singulorum & cæterorum collegiorum universitatis Parisiensis, compertum est nullam bursam esse majoris fundationis & valoris singulis annis, quàm sit dicta summa viginti quinque librarum turonensium; ideò ordinaverunt dictas bursas præfati collegii Cenomanensis nusquàm esse majoris redditûs, neque à quoquam posse augeri, etiam quâcumque dispensatione forsan in contrarium à Romano pontifice, seu ejus legato, etiam ab episcopo Cenomanensi, seu quovis alio super hoc obtentâ; hæc enim fuit voluntas testatoris, qui dixit tantùm victui scholasticorum esse providendum & parcè, ut liberiùs & absoluti ab omni cura studio vacare possint. Nec poterit aliqua dictarum bursarum conferri alicui existenti in sacris ordinibus, demptis primariatu & procuratione seu capellaniâ. Si tamen post adeptam bursam aliquis bursariorum promoveatur ad sacros ordines, illam poterit nihilominùs retinere, nisi aliud obstet.

Item, & quia in dicto collegio, ut dictum est, per dictos executores à fundamentis de novo excitato, pro nunc solùm sunt triginta sex cameræ ultrà capellam, aulam, coquinam, caveam, cellaria & scholas communes in quibus fient publicæ lectiones, & præcipuè in logicalibus & grammaticalibus: quódque sciunt defunctum dominum desiderasse non solùm dictos bursarios ibidem proficere, sed & quoscumque adolescentes tam dictæ diœcesis Cenomanensis quàm aliarum cujuscumque nationis & provinciæ; cupiunt ipsi executores hortanturque primarium & alios bursarios, ut ita sint diligentes circà administrationem & conservationem reddituum dicti collegii, quòd tandem possint & valeant pro sua republica & communi comparare aliquas domos & plateas loco competenti, pro augmento & excrescentia dicti collegii, ut ibi alliciantur scholastici.

Item, & cùm sint solùm, ut dictum est, duodecim bursarii, comprehensis magistro & capellano, qui non possent omnes cameras occupare: ordinaverunt ipsi executores ut ipsis magistro, capellano & bursariis secundùm eorum qualitatem & statum honestè & decenter hospitatis & collocatis in cameris ipsius collegii, ità quòd ad minus sint quatuor bursarii in una camera, saltem si non sint graduati in facultate artium, recipiantur alii scholastici in dicto collegio, tam portionistæ quàm cameristæ, prout sit in aliis collegiis. Et dictus primarius morari tenebitur in parte majoris domûs circà majorem portam collegii, & procurator seu capellanus in alio corpore minoris domûs circà parvam portam, ut vigilantiùs custodiant gregem sibi creditum.

Item, & neque quisquam bursariorum sibi vindicare jus poterit in aliqua camerarum, sive fuerit graduatus, sive non, quin primarius cum consilio procuratoris possit in eadem camera cum eodem graduato tres aut plures non graduatos pro utilitate collegii collocare. Nec etiam bursarius graduatus, demptis magistro & procuratore, poterit in sua camera retinere servitorem, nisi pro eodem solvat tributum pro utilitate dicti collegii, prout mos est de cameristis in aliis collegiis, nisi forte talis graduatus esset regens actu, vel baccalarius formatus in theologia, qui cursum suum prosequeretur. Neque duo bursarii graduati cogentur in eadem camera commorari; in quibus præmissis maximè est attendenda discretio primarii, qui pro qualitate bursariorum dabit cameram, ne inter bursarios sit contentio pro cameris occupandis.

Item, ordinant dicti executores, quòd quilibet scholasticus non bursarius hospitatus in dicto collegio, solvet singulis annis pro camera, si sit portionista, triginta solidos turonenses; si solùm sit camerista, viginti quinque solidos. De martinetis autem quinque solidos; aut aliàs per dictos martinetos solvetur, prout arbitrabuntur primarius & procurator. Et faciet procurator receptam de dictis summis, de quibus computabit in redditione suorum computorum, quæ summa convertetur ad utilitatem ipsius collegii pro reparationibus faciendis sive redditibus emendis: & ultrà hoc intertenebit primarius seras & claves ac vitrinas camerarum sumptibus suis.

Item, & quia bursarii non tenebuntur ad solutionem dictæ summæ triginta solidorum turonensium singulis annis, sed solùm & semel in receptione sua solvent quadraginta solidos pro intertenendo utensilia coquinæ, non comprehensis mappis & manutergiis de quibus tenebitur furnire principalis, aut ille qui ministrabit portiones & victualia: æquum est ut dicti bursarii non tantùm solvant pro portione de dicta summa triginta solidorum quantum alii, quia pro camera nihil ab eis exigitur.

Item, & fiet inventarium vasorum & & utensilium coquinæ cum vasis stanneis, quæ vasa tradentur ad numerum & pondus dicto primario, ut similia vasa similisque valoris & æstimationis reddat & exhibeat de triennio in triennium procuratori, præsentibus tribus aut quatuor de antiquioribus bursariis collegii, & præsentibus auditoribus compotorum.

Item, in dicto collegio erit una arca, quæ claudetur tribus diversis clavibus, quarum unam custodiet primarius, secundam procurator, tertiam unus ex bursariis quem elegerint decem alii bursarii; in qua arca in fine anni aut citiùs, prout necesse fuerit, reponentur pecuniæ emolumenti & revenutorum collegii, ac totum illud quod supererit ex redditibus ipsius collegii, bursis solutis, prout suprà dictum est; & etiam deductis processuum & reparationum impensis, si quæ factæ fuerint in anno : & inchoabit & finiet hujusmodi annus in festo beati Remigii.

Item, in dicta arca reponentur contractus emptionis emolumenti dictorum sigillorum castelleti & balliviatûs, & alii pro augmentatione dicti collegii, si qui celebrentur & fiant, nec non statuta.

Item, & procurator sive capellanus ex officio suo tenebitur receptam & missam de revenuto & emolumento collegii facere, & reliqua, ut dictum est, in fine anni in coffro reponere, compotaque illius anni examinata per primarium & duos bursarios, quæ tamen compota per dictos bursarios non claudentur, sed illa solùm examinabunt, sed in promptu in custodia reponantur in coffro cum pecuniis & reliqua illius anni. De compotis autem audiendis & claudendis & examinandis ita procedetur, quòd de biennio in biennium primarius per epistolam scribet domino episcopo Cenomanensi tunc sedenti, aut ejus vicario, si episcopus sit absens, & eidem supplicabit ut committat alicui probo viro de universitate Parisiensi auditionem hujusmodi compotorum, & notanter per epistolam supplicabit, quia non est intentionis executorum ut aliquæ missæ fiant pro hujusmodi commissione habenda & quærenda : & tunc sic deputatus per dictum episcopum cum primario & duobus bursariis electis ab aliis decem examinabunt, claudent & concludent compota dicti procuratoris, & illa cum reliqua in arca collegii reponent. Commissarius sic delegatus per episcopum prædictum pro compotis audiendis pro suo salario habebit summam quadraginta solidorum turonensium, primarius decem, quilibet de duobus bursariis quinque; poterunt autem dicti auditores allocare in dictis compotis aliquod moderatum salarium

dicto procuratori pro grossa & factura dictorum compotorum, sine aliquo alio salario pro suis pœnis & vacationibus, demptis tamen justis missis & impensis per eundem procuratorem necessariò factis.

Item, & quia per præcedentes articulos cura recipiendi omnes & singulos denarios provenientes tam ex emolumento sigillorum prædictorum & totius fundationis collegii, quàm ex emolumento quod provenit ex scholasticis tenentibus & occupantibus cameras, secundùm quod suprà statutum est ; & quia agitur de grandi summa & numero pecuniarum in fine anni reponendarum in archivo publico collegii, & posset contingere procuratores sic institutos esse incurios in earum administratione, & pecunias inutiliter consumere : ideò statuerunt dicti executores, quòd procuratores instituendi, ante eorum institutionem tenebuntur præstare cautionem bonam & sufficientem per quemdam virum ad hoc idoneum, qui pro talibus procuratoribus instituendis se fidejussorem constituat erga magistrum & bursarios, de fideli ac diligenti administratione, ac de negligentia & incuria talis instituendi, & etiam de compoto & reliqua tradendo, reddendo & faciendo, secundùm quod suprà dictum est : aliàs cautione non præstitâ per instituendum in procuratorem, numquàm talis tamquàm procurator recipiatur à primario & bursariis, quâcumque provisione per eum obtentâ à domino episcopo Cenomanensi seu alio superiori; quòd si secùs factum fuerit, irritum habeatur; & quia modernus procurator fuit ante publicationem præsentium statutorum institutus, dabit suam cautionem infra octo dies post præsentium publicationem; aliàs sufficienti cautione non datâ dictis octo diebus lapsis, sit ipsa procuratio & capellania vacans, & poterit per episcopum Cenomanensem alteri conferri idoneo.

Item, & ubi nullo medio possent sibi domos comparare, tunc alii redditus essent emendi ex dictis pecuniis : & cùm dicti redditus erunt augmentati ultrà redditus dictæ primæ fundationis prædeclaratæ, & emolumentum collegii erit augmentatum de summa octuaginta librarum turonensium, in illo casu hoc significabunt primarius & procurator episcopo Cenomanensi, qui tunc numerum bursariorum augere poterit de duobus bursariis solùm, & duæ illæ bursæ dabuntur pueris seu clericis qui fuerint infantes ecclesiæ Cenomanensis, quos pueros de psalleta vocant in ecclesia Cenomanensi, & qui erunt

E eee iij

nati de dicta diœcesi, & qui dictæ ecclesiæ in psalleta servierint usque dum vox eorum inceperit mutari : & erit quælibet illarum bursarum similis valoris aliarum primarum bursarum, videlicèt viginti quinque librarum turonensium ; eruntque dicti duo bursarii participes sine ullo discrimine in anniversariis prædictis & aliis, æqualiter cùm primis bursariis : neque ulla bursa erit umquam majoris aut minoris valoris summâ viginti quinque librarum turon. in dicto collegio, si redditus suppetant.

Item, & cùm redditus octuaginta librarum sit sufficiens pro fundatione trium bursarum & ultrà, videretur inæquum quòd super illo redditu solùm essent duæ bursæ assignatæ, cum ad solutionem duorum bursariorum sufficiat summa quinquaginta librarum turon. insequendo voluntatem dicti testatoris, qui desideravit & optavit fundationem suam esse perpetuam, dicti executores considerantes quòd sæpè redditus talium fundationum pereunt aut decrescunt tam propter guerras, aut primarii, procuratoris & bursariorum malam administrationem, quandóque etiam per episcoporum & collatorum seu etiam officiariorum usurpationem & interprinsiam, qui faciliter audent attentare & contraire voluntati fundatorum, unde facilè dilabuntur & pereunt dictæ fundationes : ordinaverunt dicti executores numerum dictorum decem bursariorum, primarii & procuratoris seu capellani non augmentari nisi modo prædicto, videlicèt quòd cùm dictus redditus augmentatus primò fuerit, ut dictum est, de summa octaginta librarum turonensium, tunc per episcopum erigantur dictæ duæ bursæ pro duobus pueris dictæ psalletæ ecclesiæ Cenomanensis ; residuum revenuti semper convertetur in utilitatem collegii, sicut de principali fundatione.

Item, & si ultrà primam dictam fundationem & augmentum dictarum octaginta librarum turonensium & duarum bursarum, adhuc contingat dictum redditum collegii augeri de alia summa octuaginta librarum turonensium redditûs, tunc poterit dictus episcopus alias duas bursas erigere, & duos bursarios instituere de dicta diœcesi Cenomanensi : ita tamen quòd unus illorum sit de pueris de novo dimissis à psalleta ecclesiæ collegiatæ sancti Petri de Curia Cenomanensis, si ibi inveniatur aliquis puerorum capax. Et hoc modo poterit dominus episcopus Cenomanensis numerum bursariorum augere, duos de novo instituendo, si à tempore duorum ultimò erectorum redditus dicti collegii fuerint augmentati de summa octuaginta librarum annui redditûs. Et si à tempore novissimæ erectionis duorum ultimorum bursariorum seu duarum bursarum, redditus essent augmentati de summa quadraginta librarum turon. solùm, non propter hoc poterit episcopus erigere unam bursam : sed expectabit dictum redditum quadraginta librarum multiplicari adhuc usque ad dictam summam octuaginta librarum turonensium. Quòd si secus fecerit dictus episcopus, pro infecto habeatur ; nec permittant primarius, procurator & bursarii in contrarium facere ; & si de facto hoc faceret contraveniendo hujusmodi fundationi, tales sic instituti nusquam faciant fructus bursæ suos, nec à primario & aliis bursariis recipiantur, nec super & contrà præsens statutum valeat à summo pontifice vel apostolicæ sedis legato, episcopo Cenomanensi, seu quovis alio dispensari, quin modus dictæ erectionis de novo fiendæ observetur ad unguem ; fundationes enim tenues & macræ nunquam diu subsistere possunt, sed in continenti annihilantur.

Item, & nec erunt dicti primarius, procurator & bursarii perpetui in dicto collegio ; in illo autem in suis officiis permanebunt ipsi primarius & procurator seu capellanus, quousque in beneficio seu beneficiis cuilibet illorum duorum provisum usque ad summam ducentarum librarum turonensium in portatis, & de hujusmodi beneficio seu beneficiis pacificè gaudeant, aut per eos stet cum fraude quominùs gaudeant pacificè ; & provisione illâ sic per eosdem acceptâ, ipso jure respectivè vacet seu vacent hujusmodi magisterium & capellania seu procuratio : & hoc poterunt bursarii seu unus illorum per epistolam notificare episcopo, qui post hæc si negligens fuerit conferendi primariatum & capellaniam, ipso facto post tres menses jus conferendi sit devolutum ad archiepiscopum Turonensem ; & quia posset in possessione dictorum beneficiorum sic adeptorum per dictos primarium, procuratorem & bursarios fieri fraus, intendunt dicti executores quòd etiam recredentiâ beneficiorum illis adjudicatâ, post trimestre primariatus, & procuratio seu capellania respectivè vacent ; & idem de bursariis.

Item, & bursarii in receptione illorum immatriculabuntur in uno quaternario pergameni, ibidemque nomina & cognomina eorumdem scribentur, diesque & annus

JUSTIFICATIVES.

annus suarum receptionum notabitur, & cujus parochiæ sint, ut certiùs sciatur an sint oriundi de dictâ diœcesi : & similiter fiet in receptione primarii & procuratoris. Jurabuntque omnes & singuli in suis receptionibus, statuta per dictos executores facta & tradita observare, nec illis contraire quâcumque dispensatione etiam apostolicâ ; immò etiam jurabunt quòd nullam dispensationem impetrabunt ad derogandum hujusmodi fundationi & statutis per eosdem executores factis & traditis.

Item, & dictis bursariis, si non sint artium magistri in sua receptione, dabitur tempus quinque annorum, aut septem ad summum, si essent adeò juvenes quòd ne adhuc in dictâ receptione aliquid de rudimentis grammatices haberent, ad vacandum & studendum in grammaticalibus & logicalibus, si tanto tempore velint, & necesse sit eos permanere in hujusmodi facultate : infrà quod tempus septem annorum, si non fecerint se promoveri ad gradum magisterii in dictâ facultate artium, dictis septem annis elapsis, & ipsis non promotis ad magisterium, ipso facto vacabit eorum bursa, neque ulteriùs admittentur per primarium, procuratorem & alios bursarios ad emolumentum dictæ bursæ ; teneburque primarius per epistolam notificare episcopo, ut valeat hanc bursam sic vacantem infrà tempus suprà limitatum alteri conferre.

Item, & dictis bursariis sic graduatis in magisterio artium, post hujusmodi gradum susceptum dabitur tempus quatuor mensium, si adhuc velint dictam bursam retinere, ad deliberandum in qua trium superiorum facultatum voluerint studere & promoveri : quâ electâ per eosdem, non licebit ad aliam transire ; & tenebuntur primario & procuratori notificare quam facultatum elegerint, & de hoc fiet registrum quod signabitur manu bursarii sic eligentis facultatem ad quam voluerit promoveri, notabiturque dies & annus hujusmodi optionis. Si facultatem theologiæ elegerint, dabitur eisdem tempus tredecim annorum ad adipiscendum doctoratum. Si facultatem juris canonici, dabitur tempus septem annorum ad se licentiari faciendum in dictâ facultate. Similiter & in medicina ad se promoveri faciendum ad doctoratum in dictâ facultate, dabitur tempus septem annorum. Et intendunt dicti executores quòd dicti bursarii actu studebunt in facultatibus ab eisdem electis, & se promoveri facient ad baccalariatum in dictis facultatibus respectivè, secundùm usum & statuta dictæ universitatis Parisiensis, & secundùm constitutiones pragmaticæ sanctionis. Si autem dicti bursarii non curaverint se promoveri facere ad gradus prædictos in facultatibus ab eisdem electis infrà tempora sic ad hoc per præsentia statuta constitutâ, ipso facto dictis temporibus elapsis & ipsis non promotis, erunt dictæ bursæ vacantes, & quas ex nunc prout ex tunc præfati executores vacare declarant, absque hoc quòd tale tempus possit prorogari à quoquam, quâvis dispensatione forsan in contrarium obtentâ, cùm talis fuerit mens & intentio dicti domini fundatoris.

Item, & quia utilissimum est magistris artium, ut peritiores faciliùs evadant, regere tam in grammaticalibus quàm in facultate artium, (nam magis civitates decorantur ab illis qui in dictâ universitate reperiuntur rexisse, quàm ab aliis qui non rexerunt) sperantesque quòd per tales regentes nomen & fama defuncti fundatoris perpetuabitur : statuerunt dicti executores, quòd si aliquis ex dictis bursariis sic graduatis in facultate artium, voluerit regere in aliquo alio collegio dictæ universitatis, pendente dicto tempore ad acquirendum gradus prædictos in facultatibus ab eis electis : hoc poterit, petitâ tamen licentiâ à primario dicti collegii Cenomanensis, quo tempore gaudebit talis regens extrà dictum collegium, regendo in alio collegio in dictâ universitate, de medietate suæ bursæ : residuum in utilitate collegii convertetur ; nec tunc temporis occupabit cameram in dicto collegio ; & ad hujusmodi regentiam exercendam extrà dictum collegium, dabitur talibus magistris tale tempus, videlicèt trium annorum cum dimidio in logicalibus : post quæ tempora adhuc poterunt in collegio Cenomanensi, si videatur primario licitum, dummodo sint adhuc in tempore eis constituto ad acquirendum gradus prædictos, regere sive in grammaticalibus sive in logicalibus, & tempus complere. Et hoc statuerunt dicti executores, memores verborum dicti fundatoris, qui eisdem suam mentem exponendo sæpè dixit : *Volo quòd in dicto collegio scholastici & regentes ex omni natione & provincia recipiantur ut hospites & regentes*, quoniam ex tali frequentatione, consortio & conversatione efficientur bursarii & alii Cenomanenses civiliores, eloquentiores & doctiores : habitus enim generantur ex frequentibus actibus ; si enim soli Cenomani & bursarii regerent in collegio, nec usu aut lingua eorum informaretur, nec demùm societates aut amicitias contraherent cum extraneis, quæ ab ineunte ætate & consortio scholasticæ disciplinæ facilè contrahuntur: ex quibus tandem officia, beneficia, munera publica, dignitates, rerum publicarum manutentiones, defensiones & conservationes contrahuntur. Intelligunt dicti executores quòd bursarii sic regentes extrà collegium, recipiant integrè distributiones anniversariorum, si in celebratione interfuerint : aliàs non.

Item, & quia intentio dicti fundatoris semper fuit ut bursæ prædictæ darentur & conferrentur pauperibus scholasticis, qui aliàs ex redditibus non valerent sustentari Parisius, ideò statuerunt dicti executores quòd bursæ prædictæ per præfatum episcopum seu alium non conferantur alicui habenti in portatis liquidè ultrà summam sexaginta librarum turonensium in patrimonio vel beneficio : quòd si contra fecerit, erit ipso facto collatio nulla, & tanquàm facta incapaci, jusque illam conferendi erit immediatè & illicò devolutum ad archiepiscopum Turonensem. Similiter si alicui tenenti & occupanti bursam provideatur de beneficio valoris in portatis sexaginta librarum, possessione beneficii illius acceptâ pacificâ, post trimestre hujusmodi possessionis sic pacificè adeptæ vacabit hujusmodi bursa sine ulteriori declaratione.

Item, & intendat primarius tanquàm bonus pater familias in suos scholasticos, quòd non permittat eosdem simul alio idiomate quàm Latino uti : usus enim ac consuetudo sic loquendi ornatiores & promptiores ac doctiores reddet; similiter ergà mores, vitam & conversationem ipsorum bursariorum, ut meliùs facere poterit, illos sæpissimè increpando, si quas insolentias invenerit; in timore Domini illos edocendo, ita quòd saltem nullum quodcumque crimen seu peccatum notorium & scandalosum reperiatur.

Item, & nec permittat idem primarius portionistas commessationes seu potationes privatas facere in cameris, nisi fortassis in casu infirmitatis, vel etiam de ejus licentia, cùm ab aliquibus compatriotis non morantibus Parisius visitarentur semel solùm in anno vel bis. Et unus solùm, scilicèt primarius, poterit habere portionistas in dicto collegio : nec quispiam alius poterit habere privatos portionistas ; sed omnes tenebuntur in aulâ comedere, nisi fortassis esset filius principis, aut esset episcopus, cum quibus ex gratia poterit dispensari, cum propter favorem personarum & dignitatum, tum etiam propter favorem collegii.

Item, nec permittat ipse primarius aliquem extraneum pernoctare in cameris dicti collegii cum dictis scholasticis bursariis seu aliis, ultrà duas noctes, & hoc de ejusdem licentia ; & tales extranei sint honestæ personæ, quorum status non repugnet statui scholasticorum.

Item, nullus scholasticorum dicti collegii bursarius aut alius pernoctet extrà collegium, nisi fortassis necessitate aut honestate causantibus, & tunc cum licentia primarii petita & obtenta. Et si contigerit aliquem graduatum bursariorum sine licentia hujusmodi extrà collegium pernoctare, illum privet primarius pro prima vice per substractionem fructuum suæ bursæ, videlicèt pro prima vice de summâ quinque solidorum turonensium : pro secunda decem ; & si tertiò hoc contigerit, illud revelet episcopo qui tunc contumaciâ exigente illum privabit, aut fortassis secundùm casus exigentiam iterum monebit talem graduatum de non cubando extrà collegium sub pœnâ privationis. De bursariis autem non graduatis, cum virgis pro prima vice in schola, secundâ in aula punientur, prout mos est in universitate Parisiensi : & si per hoc non fuerint correcti, nuntietur dicto episcopo; qui illos poterit privare, aut iterum monere, prout dictum est de graduatis ; & quòd de die non exeant collegium sine petita & obtenta facultate à primario ; & graduati post suas lectiones auditas ad collegium redeant, & non ludos aut loca inhonesta adeant sub pœna eadem.

Item, quòd nullus bursariorum aut scholasticorum portionistarum non graduatorum solus exeat collegium : sed necessitate occurrente cum licentia obtenta à primario seu præsidente, exeat cum socio sibi tradito per eum qui hujusmodi facultatem fecerit eidem scholastico sic petenti ; & tunc moneatur talis scholasticus de diligenter redeundo, & ante quintam horam vesperarum ; & nullus bursarius graduatus exeat quin ad collegium redierit ante octavam in æstate, & ante septimam in hyeme.

Item, in introitu prandii & cœnæ fiat benedictio, legatur de Bibliis per unum de bursariis aut aliis portionistis, nullaque verba in mensis habeant nisi honesta & modicè prolata, cessentque jurgia & injuriæ sub pœnis arbitrio primarii & regentium arbitrandis & imponendis ; & in fine ne prandii seu cœnæ dicantur gratiæ per unum bursariorum non graduatorum, si fuerint non graduati in domo, aut alterius portionistæ; & in oratione fiet memoria de anima fundatoris cum psalmo *De profundis*.

Item, & nullus bursariorum aut aliorum scholasticorum ferat vasa coquinæ extra collegium, nec etiam in cameris collegii, nisi de permissione illius qui habebit hujusmodi vasorum custodiam : alioquin de hoc punietur secundùm discretionem per principalem ; & si attentat in oppositum graduatus, puniatur per substractionem bursæ, videlicèt pro prima vice de summa trium solidorum, pro secunda quinque.

Item, & nullus scholasticorum præsumat arma habere in collegio, nec spadas, enses, aut alios baculos invasivos, nec illos per urbem portare sub pœna gravissimæ punitionis & correctionis, & etiam sub pœna privationis bursarum, si sint bursarii, & si primò moniti non destiterint ; nec etiam cum grassatoribus & brigatoribus incedere, nec illos frequentare, seu cum illis conversari sub similibus pœnis, & hoc si primò moniti non destiterint ; & si bis moniti à primario, noluerint cessare versari cum grassatoribus, & portare baculos invasivos, tenebitur primarius notificare episcopo, qui poterit eos privare ubi de præmissis fuerit debitè certioratus, & sine forma & solemnitate judicii. Nec cantent procurator, bursarii, aut aliquis de magistris seu scholasticis occupantibus cameras dicti collegii, cantilenas sonantes impudicitiam, lasciviam, aut aliquid in quo alii scholastici possint scandalisari.

Item, & sit unus janitor qui fideliter principalem portam custodiat ; & claves illius de nocte in custodia primarii remaneant. Sed claves ostiorum particularium per quæ exitur à dicto collegio, semper & de nocte & de die in dicti primarii custodiâ remaneant.

Item, quòd dictus primarius prandeat & cœnet in aula, saltem sit præsens dùm prandebitur & cœnabitur, aut præsidentem habeat scientem & discretum, ut silentium ibidem meliùs fiat, qui judicet de portionibus scholasticorum æquè distribuendis, ut fieri poterit, ne eisdem à coquo seu alio dispensatore fiat fraus.

Item, visitet primarius semel aut bis in hebdomada cameras collegii, nec permittat in dicto collegio contentiosos seu bellicosos non proficientes permanere. Et si aliquis bursariorum talis esset quòd in aliqua dictarum facultatum trium superiorum proficere non posset aut valeret, tam propter obtusum ingenium aut pigritiam seu ignaviam, hoc reveletur per dictum primarium domino episcopo Cenomanensi, qui se de præmissis informabit : & illo audito, si ita compertum extiterit dicto episcopo, qui talem hortabitur de alibi proficiendo, ipsum bursarium à dicta bursa privet, alium in suo loco instituat sine forma processûs. Et si in hujusmodi visitatione sic fienda per dictum primarium, procurator aut aliquis bursariorum renuerit aperire cameram, pro prima vice sit mulctæ de summa centum solidorum distrahenda de fructibus suæ bursæ; pro secunda, sit ipso facto privatus bursâ.

Item, & quòd bis in anno teneatur capitulum per primarium, procuratorem & bursarios, & quòd in dictis capitulis legantur statuta prædicta ad longum, ut dicti bursarii nullam habeant causam ignorantiæ dictorum statutorum, & hoc fiat in diebus anniversariorum fundatoris, si commodè fieri poterit, post finem missarum prædictorum anniversariorum; & in talibus capitulis intererunt solùm primarius, procurator & bursarii, tamen ut major solemnitas sit in hujusmodi capitulis, poterunt regentes dicti collegii interesse, ne sint dictorum statutorum ignari. In quibus etiam capitulis generalibus defectus & insolentiæ publicæ, si quæ sint, tam bursariorum quàm aliorum in dicto collegio habitantium, etiam primarii & procuratoris, proponi & accusari poterunt, & episcopo Cenomanensi, ut dictum est, denuntiari, ut ad correctionem per ipsum provideatur. Imò quia interest subditis non habere præpositum ac superiorem scandalosum aut dilapidatorem, simplices bursarii, cessante omni invidiâ, & primarium & procuratorem, si malè in suis officiis se habuerint, aut malè eos tractaverint, dicto episcopo accusare, & querelam emittere poterunt per epistolam : qui demeritis exigentibus dictos primarium & procuratorem bursis & officiis, monitione præmissâ, privare, & aliis conferre poterit.

Item, quia longè distat civitas Cenomanensis ab urbe Parisiensi, nec facilè poterit episcopus qui in dicta Cenomanensi civitate ordinariè residet, intendere regimini primarii, procuratoris & aliorum bursariorum & scholasticorum præfati collegii, & sic propter hujusmodi longam distantiam multa incommoda, & indecentia, multæque ruinæ, tam in fundatione & dotatione dicti collegii, quàm etiam in personis dictorum primarii, procuratoris & bursariorum ac aliorum scholasticorum hujusmodi collegii, evenire possent, nisi esset qui præmissis superintenderet, & curam illorum haberet : idcircò ad tollendam ruinæ occasionem tam in vivis quàm in mortuis lapidibus, & ut defuncti fundatoris meliùs & ad unguem intentio observetur, dicti executores ordinaverunt unum protectorem & superintendentem de urbe Parisiensi esse huic collegio dandum : optantque quòd hujusmodi onus dignetur accipere dominus cancellarius ecclesiæ Parisiensis : tùm quòd modernus cancellarius dictæ ecclesiæ Parisiensis consultissimus dominus dominus Nicolaus *Dorigny* decretorum doctor, domini nostri regis consiliarius, & præsidens in una camera inquestarum, fuit præfato domino fundatori junctus maximâ amicitiâ & familiaritate : tùm etiam quòd favore & auctoritate ejusdem domini cancellarii moderni hujusmodi collegium in hoc primo initio poterit magis florere, quoniam accuratiùs propter amorem & honorem dicti domini defuncti huic oneri incumbet.

Item, & quia qui sentit onus, sentire & commodum debet, ideò ordinaverunt præfati executores, quòd si idem modernus cancellarius & sui successores in dictâ dignitate voluerint semel in anno dictum collegium visitare per se, aut visitari facere per unum doctorem in theologia, virum gravem & prudentem, qui aliquando in universitate Parisiensi fuerit regens, qui opere & sermone valeat inquirere, corrigere & punire errores & defectus primarii, procuratoris, bursariorum & aliorum tam regentium quàm scholasticorum, si qui sint corrigendi, visitatione hujusmodi factâ procurabitur à procuratore dicti collegii de summa quinquaginta solidorum turonensium, quæ summa allocabitur dicto procuratori in suis compotis anni visitationis sic factæ. Rogantque dicti executores per viscera misericordiæ Domini nostri Jesu Christi præfactum dominum cancellarium hujusmodi visitationem facere ; & si quid cognoverit esse faciendum per dominum episcopum Cenomanensem collatorem ordinarium bursarum prædicti collegii, hoc sibi notificet per epistolam, ut valeat, in quantum in se fuerit, & secundùm tenorem præsentium statutorum hujusmodi erroribus & defectibus providere.

Item, & si dictus dominus cancellarius de triennio in triennium voluerit interesse auditioni compotorum procuratoris dicti collegii, cum deputato ad dicta compota audienda per dominum episcopum Cenomanensem, prout suprà dictum est de modo audiendi dicta compota, hoc poterit facere, quod optant dicti executores ; eidemque tenebitur notificare procurator dicti collegii diem quam ad hoc elegerit præfatus missus seu deputatus à domino episcopo. Et in casu quo dictus dominus episcopus Cenomanensis esset negligens infrà triennium de aliquem committendo, hoc notificato per primarium, procuratorem, seu etiam per majorem partem bursariorum ipsi domino cancellario, præfatus dominus cancellarius poterit hujusmodi compota audire, examinare & claudere ; & pro suis stipendiis hujusmodi auditionis, procurator eidem solvet quatuor libras turonenses. Acta fuerunt hæc Cenomanis per dominos executores suprà nominatos, die IX. mensis Junii, anno Domini M. D. XXVI. *Tiré d'un cahier imprimé à l'usage du college du Mans.*

CONFIRMATION DES statuts précedens.

UNNIVERSIS præsentes litteras inspecturis Hieronimus de *Hangest*, presbyter sacræ theologiæ professor, insignis ecclesiæ Cenomanensis scholasticus & canonicus præbendatus, reverendissimi in Christo patris & domini domini Ludovici de Borbonio miseratione divinâ & sanctæ Sabinæ sacro-sanctæ Romanæ ecclesiæ presbyteri cardinalis, episcopi Cenomanensis vicarius in spiritualibus & temporalibus generalis, salutem in Domino. Notum facimus quòd visis diligenter & cum quâ decuit maturitate digestis legibus, statutis & ordinationibus in hoc codice ad longum & seriatim descriptis, quia tandem examinato cum maturâ deliberatione negotio, compertoque quòd eadem statuta seu ordinationes præmissa, cæteraque omnia superiùs annotata & contenta secundùm intentionem utique & pium domini fundatoris propositum introducta, vergere & cedere dignoscuntur in & ad gloriam & laudem Dei & honorem totius reipublicæ atque Cenomanorum utilitatem ; ea propter hujusmodi statuta & ordinationes & eorum singula, prout articulatim in dicto codice præsentibus annexo scribuntur, habito super hoc peritorum consilio, autoritate dicti reverendissimi patris quâ fungimur in hac parte,

laudavimus,

laudavimus, confirmavimus & approbavimus, laudamusque, confirmamus & approbamus, decretum nostrum desuper apponentes, ut apponimus per præsentes, decernimusque præmissa perpetuò valitura. In cujus rei testimonium sigillum ejusdem domini reverendissimi die IX. mensis Julii, anno Domini M. D. XXVI. præsentibus duximus apponendum. *Ibidem.*

ARREST DE LA CHAMBRE *des comptes de Paris, portant consentement à la donation à vie de la maison des Thuilleries à Jean Tiercelin, par la regente mere du roy François I.*

An. 1527.

LEs gens des comptes du roy nostre sire à Paris, au receveur ordinaire dudit lieu, salut. Veuës les lettres patentes de madame mere du roy, regente en France, signées de sa main & d'un secretaire signant en finance, données à Lyon le I. jour de Novembre M. D. XXV. auxquelles ces presentes sont attachées soubz l'un de nos signets, impetrées & à nous presentées de la part de Jean Tiercelin maistre d'hostel de monseigneur le dauphin, par lesquelles & pour les causes y contenuës, ladite dame, en vertu de son pouvoir de regence & auctorité à elle baillée par ledit seigneur, a donné, cedé, quitté, transporté & delaissé audit Tiercelin & damoiselle Julle de Trot sa femme & espouse, en faveur & contemplation de leur mariage, la ville & place des Thuilleries de Paris, avec les maisons, cours & jardins & tout le pourpris d'icelles, ainsi qu'elles se comportent & estendent : pour desdits lieux, places & maisons, cours, jardins & autres choses des appartenances & dependances desdites Thuilleries, fruits, proffits, revenus & esmolumens d'icelles, jouïr & user par lesdits Jehan Tiercelin & Julle du Trot futurs conjoints, à quelque valeur & estimation qu'ils soient & puissent estre & monter, leurs vies durant tant seulement, & le survivant l'un de l'autre, en payant toutesfois les droits, debvoirs & charges ordinaires estant sur lesdites Thuilleries, s'aucunes en y a, où & ainsi qu'il appartiendra, comme plus à plain le contiennent lesdites lettres. Veuë aussi la requeste sur ce à nous presentée par lesdits impetrans cy attachée, comme dessus; ensemble les lettres missives à nous pour ce escriptes par le roy nostredit seigneur, ce jourd'hui apportées : consentons, de l'exprés mandement d'icelui seigneur, l'expedition desdites lettres selon leur forme & teneur; à la charge toutesfois des reparations necessaires & autres charges contenuës esdites lettres. Donné soubz nosdits signets le XXIIII. jour de Septembre l'an M. D. XXVII. *Signé* CHEVALLIER. *Tiré des registres de la chambre des comptes de Paris, à la bibliotheque Coislin, volume 9.*

LETTRES PATENTES DU ROY *François I. portant concession de quelques aydes à l'hostel de ville de Paris, pour le remboursement & les interests d'un emprunt de vingt mille livres.*

An. 1527.

FRançois par la grace de Dieu roy de France, à tous ceux qui verront ces presentes lettres, salut. Comme il est assez notoire que à cause des grands infortunes & adversitez advenus à nostre royaume par le fait & disposition des guerres & divisions qui ont esté meuës & suscitées & qui ont longuement duré, nous ait convenu faire d'inestimables frais & despenses, mesmement depuis que sommes sortis des mains de l'élû empereur, lequel nous a tenu par certain espace de temps prisonnier en ses pays d'Espagne, & jusqu'à ce que pour nostre delivrance nous ait convenu & ayons esté contraints à nostre très-grand regret de lui bailler & mettre en ses mains, au lieu de nous & comme en ostage, nos très-chers & très-amez enfans le dauphin de Viennois nostre fils aisné, & le duc d'Orleans son frere, qui y sont encore à present; & aussi consentir à certain traité fait à Madrit, non estans encore en liberté, par lequel lui debvions bailler & laisser nostre duché de Bourgogne, vicomté d'Auxonne & autres terres & seigneuries à plain contenuës en icellui traité; lequel après que fusmes retournez & arrivez en nostredit royaume, monstrasmes & communicasmes aux princes & seigneurs de nostre sang & autres grands personnages de nostre conseil par nous pour ce convoquez & assemblez, & eû sur ce leur advis, trouvasmes qu'il ne nous estoit possible de faire ratifier & émologuer par ceux qui sont nommez audit traité, comme les princes, nos cours souveraines & gens des estats de nostredit royaume, qui jamais ne se y consentiroient, parce qu'il est trop honteux pour nous & nos successeurs, & vituperable & dommageable pour la chose publique de nostredit royaume; & à cette cause envoyasmes vers ledit élû empereur incontinent lui faire remonstrer les choses dessus dites, le priant très-instamment qu'il se voulsist deporter de la demande de lui bailler ledit duché de Bourgongne & autres choses impertinentes & desraisonnables, & qu'il savoit assez que c'estoit chose que par plusieurs fois lui avions fait dire par ses principaux serviteurs & officiers, que ne pouvions ne debvions faire, & que si le faisions, ce seroit par contrainte : protestant que là où faire le pourrions, nous y resisterions, lui offrant payer nostre rançon telle, voire plus grande qu'il ne seroit trouvé que jamais roy de France payast, à quoi il ne voulut entendre; & ce voyant, & qu'il ne se vouloit ranger à la raison, & se monstroit entier en son propos, fusmes conseillé entrer en ligue avec le pape, la seigneurie de Venise & autres potentats d'Italie, à la conservation de chacun nos estats; depuis la conclusion de laquelle ligue, qui fut au mois de Juillet M. D. XXVI. dernier passé, jusqu'à present, avons continuellement entretenu à communs despens deux grosses armées, l'une de mer & l'autre de terre, qui pour nostre portion n'ont pas monté à moins de deux cent mille livres tournois par mois, pour obvier aux efforts & entreprises dudit empereur, lequel sans cela fust dès cette heure monarque de toute l'Italie; lesquelles armées estant delà, il soit besoing entretenir encores, ou nous laisser à la discretion dudit empereur; car outre la grosse force que ledit empereur a en Italie, sommes deûement advertis & de bon lieu, qu'il fait de gros preparatifs pour nous entamer la guerre ez pays de deçà, par plusieurs & divers lieux & endroits de nostre royaume, cette saison d'esté; à quoy Dieu aydant, sommes bien deliberez de resister, & en ce ne rien espargner; & pour ce faire, mettons sus une forte armée bien garnie & équippée de gens de guerre tant de cheval que de pied, & de toutes autres choses requises & necessaires à un tel affaire, outre une bonne & forte armée de mer : le tout pour la seureté & deffense de nostre royaume, & aussi par le moyen d'icelle faire venir icelui empereur à une bonne & sure paix avec honnestes conditions, & nous rendre nosdits enfans, qui est un des grands & singuliers desirs que nous ayons entre les choses mortelles. Mais toutesfois chacun peut bien considerer que attendu les grandes charges que nostre peuple, bons & loyaux subjets ont par cy-devant supportées, comme il est notoire, pour le fait desdites guerres, il nous seroit impossible de fournir à la despense necessaire desdites armées estant delà, & celle que mettons sus pour servir ez quartiers deçà, sans la subvention & ayde de nos bons & loyaux subjets, & mesmement des bonnes villes franches de nostredit royaume; & à cette fin, par deliberation des princes & seigneurs de notre sang & gens de nostre conseil, eussions advisé faire requerir entr'autres nos très-chers & bien amez les prevost des marchands & eschevins, manans & habitans de nostre bonne ville & cité de Paris, qu'ils nous secourent & aydent à ce besoing, qui est si grand que plus ne pourroit, & qui touche le bien universel de toute la chose publicque de nostredit royaume, où ils ont aussi grand interest ou plus que nuls autres, de quelque bonne somme de deniers, pour employer ezdites despenses : pour laquelle faire eussions commis & deputez nos amez & feaux conseillers messire Jean de la Selve chevalier, premier president en nostre cour de parlement de Paris, & M. Denis Peliot quart president en icelle cour : lesquels en ensuivant nostredite commission, se seroient retirez par devers lesdits prevost des marchands & eschevins, bourgeois, manans & habitans de nostredite ville de Paris, & leur ayent requis de par nous nous octroyer en don la somme de vingt mille livres tournois pour nous ayder à supporter lesdits frais, mises & despenses; lesquels prevost & eschevins, manans & habitans de nostredite ville de Paris, après plusieurs assemblées par eux faites en leurdit hostel de ville, & deliberations par eux sur ce prises, en obtemperant à icelle petition & requeste, nous ayent liberalement accordé ledit don de vingt mille livres tournois; toutesfois ne nous les sçauroient promptement avancer, sans emprunter d'aucuns particuliers bourgeois d'icelle ville, tant à prest gratuit, qu'à rente & à interest, & qu'ils n'en sauroient faire le remboursement à iceux particuliers, obstant les autres grosses charges qu'ils ont eues & ont encore à supporter, sans avoir de nous aucuns aydes les moins grevables pour nous & les habitans de nostredite ville que faire se pourra, pour lesdits aydes cueillir & lever jusqu'à ce qu'ils soyent entierement remboursez de ladite somme de vingt mille livres tournois, & des interests & frais faits pour raison d'icelle. Nous, pour ces causes, & eû égard au bon vouloir & affection que lesdits prevost des marchands & eschevins, ma-

JUSTIFICATIVES.

nans & habitans de nostredite ville de Paris ont tousjours eû & encores ont de present, & esperons qu'ils ayent de bien en mieux envers nous & nostre couronne: aussi considerans nos grands & urgens affaires, & à ce que pour parfournir à iceux, ladite somme de vingt mille livres tournois nous soit plus promptement & aisément fournie & advancée, & icelle mise ez mains de nostre amé & feal conseiller tresorier de France & receveur general de nos finances extraordinaires & parties casuelles M. Pierre d'Apestigny, qui en baillera sa quittance, pour icelle somme employer en nosdits affaires de guerre, ainsi qu'il lui sera par nous ordonné, & pour autres causes à ce nous mouvans; avons de nostre certaine science, pleine puissance & auctorité royale, voulu & ordonné, voulons & ordonnons & nous plaist, que lesdits prevost des marchands & eschevins & leurs successeurs ezdits estats puissent prendre, cueillir & lever par le receveur de ladite ville, jusqu'à plein remboursement de ladite somme de vingt mille livres tournois qui sera avancée par aucuns bons bourgeois & personnages de nostredite ville, & des interests & frais qu'il conviendra pour ce faire, les aydes cy après declarez: c'est à sçavoir dix sols pour queuë, & quatre sols parisis pour muid de vin & d'autre vaisseau à l'equipollent, qui rebroussera la riviere de Seine à l'endroit de la bosse de Marne, ou qui sera mené par charroi par dessus le pont de Charenton, & pareillement sur celui qui sera chargé tant par eauë que par terre, pour mener hors, passant par la ville, fauxbourgs & banlieuë de Paris, huit sols par chacun bœuf, quatre sols pour vache, deux sols pour porc, douze deniers pour chacun veau, douze deniers pour mouton & douze deniers pour brebis entrans en la ville de Paris & non vendus en icelle, à quelque personne que ledit bestial appartienne, soient corps, colleges, particuliers ou autres, privilegiez & non privilegiez, tant hors foire, qu'en foire: reservez toutesfois nos amez & feaux notaires & secretaires de nous & de la maison & couronne de France; & à iceux aydes payer par la maniere dessus dite, voulons toutes personnes y estre contraints, tant privilegiez que non privilegiez, & sans préjudice de leurs privileges en autre chose (reservé, comme dit est, nosdits secretaires de nous & de la maison de France) par prinse & retention desdits vins & bestial & confis-

cation d'icelui qui sera trouvé par les fins & metes dessusdites sans avoir esté acquité desdits aydes à celui ou ceux qui auront commission desdits prevost des marchands & eschevins de le cueillir & lever, ou d'amendes arbitraires; desquels aydes ledit receveur rendra compte en nostre chambre des comptes, par les mandemens, acquits & descharges desdits prevost des marchands & eschevins; pour les deniers d'iceux aydes estre convertis & employez, comme dit est, au remboursement de ceux qu auront fait l'advance desdits vingt mille livres tournois, & aussi desdits interests, frais & mises qu'il aura convenu faire pour fournir ladite somme, & non ailleurs; & ce fait nous entendons & voulons lesdits aydes estre du tout cassez, supprimez & abolis pour le soulagement du peuple; & si pendant le temps qu'ils auront cours naist aucun debat ou opposition, nous voulons que lesdits prevost des marchands & eschevins en decident & connoissent en premiere instance en l'hostel de la ville, comme ils font des autres aydes d'icelle, en deffendant à tous autres juges d'en tenir aucune cour, juridiction ou connoissance; car ainsi nous plaist-il estre fait, nonobstant oppositions ou appellations quelconques, & certaines autres deffenses faites par nostredite cour de parlement de certains aydes de pareils & semblables octrois faits par nos predecesseurs & nous aux prevost des marchands & eschevins qui lors estoient, ou à leurs successeurs pour le temps advenir, sur certaines peines, restrictions & modifications contenuës ez arrests faits & ordonnez en cette matiere, & depuis plusieurs fois reïterez par nostredite cour; lesquelles deffenses & peines nous voulons estre levées & ostées par nostredite cour; & icelles, en tant que mestier est ou seroit, nous avons levées, ostées & abolies, ostons, levons & abolissons par ces presentes, de nostre pleine puissance & auctorité royale, attendu nosdits affaires, à ce que ledit remboursement soit plustost & entierement fait, sans ce qu'on en puisse demander aucune chose auxdits prevost & eschevins ne à leurs successeurs ou aucuns d'eux, ne autres, pour le temps advenir. Si donnons en mandement par ces presentes à nos amez & feaux les gens de nostredite cour de parlement & nosdits comptes à Paris, & à tous nos autres justiciers & officiers, ou à leurs lieutenans, & à chacun d'eux endroit soy, si comme à luy appartiendra, &c. Donné à

F fff iij

Amiens le XIII. jour du mois d'Aouſt l'an de grace M. D. XXVII. & de noſtre regne le XIII. *Signé ſoubz le reply* : Par le roy en ſon conſeil, BRETON; & *ſcellé de cire jaune ſur double queuë.*

Regiſtrata Pariſiis in parlamento XXIII. die menſis Auguſti anno Domini M. D. XXVII.....

Regiſtrata ſimiliter in camera computorum domini noſtri regis die XXVII. ejuſdem menſis Auguſti, anno quo ſuprà M. D. XXVII. *Signé*, CHEVALLIER. *Ibidem.*

ARREST DU PARLEMENT, concernant les pauvres mendians de la ville de Paris.

AN. 1532.

LA cour pour le bien & paiſible eſtat de cette ville de Paris, & afin que les oiſifs & vagabonds, enſemble les ſains & valetudinaires ne mangent le pain des pauvres & malades, & ne les fruſtrent des aumoſnes & charités qu'on leur impartit chacun jour, a ordonné & ordonne que toutes perſonnes qui peuvent travailler ou beſongner, tant hommes que femmes, non ayans quelque eſtat deſervant à la choſe publique, & qui vivent oiſivement, ou mandient & cayemandent par ceſte dite ville, & vivent ſans autre vacation, ſeront employez pour curer & nettoyer les foſſes, ruës & eſgouts, & beſongner aux remparts & autres œuvres publiques neceſſaires à faire pour le bien, profit & utilité de ladite ville.

II. Et pour ce faire, a permis & enjoint aux prevoſt de Paris, ſes lieutenans, commiſſaires & ſergens du chaſtelet, prevoſt des marchands & eſchevins de ceſte ville, & à tous autres officiers tant du roy que de ladite ville, & à tous gens d'eſtat d'icelle, de prendre ou faire prendre les deſſuſdits, & iceux incontinent faire mener ès priſons, tant dudit chaſtelet, qu'autres de ceſtedite ville, pour illec eſtre livrez par ledit prevoſt de Paris ou ſeſdits lieutenans ou l'un d'eux, auxdits prevoſt des marchands & eſchevins de ceſte ville de Paris, pour eſtre enfermez deux à deux, & mis en ſubjection la plus ſeure que faire ſe pourra, par tels endroits de leurs membres & aiſement de leurs corps qu'ils verront eſtre à faire pour le mieux; pour ce fait, eſtre baillez & livrez par leſdits prevoſt des marchands & eſchevins, pour iceux priſonniers eſtre mis à ſervir & beſongner en toute diligence, tant à la reſtauration des murailles, curer & nettoyer leſdits foſſez, ruës & eſgouts, qu'en tous autres ouvrages & beſongnes publiques qui ſont & ſeront pour l'advenir neceſſaires pour la fortification & profit du bien public de ceſtedite ville. Auſquels prevoſt des marchands & eſchevins icelle cour commande & enjoint faire prendre bonne & ſuffiſante garde deſdits priſonniers, qu'ils ne ſe deferrent & eſchappent, & iceux entretiennent, & leur facent bailler place & lieu ſeur hors ceſtedite ville, pour eux loger, & leur adminiſtrent ou facent adminiſtrer aux deſpens de ladite ville vivres & utenſiles & toutes autres choſes neceſſaires pour leur vivre & entretenement, durant le temps qu'ils beſongneront ès choſes deſſuſdites, & qu'il ſera neceſſaire pour l'advenir.

III. Et outre fait icelle cour inhibitions & deffenſes à tous manans & habitans de ceſtedite ville & fauxbourgs d'icelle, de receler ne recevoir en leurs maiſons ou ailleurs, leſdits vagabonds, oiſeux & mandiens valides & autres de condition deſſus declarée; mais leur enjoint de les repreſenter à juſtice, pour eſtre employez comme deſſus, ſur peine d'amende arbitraire.

IV. Et pour ce que par le moyen de ces preſentes, leſdits oiſeux, vagabonds & mandiens valides ſe pourront enfuir, & ſortir hors de ceſtedite ville par bandes & grandes compagnies, dont il en pourroit advenir grand inconvenient, ladite cour fait inhibitions & defenſes, comme deſſus, auſdits vagabonds, oiſeux & mandiens, d'aller par les pays par bandes & compagnies, n'en plus grand nombre que de deux pour le plus, ſur peine du foüet; & permet icelle cour à toutes perſonnes qui les trouveront y contrevenir, de les prendre pour les mener & bailler entre les mains des gens de la plus prochaine juſtice où ils ſeront trouvez; & auſquels ladite cour a permis & permet les punir ſelon ces preſentes & l'exigence des cas.

V. Et quant aux autres mandiens qui ne ſont ſains & valides, ou femmes qui auroient leurs enfans à nourrir, & leſquelles on ne pourroit honeſtement ne raiſonnablement ſequeſtrer ou ſeparer de leurſdits enfans : icelle cour a ordonné qu'ils ſeront nourris & alimentez, tant aux hoſpitaux, qu'ès autres lieux qui ſeront adviſez par leſdits prevoſt des marchands & eſchevins.

VI. Et pour fournir la nourriture & entretenement deſdits pauvres, ladite cour ordonne que par chacune des paroiſſes de ceſtedite ville ſeront faites queſtes publiques, par aucuns bons perſonnages deſdites

desdites paroisses, qui mettront les deniers desdites questes ès mains des marguilliers, pour les bailler & delivrer à ceux qui seront deputez & ordonnez pour fournir la nourriture & alimens desdits pauvres; & qu'en faisant la publication de ces presentes, seront exhortez & admonestez tous prelats & autres gens d'eglise, de religion & tous autres qui ont accoustumé de faire aumosnes & charitez publiques ou secretes, de bailler ou mettre entre les mains desdits deputez ce qu'ils voudront & auront devotion de donner par charité & aumosne aux pauvres, pour le convertir & employer, comme dessus.

VII. Et à ceste fin sera publié à son de trompe & cry public, comme dessus, à toutes les personnes de la condition desfusdite, se retirer par devers lesdits prevost des marchands & eschevins, pour leur assigner les lieux où ils seront mis & retirez, pour les fournir de vivres & aumosnes, & aussi pour les employer à icelles besongnes & ouvrages qu'ils pourront faire, selon la qualité & condition de leurs personnes & de leurs industries; & leur fait icelle cour inhibitions & deffenses d'aller plus mandier aux eglises, maisons & portes, ou par les ruës de cestedite ville, sur peine du foüet: & a permis & permet icelle cour, à tous ceux qui les trouveront faisant le contraire, de les prendre & mener à justice & ausdits prevost des marchands & eschevins, tant pour les punir, que pour les mettre & retenir, comme il est contenu respectivement cy-dessus. Le tout par maniere de provision, & jusques à ce que par ladite cour en soit autrement ordonné.

VIII. Et outre enjoint & commande la cour à tous essoreillez & bannis, soit hors de ceste ville ou du royaume, & qui sont rappellez, qu'ils ayent à vuider incontinent après ce cry fait, & garder leur bannissement, sur peine de la hart.

Publié à son de trompe & cry public par les carrefours de ceste ville de Paris, le XXII. jour d'Avril M. D. XXXII. *Fontanon tom. I. pag.* 908.

ORDONNANCE DE LA COUR
contre les vagabonds, belistres & caymans.

An. 1532.

I. LA COUR deüëment avertie & informée que plusieurs personnes, tant hommes que femmes, sous couleur de l'aumosne charitable qui se fait & est impartie aux pauvres mandiens invalides, qui n'ont pouvoir ne puissance de gaigner leur vie, ont delaissé & delaissent chacun jour leurs negoces & operations dont ils avoient accoustumé vivre par cy-devant sans mandier, & se trouvent & mettent avec lesdits pauvres invalides, prenant le pain & substance d'iceux pauvres, & feignans estre impotens, contre les arrests d'icelle cour & intention de ceux qui donnent lesdites aumosnes; fait inhibitions & defenses à tous, tant hommes que femmes, valides & puissans pour gaigner leur vie, & qui n'ont cy-devant accoustumé de mandier, ains vivre de leurs operations, qu'ils n'ayent à eux trouver ès lieux où on fait lesdites aumosnes, pour prendre le pain & pitance desdits pauvres impotens & invalides, sur peine d'estre fessez par les carrefours de ceste ville.

II. Et enjoint & commande icelle cour, au prevost de Paris ou son lieutenant criminel, qu'il ait à deputer un ou plusieurs commissaires du chastelet de Paris, accompagnez de sergens, pour eux trouver ès paroisses & lieux où se font par chacun jour lesdites aumosnes, pour prendre au corps reaument & de fait ceux qui n'ont accoustumé mandier, contrevenans à ceste presente ordonnance; & iceux facent mener ès prisons dudit chastelet, pour estre justifiez & punis selon ladite ordonnance.

III. Et outre enjoint icelle cour aux quarteniers de ladite ville, que par leurs cinquanteniers & dizeniers ils s'enquierent chacun en son quartier de la quantité des personnes qui prennent chacun jour l'aumosne par les paroisses & hospitaux de cestedite ville & fauxbourgs d'icelle; & qu'ils baillent par escrit les noms de ceux & celles qu'ils trouveront valides, & aussi de ceux qui par cy-devant n'auroient accoustumé mandier leur vie; pour ce fait, estre contre eux procedé extraordinairement, en telle maniere que ce soit exemple à tous autres.

IV. Et ordonne ladite cour cestedite presente ordonnance estre publiée à son de trompe & cry public par cestedite ville de Paris, à ce que nul n'en puisse pretendre cause d'ignorance.

Publié à son de trompe & cry public par les carrefours de Paris le III. jour de Juin, l'an M. D. XXXII. *Ibidem pag.* 909.

BULLE DU PAPE CLEMENT VII. pour la secularisation & union de l'abbaye de saint Maur des Fossez à la manse episcopale de Paris.

An. 1533.

CLEMENS episcopus servus servorum Dei dilectis filiis abbati monasterii sanctæ Genovefæ Parisiensis in civitate Parisiensi commoranti, Germano *de Brie* archidiacono Albiensi, ac Nicolao *Quelin* thesaurario Omnium-Sanctorum de Mauritania Sagiensis diocesis, ecclesiasticam salutem & apostolicam benedictionem. Sacri apostolatûs ministerio, meritis licèt imparibus, divinâ disponente clementiâ, præsidentes, inter multiplices curas quibus assiduè pro rerum negotiorumque varietate distrahimur, illam libenter amplectimur per quam nostræ provisionis auspiciis partim personis ecclesiasticis pontificali dignitate decoratis pro onerum illis incumbentium supportatione opportuna adsint subsidia, ac ecclesiarum quarumlibet decori & venustati consulatur, in eisdem divinus cultus cum Christi fidelium consolatione spirituali incrementum suscipiat; & ad hoc officii nostri partes interponimus, prout catholicorum regum vota exposcunt, ac ecclesiarum & personarum earumdem nec non & locorum & temporum qualitatibus & conditionibus diligenter consideratis, conspicimus in Domino salubriter expedire. Sanè pro parte charissimi in Christo filii nostri Francisci Francorum regis illustris, ac venerabilis fratris nostri Joannis episcopi Parisiensis, ac dilectorum filiorum conventûs monasterii sancti Mauri de Fossatis, ordinis sancti Benedicti, Parisiensis diocesis, nobis nuper exhibita petitio continebat, quòd olim cùm civitas Parisiensis perexigua existeret, & civitatulæ nomen faciemque ac infimorum & modicorum civium & incolarum haberet copiam, in ea episcopalis ecclesia Parisiis fundata & aliqui redditus ad tunc episcopi Parisiensis commodam sustentationem & onerum sibi incumbentium supportationem suppetentes assignati fuerunt. Sed postmodùm, divinâ annuente clementiâ, civitas ipsa tunc Francorum regum & regni Franciæ procerum beneficiis adeò excrevit, ut regum eorumdem ac procerum & maximatum nec non prælatorum dicti regni quasi communis habitatio habeatur, in ea namque palatia & alias immensas domos fermè singuli habent; ac ejusdem regni & totius Franciæ dominationis civitatum caput & murorum amplitudine & populi frequentiâ præcipuè effecta extitit, ac in illa senatus ipsius regis quod parlamentum vocant, ac universitas orbis facilè major, in qua pro orthodoxæ fidei defensione & incremento ordinariæ & publicæ lectiones, potissimè sacrarum litterarum ac etiam (legali disciplinâ exceptâ) cæterarum bonarum artium ; & si quid hæretici & alii ab ipsa fide dyscoli in toto ipso orbe contra lectionem evangelicam & alia catholica dogmata moliantur, pro illorum reprehensione, & ut exindè clarum & lucidum suorum dictorum reportent judicium, publicæ disputationes & positiones fiunt ; pluraque & diversa scholarium in quibus juvenes & alii scientiæ cupidi commodè doceri & bonis artibus imbui possint, aut clericorum sæcularium necnon religiosarum personarum collegia diversorum ordinum, & innumerosus & insignis clerus, ac utriusque sexûs monasteria frequentia fundata prospiciuntur. Ac ut ipsa civitas illustrior & celebrior evaderet, qui senatum ipsum constituerunt, hunc ecclesiastico ordini habuerunt honorem, ut summam appellatione legibusque solutam judicandi potestatem non laïcis tantùm committerent, sed ecclesiasticos viros illis commixtos, quorum gravitate, sanctimoniâ & integritate laïci ipsi erudirentur, & causæ ecclesiasticæ in illo protectores haberent, asciscere : quódque pro tempore existens episcopus Parisiensis ex senatoribus ipsius senatûs unus perpetuò existeret, eidem dignitati episcopi senatoria dignitas adhæreret, voluerunt. Quo processit, ut cùm ex toto ipso regno quamplurimi scelerum rei per sæculares judices comprehensi, vel aliàs coràm ipsis accusati, per appellationis beneficium aut personaliter in ipso senatu comparere tenentur, vel etiam adducuntur, causas appellationum suarum dicturi, vel delictis quorum rei deferuntur, responsuri : & ob clericale beneficium ipse senatus eos ad ecclesiasticum judicem duntaxat remittendos ex certis causis eos moventibus, eosdem reos, etiam si alienæ diocesis existant, ad episcopum Parisiensem tanquam proprium judicem eis nequaquam reclamantibus remittat. In quorum processuum discussione, nec non jurisdictionis ecclesiasticæ exercitio in tam numerosâ & omni genere populorum conferta civitate, propter diversorum inibi commissorum criminum multitudinem, præfatus episcopus magnas & intolerabiles expensas, nullo inde proveniente emolumento, cùm ab eisdem reis forsan egestate affectis vel nihil possit vel non

non debeat seu non liceat exigi, supportare: ac cùm in solemnibus festis aliisque pluribus diebus anni, ex statuto vel consuetudine hactenùs inviolabiliter observatis, in eadem ecclesia rem divinam peragit & ecclesiasticum celebrat officium, totum ipsius ecclesiæ clerum qui nunc pro civitatis claritate numerosissimus existit, *Hyperbole.* à maximo usque ad minimum * convivio excipere, & in illo omnes senatorii ordinis ac theologiam in ipsa universitate profitentes, præter etiam innumerum ipsius civitatis clerum admittere: insuper legatos & oratores diversorum regum, nationum & communitatum, qui pacis & fœderum vel sancitorum vel sanciendorum & inconcussè observandorum gratiâ illic sese gregatim conferunt, ne ab officio deficere & quâdam velut dedecoris rubigine dignitatem suam episcopalem labefactare videatur, salutare & honorificè recipere teneatur; ac pro tantorum onerum supportatione nulla mensæ episcopali Parisiensi addita sunt emolumenta, & antiqui illius fructus non modò ad præmissa, sed nec ad commodam sustentationem episcopi Parisiensis, temporum & rerum qualitate pensatâ, pro quadrimestri sufficiant; ac dictum monasterium sancti Mauri, in quo corpus ipsius sancti honorificè reconditum existit, à Christi fidelibus partium illarum jugiter veneratur, & ob Christi fidelium multitudinem ad ecclesiam ipsius sancti Mauri monasterii pro divinis officiis audiendis, ac aliàs devotionis causâ accedentium, monachi dicti monasterii sancti Mauri à regularis disciplinæ observantia ac regulari vivendi modo plurimùm distrahantur; quo fit ut vota Altissimo juxtà regularia instituta non reddentes, animarum suarum saluti minimè consulant, & sæculares ex eorum mutua conversatione & vita à regularis disciplinæ observantia quodammodò aliena, illorum famæ & decori detrahant. Verùm si in dicto monasterio quod præfatus Joannes episcopus ex concessione apostolica in commendam obtinet, nomen & titulus monasterii ac dignitas abbatialis & conventualitas, nec non in illo & prioratibus aliisque regularibus beneficiis dicti ordinis ab ipso monasterio dependentibus, omnis status & dependentia regularis, necnon singula loca & monachales portiones ac officia claustralia dicti monasterii penitùs & omninò supprimerentur & extinguerentur, ac ecclesia dicti monasterii in collegiatam erigeretur, & institueretur in ea, loco dignitatis abbatialis prædictæ, unus decanatus principalis pro episcopo Parisiensi pro tempore existente qui decanus ejusdem ecclesiæ existeret, & una cantoria non principalis inibi dignitates pro uno cantore, ac octo canonicatus & totidem præbendæ pro octo canonicis, nec non quatuor perpetuæ vicariæ seu capellaniæ pro quatuor vicariis seu capellanis qui inibi missas & alia divina officia diurna pariter & nocturna celebrare, & inibi divinis officiis interesse & personaliter residere deberent, erigerentur & instituerentur, ac quatuor pueri chori, necnon unus magister qui eosdem pueros in arte musices erudire deberet, deputarentur: ex hoc profectò ipse Joannes & pro tempore existens Parisiensis episcopus in suis necessitatibus aliquod subventionis auxilium reciperet, ac prædicta & alia sibi tempore incumbentia onera faciliùs supportare posset, ac ecclesia sancti Mauri venustior redderetur, & divinus cultus in ea, & ad illam Christi fidelium devotio cum illorum spirituali consolatione augmentum susciperet. Quare pro parte Francisci regis & Joannis episcopi ac conventûs præfatorum nobis fuit humiliter supplicatum, ut in monasterio sancti Mauri nomen & titulum monasterii ac dignitatem abbatialem & conventum, nec non in illo ac prioratibus aliisque beneficiis dependentibus omnem statum & dependentias regulares, nec non omnia & singula officia ac loca & monachales portiones hujusmodi supprimere & extinguere, & ecclesiam sancti Mauri monasterii hujusmodi in ecclesiam collegiatam cum mensa capitulari & sigillo & arca communibus, aliisque collegialibus insigniis: necnon loco abbatialis dignitatis unum decanatum principalem pro episcopo Parisiensi pro tempore existenti, & unam cantoriam pro uno cantore, & octo canonicatus & totidem præbendas pro octo canonicis sæcularibus, nec non perpetuas vicarias seu capellanias quatuor pro totidem vicariis seu capellanis qui inibi missas & alia divina officia diurna pariter & nocturna celebrare teneantur, erigere & instituere: ac quatuor pueros & unum magistrum cantûs ad ipsius Parisiensis episcopi nutum amovibiles constituere & deputare, aliásque opportunè providere dignaremur. Nos igitur qui dudùm inter alia voluimus quòd petentes beneficia ecclesiastica aliis uniri, tenerentur exprimere verum annuum valorem, secundùm communem existimationem, & etiam beneficii cui aliud uniri peteretur, alioquin unio non valeret, & semper in unionibus vocarentur quorum in-

Tome II. G ggg

teressset: quique ecclesiarum quarumlibet decorem & venustatem, ac in illis divini cultus augmentum & animarum salutem sinceris exoptamus affectibus, de præmissis certam notitiam non habentes, necnon Joannem episcopum & singulares personas conventûs hujusmodi à quibusvis excommunicationis, suspensionis & interdicti aliisque ecclesiasticis censuris, sententiis & pœnis à jure vel ab homine quâvis occasione vel causâ latis, si quibus quomodolibet innodati existunt, ad effectum præsentium duntaxat consequendum, harum serie absolventes, & absolutos fore censentes: necnon mensæ episcopalis & monasterii ac singulorum locorum & monachalium portionum ac officiorum & prioratuum, necnon beneficiorum dependentium, eorumdem fructuum, reddituum & proventuum veros annuos valores præsentibus pro expressis habentes, hujusmodi supplicationi inclinati, discretioni vestræ per apostolica scripta mandamus, quatenùs vos vel duo vel unus vestrûm, si est ita, in dicto monasterio sancti Mauri nomen & titulum monasterii ac dignitatem abbatialem & conventualitatem, nec non in illo & prioratibus aliisque beneficiis dependentibus omnem statum & dependentias regulares, nec non omnia & singula officia ac loca & monachales portiones hujusmodi, quorum quantitates, qualitates, situationes, diœceses & denominationes etiam præsentibus haberi volumus pro expressis, ita ut de cætero loca & monachales portiones monasterii ipsius sancti Mauri ac prioratus & officia claustralia dici, denominari & censeri non possint, penitùs & omninò perpetuò supprimere & extinguere: ac in ecclesia monasterii sancti Mauri hujusmodi statum regularem in statum canonicorum presbyterorum & clericorum sæcularium immutare, & eum ad statum sæcularem reducere: ipsamque ecclesiam sancti Mauri in sæcularem & collegiatam, ac in ea capitulum sæculare cum mensa capitulari & sigillo ac arca communibus, aliisque collegialibus insigniis: nec non loco suppressæ abbatialis dignitatis hujusmodi unum decanatum principalem pro episcopo Parisiensi pro tempore existenti, qui inibi omnimodam jurisdictionem, superioritatem, potestatem, auctoritatem & præeminentiam habeat, prout abbas ipsius monasterii sancti Mauri pro tempore existens habere poterat & consueverat, & unam cantoriam non principalem inibi dignitates pro uno cantore, & octo canonicatus & totidem præbendas pro octo canonicis sæcularibus, necnon quatuor perpetuas sine cura vicarias seu capellanias pro totidem vicariis seu capellanis qui inibi missas & alia divina officia diurna pariter & nocturna celebrare teneantur, sine alicujus præjudicio erigere & instituere: & quatuor pueros & unum magistrum cantûs ad ipsius Parisiensis episcopi pro tempore existentis nutum amovibiles constituere & deputare: nec non omnes & singulos ipsius sancti Mauri monachos, etiam illius officia & ab eo dependentes prioratus hujusmodi obtinentes eundem ordinem in dicto monasterio sancti Mauri tacitè vel expressè professos (tribus votis substantialibus per eos emissis à quibus minimè absoluti censeantur, salvis remanentibus) ab observantia constitutionum ordinis, statutorum & consuetudinum regularium monasterii sancti Mauri ordinis prædicti, & à regula ejusdem sancti Benedicti, & secundùm illam divini officii recitatione, ita ut ipsi monachi nunc regulares, de cætero canonici sæculares dictæ ecclesiæ sancti Mauri existant, & pro talibus habeantur & reputentur, ac de cætero habitum regularem dicti ordinis gestare, & illius regularia instituta, ritus & mores, etiam quoad divinorum officiorum celebrationem, jejunia, victum, ciborum & indumentorum usum, & quæcumque alia ad quæ ratione dicti ordinis tenebantur, observare minimè teneantur, sed in habitu, incessu, moribus & vita quoad omnia sæcularibus canonicis aliarum ecclesiarum collegiatarum sæcularium partium illarum se omninò & & ubique absque ullius apostasiæ nota aut censuræ ecclesiasticæ incursu conformare: nec non de fructibus quorumcumque beneficiorum ecclesiasticorum per eos nunc & pro tempore obtentorum, ac bonis suis quibuscumque mobilibus & immobilibus per eos ac eorum quemlibet, tam ex successione parentum, quàm intuitu ecclesiæ vel aliàs licitè ex eorum industria acquisitis & acquirendis etiam in eorum ultimis voluntatibus & aliàs, ac si clerici sæculares existerent, liberè testari & disponere possint, sic tamen quòd illis ab intestato decedentibus, etiamsi consanguineos habuerint, nihilominùs dictus episcopus quoad bona intuitu dictæ ecclesiæ sancti Mauri acquisita succedat, absolvere penitùs & liberare: ac singulorum locorum & monachalium portionum ac mensæ conventualis, necnon si illa obtinendo ad hoc accesserit assensus singulorum officiorum mensæ capitulari: singulorum verò prioratuum ac beneficiorum dependentium

dependentium eorumdem cedendo etiam ex causa permutationis vel decedendo illorum possessoribus, seu prioratus ac beneficia dependentia hujusmodi aliàs quomodolibet dimittendo vel amittendo, & illis quovis modo vacantibus, etiam apud sedem apostolicam, etiam in manibus nostris, fructus, redditus & proventus ac bona quæcumque eidem mensæ episcopali, ita quòd liceat capitulo dictæ ecclesiæ sancti Mauri mensæ conventualis ac locorum & monachalium portionum, nec non officiorum claustralium ex nunc, & pro tempore episcopo præfatis mensæ abbatialis, etiam ex nunc, & cùm simul vel successivè, ut præfertur, vacaverint, prioratuum & beneficiorum dependentium fructuum & reddituum & proventuum & bonorum eorumdem corporalem possessionem per se vel alium seu alios propriâ auctoritate liberè apprehendere & perpetuò retinere, ac capitulo in distributiones quotidianas pro cantore & canonicis ac vicariis seu capellanis prædictis in dicta erigenda ecclesia divinis interessentibus, juxta providam ordinationem ipsorum episcopi & capituli desuper habendam dividere, episcopo verò & præfatis in suos & mensæ episcopalis usus & utilitatem convertere : necnon eisdem prioratibus & beneficiis per presbyteros idoneos sæculares, vel cujusvis ordinis regulares in divinis deserviri, & curam animarum illis imminentem exerceri, & sacramenta ecclesiastica illis ministrari facere (diocesanorum locorum, vel quorumvis aliorum licentiâ minimè requisitâ) perpetuò applicare & appropriare : quódque collatio, provisio & omnimoda alia dispositio cantoriæ, canonicatuum & præbendarum, necnon & vicariarum perpetuarum seu capellaniarum ac aliorum beneficiorum ecclesiasticorum, quorum collatio, provisio aut ad illa personarum idonearum præsentatio ad abbatem, & institutio ad episcopum præfatos, ad eumdem episcopum plenariè collatio ; quorum verò præsentatio personarum idonearum ad ipsum abbatem, & institutio personarum sic præsentatarum ad quosvis alios collatores pertinet, etiam præsentatio & jus præsentandi personas idoneas ad beneficia hujusmodi, & aliàs de illis disponendi, prout ad ipsum abbatem pertinebat, ad eundem episcopum pertineat, statuere & ordinare : ac præfato Joanni & pro tempore existenti episcopo, tam circà divinorum officiorum celebrationem, quàm bonorum & rerum dictæ ecclesiæ sancti Mauri conservationem & documentum, ac illius fru-

Tome II.

ctuum distributionem unà cum eisdem capitulo statuta & ordinationes licita & honesta condere, & condita limitare, corrigere & interpretari secundùm rerum & temporum qualitates, etiam cum pœnarum & censurarum adjectione, & loco illorum aliud vel alia statuta & ordinationes quoties placuerit & expedire visum fuerit edere ; quæ postquàm condita, limitata, correcta aut de novo edita fuerint, eo ipso auctoritate apostolicâ confirmata sint & esse censeantur : necnon eidem ecclesiæ sancti Mauri ac illius cantori & capitulo & aliis dignitates, personatus, administrationes vel officia ac canonicatus & præbendas, aliaque beneficia ecclesiastica pro tempore obtinentibus, ac aliis personis ejusdem ecclesiæ sancti Mauri, ut omnibus & singulis facultatibus, gratiis, prærogativis, concessionibus & indultis etiam eidem monasterio ante illius suppressionem hujusmodi tam apostolicâ quàm ordinariâ auctoritate ac aliàs quomodolibet concessis, ut priùs, & quibus aliæ ecclesiæ collegiatæ sæculares partium earumdem, illarumque canonici & personæ de jure vel consuetudine ac aliàs quomodolibet utuntur, potiuntur & gaudent, ac uti, potiri & gaudere poterunt quomolibet in futurum, etiam quoad delationem almuciarum absque differentia uti, potiri & gaudere valeant, plenam & liberam facultatem concedere pariter & indulgere : & nihilominùs monachos præfatos & eorum singulos qui propter transgressionem institutorum regularium eorumdem aliquam apostasiæ notam aut irregularitatem forsan incurrerunt, ab hujusmodi excessibus & apostasiæ reatu ac quibusvis excommunicationis aliisque sententiis, censuris & pœnis ecclesiasticis quas præmissorum occasione quomodolibet incurrerunt, absolvere : ac super irregularitate, si quam censuris hujusmodi ligati, missas & alia divina officia celebrando, & aliàs illis se immiscendo contraxerint : quódque quæcumque, quotcumque & qualiacumque sine cura & cum cura sæcularia, aliàs tamen se invicem compatientia, beneficia ecclesiastica, etiamsi canonicatus & præbendæ, dignitates & personatus, administrationes vel officia in cathedralibus etiam metropolitanis post pontificales majores, seu ecclesiis collegiatis hujusmodi principales fuerint, & ad dignitates, personatus, administrationes vel officia hujusmodi consueverint qui per electionem assumi, eisque cura immineat animarum, aliàs eis canonicè conferenda, etiam post suppres-

G ggg ij

sionem & reductionem ejusmodi recipere: illaque, necnon quæcumque, quotcumque & qualiacumque beneficia ecclesiastica sæcularia & regularia, quæ quilibet eorum ex quibusvis concessionibus & dispensationibus apostolicis in titulum & commendam ac aliàs obtinet, & in quibus & ad quæ jus eis quomodolibet competit, ut priùs, retinere; illaque simul vel successivè, simpliciter vel ex causa permutationis, quories eis placuerit, dimittere, & loco dimissi vel dimissorum alia similia vel dissimilia beneficia ecclesiastica quæcumque, quotcumque & qualiacumque cum cura & sine cura (se invicem tamen, ut præfertur, compatientia) similiter recipere & retinere: ac quascumque pensiones annuas eis super quibusvis fructibus, redditibus & proventibus ecclesiasticis forsan assignatas, ut priùs, quoad vixerint, percipere, exigere & levare: nec non quibusvis gratiis, indultis & dispensationibus eis & eorum cuilibet concessis uti, potiri, gaudere, & beneficia sub illis comprehensa recipere, & juxtà eorum tenores retinere liberè & licitè valeant, dispensare: ac omnem inhabilitatis & infamiæ maculam sive notam per eos præmissorum occasione contractam, penitùs abolere: nec non beneficia obtenta & jus hujusmodi propter reductionem prædictam non vacare, & commendas non cessare, ac dispensationes, gratias & indulta hujusmodi plenam roboris firmitatem obtinere, ac cum clausula permutandi & commendâ cedendi, necnon derogationibus ac omnibus & singulis aliis in eis contentis clausulis eisdem monachis etiam post reductionem ejusmodi suffragari posse & debere in omnibus & per omnia, perindè ac si reductio prædicta facta non fuisset: necnon si seciùs super his à quoquam quâvis auctoritate scienter aut ignoranter contigerit attentari, irritum & inane decernere auctoritate nostrâ curetis. Et nihilominus si suppressionem, extinctionem, immutationem, reductionem, erectionem, institutionem, constitutionem, deputationem, absolutionem, liberationem, applicationem, statutum, abolitionem & decretum hujusmodi ordinationem, concessionem, indultum, dispensationem per vos vel aliquem vestrûm vigore præsentium fieri contigerit, per vos vel alium seu alios Joanni & pro tempore existenti episcopo Parisiensi ac cantori, canonicis ac aliis personis ecclesiæ sancti Mauri hujusmodi in præmissis efficacis defensionis præsidio assistentes, faciatis eadem auctoritate nostrâ inviolabiliter observari: non permittentes eos quos litteræ ipsæ concernunt, desuper quomodolibet indebitè molestari; contradictores, molestatores quoslibet & rebelles per censuras & pœnas ecclesiasticas ac alia opportuna juris remedia, appellatione postpositâ, compescendo: necnon legitimis super his habendis servatis processionibus, censuras & pœnas ipsas, quoties opus fuerit, aggravando, invocato etiam ad hoc, si opus fuerit, auxilio brachii sæcularis; non obstante voluntate nostrâ priori prædictâ, ac ultimò celebrati Lateranensis concilii, necnon quibusvis aliis constitutionibus & ordinationibus apostolicis, ac monasterii sancti Mauri & ordinis prædicti juramento, confirmatione apostolicâ vel quâvis aliâ firmitate roboratis statutis & consuetudinibus, privilegiis quoque & indultis apostolicis eidem monasterio sancti Mauri sub quibuscumque tenoribus & formis, ac cum quibusvis etiam derogatoriarum derogatoriis, aliisque efficacioribus & insolitis clausulis irritantibusque & aliis decretis, ac aliàs quomodolibet iteratis vicibus concessis approbatis & innovatis: quibus omnibus, etiamsi pro illorum sufficienti derogatione de illis eorumque totis tenoribus specialis, specifica, expressa & individua, ac de verbo ad verbum, non autem per clausulas generales idem importantes, mentio seu quævis alia expressio habenda, aut aliqua exquisita forma ad hoc servanda foret, tenores hujusmodi, ac si de verbo ad verbum, nihil penitùs omisso, & forma in illis tradita observata in sequenti forent, præsentibus pro sufficienter expressis habentes, illis aliàs in suo robore permansuris, hâc vice duntaxat specialiter & expressè derogamus contrariis quibuscumque, aut si aliquibus communiter vel divisim à dictâ sit sede indultum quòd interdici, suspendi, excommunicari non possint per litteras apostolicas non facientes plenam & expressam ac de verbo ad verbum de indulto hujusmodi mentionem; proviso quòd prioratus & beneficia dependentia hujusmodi proptereà debitis non fraudentur obsequiis, & animarum cura, si qua illis immineat, nullatenùs negligatur, sed eorum congruè supportentur onera consueta. Datûm Romæ apud sanctum Petrum anno incarnationis Dominicæ M. D. XXXIII. idibus Junii, pontificatûs nostri anno x. *Signé sur le reply* B. MOTTA. *Du Breul, supplément p.* 173.

Execution de la bulle precedente.

An. 1536.

IN nomine Domini, amen. Universis præsentes litteras seu præsens publicum instrumentum sententiam nostram definitivam infrà scriptam in se continentes seu continens visuris, lecturis pariter & audituris, Philippus permissione divinâ inclyti monasterii sanctæ Genovefæ Parisiensis, ordinis sancti Augustini, ad Romanam ecclesiam nullo medio pertinentis, humilis abbas, & Nicolaus *Quelin* in utroque jure licentiatus, ecclesiæ collegiatæ Omnium Sanctorum de Mauritania, Sagiensis diœcesis, thesaurarius, domini nostri regis in sua suprema curia parlamenti Parisiensis consiliarius, & in magna camera inquestarum ejusdem curiæ præsidens, judices seu commissarii in hac parte, unà cum quodam viro nostro in hac parte collega, cum illa clausula : *Quatenùs vos vel duo vel unus vestrùm, per vos vel alium seu alios*, &c. à quondam sanctissimo in Christo patre & domino nostro domino Clemente divinâ providentiâ papa VII. commissi & delegati per rescriptum apostolicum, cujus tenor supra ; notum facimus, &c ....
Post multa Christi nomine invocato : viso processu moto & pendente corâm nobis abbate monasterii sanctæ Genovefæ &c. *Post pauca sequitur definitiva sententia his verbis* : Dicimus, non obstante contumacium defectu & contumaciâ, ac aliis quibuscumque per oppositionem propositis & allegatis, fore & esse ad definitivam sententiam procedendum, & procedendo per hanc nostram sententiam, quam pro tribunali sedentes, solum Deum præ oculis habentes fecimus in his scriptis, præfati monasterii sancti Mauri nomen, titulum ac dignitatem abbatialem & conventualitatem, necnon in illo & prioratibus aliisque beneficiis dependentibus, omnem statum & dependentias regulares, ac etiam omnia & singula officia ac loca & monachales portiones prætacti monasterii sancti Mauri, prioratus & officia claustralia, auctoritate apostolicâ quâ in hac parte fungimur, omninò & perpetuò supprimimus & extinguimus : ita ut de cætero præmissa loca & monachales portiones prætacti monasterii, prioratus & officia claustralia dici, nominari & censeri non possint ; dictamque ecclesiam sancti Mauri, loco status regularis nunc extincti & suppressi, in statum canonicorum presbyterorum & clericorum sæcularium immutamus, & ad statum sæcularem reducimus : ipsam ecclesiam sancti Mauri in sæcularem & collegiatam, ac in ea capitulum sæculare cum mensa capitulari, sigillo & arcâ communibus aliisque collegialibus insigniis, unum decanatum dignitatem principalem pro episcopo Parisiensi pro tempore existenti, qui inibi omnimodam jurisdictionem, superioritatem, potestatem, auctoritatem & præeminentiam habeat, prout abbas ipsius monasterii pro tempore existens habere poterat & consueverat, loco dignitatis abbatialis suppressæ: unam cantoriam non principalem inibi dignitatem ac novem canonicas seu canonicatus & decem præbendas, duas videlicèt pro cantore, reliquas pro octo canonicis, quatuor perpetuas sine cura vicarias seu capellanias pro totidem vicariis seu capellanis, ac quatuor pueros & unum magistrum cantûs ad ipsius episcopi Parisiensis dictæ ecclesiæ decani pro tempore existentis nutum amovibiles, qui in dictâ ecclesia sancti Mauri missas & alia divina officia diurna pariter & nocturna sine ulla omissione facere, dicere, decantare & celebrare perpetuò teneantur, eâdem auctoritate apostolicâ erigimus, instituimus & deputamus : quibus redditum competentem in executione hujusmodi nostræ sententiæ assignabimus & deputabimus : omnes & singulos dicti monasterii sancti Mauri nunc suppressi monachos, etiam ipsius officia & ab eo dependentes prioratus obtinentes, ordinis sancti Benedicti, in monasterio sancti Mauri tacitè vel expressè professos, ab observantia constitutionum, ordinationum, statutorum, consuetudinum regularium monasterii sancti Mauri & ordinis prædicti, ac à regula sancti Benedicti, necnon decantatione divini officii secundùm eandem regulam omninò (tribus vobis substantialibus per eos emissis, à quibus minimè absoluti teneantur, salvis remanentibus) absolvimus & liberamus. Decernentes quòd ipsi monachi nunc regulares, de cetero canonici sæculares dictæ ecclesiæ sancti Mauri existant, ac pro talibus habeantur & reputentur ; ac habitum regularem per monachos dictorum ordinum & monasterii gestari solitum gestare, & illius regularia instituta, ritus, mores, etiam quoad divinorum officiorum celebrationem, jejunia, victum, ciborum & indumentorum usum&quæcumque alia ad quæ ratione dicti ordinis tenebantur, minimè teneantur : sed in habitu, incessu, ritu, moribus & vitâ quoad omnia sæcularibus canonicis aliarum ecclesia-

Gggg iij

rum collegiatarum sæcularium vicinarum se omninò & ubique absque alicujus apostasiæ notâ & censuræ ecclesiasticæ incursu conformare possint & valeant. Similiter auctoritate apostolicâ prædictâ decernimus & ordinamus, quòd præfati canonici, sicut præmissum est, è statu regulari & monachali in statum sæcularium canonicorum reducti & assumpti, de fructibus quorumcumque beneficiorum ecclesiasticorum per eos nunc & pro tempore obtentorum, ac bonis quibuscumque mobilibus & immobilibus per eos & eorum quemlibet tam ex successione parentum, quàm intuitu ecclesiæ vel aliàs licitè eorum industriâ acquisitis & acquirendis, etiam in eorum ultimis voluntatibus & aliàs quomodocumque, ut cæteri clerici sæculares, liberè testari & disponere (ita tamen quòd ipsis ab intestato decedentibus, etiamsi consanguineos habuerint, dictus episcopus quoad bona ecclesiæ acquisita succedat) possint & valeant. Insuper omnes & singulos redditus & proventus qui dictæ dignitati abbatiali nunc suppressæ ac mensæ couventuali seu dicto monasterio sancti Mauri quoquo titulo competierunt & pertinuerunt, competunt & pertinent, ac portiones quascumque monachales, & redditus officiorum claustralium dicti monasterii, mensæ Parisiensi ex nunc: omnes verò & singulos redditus & proventus quorumcumque prioratuum & beneficiorum regularium à dicto monasterio dependentium, ex tunc cùm dictos prioratus & beneficia, quotiens per mortem modernorum possessorum, (si comite eorum vitâ non resignaverint) ex aliorum verò hujusmodi beneficia exinde obtinentium personâ quacumque, etiam ex causâ permutationis, vacare contigerit, unimus & incorporamus, appropriamus & applicamus; decernentes ut exnunc aut ex tunc, cùm prædicta beneficia, ut præmissum est, vacaverint, præmissorum prioratuum beneficiorum, reddituum, proventuum & bonorum eorumdem actualem, realem & corporalem possessionem idem episcopus Parisiensis per se vel alium ab eo deputandum propriâ auctoritate liberè respectivè capere & apprehendere, & perpetuò nomine dictæ episcopalis dignitatis retinere, & in suos & mensæ episcopalis usus, & ad illius utilitatem convertere possit & valeat; ita tamen quòd cultus divinus in dictis prioratibus & aliis beneficiis dependentibus, sicut præmittitur, suppressis, non minuatur, & servitium divinum diurnum ac nocturnum ex consuetudine ab antiquo dici, celebrari & decantari solitum non omittatur, sed omninò & integrè, ut dici consuevit, per presbyteros idoneos sæculares aut regulares dicatur, celebretur & decantetur, curaque animarum illis imminens exerceatur, ecclesiasticaque sacramenta per prædictos presbyteros sæculares aut regulares administrentur. Præhtereâ ordinamus & decernimus quòd collatio & provisio & omnimoda alia dispositio cantoriæ & canonicatuum & præbendarum, necnon vicariarum perpetuarum seu capellaniarum, & aliorum beneficiorum ecclesiasticorum quorum collatio, provisio aut alia illa personarum idonearum præsentatio ad abbatem, & institutio ad episcopum præfatos, ad eundem episcopum plenariè collatio: quorum verò personarum idonearum præsentatio ad ipsum abbatem, & institutio personarum sic præsentatarum ad quosvis alios collatores pertinet, prædicta præsentatio & jus præsentandi personas idoneas ad beneficia hujusmodi, & aliàs de illis disponendi, prout ad ipsum abbatem pertinebat, ad eundem episcopum liberè pertineant. Præmissâ insuper apostolicâ auctoritate ordinamus, quòd idem reverendissimus cardinalis ac pro tempore episcopus Parisiensis, tam circa divinorum officiorum celebrationem, ac bonorum dictæ ecclesiæ sancti Mauri conservationem & illius fructuum distributionem, unà cum eisdem cantore & canonicis statuta & ordinationes licita & honesta etiam cum pœnarum & censurarum adjectione condere, & condita limitare, corrigere & interpretari secundùm rerum & temporum qualitates, quoties placuerit & expedire visum fuerit, edere: quæ postquam condita, limitata & correcta aut de novo edita fuerint, auctoritate apostolicâ confirmata sint & esse censeantur; insuper prætactæ ecclesiæ sancti Mauri sic in ecclesiam sæcularem erectæ ac illius cantori, canonicis & capitulo ac aliis in dictâ ecclesiâ pro tempore obtinentibus ecclesiastica beneficia, ut omnibus & singulis facultatibus, gratiis, prærogativis, concessionibus & indultis eidem monasterio sancti Mauri ante hujusmodi suppressionem tam apostolicâ quàm ordinariâ auctoritate aut aliàs quomodolibet concessis, ut priùs, & quibus aliæ ecclesiæ collegiatæ vicinæ sæculares, illarumque canonici & personæ de jure vel consuetudine vel aliàs quomodolibet utuntur, potiuntur & gaudent, uti, potiri & gaudere consueverunt, etiam quoad almutiarum delationem absque aliâ differentiâ in futurum uti, potiri & gaudere valeant, plenam & liberam

JUSTIFICATIVES. 607

& liberam facultatem eâdem auctoritate apostolicâ impartimur & concedimus ac indulgemus. Et nihilominùs archiepiscopo Senonensi & episcopo Carnotensi & suis successoribus, eorumdemque capitulis (dictis sedibus archiepiscopali Senonensi & Carnotensi vacantibus) jus visitationis in illis locis, in quibus prioratus & alia regularia beneficia à dicto monasterio dependentia extabant, ac procurationem ratione dictæ visitationis debitam, nec non jus taxam super prætactis locis, quotiens decimæ papales aut aliæ subventiones à clero dictarum dioceseon exigentur, imponendi, & alia jura quæ ante hujusmodi suppressionem & unionem in dictis prioratibus & beneficiis regularibus à dicto monasterio dependentibus præfati archiepiscopus & episcopus hactenùs habuerunt & habere consueverunt: similiter archidiacono Parisiensi pro tempore existenti jus de novo instituendi seu installandi dictum episcopum Parisiensem in decanum dictæ ecclesiæ sancti Mauri, ac jus pro hujusmodi institutione seu installatione summam decem librarum parisiensium percipiendi, sicut ab antiquo idem archidiaconus præmissa facere per se & suos prædecessores archidiaconos consueverat: ac etiam cantori ecclesiæ Parisiensis & suis successoribus jus unum porcum verrem, aut pro illo centum solidos parisienses in qualibet nova institutione episcopi Parisiensis tamquàm ecclesiæ sancti Mauri decani, habendi & percipiendi: necnon curato ecclesiæ parochialis sanctæ Marinæ civitatis Parisiensis eum redditum quem super fructibus & redditibus infirmariæ dicti monasterii sancti Mauri idem curatus sibi deberi prætendit, respective reservavimus & reservamus. In quorum omnium & singulorum fidem & robur & testimonium præmissorum, præsentes litteras seu præsens publicum instrumentum nostram definitivam sententiam in se continens, publicari & in hanc publicam formam redigi per notarium publicum subscriptum hujusmodi causæ scribam per nos assumptum, sigillorumque nostrorum fecimus appensione muniri. Lecta, lata & promulgata fuit hæc nostra definitiva sententia per nos ad jura reddenda apud barram capituli insignis ecclesiæ Parisiensis, anno Domini M. D. XXXVI. indictione IX. die Jovis post festum assumptionis beatæ Mariæ virginis mensis Augusti die XVII. pontificatûs sanctissimi in Christo patris & domini nostri domini Pauli divinâ providentiâ papæ III. anno II. præsentibus ibidem venerabilibus & discretis viris magi-

stris Egidio *Perrin* officiali curiæ domini archidiaconi de Josayo in ecclesia Parisiensi, Stephano *de Blaeru*, Philippo *Morin* in juribus licentiatis, in foro ecclesiastico Parisiensi advocatis, honestis viris magistris Martino *Mesnart*, Joanne *Mercier*, Guillelmo *Nocet*, Guillelmo *Pescheur*, curiarum conservationis privilegiorum apostolicorum universitatis & episcopalis Parisiensis notariis, unà cum pluribus aliis testibus ad præmissa vocatis & rogatis.

Et ego Antonius *Guibert* clericus Belvacensis diocesis, publicus auctoritate apostolicâ, curiarumque conservationis privilegiorum apostolicorum universitatis & episcopalis Parisiensis notarius juratus, quia præmissis omnibus & singulis, dum sic, ut præmittitur, dicerentur, agerentur & fierent, unà cum prænominatis testibus præsens interfui, eaque sic fieri, vidi & audivi: idcirco huic præsenti publico instrumento manu alienâ fideliter scripto signum meum publicum & consuetum apposui in fidem præmissorum, requisitus & rogatus. *Signé* GUIBERT. *Ibidem pag.* 180.

ORDONNANCE DE POLICE pour obvier au danger de la peste dans la ville & fauxbourgs de Paris; des mestiers prohibez durant ledit temps; des medecins, chirurgiens, barbiers & autres gens ordonnez pour visiter & medicamenter les malades de la contagion.

LA CHAMBRE ordonnée par le roy au temps des vacations, après recit fait en icelle de l'advis & deliberation faite en la chambre du conseil, pour mettre provision & obvier au danger de peste à present regnant en ceste ville de Paris & fauxbourgs d'icelle, & ouy sur ce les procureur general du roy, lieutenant criminel de la prevosté de Paris, prevost des marchands & eschevins de ceste ville de Paris pour ce mandez en ladite chambre, commande & enjoint, pour obvier audit danger de peste, à tous proprietaires & locatifs des maisons estans en cestedite ville de Paris, esquelles depuis deux mois en ça ont esté malades aucunes personnes de peste, ou allé de vie à trespas, & qui après la publication de ceste presente ordonnance pourront estre malades, qu'ils ayent à mettre ès fenestres desdites maisons ou autres lieux plus apparens, une croix de bois, & au milieu de la principale porte, huis & entrée d'icelles maisons une autre croix de bois eslevée & af-

AN. 1533.

fichée contre lesdites portes & huis, à ce que chacun en puisse avoir cognoissance & s'abstenir d'y entrer.

II. Aussi commande & enjoint à toutes personnes qui ont été malades, & qui cy-après seront malades de ladite maladie de peste, & à tous ceux de la maison & famille où auront esté & seront malades lesdites personnes, qu'ils ayent à porter en leur main, en allant & venant par cestedite ville, une verge blanche ou baston blanc, sur ladite peine.

III. Pareillement defend ladite chambre à toutes personnes de quelque estat, qualité ou condition qu'ils soient, apporter ou faire apporter en ceste ville & fauxbourgs d'icelle, des autres villes, villages & autres lieux, & aussi de transporter ou faire transporter d'une maison, chambre ne autre hostel ou logis où on se seroit mort, ou qu'il y eût danger de peste, en autres hostels, chambres, greniers ne autre logis de cestedite ville, aucuns lits, couvertures, loudiers, coustespointes, draps de laine, sarges, austades, coustes simples ne autres biens où la peste se peut retenir, soit que lesdits biens leur appartiennent par succession ou autrement en quelque maniere que ce soit. Mais leur enjoint qu'ils delaissent lesdits biens és lieux où on se seroit mort, ou aura eu danger de peste, jusques à ce qu'il leur soit permis les transporter par ladite chambre, ou prevost de Paris, ou sondit lieutenant criminel, sur peine de confiscation de corps & de biens.

IV. Et outre defend ladite chambre à tous frippiers, priseurs de bien d'inventaires, cousturiers, rabilleurs d'habillemens, colporteurs, colporteresses, revendeurs d'habillemens, & à toutes autres personnes de quelque estat qu'elles soient, & aussi à tous sergens de roy & de toutes autres terres & seigneuries estans en cestedite ville & fauxbourgs d'icelle, de vendre & exposer en vente en cestedite ville & fauxbourgs d'icelle, soubz couleur de vendre biens par justice & autrement, aucuns desdits lits, couvertures, loudiers, coustes-pointes, sarges, austades, habillemens, robbes, sayons, draps de laine, de linge, & generalement tous autres biens où la peste & mauvais aër se peut retenir, sur ladite peine de confiscation de corps & de biens.

V. Semblablement defend icelle chambre à toutes personnes quelconques d'aller aux estuves, & aux proprietaires & locatifs d'icelles estuves, les chauffer jusques après le jour & feste de Noël prochainement venant, sur peine de punition corporelle.

VI. Au surplus defend ladite chambre à tous chirurgiens & barbiers, qu'ils ne soient si osez ne si hardis de porter & jetter, ou faire porter & jetter les sangs des personnes malades de quelque maladie que ce soit, soit par eux ou aucuns d'eux saignées, en la riviere de Seine ne ailleurs en cestedite ville de Paris; mais leur enjoint les porter ou envoyer hors de cestedite ville, sçavoir est en lad. riviere de Seine au-dessous l'escorcherie aux chevaux, sur peine de prison & amende arbitraire.

VII. Aussi defend ladite chambre à tous lesdits chirurgiens & barbiers qui auront fait les saignées de maladie de peste, eux entremettre de leur art & pratique ou mestier, sur les corps des personnes saines, jusques à ce que par justice, eû égard au temps qu'ils auront faictes lesdites saignées, leur soit permis, sur peine de la hart.

VIII. Au surplus commande & enjoint icelle chambre à tous mareschaux faire les saignées des chevaux qu'ils saigneront, en un vaisseau, & porter le sang d'iceux aux voiries hors cestedite ville & fauxbourgs d'icelle; leur defendant user de charbon de pierre ou terre, sur ladite peine de prison & amende arbitraire.

IX. Outre commande & enjoint ladite chambre à toutes personnes quelconques de quelque estat qu'ils soient, que d'ores en avant ils facent paver & refaire le pavé rompu & enfondré à l'endroit de leurs maisons, & tiennent ledit pavé en bon estat, & les ruës nettes chacun en droit soy, en jettant eau en tout temps soir & matin devant leurs huys, mesmement devant les ruisseaux, & facent ensorte que les ruisseaux & esgousts ayent leur cours, & ne soient empeschez à l'endroit de leursdites maisons, à ce que les immondices ne s'y puissent arrester, & que nulle personne pour quelque pluye ou autre chose descendant du ciel, soit si hardie de curer, ballayer ou nettoyer devant son huys jusques à ce que la pluye soit passée & esgoustée, afin que l'eau ait son cours tel qu'elle pourra avoir; & l'eau passée, permet icelle chambre à tous ceux qui voudront balloyer & nettoyer devant leurs huis, le pouvoir faire, leur enjoignant incontinent oster & porter ladite cureure & nettoyeure au lieu accoustumé, sans qu'aucuns, soit en temps de pluye ou autrement, puissent avaller les uns sur les autres.

X. Aussi leur defend icelle chambre jetter

jetter de leurs maisons par les fenestres ordures, urines, charrées, infections & autres choses quelconques, & de retenir en leursdites maisons lesdites eaux croupies, corrompuës & autres infections : mais leur enjoint incontinent les porter au ruisseau, & après jetter un seau d'eau nette ; en defendant à toutes personnes quelles qu'elles soient, portans urines aux medecins, de les jetter parmy les ruës, ains leur enjoint les rapporter en leurs maisons, & les jetter devant l'huis de leursdites maisons dedans le ruisseau, & trois seaux d'eau pour le moins après : le tout sur peine de punition corporelle & amende arbitraire selon l'exigence du cas.

XI. Semblablement defend tres-expressement ladite chambre à toutes personnes quelconques de quelque estat qu'elles soient, de vuider & mettre en pleine ruë aucuns feurres, charrées, fiens, boües & autres immondices, icelles brusler és ruës, ains leur enjoint incontinent les porter ou faire porter aux champs és lieux à ce ordonnez : leur permettant, si promptement ils n'ont tombereaux, charrettes, voituriers ou hacquetiers pour ce faire, les serrer & mettre cependant le long de leurs maisons dedans des paniers & manequins, pour plustost que faire se pourra, les porter ou faire porter esdits lieux.

XII. Aussi défend icelle chambre aux tailleurs de pierre, maçons, couvreurs & autres qu'il appartiendra, de vuider ou faire vuider des maisons gravoirs & autres choses dont infection & empeschement se peuvent ensuivir, si promptement ils n'ont tombereaux, charettes, voituriers ou hacquetiers prests pour incontinent charger lesdites vuidanges, gravoirs, fiens, charrées & immondices, & iceux porter ou faire porter aux champs esdits lieux à ce ordonnez, à mesure qu'ils seront ostez & mis hors de l'hostel dont ils seront issus, le tout sur peine de prison, & d'estre rigoureusement punis à la volonté de justice. Et neantmoins ordonne ladite chambre que les maistres & maistresses respondront pour leurs valets, serviteurs & chambrieres du fait du present article & de l'article precedent, outre la punition qui s'en pourra ensuivir d'iceux valets, serviteurs & chambrieres.

XIII. Pareillement icelle chambre commande & enjoint aux commis par justice sur le faict des boües, & autres gens qui en ont eû la charge, que toutes excusations cessans ils s'appliquent & facent curer & nettoyer les ruës de cestedite ville de Paris, & mener & porter les boües & immondices és lieux à ce ordonnez, sur peine de prison & amende arbitraire : & aussi aux tombereaux incontinent estre prests avec leurs chevaux & tombereaux bien clos & serrez, ensorte qu'il n'en puisse sortir aucune chose ; & que la piece estouppant le cul d'iceux tombereaux, soit aussi haute ou plus que le devant d'iceux tombereaux, pour faire ladite vuidange, sur peine de prison, de confiscation de leurs chevaux & tombereaux & amende arbitraire ; & pareillement à tous sergens & bourgeois de Paris, où ils verront & trouveront lesdits tombereaux n'estre clos, comme dit est, les prendre ou faire prendre, & mener en chastelet, pour en ordonner ainsi que de raison.

XIV. Outre ladite chambre defend à tous bouchers, chaircutiers, rostisseurs, boulengiers, regratiers, revendeurs de volailles & poulailles, taverniers, laboureurs, mesnagers, gens de mestiers & à toutes autres personnes de quelque estat ou condition qu'ils soient, de tenir ou faire tenir & nourrir en quelque lieu que ce soit en cestedite ville & fauxbourgs d'icelle, aucuns pourceaux, truyes, cochons, connils, oysons ne pigeons, soit pour leur vivre, ou vendre, ou autre cause, occasion ou couleur que ce soit : leur enjoignant, si aucuns en ont, que le jour de la publication de ceste presente ordonnance passé, incontinent toutes excusations cessans, ils meinent & portent, ou facent mener & porter pour les nourrir ailleurs aux champs hors cestedite ville & fauxbourgs d'icelle, sur peine de prison, & d'estre griefvement punis à la discretion de justice, aussi de confiscation desdits pourceaux, truyes, cochons, connils, oysons & pigeons.

XV. Pareillement enjoint ladite chambre à tous ceux qui sçauront aucuns contrevenans à ceste presente ordonnance, de les reveler à justice le plus diligemment que faire se pourra, pour en faire telle punition qu'elle verra estre à faire, sur peine de prison & amende arbitraire.

XVI. Semblablement enjoint ladite chambre à tous proprietaires de maisons & hostels esquelles n'a fosses à retraits, qu'à toute diligence & sans délay ils en facent faire, alias, à faute de ce faire promptement, ordonne icelle chambre les loüages d'icelles maisons estre saisis & arrestez, pour estre employez à faire lesdites fosses à retraits : en defendant à tous cureurs de retraits de ne les curer & nettoyer d'ores en avant sans permission de justice, sur peine de prison & d'amende arbitraire.

XVII. Aussi defend icelle chambre par maniere de provision, & jusques à ce qu'autrement en soit ordonné, à tous les manans & habitans de cestedite ville de Paris de quelque estat ou condition qu'ils soient, de mettre ou faire mettre d'ores en avant aucuns draps tendus sur perche de fenestres ou à l'endroit de leurs hostels, sur peine d'amende arbitraire.

XVIII. Outre commande & enjoint ladite chambre aux commissaires & examinateurs du chastelet de Paris, de faire garder & observer inviolablement ceste presente ordonnance: leur permettant emprisonner ou faire emprisonner ceux qui contreviendront à icelle, pour estre punis selon l'exigence du cas; & enjoint aux quarteniers, dixeniers & cinquanteniers de bailler ausd. commissaires confort & ayde, & les avertir des transgressions & fautes qui viendront en leur cognoissance: & à ce que lesdits commissaires soient plus enclins à faire garder ceste ordonnance, & faire lesdites captions & emprisonnemens, & lesdits quarteniers, dixeniers & cinquanteniers faire les denonciations, ordonne ladite chambre qu'ils auront le tiers des amendes qui pour ce seront adjugées.

XIX. Et au surplus ordonne ladite chambre que la faculté de medecine deputera quatre medecins docteurs regens en icelle, de qualité tant en theorique que practique, pour visiter & medicamenter les malades de peste en cestedite ville & fauxbourgs d'icelle; & pour ce faire auront chacun d'eux trois livres parisis pour ceste presente année, dont leur sera avancé un quartier: & en ce faisant, seront contraints à la charge dessusdite.

XX. Aussi que le college des chirurgiens de cestedite ville eslira deux d'entre eux, maistres chirurgiens jurez, pour visiter, medicamenter & penser lesdits malades pestiferez; & auront chacun d'eux des gages pour ceste presente année six vingt livres parisis, dont pareillement leur sera avancé un quartier, & en ce faisant seront contraints à la charge dessusdite.

XXI. Semblablement la congregation & assemblée des barbiers jurez de cestedite ville, seront tenus eslire six d'entre eux maistres jurez barbiers pour visiter, soliciter, medicamenter & penser lesdits malades de peste; & auront chacun d'eux de gages pour ceste presente année quatre vingt livres parisis: & en ce faisant seront contraints à la charge dessusdite.

XXII. Aussi ordonne icelle chambre que lesdits quatre medecins, deux chirurgiens, six barbiers qui seront esleûs & & commis à ce que dit est, pendant le temps dessusdit & quarante jours après, & jusques à ce que par ladite chambre autrement en soit ordonné, s'abstiendront de voir, visiter & medicamenter autres personnes non pestiferez; en enjoignant ausdits chirurgiens & barbiers tenir leurs ouvroirs fermez durant le temps dessusdit: le tout sur peine de punition corporelle, privation de leurs estats & amende arbitraire.

XXIII. Pareillement ordonne ladite chambre que pour enlever les corps pestiferez des maisons, iceux inhumer, remuer & desplacer les meubles, & iceux transporter où il sera ordonné, nettoyer les lieux, tenir les fenestres d'iceux lieux bées & ouvertes, fermer les huys, & attacher les croix qui pour ce seront baillées, seront deputez gens en chacune paroisse par le commissaire du quartier, appellez avec luy deux marguilliers d'icelle paroisse, qui seront stipendiez chacun d'eux de dix livres parisis pour mois.

XXIV. Aussi en chacun quartier seront pris par le commissaire d'iceluy quatre sergens à verge, qui seront tenus contraindre lesdits deputez par lesdits commissaires & marguilliers, à faire & attacher lesdites croix, enlever les corps, faire lesdits nettoyemens & ouvertures des fenestres, & generalement le contenu en l'article precedent concernant iceux deputez. Et seront lesdits sergens stipendiez & salariez à l'ordonnance & taxe du prevost de Paris ou sondit lieutenant criminel; & pour ce faire seront mises deux cens livres parisis ès mains de telle personne que par ledit prevost ou sondit lieutenant sera ordonné.

XXV. Et pour subvenir à la necessité urgente de ce que dit est, lesdits prevost des marchands & eschevins de ladite ville seront tenus avancer le premier quartier.

XXVI. Et defend ladite chambre à tous medecins, chirurgiens, barbiers, apothicaires, gardes de malades, & autres qui auront visité, gardé, pensé, servi ou solicité aucun desdits pestiferez, de communiquer avec autres auparavant lesdits quarante jours passez, à compter du jour qu'ils auront visité, gardé, pensé & solicité lesdits pestiferez où aucun d'eux: en cest article non compris lesdits medecins, chirurgiens & barbiers deputez

putez ou à députer pour lesdits pestiferez, la prohibition desquels demeure selon les articles qui les concernent.

XXVII. Premierement defend icelle chambre pendant le danger de peste, & jusques à ce qu'autrement en soit ordonné, à tous baudroyeurs, corroyeurs & tanneurs de cuirs de cestedite ville de Paris, de besongner en ouvroir ouvert ou autrement, de leursdits mestiers dedans ladite ville & fauxbourgs d'icelle: leur permettant eux retirer, si bon leur semble, hors de cestedite ville & fauxbourgs d'icelle, sur la riviere de Seine au-dessous de cestedite ville, du costé saint Germain des Prez, tirant aux Minimes de Nijon, à distance de cestedite ville & fauxbourgs d'icelle de deux jets d'arc & plus, sur peine de bannissement de ce royaume & confiscation de leurs biens & marchandises. Et n'entend ladite chambre prohiber ne defendre ausdits baudroyeurs, corroyeurs & tanneurs de cuirs, la vente desdites marchandises, quand elles seront hors de leurs infections & senteurs au dedans de ladite ville & fauxbourgs d'icelle.

XXVIII. Aussi ladite chambre defend pendant ledit danger de peste, & jusques à ce qu'autrement en soit ordonné, à tous pelletiers, megissiers, teinturiers de toilles, barbaudiers & autres de semblable estat, de faire leurs confis, megis & barbaudes au dedans leurs maisons estans en cestedite ville & fauxbourgs d'icelle, & de porter ou faire porter leurs laines, & icelles tremper ou laver en ladite riviere de Seine au-dessus des Tuilleries: aussi de vuider par leurs conduits aucuns desdits megis, confis ne autres semblables infections en ladite riviere, & de faire secher aucunes laines ou peaux au dedans de ladite limite; leur permettant le pouvoir faire, si bon leur semble, sur ladite riviere de Seine, au-dessous de cestedite ville & fauxbourgs d'icelle, dudit costé de saint Germain des Prez, tirant ausdits Minimes de Nijon, à distance d'icelle ville, Tuilleries & fauxbourgs de deux jets d'arc & plus; sur peine de bannissement de ce royaume & confiscation de leurs biens & marchandises. Toutesfois n'entend icelle chambre prohiber & defendre ausdits pelletiers, megissiers, teinturiers de toilles & autres la vente d'icelles marchandises, quand elles seront hors de leurs infections & senteurs, au dedans de ladite ville de Paris & fauxbourgs d'icelle.

XXIX. Et outre defend ladite chambre, pendant ledit danger de peste, & jusques à ce qu'autrement en soit ordonné, à tous bouchers, chaircutiers & autres de semblable estat, de faire abatires ou tueries, lavemens de trippes & fonte de gresses au dedans de cestedite ville & fauxbourgs d'icelle, fors & excepté ès lieux anciens & destinez de tout temps pour les boucheries royales, sur ladite peine de bannissement de ce royaume, & confiscation de leurs biens & marchandises.

XXX. Aussi defend icelle chambre, pendant ledit danger de peste, jusques à ce qu'autrement en soit ordonné, à tous vendeurs & tailleurs de poisson de mer & autres de semblable estat, de faire aucun trempis ou lavement au dedans de cestedite ville & fauxbourgs d'icelle, sur ladite peine de bannissement de ce royaume & confiscation de leursdits biens & marchandises.

XXXI. Pareillement ladite chambre defend par provision, comme dessus, à tous crieurs de corps & de vins & autres de quelque estat ou condition qu'ils soient, de tendre ou faire tendre ès eglises, maisons, portes & huis d'icelles de cestedite ville & fauxbourgs d'icelle, aucuns draps pers ne autres accoustumez estre tendus ès mortuaires & bouts de l'an, sur peine de privation de leurs offices & estats, & confiscation de leurs biens & desdits draps.

XXXII. Semblablement ladite chambre defend par provision, comme dessus, à tous manans & habitans de cestedite ville & autres qu'il appartiendra, de jetter ou faire jetter en ladite riviere de Seine, sur le quay ou bord d'icelle, d'autant qu'en icelle ville & fauxbourgs s'estendent, aucunes ordures ou immondices, & de y faire voirie, sur peine de bannissement de ce royaume & amende arbitraire pour la premiere fois, & de confiscation de corps & de biens pour la seconde fois.

XXXIII. Et outre enjoint ladite chambre par maniere de provision, comme dict est, à tous manans & habitans de cestedite ville & fauxbourgs d'icelle, que s'ils trouvent cy-après aucun entaché ou soupçonné de peste, de le reveler incontinent au dixenier, quartenier ou cinquantenier, sans aucune personne excuser n'exempter, fussent mary, femme, serviteurs, maistre ou maistresse, pour en advertir le commissaire du quartier, pour y pourvoir selon l'ordonnance: ausquels ladite chambre enjoint y pourvoir incontinent & sans delay, & sur peine de privation de leursdits offices & d'amende arbitraire.

Tome II.   Hhhhij

XXXIV. Et finalement enjoint ladite chambre audit prevoſt de Paris ou ſondit lieutenant criminel, faire lire & publier ceſte preſente ordonnance par les carrefours de ceſtedite ville, à ce qu'aucun n'en puiſſe prétendre cauſe d'ignorance, & la garder & faire garder & obſerver inviolablement ſans l'enfraindre, ſur peine d'amende arbitraire. Fait en la chambre ordonnée par le roy au temps des vacations, le XIII. jour de Septembre M. D. XXXIII. *Signé* DE VIGNOLLES. *Fontanon tom.* I. *pag.* 873.

Ordonnance de la chambre des vacations touchant les pauvres.

AN. 1555.

LA CHAMBRE ordonnée par le roy au temps des vacations, ſur la requeſte verbalement faicte par le procureur general du roy, touchant la police des pauvres mandiens de ceſte ville de Paris, a ordonné & ordonne que les petits enfans qui ſont ou ſeront cy-aprés en l'aumoſne, eſtans en aage & capables d'apprendre quelque meſtier, ſeront mis & loüez auſdits meſtiers & obligez à y demeurer en la maniere accouſtumée en ceſtedite ville de Paris, à tel temps qu'il ſera adviſé par les commis & deputez de ladite chambre, ou par la cour, icelle ſeant. Et à iceux recevoir en la maniere ſuſdite, ſans prendre aucune choſe que lad. obligation à ſervir plus long-temps, ſeront contraints les maiſtres de meſtiers de ceſte ville de Paris, par toutes voyes deuës & raiſonnables.

II. Et pour faire leſdites obligations deſdits enfans pour ſervir aux maiſtres ſuſdits, ladite chambre a créé & ordonné curateur auſdits pauvres mineurs d'ans, en quelque aage qu'ils ſoient au-deſſous de vingt-cinq ans, maiſtre François Goyer advocat du roy au chaſtelet de Paris, lequel en ladite qualité pour & au nom deſdits mineurs, les mettra auſdits meſtiers, & obligera de ſervir par tel temps qu'il y ſera adviſé par leſdits commis & deputez. Et a ladite chambre authoriſé & authoriſe, juſques à ce que par la cour ſéant autrement en ſoit ordonné, les promeſſes & obligations qui ſeront faictes par ledit Goyer audit nom, comme ſi elles eſtoient faictes par les peres & meres deſdits mineurs, leſquels auſſi, où ils en auroient, pourront eſtre contraints par leſdits commis & députez à faire leſdites obligations.

III. Et pour executer ceſte preſente ordonnance quant à preſent, ordonne ladite chambre qu'ils ſeront prins cent pauvres jeunes enfans de ladite aumoſne, pour leſquels habiller ſera prins de la ſomme de treize cens livres eſtant entre les mains de maiſtre Auguſtin de Thou conſeiller en la cour de ceans, & préſident ès enqueſtes, du reſte des deniers de l'execution & biens meubles de feu maiſtre Thomas Paſcal auſſi conſeiller en ladite cour & preſident eſdites enqueſtes, la ſomme de trois cens livres tournois, ou autre telle ſomme qui ſera par leſdits commis & deputez adviſé eſtre neceſſaire & requiſe pour habiller leſdits pauvres enfans; & continueront leſdits commis & deputez de faire le ſemblable par chacun an, ainſi que les deniers des aumoſnes le pourront porter.

IV. Outre a ordonné ladite chambre, auſſi par maniere de proviſion, & juſques à ce que par la cour ſéant autrement en ſoit ordonné, que pluſieurs femmes veufves & autres eſtans en ladite aumoſne, leſquelles peuvent ſervir à la manufacture, ſeront contraintes par toutes voyes deuës & raiſonnables y ſervir, & eux employer ainſi qu'il ſera adviſé par quatre bourgeois marchands de ceſte ville de Paris, qui pour ce faire ſeront par ladite chambre ou par la cour, icelle ſéant, nommez, à tels ſalaire, qualité & ſervice qui ſeront adviſez par leſd. bourgeois & marchands, & à icelles recevoir & employer audit ſervice deû & raiſonnable, nonobſtant oppoſitions ou appellations quelconques & ſans préjudice d'icelles.

V. Auſſi a ordonné & ordonne ladite chambre aux commis & deputez par la cour, appeller les marguilliers de chacune paroiſſe, & faire voir & viſiter les pauvres qui ſont enroolez en l'aumoſne, & oſter deſdits rooles ceux qui ſont puiſſans & ſains de leurs membres, & qui peuvent gaigner leur vie au travail de leur corps, & les y faire employer, ainſi qu'ils verront eſtre requis & expedient, & à ce les contraindre par punition corporelle & autres voyes deuës & raiſonnables: & que leſdits deputez par ladite cour, feront au proſne de chacune égliſe parochiale de ceſte ville de Paris admoneſter les paroiſſiens par les curez & vicaires, qu'ils continuent à donner de leurs biens pour la nourriture & entretenement des pauvres; autrement que par juſtice, pour le bien de la choſe publique, & pour éviter l'inconvenient qui pourroit advenir ſi leſdits pauvres n'eſtoient nourris, on les y contraindra.

VI. Enjoint auſſi ladite chambre au prevoſt de Paris & à ſes lieutenans & aux commiſſaires du chaſtelet de Paris, diligemment enquerir des pauvres qui mandient & demandent l'aumoſne aux égliſes & par les ruës ou ès portes des maiſons de ceſte ville de Paris, & ne gardent l'ordonnance faicte touchant le faict d'iceux pauvres, & de prendre & punir ceux qu'ils trouveront eſtre tranſgreſſeurs de l'ordonnance, ſur peine de ſuſpenſion de leurs eſtats, quant auſdits commiſſaires; & qu'il ſera defendu à cry public & à ſon de trompe, ſur peine de punition corporelle auſdits pauvres de ne mandier aux portes des maiſons de ceſte ville de Paris, leur enjoignant ſur ladite peine eux retirer chacun en l'aumoſne de ſon quartier & paroiſſe. *Ibidem pag.* 909.

INJONCTION DE LA COUR
de parlement touchant les mandiens valides & invalides.

An. 1535.

LA COUR pour obvier que les mandiens valides n'empeſchent l'aumoſne des pauvres malades qui ne peuvent gaigner leur vie au labeur de leurs corps, & afin que ceux qui peuvent travailler ne demeurent oyſeux, mais gaignent leur vie au labeur & travail de leurs perſonnes, a ordonné & ordonne qu'il ſera enjoint à ſon de trompe & cry public ſur peine de la hart, à tous leſdits mandiens valides, tant hommes que femmes, qui ont eſté ou ſeront mis hors des roolles des aumoſnes, eux employer à beſongner & gaigner leur vie au travail de leur corps: à ſçavoir les natifs & qui ont demeuré dès & depuis deux ans en ça continuellement en ceſte ville de Paris, eux retirer devers le prevoſt des marchands & eſchevins d'icelle ville de Paris, en la place de Greve, près leur hoſtel, dedans Lundy prochain, pour eſtre par eux ou autres dont ils ſeront requis, employez aux œuvres publiques des fortifications, reparations, nettoyement des eſgouſts & voiries de ceſtedite ville ou autres beſongnes, au ſalaire de vingt deniers tournois pour jour. Et ceux de la qualité deſſuſdite qui ne ſeront employez par leſdits prevoſt des marchands & eſchevins, ſe retireront par devers les maiſtres maçons, batteurs de plaſtre & autres maiſtres de meſtier de ceſtedite ville, pour leur ſervir de maneuvres & autrement, ainſi qu'ils ſeront par eux employez, & ce audit ſalaire de vingt deniers tournois pour jour. Et pourront leſdits prevoſt des marchands & eſchevins, contraindre ceux qui prendront deſdits mandiens valides, à eux employer & beſongner par la forme & maniere qu'ils ont accouſtumé faire par cy-devant.

II. Et enjoint ladite cour auſdits maiſtres maçons, batteurs de plaſtre & autres maiſtres de meſtiers de ceſtedite ville de Paris, & à chacun d'eux, ſur peine de cent livres d'amende, d'employer chacun deux deſdits mandiens valides à beſongner au ſalaire ſuſdit, ſi plus grand nombre n'en peuvent employer; & leur a permis & permet de à ce les pouvoir contraindre. Et enjoint aux commiſſaires & ſergens de ceſtedite ville de Paris, s'ils en ſont requis par leſdits maiſtres maçons, batteurs de plaſtre & autres maiſtres de meſtier, contraindre leſdits mandiens valides à ce que deſſus, par empriſonnement & detention de leurs perſonnes.

III. Et quant aux mandiens valides qui auront eſté ou ſeront hors deſdits rooles, & qui ne ſont natifs de ceſte ville de Paris, & n'y ont fait leur reſidence dès & depuis deux ans continuellement, ains y ſeront venus demeurer dès leſdits deux ans: leur enjoint ladite cour vuider la ville & fauxbourgs dedans trois jours, & eux retirer ès lieux, villes & villages dont ils ſont natifs, ou ailleurs, pour eux employer à gaigner leur vie au meſtier qu'ils ont appris, ou à labourer & cultiver les vignes & terres, ou autrement gaigner leur vie au travail & labeur de leur corps, ſans mandier: le tout ſur peine de la hart. Et enjoint ladite cour à tous bailliſs, ſeneſchaux, prevoſts, leurs lieutenans & à tous autres juges royaux & non royaux, reſſortiſſans ſans moyen ou par moyen en ladite cour, ſur peine d'amende arbitraire & ſuſpenſion de leurs eſtats, de contraindre leſdits mandiens valides à obeyr à la preſente injonction de ladite cour, & prendre & punir corporellement les tranſgreſſeurs d'icelle.

IV. Et pour ce que pluſieurs deſdits mandiens feignent eſtre malades & ne le ſont, a ordonné ladite cour au prevoſt de Paris ou ſon lieutenant criminel & commiſſaires examinateurs du chaſtelet de Paris, & à tous juges inferieurs reſſortiſſans en ladite cour, royaux, chacun en ſon endroit, d'enquerir diligemment deſd. mandiens feignans eſtre malades & qui ne le ſont; & ceux qu'ils trouveront avoir uſé de ces fictions, pour decevoir & induire le peuple à leur donner, qu'ils les puniſſent: à ſçavoir leſdits juges de fuſtigation publique par les carrefours, & les banniſſent hors leurs deſtroicts pour la premiere fois: & pour la ſeconde qu'ils les

Hhhh iij

puniſſent d'autre telle peine corporelle qu'ils verront eſtre à faire par raiſon.

V. Et a défendu & défend ladite cour, ſur peine d'amende arbitraire, à tous manans & habitans de ceſtedite ville de Paris, de quelque eſtat, qualité ou condition qu'ils ſoient, de donner d'ores en avant publiquement aux égliſes, par les ruës ou portes de leurs maiſons, aucune aumoſne auſdits mandiens valides, ne pareillement aux autres qui ſont ou ſe peuvent faire mettre au roole de l'aumoſne; toutesfois n'entend la cour qu'aux pauvres honteux demeurans en leurs maiſons, on ne puiſſe ſecourir par aumoſnes ſecrettes qu'on verra eſtre à faire.

VI. Auſſi enjoint ladite cour aux ladres demeurans à l'entour de ceſtedite ville de Paris, qui ne ſont natifs, ou qui n'ont eſté receus ès maladeries de ceſtedite ville & banlieuë de Paris, eux retirer dedans trois jours après la publication de ces preſentes, ès lieux & maladeries eſquelles ils ont eſté receus, ſur peine de la hart.

VII. Et enjoint ladite cour, ſur les peines que deſſus, aux queſteurs des Quinze-vingts, de ne faire les queſtes parmi les égliſes, mais de ſe tenir aux portes deſdites égliſes; le tout par maniere de proviſion, juſqu'à ce qu'autrement en ſoit ordonné. Et enjoint ladite cour aux huiſſiers d'icelle, publier cejourd'huy ceſte preſente injonction, à ſon de trompe & cry public par les carrefours de ladite ville. Fait en parlement le v. jour de Fevrier, l'an M. D. XXXV. Publié à Paris le meſme jour. *Ibid. pag.* 910.

Eſtabliſſement des enfans-Dieu, autrement dits les enfans Rouges, près le Temple.

AN. 1536.

FRançois par la grace de Dieu roy de France; à tous preſens & à venir, ſalut. Comme noſtre très-chere & amée ſœur unique la royne de Navarre nous euſt par cy-devant averti des grandes pouretez, miſeres & calamitez que ſouffroient & portoient les petits enfans non malades, delaiſſez de leurs peres & meres malades, eſtrangers ou morts en l'hoſtel-Dieu de noſtre bonne ville & cité de Paris, à faute que auxdits petits enfans après le treſpas de leurſdits peres & meres n'eſtoit pourvû, & n'eſtoient leſdits petits enfans hors dudit hoſtel-Dieu, ouquel l'air eſt gros & infect, à l'occaſion de quoy ils tomboient en peu de temps après en maladie, de laquelle ils mouroient; noſtredite ſœur nous euſt humblement ſupplié & requis, par compaſſion qu'elle a eu aux petits enfans, & pour aucunement leur ſubvenir & aider à les faire vivre, à quoy volontiers & de bon cœur euſſions acquieſcé & aſſenti, & pour achepter maiſon & logis, pour les retirer dudit hoſtel-Dieu, & leur ſervir d'hoſpital, aurions ordonné la ſomme de trois mil ſix cens livres tournois, laquelle auroit eſté baillée & miſe ez mains de Robert de Beauvais, lequel de ladite ſomme euſt acquis & achepté une maiſon en noſtre ville de Paris près du Temple, par ordonnance de noſtre amé & féal conſeiller & preſident de nos comptes à Paris meſſire Jehan Briçonnet chevalier, ſuivant noſtre vouloir, en laquelle ſont à preſent retirez leſdits petits enfans. Et pour ce que en faiſant par lui ladite acquiſition de ladite maiſon, a eſté obmis qu'elle ſeroit & a eſté faite de nos deniers & par nous & en noſtre nom, ſervant d'hoſpital pour leſdits petits enfans, ainſi que a eſté & eſt encore de preſent noſtre vouloir & intention, & que de ladite maiſon ayons eſté & ſoyons acquereur & fondateur; ſçavoir faiſons que nous, ces choſes conſiderées, & à ce que ledit hoſpital ſoit dit & reputé de noſtre dotation & premiere fondation, avons déclaré & declarons que pour l'honneur de Dieu & en charité nous avons donnée & aumoſnée ladite ſomme de trois mil ſix cens livres tournois, à la priere & requeſte de noſtredite ſœur, & icelle fait bailler & delivrer audit de Beauvais, des deniers qui ſont par cy-devant provenus des amandes taxées à l'encontre de ceux qui ont eſté trouvez delinquans au fait d'uſure, & ce tant pour convertir & employer pour nous & en noſtre nom par ordonnance dud. preſident Briçonnet en l'achapt de lad. maiſon, que autres choſes neceſſaires auxdits pauvres petits enfans qui ont eſté & ſeront d'ores en avant trouvez dans ledit hoſtel-Dieu: fors & exceptez ceux qui ſont orphelins natifs & baptiſez à Paris & ès fauxbourgs, que l'hoſpital du Saint-Eſprit doit prendre ſelon l'inſtitution & fondation d'icelui, & les baſtards que les doyen, chanoines & chapitre de Paris ont accoutumé de recevoir & faire nourrir pour l'honneur de Dieu. Et en outre voulons & nous plaiſt, de noſtre certaine ſcience, pleine puiſſance & autorité royale, que leſdits petits enfans ſoient d'ores en avant veſtus & habillez de robbes & veſtemens de drap rouge, en ſigne de charité, & perpetuellement nommez & appellez les enfans-Dieu. Si donnons en mandement par ceſdites preſentes à nos amez & féaux conſeillers

JUSTIFICATIVES.

conseillers les gens tenans nostre cour de parlement, gens de nos comptes, prevost de Paris ou son lieutenant, & à tous nos autres justiciers & officiers ou à leurs lieutenans, & à chacun d'eux, si comme à luy appartiendra, que ces presentes ils fassent lire, publier & enregistrer ez papiers de leurs cours & jurisdictions, & le contenu en icelles entretenir, garder & observer selon leur forme & teneur, sans aller ne venir, ne souffrir aller ne venir au contraire en aucune maniere : car tel est nostre plaisir. Et afin que ce soit chose ferme & stable à tousjours, nous avons fait mettre nostre scel à ces presentes, sauf en autres choses nostre droit & l'autruy en toutes. Donné à Paris au mois de Janvier l'an de grace M. D. XXXVI. & de nostre regne le XXIII. Signé: Par le roy. BAYARD.

Visa, contentor, gratis pro Deo, DESLANDES.

Lecta, publicata & registrata, audito procuratore generali regis hoc consentiente, absque præjudicio processûs in curia pendentis inter dictum procuratorem generalem regis, decanum, canonicos & capitulum ecclesiæ Parisiensis, necnon præpositum mercatorum & scabinos urbis Parisiensis ratione infantium receptorum nutritionis & educationis. Parisius in parlamento primâ die Martii anno Domini M. D. XXXVI. Signé DU TILLET. Tiré des registres du parlement à la bibliotheque Coislin.

L'ORDRE TENU AU SERVICE de l'imperatrice fait en l'eglise de Nostre-Dame de Paris.

AN. 1539.

C'EST l'ordre qui a esté gardé en l'église de Nostre-Dame de Paris pour les vigiles, vespres des morts & service que le roy a ordonné y estre fait, & semblablement en toutes les églises de Paris, pour l'ame de très-illustre & très-haulte dame madame Isabelle de Portugal en son vivant femme de très-hault & très-puissant seigneur monseigneur Charles d'Austriche empereur de Rome, les VI. & VII. jours de Juin, l'an de grace M. D. XXXIX. comme il s'ensuit.

Et premierement ledit jour Vendredi VI. Juin M. D. XXXIX. environ IV. heures de relevée, se sont trouvez & assemblez au chœur d'icelle église le reverendissime cardinal du Bellay évesque de Paris ordonné pour faire l'office, & seant près du maistre autel d'icelle ; les sieurs évesques de Chartres & de Nantes portant les chapes pour le fait des vespres des morts.

Au costé dextre dudit autel & dez le coing d'icelui furent assis les cardinaux de Bourbon & autres ; derriere eux jusqu'aux chaises estoient plusieurs évesques & abbez.

De l'autre part de la senestre, estoient assis les ambassadeurs du pape, de l'empereur, du roy d'Angleterre & du roy de Portugal, habillez de dueil.

Au dessous d'eux les chevaliers de l'ordre du roy, ainsi jusqu'auxdites chaises.

Au costé dextre, depuis les sept ou huitiesme chaises, tout le long d'icelles, jusqu'au coing traversant à la grande entrée dudit chœur, estoient assis messieurs le premier, le second & le tiers presidens de la cour de parlement, & subsecutivement les conseillers d'icelle cour en deux rangs, hautes & basses chaires.

D'autre part & au senestre de ladite cour, depuis les huitiesmes hautes chaises en descendant comme dessus jusqu'audit coing traversant jusqu'à ladite entrée du chœur, les presidens Nicolay, Daunet, l'Huillier, conseillers maistres & correcteurs des comptes ; & au dessoubz d'eux aux basses chaires, les auditeurs, greffiers & procureur du roy.

Et au dessoubz desdits presidens, maistres & correcteurs des comptes, en descendant jusques audit coing traversant, les generaux & conseillers des aydes.

Par hault & aux basses chaires, depuis la montée du milieu aux haultes chaires en descendant vers ledit coing traversant, le prevost des marchands, eschevins & conseillers de la ville de Paris.

Audit costé dextre, après la cour de parlement, sur le travers, depuis ledit coing traversant jusqu'à l'huis de la grande entrée de la nef audit chœur, estoient assis les principaux beneficiers de ladite église.

Haultes & basses chaises jusqu'au nombre de huit ou neuf, commençant leur hault à ladite entrée & tirant audit coing & bout de la cour & au pulpitre d'en hault entre icelui chœur & ladite nef, aulcuns chanoines, avec les chantres ordonnez pour le fait dudit service.

De l'autre part dudit travers, à la senestre, depuis ladite grande entrée audit chœur jusqu'audit coing & bout desdits generaux des aydes & ville de Paris, estoient assis le recteur & les docteurs de l'université de Paris, haultes & basses chaires, commençant aussi leur hault à ladite entrée.

Le tabernacle & pulpitre de la representation, le corps d'icelle feuë dame assis en grande haulteur, avec infinis cierges ardens sur ledit tabernacle & tout à l'entour & environ le milieu dudit chœur.

Ce fait, & le tout ainsi ordonné, sont entrez plusieurs gros gentilshommes de la maison du roy, qui marchoient par honneur devant le dueil, & ont pris place comme ils ont peu derriere lesd. chevaliers de l'ordre, en descendant dudit autel jusques auxdites chaises.

Incontinent après est entré monseigneur le dauphin menant le comte de S. Paul qui faisoit le premier dueil, que led. seigneur dauphin a conduit jusqu'à la premiere chaise.

De l'autre costé, droit à la porte a esté suivi par monseigneur le duc d'Orleans second fils du roy menant le comte d'Anguien qui faisoit le second dueil, qu'il a conduit à la seconde chaise du costé senestre jusqu'au dessoubz dudit comte de saint Paul, & s'est mis incontinent au dessoubz de monseigneur le dauphin son frere.

Après le roy de Navarre, qui a conduit comme dessus le duc de Nevers qui faisoit le troisiesme dueil, à la troisiesme chaise au dessoubz dudit comte d'Anguien, & s'est retiré à la troisiesme à la porte au dessoubz dudit seigneur duc d'Orleans.

Après suivoit le duc de Vandosme, qui a conduit le comte d'Aumalle fils aisné du duc de Guise, qui faisoit le quatriesme & dernier dueil, à la quatriesme chaise au dessoubz du duc de Nevers.

Et au dessoubz desdits gens des comptes estoient ordonnez & prirent place, Louis monseigneur de Nevers entre deux; Et incontinent s'est retiré ledit duc de Vandosme à la quatriesme chaise dudit costé droit au dessoubz dudit roy de Navarre & au dessoubz de ladite cour de parlement.

Cet article est obscur, & peut estre defectueux.

Ce fait, après ledit dueil chacun s'est retiré selon son ordre; & le lendemain VII. dudit mois lesdites compaignies assemblées en l'ordre que dessus, a esté dite la messe de *Requiem* par le reverendissime évesque de Paris, & pour diacres les évesques de Cisteron & d'Angers, & pour chapiers les évesques de Chartres & de Nantes.

Et pour les respons, *Sicut cervus ad fontes aquarum*, estoient ordonnez les évesques d'Angoulesme, de Lavaur, de Valence & de Bayonne, accompaignez & conduits pour chanter avec eux, des doyen, chantre & deux autres chanoines de ladite église.

Et quand est venu à l'offrande, chacun desdits seigneurs a mené & conduit son dueil, les quatre heraults ou rois d'armes avec leurs cottes d'armes & masses marchants au devant d'eux l'un après l'autre separément.

Incontinent après l'offrande le sermon & loüange de la feuë dame imperatrice, par M. de Gaigny confesseur dudit seigneur roy.

Ce fait & le service parfait, avec le *Libera*, avec les despartemens dudit dueil, cardinaux, évesques, chevaliers de l'ordre, &c. chacun s'est retiré en son ordre environ XI. heures du matin. *Tiré des registres de la chambre des comptes, à la bibliotheque Coislin, volume* 10.

EDIT DU ROY FRANÇOIS I.
pour tenir la ville de Paris nette & bien pavée.

AN. 1539.

FRANÇOIS par la grace de Dieu roy de France. Sçavoir faisons à tous presens & à venir, que comme nous nous soyons apperceuz suffisamment qu'en nostre bonne ville & cité de Paris & fauxbourgs d'icelle a eu au temps passé & a encore plusieurs fautes notables ès pavemens d'icelle qui sont moult empirez, & tellement decheuz en ruine & dommage, qu'en plusieurs lieux on ne peut bonnement aller à cheval n'à charroy sans très-grand peril & inconvenient; & avec ce, icelle ville & fauxbourgs a esté tenue longtemps, & encore est si orde & si pleine de bouës, fiens, gravoirs & autres ordures que chacun a laissé & mis communément devant son huis, contre raison & contre les ordonnances de nos predecesseurs, que c'est grand horreur & très-grand desplaisir à toutes personnes de bien & d'honneur: & sont les choses à très-grand esclandre, vitupere & deshonneur d'icelle ville & fauxbourgs d'icelle, & au grand grief & prejudice des creatures humaines demeurans & frequentans en nostredite ville & fauxbourgs, qui par l'infection & punaisie desdites bouës, fiens & autres ordures sont encourus au temps passé en griefves maladies, mortalitez & infirmitez de corps, dont il nous desplaist fort, & non sans cause. Et nous considerans qu'en toutes les choses dessusdites, si comme exposé nous a esté par plusieurs gens de nostre

noſtre conſeil & autres perſonnes notables, eſt très-grand beſoin & neceſſité de mettre briefvement proviſion & remede convenable, pour le bon gouvernement de noſtredite ville & fauxbourgs d'icelle, à laquelle avons affection ſinguliere, comme celle qui eſt la principale & la plus notable de noſtre royaume, nous avons ſtatué & ordonné, & par ces preſentes ſtatuons & ordonnons par edit perpetuel, ſtable & irrevocable, les choſes qui s'enſuivent.

I. Et premierement nous voulons & ordonnons que les maiſons, cours, ruës, places & autres lieux & endroits de ladite ville & fauxbourgs d'icelle, ſoient tenus nettement, & les immondices & ordures vuidées & oſtées ſoigneuſement & à grand diligence.

II. Que toutes perſonnes quelconques de quelque eſtat qu'ils ſoient, facent payer à pente raiſonnable & entretenir le pavé en bon eſtat, & les ruës nettes, chacun en droict ſoy.

III. Qu'ils facent jetter des eaux par chacun jour devant leurs huis ſur ledit pavé, afin que les ruiſſeaux & eſgouts ne ſoient empeſchez à l'endroict de leurs maiſons, & que les immondices ne puiſſent s'y arreſter.

IV. Defendons de vuider ou jetter ès ruës & places de ladite ville & fauxbourgs d'icelle ordures, charrées, infections ni eaux quelles qu'elles ſoient, & de retenir longuement eſdites maiſons urines, eaux croupies ou corrompuës; ains enjoignons de les porter & vuider promptement au ruiſſeau, & après jetter un ſeau d'eau nette, pour leur donner cours.

V. Et ce ſur peine de cent ſols pariſis contre chacun qui ſera trouvé contrevenant pour la premiere fois, & de dix livres pariſis pour la ſeconde: & pour la tierce, de punition corporelle ou de privation du revenu de la maiſon pour trois ans, qui ſera incontinent mis en noſtre main, ſelon la qualité des perſonnes & grandeur de la deſobeïſſance.

VI. Et enjoignons aux commiſſaires de noſtre chaſtelet de Paris, d'eſtre vigilans & diligens ſur l'entretenement du contenu en ces preſentes; ſur peine de privation de leurs offices, laquelle nous avons dès à preſent, comme dès lors, declaré & declarons contre ceux du quartier auquel ſeroit trouvée la contravention, & y auroit immondices ès ruës de leurdit quartier où ils n'euſſent promptement pourveû & ſans aucun delay, ou demeurées après la publication de ceſdites preſentes.

VII. Et pour plus promptement avoir cognoiſſance de la faute que feront leſdits commiſſaires aux choſes contenuës en ceſdites preſentes ou aucunes d'icelles, nous donnons à ceux qui juſtement les defereront, la ſomme de dix livres pour chacune fois, à prendre ſur la condamnation qui ſera ſur ce donnée à l'encontre d'eux.

VIII. Et voulons qu'incontinent après ladite declaration faite à noſtre prevoſt de Paris ou ſon lieutenant criminel, il ſoit promptement tenu d'aller en perſonne, ſi faire ſe peut, ou ſinon, y envoyer perſonne capable & ſuffiſante ſur le lieu denoncé par le delateur: afin d'avoir la preuve prompte ſur icelle, ſans divertir à autres affaires, & le meſme jour de ladite denonciation declarer la verité de ce qu'il en aura trouvé, pour le nous envoyer, afin d'eſtre pourveû aux offices deſdits commiſſaires qui pour leſdites fautes ſeront trouvez vacquans, & autrement, ainſi que verrons eſtre à faire.

IX. Et audit affaire ſeront incontinent tenus vacquer & entendre les conſeillers de noſtredit chaſtelet de Paris, & obeyr aux commandemens & ordonnances qui ſur ce leur ſeront faites par noſtredit prevoſt de Paris ou ſondit lieutenant criminel, incontinent & ſans aucune demeure ou retardation, ès cas, lieux & endroits où ledit prevoſt de Paris ou ſondit lieutenant criminel ne pourroit aller ou ſatisfaire en ſa perſonne.

X. Et où il y auroit ſur ce aucune negligence ou autre faute notable faite par noſtredit prevoſt, lieutenant criminel ou conſeillers, dont il ſera permis à chacun nous advertir, nous avons au cas deſſuſdit dès à preſent, comme dès lors, ſuſpendu & ſuſpendons celuy d'eux qui aura fait la faute, de l'adminiſtration de ſon office pour un an, pour la premiere fois, & trois ans pour la ſeconde: & pour la troiſieſme, privé & declaré inhabile de tous autres eſtats & offices.

XI. Et d'avantage ſera pris ſur leurs biens, pour chacune juſte ou legitime denonciation ſur ce à nous faite ou à noſtre amé & feal chancelier à l'encontre d'eux, la ſomme de vingt livres pariſis, dont ſera incontinent baillé executoire, comme pour nos propres debtes & affaires.

XII. Et ſur les meſmes peines que deſſus, ſeront tenus les quarteniers, diziniers & cinquanteniers de ladite ville de Paris, reſpondre de ceux de leurs quartiers qui ont fait quelque contravention au contenu de cesdites presentes.

XIII. Dont en ce cas seulement nous attribuons la cognoissance à nostredit prevost de Paris ou son lieutenant criminel, & sans prejudice des droits de jurisdiction de nos amez & feaux les prevost des marchands & eschevins de nostredite ville de Paris en autres choses.

XIV. Et afin encore que les choses devant dites soient mieux entretenuës & accomplies, nous ordonnons que les proprietaires, conducteurs & locatifs & voisins des maisons seront responsables les uns pour les autres en chacune ruë ; & à ce faire seront contraints par prise & exploitation sommaire de leurs biens, & si mestier est, par emprisonnement de leurs personnes, nonobstant oppositions ou appellations quelconques, & sauf leur recours contre les negligens & contrevenans à ce que dit est, lequel recours sera de semblable exploict & contrainte.

XV. Item, defendons à toutes personnes quelconques de vuider & mettre en la ruë aucuns feures, fiens, charrées, bouës ne autres immondices, ne iceux brusler ne faire brusler ès ruës, ny y faire tuer pourceaux ou autres bestes ; mais enjoignons iceux fiens ou immondices serrer & mettre dedans leurs maisons en paniers & manequins, pour après les faire porter hors de ladite ville & fauxbourgs d'icelle.

XVI. Pareillement defendons aux tailleurs de pierre, maçons, couvreurs & tous autres, de vuider ou faire vuider desdites maisons les gravois ou autres choses dont infection ou empeschement peut ensuivir, sinon à mesure qu'ils auront les tombereaux prests pour les charger & porter hors la ville & fauxbourgs.

XVII. Et ordonnons que pour raison de toutes les choses dessusdites, les maistres & maistresses respondront pour leurs valets, serviteurs & chambrieres.

XVIII. Item, commandons aux commis par justice sur le fait des bouës, & autres gens qui en ont la charge, que toutes excusations cessantes, ils s'appliquent & soient ordinairement à chacune heure prests pour porter les immondices, sur la peine du fouet, dont ils seront promptement punis, nonobstant oppositions ou appellations quelconques.

XIX. Item, qu'iceux tombereaux soient clos & scellez en telle maniere qu'il n'en puisse sortir aucune chose, & que la piece qui estouppe le derriere, soit aussi haute ou plus que le devant dudit tombereau, sur les peines dessusdites & encores de confiscation de leurs chevaux & tombereaux.

XX. Et permettons à tous sergens & bourgeois de Paris & desdits fauxbourgs, que où ils verront & trouveront lesdits tombereaux qu'ils ne soient clos, comme dessus, d'iceux prendre ou faire prendre & mener en prison, pour en estre ordonné ainsi que justice verra estre à faire par raison.

XXI. Item, enjoignons à tous les proprietaires des maisons, hostels & demeures où il n'y a aucunes fosses à retraits, qu'incontinent, sans delay & à toute diligence ils en facent faire ; & enjoignons audit prevost de Paris & sond. lieutenant criminel de faire executer reaument & de fait le contenu en ce present article, sur les peines que dessus, dedans six mois, à compter du temps de la publication de cesdites presentes.

XXII. Et à cette fin voulons & ordonnons que les quarteniers, diziniers & cinquanteniers soient tenus chacun en son égard, d'apporter & mettre par escrit par devers nostredit prevost de Paris ou sondit lieutenant criminel, dedans quinze jours après ladite publication, toutes les maisons de chacun quartier où il n'y a aucunes fosses ne retraits ; & que dedans huit jours après soit enjoinct aux seigneurs & proprietaires desdites maisons, ou aux concierges & locatifs pour leur faire sçavoir, qu'ils ayent dedans trois mois après ladite injonction dont sera fait registre, à faire lesdites fosses & retraits, sur peine de confiscation desdites maisons : & si elles sont aux églises & mains-mortes, sur peine de privation des pensions & loüages desdites maisons pour le temps de dix ans.

XXIII. Et voulons qu'incontinent ledit temps à eux prefix passé, où lesdits seigneurs proprietaires n'auront satisfait ausdites injonctions, lesdites maisons, toutes excuses cessantes, soient mises en nostre main, comme à nous acquises & confisquées, & sans autre declaration, fors celles des mains-mortes qui seront saifies aux fins que dessus.

XXIV. Et qu'incontinent sur les premiers deniers qui procederont des loyers desdites maisons, soient en toute diligence faites lesdites fosses & retraits, ainsi qu'il est cy-dessus ordonné : le tout nonobstant oppositions ou appellations quelconques, & sans prejudice d'icelles, dont nous avons retenu la cognoissance à nous & à nostre conseil, sans ce que autres

JUSTIFICATIVES.

tres en puissent entreprendre aucune cognoissance, que nous leur avons interdite & defenduë, interdisons & defendons par ces presentes.

XXV. Et si defendons à tous qui ont accoustumé de curer lesdits retraits, de les curer & nettoyer d'ores en avant sans congé de justice, sur peine de prison & d'amende arbitraire.

XXVI. Et defendons à tous les manans & habitans de ladite ville de Paris, & fauxbourgs d'icelle, de quelque estat, condition ou mestier qu'ils soient, de mettre d'ores en avant aux fenestres & endroits de leurs hostels respondans sur ruë, aucuns draps tendus sur perches, & ce sur peine de dix livres parisis d'amende.

XXVII. Et inhibons & defendons aussi à tous bouchers, charcutiers, rostisseurs, boulengers, regrateurs, revendeurs de volailles, poulailliers, taverniers, laboureurs, gens de mestier & toutes autres personnes de quelque estat ou condition qu'ils soient, de tenir, faire tenir ne nourrir en quelque endroit que ce soit esdites ville & fauxbourgs d'icelle aucuns pourceaux, truyes, cochons, oisons, pigeons & connils, soit pour vendre, pour leur vivre, entretenement de leurs maisons, ne pour quelque cause, occasion ou couleur que ce soit.

XXVIII. Et enjoignons à tous les dessusdits qui tiennent & nourrissent és lieux devantdits iceux pourceaux, truyes, cochons, oisons, connils & pigeons, que toutes excusations cessantes ils menent, portent ou facent mener & porter lesdits pourceaux, truyes, cochons, oisons, pigeons & connils nourrir hors ladite ville & fauxbourgs d'icelle, sur peine de confiscation des choses dessusdites & de punition corporelle. Et si enjoignons à tous de reveler & annoncer à justice ce que dessus, le plus diligemment que faire se pourra, dont ils auront la tierce partie du profit, le faisant : & ou ils ne le feront, seront punis d'amende arbitraire.

XXIX. *Item*, ordonnons & enjoignons très-étroitement ausdits examinateurs commissaires audit chastelet, de faire garder ces presentes, & ausdits quarteniers, diziniers & cinquanteniers d'y vaquer & entendre, & leur bailler confort & ayde, à reveler les transgressions & fautes en ce qui viendra, sur les peines dessusdites, & leur permettons incontinent emprisonner ou faire emprisonner ceux qui sont à contraindre par emprisonnement de leurs personnes, & qui contreviendront au contenu cy-dessus, pour

justice en estre faite : ausquels commissaires, quarteniers, diziniers, cinquanteniers & tous autres, à ce qu'ils soient plus soigneux de reveler & annoncer les fautes, & faire les captions & emprisonnemens, en ce qu'il leur est permis, & chacun en leur esgard, sera baillé le quart des amendes qui en seront adjugées.

XXX. Nous voulons que ces presentes ordonnances soient publiées tous les mois de l'an par tous les carrefours de cette ville de Paris, & fauxbourgs d'icelle, à son de trompe & cry public, & neantmoins qu'elles soient attachées à un tableau, escrites en parchemin en grosses lettres, en tous les seize quartiers de ladite ville de Paris, & esdits fauxbourgs, ès lieux les plus eminens & apparens d'iceux, afin qu'elles soient connuës & entenduës par chacun : & qu'il ne soit loisible oster lesdits tableaux, sur peine de punition corporelle, dont lesdits commissaires auront la charge, chacun en son quartier.

XXXI. Et si enjoignons à nostredit prevost de Paris ou sondit lieutenant criminel de faire entretenir & garder entierement le contenu en ces presentes, & ce qui en depend, & que diligemment il facent toutes contraintes à ce necessaires, sur les peines dessusdites, nonobstant oppositions ou appellations quelconques, & sans prejudice d'icelles, dont nous avons retenu la cognoissance à nous & à nostre conseil, privativement à tous autres, comme dessus. Si donnons en mandement par cesdites presentes à nostre prevost de Paris ou à ses lieutenans, que nos presentes lettres ils facent lire, publier & enregistrer, & les facent garder, observer, accomplir & entretenir inviolablement de poinct en poinct, selon leur forme & teneur, sans y contrevenir en aucune maniere : car tel est nostre plaisir. Donné à Paris au mois de Novembre, l'an de grace M. D. XXXIX. & de nostre regne le XXV. *Signé* : Par le roy, BAYARD. *& scellé du grand seel en cire verte & lacs de soye.*

Fontanon tom. 1. pag. 876.

Tome II.

I iii ij

EDIT DU ROY FRANÇOIS I.
concernant le guet de la ville de Paris.

Comment, en quels lieux & par quelles gens le guet sera fait, & quelles personnes sont francs & exempts d'y aller.

AN. 1539.

FRANÇOIS par la grace de Dieu roy de France, sçavoir faisons à tous presens & à venir, que comme de toute memoire & ancienneté pour la garde & seureté, tant de nostre bonne ville & cité de Paris, des sainctes reliques qui sont en icelle, des corps & personnes de nos predecesseurs rois de France & des princes & gentils-hommes, comme de gens d'église, de justice, marchandise, des prisonniers & autres habitans & frequentans en ladite ville, & aussi des biens & marchandises qui sont en icelle, & pareillement afin de pourvoir & remedier aux larcins, meurtres & destrousses, efforcemens & ravissemens de filles & de femmes, inconveniens de feu qui adviennent par fortune ou par malfaicteurs, transports de biens par hostes & hostesses qui de nuict vuident les maisons pour frauder les proprietaires des loyers d'icelles, & autres crimes & delicts qui en diverses manieres sont commis & perpetrez en nostredite ville & cité de Paris, nosdits predecesseurs ayent ordonné faire guet par certain nombre de gens à cheval & à pied, armez, appellez le guet royal, pour aller & venir durant la nuict parmy la ville de Paris, & autre nombre de gens appellez le guet assis, pour estre & demeurer en certains carrefours & places de ladite ville, pour conforter, secourir & ayder les uns aux autres, le tout conduit par un capitaine appellé le chevalier du guet : & pour ce faire ayent esté ordonnez ausdits gens du guet heures & lieux pour eux trouver & assembler par chacune nuict au son de la guette, & estre enregistrez par deux clercs du guet dedans nostre chastelet de Paris, qui font registre des comparans & défaillans. Lequel guet royal est fait par gens & officiers par nous commis & ordonnez à nos gages, & le guet assis est fait par les gens de mestier de ladite ville de Paris, qui sont tenus & contraints à ce faire par tour, & à jours à eux ordonnez & signifiez, s'ils n'ont excusation de maladie, de mariage, d'absence & d'autre cause legitime, dont ils sont tenus eux purger pardevant lesdits clercs du guet; lesquels clercs, pour les absens, tant excusez que défaillans, commettent gens fidelles & suffisans, aux dépens des absens. Et pour la continuation dudit guet ont été faites plusieurs ordonnances, & sont intervenus plusieurs arrests, au moyen des fautes trouvées en l'exercice & fait dudit guet. Ce neantmoins ont été & sont faits plusieurs abus, fautes & negligences en ce que dit est, tant par les officiers que par autres ayans la charge dudit guet, & au moyen de ce nostre peuple fort foulé & travaillé à nostre très-grand regret.

I. Pour ces causes & conservation de nostredite ville & cité de Paris & des habitans d'icelle, & aussi pour obvier aux inconveniens dessusdits, & pourvoir à l'entreterenement desdites ordonnances & arrests sur ce intervenus, nous avons statué & ordonné, statuons & ordonnons que le guet d'icelle ville sera fait & continué, c'est à sçavoir par le chevalier dudit guet & sa compagnie, qui sont vingt hommes de cheval & quarante hommes de pied, en ce compris le lieutenant d'iceluy chevalier; pour faire ledit guet par dix hommes à cheval & vingt hommes de pied en chacune nuit, par tour & alternativement.

II. *Item*, que le guet assis, autrement appellé le guet dormant, fait par les gens de mestier de ladite ville, sera pareillement continué ès nuicts qui seront commandées par deux sergens, en la maniere accoustumée. Et seront lesdits gens de mestier tenus eux presenter dedans le chastelet de Paris, pour estre enregistrez & envoyez par nombre de personnes certain & competant à la place des Carreaux outre le guichet des prisons, comme au lieu appellé la Pierre, qui est à la barriere & à l'entour dudit chasteler, pour la garde des prisonniers, du geolier & de ses gens : & aussi dedans la cour du palais, pour la garde des sainctes reliques, du geolier, des prisonniers & des choses qui sont dedans ledit palais : & pareillement au carrefour du bout du pont saint Michel, sur le quay des Augustins, au carrefour de saint Cosme, au carrefour de saint Yves, au carrefour de saint Benoist, à la croix des Carmes, au carrefour saint Severin, au petit pont, près l'église de la Magdelaine, aux planches de Mibray, à la croix de Greve, à l'hostel de Sens, à la porte Baudier, au coin saint Paul, à la traverse Quadier, à l'eschelle du Temple, à saint Nicolas des Champs, à saint Jacques de l'Hospital, à la fontaine saint Innocent, à la pointe saint Eustache, à la croix du Tiroir, à l'escole saint Germain, à la place aux Chats, & aussi ès autres lieux & places necessaires par les seize quartiers de la ville de Paris, qui seront declarez par chacun jour ausdits gens de mestier par les clercs dudit guet, selon l'ordonnance qui leur en sera faite par nostre prevost de Paris ou son lieutenant criminel, qui pourra muer & changer lesdites places & augmenter ledit guet selon les cas & necessitez qui viendront à cognoissance.

III. Esquels lieux & places lesdits gens de mestier seront tenus demeurer & eux tenir toute la nuict par les temps & saisons cy-apres declarez: c'est à sçavoir, depuis le premier jour du mois d'Octobre jusques au dernier jour de Mars, à commencer entre sept & huit heures du soir, jusques entre quatre & cinq heures du matin; & depuis le premier jour d'Avril jusques au dernier jour de Septembre, à commencer entre huit & neuf heures du soir, jusques entre trois & quatre heures du matin.

IV. Et pour faire l'assiette & la retraite d'iceluy guet, sera tenu celuy qui a la charge de la guette dudit chastelet, de sonner la trompette par chacune nuict, selon les heures dessusdites; & après ladite trompette sonnée, ledit guet partira pour marcher, & se retirera, & non plustost: toutesfois en cas necessaire & urgent le guet royal pourra partir plustost, selon qu'il sera pour le mieux advisé.

V. *Item*, que pour faire registre des gens dud. guet, tant royal, que des gens de mestier, seront tenus lesdits clercs du guet assister par chacun jour audit chastelet aux heures assignées pour l'assiette d'iceluy guet, & faire registre des comparans & defaillans. Et seront lesdits gens du guet, tant du roy, que de mestier, tenus de comparoir à faire ledit guet aux jours & heures à eux assignez, selon que dessus, sur peine de dix sols parisis d'amende pour chacun deffaut: pour laquelle amende seront les défaillans contraints dès le lendemain du deffaut, qui sera expedié sur le roolle & certification desdits clercs du guet, & sur le rapport du sergent qui aura donné l'assignation: & ce tant par prise & vente sommaire des biens d'iceux défaillans, que par emprisonnement de leurs personnes, si mestier est.

VI. Et afin que ledit guet assis ne puisse partir desd. lieux & places avant les heures dessusdites, nous ordonnons que ledit guet royal ira & viendra esdites places, pour sçavoir ceux dudit guet assis qui serviront ou deffaudront; & de ce ledit chevalier du guet & ses lieutenans feront rapport, qui sera enregistré par lesdits clercs, pour estre procedé contre lesdits deffaillans & qui se feront absentez, selon que dessus. Et afin de sçavoir ceux qui se seront ainsi absentez, enjoignons aux autres qui auront esté livrez avec eux, de le reveler & declarer, sur peine de prison & de l'amende.

VII. Toutesfois si lesdits gens de mestier ont excusation de maladie, d'absence, de mariage ou autre exoine recevable, lesdits clercs du guet commettront autres personnes fidelles & suffisantes, & dont lesdits clercs seront responsables, pour faire guet au lieu des absens, tant deffaillans qu'excusez; & seront payez ceux qui serviront au lieu de ceux qui auront fait defaut, sur lesdits defaux & amendes; & pour les autres, ils seront payez aux despens des excusez, le tout au prix de deux sols parisis pour chacune nuit. Et s'il advenoit que pour aucune cause necessaire fust besoin assembler plus grand nombre de gens, ledit chevalier du guet ou ses lieutenans pourront appeller avec eux la totalité de gens du guet royal, avec les gens de mestier, en nombre competent & raisonnable.

VIII. Et pour ce que par cy-devant plusieurs personnes se sont voulu exempter de servir audit guet, les uns alleguans privileges, & les autres disans n'estre point de mestier, & par ce ledit guet a esté diminué, & le peuple qui a servi audit guet, foulé & trop chargé: nous ordonnons que tous marchans, gens de mestier, artisans ou autres tenans boutiques & ouvroirs dedans ladite ville de Paris, seront tenus & contraints de servir audit guet, par la maniere & ainsi que dessus est declaré, soient exempts ou non exempts, privilegiez ou non privilegiez, jusques à ce que par nous autrement en soit ordonné: exceptez toutesfois les personnes qui ont esté excusées par l'arrest donné en nostre cour de parlement en l'an 1484. c'est à sçavoir les six vingts archers, soixante arbalestiers & cent arquebusiers de nous & de la ville de Paris, gardes des clefs des portes, ceux qui ont le rotier des chaines, quarteniers, diziniers, cinquanteniers de ladite ville de Paris, bedeaux ordinaires de l'université de Paris, messagers de nous & de ladite université durant leurs absences, monnoyers pour le temps qu'on œuvre à la monnoye, & les personnes aagez de soixante ans, ou qu'ils ayent meshaings ou mutilation de membres, dont soit apparu à nostredit prevost de Paris ou sondit lieutenant; toutes lesquelles perfonnes nous voulons & entendons eftre exempts d'aller audit guet, felon ledit arreft.

IX. *Item*, nous ordonnons que les deniers defdits défaux, amendes & autres qui proviendront à caufe de ce que dit eft, feront levez & receus par lefdits deux fergens, lefquels feront tenus rendre compte par chacun an d'iceux deniers à noftre receveur de Paris, appellé noftre procureur audit chaftelet. Et enjoignons aufd. gens du guet, tant royal, que de gens de meftier, de bien & deüëment vaquer à faire iceluy guet, felon ce que deffus, & d'y faire les captions des malfaicteurs qu'ils trouveront en prefent mesfaict, & les emprifonner audit chaftelet, & auffi de traiter humainement les habitans de la ville de Paris, & leur donner confort & ayde, fans leur faire ne fouffrir eftre fait aucun opprobre ou molefte, le tout fur peine de punition corporelle.

X. Et pour faire entretenir le contenu cy-deffus & ce qui en depend, enjoignons audit prevoft de Paris ou fon lieutenant criminel d'y entendre foigneufement, & contraindre lefdits gens & officiers, tant du guet royal que de meftiers, & toutes autres perfonnes : fçavoir eft, lefdits officiers fur peine de privation de leurs offices, & les autres par amende & punition corporelle, felon l'exigence des cas, le tout nonobftant oppofitions ou appellations quelconques.

XI. Et pource que ledit prevoft de Paris ou fondit lieutenant ne pourra vaquer à l'affiette dudit guet, en faifant laquelle fe font par cy-devant faits plufieurs excez, rebellions & défobeïffances par lefdits gens de meftier, tant entre eux pour les haines qu'ils ont les uns contre les autres, comme auffi à l'encontre des clercs & officiers dudit guet, ledit prevoft de Paris ou fondit lieutenant criminel pourra commettre l'un des examinateurs d'iceluy chaftelet, pour informer promptement & faire fon rapport, & auffi, fi meftier eft, pour proceder par emprifonnement contre les rebelles & delinquans en prefent meffait, afin d'y eftre pourveu fommairement par noftredit prevoft de Paris ou fon lieutenant criminel.

XII. Et ordonnons que lefdits clercs du guet, fergens & examinateurs feront payez pour l'execution des chofes deffufdites : c'eft à fçavoir lefd. fergens & collecteurs, à la raifon de deux fols parifis, les clercs dudit guet de deux fols huict deniers parifis, & ledit examinateur de quatre fols parifis, le tout par chacun jour & pour chacun d'eux : le tout pris & levé fur les deniers provenans defdits defaux & amende. Si donnons en mandement audit prevoft de Paris ou à fondit lieutenant criminel, &c. Donné à faint Quentin, au mois de Janvier, l'an de grace M. D. XXXIX. & de noftre regne le XXVI. *Signé* : Par le roy en fon confeil, DE LA CHESNAYE. *Ibidem pag.* 880.

ORDONNANCES FAITES
par la cour pour la continuation & entretenement de la nourriture & éducation de la communauté des pauvres de la ville de Paris, & ordre cy-devant advifé touchant le faict d'iceux.

PREMIEREMENT, pour ce que les aumofnes qui font le fondement de la nourriture & education des pauvres, dependent principalement de la charité des bons & notables bourgeois, manans & habitans de la ville de Paris, laquelle a efté merveilleufement refroidie depuis le commencement de l'inftitution de la communauté des pauvres, en maniere que les aumofnes font diminuées des trois quarts ou plus ; a ladite cour admonefté & exhorté, & neantmoins, en tant qu'à elle appartient & peut appartenir, enjoint aux curez & vicaires des églifes parochiales de ceftedite ville & fauxbourgs de Paris, que en chacune de leurs paroiffes ils ayent virilement & avec tel zele & affection charitable que leur eftat & office requiert, à admonefter le populaire de faire l'aumofne à la communauté des pauvres, & leur remonftrer le grand bien & profperité qui adviendra à ladite ville de Paris, manans & habitans d'icelle, de l'entretenement de la nourriture & education defdits pauvres en commun, & les grands maux & inconveniens qui pourront advenir, fi les pauvres retournent à mandier parmy les ruës, comme ils avoient accouftumé, des larrecins, paillardifes, peftes & autres plufieurs crimes & maleficies.

II. Auffi a ladite cour admonefté & exhorté tous & chacuns les prefcheurs de ceftedite ville de Paris, tant religieux que feculiers, qui font invitez par ceux à qui de droit ou de couftume appartient, à prefcher ès églifes parochiales & ès autres de ceftedite ville ; & leur a, en tant que à ladite cour appartient & peut appartenir, enjoint de remonftrer en toutes les predications qu'ils feront, avec tel zele qu'ils doivent avoir en leurs predications, au peuple, la diminution des aumofnes que l'on avoit accouftumé faire à la communauté defdits pauvres : laquelle diminution

An. 1543.

nution perseverant, seroit impossible d'entretenir l'ordre advisé pour le fait desdits pauvres: le grand bien, comme dessus est dit, qui adviendra de la continuation d'iceluy: les grands maux qui adviendront si ledit ordre est rompu, & que les pauvres reviennent en particulier à mandier, comme ils avoient accoustumé; en leur faisant claire demonstrance par raisons vives & efficaces, qu'ils y sont tenus & obligez, & que pour l'execution de l'obligation divine, il faudra que la justice seculiere y mette la main; & consequemment de ce qu'ils peuvent faire de leur bonne volonté, & par ce moyen meriter envers Dieu & la republique, ils pourront estre contraints de le faire par justice, & perdront la plus grand part du merite. Et pour plus amplement admonester & exhorter lesdits prescheurs, ordonne la cour qu'ils viendront en icelle à certain & competent jour qui leur sera assigné par ladite cour.

III. Exhorte aussi ladite cour, en tant qu'elle peut, l'évesque de Paris & ses vicaires, d'envoyer querir les curez & vicaires des paroisses & autres qu'il appartiendra, & leur enjoindre admonester le peuple sur ce que dessus, & leur faire remontrances en tel cas requises & accoustumées, virilement & efficacement; de sorte que la fin à laquelle l'on tend, se puisse ensuivre.

IV. Aussi ladite cour a exhorté & exhorte ledit évesque de Paris & ses vicaires, d'enjoindre, tant au penitencier de l'église de Paris, qu'aux curez, vicaires & tous confesseurs, que où il sera question d'excommunications, de vœuz ou de restitution d'usures ou autres choses mal prinses, ce que l'on ne sçait à qui l'on doit faire ladite restitution, demeurant par ce moyen en l'arbitrage & declaration du confesseur d'ordonner l'employement desdits deniers, qu'ils admonestent les penitens d'en donner une bonne partie à la boëte de la communauté desdits pauvres, pour la nourriture & education d'iceux.

V. Aussi a ladite cour exhorté lesdits curez & vicaires, & autres qui se trouvent à la confection des testamens, & aux notaires qui recevront lesdits testamens ou codicilles, d'admonester les testateurs, s'ils voyent qu'ils ayent la puissance & faculté des biens, de laisser quelque aumosne à la communauté des pauvres.

VI. Et advertie ladite cour que plusieurs du populaire & gens de mestier s'appliquent plustost à voir jeux de basteleurs & jongleurs, & y donner un & deux grands blancs, ce qu'ils ne font à la boëte de la communauté desdits pauvres pour la nourriture d'iceux, preferant leur mondaine curiosité à la charité divine: à icelle cour defendu & defend par maniere de provision, & jusqu'à ce qu'autrement en sera ordonné, à tous basteleurs, jongleurs & autres semblables, de joüer en ceste ville de Paris, ou sonner leur tabourin quelque jour que ce soit, sur peine du foüet & bannissement de ce royaume. Et a defendu aussi & defend ladite cour par maniere de provision, & jusqu'à ce qu'autrement en soit ordonné, au prevost de Paris & à ses lieutenans civil & criminel, de bailler permission de joüer ausdits basteleurs, jongleurs & autres semblables. Defend pareillement à tous les hauts justiciers de cestedite ville de Paris & à leurs officiers, de bailler aucune permission ausdits basteleurs & jongleurs de joüer en ceste ville, quelque jour que ce soit, sur peine de dix marcs d'argent & d'autre amende arbitraire, à la discretion de ladite cour.

VII. Et afin que les aumosnes qui ont esté ou seront cy-après faictes à la communauté desdits pauvres, ou aux pauvres en termes generaux, par dispositions entre vifs ou de derniere volonté, ne soient occultes, ains viennent à la lumiere, & puissent estre employées à la nourriture & entretenement de la communauté desdits pauvres: a ladite cour ordonné & ordonne qu'il sera enjoint à son de trompe & cri public, à tous les curez, vicaires & autres prestres qui auront receu ou recevront cy-après quelques testamens, codicilles ou autres dispositions de derniere volonté contenans aumosnes aux pauvres en termes generaux, & aussi à tous notaires qui auront receu ou recevront contracts, testamens, codicilles ou autres dispositions quelconques d'entre vifs ou derniere volonté, contenans aussi aumosnes envers les pauvres en general, d'eux transporter dedans trois jours, quant aux instrumens des testamens, codicilles ou dons d'entre vifs ja par eux receûs, du temps de la publication de ces presentes, & que ceux qui auront fait lesdits dons & aumosnes, seront allez de vie à trepas; & quant à ceux qu'ils recevront cy-après, aussi dedans trois jours après le decez de celuy qui aura fait lesdits dons par disposition de derniere volonté ou entre vifs, devers les commissaires desdits pauvres, & leur apporter ou bailler par extrait l'article des contracts ou testamens contenans ladite aumosne, signez d'eux, afin que par lesdits commissaires soit faicte diligence de faire venir les deniers deûbz pour la nourriture & education de la communauté desdits pauvres : & ce sur peine de payer le quadruple de ce que se monteront lesdites aumosnes, en deffaut de faire ce que dessus les trois jours escheûz, & outre de cent livres parisis d'amende à appliquer à la boëte desdits pauvres.

VIII. Sera aussi de par ladite cour en ladite proclamation publique, enjoint à tous les manans & habitans de cestedite ville de Paris, & autres demeurans en icelle, sur peine de dix marcs d'argent à appliquer à la communauté desdits pauvres, si ce sont personnes qui puissent satisfaire : & sur peine de bannissement de cestedite ville, à tel temps que ladite cour arbitrera, quant aux autres, que s'ils sçavent ou ont entendu aucune chose desdites dispositions d'entre vifs & de derniere volonté, contenans aumosnes envers les pauvres en general, de l'aller reveler ausdits commissaires dedans huictaine après la publication de ceste presente ordonnance, quant aux aumosnes faictes par disposition d'entre vifs ou de derniere volonté, si ceux qui ont fait lesdites aumosnes, sont allez de vie à trespas ; & quant aux aumosnes & legs qui seront faits cy-après, dedans huictaine après le decez de ceux qui auront fait lesdites aumosnes à eux cogneûs ; lesquels commissaires feront rediger leurs revelations par escrit, & signer par ceux qui seront lesdites revelations ; ou s'ils ne sçavent escrire, par un ou deux notaires.

IX. Ordonne aussi ladite cour au procureur general du roy, de impetrer lettres monitoires de l'évesque de Paris, *In forma malefactorum*, en termes generaux, pour admonester tous ceux qui sçavent aucunes aumosnes avoir esté delaissées par les trepassez, par disposition d'entre vifs ou de derniere volonté, à la communauté des pauvres ou aux pauvres en general, d'en faire revelation dedans six jours après la publication d'icelles aux commissaires desdits pauvres : & de faire publier lesdits monitoires avec les aggravations telles que de droict, deux fois le mois aux prosnes des eglises parochiales, & pareillement les faire imprimer & attacher aux portes des eglises & aux carrefours de ceste ville de Paris, afin qu'aucun n'en puisse pretendre cause d'ignorance.

X. Et en tant que touche les eglises cathedrales & collegiales de cestedite ville de Paris, abbayes, monasteres & autres lieux, qui ont esté, après avoir esté ouïs, de leur gré & volonté cottisez pour l'aumosne, où d'aucuns d'iceux seroient suffisans de la valoir continuer, & auroient differé par huit jours de ce faire : a ordonné ladite cour que lesdits huit jours passez, leur sera enjoint y satisfaire dedans la huictaine ensuivant : & en defaut de ce avoir fait dedans ladite seconde huictaine, sans autre declaration, ordonne icelle cour que ladite seconde huictaine escheûë, leur temporel sera saisi & mis en la main du roy, jusqu'à ce qu'ils auront satisfait, selon & ainsi que le procureur general le requerra, poursuivra & fera executer.

XI. Et a ordonné & ordonne d'avantage ladite cour, que à certain & competent jour qui leur sera donné, de pouvoir assigner plusieurs des abbez & prieurs des monasteres & convens de cestedite ville & fauxbourgs de Paris, que le procureur du roy aura par declaration, & seront appellez en ladite cour, pour illec estre ouys sur ce que ledit procureur general du roy entend requerir pour l'augmentation des aumosnes de leur part.

XII. A ordonné aussi ladite cour aud. procureur general du roy, de faire parachever ce que par cy-devant a esté ordonné par elle, touchant le fait des hospitaux de ceste ville de Paris, & de faire la diligence possible d'avoir permission du roy pour parfaire & continuer ce que l'on avoit commencé touchant les autres hospitaux situez & assis hors de cestedite ville, & dedans les fauxbourgs & limites de la prevosté & vicomté de Paris.

XIII. Et afin que d'ores en avant la presence de ceux qui seront deputez par chacune semaine à faire la queste, puisse mouvoir les manans & habitans ausquels l'on demandera l'aumosne pour la communauté des pauvres, à plus facilement & plus largement icelle donner : seront deputez par les aucuns temps chacune semaine deux bons & notables personnages en chacune paroisse, ou si la paroisse est grande, deux en chacun quartier d'icelle, par les marguilliers desdites paroisses & autres paroissiens qui ont accoustumé eux assembler pour ce faire, pour aller lesdits deux bourgeois ensemble ès maisons desdits paroissiens, avec une tasse à decouvert, & demander aumosnes pour la communauté des pauvres,

en

en remonſtrant à ceux à qui ils la demanderont, l'indigence & neceſſité deſdits pauvres.

XIV. Et feront ladite queſte en un ou deux jours de chacune ſemaine, ainſi qu'ils adviſeront pour le mieux : & le Samedy après diſner bailleront les deniers aux marguilliers des paroiſſes, & en prendront quittance ou recepte ſignée de leurs mains ou de deux d'entr'eux, laquelle ils envoyeront par devers les commiſſaires deſdits pauvres.

XV. Et pour ce qu'il ſemble à ladite cour que ledit office de demander pour les pauvres eſt tant pitoyable & charitable que plus ne peut, & n'eſt dérogeant aucunement à l'honneſteté des notables bourgeois, mais pluſtoſt convenable : a ladite cour enjoint auſdits notables bourgeois qui ſeront eſleûz, d'accepter & faire ladite queſte par ſemaine, & ce ſur peine de vingt livres pariſis d'amende ſur ceux qui ſeront refuſans; laquelle ſera levée ſans deport, & employée en aumoſne deſdits pauvres.

XVI. Ordonne auſſi ladite cour que leſdits marguilliers feront loyal & fidele regiſtre de tout ce qu'ils recevront toutes les ſemaines, & des eſpeces; & envoyeront ledit regiſtre de mois en mois vers les commiſſaires deſdits pauvres; & de ce que leſdits marguilliers bailleront au receveur deſdits pauvres, en prendront quittance de luy, laquelle ou le double d'icelle ſigné de leurs mains, ils envoyeront auſſi devers leſdits commiſſaires, pour en faire tenir compte par ledit receveur.

XVII. Et afin que chacun ſoit plus enclin à donner l'aumoſne auſdits pauvres, a lad. cour ordonné & ordonne qu'il ſera adviſé par leſdits commiſſaires des pauvres, de faire par toute la communauté deſdits pauvres quelques fois, ſelon la diſpoſition du temps, & qu'ils verront eſtre bon, en tel lieu & en tel nombre qu'ils adviſeront pour le meilleur, proceſſion generale; & iront par ordre deux à deux, portant le premier pauvre l'enſeigne de noſtre ſalut, la croix ſur les eſpaules, avec telles autres enſeignes de la paſſion du benoiſt Sauveur que leſdits commiſſaires adviſeront y eſtre miſes, diſans par leſdits pauvres, ceux qui les ſçauront, les letanies, les uns d'un coſté, les autres répondront de l'autre, & les autres criant à noſtre Seigneur miſericorde; & après eux incontinent viendront aucuns des gouverneurs deſdits pauvres, juſques au nombre de quatre ou cinq, & conſecutivement les curez ou vicaires & preſtres d'aucunes des paroiſſes dont ſeront leſdits pauvres, juſques au nombre de ſix pour le moins.

XVIII. Et ladite proceſſion faite, orront une grand meſſe en telle paroiſſe qui ſera adviſée pas leſdits commiſſaires, devotement & à deux genoux & teſtes decouvertes, priant Dieu pour la proſperité & ſanté du roy & de meſſieurs ſes enfans, de la ville de Paris, habitans d'icelle, & ſpecialement pour leurs bienfaicteurs. Et ſera faite une predication par tel preſcheur que les curez, vicaires ou marguilliers (ainſi que l'on a accouſtumé) prendront ou eſliront, exhortative d'aumoſne & charité envers les pauvres; remontrant le bien & merite que ceux qui font aumoſne envers leſdits pauvres, en auront, afin que chacun ſoit plus enclin à continuer l'aumoſne envers leſdits pauvres.

XIX. Et à ce qu'aucuns mandiens valides ne ſoyent au nombre deſdits pauvres, a ordonné & ordonne ladite cour, que l'ordonnance par elle cy-devant faite de la viſitation des pauvres, ſera executée.

XX. Auſſi a ordonné & ordonne que d'ores en avant tous les mois l'ordonnance par elle faite aux mandiens valides, d'eux employer dedans le temps declaré en icelle à beſongner & ſervir, ou le temps paſſé, de vuider dedans trois jours de cette ville de Paris, ſur peine des verges & de banniſſement d'icelle ville, ſera proclamée à cri public & ſon de trompe, par tous les carrefours de ceſte ville de Paris; & enjoinct ladite cour au prevoſt de Paris & à ſon lieutenant commis de faire ladite proclamation, & punir diligemment ceux qu'il trouvera faire contrevenans, inquiſition precedente, des peines declarées en ladite ordonnance.

XXI. Auſſi enjoint ladite cour aux trente-deux commiſſaires du chaſtelet de Paris, chacun en ſon quartier, d'eux diligemment enquerir deſdits mandiens valides qui ſeront contrevenus aux injonctions à eux faites par ladite proclamation, iceux conſtituer priſonniers, & mener ès priſons dudit chaſtelet & autres priſons de ceſte ville; enjoignant par ladite cour aux juſticiers à qui appartiennent leſdites priſons, de recevoir en icelles & garder, & leur defend les laſcher ſans ordonnance des commiſſaires des pauvres, pour en faire la punition telle qu'il appartiendra.

XXII. Et pour ce auſſi que pluſieurs du populaire dient que les pauvres vont parmi les ruës, ainsi qu'ils avoient accoustumé, & que par ce ils sont deceûs de donner aumosnes à la communauté desdits pauvres : ce qui n'est advenu & n'advient sinon à cause qu'il n'y a aumosne suffisante pour nourrir lesdits pauvres en communauté, & sont contraints aller mandier parmi la ville : a ladite cour defendu & defend à tous lesdits pauvres de ceste ville de Paris, sur peine du foüet & d'estre bannis hors de ladite ville de Paris, d'aller parmi la ville & aux portes des maisons & des églises demander l'aumosne ; mais leur est enjoint eux retirer en la communauté, si ce ne leur est specialement permis par les commissaires desdits pauvres, par faute de pouvoir nourrir des aumosnes communes, & qu'ils ayent ladite permission par un buletin qui leur sera baillé par lesdits commissaires par escrit.

XXIII. Enjoint pareillement ladite cour ausdits commissaires du chastelet de Paris, de faire les jours de festes & autres, chacun en son quartier, revisitation desdits pauvres qui vont mandier par la ville & ès portes des maisons & des églises, & les prendre au cas qu'ils auront contrevenu à l'ordonnance susdite, & les mener ès prisons dudit chastelet, pour en estre faite la punition telle qu'il appartiendra.

XXIV. Et pour ce que lesdits commissaires dudit chastelet ont esté grandement negligens par cy-devant, de faire leur devoir d'executer les ordonnances de ladite cour, quelques injonctions qui leur ayent esté faites, & peines indictes par icelle cour de suspension & privation de leurs estats : a ordonné ladite cour audit procureur general du roy, de faire informer par commission de ladite cour contre lesdits commissaires qui seront trouvez negligens d'ores en avant d'executer les ordonnances de ladite cour, ainsi qu'il est enjoint, & de faire apporter lesdites informations par devers ladite cour, pour estre procedé par elle, lesdits commissaires sommairement oüys, & apres avoir cognu par ladite cour la verité de ladite negligence, à la declaration de l'incursion des peines à eux cy-devant comminées.

XXV. Et de rechef enjoint bien expressément ladite cour ausdits commissaires, de diligemment & soigneusement chacun en son quartier faire perquisition de ceux qui mandient parmi la ville & ès portes des maisons & des églises, & de les constituer & amener prisonniers au chastelet de Paris, ou autres prisons des hauts justiciers, comme dessus est dit, & ce outre les peines comminées ès ordonnances precedentes, sur la peine de cent livres parisis applicables aux pauvres: laquelle peine de cent livres parisis ladite cour declare qu'ils encourront par le seul fait & desobeïssance ou negligence de satisfaire à ceste presente ordonnance ; & sera ladite somme de cent livres parisis sur eux levée sans aucun deport ou simulation.

XXVI. Et afin que lesdits commissaires n'ayent aucune occasion ne cause suffisante d'execution d'accomplir ce qui leur a esté enjoint cy-devant, & est par la presente ordonnance de ladite cour, souz ombre de ce qu'ils disent que seuls ils ne pourroyent executer sans l'aide des sergens à verge dudit chastelet, qui ne leur veulent obeïr : a ladite cour enjoint ausdits sergens dudit chastelet d'obeïr ausdits commissaires, chacun en son quartier, jusques au nombre de l'ordonnance, & aller avec eux pour executer & accomplir ce qui est enjoint ausdits commissaires par ladite cour, sans aucune difficulté on contradiction : declarant par ladite cour que où ils seront contredisans, refusans ou dilayans d'obéyr, par le seul fait de leur desobeyssance ou dissimulation d'obeyr, ils encourront la peine de vingt livres parisis applicable à la boëte desdits pauvres, qui sera levée sans deport, & autre amende arbitraire à la discretion de ladite cour, attendu les rebellions & desobeïssances reiterées par eux cy-devant commises, & ce outre les peines à eux comminées par lesdites precedentes ordonnances, & sans deroger à icelles.

XXVII. Et a ladite cour enjoint sur les peines que dessus, ausdits commissaires, d'incontinent informer par trois ou quatre temoins de la desobeyssance, contradiction ou dissimulation desdits sergens, & envoyer l'information par devers ladite cour ; afin qu'icelle veüe par ladite cour, & lesdits sergens sommairement oüys sur lesdites contraventions, après avoir cognu & entendu la verité, proceder à ladite plus ample & speciale declaration de l'incursion desdites peines, ainsi qu'il appartiendra par raison.

XXVIII. Et où lesdits commissaires n'informeront promptement par deux ou trois tesmoins desdites rebellion, contradiction & desobeïssance desdits sergens, & n'envoyeront promptement ladite information vers ladite cour ; elle a declaré que souz ombre du refus & desobeïssance obéïssance ou contradiction desdits sergens, lesdits commissaires ne pourront prendre aucune excusation qu'ils n'ayent encouru par le seul fait la peine dessus declarée.

XXIX. Aussi a ordonné & ordonne ladite cour, par maniere de provision, jusques à ce qu'autrement en soit ordonné, que par lesdits prevost des marchands & eschevins, avec leurs conseillers en ladite ville, & tel nombre des bourgeois d'icelle qu'ils adviseront, sera esleû par chacun an un receveur & contre-roolleur des deniers desdits pauvres, ainsi qu'ils adviseront pour le mieux.

XXX. Pareillement a ordonné & ordonne ladite cour, advertie que par fautes indeües ou autrement contre l'ordre de charité qui est de nourrir les pauvres invalides, & de faire travailler ceux qui peuvent gagner leur vie au labeur de leurs corps, mettrent plusieurs qui peuvent ce faire en l'ausmone, & ceux qui ont esté mis, estant à present en disposition de pouvoir travailler & labourer, y sont continuez par connivence, dissimulation ou negligence, a ordonné & ordonne ladite cour qu'une fois le mois lesdits marguilliers avec aucuns notables paroissiens eux assembleront à tel jour qu'ils adviseront, pour élire deux bons personnages de ladite paroisse ou plusieurs, selon la grandeur des paroisses, pour visiter une fois la semaine, ou plus souvent, s'il en est besoin, lesdits pauvres, & appeller avec eux un chirurgien de la paroisse, s'il y en a, ou de la paroisse prochaine; & où ils trouveront aucuns qui pourront labourer, travailler & gagner leur vie, enjoinct ladite cour ausdits esleuz & deputez les mettre hors de l'aumosne, & de prendre & recevoir à ladite aumosne ceux qu'ils verront estre impotens de leurs membres ou autrement malades, de sorte qu'ils ne puissent gagner leur vie; & à la fin de chaque semaine, ou plustost, s'il est besoin, & que faire se doyve, feront lesdits esleûz & deputez le roolle de ceux qu'ils auront osté, & de ceux qu'ils auront mis à ladite aumosne, qui contiendra les jours qu'ils les ont mis hors ladite aumosne, & les jours qu'ils les auront de nouveau receûz en ladite aumosne: & iceux roolles envoyeront promptement signez de leurs mains ausdits commissaires desdits pauvres.

XXXI. Ordonne aussi ladite cour, que pour inviter les manans & habitans de cestedite ville à estre plus enclins à contribuer à ladite aumosne, en cognoissant que ladite aumosne sera bien employée, la distribution de ladite aumosne se fera une ou deux fois la semaine, en chacune paroisse de la ville & fauxbourgs, en un lieu public & à heure competente & certaine, telle qu'il sera advisé par les marguilliers & paroissiens, afin que chacun puisse voir la distribution de ladite aumosne, & comment leurs deniers seront employez.

XXXII. Aussi ordonne ladite cour que l'ordonnance par elle cy-devant faite pour mettre les petits enfans de l'aumosne à mestier, sera executée; & à ceste fin, pour connoistre ceux qui seront capables pour estre à mestier, manderont tous lesdits petits enfans en certain lieu public qui sera advisé par lesdits commissaires, & à tel jour & heure qu'ils adviseront, lequel jour, lieu & heure seront signifiez à aucuns des jurez & maistres des mestiers de cestedite ville de Paris, ainsi que lesdits commissaires adviseront, pour illec eux trouver, afin de prendre aucuns desdits enfans à mestier, ainsi qu'ils leur seront baillez par lesdits commissaires, lesquels les pourront obliger à servir par tel temps qu'ils adviseront, ainsi qu'il est dit par les precedentes ordonnances.

XXXIII. Et ordonne ladite cour que pour facile & prompte execution des presentes ordonnances & autres par cy-devant faites pour le fait des pauvres, elles seront publiées une fois chacun mois à son de trompe & cry public, & enjoint ladite cour au prevost de Paris & à ses lieutenans & à chacun desdits commissaires de ce faire, sur peine d'amende arbitraire de ladite cour.

XXXIV. En outre ordonne ladite cour que lesdits commissaires deputez sur le fait desdits pauvres, pourront adviser encores, pour la plus facile & prompte execution desdites ordonnances & entretenement desdits pauvres, ce qu'ils verront estre requis & necessaire, que ne pourroit souffrir delay pour en faire plus ample remonstrance à ladite cour, ains seroit besoin y pourvoir promptement; & ce que par eux sera advisé & ordonné audit cas, sera executé par provision, nonobstant oppositions ou appellations quelconques, & sans prejudice d'icelles.

XXXV. Enjoinct audit cas ladite cour aux marguilliers des paroisses de cestedite ville, commissaires & sergens du chastelet de Paris, maistres & jurez desdits mestiers, en ce que dessus leur obeyr, & se rendre devers eux, quand ils seront par eux mandez.

XXXVI. Ordonne aussi ladite cour qu'il sera advisé par lesdits prevost des marchands & eschevins & par tel nombre de conseillers de ladite ville qu'ils adviseront devoir estre convocquez, d'employer les pauvres à curer & nettoyer les fossez de lad. ville, ou autres ouvrages d'icelle, ceux qui sont valides & pourront servir: lesquels seront contraints de ce faire en la maniere que fait a esté par cy-devant ; & sera baillé ausdits prevost des marchands & eschevins à ceste fin telle contrainte qu'il appartiendra & qu'ils requerront à ladite cour.

XXXVII. Aussi a ordonné & ordonne ladite cour que les receveurs de ladite communauté des pauvres, presenteront leur brief & sommaire estat de trois mois en trois mois ausdits commissaires des pauvres, tant en recepte qu'en despense, afin de la voir sommairement par lesdits commissaires, appellé ledit receveur, & y adviser & ordonner ainsi qu'il appartiendra.

Fait en parlement le XII. jour de Novembre M. D. XLIII. & publié ledit jour & le lendemain à son de trompe par les carrefours de cestedite ville de Paris. Signé, BERRUYER. *Ibidem pag.* 911.

PROVISIONS DE LIEUTENANT general à Paris, données par le roy François I. au cardinal de Meudon.

AN. 1544.

FRANÇOIS par la grace de Dieu roy de France. Comme par plusieurs avertissemens conformes avons entendu les grands preparatifs de nos ennemis, lesquels ont dessein en cette prochaine saison de courir sus & invader nostre royaume par divers endroits ; ce en quoy Dieu nostre createur qui sçait & connoist nostre droit, le fond de nostre intention & celle de nos ennemis, nous fera, s'il lui plaist, cette grace, non seulement de leur resister & les expulser à leur honte & confusion, mais aussi d'executer sur eux ce qu'ils veulent entreprendre sur nous. Et pour ce que durant telles affaires nous sommes deliberez nous trouver en personne la part où seront nos forces assemblées, soit au dedans ou dehors nostredit royaume, ainsi que l'occasion se presentera ; au moyen de quoi est plus requis & necessaire que nous estans absens & éloigné de nostre capitale ville de Paris, qui est l'exemple de tout nostre peuple, il y ait resident aucun bon grand & vertueux personnage, de credit & auctorité notable, auquel nous ayons entiere & parfaite confiance & sureté pour le conserver envers nous, & en ce faisant obvier qu'il n'advienne aucune sedition, esmotions, mutineries, murmures & autres semblables choses que le temps de guerre peut apporter parmi un tel peuple composé de gens de differens estats & diverses nations, comme est celui de Paris : sçavoir faisons que nous, considerans que en tel effet nous ne saurions faire meilleur choix & election que de la personne de nostre très-cher & feal cousin le cardinal de Meudon evesque d'Orleans ; icelui avons fait & ordonné & establi par ces presentes nostre lieutenant general representant nostre personne en nostredite ville de Paris, avec plein pouvoir, auctorité & commission & mandement especial de convoquer, assembler & faire venir devers lui toutes & quantes fois que bon lui semblera & que l'affaire le requerra, le nombre de nos amez & feaux presidens & conseillers de nostre cour de parlement, maistres & auditeurs de nos comptes, & generaux de la justice de nos aydes qu'il advisera ; avec lesquels, aussi les prevost des marchands, eschevins & officiers & magistrats de ladite ville, de quelque qualité, condition & auctorité qu'ils soient, & les prelats, chapitres, communautez, colleges, nobles, bourgeois, citoyens, manans & habitans d'icelle, & autres des environs & villes prochaines dudit Paris, ainsi que nostre service le requerra, pour adviser des choses qu'il advisera estre necessaires, qui toucheront tant nostredit service, conservation de nostredite ville, que des personnes & biens des bourgeois, manans & habitans d'icelle & lieux circonvoisins, & leur remonstrer & faire entendre nosdits affaires & la necessité d'iceux, afin d'estre par eux secourus ainsi qu'ils ont tousjours fait, comme nos bons, vrais & loyaux subjets, leur commander & ordonner tout ce qu'il trouvera convenable & à propos, & à ce les faire promptement obéir selon l'exigence des cas, lever & mettre sus tel nombre de gens de pied & de cheval qu'il advisera, par des bons & suffisans capitaines, & en faire faire les monstres & reveües par tels commissaires & controlleurs qu'il commettra en l'absence des ordinaires ou extraordinaires de nos guerres ; lesquels gens de pied & de cheval il emploïera en ce qui sera requis dedans & dehors ladite ville de Paris & gouvernement de l'isle de France, pour le bien de nostredit service & conservation d'icelle ville, & pour autres effets que nous lui pourrions commander ;

d'ordonner & disposer de l'artillerie, poudres & munitions que nous avons & pouvons avoir audit Paris, pour les faire renir où il lui sera par nous mandé & ordonné, & semblablement des chevaux, charettes, chartiers & batteaux & autres équipages qu'il faudra pour la conduite de ladite artillerie, poudres & munitions; & pour ce faire, contraindre & faire contraindre tous ceux qu'il appartiendra; aussi de pourvoir & ordonner à ce que nostredite ville & autres lieux circonvoisins d'icelle soient bien pourveus & munis de vivres, tant pour gens que pour chevaux, afin que s'il est question de dresser quelques estappes pour le passage d'aucuns de nos gens de guerre, ou bien de secourir nos camps & aider nos armées prochaines, il n'y ait aucune faulte à cela, & que nostre service n'en soit retardé ; & s'il convenoit pour cet effet & autres affaires occurrentes donner & decerner commissions & mandemens, nostredit cousin les expediera; au contenu desquels voulons estre obeï diligemment tout ainsi que s'ils estoient par nous decernez & expediez; & au surplus tiendra la main au fait de justice, fera punir exemplairement ceux qu'il trouvera mutins, rebelles & desobeissans à ses commandemens, decrets & ordonnances qui toucheront nostredit service ; & consequemment & generalement fera executer & exploiter en toutes & chacunes les choses susdites dependans de la charge de nostredit lieutenant general en nostredite ville de Paris & autres lieux susnommez, tant que les affaires de la guerre dureront, tout ce qu'il verra estre à propos & convenable pour le bien de nosdits affaires & autres effets convenables cy dessus declarez, selon la parfaite fiance que nous avons en lui, & tout ainsi que nous-mesmes ferions, si presens en personne estions, jaçoit que le cas requist mandement plus special; promettant en bonne foy & parole de roy avoir agréable & tenir ferme & stable tout ce que par icelui nostre cousin, ses commis & deputez aura esté fait & executé en ce que dessus & ses dependances. Si donnons en mandement à nos amez & feaux les gens de nostre cour de parlement, chambre des comptes, generaux de la justice de nos aydes à Paris, prevost dudit lieu, prevost des marchands & eschevins, officiers & magistrats, prelats & autres gens d'église, chapitres, communautez, colleges, nobles, bourgeois, manans & habitans de nostredite ville de Paris & lieux circonvoisins, &c. Donné en l'abbaye du Bec le XVII. Apvril M. D. XLIV.

Lecta, publicata & registrata, pro gaudendo per dictum dominum cardinalem *de Mendon* locum tenentem regis potestate & facultate sibi per regem concessis, absque præjudicio auctoritatis & præeminentiarum præsentis curiæ & jurisdictionis ordinariæ, insequendo ordinationes regias, audito procuratore generali regis, hoc requirente. Parisiis in parlamento XXIV. die Aprilis, anno Dominicæ incarnationis M. D. XLIV.

Lecta similiter, publicata & registrata in camera computorum domini nostri regis, audito ejusdem domini in præfata camera procuratore generali hoc consentiente, XXVI. Aprilis, anno quo suprà. *Tiré des registres de la chambre des comptes bibliotheque Coislin*, vol. II.

REGLEMENT DE L'HOSPITAL
de la Trinité érigé le premier Juillet 1545.

PREMIEREMENT faut entendre que audict hospital qui est assis à Paris ruë sainct Denis devant l'église sainct Sauveur, y a deux lieux separez l'un de l'autre, en chacun desquels a dortoir, refectoir & escole, qui sont accommodez l'un pour les fils, & l'autre pour les filles. Lesquels enfans sont prins & segregez des maisons des pauvres de la ville & fauxbourgs de Paris, naiz en loyal mariage, & sont separez les uns des autres : neantmoins gouvernez par mesmes gouverneurs, mesme pitance des aumosnes qui se font audict hospital.

Pour le gouvernement desquels ont esté commis par la cour de parlement trois bourgeois de ladicte ville, avec trois autres personnages, l'un conseiller de ladicte cour, avec homme ecclesiastique, & le tiers officier du roy, pour avoir esgard sur lesdicts trois gouverneurs.

Par lesquels gouverneurs & ayans esgard sur iceux, sont commis servants & servantes, pour la conduicte dudict hospital.

Aussi sont commis deux personnes gens d'église, pour instruire les fils, sans aucune communication du costé des filles, sinon par une grille de fer apposée du costé desdictes filles, pour ouyr la messe & le service qui se dict en la chapelle. Aussi ont esté commises femmes notables, avec maistresse d'escole, pour la conduicte & correction desdictes filles.

Le matin, dès cinq heures en temps d'esté, & en temps d'yver à six, au son de la cloche se levent les plus aagez fils, mis aux meſtiers; leſquels incontinent après eſtre levez ſe proſternent en terre, & là dient l'antienne de la Trinité, avec autres ſuffrages.

Ce faict, deſcendent en la chapelle, en laquelle oyent la meſſe, diſent les ſept pſeaumes & ſervice; à chacun deſquels après la meſſe dicte, ſont baillez quatre onces de pain pour leur deſjeuner; & à l'inſtant ſe retirent chacun à leur meſtier.

Les petits enfans de l'eſcole ſe levent au matin dès ſix heures en eſté, & à ſept en yver; leſquels pareillement ſe proſternent en terre, & diſent l'antienne de la Trinité avec autres ſuffrages, oyent la meſſe; la meſſe ouye, deſjeunent de pareille pitance; ayans deſjeuné, ſont inſtruicts comme ont eſté les autres en la foy Chreſtienne; de ſorte que chacun d'eux ſçait les commandemens de Dieu & de noſtre mere ſaincte Egliſe. Et ſont tellement inſtruicts, qu'il n'y a celuy qui ne donne raiſon de ſa creance: auſſi on leur apprend les pſeaumes. Les uns juſques au nombre de douze ou quinze, ſont inſtruicts à chanter & pſalmodier, autres en l'art d'eſcripture.

A l'heure de unze heures, au ſon de la cloche, tous ſe rendent en la chapelle, en laquelle eſt dicte une antienne, ſelon le jour & temps. Et en après, ſe faict la benediction en la ſalle en laquelle tous diſnent en commun, & prennent le repas; durant lequel, l'un des enfans dict les commandemens de Dieu, ſelon qu'il eſt ſepmainier.

Le repas prins, rendent graces à Dieu; leſdictes graces rendues; les plus aagez enfans retournent à leurs manufactures; les autres demeurent en l'eſcole, en laquelle ſont continuellement enſeignez (comme dict eſt) à lire, eſcrire, chanter & pſalmodier.

A l'heure de veſpres, leſdicts enfans chantent les veſpres ès jours de feſtes & veilles, en la chapelle; par chacun jour diſent le ſalut accouſtumé ſelon le temps.

Ce faict, ſe trouvent tous audict refectoir, pour avant que prendre le repas, faire la benediction comme à diner; & durant iceluy repas, l'un d'iceux dict les commandemens de Dieu & de l'Egliſe, ſans livre, avec autres choſes inſtructives en l'amour & craincte de Dieu & de ſon prochain, en la preſence deſdicts gens d'egliſe; qui ſemblablement prennent le repas audict refectoir, à l'inſtant deſdicts enfans.

Le repas prins, rendent graces à Dieu; & après retournent les uns à leurs meſtiers juſques à neuf heures du ſoir, les autres demeurent à l'eſcole.

A ladicte heure de neuf heures, au ſon de la cloche, s'aſſemblent tous au dortoir pour prendre leur repos; & avant que ſe coucher, diſent quelques ſuffrages & oraiſons.

Ce faict, ſe couchent audict dortoir ſeparément les uns des autres; ſi n'eſt que aucunes fois on eſt contrainct mettre les petits deux à deux, pour la multitude.

Les bons jours, ſont tous leſdicts enfans confeſſion à gens d'egliſe; & ceux qui ſont en aage, reçoyvent le corps de noſtre ſeigneur Jeſus-Chriſt.

Le pareil & ſemblable eſt faict du coſté des filles, en gouvernement, inſtruction & reiglement de leur vivre.

Leur veſture eſt d'un ſaye, bonnet, chauſſes courtes & ſouliers pour l'yver ſeulement; & l'eſté vont pieds nuds.

Et pour la pitance de chacun deſquels enfans, leur eſt baillé par jour un pain peſant une livre, pour leur deſjeuner, diſner & ſoupper; ſix onces de chair cruë, qui reviennent à quatre onces cuicte, avec du potage; & leur boire eſt de l'eauë de fontaine eſtant audict hoſpital, & donnée par meſſieurs les prevoſt des marchans & eſchevins de ladicte ville de Paris.

Ne faut auſſi obmettre que en chaſcun des lieux des filz & filles y a enfermeries, eſquelles ſont nourriz, alimentez & medicamentez les enfans qui eſchéent en maladie, viſitez par les medecin & cyrurgien à ce commis & deputez, le tout aux deſpens & gaiges dudict hoſpital.

Et pour ce que audict hoſpital n'y a revenu qu'environ trois cens livres; a eſté ordonné pour chaſcun deſdicts enfans; ſix deniers tournois par chaſcun jour, à prendre ſur la queſte des pauvres de ladicte ville qui ſont payez par le treſorier general des pauvres par les ordonnances de meſſieurs les commiſſaires du bureau des pauvres.

Et en outre, a eſté permis par arreſt de la cour, faire queſte pour leſdicts enfans en ladicte ville, & par les égliſes d'icelle; ce qui ſe faict ès jours des feſtes.

Or après quelque temps, que leſdicts enfans ont eſté inſtruicts en la loy Chreſtienne audict hoſpital, ſont mis aucuns d'iceux à meſtier, à temps, & ſelon les ordonnances faictes ſur les meſtiers de ladicte ville de Paris.

Toutesfois du nombre de trois à quatre cens deſdicts enfans qui ont eſté mis apprentiz & à meſtier, ſe ſont departis les deux tiers du ſervice de leurs maiſtres, & fuyz

JUSTIFICATIVES.

fuyz les uns par leur malice, & defrobé leurs maiftres; les autres par le mauvais traictement de leursdicts maiftres, & aucuns par fufcitation des peres & meres & autres leurs parens, nonobftant les défences par cy-devant faictes aufdicts peres, meres & tous autres, felon & en enfuyvant les arrefts de ladicte cour publiez ès carrefourgs de ladicte ville, de ne diftraire ou fouftraire lefdicts enfans eftans en meftier, comme dict eft; de forte que lefdicts gouverneurs ont efté & font contraints changer de trois ou quatre meftiers aufdicts enfans, & à chafcune fois les rabiller à neuf, au grand préjudice dudict hofpital, parce qu'il n'eft poffible de porter & fouftenir lefdicts fraiz. Les autres enfans retournent mendier & defrober, comme ils faifoyent au precedent, tellement que la peine & folicitude que mettent les commis & deputez pour l'adminiftration dudict hofpital, eft perduë, & ne vient à aucun profit.

Au moyen de quoy, pour obvier à ce que deffus, & donner ordre que lefdicts enfans ne fuffent oyfifs, & que les grands ayent quelque moyen de gaigner leur vie & celle des petits enfans que l'on y meêt, lefquels ne font encore capables pour leur petit aage de travailler, & pendant qu'on les inftituë & inftruict en la loy Chreftienne, & qu'on leur monftre & enfeigne les premiers elemens à lire & à efcrire, a femblé qu'il eft utile & expedient faire apprendre meftier aufdicts enfans eftant audict hofpital, felon la capacité de leur efprit; & pour ceft effect ont efté eftablis plufieurs meftiers & diverfes manufactures audict hofpital. Et fe trouve qu'aucuns d'iceulx d'eulx mefmes fe font duicts, & apprennent les meftiers qui leur ont efté propofez, efquels meftiers ils ne fe veulent tenir, quand ils font en la ville, & s'enfuyent comme dict eft; & eftant audict hofpital à apprendre meftier, n'en pourront faillir.

Auffi dès l'aage de cinq à fix ans, lefdicts enfans apprendront aucuns meftiers, & les auront apprins en trois ans, après gaigneront leur vie: les autres de fept jufques à douze: & confequemment des autres, felon la qualité des meftiers & le temps qu'il convient mettre à apprendre lefdicts meftiers.

Après qu'ilz auront apprins les meftiers qui leur feront monftrez, gaigneront argent pour leur vivre & d'avantage, & fi monftreront aux autres enfans, qui feront par après receûz audict hofpital.

Et en ce faifant, l'on pourra recevoir audict hofpital tous enfans depuis l'aage de cinq ans, dont y a grand nombre de mandiens en ladicte ville de Paris, qui font enfans de pauvres enrollez en l'aumofne dudict lieu.

En oultre fera obvié au pris exceffif auquel les maiftres des ouvrages qui fe font dans la ville, font contraincts vendre leurfdicts ouvrages, au moyen de ce que leurs apprentifs & ceux qui entendent quelque chofe aufdicts meftiers, eftans mal inftruicts & complectionnez, fe defbauchent & hantent les tavernes & lieux publicz, les feftes & jours ouvriers; de forte que lefdicts maiftres des meftiers ne les peuvent retirer; & encore leur fault augmenter leurs falaires, par ce qu'ils ne font compte de befongner, qui eft une des principales caufes qui contrainct lefdicts maiftres defd. meftiers de rencherir lefdicts ouvrages.

Et quand lefdicts enfans auront efté apprins & enfeignez efdicts meftiers audict hofpital, les ouvrages feront à meilleur marché & de moindre pris; attendu qu'il s'en fera quantité audict hofpital, foubz les artifans de la ville de Paris, pour tel pris par jour qu'il fera advifé; & auffi que lefdicts enfans ayans efté quelque temps audict hofpital, pourront tenir ouvroir en ladicte ville; ou l'on en pourra bailler aux maiftres des meftiers. Lefquelz enfans ayans efté nourriz & entretenuz en fobrieté & travail, retiendront quelque chofe de cefte nourriture; tellement que lefdictz maiftres defdicts meftiers, ne feroient contraincts d'eux fervir d'apprentiz & ouvriers qui fe defbauchent fouvent, & demandent falaires à hault pris; & fi ce faifant, y aura plus grande multitude d'ouvriers en cefte ville de Paris, qu'il n'y a de prefent.

Ne fault auffi obmettre que incontinent que la plufpart des jeunes garfons eftans hors d'apprentiffage, combien qu'ils n'ayent aucuns biens, fe marient avant qu'ils ayent attaint l'aage de vingt ans, avec filles auffi pauvres comme eulx, & qui n'ont rien; de forte que peu de temps après ils ont grand nombre d'enfans qu'ils ne peuvent nourrir pour la grande defpence en laquelle ils font accouftumez dès leur jeuneffe, & font contraincts mendier & faire mendier leurfdicts enfans: ce que ne fe fera, eftans lefdicts enfans inftruicts & apprins audict hofpital, par ce que l'on ne les mettra hors d'iceluy, ny en liberté, jufques à ce qu'ils foient expers aux meftiers qui leur auront efté monftrez, & auffi qu'ils n'ayent attainct l'aage de vingt-cinq ans. Et aussi seront baillez aux enfans après qu'ils auront apprins lesdicts mestiers, quelques deniers du profict que ils auront faict de leur industrie audict hospital; & se pourront marier avecques les filles qui auront esté instruictes & apprins mestier en iceluy hospital. Par ce moyen, auront tous deux maniere de gaigner leur vie; & pourroit le survivant d'eulx nourrir lesdicts enfans, si aucuns en avoyent, & non les envoyer mendier, comme l'on void ordinairement qu'ils font.

Et d'autant qu'il n'y a revenu audict hospital pour satisfaire à la despence des deniers qu'il conviendra faire pour le salaire & gaiges des ouvriers qui monstreront & enseigneront lesdicts mestiers ausdicts enfans, l'on pourra trouver aucuns ouvriers ou autres gens en ceste ville de Paris, pour leur monstrer, en ayant le profict que pourroyent faire lesdicts enfans des manufactures qui seront par eulx faictes par l'espace de six ans ou tel autre temps qu'il sera advisé; & par ce moyen, n'y auroit grande despence pour ledict hospital: ou l'on pourroit stipendier des aumosnes qui se pourroyent par cy-après faire audict hospital, aucuns maistres des mestiers, comme ouvriers pour faire chemises de mailles & brigandines que l'on apporte de pays estranges; tissuriers qui font, les aucuns passements, les autres draps d'or & de soye. Et après avoir apprins par aucuns desdicts enfans ledict mestier, le moindre d'iceux gaignera v. solz tournois par jour; & l'on pourra pour la manufacture desdicts ouvriers, employer cinquante enfans, les uns sur les mestiers de l'aage de treize, quatorze, quinze & seize ans: aucuns à desvider la soye & faire des canettes, & ce en l'aage de neuf, dix, unze & douze ans; les autres fustaines, serges & autres choses qui se font en pays estrange; les aucuns brodeurs, les autres painctres, les autres tapissiers, qui pourroient estre aussi en grand nombre; & y auroit aucuns desdicts enfans qui de l'aage de six ans trieroyent la laine; les filles pourroient icelle filer; autres de l'aage de sept ans la carderoyent; aucuns en l'aage de neuf ans la pigneroyent; & ceux d'au dessus dudict aage la mettroient en besongne. Et ce que dessus n'apporteroit aucun dommage, ne viendroit en aucune consequence aux mestiers usitez en France: par ce que la pluspart desdictes manufactures qu'il a semblé estre utiles dresser audict hospital, & aucunes desquelles ont desja esté encommencées pour ne tenir lesdicts enfans en oysiveté, ce sont manufactures & ouvrages que l'on est contrainct aller querir ou faire apporter de pays estrange, à grands fraiz. Les autres enfans seront espingliers, esguilletiers, bonnetiers, boursiers, faiseurs de cardes à carder, & d'autres mestiers usitez en France; & ce ameneroit pris raisonnable des denrées & ouvrages desdicts mestiers, qui aujourd'huy sont à fort haut pris.

Et pour asseoir lesdicts mestiers tous ensemblement, a esté accordé par messieurs les gouverneurs de l'hostel-Dieu de Paris, qu'il seroit prins quatre toyses de large sur le cymetiere de la Trinité, en recompence desquelles a esté baillé par les administrateurs dudict hospital de la Trinité, un jardin en pareille longeur, largeur & quadrature, attenant audict cymetiere; lequel jardin appartenoit à l'hospital saincte Catherine, & lequel jardin a esté prins à redevance annuelle dudict hospital saincte Catherine.

Et ne pourra revenir la despence pour l'entretenement desdicts maistres des mestiers, que environ cinq cens livres par an, durant & par l'espace de six ans; & dedans lequel temps y aura nombre desdicts petits enfans qui seront ouvriers, & pourroyent monstrer aux autres. Et si auroit en France ouvriers des manufactures que l'on est contrainct faire apporter à grand fraiz des pays estranges; ne se trouveroyent aussi plus de petits enfans mendians par la ville, & si pourroyent les enfans dudict hospital vivre & estre entretenuz des deniers qui proviendroyent du profict desdictes manufactures, & sans qu'il fust besoing par cy-après faire questes, ny charger le peuple.

La recepte desdicts six deniers par chacun jour pour chacun enfant, des questes & autres aumosnes qui se donnent audict hospital, se faict par l'un des trois gouverneurs; & pareillement la despence par les ordonnances d'iceux gouverneurs, ou deux d'iceux; lesquelles recepte & despence se verifient par chacune sepmaine au jour du bureau qui se tient les jours de Mardy & Samedy après disner.

Les comptes dudict hospital se rendent d'an en an, quinze jours après l'année escheant au jour saint Jean Baptiste, & ce par ordonnance de ladicte cour, pardevant ledict conseiller commis par icelle pour avoir esgard audict hospital, & des deux commissaires du chastellet de Paris, en la presence de deux ou trois desdicts commissaires

JUSTIFICATIVES.

commissaires du bureau des pauvres, qui sont nommez par ladicte cour, & des gouverneurs dudict hospital de la Trinité, & tels autres personnages qu'il plaira à ladicte cour commettre & deputer.

Aussi est à noter, par-ce que aucuns peres & meres ou autres personnes desbauchoyent & sustraioyent les enfans que l'on mettoit à mestier, que defences ont esté faictes par arrest de ladicte cour, à toutes personnes, de ne les retirer ny desbaucher, mais les ramener audict hospital, sur peine d'estre punis corporellement. Et aussi defences ont esté faictes par arrest de ladicte cour, à tous maistres de mestier, compagnons & autres personnes, de n'empescher les artisans qui monstrent ausd. enfans estans en iceluy hospital. *Tiré d'un petit imprimé à Paris en 1582. intitulé :* Institution des enfans de l'hospital de la Trinité.

ARREST DU PARLEMENT
touchant le mesme hospital.

[An. 1545.] SUr la requeste presentée à la cour par le procureur general du roy prenant le faict en main pour les pauvres enfans de l'hospital de la Trinité situé en ceste ville de Paris, contenant que par cy-devant les maistres & gouverneurs dudict hospital ont mis & mettent journellement à mestier plusieurs desdicts enfans, pour apprendre estat de vivre à l'advenir, suivant l'intention des bienfaicteurs & la fondation dudict hospital ; & neantmoins aucuns desdicts enfans par la suscitation & induction de leurs peres & meres, parens & autres, ont laissé leurs maistres, & se sont absentez de leur service ; en quoy faisant, rendent lesdicts enfans en mendicité, comme auparavant : chose de mauvaise exemple ; & veuë par la cour ladicte requeste, tout consideré : LA COUR, pour obvier à ce que dict est, & donner ordre que les pauvres enfans receûs audict hospital y soyent nourris, entretenuz, instruicts & mis à mestier, & qu'ils puissent apprendre estat & moyen de vivre à l'advenir, selon l'intention des bienfaicteurs & fondation dudict hospital, a faict & faict inhibitions & deffences aux peres & meres, parens & amis desdicts enfans, & à tous autres, de les distraire & retirer dudict hospital & du service des maistres que les gouverneurs dudict hospital y ont mis & mettront cy-après, pour apprendre mestier, & moyen de vivre à l'advenir, ne de parler & communiquer avec lesdicts enfans, si ce n'est par le con-

Tome II.

gé de leurs maistres ; semblablement de recevoir lesdicts enfans en leurs maisons, ne de leur bailler faveur ne support, directement ou indirectement, sur peine d'amende arbitraire, de prison & de punition corporelle, s'il y eschet ; mais leur enjoinct la cour sur lesdictes peines, s'ils trouvent lesdits enfans distraicts, absens ou deffaillans du service de leursdicts maistres, de les ramener incontinent, & sans les retenir, aux gouverneurs dudict hospital, pour y estre par eux pourveu & ordonné, ainsi qu'ils verront estre à faire pour le mieux. Et à ce que aucuns ne puissent 'pretendre cause d'ignorance de ce present arrest, ordonne ladicte cour qu'il sera publié par les carrefours de ceste ville de Paris, & és prosnes des paroisses d'icelle ville de Paris & des faulxbourgs. Faict en parlement, le VI. jour d'Aoust, l'an M. D. XLV. *Signé* DE S. GERMAIN. *Ibidem.*

AUTRE ARREST DU
parlement pour l'hospital de la Trinité.

[An. 1554.] VEuë par la cour la requeste à elle presentée par le procureur general du roy prenant le faict & cause pour les pauvres enfans de la Trinité, par laquelle, attendu que par cy-devant, après avoir esté trouvé estre utile & necessaire, pour ne tenir en oysiveté le nombre de deux cens enfans estans en l'hospital de ladicte Trinité, y dresser aucuns mestiers pour apprendre lesdits enfans audict hospital soubs aucuns maistres desdicts mestiers, aucuns desquels stipendiez des deniers dudict hospital, les autres non ayans aucuns salaires, ains prenoyent à leur proufict les manufactures desdicts enfans jusques à certain temps ; les gouverneurs dudit hospital auroient par ordonnance de ladicte cour faict venir aucuns maistres desdicts mestiers, comme passementiers, & ouvriers de draps de soye, brodeurs, tapissiers, bourciers, espingliers, paintres, cousturiers & autres mestiers, avec lesquels maistres lesdicts gouverneurs auroyent convenu & baillé le nombre de quatre-vingt à cent enfans, pour leur apprendre mestier, que neantmoins lesdicts maistres des mestiers estant audit hospital, ou la plurspart, se vouloyent departir d'iceluy, & laisser lesdicts enfans ausquels ils avoyent encommencé à apprendre, parce que de jour en jour iceux maistres estans dudict hospital estoient empeschez par les maistres & compaignons des mestiers de ceste ville de Paris, me-

Lll

naffez d'eftre tuez, & eftoient guettez de nuict pour les offenfer, jettans pierres contre les feneftres des chambres dudict hofpital ou lieu où befongnoient lefdicts enfans; il requeroit deffences eftre faictes aufdicts maiftres, compaignons & autres, de quelque eftat qu'ils feuffent, de troubler & empefcher lefdicts maiftres eftans audict hofpital, de monftrer & enfeigner lefdicts meftiers aufdicts pauvres enfans, fur peine de punition corporelle; & à ce que nul n'en pretendift caufe d'ignorance, icelles deffences eftre publiées à fon de trompe & cry public par la ville de Paris, & attachées aux coings des ruës, & tout confideré: LADICTE COUR a faict & faict inhibitions & deffences aufdicts maiftres des meftiers, compaignons & à tous autres, de quelque eftat & condition qu'ils foyent, de troubler & empefcher par eux ne par autres, directement ou indirectement, lefdicts maiftres eftans audict hofpital, en l'enfeignement & doctrine defdicts meftiers aufdicts pauvres enfans de la Trinité, & ce fur peine de punition corporelle. Et ordonne la cour que lefdictes deffences feront publiées à fon de trompe & cry public devant ledict hofpital & autres lieux & carrefours accouftumez de cefte ville de Paris, à ce que nul n'en puiffe prétendre caufe d'ignorance. Semblablement ordonne la cour que informations feront faictes à la requefte dudict procureur general du roy, des empefchemens & troubles faicts aufdicts maiftres des meftiers eftans audict hofpital; pour ce faict, rapporté & veu par ladicte cour, eftre ordonné ce que de raifon. Publié à fon de trompe & cry public le XII. jour de Mars, l'an M.D.LI. Signé, MALON. *Ibidem.*

LETTRES PATENTES DU ROY Henry II. en faveur du mefme hofpital.

An. 1553. HENRY, par la grace de Dieu roy France; à tous ceux qui ces prefentes lettres verront, falut. Noftre amé & feal confeiller & procureur general en noftre cour de parlement à Paris, & les commiffaires commis & deputez par noftre cour de parlement fur le faict de la police des pauvres enfans de noftre bonne ville & cité de Paris, nous ont faict dire & remonftrer que puis peu de temps en ça l'hofpital de la Trinité a efté érigé & conftitué en ladicte ville pour retirer, nourrir & alimenter tous pauvres enfans d'icelle mendians & ès faulx-bourgs, & pour iceux inftruire en la foy Chreftienne, & leur apprendre quelque art & meftier, dont à l'advenir ils puiffent eftre nourris & fubftantez; fuyvant laquelle inftitution auroient efté entretenuz & apprins audict hofpital plufieurs jeunes enfans, qui auroient par cy-devant accouftumé de mendier; lefquels enfans, ou grande partie d'iceux, font à prefent en eftat de pouvoir fervir les maiftres de meftier, pour à l'advenir gaigner leur vie, & par leur induftrie fervir à l'utilité publicque, au lieu que par cy-devant ils eftoient à la foulle & charge d'icelle; & à cefte caufe defirant noftredict procureur & deputez de mettre lefdicts enfans à meftier, & auffi en ce faifant defcharger ledict hofpital des enfans qui aujourd'huy font valides & faicts cappables de fervir à meftier, afin de rendre & laiffer la place vuide aux autres jeunes enfans mendians, qui affluent par chacun jour en grande quantité en ladicte maifon de la Trinité, auroient trouvé que plufieurs des maiftres de meftier & artifans de noftredicte ville, emeuz de bon zele & affection, accepteroient & confentiroient de fe charger & prendre plufieurs defdicts enfans, pour leur achever de apprendre leur meftier, & leur faire gaigner & acquerir le degré des maiftres, fi ce n'eftoit que de ce faire ils font empefchez par les ftatuts & conftitutions anciennes defdicts meftiers, par lefquelles il eft prohibé & deffendu que lefdicts maiftres puiffent avoir pour un chacun d'eux plus grand nombre que d'un apprentif en un mefme temps; fur quoy nous auroient lefdicts fupplians requis leur pourveoir de remede convenable. SÇAVOIR FAISONS, que nous defirans fubvenir aufdicts pauvres mendians, & confiderant qu'il n'eft raifonnable que par les anciennes conftitutions faictes pour lors par une neceffité de temps, il foit préjudicié & donné empefchement aux bonnes euvres & charitables qui ce jourd'huy pour autre plus grande neceffité fe peuvent & doivent exercer; eû fur ce l'advis des gens de noftre confeil privé, & autres grands, bons & notables perfonnages, avons voulu, ftatué & ordonné, voulons, ftatuons & ordonnons, & nous plaift, que tous maiftres de meftier & artifans de noftredicte ville & faulxbourgs de Paris, pourront prendre & retenir, fi bon leur femble, à leur fervice, chacun en fon meftier & art, un fecond apprentif, outre le nombre qui d'ancienneté leur eftoit permis d'avoir, pourveu toutes fois que lefdicts maiftres & artifans feront tenuz prendre iceux apprentifs en la maifon dudict hofpital de

la

la Trinité, & ce par les mains des maistres dudict hospital ou commissaires des pauvres, qui leur bailleront & delivreront lesdicts apprentifs, lesquels auront pouvoir de les obliger envers lesdicts maistres du mestier ; & lesquels maistres du mestier semblablement s'obligeront envers eux à tenir, apprendre & instruire lesdicts enfans en la maniere accoustumée, nonobstant lesdicts statuts, ordonnances & constitutions desdicts mestiers, ausquels de nostre certaine science, pleine puissance & auctorité royal, nous avons dérogé & dérogeons par cesdictes presentes. Si donnons en mandement par cesdictes presentes à nos amez & feaulx les gens de nostre cour de parlement de Paris, prevost de Paris, & tous nos autres justiciers & officiers, que ces presens vouloir, statuz & ordonnances ils entretiennent, gardent & observent, facent entretenir, garder & observer, lire, publier & enregistrer par tout où il appartiendra, sans y estre contrevenu en aucune maniere : car tel est nostre plaisir. En tesmoing de ce nous avons faict mettre nostre féel à cesdictes presentes. Donné à Paris, le XII. jour de Febvrier, l'an de grace M. D. LIII. & de nostre regne le VII. *Et sur le remply est écrit*: Par le roy en son conseil, HURAULT.

Lecta, publicata & registrata, audito & requirente procuratore generali regis, Parisiis in parlamento, primâ die Martii, anno Domini M. D. LIII. *Signé*, DU TILLET.

Leûes & publiées en jugement en l'auditoire civil du chastelet de Paris, en la presence & du consentement des gens du roy nostre sire oudict chastelet ; & ordonné estre enregistrées ès registres ordinaires d'iceluy chastelet, le Lundy XIX. jour de Mars M. D. LIII. *Signé*, TROUVE'. *Ibidem.*

EDIT DU MESME ROY HENRY II. en faveur de l'hospital de la Trinité.

AN. 1554.

HENRY par la grace de Dieu roy de France, à tous presens & à venir, salut. Comme nostre cour de parlement à Paris, pour le grand bien & utilité de la chose publique de ladite ville, & pour tollir aux enfans mendians qui se retrouvoient ordinairement en icelle en nombre infini, tous moyens & occasion d'oisiveté & d'aneantir leurs esprits, ait ordonné après deûë information & visitation sur ce faicte, la maison & hospital de la Trinité assize en ladicte ville de Paris, ruë sainct Denis, estre dediée & destinée pour la retraicte des pauvres enfans estans en l'aumosne & mendians, pour y estre nourris, entretenus & instruicts ; & à ceste fin, & pour avoir la conduicte & administration d'iceux enfans deputé cinq notables personnes, lesquels cognoissans ceste nouvelle forme de vivre & instruction requise en telle jeunesse, pour la fragilité, inconstance & legereté d'icelle, ne pouvoir subsister, ne durer sans loix politiques & regles certaines, auroient faict certains statuz & ordonnances concernans la police, administration & gouvernement d'iceux enfans ; lesquels statuz & articles ont esté dès le penultiéme jour de Juillet 1547. veûs, approuvez, authoriez & receûs en nostredite cour de parlement, laquelle depuis pour ne laisser rien imparfaict d'un si bon & loüable euvre, auroit donné autres reglemens concernans la forme & façon de faire & vivre des mestiers & arts, qui ont esté instituez & establis en iceluy hospital, pour donner moyen ausdicts enfans à l'advenir de vivre de leur labeur & industrie ; lesquels articles ont esté semblablement dès le douziesme Septembre 1551. veûz par nostredicte cour, & ordonné estre enregistrez ez registres d'icelle, & delivrez ausdicts gouverneurs. Semblablement ont esté donnez par nostredicte cour plusieurs arrests, tant contre les peres & meres, parens & amis desdicts pauvres enfans, que des maistres des mestiers, & toutes personnes, portans deffences de soustraire & oster lesdicts enfans ainsi mis audict hospital, & qui y seroient mis, tant pour apprendre mestier, & y estre nourris, que aussi ceux qui seroient mis ès mestiers & maisons de nostre ville de Paris, pour y gaigner leurs vies. Lesquels arrests, articles & regles ont esté puis ledict temps entretenus, gardez & observez, procurans chacun desdicts administrateurs successivement leur bon mesnage estre cogneu à l'émulation l'un de l'autre. Mais enfin le temps (ainsi que lesdicts administrateurs nous ont faict entendre) a témoigné que l'occasion de distraire plusieurs desdicts enfans de ladicte congregation, & la difficulté de recouvrer de bons maistres & experts ès arts & mestiers qui se meslent d'enseigner audict hospital, est procedée & procede du peu d'espoir qui leur est proposé d'estre de leurs travaux recompensez par le degré de parvenir à estre maistres, chacun au mestier auquel il est appellé ; au moyen de quoy pour l'establissement dudict hospital &

perpetuation d'un si bon & sainct œuvre, nous a semblé y devoir pourvoir. SÇAVOIR FAISONS que après avoir mis ceste matiere en deliberation avec plusieurs princes de nostre sang & gens de nostre privé conseil, & avoir faict veoir lesdicts articles, arrests & ordonnances de nostredicte cour datez dès le dix-septiesme Decembre, premier Fevrier 1546. pennultiesme Juillet, sixiesme Aoust & dix-neufiesme Decembre 1547. sixiesme Aoust 1549. douziesme Mars & douziesme Septembre 1551. le tout cy attaché soubs le contre-seel de nostre chancellerie; ne voulant rien laisser en arriere de ce qui pourra servir à perpetuer & conserver ladicte maison, qui peut estre dicte & reputée retraicte des pauvres enfans, & une honneste voye pour les retirer d'oisyveté & perdition, & les acheminer à quelque degré de vertu par divers chemins & actes, selon que chacun y peut estre appellé & adonné, & à ce que à l'advenir ne puisse sur ce advenir trouble & different; avons lesdicts articles, status, ordonnances & arrests cy, comme dict est, attachez, aprouvez, ratifiez, esmologuez, & par la teneur desdictes presentes, de nos grace special, plaine puissance & authorité royal, approuvons, ratifions & emologuons, pour estre à l'advenir perpetuellement & à tousjours gardez, suyviz & entretenuz; & d'avantage pour l'entretenement & conservation d'iceux voulu, statué & ordonné, voulons, statuons & ordonnons par edict, statut & ordonnance perpetuels & irrevocables, que d'ores en avant quand il sera question de pourveoir d'administrateurs & gouverneurs dudict hospital de temps à autre, suyvant les statuts & ordonnances faictes sur la police, gouvernement & administration dudict hospital & desdicts enfans, nos advocat & procureur general presenteront à nostredicte cour de parlement jusques au nombre de dix bons & notables personnages, desquels nostredicte cour fera ellection de cinq, qui luy sembleront plus dignes & capables, qu'elle commettra au gouvernement & administration dudict hospital & desdicts enfans, selon le contenu ès articles desdictes ordonnances & statuts, après avoir prins le serment d'eux en tel cas requis, sans que nous, ny l'évesque de Paris, nostre grand aumosnier, prevost des marchands & eschevins de nostre ville de Paris, ou autres, pour le present ou pour l'advenir, y puissent prétendre avoir aucune provision, collation, nomination, superintendence, cognoissance, jurisdiction ny coërtion, quelques previleges generaulx ou particuliers qu'ils puissent prétendre sur lesdits hospitaulx de nostre royaume, diocese & ville de Paris. Et outre, pour donner occasion à ceux qui par les administrateurs seront & ont esté appellez pour l'instruction desdicts pauvres enfans, de mieux s'aquitter de la charge qui leur sera & a esté commise, & les en recompencer, & donner plus de cueur ausdicts pauvres enfans de suivre ce qui leur sera enseigné & monstré, & induire l'un l'autre par espoir de gain & proffit, de se rendre chacun en son art plus expert & excellent, & à enseigner les uns aux autres l'art qu'ils auront aprins; avons d'abondant voulu, statué & ordonné, voulons, statuons & ordonnons que ceux qui, comme dict est, seront & ont esté appellez pour l'instruction desdicts enfans, après avoir à ce faire vaqué par six ans, ou qui par autre temps suffisant seront trouvez avoir bien monstré & enseigné leur art ausdicts enfans, pourront estre par lesdicts administrateurs dudict hospital & leurs successeurs audict gouvernement & administration, presentez à nostre prevost de Paris & nostre procureur au chastelet, comme idoines, suffisans & capables pour estre faicts maistres jurez au mestier & art auquel ils auront vaqué & instruict lesdicts enfans; à laquelle maistrise nous voulons que à la presentation & certification d'iceux maistres & administrateurs ils soyent par luy receus, sans faire autre chef-d'œuvre, banquets, ou faire autres dons & frais en tel cas accoustumez; & joüissent des previleges, franchises & libertez du mestier auquel ils seront receus, ainsi que joüissent les maistres dudict mestier; & que le semblable se face desdicts enfans, après qu'ils auront attaint l'aage de vingt-cinq ans, ou autre temps qui leur ait apporté l'experience, art & industrie requis au mestier auquel ils auront esté apliquez & instituez, & qu'ils auront aussi faict & employé leur temps à l'instruction & enseignement des autres leurs compagnons, & servy en ladicte maison après leur aprentissage l'espace de six ans; de toutes lesquelles choses nous avons chargé & chargeons les honneurs & consciences d'iceux administrateurs. Sy donnons à mandement à nos amez & feaux conseillers les gens tenans & qui tiendront nostredicte cour de parlement, au prevost de Paris ou son lieutenant, & à tous autres nos justiciers & officiers qu'il appartiendra, que nos presens edict, status & ordonnance ils facent lire, publier & enregistrer ès registres de nostredicte cour, & autres de leurs jurisdictions, & iceux entretiennent, gardent & observent, & facent entretenir, garder & observer, & à l'acomplissement & execution d'iceux contreignent tous ceux qu'il appartiendra, & qui pour ce seront à contreindre par toutes voyes & manieres deües & raisonnables : car tel est nostre plaisir. Et afin que ce soit chose ferme & stable à tousiours, nous avons signé ces presentes de nostre main, & à icelles faict mettre & apposer nostre seel, sauf en autres choses nostre droict, & l'autruy en toutes. Donné à Laon au mois de Juing, l'an de grace M.D.LIV. & de nostre regne le VIII. *Signé*, HENRY ; & *sur le reply*: Par le roy estant en son conseil, BOURDIN ; & *scellé en cire verde sur double las de soye rouge & verd.*

Lecta, publicata & registrata, audito & consentiente procuratore generali regis, & sub declarationibus contentis in registro curiæ. Actum in parlamento, XV. die Novembris, anno Domini M.D. LIV. *Signé*, CAMUS ; & *à costé*, Visa. *Au dessoubs*: Contentor, gratis, COIGNET.

Leû & publié en jugement en l'auditoire civil du chastelet de Paris, en la presence & du consentement du procureur du roy audict chastelet ; & ordonné estre enregistrées ès registres ordinaires d'iceluy chastelet, aux charges contenuës en l'arrest de la cour de parlement, qui sont : Que les maistres & gouverneurs desdicts pauvres ne pourront presenter par année qu'un personnage de chacun mestier de ceux qui auront servy à l'instruction desdicts enfans, après y avoir vaqué par le temps designé esdictes lettres, pour estre receus à la maistrise du mestier dont ils auront faict l'instruction ; & pareillement que lesdicts gouverneurs & administrateurs ne pourront presenter par année qu'un desdicts enfans instruicts, pour estre receu en la maistrise dudict mestier dont ils auront l'instruction, après le temps designé esdictes lettres : sauf cy-après d'en recevoir plus grand nombre, s'il y escheit. Faict le Mercredy XII. jour de Decembre, l'an M.D.LIV. *Signé*, TROUVÉ.

Enregistrées en la chambre du procureur du roy nostre sire au chastelet de Paris, au registre appellé le dernier cayer, le Samedy 11. jour de Mars M.D.LIV. *Ibidem*.

LETTRES PATENTES DU ROY Henri III. pour le mesme hospital.

AN. 1578.

HENRY par la grace de Dieu roy de France & de Pologne, à nos amez & feaux les gens tenans nostre cour de parlement à Paris, prevost dudict lieu ; & à tous autres nos justiciers, officiers, chacun d'eux, si comme appartiendra, salut. Comme il nous soit assez apparu du fruict qu'a apporté & apporte journellement à nostre bonne ville de Paris l'institution & assemblée des pauvres petits enfans de l'hospital de la Trinité de ladite ville de Paris, mesmes ainsi que l'avons congneu oculairement, que quelquefois par devotion nous sommes transportez en iceluy hospital, & mesmes tost après nostre retour du royaume de Pologne ; en quoy avons prins ung tel contentement, qu'il nous a semblé estre très-necessaire, non seulement de maintenir, mais aussi favoriser iceux petits enfans en toutes leurs affaires & negoces, afin de leur donner meilleur courage de mieux en mieux apprendre & proufiter ès mestiers & arts esquels ils sont appellez ; & d'autant que nous sommes advertis que les maistres jurez des mestiers de nostredicte ville de Paris journellement s'efforcent troubler & pervertir le bon ordre & reiglement qui est en l'operation & manufacture des ouvrages que font lesdicts pauvres petits enfans, non seulement par les visitations qu'ils font journellement sur lesdictes manufactures, faictes tant par les maistres artisans, que petits enfans & compagnons travaillans audict hospital, au mespris & desdain du bon ordre & reiglement qui se faict & observe en icelle instruction, par les gouverneurs d'iceluy hospital ; mais aussi pour les monopoles desquelles lesdicts maistres de mestiers ont accoustumé de faire entre eux, ne voulans permettre les maistres proposez à l'instruction desdicts petits enfans en iceluy hospital, lotir & se fournir de bois, fer, cuirs, laynes ou autres matieres necessaires à chacun desdicts mestiers, si iceux artisans dudict hospital ne sont passez & receuz maistres de leur mestier en ladite ville ; ayns les contraignent surachepter lesdictes marchandises à prix excessif, qui est cause que aujourd'huy les marchandises sont cheres en toute extremité. Et en recordation que le feu roy Henry second du nom nostre très-honoré sire & pere, que Dieu absolve, du regne duquel fut institué ledict hospital, auroit donné plusieurs beaux

LLll iij

privileges, tant sur le faict des visitations que pretendent faire les maistres jurez de nostredicte ville de Paris, sur les artisans estans en iceluy hospital pour l'instruction desd. petits enfans, que autrement, lesquels nous avons depuis nostre advenement à la couronne confirmez ; nous ayans receu l'humble supplication des administrateurs dudict hospital, tendant à faire joüir lesdicts petits enfans desdicts privileges, & iceux augmenter, lesquels ne voudrions aucunement diminuer, mais plustost iceux amplifier & augmenter, & specialement pour le faict des monopoles qui se font entre les maistres jurez des mestiers de nostredicte ville de Paris, lesquels ne veulent permettre les artisans actuellement travaillans en iceluy hospital lotir, comme dict est, les marchandises & estoffes dessusd. A CESTE CAUSE, avons de nostre certaine science, pleine puissance & autorité royalle dict, statué & ordonné ; disons, statuons & ordonnons & nous plaist, que pour donner meilleur courage aux artisans qui sont & seront pour l'advenir par lesdicts administrateurs introduicts audict hospital pour enseigner leur mestier ausdicts pauvres petits enfans, iceux artisans, encores que ne soient maistres en ladite ville, ayent liberté d'achepter & lotir ès lots des marchandises qui se vendent publiquement en nostred. ville de Paris, & ès environs, comme boys à ouvrer, cuirs, laynes, fer, acier, plomb, estain, soyes & autres marchandises & estoffes à eux necessaires pour leursdicts mestiers, tout ainsi que s'ils estoient ja receuz maistres de leursdicts mestiers en icelle ville de Paris, en faisant par lesdicts artisans apparoir seulement par certification desdicts administrateurs, qu'ils sont du nombre des artisans retenuz pour enseigner lesdicts petits enfans, & actuellement travaillans en iceluy hospital. Car tel est nostre plaisir, nonobstant toutes lettres à ce contraires, ausquelles nous avons pour ceste fois desrogé & desrogeons par ces presentes. Données à Paris le deuxiesme jour de Juing, l'an M. D. LXXVIII. & de nostre regne le v. *Signé* : Par le roy en son conseil, MANDART. *Et scellées sur simple queuë du grand seel de cire jaune.*

Registrées, oy sur ce le procureur general du roy, pour en jotiir par les impetrans, selon leur forme & teneur. A Paris en parlement le XVIII. jour de Septembre M. D. LXXVIII. *Signé* DE HEVEZ. *Ibidem.*

AUTRES LETTRES DU ROY Henry III. pour l'hospital de la Trinité.

HENRY par la grace de Dieu roy de France & de Pologne, à nos amez & feaux les gens tenans nostre cour de parlement à Paris, prevost dudict lieu, & à tous autres nos justiciers, officiers & subjects, & à chacun d'eux, si comme à eux appartiendra, salut. Comme il nous soit assez apparu du fruict qu'a apporté & apporte journellement à nostre bonne ville de Paris l'institution & assemblée des pauvres petits enfans de l'hospital de la Trinité en ladite ville de Paris ; mesmes aussi que l'avons cogneu oculairement, lorsque quelque fois par devotion nous sommes transportez en iceluy hospital, & mesmes tost après nostre retour du royaume de Polongne, en quoy avons prins un tel contentement, qu'il nous a semblé estre necessaire, non seulement de maintenir, mais aussi de favoriser iceux petits enfans en toutes leurs affaires & negoces, afin de leur donner meilleur courage d'aprendre de mieux en mieux & profiter ès mestiers & arts en quoy ils sont appellez. Au moyen de quoy estant adverty des troubles que leur font & s'efforcent de faire journellement les maistres jurez des mestiers de nostredicte ville de Paris, envieux des bonnes reigles & operations desdicts pauvres petits enfans ; lesquels troubles ils s'efforcent augmenter ès visitations qu'ils font ordinairement sur leurs manufactures, de façon que les jurez qui se veulent rendre esdictes visitations juges & parties ensemble, font le plus souvent par leurs cautelles & subtiles menées juger lesdictes manufactures deffectueuses & non valables, encores qu'elles soyent bien & deüement faictes ; le tout au mespris & contempt du bon mesnagement que font les administrateurs d'iceluy hospital en icelle instruction, faisans apprendre à chacun desdicts petits enfans particulierement avec peu de frais divers mestiers, sciences & arts, pour d'iceux mestiers & sciences par succession de temps vivre par iceux enfans à l'advenir, avec leur femme & famille honnestement, chacun selon sa faculté & disposition ; lesquels troubles ne voulons tollerer en quelque sorte & maniere que ce soit, attendu ce que dessus, ains voulons iceluy hospital & toutes les manufactures qui s'y font, favoriser de tout nostre pouvoir, & de non moindre affection qu'a faict le feu roy Henry

Henry second du nom, nostre très-honoré seigneur & pere, que Dieu absolve, du regne duquel fut institué ledict hospital, lequel leur auroit donné plusieurs beaux previleges, & que nous leur avons depuis nostre advenement à la couronne confirmez ; mesmes sur lesdictes visitations des manufactures, il auroit amplement declaré par ses lettres patentes données à sainct Germain en Laye, le XIII. Novembre M. D. LVI. dont la copie est cy-attachée soubs nostre contre-seel, son vouloir & intention ; lesquels previleges nous ne voulons en rien diminuer, comme dict est, mais plustost amplifier & augmenter. A CESTE CAUSE, à la supplication qui faicte nous a esté de la part desdicts administrateurs dudict hospital, avons de nostre certaine science, pleine puissance & auctorité royale, dict, statué & ordonné, disons, statuons, ordonnons & nous plaist, que quand les jurez des mestiers de nostredite ville de Paris voudront aller visiter les manufactures & ouvrages qui se font & feront à l'advenir audict hospital de la Trinité, ils seront pour y proceder tenus appeller deux des administrateurs & gouverneurs dudict hospital de la Trinité ; lesquels deux administrateurs appelleront avec eux deux bons bourgeois ou marchans cognoissans audicts ouvrages, & feront eux quatre lesdictes visitations sur le champ, sans toutesfois faire par lesdicts jurez aucun transport ny saisie desdictes manufactures. Et où après lesdictes visitations faictes par lesdictes quatre personnes dessus nommez, iceux jurez voudront soubstenir lesdictes manufactures deffectueux, & non loyaux ne marchans, sera par nostre procureur du chastelet de Paris nommé trois autres notables bourgeois pour en faire leur rapport, lesquels en seront creus, & non lesdicts jurez, que ne voulons estre juges en leurs causes, & sans que lesdicts jurez toutesfois puissent, comme ils ont faict par cydevant, saisir ny faire saisir lesdicts ouvrages par eux pretendus deffectueux, en quelque sorte & maniere que ce soit, sinon après qu'ils auront esté par lesdicts bourgeois & deux administrateurs declarez deffectueux ; auquel cas en pourront lesdicts jurez demander audict procureur du chastelet, auquel la cognoissance en appartient, l'amendement ; lequel en ordonnera ainsi qu'il verra estre à faire par raison, & sans toutesfois y tenir telle rigueur que aux autres maistres de ladite ville, qui ne sont de la qualité desdicts pauvres petits enfans tirez d'oysiveté & mendicité, pour estre appliquez au service & usage public. Le transport & saisie desquels ouvrages faicts en ladicte maison & hospital de la Trinité, & visitation autres que par la forme dessusdicte nous avons defendu & defendons très-expressement, sur peine de XX. escus sol d'amende pour chacune fois, applicable audict hospital, à prendre sur iceux jurez & visitateurs, en leurs propres & privez noms, respondant un seul d'entre eux pour tous les autres. Et outre leur deffendons expressement sur les mesmes peines, de saisir ni faire soubs couleur desdictes visitations saisir aucuns desdicts ouvrages qui auront esté faicts dedans ledict hospital ; & lesquels se trouveront estre portez ou conduicts en ladicte ville & fauxbourgs d'icelle, par lesdicts enfans dudict hospital ; lesquels enfans leur seront aisez à cognoistre en la forme des habits & bonnets bleus dont ils ont accoustumé estre vestus & couvers ; attendu la commodité que lesdicts visiteurs auront eu au precedent de faire visiter lesdicts ouvrages dedans ledict hospital, en la forme dessusdicte. Et où par inadvertence ou autrement lesdicts visiteurs feront faire lesdictes saisies par ladicte ville ou fauxbourgs, nous voulons preallablement que iceux jurez soyent tenuz rapporter à leurs despens lesdicts ouvrages ainsi par eux saisis, avant que pouvoir estre oys en leurs demandes. Et en amplifiant par nous lesdicts previleges, & à ce que lesdicts enfans soient mieux & plus sincerement instruicts ausdicts mestiers esquels ils auront esté appellez, & qu'ils ne se dévoyent de leurs labeurs ès heures que lesdicts maistres desdicts mestiers se feront eslongnez de leurs boutiques & ouvroirs, & allez par ville, tant pour achepter les estoffes desquelles ils besongnent ordinairement, que pour leurs autres affaires & negoces : avons permis & permettons à chacun desdicts artizans & maistres desdicts mestiers estans dedans ledict hospital, de pouvoir prendre avec soy un serviteur compagnon de son mestier, qui en son absence aura l'œil & intelligence sur les ouvrages que feront lesdicts petits enfans en l'absence de leursdicts maistres, afin de leur remonstrer & adresser les fautes qu'ils pourront commettre en leursdicts ouvrages : car tel est nostre plaisir, nonobstant toutes lettres à ce contraires, ausquelles nous avons pour ceste fois derogé & derogeons par ces presentes. Données à Paris le deuxiesme jour de Juing, l'an M. D. LXXVIII. & de nostre regne le cinquiesme.

Signé: Par le roy en son conseil, Mandart, & scellé du grand sceel sur simple
queuë de cire jaune. Ibidem.

ARREST D'ENREGISTREMENT
de l'édit précedent.

Veües par la cour les lettres patentes du roy données à Paris le
second jour de Juing dernier passé, signées: par le roy en son conseil, Mandart, obtenuës par les maistres, gouverneurs & administrateurs de l'hospital de
la Trinité à Paris ; par lesquelles, pour
les considerations y contenuës, ledict seigneur dict, statuë, ordonne & luy plaist,
que le reglement porté & contenu esdictes lettres, touchant la manufacture &
ouvrages qui se font & feront à l'advenir
audict hospital de la Trinité, ès visitations desdicts ouvrages, & que procedans
par les jurez des mestiers de cestedicte ville à la visitation d'icelle, seront tenuz
d'appeler deux administrateurs & gouverneurs dudict hospital, lesquels deux
administrateurs appelleront avec eux deux
bons bourgeois ou marchans congnoissans
ausdicts ouvrages, & seront lesdictes visitations faictes sur le champ, sans toutes
fois faire par lesdicts jurez aucun transport ny saisie desdictes manufactures, ainsi
qu'il est plus à plein contenu esdictes lettres; la requeste presentée par lesdicts
maistres, gouverneurs & administrateurs,
afin de verifier & enteriner par ladicte
cour lesdictes lettres ; & les conclusions sur
ce du procureur general du roy ; après
avoir veu lesdictes lettres, & oy sur ce
son substitut audict chastelet de Paris,
& tout consideré ; LADICTE COUR a
ordonné & ordonne, que lesdictes lettres
seront registrées en icelle, oy sur ce le
procureur general du roy , à la charge
qu'il y aura une marque à l'hospital de la
Trinité dont les ouvrages qui sortiront
d'iceluy pour estre venduës, & qui pourront recevoir marque, seront marquées;
& ce faisant ne pourront estre arrestées
par les ruës. De laquelle marque en sera mis une pareille en la chambre du substitut dudict procureur general au chastellet de Paris. Faict en parlement le XVIII.
jour de Septembre M. D. LXXVIII. Signé,
DU TILLET. Ibidem.

EDIT DU ROY HENRY II.
portant reglement pour les pauvres.

Henry, &c. Comme pour subvenir
à la nourriture & entretenement
des pauvres mandiens estans en très-grand
nombre en nostre ville de Paris, ayent par
cy-devant esté pratiquez plusieurs remedes ; & finalement pour la grande affluence desdits mandiens qui de toutes parts
s'estoient retirez en nostredite ville capitale de nostre royaume, eust esté advisé
mettre sus une taille & collecte particuliere sur un chacun des habitans de ladite ville, pour avec les autres deniers qui
des questes ordinaires des paroisses &
d'ailleurs estoient levez pour lesdits pauvres, estre mis ès mains du tresorier general desdits pauvres, & après estre distribué ausdits pauvres mandiens, selon
le roolle que d'iceux avoit esté fait. Mais
d'autant qu'aux mandiens valides n'estoit
donné le moyen de travailler, & que
l'asseurance de l'aumosne ordinaire qu'ils
prenoient comme par forme de prebende, non seulement les entretenoit en oisiveté , mais aussi invitoit ceux des prochaines provinces d'eux retirer en nostredite ville : de maniere qu'en peu de temps
y est afflué si grand nombre de pauvres,
que les aumosnes triplées n'eussent pû
fournir à leur nourriture & substentation ;
& souvent les vrais pauvres mandiens invalides, malades & impotens estoient pour
l'importunité desdits valides délaissez &
frustrez de leurs aumosnes ; & un desordre & confusion si grande en ladite ville,
que ce qui avoit esté pour la necessité
trouvé bon & expedient, estoit cause d'un
grand mal & desordre & d'un present inconvenient de pestes & maladies. Pour à
quoy obvier avoient esté dressez plusieurs
articles par aucuns nos officiers ayans la
charge & police desdits pauvres, qui auroient esté envoyez par devers nous pour
y pourvoir.

I. Sçavoir faisons que nous desirans
pourvoir & subvenir aux vrais pauvres
malades qui sont dignes de l'aumosne ,
& aux valides oster toute occasion d'oisiveté, & leur donner moyen de gagner
leur vie, avons par l'advis & deliberation
de nostre conseil où tout a esté diligemment veû & deliberé , ordonné & ordonnons aux prevost & eschevins de nostredite ville de Paris, dresser dedans huit
jours après la publication des presentes,
œuvres publiques en deux ou trois divers
lieux de lad. ville, & à faute d'avoir ce fait
dans

dans ledit temps, voulons tous & chacuns leurs deniers & revenus estre pris, saisis & mis en nostre main par nostre prevost de Paris ou son lieutenant, pour des deniers qui en viendront, lesdites œuvres estre mis sus & ordonnez. Et lesdites œuvres publiques ainsi dressées & establies, voulons estre proclamé à son de trompe & cry public, que toutes personnes, soient hommes ou femmes, valides & puissans pour estre employez à telles œuvres, ayent à eux retirer esdits lieux pour y ouvrer, besongner & travailler, au salaire raisonnable que par lesdits prevost des marchands & eschevins sera ordonné pour chacun jour.

II. Et ausquelles œuvres nous voulons toutes sortes de pauvres valides habituez & demeurans en nostredite ville & fauxbourgs d'icelle, estre receuz & admis, avec inhibitions & defenses à toutes personnes de quelque qualité & sexe qu'ils soient, de ne plus quester, mandier ou demander l'aumosne par les ruës, portes des églises, ni autrement en public, souz peines quant aux femmes du fouet & d'estre bannies de nostre prevosté & vicomté de Paris, & quant aux hommes, d'estre envoyez en galleres pour là y tirer par force à la rame; & lesquels si après lesdits establissemens d'ouvrages, inhibitions & defenses dessusdites, estoient trouvez faisans le contraire, nous voulons estre prins & apprehendez prisonniers par le premier de nos huissiers ou sergens, à la requeste d'un chacun qui premier les aura trouvez; & par nostre prevost de Paris la verité sommairement cogneuë, estre punis comme dessus, nonobstant oppositions ou appellations quelconques, pour lesquelles nous ne voulons aucunement estre differé.

III. Et pour le regard des pauvres malades, invalides & impuissans qui n'ont aucun moyen de travailler, ne gagner leur vie, & qui n'ont aucunes maisons, chambres ne lieux à eux retirer, nous voulons & ordonnons iceux estre promptement menez & distribuez par les hospitaux, hostels & maisons-Dieu de nostredite ville, prevosté & vicomté de Paris, pour y estre nourris, secourus & entretenus des deniers & revenus desdits hospitaux & maisons-Dieu, selon le revenu d'iceux.

IV. Et à ceste fin tous gouverneurs, hospitaliers & administrateurs d'iceux estre, comme pour nos propres affaires, contraints meubler & utensiler raisonnablement lesdites maisons, fournir aux frais, nourriture, cousts & despens desdits pauvres qui leur seront ainsi baillez & distribuez, jusques à la concurrence & valeur de leurdit revenu.

V. Et au regard des pauvres malades & impuissans qui ont maisons, chambres, logis & lieux de retraite en nostredite ville & fauxbourgs de Paris, & n'ayans aucun moyen de travailler ne gagner leur vie, ou qui avec tout leur devoir & travail ne se peuvent entierement substenter; nous voulons & ordonnons qu'ils soient nourris, secourus & entretenus par les paroissiens de chacune paroisse, qui en ceste fin en feront faire les roolles par les curez ou vicaires & marguilliers, chacun en son église & paroisse, pour leur distribuer en leur maison, ou en tel autre lieu commode qui sera advisé par lesdits curez, vicaires & marguilliers, en chacune d'icelles paroisses, l'aumosne raisonnable; sans qu'il soit permis à eux ou à leurs enfans aller quester ne mandier parmi ladite ville de Paris, souz peine du fouet pour les grands, & des verges pour les petits enfans. Et à ce seront employez les deniers provenans des questes & aumosnes qui se recueillent par chacun jour, tant aux églises que par les maisons desdites paroisses.

VI. Et outre ce, pour recueillir les aumosnes des gens de bien de nostredite ville, seront establis troncs & boëtes desdits pauvres par toutes lesdites églises & paroisses, qui par chacun jour de Dimanche seront recommandées par les curez ou vicaires en leurs prosnes, & par les prescheurs en leurs sermons & predications. Et pour ce mesme effet les abbayes, priorez, chapitres & colleges de ladite ville, qui d'ancienne fondation sont tenus faire aumosne publique, d'autant que ladite aumosne estoit occasion d'attraire les valides, & les détournoit d'ouvrer & & travailler, seront tenus bailler & fournir en deniers, à la paroisse en laquelle lesdites abbayes, priorez, colleges & chapitres seront assises, la valeur de ladite aumosne publique.

VII. Et pour ce qu'il se pourra trouver en aucunes paroisses si grand nombre de pauvres malades & impuissans, & si peu de gens riches & bien aisez, que les questes & aumosnes dessusd. ne leur pourront fournir, nous voulons & ordonnons que les prochaines paroisses, chapitres, colleges & autres communautez d'icelle ville & fauxbourgs, qui auront deniers bons, & seront puissans de leur faire subvention, en aydent & secourent lesdites paroisses par trop chargées de pauvres, à ce que lesdits

Tome II.   M m m m

pauvres n'ayent occasions délaissans leurs paroisses, eux retirer ausdites paroisses prochaines plus riches & aisées. Si donnons en mandement, &c. Donné à saint Germain en Laye le IX. jour de Juillet, l'an de grace M. D. XLVII. & de nostre regne le premier. *Signé*: Par le roy en son conseil, DE L'AUBESPINE.

Lecta, publicata & regitrata, audito & requirente procuratore generali regis, Parisiis in parlamento, IX. die Augusti anno Domini M. D. XLVII. *Signé*, DU TILLET. Fontanon, tom. I. pag. 915.

EDIT DU ROY HENRY II. portant défense de bastir ès fauxbourgs de la ville de Paris.

AN. 1548.

HENRY, &c. Comme l'une des choses qui nous semble autant requise & necessaire en nostre royaume & que nous avons aussi à cœur & recommandation, soit de conserver ou faire conserver nostre ville de Paris qui est capitale & principale de nostredit royaume, en bon ordre & police, sans souffrir qu'il soit fait chose qui y puisse amener aucun desordre & confusion; au moyen de quoy après avoir sçeu le grand nombre des maisons qui se sont basties depuis vingt ans en ça ès fauxbourgs de ladite ville, & se bastissent encores de nouveau chacun jour, & avoir consideré que cela est cause en premier lieu d'y attirer des autres villes & villages de nostre royaume une infinité de gens, lesquels trouvans esdits fauxbourgs aysée commodité de s'y loger, laissent & abandonnent lesdites villes & villages où ils s'estoient habituez; & pour joüir des franchises & exemptions dont joüissent les habitans des fauxbourgs de nostredite ville, s'y retirent & logent à la grande diminution desdites villes & villages, & à la surcharge des autres habitans nos payans tailles qui y demeurent. Et (qui est un autre grand préjudice & dommage à nostredite ville) si ceux qui se retirent esdits fauxbourgs, sont artisans, ils sont receuz à y tenir ouvroirs sans faire preuve & apprentissage, n'estre aucunement sujets à visitations; de sorte que la pluspart des maistres des mestiers de nostredite ville ne peuvent pour cette occasion retenir leurs gens & serviteurs: car aussi-tost qu'ils ont apprins quelque chose de leursdits arts & mestiers, ils laissent & abandonnent leursdits maistres pour aller lever leurs ouvroirs & boutiques esdits fauxbourgs, qui cause (outre que leurs ouvrages & denrées ne sont bonnes & loyales) grande cherté entre celles qui se font en nostredite ville, par faute que lesdits maistres ne peuvent finer d'ouvriers, & si peu qu'ils en recouvrent, survendent si cher leur peine & travail, que toutes marchandises & manufacture y sont pour cejourd'hui, ainsi que chacun peut voir, grandement encheries. Et qui pis est, plusieurs des maisons desdits fauxbourgs ne sont que retraites de gens mal-vivans, taverniers, jeux & bourdeaux; & la ruine de grand nombre de jeunes gens, qui allechez & attirez d'oysiveté, consument & perdent là profusément leur jeunesse, & se nourrissent en tels vices; & procedans de mal en pis, prennent la hardiesse de commettre plusieurs meurtres, voleries, larrecins & autres delicts grandement contraires, pernicieux & dommageables à un estat politique, tel qu'il est requis en nostredite ville. Et outre cela, telle multitude de gens consument si grande quantité de vivres, bois de chauffage & autres choses necessaires, soit pour le vivre, ou pour l'usage & service de l'homme, qu'il est bien mal-aisé qu'avec le temps les choses ainsi confuses & mal policées ne reduisent ladite ville en une si grande profusion qu'il s'en ensuyve une ruine grande & irreparable. Pour à quoy pourvoir, comme à chose qui necessairement ainsi le requiert, après avoir eû sur ce l'advis de plusieurs princes de nostre sang & gens de nostre conseil privé, avons dit, statué & ordonnné, disons, statuons & ordonnons par edict, statut & ordonnance irrevocable, que d'ores en avant il ne sera plus édifié ni basti de neuf ès fauxbourgs de ladite ville, de toutes parts d'icelle, par aucunes personnes de quelque qualité ou condition qu'ils soient, ne quelque permission qu'ils en puissent obtenir de nous par cy-après, ce que leur avons très-expressément inhibé & defendu, inhibons & defendons par ces presentes, sur peine de confiscation du fonds & du bastiment qui sera incontinent démoly par les maistres des œuvres, ausquels nous mandons, commandons & très-expressément enjoignons ainsi le faire, si tost qu'ils en seront requis par le voyer de nostredite ville, auquel nous enjoignons aussi y avoir l'œil, & faire en cela executer la teneur de cestuy nostre present edict, sur peine de privation de son estat & office. En defendant en outre à tous maçons, tailleurs, charpentiers & couvreurs, qu'ils n'ayent à besongner de leurs mestiers esdits fauxbourgs, sur peine d'amende arbitraire,

si

JUSTIFICATIVES. 643

si ce n'estoit toutesfois pour faire esdites maisons & édifices ja bastis, les reparations qui se trouveront necessairement requises pour l'entretenement & conservation d'iceux, par l'advis dudit voyer & du maistre des œuvres appellé avec luy. Si donnons en mandement, &c. Donné à saint Germain en Laye au mois de Novembre, l'an de grace M. D. XLVIII. & de nostre regne le II. *Signé sur le reply*: Par le roy en son conseil, BOCHETEL.

Lecta, publicata & registrata, audito procuratore generali regis, Parisiis in parlamento XVII. die Januarii, anno Domini M. D. XLVIII. *Signé*, DU TILLET. *Tiré des ordonnances de Fontanon, tom.* I. *pag.* 842.

L'arrest d'enregistrement de l'edit cy-dessus porte que l'intention du roy est qu'il ne soit basti aucuns édifices non seulement ès fauxbourgs, mais encore hors les portes de la ville de Paris: défend de continuer ceux qui pourroient estre commencez, sans approuver ceux construits depuis vingt-cinq ans en ça; & ordonne au prevost de Paris, à son lieutenant criminel & aux commissaires du chastelet d'informer diligemment des meurtres, voleries & autres crimes qui se commettoient ès fauxbourgs de Paris, & de proceder à punition exemplaire. Ibidem.

EDIT DU ROY HENRY II. *pour la fortification de la ville de Paris.*

HENRY par la grace de Dieu roy de France, à tous ceux qui ces presentes lettres verront, salut & dilection. Comme nous ayons puis n'agueres voulu & ordonné, pour tenir en seureté, repos & tranquillité nos bons & loyaux subjets, de faire fortifier nostre bonne ville & cité de Paris, outre les autres villes qui la couvrent, par lesquelles l'ennemy pourroit prendre son chemin pour y courir sus; & pour cest effect eussions fait expedier nos lettres patentes données à Paris le vingtiesme jour de Janvier dernier passé, & icelles addressées à nos tres-chers & bien amez les prevost des marchands & eschevins de nostredite ville, pour convoquer en leur hostel commun les gens du conseil d'icelle, ceux de nos cours souveraines, corps, colleges & communautez, tant d'église que seculiers, pour adviser les moyens plus aisez de proceder au fait de ladite fortification; pour l'execution desquelles lettres auroient esté faites plusieurs & diverses assemblées audit hostel, la resolution & deliberation desquelles lesdits prevost des marchands & eschevins nous auroient fait entendre, avec les remonstrances deliberées nous estre faites par lesdites assemblées; & après avoir eû sur ce l'advis d'aucuns princes de nostre sang & gens de nostre privé conseil, leur eussions declaré que nostre vouloir & intention estoit que les deniers qu'il conviendroit lever pour faire ladite fortification, fussent prins & levez par cottisations sur les maisons de nostredite ville & fauxbourgs, sans aucun en excepter ne exempter; & depuis avoir entendu nostredit vouloir & intention, par autre assemblée auroit esté conclu & arresté que la taxe & cottisation desdites maisons seroit faite audit hostel commun, appellez aucuns officiers de nostre cour de parlement, chambre de nos comptes, generaux de la justice de nos aydes, de nos notaires, conseillers de nostredite ville, quarteniers, cinquanteniers, diziniers & deux notables bourgeois de chacune dizaine: les deniers desquelles cottisations seroient levez par les seize quarteniers de nostredite ville & par eux receûs des personnes qui seront cottisées, & après apportez & mis ès mains du receveur des deniers communs de nostredite ville, & ce jusques à telle somme qu'il nous plairoit adviser: SÇAVOIR FAISONS que nous desirans singulierement ladite fortification estre encommencée le plustost que faire se pourra, & par après continuée jusques à la perfection d'icelle, sans aucune intermission; pour ces causes & autres à ce nous mouvans, avons (après avoir encore entendu les remonstrances qui nous ont esté derechef faites par lesdits prevost des marchands & eschevins, & eû sur tout ce que dit est, l'advis & deliberation desdits princes de nostre sang & gens de nostredit privé conseil) dit, declaré & ordonné, disons, declarons & ordonnons, voulons & nous plaist, de nostre certaine science, pleine puissance & authorité royale, que pour satisfaire & fournir aux frais, mises & impenses qu'il conviendra faire pour ladite fortification d'icelle nostredite ville, tant du costé de deça les ponts, que du costé de l'université, lesdits prevost des marchands & eschevins facent fonds de la somme de six-vingt mille livres tournois par chacun an, & icelle somme facent lever, asseoir & imposer sur toutes les maisons, corps d'églises & presbytaires, loges, & eschopes, estaux de bouchers, bancs de merciers & autres habitations, places, terres & jardins, en quelques lieux qu'ils soient situez & assis au dedans de l'enclos de nostre-

Tome II. Mmmm ij

dite ville & auſſi des fauxbourgs d'icelle, ſans aucune en excepter, exempter ne reſerver, ſoient corps, colleges, égliſes & communautez, privilegiez & non privilegiez, de quelque eſtat, office, qualité ou condition qu'ils ſoient, tant d'égliſe que ſeculiers, attendu meſme que nous y voulons contribuer, & y eſtre premier compris, auſſi que la choſe concerne toutes perſonnes en univerſel & particulier, & que les droicts & conſtitutions civiles & canoniques ont appellé ceſte contribution, pour le fait & fortification des villes, loüable & recommandable : fors & exceptez ſeulement les quatre ordres mendians, l'hoſtel-Dieu, l'Ave-Maria, les filles Penitentes, les enfans Rouges, la Trinité, le Saint-Eſprit & autres hoſpitaux pour raiſon des maiſons qu'ils habitent tant ſeulement, que nous avons deſchargez ; & ce qu'ils pourroient porter, avons prins ſur nous & à noſtre charge ; prenant ſur chacune maiſon vingt-quatre livres tournois pour le plus, & au deſſous : deſcendant de vingt-quatre à vingt, ſeize, douze, huict & quatre livres pour le moins.

II. Et que pour faire la cottiſation de ce, tant ſur les proprietaires deſdites maiſons & lieux deſſuſdits, que des locataires, ainſi qu'il ſera adviſé, leſdits prevoſt des marchands & eſchevins facent convoquer & appeller en leurdit hoſtel commun un conſeiller de noſtre cour de parlement, un maiſtre ordinaire de nos comptes ou autre officier de noſtre chambre deſdits comptes, un general de la juſtice de noſtre cour des aydes ou autre officier d'icelle cour, un de nos notaires & ſecretaires, un conſeiller de noſtredite ville, le quartenier du quartier avec le cinquantenier de la dizaine où l'on beſongnera, le dizinier d'icelle & deux notables bourgeois de ladite dizaine, qui ſeront tenus & contraints y aſſiſter & comparoir, meſmement noſdits officiers, nonobſtant le ſervice qu'ils ſont tenus nous faire, leſquels eſtans audit hoſtel commun beſongnans à ceſt affaire, ſeront tenus pour excuſez, & reputez eſtre en ſervice en noſtredite cour & chambre de noſdits comptes ; & leſdites perſonnes ainſi aſſemblées, commettons & deleguons pour proceder, après avoir preſté le ſerment ès mains de celuy qui preſidera audit hoſtel de ville, à faire ladite cottiſation, tant ſur leſdits proprietaires, que locataires d'icelles maiſons & lieux devantdits, en leurs loyautez & conſciences, avec toute ſincerité, y gardant l'égalité à un chacun, ſans porter aucune faveur & ſupporter l'un plus que l'autre, dont de ce nous les chargeons ſur le deû de leurs conſciences.

III. Pour après leſdites cottiſations ainſi par eux faites, en eſtre expediez les roolles de chacun des ſeize quartiers de noſtredite ville, qui ſeront ſignez deſdits deleguez & du greffier d'icelle noſtredite ville, & après par ledit greffier delivrez & baillez auſdits ſeize quarteniers pour faire venir ens les deniers deſdites cottiſations, les recevoir & recueillir particulierement de chacune perſonne denommée eſdits roolles ſelon ſa cottiſation ; leſquels quarteniers avons pour ceſt effet commis & députez, commettons & deputons par ces preſentes, leur donnant pouvoir de faire contraindre payer toutes les perſonnes qui ſeront cottiſées par leſd. roolles refuſans ou dilayans à payer, par le premier ſergent de noſtredite ville ou autre ſergent de noſtre chaſtelet de Paris que à ce faire commettons, par toutes voyes & manieres deües & raiſonnables, nonobſtant oppoſitions ou appellations quelconques, pour leſquelles & ſans préjudice d'icelles ne voulons eſtre differé ; la cognoiſſance deſquelles oppoſitions ou appellations, enſemble tous autres differens qui pourront ſourdre à cauſe deſdites cottiſations, fortifications & de ce qui en dépend, nous avons interdite & defenduë à tous nos juges, tant de nos cours ſouveraines que autres, quels qu'ils ſoient, & icelle retenuë à nous & noſtre perſonne, pour après eſtre renvoïée pardevant tels juges & notables perſonnages que nous adviſerons : payables les deniers deſdites cottiſations par chacun an, par quartier & égale portion, dont ſera fait avance du premier quartier pour commencer leſdites œuvres de ladite fortification.

IV. Leſquels deniers receûs par leſdits quarteniers, ſeront par eux portez ou envoyez ès mains du receveur des deniers communs de noſtredite ville, par ſes quittances qui leur ſerviront pour tout acquit & deſcharge, pour eſtre par ledit receveur puis après convertis & employez au payement des œuvres de ladite fortification, ainſi qu'il luy ſera par leſdits prevoſt des marchands & eſchevins commandé & ordonné, ſelon leurs mandemens, roolle & certifications du contrerooleur deſdits deniers communs de noſtredite ville & des maiſtres des œuvres de maçonnerie & charpenterie d'icelle : leſquelles œuvres nous voulons eſtre faites & pourſuivies ſelon les deſſeins qui jà en ont esté ou seront faits par le gouverneur & nostre lieutenant general en l'isle de France, ou celuy ou ceux qui seront par nous ou luy commis & deputez pour ce faire; faisant faire icelles œuvres en tasche ou à la toise, & ainsi qu'il sera advisé estre expedient & necessaire pour l'utilité de nostredite ville & advancement desdites œuvres; donnant pouvoir ausdits prevost des marchands & eschevins de faire les marchez avec les ouvriers & autres personnes, tant pour façon des ouvrages que pour achat des materiaux à ce necessaires, & ordonner & disposer desdits deniers pour le fait de ladite fortification, ainsi qu'ils adviseront estre utile & necessaire pour le bien de nostredite ville; reservant toutesfois les œuvres qui ne se pourroient faire à ladite tasche ou à la toise, pour estre faites à journées d'ouvriers, pionniers, manouvriers & autres gens, comme lesdits prevost des marchands & eschevins l'ordonneront.

V. Lesquelles journées seront certifiées par lesdits contre-roolleur & maistres des œuvres, & les payemens d'icelles faits par ledit receveur en presence dudit contre-roolleur qui en recevra & passera toutes les quittances à ce necessaires, ensemble des materiaux, outils & autres choses qui seront promptement fournis pour lesdites œuvres; & lesdits roolles & certifications rapportées par devers iceux prevost des marchands & eschevins, seront sur ce expediées audit receveur leurs ordonnances & acquits necessaires: sans ce que les deniers provenans desdites cottisations soient par lesdits prevost des marchands & eschevins & autres personnes convertis & employez ailleurs que pour lesdites fortifications, sur peine d'estre privez de l'administration desdits deniers, & d'estre recouvrez sur eux en leurs propres & privez noms.

VI. De la recepte generale & administration desquels deniers & du payement des fortifications de nostredite ville, avons ordonné & ordonnons que ledit receveur sera tenu en compter par chacun an en nostre chambre des comptes, après avoir ouy sur ce ce que lesdits prevost des marchands & eschevins nous en ont remonstré. Et rapportant par iceluy receveur les ordonnances, acquits, roolles & certifications signez & expediez par iceux prevost des marchands & eschevins, contre-roolleur & maistres des œuvres, avec les quittances où elles escherront, nous voulons toutes & chacunes les parties & sommes de deniers qui auront été payées pour le fait de ladite fortification, estre passées & allouées en la despense de ses comptes & rabatuës de sa recepte par tout où il appartiendra, par nos amez & feaux les gens de nos comptes, ausquels nous mandons ainsi le faire sans difficulté.

VII. Voulons aussi & nous plaist que aud. receveur & contre-roolleur, maistres des œuvres & autres personnes qui vacqueront au fait de la recepte & distribution d'iceux deniers & desdites fortifications, soit fait taxe: à sçavoir audit receveur par lesdits gens de nos comptes, en procedant à la closture de ses comptes de la recepte & despense desdites fortifications, & ausdits contre-roolleur, maistres des œuvres & autres personnes susdites, par lesdits prevost des marchands & eschevins, telle qu'en leurs loyautez & consciences ils cognoistront qu'ils auront pour ce merité; & que les sommes des deniers à quoy se monteront lesdites taxes, soient passées & allouées en la despense des comptes dudit receveur par lesdits gens de nos comptes, & rabatuës de sa recepte desdits deniers d'icelles cottisations sans difficulté, en rapportant les ordonnances & taxations d'iceux prevost & eschevins, avec les quittances des parties, s'il y eschet.

VIII. Et afin que lesdits prevost des marchands & eschevins cognoissent du devoir qu'iceux seize quarteniers feront à la recepte particuliere desd. cottisations & delivrance des deniers ès mains dudit receveur de nostredite ville, nous voulons que par chacun an lesdits seize quarteniers soient tenus compter du fait de ladite recepte audit hostel d'icelle nostredite ville pardevant iceux prevost & eschevins, appellé avec eux un auditeur de nos comptes, sans ce qu'ils soient tenus compter ailleurs: lesquels comptes ainsi rendus voulons estre de tel effect & valeur, comme s'ils avoient esté rendus clos & affinez en nostredite chambre des comptes; desquels comptes lesdits prevost des marchands & eschevins seront tenus envoyer par chacun an en nostredite chambre des comptes, l'extraict des deniers payez audit receveur pour verification, contre-roole & correction de sa recepte. Si donnons en mandement, &c. Donné à saint Germain en Laye le XXVII. jour de Fevrier, l'an de grace M. D. LII. & de nostre regne le VI. *Signé*, HENRY; *& plus bas*; Par le roy, BOURDIN. *Fontanon tom. I. pag. 846.*

EDIT DU ROY HENRY II. qui ordonne la demolition des saillies des maisons & des entreprises hors d'alignement, & specialement des loges, boutiques & eschoppes construites le long de la ruë de la Ferronerie à Paris; & renouvelle les defenses de bastir dans les fauxbourgs & hors les portes de la ville.

An. 1554.

HENRY &c. Comme pour la decoration & aisance de nostre bonne ville & cité de Paris, salubrité des habitans d'icelle, & tenir les ruës nettes, claires & aisées au mieux qu'il seroit possible, le feu roy nostre très-honoré seigneur & pere, que Dieu absolve, eust voulu & ordonné que les saillies d'anciennes maisons sur ruë, fussent dedans certain temps abbatuës & ostées, & qu'en reparant ou bastissant de neuf icelles maisons, il ne fust rien entrepris sur lesdites ruës & passages : ce que depuis nostre advenement à la couronne nous ayons aussi voulu, commandé & ordonné ; & encores à fin d'obvier à la consommation des vivres, bois de chauffage & autres choses necessaires pour l'usage & service des habitans de nostredite ville, qui eust pû advenir à l'occasion du bastiment de plusieurs maisons ès fauxbourgs d'icelle, esquelles coustumierement se retirent & logent gens vagabons, oiseux & mal-vivans qui sont cause de la retraite & perdition de plusieurs jeunes enfans, ayons aussi par edit du mois de Novembre 1548. publié en nostredite cour le 17. Janvier ensuyvant, voulu & ordonné que dès lors en avant il ne fust plus basty ne edifié de neuf ësdits fauxbourgs, de toutes parts, par aucunes personnes de quelque qualité ou condition qu'ils soient, ne quelque permission qu'ils en puissent avoir de nous cy-après, sur peine de confiscation tant du fonds que du bastiment qu'avons voulu incontinent estre demoly par les maistres des œuvres, sitost qu'ils en seroient requis par le voyer de nostredite ville, auquel eussions enjoint y avoir l'œil, & en cela faire executer la teneur de nostredit edit, sur peine de privation de son office. Toutesfois nous sommes bien & deüment avertis, & l'avons veû & apperceû à l'œil, qu'en rebatissant lesdites maisons ausquelles estoient saillies sur ruë, les proprietaires d'icelles ont entrepris & avancé leursdits bastimens plus avant ësdites ruës qu'ils ne devoient, sans y avoir gardé aucun ordre d'alignement ne mesure ; aussi ont esté construites, basties & edifiées dans aucunes desdites ruës & places publiques, certaines loges, eschoppes & boutiques qui empeschent grandement le passage & aisance du peuple ; & entr'autres lieux, en la ruë de la Ferronerie, joignant le cimetiere des Innocens, qui est de la croisée de nostredite ville, & nostre passage pour aller de nostre chasteau du Louvre en nostre maison des Tournelles. Et quant ausdites maisons des fauxbourgs, quelques defenses qui soient portées par nostredit edit cy-dessus datté, n'est pour cela cessé de continuer à bastir ësdits fauxbourgs, & ce par la faute du voyer de nostredite ville, & autres officiers qui sur ce ont charge & regard : lesquels au lieu d'empescher telles entreprises, les ont tolerées & donné lesdites permissions & congez en la faveur des particuliers entrepreneurs qui les ont corrompus de dons & presens, ainsi qu'il est vraysemblable, sous couleur de quelques petites redevances envers nous ou autres seigneurs fonciers, à nostre très-grand interest & de tout le bien public de nostredite ville, & à quoy nous desirons promptement estre pourveû. Pour ce est-il que nous desirans nostredite ville estre accommodée de toutes choses utiles & necessaires, tant pour sa decoration, que pour le bien & aisance de nos sujets & habitans en icelle, voulons, vous mandons & enjoignons par ces presentes, qu'incontinent icelles receuës, vous vous informiez ou faites enquerir & informer par tel juge ou commissaire qu'adviserez estre à faire pour le mieux, desdites usurpations, entreprises & contreventions dessusdites : & ce que trouverez avoir esté fait, usurpé, entrepris & estre dommageable à la voye publique, incontinent & sans delay faites reparer, abbatre & demolir reaument & de fait, specialement lesdites loges, boutiques & eschoppes construites dans & le long de ladite ruë de la Ferronerie, nonobstant oppositions ou appellations quelconques faites ou à faire, & quelque permission ou congé qu'on pourroit avoir obtenu de nous ou nos predecesseurs pour faire lesdits edifices : le tout aux frais & depens de ceux qui se trouveront avoir fait faire iceux bastimens, edifices & entreprises, avec telles condamnations d'amende qu'au cas appartient, applicable à la fortification de nostredite ville ; & neantmoins pour l'interest public, procedez & faites proceder sommairement & de plain, à la requeste & instance de nostre procureur

An. 1554.

cureur general, auquel par ces mesmes presentes très-expressément enjoignons pourfuyvre execution d'icelles, & prendre telles conclusions qu'il verra estre à faire par raison, à l'encontre desdits voyer, maistres des œuvres & autres officiers de quelque qualité qu'ils soient, qui se trouveront avoir baillé lesdits faux alignemens & permissions, & pour le devoir de leurs charges ont dû faire entretenir nosdites declarations & edits, & empescher lesdites entreprises & abus, par privation de leursdits estats & amendes & telle autre peine que le cas le requiert, sans qu'il soit besoing d'en faire autre declaration ordonnance & edict. Et afin que nosdits vouloir & intention, tel que dessus, soient inviolablement entretenus & gardez sans aller au contraire, voulons cesdites presentes estre publiées & enregistrées, tant en nostre cour de parlement, qu'en nostre chastelet de Paris, & hostel commun d'icelle ville, pour par les officiers desdits lieux, chacun selon sa charge & regard, faire entretenir nosdits edits, tels que dessus, & le contenu en cesdites presentes, sur les peines que dessus : car tel est nostre plaisir. Donné à Compiegne le XIV. jour de May l'an de grace M. D. LIV. & de nostre regne le VIII. *Signé*, Par le roy en son conseil, BOURDIN ; & scellé du grand sceau de cire jaune sur simple queuë.

Registrata, audito & requirente procuratore generali regis, Parisiis in parlamento XII. die Junii, anno Domini M. D. LIV. *Signé*, CAMUS.

Leuës & publiées en jugement en l'auditoire civil du chastelet de Paris, en la presence des avocat & procureur du roy nostre fire audit chastelet, & ordonné estre enregistrées ès registres ordinaires dudit chastelet, & estre publiées par tous les carrefours de cette ville de Paris & ès fauxbourgs d'icelle, & moulées & imprimées pour en bailler copie à chacun des commissaires dudit chastelet, afin qu'on n'en puisse pretendre cause d'ignorance, lesdits gens du roy ce requerant, le Samedy XVI. jour de Juin M. D. LIV. *Signé* TROUVÉ. *Tiré des ordonnances de Fontanon tome* I. *pag.* 843.

ARREST DU PARLEMENT
portant defenses d'avancer sur ruë aucunes selles, bancz, chevalets, &c.

LA COUR à plein informée que la plusart des habitans de cette ville, artisans & autres, contre les prohibitions & defenses cy-devant sur ce faites, mettent ordinairement & avancent sur ruë hors leurs ouvroirs & boutiques, leurs selles & pilles, taudis, escoffrets, bancs, chevalets, escabelles, tronches & autres avances & entreprises qui empeschent & incommodent grandement les ruës & passages par icelles, dont adviennent de jour en autre plusieurs inconveniens : pour à ce pourvoir, a ordonné & ordonne que defenses seront faites à son de trompe & cry public par les carrefours de ceste ville, à tous manans & habitans d'icelle & des fauxbourgs, de quelque estat, qualité & condition qu'ils soient, qu'ils n'ayent d'ores en avant à mettre aucunes desdites selles & pilles, taudis, escoffrets, bancs, chevalets, escabelles, tronches & autres avances sur ruë, & hors leurs ouvroirs & boutiques, & de pendre à icelles aucunes toiles, serpilleres, perches ou monstres à marchandises, n'autres choses quelconques dont la liberté du passage commun puisse estre aucunement empeschée : ains leur enjoint ladite cour retirer lesdites avances dedans leursdits ouvroirs & boutiques, incontinent & dedans le jour de la publication de ces presentes, & à l'avenir sur peine de cent sols parisis d'amende sur chacun qui sera trouvé contrevenir à ce que dessus, & pour chacune faute : laquelle sera levée sur le champ & sans deport, & appliquée aux fortifications de cestedize ville. Et à cette fin enjoint ladite cour au prevost de Paris ou ses lieutenans, examinateurs & commissaires du chastelet de Paris, & sergens d'iceluy, d'avoir l'œil & tenir la main à l'execution de ce present arrest & ordonnance, & proceder contre ceux qui se trouveront faire les avances & entreprises susdites : nonobstant oppositions ou appellations quelconques. Fait en parlement le XVI. jour de Juin M. D. LIV. *Signé*, CAMUS. *Tiré des ordonnances de Fontanon, tome* I. *pag.* 845.

ORDONNANCE DE LA COUR
de parlement pour la police des escoliers de l'université.

SUR la requeste presentée à la cour par le procureur general du roy, tendant à fin d'empescher & faire cesser les forces, violences, brigues, excez, tumultes, insolences, ports d'armes & assemblées illicites qui se commettent de jour en jour en ceste ville de Paris, & specialement en l'université & fauxbourgs d'icelle : LA COUR enterinant icelle requeste, a fait & fait inhibitions & defenses à tous artisans, serviteurs des bourgeois, manans & habitans de ladite ville & fauxbourgs d'icelle, mesmement aux escholiers, de porter espées, bastons longs, pistolets à feu, chemises de mailles ou autres armures couvertes, sur peine de la hart & autres peines, à la discretion de ladite cour.

II. Et pour ce que la cour a esté avertie que plusieurs escholiers de ladite université, contre leur estat & profession, portent espées, dagues & autres bastons invasifs, & chemises de maille, & se retirent ès chambres de plusieurs principaux des colleges, pedagogues & autres maisons de ladite université & aussi ès maisons des fauxbourgs, au grand scandale des bons escholiers estudians en ladite université; ladite cour a enjoint & enjoint aux lieutenant criminel & commissaires de ceste ville d'informer & faire leur visitation par chacune semaine : & icelles informations faites, decretter tant contre les transgresseurs, que contre lesdits principaux & receptateurs d'iceux. Et pareillement a fait & fait inhibitions & defenses à tous principaux de colleges, proprietaires & locatifs des maisons de ladite université & fauxbourgs, de loger ou retirer en leurs maisons escholiers ou autres personnes portant armes, quelles qu'elles soient; ausquels principaux, proprietaires, locatifs & autres gens tenans les maisons de ladite université & fauxbourgs, icelle cour enjoint que sitost qu'aucun escholier ou autre des demeurans en ceste ville, ayans bastons ou armures, viendront loger ou heberger en leursdits colleges, maisons & chambres, de prendre, retenir & garder lesdits bastons & armures, & ne leur rendre sans en advertir ledit lieutenant criminel, jusques à ce qu'ils se departent du tout desdits logis, pour aller demeurer en autre lieu, ou du tout hors ladite ville & fauxbourgs. Enjoint semblablement à ceux en la maison desquels ils iront demeurer, en faire le semblable. Et où aucuns desdits escholiers ou autres gens ne voudroient obtemperer, & contreviendroient à la presente ordonnance & denonciation qui leur sera faite par lesdits principaux, pedagogues ou autres gens ès maisons desquels ils iront loger, retenir lesdits bastons & armures : enjoint ladite cour ausdits principaux, pedagogues & autres locatifs le venir incontinent dire & declarer aux commissaires des quartiers où ils sont demeurans, sur peine de cent sols parisis d'amende pour la premiere fois, pour la seconde de prison, & pour la tierce de punition corporelle, à la discretion de ladite cour.

III. Et pour ce que plusieurs desdits escholiers ou autres eux disans escholiers, combien qu'à la verité ils ne le soient, vont en habits dissolus, contre l'honnesteté de leur estat & vocation, portans chapeaux si bas, en sorte qu'à grand peine les peut-on cognoistre : ladite cour a semblablement enjoint à tous escholiers ne porter lesdits chappeaux, ceintures & porter espées, chausses de couleurs deschiquetées, sur peine de privation de leurs privileges, & ausdits principaux & pedagogues n'en recevoir aucuns portans habits ainsi dissolus, sur ladite peine de privation de leurs privileges ; & aussi defend icelle cour aux proprietaires des maisons, ne recevoir telles gens ainsi dissolus d'habillemens.

IV. Et afin que lesdits principaux puissent mieux cognoistre ceux qui sont de ladite qualité, leur a ladite cour enjoint & commandé, enjoint & commande visiter souvent & pour le moins deux ou trois fois la semaine, les chambres de leurs colleges, & s'enquerir quelles gens il y a, & en advertir les commissaires du quartier, & ne souffrir aucunes espées èsdites chambres, armures & autres bastons invasifs : leur enjoignant en faire leur rapport une fois le mois pour le moins, de ce qu'ils trouveront en faisant leurdite visitation, sur peine ausdits principaux de privation de leursdits privileges.

V. Et afin que lesdits escholiers puissent cognoistre les principaux & regens de ladite université, & en ce faisant leur porter honneur & reverence, ladite cour enjoint à tous regens & maistres ès arts de ladite université porter robbes longues sans manches couppées, leur chapperon sur l'espaule, & n'aller par la ville aux assemblées de l'université sans tel accoustrement, & aux principaux n'en tenir aucuns en leursdits colleges, qui ne soient ainsi honnestement habillez : & ce sur peine à tous les dessusdits de privation de leursdits privileges & d'amende arbitraire.

VI. Et pour ce que plusieurs desdits escholiers, au lieu de vacquer à leur estude, vont souvent chez les maistres escrimeurs & joüeurs d'espée demeurans èsdits fauxbourgs, en lieux destournez, de peur d'estre veus de leurs maistres & regens : a enjoint ladite cour à tous lesdits

dits escrimeurs, joüeurs d'espée & basteleurs se retirer en ladite ville, ès ruës publiques d'icelle, sans d'ores en avant se tenir & demeurer esdits fauxbourgs, sur peine de prison & autre amende arbitraire.

VII. Et aussi au moyen de ce que lesdits escholiers & autres gens vagabons de ladite ville, après avoir joüé & rodé tout le jour par ladite ville, se retirent au soir ès cabarets & tavernes d'icelle ville, mesmement aux fauxbourgs, ausquels ils consument la pluspart de la nuit, faisans monopoles & assemblées illicites pour courir la nuict, piller & destrousser les allans & venans par ladite ville & & fauxbourgs, à la perturbation de lad. ville & bien de la republique: lad. cour a aussi fait inhibitions & defenses à tous taverniers & cabaretiers d'icelle ville & faux bourgs, d'asseoir & recevoir en leursdits cabarets aucunes personnes demeurans & residens en ladite ville depuis la saint Remy jusques au jour de Pasques après sept heures du soir, & depuis Pasques jusques à ladite feste de saint Remy, après huit heures sonnées du soir, & leur a fait commandement de fermer leurs maisons, assiettes & cabarets ausdites heures respectivement, sur peine de prison & d'amende arbitraire.

VIII. Et parceque lesdits escholiers ou autres gens brigueurs de ladite ville, faisant batteries & destrousses durant la nuict, sont aucunes fois blessez & navrez, & se retirent pour se faire habiller & penser chez aucuns compagnons barbiers demeurans en chambre en icelle ville & fauxbourgs, au moyen de quoy on ne peut avoir la cognoissance des brigueurs & & desdits blessez & navrez en faisant lesdits malefices: ladite cour a enjoint & enjoint à tous compagnons barbiers se retirer chez les maistres, pour y servir & demeurer, dans quinzaine après la publication de la presente ordonnance, sur peine d'estre chassez de ladite ville & fauxbourgs. Et où pour aucunes causes & occasions il seroit permis ausdits compagnons barbiers demeurer en chambre en ladite ville ou fauxbourgs, ladite cour a defendu & defend de penser ou habiller lesdits blessez du premier ou second apareil, sans appeller aucuns des maistres barbiers prochains, qui en feront leur rapport aux commissaires & à la police suivant l'ordonnance, sur peine de punition corporelle.

IX. Et afin que lesdits vagabons & autres gens malvivans de ladite ville soient plus facilement prins, apprehendez & menez à justice, ladite cour a enjoint & enjoint à tous les sergens à verge de ladite ville de Paris, de porter leurs espées & chausses bigarées & escarlattées, suivant les anciennes ordonnances ny aller ou venir par la ville sans estre garnis d'espées & dagues, sur peine de suspension de leurs offices pour la premiere fois, & pour la seconde de privation d'iceux offices.

X. Et à ce que lesdits vagabons n'ayent lieux deshonnestes à se retirer, ladite cour a enjoint à toutes maquerelles & paillardes se retirer des lieux publics, vuider ladite ville, fauxbourgs & université, sur peine du foüet & de prison, & fait exprès commandement à tous proprietaires desdites maisons de ladite ville & fauxbourgs d'icelle, de ne loüer d'ores en avant leurs maisons, sinon à gens d'honneste conversation, sur peine de confiscation de leursdites maisons & autres amendes arbitraires.

XI. Et pour plus facilement faire tenir & garder ceste presente ordonnance & injonctions, a enjoint & enjoint aux commissaires du chastelet de Paris aller, tant ès matinées que apresdinées, visiter par la ville, cité, université & fauxbourgs d'icelle, & en ce faisant s'enquerir de ce que dit est cy-dessus, & de tout faire bon & loyal rapport tout les Jeudis à la police, sur peine de suspension de leurs offices pour la premiere fois, & pour la seconde de privation d'iceux. Et où sera besoin faire assemblée pour resister ausdits brigueurs, vagabons & autres malvivans, les prendre & apprehender, lesdits commissaires pourront advertir tant le prevost de Paris, ses lieutenans, que le prevost des marchans & eschevins de ladite ville, pour leur bailler force de leurs archers, arquebutiers & arbalestriers, ainsi que de raison, & à ceste fin aussi enjoint ladite cour au chevalier du guet ou ses lieutenans, faire partir son guet du soir ès lieux & endroits qui leur seront declarez par le prevost de Paris ou son lieutenant, à la relation desdits commissaires, & le plus souvent aller faire le guet en l'université: le tout par maniere de provision, & jusques à ce qu'autrement en soit ordonné. Et afin qu'aucun ne puisse pretendre aucune cause d'ignorance de ceste presente ordonnance, ladite cour a ordonné & ordonne icelle estre publiée à son de trompe & cry public par les carrefours de ceste ville & fauxbourgs d'icelle.

Publié à son de trompe & cry public par les carrefours de cestedite ville &fauxbourgs de Paris le xx. jour d'Aouſt l'an M. D. LIV. Signé MALON. *Fontanon tom.* I. *pag.* 891.

ARREST DU CONSEIL PRIVE' du roy, contre quelques officiers de la cour des monnoyes.

AN. 1554.

Veû par le conſeil les procez criminels faits à la requeſte du procureur general du roy, pour raiſon de crime de fauſſe monnoye, abus, malverſations, fauſſetez, larcins, concuſſions, peculats & autres crimes & delicts contenus auſdits procez, contre maiſtres Louis Vaſchot premier preſident en la cour des monnoyes, adjourné à trois briefs jours, deffaillant; Jacques Pinatol notaire & ſecretaire du roy, general de ladite cour des monnoyes, n'agueres priſonnier ès priſons de la tour quarrée du palais à Paris, abſent & évadé deſdites priſons & deffaillant; Alexandre de la Lorette ſecond preſident, Guy de Bidan, Alexandre Faucon, Simon Radin generaux de la cour des monnoyes; Antoine du Rien maiſtre particulier de la monnoye de Ville-franche en Roüergue; Pierre Coulon, dict le vieux marchand, bourgeois dudict Ville-franche; Jean Prevoſt clerc dudict Pinatol : interrogatoires & confeſſions, recollemens & confrontations : lettres patentes du neuf Avril 1554. & cinq Decembre dernier, par leſquelles maiſtres Jean Danauſon maiſtre des requeſtes ordinaire de l'hoſtel du roy, & preſident aud. conſeil, René Baillet preſident en la cour de parlement de Paris, Pierre Dufaur preſident en la cour de parlement de Toulouze, & Claude Bourgeois preſident en la cour de parlement de Bourgogne ont eſté commis pour l'inſtruction deſdits procez : deffauts à trois briefs jours, obtenus par ledit procureur general à l'encontre dudit Vaſchot, des dernier Janvier, ſixieſme, treizieſme & vingt-troiſieſme Febvrier 1553. information faicte ſur le bris des priſons faict par ledit Pinatol : deffauts à trois briefs jours obtenus par ledit procureur general à l'encontre dudit Pinatol, des neufvieſme May, deuxieſme & ſixieſme Juin & deuxieſme Juillet derniers : ſentences données par leſdits commiſſaires des quatorzieſme Juin & quatrieſme Juillet derniers, par leſquelles a eſté ordonné que les teſmoings examinez eſdites informations, ſeront recollez, & que foy leur ſeroit adjouſtée, tout ainſi que s'ils avoient eſté confrontez : arreſt donné au privé conſeil du roy le vingt-troiſieſme Novembre 1553. par lequel, ſans avoir égard à la requeſte de recuſation donnée par ledit Pinatol contre ledit Bourgeois* il eſt dit que ledit Bourgeois aſſiſteroit & procederoit à l'inſtruction, rapport & jugement deſdits procez : autre arreſt du conſeil privé du dix-ſeptieſme Janvier audit an, par lequel ledit Pinatol a eſté renvoyé audit grand conſeil, pour juger & decider les appellations par luy interjettées : congé obtenu par ledit procureur general du roy ſur leſdites appellations, en preſence de maiſtre Michel Berland procureur dudit Pinatol, après ſa declaration : arreſt du conſeil du vingt-ſixieſme ..... dernier par par lequel pour le profit dudit .... ledict Pinatol a eſté declaré non recevable appellant : edit de l'erection de ladite chambre des monnoyes, ſouveraineté & dernier reſſort, & publication d'iceluy audit conſeil : autres interrogatoires faicts audit conſeil auſdits Bidam, Faucon, la Florette, Radin, du Rien, Coulon & Prevoſt : auditions faites à diverſes fois de maiſtres Joſeph du Maignet, Girard de Vallée, Guillaume Marillac, Pierre Alligret, Jean Meſtayer, Germain Longueil, François Baterel generaux de la cour des monnoyes, Robert du Four advocat du roy, & Jean Hotteman greffier en icelle, faiſans & repreſentans le corps d'icelle cour, & leſquels auroient declaré eſtre envoyez & advoüez par ledit corps d'icelle cour des monnoyes : lettres patentes attributives de juriſdiction audit conſeil des cinquieſme Decembre, dix-ſeptieſme Avril & vingt-huitieſme Juillet dernier : ſentences données par leſdits generaux : commiſſions, eſtats de comptes & jugemens faicts en ladite chambre : concluſions du procureur general du roy, & tout ce qui a eſté mis & produict pardevers ledit conſeil; & tout conſideré : DICT A ESTE' que leſdits deffauts obtenus par le procureur general du roy contre leſdits Vachot, Chantier & Pinatol, ſont bien intervenus; & au moyen d'iceux a ledit conſeil adjugé & adjuge audit procureur general du roy tel proffit : c'eſt à ſçavoir, qu'il a declaré & declare leſdits Vachot, Chantier & Pinatol vrais contumax & deffaillans, atteints & convaincus des crimes & delicts à eux impoſez, dont mention eſt faicte audit procez; pour reparation deſquels les a privez & prive de tous & chacuns leurs eſtats & offices, & les a condamnez

alias Bourgerie.

&

JUSTIFICATIVES.

condamné à estre pendus & estranglez, & outre le corps dud. Pinatol ars & bruslé, & ce en la cour du palais au devant de ladite chambre des generaux des monnoyes ; & pour ce faire seront lesdits Vachot, Chantier & Pinatol conduits & menez dans une charette, depuis les prisons du chastelet, jusques au lieu de ladite execution, si prins & apprehendez peuvent estre ; & ou prins & apprehendez ne pourroient estre, sera ladite execution faicte par effigie. Et neantmoins a ledit conseil condamné & condamne envers le roy lesdits Pinatol, Chantier & Vaschot au quadruple des deniers par eux mal prins en leursdicts estats : à sçavoir, ledit Vachot à la somme de 8000. livres tournois, ledit Chantier à la somme de 20000. livres tournois, & ledit Pinatol à la somme de 89000. livres tournois ; le surplus de leursdicts biens acquis & confisquez audit seigneur. Et a semblablement ledit conseil declaré & declare led. Radin atteint & convaincu des crimes & delicts à lui imputez & imposez; pour raison desquels l'a privé & prive de fondicť estat & office de general des monnoyes, & le declare à jamais inhabile à tenir office royal, & l'a condamné & condamne à faire amende honorable teste nuë, tenant une torche ardente du poids de deux livres en ses mains, en la salle du conseil, jour d'audience que en la chambre des monnoyes seent les generaux qui sont à present en ladite chambre, criant mercy à Dieu, au roy & à la justice ; & aussi condamné envers le roy à la somme de 4000. livres pour le quadruple des deniers par luy mal prins en fondict estat; & outre l'a ledit conseil banni & bannit à perpetuité du royaume de France ; le surplus de ses biens acquis & confisquez au roy. A pareillement ledit conseil declaré & declare lesdits du Rien & Coulon atteincts & convaincus des crimes à eux imposez ; pour reparation desquels a condamné led. du Rien à estre pendu & estranglé en une potence, puis son corps ars & bruslé en la place de saint Jean de Greve ; & ledit Coulon à faire amende honorable, la corde au col, teste nuë & pieds nuds, tenant une torche ardente du poids de deux livres en ses mains, à crier mercy à Dieu, au roy & à la justice, & à servir le roy perpetuellement par force en ses galeres ; & a ledit conseil declaré & declare tous & chacuns les biens desdits Rien & Coulon acquis & confisquez au roy. Et en tant que touche lesd. la Lorette & Prevost, a led. conseil eslargi & eslargit à pur & à plain par tout led. Prevost & ledit la Lorette quant à present, & jusques à ce que autrement en soit ordonné par ledit conseil. Et aparavant de proceder ausd. procez desd. Bidam & Faucon, a led. conseil ordonné & ordonne qu'ils seront mis & appliquez à la question, pour avoir par leurs bouches plus ample verité des crimes qui leur sont imposez, pour ce faict estre procedé au jugement desdits procez, comme de raison. Et faisant droict sur le surplus des conclusions du procureur general du roy, a led. conseil dict que pour les connivences, negligences & dissimulations dont auroit usé icelle cour, resultans desdits procez, le roy, si c'est son bon plaisir, peut & doibt clorre ladite cour & chambre pour tel temps que bon luy semblera, & neantmoins leur oster à perpetuité le dernier ressort & souveraineté qu'il leur avoit n'agueres octroyée. Prononcé en l'audience dudit conseil à Paris, & executé en ce qui concerne l'amende honorable ordonnée estre faicte par lesdits Radin & Coulon, le xx. Septembre M. D. LIV. & aussi ledit jour executé contre lesdits Pinatol, Vaschot & Gontier, par figure pour leur absence ; & pour le regard de l'amende honorable ordonnée estre faicte par ledit Radin en la chambre des generaux des monnoyes, le xxII. jour dudit mois & an. Signé, LAURE. *Tiré du registre de la chambre des comptes cotté BBB. bibliotheque Coislin, vol. 12.*

AUTRE ARREST DU CONSEIL
privé du roy contre Jacques Pinatol nommé au precedent.

AN. 1559.

VEû par le conseil le procez criminel faict à la requeste du procureur general du roy, pour raison de faulse monoye, abus, malversation, faulsetez, larcins, concussions, peculats, & autres crimes & delicts contenus audit procez, à l'encontre de maistres Jacques Pinatol nagueres secretaire du roy & general des monoyes, prisonier ès prisons dudit conseil : charges, informations, interrogatoires, confessions, recollemens de resmoings & confrontation d'aucuns d'iceux: lettres de remission & abolition presentées par ledit Pinatol en datte du mois de Mars 1557. autres lettres obtenues par ledit procureur general, pour debattre lesdites lettres de remission & abolition, subreption & obreption : autre arrest dudit conseil du vingtiesme Septembre 1554. par lequel ledit Pinatol entre autres choses a esté condamné à estre pendu & estranglé en son corps, & à estre ars & bruslé : conclusions dudit procureur general du roy ; & tout ce qui a esté mis & produit pardevers ledit conseil : & après que ledit Pinatol a esté ouy sur la sellette ; & tout consideré, DICT A ESTE' que le procez se peut juger sans s'enquerir de la verité des faicts justificatifs & des reproches proposez par ledit Pinatol ; & en ce faisant, sans avoir esgard ausdites lettres d'abolition & remission, de l'effet desquelles ledit conseil l'a debouté & deboute, a ordonné que ledit arrest du vingtiesme Septembre 1554. sera reaument & de faict executé ; & en ce faisant, a ledit conseil condamné & condamne ledit Pinatol à estre pendu & estranglé jusques à tant que mort en ensuive, en une potence qui pour ce faire sera mise en la place de sainte Soleme de cette ville de Blois ; & ce faict, son corps ars & bruslé ; & a declaré & declare tous ses biens acquis & confisquez à qui il appartiendra : sur iceux prealablement prins la somme de quatre-vingt neuf mille livres tournois adjugées au roy par ledit arrest. Prononcé & executé à Blois le XIX. Decembre M. D. LIX. *Ibidem.*

FONDATION DU COLLEGE de sainte Barbe.

AN. 1556. FONDATION du college de sainte Barbe en l'université de Paris, par noble & scientifique maistre Robert du Guast docteur regent en la faculté de decret en ladite université, qui sera composé de sept boursiers : sçavoir un principal, un procureur & un chapelain, lesquels seront maistres ès arts, & promeûs à l'ordre de prestrise, ou le seront dans un an après, sauf pouvoir en obtenir dispense ; & outre, quatre petits enfans qui seront boursiers, natifs & prins, l'un & premier à la Neufville d'Aulmont parroisse S. Nicolas, diocese de Beauvais; le second, de la parroisse S. Nicolas des Alleux-le-roy près Poissy, & les deux autres de la parroisse S. Hilaire au Mont de Paris, & tous de l'âge de dix ans ou environ, & nez en loyal mariage ; pour demeurer audit college & y vaquer à l'estude, & acquerir degré de maistrise ès arts audit college dedans dix ans après leur institution ; & ledit tems de dix ans passé, demeureront lesdites boursses vaquantes de fait, comme estant declarées decennales par ledit fondateur.

Entend toutefois & veut lesdits petits boursiers estre advertis par ledit maistre principal, d'icelle privation après dix ans, pour leur donner cœur & occasion d'estudier & employer le tems durant iceux dix ans, & au demeurant instruits & endoctrinez ès arts liberaux, jusques à ce qu'ils soient capables d'estre maistres ès arts, auquel degré seront tenus eulx faire promouvoir dedans ledit tems ; après lequel degré par eux obtenu, seront preferez aux regences dudit college, s'ils en sont capables & ydoines.

Et neantmoins où lesdits petits boursiers ou aucun d'eux se trouveroient estre negligents ou de dur esprit pour estre employez à l'estude, & vaquer aux lettres, ou de difficille nature, ou rebelles à discipline ou correction, & refractaires, & ne peussent estre reduits à discipline scholastique ; en ces cas, à la relation desdits maistre-principal, procureur & chapelain, sans autre information, seront mis hors dudit college, & privez de leurs boursses ; & autres des lieux dessusdits respectivement mis & instituez en leurs places par les reformateurs dudit college.

Sans le consentement desquels neantmoins ne pourra aucun desdits maistre, procureur, chapelain ou boursiers, ceder ou resigner leursdits estats ou boursses, parce que ledit fondateur a declaré & declare, veut & entend la presente fondation & dotation estre pure laïcalle, & telle tenuë & reputée, pour y estre pourveû ainsi que cy-après est ordonné, & non autrement, sur peine de nullité de leur institution.

Pareillement aussi où lesdits maistre-principal, procureur ou chapelain ne se gouverneront en telle decence, honnesteté & conversation qu'à gens & personnes ecclesiastiques appartient, & pour estre exemplaires aux boursiers & jeunes escolliers, ou que lesdits procureur ou chapelain voulsissent estre seditieux, & detractassent d'obéir audit maistre-principal en son honneur & reverence, comme superieur audit college, ou allassent divaguer par la ville, ou suivre les tavernes, lieux dissolus, jeux prohibez, ou brigues, ou aussi que ledit maistre-principal en son endroit ne se conduiroit en telle modestie & gracieuseté envers eux & lesdits boursiers, & fust tempestatif & impetueux, ou de mauvaise vie & conversation ou pernicieux exemple audit college ; en ces cas & autres semblables, veut, ordonne & entend ledit fondateur estre contre eux & chacun d'iceux coupables procedé par lesdits reformateurs, sur la plainte qui en sera faite, à telle punition qu'ils verront estre à faire ; de sorte que punition s'en

JUSTIFICATIVES.

ensuive, jusques à privation effectuelle de leurs estats & bourses, ou autrement, ainsi que le cas le meritera, nonobstant la perpetuation de leurs estats dessus ordonnée.

Veut aussi & ordonne qu'à chacun d'iceux maistre-principal, procureur & chapelain, eux bien & honnestement vivans & conversans en leurs estats & charges, soit payé & baillé chacun an par ledit procureur, sur les biens, rentes & heritages cy-après declarez, la somme de cinquante livres tournois, & à chacun desdits petits boursiers la somme de vingt-cinq livres tournois, pour leurs vivre, alimentation & entretenement : le tout aux charges à chacun d'eux respectivement ordonnées & enjointes par cette fondation.

Outre ce aura & prendra ledit principal audit college trois chambres contiguës l'une à l'autre, de telle commodité qu'il voudra elire, les deux pour luy & l'autre pour lesdits quatre petits boursiers, qui seront & demeureront sous sa charge & conduite; aussi sera tenu les instituer aux lettres & erudir & gouverner en bonnes mœurs & toute discipline scholastique, sans aucunement leur permettre parler autrement que Latin, ni discontinuer leur estude ; & encore de les nourrir en salle en commun, aux dépens de leurs bourses dessus ordonnées.

Auront aussi lesdits procureur & chapelain, & prendront audit college chacun une chambre commode à leur habitation & estat, qui leur sera baillée par ledit maistre-principal, à la charge de resider par eux auxdites chambres, & sans qu'ils les puissent bailler à autre à loüage, ne nourrir ou entretenir aucuns enfans en icelles en leurs charges, si ce n'estoit de l'exprés consentement dudit principal.

Entend aussi & veut ledit fondateur que ledit maistre-principal ne se puisse distraire de l'instruction des mœurs & lettres aux enfans dudit college, ains qu'il verse & vaque continuellement, & entretienne les regents necessaires pour l'exercice de l'érudition & discipline scholastique, faisant les pensions accoustumées ès colleges de l'université de Paris. Et à celle fin a ledit fondateur voulu & ordonné, veut & ordonne que ledit maistre-principal, outre les chambres dessusdites ait & tienne tout le reste de la maison & college de sainte Barbe cy-après cedée à la communauté desdits beneficiers, dont sera tenu faire payer par chacun an à icelle communauté la somme de deux cens livres tournois payables aux quatre termes de l'an accoustumez, ez mains dudit procureur, qui sera tenu incontinent les mettre & déposer au coffre commun cy-après designé. Et encore iceluy principal entretiendra ledit college de menuës reparations accoustumées, & selon les us & coustumes de la ville de Paris. Et où ledit maistre-principal seroit deffaillant à payer & satisfaire du loüage d'icelle maison & college qu'il tiendra, seront les deniers à luy deubs pour sa bourse, retenus & arrestez, jusques à ce qu'il satisfasse de ce qu'il devra audit college, & autrement procedé contre luy, ainsi qu'il sera mieux advisé par lesdits reformateurs cy-après nommez.

Ordonne toutesfois ledit fondateur que où lesdits procureur & chapelain & chacun d'eux auroient ou viendroient à avoir la somme de six-vingt livres tournois chacun an de revenu, en temporel ou benefices, *eo ipso* leurs estats & bourses soient vacantes, & conferables à autres par ceux qui en auront la puissance, cy-après nommez & declarez. Comme aussi a declaré & declare iceux estats & bourses de procureur & chapelain, ne pouvoir estre conferez à aucun ayant semblable revenu de six-vingt livres tournois chacun an, en benefice ou temporel ; de sorte que s'il avoit collation ou institution desdites procuration ou chapellenie, elle soit de fait nulle, & lesdits estats & bourses impetrables, comme vacantes.

Declare semblablement iceluy fondateur & entend lesdits petits boursiers estre prins & éleûz ez parroisses dessusdites, chacun en son regard, des plus pauvres d'icelles, selon la relation des curez, vicaires & gagiers ou fabriciens des églises desdites parroisses, si toutesfois lesdits enfans sont aptes & idoines à l'estude & lettres; & s'ils ne l'estoient, est permis d'en prendre des autres de ladite parroisse qui ne soient si pauvres.

Seront encore lesdits maistre-principal, procureur & chapelain, & chacun d'eux en son regard, tenus & adstraints de servir en la chapelle dudit college, & dire & celebrer en presence desdits petits boursiers & des autres escolliers qui seront pour le tems audit college, & par chacune semaine de l'an, les messes que ledit fondateur veut & ordonne estre dites : c'est à sçavoir ledit maistre-principal au jour de Dimanche, du jour & feste, & au jour du Mercredy de la ferie : le procureur, au Lundy, des trépassez, & au Jeudy de la ferie ou du saint Sacrement ; & le chapelain, au Mardy de la ferie, au Vendredy de la croix, & au Samedy de Nostre-Dame, avec commemoration de sainte Barbe.

Entend neantmoins ledit fondateur estre reservé audit principal qu'aux festes solemnelles pourra, si bon luy semble, dire, chanter & celebrer lesdites messes pour la solemnité du jour, & encore toutes & quantes fois qu'il luy plaira, & en decharger lesdits procureur ou chapelain, sans pour ce avoir ni demander aucun profit ou salaire, outre ce que dessus luy est ordonné.

Toutes lesquelles messes & services seront iceux maistre principal, procureur & chapelain tenus & adstraints dire & continuer respectivement, selon qu'elles sont cy-dessus assignées & declarées, sur peine de privation du fruit & profit de leurs bourses d'une semaine entiere, pour chacune faute qui par eux y sera faite; lequel profit à cette fin sera arresté, & converty au proffit commun du college, si d'avanture n'estoient indisposez par maladie; auquel cas sera ditte la messe aux dépens dudit college durant icelle maladie, sans diminution de la bourse dudit malade.

Ordonne aussi, veut & entend ledit fondateur, que vacation avenant desdites maistrise ou principauté, procuration & chapellenie par mort, dimission, privation ou autrement, en quelque maniere que ce soit, que les trois reformateurs dudit college cy-après nommez élisent une personne ydoine, capable & suffisante pour ledit estat & bourse vacant, & qu'il soit natif de l'un des dioceses: c'est à sçavoir d'Evreux, Roüen, Paris ou Authun, qualifié comme dessus est specifié, & pareillement né en loyal mariage, comme lesdits boursiers, & non à autres; & que par eux soit presenté à la cour de parlement, pour estre par elle à leur presentation institué; & ce fait, reçu audit college.

Entend aussi qu'à cette fin lesdits maistre-principal, procureur & chapelain, & chacun d'eux & leurs successeurs, soient tenus avertir lesdits reformateurs d'icelle vacation, soit par mort, cession, demission ou autrement, si-tost qu'elle sera venuë à leur connoissance, & le leur denoncer pour le moins dedans trois jours après, pour par eux y estre pourveû; & pour ce faire se transporteront dedans un mois prochain ensuivant lesdites denonciations & advertissement audit college, pour y pourveoir & faire la presentation necessaire, pour l'institution dudit estat vaquant; & ce fait, le presenter à ladite cour.

Et où lesdits trois reformateurs seroient negligents ou délayants d'eux assembler dedans ledit mois préfix qui est de trente jours, pour faire ladite presentation, & ne la feroient; ledit mois passé, pourra ladite cour, s'il luy plaist, à la requeste des boursiers, instituer audit estat lors vaquant, une personne qualifiée comme dessus, sans attendre la nomination ou presentation desdits reformateurs, attendu ladite negligence ou absence.

Declare toutesfois & entend ledit fondateur, qu'en l'absence de l'un desdits trois reformateurs, les deux presens puissent proceder à faire ladite presentation; mais s'il y en a deux absents, celuy qui se trouvera present, pourra presenter requeste à ladite cour, pour substituer un de messieurs d'icelle cour, au lieu du conseiller absent, pour faire ladite presentation pour cette fois seulement.

Aussi en l'absence du docteur en decret le plus ancien des docteurs regens après luy sera prins pour ladite presentation; & semblablement en l'absence du chancelier, sera prins l'official de Paris, sans toutesfois tirer à consequence pour le general de ladite fondation & autres vacations à l'avenir.

Veut aussi & declare, que si c'estoit la maistrise & principauté qui fust vacante, en ce cas, que l'un des procureur ou chapelain, s'ils se trouvent capables & suffisants par lesdits reformateurs à exercer ledit estat pour l'instruction & erudition des enfans du college, soient preferez aux autres; & en cas de cette promotion, en leur lieu & estat en soit un autre pourveû des qualitez dessusdites.

On a omis icy deux articles peu importans:

Ordonne davantage & veut iceluy fondateur, estre dit & celebré par chacun an en l'église dudit saint Hilaire perpetuellement, quatre obits anniversaires solemnels de vespres, vigiles, recommandaces, & trois hautes messes, ezquels assisteront & seront tenus assister lesdits maistre-principal, procureur, chapelain & boursiers: le premier au vingtiéme jour de Mars, pour l'ame de deffunct maistre Simon du Guast en son vivant principal du college de Coqueret, oncle paternel & bienfaicteur dudit fondateur: le deuxiéme, au troisiéme jour de Septembre, pour feu Jehan du Guast pere dudit fondateur: le troisiéme, au second jour du mois d'Octobre, pour deffunte Colette Bucaille sa mere: & le quatriéme pour luy-mesme, luy-mefme, qu'il veut & entend estre dit & celebré à tel autre jour qu'il decedera de ce monde, selon la volonté de Dieu; pour chacun desquels obits veut & ordonne estre baillé & payé par lesdits maistre-principal, procureur, chapelain & boursiers dudit college & leurs successeurs à l'avenir, au curé ou vicaire & prestres dudit saint Hilaire, la somme de cinquante sols parisis, & à l'œuvre & fabrique ou fabriciens pour elle, la somme de quinze sols parisis: fournissant par eux esdits obits & chacun d'iceux, des choses décentes, honnestes & accoustumées: sçavoir est, quatre torches & six pointes pour le regard du curé ou vicaire, pour le regard des marguilliers pain & vin.

Entend neantmoins ledit fondateur que les deniers qui sont & seront dûs audit college, soient colligez & reçûs par ledit procureur; & pareillement que les salaires & bourses qui seront & devront estre distribuées, & payements faits tant auxdits principal, chapelain, boursiers, qu'autres, se fassent & distribuent par les mains dudit procureur, qui du tout retirera quittance & tiendra le compte aux principal, chapelain & boursiers: lequel il sera tenu rendre chacun an deux fois, en presence desdits reformateurs; & le *reliqua* qui en sera deûb, sera mis & deposé en un coffre fermant à trois clefs differentes, dont ledit principal aura l'une, le procureur l'autre, & ledit chapelain l'autre, à ce qu'ils ne le puissent ouvrir l'un sans l'autre, pour la conservation desdits deniers, pour servir aux choses necessaires pour l'entrenement d'icelle fondation & reparation dudit college; & sera ledit coffre mis au lieu le plus sur & commode qu'adviseront lesdits reformateurs. Ne pourra toutesfois ledit procureur faire faire ou marchander pour les reparations necessaires ou utiles, n'autres dudit college, sans lesdits maistre-principal & chapelain, & le communiquer auxdits reformateurs; ne pareillement faire aucun bail des heritages dudit college, sans l'exprès consentement & auctorité desdits reformateurs & d'iceux maistre-principal & boursiers. Lequel procureur ne pourra aussi faire mise pour ledit college, sans le consentement & advis desdits maistre-principal & chapelain, excedant la somme de dix livres tournois pour une fois.

Et pour l'entier & parfait accomplissement & perpetuité de cette presente fondation, à ce qu'elle demeure ferme & stable à jamais, a declaré & declare, veut & entend ledit fondateur, que les reformateurs, visitateurs, speculateurs dudit college soient trois ecclesiastiques: l'un conseiller du roy en sa cour de parlement de cette ville de Paris, & qu'il soit docteur en decret de l'université de Paris, si aucun en y a lors, & de present a nommé & nomme pour le premier noble & scientifique personne monsieur maistre Baptiste Sapin docteur en ladite faculté de decret, & conseiller en icelle cour: l'autre soit & sera perpetuellement le chancellier de l'université de Paris; & le troisiéme, le plus ancien docteur regent en icelle faculté de decret; & dès à present ledit fondateur a nommé & nomme doctissime personne maistre Jehan Quintin docteur regent en icelle faculté, après le deceds duquel veut & entend led. fondateur estre en son lieu le plus ancien docteur regent d'icelle faculté, resident & lisant actuellement en ladite université. Auxquels seigneurs reformateurs & leurs successeurs qui seront pour le tems, a ledit fondateur donné & donne toute puissance & auctorité de visiter ledit college chacun an deux fois, pour voir & connoistre ce qui y pourroit estre desformé & desreglé, & pour y corriger & reformer ce qu'ils connoistront en conscience devoir estre corrigé & amendé: à sçavoir la premiere visitation au mois d'Octobre, & la seconde au mois d'Avril; & sera fait registre de leursdites visitations & ordonnances. A chacune d'icelles visitations sera ledit procureur tenu rendre ses comptes devant lesdits seigneurs reformateurs, le principal & le chapelain; après lesquelles visitations & chacune d'icelles, le disner honneste & moderé, & lesdits comptes dudit college rendus par ledit procureur, & par eux ouïs, clos, arrestez & signez, leur sera par ledit procureur à chacun d'eux baillé & distribué un escu d'or au soleil, le tout aux dépens dudit college, par maniere de telle quelle recompense, combien qu'elle semble indigne, veû leurs labeurs, vacations & merites; les priant eux contenter, supportans la tenuité d'icelle fondation, & modicité du bien dudit college.

Voulant outre & ordonnant ledit fondateur qu'entre les mains d'iceux reformateurs lesd. maistre-principal, procureur & chapelain, quand seront instituez, avant qu'exercer leurs estats & charges, fassent & prestent le serment de bien & fidellement exercer leursdits estats & charges esquels sont instituez, & sans fraude, & deffendront de tout leur pouvoir le contenu en ladite fondation; & s'ils sçavent

& entendent quelque chose faire au préjudice d'icelle, en avertiront lesdits reformateurs.

Et pour ladite fondation ledit du Guast leur donne :

Primò, les quatre parts par indivis, les les cinq faisant le tout, d'une maison sçize au mont saint Hilaire, appellée le college sainte Barbe, en la cenfive de sainte Geneviéve, & chargée envers lesdits religieux de cinq sols de cens. *Item*, une autre maison sçize au mont S. Hilaire en la cenfive du chapitre de saint Marcel, & chargée de cens envers eux de douze deniers tournois. *Item*, une autre maison au village de Vitry, scize en la ruë saint Aubin, en la cenfive de Charles de Breveu seigneur en partie de Vitry, & chargée de cens envers luy de deux deniers parisis, & de deux pintes de vin de cens. *Item*, deux arpents & demy, demy quartier de vigne audit Vitry. *Item*, seize ou dix-sept quartiers de vigne audit terroir de Vitry en plusieurs parts. *Item*, trois cents vingt-huit livres quinze sols tournois de rente sur l'hostel de ville de Paris. Ce Jeudy XIX. Novembre M. D. LVI. *Extrait des registres des ordonnances du parlement de Paris, au volume cotté T. fol. 399.*

LETTRES PATENTES DU ROY Henry II. qui nomme des commissaires pour lever une taxe en forme de prest, sur les aisez de la generalité de Paris.

An. 1557.

HENRY par la grace de Dieu roy de France, à tous ceux qui ces presentes lettres verront, salut. Nous avons ces jours passez fait convocquer & assembler en nostre palais royal à Paris aucuns des principaux des estats, gouvernemens & provinces de nostre royaume, pour leur remonstrer en quels termes & disposition estoient reduictes nos affaires, & le grand besoing & necessité que nous avions d'estre secourus & aydez de nos bons, loyaux & affectionnez subjects, qui avoient les moyens & facultez de ce faire, d'autant que pour le regard de nostre pauvre menu peuple, il ne falloit point faire estat d'en tirer grand secours, ayant esté comme il est encor surchargé en diverses sortes & manieres, tellement que pour la grand pitié & compassion que nous en avions, nous estions deliberez cette presente année, quelque necessité que nous peussions avoir, de le soulager le plus que nous pourrions, & luy donner quelque moyen de respirer. A cette cause, il fut par nous proposé en ladite assemblée, & depuis en nostre conseil privé, où furent appellez les deputez d'aucunes principales villes, communautez & estats de nostre royaume, que le moyen & plus prompt expedient estoit de s'addresser aux riches & plus aisez, ausquels Dieu a faict la grace d'avoir de quoy supporter les incommoditez du temps, & ayder leurs amis, selon la voix publique qui s'en faict ès lieux de leurs demeures & résidences ; ce qui fut trouvé bon & approuvé par tous les assistans, & dict qu'il estoit necessaire de commettre & deputer aucuns notables personnages par toutes les provinces & generalitez de ce royaume, pour requerir & faire instance de par nous à ceux que l'on estimera riches & bien aisez, de nous ayder par forme de prest jusques à la somme de mil escus chacun, ou pour le moins cinq cens escus, selon leursdictes commoditez & puissances, en leur accordant pour la seureté de leur remboursement de prendre à leur choix & option ou en nostre espargne, sur les deniers des deux derniers quartiers de cette presente année, ou de nos aydes, ou domaine, à la raison du denier douze, ès charges & generalitez dont ils seront, les voulans en cela accommoder au mieux que nous pourrons, affin qu'ils ne se puissent excuser de nous faire lesdits prests, non plus qu'ont faict tous ceux de nostre suite, & autres bourgeois & citoyens de nostre bonne ville de Paris, ausquels nous avons faict demander semblables prests qu'ils nous ont liberalement accordez & fournis comptant, à la condition susdicte : voyant & connoissant que c'est à cette heure qu'il faut tirer jusqu'à nostre propre sang, pour subvenir à nos affaires, qui sont ceux de la chose publique ; affin de poursuivre l'occasion de la fortune que Dieu nous a presentée par la nouvelle conqueste de Calais, estant le pied ancien que l'Anglois, ancien ennemy de nostre couronne, a depuis longtemps tenu en la terre ferme des anciennes limites de nostre royaume, afin d'avoir & garder une porte pour y entrer toutes & quantes fois qu'il voudroit inquieter & molester nos subjects, comme il a faict au passé. Mais graces à Dieu qui départ les victoires à qui il luy plaist, nous avons fermé cette porte & entrée ausdicts Anglois, & en avons gagné une sur eux pour leur empescher leurs trafiqs & commerces, avec une ouverture de chemin seure & libre, pour aller si avant que nous voudrons, ès pays bas du roy Philippes nostre

JUSTIFICATIVES.   657

noſtre ennemy; de ſorte qu'eſtant cela bien connu & conſideré à noſdicts ſubjects, il n'y a celuy qui avec une extreme joye & allegreſſe, veu les calamitez dont nous ſortons, ne doibve luy-meſme offrir ce qu'il a pour ayder à pouſſer juſques au bout le bonheur de noſtre fortune. Et de faict, tous les principaux prélats de noſtre royaume ont liberallement accordé, pour eux & leur clergé, juſques à huict decimes, outre leſquelles il y a quelques-uns d'entr'eux qui nous ont faict de particuliers preſts. Et au regard de noſtre nobleſſe, il y en a grand nombre avec noſtre armée qui eſt audict Calais, ſous la conduitte de noſtre très-cher & amé couſin le duc de Guiſe pair & grand chambellan de France, noſtre lieutenant general; & quant au reſte, il n'y a celuy qui ne ſe prepare & diſpoſe à ſuivre nos forces; & ſommes deliberez de faire marcher tous ceux d'entre eux qui ſeront capables & ſuffiſans de porter les armes. Pour ce eſt-il que nous, en enſuivant noſtredicte deliberation, & nous confians à plein des ſens, ſuffiſance, loyauté, experience & diligence de nos amez & feaux conſeillers maiſtres Jean l'Huillier ſeigneur de Boulancourt, preſident de noſdits comptes, Nicolas Dupré ſeigneur de Paſſy, maiſtre des requeſtes ordinaire de noſtre hoſtel, Jean Grollier ſeigneur d'Arguiſy, treſorier de France à Paris, Claude Guyon ſeigneur de Charmeau, Jean de Baillon treſorier de noſtre eſpargne, Jean Prevoſt noſtre advocat en ladicte chambre des comptes, & Claude Marcel bourgeois de Paris, & les cinq, quatre ou trois d'entre eux, en l'abſence les uns des autres, demeurant touteſfois ledict treſorier de la charge de l'un toujours, avons commis & deputez, commettons & deputons par ces preſentes, pour requerir & demander à ceux de noſdicts ſubjects, manans & habitans des villes & plat pays de la charge & generalité de Paris, qui par voix & renommée publique ès lieux de leurs reſidences ſont tenus & eſtimez riches & bien aiſez un preſt de mil eſcus par teſte, ou ſelon leurs facultez, juſques à cinq cens eſcus pour le moins, leur offrant pour la ſeureté de leur rembourſement, à leur choix & option, ſoit la rente au denier douze ſur noſtre ville de Paris, comme les autres ayans ſemblables conſtitutions de rentes ſur ladite ville, ou bien de leur donner aſſignation en noſtre eſpargne, ſur les deniers des deux derniers quartiers de cette preſente année, ou des ay-

des & domaine, & équivallent de ladicte charge & generalité de Paris, s'ils en veulent avoir & prendre pour les ſommes de leurs preſts, ou plus grandes, à ladicte raiſon du denier douze, ſelon la forme des ventes & alienations precedentes; & ſuivant leurs acceptations de l'une ou de l'autre des parties ou conditions deſſus mentionnées, noſdicts commis & deputez, auſquels nous avons donné & donnons par ces preſentes plein pouvoir, authorité, commiſſion & mandement ſpecial à cette fin, beſongneront avec eux, & ſur ce paſſeront & accorderont en bonne & ſuffiſante forme pardevant notaires, comme ſtipulants pour nous, les contracts avec lettres, promeſſes, ſeuretez & obligations qu'ils verront eſtre requiſes & neceſſaires pour les preſteurs, ſur leſquelles nous ferons expedier nos lettres de ratification, toutes & quantes fois que requis en ſerons, comme ayans agreable, & voulans tenir, garder & obſerver inviolablement, comme nous promettons en bonne foy & parole de roy par ces preſentes ſignées de noſtre main, tout ce que par noſdicts procureurs en cette partie aura eſté faict, paſſé, promis, traicté & accordé auſdicts preſteurs & chacun d'eux, pour la ſeureté de leurſdicts rembourſemens; faiſans mettre & delivrer les deniers dudict preſt ès mains du receveur general des finances eſtably audict Paris, par ſes quittances dont noſdicts deputez feront tenir bon & fidel regiſtre & controlle, ſur lequel ils dreſſeront un eſtat au vray deſdicts preſts receus, qu'ils envoïeront avec leurs procez verbaux aux gens de nos finances, controulleur general & treſorier de noſtre eſpargne. Et s'il ſe trouve aucuns refuſans de nous preſter, ſuivant leurdicte requeſte & inſtance, comme deſſus eſt dict, encore qu'ils ayent facultez & moyens de ce faire, leſdicts deputez nous en avertiront; & cependant leur donneront aſſignations pour eux trouver dedans certains jours, toutes excuſes & diſſimulations ceſſans, en noſtre conſeil privé, pour dire les cauſes & raiſons dudict refus, & entendre ce qui leur ſera ſur ce declaré par nous; & neantmoins ſera cependant procedé par noſdicts commiſſaires deputez reellement & de faict au ſaiſiſſement en noſtre main des biens, maiſons, terres & heritages des refuſans ou délayans; au regime & gouvernement deſquels ſeront commis & eſtablis commiſſaires ſolvables, à la charge de nous faire l'advance de la ſomme qui aura eſté demandée par preſt, dont ils ſe rembour-

O ooo

seront sur les plus clairs & premiers deniers provenans desdicts fruicts, proficts, revenus & émolumens des biens, maisons, terres & heritages, pour en joüir jusques à leur remboursement & entiere satisfaction, & quoyqu'il en soit jusques de ce que dessus autrement en soit ordonné, en rendant par iceux commissaires bon & loyal compte & reliquat de leur administration: le tout nonobstant appellations ou oppositions quelconques, pour lesquelles ne voulons par nosdicts deputez estre aucunement differé, quant à l'accomplissement & execution des particularitez dessus mentionnées, dépendances ou circonstances d'icelles, avec lesdicts saisissemens & main-mises & autres contraintes requises & accoustumées pour nos propres affaires; retenant & reservant à nous en nostre conseil privé les connoissance, jugement & décision desdictes oppositions ou appellations, & les interdisans & deffendans à tous nos autres juges & officiers. Si donnons en mandement à nos amez & feaux les gens de nos cours de parlement, chambre des comptes, & generaux de la justice de nos aydes audit Paris, & à tous nos autres justiciers & officiers, &c. Donné à Paris le seiziesme Janvier l'an M. D. LVII. & de nostre regne le IX. Signé, HENRY, & sur le reply: Par le roy, DE LAUBESPINE. Et scellées du grand sçel de cire jaune.

Lecta, publicata & registrata, audito procuratore generali regis, in quantum tangit alienationem domanii dumtaxàt. Parisiis in parlamento, tertiâ die Februarii, anno Dominicæ incarnationis M. D. LVII.

Lecta similiter, publicata & registrata in camera computorum domini nostri regis, quintâ die Februarii, anno quo suprà. *Reg. de la ch. des compt. cotté PY. biblioth. Coislin, volume 12.*

REMONSTRANCES DE LA chambre des comptes de Paris, contre un edict du roy François II. portant erection d'une chambre des comptes en l'hostel du petit Nesle, pour la reyne sa mere.

AN. 1560.

AUJOURD'HUY troisiesme jour de May 1560. en deliberant par la chambre sur la publication de l'edict du roy concernant l'érection d'une chambre des comptes au petit Nesle à Paris pour la royne mere dudict seigneur, entre autres points touchez, a esté arresté par la chambre qu'elle s'est reservée & reserve *in mente* de faire cy-après en temps opportun, instance & remonstrance audict seigneur, & à messeigneurs de son privé conseil, de l'interest principal & particulier que importe aux officiers de ceans ladicte creation en la diminution de leurs droicts.

S'ensuivent les remonstrances de la chambre sur iceluy edict.

Premierement, sera remonstré que la chambre a toujours estimé que la royne mere du roy n'a desiré & ne desire que le bien dudict seigneur, aussi qu'elle n'a entendu luy avoir demandé que choses raisonnables. Et de faict, ladicte chambre dit très-bien que l'edict de l'érection de la chambre des comptes que l'on veut eriger en l'hostel du petit Nesle à Paris, ne procede que d'aucuns particuliers, tant d'officiers de ladicte dame, que de ladicte chambre, lesquels ont conseillé & adheré à faire ladicte erection, plus pour leur profit particulier, que pour le bien du roy & de ladicte dame. Car il est certain & notoire que les officiers de ladicte chambre des comptes à Paris ne sont seulement officiers du roy, mais aussi de ladicte dame royne mere, comme ayant esté royne de France, & que l'audition des comptes de ses duchez, comtez, terres & seigneuries qui sont du domaine de la couronne, & dont il plait audict seigneur que ladicte dame joüisse sa vie durant, la connoissance appartient à ladicte chambre, & ne luy peut estre ostée sans faire tort évident au roy & à ladicte dame; consideré que ladicte dame ne doibt joüir desdictes terres que par usufruit seulement. Aussi que par plusieurs anciennes ordonnances faictes par les predecesseurs rois, a esté expressément ordonné que les comptes tant des rois que des roynes & enfans de France, seroient oüis & rendus en ladicte chambre & non ailleurs; ce qui fut deslors resolu & ordonné pour le bien & profit du roy; comme aussi sera celuy de ladicte dame royne sa mere de faire oüir les comptes qu'il luy faudra & conviendra supporter: c'est à sçavoir pour faire bastir & édifier logis aud. Nesle, pour tenir les bureaux des presidens, maistres, correcteurs, auditeurs, avocat, procureur & greffiers, & autres officiers d'icelle chambre, à chacun desquels faudra que ladicte dame donne gages & droicts qui lui tourneront à grand charge par chacun an sur ses finances

JUSTIFICATIVES.

nances; au lieu que lesdicts gens des comptes n'ont autres gages que ceux qui leur sont d'ancienneté ordonnez; outre lesquels gages conviendroit aussi que ladicte dame supportast autres depenses pour les menus affaires d'icelle chambre, comme pour bois à chauffer, parchemin, papier, plumes, canivets, beuvettes, tapisseries, jettons, bureaux, armoires & l'entretenement dudict logis de Nesle. Davantage conviendroit tirer hors de cette chambre les comptes des tresoriers & receveurs ordinaires desd. duchez, comtez, terres & seigneuries, qui sont les titres du roy & de la couronne de la maison de France, chose qui ne fut oncques faicte. Et qu'ainsi soit, il se verifie par les anciennes ordonnances & registres estans en ladicte chambre, & mesme du roy Charles VII. de l'an 1460. que anciennement, quand on a eu affaire desdicts comptes ou autres titres, que le roy a envoyé les chancelliers de France & autres grands personnages manians ses principaux affaires, jusques en ladicte chambre, pour voir ce qui estoit lors necessaire, plustost que de les laisser transporter hors d'icelle chambre; joinct que les rois de France n'ont aucuns titres de leur domaine, sinon leurs comptes, & estans tirez & distraits de la chambre, il est certain que la correction des autres comptes ne se pourra facilement faire, & qu'elle tombera en longueur; aussi que se faisant en divers lieux & par divers correcteurs & nouveaux officiers, elle pourroit estre cause d'ensevelir & égarer plusieurs obmissions de recepte, & apporter des incommoditez aux affaires du roy. Qui plus est, advenant un procez entre le roy & aucuns de ses subjects pour raison de son domaine, le procureur general dudict seigneur ne pourroit verifier les droicts dudict seigneur si promptement & facilement, comme il fait ordinairement en sa chambre des comptes à Paris, qui est près & à main & dedans le circuit mesme du palais. Davantage lesdicts comptes doivent, par disposition de droict, plustost demourer en la disposition du roy qui est proprietaire en sa chambre des comptes, que par devers les officiers nouveaux de ladicte dame royne, ne autres; lesquels officiers, mesme ceux qui sont du corps de ladicte cour de parlement & de la chambre des comptes à Paris, ne pourroit honnestement s'acquitter du devoir & service qu'ils doibvent au roy esdictes cours, & vacquer en Nesle, encores qu'ils soient en mesme ville. Et ne se faut arrester à ce qu'on met en avant, que madame la regente mere du feu roy François, avoit une chambre des comptes à Angoulesme, car elle ne fut jamais royne de France; aussi ne se trouvera que pour la consideration de la grandeur & authorité des roynes de France, elles se soient oncques separées de la chambre des comptes du roy. Et quant à la chambre des comptes d'Angoulesme, ce n'estoit que celle que ledict feu roy François & madame sa mere regente avoient pour ouïr les comptes de leur patrimoine & appanage, avant qu'il retournast à la couronne; laquelle chambre fut continuée jusques après le decez d'icelle dame, qu'elle fut supprimée, unie & incorporée à la couronne, en voyant qu'elle estoit inutile & de grande charge. Le semblable peut la royne mere du roy faire ouïr les comptes de son patrimoine par qui bon luy semblera; mais quant aux comptes des terres & seigneuries qui sont du domaine du roy, si l'audition en estoit ostée à ladicte chambre, mesme par forme d'edict publié tant par la cour de parlement qu'en ladicte chambre, cela equipolleroit à une vraye alienation du domaine & distraction d'icelluy, parce qu'il ne fut jamais faict edict de creation de chambre des comptes pour une royne usufruitiere, & ne se trouvera que depuis mil ans en ça ait esté mis en avant & sorty effect. Pourquoy la chambre des comptes d'Angoulesme ne vient aucunement en consideration pour le faict qui s'offre; & si est à considerer que encores qu'elle n'ait de rien servi, neantmoins après la suppression d'icelle la pluspart des officiers ont poursuivi & obtenu recompense de leurs estats, continuation de gages & pensions, tout ainsi comme si le roy y eust esté tenu & qu'ils les eussent achetez. De sorte que telles recompenses pourroient faire le chemin & tourner à consequence pour l'advenir pour les officiers de lad. chambre des comptes de Nesle, tout ainsi que par ceux des chambres des comptes d'Alençon & de Moulins en Bourbonnois qui ont aussi esté supprimées, avec reserve des gages des officiers. Est aussi à noter que quelques chambres des comptes que les rois de France ayent par cy-devant érigées, & ont voulu à l'appetit d'aucuns particuliers eriger, tant à Roüen, à Tours, à Caën, à Thoulouze, que autres lieux, & après avoir bien & meurement entendu l'incommodité que telles chambres des comptes apportent à leurs affaires, ont toujours aussi-tost esté supprimées, & le tout renvoyé en la chambre des comptes à Paris. Par quoy la nou-

Tome II.   O ooo ij

velle erection de ladicte chambre de Nesle ne sçauroit apporter sinon trouble & incommodité au bien & affaires du roy, & charge de ses finances & de lad. royne sa mere. Pour éviter auxquelles charges & incommodités, il n'est besoin si tost, si c'est le bon plaisir du roy & de nosseigneurs de son conseil privé, de passer outre à la publication dudict edict, consideré les raisons susdictes, & que tous comptes reçoivent verification les uns des autres, soit en recepte soit en despense, laquelle verification se fera plus aisément en une chambre qu'en deux. Et en tout evenement, s'il plaist au roy & à ladicte dame royne sa mere que aucuns de ses officiers assistent en ladicte chambre des comptes, à l'audition & closture des receveurs & tresoriers ordinaires du domaine dont elle jouïra par usufruit, icelle chambre s'y accordera plus volontiers, que de souffrir luy oster ladicte connoissance & audition desdicts comptes, & l'attribuer à aucuns officiers de ladicte chambre de Nesle, mesmes qui ont par une affectée volonté persuadé faire ladicte erection. Et si on veut dire que la reine Eleonor obtint du roy quelques commissions pour faire ouïr ses comptes par aucuns ses officiers & autres particuliers par elle choisis, à ce sera respondu que apres avoir entendu la consequence de ladicte commission & les remonstrances de ladicte chambre des comptes, & que comme royne doüairiere de France elle ne s'en pouvoit distraire ne separer, elle ne voulut onques s'aider desdictes lettres, mais nous accorda & consentit que lesdicts comptes fussent ouïs en ladicte chambre, comme auparavant; ce qui fut dès-lors faict, & se faict encores de present pour le regard du dot de ladicte dame appartenant à l'infante de Portugal sa fille, ainsi qu'il appert par tous les comptes estans en ladicte chambre. Et où on voudroit dire qu'il y en a aucuns ouïs par les commissaires de ladicte royne Eleonor doüairiere de France, comme dict est, sera respondu que monsieur Disque & quelques autres officiers de ladicte dame royne, adviserent que pour avoir occasion de se faire payer des gages à eux deubs par ladicte dame, d'avoir seulement le compte de Mantes & de Meulan pour quelques années; lequel compte fut depuis aussi renvoyé en ladicte chambre des comptes à Paris. Et si aucuns enfans de France ont eu chambres des comptes, ç'a esté se voyans appanage, & en leur principale ville & séjour, pour entendre à leurs affaires.

Mais de créer & eriger par edict mesme en la ville de Paris une particuliere pour la royne usufructuaire, n'y a propos ny apparence, consideré qu'elle sera ordinairement à la suite du roy son fils, & que les gens des comptes sont ses officiers, comme ils sont du roy; au moyen de quoy, comme ayant esté royne de France, elle ne se doibt pour sa grandeur distraire ne separer de la chambre des comptes du roy, ne faire une telle consequence. *Reg. de la ch. des compt. cotté AAA. bibliot. Coislin, vol. 11.*

LETTRE DE MESSIEURS de la chambre des comptes de Paris à monseigneur le cardinal de Lorraine, touchant le ceremonial.

MONSEIGNEUR,

PResentement est venu le seigneur de Chemans, lequel estant à l'huis a faict dire que le maistre des ceremonies demandoit à parler; & ayant envoyé au-devant nostre greffier, a exhorté ledict seigneur de Chemans d'oster l'épée, ainsy que de tout temps est accoustumé, qui est une observance qui tourne & cede plus à l'honneur du roy; ce qu'il n'a voulu faire; & apres qu'il a reconnu, sur ce enquis par ledict greffier, qu'il estoit ja passé en parlement, où il avoit laissé l'épée, & que par cinq ou six fois luy avons faict remonstrer la coustume & consequence d'icelle, que les chevaliers de l'ordre & venans n'en ont onques faict difficulté, & neantmoins ledict Chemans a persisté & s'est retiré. Et pour autant, Monseigneur, que cette chambre tant en general que en particulier a toujours esté & sera preste se trouver en tous endroicts où le service du roy ou son commandement luy est notoire, estant advertis de l'obseque dont il est question, où nous ne voudrions faillir en nostre endroict, sans nous arrester autrement aux façons de faire dudict Chemans, avons advisé, Monseigneur, vous envoyer incontinent le porteur exprès, afin de vous supplier bien humblement qu'il vous plaise nous faire entendre l'intention dudict seigneur & la vostre, pour y obeïr, & par mesme moyen commander audict de Chemans vostre bon plaisir, pour la reception de la compagnie audict obseque.

Monseigneur, apres nos tres-humbles recommandations à vostre bonne grace, le createur vous donne bonne santé, heureuse & longue vie. Escript à Paris en la chambre, ce neuf Aoust M. D. LX. *Et au*

JUSTIFICATIVES.

bas estoit escript: Vos tres-humbles serviteurs les gens des comptes du roy nostre sire. Et au dos: A monseigneur le reverendissime & illustrissime cardinal de Lorraine.

Lesdictes lettres portées en poste par maistre Jean le Royer, l'un des gardes des livres de la chambre, lequel le lendemain Samedy jour de saint Laurens seroit retourné avec les lettres dudict cardinal de Lorraine, dont la teneur s'ensuit.

Reponse à la lettre precedente.

MESSIEURS, j'ay receu les lettres que vous m'avez escriptes par ce porteur, ayant esté bien fort mary d'entendre ce qui est intervenu entre vous & monsieur de Chemans, au faict de la semonce qu'il avoit charge vous faire pour l'assistance des obseques de la feu royne d'Ecosse ma sœur, que Dieu absolve. Le roy fera cy-après enquerir de la façon qu'on a accoustumé tenir & user en telles occurrences, afin d'y pourvoir & donner ordre pour l'avenir. Cependant je pense bien que pour cela il ne lairra de vous donner lieu & place selon vos qualitez & degrez, ainsi que je lui mande presentement faire, & que de vostre costé aussi vous ne differerez de vous y trouver & assister, dont je vous prie bien fort, & nostre Seigneur vous donner, Messieurs, entierement ce que mieux desirez.

De Chalvan, ce dixiesme Aoust M. D. LX. *Au dessous estoit escript:* Vostre bon amy, CH. CARDINAL DE LORRAINE. *Et au dos:* A messieurs des comptes à Paris.

Lesdictes lettres patentes par ledict Royer à monseigneur maistre Guillaume de Bailly president portées, à cause dud. jour ferié avec autres adressantes aud. seigneur de Chemans, qui ont esté à l'instant par l'ordonnance verbale dud. seigneur president portées à iceluy de Chemans logé rue de la Calande, enseigne des Balances, lequel après lecture a faict responce que lesdictes lettres ne vuident pas la difficulté, toutesfois qu'il obeïra au contenu d'icelles, & fera son devoir & office en ce que le service du roy le requiert, ce qu'il n'eust delaissé à faire, estant de sa part faché d'icelle difficulté, & que ce qu'il en a faict a esté par le commandement exprès du roy, suppliant ladicte chambre le vouloir en ce excuser, à laquelle il est prest faire service. *Reg. de la ch. des compt. cotté* BBB. *bibl. Coislin, vol.* 12.

OBSEQUES DE LA REINE d'Ecosse.

ET le Lundy douziesme jour desdicts mois * & an, estant la chambre assemblée est allée en l'église Nostre-Dame, luy a esté par monseigneur maistre Jean Grollier tresorier de France en outre Seine, vestu en robe de deüil & chaperon, maistre de la presente ceremonie avec ledict de Chemans, donné lieu és hautes chaires du chœur, du costé du cloistre & chapitre; & ayant la chambre prins seance est peu après venu ledict de Chemans, qui a presenté à messire Antoine Nicolay chevalier, premier president, les lettres closes du roy, dont la teneur s'ensuit: DE PAR LE ROY, Nos amez & feaux, nous avons deliberé de faire faire en brief à l'église Nostre-Dame de Paris, les obseques & funerailles de la feu royne doüairiere regente d'Ecosse nostre belle mere, avec les honneurs, pompes & ceremonies deües en semblables cas, suivant lesquelles, & ce qui est en cela de bonne & loüable coustume, vous prions & ordonnons que vous assistiez ausdicts obseques & funerailles, en l'habit que vous avez accoustumé vous trouver en semblables actes; & vous nous ferez service bien fort agreable, en ce faisant. Donné à Fontainebleau le sixiesme Aoust M. D. LX. *Signé*, FRANCOIS, *& au dessous*: BOURDIN; *& au dos*: A nos amez & feaux les gens tenans nostre chambre des comptes à Paris. ET en presentant lesdictes lettres audict seigneur Nicolay & à messeigneurs de Bailly & Tambonneau assistans, qui les ont faict mettre ès mains du greffier illec present, ledict seigneur de Chemans a dict qu'il estoit desplaisant de la difficulté qui s'estoit offerte, suppliant la chambre pour cette occasion ne l'esloigner de sa bonne grace. *Ibidem.*

AN. 1560.
*, Aoust.

ORDRE DE LA SEANCE.

PREMIEREMENT, en entrant au chœur, soubs le jubé, du costé de l'evesché, à main droicte, aux premieres chaires, seoient cinq ou six personnes d'église revestus chascun d'un surply seulement, representans le clergé.

Au dessus tirant à l'autel, seoit la cour de parlement, occupant les hautes & basses chaires; sauf que esdictes basses, après le greffier civil, seoit le prevost des marchands, les quatre eschevins & deux conseillers de ville.

Au deſſus de ladicte cour tendant audict autel, y avoit cinq chaires reſtans de ce rang, délaiſſées pour les princes conducteurs du deüil.

Es autres chaires oppoſites en tirant au chœur, ſous le jubé ſéoit le recteur avec quelques docteurs & autres ſuppoſts. Après l'univerſité ſéoient les generaux des aydes.

Et après la chambre en hautes & baſſes chaires, juſques au reſte de cinq chaires hautes & baſſes pour le deüil, lequel venu a eſté commencé la meſſe par deux prélats, dont l'un eſtoit l'éveſque de Chaalons, & l'autre l'eveſque de .... Et après l'offertoire fut commencée l'oraiſon funebre par maiſtre Deſpence docteur en theologie. *Ibidem.*

Lettres du roy à la chambre des comptes touchant la tenuë des eſtats à Paris.

DE PAR LE ROY.

AN. 1561.

NOs amez & feaux, ayans ſceu les menées qui furent faictes aux eſtats dernierement tenus en noſtre ville de Paris, qui ne tendoient qu'à remuer & troubler beaucoup de choſes au dommage publiq & bien de noſtre ſervice, nous feuſmes meûs par bon & meur advis & conſeil d'induire de nouveau l'aſſemblée deſdicts eſtats au vingtieſme de ce mois, qui depuis a eſté remiſe au vingt. huit. Et par ce que nous venons d'eſtre advertis que pour la contention & different qui eſt entre le prevoſt de Paris & le prevoſt des marchands de ladicte ville, ſur l'autorité & préeminence de faire ladicte aſſemblée, pluſieurs notables perſonnes du tiers eſtat feroient difficulté de s'y trouver, en danger d'y revoir le meſme deſordre & confuſion qui a eſté à ladicte premiere aſſemblée; à cette cauſe, deſirans y pourvoir au mieux qu'il nous ſera poſſible, nous écrivons aux gens de noſtre cour de parlement qu'ils ayent à députer deux preſidens de ladicte cour pour comparoiſtre en ladicte aſſemblée, & y faire le devoir que nous eſperons de leur fidelité & affection; & voulans & entendans qu'il y ait auſſi nombre notable de ceux de noſtre chambre des comptes, nous vous mandons que vous ayez à en député tant des preſidens que des maiſtres, correcteurs & auditeurs, auſquels nous mandons & ordonnons de comparoiſtre en la maiſon épiſcopale de noſtre ville de Paris, au jour aſſigné pour ladicte aſſemblée, & là tenir la main de leur part à ce que nous puiſſions eſtre aidez & ſeconrus en nos affaires, ainſi que la neceſſité le requiert neceſſairement, ſans permettre que pour certaines particulieres paſſions de gens de petite condition & baſſe qualité, & par brigues & menées nous ſoyons traverſez & empeſchez en choſe ſi raiſonnable que celle dont nous faiſons requerir nos bons & loyaux ſubjects; mais n'y faictes faute; car tel eſt noſtre plaiſir. Donné à Fere en Tartenois le onzieſme May M. D. LXI. *Signé*, CHARLES. *Et plus bas*, BOURDIN. *Et au dos*, A nos amez & feaux les gens tenans noſtre chambre des comptes à Paris. *Allatæ die decima-tertiâ Martii per dominum l'Huillier locum tenentem in caſtelleto;* leſquelles eſt ordonné eſtre regiſtrées.

Leſquelles lettres veuës, & ſuivant icelles, le ſeizieſme deſdicts mois & an, les deux ſemeſtres appellez & aſſemblez, pour ſatisfaire au vouloir dudict ſeigneur, & ſuivant iceluy ont eſté nommez & eſleus meſſeigneurs le preſident Nicolay, & en l'abſence dudict ſeigneur Nicolay, monſeigneur le preſident l'Huillier; maiſtres des comptes de la Croix, Duval, Eſſelin & Chevalier; correcteurs le Lievre & Aurillot; auditeurs deſdicts comptes Barthelemy & Lambert. *Ibidem.*

DECLARATION DU ROY Charles IX. portant commandement aux habitans de Paris de porter leurs armes en la maiſon de ville.

CHARLES par la grace de Dieu roy de France, à nos amez & feaulx conſeillers les gens tenans noſtre cour de parlement à Paris en la chambre ordonnée au temps des vaccations, ſalut. Sçavoir faiſons que nous conſiderans la grande loyauté, fidelité, amour & affection que ceux de noſtre bonne ville & cité de Paris premiere & capitale de noſtre royaume ont touſjours monſtrée & portée à nos predeceſſeurs roys & à nous, & combien ils ſont dignes que nous ayons en ſinguliere recommandation & ſpeciale protection leurs biens, leurs perſonnes & leur repos; après avoir ouy en noſtre conſeil privé, aſſiſtez de noſtre très-cher & très-amé oncle le roy de Navarre noſtre lieutenant general repreſentant noſtre perſonne par tout noſtre royaume & pays de noſtre obéïſſance, princes de noſtre ſang, & autres grands & notables perſonnages de noſtre conſeil, aucunes remonſtrances qui nous ont eſté faictes de la part des prevoſts des marchands & eſchevins de ladicte

AN. 1561.

ladicte ville sur certains poincts de l'ordonnance par nous faicte depuis sept ou huict jours en ça, qu'ils estiment à propos, pour maintenir ladicte ville en plus grande paix & esviter aux inconvenients que la malice du temps où nous sommes pourroit apporter; & que lesdictes remonstrances ont esté meurement considerées & digerées en nostredict conseil, & trouvées tres-utiles par l'advis & deliberation d'iceluy, amplifiant & interpretant aucunement nostredicte ordonnance, & à ce que chascun entende plus clairement ce qu'il aura à faire, commandons, ordonnons & enjoignons tres-expressément à toutes personnes manans & habitans de ladicte ville de Paris & faulx-bourgs d'icelle, de quelque estat, qualité ou condition qu'ils soient, porter ou envoyer dedans vingt-quatre heures après la publication de ces presentes, en l'hostel de la ville ou tel autre lieu qu'il sera commandé & ordonné par nostre lieutenant general en icelle, toutes les arquebuzes, pistolles, pistollets qu'ils ont en leurs maisons & possessions, lesquelles y seront receuës par inventaire par celluy qui sera à ce commis, pour en respondre, pour les rendre à ceux qui les auront deposées, quand par nous ou nostredict lieutenant general sera ordonné; & ce sur peine de punition corporelle & de mil livres parisis d'amende contre celluy qui auroit retenu ou recelé aucune desdictes armes, & non satisfaict à nostre presente ordonnance; laquelle amende ne pourra estre moderée par nos juges ou magistrats. Ordonnons aussi que tous marchands d'icelle ville, ou autres faisans traffic ou marchandise desdictes armes, ayent sur la mesme peine, à bailler par declaration au vray, de huictaine en huictaine, à nostredict lieutenant general, & en son absence au prevost de Paris ou son lieutenant civil, le nombre & quantité d'arquebuzes, pistolles & pistollets qu'ils auront en leur possession, combien ils en auront vendu par sepmaine, les noms & demeurances de ceulx auxquels ils les auront venduës; leur deffendant d'en vendre, s'ils ne sçavent les noms & demeurances de ceulx qui les achepteront. Et quant aux autres especes d'armes, comme corselets, armures, jaques de maille, javelines & autres longs bois, espées & dagues qui sont necessaires pour la seureté & deffense d'un chascun desdicts habitans en leurs maisons; pour la grande fiance que nous avons en eulx & leur devotion & affection envers nous, nous sommes contens qu'ils demeurent en leurs mains, enjoignant & ordonnant neantmoins à tous chefs d'hostel, proprietaires ou locataires de ladicte ville & faulxbourgs, de quelque qualité ou condition qu'ils soient, eux saisir promptement de toutes lesdictes armes appartenans, tant à eux, qu'à leurs serviteurs & domestiques, & icelles tenir soubz bonne & seure garde, de maniere qu'il n'en advienne aucun inconvenient, sans qu'eux, leursdicts serviteurs & domestiques, en puissent porter en aucune maniere que ce soit par ladicte ville & faulxbourgs, soit de jour ou de nuict, hormis les gentils-hommes & gens de nos ordonnances, auxquels permettons de porter espées & dagues; ce que nous deffendons tres-estroictement, tant aux maistres, serviteurs, que domestiques, sur peine de la hart, pour le regard de ceux qui seront trouvez portans hallebardes, javelines, ou autres longs bois, & de ceux portans espées ou dagues, d'avoir le fouet par tous les carrefours; outre laquelle punition, le maistre qui auroit sciemment permis à son serviteur porter lesdictes armes, sera condamné envers nous en cinq cens escus d'amende. N'entendons toutesfois qu'allant lesdicts maistres, serviteurs ou domestiques aux champs pour leurs affaires, ils ne puissent porter leurs espées tant seulement. Seront aussi tenus lesdicts maistres & chefs d'hostel de bailler par declaration au vray aux commissaires du quartier, dedans lesdictes vingt-quatre heures, la quantité desdictes armes, sur peine de confiscation d'icelles, au cas qu'il s'en trouvast davantage en leur possession, & de mil livres d'amende, pour estre icelle declaration portée à nostredict lieutenant general. Et d'autant qu'il est certain que l'emotion ci-devant advenuë en ladicte ville est procedée de plusieurs vallets, artisans & autre menu peuple, qui se desbauchans vaguent & sont oisifs, consommans le temps à se promener par la ville & sur les remparts sans occasion ou affaires, tant aux jours de festes, que autres; pour à ce obvier, nous deffendons & enjoignons semblablement, sur peine du fouet, auxdits maistres & chefs d'hostel, leurs serviteurs & domestiques, de ne se desbaucher ne vaguer par lad. ville & faulxbourgs les jours ouvrables, ains demeurer en leurs maisons pour s'employer à leurs arts & affaires; & y allant les jours de feste, se contenir honnestement, sans mesfaire ni mesdire en aucune maniere à leurs voisins ou autres personnes passans ou repassans, & ne porter aucunes armes, comme dessus est dict ; & se lesdicts maistres connoissent aucuns de leurs serviteurs ainsy coustumiers de se desbaucher, leur donneront congé, sans les retenir plus longuement en leurs maisons. Et afin que ceste presente nostre ordonnance soit mieulx & plus soigneusement gardée, commandons & enjoignons très-expressément aux lieutenant de nostre prevosté de Paris & prevost des marchands d'icelle, faire recherche & eux promener par icelle ville ordinairement & chascun jour ; & s'ils trouvent aucuns, de quelque qualité ou condition qu'ils soient, contrevenant à nostredicte ordonnance, que promptement & sur le champ, sans forme ne figure de procez, & nonobstant quelconques appellations, qu'ils les facent punir des peines dessusdictes. Davantage considerans que quelques deffenses qui ayent esté par nous cy-devant faictes & tant de fois reïterées, pour faire sortir les vagabons hors de ladicte ville, desquels nous sçavons qu'il y en a grand nombre ; voulons & vous mandons faire faire derechef très-exprès commandement à son de trompe & cry public, à tous vagabonds, gens non ayans maistres, vacquation, ni adveu, de quelque qualité ou condition qu'ils soient, qu'ils ayent dedans lesdictes vingt-quatre heures à vuider ladicte ville & faulxbourgs, & eux retirer en leurs maisons & pays, & que ceux qui seront après ledict temps trouvez en icelle ville & faulx bourgs, soient pour la premiere fois fouettez & bannis, & s'ils retournent par dessus le ban, pendus & estranglez, le tout que dessus sans forme ne figure de procez, nonobstant aussi quelconques appellations, pourveu que où escherra peine de mort, ils jugent en tel nombre qu'il est requis par nos ordonnances ; enjoignant auxdicts lieutenant criminel, tant de longue, que de courte robbe, & prevost des mareschaux ainsi le faire, & aussi des recherches, devoir & diligence qu'ils auront faictes en tout ce que dessus, bailler leurs procez verbaux de huict en huict jours ez mains de nostre lieutenant general, pour nous en advertir, le tout pour le regard desdicts lieutenant criminel & prevost des marchands, sur peine de suspension de leursdicts estats, & d'en répondre en leurs propres personnes. Et afin que nos officiers soient mieux obeys, & nostre justice ait la main plus forte, avons permis & permettons auxdicts lieutenant, prevost, leurs sergens & archers, porter par tout où besoing sera pour l'execution de nos ordonnances & commandemens corselets, jacques de maille, javelines, hallebardes, espées & dagues, & non autres armes, sur les peines que dessus : demourant au surplus nostre ordonnance derniere en sa force & vertu en ce qu'elle n'est changée ou immuée par la presente ; laquelle nous vous mandons, ordonnons & enjoignons faire enregistrer en vos registres, publier à son de trompe par toute nostredicte ville & faulx-bourgs, entretenir, garder & observer inviolablement, & contre les infracteurs proceder par la rigueur d'icelle : car tel nostre plaisir. Donné à saint Germain en Laye le 21. jour d'Octobre 1561. *Signé*, Par le roy en son conseil, auquel estoient la royne sa mere, le roy de Navarre, messieurs les princes de Condé, ducs de Montpensier, de Guise & de Montmorency conestable, vous le seigneur de Chastillon admiral de France, & plusieurs autres dudict conseil presens, DE L'AUBESPINE. *Tiré du recueil manuscrit du sieur de Faultrey, à la bibliotheque Coislin.*

Arrest sur la susdite declaration.

VEu par la chambre ordonnée au temps des vaccations les lettres closes du roy & de la royne du 20. Octobre 1561. ensemble les lettres patentes en forme d'édict à elle adressées & presentées par le prince de la Roche-sur-Yon lieutenant general pour le roy en ceste ville de Paris le 21. dudict mois ; autres lettres closes & patentes du roy du 21. Octobre audict an en forme de declaration aussi apportées par led. prince en ladicte chambre le 25. dudict mois ; icelles leuës en la presence du procureur general du roy, prevost de Paris, & autres officiers du chastelet, aucuns prevosts des mareschaux, & chevalier du guet pour ce mandez en ladicte chambre ; ouy sur ce ledict procureur general du roy, & tout consideré, ladicte chambre a ordonné & ordonne que lesdictes lettres patentes premieres & secondes seront gardées & observées selon les edicts du roy & enregistrées au greffe de la cour de ceans & publiées, tant par les carrefours & lieux publics d'icelle ville en la maniere accoustumée, & pareillement en toutes les villes, bailliages & seneschaussées estans de ce ressort ; & a ladicte chambre enjoinct & enjoinct à tous officiers du roy, mesmement de la mareschaussée & du guet, d'obeïr & tenir la main à ce que lesdictes lettres & declaration soient inviolablement gardées & observées, sur les peines y contenuës,
&

& femblablement de prendre garde à leurs fergens & officiers, à ce qu'ils n'abufent de leurs charges, & ne commettent foubz ombre de juftice aucun crime & delict, fur peine de s'en prendre à eux en leur propre & privé nom, le tout felon l'exigence du cas, à la charge toutesfois que les prevofts des marefchaux & autres officiers ne pourront faire de perquifitions privées & particulieres ez maifons des habitans & demourans ez villes & faulx-bourgs; & feront lefdicts officiers diligence d'apprehender les contrevenans auxdictes lettres, & auffy ceux qu'ils trouveront par ceftedicte ville & faulx-bourgs vagabonds, oififs & fans aveu, & ceux qui contreviendront auxdictes lettres foubz ombre du privilege donné par le roy aux gens nobles, ou fe feront fauffement advoüez; & de ce deûement convaincus, feront punis comme fauffaires; & outre à la charge que les prefidens & confeillers de la cour, officiers du roy, & autres notables perfonnages & gens de qualité, partans matin de leurs maifons pour l'exercice de leurs eftats ou autres leurs affaires neceffaires, ou allans le foir par la ville & faulx-bourgs, ou leurs ferviteurs pour accompagner leurs femmes, ou autres perfonnes de qualité, pourront faire porter à leurfdicts ferviteurs efpées feulement pour la tuition & deffenfe de leurs perfonnes, pourveû toutesfois qu'ils ayent & facent porter torches ou autre lumiere devant eux; & feront refponfables des fautes qui pourroient eftre faictes en leur compagnie par leurfdicts ferviteurs garnis d'efpées, felon toutesfois l'exigence des cas. Et pour faire ladicte publication, ladicte chambre a commis & commet le prevoft de Paris ou fes lieutenans, auxquels pour ce mandez en icelle chambre elle a enjoinct faire obferver & garder lefdictes lettres felon le vouloir & intention du roy & ordonnance de lad. chambre. Faict en ladicte chambre le XXV. jour d'Octobre M. D. LXI. *Signé pour collation*, MALON. *Ibidem.*

AUTRE DECLARATION DU ROY Charles IX. fur le fait de la religion & continuation de l'édit de Janvier 1561. portant neantmoins deffenfe de faire prefches & conventicules en la ville & banlieuë de Paris.

CHARLES par la grace de Dieu roy de France, à nos amez & feaux les gens tenans noftre cour de parlement, baillis, fenefchaux, ou leurs lieutenans, & à chafcun d'eux, fi comme à luy appartiendra, falut. Eftant affez notoire combien les fubjects de ceftuy noftre royaume fe font tousjours monftré loyaux, fidelles & très-affectionnez envers les roys nos predeceffeurs, & jufques à nous avoir faict en cela tel debvoir, qu'il ne fe peut dire que nul autre roy ait, par la grace de Dieu, trouvé plus d'obeïffance de fes peuples, que celle que nous avons eüe, tellement que tant plus eftrange eft-il qu'à prefent aucuns d'iceux fe foient eflevez, mis en armes, & affemblez en grand nombre, comme nous les voyons en divers endroicts d'iceluy, mefme en noftre ville d'Orleans, foubz pretexte d'une crainte qu'ils difent avoir qu'on les vueille rechercher en leurs confciences, & empefcher qu'ils ne joüiffent des edicts & ordonnances par nous faictes mefme au mois de Janvier dernier fur le faict de la religion, les vexer & travailler pour l'opinion qu'ils en ont; & foubz cefte couleur attirent à eux aucuns de nos fubjects, auxquels ils ont faict prendre les armes. Et d'autant que c'eft chofe trop éloignée de noftre intention & à quoy nous n'avons jamais penfé toucher, ni que pour cela ils foient inquietez ou moleftez, afin que nul n'en pretende caufe d'ignorance de noftredicte intention, lever & ofter à tous nofdicts fubjects le fcrupule & crainte qu'ils en pourroient avoir, & fe puiffent difcerner ceux qui feront meûs d'autre deffeing & paffion que du repos de confcience & zele de la religion, troublans ceftuy noftre royaume, & offenfans nous & noftre authorité; avons, par l'advis & deliberation de la royne noftre très-chere & honorée dame & mere, de noftre très-cher & très-amé oncle le roy de Navarre noftre lieutenant general reprefentant noftre perfonne par tous nos royaume & pays, de nos coufins les cardinaux de Bourbon & de Guife, ducs de Guife, Montmorency conneftable, & d'Aumale, du chancelier, des feigneurs de faint André, de Briffac & de Montmorency marefchaux de France, & autres bons, grands & notables perfonnages de noftredict confeil, dict & declaré, difons & declarons que nous n'avons mis ne mettons en doubte ledict edict du mois de Janvier, ni au préjudice d'iceluy entendu ni entendons que aucun de nos fubjects foient pour cefte occafion, ni auffi pour avoir pris & porté les armes pour ledict faict, aucunement recherchez, moleftez ni travaillez en leurs perfonnes & biens; ce que nous deffendons très-expreffément à vous & à chafccun de vous, à la charge aussi de se contenir par eux & vivre pacifiquement sans y contrevenir en quelque sorte que ce soit; sauf & excepté toutesfois en ceste nostre bonne ville & cité de Paris, faulx-bourgs & banlieuë d'icelle, en laquelle nous n'entendons ni ne voulons qu'il soit faict aucunes assemblées publiques & privées, ne aucune administration de sacremens, en autre forme que celle qui est receuë & observée en nostre église. Et pour ce que nous craignons qu'il y ait aucunes opinions ou crainte des simultez & inimitiez entre plusieurs de nos subjects, qui les pourroient entretenir en deffiance les uns des autres, & troubler le repos de nostre royaume & tranquillité de nosdicts subjects; nous avons deffendu & deffendons à tous nosdicts subjects de quelque qualité & condition qu'ils soient, qu'ils n'ayent à peine de la vie, à s'entrequereller, provoquer, ni offenser, les mettans en nostre sauvegarde & baillans en garde les uns aux autres, pour vivre d'ores en avant en telle paix, amitié & unyon soubz nostre obeïssance, que nostredict royaume, tous ports d'armes cessez, demeure en repos & tranquillité. Si voulons & vous mandons que ceste nostre presente declaration vous faictes lire & enregistrer en vos greffes, publier par vos juridictions, & du contenu jouyr & user pleinement & paisiblement tous ceux qu'il appartiendra, cessans & faisans cesser tous troubles & empeschemens au contraire. Donné à Paris le x I. jour d'Avril l'an de grace M. D. LXII. & de nostre regne le deuxième. Par le roy, la royne sa mere, le roy de Navarre, messieurs les cardinaux de Bourbon & de Guise, ducs de Guise, de Montmorency connestable, & d'Aumale, vous les seigneurs de saint André, de Brissac, de Montmorency mareschaux de France, & autres presens, Signé, DE L'AUBESPINE. *Ibidem.*

ront tenus de s'assembler & marcher les bourgeois manans & habitans de ladicte ville, avec leurs serviteurs, quand ils seront mandez par lesdicts capitaines, qui en feront les reveuës, & y feront assister en personne lesdicts habitans aux affaires qui se pourront offrir; ce qu'ils ne voudroient toutesfois entreprendre d'executer, sans entendre nostre intention, nous supplians leur ordonner sur ce nostre bon vouloir & plaisir; sçavoir faisons que nous connoissans par effect le grand zele, affection & devotion que lesdicts prevost des marchands & eschevins ont à la conservation de ladicte ville, & de tenir les habitans d'icelle en seureté soubz nostre obeïssance, au moyen de quoy nous ne pouvons que grandement loüer le bon ordre qu'ils ont commencé à y dresser; à iceux pour ces causes & autres à ce nous mouvans, avons, par l'advis, conseil & deliberation de nostre très-honorée dame & mere, permis & accordé, permettons & accordons par ces presentes qu'ils puissent & leur soit loisible, pour le bien de nostre service, conservation & seureté des habitans de ladicte ville de Paris, establir ez quartiers d'icelle quelques bons capitaines, jusqu'à tel nombre qu'ils adviseront estre necessaire, par lesquels ils feront choisir en chacune dizaine tels caporaux & sergens de bande qu'il sera besoing; mander tous les habitans de ladicte dizaine, de quelque qualité qu'ils soient, tant maistres, que serviteurs, estans de l'ancienne religion catholique telle que nous la tenons, capables pour porter les armes; les faire équiper, & en faire faire monstre & reveuë, & y faire assister en personne tous les chefs d'hostel & chambrelans d'icelle dizaine, pour accompagner lesdicts capitaines tant de jour que de nuict ez affaires qui s'offriront; contre les deffaillans proceder par condamnations & amendes arbitraires telles qu'ils adviseront le cas le meriter; & faire ez choses susdictes ce qui sera necessaire pour le bien, repos & seureté de ladicte ville & des habitans d'icelle, tant que le present affaire durera, & jusqu'à ce qu'il en soit autrement par nous ordonné. Lesquels capitaines seront par lesdicts prevost des marchands & eschevins employez ainsi qu'il leur sera commandé par nostre trescher & très-amé oncle le roy de Navarre nostre lieutenant general representant nostre personne par tout nostre royaume, pays & seigneuries de nostre obeïssance, & en son absence par autre nostre lieutenant en ladicte ville. Si donnons en mandement

Establissement des capitaines & autres officiers de compagnies dans la ville de Paris.

AN. 1562. CHARLES par la grace de Dieu roy de France, à tous ceux qui ces presentes lettres verront, salut. Nos trèschers & bien amez les prevost des marchands & eschevins de nostre ville de Paris nous ont faict dire & remonstrer que pour la seureté de ladicte ville & pourveoir aux troubles qui se veoient à present en nostre royaume, ils ont advisé d'establir, choisir & députer en chascun quartier d'icelle certains capitaines soubz lesquels se-

JUSTIFICATIVES. 667

dement à nostredict oncle & à nos amez & feaulx les gens tenans nostre cour de parlement de Paris, prevost dudit lieu, ou son lieutenant, & à tous nos autres justiciers & officiers qu'il appartiendra, que de nos presens congé & permission ils facent, souffrent & laissent lesdicts prevost des marchands & eschevins de ladicte ville de Paris joüir & user plainement & paisiblement, sans en ce leur faire, mettre, ou donner, ni souffrir qu'il leur soit faict, mis ou donné aucun trouble, destourbier ou empeschement au contraire ; lequel, si faict, mis ou donné leur estoit, facent incontinent le tout mettre à plaine & entiere delivrance & au premier estat & deub. Car tel est nostre plaisir. En tesmoing de ce nous avons signé ces presentes de nostre main, & à icelles faict mettre & apposer nostre seel. Donné à Monceaux le XVII. jour de May l'an de grace M. D. LXII. *Signé* DE L'AUBESPINE.
Registré à Paris en parlement ce XXII. May audict an M. D. LXII. *Ibidem.*

ORDONNANCE DU ROY
de Navarre portant commandement à tous ceux de la religion prétenduë reformée de sortir de Paris.

AN. 1562.

ANTHOINE par la grace de Dieu roy de Navarre lieutenant general du roy nostre très-cher seigneur par tout son royaume, pays & terres de son obeissance, au prevost de Paris ou son lieutenant, salut. Comme pour l'execution de l'entreprise que nous avons presentement à faire avec l'armée dudict seigneur roy à l'encontre de ceux qui occupent aucunes des villes de ce royaume contre son authorité & l'obeïssance qui lui est deuë, nous ayons advisé de partir dans peu de jours de ceste ville de Paris avec ladicte armée, & pour ce faire acheminer les forces tant de cheval que de pied qui sont, tant au dedans de ladicte ville, que à l'entour d'icelle ; au moyen de quoy, & qu'il est grandement à craindre qu'en retirant lesdictes forces, & demourant ladicte ville desgarnie d'icelles, ceux de la nouvelle religion qui y sont demourans & residans, ne soient pour y machiner & susciter quelque sedition, rebellion ou autre mauvaise entreprise, & tascher de la reduire en l'estat pour courir le mesme peril & inconvenient qu'ont faict autres villes qu'ils detiennent ; nous desirans à ce pourvoir & esviter aux dangers qui en pourroient advenir, avons, en vertu du pouvoir à nous donné par ledict seigneur roy de son lieutenant general, ordonné & ordonnons par ces presentes, voulons & nous plaist que tous ceux de ladicte nouvelle religion estans de present demourans & residans dans ladicte ville de Paris, ayent dans le jour de Jeudy prochain venant, pour tout terme & delay, à s'en retirer & sortir hors d'icelle ville librement & en toute seureté, suivant le commandement qui leur en sera par nous faict, sans plus y sejourner, aller, venir, frequenter ni demourer en quelque sorte & maniere que ce soit, & jusques à ce qu'autrement en soit ordonné, sur peine, là où après ledict temps passé il en sera trouvé ou descouvert aucun contrevenant à ceste nostre presente ordonnance, d'estre puny comme rebelle & desobeïssant audict seigneur roy. Et afin qu'ils s'en puissent retirer avec la plus grande seureté & liberté que faire se pourra, nous deffendons très-expressément par lesdites presentes à toutes personnes, de quelque estat, qualité, religion, ou condition qu'ils soient, que sur peine de la hart ils n'ayent à mesfaire ou mesdire, attenter ni donner aucun trouble ou empeschement aux personnes ni aux biens, maisons, meubles ou immeubles desdicts de la nouvelle religion sortans & se retirans hors de cestedicte ville de Paris, en quelque sorte & soubz quelque pretexte de religion ou autre que ce soit. Si voulons, vous mandons & à tous autres justiciers & officiers dudict seigneur roy qu'il appartiendra, que le contenu en ceste nostre presente ordonnance vous faictes entretenir, garder & observer, en procedant par vous à l'encontre des contrevenans & infracteurs d'icelle nostredicte ordonnance par les peines, selon & ainsi que dessus est dict, & dont en vertu de nostredict pouvoir nous vous avons donné & donnons plaine puissance, authorité, commission & mandement special. Donné à Paris le XXVI. jour de May M. D. LXII. *Signé*, ANTHOINE. *Et au dessous :* Par le roy de Navarre lieutenant general, *Signé*, BERZIAU. *Ibidem.*

AUTRE ORDONNANCE
du mesme, au mesme sujet.

AN. 1562.

SUr les remonstrances à nous faictes par M. Nicolas l'Huillier lieutenant civil de la ville de Paris, sur la difficulté qui se presente à l'execution de l'ordonnance & commission à lui de nostre part adressée pour faire commandement à tous ceux de la nouvelle religion de sortir hors

Tome II.   P ppp ij

de ladicte ville dans le temps porté par ladicte ordonnance; nous, par l'advis des princes & seigneurs du conseil du roy monseigneur estans en ceste ville avec nous, avons ordonné & ordonnons que tous les capitaines de dizaine, appellez avec eux des principaux bourgeois de chacune dizaine non suspects, nommeront ceux de ladicte dizaine audict lieutenant civil qui sont notoirement diffamez & declarez, pour leur faire commandement de par le roy mondict seigneur & nous, en vertu du pouvoir à nous donné, qu'ils ayent suivant ladicte ordonnance, à partir dans deux fois vingt-quatre heures après le commandement qui leur en sera faict, sur les peines portées par icelle; auquel commandement seront tenus lesdicts capitaines, dizeniers & cinquanteniers d'assister avec ledict lieutenant civil, & signer avec lui le procez verbal qui en sera par luy faict; & où ils voudront alleguer n'estre tels, sera enjoinct de donner dans ledict temps leur confession de foy par escript & signée de leur main, laquelle veüe par eux qu'il appartiendra, en sera ordonné ainsi que de raison; n'entendant en ce aucunement comprendre les officiers du roy mondict seigneur en ses cours souveraines, desquels ceux desdictes cours en seront chargez, chacun en son endroict, pour signifier auxdicts diffamez & leur faire pareil commandement. Faict à Paris le XXVII. jour de May M. D. LXII. Signé, ANTHOINE. Et au dessous: Par le roy de Navarre lieutenant general du roy, MOREAU. Ibidem.

POUVOIR DONNE AU COMTE de Brissac mareschal de France, de lieutenant general du roy en la ville de Paris.

AN. 1562.

CHARLES par la grace de Dieu roy de France, à tous ceux qui ces presentes lettres verront, salut. Estans les troubles & divisions qui nous ont esté suscitées en ce royaume, si grands & perilleux que chacun le cognoist, & les forces, violences & saccagemens & autres maux qui en sont provenus, si préjudiciables au repos, seureté & conservation de nostre estat, qu'il n'est possible de plus; nous avons advisé de faire assembler une armée, de laquelle nostre très-cher & très-amé oncle le roy de Navarre nostre lieutenant general representant nostre personne par tous nos royaume & pays prend la charge de l'exploict & de la conduite, pour par le moyen d'icelle remettre en nostre obeïssance les villes & places dont l'on s'est saisi & impatrony, restablir nostre authorité ez lieux où elle est meprisée & contemnée, faire deposer les armes à ceux qui les ont prises sans nostre congé, licence & permission, & tirer d'eux l'obeïssance qu'ils nous doibvent & qu'ils auront refusé de nous rendre volontairement. Et pour ce qu'après avoir assemblé ladicte armée en nostre ville de Paris & ez environs, il a esté advisé qu'il est besoing de l'acheminer aux lieux où l'affaire presse le plus, & qu'il est necessaire, sur le deslogement d'icelle armée & le partement de nostredict oncle de ladicte ville qui est capitale de nostre royaume, y laisser, establir & deputer un grand, vertueux & experimenté personnage qui y demeure nostre lieutenant general, attendu mesmement que nostre très-cher & amé cousin le seigneur de Montmorency mareschal de France gouverneur & nostre lieutenant general en icelle ville de Paris & en l'isle de France marche avec ladicte armée pour y faire l'office & le debvoir qui appartient à sondict estat de mareschal de France; sçavoir faisons que nous sçachans par les grands, vertueux, agreables & très-recommandables services que nostre très-cher & amé cousin le seigneur de Brissac mareschal de France a faicts à nos predecesseurs rois, ayeul, pere & frere, tant au faict de leurs guerres, qu'en l'administration des provinces qui ont esté commises soubz son gouvernement, quelle est sa vertu, vaillance, integrité & prudence, grande & longue experience; icelui pour ces causes & autres à ce nous mouvans, avons faict, ordonné & establi, faisons, ordonnons & establissons par ces presentes nostre lieutenant general en nostredicte ville & cité de Paris, pour contenir tous & chascun les bourgeois, manans & habitans d'icelle en paix, amitié, union & concorde les uns avec les autres, & en l'obeïssance qu'ils nous doibvent, & conserver ladicte ville en entiere seureté; pour lequel effect nous luy avons donné & donnons plain pouvoir, puissance & authorité d'assembler, convoquer & faire venir par devers luy, toutes & quantes fois que bon luy semblera, les gens d'église, chapitres, communautez & colleges, les prevost dudict Paris, ses lieutenans & autres nos officiers, prevost des marchands, eschevins, nobles, bourgeois, manans & habitans, & tous autres, de quelque estat, qualité & condition qu'ils soient, pour conferer, consulter & adviser avec eux, soit ensemblement ou séparement, des choses appartenantes au bien de nostre service & de ladicte ville, leur ordonner & commander ce qu'ils auront à faire pour la seureté & conservation d'icelle, empescher & reprimer tous troubles, seditions, injures, émotions, pillages, forces, saccagemens & violences, & faire chastier ceux qui les feront, & tous autres seditieux & perturbateurs du repos de ladicte ville, de quelque qualité qu'ils soient, si rigoureusement, que chacun y puisse prendre exemple; oüir les plaintes & doleances desdicts habitans, & leur faire pourvoir sur icelles ainsi qu'il sera de raison; ordonner du reglement de la garde des portes & des autres gardes & guets establis en lad. ville & qui y seront necessaires; & semblablement de lever milice selon qu'il cognoistra estre à faire pour plus grand ordre & police, seureté, conservation & defense d'icelle ville; faire vivre tous & chacunlesd. habitans en l'obeïssance qu'ils nous doibvent & en l'observation de nos edicts, ordonnances & commandemens; lever & oster les armes à ceux d'entre eux qu'il verra estre besoing de desarmer; faire pourvoir, munir & avitailler les chasteaux & autres maisons fortes de ladicte ville d'artillerie, munitions, vivres & gens de guerre, en tel nombre & quantité qu'il verra bon estre, commander aux gens de guerre qui sont à present & pourront estre cy-après en icelle ville, tout ce qu'ils auront à faire pour nostre service & pour la seureté de ladicte ville; les faire vivre en bonne police, & de ceux qui feront quelque desordre, faire faire prompte & exemplaire punition, & pareillement de tous soldats qui se trouveront estre retournez de l'armée sans congé de nostredict oncle ou de leur capitaine; faire faire monstre desdicts gens de guerre par tels commissaires & controlleurs ordinaires que bon luy semblera, & en leur absence par tel qu'il y voudra commettre extraordinairement; ordonner auxdits prevost des marchands, eschevins & habitans, les lieux où ils auront à faire besongner pour la seureté & deffense de ladicte ville, & quelles provisions & munitions de vivres il faudra qu'ils facent pour l'advitaillement d'icelle & secours de nostre armée; donner & faire donner taux aux vivres qui soit raisonnable; prester & donner ayde, force & secours à la justice, s'il en est besoing, & s'offre le cas qui le requiert, & en cas de doubte & de suspicion, faire rechercher & visiter les maisons particulieres par gens notables qui n'y facent aucune pillerie ou saccagement, & qui puissent respondre des faultes & malversations qui se pourroient faire en faisant lesdictes recherches; & generalement faire en la presente charge de nostre lieutenant general & ce qui en despend, tout ce qu'il cognoistra estre requis & necessaire pour le bien de nostre service, seureté, deffense & conservation d'icelle ville, jaçoit qu'il y eust chose qui requist mandement plus special qu'il n'est contenu en cesdictes presentes; par lesquelles donnons en mandement à nos amez & feaulx conseillers les gens tenans nostre cour de parlement, que nostredict cousin le mareschal de Brissac nostre lieutenant general en ladicte ville ils facent obeïr de tous ceux & ainsi qu'il appartiendra, ez choses touchant & concernant ladicte charge, & auxdicts prevost de Paris, ses lieutenans & autres officiers, justiciers, prevost des marchands, eschevins, nobles, bourgeois, manans & habitans, gens de guerre, leurs chefs & capitaines, qu'à iceluy nostredict cousin ils obeïssent & entendent diligemment ez choses susdictes & toutes autres qu'il leur commandera & ordonnera pour le bien de nostre service, repos, pacification, seureté, conservation & deffense d'icelle ville, sans y desobeïr ni contrevenir ni souffrir qu'il y soit desobeï ni contrevenu en quelque sorte ou maniere que ce soit, & tout ainsi que si c'estoit à nostre propre personne. En tesmoing de quoi nous avons signé ces presentes de nostre propre main & à icelles faict mettre & apposer nostre seel. Donné au bois de Vincennes le dernier jour de May l'an de grace M. D. LXII. & de nostre regne le 11. Signé, CHARLES. Et sur le reply; Par le roy, la royne sa mere, le roy de Navarre, messieurs les cardinaux de Bourbon, de Lorraine & de Guise, les ducs de Guise grand-maistre & grand chambellan, & de Montmorency connestable de France, vous le seigneur de saint André mareschal de France, & plusieurs autres presens, Signé, BOURDIN.

Registrées, sans préjudice neantmoins des juridictions ordinaires, suivant les ordonnances. A Paris en parlement le v. jour de Juing M. D. LXII. Signé, DU TILLET. Ibidem.

P ppp iij

COMMANDEMENT A CEUX de la nouvelle religion, de sortir de Paris.

DE PAR LE ROY,

& monsieur le comte de Brissac mareschal de France lieutenant general pour S. M. en la ville de Paris.

An. 1562.

IL est enjoinct à tous notoirement diffamez pour estre de la nouvelle religion, & auxquels pour ceste cause a esté par les capitaines des dixaines faict commandement de sortir hors la ville de Paris & faulxbourgs d'icelle, qu'ils ayent à obéïr auxdicts commandemens dedans vingt-quatre heures, sur peine de la hart, soit que suivant ce commandement ils s'en soient cy-devant allez & puis y soient revenus, ou que sans y avoir obéï ils n'en soient point encore partis ; & ce sans y pouvoir revenir, sur la mesme peine, jusqu'à ce qu'autrement en ait esté ordonné. Que tous ceux qui seront seulement suspects de ladicte nouvelle religion, seront tenus d'aller en personne dedans vingt-quatre heures pardevant l'évesque de Paris ou ses vicaires & deputez en la maison episcopale dudict evesque, & là faire confession de foi & la bailler signée de leur main, encores qu'aucuns d'eux l'eussent desja cy devant baillée auxdicts capitaines de leurs dixaines, desquels ils la retireront, & seront lesdicts capitaines tenus la leur rendre, & ledict évesque, ses vicaires & deputez les recevoir, sur icelles adviser si elles seront en forme deuë, & en advertiront ledict sieur mareschal, pour sur ce pourveoir selon qu'il sera advisé par lui & son conseil. Avec ce, que tous les habitans des villages de la prevosté & banlieuë de Paris n'ayent à contrevenir aucunement auxdictes ordonnances cy-devant faictes par le roy sur le faict des assemblées & port d'armes, sur les peines y indictes ; & que les seigneurs desdicts villages y tiendront la main, & advertiront ledict sieur mareschal de ce qui se fera au contraire, pour y estre par lui pourveu. Faict à Paris le XVII. jour de Juing M. D. LXII. *Signé* DE BRISSAC. *Ibidem.*

ARREST DU PARLEMENT, par lequel est permis aux capitaines de Paris d'arrester tous vagabonds & autres sortis des villes rebelles.

An. 1562.

LA CHAMBRE ordonnée par le roy au temps des vacations, après avoir ouy la remonstrance à elle faicte par le procureur general du roy, & suivant sa requeste, a enjoinct & enjoinct à tous commissaires, sergens à verges, capitaines & leurs lieutenans de cette ville & faulx-bourgs de Paris, de constituer prisonniers tous vagabonds, ruffiens & toute autre maniere de gens qui n'ont moyen de vivre en ceste ville, & mesmes ceux qu'ils cognoistront estre de retour de Bourges, Poictiers, Tours, Roüen, Lyon, Meaulx, Orleans & autres places qui ont esté rebelles au roy, ceux qui ont porté & portent armes dans cestedite ville sans adveu, & aussi toutes personnes, tant hommes que femmes, auxquels par deliberation des bourgeois de chaque dixaine a esté faict commandement de vuider la ville, comme nottez & diffamez de la nouvelle secte & opinion, & qui n'auront satisfaict audict commandement, & au contraire seroient retournez en cestedite ville, & ce nonobstant qu'ils ayent faict leur confession de foy & requestes par eux presentées, lesquelles demoureront en surseance jusqu'à ce que le roy soit entierement obey & paisible de toutes ses villes, pays, terres & seigneuries, ou que autrement par ledict seigneur en soit ordonné. Et sera ceste presente ordonnance luë & publiée à son de trompe & cry public par les carrefours de ceste ville de Paris, & ce faict, attachée à chascun coing desdicts carrefours. Faict en ladicte chambre des vacations le xv. jour de Septembre M. D. LXII. *Ibidem.*

Commission pour apprecier les armes des habitans de Paris.

An. 1563.

CHARLES, &c. A nos chers & bien amez ...... mareschal de nos logis & capitaine du guet de nostre ville de Paris, la Treille commissaire ordinaire de nostre artillerie, & Henry ..... nostre armurier, salut. Comme nous ayons ordonné que les pistolles, arquebuzes, & pistollets, corcelets, morions, javelines, halebardes, armes d'ast, & autres armes, fors les espées & dagues, des manans & habitans de nostredicte ville de Paris, & mesmes celles des artisans & menu peuple, seront feront mifes en noſtre arcenal felon l'appreciation & eſtimation qui en ſera faicte ; nous avons faict fournir & mettre ez mains de M. Françoys de Ligny receveur des deniers communs & octroys de ladicte ville la ſomme de.... pour employer à cet effet ; au moyen de quoy il eſt beſoing de choiſir & deputer quelques bons perſonnages connoiſſans & experimentez pour faire icelle appreciation ; ſçavoir vous faiſons que pour la confiance que nous avons de vos perſonnes & de vos ſens, ſuffiſance, loyauté, prud'hommie, experience & bonne diligence; pour ces cauſes & autres à ce nous mouvans, vous avons commis & deputez, commettons & deputons par ces preſentes, pour apprecier & eſtimer leſdictes armes tel qu'en vos loyautez & conſciences vous verrez eſtre à faire, dont vous baillerez à chaſcun de ceux qui les apporteront audict arcenal, acte contenant ladicte appreciation & eſtimation, en vertu duquel nous voulons qu'ils en ſoient payez, ſatisfaicts & contentez par ledict de Ligny; en mandant à nos amez & feaulx les gens de nos comptes audict Paris, qu'en rapportant par ledict de Ligny le *vidimus* de ces preſentes deuëment collationné avec leſdictes appreciations & eſtimations ſignées de vous, leſquelles nous avons dès à preſent validées & authoriſées, validons & authoriſons par ceſdictes preſentes ſignées de noſtre main, & quittance des parties ſur ce ſuffiſante, ils paſſent & allouent ez comptes & rabattent de la recepte dudict de Ligny toutes les parties & ſommes de deniers qui auront, ainſi que dict eſt, eſté payées & acquitées, ſans difficulté. Car tel eſt noſtre plaiſir, nonobſtant quelconques ordonnances à ce contraires. De ce faire vous avons, &c. Mandons & commandons à tous qu'il appartiendra, qu'à vous en ce faiſant ſoit obey & entendu. Donné à .... *Ibidem.*

Cette commiſſion non datée eſt inſerée parmi les lettres & actes de l'an 1563.

ESTABLISSEMENT DE LA juriſdiction des juge & conſuls des marchands.

CHARLES par la grace de Dieu roy de France; à tous preſens & à venir, ſalut. Sçavoir faiſons que ſur la requeſte & remonſtrance à nous faite en noſtre conſeil, de la part des marchands de noſtre bonne ville de Paris, & pour le bien public & abreviation de tous procès & differens entre marchands, qui doivent negotier enſemble de bonne foy, & ſans eſtre aſtraints aux ſubtilitez des loix & ordonnances, avons de l'avis de noſtre très-honorée dame & mere, des princes de noſtre ſang, ſeigneurs & gentils-hommes de noſtredit conſeil, ſtatué, ordonné & permis ce qui s'enſuit :

Premierement, avons permis & enjoint aux prevoſt des marchands & eſchevins de noſtred. ville de Paris nommer & élire, en l'aſſemblée de cent notables bourgeois de ladite ville qui ſeront pour cet effet appellez & convoquez trois jours après la publication des preſentes, cinq marchands du nombre deſdits cent & autres abſens, pourveu qu'ils ſoient natifs & originaires de noſtre royaume, marchands & demeurans en noſtre ville de Paris; le premier deſquels nous avons nommé juge des marchands, & les quatre autres conſuls deſdits marchands ; la charge deſquels cinq ne durera qu'un an, ſans que pour quelque cauſe ou occaſion que ce ſoit, l'un d'eux puiſſe eſtre continué.

II. Ordonnons & permettons auſdits cinq juge & conſuls aſſembler & appeller trois jours avant la fin de leur année, juſques au nombre de ſoixante marchands bourgeois de ladite ville, qui en éliront trente d'entr'eux ; leſquels ſans partir du lieu, & ſans diſcontinuer, procederont avec leſdits juge & conſuls, à l'inſtant & le meſme jour, à peine de nullité, à l'élection de cinq nouveaux juge & conſuls des marchands, qui feront le ſerment devant les anciens ; & ſera la forme deſſuſdite gardée & obſervée d'ores en avant en l'élection deſd. juge & conſuls, nonobſtant oppoſitions ou appellations quelconques, dont nous reſervons à noſtre perſonne & à noſtre conſeil la connoiſſance, icelle interdiſons à nos cours de parlement & prevoſt de Paris.

III. Connoiſtront leſdits juge & conſuls des marchands de tous procès & differens qui ſeront cy-après meûs entre marchands pour le fait de marchandiſe ſeulement, leurs veufves marchandes publiques, leurs facteurs, ſerviteurs & commettans, tous marchands, ſoit que leſdits differens procedent d'obligations, cedules, recepiſſez, lettres de change ou credit, reſponſes, aſſeurances, tranſports de debtes & novarions d'icelles, comptes, calculs & erreurs en iceux, compagnies, ſocietez ou aſſociations ja faites, ou qui ſe feront cy-après ; deſquelles matieres & differens nous avons de noſtre pleine puiſſance & autorité royale attribué & commis la connoiſſance, jugement & deciſion aufdits juge & confuls, & aux trois d'eux, privativement à tous nos juges; appellez avec eux, si la matiere y est sujette, & en font requis par les parties, tel nombre de personnes de conseil qu'ils aviseront: excepté toutesfois & reservé les procès de la qualité susdite ja intentez & pendans pardevant nos juges, auxquels neantmoins enjoignons les renvoyer pardevant lesdits juge & consuls des marchands, si les parties le requierent & consentent.

IV. Et avons dès à present declaré nuls tous transports de cedules, obligations & debtes qui seront faites par lesdits marchands à personne privilegiée ou autre quelconque non sujette à la jurisdiction desdits juge & consuls.

V. Pour couper chemin à toute longueur, & oster l'occasion de fuir & plaider, voulons & ordonnons que tous adjournemens soient libellez, & qu'ils contiennent demande certaine; & seront tenus les parties comparoir en personne à la premiere assignation, pour estre ouys par leur bouche, s'ils n'ont legitime excuse de maladie ou absence; ezquels cas ils enverront par escrit leur response signée de leur main propre, ou audit cas de maladie, l'un de leurs parens, voisins ou amis, ayant charge & procuration speciale dont il sera apparoir à ladite assignation, le tout sans aucun ministere d'avocat ou procureur.

VI. Si les parties sont contraires & non d'accord de leurs faits, delay competant leur sera préfix à la premiere comparition dans lequel ils produiront leurs tesmoins, qui seront ouïs sommairement; & sur leur deposition le different sera jugé sur le champ, si faire se peut, dont nous chargeons l'honneur & la conscience desdits juge & consuls.

VII. Ne pourront lesdits juge & consuls, en quelque cause que ce soit, octroyer qu'un seul delay qui sera par eux arbitré, selon la distance des lieux & qualité de la matiere, soit pour produire pieces ou tesmoins; & icelui escheu & passé, ils procederont au jugement du different entre les parties sommairement, & sans figure de procès.

VIII. Enjoignons ausdits juge & consuls de vacquer diligemment à leur charge durant le temps d'icelle, sans prendre directement ou indirectement, en quelque maniere que ce soit, aucune chose, ni present ou don, sous couleur ou nom d'épices, ou autrement, à peine de crime de concussion.

IX. Voulons & nous plaist que des mandemens, sentences ou jugemens qui seront donnez par lesdits juge & consuls des marchands, ou les trois d'eux, comme dessus, sur differens meûs entre marchands & pour fait de marchandises, l'appel ne soit reçû, pourvû que la demande & condamnation n'excede la somme de cinq cens livres tournois pour une fois payée, & avons declaré dès à present non recevables les appellations qui seront interjettées desdits jugemens, lesquels seront executez en nos royaume, pays & terres de nostre obeïssance par le premier de nos juges des lieux, huissiers ou sergens sur ce requis, ausquels & à chacun d'eux enjoignons de ce faire, à peine de privation de leurs offices, sans qu'il soit besoin de demander aucun *placet*, *visa*, ne *pareatis*. Avons aussi dès à present declaré nuls tous reliefs d'appel ou commissions qui seroient obtenuës au contraire, pour faire appeller les parties, intimer ou adjourner lesdits juge & consuls; & deffendons très-expressement à toutes nos cours souveraines & chancelier de les bailler.

X. Et ez cas qui excederont ladite somme de cinq cens livres tournois, sera passé outre à l'entiere execution des sentences desdits juge & consuls, nonobstant oppositions ou appellations quelconques, & sans prejudice d'icelles, que nous voulons estre relevées & ressortir en nostre cour de parlement à Paris, & non ailleurs.

XI. Les condamnez à garnir par provision ou diffinitivement, seront contraints par corps à payer les sommes liquidées par lesdites sentences & jugemens, qui n'excederont cinq cens livres tournois, sans qu'ils soient receûs en nos chancelleries à demander lettres de répit; & neantmoins pourra le crediteur faire executer son debiteur condamné en ses biens meubles, & saisir les immeubles.

XII. Contre lesdits condamnez marchands ne seront adjugez dommages & interests requis pour le retardement du payement, qu'à raison du denier douze, à compter du jour du present adjournement, suivant nos ordonnances faites à Orleans.

XIII. Les saisies, establissemens de commissaires, ventes de biens & contraintes seront faites en vertu desdites sentences & jugemens; & s'il faut passer outre les criées & interpositions de decret, elles se feront par autorité de nos juges ordinaires des lieux; auxquels très-expressement enjoignons, & à chacun d'eux en son détroit, tenir la main à la perfection desdites

desdites criées, adjudication des heritages saisis, & à l'entiere execution des sentences & jugemens qui seront donnez par lesdits juge & consuls des marchands, sans y user d'aucune remise ou longueur, à peine de tous despens, dommages & interests des parties.

XIV. Les exécutions encommencées contre les condamnez par lesdits juge & consuls, seront parachevées contre leurs heritiers, & sur les biens seulement.

XV. Mandons & commandons aux geolliers gardes de nos prisons ordinaires & de tous hauts justiciers, recevoir les prisonniers qui leur seront baillés en garde par nos huissiers ou sergens, en executant les commissions ou jugemens desdits juge & consuls des marchands, dont ils seront responsables par corps, & tout ainsi que si le prisonnier avoit été amené par l'autorité de l'un de nos juges.

XVI. Pour faciliter la commodité de convenir & negocier ensemble, avons permis & permettons aux marchands, bourgeois de nôtre ville de Paris, natifs & originaux de nos royaumes, pays & terres de nostre obeïssance, d'imposer & lever sur eux telles sommes de deniers necessaires, pour l'achapt ou loüage d'une maison ou lieu qui sera apellé la place commune des marchands; laquelle nous avons dés à present establie à l'instar & tout ainsi que les places appellées le change en nôtre ville de Lion, & bourse de nos villes de Tholoze & de Roüen, avec tels & semblables privileges, franchises & libertez dont jouïssent les marchands frequentans les foires de Lion & places de Tholoze & Roüen.

XVII. Et pour arbitrer & accorder ladite somme, laquelle sera employée à l'effet que dessus, & non ailleurs, les prevost des marchands & eschevins de nostre ville de Paris assembleront en l'hôtel de ladite ville jusques au nombre de cinquante marchands & notables bourgeois, qui en deputeront dix d'entr'eux, avec pouvoir de faire les cottisations & departemens de la somme qui aura été commise, comme dit est, & accordée en l'assemblée desdits cinquante marchands.

XVIII. Voulons & ordonnons que ceux qui seront refusans de payer leur taxe ou cotte, dans trois jours après la signification ou demande d'icelle, y soient contraints par la vente de leurs marchandises & autres biens meubles, & ce par le premier nostre huissier ou sergent sur ce requis.

XIX. Deffendons à tous nos huissiers ou sergens faire aucun exploit de justice ou adjournement en matiere civile, aux heures du jour que les marchands seront assemblés en ladite place commune, qui seront de neuf à onze heures du matin & de quatre jusques à six heures de relevée.

XX. Permettons ausdits juge & consuls de choisir & nommer pour leur scribe ou greffier, telle personne d'experience, marchand ou autre, qu'ils aviseront, lequel fera toutes expeditions en bon papier, sans user de parchemin; & lui deffendons très-estroitement prendre pour ses salaires & vacations autre chose qu'un sol tournois pour feuillet, à peine de punition corporelle, & d'en répondre par lesdits juge & consuls en leurs propres noms, en cas de dissimulation ou de connivence.

SI DONNONS EN MANDEMENT à nos amez & feaux les gens tenans nos cours de parlement, prevost de Paris, seneschal de Lion, bailli de Roüen, & à tous nos autres officiers qu'il apartiendra, que nos presentes ordonnances ils fassent lire, publier & enregistrer, garder & observer, chacun en son ressort & jurisdiction, sans y contrevenir ni permettre qu'il y soit aucunement contrevenu en quelque maniere que ce soit. Et afin de perpetuelle & stable mémoire, nous avons fait apposer nostre scel à ces presentes. Donné à Paris au mois de Novembre l'an de grace M.D.LXIII. & de nostre regne le III. *Signé:* Par le roy en son conseil, DE L'AUBESPINE; *& scellé du grand scel en cire verte.*

Lecta, publicata & registrata, audito & hoc requirente procuratore generali regis, de mandato expresso ejusdem domini nostri regis, cui tamen placuit ut hi qui in judices mercatorum assumerentur, jusjurandum præstent, quod præstare solent à quorum sententiis ad curiam appellatur; idque per modum provisionis dumtaxat, & secundùm ea quæ in registro curiæ præscripta sunt. Parisiis in parlamento XVIII. die Januarii anno Domini M.D.LXIV. *Signé*, DU TILLET.

Tiré des archives de l'hostel de ville; & se trouve dans le recueil de Fontanon to. 1. p. 440.

BULLE DU PAPE PIE IV.
portant union de l'abbaye de S. Magloire à l'evêché de Paris.

An. 1564.

Pius episcopus servus servorum Dei, venerabili fratri archiepiscopo Senonensi, salutem & apostolicam benedictionem. Romanum decet pontificem quem divina majestas universis orbis ecclesiis præposuit, piis catholicorum votis gratum præstare assensum, per quæ cathedralibus ecclesiis insignibus rerum temporalium penuriâ oppressis, & in suis juribus detrimenta patientibus, valeat salubriter provideri. Cùm itaque, sicut accepimus, monasterium S. Maglorii Parisiensis, ordinis S. Benedicti, cui bonæ memoriæ Nicolaus ipsius monasterii abbas, cùm viveret, præsidebat, seu quod ipse ex concessione seu dispensatione apostolicâ in commendam, dum viveret, obtinebat, per obitum dicti Nicolai abbatis extrà Romanam curiam, seu commendâ inde cessante, adhuc eo quo ante vacabat, aut aliàs certo modo vacaverit & vacet ad præsens; & sicut exhibita nobis nuper pro parte charissimi in Christo filii nostri Caroli Francorum regis Christianissimi, tam suo quàm dilecti filii Guillelmi electi Parisiensis * nominibus, petitio continebat, quamvis aliàs procurante claræ memoriæ Francisco primo Francorum rege, decanatus ecclesiæ S. Mauri de Fossatis Parisiensis diœcesis, post illius reductionem de monasterio ordinis S. Benedicti ad statum sæcularem apostolicâ auctoritate factam, mensæ episcopali Parisiensi etiam tunc angustiâ redditum non mediocriter laboranti, unà cum ab eo dependentibus prioratibus pariter sæcularibus factis, eâdem auctoritate perpetuò unitus fuerit, ut ecclesiæ Parisiensis necessitatibus subveniretur, & onera quæ illi ac præsulibus jam tum gravia incumbebant, aliquâ ex parte levarentur; re tamen ipsâ deprehensum sit usque eò multos magnosque sumptus eidem præsuli suscipiendos esse, ut accessione illâ vix quidquam de gravitate ac difficultate oneris detractum esse videatur : si quidem cùm ipse præsul in illa amplissimâ & celeberrima civitate primum inter regios ordinis ecclesiastici consiliarios locum obtineat, frequens ob id ei hospitalitas etiam erga regni nobiles & proceres ad dictam civitatem ex tota Gallia jugiter confluentes exercenda sit : & quot annis statis quibusdam diebus omnes diœcesis suæ clericos à minimo usque ad maximum convivio (ad quod etiam multi theologi, senatores aliique primarii viri adhiberi solent) excipere cogatur ; ad hoc quoque etiam ea incommoda accedunt, quòd annona ita paulatim ingravescit, ut duplo nunc quàm olim erat, carior habeatur ; & qui per se nimis exigui erant redditus prædicti, bellis propè assiduis diminuti, bona tum soli, tum mobilia, partim amissâ, partim pignori apposita, partim etiam vendita & distracta reperiantur; dictus Carolus rex pietatis studio enixè desiderans celebrem illam ecclesiam Parisiensem parrochiam suam, non solùm ab hujusmodi oneribus sublevari, sed etiam omni quâ potest industriâ augeri & locupletari, illiusque præsulem pro tempore existentem præfatum in suis necessitatibus adjuvari, & loco castri sancti Mauri de fossatis, Parisiensis diœcesis, dictæ mensæ uniti, quod dilecta in Christo filia nobilis mulier Catharina regina mater sua causâ permutationis cum ecclesiâ Parisiensi & mensâ prædictis, pro baroniâ ac terrâ & dominio *de Levroux* in Biturigibus ad illam pertinente consequi desiderat, alium locum idoneum in quem ipse præsul recreationis vel quietis causâ interdum secedere posset, commodè sortiri, nobis etiam dicto nomine supplicari fecit, ut præfatum monasterium & quoscumque ab eo dependentes, tam conventuales, quàm simplices prioratus & capellas supradictæ mensæ perpetuò unire, annectere & incorporare, aliasque in præmissis opportunè providere de benignitate apostolicâ dignaremur. Nos igitur qui dudum inter alia voluimus quòd petentes beneficia ecclesiastica aliis uniri, tenerentur exprimere verum annuum valorem, secundùm communem æstimationem, etiam beneficii cui aliud uniri peteretur, alioquin unio non valeret ; quique hodiè per alias litteras nostras tibi inter alia dedimus in mandatis, ut si ex permutatione hujusmodi major vel æqualis recompensa dictæ mensæ proveniret, illam nostrâ auctoritate approbares & confirmares, prout in iisdem litteris pleniùs continetur : dicti Caroli regis nostræ apostolicæ sedis primogeniti pietatem magno opere commendantes, illiusque desiderio ac simul ecclesiæ Parisiensis subventioni ac præsulis præfatorum sustentationi ampliùs consulere volentes, eundemque Carolum regem & præfatum Guillelmum electum ac eorum quemlibet à quibusvis excommunicationis, suspensionis & interdicti aliisque ecclesiasticis sententiis, censuris & pœnis à jure vel ab homine quâvis occasione vel causâ

*episcopi.

JUSTIFICATIVES.

causa latis, si quibus quomodolibet innodati existunt, ad effectum præsentium duntaxàt consequendum harum serie absolventes, & absolutos fore censentes: necnon verum annuum valorem fructuum, reddituum, proventuum dictæ mensæ præsentibus pro expresso habentes; hujusmodi supplicationibus inclinati, fraternitati tuæ per apostolica scripta mandamus, quatenùs per te ipsum monasterium prædictum, cujus fructus, redditus & proventus ad trecentos ac decem & septem florenos auri in libris cameræ apostolicæ taxati reperiuntur, sive, ut præmittitur, sive aliàs quovis modo, aut ex alterius cujuscumque persona, seu per liberam cessionem dicti Nicolai abbatis, vel cujusvis alterius de illius regimine & administratione, in dicta curia vel extra eam, etiam coram notario publico & testibus sponte factam vacet, etiamsi tanto tempore vacaverit, quòd ejus provisio juxta Lateranensis statuta concilii aut alias canonicas sanctiones ad dictam sedem legitimè devoluta existat, illaque ex quavis causa ad sedem eandem specialiter vel generaliter pertineat, & de illo consistorialiter disponi consueverit, seu debeat, ac super eisdem regimine & administratione inter aliquos lis seu illorum possessoris vel quasi molestia, cujus statum præsentibus habere volumus pro expresso, pendeat indecisa; dummodò tempore datæ præsentium eidem monasterio de abbate provisum, aut illud alteri commendatum canonicè non existat: nomine & titulo dignitatis abbatialis inibi suppressis & extinctis necnon quorum cujuslibet ac illis forsan annexorum fructus, redditus ac proventus viginti quatuor ducatorum auri de camera, secundùm communem æstimationem, valorem annuum, ut asseritur, non excedant; conventuales & simplices prioratus ac capellas hujusmodi, quicumque & quanticumque sint, ex nunc, si illi vacant ad præsens, aut de consensu illos nunc obtinentium; sin autem, cùm primùm per cessum, etiam ex causa permutationis, vel decessum eorumdem obtinentium, etiam apud sedem prædictam, aut aliis quibusvis modis, & ex eorum & quorumcumque aliorum personis vacare contigerit, etiamsi ad simplices prioratus & capellas hujusmodi consueverint qui per electionem assumi, ac dictis prioratibus conventualibus cura etiam jurisdictionalis immineat animarum; super eis quoque omnibus lis pendeat indecisa, ut præfertur; cum annexis hujusmodi ac omnibus jurisdictionibus, juribus & pertinentiis suis, dictæ mensæ episcopali, ita quòd liceat Guillelmo electo & pro tempore existenti præsuli præfatis corporalem possessionem monasterii, illiusque regiminis & administrationis hujusmodi ac bonorum, necnon, si vacant, aut cùm vacaverit, ut præfertur, prioratuum, capellarum & annexorum, juriumque, jurisdictionum & pertinentiarum prædictorum per se vel alium seu alios, absque alia nova provisione desuper impetranda, propriâ auctoritate liberè apprehendere, & perpetuò retinere, illorumque ac mensæ abbatialis monasterii sancti Maglorii fructus, redditus, proventus hujusmodi in suos ac mensarum necnon prioratuum & capellarum eorumdem usus & utilitatem convertere; præterea monasterium & dilectos filios illius conventûs per priorem claustralem, prioratus verò & capellas hujusmodi per monachos ipsius monasterii, seu clericos vel presbyteros sæculares, prout ipsis Guillelmo electo ac præsuli pro tempore existenti expedire videbitur, regere & gubernare, eosdemque monachos ad vitam communem & clausuram juxta instituta dicti ordinis reducere, revocare & reformare, necnon visitare, corrigere, punire, excommunicare, privare, absolvere & restituere, instituere, confirmare: beneficia & officia ecclesiastica sæcularia & regularia ad collationem, provisionem, præsentationem & quamvis aliam dispositionem abbatis S. Maglorii pro tempore existentis pertinentia liberè conferre & de illis disponere: ac omnia & singula alia quæ officii sunt abbatis professi & benedicti, facere & exercere in omnibus & per omnia, perinde ac si emissâ professione regulari abbates ejusdem monasterii canonicè instituti essent, cujusvis licentiâ super hoc minimè requisitâ, perpetuò unire, annectere & incorporare: ac curam, regimen & administrationem ipsius monasterii præfatis Guillelmo electo & pro tempore existenti præsuli, qui illa tanquam abbates, sine tamen regularis professionis emissione præfecti, cum præfata ecclesia Parisiensi possideant in spiritualibus & temporalibus, plenariè committere: ac eisdem Guillelmo electo, & pro tempore existenti præsuli, ne prioratus ac capellas hujusmodi, si vacant, aut cùm vacaverint, ut præfertur, cuiquam conferre, aut aliàs de illis disponere, & quibusvis aliis personis ne illos aut illorum aliquem aut aliquos, etiam prætextu mandatorum apostolicorum, nominationum etiam graduatorum, aut quarumvis aliarum litterarum & gratiarum acceptare, prosequi vel prætendere audeant quoquo-

Tome II.

Qqqq ij

modo seu præsumant, districtiùs inhibere auctoritate nostrâ procures ; decernens quascumque collationes, provisiones, præsentationes, electiones, institutiones, confirmationes & alias dispositiones de illis, ut præfertur, vacantibus vel vacaturis prioratibus & capellis prædictis per Romanum pontificem pro tempore existentem, & sedem apostolicam, vel ipsius sedis legatos seu ordinarium collatorem, aut quoscumque alios deinceps faciendas, nullas, irritas & invalidas, nulliusque roboris vel momenti fore : ipsiusque prioratus & capellas unitos posthac sub nullis etiam præsentium totum tenorem in se continentibus specialibus vel generalibus reservationibus apostolicis etiam in corpore juris, clausis expectativis, mandatis de providendo, & aliis gratiis præventivis, necnon nominationibus, insinuationibus, requisitionibus & aliis affectionibus, tam mandata apostolica ad vacatura beneficia nunc & pro tempore prosequentium, quàm etiam graduatorum præfatorum, simplicium vel nominatorum, juxtà concordata regum Franciæ cum præfata sede, & aliis quomodolibet concessis, factis & interpositis, ac concedendis, faciendis & interponendis, quæcumque sint vel fuerint, necnon si eas per te vigore præsentium fieri contigerit, unionem, annexionem & incorporationem hujusmodi sub quibuscumque similium vel dissimilium unionum, annexionum & incorporationum suspensionibus, revocationibus, limitationibus, derogationibus vel modificationibus apostolicis, necnon cancellariæ apostolicæ regulis editis & edendis comprehendi; sed semper ab illis exceptas, & quoties illæ emanabunt, toties in pristinum statum restitutas, & ex nunc prout ex tunc, & è contra, verè & non fictè suum effectum sortitas esse & censeri, sicque per quoscumque judices etiam commissarios quâvis auctoritate fungentes, sublatâ eis & eorum cuilibet quâvis causâ aliter judicandi & interpretandi facultate & auctoritate, judicari & definiri debere, necnon irritum & inane quidquid secùs super his à quoquam quâvis auctoritate scienter vel ignoranter contigerit attentari : ac facias per te vel alium seu alios Guillelmum electum & pro tempore existentem præsulem præfatum vel procuratorem suum ejus nomine facultate apprehendendi possessionem hujusmodi, ac fructuum, reddituum, proventuum & aliorum prædictorum liberâ perceptione, cœterisque præmissis pacificè frui & gaudere, sibique à

præfato conventu obedientiam & reverentiam congruentes, necnon à dilectis filiis, vassallis & aliis subditis dicti monasterii consueta servitia & jura sibi ab eis debita integrè exhiberi, contradictores auctoritate nostrâ (appellatione postpositâ) compescendo, non obstantibus priore voluntate nostrâ prædictâ & Lateranensis concilii novissimè celebrati uniones perpetuas, nisi in casibus à jure permissis, fieri prohibentis, ac felicis recordationis Bonifacii papæ VIII. prædecessoris nostri, aliisque constitutionibus & ordinationibus apostolicis, necnon monasterii & ordinis prædictorum juramento, confirmatione apostolicâ vel quâvis firmitate aliâ roboratis statutis & consuetudinis, privilegiis quoque, indultis & litteris apostolicis, eisdem monasterio, conventui & ordini, eorumque superioribus & personis per quoscumque Romanos pontifices prædecessores nostros, ac nos & dictam sedem, etiam motu proprio, & ex certa scientia, ac de apostolicæ potestatis plenitudine, necnon consistorialiter, & aliis sub quibuscumque tenoribus & formis, ac cum quibusvis etiam derogatoriarum derogatoriis, aliisque efficacissimis & insolitis clausulis, necnon irritantibus, & aliis decretis concessis, confirmatis & innovatis, ac de consensu præfati Caroli regis, concordatis olim inter sedem præfatam & claræ memoriæ Franciscum primum Francorum regem, super nominatione personarum ad hujusmodi monasteria pro tempore vacantia Romano pontifici seu sedi hujusmodi facienda, sub certis modo & formâ tunc expressis, initis ; quibus omnibus, etiamsi pro illorum sufficienti derogatione de illis eorumque totis tenoribus specialis, specifica, expressa & individua, ac de verbo ad verbum, non autem per clausulas generales idem importantes mentio seu alia quævis expressio habenda, aut aliqua alia exquisita forma ad hoc servanda foret, tenores hujusmodi, ac si de verbo ad verbum nihil penitus omisso, & forma in eis tradita observata insererentur præsentibus, pro sufficienter expressis habentes, illis etiam in suo robore permansuris, hâc vice duntaxat harum serie specialiter & expressè derogamus contrariis quibuscumque ; aut si conventui, vassallis & subditis prædictis vel quibusvis aliis communiter vel divisim à prædictâ sit sede indultum quòd interdici, suspendi vel excommunicari non possint per litteras apostolicas non facientes plenam & expressam ac de verbo ad verbum de indulto hujusmodi mentionem ; & quibuslibet aliis privilegiis , indulgentiis & litteris apostolicis generalibus vel specialibus, quorumcumque tenorum existant, per quæ præsentibus non expressa vel totaliter non inserta effectus earum impediri valeat quomodolibet vel differri, & de quibus quorumque totis tenoribus de verbo ad verbum habenda sit in nostris litteris mentio specialis ; ita tamen quòd propter unionem, annexionem & incorporationem prædictas, si eas per te fieri contigerit, ut præfertur, in dicto monasterio divinus cultus, ac solitus monachorum & ministrorum numerus nullatenùs minuatur, ipsique prioratus & capellæ debitis non fraudentur obsequiis, & animarum cura in eisdem prioratibus conventualibus, si qua illis immineat, minimè ac nullatenùs negligatur : sed eorum ac aliorum prioratuum & capellarum, nec non monasterii illiusque conventûs prædictorum congruè supportentur onera consueta. Datum Romæ apud sanctum Marcum anno incarnationis Dominicæ M. D. LXIV. Calendis Septembris, pontificatûs nostri anno v. *Signé* CÆS. GLORIARIUS. *Extrait du livre intitulé* : Synodicon Parisiense, *pag.* 596.

BULLE DU PAPE GREGOIRE XIII. qui ordonne à l'archevêque de Sens de mettre la precedente à execution.

AN. 1575.

GREGORIUS episcopus servus servorum Dei ; venerabili fratri archiepiscopo Senonensi, salutem & apostolicam benedictionem. Honestis principum catholicorum & præsulum votis libenter annuimus, eaque favoribus prosequimur opportunis : si quidem monasterio S. Maglorii Parisiensis ordinis S. Benedicti, cui bonæ memoriæ Nicolaus istius monasterii abbas, dum viveret, præsidebat, seu quòd ipse ex concessione seu dispensatione apostolicâ in commendam, dum viveret, obtinebat, per obitum dicti Nicolai abbatis extra Romanam curiam defuncti, seu commendâ inde cesante, adhuc eo quo ante illam vacabat, aut aliàs certo modo vacante ; cùm pro parte claræ memoriæ Caroli Francorum regis Christianissimi, necnon bonæ memoriæ Guillelmi electi Parisiensis, felicis recordationis Pio papæ IV. prædecessori nostro expositum fuisset, quòd quamvis, procurante similis memoriæ Francisco primo Francorum rege, decanatus ecclesiæ S. Mauri de Fossatis, Parisiensis diœcesis, post illius reductionem de monasterio dicti ordinis ad statum sæcularem apostolicâ auctoritate factam, mensæ episcopali Parisiensi etiam tunc angustiâ redituum laboranti, unà cum ab eo prioratibus dependentibus pariter sæcularibus factis, eâdem auctoritate perpetuò unitus fuerat, ut ecclesiæ Parisiensis necessitatibus subveniretur, & onera quæ illi & præsuli suo jam tum admodum gravia incumbebant, aliqua ex parte levarentur ; re tamen ipsâ deprehensum erat usque eo multos magnosque sumptus eidem præsuli suscipiendos esse, ut accessione illâ vix quicquam de gravitate ac difficultate oneris distractum esse videretur : cúmque ipse præsul in illa amplissimâ & celeberrimâ civitate primum inter regios ecclesiastici ordinis consiliarios locum obtineret, frequens ob id ei hospitalitas, etiam erga regni nobiles & proceres ad dictam civitatem ex tota Gallia confluentes exercenda, & quot annis statis diebus omnes diœcesis suæ clerici convivio, ad quod & multi theologi, senatores aliique primarii viri adhiberi solent, excipiendi essent, annona etiam duplo tunc quàm olim erat, carior væniret, & qui valdè tenues erant redditus dictæ ecclesiæ, assiduis quoque bellis diminuti, bona autem tum soli, tum mobilia, quædam amissa, alia pignori apposita, partim alienata reperirentur, dictusque Carolus rex pietatis studio celebrem illam ecclesiam Parisiensem parrochiam suam ab hujusmodi oneribus sublevari, & quantum fieri posset, augeri & locupletari, illiusque præsulem, ut in suis necessitatibus adjuvaretur, loco castri S. Mauri de Fossatis prædicti eidem mensæ episcopali uniti, quod charissima in Christo filia nobilis mulier Catharina regina, ipsius Caroli regis genitrix, causâ permutationis cum ecclesia Parisiensi & mensa prædictis, pro baronia ac terra & dominio *de Levroux* in Biturigibus ad illam pertinente, consequi cupiebat, alium locum idoneum in quem ipse præsul recreationis vel quietis causâ interdum secedere posset, commodè sortiri, & ad hunc effectum monasterium S. Maglorii perpetuò, & quoscumque ab eo dependentes tam conventuales quàm simplices prioratus & capellas, mensæ prædictæ perpetuò uniri, annecti & incorporari desiderabat ; idem prædecessor qui tibi per quasdam mandaverat, ut si ex permutatione hujusmodi major vel æqualis pensatio dictæ mensæ proveniret, illam apostolicâ auctoritate approbares & confirmares, rursus ejusdem Caroli regis & Guillelmi electi supplicationibus inclinatus, tibi per alias suas

Qqqq iij

litteras desuper confectas dedit in mandatis, ut monasterium S. Maglorii prædictum, tunc, ut præfertur, aut aliàs vacans, nomine & titulo abbatis & dignitatis abbatialis inibi perpetuò suppressis & extinctis, ac quoscumque ab eodem monasterio S. Maglorii dependentes tam conventuales & curam jurisdictionalem animarum habentes, quàm electivos, simplices prioratus & capellas, ex tunc, si vacarent, aut de consensu illos tunc obtinentium; sin autem, cùm primùm per cessum etiam ex causa permutationis, vel decessum eorumdem obtinentium etiam apud sedem prædictam aut aliàs quibusvis modis vacare contingeret; ita quòd Guillelmo electo & pro tempore futuris præsulibus Parisiensibus possessionem dicti monasterii, illiusque regiminis & administrationis, ac bonorum nec non vacantium aut vacaturorum prioratuum, capellarum & annexorum, juriumque prædictorum per se vel alium seu alios, absque alia nova provisione desuper impetranda, propriâ auctoritate liberè apprehendere & perpetuò retinere, illorumque & mensæ abbatialis S. Maglorii fructus, redditus & proventus in suos & mensæ episcopalis usus & utilitatem convertere, & monasterium illiusque conventum per priorem claustralem, prioratus verò & capellas hujusmodi per monachos dicti monasterii seu clericos vel presbyteros sæculares, prout Guillelmo electo ac pro tempore existenti præsuli Parisiensi expedire videretur, regere & gubernare, eosdemque monachos ad communem vitam & clausuram juxtà dicti ordinis instituta reducere & reformare, necnon visitare, corrigere, punire, excommunicare, privare, absolvere, instituere, destituere, confirmare; beneficiaque & officia ecclesiastica, sæcularia & regularia, ad quamvis dispositionem pro tempore existentis abbatis S. Maglorii pertinentia conferre, & de illis disponere; ac omnia & singula alia officia, abbatis verè professi & benedicti, perinde ac si Guillelmus electus aut successores prædicti, emissâ professione regulari, abbates ejusdem monasterii canonicè instituti essent, facere & exercere liceret, cujusvis licentiâ minimè requisitâ, eidem ecclesiæ & mensæ episcopali Parisiensi perpetuò unire & incorporare; curamque regimen & administrationem ipsius monasterii Guillelmo electo & pro tempore existenti præsuli, qui tanquam abbates, sine tamen professionis regularis emissione, eidem monasterio etiam unà cum ecclesia Parisiensi præessent in spiritualibus & temporalibus, plenariè committeret; eisdemque Guillelmo & successoribus ne prioratus aut capellas vacantes aut vacaturos cuiquam conferre, aut de illis disponere, & quibusvis aliis personis ne illos aut eorum aliquem vel aliquos etiam prætextu mandatorum apostolicorum, nominationum & graduatorum aut quarumvis aliarum litterarum & gratiarum, acceptare, prosequi & prætendere auderent, dictâ auctoritate inhiberes; decernens inter alia collationes, provisiones & quasvis alias dispositiones de prioratibus & capellis prædictis per Romanum pontificem pro tempore existentem & sedem prædictam, vel ipsius sedis legatos, aut ordinarium collatorem, vel alios quoscumque deinceps faciendas, nullas, irritas & invalidas fore, prout in singulis litteris prædictis pleniùs continetur. Cùm autem, sicut exhibita nobis nuper pro parte dictæ Catharinæ reginæ & venerabilis fratris nostri Petri episcopi Parisiensis petitio continebat, idem Pius prædecessor & Guillelmus electus prædictis litteris posterioribus illi minimè præsentatis, seu executioni nondum integrè demandatis, seu post nonnullos actus in præmissis habitos ab humanis decesserint, pro parte ipsorum Catharinæ reginæ & Petri episcopi nobis fuit humiliter supplicatum, ut ne propterea litterarum prædictarum frustrentur effectu, ac illarum executio diutiùs retardetur, & simul ut ecclesiæ Parisiensis subventioni & præsulum prædictorum sustentationi opportunè consulatur, eis in præmissis opportunè de benignitate apostolicâ providere dignaremur. Nos hujusmodi supplicationibus inclinati, fraternitati tuæ per apostolica scripta mandamus, quatenùs per te vel alium seu alios, & postquàm dictæ Pii prædecessoris litteræ tibi aut illi vel illis præsentatæ fuerint, in negotio hujusmodi procedas, seu illud in eisdem statu & terminis in quibus nunc reperitur, ac quos pro expressis haberi volumus, reassumas, & ad posteriorum litterarum hujusmodi executionem, servatâ illarum formâ, in omnibus & per omnia procedas; faciens in præmissis perinde ac si litteræ ipsæ tibi ante obitum Pii prædecessoris & Guillelmi electi prædictorum præsentatæ, & à te acceptatæ fuissent, ac in hujusmodi negotio jam procedere cœpisses, non obstantibus præmissis ac omnibus illis quæ idem prædecessor in ipsis posterioribus litteris voluit non obstare. Datum Romæ apud sanctum Petrum anno incarnationis Dominicæ M. D. LXXV. IV. Cal Septembris.

Sepembris, pontificatûs noſtri anno IV. Signé, CÆS. GLORIARIUS, & ſur le reply A. DE ALEXIIS. Ibidem, pag. 606.

ARREST DU PARLEMENT de Paris pour l'enregiſtrement des deux bulles precedentes.

[AN. 1581.]

VEu par la cour la requeſte à elle preſentée par maiſtre Antoine Arnauld procureur general de la reine mere du roy, narrative que la cour après avoir veu les bulles de nos ſaints peres les papes Pie IV. du premier jour de Septembre 1564. & Gregoire XIII.* du premier de Septembre 1575. enſemble la ſentence donnée par maiſtres Florent Renard & Bont Broué conſeillers en ladite cour, executeurs deſd. bulles, le quinzieſme jour de Juin 1577. par leſquelles les contracts faits par ladite dame reine avec meſſires Guillaume Viole & Pierre de Gondi ſucceſſivement eveſques de Paris, amplement ſpecifiez par leſdites bulles, ſont confirmez & approuvez, auroit par ſon arreſt du vingtieſme jour de Mars 1578. du conſentement du procureur general du roy, verifié & fait regiſtrer les lettres d'amortiſſement de la terre & ſeigneurie d'Armentieres, pour en jouïr par ledit ſieur eveſque de Paris & ſes ſucceſſeurs comme eſt mandé par icelles, deſquelles lettres ladite dame reine par leſdites bulles & ſentences eſt tenuë d'en fournir la ratification à ſes depens audit ſieur eveſque de Paris. Et combien que par ladite ſentence deſdits ſieurs executeurs portant confirmation des deux contracts ſuſdits, & auſſi par arreſt de ladite cour portant ratification deſdites lettres d'amortiſſement & des bulles de nos ſaints peres leſquelles dependent l'une de l'autre : à ſçavoir pour l'echange de la terre & ſeigneurie de S. Maur des Foſſez avec la baronie de Levroux, & celle de Levroux avec la terre & ſeigneurie d'Armentieres, moyennant l'union de l'abbaye de S. Magloire à l'eveſché de Paris, ſoit ſuffiſamment entendu ladite union de ladite abbaye de S. Magloire mentionnée & ſpecifiée, tant par leſdits contracts, que bulles ſuſdites, avoir eſté faite, confirmée & approuvée : meſmes que toutes les parties ont ſur icelle union eſté oüyes pardevant leſdits ſieurs Bernard & Broué, comme appert par ladite ſentence ; toutesfois à l'occaſion que par l'arreſt portant la verification deſdites lettres d'amortiſſement n'eſt par mots exprès fait mention de ladite union, ſeroit beſoin à ladite dame reine, pour

*Du 4. des Cal. de Sep.

oſter à l'avenir toute occaſion de querelles & procés, que par mots exprès la cour prononçaſt ſur ladite union ; requeroit partant ledit ſuppliant, attendu que par leſdites bulles les ſuſdits contracts d'echange eſtoient amplement narrez & ſpecifiez, & que par iceux contracts ladite union eſtoit par mots exprès promiſe par ſa majeſté, & depuis accordée par le ſaint ſiege apoſtolique à diverſes fois, pour les cauſes portées par leſdites bulles, & que par leſdits executeurs d'icelles a eſté amplement informé ſur la commodité ou incommodité tant des échanges qu'union ſuſdits, & que toutes les parties ont eſté amplement oüyes, comme apparoiſt par ladite ſentence, il pleûſt à ladite cour, en ampliant l'arreſt portant ladite verification deſdites lettres d'amortiſſement, ordonner que leſdites bulles ſeroient regiſtrées, & le contenu d'icelles, tant ſur ladite union, qu'échange, eſtre gardé, entretenu & obſervé ſelon ſa forme & teneur. Veû leſdites bulles de nos ſaints peres les papes Pie & Gregoire : la ſentence des deputez de l'archeveſque de Sens pour l'execution deſdites bulles du quinzieſme jour de Juin 1577. les lettres d'amortiſſement & arreſt de verification d'icelles en ladite cour : les concluſions du procureur general du roy : & tout conſideré : LADITE COUR ayant egard à ladite requeſte, & icelle enterinant, a ordonné & ordonne que leſdites bulles ſeront regiſtrées ès regiſtres d'icelles, oüy ſur ce le procureur general du roy, pour jouïr de l'effet & contenu en icelles pour leſdites union & eſchanges, tant par ladite dame mere du roy, que ledit ſeigneur eveſque de Paris & ſes ſucceſſeurs, tout ainſi que ſi par l'arreſt du vingtieſme Mars 1578. portant verification deſdites lettres d'amortiſſement des choſes eſchangées, eûſt eſté ordonné leſdites bulles eſtre regiſtrées. Fait en parlement le XXIV. jour de Novembre M. D. LXXXI. Signé DU TILLET. Ibidem pag. 612.

Obſeques de l'empereur Ferdinand.

CE jourd'huy dix-neufvieſme jour du mois de Septembre l'an mil cinq cens ſoixante-quatre, ſur les neuf heures du matin ſont arrivez à l'entrée de la porte de la chambre * vingt-quatre crieurs avec armoiries & cloches, qui ont faict requerir l'entrée pour faire leur cry en la maniere accouſtumée, des obſeques & funerailles de très-haut prince Ferdinand

[AN. 1564.]

* des comptes.

empereur, qui leur auroit esté pour ce accordée; lesquels estant entrez, se sont mis & rangez joignant les fenestres du costé du greffe; & après avoir sonné, auroit esté par l'un d'eux prononcé & dict à haute & pleine voix: *Nobles & devotes personnes, priez Dieu pour l'ame de treshaut, tres-puissant, tres-excellent & victorieux prince Ferdinand, par la divine clemence naguères mort empereur, & toujours auguste; pour l'ame duquel le roy faict faire service solemnel en l'église Nôtre-Dame de Paris.*

Ledit jour de relevée estant ladite chambre assemblée, & allée en ladite église, en l'ordre qu'elle a accoustumé de marcher pour assister aux vigiles, luy a esté par monsieur de Marivaux maistre de la presente ceremonie vestu en robe de deuil & chaperon presenté lieu ès hautes chaises du chœur, du costé du cloistre & chapitre, vers l'autel; & après ladite chambre assise, comme dit est, estoient les generaux de la justice, les prevost des marchands & eschevins & conseillers de la ville, & le recteur soubs le jubé dudit costé. Tellement que les hautes chaises estoient occupées, hormis six pour les chevaliers de l'ordre, conducteurs du deuil; & aux basses estoient les greffiers de la chambre, les auditeurs d'icelle, greffiers des generaux, & plusieurs autres. Du costé de l'evesque à main droite, seoit la cour de parlement, occupant les hautes chaises, saux aussi cinq ou six restans pour le deuil; & aux basses estoit le greffier civil de ladite cour, les notaires & secretaires d'icelle, & le premier huissier. A l'instant est arrivé le deuil accompagné de quatre chevaliers de l'ordre: sçavoir, du seigneur de Gonnor conduisant le premier, le comte de Crineres conduisant le second, le seigneur de Sineterre conduisant le troisiesme, & le seigneur de Pest conduisant le quatriesme, marchant devant eux le maistre de la ceremonie, avec deux herauts d'armes; lesquels estant assis, les vigiles ont esté chantées. Le lendemain la chambre pour assister audit service, s'en seroit pareillement allée en ladite église en pareils ordres que dessus; & le deuil arrivé, a esté commencé la messe par l'evesque de Tulles faisant l'office, durant laquelle fut faite l'oraison funebre par un Jacobin. Et de ce que dessus ladite chambre a commandé faire ce present acte à moy greffier en icelle. Signé, BAUGY. *Reg. de la ch. des compt. cotté DDD. biblioth. Coislin, vol. 12.*

Lettres patentes du roy Charles IX. pour faire abbattre les saillies & ostevens des maisons de la ville de Paris.

CHARLES, &c. Combien que par arrest de nostre cour de parlement, & par edits faits par nos predecesseurs & nous, il soit ordonné que les saillies des maisons de nostre ville de Paris, & ostevens seroient ostez & abbatus: & depuis sur la remontrance du prevost des marchands & eschevins de nôtredite ville, nous eussions donné souffrance, terme & délai aux habitans de ladite ville d'abbatre leursdites saillies & ostevens, par un an prochain ensuyvant, lequel à present seroit expiré ou prochain à expirer. A CES CAUSES, & qu'il est question non seulement de la decoration, mais aussi de la santé & seureté des habitans de ladite ville, nous vous mandons & enjoignons par ces presentes, que vous ayez à faire exprès commandement de par nous à tous les habitans de ladite ville qui ont saillies & ostevens à leursdites maisons, qu'ils ayent à icelles faire démolir & abbatre dedans la huitaine après ledit commandement fait, suivant ledit arrest & nosdits edits; & à faute de ce faire, vous ayez à icelles faire démolir & abbatre à leurs dépens: nonobstant oppositions ou appellations quelconques, desquelles nous avons reservé & retenu, reservons & retenons à nous & nostre conseil privé la cognoissance, & icelle interdite & defenduë, interdisons & defendons à nostredite cour de parlement & à tous autres nos juges. De ce faire & accomplir vous avons donné & donnons plein pouvoir, puissance, authorité & commission. Mandons & commandons à tous nos justiciers, officiers & subjets, qu'à vous nos huissiers, sergens, maçons, charpentiers & autres artisans manœuvres, executans le contenu en ces presentes, soit obey. Car tel est nostre plaisir. Donné à Montpellier le XXIX. jour de Decembre, l'an de grace M. D. LXIV. & de nostre regne le v. Signé: Par le roy en son conseil, HURAULT.

AN. 1564.

Leüës & publiées en jugement au chastelet de Paris, oüy & ce requerant le procureur du roy audit chastelet, & ordonné estre enregistrées & publiées à son de trompe. Fait audit chastelet le Jeudy premier jour de Fevrier l'an de grace M. D. LXIV. Signé, DOBILLON & GOYET. *Tiré des ordonnances de Fontanon, tom. I. pag. 845.*

Autres

JUSTIFICATIVES.

Autres lettres patentes du roy Charles IX. concernant le pont au Change.

An. 1565.

CHARLES par la grace de Dieu roy de France; à nos amez & feaux les gens de nos comptes à Paris, salut & dilection. Comme visitations ayent esté faictes à plusieurs & diverses fois, tant par vous, le tresorier de l'espargne, que nos autres officiers, sur la reparation necessaire estre faicte au pont au Change de nostre ville de Paris, qui est de nostre ancien domaine; en faisant lesquelles visitations vous ayez trouvé és presences d'aucuns de vous & de nos officiers qui y ont esté commis, que les jurez & maistres des œuvres & autres gens à ce cognoissans qui à ce ont esté appellez, estoient d'advis, non seulement de reparer ledit pont pour l'eminent peril, mais le refaire & reédifier de pilles de pierres de taille, au lieu de pieux qui y sont, pour être ledit pont porté à plat, comme il est à present; autrement & à faute de ce faire, il y faudroit chacun an mettre la main, chose qui reviendroit à dépense excessive, sans aucune seureté dudit pont, pour ce qu'il est desormais fort difficile de recouvrer des pieus de bois de la grosseur & hauteur necessaire pour le soustenir. Et pour faire l'amas de pierres de taille & autres materiaux pour la construction desdites pilles, & commencer bientost ledit edifice, & aussi pour voir les baux & alienations des forges & maisons qui sont assises sur ledit pont, ordonner des deniers qui seront necessaires à faire ledit edifice, & faire le rachapt desdites forges & maisons, s'il est requis, il soit besoing d'amplier le pouvoir que vous avez de nous. Sçavoir faisons que nous confians à plain du bon & grand devoir, soing & diligence que vous avez accoustumé de mettre au bien & conservation de nos finance & domaine, vous avons commis & deputez, commettons & deputons par ces presentes, d'ordonner des deniers qui seront necessaires & qui par nous seront destinez & ordonnez, tant pour faire ledit pont, que pour faire le rachapt & remboursement des maisons & forges dudit pont, qui ont esté vendues & alienées par nos predecesseurs, faire appeller par devant vous les achepteurs & detenteurs d'icelles, voir & juger les lots & ventes qui leur en ont esté faicts, faire faire le remboursement des sommes de deniers qui se trouveront estre entrées en nos finances desdites alienations, recevoir toutes offres qui nous seront faictes tant par lesdits acquereurs & detenteurs desdites maisons & forges, que tous autres, pour nostre proffit & utilité, passer revente, si besoing est, des maisons & forges qui seront de nouvel edifiées, en & passer & expedier toutes lettres & contracts sur ce requis & necessaires, faire démolir ledit pont qui est à present, & les maisons qui sont sur iceluy, soit en hauteur & largeur, en tout ou en partie, ainsi que verrez estre commode & profitable pour nostre service & bien public, faire les prix & marchez aux massons, charpentiers, couvreurs & autres artisans, tant pour leur travail, que pour les materiaux qui seront necessaires à faire ledit edifice, selon les desseins qui en ont cy-devant esté faicts & qui le seront cy-après, pour le proffit & utilité de nous & du public, faire payer les artisans & materiaux des deniers qui seront par nous destinez audit ouvrage; voulans que les prix, marchez & ordonnances qui sur ce seront par vous faictes, soient de tel effect & vertu, que si elles estoient faictes & emanées de nous, & que les deniers pour ce payez par vos dictes ordonnances, soient alloüez par vous en la depense des comptes des receveurs & comptables qui en feront les payemens & depenses, sans aucune difficulté; le tout nonobstant oppositions ou appellations quelconques à ce contraires; & de ce faire vous avons donné pouvoir, puissance & authorité, & vous en avons attribué & attribuons toute cour, jurisdiction & connoissance, & icelle deffendue & interdite, deffendons & interdisons à tous nos autres juges; car tel est nostre plaisir. Donné à Carcassonne, le xvi. Janvier M. D. LXV. & de nostre regne le v. *Signé*: Par le roy en son conseil, HURAULT, & scellées sur simple queuë de cire jaune sur lacs de soye.

Registrées en la chambre des comptes du roy nostre sire, ouy & requerant le procureur general dudit seigneur en icelle, le v. Febvrier l'an M. D. LXV. selon l'ancienne coustume, & selon l'edict de 1560. *Signé*, FROMAGET, *Reg. de la ch. des compt. cotté* E E E. *biblioth. Coislin*, *vol.* 13.

ARREST DU PARLEMENT, concernant le college des Grassins.

An. 1730.

VEu par nous Edme Pirot prestre, docteur en theologie de la maison & societé de Sorbonne, chanoine & chancelier de l'eglise & de l'université de Paris, & Edme Pourchot licentié en la faculté des droits, syndic & ancien recteur de ladite université & professeur emerite en philosophie, l'arrest de la cour du 14. Aoust 1705. rendu sur le requisitoire de M. le procureur general, par lequel il est ordonné que les titres qui concernent l'eblissement, fondation & dotation du college des Grassins fondé en l'université de Paris, ensemble les statuts & reglemens, si aucuns y a, avec les comptes de la recette & depense dudit college pendant les dix dernieres années, seront mis au greffe de la cour par les principal & procureur dudit college, pour après en avoir été pris communication par mondit sieur le procureur general, estre requis par luy ce qu'il estimera necessaire pour le bien dudit college. Autre arrest du 11. Mars 1707. qui ordonne que les statuts & titres, ensemble les comptes de l'administration des biens dudit college des Grassins pendant les dix dernieres années, avec les pieces concernant l'etablissement fait des boursiers Irlandois audit college, nous seront remis, pour donner notre avis sur tout ce que nous estimerons devoir estre reformé ou observé dans ledit college, pour y rétablir ou y maintenir l'ordre & la discipline, mesme pour le regard desdits boursiers Irlandois qui y sont establis ; pour lesdites pieces & nostre avis rapportez au greffe de la cour, & le tout communiqué à M. le procureur general du roy, estre ordonné ce que de raison. Expedition en parchemin du testament de noble homme maistre Pierre Grassin seigneur d'Ablon, conseiller du roy en sa cour de parlement, du Dimanche 16. Octobre de l'an 1569. signé Bergeon & le Caron, par lequel après avoir déclaré qu'il élit sa sepulture en l'eglise paroissiale de S. Severin à Paris, & après avoir fait plusieurs legs pieux, il veut & ordonne qu'il soit pris sur ses rentes & sur tout son bien la somme de trente mille livres tournois, pour estre employée selon la disposition de maistre Thierry Grassin avocat au parlement, son frere & executeur testamentaire, & par le conseil de messire Antoine le Cirier evesque d'Avranches, en un college de pauvres, & qu'à cette fin leur sera achetée maison en l'université de ladite somme, pour y estre par eux fait exercice en l'etude & service divin, ou bien, s'il le trouve meilleur, qu'il en achete ou bâtisse une maison sur l'eau pour les pauvres malades : & supplie sond. frere, au cas que ladite somme de trente mille livres tournois ne suffise, y employer & y faire son aumône, ce qu'il croit qu'il fera de bon cœur ; & au cas que son fils Pierre Grassin decede sans enfans, soit avant le trepas de sondit frere ou autrement, il veut & entend que sur tout son bien, outre & par dessus ladite somme de trente mille livres tournois, soit pris la somme de soixante mille livres tournois, pour estre employée ainsi que dessus : à quoi il prie ledit sieur evesque d'Avranches de tenir la main, s'il luy plaist. Item, veut & ordonne qu'aux bourses dudit college soient preferez les pauvres de la ville deSens & ès environs, qui seront presentez par sondit frere, & après sa mort par M. l'archevesque de Sens, & les comptes rendus pardevant ledit sieur archevesque ou son commis, appellez messieurs les gens du roy audit Sens. Copie collationée en papier d'autre testament de noble personne maistre Pierre Grassin fils, seigneur d'Ablon & Pomponne, receu par Henry & Brigand notaires au chastelet de Paris, en datte du Lundy septiesme jour de Novembre de la mesme année 1569. par lequel après avoir élu pareillement sa sepulture dans l'eglise paroissiale de S. Severin, il ordonne & recommande que le testament dudit sieur Pierre Grassin conseiller en la cour, son pere, soit entierement accompli de point en point selon sa forme & teneur, soit pour le regard des trente mille livres tournois, d'une part, & soixante mille livres tournois, d'autre, données & ordonnées par ledit defunt son pere pour la fondation & erection du college mentionné en sondit testament, soit pour toutes les autres choses declarées en iceluy testament ; suppliant & requerant maistre Thierry Grassin son oncle de tenir la main à ce qu'il soit executé en la plus grande diligence que faire se pourra. Item, a donné & laissé, & donne & laisse par donation & legs testamentaire audit college fondé par sondit pere, la somme de douze cens livres tournois pour une fois payée, & outre & pardessus les trente mille livres tournois d'une part, & soixante mille livres d'autre, données & leguées par sondit pere audit college, à la charge de faire dire, chanter & celebrer par ceux dudit college à perpetuité, chacun premier jour du mois de l'an, si faire se peut, ou sinon, le plûtost après que faire se pourra par chacun desdits mois de l'an, un service complet en l'intention des ames de ses feux pere & mere & de luy testateur ; & outre qu'il soit par eux dit, chanté & celebré un autre service complet, aussi à toujours & perpetuellement à pareil jour que ledit testateur decedera, auquel jour il veut & entend que les boursiers fiers dudit college ayent double portion. Arreſt de la cour du 19. Aouſt 1570. rendu contradictoirement entre les commis au gouvernement du temporel de l'Hotel-Dieu de la ville de Paris, & les gouverneurs & adminiſtrateurs de la communauté des pauvres de ladite ville, reſpectivement demandeurs d'une part, & maiſtre Thierry Graſſin avocat en ladite cour, executeur du teſtament & ordonnance de derniere volonté de feu maiſtre Pierre Graſſin conſeiller en la cour, & les maire & eſchevins de la ville de Sens, reſpectivement deffendeurs & demandeurs, d'autre part; par lequel après avoir entendu ledit ſieur eveſque d'Avranches, il eſt ordonné ſur les concluſions de meſſieurs les gens du roy, que le teſtament de defunt maiſtre Pierre Graſſin ſera executé de point en point ſelon ſa forme & teneur: & en ce faiſant, que ledit maiſtre Thierry Graſſin executeur dudit teſtament, ſera tenu par toute voye duë & raiſonnable, & le plutoſt que faire ſe pourra, acheter ou bâtir & conſtruire, appellez ou preſens ledit ſieur eveſque d'Avranches & deux conſeillers de ladite cour à ce commis avec M. le procureur general du roy, une maiſon en l'univerſité, pour y faire & dreſſer un college de pauvres, pour y eſtre par eux fait exercice d'etude & ſervice divin, le tout juſqu'à la concurrence de la ſomme de quatrevingt-dix mille livres tournois, laquelle ſomme ledit executeur ſera tenu employer tant en achat & acquiſition de place & maiſon propre à la conſtruction dudit college, qu'entretenement deſdits pauvres & bourſes d'iceluy; auſquelles bourſes ſeront preferez les pauvres de la ville de Sens & des environs, & preſentez par maiſtre Thierry Graſſin, & après ſon deceds par l'archeveſque de Sens, pardevant lequel ou ſon commis les comptes dudit college ſe rendront, les gens du roy de ladite ville de Sens appellez. Le contract d'échange en parchemin paſſé pardevant Croiſet & Foucart notaires au chaſtelet de Paris, en datte du 26. jour d'Avril 1571. par lequel maiſtre Thierry Graſſin ſeigneur d'Ablon donne quatre cens-cinquante livres tournois de rente en neuf parties à meſſire Jean Jacques de Meſmes ſeigneur des Arches, conſeiller du roy en ſes conſeils, maiſtre des requeſtes ordinaire de ſon hôtel, & à ſes coheritiers, pour une grande maiſon, où preſentement ſont conſtruits l'ancien corps du college des Graſſins & les deux maiſons dans la rue des Sept-voyes vis-à-vis l'egliſe de S. Hilaire, faiſant partie de l'hoſtel d'Albret, ladite maiſon acquiſe l'an 1527. le 6. jour d'Avril, de noble ſeigneur Frederic de Foix grand ecuyer, fondé de procuration de haut & puiſſant prince Henry roy de Navarre, par meſſire Jean-Jacques de Meſmes ſeigneur de Roiſſy, auſſi conſeiller du roy en ſon privé conſeil & maiſtre des requeſtes de ſon hoſtel, pere dudit ſeigneur des Arches, & coheritiers, en execution duquel echange les parties ſe ſont reciproquement remis leurs titres entre les mains. Autre contract en parchemin paſſé pardevant leſdits Croiſet & Foucart notaires au chaſtelet de Paris, le premier jour de May de l'an 1571. par lequel Gillette & Iſabelle de Cueurly, ſœurs, filles majeures uſans de leurs droits, ont vendu audit ſieur Thierry Graſſin, moyennant le prix de ſept mille huit cens livres tournois, trois maiſons ſituées dans la rue des Amandiers, où pendoient alors pour enſeignes *l'Autruche*, *le Moulin* & *le Sauvage*. Autre contract d'acquiſition en papier du 15. May 1571. d'une grande maiſon conſiſtant en pluſieurs corps de logis, deux cours, caves, jardins, puits & autres appartenances, ſituée dans le carrefour de ſainte Genevieve du Mont, où pendoit alors pour enſeigne *la Barbe d'or*, ladite acquiſition faite par maiſtre Olivier Minager avocat au parlement, au nom & comme fondé de procuration dudit ſieur Thierry Graſſin, des heritiers de Jean Cleret bourgeois de Paris, moyennant la ſomme de quatre mille ſept livres dix ſols tournois. Copie collationnée en papier du contract de donation, par lequel maiſtre Thierry Graſſin, tant comme heritier & executeur teſtamentaire des ſieurs Pierre Graſſin pere & Pierre Graſſin fils ſes frere & neveu, que de ſon chef, & augmentant leurs diſpoſitions, mû comme eux d'affection envers la patrie & pays de Sens lieu de leur naiſſance, & à ce que ledit pays ſoit doreſnavant pourvû de gens doctes, & pour la faveur des bonnes lettres, a de ſon bon gré ſans aucune contrainte, en la preſence de noble homme maiſtre François Sevin conſeiller du roy & preſident en ſa cour des aydes à Paris, cedé, quitté, tranſporté & délaiſſé aux principal & bourſiers du college des Graſſins fondé par ſondit frere en l'univerſité de Paris, maiſtre Pierre Aymon docteur en theologie en ladite univerſité & principal dudit college à ce preſent, ſtipulant & acceptant, tant pour lui & leſdits bourſiers, que pour leurs ſucceſſeurs, deux mille huit cens cinquante une livres douze sols onze deniers pite tournois de rente annuelle en 26. parties constituées sur l'hostel de ville de Paris ; item, les six maisons suscl. estant des appartenances dud. college, l'une desquelles est située au carrefour de sainte Genevieve, où pendoit alors pour enseigne *la Barbe d'or*, trois autres en la rue des Amandiers acquises des de Cueurly, & deux autres vis-à-vis l'eglise de S. Hilaire, acquises de messieurs de Mesmes, pour lesdits principal & boursiers & leurs successeurs joüir desdites rentes & revenus comme de choses à eux appartenantes, au moyen de ladite donation passée pardevant Brigand & son confrere notaires au chastelet de Paris, en datte du 13. Fevrier 1578. Projet en latin de statuts faits par Thierry Grassin, où il ordonne entr'autres choses qu'il y aura dans le college, outre le principal, six grands boursiers & douze petits, & que chacun des grands boursiers aura soin de deux des petits ; ledit projet imparfait & non signé. Cinq extraits en parchemin du testament dudit sieur Thierry Grassin passé pardevant Moreau & Davoust notaires au chastelet de Paris, le Dimanche 5. Fevrier 1584. par où il ordonne 1. que tous & chacuns les livres imprimez qui se trouveront au jour de son decez en la maison où il est demeuré rue sainte Avoye, tant du feu sieur d'Ablon son frere, que de son neveu & de luy, soient pris pour en faire une librairie au college des Grassins, pour l'instruction de ceux qui habiteront ledit college, & desquels il veut après son decez estre fait un inventaire fidele, lequel avec la clef d'icelle librairie demeurera en la possession du principal dudit college. 2. Veut & entend que les services que l'on a de coutume d'y faire dire, chanter & celebrer par ledit college, y soient continuez pour & à l'intention des fondateurs dont il est un ; & outre une messe basse de *Requiem* qu'il veut estre celebrée dans la chapelle dudit college par chacun jour pendant une année, à compter du jour de son deceds, il veut encore estre dit un obit de *Requiem*, avec *Salve regina*, *De profundis* & *Domine, non secundùm peccata nostra*, par chacun an à perpétuité, à pareil jour qu'il decedera. 3. Il veut estre par mademoiselle la presidente Sevin sa seule heritiere du costé maternel, acheté une maison rue des Amandiers, joignant l'entrée du college des Grassins d'un costé, & de l'autre costé tenant aux maisons par luy déja acquises des de Cueurly, & que pour ledit achat il soit employé jusqu'à la somme de mille écus & plus, si plus en faut, & qu'elle paye les droits de lods & vente, & fasse promettre indemnité au seigneur dont elle est mouvante, afin d'estre cy-après tenue en main morte par ledit college. 4. Enfin il supplie le reverendissime & illustrissime cardinal de Pelvé archevesque de Sens, & ses successeurs archevesques, de s'acquitter fidelement de ce qui a été commis à leurs soins par le testament des sieurs Grassin pere & fils, pour le fait de la fondation dudit college, ce qu'il se croit obligé de faire pour la décharge de sa conscience. Contract passé pardevant de Monroussel & de saint Vaast notaires au chastelet de Paris, le 12. Avril 1636. contenant la vente faite par maistre François Brisson avocat en la cour, au college des Grassins ce acceptant par maistre Jean Coqueret prestre, docteur en theologie, principal dudit college, d'un jardin dépendant de la cour d'Albret, & d'une bergerie consistant en une grande halle & grenier au dessus, où se trouve maintenant le fond de la cour dudit college, & le corps de logis contenant la grande salle qui fait face en entrant dans ledit college, par la grande porte qui est dans la rue des Amandiers, le tout moyennant la somme de cinq mille livres payée comptant. Autre contract d'échange passé pardevant Ricordeau & son confrere notaires au chastelet de Paris, le 21. Avril 1643. par lequel le sieur François Brisson écuyer, sieur de Fortoiseau, demeurant à Paris rue neuve & paroisse S. Paul, a cedé, quitté & transporté aud. sieur Coqueret en sa qualité de principal du college des Grassins une place à lui appartenante de son acquest, faisant partie d'une maison vulgairement appellée *la cour d'Albret*, à prendre ladite place de la largeur du pignon du grand corps de logis vieil dudit college des Grassins, & de la longueur qu'elle a, c'est-à-dire, depuis le pignon dudit grand corps de logis vieil, jusqu'au corps de l'hostel neuf, ayant sortie sur la rue des Bœufs, basti par ledit sieur Brisson, joignant le grand corps de logis neuf ; sçavoir celuy où se trouve la grande salle dudit college, sur laquelle place est construit presentement le grand escalier & le corps de bastiment neuf qui est entre led. escalier & l'ancien corps de logis qui fait face à la porte de la chapelle dudit college ; & en contr'echange ledit sieur Cocqueret, en sadite qualité de principal, a baillé, cedé, transporté & delaissé audit sieur Brisson cent soixante-six livres treize sols quatre deniers de rente rachetable par trois mille livres, qui est à raison du denier dix-huit, à prendre & faisant partie de plus grandes sommes de rente vendues audit sieur Cocqueret par dame Catherine de la Rochefoucault marquise de Senecé, & dame Jacqueline Mareschal veuve de messire Guillaume de Montholon conseiller du roy en son conseil d'estat & privé, par contract du 20. Novembre 1635. dont copie a esté mise ès mains dudit sieur Brisson, lequel a fait ratifier ledit contract d'échange par dame Jeanne Clement son épouse de luy autorisée à cet effet. Contract de constitution fait sur les colleges de Boncour & Tournay par les docteurs en theologie de la maison & societé de Navarre, au profit dudit sieur Cocqueret principal dudit college des Grassins, de la somme de deux cens vingt livres tournois de rente annuelle, rachetable par la somme de quatre mille quatre cens livres, dont ledit sieur Cocqueret a déclaré qu'il y en a deux mille livres appartenant audit college des Grassins, auquel il en a esté fait legs par M. Sebastien Lescuyer conseiller au parlement de Paris; pour les arrerages de ladite somme montant à celle de cent livres par chacun an, estre donnez & aumosnez aux pauvres estudians dudit college, à la discretion dudit sieur Cocqueret principal & de ses successeurs en ladite qualité, ainsi qu'il est porté par ledit legs: duquel contract de constitution passé pardevant Ricordeau & son confrere notaires à Paris le 16. Octobre 1646. il a esté expedié une seconde grosse le 30. Octobre 1666. à maistre Jean Hersant prestre, principal dudit college, en consequence d'une ordonnance du sieur lieutenant civil du 16. Octobre audit an 1666. par de Crespyn subrogé à l'office & pratique dudit Ricordeau. Expedition en papier du contract de reduction de ladite rente au denier vingt-deux, consentie par maistre François Framery principal dudit college, en sorte que les cent livres portées au precedent contract, n'auront plus cours à l'avenir que pour quatre-vingt dix livres dix-huit sols deux deniers, rachetables par la somme de deux mille livres, ladite reduction faite pardevant Lorimier & son confrere notaires au chastelet de Paris le 20. Janvier 1682. Lettres en parchemin portant concession d'un cours de huit lignes d'eau en superficie, provenant des fontaines de Rungis; ladite concession faite audit college des Grassins par messire Jerôme le Feron prevost des marchands & les eschevins & conseillers de la ville de Paris le 12. Aoust 1648. Contract en parchemin passé devant Guyot & son confrere notaires au chastelet de Paris le 18. Aoust 1681. d'une rente de deux cens seize livres au principal de 4320. livres, constituée par messieurs les prevost des marchands & eschevins de cette ville de Paris, sur les aydes & gabelles, au profit dudit college. Compte rendu par maistre Jean-François le Prestre procureur au chastelet de Paris, & de Nicolas Carpentier curateur à la succession vacante de feu maistre François Framery principal dudit college, des revenus dudit college, à commencer le premier jour d'Avril 1688. jusqu'au premier Avril 1697. par le *finito* duquel compte il appert que le college est redevable à la succession & creanciers dudit sieur Framery, de la somme de sept mille neuf cens soixante-quatre livres deux deniers. Compte premier rendu par maistre Medard Colletet prestre, chanoine de S. Benoist à Paris, nommé procureur dudit college, ledit compte commençant au premier jour d'Avril 1697. & finissant au dernier jour de Mars 1698. dans lequel il paroist au second chapitre de recette, que le principal & les boursiers dudit college, en presence & de l'autorité de messire Hardoüin Fortin de la Hoguette archevêque de Sens, ont transporté, premierement au sieur Georges Gaillard marchand bourgeois de Paris, un contrat de 438. livres de rente constituée sur les aydes & gabelles, au principal de dix mille trois cens livres, pour ledit college demeurer quitte de la somme de huit mille livres due audit sieur Gaillard, lequel a remis au rendant compte la somme de deux mille trois cens livres; secondement, à la demoiselle Elizabet Macon veuve de maistre Georges Ozon docteur en medecine; un autre contract de six cens seize livres dix huit sols de rente constituée sur le clergé, moyennant la somme de huit mille quatre cens quatre-vingt-neuf livres, pour ledit college demeurer quitte de la somme de huit mille livres due à ladite veuve Ozon, laquelle a remis au rendant compte la somme de quatre cens quatre-vint-neuf livres; par le *finito* duquel compte arresté le 12. Decembre 1699. il est dû audit sieur Colletet la somme de cent soixante-cinq livres un sol neuf deniers. Compte deuxiesme rendu par ledit sieur Colletet, & arresté ledit jour 12. de Decembre 1699. par lequel il est dû audit sieur Colletet la somme de neuf cens trente livres trois sols. Compte troisiesme rendu par ledit sieur Colletet pour l'année commencée le premier Avril 1699. & finie au dernier Mars 1700. & arresté le 5. Mars 1701. par lequel il est dû au comptable la somme de trois cens soixante. quatorze livres six sols. Compte quatriesme & dernier rendu par ledit sieur Colletet pour l'année commençant au premier Avril 1700. & finissant au dernier Mars 1701. & arresté le 14. Juillet 1702. par lequel il est dû audit sieur Colletet la somme de quatre-vingt-neuf livres deux sols huit deniers ; dans lequel compte il est observé au dernier article du chapitre de recette, que de la somme de sept mille huit livres restant duë aux creanciers de la succession du sieur Framery, lesdits creanciers se sont contentez de celle de trois mille six cens cinquante livres, pour le payement de laquelle il a esté emprunté du clergé de Sens la somme de trois mille cinq cens livres, par contract de constitution portant cent soixante-quinze livres de rente annuelle, passé en presence de M. l'archevesque de Sens pardevant Richer & & Laideguive notaires au chastelet de Paris le 2. Mars 1701. Trois comptes de la recette & depense des revenus dudit college rendus par le sieur Aymé-François Pinssonnat sieur des Bonnes, procureur dudit college, pour trois années commençant au premier Avril 1701. & finissant au dernier Mars 1704. par le dernier desquels ledit sieur des Bonnes se trouve creancier dudit college de la somme de deux cens soixante-quinze livres huit sols six deniers. Memoire fourni par le sieur Marin Cœurderoy, faisant maintenant les fonctions de procureur dudit college, par lequel il paroist que le bien dudit college se réduit à present aux bastimens qui composent l'interieur de la maison, & qui se louent ordinairement la somme de mille livres, non compris le corps de logis occupé par les Irlandois, dont ils rendent la somme de deux cens vingt livres par chacun an. Plus, en cinq maisons, sçavoir une joignant & au-dessus de la porte d'entrée dans la rue des Amandiers, loüée maintenant au sieur Fremont maistre cordonnier, la somme de cinq cens vingt-cinq livres. La seconde, joignant la precedente dans la mesme rue, loüée au sieur des Jardins, la somme de quatre cens quarante livres. La troisiesme au carrefour de sainte Genevieve, où estoit pour enseigne *la Barbe d'or*, loüée presentement au sieur Bouttemotte, la somme de trois cens soixante-deux livres. La quatriesme, dans la rue des Sept voyes, proche l'eglise S. Hilaire, où pendoit pour enseigne *la Diligence*, loüée presentement au sieur Boüer la somme de cent cinquante-sept livres. La cinquiesme, joignant la precedente, où pend pour enseigne *la Sphere*, loüée au sieur Pottemain, la somme de cent vingt sept livres. Plus en une rente de deux cens seize livres, au principal de quatre mille trois cens vingt livres, constituée au profit dudit college sur les aydes & gabelles, par contract du 18. Aoust 1681. passé pardevant Guyot & son confrere notaires au chastelet de Paris. Toutes lesquelles sommes font ensemble celle de trois mille cinquante-quatre livres, sans y comprendre la rente de quatre-vingt-dix livres dix-huit sols deux deniers duë par le college de Boncour, dont le principal du college des Grassins dispose en faveur des pauvres ecoliers dudit college, suivant sa conscience.

A l'égard des charges dudit college, il paroist par le mesme memoire qu'outre les bourses des pauvres etudians qui ont été suspendues depuis quelques années, à cause du mauvais estat des affaires dudit college, & les appointemens du principal, il est dû de rente annuelle par ledit college,

Au S^r. Montade la somme de 400. liv.
A la dame Baralis . . . . . . 200.
A la dame Guy . . . . 100.
Au clergé de Sens . . . . . . 175.
A la dame Davesne . . . . . 60. 11 f.
A la dame de Jussac . . . . . 10.

Toutes lesquelles sommes font ensemble . . . . 945.l. 11 f.

Sur quoy il paroist par ledit memoire qu'il est dû d'arrerages presentement environ la somme de deux mille six cens livres. Plus dû par le mesme college au sieur des Bonnes, au maçon, au couvreur, charpentier, plombier & autres environ la somme de seize cens livres ; ce qui monte en tout environ à la somme de quatre mille deux cens livres.

Veu pareillement une copie collationée du testament du sieur Patrice Maguin prestre Irlandois, premier aumosnier de la reine d'Angleterre, passé pardevant de la Balle & son confrere notaires au chastelet de Paris le 3. Juillet 1682. par lequel il paroist que ledit sieur Maguin touché de compassion pour les Catholiques de son pays d'Irlande, affligez en plusieurs manieres au sujet de leur religion, auroit obtenu conjointement

JUSTIFICATIVES. 687

ment avec le sieur Malachie Kelly docteur en theologie, des lettres patentes du roi des mois d'Aoust & Mars des années 1677. & 1681. verifiées en la cour les 9. Fevrier & 19. Aoust 1680. & 1681. pour rebâtir & rétablir le college des Lombards fondé en l'université de Paris, proche l'eglise paroissiale de saint Hilaire, dès l'an 1333. & abandonné depuis par les Italiens; qu'en vertu desdites lettres il auroit fourni une somme de dix mille livres pour la reédification & rétablissement dudit college, afin d'y donner retraite à ceux de sondit pays d'Irlande qui étudieroient en l'université, & se rendroient capables d'aller porter la foy Catholique dans ledit pays; & pour cette fin il donne & legue par sondit testament aux étudians Irlandois, & particulierement à ceux de la province d'Ultonie, avec preference des familles de Maguin, Magenis & Oneill, deux mille cinq cens livres de rentes à lui constituées en deux parties assignées sur les aydes & gabelles, payables en l'hostel de cette ville de Paris, pour estre lesdites rentes employées à l'entretien des boursiers & écoliers de la qualité mentionnée cy-dessus, par ordre des sieurs prieur & chambre de saint Victor, & par l'avis du sieur proviseur du college des Lombards; ajoutant qu'en cas que les Italiens au préjudice desdites lettres patentes rentrassent dans ledit college, il veut que lesdites dix mille livres par lui fournies soient rendues ausdits sieurs de saint Victor, pour estre employées en bâtimens pour la mesme intention; & qu'en cas de remboursement desdites rentes par sa majesté, il soit procedé au remploy par tel ecclesiastique officier de l'université qui sera nommé par lesdits sieurs de saint Victor & proviseur du college des Lombards. Copie imprimée d'un acte passé pardevant Torinon & son confrere notaires au chastelet de Paris le 22. Mars 1696. contenant une transaction entre lesdits sieurs de saint Victor & ledit proviseur du college des Lombards, pour l'administration des biens & la direction des boursiers & écoliers de ladite fondation, avec un contract d'association desdits boursiers au college des Graffins, fait entre lesdits sieurs de saint Victor & proviseur du college des Lombards, d'une part, & le sieur François Framery principal & les boursiers dudit college des Graffins, d'autre; ledit contract approuvé les mesmes jour & an par messire Hardoüin Fortin de la Hoguette archevesque de Sens sur la lecture qui lui en a esté faite; le tout suivi de lettres patentes de sa majesté du mois de May de ladite année 1696. verifiées en la cour le 11. Juillet de la mesme année. Requeste du sieur Charles Magenis proviteur du college des Lombards, contenant plusieurs chefs de demandes contre lesdits sieurs de saint Victor, touchant l'execution de ladite fondation. Requeste desdits sieurs de saint Victor, contenant leurs defenses & demandes contre ledit sieur Magenis. Comptes rendus par le sieur Euverte Magenis œconome desdits boursiers, depuis le 26. Juillet 1696. jusqu'à la fin de l'an 1702. dans le premier desquels il paroist au premier chapitre de depense qu'il a employé la somme de quatre cens trente-huit livres à l'acquit du principal & college des Graffins, pour les reparations du corps de logis occupé par lesdits boursiers Irlandois, en vertu dudit contract d'association, outre une promesse de la somme de deux cens soixante-douze livres qu'il dit devoir estre encore payée par ledit principal & college pour lesdites reparations, ce qui fait la somme de sept cens dix livres payée par ledit college en faveur desdits boursiers Irlandois, en perte des loyers dudit corps de logis depuis Pasques jusqu'à la saint Remy de ladite année 1696. Bref estat de la recette & depense desdits boursiers Irlandois depuis le premier Janvier 1703. jusqu'au dernier Mars 1704.

Tout consideré & diligemment examiné & discuté par nous, après nous estre transportez dans ledit college le Jeudy onze Aoust 1707. & le Mardy 28. Fevrier 1708. après avoir visité la chapelle, la sacristie, la bibliotheque & la plûpart des chambres, & specialement les cabinets qui sont au haut de la maison où logeoient ordinairement les boursiers, & le corps de logis occupé par les Irlandois : après avoir entendu le sieur Caillet principal, les sieurs Fleury, Duhamel, de Prepetit, Guillier, Laisnel, Pierres, Cochet, tous regens dans ledit college : après avoir pareillement visité le logement occupé par les boursiers Irlandois, sans y avoir trouvé le sieur Euverte Magenis œconome ny à la premiere ny à la seconde visite, nous sommes d'avis, sous le bon plaisir de la cour, qu'il y a lieu d'ordonner

Premierement, que les fondations des sieurs Pierre Graffin pere, Pierre Graffin fils & Thierry Graffin seront executées selon leur forme & teneur ; qu'en consequence les douze bourses qui ont été suspendues depuis quelques années, seront retablies aussitost que l'estat du college pourra le permettre; que les boursiers seront de la qualité requise par les fondateurs, & nommez par M. l'archevesque de Sens, pour jouïr de leurs bourses depuis la plus basse classe de grammaire des colleges de l'université, jusqu'à la fin de leur philosophie; qu'ils vivront en commun autant que faire se pourra, & acquitteront avec le principal les obits & autres offices portez par les titres de fondation : sçavoir, trois grands obits par chacun an, qui seront celebrez avec diacre, soûdiacre, & chapiers, & précedez la veille des vigiles des morts à neuf pseaumes & neuf leçons ; le premier se dira le 23. Aoust pour l'anniversaire de Thierry Graffin troisiesme fondateur; le second se dira le 17. Octobre pour l'anniversaire de Pierre Graffin premier fondateur, & le troisiesme pour l'anniversaire de Pierre Graffin second fondateur le 12. Novembre. Plus douze petits obits par an, qui se diront le premier jour de chaque mois, ou le plus prochain jour libre, avec vigiles à trois pseaumes & trois leçons la veille, pour le repos des ames des fondateurs en commun, de celles de leurs parens & de tous les bienfacteurs du college. Plus lesdits boursiers se rendront tous les jours, selon la coutume établie de tout temps, dans la chapelle dudit college à la sortie des classes du soir, & y chanteront le *Salve regina*, ou autre antienne selon le temps avec l'oraison ; *Da pacem, Domine* avec l'oraison ; & *De profundis* avec les oraisons pour le repos de l'ame des fondateurs & autres bienfacteurs de la maison. Ils chanteront aussi tous les Vendredis à la messe pendant la communion du prestre, *Domine, non secundùm peccata nostra*, suivant les pieuses intentions des fondateurs & la pratique du college.

On sonnera le lever le matin à cinq heures & demie, & on fera la priere en commun à cinq heures & trois quarts, depuis la rentrée des classes jusqu'à Pasques. Et depuis Pasques jusqu'aux vacances on sonnera le lever à cinq heures du matin, & on fera la priere à cinq heures & un quart, & le portier ouvrira la porte du college. La messe se dira les jours de classe à sept heures & un quart du matin ; les jours de Dimanche ausquels le principal doit faire l'instruction après l'evangile, on la commencera à sept heures & demie ; & les jours de festes ausquels on dit seulement la messe haute comme les Dimanches, sans toutefois faire d'instruction après l'evangile, on ne la commencera qu'à huit heures. Les vespres se diront les jours de Dimanche & festes à cinq heures & un quart, suivant l'usage du college. Outre cela on chantera les matines les jours des grandes festes. Le principal aura soin que les boursiers aussi bien que les pensionnaires s'approchent des sacremens de temps en temps, & que les domestiques soient instruits de leurs devoirs de religion, & sur tout qu'ils ne manquent point à l'obligation Paschale. La priere du soir se fera en commun à huit heures & trois quarts, après laquelle chacun se retirera, & la porte du college sera fermée & les clefs portées au principal. Pour ce qui regarde les repas, le disner se fera à l'ordinaire à onze heures, & le souper à six; on les reculera neanmoins d'une demie heure les jours de jeûne, suivant la coûtume. A l'égard des professeurs, outre l'office divin auquel ils doivent estre exacts, & y contribuer mesme, s'ils sont ecclesiastiques & qu'ils ayent du talent pour le chant de l'eglise, ils suivront pour la maniere d'enseigner, pour l'entrée & la sortie des classes, & pour les jours de congé, les statuts de l'université & l'usage du college.

Secondement, le sieur Marin Cœurderoy procureur dudit college sera tenu de rendre incessamment les comptes de sa gestion, depuis le tems de sa commission jusqu'au temps de la reddition desdits comptes. Et attendu que les principaux du college, outre la somme de trois cens livres d'appointement qu'ils se font alloüer par chacun an dans les comptes sans aucun titre, & l'honoraire qu'ils tirent du fonds des messageries de l'université à cause de l'exercice public des classes, ont encore chargé ledit college d'une retribution annuelle pour un chapelain qui dit la messe & fait l'office à leur décharge, il sera fait defenses au procureur de fournir à l'avenir aucune somme pour un chapelain ; mais le principal sera tenu de dire ou faire dire la messe dans la chapelle, y fournir le pain & le vin, & acquitter les autres offices suivant l'intention des fondateurs, moyennant ladite somme de trois cens livres.

Quant à ce qui regarde maistre Jean Caillet prestre, bachelier en theologie & principal dudit college, comme il a

rompu

rompu l'œconomie qui avoit été entretenue par ses predecesseurs, qu'il n'a point renouvellé le bail qu'il avoit fait à leur exemple pour la somme de mille livres des bâtimens interieurs dudit college, qu'il a entierement abandonné ledit college dès le premier Octobre 1706. & l'a dégradé ou laissé dégrader en plusieurs manieres, il ne luy sera payé que l'honoraire des messes qu'il peut avoir dites depuis ledit jour premier Octobre 1706. & il sera enjoint au procureur de faire ses diligences, pour l'obliger à remettre les lieux dans l'estat où il les a reçus du sieur Pinssonnat son predecesseur, sans prejudice des autres actions que ledit procureur peut avoir droit d'exercer contre ledit sieur Cailler.

Il sera aussi fait à la diligence dudit procureur une description des ornemens de la chapelle, & un inventaire tant des livres de la bibliotheque, que des titres & papiers concernant ledit college, desquels inventaires il sera mis une copie dans les archives du chapitre de Sens.

Et attendu que ledit procureur n'est point demeurant dans le college, ny ne peut pas mesme y demeurer par son estat, ny par consequent veiller aux reparations qu'il convient faire, & tenir la main à ce qu'elles soient bien faites, ny donner dans les temps précis toute l'attention aux affaires qui surviennent, nous estimons que maistre Jacques Cochet professeur emerite des lettres humaines dans ledit college, qui a pris une connoissance entiere de tout ce qui regarde la maison depuis trente ans & plus qu'il y habite, qui a eu soin des boursiers & de la sacristie pendant un temps considerable, & dont la probité est connuë dans l'université, sera utilement la charge de procureur dudit college, aux gages de cent livres par an avec son logement. Qu'à cet effet l'une des clefs de l'armoire où sont les titres & papiers dudit college, luy sera remise par ledit sieur Cœurderoy, après la reddition de ses comptes & la confection des inventaires susdits, l'autre clef demeurera entre les mains du principal. Que ledit sieur Cochet pourra aussi demeurer chargé des livres de la bibliotheque, & prendre soin du luminaire & des ornemens de la chapelle qui s'alterent beaucoup par l'humidité du lieu où ils sont enfermez, ensorte que les sommes qu'il employera à ce sujet, lui seront allouées dans ses comptes.

Et afin que le college puisse estre remis dans un estat permanent, notre avis est que les bourses doivent demeurer suspendues, jusqu'à l'entier payement des dettes actuellement exigibles, & au remboursement de la rente duë au sieur Montade, qu'ensuite il doit estre fait tous les ans un fonds de mille livres sur le revenu du college pour rembourser les autres rentes le pluftost que faire se pourra; & qu'après que le college sera entierement liberé, il conviendra de mettre en reserve une somme de six cens livres par chacun an, pour subvenir dans l'occasion aux reparations des maisons & autres besoins.

En troisiesme lieu, quant à ce qui touche le contract d'association des Irlandois au college des Grassins du 22. Mars 1696. nous estimons qu'il est tout à fait contraire aux droits & usages de l'université, & très-préjudiciable audit college, tant par l'incompatibilité des humeurs qui troublent entierement la discipline, & qui empeschent que le bien ne se fasse, que par la lésion enorme qu'elle cause au temporel dudit college des Grassins, qui estant déja fort oberé, avance beaucoup sa ruine totale par ledit contract d'association: partant notre avis est, qu'attendu que ledit contract a esté fait très-legerement par le feu sieur Framery principal, sans appeller l'université, & pour profiter de quelques legeres sommes presentes dont il avoit besoin dans le desordre de ses affaires, au grand detriment dudit college, qui après de grosses depenses pour l'augmentation & amelioration du corps de logis habité par lesdits Irlandois, en tire près d'un tiers moins qu'il ne faisoit auparavant, & qui se voit encore à la veille d'estre obligé de refaire un gros mur qui s'endommage beaucoup par les immondices & autres degasts desdits Irlandois: il y a lieu d'ordonner que conformément aux intentions du sieur Maguin exprimées dans son testament du 3. Juillet 1682. & à la demande des sieurs prieur & chambre de saint Victor contenuë dans leur requeste mentionnée cy-dessus, lesdits Irlandois seront renvoyez dans le college des Lombards, sauf à leur restituer, si le cas y echet, les impenses utiles faites par eux dans le corps de logis par eux habité dans ledit college; qu'il sera fait defenses aux principal, procureur & boursiers de faire à l'avenir aucune alienation des biens dudit college, sans le consentement exprès de l'université, & qu'au surplus ledit re-

stament dudit sieur Maguin du 3. Juillet 1682. & la transaction faite entre lesdits sieurs de saint Victor & le sieur Magenis proviseur dudit college des Lombards le 22. Mars 1696. seront executez en tout ce qui ne préjudicie point aux droits de l'université, ny à l'estat du college des Grassins. Fait à Paris le Vendredy 2. Mars 1708. signé Pirot & Pourchot.

Arrest du 19. Fevrier 1710. par lequel auroit été ordonné que ledit avis seroit communiqué à l'archevesque de Sens proviseur dudit college, pour y donner son consentement, ou dire autrement ce que bon luy sembleroit; pour ce fait, & le tout communiqué au procureur general du roy, estre ordonné ce que de raison. Acte du 24. Mars audit an 1710. contenant consentement de l'archevesque de Sens, en qualité de proviseur dudit college des Grassins, dudit avis desdits maistres Pirot & Pourchot, aux exceptions & explications y mentionnées. Conclusions du procureur general du roy. Oüy le rapport de maistre François Robert conseiller, & tout consideré. La cour a homologué & homologue ledit avis desdits maistres Edme Pirot & Edme Pourchot, pour estre executé selon sa forme & teneur, à la charge neantmoins que le proviseur du college des Grassins pourra augmenter ou diminuer le nombre de boursiers, suivant l'estat different du revenu dudit college, & conferer ou continuer lesdites bourses, non-seulement à ceux qui étudieront en la faculté des arts, mais aussi aux theologiens pendant le cours de leurs études, pourvû qu'ils les fassent assidument & sans interruption, suivant les reglemens & usages de la faculté de theologie de cette ville de Paris. Qu'il sera mis une expedition de l'inventaire des livres de la bibliotheque, titres & papiers dudit college, signé du principal & de l'ancien boursier, tant dans les archives de l'archevesché que dans celles du chapitre de Sens. Qu'après le remboursement des dettes actuellement exigibles, il sera permis au proviseur de nommer quelques boursiers, en sorte toutefois qu'il reste sur la revenu du college de quoy faire un fonds de mille livres par chacun an, pour le remboursement des principaux des rentes dues par ledit college; laquelle somme de mille livres sera déposée dans un coffre fort fermant à trois clefs, dont il y en aura une entre les mains du principal, une autre entre celles du procureur, & la troisiesme, entre les mains de l'ancien boursier theologien, ou à son défaut en celles d'une personne qui sera nommée & choisie par le proviseur. Que le procureur du college ne pourra faire aucune dépense extraordinaire au dessus de trente livres, sans le consentement par écrit du principal & du plus ancien boursier theologien, ou à son defaut, de la personne qui sera choisie & nommée par le proviseur; & que lorsque la dépense extraordinaire excedera la somme de trois cens livres, ou qu'il sera question de faire un employ de deniers au profit du college, il sera tenu aprés avoir pris l'avis par écrit du principal & de l'ancien boursier theologien du college, ou à son defaut, de la personne nommée par le proviseur, d'en communiquer en outre au proviseur, & d'avoir son consentement par écrit, à peine de radiation desdites dépenses dans ses comptes. Que ledit procureur n'entreprendra aucun procez sans le consentement par écrit dud. principal & dud. ancien boursier theologien, ou de ladite personne nommée par ledit proviseur, au defaut dud. ancien boursier theologien; à l'effet de quoy il y aura audit college un registre qui sera paraphé en tous ses feuillets par le proviseur, ou en son absence, par une personne par lui commise & deputée, pour y écrire de suite & sans aucun blanc toutes les déliberations & résolutions prises sur les affaires dudit college, lesquelles seront signées du principal, du procureur & dudit ancien boursier theologien, ou à son defaut, de la personne choisie & nommée par ledit proviseur. Que lesdits principal, procureur, ancien boursier theologien, ou celui qui aura été nommé au defaut dudit ancien boursier theologien, ne pourront, mesme du consentement du proviseur, dans les cas de ventes, échanges, permutations, emprunts, engagemens & hypotheques, & toutes autres alienations des biens dudit college, faire aucun contract que par l'authorité de la cour, en se conformant à l'ordonnance, & observant les solemnitez en tel cas requises & accoutumées. Ordonne qu'au surplus ledit avis desdits maistres Pirot & Pourchot sera suivi & executé, & que le present arrest avec ledit avis, seront registrez dans le registre des déliberations dudit college. Fait en parlement le IV. May M. DCC. X. Signé DONGOIS. *Copié sur un cahier imprimé en* 1710.

JUSTIFICATIVES.

ORDONNANCE DU ROY
Charles IX. portant reglement pour l'hospital du S. Esprit.

AN. 1566.

CHARLES par la grace de Dieu roy de France &c. Sçavoir faisons nous avoir receû l'humble supplication des maistres & gouverneurs de l'hospital du Saint Esprit en nostre ville de Paris, contenant ledit hospital avoir cy-devant été fondé pour recevoir tous pauvres enfans orphelins de pere & de mere, naiz en loyal mariage, estans de ladite ville & fauxbourgs, pour y estre nourris, alimentez & leur faire apprendre estat & mestier pour gagner leur vie: mesme de marier les pauvres filles, & faire autres œuvres charitables; ce que lesdits exposants auroient de leur part fait & ordonné jusques à present qu'ils se voyent du tout desnuez de moyen & pouvoir, à cause de l'excessif nombre desdits pauvres enfans qui affluent de tous endroits indifferemment de ladite ville & fauxbourgs, & la grande charge qu'ils ont pour le peu de charité & amitié qu'ont envers eux aucuns leurs parens: lesquels encore qu'ils soient riches & aisez & qu'ils ayent moyen de les nourrir & entretenir, neantmoins ils les prosternent, abandonnent & contraignent lesdits maistres & gouverneurs à les recevoir, pour estre nourris & substantez des biens des pauvres dudit hospital. Et advenant que lesdits enfans decedent dudit hospital, ou qu'ils s'en retirent, sont leursdits parens prompts & diligens à recueillir & percevoir si peu de bien que lesdits enfans ont, & qu'ils leur escheent pendant le temps qu'ils sont demeurans audit hospital: se rendans ingrats du bien & faveur qu'ils ont auparavant receu de ladite maison, jusques à refuser & denier le remboursement des frais & grosses reparations necessaires qui ont été faites des deniers dudit hospital, pour le soutenement de leurs maisons ou heritages, conservation de leurs droits & frais de procez faits pour la tuition & defense de leur bien; de sorte que si pour ce lesdits maistres & gouverneurs en veulent avoir quelque chose, il leur convient avoir procez contre eux & leursdits parens, & y faire beaucoup de frais: ce qui tourne au grand préjudice & diminution des biens des pauvres d'iceluy hospital.

Et davantage y a le plus souvent aucuns desdits enfans ainsi receuz, malnaiz & conditionnez, lesquels depuis que lesdits maistres & gouverneurs les ont mis en mestier & service pour apprendre à gagner leur vie, se débauchent, quittent & abandonnent leurs maistres & maistresses ainsi à eux baillez, & se remettent ailleurs où bon leur semble, retournans après à ladite maison tous nuds, pour estre habillez pour la seconde fois, demeurans vagabons & débauchez, en danger mesme les filles d'être violées & perdues: ou bien s'accordent & marient à leur gré & volonté, sans que lesdits maistres gouverneurs en ayent cognoissance, sinon quand ils viennent querir & demander leurs droits de mariage de ce qui est accoustumé leur donner. A quoy lesdits maistres & gouverneurs en reçoivent grand regret & desplaisir, comme estant chose abusive & contre l'intention des fondateurs, dont n'en peut advenir que toute ruine, misere & calamité, qui seroit chose grandement dommageable & de mauvais exemple pour ladite ville de Paris: nous supplians à ces causes très-humblement leur pourvoir.

Pour ce est il que nous ces choses considerées, inclinans liberalement à la supplication & requeste desdits maistres gouverneurs dudit hospital, desirans iceux maintenir, garder & defendre en tout ce que mestier sera, & obvier aux inconveniens susdits, avons par l'advis & deliberation des gens de nostre conseil, dit, statué & ordonné, disons, statuons & ordonnons, voulons & nous plaist que advenant le decedz & trespas d'aucuns desdits enfans pendant le temps qu'ils feront nourris & entretenus audit hospital, que les biens meubles & choses qui sont réputées mobiliaires qu'ils auront & leur seront lors escheuz, soient & demeurent audit hospital & qu'ils en puissent user ainsi que des autres biens de ladite maison, sans que les parens & heritiers desdits enfans decedez y puissent cy-après pretendre, repeter, quereller ou demander aucune chose, se contentant de retirer les heritages & choses immobiliaires appartenans & advenus ausdits enfans: reservé toutesfois à nos juges, selon l'exigence du cas & circonstances du fait, d'en adjuger partie ou portion aud. hospital, pour l'indignité des parens qui se seroient si avant oubliez de l'amitié & devoir qu'ils doivent ausdits enfans, de les avoir exposez & delaissez en telle necessité, que sans l'ayde dudit hospital ils eussent été en danger de perdre leur advancement, vie & honneur.

Tome II. Ssss ij

Et pour le regard des autres enfans qui se retirent avec leursdits biens, pour lesquels auroit esté fait plusieurs grosses reparations pour l'entretenement de leurs maisons, heritages & frais de procez, pour la conservation & soustenement de leurs droits & successions: voulons que au prealable & avant que rentrer en la joüissance d'iceux lieux, ils soient tenus & contraints rembourser ausdits maistres & gouverneurs les deniers qu'ils auront payez pour lesdites grosses reparations necessaires, ensemble les frais des procez faits pour l'asseurance & soustenement de leursdits droits, iceux liquidez; & à faute de ce faire, ordonnons que lesdits lieux & heritages ainsi reparez, seront vendus par decret au plus offrant & dernier encherisseur en la maniere accoustumée, & que sur le prix de la vente d'iceux lesdits deniers seront préalablement prins & remboursez; sans que pour ce nos juges en puissent dispenser ni exempter aucuns: ce que leur avons expressément inhibé & defendu, inhibons & defendons par cesdites presentes.

Et outre, voulons & ordonnons que lesdits enfans, fils & filles qui se seront, ainsi que dit est, mal gouvernez & débauchez du lieu & service où ils auront esté mis pour apprendre, ou qui se marieront à leur gré & vouloir & desceû desdits maistres & gouverneurs, soient deboutez des liberalitez, droits de mariage & autres bienfaits que lesdits maistres & gouverneurs ont accoustumé leur donner, comme eux en estant du tout rendus indignes & incapables. Si donnons en mandement, &c. Donné à Paris au mois de Juillet, l'an de grace M. D. LXVI. & de nostre regne le VI. *Signé sur le reply*: Par le roy en son conseil, BOURDIN. *Visa contentor*, NICOLAS. *Et seellé du grand seel en cire verd sur laqs de soye rouge & vert.*

Leuës, publiées & enregistrées, oüy ce consentant & requerant le procureur general du roy, à Paris en parlement le VI. jour de Septembre M. D. LXVI. *Signé* DU TILLET. *Fontanon tome 1. pag. 917.*

SENTENCE DE L'OFFICIAL DE
Paris, par laquelle il érige la chapelle de saint Jacques du Haut-pas en eglise succursale des paroisses voisines.

An. 1566.

Nous disons & prononçons, que la chapelle vulgairement appellée du Hault-pas, bastie aux fauxbourgs saint Jacques & de Nostre-Dame des Champs, sera convertie, instituée & érigée, comme aussi nous la convertissons, érigeons & instituons, du consentement du commandeur de l'hospital dud. lieu du Haultpas, en l'honneur de Dieu & soubz l'invocation des saints Philippes & Jacques, en église succursale & adjutrice ou secours des paroisses de saint Benoist-lebien-tourné à Paris, saint Hippolyte près & hors les murs de Paris, & saint Medard ez fauxbourgs saint Marcel, sans toutesfois aucun prejudice de la fondation dud. hospital. Et si disons & ordonnons qu'en icelle chapelle ou eglise seront bastis preparez & retenus aux despens des suppliants, fonds baptismaux, cimetiere & sacraire pour conserver le très-saint corps de nostre Seigneur J. C. & eucharistie, & l'huile sacrée, tant pour le baptesme, que pour les malades, & autres choses necessaires pour l'administration des sacremens ecclesiastiques; & que pour l'administration desdits sacremens les curez ou vicaires perpetuels desdites eglises seront tenus avoir un chapelain suffisant, capable & idoine, duquel ils s'accorderont entr'eux dans quinzaine; autrement & à faute de ce faire dans le temps préfix, en sera pourveu par le reverend evesque de Paris; lequel residera ordinairement audit lieu du Hault-pas, & ez jours de Dimanche & festes, & autres jours festez par l'eglise & le peuple, celebrera la messe à basse voix, & aussi dira vespres. Et neantmoins avons permis & permettons aux manans & habitans (desdits fauxbourgs de la porte saint Jacques & de Nostre-Dame des Champs) avoir à leurs despens autres chapelains ou personnes qui dient, chantent & celebrent le service & avec chant lesdits offices divins. Et si avons condamné & condamnons lesdits paroissiens dudit secours, à tenir entiere & couverte & come on dit, à maintenir ladite chapelle dite du Hault-pas, & faire tout ce qu'en icelle sera de besoing, en ornemens ecclesiastiques, livres, luminaire, & autres choses à faire & reparer, & à l'avoir & tenir en bon & suffisant estat; & aussi à bailler & livrer maison manable suffisante, garnie & fournie de meubles pour honneste habitation dudit chapelain ou prestre; & icelle tenir en bonne & suffisante reparation, & à bailler & payer à icelui chapelain pour ses alimens par chacun an, la somme de soixante livres tournois. Et aussi ledit chapelain, à bailler & fidellement diviser & distribuer auxdits curez desdites eglises paroissiales les oblations & toutes obventions d'icelle eglise succursale à eux contingentes & appartenantes. Et à ces choses avons respectivement lesdictes parties condamné & condamnons. Et neantmoins avons condamné & condamnons lesdits manans & habitans à aller & frequenter leurs eglises matrices le saint jour de Pasques & autres principales & majeures festivitez de l'an, & encore ez festes des patrons & dedicaces desdites eglises, comme vrais paroissiens d'icelles eglises (tout empeschement cessant) à contribuer aux reparations d'icelles eglises; & pour ceste contribution, à bailler & conferer par chacun an à la fabrique de S. Benoist-le-bien-tourné quatre livres parisis, à la fabrique de S. Hyppolyte semblablement quatre livres parisis, & à la fabrique de S. Medard huict sols parisis. Et à ce les avons condamné & condamnons, les despens confus, attendu la qualité de l'affaire & des personnes. La susdite sentence a esté luë & judiciairement prononcée par venerable & scientifique personne monsieur l'official de Paris, l'an M. D. LXVI. le Vendredi XXI. jour de Febvrier, avec honorables hommes Nicolas des Avenelles, Guillaume Brumant & plusieurs autres. Signé JOYSEL greffier de l'officialité de Paris. *Du Breul, dans Malingre, p.* 500.

ARREST DU PARLEMENT, touchant l'érection de la chapelle de S. Jacques du Haut-pas en eglise paroissiale.

An. 1533.

ENtre les chanoines & chapitre de S. Benoist maistre Nicolas Roguenant curé & vicairie perpetuel en ladite eglise, maistre Gabriel Coulon curé de saint Hyppolite au fauxbourg S. Marcel, se disans curés de l'eglise S. Jacques & S. Philippes du Haut-pas, demandeurs & deffendeurs, &c. Veu par la cour la requeste desdits chanoines & chapitre de S. Benoist, &c. Conclusions du procureur general du roy: tout consideré, dit a esté: LA COUR faisant droit sur le tout, a mis & met sur les appellations comme d'abus lesdites parties hors de cour & de procez; a maintenu & gardé, maintient & garde le sieur Vitalis en la possession & jouissance de la vicairie perpetuelle de l'eglise S. Jacques & S. Philippe du Haut-pas; permis à luy de s'en dire & qualifier vicaire perpetuel, & d'y faire toutes les fonctions curiales; fait deffenses auxdits chanoines & chapitre, vicaire perpetuel de S. Benoist, & curé desdites paroisses de S. Medard & S. Hyppolite de le troubler & empescher en la possession & jouissance d'icelle; ordonne que vacation advenant cy-après de ladite vicairie perpetuelle de S. Jacques & S. Philippes du Haut-pas, il y sera pourvû par l'archevesque de Paris, à la presentation desdits chanoines & chapitre de S. Benoist premierement, & puis après par le curé de S. Hyppolyte alternativement, à la maniere accoustumée au diocese de Paris; condamne lesdits marguilliers, manans & habitans de ladite eglise & paroisse S. Jacques & S. Philippes du Haut-pas, à payer cy-après ès jours de S. Benoist, S. Hyppolite & S. Medard, pour les droits que lesdits de S. Benoist, de S. Hyppolite & de S. Medard avoient accoustumé de prendre & percevoir sur les fruits & oblations de ladite cure de S. Jacques & S. Philippes du Haut-pas, la somme de six-vingt livres: sçavoir auxdits chanoines & vicaire perpetuel de S. Benoist, soixante livres tournois, dont moitié appartiendra ausdits chanoines & chapitre de S. Benoist, & l'autre moitié audit vicaire perpetuel d'icelle paroisse S. Benoist; & des soixante livres restant desdites six-vingt livres, en sera payé cinquante-quatre livres au curé de S. Hyppolite, & six livres au curé de S. Medard, & les arrerages desdites six-vingt livres escheûs jusqu'au jour du present arrest, à la mesme proportion, lesquels la cour a liquidés à six cens livres, sans que ladite somme de six-vingt livres puisse estre cy-après augmentée pour quelque cause & occasion que ce soit. Et outre, condamne lesdits marguilliers, manans & habitans de ladite paroisse S. Jacques & S. Philippes à payer la somme de cent sols tournois à la fabrique de S. Benoist, & autres cent sols à la fabrique de S. Hyppolite, & huit sols à celle de S. Medard. Pourront lesdits chanoines & chapitre & vicaire perpetuel de S. Benoist & curé de S. Hyppolite, en reconnoissance de superiorité aller en procession en ladite eglise S. Jacques & S. Philippes du Haut-pas, & celebrer la messe paroissiale: sçavoir, lesdits chanoines & chapitre & vicaire perpetuel de S. Benoist, le premier May, jour de saint Jacques & S. Philippes, & ledit curé de S. Hyppolite le vingt-cinq Juillet, jour de S. Jacques l'apostre; sans toutefois pouvoir prendre autre chose que ladite somme de six-vingt livres. Ordonne que sé-

Ssss iij

paration & division sera faite des paroisses de S. Benoist, de S. Hyppolite & saint Medard d'avec celle de S. Jacques S. Philippes du Haut-pas, & qu'à cette fin bornes & limites seront mises entre lesdites parties pardevant l'executeur du present arrest, sans despens entre les parties. Prononcé le IX. jour d'Avril M. DC. XXXIII. Signé GALLARD. *Tiré des registres du parlement.*

LETTRES PATENTES DU ROY Charles IX. portant iteratives deffenses de faire aucun exercice de la religion prétenduë reformée à Paris, &c.

AN. 1567.

CHARLES par la grace de Dieu roy de France, à nos amez & feaux les gens tenans nostre cour de parlement, prevost de Paris ou ses lieutenans, salut. Encore que par nostre edit de pacification il soit expressément prohibé & deffendu de faire aucun exercice de la religion pretenduë reformée dedans nostredite ville, forsbourgs, prevosté & vicomté; neantmoins nous sommes advertis que contre & au prejudice de nostred. edict, se font faictes & se font chascun jour plusieurs assemblées pour le faict d'icelle religion, presches, baptesmes, mariages, cueillettes de deniers, & autres exercices & actes qui apportent grand scandale parmi nos subjects, mespris & contemnement de nous & de nostre auctorité, davantage qu'en plusieurs colleges & endroicts de nostredicte ville & forsbourgs se tiennent escholes où l'on instruit & institué les enfans selon ladicte pretenduë religion reformée, au prejudice de nostredict edict; chose que ne voulons estre tolerée ne soufferte, ains l'entiere observation d'iceluy nostre edict, au bien & repos de nos subjects & manutention de nostre auctorité & de l'obeissance qui nous est par eux deuë. Pour ce est-il que nous vous mandons, commandons & ordonnons à chascun de vous endroict soy, que vous ayez de nouveau à faire faire tres-expresses deffenses & prohibitions de par nous, suyvant la teneur de nostredict edict, à toutes personnes, de quelque estat, qualité ou condition qu'ils soyent, qu'ils n'ayent à faire, ne souffrir faire en leurs maisons & domiciles, n'en quelque autre endroict de nostredicte ville, forsbourgs, prevosté, vicomté & ressorts de lad. prevosté de Paris, prohibez par iceluy nostre edict, aucunes presches, baptesmes, mariages, levées de deniers, tenir escholes, instruire enfans, ne faire aucun autre exercice de ladicte religion prétenduë reformée, ne autre assemblée prohibée par nos edicts, en quelque sorte que ce soit; le tout sur les peines portées par iceluy nostre edict, & mesme à tous ministres de s'ingerer & d'entreprendre d'y faire aucun acte d'icelle religion, contre lesquels ministres, en cas de contravention, nous voulons estre procedé par la rigueur desdictes peines, & autres plus grandes, si le cas le requiert. N'entendons neantmoins les lieux ezquels par nos ordonnances & lettres patentes y a eu establissement dudit exercice (encore qu'on pretendist lesdits lieux estre du ressort) estre aucunement compris ezdites deffenses. Si vous mandons & ordonnons à chascun de vous, que cette presente ordonnance vous faictes lire & enregistrer ez greffes de nostredicte cour de parlement de Paris & prevosté dudit lieu, & publier à son de trompe & cry public par tous les carrefours de nostredicte ville & autres lieux de la prevosté & vicomté de Paris en tel cas accoustumez; icelle garder, ensuyvre, observer & entretenir de poinct en poinct, & contre les infracteurs proceder ainsi que dessus est dit, en usant de tout debvoir & diligence, en maniere que par vostre soigneuse diligence les contraventions à nosdicts edicts soient cogneuës & averées, & les coupables punis & chastiez à l'exemple des autres. Car tel est nostre plaisir. De ce faire vous avons donné & donnons plein pouvoir, puissance, auctorité, commission & mandement special; mandons & commandons à tous nos justiciers, officiers & subjects, que à vous en ce faisant ils obeissent, prestent & donnent conseil, confort, ayde & prisons, si mestier est, & requis en font. Donné à Paris le I. jour de Juin l'an de grace M.D.LXVII, & de nostre regne le VII. *Signé*: Par le roy en son conseil, DE LAUBESPINE. *Et seellées du grand seel de cire jaune sur simple queuë.*

Leuës, publiées & enregistrées, oy & ce requerant le procureur general du roy. A Paris en parlement le 26. jour de Juin l'an 1567. *Signé* DU TILLET.

Et le mesme jour ont esté, par ordonnance de la cour, publiées à son de trompe & cry public ez carrefours, lieux & endroicts de ladite ville & forsbourgs d'icelle accoustumez à faire cris & proclamations. *Pris sur un imprimé du temps, dans un recueil de la bibliotheque de S. Germain des Prez.*

Extrait

JUSTIFICATIVES. 695

Extrait de la remonstrance faite par Pierre de la Ramée, au conseil privé en la chambre du roy au Louvre, le 18. Janvier 1567. au sujet de la charge de professeur en mathematiques au college Royal.

AN. 1567.

MESSIEURS. La question qui se presente devant vos seigneuries, est d'une profession royalle des mathematiques en l'université de Paris, vacante par la mort de maistre Paschal du Hamel depuis quinze mois ou environ, occupée depuis par deux personages qui n'en ont fait aucun debvoir, combien qu'ils en ayent receu & prétendent recevoir les gaiges. Le premier a esté M. Dampestre Cosel, le second M. Jacques Charpentier docteur en medecine. Dampestre voyant que nostre professeur tendoit à la mort, prent la poste, & en grande diligence s'en va demander ceste profession, s'estimant y avoir le meilleur droit, s'il estoit premier en datte. Estant donc de retour en l'université, & prest de monter en la chaire royalle, est admonesté par moy, comme le plus ancien de la compagnie & le plus prest à mettre en la fosse, que nous appellons doyen, admonesté, dis-je, de la charge qu'il entreprenoit, que les mathematiques estoient veritablement les premieres & les plus anciennes de toutes les disciplines liberales, grandement profitables & utiles à la vie de l'homme, fust en guerre, fust en paix, fust aux champs, fust à la ville, ainsi que j'ay declaré plus amplement en trois livres que j'ay presenté dernierement au roy, à la royne, à messieurs les princes du sang, & à la pluspart de vous tous, messieurs, aussi que ces mesmes disciplines estoient les plus difficiles, & que j'avois entendu qu'il n'y avoit jamais fait estude ni profession aucune, & partant je trouvoye fort estrange qu'il osoit entreprendre telle charge. Dampestre me respond bien fierement qu'il me feroit leçon à moy & à tous les lecteurs de l'université de Paris. Et bien, dis-je, puisque vous estes tant resolu ez mathematiques, vous en sçavez l'ordre. Messieurs, je vous supplie de considerer ceste remonstrance ; car c'est un point principal de la presente question. L'ordre des mathematiques n'est point comme d'une histoire, là où vous pouvez entendre & declairer un passage à la fin, au meillieu, au commencement, sans rien entendre au precedent ; mais en la mathematique l'ordre y est non seulement profitable & utile, ains totalement necessaire. La premiere de ces disciplines c'est l'arithmetique, art de bien nombrer toute chose qui peut tomber en nature de nombre, en adjoustant, déduisant, multipliant, divisant tous nombres entiers & rompus, en comparant leurs raisons & proportions. La seconde c'est la géometrie, art de bien mesurer toute chose subjecte à mesure, comme longueur, largeur, hauteur, & generalement toutes grandeurs tant plaines que solides, soit au ciel, soit en la terre, ou en quelque autre subject mensurable. Ceste partie seconde ne se peut aucunement entendre ni pratiquer sans la premiere ; car mesurer, c'est nombrer les intervalles, c'est comparer les raisons & proportions des figures. L'astrologie qui suit ne se peut pareillement ni concevoir ni demonstrer sans l'arithmetique & géometrie ; car l'astrologie n'est autre chose qu'arithmetique à nombrer les degrez, minutes & toutes autres parties ez mouvemens des corps celestes ; ce n'est autre chose que geometrie à mesurer les triangles, les cercles, les spheres, & toutes figures y estant ; & ainsi des autres disciplines mathematiques. Voire bien d'avantage les propositions d'arithmetique, geometrie, astrologie sont basties de telle ordre, que qui ne connoist la premiere, ne peut entendre la seconde, qui n'entend l'une & l'autre, ne peut entendre la troisiesme. Bref, si un escolier a perdu une seule leçon en mathematique, qu'il ne retourne plus à l'escole, car il n'entendra rien à ce qui s'ensuit. A ceste cause, messieurs, je remonstré à Dampestre qu'il falloit commencer au commencement, & enseigner en premier lieu les elemens d'Euclide, qui contiennent l'arithmetique & la geometrie, c'est-à-dire, l'a b c des mathematiques. Quand Dampestre ouit parler d'Euclide, il commença de parler plus doux, & donner signe de sa foiblesse, & me dit que les elemens d'Euclide estoient faciles aux petits enfans, & qu'il ne falloit s'amuser à cela. Voire, dis-je, ce vous sera tant plus grant honte, si les petits enfans les sçavent, & vous qui en voulez estre le maistre, les ignorez. Mais, dit-il, vous avez leu ces elemens, il n'est point besoing de les plus lire. Pour satisfaire à ceste moquerie, je propose ce qui est notoire à tous ceux qui ont hanté & frequenté les escolles, que le cours des arts liberaux en l'université de Paris est tel, que chacun an toutes les disciplines liberales y sont leuës, grammaire, rethorique, logique, arithmetique, geometrie & toutes les autres, &c. en sorte que si quelque discipline deffailloit en un an, les escoliers qui arriveroient pour ceste estude, ne trouveroient point de maistre de leçon ni d'escolle; en somme le cours des arts en l'université de Paris n'est pas moins continuel que le cours de la riviere de Seine, &c. Toutefois Dampestre, pour le faire court, n'entendant rien à cet a b c, monte en chaire, & commence les mathematiques par la sphere du ciel, qui est une partie d'astrologie, qui fut occasion que ceste cause vint en parlement, où pour n'estre prolixe, je remonstré ce que j'ay dit. La cour entendant le désordre & la confusion que Dampestre introduisoit en la mathematique, eut grande conjecture de son insuffisance, & le condamna d'estre examiné, &c. Sur ces entrefaictes j'escris au roy, à la royne, à monsieur le cardinal de Chastillon conservateur de l'université de Paris, à monsieur de Valence, & autres seigneurs qui estoient alors au conseil privé du roy; je crie au meurdre, que les brigans estoient entrez en l'escolle du roy, &c; tellement que ma complaincte & clameur est ouye, & vient incontinent une belle ordonnance du 24. de Janvier 1566. par laquelle le roy commande que Dampestre & generalement tous autres venants d'ores en avant aux lectures royales, soient examinez publiquement par tous les autres lecteurs. Alors Dampestre se voyant environné de tant de rets, & de la cour de parlement, & du roy, procede simplement & rondement; cognoissant qu'il ne pouvoit debiter sa marchandise en detail, il cherche marchand pour trocquer & la vendre en gros, s'adresse à maistre Jacques Charpentier docteur en medecine, & traffique, à quel prix? je le laisse à penser, & desire en ce personnage singulierement vostre attention. Car Charpentier s'est monstré tant rusé & cauteleux, comme Dampestre a esté ouvert & manifeste. Or, messieurs, voici la premiere subtilité de maistre Jacques Charpentier. Il estoit encore moins versé aux mathematiques que Dampestre; car Dampestre en sçavoit quelque peu pour sa provision & pour dire la bonne fortune à quelque femmelette, non pas pour en départir à autruy, & encore moins d'en faire leçon publique. Charpentier n'en sçavoit totalement rien, & n'en avoit fait ni estude ni profession aucune, ains au contraire s'en estoit toujours mocqué, &c. Toutefois desirant de prendre les gaiges du lecteur ez mathematiques, sans en faire aucune leçon, s'avise d'une subtilité de faire inserer en sa provision deux professions pour une, à sçavoir la mathematique & la philosophie, & ce toutesfois par la cession de Dampestre, qui n'avoit sinon que le titre, le nom & la qualité de mathematicien & n'y avoit autre place vacante; car la chaire de philosophie est remplie de son professeur philosophique, qui list la philosophie en Grec. Maistre Jacques Charpentier, dis-je, fait inserer ces deux professions pour une, esperant que soubz la couleur de philosophie il esteindroit & aboliroit la profession de mathematique. Ce personnaige avoit leu par l'espace de vingt-deux ans, comme il dit, la philosophie en Latin, & avoit je ne sai quelle routinerie de college, sans aucune litterature Grecque, sans mathematiques, sans en sçavoir ni usage, ni pratique, ni utilité aucune, &c. Somme, quand maistre Jacques Charpentier vient pour monter en chaire, je m'oppose à lui comme à son predecesseur Dampestre, & lui propose l'arrest de la cour & l'ordonnance du roy touchant l'examen. Il ne tient compte aucun de tout cela, mais au contraire me répond encore plus fierement que n'avoit fait Dampestre, qu'il m'examineroit moi-mesme. J'escris de rechef à la cour, & me complains que nous estions tombez de fiévre en chaut mal, & que Dampestre estoit un Archimede au prix de Charpentier. Le roy cependant nous eslargit sa patente, la plus belle qui entra jamais en l'université de Paris touchant les arts liberaux; que les professions royales vacantes seroient publiées par toutes les fameuses escoles de la Chrestienté; que les hommes doctes & sçavans seroient receus à la lecture & examen, & que les plus capables & suffisans lui seroient presentez, afin d'en choisir un digne de sa liberalité. Ceste patente est du 8. de Mars suivant la premiere ordonnance. Cependant la cause vient de rechef en parlement, où je remonstre que ce n'est point icy la cause de Ctesiphon, ni de Milon, qu'il fallust employer l'eloquence de Demosthene ni Ciceron, que c'estoit une question pythagorienne, qui vouloit estre traitée en silence avec un crayon & une table, avec une reigle & un compas. Je presente le livre d'Euclide qui avoit chassé Dampestre de la chaire des mathematiques, & chassera, s'il plaist à Dieu, tous les ignorans, quelque hardis & audacieux qu'ils soient. Je fais instance que maistre Jacques Charpentier prinst ce livre, & s'il sçavoit démonstrer une seule proposition

JUSTIFICATIVES. 697

fition de toutes celles qui y sont contenuës, que je serois des siens. Jamais ne fut possible par moyen aucun de lui faire parler un seul mot de mathematique. Lors je suppliay messieurs de la cour de penser à la hardiesse & audace de cest homme, qui n'avoit jamais entré en la boutique des mathematiques, qui n'en avoit jamais esté apprentif, & toutefois demandoit d'en estre le maistre, voire en la plus belle boutique du monde, qui est l'université de Paris, voire en la chaire royale, &c. Maistre Jacques Charpentier repondit deux grosses heures d'horloge, avec aussi grande superfluité de paroles, comme il avoit grand deffaut de mathematiques. La premiere heure & les trois quarts de la seconde furent employez, non pas à deduire les louanges & utilitez des mathematiques, car il n'y sceut oncques rien; mais à invectiver contre Ramus; que c'est un homme violent, importun, imperieux; qu'il avoit renversé la grammaire, rethorique, logique, philosophie mathematique; qu'il avoit fait un monde nouveau, &c. Afin, messieurs, de vous esclaircir ceste grande invective encommencée depuis vingt-cinq ans en ça à l'encontre de Ramus par un nombre infini de grands personnages en France, Allemaigne, Italie, qui se sont attaquez à Ramus, je vous descrirai ma profession, &c. Quand je vins à Paris, je tombé ez subtilitez des sophistes, & m'aprit-on les arts liberaux par questions & disputes, sans m'en jamais monstrer un seul autre, ni profit ni usage. Aprés que je fus nommé & gradué pour maistre ez arts, je ne pouvois me satisfaire en mon esprit, & jugeois en moi-mesme que ces disputes ne m'avoient apporté autre chose que perte de temps. Ainsi estant en cest émoy, je tombe, comme conduit par quelque bon ange en Xenophon, puis en Platon, où je connois la philosophie Socratique, qui consiste à mettre la main à l'œuvre & reduire les regles à la pratique, pour faire l'homme plus avisé à bien deliberer & plus prompt à bien executer. Lors comme esprit de joye, je mets en avant que les maistres ez arts de l'université de Paris estoient lourdement abusez, de penser que les arts liberaux fussent bien enseignez par en faire des questions & ergos; mais que toute sophistiquerie delaissée, il en convenoit expliquer & proposer l'usage. Messeigneurs, ce Socratisme fut trouvé si nouveau & si estrange, que je fus joué & farcé par toute l'université de Paris, puis condamné pour ignorant, impudent, malicieux, perturbateur & calomniateur. La langue & les mains me furent liées par ceste mesme condamnation, ensorte qu'il ne m'estoit loisible de lire ni escrire aucune chose ni publiquement ni privément. Pour le faire court, il ne me resta de l'issuë de Socrate, sinon la ceguë, &c. Or le vrai Dieu, qui sçait à quelle fin il a produit ses creatures, reserva la definitive de ceste cause au bon roy Henry, lequel ayant entendu ceste controverse, me délia & la langue & les mains, & me donna pouvoir & puissance de poursuivre mes estudes, voire m'establit son professeur, pour faire ce que je desirerois ez ecoles & professions des arts liberaux, &c. En ceste laborieuse & penible contention d'estude j'ay travaillé jour & nuit à enseigner & mettre en meilleur ordre la grammaire Grecque, Latine, Françoise, la rethorique & sur tout la logique instrument singulier à manier & traicter tous discours, &c. Les premiers ans de ma profession ont esté employez en ces premieres sciences. Puis s'en est ensuivy par ordre la mathematique ez nombres & grandeurs, qui est l'arithmetique & geometrie, en quoy est presentement occupé le cours de nos veilles & labeurs; & s'il plaist à Dieu me donner la grace de tirer ceste charuë encore quatre ans, je m'asseure de rendre bon compte de la tasche qui m'a esté assignée par le bon roy Henry, & au bout des vingt ans, d'avoir satisfait par tout debvoir à la profession des arts liberaux, &c. Le grand roy François, surnommé par tiltre de perpetuel honneur: pere des bonnes lettres & restaurateur des arts liberaux, desirant d'enrichir ses François des grandes richesses du monde, & orner son royaume du plus bel ornement dont jamais royaume fut orné, commença l'an 1530. d'establir des professions royales en l'université de Paris, en mathematique, en la langue Hebraïque, Grecque, Latine, en philosophie & medecine. Le premier professeur en mathematique fut Oronce, à qui fut adjousté Problace medecin de la royne Alienor; quelques fois un troisiéme y a esté adjousté, comme Postel, qui leut quelque partie des mathematiques. Semblablement furent establis deux premiers professeurs en la langue Hebraïque, Vatabus & Agathius, & quelquesfois un troisiéme, comme Paradisus; & ainsi en la langue Grecque furent Tusanus & Da-

Tome II.

nesius, auxquels fut adjoint Coroneus. La langue Latine, pour tant qu'elle estoit plus traictée par tous les colleges, n'a eu qu'un professeur, qui fut Latomus premierement. Pour la philosophie, le premier professeur fut Vicomercato; pour la medecine, Vidius. Toutes ces professions ainsi establies, ont esté par succession perpetuelle jusqu'à present entretenuës, chacune en son degré, en son espece, en son estre, sans altercation ni changement aucun, ainsi que toute l'université a veu & cogneu depuis trentesept ans en ça, &c. La fin finale des deux heures de maistre Jacques Charpentier, fut de faire le miclot & le pleureur; que messieurs de la cour eussent pitié de luy, & qu'il estoit perdu & deshonoré à jamais, s'il estoit condamné à l'examen; que les mathematiques estoient faciles aux petits enfans, & que luy qui avoit la dexterité d'esprit que tout le monde sçavoit, s'il n'y avoit satisfait dans trois mois, qu'il fust chassé. Lors monsieur du Mesnil advocat du roy se leva, & remontra que c'estoit chose perilleuse, de commettre une profession royalle à un homme qui confessoit n'y sçavoir rien. Toutesfois, dit-il, pour trois mois, non force; nous vous prenons au mot. Finablement, messieurs, l'arrest est prononcé en general, que maistre Jacques Charpentier liroit selon ses offres par maniere de provision, &c. Huit jours après cet arrest je trouve que maistre Jacques Charpentier avoit ici employé la subtilité de son esprit à specifier ses offres. Il avoit fait offre de satisfaire des mathematiques en trois mois; il insere en son arrest, qu'il commenceroit dans trois mois; en quoy vous voyez qu'il fait de la fin le commencement. En second lieu, il y avoit en sa provision une conjonctive, de lire en mathematique & philosophie. Il s'avise par sa logique de convertir la conjonctive en disjonctive, & met en son arrest qu'il liroit d'Aristote & Proclus, ou les elemens d'Euclide & de Sacro-bosco. Seigneur Dieu! quel homme est-ce-cy? surprendre & circonvenir le roy & la cour de parlement par telle fraude? &c. Maistre Jacques Charpentier a esté contrainct non long-temps après de quitter son Aristote, pour tant que n'estant seulement à la quatriéme partie de son livre, il se vit reduit, de deux mille escoliers qui estoient à la premiere leçon, à treize pauvres galoches. Mais la fin est encore plus singuliere. Ce docteur a leu les trois derniers mois depuis la saint Remy jusqu'au premier jour de l'an, qui sont les principaux mois de toutes les bonnes estudes de l'année, a leu, dis-je, tant seulement un Alcinoüs contenant quelque ramas de la philosophie Platonique, & n'a leu rien autre chose; & pour ceste leçon, qui n'estoit ni d'Aristote ni d'Euclide nommez en ses offres, a exigé de chacun de ses escoliers un teston. Messieurs, pensez l'insolence de ce docteur. Il y a eu jusqu'icy au college du roy de grandes pouretez. Nous avons attendu un an, deux ans, trois ans, quatre ans, sans recevoir aucun gage. Jamais toutesfois ne se trouva lecteur du roy qui print jamais un seul denier des escoliers pour la lecture royalle,& cet apprentif, voire non apprentif, qui n'est qu'à la porte, qui n'est encore entré, & qui n'entrera jamais, si ce petit abecedaire d'Euclide en est ouy, au beau commencement va maquignonner la lecture royalle. Que feroit-il, s'il estoit le plus ancien & doyen de la compagnie? &c. J'avois presque oublié l'une des singulieres, louanges de nostre professeur, qui entend autant en la langue Grecque comme en la science des mathematiques; & neantmoins pour persuader aux simples idiots qu'il estoit fort sçavant en Grec, il a fait imprimer Alcinoüs en Latin soubz son nom, comme s'il en eust esté le vray translateur; & sur ces entrefaites un estudiant de l'université s'est venu complaindre à moy de ce que ceste translation lui avoit esté soubstraicte par ce venerable docteur. Et pour presente preuve de ceste effrontée hardiesse, voila Euclide en Grec; qu'il en interprete une seule ligne, je veux estre reputé tout tel que je le vous descris, &c. Mais quand ce professeur de mathematique sans en faire profession, se voit contrainct pour la troisiéme requeste par moy presentée contre luy; commence à faire deux leçons, l'une en mathematique, & l'autre en philosophie. Mais comment maistre Jacques Charpentier s'en acquite-t-il? Messieurs, il lit la sphere du ciel d'un auteur nommé *de Sacro-bosco*, qui est autant en mathematique, comme l'on diroit *Alexander de Villa Dei* en grammaire, &c. Il dit que bien compter & mesurer, sont les ordures & fientes des mathematiques, &c. A tant, messieurs, pour toutes ces causes & raisons, que maistre Jacques Charpentier a circonvenu & abusé le roy en inferant deux professions pour une en sa provision, a circonvenu & abusé la cour de parlement en faisant le

commen-

commencement de la fin, en renversant une conjonctive en une disjonctive, a privé & despouillé le college du roy & toute l'université de son professeur en mathematique par l'espace de dix mois entiers ; je vous requiers qu'il aye à obeyr à l'ordonnance du roy, de subir l'examen, ainsi que son predecesseur a esté contrainct, &c. & là où il ne pourra satisfaire, que la place soit declarée vacante sans forme de procez, & qu'il y soit procedé selon l'ordonnance & patente du roy. Et afin que moy ni doyen successeur ne soit contrainct de combatre d'autres Dampestres & Charpentiers, je requiers que tous les lecteurs du roy, & moy en premier lieu, soient contraincts d'apporter à monseigneur le Chancelier les meilleurs moyens dont chacun à sa profession se pourra adviser, pour establir un bon reglement à la gloire de Dieu, à l'honneur du roy, au profit de l'université de Paris. *Imprimé la mesme année par André Vvechel, & se trouve en la mesme bibliotheque.*

LETTRES PATENTES DU ROY Charles IX. touchant l'institution de ses lecteurs en l'université de Paris.

AN. 1566.

CHARLES par la grace de Dieu roy de France, à tous ceux qui ces presentes lettres verront, salut. Le feu roy François nostre tres-honoré seigneur & ayeul, ayma tant en son vivant & les letres & les lettrez, qu'il voulut qu'en l'université de Paris y eust des professeurs à ses gaiges en toutes langues & sciences. Ce qui succeda si heureusement, que les plus doctes personnages de l'Europe ont esté appellez à ladite profession, & fait un si grand fruit, qu'il est sorti en nombre infini de gens doctes, qui par tout le monde ont tesmoigné la grandeur de nostre ayeul. Ce qui a esté continué par feu nostre tres-honoré seigneur & pere ; & nous avions un mesme desir & volonté. Et vacant une place de professeur aux mathematiques, nous avions donné ladicte place à un qu'on nous avoit dit estre suffisant & capable. Mais notre bien-amé maistre Pierre de la Ramée doyen de nos professeurs, voyant que contre nostre desir celuy que nous avions pourveu de ladicte place estoit incognu, & son erudition cachée, & que voulant faire quelques leçons, il se seroit monstré ridicule ; en auroit presenté sa requeste à nostre cour de parlement, faisant entendre la surprise dommageable à toute la republique, afin que celui qui se disoit pourveu, fust examiné ; ce que par ladicte cour auroit esté ordonné ; que nous aurions trouvé bon & raisonnable. A cause de quoy, afin qu'à l'advenir l'estat de nos professeurs ne soit baillé qu'aux plus doctes & capables, de l'advis de nostre conseil, & de nostre certaine science, pleine puissance & authorité royale, nous avons ordonné que advenant la vacation d'aucune place de nos professeurs en quelques sciences & langues que ce soit, on le fera sçavoir par toutes les universitez fameuses & autres lieux, & que ceux qui se voudront presenter & soubsmettre à la dispute & lecture de la profession vacante, ainsi qu'il leur sera proposé par le doyen & les autres professeurs, y seront receus, pour après estre choisi par nous le plus suffisant & capable de ceux qui auront leu & disputé, dont nous serons advertis par le doyen & autres professeurs, & par nous pourveu ainsi qu'il appartiendra, & sans prejudicier à l'arrest desja donné en nostre cour de parlement pour le regard de celuy qui doit estre examiné. Si donnons en mandement à nos amez & feaux les gens de nostre cour de parlement de Paris, prevost de Paris ou son lieutenant conservateur des privileges de l'université de ladicte ville, que ces presentes ils facent lire, publier, enregistrer, & le contenu en icelles garder, observer & entretenir, sans souffrir y estre contrevenu en aucune maniere. Car tel est nostre plaisir, nonobstant quelques lettres à ce contraires. En tesmoing de quoy nous avons fait metre nostre scel à cesdites presentes. Donné à Molins, le VIII. jour de Mars l'an de grace M. D. LXVI. & de nostre regne le VI. *Signé* DE L'AUBESPINE.

* Voyez cy-dessus à la page 696.

Le deuxieme d'Avril ensuivant, après que maistre Anthoine Loësel advocat eut requis à messieurs de la cour pour le doyen & college des lecteurs du roy, que ces patentes fussent leuës, publiées & enregistrées, & qu'il fust escrit au reply d'icelles ; monsieur du Mesnil advocat du roy consentit & requit pour le procureur general du roy, qu'ainsi fust fait. Et alors monsieur de Thou premier president de la cour, envoya ces vers de Juvenal en Latin.

Et spes & ratio studiorum in Cæsare tantùm ;
Solus enim tristes hac tempestate camœnas
Respexit.

Qui est-à-dire en François:

Des lettres & lettrez l'estime & l'esperance
Ne repose sinon au grand roy de la France.
Car en ceste saison il n'y a que lui seul,
Qui des muses l'ennuy regarde de bon œul.

A ceste cause il fut arresté avec louange & approbation de la cour, qu'il seroit escrit sur le repli: Leuës, publiées & enregistrées, ouy & consentant le procureur general du roy. Et a esté ainsi escrit sur le repli. Signé, Du Tillet.

Pris sur l'imprimé de la mesme année, ibidem.

Extrait d'une preface de Pierre de la Ramée sur le proœme des mathematiques.

A LA ROYNE MERE DU ROY.

Madame, nous avons obtenu du roy ces lettres patentes touchant la maniere de proceder à l'examen & nomination que l'on fera par cy-apres à S. M. de ses lecteurs publics; à quoy obtenir nous ont esté moyens & aides, premierement la remonstrance de monsieur de Valence qu'il vous en fit à Blois, puis le rapport de Monsieur le cardinal de Chastillon, fait à Molin en Bourbonnois publiquement au conseil privé; mais principalement, Madame, vostre singulier advis & jugement. Or pour ce que ce bienfait non seulement est le plus grand de tous ceux que les lecteurs publics ayent jusqu'icy receu de leurs roys, mais encore est tel qu'il touche tous les peuples & toutes les nations de la Chrestienté, il m'a semblé bon de l'annoncer, divulguer & publier par tout le monde, à ce que tous les hommes doctes, de quelque nation qu'ils fussent, entendissent comme ils ont part aux lectures publiques de ceste nostre université, & que pareillement ils aperceussent combien nostre roy est studieux de la vertu & de la doctrine, par la bonne conduite que vous en faictes. Mais pour ce que c'est la coustume d'un esprit bien né, comme dit l'Orateur, de vouloir tousjours debvoir davantage à celuy à qui il doibt beaucoup, il vous plaira, Madame, entendre que c'est que en outre les lecteurs du roy non seulement demandent, mais aussi que si desja s'attendent d'avoir de V. M.

La maison de Medici en la ville de Florence a esté comme une retraicte publique à toute doctrine liberale, & c'est pourquoi le seigneur Cosme de Medici fut surnommé le Grand. Car ce fut là que Chrysoloras le premier de tous remit sus les lettres Grecques, qui avoient desja par un long aage esté comme mortes en toute l'Europe Latine; & ce fut de là qu'elles furent incontinent apportées à Paris par Tiphernas disciple de Chrysoloras, & depuis à toutes les contrées de l'Europe &c. Après la mort du seigneur Laurent de Medici, Lascaris s'en vint rendre au roy François, comme Tiphernas estoit auparavant venu à Paris, & enflamma de plus belle le roy, qui de son propre naturel estoit fort desireux d'ouyr & d'apprendre. Et par mesme moyen aussi enseigna Bude; ce qui fut cause qu'il establit la librairie de Fontainebleau tres-digne d'un si grand roy, & ses lecteurs en l'université de Paris; quoy faisant, il ouvrit les fontaines des louables disciplines, &c.

Vous voyez doncques, Madame, les faicts des vostres que je vous propose, qui sont, user liberalement de leur puissance & richesse pour remplir leur patrie de tres-grands biens, fonder academies, bastir des palais aux muses, orner les hommes doctes d'honnestes loyers &c. Les maisons superbes & magnifiques palais plurent jadis à vos ancestres. Vostre maison des Tuilleries qu'est-ce qu'elle monstre à ceux de France qu'ils ayent jamais auparavant veu ni ouy? Ils acheterent à grosses sommes d'argent les plus rares librairies; & vous avez voulu avoir les plus rares & non encore imprimez autheurs Grecs & Latins, lesquels avez recouvert en grand nombre & non moindre despense, desirant qu'ils fussent communiquez à ceux qui sont desireux d'apprendre, &c.

Mais qu'est-il besoin que je rougisse, parlant à V. M. de son honneur & gloire? Je diray doncques qu'en tout le monde il n'y a point de place plus propre pour consacrer à jamais à la posterité l'illustre memoire d'une Catherine de Medici, qu'est celle qui est au mont de l'université de Paris. Icy estant fondé ce palais des muses, aura un regard de tous costez de tres-grande & tres-belle estenduë. Les sieurs Cosme & Laurent avoient des maisons de plaisance en la Toscane, & ne mirent leurs librairies en pas une d'icelles, parcequ'elles ne sont pas faictes pour les champs ni pour les boys; mais les assirent au milieu & au plus clair de la patrie, en tel lieu que les citoyens

JUSTIFICATIVES.

bien nez fuſſent à meſme pour en recueillir de tres-plaiſans fruicts d'eſprit & de ſçavoir. Et me ſouvient bien qu'un jour vous pleut m'en dire autant de la librairie de Fontainebleau. Etabliſſez donc, Madame, voſtre librairie en celle ville du royaume dont vous eſtes royne, qui eſt la principale des autres villes, & en celle univerſité qui eſt la plus ancienne & celebre de toutes les univerſitez. Icy Florence & Piſe ne deffailliront point, & ne vous faudra point de Mahomet qui par la priſe de Conſtantinople jette les grammairiens, orateurs & philoſophes chaſſez de la Grece, au rivage de la Toſcane. Les voicy tous, & d'abondant voicy les Latins & les Hebrieux, voicy auſſi les mathematiciens, qui tous ſont aux gages du roy, pour lire publiquement les livres en toutes langues & doctrines liberalles. Mais ces gages qu'ils ont, ſont pluſtoſt mandiez de mille mains, que non pas donnez de S. M. voire mandiez avec grande perte & de temps & d'argent, non ſeulement en ſorte qu'il faut dependre en ceſte ſollicitation & pourſuite une bonne partie du temps qui eſt deu à la jeuneſſe ſtudieuſe pour ceſte deſpenſe royalle, mais auſſi de l'argent que l'on met ſur les comptes du roy pour le payement & gages des lectures royalles. Les lecteurs du roy n'ont point encore d'auditoire qui ſoit à eux, ſeulement ils ſe ſervent par maniere de preſt, d'une ſalle, ou pluſtoſt d'une ruë, les uns apres les autres; encores ſoubs telle condition, que leurs leçons ſoient ſubjectes à eſtre importunées & détourbées par le paſſage des crocheteurs & lavandieres & autres telles faſcheries. Il faut que vos lecteurs louent des maiſons pour leur demeure. Mais les regens de colleges privez ſont encore un peu mieux apointez. Ils ont leurs repas preſts à leurs heures; leur claſſe ſeparée en lieu paiſible; leur demeure aſſignée; leurs gages, s'ils ſont un peu plus fameux, du principal de college; & leur landit, de leurs eſcoliers. Il y a deſja long temps, Madame, que l'on deplore toutes ces incommoditez, & le grand roy François en ayant une foys ouy quelque plainte, donna outre leurs gages, une bonne groſſe abbaye à ſes lecteurs. Mais je ne ſçay quel eſcornifleur empeſcha que l'abbaye ne fuſt affectée à leur compagnie; il en departit à chacun autant qu'il luy pleut, & ne s'en fit pas la pire part. Or avec la vie eſteinte de tous ces lecteurs d'alors, le bienfaict du roy s'eſt eſteint auſſi. Mais le grand roy François apreſtoit un notable remede à tous ces maux, & avoit preſque commencé un college, en ayant maintefoys projetté le deſſein, ordonnant le lieu, l'edifice, le revenu, l'ordre, la maniere des lecteurs, le nombre des eſcoliers, & comme une inſigne eſcolle pour nourir la nobleſſe de France. J'ay moi-meſme ouy le feu roy Henry voſtre epoux deviſer du college de ſon pere, & dire publiquement qu'il le feroit tout ainſi, voyre plus magnifique. Toutesfoys les guerres & les morts inopinées ont juſques icy envié un ſi grand bien aux muſes Françoiſes. Mais vous, Madame, mettez ſus en un meſme monument la perdurable memoire des ſieurs Coſme & Laurent, de Godefroy* & des roys François le Grand, & Henry le tres-bon. Je vous ay deſeigné l'aſſiette de ce college comme au centre de l'univerſité, afin que plus commodement on y puiſſe aborder de tous les colleges, là où l'on puiſſe bailler à part des auditoires à chaque profeſſion, & aſſigner les demeures aux regents & diſciples nourriſſons de la liberalité du roy. Le revenu qu'il faudra pour une telle fondation, n'eſpuiſera en rien vos finances ordinaires; tout ce qu'il y pourra faloir, ne vous couſtera à dire qu'une ſeule parole, une ſeule parole, dis-je, la plus juſte & la plus ſaincte qui fut oncques proferée de voix humaine. &c. *L'auteur finit ſans s'expliquer ſur cette parole qu'il demandoit à la reine.*

Tiré d'un imprimé de l'an 1567. Ibidem.

*Roy de Jeruſalem, de la maiſon de Boulogne, de laquelle maiſon deſcendoit la reine, du coſté maternel.

LETTRES PATENTES DU ROY
Charles IX. par leſquelles il ordonne cent bourgeois en chaque quartier de Paris, pour aſſiſter la juſtice, quand ils en ſeront requis.

CHARLES par la grace de Dieu roy de France; à tous ceux qui ces preſentes lettres verront, ſalut. Comme nous deüement advertis des meurtres & aſſaſſinats qui ſe commettent chaſcun jour en noſtre bonne ville de Paris capitale de noſtre royaume, & autres troubles & empeſchemens qui ſe font au faict & exercice de noſtre juſtice; voulans à ce obvier & pourveoir, & les habitans de noſtredite ville vivre en paix & ſeureté de leurs perſonnes & biens, ſoubz noſtre obeïſſance; avons par l'advis & deliberation de noſtre tres-chere dame & mere, princes de noſtre ſang, & gens de noſtre conſeil privé, ordonné à nos

AN. 1567.

très-chers & bien amez les prevost des marchands & eschevins de nostredicte ville de Paris, par lettres & memoires signez de nostre main, par nous cy-devant à eulx envoyez dès le quatorziéme, quinziéme, dix-neufviéme & vingtiéme du present mois de Juillet, que en chascun quartier de nostredicte ville & faulx-bourgs il y ait cent hommes bourgeois de ladicte ville, chefs de maison, si faire se peult, esleus & choisis par nostredict prevost des marchands & eschevins; lesquels auront toutes sortes d'armes offensives & deffensives, autres que armes à feu, qu'ils pourront porter, & avec icelles assister & fortifier nostredicte justice, pour la capture des coulpables, & tenir main-forte en nostredicte justice quand requis en seront, & aussi y estre plus prests à obvier à toute insulte & desordre qui se pourroit offrir; & afin que lesdicts cent hommes soient mieulx conduicts, & sachent à qui ils devront obeïr, ils fussent nommez en chascun quartier deux ou trois bons notables bourgeois de nostredicte ville, dont la liste nous seroit envoyée par nosdicts prevost des marchands & eschevins, pour choisir celuy d'entr'eulx qui debvra avoir la charge dudict quartier. Suyvant lesquels nos vouloir & commandemens plusieurs fois reïterez à nosdicts prevost des marchands & eschevins, & après plusieurs assemblées faictes en l'hostel de nostredicte ville, tant de nos conseillers en nostre cour de parlement, chambre de nos comptes, cour des aydes, conseillers de nostredicte ville, quarteniers & autres bourgeois & notables personnes d'icelle, nosdicts prevost des marchands & eschevins nous auroient nommé jusqu'au nombre de quarante-huit personnes, & d'iceux aurions choisi jusqu'au nombre de seize personnes, suyvant l'estat que nous leur avons envoyé signé de nostre main. Depuis laquelle election ainsi par nous faicte, nosdicts prevost des marchands & eschevins auroient, en la presence & par l'advis des quarteniers & autres bourgeois de nostredicte ville, choisi & eleu cent hommes en chascun quartier, suyvant nosdictes premieres lettres. A ces causes, voulans nosdicts mandemens & ordonnances sortir leur plein & entier effect & estre executées de poinct en poinct selon leur forme & teneur, sans aulcun delay ni remise; avons de nos certaine science, grace special, pleine puissance & auctorité royal, auctorizé & validé, auctorizons & validons tout ce qui a esté ainsi faict par nosdicts prevost des marchands & eschevins, pour les causes & effect que dessus; voulons & nous plaist qu'il sorte son plein & entier effect, & soit mis à deuë & entiere execution, tout ainsi que s'il avoit esté faict en vertu de nos lettres patentes adressées à nosdicts prevost des marchands & eschevins. Si donnons en mandement à nos amez & feaux conseillers les gens tenans nostre cour de parlement à Paris, que ces presentes ils facent lire, publier & enregistrer en nostredicte cour de parlement, & le contenu en icelles garder & observer, sans enfraindre ni y contrevenir. Car tel est nostre plaisir. Donné à Compiegne le cinquiéme jour d'Aoust, l'an de grace M. D. LXVII. & de nostre regne le VII. *Ainsi signé sur le repli*: Par le roy, DE L'AUBESPINE. *Et scellé de cire jaulne sur queuë double.*

Leuë, publiée & registrée, oy & ce consentant le procureur general du roy. A Paris, en parlement le VI. jour de Septembre, l'an M. D. LXVII. *Signé*, DU TILLET. *Copié sur l'imprimé du temps, dans un recueil de la mesme bibliotheque.*

ARREST DU PARLEMENT, pour la sureté & tranquillité de la ville de Paris.

SUR la requeste presentée à la cour par le procureur general du roy, narrative qu'il a esté adverti par les officiers du chastelet, que ez recherches qui se font en ceste ville & faulx-bourgs de Paris, suivant la volonté du roy, arrests & ordonnances de ladicte cour, se trouvent plusieurs personnes oysifs sans aulcun mestier, profession ne vacation, sinon celle soubz le manteau de laquelle se desguisent toutes personnes scelerées, & se commectent tous malefices, sçavoir soliciteurs & poursuivans procez, & qui se dient estre à quelques seigneurs ou à la suite d'iceulx, portans espées, dagues & armes; pareillement que de la part des hostelliers de cestedicte ville y a grand negligence de rapporter par devant le juge ordinaire les noms, surnoms & qualitez de ceulx qui sont logez & viennent loger en leurs hostelleries; mesmement y a plusieurs personnes qui logent & tiennent chambres en plusieurs & diverses maisons autres que hostelleries, qui n'ont marque d'hostellerie, & ne font rapport à la police comme les autres hostelliers; d'avantaige en l'université d'icelle ville, en laquelle doibt estre l'accueil des escolliers

colliers estudians & faisans profession de lettres, regne, court & vague une sorte d'hommes desbauchans entierement la jeunesse, portans armes, faisans assemblées illicites, donnans occasion à infinis vagabonds de les suivre, de sorte que par tous moyens le repos publiq est travaillé & troublé, les estudes delaissées, & commettent par chascun jour meurtres, à la grand desolation des habitans de ladicte université & dommage du publiq, qui sont les sources d'où procedent les maux, afflictions & crimes exécrables qui se commettent par chascun jour en cestedicte ville & faulx-bourgs d'icelle, à quoy estoit très-necessaire, pour y obvier, pourvoir en toute diligence; requeroit partant ledict procureur general qu'il pleust à ladicte cour faire sur ce telle police qu'elle adviseroit. La matiere mise en deliberation: LA COUR, afin d'obvier aux inconveniens susdicts, & pour le bien & seureté des sugetz du roy, repos & tranquillité des habitans de cestedicte ville, a ordonné & enjoinct à toutes personnes prenans couleur & excuse de procez, de sortir & vuyder de cestedicte ville & faulx-bourgs d'icelle dedans trois jours après la publication du present arrest, & se retirer en leurs maisons jusqu'après la prochaine feste saint Martin; & à tous suyvans gentilshommes, & autres qui ne sont domicilliers de cestedicte ville, faire le semblable, & eux en aller en leurs maisons, sans prendre excuse sur leurs procez, auxquels la cour declare qu'elle ne vacquera plustost qu'après ledict jour saint Martin. Enjoinct aussi ladicte cour aux commissaires du chastelet, quarteniers, dixeniers & cinquanteniers de cestedicte ville, faire les recherches accoustumées ordonnées, & y proceder en toutes diligences, donnans ayde & confort les uns aux autres selon l'exigence des cas, & que la necessité le requerra. Enjoinct semblablement aux hostelliers, cabaretiers, chambriers & autres personnes qui logent, soit en chambre ou autrement, se retirer promptement vers les commissaires de leur quartier, ou le juge ordinaire, leur bailler & porter les noms, surnoms & qualitez de ceux qui sont logez en leurs maisons, le tout dedans trois jours pour tous delais, sur peine de confiscation de corps & de biens & d'amende arbitraire. Inhibe & deffend ladicte cour à toutes personne demourans ou voulans demourer en ladicte université soubz couleur de l'estude, de porter armes de quelque qualité qu'elles soient, sur peine de confiscation desdictes armes & de cinq cens livres parisis d'amende, ou plus grande peine, si elle y eschet, pour la premiere fois, & pour la seconde, de pugnition corporelle. Aussi leur inhibe & deffend de faire aucune assemblée illicite, soit en armes, ou sans armes, sur peine de confiscation de corps & de biens, & de s'en prendre & addresser aux principaux & maistres des colleges, pour le regard de ceux qui sont demourans ezdicts colleges; & quant à ceux qui n'y sont demourans, à leurs hostes; auxquels ladicte cour, pour prevenir telles voyes, assemblées & malefices, enjoinct sur les peines que dessus, en advertir la justice ordinaire, & dire les noms & surnoms des chefs & principaux desdictes assemblées. Et à ce que le present arrest ayt effect & soit executé, sceu & entendu par ceux qu'il appartiendra, enjoinct ladicte cour au prevost de Paris, ou son lieutenant, icelluy faire lire & publier à son de trompe & cry public ez lieux, endroits & carrefours ordonnez à faire crys & proclamations en cestedicte ville & faulx-bourgs d'icelle. Faict en parlement le Samedy VI. jour de Septembre M. D. LXVII. *Signé*, DU TILLET.

Leu & publié à son de trompe & cry public par les carrefours de ceste ville de Paris, lieux & places accoustumez à faire cris & proclamations, par moy Pasquier Rossignol crieur juré & sergent royal du roy nostre sire en la prevosté & vicomté de Paris, ez presences de Michel Noizet commis par le roy pour trompette ezdicts lieux, & autres trompettes, le Samedy VI. jour de Septembre M. D. LXVII. *Signé* P. ROSSIGNOL. *Ibidem.*

LETTRES PATENTES DU ROY Charles IX. pour l'establissement des capitaines de la ville de Paris, & permission aux citoyens d'icelle de prendre les armes.

CHARLES par la grace de Dieu roy de France; à nos très-chers & bien amez les prevost des marchands & eschevins de nostre bonne ville & cité de Paris, salut & dilection. Ayans esté advertis que plusieurs de nos subjects s'assemblent de toutes parts en armes sans aucun adveu, congé & permission de nous; qui faict estimer que c'est à intention d'executer quelque dessein & entreprise qu'ils doivent avoir au préjudice de nostre estat & repos public; & nous remettant devant les yeux les maux & calamités qui recentement sont advenus à cause des troubles dont nostre royaume a esté travaillé; & que venant iceux à renaistre, les premiers efforts en seroient adressez, ou contre nous, ou contre nostredicte bonne ville & cité de Paris, pour estre le chef de cestuy nostre royaume, & lieu plus important que tous autres. A quoy desirans pourveoir, nous avons ordonné & ordonnons que tous lesdicts manans & habitans de ladicte ville de Paris reprendront leurs armes, pour s'en ayder & servir à leur conservation, ainsi qu'ils ont faict durant les derniers troubles, ayant faict telle preuve de leur fidelité & loyaulté, que nous sommes asseurez qu'elles ne seront par eux employées à autre effect que pour nostre service & leur sureté. A ces causes nous vous mandons & ordonnons que suyvant nostre presente ordonnance, vouloir & intention, vous ayez à delivrer & faire delivrer icelles armes, soyent offensives ou deffensives, auxdicts manans & habitans, & pour l'ordre & police qui sera necessaire entr'eulx, establir & mettre les capitaines, enseignes, & chefs de bande, ainsi qu'il a esté cydevant observé, pour leur commander & iceux conduire ez choses qui dependront du faict des armes, pour la garde & sureté de ladicte ville, ordonner aussi de la garde de portes & guets d'icelle. Et pour ceux desdits habitans qui se seront absentez de ladicte ville, prendre & choisir telles personnes que vous adviserez, pour satisfaire auxdicts guets & gardes des portes, avec tel salaire que jugerez estre raisonnable, aux frais desdits absens. Et à tout ce que dessus voulons tous & chascun lesdits manans & habitans de nostredicte bonne ville de Paris qui y seront refusans & delayans, estre par vous contraincts, soit par amendes pecuniaires, ou autres peines que verrez l'exigence du cas le requerir. De ce faire vous donnons plein pouvoir, puissance, auctorité, commission & mandement special; mandons & commandons à tous lesdicts manans & habitans de ladicte ville, qu'à vous en ce faisant ils obeïssent & entendent diligemment. Car tel est nostre plaisir. Donné à Paris le XXIX. jour de Septembre l'an de grace M.D.LXVII. & de nostre regne le VII. *Signées*: Par le roy en son conseil, DE L'AUBESPINE. *Et scellées du grand seel de cire jaune sur simple queuë.* Ibidem.

Commission aux prevost des marchands & eschevins de la ville de Paris, de lever 4400. hommes de guerre à pied, &c.

AN. 1567.

CHARLES par la grace de Dieu roy de France; à nos très-chers & bien amez les prevost des marchands, eschevins & habitans de nostre bonne ville & cité de Paris, salut & dilection. Comme pour obvier & resister aux desseins & entreprises que les ennemis & perturbateurs du repos public de nostre royaume font contre & au préjudice de nostre estat, nous eussions (au temps mesme que l'advertissement nous en fust faict) par certaines nos lettres patentes ordonné que tous les manans & habitans de nostredicte ville de Paris reprendroient leurs armes, pour s'en ayder & servir à leur conservation, sous la charge des capitaines esleus par dixaines, ainsi qu'ils firent durant les derniers troubles; à quoy un chascun a faict (comme encores faict) tout devoir qui luy est possible, & mesme à faire guet & garde aux portes & ramparts; toutesfois, d'autant qu'une partie d'entr'eux n'estant bien dressez ni factionnez, ou (quoique soit) disposez à exercer la guerre, le plus souvent n'y assistent, ains y envoyent leurs gens; qui est cause que ladicte ville auroit bien besoin d'estre munie & pourveuë d'hommes desquels l'on se puisse asseurer pour la deffense d'icelle ville, où l'affaire le requerroit. Nous pour ces causes, desirans estre à cela promptement pourveu, & obvié au dommage & inconvenient qui à faute de ce y pourroit advenir, vous avons permis & permettons, voulons & vous mandons par ces presentes, que vous ayez incontinent & le plus diligemment que faire se pourra, à lever, assembler & mettre sus en nostredicte ville de Paris jusqu'au nombre de 4400. hommes de guerre à pied, des plus vaillans & mieux aguerriz qui se pourront trouver, & le plus des gens de ladicte ville que faire se pourra, composez de seize enseignes & compagnies, & autant de capitaines, qui seront choisis, nommez & presentez par vous prevost des marchands & eschevins, sous certain vertueux & vaillant personnage qui y sera par nous estabbli colonel; pour estre tous lesdicts gens de guerre conduicts & exploictez à la garde & deffense de ladicte ville, ainsi qu'il sera par vous ordonné. Et d'autant que c'est chose qui concerne la conservation d'un chascun, & de sa maison & biens, ordonnons

nons que la paye s'en prendra fur ladicte ville tant & fi longuement qu'il fera par vous advifé ; & pour le payement d'iceux vous ordonnerez aux quarteniers, capitaines & bourgeois, d'eux affembler en chacun quartier, afin de faire cotifation fur chacun bourgeois qui aura le moyen de porter cette defpenfe, & de leur faire payer la paye d'un ou deux foldats, ou autre quantité qu'il fera advifé, chacun felon fon pouvoir ; & ceux qui n'auront moyen de payer un foldat entier, vous les ferez cottifer pour demie paye, ou tiers ou quart, enforte qu'il fe puiffe lever ladicte quantité de 4400. payes de foldats armez, foit de morion, harquebouse, corfelet & picque, felon le département qu'adviferez bon eftre faict ; lefquelles armes feront baillées à chacun foldat par ceux mefmes qui feront ordonnez pour faire leurs payes ; & pourront bailler telles perfonnes pour foldat que bon leur femblera, pourveu qu'ils foient trouvez fuffifans & capables pour porter & eux ayder des armes, & felon que chacun capitaine pourra certifier ; lefquels capitaines feront par vous nommez & pourveus auxdicts eftats, avec leurs enfeignes, dont fera choifi le plus de gens de voftre cognoiffance que pourrez, & qui feront ferment au bureau de la ville, en la forme que vous-mefmes le faictes, & les officiers d'icelle ville ont accoutumé de faire, comme n'eftant deftinez pour autre effect, que pour la deffenfe de ladicte ville, fous l'auctorité de voftre bureau ; & fans que vous foyez tenus appeller commiffaire, contrerolleur ne payeur, finon que vous prevoft (fi bon vous femble) un efchevin, avec deux confeillers & deux notables bourgeois; defquels (après avoir fait monftre) bailleront un petit billet contenant ces mots: *Tel foldat d'un tel bourgeois demeurant en un tel quartier, fera payé pour un mois* ; & ainfi du plus & du moindre. N'entendons l'entretenement defdicts foldats, finon qu'autant que vous-mefmes, avec voftre confeil, adviferez, & felon que la neceffité le requerra. Et parce que noftre intention de ce prefent eftabliffement eft du tout pour le foulagement de nofdicts bourgeois, pour la garde des rampars durant la nuict, là où ils fe font trouvez travaillez ; pour l'affurance que nous avons, & que vous-mefmes pourriez avoir fur les capitaines à prefent efleus par chacune dixaine, nous ne voulons ni n'entendons que l'auctorité & ordre defdits capitaines foit aucunement diverti, & principalement

pour la garde des portes, que voulons eftre gardées par lefdicts capitaines efleus, & au dedans de la ville, & mefme pour ayder & favorifer la garde des rampars au cas de neceffité, comme perfonnes auxquels le faict touche plus qu'auxdicts foldats entretenus. Et d'autant que par faute de payement defdicts foldats il en pourroit advenir quelque fcandale, nous voulons que le fergent de bande puiffe executer pour la paye, nonobftant oppofitions ou appellations quelconques, & dont il fera payé par le refufant, pour fes falaires de l'execution. Et par ledit eftabliffement nous voulons & ordonnons que puiffiez bailler commiffions auxdicts capitaines, & y eftablir telle juftice, qu'en ce cas vous & les chefs foiez obéis. De ce faire vous avons, & à tous autres de ladicte ville qui feront employez à l'effect & execution que deffus, donné & donnons plein pouvoir, auctorité, commiffion & mandement fpecial ; mandons & commandons à tous nos jufticiers, officiers & fubjects, qu'à vous & à eux en ce faifant ils obéiffent & entendent diligemment, preftent & donnent confeil, confort, ayde & prifons, fi meftier eft & requis en font. Donné à Paris le xv. jour d'Octobre, l'an de grace M. D. LXVII. & de noftre regne le VII. Signé : Par le roy, DE L'AUBESPINE ; & fcellées du grand fcel de cire jaune fur fimple queuë. Ibidem.

Ordre & police que le roy entend eftre dorefnavant gardé & obfervé en fa ville de Paris pour la feureté & confervation d'icelle.

TOUTES perfonnes entrans en ladite ville feront interroguez doucement d'où ils viendront & la part où ils vont loger, & pour quelle occafion ils entrent en ladicte ville ; & quand ils en voudront ou pourront partir, & ce par le capitaine, lieutenant ou enfeigne qui feront la garde defdites portes.

Toutes perfonnes indifferemment feront vifitez quand ils entreront ou fortiront ; & là où ils auront aucuns pacquets & lettres adreffans aux majeftez du roy & de la royne, ou de meffeigneurs les princes, marefchaux de France, ou gouverneurs de provinces, n'y fera touché aucunement ; & pour le furplus y fera advifé par le capitaine ou chef de ladicte porte, pour s'enquerir & voir, fi befoing eft, s'il y auroit aucunes lettres, memoires ou pacquets contre le fervice du roy & de la ville, pour incontinent en advertir S. M., ou son lieutenant general, ou bien messieurs de la ville.

Toutes armes qui seront trouvées cachées ou recelées, entrans ou sortans ladicte ville, seront confisquées par les gardes desdictes portes.

Toutes personnes ne pourront sortir de ladicte ville sans congé & passeport de leurs majestez, ou de son lieutenant general, ou desdicts sieurs de la ville.

Tous courriers entrans en ladicte ville seront conduits pardevers leurs majestez, son lieutenant general, ou lesdicts sieurs de la ville; si ce n'est quelque grand seigneur qui soit recogneu, & qui ne doibve par honnesteté estre arresté.

Que tous gentilshommes, soldats & autres portans armes voulans entrer en ladicte ville, seront admonestez eulx retirer au camp du roy, suyvant les proclamations qui en ont esté faictes, si mieux ils n'aiment laisser lesdictes armes à la porte, ainsi que cy-dessus a esté declaré.

Que tous chariots, charrettes, chevaux & charges de marchandise, & non de vivres, entrans dedans ladicte ville, qui n'auront certificat ou passeport de ce qui sera dedans lesdictes charges, seront conduits par un ou deux soldats bourgeois, desdictes portes jusqu'au logis, pour estre baillez en garde à l'hoste; afin de ne souffrir ouvrir, desembaler & descharger, sans qu'il y ait quelques-uns presens pour certifier s'il n'y aucunes armes ou choses prohibées & deffendues.

Et pareillement ne pourra sortir hors de ladicte ville aucun chariot, charrette, ou charge de cheval ou d'hommes, s'ils ne sont pareillement cogneues par certificat ou passeport, fors & excepté les charges de vivres pour mener au camp & armée de S. M. & non autrement.

Sera fait recherche particuliere dedans les maisons de ceux de la religion nouvelle, pour sçavoir ceux qui sont entrez en ladicte ville depuis le jour de la bataille,* & qui se estoient absentez durant les troubles, pour les faire vuider hors de lad. ville.

Voulant aussi sadite majesté que ceux de ladicte religion qui ont toujours demouré en ladicte ville, & ne s'en sont absentez pendant le siege, y demourent & vivent sans qu'il leur soit faict aucun tort & desplaisir en leurs personnes ni biens; desquels neantmoins sadite majesté voulant sçavoir le nombre, a enjoinct aux prevost des marchands & eschevins de ladicte ville faisant ladicte recherche, en dresser une liste portant leurs qualitez, pour la lui rapporter.

* C'est celle de S. Denis.

Fait au conseil tenu à Paris le xxx. Novembre M. D. LXVII. Signé CHARLES, & au dessous, DE L'AUBESPINE. Ibid.

ORDONNANCE DU ROY Charles IX. par laquelle il enjoint à tous ceux de la religion pretenduë reformée de sortir de Paris.

DE PAR LE ROY.

SA majesté ayant permis & accordé à ceux de ses subjects qui sont de la religion pretenduë reformée, qui n'ont porté les armes contre sa personne, de pouvoir demourer & vivre en leurs maisons soubz le benefice de ses edicts & ordonnances, sans qu'il leur soit fait, mis ou donné aucun trouble ny empeschement, veult & entend les y conserver.

Mais d'autant qu'il y en a beaucoup trop de ladicte religion qui se sont absentez de ceste ville de Paris au commencement de ces derniers troubles, les aucuns s'estans retirez pour crainte qu'ils ont eu d'y estre molestez & travaillez, & les autres pour adherer & suyvre le parti de ceux qui ont pris les armes contre sadicte majesté, auxquels ayant esté permis de retourner, font instance tous les jours de rentrer en leurs maisons dedans cestedicte ville, suyvant nostredicte permission; ce que (s'il leur estoit souffert) pourroit apporter & causer de grands troubles & rumeurs en icelle.

A ceste cause, sadicte majesté a ordonné & ordonne que lesdicts habitans qui sont de ladicte religion, & se sont absentez de cestedicte ville au commencement de ces presens troubles, ne soient receus en icelle, afin d'eviter le mal qui en pourroit advenir; mais leur permet & accorde qu'ils se puissent retirer en leurs maisons ez environs d'icelle (s'ils en ont) & les autres en celles de leurs amis, ou ez lieux où ils voudront, ezquels sadicte majesté les veult conserver, maintenir & prendre en sa protection, tout ainsi que ses autres bons & fidelles subjects, sans qu'il leur soit faict aucune moleste ni fascherie; pourveu aussi qu'ils facent la submission qui est portée par la derniere publication qui en a esté sur ce faicte. Et si aucuns estoient déja rentrez en leursdictes maisons en cestedicte ville, le roy veult qu'ils ayent à sortir & vuider de ceste dicte ville dedans vingt-quatre heures après la publication de la presente, en s'asseurant qu'ils pourront rentrer en leurs maisons qui sont en ladicte

dicte ville, après que les armes seront posées par ceux qui les ont prinses pour troubler le repos de ce royaume; & en attendant, vivront en leursdictes maisons aux champs, sans donner faveur ni ayde à ceux qui sont du parti contraire à sadicte majesté.

Enjoignant & deffendant sadicte majesté à tous ceux qu'il appartiendra, de ne leur faire aucun mal pendant qu'ils seront en leursdictes maisons de cestedicte ville ou ailleurs où ils se voudront tenir, & à eux aussi de n'entreprendre de venir loger en icelle au contraire de la presente ordonnance, sur peine d'estre punis comme infracteurs & violateurs d'icelle & perturbateurs du repos public. Fait à Paris le XXIV. jour de Decembre M. D. LXVII. *Signé*, CHARLES; *& plus* DE NEUFVILLE.

Leû & publié à son de trompe & cry public, par les carrefours & lieux accoustumez à faire cris & proclamations de ceste ville de Paris, le roy y estant, par moy Michel Seillatz commis du greffier en la prevosté de l'hostel du roy, accompagné du trompette en icelle, le 26. jour de Decembre 1567. *Signé*, SEILLATZ. *Ibidem.*

Reglement pour maintenir la seureté en la ville de Paris, & l'ordre entre les capitaines & bourgeois portant les armes.

AN. 1568.

ORDRE & police que le roy veult & entend estre tenuë & gardée sur l'election des seize colonels de ceste ville de Paris, afin de maintenir les capitaines & bourgeois portans les armes avec tel ordre, que la ville & citoyens soient maintenus en seureté.

Premierement, que lesdits colonels qui sont esleus, seront, chacun en leur quartier, recongneuz & reverez comme chefs, & auront l'œil & soing sur les autres, & se conduiront avec toute douceur & honnesteté avec les capitaines & chefs des bandes.

Item s'assembleront lesdits colonels doresnavant les jours de Jeudy & Samedy, de deux ou trois heures après disner, pour adviser des affaires qui se presenteront en la semaine, & pour entendre de messieurs de la ville, s'il leur plaist aucune chose commander.

Et où le nombre des seize ne se trouveroit en ladicte assemblée, s'il s'en trouve huict ou neuf, ceux-là ne laisseront de besongner & arrester ce qui aura esté par eux advisé, pour après en advertir les autres.

Item auront lesdicts colonels la cognoissance premiere de tous les differens qui pourroient survenir à cause des armes & fautes, chacun en son regard & quartier, & s'emploieront à faire raison & justice à chacun, avec toute modestie, & si besoing est, prendre l'advis des autres capitaines du quartier; toutesfois où le cas seroit d'importance & qu'il meritast conseil, en sera recit à la compagnie, pour en estre par eux ordonné, ou bien en conferer sur ce avec messieurs de la ville.

Item visiteront lesdicts colonels quelquesfois la garde des portes; & là où ils trouveroient desordre ou quelque faute, & que les maistres n'y soient en personnes, ou qu'ils soient mal armez, en advertiront les capitaines, pour leur donner la reprimande, selon la faute & pouvoir qu'ils en ont; & où ils n'y pourroient donner ordre tel que seroit requis, en sera fait recit à la premiere assemblée desdicts colonels, pour y pourvoir.

Item pour obvier qu'aucune pillerie ou volerie ne se commette ez environs de ladicte ville, & afin de donner seureté aux vivres, s'assembleront quelquesfois lesdicts colonels avec les capitaines de leurs quartiers, pour ensemble adviser à amasser le plus de gens de cheval, pour aller à deux ou trois lieuës ez environs de la ville, eux informer s'il y a point de mauvaises gens par les chemins, pour y donner ordre, s'ils en ont le moyen; & eux enquerir des nouvelles des paysans sur les advenuës des chemins, pour en advertir le roy ou messieurs les prevost des marchands & eschevins, si besoin est.

Item lesdits colonels tiendront la main que chacun en son quartier face bon guet & centinelle, & que l'ordonnance sur ce faicte soit gardée & observée. Et aussi fera chascun capitaine à son tour la ronde en son quartier; & des fautes qu'ils trouveront, en advertiront ledict colonel.

Item & pour pourveoir qu'il n'advienne de nuict aucun inconvenient en la ville, à cause des portes & rampars dont despend la principale seureté d'icelle, sera advisé par les capitaines proches desdictes portes, auxquels en est commise la garde, d'asseoir en leurs corps de garde ezdictes portes vingtcinq hommes pour le moins, & aussi de mettre centinelle sur les advenuës des rampars & bouleverts, afin de descouvrir les inconveniens qui en pourroient survenir.

Pour le regard des gardes des portes de jour, sera observée l'ordonnance cy-devant faicte par le roy, sans qu'il y soit commis aucun abus ; & en laquelle garde de jour seront tenus d'assister toutes personnes de la dizaine indifferemment, de quelque estat, qualité, condition & aage qu'ils soient ; sur peine de vingt livres parisis d'amende, qui sera levée sans déport. Et où ils y envoieront leurs serviteurs, leurs armes seront confisquées à la discretion du capitaine, outre ladicte amende, sans pour ce avoir aucun esgard à leur privilege.

Item & pour ce que par desobeissance les capitaines ne peuvent donner l'ordre necessaire pour les gardes desdictes portes de jour & de nuict, centinelle, recherches & executions des mandemens, tant du roy, que de messieurs de la ville ; sera enjoint à toutes personnes, de quelque estat & qualité qu'ils soient, d'obeir à ce que par leur capitaine sera ordonné, sur peine de vingt livres parisis d'amende, qui sera levée sans déport, & autres plus grandes peines, s'il y eschet.

Item est aussi deffendu à toutes personnes habitans esdictes dizaines, de ne porter armes quelconques, soit de jour ou de nuict, sans congé & permission expresse des capitaines d'icelles dizaines, chacun en son regard, sur peine de confiscation desdictes armes pour la premiere fois, & de punition corporelle pour la seconde.

Item, d'autant que lesdicts capitaines, leurs lieutenans, enseignes, faisans leurs devoirs de leurs charges, peuvent tomber en malveillance d'aucuns du peuple, dont pourroit venir danger en leurs personnes, s'ils estoient desarmez, & considerant que telles charges n'ont eté baillées qu'à gens esleus & personnes capables pour contenir & empescher les esmeutes & insolences du peuple ; à ceste cause sera permis aux dessusdicts capitaines, lieutenans & enseignes, sergens, corporaux & leurs serviteurs advoüez, de porter toutes sortes d'armes, tant offensives que deffensives, soit harquebuses, pistolets, jacques de maille & autres quelconques, tant de jour que de nuict, non seulement dans ladicte ville, mais aussi ailleurs & par tout & aux champs, pour la tuition de leurs personnes.

Item & au cas qu'il advinst en la ville aucune sedition, tumulte ou desordre, lesdicts capitaines donneront confort & ayde les uns aux autres ; & où il y auroit effort ou allarme, se retireront chacun aux places & lieux cy-devant départis & ordonnez, soubz la charge de leurs capitaines, & empescheront, en tout ce qui leur sera possible, lesdicts efforts, ne qu'il se face aucune surprise en ladicte ville, & mesme pourveoiront, si besoing est, & où la necessité seroit telle, à faire tendre les chaisnes de leurs quartiers.

Aussi pourvoiront lesdicts colonels proches des portes, de faire renforcer en ce cas la garde desdictes portes & rampars des quartiers qui sont les plus proches d'icelles.

Item & pour obvier aux inconveniens qui sont advenus & pourront encore advenir aux gardes, tant des portes, que rampars, pour l'entreprinse que font aucuns bourgeois de ladicte ville, est deffendu à tous lesdicts bourgeois de faire aucun arrest ou interrogatoire aux personnes entrans & sortans par lesdictes portes & autres passans & repassans aux-dicts corps de gardes & centinelles, s'il ne leur est commandé & enjoinct par leurdict capitaine, ou celui qui commandera en son lieu & absence.

Item advenant qu'aucuns mandemens fussent doresnavant envoyez aux quarteniers, s'ils concernent la charge & debvoir des capitaines, en advertira incontinent ledict quartenier le colonel ; & où faudroit faire quelque département, ou bien pourvoir de quelque ordre entre lesdicts capitaines, pour l'execution dudict mandement & debvoir de chacun, ledict ordre & département se fera par ledict colonel, appellez les autres capitaines de son quartierr.

Item est enjoint à tous hostelliers, cabarettiers & autres tenans maisons & chambres à louage, sur peine de vingt livres parisis d'amende, de ne recevoir, loger ne retirer en leurs maisons aucuns desdicts habitans, estrangers, ni autres quelconques, qu'à mesme instant & dans le jour ils ne viennent par devers le capitaine de sa dizaine apporter les noms, surnoms, qualitez & declaration des armes & chevaux qu'ils auront ; & lequel capitaine advertira incontinent le colonel, pour y estre ensemblement pourveu.

Aussi seront tenus tous lesdicts manans & habitans de quelque estat, qualité & condition qu'ils soient, quand ils delogeront d'une dizaine pour aller loger en un autre, d'apporter certificat du capitaine de la dizaine dont ils font fortis, portant declaration & tefmoignage de leur bonne vie, & comme ils font Catholiques, vivans felon l'eglife Romaine; autrement ne feront receus audit quartier.

Que pour obvier aux fecrettes derobées, venües, yfluës & entrées de ladicte ville, & plufieurs illicites affemblées que pour ce refpect fe pourroient faire, eft permis aufdicts capitaines de faire boufcher & murer les huis du derriere des maifons de ceux qui ont efté & font nottez & fufpects, aux defpens des proprietaires d'icelles maifons.

Item, à ce que les ordonnances & mandemens cy-deffus puiffent eftre executez, & ne demeurent fans effect, eft permis aufdicts colonels & capitaines de faire executer lefdicts mandemens, tant par leurs fergens de bande, corporaux & fergens de la ville, que autres fergens royaux, aufquels eft enjoinct d'y obeïr. Fait au bureau de la ville le XXIII. jour de Janvier M.D.LXVIII. *Signé*, BACHELIER. *Ibidem.*

AMPLIATION DU ROY Charles IX. aux prevofts des marchands & efchevins de Paris pour l'execution de l'ordonnance du 24. Decembre 1567. rapportée cy-deffus.

AN. 1568.

CHARLES par la grace de Dieu roy de France; à nos tres-chers & bien amez les prevoft des marchands & efchevins de noftre bonne ville & cité de Paris, falut. Nous avons efté advertis que plufieurs colonels, capitaines, lieutenans & enfeignes par nous & de noftre authorité eftablis en noftredicte ville, font difficulté d'executer noftre ordonnance du 24. jour de Decembre cy-attachée foubz le contrefcel de noftre chancellerie, foubz couleur qu'ils dient lefdictes lettres n'eftre à vous adreffantes, ne l'execution d'icelles à vous commife; dont pourront enfuyvre plufieurs troubles, confufions & perturbations en noftredicte ville, d'autant que contre noftre vouloir & intention toutes perfonnes s'y retirent & reffugient indifferemment en noftredicte ville. Pour ce eft-il que nous defirans toujours maintenir noftredicte ville en toute feureté & deffenfe, avons ordonné & de rechef ordonnons par ces prefentes, que fuyvant noftredicte ordonnance du 24. jour de Decembre dernier, en executant icelle modeftement & le plus doucement que faire fe pourra, vous ayez à faire commandement à tous ceux qui font de la religion pretenduë reformée, & qui fe font abfentez de noftredicte ville au commencement de ces prefens troubles, & depuis retournez en icelle, qu'ils ayent à fortir & vuider de noftredicte ville fuyvant noftredicte ordonnance, & aux conditions portées par icelle. Et quant aux autres qui ne font encore retournez, vous n'ayez à les recevoir en noftredicte ville, ne permettre qu'ils y demeurent, leur permettant neantmoins fe retirer ez lieux portez par noftredicte ordonnance, pour les confiderations contenuës en noftredicte ordonnance; vous mandant, & à tous les colonels, capitaines & enfeignes eftablis comme deffus, d'executer le contenu en noftredicte ordonnance, contraignant à ce faire par toutes voyes deuës & raifonnables, mefme par faifie & emprifonnement de leurs perfonnes. De ce faire vous donnons plein pouvoir, puiffance, authorité & mandement efpecial, & commandons à tous nos fubjects que à vous en ce faifant foit obey. Car tel eft noftre plaifir. Donné à Paris le 1. jour de Fevrier l'an de grace M. D. LXVIII. & de noftre regne le VIII. *Signé*, CHARLES; *& plus bas:* Par le roy, ROBERTET. *ibidem.*

MANDEMENT DES PREVOST des marchands & efchevins de Paris, fur le mefme fujet.

DE PAR LES PREVOST DES MARCHANDS ET ESCHEVINS DE LA VILLE DE PARIS.

AN. 1568.

CAPITAINE ne faillez incontinent les prefentes veuës, de rechercher en voftre dizaine tous ceux qui font fufpects de la pretenduë nouvelle religion, lefquels fe font cy-devant abfentez, & depuis retournez en leurs maifons; & leur faictes commandement de vuider de cefte ville & faulxbourgs dedans vingt-quatre heures après le commandement que leur aurez faict, fuyvant ce qui eft mandé par lettres patentes du roy du 24. jour de Decembre & premier jour de Fevrier dernier paffé, qui font ci-inferées, & fur les peines contenuës en icelles, lefquelles vous executerez diligemment felon leur forme & teneur, fans y faire aucune diffimulation ou longueur. Et pour eviter à la connivence que l'on pourroit faire à l'execution entiere defdictes lettres, permettons aux colonels & tous autres capitaines de pouvoir faire lesdictes recherches & vacquer à l'execution desdictes lettres ez quartiers & dixaines les uns des autres & par toute ladicte ville & faulxbourgs, encore qu'ils ne fussent dudict quartier & dixaine. En quoi faisant, mandons à tous citoiens de vous obeïr, donner confort & ayde, si mestier est & requis en sont. Et de cequ'aurez fait nous envoierez vostre procés verbal dedans deux jours aprés. Faict au bureau de ladicte ville le IV. jour de Fevrier M. D. LXVIII. *Signé*, BACHELIER. *Ibidem*.

ORDONNANCE DU MESME ROY Charles IX. contenant l'ordre & reglement qu'il veut estre dans la paix observé dans la ville de Paris & autres lieux circonvoisins.

AN. 1568.
LE roy desirant pourvoir au repos & seureté de la ville de Paris, & empescher qu'aucun trouble & desordre n'y survienne durant la paix qu'il a pleu à Dieu restablir en ce royaume, veut & entend que l'ordre & reglement cy-aprés contenu soit doresnavant observé & pratiqué, tant en ladicte ville, que ez autres lieux & endroicts desquels depend la conservation d'icelle.

A sçavoir, que pour soulager les bourgeois & habitans de ladicte ville de la continuelle garde des portes, à laquelle les troubles passez les ont assubjectis, que les ponts de Poissy, Pontoise, Charenton, saint Cloud, Laigny & saint Maur seront raccoustrez & garnis chascun de pont-levis, à la garde desquels monseigneur le duc d'Anjou son frere & lieutenant general commettra telles personnes & en tel nombre qu'il verra estre necessaire, afin de l'observer & recognoistre ceux qui viendront vers ladicte ville, pour advertir le chef qui sera en icelle, s'ils y voient nombre duquel l'on puisse avoir souspeçon.

Et là où se trouvera bon, n'y aura autres portes en la ville ouvertes, que celles qui le sont de present, que les bourgeois pourront garder en nombre de vingt personnes, sinon que l'on entende qu'il soit besoin de d'avantage; auquel cas le prevost des marchands & eschevins augmenteront le nombre.

Voulant sa majesté que les capitaines ordonnez en ladicte ville demeurent en l'estat qu'ils sont establis, entend qu'il soit faict eslection en chascun quartier de certain personnage de qualité, qui soit de la religion Catholique, lequel aura la surintendance des capitaines du quartier, tant au faict des armes, comme des guets, gardes des portes, seditions, si aucune en advient; le tout sous l'autorité desdicts prevost & eschevins. Et partant seront seize personnes chefs, à sçavoir en chascun quartier un, qui seront obeïs & maintenus en leurs charges.

Et là où il adviendroit quelque scandale ou sedition en la ville (que Dieu ne vueille) ou quelque personne face aucun desordre, sera incontinent prins & saisi celui ou ceux qui auront faict le delict, pour estre mené au chef du quartier, lequel l'envoiera au juge ordinaire, avecque les noms, surnoms & demeurances des tesmoings qu'il fera instruire par le commissaire; lequel sera tenu d'en informer aussitost qu'il en sera adverti, & d'en faire faire la justice & le deu de sa charge, & d'y vacquer, toutes autres choses laissées.

Tous les commissaires du chastelet feront bonne diligence de faire perquisition, chascun en leur quartier, pour sçavoir & cognoistre ceux qui y arriveront, & tiendront la main à faire garder l'ordonnance contre les hostelliers & autres personnes qui loüent maisons & chambres garnies. Et là où aucuns arriveront avecques arquebouzes ou pistolets, lesdicts hostelliers advertiront le chef du quartier avec le commissaire, pour estre par eux les armes à feu saisies & gardées jusqu'à leur partement, sinon qu'ils soient personnes ayans pouvoir de sa majesté de porter à toutes heures & par tous les lieux de son royaume lesdictes armes. Et au cas qu'ils y facent aussi mauvais devoir qu'ils ont faict par le passé, pour la premiere fois ils seront suspendus de leurs estats, & à la seconde privez d'iceux.

Les quarteniers & dizeniers feront aussi diligence d'eux enquerir des personnes qui logent en leur quartier & ez autres maisons & chambrettes: afin d'en advertir le chef du quartier; lequel chef, comme il sçaura & verra quelque chose d'importance, en advertira sur l'heure le prevost des marchands, pour le faire entendre au gouverneur & lieutenant general.

Et pour éviter que les bourgeois ne soient travaillez la nuict, ainsi qu'ils ont esté durant ces troubles, il semble qu'il suffira de faire dedans Paris la garde de la nuict en seize places seulement, & en chascune place vingt ou trente hommes, qui

JUSTIFICATIVES. 711

qui seront commandez par lesdicts chefs du quartier, & establis selon que lesdicts chefs adviseront avec les prevost des marchands & eschevins & lieutenant criminel.

Lesquels chefs du quartier feront service gratis, pour tel temps qu'il sera advisé, & tiendront la main à l'execution de ce que dessus, & seront esleus par nombre de bourgeois notables du quartier qui pour ce feront assemblez, & commanderont aux bourgeois de leur quartier qui ont les armes sous eux.

Que nul ne pourra prendre les armes sans commandement de son chef du quartier, qui aura un lieutenant en son absence, & tiendra la main pour sçavoir si ceux qui auront licence d'avoir armes, les tiendront en bon estat, aussi ceux qui n'en devront avoir, pour les leur oster & en advertir la justice, pour estre chastiez & punis selon qu'il eschera.

Lesdicts chefs du quartier iront à pied ou à cheval par la ville, de jour; & là où ils cognoistront aucunes personnes qui seront arrivées, ou avec armes deffenduës, ou qui n'y auront que faire, les feront retirer & enjoindre de sortir; & là où ils les trouveront sans adveu, les mettront entre les mains de la justice pour les chastier.

Aussi lesdicts chefs du quartier admonesteront souvent les commissaires, pour les faire aller par la ville, faisans les visitations requises en leurs charges, dont ils feront leurs rapports au juge ordinaire suyvant l'ordonnance; & où il y auroit faulte, en advertiront le gouverneur & lieutenant du roy.

Veult & entend sa majesté que le prevost de Paris, ses lieutenans civil & criminel, ayent à diligemment vacquer au faict de leurs offices & exercice de justice, sans exception de personne, de maniere que sa majesté n'en reçoive aucune plainte ne importunité.

Pareillement que le guet à cheval de ladicte ville face par chascune nuict les reveuës accoustumées, & le guet de pied soit mis ez places autres que celles que les bourgeois garderont, dont le chevalier du guet conviendra avecque les prevost des marchands & eschevins & chefs des quartiers.

Suyvant ce qui est porté par l'edict de pacification dernierement faict, sa majesté veult & entend qu'il n'y ait aucun presche & exercice de la religion pretenduë reformée en ladicte ville & fauxbourgs; & enjoinct très expressément, tant auxdicts prevost de Paris, ses lieutenans civil & criminel, commissaires du chastelet, & aussi auxdicts prevost des marchands & eschevins, quarteniers, dizeniers & chefs du quartier, d'y tenir la main & empescher que lesdicts presches & exercice n'y soient faicts aucunement; voulant que les lieux & maisons où l'on trouvera qu'il en soit faict, soient demolies & rasées, & ceux qui contreviendront à nostredict edict, punis & chastiez come infracteurs & contrevenans à iceluy.

Faict & ordonné à Paris, le roy estant en son conseil, le XXII. jour d'Avril M. D. LXVIII. Signé CHARLES; & au dessoubz FIZES.

Leuë & publiée à son de trompe & cry public par les carrefours de ceste ville de Paris, lieux & places accoustumez à faire cris & publications, par moy Pasquier Rossignol crieur juré pour le roy ez ville, prevosté & vicomté de Paris, accompagné de Michel Noiret commis par le roy pour trompette ezdicts lieux, & d'un autre trompette, le Mardy XXVII. jour d'Avril M. D. LXVIII. Signé ROSSIGNOL. Ibidem.

TRANSLATION DES FILLES Penitentes de l'hostel d'Orleans * au monastere de saint Magloire, & des religieux de saint Magloire au prieuré & commanderie de saint Jacques du Hautpas.*

* Aujourd'huy de Soissons.

AN. 1572.

A Tous ceux qui ces presentes lettres verront, Antoine Duprat chevalier de l'ordre du roy, seigneur de Nantouillet, Precy, Rosay & de Fourmeries, baron de Thiern, de Bourg & Viteaux, conseiller de la majesté dudit seigneur, son chambellan ordinaire & garde de la prevosté de Paris, salut. Come sur les remontrances faites à la reine mere du roy par plusieurs notables personnages de cette ville de Paris, de la grande pauvreté & necessité qu'endurent les pauvres religieuses Penitentes de cette ville, pour ce que leur monastere situé & assis en la paroisse saint Eustache, au lieu cy-devant appellé l'hostel d'Orleans, n'est doüé que de bien peu de revenus, qui consistent en une pension de laquelle leur avoit esté fait don par le feu roy Henry, que Dieu absolve, confirmée par le feu roy François dernier decedé, & par le roy à present regnant, dont elles ne sont payées que selon la commodité des affaires du roy, combien que

ces filles soient maintenant en grand nombre, & qu'il leur est fait si peu d'aumosnes que la plus part du tems elles n'ont dequoy vivre ; & considerant que cela en partie procede à cause que ledit monastere est en lieu tellement destourné & esloigné des endroits dont elles peuvent estre secouruës d'aumosnes qu'elles demeurent plusieurs jours de la semaine en grande necessité de vivres & toutes autres choses necessaires à la vie humaine ; considerant aussy qu'il est convenable & expedient que telle religion soit en lieu plus apparent, & en ruë qui soit plus celebre & notable en cette ville de Paris, afin que leur vie & austerité de religion soit plus connuë & recommandée, & par ce moyen les gens de bien incitez à leur bien faire ; desirant ladite dame, pour le bon zele, charité & aumosnes qu'elle a envers ledit monastere & convent desdites filles Penitentes, leur subvenir en cet endroit, & y voulant pourvoir ; & après avoir eu sur ce l'avis de plusieurs notables personnages, ne se seroit trouvé lieu plus commode ne convenable pour loger lesdites religieuses, que l'eglise saint Magloire située & assise au milieu de la ruë saint Denis, en accommodant les religieux, abbé & convent dudit saint Magloire d'autres lieux ; & pour ce faire ne se seroit presenté lieu plus commode que le lieu où est situé le prieuré, commanderie ou hospital de saint Jacques du Haut-pas, estant au faux-bourg saint Jacques de cette ville de Paris, si mieux lesdits religieux de saint Magloire n'aimoient s'accommoder dudit monastere desdites religieuses. Et sur ce ayant sadite majesté fait entendre ce que dessus auxdits religieux, abbé & convent par le seigneur d'Orsay, maistre Arnould Boucher conseiller du roy maistre des requestes ordinaire de son hostel, premier president en son grand conseil, & conseiller en son conseil privé, pour ce faire faire commis par S. M. par ses lettres patentes ; iceux religieux, abbé & convent auroient fait très-humbles remonstrances à ladite dame, que leur monastere est un lieu celebre, en cœur de ville, bien basti & de fort grand valeur, au milieu de leur justice & revenus, & de la plus grande partie de leurs autres vivres, & fort commode, & à propos près des ports & marchez pour faire toute leur provision ; & quant au monastere des filles Penitentes, il seroit du tout impossible que lesdits religieux se puissent accommoder, pour estre l'eglise trop petite & anguste ; & pour le regard du lieu de saint Jacques du Haut-pas, encore qu'il soit d'assés grande estenduë, neantmoins il seroit aussi impossible de s'y accommoder, s'il ne plaisoit à sa majesté y faire les reparations requises & necessaires, pour ce que ledit lieu est un logis & lieu presque tout ruiné, ouvert & déclos, & auquel il n'y a aucun cloistre, dortoir & refectoir pour lesdits religieux de saint Magloire ; & pour ce que en l'eglise du Haut-pas, outre le service ordinaire du prieur se fait le service d'une cure en l'eglise parochialle, les paroissiens de laquelle occupent tout ledit lieu, & outre les heures du jour à faire le service, & est ledit lieu loin des autres biens desdits de saint Magloire, loin des ports & marchez, sujet & dependant du commandeur de saint Jehan de Lucques ; lequel commandeur qui est messire Jean Prevet prieur & commandeur à present titulaire dudit prieuré saint Jacques du Haut-pas, & plusieurs autres pourroient à l'avenir faire querelle auxdits de saint Magloire ; à quoy ils auroient très-humblement supplié sa majesté avoir égard. Et quant auxdites religieuses, après avoir esté assemblées & congregées en leur eglise & monastere, au lieu où elles ont accoustumé s'assembler au son de la cloche, pour traiter & aviser des affaires dudit monastere & avoir entendu ce que dessus, & mesmes les dons & aumosnes & liberalitez que ladite dame leur fait & fait faire, tant par le roy, que nosseigneurs les ducs d'Anjou & d'Alençon ses enfans, comme cy-après sera plus amplement déclaré, ont eu & ont pour agreable ladite translation, aux charges & conditions cy-après declarées. Toutes lesquelles choses vuës & meurement considerées, finalement sçavoir faisons, que pardevant Pierre Pontrain & Edme Parques notaires du roy nostre sire en son chastelet de Paris, furent presents en leurs personnes ladite dame reine mere du roy Charles IX. de ce nom, d'une part : & reverend pere en Dieu messire Pierre de Gondy evesque de Paris, abbé de ladite abbaye de saint Magloire, ordre de saint Benoist, unie & annexée audit evesché de Paris, conseiller du roy en ses conseils privez, chancelier, chef du conseil & surintendant des affaires de ladite dame reine : religieuses personnes........ tous religieux profés en ladite abbaye monsieur saint Magloire, estans de present audit lieu du Haut-
pas

JUSTIFICATIVES.

pas, faisant & representant la plus grande & saine partie des religieux & convent dudit saint Magloire, pour eux & leurs successeurs à l'avenir, d'autre: & noble & discrete personne maistre Pierre le Vigneron docteur en theologie leur pere, & devotes & religieuses sœurs Margueritte Notrot, meres Jossine de Collemont, Jehanne Gueneberde & Gilerte Langlois, Agnes la Petite, Françoise Bichot, Isabeau Boulet, Jehanne d'Esmery, Jacqueline Berault, Françoise Maleton, Pernette Regnault, Jacqueline Maton, Jehanne l'Hermisse, Catherine Crochet, Marguerite Feucher, Marie l'Amour, Nicolle Raverdy, Agnès de Ligny, Charlotte Amyot, Estiennette le Noble, Catherine Godine, Guillemette Bezard, Jehanne du Moret, Jehanne de la Roche, Anne Tolle, Jacqueline du Hamel, Jehanne le Grain, Guillemette Fournier, Anne Favier, Claude de Butois, Jehanne Giffard, Catherine Baudouin, Imberde Pinjon, Marie Seurés, Françoise Martel, Françoise de la Clef, Jehanne Donnée, Catherine Baudouin, Philippe le Tirant, Marguerite le Moine, Renée Savatte, Marie Pirot, Guillemette Colombel, Catherine Mesnart, Catherine Gressier, Genevieve l'Escuyer, Magdeleine du Chemin, Marguerite Tesson, Jehanne du Manoir, Nicolle l'Amy, Jehanne de Lyon, Mathurine Sorée, Jehanne David, Michelle Vilart, Charlotte le Grand, Marie Mougret, Renée Prevost, Michelle Genaille, Claude Rouge-oreille, Jehanne Giroron, Helene le Verdier, toutes religieuses professes, faisant & representant la plus grande & saine partie des religieuses dud. monastere & convent des filles Penitentes à Paris, congregées & assemblées au son de la cloche en leur eglise & monastere au lieu où elles ont accoûtumé leur assembler, pour traitter & aviser des affaires d'iceluy monastere & convent, pour elles & leurs successeurs religieuses à l'avenir, aussi d'autre part. Lesquelles parties ont fait, convenu & accordé ce qui ensuit, soubz l'autorité, consentement & intervention du roy nostre sire: c'est à savoir, que ladite dame reine mere Catherine de Medicis, pour accommoder lesdites religieuses audit lieu de saint Magloire, a promis & promet auxdits sieurs evesque, religieux & abbé de saint Magloire faire unir & incorporer effectivement & perpetuellement, en forme de droit bonne & authentique auxdits evesque de Paris & abbaye saint Magloire, par nostre saint pere le pape

du consentement dudit commandeur de saint Jehan de Lucques, & tous autres ayans ou pretendans interest à lad. union, lad. eglise, prieuré & commanderie de S. Jacques du Haut-pas, jardins, maisons, pourpris, fermes, terres & seigneuries, heritages, cens, rentes, justice & tous les autres droits, rentes & revenus apartenans & dependans dudit prieuré, aumosne & commanderie, sans rien excepter; à la charge toutesfois que le divin service accoustumé y estre dit, sera dit, celebré & continué par lesdits religieux, abbez & convent, ainsi que de coustume, & l'hospitalité exercée selon l'intention des fondateurs; & à ces fins sera destinée l'une des maisons joignant la grande maison dudit prieuré, dependante d'iceluy, en laquelle seroit dressé lits ou autres ustenciles necessaires pour recevoir les pelerins, suivant la fondation; & sera commis par ledit sieur evesque un personnage qui aura la charge de recevoir & heberger les pelerins, ainsi qu'il a esté fait par cy-devant. Outre a promis & promet sadite majesté faire homologuer ladite union par les cours de parlement, & par tout ailleurs où il appartiendra, & desdites union & homologation bailler & delivrer lesdites pieces, bulles, arrests & autres lettres en forme probante & authentique, ausdits sieurs evesque & religieux, dedans six mois prochains venans, aux frais & despens de sadite majesté. Et encore sadite majesté a cedé & transporté, & par ces presentes cede & transporte auxdits abbé, religieux & convent de S. Magloire, certain jardin autrefois appartenant à messieurs de la sainte Chapelle en partie, & l'autre partie à Pierre Coyer & à un nommé Chevancher, lequel jardin est derriere le logis du Haut-pas, contenant d'une part à ladite commanderie, d'autre part aux hoirs Caderon, aboutissant d'un bout par bas sur la ruë d'Enfer, & d'autre bout audit Haut-pas; lequel jardin sa majesté a acquis. Tous lesquels lieux, droits & choses susdites sadite majesté a promis & promet garentir auxdits sieurs evesque, religieux & convent dudit S. Magloire, de tous troubles & empeschements quelconques, les en faire jouir pleinement & paisiblement à toujours, comme si c'estoit le propre domaine, ancienne fondation & dottation de ladite abbaye de S. Magloire, & tout ainsi que les autres prieurs & commandeurs dudit Haut-pas, & seigneurs dudit jardin ont accoustumé

Tome II.   X x x x

d'en jouïr. A d'avantage sadite majesté promis & promet, & sera tenuë de faire translater & transporter la paroisse ou service qui est en ladite eglise du Haut-pas, en autre eglise commode, où les habitans & paroissiens puissent faire leurs services. Aussi pour la commodité de l'exercice de la justice & des sujets, hostes & justiciables de ladite abbaye de saint Magloire, sa majesté a promis de faire translater le siege & exercice de ladite justice, & iceluy unir & incorporer perpetuellement avec l'evesché de Paris au siege du fort-l'Evesque, & que les appellations ressortiront nuëment & sans moyen en la cour de parlement, comme font les appellations du bailly dudit evesché de Paris, & d'en faire expedier lettres patentes, & icelles purement & simplement & sans modification verifier par la cour de parlement, chambre des comptes, & par tout ailleurs que besoin sera, & de ce rendre & bailler toutes lettres & arrests expediés en bonne forme, aux despens de sadite majesté, dedans un mois. Et à ce que lesdits religieux n'ayent occasion de se plaindre des ruines des bastimens & maisons dudit prieuré du Haut-pas, ains qu'ils soyent commodement logés pour y faire résidence, vacquer à prieres & oraisons, ladite dame reine a promis & promet faire accommoder l'eglise dudit Haut-pas de enclos, chaires & toutes autres choses necessaires; de façon qu'elle soit propre pour les religieux, & qu'ils soient separez d'avec les laïcs, & encore faire parachever le logis neuf sur les fondemens & selon leurs desseins encommencez, plus faire accommoder les salles des malades, pour servir de chapitre, refectoir & cuisine pour les religieux; & outre bastir & construire des cloistres, & refaire les clostures, & reparer les autres logis en bon & suffisant estat, de sorte que lesdits religieux & convent puissent faire leur demeure & residence audit lieu & commanderie du Haut-pas, y vivre religieusement, & faire le service divin, oraison & prieres, comme ils ont accoustumé de faire en leurdit monastere de S. Magloire. Et outre ce ladite dame a promis & promet bailler & fournir de procuration de messire Jehan Preber* prieur titulaire pour consentir ladite union, & resigner purement & simplement sondit prieuré & commanderie ès mains de N. S. P. le pape, ou autre à ce puissant, & satisfaire ledit Preber des meliorations & reparations qu'il dit avoir faites audit prieuré & commanderie du Haut-pas. Et moyennant ce que dessus, lesdits sieurs evesque, religieux, abbé & convent dudit S. Magloire de leur part ont baillé, cedé, quitté, transporté & delaissé, & par ces presentes baillent, cedent, quittent, transportent & delaissent du tout, dès maintenant & à toujours, auxdites religieuses & convent des filles Penitentes, ce acceptant pour elles & leurs successeurs Penitentes, ladite eglise S. Magloire, bastimens, dortoir, refectoir, chapitre, salles, chambres, chapelles & oratoires qui y sont construits & edifiez, cloistre & jardin desdits religieux dudit monastere S. Magloire, ses appartenances & dépendances, ainsi qu'ils se poursuivent & se comportent; en ce non compris, ains reservé auxdits sieurs evesque, religieux, abbé & convent dudit S. Magloire les lieux qui s'ensuivent : sçavoir est le jardin de l'abbé qui est près & joignant la maison de Mondosse, aujourd'huy l'hostel de Beaufort & de Picar : ensemble quatre toises un pied en largeur du cimetiere, à prendre attenant le long de la muraille qui à present separe ledit jardin de l'abbé, & ledit cimetiere, sur quinze toises quatre pieds de long, depuis la muraille du costé de la ruë Quinquampoix, jusqu'au mur separant à present ledit cimetiere & la basse-cour, & compris l'espaisseur de ladite muraille, aussi la basse-cour, depuis ledit cimetiere jusques contre la muraille des maisons du côté de la ruë S. Denis, excepté le passage que sera tenu ledit evesque laisser pour entrer charoys pour le service desdites religieuses; & pour ledit passage sera fait un mur aux despens dudit sieur evesque, pour faire les separations; dedans laquelle basse-cour, en la longueur & largeur susdite, y a un corps de logis de trois travées servant par le bas à estables à chevaux, & antichambre, un grenier avec un viz, partie dedans, partie dehors œuvre, un edifice en apentil aussi de trois travées servant à grange, & un colombier; & y a en la place de la basse-cour une grande porte qui sert à un petit chantier rendant en la ruë S. Loup, sortant sur la ruë aux Oues; pareillement en la reserve du dessous des pilliers qui portent les pans de bois du derriere des maisons sur la ruë S. Denis, contenant treize toises & demye sur six pieds de large ou environ, & de la hauteur qu'ils sont de present, qui est de dix pieds sans solives, soubz l'un desquels pilliers est l'auditoire de la justice, avec les vuës hautes qui seroient necessaires

Suprà Prevat.

JUSTIFICATIVES.

cessaires pour accommoder lesdits lieux. Outre ce demeurera à iceluy sieur abbé la cave du corps de logis du costé de la ruë S. Denis, en partie duquel corps demeure un menéstrier; luy demeurera la chambre en l'estage au-dessus du rez de chaussée, & le grenier au-dessus de ladite chambre, avec l'allée pour entrer, & la trape de ladite cave, à la charge de faire les vuës de hauteur competante, à fer maillé & verre dormant : fors & reservé l'estage dudit rez de chaussée, qui se consiste en une sallette où se souloit tenir le conseil de la justice, & un petit bouge derriere, tirant du costé des prisons, lequel estage dudit rez de chaussée demeurera auxdites religieuses, comme dessus, avec le surplus depuis l'huis qui est joignant ladite sallette entrant en la prison, ensemble lesdites prisons, le tout de fond en comble, & le lieu que tenoit le geolier, & ce qui est cy-dessus. Plus demeurera auxdits sieurs abbé, religieux & convent, lesquels se sont reservés & reservent par ces presentes pour eux & leur successeurs les justices, censives, fiefs, lods, cens, rentes, domaines & heritages, droicts de patronage, & tous autres biens à ladite abaye appartenants; renonçant quant au reste à tous droits de proprieté qu'ils ont & pourroient prétendre à ladite eglise S. Magloire & bastimens, appartenances & dependances au profit des religieuses & convents des filles Penitentes, sans aucune sujetion ni charge, sinon de deux sols tournois de censive envers ledit sieur evesque de Paris pour tous lesdits lieux. Et se feront toutes les separations & murs du costé du cimetiere & basse cour à hauteur competante, aux despens dudit sieur evesque. Et pourront lesdites religieuses faire administrer les sacremens de sainte Eglise, inhumer & enterrer audit lieu, sans qu'ils soient tenus de demander congé à quelque personne que ce soit, ne reconnoistre autre superieur que l'evesque. Lesquels lieux ainsi cedez, sa majesté a promis & promet garentir de tous troubles & empeschemens quelconques auxdites religieuses, les en faire jouir pleinement & paisiblement à toujours, les faire reparer & accommoder, & les faire mettre en bonne possession & saisine pour faire le service divin, oraisons & prieres, comme elles ont accoustumé en leurdit monastere dessus declaré. A promis & promet sadite majesté de faire reparer ladite maison & lieux de S. Magloire, de toutes autres reparations & clostures necessaires, ensorte qu'elles puissent y habiter commodement; & y faire conduire & ériger une fontaine pour le service desdites religieuses dedans trois mois prochains venans. Et aussi a promis & promet ladite dame de faire commuer & changer par le roy deux mille livres de pension donnée par le feu roy Henry, & au lieu d'icelle leur faire donner par ledit seigneur par donation pure & irrevocable deux mille livres tournois de rente, à icelle avoir & prendre par chacun an par lesdites religieuses Penitentes, leur procureur & receveur, aux quatre quartiers, sur la recepte generale des finances de sadite majesté establie en cete ville de Paris, sur les plus clairs deniers d'icelle, sans que la distraction qui se pourroit faire d'aucuns membres de ladite recepte leur puisse nuire, préjudicier, ni différer ou empescher aucunement le payement de ladite rente, laquelle demeurera comme charge ordinaire sur ladite recepte, & à cette fin sera employée ès estats d'icelle qui en seront faits & dressés par les tresoriers de France, pour estre payée sur ladite recepte aux termes cy-dessus declarés, à commencer du premier jour d'Octobre M. D. LXXII. ladite rente racheptable pour la somme de XXIV. mille livres tourn. & moyennant ce lad. somme de deux mille livres tournois à elles cy-devant aumosnée par ledit feu roy Henry, comme dit est, demeurera & demeure esteinte & assoupie, sans que le roy soit tenu de l'avenir au payement & continuation d'icelle; & ce que dessus, outre & par dessus les revenus & autres aumosnes qu'elles peuvent avoir du roy par chacun an. Et outre ce ladite dame a donné aussi par donation irrevocable du tout à toujours auxdites religieuses ce acceptant, mille livres tournois de rente à prendre sur l'hostel de cette ville de Paris en la partie de...... & d'abondant promet icelle dame faire donner par chacun de messeigneurs les ducs d'Anjou & d'Alençon mille livres tournois de rente de pension annuelle, qui sont deux mille livres tournois de rente la vie durant de mesdits seigneurs, payables de quartier en quartier, & de ce leur faire passer les lettres & contrats de donation en bonne forme ; lesdites deux mille livres tournois de rente neantmoins après le deceds de mesdits seigneurs racheptables par leurs hoirs ou ayans cause de la somme de XII. mille livres tournois, qui est chacun la somme de VI. mille livres tournois. Lesquelles

Tome II. Xxxx ij

religieuses, en consideration de ce que dessus, aussi de leur part ont délaissé & delaissent dès maintenant à toujours à sadite majesté & ayans cause leursdits lieux & monastere cy-devant appellé l'hostel d'Orleans, & ses appartenances, tout ainsi qu'il leur appartient & en jouissent à present, aux charges, rentes & redevances dont lesdits lieux sont chargés, sans rien excepter ni reserver jusqu'à huy; partie desquels lieux avoient esté donnés auxdites filles Penitentes par le feu roy Louis XII. de ce nom, que Dieu absolve, par ses lettres de don du XVI. de Juin, l'an de grace M. CCCC. XCIX. & le surplus acquis par lesdites religieuses pour la somme de deux mille escus, de monsieur Robert de Fromezelles chevalier, qui en avoit don dudit deffunt seigneur & roy Louis XII. Renonçant lesdites religieuses, au profit de sadite majesté, à tous droits de proprieté qu'elles ont ou pourroient pretendre en quelque sorte que ce soit auxdits lieux & monastere; & s'en sont dessaisies, demises & devestues au profit de sadite majesté, pour en jouir, faire & disposer, comme bon luy semblera; en ce non compris la maison qui est joignant la grande porte, qu'elles ont baillé à loyer à Jehan Raffelin, laquelle demeurera auxdites religieuses, & la reception & jouissance de ladite rente. Et pour la validité du contenu en ces presentes, sadite majesté a promis & promet faire homologuer le present contrat par notre S. pere le pape, par la cour de parlement, chambre des comptes, cour des aydes, generaux des finances & par tout ailleurs où il appartiendra, & de ce fournir & bailler lettres sufisantes & valables auxdits sieurs evesque de Paris, religieux & convent S. Magloire & filles Penitentes dedans trois mois prochains venans. A ce faire present la majesté du roy notre seigneur Charles IX. de ce nom, lequel après avoir entendu la lecture de mot en mot du contrat cy-dessus escrit, a icelui loüé, agreé, ratifié, confirmé & authorisé, loue, agree, ratifie, confirme & authorise, & veut qu'il sorte son plein & entier effet; & outre à la requeste de ladite majesté de la reine sa mere, a promis & promet faire unir & incorporer actuellement & perpetuellement ladite eglise & lieu de S. Jacques du Haut-pas audit evesché de Paris & abbaye S. Magloire, selon la forme cy-dessus escrite. Et semblablement icelle majesté, aussi à la priere de ladite dame reine sa mere, a commué & changé lesdites deux mille livres de pension donnée par le feu roy Henry son pere, confirmée comme dessus est dit, & au lieu d'icelle a donné & donne par cesdites presentes irrevocablement à toujours, avec promesse de garentir, fournir & faire valoir auxdites religieuses filles Penitentes ce acceptant pour elles & leurs successeurs & ayans cause à l'avenir, deux mille livres tournois de rente annuelle & perpetuelle, que sadite majesté a promis & promet leur faire payer par chacun an aux quatre quartiers également, le premier payement escheant le dernier jour de Decembre prochain venant, & continuer par chacun an aux quatre quartiers de l'an à toujours, en & sur la recepte generalle des finances de sadite majesté establie en cette ville de Paris, & sur les plus clairs deniers d'icelle; sans que la distraction qui se pourroit faire d'aucuns membres d'icelle recepte, leur puisse prejudicier, differer ou empescher aucunement le payement de ladite rente, laquelle demeurera comme charge ordinaire de ladite recepte, & ce outre & par dessus les revenus & autres aumosnes qu'elles peuvent avoir de sa majesté chacun an, non compris ladite pension de deux mille livres tourn. à elles aumosnée par le feu roy Henry, qui demeurera esteinte par le moyen du don & transport que sa majesté leur fait de deux mille livres sur la recepte generale. Pareillement à ce presents mesdits seigneurs Henry duc d'Anjou, & François duc d'Alençon, freres de sadite majesté; lesquels de leur bon gré & volonté, à la priere & requeste de ladite majesté de leur mere la reine, mûs de devotion envers l'eglise & convent des pauvres filles Penitentes, & afin d'estre participans de leurs prieres & oraisons, ont donné, constitué, assis & assigné par cesdites presentes auxdites religieuses du convent des filles Penitentes ce acceptant, deux mille livres tournois de rente, qui est par chacun desdits seigneurs mille livres tournois de rente ou pension, qui ont esté assignées: à sçavoir par mondit seigneur duc d'Anjou sur la recepte de Monfort-l'Amaury, Mante & Meulan; & mondit seigneur duc d'Alençon, sur la recepte de Pontoise & Chaumont; & ont promis & promettent les faire payer par les tresoriers & par les receveurs desdits lieux, desdites deux mille livres tourn. de rente par chacun an, & les faire délivrer au procureur & receveur desdites filles

JUSTIFICATIVES. 717

Penitentes, ou au porteur de ces presentes pour elle auxdits quatre quartiers de l'an, également le premier quartier de payement eschéant ledit dernier jour de Décembre prochain, & continuer par chacun an auxdits quatre quartiers de l'an sur lesdites receptes & generallement sur les deniers de leurs finances tant ordinaires qu'extraordinaires, qu'ils respectivement en chargent, affectent, obligent & ypothequent par ces presentes à fournir & faire valoir lesd. deux mille livres tourn. de rente ou pension viagere, pour estre payez auxdites religieuses & convent desdites filles Penitentes la vie durant seulement de mesdits seigneurs les ducs d'Anjou & d'Alençon ; & après leur deceds sera rachetable par leurs heritiers & ayans cause, pour la somme de xII. mille livres tournois, qui est chacun vI. mille livres tournois. Promettant lesdites majestez du roy & reine sa mere, en parole de roy & reine, mesd. seigneurs les ducs d'Anjou & d'Alençon en parole de princes, led. sieur evesque en parole de prelat, lesd. religieux & religieuses soubz leur vœu de religion, ces presentes & tout le contenu en icelles avoir & tenir pour bien agréable, ferme & stable à toujours, sans jamais y contrevenir, & rendre & payer respectivement l'un à l'autre & sans aucun plaid ou procés tous cousts, frais, mises, despens, dommages & interests qui faits ou soufferts, soustenus & encourus seroient par deffaut des choses dessusdites ou d'aucunes d'icelles non faites & accomplies, comme dessus est dit, soubz l'obligation & hypotheque de tous & chacuns leurs biens, & de leurs ayans cause, meubles & immeubles, presens & à venir, qu'ils en ont soumis & soumettent, chacun en droit soy, pour ce du tout à la justice, jurisdiction & contrainte de ladite prevosté de Paris, & de toutes autres justices & & jurisdictions où trouvez seront ; & renoncent en ce faisant, à toutes choses à ce contraires & au droit disant generale renonciation non valoir. En temoignage de ce nous à la relation desdits notaires avons fait apposer le sceau de ladite prevosté de Paris à cesdites presentes lettres, qui furent faites & passées, à sçavoir par les majestés du roy & de la reine, mondit seigneur le Duc d'Anjou, & ledit seigneur évesque, le Vendredy xxxI. & dernier jour d'Octobre ; par mondit seigneur le Duc d'Alençon le Dimanche deuxieme, par lesdites religieuses le Mardy IV. jour de Novembre, le tout en l'an M.D.LXXII. Et reste à parler par lesdits religieux dudit S. Magloire, *Signé*, PONTRAIN & PARQUES notaires. *Tiré des memoires manuscrits de Sauval.*

Serment presté par le duc d'Anjou esleu roy de Pologne & autres ceremonies à ce sujet.

LE neufviesme jour de Septembre 1573. le sieur de Nambu huissier de la chambre du roy, vint de la part de sa majesté par devers la chambre, * pour luy faire entendre par le commandement exprés de sa majesté, qu'elle eust à se trouver tant le lendemain dixiesme jour dudit present mois à l'eglise Nostre-Dame de Paris, pour assister au serment que monseigneur le duc d'Anjou fils & frere de roy, esleu roy de Polongne, devoit faire entre les mains des ambassadeurs dudit pays, que le Dimanche ensuivant en la grand salle du palais, aussi pour assister à la lecture des lettres patentes de l'élection de roy dudit royaume de Polongne de la personne dudit sieur duc d'Anjou ; & le Lundy aussi ensuivant, d'aller audevant dudit seigneur roy de Polongne à son entrée qu'il faira à Paris. Suivant lequel mandement ladite chambre se seroit ledit jour de Jeudy dixiesme de ce present mois de Septembre audit an 1573. assemblée & transportée en corps en ladite chambre, & de-là en l'eglise de Nostre-Dame. Estans les seigneurs d'icelle tous vestus de robbes & habits accoustumez en telles solemnitez, en la forme & maniere qui s'ensuit : c'est à sçavoir, messieurs les presidens de ladite chambre vestus de robbes de velours rouge cramoisy, les maistres des requestes de robbes de satin, les correcteurs de damas, les auditeurs & les greffiers de robbes de taffetas, & les gens du roy de robbes de satin, & leur auroit esté baillé rang & place aux hautes chaires du chœur à la main gauche. Les generaux de la justice des aydes après eux ; & après les prevost des marchands & eschevins de la ville de Paris. Et de l'autre costé à main droite estoient messieurs du parlement vestus de leurs robbes rouges.

Et ledit jour de Dimanche treiziesme du present mois de Septembre, ladite chambre en corps & en mesmes habits s'estant transportée en la grande salle du palais, & ayant envoyé maistre Simon de la Vergne premier huissier d'icelle, vers le seigneur de Chemans maistre des ceremonies de sadite majesté, pour sçavoir en quel lieu & place elle devoit seoir, ledit sieur de Chemans auroit conduit lesdits seigneurs d'icelle cham-

An. 1573.

* des comptes.

Xxxx iij

bre en corps, sur les bancs qui estoient mis joignant & contre les piliers du milieu de lad. salle, à commencer au premier desdits pilliers regardant le theatre où estoit sadite majesté. Et suivant tout d'un mesme rang estoient derriere messeigneurs le recteur & supposts de l'université. Et après eux seroient entrez en ladite salle messeigneurs de la cour de parlement, qui se seroient semblablement assis d'un mesme rang sur autres bancs estans devant, & de distance de deux pieds de ceux où estoient assis messieurs des comptes. Monsieur le chancelier de France estant assis sur un siege couvert de drap d'or, à la main gauche du lieu où estoit sa majesté, & au dessus du premier president de ladite cour. Et à droite, vis-à-vis dudit seigneur chancelier, estoient les seigneurs ambassadeurs du royaume de Polongne.

Et le lendemain quatorziesme Septembre, l'an 1573. à l'entrée d'iceluy seigneur roy de Polongne, ladite chambre assemblée en corps & mesmes habits, seroit partie du palais, après les generaux de la justice de la cour des aydes, & seroit allée vers ledit seigneur roy de Polongne, estant hors la porte S. Antoine, en une salle construite de neuf toises, eslevée de douze marches ou environ, prés & joignant le convent des religieuses de S. Antoine; où estans mesd. seigneurs de la chambre des comptes, après avoir fait la reverence audit seigneur roy de Polongne, qui estoit accompagné de messeigneurs le duc d'Alençon son frere, le roy de Navarre qui estoit assis à son côté, & autres princes & seigneurs estans debout, comme aussi estoit mondit seigneur le chancelier appuyé derriere le siege dudit seigneur roy de Polongne; maistre Antoine Nicolaï chevalier, conseiller de sa majesté en son privé conseil, & premier president en la chambre des comptes, ayant mis le genouil à terre devant ledit seigneur roy de Polongne, & s'étant approché de lui, estant debout & tout decouvert, luy auroit fait la harangue & porté la parole pour ladite chambre, laquelle icelluy seigneur roy parlant audit sieur Nicolay auroit remerciée. Ce fait, mesdicts sieurs de la cour vestus de leurs robbes rouges, arrivez vers vers ledit seigneur roy de Polongne, pour & en semblable lui faire la reverence. Et au mesme instant revint icelle chambre en la grande salle du palais, où estoit sa majesté, qui y receut peu après ledit seigneur roy de Polongne, au devant duquel sadicte majesté seroit allée jusques au portail estant à l'entrée de ladite salle, où il le festoya, comme il fit en semblable tant mesdits sieurs de la cour, que de la chambre & generaux des aydes. *Reg. de la ch. des compt. cotté NNN. bibliot. Coislin, vol. 13.*

Obseques du grand duc de Toscane.

L'AN mil cinq cent soixante quatorze, le vingt-quatriesme May, seroit venu en la chambre le sieur d'Ivray maistre d'hostel du roy, lequel entré au bureau par permission d'icelle, auroit dit que ledit seigneur l'avoit envoyé pour les avertir que sa volonté estoit qu'ils eussent le Mercredy prochain après disner, & le jour ensuivant au matin, à se trouver en la grande eglise Nostre-Dame de Paris, au service & obseques qui se debvoient faire pour feu de bonne memoire tres-illustre seigneur Cosme de Medicis, lui vivant grand duc de Toscane & Florence; à quoy luy auroit esté répondu que la chambre feroit devoir au contentement de sa majesté. Et le Mercredy suivant de relevée, vingt-sixiesme desdits mois & an, mesdits seigneurs seroient allez en la grande eglise, & entrez dans le chœur d'icelle, où ils auroient prins place aux hauts sieges du costé senestre vers l'autel, & après eux les officiers de la cour des aydes, qui auroient esté suivis par le prevost des marchands & eschevins de Paris. Et au costé droit estoient les presidens, conseillers & autres officiers de la cour de parlement, qui ledit jour auroient assisté aux vigiles & divin service qui fut dit & celebré en ladite eglise. Le lendemain matin mesdits seigneurs assisterent comme dessus, à la messe qui fut celebrée par reverend pere en Dieu maistre Pierre de Gondy évesque de Paris; après l'offerte de laquelle fut prononcée & faicte l'oraison funebre dudit deffunct, par venerable & discrette personne maistre Renauld Sorbin, dict de sainte Foy, Thoulouzan, docteur en theologie & predicateur de sa majesté, par laquelle entre autres choses il auroit deduict & declaré l'origine de la maison de Medicis estre descenduë d'un gentil-homme François, nommé Edoüard de Medicis, estant de son vivant au service du très Chrestien roy Charlemagne, que Dieu absolve; & demeura ledit de Medicis en Italie, après que sa majesté eut chassé les Lombards dudit pays d'Italie.

Comme

JUSTIFICATIVES. 719

Comme aussi il a recité que pour ses armes il prit cinq globes ou boules de fer, pour avoir vaincu un tyran qui se tenoit audit pays, lequel portoit ordinairement pour combattre, quand il faisoit ses tyrannies, une masse au bout de laquelle il y avoit lesdites cinq boules de fer, laquelle ledit Edoüard rapporta, après l'avoir vaincu & défaict. Et en memoire du pays de France dont il estoit natif, mit dans lesdites armoiries au plus haut de l'escusson, un petit escu dans lequel il y a trois fleurs de lys. Et ladite messe estant dicte, le seigneur de Lanssac chevalier de l'ordre & capitaine de cent gentils-hommes, a dict à mesdits sieurs que la royne lui avoit donné charge de les remercier d'avoir assisté au service, comme estans bons serviteurs de sa majesté. Fait par moy greffier de ladicte chambre les jour & an susdicts. Signé, DE LA FONTAINE greffier. *Reg. de la ch. des compt. cotté* O O O. *biblioth. Coislin, vol.* 13.

OBSEQUES ET POMPE *funebre du roy Charles IX.*

AN. 1574.

L'An mil cinq cens soixante & quatorze, le septiesme Juillet du matin, sont venus en la chambre les vingt-quatre crieurs du corps & vins de cette ville, vestus de vestemens de deüil & ayans sur leurs robes les armes de sa majesté; lesquels entrez au grand bureau par permission, se seroient mis & arrestez au milieu d'iceluy; puis l'un d'eux auroit dict & proclamé ce qui s'ensuit : *Nobles & devotes personnes, priez Dieu pour l'ame de très-haut, très-puissant, très-victorieux & magnanime prince, Charles par la grace de Dieu roy de France très-Chrestien, neufiesme de ce nom, en son vivant prince belliqueux & victorieux, zelateur de pieté & justice; duquel le corps sera transporté Samedy prochain du chasteau du bois de Vincennes en l'eglise Nostre-Dame de Paris; & le Dimanche lendemain à saint Denys en France; auquel lieu est la sepulture des roix, pour y estre inhumé le Lundy ensuivant. Priez Dieu qu'il en ait l'ame.* Ce faict se seroient retirez avec le peuple qui estoit entré avec eux, estant la porte de ladite chambre lors ouverte à chacun qui vouloit y entrer, par la permission & commandement de mesdits sieurs des comptes.

Et le lendemain après disner, lesdits messeigneurs ayans habillemens de deüil, allerent en corps à la sainte Chapelle royalle où furent dictes les vespres & vigiles des trespassez, que mesdits seigneurs firent dire en memoire & recordation de sa majesté. Comme aussi le lendemain ils assisterent à la messe qui fut dicte & celebrée par reverend pere en Dieu l'evesque de Meaux, tresorier de ladicte sainte Chapelle. Après laquelle le Roy abbé de S. Laurent & maistre des enfans de la chapelle de sadicte majesté, dict avec les enfans le psalme *De profundis clamavi ad te, Domine*; &c. Ce faict, mesdicts seigneurs se retirerent en ladicte chambre, où il fut arresté que tous les officiers d'icelle porteroient leurs vestemens qu'ils avoient porté audict service, jusqu'à ce que le roy deffunt Charles IX. fust mis en sepulture, & que le baston de grand maistre fust rompu.

Et le onziesme Juillet suivant, estant mesdicts seigneurs assemblez en ladicte chambre environ onze ou douze heures, seroient allez à saint Antoine des Champs lez Paris, où estans, & descendus de leurs montures, après avoir fait la reverence à sa majesté luy auroient donné de l'eau benite. Ce fait, se seroient retirez en leur quartier; & une heure après ayant esté appellez par le maistre des ceremonies, seroient allez dudict lieu jusqu'à Nostre-Dame de Paris, conduisans c'est à sçavoir par messieurs les presidens & anciens maistres desdicts comptes les messieurs de la maison de sad. majesté, ayans le chaperon en forme. Et entrez dans le cœur de ladicte eglise Nostre Dame, auroient pris place au milieu des hautes chaires du costé dextre. Après eux plusieurs archevesques & evesques portant chappes noires & mitres blanches & autres ornemens de deüil, suivant eux estoient messeigneurs les cardinaux de Lorraine, de Bourbon & d'Est. Les escuyers de son deüil portant les gantelets, cottes d'armes, esperons, escu & l'armet avec le timbre & la couronne imperiale. Après monsieur de Fontaines premier escuyer, faisant la charge & office au lieu & place de Monsieur le grand ecuyer, portant l'epée du feu roy. Monsieur le marquis de Ponthieu portant la banniere de France. Monsieur le mareschal de Retz grand maistre du convoy. Monsieur d'Aumalle, au lieu de monsieur de Guise grand maistre, portant le baston royal à la main. Puis l'effigie de sadicte majesté qui fut posée dans la chapelle ardente, qui estoit pour ce faicte dans ledict chœur : chose excellente pour le luminaire qui estoit tant en ladicte chapelle, chœur, que toute l'eglise, accompagné d'infinies armoiries de sa majesté. Auprès de laquelle effigie entrant dans le chœur estoient messieurs de la cour de parlement; les six presidens d'icelle portant les bouts du poisle de drap d'or. Puis estoient messieurs les prevost des marchands, eschevins & conseillers de cette ville de Paris, portans le ciel. Après lesquels suivoient messeigneurs le duc d'Alençon, le roy de Navarre & autres grands princes & seigneurs chevaliers de l'ordre, ayans le chaperon en forme, qui auroient pris places ès chaises vers la chaise episcopale; & à l'opposite estoient messieurs de la cour de parlement; suivant eux estoient la ville & univerfité. Les chantres de la chapelle dirent les vespres des trepassez, auxquelles reverend pere en Dieu messire Pierre de Gondy evesque de Paris fit l'office; les reverends peres en Dieu l'evesque de Meaux & l'evesque de Dignes firent l'office de chappiers esdictes vespres & vigiles. Lesquelles estant dictes, chacun se retira jusques au lendemain matin que lesdictes compagnies se devoient retrouver en ladicte eglise, pour assister à la messe & obseques dudict deffunct seigneur roy.

Le lendemain matin douziesme jour de Juillet audict an 1574. mesdicts seigneurs des comptes s'en allerent en corps & partirent de la chambre en habits de deüil pour aller à ladicte eglise Nostre-Dame de Paris, où estant, assisterent comme dessus, en leurs rangs & sieges, à la messe qui fut celebrée par ledict evesque de Paris, qui fut aussi chantée à vive voix par les chantres de sa chapelle en musique. Après l'offrande de laquelle, où allerent mesdicts seigneurs les princes, le reverend pere en Dieu messire Arnoul Sorbin, dict de sainte Foy, predicateur de sa majesté, dict l'oraison funebre, chose pitoyable à ouïr & qui ne se peut reciter sans larmes. Ledict service estant achevé & finy, lesdicts messieurs se seroient retirez en la maison qui leur estoit marquée en laquelle ils disnerent; & après le disner allerent à ladicte eglise, où peu après partirent d'icelle au mesme ordre que le jour precedent, jusques à saint Ladre lès lez Paris, fauxbourg de saint Denys, auquel lieu chacun prit sa monture pour aller à saint Denys; où estant arrivez, on se reposa jusques à ce qu'on fut averti que le corps de sa majesté estoit près icelle ville. Quoy sachant mesdicts seigneurs, allerent au devant en corps, & accompagnerent icelluy, comme dessus, jusques à la grande eglise dudict lieu; où estans, & entrez dans le chœur d'icelle, prindrent place au mesme rang que le jour precedent en l'eglise Nostre-Dame de Paris, comme aussi toutes les autres compagnies, & autres princes & seigneurs qui assisterent audict enterrement. L'effigie de sa majesté fut mise, comme le jour precedent, soubs une chapelle ardente qui estoit pour ce preparée dans le chœur de ladite eglise. Le chœur estoit tendu tout de noir. Monsieur le cardinal de Lorraine fit l'office, & les religieux de ladicte eglise dirent vespres des morts; après lesquelles chacun se retira en son quartier & departement.

Et le lendemain matin mesdicts seigneurs des comptes assisterent, comme dessus, audict service & messe qui fut dicte en ladicte eglise saint Denys, & celebrée par ledict cardinal de Lorraine, messieurs les reverends peres en Dieu les archevesques de Tours & de Narbonne, les evesques de Meaux & Dignes firent l'office de chappiers. Les chantres de ladicte chapelle dirent la messe en musique; après l'offerte de laquelle, où allerent messeigneurs les princes, comme le jour precedent, ledict sieur de sainte Foy predicateur de sa majesté, fit l'oraison funebre. La messe ainsi dicte & achevée, les six presidens de la cour de parlement vindrent sous ladicte chapelle ardente, & prindrent le bout du poisle de drap d'or, soubz lequel estoit le corps, & avoit-on osté l'effigie de sadicte majesté. La nuict les archers du corps de sadicte majesté le porterent au tombeau, où estant un roy d'armes appella hautement les capitaines desdicts gardes, pour porter hautement leurs enseignes; ce qu'ils firent l'un après l'autre, la poincte de devant en bas. Après eux les ecuyers, qui porterent aussi l'un après l'autre les gantelets, les esperons & l'ecu, cottes d'armes & l'armet, sur lequel estoit le timbre royal & couronné à l'imperiale. Monsieur de Fontaines premier ecuyer, au lieu de monsieur le grand ecuyer, porta l'espée dudict deffunct seigneur le roy très-Chrestien; M. de .... le phanon; M. de Ponthieu, la banniere. Ce faict, ledict heraut d'armes dict ces mots & parolles: *Monsieur d'Aumalle, au lieu de monsieur de Guise grand maistre, faites vostre devoir.* Et peu après appella les princes qui porterent l'un après l'autre la main de justice, le sceptre royal,

&

& la couronne royale à l'imperialle. Ce qu'ayant faict, ledict heraut dict à haute voix & neantmoins lamentable : *Le roy est mort, le roy est mort, le roy est mort. Prions Dieu qu'il en ait l'ame.* Et peu après : *Vive le roy, vive le roy, vive le roy Henry III. par la grace de Dieu roy de France & de Polongne, nostre souverain seigneur. Dieu luy donne très-longue, très-heureuse & très-victorieuse vie. Vive le roy.* Un autre roy d'armes estant au jubé de ladicte eglise dict, après que l'autre eust achevé, semblables mots cydevant specifiez. Ce faict, les fifres, tambours, trompettes & instrumens commencerent à sonner hautement & puissamment. Après ce, messieurs allerent à une grande salle basse toute tendue de noir, où ils disnerent, comme ils avoient faict à Paris. Au costé droict d'icelle estoient assis mesdicts seigneurs du parlement ; à l'opposite messeigneurs des comptes ; & au bout de la salle à main dextre, messieurs de la cour des aydes. Après le disner, messeigneurs de la cour de parlement envoyerent vers le grand aumosnier, pour venir dire graces, & à M. le grand maistre de venir rompre son baston ; ce que ledict aumosnier ne fit, qui causa grand murmure à la cour ; & à cette cause mondict seigneur le cardinal de Lorraine amena l'evesque de Dignes qui les dict, s'estant offert lui-mesme à les dire. La cour ordonna que ledict aumosnier comparoîtroit Jeudy prochain en icelle, & au greffier d'en faire registre de tout ce qui s'estoit passé, sans obmission. Les graces dictes, mondict seigneur d'Aumalle, comme grand maistre, en presence de ladicte cour, mesdicts sieurs des comptes & cour des aydes, cardinal de Lorraine, ambassadeur d'Espagne, autres princes & grands seigneurs, fit une petite remontrance, par laquelle entr'autres choses dict que le roy estoit mort, & qu'il falloit tous esperer que Dieu nous en avoit donné un qui nous maintiendroit en tous droicts, comme avoit fair son predecesseur. Et en témoignage que la maison dudict seigneur desfunct estoit rompue & faillie, il rompoit le baston de grand maistre ; & de faict le rompit en deux. Ce faict, le roy d'armes monté sur une selle dit tout haut & lamentablement ce qui ensuit : *Le roy est mort, le roy est mort, le roy est mort ; toutes les ceremonies à luy appartenantes sont accomplies ; le grand maistre de sa maison a rompu son baston ; chacun se pourvoye.* Ce qu'ayant dit, un chacun se retira en son quartier. Faict par moy greffier en la chambre des comptes, le jour & an que dessus. Signé DAVES. * *Ibidem.*

ADVIS DES PRESIDENS du parlement, de la chambre des comptes, de la cour des aydes, & gens du roy, sur l'establissement d'une maison de charité à Paris.

VEu par nous la requeste presentée au roy en son privé conseil par Nicolas Hoüel marchand apotiquaire-epicier & bourgeois de Paris, tendant à ce qu'il plaise à sa majesté donner à Dieu & aux pauvres ce qu'il reste à vendre de l'hostel des Tournelles ancien sejour de ses predecesseurs roys de France, pour y estre fondé, edifié & doté une maison de charité, en laquelle soit nourri & institué certain nombre d'enfans orphelins, premierement à la pieté & bonnes lettres, & par après en l'art d'apotiquairerie, & y soyent preparées, fournies & administrées gratuitement toutes sortes de medicamens & remedes convenables aux pauvres honteux de la ville & fauxbourgs de Paris, en leurs infirmitez & maladies, advis donné sur le contenu en ladite requeste par les tresoriers de France suivant le renvoy à eux fait par sa majesté ; memoires, instructions & remontrances dudit Hoüel, le tout à nous renvoyé par sadite majesté, pour y donner advis ; & après avoir ouy sur ce aucuns des gouverneurs & commissaires du bureau des pauvres de la Trinité & Enfans Rouges de ceste ville ; SOMMES D'ADVIS, sous le bon plaisir du roy, que le dessein dudit Hoüel est sainct, louable & recommandable, & seroit la fondation & institution du lieu mentionné en ladite requeste de grand fruict & utilité pour le secours des pauvres honteux & affligez de maladie, qui seroient en ce faisant gratuitement pensez, traitez & medicamentez en leurs infirmitez ; tellement que ce seroit œuvre plaisante & agreable à Dieu & grandement meritoire. Mais toute la difficulté git & consiste en l'execution, par deffault des moyens prompts, clairs & liquides pour pouvoir effectuer & accomplir ce qui est proposé par ledit Hoüel, d'autant qu'il ne se peut executer qu'avec grands frais, despence & employ de grandes sommes de deniers, tant pour la construction, que dotation du lieu & entretenement des personnes qui desserviront en iceluy. Pour à quoy fournir & satis-

* *alias* DAGNES.

AN. 1576.

faire on ne sauroit distraire & defalquer du revenu de l'hostel-Dieu aucune portion, pour appliquer audit lieu ; parce que ny le revenu ordinaire, ny le casuel dudit hostel-Dieu, n'est suffisant pour supporter les charges, & ne doit-on fonder un lieu pieux par la despouille & diminution d'un autre. Toutesfois s'il plaist à sa majesté d'auctorité approuver ladite fondation, & de la faire emologuer & verifier par sa cour de parlement, il ne faut pas desesperer de la grace de Dieu qui assiste toujours aux bons zeles & religieuses intentions ; car sans toucher, prejudicier ou deroger aux autres fondations des lieux pitoyables de ceste ville, & sans entrer en questes par les paroisses & eglises, on pourra des aumosniers volontaires, & de la recherche des comptes des hostels-Dieu, leproseries, maladeries & confrairies de ce royaume, & des malversations commises par les gouverneurs & administrateurs d'icelles, recouvrer deniers suffisans pour le commencement de l'œuvre ; qu'il faudra compasser & proportionner aux facultez du lieu ; & selon l'augmentation que Dieu y donnera, on amplifiera aussi l'exercice. Et afin que par un prompt establissement on puisse inciter les personnes charitables à y aumosner ou élargir de leurs biens, & aussi pour sauver une grand partie de la despense, on se pourra ayder & accommoder de la maison des Enfans Rouges, laquelle, par bonne visitation qui en a esté faicte, se trouve assez commode, capable & spacieuse, & laquelle outre ce y auroit accroissement de places voisines qu'on y pourra adjouster avec le temps : joinct que par l'establissement qui s'y fera, ne sera point derogée ni abolie la fondation de ladite maison, qui demeurera en son entier, estant les deux compatibles ensemble. *Signé* DE THOU premier président, SEGUIER, NICOLAS DE THOU, DE THOU, LA GUESLE & BRISSON. *Tiré d'un livre imprimé en 1585. sous ce titre :* Les edicts & ordonnances sur l'administration du revenu des hostels-Dieu, hospitaux, &c. ensemble la fondation & institution de la maison & Charité-Chrestienne fondée en la ville de Paris, & premierement commençant aux faulx-bourgs saint Marcel, *page* 98. *& suivantes.*

EDIT DU ROY HENRY III. *pour la fondation de la maison de charité mentionnée dans l'avis precedent, premierement establie aux Enfans Rouges.*

AN. 1576.

HENRY par la grace de Dieu roy de France & de Pologne, à tous presens & à venir, salut. Nos predecesseurs roys ont acquis le nom de très-Chrestiens pour les bons offices qu'ils ont toujours faicts envers la saincte eglise apostolique, & charité qu'ils ont exercée envers les pauvres ; pour la nourriture & entretenement desquels ils ont faict plusieurs belles & grandes fondations, dont lesdits pauvres ont esté & sont encores chacun jour secourus. Mais d'autant que les miseres & calamitez ont creû le nombre desdits pauvres, aussi est-il besoing de les pourvoir & les secourir de remedes mesmes au temps, mesmes en nostre bonne ville de Paris où ils affluent plus qu'en un autre lieu de ce royaume. Sur quoy nostre cher & bien amé Nicolas Hoüel marchand-apotiquaire-epicier & bourgeois de nostredite ville de Paris nous a presenté certaines instructions pour dresser, fonder & dotter une maison de charité, à laquelle sera nourri & institué un bon nombre d'enfans orphelins à pieté, servir & honorer Dieu, aux bonnes lettres, & par après en l'art d'apotiquairerie, & où seront preparées, fournies & administrées toutes sortes de medicamens & remedes convenables aux pauvres honteux de cestedite ville & faux-bourgs de Paris, pour estre secourus en leurs infirmitez & maladies ; lesquelles instructions nous avons renvoyées aux tresoriers de France à Paris, & depuis à nos amez & feaux conseillers & presidens en nos cours de parlement, chambre des comptes, & generaux de aydes à Paris, & à nos advocats & procureur generaux de nostre cour de parlement, pour nous donner advis ; ce qu'ils ont faict, après avoir sur ce oüy les gouverneurs & commissaires du bureau des pauvres de la Trinité & Enfans Rouges de cestedite ville de Paris ; & ont trouvé ladite fondation & institution de grand fruict & utilité pour le secours des pauvres honteux affligez de maladie, qui seront gratuitement traitez, pensez & medicamentez en leurs infirmitez. Lequel advis ayant esté veu en nostre privé conseil, auquel nous aurions mis ceste affaire en deliberation, avons icelle fondation approuvée,

JUSTIFICATIVES. 723

vée, auctorisée & emologuée, approuvons, auctorisons & emologuons par ces presentes; & suivant ledit advis avons ordonné & ordonnons que ladite maison de la Charité sera fondée & instituée en la maison des Enfans Rouges de cestedite ville de Paris, qui a esté trouvée commode, capable & spacieuse par la visitation qui en a esté faicte, & laquelle se pourra accroistre des places voisines qu'on y pourra adjouster avec le temps; & là sera nourry & entretenu certain nombre d'enfans orphelins, ou autres pauvres enfans nez de loyal mariage, enseignez & instruits à pieté & service divin, selon l'ordre qui y sera establiy, & aux bonnes lettres, & par après en l'art d'apotiquairerie; & y seront preparées, fournies & administrées gratuitement toutes sortes de medicamens & remedes convenables aux pauvres honteux de nostredite ville de Paris en leurs infirmitez & maladies. Pour la dotation de laquelle, & afin de commencer à icelle establir, & inciter à nostre imitation toutes personnes charitables à y aumosner & élargir de leurs biens, nous avons donné & aumosné, donnons & aumosnons à ladite fondation, tous les deniers qui proviendront de la recherche des comptes des hostels-Dieu, leproseries, maladeries & confrairies de ce royaume, & des malversations commises par les gouverneurs & administrateurs d'icelles; lesquels deniers nous voulons estre employez à ladite fondation & non ailleurs ne autres effects; enjoignant à nos procureurs generaux & autres nos procureurs des juridictions ordinaires, de faire les poursuites desdites recherches, & de faire mettre lesdits deniers ez mains de ceux qui seront ordonnez pour en faire la recepte & despence. Si donnons en mandement à nos amez & feaux les gens de nostre cour de parlement & chambre des comptes à Paris, que ces presentes ils facent lire, publier & enregistrer, garder, observer & entretenir de poinct en poinct selon leur forme & teneur: cessant & faisant cesser tous troubles & empeschemens au contraire. Car tel est nostre plaisir; nonobstant quelconques ordonnances & lettres à ce contraires. Et afin que ce soit chose ferme & stable, nous avons fait mettre nostre séel à cesdites presentes, sauf nostre droict en autres choses, & l'autruy en toutes. Donné à Paris au mois d'Octobre l'an de grace M.D. LXXVI. & de nostre regne le III. Signé, HENRY; & sur le reply: Par le *Tom. II.*

roy, FIZES. Par placet du roy, Visa contentor gratis. Signé LE BOSSU.

Registrées, ouy le procureur general du roy ce requerant & consentant; à Paris en parlement le XVIII. jour de Decembre M. D. LXXVI. Signé DE HEVEZ.

Registrées semblablement en la chambre des comptes, oüy le procureur general du roy en icelle, le VIII. jour de Janvier l'an M. D. LXXVII. Signé DANES. gratis. Et scellées sur lacs de soye, du grand sceel de cire verte.

Enregistrées au grand conseil du roy* suivant l'arrest donné audit conseil ce jourd'huy II. Janvier M. D. LXXXV. A Paris. Signé THIELLEMENT. *Ibidem page* 102.

Lettres de commission du roy Henry III. au sujet des fonds destinez pour la Charité Chrestienne commencée aux Enfans-Rouges.

HENRY par la grace de Dieu roy de France & de Pologne, à nos amez & feaux conseillers maistre Chrestofle de Thou premier president en nostre cour de parlement à Paris, Pierre Seguier & Bernard Prevost aussi presidens en nostre cour, & à nos advocat & procureur generaux, salut & dilection. Comme par nos lettres patentes en forme de charte données au moys d'Octobre dernier, verifiées en nostre cour de parlement & ailleurs où besoing estoit; nous avons entr'autres choses, à l'exemple de nos predecesseurs roys très-Chrestiens & en faveur de pieté, voulu & ordonné estre institué & fondé en ceste nostre bonne ville de Paris, au lieu où de present sont les Enfans Rouges, une maison de charité, en laquelle seront receus certain nombre d'enfans orphelins naiz de loyal mariage, pour y estre instruits & nourriz, tant pour servir & honorer Dieu, que ez bonnes lettres, & aussi pour apprendre l'art d'apotiquairerie; où seront preparées, fournies & administrées gratuitement toutes sortes de medecines & remedes convenables aux pauvres honteux de cestedite ville & faux-bourgs de Paris, pour en estre secourus en leurs maladies & infirmitez; dont pour commencer à establir icelle fondation, nous avons par cesdites lettres ordonné & destiné tous les deniers qui proviendront des recherches, reliqua de comptes, amendes & autres malversations qui pourroient avoir esté commises à l'administration & gouvernement des hostels-Dieu,

Cet enregistrement du grand conseil fut fait en vertu des lettres du roy du 21. Decembre 1584. adressées au grand conseil, dans lesquelles cette maison de la charité est dite; commencée ez Enfans Rouges, & depuis transferée ez faux-bourgs saint Marcel. Ibid. p. 107.

AN. 1577.

Y yyy ij

leproseries, maladeries & confrairies de ce royaume, pour estre convertis & employez à l'establissement & fondation de ladite maison de charité, le tout selon qu'il est plus à plain declaré par icelles nosdites lettres, dont la copie deuëment collationnée à l'original est cy-attachée soubz le contreseel de nostre chancellerie. Au moyen de quoy, pour en cest endroict effectuer noz vouloir & intention, est besoing de commettre & deputer certains personnages de la qualité requise, & dont l'integrité & sincerité soit suffisamment congnuë; NOUS à ces causes, à plain confians de vos sens, suffisance, probité, experience & bonne diligence, vous avons, les deux ou trois de vous en l'absence des autres, commis & député, commettons & deputons par ces presentes ; pour, prins avec vous nostre procureur general en la cour de parlement ou son substitut, & tel que voudrez choisir pour greffier, tenir le bureau en cestedite ville de Paris, & congnoistre indifferemment de toutes les redditions de comptes desdits hostels-Dieu, leproseries, maladeries, & pareillement des abus, faultes & malversations qui pourroient cy-devant avoir esté commises à l'administration d'iceux, & mesmes revoir les comptes qui en peuvent avoir esté renduz, juger & decider les obmissions de recepte, detentions des deniers, doubles employez, & toutes autres faultes qui auroient esté faictes sur lesd. comptes depuis trente ans; pour les deniers qui en proviendront, & qui se trouveront deûz de reliqua, estre mis ez mains du recepveur qui sera à ce par vous commis, afin d'estre employez à l'establissement de ladite fondation, comme il est porté par icelles ; vous donnant à vous & deux d'entre vous tout pouvoir, puissance & auctorité de ce faire, mesme d'ordonner les deniers qui en proviendront, pour les frais qui seront necessaires pour l'effect & execution de ce que dessus, selon qu'en vos loyautez & consciences verrez estre à faire; lesquels fraiz seront aussy payez & acquitez par ledit recepveur en vertu de vos ordonnances & quictances des parties où ils escherront; rapportant lesquelles, seront passées & allouées en la despense des comptes dudit recepveur par tout où il appartiendra ; & lesquelles ordonnances qui seront ainsy par vous ou deux de vous faictes, ensemble lesdits jugemens, arrests & clostures de comptes, nous avons, en tant que besoing est ou seroit, dez à present comme dez lors & dez lors comme dez à present, validez & auctorisez par ces presentes; voulant que le tout soit de tel effect & valeur comme s'il avoit esté faict par nous & en nostre conseil ; en interdisant & deffendant à tous autres juges toute cour, juridiction & congnoissance, pour raison de ce que dessus, circonstances & dependances, & laquelle nous leur avons interdicte & deffenduë, interdisons & deffendons par cesdites presentes ; mandant à tous nos justiciers, officiers & subjects, qu'à vous ce faisant obeyssent & entendent diligemment, prestent & donnent conseil, confort, ayde, prisons, si mestier est & requis en sont ; en contraignant & faisant contraindre tous ceux qu'il appartiendra, à vous exhiber & monstrer leurs comptes, acquits & papiers qu'ils en ont & dont ils seront par vous requis, par les voyes & manieres & selon qu'il est accoustumé pour nos propres deniers & affaires. Et pour ce que de ces presentes on pourra avoir à faire en plusieurs & divers lieux, nous voulons que au *vidimus* d'icelles deûement collationné par l'un de nos amez & feaux notaires & secretaires foy soit adjoustée comme au present original. Car tel est nostre plaisir. Donné à Bloys le XX. jour de Janvier l'an de grace M. D. LXXVII. & de nostre regne le III. *Signé*: Par le roy, FIZES. *Et scellées du grand seel, sur queuë simple de cire jaune.*

Registré, ouy le procureur general du roy, en consequence des premieres lettres & fins, en la cour. A Paris en parlement le IX. jour de Mars M. D. LXXVII. *Signé*, DU TILLET. *Ibidem p.* 109.

Autres lettres de commission pour le parlement, au sujet des mesmes fonds destinez à l'establissement de la Charité-Chrestienne, alors transferée au fauxbourg saint Marcel.

HENRY par la grace de Dieu roy de France & de Pologne; à nos amez & feaux conseillers les gens tenans nostre cour de parlement à Paris, salut & dilection. Comme cy-devant nous vous aurions commis, ordonné & député, pour ouyr, examiner, clorre & arrester les comptes de ceux qui ont administré les hospitaux, leproseries, maladeries & confrairies de ce royaume, revoir ceux qui ont esté rendus, reformation des abus & malversations commises à l'administration d'iceux, & entiere exe-

AN. 1584.

cution de nos lettres patentes & commissions des 20. Janvier 1577. 22. Mars 1579. 7. May 1582. & 27. Novembre 1583. adressantes à aucuns de nos presidens & conseillers de nostredite cour, que nous aurions commis pour cet effet; les deniers provenans de l'éxecution d'icelles & reliqua desdits comptes nous aurions ordonné estre employez & convertis à l'édification & entretenement de la maison de la Charité-Chrestienne fondée en ceste ville de Paris, & entretien des pauvres enfans y demeurans, que nous aurions ordonné y estre instruicts & endoctrinez en la pieté & bonnes lettres, & en l'art de pharmacie, pour à l'avenir servir au public, & en estre les medicamens baillez aux pauvres gratis & sans argent. Mais d'autant que vous pourriez faire difficulté proceder à l'exécution d'icelles, parce que au lieu de revoquer lesdites commissions, & vous renvoyer la reddition, closture & examen desdits comptes, verification & reformation desdits abus, pour les ouyr, examiner, clorre, arrester & reformer lesdits abus à l'ordonnance de nostredite cour, nous vous aurions commis & deputez pour l'exécution desdites commissions; au moyen de quoy la reddition desdits comptes & reformation desdits abus seroit retardée, à nostre tres-grand regret & au grand préjudice desdits pauvres, auxquels nous avons, comme dict est, faict don desdits deniers, s'il n'y estoit par nous pourveu. POUR CES CAUSES, & de l'avis de nostre conseil, avons revocqué & revocquons lesdites lettres patentes desdits 20. Janvier 1577. 22. Mars 1579. 6. May 1582. & 27. Novembre 1583. l'audition, examen & closture desquels comptes, revision de ceux qui ont ja esté rendus, verification, reformation & jugement desdits abus, vous avons renvoyé & renvoyons par ces presentes; voulons & ordonnons que les deniers qui seront par vous adjugez pour cest effect, circonstances & dependances, soient receûs par maistre Anne du Puy commis à la recepte d'iceux, & employez suyvant nos vouloir & intention, à l'entretenement desdits pauvres, ainsi qu'il sera par nous ordonné; & à ceste fin avons aussi revocqué & revocquons toutes commissions que nous pourrions avoir fait expedier pour la reddition desdits comptes, verification & reformation desdits abus, à quelques nos juges & commissaires que ce soit; auxquels commissaires & à tous autres juges avons interdict & deffendu, interdisons & deffendons la reddition desdits comptes & reformation desdits abus, circonstances & dependances, laquelle vous avons renvoyé & attribué, renvoyons & attribuons par cesdites presentes. Si vous mandons qu'en executant nostre presente intention & renvoy, vous ayez à proceder à l'examen & closture desdits comptes, revision de ceux qui ont ja esté rendus, verification, reformation, jugement & decision desdits abus & malversations commises au faict desdits hospitaux, maladeries, leproseries & confrairies, tant à l'ordinaire qu'extraordinaire de nostredite cour, ainsi que verrez bon estre; & à nostre procureur general y tenir la main, & faire toutes poursuites & requisitions necessaires. Mandons en outre au premier nostre huissier ou sergent sur ce requis, faire tous exploits, significations & contraintes necessaires pour l'exécution de cesdites presentes, & de nosdites lettres patentes dudit 8. May dernier, sans pour ce prendre ni demander aucun congé, permission, *placet*, *visa* ne *pareatis*. Et pour ce que d'icelles l'on pourra avoir affaire en plusieurs & divers lieux, nous voulons qu'au *vidimus* d'icelles foy soit adjoustée comme au present original. Car tel est nostre plaisir; nonobstant tous édits, deffenses & lettres à ce contraires, & que la reddition desdits comptes, verification & reformation desdits abus soit attribuée aux juges ordinaires; auxquelles & à la dérogatoire de la dérogatoire y contenuë, nous avons dérogé & dérogeons par cesdites presentes. Donné à S. Maur le XIV. jour de Juing l'an de grace M. D. LXXXIV. & de nostre regne le X. *Signé*: Par le roy, maistre Ranché maistre des requestes ordinaire de l'hostel present, DE NEUFVILLE.

Registrée, ouy sur ce le procureur general du roy; à Paris en parlement le VIII. jour d'Aoust l'an M. D. LXXXIV. *Signé*, DEHEVEZ. *Ibid. p.* 114.

Autres lettres de commission pour le grand conseil, sur le mesme sujet.

HENRY par la grace de Dieu roy de France & de Pologne; à nos amez & feaux les gens tenans nostre grand conseil, salut. D'autant que vous pourriez faire difficulté proceder à l'exécution de nos lettres patentes du 14. jour de Juing 1584. encore que la con-

An. 1585.

gnoissance du contenu en icelles vous soit attribuée privativement à tous autres juges, parce qu'elles ne sont à vous addressantes, s'il ne vous estoit mandé; A CES CAUSES nous voulons & vous mandons & très-expressément enjoignons que vous ayez à proceder à l'enriere execution de nosdites lettres patentes dudit 14. Juing qui sont cy attachées soubs le contrescel de nostre chancellerie, tout ainsi & en la mesme forme & maniere que si elles estoient à vous adressantes. Car tel est nostre plaisir; nonobstant quelconques ordonnances, deffenses & lettres à ce contraires, auxquelles & à la derogatoire de la derogatoire y contenuë nous avons derogé & derogeons par ces presentes. Donné à Paris le xx. jour de Janvier l'an de grace M. D. LXXXV. & de nostre regne le XI. Signé: Par le roy en son conseil, DE NEUFVILLE, *& scellé sur simple queuë, du grand sceau.* Ibid. p. 119.

Autres lettres de commission au grand conseil, pour maintenir Nicolas Hoüel dans la possession de la maison de charité par lui instituée au fauxbourg S. Marcel.

AN. 1585.

HENRY par la grace de Dieu roy de France & de Pologne; à nos amez & feaux conseillers tenans nostre grand conseil, salut & dilection. Nostre bien-amé Nicolas Hoüel bourgeois de nostre bonne ville & cité de Paris, intendant general & maistre gouverneur de la maison & hospital de la Charité-Chrestienne fondée en nostre ville & faux-bourgs de Paris, & commencée ez faux-bourgs S. Marcel dudit Paris, nous a faict remonstrer que par nos lettres patentes en forme de charte par vous verifiées & enterinées selon leur forme & teneur, nous avons par un zele & devotion que nous portons à l'honneur de nostre sauveur & redempteur J. C. & à ses membres, fondé & institué ladite maison de charité, pour y faire nourrir, entretenir & instruire singulierement en toute pieté & ez bonnes lettres & art d'apotiquairie, certains pauvres enfans orphelins de nostredite ville & faux-bourgs de Paris, afin de subvenir, traiter & medicamenter gratuitement & sans argent tous pauvres honteux detenus de maladies & infirmitez, ainsi que plus à plain est porté par nosdites lettres de charte; suivant lesquelles ledit exposant ayant esté bien & deuëment mis par nostre commandement en possession & jouïssance de lad. maison, il y a ja commencé plusieurs beaux edifices propres & necessaires pour l'exercice & entretenement de nostredite fondation, mesme une chapelle pour y faire & celebrer le service divin, en un lieu qui est des appartenances de ladite maison, anciennement appellé *les Fossez*, hors de tout danger de l'inondation des eauës illec prochaines; & ce faisant y a despensé de ses propres deniers plus de deux mil escus sol, ainsi qu'il est apparu par la reddition de ses comptes, avec une bonne & saincte intention de continuer, & les parachever moyennant la grace de Dieu; à quoy neantmoins, & mesmes en ladite possession & jouïssance, il a esté & est nouvellement troublé & empesché par aucuns pretendans, sans aucune cause vallable ou droict en ladite place & maison, comme seigneurs dudit lieu, au grand interest & prejudice de nous & nostre fondation; à quoy il nous a très-humblement requis & supplié pourvoir. NOUS à ces causes, desirans l'entretenement & accroissement de l'exercice d'un œuvre si sainct & si pieux, vous mandons, & pour ce que par le moyen de la verification & enterinement par vous faicte de nosdites lettres de charte & fondation de ladite maison de charité, la congnoissance de l'execution & specialement dudit trouble qui en dépend, vous appartient, commettons & très-expressément enjoignons par ces presentes, que si appellez par devant vous ceux qui ont faict & font ledit trouble, & tous autres qu'il appartiendra, par le premier nostre huissier ou sergent sur ce requis, qu'à ce deputons, il vous appert de ce que dessus, vous en ce cas maintenez & conservez ledit exposant, & lequel audit cas nous voulons estre par vous maintenu & conservé en la plaine & paisible possession & jouïssance de ladite maison de charité, ses appartenances & dépendances quelconques, ainsi que ses predecesseurs vrais sieurs & possesseurs d'icelle & luy successivement en ont jouÿ & usé, jouït & use de present; & faires cesser ledit trouble & tous autres troubles & empeschemens quelconques; vous en commettant & attribuant à ceste fin, en tant que besoing seroit, toute cour, juridiction & congnoissance, & icelle interdisant à toutes nos autres cours & juges; & aux parties que mestier sera, d'en faire poursuite ailleurs que devant vous, sur peine de nullité, amende arbitraire

JUSTIFICATIVES.

bitraire & tous defpens, dommages & interefts, par cefdites prefentes, que nous voulons pour ce leur eftre monftrées & fignifiées de par nous, fi befoing eft, par noftredit huiffier ou fergent, à ce qu'ils n'en puiffent pretendre aucune caufe d'ignorance. Cartel eft noftre plaifir, nonobftant quelconques ordonnances, reftrinctions, mandemens, deffenfes & lettres à ce contraires. Donné à Paris le VIII. jour de May l'an de grace M. D. LXXXV. & de noftre regne le XI. *Signé*: Par le roy en fon confeil, THIELEMENT; & fcellé fur fimple queuë, du grand fceau. Ibidem p. 121.

LETTRE A LA REINE
touchant le mefme hofpital.

A TRES-CHRESTIENNE, TRES-ILLUSTRE ET CHARITABLE PRINCESSE LOYSE DE LORRAINE ROYNE DE FRANCE.

An. 1578.

LA veritable renommée conforme aux effectz (tres vertueufe princeffe) vous a tant élevée en la grace & faveur des François, que fans toucher à l'honneur des autres princeffes, mais à la louange que vous-mefme vous eftes acquife par voftre propre vertu, j'ofe dire que vous eftes parvenuë au comble de l'heureufe reputation que meritent les roynes heroïques & charitables. De quoy nous tefmoignent les bonnes prieres accompagnées des aumofnes que vous faictes ordinairement aux pauvres. En outre la continuation du zele & finguliere affection que vous avez à voftre maifon de la Charité-Chreftienne commencée ez fauxbourgs faint Marcel, laquelle en grande devotion vous eftes venuë vifiter. De forte qu'à bon droit l'on vous peut nommer l'exemplaire de vertu & faincte converfation. C'eft pourquoy je vous prefente ce petit traicté, qui eft l'avertiffement & declaration de l'inftitution d'icelle maifon de la Charité-Chreftienne &c. pour l'advancement de la gloire de Dieu & foulagement de fes pauvres membres tant recommandez ez fainctes efcritures. Je croy que cefte lecture ne vous fera fans vous apporter quelque fruict, ains vous incitera de continuer en cefte zelée volonté, & de cheminer de vertu en vertu par fainctes & charitables œuvres, lefquelles porteront tefmoignage de voftre cœur & penfée devant le throne du fouverain Dieu. Il ne refte autre chofe, Madame, que prier ce grand roy des roys vous donner l'accompliffement de vos faints defirs, & à la fin de vos jours la couronne celefte.

Voftre tres-humble, tres-affectionné ferviteur & fubjet, Nicolas Houel Parifien. *Tiré d'un autre livret intitulé*: Advertiffement & declaration de l'inftitution de la maifon de la Charité-Chreftienne eftablie ez fauxbourgs faint Marcel par l'authorité du roy & fa cour de parlement 1578. par Nicolas Houël marchand bourgeois de Paris, premier inventeur de ladicte maifon, intendant & gouverneur d'icelle; *imprimé à Paris chez Chevillot en* 1580.

Avertiffement & declaration de l'inftitution du mefme hofpital.

C'Eft une chofe trop experimentée des dangereux & pernicieux effectz des guerres civiles, lefquelles une fois eftant coulées dans un eftat, affoibliffent tellement toutes les parties d'iceluy par diffenfions, tumultes & partialitez miferables, que jufques aux plus petits des premiers membres, il ne fe trouve rien qui ne foit gafté, corrompu & alteré, ne recevant rien de fa force, vigueur & integrité ancienne. De quoy l'eftat de la France a plus befoing de fe plaindre, qu'autre qui foit à prefent. Car les ayant nourris & entretenuz defja dix-huict ans entiers, elle a veu, à fon grand regret, non feulement l'honneur de Dieu prophané & mefprifé en divers endroits de ce royaume, la charité abandonnée, l'authorité du roy débatuë, la juftice affoiblie & debilitée ; mais auffi le traficq de marchandife delaiffé, & le pauvre peuple demeuré à la merci de la faim & de la guerre, fouhaiter pluftoft l'advancement de fa mort, que la prolongation de fa vie. Ce mal ayant penetré jufqu'aux plus riches villes de ce royaume, & mefme jufqu'en cefte ville de Paris, a rendu plufieurs perfonnes riches en une extrême pauvreté, & fpecialement grand nombre de marchands & artifans defnuez de biens & de facultez, & lefquels toutesfois vergongneux de publier leur difette & neceffité, endurent en fecret de grandes afflictions & des regretz qui ne font cognuz que de leurs domeftiques & plus familiers amys. Car eftant chargez de femme & grand nombre d'enfans refferrez en leurs maifons, c'eft une chofe qui ne fe pourroit voir fans jetter abondance de larmes, d'entendre les clameurs de leurs petits enfans, & les voir palles &

deffaicts leur demander du pain, & neantmoins le pere tranſy en ſon cœur, & grefvé du regret de la neceſſité, les regarder d'un œil piteux, & n'avoir de quoy leur ſubvenir & ſatisfaire. De là viennent à telles perſonnes comblées de regrets & deſplaiſirs, de grandes & longues maladies, eſquelles n'eſtant (pour leur pauvreté) ſecourus & medicamentez, & neantmoins eſtant vergongneux pour s'acheminer en un hoſtel-Dieu, accompagnez de pluſieurs beliſtres & cagniardiers, finalement & à faute de ſecours, trouvent la fin de leur vie précipitée par une rigoureuſe neceſſité, qui eſt la vraye marque de l'ire de Dieu, & qui a donné ocaſion au roy*, prince autant catholique & charitable que autre qui ſoit vivant, touché de pitié & compaſſion de voir tant de pauvres honteux en ceſte ville & faux-bourgs de Paris, à l'imitation de ſes predeceſſeurs roys de France, de vouloir inſtituer une maiſon de charité pour le ſecours & traictement deſdicts pauvres honteux en ſadicte ville & faux-bourgs, & premierement commencer ez faux-bourgs ſaint Marcel, laquelle contient cinq membres.

* Henry III.

I. Le premier membre c'eſt la chapelle fondée en l'honneur & gloire de noſtre ſauveur & redempteur J. C. qui eſt la vraye & parfaite charité; en laquelle par chacun jour Dieu eſt ſervy, loué & honoré par la voix des pauvres petits enfans orphelins. Semblablement ſe faict en ladicte chapelle le ſervice divin avec pluſieurs ſainctes prieres, tant pour la ſanté & proſperité du roy, que pour tres-illuſtre princeſſe Loyſe de Lorraine ſon eſpouſe, pour la royne mere du roy, pour monſieur le duc, pour la royne de Navarre, pour tous princes & princeſſes du ſang royal. Auſſi l'on faict prieres à Dieu pour le repos de l'Egliſe catholique apoſtolique & Romaine, pour les prelats & paſteurs de l'Egliſe, pour les chefs de la juſtice & autres perſonnes qui ſont en dignité ayant charge & ſuperintendance du peuple de Dieu, pour tres-illuſtre & charitable dame madame de Dampierre, pour les fondateurs & bienfaicteurs d'icelle maiſon, enſemble pour la protection de ce royaume & conſervation de la ville de Paris, à ce qu'il plaiſe à la ſouveraine bonté & ſpeciale miſericorde de Dieu maintenir les citoyens en ſa ſaincte protection, augmenter & accroiſtre leurs biens & familles de ſes graces & benedictions, & à la fin de leurs jours, pour recompenſe de leurs aumoſnes & bonnes œuvres, leur donner le royaume de paradis.

II. Le ſecond membre comprend l'inſtitution d'un certain nombre de pauvres enfans orphelins nez en loyal mariage, leſquels en premier lieu ſont inſtruicts en la crainte de Dieu & doctrine de l'Egliſe catholique apoſtolique & Romaine, puis ez bonnes lettres, pharmacie & cognoiſſance des ſimples, pour puis après aller traiter & medicamenter en leurs infirmitez & maladies les pauvres honteux de ladicte ville & faux-bourgs, ſans qu'ils ſortent de leurs maiſons pour aller à l'hoſtel-Dieu; qui eſt une œuvre de grand merite envers Dieu, & qui ne s'eſt encore pratiquée. Et ne faut douter que ſi les anciens s'en fuſſent adviſez, elle ne fuſt encore à faire, veu le zèle de charité dont ils eſtoient allumez. Mais Dieu par ſa divine providence declare ſes graces ſelon les occurrences des temps ainſi que bon luy ſemble.

III. Le troiſieſme membre contient l'eſtabliſſement d'une apothicairie ordonnée par un bon ordre, garnie de toutes ſortes de medicamens, tant ſimples, que compoſez, pour le ſecours & traictement deſdicts pauvres honteux, & ſpecialement pour ſubvenir à la neceſſité de ceux qui ſont chargez de femme & enfans, ruinez & appauvris par la longueur des guerres & injures du temps.

IV. Le quatrieſme membre c'eſt le jardin des ſimples, lequel, à l'imitation de celuy de la ville de Padouë, ſera rempli de pluſieurs beaux arbres fruictiers & plantes odoriferantes, rares & requiſes & de diverſes eſpeces, ſervans à l'uſage de medecine pour le ſecours des malades, tant riches, que pauvres; qui apportera un grand profit & une grande decoration à la ville de Paris. Le deluge & inondation des eaux advenuës ezdicts faux-bourgs a grandement endommagé ladicte maiſon de charité, & ſpecialement l'apothicairie & jardin des ſimples, qui eſtoit bien commencé & fort advencé; toutesfois nous eſperons avec la grace de Dieu & aide des gens de bien de le bientoſt reſtablir.

V. Le cinquieſme membre eſt un hoſpital nouvellement baſti & edifié, contigu ladicte maiſon de charité, auquel par chacun jour ont logé les pauvres honteux paſſantz leur chemin; leſquels après avoir prins leur refection, rendent graces à Dieu. Puis avant que de ſe coucher, la cloche dudict hoſpital ſonne l'eſpace d'un demy quart d'heure, & tous les

les pauvres se mettent à genou, & en grande devotion chantent le psalme *Miserere mei Deus*, le psalme *De profundis*, une antiphone en l'honneur de la vierge Marie, *Pater noster* & *Ave Maria*, priant Dieu le createur pour tous ceux & celles qui font aumosne de leurs biens à ladicte maison de la Charité Chrestienne.

1. Pet. 2.
Heb. 13.

Il n'y a celuy qui ne sçache bien que l'hospitalité est fort agreable à Dieu & grandement recommandée ez sainctes escritures. Et comme dit S. Pierre, en ce monde nous ne sommes que pellerins & estrangers, n'ayant point icy de cité permanente, ains en faut chercher une au ciel, en laquelle justice habite. Et c'est pourquoy les peres anciens estoient si diligens de faire bastir hospitaux & maladeries, & mesme retiroient en leurs maisons les pauvres passans. Et par ceste hospitalité ils ont grandement pleu à Dieu, n'estimant la journée estre bienheureuse, qu'ils n'eussent exercé quelques œuvres de charité. Aussi la bonté de Dieu remplissoit leurs maisons & familles de ses graces & benedictions, & multiplioit grandement leurs biens, & à la fin de leurs jours leur a donné le royaume celeste. Les exemples d'hospitalité sont representez ez sainctes escritures par le bon pere Abraham, Loth & autres saincts personnages.

Gen. 18. 19.

ANNOTATION.

QUand il plaira à la bonté & misericorde de Dieu accroistre le bien de ceste pauvre maison, allumer le roy, les princes & seigneurs & autres personnes remplis du zele de Dieu & charité du prochain, à y aumosner de leurs biens, l'on y adjoustera les sept arts liberaux avec les autres disciplines & sciences, jusques à la langue Grecque & Hebraïque, mesme les langues estrangeres ; de sorte que ce sera une academie de toute pieté & science : le tout pour l'advencement de la gloire de Dieu, prouffit & decoration de la republique. *Ibidem.*

PARDON

Octroyé par monseigneur le reverendissime cardinal de Bourbon à la maison de la Charité Chrestienne establie ez fauxbourgs saint Marcel.

An. 1578.

CHarles par la miseration divine, au tiltre de S. Grisogone, prestre cardinal de la saincte Eglise Romaine, vulgairement appellé de Bourbon, archevesque de Rouën, primat de Normandie, à tous ceux qui ces presentes lettres verront, salut en nostre Seigneur. Nous croions faire service agreable & acceptable à Dieu, quand nous incitons les fidelles Chrestiens aux œuvres de charité, par lesquelles est procuré le salut de leurs ames. Partant, attendu la fondation ou institution de la maison de la Charité Chrestienne fondée à Paris aux faux-bourgs saint Marcel, nous confians de la misericorde de Dieu tout-puissant, à tous & chacuns fidelles Chrestiens vrais repentans & confessez, qui aideront à ladicte maison & manutention de la fondation d'icelle, avons misericordieusement en nostre Seigneur relasché cent jours de penitences à eux enjoinctes. Donné en nostre abbaye de Sainct Germain des Prez, près & hors les murs de Paris, le XX. jour de Febvrier M. D. LXXVIII. *Ibidem.*

*ARREST DU CONSEIL PRIVE'
du roy qui ordonne que les pauvres gentils-hommes & soldats invalides seront nourris, pensez & medicamentez dans l'hospital de la Charité Chrestienne du faux-bourg saint Marcel.*

An. 1596.

ENtre Simon le Musnier procureur general des pauvres gentilshommes & soldats estropiez de France, demandeur en reprise de procez, d'une part ; & Charles Audens maistre apotiquaire & administrateur de la maison de la Charité chrestienne du faulx bourg saint Marcel de cette ville de Paris, appellé pour repondre audict nom à certain procès pendant au conseil entre deffunct Nicolas Houël, luy vivant administrateur de ladite maison, & Jacques le Jude, Estienne Harson & ledict le Musnier, sur l'interpellation de la fondation de ladite maison, deffendeur, d'autre. Apres que des Fontaines pour ledict demandeur, & du Fos pour ledict deffendeur sont demeurez d'accord en presence & du consentement desdites parties, de la reprise du procès : APPOINTE' EST que le roy en son conseil, du consentement dudit le Musnier, a ordonné & ordonne que ledit le Musnier demeurera procureur en icelle, & les pauvres gentils-hommes & soldats blessez & estropiez, nourris, pensez & medicamentez, comme les pauvres honteux de cette ville de Paris, & ledit Audens continué administrateur & apotiquaire de ladicte maison, pour ser-

Tome II. Z zzz

vir & avoir aux despens d'icelle un apotiquaire pour le secours desdicts soldats ; & des plus clairs deniers & revenus d'icelle maison sera payé, suivant & en consequence des arrests du grand conseil, & sans prejudice d'iceux. Enjoint audit le Musnier procureur faire toutes poursuites pour le recouvrement du revenu dependant de ladite maison, selon la fondation d'icelle ; & pour ce faire, ledit Audens luy baillera & mettra ez mains les papiers, lettres & tiltres ; & à ces fins toutes expeditions & commissions seront delivrées audit Musnier. Et si a S. M. mis lesdites parties hors de cour & de procès, sans despens l'un envers l'autre. Faict au conseil privé du roy tenu à Paris le VI. May M.D.XCVI. *Tiré des registres du grand conseil où cet arrest est inseré.*

LETTRES PATENTES EN forme de charte du roy Henry IV. qui confirme la fondation du mesme hospital en faveur des pauvres gentils-hommes & soldats invalides.

AH. 1597.

HENRY par la grace de Dieu roy de France & de Navarre, à tous presens & advenir, salut. Pour donner moyen de vivre & retraitte aux pauvres gentils-hommes & soldats estropiez, nos predecesseurs roys que Dieu absolve, auroient affecté & destiné la maison de la Charité des faulxbourgs saint Marcel lez nostre bonne ville de Paris, premierement fondée pour le secours des pauvres honteux de nostredite ville. Le feu roy nostre tres-honoré seigneur & frere, que Dieu absolve, auroit baillé pour fondation perpetuelle & irrevocablement la recherche du *reliqua* des comptes des aumosneries hospitaux, maladeries & confrairies de ce royaume, & les amendes qui proviendront des malversations commises par les administrateurs d'icelles, ainsi que le contiennent les lettres de chartre sur ce expediées, depuis verifiées en nos cours de parlement dudit Paris, grand conseil & chambre des comptes audit lieu. Ensuitte desquels il y a eu & sont intervenus arrests en nostre conseil, portans reiglement pour l'administration de ladite maison, cy avec lesdictes lettres attachez sous le contre-scel de nostre chancellerie. Estant ladite fondation tant necessaire, comme chose qui appartient à la pieté, que nous desirons qu'elle soit entretenue, sur tout en ce temps qui le requiert autant que jamais : ce qui pourroit estre negligé ou tourné en mespris, si elle n'estoit par nous confirmée ; à laquelle fin nous avons ordonné nos lettres estre sur ce de nouveau expediées : SÇAVOIR FAISONS que pour ces causes & autres bonnes & grandes considerations à ce nous mouvants, loüants une si saincte institution qui redonde au grand bien & soulagement des pauvres, administration & soin gratuit de leurs necessitez, & en faveur de pieté & aumosne, avons ausdits pauvres gentils-hommes & soldats estropiez donné, octroyé & confirmé, donnons, octroyons & confirmons par ces presentes ladite maison de Charité assise audit faulxbourg saint Marcel de nostre ville de Paris, ensemble la recherche du *reliqua* des comptes des hospitaux & aumosneries, maladeries & confrairies de nostredict royaume, & les amendes & confiscations qui proviendront des malversations commises par les administrateurs : & ce depuis trente ans, ez lieux où n'en aura esté faict recherche ; pour en jouyr & user plainement, paisiblement & perpetuellement par lesdits pauvres gentils-hommes & soldats estropiez, suivant & conformement lesdictes lettres & arrests ensuivis, ainsi qu'ils ont cy-devant faict bien & deuëment, font & jouïssent encore de present. Si donnons en mandement à nos amez & feaux conseillers les gens tenans nostredite cour de parlement, grand conseil & chambre des comptes, & à tous nos autres juges & officiers qu'il appartiendra, que nos presentes lettres de confirmation ils enterinent & verifient chacun en droit soy ; & du contenu faire, souffrir & laisser joüir les pauvres de la qualité susdite, leurs procureurs & administrateurs : cessant & faisant cesser tous destourbiers & empeschemens, lesquels, si mis ou donnez estoient, ostent ou fassent mettre incontinent au premier estat, & à ce obeir contraindre tous ceux que mestier sera, par toutes voyes de justice, nonobstant oppositions ou appellations pour lesquelles ne voulons estre differé, & quelconques mandemens, deffences ou lettres à ce contraires, auxquelles & aux derogatoires des derogatoires y contenues, nous avons dérogé & dérogeons par cesdites presentes. Et pour ce que d'icelles l'on pourra avoir affaire en divers lieux, voulons qu'au *vidimus* deuëment collationné par l'un de nos amez & feaux conseillers notaires & secretaires, foy soit adjoustée, & tous exploits faicts en vertu dudit *vidimus*, de tel

tel effect, comme si c'estoit en vertu du present original ; auquel affin de perpetuelle memoire, & que ce soit chose ferme & stable à tousjours, nous avons faict mettre nostre scel : sauf en autre chose nostre droict, & l'autruy en toutes, Car tel est nostre plaisir. Donné à Paris au mois d'Octobre l'an de grace M.D.XCVII. & de nostre regne le IX. *Signé*. Par le roy, FORGET. *Visa*, contentor, gratis ; *& scellées de cire verte sur lacs de soye verte & rouge*. Ibidem.

ARREST DU GRAND CONSEIL portant enregistrement des lettres cy-dessus.

VEu par le conseil les lettres du mois d'Octobre 1597. autres lettres des 20. Janvier, 28. Decembre 1577. & 6. Mars 1596. arrest du conseil privé du roy desdicts mois & an, conclusions du procureur general du roy : LE CONSEIL a ordonné & ordonne que lesdites lettres seront enregistrées ez registres dudit conseil, pour jouïr les impetrans de l'effect & contenu en icelles ; à la charge que les pauvres gentils-hommes & soldats estropiez seront nourris, pensez & medicamentez comme les pauvres honteux de ladicte ville de Paris, suivant la fondation de ladite maison. Le present arrest a esté mis au greffe dudit conseil, monstré au procureur general du roy, & prononcé à Paris le XII. Decembre M. D. XCVII. *Ibidem*.

AUTRES LETTRES PATENTES du roy Henry IV. en faveur des gentils-hommes & soldats invalides.

AN. 1600.

HENRY par la grace de Dieu roy de France & de Navarre à nos amez & feaux conseillers les gens tenants nostre grand conseil, salut. Nos bien amez les pauvres gentils-hommes & soldats estropiez, vieux & caducqs nous ont exposé que nos predecesseurs roys que Dieu absolve, auroient affecté & destiné la maison de la Charité Chrestienne des faux-bourgs saint Marcel lez nostre bonne ville de Paris, premierement fondée pour les pauvres honteux de nostredicte ville ; à laquelle le feu roy dernier, nostre tres-honnoré seigneur & frere, que Dieu absolve, auroit baillé par fondation perpetuelle & irrevocable la recherche du *reliqua* des comptes des aulmosneries, hospitaux, maladeries & confrairies de ce royaume ; lesquelles lettres ont esté par vous verifiées & par tout ailleurs où il a esté requis. Ensuite desquelles sont intervenus des arrests en nostre conseil portans reiglement pour l'administration de ladicte maison. Et bien que nostre intention ayt tousjours esté d'affecter ladite maison de la Charité Chrestienne, non seulement pour nourrir, penser & medicamenter lesdicts pauvres estropiez, vieux & caducqs, mais aussy pour les y retirer & loger ; toutesfois sous pretexte que auxdictes lettres de chartres & arrests de nostre conseil n'estoit parlé de logement & habitation desdits pauvres dans ladite maison, & que l'on pourroit faire difficulté de les y recepvoir & loger, ils auroient eu recours à nous, & obtenu nos lettres patentes du mois d'Apvril dernier, par lesquelles en confirmant la fondation & institution de ladite maison, nous aurions declaré sur ce nostre intention & volonté, & que lesdits pauvres estropiez, vieux & caducqs & leurs successeurs estans de ladite qualité, seroient non seulement nourris, pensez & medicamentez en ladite maison ; mais qu'ils y seroient logez pour y demeurer & faire leur habitation. Lesquelles lettres patentes auroient esté par vous verifiées par un arrest du 3. jour du present mois de May. Apres laquelle verification vous ayant le procureur desdits pauvres presenté requeste affin de les faire mettre à execution, & commettre quelqu'un d'entre vous pour installer lesdits pauvres en ladicte maison, pour y estre nourris, pensez, medicamentez & logez suivant nostre volonté & intention, vous auriez commis un de nos amez & feaux conseillers aux fins de ladicte requeste ; lequel sous pretexte que par nosdictes lettres patentes il n'y a aucune attribution de jurisdiction à vous de ce qui deppend de l'execution desdites lettres patentes, circonstances & dependances, procès & differends qui pourroient naistre pour raison de ce, auroit faict difficulté d'instituer & mettre en possession de ladite maison de la Charité le procureur desdits pauvres, s'il ne leur est mandé plus particulierement par nos lettres de declaration : nous requerant à cet effect leur vouloir sur ce pourvoir de remede convenable. A CES CAUSES, desirant nosdites lettres patentes du mois d'Apvril dernier sortir leur plein & entier effect, vous mandons & commettons par ces presentes que par l'un de nos conseillers de nostredit grand conseil fas-

Tome II. Zzz ij

fiez inftituer & mettre en poffeffion de ladicte maifon de la Charité lefdicts pauvres eftropiez, vieils & caducqs & leur procureur, pour y eftre nourris, penfez, logez & medicamentez fuivant noftre volonté & intention, vous attribuant en tant que befoin feroit, toute cour, jurifdiction & cognoiffance de ce qui deppend de l'execution defdictes circonftances & dependances, enfemble de tous les procès & differends qui pourroient cy-apres intervenir pour l'execution defdictes lettres. De ce faire vous donnons pouvoir & mandement fpecial, nonobftant oppofitions ou appellations quelconques, pour lefquelles ne voulons eftre differé. Car tel eft noftre plaifir. Donné à Paris le 11. jour de Juin, l'an de grace M. DC. & de noftre regne le XI. *Signé*: Par le roy en fon confeil, POTIER, *& fcellées fur fimple queuë du grand fceau de cire jaune. Et à cofté eft efcript*: Signé en queuë, D'AMBOYSE.

Enregiftrées ez regiftres du grand confeil du roy, fuivant l'ordonnance d'icelluy, ouy & ce confentant le procureur general du roy, à Paris le xx. Juin M. DC. *Ibidem*.

FONDATION DE LA MAISON *profeffe des Jefuites.*

AN. 1580.

A Tous ceux qui ces prefentes lettres verront, Anthoine du Prat chevalier de l'ordre du roy, feigneur de Nantoillet, de Precy royal & Formeries, baron de Thiern, de Toury & de Viteaulx, confeiller de fa majefté, fon chambellan ordinaire, & garde de la prevofté de Paris, falut. Savoir faifons que pardevant Louis Rofe & François Croifet notaires du roy noftredict feigneur en fon chaftelet de Paris, fut prefent en fa perfonne très-haut & très-illuftre prince monfeigneur le reverendiffime & illuftriffime Charles cardinal de Bourbon, legat d'Avignon, archevefque de Roüen & primat de Normandie, lequel defirant fonder, dreffer & eftablir une maifon de profez de l'ordre de la Société du nom de Jefus en cette ville de Paris, pour y eftre perpetuellement Dieu honoré & fervi, & mondit feigneur & fes amis vivans & trepaffez eftre participants à toujours aux prieres, oraifons & bienfaits, tant de ladite maifon, que de tout led. ordre, de fon bon gré & bonne volonté, fans aucune contrainte, recongnut & confeffa en la prefence de haut & puiffant feigneur meffire André de Bourbon feigneur de Rubempré, chevalier de l'ordre du roy, capitaine de cinquante hommes d'armes des ordonnances de fa majefté, gouverneur de la ville & chaftel d'Abbeville, François de Roncherolles feigneur de Menneville, gentil-homme ordinaire de la chambre du roy, & lieutenant de la compagnie de monfeigneur le comte de Soiffons, & de noble & difcrette perfonne maiftre Jacques de la Sauffaye feigneur de fainte Vertu, grand vicaire de mondit feigneur le cardinal à Ponthoife, avoir donné, cedé & tranfporté, & par ces prefentes donne, cede & tranfporte du tout à toujours, pour la fondation de ladite maifon des profez en cette ville de Paris, une maifon avec toutes fes apartenances & dependances, fcituée en la rue faint Anthoine de cefte dicte ville, paroiffe de faint Paul, qui confifte en plufieurs corps d'hoftel, cour & jardin : l'un defdits corps d'hoftel fur ladite rue faint Antoine, un autre en la rue faint Paul, & le jardin ayant iffuë en la rue de ...... appellée vulgairement l'hoftel d'Anville, tenant d'une part à ..... laquelle maifon ledit feigneur cardinal a depuis nagueres acquife à cette fin de dame Magdelaine de Savoye veufve de feu meffire Anne de Montmorency conneftable de France, pardevant ..... auffi notaires audit chaftelet de Paris le ..... jour de ce prefent mois ; pour icelle maifon & heritage eftre le vray & propre heritage dudit ordre. En laquelle maifon & lieux ledit feigneur veut & entend conftruire & edifier une eglife ou chapelle en l'honneur de Dieu & memoire de monfeigneur S. Loys, & autres lieux & habitations regulieres & neceffaires pour l'eftabliffement de ladite maifon de profez ; ce que venerable & religieufe perfonne maiftre Claude Mathieu provincial dudit ordre en France, à ce prefent, ftipulant, acceptant & remerciant très-humblement ledit feigneur cardinal, tant en fon nom, que de tout led. ordre, a promis de faire ratifier ladite acceptation au reverend pere general de ladite Société dedans fix mois prochains venans ; pour en icelle commencer les exercices accouftumés d'eftre faits par ladite Société en femblables maifons de profez, felon les conftitutions dudit ordre. Voulant & entendant ledit feigneur cardinal que au cas que ladite maifon & fes apartenances ne fuft employée à ce que deffus pour quelque occafion que ce foit, en ce cas, que icelle maifon fera & apartiendra au college que mon-

JUSTIFICATIVES.

dit seigneur entend & a volonté fonder & édifier en la ville de Roüen. Transportant par ledit seigneur donataire au profit desdits religieux donataires, acceptants, comme dit est, tous droits de propriété, fonds, censives, seigneuries, droits, noms, raisons & actions generalement quelsconques que ledit seigneur cardinal avoit & pouvoit avoir, prendre & demander ez choses cy-dessus données & transportées; & s'en est dessaisi, devestu & demis de tout ez mains desd. notaires, comme ez nostres souveraines pour le roy nostredit seigneur, pour au nom & au prouffit desd. religieux profez & leurs successeurs presens & à venir ; voulant & consentant qu'ils en soient mis & reçus en bonne & deuë possession , seigneurie & saisine reélle & actuelle par les seigneurs ou dames de qui ils sont tenus & mouvans, & autres à qui il apartiendra. Et pour ce faire, vouloir, requerir, consentir & accorder estre fait, à iceluy seigneur cardinal fait & constitué son procureur le porteur de ces presentes, auquel il a donné & donne pouvoir & puissance de ce faire, & tout ce que au cas apartiendra, & en requerir lettres. Et outre pour insinuer cesdites presentes par tout où il appartiendra, a ledit seigneur illustrissime cardinal , & iceluy Mathieu pour lesdits religieux profez, & chacun en son regard, aussi fait & constitué leur procureur ledit porteur d'icelles, auquel ils ont pareillement donné & donnent pouvoir & puissance de ce faire, & tout ce que au cas apartiendra, & en requerir actes. Promist oultre mondit seigneur le cardinal, en foy & parolle de prince & prelat, le contenu cy-dessus entretenir, observer & avoir agreable à toujours, sans jamais y contrevenir en aucune maniere que ce soit, ains rendre & payer tous cousts, frais, mises, despens, dommaiges & interests qui faits ou encours seroient au défaut d'entretenement & accomplissement du contenu en cesdites presentes, & en ce pourchassant, soubz l'obligation & ypotheque de tous & chacuns ses biens & de ses heritiers presens & à venir, qu'il en soubzmist & soubzmet du tout à la jurisdiction & contrainte de ladite prevosté de Paris, & de toutes autres où trouvées seront. Et renoncent en ce faisant, à toutes choses à ce contraires & au droit disant generale renonciation non valloir. En tesmoing de ce nous à la relation desdits notaires avons fait mettre le sceel de ladite prevosté de Paris à cesdites presentes, qui furent faites & passées en l'abbaye saint Germain des-Prez lez Paris, l'an M. D. LXXX. le Mardy XII. jour de Janvier. Et a mondit seigneur le cardina, ensemble lesdits Mathieu, sieurs de Rubempré, de Menneville, & la Saussaye, signé la minutte estant pardevers ledit Croiset. *Signé* ROZE *&* F. CROISET notaires.

Insinué au greffe du chastelet de Paris, le Mercredy XX. Janvier de la mesme année. *Signé* REMY *&* DROUART. *Tiré des memoires manuscrits de Sauval.*

CHARTE DU ROY LOUIS XIII.
qui declare l'eglise de saint Louis des peres Jesuites, de fondation royale.

AN. 1641.

LOuis par la grace de Dieu roy de France & de Navarre; à tous presens & à venir, salut. Les grandes benedictions & graces que nous avons receües de Dieu depuis nostre advenement à la couronne, tant en la conservation de nostre personne, en la protection de nostre estat, & aux heureux succès de nos armes, qu'en la lignée royale dont la divine bonté nous a favorisez, nous obligeant très-estroitement de les reconnoistre par les actes de devotion & de pieté & par tous les autres moyens qui nous sont possibles, & de donner au public & à la posterité des marques du vif ressentiment que nous en avons ; nous avons depuis quelques années assisté de nos deniers & bienfaits nos chers & bien amez les peres Jesuistes de la maison professe de saint Louis de nostre bonne ville de Paris, & leur avons donné moyens par les gratifications que leur avons faites, de fournir aux frais & despenses de l'eglise qu'ils ont bâtie sur les fonds & heritages qu'ils avoient acquis pour ce faire; laquelle eglise a esté dediée en l'honneur dudit roy saint Louis nostre ayeul, & en avons posé la premiere pierre, comme fondateur d'icelle. Et d'autant qu'en cete consideration nous sommes non seulement conviez à la prendre & mettre en nôtre protection & sauve-garde speciale & des nos successeurs, mais aussi de la signaler de tous les honneurs, prerogatives, privileges & prééminences attribuez par les nos predecesseurs & par nous aux autres eglises de fondation royale, & dont elles ont accoustumé de se prevaloir & tirer divers avantages; & voulant rendre ladite eglise aussi celebre & recommandable par nos bienfaits, qu'elle est deja par le titre d'un si grand

Z zzz iij

saint qu'est celuy duquel nous avons l'honneur de porter le nom, & encore par l'ordre de l'architecture, par les riches ornemens d'icelle & la perfection de sa structure qui la font estimer d'un chacun un edifice veritablement royal: SAVOIR FAISONS que nous pour ces causes, & pour tesmoigner la bienveillance particuliere que nous portons à l'ordre des peres Jesuites, pour la grande edification qu'ils nous donnent & au public par toute leur conduite; desirant aussi obliger lesdits peres de plus en plus à continuer leurs prieres à Dieu, tant pour nostre santé & prosperité, pour celle de la reine nostre très-chere espouse & compagne, & de nos très chers & très amez enfans, que pour la paix & tranquillité de ce royaume & de toute la Chrestienté: nous avons dit, declaré & ordonné, & de nostre certaine science, grace speciale, pleine puissance & autorité royale disons, declarons & ordonnons par ces presentes signées de nostre main, voulons & nous plaist que ladite eglise de saint Louis de la maison professe des peres Jesuites soit perpetuellement & à toujours tenuë, censée & reputée, comme elle est & nous la tenons, censons & reputons eglise de fondation royale, & qu'elle jouïsse des mesmes honneurs, advantages, privileges, franchises, exemptions & immunitez dont jouïssent les autres eglises & maisons de fondation des roys nos predecesseurs & de nous, bien qu'elles ne soient si particulierement exprimées. Et de nostre mesme grace & autorité que dessus, nous avons ladite maison professe & eglise de saint Louis, ensemble les peres Jesuites & serviteurs estans en icelle, & ceux lesquels y seront après eux, pris & mis, prenons & mettons en nostre protection & sauve-garde speciale, & des roys nos successeurs à perpetuité; leur avons en outre accordé & octroyé, accordons & octroyons en general pour ladite maison de saint Louis, &c. * Donné à saint Germain en Laye au mois de Decembre l'an de grace M. DC. XLI. & de nostre regne le XXXII. Signé, LOUIS, & sur le repli: Par le roy, SUBLET, & scellé du grand sceau de cire verte sur lacs de soye.

*Sauval ne nous a pas donné cette charte entière.

Ces lettres patentes furent registrées en parlement le XII. Mars M. DC. XLII. signé du Tillet; en la chambre des comptes le dernier jour de Mars de la mesme année, signé Bourlon; en la cour des aydes le VIII. jour de May de la mesme année, signé Boucher; au bureau des finances de la generalité de Paris le XV. May de la mesme année, signé le Fevre, le Bret, de Bugnons, Pinon, Danez, & par mesdits sieurs, de Fenis; au greffe de l'election de Paris le XXIX. de May de la mesme année, signé Bachelier. *Ibidem.*

PROCESSION GENERALE, avec ordonnance & lettres de cachet du roy Henry III. pour recevoir la reformation du calendrier faite par le pape Gregoire XIII.

AN. 1582.

DU Dimanche IX. jour de Decembre M. D. LXXXII. Cejourd'huy messieurs estant assemblez en la chambre suivant la volonté & intention du roy, lequel leur avoit mandé le jour precedent par le capitaine Montail, pour assister à la procession qui cedit jour a este faire; & se seroient transportez à la Saincte-Chapelle où estoit S. M. qui entendoit la messe; & peu après en la galerie des merciers par laquelle ladite procession passa, & furent portées en icelle les chasses de monsieur S. Marcel, Ste Geneviéve & plusieurs autres, ensemble les saintes reliques qui sont en ladite sainte Chapelle. A laquelle procession assistoient,

Premierement le roy,
La royne mere,
La royne regnante,
La royne de Navarre,
Les cardinaux de Bourbon & de Guise & plusieurs evesques & abbez

Suivoient messieurs les ducs de Guise, du Maine, d'Aumalle, d'Elbeuf, & autres grands seigneurs & dames de condition.

Après suivoient messieurs du parlement à main droite, messieurs des comptes à main senestre.

Et arrivez dans le chœur de l'eglise N. D. prindrent place aux haultes chaises d'iceluy en la maniere accoustumée, sçavoir mesdits sieurs de la cour à main dextre, messieurs des comptes à senestre.

La messe, où assisterent leurs majestez, seigneurs & dames susnommez, fut celebrée par le reverend pere en Dieu l'evesque de Dinet; & icelle dite, chacun se retira. Fait le jour & an que dessus.

Le lendemain Lundy, que l'on debvoit compter dixieme dudict mois, fut compté le XX. suivant le rescript de S. S. & lettres de S. M. conformes à iceluy, contenant que le mois qui debvoit estre de XXXI. jours n'en eust que XXI. pour les raisons portées par icelles, desquelles

la

JUSTIFICATIVES.

la teneur enfuit : LE ROY ayant veu & bien confideré en fon confeil la reduction faicte de dix jours entiers en la prefente année par noftre fainct pere le pape, felon le Kalendrier que fa fainteté luy a envoié, & lequel S. M. T. C. n'ayant pu de fa part fi toft faire executer & enfuivre, comme en celle & toute autre chofe, il defire fe conformer en tout ce qui eft de l'obfervation des bonnes & faintes ordonnances de l'eglife apoftolique & Romaine, a ordonné, veult & entend que le IX. jour du mois de Decembre prochainement venant expiré, le lendemain que l'on compteroit le X. foit tenu & nombré par tous les endroits de ce royaume le XX. du mois, & le lendemain XXI. auquel fe celebrera la fefte de S. Thomas. Le jour d'après fera XXII. le lendemain XXIII. & le jour fuivant XXIV. en forte que le jour d'après, qui autrement euft efté le XV. foit compté le XXV. & en iceluy folemnizé la fefte de la Noel, & le jour d'après foit le XXVI. & ainfi confecutivement, dont les evefques, archevefques, & prelats de cedict royaume feront advertis, afin de pourvoir au mieux qui fe pourra au fervice qui fe doibt faire aux advents de ladite fefte de Noel ; & à ces fins leur fera la prefente ordonnance notifiée, comme auffi aux cours de parlemens, baillis & fenefchaux, à ce qu'ils tiennent la main à l'execution d'icelles refpectivement chacun, fans toucher toutesfois ni prejudicier aux retraits lignagers, ou feodaux, prefcriptions, actions annuelles ou de moindre temps de payemens, mandemens, refcriptions, lettres & defcharges, promeffes & obligations, le tout pour le regard de ce qui efcherra en la prefente année feulement. Fait par le roy en fon confeil à Paris, le XXI. jour du mois d'Octobre, l'an M. D. LXXXII. *Reg. de la chambre des comptes cotté YYY. bibliotheque Coiflin vol. 14.*

LETTRE DE CACHET aux archevefques & evefques, fur le fujet de la mefme ordonnance.

DE PAR LE ROY.

Nostre amé & feal. Ayant noftre S. P. le pape Gregoire dernier decedé ordonné un calendrier ecclefiaftique lequel S. S. nous a envoié, comme à tous autres roys, princes & potentats de la Chreftienté, par lequel elle a trouvé eftre neceffaire de retrancher dix jours entiers en la prefente année, pour les caufes & raifons amplement deduites par icelluy ; & combien que le retranchement fe feroit dedans le mois d'Octobre dernier paffé, neantmoins n'aurions pu le faire & enfuivre audit mois ; & voulans que les ordonnances du faint fiege ayent cours & foient obfervées en noftre royaume, comme il convient, mefmes en ce fait, pour ne nous defunir & feparer des autres princes qui ont ja receu & fait obferver ledit calendrier ; nous voulons & ordonnons que le IX. jour de Decembre prochain venant expiré le lendemain, que l'on compteroit le X. foit tenu & nombré par tous les endroits de noftre royaume le XX. jour dudit mois ; le lendemain XXI. auquel fe celebrera la fefte de S. Thomas ; le jour d'après fera le XXII. le lendemain XXIII. & le jour fuivant XXIV. deforte que le jour d'après, qui autrement & felon le premier calendrier euft efté le XV. foit le XXV. & en icelui celebré & folemnizé la fefte de Noel, & que l'année prefente finiffe fix jours après ladite fefte ; & que la prochaine, que l'on comptera M.D.LXXXIII. commence le VII. jour après la celebration d'icelle fefte de Noel, laquelle année & autres fubfequentes auront après leur cours entier & complet comme devant. De laquelle noftre intention & ordonnance avons bien voulu vous avertir, afin qu'ayez à enfuivre & faire obferver & pourvoir au fervice qui fe doibt faire aux advents de ladite fefte de Noel & autres feftes ordonnées par l'Eglife efdits jours retranchez, à la faire proclamer & lire au profne des eglifes de voftre diocefe, comme nous enjoignons prefentement à nos cours de parlemens, baillifs & fenefchaux faire en l'eftenduë de leur reffort & juridiction, afin qu'aucun n'en puiffe pretendre caufe d'ignorance. A ce ne faites faulte ; car tel eft noftre plaifir. Donné à Paris le III. jour du mois de Novembre l'an M. D. LXXXII. *Ibidem.*

AUTRE LETTRE DE CACHET fur le mefme fujet, adreffée aux baillis, fenefchaux & autres juges.

DE PAR LE ROY.

Nostre amé & feal. Ayant N. S. P. le pape Gregoire XIII. ordonné un calendrier ecclefiaftique lequel S. S. nous a envoyé, comme à tous les autres princes & potentats de la Chrestienté, par lequel a esté trouvé necessaire de retrancher dix jours entiers de la presente année pour les causes & raisons amplement deduites par iceluy, & combien qu'elle ait ordonné que ledit retranchement se feroit dedans le mois d'Octobre dernier passé, neantmoins n'aurions pu le faire executer & ensuivre audit mois. Et voulans que les saintes ordonnances du S. siége ayent cours & soient observées en nostre royaume, comme il convient, nous voulons & ordonnons qu'estant le IX. jour du mois de Novembre prochain expiré, le lendemain que l'on compteroit X. soit nombré & tenu par tous les endroits de nostre royaume le XX. jour dudit mois, & le lendemain XXI. auquel se celebrera la feste S. Thomas; le jour d'après sera le XXII. & le lendemain XXIII. & le jour ensuivant XXIV. & le lendemain qui autrement & selon le premier calendrier eust esté le XV. soit compté le XXV. & en iceluy celebré & solemnizé la feste de Noel &c. *Comme à la lettre precedente.* Si donnons en mandement & vous mandons & ordonnons que nostre susdite ordonnance & intention vous faites lire publier & registrer en vos cours & juridictions, & icelles faire proclamer à son de trompe & cry publicq ez lieux & endroits accoustumez, à ce qu'aucun ne pretende cause d'ignorance. N'entendons toutesfois prejudicier aux retraits lignagers & prescriptions, actions annuelles ou de moindre temps, termes de payemens, mandemens, rescriptions, lettres de change, promesses & obligations, lesquels auront leur cours & terme entier, nonobstant la substraction desdits X. jours, tout ainsi que si elle n'avoit esté faite, & ce pour le regard de ce qui escharra en la presente année tant seulement. Si n'y faites faute, car tel est nostre plaisir. Donné à Paris le III. jour du mois de Novembre l'an M.D.LXXXII. *Ainsi signé*: HENRY. *& au dessoubs*: DE NEUFVILLE.

Leu, & publié à son de trompe & cry publicq par les carrefours de la ville de Paris, places & lieux accoustumez à faire cris & publications, par moi Jehan Sauvegrain sergent à verge au chastelet de Paris, accompagné de Philippe Noiret commis de Michel Noiret trompette juré dudit seigneur & de deux autres trompettes, le X. Novembre M.D.LXXXII. *Signé*: SAUVEGRAIN. *Ibidem.*

INSTRUCTION POUR LA police des pauvres de la ville & fauxbourgs de Paris.

LA police & aumosne generale des pauvres de la ville de Paris, ville capitale de ce royaume de France tres Chrestien, fontaine de toutes sciences, exemplaire de justice, charité & police, est conduite & administrée par trente-deux personnages notables: c'est à sçavoir, six de messieurs les conseillers du roy en sa cour de parlement, & advocat du roy de ladite cour, un de messieurs des comptes, deux de messieurs les chanoines de l'eglise de Paris ou de la sainte Chapelle, trois curez docteurs ou bacheliers en theologie, quatre advocats de ladite cour ou du chastelet: & s'appellent commissaires honoraires & de conseil, & seize autres notables personnages, tant nobles, officiers royaux, que marchands & bourgeois de tous estats, choisis és seize grosses paroisses & quartiers de Paris, esleûs & nommez par les marguilliers des paroisses, qui ont la charge & superintendance de la distribution de l'aumosne des pauvres chacun de sa paroisse ou quartier: de faire souvent la recherche avec le collecteur de la queste de l'aumosne d'icelle, tant par les maisons que au dedans des eglises: faire apporter au bureau les roolles des restes qui en sont deûz: visiter les pauvres: casser & mettre hors de l'aumosne ceux qui sont guaris ou hors de leur temps, qui s'en peuvent passer, & qui ne portent leurs marques, à sçavoir une croix de toile rouge & jaune qu'ils doivent porter sur l'espaule droite, afin d'estre cogneûs: & de tout ce faire rapport au bureau de ladite police, & là entendre aux affaires desdicts pauvres. Lesquels bourgeois commissaires accompagnez de messieurs les prevost des marchands & eschevins de Paris, sont presentez à ladite cour par monsieur le procureur general du roy; en laquelle ils font le serment en tel cas requis & accoustumé, & sont commis commissaires par ladite cour sur le fait & police desdits pauvres, pour y servir deux ans, sans aucuns gages ne profit, sinon la grace de Dieu. Et pour ce faire se doivent lesdicts trente-deux commissaires assembler, ou aucuns d'iceux en bon nombre, ordinairement deux fois la semaine: à sçavoir les jours de Lundy & Jeudy, à une ou deux heures après midy, & aucunes fois les

Il paroist que cet acte est posterieur à l'an 1581, puisqu'il y est fait mention d'un petit traité ou livre imprimé touchant l'hospital de la Trinité, sans doute le mesme que nous avons cité cy-dessus p. 655. & qui est de l'an 1582.

les festes en leurdit bureau pres l'hostel de ladite ville, pour entendre aux procez & affaires desdits pauvres, cottiser à l'aumosne ceux qui sont refusans d'y contribuer, faire payer les legs testamentaires & dons qui leur sont faits, & restes qui leur sont deûz, tant desdits legs, que des restes des cottizations & aumosnes, suivant les edits du roy & arrests de ladite cour: faire porter les deniers au receveur general desdits pauvres, sinon quelques petites sommes provenans des boëstes apportées audit bureau, que l'on met dans un coffre-fort fermant à diverses fois & clefs gardées par divers commissaires, & dont on fait registre; lesquels deniers on distribue en plein bureau aux pauvres & aux estrangers, pour passer chemin ou retourner en leur pays, afin de soulager ledit receveur general, qui neantmoins en fait recette & despense, selon le registre dudit bureau. Et aussi entendent à ouyr & répondre les requestes de tous les pauvres qui y viennent de toutes parts, pour estre pensez, medicamentez & mis à l'aumosne, ou leurs enfans à l'hospital de la Trinité ou ailleurs à mestier; à tous lesquels est pourveû par lesdits commissaires selon la necessité & qualité de chacun pauvre, ainsi que je diray apres avoir traicté des autres officiers dudit bureau & police.

Outre lesdits commissaires y a plusieurs officiers & ministres de ladite police: à sçavoir un receveur general qui est un riche & notable bourgeois, esleû chacun an & commis comme dessus par ladite cour, pour recevoir & bailler tous les deniers necessaires pour lesdits pauvres, & sans gages ne profit que la grace de Dieu, & si avance bien souvent grand-somme de ses deniers pour nourrir lesdits pauvres; & en rend compte à la cour chacun an à la fin de son temps, en la presence des commissaires, gouverneurs & administrateurs desdits pauvres du grand bureau audit bureau.

Pareillement y a un procureur ou greffier desdits pauvres qui enregistre & signe toutes les ordonnances, mandemens & expeditions desdits commissaires, les roolles des habitans des paroisses, sur lesquels les collecteurs de l'aumosne de chacune paroisse & quartier reçoivent ladite aumosne, & tous les paroissiens qui se font volontairement cottisez, ou qui en leur refus sont cottisez par ladite cour ou par lesdits commissaires, suivant les edicts du roy & arrests de ladite cour, par lesquels chacun doit estre cottisé à ladite aumosne & police generale des pauvres: car sans sçavoir combien chacun doit payer par semaine, il est impossible faire despense certaine, ne nourrir & policer lesdits pauvres, de la police desquels despend en partie la santé publique & correction des pauvres & mœurs. Il signe aussi les roolles des restes de ladite aumosne, que les collecteurs afferment & monstrent par leursdits roolles estre deûs, pour faire executer & contraindre les redevables à payer leurs restes & aumosnes, le tout suivant les edicts du roy & arrests de ladite cour, laquelle cognoist tant en premiere instance que par appel des procez desdits pauvres, pour lesquels M. le procureur general du roy prend la cause en main en leur faveur, comme estant le roy protecteur desdits pauvres. Signe pareillement ledit greffier les roolles & billets desdits pauvres qui sont mis par lesdits commissaires à l'aumosne generale, & qui sont pensez & medicamentez ou envoyez à l'hospital de la Trinité, de S. Germain des Prez & autres hospitaux, ou aux œuvres publiques de ladite ville; & poursuit lesdits procez: le tout à bien petits gages, veû sa charge qui est grande. Aussi est soigneux de faire payer les legs testamentaires, d'avertir les notaires & curez d'envoyer les clauses des testamens des decedez, faisans mention des pauvres; & ce sur peine d'amende arbitraire, suivant les arrests de la cour.

Il y a aussi un baillif ou juge des pauvres ordonné par le roy en sa cour de parlement, qui est commis de M. le lieutenant criminel, à la presentation desdits commissaires & pour les soulager, auquel appartient la capture, emprisonnement, cognoissance & correction de tous ceux qui sont trouvez mandians parmy Paris: car il est deffendu par le roy & par ladite cour à toutes personnes d'y mandier, sur peine du foüet, pour les inconveniens de peste & autres maladies qui en pourroient advenir; joinct que plusieurs belistres & cagnardiers, par impostures & desguisemens de maladies, prennent l'aumosne au lieu des vrays pauvres, & aussi que les pauvres estrangers y viennent de toutes parts pour y belistrer.

Ledit baillif a aussi sous sa charge douze sergens, tous à petits gages, qui sont commis pour prendre & constituer prisonniers tous ceux qu'ils trouvent mendians parmi les ruës & eglises de ladite

Tome II.   A aaaa

ville & fauxbourgs. Et outre ce, est enjoint par la cour aux huissiers d'icelle & sergens du baillage du palais, de chasser hors d'icelui palais, & emprisonner lesdits belistres; & pareillement à tous marguilliers, gouverneurs & ministres d'icelles eglises de Paris & des fauxbourgs, de faire faire le semblable de ceux qui mendient parmy leurs eglises; & s'ils n'en font leur devoir, ce leur doit estre imputé, comme ne faisans pour la police ce dont ils sont tenus en leurs estats de marguilliers, gouverneurs ou ministres. Encore il y a plusieurs mutins ignorans le service de ladite police, qui quelquefois s'efforcent d'empescher lesdits sergens de mener lesdits belistres prisonniers, & sont cause du desordre que l'on y peut voir : combien qu'il soit defendu par le roy & par la cour à toutes personnes sur peine de prison & punition corporelle, d'empescher lesdits sergens & officiers de ladite police; ains leur est enjoinct leur ayder à faire lesdites captures & emprisonnemens, pour le bien des vrays pauvres & santé publique.

Il y a aussi un huissier dudit bureau, lequel a la charge d'icelle, & d'aller solliciter messieurs les prelats, chapitres, convens, colleges & communautés de Paris, de payer leursdites aumosnes & cottisations, & porter les deniers au receveur general des pauvres de trois mois en trois mois : recevoir les legs testamentaires & dons faits ausdits pauvres, & faire ce qui lui est commandé par lesdits commissaires; & pour ce faire a bien petits gages.

Plus un medecin & un chirurgien esleûs chacun an, pour visiter les pauvres malades, & leur ordonner ce qui leur est necessaire, & sans aucuns gages sinon la grace de Dieu.

Davantage tous les maistres barbiers de la ville & fauxbourgs sont tenus par arrest de la cour, de servir sans gages à ladite police, pour visiter les pauvres qui se presentent audit bureau; & sont tenus deux d'iceux chirurgiens & barbiers, chascun à leur tour & rang, assister durant un mois au bureau aux jours qu'il se tient, pour visiter les pauvres qui s'y presentent & se disent estre malades, pour connoistre leurs maladies, impostures & desguisemens dont plusieurs usent, pour avoir occasion de belistrer & vivre sans rien faire, en frustrant les vrais pauvres de leurs aumosnes. Et neantmoins y a un barbier ou chirurgien qui a quelques petits gages, pour plus soigneusement & ordinairement visiter, penser & medicamenter ceux qui luy sont envoyez par ledit bureau, & qui sont de longue & difficile cure.

Outre lesdits officiers, y a en chacun desdits seize quartiers ou grosses paroisses de Paris avec lesquelles sont comprises les petites, un receveur particulier ou collecteur qui va chacune semaine recevoir ladite aumosne d'un chacun paroissien par les maisons, selon ledit roolle signé dudit greffier. Ledit collecteur porte lesdits deniers au receveur general chacune semaine, & en prend descharge pour en rendre compte ausdits commissaires ou audit bureau chacun an, ou quand il lui est ordonné.

Il y a aussi en chacune grosse paroisse & quartier un distributeur de ladite aumosne, lequel distribue chacune semaine aux pauvres d'icelle, ce que luy est mandé par lesdits commissaires, & par les roolles & billets signez de leurdit greffier; & pour ce faire reçoit les deniers necessaires par les mains dudit receveur general, par la certification du commissaire du quartier, lequel commissaire est tenu d'assister à la distribution & aumosne, laquelle se fait à certains jours, lieu & heure publiquement toutes les semaines en chacune paroisse ou quartier, & baille ledit distributeur audit receveur general quittance de ce qu'il reçoit de ladite aumosne, pour l'employer en ses comptes, rend ledit distributeur compte de ce qu'il a administré audit bureau ou à son commissaire chacun an, ou quand il lui est mandé. Et voila en bref quant aux officiers de ladite police & de leurs charges particulieres.

Quant aux pauvres qui desirent estre mis à l'aumosne, pensez de leurs maladies, logez en quelques hospitaux, ou bien leurs enfans, ils presentent leurs requestes ausdits commissaires en leur bureau, sont promptement interrogez sur icelles, & si mestier est, visitez par lesdits barbiers & chirurgiens; & neantmoins est leur requeste baillée ou envoyée au commissaire du quartier, pour visiter lesdits pauvres & leurs biens en leurs chambres, soy informer sommairement avec trois ou quatre voisins de leur pauvreté, nombre & charge d'enfans, maladie ou necessité, & s'il y a longtems qu'ils sont demeurans à Paris : car s'ils n'y avoient demeuré deux ou trois ans auparavant, & qu'ils y fussent venus expressement

preſſement pour y mendier, comme font pluſieurs, ils ſeront renvoyez en leurs pays, afin d'obvier aux abus, & ſoulager ladite aumoſne, laquelle ne pourroit ſuffire pour tous les pauvres qui y viennent de toutes parts du royaume. Ce fait, ledit commiſſaire en fait ſon rapport verballement ou par eſcrit audit bureau le prochain jour enſuivant; veû lequel rapport & celuy du medecin, chirurgien ou barbier, s'il y eſchet, & oys leſdits pauvres, ſont mis à l'aumoſne à certaine ſomme & aumoſne par ſemaine, pour certain temps ou à touſjours, ainſi que leſdits commiſſaires cognoiſſent qu'ils meritent, à la charge de porter leſdites marques; & ſi ce ſont enfans fils ou filles de la qualité requiſe & cy-apres declarée, ils ſont mis à l'aumoſne, en apres envoyez & receus à l'hoſpital de la Trinité qui depend dud. bureau, le tout aux deſpens de ladite aumoſne. Les autres qui ne ſont de la qualité, comme ceux qui ne ſont natifs de Paris ne des fauxbourgs, ou qui n'y ont demeuré deux ou trois ans, ils ſont renvoyez en leurs pays, avec injonction de vuider la ville dedans certain temps, & defenſes d'y mendier, ſur peine du foüet: car l'aumoſne ne pourroit nourrir tous les eſtrangers, veû qu'elle ne peut bien ſatisfaire pour les ſiens. Quant aux autres qui en ſont, ou y ont demeuré ledit temps, & qui ſont malades, & ſelon leurs maladies, qualitez & importance on les renvoye aux hoſpitaux de Paris, eſquels ils ſont receûs, ainſi qu'il s'enſuit.

A l'hoſtel-Dieu de Paris ſont receus, nourris & penſez tous pauvres malades de quelque pays qu'ils ſoient, & quelque maladie qu'ils ayent, fuſſe de peſte, mais non pas de groſſe verolle, pour les abus & inconveniens qui en ſouloient advenir, ainſi que meſſieurs les gouverneurs d'iceluy, gens de bien & d'honneur, ont cogneu par experience maiſtreſſe de tous arts, ſciences & police. Auquel hoſtel-Dieu, quand le malade y entre, ſon nom, eſtat & pays ſont enregiſtrez, ſes habits & argent inventoriez; & au ſortir, quand il eſt guari, tout lui eſt rendu; s'il y decede, il eſt enſevely d'un drap, & enterré aux deſpens dudit hoſtel-Dieu. Et eſt choſe admirable comme le revenu d'iceluy qui eſt moindre que le peuple ne cuide, peut nourrir & ſubſtanter un ſi merveilleux nombre de pauvres malades qui y viennent & affluent de toutes parts chacun jour, & comme les peſtiferez que l'on

Tome II.

y reçoit en temps de peſte, n'infectent les autres malades & les voiſins de l'hoſtel-Dieu, leſquels toutesfois par la grace de Dieu n'en ont jamais eu grand inconvenient.

Quant aux verolez qui par inconvenient & ſans leur faute ont pris ladite maladie, comme une femme de bien à qui ſon mary paillard l'aura donnée, ou la femme impudique au mary, ou la nourrice à l'enfant qu'elle allaite, ou l'enfant à la nourrice, leſdits commiſſaires des pauvres les font penſer & guarir par aucuns barbiers, aux deſpens de l'aumoſne generale & ayde de certaine penſion que donne l'hoſtel-Dieu, ſuivant les arreſts de la cour. Et quant aux cagnardieres & putains publiques qui ont eſté guaries, & qui ſous eſperance d'eſtre de rechef penſées aux deſpens de ladite aumoſne, ne craignent point d'offenſer Dieu, & gaigner ſouvent ladite maladie, & la bailler à d'autres, l'on les met à l'aumoſne, ſans les plus faire penſer des deniers de ladite aumoſne, pour les abus & inconveniens qui en ſont venus, & ſervir d'exemple aux autres; car il s'eſt trouvé que pour avoir fait penſer une cagnardiere, elle a infecté & gaſté pluſieurs jeunes hommes.

Les malades de lepre ſont logez, receus, nourris & entretenus és maladeries de S. Ladre du Roulle & autres, par ordonnance de M. le grand aumoſnier du roy ou ſon vicaire general qui eſt auſſi commiſſaire nay dudit bureau, & ſelon leurs demeurances & revenu deſdites maladeries.

Les malades de la maladie de gangrene ou eſtiomene, autrement appellée de monſieur S. Anthoine, ſont receus, nourris & penſez à l'hoſpital & commanderie de S. Anthoine de Paris, meſme ceux de Paris; les autres eſtrangers, apres qu'ils ont eû les jambes ou bras guaris ou penſez ou couppez & conſolidez, on les envoye avec argent és autres commanderies de leurs pays. Et voila quant aux pauvres malades.

Quant aux pauvres qui ſont ſains de leurs membres, & neantmoins ſont invalides pour travailler, comme jeunes enfans ou gens vieils & decrepites chargez de femmes malades ou de grand nombre d'enfans, ou qui autrement ne peuvent gaigner leurs vies & de leur famille ſans l'aide & ſubvention de ladite aumoſne generale, il leur eſt auſſi pourveû à tous ſelon leurs aages, neceſſitez,

A aaaa ij

charges & qualitez.

Et quant aux petits enfans nouveau naiz, exposez, desadvoüez & abandonnez par leurs mauvais & miserables peres & meres, & trouvez parmi les ruës, sont receus à la couche près l'eglise N. D. de Paris ; & en a monsieur l'evesque pris la charge de les faire nourrir.

Les autres enfans dont les peres & meres decedent audit hostel-Dieu, de quelque pays qu'ils soient, sont nourris, eslevez & instruits à la foy de Dieu à l'hospital des Enfans Rouges, & après mis en mestier aux despens dudit hospital, par les gouverneurs d'iceluy qui sont gens d'honneur & d'estat.

Les enfans de tous les pauvres gens de Paris & des fauxbourgs, naiz en loyal mariage, orphelins de pere & de mere, aagez : c'est à sçavoir les masles au dessouz de douze ans, & les filles au dessouz de dix ans, sont receûs, nourris & elevez à l'hospital du Saint Esprit, & instruits en la loy de Dieu & à quelque mestier pour gaigner leurs vies ; & les filles parvenues en aage nubile, sont mariées aux despens dudit hospital, si elles n'ont de quoy. Et si lesdits enfans, tant fils que filles, ont quelques biens, ils leur sont rendus lorsqu'ils sont grands & mariez, & ce par lesdits gouverneurs qui sont pareillement gens d'honneur & d'estat.

Et quant aux autres enfans qui ont pere & mere & qui sont pauvres, ils sont receûs à l'aumosne ordinaire pour quelque temps, & jusques à l'aage de huict ou neuf ans que l'on les envoye à l'hospital de la Trinité, extraicts de l'aumosne de leur paroisse ; auquel hospital sont instruits à sçavoir les commandemens de Dieu, & mis en mestier dans ledit hospital ou ailleurs.

Et quant aux enfans pauvres aagez au dessouz de ladite aage de huict à neuf ans, qui sont enfans des pauvres artisans & habitans de Paris & des fauxbourgs, de quelque sexe, aage & qualité qu'ils soient, ils sont mis par lesdits commissaires du grand bureau des pauvres à l'aumosne generale, & nourris aux despens d'icelle : les uns par leurs peres & meres, parens, voisins & amis en leurs chambres, ausquels l'on distribue pour ce faire chacune semaine en leur paroisse & quartier certaine somme d'argent, jusques à ce qu'ils soient grands & capables d'apprendre mestier en la ville ou audit hospital de la Trinité ; auquel hospital a plusieurs mestiers & ouvriers de diverses manufactures, pour instruire lesdits enfans des pauvres gens; lequel hospital de la Trinité depend, comme dit est, dudit grand bureau, & c'est le principal membre d'iceluy estat, police & institution. Duquel hospital de la Trinité est un petit traité ou livre *imprimé à part, que l'on peut voir. Mais la visitation du lieu & du bon ordre que l'on y tient, en peut mieux tesmoigner.

*Supra pag. 633.

Quant aux pauvres honteux, messieurs les curez & marguilliers de leurs paroisses qui les cognoissent, leur distribuent l'aumosne secrettement, des deniers qui sont questez pour eux en leursdites paroisses, & selon qu'ils cognoissent leurs pauvretez & necessitez : car plusieurs en pourroient abuser, s'ils n'estoient cogneus.

Les autres pauvres de Paris qui sont valides & assez sains pour gaigner leurs vies, & qui neantmoins (pour estre aucunement foibles, paresseux & mauvais ouvriers) ne trouvent pas qui les veuillent employer, sont employez & enroollez par lesdits commissaires des pauvres, leurdit baillif, ou greffier & envoyez, receûs & & employez aux fossez, fortifications, ramparts & œuvres publiques de ladite ville, aux despens d'icelle & à prix raisonnable & moderé, & payez chacun jour par ordonnance de messieurs les prevost des marchands & eschevins de Paris, suivant le vouloir & commandement du roy & de sa cour de parlement, plus pour empescher que telles gens oisifs ne mendient & s'adonnent à derober, ains s'accoustument à travailler, que pour la besongne qu'ils font ; & est expedient qu'il y ait toujours quelque hastelier ou œuvre publique à Paris, pour employer telles gens & les garder de belistrer.

Et neantmoins parcequ'en si grand nombre de pauvres qu'il y a ordinairement, plusieurs sont incorrigibles, & si accoustumez à belistrer que l'on ne les peut distraire ne garder, quelque aumosne qu'on leur distribue chacune semaine, ne diligence que le baillif ou juge desdits pauvres & les sergens de la police puissent faire de les chasser, emprisonner, faire foüetter & chastier : mesme plusieurs ayans enfans entre leurs bras & à leurs queües, qui bien souvent ne sont à eux, mais les empruntent & loüent, les faisant mourir de faim & froid parmi les ruës & eglises, où ils aiment mieux belistrer que gagner leurs vies ou travailler, ne se contentant de l'aumosne ordinaire, laquelle ils veulent prendre par forme de prebende & vivre

JUSTIFICATIVES.

L'hospital des petites Maisons.

sans rien faire, a esté basti & edifié un nouvel hospital * au fauxbourg saint Germain des Prez, pour y loger, enfermer & nourrir sobrement lesdits hommes & femmes, vieils & decrepits, & autres pauvres incorrigibles ou invalides & impotens, les hommes separez des femmes.

Auquel hospital dudit saint Germain, & qui a esté bien advancé avec l'ayde de deffunct de bonne memoire monsieur de Boulencourt, en son vivant conseiller du roy & president en sa chambre des comptes, qui y a employé beaucoup de ses biens & facultez, tant en meubles, rentes qu'edifices & plusieurs logis & chambres, esquelles sont logez les pauvres estropiatz & impotens, vieils & caducs, n'ayans puissance de gaigner leur vie, qui y sont nourris, alimentez & chauffez en deux chauffoirs communs, faits en forme de cloche, l'un du costé des hommes, & l'autre du costé des femmes : le tout aux depens dudit grand bureau, qui fournit & satisfait à tout ce qui leur est de necessité.

Mais audit hospital sont receûs les enfans & pauvres cagnardiers, tant fils que filles, qui sont maladesde la teigne, qui l'ont gagnée à coucher ez batteaux, les autres sous les estaux ou par les ruës, & sont pensez, medicamentez & guaris, tellement qu'en un an s'est trouvé le nombre de deux cens qui y ont receû garison.

Encore sont receûes audit hospital plusieurs femmes malades du mal caduc, nommé le mal saint Jean, & autres pauvres alienez de biens & de leur esprit, & courans les ruës, comme fols, insensez ; desquels plusieurs avec le temps & bon traictement qu'on leur fait, reviennent en bon sens & santé.

Pour le gouvernement & administration desquels pauvres dudit hospital saint Germain, y a un gouverneur mis par ledit bureau, chirurgien de son estat, bien expert, qui a l'œil sur toute l'administration dudit hospital, faisant plusieurs compositions & medicamens, pour subvenir à penser & medicamenter les malades & autres pauvres impotens de leurs membres, pour leur donner allegement en leurs afflictions avec toute consolation à luy possible, demeurant sur le lieu plus par charité qu'autrement, avec bien peu de gages, y dependant son bien qui se monte trois ou quatre cens livres de rente.

Pour le soulagement duquel, & pour administrer lesdits medicamens, y a un second chirurgien demeurant près dudit hospital, qui y va par chacun jour, & & toutes & quantes fois qu'il est requis, appliquer lesdits medicamens qui s'y employent par le conseil dudit gouverneur.

Outre y sont entretenus quatre portiers aucunement invalides, pour avoir l'œil & veiller sur lesd. pauvres en leur maniere de vivre, de paroles & autres formes de vivre, & des vices qui sont en aucuns d'eux inveterez, pour avoir esté mal instituez, nourris & instruicts en leur jeunesse, pour en faire la correction par led.gouverneur, selon ce qu'il voit estre à faire, & selon le cas en venir faire son rapport audit grand bureau ; lesquels portiers n'ont aucuns gages que la vie comme les autres.

Pour entretenir laquelle correction, y a deux prisons pour y mettre les incorrigibles envoyez par lesdits sieurs du bureau, après la capture faite par les baillif & sergens ; auquel lieu la punition ou correction en est faite par ledit gouverneur ou aucuns de ses commissaires qui sont pour ce faire deleguez ; ou aucunesfois sont lesdits incorrigibles envoyez au lieutenant criminel de la prevosté de Paris, avec les informations qui auroient esté faites par ledit baillif, pour en faire faire la punition publique & exemplaire selon l'exigence des cas, quand ils sont incorrigibles & indignes de la charité & aumosne publique.

Outre ce y a deux prestres logez audit hospital, pour y celebrer messe chacun jour, & y faire advertir lesd. pauvres faire prieres pour les bons & notables bourgeois de Paris & autres gens de bien qui y font aumosne ; aussi pour confesser & administrer les saints sacremens aux bonnes festes & autres jours necessaires, selon la devotion desdits pauvres ; par la permission & soubz l'auctorité & obéissance de M. le curé de saint Sulpice ; & pour instruire les jeunes enfans tigneux qui y sont envoyez par lesdits commissaires, de leur petit service & bonnes mœurs, jusqu'à ce qu'ils soient guaris, pour puis après les mettre à mestier, ou renvoyer en leur pays, s'ils sont estrangers.

Davantage il y a aucuns des plus valides commis par ledit gouverneur, tant hommes que femmes, pour aller querir les necessitez de vivre desdits pauvres, selon leurs appetits & au contentement de chacun d'eux ; & s'ils y commettent quelque faute, ils sont admonestez &

A aaaa iij

chastiez par ledit gouverneur, si besoin fait.

De la part des femmes y a aucunes bonnes matrones d'aage competent qui ont charge de blanchir le linge, faire les lessives, garder les malades & avoir l'œil sur eux, pour les tenir nettement, pour eviter à la vermine qui les pourroit persecuter: le tout soubz l'autorité dudit gouverneur, auquel elles tiennent compte dudit linge & autres meubles qu'elles ont en leur charge.

Certain temps l'un des messieurs les gens du roy de ladite cour avec lesdits sieurs commissaires vont audit hospital en visitation, advisent de mettre hors ceux qui par la grace de Dieu ont receu santé, & sont revenus valides suffisans pour gaigner leur vie sans plus charger ledit bureau, & les autres invalides sont continués en leurs aumosnes selon la necessité, & pour donner ordre & pourvoir à tout ce qui est necessaire audit hospital.

De tout temps par edicts du roy & arrests de la cour est ordonné qu'outre l'astellier des valides, où travaillent journellement & en tout temps les pauvres gens valides, y aura un astelier à part où sont mis tous faineans, gens oisifs, vagabonds, cagnardiers & coupeurs de bourses, lesquels de present sont employez à la fortification de la ville, enchesnez & enserrez deux à deux, gardez & conduits par ordonnance de la ville, & couchent aux boullevers & anciennes tours estans aux portes & à l'entour des murailles de Paris; & sont employez à nettoyer les boües & immondices de ladite ville, aux despens de messieurs les prevost des marchands & eschevins de Paris, des deniers des fortifications: chose très necessaire pour chasser tous cagnardiers, cagnardieres & pauvres incorrigibles de Paris, & leur donner occasion d'eux retirer hors ladite ville, & s'en retourner en leur pays, ou eux employer à travailler & servir pour gaigner leur vie, sans eux addonner à oisiveté, piller & derober; par lequel moyen les bons bourgeois sont en plus grande seureté.

Autant en est fait des femmes cagnardieres qui journellement sans occasion cagnardent & mendient par les ruës: les aucunes jeunes donnant la verolle à plusieurs jeunes enfans & compagnons, desquels led. bureau est grandement chargé.

Tel ordre cogneu par aucuns grands personnages de la ville & cité de Paris, ont tellement esté enflambez de ceste amour charitative, que d'un zele fervent & par une indicible charité ont donné & aumosné audit bureau general biens pour revestir chacun an à perpetuité deux cens pauvres le jour des Trepassez: ce qui s'execute par le bon ordre politique desdits ministres esleuz en l'administration & gouvernement dudit bureau; mais c'est peu pour un si grand nombre de pauvres dont ledit bureau est chargé.

Le roy Henry III. commença à dedier & approprier de nouvel l'hospital saint Jacques du Haut-pas, avec intention de le fonder & renter pour y nourrir & loger les pauvres gentils-hommes & soldats navrez à la guerre pour son service & à la defense de son royaume, duquel hospital M. son grand aumosnier est gouverneur & administrateur.

L'hospital des Quinze-vingts est aussi dedié, mais petitement fondé, pour les pauvres aveugles, desquels l'on y en fait recevoir autant que le lieu en peut loger & nourrir, les autres aveugles sont mis à ladite aumosne generale. Et est mondit seigneur le grand aumosnier maistre & administrateur dudit hospital, avec autres gens d'honneur & d'estat.

L'hospital des Audriettes est dedié pour plusieurs femmes veufves.

L'hospital de sainte Catherine ruë saint Denis, pour retirer, loger & coucher pauvres femmes & filles indifferemment, & pour ensevelir les pauvres gens qui sont tuez.

L'hospital des filles Dieu pour loger les pauvres pelerines, femmes & filles estrangeres passans par Paris, & pour donner pain & vin à tous les criminels qui passent pour estre executez au gibet de Montfaucon.

Il y a plusieurs autres hospitaux dediez anciennement pour les pauvres pelerins estrangers passans par Paris, comme saint Jacques de l'hospital, en la ruë saint Denys pour les pelerins qui souloient aller en pelerinage à saint Jacques en Galice: l'hospital du Sepulchre en ladite rue, pour ceux qui souloient aller pareillement en pelerinage à Hierusalem; & plusieurs autres hospitaux qui sont de present inutiles, lesquels lesdits commissaires poursuivent d'estre reformez & employez à quelque bon usage pour lesdits pauvres: à sçavoir aucuns d'eux les mieux appropriez, à loger tous pauvres estrangers passans par Paris: les autres à penser les malades de teigne, de verolle & autres maladies contagieuses: les autres qui sont du tout incommodes pour lesdits

dits pauvres, afin qu'ils soient vendus & les deniers employez à en baſtir un autre commode pour nourrir leſdits pauvres, attendu que pour le preſent n'y a plus de pelerins allans eſdits voyages, & que l'intention des fondateurs n'eſtoit pas qu'ils demeuraſſent ainſi inutiles, & que du revenu d'iceux les vrais pauvres fuſſent fruſtrez.

Quant aux pauvres eſtrangers paſſans par Paris, on leur donne l'aumoſne & la paſſade audit bureau ou aux hoſpitaux où ils ſeront logez; & n'y doivent demeurer qu'une nuit ſeulement, ſi maladie ne les y detient plus longuement : à ſçavoir les hommes & garçons à l'hoſpital ſaint Jacques ruë ſaint Denis; & les femmes & filles à l'hoſpital ſainte Catherine en ladite ruë, & à ſaint Gervais à la porte Baudoyer.

Et quant à tous les quaimans, cagnardiers & cagnardieres, gens oiſifs & vagabonds, tant de Paris qu'eſtrangers, valides, trouvez mendians à Paris, on les contraint par priſon & caſtigation ſecrete à travailler & gaigner leur vie aux œuvres publiques & privées de ladite ville, ou ſortir & vuider ladite ville & fauxbourgs; & ceux qui ſont incorrigibles & ſimulez malades, ſont rendus audit lieutenant criminel qui les envoye aux galeres, ou les fait foüetter publiquement par les carrefours, & bannir de Paris.

Et voilà en bref comme ladite police eſt gouvernée, par quels perſonnages, dequoy ſervent leſdits hoſpitaux, & à quoy ſont employez les deniers de ladite aumoſne generale.

Encore faut-il entendre que leſd. commiſſaires des pauvres, plus pour mouvoir le peuple à devotion & charité, font communement par chacun an, au temps de Careſme, proceſſion generale de tous leſdits pauvres, tant de l'aumoſne generale, que de tous leſdits enfans de l'hoſpital de la Trinité, à tout le moins de ceux qui y peuvent aller: car la pluſpart des pauvres qui ſont les plus vieils, decrepitez, malades & impotens, n'y peuvent aller; à laquelle proceſſion pareillement aſſiſtent leſdits commiſſaires & officiers de ladite police, avec pluſieurs autres gens de bien, accompagnez de pluſieurs archers de la ville & des ſergens de ladite police; & pour ce faire, s'aſſemblent en certain lieu, comme au cimetiere ſaint Innocent, pour d'illec aller à l'egliſe Noſtre-Dame de Paris, à ſainte Genevieſve & ailleurs, afin de prier Dieu pour le roy, pour la ville,

pour la paix & proſperité de ce royaume & de la Chreſtienté, & pour leurs bienfacteurs: & retournent audit cimetiere où ſe fait un ſermon ſolemnel, tant pour admoneſter leſdits pauvres d'avoir patience en leur pauvreté, que pour mouvoir les riches à charité envers leſdits pauvres.

Or doncques les pauvres auſquels eſt pourveû, ainſi que dit eſt, à tous ſelon leurs aage, ſexe, qualitez, maladies, impotences & pauvretez, n'ont aucune occaſion de mendier & importuner leſdits habitans, ne leſdits habitans cauſe de plaindre leurs aumoſnes ne d'en murmurer, ains pluſtoſt de contribuer volontairement & de bon cœur à une ſi ſainte œuvre, grande charité honneſte & très-neceſſaire police, pour l'honneur de Dieu, pour le bien des pauvres & pour la ſanté publique de ladite ville, laquelle Dieu par ſa ſainte grace & miſericorde vueille conſerver en toute proſperité & felicité. *Fontanon tome 1. page 918. & ſuivantes.*

ORDONNANCE DU ROY Henry III. pour la ſubſiſtance des pauvres.

AN. 1586.

HENRY par la grace de Dieu roy de France & de Pologne, à tous ceux qui ces preſentes lettres verront, ſalut. Comme durant ceſte cherté & diſette de vivres que nous voyons de preſent en noſtre royaume, pour aucunement remedier aux deſordres qui à cauſe d'icelle croiſſent de jour en jour, & inconveniens qui peuvent advenir par le moyen de la grande affluence des pauvres mandians, tant valides qu'invalides, qui viennent & affluent de toutes parts en noſtre ville de Paris des autres villes, bourgs & endroits de noſtredit royaume, nous ayons ordonné que certain nombre de nos officiers & autres notables bourgeois de noſtredite ville de Paris s'aſſembleroient, afin d'adviſer enſemblement des moyens propres & convenables pour remedier aux ſuſdits deſordres, & pourvoir auſdits inconveniens; à quoy ils auroient ja travaillé, & donné eſperance de quelque bon acheminement; neantmoins craignant que ce qui ſera par eux fait & ordonné pour ce regard, ne demeure inutile & ſans effect, & nous fruſtrez de noſtre intention, ſi aux autres villes de noſtredit royaume n'eſtoit par meſme moyen remedié auſdits deſordres & inconveniens, & pourveû à la nourriture

& entretenement des pauvres d'icelles villes, tant par distribution de deniers & aumosnes envers les pauvres invalides, que par asteliers & œuvres publiques pour les valides, ainsi que plus commodement se trouvera estre à faire. A CES CAUSES, après avoir communiqué de cest affaire en nostre conseil, avons de l'advis d'iceluy, & de nostre certaine science, pleine puissance & auctorité royale ordonné & ordonnons, voulons & entendons que les habitans de toutes & chacunes les autres villes de nostredit royaume seront tenus nourrir & entretenir leurs pauvres, sans qu'ils puissent vaguer ni eux transporter de lieu en autre, comme ils ont fait cy-devant & font encore de present, ains qu'ils soient contenus dans leurs fins & limites, soit par contribution des habitans ou autrement, & par le meilleur ordre qu'il sera advisé, conformément à l'ordonnance de nostre très-honoré seigneur & frere le roy Charles IX. faite à Moulins en l'an 1566. Mandant à nos amez & feaux les gens tenans nos cours de parlement, baillifs, seneschaux, prevosts, leurs lieutenans, & à tous nos autres justiciers, officiers, maires, eschevins, capitouls, consuls, qu'au plustost ils ayent à commettre & deputer quelques-uns d'entre-eux pour s'assembler, afin d'adviser aux moyens les plus propres & commodes pour l'execution de ces presentes, & que les reglemens qui seront ainsi faits par nos juges subalternes, ils les envoyent incontinent aux greffes de nosdits parlemens selon leur ressort, pour cognoistre de quel zele, affection & diligence ils auront vacqué à ce dessus. Voulons & ordonnons que ce qui sera par eux fait & advisé pour ce regard, soit executé nonobstant oppositions & appellations quelconques, & sans prejudice d'icelles. Et en outre mandons à nosdits amez & feaux les gens tenans nosdites cours de parlement, que ces presentes ils facent lire, publier & enregistrer, garder, observer & entretenir inviolablement: & à nos procureurs generaux d'y tenir la main; & ladite publication & enregistrement faits, ils en facent envoyer des copies imprimées par tous les baillages & seneschaussées de leurs ressorts, afin d'y estre pareillement leuës, publiées & registrées, gardées & observées entierement, ensemble les reglemens qui feront faits en vertu d'icelles, selon leur forme & teneur. Car tel est nostre plaisir, non obstant tous edicts, ordonnances, usances, reglemens, mandemens, defenses & lettres à ce contraires. Donné à Paris le XXII. jour du mois de May, l'an de grace M. D. LXXXVI. & de nostre regne le XII. Signé : Par le roy estant en son conseil, BRULART.

Leûës, publiées & registrées, oy & ce requerant le procureur general du roy, à la diligence duquel en seront envoyées copies à ses substituts en chacun des sieges de ce ressort ; ausquels substituts est enjoint tenir la main à l'execution desdites lettres, & aux baillifs, seneschaux & leurs lieutenans d'y proceder en toute diligence, en dresser leurs procez verbaux, & certifier la cour du devoir qu'ils y auront fait dedans un mois. A Paris en parlement le XXIII. jour de May l'an M. D. LXXXVI. Signé, DE HEVEZ. *Ibid. pag.* 924.

Enregistrement extraordinaire fait à la chambre des comptes de quelques edits bursaux.

DU XXII. Mars M. D. LXXXIII. du matin. Ce jourd'huy la chambre ayant esté advertie que monseigneur le reverendissime cardinal de Bourbon estoit en la cour du palais, & s'acheminoit pour venir en icelle de la part du roy, auroit envoié maistres François Gelinard & Charles de Dormans conseillers-maistres au devant de lui pour le recevoir & conduire à ladite chambre ; ce qu'ils auroient fait, & estant ledit cardinal entré au bureau de ladite chambre assisté des sieurs ducs de Retz & d'Aumont mareschaux de France, qui sont aussi entrez avec ledit sieur cardinal les espées ceintes ; ledit sieur cardinal auroit prins place au rang & seance des presidens au dessoubz de monseigneur Nicolay premier president, appellé & fait seoir près & à costé de luy ledit sieur duc de Retz pour lui assister; ce que pour la reverence dudit sieur cardinal a esté toleré par la chambre audit sieur duc de Retz pour cette fois, sans tirer à consequence, & le sieur d'Aumont au premier rang des conseillers lais. Et après ce ledit sieur cardinal auroit fait entendre à la chambre, que le roy contraint de la necessité de ses affaires grandes & urgentes, auroit fait quelques edits qu'il avoit cy-devant envoiez à la chambre, à la verification desquels ayant entendu qu'elle faisoit beaucoup de difficultez, pour les faire cesser, les auroit deputez lui & lesdits sieurs de Retz & d'Aumont mareschaux de France, de venir à ladite chambre pour faire re re publier lefdits edits, avec commandement exprès de ne partir d'icelle, que tous lefdits edits ne fuſſent publiez en leur préſence, & ce ſans s'arreſter à opiner & deliberer cy ſur iceux, ce qu'il prioit la chambre vouloir faire & obeïr en ce au commandement de ſadite majeſté, à laquelle il eſtoit auſſi chargé de rapporter tout ce qui ſeroit fait à ladite publication preſentement; & preſenta en meſme-tems un memoire de tous les edits, eſcript en ces termes: CE QUE LE ROY veut & entend eſtre verifié en ſa chambre des comptes, où il envoie à cet effet meſſieurs les cardinal de Bourbon, duc de Retz & mareſchal d'Aumont. I. L'edit des quatre maiſtres auditeurs des comptes. II. L'edit du reſtabliſſement des greniers à ſel de Lyonnois, Beaujolois & Forez. III. L'edit du treſorier provincial des guerres à Metz & pays Meſſin. IV. L'edit des controlleurs provinciaux des guerres. V. L'edit des eaux & forêts. VI. La declaration pour le rembourſement des LXXXII. mil eſcus empruntez pour les Reiſtres du ſieur Balbany. VII. L'edit des conſervateurs du domaine. VIII. Le contract de Jehan le Sire de CX. mille livres. IX. Le contract du ſieur de Morelle de LXVI. mil DCLXVI. eſcus deux tiers. X. Monſieur le cardinal dira à meſſieurs des comptes que le roy veut qu'ils paſſent la partie de meſſieurs de Ruffec, de l'Archant & d'Aumont, qu'ils ont rayée nonobſtant les juſſions qui leur ont eſté faites, & qu'il leur commande de n'en plus faire de difficulté aucunement. XI. L'edit des receveurs des eſpices. XII. L'edit de la creation de l'election de Montereau ou Faut-Yonne. XIII. L'edit attributif des nouveaux droits aux officiers des greniers à ſel de ce royaume, qui deja a eſté verifié à la cour des aydes. XIV. L'office de controlleur general des boeſtes des monnoyes de France entierement. DUQUEL MEMOIRE aïant eſté fait lecture, le ſieur Nicolay a dit audit ſeigneur cardinal, que la chambre s'eſtoit tousjours monſtrée tres-obeïſſante aux commandemens de S. M. & tres-affectionnée au bien de ſon ſervice. Que ſi elle n'avoit verifié aucun deſdits edits, ſur leſquels elle avoit ja deliberé, c'eſtoit pour les avoir trouvez du tout contraires au bien de ſon ſervice, comme premierement celui des quatre maiſtres, que ladite chambre, ſans entrer en conſideration de ſon intereſt particulier, avoit trouvé apporter par trop de prejudice au ſervice de ſadite majeſté, tant pour la ſurcharge des gages qui eſtoit grande, que pour la confuſion que le trop grand nombre d'officiers effrené apportoit à ladite chambre, plus dangereuſe qu'en toute autre compagnie; pour laquelle conſideration auſſi, lors d'une derniere creation de quatre maiſtres, commandée à l'inſtante requeſte, priere & pourſuite de monſeigneur le frere du roy, S. M. avoit par promeſſe expreſſe & ſpeciale accordé à ladite chambre de ne faire plus aucune creation d'officiers; & neantmoins maintenant ſoubz umbre d'une neceſſité que l'on diſoit eſtre, on vouloit encore introduire quatre maiſtres & deux auditeurs, combien que ladite chambre peuſt veritablement dire qu'elle ne la connoiſſoit pas telle, parce qu'elle voioit plus qu'autre compaignie de ce royaume le fond des finances de S. M. n'eſtre ſi petit que l'on dit, par la recepte de l'année M. D. LXXXI. qui s'eſt montée à XXX. millions de livres. Et ſi par le paſſé on tenoit que pour VIII. millions de livres les roys pouvoient ſuffiſamment pourvoir aux affaires & manutention de leur eſtat, à plus forte raiſon pour ladite ſomme qui excedoit trois fois la premiere. Et meſme en l'année derniere que l'on dit la recepte ordinaire monter XV. millions de livres, il eſtoit fort aiſé à meſſieurs des finances de trouver le fonds neceſſaire pour le rembourſement de la debte pour laquelle on dit cette creation nouvelle avoir eſté occaſionnée; joint que par l'exemple des choſes paſſées, S. M. n'a pas tousjours profité de la finance provenant de la creation d'offices, comme il ſe verifie par les comptes des parties caſuelles, cy-devant rendus. Pour ces cauſes & autres portées par les remonſtrances qui avoient eſté faites à S. M. par ladite chambre, leſquelles il ne vouloit repeter, icelle chambre prioit S. M. de la diſpenſer de la verification d'icelui edit, & ſe contenter du nombre d'officiers, qui n'eſtoit que trop grand en icelle. Et quant à celui de l'eſtabliſſement des greniers à ſel, il y avoit oppoſition formée par les conſuls & ſyndics de Lyonnois, de Forez, de Beaujollois, de Maſconnois & de Vivarez joints enſemble. A celui des controlleurs provinciaux des guerres, y avoit pareillement oppoſition formée; comme auſſi à celui de Montereau-faut-Yone. Celuy des eaux & foreſts ne pouvoit apporter que le dégaſt & ruine entiere des foreſts de ſon royaume, qui

Tome II. B bbbb

sont, par le mauvais soing des officiers qui en ont eu la charge, grandement ruinées; que d'y en mettre maintenant d'autres en si grand nombre & par argent, n'est autre chose que continuer, voire achever la ruine totale desdites forests, que l'on devroit plus soigneusement conserver, comme domaine sacré de cette couronne, & tresor pour y avoir recours, advenant plus grande necessité. La declaration pour le remboursement de Balbani avoit esté déja entierement verifiée. L'edit des conservateurs du domaine n'avoit esté veu par la chambre, non plus que les contracts desdits le Sire & de Morelle, ni l'edit alternatif des nouveaux droits des officiers des greniers à sel. Et pour la creation du controlleur general des boestes des monnoies, il avoit esté envoié aux generaux desdites monnoies, qui estoit cause que la chambre n'avoit verifié iceux edits & contracts, ne pouvant passer oultre à la verification, veu qu'il y avoit opposition, que préalablement elle ne fust vuidée; & moins encore verifier ceux qu'elle n'avoit point veus, pour ce que l'ordre institué aux compagnies souveraines estoit de voir & peser meurement les edits qui leur estoient envoiez, avant que les publier.

A quoi ledit sieur cardinal auroit dit que le roy lui avoit commandé de ne partir de ladite chambre, qu'il n'eust fait verifier lesdits edits; & sçavoit bien que ledit seigneur estoit forcé par la necessité de ses affaires d'user de telles voies; qu'il estoit en bonne volonté de reduire en temps plus heureux ses affaires en meilleur estat & ordre, d'autant & plus qu'aucun de ses subjets le sauroit desirer; & pour ce prioit la chambre se disposer à contenter S. M.

Et par ledit sieur president auroit esté dit que ladite chambre demeuroit resoluë en la deliberation qu'elle avoit prise de ne verifier led. edit de quatre maistres, & que s'il lui plaisoit, il pouvoit selon la charge qu'il avoit du roy, commander au greffier de ladite chambre de registrer ledit edit & autres contenus audit memoire, declarant que la chambre n'empeschoit aucunement.

A quoi ledit sieur cardinal a fait response qu'il n'avoit commandement de S. M. de dire au greffier de registrer, ains à ladite chambre de proceder en sa presence à la verification d'iceux edits.

Et par ledit sieur president fut dit que ladite chambre ne pouvoit, pour les raisons deduites; & que lui estant venu de la part de S. M. pour tel effet, il le pouvoit faire sans l'auctorité de ladite chambre. Ce qu'il n'auroit toutesfois voulu faire, sans avoir sur ce la volonté de S. M. vers laquelle il auroit prié le sieur d'Aumont se transporter, ce qu'il auroit fait; & à l'instant mesme ledit sieur cardinal de Bourbon & duc de Retz seroient sortis de ladite chambre & descendus à la sainte Chapelle pour ouïr la messe, en attendant le retour dudit sieur d'Aumont quelques-tems seulement.

Après, lesdits sieurs cardinal, de Retz & d'Aumont retournez en icelle chambre & pris seance comme devant, ledit sieur d'Aumont auroit rapporté qu'il auroit fait entendre à S. M. les difficultez proposées par ladite chambre, & mesme la supplication qu'elle lui faisoit de la dispenser de la verification dudit edit des quatre maistres & deux auditeurs, pour les raisons par elle alleguées ci-dessus. A quoi ledit seigneur auroit dit, qu'il ne faisoit doute que lesdits edits ne fussent rudes & mauvais, & estoit déplaisant de les faire; mais que la necessité de ses affaires l'y contraignoit, & qu'il falloit de deux maux eviter le pire. Mesme auroit pris de bonne part les remonstrances sur l'edit des eaux & forests. Ce neantmoins lui avoit commandé de dire en ladite chambre qu'il vouloit & entendoit qu'elle publiast lesdits edits, de son très-exprès commandement rapporté par ledit sieur cardinal pour ce envoié exprés par S. M. assisté des sieurs de Retz & d'Aumont mareschaux de France, & sans autrement en deliberer; qu'il n'y eust aucune faute, & n'eussent à sortir que ce ne fust entierement fait.

Après ce, en la presence dudit seigneur, a esté mis en déliberation si ladite chambre verifieroit lesdits edits suivant ledit commandement, & prononceroit sur iceux; & ayant esté arresté, comme à la derniere deliberation prise sur ce mesme subjet, le sieur premier president a prié ledit seigneur cardinal de prononcer ce qu'il trouveroit à propos selon sa sagesse & prudence acoustumée. Lequel sur lesdits edits des quatre maistres & deux auditeurs des comptes, des tresoriers provinciaux des guerres à Metz, & celui des eaux & forests, a prononcé qu'ils seroient enregistrez du très-exprès commandement du roy rapporté par lui, assisté desdits sieurs de Retz & d'Aumont mareschaux de France, ce, envoiez exprès par S. M. en ladite chambre. Et quant aux edits sur lesquels y a oppositions, ont esté renvoiez au roy pour decider desdites oppositions cydessus formées. Et pour ceux qui n'ont esté encore veus par la chambre, a esté arresté qu'il en sera deliberé. Et pour le regard de celui de receveur des espices, il a esté verifié en consequence de la verification faite en la cour de parlement, sans y comprendre ladite chambre, dont S. M. sera suppliée bailler declaration, attendu la charge qui en revient en ses finances. Ce fait, ledit sieur cardinal, après avoir salué la compagnie, s'est retiré avec les seigneurs de Retz & d'Aumont envoiez exprès avec ledit seigneur cardinal, & qui l'ont assisté. *Reg. de la chambre des comptes bibl. Coislin. vol. 14.*

LETTRE DU ROY DE NAVARRE à Messieurs de Paris.

AN. 1586.

MEssieurs. Je vous escris volontiers, car je vous estime comme le miroir & l'abregé de ce royaume, & non toutesfois pour vous informer de la justice de ma cause, que je sçay vous estre assez cogneuë. Au contraire pour vous en prendre à tesmoings, vous qui par la multitude des bons yeux que vous avez, pouvez veoir & penetrer profondement de tout ce qui s'est passé en cest estat. Vous sçavez quel jugement a faict le roy des aucteurs de ces miseres, quels il les a déclarez & prononcez à vos oreilles. Il vous requeroit de l'assister contr'eux, comme ennemis publics, & c'estoit lors que sa volonté estoit entiere & libre, premier que la violence eust rien gagné sur luy. Tout le changement qui est venu depuis, je sçai que vous l'aurez imputé, non à son vouloir, ains à la force. Et de faict je suis bien adverti qu'estant peu après requis de fournir aux frais de ceste guerre, vous avez bien sceu respondre que ces troubles n'avoient esté onc de vostre advis; que c'estoit à ceux qui les mouvoient, non à vous, à en porter les frais, responce que vous n'avez accoustumé de faire quand vous pensez qu'il est question ou du service du roy ou du bien du royaume. Car jamais subjects ont-ils esté plus liberaux pour ce regard, que vous? Mais certes quand vous appercevez que vos deniers ne vont pas aux reparations, comme quelquesfois on vous fait croire, mais à la ruyne du royaume; quand vous voiez clairement qu'on ne vous demande pas vos bagues pour fournir à la rançon du roy François ou de ses enfans, ou d'un roy Jean; mais pour esteindre le sang & la posterité de France, & pour reduire vostre roy en servitude & en prison. Or je sçay tres-bien que le roy vous en aura sceu gré, & tous bons François ont ceste obligation en vostre endroit; mais j'en reçois une tres-speciale pour le rang que Dieu m'a ordonné en ce royaume, & pour estre, puisqu'il lui a pleu, des enfans de la maison. Jugez quel besoing il vous estoit de ceste guerre. Vous sçavez que cest estat se rendoit de jour en jour capable d'une paix. S'il falloit rien remuer en la religion, sans rien alterer, il ne falloit qu'appeller un bon concile. Si au maniement de cest estat le roy n'eust pas refusé d'ouvrir une assemblée d'estats, & pour couper le chemin à ces malheurs; vous sçavez que je m'y suis soubmis par une declaration expresse, mesmes de vuider par un duel ce que les perturbateurs eussent peu particulierement pretendre contre moy. Ceux donc qui ont refusé ces beaux moyens, sont les autheurs de la guerre, & d'une guerre non necessaire, & donc injuste. Moi qui les ai desirées, & qui volontiers m'y suis soubmis, me sens deschargé de tous les maux qui en viendront; car des moyens legitimes on a pris plaisir de me reduire aux extremitez extrêmes, tellement que les armes que j'ay en main sont naturelles & necessaires, & donc tres-justes. Comparez en somme mon obeïssance à leur rebellion, ma grande patience à leur precipitation, mes modestes actions à leurs passions immodestes; & vous exposez sur tout cela quels ils sont en ce royaume; & quel j'y suis. Vous conclurez qu'il m'est fait un tort inestimable, dont il n'y a gentil-homme en ce royaume qui ne s'efforçast, & à qui ne fust permis d'avoir raison. Je le dis avec verité, j'en apprehende les consequences; je voy que les innocens en souffriront; mais souvenez-vous toujours que mes ennemis sont ceux qui ont esté declarez ennemis du roy & du royaume; qu'ils ont troublé le repos, appellé les estrangers, faict exterminer les domestiques, emprunté les ennemis, & employé leurs moyens; non à ma ruine seule, mais à la confusion de cest estat. Lors, Messieurs, vous imputerez à leurs offenses tous les inconveniens que peut amener une juste deffense; vous leur sçaurez mauvais gré des maux consecutifs, comme vous les recognoissez autheurs & causes des premiers. De moy, je me desplairay en mon malheur, de ne pouvoir deschasser le mal universel de cest estat sans quelques maux. Je me plairay pour le moins en mon integrité, qui les ay voulu racheter de ma vie, qui la sentiray toujours bien employée pour la conservation de cest estat & de vous tous. Or, Messieurs, je vous diray pour la fin que j'attens & attendray toujours de vous, tout ce qui se peut & doit d'un vrays François, & de la regle & exemplaire des François. Attendez de moy pareillement tout ce qui se peut & doit d'un prince François & d'un prince Chrestien, pour l'union de l'Eglise, le service du roy mon seigneur, le bien du royaume, le soulagement du peuple, le contentement de tous les gens de bien. Je prie Dieu, Messieurs, qu'il ait pitié & compassion de ce royaume, & nous doint à tous un bon conseil pour sa gloire & nostre propre bien. De Montauban le 1. Janvier 1586.

Vostre plus affectionné amy HENRY.
Pris sur l'imprimé du tems de la date.

RECIT DE CE QUI S'EST PASSÉ
à la chambre des comptes, à l'enregistrement de quelques edits fait par le comte de Soissons, interdiction de la chambre &c.

AN. 1586. DU XXV. jour du mois de Juin l'an de grace M. D. LXXXVI. ce jour d'huy l'huissier de la chambre est venu dire que monseigneur de Bourbon comte de Soissons estoit à la porte de ladite chambre, assisté d'aucuns sieurs, qui demandoit à entrer en icelle de la part du roy, au devant duquel la chambre auroit envoié M. Jehan Aymeret & Jacques de Pleurs conseillers maistres pour le recevoir & faire entrer; ce qu'ils auroient fait. Et estant ledit comte de Soissons entré au bureau de ladite chambre, l'espée au costé, assisté de messieurs René de Beaune archevesque de Bourges, & d'Escars evesque de Langres, des sieurs de Lansac & de la Vauguyon chevaliers des deux ordres du roy, qui sont aussi entrez avec ledit sieur comte de Soissons, sans espée; ledit seigneur comte de Soissons auroit pris place au rang & seance des presidens au dessoubs de messire Antoine Nicolay chevalier premier president, lesdits sieurs de Beaune & d'Escars au premier rang des conseillers maistres lays. Ce fait auroit ledit seigneur comte de Soissons, presenté à la chambre les lettres closes du roy, dont la teneur s'ensuit: DE PAR LE ROY. Nos amez & feaux. Parceque l'estat present de nos affaires, & mesme les grandes & extraordinaires despenses que cette guerre nous apporte, ne permettent pas que l'on tire à longueur & dilation la publication de nos edits........ sur quoy nous lui avons donné charge de vous faire entendre aulcunes choses de nostre part, dont vous le croirez comme nostre propre personne, & y satisfairez sur tant que desirerez nous faire service agreable. Donné à Saint Maur des Fossez le XXIV. Juin M. D. LXXXVI. *Signé* HENRY, *& plus bas,* DINART. *Et sur le dos:* A nos amez & feaux les gens tenans nostre chambre des comptes à Paris. LECTURE faite desquelles, auroit encore ledit seigneur comte presenté autres lettres dont la teneur ensuit: HENRY par la grace de Dieu roy de France & de Pologne, à nostre tres-cher & tres-amé cousin le comte de Soissons salut. Savoir vous faisons que nous, pour la proximité du sang dont vous nous attouchez, & pour le bien de nos affaires & service auquel nous savons que vous portez tres grande & singuliere affection, nous vous avons commis & deputé, commettons & deputons, & vous avons donné pouvoir & commission par ces presentes, pour, assisté des personnes de nos amez & feaux les sieurs archevesque de Bourges, evesque de Langres, sieur de Lansac, & de la Vauguyon, tous conseillers en nostre conseil d'estat, vous transporter en nostre chambre des comptes à Paris, & là faire representer en nostre chambre les edits que vous ferez porter avec vous en icelle chambre; & apres que les lettres qu'escrivons auzdits gens de nos comptes leur auront esté presentées, & leur aurez sur ce fait entendre nostre intention, faire en vostre presence & desdits sieurs de nostre conseil proceder à la lecture & publication & verification de nos edits purement & simplement, selon leur forme & teneur, & sans aucune remise, refus, modification, restriction, ne difficulté, tout ainsi que nous avons fait faire en nostre cour de parlement, & que faire pourrions, si presens en personne y estions, jaçoit qu'il y eust chose qui requist mandement plus special; mandons auxdits gens de nos comptes & à tous nos officiers, justiciers & subjets, que à vous en ce faisant soit obey; car tel est nostre plaisir. Donné à S. Maur

JUSTIFICATIVES.

des Fossez le xxiv. Juin M. D. LXXXVI. & de nostre regne le xiii. *Signé*, HENRY; *& plus bas:* Par le roy, PINART; *& scellée sur simple queuë du grand scel de cire jausne.* DESQUELLES aussi auroit esté fait lecture; après laquelle ledit comte de Soissons auroit dit que le roy l'avoit deputé & commis pour venir en la chambre assisté des sieurs susdits, lui faire entendre, prier & commander de sa part, qu'elle eust à verifier les edits contenus au memoire qu'il auroit à l'instant fait presenter, lequel estoit en ces termes: ESTAT DES EDITS que le roy entend estre verifiez en la chambre des comptes à Paris. Premierement l'edit de constitution de six mille livres de rente sur la ferme du poisson. II. Celui d'heredité de tous offices, excepté ceux de judicature. III. Celui d'attribution de conseillers du roy, à tous lieutenans generaux. IV. Celui de LXXX. mille escus de rente sur le sel, pour les debtes des Reistres. V. Celui des payeurs & receveurs particuliers des prevosts des mareschaux. VI. Celui de l'alienation du comté de Montfort. VII. Celui des greffes des notifications. VIII. Celui des quatre conseillers & deux huissiers en chaque presidial. IX. Celui de creation. X. Celui des receveurs alternatifs des espices. XI. Celui des maistres particuliers alternatifs des eaux & forests. XII. Celui de XII. mil escus de rente sur le sel. XIII. Celui des quatre presidens & huit conseillers au grand conseil. XIV. Celui des substituts des procureurs du roy des cours de parlement. XV. Celui des autres substituts des procureurs du roy en chacun bailliage & seneschaussée. XVI. Les lettres pour vendre les xxx. mil livres de rente sur la forest de Traconne. XVII. Celui des assesseurs & lieutenans criminels en chaque bailliage & seneschaussée. XVIII. Les lettres de la couppe des bois en l'estenduë de Paris, pour la citadelle de Mets. XIX. La constitution de trois mille escus de rente sur les receptes particulieres des aydes de la generalité de Paris. ET CROIRE que l'estat present des affaires de S. M. & les grandes & extraordinaires despenses qu'elle estoit contrainte de supporter pour l'entretenement des armées qu'elle avoit sur les bras, comme chacun savoit assez, l'avoient induit & forcé à faire lesdits edits, lesquels (encore qu'ils fussent rudes) S. M. avoit esté contrainte & necessité de les faire, n'ayant d'ailleurs moyen de recouvrer deniers pour ses affaires, dont il ne se pouvoit passer pour l'entretenement de ses armées; ayant toutesfois deliberé, en temps plus heureux, de reduire toutes choses en meilleur estat & ordre; prioit à cette cause ladite chambre, de la part de sadite majesté, de vouloir presentement & en toute diligence vacquer à la publication desdits edits, sans y user autrement de formalité, car il avoit commandement dudit seigneur de ne partir d'icelle chambre, que tous les edits susnommez ne fussent verifiez & publiez en sa presence.

A quoi ledit sieur Nicolay auroit dit, que la chambre estoit tres humble & tres obeïssante aux commandemens de S. M. & tres affectionnée au bien de son service, & que s'il plaist au roy lui laisser la liberté de deliberer sur lesdits edits, elle essaiera de lui rendre tout contentement; que l'ordre de justice aux cours souveraines estoit de peser & voir meurement les edits qui leur estoient envoyez, avant que de les publier, & que n'ayant encore veu aucun de ceux presentez sur le bureau tout maintenant, elle ne pouvoit en un instant proceder à ladite publication, pour ce qu'il estoit requis du temps pour adviser en ce qui estoit du service de S. M. & conservation du public.

Et par ledit sieur comte a esté dit: que l'intention du roy est qu'il soit fait en icelle chambre comme il a esté fait en la cour de parlement. Car encore que S. M. connoisse bien que lesdits edits sont fort extraordinaires, toutesfois n'ayant meilleur moyen d'ailleurs, il estoit contraint pour la misere, necessité & calamité du temps, de les faire passer, pour s'aider des deniers qui en proviendroient, ayant d'ailleurs vendu son domaine & le bien d'eglise pour subvenir aux grandes affaires qu'il a à supporter, prioit encore de rechef ladite chambre, de vouloir proceder promptement à la publication des susdits edits suivant la volonté de S. M. pour ce que le retardement seroit fort dommageable, & empescheroit que sa majesté ne tirast le secours qu'elle s'estoit promis desdits edits.

Ledit sieur Nicolay auroit dit: que celui de l'heredité des offices estoit grandement injurieux contre les officiers, pource qu'il seroit bien estrange à un vieil officier, qui n'auroit le moyen de payer la moitié de la valeur de son office, d'estre dechassé, après avoir long-temps servi, & ce lui seroit une pauvre

B bbbb iij

rescompense de ses services, & à ceux mesme de ladite chambre, qui s'estoient tousjours monstrez zelateurs & très fidels serviteurs de S. M. & que ladite chambre avoit entendus estre compris les premiers audit edit, & seuls entre les officiers des cours souveraines, veu que le parlement & les generaux des aydes en estoient exempts. Sur quoi & sur les autres particularitez desdits edits ladite chambre desiroit representer à S. M. l'interest & dommage que lesdits edits pourroient porter au bien de son service, s'il plaisoit à S. M. les ouïr, mesme comme la rigueur dudit edit de l'heredité estoit sans exemple des predecesseurs, & lui monstrer l'impossibilité de l'execution dudit edit de l'heredité des offices. Et à tout le moins, si ledit seigneur comte vouloit passer oultre à la publication dudit edit, que la chambre le prioit de faire entendre au roy ses remonstrances.

Et lors, par ledit archevesque de Bourges prenant la parole, fut dit: que le roy avoit deliberé d'adoucir & temperer beaucoup la rigueur dudit edit de l'heredité des offices quand ce viendroit à l'execution, & que la chambre essayast de contenter sa majesté. Sur quoy ledit sieur Nicolay reprenant la parole & s'adressant audit seigneur comte, auroit dit: que ladite chambre l'avoit chargé de le prier de la dispenser de la deliberation si prompte desdits edits; & que s'il luy plaisoit d'user du pouvoir qu'il avoit de sa majesté, faire le pouvoit; mais que quant à lui, il ne pouvoit prononcer sur la publication desdits edits; & qu'au parlement, le roy avoit prononcé, & non le premier president; & que ledit sieur comte de Soissons pouvoit user du pouvoir à lui donné par le roy, & prononcer, si bon lui sembloit.

Et à l'instant, M. Estienne Pasquier advocat general du roy ayant esté mandé, & entendu par ledit premier president tout ce qui s'estoit passé audit bureau, afin qu'il eust à requerir pour le roy ce qu'il verroit bon estre, a dit: que là où la volonté du roy estoit, il n'estoit besoing de son consentement; puisque le roy vouloit que lesdits edits fussent publiez, il n'y avoit celuy qui ne le deust vouloir, puisque la necessité pressoit. Toutesfois adressant sa parole à monsieur de Soissons & à la compagnie, a dit comme il ensuit.

Harangue d'Estienne Pasquier.

MONSIEUR, & vous messieurs. Le plus grand heur & honneur que je pourrois avoir, seroit si en l'action qui se presente, j'adressois ma parole au roy. En ce deffault je suis très honoré de parler à un prince du sang, pour le respect & reverence que naturellement nous portons à tels seigneurs, & specialement en vous, monsieur, en la jeunesse duquel nous lisons une infinité de faveurs & benedictions de Dieu. Nous ne doubtons point que le commandement du roy qui vous a acheminé en ce lieu, ne soit pour subvenir aux affaires de sa majesté, qui est une chose en quoy nous devons conspirer unanimement. La devotion du roy est grande de reduire l'estat de la France en une religion Catholique, apostolique & Romaine. La mesme devotion sejourne en nous tous. C'est pourquoi l'on nous propose ici XVIII. edits que l'on desire estre passez soubz l'auctorité de vostre presence. La necessité certes semble le commander; mais aussi une autre necessité semble s'y opposer. Il me souvient que Themistoclés passant par l'isle d'Andros avec un ost, voulant tirer argent des habitans pour le deffrayer de son armée; les voiant aucunement retifs, il leur dit, qu'il venoit assisté de deux puissans Dieux qui les induiroient à ce faire, de l'amour & de la force; voulant dire que s'il ne pouvoit obtenir ce qu'il demandoit d'amitié, il l'obtiendroit par force. A cela lui fut repondu par les autres, que contre ces deux grands Dieux ils opposoient deux grandes déesses, la pauvreté & l'impossibilité, qui n'estoient pas vraiment une petite deffense contre la demande de ce grand capitaine. Je m'attacherai maintenant à ce mot d'impossibilité, comme servant (à mon jugement) à ce qui se presente entre nous. Le premier conseil que l'on doibt donner à son roy, est de ne proposer point de loy qui ne se puisse executer; car de ce il advient un mechef, que estant la loy publiée, & ne pouvant estre executée, c'est accoustumer paisiblement les subjects de n'obeïr point au souverain magistrat; & par consequent est d'autant plus sa majesté ravallée; ce que nul bon sujet ne doibt souhaiter. Je passerai les autres edits qui nous sont ici proposez, pour chacun desquels il y a plusieurs grandes remontrances à faire. Je me contenterai de parler de l'edit des offices hereditaires, qui est le premier de ce nom en ce subjet qui fut oncques projetté en cette France, lequel je pense ne pouvoir sortir effet, quelques memoires & instructions

instructions que l'on en ait donné au roy. Il n'y a pas assez d'or & d'argent monnoyé courant en toute la France pour y parfournir ; & quand il y en auroit assez, la condition n'est pas petite, que voulant donner vie à cet edit, on admortit en tous ceux qui ont offices & estats royaux, une devotion esmerveillable qu'ils avoient envers leur roy ; chose qu'il faut craindre en toute saison, & par special en temps d'une guerre civile, telle qu'est celle que nous voyons aujourdui avoir vogue. Ceux qui ont sagement discouru sur le fait des republiques, sont d'avis que de la multitude des officiers resultoit à la longue la ruine d'un estat ancien, & que cela (à vrai dire) estoit comme le lierre, lequel rampant le long d'un vieil paroy, faisant semblant par sa construction exterieure de le soutenir, le ruinoit interieurement. Toutesfois on excuse cette multiplicité en temps de guerre civile ; parceque comme ainsi soit que sur toutes choses il faille lors craindre la subversion de l'estat, aussi plus il y a d'officiers qui ont leur fortune liée avec la couronne, & plus vous avez de gens qui s'estudient à la manutention d'icelle ; tellement que ce sont ceux-là qui en telles alterations d'esprit empeschent que les villes ne se prennent d'elles-mesmes & font qu'elles se conservent en leurs anciens devoirs envers leurs princes. Donnez leur occasion de bannir d'eux cette bonne volonté, vous trouverez, sans y penser, le prince veritablement démis des gardes, encore qu'il soit environné d'une infinité de gendarmes pour sa protection & deffense. Et par special nos roys ont eu ce perpetuel objet en eux, de gratifier sur tous leurs subjets, les Parisiens, pour leur fidelité, & aussi pour le grand support & ayde qu'ils ont tiré d'eux, lors des afflictions publiques & generales de ce royaume. Ce que j'ay dit jusqu'ici, concerne le general de la France ; ce que je dirai cy-après, concerne le particulier de la chambre. Je ne suis point advocat de cette chambre, ains ay cet honneur d'estre advocat du roy en icelle ; c'est pourquoi parlant maintenant pour la chambre, je pense aussi faire œuvre meritoire pour le service du roy. Je voi que pour premiere poincte de l'edit on y a mis cette chambre avec toutes les autres chambres des comptes de la France. De ma part, mon opinion est que le roy n'entend rendre aucuns estats hereditaires, sinon ceux qu'il n'estime estre de judicature, comme nous pouvons recueillir de la liste attachée à l'edit. Et que mon opinion soit veritable, je le tire de ce que les parlemens, le grand conseil, ni cours des generaux de la justice sur le fait des aydes, n'y sont comprins, ni mesme les seneschaux, baillifs, prevosts, viguiers, vicomtes, & chastellenies, non pas mesme les baillifs & prevosts des mareschaux. Il faut donc qu'il estime les estats de cette chambre n'estre de judicature ; car autrement vraisemblablement il ne faut faire nul doubte des choses dont la juridiction leur est attribuée, aussi bien que le grand conseil & generaux de la justice en ce qui est de leur gibier. Voire que tant s'en faut que l'on les doibve estimer autres, qu'au contraire cette chambre a toujours esté collaterale en la cour de parlement. Il y a deux sortes de justice, l'une qu'on appelle commutative, qui concerne les commerces & contracts des hommes ; l'autre distributive, qui est pour la distribution & departement des honneurs & des peines. Pour la premiere fut introduite la cour de parlement, & encores pour la distribution des peines. Pour la seconde, qui va à la distribution des honneurs & liberalitez de nostre prince, fut instituée cette chambre, & en outre pour la conservation du nœud de la republique, qui sont les finances, en quoi nous pouvons chastier ceux qui faillent, tout ainsi que la cour de parlement, en ce qui est de son subjet. Et furent ces deux grands corps & colleges introduits de toute ancienneté par la France, comme les deux bras de la justice, dont la cour de parlement estoit estimé le bras dextre, & celle-ci le senestre. De là vient aussi que, ou par hazard, ou par discours, qu'entrans dedans ce palais, sejour ancien de nos roys, la resseance du parlement se presente à nos yeux du costé droit, & celle de cette chambre, du senestre. De-là vient aussi qu'allant aux assemblées publiques & solemnelles, nous costoions le parlement, lui delaissant seulement le costé droit sur nous. De-là vient que les deux compaignies furent anciennement appellées Chambres, qui n'estoit pas mot de petite dignité ez grands estats depuis la venuë de Hugues Capet ; car encore le voyons-nous dedans Rome, en la chambre consistoriale, & soubz l'empire, en la chambre imperiale. Ainsi appella-t-on ces deux corps en France, Chambres, l'une de parlement, l'autre des comptes, comme les deux premieres compagnies de France. Et combien que ce mot ne soit aujourdui frequent pour le parlement, mais qu'au lieu d'icelui nous ayons naturalizé une parole aubaine, l'appellant cour de parlement, qui vient du Latin *Curia*; si est-ce qu'encore pouvons remarquer cette ancienneté en ses membres, en ce que nous divisons cette cour de parlement par la grand-chambre en laquelle gist vraiement le parlement, & d'avantage par les cinq chambres des enquestes. D'ailleurs furent les officiers de l'une & de l'autre compagnie appellez maistres, les uns du parlement, les autres des comptes, comme encore on le peut recueillir des vieux regîstres : mot qui ne s'approprioit qu'aux grands estats, tesmoins les maistres des requestes & autres. Bref nous avons toujours simbolizé en grandeur avec la cour de parlement, tellement que l'on peut dire ce que l'on disoit anciennement de Ciceron & de Demosthene, que Demosthene avoit esté cause que Ciceron n'avoit pu estre le premier en l'art oratoire; mais aussi que pour contr'eschange, Ciceron avoit fait que Demosthene ne fust le seul premier. Pareillement, si la cour de parlement a fait que la chambre des comptes ne fust la premiere compagnie de France; aussi la chambre des comptes a esté cause que la cour de parlement ne fust la seule premiere. Au bout de tout cela se trouvant tant de conformitez & rencontres entre le parlement & la chambre; de vouloir mettre maintenant les estats de cette chambre entre les hereditaires, comme n'estant de judicature, je croi que le roy ne l'entendit oncques. Reste tant seulement un poinct, qui est que l'on nous dira que les estats de la chambre sont venaux; je vous l'accorde; mais où sont maintenant les estats en France qui ne le soient? Il n'y a en ce difference de nous à la cour de parlement, sinon qu'encore que les estats se vendent, tant en l'une qu'en l'autre compagnie; toutesfois ici, par une grande religion, recevant un maistre des comptes, correcteur, ou auditeur, on ne prend point le serment d'eux, sçavoir s'ils ont acheté leurs estats ou non; chose qui se pratique de mesme façon, tant au grand conseil, qu'aux generaux de la justice; & en la cour de parlement, par une autre consideration, ils exigent le serment de ceux qu'ils reçoivent, ayant plus d'egard à ce qui doit estre fait, qu'à ce qui se fait. Ainsi, de quelque façon que l'on vueille mesnager cet edit, il n'y a, sauf correction, nul propos de mettre les estats de cette chambre avec les hereditaires. Nostre roy est grand de toute sorte de grandeur, plein de pieté en son ame, plein de capacité en son esprit; toutesfois en l'abondance de toutes choses, il n'y a qu'une disette qui lui est commune & familiere avec tous les princes souverains; car combien qu'il soit de soy capable de toutes choses bonnes & grandes; si est-ce qu'estant assiegé de tant d'affaires comme il est, il ne voit le plus souvent que par les yeux, il n'oit que par les aureilles des seigneurs qui lui assistent. Je m'assure qu'il est si bon & sage, pour que ces remonstrances lui estant bien & deuement faictes, il se departira de la verification de l'edit. C'est pourquoi, avant que passer plus oultre, je requiers que remonstrances très humbles lui en soient faites pour le regard de cet edit. Et quant aux autres, en les lisant j'adviserai quelles conclusions j'aurai à prendre, pour n'en avoir jamais eu communication.

Lors ledit seigneur comte auroit prié ladite chambre de resoudre à la publication des edits, attendu l'exprez commandement de sa majesté; & ayant entendu dudit premier president qu'il ne pouvoit prononcer sur la publication desdits edits, auroit continué & dit : qu'il estoit bien quelquesfois necessaire, comme il estoit à present, contrepeser la necessité de la guerre avec l'interest du public; qu'il sçavoit bien que le roy estoit contraint à faire lesdits edits; & que puisque ladite chambre ne vouloit publier lesdits edits, à tout le moins qu'elle publiast ceux qu'elle trouveroit moins importans & plus faciles, afin que le roy connust qu'elle ne s'estoit renduë contumace; & pour les autres, qu'il feroit volontiers entendre à sa majesté la remonstrance de la chambre, mesme ce qui la concerneroit en particulier en celui de l'heredité des offices; à quoi ladite chambre se seroit accordée.

Ce fait, ayant en la presence dudit comte de Soissons, & des seigneurs de Beaune, d'Escars, de Lansac & de la Vauguyon, deliberé sur lesdits edits de constitution de six mille livres de rente sur la ferme du poisson; des LXXX. mil escus de rente sur le sel; des receveurs & payeurs des prevosts des mareschaux; des greffiers des notifications; d'un president & tresorier de France en chacun bureau; des receveurs alternatifs des espices,

JUSTIFICATIVES.   753

pices ; de xii. mil escus de rente sur le sel ; & de trois mil escus de rente ; a ordonné que sur le repli sera mis : Leû, publié & enregistré , du très-exprès commandement du roy, ouï l'advocat general dudit seigneur, en la presence de monseigneur, assisté des sieurs archevesque de Bourges, evesque de Langres , de Lansac & de la Vauguyon , après avoir ouï la declaration expresse de la volonté de sa majesté rapportée par la bouche dudit sieur comte de Soissons , & aux modifications, pour le regard desdits edits de constitution de vi. mil escus de rente , lxxx. mil escus de rente, xii. mil escus de rente , & trois mil escus de rente, si tant est que le fonds sur lequel lesdites rentes sont assignées, le puisse porter sans préjudicier aux rentes anciennes , & à la charge que personne ne pourra estre contraint a prendre desdites rentes, & que les deniers qui proviendront desdites constitutions, seront employez aux plus urgens affaires du roy. Et pour celui du receveur des espices, que ce sera à la charge qu'il n'y aura aucun receveur des espices en ladite chambre. Et à celui du payeur des prevosts des mareschaux, greffe desdites notifications, & d'un president des tresoriers de France en chacun bureau , qu'il y sera adjousté : à la charge que les deniers seront employez aux urgens affaires du roy. Ce fait ledit seigneur comte de Soissons, assisté, comme dessus , s'est retiré , & a esté accompagné jusqu'à la porte de la chambre par lesdits sieurs d'Aimeret & de Pleurs.

Du lendemain xxvi. dudit mois & an. La chambre de rechef advertie par ledit huissier que ledit sieur comte de Soissons, accompagné desdits sieurs de Bourges , de Langres , de Lansac , & de la Vauguyon, estoient à la porte de ladite chambre, qui demandoient à entrer de la part du roy ; elle auroit deputé maistre Jehan Aimeret & Oudart Hennequin conseillers & maistres, qui auroient receu à ladite porte, & fait entrer lesdits sieurs. Et après que ledit comte de Soissons auroit pris sa seance au mesme lieu que ledit jour precedent , & les autres seigneurs aussi, auroit presenté à la chambre les lettres closes de sa majesté dont la teneur ensuit : DE PAR LE ROY. Nos amez & feaux. Nous avons entendu de nostre très-cher & très-amé cousin le comte de Soissons, assisté de nos amez & feaux les sieurs archevesque de Bourges, evesque de Langres,

de Lansac , & de la Vauguyon conseillers en nostre conseil d'estat , ce qui s'est passé ce matin en nostre chambre des comptes, où nous les avons envoyez pour la verification d'aucuns edits que nous avons fait verifier en nostre cour de parlement ; & afin que nostre intention soit suivie & executée, nous avons commandé à nostredit cousin & auxdits sieurs de nostre conseil , de rentrer en nostre chambre à faire faire la lecture & publication, verification & enregistrement de nos edits, sans aucune restriction, modification ne difficulté ; à quoi nous vous mandons & ordonnons satisfaire sans aucun retardement, considerant le grand prejudice que ce seroit à nostre service , ainsi que vous entendrez plus amplement de nostre cousin, suivant la charge qu'il a de nous, qui nous gardera vous faire la presente plus longue. Donné à saint Maur des Fossez le xxv. Juin l'an m. d. lxxxvi. Signé HENRY , & plus bas: PINARD. Et sur le dos est escript: A nos amez & feaux les gens de nos comptes à Paris. ET APRES la lecture d'icelles, autres lettres patentes de sa majesté, dont la teneur ensuit : HENRY par la grace de Dieu roy de France & de Pologne , à nostre très-cher & amé cousin le comte de Soissons, salut. Suivant le commandement que nous vous avions fait , vous estes ce matin entré en nostre chambre des comptes à Paris , assisté de nos amez & feaux les sieurs archevesque de Bourges, evesque de Langres, de Lansac , & de la Vauguyon conseillers en nostre conseil d'estat, pour faire verifier les edits que leur avons renvoyez. Mais parce qu'aucunes remonstrances qui vous ont esté faites par nostre chambre & par vous entendues , auroit esté differé de proceder à la lecture, verification, publication & enregistrement d'aucuns de nosdits edits , mesme de celui qui concerne l'heredité des offices , aucuns auroient esté obmis , pour n'y avoir adressé à ladite chambre, & à aucuns autres avoir esté apposé modifications & restrictions ; nous voulons & vous mandons que ayez de rechef à vous transporter en nostre chambre , assisté desdits sieurs de nostre conseil, & en icelle faire en vostre presence lire, verifier, publier & enregistrer tous nosdits edits purement & simplement, levant & ostant toutes modifications & restrictions qui pourroient avoir esté faites sur aucuns desdits edits ; & où nostredite chambre feroit difficulté de ce faire, voulons &

Tome II.   Ccccc

entendons que vous ayez à ordonner de par nous, & si besoin est, prononcez en nostre nom, que sur le repli desdits edits sera mis : Leû, publié & enregistré, ouï le procureur general de nostredite chambre ; qui est tout ainsi que nous avons fait faire en nostre cour de parlement, & que faire pourrions si presens en personne y estions, jaçoit qu'il y eust quelque chose qui requist mandement plus special. Mandons auxdits gens de nos comptes & à tous nos autres officiers, que en ce faisant soit obeï. Car tel est nostre plaisir. Donné à saint Maur des Fossez le xxv. Juin M. D. LXXXVI. & de nostre regne le XIII. *Signé* HENRY ; *& plus bas :* PINARD, *& scellées sur simple queuë de cire jaulne.* DESQUELLES auroit esté fait semblablement lecture par ledit sieur Aimeret, assistant messieurs au bureau.

Ce fait, ledit sieur comte de Soissons auroit dit : que suivant ce qui s'estoit passé le jour d'hier matin en la chambre des comptes & à la compagnie, auroit fait entendre à sa majesté la bonne volonté & affection que ladite chambre avoit au bien de ses affaires, & luy auroit quant & quant, avec lesdits sieurs qui l'assistoient, representé ce que ladite chambre lui avoit remonstré le jour d'hier & pour le bien public, & pour le fait particulier d'icelle ; & encore qu'il y eust apporté tout ce qu'il avoit peu, pour la bonne volonté qu'il portoit à la compagnie ; toutesfois du desir qu'il avoit eu que sa majesté goustast les remonstrances qu'il lui avoit faites nouvellement pour le particulier de la chambre, il ne lui estoit resté que l'obeïssance au commandement que sa majesté lui avoit fait faire de rechef de venir en icelle lui dire de la part de sa majesté que le bien de ses affaires, & le besoing, tel & si grand que chacun le connoist, l'avoient contraint à recourir à ces moyens extraordinaires, dont il estoit marri. Et pour ce que sa majesté n'avoit autre moyen d'y subvenir, sa volonté estoit que lesdits edits fussent leûs, publiez & enregistrez ce jourd'huy ; qu'il s'estoit monstré & monstreroit bon roy à ses subjets, & qu'en l'execution desdits edits il se trouveroit plus doux & plus traictable selon les occurrences ; & que toutesfois il vouloit que lesdits edits fussent leûs ; publiez & enregistrez purement & sans modification, prioit à cette occasion la chambre d'y vacquer presentement.

A quoy ledit sieur president auroit dit : qu'il le remercioit humblement de la part de la compagnie de sa bonne volonvé & du bon office qu'il lui avoit fait envers sa majesté ; qu'il avoit charge d'icelle de lui representer sa douleur & son impuissance sur la publication desdits edits, & mesme sur celui de l'heredité des offices, duquel sa majesté ne tireroit grand secours, pour ce qu'il n'y auroit personne qui se disposast à le servir & secourir par les moyens dudit edit ; & particulierement lui remonstroit pour ladite chambre, que les officiers d'icelle estoient personnes qui avoient plus de soin de faire leurs charges avec honneur & reputation, que de s'enrichir par le moyen de leurs estats & offices ; que aujourdui, en vertu dudit edit, de les depossedder, & les autres officiers comprins audit edit, de leurs offices, pour n'avoir moyen de bailler de l'argent, ce seroit susciter une clameur si grande de tous lesdits officiers, leurs femmes & enfans, que tout le monde en aura pitié, & que il avoit charge de la compagnie de lui dire qu'elle ne pouvoit verifier lesdits edits, ne prononcer sur la verification d'iceux & publication ; mesme qu'elle avoit tel interest audit edit de l'heredité, qu'elle estoit plustost pour supplier le roy de la recevoir à opposition d'iceluy, que d'en connoistre ; en sorte qu'elle n'avoit deliberé se trouver à la publication.

A quoi ledit comte de Soissons auroit dit ; qu'il obeïroit au roy, qui lui avoit commandé de venir en ladite chambre pour la publication desdits edits ; & que puisqu'elle n'y vouloit proceder, il useroit du pouvoir & commandement exprez qu'il avoit de sa majesté, & prononceroit au nom de sa majesté la publication desdits edits ; ce qu'il auroit dit en la presence de M. Estienne Pasquier advocat general dudit seigneur, qui seroit survenu peu auparavant. Et comme il commençoit à deployer un petit billet de papier qu'il avoit en la main, tous les presidens & conseillers de ladite chambre qui estoient au bureau, seroient sortis dudit bureau & entrez au second bureau de ladite chambre. Pendant & à l'instant d'icelle sortie ledit sieur comte de Soissons auroit prononcé en ces termes, c'est à savoir : Du commandement que j'ay exprez du roy, je dis que sur le repli desdits edits sera mis : Leû, publié & enregistré, ouï le procureur general du roy, & commandé à moy Robert Danès notaire & secretaire dudit seigneur, greffier en ladite chambre, de

mettr

JUSTIFICATIVES.

mettre ledit *Leû*, *publié & regiſtré* ſur leſdits edits ; à quoi eſtoit preſent meſſire Antoine Nicolay premier preſident ſuſd. & led. maiſtre Eſtienne Paſquier advocat dudit ſeigneur. Et comme leſdits preſidens, conſeillers & maiſtres ſortoient à la foule hors dudit bureau, ledit comte de Soiſſons auroit dit que le roy ne trouveroit bonnes telles façons de faire, & qu'ils retournaſſent ; à quoi ne lui auroit eſté fait aucune reſponſe, ſinon que ledit ſeigneur premier preſident, qui eſtoit demeuré, lui auroit dit, qu'il avoit auſſi charge de la compagnie de ſe retirer, mais qu'il demeuroit pour lui faire compagnie ; & à la priere dudit ſieur comte ſeroit allé vers leſd. preſidens, conſeillers & maiſtres, pour les prier de ſa part de retourner au bureau ; lequel auroit rapporté, après avoir conferé avec eux, qu'ils ſupplioient ledit ſieur comte de les en excuſer, & qu'ils ne pouvoient ; & le meſme auroit rapporté ledit M. Eſtienne Paſquier, quand ledit ſeigneur comte de Soiſſons, aſſiſté deſdits ſeigneurs qui l'avoient accompagné, ſeroit ſorti du bureau de ladite chambre, en la compagnie dudit advocat & procureur general. Et comme il eſtoit proche des feneſtres qui regardent le bureau, leſdits ſieurs Aymeret & Hennequin le ſeroient venus trouver, & l'auroient conduit avec leſdits ſeigneurs qui l'avoient aſſiſté de la part du roy, juſqu'à la porte de ladite chambre, eſtant ledit ſieur premier preſident en icelle chambre.

Du XXVI. dud. mois & an. Ce jour M. Louis Gilbert ſecretaire du conſeil d'eſtat eſt venu en ladite chambre de la part de ſa majeſté, apporter les lettres patentes & cloſes dudit ſeigneur, dont la teneur enſuit : HENRY par la grace de Dieu roy de France & de Pologne, à noſtre amé & feal conſeiller en noſtre conſeil, & premier preſident en noſtre chambre des comptes meſſire Antoine Nicolay, ſalut. Sçavoir faiſons que comme nous euſſions commis & deputé par nos lettres patentes & cloſes noſtre très-cher & amé couſin le comte de Soiſſons, pour, aſſiſté de nos amez & feaux conſeillers en noſtre conſeil d'eſtat les ſieurs archeveſque de Bourges, eveſque de Langres & les ſieurs de Lanſac & de la Vauguyon, aller de noſtre part en noſtre chambre des comptes à Paris, afin de faire lire, publier & enregiſtrer en noſtredite chambre aucuns des edits que avons nouſmeſmes fait lire, publier & enregiſtrer en noſtre cour de parlement, pour eſtre plus promptement ſecourus des deniers que nous eſperons par le moyen deſdits edits, pour ſubvenir à l'extrème & grande deſpenſe que chacun voit & ſçait que nous ſommes contraints faire, pour ſubvenir au payement des armées & autres grandes forces qu'avons à la pluſpart des provinces de noſtre royaume, pour reduire tous nos ſubjets à un ſeul exercice de noſtre religion catholique, apoſtolique & Romaine ; & ſoit ainſi que noſtre couſin aſſiſté des ſuſdits ſeigneurs ſoit entré au grand bureau de ladite chambre, où il a repreſenté nos lettres patentes, & cloſes de creance, & expoſé la charge que lui avons donnée par noſdites lettres, & le pouvoir en forme patente que lui avons fait expedier ; toutesfois, au lieu de nous ſatisfaire & obeïr en cet endroit, ſe ſeroient ceux d'icelle chambre retirez, en deſobeïſſant à noſtre commandement, vouloir & intention fondée ſur ſi grandes raiſons tant importantes au bien de noſtre eſtat. Ce qu'ayant mis en deliberation, ſeant en noſtre conſeil, où le tout a eſté meurement conſideré, nous avons par ces preſentes ſignées de noſtre main ſuſpendu & ſuſpendons tous ceux de noſtre chambre des comptes à Paris, tant du preſent que du prochain ſemeſtre, enſemble nos advocat & procureur generaux en icelle qui eſtoient ſeans audit grand bureau, lorſque noſtredit couſin, aſſiſté des ſuſdits ſeigneurs, y eſt entré : leur interdiſant par ceſdites preſentes d'oreſenavant l'entrée de ladite chambre & la perception de leurs gages, eſpices & droits à cauſe de leurs offices ; vous exceptant toutesfois de cette interdiction & ſuſpenſion, d'autant que vous n'avez deſemparé, ains eſtes demeuré ſeant en icelui grand bureau de noſtre chambre avec noſtredit couſin & nos conſeillers d'eſtat. Vous mandons & commandons très-expreſſement, & ſur tant que craignez nous deſobeïr, de faire enregiſtrer, garder & obſerver en noſtredite chambre ces preſentes, par leſquelles vous mandons, après avoir ſatisfait à ce que deſſus, venir dez le jour de demain, ſeul, nous trouver en ce lieu, d'autant que nous tenons les autres indignes de l'honneur de noſtre preſence ; & nous apportez, ſignez du greffier de noſtredite chambre, les noms & ſurnoms de ceux qui eſtoient ce matin ſeans au bureau d'icelle. Car tel eſt noſtre plaiſir. Donné à ſaint Maur des Foſſez le XXVI Juin M. D. LXXXVI. & de noſtre regne le XIII.

Tome II. Ccccc ij

Signé HENRY ; & *plus bas :* Par le roy, PINARD ; & *sellé sur simple queuë du grand scel de cire jaune.* DE PAR LE ROY. Nostre amé & feal. Nous vous envoyons nos lettres patentes de suspension & interdiction de ceux qui estoient ce matin seans au grand bureau de nostre chambre des comptes, lorsque nostre très-amé & très-cher cousin le comte de Soissons, assisté de quatre de nos conseillers d'estat, y est entré. Si vous mandons & commandons très-expressément qu'ayant satisfait au contenu d'icelles, vous nous venez trouver en ce lieu, & nous apportez le roolle, signé du greffier de nostredite chambre, de ceux qui estoient seans au bureau d'icelle, lorsque nostredit cousin & nosdits conseillers y sont entrez. Car tel est nostre plaisir. Donné à saint Maur des Fossez le XXVI. Juin l'an M.D.LXXXVI. *Signé* HENRY. *Et au dessoubz est encore escript :* Nous voulons aussi sans excuse ne remise, que vous nous apportiez l'extrait signé de nostredit greffier, du baillé acte de la reception de ces presentes patentes. *Signé*, HENRY. *Contresigné*, PINARD. *Et lesdites lettres estoient suscriptes :* A nostre amé & feal conseiller en nostre conseil d'estat & privé M. Anthoine Nicolay premier president en nostre chambre des comptes à Paris. APRES lecture desquelles faite, la chambre a ordonné à moi dit Danès greffier susdit, de les faire registrer ez registres d'icelle, & de delivrer acte de la presentation desdites lettres, audit M. Louis Gilbert, auquel a esté dit, que la chambre, en obeïssant à la volonté du roy, se levoit, & qu'il en pouvoit asseurer sa majesté.

Du premier jour de Juillet ensuivant audit an. Ce jour messire Antoine Nicolay premier, & maistre Nicolas l'Huillier presidens, & aucuns des conseillers-maistres ordinaires de la chambre du present semestre de Juillet seans au bureau, par Alexandre Raboteau huissier dudit seigneur en son conseil privé, ont esté apportées lettres patentes dudit seigneur, dont la teneur s'ensuit : HENRY par la grace de Dieu roy de France & de Polongne, à nos amez & feaux les gens de nos comptes à Paris, salut. Savoir faisons que pour certaines & bonnes considerations concernant le bien de nostre service, nous vous avons à tous interdit & deffendu, interdisons & deffendons par ces presentes signées de nostre main l'entrée de nostre chambre des comptes, & l'exercice de vos offices, jusqu'à ce que par nous autrement en soit ordonné ; mandant par ces presentes au premier des huissiers de nostre conseil porteur d'icelles, les vous presenter & signifier ; comme aussi nous mandons au greffier de nostredite chambre qu'il ait à les enregistrer, & du tout bailler acte à nostredit huissier, pour le nous rapporter après que la lecture aura esté faite au bureau de ladite chambre pour tout le corps d'icelle. Car tel est nostre plaisir. Donné à saint Maur des Fossez le dernier de Juin l'an M.D.LXXXVI. & de nostre regne le XIII. *Signé* HENRY ; & *plus bas :* Par le roy, PINARD. *Et scellées sur simple queuë, du grand scel de cire jaulne.* Et autres lettres closes adressantes au greffier de ladite chambre, qui suivent : DE PAR LE ROY. Cher & bien amé. Nous voulons & vous mandons que vous ayez à nous envoïer, incontinent après ces presentes receuës, par le present porteur huissier de nostre conseil, un rolle signé de vous, de tous les noms & surnoms des presens maistres, auditeurs, correcteurs, greffiers, huissiers, & autres officiers de nostre chambre des comptes à Paris, sans y faire faute. Car tel est nostre plaisir. Donné à saint Maur des Fossez le dernier jour de Juin M.D. LXXXVI. *Signé*, HENRY ; & *plus bas*, PINARD. *Et au dessous est escript.* A nostre bien amé le greffier de nostre chambre des comptes à Paris. APRES lecture faite desquelles, a esté arresté par lesdits sieurs, qu'ils obeïroient au contenu desdites lettres. Et pour cet effet aiant mandé les conseillers, correcteurs & auditeurs qui estoient entrez ledit jour, leur auroient fait faire lecture desdites lettres, & fait entendre la resolution qu'ils avoient prise d'obeïr à icelles, & ordonné à moi Robert Danès greffier en ladite chambre, d'en faire ce present registre, & de delivrer audit Raboteau l'acte mentionné ezdites lettres ; ce que j'ai fait, avec le rolle des noms & surnoms des officiers de la chambre, suivant le contenu desdites lettres closes, ledit jour & an.

Du V. jour du mois de Juillet, l'an susdit M.D.LXXXVI. Ce jour messire Antoine Nicolay & maistre Charles Bailly, presidens, M. A. d'Alesso, M. J. le Lieur, M. P. Thibaud, M. Eustache Mesgrigny, M. Martin de Masparante, M. Claude de Hacqueville, M. Jacques de Villemor, M. J. de saint Germain, M. Louis Hesselin, M. Pierre Acarie, M. Jehan Seguier, maistres, ayant receu le

JUSTIFICATIVES.

jour precedent commandement du roy de se trouver aujourdui en la chambre, estant au bureau de ladite chambre, Alexandre Rambonteau huissier dudit seigneur en son conseil d'estat & privé, à presenté & apporté auxdits sieurs seans audit bureau lettres patentes dudit seigneur cy-après transcriptes, desquelles a esté à present faicte lecture en la presence dudit Rambonteau par maistre Hugues de la Fontaine l'un des greffiers de ladite chambre; après laquelle ledit Rambonteau a encore presenté autres lettres patentes d'icelui seigneur, aussi cy-après transcriptes, auxquelles estoit attaché soubz le contrescel de la chancellerie un rolle aussi transcript cy-après, dont aussi auroit esté fait lecture en la presence dudit Rambonteau par ledit M. Hugues de la Fontaine greffier susdit, auquel lesdits sieurs ont ordonné bailler acte de la presentation desdites lettres. Lui retiré, lesdits sieurs ont commandé aux huissiers d'aller ez maisons de M. Jehan Tambonneau president, Charles d'Argilliere, Jacques le Jay, & Guy Pinard, maistres nommez ez premieres lettres, pour leur dire de la part du roy, qu'ils eussent à se trouver en la chambre Lundi matin, jusqu'auquel jour ils ont differé & deliberé sur lesdites lettres patentes, dont la teneur s'ensuit: HENRY par la grace de Dieu &c. à nos amez & feaux conseillers M. Anthoine Nicolay conseiller en nostre conseil d'estat & privé, premier president en nostre chambre, Jehan Tambonneau, Charles Bailly, aussi presidens, Charles d'Argilliere, Pierre Thibault, François d'Alesso, Jehan le Lieur, Eustache de Mesgrigny, Jacques le Jay, Martin Mesparaulte, Claude de Hacqueville, Guy Pinard, Jacques de Villemor, Jehan de saint Germain, Louis Hesselin, Pierre Acarie, Jehan Seguier, maistres de nos comptes; Aubert Catin, Joseph de Hacqueville, François le Gras, Michel le Lieur, Jehan Acarie, Jacques Gauchey, Guy Leodot & Nicolas Chouart, correcteurs; Antoine le Sueur, George Danès, Charles J. Chanterol, Jehan Vion, Leonard de Guerninfinault, Jean Lennot, François Malet, Hierome Bureau, Jehan Serpart, Jehan Vieillard, Pierre Gilles, Charles Tristan, Estienne Boece, Theodoric Daniel, René Mahent, Guillaume Martin, Denis Mannieau, Denis Boucherat, Claude le Clerc, Jehan Trous, Jehan Coisnart, Pierre Polart, & Michel Croyon, auditeurs, Dreux nostre procureur general; Hugues de la Fontaine & Danès greffiers, salut & dilection. Comme pour certaines bonnes causes & occasions à ce nous mouvans, & considerations importans le bien de nostre service, nous ayons naguères suspendu & interdit à tous nos officiers de nostre chambre des comptes à Paris l'exercice de leurs offices, jusqu'à ce que par nous autrement en soit ordonné; & soit ainsi que pour le mesme respect & égard, & aussi afin que les comptes qui doibvent estre rendus, & les autres affaires qui ont accoustumé de passer & d'estre traitées en nostredite chambre des comptes, ne demeurent & ne soient plus longuement retardées, au prejudice de nostre service & du public, nous ayons advisé de faire tenir & exercer nostredite chambre par commission, en attendant qu'autrement en ait esté ordonné; Savoir faisons que pour l'entiere confiance qu'avons de vos personnes & de vos sens, suffisance, loyauté, prud'hommie, experience & bonne diligence; à ces causes & autres considerations à ce nous mouvans, vous avons choisis & esleus entre tous les officiers de nostredite chambre, & vous avons commis, ordonnez & deputez, commettons, ordonnons & deputons par ces presentes signées de nostre main, pour doresenavant entrer, tenir, fermer & exercer nostre chambre des comptes, & faire exercer par chacun de vous, selon sa qualité, ce qui est de son debvoir, fonction & office, selon, ainsi & en la mesme forme que vous avez cy-devant fait & accoustumé de faire, & qu'il est prescrit & limité par les ordonnances & reglemens de nostredite chambre. Et neantmoins voulons & entendons que deux de vous presidens, dont le premier en sera l'un, & sept de vous maistres de nosdits comptes, teniez le bureau, & l'autre president, & les autres sept mentionnez, le petit bureau de nostredite chambre, selon que besoin sera; & que sans aucune forme de semestre, discontinuation, ni intermission, vous continuez à tenir nostredite chambre, & l'exercice de cette nostre commission; pour par vous jouïr & user des estats aux mesmes honneurs, auctoritez, prerogatives, franchises, privileges, exemptions, libertez, gages, droits, proffits, revenus & emolumens accoustumez & qui y appartiennent. Et pour le regard des espices communes des comptes, & droits qui ont accoustumé estre emploiez ez

Ccccc iij

comptes qui font rendus par nos comptables, nous voulons, vous mandons & ordonnons, qu'ayez à faire employer ezdits comptes les mefmes fommes qui fe prenoient auparavant ladite interdiction ; ne voulant neantmoins qu'en faifant la partition defdites efpices, vous en puiffiez percevoir plus grande fomme que celle qui vous euft appartenu, fi ferviez avec le refte des officiers de noftredite chambre ; & tant qu'il nous plaira, & jufqu'à ce que par nous aultrement y ait efté pourveu, validant & autorizant tout ce que par vous fera fait durant l'exercice de cette prefente commiffion, & voulons qu'il foit de pareille force, vertu & valeur, que s'il avoit efté fait par tout le corps & compagnie de noftredite chambre, & comme elle euft pu faire fans ladite interdiction & fufpenfion, nonobftant icelle, jaçoit qu'il y euft quelque chofe qui requift mandement plus fpecial que n'eft contenu par cefdites prefentes ; par lefquelles mandons en oultre audit receveur & payeur des gages efpices & droits, les vous payer, bailler & delivrer aux termes & en la maniere que deffus ; entendant auffi que les gardes des livres, huiffiers & procureurs de noftredite chambre fervent & exercent leurs charges, & foient payez comme auparavant ladite fufpenfion & interdiction ; & de ce faire vous avons, & aux deffufdits, chacun endroit foy, donné & donnons plein pouvoir, puiffance, auctorité & mandement fpecial. Si mandons & commandons à tous nos jufticiers & officiers & fubjets, que à vous & chacun de vous, en ce faifant, foit obeï. Car tel eft noftre plaifir. Donné à faint Maur des Foffez le III. Juillet l'an M.D.LXXXVI. & de noftre regne le XIII. *Signé*, HENRY. *& plus bas*: Par le roy, PINARD. *Et fcellées du grand fcel de cire jaulne.* ET LES VII. VIII. & IX. dudit mois meffieurs ont deliberé fur lefdites lettres de commiffion, & ont arrefté ledit jour IX. que meffieurs les prefidens iront trouver S. M. & monfeigneur le chancellier, pour faire entendre audit feigneur qu'ils lui obeïront, & feront regiftrer ladite commiffion.

Du X. jour dudit mois. Ce jour le fieur Nicolay premier prefident a rapporté la creance qui enfuit *..........fur laquelle lefdits fieurs ont deliberé, & fur lefdites lettres de commiffion ; & ont arrefté qu'elles feroient regiftrées de l'exprez commandement du roy, oui le procureur general dudit feigneur, fans préjudice du tiltre & droits des officiers de la chambre. Et le XI. dudit mois le fieur Tambonneau a rapporté autre creance ; après la lecture de laquelle ayant efté deliberé fur ce qui eftoit à faire en cette occurrence, a efté advifé d'avertir meffieurs du femeftre de Janvier de voir la mere du roy, pour la fupplier d'interceder pour leur reftabliffement envers S.M. afin que tous enfemble fe difpofent de contenter S. M. & que lefdits fieurs du femeftre de Juillet les affifteront de tout leur pouvoir.

Du XI. jour du mois de Juillet M. D.LXXXVI. Aujourdui M. Jehan Tambonneau confeiller du roy en fon confeil privé & prefident en fa chambre des comptes, feant au bureau de ladite chambre, auquel affiftoient M. Charles Bailly autre prefident, d'Aleffo Thibault, de Mefgrigny, Pinart, le Jay, de faint Germain, Effelin, Villamur, & Acharie ; a rapporté le jour d'hier Anthoine Nicolay premier prefident & lui, furent trouver monfeigneur le chancellier, & lui dirent que pour obeïr à la volonté du roy, les commiffaires nommez en la commiffion envoiée par le roy à ladite chambre, auroient ordonné qu'elle feroit regiftrée, & qu'ils auroient trouvé la compagnie difpofée de contenter S. M. pour les edits envoiez en icelle, hormis pour celui de l'heredité, qu'ils trouvoient rude & prejudiciable pour les pauvres officiers. Lequel fieur chancelier leur auroit dit qu'icelui edit ne fut jamais fait de fon advis, & qu'il y avoit refifté tant qu'il avoit peu ; & que depuis il avoit remonftré à celui qui eftoit de contraire opinion à la fienne, comme il s'eftoit trompé en l'execution ; toutesfois que le roy vouloit eftre obeï, & que quand ledit edit auroit efté publié par monfeigneur le comte de Soiffons, comme S. M. l'avoit au commencement refolu, il ne defiroit l'execution plus oultre ; & avoit dit auxdits fieurs qu'ils allaffent trouver le roy pour lui faire entendre ce qui avoit efté fait par lefdits commiffaires ; qu'il les y accompagneroit, & effaieroient enfemblement de gaigner avec S. M. que ledit edit d'heredité ne fuft point apporté à la chambre. Et ayant mandé les fieurs de Belliévre & Miron, feroient de ce pas allez trouver S. M. à laquelle ledit fieur Nicolay fit entendre qu'encores que la compagnie euft jufte douleur en l'execution de ladite commiffion à elle envoiée, toutesfois pour obeïr à fa volonté, elle s'eftoit accordée

Elle n'eft pas au regiftre.

dée de la faire enregiſtrer, & le ſupplioient de ne laiſſer davantage le corps de la chambre en cette confuſion d'eſtre ſeparé de ſes membres, ains que ſon bon plaiſir fuſt de reünir & reſtablir, comme il eſtoit de tout tems, pour ce qu'eſtant ainſi ſeparé, il ne pouvoit faire acte valable. A quoy ledit ſeigneur auroit dit qu'il reſtabliroit ſes officiers du ſemeſtre de Juillet ; mais quant à ceux de Janvier, il ne les vouloit reſtablir, parcequ'il faiſoit difference de ceux dudit ſemeſtre de Juillet, leſquels ne l'avoient point offenſé comme les autres ; que ce n'eſtoit pas raiſon de les reſtablir par meſme moyen ; il vouloit auparavant qu'ils lui en fiſſent ſatisfaction ; mais que ceux dudit ſemeſtre de Juillet eſtant reſtablis, ils achemineroient les autres à leur reſtabliſſement. Vouloit cependant que ceux dudit ſemeſtre de Juillet verifiaſſent ſes edits, meſme celui de l'heredité, pour ce qu'il importoit à ſon honneur que ledit edit fuſt publié comme les autres, à ce que le peuple connuſt que l'auctorité lui eſtoit demeurée, toutesfois ne feroit pas faire & obſerver l'edit, & donnoit ſa parole qu'il n'auroit aucun lieu. Lors ledit ſieur preſident lui ayant demandé s'il pouvoit porter cette parole à la compagnie, que ledit edit ne ſeroit point executé, icelui ſeigneur lui auroit dit que ouy, & qu'il en aſſuraſt la compagnie de ſa part. Encore ledit ſieur preſident continuant, auroit dit, que s'il plaiſoit à S. M. elle pourroit, ayant égard aux remonſtrances qui lui avoient eſté faites ſur icelui edit de l'heredité, retenir ledit edit ſans le renvoier à la chambre. A quoi ledit ſeigneur auroit fait reſponſe, que ſi l'acte de deſobeïſſance n'y eſtoit pas, il le pourroit faire ; mais que ledit acte touchoit à ſon honneur, & pour ce vouloit qu'il fuſt publié avec les autres ; qu'il fiſt ſavoir à la compagnie qu'elle ſe rendiſt obeïſſante à ſa volonté, & que le lendemain avec quelques-uns de ladite compagnie il retournaſt lui faire entendre ce qui auroit eſté fait, & S. M. feroit connoiſtre le contentement qu'elle en recevroit, & feroit en ſorte que ladite compagnie ſeroit contente à ſon deſir.

Du XIV. jour de Juillet M. D. LXXXVI. Aujourduy aſſiſtans au bureau meſſire Nicolay, M. Bailly preſidens ; M. d'Aleſſo, M. Thibault, M. de Meſgrigny, M. Maſparault, M. de Hacqueville, M. Pinard, M. le Jay, M. Villemor, M. Acarie, M. Heſſelin, M. de S. Germain, maiſtres ; a eſté arreſté que requeſte tres humble ſera preſentée au roy de lever l'interdiction generale par lui faite à tous les officiers du corps de ladite aſſemblée ; & où il ne le voudroit, pour pretendre avoir eſté offenſé, lui ſera remonſtré que tout ce qui a eſté fait, l'a eſté par tout le corps de ladite chambre, lequel ne ſe peut ſeparer ne demembrer ; & partant lui ſupplie vouloir reſtablir ledit corps ; & toutesfois en cas qu'il ne le trouveroit bon, ſera encores ſupplié qu'il lui plaiſe, pour demeurer content deſdits ſubjets, les ouïr en leurs deffenſes & excuſes ; & pour cet effet ont eſté deputez leſdits ſieurs meſſire Nicolay, M. Bailly, preſidens ; M. d'Aleſſo, M. Meſgrigny, M. Maſparault, & M. d'Hacqueville, maiſtres.

Du XV. Juillet M. D. LXXXVI. Ce jour meſſire Anthoine Nicolay chevalier, premier preſident, a rapporté que ſuivant ce qui avoit eſté le jour d'hier reſolu par la compagnie, il a aſſiſté avec les denommez par la compagnie, & auroit fait au roy la ſupplication & requeſte arreſtée le jour precedent, de remettre tous les officiers de la chambre en corps, en conſideration du ſervice qu'il avoit ci-devant rendu, lequel corps ne ſe pouvoit deſunir & demembrer ; & quant à eux, pour lui rendre l'obeïſſance qu'ils lui doibvent, ils s'eſtoient demis du titre d'honneur d'officiers, pour prendre le nom de commiſſaires, nom odieux & mal voulu & receu d'un chacun, qu'ils ont toutesfois accepté pour lui rendre teſmoignage de leur volonté, qui a eſté & ſera de ne le deſobeïr point en tous ſes commandemens. A quoi ledit ſeigneur auroit fait reſponſe, qu'il eſtoit tres content d'eux, & leur auroit dit en ces termes : *Je vous ſuis ami en general & particulier, & vous ferai plaiſir*, & en ſigne de ce auroit ordonné eſtre expediées lettres pour le reſtabliſſement des officiers de la chambre, fors de ceux qui n'en eſtoient capables, qui eſtoient ceux qui s'eſtoient levez quand il envoia M. le comte de Soiſſons pour verifier leſdits edits. Lors ledit ſeigneur preſident auroit ſupplié ſa majeſté que le corps de la chambre ne fuſt ſeparé, ains qu'il lui pleûſt allier les officiers d'icelle les uns auprès des autres pour faire le deûb de leurs charges, afin que la jalouſie & l'envie ne puſt prendre place au cœur des officiers du corps de ladite compagnie, leſquels avoient touſjours eſté bien unis d'une meſme volonté & tres bonne amitié, n'ayant rien devant les yeux que la conservation du bien de son service. A quoi ledit seigneur auroit respondu en ces termes: *Ne m'en parlez pas davantage ; contentez-vous pour cette heure.* Et ledit sieur president derechef l'auroit supplié tres-humblement de reünir lesdits officiers, desquels lui estant le chef, il ne pouvoit supporter la division, qu'avec un grand desplaisir. A quoi sa majesté auroit fait responce en ces termes: *Je ne puis vous l'accorder ; & pour ce contentez-vous.* Et sur ce ledit premier president voiant que led. seigneur estoit arresté là, & qu'il ne pouvoit obtenir davantage, avoit supplié sa majesté que puisqu'elle estoit resoluë à ce fait ; au moins qu'il plust à sa bonté faire ce bien auxdits officiers qu'il ne trouvoit bon de remettre encores, de les ouïr en leurs excuses & deffenses. A quoi sa majesté auroit dit qu'il envoieroit le lendemain le restablissement de la compagnie, fors de ceux qu'il avoit devant dit ; laquelle il vouloit faire sa volonté, qui estoit qu'il envoieroit deux jours en ladite chambre aucuns conseillers de son conseil d'estat pour verifier les edits en leur presence, sans qu'ils opinassent ; & qu'ils n'eussent à se lever, comme avoient fait les autres ; & ce fait, qu'il les rendroit contens pour le retablissement de tous les officiers de ladite chambre, disant particulierement audit sieur president qu'il s'assurast sur sa parole, & crust qu'il la tiendroit, mais vouloit estre obeï.

Peu après maistre Louys Potier sieur de Gesvre greffier du conseil d'estat dudit seigneur est entré au bureau, & a dit avoir commandement de sa majesté d'apporter les lettres patentes portant retablissement des officiers de ladite chambre denommez en icelles, lesquelles il a presentées, & dit que sa majesté envoieroit le lendemain les sieurs d'Aumont mareschal de France, evesque de Langres & de l'Aage conseillers au conseil d'estat de sa majesté verifier lesdits edits par lui devant envoiez en ladite chambre, & que sa volonté estoit que ses officiers en icelle eussent à faire ce qu'il leur commanda le jour d'hier, sans aucune faulte, & de dire aussi particulierement audit sieur Nicolay, que sa majesté tiendra la promesse qu'elle lui fit le jour d'hier, & qu'il l'en assurast. Lui retiré, & les officiers de la chambre, tant correcteurs, qu'auditeurs, pour ce mandez au bureau, lesdites lettres ont esté luës en leur presence, lesquelles seront transcrites cy après. Ce fait, a esté ordonné aux huissiers d'aller ez maisons de tous les officiers restablis, leur dire qu'ils se trouvassent de relevée en ladite chambre, pour entendre la volonté du roy portée par lesdites lettres.

Et ledit jour, de relevée, assistans au bureau messire Antoine Nicolay & Bailly presidens, M. de Pleurs, M. Thibault, M. d'Alesso, M. Mesgrigny, M. le Jay, M. Pinard, M. de Masparault, M. de Hacqueville, M. de Villemor, M. de S. Germain, M. Hesselin, M. Acarie, M. Fayer, M. le Liévre, M. Machault, maistres ; lecture a esté faite desdites lettres ; & deliberé sur icelles, a esté ordonné qu'il seroit mis sur lesdites lettres: Registrées en la chambre des comptes, ouy le procureur general du roy, sans prejudice des droits des officiers interdits, sa majesté sera tres humblement suppliée .... sans discontinuation, toutes expeditions delaissées, & avant son partement. Et après ce a esté remonstré par ledit sieur Nicolay, que sa majesté envoieroit demain matin en la chambre aucuns seigneurs de son conseil, pour la verification des edits, desquels sa majesté leur avoit parlé le jour d'hier, pour l'assistance desquels il estoit necessaire que tous lesdits sieurs qui estoient lors presens au bureau & qui estoient en cette ville, se trouvassent ; ce qui auroit esté mis en deliberation ; & a esté arresté par lesdits seigneurs unanimement, qu'ils se trouveroient tous le jour de demain en ladite chambre ; & pour les absens qui sont en cette ville, a esté enjoint aux huissiers les aller avertir en leurs maisons, qu'ils ne faillent à se trouver le jour de demain en la chambre.

Ensuit la teneur des lettres du roy contenant ledit restablissement: HENRY par la grace de Dieu roy de France & de Polongne, à nos amez & feaux conseillers les presidens, maistres, & autres officiers par nous nagueres commis pour tenir nostre chambre des comptes en cette nostre bonne ville de Paris, salut & dilection. Comme par nos lettres du dernier jour de Juing dernier passé, nous eussions pour aucunes bonnes considerations concernans le bien de nostre service, interdit & deffendu à tous nos officiers en nostre chambre l'exercice en icelle & l'entrée, jusqu'à ce que par nous en eust esté autrement ordonné ; & après par autres nos lettres du 11. de ce present mois vous eussions commis & deputez pour tenir icelle chambre

JUSTIFICATIVES. 761

chambre, en attendant que par nous y eust esté autrement pourveu ; sçavoir vous faisons que nous, ayant depuis mis cette affaire en deliberation avec la royne nostre tres-honorée dame & mere, & les seigneurs & gens de nostre conseil estans lez nous ; nous avons, pour certaines autres bonnes considerations à ce nous mouvans, remis, reintegrez & restablis, remettons, reïntegrons & restablissons par ces presentes signées de nostre main, tous les officiers de nostre chambre des comptes, avec ordre & mandement exprés de rentrer, reprendre & continuer l'exercice de leurs estats & offices, pour en joüir & user, & des gages, espices & droits y appartenans, tout ainsi & en la forme & maniere qu'ils faisoient auparavant ladite suspension & interdiction en ladite commission expediée & à vous adressée pour tenir icelle nostre chambre ; excepté & non compris toutesfois au present restablissement les presidens & maistres de nos comptes qui se levérent & retirérent du grand bureau de nostre chambre, & la desemparérent le xxvi. dudit mois de Juing dernier passé, lors que nostre tres-cher & tres-amé cousin le comte de Soissons, assisté de quatre conseillers de nostre conseil d'estat y estoient seans pour faire lire nosdits edits en icelle chambre, suivant le pouvoir que nous leur en avions donné ; en quoi faisant, avons cassé, revoqué & annullé, revoquons, cassons & annullons par ces presentes nosdites lettres d'interdiction & suspension dudit dernier jour d'icelui mois de Juing, pour le regard de ceux de nostredite chambre restablis, seulement, & semblablement nos lettres de commission du III. du present mois à vous adressantes pour tenir nostre chambre, que nous ne voulons plus avoir lieu. Et voulons & vous mandons que ces presentes nos lettres de restablissement vous fassiez lire, registrer, garder & observer de poinct en poinct selon leur forme & teneur. Car tel est nostre plaisir, nonobstant nosdites lettres d'interdiction du dernier Juing, & de commission du III. du present mois, revoquées comme dit est, & quelconques ordonnances, mandemens, deffenses & lettres à ce contraires. Donné à Paris le XIV. Juillet M. D. LXXXVI. & de nostre regne le XIII. *Signées*, HENRY. *Et plus bas*, PINART. *Et scellées sur simple queüe, du grand scel de cire jaulne. Plus sur le repli est escript ce qui s'ensuit:* Registrées en la chambre des comptes,

Tome II.

ouy le procureur general du roy, sans prejudice des droits des officiers interdits, le XV. jour de Juillet, l'an de grace M. D. LXXXVI.

Du XVI. Juillet l'an M. D. LXXXVI. du matin. Messire Antoine Nicolay, M. Bailly, M. l'Huillier, presidens; M. de Pleurs, M. Thibault, M. d'Alesso, M. de Mesgrigny, M. le Jay, M. Pinard, M. de Masparault, M. de Hacqueville, M. de Villemor, M. de S. Germain, M. Hesselin, M. Acarie, M. Seguier, M. Belliévre, M. Machault, maistres, assistans au bureau, l'huissier de la porte est venu dire que les sieurs mareschal d'Aumont, evesque de Langres, & de l'Aage susdits conseillers au conseil d'estat du roy estoient à la porte, qui demandoient à entrer à la chambre; au devant desquels ont esté envoiez par l'ordonnance desdits sieurs, le procureur general du roy & maistre Robert Danès greffier de ladite chambre, qui ont esté les recevoir hors la porte d'icelle; & les ayant fait entrer, ledit sieur mareschal d'Aumont l'espée ceinte a pris seance au bureau du costé des maistres laiz & au dessus d'eux, & lesdits evesque de Langres, & de l'Aage, du costé des maistres clercs. Ce fait, ledit seigneur d'Aumont a presenté lettres closes dudit seigneur, portant creance sur lui, & qui seront cy aprés transcriptes, & desquelles a esté fait à l'instant lecture par ledit Danès greffier susdit. Aprés laquelle ledit sieur d'Aumont assis, ont esté presentées par led. sieur de l'Aage autres lettres patentes portant pouvoir audit sieur dessusdit de venir en ladite chambre pour la publication des edits contenus au memoire cy aprés transcript avec lesdites lettres, desquelles a aussi esté fait lecture par ledit Danès. Aprés laquelle ledit sieur d'Aumont a dit avoir commandement de sa majesté d'aller en ladite chambre pour dire auxdits sieurs, que l'estat des affaires de sa majesté & les grandes despenses que les guerres lui apportoient, estoient tels, qu'il estoit contraint d'avoir recours à des moyens extraordinaires, tels qu'estoient les edits qu'il envoioit à la chambre, lesquels il vouloit estre verifiez purement & simplement, & sans aucune modification ne difficulté, suivant ce qui avoit esté fait en la cour de parlement, & le commandement qu'il leur en avoit fait ces jours passez. Et pour cet effet sa majesté l'avoit envoie en la chambre assisté desdits sieurs evesque de Langres & de l'Aage, pour

D dddd

en leur presence faire verifier lesdits edits, avec commandement de dire particulierement audit sieur Nicolay, qu'il eust à prononcer sur la verification d'iceux. Sur quoi ledit sieur president auroit dit audit sieur d'Aumont, qu'il pouvoit, selon son pouvoir, dire au greffier ce qui lui plairoit pour l'enregistrement d'iceux edits, & prononcer sur iceux, comme il avoit esté fait cy-devant sur autres envoiez en ladite chambre par les sieurs cardinal de Bourbon & comte de Soissons, qui avoient tel pouvoir de sa majesté que lui; & que quant à lui, il ne pouvoit ordonner sur ladite publication, sans deliberation préalable; & que ce que lesdits sieurs presidens & maistres demeuroient pour estre presens à ladite publication, estoit seulement pour rendre l'obeïssance au roy & à son exprez commandement de ne se lever, ce qu'ils eussent fait autrement. Après cela ledit sieur d'Aumont ayant demandé le procureur general & le greffier de ladite chambre, ledit procureur general a dit que pour obeïr à l'expresse volonté & commandement qu'il avoit receu du roy, il consentoit que ledit sieur d'Aumont fist mettre sur lesdits edits : Lu, publié, & regitré, ouy & ce consentant le procureur general du roy. Ledit sieur d'Aumont auroit ordonnné à moy Robert Danès greffier susdit de mettre sur lesdits edits, qui auroient esté à cette fin mis en mes mains, lesquels estoient escripts en son papier qu'il avoit en la main: Leu, publié & regitré, ouy & ce consentant le procureur general du roy : lesquels edits sont : l'edit des maistres particuliers; l'edit du grand conseil; l'heredité; les lettres de xxx. mil escus pour une fois ez forests de Gans & la Traconne; les lettres de delaissement du comté de Montfort; les lettres pour la vente des bois pour la fortification de Metz; les lettres de commission pour la vente des grueries; combien que iceux edits n'aient esté leus, veus, ni esté deliberé sur iceux par mesdits sieurs assistans audit bureau. Après, ledit sieur Nicolay auroit dit ausdits sieurs envoiez de la part de sa majesté, que s'il eust plu au roy delaisser la liberté à ladite compagnie de deliberer sur lesdits edits, elle eust essaié de la contenter, au moins lui eust fait remonstrance sur l'impossibilité d'iceux, selon l'occurrence. Toutesfois laissant les voies ordinaires qui leur avoient esté laissées par leurs predecesseurs, & s'accommodant à la volonté & exprès commandement de sa majesté, ils lui avoient voulu tesmoigner par cette obeïssance l'affection & desir qu'ils avoient tousjours eu & auront de lui obeïr; & auroit prié lesdits sieurs de representer au roy l'obeïssance qu'ils avoient reconnu en la compagnie, du consentement de laquelle lesdits edits n'estoient point publiez, ni ladite publication auctorizée de leur presence à autre fin, que pour obeïr à la volonté & commandement si exprez de sa majesté.

Ensuit la teneur des lettres closes du roy aux gens de ses comptes : DE PAR LE ROY. Nos amez & feaux, nous avons commandé à nostre tres-cher & tres-amé cousin le sieur d'Aumont mareschal de France, assisté des sieurs evesque de Langres & de l'Aage conseillers en nostre conseil d'estat, d'entrer avec vous en nostre chambre des comptes, & vous faire entendre comme l'estat de nos presentes affaires, & mesme les grandes &extraordinaires despenses que cette guerre nous apporte, ne permettent pas que l'on tire en longueur la publication d'aucuns edits que nous avons nagueres fait publier en nostre parlement; & sur ce vous exhorter de proceder aussi à la lecture, publication & verification d'iceux purement & simplement selon leur forme & teneur : sur quoi vous mandons & ordonnons les croire & adjouster foy à ce qu'ils vous diront, tout ainsi qu'à nostre personne. Car tel est nostre plaisir. Donné à Paris le XVI. Juillet M. D. LXXXVI. Et sur le dos est escript : A nos amez & feaux les gens de nos comptes, à Paris.

Ensuit la teneur des lettres patentes adressantes audit sieur d'Aumont:HENRY par la grace de Dieu roy de France & de Polongne, à nostre tres-cher & tres-amé cousin le sieur d'Aumont mareschal de France, salut. Sçavoir vous faisons que suivant le commandement que nous vous avons fait, nous voulons & vous mandons que vous ayez presentement à vous transporter en nostre chambre des comptes de cette nostre bonne ville & cité de Paris, assisté des sieurs evesque de Langres & de l'Aage conseillers en nostre conseil d'estat, & là faire representer en nostre chambre les edits que nous ferons porter avec vous en icelle. Et après que les lettres de creance sur vous, qu'escrivons aux gens de nosdits comptes leur auront esté presentées, & leur aurez sur ce fait entendre

nostre

JUSTIFICATIVES. 763

noſtre intention, faire en voſtre preſence & deſdits ſieurs de noſtre conſeil proceder à la lecture, verification & publication de noſdits edits purement & ſimplement ſelon leur forme & teneur, & ſans aucune remiſe, refus, reſtriction, modification, & mandement ou difficulté quelconque, tout ainſi que nous avons fait faire en noſtre cour de parlement, & que faire pourrions ſi preſens en perſonne y eſtions, jaçoit qu'il y euſt choſe qui requiſt mandement plus ſpecial qu'il n'eſt contenu en ces preſentes; & où noſtre chambre feroit difficulté de ce faire, voulons & entendons qu'ayez à ordonner & en noſtre propre nom prononcer que ſur le repli de chacun deſdits edits ſoient mis ces mots: Leû, publié & regiſtré, ouy & ce requerant le procureur general du roy; qui eſt la meſme choſe qu'avons fait mettre en noſtre cour de parlement. De ce faire vous avons donné & donnons, & auxdits ſieurs eveſque de Langres & de l'Aage, plain pouvoir, puiſſance & auctorité, commiſſion & mandement ſpecial par ceſdites preſentes; mandans auxdits gens de nos comptes qu'à vous, en ce faiſant, ſoit obeï. Car tel eſt noſtre plaiſir. Donné à Paris le XVI. Juillet M. D. LXXXVI. & de noſtre regne le XIII. Signé, HENRY. Et plus bas, PINARD.

Enſuit la teneur du memoire pour la chambre des comptes. L'edit pour les maiſtres particuliers. L'edit du grand conſeil. L'heredité. Les lettres de xxx. mil eſcus pour une fois ſur les foreſts de Gault & de la Traconne. Lettres du delaiſſement du comté de Montfort. Les lettres de la vente des bois pour la fortification de Metz. Les lettres de commiſſion pour la vente des grueries. La declaration du droit de courtage ſur les vaiſſeaux chargez entrans & ſortans hors de l'iſle de Re. Signé, PINARD.

Du XVI. jour de Juillet M. D. LXXXVI. de relevée. Monſieur le preſident Bailly a rapporté à meſſieurs, que ſuivant ce qu'il avoit eſté adviſé ce matin, meſſieurs l'Huillier preſident, & de Pleurs, d'Aleſſo, de Meſgrigny, de Maſparault maiſtres, & lui, auroient eſté au logis de monſieur le premier preſident Nicolay, pour lui faire entendre de la part de la chambre ce qu'elle les avoit chargez de lui dire, pour ſupplier très humblement le roy & faire tant envers lui, en continuant ſes bons offices, qu'il lui pluſt revoquer l'edit d'heredité, & auſſi remettre leurs confreres en l'exercice deſdits eſtats. Et ne l'ayant trouvé, auroient retourné l'après diſnée, où eſtans chez lui, lui auroient fait entendre ce que deſſus. A quoi ledit ſeigneur premier preſident auroit dit qu'il ne manqueroit jamais de bonne volonté en toute choſe qui concernoit le bien de la chambre & le corps d'icelle; & que pour le fait qui s'offre, ils eſtoient teſmoins de ſes actions, & ce qu'il en avoit fait, comme encore tout fraiſchement ſorti de la chambre il ſe feroit tranſporté par devers monſieur le chancelier, lequel il auroit prié tenir la main que leſdits officiers fuſſent remis, lui ayant auparavant declaré ce qui s'eſtoit paſſé la matinée à la publication deſdits edits, qu'il pouvoit rendre certain ſa majeſté de la volonté des officiers de ladite chambre d'obeïr à ſes commandemens; lequel lui auroit dit qu'il eſtoit très-aiſe que les choſes ſe fuſſent paſſées de la ſorte; & que quant au reſtabliſſement des autres officiers interdits, ne ſavoit l'intention du roy ſur leur reſtabliſſement; à quoi il tiendroit la main le plus qu'il lui ſeroit poſſible. Ce fait, ledit ſieur premier preſident auroit eſté trouver ſa majeſté, à laquelle ayant fait entendre comme leſdits edits avoient eſté verifiez ſuivant ſa volonté, & tout ce que deſſus, il l'auroit très humblement ſupplié, en conſideration de l'obeïſſance que lui avoient portée leſdits officiers en la verification deſdits edits, vouloir reſtablir leurs confreres & compagnons, n'eſtant qu'un meſme corps, lequel ne ſe peut demembrer ne ſeparer ſans quelque envie & jalouſie des uns avec les autres; ce qui apporteroit plus de prejudice à ſon ſervice, que de commodité. A quoi par ſa majeſté a eſté dit, qu'il eſtoit fort content des officiers de la chambre; & quant au reſtabliſſement des autres interdits, ne lui diſoit ni bien ni mal; mais qu'il envoyeroit demain en ſa cour un edit de ſurvivance pour y eſtre verifié; ce qu'ayant fait, il verroit ce qu'il feroit. De-là ſe feroit tranſporté vers la royne mere dudit ſeigneur, à laquelle il auroit fait ſemblable requeſte, la priant, ſelon la promeſſe qu'elle lui avoit ci-devant faite, faire tant envers ſa majeſté qu'il lui pluſt reſtablir leſdits officiers; ce qu'elle lui auroit promis faire, comme elle avoit fait cy devant, & qu'il s'aſſuraſt d'elle. Eſtant ce qu'il avoit fait depuis qu'il eſtoit ſorti de la chambre. En quoi ledit ſieur preſident Bailly l'auroit remercié au nom d'elle; le priant

Tome II. Dddd ij

neantmoins de vouloir tant faire pour cette compagnie, d'y tenir toujours la main, & de prendre la peine de venir en icelle chambre. A quoi il auroit dit ne pouvoir si-tost y venir.

Du XXIII. jour de Juillet M.D.LXXXVI. Ce jour ont esté apportées à la chambre lettres patentes du roy contenant le restablissement des presidens & conseillers maistres des comptes qui s'estoient retirez le XXVI. Juing precedent en la presence du sieur comte de Soissons, desquelles a esté fait lecture au bureau; & après avoir ouy le procureur general du roy qui en a requis l'enregistrement, a esté ordonné qu'elles seroient registrées, ce requerant le procureur general dudit seigneur roy; desquelles la teneur ensuit: HENRY par la grace de Dieu roy de France & de Polongne, à nos amez & feaulx les gens de nos comptes à Paris, salut & dilection. En restablissant nagueres les officiers de nosdits comptes, auxquels nous avions pour certaines causes & considerations interdit & suspendu l'exercice de leurs offices, nous aurions excepté les presidens & maistres de nosdits comptes qui s'estoient retirez & avoient desemparé & quitté nostredite chambre lorsque nostre très-cher & très-amé cousin le comte de Soissons y estoit pour faire verifier aucuns de nos edits, selon la charge & pouvoir que lui en avions baillé; mais ayant esté depuis informez que ce qu'ils firent en cela, a esté sans penser faire chose qui nous fust desagreable ni prejudiciable à nostre service, du bien & conservation duquel ils se sont monstrez tousjours zelateurs & très-affectionnez; à ces causes, suivant la remonstrance qui nous en a esté faite par nostre très-honorée dame & mere, nous avons, de nostre grace speciale, pleine puissance & authorité royale, remis, reïntegrez & restablis, remettons, reïntegrons & restablissons en leurs offices lesdits presidens & maistres de nos comptes qui s'estoient retirez en la presence de nostredit cousin le comte de Soissons, comme dit est, pour en joüir & user, & des gages, espices, droits & profits y appartenans, tout ainsi & en la mesme forme & maniere qu'ils faisoient auparavant ladite suspension en date du XXVI. Juing dernier passé, laquelle & toutes autres qui s'en sont ensuivies, nous avons revoqué & revoquons par ces presentes, sans que pour le regard du passé, ores, ne pour l'advenir, elles puissent prejudicier en quelque façon que ce soit; voulons & vous mandons faire lire, publier & enregistrer cesdites presentes, garder & observer de poinct en poinct, selon leur forme & teneur. Donné à Paris le XXII. Juillet l'an de grace M. D. LXXXVI. & de nostre regne le XIII. Signé, HENRY; & plus bas: Par le roy, PINARD. Et scellées sur simple queuë, du grand scel de cire jaulne. Tiré des registres de la chambre des comptes de Paris, à la bibliotheque Coislin, vol. 14.

RECIT DE CE QUI S'EST PASSÉ à l'enregistrement de l'edit d'augmentation de deux presidens & douze maistres à la chambre des comptes.

CE jourd'huy XXX. & dernier jour du mois de Septembre M. D. LXXXVII. du matin, la chambre ayant esté avertie par l'huissier que monsieur le cardinal de Vendosme, assisté d'aucuns seigneurs, demandoit à entrer en icelle de la part du roy, a envoié au devant de lui, pour le recevoir jusques hors de ladite porte maistres Jacques d'Argilliere & François d'Alesso conseillers maistres en icelle; lequel sieur cardinal estant entré, accompagné du sieur cardinal de Lenoncour & des sieurs de Villequier chevalier des deux ordres du roy & gouverneur de cette ville de Paris, qui avoit l'espée ceinte, & du sieur de Chavigny aussi *gouverneur* & chevalier des deux ordres du roy, de Bellievre & de l'Aage, conseillers au conseil d'estat de sa majesté.

Ledit sieur de Vendosme ayant pris place au rang de messieurs les presidens au dessoubz & à costé de maistre Jehan Tambonneau president, & ledit sieur de Villequier au mesme rang, & le cardinal de Lenoncour entre maistres Charles Bailly & l'Huillier presidens, & dessoubz & à costé d'eux ledit sieur de Chavigny au premier rang des conseillers, le sieur de l'Aage près de lui, & ledit sieur de Bellievre au premier rang des conseillers maistres clercs. Après quoi ledit seigneur cardinal de Vendosme a dit ce qui s'ensuit: Premierement, que chacun savoit & connoissoit assez en quel estat les affaires de ce royaume estoient pour le present reduites, par la venuë d'un grand nombre & multitude d'estrangers en iceluy, auxquels il estoit besoing s'opposer, & de quelle affection le roy mettoit la main à l'œuvre, sans rien espargner, ni mesme sa propre personne qu'il exposoit tous les jours aux

AN. 1587.

JUSTIFICATIVES.

dangers librement ; que cette calamité ne se pouvoit passer sans faire sentir à tous les bons subjets du royaume ses incommoditez, ni la violence qu'on lui vouloit faire, se repousser sans quelque incommodité des subjets ; qu'en cette occasion le roy avoit besoing de recouvrer promptement des deniers pour souldoyer son armée ; il n'avoit point trouvé de plus prompt & asseuré remede pour subvenir à ses affaires, que la creation de plusieurs offices, & entr'autres du nombre de deux presidens & de douze conseillers maistres en ladite chambre ; l'edit de laquelle creation le roy avant son partement lui avoit commandé de venir faire publier en ladite chambre, & depuis par lettres closes de sa majesté escriptes de sa propre main, & lettres patentes qu'il en avoit fait expedier, lesquelles il a fait presenter par maistre Louis Compaing greffier du conseil privé dudit seigneur, entré en ladite chambre, estant debout derriere le bureau, & demandé que lecture en fust faite, desquelles lettres closes & patentes ayant esté fait lecture par maistre Claude d'Argilliers conseiller maistre, comme il ensuit: MESSIEURS, Je vous fais ce mot de ma propre main, avec commandement très-exprez de ne faillir à publier & enregistrer l'edit des deux presidens & douze maistres des comptes, suivant ce que je vous commandai à mon partement. Autrement, & à faute de ce faire, je mande à mon cousin le cardinal de Vendosme d'aller en vostre compagnie & le faire publier en sa presence ; car il importe de tant, que je vous enjoins & mande de rechef que vous le faciez effectuer, sur tant que vous me devez obeïssance. Dieu vous conserve en sa sainte grace. Signé HENRY.

S'ensuivent les lettres patentes : HENRY par la grace de Dieu roy de France & de Pologne, à nostre très-cher & très-amé cousin le cardinal de Vendosme, salut. Sçavoir faisons que pour la proximité du sang dont vous nous attouchez, & pour le bien de nos affaires & service, auquel nous sçavons que portez très-grande & singuliere affection, nous vous avons commis & deputé, commettons & deputons, & vous avons donné & donnons pouvoir par cesdites presentes, pour, assisté & accompagné d'aucuns seigneurs de nostre conseil, vous transporter en nostre chambre des comptes à Paris, & là vous faire representer l'edit par nous fait pour la creation de deux presidens & douze maistres desdits comptes en icelle chambre. Et après que les lettres que escrivons à nosdits gens des comptes auront esté presentées, s'ils font difficulté de passer ledit edit, vous ferez en vostre presence & des susdits seigneurs de nostre conseil, proceder à la lecture & publication d'icelui selon sa forme & teneur, & sans souffrir qu'il y soit fait aucune restriction ni modification. De ce faire vous avons donné plain pouvoir, puissance & auctorité, commission & mandement special, tout ainsi que ferions & faire pourrions, si presens en personne y estions, jaçoit qu'il y eust chose qui requist mandement plus special: par lesquelles nous mandons à nosdits gens des comptes & à tous nos autres officiers qu'il appartiendra, que à vous, en ce faisant, soit obey. Car tel est nostre plaisir. Donné à Paris le XII. Septembre l'an de grace M. D. LXXXVII. & le XIV. de nostre regne. Ainsi signé, HENRY ; & plus bas, PINARD.

Ce fait, ledit sieur Tambonneau a dit, qu'il desplaisoit fort à ladite chambre que ledit sieur cardinal eust pris la peine de se transporter en icelle pour le fait de la verification dudit edit, sur lequel ladite chambre ayant ci-devant deliberé & y avoir trouvé tant de difficultez & prejudice pour le service du roy, qu'en ayant fait remonstrances très-humbles à sa majesté, elle avoit estimé que sa majesté feroit revoquer ledit edit, d'autant principallement qu'elle lui auroit en ses remonstrances representé la difficulté ou plustost l'impossibilité de l'execution d'icelui, estans les officiers susdits créez sans aucune attribution de juridiction, dont il adviendra telle confusion aux affaires dudit seigneur qui se traitent en ladite chambre, que son service en sera grandement retardé & endommagé, d'autant que n'ayant pas dequoi s'occuper, ils se retireroient en ce lieu pour assister aux deliberations des affaires qui se traiteroient, & par ce moyen les deliberations tireroient en grande longueur, au grand prejudice & foule des poursuivans, qui seront contraints y faire plus de sejour. Est aussi grandement à considerer que puisqu'en l'année M. D. LXVI. le feu roy par meure deliberation & en l'assemblée generale des estats de ce royaume supprima toutes les chambres des comptes d'icelui, & reduisit le nombre des officiers de ladite chambre à deux presidens & douze maistres; en adjou-

D dddd iij

stant aujourdui au grand nombre des officiers de ladite chambre deux presidens & douze maistres, qui est pareil nombre qu'on avoit seul establi, & qu'on estimoit seul capable & suffisant pour juger & decider toutes les affaires qui se presentent en icelle, ce sera amener une telle confusion, qu'il n'est possible de plus, estant certain qu'il faudra perdre toute une journée à opiner & juger sur une simple requeste ; en quoi le roy & le public souffriront un grand dommage. Et oultre, la compagnie souffrira en son particulier un grand interest, tant en l'honneur & dignité de leurs offices, lesquels *vilescunt numero*, qu'en la valeur & estimation d'iceux. Contre l'effet desquelles remonstrances justes & pertinentes encores qu'on allegue la necessité des affaires du roy, & la commodité qu'on espere des deniers qui proviendront de ladite creation ; toutesfois il est certain que si on vouloit balancer toutes les commoditez qu'on dit pouvoir provenir dudit edit, avec leur contraire, il se verroit evidemment les incommoditez dudit edit surmonter de beaucoup les commoditez pretenduës. Et quant à la necessité du roy, les officiers d'icelle chambre estre ceux à qui elle desplaist le plus, à qui le cœur en saigne de regret & déplaisir, & s'ils eussent esté creus, la necessité ne fust accruë en l'extremité qu'elle est de present. Le roy s'en peut souvenir, & combien de fois ça esté fait de la part de la chambre très-humbles remonstrances à sa majesté, laquelle avoit toujours promis d'y pourvoir ; mais quelques instances qu'elle en ait pu faire, n'en a connu aucun effet. Toutesfois ils esperoient, suivant la bonne volonté en laquelle ils avoient dernierement veu sa majesté disposée, que quand Dieu nous aura donné un meilleur temps, il y sera pourveu. En quoi ledit seigneur cardinal auroit esté prié de la part de ladite chambre & les seigneurs qui l'avoient assisté, vouloir estre aydans à faire gouster à sa majesté les très-justes remonstrances de ladite chambre sur ledit edit ; & outre ce, qu'ils feront chose très-utile pour sa majesté & le bien du public, & augmentation de la compagnie...... la volonté & affection qu'elle a de lui faire service. Fut en outre dit par led. sieur president, qu'il estoit chargé de la compagnie de lui declarer & faire entendre que l'assistance qu'elle lui faisoit presentement, estoit seulement pour l'honneur & respect qu'elle avoit à sa personne, & non pour aucun consentement & approbation qu'elle apportast à la publication dudit edit, le priant de rechef de representer au roy les très-humbles remonstrances de la chambre, laquelle esperoit que sa majesté connoistroit un jour le prejudice que ledit edit apporteroit à son service, & le revoquera. Ce qui ayant esté promis par ledit sieur cardinal, il auroit fait appeller le procureur general du roy, lequel comparant avec l'advocat dudit seigneur, lequel auroit esté requis par ledit seigneur cardinal de conclure sur ledit edit, a dit qu'il ne pouvoit conclure sans avoir ouy la lecture dudit edit, lequel ledit sieur cardinal auroit fait mettre par ledit Compaing greffier du conseil de sa majesté ez mains de l'un des clercs du greffe de la chambre, pour l'absence des greffiers d'icelle, auquel il auroit commandé d'en faire lecture, ce qu'il auroit fait. Et après ladite lecture faite, maistre Estienne Pasquier advocat dudit seigneur a dit ces mots : MONSIEUR. L'un des plus grands honneurs que nous puissions recevoir, est de vous voir maintenant au milieu de nous. Ce n'est pas la premiere fois que nos predecesseurs y virent de grands seigneurs & personnages. Nos vieux registres sont pleins qu'anciennement les princes, les connestables, les chevaliers, les seigneurs du conseil d'estat que l'on appelloit lors grand conseil, y venoient selon la necessité urgente des affaires qu'ils vuidoient par deliberation & advis de la chambre, laquelle pour lors n'estoit estimée tant chambre des comptes, qu'un autre & second conseil d'estat des affaires de la France. Je croi, monsieur, que venant en ce lieu avec les cinq seigneurs qui vous y accompagnent, vous y apportez pareille devotion que les anciens, vous qui entre les princes du sang estes sur vostre printems d'une très-grande prouesse, & qui en cette qualité avez, après nostre roy, un des plus grands interests à la conservation de l'estat, & par consequent à la conservation des maximes par lesquelles l'estat a esté conservé jusqu'à huy. Or l'occasion pour laquelle vous estes acheminez en ce lieu, a esté pour verifier l'edit de l'erection de deux nouveaux presidens & douze conseillers maistres en ladite chambre, sur lequel vous desirez que nous prenions nos conclusions.

Entre tous les officiers de la France, on appelle particulierement gens du roy

Harangue d'Estienne Pasquier.

les

les advocats & procureurs du roy, comme si nos estats fussent plus particulierement affectez au service de nos rois, combien que tous les autres officiers soient aussi bien gens du roy que nous. Puisque l'on nous a fait cet honneur de nous qualifier tels, il me semble aussi que nous devons particulierement deux choses à nostre roy par dessus les autres officiers du royaume, sçavoir la verité & l'obeïssance. Je dis nommément verité; car combien que nous lui devions obeïr en toutes choses, comme à celui qui nous a esté donné de Dieu pour prince naturel & souverain ; toutesfois le reconnoissant tel, nous ne lui debvons point cacher ce que nous jugeons en nos consciences veritablement appartenir à son service. Je le servirai donc sur le commencement de nos remonstrances, d'une verité, comme très-fidelle, & finirai sur l'obeïssance comme très-humble & très-obeïssant subjet.

Jamais comparaison ne fut trouvée de meilleure grace, que celle que fit autrefois Menenius Agrippa au peuple de Rome, quand pour reconcilier le senat avec le tiers estat qui s'estoit sequestré au tertre Aventin, il compara toute la republique au corps humain. Je suivrai ses traces, & dirai qu'il n'y a rien en quoi le legislateur symbolise tant qu'avec le medecin. Le subjet du medecin est le corps humain : le subjet du legislateur est la republique entiere ; & tout ainsi que le medecin diversifie ses remedes mettant en consideration l'aage de celui qu'il pense, la saison en laquelle il le traite, la contrée où il exerce sa medecine : car ce n'est pas la raison qu'un vieillard soit pensé comme un jeune, ni que les remedes soient aussi forts en plein esté qu'en hiver ; bref il pensera l'Italien de toute autre sorte que le François, pour estre nez & nourris soubz diverses temperies d'air & de pays. Aussi le sage legislateur a accoustumé de diversifier ses loix, qui sont les remedes & medecines de la republique, selon la diversité des rencontres qui se presentent à son estat ; estant bien sain de faire une ordonnance en un temps, qui seroit trouvée de mauvaise digestion en une autre saison ; & ne doibt on trouver estrange que les necessitez de l'estat se trouvant aiguës & extraordinaires, on y employe aussi loix extraordinaires pour lui subvenir ; car c'estoit anciennement un aphorisme d'Hippocrate : *Extremis morbis extrema remedia adhibenda*. Toutesfois il faut que l'on soit d'accord avec moi qu'en la medecine il y a une autre regle qui est perpetuellement vraie & infaillible, car quelque maladie aiguë qui se presente au corps humain, vous n'offensez jamais les parties nobles, soubz esperance de sauver le corps. Il y a de certaines parties que nous n'espargnons nullement, selon l'occasion, le cuir, la chair, les bras, les jambes ; nous esventerons trois ou quatre fois la veine, deschiqueterons la chair, & y appliquerons le cautere, le feu, & couperons tantost la jambe, tantost le bras, pour sauver le reste du corps. Mais de toucher aux parties interieures, que nous appellons vitales & animales, comme au cœur, foye ou poulmon, l'un fontaine des arteres, l'autre fontaine du sang, & l'autre de l'exhalation ; certainement qui le voudroit faire, en cuidant par ce moyen sauver le demeurant du corps, il le perdroit infailliblement. Ainsi est-il de la republique. Il y a certaines parties que l'on ne doubte point d'affliger en leur particulier, pour la conservation generale de tout l'estat. Mais de toucher aux parties nobles, il y a grandement à craindre qu'en voulant conserver l'estat, on ne le perde.

Il y a deux ordres en cette France, que je compare aux parties nobles du corps, par lesquels il est maintenant indubitable que nostre estat est maintenu beaucoup plus en sa splendeur & grandeur, que par les armes, encore que les armes ayent grandement operé selon que les necessitez l'ont requis. Les deux ordres dont je parle sont le parlement de Paris & cette chambre des comptes. Ce sont deux collegues qui sont nez avec l'estat, qui sont nez avec la couronne; chose que je vous ferai connoistre à l'œil. Il est certain que le fondement de toutes republiques c'est la loy. Je ne dirai point fondement, je dis que c'est l'ame, sans laquelle la republique ne peut avoir vie aucunement. Or en cette France, combien que les loix prennent leur source & origine de nostre roy, comme les eaux du grand Ocean ; toutesfois si n'ont elles vogue entre nous, si elles n'ont passé entierement par l'alembic du parlement & de la chambre des comptes, selon la diversité de leurs fonctions. Et de ce je n'en veux plus ample remonstrance, que celle que je vois maintenant. Car combien que le roy ait desiré infiniment que l'edit dont est question eust lieu ; si a-t-il sceu qu'il ne le pouvoit avoir, sinon qu'il fuſt préalablement émologué par la chambre. Si cela eſt vrai, comme il l'eſt, il faut que tout d'une ſuite on me confeſſe que ces deux ordres ſont nez avec l'eſtat, & qu'ils lui ſont ſi naturels & conſubſtanciels, que ſans eux l'eſtat ne peut ſubſiſter. Or quand il a eſté queſtion de verifier des edits en ces deux compagnies, eſtoit-ce de les leur envoier en forme de brevets, comme l'on envoie à des tabellions pour les groſſoier ſans connoiſſance de cauſe? Vraiement non. Nos roys deſiroient leurs remonſtrances, paſſoient les edits, & en les paſſant, tantoſt les amplifioient, tantoſt les modifioient, ſelon les advis qu'ils en eurent en la cour de parlement & la chambre des comptes. Pour refuſer quelquefois des edits, en furent-ils eſtimez rebelles? Encore moins; mais demeurérent en leur reputation de tres-fideles & tres-obeïſ. ſans ſubjets de leur prince. Le prince en eſtoit-il moins obey de ſes ſubjets par ce refus? Eſtimoit-on que ſa majeſté en fuſt affoiblie? Au contraire jamais roys ne furent tant honorez, aimez & reſpectez, que nos roys de France. Vous, monſieur, pour voſtre jeune age, ne l'avez pu voir; mais pluſieurs de cette compagnie l'ont veu durant leur jeuneſſe. Je ne ſai comment, par cette correſpondance & entrelas de la puiſſance abſoluë de nos roys avec les tres-humbles remonſtrances de ces deux cours ſouveraines, dont ils ſe payoient, chacun demeuroit content, chacun ſe contenoit dedans les bornes de ſon debvoir, les roys en bien commandant, les peuples en bien obeïſſant. Mais depuis que le malheur du temps a porté la puiſſance abſoluë par deſſus les cours ſouveraines, tout auſſi-toſt ſe ſont les affaires de la France desliées, & s'eſt logée la deſobeïſſance parmi le peuple. Les roys commandoient lors avec une baguette à leurs ſubjets, & maintenant ils ne peuvent bonnement commander avec trois ou quatre armées puiſſantes & fortes. Et d'où vient donc cela? La raiſon y eſt tres-prompte, priſe des fontaines de la meſme nature; parcequ'il n'y a rien de ſi naturel, que de voir diſſoudre les choſes par l'affoibliſſement de ce dont elles ont eſté liées. Nous prenons noſtre naiſſance, nourriture & croiſſance par noſtre chaleur naturelle; & à meſure qu'elle diminuë en nous, auſſi defaillent les reſſorts de noſtre corps inſenſiblement, juſques à leur dernier periode. La couronne de France, & la majeſté de nos roys eſtoit maintenuë par l'autorité & grandeur de ces deux ordres. Diminuant leur auctorité, certainement lorſque vous penſerez magnifier la majeſté de noſtre roy par une puiſſance abſoluë, c'eſt lorſque vous trouverez qu'elle ſera beaucoup plus diminuée & affoiblie qu'elle n'eſtoit auparavant.

Je ſai bien que ce diſcours ne plaira à tous les corrompus de ce temps, & que l'un d'eux me dira: Paſquier; il ne falloit point eſtre advocat du roy, ou l'eſtant, il te faut ſouſtenir toute autre propoſition que celle-là. C'eſt ſe rompre la teſte contre un paroy, & ſe heurter meſme contre le temps. Et je lui reſpondray preſque comme fit Solon à Eſope le Phrygien: Au contraire il ne falloit point que je fuſſe advocat du roy, ou l'eſtant, il faut que je deſcouvre à mon maiſtre ce que je penſe importer à la manutention de ſon eſtat ponctuellement. Je doibs une verité à mon roy; c'eſt une charge fonciere annuelle à ma conſcience & à mon eſtat, dont je ne puis me diſpenſer, ſans commettre felonnie envers lui. Il n'eſt pas dit que toutes les medecines que l'on fait prendre à un malade, lui plaiſent; au contraire il n'y a rien qu'il abhorre tant; & toutesfois ce ſont-elles dans leſquelles il trouve ſa gueriſon ordinairement. Il n'eſt pas dit que les remonſtrances que je vous fais, ſortent maintenant effet; mais il n'eſt pas dit auſſi que vous ne les connoiſſiez veritables en vous; en tout évenement, que quelque jour on ne les reconnoiſſe pour belles; mais je crains que ce ſoit trop tard, & quand il ne ſera plus temps.

Or il ne faut point tenir en doubte que la chambre ne reçoive une grande breche, par l'edit que l'on y veut publier maintenant. Je vous laiſſe à part le formulaire extraordinaire que l'on y apporte pour le faire publier. Je vous toucherai ſeulement ce qui eſt porté par l'edit, la creation de tant d'officiers nouveaux, ſans ſubjet, ſans neceſſité, ſans raiſon; car je vous declare dez à preſent qu'il y en a beaucoup plus en la chambre qu'il n'eſt neceſſaire. Que voulez-vous donc introduire parmi nous? ce ſeront autant de monſtres. Je ne dirai point de monſtres; c'eſt une ſuperfetation politique, qui ne doit ni né peut recevoir vie entre nous aucunement. La multitude effrenée de tant d'officiers en une compagnie, c'eſt la deſolation generale & univerſelle de l'eſtat. Je compare touſjours, & non ſans cauſe, tant d'officiers

ciers inutiles & superflus que nous voions en la France, à un lierre rampant le long d'un vieux mur, qui lui est comme une belle tapisserie de nature pour le reparer quelque temps, soustenu par le mur; pense-t-on mesmement que ce lierre, en contreschange, le soustienne; & neantmoins la verité est qu'interieurement il le mine, jusqu'à ce que l'ayant fait tomber, il demeure lui-mesme sans appui. Ainsi est-il de cette multitude d'officiers en un vieil estat. Ils font contenance de le reparer & de lui servir de lustre. Ils font soustenus par l'estat, & semble qu'ils le soustiennent; mais ils le rongent petit-à-petit, jusqu'à ce que l'estat tombant, il faut aussi que ces offices tombent, demeurant illusoires & sans effet à ceux qui les avoient pris pour leur appui. Il n'y a point de certain pronostic, je ne dirai point pronostic, il n'y a point de demonstration plus certaine que celle-cy; car ce sont termes en soy convertibles: on introduit en une republique une infinité d'offices superflus, inutiles, & non necessaires, donc la republique prend coup & tombe en ruine. Semblablement: la republique prend coup & tombe en ruine, donc on y introduit aussi une infinité d'officiers inutiles. Celui qui entre tous les historiographes a mieux sceu descrire la fin & declinaison de l'empire de Rome, est Zozyme, lequel l'attribuë nommément à l'empereur Theodose, qui multiplia tous les estats de son empire, & d'un en fit deux, trois & quatre; quoi faisant, dit cet auteur, il fut contraint de surcharger son pauvre peuple de tant de daces, tailles & tributs, pour fournir à l'appointement des officiers, que combien que l'empire fust envahi de tous costez par les nations estrangéres, toutesfois les sujets aimoient autant subir le joug de l'estranger, que de leur propre prince, voire si bien, que si par force on avoit exterminé l'estranger, ils le regrettoient. Que si en toute compagnie on doibt craindre la multitude effrenée d'officiers inutiles, il y a plus de propos de la craindre en cette chambre, où il ne se presente aucune chose où le roy ne soit partie. En une cour de parlement, de dix causes s'il y en a une qui concerne l'interest du roy, c'est beaucoup; en cette chambre des comptes, il n'y en a pas deux qui soient de particulier à particulier. Qui me fait dire qu'il faut apporter de tres-grands respects avant que de contaminer cette compagnie par une pluralité d'officiers qui n'apporte aucune chose entre nous, que desordre & mepris à l'endroit du peuple.

Vrai Dieu! qu'il faut que la maladie de nostre France soit grande, veu que la medecine que l'on y apporte, n'est autre chose qu'une maladie! Nous voions l'estranger, s'il faut ainsi le dire, à nos portes, près de nous venir assassiner; chose certes à craindre extrémement. Par quel moyen voulons-nous chasser ce mal? par une maladie beaucoup plus grande qui regne interieurement dans nous. La premiere regarde le corps, la seconde l'esprit. Vous nous apportez l'edit qui se presente, comme dépendant de la publication d'icelui une partie de la conservation de tout cet estat. Grande pitié! qu'il faille que cette conservation se trouve dans nostre ruine; mesme que les sages qui manient l'estat, soient contraints de le conserver par la folie de nous autres! Sur quoi sont bastis tels edits? sur l'ambition inexprimable, ou pour mieux dire, inepuisable d'un tas de fols, qui bien qu'ils ayent veu comme toutes choses se sont passées en pleine paix pour les suppressions des estats; bien qu'ils voient qu'il n'y a aujourd'hui nul officier payé de ses gages; & qu'en matiere d'estats il n'y a rien d'assuré; le present exemple mesme nous enseigne, si est-ce qu'ils courent en poste aux estats, c'est-à-dire à la pauvreté. Il me semble voir cette generation de viperes, je veux dire les partisans, lesquels soudain qu'ils furent esclos, tuerent aussitost la France leur mere; il me semble les voir promettre une montagne d'or & d'argent au roy.

Quelle resolution donques, Monsieur, devez-vous attendre de moi, après un si long discours? Je vous dirai en peu de paroles, pour finalement m'estancher: Il faut necessairement, ou que l'estat soit subverti, ou bien qu'il soit restabli en son ancienne dignité. Quant à la subversion, je ne la croi, ni ne la crains, quelques symptomes que l'on voie maintenant à la France. J'ai cette ferme fiance en Dieu, que l'estat sera restabli en son ancienne lumiere. Ce n'est pas la premiere saignée que nous ayons eu en la France par les guerres intestines; & neantmoins pour cela nos offices n'ont laissé de retourner en leur ancienne splendeur, & ne doubte point que si le desordre est maintenant cause entre nous de telles inventions extraordinaires, soudain que nous viendrons au restablissement,

Tome II.   E eee

il sera necessaire de les supprimer. Les deportemens que nous avons veû par le passé en nostre roy, nous font à juste raison présumer ce qu'il sera à l'advenir. Nous avons veû avec quelle devotion & religion il maintient, puis l'espace de trois ou quatre ans, la paix avec la suppression des estats. Au demeurant je m'assure que l'edit qu'il envoie, est contre sa volonté & son naturel ; mais le malheur est que l'urgente necessité luy commande absolument de ce faire, qui est cause que d'un mesme commandement absolu il veut que le present edit soit passé. Tellement que je puis dire que nos affaires sont reduites en tel estat, que la necessité presente est par dessus nostre roy, & en consequence de ce le roy est contraint de passer oultre. C'estpourquoi, avant que de conclure, je tourneray mes prieres à Dieu, pour le supplier de vouloir assister au roy en une querelle si illustre que celle qu'il poursuit maintenant, & luy administrer son conseil. Et neantmoins, parceque les choses sont telles entre nous, que sur le moule d'une seule religion catholique chacun se forme des passions particulieres ; je ne prieray point Dieu de nous envoier une paix ou une victoire ; mais je le suppliray humblement selon le formulaire qu'il nous en a prescrit lui-mesme, que sa volonté soit faite ; si la paix nous est utile, que son plaisir soit nous l'envoier ; si la victoire nous est necessaire, qu'il lui plaise nous la donner.

Et au surplus, en tant que touche à la verification de l'edit, je m'en remets à vos jugemens & sages discretions, pour en ordonner ; & neantmoins je croy, Monsieur, que vous ferez beaucoup pour le roy & pour vous, de passer doucement les choses par les voies ordinaires de la justice de France, & prendre les voix & opinions d'un chacun.

Lors ledit seigneur cardinal auroit prononcé ces mots : Le roy ordonne que sur le repli de l'edit sera mis : Leû, publié & registré, ouy son procureur general. Et par ledit seigneur president a esté dit ; que la chambre, suivant la declaration par luy cy-devant prononcée, ne pouvoit donner approbation aucune ni consentement à la verification dudit edit.

Après ce ledit sieur de Belliévre prenant la parole, auroit dit, que le roy avoit mandé à la royne sa mere & messieurs de son conseil, de faire en sorte qu'il pust estre secouru d'une bonne somme de deniers pour soldoyer son armée un mois entier ; à quoi ils travailloient, & avoient destiné ce qui proviendroit dudit edit de deux presidens & xii. maistres, & de celui des secretaires de l'election de Gannat, d'un second president en chaque election, & d'un bureau & generalité à Moulins ; priant la chambre de verifier ceux desdits edits qui restoient à verifier, sans vacquer à autres affaires ni les tirer en longueur, ni loing à loing l'une de l'autre ; pour ce qu'en ce faisant l'argent manqueroit petit à petit, sans commodité ; là où au contraire, quand d'un mesme temps ladite verification seroit faite, le roy sera tout-à-coup jouissant du secours qu'il s'en estoit promis.

Ce fait, ledit sieur cardinal de Vendosme se seroit retiré avec lesdits sieurs qui l'avoient accompagné, jusques hors la porte, par lesdits sieurs d'Argilliere & d'Alesso. *Ibidem.*

MEMOIRE DU CONSEIL des Seize à Paris, contenant les projets, la conduite & le serment de la ligue.

SUR l'advis asseuré que nous avons receu de la volonté du roy, de faire entrer au royaume de France une grande armée de Reistres & Suisses heretiques, avec lesquels il traicte jusques à leur abandonner nos vies & nos biens, soubz la conduite du roy de Navarre qu'il a appellé pour son successeur à la couronne, le tout tendant à la ruine de l'eglise catholique apostolique & Romaine, & pour l'establissement de l'heresie ; nous avons bien voulu vous adviser de nos resolutions pour nous deffendre de cest orage, & resister à si pernicieuses entreprises, où le roy (à nostre tres-grand regret) est porté par l'induction de gens malins qui le possedent, pour establir l'heretique en ruinant les catholiques. Et d'autant que telles entreprises ne regardent seulement la ruine de la religion catholique au royaume de France, mais de toute la Chrestienté, c'est l'occasion pour laquelle nous sommes resolus d'y resister & nous deffendre, sans toutesfois rien attenter ni entreprendre du vivant du roy, mais seulement nous tenir sur la deffensive, au cas qu'en soions contraints, afin de nous mettre en devoir, & n'estre accusez devant Dieu & par nostre posterité d'aucune negligence ou mespris de la religion, pour n'avoir fait

AN. 1587.

JUSTIFICATIVES. 771

fait noftre debvoir & ce que pouvions de refifter à l'eftabliffement de l'herefie, & empefcher la ruine de noftre religion catholique apoftolique & Romaine. Pour à quoi remedier, nous avons, fuivant le bon advis qu'en avons pris avec aucuns de vos deputez, dreffé trois memoires, les copies defquels nous vous envoions ; le premier contenant nos projets & intentions ; le fecond, la forme de s'y gouverner, & le troifiéme, la forme de noftre ferment ; afin que les ayant veûs, vous nous mandiez voftre advis & refolution, ne voulant rien faire ny entreprendre qu'avec voftre bon advis & confentement, comme nos confreres & compatriotes avec lefquels nous defirons vivre & mourir pour le fouftenement de noftre religion, le tout felon que nous vous avons particulierement mandé cy-devant, & qu'avez efté advertis comme nous du peril que la Chreftienté court pour les grandes entreprifes que l'on fait contre les Catholiques.

PROJETS ET INTENTIONS.

Advenant le cas que les Reiftres & Suiffes heretiques fe démarchent pour entrer en France, comme ils fe preparent, & qu'ils y ont efté appellez, il eft de befoin que les ecclefiaftiques, gentils-hommes & communautez catholiques des bonnes villes, fpecialement de Paris, Rouen, Lyon, Orleans, Amiens, Beauvais & Peronne, deputent promptement quelques gens de bien & de qualité vers le roy, le fupplier de preparer inceffamment armée fuffifante pour refifter aux forces eftrangéres heretiques, & oultre ce lui offrir de la part des villes un fecours de vingt mille hommes de pied & quatre mille chevaux payez & fouldoyez pour un an ; à la charge que lefdites villes affociées feront election de capitaines particuliers pour leur commander, qui leur feront affidez, fraterniferont avec eux, & du tout à leur devotion, foubz le general que S. M. ordonnera (toutefois prince catholique & hors de foupçon de favorifer en rien nos ennemis) promettant que leurs gens ne ravageront point la campagne, mais payeront & camperont, d'autant qu'ils feront bien payez par perfonnes que les catholiques eftabliront. Pour cet effet, Paris en fon election fournira quatre mille hommes de pied & mille chevaux ; Rouen & fes voifinances autres quatre mille hommes de pied & mille chevaux,

Lyon & fes voifinances d'Auvergne autres quatre mille hommes de pied & cinq cent chevaux ; Orleans, Bourges, & leurs voifinances, autres quatre mille hommes de pied & cinq cent chevaux ; Amiens, Beauvais, & la province de Picardie, autres quatre mille hommes de pied & mille chevaux.

Si cette jufte requefte eft accordée par le roy, les catholiques fe pourront affeurer, moyennant la grace de Dieu, de refifter aux forces heretiques, tant domeftiques, qu'eftrangéres, & les diffiper ; & par ce moyen le royaume fera delivré de telle tempefte & danger extreme.

Que fi cette jufte requefte & neceffaire fecours eft refufé par la malice des confeillers du roy, la plufpart ennemis de la religion catholique, qui nous veulent tenir les mains liées en un fi grand peril où il va de la ruine de la religion catholique & monarchie Françoife, pour la foubzmettre à la puiffance de l'heretique, il ne faudra laiffer de faire cette levée & faire paroiftre les forces & armes catholiques, en cas que l'eftrangere heretique preparée y entre ; & fera par ce moyen le roy contrainct d'advouer l'armée catholique, ou s'en declarer à l'ouvert ennemi, comme negligeant la deffenfe de la religion contre les heretiques, contre lefquels l'armée catholique paroiftra & fera tefte, eftant conduite & commandée par les gentilshommes & capitaines catholiques affidez aux provinces & villes, qui pourront (au refus & contradiction du roy) prendre un prince catholique pour chef, tel toutesfois que les catholiques en foient d'accord.

Que fi S. M. veut dire que cette forme de levées d'hommes eft entreprendre ou diminuer fon authorité, & qu'à lui feul appartient l'entiere difpofition des affaires de fon royaume, fans avoir de compagnon, luy fera remonftré que cet offre de fecours eft un extraordinaire, que fon bon peuple catholique François luy fait pour l'urgente neceffité, & qu'il y a danger de mettre tel fecours entre les mains de fon confeil & ceux de fa fuite, la plufpart defquels font infectez d'herefie & d'atheïfme, qui perdroient tout, d'autant que leurs actions ne fauroient eftre agreables à Dieu, & qu'il lui plaife croire que fon peuple lui fera fidelle contre les heretiques & leurs adherans. Et cependant ne faut délaiffer à tenir les forces preftes pour nous def-

Tome II.   Eeeee ij

fendre, en cas que l'armée heretique & estrangere entre en France, ou que nous soyons assaillis, sans toutesfois entreprendre aucunes choses, ains se tenir tousjours prests sur la deffensive, tant que le roy vivra.

Advenant le cas de la mort du roy sans enfans (que Dieu ne vueille) il sera besoin lors & à l'instant d'entreprendre, & prévenir les malheureux desseins des ennemis de la religion catholique, que l'on voit à veuë d'œil s'armer & couver quelque surprinse & remuëment; en sorte qu'il sera necessaire de les devancer, & à cette fin en quinze jours faire joindre les prochaines forces ensemble entre Paris & Orléans le plus secretement que faire se pourra, & que les ennemis soient estonnez. Cette force sera suffisante pour le commencement de cinquante compagnies de gens de pied & vingt de cheval, laquelle avec le consentement des bonnes villes donnera entierement la force aux catholiques, qui le plus diligemment qu'ils pourront, feront assembler les estats pour parvenir à l'election d'un roy catholique, & ordonner les loix du royaume, pour remettre toutes choses au cours des anciennes loix fondamentales de la France.

Au mesme temps les catholiques prieront monsieur le cardinal de Bourbon de venir à Paris comme prince catholique, & l'esliront leur chef & protecteur des estats catholiques; & envoieront aussi vers monsieur de Guise & messieurs ses freres, & autres princes catholiques, pour les supplier les assister les occasions se presentant. Et seront les estats priez de la part des catholiques de favoriser à la nomination royale, sur tous les princes catholiques, mondit sieur le cardinal de Bourbon, tant parce qu'il est prince très-catholique, ennemi des heretiques, qu'aussi il est prince François, doux, agreable & vertueux, de la race ancienne des rois de France, qui le rend très-recommandable; non comme heritier & successeur, estant trop remot en degré, mais capable d'election & de l'honneste preference pour sa religion & ses vertus.

Cette cause est si juste & favorable, que toutes les provinces & villes catholiques de ce royaume & les ecclesiastiques & la noblesse s'y joindront, veu la pureté & sincerité de nostre intention; & par ce moyen la religion catholique & cet estat, que l'on veut ruiner, seront conservez & maintenus, moyennant la grace de Dieu, sans qu'il soit à la puissance des heretiques & leurs adherans de parvenir à leurs desseins, ni à ceux qui commandent, de gaster tout doresenavant, comme ils ont fait par ci-devant.

Et pour nous assurer davantage en la deffense & manutention, tant en la religion catholique, qu'en l'estat, que Henry de Bourbon prince de Bearn, heretique relaps & excommunié, veut empieter contre tout droit divin & humain, il sera très-necessaire, advenant la mort du roy sans enfans (que Dieu ne vueille) d'advertir par bonnes & veritables instructions nostre saint pere le pape & le roy Catholique de toutes nos intentions, afin de les prévenir, & qu'au besoin sa sainteté nous assiste de sa sainte benediction, & le roy Catholique de ses forces & moyens pour une si saincte cause qui leur touche de près, voire où ils ont interest notable & principale deffense.

FORME DE SE GOUVERNER.

Le moyen, soubz la conduite de nostre bon Dieu, advisé & resolu de tenir, pour essayer en ce grand desordre qui menace de toutes parts la ruine finale de nostre religion & de l'estat de ce royaume, est de mettre un si bon ordre, que nous restablissions cette monarchie & tous les estats d'icelle selon les anciennes fondamentales loix, sans nous departir de la deuë obeïssance que nous devons au roy, tant qu'il sera catholique, ou qu'il ne se declarera fauteur d'heretiques.

Premierement c'est de faire que le plus que l'on pourra de provinces & bonnes villes de ce royaume s'unissent ensemble de forces, conseils & moyens.

Et pour y parvenir, il faut en icelles pratiquer le plus de gens de bien que l'on pourra, comme ecclesiastiques, mesmement les predicateurs, auxquels le peuple a creance, gentilshommes vertueux & de bonne vie, des officiers du roy qui ne sont encore corrompus, bons & notables bourgeois & marchands, tous gens de bien & de bonne conscience, craignans Dieu, sans crime ni reproche, afin que nous ne soions point bigarrez; lesquels n'estant point poussez d'aucune privée passion, mais du seul zele de la religion catholique, se resolvent, quand une juste occasion se presentera, d'emploier franchement leurs vies & leurs biens. Pour cet effet est besoin que les gens de bien des bonnes villes voisines ayent communication ensemble, afin qu'es occurrences ils puissent prendre advis de ce qu'ils auront à faire.

Et parce qu'encore que nostre intention soit saincte & juste, & que l'on ne la pourroit aucunement reprendre, toutesfois en un temps si chatouilleux on la pourroit sinistrement interpreter; il faut necessairement se comporter avec le secret; & pour cette occasion est besoin qu'en chaque ville on establisse un conseil de six personnes gens de bien, fideles & prudens, qui communiqueront une fois ou deux la semaine ensemble, & ausquels les lettres du dehors se rapporteront; car par ce moyen ils auront nouvelles de tout ce qui se passera. Chacun des six pourra pratiquer d'autres de mesme condition, auxquels ils communiqueront les choses qu'ils jugeront dont ils seront capables. Et pour fortifier davantage nostre parti, il faudra qu'ils essayent de pratiquer en leurs voisinages des gens de bien, de qualité, ecclesiastiques, gentils-hommes, officiers de la justice, & bourgeois les mieux vivans & de bonne reputation, afin que nostre corps soit composé des plus gens de bien des trois estats.

Et parceque les princes catholiques sont parus devant nous, & ont declaré leurs intentions & icelles manifestées, par lesquelles l'on connoist qu'ils ne tendent à autre but que celui que nous tenons; il nous faut prudemment chercher les moyens de nous joindre avec eux; & qu'eux, representant le chef, ne puissent agir sans les membres; afin que le corps soit bien uni, & qu'il ne se separe, soit de subjet, soit d'intention; car de là il arriveroit nostre ruine.

Et pour prudemment pourvoir (comme à chose necessaire) faudra qu'en nous joignant avec les princes catholiques, l'honneur du commandement leur demeure, & que la force & disposition des affaires demeure aux estats & conseil des catholiques, veu que les villes s'uniront & souldoyeront les hommes, & feront election des chefs particuliers à leur volonté; & que l'on establira cependant un conseil de gens de bien & de qualité des trois estats, par l'advis desquels les affaires se manieront en la justice & finances, dont ils connoistront souverainement; & les princes & la noblesse conduiront les affaires de la guerre & y commanderont; le tout en attendant la resolution de l'assemblée generale des estats; & que la trop grande licence ne les face oublier.

Nous estimons cet article très-necessaire, afin que les ennemis ne puissent venir à la traverse troubler nostre deliberation, d'autant qu'il est necessaire que si Dieu nous donne juste occasion & moyen de prendre les armes, l'on y mette une telle fin à cette fois, qu'il n'y faille plus retourner. Et pour cette occasion l'on fera promettre auxdits princes par serment solemnel, qu'ils ne se départiront jamais de la religion, & ne nous abandonneront en façon quelconque, comme de nostre part nous leur ferons pareille promesse, & ensemblable à la noblesse catholique qui s'y voudra joindre.

Faut que les villes particulières escrivent le plus souvent que faire se pourra au conseil estabi à Paris, afin de recevoir les instructions frequentes les uns des autres.

Pour espargner la despense le plus que l'on pourra, nous estimons que pour le commencement la levée de trois legions suffira; puisque les villes estant bien unies, nous n'avons maintenant à faire qu'une guerre deffensive.

Ne faut oublier à pourvoir à l'amas des deniers promptement, & au choix des capitaines, afin de tenir le tout prest, & que lesdits capitaines se garnissent de leurs soldats les plus fideles & gens de bien qu'ils pourront, & bien disciplinez, attendu qu'ils seront bien payez.

SERMENT DE LA LIGUE.

Nous jurons & promettons sur les sainctes evangiles, au nom du grand Dieu vivant, rigoureux vangeur du parjure, que sans nous départir de la deuë & legitime obeïssance que nous devons au roy, tant qu'il se monstrera catholique & qu'il n'apparoistra favorisant les heretiques, nous employer doresenavant franchement & volontairement, tant de nos vies, que de nos biens, pour conserver la religion Chrestienne, catholique, apostolique & Romaine, que tant d'ennemis veulent destruire, & pour conserver cette monarchie Françoise, qu'elle ne tombe en la domination de Henry de Bourbon prince de Bearn, heretique relaps & excommunié, ni de ses semblables & adherans, & l'entretenir en son entier, comme nos predecesseurs la nous ont laissée; resolus de mourir plustost, que l'heretique y commande, ni que l'estat soit desmembré, comme il tasche de jour à autre d'y parvenir. Et pour cet effet, soubz la guide de noftre bon Dieu, & par l'infpiration du Saint Efprit auteur de toute fainéteté, union & concorde, nous nous fommes ce jourd'hui affociez les uns avec les autres, par les mains des deputez cy affemblez, nos forces, nos moyens, nos confeils, avec promeffe & proteftation mutuelle de ne nous abandonner jamais les uns les autres, ains que nous nous joindrons à la deffenfe mutuelle de la moindre des villes affociées, auffitoft que de la plus grande, là où elle viendroit à eftre en peine pour raifon de la prefente affociation, ou que les ennemis de Dieu, de la religion, de l'eftat & du roy, voudront l'offenfer.

Et non-feulement nous promettons nous employer pour la confervation & deffenfe des provinces & villes affociées, bourgs & villages; mais auffi de tous autres de ce royaume qui feront recherchez & moleftez par les heretiques & leurs adherans; eftant noftre intention de deffendre tous les catholiques de ce royaume, affociez ou non affociez, pourveû qu'ils ne fe declarent nos ennemis & qu'ils n'y adhérent : defirans & voulans fur toutes chofes deffendre la religion catholique, apoftolique & Romaine, que l'on veut ofter & ruiner, pour y eftablir l'herefie & la domination de l'heretique ; & fur ce feul fubjet nous avons fait & faifons la prefente affociation.

Nous proteftons devant Dieu & les hommes qu'aucune privée paction ne nous remuë touchant les partialitez dont la France eft aujourd'huy affligée ; mais le feul zele de la confervation de noftre religion, laquelle, au jugement de tout le monde, l'on voit courir une evidente ruine de tout cet eftat, par fon démembrement tout evident, que les heretiques & leurs adherans veulent faire, fi les gens de bien & bons catholiques de ce royaume ne s'y oppofoient & n'y mettoient la main.

C'eft pourquoi nous fupplions meffieurs les ecclefiaftiques, qui ont le premier intereft en cette caufe, fe joindre d'une bonne volonté avec nous, nous aydans de leurs bonnes prieres & moyens ; & de noftre part nous leur promettons par ferment devant Dieu inviolable, que nous n'abandonnerons jamais la caufe de Dieu & de fon Eglife, & ne poferons jamais les armes (quand nous aurons efté contraints & neceffitez de les prendre) jufques à ce que par une affemblée generale des eftats de ce royaume catholique, nous n'ayons (autant qu'en un fiecle fi grandement corrompu faire fe pourra) remis l'eftat de l'Eglife en fes anciennes & fainétes inftitutions, privileges, honneurs, libertez & franchifes, felon les fainéts decrets & conciles generaux, mefme celui de Trente, l'emologation & publication duquel nous pourfuivrons tant qu'il nous fera poffible, pour eftre unis & incorporez infeparablement avec l'Eglife catholique, apoftolique & Romaine, qui eft la vraye & feule Eglife de Dieu.

Nous fupplions pareillement meffieurs de la nobleffe catholique de ce royaume, fe reffouvenir de ce à quoi la gloire de leurs anceftres les convie, veû qu'ils ont fi genereufement & tant de fois combatu pour la deffenfe de la religion catholique ; & fe joindre & affocier avec nous ; afin que comme ils font élevez d'un degré plus haut, ils nous monftrent auffi le chemin, & nous fervent de guides, chefs & conduéteurs pour conferver la religion catholique, apoftolique & Romaine & la patrie commune, contre l'entreprife & violence des heretiques, & empefcher leur domination ; & en ce faifant nous leur promettons de ne les abandonner jamais, ains nous joindre avec eux & y employer nos vies & nos biens pour l'effet de cette prefente affociation que nous continuerons (par la grace de Dieu) jufqu'à ce que par une affemblé generale des eftats catholiques (que le roy fera fupplié faire affembler le pluftoft que faire fe pourra) on ait pourveû à ce que ce digne corps de la nobleffe, appui principal de ce royaume, après Dieu, foit mis & reftabli en fon ancienne fplendeur, & maintenu en fes merites, libertez, honneurs, prérogatives & franchifes honneftes & vertueufes ; à condition auffi que meffieurs les ecclefiaftiques & nobles nous promettent pareillement de ne nous abandonner jufques à ce que par lefdits eftats on ait pourveû à ce que la juftice foit affermie & repurgée comme elle doit, fpecialement les cours fouveraines, remplies en la plufpart de corruptions, herefies & tyrannies ; & auffi jufques à ce que l'on ait affuré & reftabli les corps & communautez des bonnes villes en leurs anciens privileges, libertez, honneurs & franchifes ; femblablement que l'on ait pourveû aux intolerables miferes defquelles le pauvre & commun peuple, nourricier de tous les autres eftats, eft aujourd'huy de de mille façons barbarement opprimé. Le tout sans nous départir de la deuë obeïssance que nous devons au roy; veu que si nostre intention, par l'aide d'enhaut, se peut accomplir, au lieu qu'il se peut dire à present le plus pauvre & mal obeï roy de la terre, on le verroit estre honoré & mieux obeï qu'autre qui vive. Le grand Dieu du ciel, qui a seul toute puissance sur les empires du monde, & qui est le scrutateur des cœurs, benisse nostre saincte intention, & la face prosperer à son honneur & gloire eternellement. *Cayet Chronologie novennaire tom.* I. *pag.* 37. *& suiv.*

DECLARATION DU ROY Henry III. pour empescher la distraction des fonds destinez au payement des rentiers de l'hostel de ville de Paris.

A M. 1588.

HENRY par la grace de Dieu roy de France & de Polongne, à tous ceux qui ces presentes verront, salut. Sur les remonstrances à nous faites par nos tres-chers & tres-amez les prevost des marchands & eschevins de nostre bonne bonne ville & cité de Paris, de la grande faute des fonds qui se trouve aujourdd'hui au payement des arrerages des rentes venduës & constituées en l'hostel de nostre bonne ville de Paris, procedant, partie de ce que nous nous sommes aydez dudit fond destiné auxdites rentes, pour nos affaires & necessitez, & partie aussi de la licence que se donnent nos receveurs & officiers comptables qui reçoivent les deniers d'icelles rentes; lesquels, au lieu de les payer & mettre ez mains du receveur de nostre ville de Paris pour en faire le payement aux rentiers, comme ils sont tenus & obligez par leurs estats, payent & acquittent d'autres assignations extraordinaires, comme dons, pensions, bienfaits, rescompenses & autres telles quelles assignations, encore qu'il n'y ait aucunes dettes & parties preferables à celles qui ont esté créées soubz la foy publique, comme sont lesdites rentes; nous suppliant pour ces causes leur vouloir pourvoir de remplacement à ladite faulte de fonds, & ordonner deffenses estre faites à tous nos receveurs comptables de convertir ne employer les deniers de leurs charges destinez au payement desdites rentes, à autres effets, soubz quelque pretexte, couleur ou occasion que ce soit, lettres de preference & descharges ou estats qu'ils puissent avoir de nous, ne obtenir au contraire, sur peine de repetition desdites sommes contr'eux & ceux qui perverstiront l'ordre dudit payement, en leur propre & privé nom; & aussi qu'il nous plust, afin d'assurer davantage le fonds desdites rentes, en confirmant par nous les contracts des engagemens cy devant faits d'aucunes fermes à ladite ville, ordonner que les baux des fermes d'icelles seroient par eux faits, en gardant les solemnitez en icelles requises: à la charge les deniers venant des plus valeurs desdites fermes, leur demeureront pour supplément de la faulte de fonds d'aucunes assignations au payement desdits arrerages, ou pour employer aprés lesdits payemens au rachapt desdites rentes. Sçavoir faisons que nous desirans à l'avenir pourvoir par tous moyens possibles à ladite faulte de fonds, gratifier nostredite bonne ville de tout nostre pouvoir, & faire ensorte que les deniers affectez au payement desdites rentes ne soient emploiez à autres effets en quelque sorte & maniere que ce soit; avons de l'advis de nostre conseil, & de nos grace speciale, plaine puissance & autorité royale, dit, declaré & ordonné, disons, déclarons & ordonnons, voulons & nous plaist, par ces presentes signées de nostre main, qu'à l'avenir ne seront expediées aucunes lettres, estats, mandemens ou provisions, pour employer les deniers affectez au payement des rentes, à autre effet; voulant, où en seroient cy aprés aucunes expediées, qu'elles demeurent nulles & de nul effet & valeur; & comme telles deffendons tres expressement à tous nos officiers, mesme à tous nos amez & feaux les tresoriers generaux de France, d'y avoir aucun égard, ne charger les receveurs generaux de nos finances de faire le contraire, quelques mandemens, charges, ou commissions qui leur puissent estre envoiées & adressées au contraire; & auxdits receveurs generaux de nos finances commis à la recette generale du clergé, receveurs particuliers de nos tailles, aydes, domaines, receveurs & autres tenus à payer quelques deniers que ce soit, pour arrerages des rentes, ez mains du receveur de nostre bonne ville de Paris, aussi d'y avoir égard, s'en penser prévaloir ou ayder pour leurs descharges, en quelque sorte ou maniere que ce soit &c. Si donnons en mandement à nos amez & feaux &c. Donné à Paris l'an M. D. LXXXVIII. *Signé:* Par le roy .... &

scellées du grand sceau de cire jaulne. *Reg. de la ch. des compt. bibl. Coislin vol. 14.*

Lettre escrite en Alleman au duc de Guyse, par les colonel & capitaines des Suisses du roy, le 14. de May 1588.

An. 1588.

TRES illustre & tres genereux prince & seigneur. Comme environ trois ans y a vostre excellence joincte en la saincte union des autres princes & seigneurs catholiques vos parens & alliez demanda un regiment de Suisses pour le service de la couronne de France, qui vous fut par la grace de Dieu heureusement mené par le colonel Loys Fiffer; nous fusmes par iceluy esleûz capitaines, & vinsmes avec nos enseignes & soldats. Mais (à nostre tres-grand regret) l'accord de reünion du mois de Juillet ensuyvant prevint nostre service. Et bien qu'il nous fallust aussi-tost retourner en noz maisons, si est-ce que dez lors nous vous sommes tousjours demeurez tres-affectionnez & tres-asseurez serviteurs, sans avoir eu aucun esgard à ce que l'on nous a sceu dire pour nous en destourner. Et depuis huict mois ayans esté depuis par ledit Seigneur Fiffer ordonnez à marcher soubz le colonel Galatz pour la garde de sa majesté & deffense de la religion catholique contre la puissante armée des Reistres Huguenots qui entroient en France, nous ne sommes jamais departis de nostre premiere intention & bonne volonté. Mais comme il a pleu à la divine providence de N. S. que cette multitude d'ennemis ait esté (par le moyen de celuy que sçavons & congnoissons bien) en partie mise en pieces & en partie en route & honteuse fuite; le roy (par la trop grande facilité de nostre colonel) nous a tousjours retenus, soubz l'esperance qu'on nous donnoit d'estre bientost envoyez contre le reste des Huguenots qui tiennent encores quelques villes, ou contre le roy de Navarre, jusqu'à ces jours passez, que nous fusmes avec ruses & artifices menez à Paris pour semblable effet, nous donnant à entendre (comme Dieu en est tesmoing) que S. M. avec V. E. & les bourgeois avoient deliberé de faire une exacte recherche de quelques Huguenots cachez dans les maisons pour quelque sedition & entreprise. Et à cette fin nous sommes saisis des principales places de la ville, sans jamais avoir eu autre intention ni volonté, jusqu'à ce qu'enfin nous avons esté duëment informez de la verité par quelques seigneurs & honnestes bourgeois, que sans vostre respect nous eussions esté (de la façon qu'on avoit commencé) tous vendus à la boucherie. A present comme nous estimions recevoir une bonne somme de deniers de quatre soldes qui nous sont deûës, le roy part de sa cour & demeure ordinaire; & ne nous faict autre chose assavoir, sinon que nous nous pouvons retirer; & pour nous licentier plus à plain, nous faict venir aux jardins de la royne, où le roy n'estant plus, nous recevons commandement de le suivre à S. Cloud; & ne le trouvant encores point, de passer en diligence jusqu'à Trappes, où ne l'ayant encores peû atteindre, nous sommes demeurez en tres-grande doute & anxieté d'esprit; & enfin resolus de retourner avec nos soldats que nous avons avec beaucoup de peine amenez jusques icy; car de passer outre, nous ne pouvons, pour trop d'incommoditez que souffre la pluspart de nous, qui n'a point d'argent, & pour n'avoir encores aucune resolution de sa majesté. Parquoy nous vous supplions, comme nostre tres-bon & tres-benin seigneur & prince, qu'il vous plaise, pour l'amitié & bienveillance que vous portez aux Cantons catholiques de nostre nation, nous faire ce bien de nous ayder en ceste nostre peine, de vostre bon conseil & advis, & nous commander ce que vous estimerez estre de besoing que nous facions, tant pour vostre service, que pour nostre payement, puisque nostre debvoir & de nos soldats le requierent de nous-mesmes; esperans tant en vostre bonté, que vous n'esconduirez point vos tres-fideles serviteurs d'une si humble requeste; ains qu'au pluftost, & si faire se peut par ce mesme porteur, vous nous ferez response & commandement par escript de ce que nous avons à faire, estant du tout resolus de vous estre & demeurer à jamais tres-asseurez serviteurs. Que si vostre excellence desire que nous retournions à Paris, ou ailleurs, pour son service, nous serons tres-aises de vous suivre avec ce qui nous reste de soldats, & plus, si besoing est, comme vos tres-obligez, qui tous les jours portons au col le present qu'il vous a pleu autresfois nous envoyer; sans faire aucun estat de ce que quelques mal affectionnez & mesdisans nous ont sceu dire; ayans jusques à present tousjours faict aperte declaration de vouloir vivre & mourir en vostre service; & que nous vous supplions d'accepter & recongnoistre,

gnoiſtre, & nous ayder & favoriſer de voſtre bonté, à ce que nous le puiſſions publier & celebrer à nos ſuperieurs & à tous nos confederez ; & que nous en ſoyons d'autant moins ſubjets à blaſme & reproche. Et ſur ce nous attendrons voſtre volonté en bonne devotion. Eſcrit en ſecret à Trappes, le 14. May 1688. *Tiré de l'imprimé, de la meſme année.*

REQUESTE PRESENTE'E A LA cour par les eſchevins & corps de la ville de Paris, contre tous gentils-hommes & autres qui empeſchent la ſaincte union & le commerce des autres villes avec celle de Paris.

An. 1589.

SUpplient humblement les eſchevins & corps de la ville de Paris, & vous remonſtrent tres-humblement qu'ils ſont advertis que quelques villes eſtant ſur les paſſages & advenuës de ladicte ville, ont eſté tellement pratiquées & intimidées par quelques officiers & gentils-hommes qui s'y ſont retirez, que contre le ferment qu'ils ont faict de vivre unis avec tous les autres catholiques, pour la defence de la religion & conſervation commune des perſonnes & biens d'un chacun, ils ſont en branle d'empeſcher les vivres de venir en ceſte ville, & de deffendre tout commerce & ſocieté ; qui ſeroit contrevenir à leur ſerment, & rompre par ce moyen l'amitié, ſocieté & correſpondance qui a tousjours eſté entre elles & ladicte ville de Paris, laquelle ne deſire rien plus que de vivre en amitié avec elles, ſans venir aux armes auſquelles elle ſeroit contraincte d'avoir recours, ſi leſdictes villes uſans du mauvais conſeil de telles gens, venoient les premieres à ſe déſunir & commettre quelque acte d'hoſtilité par l'arreſt du commerce des vivres ou autrement. CE CONSIDERE' ils vous ſupplient que pour eviter à tel inconvenient avant qu'il ſoit advenu, il vous plaiſe en interpoſant voſtre decret & auctorité, commander aux corps & communautés de toutes les villes reſſortiſſant ſoubz le parlement de Paris, & ſpecialement de celles qui ſont ſur les rivieres & paſſages de Seine, Yonne, Marne & Oyſe, de ſe ſaiſir ou de chaſſer tous ceux qui les conſeillent leur déſunion, & voudront empeſcher le commerce & entrée des vivres en ladicte ville de Paris. Et que pour avoir une mutuelle & entiere correſpondance entre elles, elles ayent à députer quelques bonnes & notables perſonnes audit Paris, pour aſſiſter aux conſeils & deliberations qui s'y feront & reſoudront pour le bien de la religion & de l'eſtat. Declarant dès apreſent celles qui ne voudront obeïr, enſemble tous ſeigneurs, gentilshommes, officiers ou autres quels qu'ils ſoyent, qui s'oubliant de leur devoir envers Dieu & leur patrie, ſe ont ſi hardis d'empeſcher ledit commerce & paſſage des vivres venans en ladicte ville, ou qui uſeront de voye d'hoſtilité contre les habitans d'icelle ville, parjures & infideles, & par conſequent declarez ennemis du public & de la patrie, deſcheûz de tous droicts & privileges, & indignes de la frequentation & ſocieté des hommes ; & que comme criminels de leze-majeſté au premier chef, il ſera procedé contre eux par toutes voyes à ce convenables. Et vous ferez bien. Signé, HEVERARD. *Pris ſur l'imprimé en* 1589.

DECLARATION DU ROY Henry III. contre les villes de Paris, Orleans, Amiens, & Abbeville.

An. 1589.

HENRY par la grace de Dieu roy de France & de Pologne ; à tous preſents & advenir, ſalut. Dieu qui de rien a créé l'homme à ſa ſemblance par ſa divine bonté, & touttes choſes pour luy ſervir, ce meſme Dieu a conſtitué les roys avec toutte authorité & ſouveraine puiſſance ſur les peuples qu'il leur a donnez ; pour regir & gouverner par ce bel ordre que ceux-cy obeyroient à ce qui leur ſeroit commandé, & le prince leur commanderoit ſa volonté comme à ſes ſujets; de ſorte qu'il ne ſe peult nier que qui deſobeït à ſon prince legitime & naturel, ne reſiſte à l'expreſſe parole de Dieu ; & qui ne faict ſes commandemens & ſe dit ſon fils, il eſt menteur. Or entre les roys inſtituez de Dieu, nous ſommes par ſa grace nommez très-Chreſtien, & le premier de tous les roys Chreſtiens ; & les François ont eſté remarquez par deſſus touttes les nations du monde pour les plus fidelles & les plus loyaux ſerviteurs & ſubjects à leurs roys. A cette dignité royale que Dieu par ſa grace nous a donnée, par le glaive & puiſſance pour la conſervation des bons & le chaſtiment des mauvais, nous avons adjouſté toutes les gratifications & bienfaicts, tous les octroys, conceſſions & honneurs deſquels nous avons pu decorer, enrichir & aggrandir nos villes de Paris, Orleans, Amiens & Abbeville; & ne leur avons jamais denié choſe que nous ayons pu faire à leur ſoulagement & accroiſſement, pour les contenir & eſmou-

Tome II. F ffff

voir toujours dadvantage à l'obeïssance que justement ils nous doivent. Mais comme le cheval engraissé par le soing & la despense que son maistre a employez à le faire bien penser, donne un coup de pied à son bienfaicteur, pour cette seule raison qu'il est trop gras & qu'il l'a trop bien traitté, & ne veult plus que son maistre monte sur luy, ainsi lesdictes villes de Paris, Orleans, Amiens & Abbeville, pour avoir esté de nous gratifiées par dessus les autres de cettuy nostre royaume, & leur avoir laissé trop de liberté, ont par mépris des commandements de Dieu, & par trop grande ingratitude prins les armes, & se sont esslevez contre leur roy legitime & naturel, voulant par leur desloyauté nous oster la vie & l'authorité en recompense de nos liberalitez, & pour les avoir esslevez plus qu'ils ne l'avoient merité. Et touttefois pource que la simplicité d'aucuns peut avoir esté seduitte par faulses impostures, & sous pretexte de pieté & de religion Catholique, considerant aussi l'innocence des autres qui habitent en icelles villes sans avoir eu part en si damnable conseil, afin de ne perdre point les bons par l'iniquité des mechants; touttes ces considerations jointes à nostre clemence naturelle nous auroient faict non-seulement oublier les choses passées, ains rechercher nous-mesmes ceux qui nous avoient si grièvement offensez, pour les recevoir en nos bonnes graces, & les cherir & embrasser comme nos bons & loyaux subjects, en reconnoissant leurs faultes, & faisant leurs submissions lesquelles justement ils nous doivent. Mais au lieu de se recognoistre & s'humilier comme gens abandonnez de Dieu par le mespris & desobeïssance faicte à son exprès commandement, & par la felonie & attentat qu'ils ont commis contre leur roy legitime & naturel, ils ont vomy leur rage contre nostre authorité, contre les evesques, prelats, magistrats, noblesse & toutte sorte de gens sans aucune distinction ny consideration de qualité ou de crime, seulement pour ce que obeïssants à l'expresse parole de Dieu ils estoient fidelles à leur prince., & ne vouloient pas comme eux estre infidelles & rebelles à Dieu & à leur roy; jusques à avoir faict mourir & par violence desmiz des curez de leurs charges, pour avoir seulement exhorté le peuple à prier Dieu pour leur roy. Et comme lesdictes villes sont extrèmes en leur desloyauté, felonnie & rebellion, aussy n'ont-elles jusques à cette heure oublié ny pardonné à une seule espece de barbare cruauté, jusques au sacrilege; & feront encore pis, s'il n'y est pourveû par chastimens dignes de leur felonnie & detestable rebellion. Nous, A CES CAUSES & autres bonnes & justes considerations à ce nous mouvants, avons par l'advis des princes de nostre sang, cardinaux, prelats, seigneurs & autres de nostre conseil declaré & declarons par ces presentes signées de nostre propre main, lesdictes villes de Paris, Orleans, Amiens, Abbeville & touttes les autres, si aucunes y en a qui les assistent, descheûês de tous les estats, offices, honneurs, pouvoirs, gouvernements, charges, dignitez, privileges, prerogatives, dons, octrois & concessions quelconques qu'ils ont par cy-devant eû de nous & des roys nos predecesseurs, & lesquels nous avons revoquez & revoquons dès à present, & les avons declarez & declarons rebelles, atteintes & convaincuës des crimes d'attentats, felonnie & de leze-majesté au premier chef; voulons que comme telles il soit procedé contre elles & tous ceux qui y habitent & les assisteront de vivres, conseil, confort, ayde, forces ou moyens, & contre leur posterité, par touttes les voyes & rigueurs des ordonnances faictes sur lesdicts crimes: sauf si dans le quinziesme jour du mois de Mars prochain ils recognoissent leur faulte, & se remettent en l'obeïssance que justement ils nous doivent par le commandement & l'expresse parolle de Dieu, contre laquelle ils ne se peuvent dire Chrestiens. Enjoignant sur les mesmes peines aux officiers de nos cours de parlement, chambre des comptes, generaux des aydes, chancellerie, bureaux de nos finances, chambre des monnoyes, sieges presidiaux, baillages, seneschaussées, prevostez, elections & autres corps & compagnies, tant de judicature que de finance, huyssiers, nottaires & sergents, & generalement à tous autres officiers qui sont esdictes villes, d'en sortir incontinent après que ces presentes seront venuës à leur cognoissance par quelque voye & maniere que ce soit, pour se rendre auprès de nous ou autres lieux qui leur seront par nous ordonnez, & illec rendre la justice à nos subjets, & faire les autres fonctions de leurs charges; l'exercice desquelles nous leur avons interdict & deffendu, interdisons & deffendons auxdictes villes, ensemble toute cour, jurisdiction & cognoissance: declarant dès à present présent nul & de nul effect & valeur tout ce qui sera par eulx faict, geré & attenté contre & au prejudice de cesdictes presentes ; par lesquelles nous mandons au premier de nos huyssiers, sergens ou autres officiers que cesdictes presentes ils leur signifient, soit en corps ou en particulier ; & où il n'y auroit seur accez, voulons & nous plaist que la signification ou affiches qui en seront faictes aux portes, murailles & fauxbourgs desdictes villes par le premier de nos trompettes, & où il n'en pourroit approcher pour cet effect, au plus prochain bourg ou village, vaille & soit de telle force & vertu, comme si elle estoit faicte à leurs propres corps, compagnies & personnes, faisant inhibitions & deffences à tous nos subjets de poursuivre ezdictes villes, pardevant icelles cours, sieges & officiers, aucune expedition, soit de justice ou autrement, à peine aussy de nullité, & d'estre declarez fauteurs & adherans desdicts rebelles, seditieux & desloyaux. Mandons en outre & adjurons tous nos bons, fideles & loyaux subjets, de quelque qualité & condition qu'ils soient, par la fidelité que justement ils nous doivent, & que Dieu & leur honneur leur commandent, & par les cendres & la memoire de leurs peres, lesquels par tant d'années & avec tant de peines, de sueurs & de travaux leur ont acquis ce precieux tresor & nom immortel de tres-fideles à leur roy, qu'en cette affaire de telle importance qui est la conservation ou la ruine, non seulement de nostre authorité, mais de la religion Chrestienne, de l'estat & d'eux mesmes, ils ayent à courir sus auxdicts traitres & rebelles, & à nous assister & se rendre auprès de nous au premier mandement qu'ils en auront, pour chastier ceux qui voudront perseverer en leur trahison, & remettre nostre authorité, ensemble nostre estat, en leur premiere splendeur & dignité, à l'honneur de Dieu, conservation de nostre religion catholique, apostolique & Romaine, & soulagement de nos subjets ; à quoy nous sommes resolus d'employer tous nos moyens, & nostre propre vie. Et affin qu'aucun n'en puisse pretendre cause d'ignorance, nous avons ordonné & ordonnons que cesdictes presentes seront leües & publiées par touttes nos cours souveraines & sieges royaux qui sont du ressort dudict parlement. Car tel est nostre plaisir. En tesmoing de quoy nous avons faict mettre nostre scel à icelles, affin que ce soit chose ferme & stable à tousjours. Donné à Bloys au mois de Febvrier, l'an de grace M. D. LXXXIX. & de nostre regne le XV. Signé HENRY ; & plus bas : Par le roy, RUZE' ; & scellé du grand sceel de cire verte sur lacs de soye rouge & verte.

Leües, publiées & enregistrées, ouy & ce requerant le procureur general, de l'exprès commandement du roy. Faict au grand conseil à Vendosme, le XIV. jour de Febvrier, l'an M. D. LXXXIX. Tiré des registres du grand conseil.

EDIT DU ROY HENRY III. portant translation du parlement & de la chambre des comptes de Paris en la ville de Tours.

HENRY par la grace de Dieu roy de France & de Pologne ; à tous presens & à venir, salut. Comme pour le grand bien & commodité de l'administration & exercice de nostre justice souveraine, & pour le soulagement de nos bons & loyaux sujets, nous ayons par nostre edit du present mois, pour les raisons amplement deduites en iceluy, revoqué nostre cour de parlemenr, chambre des comptes, generaux des aydes, chancellerie, bureaux de nos finances, chambre des monnoyes, sieges presidiaux, baillages, senechaussées, prevostez, eslections & autres corps & compagnies, tant de judicature que de finance, huissiers, notaires & sergens, & generalement tous nos autres officiers & justiciers qui souloient exercer leurs charges ès villes de Paris, Orleans, Amiens, Abbeville & tous les autres qui les assistent : lesquelles nous par leur felonnie & rebellion avons declaré descheües de tous estats, offices, honneurs, pouvoirs, gouvernemens, charges, dignitez, privileges, prerogatives, dons, octroys & concessions quelconques qu'ils ont par ci-devant eües de nous & des roys nos predecesseurs ; il est besoin maintenant pour l'establissement de nostre cour de parlement & chambre de nos comptes, les remuer & transferer en quelque lieu propre pour cest effect, & où nos officiers puissent en toute seureté, liberté & à la descharge de leurs consciences rendre là justice à nos sujets, & faire les autres fonctions de leurs charges ; ne pouvant faire meilleure election que de nostre ville de Tours, tant pour ce qu'elle est fort commode & propre pour cest effect, que pour la fidelité & affection que les habitans d'icelle ont tousjours montré

AN. 1589.

avoir au bien de nos affaires & service; & comme l'infidelité & rebellion des unes & leur privation honteuse de nos bienfaits & honneurs, doit estre l'accroissement & servir de lustre à la fidelité des autres, lesquelles au milieu de tant de trahisons descouvertes en cestui nostre royaume sont demeurées fermes en la loyauté que justement elles doivent à leur roy legitime & naturel; nostredite ville de Tours pour sa très-grande fidelité s'est rendue digne de nos bonnes graces, & de telle recommandation à la posterité qu'elle a justement merité d'estre decorée des principales marques d'honneur. Nous à ces causes, par l'advis des gens de nostre conseil, & par edit perpetuel & irrevocable, avons transferé & transferons par ces presentes signées de nostre propre main, nostredit parlement & cour de Paris & tout ce qui en depend qui souloit estre en ladite ville de Paris, en nostre ville de Tours pour y seoir & exercer d'ores en avant la justice en toutes leurs charges, tout ainsi & en la mesme authorité, ressort & souveraineté qu'il se souloit faire en ladite ville de Paris; ordonnant & très-expressément enjoignant à tous nos officiers de nostre cour de parlement de Paris, de quelque qualité qu'ils soient, de se rendre en icelle nostre ville de Tours dans le quinziesme jour du mois d'Avril prochain, sur peine de perte de leurs gages & privation de leurs estats, horsmis ceux qui sont detenus en prison pour s'estre montrez fideles à leur roy legitime & naturel. Enjoignons aussi en outre aux greffiers civils & criminels & des presentations, de faire porter en ladite ville de Tours dedans le mesme temps, tous les registres necessaires, avec les procedures civiles & criminelles, procez & productions des parties, pour y estre procedé à l'instruction & jugement des procez; avec inhibitions & deffenses très-expresses à tous huissiers & sergens de donner aucunes assignations aux parties, pour comparoir au parlement dudit Paris ni ailleurs de son ressort, qu'en nostredite ville de Tours, sur peine de faux, nullité de leurs exploits, privation de leurs estats, & de tous despens, dommages & interests des parties; & à icelles de comparoir audit Paris ni ailleurs que pardevant nostredit parlement & cour des pairs seant en ladite ville de Tours, sur semblables peines & d'estre declarez rebelles & criminels de leze-majesté. Et pour gratifier encore davantage nostredite ville de Tours selon son merite, nous avons voulu & ordonné, voulons & ordonnons & nous plaist que nostre chambre des comptes qui souloit estre audit Paris, soit aussi transferée & establie en nostredite ville de Tours, pour les mesmes considerations. Mandons aux presidens, maistres, auditeurs de nos comptes & autres nos officiers d'icelle, qu'ils ayent à se rendre audit Tours, sur les peines ci-dessus, pour y exercer leurs charges comme ils avoient accoustumé audit Paris. Enjoignons aux gardes des livres d'y faire porter tous les estats, comptes & registres dont ils ont la charge; avec expresses inhibitions & deffenses à tous nos officiers comptables qui souloient aller en nostredite chambre des comptes de Paris, d'aller pour la reddition de leurs comptes ailleurs qu'à Tours, où nous l'avons transferée & establie. Si donnons en mandement à nostre très-cher & feal conseiller le sieur de Monthelon garde des sceaux de France, & à nos amez & feaux les gens de nos cours de parlement, & à tous nos autres justiciers & officiers qu'il appartiendra, que nos presens edit, declaration, translation & establissement, ensemble tout le contenu cy-dessus ils entretiennent, gardent & observent, & facent de point en point entretenir, garder & observer, lire, publier & enregistrer: cessans & faisans cesser tous troubles & empeschemens au contraire; car tel est nostre plaisir. Et afin que ce soit chose ferme & à tousjours stable, nous avons fait mettre nostre scel à cesdites presentes. Donné à Blois au mois de Fevrier, l'an de grace M. D. LXXXIX. *Signé*, HENRY ; *& sur le reply*: Par le roy, RUZE ; *& scellé du grand scel de cire vert, en lacs de soye rouge & vert.*

Leûes & publiées & enregistrées, le roy seant en son lict de justice, oüy & ce requerant son procureur general, à Tours en parlement le XXIII. jour de Mars M. D. LXXXIX. *Signé*, MAIGNEN.

Il est ordonné, ce requerant le procureur du roy, que l'edit de sa majesté portant la translation & establissement de la cour de parlement qui souloit estre à Paris, à Tours, sera registré au greffe de la cour de ceans, pour y avoir recours si & quand besoin sera, & publié à son de trompe & cri public par les cantons & carrefours de ceste ville de Poictiers à ce qu'aucun n'en puisse pretendre cause d'ignorance. Lequel edit aux frais & diligence du greffier de ladite cour,

JUSTIFICATIVES.

sera envoyé ès anciens ressorts & enclaves de la cour de ceans, pour y estre semblablement leû, publié & enregistré. Enjoint & enjoignons ausdits juges & officiers desdits lieux d'en certifier ledit procureur dedans quinzaine. Donné & fait en la cour ordinaire de la seneschaussée de Poictou à Poictiers, par nous Pierre Rat escuyer, conseiller du roy, son lieutenant general en Poictou & siege presidial audit Poictiers, le XXVIII. jour de Mars M. D. LXXXIX.

Le contenu cy-dessus a esté leû & publié à son de trompe & cri public par les cantons & carrefours de ceste ville de Poictiers par moy Pierre de la Cour sergent royal, &c. *Tiré des memoires de la ligue tom. 3. pag. 239.*

TRANSLATION DE LA chambre des comptes de Paris en la ville de Tours par le roy Henry III.

An. 1589.

HENRY par la grace de Dieu roy de France & de Polongne, à tous ceux qui ces presentes lettres verront, salut. Comme à l'occasion des troubles survenus en cette ville de Paris, ayons par nos lettres de declaration du present mois de Febvrier, & pour les causes y contenues, interdit nostre cour de parlement, chambre des comptes & autres cours & jurisdictions cy devant establies en ladite ville, & ordonné que nos officiers nous viendroient trouver la part où nous serions, pour faire les fonctions de leurs charges & offices ; au moyen de quoy avons advisé transferer nostredicte chambre des comptes en nostre ville de Tours, pour y estre doresenavant faict la mesme charge, tant à l'examen & closture des comptes, verification des edicts, receptions d'officiers, de foy & hommage, d'ennoblissemens, naturalitez, legitimations & autres dependances de l'ordinaire de ladite chambre. Pour ces causes voulons & ordonnons que les officiers de ladite chambre ayent à se transporter en nostre ville de Tours ; pour y transferer & establir ladite chambre de nos comptes & y exercer leurs charges & offices comme ils faisoient audit Paris, en corps de chambre, & en tel nombre qu'il est porté par nos ordonnances & reglemens sur ce faicts, aux mesmes pouvoirs, privileges, auctoritez, preeminences & prerogatives qu'ils faisoient en ladite chambre ; & ce dedans le quinziesme jour du mois de Mars prochainement venant. Voulons l'examen & closture des comptes, verifications d'edicts, receptions d'officiers, de foy & hommage, lettres patentes, ennoblissemens, naturalitez, legitimations & toutes autres expeditions qui seront par eux faictes, soient de tel effect & vigueur, comme elles souloient estre auparavant l'interdiction par nous faicte en nostre chambre à Paris. Et au cas que nosd. officiers de nostredite chambre de Paris ne se transportassent en cette ville de Tours pour nous y rendre le service qu'ils nous doibvent, nous voulons & donnons pouvoir ausdicts gens de nos comptes de commettre trois personnes pour exercer lesdits estats, en l'absence des officiers, aux gages & taxations qui leur seront par nous ordonnez. Si donnons en mandement ausdicts gens de nos comptes, que ces presentes ils fassent lire, publier & enregistrer de poinct en poinct, selon leur forme & teneur, & à nos advocat & procureur generaux d'icelles faire executer ; & à nos amez & feaux tresoriers generaux de France de faire sçavoir à tous nos receveurs, controlleurs, officiers comptables & autres dependans de leurs charges, chacun en droict soy, &c. Car tel est nostre plaisir. Donné à Blois le XXVII. Febvrier l'an M. D. LXXXIX. *Signé sur le reply* : Par le roy, RUZE'. *& scellé sur double queuë de cire jaune.*

Leûs, publiées & registrées en la chambre des comptes establie à Tours, en la presence de nosseigneus le cardinal de Vendosme, & garde des sceaux de France maistre François de Monthelon, pour ce expressement envoyez en icelle par le roy ; le procureur general d'icelluy seigneur sur ce ouy & requerant le XXIV. Mars M. D. LXXXIX. *Reg. de la ch. des comp. cotté FFFF. bibl. Coislin vol. 14.*

INSTALLATION DE LA mesme chambre des comptes, à la tresorerie de saint Martin de Tours.

An. 1589.

L'AN de grace M. D. LXXXIX. le Vendredy XXIV. jour de Mars, illustrissime & reverendissime prince monseigneur Charles de Bourbon cardinal de Vendosme, accompagné de messire François de Monthelon garde des sceaux de France, seroient venus par commandement du roy en la tresorerie monsieur S. Martin de Tours, heure de neuf à dix du matin, où estant arrivé il auroit mandé tous les officiers de la chambre

F ffff iij

des comptes à Paris, eſtant lors en icelle ville de Tours; auquel lieu ſe ſeroient tranſportez maiſtres Jehan Tambonneau & Anthoine Guyot conſeillers dudit ſeigneur en ſon conſeil d'eſtat, & preſidens en ſadite chambre ; maiſtres Louis du Hamel, Jacques de Villemor, Denis Barthelemy, Jacques le Prince, Raoul le Feron, auſſi conſeillers en icelle chambre & maiſtres ordinaires en icelle; Gilles Maupeou & Charles le Comte, auſſi conſeillers dudit ſeigneur & auditeurs en icelle ; & maiſtre Eſtienne Paſquier conſeiller & advocat general dudit ſeigneur en icelle; leſquels entrez au lieu & ſalle de ladite treſorerie preparée pour cyaprès y tenir ladite chambre des comptes qui ſouloit s'exercer à Paris, à preſent interdite, auroit ledit ſeigneur cardinal commandé de la part du roy auxdits officiers & à chacun d'iceux de prendre place ſelon l'ordre & rang qu'ils avoient accouſtumé de tenir à Paris. Ce fait, monſieur le cardinal auroit fait entendre à ladite compagnie, comme ſa majeſté lui auroit ce matin commandé de ſe tranſporter en cedit lieu avec monſieur le garde des ſceaux, pour leur faire ſavoir que le jour d'hier elle avoit en perſonne transferé & eſtabli ſa cour de parlement de Paris cy-devant interdite à l'occaſion des troubles, en cette ville de Tours ; & que ledit ſeigneur lui avoit mandé ſe tranſporter audit lieu pour faire pareille tranſlation & eſtabliſſement de ladite chambre, ainſi qu'il avoit fait dudit parlement le jour precedent. Comme auſſi mondit ſeigneur le garde des ſceaux, lequel après avoir particulierement diſcouru des cauſes & raiſons qui mouvoient ſa majeſté à faire leſdites tranſlations, monſeigneur le cardinal fit lire à haute voix, à huis ouverts, les lettres patentes en forme de declaration faites par ſa majeſté à cette fin. Lecture d'icelles faite, ledit Paſquier advocat general dudit ſeigneur en auroit requis la publication, & que ſur le reply d'icelles fuſt mis ; Luës, publiées & regiſtrées, ouy le procureur general du roy, & que copie duëment collationnée en fuſt envoiée aux treſoriers generaux de France, pour icelles faire ſavoir aux comptables & autres officiers de leurs charges, du reſſort de la chambre, ce que mondit ſeigneur le cardinal auroit ordonné, en vertu de la charge à lui donnée par le roy. Ce fait, ladite chambre, par la bouche dudit ſieur preſident Tambonneau, auroit remercié ſa majeſté enſemble leſdits ſeigneurs cardinal & garde des ſceaux, de la peine qu'ils avoient priſe & honneur qu'ils avoient fait à icelle chambre, & fait entendre que comme tres-fidelles officiers & tres-affectionnez ſerviteurs & ſubjets de ſa majeſté ils continueroient le debvoir de leur charge en toute fidelité & comme ils avoient accouſtumé. Ce fait, meſdits ſieurs le cardinal & garde des ſceaux ſe retirerent, & furent accompagnez par aucuns des conſeillers & maiſtres de ladite chambre juſqu'au bout des degrez du logis de ladite treſorerie où eſt eſtablie ladite chambre. *Ibidem.*

DECLARATION DU ROY
Henry III. portant tranſlation de la juriſdiction de la table de marbre du palais à Paris, en ſa cour de parlement eſtablie à Tours.

HENRY par la grace de Dieu roy de France & de Pologne ; à tous ceux qui ces preſentes lettres verront, ſalut. Dès le mois de Fevrier dernier, pour ne s'eſtre pas les habitans de noſtre ville de Paris voulu reduire en noſtre obeïſſance de laquelle ils s'eſtoient auparavant diſtraits , & nous rendre le devoir de bons & fideles ſujets, ainſi que nous les en aurions fait ſemondre & admoneſter, pour le deſir que nous avions d'oublier tout ce qui s'eſtoit paſſé : ains au contraire ayans continué & perſeveré en leur rebellion, attirans en ſocieté de leurs pernicieux deſſeins tous ceux de nos ſujets qu'ils auroient peû par toutes ſortes de perſuaſions & artifices ; nous aurions par noſtre edict declaré noſtredite ville de Paris & autres rebelles deſcheuës de tous eſtats, offices, honneurs , privileges, octrois & conceſſions quelconques à eux par nous & nos predeceſſeurs rois concedées, & le tout revoqué, ſi dedans le tems & contenu, ils ne ſe reconnoiſſoient & remettoient en noſtre obeïſſance. A quoy n'ayant ſatisfait, nous aurions par autre noſtre edit dudit mois de Febvrier, publié le vingttroiſiéme jour de Mars auſſi dernier, transferé noſtre cour de parlement & tout ce qui en depend qui ſouloit eſtre en ladite ville de Paris, en noſtre ville de Tours, pour y eſtre tenuë & noſtre juſtice adminiſtrée à nos ſujets en la meſme authorité, reſſort & ſouveraineté qu'il ſe ſouloit faire en ladite ville de Paris. Et d'autant que le ſiege de nos grands-maiſtres-enqueſteurs & generaux reformateurs

An. 1589.

JUSTIFICATIVES.

reformateurs de nos eaux & forests depend de nostredite cour de parlement, juge naturel de nostre domaine dont lesdites eaux & forests font partie, & ont esté de tout temps jugées pour biens immuables de ceste couronne; estant à ceste occasion besoin & necessaire faire approcher ledit siege pres nostredite cour, & administrer la jurisdiction desdites eaux & forests audit Tours, pour le ressort des appellations des maistres particuliers audit siege, & pour les reformations de nosdites eaux & forests, & observation des edits & ordonnances sur ce faites. SÇAVOIR FAISONS que nous, de l'advis de nostre conseil, avons dit, declaré & ordonné, & par ces presentes disons, declarons & ordonnons, voulons & nous plaist que la justice & jurisdiction de nosdits grands maistres enquesteurs & generaux reformateurs qui se souloit tenir en nostre palais audit Paris au siege de la table de marbre, soit d'ores en avant & à l'advenir tenuë & exercée, & ledit siege establys en nostredite ville de Tours, pour y estre jugées & decidées toutes les appellations des jugemens & condamnations desdits maistres particuliers & autres qui souloient ressortir audit Paris, y faire les reformations qui ont accoustumé d'estre faites par nosdits grands maistres ou leurs lieutenans, icelles instruire, juger & terminer suivant nos edits & ordonnances, & tout ainsi & avec le mesme pouvoir & authorité & jurisdiction qui souloit estre fait audit siege de la table de marbre audit palais à Paris; & lequel siege nous avons en consequence de nostre edit du mois de Fevrier, transferé & transferons en nostredite ville de Tours par cesdites presentes; en laquelle nous voulons que tous nos officiers dudit siege ayent à se rendre & trouver incontinent après la publication de cesdites presentes, pour y exercer leurs charges & offices, & nous rendre le service qu'ils nous y doivent, sur les mesmes peines portées par nostre edit. Si donnons en mandement à nos amez & feaux les gens tenans nostre cour de parlement establie à Tours que nos presentes declaration, translation & contenu cy-dessus ils fassent lire, publier & enregistrer, entretenir, garder & observer de point en point: cessans & faisans cesser tous troubles & empeschemens au contraire; car tel est nostre plaisir. En temoin de quoy nous avons fait mettre nostre scel à cesdites presentes. Donné à Tours ce XVIII. jour d'Avril, l'an de grace M. D. LXXXIX. & de nostre regne le XV. Signé HENRY. Et sur le reply: Par le roy, POTIER.

Leuës, publiées & enregistrées, ouy & ce requerant le procureur general du roy; à Tours en parlement le XXIV. jour d'Avril M. D. LXXXIX. Signé; MAIGNEN. *Memoires de la Ligue, to.* 3. *pag.* 274.

DECLARATION DU ROY Henry III. portant translation & establissement de la cour des aydes de Paris, en la cour de parlement transferée à Tours.

AN. 1587.

HENRY par la grace de Dieu roy de France & de Polongne; à nos amez & feaux conseillers les gens tenans nostre cour de parlement. Comme par nostre edit du mois de Fevrier dernier, & pour les causes & raisons qui y sont amplement contenuës, nous ayons revoqué nos cours de parlement, chambre des comptes, generaux des aydes, chancelleries & autres corps & compagnies, tant de judicature que de finances, establies en nostre ville de Paris; ordonné & enjoint aux officiers d'icelles d'en sortir, & se rendre près de nous dans le tems y mentionné, pour faire l'exercice de leurs charges où il leur seroit par nous ordonné; & depuis par autre edit du mesme mois, transferé & establys nostredite cour de parlement & chambre des comptes en ceste nostre ville de Tours, où elles sont seantes suivant nosdictz edictz; & que par iceluy nostredict edict de translation il ayt esté obmis faire expresse mention de nostredicte cour des aydes; au moyen de quoy vous faites difficulté de prendre cognoissance des causes qui en dependent & y sont attribuées, sans avoir sur ce nos lettres de declaration sur ce requises. NOUS A CES CAUSES, & affin de faire entierement rendre la justice à nos subjets en lieux de sur accez, & attendu que l'attribution qu'avoit nostredicte cour des aydes, a esté entierement distraite de nostredicte court de parlement, icelle avons transferée & establie, transferons & establissons en nostredite ville de Tours, & vous avons renvoyé, commis & attribué, renvoyons, commettons & attribuons toute court, jurisdiction & cognoissance des procès, matieres & differens qui estoient pendans & indecis en nostredicte court des aydes nagueres seant à Paris, & tous autres meûz & à mouvoir, dont elle avoit accoustumé de cognoistre, tant par appel des esleûs, grenetiers, que autrement, en quelque façon que ce soit ; pour iceux estre par vous jugez, decidez & terminez, ainsi que verrez estre à faire par raison. A laquelle fin enjoignons aux greffiers d'icelle court des aydes d'apporter ou envoyer incontinent par devers vous les procès, regiftres & papiers neceffaires ; faifant tres-expreffes inhibitions & deffenfes à toutes perfonnes de fe pourvoir & faire pourfuite ailleurs que pardevant vous, fur peine d'eftre declarez rebelles & criminels de leze-majefté, & de tous defpens, dommages & interefts des parties. Car tel eft noftre plaifir, nonobftant quelconques ediets, lettres & chofes à ces prefentes contraires. Donné à Tours le IV. jour de May, l'an de grace M.D. LXXXIX. & de noftre regne le xv. *Signé*, HENRY; *& plus bas*: Par le roy, RUZE, *& fcellée du grand fceau de cire jaune fur fimple queuë*.

Leûes, publiées & enregiftrées, ouy & ce requerant le procureur general du roy ; & ordonné que coppies en feront envoyées par les provinces pour y eftre leûes, les plaids tenans ; & enjoinet aux fubftituts dudiet procureur general en faire les diligences. A Tours en parlement le XII. jour de May, l'an M. D. LXXXIX. *Signé*, MAIGNEN. *Copié fur l'imprimé à Tours en la mefme année.*

LETTRES PATENTES DU ROY Henry III. portant revocation de tous les droits & privileges de la ville de Paris & autres rebelles.

AN. 1589.

HENRY par la grace de Dieu roy de France & de Polongne; à tous prefens & à venir, falut. Nous avons recherché par tous les moyens à nous poffibles de reduire & remettre par la douceur nos fubjects en l'obeiffance qu'ils nous doibvent, de laquelle plufieurs ayans efté feduits & feparez par les faux artifices & fauffes impreffions d'aucuns rebelles & perturbateurs du repos public & le noftre, fe font diftraicts ; & à cette fin nous aurions faict expedier plufieurs nos lettres patentes, portant declaration de noftre intention & bonne volonté envers eux, leur ayant donné terme & delay fuffifans (s'ils n'euffent efté du tout abandonnez de la grace de Dieu) pour fe reconnoitre & retourner au chemin, laiffant leurs deteftables & pernicieux deffeins, qui ne peuvent produire autres effects que tres-iniques & tres-prejudiciables à noftre faincte religion catholique, apoftolique & Romaine. Toutesfois voyans le peu de compte qu'ils en ont faict, mais au contraire ils fe font de plus en plus endurcis en leurs fautes, femant partout où ils peuvent le poifon de defobeiffance & rebellion, dont ils font journellement infectez & s'efforçent opiniaftrement par toutes fortes d'artifices & inventions d'attirer à eux & à leur party nos autres fubjects & ferviteurs, qu'ils connoiffent avoir encores gravé en l'ame l'honneur, l'affection & fidelité qu'ils doibvent à leur roy & prince naturel, exerceans envers nos officiers & principaux magiftrats, mefmes fur les gens d'eglife qui ne veulent leur adherer, toute forte de cruautés & inhumanités; nous avons efté contraincts à noftre grand regret, ufer de la force que Dieu nous a mife en nos mains, & de faire dreffer une groffe & puiffante armée, pour nous oppofer à une fi mauvaife & damnable entreprife, qui outre leur impieté tend ouvertement à l'extinction de noftre propre vie, fubverfion de noftre royaume & entiere defolation de nos pauvres fubjects, avec refolution de faire une telle punition & fi exemplaire de ceux qui ont meû & foutiennent cette execrable conjuration, qu'il en fera memoire à jamais. Au moyen de quoy nous aurions dejà declaré par nos lettres fur ce expediées au mois de Febvrier dernier, les habitans des villes de Paris, Orleans, Amiens, Abbeville & autres de mefme party & ceux qui les affiftent, rebelles & criminels de lezemajefté, & comme tels, defcheûs de tous eftats, offices, honneurs, pouvoirs, gouvernemens, charges, dignitez, privileges, dons, prerogatives, octroys & conceffions quelconques, qu'ils ont cy-devant eûs de nous & de nos predeceffeurs rois ; & auffi par autres nos lettres du mois d'Avril enfuivant, declaré tous les biens à nous réunis & confifquez à noftre couronne ceux qui font immediatement tenus d'icelle. Mais comme l'obeïffance & fidelité des fubjects eft tres-agreable à Dieu, de fon commandement, & le plus honorable qu'ils fe puiffent acquerir & digne de remuneration, auffi la perfidie & defloyauté eftant le vice le plus abominable qui fe puiffe commettre, & qu'on ne fçauroit affez rigoureufement chaftier, pour fervir d'une marque de trahifon & d'infamie à la là posterité; nous avons advisé d'oster encore ausdites villes perfides & rebelles & à ceux qui y resident, tant ecclesiastiques que lays, ce qui leur peut rester desdits privileges, exemptions & immunitez non assez particulierement specifiez par nos precedentes lettres & declaration. A ces causes, apres avoir meurement deliberé sur cette affaire avec les princes de nostre sang, cardinaux, prelats, seigneurs & autres gens de nostre conseil, avons en continuant & amplifiant nos susdictes declarations, dict & declaré, disons & declarons par ces presentes signées de nostre main, les villes de Paris, de Rouen, de Toulouse, de Lyon, d'Orleans, d'Abbeville, de Troyes, d'Amiens, de Nantes, de Chartres, le Mans, & toutes les autres villes de nostre royaume, qui sous la faction des ligues se sont rebellez, & ont prins les armes contre nostre authorité, & se sont distraictes de nostre obeïssance, privées, deschuës & destituées, & lesquelles nous privons, deschéons, & destituons de tous droicts, privileges, immunitez, exemptions de tailles, foires franches, marchez, octroys, jurisdictions, universitez, ensemble de tout leur patrimoine, lequel nous avons réuni & réunissons par ces presentes à nostre domaine; comme aussi nous avons revoqué & revoquons aux eglises cathedrales desdites villes les gardes-gardiennes, privileges, immunitez & droits de *committimus*; & pareillement aux abbayes, eglises collegialles, chapitres & communautez, & outre à la sainte Chapelle les droicts de regalle, & generallement tous les droicts que nous & nos predecesseurs avons octroyez ausdites eglises, villes, chapitres, abbayes & communautez, sans que ores ne à l'avenir ils en puissent plus joüir, ou les prendre en aucune sorte que ce soit. Si donnons en mandement à nos amez & feaux &c. Donné à Chastelleraut au mois de May M. D. LXXXIX. & de nostre regne le XV. *Signé*, HENRY; *& sur le reply:* Par le roy, RUZE', *& scellées du grand seel de cire verte.*

Leûës, publiées & registrées, oüy ce requerant le procureur general du roy, à Tours en parlement, le deuxiesme jour de Juin, l'an de grace M. D. LXXXIX. *Signé*, MAGNAN.

Leûës, publiées & registrées semblablement en la chambre des comptes à Tours le seiziesme Juin, l'an susdict. *Signé*, DE BARTHELEMY. *Reg. de la ch. des compt. cotté* FFFF. *bibl. Coisl. vol.* 14.

Tome II.

RETABLISSEMENT DU
sieur Aymeret en sa charge de maistre des comptes.

AN. 1590.

VEûës par la chambre les lettres patentes du roy données au camp de Mantes le vingt-deuxiesme Mars dernier, signées: par le roy, Forget, & scellées, par lesquelles & pour les causes y contenues, ledit seigneur sur la remontrance à luy faicte par maistre Pierre Aymeret conseiller du roy & maistre ordinaire en sa chambre des comptes, que depuis le jour de Noël dernier il se seroit efforcé de trouver moyen de sortir de la ville de Paris, avec grand hazard de sa personne, pour s'acheminer en la ville de Tours, & y faire le service qu'il doibt à la chambre, ainsy qu'il a tousjours desiré faire, au moyen de quoy il auroit esté constitué prisonnier & indignement traité par les seditieux, rebelles & mutins de la ville de Paris, lesquels par la priere & importunité de ses amys avoient esté contraincts l'elargir, à la charge de le representer; & que depuis ledit elargissement il a tousjours cherché moyen de sortir de ladite ville, & postposer le danger des chemins & tous autres inconveniens à l'affection particuliere qu'il a, depuis trente ans qu'il a esté receû audit estat, tant au service du feu roy, que Dieu absolve, que dudit seigneur, & que de faict il s'est acheminé avec beaucoup de danger en ladite ville de Tours, pour y exercer sondict estat; ce que ladicte chambre auroit dès lors par arrest du vingt-septiesme jour de Febvrier declaré ne pouvoir faire, attendu la declaration faicte par led. Aymeret que pendant la detention de sa personne en la ville de Paris, il auroit par force & violence faict le serment de l'union, & neantmoins ordonné que ledict Aymeret se retireroit par devers le roy, lequel par ses lettres mande à ladite chambre que ayant esté deûment cerrioré par aucuns de ses principaux serviteurs des deportemens dudit Aymeret en ladicte ville de Paris, de la bonne affection qu'il a tousjours eue à son service, elle ait à admettre & recevoir ledit Aymeret en l'exercice de son estat & office de conseiller & maistre en ladicte chambre, selon & ainsy qu'il faisoit auparavant ledict serment, lequel il ne veut luy nuire ne préjudicier, attendu que ce qu'il en a faict a esté par contraincte, ains l'en relever & dispenser,

G ggg g

en faisant par ledit Aymeret abjuration dudit serment & audit seigneur nouveau serment de fidelité qu'il luy doibt, ainsi qu'il est plus à plein contenu & declaré par lesdites lettres. La requeste presentée par ledit suppliant aux fins de verification desdites lettres, par laquelle il a esté ordonné qu'il seroit informé des faicts contenus ausdites lettres, & fidelité dudit suppliant au service du roy. L'information faicte par maistre Nicolas Vivien conseiller & maistre en ladite chambre. Autre interrogatoire faict audit suppliant, au bureau de ladite chambre, sur certains faicts & articles donnez par le procureur general du roy auquel le tout auroit esté communiqué ; & tout deûment consideré ; LA CHAMBRE a ordonné que ledit suppliant sera receu & reintegré en la charge & exercice de sondict office de maistre des comptes, aux charges contenues par lesdites lettres. Faict au bureau de ladite chambre à Tours, le x. May l'an de grace M. D. XC. Suivant lequel arrest ledit Aymeret, après les submissions par luy faictes au greffe de la chambre, a faict le serment au bureau en tel cas requis & accoustumé, lesdits jour & an. *Ibidem registre cotté* GGGG.

GRACE ACCORDÉE PAR LE roy Henry III. à Nicolas Vivian, maistre des comptes, qui avoit signé la ligue.

AN. 1589.

CE jour vingt-cinquiesme du mois de May, maistre Nicolas Vivian, conseiller du roy & maistre ordinaire en sa chambre des comptes, a faict entendre à la chambre le regret qu'il avoit eu de n'avoir pluftost pu satisfaire à la declaration & volonté dudit seigneur, qui estoit qu'il declaroit tous ceux qui ne sortiroient des villes rebelles & distraictes de son obeissance, criminels de leze-majesté, si dans le quinziesme Mars ils n'en sortoient pour le venir trouver ; & que sitost qu'il auroit trouvé la commodité de sortir de Paris, il l'auroit faict, & mesme dès le dixiesme May dernier, & rendu en cette ville le vingt-uniesme ensuivant ; & qu'il prioit la chambre n'user de la rigueur de l'ordonnance, mais le recevoir, comme très-humble subject & officier & serviteur du roy; qu'il n'a jamais eu & n'aura autre volonté. Ce que la chambre ayant entendu, luy auroient remonstré qu'au préjudice de lad. declaration ils ne pouvoient luy donner entrée en ladite chambre, & qu'il en falloit parler au roy. Et le lendemain vingt-sixiesme dudit mois, maistres Tambonneau & Guyot presidens, du Hamel, Villemor & Barthelemy conseillers & maistres ordonnez par le roy à autres affaires, auroient presenté à sa majesté ledit Vivian, lequel s'estant mis à genoux devant sadite majesté luy auroit supplié très-humblement de luy pardonner la faute qu'il avoit faicte, de n'avoir dans le temps satisfait à ladite declaration, & avoir par force & contre sa volonté signé la ligue ; lequel seigneur luy auroit commandé de se lever, luy pardonnant ce qu'il avoit faict, luy enjoignant d'exercer sa charge, & le servir fidellement en icelle. Suivant laquelle declaration dudit seigneur, la chambre l'auroit admis à l'exercice dudit office, dont ladite chambre auroit ordonné le present registre estre faict expressément. *Ibidem reg. cotté* FFFF.

ARREST DU CONSEIL general de la pretenduë saincte Union, par lequel est ordonné que vente promptement sera faicte des biens des heretiques, leurs fauteurs & adherans.

EXTRAICT DES REGISTRES du conseil general de l'Union des Catholiques.

AN. 158

SUR la requeste presentée au conseil general par les bourgeois de ceste ville de Paris, retournez de la captivité des heretiques, ceux qui sont encores prisonniers en leurs mains, & les pauvres veufves & enfans orphelins des autres bourgeois qui furent tuez le jour de Toussaints dernier en deffendant la religion catholique & ladite ville: tendant à fin de pourvoir au remboursement des rançons que lesdits bourgeois delivrez avoient payé, & que les autres prisonniers estoient contraints payer pour leur liberté, & pareillement à la recompense desdites pauvres veufves qui ont perdu leurs maris, & desdits enfans qui ont perdu leurs peres; & l'affaire meurement deliberée: LEDICT CONSEIL ayant esgard à ladicte requeste, & pour subvenir ausdicts remboursemens & recompenses, a dès à present affecté & affecte generalement tous & chacuns les biens meubles & immeubles, rentes & autres choses qui se trouveront en ceste ville de Paris & aux fauxbourgs d'icelle, appartenans aux heretiques, leurs faulteurs & adherans

JUSTIFICATIVES.

adherans & autres tenans le party contraire à la Ste. union, de quelque qualité & condition qu'ils soient. Et à ceste fin a ordonné & ordonne que les biens de ladicte qualité & nature, sur lesquels n'a encores esté procedé par saisie, seront promptement saisis à la requeste du procureur de la chambre establie au tresor. Et outre a ledict conseil specialement affecté & affecte les biens desdicts heretiques, leurs faulteurs & adherans qui se trouveront en chacune dixaine de ceste ville & fauxbourgs de Paris, à ceux de ladicte dixaine qui auront payé & payeront rançon, & aux veufves & enfans dont les maris & les peres furent occis ledict jour de Toussaincts & autres ensuyvans, jusques à la concurrence de ce que pourront monter lesdictes recompenses & remboursemens. Lesquels biens seront venduz & licitez au plus offrant & dernier encherisseur à la maniere accoustumée, & les deniers qui en proviendront, employez ausdictes recompenses & remboursemens, selon l'estat qui en sera dressé, sans qu'ils puissent estre employez ny convertis à autres usages. Pour faciliter lequel estat, ordonne ledict conseil que le plus promptement que faire se pourra, seront mis ès mains dudict procureur par les colonels & capitaines des quartiers & dixaines de ladicte ville, les roolles tant de ceux qui ont payé rançon, que de ceux qui sont encores ès mains des ennemis, & pareillement de ceux qui ont esté tuez, contenant leurs qualitez & demourances, & les sommes ausquelles a esté composé pour lesdictes rançons; pour ce faict, proceder à la confection dudict estat, ainsi qu'il appartiendra par raison. Et sera le present arrest leû, publié à son de trompe, & affiché par les carrefours & lieux accoustumez, à ce qu'aucun n'en puisse pretendre cause d'ignorance. Faict audict conseil le xx. jour de Novembre M. D. LXXXIX. *Signé* SENAULT.

Leû & publié à son de trompe & cry public par les carrefours de ceste ville & fauxbourgs de Paris accoustumez à faire cris & proclamations, par moy Thomas Lauvergnat crieur juré & ordinaire du roy nostre sire en la ville, prevosté & vicomté de Paris, accompagné de Philippes Noyret trompette ordinaire esdicts lieux, & d'un autre trompette, le Jeudy XXIII. jour d'Octobre, *l'*an M. D. LXXXIX. *Signé*, LAUVERGNAT. *Pris sur l'imprimé du temps.*

* Il y a erreur à cette date ou à la precedente.

Tome II.

DECLARATION DU CARDINAL de Bourbon pretendu roy de France, portant deffenses à tous officiers d'armées de se loger près des rivieres ez environs de Paris.

AN. 1590.

CHARLES par la grace de Dieu roy de France, à tous noz lieutenans generaux, gouverneurs des provinces, mareschaux de France, collonels, mareschaux de noz camps & armées, maistres de camp, chefs & conducteurs de noz gens de guerre, tant de cheval que de pied, de quelque langue & nation qu'ils soyent, mareschaux des logis, commissaires ordinaires de nos guerres & autres ordonnez à la conduite desdicts gens de guerre, & à faire le departement de leurs logis & garnisons, & à tous autres noz subjects & autres estans à nostre solde & service, ausquels ces presentes seront montrées, salut. Pour eviter & remedier aux pillages & destroussemens qui adviennent des vivres, marchandises & commoditez qui se portent en nostre bonne ville de Paris, nous avons resolu qu'il n'y aura plus aucuns gens de guerre logez de deux à trois lieuës loing des rivieres proches de lad. ville & hors des grands chemins d'icelle. A CES CAUSES, nous vous deffendons très-expressement par ces presentes sur peine de desobeïssance, de plus bailler ny donner ausdits gens de guerre aucun departement de logis en ville, bourg, village ou lieu quel qu'il soit, qui ne soit à deux ou trois lieuës loing desdictes rivieres proches de nostre bonne ville de Paris & hors des grands chemins d'icelle, soit pour y sejourner & tenir garnison, ou seulement pour y loger en passant pays; afin que par ce moyen icelle ville qui est la capitale de nostre royaume, puisse recevoir autant de commoditez que nous luy en desirons. Permettant à nos très-chers & bien amez les prevost des marchands & eschevins d'icelle, de faire publier & afficher par tout où besoing sera, nostre presente deffence, à ce qu'elle soit notoire à tous, & que nul n'en puisse pretendre cause d'ignorance. Et où il adviendroit qu'elle fust enfrainte par lesdicts gens de guerre, nous voulons & entendons qu'il soit couru sur eux, & soyent corrigez exemplairement, suyvant les reglemens des feus rois noz predecesseurs, & ce qui a esté cy-devant accordé ausdits prevost des marchans & eschevins. Parquoy gardez bien de contrevenir à nostre prefente volonté & intention. Car tel est nostre plaisir. Donné à Paris le XXIX. jour de Janvier, l'an de grace M.D.XC. & de nostre regne le premier. *Au bas estoit escript :* Par le roy, estant monseigneur le duc de Mayenne lieutenant general de l'estat & couronne de France. *Signé* DEBRAY. *& scellé du grand sceau de sa majesté en cire jaulne. Pris sur un imprimé du temps dans un recueil de la bibliotheque de saint Germain des Prez.*

LETTRE DU ROY HENRY IV. aux habitans de Paris.

AN. 1590.

MANANS & habitans de nostre ville de Paris; parceque vous avez pu demeurer estonnez de ce que nous avons revoqué le passeport que nous avons premierement accordé à ceux que vous aviez deputez pour aller trouver le duc de Mayenne, & que nous ne doutons point que ceux qui souz les faux pretextes de religion & de liberté, vous ont precipitez aux extremes perils où vous estes, & qui ne fondans plus leurs esperances que sur vos desespoirs ne taschent maintenant sur ce sujet que de vous desesperer de trouver jamais en nous aucune grace & clemence; nous avons bien voulu vous faire ceste-cy, pour vous informer premierement que la principale cause que nous avons eu de revoquer led. passeport, a esté pource que nous avons veu dans une lettre de l'un qui tient des premieres charges d'entre vous, laquelle a esté interceptée & que nous avons fait voir ausdits deputez, comme le subject de leur legation estoit tout autre que celuy que l'on nous avoit fait entendre qu'il debvoit estre, & que ce n'estoit que pour aigrir & envenimer les affaires, au lieu d'y apporter remede & temperament, comme ils disoient que c'estoit leur charge & intention; de laquelle ayant ce tesmoignage en main si contraire, nous ne les avons plus estimez dignes de la seureté qu'ils nous avoient faict demander pour leurdict voyage : n'estant raisonnable que nostre authorité leur servît de moyen à si mauvais desseins plus préjudiciables à vostre bien particulier qu'ils ne le peuvent estre au general de noz affaires. Nous avons aussi bien voulu vous declarer icy que tant s'en fault que vous deviez sur ce apprehender & craindre que nous ayons voulu par là retirer ceste particuliere affection que nous vous avons tousjours promise, qu'au contraire vous pouvez vous asseurer qu'elle nous augmente tant plus nous cognoissons qu'elle vous est très-necessaire, & que nous entendrons tousjours tres volontiers vos supplications & requestes, lesquelles meriteront de nous plus de faveur de voz seules mains, que de quelques autres intercesseurs que vous y puissiez employer ; voulant que la grace que vous recevrez, soit entierement faicte à vous, comme nous ne pouvons permettre que vous la deviez & en soyez obligés à d'autres qu'à nous. Ceux de vous qui ont eu plus de jugement, ont deu prévoir de long-temps l'estat où vous en estes ; mais vostre necessité presente en fournit maintenant aux plus simples assez pour cognoistre que la chose est irremediable. Il n'y peut avoir que les plus coupables & desesperez qui ayment mieux consentir à la ruine publique, que de souffrir que rien survive à l'effect de leur ambition, qui vous peuvent troubler en cela. La derniere description que vous avez faicte de voz vivres, doit faire la solution de toutes leurs vaines propositions. Nous sçavons comme vous quelle a esté & jusques à quelle heure vous pouvez subsister ; & sçavons davantage ce que vous ne sçavez pas, & sur quoy vous estes abusez, que le secours qu'on vous promet, est imaginaire. Le voyage que nous venons de faire, nous l'a encores mieux faict cognoistre qu'auparavant, comme vous-mesmes vous en pouvez maintenant appercevoir, puisque le duc de Mayenne se recule de vous, au lieu de s'en approcher : qui est un indice assez evident que son dessein n'est plus que à son particulier ; auquel neantmoins voyant que le temps de vostre opiniastreté luy peut grandement servir, c'est la seule raison pour laquelle il vous y entretient ; ou bien s'il luy succedoit mieux que par toute raison il ne devroit faire, pour vous pouvoir plus facilement livrer entre les mains des Espagnols, comme il est tout commun qu'il l'a ainsi trafiqué & contracté avec eux. Vous ayant bien voulu dire succintement tout ce que dessus, tant pour la descharge de nostre conscience envers Dieu, & ne laisser rien de ce qui est de nostre devoir & qui peut servir à vostre bien, que pour vous faire tousjours cognoistre le charitable soin que nous avons de vous & de vostre conservation ; & comme ne devez entrer en aucun desespoir de ne pouvoir recouvrer nostre grace, laquelle en vous reduisant à ce qui est de vostre devoir, vous sera favorable & propice ; & qu'aussi peu devez-vous avoir aucune apprehension que nous soyons pour rien innover, alterer ou changer au faict de la religion catholique, laquelle nous protestons devant Dieu de vouloir conserver, maintenir & la prendre en nostre protection avec tous ceux qui en font profession ; & souffrirons aussi peu qu'il y soit rien attenté ou entrepris que à nostre propre personne. Ce sera à vous à vous conseiller, & recourir à sa sainte bonté, à ce qu'il luy plaise vous dessiller les yeux pour pouvoir discerner ce qui est de vostre salut ou de vostre ruine, vous donner moyen de vous retirer du peril qui vous est si imminent, & vous pouvoir servir de ce peu de loisir qui vous reste, qui est veritablement bien brief, mais toutesfois encores tel qu'il vous peut servir, pourveu que vous le vouliez & n'en laissiez escouler l'occasion. Advisez-y donc de bonne heure, & faites que vostre exemple en ce faict couvre la memoire de celuy par lequel une si grande multitude de peuples se sont à vostre imitation laissez envelopper aux malheurs qu'ils souffrent, & qui leur empireront infailliblement comme les vostres. Mais si vous remettez à l'extremité, il n'y aura plus lieu de penitence ni de remede : dequoy vous n'auriez aucune juste occasion de vous plaindre que de vos mauvais conseils, & non de nous qui vous faisons assez congnoistre comme nous avons plus de soin & de pitié de vous, que vous n'avez de vous-mesmes. Donné au camp de Aubervilliers ce xv. Juin, M.D.XC. Signé, HENRY ; & plus bas FORGET. Copié sur l'imprimé du temps.

LETTRE DES PARISIENS au duc de Mayenne.

AN.1590.

Les nouvelles de l'heureux succez duquel il a pleu à Dieu favoriser les Catholiques à la premiere veuë & rencontre des armées, nous eussent apporté beaucoup de plaisir & contentement, si l'extremité des maux qui nous accablent, ne nous avoyent de long-tems rendus incapables de toute resjouissance ; & quand il nous resteroit encores quelque sentiment pour le respect du public, duquel le bien nous a tousjours esté en affection plus que le nostre propre, comme en toutes occasions nous l'avons monstré, & non en consideration de nostre parler, veu que nous en sommes reduits à ce point que pour avoir esté jusques icy nourrys de vaines esperances, nous ne pouvons plus rien esperer ; & pour nous avoir fait trop attendre, nous ne pouvons plus rien attendre qu'une extreme & calamiteuse ruyne & desolation. Nous avons esté ung temps, voire long temps plus que l'on ne se fust osé promettre, que pour estre nos forces gaillardes & le courage du peuple ferme & deliberé, nous avions toute occasion de desirer le secours & d'en esperer quelques bons effectz. Mais maintenant que les corps sont desseichez de miseres & deffaillans en langueur, les courages estans non-seulement descheuz de leur vigueur premiere, mais du tout relaschez & abattuz, nous ne pouvons plus endurer le mal ny en supporter le remede, & moings encores ce qui en une telle extremité nous peut estre desirable. Car si nous ne sommes promptement secouruz & sans remise, nous ne pouvons eviter que nous ne tombions en la puissance de l'ennemy ; ce que nous ne pouvons apprehender sans horreur, tant pour l'affection qui nous tient liez à nostre party, duquel estans distraicts ce nous sera ung tourment pire que la mort, que pour l'appehension des maulx que nous doutons en debvoir ensuivre ; & cependant nous en sommes à la veille, mais plustost sur le poinct ; tellement qu'au soir nous ne pouvons asseurer à revoir le matin, ny le matin ne pouvons prendre asseurance de parvenir jusques au soir sans tomber ès inconveniens ; dont on peut juger si ce prompt secours est necessaire. Et d'autre part quand nous serons secouruz, le mal a tant gaigné sur nous durant un si long retardement, que nous ne sçavons si avec raison nous en pouvons esperer quelque allegement ; estant tombez en ung tel mangement de toutes choses, que pour n'y avoir esté assez tost pourveu, nous ne pouvons eviter la ruine & despeuplement de nostre ville. On trouvera peult-estre estrange ce que nous vous disons, non pas ceux qui dans nostre ville voyent tous les jours les ruës pavées de morts, les murailles bordées de languissans, les portes pleines de mandians, la pauvreté assaillant les bonnes maisons, les peres & meres deplorez & plaignans la langueur de leurs enfans ; voyant aussi le prix excessif des viandes dont on souloit avoir horreur ; qui recognoissent aussi les plus extremes miseres desquelles ayt jamais esté assaillie une pauvre ville detenuë d'un long siege ; & brief qui ne voyent rien qu'une face hideuse en toutes sortes plus que la mort mesme. Ceux là, dis-je, jugeront nostre debilitation estre telle, que par aucun ny par aucuns moyens humains nous ne pouvons estre restaurez; & si par un remede tardif l'on peut encores apporter quelque reste de vie & quelque durée à ce corps deffaillant & debilité, nous pouvons dire certainement que ce sera plustost un prolongement de langueur qu'une restitution de santé. Et à la verité il semble que ceux qui nous ont laissé tomber en ceste extremité, nous estiment de bien peu d'usage, & que l'on n'ayt pas beaucoup de soucy que nous tombions en la possession de l'ennemy, pourveu que nous y tombions si affoibliz que nous luy soyons plustost à charge que à commodité. L'acheminement des affaires nous faict croire que l'on ne s'est gueres eslongné de cette proposition, encores que jusques à present n'y ayons voulu adjouster foy. Si le salut de l'ame ne nous eust plus commandé que du corps, & si la conservation de la religion ne nous eust esté plus chere que celle de nostre ville, nous n'eussions non plus manqué de regles d'estat pour nous sauver, que l'on a fait à nous perdre, voire aussi certaines & infaillibles, comme sont faulces celles que l'on peut prealleguer à nostre ruyne, souz couverture de l'avenement du party; si est-ce que on ne peut nier qu'il n'apporte un grand avancement aux affaires de celuy qui s'en rendra le maistre, pour l'honneur & la reputation. C'est pourquoy douteux si nous nous devons rendre pour la conservation de nostre particulier, ce que nous ne pouvons en ayant esgard à la conservation de la religion, du party & de l'honneur de ceux qui en ont la principale conduite, par les mesmes prieres & conjurations que nous avons faictes cy-devant, nous ne requerons qu'un secours presentement pour ceste pauvre ville, qui de riche, plantureuse, abondante, voire regorgeante à toutes choses, s'est pour la constance & fermeté avec laquelle elle a soustenu la religion, renduë pauvre, miserable & denuée de toutes choses. Autrement il se faut asseurer que plustost que l'on ne pense, on la verra ruynée. Si on la juge de peu d'importance en soy, si du moins doibt-on penser qu'elle importe beaucoup, en ce que sans doute elle ensevelira en sa ruyne ce qu'il y a de reste de religion en France, ce qui reste de reputation en ce party, & l'honneur acquis par tant de merites du plus grand, genereux & indomptable prince de la Chrestienté. Le cinquiesme Aoust, à dix heures du soir. *Copié sur un imprimé du temps, dans un recueil de la bibliotheque de S. Germain des Prez.*

LETTRE DE LA DUCHESSE
de Mayenne au duc de Mayenne son mary.

MOnsieur, vous sçavez comme nos deputez ont esté refusez d'aller vers vous, & qu'on veut qu'il soit traicté en particulier pour ceste ville, attendant, ce dit-on, un traicté general avec vous, & que si dans cette semaine on ne le prend au mot, que le terme passé nous n'attendrons que toute la rigueur qu'on peut esperer d'un cruel ennemy. Or, monsieur, je voy tout le monde si abattu de miseres qu'ils souffrent, qu'ils n'en peuvent plus. Tout ce que nous avons peu obtenir, est d'attendre cestedite semaine où nous sommes. Si le duc de Parme n'est avec vous dans ce temps-là, ne nous abusez plus au nom de Dieu, & nous mandez ce que nous ferons, parce qu'il ne nous faut plus de parolles; & par necessité il faut que nous soyons perdus, pour avoir obey. Advisez quel contentement cela vous apportera; quant à moy, s'il vous sert de quelque chose, je tiendray ma vie pour bien employée; mais au moings ayez pitié de ce que vous avez mis au monde, qui courons tous si grand fortune sans le meriter; & croyez que nous sommes tous perdus, si dans ce tems vous n'estes joints. Si cela n'est, mandez ce que je feray, & ne remettez plus, car on ne croira plus rien, & tout le mal tombera sur ceux qui vous touchent. Pensez en quel estat nous pouvons estre. Dieu nous vueille ayder à tous. Ce septiesme Aoust. *Ibidem.*

ARTICLES ACCORDEZ
& jurez entre les confreres de la confrairie du saint nom de Jesus, ordonnée en l'eglise messieurs S. Gervais & S. Prothais de la ville de Paris & autres eglises de ladite ville, pour la manutention de la religion catholique, apostolique & Romaine.

NOus protestons devant Dieu & ses anges que la seule conservation de nostre religion catolique, apostolique & Romaine nous inhorte & faict resoudre d'entrer & perseverer, moyennant la grace du S. Esprit, en ceste saincte

JUSTIFICATIVES.

&te confrairie du tres-augufte nom de Jefus, fans aucune efperance d'honneur mondain ou proffit particulier à nous ou aux noftres, & jurer folemnellement par tres facré corps de Jefus Chrift que unanimement nous avons receu par manducation réelle pour eftre faicts os de fes os, chair de fa chair, vouloir vivre & mourir pour la confervation & deffenfe de l'eglife catholique, apoftolique & Romaine, pour laquelle fon efpoux Jefus-Chrift a refpandu fon precieux fang, & hors laquelle perfonne ne peut eftre fauvé, felon la forme dudit ferment cy-après transcripte.

Et fçachans que les entreprifes des pécheurs qui font hors d'eftat de grace, ne font agreables à noftre Dieu, ains feulement les œuvres & oraifons des juftes, & que nos forces ne dependent de nos bras, ains de la vertu que nous recevrons par la participation du precieux corps & fang de noftre redempteur, qui eft la faincte & facrée table que Dieu nous a preparée pour nous rendre forts contre nos ennemis, difant le prophete royal: *Parafti in confpectu meo menfam, adverfus eos qui tribulant me*; pour nous rendre dignes d'executer nos faintes entreprifes en l'honneur de Dieu & confervation de fon eglife, nous promettons nous difpofer à eftat de grace, nettoyans & purifians fouventesfois nos ames & confciences par le falutaire facrement de penitence, & de nous fortifier par la frequente participation du corps & fang du fils de Dieu, & particulierement de communier enfemble avec nos autres confreres, chacun en fa paroiffe les premiers Dimanches de chacun mois, ou tel jour que la confrairie en advifera & ordonnera; & outre nous trouver chacun premier Jeudy du mois à la proceffion, meffe & predication qui fe fait & fera moyennant la grace de Dieu en ladicte eglife S. Gervais à Paris, s'il n'y a legitime empefchement.

Et pour nous conferver en ce bon eftat, nous promettons tous les foirs en nous couchant faire un examen de toutes nos actions, demander mifericorde & pardon de tout ce que nous aurons commis contre les commandemens de Dieu, & offrir tres-ardentes prieres pour la confervation & augmentation de noftre confrairie à l'honneur de Dieu & falut de nos ames.

Et d'autant que tout noftre appuy eft fondé fur la vertu & puiffance du precieux corps de noftre Seigneur, nous promettons que la premiere chofe que nous ferons entrans en l'eglife, fpecialement les Vendredys de chacune fepmaine en memoire de la paffion de noftre Sauveur, fera de nous prefenter devant le grand autel au deffus duquel repofe le corps de noftre Dieu, ou devant le faint ciboire, à celle fin de prier ardemment pour la confervation de la foy catholique, extirpation des herefies, confufion des heretiques & falut de nos confreres.

Et à caufe que nulle congregation peut longuement fubfifter fans obeïffance, nous jurons de vivre & mourir en la foy catholique, apoftolique & Romaine, foubz l'obeïffance de noftre S. pere le pape vicaire & lieutenant de Dieu en terre, monfieur noftre evefque de Paris & nos autres fideles fuperieurs ecclefiaftiques, & de noftre roy tres-Chreftien Charles X. monfeigneur le duc de Mayenne fon lieutenant general, nos princes & feigneurs de la faincte union.

Et cognoiffant que après la pieté qui eft la premiere colomne de la republique Chreftienne, la juftice eft la feconde, *& fine qua regna nihil funt*, dit faint Auguftin, *nifi latrocinia magna*: c'eft à dire, fans laquelle les royaumes ne font que retraites de voleurs & brigands; nous promettons la maintenir en ce qui nous fera poffible, & honorer les adminiftrateurs d'icelle, tant des cours fouveraines que des autres fieges, & fpecialement ceux lefquels fans diffimulation ni feintife fe monftreront par bons effects fideles zelateurs de la religion catholique, apoftolique & Romaine, & entiers pour faire obferver & executer les edicts & arrefts de la faincte union contre tous les adverfaires d'icelle, de quelque qualité qu'ils foient, & qui ne favorifent en forte que ce foit le party contraire.

Et pour monftrer noftre ardente affection envers noftre roy tres-Chreftien en fa tres-injufte captivité, nous promettons de procurer fa delivrance, enfemble de tous les autres princes, feigneurs & fideles catholiques emprifonnez pour la deffenfe & manutention de la religion catholique, apoftolique & Romaine, par tous moyens qui nous feront poffibles, fans efpargner ni nos biens ni nos vies; & pour ce effectuer, nous employer tous à fupplier nos princes & fuperieurs de demander l'ayde & fecours de tous les princes catholiques de quelque nation qu'ils soient, & specialement du roy Catholique qui souvent par effect & nouvellement en ceste presente necessité a soulagé la France contre les heretiques.

Et d'autant que le glaive civil & authorité temporelle tombant entre les mains d'un prince heretique, est tres-pernicieux, & ne peut tendre qu'à la ruyne & subversion de l'eglise, à la perte & damnation des ames, comme l'Angleterre, Ecosse & autres pays heretiques nous peuvent servir d'exemple : à celle fin que ce royaume qui jusques icy a retenu ce beau & excellent titre de tres-Chrestien, ayant estably nostre foy en plusieurs regions, ne perde ce joyau precieux par le malheureux regne d'un prince heretique, nous promettons pareillement jurer par le serment faict à nostre baptesme, de ne recognoistre jamais pour roy aucun prince heretique, nommément Henry de Bourbon pretendu roy de Navarre, relaps & excommunié par nostre S. pere le pape, & auparavant le massacre des princes catholiques commis en la ville de Blois, declaré incapable de ce royaume par les trois estats tenus en ladite ville de Blois: ni prester consentement à aucun traicté de paix, alliance, reconciliation, tresve ou suspension d'armes avec luy ou autres heretiques, comprenant en ce nombre tous leurs fauteurs & adherans, mesme ceux qui se disent catholiques, pendant qu'ils suivent le party contraire.

Et parce que nostre confrairie ne pourroit subsister s'il n'y avoit quelques chefs de creance, gens de bien, tels recogneuz, famez & renommez entre les confreres, ausquels l'on porte l'obeïssance qui leur est deuë, nous promettons que nous donnerons nostre suffrage pour l'election desdits chefs & superieurs sans faveur ou passion ; & iceux estant esleûs, nous les honorerons, leur obeyrons & executerons promptement ce qui sera arresté & ordonné par eux deûment convoquez au nombre de dix pour le moins, ou par toute l'assemblée de nos confreres, sans prendre autre cognoissance de cause. N'entendans toutesfois lesdicts confreres negliger ny distraire de l'obeïssance deuë aux juges & magistrats ordinaires, ains leur obeyr en ce que Dieu & le devoir de Chrestien les y oblige.

Et à cause que lesdicts superieurs seront infiniment chargez d'affaires, nous autres desirans les soulager, & comme membres de ce corps conspirer mutuellement à la conservation d'iceluy, sçachant à nostre grand regret qu'il y a une infinité de personnes qui ne veillent à autre fin sinon que pour le ruyner & perdre, & à ceste occasion attirent par intelligences nos ennemis jusqu'aux portes de ceste ville de Paris, à nostre grande confusion & danger de nos vies, comme depuis nagueres est advenu le jour de Toussaincts, auquel nos concitoyens docteurs en theologie, avec autres ecclesiastiques & bons bourgeois de ceste ville, furent malheureusement esgorgez, tuez & massacrez, pour n'avoir esté decouvertes leurs conspirations & trahisons, & pour ne s'estre trouvé force bastante & prompte pour secourir les nostres, afin que d'oresnavant tel desordre, inconvenient & desastre n'arrive à faute d'y avoir intelligence entre les gens de bien, nous promettons & jurons que toutesfois & quantes que besoin sera, & nosdits superieurs nous le commanderont, de nous assembler en quelque lieu qu'ils adviseront estre bon & expedient, soit jour ou nuict, avec nos armes & au meilleur equipage que nous pourrons, pour executer promptement leurs commandemens, sans espargner ni nos moyens ni nostre vie mesme, laquelle nous desirons employer pour l'honneur & religion de celuy qui a respandu son precieux sang pour nostre salut, nous estimans bien-heureux s'il nous faict tant de grace que de laver nos fautes & pechez en nostre propre sang, endurant le martyre pour son eglise.

Et pour seconder nosdits superieurs en leur bon zele, lesquels veillent sans cesse pour la cause publique & la garde de cette ville, & pour descouvrir les aguets & conspirations des partisans du Bearnois, promettons & jurons de veiller diligemment comme eux, pour descouvrir lesdites trahisons & entreprinses, & les rapporter promptement à nosdits superieurs pour y remedier, sans espargner personne, soit pere, mere, frere, sœur, parens, amis, alliez ou autres de quelque sexe, qualité ou condition qu'ils soient, & en quelque sorte & maniere qu'ils nous puissent appartenir; sçachans, comme dit l'evangile, que quiconque prefere pere, mere ou autre à Jesus-Christ & à sa cause, est indigne de luy & de son royaume celeste. Preferant donc la cause de Dieu à toute chose mondaine, sa faveur à la faveur des hommes, la vie eternelle à la vie temporelle,

porelle, nous promettons de n'espargner personne qui s'oppose directement ou indirectement à la cause de Dieu ; & jurons de n'admettre jamais par nos conseils & suffrages aucuns faux politiques ou leurs associez en quelques offices, estats ou dignitez publiques quels qu'ils soient, tant que nous vivrons : ains les empescherons par tous moyens, & procurerons l'advancement de ceux qui se sont declarez par bons effects vrays zelateurs de la religion catholique, apostolique & Romaine.

Et parce que la vraye marque que nostre redempteur a laissé pour faire connoistre les siens, est la mutuelle amour & dilection fraternelle, disant par son evangeliste : *Vous estes mes amis, si vous vous entreaymez mutuellement, comme je vous ay aymez*, nous promettons aymer d'un amour fraternel tous les confreres de nostre societé ; & s'il advient, que Dieu ne veuille, que aucun de nous ayt quelque dissension ou propos tendant à inimitié ou querelle contre quelqu'autre de nostre confrairie, nous promettons tous de les accorder ; & s'il en est besoin, aussitost en advertir nosdits superieurs ; promettant sainctement nous soubsmettre tous à leur arbitre & jugement, prests d'endurer toutes injures & calomnies pour l'amour de Dieu & sa cause.

Mais si quelqu'un des ennemys de la cause publique s'efforce d'offenser & d'attempter sur la vie, honneur ou biens de quelqu'un de nostre confrairie, promettons de lui apporter tout secours & ayde qui se pourra selon Dieu & justice.

Et au cas qu'aucun de nostre societé soit malade, blessé ou navré pour le soulagement de ladite cause, promettons chacun en son endroict luy assister & le consoler & moyenner sa guarison ; & s'il en est necessité, lui subvenir par nos moyens selon nostre puissance, ou par nostre conseil, advis ou solicitation envers tous ceux que nous cognoistrons avoir la puissance & bonne volonté de le secourir.

Si quelqu'un tombe entre les mains des ennemis, est detenu captif & prisonnier pour la mesme cause, nous procurerons & poursuivrons sa liberté & delivrance par tous moyens qui nous seront possibles.

Si quelqu'un de ladite compagnie vient à perdre la vie pour la deffense & tuition de ceste saincte cause, estans deuëment advertis, promettons assister

Tome II.

à son convoy, enterrement & obseques funebres ; & s'il est destitué de moyens, faire dire le divin service pour luy & le salut de son amé ; avancerons sa femme & enfans, s'il en a, par nostre conseil & charité, & les recommanderons à tous ceux qui auront moyen de les ayder & supporter.

Et pour eslargir le royaume de Jesus-Christ par la vertu de ce sainct sacrement par toute la terre, à la suppression du regne de l'ante-christ & ses membres les heretiques & athées politiques, nous jurons d'inviter & exhorter tous les gens de bien tant de ceste ville de Paris que d'ailleurs, qu'ils se joignent à nous pour eriger ou faire eriger ceste ou semblable confrairie par toute la France & autres pays où nous trouverons ou pourrons avoir du credit par nos amys.

Nous jurons garder & observer estroitement les susdicts articles inviolablement de point en point. Et consideré que les ennemis de nostre saincte religion veillent incessamment pour descouvrir & empescher nos sainctes deliberations, resolutions & entreprises soubs couleur d'amitié, nous jurons de ne reveler à personne de quelque qualité ou condition que ce soit, mesme à nos plus intymes amys qui ne seront de ladicte societé, ce qui sera deliberé & resolu par ladicte confrairie ou superieurs d'icelle.

Et parce que la charité est le seul lien de toute union & fraternité, & que sans icelle le royaume de Dieu ne se peut acquerir, tous les confreres qui entreront en ladicte confrairie, donneront par aumosne :

A sçavoir les riches & aisez deux escuz sol d'entrée, & la huitiesme partie par chacun moys.

Les mediocres donneront pareillement un escu, & la huitiesme partie par chacun moys.

Les simples bourgeois donneront demy-escu, & la huitiesme partie aussi chacun moys.

Les autres qui auront peu de moyens, donneront quinze souz d'entrée, & douze deniers tournois aussi par chacun moys, ou autre somme selon leur pouvoir & volonté.

Ceux qui seront du tout pauvres, & qui neantmoins seront catholiques & de bonne volonté, qui voudront exposer leur vie pour la deffense de la cause de Dieu, seront receüz, enregistrez & admis en ladite confrairie, pourveû qu'ils soient approuvez & recogneûs par les

Hhhhh

deputez du quartier où lesdits pauvres font leur actuelle demeure & residence.

Tous lesquels deniers qui ainsi seront donnez & aumosnez par lesdicts confreres, seront employez & convertis pour accomplir les œuvres de charité & misericorde, ainsi qu'il s'ensuit.

Premierement l'entretien du divin service, luminaire & ornemens & autres suffrages ecclesiastiques.

Secondement pour penser & secourir les pauvres qui auroient esté blessez & navrez pour la deffense de la religion & de la patrie.

Tiersement pour secourir & recognoistre les pauvres veufves, enfans orphelins de ceux qui pour la mesme deffence auront exposé leur vie, ou racheter les pauvres prisonniers de guerre.

Quartement pour secourir les pauvres confreres detenuz de maladie, ou reduicts en telle necessité qu'ils n'auroient moyens de gaigner leur pauvre vie.

Plus pour faire enhumer les pauvres trepassez de ladicte confrairie destituez de moyens.

Pour la recepte desquels deniers seront esleûz en chacun quartier deux desdits bourgeois confreres, gens de bien & d'honneur & bons catholiques, l'un pour recevoir, & l'autre pour tenir controlle; lesquels feront chacun un registre en la forme qui ensuit.

Celuy qui sera chargé de ladicte recepte, fera registre des noms & surnoms, qualitez & demeures de chacun desdicts confreres, & de la somme qu'ils donneront & aulmosneront; & dudict receû leur baillera à chacun un acquit ou billet contenant ledit receû, & le jour & datre de lad. reception; lequel billet sera porté par lesdicts confreres à celuy qui tiendra ledit controlle pour en faire pareil registre. Et ledit billet estant enregistré, sera rendu ausdicts confreres qui le porteront à monsieur le recteur de ladicte confrairie, qui en fera garde pour les representer lorsque celluy qui aura faict ladicte recepte, rendra son compte, afin de veoir s'il auroit obmis à faire recepte entiere de tout ce qu'il aura receû.

Seront tous ceux qui auront charge en ladicte confrairie, trimestres, fors celluy qui fera ladicte recepte, qui sera semestre, & rendra compte à la fin de son temps qui ne pourra exceder le temps de six moys.

Ne pourra ledict comptable distribuer ne delivrer aucuns deniers sans ordonnance & mandement du conseil, & retenir quittance de ce qui sera par luy payé & delivré.

Si par l'issuë de son compte il se trouve reliquataire, sera le reliqua employé en rentes au profit de la confrairie, sinon qu'il survinst quelque affaire qui meritast advancement de deniers.

Ceux qui auront ordonné de la distribution desdits deniers, ne pourront proceder à l'exmen, audition & closture desdicts comptes; ains seront iceux comptes examinez, clos & arrestez pardevant ceux qui à ceste fin seront choisis & esleûs d'entre lesdicts confreres: bien pourront lesdits sieurs du conseil deputer quelqu'un d'entre eux pour presider à ladicte audition, examen & closture de comptes.

Lesdits deux bourgeois qui seront esleûz pour parfaire ladite recepte & controlle, avant aucun exercice feront le serment entre les mains dudit sieur recteur de bien & fidelement exercer ladite charge.

SERMENT DES CONFRERES du nom de Jesus.

Nous jurons & promettons à Dieu le pere, createur du ciel & de la terre, sur le corps tres-sacré de son fils Jesus-Christ nostre redempteur que nous avons tous, puisqu'il a pleû à sa bonté, unanimement receû par manducation réelle, pour estre faicts os de ses os, chair de sa chair, esmeûs & conduicts à ce faire, comme nous croyons, par son sainct Esprit, de vouloir vivre & mourir pour la conservation & deffense de nostre religion catholique, apostolique & Romaine, & du repos de ce royaume; & pour cest effect ne souffrir ny endurer jamais aucune domination d'heretique, ains nous y opposer de tout nostre pouvoir, & employer toutes nos forces & moyens à l'extirpation des heresies, à la ruyne & extermination de ceux qui en font profession, & nommement de Henry de Bourbon pretendu roy de Navarre, manifestement relaps & excommunié par nostre S. pere, & de tous autres heretiques, sans vouloir entendre ou prester consentement à aucun traicté de paix, alliance, reconciliation, tresve ou suspension d'armes avec eux, comprenant en ce nombre tous les fauteurs & adherans dudit Henry de Bourbon, mesmes ceux qui se dient catholiques, tandis qu'ils suivront son party. Jurons & promettons aussi à ceste mesme fin de procurer

JUSTIFICATIVES.

curer par tous moyens à nous possibles la delivrance de nostre roy legitime, prince naturel, Charles dixiesme, sans y espargner noz biens ny noz vies; & attendant que Dieu nous ayt fait la grace de le voir delivré de sa captivité, rendre tout devoir d'obeïssance à monseigneur le duc de Mayenne lieutenant general de l'estat royal & couronne de France, & à nos magistrats faisans actes de bons & vrais catholiques en leurs charges. Promettons pour cest effect nous aymer, secourir & supporter les uns les autres, selon le devoir auquel nous oblige nostre conscience, par le serment cy-devant faict de la saincte union entre nous, lequel encores maintenant nous renouvellons & protestons vouloir garder selon la forme & teneur leuë & jurée au parlement de ceste ville de Paris le vingt-sixiesme jour de Janvier l'an passé 1589. comme si de poinct en poinct & de mot à mot il estoit presentement par nous juré. Que si nous descouvrons personne ou sçavons chose qui soit contraire ou prejudiciable à l'honneur de Dieu & de son eglise nostre saincte mere, du roy, de monseigneurs lesdictz magistratz, ou au repos & tranquillité du royaume, & particulierement de ceste ville de Paris, nous nous mettrons en devoir d'en donner advis à ceux qui ont l'authorité & puissance d'y apporter remede, & d'en poursuivre l'execution sans connivence ou dissimulation, sans avoir esgard ou respect de parenté, alliance ou autre consideration temporelle: & le tout sans animosité, envie ou passion humaine, ains d'un bon zele & avec toute modestie & charité Chrestienne. Ainsi le jurons de tout nostre cœur & affection devant Dieu & ses Saincts, sur le S. Sacrement d'union & sur la part que nous pretendons en paradis: le tout souz le bon vouloir & authorité du roy nostre sire, monseigneur le duc de Mayenne lieutenant general de l'estat & couronne de France, & autres princes seigneurs & magistrats catholiques. *Copié sur un imprimé du temps dans un recueil de la bibliotheque de S. Germain des Prez.*

Il est parlé de cette confrairie dans la harangue attribuée au duc de Mayenne dans la Satyre Menippée. Il est observé dans les premieres notes sur cette satyre, qu'on vit au parlement un mandement émané de cette confrairie, signé Petit, par lequel il estoit enjoint aux quarteniers d'envoyer à ce Petit un rolle des soupçonnez politiques; que ce mandement fut mis entre les mains de monsieur de Nemours, & qu'il fut ordonné au lieutenant criminel *d'en informer; mais que ce Petit ne se trouva point; & que d'ailleurs monsieur Coquely assura la cour qu'il ne viendroit point de faute de cette confrairie.*

REGLEMENT POUR LA société & congregation du saint nom de Jesus à Paris.

An. 1590.

PREMIEREMENT, sera esleû par les voix & suffrages des confreres de ladite societé ou leurs deputez, douze personnages notables, idoines & suffisans: à sçavoir quatre de l'ordre ecclesiastique, quatre de la justice & quatre de la marchandise, lesquels s'assembleront au bureau qui à ceste fin sera estably en certain lieu, pour recevoir tous les avis qui leur seront donnez de la part desdits bourgeois, consulter & deliberer sur iceux; & si besoin est, en faire humbles & gracieuses remonstrances à nosseigneurs les princes & magistratz catholiques, pour y pourvoir selon que le cas le requerra.

Et affin que les affaires soient conduites par un bon ordre, seront pareillement esleûz un advocat & un procureur ausquels sera passé pouvoir de dresser & presenter, poursuivre & intenter toutes requestes & actions requises & necessaires pour le bien & utilité de ladite societé, après meure deliberation du conseil.

Et affin qu'il ne se face à l'advenir aucune assemblée tumultueuse, sera en outre estably en chacun quartier de ladite ville deux ou trois bons & notables bourgeois de ladite societé, ausquels iceux confreres donneront leurs parolle, foy & creance, avec pouvoir de comparoir & assister à toutes assemblées & deliberations & actions & autres negoces & affaires qui se presenteront pour le bien d'icelle societé & conservation desdits confreres & autres catholiques, tant en general qu'en particulier. Lesquels deputez pourront deux ou trois fois la sepmaine, chacun en leurs quartiers, communiquer & adviser entr'eux de ce qui depend du devoir de leurs charges, & pour leur soulagement faire un departement des dizaines de leur quartier: comme par exemple s'ils ont neuf dizaines, chacun aura charge de trois; si plus, plus; si moins, moins.

Feront en outre lesdits deputez convoquer le plus souvent qu'ils pourront, chacun en leur quartier, quelque nombre moderé de bons bourgeois desquels ils sçauront la fidelité, pour leur communiquer & faire entendre les articles & ferment de ladicte congregation, les exhorter entrer en icelle avec leurs amis catholiques, & s'unir avec les autres confreres pour une si saincte & juste cause, & faire signer ceux qui s'offriront de bonne volonté, sans exclure ceux qui de leur serment & parolle promettront entretenir ledit serment & articles, & donner de leurs biens.

Lesdits deputez auront deux registres en chacun quartier, en l'un desquels sera transcripte la forme du serment desdicts confreres, pour leur faire signer, promettre & jurer en la forme susdicte; l'autre registre servira pour escrire les noms & surnoms, qualitez & demeurances des bourgeois qui auront devotion d'entrer en ladicte societé & congregation.

Auront iceux deputez le soin & solicitude de choisir & commettre un ou deux bons & fideles bourgeois d'entre lesdicts confreres en chacune des dizaines de leur charge, pour avoir soin & prendre garde selon leur pouvoir que le nom de Dieu, de la glorieuse Vierge sa mere & de ses saincts ne soit juré ny blasphemé en vain; & si quelqu'un (que Dieu ne vueille,) venoit à s'oublier tant que de commettre quelque jurement ou blasphême, s'il est de ladicte societé, sera fraternellement & charitablement repris & admonesté, selon le reglement porté par lesdicts articles generaux; & si c'est un estranger, sera deferé en justice, à ce que la punition exemplaire s'en ensuive.

Auront en outre lesdits commis charge de prendre garde qu'il ne se face aucune assemblée & conventicule illicite ou conspiration contre & au prejudice de l'honneur de Dieu, authorité de nostredict pere le pape, du roy nostre sire, monseigneur le duc de Mayenne lieutenant general de l'estat royal, & autres princes, seigneurs, magistrats & generalement de tous les catholiques, tant en general qu'en particulier, & pareillement de tenir la main & prendre garde à ce que les mandemens de justice soient executez reallement & de faict, sans acception de personne, & que les solemnitez requises par les ordonnances & arrests de la cour soient entretenues, gardées & observées.

Pareillement le jour que la compagnie sera de garde, avoir soin d'avertir les capitaines ou autres chefs qui commanderont aux portes de la ville, des omissions & fautes qui se pourroient commettre à ladicte garde, les y exhorter, & supplier tenir la main à ce que les mandemens de messieurs de la ville soient executez fidellement.

D'avantage pour descouvrir ce qui se passera contre & au prejudice de la cause publique, & du tout en donner advis fidellement & promptement ausdicts deputez par bons & amples memoires, sans y apporter aucune passion humaine ou animosité particuliere; lesquels memoires iceux deputez rapporteront au conseil dès le mesme jour ou le lendemain, afin d'y estre pourveu.

Seront en outre lesdits deputez chargez pendant ledit temps, de faire rapport fidelle audict conseil de ceux d'entre lesd. confreres qui n'auroient moyen de gaigner leur vie, pour leur estre pourveu de quelque aumosne, s'il y a fond suffisant.

Visiteront pareillement ou feront visiter les pauvres malades de ladicte societé, & en feront pareil rapport, pour y estre semblablement pourveu par prieres ou aumosnes, s'il y a de la necessité.

Seront outre lesdits deputez chargez pendant ledit temps de tenir la main à ce que les pauvres decedez soient honnestement inhumez, & le divin service celebré; voir & arrester les parties des fraiz qui auront esté faicts pour ledit convoy, enterrement & service dit & celebré pour le repos des ames des deffuncts.

Lorsque aucun d'entre lesdicts confreres sera detenu de maladie ou decedé, ses parens & amis en advertiront lesdicts deputez ou le clerc de ladicte confrairie, pour en donner avis aux superieurs, afin de faire faire prieres & oraisons pour le recouvrement de la santé du malade ou remede de l'ame du trepassé.

Sera le reglement concernant la recepte des aumosnes desdicts confreres, gardé & observé en chacun quartier, & à ceste fin esleu un bon bourgeois pour faire recepte desdites aumosnes, & un autre pour tenir controlle; & sera ladicte election faite par la diligence des deputez de chacun quartier selon qu'il est amplement descrit par les articles generaux de ladite societé.

Lesdicts deputez seront tenuz à la fin des trois mois de leurs charges, porter lesdicts deux regiftres par devers ledit clerc du confeil, pour eftre mis au coffre de ladicte congregation, & y avoir recours quand befoin fera : le tout fouz le bon plaifir, vouloir & authorité de nofdicts feigneurs les princes & magiftratz catholiques. *Ibidem.*

LETTRES PATENTES DU ROY Henry IV. en faveur du fieur le Gay confeiller au grand confeil.

AN. 1591.

HENRY par la grace de Dieu roy de France & de Navarre; à nos amez & feaux les gens tenans noftre grand confeil, falut. Les troubles qui à noftre très-grand regret ont encore cours en cettuy noftre royaume, entre autres infinis maux qu'ils ont produict outre la ruine univerfelle de la plufpart de nos bons & fidelz fubjects & ferviteurs, ont contrainct un bon nombre d'iceux nos officiers quitter & abandonner leurs maifons & fe refugier la part où ils ont eftimé trouver quelque feure retraicte, pour eviter la fureur & tirannie de ceux qui n'ont & ne peuvent prendre autre fujet de les molefter & maltraicter, que parce qu'ilz demeuroient en la fidelité & obeïffance que naturellement ilz nous doibvent. Entre lefquelz noftre amé & feal confeiller en noftre grand confeil maiftre Jean le Gay eftant forty de noftre ville de Paris trois jours après la journée des barricades, pour aller trouver noftre très-honnoré feigneur & frere le feu roy Henry dernier decedé, avec les fieurs du Peré, Bautru, Lafnier & Leubert prefidens & confeillers de noftredit grand confeil deputez afin de fçavoir la volonté de noftredit feu feigneur & frere pour faire acheminer ledit confeil là part où il leur feroit commandé; à la porte de faint Germain de noftredicte ville de Paris fe feroit lors prefenté un nommé Hatte nottaire l'un des aucteurs de ces troubles, qui auroit dict audict fupliant, pour le cognoiftre mieux qu'aucuns des deffufdicts, eftans voifins, & leurs maifons proches l'une de l'autre, qu'il eftoit fufpect, politique & plufieurs autres femblables parolles; proferant lefquelles auroit fermé la barriere de ladicte porte, mis la mefche fur le ferpentin de fon arquebuze, & tourné le canon d'icelle, comme s'il euft voullu tuer ledict fupliant & ceux de fa compagnie, comme auroient fait le femblable les autres foldats qui eftoient en garde ledict jour à ladicte porte, à la fufcitation dudict Hatte. Pour eviter laquelle fureur, auroit efté le fupliant contrainct fe retirer & prendre fon chemin par la porte S. Martin, par laquelle ils furent trouver ledict deffunct roy à la ville de Chartres, lequel leur auroit commandé faire entendre aux gens de noftredict grand confeil qu'ilz euffent à fortir de ladicte ville de Paris, pour venir tenir la fceance en noftre ville de Chafteaudun : ce que depuis ilz auroient faict. Et eftant noftredict grand confeil audict Chafteaudun fur la fin du mois d'Aouft, icelluy noftredict grand confeil auroit commis & deputé ledict fupliant, pour s'acheminer en noftre pays de Provence, pour l'execution d'un arreft obtenu par le fieur des Noyers, pour vacquer à laquelle execution, fe feroit acheminé fur les lieux où il auroit fejourné jufques au mois de Decembre enfuivant, qu'il fe feroit embarqué en noftre ville de Marfeille pour faire le voyage d'Italie, fuivant la permiffion de noftredict feu feigneur & frere; auquel il auroit fejourné jufques fur la fin du mois de Novembre enfuivant qu'il fe feroit acheminé pour fon retour en France, & trouvé en noftre ville de Lion le cardinal Cajetan, avec les trouppes duquel il fe feroit jetté, pour paffer plus feurement, & fe rendre en noftredicte ville de Paris, pour y voir & vifiter fa mere aagée de quatre-vingts ans ou environ, detenuë de maladie, & luy rendre les debvoirs que naturellement il luy doibt. Où eftant arrivé fur la fin du mois de Janvier, auroit trouvé que ledict Hatte luy auroit faict fi mauvais traictement, qu'il luy auroit faict vendre en fon abfence pour plus de cinq cens ecus de vaiffelle d'argent, vollé & defrobbé quafi tous fes meubles, & l'efpace de dix mois tenu deux chambres en la maifon aux dépens du fupliant; dequoy il fe feroit fouventefois plainct par tous les lieux & endroicts où il s'eft trouvé. Et ne pouvant porter telles indignitez & injures, & auffi que d'ailleurs il eftoit importuné de jour en jour & d'heure en heure de figner la ligue, comme ont faict plufieurs autres de nofdicts officiers, auroit envoyé par l'un de fes ferviteurs des lettres miffives à aucuns de fes amis, affin de les prier de luy envoyer un paffeport; lequel auroit porté lefdictes lettres aux chefs de la confpiration qui depuis l'auroient faict chercher par toute la ville, affin de luy faire le procez. Ce que voyant le fupliant, auroit efté contrainct vuider & fortir à l'improvifte de

Hhhhh iij

ladicte ville, environ le 15. Fevrier 1590. en la compagnie du sieur de Longueil conseiller en nostre cour de parlement, & se retirer au chasteau de Seure, où il auroit depuis faict sa residence, & assisté avec ledict sieur de Seure à la refection du pont de saint Cloud; à l'occasion de quoy, après le siege levé de nostredicte ville de Paris, ledict chasteau auroit esté entierement pillé & ravagé par nosdicts ennemis. Tellement que depuis ledict jour des barricades jusques à present il n'auroit sejourné en nostred. ville de Paris que quinze jours ou environ, pendant lequel temps il n'auroit jamais assisté au jugement d'aucuns procez jugez par les autres conseillers en nostredict grand conseil, qui sont demourez en nostredicte ville de Paris depuis lad. journée des barricades, oppiné, assisté ny esté present à aucune deliberation ny actes qui ont esté faictz en iceluy; au contraire auroit suivi l'armée avecq ses armes & chevaux, & jusques à la levée du siege de nostredicte ville de Paris, que la plus grande partie de nostredicte armée se seroit retirée par les provinces, selon & ainsy que nous leur aurions commandé; & ledict suppliant en nostre ville de Senlis, jusques à la venue de nostre très-cher cousin le duc de Nevers qui fut au mois de Septembre dernier passé, que s'en allant en Champagne par nostredict commandement, en la compagnie duquel le suppliant se seroit mis pour conduire ledict sieur de Longueil son beau-frere, que nous aurions envoyé avec ceux qui sont establis pour y tenir la chambre de justice. Où estant arrivez en toute seureté, & ne pouvant si promptement retourner à la suitte de nostredict conseil à cause des passages qui estoient occupez par nosdicts ennemis, se seroit acheminé en nostre ville de Langres avecq nostre amé & feal le sieur Leubert à present l'un de nos conseillers & maistre des requestes ordinaire de nostre hostel, & marché avecq le sieur de Chombert, soubz les cornettes des seigneurs du Chastelet & baron d'Es. Et à son arrivée seroit tombé malade d'une fiévre continue, à l'occasion de laquelle il fust allé de vie à trespas sans le secours dudit sieur Leubert & du sieur Alibour nostre premier medecin. Et sur le commencement de sa guerison fut conseillé de prendre les bains en Italie, où il seroit de rechef retourné. Et voyant qu'il estoit hors de saison, & que pour les prendre à propos il eust fallu trop sejourner sur les lieux, & aussy qu'il se portoit mieux, nous seroit venu trouver en nostredicte ville de Senlis au mois d'Apvril dernier passé, où il nous auroit faict entendre ce que dessus, & qu'il desiroit se retirer la part où estoit la sceance de nostredict grand conseil, pour y faire le service qu'il nous doibt. Et d'autant que nous sommes suffisamment asseurez par le bon temoignage qui nous a esté rendu de son debvoir & service; A CES CAUSES, sans vous arrester à son absence & au deffault qu'il pourroit avoir faict en l'exercice de sondict estat, ny au sejour de quinze jours en nostredicte ville de Paris depuis ladicte journée des barricades, & attendu qu'il n'a signé la ligue; dont pour les causes susdictes & autres à ce nous mouvans, de nostre pleine puissance & auctorité royalle l'avons relevé & deschargé, relevons & deschargeons par ces presentes; vous mandons & enjoignons en tant que besoin seroit, de le laisser jouïr plainement & paisiblement de sondict estat de conseiller en nostredict grand conseil, ainsy qu'il a faict cy-devant. Mandons outre au recepveur & payeur des gaiges des officiers de nostredict grand conseil, & autres qu'il appartiendra, que des deniers de leurs charges ils ayent à le payer & satisfaire des gaiges & autres droitz qui ont esté payez ou sont deubz aux autres officiers de nostredict grand conseil qui ont faict service actuel en iceluy, sans luy en diminuer ou rabatre aucune chose pour raison de sadicte absence, que ne voullons luy prejudicier en aucune sorte & maniere, & dont luy avons d'abondant & en tant que besoin seroit, faict & faisons don. Car tel est nostre plaisir. Donné à Senlis le XXIII. jour de May, l'an de grace M. D. XCI. & de nostre regne le II. *Signé*, HENRY; & *plus bas*: Par le roy, POTTIER; & *scellé sur simple queuë du grand scel de cire jaune.*

Enregistré ez registres du grand conseil du roy, suivant l'arrest d'iceluy, donné à Chartres le V. jour d'Octobre, M. D. XCI. *Tiré des registres du grand conseil.*

LETTRES

LETTRES PATENTES DU DUC de Mayenne; portant abolition de ce qui s'estoit passé à Paris les 15. 16. & 17. Novembre 1591. contre le president Brisson, &c.

An. 1591.

CHARLES de Lorraine duc de Mayenne, lieutenant general de l'estat & couronne de France ; à tous presens & à venir, salut. Comme en la capture & emprisonnement injurieux, meurtres & assassinats commis en ceste ville de Paris ès personnes de deffuncts les sieurs Brisson president en la cour de parlement, Larcher conseiller en icelle, & Tardif conseiller au chastelet le quinziesme jour de Novembre dernier passé, & exposition ignominieuse de leurs corps faicte en place publique les 16. & 17. dudit mois, deux sortes de personnes se soyent trouvez coulpables; les ungs poussez de mauvaise volonté, se couvrant de quelque pretenduë entreprise & conspiration qu'ils publioient avoir esté faicte sur cestedite ville ; & les autres s'y estans laissé aller par simplicité & ardeur de zele, estimans bien faire, sans sçavoir au vray les causes d'une telle violence ; en quoy les loix de la justice divine & humaine ont esté violées, au grand estonnement des gens de bien, qui craignoient que semblable chose tollerée ne donnast licence à chacun d'entreprendre ce qu'il voudroit en cestedite ville capitale du royaume qui doit servir de lumiere & de guide à toutes les autres, & de seureté & de repos à tous ceux qui y resident & vivent soubs l'obeïssance des loix & des magistrats. Ce qu'estant venu en nostre cognoissance, nous nous y serions promptement rendus (tous autres affaires cessans) pour pourvoir à ce mal par le chastiment des principaux autheurs d'iceluy, sur lesquels nous avons advisé de restraindre la peine ; & usans de douceur envers les autres, les contenir en devoir, & relever la justice (l'un des principaux liens de l'estat) qui sembloit aucunement alterée par un si funeste accident advenu en la personne de son chef. SÇAVOIR FAISONS qu'après avoir faict punir le commissaire Louchart, Barthelemy Anroux, Nicolas Hameline & Jehan Emonot, desirans empescher un plus grand mal, & pourvoir à la sureté publique, nous avons pour le regard des autres qui ont participé à ceste entreprise, soit en la deliberation ou execution d'icelle, ou qui y ont presté conseil, confort & ayde en quelque sorte & maniere que ce soit, aboly & estainct, abolissons & estaignons par ces presentes (en vertu de nostre pouvoir) le faict & cas dessusd. voulons & entendons que tous en general & chacun d'eux en particulier en soient & demeurent quittes & deschargez, comme ayant esté leur simplicité circonvenuë par les inductions & artifices des autres, & ne s'en estans entremis que sur la crainte du peril qu'ils estimoient present, & le desir qu'ils avoient de se conserver en ladite ville : sans que ores ny à l'advenir ils en puissent estre aucunement inquietez, travaillez ny recherchez, & quant à ce avons imposé & imposons silence perpetuel au sieur procureur general & tous autres ; fors & exceptez le conseiller Cromé, Adrian Cochery & celuy qui a servi de greffier, lesquels nous n'entendons jouir de l'effect de la presente abolition, & les en avons (comme estans principaux autheurs de cest attentat) pour plusieurs considerations exceptez & reservez, afin que la justice en soit faicte. Et parce que le mal est provenu des assemblées privées qui se sont cy-devant faictes en ceste ville sans authorité & permission des magistrats, & que tels accidens pourroient encores à l'advenir produire de plus dommageables effects, s'il estoit permis aux particuliers de ladite ville de tenir conseils, & faire lesdites assemblées, nous faisons très-expresses inhibitions & deffences à toutes personnes de quelque qualité ou condition qu'elles soient, & soubs quelque pretexte & occasion que ce soit, mesmes à ceux qui se sont cy-devant voulu nommer le conseil des Seize, de faire plus aucunes assemblées pour deliberer ou traicter d'affaires quelconques, à peine de la vie & du razement des maisons esquelles se trouveroient lesdictes assemblées avoir esté faictes. Enjoignant à toutes personnes, sur ladite peine de la vie, qui sçauront les lieux où se font lesdictes assemblées, de les indiquer promptement au gouverneur, procureur general ou prevost des marchands & eschevins de cestedite ville. Et si aucuns des habitans, bourgeois ou autres particuliers habitans de ladite ville, ont quelque chose à proposer concernant le salut & repos d'icelle ville, ils s'en adresseront audit gouverneur, procureur general ou prevost des marchands & eschevins, ausquels le soing de la seureté & conservation de ladite ville doit appartenir : ce que nous les exhortons de faire, avec promesse de les recognoistre de tout nostre pouvoir, selon le merite de leur affection. Aussy deffendons soubs la mesme peine à toutes personnes de ne faire cy-après aucune mention ou reproche les ungs aux autres pour raison des choses passées, que nous voulons demeurer en perpetuel oubly comme chose non faicte ny advenue ; semblablement de ne parler au mespris & desadvantage de ce saint party : ains que à l'encontre de toutes personnes generallement quelconques qui voudront troubler le repos & seureté publicq, & semer division entre les catholiques, ou qui favorisent les heretiques, il soit procedé à l'encontre d'eux par les rigueurs de justice, sans exception d'aucune personne. Si prions messieurs de la court de parlement que ces presentes ils facent lire, publier & enregistrer ès registres de ladite cour, & par tout ailleurs où besoin sera, & icelles entretenir, garder & observer inviolablement ; faisant de leur contenu jouir & user tous ceux qu'il appartiendra & à qui ce pourra toucher, plainement & paisiblement : cessant & faisant cesser tous troubles & empeschemens au contraire. Car ainsi a esté trouvé juste & raisonnable. Et afin que ce soit chose ferme & stable à tousjours, nous avons signé cesdites presentes de nostre main, & à icelles faict mettre & apposer le scel de France, sauf en autres choses le droit de la couronne & l'autruy en toutes. Donné à Paris au mois de Decembre l'an de grace M. D. XCI. Signé, CHARLES DE LORRAINE ; & sur le reply : Par monseigneur, BAUDOUYN ; & à costé, Visa, & scellées de cire verde sur lacz de soye rouge & verde.

Leuës, publiées & registrées, ouy sur ce le procureur general du roy ce requerant. A Paris en parlement le x. jour de Decembre, l'an M. D. XCI. & publiées à son de trompe & cry public par les carrefours de ceste ville de Paris ledit jour. Signé, BOUCHER. *Pris sur un imprimé du temps dans un recueil de la bibliotheque de S. Germain des Prez.*

ARREST DU PARLEMENT DE la ligue, pour la diminution des loyers des maisons de Paris.

AN. 1592. Veu par la cour la requeste presentée par les marchands & bourgeois de Paris soubsignez en ladite requeste, par laquelle attendu que cy-devant ladite cour par la calamité du temps leur avoit faict diminution d'un tiers & après d'un quart des loyers des maisons par eux tenuës à loüage ; mais que continuant de mal en pis, & pour empescher les contraintes & executions rigoureuses de si peu de meubles qui leur restent, après avoir consommé ce qu'ils avoient de plus precieux en frais de justice, les proprietaires non payez, les locataires non acquittez, ains reduits jusques à la paille & leur famille, pour n'avoir moyen de recevoir leurs debtes à cause des surceances que l'on impetre, & moins de faire aucun traffic, soit en ceste ville ou aux champs, ne pouvans payer sans estre payez : jointe la charté de tous vivres qu'ils sont contraints de souffrir, & outre d'aller ou envoyer aux portes, sentinelles & fortifications où ils sont ordinairement employez ; & afin d'avoir quelque moyen de vacquer & assister au service de Dieu & conservation de leur religion & deffence de la ville, ils requeroient pour les causes & considerations susdictes diminution leur estre faicte des loyers des maisons par eux occupées, à quoy se montent les baux n'en payer qu'une sixiesme partie qui sera de six un, si mieux les proprietaires des maisons n'aiment tous les baux faicts aux supplians estre cassez & resoluz, sans que pour ce lesdits supplians soient tenuz leur payer aucuns depens, dommages & interests ; & que pendant ladite calamité & misere du temps, tant lesdits proprietaires que locataires se puissent accommoder de gré à gré, & se maintenir les uns avec les autres. Veu aussi l'arrest de ladite cour du vingtiesme Decembre dernier passé, donné sur ladite requeste, contenant surceance jusques au quinziesme jour de ce mois de proceder au transport & vente de biens meubles prins par execution sur les supplians, pour les loyers par eux deubs, avec deffences à tous huissiers & sergens de proceder audit transport & vente. Les conclusions du procureur general du roy auquel ladite requeste avoit esté communiquée. Deux requestes presentées à ladite cour, l'une par les doyen, chanoines, chapitre & communauté de l'eglise saint Germain de l'Auxerrois : chantre, chanoines & chapitre de l'eglise saint Honoré : chevecier, chanoines, chapitre & communauté saint Mederic, & les prevost, chanoines & chapitre saint Nicolas du Louvre ; & la deuxiesme par les marguilliers de l'œuvre & fabrique saint Jacques de la Boucherie tendant à fin

fin d'estre receuz respectivement opposans & oüys sur les resolutions des baux requises par les supplians & sur le tout. La matiere mise en deliberation : LADICTE COUR ayant esgard à ladite requeste, necessité, misere & calamité du temps, a ordonné & ordonne que des baux faits, tant judiciaires qu'autres, à neuf ans & au dessoubs au precedent le 15. Avril 1589. les locataires n'en payeront plus que le quart du loyer contenu esdicts baux ; & pour le regard de ceux faicts depuis ledit 15. Avril jusques au dernier Aoust 1590. ne payeront que la moitié desdicts baux ; & quant à ceux faicts depuis le siege levé, les locataires ne payeront que les deux tiers du contenu esdicts baux : lesdictes diminutions à commencer du terme escheû à la saint Remy derniere ; si mieux n'aiment les proprietaires des maisons consentir à la resolution desdits baux : ce qu'ils seront tenuz opter dans huictaine après la signification du present arrest à eux faicte. Faict en parlement le VIII. Janvier M. D. XCII. Signé, LE MAÇON. *Pris sur l'imprimé du temps, à la bibliotheque de saint Germain des Prez.*

AUTRE ARREST
pour la surceance de toutes sortes de debtes.

Veües par la cour les requestes à elle presentées, l'une par aucuns bourgeois & marchans de ceste ville de Paris, tendant pour les causes y contenuës à ce que toutes poursuittes, executions & ventes de biens meubles & immeubles & emprisonnemens pour toutes sortes de debtes, reservé celles lesquelles par les arrests des 14. Aoust 1591. & autres depuis intervenuz ont esté exceptées, surceassent jusques à un an après le commerce libre de part & d'autre, ou qu'il eust pleû à Dieu nous donner un roy catholique, la presence duquel peust faire oublier le mal passé, & y apporter consolation pour l'advenir aux supplians ; & cependant deffences estre faictes à tous huissiers, sergens ou autres d'executer aucuns contracts, obligations, sentences de juges consuls de ceste ville, conservateurs des foires, des privileges des foires de Lyon, jugemens du prevost de Paris ou son lieutenant & gens y tenans le siege presidial, & arrests des cours souveraines sur lesdicts supplians & leurs cautions, à peine contre les creanciers de perte de leur deû, despens, dommages & interests, & à tous

Tome II.

huissiers & sergens de privation de leurs offices & de cinq cens escuz d'amende, hormis pour loüages de maisons, deniers mis en depost, lettres de change acceptées, deniers receuz pour estre renduz à Paris, & debtes créées depuis Pasques, suivant ledit arrest d'Aoust dernier. L'autre par les habitans & bourgeois de ceste ville soubsignez en autre requeste y attachée, tendant à ce qu'en faisant droict sur l'opposition par eux formée aux nouvelles prorogations & surceances requises par leurs debiteurs de payer leurs debtes, lesdicts debiteurs fussent privez & deboutez de pouvoir plus demander en nom collectif aucuns termes ou delaiz de payer leursdictes debtes de quelque nature & condition qu'elles fussent, ny pour raison d'iceux termes & delaiz ny leurs dependances se pourvoir ailleurs qu'en ladicte cour, sur peine de cent escuz d'amende pour chacune contravention, & de privation de se pouvoir jamais ayder des delayz & atermoyemens qu'ils pourroient avoir obtenuz ailleurs qu'en ladicte cour ; & neantmoins dès à present ordonner que nonobstant iceux & toutes autres oppositions ou appellations quelconques qu'ils pourroient former soubz pretexte desdicts termes & delays, lesdicts supplians pourroient faire passer outre à l'execution de leursdictes obligations, jugement & condamnations, sauf à recevoir chacun en particulier desdicts debiteurs à faire pour son regard & pour aucunes siennes considerations particulieres ses remonstrances, ou se pourvoir par requestes particulieres de delaiz, & deffences à son creancier reservées au contraire. Et l'autre par les manans & habitans qui estoient cy-devant demeurans ès fauxbourgs saint Martin, saint Denis & saint Lazare de cestedicte ville de Paris, tendant aussi à ce que pour les causes y contenuës, ils, ensemble leurs cautions, biens & heritages, fussent & demeurassent entierement deschargez des rentes qu'ils doivent à cause des prises de maisons & jardins par eux cy-devant faictes, avec deffences à ceux desquels ils les avoient prises, ou leurs ayans cause, de les travailler par procez & saisies de leurs biens ny des heritages qui y sont obligez & hypotequez, nonobstant les contracts & obligations pour ce faicts, & qu'ils pourroient, si bon leur semble, se remettre dans leursdicts heritages. L'arrest de la cour du 4. du present mois publié en icelle le 6. dudict mois, par lequel auroit esté ordonné qu'assemblée generalle feroit faicte en la falle faint Loys le Jeudy enfuivant neufviefme d'iceluy mois, pour advifer & pourvoir fur le contenu efdictes requeftes; & cependant jufques à ce qu'il y euft efté pourveû, furceoiroit le tranfport & vente des biens des debiteurs. Et oy le rapport des prefident & confeillers commis & deputez par ladicte cour pour affifter à ladicte affemblée; & tout confideré : LA COUR fans avoir efgard aufdites requeftes, a faict & faict inhibitions & deffences, tant aufdicts debiteurs que creanciers, de plus prefenter aucunes requeftes generalles, ne s'affembler pour prefenter leurs requeftes, ne venir en trouppes à la follicitation d'icelles, fur peine quant aufdits creanciers de privation de leur deû, & lefdicts debiteurs d'amende arbitraire & de plus grande peine, s'il y efchet. Et neantmoins de grace ladicte cour pour aucunes caufes & confiderations à ce la mouvans, a ordonné & ordonne que la furceance des executions réelles & ventes de biens portée par l'arreft du 29. Janvier dernier, continuera jufques au jour faint Jean prochain, pendant lequel temps toutesfois fe pourront tant lefdits debiteurs que creanciers pourvoir en ladite cour par requeftes particulieres : à fçavoir lefdicts creanciers, s'ils pretendent leursdicts debiteurs avoir moyen de les payer, & leurs debiteurs au contraire, pour leur eftre faict droit, felon & ainfi que la cour verra eftre à faire par raifon. Pourront auffi lefdicts creanciers pendant led. temps pour feureté de leurs debtes, faire proceder par execution fur les biens meubles & marchandifes de leurs debiteurs, fans toutesfois les pouvoir faire tranfporter ne deplacer; ains en demeureront iceux debiteurs chargez comme depofitaires de biens de juftice, pour les reprefenter toutes fois & quantes que par juftice fera ordonné. Faict inhibitions & deffences aufdicts debiteurs de rien latiter ou faire tranfporter de leursdicts meubles & marchandifes faifies, à peine d'eftre declarez defcheûz du fruict du prefent arreft; & à toutes perfonnes de quelque eftat & condition qu'ils foient, de les receler, à peine d'amende arbitraire & autre punition, s'il y efchet. Laquelle furceance cy-deffus n'aura lieu pour les loyers des maifons, deniers mis en depoft, debtes pour ventes de biens, adjudications de maifons & heritages, lettres de change acceptées, deniers receuz pour eftre renduz en cefte ville fans profit, & toutes autres debtes créées depuis Pafques 1591. Et en tant que touche la requefte prefentée par lefdicts manans & habitans cy-devant demeurans ès fauxbourgs faint Martin, faint Denis, faint Lazare, ladicte cour a ordonné & ordonne que les fuppliants fe pourvoiront particulierement dans trois mois, pardevant les juges ordinaires aufquels la cognoiffance en appartient, pour leurs creanciers oys leur eftre pourveû ainfi que de raifon; pendant lequel temps ne pourront lefd. fuppliants ne leurs cautions eftre contraincts aux payemens des rentes & autres redevances par eux deûs à caufe des prifes de leurs maifons, jardins & heritages. Faict en parlement le X. Avril M. D. XCII. Publié en jugement le XIII. jour defdicts mois & an. *Signé* DU TILLET. *Copié fur l'imprimé du temps, dans le recueil indiqué cy-deffus.*

LETTRES PATENTES DU ROY Henry IV. en faveur de M. Jean Nicolaï premier prefident de la chambre des comptes.

HENRY par la grace de Dieu roy de France & de Navarre; à nos amez & feaux les gens de nos comptes transferez à Tours, falut & dilection. Comme dès le vingt-deuxiefme Febvrier mil cinq cens quatre-vingt & onze nous ayons faict expedier nos lettres de declaration, concernant noftre amé & feal confeiller en noftre confeil d'eftat & premier prefident en noftre chambre des comptes maiftre Jean Nicolaï, lefquelles pour inconvenient advenu par les chemins & pour la maladie & indifpofition dont il a efté detenu de plus de quinze mois, qui luy en a empefché le recouvrement & le foin de tous autres affaires, ne vous auroient pu eftre fitoft prefentées; & d'autant que depuis par nos lettres patentes du premier jour d'Avril dernier nous aurions faict un reglement pour le reftabliffement des officiers qui font demeurez ès villes & places rebelles, & ne fe font retirez en noftre obeïffance dans le temps porté par nos edicts, & la forme que nous voulons eftre gardée pour lefdicts rétabliffemens; lequel reglement pour les caufes portées par nofdictes lettres & declarations dont nous fommes bien memoratifs, n'entendons avoir lieu & praticque à l'endroit dudict Nicolaï, qui pour s'eftre retiré de noftre ville de Paris dez le mois de May quatre-vingt neuf, auparavant

AN. 1592.

nos

nos edicts & declarations, avoir assisté au deffunct roy nostre très-honoré seigneur & frere, que Dieu absolve, aux sieges de Pontoise & Paris, & en son conseil d'estat, & pour ce nous avoir pareillement assisté au siege que depuis nous avons faict mettre devant ladicte ville de Paris, & semblablement en nostredit conseil, nous avoir secouru en l'urgente necessité de nos affaires de ses moyens & de ceux de ses amis, & estre toujours depuis demeuré en lieu de nostre obeissance; & retenu en sa maison pour la longueur de sa maladie, ne peut estre compris audit reglement: joinct aussi que ce seroit chose totalement contraire à nostredicte intention & volonté, qui a tousjours esté de recognoistre la fidelité dudict Nicolaï, & l'affection qu'il a au bien de nostre service. NOUS A CES CAUSES, & pour ce qu'ainsi nous plaist, vous mandons que vous ayez à faire registrer lesdictes lettres du vingt-deux Febvrier 1591. ensemble les presentes par la mesme forme & maniere & ainsi qu'il vous est mandé en icelles, sans que à raison dudict reglement du premier jour d'Apvril luy puisse estre faict aucun empeschement, ne voulans iceluy reglement pour les causes susdictes avoir lieu à l'endroit dudict Nicolaï, lequel suivant nosdictes lettres, & incontinent qu'elles auront esté par vous registrées, nous voulons le rendre au service qu'il nous doibt à ladicte chambre. Donné à saint Denys le XXIX. Octobre M. D. XCII. & de nostre regne le IV. Signé, HENRY; *& plus bas*: Par le roy POTIER. *Et scellées sur double queuë du grand sceau de cire jaune. Ibid. registre cotté* KKKK *vol.* 15.

AUTRES LETTRES AU mesme sujet.

An. 1593.

HENRY par la grace de Dieu roy de France & de Navarre, à nos amez & feaux les gens tenans nostre chambre des comptes transferée à Tours, salut & dilection. Comme nous aurions fait expedier nos lettres de declaration à vous adressantes, sur le faict de nostre amé & feal conseiller en nostre conseil d'estat & premier president en nostred. chambre M. Jean Nicolaï dès le vingt-deux Febvrier 1591. lesquelles desirant vous presenter en personne, & s'estant pour cet effect acheminé au mois de Decembre dernier vers vous pour se rendre en nostredicte chambre, au mois de Janvier ensuivant, nous l'aurions pour certaines considerations retenu en nostre ville de Chartres près de nous, où il nous auroit servi en plusieurs occurrences, jusques à ce que voulans revocquer le commerce de Paris, & à cette fin faire fond d'une somme notable pour l'entretenement des garnisons voisines, luy aurions mandé nous secourir avec les autres conseillers en nostre conseil & plus speciaux serviteurs, de ses moyens & credit de ses amis; pourquoy faire il auroit vacqué jusques à nostre retour à Mantes, qu'ayant resolu la conference, & estans sur les termes d'une trêve, nous nous serions servi de luy avec beaucoup de contentement & satisfaction. Et ayant desiré convoquer en nostre ville de saint Denys aucuns des principaux de nos officiers pour assister à nostre reduction, ledict Nicolaï par nostre commandement s'y seroit rendu, y seant en nostre conseil; & à la publication de la trêve, ayant depuis faict cesser le subject de son sejour près de nostre personne, luy aurions commandé d'aller incontinent en nostredicte chambre faire sa charge de premier president, selon qu'a toujours esté son intention & zele à nostre service. A CES CAUSES, ne voulans que le temps durant lequel il a esté retenu par nostre commandement & pour les occasions susdictes, luy puisse estre imputé, dont les services qu'il nous a faicts durant iceluy, l'affection & fidelité qu'il a toujours temoigné au bien de nos affaires, & encores pour les causes portées par nos lettres precedentes dont nous sommes memoratifs; vous mandons & neantmoings enjoignons très-expressement que vous ayez à faire souffrir, &c. Donné à saint Denys le IV. Aoust M. D. XCIII. & de nostre regne le V. *Signé*, HENRY; *& plus bas*: Par le roy, POTIER. *Et scellées sur simple queuë du grand sceau de cire jaune. Ibidem.*

ARREST D'ENREGISTREMENT des deux lettres precedentes.

An. 1593.

VEu par la chambre les lettres patentes du roy, données au camp devant Chartres le vingt-deuxiesme eFebvrier 1591. signées de sa main: & plus bas: par le roy, Potier, & scellées, par lesquelles ledit seigneur a declaré que le sejour & retardement en la ville de Paris de M. Jean Nicolaï conseiller en son conseil d'estat & premier president en ladite chambre, a esté par le commandement du deffunct roy, & pour les causes specifiées esdictes lettres le tient & repute, & veut qu'il soit tenu & repuré par la chambre, comme s'il y avoit rendu service actuel dès la translation d'icelle, & que comme tel il puisse & lui soit loisible entrer en ladite chambre & y exercer sondict office, ainsi qu'il a faict cy-devant, sans souffrir qu'il luy soit donné aucun empeschement, soit à raison du serment de la ligue, sejour, reglemens faicts par la chambre, & autres choses quelconques que sa majesté ne veut avoir lieu en son endroit, selon & ainsi que plus au long le contiennent les lettres patentes du roy données à saint Denis le ving-neuf Octobre 1592. contenant mandement à ladite chambre de faire enregistrer lesdites lettres du vingt-deux Febvrier 1591. & subsequentes du vingt-neuf Octobre, par la mesme forme & maniere & ainsi qu'il est mandé par icelles, sans qu'à raison du reglement faict par sadicte majesté par ses lettres patentes du premier Avril pour le retablissement des officiers qui sont demeurez ès villes & places rebelles, il luy puisse estre faict aucun empeschement; ne voulant ledit reglement avoir lieu à l'endroit dudit sieur president Nicolaï; lequel suivant lesdites lettres, & incontinent qu'elles auront par ladite chambre esté enregistrées, sa majesté veut se rendre au service qu'il luy doibt en icelle. Autres lettres patentes dudit seigneur, données à saint Denys le quatre Aoust dernier, signées de sa main, & plus bas: Par le roy, Potier, & scellées, par lesquelles & pour les causes y declarées mande & neantmoins enjoinct très-expressément à la chambre qu'elle ait à faire souffrir & laisser jouir ledit sieur Nicolaï de sondict estat de premier president en icelle, nonobstant ledit sejour en ladicte ville de Paris, serment par lui faict, & sans que les reglemens faicts concernant ses officiers qui ne se sont rendus à l'exercice de leurs charges dans le temps porté par ses ordonnances, lui puissent prejudicier, comme n'ayans par S. M. esté faicts pour estre pratiquez à l'endroit de ceux qui se trouvent assistez des considerations susd. & telles qu'elles sont specifiées esd.lettres, lesquelles demeurans en leur force, comme est son intention, pour les cas esquels ilsontesté ordonné lad.chambre n'observera au faict dud.sieur president Nicolaï, dont en tant que besoin seroit, sa majesté le dispense. La requeste presentée par le suppliant à la chambre, à ce qu'il pluft à icelle ordonner que les susdictes lettres seront registrées selon leur forme & teneur. Veû aussi un acte du trois Novembre 1591. signé Coiffart secretaire du roy & de ses finances & greffier du conseil* dès le quartier de Juillet audict an 1592. il a eu entrée, seance, opinion & voix deliberative, ainsy que plus au long est porté par ledict registre des entrées & assistances des sieurs dudict conseil. Deux autres actes des quinze Avril & quatre Aoust derniers, signés l'un l'Huillier, & l'autre Coynard, secretaires dudict conseil d'estat, par le premier desquels appert du service faict par iceluy suppliant à sa majesté à sondict conseil d'estat au quartier de Janvier, Febvrier & Mars derniers, & que quand il s'est presenté durant ledict quartier, il a eu entrée, seance, opinion & voix deliberative; & par le second que le suppliant a quasi assisté à tous les conseils qui se sont tenus pendant qu'il a esté en la ville de sainct Denys, depuis que le roy & son conseil y sont arrivez, & de la libre entrée, opinion & voix deliberative qu'il a eu. Une lettre close du roy, signée de sa main, & plus bas Potier, addressante à la chambre, du quatriesme Aoust dernier, presentée à icelle par le sieur de Souvré chevalier des deux ordres, conseiller au conseil d'estat & gouverneur pour sa majesté au païs de Touraine, par laquelle ledict sieur mande à icelle que son intention est que ledict suppliantjouisse de sa charge, & luy serve, sans qu'il luy soit donné aucun empeschement, difficulté ni remise pour les causes y declarées. La creance dudict sieur rapportée au bureau de ladicte chambre, aux fins d'admettre par icelle le suppliant en l'exercice de ladicte charge, conformément auxdicts lettres. Conclusions du procureur general du roy auquel le tout a esté communiqué. Tout bien & deûment considéré: LA CHAMBRA ordonné lesdictes lettres estre registrées, pour jouïr par l'impetrant de l'effect & contenu en icelles, selon leur forme & teneur; & en ce faisant sera adverti par le greffier de ladicte chambre de venir prendre sa place, & exercer son office, suivant le vouloir & intention de sa majesté. Faict à Tours le XVII. Aoust M. D. XCIII. Et à l'instant conformement audict arrest, ledit sieur president adverti par le greffier, est venu à la chambre & prins sa place. Faict les an & jour dessusdicts. *Ibidem.*

* Il y a omission en cet endroit

LETTRES DU SIEUR Desportes resident à Rome pour le duc de Mayenne, au sieur Desportes secretaire d'estat, son cousin.

A Rome le 7. Novembre 1592.

AN. 1592.
* Le duc de Mayenne.

N'Abusons point le maistre *, & luy qu'il se decille le yeulx, & se leve de la fantaisie de penser estre exempt de coulpe en donnant sur la friperie d'autruy, il est partout en si mauvais nom que j'en ay honte. De deçà je ne sçache plus que faire ny que dire ; encores hier je fus ung long temps avec ung seigneur qui a grand part en ceste court ; jusques à des moindres particularitez il me les disoit, & des choses qui ne se peuvent sçavoir que de bien familiers domestiques ; après plusieurs discours la fin fut : Vostre...... n'est pas son frere. Voilà, sieur Desportes le plus grand mal qui soit au party des catholiques. M. du Mayne est brave prince pour ung grand maistre, mais pour ce negoce il a deux parties qui n'y sont pas requises : qu'il aime trop son plaisir, & n'est homme de travail. Il pense avoir assez faict donnant le matin deux ou trois heures à se laisser voir aller à la messe, & puis aller très-bien disner, l'après-disner s'aller promener jusques au souper, la musique, & de là au lict. L'empereur Charles le quint, bien qu'il fust né plus grand prince, ne pensa en sa vie aux delices durant ses guerres. Bref tant que monsieur du Mayne demeurera en son humeur, que l'on vous donne tous les secours du monde, tout perira. Du chef depend ou le bonheur ou le malheur d'un party. Voulez-vous savoir de ses nouvelles ? à Soissons ou à Reyms. Au moins qu'il pregne exemple à son ennemy, qui ne demeure jamais trois jours entiers dans une ville, si bien qu'il n'a que trois cens chevaulx. Qu'il coure, qu'il aille & que l'on sçache qu'il est hors des villes, plustost que d'estre plus en ces miseres, qu'au lieu d'entendre au principal but des negotiations, il faille employer le temps en excuses. Au nom de Dieu persuadez luy ou qu'il meure, ou qu'il reprengne sa reputation ; aussi bien n'est-ce pas vivre lorsque vous n'estes plus en estime. Tout au plus qu'il se conserve tant qu'il vouldra, il ne sauroit vivre trente ans, ou de malladie ou à dormir il en perdra la moitié ; que pour le reste il s'espargne

point, pour laisser ung si mauvais nom de soy ; ou je vous assure que le cardinal de Gondi n'a pas amendé la besongne, j'en ay escrit à madame la grand' duchesse ; depuis ce temps on a reformé les escritz qui couroient par Romme, j'en ay envoyé ung des reformez ; vous trouverez qu'ilz ne sont pas touteffois si gratieux que l'on nous veut faire acroire. Si vous voyez qu'il soit à propos de luy lire ces advis, faictes-le ; sinon, j'en descharge ma conscience : joinct qu'il me fasche de me tuer nuict & jour, & que la fin ne tournera qu'à confusion & ruine de celuy pour lequel je travaille, & qui amenera la mienne avec luy. Que pleust à Dieu que je me fusse faict bon Jesuiste lorsque je pensay à me mettre de la ligue, je n'aurois point tant de travail d'esprit, ny l'ame si fort travaillée. *Copié sur un manuscrit du temps, intitulé:* Registre des missives, memoires & advis donnez & envoyez à monseigneur le duc de Mayenne lieutenant general de l'estat & couronne de France, par messieurs l'evesque de Lizieux & Desportes estans à Romme envoyez de la part de monseigneur & des Catholiques de l'union de France en l'année M. D. XCII. *à la bibliotheque de saint Germain des Prez.*

AU MESME.

A Rome le 6. Decembre 1592.

AN. 1592.

COusin, il n'est plus temps de consulter, c'est qu'il faut que le maistre moure ou qu'il se face elire roy par amour ou par force ; sinon il s'en va le plus ruiné homme du monde. Hier je fus voir ung cardinal & ung prelat qui me dirent d'estranges choses, & qui pour conclusion me donnerent ce conseil. Et de penser après que nous ne serions point assistez, mettez-vous cela hors de la fantaisie ; c'est ce qui nous donnera du credit. Quand bien le roy d'Espaigne seroit pour nous habandonner ; pour la faction des cardinaux qui n'aiment point l'Espaigne, de ceulx-là, lorsque le coup sera donné, n'en doutez point ; car ilz ne sont point en opinion du roy de N. ny d'aucun de sa maison. De vouloir subir à la faction d'Espaigne, plustost ilz seroient Turcqz, & ne demandent qu'un juste pretexte ; & se fussent deja déclarez, s'ils pensoient que nostre homme eust assez de courage. Et y porter le pape, si une fois cela est fait, n'en doubtez nul-

I iiii iij

lement ; mais il ne s'ose declarer ouvertement que vous n'ayez faict ung coup, tant il craint que vous soyez des coyons. Vous me pourrez dire que son secours est foible, il est vray ; mais forcement le roy d'Espaigne y entrera, ou il seroit le plus perdu prince de la Chrestienté en reputation ; tous les potentats d'Italie luy cracheroient au visage, veû ses protestations qui ne sont que pour tromper, & cependant faire ses affaires ; de quoy ces princes estant en alarme, feroient maintenant tout ce que l'on voudroit. Aujourd'huy à l'audience croyez que je me suis faict fort bien entendre, tellement que j'ay faict plorer ce prince qui est bon religieux, mais il n'est preocupé, & le gaigne-on soubz beau semblant avec de merveilleux artifices. C'est un discours long, mais cependant sur toutes choses ne perdez point courage.... Tout consiste à avoir l'ame brave, & vaincre ou mourir pour le reste des choses du monde. Quand vous voudrez quitter vostre plaisir pour y entendre, nous en viendrons à bout, & l'oserois asseurer à cent pour cent. Courage doncq ; à mon retour je verray tous les princes d'Italie, & feray par avanture un coup de ma main. On me traicte mal, toutesfois il faut que je serve pationnément. Adieu, je suis vostre serviteur. Ibidem.

AU PRESIDENT JANNIN.

A Rome le 12. Decembre 1592.

AN. 1592.

.... Il n'y a qu'une des deux resolutions, vaincre ou mourir, prendre l'autorité absoluë, vous ne serez point abandonné ; & pour ung ligueur qui est maintenant en Italie, vous en aurez ung cent en haine de l'Espaignol, estant assez que l'on leur oste l'esperance de s'impatroniser de la France. Le pape mesme se declarera ouvertement, ce qu'il n'ose faire, tant on vous estime de peu de resolution & courage ; & de rompre avec le roy d'Espaigne sans que l'on ayt ung juste subject, il ne le fera pas ; au contraire croyant fermement que vous balancez, c'est ce qui faict que les pratiques & menées d'Espaigne font effect, qui cesseront à l'instant. Non que j'estime qu'il vous ayde si puissamment qu'il a faict ; mais en son lieu vous aurez tous les princes d'Italie. Si vous n'avez assez de courage, tenez-vous pour perdu.... Il ne faut nullement penser au R. de N.

ny à sa maison ; en tout cas ou vous aimeriez plustost le recognoistre ou l'un d'eux que nul autre, si vous n'estimez pas vostre force ni vostre courage assez grand. Il faut que le coup soit plustost donné que sçeû, autrement vous ne donnez pas le repos à la France ; car quand il n'y aura que six villes qui voudront tenir, on les assistera, n'en doutez point. Voila l'estat des affaires. Et pour le roy de N. il continue fort à perdre sa reputation en Italie, & l'opinion que l'on avoit qu'il peûst estre jamais roy..... Le maistre est perdu, il faut qu'il meure ou qu'il se fasse creer roy, sans defferer à aucun. On s'y attend, & n'est plus en si mauvais predicament depuis son arrivée à Paris. Le legat le peut fort servir & nuire beaucoup ; non qu'il soit fort bien, mais il est porté de ceux qui peuvent. Tenez-moy pour vostre serviteur. Ibidem.

AU MESME.

A Rome le 17. Decembre 1592.

MONSIEUR, outre les discours que j'ay eu avec le pape pour les affaires generalles, ainsi que vous pourrez voir par ma depesche, je vous veux dire que j'ay parlé à sa sainteté de M. de Lizieux pour le faire cardinal de la part de monseigneur, * y apportant toutes les considerations qu'il m'a esté possible, comme sa race, sa bonne vye, la perte qu'il faisoit à cause du party, combien cela apporteroit de consolation aux catholiques & à monseigneur d'Elbeuf son nepveu &c.... Il m'a demandé s'il estoit du sang de Lorraine, lui ayant dict que non, mais qu'il estoit allié avec ledit sieur duc d'Elbeuf ; il m'a de nouveau dict : Croyez que je veux beaucoup de bien à ce seigneur evesque, mais je ne vous promets pas de le faire cardinal, non plus que de ne le pas faire ; mais asseurez-vous que je luy veux du bien...... Il continua tousjours en sa premiere proposition, qui estoit qu'il vouloit beaucoup de bien audit sieur de Lizieux ; tant que j'ay fait jugement qu'il est cardinal, si ce faict est bien manié. &c. Ibidem.

AN. 1592.

* Le duc de Mayenne.

AU DUC DE MAYENNE.

A Rome le 17. Decembre 1592.

AN. 1592.

...... Le cardinal Caettan Lundy au soir l'estant allé voir, me dict avoir parlé au

JUSTIFICATIVES.

au pape.... & qu'il avoit trouvé sa sainteté resolue à vouloir qu'il se feit ung roy, pourveu qu'il ne fut heretique ny fauteur d'heresie, sans aucun soubçon; que nous devions estre tres-certains que nous serions maintenus & gardez jusqu'à l'impossible; mais qu'à present on perdoit courage.... Puis il m'a dict: Vous desireriez que le pape s'ouvrist à vous pour l'infante, affin que l'on peût faire cognoistre au roy d'Espaigne que l'on avoit l'intention de faire pour elle; mais que la volonté de sa saincteté estant autre, on ne pouvoit pas passer par dessus, qui seroit brouiller ces deux princes l'un avec l'autre, & que l'on ne le jugeast pas si imprudent. Aussi sadicte saincteté m'a dict non si ouvertement, mais presque le mesme. Apres iceluy cardinal s'ouvrit à moy, comme parlant de soy, que vous seriez ung grand coyon, si vous ne vous faisiez roy; qu'il sçavoit que vous seriez assisté sans doute; & me disant avec vehemence : Sieur Desportes, je vous parle clair, c'est à cette heure que l'occasion se presente, dictes à vostre maistre qu'il ne la laisse pas perdre, & qu'il se fasse roy, ou qu'il sera reputé de tout le monde ung coyon. Ces parolles il me les repeta plusieurs fois, & que vous seriez assisté...... Je l'ay tasté sur le legat, je n'en ay pû rien tirer, sinon qu'il vous estoit tres obligé, que sans vous on luy faisoit la paix soubz la moustache, qui estoit la plus grande honte qu'il eust sceû jamais recevoir; sans la risque qu'il couroit que l'on luy coupast le col, soit en France ou à son retour; ce c'estoit ce qu'il avoit tousjours redoubté pendant son sejour en France, & la cause qui luy faisoit favoriser les Seize; que sans eulx il croid que Paris n'eust pas tant supporté de miseres; qu'à la verité M. de Nemours s'estoit tres bien porté. &c. *Ibidem.*

AU MESME.

A Rome le 17. Decembre 1592.

An. 1592.

AU retour de la congregation de France qui s'est tenuë aujourd'huy, j'ay esté voir le cardinal Aquavyve qui me faict demonstration d'amitié, & de vouloir estre à vous....... Nous sommez entrez sur la tenuë des estats. Je luy ay mis devant les yeulx qu'il estoit à craindre que le cardinal de Bourbon ou les autres princes de sa maison n'eussent encores parmy noz estatz quelque part; qu'il faudroit pour la lever du tout, proceder à l'encontre d'eux jusques au criminel, & les traiter à la façon du roy de N. par des excommunications bien authentiques. Il m'a dict que les precedentes avoient de peu servy; qu'il croyoit que l'on feroit une bien ample dépesche au legat sur ce subject, pour donner esclaircissement ausdits estats de l'intention de sa sainteté; plus qu'ils tenoient tous que vous disposeriez lesdits estatz selon vostre volonté. soit pour vostre particulier, ou pour tel autre qu'il vous plairoit: s'arrestant plus sur vous que sur personne. Reconnoissant que je pourrois faire jugement qu'ilz en avoient traicté en congregation, il m'a à l'instant mis M. de Lorraine en avant, qu'il avoit aussi quelques partisans, & M. de Guyse. Mais j'estime que sur les propos que le pape m'a cy-devant tenuz, & pour lesquelz je vous ay envoyé un courier exprés, que sa sainteté s'en est ouverte à eulx. Car apres il m'a dict: Je vous supplie d'asseurer monsieur du Maine qu'il n'a point de serviteur plus affectionné que je luy suis, desja où j'ay peû je luy ay faict service, j'espere que ce ne sera pas les derniers, & contentez-vous que je ne m'en puis pas ouvrir davantage. Il tient que le chevalier Vinto est venu pour la mesme pratique du cardinal de Gondi, puisqu'il est hors de moyen de le pouvoir faire. Mais il m'a asseuré que c'est se rompre la teste, le pape estant trop resolu à n'entreprendre nulle chose qui soit du R. de N. si bien il se faisoit catholique, & donnast tous les temoignages du monde de sa conversation,* sinon que pour demeurer particulier prince sans nul commandement en France. *Ibidem.*

* conversion.

AU MESME.

A Rome le 22. Decembre 1592.

A Toutes heures je descouvre quelque chose qui me faict asseoir jugement que vous n'estes pas mal en ceste court. Ce soir je suis allé voir le cardinal Pinelli qui est de la congregation de France; il ne m'a voulu parler que par ambages: premierement il m'a dict que j'avois tort d'estre si resolu à mon partement, qu'il seroit mieulx que j'eusse pour encores ung peu de patience, jusqu'à ce que l'on eust de vos nouvelles, mesmement estant intervenu la mort du duc de Parme. Après il m'a fait sça-

An. 1592.

voir que l'ambaſſadeur de Veniſe l'eſtoit venu voir, & avoit eſté avec luy toute l'apres-dinée, qui faiſoit grand profit en faveur du R. de N. de ladicte mort; mais que ſi vous vous en ſçavez prevalloir, qu'elle vous portoit où vous ſçauriez deſirer, ſoit d'une façon ou d'autre. Puis il m'a dict: Sieur Deſportes, il eſt bien raiſonnable que venant voſtre maiſtre à eſtre roy, comme il ne luy peult faillir, ou il faut qu'il meure, qu'il ſe ſouvienne de vos travaux & des pertes que vous avez faictes pour ſon ſervice; nul de nos autres cardinaulx de la congregation n'en ignore; mais ſouvenez-vous auſſi de nous, & meſmement de ceulx qui n'ont eſté que bons cardinaux, n'ayans regardé que le bien de la France. Et paſſant encores plus avant, il m'a dict qu'il avoit veû certaines ecritures du cardinal de Sens, toutes en faveur de monſieur de Guyſe: voulant faire croire qu'à luy ſeul eſtoit le vœu d'un chacun pour eſtre roy; que meſmes les deputez ſur ce qu'on vouloit faire tenir les eſtarz à Paris, faiſoient difficulté de s'y rendre, affin de venir directement & plus facilement à ce qu'ils deſiroient, qui eſtoit de faire monſieur de Guyſe roy; mais que l'on avoit pris ſes advis comme du cardinal de Sens. Je ne me ſuis pourtant en rien laiſſé aller. Alors paſſant plus outre, comme s'il me vouloit faire toucher au doigt leur reſolution: Si ainſi eſt qu'il faille changer de race, à nul n'eſt deû la couronne qu'au duc de Mayenne, duquel nul ne peut nier qu'à luy ſeul ne ſoit deû la conſervation de la religion. Nous euſſions paſſé plus avant ſans des gens qui ſont ſurvenus. Il me ſemble que ce n'eſt pas peu que tous ceux que je vois voir, me font meilleur viſage qu'ilz ne ſouloient, & avec plus de reſpect. *Ibidem.*

LETTRES PATENTES DU ROY
Henry IV. en faveur de M. Jean le Picard maiſtre des comptes.

An. 1593.

HENRY par la grace de Dieu roy de France & de Navarre; à nos amez & feaux conſeillers les gens de nos comptes de Paris, de preſent transferez à Tours, & commiſſaires par nous ordonnez près noſtre perſonne ſur le faict des biens des rebelles, ſalut. Noſtre auſſi amé & feal conſeiller & maiſtre ordinaire en noſtredicte chambre des comptes maiſtre Jean le Picard, nous a faict remonſtrer que comme tres-affectionné qu'il a toujours eſté à noſtre ſervice & du feu roy noſtre tres-honoré ſeigneur & frere, recognoiſſant l'obligation naturelle qu'il nous a comme à ſon roy & prince legitime, voyant la rebellion de nos ſubjects de noſtre ville de Paris continuer en leurs perverſes volontés, auroit reſolu ſortir d'icelle province, pour ſe retirer en quelque ville de noſtre obéiſſance, ce qu'il n'auroit pu faire ſi promptement qu'il auroit deſiré, tant pour ne pouvoir abandonner ſa femme ſans y avoir donné quelqu'ordre, qu'à cauſe des empeſchemens à lui faicts; par obeiſſance neantmoins à nos edicts & ordonnances, ſe ſeroit retiré de noſtre ville de Paris, ſuivant noſtre permiſſion du mois d'Octobre, octroyée tant à ceux de la nobleſſe, que autres qui eſtans en noſtredicte ville de Paris s'en voudroient retirer; meſmes en vertu de noſtre paſſeport à luy octroyé au mois de Novembre enſuivant, ſe ſeroit retiré en noſtre ville de Melun & Brie-comte-Robert, où il auroit faict acte & preſté le ſerment de fidelité qu'il eſtoit tenu faire, tant pardevant le bailly dudit Brie-comte-Robert, que le ſieur de la Grange-le-Roy gouverneur pour nous en noſtre ville de Melun, que pardevant noſtre lieutenant general en icelle, eſtant ſoubz noſtre contre-ſcel cy attaché; & encore que pendant ſadicte demeure à Paris, il ſe ſoit toujours comporté modeſtement, ſans rien entreprendre contre noſtre ſervice, ains faict tout ce qu'il luy auroit eſté poſſible pour l'advancement, comme nous avons bien deûment eſté informez, ayant meſmes enduré pluſieurs indignitez en noſtre ville de Paris par pluſieurs ſeditieux en icelle, meſme par les conſeillers Cromé & Launay qui l'auroient recherché en ſa maiſon en qualité de noſtredict ſerviteur, & meſme ſon cruel & tortionnaire empriſonnement és priſons du petit chaſtelet, lorſque le preſident Briſſon fut homicidé, où il auroit eté detenu priſonnier l'eſpace de douze jours, & depuis élargi en baillant par lui caution, comme il vous apperra par l'acte dudit élargiſſement cy attaché ſoubs le contre-ſcel; que pluſieurs autres recherches & paroles qu'il a eües contre leſdits ſeditieux & rebelles, comme l'ayans toujours à fort grande ſuſpicion. Toutesfois il craint que ſous ce pretexte de cette demeure forcée à ſon tres-grand regret, & autres infinis dangers de ſa perſonne, il a faict en icelle ville meſme exercice de
ſondict

JUSTIFICATIVES. 809

sondict office depuis les interdictions du feu roy & nos declarations, aussi qu'il a esté contraint & forcé signer les roolles de la ligue & pretendüe union envoyez aux officiers de ladite chambre en corps non encores revocqué, envoyer aux portes & guets, contribuer, & pour ne s'estre assez tost presenté pardevers vous, vous faictes difficulté le recevoir à faire & continuer l'exercice de sondict estat & office, s'il n'y estoit sur ce par nous pourveu, dont il nous a tres-humblement sur ce requis. A CES CAUSES, desirant luy subvenir, & nous estant apparu en nostre conseil dudict acte de fidelité envers nous, comme il s'est toujours maintenu & conservé, ainsi que dict est, en nostre service, le desirant favorablement traicter, nous vous mandons & commettons par ces presentes, que s'il vous appert sommairement de ce que dessus, mesmes que depuis le troisiesme Decembre dernier passé qu'il est sorti de nostredicte ville de Paris, il ait faict sejour tant en ladicte ville de Brie comte-Robert, Melun, que autres villes de nostre obeissance, & se soit toujours comporté en mesme fidelité, sans praticquer ni converser avec nos ennemis rebelles, vous ayez à le recevoir, remettre, & restablir, & lequel en ce cas nous remettons & restablissons en la joüissance & exercice de sondict office de maistre ordinaire en nostre chambre des comptes, pour en joüir par luy, tout ainsi qu'il en a joüi, & en joüissoit auparavant cesdits presens troubles, & sans que soubs pretexte de ladicte demeure, entrée en ladicte chambre, signature en ladite ligue ou pretendüe union, contributions & choses susdictes ainsi faictes par contrainte, & qu'il ne se soit presenté pardevant vous pour l'exercice de sondict office jusques à present & sorti pluftost de ladite ville, il luy soit faict, mis ou donné aucun trouble ou empeschement, dont pour les causes & considerations susdictes l'avons relevé & deschargé, relevons & deschargeons de grace speciale, pleine puissance & auctorité royale par ces presentes, imposant sur ce silence à nostre procureur general present & advenir. Voulons aussi que par le receveur & payeur des gaiges & droicts de nostredicte chambre des comptes, ou autres qu'il appartiendra, ledit le Picard soit payé des gaiges & droicts appartenans à sondict office, comme il joüissoit auparavant lesdicts troubles, luy en ayans faict pleine & entiere main-

levée, ensemble de ses autres biens meubles & immeubles, si aucune saisie a esté faicte par nos juges, officiers & commissaires à ce commis en vertu de nos edicts & declarations; ce que les fermiers & commissaires qui pourroient avoir esté commis au regime & gouvernement d'iceux, soient tenus luy en rendre compte & reliqua. Car tel est nostre plaisir, nonobstant quelques arrests, mandemens, ordonnances, ou reglemens & lettres à ce contraires, auxquelles & à la derogatoire & derogatoire d'icelle nous avons derogé & derogeons par ces presentes. Donné à Chartres le dixiesme jour de Janvier M. D. XCIII. & de nostre regne le IV. *Ainsi signé*, HENRY, *& plus bas*: Par le roy, POTIER, *& scellées sur simple queuë du grand scel en cire jaune.*
Ibidem, registre cotté LLLL.

ARREST D'ENREGISTREMENT des lettres precedentes.

An. 1594.

VEu par la chambre les lettres patentes du roy données à Chartres le dix Janvier 1593. signées HENRY, & plus bas: par le roy, POTIER, & scellées, par lesquelles ledit seigneur mande à icelle que s'il luy appert sommairement maistre Jean le Picard conseiller & maistre ordinaire de ses comptes, comme tres affectionné qu'il a toujours esté à son service & du feu roy dernier decedé, voyant la rebellion de ses subjects de Paris continuer en leurs perverses volontés, avoir esté resolu sortir d'icelle, & se retirer en quelque ville d'obeissance, & pendant sa demeure dans Paris s'estre toujours comporté modestement, sans rien entreprendre sur & contre sondict service, ains faict tout ce qui luy avoit esté possible pour l'advancement d'iceluy, ayant mesmes enduré plusieurs indignités en ladite ville par plusieurs seditieux, signamment par les conseillers Cromé & Launay qui l'auroient recherché en sa maison en qualité de serviteur du roy, & esté cruellement emprisonné ez prisons du petit chastelet, lorsque le feu president Brisson fut homicidé, où il auroit esté detenu douze jours, & depuis eslargi en baillant caution; mesme que depuis le troisiesme Decembre 1592. qu'il est sorti d'icelle ville de Paris, il ait fait demeure tant en la ville de Brie comte-Robert & Melun, que autres de l'obeissance de sa majesté, & esdictes villes faict acte & presté le serment de fidelité pardevant

Tome II.   K k k k k

les gouverneurs & baillis en icelle, & s'eſtre toujours comporté en la meſme fidelité, ſans pratiquer ni converſer avec ſes ennemis rebelles; en ce cas ladite chambre ait à remettre & reſtablir ledit le Picard, comme ſa majeſté le remet & reſtablit en ladite jouïſſance & exercice de ſondict eſtat & office, pour en jouïr par luy tout ainſi qu'il en a jouy & jouïſſoit auparavant ces troubles, ſans que ſous pretexte de ſadite demeure en ladite ville de Paris, entrée en la prétenduë chambre d'icelle, ſignature de la ligue ou pretenduë union, envoy aux portes & guets, contributions & choſes ſuſdictes faictes par contraincte, & qu'il ne s'eſtoit preſenté juſques à preſent pour l'exercice de ſondit office, & ſorti dudit Paris, il luy ſoit faict, mis ou donné aucun trouble ou empeſchement, dont ſadite majeſté le releve & deſcharge; voulant auſſi que par le receveur & payeur des gaiges & droits de la chambre, ou autre qu'il appartiendra, icelui le Picard ſoit payé des gaiges & droits appartenans à ſondit office, comme il jouïſſoit auparavant ceſdits troubles, deſquels elle lui a faict pleine & entiere main-levée, enſemble de ſes autres biens meubles & immeubles, ſi aucune ſaiſie en a eſté faicte par les juges, officiers ou commiſſaires à ce commis, en vertu de ſes edicts & declarations, & que les fermiers ou commiſſaires qui ont eſté commis au regime & gouvernement d'iceux, ſoient tenus luy en rendre compte & reliqua, ainſi qu'il eſt plus au long contenu eſdites lettres ; la requeſte preſentée à ladicte chambre afin d'eſtre retabli en ſondict office ; interrogatoire faict à l'impetrant au bureau d'icelle ſur les articles baillez par le procureur general du roy, & l'information faicte par maiſtre François Miron conſeiller dudict ſeigneur & maiſtre des requeſtes ordinaire de ſon hoſtel, ſur le contenu eſdictes lettres de reſtabliſſement; autre information faicte ſur ſes deportemens & fidelité au ſervice du roy par l'un des conſeillers & maiſtres ordinaires commiſſaire en cette partie; les actes de ſerment & fidelité mentionnés en icelles ; conclusions du procureur general du roy, auquel le tout a eſté communiqué. Tout conſideré: LA CHAMBRE en entherinant leſdictes lettres, a receu & reſtabli ledict le Picard en ſon office, pour en jouïr ſelon le contenu en icelles, faiſant par lui les proteſtations & ſubmiſſions en tel cas requiſes & accouſtumées.

Faict à Tours le VII. Mars M. D. XCIV. Suivant lequel arreſt icelui le Picard comparut en perſonne au greffe de ladicte chambre, a faict leſdictes proteſtations & ſubmiſſions, les jour & an deſſus-dicts. *Reg. de la ch. des compt. cotté KKKK. biblioth. Coſlin vol. 15.*

EDICT DU ROY HENRY IV.
pour le rétabliſſement de la cour des aydes de Paris..

HENRY par la grace de Dieu roy de France & de Navarre; à tous ceux qui ces preſentes lettres verront, ſalut. Nos predeceſſeurs de bonne & louable memoire, ont par pluſieurs leurs edicts pour la conſervation de leurs finances, & pour faciliter & rendre la juſtice qu'ils doivent pour ce regard aux ſubjets de ceſtui noſtre royaume, eſtably, créé & erigé en noſtre ville de Paris, la cour des aydes dicte des finances, compoſée de preſidens, conſeillers, advocats & procureur generaux & autres officiers requis à l'eſtabliſſement d'une cour ſouveraine; & à icelle attribué ſemblables droits, gages & prerogatives que aux autres cours ſouveraines de noſtredit royaume. En laquelle cour ils ont voulu tous les procés & differends qui ſeroient meuz & ſe pourroient intenter & mouvoir pour le faict de noz finances, aydes, tailles, ſubſides & impoſitions qui ſe feront en cedit royaume, eſtre inſtruits, decidez, jugez & terminez; & à icelle attribué pour ceſt effect toute cour, juriſdiction & cognoiſſance, privativement à tous autres juges, ſans que nulle autre cour en peult cognoiſtre. A l'exercice de laquelle juriſdiction noz officiers en icelle ſe ſeroient conduicts juſques au commencement des preſens troubles, avec tout devoir & fidelité, au contentement d'un chacun. Mais pource que pluſieurs de noſdits ſubjets, habitans de noſtredite ville de Paris, mal affectionnez à noſtre ſervice, & pouſſez par l'ancien & capital ennemy de ceſte couronne, ſe ſeroyent emparez de noſtredite ville, & pris les armes à l'encontre du feu roy noſtre très-honoré ſeigneur & frere, & continué juſques à preſent qu'ils continuent encores avec plus de furie qu'auparavant, y ayans introduit l'Eſpagnol. Nous aurions à ceſte occaſion fait deffences à tous noz officiers affectionnez à noſtre ſervice, de plus exercer ny tenir aucune cour ny juriſdiction en noſtredite

An. 1594.

ſtredite ville de Paris, juſqu'à ce que autrement en euſt eſté ordonné; & enjoinct à eux ſortir hors ladite ville, & ſe retirer pardevers nous ou à la ſuite de noſtre conſeil d'eſtat, pour là entendre noſtre volonté & commandement. A quoy ayant obey aucuns des preſidens & conſeillers de noſtredite cour des aydes & noſtre procureur general en icelle, juſques à dix ou douze, nombre ſuffiſant pour tenir ladite cour & juriſdiction, ainſi qu'elle avoit accouſtumé d'eſtre auparavant ladite rebellion, ils nous auroyent ſupplié & requis de vouloir transferer noſtredite cour & juriſdiction en autre ville de noſtre obeïſſance telle qu'il nous plairoit, & en tant que beſoin ſeroit, les reſtablir, pour y tenir la juriſdiction & cognoiſſance qu'ils ont faict de tout temps, ſuivant les avis de noſtre conſeil portez par deux arreſts cy attachez ſoubz le contre-ſcel de noſtre chancellerie. A quoy deſirant pourvoir, & remettre nos cour & officiers d'icelle ès degrez de juſtice au nombre & en l'eſtat qu'ils eſtoyent du vivant de noſtredit feu ſieur & frere: Nous par l'advis & deliberation de noſtredit conſeil, avons deſuni, diſtraict & ſeparé, deſuniſſons & ſeparons noſtredite cour des aydes d'avec noſtre cour de parlement de Paris transferée en noſtre ville de Tours, & icelle cour des aydes transferée & transferons en noſtredite ville de Tours, pour eſtre par les officiers d'icelle cour tenuë & exercée, & la juſtice renduë doreſnavant, ainſi qu'elle eſtoit auparavant les preſens troubles, & en tant que beſoin eſt, l'avons reſtablie & reſtabliſſons. Voulons que les officiers de ladite cour qui ſe trouveront eſtre de preſent hors de noſtredite ville de Paris, & qui ont ſatisfaict à nos edicts & ordonnances, joüyſſent de leurſdicts eſtats & offices; revoquant à ceſte fin l'attribution de juriſdiction qui a eſté cy devant faicte à noſtredite cour de parlement ſeant à Tours & à Châlons, pour la neceſſité du temps & l'abſence des officiers de noſtredite cour des aydes, de toutes les cauſes & matieres dont ladicte cour des aydes doit cognoiſtre & juger, leſquelles nous luy avons de nouveau attribuées & attribuons: le tout nonobſtant tous edicts, interdictions, attributions de juriſdiction, & quelſconques lettres de declaration à ce contraires, que nous avons pour ce regard revoquées & revoquons par ceſdites preſentes; par leſquelles donnons en mandement à noſtre très-cher & feal le ſieur

Tome II.

comte de Chiverny chancelier de France, que ceſd. preſentes il face lire, publier & enregiſtrer par tout où beſoin ſera, & du contenu joüyr & uſer les officiers de noſtredicte cour des aydes, ſans permettre leur eſtre faict, mis ou donné aucun trouble ou empeſchement en l'exercice de ladicte cour & juriſdiction & de leurſdictes charges; nonobſtant oppoſitions ou appellations quelconques, pour leſquelles ne ſera differé, ny l'execution deſdites preſentes aucunement ſuſpenduë ne retardée. Car tel eſt noſtre plaiſir. En teſmoin de quoy nous avons faict mettre noſtre ſcel à ceſdites preſentes. Donné au camp de devant Roüen, le vii. jour de Janvier, l'an de grace M. D. XCII. & de noſtre regne le iii. *Signé ſur le reply:* Par le roy en ſon conſeil, POTIER, *& ſcellées du grand ſcel de cire jaune à double queuë.* Pris ſur l'imprimé à Chartres en 1592.

L'edit cy-deſſus, enſemble la declaration & les lettres patentes qui ſuivent ont eſté enregiſtrées à la cour des aydes ſeant à Chartres le 17. Juin 1592. ſuivant l'arreſt qui ſera rapporté cy-deſſous.

DECLARATION
ſur l'edit precedent.

HENRY par la grace de Dieu roy de France & de Navarre; à tous ceux qui ces preſentes lettres verront, ſalut. Comme par nos lettres patentes en forme de declaration du ſeptieſme jour de Janvier dernier, nous ayons voulu & ordonné le reſtabliſſement de la cour des aydes, & par icelles revoqué l'attribution faite à noſtre cour de parlement de preſent transferée à Tours de toutes cauſes & matieres dont noſtredite cour des aydes ſouloit auparavant l'interdiction cognoiſtre, & eſquelles eſtoit fondée en juriſdiction, ſuivant les edicts & ordonnances de nos predeceſſeurs. Mais noſtre procureur general en noſtred. cour aus aydes nous a remonſtré la difficulté qu'on pourroit faire de renvoyer à lad. cour les procez qui ont eſté portez & mis au greffe de noſtredite cour de parlement, ſans une plus expreſſe declaration & juſſion; & qu'auſſi comme de tout temps la juriſdiction de noſtredite cour a eſté ſeparée d'avec celle de ladicte cour de parlement, entre leſquelles ont eſté gardez & obſervez pluſieurs reiglemens de tout temps & ancienneté, il nous pleuſt auſſi ordonner que leſdits reiglemens ſeroient ſuivis & gardez, tout ainſi & en la meſ-

An. 1592.

K KKK ij

me forme & maniere qu'ils ont esté par le passé, nous requerant à ces fins nos lettres de provision necessaires. Nous A CES CAUSES, voulant le restablissement de ladite cour des aydes sortir son plain & entier effect, avons dit, declaré, voulu & ordonné, disons, declarons, voulons & ordonnons & nous plaist par ces presentes, que tous les procez qui ont esté portez en ladite cour de parlement, estans de la jurisdiction de ladite cour des aydes, & dont par les edicts & ordonnances de noz predecesseurs la cognoissance luy est attribuée, en quelque estat & de quelque qualité qu'ils soient, soient renvoyez en ladite cour des aydes, pour y estre jugez & terminez, ainsi qu'il appartiendra par raison; enjoignant au greffier de ladite cour de parlement, de les delivrer au greffier de ladite cour des aydes ou son commis, à la premiere signification qui luy sera faite de noz presentes lettres de declaration : & ce à peine de nullité des jugemens qui doresnavant y interviendront, & de tous despens, dommages & interests des parties. Et par ces mesmes presentes avons interdict, inhibé & deffendu, interdisons, inhibons & deffendons à nostredite cour de parlement, la cognoissance de tout ce qui est attribué par lesdits edicts & ordonnances à ladite cour des aydes, & dont auparavant son interdiction faicte à cause de la rebellion de la ville de Paris, elle souloit cognoistre, à peine de nullité; declarant nul & de nul effect & valeur tout ce qui sera fait au contraire. Permettant à nostredit procureur general de se pourvoir pour ladite declaration de nullité & condemnation des parties qui auront contrevenu, selon les anciennes ordonnances faictes par nosdits predecesseurs. Et au cas qu'il y eûst quelque different pour le reglement des juridictions de nosdictes courts de parlement & des aydes, nous voulons & entendons que le reglement qui a esté avant ladicte interdiction, soit suivi, & la forme observée auparavant icelle interdiction, soit restabli, suivie & gardée, à ce que nos deniers ne soyent retardez, ny le bien & soulagement de nostre peuple empesché. Si donnons en mandement à noz amez & feaux conseillers les gens tenans nostre cour des aydes, & tous autres qu'il apartiendra, que nosdictes lettres de declaration, ils facent lire, publier, registrer & entretenir; & à tous huissiers & sergens premiers sur ce requis, qu'ils les mettent à deüe & entiere execution, sans pour ce demander aucun congé, placet, visa, ne pareatis. Car tel est nostre plaisir. Donné au camp de Dernetal devant Roüen, le XXIV. jour de Mars, l'an de grace M. D. XCII. & de nostre regne le III. *Signé sur le reply* : Par le roy, POTIER; *& scellées du grand scel de cire jaune à double queuë. Ibidem.*

LETTRES PATENTES DU ROY Henry IV. pour la seance de la cour des aydes en la ville de Chartres, pour un mois seulement.

AN. 1592.

HENRY par la grace de Dieu roy de France & de Navarre; à nos amez & feaux conseillers les gens tenans nostre cour des aydes, salut. Estans advertis que plusieurs des officiers des elections & greniers de Senlis, Mante, Meulan, Melun & autres, apprehendans le peril & danger des chemins de nostre ville de Tours, craignans d'y aller poursuivre & demander leur restablissement en leurs charges & offices, ce qu'ils feroyent neantmoings volontiers pardevant vous, comme ils sont tenuz, si il nous plaisoit vous donner quelque residence pour cest effect en nostre ville de Chartres, où vous estes de present en nombre, pour le temps & espace d'un moys tant seulement, attendant que vous ayez bonne & seure escorte pour vous transporter en nostredite ville de Tours, où nous avons ordonné vostre seance. Nous inclinans à leur humble supplication & requeste, vous avons permis & ordonné, permettons & ordonnons par ces presentes, que nonobstant que le restablissement de nostredite cour des aydes soit ordonné audit Tours, vous ayez neantmoins à vous assembler en nostredite ville de Chartres en corps & forme de cour, & y resider pour le temps & espace d'un moys tant seulement; afin que lesdits officiers ayans moyen se rendre près de vous en toute seureté, & leur reception faicte, si voyez que faire se doive, ils ne soyent distraicts de l'exercice de leurs charges, & contraincts s'exposer à plus grand peril. De ce faire avons donné & donnons plain pouvoir, commission & mandement special par ces presentes. Car tel est nostre plaisir. Donné à Mante le VI. jour de Juin M. D. XCII. & de nostre regne le III. *Signé*, Par le roy en son conseil DE BEAULIEU; *& scellées sur simple queuë du*

JUSTIFICATIVES.

grand sceau de cire jaune. Ibidem.

ARREST D'ENREGISTREMENT
de l'edit, de la declaration & des lettres patentes cy-dessus.

CE jour ont esté leûës & publiées en la cour, l'audience tenant, les lettres patentes du roy données au camp devant Roüen le 7. jour de Janvier 1592. contenant le retablissement de lad. cour: autres lettres de declaration du roy données au camp de Dernetal devant Roüen le 24. jour de Mars ensuivant, portant evocation & renvoy en ladite cour des procés & affaires desquels la cognoissance luy est attribuée par les edicts & ordonnances, & interdiction à la cour de parlement d'en cognoistre: ensemble les lettres patentes données à Mante le 6. jour de ce present moys, pour la seance de ladite cour en ceste ville de Chartres pour un moys seulement, pour les causes contenuës & portées par lesdictes lettres; oy le procureur general du roy & ce requerant: LA COUR a ordonné & ordonne que ledit reply desdictes lettres sera mis: *Leuës, publiées & enregistrées, oy & ce requerant le procureur general du roy*; en enthérinant la requeste & conclusions duquel, ordonne la cour que les coppies deûment collationnées aux originaux d'icelles, seront à sa diligence envoyées par toutes les elections & greniers à sel de ce ressort, pour y estre leûës, publiées & enregistrées, l'audience tenant, & est enjoinct aux greffiers desdictes elections & greniers à sel, leurs clercs & commis d'apporter ou envoyer incontinent & sans delay au greffe de la dite cour un vray & fidele registre de tous les procés qui ont esté mis en leurs greffes depuis l'interdiction de ladicte cour jusques à ce jour; leur sont faictes à chacun d'eux inhibitions & deffences de plus à l'advenir porter lesdits procés en autre jurisdiction que en ladite cour des aydes, & aux parties de relever leurs appellations & se pourvoir ailleurs que en ladicte cour, de ce dont la cognoissance luy appartient par les edicts & ordonnances du roy, à peine de nullité, & contre les contrevenans de tous les despens, dommages & interests des parties; enjoinct aux substituts dudit procureur general en chacune jurisdiction de tenir la main à l'execution du present arrest, qui sera faicte par vertu de l'extrait d'iceluy, par le premier huyssier ou sergent royal sur ce requis, & d'en certifier la cour dedans un moys, à peine de suspension de leursdits estats. Et sera le present arrest mis & affiché aux portes des eglises, carrefours & lieux pour ce accoustumez en cestedite ville, & par tout où besoin sera, à ce qu'aucun n'en pretende cause d'ignorance. Faict à Chartres le XVII. jour de Juin M. D. XCII. Signé, LE TONNELLIER. *Pris sur une copie imprimée, collationnée & signée de la main du greffier susnommé, avec paraphe.*

ARREST FAMEUX
du parlement de Paris, pour maintenir la loy Salique.

SUR la remonstrance cy-devant faicte à la cour par le procureur general du roy, & la matiere mise en deliberation; ladite cour, toutes les chambres assemblées, n'ayant, comme elle n'a jamais eu, autre intention que de maintenir la religion catholique, apostolique & Romaine, & l'estat & couronne de France souz la protection d'un bon roy tres-Chrestien, catholique & François, a ordonné & ordonne que remonstrances seront faictes ceste aprèsdinée par maistre Jean le Maistre president, assisté d'un bon nombre de conseillers en ladite cour, à monsieur le duc de Mayenne lieutenant general de l'estat & couronne de France, en la presence des princes & officiers de la couronne estant de present en ceste ville, à ce qu'aucun traité ne se face pour transferer la couronne en la main de prince ou princesse estrangers; que les loix fondamentales de ce royaume soient gardées, & les arrests donnez par ladicte cour pour la declaration d'un roy catholique & François executez; & qu'il aye à employer l'autorité qui lui a esté commise, pour empescher que souz pretexte de la religion, la couronne ne soit transferée en main estrangere, contre les loix du royaume; & pourvoir le plus promptement que faire se pourra au repos & soulagement du peuple, pour l'extreme necessité en laquelle il est reduit. Et neantmoins dez-à-present a ladite cour declaré tous traitez faicts & à faire cy-après pour l'establissement d'un prince ou princesse estrangers, nuls & de nul effect & valeur, comme faicts au prejudice de la loy Salique & autres loix fondamentales de l'estat. A Paris en parlemens, le XXVIII. Juin M. D. XCIII. *Signé*, DU TILLET. *Pris sur l'imprimé de la mesme année.*

KKKK iij

SENTENCE DU GRAND
prevost de l'Isle de France, contre le geollier du petit chastelet de Paris, à l'occasion de la mort du president Brisson & des conseillers Larcher & Tardif.

AN. 1594.

CHARLES de Helain escuyer, sieur de Hardy, conseiller du roy, grand prevost de nosseigneurs les mareschaux au gouvernement de Paris & Isle de France, salut. Sçavoir faisons que veu le procez criminel par nous faict à la requeste de messire Edme-Jean de la Chambre baron de Ruffey, le procureur du roy joint, à Benjamin Dautan naguere geollier des prisons du petit chastelet de Paris, natif de Chasteaudun, prisonnier ez prisons du chasteau de ceste ville de Melun. Les lettres patentes de sa majesté obtenuës par ledit sieur baron de Ruffey, à nous addressant, par lesquelles nous est mandé tenir sous bonne & seure garde ledit Dautan, lui faire & parfaire son procés jusques à sentence diffinitive exclusivement, signées par le roy en son conseil, Coinard, & scellées du grand scel de France, en datte du 22. jour de Fevrier 1593. Nos lettres de sentence, par lesquelles aurions ordonné sur la requeste presentée par ledit Dautan, attendu la longue detention de sa prison, & que ledit sieur baron de Ruffey partie civile dudit Dautan ne produisoit aucuns tesmoins, que iceluy Dautan se pourvoiroit dans un mois pardevant sa majesté & nosseigneurs de son conseil, pour luy estre pourveu sur l'eslargissement de sa personne par luy requis, du 9. Juillet 1593. Autres lettres patentes de sadite majesté obtenuës par ledit Dautan, par lesquelles nous est mandé, toutes affaires cessans, proceder à l'instruction & jugement du procez d'iceluy Dautan, & continuer sans aucune discontinuation: parquoy, en tant que besoin est ou seroit, sadite majesté nous en attribue toute cour, jurisdiction & cognoissance, signées par le roy en son conseil, Coinard, & datte du 4. jour d'Aoust 1593. Les informations par nous faites contre ledit Dautan. Les interrogations, confessions & denegations dudit Dautan. Les recollemens & confrontations des tesmoings par nous faits audit Dautan. Une attestation produite au procez par ledit Dautan, par laquelle Jean Aubert, Hernaut Gueriteau & Cantien Martin serviteurs & guichetiers des prisons dudit petit chastelet, & maistre François du Tertre solliciteur des prisonniers dudit petit chastelet declarent, afferment & attestent pardevant Cothereau & Nutract, notaires au chastelet de Paris: sçavoir lesdits Aubert, Gueriteau & Martin, que lors de la mort advenuë aux sieurs president Brisson, Larcher & Tardif, ledit Dautan fut forcé en sa maison, & fut tout ledit jour enfermé avec ses serviteurs; & ledit du Tertre, que lors que lesdits sieurs Brisson, Larcher & Tardif furent assassinez, il fut audit petit chastelet sur les dix heures du matin, comme il avoit accoustumé, pour solliciter les prisonniers, il veid ledit Dautan qui ne se mesloit d'aucune chose, ains estoit gardé par des gens armez: ladite attestation signée Nutract & Cothereau, en datte du 8. Mars 1593. Autre attestation faite par Jean Rozeau executeur des sentences criminelles, par laquelle il afferme & atteste pardevant Cadier & Muret Notaires audit chastelet de Paris, que lors de la mort & execution faicte par ledict Rozeau le 15. Novembre 1591. des deffuncts les sieurs president Brisson, Larcher & Tardif conseillers, n'y estoit present ny appellé à icelle execution ledict Dautan, & qu'iceluy Dautan n'a fourny aucunes cordes, ny presté confort & ayde qui soit venu à sa cognoissance: icelle attestation signée Cadier & Muret, en datte du 13. Mars 1593. Certain acte fait par les juges presidiaux de Melun, contenant iceluy Dautan leur avoir presenté requeste par laquelle il se deportoit des causes de recusation contre nous proposées, signé Guerin, en datte du 23. Decembre 1593. Autre acte donné par lesdits juges presidiaux, contenant que maistre Balthazard Barvin conseiller audict siege, & commis pour interroger ledit Dautan, & sçavoir les causes pour lesquelles iceluy se deporte desdites causes de recusation contre nous & nostre greffier proposées, signé Guerin, en datte du 26. Janvier 1594. Autre acte fait & donné par lesdits juges presidiaux, contenant avoir mandé ledit Dautan en la chambre du conseil, & icelui interrogé les causes pour lesquelles il se desistoit desdites causes de recusation. La sentence desdits juges presidiaux, par laquelle ils ordonnent que nous cognoissions dudit fait, ensemble nostre greffier, en datte du 26. Janvier 1594. signée Guerin. Autre sentence renduë desdits juges presidiaux, par laquelle il est ordonné,

donné, attendu qu'il est question de port d'armes & assemblée illicite dont ledit Dautan est fauteur, & adherant de conspirations faites contre plusieurs chefs de justice du parlement, & veu les lettres patentes de sadite majesté à nous adressantes, attributives de jurisdiction, cy-dessus dattées, que nous jugerons ledit procez prevostablement & sans appel, ladite sentence en datte du 13. Fevrier 1593. Une requeste presentée par ledit sieur baron de Ruffey ausdits sieurs presidiaux, le procez estant sur le bureau, par laquelle il remonstre que pour verifier du contenu en sa plainâe, il a encores deux tesmoins qu'il desireroit faire oüyr, à cause que ne les avons voulu examiner, pource qu'ils sont nos archers, qu'il pleust ausdits presidiaux, avant que proceder au jugement dudit procés, examiner lesdits tesmoins; au bas de laquelle iceux presidiaux ordonnent que lesdits tesmoins seront examinez, en datte du 5. Fevrier 1594. Les interrogations & auditions desdits deux tesmoins, ensemble l'interrogation faite audit Dautan. Les recollemens & confrontations desdits tesmoins faits par lesdits juges presidiaux à iceluy Dautan. Les conclusions civiles fournies par ledit sieur baron de Ruffey. Certaine missive escrite audit Dautan non dattée, commençant les mots *Mon mary*, & finissant les mots *Vostre femme & amye à jamais*, *Catherine Auger*. Les conclusions du procureur du roy auquel le tout avoit esté communiqué. L'interrogation faite audit Dautan en la chambre du conseil, devant lequel iceluy Dautan a esté mandé, oüy & interrogé. N O U S par deliberation du conseil & jugement dernier, disons que ledit Dautan est debouté & le deboutons du renvoy par luy requis; & pour reparation du meurdre & assassinat commis ez personnes de messire Bernabé Brisson president en la cour de parlement de Paris, de maistre Claude Larcher conseiller en ladite cour, & de maistre Jean Tardif conseiller au chastelet de Paris, est condamné & le condamnons à estre mené & conduit sur une claie au devant de la grande porte & principale entrée de l'eglise Nostre-Dame de ceste ville de Melun, où estant, ayant une torche ardente de deux livres pesant au poing, nud pied, nud teste & en chemise, crier mercy à Dieu, au roy & à justice; dudit lieu estre mené & conduit au marché du bled de ceste ville, pour estre pendu & estranglé à une potence pour ce dressée audit marché, son corps mort estre bruslé & reduict en cendre, & icelle jettée en la riviere, ses biens acquis & confisquez au roy, sur lesquels sera prealablement pris la somme de deux mille escus adjugez audit sieur Baron de Ruffey partie civile, & les despens des poursuites du procés. Et auparavant laquelle execution iceluy Dautan sera mis & appošé à la question ordinaire & extraordinaire. Faict & deliberé en la chambre du conseil du chastelet de ceste ville de Melun, le XV. jour de Fevrier M. D. XCIV. Prononcé & executé le XVI. jour desdits mois & an. *Tiré d'une petite brochure in 12. intitulée: Discours sur la mort de M. le president Brisson, ensemble les arrests donnez à l'encontre des assassinateurs; imprimée à Paris en 1593. avec privilege du roy.*

ARREST DU PARLEMENT

Contre Hugues Danel, Jean Rozeau, Aubin Blondel & Adrian Fromentin complices de la mort du president Brisson &c.

AN. 1594.

VEu par la court le procez criminel fait & instruit par deux des conseillers d'icelle ad ce par elle commis, à la requeste de dame Denise de Vigny veufve de feu messire Barnabé Brisson, vivant conseiller du roy au conseil d'estat & president en ladite court, tant en son nom que comme tutrice & ayant la garde noble de damoyselle Denise Brisson fille mineure d'ans dudit deffunct & d'elle: maistre Jacques le Conte tresorier general de France au bureau de Paris, & damoiselle Magdelaine Brisson sa femme: damoiselle Anne le Cirier veufve de feu maistre Guillaume Courtin, vivant conseiller en ladite court, tutrice de Claude Larcher fils de deffunct maistre Claude Larcher, vivant aussi conseiller en ladite court: André Larcher & damoiselle Marthe Larcher femme de maistre Anthoine Despinoy aussi conseiller en ladite court, enfans dudit deffunct maistre Claude Larcher: damoiselle Jeanne du Pont veufve de deffunct maistre Jean Tardif, vivant conseiller au chastelet de Paris, tant en son nom, que comme tutrice des enfans mineurs d'ans dudit deffunct & d'elle, demandeurs à l'encontre de Hugues Danel sergent à verge au chastelet de Paris, Jean Rozeau executeur des sentences criminelles en la prevosté & vicomté de Paris, messire Aubin Blondel prestre, & Adrian Fromentin aussi sergent à verge audit chastelet, prisonniers és prisons de la conciergerie du palais. Informations, interrogations, confrontations de tesmoins faict sauxdits accusez. Le procez criminel faict par le prevost de l'Isle de France à Benjamin Dautan cy-devant geollier du petit chastelet. Productions & conclusions civiles desdits demandeurs. Conclusions du procureur general du roy. Oüys & interrogez en ladite court lesdits Danel, Rozeau, Blondel & Fromentin sur les cas à eux imposez, & contenus audit procez ; & tout consideré : DICT A ESTE' que ladite cour a declaré & declare lesdits Danel, Blondel & Rozeau deüement attaints & convaincus des captures, assassinats & massacres proditoirement & inhumainement commis ez personnes desdits deffuncts president Brisson, Larcher & Tardif ; & ledit Fromentin d'avoir assisté & favorisé lesdits assassinats. Pour reparation desquels cas a condamné & condamne lesdits Danel, Blondel, Rozeau & Fromentin faire amende honorable sur la pierre de marbre estant au bas du grand perron du palais, nuës testes en chemise & à genoux, & ayans chacun d'eux la corde au col, & tenans en leurs mains une torche de cire ardente du poix de deux livres ; & illec dire & declarer : à sçavoir lesdits Danel & Blondel que proditoirement, inhumainement & meschamment ils ont aydé & participé à la capture desdits deffuncts ; & ledit Rozeau qu'il a executé dans les prisons du petit chastellet les assassinats & massacres és personnes desdits deffuncts ; & ledit Fromentin assisté & favorisé lesdits assassinats ; dont ils se repentent, & demandent mercy & pardon à Dieu, au roy, à justice & ausdits demandeurs : ce fait, lesdits Danel, Blondel & Rozeau pendus & estranglez à une potence croisée qui sera pour cest effect plantée en la place de Greve de ceste ville de Paris, leurs corps morts y demeurer vingt-quatre heures, & après portez & pendus à Montfaucon ; à laquelle execution assistera ledit Fromentin ayant la corde au col, & nuë teste ; & après mené & conduit és galleres du roy, pour en icelles estre detenu & servir ledit seigneur comme forsaire à perpetuité. A declaré & declare tous & chacuns les biens desdits Danel, Blondel, Roseau & Fromentin, acquis & confisquez au roy ; sur lesquels & sur l'un d'eux seul pour le tout, sera préalablement pris la somme de mil escus : somme que ladite cour a adjugée & adjuge ausdits demandeurs pour reparation civile ; & les despens du procez, ésquels ladite court a condamné & condamne lesdits Danel, Blondel, Rozeau & Fromentin, chacun pour leur regard. Prononcé ausdits Danel, Blondel, Rozeau & Fromentin, & executé le XXVII. jour d'Aoust, l'an M. D. XCIV. *Ibidem.*

AUTRE ARREST du parlement contre Guillaume Prevost, Estienne Doullye, &c. aussi complices de la mort du president Brisson, &c.

VEû par la cour le procés criminel faict & instruit par deux des conseillers d'icelle ad ce par elle commis, à la requeste de dame Denise de Vigny, &c. *comme au precedent*; à l'encontre de Guillaume Prevost, dit Bazinville marchant de chevaux, Estienne Doullye juré maçon & commis voyer en ceste ville, maistre Nicolas du Chesne procureur au chastelet de ceste ville, Alexis de Cornouaille capitaine des arbalestriers de ceste ville, messire Antoine Sommereuil prebstre habitué en l'eglise saint Leu, Claude Cochart sergent à verge au chastelet, Gabriel Cressonnet l'un des archers de ceste ville, François Gueffier libraire, & Jean Aubert, prisonniers ez prisons de la conciergerie du palais ; & encores à l'encontre de maistre Estienne Lairehou procureur en la cour, Nicolas Regnier maistre barbier & chirurgien & Geoffroy Mignot, prisonniers eslargis par ceste ville. Informations, interrogatoires, confrontations de tesmoins faicts ausdicts prisonniers. Le procez criminel faict par le prevost de l'isle de France à Benjamin Dautan cy-devant geollier du petit chastellet. Productions & conclusions civiles desdits demandeurs. Production litterale desdits du Chesne. Procez verbal de l'execution de l'arrest de mort donné à l'encontre de Hugues Danel, Jean Rozeau & Aubin Blondel. Conclusions du procureur general du roy. Oys & interrogez en ladite cour lesdits prisonniers sur les cas à eux impofez & contenus audit procez. Les denegations faictes par ledit de Cornoüaille, en la question à luy presentée de l'ordonnance de ladite cour ; & tout consideré : DICT A ESTE' que ladite cour pour les cas mentionnez audit procez, a condamné

AN. 1594.

né & condamne lesdits Prevost dit Bazinville, Doullye & du Chesne à faire amende honorable en la grand chambre de ladite cour, à jour d'audience, icelle tenant, & en la cour du palais sur la pierre de marbre au pied du grand perron, estans testes & pieds nuds, en chemise & à genoux, tenans chacun d'eux en leurs mains une torche de cire ardente du poix de deux livres, ayans lesdits Prevost & Doullye la corde au col; & esdits lieux dire & declarer par lesdits Prevost & Doullye, que temerairement & comme mal advisez, ils ont assisté: à sçavoir ledit Prevost avec armes à la capture dudit president Brisson, & ledit Doullye à l'emprisonnement dudit Larcher & autres emprisonnemens faits le mesme jour; & par ledit du Chesne, qu'indiscretement & comme mal advisé il a fait corps de garde avec armes proche le petit chastellet, & commis autres cas mentionnez audit procez, à la faveur desdits emprisonnemens & assassinats qui en sont ensuivis és personnes desd. deffuncts president Brisson; Larcher & Tardif, dont ils se repentent, & demandent mercy & pardon à Dieu, au roy, à justice & ausdits demandeurs: ce faict, estre lesdits Prevost dit Bazinville & Doullye menez & conduits ez galleres du roy, pour en icelles estre detenuz & servir ledit seigneur comme forsaires, le temps & espace de neuf ans. Et quant ausdits du Chesne & Alexis de Cornoüaille, les a bannis & bannist de la ville, prevosté & vicomté de Paris pour neuf ans; à eux enjoint garder leur ban, à peine de punition corporelle. Et en tant que touche ledit Sommereul, ladite cour l'a condamné & condamne dire & declarer en la chambre de la Tournelle, estant nud teste & à genoux, que indiscretement & comme mal advisé il a suivi le curé de saint Cosme, & assisté à la capture & emprisonnement dudit Tardif, dont il se repent, & en demande pardon à Dieu, au roy, à justice & à ladite veufve Tardif; & après l'a banny & bannist de ceste ville, prevosté & vicomté de Paris à perpetuité. Et pour le regard desdits Cressonet & Gueffier, les a aussi bannis & bannist de ladite ville, prevosté & vicomté: assavoir ledit Cressonnet pour cinq ans, & ledit Gueffier pour trois ans. Et quant audit Cochard, l'a suspendu & suspend de l'exercice de son estat de sergent pour trois ans pendant lequel temps s'abstiendra de demeurer en ceste ville, prevosté & vicomté à peine de punition corporelle. Et outre a condamné & condamne lesdits Prevost dit Bazinville, Doullye, du Chesne & Cornoüaille, chacun d'eux en quatre cens escus, ledit Cochard en cent escus, ledit Sommereul en douze escus, & lesdits Cressonnet & Gueffier en deux escus envers lesdits demandeurs, pour reparation civile; & encores chacun desdits Prevost, Doullye, du Chesne & de Cornoüaille en quarante escus, ledit Cochard en vingt escus, ledit Sommereul en six escus, & lesdits Cressonnet & Gueffier, chacun en deux escus d'amende envers le roy, & à tenir prison par les susdits condamnez pour les susdites reparations & amendes, & jusques à ce qu'elles soient payées, ne courra le jour de leur bannissement. Lesquelles reparations adjugées ausdits demandeurs, montans ensemble à la somme de dix-sept cens seize escus-sol, seront distribuez: assavoir à ladite de Vigny audit nom, & audit le Conte la somme de huit cens escus; & à ladite le Cirier audit nom, & enfans dudit Larcher, la somme de cinq cens soixante-douze escus; & à ladite veufve Tardif audit nom, la somme de trois cens quarante-quatre escus-sol. Et pour le regard desdites amendes adjugées au roy, en sera appliqué la somme de soixante trois escus un tiers au pain des prisonniers, & vingt escus pour les necessitez d'iceux prisonniers, & le surplus employez au faict de la charge du receveur des amendes de ladite cour. Et encores a condamné & condamne lesdits Prevost, Doullye, du Chesne, de Cornouaille, Sommereul, Cressonnet, Gueffier & Cochard és despens dudit procez & de ce qui s'en est ensuivy, chacun pour leur regard, envers lesdits demandeurs, tels que de raison. Ordonne ladite cour que les despens adjugez par ce present arrest, & autres despens aussi adjugez par arrest du 27. Aoust dernier, iceux prealablement liquidez, seront remboursez à ceux qui les ont faicts, avant que aucuns deniers puissent estre touchez des reparations civiles adjugées. Et entant que touche lesdits Aubert, Lairehou, Regnier & Mignot, ordonne ladite cour qu'à la requeste tant desdits demandeurs que du procureur general, il sera contre eux plus amplement informé, pour raison des cas mentionnez ausdits procés, circonstances & dependances; & ce pendant les a eslargis & eslargist par tout, en faisant par eux les submissions accoustumées, eslisans domiciles: les cautions cy-devant baillées, deschargées. Faict en parlement le III. jour de Septembre l'an M. D. XCIV. & prononcé audit de Sommereul & executé; & encores prononcé ausdits de Cornouaille, Cochard, Gueffier, Cressonnet & Aubert, pour ce attraincts au guichet desdites prisons de la conciergerie; & ausdits Lairehou, Regnier & Mignot, lesquels, ensemble ledit Aubert, ont fait les submissions accoustumées; & pour faire contre eux tous exploits en ce requis & necessaires, ont esleu leurs domiciles: assavoir ledit Lairehou en la maison de maistre Pierre le Rahier procureur, & lesdits Regnier, Mignot & Aubert en la maison de maistre Auzanet l'aisné procureur le VI. jour de Septembre audit an. Et depuis prononcé ausdits Prevost dit Bazinville, Doullye & du Chesne en la grand chambre du plaidoyé, & executé le XXIX. jour de Novembre, l'an M. D. XCIV. Ibidem.

TROISIEME ARREST
du parlement contre vingt-six autres complices de la mort du president Brisson &c.

An. 1595.

VEû par la court les defauts à trois briefs jours obtenus en icelle les 9. 16. & 23. jours de Juillet derniers, par dame Denise de Vigny veufve de feu messire Barnabé Brisson, vivant president en ladite court, tant en son nom que comme tutrice & ayant la garde noble de damoiselle Denise Brisson fille mineure d'ans dudit deffunct & d'elle, demanderesse & accusatrice, le procureur general du roy joint avec elle, & requerant le profit & adjudication desdits défaux, à l'encontre de Jean le Clerc dit de Bussi, Nicolas le Normant, maistre François Morin dict Cromé, maistre Oudin Crucé, Jean Mongeot, Loys Parset procureur au chastelet, maistre Julien le Pelletier curé de S. Jacques de la Boucherie, maistre Jean Amilton curé de S. Cosme, maistre Adrien Cochery advocat au chastelet, maistre Jacques Bazin commissaire audit chastelet, Arnoul Choullier, Michel Soly, Nicolas Tuault, Guillaume le Roy, Charles du Sur dict Jambe-de-bois, Claude du Bois lieutenant d'Oudineau, maistre Oudart Durideau avocat, Oudart Rainssart avocat, Thomas Godon gantier, Jean Poreau frippier, maistre Jacques de Lappé procureur au chastellet, Claude Loyau, Jean Thomassin sergent à verge, Jean Logereau, Jean Regis & frere Jean Bourrin prebstre religieux aux Jacobins, deffendeurs & adjournez à trois briefs jours par ordonnance de la court, pour estre à droict, & deffaillans. La demande sur le proffit desdits defauts. Les informations & procedures faites, tant à la requeste de ladite dame de Vigny audit nom, que de maistre Jacques le Conte &c. *comme cy-dessus pag.* 815. Les decrets de prinse de corps decernez contre lesdits defaillans. Exploits, arrests de ladite court des 25. May & 3. Juin derniers, par lesquels ladite court auroit permis aux denommez ausdits decrets retourner en ceste ville pour estre à droict, & se purger des cas à eux imposez, & iceux à ceste fin mis en la protection du roy & de ladite court, & que l'arrest de protection & sauve-garde leur seroit signifié, tant en ceste ville de Paris & à leurs domiciles, que en la ville de Compiegne, à son de trompe & cry public. Les exploicts de signification desdits arrests. Autre arrest du 5. jour d'Octobre dernier, par lequel lesdits defauts auroient esté declarez bien & deüement obtenus; & avant proceder au jugement du proffit d'iceux, ordonné que les tesmoins ouys és informations faictes contre lesdicts deffaillans, seroient par deux des conseillers à ce commis, recollez sur leurs depositions, pour ledict recollement valloir confrontation. Ledit recollement faict par deux des conseillers de ladite court, suivant ledit arrest. Conclusions du procureur general du roy; & tout consideré: DICT A ESTE' que ladite court pour le proffit desdits deffauts a declaré & declare lesdits deffaillans vrais coutumax, attaints & convaincus des assassinats proditoirement commis és personnes desdits president Brisson, Larcher & Tardif, pour reparation desquels les a condamnez & condamne: à sçavoir lesdits le Clerc dict Bussi, Nicolas le Normant, Morin dict Cromé, Crucé, Mongeot, Parset, le Pelletier, Amilton, Cochery, Bazin, Choullier, Soly, Tuault, le Roy, du Sur dict Jambe-de-bois, & du Bois lieutenant d'Oudineau, avoir les bras, cuisses tant haut que bas, & les reins rompus sur un eschaffaut qui sera pour cest effect dressé en la place de Gréve: leurs corps mis sur des roües plantées proche ledict eschaffault, pour y demeurer le visage tourné vers le ciel, tant qu'il plaira à
Dieu

JUSTIFICATIVES.

Dieu les y laisser vivre ; & lesdits du Rideau, Rainssant, Godon, Poteau, de Luppé, Loyau, Thomassin, Logereau, Regis & Bourrin à estre pendus & estranglez à potences croisées plantées à cest effect audit lieu de Greve, si pris & apprehendez peuvent estre en leurs personnes, sinon par effigies en tableaux qui pour ce faire seront attachez à une potence audict lieu. A declaré & declare tous & chacuns leurs biens acquis & confisquez au roy ; sur lesquels, & sur l'un d'iceux seul pour le tout, sera prealablement pris la somme de six mil escus sol, que ladite court a adjugée & adjuge ausdits veufve & enfans dudit deffunct president Brisson, enfans dudit Larcher, & veufve & enfans dudit Tardif, pour reparation civile ; laquelle somme sera distribuée : à sçavoir à ladite veufve president Brisson, le Conte & sa femme deux mil huit cens escus : à ladite le Cirier audit nom & enfans dudit Larcher, deux mille escus : & à ladite veufve & enfans dudit Tardif, la somme de douze cens escus-sol. Et encore sera pris sur lesdicts biens confisquez, & sur l'un d'eux seul pour le tout, la somme de douze cens escus-sol, applicable au pain des prisonniers, & deux cens escus pour la necessité d'iceux. Et a condamné & condamne lesdits deffaillans és depens dudit procés, defaux & coutumaces, & de tout ce qui s'en est ensuivy. Ordonne ladite court que les despens adjugez par ce present arrest, iceux prealablement liquidez, seront rembourfez à ceux qui les ont faits, avant que aucuns deniers puissent estre touchez des reparations civiles adjugées. Prononcé à la barre de la court, & executé en effigies en la place de Greve le xi. jour de Mars, l'an M. D. XCV. *Ibidem.*

Fin de la premiere partie du second Tome.

www.ingramcontent.com/pod-product-compliance
Lightning Source LLC
Chambersburg PA
CBHW071228300426
44116CB00008B/947